I0760183

www.ingramcontent.com/pod-product-compliance
Lightning Source LLC
LaVergne TN
LVHW081526100826
845153LV00003B/215
* 9 7 8 1 9 5 1 9 4 8 1 4 6 *

ספר

סיכומי חזרה

חלק א׳

סיכומי הלכות

שחיטה • מליחה • נדה וטבילה

חזרות וסיכומים

כולל דברי

שו״ע ש״ך וט״ז

פתחי תשובה ורעק״א

והרבה מעיקרי דברי גדולי האחרונים

אשר מפיהם אנו חיים

מסודר באופן המועיל לזכרון

כשנוגע למעשה צריך לעיין וללמוד במקור הדין

ספר זה, וספר סיכומי חזרה חלק ב'
ספרי חזרה ברורה על יו"ד וחו"מ: ג' כרכים
ספרי חזרה ברורה על כל ו' חלקי משנה ברורה: ג' כרכים
ספר הלכתא ברורה על מסכת ברכות
ספר הלכתא ברורה על מסכת שבת
ספר הלכתא ברורה על מסכת פסחים
ספר הלכתא ברורה על מסכת סוכה
ספר הלכתא ברורה על מסכת ר"ה ויומא
ספר הלכתא ברורה על מסכת תענית מגילה וחנוכה
ספר הלכתא ברורה על מסכת תענית ביצה ומו"ק
ניתן להשיג ע"י: www.chazarahmp3.com

1139 East 12th St.
Brooklyn, NY 11230
718 - 646 - 1243
info@chazarahmp3.com

הרה"ג רב יחזקאל רוטה שליט"א

יחזקאל רוטה

אבדק"ק קארלסבורג
בארא פארק ברוקלין, נ.י. יע"א

RABBI Y. ROTH
1556-53RD STREET
BROOKLYN, N. Y. 11219
TEL:(718) 435-1502

להי"ו

תפארת שבנצח למב"י לסדר כללותיה ופרטותיה ודיקדוקיה מסיני תשע"ד לפ"ק

בימי הספירה שמסוגלים מאד ללמוד הלכה ברורה, כמבואר בתשו' המפורסמת לכ"ק זקיני זי"ע בשו"ת מראה יחזקאל סי' ק"ד בשם רבו הרה"ק מרימנאב זי"ע, שכל ההלכות שנשתכחו בימי אבלו של משה והחזירן עתניאל בן קנז כדאיתא בתמורה ט"ז, היתה בימי העומר, וע"כ מסוגל מאד בימים הקדושים הללו לעשות חזרה על הלימוד שלא ישתכח, וע"ז רומז לשון והחזירן מלשון חזרה, וע"כ מאד מתאים כעת לחזק את ידי הרב המופלג צמ"ס כמוהר"ר **אהרן זליקוביץ** שליט"א שאיתמחי מכבר לערוך חיבור **חזרה ברורה** על המ"ב או"ח, ונתעטר בהמלצות והסכמות מגדולי הרבנים שיחי', ועל של עכשיו באתי מה שהוציא עתה חדש מן הישן על הלכות או"ה שביו"ד, ובוודאי יועיל להלומדים לחזור על לימודם, ודבר גדול עשה בזה שיהי' מוכן ומזומן לפני הלומד הלכות שירוץ בהם בלי גימגום וחיפוש, ובזה יתרבה יודעי דת ודין לזכור הלכה המביא לידי מעשה, והמחבר יהי' נמנה בין מזכי הרבים להגדיל תורה ולהאדירה, ויזכה להמשיך בעבוה"ק על מי מנוחות מתוך הרחבה וכט"ס עדי שיתרומם קה"ת וישראל ב"ב אמן.

הכו"ח לחיזוק תוה"ק ולומדיה

הק' יחזקאל רוטה

קיבלנו בעד ספר "חזרה ברורה" על יו"ד הלכות איסור והיתר

ביד"צ שע"י העדה החרדית שליט"א

בית דין צדק
לכל מקהלות האשכנזים
שע"י "העדה החרדית"
פעיה"ק ירושלם תובב"א
רח' שטראוס 26/א
ת.ד. 5006 P.O.B

BETH DIN TZEDEK
OF THE ORTHODOX
JEWISH COMMUNITY
26\A STRAUSS ST.
JERUSALEM

TEL 02-6236550.טל FAX 02-6221317 פאקס

ב"ה

הסכמת הביד"צ שליט"א

נודע בשערים המצוינים בהלכה גודל ענין החזרה והשינון לדעת את הדרך ילכון בה ואת המעשה אשר יעשון בפרט בהלכתא רברבתא כהלכות שבת וכדו' אשר לפעמים נצרך להם ואין פנאי לחפש מקורו בספר, וע"כ באו ונחזיק טובה להאי גברא יקירא הרה"ג ר' אהרן זליקוביץ שליט"א מעיר נ"י, אשר ערך ספר "חזרה ברורה" לפי סדר המשנה ברורה לחזור ולשנן הלכות שבת תחומין ועירובין שבמשנ"ב חלק ג' וד'.

והנה עבר על הספר ידידינו הגאון רבי חיים יוסף בלויא שליט"א מו"צ פעיה"ק רב שכו' פאג"י ומרבני ועד השחיטה דעדתינו, ומעיד כי הספר בנוי לתלפיות לתועלת ללומדים לשינון וחזרה, ע"כ אף ידינו תכון עמו לחלקו ביעקב ולהפיצו בישראל, והרוצים לידע את המעשה אשר יעשון עליהם לעיין בפנים הספר משנה ברורה ובהלכה, וכידוע מפי הפוסקים שאין לסמוך על ספרי הקיצורים ללא לימוד מקור הדברים בעיון כדת של תורה.

מי יתן וחפץ ה' בידיו של המחבר יצליח להגדיל תורה ולהאדירה מתוך שמחה ונחת וברכת ה' מלא, עדי נזכה לביאת גוא"צ אשר אליו מייחלים עינינו בקרוב הימים בב"א.

וע"ז באעה"ח ביום ז"ך לחודש תמוז - בין המצרים יהיה לששון ולשמחה - תשע"ה לפ"ק הביד"צ דפעיה"ק ת"ו

נאם
יצחק טוביה ווייס – גאב"ד

נאם
משה שטרנבוך – ראב"ד

נאם
אברהם יצחק אולמאן

נאם
נפתלי ה' פרנקל

קיבלנו בעד ספר "חזרה ברורה" על משנה ברורה

הרה"ג רב עזריאל אוירבאך שליט"א

בס"ד

הרב עזריאל אוירבאך
רב בית הכנסת "חניכי הישיבות", בית וגן
רח' הפסגה 53, בית וגן, ירושלים

Rabbi Azriel Auerbach
Rabbi of "Chaniche Hayeshivot"
53 Hapisga St., Bayit Vegan, Jerusalem

בס"ד

ראיתי את הספר "חזרה ברורה" הנועד לאלו אשר כבר
עסקו בעיון בשו"ע ובס' משנה ברורה - לקיים ושננתם
ובפרט בדבר הלכה בעניני או"ח אשר יום יום ידרושון
לדעת את הדרך ילכו בה, והנה המחבר עשה עבודה
יפה ומתוקנת ערוך ומסודר במעשה אומן לשם שינון הלכה
בבחינת נר לרגלי דבריך ואור לנתיבתי.
וברכה להמשך זיכוי הרבים להחדרת ההלכה היום
יומית מתוך הרחבת הדעת.

עזריאל אוירבאך

בס"ד

ראיתי את הספר "חזרה ברורה" הנועד לאלו אשר כבר עסקו בעיון בשו"ע ובס' משנה ברורה - לקיים ושננתם ובפרט בדבר הלכה בעניני או"ח אשר יום יום ידרושון לדעת את הדרך ילכו בה, והנה המחבר עשה עבודה יפה ומתוקנת ערוך ומסודר במעשה אומן לשם שינון הלכה בבחינת נר לרגלי דבריך ואור לנתיבתי.

וברכה להמשך זיכוי הרבים להחדרת ההלכה היום יומית מתוך הרחבת הדעת.

עזריאל אוירבאך

הרה"ג רב ישראל גנס שליט"א

הרב ישראל גנס
רח' פנים מאירות 2
קרית מטרסדורף, ירושלים 94423

בס"ד א' אלול תשע"ב

בס"ד א' אלול תשע"ב
ראיתי את הספר "חזרה ברורה" אשר הפליא לעשות האברך היקר הרב אהרן זליקוביץ שליט"א. בספר הזה יש עמל רב, יגיעה רבה, סדר נפלא, ובעיקר תועלת גדולה ללימוד המשנה ברורה שיוכלו לזכור את דבריו, הן המ"ב הן הבה"ל והן השעה"צ. ולא נצרכה אלא לברכה שיוסיף המחבר תת תנובה לזכות הרבים בעוד ספרים מועילים.

הכו"ח לכבוד התורה ועמליה פה עיה"ק ירושלים תובב"א
ישראל גנס

הרה"ג רב שמואל פירסט שליט"א

Rabbi Shmuel Fuerst
6100 North Drake Avenue
Chicago, Illinois 60659
(773) 539-4241
Fax (773) 539-1208

בס"ד

הרב שמואל פירסט
דיין ומו"ץ אגודת ישראל
שיקאגא, אילינאי

ה' מנחם אב תשע"ב

ראיתי הספר "חזרה ברורה" שחיברו הר"ר אהרן זליקוביץ שליט"א שכתוב בתוכו כל דברי המחבר והרמ"א וכמעט כל דברי המ"ב ושע"צ וב"ה, והכל ערוך בסדר נאה. והתועלת מהספר יהיה להלומדי המ"ב שיוכלו לחזור על ספר מ"ב באופן קל להבין אותה על בוריה.

ובודאי ספר הנ"ל יהיה תועלת גדולה להרבה לומדי משנה ברורה שיהא להם קל לחזור על דבריו כדי שיהיו בקיאין בדבריו ועי"ז יזכו לשמור ולעשות ולקיים את דבר הלכה.

יהי רצון שיזכה המחבר שיתקבל הספר "חזרה ברורה" לפני כל הלומדים הלכות אלו ויזכה לסיים כל שאר חלקים של המ"ב, ויזכה לשבת באהלה של תורה כל ימי חייו.

הכו"ח לכבוד התורה,
בידידות, שמואל פירסט

הרה״ג רב שמואל פעלדער שליט״א

RABBI SHMUEL FELDER
BETH MEDRASH GOVOAH
LAKEWOOD N.J.08701

שמואל יצחק פעלדער
דיין ומו״ץ בית מדרש גבוה
לייקואוד נוי זשערזי

בעזהי״ת יום א׳ כ״א אייר תשע״ב לפ״ק

הן הובא לפני קונטרוס שחיברו ר׳ אהרן זליקוביץ שליט״א על משנה ברורה אשר בשם ״חזרה ברורה״ יקבנו המכיל בתוכו כל דברי המחבר והרמ״א ומ״ב, וגם תמצית דברי הביאור הלכה ושער הציון, הכל עורך בצורה מסודרת ומאירת עינים, באופן ששייך לחזור על ספר משנה ברורה עם תמצית בה״ל ושעה״צ באופן קל ובהיר בלא בלבול ועירבוביא.

ובודאי שיש בחיבור זה תועלת גדולה ללומדי משנה ברורה לחזור ולשנן הדברים בצורה מועילה ביותר למען תהיה תורתם בלבם ערוכה ושמורה להיות בקיאין בדבר הלכה ללמוד וללמד לשמור ולעשות ולקיים.

ועל כן אברך הרב המחבר שיזכה שיתקבלו הדברים באהבה ובשמחה לפני הלומדים ויזכה לחבר עוד חיבורים כזה ואחרים בתורה הקדושה ולשבת באהלה של תורה כל ימי חייו מתוך מנוחת הנפש והרחבת הדעת.

הכו״ח לכבוד התורה
שמואל יצחק פעלדער

הקדמה

בעזה"י. תנא דבי אליהו: "כל השונה הלכות בכל יום מובטח לו שהוא בן עולם הבא, שנאמר 'הליכות עולם לו', אל תקרי הליכות אלא הלכות". **וכתב** הדרישה (יו"ד סי' רמ"ו סק"ב, הובא בש"ך וט"ז): "יש בעלי בתים נוהגין ללמוד בכל יום גפ"ת ולא שאר פוסקים, ומביאים ראיה מהא דאמרינן סוף פרק בתרא דנדה: 'תנא דבי אליהו כל השונה הלכות בכל יום מובטח לו שהוא בן העולם הבא'. אבל לי נראה כי לא זאת המרגוע ולא בזאת יתהלל המתהלל, כי אם בזאת יתהלל השכל וידוע בספרי פוסקים דיני תורה כגון האלפסי והמרדכי והרא"ש ודומיהם, דזהו שורש ועיקר לתורתנו, ואינם יוצאים כלל בלימוד גפ"ת, דהא דתנא דבי אליהו וכו', כבר כתב רש"י שם: כל השונה הלכות, פירוש הלכות פסוקות". **ואיתא** בש"ס בבא מציעא (לג א): "תלמוד אין לך מדה גדולה מזו", ופי' רבינו חננאל: "המתעסק בתלמוד ומורה ומבאר המצות כתקנן ומגיד הלכה למעשה, אין לך מדה גדולה מזו". **וכן** מצינו לדינא לענין להקדים ולקרוא לתורה, כתב הבאר היטב (או"ח סי' קל"ו סק"א בשם שכנה"ג): "כשיש לשני בעלי בתים שמחה איזה מהם קודם, ת"ח מורה הוראה קודם לת"ח מפולפל ואינו יודע עדיין להורות הלכה למעשה".

והנה ידיעת התורה שייך רק ע"י הרבה חזרה. וכדאיתא בגמ' עירובין דף נ"ד: "מאי דכתיב לוחות האבן, אם אדם משים עצמו את לחייו כאבן זו שאינה נמחית, תלמודו מתקיים בידו ואם לאו אין תלמודו מתקיים בידו". ופרש"י: "שלחייו אינן נלאין מלחזר על למודו וללמד לאחרים". וכ"ש הלכות איסור והיתר מחמת קושי החומר, ובפרט כשזה נוגע לידיעת ההלכה למעשה שיש בו הרבה פרטים ופרטי פרטים, דשייך רק אם משים עצמו את לחייו כאבן. **ועוד** מבואר מגמ' עירובין דף נ"ג מעלת הלימוד בבהירות בלא בילבול וערבוביא, וז"ל: "בני יהודה דגמרי מחד רבה נתקיימה תורתן בידם, בני גליל דלא גמרי מחד רבה לא נתקיימה תורתן בידם". ופירש"י: "דהיו שומעין מזה בלשון זה ומזה בלשון אחר, אע"פ ששניהם אחד, שינוי לשון מבלבלן ומשכחן", עכ"ל. מבואר מזה דבלבול קשור הוא עם השכחה, וככל שמתמעט הבלבול מתמעטת השכחה.

והנה במעלות עשיית סיכומים על ענינים ארוכים ומסובכים, כדי להשיג בהירות בהם, וכדי להקל על שינונם וזכרונם, יש לה מקורות חזקים, **דאיתא** במסכת עירובין דף נ"ג: "בני יהודה דדייקי לישנא, ומתנחי להו סימנא - נתקיימה תורתן בידן, בני גליל דלא דייקי לישנא ולא מתנחי להו סימנא - לא נתקיימה תורתן בידם". ופי' רש"י: "ומתוך כך שהיו מדקדקים בלשון - יודעין להניח סימנין נאין, ואינן משתכחין מהן". **ובמסכת** תמורה דף ט"ז. "במתניתין תנא: אלף ושבע מאות קלין וחמורין, וגזירות שוות, ודקדוקי סופרים נשתכחו בימי אבלו של משה". **וכתב** רש"י: "דקדוקי סופרים - מפרש בשקלים (דף ח) שעשו התורה ספירות ספירות, כגון ט"ו נשים פוטרות צרותיהן, י"ג דברים נאמרו בנבלת עוף טהור, חמשה לא יתרומו, שצירפו הדברים ומנאום יחד שלא ישתכחו, ומאותן דקדוקין שעדיין לא צירפום, נשתכחו בימי אבלו של משה".

וכתב המאירי בהקדמה לבית הבחירה: "וזאת היא השיטה אשר תפשנו בפירושי התלמוד, אשר לנו לבאר הסוגיא בשלמות ובלא שום חסרון, ולהאריך בה באריכות כל מה שנאמר בה, ולברור אח"כ דרך פסק מה שראוי לברור ממנה". **והטור** כתב לבניו: "והוי זהיר להאריך ולהעמיק ולחפש אחר כל הספרים בדרך פסק ההלכה בדבר הצריך לעולם וכו', ובכל מסכתא שתלמוד תכתוב מעט בכל מן הפוסקים, ומן ההלכות המעורבבות כתוב הכללים, כדי שיהיו בידך, ואם תספק בא' מהם, תמצאם בפעם אחרת, ובזה יצאו דבריך לאור ותתקיים תורתך".

הקדמה

הנה לפני כמה שנים הוצאנו את ספר חזרה ברורה על הלכות איסור והיתר, להקל על החוזר, שיהא שייך לחזור על תוכן הענינים של השו"ע והנושאי כליו, והרבה מעיקרי דברי גדולי האחרונים, עם כל הפרטים והסברות והדיונים שבהם, באופן בהיר בלא שום בלבול וערבוביא, כל דבר ודבר על אופנו.

ואופן סידורו: דברי השו"ע והנושאי כלים משולבים זה בזה, כך שניתן לקרוא את כל הענין ברציפות, באופן שאין צריך להסתכל תוך השו"ע וחוץ לשו"ע, **וגם** בסדר של הנושאי כלים, פעמים לקחתי קצת מדבריהם מה שנוגע להבנת דברי השו"ע, ושמתי אותם מיד אחר השו"ע, ושאר דבריהם נתתי בסוף הענין. **וגם** חלקתי סעיפים ארוכים הכוללים כמה ענינים לקטעים יותר קצרים, ובכל קטע חלקתי אותו לפרטים ע"י השחרת ראש הענין. **וגם** לקטתי כל דבריהם המדברים בענין אחד, וסדרתי אותם על הסדר, ובמקומות שהם אומרים אותו הדבר, לא העתקתי רק מה שהם מוסיפים. **וגם** קצרתי דברי הנושאי כלים כשהם מדברים על ענינים צדדיים, וכשהם מביאים ראיות ארוכות מהסוגיות, אבל כללתי בתוכו עיקר הסברות והדיונים, וגם כללתי בתוכו דברי רעק"א והפת"ש ועוד אחרונים. **ורק** שדברי השו"ע והרמ"א וסידורם לא שונו על ידי בשום אופן, וגם דברי הנושאי כלים הובאו בדרך כלל כלשונם ממש ללא שום שינוי, מלבד במקומות שנאלצתי לשנות מעט מחמת מה שלקטתי דבריהם מאמצע הענין ולמען הסדר הטוב.

וכדי שלא יצטרך ללומד, לבדוק בכל הלכה האם הוא מדברי מהשו"ע או הרמ"א או הש"ך או הט"ז, הבאתי את דבריהם בצורת "פונטים" שונים: דברי השו"ע המחבר הובאו באותיות גדולות ברורות ב"פונט" זה: **מחבר**. ודברי הרמ"א הובאו באותיות כתב רש"י גדולות וברורות ב"פונט" זה: **רמ"א**. הציטוטים מהש"ך והנקה"כ נעשו באותיות רגילות ב"פונט" זה: ש"ך. את דברי הט"ז הכנסתי לסוגריים מרובעים ב"פונט" זה: [ט"ז]. ואת הפתחי תשובה הצגתי בסוגריים עגולים וב"פונט" שונה: (פתחי תשובה). ורעק"א, ושאר אחרונים והוספות שהוספתי, הודפסו <באופן זה>.

והנה הספר הזה "סיכומי חזרה" כולל בתוכו ומבוסס על ספר "חזרה ברורה", רק עם תוספת נפלאה של סיכומים, כי אפילו עם כל קיצור ההלכות וסידור היפה שעשינו בספר חזרה ברורה, עדיין הונח מקום להתגדר בו, שכן יש סעיפים ארוכים הכוללים דפים רבים, ובתוכם דעות רבות, ומשא ומתן וסברות ודיונים עד אין מספר, כדרכה של סוגיות עמוקות, ובפרט בהלכות או"ה שביו"ד, ואם לא יהיה סיכום תמציתי אחר כל ענין וענין, יצא הלומד מכל החומר עם הרבה בלבול, ובלי נשאר שום דבר בידו לתפוס בו.

ולכן אזרתי כגבר חלצי בע"ה, ולקחתי כל סעיף, ונתתי לה כותרת, כדי לתאר בדיוק הענין שבו עוסק הסעיף, ובמקרים של סעיפים ארוכים הכוללים נושאים מרובים, חילקתי אותם לסעיפים קטנים, ולכל אחת כותרת מיוחדת. **ובכל** סעיף ארגנתי כמיטב יכולתי את כל הנקודות והדעות השונות של כל אחת מהן, וניסיתי לכלול את הסברות העיקריות, והשתמשתי בשפה המקורית ככל האפשר, הכל בצורה מסודרת. **והדפסתי** הסיכום מיד לאחר כל סעיף שעליו הוא מבוסס, כך שעכשיו, כאשר אדם מסיים לעיין בסעיף או בקטע שלם מתוך הסעיף, הסיכום נמצא ממש מולו, ובו כל הדעות רשומות והסברות העיקריים, בסדר הגיוני, ויש לו במה להיאחז מהסעיף. **בנוסף**, הדפסתי בסוף הספר את כל הסיכומים יחד, כך שמי שרוצה לעיין רק בסיכומים, יוכל לעשות זאת בקלות.

יתן ה' שספר זה יהיה לתועלת הרבים להגדיל תורה ולהאדירה, שנוכל להיות בקיאים בדבר ה' זו הלכה, ללמוד וללמד לשמור ולעשות ולקיים, ושלא אכשל ח"ו בדבר הלכה, ושאזכה להיות ממזכי הרבים, ולראות בבנין בית המקדש בב"א.

מפתח הלכות

הלכות שחיטה

סימן א – מי הם הכשרים לשחוט

סימן ב – אם שחיטת עכו"ם ומומר כשרה

סימן ג – שחיטה אינה צריכה כוונה

סימן ד – השוחט לשם עבודת כוכבים או לשם דבר אחר מה דינו

סימן ה – השוחט לשם קדשים מה דינו

סימן ו – במה שוחטין

סימן ז – הקובע סכין בגלגל אם מותר לשחוט בו

סימן ח – שיעור סכין של שחיטה

סימן ט – השוחט בסכין מלובנת

סימן י – יתר דיני סכין

סימן יא – באיזה זמן שוחטין, ודין השוחט בתוך המים

מפתח הלכות

מפתח הלכות

הלכות שחיטה – סיכומים

מפתח הלכות

הלכות מליחה

מפתח הלכות

הלכות מליחה – סיכומים

מפתח הלכות

הלכות נדה

מפתח הלכות

סימן קצ – דיני כתמים ובדיקת האשה

סימן קצא – דין אשה שמצאה דם בהשתנה

מפתח הלכות

הלכות טבילה

מפתח הלכות

סימן קצט – שצריכה האשה לבדוק בית הסתרים, ודיני חפיפה בשבת ובחול

סימן ר – אימתי תעשה ברכת הטבילה

הלכות מקואות

סימן רב – דברים החוצצים בטבילה

הלכות נדה – סיכומים

מפתח הלכות

הלכות טבילה ומקואות – סיכומים

§ סימן א – מי הם הכשרים לשחוט §

שחיטה בנשים

סעיף א - הכל שוחטין לכתחלה, אפילו נשים – [כן הוכיחו התוס', מדתנן כל הפסולים ששחטו שחיטתן כשרה, וחשיב שם נשים ועבדים וטמא במוקדשין, ואמרינן התם דאפי' לכתחילה שוחטין, וקאמר לשון דיעבד משום טמא במוקדשין, ולא אמר משום נשים, ש"מ דנשים אפי' לכתחילה].

הגה: י"א שאין להניח נשים לשחוט, שכבר נהגו שלא לשחוט - ‹עיין תוס' דקידושין ע"ו: "אפי' בעבודות הכשרות בזרים, כגון שחיטה או הפשט, אע"ג דשחיטה כשרה בנשים ובעבדים, היינו דיעבד, אבל לכתחילה לא עבדי כ"א כשרים מיוחסין", וה"ה בחולין משום פשיעותא - גר"א›, [ההוא דיעבד לאו לענין איסור קאמרי, דודאי מותר מן הדין אפי' לכתחילה, אלא דשם מיירי בהיפוך מה שסיימו התם, דלכתחילה נמנעים מעצמם כ"א מיוחסים, או משום חומרא יתירא אין מניחין לכתחילה כ"א מיוחסין], ‹ויש ב' טעמים שאין להניח לנשים לשחוט, א' דחשידי אלפני עור, או דרגילין להתעלף - פמ"ג›, **וכן המנהג שאין הנשים שוחטות** - כ"כ האגור, ‹וז"ל: שאע"פ שדעת הפוסקים כן, המנהג בכל גלות ישראל שלא ישחטו, ומעולם לא ראיתי נוהג לשחוט, ולכן אין להניחן לשחוט, כי המנהג מבטל הלכה, ומנהג אבותינו תורה היא, עכ"ל›, **והב"י** השיג עליו, ‹וז"ל: ואני אומר שאם היה אומר שהיו רוצות לשחוט ולא הניחון, היה אפשר לומר שהיא ראיה, אך ראיית› לא ראינו אינה ראיה, ע"כ, **ולפעד"נ** דדעת האגור כמ"ש מהרי"ק, דבמנהג וכה"ג הוי לא ראינו ראיה, וכמ"ש הרב בח"מ ס"ס ל"ז.

סימן א ס"א(1) • שחיטה בנשים

הכל שוחטין לכתחלה, אפילו נשים.

וכתב רמ"א, י"א שאין להניח נשים לשחוט, שכבר נהגו שלא לשחוט, וכן המנהג שאין הנשים שוחטות, **כי** המנהג מבטל הלכה, ומנהג אבותינו תורה היא.

ויש מקשים, שאם היו רוצות לשחוט ולא הניחון, היה אפשר לומר שהיא ראיה, אך ראיית "לא ראינו" אינה ראיה, **ויש** שתירץ, דבמנהג וכה"ג הוי "לא ראינו" ראיה.

טעמים שאין להניח נשים לשחוט: **י"א** משום פשיעותא, **וי"א** דחשידי אלפני עור, **או** דרגילין להתעלף.

שחיטה בעבדים

ועבדים וכל אדם - הטור כתב: ועבדים משוחררים כו', ונ"ל לבאר דעתו, דסבר ליה דסתם עבדים יש להן כל המדות הרעות יותר מן הריקים והפוחזים, כדאמרינן בש"ס בכמה דוכתי, ואינן בחזקת כשרות, וע"כ פי' המתניתין שהביאו התו' והרא"ש דעבדים שוחטין לכתחלה, היינו במשוחררים, דאל"כ אע"פ שמל וטבל אין להאמינו על השחיטה אלא במכירים אותו שהוא כשר, ‹**לפי"ז** יקשה דלמא הש"ס דנקט דיעבד, משום דעבדים מיירי אף באינן משוחררים - רעק"א›, **אבל** כשמכירים אותו הרי הוא בכלל רוב מצוים א"ש מומחים ומוחזקים הם, וכ"כ הרשב"א ומביאו ב"י, שדעת הרמב"ם דעבדים הם בכלל רוב מצויין א"ש מומחים הן, **וא"כ** המחבר שהשמיט תיבת משוחררים אזיל לטעמיה, שכתב בב"י קשיא, מאי איריא משוחררים אפי' אינן משוחררים נמי כו', וע"כ המחבר מיירי במכירין אותן שהן כשרים דסתם עבדים אינן כשרים, אלא דלא משמע ליה דהטור ידבר באין מכירין אותן דוקא, **והא** דלא הזכירו המחבר, משום דס"ל דגם בשאר בני אדם בענין שיהא שוחט נאמן, וכדעת הרמב"ם ור"ח שהביא בב"י, ולכך לא הוצרך להזכירו, דפשיטא דלא עדיפי עבדים משאר בני אדם, **והב"ח** השיג על המחבר, שמהרמב"ם והסמ"ג משמע דבעבדים בענין דוקא יודעים שהן מומחים, ולפעד"נ כמ"ש.

[**בטור כתב עבדים משוחררים, ותמה ב"י, הא משוחרר הוא כישראל גמור, וכבר צווחי קמאי ובתראי בענין זה,** ‹**הב"י** תמה רק דמה אירי' משוחררים אפי' אין משוחררים נמי - רעק"א. **ול"נ** דא"כ למה ליה להב"י לומר "זה פשוט", הא במשנה דכל הפסולים תנן עבדים, אלא להכניס כל זה בקושיא, כלומר זה פשוט ולא הוה למתני כלל, ועל כרחך באין משוחררים מיירי, ועל זה תירץ הט"ז... - פמ"ג›, **ולי נראה דאע"פ שהוא משוחרר אינו כישראל גמור מצד הסברא, שכן מצינו במדרש ילקוט אחרי מות וז"ל,** בתוככם לרבות נשים ועבדים משוחררים, הרי לפניך דעבד משוחרר צריך ריבויא כמו אשה, א"כ אף במשנה דחשיב כאן נשים ועבדים, י"ל דבמשוחררים קמיירי, וילמוד סתום מן המפורש במקום אחר].

סימן א – מי הם הכשרים לשחוט
סעיף א – שחיטה בעבדים

זהו שיבוש, דא"כ בכ"מ במשנה וש"ס בסתם עבדים היינו משוחררים, והא ודאי ליתא, וכמה סוגיות בש"ס לא מוכחי הכי, וכל הש"ס והפוסקים מלא מזה דסתם עבדים היינו שאינן משוחררים... **גם** אישתמיטתיה כמה סוגיות בש"ס, דלא הו"ל להביא מהילקוט, דידוע שספרי הילקוט מוחזקים בטעויות, ומדרש ילקוט זה מת"כ, ושם לא הוזכר משוחררים, **וטפי** הו"ל לאתויי ממאי דאיתא במנחות, גרים ועבדין משוחררים מנין, ת"ל המקריב, וכן בפרק הערל ובספ"ק דכריתות, גיורת ושפחה משוחררת מנין, ת"ל ואשה, וכה"ג טובא, **אלא** ודאי שאני התם כדאיתא בש"ס להדיא, בני ישראל כו', משוחררים מנין, והיינו דכיון דכתיב בני ישראל הוה ממעטינן משוחררים, דהוי אמרינן מדאיצטריך למיכתב בני ישראל, אלמא דוקא בנ"י, וכדאיתא בתוס' שם, **וה"נ** אפי' הוי גירסת הילקוט אמת, הא בעריות כתיב נמי בני ישראל - נקה"כ.

‹**ומ"מ** אפשר לדינא מודה הט"ז דאף עבדים שאין משוחררים, וכסתימת המחבר, אלא שרצה ליישב קושית הב"י על הטור. **ולענין** דינא, אף שהרמ"א כתב אין לנשים לשחוט וכן המנהג, היינו מפני עילוף, ובעבדים לא שייך זה, **ואפשר** דלא שייך וכן המנהג בעבדים, דאין מצויין כלל בינינו – פמ"ג.

סימן א ס"א(2) • שחיטה בעבדים

ואפי' עבדים וכל אדם.
והטור כתב: ועבדים משוחררים. **דס"ל** דסתם עבדים יש להן כל המדות הרעות יותר מן הריקים והפוחזים, ואינן בחזקת כשרות, ואע"פ שמל וטבל אין להאמינו על השחיטה אלא במכירים אותו שהוא כשר, **אבל** כשמכירים אותו הרי הוא בכלל רוב מצוים אצל שחיטה מומחים ומוחזקים הם – ש"ך.
והמחבר שהשמיט תיבת משוחררים, ע"כ מיירי במכירין אותן שהן כשרים, דסתם עבדים אינן כשרים, **ומשום** דס"ל דגם בשאר בני אדם בעינן שיהא שוחט נאמן, ולא עדיפי עבדים משאר בני אדם.
וי"א דבעבדים בעינן דוקא שיודעים שהן מומחים, דאינם בכלל רוב מצוים אצל שחיטה מומחים – ב"ח.

ויש שהקשה, הא משוחרר הוא כישראל גמור, **ותירץ** דאינו כישראל גמור מצד הסברא. **ויש** שמפקפק בדבריו.

וי"א לענין דינא, דאף שהרמ"א כתב דאין לנשים לשחוט וכן המנהג, היינו מפני עילוף, ובעבדים לא שייך זה, **ואפשר** דלא שייך "וכן המנהג" בעבדים, דאין מצויין כלל בינינו.

רוב המצויין אצל שחיטה מומחין ומוחזקין

אפילו אין מכירין אותו שמוחזק לשחוט שלא יתעלף, וגם אין יודעין בו שהוא מומחה ויודע הלכות שחיטה, מותר ליתן לו לכתחלה לשחוט - פי' על סמך שיבדקנו אחר השחיטה אם הוא מומחה, ‹**ולא** חיישינן דלמא משתלי ואכיל בלא בדיקה, משום דלדרווחא דמלתא שיילינן ליה – באר היטב›, **ומותר לאכול משחיטתו, שרוב הרגילין לשחוט הם בחזקת מומחין ומוחזקין.**

עיין בחו"מ סי' ש"ו ס"ז, גבי טבח אומן שקלקל, דצריך להביא ראיה שהוא מומחה, ולא אמרינן בכה"ג רוב מצויין אצל שחיטה מומחים הן. ‹**טעמא** לא ידענא, דאם נימא כיון דקלקל הוי ריעותא, ואזדא הרוב, א"כ נימא דכל מה ששחט עוד בלא אחרים רואים אותו דאסור, ולא יהיה רשאי למסור לו לשחוט, ולא מצינו חידוש דין זה, וצ"ע – רעק"א›.
‹**וכפי** הנראה הטעם, דאין הולכין בממון אחר הרוב – פמ"ג›.

במה דברים אמורים, בשאינו לפנינו, אז מותר לאכול משחיטתו וסומכים על החזקה. אבל אם הוא לפנינו, צריך לבדקו אם הוא מומחה ויודע הלכות שחיטה - ‹כיון דהוא מיעוט המצוי טובא, וכמו בטריפות הריאה – גר"א›, **אבל אין צריך לשאלו אם נתעלף** - ‹לשון גמר' רוב מצויין וכו', לעלופי לא חיישינן, ולא אמר ג"כ לשאין מומחין לא חיישינן, אלמא לאו כי הדדי נינהו, דשם אפי' איתא לא חיישינן – גר"א›.

ז"ל הב"ח, כתב ראב"ן דנ"ל דאף רבינא, ‹דסבר שלא סמכינן על רוב מצויין אצל שחיטה מומחין הם›, לא קאמר דאם שחט בודקים אותו, אלא כשישנו לפנינו ומצינן למיבדקיה כו', **ולפ"ז** לדידן כשאינו לפנינו אוכלים משחיטתו אפי' מצינן למירדף אבתריה, עכ"ל, **וק"ל** .. ויש ליישב... והוא דוחק, ומדברי שאר פוסקים לא נראה פי' זה, **ולפי** דברי הרב בהג"ה אין נפקותא בכל זה.

הגה: וי"א שאין לסמוך על החזקה אלא בדיעבד, אבל לכתחלה אין לסמוך על חזקה במקום דיכולין לברר - ‹דלכתחלה אין נותנין לו לשחוט אדעתא לבדוק אותו אח"כ אם הוא מומחה – פרישה›.

[**הוא** דעת א"ז, וכן ס"ל לבעל העיטור בדברי הטור, דבעילוף לא חיישינן כלל לא בתחילה ולא בסוף, ולענין מומחה אין לסמוך אלא בדיעבד, ולדידהו הא

דאמרינן בגמר' רוב מצויין אצל שחיטה מומחין הן, היינו דוקא בדיעבד, וס"ל דבדיעבד אפי' בדיקה לא בעי].

סי' א ס"א(3) • רוב המצויין אצל שחיטה מומחין ומוחזקין

אפי' אין מכירין אותו שמוחזק לשחוט שלא יתעלף, וגם אין יודעין בו שהוא מומחה ויודע הלכות שחיטה, **מותר** ליתן לו לכתחלה לשחוט, על סמך שיבדקנו אחר השחיטה אם הוא מומחה, (**ולא** חיישינן דלמא משתלי ואכיל בלא בדיקה, משום דלרווחא דמלתא שיילינן ליה), **ומותר** לאכול משחיטתו, **שרוב** הרגילין לשחוט הם בחזקת מומחין ומוחזקין.

נפסק בחו"מ, דטבח אומן שקלקל, צריך להביא ראיה שהוא מומחה, ולא אמרינן בכה"ג רוב מצויין אצל שחיטה מומחים הן. **י"א** דצ"ע החילוק, **וי"א** הטעם, דאין הולכין בממון אחר הרוב.

בד"א דמותר לאכול משחיטתו, בשאינו לפנינו, דאז סומכים על החזקה. **אבל** אם הוא לפנינו, צריך לבדקו אם הוא מומחה ויודע הלכות שחיטה, כיון דהוא מיעוט המצוי טובא, (וכמו בטריפות הריאה), **אבל** אין צריך לשאלו אם נתעלף דלזה לא חיישינן כלל, ואינו כסתם רוב.

וי"א דכשאינו לפנינו אוכלים משחיטתו אפי' מצינן למירדף אבתריה, **ומדברי** שאר פוסקים לא נראה כן, **ולפי** דברי הרמ"א להלן אין נפקותא בכל זה.

כתב הרמ"א, וי"א שאין לסמוך על החזקה אלא בדיעבד, אבל לכתחלה אין נותנין לו לשחוט אדעתא לבדוק אותו אח"כ אם הוא מומחה, דאין לסמוך על חזקה במקום דיכולין לבררו.

כתב הס"ז דלשיטה זו, בעילוף לא חיישינן כלל לא בתחילה ולא בסוף, **ולענין** מומחה אין לסמוך אלא בדיעבד, ובדיעבד אפי' בדיקה לא בעי.

מה צריך להשוחט עצמו כדי שישחוט

וכל זה מיירי באחרים, שאינן בקיאין ויודעין אם זה השוחט בקי או לא, אבל השוחט עצמו לא ישחוט, אע"פ שיודע הלכות שחיטה ומומחה, עד ששחט ג' פעמים בפני חכם ומומחה בהלכות שחיטה, שיודע שהוא רגיל וזריז שלא יתעלף –

[ברמב"ם וטור לא כתוב ומומחה, ונראה דרמ"א בא ללמדינו דתרתי בעינן, ולא סגי ליטול קבלה מן המומחה בשחיטות לחוד, רק מחכם בלא"ה ג"כ, כי הוא יודע לנסותו היטב, ואותן הנוטלים קבלה מן השוחטים שאינן חכמים בלא"ה, לא יפה הם עושים].

והמנהג להתחיל לשחוט בתרנגולים, ובתוך ג' יהיה תרנגול זכר, מפני שהשחיטה קשה בו מחשש שמוטה – חכ"א, ואסור ליקח שכר על זה, וגם התרנגולים אל יהנה הת"ח מהן, אלא יתנם לעניים, **ואפילו** מי שהוא בקי לשחוט תרנגולים, אינו יכול לשחוט העופות הקטנים, דהיינו הצפרים ותורים ובני יונה הקטנים, אלא מי ששחט אותם כבר ואתמחי, ומה שאין נותנים בתחלה לשחוט אותם לאתמחי בהו, היינו משום דלא שכיחי כו', **ומש"ה** ראיתי אפי' מומחים גדולים היו מדקדקים, שמתי שבא לידם עוף קטן שהיו שוחטים אותו עם התרנגול, כדי להסתלק מן החשש ברכה לבטלה, כל זה מדברי מהרש"ל, **ואעפ"כ** ראיתי השוחטים נוהגים לשחוט שני צפרים או יונים קטנים יחד, ותו לא, משום דלכולי האי לא חיישינן שיתנבלו שניהם.

סי' א ס"א(4) • מה צריך להשוחט עצמו כדי שישחוט

וכתב הרמ"א, דכ"ז מיירי באחרים, שאינן בקיאין ויודעין אם זה השוחט בקי או לא, **אבל** השוחט עצמו לא ישחוט, אע"פ שיודע הלכות שחיטה ומומחה, עד ששחט ג"פ בפני חכם ומומחה בהל' שחיטה, שיודע שהוא רגיל וזריז שלא יתעלף.

וכתב הס"ז, דהרמ"א בא ללמדינו דלא סגי ליטול קבלה מן המומחה בשחיטות לחוד, רק מחכם בלא"ה ג"כ, כי הוא יודע לנסותו היטב, **ואותן** הנוטלים קבלה מן השוחטים שאינן חכמים בלא"ה, לא יפה הם עושים.

והמנהג להתחיל לשחוט ג' תרנגולים, ובתוכם יהיה זכר, (מפני שהשחיטה קשה בו מחשש שמוטה), **ואסור** ליקח שכר ע"ז, **וגם** התרנגולים אל יהנה הת"ח מהן, אלא יתנם לעניים.

ואפילו מי שהוא בקי לשחוט תרנגולים, אינו יכול לשחוט העופות הקטנים, דהיינו הצפרים ותורים ובני יונה הקטנים, אלא מי ששחט אותם כבר ואתמחי, **ומה** שאין נותנים בתחלה לשחוט אותם לאתמחי בהו, היינו משום דלא שכיחי.

ואפי' מומחים גדולים היו מדקדקים, שמתי שבא לידם עוף קטן, שהיו שוחטין אותו עם התרנגול, כדי להסתלק מן החשש ברכה לבטלה.

ויש שוחטים שנוהגים לשחוט שני צפרים או יונים קטנים יחד, ותו לא, משום דלכולי האי לא חיישינן שיתנבלו שניהם.

דיני קבלה, ורוב מצויין בזה"ז

ולכן נוהגין שאין אדם שוחט אלא א"כ נטל קבלה לפני חכם, ואין החכם נותן לו קבלה עד שידע בו שהוא יודע הלכות שחיטה, ובקי ביד -

(עיין תשובת נו"ב שכתב, בשוחט שידיו מרתיתים, ואמנם הוא מרגיש בפגימה דקה, וגם אומר ברי לו שאינו נכשל בשום דבר, כי אין הרתיתות מזיק לו, **דודאי** יש להעביר השוחט ההוא לכתחלה, **אבל** אין אוסרין שחיטתו למפרע, דלא גרע ממי שדרכו להתעלף בסעיף ג', דאם אמר ברי לי כשר, **והש"ך** שם מקיל אף בשותק, אלא שהתב"ש אוסר בשותק, אבל באומר ברי לי לכו"ע כשר, ע"ש).

סימן א – מי הם הכשרים לשחוט
סעיף א – דיני קבלה, ורוב מצויין בזה"ז

ולכן נוהגין שכל הבאין לשחוט, סומכין עליהם לכתחלה, ולא בדקינן אותם לא בתחלה ולא בסוף, דכל המצויין אצל שחיטה כבר נטלו קבלה לפני חכם - ‹דטעמא דאיתא קמן צריך לבודקו, משום דמיעוט המצוי הוא כנ"ל, משא"כ בכה"ג דהוי מיעוט שאינו מצוי, ד"מ - גר"א›.

ובקצת מקומות נוהגין להחמיר עוד, דהמקבל נוטל כתב מן החכם, לראייה שנתן לו קבלה - ‹כתב בית לחם יהודה, דאין ליתן קבלה על קלף, דאימא גנב ומחק שמו של השוחט, וכתב שמו שם - פמ"ג›.

(**עיין** בשמלה חדשה שכתב, במדינות אלו שאין שוחטין בלי קבלה, אם עבר ושחט בלא קבלה, אע"פ שהוא מומחה ומוחזק, מ"מ שחיטתו אסורה כו', ע"ש, **ועיין** בתשובת ברית אברהם שחולק עליו, והעלה דאין לאסור דיעבד, ע"ש).

(**ועיין** בתשובת חות יאיר, בכפר שדרים בו איזה בעלי בתים, ותמיד מחזיקים אצלם שוחט ובודק, וסמוך ליו"ט של פסח נפל למשכב, ואחד מן הבע"ב מומחה ויודע הלכות שחיטה, רק שמעולם לא שחט ולא בדק ולא נטל קבלה, אם רשאי לשחוט, **והשיב** שמצד הדין מותר לשחוט אחר שהוא שעת הדחק וכבוד יו"ט, ומ"מ לבי מהסס להתיר בדורות הללו שכבר גדלה המכשלה כו', **ומיהו** רשאי לשחוט עופות שאין צריך בדיקת הריאה אצל שוחט, ובודק החולה, שהרי בכהאי גוונא יש מתירין לכתחלה, ולכבוד יו"ט בודאי שרי, **ואפי'** אם יש להם בשר רק שהוא מלוח יותר משני ימים, מאחר שאין בו שמחה רשאי לשחוט, ואע"ג דקיי"ל דאין יוצא ידי שמחת החג בבשר עופות, מ"מ עדיף טפי מבשר מלוח ישן, **וה"ה** דשרי לשחוט בהמה, רק שאם יארע לו שום שינוי ושום ספק בבדיקת הריאה, וא"א להחולה להיטפל ולמעך, בזה יטריף, כי ודאי בבדיקה צריך אומן יד והרגל והרגשה, ויש להחמיר בו טפי מבשחיטה, ע"ש עוד. **ועיין** בתשובת שבות יעקב, דשוחט שלא שחט מעולם אין לשחוט לכתחלה ביו"ט, ע"ש).

(**עבה"ט** מ"ש יוכל האב לסמוך את בנו בשחיטה, מאחר דע"א נאמן באיסורין כו', כן כתב גם אא"ז בתשובת פנים מאירות, **וגדולה** מזו דאפי' אם בדקוהו ומצאו שא"י הלכות שחיטה, אף שכתב רמ"א דאם לא נטל קבלה דאסרינן כל הכלים למפרע, מ"מ בנ"ד שאביו מעיד שהיה בקי, אמרינן השתא הוא דאיתרע ולמד ושכח ומותרים הכלים למפרע, ע"ש. **ועיין** בתשובת שבות יעקב שכ', דמ"מ לכתחלה יש ליטול קבלה מאחר שאינו קרובו).

סימן א ס"א(5) • דיני קבלה, ורוב מצויין בזה"ז

כתב רמ"א, ולכן נוהגין שאין אדם שוחט אא"כ נטל קבלה לפני חכם, **ואין** החכם נותן לו קבלה עד שידע בו שהוא יודע הלכות שחיטה, ובקי ביד.

ובקצת מקומות נוהגין להחמיר עוד, דהמקבל נוטל כתב מן החכם, לראייה שנתן לו קבלה. **וי"א** דאין ליתן קבלה על קלף, דאימא גנב ומחק שמו של השוחט, וכתב שמו שם.

ולכן נוהגין שכל הבאין לשחוט, **סומכין עליהם לכתחלה**, ולא בדקינן אותם לא בתחלה ולא בסוף, דכל המצויין אצל שחיטה כבר נטלו קבלה לפני חכם, והוי מיעוט שאינו מצוי.

אם עבר ושחט בלא קבלה, במדינות אלו שאין שוחטין בלי קבלה, **י"א** דאע"פ שהוא מומחה ומוחזק, מ"מ שחיטתו אסורה, **ויש** שחולק עליו, והעלה דאין לאסור דיעבד.

י"א דהאב יוכל לסמוך את בנו בשחיטה, מאחר דע"א נאמן באיסורין, **וגדולה** מזו דאפי' אם בדקוהו ומצאו שא"י הלכות שחיטה, אף שכתב רמ"א דאם לא נטל קבלה דאסרינן כל הכלים למפרע, מ"מ בנ"ד שאביו מעיד שהיה בקי, אמרינן השתא הוא דאיתרע, ולמד ושכח ומותרים הכלים למפרע. **ומ"מ** לכתחלה יש ליטול קבלה מאחר שאינו קרובו.

כפר שדרים בו איזה בעלי בתים, ותמיד מחזיקים אצלם שוחט ובודק, וסמוך ליו"ט של פסח נפל למשכב, ואחד מן הבע"ב מומחה ויודע הלכות שחיטה, רק שמעולם לא שחט ולא בדק ולא נטל קבלה, **י"א** שמצד הדין מותר לשחוט אחר שהוא שעת הדחק וכבוד יו"ט, **ומ"מ** לבי מהסס להתיר בדורות הללו שכבר גדלה המכשלה כו', **ומיהו** רשאי לשחוט עופות שא"צ בדיקת הריאה אצל שוחט, ובודק החולה, שהרי בכה"ג יש מתירין לכתחלה, ולכבוד יו"ט בודאי שרי, **ואפי'** אם יש להם בשר רק שהוא מלוח יותר משני ימים, מאחר שאין בו שמחה רשאי לשחוט, ואע"ג דקיי"ל דאין יוצא ידי שמחת החג בבשר עופות, מ"מ עדיף טפי מבשר מלוח ישן, **וה"ה** דשרי לשחוט בהמה, רק שאם יארע לו שום שינוי ושום ספק בבדיקת הריאה, וא"א להחולה להיטפל ולמעך, בזה יטריף, כי ודאי בבדיקה צריך אומן יד והרגל והרגשה, ויש להחמיר בו טפי מבשחיטה.

וי"א דשוחט שלא שחט מעולם אין לשחוט לכתחלה ביו"ט.

שוחט שידיו מרתיתים, ואמנם הוא מרגיש בפגימה דקה, וגם אומר ברי לו שאינו נכשל בשום דבר, כי אין הרתיתות מזיק לו, **י"א** דודאי יש להעביר השוחט ההוא לכתחלה, **אבל** אין אוסרין שחיטתו למפרע, **דלא** גרע ממי שדרכו להתעלף בס"ג, דאם אמר ברי לי כשר לכו"ע, **והש"ך** שם מקיל אף בשותק, אבל יש אוסרים בשותק.

שהשוחט יהיה שגור בהל' שחיטה, ושב"ד ידרוש ויחקור אחר הבודקים והשוחטים

וכל שוחט, אע"פ שנטל קבלה, יראה שיחזור לפרקים - «וזהו ל' יום - באר היטב», **הלכות שחיטה, שיהיו שגורים בפיו ובלבו שלא ישכחם** - «אמר מהר"ש שקבלה בידו מאחיו הר"ר יונה ז"ל, שיש לכל שוחט ושוחט כשמתחיל לשחוט לחזור הל' שחיטה ובדיקות בכל יום פעם אחת, וכן יעשה לשלשים יום, ואח"כ יחזור בכל חדש פעם א', וכן יעשה שנה תמימה, ואח"כ לכל תקופה, וכן יעשה כל ימי חייו, ואם לא עשה כן שחיטתו פסולה, עכ"ל - באר הגולה».

[**אע"פ** דבשאר הוראות אין צריך שידע המורה בעל פה כל ההוראות, מ"מ בשחיטה שהיא מסורה לכל החמירו בזה, **ונראה** ראיה מלשון התלמוד באוקימתא דרבינא בלשון זה, "שיודעין בו שיודע לומר הלכות שחיטה", האי "לומר" הוא לשון יתר לכאורה, **אלא** דקמ"ל דצריך לומר ההלכות בעל פה, **וראינו** רבים מתפרצים אין נותנים לב תמיד לחזור ההלכות, **לכן** נהגו גדולים לחקור אחר השוחטים אע"פ שנטלו קבלה, ולמוכיחים יונעם].

וכמו שהדין בהלכות שחיטה ובמי שבא לשחוט, כך הוא הדין בהלכות בדיקות הריאה ובמי שבא לבדוק, ודינם ומנהגם שוה בכל זה - «יש לעיין מנ"ל זה, הא אמרינן היכי דאפשר לברר מבררינן, אבל לענין בדיקת הריאה דליכא חזקת איסור, י"ל דא"צ לברר, **וגם** הא הוי ב' רובי, רוב בהמות כשרות, ורוב בודקים מומחים, דא"צ לברר - רעק"א».

ויש לב"ד לחקור ולדרוש אחר הבודקים והשוחטים, ולראות שיהיו בקיאים ומומחים וכשרים, כי גדול איסור המכשלה בשחיטות ובדיקות המסורים לכל - «ובס' היראה מזהיר שלא ליתן קבלה לשום אדם שהוא קל בדעות, כ"א ליראי שמים, **ובפרט** הרגילים לשתות ביותר, ואף שאינם שכורים, כי הם אינם מרגישים אם הם שכורים או לא, וידיהם כבדות מרוב שתייתם, **וגם** להזהירם על בדיקת הסכין באימה ויראה - בה"ט».

סימן א ס"א(6) • שהשוחט יהיה שגור בהל' שחיטה, ושב"ד ידרוש ויחקור אחר הבודקים והשוחטים

וכל שוחט אע"פ שנטל קבלה, יראה שיחזור כל ל' יום הלכות שחיטה, שיהיו שגורים בפיו ובלבו שלא ישכחם, **וחמיר** משאר הוראות, משום דשחיטה מסורה לכל.
וראינו רבים מתפרצים שאין נותנים לב תמיד לחזור ההלכות, **ולכן** נהגו גדולים לחקור אחר השוחטים אע"פ שנטלו קבלה.
וי"א דכשמתחיל לשחוט יחזור הל' שחיטה ובדיקות בכל יום פעם אחת, וכן יעשה לל' יום, **ואח"כ** יחזור בכל חדש פעם א', וכן יעשה שנה תמימה, **ואח"כ** לכל תקופה, וכן יעשה כל ימי חייו, **ואם** לא עשה כן שחיטתו פסולה.

וכמו שהדין בהלכות שחיטה ובמי שבא לשחוט, כך ה"ה בהל' בדיקות הריאה ובמי שבא לבדוק, ודינם ומנהגם שוה בכל זה.
וי"א דלענין בדיקת הריאה דליכא חזקת איסור, י"ל דא"צ לברר, **וגם** הא הוי ב' רובי, רוב בהמות כשרות, ורוב בודקים מומחים, דא"צ לברר.

ויש לב"ד לחקור ולדרוש אחר הבודקים והשוחטים, ולראות שיהיו בקיאים ומומחים וכשרים, כי גדול איסור המכשלה בשחיטות ובדיקות המסורים לכל.
ויש שמזהיר שלא ליתן קבלה לשום אדם שהוא קל בדעות, כ"א ליראי שמים, **ובפרט** הרגילים לשתות ביותר, ואף שאינם שכורים, אינם מרגישים אם הם שכורים או לא, וידיהם כבדות מרוב שתייתם, **וגם** להזהירם על בדיקת הסכין באימה ויראה.

בדקו איזה שוחט ובודק ונמצא שאינו יודע

ואם בדקו איזה שוחט ובודק ונמצא שאינו יודע, אם נטל פעם אחת קבלה, אין מטריפין למפרע מה ששחט, דאמרינן השתא הוא דאתרע; אבל אם לא נטל קבלה מעולם, כל מה ששחט טריפה, גם כל הכלים שבשלו בהן מה ששחט, צריכין הכשר - כן למד הרב מתשובת הרשב"א, שכ' לאסור הכל למפרע, ובחידושי אגודה פסק דאוקי שוחט אחזקתו, ועד עתה ידע, **והשוה** אותם הרב בד"מ, דחדושי אגודה מיירי שנטל פעם אחת קבלה, דמוקמינן ליה אחזקתו עד השתא, וגם הרשב"א מודה לזה כדמוכח מדבריו ע"ש, **אבל** כשלא נטל קבלה מעולם, דאז לא היה לו חזקת ידיעה מעולם, מטריפין כל מה ששחט למפרע, **וזה** דלא כהלבוש עט"ז שהביא שתי דעות בזה, ע"ש.

(**כתב** בתשובת בית יעקב, דמה דאסרינן שחיטתו למפרע, הוא ודאי איסור כיון דהוא תרתי לריעותא, השוחט איתרע, והבהמה בחזקת איסור, ע"ש).

סימן א – מי הם הכשרים לשחוט
סעיף א – בדקו איזה שוחט ובודק ונמצא שאינו יודע

‹**משמע** דגם בבודק שבדקו אותו ואינו יודע הל' בדיקה, אוסרין למפרע, ולענ"ד צע"ג, דלו יהא דמחשבינן הבדיקות שלו לאין, מ"מ לא גרע מנאבדה הריאה דכשר – רעק"א›.

הקשה בד"מ, מ"ש מבהמה שנמצאת טרפה, שהגבינות שנעשו ממנה כשרים, אם נוכל לומר השתא הוא דנטרפה, מטעם דרוב בהמות כשרות הם, ואמרינן העמד בהמה על חזקתה, **ותירץ** דיש לחלק בין רוב בהמות כשרות, שהרוב הוא לכל הבהמות שבעולם, ולכן מקרי שפיר רוב, אבל הכא דוקא רוב מצויים א"ש מומחין הן, אבל רוב בני אדם אינן מומחין, ולכן לא מקרי חזקה זו מחמת רוב, **ועוד** אפשר דלא דמי, דהתם י"ל דלא יצאת מחיים, רק השתא סמוך לשחיטה נטרפה, משא"כ בשוחט, ‹בשכחה, על כרחך יצא זמן מה – פמ"ג›, עכ"ל, **ולפעד"נ** דלא דמי, דהתם י"ל משעה שנולדה כשרה היתה, והשתא הוא דנטרפה, אבל הכא ע"כ משנולד לא ידע כלום, וא"כ נצטרך לומר למד ושכח, וזה לא אמרינן, **ועוד** דכיון דהשתא אינו יודע, מוכחא מלתא דלא ידע מעולם, דאין דרך לשכוח הלכות שחיטה שצריך להיות רגיל בהן, אבל אם נטל קבלה, ע"כ צ"ל דשכח, ואפשר שגם זה הוא בכלל דברי הרב.

[... **וע"כ** אומר אני, אף כי דבר זה נפתח בגדולים, שבעל אגודה פסקו להיתר ורמ"א מביאו, נסתיים בקטנים כמוני מחמת הראיות שבירנו, להחמיר ולאסור הבשר שישנו עדיין משחיטתו של שוחט זה, **ולא יאכל**, והכלים הידועים שנתבשלו בו מהם יש לאוסרם, והרוצה להקל יראה בעיניו שיסתור בנין שזכרנו ואחר יאכל, **כן נראה לענ"ד**]. ‹**ועיין** בנקה"כ מה שחולק על ראיותיו›.

ולפי מ"ש מי שהיה בודק ואחר כך נמצא שיצא טרפה מתחת ידו בפשיעתו לא מחמת חסרון ידיעתו, הכלים כשרים מדינא, ואמרינן אוקמינן אחזקתיה ועד השתא כשר היה, **וכן** העתיק מהרש"ל תשובת מהר"מ כ"ץ, ועל הכלים שהגעילו בני עירו להחזיקו בחשוד למפרע, לא יפה כוונו, דלא מחזקינן ליה בחשוד למפרע כו', עד מיהו אם בדקוהו ולא גמיר, ודאי יש לאסור כל שחיטתו למפרע, ע"כ, וכן הביא הב"י, **כתב** א"ח בשם התוספתא, שאפי' מי שהמיר אינו חשוד למפרע, שאם שחט ונקר חלב ואח"כ המיר באותו יום, הכל כשר, ע"כ.

‹**תמוה** לי דכתב כן בפשיטות, הא הרשב"א אוסר בחשוד על מה ששחט למפרע – רעק"א›.

‹**עש"ך**, דשוחט שהמיר או הוציא טרפה מת"י בפשיעה, יש להתיר למפרע, **ועיין** ט"ז בסימן קי"ט, דאוסר למפרע, וכן דעת התב"ש, **ועיין** בשו"ת עבודת הגרשוני שהוכיח כדעת הפוסקים דבחשוד אין צריך לחוש למפרע ע"ש, וכ"כ בתשובת מים רבים, **וכן** העלה בתשובת ברית אברהם, דבחשוד א"צ לחוש למפרע›.

‹**ולפי** זה יש להחמיר בדאורייתא, ומכל מקום כלים שאינם בני יומם, יש להתיר בהפסד מרובה – פמ"ג›.

‹**אך** בסוף התשובה כתב בתשובת מים רבים לחלק בין חשוד במזיד, דאחזו היצר להעבירו על דת, לא נחשד למפרע, **מה** שאין כן באם עשה כן מחמת עצלות, גרע טפי, ויש לחוש על למפרע, ע"ש, **ובתשובת** ברית אברהם כתב דיש לדון על החילוק הנ"ל›.

סי' א ס"א(7) • בדקו איזה שוחט ובודק ונמצא שאינו יודע

ואם בדקו איזה שוחט ובודק ונמצא שאינו יודע: אם נטל פעם אחת קבלה, אין מטריפין למפרע מה ששחט, דמוקמינן ליה אחזקתו עד השתא, ואמרינן השתא הוא דאתרע, **אבל** אם לא נטל קבלה מעולם, דאז לא היה לו חזקת ידיעה מעולם, כל מה ששחט טריפה, **גם** כל הכלים שבשלו בהן מה ששחט, צריכין הכשר.
וי"א דהוא ודאי איסור, כיון דהוא תרתי לריעותא, השוחט איתרע, והבהמה בחזקת איסור.
וגם בבודק אוסרין למפרע, וי"א דצע"ג, דלו יהא דמחשבינן הבדיקות שלו לאין, מ"מ לא גרע מנאבדה הריאה דכשר.

הקשה בד"מ, מ"ש מבהמה שנמצאת טרפה, שהגבינות שנעשו ממנה כשרים, אם נוכל לומר השתא הוא דנטרפה, מטעם דרוב בהמות כשרות הם, ואמרינן העמד בהמה על חזקתה, **ואמאי** הכא אסרינן למפרע:
ותירץ הד"מ, דיש לחלק בין רוב בהמות כשרות, שהרוב הוא לכל הבהמות שבעולם, ולכן מקרי שפיר רוב, **אבל** הכא דוקא רוב מצויים אצל שחיטה מומחין הן, אבל רוב בני אדם אינן מומחין, ולכן לא מקרי חזקה זו מחמת רוב.
ועוד דהתם י"ל דלא נעשה מחיים, רק השתא סמוך לשחיטה נטרפה, **משא"כ** בשוחט, דבשכחה על כרחך יצא זמן מה.
והש"ך תירץ, דהתם י"ל משעה שנולדה כשרה היתה, והשתא הוא דנטרפה, **אבל** הכא ע"כ משנולד לא ידע כלום, וא"כ נצטרך לומר למד ושכח, וזה לא אמרינן, **ועוד** דכיון דהשתא אינו יודע, מוכחא מלתא דלא ידע מעולם, דאין דרך לשכוח הל' שחיטה שצריך להיות רגיל בהן, **משא"כ** אם נטל קבלה, ע"כ צ"ל דשכח, **ואפשר** שגם זה הוא בכלל דברי הד"מ.

ושיטת הט"ז, דאף כשנטל קבלה, יש להחמיר ולאסור למפרע הבשר שישנו עדיין משחיטתו של שוחט זה, ולא יאכל, **והכלים** הידועים שנתבשלו בו מהם יש לאוסרם, **והרוצה** להקל יראה בעיניו שיסתור הראיות שזכרנו ואחר יאכל, **ועיין** בנקה"כ שחלק על כל ראיותיו.

לפי דברי הש"ך, מי שהיה בודק ואח"כ נמצא שיצא טרפה מתחת ידו בפשיעתו לא מחמת חסרון ידיעתו, **הכלים** כשרים מדינא, ואמרינן אוקמינן אחזקתיה ועד השתא כשר היה, דלא מחזקינן ליה בחשוד למפרע, **ואפי'** מי שהמיר אחר ששחט ונקר חלב באותו יום, אינו חשוד למפרע, והכל כשר.
ויש שמתמיה עליו במה דכתב כן בפשיטות, הא הרשב"א אוסר בחשוד על מה ששחט למפרע.
והט"ז והתב"ש, אוסרים בחשוד למפרע, **וכמה** אחרונים פסקו כהש"ך. **וי"א** דיש להחמיר בדאורייתא, **ומ"מ** כלים שאינם בני יומם, יש להתיר בהפסד מרובה.
ויש מחלקים בין חשוד במזיד, דאחזו היצר להעבירו על דת, דלא נחשד למפרע, **משא"כ** באם עשה כן מחמת עצלות, זה גרע טפי, ויש לחוש על למפרע.

יצא מכשול מתחת ידיו

(**טבח** שמכר בשר שלא הודח, ולא נמלח יותר מג' ימים אחר השחיטה, ולא הגיד לקונים שלא יאכלו כי אם צלי אש, **מצד** הדין אין להעבירו, אם לא למגדר מלתא, עבודת הגרשוני – בה"ט).

(**ועיין** בתשובת אא"ז פנים מאירות שפסק, בשוחט ששאלו אותו על הבהמה ששחט ובדק אם היא כשירה, ואמר לפני עדים שכשירה היא, ואח"כ מצאו סרכה גדולה שנטרפה ע"י סרכה זו, **שאין** להעבירו, מטעם שיכול לומר שוגג הייתי ומחמת מהירות כאשר מצוי הוא מכשול כזה, **ואף** דטבח שיצא טרפה מת"י אין לו התנצלות לומר שוגג הייתי, כמ"ש לקמן סימן קי"ט סעיף י"ז, **שאני** הכא דיש להשוחט הוכחה ואומדנא ע"ז, דאם היה רוצה להכשיל במזיד, היה לו לנתק הסרכה בענין שלא היו מרגישים כלל, והביא דברי מהרש"ל שכתב סברה זו. **וכתב** עוד, אך באשר שרב העיר העבירו מאומנתו למגדר מלתא, ומצינו שגדולי ראשונים העבירו השוחט על שלשים יום, והשוחט עשה שלא כהוגן שלא קיבל גזירת הרב, ראוי לאסור הכלים מה שבישלו משחיטתו אחר העברתו, ע"ש).

(**ועיין** בתשובת נו"ב, שכתב בשוחט שהעיז נגד הרב, ואסר הרב את שחיטתו, וקצת בעלי בתים זילזלו באיסור זה ואכלו משחיטתו, ואח"כ מת הרב ההוא, **יש** להסתפק אם הבשר שנשאר משחיטתו בחיי הרב מותר עכשיו, דאפשר שפקע האיסור למפרע, **ולענין** הכלים לאותן שלא קיבלו דברי הרב, מותרים, דכיון שמת פקע האיסור מהשוחט וגם מהכלים, **אך** לאותן שקיבלו דברי הרב, הוי זה כמו נדר, ויש ספק אם הקבלה הוי כמו בשר ויין זה, המבואר בסימן רי"ו סעיף ט', ואסור בנתינת טעם, **לכן** יניחו הכלים כ"ד שעות שלא יהיה ב"י, כדי לצאת כל הספיקות, ע"ש. **ועיין** בתשובת ברית אברהם שהעלה הרבה חידושי דינים בדין שוחט שיצא טרפה מת"י, ובכמה דברים חולק על תשובת אחרונים בענין, זה ולפי שדבר זה אינו שכיח כ"כ קצרתי).

(**ועיין** בתשובת גבעת שאול, שנשאל בשוחט שבא לפני בית דין, והודה שע"פ הרוב שחט בשכרות, ומחמת זה לא שחט כראוי, ועשה כמה פעמים דברים הפוסלים בשחיטה, שהייה דרסה כו', ובקש מהם להורות לו סדר תשובה על המעשים רעים שעשה, מה דינו של הבשר והשומן שיש עדיין משחיטות זה השוחט, **והשיב** להיתר, דאינו נאמן, משום דאין אדם משים עצמו רשע אף בכהאי גוונא, ע"ש באריכות. **ועיין** בשו"ת חות יאיר, באשה שאומרת דרך תשובה שזינתה, וכן בהתודה הבועל, מבואר שם דאם אומר דרך תשובה, לא שייך אין אדם משים עצמו רשע, אך לא הביא שם שום ראיה ע"ז, ובאמת מבואר כן בתוס' ב"מ, **ועיין** בתשובת חתם סופר שכתב, דמדברי התוס' שם אין ראיה, אך הביא שם ראיה אחרת, **ועל** מ"ש החו"י הנ"ל דה"ה בהתודה הבועל, חולק עליו, ע"ש, **ועיין** עוד בת' חת"ס, ויובא קצת לקמן סימן ב' ס"ק ח', דשם לא החליט הדבר לומר דנאמן בהודה דרך תשובה, ואף שהתודה בחליו, ע"ש עוד, **שוב** מצאתי בשו"ת שיבת ציון מהגאון מהר"ש לנדא נר"ו, שהאריך בענין כזה, ודעתו ג"כ דבכה"ג ל"ש א"א מע"ר, ויש לאסור כל הבשר שיש עדיין בעין, וגם כל כלי ראשון הבלוע מבשר זה, ע"ש, **ונראה** דאף לדברי הג"ש הנ"ל, דוקא אם אמר שעשה דברים הפוסלים בשחיטה מדאורייתא, אינו נאמן, אבל אם אמר שעשה דברים הפוסלים מדרבנן, יש לאסור, לפמ"ש התומים, דבדרבנן אדם מע"ר, ע"ש, **אמנם** ראיתי בתשובת ברית אברהם שהאריך לחלוק עליו, והעלה דאף בדרבנן אין אדם מע"ר, ע"ש, א"כ גם בזה יש להתיר, **מ"מ** אפשר דאם אמר שעשה שהיה משהו וכיוצא, שאין האיסור ברור, יש לאסור).

סימן א ס"א(8) • יצא מכשול מתחת ידיו

טבח שמכר בשר שלא הודח, ולא נמלח יותר מג' ימים אחר השחיטה, ולא הגיד לקונים שלא יאכלו כי אם צלי אש, **מצד** הדין אין להעבירו, אם לא למגדר מלתא.

שוחט ובודק שאמר לפני עדים על הבהמה שכשירה היא, ואח"כ מצאו סרכה גדולה שנטרפה ע"י סרכה זו, **י"א** שאין להעבירו, מטעם שיכול לומר שוגג הייתי ומחמת מהירות

כאשר מצוי הוא מכשול כזה, **ואף** דטבח שיצא טרפה מתחת ידו אין לו התנצלות לומר שוגג הייתי, **שאני** הכא דיש להשוחט הוכחה ואומדנא ע"ז, דאם היה רוצה להכשיל במזיד, היה לו לנתק הסרכה בענין שלא היו מרגישים כלל. **אך** אם רב העיר העבירו מאומנתו למגדר מלתא, והשוחט עשה שלא כהוגן שלא קיבל גזירת הרב, **ראוי** לאסור הכלים מה שבישלו משחיטתו אחר העברתו.

שוחט שהעיז נגד הרב, ואסר הרב את שחיטתו, וקצת בעלי בתים זילזלו באיסור זה ואכלו משחיטתו, ואח"כ מת הרב ההוא, **י"א** דיש להסתפק אם הבשר שנשאר משחיטתו בחיי הרב מותר עכשיו, דאפשר שפקע האיסור למפרע, **ולענין** הכלים: **לאותן** שלא קיבלו דברי הרב, מותרים, דכיון שמת פקע האיסור מהשוחט וגם מהכלים, **אך** לאותן שקיבלו דברי הרב, הוי זה כמו נדר, ויש ספק אם הקבלה הוי כמו "בשר ויין זה", ואסור בנתינת טעם, **לכן** יניחו הכלים כ"ד שעות שלא יהיה בן יומו, כדי לצאת כל הספיקות.

שוחט שבא לפני ב"ד, והודה שע"פ הרוב שחט בשכרות, ומחמת זה לא שחט כראוי, ועשה כמה פעמים דברים הפוסלים בשחיטה, שהייה דרסה כו', ובקש מהם להורות לו סדר תשובה על המעשים רעים שעשה:
י"א דאין אדם משים עצמו רשע, ואינו נאמן, והבשר והשומן שיש עדיין משחיטת זה השוחט, מותר.
וי"א דדוקא דברים הפוסלים בשחיטה מדאורייתא, אינו נאמן, אבל אם אמר שעשה דברים הפוסלים מדרבנן, יש לאסור, דבדרבנן אדם משים עצמו רשע.
אמנם י"א דאף בדרבנן אין אדם משים עצמו רשע, ואינו נאמן, וא"כ גם בזה יש להתיר, **מ"מ** אפשר דאם אמר שעשה שהייה משהו וכיוצא, שאין האיסור ברור, יש לאסור.
וי"א דמה שאמר דרך תשובה לא שייך אין אדם משים עצמו רשע, ונאמן, ויש לאסור כל הבשר שיש עדיין בעין, וגם כל כלי ראשון הבלוע מבשר זה.

מה צריך השוחט לידע

סעיף ב - אין צריך שידע כל חילוקי הדינים, אלא אם אומר על דבר זה - כלומר אילו בא לפני דין זה, **הייתי מסתפק ושואל, קרינן ביה שפיר יודע, עד שאומר על האסור מותר** – [במרדכי ביאר הטעם, דהא חכמים נמי מספקא להו כמה מילי בהל' שחיטה, וכתוב בהג' מיימוני, שעכ"פ צריך שידע ששהיות מצטרפות, שזהו רגיל].

‹**אמנם** בשמלה חדשה ובתבואות שור, דעכשיו שסדר השחיטות לפניו, אם אומר שמסתפק, והוא הדין על טהור טמא, אין למודו עולה יפה, ויש לאסור – פמ"ג›.

(**עבה"ט** בשם בי"ע, דאף באומר על מותר אסור, ג"כ יש להעבירו, **והנה** שם בבי"ע כתב הטעם, דיש לחוש שיבא קלקול אם יקדש בו אשה, וכיון שאסור לא יהיה שוה פרוטה כו', ‹וא"כ במקום שיש קונים על בשר טריפה, ל"ש חשש זה, **גם** י"ל הא חזו לכלבא, **גם** קשה אם מעבירים השוחט, נעבר נמי לחכם שאמר על טהור טמא – ג' מהרש"א›, **והפמ"ג** כתב הטעם, שיבא קלקול בב' קדרות דלקמן סימן קי"א ע"ש, **מבואר** מדבריהם דאף דהטעות אינו מפאת שכחה, רק מחמת שיקול דעתו, שכך נראה בדעתו המשובשת, ג"כ יש להעבירו עד שיחזור בו, **ונראה** דיש נ"מ בין אלו הב' טעמים, באם אומר על מותר שהוא אסור מדרבנן, להבי"ע יש חשש גם בזה, עי' פסחים דף ז', ובאה"ע סימן כ"ח סעיף כ"א, **ולהפמ"ג** אין חשש, דהא אין תולין במידי דאינו אסור אלא מדרבנן, כמ"ש המנ"י, **וכן** אם אומר על איסור מדרבנן שהוא מה"ת, הוא בהיפך, להבי"ע אין חשש, ולהפמ"ג יש חשש, **אמנם** כבר חלוקים עליו חביריו על המנ"י, והעלו דתולין אף בדבר האסור מדרבנן, **לפ"ז** באופן זה באומר על דרבנן שהוא מה"ת, אין חשש גם להבי"ע גם להפמ"ג, **אך** באופן הב' יש חשש לשניהם).

הגה: ובודקין אותו בדיני הלכות שחיטה שיתבארו לקמן ריש סימן כ"ג – ‹וכמש"ל ס"א דלכתחילה צריך לבודקו – גר"א›, **ובדין בדיקת הסכין** - שיתבאר לקמן סי' י"ח ע"ש, **ובדין בדיקת הסימנים לאחר שחיטה, כמו שיתבאר לקמן סימן כ"ה. ואם שחט, וליתיה קמן למבדקיה, מכל מקום יבדקו בסימנים אם נשחטו רובן, דכל מה דאפשר למבדק, בדקינן. וכל זה במקומות שלא נהגו ליטול קבלה, אבל במקומות שנוהגין ליטול קבלה, כגון בני אשכנז והנמשכין אחריהם, אין נוהגין לבדוק אחריו כלל, וכמו שנתבאר.**

סימן א ס"ב • מה צריך השוחט לידע

א"צ שידע כל חילוקי הדינים, אלא אם אומר אילו בא לפני דין זה, הייתי מסתפק ושואל, קרינן ביה שפיר יודע, עד שאומר על האסור מותר, דהא חכמים נמי מספקא להו כמה מילי בהל' שחיטה, **ועכ"פ** צריך שידע ששהיות מצטרפות, שזהו רגיל.
אמנם עכשיו שסדר השחיטות לפניו, י"א דאם אומר שמסתפק, אין למודו עולה יפה, **ויש** לאסור.

י"א דאף דהטעות אינו מפאת שכחה, רק מחמת שיקול דעתו, שכך נראה בדעתו המשובשת, ג"כ יש להעבירו עד שיחזור בו.
י"א דה"ה באומר על מותר אסור, ג"כ יש להעבירו, **והנה** יש בזה ב' טעמים:

י"א הטעם, דיש לחוש שיבא קלקול אם יקדש בו אשה, דכיון שאוסר לא יהיה שוה פרוטה, **(וא"כ** במקום שיש קונים בשר טריפה, לא שייך חשש זה, **גם י"ל** הא חזו לכלבא, **גם** קשה אם מעבירים השוחט, נעבר נמי לחכם שאמר על טהור טמא).

וי"א הטעם, שיבא קלקול בב' קדרות דלקמן סימן קי"א.

ויש נ"מ בין אלו הב' טעמים, באם אומר על מותר שהוא אסור מדרבנן, **לטעם א'**, יש חשש גם בזה, **ולטעם ב'** אין חשש, דהא אין תולין במידי דאינו אסור אלא מדרבנן.

וכן אם אומר על איסור מדרבנן שהוא מה"ת, הוא בהיפך, **לטעם א'** אין חשש, **ולטעם ב'** יש חשש.

אמנם להשיטות דהעלו, דתולין בב' קדירות אף בדבר האסור מדרבנן, **באומר** על מותר שהוא אסור מדרבנן, יש חשש לב' הטעמים, **ובאומר** על דרבנן שהוא מה"ת, אין חשש לשניהם.

ובודקין אותו בדיני הלכות שחיטה שיתבארו לקמן ריש סי' כ"ג, **ובדין** בדיקת הסכין, **ובדין** בדיקת הסימנים לאחר שחיטה, כמו שיתבאר לקמן סימן כ"ה.

ואם שחט, וליתיה קמן למבדקיה, מ"מ יבדקו בסימנים אם נשחטו רובן, דכל מה דאפשר למבדק, בדקינן.

וכל זה במקומות שלא נהגו ליטול קבלה, אבל במקומות שנוהגין ליטול קבלה, כגון בני אשכנז והנמשכין אחריהם, אין נוהגין לבדוק אחריו כלל, וכמו שנתבאר.

אינו יודע הל' שחיטה ששחט שלא בפנינו

סעיף ג - מי שיודעין בו שאינו יודע הלכות שחיטה, אפילו שחט לפנינו ד' או חמשה פעמים שחיטה הגונה וראויה, ושחט אח"כ בינו לבין עצמו, שחיטתו פסולה - דכיון דאינו יודע הל' שחיטה, שמא פעמים שהה ודרס ולא ידע, פי' ואינו מרגיש, דכיון דאינו בקי בהלכותיה, אינו יודע אם נזדמן לידו, הרא"ש.

אפילו שאלו לו: עשית כך וכך, ומתוך תשובתו נראה ששחט כראוי, אין לסמוך עליו, ואפילו אמר: ברי לי ששחטתי יפה - פי' דכששואלים אותו, ומתוך תשובתו נראה לנו ששוחט כראוי, פשיטא שאינו כלום, **אלא** אפילו אמר ברי לי שעשיתי כל מה שאתם שואלים, מ"מ מאחר שבשעת שחיטה לא ידע, לאו אדעתיה וסובר שעשה מה ששואלים, **ובב"ח** פירש דה"ק, אפי' אחר שלמדוהו הל' שחיטה אמר ברי לי כו', [והטעם, דכל מלתא דלא רמיא עליה דאינשי לאו אדעתיה], **וא"צ**, מיהו דינו אמת, שכ"כ הר"ן בשם התוס' והכ"מ רפ"ד בשם הפוסקים.

סי' א ס"ג(1) • אינו יודע הל' שחיטה ששחט שלא בפנינו

מי שיודעין בו שאינו יודע הלכות שחיטה, **אפי'** שחט לפנינו ד' או ה' פעמים שחיטה הגונה וראויה, ושחט אח"כ בינו לבין עצמו, **שחיטתו** פסולה, דשמא פעמים שהה ודרס ואינו מרגיש, דכיון דאינו בקי בהלכותיה, אינו יודע אם נזדמן לידו.

אפילו שאלו לו: עשית כך וכך, ומתוך תשובתו נראה ששחט כראוי, אין לסמוך עליו, **ואפילו** אמר: ברי לי שעשיתי כל מה שאתם שואלים, מ"מ מאחר שבשעת שחיטה לא ידע, לאו אדעתיה וסובר שעשה מה ששואלים, **ואפי'** אחר שלמדוהו הל' שחיטה אמר ברי לי כו', אין לסמוך עליו, דכל מלתא דלא רמיא עליה דאינשי לאו אדעתיה.

דרכו להתעלף שאמר: ברי לי שלא נתעלפתי

הגה: ומי שדרכו להתעלף, ואנו יודעים שאינו מוחזק, ושחט ואמר: ברי לי שלא נתעלפתי, נאמן, מאחר שיודע הלכות שחיטה - כיון שהוא יודע הל' שחיטה, ודאי אלו שהה או דרס לא היה מאכילה לנו - ב"י, **ולפ"ז** ה"ה אפי' שותק ואינו אומר כלום, דמאחר שיודע הל' שחיטה, ודאי אלו שהה או דרס לא היה שותק ולא היה מאכילה לנו, והיה אומר ששהה או דרס. ‹לענ"ד אין לסמוך ע"ז לדינא... אולם יש לדון להקל... וצ"ע – רעק"א›. (**והתב"ש** אוסר בשותק).

סימן א ס"ג(2) • דרכו להתעלף שברי שלא נתעלף

מי שדרכו להתעלף, ואנו יודעים שאינו מוחזק, ושחט ואמר: ברי לי שלא נתעלפתי, **נאמן**, מאחר שיודע הלכות שחיטה, דודאי אלו שהה או דרס לא היה מאכילה לנו. **וי"א** דלפי"ז ה"ה אפי' שותק ואינו אומר כלום, דודאי אלו שהה או דרס לא היה שותק ולא היה מאכילה לנו, והיה אומר ששהה או דרס. **וי"א** דאין לסמוך ע"ז לדינא, אולם יש לדון להקל, וצ"ע, **ויש** אוסר בשותק.

אינו יודע הל' שחיטה ואחר עומד על גביו

מי שיודעים בו שאינו יודע הלכות שחיטה, יכולים ליתן לו לשחוט, אם אחר עומד על גביו – [הוכחה לזה, מדתנן לשון דיעבד במתני' בחרש שוטה וקטן ואחרים רואין, ש"מ בגדול מותר אפי' לכתחילה באחרים רואין]. **לא** דק מכמה טעמים... נקה"כ.

ובלבד שיראה אותו מתחלת שחיטה עד סופה - פי' אפילו ראה ששחט סימן א' יפה, לא אמרינן כיון ששחט זה הסימן יפה, שחט הסימן הב' ג"כ יפה, אלא חיישינן שמא שהה או דרס בסימן הב'.

סימן א – מי הם הכשרים לשחוט
סעיף ג – אינו יודע הל' שחיטה ואחר עומד על גביו

הגה: ויש מחמירין, ואוסרין ליתן לו לכתחלה לשחוט, מאחר שאינו יודע הלכות שחיטה, והכי נהוג – [ס"ל דלגופה אצטריך, דאפי' בחש"ו יש היתר בדיעבד באחרים רואין, וה"ה גדול דוקא בדיעבד, וטעם לזה משום גזירה]. **וכן** משמע בש"ס, גבי הא דמשני דליתיה קמן דליבדקיה, וכן דעת הב"ח.

מיהו מן הסתם שאינו ידוע אם יודע הלכות שחיטה או לאו, נראה דמותר ליתן לו לכתחלה כשאחרים עומדין על גביו, וכ"פ מהרש"ל.

סימן א ס"ג(3) • אינו יודע הל' שחיטה ואחר עומד על גביו

מי שיודעים בו שאינו יודע הל' שחיטה, יכולים ליתן לו לשחוט, אם אחר עומד על גביו, **ובלבד** שיראה אותו מתחלת שחיטה עד סופה, דאפי' ראה ששחט סימן א' יפה, לא אמרינן כיון ששחט זה הסימן יפה, שחט הסימן הב' ג"כ יפה, אלא חיישינן שמא שהה או דרס בסימן הב'.

וכתב רמ"א, ויש מחמירין, ואוסרין ליתן לו לכתחלה לשחוט, מאחר שאינו יודע הל' שחיטה, והכי נהוג.

מיהו מן הסתם שאינו ידוע אם יודע הל' שחיטה או לאו, מותר ליתן לו לכתחלה כשאחרים עומדין על גביו.

מצא גדייו ותרנגוליו שחוטים

סעיף ד - אם אבדו גדייו ותרנגוליו, או שנגנבו, ומצאם שחוטים כראוי, במקום שרוב ישראל מצויים, ‹מותרים› - אפילו רוב העיר והשוק עובדי כוכבים, **וכן** אם רוב עובדי כוכבים מצויים שם, אפילו רוב העיר והשוק ישראל, אסור, דהכל תלוי במצויים, **ואם** עובדי כוכבים וישראל מצויים שוים, אזלינן בתר רוב השוק שנמצא שם, **ואם** שוים בשוק, אזלינן בתר רוב העיר, ואם שוים בעיר, אסור, כל זה נראה ממשמעות הפוסקים וב"י.

וה"ה במקום שרוב עובדי כוכבים מצויים, אם רוב הטבחים שם ישראל, מותר, **ודוקא** בבהמות מהני רוב טבחים, אבל לא בפרגיות וכיוצא בהן, שדרכן לשחטן בבית, אלא בעינן דוקא שיהיו רוב ציידי עופות ישראל, ששוחטים מיד כשצדין.

(וגם רוב גנבי העיר ישראלים) - קאי אנגנבו, דבנגנבו בעינן דוקא רוב גנבי העיר ישראל, ולא אזלינן בתר רוב ישראל, דאם רוב גנבי העיר ישראל, אף שרובה עובדי כוכבים, מותר {דאע"פ שהוא חשוד על הגנבה אינו חשוד על השחיטה} וכן אם רוב גנבי העיר עכו"ם, אפילו רובה ישראל, אסור.

מותרים - ומיירי בגווני דליכא למיחש לבשר שנתעלם מן העין, וכמו שיתבאר בסי' ס"ג ע"ש, [דהא כתב שם ביש סימן מותר, והכא מיירי ג"כ מזה, וע"כ אמר גדייו ותרנגוליו, שמשמע שיודעים שהם שלו, רק שבא להתיר כאן מטעם שחיטה, **והטור** דנקט המוצא בהמה שחוטה כראוי, משמע אפי' בהמה של אחר שמותר מטעם יאוש, היינו שאזיל לטעמיה בסי' ס"ג, דאין איסור אלא ברוב עכו"ם].

בין שמצאם בשוק בין שמצאם באשפה שבבית, אבל אם מצאם באשפה שבשוק, אסורים - הטעם, דאדם עשוי להטיל נבילתו שם. **וכ'** הב"ח דכשהאשפה פחות מג"ט לא חשוב אשפה, [כההיא דחו"מ, מכר את האשפה מכר זבלה, ופרשב"ם בגמר', דאשפה הוא מקום עמוק ג' או גבוה ג', שרגיל ליתן שם זבל], **ואינו** מוכרח, [דדוקא התם לענין מכירה, שחייב ליתן לו כל הזבל תמיד, זה דוקא במקום חשוב תמיד לאשפה, משא"כ כאן לענין השלכת נבילה לפי שעה].

סימן א ס"ד • מצא גדייו ותרנגוליו שחוטים

אם אבדו גדייו ותרנגוליו, ומצאם שחוטים כראוי:

במקום שרוב ישראל מצויים, אפי' רוב העיר והשוק עכו"ם, מותרים.

ואם רוב מצויים שם עכו"ם, אפי' רוב העיר והשוק ישראל, אסורים.

ואם עכו"ם וישראל מצויים שוים, אזלינן בתר רוב השוק שנמצא שם, **ואם** שוים בשוק, אזלינן בתר רוב העיר, **ואם** שוים בעיר, אסור.

ואם רוב הטבחים שם ישראל, אפי' במקום שרוב עכו"ם מצויים שם, מותר, **ודוקא** בבהמות מהני רוב טבחים, אבל לא בפרגיות וכיוצא בהן שדרכן לשחטן בבית, **אלא** בעינן דוקא שיהיו רוב ציידי עופות ישראל, ששוחטים מיד כשצדין.

אם נגנבו גדייו ותרנגוליו, ומצאם שחוטים כראוי:

אם רוב גנבי העיר ישראלים, ואפי' ברובה עכו"ם, מותרים, **(דאע"פ** שהוא חשוד על הגנבה אינו חשוד על השחיטה).

ואם רוב גנבי העיר עכו"ם, אפילו רובה ישראל, אסור.

ומיירי בגווני דליכא למיחש לבשר שנתעלם מן העין, והיינו ביש בהם סימן, וע"כ אמר "גדייו ותרנגוליו", שמשמע שיודעים שהם שלו, רק שבא להתיר כאן מטעם שחיטה.

והטור דנקט המוצא בהמה שחוטה כראוי, משמע אפי' בהמה של אחר שמותר מטעם יאוש, **היינו** שאזיל לטעמיה בסי' ס"ג, דאין איסור בנתעלם מן העין אלא ברוב עכו"ם.

בין שמצאם בשוק בין שמצאם באשפה שבבית, **אבל** אם מצאם באשפה שבשוק, אסורים, דעשוי להטיל נבילות שם. **וי"א דכשהאשפה פחות מג"ט** לא חשוב אשפה, **ואינו** מוכרח, דדוקא לענין מכירה, שחייב ליתן לו כל הזבל תמיד, זה דוקא במקום חשוב תמיד לאשפה, **משא"כ** כאן לענין השלכת נבילה לפי שעה.

חרש ושוטה

סעיף ה - חרש שאינו שומע ואינו מדבר - נראה דאפי' פקח ונתחרש במשמע, וכ"כ הב"ח.

ושוטה, דהיינו שהוא יוצא יחידי בלילה, או מקרע כסותו, או לן בבית הקברות, או מאבד מה שנותנים לו, אפילו באחת מאלו, אם עושה אותם דרך שטות - כלומר דבדעביד דרך שטות הוא דנקרא שוטה, אפי' בא' מאלו, אבל אי לא עביד דרך שטות, אפי' עביד כלהו לא מחזקינן ליה בשוטה, וכדאיתא בש"ס, לכך כפל בלשונו.

[**רבים** מקשים בטור, למה הוצרך לזה, הא כבר כתב "או" בכל חד מינייהו, ומתוך כך נכנסו לתירוצים דחוקים, **ולי נראה** דאין כאן קושיא כלל, דאי לא כתב הך אפי' כו', הו"א דהא דכתב "אם עושה אותו דרך שטות", לא קאי רק על הך דקודם לו, שהיינו שהוא מאבד מה שנותנים לו, דבזה בעינן שיעשנו דוקא דרך שטות, אבל בהנך דקדמו אפי' לא ידענו שעושה אותם דרך שטות, ע"כ כתב "אפי' באחת מאלו", להורות דאכל הנך קאי, **ואין** להקשות למה לא כתב "עושה אותן", לשון רבים, ולא היה צריך לכתוב "אפי' באחת מהן", דלא רצה לכתוב לשון כזה שהוא סותר מה שכתוב תחילה, "או בכל אחד", דלשון "אותן" משמעו כולן ביחד].

כתב הב"י שאין הכוונה שבפעם א' שעשה א' מאלו מיקרי שוטה, אלא כשדרכו בכך, ע"ש, ור"ל אף דקעביד דרך שטות, כיון דאין דרכו בכך לא מיקרי שוטה.

(**עיין** בתשובת חת"ס, אודות שוחט מומחה וירא ה' אשר לפרקים הוא נכפה, ר"ל בחולי הנופל, והרופאים שפטו שבא לו מחולשת לבו דלא טעים מידי בצפרא, אי כשר לשחיטה או לא, כמ"ש שמ"ח סעיף כ"ט, דכל השוטים הנזכרים בחו"מ סימן ל"ה פסולים גם לשחיטה, ונכפים בכלל, דאפילו בעת חלמותו יש לחוש בכל רגע שמא הוא סמוך לשעה שיכפהו החולי, והוא זמן סוף שפויו והתחלת שטותו, כמבואר ברמב"ם ושו"ע חו"מ סי' רל"ה ובסמ"ע שם, **והאריך** בזה ומסיק, דודאי לשחיטה צריך דקדוק היטב יותר מבעדות, ובפרט בבדיקת הסכין, **אך** מאחר שהמנהג שם בלא"ה ששני שוחטים הולכים לבית המטבחים, ואפילו בעופות ששוחט לבדו, מ"מ לא שכיח כלל שיאכלו מעוף הנשחט בפחות משיעור חצי שעה שרייה ומליחה כו', ואם בין כך לא יארע לו, נדע שלא היה שעת השחיטה סמוכה לחולי שטיותו, ולא נחשד שיעלים חליו להאכיל נבילות חלילה, ובפרט אם יעמידו משגיח א' בביתו ע"ז אין כאן בית מיחוש כלל, **והיה** סגי אפילו אי לא היה לו וסת כלל, מכ"ש שהרופאים תולים החולי בחולשת ליבא ריקנא, א"כ הלא רובי השחיטה יהיו בתר דטעים מידי, ע"כ יפה הורה המורה שלא להעבירו, ע"ש, **ונראה** דלכתחילה ודאי אין למנות שוחט כזה).

סימן א ס"ה(1) • חרש ושוטה

חרש שאינו שומע ואינו מדבר, ואפי' פקח ונתחרש. **ושוטה**, דהיינו שהוא יוצא יחידי בלילה, או מקרע כסותו, או לן בבית הקברות, או מאבד מה שנותנים לו, אם עושה אותם דרך שטות, נקרא שוטה אפי' באחת מאלו, **אבל** אי לא עביד דרך שטות, אפי' עביד כולהו לא מחזקינן ליה בשוטה, **אין** מוסרין להם לשחוט לכתחלה, אפי' אחרים עומדים על גביהם. **ואם** שחטו, שחיטתן כשרה אם אחרים עומדים על גביהם.

כתב הב"י, שאין הכוונה שבפעם א' שעשה א' מאלו מיקרי שוטה, אף דקעביד דרך שטות, **אלא** כשדרכו בכך.

שוחט מומחה וירא ה' אשר לפרקים הוא נכפה בחולי הנופל, והרופאים שפטו שבא לו מחולשת לבו דלא טעים מידי בצפרא, **דאפילו** בעת חלמותו יש לחוש בכל רגע שמא הוא סמוך לשעה שיכפהו החולי, והוא זמן סוף שפויו והתחלת שטותו, **י"א** אף דודאי לשחיטה צריך דקדוק היטב יותר מבעדות, ובפרט בבדיקת הסכין, **אך** מאחר שהמנהג שם בלא"ה ששני שוחטים הולכים לבית המטבחים, **ואפילו** בעופות ששוחט לבדו, מ"מ לא שכיח כלל שיאכלו מעוף הנשחט בפחות משיעור חצי שעה שרייה ומליחה כו', ואם בין כך לא יארע לו, נדע שלא היה שעת השחיטה סמוכה לחולי שטיותו, ולא נחשד שיעלים חליו להאכיל נבילות חלילה, **ובפרט** אם יעמידו משגיח א' בביתו ע"ז, אין כאן בית מיחוש כלל, **והיה** סגי אפילו אי לא היה לו וסת כלל, מכ"ש שהרופאים תולים החולי בחולשת ליבא ריקנא, א"כ הלא רובי השחיטה יהיו בתר דטעים מידי, **ואין** להעבירו, **אבל** לכתחילה ודאי אין למנות שוחט כזה.

קטן

וקטן שאינו יודע לאמן ידיו לשחוט, אין מוסרין להם לשחוט לכתחלה, אפילו

אחרים עומדים על גביהם. ואם שחטו, שחיטתן כשרה אם אחרים עומדים על גביהם - דע דמדברי ב"י משמע, דקטן שיודע לאמן ידיו או מומחה, שוחט לכתחלה כשאחרים עע"ג, **והיכא** שאינו יודע לאמן ידיו וגם אינו מומחה, מותר בדיעבד כשאחרים עע"ג, **והיכא** שאין אחרים עע"ג, אפי' מומחה ויודע לאמן ידיו שחיטתו פסולה אף דיעבד, דאינו נאמן, וע"פ זה תפרש דבריו, דבכל הסעיף מיירי כשאינו מומחה, ודו"ק, **אבל** מהרש"ל והדרישה האריכו לפסוק, דאפי' ביודע לאמן ידיו לחוד או מומחה ואחרים עע"ג, אינו מותר אלא בדיעבד, **אבל** לכתחלה אסור עד שיודע לאמן ידיו וגם הוא מומחה וגם אחרים עע"ג, **והיכא** דאין אחרים עע"ג, או אינו יודע לאמן ידיו וגם אינו מומחה, אפי' אחרים עע"ג, אף דיעבד אסור, וכ"כ הב"ח.

ואין מוסרין להם לכתחלה לשחוט כשאין אחרים עומדים על גביהם, אפילו אם רוצים להאכיל לכלבים - הטעם דילמא אתי למיכל משחיטתייהו, שיטעו לומר כשרה היא מתוך שמוסרים להם לשחוט, **אבל** באחרים עע"ג י"ל דכו"ע מודו להט"ו, דמותר למסור לו להשליך לכלבים כשהוא מומחה או יודע לאמן ידיו, משום דאז בדיעבד שחיטתו כשרה, **וכ"ש** גדול שאינו יודע הל' שחיטה, שמותר למסור לו להשליכו לכלבים כשאחרים עע"ג.

ואם הקטן יודע לאמן ידיו, אם אחרים עומדים על גביו, שוחט לכתחלה ומותר לאכול משחיטתו. הגה: אבל אם שחט בינו לבין עצמו, שחיטתו פסולה, אע"פ שיודע הלכות שחיטה - כן הוא בא"ז ובהג"א, והטעם כתבו הרא"ה והג"א ומהרש"ל, משום דאין נאמנות לקטן, **דלא** כמו שדחק בעט"ז בטעם, דכיון שעדיין לא הגיע לחובת שחיטה מן התורה אין שחיטתו שחיטה, דכתיב וזבחת, שפירושו מי שהוא מצווה כו', כמו שיתבאר בסי' ב', עכ"ל, **דזהו** תימה, דבסי' ב' עובד כוכבים אינו מצווה על השחיטה כלל, אבל ודאי דקטן מצווה, שהרי אסור לו לאכול בלא שחיטה, וגם משכחת לפעמים דשחיטתו כשרה.

[**בטור** כתב דאם הוא מומחה ואומן ביד, כשר דיעבד בלא אחרים, **וק"ל** ולמה יהיה קטן נאמן על השחיטה, מאי שנא מההיא דסי' ק"כ סעיף י"ד, אין מאמינים קטן על טבילת כלים, ונראה לתרץ דאם לא נודע שנעשה ההכשר כלל אלא ע"פ דברי הקטן, אין מאמינים לו, אבל כאן שנודע שנשחט דהרי שחוט לפניך, אלא שיש לחוש שמא לא שחט שפיר, או שמא נתן לאחר שא"י לשחוט, הא לא חיישינן, כיון שהוא יודע ומומחה אמרינן מסתמא הוא שחט ושפיר שחט, כנ"ל לדעת הטור, **שוב** ראיתי כן במשמרת הבית וז"ל, אבל הקטנים החריפים שלוקחים על ידיהם בשר ויין, שפיר דמי, דאין עשויים לקלקל להביא מהאיסור, ואין זה מדרך עדות אלא חזקה היא, עכ"ל, **אבל** בשאר פוסקים לא איתא להאי היתירא דדיעבד אפי' במומחה ויודע לאמן].

[ומו"ח ז"ל החמיר על אותן ששולחין עופות לשחוט ע"י עכו"ם, ונותנין לו לסימן איזה דבר שיכתוב השוחט עליו שהוא שוחטו, ואמר שזה איסור, מאחר שאין החותם על גוף הדבר, כגון על הבשר או על השק, **ואני** אומר ודאי המחמיר תע"ב, אבל איני יודע איסור בדבר, דהא דבעינן חותם על גוף הבשר, הוא משום שמא נתחלף, ומה יועיל הסימן כשאינו על גוף הבשר, וזה אין שייך כאן, דהא מכיר העוף שלו, ויש ביד עכו"ם סימן ששחטו אדם כשר, א"כ מה איסור יש בדבר, **אבל** מ"מ לאותן שכותבין לסימן תיבת כשר, יש לחוש שמא העכו"ם צייר תיבה זאת אחריו באשר הוא מצוי, **אלא** צריך שיכתוב סימן אחר שאינו מצוי כ"כ לזייפו, וכן ראיתי נוהגים, ומ"מ המחמיר תע"ב, דשמא לא יהיה היכר יפה בעוף שלו].

ומקרי קטן לענין זה עד שנעשה בר מצוה, דהיינו בן י"ג שנים ויום אחד - (עיין במג"א סל"ט, דבדבר דקטן פסול מדאורייתא, בעינן שיהא גדול ממש, דהיינו שהביא ב' שערות אחר שהוא בן י"ג שנה, **ועיין** ברמ"א שם סימן נ"ה ס"ה, דלמידי דרבנן סומכין על החזקה שהביא ב' שערות, ע"ש, **ומזה** נלמוד לנדון זה, דאף אחר י"ג שנה ויום א' אסור לשחוט לצורך אכילה, מאחר שהוא פסול מדאורייתא, או מטעמא דהלבוש שאינו בר זביחה, או מטעמא דהש"ך, שאינו בר עדות, אם אין אחר עומד על גביו, עד שיודע שהביא ב' שערות, או שהוא בן ל"ה שנה ויום א', או שנתמלא זקנו, כמבואר בח"מ סל"ה, ובמ"א סימן קצ"ט, **אמנם** להאכיל לכלבים, או באחרים עוע"ג, ואינו מומחה ואינו יודע לאמן ידיו, מיד שהוא בן יג"ש ויום א' מותר לשחוט).

סימן א ס"ה(2) • קטן

שיטת המחבר

קטן שאינו יודע לאמן ידיו לשחוט, וגם אינו מומחה, אין מוסרין להם לשחוט לכתחלה, אפי' אחרים עומדים על גביהם.

ובדיעבד שחיטתן כשרה אם אחרים עומדים על גביהם.

ואם הקטן יודע לאמן ידיו, או אם הוא מומחא, אם אחרים עומדים על גביו, שוחט לכתחלה ומותר לאכול משחיטתו.

שיטת המהרש"ל והדרישה

קטן שאינו יודע לאמן ידיו לשחוט, וגם אינו מומחה, אפי' בדיעבד אסור, אפי' אחרים ע"ג.

ואם הקטן יודע לאמן ידיו, או אם הוא מומחא, ואחרים עע"ג, אינו מותר אלא בדיעבד, **אבל** לכתחלה אסור עד שיודע לאמן ידיו וגם הוא מומחה, וגם אחרים עע"ג.

אבל אם שחט הקטן בינו לבין עצמו, ואין אחרים עע"ג, אפי' מומחה ויודע לאמן ידיו, שחיטתו פסולה.

והטעם, להש"ך משום דאין נאמנות לקטן.

ודלא כהלבוש שדחק, דכיון שעדיין לא הגיע לחובת שחיטה מן התורה, אין שחיטתו שחיטה, דכתיב וזבחת, שפירושו מי שהוא מצווה, **דזהו תימה,** דדוקא עכו"ם אינו מצווה על השחיטה כלל, אבל ודאי דקטן מצווה, שהרי אסור לו לאכול בלא שחיטה, וגם משכחת לפעמים דשחיטתו כשרה.

בטור כ' דאם הוא מומחה ואומן ביד, כשר דיעבד בלא אחרים, אע"ג דאין קטן נאמן על השחיטה, זהו דוקא אם לא נודע שנעשה ההכשר כלל אלא ע"פ דברי הקטן, **אבל כאן** שנודע שנשחט דהרי שחוט לפניך, **אלא** שיש לחוש שמא לא שחט שפיר, או שמא נתן לאחר שא"י לשחוט, **הא** לא חיישינן, כיון שהוא יודע ומומחה אמרינן מסתמא הוא שחט ושפיר שחט, **אבל בשאר פוסקים** לא איתא להאי היתירא דדיעבד אפי' במומחה ויודע לאמן.

ואין מוסרין להם לכתחלה לשחוט כשאין אחרים עומדים על גביהם, אפי' אם רוצים להאכיל לכלבים, דדילמא אתי למיכל משחיטתייהו, שיאמר כשרה היא מדמסר להם לשחוט.

אבל באחרים עומדים על גביו, י"ל לכו"ע מותר למסור לו להשליך לכלבים, כשהוא מומחה או יודע לאמן ידיו, משום דאז בדיעבד שחיטתו כשרה לכו"ע.

וכ"ש גדול שאינו יודע הל' שחיטה, שמותר למסור לו להשליכו לכלבים כשאחרים עומדים על גביו.

הב"ח החמיר על אותן ששולחין עופות לשחוט ע"י עכו"ם, ונותנין לו לסימן איזה דבר שיכתוב השוחט עליו שהוא שוחטו, **מאחר** שאין החותם על גוף הדבר, כגון על הבשר או על השק.

והט"ז כתב דאין איסור בדבר, דהא דבעינן חותם על גוף הבשר, הוא משום שמא נתחלף, ומה יועיל הסימן כשאינו על גוף הבשר, **אבל** כאן הא מכיר העוף שלו, **ומ"מ** המחמיר תע"ב, דשמא לא יהיה היכר יפה בעוף שלו.

אבל מ"מ לאותן שכותבין לסימן תיבת "כשר", יש לחוש שמא העכו"ם צייר תיבה זאת אחריו באשר הוא מצוי, **אלא** צריך שיכתוב סימן אחר שאינו מצוי כ"כ לזייפו.

ומקרי קטן לענין זה עד שנעשה בר מצוה, דהיינו בן י"ג שנים ויום אחד.

למידי דאורייתא, בעינן שיהא גדול ממש, דהיינו שהביא ב' שערות אחר שהוא בן י"ג שנה, **ולמידי דרבנן** סומכין על החזקה שהביא ב' שערות.

ולפי"ז כאן שהוא פסול מדאורייתא לשחוט לצורך אכילה, או מטעמא דהלבוש שאינו בר זביחה, או מטעמא דהש"ך, שאינו בר עדות, **אם** אין אחר עומד על גביו, צריך שיודע שהביא ב"ש, **או** שהוא בן ל"ה שנה ויום א', **או** שנתמלא זקנו, **אמנם** להאכיל לכלבים, או באחרים עומד על גביו, ואינו מומחה ואינו יודע לאמן ידיו, **מיד** שהוא בן י"ג שנים ויום א' מותר לשחוט.

פחות מבן י"ח

ויש מחמירין שלא ליתן קבלה למי שהוא פחות מבן י"ח שנה, דאז גברא בר דעת הוא, ויודע ליזהר – [זהו במרדכי בשם הלכות ר' אלדד הדני, וכתב דלא קיי"ל כן, אלא דבד"מ כתב בשם הגהת אלפסי, שיש מורי הוראות חשו לזה].

כתב מהרש"ל, דמה שנהגו שלא ליתן למי שהוא פחות מי"ח, הכל לפי מה שהוא נער, כי לפעמים ימצא הנער בעל תורה וחרד ביראת ה', רגילים אף בעלי הוראה להרשות אותו ולהחזיקו במומחה, ועל הסתם אני אומר, ע"כ. [דהכל לפי חורפיה וידיעתו של הנער, וכן ראיתי נוהגים שלא להקפיד על יותר מי"ג שנה, כל שרואין בו שהוא בקי וזריז באימון ידים בכח גברא, ע"כ].

‹**אמנם** עכשיו בעונותינו הרבים רבו המתפרצים, וודאי יש לנהוג כרמ"א – פמ"ג›.

סימן א ס"ה(3) • פחות מבן י"ח

כתב רמ"א, ויש מחמירין שלא ליתן קבלה למי שהוא פחות מבן י"ח שנה, דאז גברא בר דעת הוא, ויודע ליזהר.

וי"א דהכל לפי חורפיה וידיעתו של הנער, כי לפעמים ימצא הנער בעל תורה וחרד ביראת ה', רגילים אף בעלי הוראה להרשות אותו ולהחזיקו במומחה, כל שרואין בו שהוא בקי וזריז באימון ידים בכח גברא.

אמנם י"א עכשיו בעונותינו הרבים רבו המתפרצים, וודאי יש לנהוג כרמ"א.

אבל וזקן

(**עבה"ט** בשם בי"ע מ"ש, האבל, ‹וזקן בן פ' שנים, והנער קודם י"ח שנה לא ישחטו, עכ"ל, ובי"י כתב, והכל לפי מה שהוא אדם, דאם הוא תש כח לא ישחוט אפי' מבן נ' שנים›, **וע"ש** שכתב דצע"ג מ"ט אבל לא ישחוט, ואינו נזכר בשום פוסק, ואפשר דס"ל דמשום צערא לא ישים אל לבו

לשחוט בכוונה, עכ"ד, **וצ"ע** דלפי"ז אפילו טבעה ספינתו בים נמי לא ישחוט, דהרי בש"ס בברכות דף י"א מדמי לה לאבל, ע"ש, **אלא** ודאי להא לא חיישינן כלל, רק הטעם שאסור אבל לשחוט נראה לי, דהוא משום שאסור במלאכה, כמו שכתב לקמן סימן ש"פ, **ולפי"ז** בגוונא דשרי במלאכה כמבואר שם סעיף ב' וסעיף ה', באמת מותר האבל לשחוט, וזה ברור. **ומ"ש** עוד וזקן בן פ' שנים כו', עיין בתשובת מאיר נתיבים שכתב, דהאידנא בדורות הללו שנחלשו הכחות, ראוי ונכון לכל אשר בידו למחות לתקן למגדר מילתא, שעכ"פ מע' שנה ואילך לא ישחוט שום אדם, אף שמרגיש עדיין, משום לא פלוג, **גם** עד שבעים שנה צריך בדיקה גדולה, ומחוייבים הרבנים להשגיח ע"ז, שהשוחטים הבאים בימים יבואו לפניהם לפרקים לנסותם, כי קרוב הדבר להתקלקל, והם בעצמם אינם מרגישים בזה אם ידיהם רותתים, ע"ש).

סימן א ס"ה(4) • אבל וזקן

י"א דהאבל לא ישחוט, וצע"ג מ"ט, ואינו נזכר בשום פוסק, **ואפשר** דס"ל דמשום צערא לא ישים אל לבו לשחוט בכוונה, **וצ"ע** דלפי"ז אפילו טבעה ספינתו בים נמי לא ישחוט, אלא ודאי להא לא חיישינן כלל.
רק הטעם משום שאסור במלאכה, **ולפי"ז** בגוונא דשרי במלאכה, באמת מותר האבל לשחוט.

י"א דזקן בן פ' שנים לא ישחוט.
וי"א דהכל לפי מה שהוא אדם, דאם הוא תש כח לא ישחוט אפי' מבן נ' שנים.
וי"א דהאידנא בדורות הללו שנחלשו הכחות, ראוי ונכון לכל אשר בידו למחות לתקן למגדר מילתא, שעכ"פ מע' שנה ואילך לא ישחוט שום אדם, אף שמרגיש עדיין, משום לא פלוג, **גם** עד שבעים שנה צריך בדיקה גדולה, ומחוייבים הרבנים להשגיח ע"ז, שהשוחטים הבאים בימים יבואו לפניהם לפרקים לנסותם, **כי** קרוב הדבר להתקלקל, והם בעצמם אינם מרגישים בזה אם ידיהם רותתים.

חרש המדבר ואינו שומע

סעיף ו - חרש המדבר ואינו שומע, לא ישחוט, מפני שאינו שומע הברכה. ואם שחט, אפילו בינו לבין עצמו, שחיטתו כשרה - דאין הברכה מעכבת בדיעבד, כדלקמן ר"ס י"ט, ועמ"ש שם.

סימן א ס"ו • חרש המדבר ואינו שומע

חרש המדבר ואינו שומע, לא ישחוט, מפני שאינו שומע הברכה. **ואם** שחט, אפי' בינו לבין עצמו, שחיטתו כשרה, דאין הברכה מעכבת בדיעבד.

אילם

סעיף ז - השומע ואינו מדבר, אם הוא מומחה, שוחט אפי' לכתחלה - הא דלא כתב גבי מדבר ואינו שומע, אם הוא מומחה, משום דהכא אשמועינן דשוחט אפי' לכתחילה, הוצרך לומר אם הוא מומחה, וזה פשוט לפע"ד, ‹**דלכתחלה** אם אין יודעים אם הוא מומחה, אין מוסרין לאלם לשחוט על סמך שיבדקנו אח"כ, כי הבדיקה קשה בו, שצ"ל ע"י כתיבה או ברמיזה, אבל בדיעבד בין באינו שומע ובין באלם, אם נודע שבקיאין בטוב העולם ככל שאר בני אדם, אמרינן בהו נמי רוב מצויין א"ש מומחין הן, היכא דליתנהו קמן למבדקינהו – שמ"ח›, **והב"ח** כתב בקונטרס אחרון, דכיון דאינו מדבר, אינו בכלל רוב מצוים א"ש מומחין הן, **ולא** ידעתי למה יגרע חזקתו משאר בני אדם, הא אמרינן ריש פ"ק דחגיגה, דהרי הוא כפקח לכל דבר, ונתבאר בחו"מ סי' רל"ה, **ותו** אמרינן התם דף ג' ע"א, למימרא דכי לא משתעי לא גמר, והא הני תרי אלמי כו', דאשתכח דהוי גמירי הלכתא וספרא וספרי וכולה ש"ס, ומסיק דגמר, **גם** מ"ש ממדבר ואינו שומע, גם מדברי הדרישה שבסמוך מבואר דהוא בכלל רוב מצויין א"ש מומחין הן, **ובדרישה** תירץ משום דחרש המדבר ואינו שומע אפילו מומחה אינו שוחט לכתחלה, ובדיעבד אפי' הוא לפנינו הוי כאינו לפנינו, שא"א לבדקו כיון שאינו שומע, ושחיטתו כשרה אפי' אינו מומחה, וא"כ לא נפקא לן התם במומחה מידי, עכ"ד, **ותימה** שהרי אפשר לבדקו ע"י כתב, וכדרך שבודקים אותו לגיטין ולמתנות, וכמ"ש הט"ו בחו"מ סי' רל"ה, ובאה"ע סי' קכ"א.

אם אחר מברך - ודוקא שהאחר שוחט ג"כ, הא לא"ה א"י לברך, הג"א ומביאו ב"י וד"מ, וכן משמע בשחיטת מהרי"ו וכ"פ הב"ח ושאר אחרונים, וכן משמע הלשון אם אחר מברך, ולא קאמר ואחר מברך, משמע שהאחר מברך בלא"ה, וע"ל סי' י"ט דבעינן שאותו אחר יכוין להוציאו.

[**בב"י** בשם הרא"ש, דיליף מדבר ואינו שומע דלא ישחוט לכתחילה מתרומה, **והקשה** ב"י אמאי לא יליף גם נשתתק לאסור לכתחילה מתרומה, **דאילם וערום** לא יתרומו, ותירץ שתנא לא רצה לשנות תקנתא, **ותמוה** לי דאדרבה משמע במתני' דלא מהני תקנתא, דהא תנא דומיא דערום, ושם לא מהני אחר מברך, **ומזה הטעם** ס"ל

באמת לא"ז שמביא ב"י בשם הג' אשר"י, שאילם לא ישחוט ואחר מברך, ונ"ל תחילה לישב מה שקשה על הא"ז, דמאי שנא מההיא דס"פ ראוהו ב"ד, כל הברכות אע"פ שיצא מוציא, פירש"י שהרי כל ישראל ערבים זה בזה למצות, חוץ מברכת הלחם כו', פי' ברכת הנהנין, דבזה אין ערבות, שאין חובה על האדם, דלא לתהני ולא לברוך, וא"כ קשה למה לא יברך אחר בתרומה ושחיטה, **ונראה** דמחלק בין כל המצות שאדם צריך לעשות בגופו דוקא לא ע"י אחר, מש"ה הכרח הוא באם אינו יכול לברך דיברך אחר, **משא"כ** בתרומה ושחיטה דאפשר לעשות ע"י אחר, א"כ אותו שיעשה המצוה יברך, ולא נחלק המצוה לזה והברכה לזה, **ולהרא"ש** נראה דגם הוא ס"ל דאילם לא יתרום ואחר מברך מטעם שזכרתי, **אלא** דבשחיטה נראה טעמו דאחר מברך שפיר, דברכת השחיטה אינה באה על שחיטה עצמה, דהא אין חיוב לשחיטה אם אינו רוצה לאכול, אלא עיקר הכוונה לתת שבח למקום ב"ה על שאסר לנו אכילת בשר בלא שחיטה, ובזה ודאי כל ישראל שייך באותו ברכה, שהרי על כולם יש איסור, אלא שאין מקום לברך שבח זה אלא בשעת שחיטת שום בהמה, **דוגמא** לדבר שזכר ב"י בסי' רס"ה בשם ר"ת, בברכת להכניסו בברית, שהיא שבח והודיה בכל שעה על קדושה זו, ע"ש, **ומש"ה** ניחא בברכת אירוסין שהחתן מארס והרב מברך על איסור עריות שאסר על כל ישראל, ‹**אם** באנו לדמותו לברכת אירוסין, א"כ גם במדבר ואינו שומע ישחוט לכתחילה, דהברכה אינה מוטלת דוקא עליו, וכמו בברכת אירוסין והחתן אינו שומע, דמ"מ הרב מברך, **ואולי** דהתם כיון דא"א בענין אחר, אבל הכא מחמירים ליתן לאחר לשחוט – רעק"א›, **אבל** בהפרשת תרומה הוה עיקר הברכה על מצות הפרשה, לא על איסור אכילת טבל, שהרי מצות ההפרשה חיוב עליו אפי' אם אינו רוצה לאכול מן התבואה עדיין, ‹לא מצאתי זה, דבפשטות הוא רק כשרוצה לאכלו אסור עד שהפריש תרומה – רעק"א›, **א"כ** הוה מצוה זאת כשאר מצות, וכיון שאין הוא חיוב בגופו לעשות כן, דאפשר לתרום ע"י שליח, לא נחלק המצוה והברכה זה מזה, אלא התורם יברך, ומש"ה ניחא בההיא דאילם לא יתרום, דלית ליה באמת תקנתא לברך, **ובזה** שכתבתי נתיישב מה שהוקשה לבעל הדרישה, למה יברך אחר כאן, והלא ברכת הנהנין אם יצא אינו מוציא, ותירץ מה שתירץ, ומו"ח כתב ג"כ, דהך אם אחר מברך דגבי שחיטה, פי' אם אחר שוחט לעצמו ג"כ בהמה ומברך, וכמ"ש הג' אשר"י, ולי לא נראה בזה, דא"כ לא היה שותק מלפרש כן בהדיא, אם אחר מברך על שחיטה אחרת, אלא כמ"ש, דאין כאן ברכת הנהנין כלל, אלא שבח והודיה על האיסור כמו בברכת אירוסין].

אין להקשות לדעת הט"ו בס"ג, דמי שיודעים בו שא"י ה"ש מותר לשחוט לכתחלה אם אחר עע"ג, א"כ למה צריך הכא מומחה, **י"ל** דהכא מיירי שאותו אחר אינו מומחה, רק שיודע לברך, **א"נ** שאותו אחר מברך והולך לו, או עומד שם ולא ראה ששחט, רק השמיע ברכתו, וכה"ג.

סימן א ס"ז • אילם

אילם, אם הוא מומחה, שוחט אפי' לכתחלה, אם אחר מברך. **ואותו** אחר יכוין להוציאו.

הא דלא כתב גבי מדבר ואינו שומע בס"ו, אם הוא מומחה, **י"א** משום דבס"ו אפי' מומחה אינו שוחט לכתחלה, **ובדיעבד** אפי' הוא לפנינו הוי כאינו לפנינו, שא"א לבדקו כיון שאינו שומע, ושחיטתו כשרה אפי' אינו מומחה, **וא"כ** לא נפקא לן התם במומחה מידי. **ותימה** שהרי אפשר לבדקו ע"י כתב.
וי"א דהכא כיון דאינו מדבר, אינו בכלל רוב מצוים אצל שחיטה מומחין הן, **ויש** חולקין ע"ז.
וי"א משום דהכא דהוי אפי' לכתחילה, אם אין יודעים אם הוא מומחה, לכתחילה אין מוסרין לאילם לשחוט על סמך שיבדקנו אח"כ, כי הבדיקה קשה בו, שצ"ל ע"י כתיבה או ברמיזה, **אבל** בדיעבד בין באינו שומע דס"ו, ובין באילם דהכא, אם נודע שבקיאין בטוב העולם ככל שאר בני אדם, אמרינן בהו נמי רוב מצויין אצל שחיטה מומחין הן, היכא דליתנהו קמן למבדקינהו.

ויש שהקשה לשיטת המחבר בס"ג, דמי שיודעים בו שאינו יודע הל' שחיטה מותר לשחוט לכתחלה אם אחר עומד על גביו, א"כ למה צריך הכא מומחה, **י"ל** דהכא מיירי שאותו אחר אינו מומחה, רק שיודע לברך, **א"נ** שאותו אחר מברך והולך לו, **או** עומד שם ולא ראה ששחט, רק השמיע ברכתו, וכה"ג.

וי"א שאילם לא ישחוט ואחר מברך, והטעם, דדוקא מצות שאדם צריך לעשות בגופו לא ע"י אחר, מוכרח הוא באם אינו יכול לברך דיברך אחר, **משא"כ** בתרומה ושחיטה דאפשר לעשות ע"י אחר, א"כ אותו שיעשה המצוה יברך, ולא נחלק המצוה לזה והברכה לזה.
אבל שיטת המחבר, אף דגם הוא ס"ל דאילם לא יתרום ואחר מברך מטעם שזכרנו, **אבל** בשחיטה שפיר מברך אחר, דברכת השחיטה אינה באה על שחיטה עצמה, דהא אין חיוב לשחיטה אם אינו רוצה לאכול, **אלא** עיקר הכוונה לתת שבח למקום ב"ה על שאסר לנו אכילת בשר בלא שחיטה, ובזה ודאי כל ישראל שייך באותו ברכה, שהרי על כולם יש איסור, **אלא** שאין מקום לברך שבח זה אלא בשעת שחיטת שום בהמה, (**וכמו** ברכת להכניסו בברית, שהיא שבח והודיה בכל שעה על קדושה זו, וברכת אירוסין שהחתן מארס והרב מברך על איסור עריות שאסר על כל ישראל),

סימן א – מי הם הכשרים לשחוט
סעיף ז – אילם

משא״כ בהפרשת תרומה, הוה עיקר הברכה על מצות הפרשה, לא על איסור אכילת טבל, שהרי מצות ההפרשה חיוב עליו אפי' אם אינו רוצה לאכול מן התבואה עדיין, (**ויש** שמפקפקין בזה), **א״כ** הוה מצוה זאת כשאר מצות, וכיון שאין הוא חיוב בגופו לעשות כן, דאפשר לתרום ע״י שליח, לא נחלק המצוה והברכה זה מזה, אלא התורם יברך.

ויש שהקשה, למה יברך אחר כאן, והלא ברכת הנהנין אם יצא אינו מוציא, **וי״א** דאיירי דוקא שהאחר שוחט ג״כ, הא לא״ה א״י לברך, וכן משמע הלשון "אם אחר מברך", ולא קאמר "ואחר מברך", משמע שהאחר מברך בלא״ה.
ויש שחולק, דא״כ לא היה שותק מלפרש כן בהדיא, אלא כנ״ל, דאין כאן ברכת הנהנין כלל, אלא שבח והודיה על האיסור.

שכור

סעיף ח - שכור שהגיע לשכרותו של לוט, דינו כשוטה - דלכתחלה לא ישחוט אפילו אחרים עומד על גביו, ובדיעבד שחיטתו כשרה כשאחרים עע״ג דוקא.

ואם לא הגיע לשכרותו של לוט, שוחט לכתחלה. הגה: ויש אומרים שלא ישחוט, שרגיל לבא לידי דרסה - כלומר עצה טובה לשיכור שלא ישחוט לכתחלה, מפני שרגיל לבא לידי דרסה, אבל ודאי מדינא הרי הוא כפקח לכל דבר, כמ״ש הט״ז בחו״מ סי' רל״ה, ‹**ומ״מ** שוחט הממונה לציבור, ודאי אסור, וה״ה ליחיד נמי, בפרט בדור הזה, וכבר כ״כ האחרונים - פמ״ג, **ובעט״ז** השמיט הג״ה זו, ולא ידעתי למה.

‹**אבל** הט״ז חולק על הש״ך - באה״ט, [**מטעם שאיבריו** כבדים עליו מחמת רבוי יין ששתה, **וכן ראוי לנהוג** כל שיינו חזק עליו, **אפי' לא הגיע לשכרותו של לוט, ואע״ג דאמרינן שכור הרי הוא כפקח לכל דבריו, היינו** במידי דתלוי בדעת האדם, **אבל לא בזה שתלוי בכבידות אבריו, דודאי אינו כפקח**].

‹**ובבה״י** האריך והחמיר מאד על השוחטים הרגילים בכך להעבירן, מפני שאיבריהם כבידות מחמת רבוי שתייתן, וכן ראוי לנהוג אפי' לא הגיע לשכרותו של לוט - באה״ט.

‹**כתב** סמ״ג, זקן ומי שידיו מרתתין, הן מכח חולשה, או מכח טבעו, שג״כ ידיהם כבדות, שחיטתן רובן דרסות המה, אע״פ שאמרו ברי להם שלא דרסו, אינן נאמנין מפני שהם עלולין לכך, עכ״ל - בה״ט, (**לשון** זה הוא בספר לחם הפנים, וכבר השיג עליו בתשובת נו״ב, דשקר העיד בשם סמ״ג, **ולענין** דינא אף דלכתחלה יש להעבירו, מ״מ אין אוסרין שחיטתו למפרע).

סימן א ס״ח • שכור

שכור שהגיע לשכרותו של לוט, דינו כשוטה, דלכתחלה לא ישחוט אפילו אחרים עומד על גביו, **ובדיעבד** שחיטתו כשרה כשאחרים עומד על גביו דוקא.

ואם לא הגיע לשכרותו של לוט, שוחט לכתחלה.
וכתב הרמ״א, וי״א שלא ישחוט, שרגיל לבא לידי דרסה.
י״א דהרמ״א ר״ל דאסור לשחוט, מטעם שאיבריו כבדים עליו מחמת רבוי יין ששתה, וכן ראוי לנהוג כל שיינו חזק עליו, **ואע״ג** דאמרינן שכור הרי הוא כפקח לכל דבריו, היינו במידי דתלוי בדעת האדם, **אבל** לא בזה שתלוי בכבידות אבריו, דודאי אינו כפקח.
וי״א דר״ל עצה טובה לשיכור שלא ישחוט לכתחלה, מפני שרגיל לבא לידי דרסה, **אבל** ודאי מדינא הרי הוא כפקח לכל דבר.
וי״א דמ״מ שוחט הממונה לציבור, ודאי אסור, **וה״ה** ליחיד נמי, בפרט בדור הזה. **ויש** שהחמיר מאד על השוחטים הרגילים בכך להעבירן, וכן ראוי לנהוג.

י״א בשם הסמ״ג, דזקן ומי שידיו מרתתין, הן מכח חולשה, או מכח טבעו, שג״כ ידיהם כבדות, שחיטתן רובן דרסות המה, **אע״פ** שאמרו ברי להם שלא דרסו, אינן נאמנין מפני שהם עלולין לכך. **ויש** שהשיג עליו, דשקר העיד בשם סמ״ג, **ולענין** דינא, אף דלכתחלה יש להעבירו, מ״מ אין אוסרין שחיטתו למפרע.

סומא

סעיף ט - סומא, לא ישחוט לכתחלה, אלא א״כ אחרים רואין אותו - ובשלטי הגבורים כתב ע״ש ריא״ז, דאפילו אחרים רואים אותו לא ישחוט לכתחלה, ע״ש. ‹**דשמא** לא ישחוט הרוב, דאין רגילות לשחוט רוב, וכי יאמר לו אותו שרואה לשחוט, הוה שהיה, לדידן דשיעור שהיה משהו - פמ״ג.

ואם שחט, שחיטתו כשרה - וכ' בסא״ז דסומא שלא ראה אורות מימיו, אפילו בדיעבד אסור לאכול משחיטתו, ומביאו הב״ח, ‹**והטעם**, דאין יודע לכוין מקום השחיטה, וגם לא אומן יד - פמ״ג, **ובד״מ** כתב על הסא״ז: ושאר הפוסקים לא חילקו בזה.

‹**הנה** בדבר זה לא מצינו שום חולק, ולכאורה לשיטת רי״ו דחושש דהלכה כר' יהודה דסומא פטור ממצות, ממילא ראוי לומר דשחיטת סומא הוי נבילה, כיון דאינו מצווה על הזביחה, ומתמעט מקרא דזובחת ואכלת, מי שהוא בר זביחה אכול מזבחו, כמו דשחיטת עכו״ם פסול מה״ט, **וצ״ל** הא דס״ל לר״י דסומא פטור ממצות, היינו רק ממצות עשיות,

אבל על הלאוין מצווה, ואסור לאכול בלא שחיטה, ומקרי בר זביחה – רעק"א.

סימן א ס"ט • סומא

סומא, לא ישחוט לכתחלה, אא"כ אחרים רואין אותו.
וי"א דאפי' אחרים רואים אותו לא ישחוט לכתחלה, דשמא לא ישחוט הרוב, דאין רגילות לשחוט רוב, וכי יאמר לו אותו שרואה לשחוט, הוה שהייה, לדידן דשיעור שהיה משהו.

ואם שחט, שחיטתו כשרה.
וי"א דסומא שלא ראה אורות מימיו, אפילו בדיעבד אסור לאכול משחיטתו, דאין יודע לכוין מקום השחיטה, **וגם** לא אומן יד, **וי"א** דשאר הפוסקים לא חילקו בזה.

להחוששין דהלכה כר' יהודה דסומא פטור ממצות, י"א דממילא היה ראוי לומר דשחיטת סומא הוי נבילה, כיון דאינו מצווה על הזביחה, ומתמעט מקרא דוזבחת ואכלת, מי שהוא בר זביחה אכול מזבחו, כמו דשחיטת עכו"ם פסול מה"ט, **וצ"ל** הא דס"ל לר"י דסומא פטור ממצות, היינו רק ממצות עשיות, **אבל** על הלאוין מצווה, ואסור לאכול בלא שחיטה, ומקרי בר זביחה.

ערום

סעיף י - ערום, לא ישחוט לכתחלה, מפני שאינו יכול לברך

- וגם אחר אינו רשאי לברך כנגדו, כמ"ש הט"ז באו"ח סי' ע"ה ס"ד, **ועוד** כיון שהוא ערום אינו רשאי לכוין בברכת חבירו, [מה שיברך אחר, ויהפוך פניו לצד אחר, כיון דהערום צריך לכוין לשמוע הברכה, והוא אסור בכך לכתחילה], וליכא למימר שומע כעונה, כ"כ בפרישה.

(**כתב** ע"י, מי שאינו חגור בחגורה ולבו רואה ערותו, לא ישחוט לכתחילה, דכה"ג אינו רשאי לברך. **גם** אסור לשחוט בגלוי ראש, דכה"ג ג"כ אינו רשאי לברך – באה"ט).

סימן א ס"י • ערום

ערום, לא ישחוט לכתחלה, מפני שאינו יכול לברך, **וגם** אחר אינו רשאי לברך כנגדו, **ועוד** דאפי' יברך אחר, ויהפוך פניו לצד אחר, כיון שהוא ערום אינו רשאי לכוין בברכת חבירו, וליכא למימר שומע כעונה.

י"א דמי שאינו חגור בחגורה, ולבו רואה ערותו, לא ישחוט לכתחילה, דכה"ג אינו רשאי לברך.
גם אסור לשחוט בגלוי ראש, דכה"ג ג"כ אינו רשאי לברך.

אם הטילו הקהל חרם

סעיף יא - אם הטילו הקהל חרם, שלא ישחוט אלא טבח ידוע, ושחט אחר, י"א ששחיטתו אסורה

- משום דדמי לחשוד לאותו דבר, הרא"ש ור' ירוחם, (כיון שהקהל אסרו זולתו, הוי כאוכל בלא שחיטה, והוי כמומר לאותו דבר - גר"א), [**ומש"ה אין איסור** אם שגג בדבר, שלא ידע בחרם].

ועוד משמע מדבריהם, דאפילו בלא חרם אסור, כיון דהקהל פסלו שחיטת הכל, ע"ש כי הב"י לא הביאם בשלימותן.

(**ועיין** תב"ש ופמ"ג, דאם לא פסלו בפירוש שחיטת הכל, רק החרימו שלא ישחוט כו', ויש להתיר בשוגג, ובהפ"מ אף במזיד שרי, **אבל** אם פסלו בפירוש, אף שוגג אסור, דיש כח בקהל לזה, ע"ש. **והנה** בספר חות דעת המציא מדנפשיה, דטעם האוסר, מהא דאמר רבא תמורה דף ט', כל מידי דאמר רחמנא לא תעביד אי עביד לא מהני כו', דכאן יתוקן האיסור במאי דלא מהני, ע"ש, **ועיין** בספר בית יהודה מהגאון מהר"י לנדא ז"ל, שכתב עליו דלפי"ז אף בשוגג ואף בהפ"מ ראוי לאסור שחיטתו לתקן האיסור, **אבל** באמת טעמו ליתא, ונסתר מדברי תשו' הרא"ש שהביא הט"ז סי' רכ"ח, והש"ך סי' ר"ל).

הגה: ואם נתבטלה התקנה, כל השוחטים בחזקת כשרות כמו ברחשונה.

(**כתב** בתשובת נו"ב, בעיר שעשו תקנה ע"י הרב והקהל, ששוחט א' לבדו לא ישחוט בלי חבירו, והוכרז שמה שישחוט אחד הוא טרפה, ועוד נעשה שם שהשוחטים תקעו כפיהם שלא יכשירו שום בהמה עד שיניחו חותם לסימן כשר, ושוחט אחד עבר על כל זה, **ופסק** דיש להכשיר שחיטתו לעיר אחרת, ואפי' לאותה העיר אם יתירו התיקון ההוא בב"ד של ג', דאף שעבר על הת"כ לא נעשה חשוד לאותו דבר, כיון שהת"כ לא היה שלא ישחטו אלא שלא יכשירו, וזה ענין אחר, ע"ש עוד. **ועיין** בתשובת ברית אברהם שהעיר על דברי נו"ב הנ"ל, במ"ש דאפי' לאותה העיר אם יתירו כו', וכתב כיון שצריך עקירת הנדר למפרע, לא כדין חרמי צבור, א"כ אי אפשר להתיר ע"פ ב"ד שבעירם, דהוי כמיפר נדרי עצמו).

(**ועיין** בתשו' חת"ס אודות קהלה אחת שנהגו מכבר להעמיד ב' שוחטים בבית המטבחיים לבדוק הסכין והריאה על ידם, והרב אב"ד הוסיף עוד שגם בכל בהמה דקה יעמדו ב' שוחטים, והחזיקו בזה המנהג כמו ד' שנים, ועתה באו פריצים וחללוהו, אם אפשר לבטל מנהג זה

אחר שהחלו לעשותו ולקיימו, **והשיב** גוף המנהג וודאי מנהג ותיקון הוא, אך בקהלות גדולות מנהגים שונים בזה, כי בק"ק פפד"מ תיקן מו"ר בעל הפלאה ז"ל, שאפי' שום עוף לא ישחטו בלי שנים בודקים הסכין לפני שחיטה, ופק"ק פ"ב החמירו רק בגסות ולא בדקות ולא בעופות, חוץ משחיטות כפרות שבין ר"ה ליוהכ"פ, והטעם נעלם ממני, דהא לענין בדיקת הסכין אין חילוק בין דקות לגסות, **וממילא** יובן שהרב דעיר הנ"ל שתיקן גם בדקות כן, יאושר חילו, ומאחר שפשט מנהגו שם, אפי' ב"ד אחר אינו יכול לבטלו, דהו"ל כדבר שפשט איסורו בכל ישראל, כיון שמתחלה לא תיקן אלא לעירו, ושם פשטה תקנה זו, כמ"ש התוס' בגיטין דף ל"ו ע"ב, **אמנם** ב"ד גדול בחכמה ובמנין יכול לבטלו, אם אינו נעשה לסייג ולגדר, **אך** אם נעשית לסייג ולגדר, ועדיין צריך לאותו סייג, אפי' ב"ד גדול אינו יכול לבטלו, כמ"ש הרמב"ם פ"ב מה' ממרים כו', **ומעתה** הרב אב"ד דמילי דבני מאתיה עליה רמיא, ומסתמא בקעה מצא וגדר בה גדר, כל זמן שלא בטל הטעם, לא הוא ולא אחר גדול ממנו יכול לבטל, וכל העובר על תקנתו אחר התראה, יש לדון אם לא יפסל משחיטה מכאן ולהבא כו', ע"ש).

סימן א סי"א • אם הטילו הקהל חרם

אם הטילו הקהל חרם, שלא ישחוט אלא טבח ידוע, ושחט אחר, י"א ששחיטתו אסורה. **דכיון** שהקהל אסרו זולתו, הוי כאוכל בלא שחיטה, והוי כמומר לאותו דבר, **ומש"ה** אין איסור אם שגג בדבר, שלא ידע בחרם. **י"א** דמשמע דאפילו בלא חרם אסור, כיון דהקהל פסלו שחיטת הכל.

י"א דאם לא פסלו בפירוש שחיטת הכל, רק החרימו שלא ישחוט אלא טבח ידוע, יש להתיר בשוגג, ובהפ"מ אף במזיד, **אבל** אם פסלו בפירוש, אף שוגג אסור, דיש כח בקהל לזה.

י"א דטעם האיסור, דכל מידי דאמר רחמנא לא תעביד אי עביד לא מהני, דכאן יתוקן האיסור במאי דלא מהני. **וי"א** דלפי"ז אף בשוגג ואף בהפ"מ ראוי לאסור שחיטתו לתקן האיסור, **אבל** י"א דבאמת טעמו ליתא.

וכתב רמ"א, ואם נתבטלה התקנה, כל השוחטים בחזקת כשרות כמו בראשונה.

עיר שעשו תקנה ע"י הרב והקהל, ששוחט א' לבדו לא ישחוט בלי חבירו, והוכרז שמה שישחוט אחד הוא טרפה, **ועוד** נעשה שם שהשוחטים תקעו כפיהם שלא יכשירו שום בהמה עד שיניחו חותם לסימן כשר, ושוחט אחד עבר על כל זה, **י"א** דיש להכשיר שחיטתו לעיר אחרת, **ואפי'** לאותה העיר אם יתירו התיקון ההוא בב"ד של ג', (**וי"א** דכיון שצריך עקירת הנדר למפרע, א"כ א"א להתיר ע"פ ב"ד שבעירם, דהוי כמיפר נדרי עצמו), **דאף** שעבר על הת"כ לא נעשה חשוד לאותו דבר, כיון שהת"כ לא היה שלא ישחטו אלא שלא יכשירו, וזה ענין אחר.

קהלה אחת שנהגו מכבר להעמיד ב' שוחטים בבית המטבחיים לבדוק הסכין והריאה על ידם, **והרב** אב"ד הוסיף עוד שגם בכל בהמה דקה יעמדו ב' שוחטים, והחזיקו בזה המנהג כמו ד' שנים, **ועתה** באו פריצים וחללוהו, אם אפשר לבטל מנהג זה אחר שהחלו לעשותו ולקיימו, **י"א** דהטעם לחלק בין דקות לגסות נעלם ממנו, דהא לענין בדיקת הסכין אין חילוק, וממילא יובן שהרב דעיר הנ"ל שתיקן גם בדקות כן, **ומאחר** שפשט מנהגו שם, אפי' ב"ד אחר אינו יכול לבטלו, דהו"ל כדבר שפשט איסורו בכל ישראל, **כיון** שמתחלה לא תיקן אלא לעירו, ושם פשטה תקנה זו, **אמנם** ב"ד גדול בחכמה ובמנין יכול לבטלו, אם אינו נעשה לסייג ולגדר, **אך** אם נעשית לסייג ולגדר, ועדיין צריך לאותו סייג, אפי' ב"ד גדול אינו יכול לבטלו, **ומעתה** הרב אב"ד דמילי דבני מאתיה עליה רמיא, ומסתמא בקעה מצא וגדר בה גדר, **כל** זמן שלא בטל הטעם, לא הוא ולא אחר גדול ממנו יכול לבטל, **וכל** העובר על תקנתו אחר התראה, יש לדון אם לא יפסל משחיטה מכאן ולהבא.

השוחט בפני עדים ואומר לא שחטתיה

סעיף יב - השוחט בפני עדים בהמה לעובד כוכבים, וכשבא ישראל לקנות ממנה, אמר: לא תקנה ממנה כי לא שחטתיה, אינו נאמן – [ואף על פי שיש לו מיגו, שיכול לומר טריפה היא מחמת דבר אחר, מ"מ הוה מיגו במקום עדים, כיון שמה שטוען עכשיו לא שחטתיה, הוא מוכחש מעדים שראו ששחטה, **אבל** מ"מ אם יתרץ דיבורו ויאמר: לא שחטתיה כראוי אמרתי, מהני לאוסרה].

היינו כשעומד בדבורו ואומר "שלא שחטה כלל", **אבל** אם לא אמר אלא "לא שחטתיה", נאמן בענין שיכול לתקן דבריו, דאפשר ששהה או דרס, שכל שנפסל בשחיטה אינה קרויה שחיטה.

‹ויראה מלשון הש"ך, כל שאומר סתם "לא שחטתיה", ולא "כלל", יש לתרץ דבריו ואסור, אף שאין מתרץ בעצמו, ואומרים שכוונתו ששהה ודרס, וכן נכון להורות, **ומט"ז** משמע דוקא שמתרץ – פמ"ג. **ועיין** בבאה"ט דלומד הש"ך כהט"ז›.

(**וכתב** התב"ש, דה"ה אם יש לתלות שאומר לא שחטתיה, שלא יקניט להעובד כוכבים וכדומה, יש לאסור אף שאומר לא שחטתי כלל, **והביא** הפמ"ג וכתב שיש להחמיר, **אכן** בשו"ת ברית אברהם השיג עליו והעלה דאין להחמיר בזה, ע"ש).

‹**לענ"ד** גם באמר תחילה לא שחטתי כלל, אם אומר עתה ששהה ודרס, מה בכך דבתחילה רצה להכחיש את הכל, שלא יהיה איתרע ששחט שלא כהוגן, ובפרט השוחט בשכר, דיצטרך לשלם, ועתה רואה שעדים מעידים ששחט, אומר האמת ששהה ודרס, ועיין בלשון הרשב"א שבב"י, דאפשר לכוון כן בדבריו לדינא - רעק"א›.

ומיהו לדידיה אסורה, דהא שויא אנפשיה חתיכה דאיסורא. (וע"ל סי' קכ"ז בדין עד אחד נאמן באיסורין).

‹**עיין** בשער המלך שהביא דבתשובת מהר"י באסאן, נסתפק בכ"מ שאמרו שויא אנפשיה חד"א, אם מדין נדרי איסור נגעו בה, ואע"פ שאינו ממש כנדר, דליתא בשאלה, אולי החמירו בו חכמים כמו בנזיר שמשון, או אינו אלא מדין הודאת בע"ד, **והר"ב** מ"ע ח"א פשיטא ליה מלתא דמדין נדרי איסור נגעו בה, **והוא** ז"ל תמה עליו, דמדברי תשובת הרשב"א הביאה הב"י באה"ע סימן מ"ה, במי שטוען שקידש את האשה, מבואר דאף היכא דלא שייך טעמא דנדרי איסור, אפילו הכי אמרינן שויא אנפשיה חד"א אפי' כנגד עדים, ע"ש, **ועיין** בנו"ב כתב להחכם השואל, שרצה לומר ג"כ דשויא אנפשיה חד"א הוא מטעם נדר וקונם, וכתב דזהו שטות, דאיזה לשון שבועה או קונם יש כאן, או במה מתפיס, **ולדבריו** אם יאמר אחד בשני בשבת שהיום שבת, יהיה אסור במלאכה מטעם נדר, **ואם** כדבריו איך אמר ר"ע לר' יהושע שילך אצל ר"ג ביוה"כ שחל להיות בחשבונו, ולמה לא נימא דר"י שויא אנפשיה חד"א מטעם נדר, {**ומיהו** י"ל כמו שחילקו הפוסקים לקמן סי' רי"ד לענין דברים המותרים כו', דאם נוהגים איסור מחמת שסוברים שאסור מן הדין, לא הוי כאילו קבלום עליהם בנדר}, **אלא** ודאי מה דאמרינן שויא אנפשיה חד"א, הוא מטעם דאדם נאמן על עצמו יותר משני עדים, ולכך בדבר שא"א, כגון שאומר על יום חול שהוא שבת או יו"כ, לא אמרינן שויא חד"א, עכ"ל›.

‹**עיין** במשנה למלך דאם חזר אח"כ ואמר שקר דברתי, הואיל והעד מסייעו מותר, וע"ש שנראה שחזר בו. **ועיין** בבכור שור שכתב, היכי דשויא אנפשיה חד"א, דאסור אף בינו לבין עצמו, אף שיודע בעצמו שהוא מותר, ע"ש - רעק"א›.

סימן א סי"ב • השוחט בפני עדים ואומר לא שחטתיה

השוחט בפני עדים בהמה לעכו"ם, וכשבא ישראל לקנות ממנה, אמר: לא תקנה ממנה כי לא שחטתיה, אינו נאמן. **ואע"פ** שיש לו מיגו, שיכול לומר טריפה היא מחמת דבר אחר, **מ"מ** הוה מיגו במקום עדים, כיון שמה שטוען עכשיו לא שחטתיה, הוא מוכחש מעדים שראו ששחטה.

י"א דמשמע מלשון הש"ך, דדוקא כשאמר "שלא שחטתיה כלל", ועומד בדבורו, **אבל** כל שאומר סתם "לא שחטתיה", ולא "כלל", יש לתרץ דבריו ואסור, אף שאין מתרץ בעצמו, ואומרים שכוונתו ששהה ודרס, וכן נכון להורות, **ומס"ז** משמע דוקא שמתרץ דיבורו ויאמר: לא שחטתיה כראוי אמרתי, **אבל** יש לומדים הש"ך כהט"ז.

י"א דה"ה אם יש לתלות שאומר לא שחטתיה, שלא יקניט להעכו"ם וכדומה, יש לאסור אף שאומר לא שחטתי כלל, **ויש** שהביאו וכתב דיש להחמיר, **אבל** י"א דאין להחמיר בזה.

יש שהקשה גם באמר תחילה לא שחטתי כלל, אם אומר עתה ששהה ודרס, מה בכך, דבתחילה רצה להכחיש את הכל, שלא יהיה איתרע ששחט שלא כהוגן, ובפרט השוחט בשכר, דיצטרך לשלם, ועתה רואה שעדים מעידים ששחט, אומר האמת ששהה ודרס, **ואפשר** שכן הוא לדינא.

ומיהו לדידיה אסורה, דהא שויא אנפשיה חתיכה דאיסורא.

יש שנסתפק בכ"מ שאמרו שויא אנפשיה חד"א, אם מדין נדרי איסור נגעו בה, ואע"פ שאינו ממש כנדר, דליתא בשאלה, אולי החמירו בו חכמים כמו בנזיר שמשון, **או** אינו אלא מדין הודאת בע"ד, **וי"א** דפשיטא ליה מלתא דמדין נדרי איסור נגעו בה, **ויש** שתמה עליו, דבדין מי שטוען שקידש את האשה, מבואר דאף היכא דלא שייך טעמא דנדרי איסור, אפ"ה אמרינן שויא אנפשיה חד"א אפי' כנגד עדים, **וי"א** דזהו שטות, דאיזה לשון שבועה או קונם יש כאן, או במה מתפיס, **והאם** יאמר אחד בשני בשבת שהיום שבת, יהיה אסור במלאכה מטעם נדר, **אלא** ודאי מה דאמרינן שויא אנפשיה חד"א, הוא מטעם דאדם נאמן על עצמו יותר משני עדים, **ולכן** בדבר שא"א, כגון שאומר על יום חול שהוא שבת או יו"כ, לא אמרינן שויא חד"א.

י"א דאם חזר אח"כ ואמר שקר דברתי, הואיל והעד מסייעו, מותר, **וע"ש** שנראה שחזר בו.

וי"א דהיכי דשויא אנפשיה חד"א, דאסור אף בינו לבין עצמו, אף שיודע בעצמו שהוא מותר.

אמר שטרפה ואח"כ שכשרה, או להיפך

סעיף יג - טבח שעשה סימן בראש הכבש השחוט, שיהא נראה שהוא טרפה, וגם היה אומר שהוא טרפה, ואח"כ אמר שכשר היה, ולא אמר כן אלא כדי שלא יקחו אותו וישאר לו ליקח ממנו בשר, כיון שנתן אמתלא לדבריו, נאמן - [בב"י מביא כן בשם הרשב"ץ, וראייתו מפ"ק דכתובות, מאשה שאמרה טמאה

אני, דנאמנת אח"כ לומר טהורה אני, כשנותנת אמתלא לדבריה, שנזכר לקמן סי' קפ"ה, וק"ל דהא כתב שם בשם רמב"ן, אם הוחזקה נדה בשכינותיה, דהיינו שלבשה בגדים המיוחדים לנדותה, לא מהני אמתלא, וכתב ב"י הטעם בשם רשב"א, דמשום אונס מיקרי ואמרה, אבל לעשות מעשה כולי האי ללבוש בגדי נדה, אינה לובשת, עכ"ל, הרי דאין מחלק אלא בין דבור למעשה, דכל שהוא אינו דיבור אלא מעשה, לא מהני אמתלא, ומאי שנא הכא במעשה זה שעשה השוחט סימן בראש הכבש, ואין לחלק בין מעשה למעשה, ותו דגם לבישת בגדי נדה הוא מעשה כל דהוא, דהא סגי בלבישת סינר המיוחד לנדותה, והמעיין בתשו' מהרי"ק יראה, דלבישת בגדי נדה אינו סימן גמור, דאמר שם אימור לא נזדמנו לה בגדי טהרתה כו', הרי לפניך דאפ"ה לא מהני אמתלא, אחר שכתבתי מצאתי בד"מ שכתב אהך דרשב"ץ וז"ל, וצריך לדקדק בסי' קפ"ה מנדה דלבשה בגדי נדה, דלא מהני אמתלא, ואולי יש לחלק, וצ"ע, עכ"ל, ע"כ נראה שאין להקל בפסק דשו"ע בכאן בזה, מאחר שרמ"א הניחו בצ"ע].

קושיא זה כבר תירצה הב"ח וז"ל, דיש לחלק, גבי טבח לא היה באפשרי בענין אחר, משא"כ הכא גבי נדה, אפשר שתאמר טמאה אני, ולא היה לה ללבוש בגדי נדות, ע"ש - נקה"כ.

(**עיין** בתשובת מאיר נתיבים, בשוחט שהוציא ידו מריאה של גדי ואמר טריפה, ואח"ז בא שם מומחה גדול והכשיר אותה, ועתה מתנצל הראשון שמה שאמר טריפה הוא משום שאירע לו ספק בשחיטה, **וכתב** שאין להעביר השוחט ההוא, ע"ש).

(**בגליון** יו"ד של הגאון מהר"ר יאקב ברלין ז"ל כתב, ואם מתחלה אמר כשירה, ואח"כ אמר שהיא טריפה, אינו נאמן אף אם נתן אמתלא לדבריו, עיין בתשו' שבו"י, ע"כ, **ועיינתי** בשבו"י שם וראיתי שכתב להיפך, דאף אם מתחלה כשאמר כשירה לקח ממנה בשר ומכר לאחרים, אפ"ה יש לחוש לדבריו האחרונים, ולא אמרינן בזה אין אדם משים עצמו רשע, **אלא** שזה דוקא היכא שנותן אמתלא גמורה, אבל אם אין האמתלא ברורה כל כך, לא מהימן, כיון שעשה מעשה שלקח ממנה בשר, **ומיהו** אי מהימן ליה, אסור אף אם אינו אומר אמתלא כלל, **ואפשר** דאפילו אם אומר איני מאמינך, אלא שמאמין לו בלבו, ע"ש, **ועיין** בשו"ת דבר שמואל הובא בבה"ט, כתב ג"כ דאם מתחלה אמר כשירה ואח"כ אמר טרפה, נאמן אם נתן אמתלא, מק"ו מהיכא שאומר טריפה ואח"כ נותן אמתלא).

(ועיין לקמן סימן קכ"ז ס"א בכג"כ).

סימן א סי"ג • אמר שטרפה ואח"כ שכשרה, או להיפך

סבח שעשה סימן בראש הכבש השחוט, שיהא נראה שהוא טרפה, וגם היה אומר שהוא טרפה, ואח"כ אמר שכשר היה, ולא אמר כן אלא כדי שלא יקחו אותו וישאר לו ליקח ממנו בשר, **כיון** שנתן אמתלא לדבריו, נאמן.

ויש מקשים, דהא אם לבשה בגדים המיוחדים לנדותה, לא מהני אמתלא, **דמשום** אונס מיקרי ואמרה, אבל לעשות מעשה כולי האי ללבוש בגדי נדה, אינה לובשת, **הרי** דכל שהוא אינו דיבור אלא מעשה, לא מהני אמתלא, **ע"כ** נראה שאין להקל בפסק דשו"ע בכאן בזה, דגם הד"מ הניחו בצ"ע.

וי"א דיש לחלק, דגבי טבח לא היה באפשרי בענין אחר, **משא"כ** גבי נדה, אפשר שתאמר טמאה אני, ולא היה לה ללבוש בגדי נדות.

ואם מתחלה אמר כשירה, ואח"כ אמר שהיא טריפה:

י"א דאינו נאמן אף אם נתן אמתלא לדבריו.

וי"א דנאמן אם נתן אמתלא, מק"ו מהיכא שאומר טריפה ואח"כ נותן אמתלא.

וי"א דאף אם מתחלה כשאמר כשירה לקח ממנה בשר ומכר לאחרים, אפ"ה יש לחוש לדבריו האחרונים, ולא אמרינן בזה אין אדם משים עצמו רשע, **אלא** שזה דוקא היכא שנותן אמתלא גמורה, **אבל** אם אין האמתלא ברורה כ"כ, לא מהימן, כיון שעשה מעשה שלקח ממנה בשר, **ומיהו** אי מהימן ליה, אסור אף אם אינו אומר אמתלא כלל, **ואפשר** דאפי' אם אומר איני מאמינך, אלא שמאמין לו בלבו.

שוחט שהוציא **ידו** מריאה של גדי ואמר טריפה, ואח"ז בא שם מומחה גדול והכשיר אותה, ועתה מתנצל הראשון שמה שאמר טריפה הוא משום שאירע לו ספק בשחיטה, **י"א** שאין להעביר השוחט ההוא.

העיד ע"א או שהודה, ששחט שלא כהוגן

סעיף יד - שוחט, שהעיד עליו עד אחד ששחט שלא כהוגן, והוא מכחישו, עד אחד בהכחשה לאו כלום - פי' ואותה השחיטה עצמה מותרת לשאר בני אדם, [שם במהרי"ק טעם לזה, דכ"מ שהאמינה תורה לעד א' הוה כשנים, והה"נ האמינה תורה להשוחט שיהיה נאמן כשנים], (**ועיין** במהרי"ק שכתב עוד טעם, דמיד ששחט הוא בחזקת שחוט כדינו, וכמו דמתירים במומר מהאי טעמא, ואין ע"א נאמן לאסור - רעק"א), **אבל** לא להעד, דשויה אנפשיה חתיכה דאיסורא.

אבל בתשו' בן לב ומהרש"ל והב"ח, פסקו דאותה שחיטה עצמה אסורה לכל אדם, [**דדוקא** בעדות

אשה אמרינן שהוא כשנים, **אבל** בשאר איסורים הוה כחד לגבי חד בהכחשה, ובהמה בחייה בחזקת איסור עומדת, ע"כ בהמה זו שהעיד העד עליה אסורה לכל ישראל].

(**ועיין** בדגמ"ר שכ', שגם הם לא נחלקו אלא אם לפי דברי המכחיש השחיטה אסורה מה"ת, **אבל** אם גם לפ"ד המכחיש היתה שלא כהוגן משום חומרא, כגון שהיה פחות מכשיעור, או במיעוט בתרא וכדומה לזה, שוחט נאמן. **עוד** נראה לו לחלק בין אם זה שמכחישו אומר שחטת שלא כהוגן, א"כ הוא מעיד על הבהמה זו שנשחטה שלא כד"ת, יש להחמיר, **אבל** אם השוחט אומר בשעה פלונית שחטתי בהמה זו, ועד אחד מכחישו ואומר לא שחטת בהמה זו, כי כל שעה פלונית לא זזה ידי מידך, הראשון נאמן, ע"ש).

(**ועיין** בשו"ת שיבת ציון, בשוחט שנפל למשכב, וכאשר הכביד חליו שלח לקרוא את הרב, ואמר לו שרוצה להתוודות על חטאיו, ואיש לא היה עמהם בחדר, ואמר השוחט דרך ווידוי שבנעוריו נכשל בביאות אסורות, וסמוך לחליו מצא ה' פעמים הסכין פגום אחר שחיטה והכשיר, וכאשר שמע הרב דבר זה בדק אותו אם הוא שפוי בדעת, וראה שדעתו מיושבת עליו, והלך הרב והטריף כל כלי ראשון של בעלי בתים, אשר לא ימלט שום אחד מהם שלא קנה מבהמות האלה, ובתוך יומים עמד השוחט מחליו ורוח אחרת עמו, ומכחיש את הרב ואומר לא פעלתי און ולא התוודה כלל, ומעולם לא מצא הסכין פגום אחר שחיטה, **והנה** יש בזה ב' בחינות, א' אם השוחט היה נאמן במה שהודה, ואפילו אם היה נאמן, אכתי כיון דליכא עדים בדבר רק הרב, והשוחט מכחישו, אם הרב נאמן, **וכתב** דלכאורה נראה דאין השוחט נאמן במה שהודה, כיון שהוציא הבהמות מתחת ידו בחזקת כשרות, והיה נאמן ע"ז כשנים, ושוב מה שחזר בעת חליו ואמר שמצא פגימות אח"ש, לא הוי רק ע"א דעלמא ואינו נאמן, **וי"ל** אפי' לדעת מהרש"ל ומהריב"ל ואחרונים שחלקו על מהרי"ק ושו"ע, וס"ל דלא אמרינן באיסור כל מקום שהאמינו עד אחד ה"ה כשנים, ושחיטה זו אסורה, היינו דווקא אם באים שניהם כאחד, או שהעד האוסר בא מקודם, אבל כשהשוחט המתיר בא מקודם ונתקבלו דבריו, לכו"ע אין ממש בדברי העד הבא אח"כ לומר שלא שחט כראוי, ואם כן בנידון דידן כיון שכבר נתקבלו דבריו הראשונים שנשחטו כראוי, שוב אינו נאמן, **אמנם** באמת הא ליתא, ואדרבה גרע טפי מנדון של מהרי"ק, דשם השוחט עומד בדבורו, ויש לנו עדיין עדותו הנחשב כשנים, ואין ביד אחד להכחיש אותו, משא"כ בנידון דידן שהשוחט בעצמו חוזר בו, ועוד דיש רגלים לדבר להאמין לדבריו האחרונים הואיל והתוודה זה בחליו ואמר דרך תשובה, וגם אין אדם משים עצמו רשע לא שייך בזה, ע"כ יפה עשה הרב שאסר כל כלי ראשון הבלוע מבשר זה, **ולענין** אם הרב נאמן נגד השוחט, העלה דנאמן אף לדעת השו"ע דע"א בהכחשה לאו כלום הוא, היינו דוקא בע"א דעלמא, אבל הרב שנתמנה מהקהל להשגיח על כל דבר איסור והיתר, וביחוד על השוחט, פשיטא דנאמן, ע"ש).

(**ועיין** בתשובת חתם סופר שאלה כזו ממש, אלא דשם לא נזכר שהשוחט אחר שעמד מחליו רוח אחרת עמו, ורק נשאל אם להאמין את השוחט הואיל ואמר דרך ווידוי, אי לא נאמין, ומה יהיה דין הבשר והשומן וגם הכלים, **והעלה** דודאי השוחט נאמן כיון שאמרו דרך וידוי, ומכ"ש שאמר כן בשעת חליו שסבר שהולך למות, דאין אדם מכזב בשעת מיתה, **אמנם** בכל זאת לא נחשד אלא במה שאמר שהקיל בפגימה אחר שחיטה, אבל לא נחשד ששחט בתחלה בסכין פגום, וכיון שכן וכל הסכינים הן בחזקת בדוקים, א"כ אעפ"י שאמר שכמה פעמים מצא סכינו פגום אחר שחיטה, עכ"פ מיעוטא הוא שימצא סכין בדוק פגום אחר שחיטה, וא"כ יש להקל בבשר ושומן הנשאר ולומר מרובא פריש ודהיתרא הוא, **וכיון** דפגימה דלאחר שחיטה בלא"ה כעין ס"ס הוא, והכא איכא נמי רובא דהיתרא, ע"כ אי איכא הפ"מ למכור לעובד כוכבים, יש להקל, ומיהו בעל נפש יחוש לעצמו, **אמנם** הכלים דבודאי נתבשל בהם איסור, דהרי כל בהמה נתחלקה לכמה בני אדם, וכמה פעמים נמצא סכינו פגום, ולא ימלט שנזדמן בבית כל א' פעם אחת חתיכה דאיסורא, ע"כ יש להטריף כל כלי ראשון, וגם כל כלי שני את שאפשר בהגעלה יגעילו, וכלי חרס דכלי שני ישהה מעל"ע, **ולענין** תשלומין יראה להקל מעל בעלי התשובה, ומ"מ מכאן ואילך לא ישחוט בלי עומד על גבו זמן רב, עד שיפורסם צדקתו בבירור גמור, ע"ש).

והעד עצמו מותר לאכול מכאן ולהבא - דלא שייך לומר דשויה אנפשיה חתיכה דאיסורא במכאן ולהבא, **דדוקא** גבי יין נסך, דאם נתנסך היין כדברי העד שוב אין לו תקנה, אמרינן דשויה אנפשיה חד"א, **אבל** הכא לא שייך למימר הכי, דהא אפילו אם

יהיה כדברי העד, מ"מ אין מוחלט ליפסל עולמית בשביל כך, ולכל הפחות אם ילבש שחורים ויעשה תשובה המוטלת עליו, חוזר הוא לכשרותו, ונמצא דלא שויה אנפשיה חד"א בעדותו כלל, כיון דהדבר תלוי במחשבת השוחט אם להרע אם להיטיב במכאן ולהבא, עכ"ל מהרי"ק, והוא דעת המחבר. ‹דאף בודאי שחט שלא כהוגן, לא אמרינן אלא דמעבירין אותו, אבל שחיטתו אינה נפסלת, כמ"ש ס"ב בהג"ה, והוא מדברי מהרי"ק כאן, **ואף** שמהרי"ק לא כתב כן, אלא שמא עשה תשובה, אין נראין דבריו – גר"א›.

ומכל מקום, הכל לפי מה שהוא אדם – ‹שאם אותו שוחט כבר נכשל בדבר הבדיקה, אי לדידי הוו צייתי היו מעבירים אותו לגמרי, כיון שיש רגלים לדבר, עכ"ל מהרי"ק – בית יוסף›.

סי' א סי"ד • העיד ע"א או שהודה, ששחט שלא כהוגן

שוחט, שהעיד עליו עד א' ששחט שלא כהוגן, והוא מכחישו, **עד** אחד בהכחשה לאו כלום, ואותה השחיטה עצמה מותרת לשאר בני אדם.

וי"א הטעם, דכ"מ שהאמינה תורה לעד א' הוה כשנים, והי"נ האמינה תורה להשוחט שיהיה נאמן כשנים. **וכתב עוד טעם**, דמיד ששחט הוא בחזקת שחוט כדינו, ואין ע"א נאמן לאסור. **אבל להעד אסור**, דשויה אנפשיה חתיכה דאיסורא.

ויש שחולקים על השו"ע, ופסקו דאותה שחיטה עצמה אסורה לכל אדם, **דדוקא** בעדות אשה אמרינן שהוא כשנים, **אבל** בשאר איסורים הוה כחד לגבי חד בהכחשה, **ובהמה** בחייה בחזקת איסור עומדת, **ע"כ** בהמה זו שהעיד העד עליה אסורה לכל ישראל.

וי"א שגם הם לא נחלקו אלא אם לפי דברי המכחיש השחיטה אסורה מה"ת, **אבל** אם גם לפי דברי המכחיש היתה שלא כהוגן משום חומרא, כגון שהיה פחות מכשיעור, או במיעוט בתרא וכדומה לזה, שוחט נאמן.

וי"א דדוקא כשמכחישו ששחט שלא כהוגן, שמעיד על הבהמה שנשחטה שלא כד"ת, **אבל** אם השוחט אומר בשעה פלונית שחטתי בהמה זו, ועד אחד מכחישו ואומר לא שחטת בהמה זו, כי כל שעה פלונית לא זזה ידי מידך, הראשון נאמן.

והעד עצמו מותר לאכול מכאן ולהבא, דלא שייך לומר דשויה אנפשיה חתיכה דאיסורא במכאן ולהבא, דהא אפי' אם יהיה כדברי העד, מ"מ אין מוחלט ליפסל עולמית בשביל כך, ולכל הפחות אם ילבש שחורים ויעשה תשובה המוטלת עליו, חוזר הוא לכשרותו, **ונמצא** דלא שויה אנפשיה חד"א בעדותו כלל, כיון דהדבר תלוי במחשבת השוחט אם להרע אם להיטיב במכאן ולהבא, ושמא עשה תשובה.

וי"א דאין סברא זו נראית, אלא מטעם דאף בודאי שחט שלא כהוגן, לא אמרינן אלא דמעבירין אותו, אבל שחיטתו אינה נפסלת, כמ"ש ס"ב בהג"ה – גר"א.

ומ"מ הכל לפי מה שהוא אדם, שאם אותו שוחט כבר נכשל בדבר הבדיקה, מעבירים אותו לגמרי כיון שיש רגלים לדבר.

שוחט שנפל למשכב, ושלח לקרוא את הרב, ואמר לו שרוצה להתוודות על חטאיו, ואיש לא היה עמהם בחדר, ואמר השוחט דרך ווידוי שסמוך לחליו מצא ה' פעמים הסכין פגום אחר שחיטה והכשיר, ובתוך יומים עמד השוחט מחליו ורוח אחרת עמו, ומכחיש את הרב ואומר לא פעלתי און ולא התוודה כלל, ומעולם לא מצא הסכין פגום אחר שחיטה.

יש בזה ב' שאלות: א', אם השוחט היה נאמן במה שהודה, **ב'**, אפי' אם היה נאמן, אכתי כיון דליכא עדים בדבר רק הרב, והשוחט מכחישו, אם הרב נאמן.

ויש שמצדד דאין השוחט נאמן במה שהודה, כיון שהוציא הבהמות מתחת ידו בחזקת כשרות, והיה נאמן ע"ז כשנים, ושוב מה שחזר בעת חליו ואמר שמצא פגימות אחר שחיטה, לא הוי רק ע"א דעלמא ואינו נאמן, **ואפי'** לדעת האחרונים שחלקו על השו"ע, היינו דוקא אם באים שניהם כאחד, או שהעד האוסר בא מקודם, **אבל** כשהשוחט המתיר בא מקודם ונתקבלו דבריו, לכו"ע אין ממש בדברי העד הבא אח"כ לומר שלא שחט כראוי.

אמנם מסיק דליתא, ואדרבה גרע טפי מנדון של השו"ע, דשם השוחט עומד בדבורו, ויש לנו עדיין עדותו הנחשב כשנים, ואין ביד אחד להכחיש אותו, **משא"כ** בנידון דידן שהשוחט בעצמו חוזר בו, **ועוד** דיש רגלים לדבר להאמין לדבריו האחרונים הואיל והתוודה זה בחליו ואמר דרך תשובה, **וגם** אין אדם משים עצמו רשע לא שייך בזה.

וי"א דכיון שאמרו דרך וידוי, ומכ"ש שאמר כן בשעת חליו שסבר שהולך למות, דאין אדם מכזב בשעת מיתה.

ולענין אם הרב נאמן נגד השוחט, י"א דנאמן אף לדעת השו"ע, דהא דע"א בהכחשה לאו כלום הוא, היינו דוקא בע"א דעלמא, **אבל** הרב שנתמנה מהקהל להשגיח על כל דבר איסור והיתר, וביחוד על השוחט, פשיטא דנאמן.

וי"א דבכל זאת לא נחשד אלא במה שאמר שהקיל בפגימה אחר שחיטה, אבל לא נחשד ששחט בתחלה בסכין פגום, **וכיון** שכן וכל הסכינים הן בחזקת בדוקים, א"כ אע"פ שאמר שכמה פעמים מצא סכינו פגום אחר שחיטה, עכ"פ מיעוטא הוא שימצא סכין בדוק פגום אחר שחיטה, **וא"כ** יש להקל בבשר ושומן הנשאר ולומר מרובא פריש ודהיתרא הוא.

וכיון דפגימה דלאחר שחיטה בלא"ה כעין ס"ס הוא, והכא איכא נמי רובא דהיתרא, **ע"כ** אי איכא הפ"מ למכור לעכו"ם, יש להקל, **ומיהו** בעל נפש יחוש לעצמו.

אמנם הכלים דבודאי נתבשל בהם איסור, דהרי כל בהמה נתחלקה לכמה בני אדם, וכמה פעמים נמצא סכינו פגום, ולא ימלט שנזדמן בבית כל א' פעם אחת חתיכה דאיסורא, **ע"כ** יש להטריף כל כלי ראשון, **וגם** כל כלי שני את שאפשר בהגעלה יגעילו, **וכלי** חרס דכלי שני ישהה מעל"ע.

ולענין תשלומין יראה להקל מעל בעלי התשובה, **ומ"מ** מכאן ואילך לא ישחוט בלי עומד על גבו זמן רב, עד שיפורסם צדקתו בבירור גמור.

§ סימן ב - אם שחיטת עובד כוכבים ומומר כשרה §

שחיטת עכו"ם

סעיף א - שחיטת עובד כוכבים, נבלה, אפי' הוא קטן - די"ל דאין מחשבתו לעבודת כוכבים, ואפי' יודע לאמן ידיו והוא מומחה, דבכה"ג בקטן ישראל כשר, בעובד כוכבים הוי נבלה.

ואפי' אינו עובד עבודת כוכבים, (כגון גר תושב) - היינו שקבל עליו ז' מצות, **ואפילו אחרים רואין אותו.**

ואפי' אינו עובד עבודת כוכבים - נלפע"ד דשחיטתו נבלה מדאורייתא לכו"ע, וכדאיתא בתוספתא בהדיא, וכדמשמע נמי מדברי התוס' והרא"ש, **וכן** מוכח נמי להדיא מדברי הרמב"ם פ"ד מה"ש הנדפס עם הכ"מ, וז"ל עובד כוכבים ששחט כו' שחיטתו נבלה, ולוקה על אכילתו מן התורה, שנא' וקרא לך ואכלת מזבחו, מאחר שהזהירה תורה שמא יאכל מזבחו, אתה למד שזבחו אסור, וגדר גדול גדרו בדבר, שאפי' כותי שאינו עובד כוכבים, שחיטתו נבלה, עכ"ל, **משמע** להדיא דדוקא שחיטת כותי שאינו עובד כוכבים הוא דהוי מדרבנן, כדאיתא פ"ק דחולין, שחכמים גזרו על הכותים אפילו שאינן עובדי כוכבים, משום שפעם אחת מצאו להם דמות יונה שהיו עובדים אותה, **אבל** שחיטת עובד כוכבים אפי' אינו עובד עבודת כוכבים, אסור מדאורייתא, **ובב"י** וכ"מ כתב, דהרמב"ם סובר דעובד כוכבים ממש שאינו עובד עבודת כוכבים שחיטתו אינה אסורה אלא מדרבנן, ואחריו נמשכו הב"ח ול"ח, **ובאמת** כתבו כן לפי ספרי הרמב"ם שנדפסו בויניצאה שנת ש"י, והועתקה נוסחא זו בכל בו, אבל בספרי הוכחתי בכמה הוכחות שנוסחא מוטעת היא, והנוסחא האמתית היא הנוסחא הנזכרת, וכן נמצא בנוסחאות ספרי הרמב"ם הישינים, **גם** נלפע"ד מן הש"ס דף ה' ע"א, גבי מכם ולא כלכם להוציא את המומר, דאפילו ישראל מומר לכל התורה חוץ מעבודת כוכבים ושבת, שחיטתו אסורה מן התורה, (עיין ברעק"א דס"ל דהוא רק מדרבנן), כ"ש עובד כוכבים שאינו עובד עבודת כוכבים.

[הרמב"ם **פי' הטעם,** שנאמר וקרא לך ואכלת מזבחו, מאחר שהזהיר כשיקרא אותו שלא יאכל מזבחו, אתה למד שזבחו אסור, וכתב הרא"ש ע"ז, ואינם דברים של טעם, שהזהיר כשיקרא אותו שלא יאכל ממה שזובח בתוך ביתו, (דלמא דווקא מה שזבח בתוך בית גוי אסור, הא מה שזבח בתוך בית ישראל שרי - פמ"ג), **אלא הטעם דכתיב** וזבחת ואכלת, אותו שהוא בר זביחה אכול מזבחו, **ונראה** לכאורה נ"מ בין הטעמים, לענין ישראל שאינו מומר להכעיס ולא לתיאבון, רק שאינו חושש בזביחה, שלהרמב"ם אין איסור בזה כשאחרים רואין ששחט שפיר, שלא הקפידה תורה אלא על זבח שזובח אחד מן העמים, דבזה לא מהני אחרים רואין, **אבל** הרא"ש כל שאינו בר זביחה, דהיינו שאינו חושש בהלכות שחיטה, לא מהני אפי' כשהוא ישראל, לא מהני אחרים רואין, **אבל** א"א לומר כן דהרי הרשב"א מביא פי' ר"י, שהוא כרא"ש כמ"ש ב"י, ואפ"ה מכשיר במומר להכעיס באחרים רואים, אלא ע"כ דגם הוא מקרי בר זביחה, כיון שעכ"פ נצטווה בזביחה, (**אף** שהרא"ש סובר דמי שאינו חושש לזבוח אסור מן התורה, דוזבחת בר זביחה, מי שהוא מאמין בזביחה, וכמ"ש רמ"א בהג"ה סעף ה', **הוה** להרא"ש לפרש זה מיד, כיון דאין זה בכח המאמר, דאפשר לומר בר זביחה שמצווה על השחיטה, ולמה המתין הרא"ש עד לקמן לומר מי שאינו חושש לזבוח, כיון שזה עיקר הנפקא מינה, **לכן** העלה הט"ז, דכאן בא הרא"ש לומר הנ"מ דגר תושב, ולקמן כתב עוד חידוש, דלר"י אף ישראל מומר שאין חושש לזבוח הוה פסול דאורייתא, כנ"ל - פמ"ג), **ונראה דנ"מ בין פי' הרמב"ם לר"י ורא"ש, דלהרמב"ם הוה גר תושב מותר, כיון שיצא מכלל העמים, ואע"ג דכתב הטור בשם הרמב"ם אסור בגר תושב, היינו מדרבנן כמ"ש ב"י דגדר גדרו, אבל** להרא"ש ור"י אסור בגר תושב אפי' מן התורה].

סימן ב ס"א • שחיטת עכו"ם

שחיטת עכו"ם נבלה, מדאורייתא, ואפי' הוא קטן די"ל דאין מחשבתו לע"ז, ואפי' יודע לאמן ידיו והוא מומחה, דבכה"ג בקטן ישראל כשר, בעכו"ם הוי נבלה, **ואפי'** אינו עובד ע"ז, כגון גר תושב שקבל עליו ז' מצות, ואפי' אחרים רואין אותו.

והרמב"ם פי' הטעם, שנא' וקרא לך ואכלת מזבחו, מאחר שהזהירה תורה שמא יאכל מזבחו, אתה למד שזבחו אסור, **ודוקא** שחיטת כותי שאינו עכו"ם הוא דהוי מדרבנן, שגזרו משום שפעם אחת מצאו להם דמות יונה שהיו עובדים אותה, **אבל** שחיטת עכו"ם אפי' אינו עובד ע"ז, אסור מדאורייתא. **וי"א** דעכו"ם שאינו עובד ע"ז, שחיטתו אינה אסורה אלא מדרבנן, **וכתבו** כן לפי ספרי הרמב"ם שנדפסו בויניצאה,

סימן ב - אם שחיטת עובד כוכבים ומומר כשרה

סעיף א - שחיטת עכו"ם

אבל נוסחא מוטעת היא, **ואפי'** ישראל מומר לכל התורה חוץ מע"ז ושבת, שחיטתו אסורה מן התורה, לקמן ס"ה, (**וי"א** דהוא רק מדרבנן), **וכ"ש** עכו"ם שאינו עובד ע"ז.

וכתב הרא"ש ע"ז: ואינם דברים של טעם, דדלמא דוקא מה שזבח בתוך בית גוי אסור, הא מה שזבח בתוך בית ישראל שרי, **אלא** הטעם דכתיב וזבחת ואכלת, אותו שהוא בר זביחה אכול מזבחו.

וי"א דנ"מ בין הטעמים, לענין ישראל שאינו מומר להכעיס ולא לתיאבון, רק שאינו חושש בזביחה, **שלהרמב"ם** אין איסור בזה כשאחרים רואין ששחט שפיר, שלא הקפידה תורה אלא על זבח שזובח עכו"ם, דבזה לא מהני אחרים רואין, **אבל** לרא"ש כל שאינו בר זביחה, דהיינו שאינו חושש בהל' שחיטה, לא מהני אפי' כשאחרים רואין, ע"ל ס"ה.
אבל י"א דגם הוא מקרי בר זביחה, כיון שעכ"פ נצטווה בזביחה, **והנ"מ**, דלהרמב"ם הוה גר תושב מותר, כיון שיצא מכלל העמים, ואינו אסור אלא מדרבנן, **אבל** להרא"ש אסור גר תושב אפי' מן התורה.

שחיטת מומר לתיאבון

סעיף ב - מומר אוכל נבלות לתיאבון - [כי לא משכח כשר], **ישראל בודק סכין ונותן לו, ומותר לאכול משחיטתו** - הטעם, דלא שביק היתירא ואכיל איסורא, [אלא דלא טרח להדורי בתר סכין יפה אם זו פגומה], ולכך כשבודק סכין ונותן לו, מותר אפילו לכתחלה, דכיון שיש סכין יפה בידו, ודאי ישחוט בזה, ומסתמא ישחוט יפה ולא ישהה ולא ידרוס.

ופסק ב"י דכשבדק הסכין קודם שחיטה, א"צ לבדקו אחר השחיטה אפילו לכתחלה, ואחריו נמשך העט"ז, וכ"פ מהרש"ל, ואפילו לפי דבריהם היינו טעמא, דאמרינן שמסתמא בדקו ומצאו יפה, **אבל** אי ידעינן בודאי שלא בדקו לאחר שחיטה, צריך לבדוק לכתחלה, דלא עדיף מישראל כשר דצריך לבדוק לכתחלה גם לאחר שחיטה, כדלקמן סי' י"ח, **אבל** רבינו ירוחם כתב בשם הגאונים והסכים כן, וכן משמע דעת הר"ן, דיש לבדוק הסכין לאחר שחיטה ג"כ לכתחלה, דחיישינן שמא בעור נפגם, דכל מאי דאפשר למיבדק בדקינן, וכדלעיל סי' א' ס"ב בהג"ה, וכ"פ הב"ח, [וכן עיקר], **אבל** בדיעבד פשיטא דכשר אף אם לא בדק לאחר שחיטה, דלא גרע מנאבד הסכין לאחר שחיטה דכשר, כדלקמן סי' י"ח, דכיון דבדקו קודם שחיטה, מוקמינן ליה אחזקתיה.

[**ונראה** לי דכשהסכין לפנינו תכף אחר השחיטה, כו"ע לא פליגי דצריך בדיקה, דלא עדיף מישראל כשר דצריך בדיקה אחר שחיטה, וזה פשוט דבדיקת מומר זה לא מיקרי בדיקה, **אלא** כי פליגי באם נותן לו הסכין יפה והוא הולך ביחידות למקום אחר, ושם ישחוט באופן דלא יבא הסכין עוד לפנינו, דהמכשירים ס"ל דהא גם בישראל כשר ששחט ונאבד הסכין, כשר, דמוקמינן הסכין אחזקתו הראשונה שהיה בדוק, וכל כמה דלא הוה ריעותא לפנינו בסכין אחר השחיטה, אמרינן דלא אירע לו שום פסול, **ואע"פ** דכאן עושין כן לכתחילה, מ"מ הוה כדיעבד מאחר שהוא הולך לשחוט במקום אחר, וכן ראיתי במשמרת הבית לרשב"א, דא"צ להמתין עליו עד שיבא הסכין אחר השחיטה, **ומשמע** מדברי ב"י וכן כאן בשו"ע, דקי"ל להקל בזה]. **ובש"ך** לא כתבתי כן ע"ש - נקה"כ.

אפילו ישחוט בינו לבין עצמו - לשון הטור ואפילו לא יאכל הוא ממנו תחלה, ע"כ, כלו' דלא תימא אע"פ שנתנו לו הסכין בדוק עשאהו פגום, או עשה שאר מיני טריפות, כדי להכשיל, והוא לא יאכל, אלא אלפני עור לא תתן מכשול לא עבר, כמ"ש הפוסקים.

והוא שיודעין בו שיודע הלכות שחיטה - דאל"כ לא אמרינן ביה רוב מצויין אצל שחיטה מומחין הן, ואפילו דיעבד, כשאינו ידוע בבירור שהוא מומחה, [דבישראל כשר דוקא אמרינן כן], **ונראה** שצריך לבדקו תחלה קודם שחיטה אם הוא מומחה, ואין ליתן לו על סמך שיבדקנו אחר שחיטה, דומיא דסכין דבסמוך.

ואם לא בדק לו סכין תחלה, אסור לאכול משחיטתו - (עיין בתשובות רדב"ז שכתב, דמסתברא דה"מ שאין לפניו משחזת, אבל יש לפניו משחזת דליכא טירחא כולי האי, לא אכיל איסורא כו', ע"ש), **עד שיבדקנו בסוף** - ואז הוא נאמן לומר שבסכין זה שחט, ולא חיישינן שמא בסכין פגומה שחט, ולאחר שחיטה נזדמן לו זה, **ודוקא** בשעה או בשתים שלא היה לו פנאי ללכת לדרכו ולמצוא אחרת בשוק, אבל כשהיה לו פנאי יום או יומים, בזה אין סומכין עליו, **ואף** בשעה או בשתים יש להחמיר, **אבל** אם באנו בגמר שחיטה, או שהיו לפניו ב' וג' בהמות שחוטות, ועדיין הוא שוחט והולך, כיון שהוא מתעסק עדיין בשחיטה וסכינו בידו, אמרינן בודאי בזו שבידו שחט הכל, כל זה מחדושי הרשב"א ומביאו ב"י.

ואין ליתן לו לכתחלה לשחוט, אפילו כשר עומד על גביו - דישראל מומר לא מירתת, כי הוא סבור שלא יבדקנו אחריו לפי שמחזיק עצמו בישראל, **בלי שיבדוק לו כשר את הסכין תחלה, על סמך שיבדקנו בסוף** - הטעם דהא אילו שכח ולא בדק הסכין לא בתחלה ולא בסוף, איסורא קאכיל, [אפי' בדיעבד], חיישינן שמא ישכח ולא יבדוק אחר השחיטה ויאכל משחיטתו, **משא"כ** לעיל ר"ס א' דמותר ליתן לו לכתחלה לשחוט על סמך שיבדקנו בסוף אם הוא מומחה, דהתם אפי' אם לא יבדקנו בסוף, לאו איסורא קאכיל, [דבדיעבד כשר], דרוב מצויין אצל שחיטה מומחין הן, כ"כ הפוסקים.

והר"ן כתב דהכא חיישינן שמא יחשבו הרואים שאין אנו צריכין לבדיקתו, וימסרו לו ולא יבדקו אחריו, **וכתב** הב"ח ולפי דעתו יראה, דאפילו בדק הסכין בינו לבין עצמו, לא יתננו לו בפני הרואים, אא"כ יחזור ויבדקנו בפניהם, וראוי להחמיר כדבריו בזה, עכ"ל, **ונראה** דה"ה אם אומר בפני הרואים בדקתי סכין זה, מותר ליתן לו.

לקמן סי' י"ח כתב, דאפילו ישראל כשר כששוחט צריך לבדוק הסכין בתחילה קודם שחיטה, והוא מדברי הרשב"א בת"ה, וכתב הטעם דחיישינן שמא ישכח מלבדוק אחר השחיטה, **והא** דקמ"ל הט"ו הכא בישראל מומר, משום דבמומר הו"א דנסמוך אבדיקתיה שהוא יבדקנו, קמ"ל דחיישינן שמא ימצאנו פגום ואפ"ה ישחוט בו, דלא טרח לתקנו, וכ"כ הרשב"א וכ"כ הב"ח, **אלא** שמ"ש הב"ח אח"כ עוד לתרץ, דבישראל כשר לא הוי טעמא שמא ישכח מלבדוק, אלא שמא יהיה פגום ויברך ברכה לבטלה, **ע"כ** דלפ"ז אם שמע כבר ברכת השחיטה מפי אחר ויצא, א"צ לבדוק, **אינו** מוכרח, גם בש"ס פ"ק דחולין, גבי הא דקאמר התם מנין לבדיקת סכין מן התורה כו', משמע דטעמא לא הוי משום חשש ברכה לבטלה, ע"ש.

[**ולפי"ז** ‹לפי מה שאמר לעיל בסמוך›, **מיושב נמי מה** דקשה, למה הוצרכו לפסוק דלכתחילה לא יסמכו על הבדיקה דבסוף, הא גם בישראל כשר אסור לעשות כן, **ולפי** מ"ש ניחא, דהו"א דכאן הוה כדיעבד, היכא דאין לנו תחילה סכין בדוק ליתן לו קודם השחיטה,

ואנו אומרים לו זיל שחוט בסכין שלך, ותבא אותו אלינו, קמ"ל].

סימן ב ס"ב(1) • שחיטת מומר לתיאבון

מומר אוכל נבלות לתיאבון (כי לא משכח כשר), ישראל בודק סכין ונותן לו, ומותר לאכול משחיטתו, דלא שביק היתירא ואכיל איסורא, אלא דלא טרח להדורי בתר סכין יפה אם זו פגומה, ולכך כשבודק סכין ונותן לו, מותר אפי' לכתחלה, דמסתמא ישחוט יפה ולא ישהה ולא ידרוס.

ואפי' ישחוט בינו לבין עצמו, **ואפי'** לא יאכל הוא ממנו תחלה, **והוא** שיודעין בו שיודע הל' שחיטה, דאל"כ לא אמרינן ביה רוב מצויין אצל שחיטה מומחין הן, ואפי' דיעבד, **וצריך** לבדקו תחלה קודם שחיטה אם הוא מומחה, ואין ליתן לו על סמך שיבדקנו אחר שחיטה, דומיא דסכין דבסמוך.

ופסק ב"י, דכשבדק הסכין קודם שחיטה, א"צ לבדקו אחר השחיטה אפי' לכתחלה, **וכתב הש"ך** הטעם, דאמרינן שמסתמא בדקו המומר ומצאו יפה, **אבל** אי ידעינן בודאי שלא בדקו לאחר שחיטה, צריך לבדוק לכתחלה, דלא עדיף מישראל כשר דצריך לבדוק לכתחלה גם לאחר שחיטה, **אבל י"א** דיש לבדוק הסכין לאחר שחיטה ג"כ לכתחלה, דחיישינן שמא בעור נפגם, דכל מאי דאפשר למיבדק בדקינן, **וכן** עיקר, **אבל** בדיעבד פשיטא דכשר אף אם לא בדק לאחר שחיטה, דלא גרע מנאבד הסכין לאחר שחיטה דכשר, דכיון דבדקו קודם שחיטה, מוקמינן ליה אחזקתיה.

והט"ז כתב, דכשהסכין לפנינו תכף אחר השחיטה, כו"ע לא פליגי דצריך בדיקה, דזה פשוט דבדיקת מומר לא מיקרי בדיקה, **והמחלוקת** הנ"ל היינו באם נותן לו הסכין יפה והוא הולך ביחידות למקום אחר, ושם ישחוט באופן דלא יבא הסכין עוד לפנינו, **דהב"י** ס"ל דמותר, דהא בדיעבד גם בישראל כשר ששחט ונאבד הסכין, כשר, דכל כמה דלא הוה ריעותא לפנינו בסכין אחר השחיטה, אמרינן דלא אירע לו שום פסול, ומוקמינן הסכין אחזקתו הראשונה שהיה בדוק, **ואע"פ** דכאן עושין כן לכתחילה, מ"מ הוה כדיעבד מאחר שהוא הולך לשחוט במקום אחר.

ואם לא בדק לו סכין תחלה, אסור לאכול משחיטתו, (**וי"א** דאם יש לפניו משחזת, דליכא טירחא כולי האי, מותר), **עד** שיבדקנו בסוף, **ואז** הוא נאמן לומר שבסכין זה שחט, ולא חיישינן שמא בסכין פגומה שחט, ולאחר שחיטה נזדמן לו זה, **ודוקא** בשעה או בשתים שלא היה לו פנאי ללכת לדרכו ולמצוא אחרת בשוק, **אבל** כשהיה לו פנאי יום או יומים, בזה אין סומכין עליו, **ואף** בשעה או בשתים יש להחמיר, **אבל** אם באנו בגמר שחיטה, או שהיו לפניו ב' וג' בהמות שחוטות, ועדיין הוא שוחט והולך, **כיון** שהוא מתעסק עדיין בשחיטה וסכינו בידו, אמרינן בודאי בזו שבידו שחט הכל.

ואין ליתן לו לכתחלה לשחוט, אפי' כשר עומד על גביו (דישראל מומר לא מירתת, כי הוא סבור שלא יבדקנו אחריו לפי שמחזיק עצמו בישראל), בלי שיבדוק לו כשר את הסכין תחלה, על סמך שיבדקנו בסוף, **דכיון** דאילו שכח ולא בדק

סימן ב - אם שחיטת עובד כוכבים ומומר כשרה
סעיף ב - שחיטת מומר לתיאבון

הסכין לא בתחלה ולא בסוף, אפי' בדיעבד איסורא קאכיל, חיישינן שמא ישכח ולא יבדוק אחר השחיטה ויאכל משחיטתו, **משא"כ** לעיל ר"ס א' דמותר ליתן לו לכתחלה לשחוט על סמך שיבדקנו בסוף אם הוא מומחה, **דהתם** אפי' אם לא יבדקנו בסוף, בדיעבד לאו איסורא קאכיל, דרוב מצויין אצל שחיטה מומחין הן.

וי"א דהכא חיישינן שמא יחשבו הרואים שאין אנו צריכין לבדיקתו, וימסרו לו ולא יבדקו אחריו, **וי"א** דלפי"ז אפי' בדק הסכין בינו לבין עצמו, לא יתננו לו בפני הרואים, אא"כ יחזור ויבדקנו בפניהם, **וה"ה** אם אומר בפני הרואים בדקתי סכין זה, מותר ליתן לו.

וקשה, דהא לקמן סי' י"ח כתב, דאפי' ישראל כשר כששוחט צריך לבדוק הסכין בתחילה קודם שחיטה, **והטעם**, דחיישינן שמא ישכח מלבדוק אחר השחיטה, **וי"ל** דקמ"ל הכא, דהו"א דבמומר דנסמוך אבדיקתו שהוא יבדקנו, **קמ"ל** דחיישינן שמא ימצאנו פגום ואפ"ה ישחוט בו, דלא טרח לתקנו.

וי"א עוד לתרץ, דבישראל כשר לא הוי טעמא שמא ישכח מלבדוק, **אלא** שמא יהיה פגום ויברך ברכה לבטלה, **ע"כ** אם שומע ברכת השחיטה מפי אחר, א"צ לבדוק, **ואינו** מוכרח, וגם הגמ' אינו משמע כן.

והט"ז כתב לפי שיטתו לעיל, דהו"א דכאן הוה כדיעבד, וכיון דאין לנו סכין בדוק ליתן לו קודם השחיטה, מותר לומר לו: זיל שחוט בסכין שלך, ותבא אותו אלינו, קמ"ל.

שוחט שהוציא טריפה מתחת ידו

הגה: מי ששחט, והוציא טריפה פעם אחת מתחת ידו, אם לא הוחזק בכך, מותר לאכול אחר כך משחיטתו - משמע אפילו ידוע בודאי בפעם הזה שהוציא טרפה, אין מעבירין אותו, ודין זה למדו הרב ממהרי"ק, **ולענ"ד** דברי מהרי"ק מראין להדיא להפך, וכן משמעות כל הפוסקים וכמו שאבאר, והנה ז"ל ד"מ, כתב מהרי"ק עד א' שהעיד על השוחט ששחט טרפה, והוא מכחישו, אינו נאמן עליו, ואפי' הוא עצמו מותר אח"כ לאכול משחיטתו, שאפי' יהיה אמת שלא שחט עכשיו יפה כדברי העד, מ"מ לא הוחזק ליפסל עולמית בשביל כך, ומ"מ הכל לפי מה שהוא אדם, שאם אותו שוחט כבר נכשל ורגלים לדבר, מעבירין אותו, ע"כ, עכ"ל ד"מ, **ונראה** שלא עיין הרב רק בדברי מהרי"ק שהביא ב"י, שהעתיק כלשון הזה, ומתוך כך הוציא הרב כן, אבל אין הדבר כן, שבמהרי"ק גופיה כתב, דהא אפי' אם יהיה אמת כדברי העד, מ"מ אין מוחלט ליפסל עולמית בשביל כך, ולכל הפחות אם ילבש שחורים ויעשה תשובה המוטלת עליו, חוזר הוא לכשרותו, ונמצא דלא שויה אנפשיה חתיכה דאיסורא בעדותו כלל, כיון שהדבר תלוי במחשבת השוחט אם להרע אם להיטיב, ומ"מ הכל לפי מה שהוא אדם כו', **משמע** להדיא הא כל שלא עשה כן, פסול, אם יהיה אמת כדברי העד, אפילו בפעם אחת כהך עובדא דמהרי"ק, **אלא** שמהרי"ק בא לתת טעם ולומר, שבענין השאלה שעד א' מכחישו, העד עצמו מותר לאכול משחיטתו מכאן ולהבא, דל"ד לי"נ, דאם נתנסך היין כדברי העד שוב אין לו תקנה, מה שאין כן הכא שיש תקנה כשיעשה תשובה, ולכך העד עצמו מותר לאכול משחיטתו מכאן ולהבא, וע"ז כתב ג"כ דאם יש רגלים לדבר שנכשל כבר, אפילו בעד אחד היה מעבירו, **אבל** כשידוע לנו בודאי שהוציא טרפה מתחת ידו, פשיטא שאסור לאכול משחיטתו עד שיעשה תשובה הראוי לו, וכדמוכח בדברי מהרי"ק וכמ"ש, **וכן** משמע במהרש"ל, וגם הרמב"ם כתב ספ"י מה"ש, אם יצאת טרפה מתחת ידו היו מנדין אותו ומעבירין אותו כו', משמע אפילו בפעם אחת, וכן משמע מהט"ו ס"ס ס"ה, דטבח שנמצא אחריו חלב אפי' בפעם אחת מעבירין אותו, וכן הוא בריב"ש, **וגם** דברי העט"ז נראין כסותרין ממ"ש כאן ובס"ס א', ונראה כמחלק דדוקא כשראו ב' עדים שהוציא טרפה מתחת ידו, אז אמרי' כיון שחציף כולי האי ולא נזהר בפני עדים, חשדינן ליה ומעבירין אותו, **אבל** שלא בפני עדים כגון שפיו הכשילו, ומתוך דבריו נודע שהוציא טרפה, אין מעבירין אותו, **ולא** נהירא וכמ"ש, **וצ"ל** דמ"ש הר"ב מי ששחט והוציא טרפה, היינו שאין הדבר ברור שהוציא טרפה, אלא שיש לחוש שהוציא טרפה, כגון שהעיד עד אחד וכה"ג, ודוחק, וצ"ע. ‹**ועיין** בביאור הגר"א לעיל סוף סי' א', דס"ל להרמ"א בטעם דינו של מהרי"ק, דאף דבודאי שחט שלא כהוגן, לא אמרינן אלא דמעבירין אותו, אבל שחיטתו אינה נפסלת, **ואף** שמהרי"ק לא כתב כן, אלא שמא עשה תשובה, אין נראין דבריו.›

מ"מ דנין בזה לפי ראות עיני הדיין באדם השוחט, אם כבר נכשל ורגלים לדבר, מעבירין אותו.

(**עיין** בתשובת חות יאיר, נסתפק במי שהעבירוהו מהיות שו"ב ע"י עד אחד עם קצת רגלים לדבר, ומ"מ יודע בעצמו ששקר ענה בו, אם רשאי לשחוט בביתו, או בבואו למקום אחר שאינם יודעים מה שנעשה לו, **ואפילו** אמת הוא שנכשל ויודע ששוגג היה, ואפילו העבירוהו ע"פ ב' עדים, י"ל דבאין רואים ויודעים שרי, עיין שם).

(**עיין** בתשו' נו"ב, בשוחט שבדק, ושאל אותו השוחט הזקן, וויא איזט, והשיב בייא מיר איז עס גוט כשר, ובאמת נמצא טריפה, ונראה שלא בדק הריאה כהוגן, **וכתב** דמה ששוחט עופות אח"כ אין חשש לאסור, דהחשוד לאיסור דרבנן אינו חשוד לאיסור תורה, וכיון שלא נחשד רק שאינו בודק הריאה כהוגן, אין כאן רק איסור דרבנן, דמה"ת נשחטה הותרה גם בבהמות, **והזקן** שעומד על גביו גם כן אין חשש, כיון שעל בדיקת הסכין לא נחשד דהוא איסור תורה, ולענין בדיקת הריאה הרי השוחט הזקן לא איתרע, דחלישת כחו גורם שאין מרגיש פגימות הסכין, לא לבדיקת הריאה, **וגם** על השוחט שנכשל יש להקל עליו שלא לדחותו לגמרי, מאחר שהשיב בייא מיר וכו', נראה כוונתו שלדעתו הוא טובה כשירה, אבל אינו רוצה לסמוך על דעתו, דאל"כ היה לו להשיב בקיצור, ואין להעבירו רק על חודש או ב"ח, ואח"כ יתוודה על פשעו ויקבל עליו שיזהר היטב בבדיקת הריאה, **ועכ"פ** שנה תמימה לא יסמוך על בדיקת משמוש היד בפנים, רק יוציא הריאה לחוץ עד שירגיל היטב, ואז יהיה הנהגתו כשאר השוחטים, ע"ש, **ועיין** בשו"ת בית אפרים שפקפק על דבריו, דאטו בשחיטת עופות לא משכחת איסורא דרבנן, כגון שהייה במיעוט בתרא וכיוצא בו, וגם בבדיקת סכין איכא חומרי דרבנן ויראת שמים ומתון, וזה חשוד לאותו דבר באיסורא דרבנן).

(**ועיין** בתשובת חת"ס מ"ש בביאור דין המוזכר בחו"מ ר"ס ל"ד, עד היודע בחבירו שהוא גזלן, אסור לצרף עמו, דשם מיירי שיודע בו שהוא כבר נעשה גזלן בשני עדים בב"ד אחר, אבל אם לא ראוהו שנים ולא הועד עליו בב"ד, אע"פ שהוא יודע בו שהוא גזלן, שבפניו גזל, מ"מ כיון שעכ"פ זה העדות הוא אמת, מחויב להצטרף עמו כו', **ועפ"ז** העלה ע"ד השוחט אשר רבים מרננים עליו שהוציא כמה טריפות מת"י, ואינם רוצים להעיד בפני ב"ד, ואח"כ המה בעצמם אוכלים מבדיקתו מכאן ואילך, אין צריך למחות בידם ולא לעורר אותם כלל שלא לאכול, אפילו אם היו בפסול שחיטה, ומכ"ש בפסול בדיקה דקיל טובא, **אמנם** אם אפשר לכופם שיבואו לפני ב"ד ויעידו, מה טוב, ובלבד שלא יהיו אנשים שאינם מהוגנים, ע"ש).

(**ונלענ"ד** אם בעוד שלא הוציא הבהמה מתחילה בחזקת כשרות, באו עדים ששחט שלא כהוגן, והוא מכחיש אותם דשחט כהוגן, בזה לא נפסל, די"ל דאינו רוצה להאכיל טריפות, אלא כיון דיודע דאין מתירין ע"פ דבורו, כיון דעדים מכחישים אותו, מש"ה הכחיש אותם להחזיק עצמו לאומן שלא קלקל בשחיטתו, ואלו לא באו העדים, באמת לא היה אומר על הבהמה שהיא כשרה, **ובפרט** באם בתחילה בא עד א' ששחט שלא כהוגן, והכחיש אותו דשחט כהוגן, ואח"כ בא עוד ע"א ומצטרף עם הראשון שמעיד שלא שחט כהוגן, לשיטת המהרש"ל דבע"א בהכחשה הבהמה אסורה, י"ל דהא דהכחישו, כיון דידע דאין מתירין עפ"י דבורו, כיון דיש ע"א המכחישו, מש"ה הכחיש אותו שלא יצטרך לשלם אם הוא בשכר, דלגבי ממון הוא נאמן נגד העד - רעק"א).

סימן ב ס"ב(2) • שוחט שהוציא טריפה מתחת ידו

כתב הרמ"א, מי ששחט, והוציא טריפה פעם אחת מתחת ידו, אם לא הוחזק בכך, מותר לאכול אח"כ משחיטתו. **משמע** אפי' ידוע בודאי בפעם הזה שהוציא טרפה, אין מעבירין אותו, ודין זה למדו הרמ"א ממהרי"ק.

וכתב הש"ך שבמהרי"ק גופיה כתב להיפך, דכתב: עד א' שהעיד על השוחט ששחט טרפה, והוא מכחישו, אינו נאמן עליו, **ואפי'** הוא עצמו מותר אח"כ לאכול משחיטתו, שאפי' אם יהיה אמת כדברי העד, מ"מ אין מוחלט ליפסל עולמית בשביל כך, ולכל הפחות אם ילבש שחורים ויעשה תשובה המוטלת עליו, חוזר הוא לכשרותו, ונמצא דלא שויה אנפשיה חד"א בעדותו כלל, כיון שהדבר תלוי במחשבת השוחט אם להרע אם להיטיב, ע"כ. **משמע** להדיא, הא כל שלא עשה כן, פסול, אם יהיה אמת כדברי העד, **וכשידוע** לנו בודאי שהוציא טרפה מתחת ידו, פשיטא שאסור לאכול משחיטתו עד שיעשה תשובה הראוי לו, **וכן** משמעות כל הפוסקים.

וצ"ל דמ"ש הרמ"א מי ששחט והוציא טרפה, היינו שאין הדבר ברור שהוציא טרפה, אלא שיש לחוש שהוציא טרפה, כגון שהעיד עד אחד וכה"ג, **ודוחק**, וצ"ע.

ולפי הגר"א לעיל סוף סי' א', ס"ל להרמ"א בטעם דינו של מהרי"ק, דאף דבודאי שחט שלא כהוגן, לא אמרינן אלא דמעבירין אותו, אבל שחיטתו אינה נפסלת, **ואף** שמהרי"ק לא כ"כ, אלא שמא עשה תשובה, אין דבריו נראין להרמ"א.

ושיטת העט"ז דוקא כשראו ב' עדים שהוציא טרפה מתחת ידו, אז אמרינן כיון שחציף כולי האי ולא נזהר בפני עדים, חשדינן ליה ומעבירין אותו, **אבל** שלא בפני עדים כגון שפיו הכשילו, ומתוך דבריו נודע שהוציא טרפה, אין מעבירין אותו, **ולא** נהירא.

וכתב רמ"א, ומ"מ דנין בזה לפי ראות עיני הדיין באדם השוחט, אם כבר נכשל ורגלים לדבר, מעבירין אותו.

יש שנסתפק במי שהעבירוהו מהיות שו"ב ע"י עד א' עם קצת רגלים לדבר, (או אפי' העבירוהו ע"פ ב' עדים), ומ"מ יודע בעצמו ששקר ענה בו, (ואפי' אמת הוא שנכשל, יודע ששוגג היה), **אם** רשאי לשחוט בביתו, או בבואו למקום אחר שאינם יודעים מה שנעשה לו.

שוחט שבדק, ושאל אותו השוחט הזקן: וויא איזט, והשיב: בייא מיר איז עס גוט כשר, ובאמת נמצא טריפה, ונראה שלא בדק הריאה כהוגן, **י"א** דמה ששוחט עופות אח"כ אין חשש לאסור, דהחשוד לאיסור דרבנן אינו חשוד לאיסור תורה, וכיון

שלא נחשד רק שאינו בודק הריאה כהוגן, אין כאן רק איסור דרבנן, דמה"ת נשחטה הותרה גם בבהמות, **וגם** יש להקל עליו שלא לדחותו לגמרי, מאחר שהשיב: בייא מיר וכו', נראה כוונתו שלדעתו הוא טובה כשירה, אבל אינו רוצה לסמוך על דעתו, דאל"כ היה לו להשיב בקיצור, **ואין** להעבירו רק על חודש או ב"ח, ואח"כ יתוודה על פשעו ויקבל עליו שיזהר היטב בבדיקת הריאה, **ועכ"פ** שנה תמימה לא יסמוך על בדיקת משמוש היד בפנים, רק יוציא הריאה לחוץ עד שירגיל היטב, ואז יהיה הנהגתו כשאר השוחטים.

ויש שפקפק על דבריו, דאטו בשחיטת עופות לא משכחת איסורא דרבנן, כגון שהייה במיעוט בתרא וכיוצא בו, וגם בבדיקת סכין איכא חומרי דרבנן ויראת שמים ומתון, וזה חשוד לאותו דבר באיסורא דרבנן.

שוחט אשר רבים מרננים עליו שהוציא כמה טריפות מת"י, ואינם רוצים להעיד בפני ב"ד, ואח"כ המה בעצמם אוכלים מבדיקתו מכאן ואילך, **י"א** דא"צ למחות בידם ולא לעורר אותם כלל שלא לאכול, אפי' אם היו בפסול שחיטה, ומכ"ש בפסול בדיקה דקיל טובא, **אמנם** אם אפשר לכופם שיבואו לפני ב"ד ויעידו, מה טוב, ובלבד שיהיו אנשים מהוגנים.

אם בעוד שלא הוציא הבהמה מתחילה בחזקת כשרות, באו עדים ששחט שלא כהוגן, והוא מכחיש אותם דשחט כהוגן, **י"א** דבזה לא נפסל, די"ל דאינו רוצה להאכיל טריפות, אלא כיון דיודע דאין מתירין ע"פ דבורו, כיון דעדים מכחישים אותו, מש"ה הכחיש אותם להחזיק עצמו לאומן שלא קלקל בשחיטתו, ואילו לא באו העדים, באמת לא היה אומר על הבהמה שהיא כשרה, **ובפרט** באם בתחילה בא עד א' ששחט שלא כהוגן, והכחיש אותו דשחט כהוגן, ואח"כ בא עוד ע"א ומצטרף עם הראשון שמעיד שלא שחט כהוגן, **לשיטת** המהרש"ל דבע"א בהכחשה הבהמה אסורה, י"ל דהא דהכחישו, כיון דידע דאין מתירין עפ"י דבורו, כיון דיש ע"א המכחישו, מש"ה הכחיש אותו שלא יצטרך לשלם אם הוא בשכר, דלגבי ממון הוא נאמן נגד העד.

מומר לתיאבון ונשבע ששחט בסכין יפה

סעיף ג - מומר לתיאבון ששחט, אפילו נשבע ששחט בסכין יפה, אינו נאמן - שהרי הוא חשוד על השבועה לגבי אותו דבר, מפני שהוא מושבע ועומד מהר סיני.

[ותימה לי ממ"ש בחו"מ סי' ל"ד, דאין פסול לעדות אלא בעובר עבירה שיש בה מלקות, ובעובר על השבועה אמרינן שם דפסול, ואפי' בעובר על החרם, ולפי מש"כ הכא, דבכל עבירה אמרינן דעובר על מה שמושבע מהר סיני, היה לנו לפסול כל העובר עבירה ואפי' אין בה מלקות, כיון דכאן לא מהני מה שנשבע].

לא קשה מידי, דכיון דהוא חשוד לאותו דבר, גרע טפי, ועוד דממונא מאיסורא לא ילפינן - נקה"כ.

סימן ב ס"ג • מומר לתיאבון ונשבע ששחט בסכין יפה

מומר לתיאבון ששחט, אפי' נשבע ששחט בסכין יפה, **אינו** נאמן, שהרי הוא חשוד על השבועה לגבי אותו דבר, מפני שהוא מושבע ועומד מהר סיני.

וי"א דתימה מחו"מ, דאין פסול לעדות אלא בעובר עבירה שיש בה מלקות, ובעובר על השבועה אמרינן שם דפסול, ואפי' בעובר על החרם, **ולפי** מש"כ הכא, דבכל עבירה אמרינן דעובר על מה שמושבע מהר סיני, היה לנו לפסול כל העובר עבירה ואפי' אין בה מלקות.

וי"א דלא קשה מידי, דהכא דהוא חשוד לאותו דבר, גרע טפי, **ועוד** דממונא מאיסורא לא ילפינן.

מומר לתיאבון ששחט ויש עמו סכין יפה

סעיף ד - מומר לתיאבון ששחט בינו לבין עצמו, ויש עמו סכין יפה ושאינו יפה, ואומר שביפה שחט, נאמן - היינו בשידעינן שאלו הסכינים היו עמו בשעת שחיטה, אז הוא נאמן שביפה שחט, דלא שביק היתירא ואכל איסורא, **אבל** אם אחר השחיטה מצאו אלו הסכינים אצלו, דינו כמו שנתבאר בסעיף ב' ס"ק ז' ע"ש ודו"ק.

והא דבעינן הכא ואומר, וכן מש"כ אח"כ נאמן לומר מומחה כו', כתב בפרישה דאה"נ דמהימנינן ליה בסתם אפילו אינו אומר כלום, אלא משום דכל היכא דאיכא לעמוד על הדבר ולברר טפי, מבררינן, ע"כ, **ולמ"ש** לקמן, דבמומחה צ"ל מומחה פלוני, אם כן אמר דוקא, וק"ל. ‹ר"ל ומתורץ הקושיה על מש"כ בשו"ע נאמן לומר מומחה כו', אבל עדיין צריכים אנו לדברי הפרישה לתרץ הא דבעינן הכא ואומר שביפה שחט כו' – מחה"ש›.

סיכום סעיף ד'(1) נמצא ביחד עם סעיף ד'(2).

נמצא בשר בידו ויש מומחין בעיר

ואפילו אם נמצא בשר בידו, אם יש מומחין בעיר, נאמן לומר: מומחה שחט לי - דוקא באומר מומחה פלוני, וכן מבואר בהרשב"א בהדיא, וכ"כ הב"ח, ודלא כהפרישה.

[קשה, אמירתו למה לי, הא מותר מכח לא שביק היתירא כו', ונראה דכאן מיירי דלא ידעינן אי היו בידו שני הסכינים בשעת השחיטה, אלא עכשיו מצאנום, ואפשר שבשעת שחיטה לא היה היפה אצלו, בזה סמכינן על אמירתו, דהרי עכשיו יש חזקה דהיתירא לפנינו, וע"כ

כשר להעיד ע"ז, אבל בלא אמירתו לא סגי בזה, וכן בסיפא לענין מומחין בעיר, סגי בזה במה שמצינו עכשיו מומחין בעיר, כשאומר מומחה שחט לי, ולא חיישינן שמא היה הבשר הזה קודם שהיו מומחין בעיר, **אלא** דאכתי קשה מה מהני אמירתו, דהא אין לו נאמנות, וראיתי בבדק הבית שהקשה כן על הרשב"א, דכללא הוא דכל היכא דאי לא אמר אסור, כי אמר נמי אסור, ולא מהימן, **והרשב"א** עצמו השיב ע"ז, דיש ט"ס, וצ"ל פלוני מומחה, דהיינו שמזכיר שמו, ואז מרתת לשקר שמא ישאלוהו ויתפס בשקרו, אבל סתם מומחא לא, ולא מהני בזה לא שביק היתירא כו', דמומחה לא שכיח כ"כ, ע"כ דבריו, **ותימה** לי דא"כ אפי' בעכו"ם נמי, דהא אשכחן בסי' פ"ו דעכו"ם נאמן אם אמר משל עוף פלוני הם, ומ"מ קשה על הטור דהעתיק דברי רשב"א, וכתב בלשון זה, נאמן לומר ישראל מומחה וכשר שחטה לי, דמשמע דאינו מזכיר שם הישראל, וכ"ש בנוסח של השו"ע כאן, שכתב מומחה שחט לי, וזהו אסור אפי' להרשב"א עצמו שהוא המקור דין זה כמו שזכרנו, **ועל** מש"כ הרשב"א תחילה ואומר שביפה שחטתי, גם ע"ז תמה בדק הבית, דאין אמירתו מועלת כלל, אלא שהעיקר תלוי באם ידוע לנו שהיתה סכין זו היפה ידוע לו, דאל"כ יש לחוש שמא בשעת שחיטה לא ידע ממנו, **והשיב** ע"ז הרשב"א דאין זה נאמנות גמורה, אלא אנו אומרים כאן נמצא כאן היה, וע"כ אנו סומכין עליו במקצת ענינים, שהרי נאמן לומר בדקתי הסימנים אחר השחיטה שנשחטו כראוי, שרוב השוחטים שוחטים יפה כדינא כו', ע"כ גם בזה יש לסמוך עליו, כיון דסכין בדוקה אצלו לפנינו כו', ואינו אומר אחר יום או יומים אלא לשעתו, ואפי' לאחר שעה כל שסכין יפה בידו סמוך לשחיטתו, עכ"ל בקיצור, **גם** זה נראה תמוה, דודאי לא מצד נאמנות אנו מתירים כלל, אלא כיון שהרוב הוא כן, וכמ"ש הרב עצמו בזה, וא"כ אפי' לא אמר כלום נאמן, כיון שיש לו סכין בדוק לפנינו, **ואיך** שיהיה יש עכ"פ מכשול לפני המעיין בזה בטור ושו"ע, שלא הצריכו רק שיאמר סתם מומחה שחט לי, ובאמת אין עליהם קושיא כיון דלא ראו ספר משמרת הבית לרשב"א, אבל אנו זכינו לראותו, ע"כ אין לנו היתר אלא באומר פלוני מומחה, ומזכיר שמו דוקא, ודבר זה חידוש הוא].

‹עיין בט"ז וש"ך דבעינן פלוני מומחה, וקי"ל דבפלוני שחט לי סתם תסגי, כיון דמאמינים לו דפלוני שחט, שוב דנין על אותו פלוני דהוא מהרוב מצויין אצל שחיטה מומחים הם. **ודע** דלענ"ד דאינו מותר זה רק בבהמה שחוטה בידו, ואמר פלוני מומחה שחט לי, בזה שייך לומר דמרתת, ולא אמרינן שמא בהמה אחרת שחט לו אותו מומחה אבל לא בהמה זו, דמ"מ מרתת אולי ישאלו לפלוני ויראה לו אותה בהמה ויכיר בטביעות עין שאינה זו ששחט, **אבל** בחתיכת בשר בידו, ואמר שזהו מבהמה ששחט לו פלוני מומחה, לא מהני, דשמא באמת שחט לו אותו מומחה איזו בהמה, אבל זה הבשר לאו ממנה, ולא שייך דמרתת כיון דא"א להתברר – רעק"א›.

משמע דעת המחבר דאין חילוק בין בשר עוף לבהמה, ולעולם אם יש מומחה בעיר, נאמן לומר מומחה שחט לו, וכן משמע דעת הפרישה, וכן מפורש במשמרת הבית להרשב"א בהדיא, **והב"ח** בקונטרס אחרון כתב על שם הרשב"א להפך, ולכך פסק דבבהמה לא מהני מומחה, **וזה** אינו אלא כמש"כ.

וגבי בהמה אם יש מקולין ישראל, נאמן לומר מן המקולין שחוטה לקחתיה, כמבואר בטור על שם הרשב"א, **וכתב** רבינו ירוחם, ודוקא שהיה מצוי באותו יום בשר שחוטה כ"כ בזול כמו נבלה, ע"כ, ומביאו בס' ב"ה והב"ח.

סימן ב ס"ד(1) • מומר לתיאבון ששחט ויש עמו סכין יפה

מומר לתיאבון ששחט בינו לבין עצמו, ויש עמו סכין יפה ושאינו יפה, ואומר שביפה שחט, נאמן, **והיינו** בשידעינן שאלו הסכינים היו עמו בשעת שחיטה, דלא שביק היתירא ואכל איסורא, **אבל** אם אחר השחיטה מצאו אלו הסכינים אצלו, דינו כמו שנתבאר בס"ב(1) ע"ש.

והא דבעינן הכא אמירת המומר:
י"א דהא"נ דמהימנינן ליה אפי' אינו אומר כלום, אלא משום דכל היכא דאיכא לעמוד על הדבר ולברר טפי, מבררינן.
וי"א דכאן מיירי דלא ידעינן אי היו בידו שני הסכינים בשעת השחיטה, בזה סמכינן על אמירתו, דהרי עכשיו יש חזקה דהיתירא לפנינו, אבל בלא אמירתו לא סגי בזה, **וקשה** דמה מהני אמירתו, הא אין לו נאמנות, **והעיקר** תלוי באם ידוע לנו שהיתה סכין זו היפה ידוע לו, דאל"כ יש לחוש שמא בשעת שחיטה לא ידע ממנו.
וי"א דאין זה נאמנות גמורה, אלא אנו אומרים כאן נמצא כאן היה, וע"כ אנו סומכין עליו במקצת ענינים, כיון דסכין בדוקה אצלו לפנינו כו', ואינו אומר אחר יום או יומים אלא לשעתו, **ואפי'** לאחר שעה כל שסכין יפה בידו סמוך לשחיטתו, **וגם זה תמוה**, דודאי לא מצד נאמנות אנו מתירים כלל, אלא כיון שהרוב הוא כן, וא"כ אפי' לא אמר כלום נאמן, כיון שיש לו סכין בדוק לפנינו.

סימן ב ס"ד(2) • נמצא בשר בידו ויש מומחין בעיר

ואפי' אם נמצא בשר ביד המומר, אם יש מומחין בעיר, נאמן לומר: מומחה שחט לי.
וי"א דבעינן דוקא שיאמר מומחה פלוני שחט לי – ש"ך וט"ז.

והא דבעינן הכא אמירת המומר:
י"א כנ"ל, דבזה סגי במה שמצינו עכשיו מומחין בעיר, ולא חיישינן שמא היה הבשר הזה קודם שהיו מומחין בעיר, **וקשה** כנ"ל, מה מהני אמירתו.
וי"א כנ"ל דיש ט"ס, וצ"ל פלוני מומחה, דהיינו שמזכיר שמו, ואז מרתת לשקר שמא ישאלוהו ויתפס בשקרו, **אבל** סתם מומחא לא, ולא מהני בזה לא שביק היתירא כו', דמומחה לא שכיח כ"כ. **ותימה** דא"כ אפי' בעכו"ם נמי.
ועכ"פ יש מכשול לפני המעיין בזה בטור ושו"ע, שלא הצריכו רק שיאמר סתם מומחה שחט לי, **ובאמת** אין לנו היתר אלא באומר פלוני מומחה, ומזכיר שמו דוקא.

ויש שהקשו, דבפלוני שחט לי סתם תסגי, כיון דמאמינים לו דפלוני שחט, שוב דנין על אותו פלוני דהוא מהרוב מצויין אצל שחיטה מומחים הם.

וי"א דאינו מותר זה רק בבהמה שחוטה בידו, ואמר פלוני מומחה שחט לי, בזה שייך לומר דמרתת, **ולא** חיישינן שמא בהמה אחרת שחט לו אותו מומחה ולא בהמה זו, **דמ"מ** מרתת אולי ישאלו לפלוני ויראה לו אותה בהמה ויכיר בטביעות עין שאינה זו ששחט, **אבל** בחתיכת בשר בידו, ואמר שזהו מבהמה ששחט לו פלוני מומחה, לא מהני, דשמא באמת שחט לו אותו מומחה איזו בהמה, אבל זה הבשר לאו ממנה, ולא שייך דמרתת כיון דא"א להתברר.

משמע דעת המחבר דאין חילוק בין בשר עוף לבהמה, ולעולם אם יש מומחה בעיר, נאמן לומר מומחה שחט לו, **וי"א** דבבהמה לא מהני מומחה, **וזה** אינו.

וגבי בהמה אם יש מקולין ישראל, נאמן לומר מן המקולין שחוטה לקחתיה, **ודוקא** שהיה מצוי באותו יום בשר שחוטה כ"כ בזול כמו נבלה.

אלה יש להם דין עכו"ם

סעיף ה - מומר להכעיס, אפי' לדבר אחד, ‹דינו כעובד כוכבים› - כתב מהרש"ל, דאפילו בפעם אחת הוי כעובד כוכבים.

[**פי' אפי'** נמצאת סכינו יפה, דמועד לנבל בידים, רש"י, **והרא"ש פי'** הטעם, כיון שאינו חושש לזבוח, לא קרינן ביה וזבחת ואכלת, **וזהו** הטעם ג"כ על מש"כ רמ"א, מי שאינו חושש לזבוח כו'].

(**עיין** פמ"ג, אם אפילו במצות עשה הדין כן, או דוקא שעובר להכעיס בקום ועשה, ע"ש).

ומשמע דעת המחבר שהוא כעובד כוכבים ממש, ושחיטתו נבילה מדינא, וכן משמע בר"ן וכן בשאר אחרונים ובפרישה סט"ז, **והכי** משמע נמי מדברי התוס' והרא"ש, שכתבו מדכתיב וזבחת ואכלת, ילפינן מה שאתה זובח אתה אוכל, כלומר אותו שהוא בר זביחה, לאפוקי עובד כוכבים ואוכל נבלות להכעיס, עכ"ל, משמע דמומר להכעיס מימעט מקרא כמו עובד כוכבים, **דלא** כהב"ח שכתב דשחיטתו אינה אסורה אלא מדרבנן ואינה נבילה כו', בלא ראיה, (ועיין בתשובת חתם סופר, שדעתו כהב"ח, ע"ש), **וע"ל** סימן קנ"ח ס"ב, דמומר להכעיס הוי אפיקורוס, ובאפיקורוס כתב רמב"ם פ"ד דהרי הוא כעובד כוכבים ושחיטתו נבילה.

או שהוא מומר לעבודת כוכבים - דע שיש מחלוקת בין בפוסקים בזה, והעיקר כהאומרים דעבודת כוכבים אפילו בצנעה, אפילו רק פעם אחת, הוי מומר לכל התורה, ודינו כעובד כוכבים, וכן אפי' חילל שבת פעם א' בפרהסיא, **מיהו** באותה שחיטה לא נעשה בה מומר, כגון בשוחט לעבודת כוכבים או השוחט בשבת, אין שחיטה זו אסורה משום שחיטת מומר, ‹שאינו נעשה מומר אלא עד גמר השחיטה - רעק"א›, אלא משום שוחט לעבודת כוכבים, כדלקמן בסימן ד', וכן משום שוחט בשבת בסי' י"א, וכן נראה דעת מהרש"ל.

או לחלל שבת בפרהסיא - (עבה"ט בשם בה"י, דפרהסיא היינו בעשרה מישראל, **ומש"כ** עוד דאפי' עובר על איסור דרבנן, הפר"ח חולק, ועיין בספר משנת חכמים שחולק ג"כ, מטעם דהא קיי"ל דהחשוד על קל אינו חשוד לאיסור חמור, וא"כ כ"ש דאינו נעשה מומר מדבר קל לחמור, **וא"כ** שם בשבת דאיירי לענין ביטול רשות, דהוצאה בלי ביטול רשות אסור מדרבנן, שפיר דאמרינן דאם הוא מוחזק לחלל שבת אף באיסורי דרבנן, הוא כעכו"ם לענין שאינו מועיל ביטול רשות, **אבל** שיהיה מומר לכל התורה לא הוי עד שיחלל באיסור דאורייתא, **וע"ש** עוד שהביא ראיה דאף אם עבר על לאוין דשבת וע"ז, לא הוי מומר לכה"ת עד שיעבור על מיתות ב"ד).

או שהוא מומר לכל התורה, אפילו חוץ משתים אלו, דינו כעובד כוכבים.

הגה: ומי שאינו חושש בשחיטה ואוכל נבלות בלא תיאבון, אע"פ שאינו עושה להכעיס, דינו כמומר להכעיס, (כך העלה הב"י מדברי הרא"ש)

- ‹והוא כשיטתו דיליף מוזבחת, אבל לדעת הרמב"ם דוקא להכעיס שנקרא מין - גר"א›.

סימן ב ס"ה • אלה יש להם דין עכו"ם

מומר להכעיס אפי' לדבר א', ואפי' בפעם א', ואפי' נמצאת סכינו יפה, דינו כעכו"ם ממש, ושחיטתו נבילה מדינא.
ודלא כהב"ח שכתב דשחיטתו אינה אסורה אלא מדרבנן ואינה נבילה, בלא ראיה, **וי"א** כהב"ח.

שיטת רש"י, דמועד לנבל בידים.
שיטת הרא"ש, כיון שאינו חושש לזבוח, לא קרינן ביה וזבחת ואכלת.
שיטת הרמב"ם, דמומר להכעיס הוי אפיקורוס, ואפיקורוס הרי הוא כעכו"ם ושחיטתו נבילה.

ויש שנסתפק אם אפילו במצות עשה הדין כן, או דוקא שעובר להכעיס בקום ועשה.

מומר לע"ז ואפי' בצנעה, ואפי' רק פעם א', (דכן הוא העיקר), הוי מומר לכל התורה, ודינו כעכו"ם.
מיהו בשוחט לע"ז אין שחיטה זו אסורה משום שחיטת מומר, שאינו נעשה מומר אלא עד גמר השחיטה, **אלא** משום שוחט לע"ז, כדלקמן בסימן ד'.

מחלל שבת בפרהסיא אפי' פעם א', הוי מומר לכל התורה, ודינו כעכו"ם. **י"א** דפרהסיא היינו בעשרה מישראל.
מיהו בשוחט בשבת, אין שחיטה זו אסורה משום שחיטת מומר, שאינו נעשה מומר אלא עד גמר השחיטה, אלא משום שוחט בשבת כדלקמן בסי' י"א.

י"א דאפי' עובר על איסור דרבנן, **ויש** חולקים, דאינו מומר לכה"ת עד שיחלל באיסור דאורייתא, **ואף** אם עבר על לאוין דשבת וע"ז, לא הוי מומר לכה"ת עד שיעבור על מיתות ב"ד.

מומר לכל התורה אפילו חוץ משתים אלו, דינו כעכו"ם.

מי שאינו חושש בשחיטה ואוכל נבלות בלא תיאבון, כתב הרמ"א, דאע"פ שאינו עושה להכעיס, דינו כמומר להכעיס, **וזהו** כשיטת הרא"ש הנ"ל, דיליף מוזבחת.
אבל לדעת הרמב"ם הנ"ל, דוקא להכעיס שנקרא מין.

מומר לאחד משאר עבירות

סעיף ו - מומר לאחד משאר עבירות, א"צ לבדוק לו סכין – [דגבי שחיטה הוא כישראל], **ולהרמב"ם צריך** – [ודעת הרמב"ם פי' הרא"ש, כיון דחזינן דפוקר בשביל תאותו באחד משאר עבירות, חיישינן שמא פוקר שלא לקיים שום מצוה כהלכה, **והא** דנקט התלמוד מומר לנבילות, היינו לרבותא, דאפי' בזה דדש ביה, מהני בודק סכין ונותן לו].

משמע דאפילו לעכוב, דהיכא דלא בדקו לו הסכין לא בתחילה ולא בסוף שחיטתו אסורה, (**ועיין** בתשו' בית יעקב שחולק עליו, ודעתו דדוקא לכתחלה הצריך הרמב"ם בדיקת סכין, אבל בדיעבד שחיטתו כשרה, ע"ש).

והא דלעיל סי' א' ס"ד באבדו גדייו או שנגנבו כו' מותרים, תירץ בדרישה דהתם אינו מוחזק בגנב, אלא שגנב בפעם הזאת, והוי פסול לעדות דא"צ בדיקת סכין אף להרמב"ם, [אא"כ עשאו בפרהסיא או כמה פעמים, משא"כ זה שעשה בצינעא, ואין ידוע שגנב כמה פעמים], **ומלשון** הטור שם אע"פ שחשוד על הגניבה כו', משמע שמוחזק בגנב, **ועוד** דהא ע"כ ברוב גנבי ישראל שמוחזקים בגנבים מיירי, מדתליא בגנבי ישראל, **ומ"ש** הב"ח בזה בקונ' אחרון, כבר צוה הוא ז"ל בעצמו למחקו, **והגאון** אמ"ו ז"ל הכ"מ תירץ, דשאני בסימן א' דלא ידעינן בודאי ששחט, ואפשר דאף על גב שחשוד על הגנבה נתן לאחר לשחוט, [והוה ס"ס, ספק אם נתן לאחר לשחוט, ואת"ל הוא שחט שמא בדק הסכין יפה תחילה, אלא דבחד ספק מחמיר הרמב"ם כנ"ל].

ודוקא במומר לעבירה - היינו שהוא מועד, **אבל מי שהוא פסול לעדות בעבירה מעבירות של תורה** - היינו שלא עבר אלא פעם אחת, ואינו מועד, **א"צ לבדוק לו סכין, אפילו להרמב"ם.**

(**ועיין** בתשו' חתם סופר, אודות ש"ץ ושוחט בעיר אחת שבאה אחות אשתו כריסה בין שיניה ואמרה שממנו נתעברה, ואח"כ בא החזן עצמו ואמר במותב הקהל והרב אב"ד שאמת הדבר הזה שבא על אחות אשתו, ואמנם ביום שאחריו רוח אחרת עמו שלא אמר כן אלא לפטור מקהלתו כו', **וכתב** אף אם נניח שדבריו האחרונים אמת, מ"מ איש בזוי ומבוזה הוא שהחציף לומר על עצמו בפני קהל אלופי ישראל ובפני הרב אב"ד שעבר אאיסור כרת דעריות, שאפילו אם דרך תשובה אמר הו"ל חצוף, מכ"ש שאינו רק ע"ד ההודאה, ואיך יהיה נאמנות לאדם אשר בשביל אמתלא קטנה כזו מבזה ומחציף עצמו כ"כ, מה יעשה אם יארע לו הפסד בממונו או בכבודו, הכלל שבזוי כזה פסול לעדות, כמ"ש בחו"מ סימן ל"ד סעיף י"ח, ואיך יעיד על שחיטה ובדיקה, ואין הדעת סובל להעמיד בזוי כזה לפני התיבה, ומכ"ש להאמינו על שו"ב, ע"ש עוד).

סימן ב ס"ו(1) • מומר לאחד משאר עבירות

מומר לאחד משאר עבירות, א"צ לבדוק לו סכין, דגבי שחיטה הוא כישראל.
ולרמב"ם צריך, דכיון דחזינן דפוקר בשביל תאותו בא' משאר עבירות, חיישינן שמא פוקר שלא לקיים שום מצוה כהלכה.
ומשמע דאפי' בדיעבד, דהיכא דלא בדקו לו הסכין לא בתחילה ולא בסוף, שחיטתו אסורה, **וי"א דדוקא לכתחלה**

הצריך הרמב״ם בדיקת סכין, אבל בדיעבד שחיטתו כשרה. **וי״א דהיכא דהוה ס״ס**, ספק אם נתן לאחר לשחוט, ואת״ל הוא שחט שמא בדק הסכין יפה תחילה, כשר, דרק בחד ספק מחמיר הרמב״ם.

ודוקא במומר לעבירה, והיינו שהוא מועד, דהיינו שעשאו בפרהסיא או כמה פעמים, **אבל** מי שהוא פסול לעדות בעבירה מעבירות של תורה, והיינו שלא עבר אלא פעם אחת, ואינו מועד, א״צ לבדוק לו סכין, אפילו להרמב״ם.

ש״ץ ושוחט שבא ואמר במותב הקהל והרב אב״ד שבא על אחות אשתו, ואמנם ביום שאחריו רוח אחרת עמו שלא אמר כן אלא מטעם אחר, **י״א** דאף אם נניח שדבריו האחרונים אמת, מ״מ איש בזוי ומבוזה אשר בשביל אמתלא קטנה הוא מחציף לומר על עצמו בפני קהל אלופי ישראל ובפני הרב אב״ד שעבר אאיסור כרת דעריות, **שאפי'** אם דרך תשובה אמר הו״ל חצוף, מכ״ש שאינו רק ע״ד ההודאה, **ואיך** יהיה נאמנות לאדם כזו, ומה יעשה אם יארע לו הפסד בממונו או בכבודו, **הכלל**, שבזוי כזה פסול לעדות, ואיך יעיד על שחיטה ובדיקה, **ואין** הדעת סובל להעמיד בזוי כזה לפני התיבה, ומכ״ש להאמינו על שו״ב.

חשוד לאכול נבלות

הגה: מיהו אם הוא פסול לעדות משום שאכל נבילות, אעפ״י שאינו מומר לכך, כיון שהוא חשוד לאכול נבלות, דינו כמומר לכך, (סברת ב״י והרמב״ם) - ובס' תורת חיים כתב, דנ״ל מדנקט רבא כו', דדוקא כשהוא מומר ורגיל בכך אז צריך בדיקת סכין, אבל לא בפסול לעדות, וכן משמע מדברי הרמב״ם כו', ע״כ, **וכ״כ** בכ״מ, דטעמא דהרמב״ם דע״כ לא קאמר רבא ישראל בודק ונותן לו, אלא בישראל מומר, ולא בפסול לעדות כו', **ונ״ל** דדין זה תלוי במאי דאמרינן לקמן סי' קי״ט ס״ז, דהחשוד בדבר מותר להעיד בשל אחרים אבל לא בשל עצמו, **והשתא** אתי שפיר דדבריו שבכ״מ אינם סותרים למש״כ בב״י, דבכ״מ איירי בשל אחרים, ובב״י מיירי בשל עצמו, והיינו שכתב בב״י כיון שחשוד לאותו דבר צריך לבדוק לו סכין כו', דמשמע דתלוי בדין חשוד לאותו דבר, **ולישנא** דהרב שכתב דינו כמומר לכך, אינו מדוקדק כ״כ לפי״ז.

(**ועיין** בספר תפארת ישראל על משניות, מהגאון אב״ד מדעסא נר״ו, דמאי פ״ד משנה א', שתמה על הש״ך, שכתב דאף בשחיטה בשל אחרים נאמן, דליתא, דהא דחשוד נאמן בשל אחרים, דוקא אם אינו מתנגד לחזקה, אבל לא בשחיטה דאיכא חזקת אבר מן החי, אינו נאמן אף בשל אחרים, ומה״ט אמרו במתני' שם, אמר לו אחר שאינו נאמן כו', חשכה לא יאכל, ע״ש, **ועיין** בתשו' חתם סופר, נראה שדעתו מסכמת עם הש״ך, וכתב דבנו״ב סימן א' תמה עליו מאי טעמא, אבל הטעם פשוט, דאינו נחשד אלא דחייש להפסד ממון עצמו לכשיתנבל בידו לא יפרוש מאיסורא, אבל לטרחת גופו לא נחשד, ע״כ נאמן לשחוט של אחרים בלי בדיקת סכין).

(**ושם** נשאל ע״ד שוחט שהתודה בחליו, שזה כמו ד' שנים שהוא שוחט שם כשהיו עומדים ואצים עליו למהר לשחוט בין בעופות בין בבהמות, פעמים הרבה הרגיש בפגימה שבסכין קודם שחיטה ושחט בו כי מיהרו עליו, ולא אימץ לבו נגד יצרו לעכב האנשים, והנה בכמה מקומות לקחו שומן מהמקום ההוא, מה יהיה דין השומן והכלים, **והשיב** הא ודאי אם היה נודע זאת עפ״י עדים, הוה כל מה ששחט בחזקת איסור שאינו זבוח, אע״ג די״ל דאינו אלא עובר עבירות לתיאבון שלא להתבייש בפני העומדים ומלעיגים עליו שמאריך בהשחזת הסכין, אבל לעולם רובא דרובא השחיז סכינו יפה בינו לבין עצמו כדי שלא יבא לידי כך, **מ״מ** מאחר שעשה כן כמה פעמים והוא רגיל לכך בזה, אפי' אם רק עובר לעצמו לאכול נבלות, שחיטתו פסולה אפי' בדיעבד לאחרים, דכיון דדש ביה שוב לא טרח, מכ״ש הכא שהוא מועד להאכיל נבילות לאחרים משום בושת, שוב לא טרח, וכל מה שכבר שחט בחזקת איסור, **אך** בנ״ד שאין שום עדות, רק הוא מעיד על עצמו, אף אם נניח כקצת אחרונים שבהודה דרך ווידוי נאמן, מ״מ הפה שאסר, אותן ששחט בסכין פגום, הוא הפה שהתיר, אותן שלא עמדו עליו אנשים ולחצוהו ושהיה הסכין מתוקן בביתו כדרך רוב השוחטים, ואילו היינו בודקים לו סכין היינו אוכלים משחיטתו, ה״נ הוי הני כאילו בדקנו לו סכין, שהרי אמר בווידוי דוקא כשלחצוהו היה סכינו פגום הזיד ושחט בו מחמת הלוחצים ולא זולת, נמצא עכ״פ הרוב נשחט כהוגן, וכל דפריש מר״פ, ואין לאסור השומן והכלים למפרע, {**נראה** לי דר״ל הכלים של מקומות אחרים שלא לקחו מאותו המקום רק שומן באקראי, אבל הכלים של אותו המקום, ודאי דאסורים כל כ״ר אם נחליט שנאמן, וכמ״ש הוא ז״ל בסימן ד' הבאתיו לעיל ס״ס א'}, אפילו אם נחליט שנאמן הואיל ואמר דרך תשובה, ובפרט שגם זה אינו ברור אם נאמן, ע״ש, ועמש״ל סי' א').

סימן ב ס״ו(2) • חשוד לאכול נבלות

וכתב רמ״א בשם הב״י והרמב״ם, מיהו אם הוא פסול לעדות משום שאכל נבילות, אע״פ שאינו מומר לכך, כיון שהוא

חשוד לאכול נבלות, דינו כמומר לכך.

והכסף משנה כתב בשם הרמב"ם, דדוקא כשהוא מומר ורגיל בכך אז צריך בדיקת סכין, אבל לא בפסול לעדות.

וכתב הש"ך, דהכ"מ איירי בשל אחרים, **והב"י** מיירי בשל עצמו, **ולישנא** דהרמ"א שכתב "דינו כמומר לכך", אינו מדוקדק כ"כ לפי"ז.

ויש שמתמיה על הש"ך, דהא דחשוד נאמן בשל אחרים, דוקא אם אינו מתנגד לחזקה, **אבל** לא בשחיטה דאיכא חזקת אבר מן החי.

ויש שהסכים עם הש"ך, והטעם, דאינו נחשד אלא כשחייש להפסד ממון עצמו לכשיתנבל בידו, דלא יפרוש מאיסורא, **אבל** לטרחת גופו לא נחשד, ע"כ נאמן לשחוט של אחרים בלי בדיקת סכין.

שוחט שהתודה בחליו, שזה כמו ד' שנים כשעומדים ואצים עליו למהר לשחוט בין בעופות בין בבהמות, פעמים הרבה הרגיש בפגימה שבסכין קודם שחיטה ושחט בו כי מיהרו עליו, ולא אימץ לבו נגד יצרו לעכב האנשים, **י"א** דודאי אם היה נודע זאת עפ"י עדים, הוה כל מה ששחט בחזקת איסור שאינו זבוח, **אע"ג** די"ל דאינו אלא עובר עבירות לתיאבון שלא להתבייש בפני העומדים ומלעיגים עליו שמאריך בהשחזת הסכין, אבל לעולם רובא דרובא השחיז סכינו יפה בינו לבין עצמו כדי שלא יבא לידי כך, **מ"מ** מאחר שעשה כן כמה פעמים והוא רגיל לכך בזה, אפי' אם רק עובר לעצמו לאכול נבלות, שחיטתו פסולה אפי' בדיעבד לאחרים, דכיון דדש ביה שוב לא טרח, מכ"ש הכא שהוא מועד להאכיל נבילות לאחרים משום בושת, שוב לא טרח, וכל מה שכבר שחט בחזקת איסור, **אך** בנ"ד שאין שום עדות, רק הוא מעיד על עצמו, אף אם נניח כקצת אחרונים שבהודה דרך ווידוי נאמן, **מ"מ** הפה שאסר, אותן ששחט בסכין פגום, הוא הפה שהתיר, אותן שלא עמדו עליו אנשים ולחצוהו, שהיה הסכין מתוקן, נמצא עכ"פ הרוב נשחט כהוגן, וכל דפריש מרובה פריש, ואין לאסור השומן, **וכן** הכלים של מקומות אחרים שלא לקחו מאותו המקום רק שומן באקראי, אין לאסור למפרע, **ובפרט** שגם זה אינו ברור אם נאמן, **אבל** הכלים של אותו המקום, ודאי דאסורים כל כלי ראשון.

מומר לערלות

סעיף ז - מומר לערלות, דינו כמומר לעבירה אחת. ואם אינו ערל אלא מפני שמתו אחיו מחמת מילה

– [פי' התוס', שנימולו כשהם גדולים, או ביום השמיני וראו שנבלע בהן דמן, דאל"כ אמרינן שמא עדיין לא נבלע דמן ולכך מתו], **הרי הוא כשאר ישראל כשר** - והיינו בשגם עכשיו שהוא גדול, אינו מניח למול מיראתו פן ימות גם הוא כאחיו, אבל אם אין שם יראה ואפ"ה אינו מל, ה"ל מומר לערלות.

סימן ב ס"ז • מומר לערלות

מומר לערלות, דינו כמומר לעבירה אחת. **ואם** אינו ערל אלא מפני שמתו אחיו מחמת מילה, (כשהיו גדולים, או ביום השמיני אבל ראו שנבלע בהן דמן, דאל"כ אמרינן שמא עדיין לא נבלע דמן ולכך מתו), **הרי** הוא כשאר ישראל כשר, **והיינו** בשגם עכשיו שהוא גדול, אינו מניח למול מיראתו פן ימות גם הוא כאחיו, **אבל** אם אין שם יראה ואפ"ה אינו מל, הו"ל מומר לערלות.

כותי האידנא

סעיף ח - כותי, האידנא

– [פי' לאחר שגזרו בזמן התלמוד עליהם], **דינו כעובד כוכבים** –

‹הכי אסיקנא בפ"ק דחולין, לא זזו משם עד שעשאום כגוים גמורים – ב"י›.

סימן ב ס"ח • כותי האידנא

כותי האידנא, לאחר שגזרו בזמן התלמוד עליהם, דינו כעכו"ם.

צדוקי ובייתוסי

סעיף ט - צדוקי ובייתוסי, (הם הנמשכים אחר צדוק וביתוס, מתלמידי אנטיגנוס איש סוכו, שילאו לתרבות רעה ואינם מאמינים בתורה שבע"פ), שחיטתן אסורה

- וכתב הרשב"א בת"ה, דאפי' חותך כזית בשר ונותן לו, לא מהני כששחט בינו לבין עצמו, משום דהא שחיטה לא כתיבי, וכל דלא כתיבי אע"ג דאחזוק לא סמכינן עליה, כדאמר בש"ס גבי כותים, ע"כ, דקי"ל כת"ק דרשב"ג, וצדוקי ובייתוסי הם ככותים קודם גזירה, **אבל** הרמב"ם כתב, צדוקי ובייתוסי שחיטתן אסורה, ואם שחט בפנינו מותרת, שאינם כעובדי כוכבים אלא שאין נאמנים לומר לא קלקלנו, משמע דחותך כזית בשר ונותן לו מהני כשיאכל הוא עצמו, וכן משמע בטור שזהו דעת הרמב"ם, כמ"ש הפרישה והב"ח, **ונ"ל** שטעמו, כיון דאביי ורבא אמרי גבי כותים קודם גזירה דחותך כזית בשר מהני, וכן משמע כולה סוגיא דריש חולין, וגם מדקאמר סתמא דש"ס התם, רב אשי לא אמר כתרוייהו קסבר כותים גרי אריות הן, ולא קאמר קסבר כת"ק דרשב"ג, אלמא הלכה פסוקה היא כרשב"ג, ‹דסבר גבי כותים כיון דאחזוק אחזוק›.

אלא א"כ שחטו ואחרים עומדים על גביהם -

הרשב"א הצריך שיהא ג"כ מומחה, **והב"י** תמה עליו, כיון שישראל עומד על גביו ל"ל מומחה, ולכך לא הזכיר כאן מומחה, **אבל** נראה דגם דעת הרשב"א דבישראל עומד על גביו א"צ שיהא מומחה, דלא גרע

מקטן שיודע לאמן ידיו לעיל סי' א', **רק** כשישראל יוצא ונכנס הצריך מומחה, דדלמא לאו אדעתיה דישראל, ואיהו לא ידע שזהו אסור לישראל דלירתת מיניה, וכ"כ מהרש"ל והב"ח, וכן משמע בד"מ.

וגם בדקו להם סכין - צ"ע מנ"ל הא, דהא אפי' הרשב"א דמחמיר, כתב דדין צדוקי וביתוסי כדין כותים קודם גזירה, וכ"כ הכ"מ גופיה, וכ"כ הרמב"ם, והמחבר לקמן סי' רס"ז, דצדוקי וביתוסי הם ככותים קודם גזירה, ובכותים קודם גזירה כתבו התוס' והרא"ש, דא"צ בדיקת סכין, **דלא** דמי לישראל מומר, לפי שיודע שאין ישראל סומך עליו, וירא שמא יבדוק הסכין אחריו, הלכך נזהר מלשחוט בסכין פגום, **אבל** ישראל מומר לא מירתת שלא יבדקו אחריו, לפי שמחזיקים אותו בישראל, עכ"ל, וצ"ע, שוב מצאתי בספר לחם חמודות שתמה ג"כ על המחבר בזה ע"ש. ‹והר"ן כתב די"ל דבאמת דכותי בעי בדיקת סכין – רעק"א›.

[**ואין** להקשות והא לאו בר זביחה הם, דהא הוחזקו במצות שחיטה].

מיהו כל זה מדינא, אבל בתשובות ר' בצלאל סי' ג' כתב, דהיינו דוקא בצדוקים וביתוסים שבזמן הקודם, שהיו להן כמה מדות טובות, **אבל** באלו הקראים שבזמן הזה שקלקלו מעשיהם, וגם אין אוכלים משחיטת ישראל, שחיטתן אסורה אפי' ישראל עומד על גביו, וראה ששחט יפה, ע"ש.

סימן ב ס"ט(1) • צדוקי וביתוסי

צדוקי וביתוסי, (שאינם מאמינים בתורה שבע"פ), שחיטתן אסורה, **אא"כ** שחטו ואחרים עומדים על גביהם.

וגם צריך שיבדקו להם הסכין. **וצ"ע** מנ"ל הא, **ולא** דמי לישראל מומר, לפי שיודע שאין ישראל סומך עליו, וירא שמא יבדוק הסכין אחריו, הלכך נזהר מלשחוט בסכין פגום, **אבל** ישראל מומר לא מירתת שלא יבדקו אחריו, לפי שמחזיקים אותו בישראל.

י"א דצריך שיהא ג"כ מומחה, **ותמהו** עליו, כיון שישראל עומד ע"ג ל"ל מומחה, דלא גרע מקטן שיודע לאמן ידיו לעיל סי' א', **וי"ל** דא"צ שיהא מומחה רק כשישראל יוצא ונכנס, דדלמא לאו אדעתיה דישראל, ואיהו לא ידע שזהו אסור לישראל דלירתת מיניה.

ואין להקשות והא לאו בר זביחה הם, **דהא** הוחזקו במצות שחיטה.

י"א דאפי' חותך כזית בשר ונותן לו, לא מהני כששחט בינו לבין עצמו, **משום** דהא שחיטה לא כתיבי, וכל דלא כתיבי קי"ל דאע"ג דאחזוק לא סמכינן עליה.

אבל י"א דחותך כזית בשר ונותן לו מהני כשיאכל הוא עצמו, **דקי"ל** כיון דאחזוק אחזוק.

מיהו כל זה מדינא, אבל י"א דהיינו דוקא בצדוקים וביתוסים שבזמן הקודם, שהיו להן כמה מדות טובות, **אבל** באלו הקראים שבזמן הזה שקלקלו מעשיהם, וגם אין אוכלים משחיטת ישראל, שחיטתן אסורה אפי' ישראל עומד ע"ג, וראה ששחט יפה.

מסור

הגה: מסור דינו כמומר ושחיטתו פסולה (הגהות אלפסי) - דינו כמומר לכל התורה כולה - הגהות אלפסי ומביאו ד"מ. [נ"ל דהיינו כמומר לתיאבון דלעיל]. **ומדברי** הג"ה ‹אלפסי› שהבאתי בש"ך, דממנו מקור דין זה, לא משמע כן, ודוק, וכן משמע מפשט דברי רמ"א - נקה"כ. **ויש מכשירין, וע"ל סימן קי"ט** - ר"ל כי שם ס"י פסק המחבר דשחיטתו כשרה, וכ"פ מהרש"ל.

סימן ב ס"ט(2) • מסור

מסור דינו כמומר ושחיטתו פסולה, **י"א** דדינו כמומר לכל התורה כולה, **וי"א** דדינו כמומר לתיאבון. **ויש** מכשירין.

עשה הפסול מקצת השחיטה

סעיף י - התחיל פסול לשחוט וגמר הכשר, או שהתחיל הכשר וגמר הפסול, פסולה - משמע הא אם שחט הכשר הרוב, ושחט אח"כ הפסול, כשר, והכי משמע בש"ס פ"ק דחולין וברש"י שם, ע"ש, **והקשה** בדרישה דהא רש"י פוסל שהייה במיעוט בתרא, ותירץ דהכא שאני, כיון שאחר גומר השחיטה, «כששחט הישראל הרוב אז הוי שחיטה גמורה, ומה ששחט הפסול אחר כך, כאילו חתך ברגל, שאין זה מצטרף לשחיטה, הואיל ולא הוא שחטה – דרישה», **והב"ח** הבין בקונטרס אחרון, דקושייתו היא אמאי לא פסלינן הכא משום שהייה, ע"כ השיג עליו, דהכא בעובד כוכבים י"ל דשאני דאין שהייה, אבל בישראל חברו פוסלת, **ותימה** דהא אפשר דהכא מיירי בדלא שהה שעור שהייה, וגם י"ל דליכא שהייה אפילו משהו, אלא קושייתו דכי היכי דשהייה פוסל במיעוט בתרא, ה"נ שחיטה הפסולה תפסול במיעוט בתרא, ע"ש שכן משמע בדבריו להדיא, אבל אה"נ דבשהייה אין חילוק בין הוא לאחר, וכדמשמע בש"ס וכל הפוסקים, **ואפשר** נמי דהיכא ששחט העובד כוכבים המעוט בתרא אחר שעור שהייה, פסולה, **ומ"מ** נ"ל לתרץ, דהכא שאני דהא אין העובד כוכבים פוסל אלא

כשעושה מעשה טרפה, וכדאיתא בש"ס וכל הפוסקים, והלכך אחר שנשחט הרוב תו לא מיטרפא, **אבל** בשהייה לא נפקא לן מידי במעשה טרפה, אלא כיון דשחיטה שייך במעוט בתרא ושהה וחזר ושחט, הו"ל שהייה.

[**ברשב"א** כתוב, כגון עכו"ם או מין או כותי כו', והקשה מו"ח ז"ל אמאי דנקט מין, הלא בפ"ק דחולין אמרינן, דסתם מחשבת מין לע"ז, ובמעשה כל דהו נמי אסורה אפי' בהנאה, אפי' התחיל בדבר שאין עושה נבילה כו', ולא אשכח פירוקא בדבר, **ולא** ידענא שום קושיא בזה, דהרי פסק הרמב"ם דאפי' בשוחט לע"ז, לא נאסרה אלא בשוחט סימן א', והיינו מעשה כל דהו... ע"כ לא שנא סימן א' כולו או מקצתו, אבל מידי שאינו עושה נבילה, אפי' כל דהו לא מקרי... כנ"ל ברור].

וכל דבריו תמוהין, ודברי הב"ח ברורים, דהא בהדיא מוכח בש"ס דאפי' בכל דהו דקנה פסול בשחיטת עכו"ם... **גם** מה שהביא ראיה מן הרמב"ם, ודאי לפי מה שהעתיק הוא יש להוציא משמעות זה, אבל באמת אינו כן ברמב"ם וטור... **גם** מש"כ דהב"ח לא אשכח פירוקא בדבר, ליתא, דאשכח פירוקא מעליא, דהאי מין דקאמר הרשב"א, לאו מין האדוק לע"ז קאמר ע"ש, **ובע"כ** מוכח לומר כן, דאי במין שסתם מחשבתו לע"ז, ודאי דאפי' במעשה כל דהו אסור כדפרישית, וכל זה ברור - נקה"כ.

בד"א, שהתחיל הפסול בדבר שעושה אותו נבלה, כגון בוושט או ברוב הקנה - לא מיבעי אם שחט הפסול רוב הקנה, אלא אפילו שחט הכשר חצי הקנה, והשלימו הפסול לרובו, נמי פסול.

אבל אם התחיל הפסול בחצי קנה וגמר הכשר, כשרה - ואע"ג דקי"ל דשהייה אפי' כל שהוא טרפה, בין בקנה בין בושט, **מ"מ** משכחת לה להאי דינא נמי לדידן היכא דתפס הקנה לבדו בידו, דכשר אפילו לדידן ‹דלא בקיאינן בבדיקת הוושט›, וכמ"ש בס"ס כ"א, ‹דהא דפסלינן שהייה במיעוט קמא דקנה, היינו משום דחיישינן לנקובת הוושט, משא"כ הכא דתפס הקנה לבדו בידו, ואמר ברי לי שלא נגעתי בוושט›, וע"כ סתם הרב כאן כדברי המחבר.

סימן ב ס"י • עשה הפסול מקצת השחיטה

התחיל פסול לשחוט, וגמר הכשר, **או** שהתחיל הכשר וגמר הפסול, פסולה.

בד"א שהתחיל הפסול בדבר שעושה אותו נבלה, כגון בוושט או ברוב הקנה, **או** ששחט הכשר חצי הקנה, והשלימו הפסול לרובו. **אבל** אם התחיל הפסול בחצי קנה וגמר הכשר, כשרה. **ואע"ג** דקי"ל דשהייה אפי' במיעוט קמא דקנה טרפה, **מ"מ** משכחת לה להאי דינא היכא דתפס הקנה לבדו בידו, דכשר אפילו לדידן דלא בקיאינן בבדיקת הוושט, **דהא** דפסלינן, היינו משום דחיישינן לנקובת הוושט, **משא"כ** הכא דתפס הקנה לבדו בידו, ואמר ברי לי שלא נגעתי בוושט.

אבל אם שחט הכשר הרוב, ושחט אח"כ הפסול, כשר.
ויש מקשים, והא כי היכי דשהייה פוסל במיעוט בתרא, ה"נ שחיטת הפסול תפסול במיעוט בתרא, **ותירץ** דכששחט הישראל הרוב, אז נגמר השחיטה, ומה ששחט הפסול אח"כ, כאילו חתך ברגל, שאין זה מצטרף לשחיטה.
ויש שתירץ, דהא אין הפסול פוסל אלא כשעושה מעשה טרפה, והלכך אחר שנשחט הרוב תו לא מיטרפא, **אבל** בשהייה לא נפקא לן מידי במעשה טרפה, אלא כיון דשחיטה שייך במעוט בתרא ושהה וחזר ושחט, הו"ל שהייה.

והטעם דלא פסלינן הכא משום שהייה, י"א משום דהכא איירי בעכו"ם, וי"ל דאין בו שהייה, **אבל** בישראל חברו אה"נ דפוסלת, **וי"א** דאפשר דהכא מיירי בדלא שהה שעור שהייה, או בדליכא שהייה אפי' משהו, **אבל** אה"נ דבשהייה אין חילוק בין הוא לאחר, ואה"נ היכא ששחט העכו"ם המיעוט בתרא אחר שעור שהייה, אפשר דפסולה.

י"א דדין המחבר הוי ג"כ כשהפסול ששחט הוא מין.
והקשו עליו, והא סתם מחשבת מין לע"ז, ובמעשה כל דהו נמי אסורה אפי' בהנאה, וא"כ במין אפי' התחיל בדבר שאין עושה נבילה פסולה, **וי"א** דלא נאסרה בזה אלא בשוחט סימן א', אבל מידי שאינו עושה נבילה אפי' כל דהו לא מקרי. **ודבריו** תמוהין, דהא בהדיא מוכח בש"ס דאפי' בכל דהו דקנה פסול. **אלא** י"ל, דהאי מין דקאמר, לאו במין האדוק לע"ז.

כשר ופסול ששחטו ביחד

סעיף יא - היו ישראל ופסול אוחזין בסכין ושוחטין, פסולה - ובא"ז והג"ה רפ"ק דחולין מכשירין, וכן הוא בתוספתא, וכ"פ מהרש"ל, **וכתב** דלא דמי לדלקמן סימן ה', בשנים שאוחזים בסכין ואחד שוחט לשם דבר פסול, שפסול, דהתם מחשבת השוחט פסלה, אבל הכא בסתם עובד כוכבים או מומר, דלא אסור אלא משום דלאו בני שחיטה נינהו, וא"כ כשיש אחד בר שחיטה זולתו, דיו בזה וכשר, וכ"כ הב"ח, וכן נראה מדברי הרמב"ם, **ומ"מ** הב"ח חשש להחמיר.

ואין צריך לומר אם כל אחד סכינו בידו - לא מיבעי אם אין שחיטת ישראל כשרה אלא ע"י צירוף, {כלומר ששחטו בסימן א' זה כנגד זה בהיקף}, ואין רוב אלא בצירוף שניהם, **אלא** אפי' שחט כל אחד

רובו של סימן, {כלומר זה לצד הראש וזה לצד הגוף}, פסולה, עד כאן לשון רשב"א, ועיין בסימן ד.

סימן ב סי"א(1) • כשר ופסול ששחטו ביחד

היו ישראל ופסול אוחזין בסכין ושוחטין, פסולה; **ואצ"ל** אם כל אחד סכינו בידו, **לא** מיבעי אם שחטו בסימן א' זה כנגד זה בהיקף, ואין רוב אלא בצירוף שניהם, **אלא** אפי' שחט כל אחד רובו של סימן, זה לצד הראש וזה לצד הגוף, פסולה.

ויש מכשירין, **ולא** דמי לדלקמן סימן ה', בשנים שאוחזים בסכין ואחד שוחט לשם דבר פסול, שפסול, **דהתם** מחשבת השוחט פסלה, **אבל** הכא בסתם עכו"ם או מומר, דלא אסור אלא משום דלאו בני שחיטה נינהו, וא"כ כשיש אחד בר שחיטה זולתו, דיו בזה וכשר.

ועוד נראה דה"ה כששוחט האם, מותר למסור הבן או הבת לקוף לשחוט כדי להאכיל לכלבים, **דאע"ג** דבחש"ו איתא לעיל סי' א' ס"ה, דאין מוסרין להם לכתחלה לשחוט כשאין אחרים עומדים על גביהם, אפילו אם רוצים להאכיל לכלבים, מטעם דלמא אתי למיכל מזה, שיטעו לומר כשירה היא, **שאני** התם דלא מנכר פסולייהו, ומש"ה לא כתבו הפוסקים דין זה גבי עובד כוכבים, **וכן** משמע בש"ך סימן ט"ז סק"ב ממ"ש וצ"ע בחש"ו כו' ע"ש, דלנכרים מותר למסור לשחוט ולהאכיל לכלבים, וא"כ ה"ה בקוף, וכמו שנתבאר דדינם שוה, כן נלפע"ד).

שחיטת קוף

(שחיטת קוף, פסולה), (א"ז והוא בתוספתא ריש חולין) - (עבה"ט בשם בה"י, ‹ולא דמי לנט"י באו"ח סי' קנ"ט, דשם יש מכשירין, דנט"י דרבנן›, וכ"כ המג"א, **ומשמע** מדבריהם דאינו אלא ספק, ומש"ה בשחיטה דאורייתא החמירו, ונט"י דרבנן מקילינן, **ולפי"ז** לענין אותו ואת בנו, אם שחט הקוף האם או הבת, ואחרים רואים אותו, אסור לשחוט השני אחריו בו ביום, דשמא שחיטתו כשרה, **אך** באמת נראה דאישתמיט להו תוספתא ריש חולין, דמבואר שם דפסול מדאורייתא, משום שאינו בר זביחה, **ולא** קשה מנט"י, דהתם כשר אף עכו"ם ליתן לידים, כמ"ש בשו"ע שם סעיף י"א, ‹דמקרי כח גברא - רעק"א›, **ולפי"ז** בודאי מותר לשחוט השני אחריו, ‹וכן כתב רעק"א›.

סימן ב סי"א(2) • שחיטת קוף

שחיטת קוף, פסולה.

ואף דבנט"י באו"ח סי' קנ"ט, יש מכשירין, **י"ל** משום דנט"י דרבנן. **נמצא** דאינו אלא ספק, ומש"ה בשחיטה דאורייתא החמירו, ונט"י דרבנן מקילינן, **ולפי"ז** לענין אותו ואת בנו, אם שחט הקוף האם או הבת, ואחרים רואים אותו, אסור לשחוט השני אחריו בו ביום, דשמא שחיטתו כשרה.

אך מבואר מתוספתא דהוי פסול דאורייתא, משום שאינו בר זביחה, **ולא** קשה מנט"י, דהתם כשר אף עכו"ם ליתן לידים, דמקרי כח גברא, **ולפי"ז** בודאי מותר לשחוט השני אחריו.

וכששוחט האם, מותר למסור הבן או הבת לקוף לשחוט כדי להאכיל לכלבים, **דאע"ג** דבחש"ו איתא לעיל סי' א' ס"ה, דאין מוסרין להם לכתחלה לשחוט כשאין אחרים עומדים על גביהם, אפילו אם רוצים להאכיל לכלבים, **מטעם** דלמא אתי למיכל מזה, שיטעו לומר כשירה היא, **שאני** התם דלא מנכר פסולייהו, משא"כ בקוף, **וה"ה** מטעם זה מותר למסור לנכרים לשחוט ולהאכיל לכלבים.

§ סימן ג - שחיטה אינה צריכה כוונה §

שחיטה אינה צריכה כוונה

סעיף א - שחיטת חולין אינה צריכה כוונה - [מדגלי רחמנא דמתעסק בקדשים שפסול, דהיינו שוחט שלא בכוונה לשוחטה, דכתיב ושחט את בן הבקר, עד שתהא שחיטה לשם בן בקר, ש"מ בחולין כשר, **ובפרישה** הקשה במה דאמרינן כאן מדגלי רחמנא כו', אמאי לא נימא כן גבי ושחט, דדרשינן מיניה דלא לשוויה גיסטרא, ה"נ נימא מדגלי בקדשים כן ש"מ דבחולין שרי בגיסטרא, ונכנס שם לדחוקים, ולק"מ, דהא פרש"י על גיסטרא, שלא יחתוך כל המפרקת לשנים, והיינו שא"צ לחתוך כל המפרקת כמו שיתבאר סי' כ"ד, וא"כ קולא הוא דקמ"ל קרא בקדשים ק"ו בחולין, **ואע"פ** שראבי"ה פירש שאסור לחתוך כל המפרקת לשנים, וכבר כתב רמ"א שהמנהג כך להחמיר, יתבאר שם דאינו אלא חומרא בעלמא ואין האמת כן, **וגם** לראבי"ה אין כאן קושיא כלל, דזה פשוט דבעינן בחולין שחיטה כמו בקדשים, וכל שנתמעט בקדשים מן ושחט, ממילא לא הוה שחיטה כלל, ע"כ פוסל גם בחולין, דהא עכ"פ שחיטה בעינן, **משא"כ** מידי דאימעט מן בן בקר או שאר לישני דקרא, נימא דדוקא בקדשים אמעוט, דבחולין לא כתיבי הנך לישני, ולא בעינן בחולין רק מה שבכלל ושחט, וזה פשוט לכל מבין].

אפילו מתעסק בעלמא לחתוך, או שזרק סכין לנועצה בכותל, ושחט כהלכתה (ס"א בהליכתה, ועיקר), כשרה - (עיין במג"א שכתב, דבזה לא שייך לברך, ע"ש).

והוא שראה שלא החליד (פי' ענין נעילה ותחיבה, מלשון חולדה שנכנסת בחורין ובסדקין), הסכין בין סימן לסימן או תחת העור; ואם מצא הנוצה או השיער חתוכים, ודאי לא החליד - ולא חיישינן שמא לא שחט הרוב בעוף, וע"י פרכוס ונפילת העוף נתרחב השחיטה ונעשה רוב, כמ"ש הר"ב בסימן כ"ד ס"ה, וע"ל סימן כ"ה ס"ק ד'.

(**עיין** בתשובת זכרון יצחק שכתב, דאם זרק סכין לנועצה בכותל, ושחטה בהמה שנשחט אמה או בנה היום, יש לאסור השחיטה משום דכתב התב"ש, דחולין סתמא כשר משום דסתמייהו לשחיטה עומד, וא"כ כיון שהבהמה שנשחטה בלא כוונה אסור משום או"ב, לאו לשחיטה עומד ביום ההוא, ואסור משום שהיה בלא כוונה, עכ"ד ע"ש, **ולפי"ז** ה"ה אם זרק סכין בשבת, ג"כ השחיטה פסולה, דהא לאו לשחיטה עומד ביום ההוא משום איסור שבת, **מיהו** באמת נראה דבתרווייהו השחיטה כשירה, דאין ענין זה כלל לדברי התב"ש, דהכא אע"ג דלאו לשחיטה עומד ביום ההוא משום אסור שבת או או"ב, עכ"פ עומד לשחיטה למחר, **וגם** היום אף דלאו לשחיטה עומד, מ"מ הא אינו עומד לשחיטה פסולה, וא"כ יותר עומד לשחיטה כשירה משחיטה פסולה, דלשחיטה פסולה אינו עומד כלל, אבל לשחיטה כשירה עכ"פ עומד למחר, **ותדע** דהא ודאי יש הרבה בהמות שאינם עומדין לשחיטה ביום ההוא רק לחלבה או לגדל ולדות, כמבואר באו"ח סי' תק"ה לענין חליבה ביו"ט, ואם כדבריו דבעינן שיהא עומד לשחיטה ביום ההוא, א"כ מוכרח לומר דגם בהנך בהמות אסור שחיטה בלא כוונה, וא"כ הו"ל להפוסקים לפלוגי גם כאן, דדוקא בעומדת לאכילה, **אלא** ודאי דלא בעינן שיהא עומד לשחיטה ביום ההוא, רק כיון דסוף בהמה לשחיטה, כשר בלא כוונה).

ואפילו הפיל הסכין בידו, או ברגלו, שלא בכוונה כלל, ושחט, שחיטתו כשרה – ‹ואף על גב דלא מיכוין לשום חתיכה, אלא שנתכוין להפילה, קרינן ביה וזבחת ואכלת, כיון שכיון לנפילה ועל ידי אותה נפילה שחטה, רא"ש - ב"י›.

אבל אם נפלה מעצמה, פסולה, דבעינן כח גברא – [משום דוזבחת הוי לכל הפחות כמו ועשית, דצריך להתכוין לשום מעשה דבעינן כח גברא], **(ע"ל סי' ז'), וכן אם היה הסכין מונח בחיקו או בידו, ונפלה מידו או מחיקו שלא בכוונה, כנפלה מעצמה דמי, ופסולה** - ‹כ"כ הרשב"א בשם תוס', וכתב עלה, ואע"פ שיש לנו לדון ולהקל, שומעין להם שאמרו להחמיר בשל תורה, עכ"ל והובא בב"י, **ולפי"ז** נ"ל דלחומרא הוי שחיטה, ואסור לשחוט אחר שחיטה כזה בנה, מטעם איסור אותו ואת בנה, כנלענ"ד בעזה"י – רעק"א›.

סימן ג ס"א • שחיטה אינה צריכה כוונה

שחיטת חולין אינה צריכה כוונה, **מדגלי** רחמנא דבקדשים פסול, דכתיב ושחט את בן הבקר, עד שתהא שחיטה לשם בן בקר, **ש"מ** בחולין כשר.

אפי' מתעסק בעלמא לחתוך, או שזרק סכין לנועצה בכותל, ושחט בהליכתה, כשרה, **ובזה** לא שייך לברך.

והוא שראה שלא החליד הסכין בין סימן לסימן או תחת העור. **ואם** מצא הנוצה או השיער חתוכים, ודאי לא החליד. **ולא** חיישינן שמא לא שחט הרוב בעוף, וע"י פרכוס ונפילת העוף נתרחב השחיטה ונעשה רוב.

ואפילו הפיל הסכין בידו, או ברגלו, שלא בכוונה כלל, דלא כיוון אפי' לשום חתיכה, ושחט, שחיטתו כשרה, **דקרינן** ביה וזבחת ואכלת, כיון שכיוון לנפילה וע"י אותה נפילה שחטה.

אבל אם נפלה מעצמה, פסולה, דבעינן כח גברא, דוזבחת הוי לכל הפחות כמו ועשית, דצריך להתכוין לשום מעשה דבעינן כח גברא.

ואם היה הסכין מונח בחיקו או בידו, ונפלה מידו או מחיקו שלא בכוונה, הוי כנפלה מעצמה דמי, ופסולה, **ואע"פ** שיש לדון ולהקל, מחמירין בשל תורה, **ולפי"ז** י"א דלחומרא הוי שחיטה, ואסור לשחוט אחר שחיטה כזה בנה, מטעם איסור אותו ואת בנה.

י"א דהטעם דבחולין סתמא כשר, משום דסתמייהו לשחיטה עומד. **וי"א** דלפי"ז כשהבהמה שנשחטה בלא כוונה אסור משום אותו ואת בנו, לאו לשחיטה עומד ביום ההוא, ואסור משום שהיה בלא כוונה, **וה"ה** אם זרק סכין בשבת, ג"כ השחיטה פסולה, דהא לאו לשחיטה עומד ביום ההוא משום איסור שבת, **מיהו י"א** דבאמת בתרווייהו השחיטה כשירה, דאע"ג דלאו לשחיטה עומד ביום ההוא משום אסור שבת או אותו ואת בנו, עכ"פ עומד לשחיטה למחר, **וגם** היום אף דלאו לשחיטה עומד, מ"מ הא אינו עומד לשחיטה פסולה, וא"כ יותר עומד לשחיטה כשירה משחיטה פסולה, דלשחיטה פסולה אינו עומד כלל, אבל לשחיטה כשירה עכ"פ עומד

סימן ג - שחיטה אינה צריכה כוונה
סעיף א - שחיטה אינה צריכה כוונה

למחר, **תדע** דהא בהמה שעומד לחלבה או לגדל ולדות, כשר בשחיטה שלא בכוונה, מדלא חילק הפוסקים, אלמא דלא בעינן שיהא עומד לשחיטה ביום ההוא, רק כיון דסוף בהמה לשחיטה, כשר בלא כוונה.

§ סימן ד – השוחט לשם עבודת כוכבים או לשם דבר אחר מה דינו §

השוחט לשם ע"ז

סעיף א - השוחט לשם עבודת כוכבים – [פי' שהשחיטה עצמה לעבודת כוכבים, אבל אם שוחט להקריב בשרה לעבודת כוכבים, היינו סיפא לזרוק דמה לעבודת כוכבים כו'], **אפילו לא חישב לעבדה בשחיטה זו, אלא חישב בשעת שחיטה לזרוק דמה או להקטיר חלבה לעבודת כוכבים** – ‹דמחשבין מעבודה לעבודה, וילפינן חוץ מפנים – גמ'›, **הרי זה זבחי מתים, ואסורה בהנאה** – ‹דכתיב: ויצמדו לבעל פעור ויאכלו זבחי מתים, מה מת אסור בהנאה, אף זבח נמי אסור בהנאה – גמר'›.

סימן ד ס"א • השוחט לשם ע"ז

השוחט לשם ע"ז, **ואפי'** לא חישב לעבדה בשחיטה זו, אלא חישב בשעת שחיטה לזרוק דמה או להקטיר חלבה לע"ז, **הרי** זה זבחי מתים, ואסורה בהנאה.

חישב לע"ז אחר שכבר שחטה

סעיף ב - שחט סתם, ואח"כ חישב לזרוק דמה או להקטיר חלבה לעבודת כוכבים, הרי זה ספק זבחי מתים – [הטעם, דספק אי אמרינם הוכיח סופו על תחילתו, דמתחילה ג"כ שחט לשם עבודת כוכבים, ע"כ אמרו בגמ' בזה, דהיה מעשה בקיסרי ולא אמרו בה לא איסור ולא היתר ‹משום כבודו דרשב"ג›, **וכתב** רש"ל, כיון דרבנן דפליגי עליה דרשב"ג ס"ל דלא אמרינן הוכיח סופו על תחילתו, וקי"ל כרבנן, א"כ הא דלא אמרו כאן היתר, היינו משום כבודו דרשב"ג, ע"כ סגי בזה שאין להתירו באכילה, אבל בהנאה שרי, וכמ"ש רי"ו], **וכן** פסקו הדרישה והב"ח, [**ולא** כב"י החולק עליו, וס"ל אפי' בהנאה אסור, דהוא אזיל לשיטת הרמב"ם, דס"ל דיש ספק אי הלכה כרבנן או כרשב"ג, אבל שאר פוסקים פסקו כרבנן].

‹**וכתב** רבינו ירוחם, אם שחטה ואחר כך חישב, כלומר שזרק דמה לעבודה זרה – ב"י, ‹היינו דבחישב ולא זרק לא אסרינן›, **עיין** בב"ח שפסק כר' ירוחם, **ודעת** הט"ו נראה דאין חילוק בין חשב לזרק, דאפילו בחשב אח"כ ולא זרק ה"ז ספק זבחי מתים, וכמ"ש בב"י, וכן משמע דעת הרמב"ם והכל בו והרשב"א וכן פסק מהרש"ל.

ומשמע מדברי הט"ו דהיכא ששחט מתחלה בפירוש לשם מצות שחיטה, אפילו זרק או הקטיר אחר השחיטה לעבודת כוכבים, לא פסיל, וכ"פ הפוסקים.

[**וכתב** עוד רש"ל בשם הר"ן והתוס', דזריקה והקטרה דפסלי בעבודת כוכבים, דוקא שחישב עליה בשעת שחיטה לזרוק דמה לעבודת כוכבים, **אבל** נשחטה כראוי, שוב אין הבהמה נפסלת, אע"פ שזרק דמה או הקטיר חלבה לעבודת כוכבים, אע"ג דבקדשים בהמה נפסלת בד' עבודות, התם שאני שכולן מכשירי קרבן נינהו, אבל חולין שכל התירן אינו תלוי אלא בשחיטה, מכיון שנשחטה כראוי א"א שיפסלו, וזה שלא כדעת רש"י, עכ"ל, **ופי'** דבר זה, שאם שחט אחר ובא הבעל אח"כ וזרק דם לעבודת כוכבים, דשרי, וכ"פ רש"ל, **אבל** בדידיה גופיה ודאי בכל ענין יש לחוש סופו על תחילתו, אפי' אם אמר בפירוש תחילה ששוחט כאשר צוה השם, מ"מ בדעתו הוא שכך הוא המצוה לפי טעות שלו, וא"כ בודאי אסור גם בזה, כנ"ל, **ומו"ח** ז"ל כתב בזה דלא אמרינן הוכיח סופו על תחילתו ‹כהש"ך›, והנלע"ד כתבתי].

סימן ד ס"ב • חישב לע"ז אחר שכבר שחטה

שחט סתם, ואח"כ חישב לזרוק דמה או להקטיר חלבה לע"ז, **הרי** זה ספק זבחי מתים, **דספק** אי אמרינם הוכיח סופו על תחילתו, דמתחילה ג"כ שחט לשם ע"ז, כשיטת רשב"ג, **וע"כ** אמרו בגמ', דהיה מעשה בקיסרי ולא אמרו בה לא איסור ולא היתר משום כבודו דרשב"ג.
וכיון דרבנן פליגי עליה דרשב"ג, וס"ל דלא אמרינן הוכיח סופו על תחילתו, והרבה פוסקים פסקו כרבנן, **ע"כ** סגי בזה משום כבודו דרשב"ג שאין להתירו באכילה, אבל בהנאה שרי.
ודלא כב"י דס"ל דאפי' בהנאה אסור, וכשיטת הרמב"ם, דס"ל דיש ספק אי הלכה כרבנן או כרשב"ג.

רבינו ירוחם ס"ל, דדוקא ששחטה ואח"כ זרק דמה לע"ז, **אבל** בחישב ולא זרק לא אסרינן, **ודעת** השו"ע דאין חילוק בין חשב לזרק, דאפי' בחשב אח"כ ולא זרק, ה"ז ספק זבחי מתים.

שיטת הש"ך, דהיכא ששחט מתחלה בפירוש לשם מצות שחיטה, אפי' זרק או הקטיר אחר השחיטה לע"ז, לא פסיל.
ושיטת הט"ז, דדוקא אם שחט אחר, שחיטה כראוי, (אפי'

לא היה בפירוש לשם מצות שחיטה), ובא הבעל אח"כ וזרק דם לע"ז, הוא דשרי, **דאע"ג** דבקדשים בהמה נפסלת בד' עבודות, **התם** שאני שכולן מכשירי קרבן נינהו, **אבל** חולין כל התירן אינו תלוי אלא בשחיטה, וכיון שנשחטה כראוי, אע"פ שזרק דמה או הקטיר חלבה לע"ז, שוב אין הבהמה נפסלת, (**וזה** שלא כדעת רש"י), **אבל** בדידיה גופיה, אפי' אם אמר בפירוש תחילה ששוחט כאשר צוה השם, מ"מ בדעתו הוא שכך הוא המצוה לפי טעות שלו, וא"כ בודאי אסור גם בזה.

שחט ישראל וחישב עכו"ם

סעיף ג - ישראל ששחט בהמתו של עובד כוכבים, אפילו חישב העובד כוכבים לעבודת כוכבים, כשרה - אפילו לאכילה, ומשמע אפילו שמע השוחט שהעובד כוכבים חשב, דזה מחשב וזה עובד לא אמרינן, [דהכל הולך אחר השוחט], וכן נ"ל מן הש"ס דפרק השוחט גבי עובדא דהני טייעי ע"ש, **והב"ח** אוסר בזה באכילה, ולפעד"נ כמו שכתבתי.

סימן ד ס"ג(1) • שחט ישראל וחישב עכו"ם

ישראל ששחט בהמתו של עכו"ם, אפילו חישב העכו"ם לע"ז, כשרה אפילו לאכילה, **ואפי'** שמע השוחט שהעכו"ם חישב, **דזה** מחשב וזה עובד לא אמרינן, דהכל הולך אחר השוחט, **וי"א** שזה אסור באכילה.

חישב ישראל שיזרוק עכו"ם לע"ז

ואם ישראל חשב שיזרוק העובד כוכבים לעבודת כוכבים, פסולה. (ואסורה בהנאה)

- דין זה למד הרשב"א בתה"א ממאי דקשיא ליה ‹בפלוגתא דרבי יוחנן וריש לקיש, בשוחט בהמה לזרוק דמה לעבודה זרה›, תיפוק ליה דשחיטות מומר הוא כו', ‹ותירץ דלא לזרוק דמה הוא קאמר, אלא ששחט על דעת שיזרוק גוי דמה ויקטיר גוי חלבה לעבודה זרה, ואעפ"כ אסר ר' יוחנן כדין זבחי מתים›, **ולהפוסקים** דלא נעשה מומר בפעם אחת, לק"מ, **וצ"ע** דלקמן סימן קי"ט מביא ב"י תשובת הרשב"א גופיה וז"ל, ועניין חילול שבת ועבודת כוכבים דוקא שהיה מוחזק ג"פ כו', **וגם** להפוסקים דבאותה שחיטה לא נעשה מומר, נמי לק"מ, **וגם** הרשב"א גופיה מסיק שם דלא מוכח מהכא מידי, דמיירי באומר בגמר זביחה הוא עובדה, **וכן** דעת הרא"ה בב"ה דמותר אף באכילה, וכן נראה דעת התורת חיים והכי מסתבר, **הלכך** יש להתיר עכ"פ בהנאה, **ועוד** שמהרשב"א גופיה שם ובקצר משמע לכאורה דלא אסר הכא אלא באכילה, ע"ש.

(**ועיין** בספר באר יעקב שהאריך בזה, וסיים מ"מ לדינא נראה לי עיקר, דאינה אסורה אלא באכילה).

סימן ד ס"ג(2) • חישב ישראל שיזרוק עכו"ם לע"ז

אם ישראל חשב שיזרוק העכו"ם לע"ז, פסולה ואסורה בהנאה. **וי"א** דמותר אף באכילה, **הלכך** פסק הש"ך, דיש להתיר עכ"פ בהנאה.

שחט עכו"ם מין או ישראל מין

כששוחט עובד כוכבים מין או ישראל מין האדוקים בעבודת כוכבים, אז אסור בהנאה, דסתם מחשבתן לעבודת כוכבים, **אבל** עכו"ם או ישראל מומר שאינם אדוקים בעבודת כוכבים, אי שמעינן דחשבי, אסור בהנאה, ואי לא, מותר בהנאה, דבהנך לא אמרינן סתם מחשבתן לעבודת כוכבים, כן הוא בש"ס ופוסקים.

‹**ואם** שחט לפני עבודת כוכבים, אמרינן דסתמא מחשבתו לעבודת כוכבים, תוס' חולין מ' ע"א – רעק"א›.

(**ועיין** בס' נחלת עזריאל שכתב, דיש חידוש דין בתוס' דף מ', דבהיתה רבוצה לפני עבודת כוכבים, ושחטה מומר, ‹כצ"ל עיין במקור›, אמרינן סתם מחשבתו לעבודת כוכבים ואסור בהנאה. **וע"ש** עוד לענין מחשבה הפוסלת, אי מחשבה ממש או דבור דוקא, מ"ש בזה).

סימן ד ס"ג(3) • שחט עכו"ם מין או ישראל מין

אם שחט עכו"ם מין או ישראל מין האדוקים בע"ז, אסור בהנאה, דסתם מחשבתן לע"ז, **אבל** עכו"ם או ישראל מומר שאינם אדוקים בע"ז, אי שמעינן דחשבי, אסור בהנאה, ואי לא, מותר בהנאה, **דבהנך** לא אמרינן סתם מחשבתן לע"ז. **ואם** שחטו לפני ע"ז, י"א דאמרינן דסתמא מחשבתו לע"ז.

ישראל ששחט בהמת חבירו לע"ז

סעיף ד - ישראל ששחט בהמת חבירו לעבודת כוכבים, לא אסרה, שודאי לא כוון אלא לצערו – [כתב הר"ן, איכא למ"ד דבאכילה אסורה, ואפי' השוחט בהמת חבירו לשם הרים כו', דליכא למימר לענין איסור אכילה אין אדם אוסר דבר שאינו שלו, דהכא לאו איהו אסר לה, אלא דלא שרי לה, והוה כלא נשחטה ומתה מאליה, עכ"ל, ותימה על ב"י ורמ"א דלא הביאו לזה, ורש"ל הביאו].

‹**לכאורה** תמיה על תמיהתו, דהר"ן לא כתב כן אלא לענין אף אם אין אוסר דבר שאינו שלו, מ"מ אוסר באכילה, דלאו איהו אסיר אלא דלא שרי, **אבל** לפסק

סימן ד – השוחט לשם עבודת כוכבים או לשם דבר אחר מה דינו
סעיף ד – ישראל ששחט בהמת חבירו לע"ז

השו"ע דאדם אוסר דבר שאינו שלו, אלא דאמרינן לצעוריה מכוין, בזה לא שייך סברת הר"ן, דהא אמרינן דלא שחט כלל לעבודת כוכבים, וממילא גם באכילה שרי, ועיין בסמוך בש"ך – רעק"א›.

‹הט"ז› אישתמיטתיה דהב"י מביאו לקמן ס"ס קמ"ה, וגם רמ"א מביאו בד"מ, והשיג עליו מהשוחט בשבת, וכמ"ש בש"ך - נקה"כ.

[ומו"ח ז"ל הקשה על הר"ן בזה, דא"כ מה פריך תלמודא על מאן דס"ל אין אדם אוסר, מההיא דשנים אוחזין בסכין אחד, ושחט אחד לשם הרים כו', דשחיטתו פסולה, דאלמא דאוסר שאינו שלו, מאי קושיא, הא פסולה תנן, אבל לא אוסר בהנאה כו', ותירץ בדוחק, **ואגב** חורפיה לא עיין בזה, דהא עיקר טעם איסור אכילה להר"ן, משום דנסתלקה מעשה שחיטתו, והוה כאלו לא עשה בה מידי, וזה לא שייך אלא ביחיד השוחט, **משא"כ** בשנים אוחזים בסכין כו', אע"פ שתאמר שאותו ששחט לשם פסול נסתלק מעשה שלו, וכאלו לא היה כאן, מ"מ אין כאן נבילה, שהרי יש כאן השני ששחט לשם דבר כשר, אלא ודאי שזה השוחט לשם הרים אוסר השחיטה, וא"כ אדם אוסר דבר שאינו שלו, וזה פשוט].

גם מ"ש על הב"ח שלא עיין בזה, נהפוך הוא, שהוא לא עיין במ"ש הב"ח קודם לכן על דברי הר"ן, וז"ל, ר"ל דהוי כסתם שחיטת עכו"ם לעבודת כוכבים, אע"ג דלא היה כוונתם לעבודת כוכבים, אלא הו"ל כמתה מאליה, עכ"ל, **ר"ל** דודאי ליכא למימר דהוי כמתה מאליה כדעת המחבר הזה, שהרי שחוטה לפניך, אלא הוי כשחטה עכו"ם דהוי נבילה, משום דאין שחיטתו שחיטה, והוי כמתה מאליה, **וא"כ** קשה מאי פריך משנים אוחזין, הא עכ"פ הוי כעכו"ם וישראל שאוחזין בסכין, דפסולה, וכ"ז ברור - נקה"כ.

ואם יש לו שותפות בה, יש אומרים שאוסר גם חלק חבירו - שהרי בחלקו ודאי לא כוון לצער, הלכך אמרינן מסתמא גם בחלק חברו לא כוון לצער, **ויש אומרים דגם בזה אינו מכוין אלא לצער שותפו ולא לאסור.**

וא"ת דהכא כתבו הט"ו ב' דעות בזה, ובחו"מ סי' שפ"ה כתבו בסתם, המנסך יין חבירו כו', אם היה לו בו שותפות חייב לשלם, והסמ"ע שם חילק בין יי"נ לבהמה, ותימה שהוא נגד הש"ס דחולין, ע"ש, **גם** מה שתירץ הב"ח שם דס"ל להט"ו כהר"ן, דלענין אכילה אמרינן אדם אוסר דבר שאינו שלו, תמיה לי, דהא לא כתב הר"ן אלא דבשוחט לעבודת כוכבים אסור באכילה, דליכא למימר לענין איסור אכילה אין אדם אוסר דבר שאינו שלו, דהא לאו איהו אסר לה, אלא דלא שרי לה, והו"ל כאלו לא נשחטה אלא שמתה מאליה, עכ"ל, וזה לא שייך במנסך יינו, **ועוד** דפשט דבריהם הכא משמע דלגמרי שרי, וכ"פ בד"מ דלא כהר"ן, ושכן מוכח בש"ס דלא כהר"ן, דא"כ לא הוי פריך מידי מהך ברייתא דהשוחט בשבת ארב עמרם ורב יצחק, ע"ש, **וגם** דעת הרא"ה בס' ב"ה כהר"ן, וכבר השיב עליו הרשב"א במ"ה שם באורך מסוגיא זו, וכן משמע מדברי כל הפוסקים דלגמרי שרי, **אלא** נ"ל דאע"ג דלענין איסורא איכא פלוגתא דרבוותא, מצי הניזק לומר דלמא קי"ל כמאן דאוסר בהנאה, מה תאמר דקי"ל כהמכשיר, א"כ קח לך היין שאיני רוצה להכניס עצמי בספק, ותמכרנו אתה כיון שגרמת לי היזק וקח לי אחר במקומו, ודו"ק.

הג"ה, ולא יכול המזיק לומר קים לי כמ"ד שאינו חייב לשלם, כיון שאין לו בו היזק, והוא מחויב למכור היין כולו אף חלק שותפו, **ולא** יכול למימר אני אמכור חצי שלי, וחציו של חבירו ימכור חבירו בעצמו, כיון שלפי דברי חבירו הוא יין נסך ואסור למכור, **ונראה** דאם יש לו היזק במה שלוקח חלק חבירו, יכול לומר קים לי, **וטעם** ב' י"ל משום זה נהנה וכו', וכופין על מדת סדום - נקה"כ.

הגה: ואם התרו בו ועבר התראה, הרי זה אוסר כשאר מומרים (וע"ל סימן קמ"ה) - פי' כי היכי דקי"ל דמומר אוסר אפי' דבר שאינו שלו כלל בהנאה, כששחט לעבודת כוכבים, שודאי כוון לאסור ולא לצערו, כדאיתא בש"ס ופוסקים, ה"נ כיון שהתרו בו שלא ישחוט לעבודת כוכבים, ואפ"ה שחט, ודאי לא כוון אלא לאסור, ואסור אף בהנאה, **ודע** דבכל הסימן דאמרינן שחט לעבודת כוכבים, מיירי אפילו במעשה כל דהו, וכדלקמן סימן קמ"ה סעיף ח' ע"ש.

[בטור כתב בודאי כוון לאסור כו', וקשה א"כ אף בלא כוון לאסור אסור ככל שחיטת מומר, י"ל דכאן בא לאסור בהנאה, וזה אינו בשחיטת מומר סתם]. **אין** כאן קושיא ותירוץ, אלא הפשוטו כך הוא כמ"ש בש"ך - נקה"כ.

סימן ד ס"ד • ישראל ששחט בהמת חבירו לע"ז

ישראל ששחט בהמת חבירו לע"ז, לא אסרה, (אע"פ שבעצם אדם אוסר דבר שאינו שלו), שודאי לא כוון אלא לצערו.

שיטת הר"ן, דלענין איסור אכילה, ליכא למימר אין אדם אוסר דבר שאינו שלו, דלאו איהו אסר לה, אלא דלא שרי לה, והוה כלא נשחטה ומתה מאליה, וממילא אסור באכילה. **והט"ז** מתמיה על ב"י ורמ"א דלא הביאו לזה.

וי"א דהוי תמיה על תמיהתו, דהר"ן לא כתב כן אלא לצד שאין אוסר דבר שאינו שלו, **אבל** לפסק השו"ע דאדם אוסר דבר שאינו שלו, אלא דאמרינן לצעוריה מכוין, בזה לא שייך סברת הר"ן, דהא אמרינן דלא שחט כלל לע"ז, וממילא גם באכילה שרי. **ופסק** בד"מ דלא כהר"ן.

והב"ח הקשה על הר"ן, דא"כ שנים אוחזין בסכין אחד, ושחט אחד לשם הרים, דשחיטתו פסולה, אינו ראיה דאדם אוסר שאינו שלו, (וכמו שהביא בגמ'), **דהא** פסולה תנן, ודלמא היינו איסור אכילה.

והט"ז כתב, דאגב חורפיה לא עיין בזה, דהא עיקר טעם איסור אכילה להר"ן, משום דנסתלקה מעשה שחיטתו, והוה כאלו לא עשה בה מידי, **וזה** לא שייך אלא ביחיד השוחט, **משא"כ** בשנים אוחזים בסכין, אע"פ שתאמר שאותו ששחט לשם פסול נסתלק מעשה שלו, וכאלו לא היה כאן, **מ"מ** אין כאן נבילה, שהרי יש כאן השני ששחט לשם דבר כשר, **אלא** ודאי שזה השוחט לשם הרים אוסר השחיטה, וא"כ מוכח דאדם אוסר דבר שאינו שלו.

וכתב הנקה"כ, ונהפוך הוא, שהוא לא עיין, דודאי ליכא למימר דהוי כמתה מאליה כדעת הט"ז, שהרי שחוטה לפניך, **אלא** הוי כשחטה עכו"ם דהוי נבילה, משום דאין שחיטתו שחיטה, והוי כמתה מאליה, **וא"כ** בשנים אוחזין, הא עכ"פ הוי כעכו"ם וישראל שאוחזין בסכין, דפסולה.

ואם יש לו שותפות בה, י"א שאוסר גם חלק חבירו, שהרי בחלקו ודאי לא כוון לצער, הלכך אמרינן מסתמא גם בחלק חברו לא כוון לצער – רמב"ם, **וי"א** דגם בזה אינו מכוין אלא לצער שותפו ולא לאסור – רא"ש.

וא"ת דהכא כתבו השו"ע ב' דעות בזה, **ובחו"מ** סי' שפ"ה כתבו בסתם, המנסך יין חבירו כו', אם היה לו בו שותפות חייב לשלם, **ואין** חילוק בין יי"נ לבהמה, כמבואר בש"ס דחולין, **וי"ל** דאע"ג דלענין איסורא איכא פלוגתא דרבוותא, מצי הניזק לומר דלמא קי"ל כמאן דאוסר בהנאה, **מה** תאמר דקי"ל כהמכשיר, א"כ קח לך היין שאיני רוצה להכניס עצמי בספק, ותמכרנו אתה כיון שגרמת לי היזק וקח לי אחר במקומו, **ולא** יכול המזיק לומר קים לי כמ"ד שאינו חייב לשלם, כיון שאין לו בו היזק, **ולא** יכול למימר אני אמכור חצי שלי, וחציו של חבירו ימכור חבירו בעצמו, כיון שלפי דברי חבירו הוא יין נסך ואסור למכור, **ועוד** י"ל משום זה נהנה וכו', וכופין על מדת סדום, **ונראה** דאם יש לו היזק במה שלוקח חלק חבירו, יכול לומר קים לי.

כתב הרמ"א, ואם התרו בו ועבר התראה, הרי זה אוסר כשאר מומרים, (אפי' במעשה כל דהו), **וכי** היכי דקי"ל דמומר אוסר אפי' דבר שאינו שלו כלל בהנאה, כששחט לע"ז, שודאי כוון לאסור ולא לצערו, **ה"נ** כיון שהתרו בו שלא ישחוט לע"ז, ואפ"ה שחט, ודאי לא כוון אלא לאסור, ואסור אף בהנאה.

ובלא סברא שבודאי כוון לאסור, אף דעבר ההתראה, ועי"ז הוי מומר, **שחיטת** מומר סתם אינו אסור בהנאה, ובזה הסברא אסור גם בהנאה.

שחט לשם הרים וגבעות

סעיף ה - השוחט לשם הרים וגבעות; לשם חמה ולבנה - עצמן, ע"ל ס"ו, **כוכבים ומזלות, ימים ונהרות, אין לו דין תקרובת עבודת כוכבים לאוסרה בהנאה** – [הטעם, דכל אלו הם מחוברים, ודרשינן אלהיהם על ההרים ולא ההרים אלהיהם], ‹ומזלות הם מחוברים לגלגל הרקיע – לבוש›, **אבל שחיטתו פסולה, אע"פ שלא נתכוין לעבדם אלא לרפואה וכיוצא בה מדברי הבאי שאומרים העובדי כוכבים.**

מלשון המחבר משמע, דאעפ"י שנתכוין לעבדם לא הוי אלא פסולה ולא זבחי מתים, והיינו דאזיל לטעמיה שפי' כן בב"י דברי הרמב"ם, **אבל** הרשב"א והטור פירשו דברי הרמב"ם, דבמתכוין לעבדם הוי זבחי מתים, וכן פסקו מהרש"ל והב"ח, **ואפשר** לכוין גם דברי המחבר לזה, וע"ל סי' קמ"ה ס"א.

[זו דעת הרמב"ם, וס"ל במכוין לעובדו אסור, ‹בהנאה – פמ"ג›, אפי' בשוחט לשם הר, **אבל** במכוין לרפואה או לשאר דברי הבאי, יש חילוק, בעושה כן לשם הר, אינו נאסר בהנאה, כיון דאפי' בשוחט לשם הר אין ההר עצמו נאסר משום עבודת כוכבים, דכתיב אלהיהם על ההרים ולא ההרים אלהיהם, ‹משו"ה כששחט לרפואה וכיוצא, לא גזרו כ"כ דלהוי אסור בהנאה מדרבנן – פמ"ג›, **אבל** בשוחט לשם רפואה לשר של הר, אסור בהנאה, כיון דבשוחט ממש לשם שר נעשה עבודת כוכבים. **ודבר** פשוט שאין איסור אלא בשוחט לשם הר, אבל בשוחט בהר מותר]. ‹ולא דמי לשוחט תוך ימים כו' [סימן י"א ס"ג], **כתב** התבואות שור, דהתם משום ביעתותא דמיא לא ניחא תשמישיה, הלכך איכא חשש רואים, ועוד דאי לעובדה [להר], סגי ליה דליקום בדוכתיה ולשחט, יע"ש – פמ"ג›.

סימן ד ס"ה • שחט לשם הרים וגבעות

השוחט לשם הרים וגבעות; לשם חמה ולבנה, כוכבים ומזלות, ימים ונהרות, (עצמן, ולא לשר שלהם), **אין** לו דין תקרובת ע"ז לאוסרה בהנאה. **דכל** אלו הם מחוברים, (דמזלות נמי הם

מחוברים לגלגל הרקיע), ודרשינן אלהיהם על ההרים ולא ההרים אלהיהם, **אבל** שחיטתו פסולה ואסור באכילה, **אע"פ** שלא נתכוין לעבדם אלא לרפואה וכיוצא בה מדברי הבאי שאומרים העובדי כוכבים.

י"א דלשון המחבר משמע, דאע"פ שנתכוין לעבדם, לא הוי אלא פסולה, ולא זבחי מתים, **אבל י"א** בשיטת הרמב"ם, דבמתכוין לעבדם, הוי זבחי מתים ואסור בהנאה, **ואפשר** לכוין גם דברי המחבר לזה.

אבל במכוין לרפואה או לשאר דברי הבאי, י"א דיש חילוק, בעושה כן לשם הר, אינו נאסר בהנאה, כיון דאפי' בשוחט לשם הר אין ההר עצמו נאסר משום ע"ז דכתיב אלהיהם על ההרים ולא ההרים אלהיהם, **משו"ה** כששחט לרפואה וכיוצא, לא גזרו כ"כ דלהוי אסור בהנאה מדרבנן, **אבל** בשוחט לשם רפואה לשר של הר, אסור בהנאה, וכמ"ש בס"ו, כיון דבשוחט ממש לשם שר נעשה ע"ז.

ואין איסור אלא בשוחט לשם הר, **אבל** בשוחט על ההר מותר, **ולא** דמי לשוחט תוך ימים (סי' יא ס"ג), דהתם משום ביעתותא דמיא לא ניחא תשמישיה, הלכך איכא חשש רואים, **ועוד** דאי לעובדה להר, סגי ליה דליקום בדוכתיה ולשחוט.

שחט לשם שר של הר

סעיף ו - שחט לשם שר של הר, או לשם שר אחד משאר הדברים - וחמה ולבנה יש להן ג"כ שרים, כדאמרינן במדרש, י"ב מלאכים מנהיגים את החמה, תוספות, **בין ששחט לשם מיכאל השר הגדול, בין ששחט לשם שר של שלשול קטן שבים (פי' מין תולעת), הרי זה זבחי מתים, ואסור בהנאה** - משמע דקאי אאפי' לא נתכוין לעבדם דסליק מיניה, דאפ"ה הוי זבחי מתים, כהרמב"ם ולא כר"י, וכן פסק מהרש"ל.

סימן ד ס"ו • שחט לשם שר של הר

שחט לשם שר של הר, או לשם שר אחד משאר הדברים, בין ששחט לשם מיכאל השר הגדול, **בין** ששחט לשם שר של שלשול קטן שבים, **הרי** זה זבחי מתים, ואסור בהנאה. **ואפי'** לא נתכוין לעבדם, אלא לרפואה או לשאר דברי הבאי, אפ"ה הוי זבחי מתים, **כהרמב"ם** ולא כר"י.

להפוך פניו לא"ל קיבל"א

סעיף ז - ישמעאלים שאינם מניחים ישראל לשחוט, אלא אם כן יהפוך פניו לא"ל קיבל"א, (דהיינו שיהפוך פניו נגד מזרח), כמנהג חקותיהם, אינו דומה לשוחט לשם הרים - דהתם השוחט עצמו מתכוין לכך, אבל הכא זה מחשב וזה עובד לא אמרינן, רשב"א.

[וג"כ אין כאן איסור מצד הרואה, דהרואה סבור דאתרמי ליה אותו צד, ואינו עושה כן בכוונה].

ומכל מקום ראוי לבטל המנהג ההוא ולגעור במי שעושה כן, (הואיל ומקפידים על כך) - (עיין בתשובות רדב"ז שכתב, דבזמנינו אין לחוש כלל לזה, שאינם מקפידים בזה, ע"ש).

סימן ד ס"ז • להפוך פניו לא"ל קיבל"א

ישמעאלים שאינם מניחים ישראל לשחוט, אא"כ יהפוך פניו לא"ל קיבל"א, דהיינו שיהפוך פניו נגד מזרח, כמנהג חקותיהם, **אינו** דומה לשוחט לשם הרים, **דהתם** השוחט עצמו מתכוין לכך, **אבל** הכא זה מחשב וזה עובד לא אמרינן.

ואין כאן איסור מצד הרואה, דהרואה סבור דאתרמי ליה אותו צד, ואינו עושה כן בכוונה.

ומ"מ ראוי לבטל המנהג ההוא ולגעור במי שעושה כן, הואיל ומקפידים על כך. **ובזמנינו** י"א דאין לחוש כלל לזה, שאינם מקפידים בזה.

§ סימן ה – השוחט לשם קדשים מה דינו §

שחט בהמה לשם קדשים

סעיף א - השוחט לשם קדשים שמתנדבים ונודרים כמותם, אפילו היא בעלת מום, שחיטתו פסולה - שפעמים שהאדם מכסה מומה ואינו ניכר, ש"ס וטור, ומשמע דלהכי אפילו אינה מכוסה אסור משום לא פלוג, **שזה כשוחט קדשים בחוץ** – [פירוש מפני מראית עין, שיסברו שזה שוחט לשם קדשים, כ"כ רשב"א ורש"י ור"ן, והטור כתב דאיכא למיחש שמא עתה הקדישה כו', משמע דחיישינן שמא האמת כן הוא].

שחט לשם קדשים שאינם באים בנדר ונדבה, שחיטתו כשרה.

כיצד, השוחט לשם עולה – [ואע"ג דלא אמר לעולתי, כמו דבעינן בחטאת בסוף סעיף זה, דהתם החטאת שייך דווקא לו על עבירה שעשה, משא"כ

כאן בעולה שהוא דבר הנידר ונידב], **לשם תודה, לשם פסח, שחיטתו פסולה; הואיל והפסח יכול להפרישו בכל שעה שירצה, דומה לנידר ונידב** - וה"ה לקרבן נזיר, אע"פ שלא נדר להיות נזיר, איכא למיחש הרואה יאמר נדר בצינעא.

(**עיין** פמ"ג שכתב ה"ה שלמים, והמחבר השמיטו, דבכלל תודה הוי נמי שלמים, עכ"ד, **ולענ"ד** נראה דכיון דכתב המחבר לשם פסח, לא הוצרך להזכיר שלמים, דהא טעמא דפסח הוא הואיל שיכול להפרישו בכל שעה, והמפריש פסח בשאר ימות השנה שלמים הוי, ממילא מוכח דשלמים הוי נידר ונידב, וק"ל, **ובקצת** ספרי השו"ע ראיתי כתוב להדיא, לשם שלמים לשם תודה).

שחט לשם חטאת, לשם אשם ודאי, לשם אשם תלוי, לשם בכור, לשם מעשר, לשם תמורה, שחיטתו כשרה - דכיון שאינו נידר ונידב מידע ידיע שדרך שחוק והיתול אומר כן. [**ואין** לומר שמא יסברו שחייב חטאת הוא, דההוא קלא אית ליה, דכל העובר בשוגג בסתר, מודה ברבים כדי שיתבייש ויהיה לו כפרה, כן פי' רש"י]. (**ודקדק** לומר בשוגג, דלא תקשה הא חציף מאן דמפרש חטאיה, דדוקא במזיד אסור – פמ"ג).

לשם תמורה - דוקא כשאין לו זבח בתוך ביתו, אבל יש לו זבח בתוך ביתו, ואמר לשם תמורת זבחי, אימור שהמיר ופסול, ש"ס וכ"כ הרמב"ם, **וכתבו** התוס' הא דלא חיישינן הכא שמא יש לו זבח בתוך ביתו בצנעא, משום דאית ליה קלא, שרגיל להודיע שלא יבואו לידי מעילה.

ואם נודע שעבר עבירה שחייב עליה חטאת או אשם, ואומר זו לחטאתי או לאשמי, פסולה - אבל אם אמר זו לחטאת בלא יו"ד, כשר, כמ"ש רש"י והרשב"א בת"ה, משום דמשמע שמתנדב חטאת עתה, ואין חטאת באה נדבה, אבל חטאתי משמע חטאת שאני מחויב כבר, **וכן** אם לא אמר אלא זו חטאתי בלא למ"ד, כשר, כמ"ש הב"ח ומהרש"ל, דבעינן דוקא למיתפסיה לשם חטאת, וזה נראה דעת הט"ז.

[**והתוס'** כתבו בסוף השוחט וז"ל, אם לא אמר לשם חטאתי, אפי' אמר ה"ז חטאתי, לא אמר כלום, כדאמרינן פ"ק דנדרים, עכ"ל, **ופי'** רש"ל וז"ל, שצריך שיאמר לשם חטאת, לפי שצריך שיתפוס בנדר, אבל אם לא אמר לשם חטאת, אפי' אמר ה"ז לחטאתי, לא אמר כלום, עכ"ל, **וכוונתו** נסתרה בזה במה שהקפיד תחלה שיאמר לשם חטאת, והוא לא מהני, ועכ"פ נראה דעתו דאומר ה"ז לחטאתי לא מהני, **ומו"ח** ז"ל חלק עליו, ואמר דבלמ"ד תליא מילתא, דכל שאומר לחטאתי, הוה כאומר לשם חטאתי, ולא מיעטו התוס' אלא באומר ה"ז חטאתי בלא למ"ד, דדוקא כשאומר בלמ"ד משמעותו דמתפיסו בנדר, משא"כ בלא למ"ד, **ואני** בער ולא אדע, הא איתא בפ"ק דנדרים בלשון ה"ז חטאת ה"ז אשם, אע"פ שחייב חטאת לא אמר כלום, הרי זה חטאתי ה"ז אשמי, אם היה מחויב דבריו קיימין, **הרי** לפניך דאמירת ה"ז חטאתי מהני שפיר, וכן העתיקו שם התוס', ולפי הדרך שנאמר בזה, דלדעת התוס' לא מהני לשון חטאתי, יהיה תלמוד ערוך נגדם, וע"כ צריך אתה לומר שיש טעות בגמ' ובתוס' דנדרים, וצריך להיות לשם חטאתי או לחטאתי, וזה ודאי אינו נכון לומר כן... ע"כ נלענ"ד פשוט דיש בדברי התוס' שזכרנו ט"ס, וכצ"ל, אם לא אמר לשם חטאתי אפי' באומר ה"ז חטאת, לא אמר כלום כו', וכוונתם, לא מיבעיא אם אמר סתם לשם חטאת, ולא רמז על בהמה זו, אלא אפי' רמז על בהמה זו, ה"ז חטאת, אפ"ה לא מהני, אלא עד שיאמר ה"ז חטאתי, דאז מהני כתלמוד ערוך שהבאתי בזה, ואין חילוק בעולם להקל בזה, אלא באומר בלא יו"ד, אבל באומר ביו"ד, ל"ש אומר לחטאתי או חטאתי, ברור כשמש שיש איסור בזה, כנ"ל ברור].

האריך להשיג על מהרש"ל והב"ח שט"ס הוא בתוס' דס"פ השוחט, וכבר נשאלה שאלה זו מלפני קרוב לח' שנים מחכם אחד שבק"ק בריסק, והשבתי לו בארוכה וכמ"ש בש"ך בקצרה, ועתה אוסיף ביאור קצת... **ואע"ג** דאיתא ה"ז חטאתי ה"ז אשמי דבריו קיימין, התם לא מיירי אלא בידים מוכיחים, ולא נחית לפלוגי בין אמר לשם או לא, וודאי דבעינן לומר לשם, ודברי מהרש"ל והב"ח כנים וברורים, וא"צ לשום הג"ה - נקה"כ.

פירש"י כשלא נודע, אפילו אמר לחטאתי כשרה, **וכתב** מהרש"ל דוקא כשאינו לפנינו בעינן נודע, [אז אמרינן אוקי גברא על חזקתו], אבל אם הוא לפנינו ואומר שמחויב חטאת, הודאת בעל דין כמאה עדים דמי ופסולה, **והב"ח** חולק עליו, [ואמר דאם איתא שעבר

סימן ה – השוחט לשם קדשים מה דינו

סעיף א – שחט בהמה לשם קדשים

עבירה היה מפורסם, אלא ודאי שקורי משקר, ע"כ, ונ"ל שיש חילוק בדבר, אם הוא אומר שכבר איזה זמן עבר עבירה, ודאי משקר, דאם הוא אמת היה כבר מוציא קול כדי שיתבייש ויתכפר, **אבל** אם הוא בענין שאפשר דלא נודע לו עד האידנא, או שאפשר שעשאה האידנא, ודאי אמת אמר, והשתא קא מכוין להתבייש].

פסולה – [כתב רש"ל בהג"ה, נראה לפרש דהוה פסולה כקדשים, ואסורה בהנאה כמו שחוטי חוץ,

דבשלמא גבי נדר, אין בו איסור ודאי אלא למראית עין, הלכך אינו חמור כ"כ ואינו אסור אלא באכילה, עכ"ל, ומו"ח חולק ע"ז, דכולה גזירה דרבנן היא משום מראית עין, דנראה כשוחט קדשים בחוץ, והכי דייק לישנא דפוסקים בזה, שכתבו פסולה, משמע אין איסור הנאה, כדאיתא בגמ', ע"כ, **ואין** ראיה מההיא, דהתם בעבודת כוכבים כיון דיכול התנא לומר ה"ז זבחי מתים, כמו שדרכו בזה בשאר מקומות, ע"כ דייק שפיר פסולה אין זבחי מתים לא, **משא"כ** בזה כיון שאומר לחטאתי ונודע שעבר עבירה שחייבין עליה חטאת, אין זה מראית עין, אלא הוה ממש שוחט חטאת בחוץ, ופסול שלו הוה ממילא אסור בהנאה].

הגה: ויש פוסלין באשם תלוי בכל ענין, משום דסבירא להו דבא בנדר ונדבה (טור) – ‹דכיון דסתם לן תנא כרבי אלעזר, דאמר מתנדב אדם אשם תלוי בכל יום, הכי הלכתא, **אבל** הרמב"ם ס"ל, דכיון דבדוכתא אחריתא במסכת כריתות במחלוקת היא שנויה, נקטינן כחכמים דפליגי עליה התם, דהלכה כרבים, ולא חיישינן להאי סתמא, דדילמא סתם ואח"כ מחלוקת הוא – ב"י›.

ויש להחמיר - באו"ח סימן א' כתב המחבר, שכשיסיים פרשת עולה יאמר יר"מ כאילו הקרבתי עולה, וכן יאמר אחר פ' המנחה והשלמים, מפני שהם נדבה, **והטור** שם כתב דאומר גם אחר אשם כן, ואזדו לטעמייהו דהכא, **והרב** שלא הגיה שם שגם אחר אשם יאמר כן, היינו משום דספוקי מספקא ליה, ואזיל הכא והכא לחומרא.

(**עיין** בספר תיבת גמא להגאון בעל פמ"ג, פ' חיי שרה, שפלפל שם אם מביא אשם תלוי מי שהוא פחות מבן עשרים, מאחר דלדידיה אינו ספק כרת, ונ"מ האידנא אי אומר יהי רצון אחר אשם תלוי ‹כשחטא› ע"ש, **ותימה** שלא הזכיר דיש נ"מ יותר גדולה למ"ש כאן, **ואף** לדעת הרמ"א דיש לפסול באשם תלוי בכל ענין, ‹דהא יכול לנדבו›, ג"כ יש נ"מ לפמ"ש הוא בעצמו בשפ"ד, דאם שחט בהמת חבירו לשם אשם תלוי אפשר להכשיר, ע"ש, **וצ"ל** משום שהוא דבר שאינו מצוי לא נקט ליה).

סימן ה ס"א • שחט בהמה לשם קדשים

השוחט לשם קדשים שמתנדבים ונודרים כמותם, אפי' היא בעלת מום, שחיטתו פסולה, שזה כשוחט קדשים בחוץ, שפעמים שהאדם מכסה מומה ואינו ניכר, **ואפי'** אינה מכוסה, אסור משום לא פלוג.
והטעם, מפני מראית עין, שיסברו שזה שוחט לשם קדשים, **ויש שכתב** דחיישינן שמא האמת כן הוא.

כיצד, השוחט לשם עולה, ואע"ג דלא אמר לעולתי, (כמו דבעינן בחטאת), לשם תודה, **לשם** פסח, הואיל והפסח יכול להפרישו בכל שעה שירצה, דומה לנידר ונידב, **וה"ה** לקרבן נזיר, אע"פ שלא נדר להיות נזיר, איכא למיחש הרואה יאמר נדר בצינעא, ושחיטתו פסולה.
וה"ה שלמים, י"א דהוא בכלל תודה, וי"א דהוא בכלל פסח, ובקצת ספרי השו"ע כתוב שלמים להדיא.

שחט לשם קדשים שאינם באים בנדר ונדבה, שחיטתו כשרה. **כיצד**, שחט לשם חטאת, לשם אשם ודאי, לשם אשם תלוי, שחיטתו כשרה, **דכיון** שאינו נידר ונידב, מידע ידיע שדרך שחוק והיתול אומר כן. **ואין** לומר שמא יסברו שחייב חטאת הוא, דההוא קלא אית ליה, דכל העובר בשוגג בסתר, מודה ברבים כדי שיתבייש ויהיה לו כפרה, (**דדוקא** במזיד הוי חציף מאן דמפרש חטאיה).

וכן לשם בכור, לשם מעשר, לשם תמורה, שחיטתו כשרה, **ודוקא** כשאין לו זבח בתוך ביתו, אבל יש לו זבח בתוך ביתו, ואמר לשם תמורת זבחי, אימור שהמיר ופסול, **אבל** לא חיישינן הכא שמא יש לו זבח בתוך ביתו בצנעא, משום דאית ליה קלא, שרגיל להודיע שלא יבואו לידי מעילה.

ואם נודע שעבר עבירה שחייב עליה חטאת או אשם, ואומר זו לחטאתי או לאשמי, פסולה.
אבל אם אמר זו לחטאת בלא יו"ד, כשר, משום דמשמע שמתנדב חטאת עתה, ואין חטאת באה נדבה, **אבל** לחטאתי משמע חטאת שאני מחויב כבר.
וכן אם לא אמר אלא זו חטאתי בלא למ"ד, כשר, דבעינן דוקא למיתפסיה לשם חטאת.
וי"א שצריך שיאמר לשם חטאתי, לפי שצריך שיתפוס בנדר, **אבל** אם אמר ה"ז לחטאתי, לא אמר כלום – רש"ל.
וי"א דבלמ"ד תליא מילתא, דכל שאומר לחטאתי, הוה כאומר לשם חטאתי - ב"ח וש"ך.
וי"א דאין חילוק בעולם להקל, אלא באומר בלא יו"ד, אבל באומר ביו"ד, ל"ש אומר לחטאתי או חטאתי, ברור כשמש שיש איסור בזה – ט"ז.

פירש"י דכשלא נודע שחטא, אפי' אמר לחטאתי כשרה.
וי"א דוקא כשאינו לפנינו בעינן נודע, דאז אמרינן אוקי גברא על חזקתו, **אבל** אם הוא לפנינו ואומר שמחויב חטאת, הודאת בעל דין כמאה עדים דמי ופסולה.

ויש שחולק עליו, דאם איתא שעבר עבירה היה מפורסם, אלא ודאי שקורי משקר.

וי"א שיש חילוק בדבר, אם הוא אומר שכבר איזה זמן עבר עבירה, ודאי משקר, דאם הוא אמת היה כבר מוציא קול כדי שיתבייש ויתכפר, **אבל** אם הוא בענין שאפשר דלא נודע לו עד האידנא, או שאפשר שעשאה האידנא, ודאי אמת אמר, והשתא קא מכוין להתבייש.

והיכא דנודע שחטא ואמר לחטאתי, **י"א** דהוה פסולה כקדשים, ואסורה בהנאה כמו שחוטי חוץ, **דבשלמא** גבי דבר הנידב, אין בו איסור ודאי אלא למראית עין, הלכך אינו חמור כ"כ ואינו אסור אלא באכילה, **ויש** שחולק ע"ז, דכולה גזירה דרבנן היא משום מראית עין, דנראה כשוחט קדשים בחוץ.

כתב הרמ"א, ויש פוסלין באשם תלוי בכל ענין (הטור), **ויש** להחמיר, **משום** דס"ל דבא בנדר ונדבה, כסתם תנא דאמר מתנדב אדם אשם תלוי בכל יום, **אבל הרמב"ם** ס"ל, דנקטינן כחכמים במסכת כריתות דפליגי עליה, דהלכה כרבים, ולא חיישינן להאי סתמא, דדילמא סתם ואח"כ מחלוקת הוא.

ובאו"ח סימן א' כתב המחבר, שכשיסיים פרשת עולה יאמר יר"מ כאילו הקרבתי עולה, וכן יאמר אחר פ' המנחה והשלמים, מפני שהם נדבה, **והטור** שם כתב דאומר גם אחר אשם כן, (אפ' כשלא חטא), ואזדו לטעמייהו דהכא, **והרמ"א** שלא הגיה שם שגם אחר אשם יאמר כן, היינו משום דספוקי מספקא ליה, ואזיל הכא והכא לחומרא.

ויש שפלפל אם מביא אשם תלוי מי שהוא פחות מבן עשרים, מאחר דלדידיה אינו ספק כרת, **וכ"מ** האידנא אי אומר יהי רצון אחר אשם תלוי כשחטא, **ותימה** שלא הזכיר דיש נ"מ יותר גדולה למ"ש כאן, אם נודע שחטא, **ואף** לדעת הרמ"א דיש לפסול באשם תלוי בכל ענין, דבא בנדבה, **ג"כ** יש נ"מ אם שחט בהמת חבירו לשם אשם תלוי אפשר להכשיר, **וצ"ל** משום שהוא דבר שאינו מצוי לא נקט ליה.

שחט עוף לשם קדשים

סעיף ב- שחט תרנגולים ואווזים וכיוצא בהם, מינים שאינם ראויים להקרבה, כשרים; וה"ה לתורים קטנים ובני יונים גדולים - אבל תורים גדולים ובני יונה קטנים פסול, ועיין פ"ק דחולין מדין תורים ובני יונה איזו כשרים להקרבה, ותלמוד ממנו לכאן שפסול.

סימן ה ס"ב • שחט עוף לשם קדשים

שחט תרנגולים ואווזים וכיוצא בהם, מינים שאינם ראויים להקרבה, לשם קדשים, כשרים. **וה"ה** לתורים קטנים ובני יונים גדולים, **אבל** תורים גדולים ובני יונה קטנים, פסול.

שנים ששחט א' מהם לשם קדשים

סעיף ג- שנים ששוחטין, בין שאוחזין בסכין אחד, בין שכל אחד סכינו בידו, ונתכוין א' מהם לשם דבר הפוסל, הרי זה פסולה – [פירוש אע"פ שכח של הכשר לבד מספיק לשחוט, ואין הפסול מסייע לו, מכל מקום כיון שגם הוא שוחט באותו פעם, אוסר, וע"כ יפה כתבתי בסי' ד', להר"ן דס"ל דשוחט בהמת חבירו לשם עבודת כוכבים דאינו עושה לא איסור ולא היתר, היה לנו להתיר בשנים שוחטין, כיון שאין אנו צריכים להיתר של השוחט לעבודת כוכבים].

וכן אם שחטו זה אחר זה ונתכוין אחד מהם לשם דבר הפוסל, פסול - נראה דהכא בעינן שיתחיל הפסול בדבר שעושה אותה נבלה, וכדלעיל ס"ס ב', **וכ"ש** שאם כבר שחט רובו בכשרות, דאינו פוסל כששוחט אח"כ האחר לשם קדשים, וכ"כ מהרש"ל, וכן משמע להדיא בב"י, **והב"ח** כתב אפי' אם שחט אחד כבר הכשר שחיטה, ואח"כ בא אחר ושחט לשם קדשים, אסור משום מראית עין, **ולא** ידענא מאי מראית העין יש כאן, דהרי שור שחוט לפניך.

בד"א כשהיה לו בה שותפות, אבל אם אין לו בה שותפות, אינה אסורה, שאין אדם מישראל אוסר דבר שאינו שלו, שאין כוונתו אלא לצערו - זהו דעת הרמב"ם שהביא המחבר לעיל סימן ד' ס"ד, **ונראה** דעת המחבר, דאפילו לדעת הרא"ש שהביא שם, דאפילו יש לו בה שותפות אינו אסור, הכא אסור כשיש לו בה שותפות, דהכא אין לומר לצערו קמכוין, דאדרבא הרואה סבור שמכוין למצוה, **אבל** כשאין לו בה שותפות אינה אסורה, דכל ששוחט בהמה שאינה שלו לשם דבר פסול, קלא אית ליה, וכ"כ עט"ז ע"ש, **ומ"ש** בב"י דלדעת הרא"ש, אפי' אין לו בה שותפות אסור, כתב כן לדעת הטור שלא הזכיר כאן חילוק דשותפות, וליה לא ס"ל, **א"נ** ס"ל הכי, אלא דמסתבר ליה לפסוק הכא כהרמב"ם מטעם הנזכר, ודו"ק.

הגה: ויש אוסרים בכל ענין משום מראית העין, (ב"י בשם הרא"ש והטור), ויש להחמיר –

[ותמה ב"י על הטור, מאי טעמא לא זכר האי חילוק כאן בפסול קדשים, ‹בין יש לו שותפות לאין לו›, וניחא לו, שסמך על מה שכתב בפסול לשם עבודת כוכבים בתחילת סימן ד', דעת הרמב"ם ושהרא"ש חולק עליו, ואח"כ הקשה על הרא"ש דס"ל ביש שותפות נמי מותר, אם כן מתניתין דשנים אוחזין בסכין וכו' תיובתא על הרא"ש, דאפילו יש לו בה שותפות אמאי פסולה, ומש"ה פי' ב"י, דלא אמרו אין אדם אוסר דבר שאינו שלו, אלא בדבר שאיסורו מן הדין, כמו לשם עבודת כוכבים, משום דמסתמא לצעוריה קא מכוין, אבל במוקדשין שאין איסורו מן הדין אלא מפני מראית העין, כי לא הוי דידיה מאי הוי, מאן דחזי סבר דדידיה היא ואתו למישרי קדשים בחוץ, הילכך אפילו אין לו בה שותפות אסורה להרא"ש, **אבל** הרמב"ם אף על גב דמשמע דאיהו נמי לא אסר בהני אלא מפני מראית העין, שכתב שזה כשוחט קדשים בחוץ, מכל מקום סבר דאם אין לו בה שותפות אינו אוסרה, דכל ששוחט בהמה שאינה שלו לשם דבר פסול קלא אית ליה, **וע"פ** זה פסק רמ"א דיש להחמיר במקום שאסור משום מראית עין, **והנה** אף שאיני כדאי לחלוק עליהם, מ"מ אמרתי שדבריהם תמוהין, חדא דלא מצינו בשום מקום שיהא איסור משום מראית עין חמיר טפי מאיסור מצד עצמו, **ותו** דאם נולדה פלוגתא חדשה בין הרמב"ם להרא"ש והטור לפי דברי ב"י, היה לו להטור להזכיר מחלוקת זה בינו להרמב"ם, **ומה** שהקשה ב"י מהרא"ש והטור נראה דלא קשה מידי, דע"כ לא פליגי הרא"ש על הרמב"ם, וס"ל אפי' בשותף אין אוסר, אלא בעבודת כוכבים, דסברא טובה היא שאין אדם מישראל עובד עובודת כוכבים, אלא ודאי לצעוריה מכוין, אבל בשוחט לשם קדשים ודאי אוסר בשותפות, דהוא סובר מצוה קא עביד, **אבל** בבהמה שאינה שלו, ודאי אין שייך לומר מצוה קעביד, דאין אדם מקדיש דבר שאינו שלו, ולכו"ע אין איסור בשל אחרים, שהאיך תעלה על הדעת שיקדיש בהמת אחרים, דאטו אם יראה אדם בהמת חבירו בשוק ויאמר הרי היא הקדש, וכי סלקא דעתך שנאסר הבהמה משום מראית עין, זה ודאי אינו, אלא דכאן משום דסבר מצוה קעביד, והיינו עכ"פ שיש לו חלק בה, **כנ"ל** ברור ופשוט להלכה אבל לא למעשה, כיון דנפיק מפומייהו דב"י ורמ"א להחמיר, מ"מ נראה באם יש צד אחר להקל, כגון בתערובות, יש לצרף גם היתר שאמרנו, כנלענ"ד].

סימן ה ס"ג • שנים ששחט א' מהם לשם קדשים

שנים ששוחטין, בין שאוחזין בסכין אחד, בין שכל אחד סכינו בידו, ונתכוין א' מהם לשם דבר הפוסל, הרי זה פסולה. **ואע"פ** שכח של הכשר לבד מספיק לשחוט, ואין הפסול מסייע לו, **מ"מ** כיון שגם הוא שוחט באותו פעם, אוסר.

וכן אם שחטו זה אחר זה ונתכוין אחד מהם לשם דבר הפוסל, פסול.

ובעינן שיתחיל הפסול בדבר שעושה אותה נבלה, **וכ"ש** שאם כבר שחט רובו בכשרות, דאינו פוסל כששוחט אח"כ האחר לשם קדשים, **וי"א** דאפי' אם שחט כבר הכשר שחיטה, ואח"כ בא אחר ושחט לשם קדשים, אסור משום מראית עין, **וקשה**, מאי מראית העין יש כאן, דהרי שור שחוט לפניך.

כתב המחבר, בד"א כשהיה לו בה שותפות, אבל אם אין לו בה שותפות, אינה אסורה, שאין כוונתו אלא לצערו.

זהו דעת הרמב"ם שהביא המחבר לעיל סי' ד' ס"ד, דתלוי בשותפות.

וטעם דלא הביא המחבר שיטת הרא"ש כמו שהביאו התם, דאפי' יש לו בה שותפות אינו אסור:

כתב הש"ך והט"ז, דדעת המחבר, דהרא"ש שם לא כ"כ אלא בע"ז, דסברא טובה היא שאין אדם מישראל עובד ע"ז, אלא ודאי לצעוריה מכוין, **אבל** הכא אסור כשיש לו בה שותפות, דהכא אין לומר לצערו קמכוין, דאדרבא הרואה סבור שמכוין למצוה,

משא"כ כשאין לו בה שותפות אינה אסורה, דכל ששוחט בהמה שאינה שלו לשם דבר פסול, קלא אית ליה, והאיך תעלה על הדעת שיקדיש בהמת אחרים, דאטו אם יראה אדם בהמת חבירו בשוק ויאמר הרי היא הקדש, וכי ס"ד שנאסר הבהמה משום מראית עין, זה ודאי אינו.

ומ"ש הב"י בדעת הרא"ש (לקמן), כתב כן לדעת הטור, וליה לא ס"ל, **א"נ** ס"ל הכי, אלא דמסתבר ליה לפסוק הכא כהרמב"ם מטעם הנזכר.

וכתב הרמ"א, ויש אוסרים בכל ענין משום מראית העין, בין שיש לו שותפות בין שאין לו - ב"י בשם הרא"ש והטור, **ויש** להחמיר.

דהב"י כתב דסברת הרא"ש אליבא דהטור, דלא אמרו אין אדם אוסר דבר שאינו שלו, אלא בדבר שאיסורו מן הדין, כמו לשם ע"ז, משום דמסתמא לצעוריה קא מכוין, **אבל** במוקדשין שאין איסורו מן הדין אלא מפני מראית העין, כי לא הוי דידיה מאי הוי, מאן דחזי סבר דדידיה היא ואתו למישרי קדשים בחוץ, **הילכך** אפילו אין לו בה שותפות אסורה להרא"ש.

אבל הרמב"ם אע"ג דאיהו נמי אסר בהני מפני מראית העין, מ"מ סבר דאם אין לו בה שותפות אינו אוסרה, דכל ששוחט בהמה שאינה שלו לשם דבר פסול קלא אית ליה.

וע"פ זה פסק רמ"א דיש להחמיר במקום שאסור משום מראית עין.

והט"ז כתב, דאף שאיני כדאי לחלוק עליהם, מ"מ אמרתי

שדבריהם תמוהין, **חדא** דלא מצינו בשום מקום שיהא איסור משום מראית עין חמיר טפי מאיסור מצד עצמו, **ותו** דאם נולדה פלוגתא חדשה בין הרמב"ם להרא"ש והטור לפי דברי ב"י, היה לו להטור להזכיר מחלוקת זה בינו להרמב"ם.

אלא ודאי שהרא"ש הכא מודה להרמב"ם וכנ"ל, וכמו שפסק המחבר, וכן ברור ופשוט להלכה אבל לא למעשה, כיון דנפיק מפומייהו דב"י ורמ"א להחמיר, **ומ"מ** נראה באם יש צד אחר להקל, כגון בתערובות, יש לצרף גם היתר שאמרנו.

§ סימן ו – במה שוחטין §

באיזה דברים שוחטין

סעיף א - בכל דבר התלוש שוחטין, בין בסכין בין בצור בין בקרומית של קנה האגם הנקרא אישפדני"א, (וסן ולפורן יחידי) - אבל שינים שחיטתו פסולה כדבסעיף ג', **וכיוצא בהם מדברים החותכים; והוא שיהיה פיו חד ולא יהיה בו פגם.**

הגה: ואסור לשחוט בשאר קנים – [פי' בקרומיות שלהם], **או זכוכית, שקיסמים נבדלין מהם ויש לחוש לנקיבת הסימנים** - כתב ב"י וד"מ בשם בעל העיטור, דלפי"ז בדיעבד נמי פסול, **ור"ל** כשנאבד לאחר שחיטה ולא בדקו, אבל אם בדקו וברור לו שלא נתזו קסמין הימנו, כשר בדיעבד, וכמ"ש רבינו ירוחם ומהרש"ל, **והוא** דלא כהב"ח, שהבין שבעל העיטור חולק עם רבינו ירוחם.

או בזכוכית - צ"ע מנ"ל הא, דהא בש"ס וטור וכל הפוסקים איתא בהדיא דבזכוכית שוחטים לכתחלה, **וגם** מה קסמין נבדלין שייך בזכוכית, שהרי הוא חזק וקשה יותר מקנה הגדל באגם, [ותו דבסי' רס"ד פסק טור ושו"ע, דמלין בזכוכית, רק דבקרומית של קנה אסור מפני שקיסמין נבדלין מהן, ולא כתב רמ"א שם כלום], **ונראה** שט"ס הוא, והאי זכוכית צ"ל לעיל מיניה בדברי המחבר, אחר בין בצור, [וכצ"ל: בין בצור בין בזכוכית בין בקרומית של קנה כו', כמו שהוא בטור].

[**ויש** לעיין למה הוצרך לזה, הא כשקסמין נבדלין הוה ליה פגום, וכל סכין פגום אוסר משום עיקור, שעוקר הסימנים, ונראה דקמ"ל דאף אם ימצא הקרומית בלי פגימה אחר השחיטה, טריפה, דאפשר שנבדל קיסם ממנו באורך הקרומית בענין שעדיין נשאר חלק, ע"כ אוסר מטעם שנקב הסימן, וא"כ א"א לעמוד על הדבר אם היו נתזין ממנו קיסמין, **ומזה** ראיה למ"ש ב"י בשם בעל העיטור, דאפי' דיעבד אסור, ולא כדמשמע בירושלמי טעם משום רוח רעה השורה עליו, ולפי"ז דיעבד מותר, ותמהתי על רש"ל שכתב בזה בפשיטות מסברא דנפשיה, דאין איסורא אלא לכתחילה, ולא הביא שום חולק ע"ז, ולהלכה יש לחוש להחמיר]. **עיין** בש"ך דלק"מ - נקה"כ.

סכין שצדה אחד מגל וצדה השני יפה, לא ישחוט בצד היפה לכתחלה, גזירה שמא ישחוט בצד האחר; ואם שחט, הואיל ובצד היפה שחט, שחיטתו כשרה.

הגה: וה"ה בסכין ארוך שיש בו פגימה, ונשאר בו שיעור שחיטה בלא פגימה, דאסור לשחוט בו אפילו במקום היפה, אפילו אם כרך מטלית על הפגימה – [רש"ל הוסיף שאין לשחוט לכתחילה בסכין שיש לו עוקץ חד בראשו, שלא יעבור הסכין ויעשה חלדה, ובדיעבד כשר].

ואם שחט בו ואמר: ברי לי שלא נגעתי במקום הפגימה, שחיטתו כשרה, אפילו לא כרך מטלית על הפגימה – [פשוט דמיירי דוקא שידע שהיתה פגימה, אלא שנזהר ממנה, אבל אם לא ידע בה כלל, ודאי אינו נאמן].

וביו"ט שאי אפשר להשחיז הסכין, וכן בחול בשעת הדחק, מותר לשחוט לכתחלה אם כורך מטלית על הפגימה - וכ"ש סכין שיש לו עוקץ חד בראשו, שמותר לשחוט בו ביו"ט על ידי שיתחוב ראש העוקץ בקיסם, וכן בשעת הדחק [כגון שהוא בדרך], כמו שכתבו מהרש"ל והב"ח.

כתב הכל בו, דהיינו דוקא כשיש בסכין מלא צואר חוץ לצואר בלא הפגימה, ומביאו ב"י וד"מ ושאר אחרונים, **ולכאורה** קשה, פשיטא, ונראה דקמ"ל דאע"ג דקי"ל בסימן ח' וסימן כ"ד ס"ב, דכשמוליך ומביא סגי

סימן ו – במה שוחטין
סעיף א – באיזה דברים שוחטין

בסכין כל שהוא, הכא בעינן שיעור מלא צואר חוץ לצואר, כמו בהולכה או הבאה לבד, דחיישינן אם יוליך ויביא אילך ואילך, שמא על ידי כך ינתק המטלית ממקומו ושוחט בפגימה.

‹וצריכים ליזהר שלא יהיה כרוך צד העב דסכין יותר מצד החוד, דשמא ישחוט בחוד במקום שכנגדו כרוך המטלית למעלה, והו"ל חלדה, תבואות שור - רעק"א.

(וע"ל סימן י"ח ס"י), ולכתחלה יש ליזהר אפילו אין לסכין פגימה רק בין הקתא לסכין, לא ישחוט בו.

סימן ו ס"א • באיזה דברים שוחטין

בכל דבר התלוש שוחטין, בין בסכין, בין בצור, **בין** בזכוכית, (דהא אין קסמין נבדלין ממנו, שהרי הוא חזק וקשה יותר מקנה הגדל באגם), **בין** בקרומית של קנה האגם, **ושן** וצפורן יחידי, (**אבל בב'** שינים שחיטתו פסולה כדבס"ג), **וכיוצא** בהם מדברים החותכים; **והוא** שיהיה פיו חד ולא יהיה בו פגם.

ואסור לשחוט בקרומיות של שאר קנים, שקיסמים נבדלין מהם, ויש לחוש לנקיבת הסימנים.

והבעל העיטור כתב דבדיעבד נמי פסול. **וכתב הש"ך** דר"ל כשנאבד לאחר שחיטה ולא בדקו, **אבל** אם בדקו וברור לו שלא נתזו קסמין הימנו, כשר בדיעבד, וכמ"ש רבינו ירוחם, **והב"ח** ס"ל, שבעל העיטור חולק עם רבינו ירוחם, **וכ"כ הט"ז**, דא"א לעמוד על הדבר אם היו נתזין ממנו קיסמין, דאף אם ימצא הקרומית בלי פגימה אחר השחיטה, אפשר שנבדל קיסם ממנו באורך הקרומית בענין שעדיין נשאר חלק.

והט"ז מתרץ בזה, דאמאי צריך להחשש שינקוב הסימנים, והא בקסמין נבדלין הוה ליה פגום, וכל סכין פגום אוסר משום עיקור, שעוקר הסימנים, **אלא** דאפשר שנבדל קיסם ממנו באורך הקרומית וכנ"ל, **ומזה** ראיה לשיטת בעל העיטור, דאפי' דיעבד אסור.

ודלא כדמשמע בירושלמי טעם משום רוח רעה השורה עליו, ולפ"ז דיעבד מותר, **ולהלכה** יש לחוש להחמיר.

סכין שצדה אחד מגל וצדה השני יפה, לא ישחוט בצד היפה לכתחלה, גזירה שמא ישחוט בצד האחר. **ואם שחט**, הואיל ובצד היפה שחט, שחיטתו כשרה.

וה"ה בסכין ארוך שיש בו פגימה, ונשאר בו שיעור שחיטה בלא פגימה, דאסור לשחוט בו אפילו במקום היפה, **אפילו** אם כרך מטלית על הפגימה.

וכן לא ישחוט לכתחילה בסכין שיש לו עוקץ חד בראשו, שלא יעבור הסכין ויעשה חלדה, **ובדיעבד** כשר.

ואם שחט בו ואמר: ברי לי שלא נגעתי במקום הפגימה, שחיטתו כשרה, אפילו לא כרך מטלית על הפגימה. **ומיירי** דוקא שידע שהיתה פגימה, אלא שנזהר ממנה, **אבל** אם לא ידע בה כלל, ודאי אינו נאמן.

וביו"ט שא"א להשחיז הסכין, וכן בחול בשעת הדחק, כגון שהוא בדרך, מותר לשחוט לכתחלה אם כורך מטלית על הפגימה.

וכ"ש בסכין שיש לו עוקץ חד בראשו, שמותר לשחוט בו ביו"ט ע"י שיתחוב ראש העוקץ בקיסם, וכן בשעת הדחק.

י"א דאע"ג דקי"ל דכשמוליך ומביא, סגי בסכין כל שהוא, הכא בעינן שיעור מלא צואר חוץ לצואר, כמו בהולכה או הבאה לבד, **דחיישינן** אם יוליך ויביא אילך ואילך, שמא ע"י כך ינתק המטלית ממקומו ושוחט בפגימה.

וי"א דצריכים ליזהר שלא יהיה כרוך צד העב דסכין יותר מצד החוד, דשמא ישחוט בחוד במקום שכנגדו כרוך המטלית למעלה, והו"ל חלדה.

ולכתחלה יש ליזהר אפילו אין לסכין פגימה רק בין הקתא לסכין, דלא ישחוט בו.

מחובר, ותלוש ולבסוף חברו

סעיף ב - השוחט בדבר המחובר לקרקע או לגוף, כגון צפורן ושן המחוברים בבהמה, שחיטתו פסולה – [שנאמר ויקח המאכלת לשחוט, דוקא מידי דניקח מיד ליד כמו מאכלת].

‹ותמוה לי, למה דהעלה הש"ך לעיקר בחו"מ סי' צ"ה, דאדם אתקש לקרקע, וקרא דוהתנחלתם אף דבעבד כנעני כתיב, מ"מ ילפינן מיניה אדם דעלמא דל"ש, א"כ מאין פסיקא לן דשוחט בצפורן המחובר בבהמה דפסול, הא מתני' קתני רק והצפורן, ומפרש בגמ' משום מחובר, ודלמא מיירי בצפורן דהשוחט עצמו, או שאוחז ביד אדם אחר ושוחט בצפרנו, וזה הוי כמחובר לקרקע, כדאמרינן בכל מקום דעבד אתקש לקרקע לענין אונאה ומעילה, וה"נ האדם הוי כקרקע, והוי הצפורן מחובר לקרקע, אבל בצפורן של בהמה י"ל דכשר לשחיטה כמו בכל הני דלעיל, דבע"ח כמטלטלין, ומה"ת דשחיטה יצאה מכלל כל אלו... עכ"פ לא ידענא ראיה ברורה לפסול צפורן בהמה לשחיטה - רעק"א.

ובתלוש מן הקרקע ולבסוף חברו בקרקע, לא ישחוט, ואם שחט, שחיטתו כשרה, ואפילו אם בטלו – ‹וזהו דעת הרי"ף והרמב"ם ז"ל, וכן דעת בעל העיטור, והכי נקטינן דהוה ליה הרא"ש יחידאה לגבייהו - בית יוסף›. **ומהרש"ל** פסק כהרא"ש, דאם בטלו אפילו בדיעבד אסור, וכ"כ ר' ירוחם שכן דעת רוב הפוסקים, גם הב"ח נוטה להחמיר וכן דעת הרא"ה,

והוא שלא יהא נשרש בארץ אחר שבטלו – [אורחא דמילתא נקט, אבל באמת נשרש ולא בטלו גם כן אסור].

סימן ו ס"ב • מחובר, ותלוש ולבסוף חברו

השוחט בדבר המחובר לקרקע או לגוף, כגון צפורן ושן המחוברים בבהמה, שחיטתו פסולה, **שנאמר** ויקח המאכלת לשחוט, דוקא מידי דניקח מיד ליד כמו מאכלת.

והקשה רעק"א לפי מה דקי"ל דאדם אתקש לקרקע, דמקרא דוהתנחלתם ילפינן מיניה לאדם דעלמא, **א"כ** מאין פסיקא לן דשוחט בצפורן המחובר בבהמה דפסול, **הא** מתני' קתני רק והצפורן, ומפרש בגמ' משום מחובר, **ודלמא** מיירי בצפורן דהשוחט עצמו, או שאוחז ביד אדם אחר ושוחט בצפרנו, וזה הוי כמחובר לקרקע, **אבל** בצפורן של בהמה י"ל דכשר לשחיטה כמו בכל הני דלעיל, דבע"ח כמטלטלין.

ובתלוש מן הקרקע ולבסוף חברו בקרקע, לא ישחוט, **ואם** שחט, שחיטתו כשרה, **ואפילו** אם בטלו. **וי"א** דאם בטלו אפילו בדיעבד אסור, וכן דעת רוב הפוסקים.
והוא שלא יהא נשרש בארץ אחר שבטלו, דא"כ אסור אפי' בדיעבד. **וי"א** דהשו"ע לאו דוקא, דה"ה דבנשרש ולא בטלו ג"כ אסור בדיעבד.

החילוק בין שינים לשן יחידי

סעיף ג - חתך מבהמה לחי שיש בו שינים חדים ושחט בהם, שחיטתו פסולה, מפני שהם כמגל; אבל בשן אחד הקבוע בלחי, שוחט בו לכתחלה. (וה"ה בציפורן הקבוע ביד התלושה מן הגוף) - דהו"ל לחי כבית יד, וכן בצפורן הקבוע ביד, ב"י.

סימן ו ס"ג • החילוק בין שינים לשן יחידי

חתך מבהמה לחי שיש בו שינים חדים ושחט בהם, שחיטתו פסולה, מפני שהם כמגל. **אבל** בשן אחד הקבוע בלחי, שוחט בו לכתחלה, דהו"ל לחי כבית יד. **וה"ה** בציפורן הקבוע ביד התלושה מן הגוף, דהו"ל היד כבית יד.

נעץ סכין בכותל או בדבר התלוש

סעיף ד - נעץ סכין בכותל, (או בדבר התלוש), והעביר הצואר עד שנשחט, שחיטתו כשרה; והוא שיהיה צואר הבהמה למטה והסכין למעלה, שאם היה צואר בהמה למעלה מהסכין, שמא תרד הבהמה בכובד גופה ותחתוך בלא הולכה והבאה, ואין זה שחיטה.

או בדבר התלוש - איכא למידק הלא כ"ש הוא, ולאיזה צורך הגיהו הרב, **וי"ל** דמשום סיפא נקטיה, דצואר בהמה למעלה, אפי' נעצו בדבר התלוש שחיטתו פסולה משום דרסה, וכ"כ הרשב"א ומביאו ב"י וד"מ, **א"נ** אתא לאורויי, דאפי' כשצואר בהמה למטה ששחיטתו כשרה, דוקא בדיעבד ולא לכתחלה, אפילו נעצו בדבר התלוש, **ומוכח** בש"ס ופוסקים דבסכין תלושה שלא נעצו בשום דבר, אפילו צואר בהמה למעלה מותר בדיעבד, דכל שתופס הסכין בידו מסתמא אינו דורס, **ומשמע** בש"ס דלכתחילה מיהת אסור, וגם בעוף יש לחוש לכתחילה בצואר עוף למעלה, אפילו כשהסכין תלושה בידו.

הג"ה, עיין ברש"י ותוס' דמשמע דההיא ברייתא מיירי לכתחילה ואפילו הכי שריא, וזהו שלא כדברי הגאמ"ו ז"ל ודו"ק - נקה"כ.

ואפילו אמר: ברי לי שלא דרסתי, שחיטתו פסולה - דחיישינן שמא ידרוס פעם אחרת, כ"כ הפוסקים. [ולא דמי למ"ש רמ"א בס"א, באומר ברי לי שלא נגעתי בפגימה, דכשירה דיעבד, דשאני הכא דקשה מאד להיות נזהר מדרסה בזה, וע"כ מצוי הוא שידרוס בפעם אחרת].

לפיכך אם היה עוף, בין שהיה צוארו למעלה מהסכין הנעוצה או למטה ממנה, שחיטתו כשרה - משמע דבכל עוף שחיטתו כשרה ובכל בהמה שחיטתו פסולה, ולא כיש מחלקין בין קל לכבד, וכ"כ ב"י וד"מ וכן פסק הב"ח.

סימן ו ס"ד • נעץ סכין בכותל או בדבר התלוש

נעץ סכין בכותל, או בדבר התלוש, והעביר הצואר עד שנשחט, שחיטתו כשרה, בדיעבד ולא לכתחלה, ואפי' נעצו בדבר התלוש.

והוא שיהיה צואר הבהמה למטה והסכין למעלה, **שאם** היה צואר בהמה למעלה מהסכין, שמא תרד הבהמה בכובד גופה ותחתוך בלא הולכה והבאה, אפי' נעצו בדבר התלוש, ואין זה שחיטה.

ואפי' אמר: ברי לי שלא דרסתי, פסולה, דחיישינן שמא ידרוס פעם אחרת, **ולא** דמי למ"ש רמ"א בס"א, באומר ברי לי שלא נגעתי בפגימה, דכשרה דיעבד, **דשאני** הכא דקשה מאד להיות נזהר מדרסה בזה, וע"כ מצוי הוא שידרוס בפעם אחרת.

ואם היה עוף, בין שהיה צוארו למעלה מהסכין הנעוצה או למטה ממנה, שחיטתו כשרה (בדיעבד).

ומשמע דבכל עוף שחיטתו כשרה, **ובכל** בהמה שחיטתו פסולה, **ולא** כיש מחלקין בין קל לכבד.

ובסכין תלושה שלא נעצו בשום דבר, אפילו צואר בהמה למעלה מותר בדיעבד, דכל שתופס הסכין בידו מסתמא אינו דורס, **ולכתחילה** מיהת אסור גם בעוף – ש"ך.
וי"א דמשמע מרש"י ותוס' דשרי אפי' לכתחילה, ודלא כש"ך.

§ סימן ז – הקובע סכין בגלגל אם מותר לשחוט בו §

הקובע סכין בגלגל

סעיף א - יכול אדם לקבוע סכין בגלגל של אבן או של עץ – [צ"ל דהוא בתלוש מן הקרקע, דאל"כ הו"ל תלוש ולבסוף חברו דאסור לכתחילה בסי' ו'], **ומסבב הגלגל בידו או ברגלו, ומשים שם צואר הבהמה או העוף עד שישחוט בסביבות הגלגל** - דעת המחבר כדעת הטור והרשב"א, דבגלגל שהוא מסובב בידו או ברגלו מותר לשחוט לכתחילה כשהוא תלוש, **אבל** מהרש"ל פ"ק והב"ח פסקו דאסור לכתחילה, וכן משמע דעת הרמב"ם והכל בו והרא"ש ורבינו ירוחם.

ואם המים הם המסבבים את הגלגל, ושם הצואר כנגדו בשעה שסבב ונשחט, הרי זו פסולה - דבעינן כח גברא, כדלעיל סימן ג', **ואם פטר אדם את המים עד שבאו וסבבו את הגלגל, ושחט בסביבתו, הרי זה כשרה בדיעבד, שהרי מכח אדם בא; בד"א בסביבה ראשונה שהיא מכח האדם, אבל מסביבה שנייה ולאחריה** - כלו' ושניה בכלל, **פסולה, שהרי אינה מכח האדם, אלא מכח המים בהילוכן.**

סימן ז ס"א • הקובע סכין בגלגל

יכול אדם לקבוע סכין בגלגל של אבן או של עץ (**כשהוא** תלוש מן הקרקע, דאל"כ הו"ל תלוש ולבסוף חברו דאסור לכתחילה בסי' ו'), **ומסבב** הגלגל בידו או ברגלו, ומשים שם צואר הבהמה או העוף עד שישחוט בסביבות הגלגל. **להמחבר** מותר לכתחילה. **אבל יש** שפסקו דאסור לכתחילה.

ואם המים הם המסבבים את הגלגל, ושם הצואר כנגדו בשעה שסבב ונשחט, **הרי** זו פסולה, דבעינן כח גברא, כדלעיל סימן ג'.

ואם פטר אדם את המים עד שבאו וסבבו את הגלגל, ושחט בסביבתו, **ה"ז** כשרה בדיעבד, שהרי מכח אדם בא; **בד"א** בסביבה ראשונה שהיא מכח האדם, **אבל** מסביבה שנייה ולאחריה (ושניה בכלל), פסולה, שהרי אינה מכח האדם, אלא מכח המים בהילוכן.

§ סימן ח – שעור סכין של שחיטה §

אורך הסכין

סעיף א - כמה הוא אורך הסכין ששוחט בו, כל שהוא - ובלבד שיוליך ויביא, כדלקמן סי' כ"ד ס"ב, **(רק) שלא יהא דבר דק שנוקב ואינו שוחט, כמו ראש האזמל הקטן וכיוצא בו** – [בטור כתוב, ובלבד שלא יהא לו עוקץ בראשו, והטעם מתוך שהאזמל קטן, נשמט ונוקב בראש הסכין, משמע דבסכין גדול לא אכפת לן ביש עוקץ בראשו, **אלא** דמ"מ נוהגין שלא יהיה עוקץ אפי' בראש סכין גדול, וכמ"ש רש"ל].

ובמחט, אפי' הוא רחב קצת כאותן של רצענים שחותכין בו החוט, אין שוחטין בו.

וכיון דלא ידעינן שיעורא, השוחט בסכין קטנה צריך ליזהר ולשער לפי אומד דעתו שכשיוליך ויביא בה שלא ידרוס; אבל בקטנה יותר מדאי לא ישחוט.

הגה: ומי שלא יוכל לשער, יקח סכין כמלא אורך ב' צוארין של אותו דבר ששוחטין. וי"א לשער בי"ד אצבעות, ורמז לזה, שנאמר: ושחטתם בז"ה, מנין י"ד - ומהרש"ל והב"ח האריכו בזה, ומסקי דלכתחלה בין בבהמה בין בעוף, אין לשחוט אלא בסכין שהוא כשיעור שני צוארים של אותו דבר ששוחט, ועיין שם, וע"ל סימן כ"ד ס"ב.

‹**שאלה** ראובן קנה סייף מתליון שדן בו דיני נפשות, ונתן לאומן לתקנו לסכין של שחיטה, אם מותר לשחוט בו, דקימ"ל חרב הרי הוא כחלל, ומטמא לבשר ששוחט בו, **י"ל** דסכין נטהר ע"י טבילה, ע"כ הגהת לחם הפנים, **ואני** תמה מה טומאה שייך בזמן הזה, ואם שייך טומאה מאי מהני טבילה, הלא צריך הזאת ג' וז' - בה"ט, (**ועיין** בשאילת יעב"ץ שהשיג ג"ב על לחה"פ, אלא שכתב דמ"מ חושש אני בבשר שנשחט בסכין זו משום איסור הנאה, שכן בהרוגי

סימן ח – שעור סכין של שחיטה
סעיף א – אורך הסכין

ב"ד שנו חכמים, סייף שנהרג בו נקבר עמו, וביחוד אם דן בו ישראל פשיטא דיש לחוש, **ונראה** שדינו כדין סכין של משמשי ע"ז דלקמן סי' יו"ד, דאסור לשחוט בה מסוכנת, ה"ה בזה, ע"כ, **באמת** ברמב"ם איתא הטעם הנקבר עמו, שלא יהא לו זכרון רע, שיאמרו כו', **אולם** במס' ע"ז דף ס"ב ע"ב ברש"י, מבואר דאסור בהנאה, וכן משמע בגמ' שם, ע"ש, וכעת אין הספר בשאילת יעב"ץ לפני).

סימן ח ס"א • אורך הסכין

כמה הוא אורך הסכין ששוחט בו, כל שהוא, ובלבד שיוליך ויביא, **רק** שלא יהא דבר דק שנוקב ואינו שוחט, כמו ראש האזמל הקטן וכיוצא בו.

ויש שכתב, ובלבד שלא יהא לו עוקץ בראשו, **והטעם** מתוך שהאזמל קטן, נשמט ונוקב בראש הסכין, **ומשמע** דבסכין גדול לא אכפת לן ביש עוקץ בראשו, **אלא** דמ"מ נוהגין שלא יהיה עוקץ אפי' בראש סכין גדול.

ובמחט, אפי' הוא רחב קצת כאותן של רצענים שחותכין בו החוט, אין שוחטין בו.

וכיון דלא ידעינן שיעורא, השוחט בסכין קטנה צריך ליזהר ולשער לפי אומד דעתו שכשיוליך ויביא בה שלא ידרוס; **אבל** בקטנה יותר מדאי לא ישחוט.

ומי שלא יוכל לשער, יקח סכין כמלא אורך ב' צווארין של אותו דבר ששוחטין; **וי"א** לשער בי"ד אצבעות, ורמז לזה, שנאמר: ושחטתם בז"ה, מנין י"ד.

ומסקי הפוסקים דלכתחלה בין בבהמה בין בעוף, אין לשחוט אלא בסכין שהוא כשיעור שני צוארים של אותו דבר ששוחט.

סייף שדן בו דיני נפשות, יש דחושש בבשר שנשחט בסכין זו משום איסור הנאה, **שכן** בהרוגי ב"ד שנו חכמים, סייף שנהרג בו נקבר עמו, **וביחוד** אם דן בו ישראל פשיטא דיש לחוש, **ודינו** כדין סכין של משמשי ע"ז, דאסור לשחוט בה מסוכנת, **וי"א** דהטעם שנקבר עמו, הוא רק שלא יהא לו זכרון רע.

§ סימן ט – השוחט בסכין מלובנת §

סכין מלובנת

סעיף א - ‹גמ' חולין, א"ר זירא ליבן סכין באור ושחט בה, שחיטתו כשרה, מפני שחידודה קודם ללבונה, והא איכא צדדין, כלומר שנכוית מחום הסכין, בית השחיטה מירווח רווח, ע"כ, **והרי"ף** השמיט הא דרבי זירא, וכתב הר"ן דהטעם משום דאמרינן בההוא פירקא דסכין צריכה בדיקה אבישרא ואטופרא ואתלת רוחתא, רב יימר אמר אתלת רוחתא לא צריכה, מדרבי זירא דבית השחיטה מירווח רווח, ומדלא קיימא לן כרב יימר כדאסיקנא התם, שמע מינה דליתא לדרבי זירא, **והראב"ד** תירץ דע"כ לא קאמר רבי זירא אלא בדיעבד, אבל לכתחילה לא, ומש"ה אסיקנא דלכתחילה צריכה בדיקה אתלת רוחתא, ורב יימר הוא שהיה לומד לכתחילה מבדיעבד דרבי זירא, ואנן לא ס"ל כוותיה, עכ"ל, **ולפי"ז** אפי' לא בדק השתי רוחות ונמצאת פגימה בהן, כשר בדיעבד, **והרא"ש** כתב שדעת רבינו יונה לפסוק כרבי זירא, דמירווח רווח לינצל מכויית הליבון שאין מתפשט לצדדין, אבל מורשא של סכין יוצאת ומתפשטת בצידי בית השחיטה וקורעתן, **ועוד** יש לחלק, דשאני התם שיודע שהסכין מלובן, ומכוין שלא יטנו לצדדין, אבל פגימה שבצדדין, אם לא יבדוק תחלה פעמים שיש שם פגימה ואין יודע ולא יזהר מלהטות, עכ"ל, **ולפי** תירוץ האחרון, הא דרבי זירא דוקא בדידע שהיא מלובנת, אבל אם לא ידע, שחיטתו פסולה, וכן הדין לענין פגימה שבצדדין, אם היה יודע שאחת מהצדדין פגום, וכיון שלא להטות לאותו צד, שחיטתו כשרה, **מיהו** לענין מעשה אין להקל, וכן נראה מדברי הפוסקים – ב"י›.

אם שחט בסכין מלובנת, שחיטתו פסולה - דסכין כשנכנס לתוך החתך, קודם שתשחט רוב הסימנים היא שורפת הסימנים, ונמצא שהיא נשרפה קודם שחיטה, שהרי ושט נקובתו במשהו ליטרף, ושריפה כנקב היא, רש"י, וע"ל סימן כ"ו ס"ק א'. [**אע"ג** דחידודו של סכין הוא קודם לליבונו, **ונמצא** שנשחט בהיתר, מ"מ יש לחוש לצדדי הסכין ששורפים בוושט במקום שנשחט, וזה ודאי אסור כל זמן שלא נשחט הרוב של הסימן תחילה]. ‹כדעת הרי"ף – באר הגולה›.

ויש מכשירין – ‹כדעת הראב"ד – גר"א›, **(אם ידע שהיא מלובנת ונזהר שלא נגע בצדדים)** - ואז חדודה קודם ללבונה, **ולא** דמי לפגימה שהיא מן הצד, שאם שחט בה טרפה, כדלקמן ריש סימן י"ח, ולא מפלגינן בין ידע תחלה או לא, **דהתם** מורשא של סכין יוצא ומתפשט בצדי בית השחיטה וקורעתן, ואפילו ידע א"א שלא יגע בצדדין, הרא"ש ומהרש"ל, ‹**לכאורה** הש"ך הולך כשני התירוצים דרבינו יונה לחומרא, דאינו מותר בסכין מלובן אלא א"כ ידע, ואסור בסכין פגום אפי' ידע, **ודלמא** הבין זה בב"י, במה דאמר "מיהו לענין מעשה אין להקל", וכ"כ הפמ"ג וז"ל, דפשט דברי הבית יוסף, דלתירוץ האחרון דאם ידע שרי אף בפגימה, ולזה אומר דאין להקל אף בהפסד מרובה, דעיקר כתירוץ התם מורשא קורע›.

סימן ט – השוחט בסכין מלובנת
סעיף א – סכין מלובנת

[ויש מכשירין ס"ל בית השחיטה מרווח רווח, ולא נגע בהו בצדדי הסכין, **ואין להקשות** א"כ למה הצריכו לבדוק הסכין בצדדיו קודם שישחוט, כמ"ש סי' י"ח, **לזה** תירץ כאן דידע שהיא מלובנת, ויודע להזהר שלא יגע בצדדיו, משא"כ לקמן אינו יודע מפגימה שבצדדין, **וא"כ** א"א להזהר]. ‹כתירוץ שני של רבינו יונה, **וכתב** הפמ"ג וז"ל, ואיני יודע, דאם כן אמאי לא הביא ב' דעות, בידע קודם השחיטה דכשר, ולמה לא החילוק דמורשא בזע, כמ"ש הש"ך›.

והב"ח והעט"ז פסקו כסברא הראשונה, דאפי' ידע שחיטתו פסולה.

[ומ"מ נ"ל, שאותן הרישומין שעושין האומנים בסכין, שהם רחוקים הרבה מן החוד, אין בהם חשש שיעשו טריפות בחלק הנשחט, וכן מצאתי לרש"ל]. ‹וכתב התבואות שור, דווקא שוקע, הא בולט אף רחוק מאד אסור, **וכתב** דראוי לחוש לכבודו של זקן הבית הלל, ואף רושמי אומנין אין לשחוט, וכן ראוי לעשות – פמ"ג›.

סימן ט ס"א • סכין מלובנת

דעה א' במחבר, דאם שחט בסכין מלובנת, שחיטתו פסולה, דסכין כשנכנס לתוך החתך, קודם שתשחט רוב הסימנים היא שורפת הסימנים, ונמצא שהיא נשרפה קודם שחיטה, שהרי ושט נקובתו במשהו ליטרף, ושריפה כנקב היא, **ואע"ג** דחידודו של סכין הוא קודם לליבונו, ונמצא שנשחט בהיתר, **מ"מ** יש לחוש לצדדי הסכין ששורפים בוושט במקום שנשחט.

דעה ב' במחבר, דיש מכשירין, אם ידע שהיא מלובנת ונזהר שלא נגע בצדדים, ואז חדודה קודם ללבונה, **ולא** דמי לפגימה שהיא מן הצד, שאם שחט בה טרפה, ולא מפלגינן בין ידע תחלה או לא, **דהתם** מורשא של סכין יוצא ומתפשט בצדי בית השחיטה וקורעתן, ואפילו ידע א"א שלא יגע בצדדין.
וי"א דגם בפגימה אם יודע ממנו, כשרה, דאפשר להזהר.

והב"ח והעט"ז פסקו כדעה א', דאפי' ידע, שחיטתו פסולה.

וי"א שאותן הרישומין שעושין האומנים בסכין, שהם רחוקים הרבה מן החוד, אין בהם חשש שיעשו טריפות בחלק הנשחט, **וי"א** דדוקא שוקע, הא בולט אף רחוק מאד אסור, **וכתב** דראוי לחוש דאף ברושמי אומנין אין לשחוט.

§ סימן י – יתר דיני סכין §

דיני סכין של משמשי ע"ז

סעיף א- סכין של משמשי עבודת כוכבים

חדש - אלא שחתך בה בקעת לעבודת כוכבים, ש"ס, משום דמשמשי עבודת כוכבים אינם אסורים עד שישתמשו בהם, [**פי'** שלא נשתמש בחמין, אבל מ"מ כבר נשתמש בו בשום דבר עבודת כוכבים, ואין כאן איסור מה שבלע, אלא מצד משמשי עבודת כוכבים], **או ישן שאין בו משום גיעולי עובדי כוכבים** - כלומר שהכשירו בענין שאין בו משום גיעולי עבודת כוכבים, כדלקמן סי' קכ"א, **מותר לשחוט בו בהמה בריאה, מפני שהוא מקלקל** - ואין זו הנאה, שבחייה היו דמיה מרובים מלאחר שחיטה, שהיתה עומדת לג' דברים, לגדל ולדות, ולחרישה, ולאכילה.

משמע אפי' לכתחלה, **ולקמן** סי' קמ"ב ס"ב שכתב, סכין של עכו"ם ששחט בה ה"ז מותר כו', דמשמע לכתחלה אסור, מיירי שלא הוכשר מגיעולי עבודת כוכבים, וכן מבואר מהגהת הר"ב שם. **ואם** סכין של עובד כוכבים צריך טבילה קודם שחיטה, ע"ל סימן ק"ך ס"ה.

ואסור לשחוט בו מסוכנת, מפני שהוא מתקן - ז"ל הטור, ואם שחט בה, כתב הרשב"א יוליך הנאה לים המלח, והיא מותרת, וכמה היא, כדי שכר סכין לשחוט בה, **וא"א** הרא"ש ז"ל כתב, דאין צריך, דבהנאה מועטת כזו שרי בדיעבד, עכ"ל, [כיון דכבר גדלה הבהמה, ואינה חסירה רק להכשירה לאכילה ע"י השחיטה, אע"פ שנהנה הרבה בשחיטה ע"י איסורי הנאה, לא אסרו חכמים הנאתה בדיעבד], **והמחבר** לא איירי כאן אלא לענין אזהרת איסור לשחוט בה לכתחלה, אבל לענין איסור הבהמה, נסמך אמ"ש בסי' קמ"ב, ששם עיקרי דינים אלו, וז"ל, סכין של עבודת כוכבים ששחט בה כו', בהמה מסוכנת ה"ז אסורה, ע"כ, והוא לשון הרמב"ם, ור"ל שכל הבהמה אסורה, **ותימה** על הב"ח שכתב, משמע ממ"ש בשו"ע בסתם ולא כתב שיוליך הנאה לים המלח, דפסק כהרא"ש כו', **וגם** על העט"ז קשה, שכאן כתב והיינו דוקא לכתחלה, אבל אם שחט בה אין לאוסרה בשביל הנאה מועטת כזו, ע"כ, **ובסימן** קמ"ב כתב, ואם שחט בה יוליך הנאה לים המלח, **ואפשר** דהכא ר"ל שלא לאסור כל הבהמה, ודוחק, **אכן** נלפע"ד דכל פלפולו של הרא"ש וראיותיו אינו אלא לאסור כל הבהמה, דומיא דאפה את הפת

בתנור, דכל הפת אסורה לדעתו, היכא שלא נתערב, ולא מהני הולכת הנאה לים המלח, וכדלקמן סימן קמ"ב, **אבל** מודה הרא"ש להרשב"א דהכא יוליך הנאת שכר סכין לשחוט בה לים המלח, וכן מוכח ברבינו ירוחם להדיא ע"ש, **אבל** הטור וב"י ומהרש"ל ושאר אחרונים הבינו, דהרא"ש לא מצריך אפילו הולכת הנאה לים המלח, וצ"ע, **ומ"מ** הר"ן ומהרש"ל והב"ח פסקו כהרשב"א, והיינו דלא כהמחבר לקמן סימן קמ"ב, ע"ש.

‹**וקשה** לי, נימא כיון דאסור להנות, הוי בכלל לא תעבד ואי עביד לא מהני, והוי כלא נשחטה, דהעבירה הוא מה שנהנה מעבודת כוכבים שלא תמות הבהמה, ואם נדון דהשחיטה לא מהני, והוי כמתה מאליה וכנחירה בעלמא, לא נהנה כלום מסכין, וצ"ע – רעק"א›.

(**עיין** בתשובת פני אריה שכתב, דלאו דוקא לשחוט, אלא אף לנחור הבהמה מסוכנת בסכין כזה, כדי למכור הבשר לעובד כוכבים, נמי אסור, **וע"ש** שכתב, דמותר לנקר בשר מחוטי חלב ודם בסכין של עובד כוכבים).

סימן י ס"א(1) • דיני סכין של משמשי ע"ז

סכין של משמשי ע"ז חדש, **והיינו** שרק חתך בה בקעת לע"ז, או שלא נשתמש בחמין, או סכין ישן שהכשירו בענין שאין בו משום גיעולי עכו"ם, **אבל** מ"מ ע"כ כבר נשתמש בו בשום דבר לע"ז, משום דמשמשי ע"ז אינם אסורים עד שישתמשו בהם, **ולכן** אין כאן איסור מצד מה שבלע, אלא מצד משמשי ע"ז, **מותר** אפי' לכתחלה לשחוט בו בהמה בריאה, מפני שהוא מקלקל, שבחייה היו דמיה מרובים מלאחר שחיטה, שהיתה עומדת לג' דברים, לגדל ולדות, ולחרישה, ולאכילה.

וכתב המחבר דאסור לשחוט בו מסוכנת, מפני שהוא מתקן.

ואם שחט בה:

הרשב"א כתב יוליך הנאה לים המלח, והיא מותרת, וכמה היא, כדי שכר סכין לשחוט בה.

והרא"ש כתב דא"צ, דבהנאה מועטת כזו שרי בדיעבד, **וי"א** דכיון דכבר גדלה הבהמה, ואינה חסירה רק להכשירה לאכילה ע"י השחיטה, אע"פ שנהנה הרבה בשחיטה ע"י איסורי הנאה, לא אסרו חכמים הנאתה בדיעבד. **וי"א** דמודה הרא"ש להרשב"א דיוליך הנאת שכר סכין לשחוט בה לים המלח, **דכל** פלפולו של הרא"ש וראיותיו אינו אלא שלא לאסור כל הבהמה, וצ"ע.

והמחבר לא כתב כאן מהו הדין בדיעבד, **ובסי'** קמ"ב, כתב: ה"ז אסורה, והוא לשון הרמב"ם, ור"ל שכל הבהמה אסורה. **והר"ן ומהרש"ל והב"ח** פסקו כהרשב"א, ולא כהמחבר לקמן סימן קמ"ב.

וקשה, דנימא כיון דאסור להנות, הוי בכלל לא תעבד ואי עביד לא מהני, והוי כלא נשחטה, דהעבירה הוא מה שנהנה מע"ז שלא תמות הבהמה, ואם נדון דהשחיטה לא מהני, והוי כמתה מאליה וכנחירה בעלמא, לא נהנה כלום מסכין, וצ"ע.

וי"א דאף לנחור הבהמה מסוכנת בסכין כזה, כדי למכור הבשר לעכו"ם, נמי אסור, **ומותר** לנקר בשר מחוטי חלב ודם בסכין של ע"ז.

החשש בסכין של גוי לבעין או לבליעות

סכין של עובדי כוכבים - מדסתם המחבר, משמע דאיירי בסתם סכין, וס"ל כהרשב"א, דאע"ג דקי"ל לקמן סימן קכ"ב, סתם כלים של עובד כוכבים אינן ב"י, שאני סכין דמתוך שתשמישו תדיר, מסתמא שמנוניתו טוח על פניו, ואוסר אפי' אינו בן יומו, [**דכל מה שהוא בעין אינו נפגם אפי' בכמה ימים**], וכ"כ בסימן צ"ד שזהו דעת המחבר והר"ב שם, וכן הוא הסכמת הפוסקים, וכן נראה להדיא מדברי רש"י ומדברי הכל בו והפוסקים, גבי צנון שחתכו בסכין של בשר.

(**ועיין** בתשובת פרח מטה אהרן שכתב, דזה אינו אלא במקום שאין דרכם לנקות הסכינים היטב, אבל אנו שדרכנו לנקות היטב, ודאי דשרי, ע"ש).

ומהרש"ל נוטה לדעת הרא"ש ודעמיה, ‹דמיירי בידוע שהוא בן יומו, אבל אם אינו ידוע, לא בעינן לא קליפה ולא הדחה, דסתם כלים של גוים אינם בני יומן - ב"י›.

[**וצריך** לבאר בטור שהביא מחלוקת הרא"ש ורשב"א, במאי פליגי, ולמה לא חש הרא"ש ג"כ לאיסור בעין של הסכין, ולמה נתלי לקולא בספק איסור דאורייתא, **ומצאתי** בספר משמרת הבית שכתב וז"ל, והתירוץ הזה שהטעם משום שמנונית בעין על הסכין, אני מגמגם בו קצת, דדבר הניכר לעין דטיחת שמנונית מועטת שעל דופני הסכין אפי' לשעתה נפגמת קצת, וכ"ש כשאינו בן יומו, ואין מביאין ראיה מחתיכה של בשר ושל שומן המרובה ועומדת בפני עצמה, לטיחה בלבד, ועוד שע"י הברזל מקבלת טעם ונפגמה, והנסיון מעיד על זה, עכ"ל, **ונראה** שכן ס"ל גם לתוס' והרא"ש בזה, ע"כ הצריכו תירוץ אחר].

מיהו אם הסכין ב"י, אפילו נראה לעין שהוא נקי מכל שומן, ושחט בה, צריך קליפה, וכדמשמע דעת התוספות והרא"ש והסמ"ג וסמ"ק והגהת מיימוני, **ואפשר** שגם הרשב"א מודה לזה, וטעמא דכיון שהוא ב"י בולע ביה"ש מה שבקליפת הסכין, **ואע"ג** דאין כח בחום ביה"ש להפליט בלעו של סכין, כמ"ש הרשב"א וסייעתו, דלהכי מהני נעיצה י"פ בקרקע קשה אפילו הוא ב"י, **מ"מ** אם לא נעצה יש כח בחום ביה"ש להפליט מה שבקליפת

הסכין, **אלא** שאם נעצה והלכה לה אותה הקליפה הדקה, אין כח בחום ביה"ש להפליט הבלוע לפנים מאותה קליפה, וכן הוכיח בפרישה, **והב"ח** בקונטרס אחרון השיג עליו, ופסק דלהרשב"א אם הוא נקי, אפילו הוא ב"י מותר, ולא עמדתי על סוף דעתו, ודו"ק, **מיהו** במרדכי משמע, דאפילו נעיצה לא מהני בסכין ב"י, ובעי קליפה, **ומדברי** הרמב"ם נראה, דלא מהני נעיצה כלל בסכין של עובד כוכבים לשחיטה, עיין שם.

[**וצריך** להבין דעת הרשב"א והרא"ש בזה, דהרשב"א ס"ל דבית השחיטה מקרי רותח לחד צד, דהיינו שיכול לקבל הסכין מבית השחיטה שמנונית ודם וכל דבר, **אלא** שאינו רותח גמור לענין שיפליט הבלוע בסכין לבית השחיטה, דקבלה לסכין הוא דבר קל יותר מהפליטה ממנו, **מש"ה** אם שחט בסכין של כותים, אין חשש שיפליט לתוך הסימנים הבלוע בסכין, שאין כח לבית השחיטה להרתיח כ"כ, **אלא** שיש חשש ממה שיש בעין על הסכין מן האיסור שחתך כבר, **בזה** מהני נעיצה בקרקע, וע"כ קראו רשב"א רותח קצת, **ובדרישה ופרישה** הבין מלשון רותח קצת, שע"כ מבליע הסכין בבית השחיטה קצת, ומתוך כך נכנס לפלפולים, ולא היה לפניו ספר תהה"א שכתב בהדיא כמו שזכרתי, שאינו מבליע כלל מסכין לסימנים, **ונראה** ברור דגם הרא"ש שחולק על רשב"א, ומוקי לה בבן יומו, גם הוא ס"ל דאין בית השחיטה בולע מבלוע בסכין, **אלא** דבולע ממה שהוא בעין על הסכין, כל שהוא בן יומו כמ"ש, **ומש"ה** מועיל שיפה ונעיצה לסכין, דא"ת שמבליע הבלוע, מה מועיל נעיצה למה שבלוע, **אלא** ע"כ כדפרישית, **דתרווייהו** ס"ל דעיקר החשש משום מה שהוא בעין על הסכין, **אלא** דלהרא"ש גם בזה צריך שיהיה בן יומו, ולרשב"א א"צ בזה בן יומו, כנ"ל ברור אחר העיון].

ולפענ"ד יפה כוון הדרישה ופרישה בזה, גם לסברתו דוחק לומר דהרא"ש מיירי בסכין שאינו נקי, דהא אינו מחלק אלא בין אם הוא בן יומו או לא, משמע אם הוא בן יומו אפי' ידוע שהוא נקי אסור, אלא ה"ט דשיפה ונעיצה, דעי"כ הולכה לה אותה הקליפה הדקה שבסכין, דנעיצה הוא בכל מקום במקום קליפה - נקה"כ.

(**ועיין** בשו"ת חוט השני שכתב, לענין אם חתך בפסח בסכין של חמץ, אף שאומר שהיה מקונח, אינו נאמן, דאמרינן מלתא דלא רמיא כו', **ועיין** מש"כ לקמן סי' צ"ד ס"ק א' בשם נו"ב).

סי' י ס"א(2) • החשש בסכין של גוי לבעין או לבליעות

סתם סכין שמנוניתו טוח על פניו, ואוסר אפי' אינו בן יומו מדסתם המחבר (בדין הכשר בית השחיטה לקמן), משמע דאיירי בסתם סכין, **וס"ל** כהרשב"א, דאע"ג דסתם כלים של עכו"ם אינן בני יומן, **שאני** סכין דמתוך שתשמישו תדיר, מסתמא שמנוניתו טוח על פניו, **ואוסר** אפי' אינו בן יומו, דכל מה שהוא בעין אינו נפגם אפי' בכמה ימים.

וי"א דזה אינו אלא במקום שאין דרכם לנקות הסכינים היטב, אבל אנו שדרכנו לנקות היטב, ודאי דשרי.

וי"א דמיירי דוקא בידוע שהוא בן יומו – מהרש"ל לדעת הרא"ש ודעמיה, **אבל** אם אינו ידוע, לא בעינן לא קליפה ולא הדחה, דסתם כלים של גוים אינם בני יומן.

והטעם דלא חש הרא"ש ג"כ לאיסור בעין של הסכין, י"א דטיחת שמנונית מועטת שעל דופני הסכין אפי' לשעתה נפגמת קצת, וכ"ש כשאינו בן יומו, **ואין** מביאין ראיה מחתיכה של בשר ושל שומן המרובה ועומדת בפני עצמה, לטיחה בלבד, **ועוד** שע"י הברזל מקבלת טעם ונפגמה – ט"ז.

<u>**כשהסכין ב"י, ונראה לעין שהוא נקי מכל שומן, ושחט בה**</u>

י"א דאפ"ה צריך קליפה, (**ואפשר** שגם הרשב"א מודה לזה), **וטעמא**, דכיון שהוא ב"י, בולע ביה"ש מה שבקליפת הסכין, **ואע"ג** דאין כח בחום ביה"ש להפליט בלעו של סכין, דלהכי מהני נעיצה י"פ בקרקע קשה אפילו הוא ב"י, **מ"מ** אם לא נעצה יש כח בחום ביה"ש להפליט מה שבקליפת הסכין, **אלא** שאם נעצה והלכה לה אותה הקליפה הדקה, אין כח בחום ביה"ש להפליט הבלוע לפנים מאותה קליפה – ש"ך.

וי"א דאם הוא נקי א"צ לקליפה, גם להרא"ש – הט"ז והב"ח, **דבית** השחיטה מקרי רותח לחד צד, דהיינו שיכול לקבל הסכין מבית השחיטה שמנונית ודם וכל דבר, **אלא** שאינו רותח גמור לענין שיפליט הבלוע בסכין לבית השחיטה, דקבלה לסכין הוא דבר קל יותר מהפליטה ממנו, **אלא שיש** חשש ממה שיש בעין על הסכין מן האיסור שחתך כבר, ובזה מהני נעיצה בקרקע, (דא"ת שמבליע הבלוע, מה מועיל נעיצה למה שבלוע), **וגם** הרא"ש שחולק על רשב"א, ומוקי לה בבן יומו, גם הוא ס"ל דאין בית השחיטה בולע מבלוע בסכין, אלא דבולע ממה שהוא בעין על הסכין, כל שהוא בן יומו כמ"ש, **אלא** דלהרא"ש גם בזה צריך שיהיה בן יומו, ולרשב"א א"צ בזה בן יומו.

וי"א דדוחק לומר דהרא"ש מיירי בסכין שאינו נקי, דהא אינו מחלק אלא בין אם הוא בן יומו או לא, משמע אם הוא בן יומו אפי' ידוע שהוא נקי אסור – נקה"כ.

ולהמרדכי, אפי' נעיצה לא מהני בסכין ב"י, ובעי קליפה.
ולהרמב"ם, לא מהני נעיצה כלל בסכין של עכו"ם לשחיטה.

ואף שאומר שהסכין היה מקונח, י"א דאינו נאמן, (לענין אם חתך בפסח בסכין של חמץ), דאמרינן מלתא דלא רמיא כו'.

השחזה ונעיצה

שהשחיזו בריחים שלו, (ע"ל ס"ס קכ"א); או אם היה יפה שאין בו פגימות - כלומר גומות, דאם יש בו גומות לא מהני נעיצה, כדלקמן ס"ס קכ"א, **ונעצו בקרקע קשה עשר פעמים, ואח"כ שחט בו, מותר** – [ז"ל ת"ה, אפי' היא בת יומא די לה בכך, לפי שאין חום בית השחיטה המועט מפליט בלעו של סכין, עכ"ל, עי' מה שכתבתי בסמוך בזה, **אבל** במרדכי מבואר, דלא מהני נעיצה בקרקע אלא באינה בת יומא, **ויש** להחמיר כדבריו אם ידוע שהוא בן יומו, דצריך הגעלה].

משמע דוקא דיעבד, אבל לכתחלה לא ישחוט, והיינו דוקא בנעיצה, וכדמשמע להדיא מדברי הרמב"ם שם, **אבל** השחזה משמע מדבריו שם דמהני אפילו לכתחלה, וכן פסק המחבר בס"ס קכ"א, **ואפשר** דאפילו לדעת הרב שם דהשחזה אינו מועיל לחמין לכתחלה, מ"מ כאן בשחיטה יש להקל, כיון דבלא"ה יש פוסקים דאפי' בנעיצה שרי לכתחלה, וכן יש פוסקים דביה"ש צונן.

הגה: ובמקום הדחק שאין לו סכין אחרת, מותר לשחוט בו כה"ג לכתחלה - כלומר ע"י נעיצה, וכן מבואר בד"מ ובב"ח ועט"ז, ‹ולענין השחזה, עיין לעיל בש"ך שכתב, דיודה הרמ"א דשרי לכתחלה אף דאין שעת הדחק, וחולק על הט"ז – פמ"ג›.

[כה"ג – פי' אם שיפה במשחזת או נעצה בקרקע קשה, ונראה דרמ"א לא מיירי כאן אלא בסתם סכין, אבל בידוע שהוא בן יומו לא יעשה כן לכתחילה, אלא כמ"ש בסמוך בשם המרדכי, וכן מסיק מו"ח ז"ל].

סי' י ס"א(3) • השחזה ונעיצה

סכין של גוי הנ"ל שהשחיזו בריחים שלו, **או** אם היה יפה שאין בו גומות, (דאם יש בו גומות לא מהני נעיצה), ונעצו בקרקע קשה עשר פעמים, ואח"כ שחט בו, מותר.
י"א אפי' היא בת יומא די לה בכך, לפי שאין חום בית השחיטה המועט מפליט בלעו של סכין. **וי"א** דלא מהני נעיצה בקרקע אלא באינה בת יומא, מרדכי וכנ"ל, **ויש** להחמיר כדבריו אם ידוע שהוא בן יומו, דצריך הגעלה.

משמע דנעיצה מהני דוקא דיעבד, אבל לכתחלה לא ישחוט, **אבל** השחזה משמע מהמחבר בסי' קכ"א, דמהני אפילו לכתחלה, **ואפשר** דאפילו לרמ"א שם דס"ל דהשחזה אינו מועיל לחמין לכתחלה, **מ"מ** כאן בשחיטה יש להקל, כיון דבלא"ה יש פוסקים דאפי' בנעיצה שרי לכתחלה, וכן יש פוסקים דביה"ש צונן - ש"ך.

וכתב הרמ"א, ובמקום הדחק שאין לו סכין אחרת, מותר לשחוט בו כה"ג לכתחלה ע"י נעיצה. **והשחזה** הוי לכתחילה אפי' בלא מקום הדחק וכדלעיל - ש"ך.
ולפי הט"ז, הרמ"א הולך על השחזה ונעיצה, דשניהם הוו לכתחילה רק במקום הדחק. **ומיירי** בסתם סכין, אבל בידוע שהוא בן יומו לא יעשה כן לכתחילה, וכנ"ל.
ויש עוד פשט ברמ"א, עיין להלן.

קליפה והדחה

ואם שחט בו בלא שום הכשר, מדיח בית השחיטה, ואם קלף הרי זה משובח – ‹בפ"ק דחולין איתמר, השוחט בסכין של גוי, רב אמר קולף, ורבה בר בר חנא אמר מדיח, לימא בהא קמיפלגי, דמר סבר: בית השחיטה צונן, ומר סבר: בית השחיטה רותח, לא, דכו"ע בית השחיטה רותח הוא, מאן דאמר קולף, שפיר, ומאן דאמר מדיח, איידי דטרידי סימנין לאפוקי דם לא בלעי. איכא דאמרי: דכו"ע בית השחיטה צונן, מאן דאמר מדיח, שפיר, מאן דאמר קולף, אגב דוחקא דסכינא בלע. **ופסק** רש"י כרב, וכתב הרא"ש דהכי מסתברא, וכן פסק ר"ח, ולזה הסכים הרשב"א בתורת הבית, **אבל** הרי"ף פסק כרבה בר בר חנא, וכן פסק הרמב"ם, **וכיון** ששניהם מסכימים לדעת אחת, הכי נקטינן, **וכתב** עוד הרמב"ם, ואם קלף הרי זה משובח, וכתב הר"ן ע"ז, לא ידעתי למה, ואיפשר דרפויי מרפיא בידיה, עכ"ל – ב"י›.

[קשה הא בלא"ה כל בשר צריך הדחה קודם מליחה, **תירץ** הר"ן דכאן מיירי אפילו לצלי, **עוד** תירץ בשם רבינו יונה, **דמשום דם סגי בשפשוף במים, וכאן משום שמנונית איסור צריך שפשוף גדול בידים היטב**].

ועל כן יש לקלפו (רוב הפוסקים) - כלומר מדינא, וכן כתב בד"מ, וכן פסקו מהרש"ל והב"ח, [דלא כמשמעות השו"ע **דאינו אלא הידור מצוה**], ותפסו על המחבר שפסק כהרמב"ם במקום שהפוסקים רובם וכמעט כולם הסכימו דבעי קליפה בטעמים נכונים, **מיהו** מ"ש הב"ח דאפי' בדיעבד התבשיל אסור, כדין כל דבר שנתבשל בלא קליפה, ע"ל סי' ס"ט ס"ק ס"ד, וסי' צ"א ס"ק ח'. ‹**מיהו** שם לא כתב להיפך ממ"ש הב"ח, אלא דכ' כשאין הקליפה ניכרת, א"צ ס' נגד הקליפה, יע"ש – פמ"ג›.

הגה: ובמקום הדחק שאין לו סכין אחרת, מותר לשחוט בו כה"ג לכתחלה.

ובספר לחם חמודות כתב, שצריך לסרס הג"ה זו, ולא ירדתי לסוף דעתו, **והשיב** ‹הלחם חמודות›, דר"ל

סימן י – יתר דיני סכין
סעיף א – קליפה והדחה

שתהא מהופכת, דסיפא אבל לא ישחוט כו', צ"ל קודם הרישא דובמקום כו', עכ"ד, ‹והיינו דמה דמותר במקום הדחק, היינו לשחוט ע"מ לקלוף›.

אבל לא ישחוט על מנת לקלוף אח"כ - פסק הב"ח ממשמעות הפוסקים, דאפילו בסכין שאינו ב"י והוא נקי בודאי, אסור לכתחלה, **ומהרש"ל** התיר בסתם סכין לשחוט לכתחלה ע"מ לקלוף, שאפילו אם לא יקלוף אח"כ ליכא איסורא, **ודמי** למאי דקי"ל בסימן א', דמותר ליתן לו לכתחלה לשחוט ע"מ שיבדקנו אחר השחיטה אם הוא מומחה, משום דאפילו לא יבדוק שרי בדיעבד, ע"כ, **והיינו** לפי שיטתו, דס"ל סתם סכין נקי, **ואף** לשיטתו י"ל דלא דמי לסימן א', דהכא כיון דאינו ב"י אסור מדרבנן משום גזירה אטו ב"י, כדלקמן סימן קכ"ב, א"כ בכל גווני אסור לכתחלה, כי היכי דלא אתי למישרי ב"י.

סי' י ס"א(4) • קליפה והדחה

ואם שחט בו בלא שום הכשר, כתב המחבר, מדיח בית השחיטה, **ואם** קלף הרי זה משובח.
וקשה הא בלא"ה כל בשר צריך הדחה קודם מליחה, **י"א** דכאן מיירי אפילו לצלי, **וי"א** דמשום דם סגי בשפשוף במים, **וכאן** משום שמנונית איסור, צריך שפשוף גדול בידים היטב.

וכתב הרמ"א, ועל כן יש לקלפו, מדינא.
ותפסו על המחבר שפסק כהרמב"ם במקום שהפוסקים רובם וכמעט כולם הסכימו דבעי קליפה בטעמים נכונים.

והב"ח כתב, דאפי' בדיעבד התבשיל אסור בלא קליפה, **וכתב הש"ך**, ודלא כמ"ש סי' ס"ט וסי' צ"א. **מיהו** יש שמעורר, דשם לא כתב להיפך ממ"ש הב"ח, **אלא** דכתב דכשאין הקליפה ניכרת, א"צ ס' נגד הקליפה.

וכתב הרמ"א, אבל לא ישחוט על מנת לקלוף אח"כ.
וי"א דאפי' בסכין שאינו ב"י והוא נקי בודאי, אסור לכתחלה, **וי"א** דמותר בסתם סכין לשחוט לכתחלה ע"מ לקלוף, שאפי' אם לא יקלוף אח"כ ליכא איסורא, **(ולפי** שיטתו, דס"ל סתם סכין נקי), **אבל י"א** דכיון דאינו ב"י אסור משום גזירה אטו ב"י, א"כ בכל גווני אסור לכתחלה, כי היכי דלא אתי למישרי ב"י.
וי"א דמ"ש הרמ"א לעיל דמותר במקום הדחק, פירושו דבמקום הדחק מותר לשחוט ע"מ לקלוף.

דיני כשרות סכין ששחט בו כשרה

סעיף ב - סכין ששחט בו כשרה, אע"פ שהוא מלוכלך בדם, מותר לשחוט בו פעם אחרת - משמע להדיא דמותר לשחוט בו כשהוא מלוכלך אפילו בלא הדחה כלל, ועוד דהא בסכין ששחט בו טריפה הוא דכתבו הט"ו בס"ג דוקא דבעי הדחה, **והטעם** כתבו הפוסקים, משום דבלאו הכי יש דם הרבה בביה"ש, ולא בלע משום דטרידי סימנים לאפוקי דם.

[**ביאר בתה"א**, דבית השחיטה כרותח לענין זה, דבולע ‹הסכין› אגב דוחקא דסכינא, **אפי' אין מלוכלך בדם, ודלא כרש"י**, ‹וז"ל רש"י, אע"ג דפסקינן הלכתא דבית השחיטה צונן, גבי סכין של היתר הוא דפסקינן הלכה להתירא, דלא מיתסר בבליעה זו, דקשה הוא לבלוע אלא על ידי רתיחה, אבל גבי סכין דאיסורא של גוים דלעיל, לא פסקינן הכי, מפני שהסכין אסורה והבשר רך לבלוע - ב"י›, **וראייתו מהא דסכין ששחט בה אסור לחתוך בו רותח, והטעם שמ"מ בית השחיטה רותח קצת ומבליע דם בסכין, אלא דאפ"ה מותר לשחוט בו, משום דאיידי דטרידי סימנים לפלוט דם, לא בלעי, כדאיתא בגמ'].**

[**וק"ל ממה דאיתא בחולין, דאיכא מ"ד בסכין של טריפה דצריך הגעלה בחמין, ופריך עליה מאי שנא טריפה דבלע איסורא, כי שחט היתירה נמי בלע איסור אבר מן החי, וליבעי הגעלה לסכין אפי' בשחט כשרה, ומשני אימת קא בלע סכין, לכי חיימא, ואימת חיימא בגמר שחיטה, ההיא שעתא אין שם אבר מן החי, ש"מ שאין ההיתר אלא משום שאין הבלוע אלא לבסוף, אבל אם אין איסור משום בלוע, אלא ממה דהוא בעין על הסכין, ודאי אוסר אף קודם גמר שחיטה, דהא א"צ חימום לזה, דהא אף למ"ד בית השחיטה צונן יש איסור ממה שהוא בעין על הסכין, וא"כ בשוחט בהמה כשירה יהיה אסור לשחוט אחריו, כיון שיש בעין על הסכין מאיסור אבר מן החי, ונראה** דדוקא אם החשש משום טעם הבלוע בסכין שיחזור בסימנים, פרכינן דיש ג"כ בכשירה טעם איסור בלוע מן אבר מן החי, **משא"כ** אם אין חשש אלא שנשאר בעין עליו, זה לא שייך באבר מן החי, שהרי אין שם ממשות מן אבר מן החי, ואפי' לחלוחית, אלא נבלל בדם, וכיון שהדם אינו מבליע שהסימנים טרודים לפלוט דם שלהם, ע"כ אין איסור משום אבר מן החי, **אלא** דבשמנונית של בהמה טריפה חששו שהוא נדבק בסכין, שהוא דבר הנדבק ונסרך אפי' בגמר שחיטה, ‹ודוקא שמנונית, דבגמר דחיים מדביק בסכין - פמ"ג›, **בזה ודאי חששו והצריכו הכשר לסכין, כנ"ל].**

אבל אסור לחתוך בו רותח - משמע אפילו שחט רק פעם אחת אסור לחתוך אח"כ רותח ע"י הדחה, וכן דעת הפוסקים וכן פסק בד"מ ומהרש"ל.

ובדיעבד אם חתך בו רותח בלא הגעלה, לא פירש הט"ו מה דינו, ונראה דאע"ג דס"ל דצריך הגעלה, היינו לכתחלה, אבל אם חתך בו רותח בדיעבד אחר ההדחה היטב, מותר, דהא הביאו לשון רש"י בסתם דביה"ש צונן ואין הסכין בולע שהוא קשה לבלוע. {**ואף** על גב דבשחט את הטריפה סגי בהדחה ‹לשחוט – פמ"ג›, זה הוי כדיעבד להגעיל את הסכין בין כל בהמה טרפה}.

ואף להרשב"א דכתב, דאסור לחתוך בו רותח משום שבלע וחוזר ופולט, מ"מ נראה דסגי בקליפה, דנהי דבלע, מ"מ לא בלע יותר מכדי קליפה, **דהא** אפילו בסכין של עובד כוכבים ששמנוניתו טוח על פניו, ושחט בה, סגי בקליפה אף להרשב"א, אלמא דחום ביה"ש אינו בולע יותר מכ"ק, א"כ גם הסכין בלע דבר מועט מביה"ש, ואינו אוסר יותר מכדי קליפה.

ומותר לחתוך בו צונן על ידי הדחה שידיחנו תחלה - משמע אפילו שחט בו הרבה פעמים מותר לחתוך צונן ע"י הדחה, **ולא** דמי לרגיל לשחוט בו טרפות דבסעיף ג', דהכא שאני דאיסורו משום דם ומישרק שריק ואינו נבלע כ"כ בסכין.

נראה מדלא כתבו הט"ו נמי הכא או יקנחנו בדבר קשה כדבסמוך סעיף ג', אלמא ס"ל דדוקא התם הוא דמהני קנוח, כיון דאיכא נמי טעמא דטרידי סימנים לפלוט דם, משא"כ הכא, ודלא כמהרש"ל.

[**לא** היה צריך לכתוב דין זה, שהרי אפי' שחט טריפה מהני הדחה אפי' לשחוט בו, כמ"ש ס"ג, **אלא** דנקט כאן דין צונן איידי דנקט דין רותח, **ופשוט** הוא דאם חתך צונן בלא הדחת סכין, שמדיח אחר כך אותו הצונן].

ולי נראה דצריך לכתבו, דהו"א דוקא בס"ג שרי לשחוט בה, דאיידי דטרידי סימנים לאפוקי דם לא בלעי, אבל הכא הו"א דבולע, קמ"ל - נקה"כ.

הגה: ואם רוצה להגעילו לאכול בו רותח, סגי ליה בהגעלה על ידי עירוי, אע"פ שאינו ככלי ראשון - אע"ג דקי"ל לקמן סימן ס"ח וק"ה, דעירוי אינו מפליט אלא כ"ק, אלא כדפי', דהסכין לא בלע רק דבר מועט. [לפי שאין בית השחיטה כרותח גמור].

סימן י ס"ב • דיני כשרות סכין ששחט בו כשרה

סכין ששחט בו כשרה, אע"פ שהוא מלוכלך בדם, מותר לשחוט בו פעם אחרת, **אף** כשהוא מלוכלך, אפי' בלא הדחה כלל, **והטעם**, משום דבלא"ה יש דם הרבה בביה"ש, ולא בלע משום דטרידי סימנים לאפוקי דם.
אבל אסור לחתוך בו רותח ע"י הדחה, אפי' שחט רק פעם א'.

וביאר הרשב"א, דבית השחיטה אינו רותח גמור, ורק לענין זה, דבולע הסכין דם אגב דוחקא דסכינא, אפי' אין מלוכלך בדם, **ומשו"ה** אסור לחתוך בו רותח, **אלא** דאפ"ה מותר לשחוט בו, משום דאיידי דטרידי סימנים לפלוט דם, לא בלעי.

ודלא כשיטת רש"י דהוי איפכא, דאע"ג דבית השחיטה צונן, דוקא גבי סכין של היתר, דלא מיתסר בבליעה זו, דקשה הוא לבלוע אלא ע"י רתיחה, **אבל** גבי סכין דאיסורא של גוים, לא פסקינן הכי, מפני שהסכין אסורה והבשר רך לבלוע.

ויש שהקשה בשוחט בהמה כשירה יהיה אסור לשחוט אחריו, כיון שיש בעין על הסכין מאיסור אבר מן החי, **ותירץ** דאין שם ממשות מן אבר מן החי, ואפי' לחלוחית, אלא נבלל בדם, **וכיון** שהדם אינו מבליע שהסימנים טרודים לפלוט דם שלהם, ע"כ אין איסור משום אבר מן החי, **אלא** דבשמנונית של בהמה טריפה חששו שהוא נדבק בסכין, שהוא דבר הנדבק ונסרך אפי' בגמר שחיטה, בזה ודאי חששו והצריכו הכשר לסכין.

ובדיעבד אם חתך בו רותח בלא הגעלה, י"א דאע"ג דצריך הגעלה, היינו לכתחלה, **אבל** אחר ההדחה היטב, מותר בדיעבד, **ובשחט** את הטריפה דסגי בהדחה לשחוט בס"ג, זהו משום דהוי כדיעבד להגעיל את הסכין בין כל בהמה טרפה.

ואף להרשב"א הנ"ל דאם חתך בו רותח, שחוזר ופולט מה שבלע, **מ"מ** נראה דסגי בקליפה, דנהי דבלע, מ"מ לא בלע יותר מכדי קליפה, ואינו אוסר יותר מכדי קליפה - ש"ך.

כתב המחבר, **ומותר לחתוך בו צונן** על ידי הדחה שידיחנו תחלה, אפילו שחט בו הרבה פעמים, **ולא** דמי לרגיל לשחוט בו טרפות דבס"ג, **דהכא** שאני דאיסורו משום דם ומישרק שריק ואינו נבלע כ"כ בסכין.
ואם חתך צונן בלא הדחת סכין, מדיח אח"כ אותו הצונן.

ומדלא כתב השו"ע "או יקנחנו בדבר קשה" כדבסמוך ס"ג, י"א דס"ל דדוקא התם הוא דמהני קנוח, כיון דאיכא נמי טעמא דטרידי סימנים לפלוט דם, **משא"כ** הכא.

וכתב רמ"א, **ואם רוצה להגעילו** לאכול בו רותח, סגי ליה בהגעלה על ידי עירוי, אע"פ שאינו ככלי ראשון, **ואע"ג** דאינו מפליט אלא כ"ק, הסכין לא בלע רק דבר מועט כנ"ל - ש"ך, **לפי** שאין בית השחיטה כרותח גמור - ט"ז.

סכין ששחט בה טריפה

סעיף ג'- סכין ששחט בה טריפה, אסור לשחוט בה עד שידיחנה בצונן - הטעם, דשמנונית הטרפה נדבק בדופני הסכין ונבלע בביה"ש, דאע"ג דטרידי סימנים לפלוט דם, מ"מ בולע

שמנונית, כ"כ הפוסקים, **ודוקא** הכא סגי בהדחה, ולא לעיל בסכין של כנעני, משום דהתם הסכין כבר אסור, והבשר רך לבלוע, אבל הכא קשה הוא הסכין לבלוע אלא על ידי רתיחה, ולא על ידי חום ביה"ש, ואין כאן אלא שמנונית שעל הסכין, ולכך סגי בהדחה, רש"י ופוסקים, **ולהרשב"א** דס"ל דהסכין בולע קצת על ידי חום ביה"ש ואגב דוחקא דסכינא, סובר דמ"מ אינו נפלט בחום ביה"ש ודוחקא דסכינא, אלא ברותח ממש.

[**לא דמי** לסכין של כותים דס"א, דלא סגי בהדחת צונן

דסכין, דשאני סכין של כותים שנשתמש בו תדיר, ונדבק בו הרבה מאד, ע"כ לא תסור ממנו בהדחה בעלמא].

לחנם דחק, דשאני התם דאפשר שנשתמשו בו ע"י רותח, והיינו דהתם לא מהני נעיצה לכתחילה, וברגיל לשחוט טריפות מהני נעיצה לכתחילה - נקה"כ.

או יקנחנה בדבר קשה - דוקא הכא הוא דמהני קנוח, כיון דאיכא נמי טעמא דטרידי סימנים לפלוט דם, משא"כ לעיל בצונן.

ונוהגין עתה לקנחה יפה בשער הבהמה בין כל שחיטה ושחיטה, ושפיר דמי - משום דחיישינן שמא תמצא טרפה, **וכתב** הב"ח ודוקא בבהמה, אבל בעופות דלא שכיחי טרפות אין המנהג לקנח, **אמנם** משום משום איסור אבר מן החי יש להזהיר השוחטים לקנח אפילו בעופות, ולא מהני קנוח בנוצות העופות, אלא צריך דוקא דבר קשה כגון חתיכת בגד בלוי או הדחה בצונן, בין כל שחיטה ושחיטה, עכ"ד, **והביא** ראיה מדקפריך בש"ס למ"ד בחמין, דהיתירא נמי בלע אמ"ה, ויש לדחות ראייתו, ‹עיין לעיל בט"ז ס"ב›, **וכן** פסקו הגהות אשר"י ממהרי"ח ומהרש"ל, דלא בעי הדחה כלל אפילו בצונן, בסכין ששחט בה כשרה, וכ"פ הרז"ה והרשב"א ובתה"ה והמרדכי והאגודה, וכן משמע להדיא באשר"י ור"י, וכן הוא דעת הט"ו וכמ"ש בס"ק י"ב, וכ"פ הסמ"ג והגהמי"י והאו"ה, [וכן פסק הט"ז].

ואם שחט בו בלא הדחה, ידיח בית השחיטה – כ"כ ג"כ הטור, [וכתב ב"י ע"ז שהוא פשוט, דכי היכי דמועיל לסכין גופיה הדחה, ה"נ סגי בהדחת בית השחיטה, עכ"ל], **ותפסו** על הטור מהרש"ל והב"ח, דנהי דלכתחלה סגי לסכין בהדחה, משום דקשה הוא לבלוע אלא על ידי רתיחה, או משום דלא פליט, מ"מ היכא

דלא הדיחו, בלע ביה"ש משמנונית שהוא עליו בעין, וצריך קליפה, דלא גרע מסכין של כנעני, [**וכ"ש הוא**, דהא אפי' סכין של כנעני שמקונח יפה, **אלא** שאיסור בלוע בו, אמרינן דבלע ע"י שחיטה, כ"ש שמנונית שנדבק בו ואינו מקונח, דבעי קליפה, רש"ל].

[**ונראה** ליישב דעת הטור, דס"ל כיון דכבר יש מחלוקת

בסכין של כותים, אם הבשר צריך קליפה או הדחה, ונהי דיש לפסוק שם לחומרא דקולף, מ"מ כאן דקיל איסוריה מסכין של כותים, יש לסמוך אמ"ד דהדחה סגי אפי' בסכין של כותים, ומ"מ לענין הלכה יש לפסוק להחמיר, דבעינן גם כאן קליפה, כמ"ש רש"ל, וכן מסיק מו"ח ז"ל, **ויש תימה רבה על הב"י, שכתב שפשוט כדעת הטור, והרי יש מחלוקת רבה ועצומה נגדו**].

אין זה נכון, דבכה"ג דהסכין מלוכלך בדם טרפה, ליכא פלוגתא, ולכו"ע ביה"ש בולע מן המוכן לפניו, **ועוד** אמאי קיל איסורא כאן טפי מסכין של כותים, **גם** מ"ש ויש תימה על הב"י, כבר קדמוהו הב"ח ושאר אחרונים בזה, וכמ"ש בש"ד - נקה"כ.

אין להקשות, הא בלאו הכי צריך הדחה קודם מליחה משום דם, וכדלקמן ריש סימן ס"ט, ואפילו לצלי קי"ל דבעי הדחה, וכמ"ש הר"ב סימן ע"ז, **כבר** תירצו הרשב"א והר"ן פ"ק דחולין בשם רבינו יונה, דאי משום דם בשפשוף בעלמא הוי סגי, עד שיצאו המים בלא מראה דם, **אבל** השתא משום שמנונית של איסור בעינן שפשוף גדול בידים היטב, כדי שיסיר ממנו שומן הסכין שנדבק בו באומד הדעת, עכ"ל, {**כ"כ** שם למ"ד בש"ס גבי סכין של כנעני מדיח, אבל אנן קי"ל קולף}, וכ"כ הכל בו, ולחנם דחק עצמו הדרישה בזה, ואישתמיטתיה דברי פוסקים אלו, **ובזה** אתי שפיר דלא תימא הא דכתב הט"ו אסור לשחוט בו עד שידיחנו בצונן, ולא נימא דישחוט בו בלא הדחה, דהא ידיחנו אח"כ מסתמא, כיון דדרכו בהדחה, כדלקמן ר"ס צ"א, אלא ודאי הכא בעינן דוקא הדחה היטב, דלא סגי בסתם הדחה.

ואם רגיל לשחוט בו טריפות תדיר, צריך נעיצה עשר פעמים בקרקע קשה – [דזה הוי כמו סכין של כנעני, וא"כ אם עבר ושחט בלא נעיצה, פשיטא שצריך כאן לקלוף בית השחיטה, אפי' לדעת הטור שזכרתי קודם לזה].

[**וכתב** רש"ל, ולא אוכל להבין דעתו, מי הוא שרגיל לשחוט טריפות בסכין, כי איך ידע מקודם שתטרף, וגם אינו בנמצא שמיחד אדם סכין לשחיטת טריפה, **אלא** נראה דאיירי ששחט הרבה בהמות, ונמצאו כמה בהמות מהן טרפות בבדיקה, דשוב לא ישחוט אלא ינעוץ י"פ בקרקע קשה, **ואף** א"ת שהטור לא כוון לזה, מ"מ יש להורות כן, וכן יעשה בכל פעם בעת הבציר בין בית לבית, עכ"ל, **ונראה** לענ"ד בזה, דודאי לכתחילה אין לחוש לזה כששוחטין בהמות הרבה, שיהיו בהמות הרבה טריפות בזה אחר זה בלי הפסק שחיטות כשרות בינתיים, דכל שיש כשירות בינתיים לא מקרי רגיל באיסור, ולא דמי לסכין של כנעני, **אלא** באם ברי לשוחט ששחט בהמות בזה אחר זה ונטרפו, שמה ששחט אחריהם בלא נעיצת קרקע קשה, צריך לקלוף בית השחיטה של אותה בהמה, **ונראה** דבג' זימני הוה חזקה, כמו שהבאתי לקמן לגבי שלשה תולעים, אבל לכתחילה די בקנות השיער יפה כמ"ש כאן, ‹יראה לפרש דה"ק, דאם קינח בשיער כמו שנוהגין השוחטים משום חשש טריפה, א"כ לא הוה רצופים, אלא בלא קינח בנתיים, **אמנם** התבואות שור כתב, דמט"ז משמע דאף אם קינח בנתיים, כל שרגיל לשחוט טריפה צריך נעיצה, יע"ש, **והיינו** שהוא מפרש דלכתחלה, כלומר לכתחלה נוהגין בין כל אחד לקנח בשער יפה – פמ"ג›, **אלא** שמהרש"ל כתב שעתה לא נהגו לקנח יפה כראוי, אלא דרך עראי, **וצריך** המורה להזהירם על זה].

וכתב הב"ח דהבהמות הכשרות שנמצאו מהן, ‹בין הני דנמצאו טריפות›, הוכשרו בקנוח שעשה בנתיים. ‹**והנה** משמע דהכי קאמר, דלא ישחוט אחר כך אלא על ידי נעיצה, הא הכשירות ששחט בנתיים הוכשרו בקנוח שעשה בנתיים, כמו שנוהגין השוחטים עתה לקנחו בשיער יפה משום חשש שמא ימצא טריפה. **אמנם** לא ידענא להולמו, דאדרבה המעיין בב"ח יראה, כל ששחט בינתים כשירות וקנח, אף שנמצא הרבה טריפות לא צריך נעיצה, אם לא שנגיה בש"ך קצת מלת "די", והכי קאמר, אם שחט כשירות בנתיים וקנח, די בכך, יע"ש – פמ"ג›.

צריך נעיצה כו' - פי' ושוחט אח"כ לכתחלה, וכ"כ בד"מ ובדרישה, **ואע"ג** דבסכין של כנעני לעיל לא מהני נעיצה לכתחלה, היינו משום שבלע טובא ע"י רתיחה ממש, משא"כ הכא.

סימן י ס"ג • סכין ששחט בה טריפה

סכין ששחט בה טריפה, אסור לשחוט בה עד שידיחנה בצונן.

הטעם, דשמנונית הטרפה נדבק בדופני הסכין ונבלע בביה"ש, דאע"ג דטרידי סימנים לפלוט דם, מ"מ בולע שמנונית.

החילוק מה דהכא סגי בהדחה, ולא לעיל בסכין של עכו"ם.
הש"ך – לשיטת רש"י הנ"ל, משום דהתם הסכין כבר אסור, והבשר רך לבלוע, **אבל** הכא קשה הוא הסכין לבלוע אלא ע"י רתיחה, ולא על ידי חום ביה"ש, ואין כאן אלא שמנונית שעל הסכין, ולכך סגי בהדחה.
ולשיטת הרשב"א דס"ל דהסכין בולע קצת על ידי חום ביה"ש ואגב דוחקא דסכינא, **מ"מ** אינו נפלט בחום ביה"ש ודוחקא דסכינא, אלא ברותח ממש.
הט"ז – דשאני סכין של עכו"ם שנשתמש בו תדיר, ונדבק בו הרבה מאד, ע"כ לא תסור ממנו בהדחה בעלמא.
הקשה הנקה"כ, דלדידיה ניחא אמאי התם לא מהני נעיצה לכתחילה, וברגיל לשחוט טריפות דלקמן מהני נעיצה לכתחילה, **אבל** איך יסביר הט"ז החילוק.

כתב המחבר, או יקנחנה בדבר קשה.
ודוקא הכא הוא דמהני קנוח, כיון דאיכא נמי טעמא דטרידי סימנים לפלוט דם, **משא"כ** לעיל כשחותך צונן.

וכתב החמבר, ונוהגין עתה לקנחה יפה בשער הבהמה בין כל שחיטה ושחיטה, **דחיישינן** שמא תמצא טרפה.
וכתב הב"ח, דדוקא בבהמה, אבל בעופות דלא שכיחי טרפות אין המנהג לקנח, **אמנם** משום איסור אבר מן החי יש להזהיר השוחטים לקנח אפילו בעופות, **ולא** מהני קנוח בנוצות העופות, אלא צריך דוקא דבר קשה כגון חתיכת בגד בלוי או הדחה בצונן, בין כל שחיטה ושחיטה.
והש"ך והט"ז חולקים, וכנ"ל בס"ב, דסכין ששחט בה כשרה לא בעי הדחה כלל אפילו בצונן.

וכתב המחבר, ואם שחט בו בלא הדחה, ידיח בית השחיטה, דכי היכי דמועיל לסכין גופיה הדחה, ה"נ סגי לבית השחיטה.
והקשו עליו, דנהי דלכתחלה סגי לסכין בהדחה, משום דקשה הוא לבלוע אלא ע"י רתיחה (לרש"י), **או** משום דלא פליט (להרשב"א), **מ"מ** היכא דלא הדיחו, בלע ביה"ש משמנונית שהוא עליו בעין, וצריך קליפה, דלא גרע מסכין של עכו"ם, **וכ"ש** הוא, דהא אפי' סכין של עכו"ם שמקונח יפה, אלא שאיסור בלוע בו, אמרינן דבלע ע"י שחיטה, כ"ש שמנונית שנדבק בו ואינו מקונח, דבעי קליפה.
וי"א ליישב דכיון דכבר יש מחלוקת בסכין של עכו"ם, אם הבשר צריך קליפה או הדחה, **ונהי** דיש לפסוק שם לחומרא דקולף, **מ"מ** כאן קיל איסוריה מסכין של עכו"ם, **ויש** לסמוך אמ"ד דהדחה סגי, **ומ"מ** לענין הלכה יש לפסוק להחמיר, דבעינן גם כאן קליפה – ט"ז.
וי"א דאין זה נכון, דבכה"ג דהסכין מלוכלך בדם טרפה, ליכא פלוגתא, ולכו"ע ביה"ש בולע מן המוכן לפניו, **ועוד** אמאי קיל איסורא כאן טפי מסכין של עכו"ם – נקה"כ.

וקשה דבלא"ה צריך הדחת בית השחיטה קודם מליחה משום דם, ואפילו לצלי קי"ל דבעי הדחה, **ותירצו** דאי משום דם בשפשוף בעלמא הוי סגי, עד שיצאו המים בלא מראה דם, **אבל** השתא משום שמנונית של איסור בעינן שפשוף גדול בידים היטב, כדי שיסיר ממנו שומן הסכין שנדבק בו באומד הדעת, **ומשו"ה** אמרינן דלא ישחוט בו בלא הדחת

סימן י – יתר דיני סכין

סעיף ג – סכין ששחט בה טריפה

הסכין, אע"ג דידיחנו אח"כ מסתמא, כיון דדרכו בהדחה, **דהא** בעינן דוקא הדחה היטב, דלא סגי בסתם הדחה.

כתב המחבר, ואם רגיל לשחוט בו טריפות תדיר, צריך נעיצה עשר פעמים בקרקע קשה.
משום דעי"ז הוי כמו סכין של עכו"ם, **וא"כ** אם עבר ושחט בלא נעיצה, פשיטא שצריך כאן לקלוף בית השחיטה לכו"ע.

וקשה דמי הוא שרגיל לשחוט טריפות בסכין, כי איך ידע מקודם שתטרף, וגם אינו בנמצא שמיחד אדם סכין לשחיטת טריפה, **וי"א** דמיירי ששחט הרבה בהמות, ונמצאו כמה בהמות מהן טרפות בבדיקה, **דשוב** לא ישחוט אלא ינעוץ י"פ בקרקע קשה – רש"ל.
וכתב הס"ז, דודאי לכתחילה אין לחוש לזה כששוחטין בהמות הרבה, שיהיו בהמות הרבה טריפות בזה אחר זה בלי הפסק שחיטות כשרות בינתיים, **דכל** שיש כשירות בינתיים לא מקרי רגיל באיסור, ולא דמי לסכין של עכו"ם, **אלא דאם** ברי לשוחט ששחט בהמות בזה אחר זה ונטרפו, מה שישחוט אחריהם בלא נעיצת קרקע קשה, צריך לקלוף בית השחיטה של אותה בהמה, **ובג'** זימני הוה חזקה, **אבל** לכתחילה די בקנוח השיער יפה, **ועתה** לא נהגו לקנח יפה כראוי, אלא דרך עראי, וצריך המורה להזהירם על זה.
י"א דר"ל דאם קינח בשיער כמו שנוהגין השוחטים משום חשש טריפה, לא הוה רצופים, ורק אם לא קינח בנתיים – פמ"ג.
וי"א דר"ל דאף אם קינח בנתיים, כל שרגיל לשחוט טריפה צריך נעיצה – תבואת שור.

וש"ך כתב בשם הב"ח, דהבהמות הכשרות שנמצאו בין הני דנמצאו טריפות, הוכשרו בקנוח שעשה בנתיים.
י"א דמשמע דה"ק, דאף דהכשירות ששחט בנתיים הוכשרו בקנוח בשיער יפה שעשה בנתיים, **לא** ישחוט אח"כ אלא ע"י נעיצה. **אמנם** מהב"ח עצמו מבואר, דכל ששחט בינתים כשירות וקנח, אף שנמצא הרבה טריפות, לא צריך נעיצה.

י"א דיכול לשחוט לכתחלה אחר נעיצה, ואע"ג דבסכין של עכו"ם לעיל לא מהני נעיצה לכתחלה, **היינו** משום שבלע טובא ע"י רתיחה ממש, **משא"כ** הכא.

§ סימן יא – באיזה זמן שוחטין, ודין השוחט בתוך המים §

שחיטה בלילה או ביום במקום אפל

סעיף א- לעולם שוחטין, בין ביום בין בלילה; בד"א, כשאבוקה כנגדו, אבל אם אין אבוקה כנגדו, או ביום במקום אפל, לא ישחוט

- שמא ישהה או ידרוס ולא ירגיש, רשב"א. ‹והנה ברשב"א בארוך כתב שמא יחליד, ובקצר שמא ידרוס, **והש"ך** ז"ל לא רצה לפרש כמ"ש בארוך, דחלדה נראה אם הנוצה חתוכה, כמ"ש הט"ז, לכן בחר לו דרך הקצר, **וה"ה** שהייה, דסובר חדא הוא דרסה או שהיה, כיון דשוחט באפילה אין יכול לבחון כ"כ – פמ"ג›.

ואם שחט, שחיטתו כשרה - כשאומר ברי לי שלא שהיתי ולא דרסתי, **רשב"א**. ‹**לא** ידענא, דרשב"א לא הזכיר כלל מזה לא בארוך וקצר ובחדושיו שיאמר ברי, **וכפי** הנראה מט"ז, דיעבד כשר כך בלא אמירת ברי לי – פמ"ג, **ולא** דמי לדלעיל ס"ו ס"ק ט', דבצואר בהמה למעלה אפילו אמר ברי לי שלא דרסתי פסולה, שמא ידרוס פעם אחרת, **דהתם** דבר מצוי הוא לדרוס, כיון שצואר בהמה למעלה, **א"נ** הכא הוי טעמא כמ"ש רש"י, דלמא לא ישחוט רובא והוא לא ידע, וא"כ ליכא למיחש שמא פעם אחרת לא ישחוט הרוב, דהא כל שוחט צריך לבדוק לאחר שחיטה אם שחט הרוב, וכדלקמן סי' כ"ה, ועמ"ש שם, **ונלפע"ד** דאפילו לטעם רש"י אסור לשחוט לכתחלה ביום במקום אפל, דחיישינן שמא יפסוק בע"א וישכח ולא יבדוק הסימנים לאור היום, **והב"ח** לא כתב כן, עיין שם, ‹וז"ל, ונראה דלפירוש רש"י יכול לשחוט לכתחלה ביום במקום אופל, שהרי יכול לבדוק בסימנים מיד כשיצא מאופל לאורה – ב"ח›.

ביום במקום אפל – [בגמ' לא איתיה לזה, רק בלילה, אלא שהרשב"א חידש דין זה ומדמה אותו ללילה, וקשה דהא פירש"י הטעם בלילה דלא ישחוט לכתחילה, דחיישינן שמא לא ישחוט רוב הסימנים, והוא לא ידע, **ונראה** כוונתו, דודאי אם אנו רואין ביום ששחט הרוב, דודאי כשרה, ומש"ה אין איסור רק לכתחילה, שמא ישכח במשך זמן הלילה שצריך לבדוק, ואפי' ששחט בסוף לילה לא פלוג רבנן, ומו"ח ז"ל פי' הטעם, שמא ע"י פרכוס נתרחב החתך אחר השחיטה, ושמא לא נשחט הרוב, וק"ל דא"כ דיעבד נמי יהיה אסור, ותו דבסי' כ"ה מבואר דלא חיישינן לכך, **אלא** כדפרישית עיקר, **וא"כ** למה נאסר ביום במקום אפל, כיון שמיד יכול לילך למקום אור ולראות אם שחט הרוב], **לק"מ** כמ"ש בש"ך - נקה"כ. [וי"ל דהרשב"א אזיל לטעמיה, שמפרש הטעם בתה"ה דלכתחילה אסור שמא יחליד, וא"כ ה"ה ביום במקום אפל, **וצ"ל** לדידיה דמ"מ יכול להרגיש בלילה אם עושה חלדה, ומש"ה כשר בדיעבד, **ויש** להקשות לרשב"א, ישחוט לכתחילה ויראה אם נחתכו הנוצות, אז ודאי לא עשה חלדה, כההיא דרבי יונה בדיק ליה גירא

ושחט אפי' לכתחילה, **ולפי** מש"כ בת"ה עוד חשש שמא יעשה דרסה, לק"מ].

(**ועיין** בתשובת זכרון יצחק, שכתב דנראה לו בזה טעם אחר, דאחרי דלכתחלה צריך לברך ברכת השחיטה קודם השחיטה, ע"כ לא ישחוט לכתחלה בלילה, דשמא לא ישחוט רובא, ויבא לידי ברכה לבטלה, ע"ש, **ולפי"ז** אם שחט דבר דאיתיילד בה ריעותא, דכתב הרמ"א לקמן סימן י"ט ס"א בהג"ה, שאינו מברך קודם השחיטה, יכול לשחוט לכתחלה בלילה, **וכן** אם שחט מבעוד יום, ובלילה רוצה לשחוט בלא ברכה על סמך ברכה ראשונה, דלא שייך חששא הנ"ל, שפיר רשאי לשחוט לכתחלה בלילה, **אך** באמת זה אינו, דא"כ מאי הקשו בגמרא חולין ד' י"ב ע"ב, השוחט דיעבד אין לכתחלה לא, ורמינהו לעולם שוחטים כו', דלמא שם מיירי בבה"ג, אלא ודאי דאעפ"כ אסור).

(**ומש"כ** הבה"ט בשם בית יעקב, ואם התחיל «לשחוט לאור הנר, וקודם ששחט רוב סימנים כבתה, אין זקוק לה, ויגמור שחיטתו מבלי שהייה», **עיין** בבית יעקב שם שכתב, דאף אם ברור לו שלא שחט אלא חצי הקנה ולא נגע בושט, דאז אם יפסיק לא יהא נפסל משום שהייה, אפ"ה גומר, ע"ש, **אכן** בתשובת שבות יעקב כתב, ועל דבר כביית הנר באמצע שחיטה, אע"ג דשחט בלילה בלי נר קיי"ל דשחיטתו כשירה, מ"מ ע"י כביית הנר מבעית השוחט תוך השחיטה, ועושה שהייה וטרפה, ע"ש).

(וב' נרות המובים כאבוקה) - וסיים בד"מ, ועיין באו"ח סי' רצ"ח מאי נקרא אבוקה, ע"כ, **והיינו** ששם נתבאר, דנר שיש לו שני פתילות מיקרי אבוקה, **ובאו"ח** סימן תל"ג ס"ב כתב הר"ב, דב' נרות אפילו הן קלועין דינן כאבוקה, ומסתמא ה"ה הכא.

«**עיין** באורח מישור לדרכי משה על יו"ד, דאפי' אינם דבוקים מקרי אבוקה, וכן לענין הבדלה - רעק"א».

«ואליהו זוטא סי' תל"ג, מתיר לכתחילה בנר יחידי. **ופר"ח** מתיר לאור הלבנה כשמאירה יפה, והרדב"ז מחמיר לכתחילה - באה"ט».

סימן יא ס"א • שחיטה בלילה או ביום במקום אפל

לעולם שוחטין, בין ביום בין בלילה, **בד"א** כשאבוקה כנגדו, **אבל** אם אין אבוקה כנגדו, או ביום במקום אפל, לא ישחוט, **שמא** ישהה או ידרוס ולא ירגיש, רשב"א, **ואם שחט**, שחיטתו כשרה, דיכול להרגיש בלילה אם עשה כן, ומש"ה כשר בדיעבד.
י"א דוקא כשאומר ברי לי שלא שהיתי ולא דרסתי, **וי"א** דבדיעבד כשר בלא אמירת ברי לי.

והרשב"א כתב עוד, דשמא יחליד, **והש"ך** והט"ז לא ניחא להו בזה, דחלדה נראה אם הנוצה חתוכה.

ולשיטת רש"י הוי החשש, דלמא לא ישחוט רובא והוא לא ידע, **ובודאי** אם אנו רואין ביום ששחט הרוב, כשרה, **ומש"ה** אין איסור רק לכתחילה, שמא ישכח במשך זמן הלילה שצריך לבדוק, **ואפי'** ששחט בסוף לילה, לא פלוג רבנן.
וי"א דלפי' רש"י יכול לשחוט לכתחלה ביום במקום אופל, שהרי יכול לבדוק בסימנים מיד כשיצא מאופל לאורה - ב"ח.
וי"א דאפי' לטעם רש"י אסור לשחוט לכתחלה ביום במקום אפל, דחיישינן שמא יפסוק בענין אחר וישכח ולא יבדוק הסימנים לאור היום - ש"ך.
והב"ח פי' הטעם ברש"י, שמא ע"י פרכוס נתרחב החתך אחר השחיטה, ושמא לא נשחט הרוב, **וקשה** דא"כ דיעבד נמי יהיה אסור, **ותו** דבסי' כ"ה מבואר דלא חיישינן לכך.

וי"א בזה טעם אחר, דאחרי דלכתחלה צריך לברך ברכת השחיטה קודם השחיטה, ע"כ לא ישחוט לכתחלה בלילה, דשמא לא ישחוט רובא, ויבא לידי ברכה לבטלה, **ולפי"ז** אם שחט דבר דאיתיילד בה ריעותא, דכתב הרמ"א לקמן סימן י"ט, שאינו מברך קודם השחיטה, יכול לשחוט לכתחלה בלילה, **וכן** אם שחט מבעוד יום, ובלילה רוצה לשחוט בלא ברכה על סמך ברכה ראשונה, דלא שייך חששא הנ"ל, שפיר רשאי לשחוט לכתחלה בלילה, **אך** באמת מבואר מהגמ' דאין זה החשש.

י"א דאם התחיל לשחוט לאור הנר, וקודם ששחט רוב סימנים כבתה, אין זקוק לה, ויגמור שחיטתו מבלי שהייה, **ואף** אם ברור לו שלא שחט אלא חצי הקנה ולא נגע בושט, דאז אם יפסיק לא יהא נפסל משום שהייה, אפ"ה גומר.
אכן י"א דאם נכבה הנר באמצע שחיטה, אע"ג דאם שחט בלילה בלי נר, קיי"ל דשחיטתו כשירה, מ"מ ע"י כביית הנר מבעית השוחט תוך השחיטה, ועושה שהייה וטרפה.

וב' נרות חשובים אבוקה, **ומבואר** באו"ח סי' רצ"ח דנר שיש לו שני פתילות מיקרי אבוקה. **ובאו"ח** סימן תל"ג מבואר, דב' נרות אפילו הן קלועין דינן כאבוקה, ומסתמא ה"ה הכא.
וי"א דאפי' אינם דבוקים מקרי אבוקה, וכן לענין הבדלה.
ויש מתירין לכתחילה בנר יחידי. **ויש מתירין** לאור הלבנה כשמאירה יפה, **ויש מחמירין** לכתחילה.

השוחט בשבת וביוה"כ

סעיף ב - השוחט בשבת וביו"כ, אע"פ שאילו היה מזיד בשבת מתחייב בנפשו, והיה לוקה ביו"כ, שחיטתו כשרה - [לכאורה משמע דבמזיד אסור, דהוה מומר, וכן פסק ב"י, וא"כ צ"ל דמיירי בפרהסיא כדלעיל סי' ב', וקשה דהיה לו לטור לכתוב רבותא, במקום שכתב שוגג, היה לו לכתוב אפי' מזיד, רק שלא היה בפרהסיא, כמ"ש הר"ן באמת בזה, ע"כ נראה דהטור מכשיר אפי' במזיד, דלא הוה מומר

סימן יא - באיזה זמן שוחטין, ודין השוחט בתוך המים
סעיף ב - השוחט בשבת וביוה"כ

בשביל פעם אחת, ‹משמע מדבריו אף בשחיטה אחרת, דלא כש"ך - פמ"ג, וכמ"ש התוס', והא דלא כתב רק שוגג, משום דאמרינן בגמ' דבמזיד קנסינן ליה כרבי יוחנן הסנדלר, דאסורה עולמית, מאחר דקי"ל כרבי יהודה במבשל בשבת, ובטור כתב סתם כשירה, דמשמע דלא קנסינן ליה, ע"כ כתב שוגג, וכי תימא הא בשוגג אסורה נמי בו ביום, י"ל דמ"מ שייך שחיטתו כשירה גם לדידיה ביומא אחרינא אחר השבת]. ‹ומ"מ יש גמגום בדברי הט"ז, דהזכיר ר' יוחנן הסנדלר, דהיינו שוגג דיליה הוה מזיד דר' יהודה, ולמה ליה כולי האי, הוה להזכיר כי אם מזיד דר' יהודה, דלדידיה אסור עולמית - פמ"ג›.

אפילו במזיד ובפרהסיא שחיטתו כשרה, לפי מש"ל סימן ב' ס"ק י"ז, דלא נעשה ישראל עובד כוכבים באותה שחיטה, אלא משחיטה ראשונה ואילך, **מיהו** בין שוגג בין מזיד דינו כמו שנתבאר באו"ח ר"ס שי"ח, וכ"פ הב"ח, וכן הוא בשלטי גבורים ע"ש ריא"ז, **דלא** כהעט"ז.

סימן יא ס"ב • השוחט בשבת וביוה"כ

השוחט בשבת וביוה"כ, אע"פ שאילו היה מזיד בשבת מתחייב בנפשו, והיה לוקה ביוה"כ, שחיטתו כשרה.
לכאורה משמע דבמזיד אסור, (וכ"כ הלבוש), דהוה מומר, וא"כ צ"ל דמיירי בפרהסיא כדלעיל סי' ב'.
ומ"מ נראה דכשר אפי' במזיד, דלא הוה מומר בשביל פעם א' - ט"ז, (**משמע** מדבריו דכשר אף בשחיטה אחרת, **ודלא** כש"ך דכתב דהוי מומר משחיטה ראשונה ואילך).
ורק דאמרינן בגמ' דבמזיד קנסינן ליה דאסורה עולמית, **ואף** דבשוגג אסורה נמי בו ביום, **מ"מ** שייך שחיטתו כשירה גם לדידיה ביומא אחרינא אחר השבת.

שחיטה לתוך ימים ונהרות, ולתוך כלים

סעיף ג - אין שוחטין לתוך ימים ונהרות, שלא יאמרו, לשר של ים הוא שוחט; ולא לתוך הכלים, שלא יאמרו, מקבל הדם לזורקו לעבודת כוכבים; ואם יש בכלי מים, שאז אין הדם ראוי לזריקה, אם הם צלולים לא ישחוט בו, שלא יאמרו לצורה הנראית במים שוחט; ואם הם עכורים, מותר - משמע אבל לימים ונהרות אין חילוק, דאפי' הם עכורים אסור, מטעם שלא יאמרו לשר של ים הוא שוחט, והכי מוכח בש"ס ופוסקים.

וכן אם יש בכלי עפר, מותר לשחוט בתוכו.

(**עבה"ט** ‹וז"ל, וכתב בית הילל, ירא שמים יהיה נזהר מלקבל הדם בכלי לאחר שחיטה כדי למכור לעכו"ם, ע"ש, **ופר"ח** חולק וכתב, דלא אסרו חז"ל בתוך הכלי אלא מתחילת השחיטה, אבל לאחר שסילק ידו מהשחיטה לא חיישינן למראית עין›, **ועיין** בדברי הב"ח שהביא הש"ך לקמן סי' כ"ח ס"ק י', דשם מבואר כדעת הבית הילל, ודוקא כדי לקיים מצות כיסוי שרי, בזמן הזה שאין דרך עובדי עבודת כוכבים בכך לקבלו בכלי, ואעפ"כ יותר טוב ליתן עפר וצרורות בכלי קודם קבלה, ע"ש).

(**עיין** במ"א בשם המבי"ט, דאסור לשחוט בבית הכנסת).

סימן יא ס"ג • שחיטה לתוך ימים ונהרות, ולתוך כלים

אין שוחטין לתוך ימים ונהרות, (אפי' הם עכורים), שלא יאמרו, לשר של ים הוא שוחט.
ולא לתוך הכלים, שלא יאמרו, מקבל הדם לזורקו לע"ז.
ואם יש בכלי מים, שאז אין הדם ראוי לזריקה, **אם** הם צלולים לא ישחוט בו, שלא יאמרו לצורה הנראית במים שוחט; **ואם** הם עכורים, מותר.
וכן אם יש בכלי עפר, מותר לשחוט בתוכו.

י"א דלא אסרו חז"ל בתוך הכלי אלא מתחילת השחיטה, אבל לאחר שסילק ידו מהשחיטה, לא חיישינן למראית עין.
וי"א דירא שמים יהיה נזהר מלקבל הדם בכלי אפי' לאחר השחיטה כדי למכור לעכו"ם, **ודוקא** כדי לקיים מצות כיסוי שרי, בזה"ז שאין דרך עובדי ע"ז בכך לקבלו בכלי, **ואעפ"כ** יותר טוב ליתן עפר וצרורות בכלי קודם קבלה.

י"א דאסור לשחוט בבית הכנסת.

שחיטה בספינה

סעיף ד - היה בספינה ואין לו בה מקום פנוי לשחוט, יכול לשחוט על גבי כלים והדם שותת ויורד לתוך המים - כ"כ רש"י והר"ן ור' ירוחם, ופי' דהיינו שנוטל כלי ארוך ומניח מקצתו בספינה ומקצתו חוץ לספינה, דרך מדרון לצד חוץ, ושוחט ע"ג הכלי והדם שותת ויורד לתוך המים, וכ"כ הפרישה, **אבל** הרשב"א וטור כתבו, יכול לשחוט ע"ג כלים, ובלבד שלא ישחוט לתוכן, או מוציא ידו חוץ לספינה, ולא הזכירו הדם שותת לתוך המים גבי כלי, **וצ"ל** שר"ל שמותר לשחוט ע"ג אחורי הכלי שיש לו תוך, דלא מיחזי כמקבל דם לעבודת כוכבים, כיון שאינו שוחט לתוכו, **דלא** כהפרישה שפי', דר"ל ששוחט ע"ג אוגני הכלי, ואע"פ שהדם יורד לתוכו, כיון שאינו שוחט לתוכו ממש שרי, אלא כדפרישית.

או מוציא ידו חוץ לספינה ושוחט על דפנותיה והדם שותת ויורד לתוך המים, ואינו חושש - ופסק הב"ח, דבראש הספינה אפילו שוחט לתוך הים להדיא או בכלי שרי, דא"א לו לטנף דופני הספינה שבחוץ, **אבל** בעומד תוך הספינה, אע"פ שמלכלך דופני הספינה, משתטפים הם בהילוכם במים, וכתב שכן דעת רש"י, **והשיג** על התוספות וב"י שכתבו, דאפילו בראש הספינה לא שרי אלא בשוחט על דופני הספינה, ומשם שותת הדם ויורד לתוך המים, **ולא** ירדתי לסוף דעתו, וכ"כ הר"ן להדיא כהתוספות, וגם הב"י מסיק דרש"י נמי כהתוספות ס"ל, **וכן** נ"ל שהוא דעת הרמב"ם והכל בו וסמ"ג ורי"ו והמחבר, שלא הזכירו כלל דין דראש הספינה דבש"ס, רק כתבו בסתם דבספינה שוחט על דפנותיה, אלמא ס"ל דאין חילוק, וכן מוכח דעת הרשב"א וטור ע"ש, **ועיין** בסימן שאח"ז כיצד נוהגין בזמן הזה.

סימן יא ס"ד(1) • שחיטה בספינה

היה בספינה ואין לו בה מקום פנוי לשחוט, **יכול** לשחוט ע"ג כלים והדם שותת ויורד לתוך המים, **שנוטל** כלי ארוך ומניח מקצתו בספינה ומקצתו חוץ לספינה, דרך מדרון לצד חוץ. **ויש שכתבו**, דיכול לשחוט ע"ג אחורי הכלי שיש לו תוך, דלא מיחזי כמקבל דם לע"ז, כיון שאינו שוחט לתוכו, (**ודלא** כמי שפי', דר"ל ששוחט ע"ג אוגני הכלי, ואע"פ שהדם יורד לתוכו, כיון שאינו שוחט לתוכו ממש).

או מוציא ידו חוץ לספינה ושוחט על דפנותיה והדם שותת ויורד לתוך המים, ואינו חושש.

וי"א דבראש הספינה אפי' שוחט לתוך הים להדיא או בכלי שרי, דא"א לו לטנף דופני הספינה שבחוץ, **אבל** בעומד תוך הספינה, אע"פ שמלכלך דופני הספינה, משתטפים הם בהילוכם במים - ב"ח.

והש"ך השיג עליו, וכתב דלא ירד לסוף דעתו, דאין חילוק אם הוא בראש הספינה.

שחיטת אווז בטבת ושבט

הגה: מקלת שוחטין נזהרין שלא לשחוט שום אווז בטבת ושבט, אם לא שאוכלין מלבה, משום שקבלה היא שיש שעה אחת באותן חדשים אם שוחט בה אווז, ימות השוחט אם לא אוכל ממנה; ונוהגין לאכול מן הלב (תשב"ץ בשם ר"י חסיד) - ובהגהת מנהגים איתא דנותנים לו הכבד, וראיתי עתה נוהגים לאכול מן הרגלים.

^ובפראג מן שומן המהותך. **ואין** להקפיד על כך, כי הוא בגדר דרכי אמורי, ובכלל לא תנחשו, תמים תהיה וכו'. **והדבר** יצא מפי החסיד ר"י ז"ל, ובימיו היו הרבה מנחשים ומכשפים באווזות, כנודע בכתבי מעשיות שיש על זה מר"א מגרמיזא לבטל כחם, ואפשר דאף זה היה לבטל כחם. **אבל** בזמן הזה דלא שמענו ענין זה, ודאי אין להקפיד. **ולאכול** לסעודת מצוה שבת ברית מילה וחתונה, פשיטא דיש לו לשחוט, ושומר מצוה לא ידע דבר רע וכו' - כרתי'.

סימן יא ס"ד(2) • שחיטת אווז בטבת ושבט

מקצת שוחטין נזהרין שלא לשחוט שום אווז בטבת ושבט, אם לא שאוכלין מלבה, **משום** שקבלה היא שיש שעה אחת באותן חדשים אם שוחט בה אווז, ימות השוחט אם לא אוכל ממנה, ונוהגין לאכול מן הלב. **וי"א** דנותנים לו הכבד, **ויש** נוהגים לאכול מן הרגלים, **ויש** מן שומן המהותך.

וי"א אין להקפיד על כך, כי הוא בגדר דרכי אמורי, ובכלל לא תנחשו, תמים תהיה וכו', **והדבר** יצא מפי החסיד ר"י ז"ל, ובימיו היו הרבה מנחשים ומכשפים באווזות, ואפשר דזה היה לבטל כחם, **אבל** בזה"ז דלא שמענו ענין זה, ודאי אין להקפיד. **ולאכול** לסעודת מצוה שבת ברית מילה וחתונה, פשיטא דיש לו לשחוט, ושומר מצוה לא ידע דבר רע וכו'.

§ סימן יב - שלא לשחוט בתוך גומא §

שחיטה בתוך גומא

סעיף א - אין שוחטין לתוך הגומא, אפילו בבית - ואפילו שאינה נקייה מעפר אסור, כן פסקו הפוסקים, והטעם כתב הרשב"א, שכן דרך האפיקורסים [הכותיים] להתאסף על הבור ולאכול עליו, **ואם לא היה רוצה ללכלך ביתו בדם, עושה מקום מדרון חוץ לגומא ושוחט שם, והדם שותת ויורד לגומא** - שאז ניכר לכל שמתכוין לנקות ביתו, טור, **ובשוק לא יעשה כן** - שאין צריך לנקות השוק, והלכך אפילו אין שם אדם רואה אותו, אסור דומיא דבית.

סימן יב ס"א • שחיטה בתוך גומא

אין שוחטין לתוך הגומא, אפי' בבית, ואפי' שאינה נקייה מעפר, **והטעם**, שכן דרך האפיקורסים הכותיים להתאסף על הבור ולאכול עליו.

ואם לא היה רוצה ללכלך ביתו בדם, עושה מקום מדרון חוץ לגומא ושוחט שם, והדם שותת ויורד לגומא, **שאז** ניכר לכל

סימן יב - שלא לשחוט בתוך גומא
סעיף א - שחיטה בתוך גומא

שמתכוין לנקות ביתו.
ובשוק לא יעשה כן, שא"צ לנקות השוק, **והלכך** אפי' אין שם אדם רואה אותו, אסור, דומיא דבית.

לאכול משחיטתו של השוחט בגומא

סעיף ב - י"א שאם שחט בגומא בשוק, אסור לאכול משחיטתו - כלומר גם משחיטה זו ששחט בגומא, **עד שיבדקו אחריו שמא אפיקורס הוא** - ‹וטעמו, מדמסיים בברייתא דאין שוחטין לתוך הגומא, ואם עשה כן צריך בדיקה אחריו - ב"י›.

ונראה מדברי הרשב"א, דלסברא זו ה"ה אם שחט לתוך ימים וכלים, שאסור לאכול משחיטתו, **ונ"מ** אפילו להי"א שכתב המחבר, לענין דצריך בדיקה אחריו מכאן ולהבא, כמ"ש בס"ק שאח"ז, דאף במים וכלים דינא הכי.

ויש אומרים שמותר בדיעבד ואין צריך בדיקה - אחריו כדי להכשיר אותה שחיטה, דאפי' בלא בדיקה אין מוציאין את האדם מחזקת כשרות, ומה ששחט הוא כשר, **והא** דאיתא בש"ס צריך בדיקה אחריו, היינו כדי לפסלו מכאן ולהבא, **ואם** ימצא אפיקורס, אמרינן כל מה ששחט למפרע לתוך הגומא לשם עבודת כוכבים היה, ואסור הכל בהנאה, כ"פ מהרש"ל, **וה"ה** לתוך ימים וכלים.

הגה: ובזמן הזה דאין דרך עובדי עבודת כוכבים בכך, יש להתיר בדיעבד - קאי גם אלעיל סי' י"א, וכן מפורש בא"ז שהביא בד"מ סי' י"א.

סימן יב ס"ב • לאכול משחיטתו של השוחט בגומא

מסיים בברייתא דאין שוחטין לתוך הגומא: **ואם** עשה כן צריך בדיקה אחריו.
ויש שפסק ע"פ זה, שאם שחט בגומא בשוק, דאסור לאכול משחיטתו, (גם משחיטה זו ששחט בגומא), עד שיבדקו אחריו, שמא אפיקורס הוא.
וה"ה אם שחט לתוך ימים וכלים, שאסור לאכול משחיטתו.

וי"א דהא דאיתא דצריך בדיקה אחריו, היינו כדי לפסלו מכאן ולהבא, **ואם** ימצא אפיקורס, כל מה ששחט למפרע לתוך הגומא לשם ע"ז היה, ואסור הכל בהנאה, (**וה"ה** במים וכלים דינא הכי), **אבל** כל זמן שלא בדקו ומצאו אפיקורס, אין מוציאין את האדם מחזקת כשרות ומותר בדיעבד, וא"צ בדיקה אחריו, **וה"ה** לתוך ימים וכלים.

וכתב רמ"א, ובזה"ז דאין דרך עובדי ע"ז בכך, יש להתיר בדיעבד, **וקאי** גם אלעיל סי' י"א בימים וכלים.

§ סימן יג - בעלי חיים שאינם צריכים שחיטה §

דגים וחגבים אין טעונין שחיטה

סעיף א - בהמה חיה ועוף טעונין שחיטה; דגים וחגבים אין טעונין שחיטה - [דגים כתיב בהו: אם את כל דגי הים יאסף להם, באסיפה בעלמא סגי, וזה כתיב במקום שנזכר שחיטה בבהמות, וחגבים אתקיש לדגים, דכתיב ולכל נפש החיה הרומשת במים, אלו דגים, ולכל נפש השורצת על הארץ, אלו חגבים].

הגה: ומותר לאוכלם מתים או לחתוך מהם אבר ולאכלו, אבל אסור לאכלן חיים משום: בל תשקצו.

סימן יג ס"א • דגים וחגבים אין טעונין שחיטה

בהמה חיה ועוף טעונין שחיטה; **דגים** וחגבים אין טעונין שחיטה.
ומותר לאוכלם מתים או לחתוך מהם אבר ולאכלו, **אבל** אסור לאכלן חיים משום בל תשקצו.

נמצא עובר מת בתוך השחוטה

סעיף ב - השוחט את הבהמה ונמצאת כשרה, ומצא בה עובר בן ח' בין חי בין מת - לפי שבן ח' חי הרי הוא כמת שא"א לחיות, (**עיין** בשאילת יעב"ץ שכתב, דכל החילוקים שנאמרו בגסה בין בן שמונה לבן תשעה, ה"ה בדקה שייכים אותם חילוקים בין בן ד' לבן ה', לפי שבהמה דקה יולדת לה' חדשים, ע"ש), **או בן ט' מת, מותר באכילה** - דכתיב בבהמה אותה תאכלו, ודרשו חז"ל, כל שבבהמה תאכלו, **אבל** דמו אסור כשאר דם, כדאיתא בש"ס ופוסקים, והטעם כתבו הרא"ש והר"ן, ולענין חלבו וגידו ע"ל סי' ס"ד ס"ב.

[**ובטור** כתוב כאן, ודמו אסור וחלבו מותר, וכתב הרא"ש הטעם דדמו אסור, לפי שהוא נבלע בכל הגוף, וחשוב כדם האברים של הבהמה עצמה, עכ"ל, **וצריך** לבאר דעתו, למה לא יהיה גם החלב נחשב כחלב עצמה

של הבהמה, **ונראה** דעתו, שהדם שבעובר מתערב עם דם הבהמה עצמה, שהעובר נתהוה ונזון ממנו, ע"כ לא עדיף מדם הבהמה עצמה].

‹ולענ"ד י"ל, דכתיב כל בבהמה תאכלו, דמשמע הכל בלי שום שיור, מוכח דחלב וגיד דשליל מותר, **אבל** לענין דם אף אם קיימא באיסוריה, מ"מ אפשר לקיים לישנא דכל בבהמה, ע"י שיבשל כל דם השליל, והוי דם שבישלו דמותר - רעק"א›.

בן ט' מת - (עיין בתשו' רדב"ז, שדעתו דדוקא אם נמצא מת מותר באכילה, בל אם מת אחר שיצא לאויר העולם, אע"ג דלא הפריס ע"ג קרקע, אסור באכילה, ‹ואע"ג דחשבינן ליה כשחוט, מ"מ מתחלף בבהמה מתה בעלמא, דבשלמא כשהוא חי ומכין אותו על ראשו או קורעו, לא אתי לאחלופי בבהמה דעלמא, אבל אם מת מעצמו אסור - רדב"ז›, **וכתב** שדעת הראבי"ה לחלק גם בנטרף כה"ג, ‹דכיון דנטרף אחר שחיטת אמו, הרי הוא כאלו מת אחר שחיטת אמו ואסור - רדב"ז›, דשחיטת אמו אינה מתרת אלא מה שאירע בתוכה טריפות, אבל מה שאירע אח"כ לא, **אבל** אני מודה לו במת ולא בנטרף), ‹דבנטרף לא אתי לאחלופי - רדב"ז›.

ואינו טעון שחיטה - לפי שניתר בשחיטת אמו, **ומוכח** במשנה, דכל היכא דאינו טעון שחיטה, אין בו משום אותו ואת בנו, ומותר לשחטו ביום שנשחט אביו או אמו, וכ"כ הפוסקים.

ואינו טעון שחיטה – [זה לשון מיותר לכאורה, ונראה דקמ"ל דאין בו איסור אבר מן החי, ומותר לאוכלו אפי' חתך ממנו בזמן שהוא חי עדיין, וכיוצא בזה מצינו בפי' רש"י, שכתב דאין בו משום איסור אבר מן החי, כיון דאין טעון שחיטה, **אלא** שיש בו משום בל תשקצו כו', עכ"ל, וכאן אין בו משום בל תשקצו, דשקיל ליה בעודו חי ומבשלו, ‹הוא לאו דוקא, דאפי' רוחצו היטב שלא יהא מאוס, מותר לאכלו - שמלה חדשה›, **דאי היה בו משום אבר מן החי, היה אסור כיון שחתכו בעודו חי**].

אצטריך, דהו"א מאי מותר באכילה, על ידי שחיטה, אי נמי דשאר טריפות אין אוסרים אותו, ומכל מקום טעון שחיטה כמו בסיפא, קמ"ל - נקה"כ.

‹ואי צריך להמתין עד שתצא נפשה כמו מפרכסת, כתב השמלה חדשה, בבהמה צריך להמתין ולא בדגים וחגבים, דנפש דהני לא חשיב - פמ"ג›.

סימן יג ס"ב(1) • נמצא עובר מת בתוך השחוטה

השוחט בהמה גסה ונמצאת כשרה, ומצא בה עובר בן ח', (**ובבהמה** דקה בן ד', לפי שבהמה דקה יולדת לה' חדשים), **בין** חי בין מת, (לפי שבן ח' חי הרי הוא כמת שא"א לחיות), **או** בן ט' מת, **מותר** באכילה, דכתיב בבהמה אותה תאכלו, ודרשו חז"ל, כל שבבהמה תאכלו, (**ואין** שאר טריפות אוסרים אותו), **ואינו** טעון שחיטה, לפי שניתר בשחיטת אמו, **וכיון** דאינו טעון שחיטה, אין בו משום אותו ואת בנו, ומותר לשחטו ביום שנשחט אביו או אמו.

וי"א דאין בו איסור אבר מן החי, ומותר לאוכלו אפי' חתך ממנו בזמן שהוא חי עדיין.

וי"א דצריך להמתין במפרכסת עד שתצא נפשה, **ובדגים** וחגבים אינו צריך להמתין, דנפש דהני לא חשיב.

אבל דמו אסור כשאר דם, וחלבו מותר.
וי"א הטעם דדמו אסור, שהדם שבעובר מתערב עם דם הבהמה עצמה, שהעובר נתהוה ונזון ממנו, ע"כ לא עדיף מדם הבהמה עצמה, **משא"כ** בחלב.
וי"א משום דכתיב כל בבהמה תאכלו, דמשמע הכל בלי שום שיור, מוכח דחלב וגיד דשליל מותר, **אבל** לענין דם אף אם קיימא באיסוריה, מ"מ אפשר לקיים לישנא דכל בבהמה, ע"י שיבשל כל דם השליל, והוי דם שבישלו דמותר.

וי"א דדוקא אם נמצא הבן ט' מת, אבל אם מת אחר שיצא לאויר העולם, אע"ג דלא הפריס ע"ג קרקע, אסור באכילה, **דאע"ג** דחשבינן ליה (לקמן) כשחוט, מ"מ מתחלף בבהמה מתה בעלמא, **משא"כ** כשהוא חי דמכין אותו על ראשו או קורעו, דלא אתי לאחלופי בבהמה דעלמא. **וי"א** דגם בנטרף, אם נטרף אחר שחיטת אמו, הרי הוא כאלו מת אחר שחיטת אמו ואסור, דשחיטת אמו אינה מתרת אלא מה שאירע בתוכה טריפות, אבל מה שאירע אח"כ לא, **ויש** שאינו מודה בנטרף, דלא אתי לאחלופי.

נמצא עובר בן ט' חי בתוך השחוטה

ואם מצא בה בן ט' חי, אם הפריס על גבי קרקע - ‹ר"ל שהלך קצת - חכמת אדם›, **טעון שחיטה** - מדבריהם, דלמא אתי לאחלופי בשאר בהמות כשרואין שאוכל אותו בלא שחיטה.

(**ועיין** בתשובת בשמים ראש, שכתב שאין מברכין על שחיטתו, ע"ש). ‹**ומברכין** על שחיטתו ככל מצות דרבנן, רשב"א בתשובה פרי חדש ושמלה חדשה, **וכתב** דאין לברך אלא על אחר תחלה, דשמא נפל הוא, והלך לשיטתו, משא"כ להש"ך מותר, **אלא** דמ"מ טוב לברך על אחר תחילה, דהפר"ח כתב לפי מ"ש הר"ן דמשום חשדא אין לברך, אם כן אין פסידא דיברך על אחר תחילה, ואח"כ ישחוט זה - פמ"ג›.

‹עיין בפר"ח, דלענין מתנות כהונה דאימעיט בתוספתא, דבן פקועה כיון דלא קרינן ביה מאת זובחי הזבח פטור

במתנות, אף דהפריס פטור, ובזה לא החמירו חז"ל לעשות כבהמה אחרת, ע"ש - רעק"א›.

[**ויש לעיין מה דינו בדיעבד אם לא נשחט, אם החמירו בו** כ"כ משום גזירה דאחלופי, דמלשון הטור שכתב וכל הדברים הפוסלין בשחיטה פוסלין בו, משמע אפי' דיעבד, **או** אפשר שלכתחילה אמרו שפוסל, והכי משמע מדמתיר ר"ש שזורי אפי' לכתחילה בלא שחיטה, ואין להפליג מחלוקתם כ"כ, **ויש עוד ראיה** דבריש גיטין מצינו ג"כ חשש דאיחלופי, גבי המביא גט ממדינת הים דצ"ל בפני נכתב ובפני נחתם, דמן הדין היה סגי בפני נחתם לחוד, **אלא** משום איחלופי בשאר קיום שטרות, **ומצינו** שם דתני התנא בבא יתירה, דקמ"ל דאפי' דיעבד פוסל אם לא אמר תרוויהו, דהיינו בפני נכתב ובפני נחתם, ש"מ דבלאו בבא יתירה לא היינו פוסלין דיעבד כי לא אמר תרווייהו, ואע"פ שיש חשש איחלופי, **א"כ** כאן דלא מצינו בבירור פסול דיעבד, אין לנו להחמיר לאסור דיעבד, **ותו** דהא כתב ב"י בשם המגיד וגדולי המורים, דאין סכין פגומה אוסר כלל, כנ"ל]. **‹ומה** שמשמע מט"ז בפשיטות דסכין פגומה וכדומה אין אוסר, הש"ך בסמוך אוסר, ואחריו החזיק התבואות שור. **וכתב** בשמלה חדשה, דמ"מ אין להחמיר בספק שחיטה אם נמצא הסכין פגום - פמ"ג›.

ולפענ"ד אפי' דיעבד אסור, דכן משמע להדיא מהרא"ש ור"ן ושאר פוסקים ומביאן הב"י, וכן משמע מהטור והמחבר, שכתבו אבל שאר טריפות אין אוסרין, מכלל דשחיטה אפי' דיעבד אוסרת אותו, והראיות שהביא אינן ראיות כלל, וק"ל - נקה"כ.

אבל שאר טרפות אינו אוסר אותו - כלומר שאר טרפות שאינן מחמת שחיטה, דלא מיפרסם כולי האי, אינם אוסרים אותו, **אבל** טרפות שהוא מחמת שחיטה, כגון ששהה או דרס או החליד או הגרים או שחט בסכין פגומה, וכיוצא בזה, כאלו לא שחט דמי, דכיון שהצריכוהו שחיטה, בעי שחיטה מעליותא.

‹**מסתפקנא** בנקובת הוושט, אם נידון כיון דעצמות השחיטה היה כדינו, בסכין בדוק ובלא שהייה ודרסה וחלדה, הוי כמו שאר טריפות דאינו אוסר, או כיון דקי"ל דנקובת הוושט נבילה, והוי פסולו בשחיטה, כמו שלא נשחט דמי - רעק"א›.

ואם לא הפריס על גבי קרקע, אינו טעון שחיטה - (עיין בספר פרשת דרכים שכתב, דשחיטה הוא דלא בעי, אבל נחירה מיהא בעי, דלא גרע ממפרכסת לקמן סי' כ"ז, ע"ש).

ואם פרסותיו קלוטות, (פי' שפרסתו כולה אחת ואינה סדוקה), או שהיה בו שום שאר דבר תמוה, אע"פ שהפריס על גבי קרקע, אינו טעון שחיטה - דכיון שהוא דבר תמוה, קול יוצא מאין קלוט זה, ואומרים בן פקוע הוא, ומתוך שתמהין על קליטתו זוכרין את כל דבריו, ולא אתי לאחלופי, רש"י ופוסקים.

(**עיין** בהג' אשר"י מש"כ, דחופה הואי, ותמיהי אינשי, כההיא דאביי דאמר הכל מודים בקלוט בן פקועה שהוא מותר כו', ע"ש, **וצ"ע** לדינא). ‹ועיין בסימן ט"ז ס"י בפת"ש›.

ויש מגמגמין בדבר - כלומר דפרסותיו קלוטות לחוד לא מהני כשהפריס ע"ג קרקע, עד שיהא תרי תמיהי, דהיינו שאמו תהיה ג"כ קלוטה, **והעט"ז** כתב, ויש אוסרים עד שיהיה ב' תמיהות, כגון קלוט בן פקוע, בן קלוטה שאותה קלוטה היתה ג"כ בן פקוע, עכ"ל, **ולא** ידעתי מנ"ל הא, ונראה שהוציא כן מדברי רש"י, שכתב על מאי דקאמר בש"ס, איכא דאמרי אמר אביי הכל מודים בקלוט בן קלוטה בן פקועה שמותר, וז"ל, בקלוט בן קלוטה, ואותה קלוטה פקועה היתה, וזה הקלוט נמצא בה, עכ"ל, **הבין** דר"ל שאותה קלוטה היתה ג"כ בן פקועה, אבל זה אינו, שהרי לא כתב רש"י ואותה קלוטה בן פקועה, אלא פקועה היתה, ור"ל שנפקע כריסה ונמצא בה קלוט זה, ובן פקועה דקאמר בש"ס קאי אקלוט זה שנמצא בה, והיינו לישנא דבן, דאל"כ הל"ל בת פקועה, והרי כל בן פקועה דעלמא להכי נקרא בן פקועה, לפי שהוא בן של פקועה, כלומר שאמו נפקע כריסה ומצאוהו בה, **אבל** פשוט דא"צ שתהא אמו בת פקועה, דהא מדינא אפילו הפריס ע"ג קרקע מותר, אלא מפני מראית העין הוא דאסור, והלכך כיון דאיכא תרי תמיהי שהוא קלוט בן קלוטה, מה לי אם אמו בת פקועה או לא, סוף סוף איכא תרי תמיהי, וכן משמע להדיא בחידושי הרשב"א וכן בר"ן ורבינו ירוחם ושאר פוסקים, **וכ"כ** מהרש"ל שם על דברי רש"י, וז"ל פי' לפירושו, לאו שאמו היתה נמי בת פקועה, אלא כלומר פקועה דנמצא בה ולד קלוט, עכ"ל, והוא פשוט.

[ס"ל כלישנא אחריני בגמ', דדוקא תרי מילתא דתמיהי בעינן, דהיינו שפקוע והיא קלוטה, שנשחטה ונמצא בה ולד שהוא ג"כ קלוט, **ובדיעבד** פשיטא דאינו אוסר].

בכאן נמשך אחר העט"ז, וטעו בזה כמ"ש בש"ך, והראיתי דבר זה בלובלין ביריד גרמני"ץ העבר ת"ז לפ"ק, לפני כמה רבני הדור, והגיע הדבר אליו, ורצה לתקן את זה בדף אחד שהדפיס בסוף חיבורו, שכתב וז"ל, אבל אח"כ ראיתי בדברי מהרש"ל שא"צ לזה, אלא שהבן לחוד בן פקוע כו', **ודבריו** אלו תמוהין, דמה צריך לראות בדברי מהרש"ל, מי שיש לו רק לב להבין יראה שהמפרש בהיפך טועה הוא, **גם** לא הועיל כלום בזה, שהרי מ"מ לא אתי שפיר באות ט', וז"ל, והיינו ההיא דקלוט בן קלוטה שזכרתי אצל ויש מגמגמין בס"ב, עכ"ל, שנמשך בזה אחר דברי הב"ח להביא ראיה לדין שלו, וכמ"ש בש"ך, ודברים אלו אינם מתוקנים וכמ"ש בש"ך שם, וע"כ מוכרח לחזור גם מזה, ולומר דאין זה ראיה - נקה"כ.

סימן יג ס"ב(2) • נמצא עובר בן ט' חי בתוך השחוטה

אם מצא בה בן ט' חי, אם הלך קצת ע"ג קרקע, טעון שחיטה מדבריהם, **דלמא** אתי לאחלופי בשאר בהמות.

י"א שאין מברכין על שחיטתו. **וי"א** דמברכין, ככל מצות דרבנן, **וי"א** דיש לברך על אחר תחלה, דשמא נפל הוא, **אבל** זהו דלא כהש"ך, **ומ"מ** דכיון די"א דמשום חשדא אין לברך, אין פסידא דיברך על אחר תחילה, ואח"כ ישחוט זה.

לענין מתנות כהונה, דבן פקועה אימעיט ופטור במתנות, **י"א** דאף דהפריס ע"ג הקרקע פטור, דבזה לא החמירו חז"ל.

ובדיעבד אם לא נשחט:
שיטת הט"ז, דאין לנו להחמיר לאסור דיעבד, **ושיטת הש"ך**, דאפי' דיעבד אסור.

כתב המחבר, **אבל שאר טרפות** אינו אוסר אותו.
וכתב הש"ך, כלומר טרפות שאינן מחמת שחיטה, דלא מיפרסם כולי האי, אינם אוסרים אותו, **אבל** טרפות שהוא מחמת שחיטה, כגון ששהה או דרס או החליד או הגרים או שחט בסכין פגומה, וכיוצא בזה, כאילו לא שחט דמי, דכיון שהצריכוהו שחיטה, בעי שחיטה מעליותא. **ומט"ז** משמע דסכין פגומה וכדומה אין אוסר.
ובנקובת הוושט, **יש** שמסתפק, דכיון דעצמות השחיטה היה כדינו, הוי כמו שאר טריפות דאינו אוסר, **או** כיון דקי"ל דנקובת הוושט נבילה, והוי פסולו בשחיטה, כמו שלא נשחט דמי.

אם לא הלך קצת ע"ג קרקע, כ' המחבר, דאינו טעון שחיטה.
וי"א דשחיטה הוא דלא בעי, אבל נחירה מיהא בעי, דלא גרע ממפרכסת לקמן סי' כ"ז.

ואם פרסותיו קלוטות, (פי' שפרסתו כולה אחת ואינה סדוקה), או שהיה בו שום שאר דבר תמוה, כתב המחבר דאע"פ שהלך קצת ע"ג קרקע, אינו טעון שחיטה, **דכיון** שהוא דבר תמוה, קול יוצא מאין קלוט זה, ואומרים בן פקוע הוא, ומתוך שתמהין על קליטתו זוכרין את כל דבריו, ולא אתי לאחלופי.
י"א דאם נשחט בחופה, ג"כ תמיהי אינשי, **וצ"ע** לדינא. **ועיין** בסימן ט"ז ס"י.

וכתב המחבר, **ויש מגמגמין בדבר.**
דפרסותיו קלוטות לחוד לא מהני, עד שיהא תרי תמיהי, דהיינו שאמו תהיה ג"כ קלוטה - ש"ך, **ודלא כי"א** דבעינן קלוט בן פקוע, בן קלוטה שאותה קלוטה היתה ג"כ בן פקוע - עט"ז, וט"ז קודם שחזר.

נמצא עובר תוך אם שלא נשחטה

סעיף ג - אם לא שחט האם, אלא קרעה, וכן אם שחטה ונתנבלה בידו או שנמצאת טריפה, אם העובר (הנמלא בה) בן ט' חי, טעון שחיטה לעצמו - מדאורייתא, **וניתר בה** - וכל שאר טרפות פוסלים בו, כך פשוט בש"ס ופוסקים. **וע"ל** סי' ט"ז ס"ט, שלענין אותו ואת בנו יש חילוק בין שוחט ונתנבלה לנמצאת טרפה, **ולענין** כסוי הדם בסי' כ"ח סי"ז אין חילוק כמו כאן. ‹דר"מ ור"ש פליגי לענין אותו ואת בנו וגם לענין כסוי הדם בשוחט ונמצא טריפה, ר"מ ס"ל שחיטה שאינה ראויה שמה שחיטה, ור"ש ס"ל שחיטה שאינה ראויה לא שמה שחיטה, **ואמרינן** שם דרבי סתם לן גבי אותו ואת בנו כר"מ דמסתבר ליה דרשתיה, ובכסוי הדם סתם לן כר"ש דשם מסתבר ליה דרשיה דר"ש, **וגם** אמרינן דאפי' ר"מ מודה בבן פקועה שנמצא במעי טריפה, אע"ג דשחיטה שאינה ראויה שמה שחיטה, אין שחיטתה מתרת ולדה, **ומש"ה** אין חילוק כאן בין שוחט ונתנבלה לנמצאת טריפה, **וגם** גבי כיסוי אין חילוק, כיון דקיי"ל שם כר"ש, **אבל** באותו ואת בנו דקיי"ל כר"מ, יש חילוק בין שוחט ונתנבלה לנמצאת טריפה, כדלקמן סי' ט"ז ס"ט – מחה"ש.

ואם הוא בן ט' מת, או בן ח' אפילו חי, הרי זה אסור - שהרי לא הועילה שחיטת אמו לטהרו, וצריך הוא שחיטה, וכיון שהוא בן ט' מת, או בן ח' חי שחשוב כמת, לא מהני ביה שחיטה ואסור.

[**דאמרינן** בגמרא ד' סימנים אכשר ביה רחמנא, בקרא דבבהמה תאכלו, שאם רוצה אוכלו בשחיטת אמו, ואם אמו טריפה, שוחט לאותו בן ט' חי, שהוא ניתר או בב' סימנים של אמו, או בשל עצמו, ולהכי אם הוא בן

ט׳ מת, או בן ח׳ חי, דאין לו שחיטת עצמו, ושחיטת אמו ג״כ אין לו דהא נמצאה טריפה, אסור].

הגה: ועכשיו אין להתיר שום ולד הנמצא בבהמה, אם האם טריפה, ולא מהני לו שחיטת עצמו, דחיישינן שמא אינו בן ט׳ - אבל ודאי כשימתין עד תחלת ח׳ ללידתו, שאז יצא מספק נפל, וכדלקמן סי׳ ט״ו, אפילו היתה אמו טריפה ניתר בשחיטת עצמו, וכ״כ בפרישה סי״ב.

‹**ועיין** תב״ש שחלק ע״ז, וכתב דגם בשהה ל׳ יום באדם ושמונה בבהמה, אכתי אין זה בירור דלאו נפל הוא, ‹**דלא** מבעי להפוסקים דלא כרשב״ג, דבודאי בן ח׳ לא מהני ח׳ ימים, א״כ מהני ח׳ ימים רק לסתם ולדות, ומטעם דמסייע רוב בהמות ולדות מעליא ילדן, אבל בנמצא במעי האם דליכא רוב, לא מהני ח׳ ימים, **אלא** אף להפוסקים בכולה כרשב״ג, דאף בודאי בן ח׳ מהני ח׳ ימים, י״ל דמ״מ הטעם רק משום סיועת דרוב בהמות ולד מעליא ילדן, עי״ש›, **ועיין** בדגמ״ר שחלק עליו והסכים להש״ך, וכן בס׳ לבושי שרד חולק ג״כ על התב״ש›. ‹**והכו״פ** ג״כ כהתב״ש. **ולענ״ד** כיון דרשב״ג סבר דאף בודאי בן ח׳ מהני ח׳ ימים, ובזה נגד הרוב דולדות מעליא ילדן איכא רוב דאין משתהי, ובהנך דנולדים לח׳ אין רובם ולד מעליא ע״י אשתהי, ואעפ״כ מהני ל׳ יום, **ה״נ** בולד בהמה שנמצא במעי אמו, אף דליכא רוב מהני ח׳ ימים, כמו באדם בודאי בן ח׳ דמהני ל׳ יום, **ובזה** לא מצינו דפליגי רבנן, די״ל דפליגי רק בבן ח׳, משום דלא ס״ל דאשתהי כלל, או דהוי מיעוטא דמיעוטא, ובעינן דוקא בירור גמור שיהיה בן כ׳ וגמרו שערו וצפרניו, **אבל** בנמצא במעי אמו, י״ל דמודי דמהני ח׳ ימים, וא״כ אף להפוסקים בזה דלא כרשב״ג לענין ודאי בן ח׳, מ״מ הכא מודים, **ומה** שהוכיחו דאל״כ מאי השמיעונו דאסור הולד כיון דאין אנו בקיאין, הלא בכל ולדות בעינן ח׳ ימים, אלא ודאי דאשמעינן דהכא לא מהני ח׳ ימים, **לענ״ד** י״ל דבעלמא הוי חזקת אינו זבוח דמורה דהוי נפל, ולא מהני ביה השחיטה, משה״ה בעינן בירור ח׳ ימים, **אבל** הכא כיון דשחיטת האם דנטרפה מהני לטהר הולד מידי נבילה, כדאיתא בחולין, א״כ איסור הולד הוי רק כטריפה וכמו האם, ואין בזה חזקת אינו זבוח, דהא שם זביחה עלה לענין נבילה, א״כ לא הוי בחזקת איסור, **ולזה** הוצרכו להשמיענו דמ״מ אסור בלא שיהוי ח׳ ימים, **אמנם** לענ״ד גם בזה שייך חזקת איסור... - רעק״א›.

אם האם טריפה - אבל אם היא כשרה, כשר ‹בהפריס על גבי קרקע› אפילו האידנא, דהא אפילו הוא בן ח׳ שחיטת אמו מטהרתו, **וכן** היכא שגם אמו לא היתה צריכה שחיטה, ‹אם היא בת פקועה›, פשיטא דאפילו נמצאת טרפה, אין העובר טעון שחיטה וכשר אפילו האידנא, ‹**ואפי׳** אין אמו קלוטה, ונמצא זה בתוכו, {דג״כ צריך שחיטה מדרבנן כשמתה, עיין סוף ס״ד}, או הפריס, מותר בשחיטת עצמו, מה אמרת דשמא לא כלו חדשיו, כיון דספיקא דרבנן הוא תו הולכין להקל כהאי גוונא. **ומיירי** אביו גם כן בן פקועה, דאם לא כן אין לולד תקנה - פמ״ג.

סימן יג ס״ג • נמצא עובר תוך אם שלא נשחטה

אם לא שחט האם, אלא קרעה, וכן אם שחטה ונתנבלה בידו או שנמצאת טריפה, **אם** העובר הנמצא בה בן ט׳ חי, טעון שחיטה לעצמו מדאורייתא, וניתר בה, וכל שאר טרפות פוסלים בו.

ולענין אותו ואת בנו יש חילוק בין שוחט ונתנבלה לנמצאת טרפה, דשם קיי״ל כר״מ דשחיטה שאינה ראויה שמה שחיטה. **ולענין כסוי הדם** אין חילוק כמו כאן, דשם קיי״ל כר״ש דשחיטה שאינה ראויה לא שמה שחיטה.

ואם הוא בן ט׳ מת, או בן ח׳ אפי׳ חי, הרי זה אסור. **דאמרינן** בגמ׳ ד׳ סימנים אכשר ביה רחמנא, שאם רוצה אוכלו בב׳ סימנים של אמו, **ואם** אמו טריפה, דלא הועילה שחיטת אמו לטהרו, שוחט לאותו בן ט׳ חי, שהוא ניתר בשל עצמו, **ולהכי** אם הוא בן ט׳ מת, או בן ח׳ חי, דאין לו שחיטת עצמו שחשוב כמת, אסור.

כתב הרמ״א, ועכשיו אין להתיר שום ולד הנמצא בבהמה, אם האם טריפה, ולא מהני לו שחיטת עצמו, דחיישינן שמא אינו בן ט׳.

וכתב הש״ך, אבל ודאי כשימתין עד תחלת ח׳ ללידתו, שאז יצא מספק נפל, אפי׳ היתה אמו טריפה ניתר בשחיטת עצמו. **ויש חולקים**, דגם בשהה ל׳ יום באדם וח׳ בבהמה, אכתי אין זה בירור דלאו נפל הוא, **דלא** מהני ח׳ ימים אלא מטעם דמסייע רוב בהמות ולדות מעליא ילדן, אבל בנמצא במעי האם דליכא רוב, לא מהני. **ויש** חולקים על סברא זו.

אבל אם האם היא כשרה, כשר אפי׳ האידנא, דהא אפילו הוא בן ח׳, שחיטת אמו מטהרתו, **וכן** היכא שגם אמו לא היתה צריכה שחיטה, כגון אם היא בת פקועה, פשיטא דאפילו נמצאת טרפה, אין העובר טעון שחיטה וכשר אפילו האידנא, **ואפי׳** אין אמו קלוטה, ונמצא זה בתוכו, דג״כ צריך שחיטה מדרבנן כשמתה, (עיין סוף ס״ד), או הפריס, מותר בשחיטת עצמו, **מה** אמרת דשמא לא כלו חדשיו, כיון דספיקא דרבנן הוא תו הולכין להקל כה״ג. **ומיירי** דאביו ג״כ הוא בן פקועה, דאל״כ אין לולד תקנה כבס״ד.

בן פקועה שבא על בהמה דעלמא

סעיף ד - בן ט׳ חי שנמצא במעי שחוטה כשרה, וגדל ובא על בהמה דעלמא והוליד -

ה״ה איפכא דהיינו בהמה דעלמא שבא על בת פקוע

והולידה, **אותו הולד אין לו תקנה בשחיטה** - וע"ל סי' י"ד ס"ק י"א שגם החלב שבא ממנו אסור.

אין לו תקנה בשחיטה - דהרי הוא כמי שאין בו אלא סימן א' מצד אמו, שהסימן הב' שחוט ועומד הוא, שאין שחיטה נוהגת בו, ובהמה בחד סימן לא מיתכשרה, והאי סימנא בתרא לא מצטרף לקמא, דאין לך שהייה גדולה מזו, שהראשון שחוט משנולד, רש"י ופוסקים, **ואע"ג** דבן פקוע מטרפה ניתר בשחיטת עצמו, הכא כיון שאבי הולד בן פקוע מעליא הוא, ולא היה צריך שחיטה, אם כן סימנים דידיה הוי כשחוטין, וא"כ הולד שבא ממנו הוי סימן א' דידיה כשחוט, הרשב"א והר"ן, ומביאם ב"י ותוספות והרא"ש ורבינו ירוחם ושאר פוסקים, **ולפי"ז** בן פקוע שבא מן הטרפה, ובא על בהמה דעלמא והוליד, ה"ז הולד כשאר בהמה דעלמא, וניתר בשחיטת עצמו, **ולזה** דקדק המחבר וכתב במעי שחוטה כשרה.

ובא על בהמה דעלמא והוליד - נראה דלכך דקדקו הט"ו ושאר פוסקים, וכתבו והוליד, לאפוקי שאם לא נולד אלא נמצא בה, הותר בשחיטת אמו, ואין לו סימן כלל, שהרי הוא כשחוט בין מצד אמו בין מצד אביו, ומותר כבן פקוע דעלמא, וכ"כ הב"ח, וכן נראה מלשון רש"י לעיל בסמוך, [ואע"ג שהפריס אח"כ, מ"מ כבר הותר בשחיטת אמו, אלא שצריך שחיטה משום מראית עין כדלעיל].

וכתב הב"ח וז"ל, ונראה דה"ה בהמה שבאה על בת פקועה, ונשחטה הפקועה ונמצא בה ולד, דאותו ולד נמי ניתר בשחיטת אמו, כדמוכח מלישנא בתרא דאביי דמיירי בכה"ג, [והיינו ההיא דקלוט בן קלוטה שזכרתי אצל ויש מגמגמין בס"ב], ולא אמרינן כיון דאמו לא בעי שחיטה מן התורה, והולד בעי שחיטה אי חיישינן לזרע האב, אם כן לא ניתר בשחיטת אמו, אלא אמרינן רבויא דכל בבהמה מרבה הכל, דבכל ענין שניתר האם באכילה ניתר גם הולד באכילה אגב אמו, אם נמצא בתוכו, עכ"ל, **ותימה** דלישנא בתרא דאביי מיירי שהוא קלוט בן פקוע, דהיינו שנמצא במעי קלוטה והקלוטה אינה בת פקועה, אלא נפקע כריסה, וזה הקלוט נמצא בה, וכמ"ש בס"ב, ‹ע"ש בנקה"כ›, **אבל** אם נמצא ולד בבת פקועה שנתעברה מבהמה דעלמא, י"ל כיון שהבת פקועה זאת א"צ שחיטה, אין הולד ניתר בשחיטת אמו, והו"ל כילוד, ויש לו סימן א' מצד אביו, והב' שהוא מצד אמו ה"ה כשחוט, ואין לו תקנה, **ולא** מרבינן מרבויא דבבהמה תאכלו אלא היכא דניתר בשחיטת אמו, אבל כאן שאין אמו צריך שחיטה, הו"ל כלא נשחטה, והו"ל הולד כילוד דאין לו תקנה.

ואם בא על בת פקועה כיוצא בו, הרי בנו ובן בנו עד סוף כל הדורות כמוהו - פי' אפילו נולדו כדרך הנולדים, רק שבניהם יבואו גם כן על בני מינים כיוצא בהם, שהם פקועות או שנולדו מפקועות, וכ"כ מהרש"ל, ‹וד"ל בין שיבא בן פקועה על בת פקועה, או נין פקועה על נין פקועה, הכל אחד הוא›, **וכולם צריכים שחיטה מדבריהם** - כיון שהפריסו ע"ג קרקע, ‹ואם לא הפריסו, ניתרים בשחיטת אמם, ואם מתה האם והוא בן ט' מת, אסור מדרבנן, ואם הוא בן ט' חי, ניתר מדרבנן בשחיטת עצמן – פמ"ג›, **ואין הטרפות פוסל בהם.**

סימן יג ס"ד • בן פקועה שבא על בהמה דעלמא

בן פקועה שגדל ובא על בהמה דעלמא והוליד, **וה"ה** איפכא, בהמה דעלמא שבא על בת פקועה והולידה, **אותו** הולד אין לו תקנה בשחיטה, **וגם** החלב שבא ממנו אסור.

דהרי הוא כמי שאין בו אלא סימן א' מצד אמו, שהסימן הב' שחוט ועומד הוא, ובהמה בחד סימן לא מיתכשרה, **והאי** סימנא בתרא לא מצטרף לקמא, דאין לך שהייה גדולה מזו, שהראשון שחוט משנולד, **ולא** דמי לבן פקוע מטרפה דניתר בשחיטת עצמו, **דהכא** כיון שאבי הולד בן פקוע מעליא הוא, ולא היה צריך שחיטה, א"כ סימנים דידיה הוי כשחוטין, וא"כ הולד שבא ממנו הוי סימן א' דידיה כשחוט, **ולפי"ז** בן פקוע שבא מן הטרפה, ובא על בהמה דעלמא והוליד, ה"ז הולד כשאר בהמה דעלמא, וניתר בשחיטת עצמו.

ואם לא נולד הולד, אלא נמצא בה, (כשבא הבן פקועה על בהמה דעלמא), **הותר** בשחיטת אמו, כבן פקוע דעלמא, ואין לו סימן כלל, שהרי הוא כשחוט בין מצד אמו בין מצד אביו, ומותר, **ואפי'** הפריס ע"ג קרקע אח"כ, מ"מ כבר הותר בשחיטת אמו, אלא שצריך שחיטה משום מראית עין כדלעיל.

וי"א דה"ה בבהמה דעלמא שבאה על בת פקועה, ונשחטה הפקועה ונמצא בה ולד, דאותו ולד נמי ניתר בשחיטת אמו, **ולא** אמרינן כיון דאמו לא בעי שחיטה מן התורה, והולד בעי שחיטה אי חיישינן לזרע האב, א"כ לא ניתר בשחיטת אמו, **אלא** אמרינן רבויא דכל בבהמה מרבה הכל,דבכל ענין שניתר האם, ניתר גם הולד אגב אמו, אם נמצא בתוכו – ב"ח.
ויש חולקים דלא מרבינן מרבויא דבבהמה תאכלו אלא היכא דניתר בשחיטת אמו, **אבל** כאן שאין אמו צריך שחיטה, הו"ל כלא נשחטה, והו"ל הולד כילוד דאין לו תקנה – ש"ך.

ואם בן פקועה בא על בת פקועה כיוצא בו, הרי בנו ובן בנו עד סוף כל הדורות, (שבא נין פקועה על נין פקועה), כמוהו, אפי' נולדו כדרך הנולדים, **וכולם** צריכים שחיטה מדבריהם, כיון שהפריסו ע"ג קרקע.

ואם לא הפריסו, ניתרים בשחיטת אמם, **ואם** מתה האם והוא בן ט' מת, אסור מדרבנן, **ואם** הוא בן ט' חי, ניתר מדרבנן בשחיטת עצמן, ואין הטרפות פוסל בהם.

מצא בה דמות עוף

סעיף ה - השוחט את הבהמה ומצא בה דמות עוף, אע"פ שהוא עוף טהור, הרי זה אסור באכילה - וכ"ש נולד כעוף דאסור, **לא הותר מן הנמצא בבהמה, אלא מה שיש לו פרסה** - שכן כתיב כל מפרסת פרסה וגו' בבהמה אותה תאכלו, ודרשו חז"ל כן.

הוא לשון הרמב"ם, וכתב ב"י דנראה מדבריו דיש לו פרסה ממש בעינן, ולא סגי במין שיש לו פרסה, ע"כ, וא"כ כשיש לו פרסה ממש, אפי' הוא עוף מותר.

הגה: וי"א דאפילו פרסותיו קלוטות, רק שיהא דומה לבהמה שבמינה מין שיש לו פרסה - הוא דעת התוס' והרא"ש וסייעתם, דס"ל דלאו בפרסות תליא מילתא, אלא במין שיש לו פרסה, **אלא** שקשה לכאורה במ"ש הרב דאפילו פרסותיו קלוטות, רק שיהא דומה לבהמה כו', דהא בכה"ג ודאי ליכא מאן דפליג, והוא ש"ס ערוך ר"פ המקשה, דבהמה קלוטה במעי פרה מותר.

והדרישה הוקשה לו ג"כ, דעדיפא מינה הו"ל לאשמועינן, דאפילו אין לו פרסות כלל מותר. **וכתב** וז"ל ונ"ל דה"פ, משום דס"ל לרמ"א שאין הרמב"ם מצריך שיהא לבהמה הנמצאת בבהמה פרסות, אלא בעינן שימצא בה בהמה שבמינה יש פרסות, ואף שאין לה רגלים כלל, או כרגלי יונה, גם כן כשר הואיל ומין בהמה זו יש לה פרסות בהכשרה, **ורמ"א** הוסיף דאפילו נמצא בתוכה גמל ואין לו פרסות כלל, אלא כרגלי יונה, או שאין לו רגלים, וגם מינם אין להם פרסות בהכשרם, אלא פרסותיו קלוטות, דהיינו כחמור שכולה פרסותיו קלוטות, אפ"ה כיון שגמל זה הוא מין בהמה, רצה לומר שממינה שבכלל שם בהמה נמצאים בהמות שיש להן פרסה בהכשרן, כשר, משא"כ עוף שאין עליו שם בהמה, עכ"ל, **ודבריו** דחוקים, ועוד דאם כן כבר נתבאר בדברי הרמב"ם שהכל תלוי בדמות, ולאיזה צורך הוסיף הר"ב שום דבר, ועוד מאן יש אומרים.

והנלפע"ד ברור, שהר"ב הבין דברי המחבר כמו שכוון המחבר עצמו, וכמ"ש לעיל, וקאי אסיפא דקאמר לא הותר מן הנמצא בבהמה אלא מה שיש לו פרסה, דר"ל כשיש לו פרסה אע"פ שהוא דמות עוף מותר, **וקאמר** וי"א דלא הותר אפילו פרסותיו קלוטות כשהוא דמות עוף - **ומה** שלא אשמועינן רבותא, דלא הותר אפילו יש לו ב' פרסות כשהוא דמות עוף, משום דפרסה א' וב' הכל שוין, א"נ סירכא דלישנא דהמחבר נקט, דמשמע דשרי אפי' בפרסה א' - רק שיהא דומה לבהמה שבמינה מין שיש לו פרסה, כלומר הכל תלוי בדמות ולא בפרסה, וזהו כדעת התוס' והרא"ש והרשב"א והר"ן ור' ירוחם והטור והרב המגיד, דס"ל דהכל תלוי בדמות, דאם יש לו דמות בהמה, אפילו אין לו פרסה כלל כשר, כיון דיש במינה פרסה, ואם הוא דמות עוף, אפילו יש לו פרסה אסור, וכ"פ מהרש"ל.

סימן יג ס"ה • מצא בה דמות עוף

השוחט את הבהמה ומצא בה דמות עוף, וכ"ש נולד דמות עוף, אע"פ שהוא עוף טהור, הרי זה אסור באכילה, **דלא** הותר מן הנמצא בבהמה, אלא מה שיש לו פרסה ממש, **ולא** סגי במין שיש לו פרסה, **וא"כ** כשיש לו פרסה ממש, אפי' הוא עוף מותר.

וכתב רמ"א, וי"א דאפילו פרסותיו קלוטות, רק שיהא דומה לבהמה שבמינה מין שיש לו פרסה. **ס"ל** דלאו בפרסות תליא מילתא, אלא במין שיש לו פרסה.

וקשה במ"ש הרמ"א דאפי' פרסותיו קלוטות כו', דהא בכה"ג ודאי ליכא מאן דפליג, **ועדיפא** מינה הו"ל לאשמועינן, דאפי' אין לו פרסות כלל מותר.

וי"א דר"ל, דאפי' נמצא בתוכה גמל ואין לו פרסות כלל, אלא כרגלי יונה, או שאין לו רגלים, וגם מינם אין להם פרסות בהכשרם, אלא פרסותיו קלוטות, **אפ"ה** כיון שגמל זה הוא מין בהמה, שבכלל שם בהמה נמצאים בהמות שיש להן פרסה בהכשרן, כשר, **משא"כ** עוף שאין עליו שם בהמה. **ודבריו** דחוקים.

וי"א דקאי אסיפא, דקאמר המחבר דכשיש לו פרסה אע"פ שהוא דמות עוף מותר, **וקאמר** וי"א דלא הותר אפי' פרסותיו קלוטות כשהוא דמות עוף, דהכל תלוי בדמות ולא בפרסה, **ומה** דלא אשמועינן רבותא, דלא הותר אפי' יש לו ב' פרסות כשהוא דמות עוף, **משום** דפרסה א' וב' הכל שוין, **א"נ** סירכא דלישנא דהמחבר נקט, דמשמע דשרי אפי' בפרסה א'.

מצא בריה שיש לה ב' גבין וב' שדראות

סעיף ו - השוחט את הבהמה ומצא בה בריה שיש לה ב' גבין ושני שדראות, אסור - משום דרחמנא אגמריה למשה השסועה לאיסורא, וע"כ במעי אמו אגמריה דאסור, שהרי אינו יכול לחיות אפילו שעה א' כשיצא לאויר העולם, ש"ס.

סימן יג ס"ו • מצא בריה שיש לה ב' גבין וב' שדראות

השוחט את הבהמה ומצא בה בריה שיש לה ב' גבין ושני שדראות, אסור. **דזהו** השסועה, וע"כ במעי אמו הוא דאסור, שהרי אינו יכול לחיות אפילו שעה א' כשיצא לאויר העולם.

§ סימן יד – דין עובר במעי בהמה §

הוציא העובר את ראשו קודם שחיטת אמו

סעיף א - המקשה לילד והוציא העובר את ראשו, אעפ"י שהחזירו, הרי הוא כילוד ואינו ניתר בשחיטת אמו - בחו"מ סי' רע"ז מבואר, דרוב פדחתו הוי כאלו יצא כל ראשו, **ואע"ג** דבש"ס ר"פ יש בכור וברמב"ם פ"ב מהלכות נחלות ובשו"ע שם איתא, דאם יצא פדחתו הוי כאלו יצא כולו, **פשוט** הוא דלא מיירי אלא מדין פדחת דהוי כראשו, אבל ודאי דרוב פדחת הוי ככולו, ומחשב על ידו כאלו יצא כל ראשו, וכ"כ העט"ז והסמ"ע, והפרישה כאן, וכן הוא לקמן ס"ס קצ"ד בטור ורמב"ם, **והב"ח** בחו"מ מחק תיבת רוב, ולפענד"נ כמ"ש.

לפיכך אם הוא בן ח' חי או מת, או בן ט' מת, אסור - כולו, **ואם הוא בן ט' חי, ניתר** - כולו **בשחיטת עצמו** - דוקא, אפילו אמו טרפה ניתר בכך, דהו"ל כילוד. **‹וראיתי** בתבואות שור תמה עליו, דפשיטא, דאף במעי אמו ניתר מדינא בשחיטת עצמו באמו טריפה, יע"ש. **אמנם** כן יש ליישב דבריו, דהכי קאמר, דאף למ"ש רמ"א לעיל סי' י"ג סעיף ג', דעכשיו אין להתיר שום וולד הנמצא בבהמה אם האם טריפה, **ודוקא** נמצא, דלא נולד כדרך הנולדים, הא נולד, כתב המחבר סימן ט"ו ס"ב, דמותר בו ביום אם ידוע שכלו חדשיו, ולא הגיה רמ"א כלום, כיון דנולד כדרך הנולדים, ורוב וולדות אין נפלים, **ואם** כן יפה אמר, דאם הוציא ראשו הרי זה כילוד, ואפי' האם טריפה, אף לדידן סמכינן אזה דהוה לידה – פמ"ג. **‹וע"ל** סי' ט"ו ס"ב מש"כ שם בשם הערוה"ש›.

סי' יד ס"א • הוציא העובר את ראשו קודם שחיטת אמו

המקשה לילד והוציא העובר את ראשו, (**ורוב** פדחתו הוי כאלו יצא כל ראשו, ודלא כהב"ח), **אע"פ** שהחזירו, הרי הוא כילוד ואינו ניתר בשחיטת אמו.

לפיכך אם הוא בן ח' חי או מת, או בן ט' מת, אסור כולו, **ואם** הוא בן ט' חי, ניתר כולו בשחיטת עצמו דוקא.

ואפילו אמו טרפה ניתר בכך, דהו"ל כילוד – ש"ך. **ואף** דגם במעי אמו ניתר מדינא בשחיטת עצמו באמו טריפה. **י"א** דקמ"ל דאף למ"ש רמ"א לעיל סי' י"ג ס"ג, דעכשיו אין להתיר שום וולד הנמצא בבהמה אם האם טריפה, **דוקא** נמצא, דלא נולד כדרך הנולדים, הא נולד, כיון דנולד כדרך הנולדים, רוב וולדות אין נפלים, **וע"ל** סי' ט"ו ס"ב דיש חולקין.

הוציא ידו קודם שחיטת אמו

סעיף ב - הוציא ידו והחזירה (פי' קודם שחיטה), מה שיצא מן האבר לחוץ, אסור - שנאמר ובשר בשדה טרפה לא תאכלו, ודרשו חז"ל כיון שיצא בשר חוץ למחיצתו, דהיינו הרחם שהוא מחיצת העובר [להתירו בשחיטת אמו, וכיון שיצא חוץ למחיצתו, דהיינו לאויר העולם, נאסר מהיתר שחיטת אמו], **אבל מה שנשאר ממנו בפנים, ומקום חתך** – [שזה הבדלה בין פנימי לחיצון], **מותר** – [דכיון שהחזירה אין צריך לחתוך לצד פנים, אלא מצמצם וחותך, ומקום החתך מותר, דקרינן ביה בבהמה תאכלו], ‹ומשום בשר בשדה ליכא, דהא לא יצא ממחיצתו – ב"י›.

לא החזירה קודם שחיטה, גם מקום החתך אסור – [דלא קרינן ביה בבהמה במקום החתך], ‹דלאו בתוכה הוא – ב"י›, **אבל מה שבפנים, מותר אפילו הוא מיעוטו** - של אבר, [דקי"ל אין לידה לאברים כרבי יוחנן, ולא כרב דיש לידה לאברים], ‹פי' רואין אותו כאילו יצא כולו, והאבר כולו אסור בין היוצא לחוץ ובין הנשאר בפנים – ב"י›.

‹**הנה** דין איסור יוצא נאמר בש"ס בבן פקוע מכשירה, שכל הולד ניתר בשחיטת אמו, לכן אבר היוצא אין לו תקנה, משא"כ כשהאם טרפה, **אכן** דעת הש"ך לקמן בס"ג מבואר, ‹ע"ש בפמ"ג ומחה"ש›, דאפילו כשנמצאה האם טרפה, שייך איסור יוצא, ומה שבחוץ אסור, **אמנם** הפר"ח חלק עליו, עיין בספר לבושי שרד שכתב שנראה עיקר כהפר"ח, **אך** למעשה יש להחמיר ולומר, דאם האבר שיצא הוא אבר שהנשמה תלויה בו, יש לאסור כולו אפילו מה שהיה בפנים, וכשהגדיל חלבו ג"כ אסור, {**ואם** איכא עוד איזה צד היתר, כגון תערובת וכה"ג, יש להתיר}, **ואם** הוא אבר שאין הנשמה תלויה בו, יש לחוש ולאסור אבר היוצא עכ"פ, והשאר ניתר בשחיטת עצמו, וכשהגדיל חלבו מותר, ע"ש›.

הגה: וכל זה לא איירי אלא לענין שיהא ניתר בשחיטת אמו, כשאר עובר הנמצא בה - ר"ל דשחיטת אמו הוא דמגרע כחו, דאם לא נולד קודם שחיטת אמו, אע"פ שהוא בן ט' חי, האבר אסור, ולא מהני ליה גם שחיטת עצמו אח"כ, וטעמא עיין ‹בש"ד ס"ה, "מחמת שאין לו סימנים להתירו בהן ע"י שחיטה, והרי כל הגוף כבשר וכמונח בדיקולא, והאבר שיצא הוא לבדו נשאר חי"›.

אבל אם ילדה אותה הבהמה אח"כ, גם האבר שיצא והחזירו שרי, דשחיטת עצמו מתיר הכל - דוקא אם ילדה אותה קודם שחיטה, אבל לאחר שחיטה אפילו נולד דרך בית הרחם אסור.

סימן יד ס"ב • הוציא ידו קודם שחיטת אמו

הוציא ידו והחזירה קודם שחיטה, **מה** שיצא מן האבר לחוץ, אסור, שנאמר ובשר בשדה טרפה לא תאכלו, **דהרחם** הוא מחיצת העובר להתירו בשחיטת אמו, וכיון שיצא חוץ למחיצתו לאויר העולם, נאסר מהיתר שחיטת אמו, **אבל** מה שנשאר ממנו בפנים, ומקום חתך (מקום ההבדלה בין פנימי לחיצון), מותר, **דגם** מקום החתך קרינן "בבהמה תאכלו", **ומשום** בשר בשדה ליכא, דהא לא יצא ממחיצתו.

ואע"פ שהוא בן ט' חי, אין תקנה להאבר, ולא מהני ליה גם שחיטת עצמו אח"כ, מחמת שאין לו סימנים להתירו בהן ע"י שחיטה, דהרי כל הגוף כבשר המונח בדיקולא, והאבר שיצא הוא לבדו נשאר חי.

לא החזירה קודם שחיטה, גם מקום החתך אסור, דלא קרינן ביה "בבהמה" דלאו בתוכה הוא, **אבל** מה שבפנים, מותר אפילו הוא מיעוטו של אבר, דקי"ל אין לידה לאברים, ואין רואין אותו כאילו יצא כולו.

אבל כשהאם טרפה, דאין כאן היתר שחיטת האם, יש תקנה להאבר עם שאר הבהמה, **אכן** מדעת הש"ך לקמן בס"ג מבואר, דאפי' כשנמצאה האם טרפה, שייך איסור יוצא, ומה שבחוץ אסור, ע"ש, **אמנם** יש חלקין עליו.
אך י"א דלמעשה יש להחמיר ולומר, דאם האבר שיצא הוא אבר שהנשמה תלויה בו, יש לאסור כולו אפילו מה שהיה בפנים, **וכשהגדיל** חלבו ג"כ אסור, (**ואם** איכא עוד איזה צד היתר, כגון תערובת וכה"ג, יש להתיר), **ואם** הוא אבר שאין הנשמה תלויה בו, יש לחוש ולאסור אבר היוצא עכ"פ, והשאר ניתר בשחיטת עצמו, וכשהגדיל חלבו מותר.

וכתב רמ"א, וכל זה לא איירי אלא לענין שיהא ניתר בשחיטת אמו, כשאר עובר הנמצא בה, **אבל** אם ילדה אותה הבהמה אח"כ, גם האבר שיצא והחזירו שרי, דשחיטת עצמו מתיר הכל. **ודוקא** אם ילדה אותה קודם שחיטה, אבל לאחר שחיטה אפילו נולד דרך בית הרחם, אסור.

יצא רובו, או חציו ברוב אבר, או רובו במיעוט אבר

סעיף ג - אם יצא רוב העובר, הרי הוא כילוד; ואם יצא חציו ברוב אבר, ‹הרי הוא כילוד› - כגון שיצא רוב ידו, וכשנשער מה שיצא מהעובר, אינו אלא חציו, ואם נטיל מיעוט היד שנשאר בפנים אחר רוב היד שיצא, הוי רוב, שדינן מיעוט היד שבפנים אחר רוב היד שיצא להשלים רוב העובר, ואסור, עכ"ל טור, **ודין** זה בעיא בש"ס ולא איפשטא, ופסקו הפוסקים לחומרא, ולכן כתבו הט"ו בסי' שי"ט לענין בכור, שהבא אחריו ספק בכור, **והלכך** אם הוא בן ט' מת, או בן ח' אפילו חי, חיישינן שמא הו"ל כילוד, ואסור הכל אפילו מה שנשאר בפנים, **ואם** הוא בן ט' חי, אז מה שיצא לחוץ אסור, דשמא לא הו"ל כילוד, והו"ל בשר שיצא חוץ למחיצתו ונאסר, ולא מהני ליה נמי שחיטת עצמו, כיון שלא נולד קודם שחיטת אמו, **אבל** מה שנשאר בפנים מותר ממ"נ, [**אי כילוד פשיטא דמותר, ואי לאו כילוד, ניתר בשחיטת האם, דהא לא יצא כלל**], אפילו היתה *אמו טרפה, בשחיטת עצמו, כמו שנתבאר בסי' י"ג, ואפילו לא החזיר מה שהוציא מותר הנשאר בפנים ממ"נ, **ומ"ש** הט"ו בסעיף ד', ואם חתך כל אבר ואבר בשעה שהוציא אותו, גם המיעוט שנשאר בפנים אסור, **התם** כיון שחתך רוב אבריו, א"א שיהא ניתר בשחיטת עצמו, א"נ מיירי בבן ח', או בבן ט' מת, ועיין בדרישה שכתב כה"ג.

*‹**לומר** מה שבחוץ אסור ומה שבפנים מותר, {עיין בפת"ש לעיל ס"ב}, וכן הוא דעת הב"ח בכאן, דבטריפה גם כן אבר היוצא אסור, **וכתב** התבואות שור הטעם, דשחיטת אמו כשירה מטהר האבר היוצא מידי נבילה, הא שחיטת טריפה אין מטהר לאבר היוצא, דנחות דרגא, דמטהר לעובר מידי נבילה ולא לאבר, **ואם** כן הסימנים כשחוטין דמיין לענין נבילה, ואבר אין לו מי שיטהר אותו מידי נבילה, זה תוכן כוונת דבריו – פמ"ג. ‹**לא** קאי אלא אמה שנשאר בפנים לחוד, דאם היתה אמו טריפה ניתר בכולו בשחיטת עצמו אפילו אם אינו כילוד, דהא שחיטת אמו אינו מתיר כיון שהיא טריפה, ואכשר בה רחמנא בסימנים דידיה – מחה"ש.

או שיצא רובו במיעוט אבר, הרי הוא כילוד - פשוט בש"ס דהוי כילוד, והמחבר שכתב בבבא אחת

ה"ה כילוד, [הוא אינו מדוקדק, דהא אינם עולים בקנה אחד], אין ר"ל להשוותן לגמרי, וסמך אמ"ש לקמן סי' שי"ט, דביצא רובו במעוט אבר הוי ודאי כילוד, ובחציו ברוב אבר הוי ספק, **ותימה** על העט"ז שכתב ברישא ובסיפא הטעם משום דאזלינן לחומרא, והא ודאי ליתא, **אלא** ביצא רובו במעוט אבר פשיטא לן דהוי כילוד, והלכך היכא דהוא בן ט' חי, ניתר כולו ע"י שחיטת עצמו דוקא, **והיכא** דהוא בן ט' מת, או בן ח' חי, הרי כולו אסור אף מה שבפנים, ועיין בס"ק שלפני זה.

וה"ה אם היה מבפנים יותר מבחוץ בלא המיעוט אבר, שדינן ליה אעובר שמבחוץ, כיון שבמיעוט אבר שעמו הוי רוב עובר הוא בחוץ, וכן משמע מהט"ו לקמן סי' שי"ט, ודוק.

סימן יד ס"ג • יצא רובו, או חציו ברוב אבר, או רובו במיעוט אבר

אם יצא רוב העובר, הרי הוא כילוד.

ואם יצא חציו ברוב אבר, הרי הוא כילוד.

כגון שיצא רוב ידו, וכשנשער מה שיצא מהעובר, אינו אלא חציו, **שדינן** מיעוט היד שבפנים אחר רוב היד שיצא להשלים רוב העובר, ואסור.

כתב הש"ך, דזה בעיא בש"ס ולא איפשטא, ופסקו הפוסקים לחומרא, והלכך:

אם הוא בן ט' מת, או בן ח' אפי' חי, דלא שייך שחיטת עצמו, רק שחיטת אמו, חיישינן שמא הו"ל כילוד, ואסור הכל אפי' מה שנשאר בפנים.

ואם הוא בן ט' חי, אף דשייך שחיטת עצמו, מה שיצא לחוץ אסור, דשמא לא הו"ל כילוד, והו"ל בשר שיצא חוץ למחיצתו ונאסר, ולא מהני ליה שחיטת עצמו, כיון שלא נולד קודם שחיטת אמו, נמצא דיש עליו דין שחוטה מצד אמו. **אבל** מה שנשאר בפנים מותר ממ"נ, אפי' לא החזיר מה שהוציא, **דאי** כילוד, פשיטא דמותר בשחיטת עצמו, **ואי** לאו כילוד, ניתר בשחיטת האם, דהא לא יצא כלל.

ואפי' היתה אמו טרפה, כתב הש"ך, דניתר בשחיטת עצמו. **י"א** דלא קאי הש"ך אלא אמה שנשאר בפנים לחוד, דמותר גם אם אמו טריפה, דאז כולו ניתר, אף מה דבחוץ, בשחיטת עצמו אפי' אם אינו כילוד, דהא שחיטת אמו אינו מתיר כיון שהיא טריפה, ואכשר בה רחמנא בסימנים דידיה, **ואינו** הולך על ענין של איסור מה שבחוץ.

וי"א דהולך על שניהם, דמה שבפנים מותר, והאבר היוצא אסור, **ועיין** לעיל בס"ב דיש מדייקין מזה, דיש איסור ביוצא לחוץ, ולא רק העדר ההיתר של שחיטת אמו, ע"ש, **וי"א** דהטעם, דשחיטת אמו כשירה מטהר האבר היוצא מידי נבילה, **הא** שחיטת טריפה אין מטהר לאבר היוצא, דנחות דרגא, דמטהר לעובר מידי נבילה ולא לאבר, **וא"כ** אף באמו טריפה הסימנים כשחוטין דמיין בנוגע מה שבפנים לענין נבילה, והאבר אין לו מי שיטהר אותו מידי נבילה.

יצא רובו במיעוט אבר, הרי הוא כילוד.

זה פשוט בש"ס דהוי כילוד, **והמחבר** שכתב בבבא אחת עם דין הקדום אינו מדוקדק, דהא אינם עולים בקנה אחד, דביצא חציו ברוב אבר הוי ספק, וברובו במיעוט אבר הוי ודאי כילוד, **והלכך** היכא דהוא בן ט' חי, ניתר כולו ע"י שחיטת עצמו דוקא, **והיכא** דהוא בן ט' מת, או בן ח' חי, הרי כולו אסור אף מה שבפנים.

וה"ה אם היה מבפנים יותר מבחוץ בלא המיעוט אבר, שדינן ליה אעובר שמבחוץ, כיון שבמיעוט אבר הוי רוב עובר בחוץ.

הוציא אבר אבר עד שהשלים לרוב

סעיף ד - הוציא אבר א' והחזירו, וחזר והוציא אבר אחר והחזירו, עד שהשלים לרוב, המיעוט שלא יצא, מותר; ואם חתך כל אבר ואבר בשעה שהוציא אותו, גם המיעוט שנשאר בפנים אסור – ‹איבעיא להו, לדברי האומר אין לידה לאברים, הוציא העובר את ידו והחזירה, וחזר והוציא ידו והחזירה, עד שהשלימו לרובו, מהו, מי אמרינן הא נפק ליה רובא, או דילמא כיון דהדר הדר, **את"ל** כיון דהדר הדר, הוציא העובר ידו וחתכה, וחזר והוציא ידו וחתכה, עד שהשלימו לרובו, מהו, מי אמרינן הא נפק ליה רובא, או דילמא רובא בבת אחת בעינן, **ולא** איפשיטא, ופסקו הרשב"א והרא"ש לבעיא ראשונה להקל, כאת"ל, ובשניה להחמיר – ב"י. ‹וקשה הא טעמא הוי דאזלינן בספיקא לחומרא, וא"כ המיעוט שנשאר בפנים יהא מותר ממ"נ, כנ"ל בש"ך ס"ג – מחה"ש›, **ועיין** ס"ג, ‹שם כתב ב' תירוצים – פמ"ג›.

סימן יד ס"ד • הוציא אבר אבר עד שהשלים לרוב

הוציא אבר א' והחזירו, וחזר והוציא אבר אחר והחזירו, עד שהשלים לרוב, המיעוט שלא יצא, מותר.

ואם חתך כל אבר ואבר בשעה שהוציא אותו, גם המיעוט שנשאר בפנים אסור.

וקשה, הא טעמא הוי משום דאזלינן בספיקא לחומרא, וא"כ המיעוט שנשאר בפנים יהא מותר ממ"נ, כנ"ל בס"ג, **וי"ל** דכיון שחתך רוב אבריו, א"א שיהא ניתר בשחיטת עצמו, **א"נ** מיירי בבן ח', או בבן ט' מת.

חלב של עובר שהוציא אבר ונאסר

סעיף ה - עובר שהוציא אבר ונאסר האבר, ואח"כ נשחטה האם והוציאו העובר, והרי היא נקבה, החלב שלה אסור לשתותו, הואיל והוא בא מכלל האברים, ויש בה אבר א'

אסור, וה"ז כחלב טרפה שנתערב בחלב כשרה - זהו ג"כ בעיא בש"ס, מהו לגמוע חלבו, חלב דעלמא לאו כאבר מן החי דמי ושרי, האי נמי לא שנא, או דלמא התם אית ליה תקנתא לאיסוריה בשחיטה, תיקו, וכ"כ הרמב"ם, הרי זה אסור לשתותו מספק.

והקשה הב"ח אמאי לא בעי ש"ס נמי הכי גבי בן פקועה שבא על בהמה דעלמא והוליד, שהולד אין לו תקנה מטעם שהייה, וכדלעיל סי' י"ג, **ותירץ** דהתם פשיטא דשרי, דלאו טרפה היא, אלא שאין השחיטה מתירתו, ודמי למ"ש הרשב"א וכתבו הר"ב, גבי שמוטה, דחלב שלה מותר, מטעם דשמוטה לאו טרפה היא, אלא שאין שחיטה מועלת בו, אבל הכא אסור משום טרפה, וחלב טרפה אסור, עכ"ל, **ולא** משמע לי פירושא דשמעתא הכי, ועוד דלא דמי לשמוטה, דהתם הלכה למשה מסיני דשמוטה לאו טרפה היא בחייה, משא"כ לעיל דהולד טרפה משום דסימן אחד שלו הוי כשחוט, והגע עצמך אם שחט סימן א', ואח"כ הניחה, אם חלבה מותר, דנימא שיגמור אח"כ השחיטה, והאי נמי דכוותה היא, [שהרי כולו איסור כיון דשחוט חציו, והו"ל **כשאר מידי שנשחט חציו ממש**], **ועוד** דבשמוטה היתה לה שעת הכושר, משא"כ הכא, דמיום שנולד אין לו תקנה, וחילוק זה מבואר בדרישה, **והא** דבעי ש"ס הכי דוקא באיסור יוצא, היינו משום דאיסורא משום אבר מן החי, וחלב דעלמא נמי כאבר מן החי דמי, וכ"כ הרשב"א בחידושיו וז"ל, הכי קמבעיא ליה, אבר זה אין בו איסור מחמת עצמו כטרפה כלל, אלא מחמת שאין לו סימנים להתירו בהן ע"י שחיטה, והרי כל הגוף כבשר וכמונח בדיקולא, והאבר שיצא הוא לבדו נשאר חי, וא"כ מה הפרש יש בין חלב זה לשאר חלב הבא מן החי, או דלמא מיגרע גרע, דהתם חיותו עומד לתקן ע"י שחיטה, אבל חיותו של עובר זה אין לו תקנה עולמית ע"י שחיטה, עכ"ל, וכ"כ הר"ן, **אבל** לעיל שכל הבהמה אסורה מטעם שסימן אחד שלה הוי כשחוט, פשיטא דאסור. ‹והט"ז מתרץ› [**דאותו דין שאין לולד תקנה, הוא מדברי רב משרשיא למ"ד חוששין לזרע האב, והוא מחלוקת אמוראים, ע"כ ניחא ליה למבעי באיסור יוצא שהוא אליבא דכו"ע**].

‹**ואם** יצא חציו ברוב אבר, י"ל דהחלב מותר מטעם ס"ס, ספק דהוי כילוד ואין כאן איסור יוצא, ואת"ל דלא הוי כילוד, ספק שמא ביוצא ג"כ החלב מותר, **ולכאורה** נסתר זה ממ"ש הט"ז, דבבן פקועה הבא על הבהמה מעליא, דאין לולד תקנה בשחיטה, החלב אסור, דזהו ג"כ בכלל איבעיא, ע"ש, והא הך דינא דבן פקועה שבא על בהמה מעליא, דאין להולד תקנה משום דחוששים לזרע אב, הוי רק ספק כדקימ"ל בסי' ט"ז, דאנן ס"ל לדינא דהוי ספק אם חוששים לזרע אב, וא"כ הו"ל ס"ס, **אמנם** י"ל דהתם לענין ספיקא דחוששים לזרע אב, הוי לולד חזקת איסור שאינו זבוח, ודנין מכח החזקה דאין לו תקנה בשחיטה, **אבל** הכא בחציו ברוב אבר, י"ל דלא אמרינן דהוי כודאי אינו ילוד דלא מהני שחיטה להיוצא, דהא לגבי הנשאר בפנים הוי בהיפוך, חזקת איסור לדונו כילוד, דאם לא היה כילוד הותר תיכף בשחיטת אם, ומכח חזקת איסור ראוי לדון דלא הותר, וא"כ הוי חזקה לכאן ולכאן, מש"ה י"ל דשפיר הוי ס"ס – רעק"א›.

והרי זה כחלב טרפה שנתערב בחלב כשרה – [**לשון זה מיותר, ומורה לכאורה ששייך כאן ביטול בס', וכ"כ** מו"ח ז"ל], דאם היה ס' בבהמה בבשר וגידין ועצמות כנגד האבר האסור, כל החלב מותר מטעם תערובות שבטל בס', ע"כ, וכ"כ העט"ז, **ואני** תמה, מי הגיד להם נביאות זה, שמא מאבר קטן החלב מתגדל הרבה יותר מאבר אחר גדול, ולעולם אינו בטל, והכי משמע פשטא דש"ס ופוסקים, אח"כ מצאתי שכתב הדרישה סברא זו, [**כי דבר ידוע שאין האברים שוין בזה לענין דם שבהם, כי יש אבר שבו רוב בשר ומיעוט עצם, אם כן יש בו רבוי דם, וכן להיפך, וכן הוא לענין חלב הבא מכח דם שבאברים, ואין לשער בזה בס'**], **מיהו** י"ל דלא יהא אלא ספק אם יש ס', כיון דהוי מין במינו דבטל מן התורה ברוב, אלא מדרבנן צריך ס', הו"ל ספק דרבנן ולקולא, וכדלקמן סי' צ"ח ס"ב, והכי אמרינן נמי לקמן סי' פ"א.

[**ולשון המיותר כאן בשו"ע ע"פ הרמב"ם הוא מורה על ענין אחר, דהיינו דבגמ' איתא תחלה בעיא לענין זרע נולד מאותו איסור יוצא, אי אסור מכח שבא מאסור או לא, ואסיקנא דכל מכח לא אמרינן, ושרי, אלא דבעיא היא לענין חלב לשתותה, ע"כ נשמר הרמב"ם דלא נטעה לומר שהחלב בא מכח האברים, שכן משמע הלשון לכאורה שכתב תחלה, "הואיל והוא בא מכלל האיברים", א"כ הוה כמו מכח האברים, וזה אינו, דכל מכח שרי, אלא החלב הוא בא ממש בעין מן האברים, כאילו יונקים בפנינו חלב, וזה שכתב וה"ז כחלב טרפה שנתערב כו', פי' חלב בעין ממש נתערב, ולא כח בלבד כענין הולד הנולד, כנ"ל נכון**].

[ט"ז] ‹רעק"א או ש"א או הוספת הסבר› (פת"ש)

(**ועיין** בספר בני חייא שחולק על הש"ך ופר"ח, שהסכימו להתיר החלב אם יש ששים בבהמה נגד האבר האסור, דאישתמיט להו דברי המרדכי בחולין, שכתב דלא שייך ביטול אלא בדבר שהיה ניכר בפני עצמו תחלה ואח"כ נתערב, אבל בדבר שתחלת ביאתו לעולם מעורב, לא בטיל, ע"ש, **גם** המשנה למלך הביא מש"כ המרדכי, דדבר המעורב מתחלת ברייתו לא שייך ביטול, ותמה על חכמי אשכנז האחרונים אשר נשאו ונתנו כאן אם החלב בטל בששים, ע"ש שהאריך, **ועיין** בתשובת נו"ב שיש קושיא זאת, וכתב דדברי המרדכי היינו רק בביטול אשר מתורת רוב אתינן עלה, אבל בדבר הבטל בששים, דטעם בטולו הוא מפני שאז אין הטעם נרגש, לא שייך חילוק המרדכי, ע"ש).

‹אבל אם בודאי ליכא ס', אין להתירו בדין ספק דרבנן, מחמת ספיקא דאיבעי אם חלב מותר, דכיון דהחלב שמכח אבר היוצא הוי ספק דאורייתא, כמ"ש הט"ז והש"ך – רעק"א.

סימן יד ס"ה • חלב של עובר שהוציא אבר ונאסר

עובר שהוציא אבר ונאסר האבר, ואח"כ נשחטה האם והוציאו העובר, והרי היא נקבה, **החלב** שלה אסור לשתותו, הואיל והוא בא מכלל האברים, ויש בה אבר א' אסור, **והרי** זה כחלב טרפה שנתערב בחלב כשרה.
זהו בעיא בש"ס, ונשאר בתיקו, ואסור לשתותו מספק.

ואין החלב דומה לזרע הנולד מאותו איסור יוצא, דאסיקנא דכל מכח לא אמרינן, ושרי, **אבל** החלב בא ממש בעין מן האברים, כאילו יונקים בפנינו חלב, **וזה** שכתב השו"ע והרי זה כחלב טרפה שנתערב כו', פי' חלב בעין ממש נתערב, ולא כח בלבד כענין הולד הנולד – ט"ז.

י"א דאם היה ס' בבהמה בבשר וגידין ועצמות כנגד האבר האסור, כל החלב מותר מטעם תערובות שבטל בס'.
והש"ך והט"ז תמהו, מי הגיד להם נביאות זה, כי דבר ידוע שאין האברים שוין בזה לענין דם שבהם, כי יש אבר שבו רוב בשר ומיעוט עצם, א"כ יש בו רבוי דם, וכן להיפך, וכן הוא לענין חלב הבא מכח דם שבאברים, **ואין** לשער בזה בס', שמא מאבר קטן החלב מתגדל הרבה יותר מאבר אחר גדול, ולעולם אינו בטל, והכי משמע פשטא דש"ס ופוסקים.
מיהו י"ל דלא יהא אלא ספק אם יש ס', כיון דהוי מין במינו דבטל מן התורה ברוב, אלא מדרבנן צריך ס', הו"ל ספק דרבנן ולקולא.
אבל אם בודאי ליכא ס', אין להתירו ולדונו כספק דרבנן, (כיון דמדאורייתא בטל ברוב), מחמת ספיקא דאיבעי אם חלב מותר, **משום** דבעיקר הוי ספק דאורייתא, כמ"ש הט"ז והש"ך.

וי"א דלא שייך להתיר החלב אפי' אם יש ס' בבהמה נגד האבר האסור, משום שיטת המרדכי, דלא שייך ביטול אלא בדבר שהיה ניכר בפני עצמו תחלה ואח"כ נתערב, **אבל** בדבר שתחלת ביאתו לעולם מעורב, לא בטיל.
וי"א דדברי המרדכי היינו רק בביטול בתורת רוב, **אבל** בדבר הבטל בששים, דטעם בטולו הוא מפני שאז אין הטעם נרגש, לא שייך חילוק המרדכי.

וכתב הב"ח, דבן פקועה שבא על בהמה דעלמא והוליד, שהולד אין לו תקנה מטעם שהייה, וכדלעיל סי' י"ג, **התם** פשיטא דחלבה שרי, דלאו טרפה היא, אלא שאין השחיטה מתירתו, **וכמו** גבי שמוטה, דחלב שלה מותר, מטעם דשמוטה לאו טרפה היא, אלא שאין שחיטה מועלת בו, **אבל** הכא אסור משום טרפה, וחלב טרפה אסור.
וכתבו הש"ך והט"ז, דלא דמי לשמוטה, דהתם הלכה למשה מסיני דשמוטה לאו טרפה היא בחייה, **משא"כ** גבי בן פקועה, הולד טרפה, שהרי כולו איסור כיון דשחוט חציו, והו"ל כשאר מידי שנשחט חציו ממש, **ועוד** דבשמוטה היתה לה שעת הכושר, **משא"כ** בזה, דמיום שנולד אין לו תקנה.

אם יצא חציו ברוב אבר, י"א דהחלב מותר מטעם ס"ס, ספק דהוי כילוד ואין כאן איסור יוצא, ואת"ל דלא הוי כילוד, ספק שמא ביוצא ג"כ החלב מותר, **ולכאורה** נסתר זה ממ"ש הש"ך והט"ז, דבן פקועה הבא על הבהמה מעליא ג"כ בכלל איבעיא, והא הך דינא הוי רק ספק, דאנן ס"ל לדינא דהוי ספק אם חוששים לזרע אב, וא"כ הו"ל ס"ס, **אמנם** י"ל דהתם לענין ספיקא דחוששים לזרע אב, הוי לולד חזקת איסור שאינו זבוח, ודנין מכח החזקה דאין לו תקנה בשחיטה, **אבל** הכא בחציו ברוב אבר, י"ל דלא אמרינן דהוי כודאי אינו ילוד דלא מהני שחיטה להיוצא, **דהא** לגבי הנשאר בפנים הוי בהיפוך, חזקת איסור לדונו כילוד, דאם לא היה כילוד הותר תיכף בשחיטת אם, ומכח חזקת איסור ראוי לדון דלא הותר, **וא"כ** הוי חזקה לכאן ולכאן, מש"ה י"ל דשפיר הוי ס"ס.

חתך מהאברים במעי בהמה או מהעובר

סעיף ו - המושיט ידו למעי הבהמה וחתך מן הטחול ומן הכליות וכיוצא בהן - נקט הני משום דאין הבהמה נטרפת בחתוכן, **והניח החתיכות בתוך מעיה ואח"כ שחטה, הרי אותן החתיכות אסורות משום אבר מן החי, ואע"פ שהוא בתוך מעיה.**

אבל אם חתך מן העובר שבמעיה ולא הוציאו, ואח"כ שחטה, הרי חתיכת העובר או אברו מותר, הואיל ולא יצא – [פי' אפי' חלב מותר, דכתיב בבהמה תאכלו].

ובש"ס פריך מאי שנא ‹אברי הבהמה› מעובר, ומשני דכתיב אותה שלמה ולא אותה חסרה, דלא כעט"ז דאישתמיטתיה ש"ס זו, וכתב טעם אחר.

סי' יד ס"ו(1) • חתך מהאברים במעי בהמה או מהעובר

המושיט ידו למעי הבהמה וחתך מן הטחול ומן הכליות וכיוצא בהן, דאין הבהמה נטרפת בחתוכן, והניח החתיכות בתוך מעיה ואח"כ שחטה, **הרי** אותן החתיכות אסורות משום אבר מן החי, ואע"פ שהוא בתוך מעיה.

אבל אם חתך מן העובר שבמעיה ולא הוציאו, ואח"כ שחט האם, **הרי** חתיכת העובר או אברו מותר, הואיל ולא יצא, **ואפי'** חלב מותר, **דכתיב** בבהמה תאכלו, **משא"כ** באברי הבהמה, משום דכתיב אותה שלמה, ולא אותה חסרה.

שחט עובר במעי אמו

הגה: ואם שחט עובר במעי אמו, לא מקרי שחיטה

- זהו בעיא דלא איפשטא פרק המקשה, ומוכח שם דמיירי שיצא אחר שחיטתו קודם שחיטת אמו, דאז אפילו הוא בן ט' חי שחיטתו נבלה מספק, דשמא אין שחיטה אלא לאחר שיצא לאויר העולם, **אבל** היכא דלא יצא קודם שחיטת אמו, ניתר בשחיטת אמו, והר"ב קיצר במובן וסמך אלמעלה, **והלכך** כיון שמספק לא מקרי שחיטה, אסור לשחוט האם אחריו בו ביום, דשמא הוי שחיטה, ‹**מיהו** צ"ע, דהא ע"כ הוי חלדה – באה"ט›, **ובעט"ז** לא ידע מקור דין זה, ולכן כתב הטעם דלא הוי שחיטה משום חלדה, וסוגיא דהתם לא אזלא כלל לפי"ז, ע"ש, אלא הטעם פשוט כמ"ש, וכ"כ רש"י שם, וכבר השיגו הלחם חמודות.

‹**מסתפקנא** באם מתה האם ושחט הולד במעי אמו, בזה י"ל דהוי שחיטה, דהא בעי רק באם האם חי, דאזי י"ל דהולד כחלק מהאם, ולא הוי בהמה בפני עצמו, אבל במתה האם י"ל דהולד רק כמונח בקופסא וכנולד דמי, **וכמ"ש** הרמב"ן הובא במג"א, דאף דישראל אינו נהרג על העוברים, מ"מ במתה האם, העובר כילוד ודלת הוא דנעול לפניו דמי, **ואולם** לטעם הלבוש, דהוי חלדה, גם בכה"ג לא הוי שחיטה, **ובעיקר** הדין קשה לי, למאי הוצרך הרמ"א להביא דין זה, הא כבר כתב הרמ"א לעיל, דאם שחט האם ונמצאת טריפה, דעכשיו אין תקנה להולד, דאין אנו בקיאים אם כלו חדשיו, א"כ ממילא א"א להתיר שחיטת הולד במעי אמו בלי היתר דשחיטות האם, דדלמא לא כלו חדשיו, ואין לו שחיטות עצמו, **ואולי** י"ל דכוונת הרמ"א, דלא הוי שחיטה כלל אפי' להקל, דמותר לשחוט אח"כ האם, ולא הוי אותו ואת בנו, והיינו משום דהוי ס"ס, ספק דלא כלו חדשיו, ואת"ל דכלו חדשיו, שמא לא מהני שחיטה במעי אמו, וצ"ע, **ודלא** כמ"ש הש"ך, דלענין אותו ואת בנו מחמירין – רעק"א›.

(**עיין** בתשובת תפארת צבי שכתב, דאמו עכ"פ מותרת אף בלא בדיקת איברים הפנימים, ולא חיישינן שמא נגע בהם בסכין, דאין לחוש לזה כשמכוין שלא ליגע בשאר אברים, והוכיח כן מדברי תוס' בביצה דף ו', ע"ש).

סימן יד ס"ו(2) • שחט עובר במעי אמו

אם שחט עובר במעי אמו, לא מקרי שחיטה.
ומיירי שיצא אחר שחיטתו קודם שחיטת אמו, דאז אפי' הוא בן ט' חי, שחיטתו נבלה מספק, דשמא אין שחיטה אלא לאחר שיצא לאויר העולם, **אבל** היכא דלא יצא קודם שחיטת אמו, ניתר בשחיטת אמו.
זהו בעיא דלא איפשטא, וכיון שמספק לא מקרי שחיטה, אסור לשחוט האם אחריו בו ביום, דשמא הוי שחיטה – ש"ך.
וי"א דצ"ע, דהא ע"כ הוי חלדה.

י"א דאם מתה האם ושחט הולד במעי אמו, בזה י"ל דהוי שחיטה, דהא בעיא רק באם האם חי, דאזי י"ל דהולד כחלק מהאם, ולא הוי בהמה בפני עצמו, **אבל** במתה האם י"ל דהולד רק כמונח בקופסא וכנולד דמי, **ואולם** לטעם דהוי חלדה, גם בכה"ג לא הוי שחיטה.

ויש שהקשה, הא כבר כתב הרמ"א לעיל, דאם שחט האם ונמצאת טריפה, דהאידנא אין תקנה להולד, דאין אנו בקיאים אם כלו חדשיו, **א"כ** ממילא א"א להתיר שחיטת הולד במעי אמו בלי היתר דשחיטת האם, דדלמא לא כלו חדשיו, ואין לו שחיטת עצמו, **ואולי** י"ל דהכוונה, דלא הוי שחיטה כלל אפי' להקל, דמותר לשחוט אח"כ האם, ולא הוי אותו ואת בנו, **משום** דהוי ס"ס, ספק דלא כלו חדשיו, ואת"ל דכלו חדשיו, שמא לא מהני שחיטה במעי אמו, וצ"ע, **ודלא** כמ"ש הש"ך, דלענין אותו ואת בנו מחמירין.

י"א דאמו עכ"פ מותרת אף בלא בדיקת איברים הפנימים, ולא חיישינן שמא נגע בהם בסכין, דאין לחוש לזה כשמכוין שלא ליגע בשאר אברים.

§ סימן טו – שלא לשחוט בהמה עד יום שמיני ללידתה §

דיני אפרוח

סעיף א- אפרוח כל זמן שלא יצא לאויר העולם, אסור - משום שרץ השורץ על הארץ, שגם שריצתו בתוך קליפתו מיקרי שריצה, **ולאחר שיצא לאויר העולם, מותר מיד** - אפי' לא נתפתחו עיניו, ב"י בשם רוב הפוסקים, **מיהו** כתבו הג"א מא"ז, דמשום דבר שקץ אין לאכלו עד שיגדלו הכנפים,

דהיינו נוצה גדולה שעל גופו שיש לו קנים, דכל עופות שלא גדלו כנפים אסר ר' יואל משום שקץ, עכ"ל, וכ"כ האו"ה, וכ"כ האחרונים.

[**בפ"ק** דביצה פליגי ר"א בן יעקב ורבנן, דראב"י ס"ל כל השרץ השורץ על הארץ לרבות אפרוחים שלא נפתחו עיניהם, ורבנן ס"ל כל זמן שלא יצא לאויר העולם, ופסק הרי"ף כרבנן, וכתב הר"ן אע"ג דקי"ל משנת ראב"י קב ונקי, מ"מ כיון דקים ליה רבי יוחנן כרבנן, ורב כראב"י, וקי"ל רב ור"י, הלכה כר"י, וק"ל מאי אולמיה דהאי כללא, מהאי כללא דמשנת ראב"י קב ונקי, **ונראה** דלבטל זה מפני זה, והדרינן לכללא דיחיד ורבים הלכה כרבים, וכן פסק הרא"ש פרק א"ט, וכ"כ כאן טור ושו"ע, **ותימה** על הרא"ש שפוסק בפ"ק דביצה כראב"י, וסותר דבריו בפרק א"ט].

לק"מ, דבפרק א"ט לא העתיק אלא לשון רי"ף, כידוע למי שיודע דרכו של רבינו אשר, דמעתיק לשון הרי"ף בסתם בכמה דוכתי, אע"ג דלא ס"ל הכי, ובפ"ק דביצה הוא עיקר פסק דידיה, וע"כ כתב הטור וב"י ושאר אחרונים בשם הרא"ש, דפסק כראב"י, ולא כמ"ש הוא בשמו דפוסק כת"ק - נקה"כ.

[**וכתבתי** דבר זה, לפי שראיתי בהג"ה אשיר"י פ"ק וז"ל, וכגון שנולד עם הכנפים, דהיינו נוצה גדולה שעל גופו שיש לו קנים, **דכל** עופות שלא גדלו כנפים אסר ר' **יואל משום שקץ**, **מא"ז**, עכ"ל, ומו"ח ז"ל הביא הג"ה זאת להלכה, **ותמהני** דרבינו יואל שאסר משום שקץ כמאן ס"ל, ונ"ל דס"ל כראב"י, ושיעור דנפתחו עיניהם ושיעור דגדלות כנפים שיעור אחד הוא, וא"כ למאי דפסק השו"ע כרבנן, לא קי"ל ג"כ כהך הג"ה אשיר"י].

גם מש"כ דהג"ה אשיר"י פסק כראב"י, ליתא, דא"כ מאי קאמר, וכגון שנולד עם הכנפים כו', הל"ל פירוש שנולד עם הכנפים כו', **ועוד** דמאי קאמר אסר רבינו יואל משום שקץ, מאי רבותא דר' יואל דאסר כן, דהא היינו כראב"י, **אלא** ודאי ה"ק, הא דפליגי ראב"י ורבנן, היינו כגון שנולד עם הכנפים כו', דכל עופות שלא גדלו הכנפים, אסר ר' יואל משום שקץ, כלומר דנהי דמשום שרץ השורץ על הארץ ליכא, מ"מ משום שקץ ומיאוס אסור לאכלו, **וכן** נראה מדברי כל האחרונים, שאע"פ שפסקו כת"ק, העתיקו דברי הג"ה לפסק הלכה - נקה"כ.

סימן טו ס"א • דיני אפרוח

אפרוח כל זמן שלא יצא לאויר העולם, אסור, משום שרץ השורץ על הארץ, שגם שריצתו בתוך קליפתו מיקרי שריצה, **ולאחר** שיצא לאויר העולם, מותר מיד, אפי' לא נתפתחו עיניו.

במס' ביצה פליגי ר"א בן יעקב ורבנן, דראב"י ס"ל כל השרץ השורץ על הארץ לרבות אפרוחים שלא נפתחו עיניהם, ורבנן ס"ל כל זמן שלא יצא לאויר העולם, **ואע"ג** דקי"ל משנת ראב"י קב ונקי, **מ"מ** כיון דקים ליה רבי יוחנן כרבנן, ורב כראב"י, וקי"ל רב ור"י, הלכה כר"י, **ולכן** בטל כלל זה מפני זה, והדרינן לכללא דיחיד ורבים הלכה כרבים.

מיהו י"א דמשום דבר שקץ אין לאכלו עד שיגדלו הכנפים, דהיינו נוצה גדולה שעל גופו שיש לו קנים - א"ז.
וי"א דס"ל הא"ז כראב"י, ושיעור דנפתחו עיניהם, ושיעור דגדלות כנפים, שיעור אחד הוא, **וא"כ** למאי דפסק השו"ע כרבנן, לא קי"ל ג"כ כהך א"ז - ט"ז.
וי"א דליתא, דהא דפליגי ראב"י ורבנן, היינו כגון שנולד עם הכנפים, **דכל** עופות שלא גדלו הכנפים, אסר משום שקץ, **כלומר** דנהי דמשום שרץ השורץ על הארץ ליכא, מ"מ משום שקץ ומיאוס אסור לאכלו, **וכן** נראה מדברי כל האחרונים, שאע"פ שפסקו כחכמים, העתיקו דברי א"ז לפסק הלכה - נקה"כ.

בהמה שילדה, אם מותר מיד ביום שנולד

סעיף ב - בהמה שילדה, אם ידוע שכלו לו חדשיו, דהיינו ט' חדשים לגסה וה' לדקה, מותר מיד ביום שנולד, ולא חיישינן שמא נתרסקו (פי' נכתשו ונכתתו) אבריו מחבלי הלידה - ואפי' איכא ריעותא שאינו הולך, תוס', וכ"כ הרא"ש וטור ור' ירוחם, דאפי' אינו יכול לעמוד מותר, וכב"י, דאפילו היא מקשה לילד. [וא"צ שיפרים].

<**עיין** בט"ז מה שהרבה להקשות על הרמ"א באו"ח, דפסק בעגל שנולד ביו"ט, דאע"ג דידוע שכלו לו חדשיו, צריך ג"כ שהפרים על הקרקע, ועיין בנקה"כ מה שתירץ>.

ואם אין ידוע שכלו לו חדשיו, אסור משום ספק נפל עד תחלת ליל שמיני - [ואע"ג דגבי קרבן כתיב מיום השמיני והלאה, שאני קרבן דאין ראוי להקריב בלילה, דכל קרבן הוא ביום דוקא].

(**עיין** פמ"ג שכתב, דבעינן שיעברו ז' ימים מעל"ע, ואם נולד סוף יום א', אם הגיע תחלת ליל מוצאי שבת עדיין לא יצא מכלל נפל, עד סוף יום המחרת, ע"ש, **וכן** משמע מלשון הט"ז, דנקיט בלשונו מעל"ע, **אמנם**

בתשובת נו"ב בתשובה מבן המחבר, האריך בזה והביא הרבה ראיות דלא בעי מעל"ע, וכתב שכן דעת התב"ש, **וסיים** דאפ"ה אם יבא מעשה לידי קשה עלי להקל, מאחר שמפורש בבעלי הוראה המפורסמים לאיסור, ומ"מ המיקל לא הפסיד, הואיל ובלא"ה הוא רק איסורא דרבנן, {**עיין** בזה בדגמ"ר ובתשובת נו"ב ובספרו שו"ת שיבת ציון, אם זה ברור דהנך ז' ימים הוא רק מדרבנן}, **שוב** ראיתי בספרי פמ"ג החדשות, נדפס בשם גדול אחד שכתב על דברי הפמ"ג הנ"ל, דדברי שגיאה הם, **עתה** ראיתי שהרב ז"ל בעצמו חזר בו בספרו פמ"ג לאו"ח, גם בספרו תיבת גמא פרשת ראה, **גם** בתשובת בית שמואל אחרון העלה דא"צ מעל"ע, ע"ש, וכן העלה בשו"ת תשובה מאהבה, ע"ש, וכן הסכים בתשובת רבינו עקיבא איגר, ע"ש, ובתשובת חתנו הגאון חתם סופר, **ובדיעבד** אם שחטו תוך שמונה, עיין בדגול מרבבה מה דינו).

‹**ודע**, דבעיקר דין זה שנתבאר דבכלו לו חדשיו א"צ להמתין עד יום ח', אנן לא בקיאינן בכלו לו חדשיו, מג"א, ובכל ענין צריך להמתין עד יום ח', **וזה** שלא כתב רבינו הרמ"א בכאן דין זה, סמך עצמו על מ"ש לעיל סי' י"ג ס"ג – ערוה"ש. **ועיין** לעיל סי' י"ד ס"א, דחלק ע"ז הפמ"ג›.

סי' טו ס"ב • בהמה שילדה, אם מותר מיד ביום שנולד

בהמה שילדה, אם ידוע שכלו לו חדשיו, דהיינו ט' חדשים לגסה וה' לדקה, מותר מיד ביום שנולד, **ולא חיישינן** שמא נתרסקו אבריו מחבלי הלידה, **ואפי'** איכא ריעותא שאינו הולך, **ואפי'** אינו יכול לעמוד, **ואפי'** היא מקשה לילד, **וא"צ** שיפריס על הקרקע.

והקשה הס"ז על הרמ"א באו"ח, דפסק בעגל שנולד ביו"ט, דאע"ג דידוע שכלו לו חדשיו, צריך ג"כ שהפריס על הקרקע, **ועיין** בנקה"כ מה שתירץ.

ואם אין ידוע שכלו לו חדשיו, אסור משום ספק נפל עד תחלת ליל שמיני, **ואע"ג** דגבי קרבן כתיב מיום השמיני והלאה, **שאני** קרבן דאין ראוי להקריב בלילה.

י"א דבעינן שיעברו ז' ימים מעל"ע, ואם נולד סוף יום א', אם הגיע תחלת ליל מו"ש עדיין לא יצא מכלל נפל, עד סוף יום המחרת, **אמנם י"א** דלא בעי מעל"ע, **וסיים** דאפ"ה אם יבא מעשה לידי קשה עלי להקל, מאחר שמפורש בבעלי הוראה המפורסמים לאיסור, **ומ"מ** המיקל לא הפסיד, הואיל ובלא"ה הוא רק איסורא דרבנן, (**ובזה** גופא יש נידון אם זה ברור דהנך ז' ימים הוא רק מדרבנן).

י"א דאנן לא בקיאינן בכלו לו חדשיו, ובכל ענין צריך להמתין עד יום ח', **וזה** שלא כתב רבינו הרמ"א בכאן דין זה, סמך עצמו על מ"ש לעיל סי' י"ג ס"ג. **ועיין** לעיל סי' י"ד ס"א, דיש שחולק ע"ז.

אופני בירור לידע אם הם בני ח' ימים

סעיף ג - אין סומכין על העובד כוכבים בגדיים קטנים הנקחים ממנו, ואומר שהם בני ח' ימים - לפי שאין עובד כוכבים נאמן אלא בעדות אשה לבד, וכ"ש כאן שהוא אומר להשביח מקחו, כ"כ הרשב"א בתשובה סי' רמ"ג, **ולפי"ז** אפילו העובד כוכבים מסיח לפי תומו אינו נאמן, דהא בעדות אשה קי"ל דאינו נאמן אלא במסיח לפי תומו.

‹**ומשמע** לכאורה מדבריו, כל שאין ידוע אי כלו חדשיו הוה ספיקא דאורייתא, דאי דרבנן הא מהימן אף בשאר איסורין גוי מסיח לפי תומו, כמ"ש הש"ך בצ"ח אות ב' ובקל"ז, {**אלא** דא"א לומר כן כמו שמוכח באבן העזר סי' קנ"ו וקס"ד}, **ואפשר** דהכא איתחזק מיקרי, דעד עתה היתה מעוברת – פמ"ג›.

[**קשה הא הוה ספק ספיקא, ספק שמא כלו לו חדשיו, ואת"ל לא כלו, שמא יש לו ח' ימים, י"ל דס"ל כי"א** בסי' ק"י סעיף ח', דדבר שיש לו מתירין לא מהני ביה ספק ספיקא, **אך** קשה על רמ"א, שכתב שם דלצורך יש להקל, וכ"כ בת"ח בשם הר"ן להקל בס"ס ביש לו מתירין, והיה לו להתיר גם כאן אפי' בלא נאמנות הכותי, וי"ל דאין שייך כאן ס"ס, דע"כ יש כאן ספק נפל או לא, וא"א לך לומר אם תימצי לומר נפל, ואין זה דומה לספק זינתה דפ"ק דכתובות בתוספות].

זה אינו, דהא הכא אין המתיר בודאי שיבא, וכה"ג לא דשיל"מ כלל, וכדלקמן סי' ק"ב ס"ב, **אבל** באמת אין התחלה לקושיא זו, דהאיך תאמר ואת"ל לא כלו, שמא יש לו ח', דמה בכך שיש לו ח', *הא לא כלו ונפל הוא, **ועוד** דכשתאמר לא כלו, א"א שיש לו ח', דהא כשהוא בן ח' ימים מוציא מידי ספק נפל, כדאיתא בדוכתי טובא, **ואפשר** שזהו בכלל מש"כ אח"כ, וי"ל דאין שייך כאן ס"ס כו', אבל באמת לא הוצרך להעלותו בכתב, שהוא פשוט יותר מביעתא דכותחא - נקה"כ.

*‹**ובשער** המלך סתר זה, דהא הפר"ח העלה בדעת הרשב"א, דלא בעינן ס"ס מתהפך, וא"כ עדיין הוי ס"ס, ספק שהה ח' ימים, ואת"ל דלא שהה ח' ימים, שמא כלו חדשיו, עיי"ש, **ולענ"ד** אינו, דלדעת הש"ך דבודאי לא כלו לא מהני ח' ימים, וא"כ לא שייך כאן ס"ס, דהכל אחד הוא, דאנו אומרים שמא שהה ח' ימים ומוכח דכלו חדשיו, ואת"ל דלא

שהה ח' ימים, דלמא בלא הוכחה כלו חדשיו, וא"כ כל הספק רק אי כלו חדשיו, ופשוט – רעק"א.

(**עיין** בספר לבושי שרד, שנשאל ע"ד עיר אחת שהיו רגילים לשחוט עגלים הניקחים מעכו"ם, ואינם יודעים אם הם בני ח' ימים, ועשו כך מפני חסרון ידיעתם, ואח"כ בא חכם והודיעם שהוא אסור, מה משפט הכלים שבישלו בהם עד עכשיו, **והורה** שאותם הכלים שהיו בני יומן בעת שהודיעם החכם את האיסור, אסורים לעולם, אפילו אם מה שנתבשל בהם היה מעגל גדול קצת, אשר למראית עין הוא בן ח', **אבל** הכלים שלא היו אז ב"י, מותרים, {זולת כלים שהם בני הגעלה יגעילם}, אפילו אם מה שנתבשל היה מעגל קטן, אשר למראית עין לא היה בן ח').

(**עבה"ט** של הרב מהרי"ט ז"ל, ועיין בתשובת בית אפרים, שאין לסמוך על שום סימן מהסימנים, ונתן טעם, כי הטבעיות משתנות לפי הזמן ולפי הארצות, ובין אם העגל חלש או בריא, ע"ש, **וכתב** עוד דאף שכתב התב"ש דגדלות לא הוי סימן, היינו גדלות מעט שיש מקום לטעות, אבל אומד הדעת שהוא בירור גמור אפשר להקל, **ולכן** יש להקל לעת הצורך במי שהוא מומחה ובקי בטבע גידול העגלים של מדינה זו, וברור לו דלא שכיח כלל שיהא בן ו' ימים גדול כ"כ, ובלבד שיהא השוחט ירא שמים, שלא יקל ראשו באומד כל דהו, ע"ש).

(**ועיין** בתשובת חת"ס, כתב שם נדון העגלים או שאר בהמה דקה הניקחים ע"י סימנים דיהיב מהריק"ש, והביאום הפר"ח ‹וז"ל: כתב הריק"ש, שמעתי מפי בקיאים שכל שגדלו שיניה בידוע שעברו עליה ז' ימים שלמים, ע"כ, **ועוד** שמעתי לבדוק בקרנים, שכל שאינם רכים עדיין שיכול לתחוב בהם הצפורן, אלא שהם קשים וחדודים, בידוע שעברו עליהם ז' ימים שלמים, **ולמעשה** צריך לבדוק בשינים ובקרנים, אם גדלו השינים והקרנים קשים וחדודים, סמכינן עלייהו להתירם, הלא"ה אין ראוי להתיר כללא, והסכים ע"י התב"ש, **הגם** כי בעל פרי תואר פקפק עליהם, מ"מ נהוג עלמא כתלתא סבי, ועכ"פ בצירוף מסל"ת של עובד כוכבים שאינו מתכוין להשביח מקחו, יש לסמוך אי איכא תרי סימנים ביחד, **ואף** דלכאורה למש"כ דגמ"ר, דמש"ס ביצה דף ז' מבואר דהוה ספיקא דאורייתא, וא"כ הא הני סימנים ודאי לאו דאורייתא נינהו, ואיך נסמוך עלייהו, **זה** אינו, דהלא הדגמ"ר כתב טעמו בצדו, משום דמיעוט נפלים הוה מיעוט המצוי כו', וא"כ נהי דהני סימנים לאו דאורייתא, מ"מ ידעינן דרוב בני ז' ימים לית להו סימנים כי הני, ועכ"פ מאותו מיעוט המצוי נפלים, רוב דידהו לית להו הני סימנים, ומדאשכחו הני סימנים, וכבר ידענו שאינו ממיעוט המצוי נפלים כו', וע"כ יאכלו ענוים וישבעו, ובפרט שיזהר להשגיח על הסימנים כמו שהזהיר בספר שמלה חדשה, **ונפילת** טבור לא הוי סימן כלל וכלל, ע"ש).

(**עיין** בספר תפארת למשה, שכתב אבל ישראל נאמן לומר שהם בני ח' ימים, אף דבדבר דאיתחזק איסורא אין עד אחד נאמן, כדלקמן סי' קכ"ז סעיף ג' בהג"ה, **הכא** שאני', ‹דהתירא בא ממילא, ודמיא לנדה דהאשה נאמנת מה"ט, כמש"כ תוס' ריש גיטין דף ב: ד"ה ע"א נאמן ע"ש, ובר"פ האשה רבה. **ועוד** דהכא לא מיקרי איתחזק איסורא, דהא גם ביום א' שרי אי ידיע שכלו חדשיו, וכשחי עד יום ח' איתגלאי מלתא למפרע שלא היה נפל מעולם, והוי קודם ח' כחתיכת ספק חלב, ולא דמי לטבל, ודו"ק – המשך לשונו שם.

סימן טו ס"ג • אופני בירור לידע אם הם בני ח' ימים

אין סומכין על העכו"ם בגדיים קטנים הנקחים ממנו, ואומר שהם בני ח' ימים, **לפי** שאין עכו"ם נאמן אלא בעדות אשה לבד, **וכ"ש** כאן שהוא אומר להשביח מקחו, **ולפי"ז** אפילו העכו"ם מסיח לפי תומו אינו נאמן, דהא בעדות אשה קי"ל דאינו נאמן אלא במסיח לפי תומו.

י"א דמשמע דכל שאין ידוע אי כלו חדשיו הוה ספיקא דאורייתא, דאי דרבנן הא מהימן גוי אף בשאר איסורין במסיח לפי תומו, כמ"ש הש"ך, {**אלא** דא"א לומר כן כמו שמוכח באבה"ע סי' קנ"ו וקס"ד}, **ואפשר** דהכא איתחזק מיקרי, דעד עתה היתה מעוברת.

והקשה הט"ז, הא הוה ס"ס, ספק שמא כלו לו חדשיו, ואת"ל לא כלו, שמא יש לו ח' ימים, **וי"ל** דס"ל כי"א בסי' ק"י ס"ח, דדבר שיש לו מתירין לא מהני ביה ס"ס, **אך** קשה על רמ"א, שכתב שם דלצורך יש להקל, והיה לו להתיר גם כאן אפי' בלא נאמנות הכותי, **וי"ל** דאין שייך כאן ס"ס, דע"כ יש כאן ספק נפל או לא, וא"א לך לומר את"ל נפל וכו'.

וכתב הנקה"כ, דאין זה דבר שיש לו מתירין, דהא הכא אין המתיר בודאי שיבא, וכה"ג לא דשיל"מ כלל, **אבל** באמת אין התחלה לקושיא זו, דהאיך תאמר ואת"ל לא כלו, שמא יש לו ח', דמה בכך שיש לו ח', הא לא כלו ונפל הוא, **ועוד** דכשתאמר לא כלו, א"א שיש לו ח', דהא כשהוא בן ח' ימים מוציא מידי ספק נפל, **ואפשר** שזה היה כוונת הט"ז, **אבל** באמת לא הוצרך להעלותו בכתב, שהוא פשוט יותר מביעתא דכותחא.

ויש שחולק ע"ז, דלא בעינן ס"ס מתהפך, וא"כ עדיין הוי ס"ס, ספק שהה ח' ימים, ואת"ל דלא שהה ח' ימים, שמא כלו חדשיו, **אבל י"א** דאינו כן, דלדעת הש"ך, דבודאי לא כלו לא מהני ח' ימים, **וא"כ** לא שייך כאן ס"ס, דהכל אחד הוא, דאנו אומרים שמא שהה ח' ימים ומוכח דכלו חדשיו, ואת"ל דלא שהה ח' ימים, דלמא בלא הוכחה כלו חדשיו, **וא"כ** כל הספק רק אי כלו חדשיו, ופשוט.

עיר אחת שהיו רגילים לשחוט עגלים הניקחים מעכו"ם, ואינם יודעים אם הם בני ח' ימים, ועשו כך מפני חסרון ידיעתם, ואח"כ בא חכם והודיעם שהוא אסור, **י"א** שאותם הכלים שהיו בני יומן בעת שהודיעם החכם את האיסור, אסורים לעולם בלא הגעלה, אפי' אם מה שנתבשל בהם היה מעגל גדול קצת, אשר למראית עין הוא בן ח', **אבל הכלים** שלא היו אז ב"י, מותרים, (זולת כלים שהם בני הגעלה יגעילם), אפי' אם מה שנתבשל היה מעגל קטן, אשר למראית עין לא היה בן ח'.

אף די"א דגדלות לא הוי סימן, היינו גדלות מעט שיש מקום לטעות, אבל אומד הדעת שהוא בירור גמור אפשר להקל, **ולכן** יש להקל לעת הצורך במי שהוא מומחה ובקי בטבע גידול העגלים של מדינה זו, וברור לו דלא שכיח כלל שיהא בן ו' ימים גדול כ"כ, **ובלבד** שיהא השוחט ירא שמים, שלא יקל ראשו באומד כל דהו.

כתב הריק"ש, שמעתי מפי בקיאים שכל שגדלו שיניה בידוע שעברו עליה ז' ימים שלמים, **ועוד** שמעתי לבדוק בקרנים, שכל שאינם רכים עדיין שיכול לתחוב בהם הצפורן, אלא שהם קשים וחדודים, בידוע שעברו עליהם ז' ימים שלמים, **והסכים** ע"י התב"ש, והביאום הפר"ח, **הגם** כי יש שפקפק עליהם, שאין לסמוך על שום סימן מהסימנים, **ונתן** טעם, כי הטבעיות משתנות לפי הזמן ולפי הארצות, ובין אם העגל חלש או בריא, **כתב החת"ס**, מ"מ נהוג עלמא כתלתא סבי, **ועכ"פ** בצירוף מסל"ת של עכו"ם שאינו מתכוין להשביח מקחו, יש לסמוך אי איכא תרי סימנים ביחד.

ואף די"א דהוה ספיקא דאורייתא, והני סימנים ודאי לאו דאורייתא נינהו, ואי"כ איך נסמוך עלייהו, **זה** אינו, דאף דמיעוט נפלים הוה מיעוט המצוי, מ"מ ידעינן דרוב בני ז' ימים לית להו סימנים כי הני, ועכ"פ מאותו מיעוט המצוי נפלים, רוב דידהו לית להו הני סימנים, ומדאשכחו הני סימנים, כבר ידענו שאינו ממיעוט המצוי נפלים, וע"כ יאכלו ענוים וישבעו.

ונפילת טבור לא הוי סימן כלל וכלל.

י"א דישראל נאמן לומר שהם בני ח' ימים, אף דבדבר דאיתחזק איסורא אין עד אחד נאמן, **הכא** שאני דהתירא בא ממילא, ודמיא לנדה, דהאשה נאמנת מה"ט, **ועוד** דהכא לא מיקרי איתחזק איסורא, דהא גם ביום א' שרי אי ידיע שכלו חדשיו, וכשחי עד יום ח' איתגלאי מלתא למפרע שלא היה נפל מעולם, והוי קודם ח' כחתיכת ספק חלב, ולא דמי לטבל.

§ סימן טז – דין אותו ואת בנו §

איסור אותו ואת בנו

סעיף א - אסור לשחוט אותו ואת בנו ביום א', לא שנא האם ואח"כ הבן או הבת, ל"ש הבן או הבת ואח"כ האם - ובהנך איכא נמי מלקות, אם ידוע שהיא אמו, דפשיטא לן דחוששים לזרע האם.

[בגמרא אמרי' אותו ואת בנו, אין לי אלא אותו ואת בנו, בנו ואותו מנין, ת"ל לא תשחטו, הרי כאן שנים, פרש"י הזהיר את שניהם, בין שחט האם בין שחט הבת, ולא משכחת ב' עושין עבירה אלא בשלשה בהמות, הא כיצד בת ואם ובת, דאי אם וב' בנים, ל"ל קרא פשיטא מה לי אחד מה לי שנים, דכי היכי דמחייב האי מיחייב האי, ואי בפרה ובתה ובת בתה, פשיטא תרווייהו אותו ואת בנו נינהו, אלא ע"כ באחד שוחט פרה והב' שוחט אמה והג' בתה, וקמ"ל דאבנו ואותו נמי חייב, דהיינו השני].

סימן טז ס"א • איסור אותו ואת בנו

אסור לשחוט אותו ואת בנו ביום א', לא שנא האם ואח"כ הבן או הבת, ל"ש הבן או הבת ואח"כ האם, **ואיכא** נמי מלקות.

בנקבות ובזכרים

סעיף ב - איסור אותו ואת בנו נוהג בנקבות, שזה בנה ודאי; ואם נודע ודאי שזה הוא אביו - <דמן הספק אין חוששין, גר"א>, **אין שוחטין שניהם ביום אחד, ואם שחט אינו לוקה, שהדבר ספק אם נוהג בזכרים או אינו נוהג.**

(עיין כו"פ שכתב, דאחרי דהדבר ספק אם נוהג בזכרים, א"כ מותר לשחוט השני בין השמשות משום ס"ס, שמא אינו נוהג, ושמא יום שלאחריו הוא, והניח בצ"ע, ע"ש, **ועיין** בתשובת זכרון יצחק שהשיג עליו, דהא קיי"ל דבדבר שיל"מ אין להתיר מטעם ס"ס, א"כ לענין איסור או"ב לא מהני ס"ס להתיר, דהא יל"מ לאחר שתחשך).

סימן טז ס"ב • בנקבות ובזכרים

איסור אותו ואת בנו נוהג בנקבות, שזה בנה ודאי, **ואם** נודע ודאי שזה הוא אביו (דמן הספק אין חוששין), אין שוחטין שניהם ביום אחד, **ואם** שחט אינו לוקה, שהדבר ספק אם נוהג בזכרים או אינו נוהג.

י"א דכיון דהדבר ספק אם נוהג בזכרים, א"כ מותר לשחוט השני ביה"ש משום ס"ס, שמא אינו נוהג, ושמא יום שלאחריו הוא, והניח בצ"ע, **ויש** שהשיג עליו, דהא קיי"ל דבדבר שיל"מ אין להתיר מטעם ס"ס, והכא הא יל"מ לאחר שתחשך.

עבר ושחט אם מותר לאוכלו

סעיף ג - עבר ושחט אותו ואת בנו ביום א', מותר לאכלם – [בגמרא אמרינן, אע"ג דכתיב לא תאכל כל תועבה, ודרשינן כל שתיעבתי לך

הרי הוא בבל יאכל, שאני הכא מדאסרה רחמנא מחוסר זמן לגבוה, דהיינו קודם יום שמיני, מכלל דבהדיוט שרי כאן במחוסר זמן]. ‹ואמאי השוחט אף בשוגג שחיטתו כשירה, הא כל מלתא דאמר רחמנא לא תעביד אי עביד לא מהני, **תירץ**, דמעשה גופא לא אסרה תורה, אלא יום הוא שאסור, ולא שייך לומר כל מלתא דאמר רחמנא לא תעביד דאי עביד לא מהני, **ומיהו** בלאו הכי לא קשה, מדאסר רחמנא מחוסר זמן לגבוה, מכלל להדיוט שרי – פמ"ג›.

ויש מי שאוסר (בו ביום לאכול האחרון) - אבל הראשון עכ"פ מותר, דהא בשעה ששחטו לא עביד איסורא כלל, **והטעם** שהאחרון אסור, כתב הר"ן משום קנס, כמו שנתבאר באו"ח ר"ס שי"ח לענין שבת, [ולא מיעטו בגמ' אלא שלא נאסר אותו לעולם מכח כל תועבה], **ונראה** דוקא ליה קנסינן, אבל לאחרים מותר.

‹ולענין הלכה קיי"ל כדעה השניה, וכ"פ כל האחרונים – פמ"ג›.

(**עיין** בתשובת זכרון יצחק שכתב, דאם שחט אב ובנו ביום אחד, מותר לאכול בו ביום אותו שנשחט אחרון, כיון דהדבר ספק אי נוהג בזכרים כדלעיל ס"ב, א"כ הוי ס"ס, שמא אינו נוהג, ושמא הלכה כדעת האומרים דבעבר ושחט מותר בו ביום לאוכלם, **ואף** דבדבר שיל"מ לא מהני ס"ס, מ"מ כיון שאין איסורו לכל העולם, רק להשוחט עצמו, לא דיינינן ביה דשיל"מ, כמ"ש מהרש"ל, **ולעד"נ** דאנן לא פסקינן כדברי מהרש"ל הנ"ל, שהרי קיי"ל לקמן סי' ק"ב ס"ד בהג"ה, דהנודר מדבר מקרי דשיל"מ, **והרי** גם עתה אינו אסור רק להנודר, ואפ"ה מקרי דשיל"מ).

סימן טז ס"ג • עבר ושחט אם מותר לאוכלו

עבר ושחט אותו ואת בנו ביום א', מותר לאכלם, **דאע"ג** דדרשינן כל שתיעבתי לך הרי הוא בבל יאכל, **שאני** הכא מדאסרה רחמנא מחוסר זמן לגבוה, דהיינו קודם יום שמיני, מכלל דבהדיוט שרי במחוסר זמן.

ויש שהקשה, הא כל מלתא דאמר רחמנא לא תעביד אי עביד לא מהני, **ותירץ**, דמעשה גופא לא אסרה תורה, אלא יום הוא שאסור, **ומיהו** בלא"ה לא קשה, מדאסר רחמנא מחוסר זמן לגבוה, מכלל להדיוט שרי.

כתב המחבר, **ויש מי שאוסר** בו ביום לאכול האחרון, משום קנס, כמו שמצינו לענין מעשה שבת, **ולא** מיעטו בגמ' אלא שלא נאסר אותו לעולם מכח כל תועבה, **ודוקא** לו קנסינן, אבל לאחרים מותר.

אבל הראשון מותר, דבשעה ששחטו לא עביד איסורא כלל.

וכן קיי"ל לענין הלכה כדעה השניה.

י"א דאם שחט אב ובנו ביום אחד, מותר לאכול בו ביום אותו שנשחט אחרון, כיון דהדבר ספק אי נוהג בזכרים כדלעיל ס"ב, א"כ הוי ס"ס, שמא אינו נוהג, ושמא הלכה כדעת האומרים דבעבר ושחט מותר בו ביום לאוכלם, **ואף** דבדבר שיל"מ לא מהני ס"ס, **מ"מ** כיון שאין איסורו לכל העולם, רק להשוחט עצמו, לא דיינינן ביה דשיל"מ, כמ"ש מהרש"ל, **מיהו** י"א דלא פסקינן כדברי מהרש"ל הנ"ל.

יום אחד האמור באותו ואת בנו

סעיף ד - יום אחד האמור באותו ואת בנו, היום הולך אחר הלילה – [כמו במעשה בראשית, לאפוקי בקרבן, הלילה הולכת אחר יום שלפניו, ובגמ' נותן טעם לזה], **כיצד, הרי ששחט ראשון בתחלת ליל ד', לא ישחוט השני עד תחלת ליל ה'; ואם שחט הראשון בסוף יום ד' קודם בין השמשות, שוחט הב' בתחלת ליל ה'; ואם שחט הא' בין השמשות של ליל ה', לא ישחוט השני עד ליל ו', ואם שחט ביום ה' אינו לוקה** - דשמא בין השמשות הוי יום ד'.

‹אבל בין השמשות של ליל ו' לא ישחוט, דשמא כששחט בביה"ש הא' היה אז בלילה, ועכשיו עדיין יום, **ובאמת** היה קשה לי, למה דמסקי תוס' בשבת דכל ביה"ש שוים, אלא דהספק שמא כל ביה"ש כולו יום או כולו לילה, או מקצת הראשון מן היום ומקצת הב' מן הלילה, א"כ אם שחט בביה"ש של ליל ה' בתחלת ביה"ש, יהא מותר לשחוט בביה"ש דיום מחר בסופו ממנ"פ, אם תמול היה לילה, מכ"ש דעתה שהוא בסוף ביה"ש דהוא לילה, ואם עתה יום, מכ"ש אתמול שהיה בתחלת ביה"ש היה יום, **ומצאתי** בעזה"י דנתקשה בזה התב"ש, ונדחק דבאמת רק מחמת חומרא בעלמא אסרו, **אמנם** יקשה, אמאי לא ישחוט עד ליל ו', לדעת המחבר באו"ח דס"ס מותר אפי' בדבר שיל"מ, ועיין ש"ך סי' ק"י, א"כ יהא מותר לשחוט בביה"ש של ליל ו' מטעם ס"ס, שמא כששחט האם היה יום, ואת"ל שהיה לילה, שמא גם עתה כששוחט הבן הוא לילה, וצ"ע – רעק"א›.

סימן טז ס"ד • יום אחד האמור באותו ואת בנו

יום אחד האמור באותו ואת בנו, היום הולך אחר הלילה, **כיצד**, הרי ששחט ראשון בתחלת ליל ד', לא ישחוט השני עד תחלת ליל ה'; **ואם** שחט הראשון בסוף יום ד' קודם ביה"ש, שוחט הב' בתחלת ליל ה'.

ואם שחט הא' ביה"ש של ליל ה', לא ישחוט השני עד ליל ו', **ואם** שחט ביום ה' אינו לוקה, דשמא ביה"ש הוי יום ד'.

אבל ביה"ש של ליל ו' לא ישחוט, דשמא כששחט בביה"ש הא' היה אז בלילה, ועכשיו עדיין יום.

ובאמת קשה, דכל ביה"ש שוים, אלא דהספק שמא כל

ביה"ש כולו יום או כולו לילה, או מקצת הראשון מן היום ומקצת הב' מן הלילה, **א"כ** אם שחט בביה"ש של ליל ה' בתחלת ביה"ש, יהא מותר לשחוט בביה"ש דיום מחר בסופו ממ"נ, **אם** תמול היה לילה, מכ"ש דעתה שהוא בסוף ביה"ש דהוא לילה, **ואם** עתה יום, מכ"ש אתמול שהיה בתחלת ביה"ש היה יום, **ויש** לדחוק דבאמת רק מחמת חומרא בעלמא אסרו.

אמנם יקשה, דלדעת המחבר דס"ס מותר אפי' בדבר שיל"מ, א"כ יהא מותר לשחוט בביה"ש של ליל ו' מטעם ס"ס, שמא כששחט האם היה יום, ואת"ל שהיה לילה, שמא גם עתה כששוחט הבן הוא לילה, וצ"ע.

אם הוא כרוך אחריה

סעיף ה - אם הוא כרוך אחריה – [פי' דבוק תמיד לילך אחריה], **חזקה שהיא אמו** – [אמרינן מסתמא שהיא ילדתו והניקתו וע"כ כרוך אחריה], **פי'** לענין איסורא, אבל לענין מלקות לא מהני כרוך, עד דידעינן בודאי שהיא אמו, וכ"כ מהרש"ל, **וכן** הוא בהדיא בש"ס בבכורות, דאפילו כרוך אחריה ויונק ממנה, אסור ואינו לוקה, **וזה** שכתב בסעיף ב', איסור אותו ואת בנו נוהג בנקבות, שזה בנה ודאי, והיינו למלקות וכדמשמע שם.

(אבל מן הספק אין חוששין) - אפילו לאיסורא, אפילו הוא דומה ממש בתואר האם, או בשאר סימנים שבגוף, כ"כ מהרש"ל.

סימן טז ס"ה • אם הוא כרוך אחריה

אם הוא כרוך אחריה, חזקה שהיא אמו, ואמרינן מסתמא שהיא ילדתו והניקתו וע"כ כרוך אחריה, **והיינו** לענין איסורא, אבל לענין מלקות לא מהני כרוך, עד דידעינן בודאי שהיא אמו, **וזה** שכתב בס"ב דאיסור אותו ואת בנו נוהג בנקבות כשזה בנה ודאי, היינו למלקות.

אבל מן הספק אין חוששין אפילו לאיסורא, אפילו הוא דומה ממש בתואר האם, או בשאר סימנים שבגוף.

דיני אותו ואת בנו ללוקח בהמה

סעיף ו - הלוקח בהמה אינו חושש שמא נשחטה אמה או בנה היום - וא"צ לשאול אח"ז, דאיכא ספיקא טובי, שמא אין אם לזו, ואת"ל יש לה אם, שמא לא לקחה לשחיטה, ואת"ל לשחיטה, שמא מכאן ולאחר כמה ימים, הר"ן.

אבל על המוכר להזהיר הלוקח ולהודיעו - אפילו בשאר ימים שלא בד' זמנים, **אם שחט האם או הבן היום, או אם מכרה לאחר לשחטה היום** - פירוש שיודע בודאי שאחר ישחטה היום, אז צריך להודיעו שלא יכשל על ידו, **אבל** מקח טעות לא הוי אם לא הודיעו, דיכול לומר לו שחוט למחר, **אבל** אם אינו יודע בודאי שאחר ישחטה היום, א"צ להודיעו אף לענין איסור, דשמא גם מי שלקחה לא ישחטה היום, כיון שאינו באחד מהד' זמנים.

ואם הוא באחד מן ד' זמנים שדרך שכל מי שקונה בהמה ששוחטה מיד, והם: ערב פסח; וערב עצרת; וערב ר"ה; וערב יום טוב האחרון של חג - שהוא רגל בפני עצמו, **צריך להודיעו שמכר היום האם או הבת** - אף שאינו יודע שאחר ישחטה, דמסתמא בד' זמנים הללו הכל קונים לשחיטה.

ועי"ט הראשון ‹של חג› העם טרודים בסוכה ולולב, ואין להם פנאי להרבות בשחיטה כל כך, [**וערב** יוה"כ היו רגילין בעופות ודגים].

ואם לא הודיעו, שוחט ואינו חושש, בין קנה מישראל בין קנה מעובד כוכבים; ואם נודע לו אח"כ שנשחטה אמה או בתה היום, הוי מקח טעות.

ודוקא שמוכר שניהם ביום אחד, אבל אם מכר האם או הבת ביום שלפניו, אין צריך להודיעו - פירוש לא לענין איסור ולא לענין מקח טעות, שאפשר שישחטנו קודם אלו הד' זמנים, ודו"ק.

ואם מכר האחד לחתן והשני לכלה, אפי' אם מוכר בשני ימים, צריך להודיעו, שודאי שניהם שוחטין ביום אחד - והוי מקח טעות נמי אם לא הודיעו.

‹**המוכר** א"צ לשאל להקונה אם קונה לצורך חתן, ואם הקונה קונה לצורך חתן, צריך להודיע להמוכר – רעק"א›.

ובזמנינו שעיקר השחיטה לצורך יו"ט היא קודם יו"ט, וכן בחתן וכלה שוחטים יום או יומים קודם, א"צ להודיעו במכר בב' ימים.

שנים שלקחו אותו ואת בנו ביום אחד, הלוקח תחלה ישחוט ולא השני; במה דברים אמורים, כשלקחום שניהם מאדם א', שמיד כשמכר לראשון לא היה יכול לשחוט את שנשאר בידו, שהלוקח לקח על מנת לשחוט מיד, (ולכן גם הלוקח ממנו אסור לשחוט, שלא יכול למכור לו רק זכות שבידו).

[**לכאורה** יש ללמוד מזה, באם נשבע אחד שלא ישחוט בהמתו, רק יחזיקנה לחרישה, ומכרה, שגם הלוקח אינו יכול לשוחטה, שהרי למוכר לא היה זכות לשוחטה, ואין יכול למכור רק זכות שבידו, **ודבר** זה אינו כלל, דא"כ תקשה לך מהכא על מי שנשבע שלא למכור איזה דבר, ועבר ומכרו, דאמרינן בחו"מ דהוה מכירה, ולא כמ"ש רמ"א בסי' ר"ל, **אלא** נראה דכאן לא אמרו כן שאינו יכול למכור רק זכותו, אלא שלא להפקיע זכות אחר במה שזכה ככר, אבל אם אין הפקעת זכות לאחר, אין חיוב על הלוקח לקיים שבועת המוכר, דכל זמן שהיתה בידו חלה השבועה, ולא כשבא ליד אחר, **ואע"ג** דאדם אוסר דבר שהוא שלו על חבירו אף לכשיוצא מרשותו, כמ"ש בטור סי' רי"ו, שאני התם דהאיסור חל על החפץ ונשאר עליו לעולם, משא"כ בשבועה שהיא חלה על האדם הנשבע, כמבואר בהל' נדרים, ע"כ אין עליו החיוב אלא כל זמן שהוא בידו, אבל על החפץ לא חל שום דבר, כנ"ל].

אבל אם לקחום משנים, שניהם שוים, וכל מי שישחוט תחלה זריז ונשכר - בש"ס מוכח, דאף כשלקחו מאדם אחד, אם קדם השני ושחט, ה"ז זריז ונשכר, ולכן נתקשה בב"ח, וכתב דמ"ש הט"ו וכל מי שישחוט כו', מילתא באפיה נפשיה היא, וקאי אלעיל אלקחו מאדם א', **ולחנם** דחק, דבש"ס לא קאמר אלא דאם קדם הב' ה"ז זריז ונשכר, ‹לא משובח›, אבל לכתחלה אין ראוי לעשות כן, והט"ו אשמועינן דבלקחו מב' בני אדם, כל מי שישחוט ה"ז זריז ונשכר, ‹ומשובח – פמ"ג›.

[רש"י פי' זריז, דלא עביד איסורא, ונשכר, שיאכל בשר, ונ"ל מדשבחוהו חכמים וקראוהו זריז, משמע שיש מעלה באותו שקדם ושחט, והיינו שא"א לו לבא לידי איסור, משא"כ השני שאפשר שישכח ויעשה איסור וישחוט, **וע"כ** אין לב"ד להכניס עצמם בדבר, ולומר שיפילו גורלות מי מהם ישחוט תחלה, כי אין להם להפקיע זכות של כל אחד שרוצה להקרא זריז, **והיינו** כל שיש לכל אחד היתר לשחוט, משא"כ בקנו מאחד וקדם השני ושחט קודם ללוקח ראשון, דלא זו דלא נקרא זריז, אלא אפילו חוטא מיקרי, שגזל זכותו של לוקח ראשון, כנ"ל ברור]. **והוא** נגד גמ' חולין דף פ"ב וצ"ע, ועיין בכנה"ג וש"ך – באר היטב.

‹ר"ל {הט"ז} דהגמרא מיירי קודם בואם לבית דין, רשאי הב' לשחוט, כי שמא הראשון לא ישחוט היום, **משא"כ** בלקחו משנים, אף באו לבית דין אין להפיל גורלות, מאחר דהגמרא קראו לזה זריז דלא יבוא לידי מכשול, אין להפקיע זכותו, וזה שכתב השו"ע אסיפא הך דינא, ומתורץ קושית הב"ח. **ואם** רואין הבית דין שאחד צריך לשחוט היום והב' אין צורך לו, כגון זו כופין על מדת סדום – פמ"ג›.

סימן טז ס"ו • דיני אותו ואת בנו ללוקח בהמה

הלוקח בהמה, אינו חושש שמא נשחטה אמה או בנה היום, וא"צ לשאול אחר זה, **דאיכא** ספיקא טובי, שמא אין אם לזו, ואת"ל יש לה אם, שמא לא לקחה לשחיטה, ואת"ל לשחיטה, שמא מכאן ולאחר כמה ימים.

אבל על המוכר להזהיר הלוקח ולהודיעו, (אפי' בשאר ימות השנה), אם שחט האם או הבן היום, או אם מכרה לאחר שיודע בודאי שישחטה היום, שלא יכשל על ידו.

אבל מקח טעות לא הוי אם לא הודיעו, דיכול לומר לו שחוט למחר.

ואם אינו יודע בודאי שאחר ישחטה היום, א"צ להודיעו אף לענין איסור, דשמא גם מי שלקחה לא ישחטה היום, כיון שאינו בא' מהד' זמנים.

ואם הוא בא' מן ד' זמנים שדרך שכל מי שקונה בהמה ששוחטה מיד, **והם:** ערב פסח; וערב עצרת; וערב ר"ה; וערב יו"ט האחרון של חג שהוא רגל בפני עצמו, **צריך** להודיעו שמכר היום האם או הבת, אף שאינו יודע שאחר ישחטה, דמסתמא בד' זמנים הללו הכל קונים לשחיטה.

ואם לא הודיעו, שוחט ואינו חושש, בין קנה מישראל בין קנה מעכו"ם, **ואם** נודע לו אח"כ שנשחטה אמה או בתה היום, הוי מקח טעות.

ודוקא שמוכר שניהם ביום אחד, אבל אם מכר האם או הבת ביום שלפניו, א"צ להודיעו, לא לענין איסור ולא לענין מקח טעות, שאפשר שישחטנו קודם אלו הד' זמנים.

ועיו"ט הראשון של חג, העם טרודים בסוכה ולולב, ואין להם פנאי להרבות בשחיטה כ"כ, **ועיוה"כ** היו רגילין בעופות ודגים.

ואם מכר האחד לחתן והשני לכלה, אפי' אם מוכר בשני ימים, צריך להודיעו, שודאי שניהם שוחטין ביום אחד, **והוי** מקח טעות נמי אם לא הודיעו.

אבל המוכר א"צ לשאל להקונה אם קונה לצורך חתן, **ואם** הקונה קונה לצורך חתן, צריך להודיע להמוכר.

ובזמנינו שעיקר השחיטה לצורך י"ט היא קודם י"ט, וכן בחתן וכלה שוחטים יום או יומים קודם, א"צ להודיעו במכר בב' ימים.

שנים שלקחו אותו ואת בנו ביום א' מאדם א', הלוקח תחלה ישחוט ולא השני, **שמיד** כשמכר לראשון לא היה יכול לשחוט הנשאר בידו, שהלוקח לקח ע"מ לשחוט מיד, **ולכן** גם הלוקח ממנו אסור לשחוט, שלא יכול למכור לו רק זכות שבידו.
אבל אם לקחום משנים, שניהם שוים, וכל מי שישחוט תחלה זריז ונשכר.

אבל אם נשבע א' שלא ישחוט בהמתו, רק יחזיקנה לחרישה, ומכרה, **דין** הוא שהלוקח יכול לשוחטה, **דלא** אמרו שאינו יכול למכור רק זכותו, אלא שלא להפקיע זכות אחר במה שזכה ככר, **אבל** אם אין הפקעת זכות לאחר, אין חיוב על הלוקח לקיים שבועת המוכר, **דכל** זמן שהיתה בידו חלה השבועה, ולא כשבא ליד אחר, **דרק** בנדר דהאיסור חל על החפץ, נשאר עליו לעולם, **משא"כ** בשבועה שהיא חלה על האדם הנשבע, אין עליו החיוב אלא כל זמן שהוא בידו, אבל על החפץ לא חל שום דבר.

בגמ' מוכח, דאף כשלקחו מאדם אחד, אם קדם השני ושחט, ה"ז זריז (דלא עביד איסורא), ונשכר (שיאכל בשר).
וקשה דהשו"ע משמע: דדוקא אם לקחום משנים, שניהם שוים, וכל מי שישחוט תחלה זריז ונשכר, וזה דלא כהגמ'.
י"א דקאי השו"ע גם אלעיל אלקחו מאדם א' – ב"ח.
וי"א דלחנם דחק, דהגמ' לא קאמר אלא דאם קדם הב' ה"ז זריז ונשכר, **אבל** לכתחלה אין ראוי לעשות כן, **והשו"ע** אשמועינן דבלקחו מב' בני אדם, כל מי שישחוט ה"ז זריז ונשכר אפי' לכתחילה – ש"ך.

וכתב הט"ז, מדשבחוהו חכמים וקראוהו זריז, משמע שיש מעלה באותו שקדם ושחט, **והיינו** שא"א לו לבא לידי איסור, משא"כ השני שאפשר שישכח ויעשה איסור וישחוט, **וע"כ** כשלקחוהו משנים, אין לב"ד להכניס עצמם בדבר, ולומר שיפילו גורלות מי מהם ישחוט תחלה, כי אין להם להפקיע זכות של כל אחד שרוצה להקרא זריז, **והיינו** כל שיש לכל אחד היתר לשחוט, **משא"כ** בקנו מא' וקדם השני ושחט קודם ללוקח ראשון, דלא זו דלא נקרא זריז, אלא אפילו חוטא מיקרי, שגזל זכותו של לוקח ראשון.
והקשו עליו, דהוא נגד הגמ' – באה"ט.
וי"א דהט"ז ר"ל דהגמ' מיירי קודם בואם לב"ד, דאפי' לקחו מא', רשאי הב' לשחוט, כי שמא הראשון לא ישחוט היום, **אבל** אחר בואם לב"ד, לא, ובזה מיירי השו"ע, **משא"כ** בלקחו משנים, אף באו לב"ד אין להפיל גורלות, מאחר דהגמ' קראו לזה זריז דלא יבוא לידי מכשול, אין להפקיע זכותו – פמ"ג.

וי"א דאם רואין הב"ד שא' צריך לשחוט היום, והב' אין צורך לו, כגון זו כופין על מדת סדום.

נוהג בבהמה טהורה, ובכלאים מן כבש ועז

סעיף ז - אין איסור אותו ואת בנו אלא בבהמה טהורה בלבד, שנאמר: ושור או שה אותו ואת בנו לא תשחטו ביום אחד, ונוהג בכלאים הבא ממין כבש וממין עז.

סי' טז ס"ז • נוהג בבהמה טהורה, ובכלאים מן כבש ועז

אין איסור אותו ואת בנו אלא בבהמה טהורה בלבד, **ונוהג** בכלאים הבא ממין כבש וממין עז.

כלאים הבא מן העז ומן הצבי

סעיף ח - צבי שבא על העז וילדה, ושחט העז ובנה, לוקה - משום דהא פשיטא לן דחוששין לזרע האם, ויש כאן מקצת שה, ודרשינן בש"ס שה אפילו מקצת שה. [דשה ובנו אמר רחמנא, משמע בנה אפילו כל דהו, **שאינו שה**], ‹דהיינו דא"צ "לשה ואפי' מקצת שה", דאפי' אינו שה חייב בבנו, ורק בציור שמביא הט"ז בסמוך צריך "אפי' מקצת שה", פמ"ג. **ועיין** ברעק"א דמשמע שמפרש שהש"ך ר"ל כהט"ז›.

[**וכתב** בטור, צבי הבא על התיישה וילדה בת, ואותה בת ילדה בת, ושחט בתה ובת בתה, חייב, והטעם דקי"ל כרבנן דפליגי אר"א, וס"ל שה אמרה תורה ואפילו מקצת שה, משו"ה חייב מלקות, שהרי הבת היא מקצת שה מכח אמו, דהא בתר האם ודאי אזלינן].

אבל העז שבא על הצביה, אסור לשחוט אותה ואת בנה, ואם שחט אינו לוקה - ומהרש"ל פסק כהרשב"א וטור, דמותר לשחוט הצביה ובנה אפילו לכתחלה, וכדאמרינן בש"ס, שה ובנו אמר רחמנא, ולא צבי ובנו, **ומש"כ** הב"י בשם מהר"י חביב, דדעת הרמב"ם דאסור לכתחלה משום מראית העין, [והטעם כאן דלא אתי לאחלופי בתיישה ובנה], ‹ור"ל אי שרית לה באביו תייש, יאמרו העולם ה"ה אמו תיישה – פמ"ג›. **לא** ידעתי מה מראית העין שייך בדבר, דמי יודע שבא מן העז, ואם נאמר דהרואה יחוש לזה, אפילו בבן צביה דעלמא נמי, ועוד דלא מצינו בשום מקום מראית העין כזה. ‹והפרי חדש כתב, משום סרך בתה ובת בתה דאית בה מלקות כדבסמוך – פמ"ג›.

[**ונ"ל** טעם השו"ע ע"פ רמב"ם בזה, מדאמר רב חסדא הכל מודים בהיא צביה ובנה תיש דפטור, משמע אבל אסור, כדאיתא בכל פטורי דשבת בר מתלת, ודומה לזה הביא ב"י בסי' פ"ז במי חלב, וז"ל, ואפשר דאיסורא דרבנן איכא, מדקתני פטור ולא קתני מותר, עכ"ל].

זה אינו, כדמוכח בש"ס דהאי פטור ומותר הוא - נקה"כ.

היתה בת הצביה הזאת נקבה, וילדה בן, ושחט את הנקבה בת הצביה ואת בנה, לוקה - הקשו העט"ז והב"ח, דהכא ס"ל להרמב"ם והמחבר דודאי חוששין לזרע האב, דאל"כ לא היה לוקה מספק, **ולעיל** בסעיף ב' כתבו, ואם נודע שזהו ודאי אביו, אין שוחטין שניהם ביום אחד, ואם שחט אינו לוקה, שהדבר ספק אם נוהג בזכרים או אינו נוהג, **ותירצו** דלעיל דוקא מספקא להו אי או"ב נוהג נמי באב, משום דדרשינן בנו הכרוך אחריו, לאפוקי האב שאין בנו כרוך אחריו, ‹**ומדוייק** לשון המחבר "שהדבר ספק אם נוהג בזכרים או אינו נוהג", ולא אמר אי חוששין לזרע האב, משמע דהוי נידון אי איסור אותו ואת בנו שייך בהאב›, **אבל** הכא פשיטא להו דודאי חוששין לענין זה, היכא דהעז בא על הצביה וילדה בת, כיון דנקבה זו יש בה מקצת שה, חשוב כאלו היה כולו שה, ואם נקבה זו ילדה בת או בן, ושחט את הנקבה ואת ולדה, לוקה, ע"כ דבריהם, **ותימה** שא"א לחלק כן כדמוכח להדיא בש"ס ר"פ או"ב... ועוד תימה, דבב"י סימן י"ג כתב, דס"ל להרמב"ם דספוקי מספקא לן אי חוששין לזרע האב או לא, וכ"כ בכ"מ פ' י"ב מה"ש... **ותימה** על מש"כ מהרש"ל פ' או"ב סי' ב', דהלכה כחנניא דאו"ב נוהג באב עם הבן, ומיד אח"כ בסי' ג' פסק, דגבי או"ב אין חוששין לזרע האב, ומותר לשחוט האב עם הבן ביום א', וצ"ע, **ודע** דנ"מ אפילו לדידן במה שלוקין, דאז הוי פסול לעדות מן התורה, כדקי"ל בחו"מ סי' ל"ד, וכן לענין קדושי אשה, באבה"ע ס"ס מ"ב, ע"ש, ‹דהמקדש בפסולי עדות דאורייתא, אין צריך גט כלל, ובפסולי עדות דרבנן, צריך גט – פמ"ג›.

‹**לענ"ד** הכא אין שייך לדינא דחו"מ, דהתם אם הלאו בעצמותו איני חמור כ"כ, דאין בו מלקות, לא נפסל לעדות מה"ת, אבל הכא דהלאו דאו"ב חמור, דיש בו מלקות, והכא דהוי ספק אם חוששים לזרע אב, הוא פסול מספק, וכמו באוכל ספק חלב ספק שומן, דנראה דפסול מספק, דאף דאנן לא מלקינן מספק, מ"מ הוי כמו בלא התראה דפסול, דהלאו בעצמותו חמור, **ולענין** דלא יהיה פסול ודאי, זה פשוט דהא שמא לא עשה איסור כלל – רעק"א›.

סימן טז ס"ח • כלאים הבא מן העז ומן הצבי

<u>צבי שבא על התיישה</u>

כתב השו"ע, דאם שחט התיישה ובנה, לוקה.
י"א משום דפשיטא דחוששין לזרע האם, ויש כאן מקצת שה, ודרשינן בש"ס שה ואפי' מקצת שה.
וי"א דא"צ לזה, דהא שה ובנו אמר רחמנא, משמע בנה אפילו כל דהו, אפי' אינו שה.

<u>בת צבי ותיישה</u>

כתב הטור, דאם שחט בת התיישה ובתה, חייב מלקות, **דקי"ל** שה ואפי' מקצת שה, והרי הבת היא מקצת שה מכח אמו.

<u>עז שבא על הצביה</u>

כתב השו"ע, דאסור לשחוט אותה ואת בנה, **אבל** אינו לוקה.
וי"א דמותר לשחוט הצביה ובנה אפי' לכתחלה, דשה ובנו אמר רחמנא, ולא צבי ובנו.
וי"א דהטעם לאסור לכתחלה, משום מראית העין, דלא ליתי לאחלופי בתיישה ובנה, דאי שרית לה באביו תייש, יאמרו העולם ה"ה אמו תיישה.
וחולקין עליו, דמי יודע שאביו תייש, **ואם** נאמר דהרואה יחוש לזה, אפי' בבן צביה דעלמא נמי, **ועוד** דלא מצינו בשום מקום מראית העין כזה.
וי"א משום סרך בתה ובת בתה, דאית בה מלקות וכדבסמוך.

<u>בת עז וצביה</u>

כתב השו"ע, דאם שחט בת הצביה ובנה, לוקה.
והקשו עליו, דהכא ס"ל דודאי חוששין לזרע האב, (ושה ואפי' מקצת שה), דאל"כ לא היה לוקה מספק, **ולעיל** בס"ב כתב, דאין שוחטין האב ובנו ביום אחד, ואם שחט אינו לוקה, שהדבר ספק אם נוהג בזכרים או אינו נוהג.
ותירצו, דלעיל דוקא מספקא להו אי או"ב נוהג נמי באב, משום דדרשינן בנו הכרוך אחריו, לאפוקי האב שאין בנו כרוך אחריו, **אבל** פשיטא דודאי חוששין לזרע האב.
והש"ך הקשה, שא"א לחלק כן כדמוכח להדיא בש"ס, **ועוד** תימה, דהב"י כתב דספוקי מספקא לן אי חוששין לזרע האב או לא, וצ"ע.

וכתב הש"ך, דנ"מ אפי' לדידן במה שלוקין, דאז הוי פסול לעדות מן התורה, **וכן** לענין דהמקדש בפסולי עדות דאורייתא, א"צ גט כלל, ובפסולי עדות דרבנן, צריך גט.
והקשה רעק"א, דרק אם הלאו בעצמותו איני חמור כ"כ, דאין בו מלקות, לא נפסל לעדות מה"ת, **אבל** הכא דהלאו דאו"ב חמור, דיש בו מלקות, ורק דהוי ספק אם חוששים לזרע אב, הוא פסול מספק.

האיסור בשחיטה דוקא

סעיף ט - אין איסור אותו ואת בנו אלא בשחיטה בלבד, שנאמר: לא תשחטו - ובכלל זה אם שחט ונמצאת טרפה, לוקין אם ישחוט השני, דהא לא נתנבלה בשחיטה, והכי איתא בש"ס ופוסקים. [דמחלוקת היא בגמרא, והלכה כרבנן דאסרי, דשחיטה שאינה ראויה שמה שחיטה].

אבל אם ניחר (פי' ענין הניחור הוא שתוחב הסכין בנחיריו ותוקף) את הראשון, או נתנבלה בידו, מותר לשחוט השני - כתב הב"ח, מיהו אם נתנבל בידו בא' מהדברים שאנו מחמירים בו, כגון שהייה במיעוט בתרא, וכה"ג בפלוגתא דרבוותא, אין לשחוט הבן או האם אחריו, נ"ל, ע"כ, **וכ"כ** הסמ"ק, דאם שהה או החליד במעוט של סימנים, או בצרוף שהיות, או שנמצא סכין פגומה לאחר ששחט, דאסרינן להו מספיקא, וכן כל כי הני, נראה דאסור לשחוט השני, ואם שחט אינו לוקה, ע"כ.

[**ועוד נראה פשוט**, דכשהבהמה שנשחטה תחלה נאסרה מכח איזה ספק טריפות בשחיטה, שאין להקל בשביל זה לשחוט בנה אחריה באותו יום, **ובשאר** טריפות פשיטא שאסור לשחוט אחריה, דמחלוקת היא בגמ' והלכה כרבנן דאסרי, דשחיטה שאינה ראויה שמה שחיטה].

לפיכך, חרש שוטה וקטן ששחטו את הראשון בינם לבין עצמם, מותר לשחוט השני אחריהם, לפי שרוב מעשיהם מקולקלים. הגה: ואם אחרים רואין ששוחטין כראוי, אסור לשחוט אחריהם, כן נראה לי - כשאחרים עע"ג, אז דעת המחבר דשחיטתו כשרה אפילו אינו מומחה וגם אינו יודע לאמן ידיו, וכמ"ש בסימן א', **ואף** שכתבתי שם לאסור, מ"מ כאן יש להחמיר באיסור דאורייתא, ודוק.

כתב הב"ח, נראה דה"ה כששוחט האם, מותר למסור הבן לחש"ו לשחטו בינו לבין עצמו, וצ"ל שמותר למכרו לעובדי כוכבים, אע"פ שהעובד כוכבים ינחרנו היום, עכ"ל, **וצ"ע** בחש"ו, נהי דמשום אותו ואת בנו ליכא, מ"מ הא אסור למסור להם לשחוט בינם לבין עצמם, אפילו להשליכו לכלבים, כדלעיל סי' א' ס"ה ע"ש.

[**נ"ל** דה"ה בגדול שאין יודע הלכות שחיטה, אלא כיון דלא הוזכר בפירוש בפוסקים בזה, אין בידי להקל להתיר אותו ואת בנו אחר שחיטת גדול שאינו יודע, **אלא** דמ"מ נ"ל ברור באם עבר ושחט אחריו, דאין כאן איסור אכילה, אפילו לי"א דבסעיף ג' מודים בזה].

(**גרסינן** בתוספתא דחולין, השוחט לרפואה לאכילת עובד כוכבים ולאכילת כלבים, אסור משום או"ב, והובא ג"כ בפר"ח, **ונראה** פשוט דה"ה אם שוחט בהמת עובד כוכבים, יש איסור דאו"ב, משום דהאיסור הוא על השוחט, וכתיב לא תשחטו סתמא, ומפני שמורה אחד טעה בזו, הוצרכתי להזכיר זה).

סימן טז ס"ט • האיסור בשחיטה דוקא

אין איסור אותו ואת בנו אלא בשחיטה בלבד, שנאמר: לא תשחטו, **ובכלל** זה אם שחט ונמצאת טרפה, דקימ"ל דשחיטה שאינה ראויה שמה שחיטה.
אבל אם ניחר הראשון, או נתנבלה בידו, מותר לשחוט השני.

ואם נתנבל בידו בא' מהדברים שאנו מחמירים בו, כגון שהייה או חלדה במעוט של סימנים, או שהייה במיעוט בתרא, או בצרוף שהיות, או שנמצא סכין פגומה לאחר ששחט, וכה"ג בפלוגתא דרבוותא, דאסרינן להו מספיקא, **אין** לשחוט הבן או האם אחריו, **ואם** שחט אינו לוקה.

לפיכך חרש שוטה וקטן ששחטו הראשון בינם לבין עצמם, מותר לשחוט השני אחריהם, לפי שרוב מעשיהם מקולקלים.
וכתב הרמ"א, ואם אחרים רואין ששוחטין כראוי, אסור לשחוט אחריהם.
ודעת המחבר, דבאחרים עומדין על גביו, אפילו אינו מומחה וגם אינו יודע לאמן ידיו, שחיטתו כשרה, וכמ"ש בסי' א'.
ואף להש"ך שאסר, מ"מ כאן יש להחמיר באיסור דאורייתא.

וי"א דה"ה כששוחט האם, מותר למסור הבן לחש"ו לשחטו בינו לבין עצמו, **ואצ"ל** שמותר למכרו לעכו"ם, אע"פ שהעכו"ם ינחרנו היום.
וצ"ע בחש"ו, נהי דמשום אותו ואת בנו ליכא, מ"מ הא אסור למסור להם לשחוט בינם לבין עצמם, אפילו להשליכו לכלבים, כדלעיל סי' א' ס"ה.

י"א דה"ה בגדול שאין יודע הלכות שחיטה, דמותר לשחוט השני אחריו, **אלא** כיון דלא הוזכר בפירוש בפוסקים, אין להקל להתיר, **אלא** דמ"מ אם עבר ושחט אחריו, דאין כאן איסור אכילה, ואפילו לי"א דבס"ג מודים בזה.

השוחט לרפואה או לאכילת עכו"ם או לאכילת כלבים, אסור משום או"ב.
וה"ה אם שוחט בהמת עכו"ם, **יש איסור דאו"ב**, משום דהאיסור הוא על השוחט, וכתיב לא תשחטו סתמא.

שחיטת המעוברת

סעיף י - מותר לשחוט את המעוברת, עובר ירך אמו הוא; ואם יצא העובר חי אחר שחיטת אמו, והפריס על גבי קרקע, אין שוחטין אותו ביום אחד - כיון דמפני מראית העין טעון שחיטה כשהפריס ע"ג קרקע, **ואם שחט אינו לוקה** - כיון שמן התורה א"צ שחיטה וניתר בשחיטת אמו, כדלעיל סי' י"ג.

‹אם נמצא האם טריפה, דיש תקנת לולד אם כלו חדשיו, דמותר לשחוט, פשיטא דאסור לשחוט הולד בו ביום משום או"ב, **ואולם** אם גם הולד טריפה, נלע"ד דיש לדון דמותר לשחוט הולד, דהא דקיי"ל שחיטה שאינה ראויה שמה שחיטה, היינו משום דמהני שחיטה לטהר מידי נבילה, **משא"כ** בזה דאף אלו מת העובר לא היה מטמא משום נבילה, דלענין זה מהני שחיטת האם כדאיתא להדיא בחולין, וא"כ שחיטת העובר הטריפה לא הועיל כלום, וי"ל דבכה"ג לא שמה שחיטה – רעק"א.

(**עיין** בתשו' זכרון יצחק שכתב, דאם מכר את הבן פקוע שהפריס על גבי קרקע לחתן או לכלה ביום החופה, א"צ להודיעו שלא ישחוט ביום ההוא, משום דמבואר לעיל סי' י"ג, דאם היה בו דבר תמוה א"צ שחיטה, וממילא דמותר לשוחטו ביום שנשחט אמו, ומבואר בהג"א, דחופה הוי מלתא דתמיהא, והניח בצ"ע).

סימן טז ס"י • שחיטת המעוברת

מותר לשחוט את המעוברת, דעובר ירך אמו הוא.
ואם יצא העובר חי אחר שחיטת אמו, והפריס ע"ג קרקע, **אין** שוחטין אותו ביום אחד, כיון דמפני מראית העין טעון שחיטה, **ואם** שחט אינו לוקה, כיון שמן התורה א"צ שחיטה וניתר בשחיטת אמו.

ואם נמצא האם טריפה, דיש תקנת לולד אם כלו חדשיו, דמותר לשחוט, **פשיטא** דאסור לשחוט הולד בו ביום משום או"ב, **ואולם** אם גם הולד טריפה, י"א דיש לדון דמותר לשחוט הולד, **דהא** דקיי"ל שחיטה שאינה ראויה שמה שחיטה, היינו משום דמהני שחיטה לטהר מידי נבילה, **משא"כ** בזה דאף אילו מת העובר לא היה מטמא משום נבילה, דלענין זה מהני שחיטת האם, **וא"כ** שחיטת העובר הטריפה לא הועיל כלום, וי"ל דבכה"ג לא שמה שחיטה.

י"א דאם מכר את הבן פקוע שהפריס ע"ג קרקע לחתן או לכלה ביום החופה, א"צ להודיעו שלא ישחוט ביום ההוא, **משום** דמבואר לעיל סי' י"ג, דאם היה בו דבר תמוה א"צ שחיטה, וי"א דחופה הוי מלתא דתמיהא, **וממילא** דמותר לשוחטו ביום שנשחט אמו, **והניח** בצ"ע, **וע"ש** בסי' י"ג.

נאמנות עכו"ם באותו ואת בנו

סעיף יא - עובד כוכבים שמכר שתי בהמות, ואחר כך אמר מסיח לפי תומו, שהן אותו ואת בנו, אינו נאמן במה שאמר לאחר שמכרם ויצאו מתחת ידו - דאין עובד כוכבים נאמן בשום עדות, כדלקמן סי' קכ"ז, **והעט"ז** כתב הטעם משום דלהשביח מקחו אומר כן, **ולא** כיון יפה, דהכא לא שייך כלל להשביח מקחו, דאי הוי שייך לא היה נאמן אפילו קודם שמכרם.

[משמע אם אמר כן בשעת מכירה, נאמן לאסור, וכן משמע ממ"ש הרא"ש...]. **לחנם** מביא ממרחק לחמו, דהא מתשובת הרשב"א שממנו מקור דין זה, מבואר כן להדיא, וגם אין מדברי הרא"ש אלו ראייה - נקה"כ.

אלא להכי נאמן קודם שמכרן, במיגו דאי בעי לא מזבין להו, או מקלי קלי להו, **אבל** היכי דשייך להשביח מקחו, אפילו יש לו מיגו אינו נאמן, וכמו שנתבאר כל זה בתשובת הרשב"א שממנו מקור דין זה, **מיהו** מדברי הרא"ש ומרדכי והגהמ"י מבואר, דהיכא דבידו נאמן אפילו היכא די"ל דלהשביח מקחו אומר כן, וע"ש. [**ופשוט הוא דאם יש סברא שעושה כן להשביח מקחו, שאין בדבריו כלום**]. **עיין** מש"כ בש"ד, דדעת הרא"ש והמרדכי והג' מיימוני, דהיכא דבידו נאמן אפי' היכא די"ל דלהשביח מקחו אומר כן - נקה"כ.

ומיהו אי מהימן ליה, אסור - אפילו אינו מסל"ת.

סימן טז סי"א • נאמנות עכו"ם באותו ואת בנו

עכו"ם שמכר שתי בהמות, ואח"כ אמר מסיח לפי תומו, שהן אותו ואת בנו, **אינו** נאמן במה שאמר לאחר שמכרם ויצאו מתחת ידו, **דאין** עכו"ם נאמן בשום עדות.

אבל אם אמר כן בשעת מכירה, נאמן לאסור, מיגו דאי בעי לא מזבין להו, או מקלי קלי להו, **אבל** היכי דשייך להשביח מקחו, אפי' יש לו מיגו אינו נאמן, **אמנם** י"א דהיכא דבידו נאמן, אפילו היכא די"ל דלהשביח מקחו אומר כן.

ומיהו אי מהימן ליה, אסור, אפילו אינו מסל"ת.

תערובות באותו ואת בנו

סעיף יב - בהמה שנשחטה אמה או בתה היום ונתערבה באחרות, וצריך לשחוט מהם היום, כיצד תקנתו, נכבשינהו - ‹דבשאר איסורים אף לכתחלה מותר, משא"כ בקדשים וע"ז – גר"א›, **דניידי ממקום קביעותן** – [פי' יכה אותם וטורדן ממקום קבוע, ואז נלך אחר הרוב], דכל זמן שהם ביחד בעלי חיים לא בטלי אפילו באלף, וכדלקמן סי' ק"י, **ויקח מהם אחד וישחוט, דכל דפריש מרובא פריש; ושנים הנותרים אסור לשחטם היום** - דהוי מחצה על מחצה, וע"ל סי' ק"י ס"ו נתבאר זה בארוכה בס"ד.

(קשה לי, דהא או"ב הוא דשיל"מ, *ולא אמרינן ביה כל דפריש מרובא פריש, כמ"ש המג"א, ומצאתי בתשובת נו"ב בהגה מבן המחבר, שהביא קושיא זו בשם אביו ז"ל בספרו צל"ח, והוא נר"ו כתב ליישב עפמ"ש באו"ח סימן ש"כ, וכן הוא לקמן סימן ק"ב ס"ד בהגה, דכל איסור שלא היה ניכר קודם שנתערב, בטיל אף ע"פ שהוא דשיל"מ, א"כ י"ל דמיירי שנתערב האם קודם שחיטת הבת, דלא ניכר האיסור קודם התערובת, ומש"כ בשו"ע בהמה שנשחטה כו' ונתערב, הכוונה שנתערב כבר קודם השחיטה, עכ"ד, אכן ראיתי בתשובת חות יאיר שכתב, דבכה"ג דנתערבה האם באחרת תחלה ואח"כ שחט בתה, מותר אח"כ לשחוט מן התערובות בלא נכבשינהו, כי דבר שיש לו מתירין פשיטא לא הוי, אלא אפי' חשיבות דבע"ח לא מהני, אחר דבשעה שנתערב לא היה בו שום איסור, והביא דבתוס' תמורה נראה, דסגי בנ"ד שמפריש בהמה אחת ושוחט כל האחרות, דכיון שאיסור לא היה מבורר קודם תערובתו, רק לאחר התערובת נולד האיסור, סמכינן אברירה, וכ"ש אם שחט תחלה אחד מן התערובת, שמותר אח"כ לשחוט הבת, וע"ש בחוו"י עוד שפקפק על עיקר דין זה, אף שנתערב אחר ששחט הבת, ודעתו דחד בתרי בטל, ולא צריך כלל לכבשינהו, ואף כי הוא בעל חי גם דשיל"מ, מ"מ לא החמירו חכמים רק בדבר האסור מחמת עצמו, משא"כ בזה דלא אירע שום דבר בבהמה זו, רק מחמת שחיטת אמה או בתה היום, לא חמירא בחומרת בע"ח ודשיל"מ. ובה"ג ‹שהוא המקור לדין דשו"ע› לטעמיה אזיל, דס"ל לאסור האחרון באכילה בו ביום, ולכך סמכן הבה"ג לשני הדינים להדדי, וכן הביאם הרא"ש, משא"כ לדעת הרמב"ם דכוותיה אזלא שיטת הש"ס, דבאכילה שרי, א"כ פשוט שאין מקום לומר בזה חשיבות בע"ח ודבר שיל"מ, אחר דאין כאן דבר האסור כלל, רק דרחמנא אזהר שלא לשוחטה, ובאם נתערבה בטילה ברוב, ולא נקרא שם איסור על דבר שנתערב כלל, ע"ש).

*(ועיין בספר צל"ח, שהאריך להביא ראיה דאמרינן בדבר שיל"מ כל דפריש מרובא פריש, וכן נראה דעת החוות יאיר). ‹מובא מסי' ק"ב ס"א›.

סימן טז סי"ב • תערובות באותו ואת בנו

בהמה שנשחטה אמה או בתה היום ונתערבה באחרות, וצריך לשחוט מהם היום, וכל זמן שהם ביחד, בעלי חיים לא בטלי אפילו באלף, **כיצד** תקנתו, נכבשינהו (וזה מותר בשאר איסורים אף לכתחלה, משא"כ בקדשים וע"ז), דנוידי ממקום קביעותן, ויקח מהם אחד וישחוט, דכל דפריש מרובא פריש; **ושנים** הנותרים אסור לשחטם היום, דהוי מחצה על מחצה.

ויש שהקשה, הא או"ב הוא דשיל"מ, ולא אמרינן ביה כל דפריש מרובא פריש, (**וי"א** דגם בדבר שיל"מ אמרינן כל דפריש מרובא פריש), **וי"ל** דכל איסור שלא היה ניכר קודם שנתערב, בטיל אע"פ שהוא דשיל"מ, **א"כ** י"ל דמיירי שנתערב האם קודם שחיטת הבת, דלא ניכר האיסור קודם התערובת, **ומש"כ** בשו"ע בהמה שנשחטה כו' ונתערב, הכוונה שנתערב כבר קודם השחיטה.
וי"א דבכה"ג דנתערבה האם באחרת תחלה ואח"כ שחט בתה, מותר אח"כ לשחוט מן התערובות אף בלא נכבשינהו, **כי** דשיל"מ פשיטא דלא הוי, **אלא** אפי' חשיבות דבע"ח לא מהני, אחר דבשעה שנתערב לא היה בו שום איסור, **וסגי** שמפריש בהמה אחת ושוחט כל האחרות, **דכיון** שאיסור לא היה מבורר קודם תערובתו, רק לאחר התערובת נולד האיסור, סמכינן אברירה, **וכ"ש** אם שחט תחלה אחד מן התערובת, שמותר אח"כ לשחוט הבת.

ויש שמפקפק על עיקר דין זה, דזהו דוקא להשו"ע שהולך בשיטת בה"ג, דס"ל לאסור האחרון באכילה בו ביום, (עיין ס"ג), **אבל** לדעת הרמב"ם (דכוותיה אזלא שיטת הש"ס), דבאכילה שרי, א"כ פשוט שאין מקום לומר בזה חשיבות בע"ח ודבר שיל"מ, **דלא** החמירו חכמים רק בדבר האסור מחמת עצמו, משא"כ בזה דאין כאן דבר האסור כלל, רק דרחמנא אזהר שלא לשוחטה, **ובאם** נתערבה בטילה ברוב, דחד בתרי בטל, ולא צריך כלל לכבשינהו, דלא נקרא שם איסור על דבר שנתערב כלל.

§ סימן יז – דין השוחט בהמה המסוכנת למות §

דיני פירכוס במסוכנת

סעיף א - השוחט את הבריאה ולא פרכסה, (פי' שלא נתנענעה), הרי זו מותרת; אבל המסוכנת, והוא כל שמעמידים אותה (בגערה או במקל) ואינה עומדת - אבל כשמעמידים אותה בידיה, אין מוציאין אותה מחזקת מסוכנתה, ‹דאף עץ בעלמא עומד כשמעמידים אותו בידים - פרישה›, **אעפ"י שהיא אוכלת מאכל בריאות, שחטה ולא פרכסה כלל, הרי זו נבלה ולוקין עליה** - דכל שלא פרכסה בידוע שנשמתה נטולה הימנה קודם שחיטה, ש"ס.

ואם פרכסה, הרי זו מותרת, וצריך שיהיה הפרכוס בסוף השחיטה, (ולמשוך עד אחר

השחיטה), (תא"ו לדעת רש"י), אבל בתחלתה אינו מועיל.

ולמשוך עד אחר השחיטה - וכן פי' הב"ח, **ומהרש"ל** כתב, דמפי' רש"י שלנו לא נשמע כן, הלכך נראה עיקר, דאע"פ שלא עשתה הפרכוס אחר שחיטה, רק עם גמר השחיטה, כשר, עכ"ל, וכ"כ הב"ח, דמפירוש רש"י שלנו לא משמע כן, **ולא** עמדתי על סוף דעתם, דהרי כך נראה מבואר מפירש"י להדיא בכולי סוגיא דפ' השוחט, וכן משמע בש"ס ע"ש.

(**עיין** בשמ"ח שכתב, ופשוט דכ"ש אם כל הפירכוס היה אחר השחיטה דשפיר דמי, ע"ש, **ועיין** בס' בינת אדם שכתב, דאפילו אם גם אחר השחיטה לא פרכסה מיד, רק לאחר ששהה כמו רביעית שעה התחיל לפרכס, אין כאן בית מיחוש לומר דהוי כזנב הלטאה, **דלא** כספר זבח שמואל שכתב לאסור בזה, **אך** אם חתכו כל המפרקת ורוב בשר עמו, ולא פרכסה בשעת שחיטה, רק לאחר שחתך כל המפרקת פרכסה, לא מהני, דזה ודאי הוי כזנב הלטאה, **ורב** אחד חולק ע"ז, ודעתו גם בזה להכשיר, והוא ז"ל חזר וכתב להעמיד דבריו, ע"ש).

כיצד הוא הפרכוס, בבהמה דקה ובחיה גסה ודקה, בין שפשטה ידה והחזירה, או שפשטה רגלה אע"פ שלא החזירה, או שכפפה רגלה בלבד, הרי זה פרכוס ומותר - כתב ב"י, משמע דכשכפפה ידה בלבד אסורה, וכ"כ בעט"ז בהדיא, **אבל** הרשב"א והר"ן וכל בו בשם הר"ז וטור ור' ירוחם פסקו, דאפי' כפפה ידה בלבד מותרת, ומהרש"ל כתב שכן דעת הרי"ף והרא"ש, ופסק כן, וכ"כ הב"ח.

אבל אם פשטה ידה ולא החזירתה, הרי זו אסורה, שאין זו אלא הוצאת נפש בלבד.

ובבהמה גסה, אחד היד ואחד הרגל, בין שפשטה ולא כפפה, בין כפפה ולא פשטה, הרי זה פרכוס ומותרת. ואם לא פשטה לא יד ולא רגל ולא כפפה כלל, הרי זו נבילה.

ובעוף, אפילו לא רפרף (פי' מענין כהרף עין) אלא בעינו - דע שיש חלופי גרסאות בש"ס, וי"ג גפו במקום עינו, ויש מהפוסקים דס"ל דרפרף בעינו לא מהני, וכן פסקו מהרש"ל והב"ח, **ולא כשכש (פירוש נענע) אלא בזנבו, הרי זה פרכוס.**

וכן כשכוש זנב בבהמה מהני כדאי' במשנה, וכ"פ הרא"ש וטור ור"י ושאר פוסקים, ומהרש"ל והב"ח והעט"ז, [**והא דנקטיה** רבא גבי עוף, הוא לרבותא, **דכשכוש** בזנב דבר קל הוא, וה"א דלא סגי, קמ"ל], וכ"ש בבהמה, וכ"כ הר"ן, **ונראה** מדברי ה"ה, שגם דעת הרמב"ם שהוא כלשון המחבר, הוא כן, ע"ש. [**רק שהוכיח ב"י מדעת רמב"ם, דלא מהני כשכש זנב רק בעוף, ונראה דהסומך על כל הני לא הפסיד, בפרט שהרמב"ם לא זכר בפירוש לאיסור, ושוב מצאתי כן לרש"ל, וכן מסיק מו"ח ז"ל**].

<**בש"ס** איתא עוד, גועה ועביה קלא, הטילה ריעי ומתרזת למרחוק, או כשכוש באזנה, הוי פירכוס, וכתבו הטור, וכן העלה הפר"ח דכן עיקר להלכה – רעק"א. <**יש** שהורו כדעת הטור, רש"ל וב"ח, **ואחרי** שרבותינו בעלי השו"ע השמיטו זה, אין להקל כלל, וכן יש להורות, ודעת הטור היא דיעה יחידאי, וכ"כ הב"י. {וכ"כ השמ"ח}. **ודע**, דבזמה"ז יש לראות שתהא פרכוס טוב בלי שום ספק ספיקא, ואין להעמיד בזה על הטבחים שדרכם להטות דעתם להיתר, ועל כיוצא בזה אמרו חז"ל: בהמה בחייה בחזקת איסור עומדת, עד שיודע לך במה נשחטה – ערוה"ש>.

סימן יז ס"א • דיני פירכוס במסוכנת

השוחט את הבריאה ולא פרכסה, הרי זו מותרת.

אבל המסוכנת, והוא כל שמעמידים אותה בגערה או במקל ואינה עומדת, (**אבל** כשמעמידים אותה בידיה, אין מוציאין אותה מחזקת מסוכנתה, דאף עץ בעלמא עומד כשמעמידים אותו בידים), **אע"פ** שהיא אוכלת מאכל בריאות, **שחטה** ולא פרכסה כלל, הרי זו נבלה ולוקין עליה, **דכל** שלא פרכסה בידוע שנשמתה נטולה הימנה קודם שחיטה.

ואם פרכסה, הרי זו מותרת, **וצריך** שיהיה הפרכוס בסוף השחיטה, אבל בתחלתה אינו מועיל.

וכתב רמ"א, דצריך למשוך עד אחר השחיטה. **וי"א** דאע"פ שלא נמשך אחר שחיטה, רק פרכס עם גמר השחיטה, כשר. **י"א** דפשוט דכ"ש אם כל הפירכוס היה אחר השחיטה דשפיר דמי, **וי"א** דאפי' אם גם אחר השחיטה לא פרכסה מיד, רק לאחר ששהה כמו רביעית שעה התחיל לפרכס, אין כאן בית מיחוש לומר דהוי כזנב הלטאה, (**ודלא** כי"א לאסור בזה), **אך** אם חתכו כל המפרקת ורוב בשר עמו, ולא פרכסה בשעת שחיטה, רק לאחר שחתך כל המפרקת פרכסה, לא מהני, דזה ודאי הוי כזנב הלטאה.

סימן יז – דין השוחט בהמה המסוכנת למות

סעיף א – דיני פירכוס במסוכנת

כיצד הוא הפרכוס

בבהמה דקה, ובחיה גסה ודקה

[בידה] – אם פשטה והחזירה.

ואם כפפה ידה בלבד, י"א דאסורה, **וי"א** דמותרת.

אבל אם פשטה ידה ולא החזירתה, הרי זו אסורה, שאין זו אלא הוצאת נפש בלבד.

[וברגלה] אם פשטה אע"פ שלא החזירה, או שכפפה רגלה בלבד, ה"ז פירכוס ומותרת.

ובבהמה גסה

[אחד היד ואחד הרגל], בין שפשטה ולא כפפה, בין כפפה ולא פשטה, הרי זה פרכוס ומותרת.

ואם לא פשטה לא יד ולא רגל ולא כפפה כלל, הרי זו נבילה.

[כשכוש זנב], י"א בבהמה מהני, **וי"א** דלא מהני רק בעוף, **ונראה** דהסומך דמהני לא הפסיד.

[גועה ועביה קלא, הטילה ריעי ומתרזת למרחוק, או כשכוש באזנה], י"א הוי פירכוס, **וי"א** דאחרי שרבותינו בעלי השו"ע השמיטו זה, אין להקל כלל, **וכן** יש להורות.

ובעוף, אפי' לא רפרף אלא בעינו, (**וי"ג** גפו במקום עינו, **וי"א** דרפרף בעינו לא מהני), **ולא** כשכש אלא בזנבו, ה"ז פרכוס.

וי"א דבזה"ז יש לראות שתהא פרכוס טוב בלי שום ספק ספיקא, **ואין** להעמיד בזה על הטבחים שדרכם להטות דעתם להיתר, **ועל** כיוצא בזה אמרו חז"ל: בהמה בחייה בחזקת איסור עומדת, עד שיודע לך במה נשחטה.

השוחט את המסוכנת ולא ידע אם פרכסה

סעיף ב - השוחט את המסוכנת בלילה ולא ידע אם פרכסה, הרי זו ספק נבילה ואסורה - ולא מהני כשמצא למחר כותלי ביה"ש מלוכלכים בדם, **ואע"פ** שכתב הטור דמהני בכה"ג, כבר תמה עליו בזה, וגם בב"י תמה עליו, וזה דעתו כאן.

(**עיין** בתשו' חת"ס שב', הא דלא אמרינן אוקמא אחזקת חי כו', היינו משום דאיכא חזקה מתנגדת, חזקת איסור שאינו זבוח, **ומזה** נלמוד דבמסוכנת שנשחטה, נאמן עליו עד א' ואפי' אשה לומר שפרכסה, שאין כאן חזקת איסור).

סי' יז ס"ב • השוחט את המסוכנת ולא ידע אם פרכסה

השוחט את המסוכנת בלילה ולא ידע אם פרכסה, הרי זו ספק נבילה ואסורה, **ולא** מהני כשמצא למחר כותלי ביה"ש מלוכלכים בדם, (**ודלא** כיש שמתירין בזה).

הא דלא אמרינן אוקמא אחזקת חי, **י"א** דהיינו משום דאיכא חזקה מתנגדת, חזקת איסור שאינו זבוח, **ומזה** נלמוד דבמסוכנת שנשחטה, נאמן עליו עד א' ואפי' אשה לומר שפרכסה, שאין כאן חזקת איסור.

שלא לאכול מבהמה מסוכנת

סעיף ג - גדולי החכמים לא היו אוכלים מבהמה שממהרים ושוחטים אותה כדי שלא תמות, ואע"פ שפרכסה בסוף השחיטה; ודבר זה אין בו איסור, אלא כל הרוצה להחמיר על עצמו בדבר זה ה"ז משובח - ובבהמת עכו"ם דליכא הפסד ממון, משום מדת חסידות אסור, אבל בבהמת ישראל, משום הפסד ממון, אפילו מדת חסידות ליכא, אלא חומרא לגדולי החכמים, כן נ"ל מדברי הרב המגיד בשם הרמב"ן והרשב"א, דלא כנראה מהעט"ז. **וכתב** בא"ז, שראבי"ה כתב ע"ש הגאונים, דבהמת עובד כוכבים לא מיתכשרה עד דקיימא בכרעא מאליה, ואזלא ד' אמות בדקה, ומלא קומתה בגסה.

סימן יז ס"ג • שלא לאכול מבהמה מסוכנת

גדולי החכמים לא היו אוכלים מבהמה שממהרים ושוחטים אותה כדי שלא תמות, ואע"פ שפרכסה בסוף השחיטה; **ודבר** זה אין בו איסור, אלא כל הרוצה להחמיר על עצמו בדבר זה הרי זה משובח.

י"א דבבהמת עכו"ם דליכא הפסד ממון, משום מדת חסידות אסור, **אבל** בבהמת ישראל, משום הפסד ממון, אפי' מדת חסידות ליכא, אלא חומרא לגדולי החכמים.

וי"א דבהמת עכו"ם לא מיתכשרה עד דקיימא בכרעא מאליה, ואזלא ד' אמות בדקה, **ומלא** קומתה בגסה.

§ סימן יח – דין בדיקת הסכין ופגימותיו §

השוחט בסכין בדוקה ונמצאת פגומה

סעיף א - השוחט בסכין בדוקה ונמצאת פגומה, (אפילו מן הצד) – [ואין בכלל זה רושמי הסכין, שעושין האומנים בשעת עשיית הסכין, כיון שהוא רחוק הרבה מן החוד, כ"כ רש"ל], **הרי זה נבילה** - פי' ספק נבלה, וכמ"ש אלא חיישינן שמא כו', וכ"כ בסוף סעיף י"א, וכ"כ הרמב"ם והכל בו והסמ"ג והסמ"ק ושאר פוסקים, ולכך כתב המחבר לקמן סי' כ"ח ס"כ, דבכה"ג מכסה בלא ברכה, ועמ"ש שם.

אפילו נגע בעצם המפרקת, אין תולין שנפגמה בו אחר שחיטה, אלא חיישינן שמא

בעור נפגמה, ונמצא שחט בסכין פגומה - משום דבהמה בחייה בחזקת איסור עומדת, ואינה יוצאה מאיסורא עד שיודע לך במה נשחטה, וכיון שנולד בה ספק, לא נתברר לך שנשחטה כראוי, ש"ס.

ואפי' בעוף - אפילו נגע ג"כ בעצם המפרקת, דאיכא תרתי לטיבותא, שעורו רך, ונגע ג"כ בעצם המפרקת, אפ"ה חיישינן שמא בעור איפגם, וכ"כ הב"ח.

(**עיין** בשו"ת ברית אברהם, שנשאל בסכין של שחיטה שבדקוהו שני שוחטים אחר השחיטה, ונמצא בו פגימה מורגשת, אח"כ לקח אחד הסכין ושפשף על בשר הזרוע, ועי"ז סרה הפגימה, ומענה בפי השוחט ההוא, שקבלה בידו שכל פגימה אף אם ישפשפו כל היום לא תוסר, וע"כ לא היה פגימה גמורה, והשוחט השני כיחש בו, מה דינו, **והעלה** דבהמה זו אסורה, ע"ש טעמו. **ועיין** בתשובת חת"ס על כיוצא בזה, ע"ד שנהגו השוחטים כאשר מוצאים ספק פגימה בסכין אחר שחיטה, המה מחליקים ע"ג עור או שאר דבר זמן מה, עד שאינם מרגישים הפגימה, ומכשירים הבהמה, **וכתב** רע עלי המעשה, ובעיני כמאכילים טריפות, כי אטו פגימה נאמרה למשה מסיני, עיקור ושהייה נאמרה, וכל שיש בסכין עכבות, מקום שמעכב העברת הציפורן, יהיה פגימה מגוף הסכין, או בליטה מדבר אחר הנדבק בסכין, כל שאינו יכול להסירו בנקל ע"י ידו, וע"י הדחה קלה וכדומה, רק צריך זמן מה להחליקו על עץ ועור וכדומה, הכל גורם או עיקור או שהייה, ע"כ כל העושה כן מאכיל טריפות, ויש לעמוד בכח נגד המשחיתים המשחיזים האלה, ע"ש).

סימן יח ס"א • השוחט בסכין בדוקה ונמצאת פגומה

השוחט בסכין בדוקה ונמצאת פגומה, אפילו מן הצד, (**ואין** בכלל זה רושמי הסכין, שעושין האומנים בשעת עשיית הסכין, כיון שהוא רחוק הרבה מן החוד), **הרי** זה ספק נבילה.

ואפילו נגע בעצם המפרקת, אין תולין שנפגמה בו אחר שחיטה, אלא חיישינן שמא בעור נפגמה, ונמצא שחט בסכין פגומה, **משום** דבהמה בחייה בחזקת איסור עומדת, ואינה יוצאה מאיסורא עד שיודע לך במה נשחטה, וכיון שנולד בה ספק, לא נתברר לך שנשחטה כראוי.

ואפי' בעוף, ואפילו נגע ג"כ בעצם המפרקת, דאיכא תרתי לטיבותא, שעורו רך, ונגע ג"כ בעצם המפרקת, אפ"ה חיישינן שמא בעור איפגם.

סכין שבדקוהו אחר השחיטה, ונמצא בו פגימה מורגשת, ואח"כ לקח השוחט הסכין ושפשף על בשר הזרוע, ועי"ז סרה הפגימה, ואומר שקבלה בידו שכל פגימה אף אם ישפשפו כל היום לא תוסר, וע"כ לא היה פגימה גמורה, **י"א** דבהמה זו אסורה, כי אטו פגימה נאמרה למשה מסיני, עיקור ושהייה נאמרה, וכל שיש בסכין מקום שמעכב העברת הציפורן, יהיה פגימה מגוף הסכין, או בליטה מדבר אחר הנדבק בסכין, כל שאינו יכול להסירו בנקל ע"י ידו, וע"י הדחה קלה וכדומה, רק צריך זמן מה להחליקו על עץ ועור וכדומה, הכל גורם או עיקור או שהייה, **ע"כ** כל העושה כן מאכיל טריפות, ויש לעמוד בכח נגד המשחיתים המשחיזים האלה.

שיעור הפגימה

סעיף ב - שיעור הפגימה, כל שהוא - פי' אם נמצא פגימה כל שהוא פסולה, **אבל** לכתחלה א"צ בדיקה אלא אבשרא ואטופרא, כדלקמן ס"ט, משום דלא חיישינן לפגימה כל שהוא, וכ"כ מהרש"ל, [**בגמ'** איתא הרבה אמוראים שהחמירו בבדיקה, לבדוק בשמש, **או** במים דכשמעבירו בחודו על המים אם יש פגימה בסכין מרגישין אותה במים אפילו בכל שהוא, **ומסיק** רש"ל שראוי להחמיר כן, אלא דבסתמא די בבדיקה אבישרא ואטופרא], **דלא** כהב"ח שפסק להקל, דאינה נטרפה בפגימה כל שהוא, אלא כדי חגירת צפורן, שאין לנו בזה אלא מנהגינו, עכ"ל, **וחלילה** לנו להקל כן, ולפי שראה שבודקים בצפורן, הבין דמנהגינו דכל פגימה שאינה חוגרת צפורן כשרה, **ולא** היא, דהמנהג פשוט לפסול אפילו פגימה כל שהוא, וכמ"ש ב"י וד"מ ומהרש"ל ושאר אחרונים, וכדעת הרמב"ם והכל בו והרמב"ן והרשב"א והר"ן וסייעתם, **אלא** דלכתחלה לא חיישינן לפגימה כל שהוא, וסגי לן בבדיקת צפורן, וכמ"ש, וכן משמע בעט"ז כדפרישית.

ובלבד שתאגור בה כל שהוא, אפילו חוט השערה – ולאו דוקא פגימה כל שהוא, דהא אוגרת קרינן לה, ואוגרת כשמה שאוגרת שום דבר ואפילו חוט השערה, אבל כשאינה אוגרת שום דבר, כשרה, והיינו דמיא לסאסאה {ס"ו ע"ש} – בית יוסף.

סימן יח ס"ב • שיעור הפגימה

אם נמצא פגימה, שיעורה כל שהוא, **ובלבד** שתאגור בה חוט השערה, (דכל שהוא לאו דוקא), **אבל** לכתחלה לא חיישינן לפגימה כל שהוא, וא"צ בדיקה אלא אבשרא ואטופרא, כדלקמן ס"ט, **וחלילה** לנו להקל כהב"ח שפסק דאינה נטרפה בפגימה כל שהוא, אלא כדי חגירת צפורן.
בגמ' איתא הרבה אמוראים שהחמירו בבדיקה, לבדוק בשמש, או במים דכשמעבירו בחודו על המים אם יש פגימה בסכין מרגישין אותה במים אפילו בכל שהוא, **וי"א** שראוי להחמיר כן, אלא דבסתמא די בבדיקה אבישרא ואטופרא.

לבדוק הסכין קודם שחיטה

סעיף ג – צריך לבדוק הסכין קודם שחיטה, ואם לא בדק, לא ישחוט - ואין לסמוך על מה שירצה לבדוק אחר השחיטה, טור, ולזה כפל המחבר וכתב, ואם לא בדק לא ישחוט כו', כלומר אפילו על סמך שיבדקנו אח"כ אסור, **והטעם** כתב הרשב"א, דשמא ישכח לבדוק אחר השחיטה, והרי הוא כאוכל נבלה, ומביאו ב"י, וכן משמע בטור.

<**ועיין** בתשובת זכרון יצחק שכתב, דאף אם יעמיד אחר אצלו, ויאמר להזכירו לבדוק אחר השחיטה, לא מהני, דאף דבאו"ח סי' ער"ה לענין קריאה לאור הנר בשבת, התירו בכה"ג, דוקא בקריאה דמצוה התירו, ע"ש).

<**ועיין** בתפארת למשה שכתב, דלפי טעם זה, בסכינים שלנו שמיוחדים לשחיטה, מותר לשחוט על סמך שיבדקנו אחר שחיטה, דהא בדיעבד אם ישכח לבדוק כשר, כדאיתא בסעיף י"ד, ע"ש).

<**והנה** בדין בדיקת הסכין קודם שחיטה יש ג' טעמים: א', שמא ישכח אח"כ. ב', משום בל תשחית. ג', משום חשש ברכה לבטלה. **ואם** סכין מוצנע, דאם שחט בלא בדיקה ונאבד שרי כמ"ש הפוסקים, אפ"ה כתב רמ"א בסי"ד דלכתחלה אין לשחוט בלי בדיקה תחלה, והטעם משום בל תשחית או ברכה לבטלה, **וא"כ** בשמע הברכה מאחר, ונבילה שוה ככשירה דליכא בל תשחית, וסכין מוצנע, דליכא כולהו טעמא, אז שרי בלי בדיקה לסמוך אאח"כ, דא"נ משתלי ליכא איסורא - פמ"ג.

ובפרישה כתב טעם, משום שנאמר ושחטתם בזה ואכלתם, **וקשה** דבש"ס אמרינן, מנין לבדיקת סכין מן התורה, דכתיב ושחטתם בזה ואכלתם, פשיטא כיון דכי נקיב טריפה בעי בדיקה, לחכם קאמרינן, ע"כ.

ואם עבר ולא בדקה תחלה, ואח"כ בדקה ומצאה יפה, שחיטתו כשרה.

סימן יח ס"ג • לבדוק הסכין קודם שחיטה

צריך לבדוק הסכין קודם שחיטה, ואם לא בדק, לא ישחוט, ואין לסמוך על מה שירצה לבדוק אחר השחיטה.

ויש בזה ד' טעמים:

א', שמא ישכח אח"כ, והרי הוא כאוכל נבלה, **ואף** אם יעמיד אחר אצלו, ויאמר להזכירו לבדוק אחר השחיטה, **י"א** דלא מהני, **דאף** דבאו"ח סי' ער"ה לענין קריאה לאור הנר בשבת, התירו בכה"ג, דוקא בקריאה דמצוה התירו.

וי"א דלפי טעם זה, בסכינים שלנו שמיוחדים לשחיטה, מותר לשחוט על סמך שיבדקנו אחר שחיטה, דהא בדיעבד אם ישכח לבדוק, כשר, כדאיתא בסעיף י"ד. **וי"א** דאפ"ה כתב רמ"א בסי"ד דלכתחלה אין לשחוט בלי בדיקה תחלה, **והטעם** משום בל תשחית או ברכה לבטלה, וכדבסמוך.

ב', משום בל תשחית.

ג', משום חשש ברכה לבטלה.

וא"כ בשמע הברכה מאחר, וכשנבילה שוה ככשירה, דליכא בל תשחית, וסכין מוצנע, דליכא כולהו טעמא, **י"א** דאז שרי בלי בדיקה לסמוך אאח"כ, דא"נ משתלי ליכא איסורא.

ד', **י"א** משום שנאמר ושחטתם בזה ואכלתם, וקשה דבש"ס לא משמע כן.

ואם עבר ולא בדקה תחלה, ואח"כ בדקה ומצאה יפה, שחיטתו כשרה.

פגימה מסוכסכת

סעיף ד - <תנו רבנן סכין שיש בה פגימות הרבה, תדון כמגרה; ושאין בה אלא פגימה אחת, אוגרת פסולה, מסוכסכת כשרה, היכי דמי אוגרת היכי דמי מסוכסכת, אמר רבי אלעזר אוגרת משתי רוחות, מסוכסכת מרוח אחת, מאי שנא משתי רוחות דמורשא קמא מחליש ומורשא בתרא בזע, מרוח אחת נמי חורפא דסכינא מחליש מורשא בזע, דקאים ארישא דסכינא, סוף סוף כי אזלא מחלשא כי אתא בזע, כגון שהוליך ולא הביא>.

<**ופירש** רש"י, וכל עוקצי הפגם קורעים הם ואין חותכין, בין בפגעו בו, בין כשהוא יורד ממנו, "דקיימא ארישא דסכינא", שכשהתחיל להוליך, לא היה לסכין כח להחליש עד שעבר הפגם, ואין כאן ספק שמא נגע העוקץ בסימן, והרא"ש כתב כפי' רש"י – ב"י>.

<**ורב** אלפס {והרמב"ם} לא כתב "דקיימא ארישא דסכינא", ומשמע שאין רוצה לומר שהעוקץ קורע כשהוא יורד ממנו. "דקאי ארישא דסכינא", כלומר שהעוקץ עומד כלפי הראש, ואז אינו קורע בירידתו לתוכו, "כגון שהוליך ולא הביא", ואפילו עומדת באמצע, כגון שהעוקץ לצד הראש והוליך ולא הביא, כשר, וכן אם העוקץ לצד הקתא, והביא ולא הוליך, כשרה – ב"י>. [**דכל פגימה אוגרת יש לה שני עוקצין, האחד כלפי הראש של סכין, דהיינו עוקץ העליון, והשניה כלפי הקתא, דהיינו העוקץ התחתון, וע"ז אמר שאם נשחז העוקץ של צד הקתא, ואין כאן אלא עוקץ העליון, אפילו הוא באמצע הסכין, כשר בהוליך ולא הביא, וכן להיפך**].

סכין שתבדק בהולכה - כלומר שמוליך הסכין על האצבע, וכן פי' בדרישה, [הך הולכה והבאה אינם כמו הולכה והבאה שלנו, שאנו מחזיקין הסכין ביד אחד

וחודו למעלה, ומוליכין האצבע עליו, דלפי זה לא יובנו הדברים שבסעיף זה, אלא איירי שמוליך חוד הסכין על אצבעו, וכן בהולכה, ובדרך זה בודק הסכין, וכן מבואר בסעיף ט' שהיה בדיקתם בדרך זה, וא"כ הוה הולכה דבדיקה והולכה דשחיטה חד ענינא], ‹ואין קפידא, רק כפי האדם באיזה אופן שנוח לו לבדוק הרשות בידו – פמ"ג,

ולא הרגיש שיש בה פגם, וכשהחזיר אותה בהבאה הרגיש שיש בה פגם, וזו היא הנקרא מסוכסכת, אם שחט בה דרך הולכה ולא הביא, שחיטתו כשרה; ואם הביא, שחיטתו פסולה - אפילו לא הוליך שחיטתו פסולה, משום דהעוקץ פוגע בסימן וקורעו.

‹לשון הרמב"ם – באר הגולה›.

‹**נמצינו** למדים, דפגימה מסוכסכת אם היא נרגשת קצת כשיורד אצבעו לתוכו, להרי"ף והרמב"ם נמי פסולה, **ולא** עוד אלא דמחמרי בה טפי מהרא"ש, דלדידיה אי קיימא ארישא דסכינא והוליך ולא הביא, כשרה, ולדידהו דינה כאוגרת ופסולה, [**כי** לפעמים דוחק וקורע העוקץ העור ובשר וסימן ביחד – פמ"ג], **ואם** היא כפופה כל כך שאינה נרגשת כלל אלא מרוח אחת, מודה בה הרא"ש דכשרה, אם הוליך ולא הביא, אף על גב דלא קיימא ארישא דסכינא – ב"י›.

והני מילי כשהרגיש בה קודם שחיטה, אבל אם מצא סכינו יפה קודם שחיטה, ואחר שחיטה מצא בה פגימה מסוכסכת, ואמר: ברי לי שלא עשיתי אלא הולכה לבד, שחיטתו פסולה - הטעם כתבו הפוסקים, דכל מילתא דלא רמיא עליה דאינש, עביד ולאו אדעתיה.

הגה: ויש מחמירים דכל מסוכסכת אסורה עד דקיימא ארישא דסכינא ממש, אם שחט בהולכה - דאל"כ רישא דסכינא מחליש העור והבשר, ואח"כ העוקץ קורע, **ואסיפא דסכינא ממש, אם שחט בהבאה.**

‹כפירש"י – גר"א, **ודלא** כמו שמביא בית יוסף בשם הרא"ש, דהיכא דאינה נרגשת כלל, מודה הרא"ש להרי"ף דכשר אף על גב דלא קיימא ארישא דסכינא›.

ולפי שאין אנו בקיאין היכן מיקרי רישא דסכינא, יש להטריף הכל, והכי נהוג - ואפילו מסוכסכת מן הצד, אבל אותן רשומים שמן הצדדין בסכינים, נ"ל דמותר כו', דביה"ש מירווח רווח כה"ג, כ"כ מהרש"ל ומביאו הב"ח, וע"ל סי' ט'.

סימן יח ס"ד • פגימה מסוכסכת

איתא בגמ': סכין שאין בה אלא פגימה אחת, אוגרת פסולה, מסוכסכת כשרה. **אוגרת** היינו שיש להפגימה עוקצין משתי רוחות, **ומסוכסכת** היינו שיש לו רק עוקץ מרוח אחת. **וכשרה** דוקא היכי "דקיימי ארישא דסכינא", דאל"ה חורפא דסכינא מחליש, ומורשא בזע, **ודוקא** "כשהוליך ולא הביא", דאל"ה כי אזלא מחלשא, וכי אתא בזע.

שיטת רש"י: דכל עוקצי הפגם קורעים הם ואין חותכין, בין בפגעו בו, בין כשהוא יורד ממנו, **ולכן** כשרה דוקא היכי "דקיימא ארישא דסכינא", שכשהתחיל להוליך, לא היה לסכין כח להחליש עד שעבר הפגם, ואין כאן ספק שמא נגע העוקץ בסימן.

שיטת רי"ף והרמב"ם: שאין העוקץ קורע כשהוא יורד ממנו, **ולפי"ז** מה שאמר הגמ' "דקאי ארישא דסכינא", ר"ל שהעוקץ עומד כלפי הראש, ואפילו עומדת באמצע, וכגון "שהוליך ולא הביא" דאז אינו קורע בירידתו לתוכו, (**אבל** אי הביא, אפי' כשהפגימה בראש הסכין פסולה, כי לפעמים דוחק וקורע העוקץ העור ובשר וסימן ביחד), **וכן** אם העוקץ לצד הקתא, והביא ולא הוליך, כשרה.

וכתב המחבר (כשיטת הרי"ף והרמב"ם), סכין שנבדק ע"י שמוליך הסכין על האצבע, (**והוה** הולכה דבדיקה והולכה דשחיטה חד ענינא, **ואין** זה הולכה והבאה שלנו, שאנו מחזיקין הסכין ביד אחד וחודו למעלה, ומוליכין האצבע עליו, דלפי"ז לא יובנו הדברים שבסעיף זה), **ולא** הרגיש שיש בה פגם, וכשהחזיר אותה בהבאה הרגיש שיש בה פגם, **וזו** היא הנקרא מסוכסכת, דאם שחט בה דרך הולכה ולא הביא, שחיטתו כשרה; **ואם** הביא (אפי' לא הוליך), שחיטתו פסולה, משום דהעוקץ פוגע בסימן וקורעו, **דאפי'** אם היא רק נרגשת קצת כשיורד אצבעו לתוכו, נמי פסולה.

וה"מ כשהרגיש בה קודם שחיטה, **אבל** אם מצא סכינו יפה קודם שחיטה, ואחר שחיטה מצא בה פגימה מסוכסכת, ואמר: ברי לי שלא עשיתי אלא הולכה לבד, שחיטתו פסולה, **דכל** מילתא דלא רמיא עליה דאינש, עביד ולאו אדעתיה.

וכתב הרמ"א (וכפרש"י), ויש מחמירים דכל מסוכסכת אסורה, עד דקיימא ארישא דסכינא ממש, אם שחט בהולכה, **דאל"כ** רישא דסכינא מחליש העור והבשר, ואח"כ העוקץ קורע, **ואסיפא** דסכינא ממש, אם שחט בהבאה.

וי"א דאם היא כפופה כ"כ עד שאינה נרגשת כלל אלא מרוח א', שרי בהוליך ולא הביא, אע"ג דלא קיימא ארישא דסכינא.

וכתב הרמ"א, ולפי שאין אנו בקיאין היכן מיקרי רישא דסכינא, יש להטריף הכל, והכי נהוג.

וי"א דה"ה אפי' מסוכסכת מן הצד, **אבל** אותן רשומים שמן הצדדין בסכינים, מותר, דביה"ש מירווח רווח כה"ג.

סכין שיש בה כמה פגימות

סעיף ה - סכין שיש בה פגימות הרבה - ‹לאו דוקא, דה"ה אפילו רק שנים, כן מוכרח מרש"י – ערוה"ש. **והפרי** תואר כתב, דפשטא דמתני' משמע למעלה מב', ולומד כן אליבא דשאר ראשונים›, **אפילו כולן מסוכסכות, אפילו שחט בה בדיעבד, פסולה, דמתוך שפגימותיה מרובות חיישינן שמא השיב ידו מעט ולא הרגיש** – ‹תנו רבנן סכין שיש בה פגימות הרבה תדון כמגרה, ופי' רש"י, וכל עוקצי הפגם קורעים הם ואין חותכין, בין בפגעו בו בין כשהוא יורד ממנו, כך שמעתי וכן היא, שהרי שנינו סכין שיש בה פגימות הרבה תדון כמגרה, ואפילו מסוכסכת קאמר, מדקמפליג בחדא בין אוגרת למסוכסכת, ובטובא לא מפליג, ומשמע אפילו כל עוקציה לצד אחד, לצד ראש הסכין, והוליך ולא הביא, אלמא בירידתו נמי קורע. **ואיכא** למידק לדעת הרי"ף, דמסוכסכת היינו שהיא כפופה הרבה ואינה נרגשת כלל, אלא ברוח אחת, סכין שיש בה פגימות הרבה אמאי תידון כמגרה, דעל כרחך במסוכסכות היא, דאי אוגרות מאי איריא הרבה אפילו אחת נמי, **כבר** תירצו הרשב"א והר"ן, דמתוך שפגימותיה מרובות, חיישינן שמא השיב ידו מעט ולא הרגיש – בית יוסף›.

[**בטור הביא בזה בשם בעל העיטור, דמיירי באוגרת, והקשה ב"י א"כ אפילו אחת פסולה, ותירצו רבים מה שתירצו, ונראה לענ"ד תירץ נכון, והוא אחר שנדקדק יתור לשון בזה שאמרו בברייתא, וכן העתיק הטור, סכין שיש לו פגימות הרבה תדון כמגירה, ולמה לא אמרו פסולה, מה להם לתלות במגירה, אלא נראה דהורו בזה דין אחר, והוא שמצינו לעיל סי' ו' בסכין שצדו א' מגל כו', שאם שחט בצד היפה כשר דיעבד, וה"ה בסכין ארוך שיש בו פגימה ונשאר בו שיעור שחיטה כו', כמ"ש רמ"א שם בזה, קמ"ל דאע"פ שאם אין שם אלא אוגרת אחת יש היתר בדיעבד, אם שחט שלא כנגד האוגרת, מ"מ אם יש שם ב' או יותר אין היתר בזה אלא הוה כמגירה, כלומר כאלו כולו פגום ואין בו שום חלק יפה כלל, כנ"ל נכון לדעת בעל העיטור, ויש בו נפקותא לפי' זה אפילו לדידן בדין הזה**].

סימן יח ס"ה • סכין שיש בה כמה פגימות

סכין שיש בה פגימות הרבה, (**לאו** דוקא, דה"ה אפי' רק שנים, וי"א למעלה משנים), **אפי'** כולן מסוכסכות, אפי' שחט בה בדיעבד, פסולה, **דמתוך** שפגימותיה מרובות חיישינן שמא השיב ידו מעט ולא הרגיש.

היינו הרי"ף לשיטתו, שאין העוקץ קורע כשהוא יורד ממנו, אבל בזה מתוך שפגימותיה מרובות, חיישינן שמא השיב ידו מעט ולא הרגיש.

ולשיטת רש"י, הוי כפשוטו, (ובאמת מקורו מהאי ציור), דעוקצי הפגם קורעים בין בפגעו בו בין כשהוא יורד ממנו, א"כ מורשא קמא מחליש, ומורשא בתרא בזע.

וי"א דאע"פ שאם לא היה שם אלא פגימה אוגרת א', ונשאר בו שיעור שחיטה בלא פגימה, דמותר בדיעבד אם שחט שלא כנגד האוגרת, **מ"מ** אם יש שם ב' או יותר, אין היתר בזה אלא הוה כמגירה, **כלומר** כאלו כולו פגום ואין בו שום חלק יפה כלל.

סכין שהוא מסתבך באצבע

סעיף ו - סכין חדה שהושחזה, והרי אינה חלקה אלא מגעתה כמגע ראש השבולת שהוא מסתבך באצבע, הואיל ואין בה פגם שוחטין בה – ‹ועיין בס' שיחת חולין מה שהביא מחלוקת רשב"א ורא"ה, דלרשב"א אינו אפי' חוגרת חוט השערה, **ואליבא** דרא"ה חוגרת, ורק דכשרה מדאינה מגוף הסכין ואינה פגימה כלל, אלא כשמחדדין הסכין ביותר עולה על חודה כמין חוט אחד, ואותו חוט מסכסך בבשר האדם, ודומה לראשי שבלים, שמתוך דקותו הוא מסכסך כך, ולפעמים מסתלק מן הסכין›.

הגה: ואין אנו נוהגים לשחוט בו, לפי שאין אנו בקיאין בדבר.

סימן יח ס"ו • סכין שהוא מסתבך באצבע

סכין חדה שהושחזה, והרי אינה חלקה אלא מגעתה כמגע ראש השבולת שהוא מסתבך באצבע, **הואיל** ואין בה פגם שוחטין בה.

י"א דאיירי דאינו חוגרת אפי' חוט השערה, **וי"א** דחוגרת חוט השערה, ורק דאינה מגוף הסכין ואינה פגימה כלל, אלא כשמחדדין הסכין ביותר עולה על חודה כמין חוט אחד, ואותו חוט מסכסך בבשר האדם, ודומה לראשי שבלים, שמתוך דקותו הוא מסכסך כך, ולפעמים מסתלק מן הסכין.

וכתב הרמ"א, ואין אנו נוהגים לשחוט בו, לפי שאין אנו בקיאין בדבר.

סכין שאינה חדה

סעיף ז - סכין שפיה חלק ואינה חדה, הואיל ואין בה פגם שוחטין בה, ואע"פ

שהוליך והביא כל היום עד ששחטה, שחיטתו כשרה. (וע"ל סימן כ"ג, דבבהמה כה"ג לפעמים טריפה, וכ"כ ב"י) - כלומר דשם סעיף ד' נתבאר, דהשוחט בסכין שאינו חד, ונתעכב כשיעור שהייה במיעוט אחרון של סימן ראשון, דפסול, **וטעמא** נתבאר שם, דכיון שנחתך רוב הסימן הראשון, הוה כאלו נחתך כולו, ומה שמוליך ומביא במעוט הנשאר, הוי כאלו מוליך ומביא בידה או ברגלה, **והלכך** בעוף שהכשרו בסימן א' וכדלקמן סי' כ"א, לא חשיב שהייה, דמיד שחתך רוב סימן א' בעוף הרי נגמר שחיטתו, **ואע"ג** דקי"ל לקמן סי' כ"ג, דשהייה אפילו כל שהוא פסולה אפילו במעוט בתרא בין בעוף בין בבהמה, **היינו** דוקא שהייה ממש, משא"כ שוחט בסכין רעה כיון שמוליך ומביא תמיד, ודו"ק.

לפעמים טריפה - לאפוקי לא שהה שעור שהייה, א"נ לאפוקי היכא שכוון והניח ב' הסימנים יחד זה אצל זה, ושחט שניהם, **שוב** מצאתי בב"ח סי' כ"ג שכתב, דלמאי דפסלי' שהייה כל שהוא, כל השוחט בסכין רעה פסולה השחיטה לעולם, ואין שיעור לדבר, עכ"ל, וצ"ע, **וגם** בעט"ז סי' זה וסי' כ"ד משמע דבעינן דוקא שיעור שהייה, וכן שאר אחרונים כתבו בסתם גבי בהמה שיעור שהייה, **מיהו** ודאי לכתחלה אין לשחוט בו אפילו עוף, כיון דצריך לכתחלה לשחוט ב' סימנים בעוף כמו בבהמה, וכ"כ הב"ח. **(ועיין** מש"כ הט"ז בזה ריש סי' כ"א.

סימן יח ס"ז • סכין שאינה חדה

סכין שפיה חלק ואינה חדה, הואיל ואין בה פגם שוחטין בה, ואע"פ שהוליך והביא כל היום עד ששחטה, שחיטתו כשרה.
ועיין לעיל סי' כ"ג ס"ד, דשם נתבאר דבבהמה כה"ג לפעמים טריפה, דאם נתעכב כשיעור שהייה במיעוט אחרון של סימן ראשון, פסול, דכיון שנחתך רוב הסימן הראשון, הוה כאלו נחתך כולו, ומה שמוליך ומביא במעוט הנשאר, הוי כאלו מוליך ומביא בידה או ברגלה, **ויש** שהייה קודם שיתחיל סימן שני, **משא"כ** בעוף שהכשרו בסימן א', לא חשיב שהייה, דמיד שחתך רוב סימן א' בעוף הרי נגמר שחיטתו.
ואע"ג דקי"ל לקמן סי' כ"ג, דשהייה אפילו כל שהוא פסולה אפילו במעוט בתרא בין בעוף בין בבהמה, **היינו** דוקא שהייה ממש, משא"כ שוחט בסכין רעה כיון שמוליך ומביא תמיד, **ודלא** כהב"ח, וצ"ע.
אבל אם לא שהה שיעור שהייה, **א"נ** היכא שכוון והניח ב' הסימנים יחד זה אצל זה, ושחט שניהם, כשרה.
מיהו ודאי לכתחלה אין לשחוט בו אפילו עוף, כיון דצריך לכתחלה לשחוט ב' סימנים בעוף כמו בבהמה.
ועיין ריש סי' כ"א.

סכין שהיא עולה ויורדת

סעיף ח - סכין שהיא עולה ויורדת כנחש, ואין בה פגם, שוחטין בה לכתחלה – [פי' בכסף משנה, שר"ל כנחש דשדרתו היא עקומה כשמגביה ראשו וזנבו, וביניהם כמו גומא, **וכתב** מו"ח ז"ל דמשמע דוקא בנמוך פעם א', וכן משמע מפרש"י שכתב כגון שנפגמה פגם גדול, והוחלקו העוקצים והוי הסכין נמוך שם, משמע פעם אחת דוקא, ע"כ, **ולא** ידענא שום מקור או רמז לחומרא זאת, כיון שאין שם פגם עליה, מה לי פעם אחת ומה לי הרבה פעמים, **וגם** לשון השו"ע שהוא ל' רמב"ם מורה ע"ז, שהרי כתב סכין **שהוא עולה ויורד**, משמע שכל הסכין הוא כדרך זה, דאל"כ היה לו לומר סכין שיש בו עולה ויורד, **אלא דכל הסכין הוא כך**, ע"כ אומר אני דלית מאן דחש למימרא זאת], **וכשר** לשחוט לכתחלה, דאי ס"ד ב' אסור שהשני קורע, א"כ אף בא', חורפיה דסכינא מחליש, וכדאמרינן בש"ס, והעולה ויורד קורע, **ועוד** דהא מכשרינן בעולה ויורד אפי' להוליך ולהביא כמה פעמים, נימא דבפעם א' מחליש, ובפעם הב' קורע, וכן נוהגים, דלא כהב"ח שכתב בזה דבר זר שאינו מתקבל, לאסור ב' או ג' עולה ויורד, ע"ש, כ"כ הגאון אמ"ו ז"ל.

(**ועיין** תב"ש שכתב, דשוחטין בה לכתחלה כדעת ט"ז וש"ך, וכן סתם הפמ"ג והחכמת אדם, **אך** בספר שחיטות מכתב אליהו כתב, שראוי ונכון להגדיר שלא לשחוט בסכין עולה ויורד, כי בעו"ה נתמעט ההרגשה, והלואי שיוצאים חובותינו על סכין חלק וישר, ולא על הר ובקעה, דאינו דומה הרגשה דסכין ישר לעולה ויורד, **לכן** כשיש פגימה בסכין, לא ישחיז על מקום הפגימה לבד, שאז נעשה עולה ויורד, אלא יעביר בהשחזה כל אורך הסכין עד שיעמוד על תיקונו, ע"ש).

סימן יח ס"ח • סכין שהיא עולה ויורדת

סכין שהיא עולה ויורדת כנחש, ואין בה פגם, שוחטין בה לכתחלה.
י"א דדוקא בנמוך פעם א'. **וי"א** דאינו יודע שום מקור או רמז לחומרא זאת, כיון שאין שם פגם עליה, מה לי פעם א' ומה לי הרבה פעמים, **דאי** ס"ד שנים אסור, שהשני קורע, א"כ אף באחד, חורפיה דסכינא מחליש, והעולה ויורד קורע, **ועוד** דהא מכשרינן בעולה ויורד אפי' להוליך ולהביא כמה פעמים, נימא דבפעם א' מחליש, ובפעם הב' קורע, **וגם** לשון השו"ע מורה ע"ז, שהרי כתב סכין שהוא עולה ויורד, משמע שכל הסכין

הוא כדרך זה, **דאל"כ** היה לו לומר סכין שיש בו עולה ויורד, אלא דכל הסכין הוא כך. **וכשר** לשחוט לכתחלה, וכן נוהגים.

וי"א שראוי ונכון להגדיר שלא לשחוט בסכין עולה ויורד, כי בעוה"ה נתמעט ההרגשה, והלואי שיוצאים חובותינו על סכין חלק וישר, ולא על הר ובקעה, דאינו דומה הרגשה דסכין ישר לעולה ויורד, **לכן** כשיש פגימה בסכין, לא ישחיז על מקום הפגימה לבד, שאז נעשה עולה ויורד, **אלא** יעביר בהשחזה כל אורך הסכין עד שיעמוד על תיקונו.

בדיקת הסכין

סעיף ט - בדיקת הסכין צריכה אבשרא – [נגד הושט], **ואטופרא** – [נגד הקנה, דכל שאין אלו מרגישים, גם הושט והקנה לא ירגישו בפגם],

ואתלת רוחתא; דהיינו שמוליכה ומביאה על בשר אצבעו, ואח"כ מוליכה ומביאה על צפרנו, משלש רוחותיה, שהם פיה ושני צדדיה, כדי שלא יהיה בה פגם כלל.

(**וכתב** בספר גן המלך, אם שחט עוף בסימן א', כגון ששחט הושט, והיתה הסכין בדוקה אבישרא, כשר, אע"ג שהיה בו פגימה הנרגשת אטופרא, **או** להפך, שחט הקנה בסכין בדוקה אטופרא, אע"ג דאית ביה פגימה הנרגשת אבישרא, שפיר דמי, **דהני** בדיקות דאצרכינהו רבנן אטופרא ואבישרא, טעמייהו דטופרא נגד הקנה ובשרא נגד הושט, עכ"ל, **ועיין** בשו"ת מאיר נתיבים שהאריך לחלוק ולהפליא עליו בזה, ע"ש).

‹**בזמן** הזה בטלה הבדיקה המעולה האמורה בגמרא אבישרא, ולמה זה השליכו שוחטי זמנינו זאת הבדיקה אחר גיוום, ואולי היראים והחרדים בודקין כדין וכהלכה – פמ"ג›.

ויבדוק לאט ובכוונת הלב, שלא יפנה לבו לדברים אחרים.

וצריך לשנות הצפורן אחר קצת בדיקתה, שמא נפגם הצפורן בחודה של סכין, ואולי יש פגימה בצדדין שלא ירגיש בה לפי שעוברת בתוך פגימת הצפורן.

וכתב במשמרת הבית, דיש לרחוץ הסכין קודם הבדיקה, שהדם פעמים נקרש בתוך הפגימה, והעיד הראב"ד שכן אירע לו מעשה, שבדק ולא מצא פגימה, ואח"כ כששכשך במים מצא פגימה, ע"ש. ‹ומיהו דוקא נקרש יבש, אבל לח לית לן בה, ומשום הכי אחר השחיטה מיד אין לחוש לדם שעל גבי הסכין – פמ"ג›.

(**ובספר** מכתב אליהו כתב, שלא יבדוק הסכין בשעה שהיד קר ומצונן, או חם מאד, או שהיד טופח הן מחמת משקה או זיעה, אפילו טופח שלא ע"מ להטפיח, כי בדוק ומנוסה אשר בכל אלה לא ירגיש, גם יקנח הסכין שלא יהא בו שום לחלוחית, **גם** בעת שרוח מנשבת בעולם לא יעמוד בחוץ לבדוק, כי הרוח קשה לזה, ע"ש).

הגה: ולא יבדוק שני צדדי הסכין ביחד, אלא כל אחד בפני עצמו.

סימן יח ס"ט • בדיקת הסכין

בדיקת הסכין צריכה אבשרא (נגד הושט), ואטופרא (נגד הקנה), **דכל** שאין אלו מרגישים, גם הוושט והקנה לא ירגישו בפגם, **ואתלת** רוחתא; דהיינו שמוליכה ומביאה על בשר אצבעו, ואח"כ מוליכה ומביאה על צפרנו, משלש רוחותיה, שהם פיה ושני צדדיה, כדי שלא יהיה בה פגם כלל.

וי"א דאם שחט עוף בסימן א', כגון ששחט הושט, והיתה הסכין בדוקה אבישרא, כשר, אע"ג שהיה בו פגימה הנרגשת אטופרא, **או** להפך, שחט הקנה בסכין בדוקה אטופרא, אע"ג דאית ביה פגימה הנרגשת אבישרא, שפיר דמי, **דהני** בדיקות דאצרכינהו רבנן אטופרא ואבישרא, טעמייהו דטופרא נגד הקנה ובשרא נגד הושט, **ויש** שחולק.

וי"א דבזה"ז בטלה הבדיקה המעולה האמורה בגמ' אבישרא, ולמה זה השליכו שוחטי זמנינו זאת הבדיקה אחר גיוום, **ואולי** היראים והחרדים בודקין כדין וכהלכה.

ויבדוק לאט ובכוונת הלב, שלא יפנה לבו לדברים אחרים. **וצריך** לשנות הצפורן אחר קצת בדיקתה, שמא נפגם הצפורן בחודה של סכין, ואולי יש פגימה בצדדין שלא ירגיש בה לפי שעוברת בתוך פגימת הצפורן.

וי"א דיש לרחוץ הסכין קודם הבדיקה, שהדם פעמים נקרש בתוך הפגימה, **ודוקא** נקרש יבש, אבל לח לית לן בה, **ומשו"ה** אחר השחיטה מיד אין לחוש לדם שע"ג הסכין.

וי"א שלא יבדוק הסכין בשעה שהיד קר ומצונן, או חם מאד, או שהיד טופח הן מחמת משקה או זיעה, אפי' טופח שלא ע"מ להטפיח, כי בדוק ומנוסה אשר בכל אלה לא ירגיש, **גם** יקנח הסכין שלא יהא בו שום לחלוחית, **גם** בעת שרוח מנשבת בעולם לא יעמוד בחוץ לבדוק, כי הרוח קשה לזה.

וכתב הרמ"א, ולא יבדוק שני צדדי הסכין ביחד, אלא כל אחד בפני עצמו.

לשחוט שלא כנגד הפגימה

סעיף י - סכין שיש לה פגימה אסור לשחוט בה, אפי' אם מכוין לשחוט שלא כנגד

הפגימה - אבל בדיעבד כשר, אפילו לא כרך מטלית על הפגימה, אם אומר ברי לי שלא נגעתי, כמ"ש הר"ב בסי' ו', **והיינו** דוקא כשידע קודם שחיטה שיש פגימה, אבל לא ידע, ואמר אח"כ ברי לי שלא נגעתי, כגון שהפגימה היא למעלה מחציו של סכין, ואמר ברי לי שלא שחטתי אלא במה שלמטה מחציו, וכה"ג, אף דיעבד אסור, דכל מילתא דלא רמיא עליה דאינש, לאו אדעתיה, כדלעיל סוף סעיף ד', **וע"ל** סימן ו' נתבארו דיני כריכת המטלית על הפגימה.

וביום טוב נוהגין היתר לכרוך מטלית על הפגימה, כיון שאינו יכול להשחיזה; ואם הוא שעת הדחק, שאין לו הכנה להשחיזה, אפילו בחול מותר לשחוט ע"י כריכת מטלית על הפגימה. הגה: וע"ל סימן ו' ס"א.

סכין שיש לה ב' פיות צריך לבדוק שני הצדדין.

סימן יח ס"י • לשחוט שלא כנגד הפגימה

סכין שיש לה פגימה אסור לשחוט בה, אפי' אם מכוון לשחוט שלא כנגד הפגימה.
אבל בדיעבד כשר, אפילו לא כרך מטלית על הפגימה, אם אומר ברי לי שלא נגעתי, **והיינו** דוקא כשידע קודם שחיטה שיש פגימה, אבל לא ידע, ואמר אח"כ ברי לי שלא נגעתי, **כגון** שהפגימה היא למעלה מחציו של סכין, ואמר ברי לי שלא שחטתי אלא במה שלמטה מחציו, וכה"ג, **אף** דיעבד אסור, דכל מילתא דלא רמיא עליה דאינש, לאו אדעתיה.

וביו"ט נוהגין היתר לכרוך מטלית על הפגימה, כיון שאינו יכול להשחיזה; **ואם** הוא שעת הדחק, שאין לו הכנה להשחיזה, אפילו בחול מותר לשחוט ע"י כריכת מטלית על הפגימה.

סכין שיש לה ב' פיות צריך לבדוק שני הצדדין.

דין בדיקה בין שחיטה לשחיטה

סעיף יא - השוחט בהמות רבות או עופות הרבה, צריך לבדוק בין כל אחד ואחד - משמע בדיקה כהלכתא אבשרא ואטופרא ואתלת רוחתא, וכ"כ בד"מ בשם מהרי"ל, **דלא** כמ"ש על שם שחיטות ישנים, דאין לבדוק י"ב בדיקות בין שחיטה ושחיטה, כי אין רוח חכמים נוחה הימנו להפסיק כ"כ בין ברכה לשחיטה שניה, עכ"ל, **ולא** נהירא, דהא צרכי שחיטה לא הוי הפסק, כדלקמן סי' י"ט.

שאם לא עשה כן ובדק באחרונה ונמצאת סכין פגומה, הרי הכל ספק נבילות ואפילו הראשונה - דחיישינן שמא בעור הראשונה נפגמה, כדלעיל סעיף א'.

[ה"ה בהמה אחת צריך בדיקה אחר השחיטה, דשמא בעור נפגם, אלא דקמ"ל כאן שיש איסור אפילו בבהמות רבות].

הגה: ומי שרוצה להכניס עצמו לספק זה, אין צריך לבדוק סכין בין שחיטה לשחיטה - כן משמע ג"כ מדברי המחבר והרמב"ם והרי"ף, שכתבו שאם לא נעשה כו', משמע דוקא מה"ט צריך לבדוק בין כל א' וא', וכן נ"ל מוכח בהדיא מדברי הרי"ף והרא"ש, וכן דעת הרבה פוסקים, **דלא** כהב"ח שהשיג על הר"ב, וכתב שהרא"ש והטור הם אחרונים ראו בלשון הרי"ף ולא ישר בעיניהם, לכך שנו הלשון וכתבו "ואם" בוא"ו, **דליתא**, דמדברי הטור אין הכרח, ומהרי"ף והרא"ש מוכח כן בהדיא מלבד הלשון, **מיהו** צריך שלא יקחו מהנשחטים לאכול קודם בדיקת הסכין של אחר השחיטה.

וכתב העט"ז, אם הוא שוחט לאחרים ועשה כן שלא ברשות, ונמצא אח"כ הסכין פגום, צריך לשלם אפילו שוחט בחנם, כדין מזיק בידים.

[**ולא** נהירא לי, דהא איתא בהגוזל קמא, ההיא מוגרמתא דאתיא לקמיה דרב, פי' באחד ששחט בהמת חבירו בענין שהיתה הגרמה לרבנן, ולרבי יוסי היא כשירה, ופסק רב דטריפה, ופטר השוחט מלשלם משום ספק גזל, דדילמא ס"ל כר' יוסי וכשירה, וכ"כ התוס' דמספקא ליה לרב בזה, **וא"כ** אמאי לא נימא גם התם דפשע השוחט במה שהכניס עצמו לספק נגד רבנן, ובודאי יטרפו לו, אלא אפ"ה כיון שיש סברא לפסוק כר"י, אין להוציא ממון מידו, ק"ו בזה דהיה סבור שלא יהיו טריפות לגמרי, ודאי אין להוציא ממנו, דשמא במפרקת בתרייתא אפגום].

לק"מ, דהתם השוחט לא הכניס עצמו בספק, ולא הוי מספקא ליה כלל, אלא איהי הוי קים ליה כרבי יוסי, וא"כ נהי דלרב מספקא ליה, היינו לענין טריפה, אבל לא להוציא ממון, דלמא הלכה כר' יוסי, אבל הכא הכניס עצמו בספק - נקה"כ.

‹ויראה לפרש דעיקר הטעם של הט"ז, דכיון דלרמ"א לאו חיובא לבדוק בין כל חדא, אלא עצה טובה, סבור היה שוחט שלא יפגום ופטור, אבל אי הוה חיובא לבדוק בין כל חדא, אף שספק הוא, היה חייב, דעבר ופשע והכניס עצמו לספק – פמ"ג›.

[**ואין** להקשות ממ"ש בחו"מ סי' ש"ד, דטבח חייב כשניבלה ודאי, אבל אם מצא הסכין פגום והוא בדקו תחלה, כיון דאיכא למימר במפרקת נפגמה, לא מפקינן ממון מספק ע"כ, ש"מ אם לא בדק שחייב, **שאני** התם דמבדיקה ראשונה מיירי, שהיא הכרח לכולי עלמא, ואין שם ספק שיכניס עצמו תחלה לכך, דכל סכין סתמו פגום, ע"כ ודאי פשע שלא עשה כדין מה שהוא חייב, **משא"כ** כאן שאין כאן אלא זריזות בעלמא לבדוק בין כל שחיטה, וכמ"ש ב"י בשם בעל המאור ורשב"א, וכן דעת מהרא"י כאן, שהרי כתב רמ"א בשמו, שיוכל להכניס עצמו בספק, ודאי טפי עדיף מההיא מוגרמתא דרב שזכרנו, **ותו** דהיאך שייך כאן גרמי, דהא כתב ת"ה דגרמי הוה דוקא היכא דברי היזקא, או שהיזק נעשה מיד, ומש"ה פטר במי ששיסה כלב בחבירו, דההיזק נעשה אחר השיסוי, כ"ש כאן דאין שום טריפות אלא מכח ספק, ע"כ אין להוציא ממון מזה כלל, **ואע"ג** דכתב בת"ה דכל חומרות שאנו נוהגים בהם, אע"פ שמדינא מותר, כגון שהייה מועטת, מ"מ כיון שהוא מפורסם לאיסור, חייב השוחט בשכר לשלם, **לא** דמי לזה, דהתם ברי היזקא כיון שיודע שתטרף בזה, אבל כאן לא ברי היזקא בשעת מעשה, כנ"ל].

לק"מ, דע"כ לא בעינן ברי היזקא אלא בגרמי, אבל הכא שמזיק בידים, שהרי שוחט בידו בסכין פגומה, א"כ לא הוי ליה להכניס בספק, **וכל** שכן שדרך הסכין לפגום כששוחטין הרבה, והוי ליה כברי היזקא - נקה"כ.

(**ועיין** תשו' פנים מאירות, שפסק כהלבוש ודחה דברי ט"ז).

סימן יח סי"א • דין בדיקה בין שחיטה לשחיטה

השוחט בהמה אחת צריך בדיקה אחר השחיטה, דשמא בעור נפגם, **וכן** השוחט בהמות רבות או עופות הרבה, צריך לבדוק בין כל אחד ואחד.

משמע בדיקה כהלכתא אבשרא ואטופרא ואתלת רוחתא, **ודלא** כי"א דאין לבדוק י"ב בדיקות בין שחיטה ושחיטה, כי אין רוח חכמים נוחה הימנו להפסיק כ"כ בין ברכה לשחיטה שניה, **ולא** נהירא, דהא צרכי שחיטה לא הוי הפסק.

וכתב המחבר, שאם לא עשה כן ובדק באחרונה ונמצאת סכין פגומה, הרי הכל ספק נבילות ואפי' ראשונה, **דחיישינן** שמא בעור הראשונה נפגמה, כדלעיל ס"א.

וכתב הרמ"א, ומי שרוצה להכניס עצמו לספק זה, א"צ לבדוק סכין בין שחיטה לשחיטה.

מיהו צריך שלא יקחו מהנשחטים לאכול קודם בדיקת הסכין של אחר השחיטה.

וכתב העס"ז, אם הוא שוחט לאחרים ועשה כן שלא ברשות, ונמצא אח"כ הסכין פגום, צריך לשלם אפי' שוחט בחנם, כדין מזיק בידים.

וכתב הט"ז, ולא נהירא, דהא איתא בגמ', באחד ששחט בהמת חבירו בענין שהיתה הגרמה לרבנן, ולרבי יוסי היא כשירה, דטריפה, **ופטר** השוחט מלשלם משום ספק גזל, דדילמא סבירא לן כר' יוסי וכשירה, **ולא** אמרינן התם דפשע השוחט במה שהכניס עצמו לספק נגד רבנן, ובודאי יטרפו לו, **אלא** אפ"ה כיון שיש סברא לפסוק כר"י, אין להוציא ממון מידו, **ק"ו** בזה דהיה סבור שלא יהיו טריפות לגמרי, ודאי אין להוציא ממנו, דשמא במפרקת בתרייתא אפגום.

וכתב הש"ך דלא דמי, דהתם השוחט לא הכניס עצמו בספק, ולא הוי מספקא ליה כלל, אלא איהו הוי קים ליה כרבי יוסי, **וא"כ** נהי דלדידן הוי ספק, היינו לענין טריפה, אבל לא להוציא ממון, דלמא הלכה כר' יוסי, **אבל** הכא הכניס עצמו בספק.

ויש שמפרש הט"ז, דכיון דלהרמ"א לאו חיובא לבדוק בין כל חדא, אלא עצה טובה, סבור היה שוחט שלא יפגום ופטור, **אבל** ודאי אי הוה חיובא לבדוק בין כל חדא, **אף** שהוא משום ספק, היה חייב, דעבר ופשע והכניס עצמו לספק.

עוד כתב הט"ז, דאין להקשות ממה שמבואר מהשו"ע בחו"מ, דשוחט שבדק סכין, ולא היה היה בו פגימה, ואח"כ מצא הסכין פגום, דפטור, כיון דאיכא למימר במפרקת נפגמה, לא מפקינן ממון מספק, **אבל** אם לא בדק תחילה, חייב, **דשאני** התם דמבדיקה ראשונה מיירי, שהיא הכרח לכו"ע, ואין שם ספק, דכל סכין סתמו פגום, ע"כ ודאי פשע שלא עשה כדין מה שהוא חייב, **משא"כ** כאן שאין כאן אלא זריזות בעלמא לבדוק בין כל שחיטה, שהרי כתב רמ"א, שיוכל להכניס עצמו בספק, ודאי טפי עדיף מההיא מוגרמתא שזכרנו.

ותו דהיאך שייך כאן גרמי, הא גרמי הוה דוקא היכא דברי היזקא, או שהיזק נעשה מיד, **וכאן** אין שום טריפות אלא מכח ספק, ע"כ אין להוציא ממון מזה כלל.

ואע"ג דכל חומרות שאנו נוהגים בהם, אע"פ שמדינא מותר, כגון שהייה מועטת, מ"מ כיון שהוא מפורסם לאיסור, חייב השוחט בשכר לשלם, **לא** דמי לזה, דהתם ברי היזקא, שיודע שתטרף בזה, **אבל** כאן לא ברי היזקא בשעת מעשה.

וכתב הש"ך דלק"מ, דע"כ לא בעינן ברי היזקא אלא בגרמי, **אבל** הכא שמזיק בידים, שהרי שוחט בידו בסכין פגומה, ולא הוי ליה להכניס בספק, **וכ"ש** שדרך הסכין לפגום כששוחטין הרבה, והוי ליה כברי היזקא.

דין בדיקת הסכין אחר השחיטה

סעיף יב - אע"פ שבדק הסכין קודם שחיטה, צריך לחזור ולבדוק אחר השחיטה -

‹קשה לי, הא הוי ס"ס, ספק שאינו פגום, ואת"ל פגום שמא

בעצם המפרקת נפגמה, והרי הרמ"א פסק בסי' ק"י ס"ט, דבס"ס אפילו היכא דאפשר לברר, א"צ לברר, ואף להחולקים דצריך לברר, מ"מ נלע"ד דזהו רק אם אחר הבירור נעמוד על הבירור, דאסור ודאי אי לא, אבל היכא דרק ספק א' יתברר, אלא דאזי לא יהיה ס"ס, ויהיה אסור מספק, י"ל דלכו"ע א"צ לברר, כיון דהשתא איכא ס"ס, וגם אחר הבירור לא יהיה ודאי איסור, א"כ הכא בסכין דאף אם ימצא פגימה, עדיין יהא ספק שמא בעצם המפרקת נפגמה, יהיה הדין דא"צ לברר, וצ"ל דמ"מ באתחזק איסור דאינו זבוח, צריך לברר אף בס"ס ובכה"ג – רעק"א.

והני מילי שהסכין לפנינו, אבל אם נאבד – ‹לשון הרמב"ם: וכן אם פשע ולא בדק הסכין או שאבד – רעק"א›. **שחיטתו כשרה, הואיל ובדקה קודם שחיטה, ואפילו שחט בה הרבה זה אחר זה** - ולא אמרינן דשמא בעצם המפרקת של ראשונה נגע ונפגם, או מתוך ששחט הרבה בהמות נפגם.

ואם נגע במפרקת של אחת מהן, יש להחמיר ולחוש לכל אותן שנשחטו אח"כ - כלומר לחומרא אמרינן דעצם המפרקת פוגם בנגיעה לחוד, אבל לא לקולא כדלעיל ס"א, וכ"כ בסט"ו. [דמן הסברא עושה המפרקת פגימה טפי מן העור, ע"כ אין לנו לאסור הראשונה, כיון שבדק תחלה לא מחזקינן ריעותא מחמת העור, אלא מחמת המפרקת שראינו שנגע בה, ועצם רגיל לפגום, משו"ה אמרינן לחומרא לאסור האחרים].

סימן יח סי"ב • דין בדיקת הסכין אחר השחיטה

אע"פ שבדק הסכין קודם שחיטה, צריך לחזור ולבדוק אחר השחיטה.

ויש שהקשה, הא הוי ס"ס, ספק שאינו פגום, ואת"ל פגום שמא בעצם המפרקת נפגמה, **והרי** הרמ"א פסק בסי' ק"י ס"ט, דבס"ס אפילו היכא דאפשר לברר, א"צ לברר, **ואף** להחולקים דצריך לברר, מ"מ זהו רק אם אחר הבירור נעמוד על הבירור, דאסור ודאי אי לא, **אבל** הכא דאף אם ימצא פגימה, עדיין יהא ספק שמא בעצם המפרקת נפגמה, **י"ל** דלכו"ע א"צ לברר, כיון דהשתא איכא ס"ס, וגם אחר הבירור לא יהיה ודאי איסור, **וצ"ל** דמ"מ באתחזק איסור דאינו זבוח, צריך לברר אף בס"ס ובכה"ג.

והני מילי שהסכין לפנינו, אבל (אם פשע ולא בדק הסכין) או שאבד, שחיטתו כשרה, הואיל ובדקה קודם שחיטה, ואפי' שחט בה הרבה זה אחר זה, **ולא** אמרינן דשמא בעצם המפרקת של ראשונה נגע ונפגם, או מתוך ששחט הרבה בהמות נפגם.

ואם נגע במפרקת של אחת מהן, יש להחמיר ולחוש לכל אותן שנשחטו אח"כ, **דלחומרא** אמרינן דעצם המפרקת פוגם בנגיעה לחוד, אבל לא לקולא כדלעיל ס"א, **דמן** הסברא עושה המפרקת פגימה טפי מן העור, ולכן מחמת העור לא מחזקינן ריעותא, **אבל** במפרקת, דעצם רגיל לפגום, חיישינן לחומרא לאסור האחרים.

נאבד אחר שחיטה ואח"כ נמצא והוא פגום

סעיף יג- שחט בסכין בדוק, ונאבד קודם שיבדקנו אחר שחיטה, ואח"כ נמצא והוא פגום, שחיטתו כשרה הואיל ויצא בהיתר, וזה שנמצא פגום אימור שיבר בה עצמות ולאו אדעתיה, דאוקי סכין אחזקתיה - ז"ל הרא"ה, דחומרא יתירא היא לתלות בעור יותר מבמפרקת, הלכך היכא דידע בודאי שלא שבר עצמות, תלינן לחומרא, אימא בעור נפגם, אע"ג דיותר שכיח שיפגם בעצם המפרקת מבעור, אסרינן ליה, **אבל** היכא דנאבד הסכין ומספקא לן אם שבר בה עצמות ונתוסף עוד ספיקא אחרת, שרינן לה וכו', הלכך בקל תלינן בדבר אחר, עכ"ל, **ובגוף** השאלה שם מבואר עוד טעם אחר, דהואיל ויצא סכין בהיתר יצא, והאי דנמצאת פגומה אימור שבר בה עצמות ולאו אדעתיה, דאוקי סכין אחזקתיה ואימור לא איפגם, עכ"ל.

[בזה מתורץ מה שיש להקשות מסעיף ט"ו, שכתב אבל מספק אין תולין כו', וכאן אנו מקילין בספק, וכן מסעיף ט"ז, דפסק דוקא בדק הסכין אחר שחיטה אמרינן אימור שיבר עצמות, וכאן אמרינן ליה אפילו לא בדקו אחר שחיטה, ‹עי"ש בש"ך›, **ובאמת** הכל ניחא, דוודאי בכל התורה אנו הולכין אחר החזקה, אא"כ הדבר לפנינו לבדקו, אז לא סמכינן אחזקה, כמ"ש המרדכי בשם ר"י הלוי לענין רוב מצויין אצל שחיטה מומחין הן, דבאם הוא לפנינו אין סומכין על הרוב, **וכן** הוא כאן בסכין, דכל שהוא לפנינו חייבים אנו לבודקו, וע"כ כל שלא בדקו אזלא ליה חזקת סכין שהיה יפה בשעת השחיטה שבדקו קודם, מ"מ חייב עכשיו לבדקו שנית, מש"ה בההיא דסעיף ט"ו וסעיף ט"ז שלא נאבד הסכין, ממילא חייב לבדקו, וכל שלא בדקו אין לו חזקה טובה, ולא היה לו שעת הכושר שום פעם עדיין, אילו בא לשאול קודם שנולד ספק זה של עכשיו שנמצא פגום, לא היינו מורים לו היתר, ואין כאן שייך זמן להיתר, ע"כ יש להחמיר מספק כאלו אין כאן חזקה, **משא"כ** כאן שנאבד הסכין והיה לו אז חזקה טובה, ואילו בא אותו פעם לשאול היינו

מורים לו היתר, נמצא שהיה זמן להיתר, ע"כ אמרינן דאף בנמצא אח"כ והוא פגום, כיון שאפשר שנפגם אחר שחיטה, וכבר היה לו היתר אילו בא לשאול, אין הספק אוסרו אח"כ, נמצא הכל על נכון, וכן רש"ל פסק להנהו דינים כמו שנזכרו בשו"ע, ומו"ח ז"ל הוקשה לו, מה אכפת לן ביצא בהיתר, דאם אסור מעיקרא בדין מה אכפת לן ביצא בהיתר, אלא ודאי הטעם להיתר כאן, כיון שנתוסף ספק להקל אחר השחיטה, שנאבד הסכין, ממילא גם בסעיף ט"ו יש להקל כל שראינו שנפל, אפילו לא ראינו שנפל על חודו, וע"כ כתב שמאן דשרי בהא דסעיף י"ג, שרי אפילו בספיקא דסעיף ט"ו, וכתב ששגגה היא לפני השליטים להתיר כאן ולאסור בספיקא דסעיף ט"ו, ולי נראה שדברים נכונים הם כי בחזקה תליא מילתא, וזו היא שאמרנו הואיל ויצא בהיתר, דהיינו שנולד הספק אחר שהיה לסכין חזקה טובה והוראה להיתר, ודברי השליטים הם ברורים]. ‹עיין ש"ך לקמן סט"ו.

סי' יח סי"ג • נאבד אחר שחיטה ואח"כ נמצא והוא פגום

שחט בסכין בדוק, ונאבד קודם שיבדקנו אחר שחיטה, ואח"כ נמצא והוא פגום, **שחיטתו** כשרה הואיל ויצא בהיתר, וזה שנמצא פגום אימור שיבר בה עצמות ולאו אדעתיה, דאוקי סכין אחזקתיה.

י"א הטעם, משום דחומרא יתירא היא לתלות בעור יותר מבמפרקת, **הלכך** היכא דידע בודאי שלא שבר עצמות, תלינן לחומרא, אימא בעור נפגם, אע"ג דיותר שכיח שיפגם בעצם המפרקת מבעור, **אבל** היכא דנאבד הסכין, דנתוסף עוד ספיקא, שמא שבר בה עצמות, קל לנו לתלות בזה, **ועוד טעם אחר**, דהואיל ויצא סכין בהיתר, אוקי סכין אחזקתיה, ואימור איפגם אח"כ – רא"ה.

והקשה הב"ח, ששגגה היא לפני השליטים להתיר כאן ולאסור בספיקא דסט"ו, **דמה** אכפת לן ביצא בהיתר, אלא ודאי הטעם להיתר כאן, כיון שנתוסף ספק להקל אחר השחיטה, שנאבד הסכין, **ממילא** גם בסט"ו יש להקל כל שראינו שנפל, אפילו לא ראינו שנפל על חודו, **וע"כ** מאן דשרי בהא דסי"ג, שרי אפי' בספיקא דסט"ו.

וכתב הט"ז, דוודאי בכל התורה אנו הולכין אחר החזקה, אא"כ הדבר לפנינו לבדקו, אז לא סמכינן אחזקה, **וכן** הוא כאן בסכין, דכל שהוא לפנינו חייבים אנו לבודקו, **וע"כ** כל שלא בדקו אזלא ליה חזקת סכין שהיה יפה בשעת השחיטה שבדקו קודם, דמ"מ חייב עכשיו לבדקו שנית, **משו"ה** בההיא דסעיף ט"ו, וכן סט"ז, (דפסק דדוקא בדק הסכין אחר שחיטה אמרינן אימור שיבר עצמות), שלא נאבד הסכין, ממילא חייב לבדקו, **וכל** שלא בדקו אין לו חזקה טובה, ולא היה לו שעת הכושר שום פעם עדיין, ואילו בא לשאול קודם שנמצא פגום, לא היינו מורים לו היתר, ואין כאן שייך זמן להיתר, **ע"כ** יש להחמיר מספק כאלו אין כאן חזקה, **משא"כ** כאן שנאבד הסכין והיה לו אז חזקה טובה, ואילו בא אותו פעם לשאול היינו מורים לו היתר, נמצא שהיה זמן להיתר, **ע"כ** אמרינן דאף בנמצא אח"כ והוא פגום, כיון שאפשר שנפגם אחר שחיטה, וכבר היה לו היתר אילו בא לשאול, אין הספק אוסרו אח"כ, **ועיין** ש"ך לקמן סט"ו.

אם לא בדק הסכין ושחט בה

סעיף יד - אם לא בדק הסכין ושחט בה, ונאבד אחר שחיטה, שחיטתו פסולה - ‹ופשוט הוא מאחר שלא היה לו חזקת כשרות, ובהמה בחייה בחזקת איסור עומדת, עד שיודע במה נשחטה – ב"י.

בד"א, בסתם סכין, אבל טבח שיש לו סכין מיוחד לשחיטה, ומקום מיוחד שמצניעו שם תמיד, בחזקת בדוק הוא, ואם שחט בה בלא בדיקה ונאבד, שחיטתו כשרה - ולא חיישינן שמא עם עמידתו נפגם מעצמו, רשב"א.

הגה: וראוי לכל טבח שיהא לו סכין מיוחד לשחיטה, ואסור לעשות בו שום דבר, ויצניענו שלא יפגמנו - דשמא ישחוט בו בלא בדיקה, ויאבד הסכין, ונסמוך אחזקתו שהוא בדוק קודם לכן, ושמא עשאהו פגום במה שנשתמש בו, כ"כ הרשב"א בת"ה ומביאו ב"י.

ומ"מ לא ישחוט בו לכתחלה בלא בדיקה - ‹ע"ל ס"ג בפמ"ג שכתב טעם לזה.

סימן יח סי"ד • אם לא בדק הסכין ושחט בה

אם לא בדק הסכין ושחט בה, ונאבד אחר שחיטה, פסולה, **דבהמה** בחייה בחזקת איסור עומדת, עד שיודע במה נשחטה.

בד"א בסתם סכין, אבל טבח שיש לו סכין מיוחד לשחיטה, ומקום מיוחד שמצניעו שם תמיד, בחזקת בדוק הוא, **ואם** שחט בה בלא בדיקה ונאבד, שחיטתו כשרה, ולא חיישינן שמא עם עמידתו נפגם מעצמו.

וכתב הרמ"א, וראוי לכל טבח שיהא לו סכין מיוחד לשחיטה, ואסור לעשות בו שום דבר, ויצניענו שלא יפגמנו, **דשמא** ישחוט בו בלא בדיקה, ויאבד הסכין, ונסמוך אחזקתו שהוא בדוק קודם לכן, ושמא עשאהו פגום במה שנשתמש בו, **ומ"מ** לא ישחוט בו לכתחלה בלא בדיקה, (**ע"ל** ס"ג טעם לזה).

סכין בדוק, ואחר השחיטה אירע בו דבר ובדקה ונמצאת פגום

סעיף טו - השוחט בסכין בדוק, ואחר השחיטה שיבר בה עצמות דרך

שבירה, שלא בדרך הולכה והבאה, ובדקה ונמצאת פגום, שחיטתו כשרה, דאנו תולים שבשבירת העצמות נפגמה - ‹לפי מש"כ תוס' בחד תירוצא, דמה דמשנינן עלה דר"ה אהיא דטבל ועלה, סכין אתרע בהמה לא אתרע, דאין מקום לחלק, אלא דהכי אמרינן, דאף אם הסכין אתרע עדיין בהמה לא אתרע, ושמא שחט שלא במקום הפגימה, והיינו ע"כ בסכין ארוך כמלא ב' צווארים, א"כ ממילא לדידן בשיבר בו עצמות, ג"כ הכי, דהא אף בשיבר בו עצמות קשה מטבל ועלה, כיון דנתעסק באותו המין הוי כשיבר עצמות, וצריך גם בזה לשינויא דהש"ס, סכין אתרע, וא"כ בסכין קטן דלא שייך כן, אסור – רעק"א›.

וכן כל כיוצא בזה, כגון שנפל ע"ג קרקע קשה, ודוקא שראינו שנפל על חודו, אבל מספיקא אין תולין לומר שנפל על חודו - היינו טעמא משום דהוי ס"ס לאיסור, חדא דשמא לא נפלה על חודה, ואת"ל נפלה על חודה שמא לא נפגמה בקרקע, דקרקע אינה ודאי פוגמת כדאיתא בתשובת הרא"ש, **ולא** דמי כלל לדלעיל סי"ג, היכא דנאבד הסכין ואח"כ נמצא פגום דכשר, דהתם ליכא אלא חדא ספיקא, דשמא שבר בו עצמות ולאו אדעתיה, כמבואר שם, **ועוד** דכאן הואיל והסכין לפנינו וצריך בדיקה, א"כ לא יצא מעולם בחזקת היתר, אבל התם כיון שנאבד יצא בחזקת היתר, כמו שנתבאר שם, ולכך אפילו נמצא אח"כ, מוקמינן ליה אחזקתיה דהיתרא, ואמרינן דילמא שבר בו אח"כ עצמות ולאו אדעתיה, **וע"כ** צריך לחלק כן, שהרי הרא"ש בתשובה פסק כדלעיל סי"ג, ובפסקיו כתב כמ"ש הט"ו כאן, וכן כתב מהרש"ל ב' דינים אלו, **ולא** עמדתי על סוף דעת הב"ח, שהאריך בדבריו ושוייה להרא"ש כמי שאינו עומד בדבורו, שבפסקיו חזר בו ממ"ש בתשובה, ושגגה יצאה מלפני השליטים שו"ע ומהרש"ל, והדבר מבואר כמ"ש ודוק. ‹עיין ט"ז לעיל סי"ג›.

ואם שיבר בה עצם המפרקת, אפילו דרך שבירה, אין תולין בו מפני שהוא רך - צ"ע דנראה מהפוסקים דדרך שבירה תולין, גם מה שנראה שהוציא המחבר כן מהר"ן, אינו מוכרח, דהר"ן קאי אחתך בו דרך הולכה והבאה, ותדע שהרי כתב ע"ז וכ"כ הרשב"א, ובחדושי הרשב"א ובתה"א משמע בהדיא הכי.

[קיוהא קא חזינא הכא, דדבריו תמוהים, שהם נמשכים אחר דברי הר"ן... דלא אתי לאפוקי אלא נגיעה בעלמא שדבר תחלה, שלא עשה שום שבירה בחתיכתו, אלא אפי' עשה שבירה ממש בחתיכתו, ונחסר משם במקום החתך, אפ"ה אין תולין בו מתרי טעמי, חדא שהוא רך ואין החתך ההוא מקלקל הסכין, **ועוד שאפילו** היה קשה כשאר עצמות, אין תולין בו כיון שנעשה החיתוך דרך הולכה והבאה, אין הסכין מתקלקל בזה אפילו בשאר עצמות, **אבל** לעולם אם היה מכה בכח על עצם המפרקת לא דרך הולכה והבאה, פשישא דתולין בו, והוא נכלל בכלל שבר בה עצמות, דהיינו כל עצמות, וכי עצם המפרקת אינו בכלל לשון עצמות, ואמאי לא אמרו חוץ ממפרקת, **אלא** ודאי ברור הוא דלא אמעיט אלא אותו שהוא דרך הולכה והבאה כדרכו של חתיכת המפרקת אחר שחיטה, אבל לא ממעט הכאה כלל בשום עצם מעצמות, ועוד מי גרע מנפל על הקרקע קשה דמתיר כאן כשנפל על חודו, כ"ש בעצם המפרקת, **ועוד** מצינו במרדכי בשם ריב"ק, שהיה רגיל להכות הסכין בעץ קודם שהצניעו, כדי שאח"כ יוכל לתלות בו, והרי עינינו רואות שבודאי עצם המפרקת קשה טפי מן עץ, ומאי טעמא לא תלינן ביה אם הוא דרך הכאה שהכה בו לא דרך הולכה והובאה, כנ"ל נכון, **וכן** מסקנת הטור בשם העיטור שכתב, כיון שדרך שחיטה נפגם, לא דמי לשיבר עצמות, עכ"ל, **משמע אי לאו דרך שחיטה אלא דרך הכאה, שפיר תלינן ביה**, ע"כ נ"ל דברי הרב בשו"ע תמוהים בזה].

‹**והתבואות** שור השיג על הט"ז והש"ך והעלה, דבהפסד מרובה יש להתיר ולא בענין אחר, יע"ש – פמ"ג›.

(**ועיין** בתשובת שבות יעקב שכתב, דאם ידעינן שנגע הסכין במפרקת, שיש חתך במפרקת, והפגימה אינה גדולה כחגירת ציפורן, יש להכשיר מטעם ס"ס, שמא הלכה כרא"ש וסייעתו, דלא מיטרף עד שתפגום כדי חגירת צפורן, ושמא בעצם נפגם. **וכתב** עוד, שמעשה בא לידו שהשוחט אמר ששמע קול הסכין כשנגע במפרקת, כמו שקורין קר"ק, שנראה וניכר עי"ז שמשם בא הפגימה, והכשיר, כי כה"ג כו"ע מודו דאמרינן בעצם נפגם, כיון שיש רגלים לדבר, ע"ש. **ועיין** בספר בל"י שהקשה על דין הראשון, דהא הוא עצמו פסק, דס"ס נגד חזקה לא אמרינן, **ועל** דין הב' כתב, דנראה דוקא שבירה ולא הולכה, **ועיין**

פמ"ג שהסכים עם השבו"י בדין הראשון, ועל דין הב' כתב, דהמיקל בהפ"מ אין להאשימו, ע"ש).

הגה: ואין חילוק בכל זה בין שבדק הסכין תחלה סמוך לשחיטה, או שהיה בחזקת בדוק תחילה ולא בדקו סמוך לשחיטה, דאפ"ה מקרי סכין בדוק.

סימן יח סט"ו • סכין בדוק, ואחר השחיטה אירע בו דבר ובדקה ונמצאת פגום

השוחט בסכין בדוק, ואחר השחיטה שיבר בה עצמות דרך שבירה, שלא בדרך הולכה והבאה, ובדקה ונמצאת פגום, **שחיטתו** כשרה, דאנו תולים שבשבירת העצמות נפגמה.

י"א דלפי מש"כ תוס' בחד תירוצא, דסברת הגמ' הוא, שמא שחט שלא במקום הפגימה, והיינו ע"כ בסכין ארוך כמלא ב' צווארים, **וא"כ** בסכין קטן דלא שייך כן, אסור.

וכן כל כיוצא בזה, כגון שנפל ע"ג קרקע קשה, **ודוקא** שראינו שנפל על חודו, אבל מספיקא אין תולין לומר שנפל על חודו, **משום** דהוי ס"ס לאיסור, חדא דשמא לא נפלה על חודה, ואת"ל נפלה על חודה שמא לא נפגמה בקרקע, דקרקע אינה ודאי פוגמת.

ולא דמי כלל לדלעיל סי"ג, היכא דנאבד הסכין ואח"כ נמצא פגום דכשר, **דהתם** ליכא אלא חדא ספיקא, דשמא שבר בו עצמות ולאו אדעתיה, **ועוד** דכאן הואיל והסכין לפנינו וצריך בדיקה, א"כ לא יצא מעולם בחזקת היתר, **אבל** התם כיון שנאבד יצא בחזקת היתר, ולכך אפילו נמצא אח"כ, מוקמינן ליה אחזקתיה דהיתרא, ואמרינן דילמא שבר בו אח"כ עצמות ולאו אדעתיה – ש"ך. **(עיין ט"ז לעיל סי"ג)**.

וכתב המחבר, ואם שיבר בה עצם המפרקת, אפילו דרך שבירה, אין תולין בו מפני שהוא רך.

וצ"ע דנראה מהפוסקים דדרך שבירה תולין, **ורק** כשחתך בו דרך הולכה והבאה, אין תולין בו מתרי טעמי: **חדא** שהוא רך ואין החתך ההוא מקלקל הסכין, **ועוד** שאפילו היה קשה כשאר עצמות, אין תולין בו כיון שנעשה החיתוך דרך הולכה והבאה, אין הסכין מתקלקל בזה אפילו בשאר עצמות, **אבל** לעולם אם היה מכה בכח על עצם המפרקת לא דרך הולכה והבאה, פשיטא דתולין בו, **והוא** נכלל בכלל שבר בה עצמות, דהיינו כל עצמות, וכי עצם המפרקת אינו בכלל לשון עצמות, ואמאי לא אמרו חוץ ממפרקת, **ועוד** מי גרע מנפל על הקרקע קשה דמתיר כאן כשנפל על חודו, כ"ש בעצם המפרקת – ט"ז וש"ך.

ויש שהשיג על הט"ז והש"ך והעלה, דבהפסד מרובה יש להתיר, ולא בענין אחר.

י"א דאם ידעינן שנגע הסכין במפרקת, שיש חתך במפרקת, והפגימה אינה גדולה כהגירת ציפורן, **יש** להכשיר מטעם ס"ס, שמא הלכה כרא"ש וסייעתו, דלא מיטרף עד שתפגום כדי חגירת צפורן, ושמא בעצם נפגם – שבות יעקב.

ויש שהקשה עליו, דהא הוא עצמו פסק, דס"ס נגד חזקה לא אמרינן.

השוחט שאמר ששמע קול הסכין כשנגע במפרקת, כמו שקורין קר"ק, שנראה וניכר עי"ז שמשם בא הפגימה, **י"א** שכשר, כי כה"ג כו"ע מודו דאמרינן בעצם נפגם, כיון שיש רגלים לדבר, **וי"א** דהמיקל בהפ"מ אין להאשימו, **אבל** י"א דדוקא שבירה ולא הולכה.

כתב הרמ"א, ואין חילוק בכל זה בין שבדק הסכין תחלה סמוך לשחיטה, או שהיה בחזקת בדוק תחילה ולא בדקו סמוך לשחיטה, דאפ"ה מקרי סכין בדוק.

בדק הסכין אחר שחיטה והצניעו, ואח"כ נמצאת פגום

סעיף טז - אם בדק הסכין אחר שחיטה והצניעו, ואח"כ נמצאת פגום, לית לן בה, דאימור בדבר אחר נפגם, או שיבר בו עצמות ולאו אדעתיה - לכאורה קשה למה כתב המחבר דין זה, הלא כ"ש הוא ממ"ש בסעיף י"ג, **וצ"ל** דלכך דקדק וכתב, דאימר בד"א נפגם או שבר בו עצמות כו', ולעיל לא כתב אלא טעם דאימור שבר בו עצמות לחוד, **משום** דלעיל מיירי שאינו ידוע אם שבר בו עצמות או לא, וכדמשמע נמי מתשובת הרא"ש שהבאתי, ולכך אמרינן שבר בו עצמות, **אבל** הכא אשמועינן אע"ג שידוע בברור שלא שבר בו עצמות, כגון שהניחו בקופסא, אפ"ה כיון שבדקו אחר השחיטה, אימור בדבר אחר נפגם מעצמו או שבר בו עצמות כו', **ואע"ג** דלעיל סוף סעיף י"ד לא חיישינן שמא עם עמידתו נפגם מעצמו, התם משום דאין ריעותא לפנינו, לכך מוקמינן ליה אחזקתיה, אבל הכא הרי פגום לפניך, וע"כ אמרינן עם עמידתו נפגם מעצמו בדבר אחר. ‹עיין ט"ז לעיל סי"ג›.

‹והתבואות שור החמיר אם לא בהפסד מרובה, וכן ראוי לעשות – פמ"ג›.

סימן יח סט"ז • בדק הסכין אחר שחיטה והצניעו, ואח"כ נמצאת פגום

אם בדק הסכין אחר שחיטה והצניעו, ואח"כ נמצאת פגום, לית לן בה, **דאימור** בדבר אחר נפגם, או שיבר בו עצמות ולאו אדעתיה.

לכאורה קשה למה כתב המחבר דין זה, הלא כ"ש הוא ממ"ש בסי"ג, **וצ"ל** דלכך דקדק וכתב, דאימר בד"א נפגם או שבר בו עצמות כו', ולעיל לא כתב אלא טעם דאימור שבר בו עצמות לחוד, **משום** דלעיל מיירי שאינו ידוע אם שבר בו עצמות או לא, ולכך אמרינן שבר בו עצמות, **אבל** הכא אשמועינן אע"ג שידוע בברור שלא שבר בו עצמות, כגון שהניחו בקופסא, אפ"ה כיון שבדקו אחר השחיטה, אימור בדבר אחר נפגם מעצמו או שבר בו עצמות כו',

ואע"ג דלעיל סוף סעיף י"ד לא חיישינן שמא עם עמידתו נפגם מעצמו, **התם** משום דאין ריעותא לפנינו, לכך מוקמינן ליה אחזקתיה, **אבל** הכא הרי פגום לפניך, וע"כ אמרינן עם עמידתו נפגם מעצמו בדבר אחר. **(עיין** ט"ז לעיל סי"ג).
ויש שהחמירו אם לא בהפסד מרובה, וכן ראוי לעשות.

דין בדיקת חכם

סעיף יז - טבח שלא הראה סכינו לחכם (ונמלא יפה), היו מנדין אותו. הגה: ואם נמלא פגום, היו מנדין אותו ומעבירין אותו. ובנמלא יפה יכול החכם למחול ואין לריך לנדותו (הגהות אלפסי) - ונראה דס"ל כמ"ש רש"י והר"ן, דהא דהיו מנדין אותו כשלא הראה סכינו לחכם, הוא מפני כבודו של חכם, וכדלקמן סי' רמ"ב ושל"ד דהיו מנדין על כבוד הרב, ולכך יכול למחול על כבודו, וכדלקמן סי' רמ"ב ס"ס ל"ב, רב שמחל על כבודו כבודו מחול, **אבל** הרמב"ם והכל בו והסמ"ג כתבו הטעם, דהיו מנדין לפי שיסמוך על שחיטתו פעם אחרת, ותהיה פגומה וישחוט בה, עכ"ל, ולפ"ז אפשר דאין החכם יכול למחול, **ודאי** עיקר טעם דבדיקת חכם הוא מפני כבודו של חכם, ולולי כבודו לא הצריכו להראות לחכם כלל, דע"א נאמן באיסורין, אך כיון דכבר תקנו דצריך להראות מפני כבודו, וראוי לנדות על ביזוי ת"ח, ממילא כיון דעבר ע"ז הוי חשוד לאותו דבר, ואיכא חשש שמא ישחט בסכין פגומה, ולא מהני מחילה – שו"ת ברית אברהם). **מיהו** בש"ס פ"ק דחולין משמע כרש"י והר"ן, וכן משמעות הפוסקים.

(**ועיין** בתשו' ברית אברהם שכתב, שיש עוד נ"מ בין טעמא דרמב"ם, היכא שנאבד הסכין, דקיי"ל לעיל סי"ב, דאם בדקוהו קודם שחיטה מהני, יש לומר דהיינו דווקא באם עביד כדינו שהראה לחכם, אבל בלא הראה לחכם, אף דמדינא א"צ לולי כבודו של חכם, מ"מ הבשר טרפה כיון דאבד חזקת כשרות שלו, דעבר על תיקון חכמים, וכמו דחייש הרמב"ם שמא ישחוט בסכין פגומה, כמו כן איכא למיחש על אותו השחיטה שמא שחט בסכין פגומה, היכי דנאבד הסכין וא"א למבדקי', **משא"כ** אי הטעם מפני כבודו של חכם לחוד – המשך דבריו שם). **ושם** מבואר דאף האידנא דנהגו למנות אנשים ידועים, נ"מ היכא שגזרו עליו הב"ד שלא ישחוט מחמת חשש רינון, ועבר ושחט, דכיון שגזרו עליו שלא ישחוט, לא מחלו, והוי כלא הראה סכינו מדינא דש"ס, ומה"ט היו מנדין אותו כמו מדינא דש"ס, דרך למי שנטל קבלה מחלו חכמים כבודם, ולזה שגזרו עליו שלא ישחוט לא מחלו).

והאידנא נהגו למנות אנשים ידועים על השחיטה והבדיקה, ולהם מחלו חכמים כבודם, כי הם זהירים וזריזים - ובאגודה כתב עוד טעם אחר, משום דעתה בעונינו אין ת"ח, דהא אין יודע אפילו מסכת כלה, וכן הוא בתשובת מהרי"ל ותשובת מהרי"ו ומהרי"ק, וכן הוא לקמן סימן רמ"ב לענין שיתן לו המבייש ליטרא דדהבא, וכ"כ הב"י לענין נדרים, דהאידנא כ"ע כע"ה דמו, ומביאו הר"ב שם.

והרבה צריך ישוב הדעת ויראת שמים לבדיקת הסכין; הלא תראה כי יבדוק אדם פעמים שלש ולא ירגיש בפגימה דקה, ואחר כך ימצאנה כי הכין לבו באחרונה; ובחינת חוש המישוש כפי כוונת הלב - עיין במהרש"ל שהרבה לקרוא תגר על השוחטים בזמן הזה, שבודקין הסכין במהירות ובלי כוונת הלב, ושראוי להזהיר ולהקפיד עליהם בדבר זה, ע"ש.

(**עיין** בספר של"ה שכתב, שראה חסיד אחד שלא אבל בשר שחוטה, משום שראה בחוש המשוש שהסכין פגום, והשוחט לא הרגיש בזה, **ועיין** בתשובת בית יעקב שכתב, דמדינא א"צ להחמיר בזה, אלא ממדת חסידות יש להחמיר בחול ולא בשבת ויו"ט, דמבטל מצוה אם אינו אוכל בשר, ע"ש, **ואין** דבריו מוכרחים).

סימן יח סי"ז • דין בדיקת חכם

טבח שלא הראה סכינו לחכם ונמצא יפה, היו מנדין אותו. **ואם** נמצא פגום, היו מנדין אותו ומעבירין אותו.

ובנמצא יפה יכול החכם למחול ואין צריך לנדותו.
ס"ל כי"א דהא דהיו מנדין אותו כשלא הראה סכינו לחכם, הוא מפני כבודו של חכם, והיו מנדין על כבוד הרב, **ולכך** יכול למחול על כבודו, דרב שמחל על כבודו כבודו מחול.
אבל י"א הטעם, דהיו מנדין לפי שיסמוך על שחיטתו פעם אחרת, ותהיה פגומה וישחוט בה – רמב"ם, **ולפי"ז** אפשר דאין החכם יכול למחול.
ויש שמפרש הרמב"ם, דודאי עיקר הטעם הוא מפני כבודו של חכם, דע"א נאמן באיסורין, **ורק** כיון דכבר תקנו דצריך להראות מפני כבודו, וראוי לנדותו על ביזוי ת"ח, ממילא כיון דעבר ע"ז הוי חשוד לאותו דבר, ואיכא חשש שמא ישחט בסכין פגומה, ולא מהני מחילה.

וי"א דיש עוד נ"מ, היכא שנאבד הסכין, דקיי"ל לעיל סי"ב, דאם בדקוהו קודם שחיטה מהני, **י"ל** דהיינו דוקא באם עביד

כדינו שהראה לחכם, **אבל** בלא הראה לחכם, כמו דחייש הרמב"ם שמא ישחוט בסכין פגומה, **כמו** כן איכא למיחש על אותו השחיטה שמא שחט בסכין פגומה, היכי דנאבד הסכין וא"א למבדקיה, **משא"כ** אי הטעם מפני כבודו של חכם לחוד.

והאידנא נהגו למנות אנשים ידועים על השחיטה והבדיקה, ולהם מחלו חכמים כבודם, כי הם זהירים וזריזים.
וי"א דאף האידנא נ"מ, היכא שגזרו עליו הב"ד שלא ישחוט מחמת חשש רינון, ועבר ושחט, **דכיון** שגזרו עליו שלא ישחוט, לא מחלו, דרק למי שנטל קבלה מחלו חכמים כבודם, **והוי** כלא הראה סכינו מדינא דש"ס, ומה"ט היו מנדין אותו כמו מדינא דש"ס.
וי"א עוד טעם אחר להאידנא, משום דעתה בעוונינו אין ת"ח, דהא אין יודע אפילו מסכת כלה, והאידנא כו"ע כע"ה דמו.

והרבה צריך ישוב הדעת ויראת שמים לבדיקת הסכין; הלא תראה כי יבדוק אדם פעמים שלש ולא ירגיש בפגימה דקה, ואחר כך ימצאנה כי הכין לבו באחרונה; ובחינת חוש המישוש כפי כוונת הלב.
ויש שהרבה לקרוא תגר על השוחטים בזמן הזה, שבודקין הסכין במהירות ובלי כוונת הלב, ושראוי להזהיר ולהקפיד עליהם בדבר זה.

וי"א שראה חסיד אחד שלא אכל בשר שחוטה, משום שראה בחוש המשוש שהסכין פגום, והשוחט לא הרגיש בזה, **וי"א** דמדינא א"צ להחמיר בזה, אלא ממדת חסידות יש להחמיר בחול ולא בשבת ויו"ט, דמבטל מצוה אם אינו אוכל בשר, **וי"א** דאין דבריו מוכרחים.

ליטול שכר מן הטרפות כמו מן הכשרות

סעיף יח - הטבח צריך שיטול שכר מן הטרפות כמו מן הכשרות. הגה: שלא יבא להקל להכשיר כדי לקבל שכרו מן הכשרות -

ובריב"ש כתב, דגם הכרכשות שנוטלים מן הכשרות לבד, אסור ליקח מטעם זה, ומביאו ד"מ, **ואף** על גב דבחו"מ סי' ש"ו ס"ד כתב הר"ב, דטבחים שלוקחים הכרכשות מן הכשרות מקרי שכר ואם ניבלו חייבים לשלם, **התם** מיירי היכא דהמנהג הוא כן, אע"פ שאינו נכון, כמו שקרא תגר גם הרמב"ם על המנהג שהיה בזמנו, שהיו לוקחים שכר רק מן הכשרות לבד, כדאיתא בריב"ש, **א"נ** ס"ל להר"ב, דכשנוטל כרכשות, מותר לו ליקח מן הכשרות לחוד, דליכא למימר שיבא להקל כדי ליטול כרכשות, דלהא לא חשדינן ליה שיאכל טרפות, ואם כן יצטרך למוכרם, ומתירא שמא ירגישו בזה שאינו אוכלם ומוכרם, אבל כשנוטל שאר שכר אסור, **ואפשר** שמזה נתפשט המנהג שבקצת מקומות השוחטים לוקחים הכרכשות מן הכשרות ולא מן הטרפות, אע"פ שהוא מנהג רע, ועיין במהרש"ל כתב ישוב למנהג זה, ועדיין צ"ע בדבר.

[**משמע** ‹מחו"מ סי' ש"ו›, שגם בימי רבינו הטור היו נוהגים ליקח מהכשירות לבד, וע"פ זה נקבע גם היום כן, **ונראה הטעם**, שלא נחשדו בשביל דבר קטן כזה להאכיל טריפות, ולא דמי להדיא דאילא ביבנה בפ' עד כמה, לענין היתר בכורות, ששם יש חשד בשביל דבר גדול, כן נ"ל לתרץ המנהג, ושוב מצאתי כן לרש"ל].

‹**ובדמשק** אליעזר כתב, דליטול הכרכשות מכשירות ומטריפות ג"כ אסור, דכרכשתא דכשירות שוה יותר מכרכשתא דטריפות – רעק"א›.

ולכן נהגו בקצת מקומות שאין אדם שוחט ובודק לעצמו, אלא אותן הממונים מן הקהל –

[משמע אבל מדינא שוחט ובודק לעצמו, וקשה ממתני' כל הבכורות אדם רואה חוץ מבכורות עצמו, וכבר הקשה שם הר"ש מהרבה דברים שמצינו דצורבא מדרבנן חזי לנפשיה, ומסיק שם דדוקא היכא דאתחזק איסורא לא חזי לנפשיה, **ואם** כן ה"נ בשלמא בדיקה שפיר ד"נשחטה הותרה", אלא שחיטה להוי איסור מדינא, דבחייה בחזקת איסור עומדת, **ונראה** דלא שרי מדינא אלא לשחוט, דרוב מצויין כו', ‹היינו ובידו לתקנו, אף באתחזק נאמן לעצמו, **ומ"מ** אם הוא מוחזק בו בכשרות אוכלין ממנו, ולא בענין אחר – פמ"ג›. **אבל אם אירע לו הוראה, לא יורה**]. ‹**ולט"ז** בבדיקה יורה הוראה, דרוב כשרות הן וליכא חזקה לאיסורא – פמ"ג›.

סי' יח סי"ח • ליטול שכר מן הטרפות כמו מן הכשרות

הטבח צריך שיטול שכר מן הטרפות כמו מן הכשרות, שלא יבא להקל להכשיר כדי לקבל שכרו מן הכשרות.

וי"א דגם בהכרכשות, אסור ליקח מן הכשרות לבד.
וי"א דמותר לו ליקח מן הכשרות לחוד, דליכא למימר שיבא להקל כדי ליטול כרכשות, דלהא לא חשדינן ליה שיאכל טרפות, וא"כ יצטרך למוכרם, ומתירא שמא ירגישו בזה שאינו אוכלם ומוכרם, **אבל** כשנוטל שאר שכר אסור, **ואפשר** שמזה נתפשט המנהג שבקצת מקומות השוחטים לוקחים הכרכשות מן הכשרות ולא מן הטרפות, **אע"פ** שהוא מנהג רע, **ועדיין** צ"ע בדבר.
וי"א שלא נחשדו בשביל דבר קטן כזה להאכיל טריפות, דדוקא בשביל דבר גדול יש חשד.
וי"א דאף ליטול הכרכשות מכשירות ומטריפות ג"כ אסור, דכרכשתא דכשירות שוה יותר מכרכשתא דטריפות.

וכתב רמ"א, ולכן נהגו בקצת מקומות שאין אדם שוחט ובודק לעצמו, אלא אותן הממונים מן הקהל.
ומשמע דמדינא שוחט ובודק לעצמו, **ובשלמא** בדיקה שפיר

ד"נשחטה הותרה", **אלא** שחיטה להוי איסור מדינא, דבחייה בחזקת איסור עומדת, **וי"א** דלא שרי מדינא אלא לשחוט, הואיל ובידו לתקנו, דאף באתחזק איסורא נאמן לעצמו, (**ומ"מ** דוקא הוא מוחזק בו בכשרות אוכלין ממנו, ולא בענין אחר), **אבל** אם אירע לו הוראה בשחיטה, לא יורה, **אבל** הוראה בבדיקה, יורה.

שוחט שדי לו בבדיקה גרוע

סעיף יט - ראובן שאמר לשמעון: בדוק סכין זו, ובדקה שני פעמים מהי"ב שצריך ונתנה לראובן, וראובן היה הולך לשחוט, ולקחה לוי מידו ומצאו פגום, (וראובן מתנצל ואומר שעדיין היה רוצה לבדקו כהוגן), מעשיו מוכיחים עליו שהיה די לו באותה בדיקה - כי בודאי כשנתנו לשמעון, לא לבדקו לחצאין נתנו לו, וכשראה שלא בדקו כדינו, קבלו מידו והלך לשחוט, מעשיו מוכיחים עליו כו', עכ"ל רשב"א, **ולפיכך מעבירין אותו; ואם נראים הדברים שהיה כעין שגגה, ושהוא אדם כשר, מחזירין אותו, ובלבד שיקבל עליו שלא ישוב עוד לדבר כזה.**

סימן יח סי"ט • שוחט שדי לו בבדיקה גרוע

ראובן שאמר לשמעון: בדוק סכין זו, ובדקה שני פעמים מהי"ב שצריך ונתנה לראובן, וראובן היה הולך לשחוט, ולקחה לוי מידו ומצאו פגום, **ראובן** מתנצל ואומר שעדיין היה רוצה לבדקו כהוגן, **מעשיו** מוכיחים עליו שהיה די לו באותה בדיקה, כי בודאי כשנתנו לשמעון, לא לבדקו לחצאין נתנו לו, וכשראה שלא בדקו כדינו, קבלו מידו והלך לשחוט, **ולפיכך** מעבירין אותו; **ואם** נראים הדברים שהיה כעין שגגה, ושהוא אדם כשר, מחזירין אותו, ובלבד שיקבל עליו שלא ישוב עוד לדבר כזה.

שוחט שאינו מקפיד על סכין פגום

סעיף כ - טבח שנמצאת פגימה בראש הסכין, ואמר: זאת הפגימה מפני שאני מכסה דם העופות בראש הסכין, וכשאני שוחט אני נזהר שאיני נוגע בפגימה, מעבירין אותו - שמעיד על עצמו שאינו מקפיד בין סכין פגום לשאינו פגום, ועוד דהא שוחט בסכין פגום לכתחלה, **וקרוב לומר שהכלים אסורים.**

(ועיין בשו"ת ברית אברהם, בנדון שוחט שהראה סכינו בחזקת יפה, והחכם הרגיש בו פגימה, אח"כ לקח השוחט ושפשף על בשר הזרוע, וע"י זה הוסר הפגימה, ומתנצל שבוודאי לא היה פגימה גמורה מדהוסר ע"י שפשוף היד, **וכתב** שאין להוציאו מחזקת כשרות להעמידו בחזקת אינו מרגיש, כי לפעמים נקרש ההשחזה מהאבן ונדבק באיזה מקום בסכין, ועי"ז מורגש כעין פגימה, ועל ידי השפשוף הוסר הקרישה, וא"כ יכול להיות שמשעה שמסר הסכין בחזקת יפה, עדיין לא נקרש והיה לח, ולכן לא הרגיש, ואח"כ נקרש ולכן מורגש, וזה הוסר על ידי השפשוף, וע"ש, **ומ"מ** נראה דהכל לפי הענין).

סימן יח ס"כ • שוחט שאינו מקפיד על סכין פגום

טבח שנמצאת פגימה בראש הסכין, ואמר: זאת הפגימה מפני שאני מכסה דם העופות בראש הסכין, וכשאני שוחט אני נזהר שאיני נוגע בפגימה, **מעבירין** אותו, שמעיד על עצמו שאינו מקפיד בין סכין פגום לשאינו פגום, **ועוד** דהא שוחט בסכין פגום לכתחלה, **וקרוב** לומר שהכלים אסורים.

שוחט שהראה סכינו בחזקת יפה, והחכם הרגיש בו פגימה, אח"כ לקח השוחט ושפשף על בשר הזרוע, וע"י זה הוסר הפגימה, ומתנצל שבוודאי לא היה פגימה גמורה מדהוסר ע"י שפשוף היד, **י"א** שאין להוציאו מחזקת כשרות להעמידו בחזקת אינו מרגיש, כי לפעמים נקרש ההשחזה מהאבן ונדבק באיזה מקום בסכין, ועי"ז מורגש כעין פגימה, וע"י השפשוף הוסר הקרישה, **וא"כ** יכול להיות שמשעה שמסר הסכין בחזקת יפה, עדיין לא נקרש והיה לח, ולכן לא הרגיש, ואח"כ נקרש ולכן מורגש, וזה הוסר ע"י השפשוף, **ומ"מ** נראה דהכל לפי הענין.

§ סימן יט – דיני ברכת השחיטה §

אם שחט ולא בירך

סעיף א - השוחט צריך שיברך קודם: אשר קדשנו במצותיו וצונו על השחיטה; ואם שחט ולא בירך, כשרה - אפילו הזיד ולא ברך כשרה אפילו לעצמו, (ומיהו לקמן סי' כ"ח הביא, דאם העם פרוצים שלא לברך על השחיטה ועל הכסוי, יש להוכיחם ולאסור השחיטה, להם ולא לאחרים – פמ"ג).

כשרה – [לאפוקי מהלכות אלדד הדני שהביא המרדכי, שאסר השחיטה בזה, **והמרדכי** כתב בשם

ראבי"ה, דמ"מ אם עשה כן במזיד אסור לאכול ממנה, והיו מכין אותו, אבל לאחר מותר, וכתב ב"י דהרמב"ם ושאר פוסקים חולקים על ראבי"ה, **וכתב** מו"ח ז"ל דמ"מ יש להחמיר לקנסו כראבי"ה].

(**עיין** ט"ז מה שכתב בשם הלכות א"י, ועיין בשו"ת נו"ב, שהקשה מזרק סכין והלכה ושחטה, שלא כוון לשחוט, וא"כ לא בירך, וכה"ג כמה וכמה, **ותירץ** דטעם הלכות א"י שאוסר השחיטה, היינו דס"ל דכיון דהזיד ולא בירך הו"ל כמומר לאותו דבר כו', ע"ש, **ותימה** עליו, דהרי ברא"ש כתב וז"ל, כמו כן כתב שכח ולא בירך כו', ע"ש, אלמא דבשוגג מיירי).

סימן יט ס"א(1) • אם שחט ולא בירך

השוחט צריך שיברך קודם: אקב"ו על השחיטה.
ואם שחט ולא בירך, כשרה, (**ודלא** כי"א שהשחיטה אסור בזה, וי"א דבמזיד מיירי, והו"ל כמומר לאותו דבר, וצ"ע).
ואפי' הזיד ולא ברך, כשרה אפילו לעצמו, **ורק** דאם העם פרוצים שלא לברך על השחיטה ועל הכסוי, **יש** להוכיח ולאסור השחיטה, להם ולא לאחרים.
וי"א דבמזיד, אסור לאכול ממנה, והיו מכין אותו, אבל לאחר מותר, **ושאר** פוסקים חולקים עליו, **ומ"מ** י"א דיש להחמיר כהי"א לקנסו.

שחט דבר דאתיליד בן ריעותא, ודין לברך אחר השחיטה

הגה: ואם שחט דבר דאתיליד בו ריעותא וצריך בדיקה, ישחטנו בלא ברכה - ומהרש"ל פסק כרש"י, דיברך קודם השחיטה, דאפי' מיטרפא מהני לה שחיטתה לטהרה מידי נבלה, ולא משמע כן בירושלמי.

וכשימלא כשר מברך על השחיטה, ובלבד שיהא סמוך לשחיטה (בא"ז הלכות כסוי) -
כתב העט"ז, שאנו נוהגין כשיזדמן לשחוט דבר שיש בו ספק טרפה, ששוחט תרנגול או עוף אחר קודם לו, וכוונתו ג"כ על זה, וכ"כ הב"ח, ודבר נכון הוא, וכן הוא לקמן סי' כ"ח לענין כסוי הבופל"א, **מ"מ** דינו של הר"ב אמת היכא דאין אפשר לשחוט עוף אחר, וק"ל.

ובד"מ מביא בשם הג"ה אשר"י, דאפילו בכשרה אם שכח ולא ברך קודם השחיטה, יברך אחר השחיטה, עכ"ל, **ובהג"ה** אשר"י שם סיים, דכל מצות שלא ברך עובר לעשייתן, מברך אחר עשייתן, כדפירש בברכות מא"ז, עכ"ל, **ובפ"ק** דברכות כתבו, וז"ל, היכא דלא בירך קמיה דמצוה, מברך אחר המצוה, ויוצא ידי חובתו, אכן בסעודה דאסור לאדם שיהנה בלא ברכה, כיון דעבר ואכל והגיע ברכה אחרונה, הואיל ואידחי אידחי, א"ז, עכ"ל, **אכן** אין כן דעת הרמב"ם, שכתב אם שחט בלא ברכה, אפילו הפריש תרומות ומעשרות, או שטבל ולא ברך, אינו חוזר ומברך אחר עשייה, וכן כל כיוצא בזה, עכ"ל, **ובספר** ברכת אברהם האריך מאד לסתור דברי הרמב"ם במליצות והרצאות דברים, ועיקר יסודו, דאם איתא דאינו מברך אחר עשייתן, א"כ היכא שרינן לגר, וכן שאר חייבי טבילות, ושאר מצות, לברך לכתחלה אחר עשייתן, ואי משום דלא היה אפשר לברך קודם הברכה, לא הוה ליה לברך כלל, עכ"ל, **וכל** דבריו אינם נראין לפענ"ד, דהא ודאי קי"ל כל הברכות הם מדרבנן חוץ מברכת המזון, וכדאיתא בברכות בכמה דוכתי ובפוסקים, א"כ הם אמרו לברך קודם המצוה ולא אחר המצוה כלל, והם אמרו בגר ודכותיה דאכתי גברא לא חזי, יברך אחר המצוה, **והכי** משמע מדברי הר"ר יונה שם, דה"ה בכל שאר הברכות שמברך עובר לעשייתן, אם לא בירך אינו מברך אח"כ, ע"ש, וגם בפסקי רקנ"ט הביא דברי הא"ז, ואח"כ דברי הרמב"ם במסקנא, משמע דהכי ס"ל, וכ"כ הר"ד אבודרהם בשם בעל המאור כהרמב"ם, וכן נראה מדברי הרי"ף, **ועוד** דהא קי"ל כל ספק ברכות להקל. ‹**והפר"ח** כתב, דתוך כדי דיבור שלאחר שחיטה מצי לברוכי – בה"ט. ‹**ותבואות** שור כתב אפילו תוך כדי דיבור לא יברך. **ואם** נזכר באמצע שחיטה קודם רוב ב' ורוב א', דעת הפרי חדש דיברך, ודעת התבואות שור דלא יברך, וצ"ע בכל זה – פמ"ג.

(**ועיין** בשאגת אריה שהשיג על הש"ך, ועיין בתשובת תפארת צבי שדחה דבריו, והסכים להש"ך, ע"ש).

‹**תמיהני** לפי"מ דמסיק הש"ך להלכה, דבשכח ולא בירך קודם השחיטה, דאינו מברך אח"כ, י"ל דה"נ באתיילד בו ריעותא אינו מברך אח"כ, **דאינו** דומה לטבילת גר, דאמרינן כיון דמעיקרא לא חזי לא אדחי, דכיון דבכל פנים לא חזי לברך מקודם, כי תקנו חז"ל ברכה זו דטבילת גרים מעיקרא, הכי איתקן לברך אח"כ, **אבל** ברכת שחיטה קבעו ותקנו עובר לעשייתן, אלא דבהך דבר דאתיילד ביה ריעותא א"י לברך מספק, י"ל כיון דאדחי אדחי, ואין חילוק בין אדחי מחמת פשיעה ושוגג או מחמת אונס, **הגע** עצמך, בעל קרי שאינו מברך לפניה, אם אכל בעוד קריו עליו, או שחט אז, וטבל לקריו, וכי נאמר דמברך אח"כ על מה שאכל או שחט, כיון דמעיקרא לא היה רשאי לברך, **אלא** ודאי נראה דכיון דיסוד

הברכה תקנו עובר לעשייתן, אלא דעתה היה איזה דבד המעכב עליו מלברך, אינו מברך אח"כ, **ומקור** הדין של הרמ"א הוא מא"ז, והא"ז לשיטתיה אזיל, דכתב הגהת אשר"י משמו, דבכל מצות אם לא בירך עובר לעשייתן מברך אח"כ, **אבל** לדידן דקי"ל כהרמב"ם, י"ל דגם בזה אינו מברך אח"כ, וצ"ע לדינא – רעק"א.

‹בן פקוע שהפריס ע"ג קרקע, שצריך שחיטה מד"ס, יברך על השחיטה, פר"ח. **ומסיק** הפר"ח בק"א, שאם אין שם בקי בבדיקה, מותר לנבל בלא ברכה, אבל אי איכא שם אחד הבקי בבדיקה, צריך לשחוט ולבדוק, אע"פ שאין דעתו אלא להאכילן לעכו"ם, דהא חזי ליה – בה"ט, (**ועיין** בתשובת שבו"י שכתב, דאם הוא בשבוע שחל ט"ב, ויש לחוש שיבא לידי הפסד, באופן דמותר לשחוט, אף שהוא בקי בבדיקה לא יברך, **אמנם** אם יוכל לקיים ממנו לשבת, או ליתן ממנו לחולה וכה"ג, יש לו לברך, ע"ש).

סימן יט ס"א(2) • שחט דבר דאתיליד בו ריעותא, ודין לברך אחר השחיטה

כתב הרמ"א בשם א"ז, ואם שחט דבר דאתיליד בו ריעותא וצריך בדיקה, ישחטנו בלא ברכה, **וכשימצא** כשר מברך על השחיטה, ובלבד שיהא סמוך לשחיטה.

וי"א דיברך קודם השחיטה, דאפי' מיטרפא מהני לה שחיטתה לטהרה מידי נבלה, **ולא** משמע כן בירושלמי.

וי"א שאנו נוהגין כשיזדמן לשחוט דבר שיש בו ספק טרפה, ששוחט תרנגול או עוף אחר קודם לו, וכוונתו ג"כ ע"ז, **ומ"מ** דינו של הרמ"א אמת היכא דאין אפשר לשחוט עוף אחר.

וי"א דאפי' בכשרה אם שכח ולא ברך קודם השחיטה, יברך אח"כ, **דכל** מצות שלא ברך עובר לעשייתן, מברך אח"כ, (**דאל"כ** היכא שרינן לגר וכן שאר חייבי טבילות לברך לכתחלה אחר עשייתן), **אכן** בסעודה דאסור לאדם שיהנה בלא ברכה, כיון דעבר ואכל והגיע ברכה אחרונה, הואיל ואידחי אידחי – ד"מ בשם א"ז.

אכן דעת הרמב"ם, דאינו חוזר ומברך אחר עשייה, **ורק** בגר, וכן שאר חייבי טבילות, מברך לכתחלה אחר עשייתן, **דהא** קי"ל כל הברכות הם מדרבנן חוץ מברכת המזון, והם אמרו לברך קודם המצוה ולא אחר המצוה כלל, **והם** אמרו בגר ודכותיה דאכתי גברא לא חזי, יברך אחר המצוה.

וכן נראה, ועוד דהא קי"ל כל ספק ברכות להקל – ש"ך.

וי"א דלפי הש"ך, דה"נ באתיילד בו ריעותא אינו מברך אח"כ, **דאינו** דומה לטבילת גר, דאמרינן כיון דמעיקרא לא חזי לא אדחי, דכיון דבכל פנים לא חזי לברך מקודם, כי תקנו חז"ל ברכה זו דטבילת גרים מעיקרא, הכי איתקן לברך אח"כ, **אבל** ברכת שחיטה קבעו ותקנו עובר לעשייתן, אלא דבהך דבר דאתיילד ביה ריעותא דא"י לברך מספק, י"ל כיון דאדחי אדחי, **ואין** חילוק בין אדחי מחמת פשיעה ושוגג או מחמת אונס, **ומקור** הדין של הרמ"א הוא מא"ז, ולשיטתיה אזיל, דבכל מצות אם לא בירך עובר לעשייתן מברך אח"כ, **אבל** לדידן דקי"ל כהרמב"ם, י"ל דגם בזה אינו מברך אח"כ, **וצ"ע** לדינא.

וי"א דתוך כדי דיבור שלאחר שחיטה מצי לברוכי, **וי"א** דאפי' תוך כדי דיבור לא יברך.

ואם נזכר באמצע שחיטה קודם רוב ב' ורוב א', י"א דיברך, **וי"א** דלא יברך, **וצ"ע** בכל זה.

בן פקוע שהפריס ע"ג קרקע, שצריך שחיטה מד"ס, י"א דיברך על השחיטה. **ואם** אין שם בקי בבדיקה, מותר לנבל בלא ברכה, אם דעתו להאכילן לעכו"ם, **אבל** אי איכא שם אחד הבקי בבדיקה, צריך לשחוט ולבדוק, דהא חזי ליה.

ואם הוא בשבוע שחל ט"ב, ויש לחוש שיבא לידי הפסד, באופן דמותר לשחוט, י"א דאף שהוא בקי בבדיקה, לא יברך, (דהא לא חזי ליה), **אמנם** אם יוכל לקיים ממנו לשבת, או ליתן ממנו לחולה וכה"ג, יש לו לברך.

שחט במקום מטונף

ואם שחט בבית המטבחים, שהוא מקום מטונף, יברך ברחוק ד' אמות קודם שיכנס לשם, ולא ידבר עד אחר השחיטה (הגהות שחיטות ישנים בשם אגודה) – (עיין בתשב"ץ שדעתו אינו כן, לפי שאין לברך על המצוה אלא כשהיא מזומנת לפניו לעשותה מיד, ואם לא יש לחוש שמא ימלך הקצב ולא ישחוט, **ע"כ** נראה שצריך לשחוט תחלה, ותיכף לשחיטה יצא לחוץ ויברך הברכה במקום טהרה, דכיון דמברכין ב"על" שפיר דמי, וכן יעשה בברכת כיסוי, **ומ"מ** לא החליט זה רק להלכה ולא למעשה, ע"ש, **ועיין** במג"א שחלק ג"ב על הרמ"א מטעם אחר, משום דהברכה צריכה להיות דוקא במקומה, ואפי' ברכה אחרונה צריכה דוקא במקומה, ק"ו ברכה ראשונה, ובאגודה שם מיירי שהכל בבית אחד).

סימן יט ס"א(3) • שחט במקום מטונף

כתב רמ"א, ואם שחט בבית המטבחים, שהוא מקום מטונף, יברך ברחוק ד' אמות קודם שיכנס לשם, ולא ידבר עד אחר השחיטה.

ויש שחולק, לפי שאין לברך על המצוה אלא כשהיא מזומנת לפניו לעשותה מיד, ואם לא, יש לחוש שמא ימלך הקצב ולא ישחוט, **אלא** ישחוט תחלה, ותיכף לשחיטה יצא לחוץ ויברך הברכה במקום טהרה, דכיון דמברכין ב"על" שפיר דמי, וכן בברכת כיסוי, **ומ"מ** לא החליט זה רק להלכה ולא למעשה.

ויש שחולק על הרמ"א מטעם אחר, דדוקא כשהכל בבית אחד, משום דהברכה צריכה להיות דוקא במקומה, ואפי' ברכה אחרונה צריכה דוקא במקומה, ק"ו ברכה ראשונה.

שחט בהמות וחיות ועופות, ברכה א' לכולן

סעיף ב - שחט בהמות וחיות ועופות, ברכה אחת לכולן.

סימן יט – דיני ברכת השחיטה

סעיף ב – שחט בהמות וחיות ועופות, ברכה א' לכולן

סי' יט ס"ב • שחט בהמות וחיות ועופות, ברכה א' לכולן

שחט בהמות וחיות ועופות, ברכה אחת לכולן.

שנים ששוחטין, יכול הא' להוציא חבירו

סעיף ג- שנים שוחטין שני בעלי חיים, יכול לברך הא' להוציא חבירו; והוא שיתכוין לצאת - וגם חבירו יכוין להוציאו, טור.

[קמ"ל בזה, דלא תימא דוקא בברכת הנהנין שכולן יש להם קביעות אחד, אז אחד מברך לכולן, כמ"ש באו"ח סי' רי"ג, משא"כ כאן שכל אחד שוחט בהמה אחרת, הו"א שאין אחד פוטר חבירו, קמ"ל, כנ"ל].

‹ודע דג' מיני ברכות הן להט"ז: ברכות המצות, אע"פ שיצא מוציא, והיינו אם מי שעושה המצוה אין יכול לברך, הא לא"ה אין לחלק המצוה והברכה. **ברכת** הנהנין, נהנה מברך ואחר יוצא, לדעת המחבר בפירות, ולדידן יין, ואפשר שכר ומע"ד נמי הוה קביעות, וא' מוציא חבירו לכתחלה. **ושחיטה** דומה לברכת אירוסין, שלכתחלה אחד מקדש וא' מברך, וא' מברך וב' שוחט, כיון דהוה ברכת שבח והודאה – פמ"ג.

סימן יט ס"ג • שנים ששוחטין, יכול הא' להוציא חבירו

שנים שוחטין שני בעלי חיים, יכול לברך הא' להוציא חבירו; והוא שיתכוין לצאת, וגם חבירו יכוין להוציאו.
וקמ"ל בזה, דלא תימא דוקא בברכת הנהנין שכולן יש להם קביעות אחד, אז אחד מברך לכולן, משא"כ כאן שכל אחד שוחט בהמה אחרת, קמ"ל.

י"א דג' מיני ברכות הן להט"ז: ברכות המצות, אע"פ שיצא מוציא, והיינו אם מי שעושה המצוה אין יכול לברך, הא לא"ה אין לחלק המצוה והברכה. **ברכת** הנהנין, נהנה מברך ואחר יוצא, לדעת המחבר בפירות, ולדידן יין, ואפשר שכר ומע"ד נמי הוה קביעות, וא' מוציא חבירו לכתחלה. **ושחיטה** דומה לברכת אירוסין, שלכתחלה אחד מקדש וא' מברך, וא' מברך וב' שוחט, כיון דהוה ברכת שבח והודאה.

דיבור בין ברכה לשחיטה, ובין שחיטה לכסוי

סעיף ד - צריך ליזהר מלדבר בין ברכה לשחיטה בדבר שאינו מצרכי השחיטה – [זה פשוט בכל מידי דטעון ברכה], **ואם דבר, צריך לברך פעם אחרת** - ‹והתבואות שור ושמלה חדשה כתב, שלכתחלה אין להפסיק בשתיקה יותר מכדי דיבור, ודיעבד שפיר דמי, **ושיחה** אפי' דיבור א' הוה הפסק. **ומ"מ** צ"ע לדינא בשח פחות מכדי דיבור. **ואם** שהה כדי הילוך כ"ב אמות בשתיקה, אפי' הכי דיעבד אין צריך לחזור ולברך – פמ"ג›.

(**עיין** כו"פ, לענין אם בירך על השחיטה ונטרפה, אם יכול אח"כ לשחוט אחריה בלא ברכה).

(אבל מותר לדבר בין השחיטה לכיסוי, ומ"מ טוב שלא לדבר) – [דס"ל דכסוי מצוה בפני עצמה, אלא די"א דהכסוי הוא גמר השחיטה, ע"כ כתב רמ"א דטוב ליזהר שלא לדבר כיון שהוא באמצע המצוה, אע"פ שאם דבר א"צ לברך שנית גם בתוך השחיטה עצמה, מ"מ לכתחלה נכון ליזהר בכך].

סי' יט ס"ד • דיבור בין ברכה לשחיטה, ובין שחיטה לכסוי

צריך ליזהר מלדבר בין ברכה לשחיטה בדבר שאינו מצרכי השחיטה, ואם דבר, צריך לברך פעם אחרת.
ואפי' דיבור א' הוה הפסק. **ומ"מ** צ"ע לדינא בשח פחות מכדי דיבור.
ולכתחלה אין להפסיק בשתיקה יותר מכדי דיבור, **ומ"מ** אפי' שהה כדי הילוך כ"ב אמות בשתיקה, א"צ לחזור ולברך.

וכתב הרמ"א, אבל מותר לדבר בין השחיטה לכיסוי. **דס"ל** דכסוי מצוה בפני עצמה, **אבל** דכיון די"א דהכסוי הוא גמר השחיטה, נמצא שהוא באמצע המצוה, ע"כ כתב הרמ"א, דטוב ליזהר שלא לדבר, **אבל** אם דיבר, י"א דא"צ לברך שנית גם בתוך השחיטה עצמה.

דיבור בין שחיטה לשחיטה

סעיף ה - אם רוצה לשחוט הרבה, צריך ליזהר שלא לדבר בין שחיטה לשחיטה בדבר שאינו מצרכי השחיטה; ואם דבר, צריך לכסות דם שחיטה ראשונה – [ולברך עליה], **ולברך פעם אחרת על השחיטה** - דכיון דשח בדברים אחרים שאינן מצרכי השחיטה, וצריך לחזור ולברך על שחיטה השניה, [דס"ל דבין שחיטה לשחיטה הוה כמו שח בין תפילין לתפילין, דצריך לחזור ולברך], צריך לגמור מצות שחיטה ראשונה, ולכך יכסה, ויברך פעם אחרת על שחיטה השניה, **אבל על כסוי שני לא יברך** - כיון דבשעה שבירך על כסוי הראשון היה דעתו לשחוט ולכסות עוד, **הגה: משום דשחיטה לא הוי הפסק** - משום דאפשר דשחיט בחד ידא ומכסה

בחד ידא, וברכת השחיטה נמי לא הוי הפסק, [כיון דלא שח שיחת חולין], כדאשכחן ביקנה"ז, כ"כ הפוסקים, **אבל אם שח בינתים, הוי הפסק וצריך לחזור ולברך** – [פי' על כסוי השני, כמו בהפסק בין השחיטות].

ויש אומרים דשיחה בין שחיטה לשחיטה לא הוי הפסק – [ס"ל דשאני בין תפילין לתפילין דב' מצות של חובה הם, וכיון שהתחיל בהם אין בדין שיפסוק ויתעסק בשיחה, אבל הכא דאי בעי שחיט ואי בעי לא שחיט, לא מחייב לחזור ולברך, והוה כמו שח באמצע סעודה, **ולפי"ז** א"צ כלל לכסות דם הראשונה, אלא ישחוט עוד ויכסה הכל בפעם אחת]. ‹נסתפקתי בשוחט עוף במקום זה, וחזר ושחט עוף במקום אחר רחוק קצת, וכיסה הראשון ושח, מהו, **דהא** וודאי החיוב מוטל עליו לכסות דם שני, דמי ששחט יכסה, כמבואר לקמן סימן כ"ח, אם כן דמיא לשח בין תפלה לתפלה, או דלמא שאין חוזר ומברך, **וצ"ע** כעת, כי לכאורה נראה שיברך שנית – פמ"ג›.

[וכיון שלא הכריע בשו"ע, ‹**אף** דכלל מסור בידינו, דהלכה כדעה א' בסתם, כיון דלא כתב "יש אומרים" {בדעה א'}, רק "ויש אומרים" {בדעה ב'}, בספק ברכות דחמור הוא אין להכניס בספק – פמ"ג›, **קי"ל כי"א אלו, דספק ברכות להקל, וע"כ צריך ליזהר שלא ידבר בין שחיטה לשחיטה, שלא יביא עצמו לידי ספק**]. ‹והלשון דחוק, דאי נמי צריך לברך שנית, אסור לדבר בין שחיטה לשחיטה, דגורם ברכה שאינה צריכה, וזה וודאי אסור – פמ"ג›.

והסכמת הפוסקים דהוי הפסק וצריך לחזור ולברך, וכ"כ מהרש"ל, וכן פסק בד"מ, וכ"כ בספר ל"ח והעט"ז, וכל האחרונים. ‹ומיהו משום חומר ברכה, כתב התבואות שור אין לברך אלא אם כן יפסיק הרבה בדברים אחרים, ואז יברך – פמ"ג›.

סימן יט ס"ה • דיבור בין שחיטה לשחיטה

דעה א' בשו"ע – אם רוצה לשחוט הרבה, צריך ליזהר שלא לדבר בין שחיטה לשחיטה בדבר שאינו מצרכי השחיטה.

ואם דיבר, צריך לחזור ולברך על שחיטה השניה, דהוה כמו שח בין תפילין לתפילין, דצריך לחזור ולברך.

ולכן צריך לכסות דם שחיטה ראשונה ולברך עליה, כדי לגמור מצות שחיטה ראשונה, ואח"כ יברך פעם אחרת על שחיטה השניה.

אבל על כסוי שני לא יברך, כיון דבשעה שבירך על כסוי הראשון היה דעתו לשחוט ולכסות עוד, **ושחיטה** לא הוי הפסק, משום דאפשר דשחיט בחד ידא ומכסה בחד ידא, **וברכת** השחיטה נמי לא הוי הפסק, כיון דאינו שח שיחת חולין, וכדאשכחן ביקנה"ז.

אבל אם שח בינתים, הוי הפסק וצריך לחזור ולברך על כסוי השני, כמו בהפסק בין השחיטות.

דעה ב' בשו"ע – ויש אומרים דשיחה בין שחיטה לשחיטה לא הוי הפסק, **דשאני** בין תפילין לתפילין דב' מצות של חובה הם, וכיון שהתחיל בהם אין בדין שיפסוק ויתעסק בשיחה, **אבל** הכא דאי בעי שחיט ואי בעי לא שחיט, לא מחייב לחזור ולברך, והוה כמו שח באמצע סעודה, **ולפי"ז** א"צ כלל לכסות דם הראשונה, אלא ישחוט עוד ויכסה הכל בפעם אחת.

הט"ז – וכיון שלא הכריע בשו"ע, (**ואף** דכלל מסור בידינו, דהלכה כדעה א' בסתם, כיון דלא כתב "יש אומרים", בספק ברכות דחמור הוא אין להכניס בספק), **קי"ל** כי"א אלו, דספק ברכות להקל, **וע"כ** צריך ליזהר שלא ידבר בין שחיטה לשחיטה, שלא יביא עצמו לידי ספק.

הש"ך – והסכמת הפוסקים דהוי הפסק וצריך לחזור ולברך.

וי"א דמשום חומר ברכה, אין לברך אא"כ יפסיק הרבה בדברים אחרים, ואז יברך.

יש שנסתפק בשוחט עוף במקום זה, וחזר ושחט עוף במקום אחר רחוק קצת, וכיסה הראשון ושח, מהו, **דהא** וודאי החיוב מוטל עליו לכסות דם שני, דמי ששחט יכסה, א"כ דמיא לשח בין תפלה לתפלה, **או** דלמא שאין חוזר ומברך, **ולכאורה** נראה שיברך שנית, וצ"ע.

אם אחר הברכה הביאו לו יותר

סעיף ו - המברך על דעת לשחוט חיה אחת, ואח"כ הביאו לו יותר, יכסה דם הראשון ויברך עליו – [דהוה נמלך והפסק בין ברכה הראשונה של השחיטה], שלא היה דעתו מתחלה עליהם [ודינו כמו בדבר שיחת חולין לדעה הראשונה דסעיף ה', ודין זה למדו משמש שצריך לברך על כל פרוסה ופרוסה בסעודה, **ואין** להקשות מאי שנא מאומר הב לן ונברך ורוצה לאכול אח"כ, דצריך לברך המוציא, אבל א"צ לברך בהמ"ז על מה שאכל כבר, **דשאני** התם דהודאת ברכת המזון היא שבח להקב"ה על הנאת האדם, וסגי בהודאה אחת על ב' אכילות, אבל מעשה הכסוי הוא גמר השחיטה, וצריך לגומרה קודם שיתחיל האחרת, כ"כ הרא"ש].

ויברך על השחיטה שנייה ולא על הכסוי; והני מילי כשהביאום לו קודם שבירך על כיסוי הראשונה.

הגה: וי"א דאם הביאו לו ממין הראשון ששחט, א"צ לכסות הראשונה ולברך על שחיטה שנייה, (טור בשם בעל העיטור) (וכן עיקר, ועיין באו"ח סימן ר"ו ס"ה) - וכ"כ בד"מ, שהטא"ח סי'

ר"ו סתם כבעל העיטור, ושלא כדברי הרא"ש, ע"כ, **ובדרישה** כתב וז"ל, ותימה לפי מה שדימו ברכת שחיטה לברכת פירות, א"כ הביאו לו ממין אחר נמי, כמ"ש ב"י בסי' ר"ו, וכן פסק בשו"ע שם, [אלא שיהיה ממין ברכות הראשון, **והא כאן** מחלק בעל העיטור בין חיה לעוף, **והא** ברכותיהן שוות, ואפ"ה צריך לחזור ולברך], **ועוד** דלפי"ז קשה דברי הטור, שכתב בסמוך שאפילו עדיין מאותו מין שבירך עליו לפניו, והביאו לו עוד מאותו המין, צריך לחזור ולברך על המובאים, וזהו כלפי מש"כ בסימן ר"ו, **אלא** ע"כ צ"ל כמ"ש ב"י, דיש חילוק בין אכילה דיש לו קבע, לשחיטה דאין לו קבע כו', [דבאכילה טבע האדם לגרור אחריה ולהוסיף עוד, וע"כ הוה כמו שהיו לפניו בשעת הברכה, משא"כ בשחיטה], וכ"כ בספר ל"ח, וכתב שכן משמע בדברי הרא"ש להדיא כדעת הטור, ודלא כבעל העיטור, ופסק כן ע"ש, וכן נראה להדיא מדברי הכל בו, וכן משמעות הפוסקים, וכן נראה מדברי מהרש"ל שם, **וכ"כ** רבינו ירוחם, דכשמל תינוק אחד ואין דעתו מתחלה על הב', צריך לברך על השני, והביאו הר"ב גופיה בסי' רס"ה ס"ה, וכ"כ העט"ז שם, ומבואר שם ברבינו ירוחם, שדין מילה ושחיטה שוה בזה, וכן הוא באבודרהם, ובמרדכי, ע"ש. [וא"כ הוה בעל העיטור יחיד לגבייהו]. ‹ולענין דינא, חומר ספק ברכה, על כן טוב לכוין לכל מה שיביאו לו – פמ"ג›.

המברך... ואח"כ הביאו לו יותר – ‹כן הוא לשון הטור, ולטעמיה אזיל דמסיק דאף אם בעוד שיש לפניו מאותם שבירך עליהם הביאו לפניו אחרות, דצריך לברך, ה"נ אם אחר שבירך מיד הביאו לפניו לשחוט, מחוייב לברך על האחרות, ומחוייב לכסות תחלה, **אבל** המחבר דפסק בס"ז, דכל זמן שעוסק בשחיטה א"צ לברך על האחרות, והב"י דייק כן מלשון הרא"ש, שכתב המברך על דעת לשחוט חיה א', ואחר שנשחט הביאו לו יותר וכו', משמע דוקא אחר שנשחט, ולא אחר שבירך, א"כ הו"ל להמחבר לכתוב לשון הרא"ש, "אחר שנשחט", **וכן** בסוף הסעיף "קודם שבירך על הכיסוי הראשון", הא גם אחר שברך, כל זמן שלא כיסה א"צ לברך על הכיסוי השני, וצ"ע – רעק"א›.

סימן יט ס"ו • אם אחר הברכה הביאו לו יותר

המברך על דעת לשחוט חיה אחת, ואח"כ הביאו לו יותר, יכסה דם הראשון ויברך עליו, דהוה נמלך, שלא היה דעתו מתחלה עליהם.

י"א דלשיטת המחבר בס"ז, דלא כהטור, הי"ל לכתוב "אחר שנשחט הביאו לו", וכן בסוף הסעיף בנוגע כיסוי, וצ"ע.

ואין להקשות מאי שנא מאומר הב לן ונברך ורוצה לאכול אח"כ, דצריך לברך המוציא, אבל א"צ לברך בהמ"ז על מה שאכל כבר, **דשאני** התם דהודאת בהמ"ז היא שבח להקב"ה על הנאת האדם, וסגי בהודאה אחת על ב' אכילות, **אבל** מעשה הכסוי הוא גמר השחיטה, **וצריך** לגומרה קודם שיתחיל האחרת.

ויברך על השחיטה שנייה ולא על הכסוי; **והני** מילי כשהביאום לו קודם שבירך על כיסוי הראשונה.

וכתב הרמ"א, וי"א דאם הביאו לו ממין הראשון ששחט, א"צ לכסות הראשונה ולברך על שחיטה שנייה, וכן עיקר – טור בשם בעל העיטור, **שהטור** באו"ח סי' ר"ו סתם כבעל העיטור, ושלא כדברי הרא"ש.

ויש שהקשה, דלפי מה שדימו ברכת שחיטה לברכת פירות, א"כ הביאו לו ממין אחר נמי, ורק שיהיה ממין ברכות הראשון, **וכאן** מחלק בעל העיטור בין חיה לעוף, והא ברכותיהן שוות, ואפ"ה צריך לחזור ולברך, **ועוד** דלפי"ז קשה דברי הטור, שכתב בס"ז שאפילו עדיין מאותו מין שבירך עליו לפניו, והביאו לו עוד מאותו המין, צריך לחזור ולברך על המובאים, **וזהו** דלא כמ"ש בסימן ר"ו, **אלא** ע"כ צ"ל דיש חילוק, דבאכילה טבע האדם לגרור אחריה ולהוסיף עוד, וע"כ הוה כמו שהיו לפניו בשעת הברכה, משא"כ בשחיטה, **והוה** בעל העיטור כאן דעת יחיד.

ולענין דינא, חומר ספק ברכה, ע"כ טוב לכוין לכל מה שיביאו לו.

אם כשהביאו לו האחרונות יש עדיין לפניו מאותם שהיו לפניו כשבירך

סעיף ז - היו לפניו הרבה לשחוט, וברך על השחיטה ואח"כ הביאו לו עוד – [פי' ממין אחר, לדעת בעל העיטור דבסמוך, ולהרא"ש ושאר פוסקים אפילו מאותו מין], **אם כשמביאים לו האחרונות יש עדיין לפניו מאותם שהיו לפניו כשבירך** - וה"ה אם היה לפניו א', ואחר שברך קודם ששחט הביאו לפניו אחרות, **אין צריך לחזור ולברך, ואם לאו, צריך לברך** – [זו דעת סמ"ג, ונתן הב"י טעם, דכל שיש לפניו עדיין הוא קבוע לשחוט, **אבל** כשגמר הוה סילוק, **ודמי** למה דאמרינן גמר מלאכול אסור לאכול עד שיברך, ואע"ג דלא קי"ל שם כן, שאני סעודה שדרך להמשך מאכילה לאכילה, אבל גבי שחיטה הוה גמר סילוק].

ולכתחלה טוב ליזהר להיות דעתו בשעת ברכה על כל מה שיביאו לו - משום דהטור ס"ל, דלעולם כל מה שלא היה לפניו כשבירך, צריך לברך,

אא"כ היה דעתו ע"כ מה שיביאו לו, הלכך לאפוקי נפשיה מפלוגתא ולצאת אליבא דכו"ע, יתן לכתחלה דעתו על כל מה שיביאו לו, וכה"ג כתב הר"ב באו"ח סימן ר"ו.

וכתבו מהרש"ל והפרישה והב"ח, דהשוחט המושכר המיוחד לשוחט קבוע במקום, לעולם דעתו על כל מה שיביאו לו, אפילו בב' מינים, וא"צ לברך כל זמן שלא שח בנתיים.

סימן יט ס"ז • אם כשהביאו לו האחרונות יש עדיין לפניו מאותם שהיו לפניו כשבירך

היו לפניו הרבה לשחוט, וברך על השחיטה ואח"כ הביאו לו עוד (פי' ממין אחר, לדעת בעל העיטור הנ"ל, ולשאר פוסקים אפי' מאותו מין), **אם** כשמביאים לו האחרונות **יש** עדיין לפניו מאותם שהיו לפניו כשבירך, **וה"ה** אם היה לפניו א', ואחר שברך קודם ששחט הביאו לפניו אחרות, **אין** צריך לחזור ולברך, ואם לאו, צריך לברך, **דכל** שיש לפניו עדיין הוא קבוע לשחוט, אבל כשגמר הוה סילוק.

וי"א דלעולם כל מה שלא היה לפניו כשבירך, צריך לברך, אא"כ היה דעתו על כל מה שיביאו לו – טור, **הלכך** כתב המחבר, דלאפוקי נפשיה מפלוגתא, לכתחלה טוב ליזהר להיות דעתו בשעת ברכה על כל מה שיביאו לו.

וי"א דהשוחט המושכר המיוחד לשוחט קבוע במקום, לעולם דעתו על כל מה שיביאו לו, אפילו בב' מינים, וא"צ לברך כל זמן שלא שח בנתיים.

אם בין שחיטה לשחיטה שכח וכיסה ובירך

סעיף ח - היה שוחט חיה או עוף ודעתו לשחוט עוד, ושכח וכיסה ובירך, כשחוזר לשחוט אין צריך לחזור ולברך על השחיטה, שאין הכסוי הפסק – [ומברכת כיסוי לא זכר כלום, כמו שזכר לעיל בדין הפסיק בשיחה או בנמלך שא"צ לחזור ולברך על הכיסוי, **דהתם** דעתו היתה בשעת ברכת הכיסוי על מה שיכסה אח"כ, דהא ידע שיחזור וישחוט, **אבל** כאן הרי שכח והיה סבור שלא ישחוט עוד, ודאי צריך לברך אח"כ על כיסוי השני, שהיא מצוה חדשה שבאה לו אח"כ, כנ"ל].

הגה: וכן הדין אם שחט חיה (או עוף) ורוצה לשחוט בהמה, מכסה דם החיה וישחוט הבהמה בלא ברכה (כל בו) – [זה איירי שבשעת ברכת השחיטה נתכוין ג"כ על שחיטת הבהמה, או שהיתה לפניו בשעת השחיטה של החיה, לדעת הסמ"ג דבסמוך, מש"ה א"צ לברך על שחיטת הבהמה, אלא דקמ"ל שמכסה תחלה דם החיה קודם שחיטת הבהמה].

ולפי מאי דקי"ל לקמן סי' כ"ח ס"כ, דצריך לבדוק הריאה קודם הכסוי, א"כ יפסיק הרבה בין שחיטה לשחיטה ויצטרך לברך פעם אחרת, נלפע"ד שישחוט מתחלה הבהמה ואחר כך יכסה החיה, **ולא** דמי לשח בין חיה לחיה ולנמלך, דצריך לכסות מתחלה חיה ראשונה, דהתם שאני כיון דצריך לחזור ולברך, א"כ צריך לגמור מצות שחיטה ראשונה, **והכל** בו אפשר דלא ס"ל הך דלקמן סימן כ"ח, או אפשר דלא נחת לדינים אלו, ולא בא אלא לאשמעינן דהכסוי לא הוי הפסק, ונפקא מינה לענין עוף שהזכיר שם ג"כ, וכן משמע מדבריו שם, ודו"ק.

(**ועיין** פר"ח שהשיג עליו, וכתב דבדיקת הריאה לא הוי הפסק, וכן דעת השמ"ח).

סי' יט ס"ח • אם בין שחיטה לשחיטה שכח וכיסה ובירך

היה שוחט חיה או עוף ודעתו לשחוט עוד, ושכח וכיסה ובירך, כשחוזר לשחוט א"צ לחזור ולברך על השחיטה, שאין הכסוי הפסק, **אבל** צריך לחזור ולברך על הכיסוי השניה, דהרי שכח והיה סבור שלא ישחוט עוד, והיא מצוה חדשה שבאה לו אח"כ.

וכתב הרמ"א, וכן הדין אם שחט חיה או עוף, ונתכוון ג"כ על שחיטת הבהמה, (או שהיתה לפניו בשעת השחיטה של החיה, לדעה א' לעיל), מכסה דם החיה וישחוט הבהמה בלא ברכה.

וי"א דלפי מאי דקי"ל לקמן, דצריך לבדוק הריאה קודם הכסוי, א"כ יפסיק הרבה בין שחיטה לשחיטה ויצטרך לברך פעם אחרת, **ולכן** ישחוט מתחלה הבהמה ואח"כ יכסה החיה. **וי"א** דבדיקת הריאה לא הוי הפסק.

§ סימן כ – מקום השחיטה בצואר §

מקום השחיטה בצואר להקנה

סעיף א - מקום השחיטה בצואר, בקנה לצד הראש, משיפוי כובע ולמטה, והוא קודם שיתחיל הכובע לשפע ולעלות, והיינו שייר בחיטי, והוא שבסוף הקנה למעלה יש בתוך טבעת הגדולה כמו שני גרגרים מגוף שחוסי, (פירוש תרגום בדל אזן, הסחוס דאודן, כלומר הקשה שבאוזן), ונקראים חיטי, ואם

שחט בתוך החיטין ושייר מהם כל שהוא למעלה, כשרה, שהרי שחט משיפוי כובע ולמטה, ואם לא שייר מהם כלום אלא שחט למעלה מהם, הרי זה מוגרמת, (פי' הגרמה, הכרעת הסכין חוץ למקום שחיטה לצד הראש או לצד הגוף), ופסולה – [ז"ל כל בו בשם הרב הברצלו"ני, ענין שיפוי כובע הוא, שע"פ הטבעת הגדולה יש שם בשר ופי הבשר עשוי חטים, ועל אותן חטים כיסוי שדומה לעלה של הדס, ועליה עצם אחד מטבעת הגדולה, ומכסה סביב זה הבשר כמו כובע, ובאמצע זה העצם יש שיפוי אחד בגוף העצם ונקרא שיפוי כובע, ואמרו רבנן משיפוי כובע ולמטה כשירה, שהוא כמו אצבע למעלה מטבעת הגדולה, עכ"ל].

‹**והנה** לשון המחבר שהוא לשון הר"מ ז"ל בפי' המשנה, קושי ההבנה, דמשמע דחיטי הם בתוך טבעת הגדולה, ובגמרא משמע דהם למעלה, גם בשו"ע גופא משמע כן, דכתב ואם לא שייר טריפה, ובתוך הטבעת וודאי כשירה, ורמ"א כתב לכתחלה ישחוט למטה מטבעת הגדולה, היינו בתוך טבעת הגדולה, על כרחך שייר בחיטי הוא למעלה, **ולזה** נאמר דהתחלתן הוא בתוך הטבעת, ונמשכין למעלה מטבעת. **ובכרתי** ופלתי כתב: אחר העיון והחקירה לו ולבודקים הבקיאים, שבהמה בחייה כשהיא הולכת שחוח, החיטים נכפפים תוך הטבעת, מה שאין כן בשעת שחיטה מותח הצוואר, **ולפי** זה התחלתן למעלה מטבעת, ולא יתישב לישנא דפי' המשניות. **והתבואות** שור כתב: אותו עצם שחוס המחובר לטבעת, קורא הר"מ גם כן טבעת, ולפי זה שווין המה דברי הר"מ עם פי' הרב אלברצלוני. **והכנסת** הגדולה בהגהות הטור בשם יאיר נתיב כתב: ענין חיטים אלו אין אנו בקיאין, וחפשנו וחקרנו את בודקים בקיאים ואמרו שלא הגיעו עד תכליתם, יע"ש, **ולכן** לא ראיתי להאריך בזה – פמ"ג›.

(ולכתחלה ישחוט למטה מטבעת הגדולה) (מדרכי ומהרי"ו) – [משמע דיעבד כשר אפילו למעלה עד שיפוי כובע, וכ"כ רש"ל דהך שיעור של טבעת הגדולה הוא להרחקה מחמת חשש תקלה, ובהפסד מרובה יש לחלק, ע"כ].

ודעת מהרי"ו נראה שלא להכשיר למעלה מטבעת הגדולה, וכ"כ האגור ע"ש שחיטת אשכנזים, ושכן ראה נוהג מורו אביו ז"ל, וכ"כ מהרש"ל בהגהותיו לשחיטות, שאין אנו נוהגים להכשיר כלל למעלה מטבעת הגדולה מחמת חשש תקלות, וכן הוא בשחיטות האחרונים, **ואף** על פי שבב"ח תמה, דהלא מבואר בפ"ק דחולין דכשר, ולפענ"ד דיצא להם כן מעובדא דמוגרמת בפ' הגוזל, משמע שם דמפני ע"ה יש להחמיר שלא להכשיר למעלה מטבעת הגדולה, וכדאיתא בתוס' שם, ע"ש, **מיהו** מסיק בב"ח, דבמקום הפסד מרובה וכה"ג יש לפסוק כמ"ש המחבר, וכן פסק מהרש"ל בשחיטות.

ושיעורו למטה עד ראש כנף האונא - שהיא בצד שמאל, וכשהבהמה רועה יוצאת יותר מן הגוף משל צד ימין שהיא עבה, **כשנופחין אותה ועולה למעלה עד מקום שמגיע ראשה בקנה, אז הוא המקום בעצמו שהיתה נוגעת כשהיתה חיה הבהמה והיתה רועה כדרכה, כשתמשוך צוארה לרעות, בלי שתאנוס עצמה למשוך צוארה ביותר** - בשעת שחיטה למשוך צוארה ביותר.

[**בגמרא** איתא, אמר רבא ובלבד שלא תיאנס, פרש"י למשוך הסימנים חוץ לחזה בידי אדם, **בעי** רבי חנינא אנסה עצמה מהו, פרש"י לפשוט מאד צוארה בשעת שחיטה, תיקו ולחומרא, והתוס' פירשו בעיא זאת, אנסה עצמה שפשטה ראשה יותר מדאי ליטול ירק בבור, עכ"ל, **נראה** כוונתם דלא ניחא להו לפרש פרש"י, דאבעיא על שעת השחיטה, דאם היא טפי ממה שרגיל להתפשט בשעה שהיא רועה, ודאי פסולה, כיון דכבר קי"ל השיעור בכדי שהיא רועה, **ע"כ** פירשו דמספקא ליה בפי' דכל שהיא רועה, דדרך הבהמה לפשוט ראשה ביותר ליטול ירק מן הבור, ואח"כ אוכלת אחר שחוזרת קצת מן הפישוט הגדולה, מי נימא דגם זה בכלל השיעור שאמרו כשהיא רועה, או נימא דוקא כשהיא רועה כפשוטו, ואין פישוט ליטול הירק בכלל זה, כנ"ל נכון].

(ובעוף למטה בקנה כמו בושט). (ר"ן בשם הרא"ה). (עיין ס"ק ד' כל הסעיף) - ז"ל ד"מ: ובהר"ן פ' אלו טריפות כתב, והרא"ה קבל מאחיו דשיעור ושט בעוף, כנגדו בקנה, עכ"ל, וע"כ נרשם כאן בשו"ע "ר"ן בשם הרא"ה", **וטעות** הוא, דה"ק הר"ן, שיעור ושט דעוף למעלה, כנגדו בקנה משפוי כובע ולמטה, **וא"כ** צ"ע מנין לו להר"ב זה, דלמטה בקנה כמו בושט,

ונ"ל שיצא לו כן ממ"ש ב"י, שמעתי כתוב דבעוף למטה בושט, עד גגו של זפק, ובקנה עד כנגד גגו של זפק, ולקמן ס"ק ז' נתבאר, דשיעור ושט למטה עד הזפק דכתבו הט"ו, היינו גגו של זפק.

‹**כתב** בית הילל, דלמעלה בקנה בעוף לא הזכיר בשו"ע בהדיא מה דינו, אבל מסתימות לשון נראה, דדינו נמי משיפוי כובע ולמטה, כמו בהמה – בה"ט›.

סימן כ ס"א • מקום השחיטה בצואר להקנה

מקום השחיטה בצואר, בקנה לצד הראש, משיפוי כובע ולמטה, והוא קודם שיתחיל הכובע לשפע ולעלות, **דהיינו** אם שחט בתוך החיטין ושייר מהם כל שהוא למעלה, כשרה; **ואם** לא שייר מהם כלום, הרי זה מוגרמת, ופסולה.

וכתב הרב הברצלו"ני, ענין שיפוי כובע הוא, שע"פ הטבעת הגדולה יש שם בשר ופי הבשר עשוי חטים, **ועל** אותן חטים כיסוי שדומה לעלה של הדס, **ועליה** עצם אחד מטבעת הגדולה, ומכסה סביב זה הבשר כמו כובע, **ובאמצע** זה העצם יש שיפוי אחד בגוף העצם ונקרא שיפוי כובע, **ואמרו** רבנן משיפוי כובע ולמטה כשירה, שהוא כמו אצבע למעלה מטבעת הגדולה.

והמחבר כתב, שבסוף הקנה למעלה יש בתוך טבעת הגדולה כמו שני גרגרים מגוף שחוסי, ונקראים חיטי.

ומשמע מלשונו (שהוא לשון הרמב"ם בפי' המשנה), דחיטי הם בתוך טבעת הגדולה, **ובגמ'** משמע דהם למעלה, **גם** בשו"ע גופא משמע כן, דכתב ואם לא שייר טריפה, ובתוך הטבעת וודאי כשירה, **ורמ"א** כתב לכתחלה ישחוט למטה מטבעת הגדולה, היינו בתוך טבעת הגדולה, על כרחך שייר בחיטי הוא למעלה, **ולזה** נאמר דהתחלתן הוא בתוך הטבעת, ונמשכין למעלה מטבעת.

וי"א שבהמה בחייה כשהיא הולכת שחות, החיטים נכפפים תוך הטבעת, **משא"כ** בשעת שחיטה מותח הצוואר, **ולפי"ז** התחלתן למעלה מטבעת, **ולא** יתישב לישנא דפי' המשניות.

וי"א דאותו עצם שחוס המחובר לטבעת, קורא הרמב"ם ג"כ טבעת, **ולפי"ז** שווין דברי הרמב"ם עם פי' הרב אלברצלוני.

וי"א דענין חיטים אלו אין אנו בקיאין, וחפשנו וחקרנו את בודקים בקיאים ואמרו שלא הגיעו עד תכליתם.

וכתב הרמ"א, ולכתחלה ישחוט למטה מטבעת הגדולה.
ומשמע דבדיעבד כשר אפי' למעלה עד שיפוי כובע, דהוא להרחקה מחמת חשש תקלה, **ובהפסד** מרובה יש להקל.
וי"א שלא להכשיר למעלה מטבעת הגדולה, מחמת חשש תקלות, **ואף** דמבואר בגמ' דכשר, מפני ע"ה יש להחמיר, **מיהו** במקום הפסד מרובה וכה"ג י"א לפסוק כמ"ש המחבר.

ושיעורו למטה, עד ראש כנף האונא, (שהיא בצד שמאל, וכשהבהמה רועה יוצאת יותר מן הגוף משל צד ימין שהיא עבה), כשנופחין אותה ועולה למעלה עד מקום שמגיע ראשה בקנה, **אז** הוא המקום בעצמו שהיתה נוגעת כשהיתה חיה הבהמה והיתה רועה כדרכה, כשתמשוך צוארה לרעות, **בלי** שתאנוס עצמה למשוך צוארה ביותר.

י"א דהיינו שלא תאנס עצמה בשעת שחיטה למשוך צוארה ביותר בידי אדם.
וי"א דר"ל דדרך הבהמה לאנוס עצמה לפשוט ראשה ביותר ליטול ירק מן הבור, ואין פישוט כזה בכלל.

ובעוף למטה בקנה כמו בוושט, **והיינו** עד גגו של זפק.
ובעוף למעלה בקנה לא הזכיר בשו"ע בהדיא מה דינו, **וי"א** דמסתימות לשון נראה, דדינו משיפוי כובע ולמטה, כמו בהמה.

מקום השחיטה בצואר להוושט

סעיף ב - ובוושט, מתחלת המקום שכשחותכין אותו מתכויץ – [אין הפירוש שחלק אחד מתרחב מחבירו זה למעלה וזה למטה, כמו שמבינים מקצת שוחטים, שדבר זה הוא בכל מקום שיחתוך בבשר החי, **אלא** הפי' שהעור מתקמט ונעשה קמטים במקום השחיטה, והחלל מתכסה, משא"כ בתורבץ נשאר החלל מגולה ואין מתקמט], **עד מקום שישעיר ויתחיל להיות פרצים פרצים ככרס.**

שחט למעלה ממקום זה, והוא הנקרא תורבץ הוושט, או למטה ממקום זה והוא מתחלת בני מעים, שחיטתו פסולה - כל זה הוא לשון הרמב"ם, וכתב עליו הכ"מ וז"ל, משמע דנבילה הוי, שהרי כתב בפרק ג', כל מקום שאמרנו בשחיטה פסולה, ה"ז נבלה, ואם אוכל ממנה כזית לוקה משום אוכל נבלה, **וקשה**, דתורבץ הושט וכרס לא הוי אלא טרפה ולא נבלה, וי"ל דמש"ה לא אמר ה"ז נבלה ומטמא במשא, אלא אם אכל ממנה כזית לוקה, אבל לענין טומאה לא נחית, ומשום דרוב הנזכרים באלו פרקים הוי נבלה, נקט לה לשון נבלה, עכ"ל, **ולא** ידעתי מה היה לו, שהרי כתב בהדיא ולוקה משום אוכל נבלה, **אלא** ודאי אע"ג דנקיבת התורבץ וכרס לא הוי אלא טרפה, מכל מקום כיון שנתקלקל וניקב בשחיטה, הו"ל שחיטה גורם לה לפסול, והוי נבלה גמורה, כדתנן בהדיא בפ' השוחט, כל ששחיטה גורם לה לפסול, נבלה, ‹לא ידעתי פירושו, ראיה זו למה, דודאי אם מתה אח"כ מתוך שחיטה זו, הוי נבילה, כמ"ש אח"ז, **ואם** לענין שאם שחט אח"כ במקום אחר שחיטה כשרה, דאין השחיטה מוציאה מידי נבילה, **זה** בודאי אינו, דלא אמרינן כן אלא כשהפסול במקום השחיטה, כמו נקובת הוושט – תורת יקותיאל›, **דהא** ודאי כל טרפה אם לא נשחטה ומתה כך, נבלה היא, והלכך כיון ששחט

בתורבץ הוושט וכרס, נטרפה, ואין השחיטה מתירתה, דזהו לאו מקום שחיטה, ואין לך נבלה גדולה מזו, וזה פשוט, **ונ"מ** לדידן במאי דהוי נבלה, לענין או"ב.

ושיעור תורבץ הוושט שאינו ראוי לשחיטה, למעלה, בבהמה וחיה כדי שיאחוז בשתי אצבעותיו, הגה: וי"א כדי רוחב ד' אצבעות; וקבלה ביד הקדמונים, שבכל בהמה וחיה השיעור עד מקום שמגיע שם אוזן הבהמה או החיה כשכופפין אותה.

ובעוף, הכל לפי גדלו וקטנו. הגה: ואין חילוק בין יונה לשאר עופות, דבכולן שיעורן שוה

– [כתב זה לפי דאיתא בגמ': יונה א"ר זירא עד מבלעתה, ומשמע מב"י שמפרש דיונה ממש קאמר, כלומר דיונה יש לה דין אחר משאר עוף, ותמה עליו רמ"א בד"מ, דיונה הוא שם אמורא, וכ"כ רש"י].

ולמטה עד הזפק - פי' הפרישה והב"ח, דהיינו עד גגו של זפק ולא גגו בכלל, וכן פסק הרא"ש, ומהרש"ל וכן הוא במהרי"ו.

[וכתב ב"י, סימן להבחין אם שחט בגגו של זפק, אם נראה עור לבן, בידוע שנגע בו, לפי שהאדום מצוי יותר בוושט מבחוץ מן הלבן, והלבן יותר ארוך מן האדום, ועוד סימן, דבגג הזפק אין בו שני עורות כמו בוושט].

הגה: ועוף שאין לו זפק, עד בין האגפים; ולפי שאין אנו בקיאין בשיעורין אלו, נכון לשחוט באמצע הצואר לארכו, דאז יוצא מידי ספק.

סימן כ ס"ב • מקום השחיטה בצואר להוושט

ובוושט, מתחלת המקום שכשחותכין אותו מתכויץ.
ואין הפי' שחלק א' מתרחב מחבירו זה למעלה וזה למטה, כמו שמבינים מקצת שוחטים, שדבר זה הוא בכל מקום שיחתוך בבשר החי, **אלא** הפי' שהעור מתקמט ונעשה קמטים במקום השחיטה, והחלל מתכסה, **משא"כ** בתורבץ נשאר החלל מגולה ואין מתקמט.
עד מקום שישעיר ויתחיל להיות פרצים פרצים ככרס.

שחט למעלה ממקום זה, והוא הנקרא תורבץ הוושט, או למטה ממקום זה והוא מתחלת בני מעים, שחיטתו פסולה, כל זה הוא לשון הרמב"ם.
וכתב הכ"מ, דמשמע דנבילה הוי, **וקשה** דתורבץ הושט וכרס לא הוי אלא טרפה ולא נבלה, **ותירץ** דאה"נ הוא לוקה משום טריפה, ומש"ה לא אמר ה"ז נבלה ומטמא במשא, אלא דאם אכל ממנה כזית לוקה, אבל לענין טומאה לא נחית, ומשום דרוב הנזכרים באלו פרקים הוי נבלה, נקט לה לשון נבלה.
והקשה הש"ך, והא כתב בהדיא דלוקה משום אוכל נבלה, **אלא** ודאי כיון ששחט בתורבץ הוושט וכרס, נטרפה, ואין השחיטה מתירתה, דזהו לאו מקום שחיטה, ואין לך נבלה גדולה מזו, **דהא** ודאי כל טרפה אם לא נשחטה ומתה כך, נבלה היא, (**ובודאי** אם שחט אח"כ במקום אחר שחיטה כשרה, השחיטה מוציאה מידי נבילה), **ונ"מ** לדידן במאי דהוי נבלה, לענין אותו ואת בנו.

ושיעור תורבץ הוושט שאינו ראוי לשחיטה, למעלה, בבהמה וחיה כדי שיאחוז בשתי אצבעותיו, **וי"א** כדי רוחב ד' אצבעות; **וקבלה** ביד הקדמונים, שבכל בהמה וחיה השיעור עד מקום שמגיע שם אוזן הבהמה או החיה כשכופפין אותה.

ובעוף, הכל לפי גדלו וקטנו. **ואין** חילוק בין יונה לשאר עופות, דבכולן שיעורן שוה.
ולמטה עד הזפק, דהיינו עד גגו של זפק, ולא גגו בכלל.

וי"א סימן להבחין אם שחט בגגו של זפק, אם נראה עור לבן, בידוע שנגע בו, לפי שהאדום מצוי יותר בוושט מבחוץ מן הלבן, והלבן יותר ארוך מן האדום, **ועוד** סימן, דבגג הזפק אין בו שני עורות כמו בוושט.

וכתב הרמ"א, ועוף שאין לו זפק, עד בין האגפים.
ולפי שאין אנו בקיאין בשיעורין אלו, נכון לשחוט באמצע הצואר לארכו, דאז יוצא מידי ספק.

שחיטה מן הצדדין ומן העורף

סעיף ג - צריך השוחט שישחוט באמצע הצואר; ואם שחט מן הצדדין, שחיטתו כשרה, והוא שהחזיר הסימנים, וידע שחתכם קודם שחתך המפרקת, כי הסימנים רכים ונדחים מן הסכין; וה"ה לשוחט מן העורף.

ז"ל הב"י: ונראה מדברי התוס', שאם לא החזיר הסימנים פסולה, שכך כתבו: השוחט מן הצדדין מצינן למימר דוקא דיעבד, אבל לכתחלה אפילו החזיר הסימנים גזרה אטו לא החזיר. **נלפע"ד** כן, דאי בלא החזיר כשרה, לא שייך למיגזר אטו לא החזיר, כיון דאפילו לא החזיר גופיה כשר בדיעבד, ולא אתי תקלה מזה, ולא מצינו בשום מקום גזרה כי האי.

[מדבריו נראה דתרתי הם, חזרת הסימנים, וידיעת החותך בסימנים קודם המפרקת, ולמד כן מדברי הרא"ש, שכתב על מתניחין דהשוחט מן הצדדין שחיטתו כשירה, ובלבד שידע שחתך הסימנים קודם שחתך המפרקת, כי הסימנים הם רכים ונדחים מן הסכין,

עכ"ל, **משמע** דאפילו החזיר צריך שידע שחתך הסימנים קודם שחתך המפרקת, כ"כ בב"י, וע"כ כתב כאן דתרתי בעינן, ותמוה לי, דא"כ היה לו להרא"ש להזכיר דין החזיר, ולכתוב עליו דבעינן ג"כ ידיעה כו', **אלא** ברור הוא דהחזרה עצמה היא הידיעה, דע"י שהחזיר יודע ודאי שחתך הסימנים קודם המפרקת, **וכן** נ"ל מדברי התוס', שכתבו הא דנקט במתני' השוחט מן הצדדין כשר, דוקא דיעבד אפילו אם החזיר, דגזרינן אטו לא החזיר, ע"כ, ואם איתא דהחזיר לא סגי, למה להו למגזר אטו לא החזיר, תיפוק ליה דאפילו בהחזיר אסור, שמא לא חתך הסימנים קודם המפרקת, אלא פשוט שחתך הסימנים קודם כיון שהחזיר, ובזה ידע אותו דבר, וכ"כ באגודה, דהחזיר לחוד כשר], וכ"כ הש"ך.

[ולדידן אין נ"מ ממה שזכרנו, דהא עיקר החשש דהכא משום שמא חתך המפרקת קודם הסימנים, ואנן ס"ל דאסור אפילו חתך המפרקת אחר הסימנים, כמ"ש סי' כ"ד, ונמצא דאין הכשר אלא בלא חתך המפרקת, מש"ה כשר אפילו בלא החזיר, דאין לנו מה לחוש, כנ"ל].

אלא שקשה על המחבר במה שמשמע לכאורה מדבריו, דידע לחוד לא מהני, דזהו נגד הש"ס, דאוקי מתני' בדלא אהדר, ועכ"פ ידע מהני, **וצ"ל** דמ"ש המחבר "וידע", הוא וי"ו מחלקת, כלומר "והוא שהחזיר או ידע", **ומ"ש** אחר כך: וה"ה לשוחט מן העורף, קאי אהחזיר לחוד, ודברי העט"ז א"א ליישב כן, ע"ש.

‹**ומיהו** לענין דינא יש להחמיר דתרתי בעינן, החזיר וידע - פמ"ג.

[**אלא** דמו"ח ז"ל המציא חומרא אחת, דכל שחתך בשר הצואר קודם הסימנים יש לאסור, והיינו מטעם שהייה, שמא בשעה שהתחיל לשחוט בבשר נגע מעט בושט, וחזר וחתך בבשר, **ויליף** לה מדברי הרשב"א בת"ה הקצר, וז"ל, מן הצדדין שחיטתו כשירה, לפי שהסימנים נשחטים עד שלא חתך המפרקת והבשר שעליה, עכ"ל, מדנקט והבשר שעליה, משמע שאם חתך בבשר קודם, יש חשש לנקיבת וושט, ע"כ, **ולענ"ד** שאין מקום לחומרא זאת, דא"כ ניחוש מספק בכל שוחט, שמא באמצע שחיטת הסימנים חתך בבשר וחזר לסימנים, או שמא בשעה שהתחיל לחתוך בעור נגע בסי', וחזר וחתך בעור, **והא** דנקט בת"ה הקצר והבשר שעליה, הוא מטעם אחר, דה"ק לא מיבעיא דחשש נבילות פשיטא דאין כאן, דהיינו מה דאמר זעירא נשברה מפרקת ורוב בשר עמה נבילה, דודאי לא יצטרך אפילו אח"כ לבוא לידי חתיכת רוב הבשר, אלא אפילו חשש טרפות, דהיינו בלא רוב בשר, אין כאן, כיון שעכ"פ צריך לחתוך קצת בבשר קודם חיתוך מפרקת, והסימנים נשחטים קודם שיעשה חיתוך בבשר ובמפרקת, **אבל** לא מיירי מאיסור שהייה, דודאי אין שיעור שהייה בזה, ואפי' לדידן דאנו מחמירים בכל השהיות, אין זה אלא אם מגביה הסכין אפילו קצת, בזה גוזרים מגביה ושהה קצת, משום שוהה הרבה, **אבל** כשאינו מגביה כלל, למה נחמיר לדידן יותר מחכמי התלמוד, דזה אין שייך בו גזירה, אפי' אם בתוך השחיטה חותך במפרקת, וכ"ש בבשר הצואר, דאין כאן שיעור].

וה"ה לשוחט מן העורף - ‹ובלא החזירה, ושחט המפרקת וסימנין בלא בשר, יש לעיין לדינא אם הוי טריפה, או דהוי נבילה מטעם חלדה - רעק"א.

סימן כ ס"ג • שחיטה מן הצדדין ומן העורף

צריך השוחט שישחוט באמצע הצואר.
ואם שחט מן הצדדין, שחיטתו כשרה, **והוא** שהחזיר הסימנים, וידע שחתכם קודם שחתך המפרקת, כי הסימנים רכים ונדחים מן הסכין; **וה"ה** לשוחט מן העורף.

ואם לא החזיר הסימנים, פסולה, דהא השוחט מן הצדדין הוי כשר דוקא בדיעבד, ומשום גזרה אטו לא החזיר, **ואי** אפי' לא החזיר גופיה כשר בדיעבד, לא היה שייך למיגזר אטו לא החזיר, כיון דלא אתי תקלה מזה, דלא מצינו גזרה כי האי.

מדברי המחבר נראה דצריך תרתי: א'. חזרת הסימנים, **וב'.** ידיעת דחתך הסימנים קודם המפרקת.
והט"ז והש"ך חולקים עליו, דהחזרה עצמה היא הידיעה, דע"י שהחזיר יודע ודאי שחתך הסימנים קודם המפרקת.

וי"א דלדידן אין נ"מ בזה, דהא עיקר החשש דהכא משום שמא חתך המפרקת קודם הסימנים, **ואנן** ס"ל דאסור אפילו חתך המפרקת אחר הסימנים, ואין הכשר אלא בלא חתך המפרקת, **ולכן** כשר אפי' בלא החזיר, דאין לנו מה לחוש.

והקשה הש"ך על המחבר, דמשמע מדבריו, דידע לחוד לא מהני, וזהו נגד הש"ס, **וצ"ל** דמ"ש המחבר "וידע", הוא וי"ו מחלקת, כלומר "והוא שהחזיר או ידע", **ומ"ש** אחר כך: וה"ה לשוחט מן העורף, קאי אהחזיר לחוד.

וי"א דלענין דינא יש להחמיר דתרתי בעינן, החזיר וידע.

וכתב הב"ח, דכל שחתך בשר הצואר קודם הסימנים יש לאסור מטעם שהייה, דשמא בשעה שהתחיל לשחוט בבשר נגע מעט בושט, חזר וחתך בבשר, **וכתב הט"ז** שאין מקום לחומרא זאת, דא"כ ניחוש מספק בכל שוחט, שמא באמצע שחיטת הסימנים חתך בבשר וחזר לסימנים, או שמא בשעה

שהתחיל לחתוך בעור נגע בסי', וחזר וחתך בעור, **אלא** דודאי אין שיעור שהייה בזה, **ואפי'** לדידן דאנו מחמירים בכל השהיות, אין זה אלא אם מגביה הסכין אפילו קצת, בזה גוזרים מגביה ושהה קצת, משום שוהה הרבה, **אבל** כשאינו מגביה כלל, למה נחמיר לדידן יותר מחכמי התלמוד, דזה אין שייך בו גזירה, אפי' אם בתוך השחיטה חותך במפרקת, וכ"ש בבשר הצואר, דאין כאן שיעור.

ואם שחט מן העורף בלא חזרת סימנים, ושחט המפרקת וסימנין בלא בשר, יש לעיין לדינא אם הוי טריפה, או דהוי נבילה מטעם חלדה.

למשמש בסימנים ולתפשם

סעיף ד - טוב ליזהר – [פי' אפילו בשוחט כנגד הגרון], **למשמש בסימנים ולתפשם קודם שחיטה, כדי שיזדמנו קודם בשר הצואר** – [עיקר קפידתו שלא יבא לחתוך המפרקת, כמו שסיים בהדיא, ולחתוך המפרקת כו', ומש"ה הקפידו גם על בשר הצואר שהוא על המפרקת משום הרחק מן הכיעור, ואדרבה משם ראייה, כיון שלא מצא טעם לאיסור אלא משום המפרקת, ולא משום טעם שהייה בשחיטה, אפילו בלא חתיכה במפרקת, ‹עיין ט"ז לעיל בסמוך›, אלא ודאי שאין בזה חשש כלל כמו שאמרנו].

ובינונים נמצאים הסימנים בצדדים, וצריך אימון ידים וזהירות גדולה, שאם לא ימשמש בהם ויזמינם לפניו קודם שחיטה, קרוב הדבר מאד לפשוע ולחתוך המפרקת קודם הסימנים.

סימן כ ס"ד • למשמש בסימנים ולתפשם

אפילו בשוחט כנגד הגרון, טוב ליזהר למשמש בסימנים ולתפשם קודם שחיטה, כדי שיזדמנו קודם בשר הצואר. **ועיקר** הקפידה שלא יבא לחתוך המפרקת, כמו שסיים בהדיא, ומש"ה הקפידו גם על בשר הצואר שהוא על המפרקת משום הרחק מן הכיעור, (ולא משום טעם שהייה וכנ"ל).

ובינונים נמצאים הסימנים בצדדים, וצריך אימון ידים וזהירות גדולה, שאם לא ימשמש בהם ויזמינם לפניו קודם שחיטה, קרוב הדבר מאד לפשוע ולחתוך המפרקת קודם הסימנים.

§ סימן כא – שיעור השחיטה בכמותה §

שיעור השחיטה בכמותה

סעיף א - כמה הוא שיעור השחיטה (של **הקנה והוושט; השחיטה המעולה, שיחתכו שניהם בין בבהמה ובין בעוף, ולזה יתכוין השוחט** – [בדרישה הקשה, כיון שצריך גם בעוף ב' סימנים לכתחלה, למה נתיר לכתחלה לשחוט העוף בסכין שאינו חד, כמ"ש בסי' י"ח שוחטין בו, דמשמע אפילו לכתחלה, ותירץ דבסי' י"ח מיירי ששוחט ב' סימנים כאחד, ומיירי אפילו בבהמה, ולא כמ"ש ב"י דבעוף מיירי, עכ"ל, **אומר** אני הא דנמשך מתירוץ שלו דאפילו בבהמה יוכל לשחוט בסכין שאינו חד כששוחט ב' הסימנים כאחד, לא נהירא כלל להקל בזה, שיסמוך ע"ז שיחתוך ממש בשוה בכל אחד, ולא יקדים באחד יותר קצת מחבירו, דשמא יקדים באחד יותר ויבוא ליד איסור גמור, וקושייתו נראה לתרץ, כיון שבעוף כשר עכ"פ דיעבד כשנחתך רובו של א', בזה שפיר יוכל לסמוך שישחוט שניהם, כיון דאפילו אם לא יהיה כן אין איסור בדבר, כנ"ל].

ואם שחט רוב אחד מהם בעוף, ורוב שנים בבהמה ובחיה, שחיטתו כשרה - כתב מהרש"ל בהגהותיו לטור, נשחט הקנה כולו, והושט נשחט עור החיצון כולו, ועור הפנימי לא נשחט רובו, נ"ל לאוסרה, ע"כ מתשובת מהר"ם מי"ץ, וכ"כ הב"ח שמצא כך כתוב. ‹כי בעינן רוב חלל הוושט מבפנים – פמ"ג›.

כתב מהרי"ו, קנה הוא הקרום שבפנים הגרגרת המחבר את הטבעות יחד, אבל טבעות עצמן נקראין גרגרת, **ורובו** של א' כמוהו היינו דוקא רוב הקנה מתחלת הקרום ולמטה, ולא רוב הגרגרת, דהיינו עובי הטבעות, עכ"ל.

ובלבד כשימדדו אותו ימצאו שהנשחט הוא רוב; וכיון שימצאו שהנשחט יותר מחצי, אפילו כחוט השערה, דיו – [כן הוא דעת הרשב"א

והר"ן, ומש"כ בגמרא דבעינן רוב הנראה לעינים, לא רובא דמינכר קאמר, כעין שאמרו בברכות רובא דמינכר, דהכא לא אמר מידי מהיכרא, אלא לפי שאמרו מחצה על מחצה כרוב, אע"פ שאין כרוב, אלא רואין אותו במראית הלב כאלו הוא רוב, מש"ה אמר רוב הנראה לעינים דוקא בעינן, ולא רוב הנראה ללב, ע"כ, **אלא** דמפרש"י לא משמע כן, דפי' בגמרא, הנראה לעינים, רוב גמור הניכר, עכ"ל, וא"כ שנזכר כאן היכירא, הו"ל כההיא דברכות רובא דמינכר שזכרוה רשב"א והר"ן, דהא הם תלו הדבר במה שלא נזכר כאן היכר, ורש"י כתב בהדיא היכירא, וא"כ משמע רוב גדול, וכן איתא לשון זה בשו"ע באו"ח סי' י' סעיף ח', רוב הנראה לעינים, והתם רוב הניכר קאמר, וכן במרדכי משמע כן, ובאגודה מבואר יותר דבעינן רוב גדול, וכן הוא בשחיטות שלנו של מהרי"ו, ונראה להביא ראיה לדעת הר"ן והרשב"א, דהא אמרינן בגמ' לשון זה דרוב הנראה לעינים בעינן, לענין טריפות, דפריך התם על מ"ד דמחצה על מחצה כרוב, מהא דמצא חצי קנה פגום והוסיף עליו כל שהוא, כשירה, ואי אמרת מחצה כרוב, הא טריפה הוי, אמר רבא שאני לענין טריפה דבעינן רוב הנראה לעינים, ואם כן אם תאמר דרוב הניכר קאמר כדעת המרדכי והאגודה, ע"כ דנקיבת הקנה דפוסל ברובו, דוקא ברוב גדול, וא"כ מ"ט אמרו חצי קנה פגום כשר, היה להם לומר אפי' רוב פגום כשר, כל שאינו רוב גדול הנראה לעינים, אלא ע"כ דכל שהוא רוב אפילו כחוט השערה, מיקרי רוב הנראה לעינים, ממילא ה"ה נמי לענין שחיטה לקולא, **ע"כ** ודאי יפה פסק בשו"ע כהרשב"א והר"ן והטור, **אלא** דמ"מ כיון שמלשון רש"י במרדכי ואגודה משמע להחמיר, יש להחמיר במקום שאין הפסד, בפרט שמהרי"ו שהוא אחרון כתב דבעינן שיהא רוב מנוכר לכל, ולא ע"י מדידה, כנ"ל.

‹ועיין פר"ח ובה"י שהחמירו אפי' בהפ"מ – בה"ט›.

סימן כא ס"א • שיעור השחיטה בכמותה

כמה הוא שיעור השחיטה של הקנה והוושט; השחיטה המעולה, שיחתכו שניהם בין בבהמה ובין בעוף, ולזה יתכוין השוחט.

ויש שהקשה, כיון שצריך גם בעוף ב' סימנים לכתחלה, למה נתיר לכתחלה לשחוט העוף בסכין שאינו חד, כמ"ש בסי' י"ח שוחטין בו, **ותירץ** דבסי' י"ח מיירי ששוחט ב' סימנים כאחד, ומיירי אפילו בבהמה, ולא כמ"ש ב"י דבעוף מיירי.

וי"א דלא נהירא להקל בבהמה, שיסמוך ע"ז שיחתוך ממש בשוה בכל א', ולא יקדים באחד יותר קצת מחבירו, דשמא יקדים באחד יותר ויבוא ליד איסור גמור, **ודוקא** בעוף דכשר עכ"פ דיעבד כשנחתך רובו של א', בזה שפיר יוכל לסמוך שישחוט שניהם, כיון דאפי' אם לא יהיה כן אין איסור בדבר.

ואם שחט רוב אחד מהם בעוף, ורוב שנים בבהמה ובחיה, שחיטתו כשרה.

וושט – י"א דאם נשחט עור החיצון כולו, ועור הפנימי לא נשחט רובו, דאסור, כי בעינן רוב חלל הוושט מבפנים.

קנה – י"א דהוא הקרום שבפנים הגרגרת המחבר את הטבעות יחד, אבל טבעות עצמן נקראין גרגרת, **ורובו** של א' כמוהו היינו דוקא רוב הקנה מתחלת הקרום ולמטה, ולא רוב הגרגרת, דהיינו עובי הטבעות.

ובלבד כשימדדו אותו ימצאו שהנשחט הוא רוב; וכיון שימצאו שהנשחט יותר מחצי, אפילו כחוט השערה, דיו.

ולרש"י בעינן רוב גדול, רוב גמור הניכר, ולא ע"י מדידה.

וי"א דיש להחמיר במקום שאין הפסד, **ויש** שהחמירו אפי' בהפסד מרובה.

שחט רק חצי הסימן

סעיף ב - אם שחט בבהמה האחד כולו וחצי השני, ובעוף שני חצאי סימנים, פסולה – ‹ופרש"י, דכמו דלא עביד מידי דמי, דזיל הכא ליכא שיעורא, וזיל הכא ליכא שיעורא – בית יוסף›.

סימן כא ס"ב • שחט רק חצי הסימן

שחט בבהמה הא' כולו וחצי השני, ובעוף שני חצאי סימנים, פסולה, **דזיל** הכא ליכא שיעורא, וזיל הכא ליכא שיעורא.

שחט הסימן בב' מקומות

סעיף ג - לא שחט רוב הסימן במקום אחד, כגון שהתחיל לשחוט ונתהפך הסימן וגמרה שם, ובין שניהם רוב, כשרה בין בקנה בין בוושט - בכל הסעיף מיירי בדלא שהה, ולדידן צריך שלא ישהה אפילו כל שהוא, **לא מבעיא אם שני החתכים שוים בהיקף אחד, אלא אפילו האחד לצד הראש והשני לצד מטה, כשר, בין אם אדם אחד שחט כך בשנים או בג' מקומות, בין ששחטו שנים בשני סכינים** – ‹ויש מי שכתב שבעל נפש לא יאכל משחיטה כזו, תב"ש, וצ"ע, דבגמ' שם מפורש דר' יצחק שקל משופרי שופרי, ע"ש – ערוה"ש›.

אבל אם הכל בצד אחד, כגון שלאחר שהתחיל לשחוט מעט, הניח זה המקום ושחט למטה או למעלה ממנו באותו צד, צריך שיהא

הרוב במקום אחד, וכשיש רוב אפילו במקום השני, כשר ואעפ"י שאין השחיטה מפורעת, (פי' גלויה ונכרת) - ‹דאע"ג דיש רוב במקום א', כשנחתך למעלה או למטה לא מירווח רווח ואינה מפורעת - ב"י›.

סימן כא ס"ג • שחט הסימן בב' מקומות

לא שחט רוב הסימן במקום א', כגון שהתחיל לשחוט ונתהפך הסימן וגמרה שם, ובין שניהם רוב, כשרה בין בקנה בין בוושט **(ומיירי** בדלא שהה, ולדידן צריך שלא ישהה אפי' כל שהוא, **וי"א** דבעינן לדידן שלא הגביה כלל הסכין בשעת שחיטה, אלא נדחף ממקום למקום בשעת שחיטה), **לא** מבעיא אם שני החתכים שוים בהיקף א', אלא אפי' הא' לצד הראש והשני לצד מטה, כשר, **בין** אם אדם א' שחט כך בב' או בג' מקומות, בין ששחטו שנים בב' סכינים.

ויש מי שכתב שבעל נפש לא יאכל משחיטה כזו, **וצ"ע**, דבגמ' שם מפורש דר' יצחק שקל משופרי שופרי.

אבל אם הכל בצד אחד, כגון שלאחר שהתחיל לשחוט מעט, הניח זה המקום ושחט למטה או למעלה ממנו באותו צד, צריך שיהא הרוב במקום אחד.

וכשיש רוב אפי' במקום השני, אע"פ שאין השחיטה מפורעת, (פי' גלויה ונכרת), דכשנחתך למעלה או למטה לא מירווח רווח ואינה מפורעת, כשר.

שחיטה העשויה כקולמוס או כשיני המסרק

סעיף ד - שחיטה העשויה כקולמוס - [פי' באלכסון]. ‹והנה באלכסון יש ב' פירושים: או שהניח הסכין באלכסון, או שחתך עובי הסימן באלכסון - פמ"ג›, ‹**דהיינו** שהניח הסכין על הצואר בעיקום, קצה א' של הסכין לצד הראש וקצה השני לצד הגוף, ושחט כך, או שהניח הסכין ישר, רק שעיקם בידו וירד למטה או למעלה, שחיטתו כשרה, **ואפילו** לכתחלה יכול לשחוט כקולמוס, שמ"ח, **ומלשון** הגמ' נ"ל דאין לעשות כן לכתחלה, וצ"ע - ערוה"ש›.

או כשיני המסרק, כשר - [פי' מהר"י חביב, מעקם וחוזר ומתחיל], ‹שאינו חותך חתוך ישר, רק חותך ומעקם וחוזר כנגד המקום שהתחיל וחוזר ומעקם, וזה כמו המסרק, וגם כן אלכסון כמו הקולמוס, ואין חילוק ביניהם, רק שבאלכסון ראש השחיטה במקום אחר וסופו במקום אחר, כמו קולמוס, אבל כשיני מסרק מעקם וחוזר ומעקם כנגד המקום שהתחיל, עכ"ל - ב"י, [**וכתב** עליו בפרישה, **שכשמעקם** הסכין בתוך הסי' לכאן ולכאן, א"א שלא יעשה עיקור, שמעקר הסימנים בעיקום הסכין, ולמה שחיטתו כשרה, **ונ"ל** שמבחוץ הוא חותך הסימנים סביבם, ומעקם באותו חיתוך, עכ"ל, **ונראה** לדידן אין היתר בהאי כשיני המסרק, דאפילו למה שמפרש דחותך מבחוץ חתיכות עקומות, אסור לדידן, דהא צריך להוציא הסכין ולחתוך במקום אחר סמוך לו, ואנן קי"ל כל שהגביה הסכין אפילו כל שהוא אסור משום שהייה, **וכן** במ"ש הניח זה המקום בו', היינו בלא הגביה כלל הסכין בשעת שחיטה, **אלא** נדחף ממקום למקום בשעת שחיטה, ועיין מ"ש בסי' כ'].

סי' כא ס"ד • שחיטה העשויה כקולמוס או כשיני המסרק

שחיטה העשויה כקולמוס, פי' באלכסון, כשר.

ויש בזה ב' פירושים: **או** שהניח הסכין על הצואר בעיקום, **או** שהניח הסכין ישר, רק שעיקם בידו וירד למטה או למעלה.

וי"א דאפי' לכתחלה יכול לשחוט כקולמוס, **וצ"ע**, דמלשון הגמ' נראה דאין לעשות כן לכתחלה.

או כשיני המסרק, כשר.

שאינו חותך חתוך ישר, רק חותך ומעקם, וחוזר כנגד המקום שהתחיל וחוזר ומעקם.

וי"א שכשמעקם הסכין בתוך הסי' לכאן ולכאן, א"א שלא יעשה עיקור, שמעקר הסימנים בעיקום הסכין, ולמה שחיטתו כשרה, **ותירץ** שמבחוץ הוא חותך הסימנים סביבם, ומעקם באותו חיתוך.

וי"א דלדידן אין היתר בהאי כשיני המסרק, דהא צריך להוציא הסכין ולחתוך במקום אחר סמוך לו, ואנן קי"ל כל שהגביה הסכין אפילו כל שהוא אסור משום שהייה.

היה חצי הקנה חתוך

סעיף ה - היה חצי הקנה חתוך, ושחט בו והשלימו לרוב, (ויודע שלא ניקב הוושט), כשר; וכן אם התחיל לשחוט במקום השלם ופגע בחתך, והחתוך משלימו לרוב, כשר.

ויודע שלא ניקב הוושט - כגון כשחתך חצי הקנה הראשון תפס הקנה לבדו בידו, או שנפגם חצי הקנה מחמת חולי, ב"י וד"מ, ומשמע מדברי הרב דזהו אפילו לדידן כשר, וכ"כ העט"ז בהדיא דקי"ל הכי, **וה"ט**, דכיון דידוע שלא ניקב הושט, לא שייך תו שהייה, דהא דפסלינן שהייה במיעוט קמא דקנה, היינו משום דלא בקיאינן בבדיקת הוושט, וחיישינן לנקובת הוושט, כדלקמן ס"ס כ"ג בהג"ה, דהיכא דתפס הקנה לבדו בידו, ואמר ברי לי שלא נגעתי בוושט, קי"ל דכשר, ע"ש.

[**נראה** דלדידן בכל גווני טריפה, כל שיש ריעותא בסימנים, כמו בר אווזא דהוה ממסמס קועיה דמא, מובא לקמן סי' ל"ג ס"ח, בהג"ה, דלדידן אסור, ה"נ בזה].

זה אינו, אלא אפילו לדידן כשר, וכמו שכתבו האחרונים, וכמו שכתבתי בש"ך - נקה"כ.

‹**ומיהו** על ידי חולי אף הט"ז יודה דאין חוששין - פמ"ג›.

סימן כא ס"ה • היה חצי הקנה חתוך

היה חצי הקנה חתוך, ויודע שלא ניקב הוושט, **(כגון** כשחתך חצי הקנה הראשון תפס הקנה לבדו בידו, או שנפגם חצי הקנה מחמת חולי), **ושחט** בו והשלימו לרוב, כשר; **וכן** אם התחיל לשחוט במקום השלם ופגע בחתך, והחתוך משלימו לרוב, כשר.

וכתב הט"ז, דנראה דלדידן בכל גווני טריפה, כדקימ"ל כל היכא שיש ריעותא בסימנים.

והש"ך כתב דזה אינו, אלא אפילו לדידן כשר, דהא דפסלינן שהייה במיעוט קמא דקנה, היינו משום דלא בקיאינן בבדיקת הוושט, וחיישינן לנקובת הוושט, **אבל** היכא דתפס הקנה לבדו בידו, ואמר ברי לי שלא נגעתי בוושט, קי"ל דכשר.

ומיהו י"א דעי' חולי, אף הט"ז יודה דאין חוששין.

§ סימן כב – באיזו מין צריך לשחוט הורידין §

דין שחיטת הורידין בעוף

סעיף א - בעוף צריך לשחוט הורידין, (פי' חוטים שמהן יוצא הדם, ויני"י בלע"ז) -

כתב רבינו ירוחם, דצריך לשחוט לפחות ב' ורידין, **או לנקבם בשעה שהוא מפרכס שעדיין הדם חם, כדי שיצא ולא יתקרר בתוכו** - אפילו דעתו בשעת שחיטה לנתחו אבר אבר, דהואיל ודרכו לצלותו שלם, חיישינן דילמא מימלך עלויה ויצלנו שלם, כ"כ הפוסקים,

ואם לא עשה כן, לא יצלנו שלם - ומבואר בהרא"ש, דאם לא נקבם בשעת שחיטה, מותר לצלותו ע"י שיחתוך הוורידין עם הבשר שסביבותם מן הצואר, ע"ש, וכן נראה מהך דמסירים הראש בעוף בהג"ה.

[**בב"י** הביא דעת מקצת פוסקים, שאם לא שחט כל הסימנים אלא רובן, ורוצה לצלות שלם, שצריך לחתוך אותם ג"כ כמו הוורידין, ודחה אותם שא"צ לעשות כן, **ובד"מ** כתב שיש איסור בדבר, דנראה כשהייה בשחיטה, כמו לקמן סי' כ"ג סעיף ה', ואפילו בדרך שאין שייך לומר כן, כגון לנקבן, לא ראיתי לשום אדם לחוש לזה, ואפשר משום שגם בוורידין לא נהגו כן, עכ"ל].

ואם צלאו שלם, ישליך הורידין ויחתוך סביבם כדי נטילה, שהוא כעובי אצבע – [פירוש רוחב אצבע, כמו שכתוב סי' ק"ה]. ‹ור"ל רוחב אגודל, דכל מקום שנזכר בפוסקים אצבע, הוא אגודל, כמבואר – פמ"ג›.

דוקא באלו הורידין שבצואר אמרינן הכי, דבעי נטילה, אבל בחוטין שבצואר, הרי כתב הרב בהג"ה סי' ס"ה, דסגי בקליפה, והחילוק יתבאר שם.

וא"צ ס', שאינו מפעפע בכולו בצלי, וע"ל כתבתי דאף לדידן דקי"ל דצלי מפעפע בכולו עד ס', סגי בנטילה.

הגה: ואס נמלח כך, מסירין אח"כ החוטין ושרי – [דאמרינן כבולעו כך פולטו], **(ועיין ס"ק ו'), וים מחמירים לקלוף סביב החוטין, (אגור בשם מהר"י מולין)** – [ס"ל דהוה כמו דם בעין, ולא מיקרי דם פליטה, ועיין סי' ע"ב מדין זה]. ‹**דעה** קמייתא סוברת, דמליחה קל מצלי, ואמרינן כבולעו כך פולטו, ויש מחמירין סוברים דהוה דם בעין, ובבעין לא אמרינן כבולעו כך פולטו, כמבו' בסי' ס"ט, **ומ"מ** אף לדידן די בקליפה, אף דאנו אוסרים מליחה בס', כיון דהוה רק חומרא בעלמא, ועש"ך – פמ"ג›.

צ"ע אנה מצא לחלק בין צלי למליחה, דהא קי"ל בכל דוכתא מליח הרי הוא כרותח דצלי, ופשיטא למאן דאוסר בצלי כדי נטילה, אוסר במליחה כדי קליפה, כדלקמן סי' ק"ה וכמה דוכתי, וגם האגור בשם מהרי"ל כתב בפשיטות, דבצלי בעי נטילה ובמליחה קליפה, ‹**בתפל"מ** ובכרתי פסקו, דעור הורידין עצמן במקום קליפה – רעק"א›, **ונראה** דס"ל להר"ב כיון דמדינא אפילו בצלי א"צ נטילה, דהא קי"ל כבולעו כך פולטו גבי ורידין, וכמ"ש הר"ב סי' ע"ב ס"ב, וכמ"ש הרשב"א ורבינו ירוחם, **ולא** קי"ל כמ"ש הרשב"א בתה"א, דכיון שהחוטין בעצמן אינן יוצאין מידי דמן לגמרי, אחר שיסלק מן האור עדיין חוטין פולטים קצת דם בבשר, ואין כח בחמימות הבשר לפלוט מה שבלע אחר שנסתלק מן האור, והו"ל חם לתוך חם, ודם אינו מפעפע, הלכך צריך ליטול החוטין ויטול את מקומן, עכ"ל, **דא"כ** היה צריך ס' לדידן דקי"ל לקמן סי' ק"ה וכמה דוכתי דדם מפעפע, וכל האחרונים ומהרי"ל גופיה כתבו דסגי בנטילה, **אלא** קי"ל דאחר שנסתלק מן האור נמי אמרינן כבולעו כך פולטו, כדלקמן סי' ע"ו ס"ד, ‹**לא** ידעתי הא שם מבואר בהיפך... – רעק"א›, **והלכך** מדינא שרי לגמרי כדעת התוס' והרא"ש בשם ר"י, אלא דלחומרא מצרכינן נטילה לחוש לדברי הרשב"א וסייעתו, **והלכך** דוקא בצלי שייך למימר הכי,

סעיף א – דין שחיטת הורידין בעוף

דאף הרשב"א לא קאמר אלא בצלי, משום דלאחר שסילק מן האור ליכא למימר תו כבולעו כך פולטו, משא"כ במליחה דלא שייך למימר הכי, **והלכך** האגור בשם מהרי"ל דמצריך קליפה במליחה, ע"כ חומרא בעלמא קאמר אפילו להרשב"א וסייעתו, אבל מדינא א"צ קליפה לכו"ע, דכבולעו כך פולטו גבי מליחה.

דלא כהב"ח, שאסר במליחה כדי נטילה בלא טעם וראיה, ומש"כ שכן משמע בתשובת מהרי"ל, עיינתי שם ולא מצאתי שום משמעות, ועוד דהרי האגור כתב ע"ש תשובת מהרי"ל להפך.

ואם בשלו שלם, מחטט ומנקר החוטים; והשאר, אם יש בכל מה שבקדרה כדי לבטל הדם שבכל החוטין בס' - (עיין בתפל"מ דאפילו הורידין עצמן ממנין ס'). **מותר** - צ"ע, דכאן סתם הר"ב כדברי המחבר, ובאיסור דבוק פסק הר"ב לקמן סי' ע"ב גבי לב, דצריך שיהא בעוף גופיה ס' נגד הלב, והכי קי"ל בסי' ע"ג וצ"ב ודוכתי טובי, וא"כ הכא נמי אמאי כל הקדירה מצטרף לבטל, נימא שיהא דוקא בעוף גופיה ס', וכך הקשה בתשובת משאת בנימן ופסק כן, **וכן** נראה דעת הפרישה, שכתב דמש"כ הטור דבכל הקדרה משערין, היינו משום דאזיל לטעמיה דס"ל דלא אמרינן אם האיסור דבוק, שיהא צריך להיות באותו דבר שנדבק בו ס', עכ"ל, {**אי** נמי אזיל לטעמיה דס"ל בסי' צ"ב, דלא אמרינן חתיכה נעשה נבלה בשאר איסורים, נ"ל}, **א"כ** לדידן אין הקדרה מצטרף, **ונראה** דדעת הר"ב, דכיון דהורידין עצמן אין בהן דם, הלכך כיון שהן מפסיקין בין הדם והעוף, אינו ממהר לבלוע בעוף מבשאר דברים שבקדרה, דהא טעמא דאיסור דבוק הוא משום שנבלע בתחלה בחתיכה הדבוקה, וכדלקמן סי' ע"ב, משא"כ הכא... **ועוד** דהא מה"ט חשיב הדם שבתוכן דם פליטה, דאמרינן ביה כבולעו כך פלטו, דלגבי דם בעין לא אמרינן כבולעו כך פולטו, כדלקמן סי' ס"ט וע' וע"ב וע"ו ודוכתי טובי, א"כ ה"ה אם נתבשל דמפסיקין לענין דאינו ממהר לבלוע טפי משאר חתיכות שבקדרה... **דאע"ג** דגבי לב הדבוק בעוף בעינן התם ס' מן העוף עצמו, היינו משום דיש דם בבשר הלב עצמו ג"כ, מה שאין כן בורידין ודו"ק.

[**נראה** לפי מה דקי"ל בסימן צ"ב, חתיכה עצמה נעשית נבילה אפילו בשאר איסורים, הכא צריך שיהיה ס' באותו עוף לבד, ואם לאו צריך ס' נגד כל העוף, וכן איתא בסימן ס"ד סעיף י"ב בקרום שעל יותרת הכבד, ע"ש]. **עיין** מש"כ בש"ך, דאין דעת הרב רמ"א כן - נקה"כ.

לשון הרשב"א וטור, אם יש בו כדי לבטל כל החוטין בס' כו', וכתב בית יוסף, אבל הר"ן כתב אם יש כדי לבטל הדם שבכל החוטין שרי, ונראין דבריו, ע"כ, **והר"ב** בד"מ השיג עליו, דהא טעמא דהרשב"א, הוא משום דלא ידעינן כמה דמא נפק מנייהו, וא"כ גם הר"ן מודה בזה, ודם החוטין דנקט לאו דוקא, אלא דעיקר האיסור הוא משום דם, ואם אפשר לשער הדם שבתוך החוטין, גם הרשב"א מודה דא"צ לשער רק נגד הדם, והא דנקט נגד החוטין, משום דלא ידעינן לשער בלא החוטין, כן נראה לי, עכ"ל, ודבריו נכונים.

כתב הב"ח, דלדידן דקי"ל לקמן סי' צ"ב חתיכה נעשה נבילה בכל האיסורין, צריך ס' ג"כ כנגד הקליפה שנאסרה תחלה במליחה, **ואין** נראה כן דעת הר"ב בת"ח, וממה שסתם כאן כהט"ו, ונראה דס"ל דלא אמרינן חנ"נ אלא במקום שהחתיכה עצמה נאסרה בנ"ט, אבל לא בקליפה שאסרו חכמים שהיא חומרא, **עי"ל** דלא אמרינן שנעשה נבילה במליחה כמ"ש בת"ח, ואע"ג דמשמע שם דלא מתיר אלא במקום הפסד מרובה דוקא, מ"מ הכא כיון דיש עוד צד להיתר, וגם יש פוסקים מתירין בדיעבד אפילו בנצלה העוף שלם, וכ"ש במליחה, וכמש"כ, ואפילו להאוסרים בנצלה שרי במליחה כמ"ש שם, א"כ יש להתיר אפילו שלא במקום הפסד מרובה, דהא דבכל האיסורים חתיכה נעשה נבילה, היינו משום שגזרו אטו בשר בחלב, ולא גזרו אלא דומיא דבשר וחלב, דדרך בישול אסרה תורה ולא במליחה וכה"ג.

הג"ה - אכן מדברי התוס' והג"ה אשר"י והמרדכי והאגודה, נראה מבואר דאמרינן חנ"נ בכה"ג, וכ"נ דעת רי"ו, ונראה שם מדברי הפוסקים הנ"ל, דאף במליחה אמרינן חנ"נ, ע"ש.

הגה: ואם הסירו הראש ממנו, לא מקרי שלם - ובבהמה צריך לחתוך הצואר לשני חתיכות, כן כתבו הפוסקים שם, **ולכן נהגו להסירו מן העופות השלמות; וע"ל סימן ע"ו אם לא נשחטו הורידין.**

[**בד"מ** העתיק בשם המרדכי וז"ל, ומיהו תימה, שאנו מבשלים בכל יום וצולין עופות בלא ניתוח, אע"פ

שלא שחט ולא ניקב הוורידין, לכן נראה כר"ת, דדוקא עם הראש מיקרי שלם, אבל אנו שחותכין הראש אין צריכים לחתיכות הוורידין, וההיא דקאמר שמנתחה אבר אבר, לאו דוקא, **א"נ** משום דצואר בהמה גדולה, צריך לחתוך הצואר לב' חתיכות, אבל עוף שצוארו דק, די בהסרת הראש, עכ"ל, **וכתב** בדרישה ע"ז, ומכאן תשובה לאותן שמבשלים עוף שלם עם הראש, אלא שרמ"א כתב סוף הסימן, שסתם עוף נחתכו וורידין שלו בשחיטה כו', עכ"ל, ***ולא** תיקן כלום בזה, דהטעם דאמרינן שסתם עוף כו', מכח חזקה דודאי עשה כהוגן, כמו שנעתיק לשם, והרי עכשיו אנו קיימין שאין חותכין הורידין, אם כן מה היתר יש כשלא נחתך הראש, **ע"כ** יש ליזהר שכל מי שרוצה לבשל העוף שלם עם הראש, שיחתוך הורידין שלו בשעת שחיטה, דהיינו כל זמן שמפרכס, **ובאמת** שמעתי מאנשי מעשה, שהיו על סעודה כזאת, ולא רצו לאכול מאותו עוף, **וכתב** רש"ל ואנו נוהגים לחטוט אחר הורידין ולחותכן, אלא שאין נזהרין לנוקבן או לשוחטן בשעת שחיטה, וצריכין אנו לדברי ר"ת, דדי בהסרת הראש, עכ"ל].

***לא** ידענא מאי קאמר, דהא תיקן טובא, דסתם עוף נשחטו וורידין, א"כ אף שהראש מחובר בו, מ"מ מסתמא נשחטו וורידין - נקה"כ.

סימן כב ס"א • דין שחיטת הורידין בעוף

בעוף צריך לשחוט הורידין, (וי"א לפחות ב' ורידין), או לנקבם בשעה שמפרכס ועדיין הדם חם, כדי שיצא ולא יתקרר בתוכו. **ואפילו** דעתו בשעת שחיטה לנתחו אבר אבר, הואיל ודרכו לצלותו שלם, חיישינן דילמא מימלך עלויה ויצלנו שלם.

ואם לא עשה כן, לא יצלנו שלם.
וי"א דמותר לצלותו ע"י שיחתוך הוורידין עם הבשר שסביבותם מן הצואר, **וכן** נראה מהך דמסירים הראש בעוף בהג"ה.

וי"א שאם לא שחט כל הסימנים אלא רובן, ורוצה לצלות שלם, שצריך לחתוך אותם ג"כ כמו הוורידין, **ויש** שדחה אותם שא"צ לעשות כן, **וי"א** שיש איסור בדבר, דנראה כשהייה בשחיטה, **ואפי'** בדרך שאין שייך לומר כן, כגון לנקבן, לא ראיתי לשום אדם לחוש לזה, **ואפשר** משום שגם בוורידין לא נהגו כן, וכדלהלן.

ואם צלאו שלם, ישליך הורידין ויחתוך סביבם כדי נטילה, שהוא כעובי רוחב אגודל.

ודוקא באלו הורידין שבצואר אמרינן הכי, דבעי נטילה, **אבל** בחוטין שבצואר, הרי כתב הרב בהג"ה סי' ס"ה, דסגי בקליפה, והחילוק יתבאר שם.

וא"צ ס', שאינו מפעפע בכולו בצלי, **ואף** לדידן דקי"ל דצלי מפעפע בכולו עד ס', סגי בנטילה וכדלקמן.

ואם נמלח שלם, כתב הרמ"א דמסירין אח"כ החוטין ושרי, דמליחה קל מצלי, ואמרינן כבולעו כך פולטו.
ויש מחמירים לקלוף סביב החוטין.
וי"א משום דהוה כמו דם בעין, ולא מיקרי דם פליטה, ובבעין לא אמרינן כבולעו כך פולטו, **ומ"מ** אף לדידן די בקליפה, אף דאנו אוסרים מליחה בס', כיון דהוה רק חומרא בעלמא.

וי"א דצ"ע אנה מצא לחלק בין צלי למליחה, דהא קי"ל בכל דוכתא מליח הרי הוא כרותח דצלי, ומאן דאוסר בצלי כדי נטילה, אוסר במליחה כדי קליפה.
וי"א דעור הורידין עצמן במקום קליפה.
וי"א דס"ל להרמ"א כיון דמדינא אפילו בצלי א"צ נטילה, דהא קי"ל כבולעו כך פולטו גבי ורידין, **ולא** קי"ל כמ"ש הרשב"א דאחר שיסלק מן האור עדיין חוטין פולטים קצת דם בבשר, ואין כח בחמימות הבשר לפלוט מה שבלע אחר שנסתלק מן האור, **דאי** קי"ל כן, היה צריך ס' לדידן דקי"ל דדם מפעפע, **אלא** קי"ל דאחר שנסתלק מן האור נמי אמרינן כבולעו כך פולטו, **והלכך** מדינא שרי לגמרי, אלא דלחומרא מצרכינן נטילה לחוש לדברי הרשב"א וסייעתו, **והלכך** דוקא בצלי שייך למימר הכי, דאף הרשב"א לא קאמר אלא בצלי, משום דלאחר שסילק מן האור ליכא למימר תו כבולעו כך פולטו, **משא"כ** במליחה דלא שייך למימר הכי, **והלכך** מאן דמצריך קליפה במליחה, ע"כ חומרא בעלמא קאמר אפילו להרשב"א וסייעתו, אבל מדינא א"צ קליפה לכו"ע, דכבולעו כך פולטו גבי מליחה.

ודלא כהב"ח, שאסר במליחה כדי נטילה בלא טעם וראיה.

ואם בשלו שלם, מחטט ומנקר החוטים; והשאר, אם יש בכל מה שבקדרה כדי לבטל הדם שבכל החוטין בס', מותר, (**וי"א** דאפי' הורידין עצמן ממנין ס').
צ"ע, דכאן סתם הרמ"א כדברי המחבר, ובאיסור דבוק פסק גבי לב, דצריך שיהא בעוף גופיה ס' נגד הלב, וא"כ הכא נמי אמאי כל הקדירה מצטרף לבטל, נימא שיהא דוקא בעוף גופיה ס', **והטור** לטעמיה דס"ל דלא אמרינן איסור דבוק, א"נ לטעמיה דס"ל דלא אמרינן חנ"נ בשאר איסורים, **אבל** לדידן אין הקדרה מצטרף, **וי"ל** דדעת הרמ"א, דכיון דבשר הורידין עצמן אין בהן דם, הלכך כיון שהן מפסיקין בין הדם והעוף, אינו ממהר לבלוע בעוף מבשאר דברים שבקדרה, **דהא** טעמא דאיסור דבוק הוא משום שנבלע בתחלה בחתיכה הדבוקה, **ומה"ט** חשיב הדם שבתוכן דם פליטה, דאמרינן ביה כבולעו כך פלטו, דלגבי דם בעין לא אמרינן כבולעו כך פולטו, **ואע"ג** דגבי לב הדבוק בעוף בעינן התם ס' מן העוף עצמו, היינו משום דיש דם בבשר הלב עצמו ג"כ, משא"כ בורידין.
וי"א דבאמת לפי מה דקי"ל חנ"נ אפי' בשאר איסורים, צריך שיהיה ס' באותו עוף לבד, ואם לאו צריך ס' נגד כל העוף.

לשון הרשב"א: אם יש בו כדי לבטל כל החוטין בס' כו', **וכתב** ב"י (וכ"כ בשו"ע): אבל הר"ן כתב אם יש כדי לבטל הדם שבכל החוטין שרי, **והרמ"א** בד"מ השיג עליו, דהא טעמא דהרשב"א, הוא משום דלא ידעינן כמה דמא נפק מנייהו,

וא"כ גם הר"ן מודה בזה, ודם החוטין דנקט לאו דוקא, אלא דעיקר האיסור הוא משום דם, **ואם** אפשר לשער הדם שבתוך החוטין, גם הרשב"א מודה דא"צ לשער רק נגד הדם, עכ"ל, **ודבריו** נכונים.

כתב הב"ח, דלדידן דקי"ל חנ"נ בכל האיסורין, צריך ס' ג"כ כנגד הקליפה שנאסרה תחלה במליחה.

וכתב הש"ך, ואין נראה כן דעת הרמ"א, ונראה דס"ל דלא אמרינן חנ"נ אלא במקום שהחתיכה עצמה נאסרה בנ"ט, אבל לא בקליפה שאסרו חכמים שהיא חומרא, **עי"ל** דס"ל דלא אמרינן חנ"נ במליחה, ואע"ג דאינו מתיר אלא במקום הפסד מרובה דוקא, מ"מ הכא כיון דיש עוד צד להיתר, **וגם** יש פוסקים מתירין בדיעבד אפילו בנצלה העוף שלם, וכ"ש במליחה, וכמש"כ, ואפילו להאוסרים בנצלה שרי במליחה כמ"ש שם, **א"כ** יש להתיר אפילו שלא במקום הפסד מרובה, דהא דבכל האיסורים חנ"נ, היינו משום שגזרו אטו בב"ח, ולא גזרו אלא דומיא דבב"ח, דדרך בישול אסרה תורה ולא במליחה וכה"ג.

אכן הרבה פוסקים ס"ל, דאף במליחה אמרינן חנ"נ בכה"ג.

הסרת ראש העוף

וכתב הרמ"א (בשם ר"ת), ואם הסירו הראש ממנו, לא מקרי שלם, וא"צ לחתיכות הוורידין, ולכן נהגו להסירו מן העופות השלמות, **ובבהמה** צריך לחתוך הצואר לשני חתיכות, **אבל** עוף שצוארו דק, די בהסרת הראש.

וי"א דמכאן תשובה לאותן שמבשלים עוף שלם עם הראש, אלא שרמ"א כתב סוף הסימן, שסתם עוף נחתכו וורידין שלו בשחיטה, עכ"ל דרישה, **וכתב הט"ז**, דלא תיקן כלום בזה, דלא אמרינן כן אלא מכח חזקה דודאי עשה כהוגן, והרי עכשיו אנו קיימין שאין חותכין הורידן, א"כ מה היתר יש כשלא נחתך הראש, **ע"כ** יש ליזהר שכל מי שרוצה לבשל העוף שלם עם הראש, שיחתוך הורידן שלו בשעת שחיטה, כל זמן שמפרכס, **ובאמת** שמעתי מאנשי מעשה, שהיו על סעודה כזאת, ולא רצו לאכול מאותו עוף.

והש"ך כתב, דתיקן טובא, דסתם עוף נשחטו וורידין, (ולא משום דעושין כהוגן), א"כ אף שהראש מחובר בו, מ"מ מסתמא נשחטו וורידין.

וכתב רש"ל, ואנו נוהגים לחטוט אחר הורידין ולחותכן, אלא שאין נזהרין לנוקבן או לשוחטן בשעת שחיטה, וצריכין אנו לדברי ר"ת, דדי בהסרת הראש.

דין שחיטת הורידין בבהמה

סעיף ב - הבהמה אין צריך לנקוב הורידין בשעת שחיטה, מפני שאין דרך לצלותה שלימה - משמע דכל בהמה א"צ חתיכת ורידין, אפילו גדיים וטלאים שצולין לפעמים שלמים, כיון שאין דרכן בכך, וכמ"ש ב"י וד"מ, וכן משמעות הפוסקים וכן הסכימו האחרונים.

אבל אם רוצה לצלותה שלימה, צריך לנקוב ורידיה בשעת שחיטה; ואם לא נקבם, אסור לצלותה או לבשלה שלימה. הגה: ואם צלאה או בשלה שלימה, דינה כמו בעוף.

[בטור הביא דעת ה"ג, שצריך לחתוך הורידן גם בבהמה, והוא נגד רב חסדא בגמ' כמ"ש בב"י, ותירץ ע"ז ב' תירוצים, ונ"ל דבה"ג מפרש דכיון דבעוף אפילו הוא ודאי שרוצה לנתחו אבר אבר, צריך לשחוט הוורידין, משום שדרך העולם לצלותו כאחד, **ממילא** מה שאמר בבהמה שא"צ לחתוך הוורידין, מיירי ג"כ בדרך זה, **שהוא** ודאי שינתחנו, אז א"צ לחתוך הורידין, לכן הוה דבר והיפוכו, ממילא אם אינו ודאי, צריך גם בבהמה כיון דזמנין צולה ג"כ כאחד, כנ"ל נכון, וכן מצאתי למו"ח ז"ל].

<**ומ"מ** אנן קיי"ל כפסק השו"ע, דבהמה מסתם אין צריך חתיכת וורידין, אף גדיים וטלאים, **ומיהו** אם רוצה לצלות שלם גדיים וטלאים, צריך חתיכת וורידין, **ואף** למנהגינו שצולין בלא הראש, אפ"ה בהמה שצווארה עב, אף בגדיים וטלאים צריך לחתוך הצואר לשניים, חיישינן דלמא מישתלי, כיון שרוצה לצלות שלם, ומשום הכי צריך חתיכת וורידין בגדיים וטלאים אם רוצה לצלות שלימים - פמ"ג.

וסתם עוף נשחטו הורידין - [שבודאי עשו כדין וחתכו הורידין בשעת שחיטה], <**זהו** היה אפשר בזמן רמ"א, אבל עכשיו לא היה ולא נעשה, וכן כתב הט"ז - כרתי>,

וסתם בהמה לא נשחטו.

וכל זה כשילא דם בשעת שחיטה, אבל אם לא ילא דם, אין מועילין לשחיטת הורידין, דהא לא נתעורר הדם ללאת - <דאיסורו הוא משום דם האברים, וכל שלא פירש מותר - גר"א>.

והרא"ה בספר בדק הבית כתב, דאף כשלא יצא דם, צריך לחתוך אבר אבר, ע"ש.

סימן כב ס"ב • דין שחיטת הורידין בבהמה

הבהמה א"צ לנקוב הורידין בשעת שחיטה, מפני שאין דרך לצלותה שלימה, **ואפי'** גדיים וטלאים שצולין לפעמים שלמים, כיון שאין דרכן בכך.

אבל אם רוצה לצלותה שלימה, צריך לנקוב ורידיה בשעת שחיטה; (**וי"א** דאף למנהגינו שצולין בלא הראש, אפ"ה בהמה שצווארה עב, אף בגדיים וטלאים צריך לחתוך הצואר לשניים, **וחיישינן** דלמא מישתלי, כיון שרוצה לצלות שלם, ומשו"ה

סימן כב – באיזו מין צריך לשחוט הורידן
סעיף ב – דין שחיטת הורידין בבהמה

צריך חתיכת ורידין), **ואם** לא נקבם, אסור לצלותה או לבשלה שלימה. **ואם** צלאה או בשלה שלימה, דינה כמו בעוף.

וי"א דבעוף אפי' הוא ודאי שרוצה לנתחו אבר אבר, צריך לשחוט הוורידין, משום שדרך העולם לצלותו כאחד, **ובבהמה** כשהוא ודאי שינתחנו, אז א"צ לחתוך הורידין, **אבל** אם אינו ודאי, אלא בסתם, צריך גם בבהמה כיון דזמנין צולה ג"כ כא'. **וי"א** דאנן קיי"ל כפסק השו"ע, דבהמה מסתם א"צ חתיכת וורידין, אף בגדיים וטלאים.

וכתב רמ"א, וסתם עוף נשחטו הורידין, (**וי"א** משום שבודאי עשו כדין, **וי"א** זה היה אפשר בזמן רמ"א, אבל עכשיו לא היה ולא נעשה), **וסתם** בהמה לא נשחטו.

וכתב רמ"א, וכ"ז כשיצא דם בשעת שחיטה, אבל אם לא יצא דם, אין חוששין לשחיטת הורידין, דהא לא נתעורר הדם לצאת, **וכיון** דאיסורו הוא משום דם האברים, כל שלא פירש מותר. **וי"א** דאף כשלא יצא דם, צריך לחתוך אבר אבר.

§ סימן כג – דיני שהייה בשחיטה §

טבח שאינו יודע הלכות שחיטה

סעיף א - כל טבח שאינו יודע הלכות שחיטה - ע"ל סימן א' ס"ב מה שצריך לידע, **אסור לאכול משחיטתו; ואלו הן: שהייה, דרסה, חלדה, הגרמה ועיקור.**

סימן כג ס"א • טבח שאינו יודע הלכות שחיטה

כל טבח שאינו יודע הלכות שחיטה, אסור לאכול משחיטתו; **ואלו הן**: שהייה, דרסה, חלדה, הגרמה ועיקור.

שיעור שהייה

סעיף ב - ‹מבואר במשנה פרק השוחט, שאם שהה כדי שחיטה אחרת שחיטתו פסולה, ובגמרא מאי כדי שחיטה, רב אמר כדי שחיטת בהמה לבהמה ועוף לעוף, ושמואל אמר אפילו בהמה לעוף, וכן אמר רבי יוחנן, ורבי חנינא אמר כדי שיביא בהמה אחרת וישחוט.. אמרי במערבא משמיה דרבי יוסי ברבי חנינא: כדי שיגביהנה וירביצנה וישחוט, דקה לדקה וגסה לגסה – בית יוסף›.

שהייה כיצד, הרי שהתחיל לשחוט והגביה ידו - ה"ה לא הגביה, ושהה, אלא אורחא דמלתא נקט, ופשוט הוא, **קודם שיגמור השחיטה, ושהה בין בשוגג בין במזיד בין באונס בין ברצון, ובא הוא או אחר וגמר השחיטה, אם שהה כדי שיגביה הבהמה וירביצנה וישחוט (עד) רוב הסימנים שהוא הכשר שחיטה, שחיטתו פסולה, (עי' ס"ק ג'); היתה בהמה דקה, שיעור שהייתה כדי שיגביה בהמה דקה וירביצנה וישחוט; ואם היתה גסה, כדי שיגביה בהמה גסה וירביצנה וישחוט; ובעוף, כדי שיגביה**

בהמה דקה וירביצנה וישחוט - ‹הר"ן סובר שהרי"ף לגמרי פסק כרבי יוסי בר חנינא, דלא פליג אדרבי יוחנן ושמואל, דאינהו נמי כי אמרו אפילו בהמה לעוף, בהמה דקה לעוף אמרו, אבל בבהמה לא דברו, ובא רבי יוסי בר חנינא ואמר, דבעוף הקילו לשער בו כדי שחיטת בהמה דקה, אבל בבהמה דקה לא הקילו בה לשער ביותר מכיוצא בה, ומדלא אדכיר רבי יוסי בר חנינא עוף, משמע דליכא אלא הני תרי שיעורי, דקה וגסה, ובכלל דקה הוי שיעור עוף – ב"י›.

‹**ומה** שהקילו בעוף יותר ממה שהקילו בבהמה דקה, הכי הוה קים להו חכמי התלמוד, דעוף חיותו רב כשל בהמה דקה, אי נמי דהכי גמירי הלכה למשה מסיני – ב"י›.

נ"ל דלכך הוסיף הר"ב תיבת "עד", מפני שכתב הרמב"ם, אם שהה כדי שיגביהנה וירביצנה וכדי שישחוט מיעוט סימנים, לא כדי שישחוט שחיטה גמורה, ה"ז ספק נבלה, ‹דזהו איך שרמב"ם לומד האיבעיא "שהה במיעוט סימנים" המובא לקמן ס"ד וה'›, **ופירש** בב"י וכ"מ, דהיינו ששהה כדי שחיטה, שבחוט השערה יותר שהיה שוהה היה שוהה שיעור שחיטה, ולכך כיון שהדבר משוער באומד הדעת, אפשר שיסבור שלא שהה אלא כדי שישחוט מיעוט סימנים, ואולי שהה כדי שחיטת רוב סימנים, עכ"ל, **לכך** הגיה הר"ב תיבת "עד", לומר דהיינו ששהה כדי שחיטה עד שהיה מגיע לרוב הסימנים, שבחוט השערה היה רוב, **ואע"ג** דבכה"ג הוי ספק נבלה, לא דקדק הר"ב בזה, וכן בכמה דוכתי לא דקדקו המחבר והר"ב ושאר פוסקים בזה.

הג"ה - משמע דאי שהה כדי הגבהה והרבצה ומעט שחיטה, שעדיין צריך הרבה לרוב, כשר, וצריך עיון אמאי לא כתב הרמב"ם דין זה, **לכן** נראה, להרמב"ם אפי' שהה כדי שחיטה מעט, אפילו הכי מבעי בגמ', כיון דשיעור שחיטה הוי דבר מועט, ושיעור מועט הוא בין שחיטת רובו למעוטו, לכן מיבעי ליה אי הוי

טרפה אם שהה בכדי שיגביה והרבצה ושחיטה קצת, אבל שהה פחות מכדי זה, כלומר דלא שהה כשיעור שלשתן, אלא ששהה שיעור הגבהה והרבצה בלא שחיטה, או להיפך, כשר, כן נראה לי לדעת הרמב"ם, וכן מוכח מהמפרשים שהשיגו על הרמב"ם, דלפירוש הב"י אין כאן השגה, עכ"ה - נקה"כ.

(עיין בספר תפל"מ שכתב, דר"ל דלא סגי כשיעור שחיטת רוב סימנים לחוד, בלי עור שע"ג הסימנים, לזה כתב תיבת "עד", דבעינן שישחוט העור ובשר עד רוב סימנים).

וי"א דשיעור שהיית עוף, כדי שחיטת רוב סימן א' בעוף בלי הגבהה והרבצה - וכתב רש"י, כיון דקם ליה רבי יוסי בר חנינא בשיטתיה דרב, דאמר דקה לדקה וגסה לגסה, ממילא שמעינן דעוף לעוף, ועבדינן לחומרא, **וכתב** הרא"ש, אפשר שלא פסק רש"י כרבי יוסי בר חנינא אלא במה שנחלקו רב ורבי יוחנן והכריע הוא בינייהו, אבל במה שהשוו רב ורבי יוחנן ושמואל, דלא בעינן שיעור הגבהה והרבצה, הלכה כמותן ולא כרבי יוסי בר חנינא – ב"י.

ולפי דבריהם יש ליזהר כשהתחיל לשחוט בעוף וחתך מעט עד שהדם יוצא, והגביה סכינו מהצואר, שלא יגמור השחיטה, לפי שיש לחוש שמא שחט משהו מהושט; ואפילו לא הגביה סכינו אלא מעט, יש לחוש, מפני ששהיית העוף מועטת מאד, דכדי שחיטת רוב סימן א' בעוף הוא נעשה מהר; ואפילו אמר השוחט: ברי לי שלא חתכתי כי אם העור, אין סומכין עליו כיון שיצא הדם - ז"ל ב"י, וכתב מהרי"ק, שאע"פ שנחתך אינו אוסר עד שיצא דם, ודקדק כן מדקאמר עד שהדם יוצא, **ואינו** נ"ל, דאע"פ שלא יצא דם חיישינן שמא נגע בושט, ומש"כ עד שהדם יוצא, אורחא דמילתא נקט, **ומיהו** היכא דאמר השוחט ברי לי שלא חתכתי כי אם העור, דלא סמכינן עליה, היינו ביצא הדם, וכדדייק לישנא דאין סומכין עליו כיון שיצא הדם, עכ"ל, **אבל** מהרש"ל כתב וז"ל, ואע"פ שהב"י פקפק על מהרי"ק, מ"מ אני אומר שיפה כתב כו', **ודעת** הרב בד"מ ובהג"ה סוף הסימן כהב"י, וכמו שיתבאר שם, וכן פסקו האחרונים בשחיטותיהם.

ואם בא לשאול אחר שהגביה סכינו כיצד יעשה, אומרים לו שישחוט הקנה לבדו במקום אחר, ואח"כ יהפוך הושט ויבדוק אותו - ולדידן שאין אנו בקיאין בבדיקה, כדלקמן סי' ל"ג ס"ח, טרפה, וכ"כ הר"ב סוף הסימן, וכן הוא בשחיטת האחרונים, **ומהרש"ל** כתב, דבהפסד מרובה או לצורך מצוה, יראה להקל ולסמוך על הגדולים האחרונים שהנהיגו והורו הלכה למעשה להיתר.

ולענין מעשה יש להחמיר כסברא זו, אלא א"כ הוא שעת הדחק או הפסד מרובה, שאז יש לסמוך על סברא ראשונה. הגה: והמנהג פשוט במדינות אלו להטריף כל שהייה, אפי' משהו, בין בעוף בין בבהמה, ואין לשנות - פשוט הוא דקאי אדסמיך ליה, דאפילו בהפסד מרובה וכה"ג המנהג להטריף, וכן משמע בד"מ ושאר אחרונים, וכ"כ הב"ח בהדיא, וכן נוהגין, ודלא כהעט"ז.

[מ"מ אין בכלל זה רק אם הגביה הסכין אפילו משהו, כיון שעקרו מן הצואר אין לחלק אם שהה הרבה או מעט, **אבל** אם לא הגביה כלל, רק שנדחף הסכין ממקום למקום, כשר אף לדידן, כמו שמצינו בשוחט בב' וג' מקומות בסי' כ"א, וכן מצאתי לרש"ל וז"ל, ומ"מ נראה דוקא שפסק מלשחוט או הגביה הסכין, אבל נדחה ידו למטה, אין שם שהייה עליו וכשר, ומה יש לנו לחוש אפילו ניקב הוושט, חדא שחיטה היא, עכ"ל].

סימן כג ס"ב(1) • שיעור שהייה

שהייה כיצד, הרי שהתחיל לשחוט והגביה ידו קודם שיגמור השחיטה, ושהה, (או לא הגביה ושהה, ואורחא דמלתא נקט), בין בשוגג בין במזיד בין באונס בין ברצון, ובא הוא או אחר וגמר השחיטה, **אם** שהה כדי שיגביה הבהמה וירביצנה וישחוט (עד) רוב הסימנים שהוא הכשר שחיטה, שחיטתו פסולה.

היתה בהמה דקה, שיעור שהייתה כדי שיגביה בהמה דקה וירביצנה וישחוט.

ואם היתה גסה, כדי שיגביה בהמה גסה וירביצנה וישחוט.

ובעוף, כדי שיגביה בהמה דקה וירביצנה וישחוט.

ומה שהקילו בעוף יותר ממה שהקילו בבהמה דקה, **הכי** הוה קים להו חכמי התלמוד, דעוף חיותו רב כשל בהמה דקה, **א"נ** דהכי גמירי הלכה למשה מסיני.

והרמ"א הוסיף תיבת "עד", מפני שכתב הרמב"ם, דאם שהה כדי שיגביהנה וירביצנה וכדי שישחוט מיעוט סימנים, ה"ז ספק נבלה, **ופי' בב"י**, דהיינו ששהה הזמן שבחוט

השערה יותר היה שוהה שיעור שחיטה, **ולכן** כיון שהדבר משוער באומד הדעת, אפשר שיסבור שלא שהה אלא כדי שישחוט מיעוט סימנים, ואולי שהה כדי שחיטת רוב סימנים, **לכן** הגיה הרמ"א תיבת "עד", לומר דהיינו ששהה כדי שחיטה עד שהיה מגיע לרוב הסימנים, שבחוט השערה היה רוב.

וי"א דלהרמב"ם אפי' שהה כדי שחיטה מעט, אפ"ה כיון דשיעור שחיטה הוי דבר מועט, ושיעור מועט הוא בין שחיטת רובו למעוטו, לכן הוי ספק נבילה אם שהה בכדי שיגביה והרבצה ושחיטה קצת, **אבל** שהה פחות מכדי זה, כלומר דלא שהה כשיעור שלשתן, אלא ששהה שיעור הגבהה והרבצה בלא שחיטה, או להיפך, כשר.

וי"א דהרמ"א ר"ל, דלא סגי כשיעור שחיטת רוב סימנים לחוד, בלי עור שע"ג הסימנים, לזה כתב תיבת "עד", דבעינן שישחוט העור ובשר עד רוב סימנים.

וכתב השו"ע, וי"א דשיעור שהיית עוף, כדי שחיטת רוב סימן א' בעוף בלי הגבהה והרבצה.

ולפי דבריהם יש ליזהר כשהתחיל לשחוט בעוף וחתך מעט עד שהדם יוצא, והגביה סכינו מהצואר, שלא יגמור השחיטה, **לפי** שיש לחוש שמא שחט משהו מהושט; **ואפילו** לא הגביה סכינו אלא מעט, יש לחוש, מפני ששהיית העוף מועטת מאד, דכדי שחיטת רוב סימן א' בעוף הוא נעשה מהר; **ואפילו** אמר השוחט: ברי לי שלא חתכתי כי אם העור, אין סומכין עליו כיון שיצא הדם.

וי"א דאע"פ שלא יצא דם חיישינן שמא נגע בוושט, **ומיהו** היכא דאמר השוחט ברי לי שלא חתכתי כי אם העור, דלא סמכינן עליה, היינו ביצא הדם.

אבל י"א דאע"פ שנחתך, אינו אוסר עד שיצא דם. **ולא** פסקו כן האחרונים.

וכתב השו"ע, ואם בא לשאול אחר שהגביה סכינו כיצד יעשה, אומרים לו שישחוט הקנה לבדו במקום אחר, ואח"כ יהפוך הושט ויבדוק אותו.

ולדידן שאין אנו בקיאין בבדיקה, טרפה, **וי"א** דבהפסד מרובה או לצורך מצוה, יראה להקל ולסמוך על הגדולים האחרונים שהנהיגו והורו הלכה למעשה להיתר.

ולענין מעשה יש להחמיר כסברא זו (בעוף), אא"כ הוא שעת הדחק או הפ"מ, שאז יש לסמוך על סברא ראשונה - שו"ע.

ופסק הרמ"א, והמנהג פשוט במדינות אלו להטריף כל שהייה, אפי' משהו, בין בעוף בין בבהמה, ואין לשנות. **ואפילו** בהפסד מרובה וכה"ג, המנהג להטריף, (ודלא כהעט"ז).

וי"א דמ"מ אין בכלל זה רק אם הגביה הסכין אפילו משהו, דכיון שעקרו מן הצואר אין לחלק אם שהה הרבה או מעט, **אבל** אם לא הגביה כלל, רק שנדחף הסכין ממקום למקום, כשר אף לדידן.

נמצא דבר מונח בוושט או בקנה

ואם נמצא לאחר שחיטה גמי או כיוצא בו מונח בוושט או בקנה - (ועיין בתשובת שבו"י, דה"ה אם לא נמצא הגמי מונח בושט, אלא בין הקנה והושט),

ונשחט עמו, טריפה - (אבל לא נשחט עמו כשר),

דודאי הוצרך להשהות מעט בחתיכת הדבר ההוא לאחר שנשחט הסימן, והוי שהייה במשהו, וטרפה (תה"ד) - בתה"ד דימה דין זה לדין דס"ד, דכששהה בדבר שאין בו תורת שחיטה, הוי שהייה, וכ"ש הכא, **ואח"כ** כתב, וא"ת מאן לימא לן דשהה בחתיכת גמי, דלמא לעולם חתך הוושט והגמי בבת א' שוה בשוה ממש, וא"כ לא פסק חתיכת הסכין אפילו רגע א' מן הסימן, **נראה** דע"כ אין לומר הכי, שהרי הסימן הוא מתוח בשעת שחיטה, והגמי אינו מתוח, כי איננו מחובר אל הלחי והגוף, והדבר ידוע שכל דבר רך שפוגע בו חדוד הסכין, אם הוא מתוח נחתך מהר, יותר משאם לא היה מתוח, ולכך הואיל והגמי ג"כ רך הוא ואינו מתוח, על כן חדוד הסכין שהה לחותכו יותר מבחתיכת הסימן, ונמצא שלא חתכו שוה בשוה ממש, עכ"ל, ומביאו ד"מ ומהרש"ל, **ומה"ט** נראה דלא שנא גמי או עשב ארוך ודק, ולא ידעתי למה הקיל בב"ח, להתיר בעשב ארוך ודק מונח לאורך הוושט בלי טעם וראיה, וגם מדברי הר"ב שכתב גמי או כיוצא בו, משמע כמ"ש, וכן משמע בעט"ז, ע"ש.

‹**כתב** לקט הקמח, אם הוושט מלא מאכילת סובין, ועינינו רואות שהסכין מלא סובין, ויורד עם קילוח הדם, יש לאסור מדינא ע"ש - בה"ט›, **עיין** בשו"ת בתי כהונה שנשאל על כיוצא בזה, בתרנגול שנמצא לאחר שחיטה דוחן בושט, והאריך לבאר, דדוקא בנמצא דבר רך כגמי וכיוצא בו יש לאסור, אבל אם נמצא דבר קשה כגון קוץ או חטה או שעורה או דוחן מונח בושט, ונחתך, כשירה, **זהו** טעם הב"ח שהתיר בעשב, ואף הש"ך שחלק עליו, היינו דוקא בעשב, דאף דאינו רך כמו הסימן, מ"מ אינו דומה בקשיותו וחיזוקו כמו הסימן לאחר מיתוח, **אבל** בשאר דברים קשים שהם כמתוחים ועומדים, עד שהם מכריעים למיתוח הסימן ויותר, גם הש"ך מודה דאין לאסור, **ומ"מ** מסתפי לסמוך ע"ז למעשה, אחרי שלא נזכר חילוק זה בשום אחרון, **אלא** דבספק אם נחתך, פשיטא דודאי יש להתיר ולסמוך על הכנה"ג דמתיר אף בגמי כהאי גוונא, ע"ש שהאריך מאד בזה).

‹**ולאו** דוקא גמי, אלא אף חוט השערה שנמצא, הן בושט או בקנה, אסור - בה"ט›. (**עיין** בתשובת שבו"י שנשאל, בתרנגולת שחוט יוצא מפיה, ומשכו בה וראו שהוא תוך הושט ולא יצא לחוץ, כיצד ישחוט אותה, **והשיב** דיש

לנהוג בו כהא דממסמס קועיה דמא, לשחוט הקנה לבדו, דאע"ג דלכתחלה צריכין לשחוט אף בעוף שני סימנים, מ"מ כאן הוי כדיעבד, דאי ישחוט הושט אתי לידי שהייה כשיחתוך החוט, ואחר שחיטה יראו מהיכן חוט זה בא, **וכן** עשו, ונמצא שֶׁחוט היה משוך דרך הושט להזפק, ומשם לקורקבן, ושם היה קשר החוטין שאכלה התרנגולת, ולא נמצא בה ריעותא אחרת, והכשיר, ע"ש באריכות).

(**כתב** בספר חמודי דניאל כ"י, לפעמים נמצא בעוף בין סימן לסימן בועות קשים, אם נחתך א' מהם עם הסימנים, יש להטריף מחמת שהייה, אבל בדברים רכים סביב הסימנים אין לחוש. **וכתב** עוד, נראה היכא שמתיירא בעוף שמא ימצא בושט דבר מה, כגון שאכל עכשיו וכדומה, מותר לשחוט סימן אחד לכתחלה, דשעת הדחק כדיעבד דמי, ע"כ דבריו).

(**ועיין** בספר בית לחם יהודה שכתב, דאם שחט ובשעת שחיטה נגע בראש הסכין בכותל או בקרקע, כתוב בשחיטות אחרונים שהוא שהייה גמורה, ע"ש, וכן העיד התב"ש שכן מנהג השוחטים, **ועיין** בתשובת מקום שמואל שהעלה, שאין להחמיר בזה כלל, **ופשיטא** היכא שאינו יודע אימת נגע הסכין בכותל או בקרקע, אם קודם גמר השחיטה או לאחר גמר השחיטה, דודאי כשירה, ואף הבית לחם יהודה יודה לזה, ע"ש, **אכן** בשו"ת זכרון יוסף מחמיר בזה, וכתב דאם נדחף ראש הסכין בשעת שחיטה ונגע בעץ כסא המיוחד לשחיטה, שקורין שראגי"ן, השחיטה פסולה, ואפי' אם אינו יודע אימת נגע, אם קודם גמר השחיטה או אחר גמר השחיטה, כבר נתפשט המנהג בין השוחטים להטריף, אם לא נתברר בבירור גמור שלא שחט אחרי הדחיפה, ולא מחלקים בין דחיפה חזקה ובין דחיפה ונגיעה קלה, ולא יהא אלא כדברים המותרים כו', ‹**מיהו** לפי"ז דוקא אם מנהג השוחטים הוא מחמת סייג וגדר, אבל אם נוהגים איסור מחמת שסוברים שהדין כן, לא שייך בזה דברים המותרים כו', כמש"ל סי' רי"ד ס"א ע"ש, **גם** קשה, דהלא בדבר שאינו מצוי לא שייך בו מנהג, כמ"ש הש"ך לקמן סימן ק"צ סק"ג›. **וכתב** עוד דאם לא נדחף ראש הסכין, רק שהעביר הטבח חודו של סכין בהולכה או בהבאה על צואר הבהמה ועל העץ של שראגי"ן בפעם אחת, אף דאיכא למיחש דלמא שהה בחתיכת העץ מעט יותר מבחתיכת הסימנים, מ"מ יש להכשיר, הואיל וליכא בשהייה משהו לא איסור תורה ולא איסור דרבנן, רק מצד המנהג, לכן אמרינן ספיקא לקולא, ‹**וצריך** לחלק בין זה להא דנמצא גמי, דהתם ליכא ספיקא כלל, וכמ"ש הרמ"א דודאי הוצרך וכו'›, **ומכ"ש** כשיש ספק אימת נגע, אם קודם גמר השחיטה או אחריו, ובפרט אם השוחט אומר ברי לי שלא שהיתי כלל, ע"ש באריכות).

‹**כתב** עולת יצחק, שמעשה בא לידו בא' ששחט עוף, ובשעת שחיטה חתך באצבעו, והטריף, כי נבהל מחמת החתך באצבעו, והגביה הסכין כל שהוא, והו"ל שהייה, והסכימו עמו כמה גאונים דטריפה, **ובתשו'** עה"ג מחלק, שאם חתך באצבעו שלא בשעת חתיכת הסימן, כגון לאחר שהעביר כל הסכין בהולכה או בהבאה חוץ לצואר, ואז חתך באצבעו, ואח"כ חזר והוליך או הביא הסכין וגמר השחיטה, ודאי שהייה היא ופסולה, **אבל** אם חתך בסימנים ובאצבעו כא', אין כאן שהייה, ולא דמי לנמצא גמי בתוך הסימנים, דהתם הגמי הוא רך, וע"י חידוד הסכין שוהה יותר לחתכו מבחתיכת הסימן, **ולענין** הכשר כלים או להעביר השוחט, צידד להקל, **ואם** השוחט מסופק באיזו אופן היה החיתוך באצבעו יש להקל - בה"ט›.

סימן כג ס"ב(2) • נמצא דבר מונח בוושט או בקנה

<u>נמצא גמי או כיוצא בו</u>

כתב הרמ"א, ואם נמצא לאחר שחיטה גמי או כיוצא בו מונח בוושט או בקנה, (וי"א דה"ה בין הקנה להושט), ונשחט עמו, **טריפה**, (משא"כ אם לא נשחט עמו), דודאי הוצרך להשהות מעט בחתיכת הדבר ההוא לאחר ששחט הסימן, והוי שהייה במשהו, וטרפה.

וא"ת מאן לימא לן דשהה בחתיכת גמי, דלמא לעולם חתך הוושט והגמי בבת א' שוה בשוה ממש, **וי"ל** שהרי הסימן הוא מתוח בשעת שחיטה, והגמי אינו מתוח, כי איננו מחובר אל הלחי והגוף, **והדבר** ידוע שכל דבר רך שפוגע בו חדוד הסכין, אם הוא מתוח נחתך מהר, יותר משאם לא היה מתוח.

<u>נמצא עשב</u>

כתב הש"ך דמה"ט לא שנא גמי או עשב ארוך ודק, **וכן** משמע מדברי הרמ"א שכתב גמי או כיוצא בו, **ודלא כהב"ח**, שהתיר בעשב ארוך ודק מונח לאורך הוושט בלי טעם וראיה.

<u>נמצא סובין או דוחן</u>

אם הוושט מלא מאכילת סובין, ועינינו רואות שהסכין מלא סובין, ויורד עם קילוח הדם, **י"א** שאסור מדינא.

וי"א שאם נמצא לאחר שחיטה דוחן בושט, דמותר, **דדוקא** בנמצא דבר רך כגמי וכיוצא בו יש לאסור, **אבל** אם נמצא דבר קשה כגון קוץ או חטה או שעורה או דוחן מונח בושט, ונחתך, כשירה, **זהו** טעם הב"ח שהתיר בעשב, **ואף הש"ך** שחלק עליו, היינו דוקא בעשב, דאף דאינו רך כמו הסימן, מ"מ אינו דומה בקשיותו וחיזוקו כמו הסימן לאחר מיתוח, **אבל** בשאר דברים קשים שהם כמתוחים ועומדים, עד שהם מכריעים למיתוח הסימן ויותר, גם הש"ך מודה דאין לאסור, **ומ"מ** מסתפי לסמוך ע"ז למעשה, אחרי שלא נזכר חילוק זה בשום אחרון, **אלא** דבספק אם נחתך, פשיטא דודאי יש להתיר ולסמוך על הי"א דמתיר אף בגמי כה"ג.

נמצא חוט השערה

וי"א דלאו דוקא גמי, אלא אף חוט השערה שנמצא, הן בושט או בקנה, אסור.

תרנגולת שֶׁחוט יוצא מפיה, ומשכו בה וראו שהוא תוך הושט ולא יצא לחוץ, **יש** לשחוט הקנה לבדו, דאע"ג דלכתחלה צריכין לשחוט אף בעוף ב' סימנים, מ"מ כאן הוי כדיעבד, דאי ישחוט הושט אתי לידי שהייה כשיחתוך החוט, **ואחר** שחיטה יראו מהיכן חוט זה בא, ואם לא נמצא ריעותא אחרת, כשר.

נמצא בועות

פעמים נמצא בעוף בין סימן לסימן בועות קשים, אם נחתך א' מהם עם הסימנים, **י"א** שיש להטריף מחמת שהייה, **אבל** בדברים רכים סביב הסימנים, אין לחוש.

נגע ראש הסכין בשעת שחיטה בכותל או בקרקע או בעץ

י"א דאם שחט ובשעת שחיטה נגע בראש הסכין בכותל או בקרקע, או בעץ כסא המיוחד לשחיטה, שהוא שהייה גמורה. **וי"א** שאין להחמיר בזה כלל, **ופשיטא** היכא שאינו יודע אימת נגע הסכין בכותל או בקרקע, אם קודם גמר השחיטה או לאחר גמר השחיטה, דודאי כשירה, **ואף** הי"א קמא יודה לזה. **אכן** יש שמחמיר אף אם אינו יודע אימת נגע, דכבר נתפשט המנהג בין השוחטים להטריף, אם לא נתברר בבירור גמור שלא שחט אחרי הדחיפה, **ולא** מחלקים בין דחיפה חזקה ובין דחיפה ונגיעה קלה, **ולא** יהא אלא כדברים המותרים כו', (**מיהו** י"א לפי"ז דוקא אם מנהג השוחטים הוא מחמת סייג וגדר, **אבל** אם נוהגים איסור מחמת שסוברים שהדין כן, לא שייך בזה דברים המותרים כו', **גם** קשה, דהלא בדבר שאינו מצוי לא שייך בו מנהג).

ואם לא נדחף ראש הסכין, רק שהעביר הטבח חודו של סכין בהולכה או בהבאה על צואר הבהמה ועל העץ בפעם אחת, **אף** דאיכא למיחש דלמא שהה בחתיכת העץ מעט יותר מבחתיכת הסימנים, **י"א** דמ"מ יש להכשיר, הואיל וליכא בשהייה משהו לא איסור תורה ולא איסור דרבנן, רק מצד המנהג, לכן אמרינן ספיקא לקולא, (**משא"כ** בנמצא גמי, דהתם ליכא ספיקא כלל, וכמ"ש הרמ"א דודאי הוצרך וכו'), **ומכ"ש** כשיש ספק אימת נגע, אם קודם גמר השחיטה או אחריו, **ובפרט** אם השוחט אומר ברי לי שלא שהיתי כלל.

חתך אצבעו בשעת שחיטה

אם בשעת שחיטה חתך באצבעו, י"א דאסור, כי נבהל מחמת החתך באצבעו, והגביה הסכין כל שהוא, והו"ל שהייה. **ויש** שמחלק, שאם חתך באצבעו שלא בשעת חתיכת הסימן, כגון לאחר שהעביר כל הסכין בהולכה או בהבאה חוץ לצואר, ואז חתך באצבעו, ואח"כ חזר והוליך או הביא הסכין וגמר השחיטה, ודאי שהייה היא ופסולה, **אבל** אם חתך בסימנים ובאצבעו כא', אין כאן שהייה, **ולא** דמי לנמצא גמי בתוך הסימנים, דהתם הגמי הוא רך, וע"י חידוד הסכין שוהה יותר לחתכו מבחתיכת הסימן, **ואם** השוחט מסופק באיזו אופן היה החיתוך באצבעו, יש להקל.

ולענין הכשר כלים או להעביר השוחט, צידד להקל.

צירוף השהיות

סעיף ג - שחט מעט ושהה מעט, וחזר ושחט מעט ושהה מעט, אם כשתצטרף כל השהיות יש שיעור שהייה, שחיטתו פסולה -

פי' ספק נבלה, דבעיא ולא איפשטא היא.

(ולפי המנהג בכל ענין טריפה).

סימן כג ס"ג • צירוף השהיות

שחט מעט ושהה מעט, וחזר ושחט מעט ושהה מעט, אם כשתצטרף כל השהיות יש שיעור שהייה, שחיטתו פסולה, **והיינו** ספק נבלה.

וכתב הרמ"א, ולפי המנהג בכל ענין טריפה.

השוחט בסכין שאינו חד

סעיף ד - השוחט בהמה בסכין שאינו חד, ונתעכב כשיעור שהייה בשחיטת מיעוט אחרון של סימן ראשון, הרי זו פסולה -

ה"נ ספק נבלה, דבעיא בש"ס היא, שהה במעוט סימנים, מהו, וכתבו התוס', שה"ר אושעיא פירש, דקאי אשוחט בסכין רעה, ומיבעיא ליה אם שחט רוב אחד בבהמה, והוליך והביא כל היום במיעוט הנשאר - ב"י, תיקו, וקיימא לן לחומרא.

והטעם, דכיון שנחתך רוב הסימן, הוי כאלו נחתך כולו, ומה שמוליך ומביא במעוט האחרון, הוי כאלו מוליך ומביא בידה או ברגלה, ולכך כשנתעכב שיעור שהייה במעוט אחרון של סימן ראשון, טרפה בבהמה, משא"כ בעוף דהכשרו ברוב א', כ"כ הפוסקים, **ומדלא** הגיה הרב נמי כאן, דלפי המנהג בכל ענין טריפה, אפילו לא נתעכב שיעור שהייה, משמע דס"ל דהכא דוקא בעינן שיעור שהייה אפי' לדידן, וכן משמע בעט"ז, והיינו כיון דמתעסק הכא בשחיטת הסימנים, ועיין בסי' י"ח ס"ז מש"כ בזה.

סימן כג ס"ד • השוחט בסכין שאינו חד

השוחט בהמה בסכין שאינו חד, ונתעכב כשיעור שהייה בשחיטת מיעוט אחרון של סימן ראשון, הרי זו פסולה, **והיינו** ספק נבלה.

והטעם, דכיון שנחתך רוב הסימן, הוי כאלו נחתך כולו, ומה שמוליך ומביא במעוט האחרון, הוי כאלו מוליך ומביא בידה או ברגלה, **ולכך** כשנתעכב שיעור שהייה במיעוט אחרון של סימן ראשון, טרפה בבהמה, **משא"כ** בעוף דהכשרו ברוב א'.

ומדלא הגיה הרב נמי כאן, דלפי המנהג בכל ענין טריפה, אפילו לא נתעכב שיעור שהייה, **משמע** דס"ל דהכא דוקא בעינן שיעור שהייה אפילו לדידן, **והיינו** כיון דמתעסק הכא בשחיטת הסימנים.

שהה אחר ששחט רוב

סעיף ה - אחר ששחט רוב אחד בעוף או רוב שנים בבהמה, אין שהייה פוסלת; ולפי זה אין שהייה בקנה בעוף כלל - דבמעוט קמא דקנה לא שייך שהייה כדלעיל, מידי דהוה אחצי קנה פגום ס"ס כ"א, **משא"כ** בוושט, דהוי שהייה במעוט קמא, דנקובתו במשהו כדלקמן סי' ל"ג, אבל קנה פסוקתו ברובו, כדלקמן ריש סימן ל"ד.

ויש מי שאומר, שכל שלא נגמרה שחיטת כל שני הסימנים, פוסלת שהייה - ‹בעי רב הונא בר נתן, שהה במיעוט הסימנים מהו, ופרש"י, שחט הרוב ושהה במיעוט אחרון, וגמר שחיטתו, מהו, מי אמרינן כיון דעבד ליה רובא, אתכשר, או דילמא כיון דהדר גמרה, כולה חדא שחיטה היא, ולא איפשיטא ולחומרא - ב"י.

ולכתחלה יש ליזהר לחוש לדבריו. הגה: ואפילו בדיעבד המנהג להטריף; ולכן אם לאחר ששחט רוב שנים שוהה הבהמה או העוף למות, יכנו על ראשו להמיתו, ולא יחזור וישחוט.

ובספר התרומות מסיים, ובלבד שלא ישבר מפרקתה, **וכתב** עליו מהרש"ל, וחומרא יתירא היא, דפשיטא אם שובר המפרקת בסכין דלא נראה כשחיטה, ולמה לנו להחמיר כולי האי, עכ"ל, **הבין** דאסור מטעם שהייה, וליתא, אלא טעמו כדגרסינן בפ' כל הבשר, השובר מפרקתה של בהמה קודם שתצא נפשה, אסור, משום מבליע דם באברים, ויתבאר לקמן סי' ס"ז, דלכתחלה אסור לשבור המפרקת אפילו לאכול ממנה באומצא, כמ"ש ב"י שם בשם שבולי הלקט.

כתב הר"ץ בשחיטות, דמותר לשחוט בסכין פגום אח"כ, **ולא** נהירא, וכן משמע מלשון הסמ"ק, שכתב לא יחזור וישחוט בסכין או בקורדם, לפי ששהה, וסתם קורדם פגום הוא, **ועוד** דמ"מ אסור משום עיקור במעוט בתרא, וכ"כ הב"ח.

(**עיין** בשו"ת מאיר נתיבים, שהאריך לחלוק על רב אחד, שהורה שאם ברור להשוחט שכבר שחט סימן אחד לגמרי, ולא נשאר ממנו מאומה, אף שעדיין לא התחיל לשחוט הסימן השני, מותר לו לגמור אחר שנעשה שהייה גמורה, ואין לאסור משום האיבעיא שהה במיעוט סימנים, ע"ש סברתו, **והוא** ז"ל האריך לחלוק עליו, דגם אם שחט כל הסימן לגמרי בעוף, פוסל שהייה, ע"ש).

(**עיין** בתשובת נו"ב, שנשאל בשוחט ששחט רק הקנה בעוף, וכאשר הובא העוף לבית היה עדיין חי, והחזירו העוף לבית השוחט ושחט את הושט, מה דינו, אם לסמוך על תשובת שבו"י, שמכשיר בדיעבד, ‹דכיון שכבר יצא מתחת יד השוחט בהכשר שחיטה, אין להטריף תו משום שהייה›, **והשיב** דאין לסמוך עליו בזה, וגם בנדון זה גם השבו"י מודה, דדוקא במיעוט הסימנים הקיל בדיעבד, משא"כ כאן שכל הושט נשאר, ולכן יש לאסור גם הכלים אפי' אחר מעל"ע, **והשוחט** יש לדונו לכף זכות, ואעפ"כ טוב להעבירו על חודש או ב' חדשים כפי ראות עיני המורה, ולפי חזקת השוחט ביראת שמים, ע"ש).

(**ועיין** בתשובת חתם סופר, דמורה אחד התיר באחר שחתך במספרים הסימן שלא נשחט, **וכתב** דלא טוב הורה, כי באמת אין חילוק בין השוחט לאחר, וכהכרעת הש"ך סימן ב' ס"ק כ"ז, **ואף** דאיכא למימר הואיל וגזז במספרים, אין שם שחיטה עליו, רק גוזז מקרי, ולא דמי לקרדום כו', **אך** לדינא חלילה לסמוך גם ע"ז, ע"ש).

סימן כג ס"ה • שהה אחר ששחט רוב

אחר ששחט רוב אחד בעוף או רוב שנים בבהמה, אין שהייה פוסלת; **ולפי"ז** אין שהייה בקנה בעוף כלל, דבמעוט קמא דקנה לא שייך שהייה, דפסוקתו ברובו, מידי דהוה אחצי קנה פגום, **משא"כ** בוושט יש שהייה במעוט קמא, דנקובתו במשהו.

ויש מי שאומר, שכל שלא נגמרה שחיטת כל שני הסימנים, פוסלת שהייה, **דדילמא** כיון דהדר גמרה, כולה חדא שחיטה היא, ותיקו ולחומרא. **ולכתחלה** יש ליזהר לחוש לדבריו.

וכתב הרמ"א, ואפי' בדיעבד המנהג להטריף; **ולכן** אם לאחר ששחט רוב שנים שוהה הבהמה או העוף למות, יכנו על ראשו להמיתו, ולא יחזור וישחוט.

ובספר התרומות כתב, ובלבד שלא ישבר מפרקתה. **ויש** מי שהבין, דהוא מטעם שהייה, **וכתב** דחומרא **יתירא** היא, דפשיטא אם שובר המפרקת בסכין דלא נראה כשחיטה, ולמה לנו להחמיר כולי האי. **וליתא**, אלא טעמו משום דהשובר מפרקתה של בהמה קודם שתצא נפשה, מבליע דם באברים, ואסור לכתחלה אפי' לאכול ממנה באומצא.

י"א דמותר לשחוט בסכין פגום אח"כ, **ולא** נהירא, **ועוד** דמ"מ אסור משום עיקור במעוט בתרא.

אם ברור להשוחט שכבר שחט סימן אחד בעוף לגמרי, ולא נשאר ממנו מאומה, אף שעדיין לא התחיל לשחוט הסימן השני, **י"א** שאסור לו לגמור אחר שנעשה שהייה גמורה, **ודלא** כמי שהורה שמותר.

שוחט ששחט רק הקנה בעוף, וכאשר הובא העוף לבית היה עדיין חי, והחזירו העוף לבית השוחט ושחט את הושט, **י"א** דאין לסמוך על תשובת שבו"י, שס"ל דבדיעבד כיון שכבר יצא מתחת יד השוחט בהכשר שחיטה, אין להטריף תו משום שהייה, **ועוד** דבנדון זה גם השבו"י מודה, דדוקא במיעוט הסימנים הקיל בדיעבד, משא"כ כאן שכל הושט נשאר, **ולכן** יש לאסור גם הכלים אפי' אחר מעל"ע, **והשוחט** יש לדונו לכף זכות, ואעפ"כ טוב להעבירו על חודש או ב' חדשים כפי ראות עיני המורה, ולפי חזקת השוחט ביראת שמים.

י"א שאסור לחתוך במספרים הסימן שלא נשחט, **ודלא** כמורה אחד שהתיר באחר, **כי** באמת אין חילוק בין השוחט לאחר, **ואף** דאיכא למימר הואיל וגזז במספרים, אין שם שחיטה עליו, רק גוזז מקרי, **אך** לדינא חלילה לסמוך גם ע"ז.

שחט עוף ושהה ואינו יודע אם ניקב הושט

סעיף ו - שחט עוף ושהה בו ואינו יודע אם ניקב הושט, חוזר ושוחט הקנה לבדו במקום אחר ומניחו עד שימות, והופך הוושט ובודקו מבפנים; אם לא נמצא בו טיפת דם, בידוע שלא ניקב וכשרה.

במקום אחר - הטעם, משום דאיכא למיחש שמא מתוך שכבר התחיל לשחוט באותו מקום, יהיה יותר נקל לפגוע בוושט, ויבא לומר עתה הוא שנשחט ומקודם לכן לא נגעתי בו, ושמא מקודם נגע בו, *ונמצא מכשירו שלא כדין, ומיירי ששחט קנה לבד, **א"נ** שמא מקודם לא נגע בו, ועתה מתוך שקל לפגוע בו יפגע בו, נמצא שפוסלו שלא כדין, ועצה טובה קמ"ל, עכ"ל בית יוסף ופרישה.

*[**ולא דק**, דודאי כל שימצא טיפת דם לא יתלה לקולא, ויאסור מספק, דהא פסקינן כל שימצא טיפת דם בפנים יהיה אסור בכל מקום שיהיה, וא"כ **אין כאן מכשול**]. **לק"מ**, דהטיפת דם שיצא ממנו, היא מחמת השחיטה ששחט באותו מקום, ומהיכי תיתי יעלה על לבו לאסור, דהא אין כאן ספיקא כלל, אלא מקום השחיטה הוא שניכר, ואין כאן נקב כלל - נקה"כ.

[**ונ"ל הטעם**, דכשרוצה להחזיק בקנה לבד, צריך שיאחזנה בכח, ואם יעשה כן במקום שחתך כבר, יש לחוש שמתוך כך יתנתק ויתרחב החתך עד שיהיה פסול, ע"כ יאחזנו במקום שהוא שלם, **ועוד** נ"ל, שאם ישחוט במקום הראשון, יש לחוש שמא יקלקל לעצמו, דשמא שחט כבר הרוב בקנה, ונמצא שאז אין פסול במה שניקב הוושט, וא"א לראות היטב בשעת שחיטה אם נשחט הרוב, כיון שהוא מלוכלך בדם, ע"כ ישחוט במקום אחר, ויוכל אח"כ לראות במקום הראשון, שאם נשחט הרוב לא יזיק לו נקיבת הוושט].

משמע דוקא בעוף שהכשרו בסימן אחד אית ליה האי תקנתא, אבל לא בבהמה, וכן פשוט בפוסקים.

משמע אם יודע בבירור שלא ניקב הוושט, שחיטתו כשרה אף בלא בדיקה, כגון שתפס הקנה לבדו בידו.

הגה: והמנהג להטריף הכל אפילו לא שהה רק במיעוט קמא דקנה; ואסור למוכרו לאינו יהודי כך, אלא ימיתנו ואח"כ ימכרנו לאינו יהודי; משום דאנן לא בקיאין בבדיקת הוושט וחיישינן לנקיבת הוושט - אין להקשות, דהא כתב הרב ס"ס כ"ז, בטרפות שאינו ידוע ויש מכשירין הטריפות ההוא, אע"ג דקי"ל לאסרו, מ"מ מותר למכרו לעובד כוכבים מטעם ס"ס, **והכא** נמי אע"ג דקי"ל להטריף, מ"מ כיון דאינו אלא חששא דשמא ימכרנו, הו"ל ס"ס, שמא לא ניקב הוושט, ואילו היינו בקיאין בבדיקה היינו רואין שלא ניקב, ואת"ל ניקב, שמא לא ימכרנו העובד כוכבים לישראל, **דלא** דמי ספיקא דפלוגתא לספיקא דבגוף המעשה, וק"ל, **וצ"ע** בהרבה מקומות בש"ס בענין זה, עכ"ל מהרא"י בת"ה, **ולפענ"ד** בלא"ה לא קשה מידי, דהכא כיון שהספק הוא מחמת חסרון ידיעתנו, שאין אנו בקיאין בבדיקה, לא מיקרי ספק כלל, כמ"ש הפוסקים בכמה דוכתי.

כתב המרדכי בשם הר"ף, דאסור להשהותו בביתו, דלמא אתי לידי תקלה, ע"כ, ומביאו ד"מ, **אבל** אם א"צ להשהותו אלא כ"א יום שתתעבר ותלד, דטרפה אינה יולדת, מותר.

וכתב הרוקח, שחט הוושט והניחו, ושחט הגרגרת, ואח"כ שחט וגמר את הוושט, מאחר שעסוק בשחיטה כשירה, עכ"ל, **ולפענ"ד** ה"ה לדידן, היכא דלא שהה כלל קודם שהתחיל לשחוט הגרגרת, וכן הוא בשחיטות הר"ץ, ובזבחי ריב השיג עליו שלא כדת.

סי' כג ס"ו(1) • שחט עוף ושהה ואינו יודע אם ניקב הושט

שחט עוף ושהה בו ואינו יודע אם ניקב הושט, **חוזר** ושוחט הקנה לבדו במקום אחר ומניחו עד שימות, והופך הוושט ובודקו מבפנים; **אם** לא נמצא בו טיפת דם, בידוע שלא ניקב וכשרה.

הטעם דשוחט הקנה במקום אחר:

א. משום דאיכא למיחש שמא מתוך שכבר התחיל לשחוט באותו מקום, יהיה יותר נקל לפגוע בוושט, ויבא לומר עתה הוא שנשחט, ומקודם לכן לא נגעתי בו, ושמא מקודם נגע בו, ונמצא מכשירו שלא כדין.

וי"א דליתא, דודאי כל שימצא טיפת דם לא יתלה לקולא, ויאסור מספק, ואין כאן מכשול. **וי"א דלק"מ**, דהטיפת דם שיצא ממנו, היא מחמת השחיטה ששחט באותו מקום, ומהיכי תיתי יעלה על לבו לאסור, דהא אין כאן ספיקא כלל, אלא מקום השחיטה הוא שניכר, ואין כאן נקב כלל.

ב. שמא מקודם לא נגע בו, ועתה מתוך שקל לפגוע בו יפגע בו, נמצא שפוסלו שלא כדין, ועצה טובה קמ"ל.

ג. דכשרוצה להחזיק בקנה לבד, צריך שיאחזנה בכח, ואם יעשה כן במקום שחתך כבר, יש לחוש שמתוך כך יתנתק ויתרחב החתך עד שיהיה פסול.

ד. שאם ישחוט במקום הראשון, יש לחוש שמא יקלקל לעצמו, דשמא שחט כבר הרוב בקנה, ונמצא שאז אין פסול במה שניקב הוושט, וא"א לראות היטב בשעת שחיטה אם נשחט הרוב, כיון שהוא מלוכלך בדם, ע"כ ישחוט במקום אחר, ויוכל אח"כ לראות במקום הראשון, שאם נשחט הרוב לא יזיק לו נקיבת הוושט.

ודוקא בעוף שהכשרו בסימן אחד אית ליה האי תקנתא, אבל לא בבהמה.

ואם יודע בבירור שלא ניקב הוושט, כגון שתפס הקנה לבדו בידו, שחיטתו כשרה אף בלא בדיקה.

וכתב הרמ"א, והמנהג להטריף הכל אפילו לא שהה רק במיעוט קמא דקנה, משום דאנן לא בקיאין בבדיקת הוושט וחיישינן לנקיבת הוושט, **ואסור** למוכרו לאינו יהודי כך, אלא ימיתנו ואח"כ ימכרנו לאינו יהודי.

ואין להקשות, דהא קימ"ל בספק טרפות דמותר למכרו לעכו"ם מטעם ס"ס, **והכא** נמי אע"ג דקי"ל להטריף, מ"מ כיון דאינו אלא חששא דשמא ימכרנו, הו"ל ס"ס, שמא לא ניקב הוושט, ואילו היינו בקיאין בבדיקה היינו רואין שלא ניקב, ואת"ל ניקב, שמא לא ימכרנו העכו"ם לישראל, **וי"ל** דלא דמי ספיקא דפלוגתא לספיקא דבגוף המעשה, **(וצ"ע** בהרבה מקומות בש"ס בענין זה), **ועוד** י"ל דהכא כיון שהספק הוא מחמת חסרון ידיעתנו, שאין אנו בקיאין בבדיקה, לא מיקרי ספק כלל, כמ"ש הפוסקים בכמה דוכתי.

ואסור להשהותו בביתו, דלמא אתי לידי תקלה, **אבל** אם א"צ להשהותו אלא כ"א יום שתתעבר ותלד, דטרפה אינה יולדת, מותר.

י"א דאם שחט הוושט והניחו, ולא שהה כלל קודם שהתחיל לשחוט הגרגרת, ושחט הגרגרת, ואח"כ שחט וגמר את הוושט, מאחר שעסוק בשחיטה, כשירה.

תלש נוצות מן העוף, או חתך העור בבהמה

ומטעם זה אם תלש הנוצות מן העוף ויצא דם, או חתך העור בבהמה ויצא דם ממנה, יש להטריף, דחיישינן לנקיבת הוושט - בד"מ כתב בשם מהר"מ פדואה הטעם בזה, דאע"ג דידעינן שע"י מריטת הנוצות לא ניקב הוושט, מ"מ גזרינן אטו נקרע העור מן הצואר, **וכתב** ולפי זה אין חילוק בין נמרטו הנוצות בשעת שחיטה לקודם לכן, לעולם אם יצא מהם דם יש להטריפו משום גזרה, **והוא** חומרא גדולה בעיני, עכ"ל, **גם** מהרש"ל הכשיר בזה, וכתב שהוא חומרא בלא טעם, וכ"כ הא"ח בשם הרשב"א שהביא ב"י והאחרונים, דאין לחוש בזה לנקיבת הוושט, **ולכן** נראה כמ"ש הב"ח, דבהפסד מרובה וכה"ג יש להקל.

[זה דבר שא"א לאומרו, שע"י תלישת הנוצה ינקוב הוושט, ובנוסח ההג"ה שהביא מהר"ם פדואה כתוב הטעם בזה, דמאן דחזי סבר להתיר גם באווזא דממסמס קועיה דמא, כדאיתא סי' ל"ג, **ואפשר** שגם רמ"א כאן שכתב הטעם משום נקיבת וושט, כתב על חלוקה השניה שחתך בעור כו', אבל בחלוקה הראשונה הטעם משום גזירה כדפרי', **וכיון** שעיקר הטעם משום גזירה הוא, דבר קשה להוסיף גזירה מה שלא נזכר בתלמוד, ומ"מ כיון דנהוג בחומרא זאת נהוג, **אלא** דאין להחמיר רק באם יצאו קצת טפות דם בענין שיש לו דמיון לממסמס קועיה דמא, אבל לא יצאו אלא שנראה האדמומית, אין להחמיר כלל, **והצעתי** הדבר לפני מהור"מ יפה ז"ל, והסכים לדברי].

אבל אם לא יצא דם ולא חתך כל העור, יש להכשיר ע"י שישחוט למעלה או למטה ולבדוק נגד מקום החתך, (דלא כמהרי"ק) – ["ולא חתך כל העור" קאי אבהמה דוקא, אבל בעוף אין שייך לומר כן, וכ"כ בהדיא בתשו' מהרי"ק שם, **אבל** מ"מ נראה פשוט, באם יש על העור של העוף איזו גרד יבש על צדו החיצון, ושחט במקום אחר וראה בצד הפנימי שאין שם ריעותא על העור, דאין להחמיר בזה לכל הדעות].

הא אם יצא דם אף שלא חתך כל העור, או שחתך כל העור אפי' לא יצא דם, טרפה, ומש"כ ברישא או חתך העור ויצא דם, היינו מקצת העור, וכן פסק בד"מ בהדיא.

אבל מהרש"ל הכשיר, בין בחתך מקצת העור ויצא דם, ובין בחתך כולו ולא יצא דם, ואינו מטריף אלא בחתך כולו ויצא דם, **ובמה** שמתיר נחתך כולו ולא יצא דם, כבר כתבתי בס"ב דלא קי"ל הכי, **אבל** במה שמכשיר נחתך מקצתו אפילו יצא דם, נראה לכאורה כן, דמאי חששא איכא, כיון שלא חתך כל העור, וכן בעט"ז הביא ב' דעות בזה, **ע"כ** נראה להקל בהפסד מרובה וכה"ג, אבל בלא"ה אין להקל, דלא יהא אלא תלישת הנוצה, דנוהגים להטריף ביצא דם, וכן הב"ח מטריף בחתך מקצת העור ויצא דם.

(**עיין** ש"ך לענין אם לא חתך כל העור ויצא דם, ועיין בתשובת שבו"י, שכתב שנ"ל עיקר כדעת מהרש"ל בזה, וכהפר"ח, להתיר בפשיטות היכא שרחץ העור היטב, וראה היטב שלא חתך כל העור, **ולא** דמי למריטת הנוצות, שעור עוף הוא דק, וניקבת ע"י מריטת הנוצות כולו, משא"כ בעור הבהמה, ע"ש).

[**אבל** נראה עיקר כדברי רמ"א, כיון שיצא דם אנו חוששין שמא ניקב נקב דק מאד ונגע בוושט ואינו נראה לנו, **או** שהדם סותמו, **דאל"כ** מאין בא דם זה, **דהא** בעור אין דם, ע"כ אין להקל בחתך אפילו מקצת עור ונראה הדם, **ובתלישת** הנוצות ונראה דם, **יש** להחמיר דוקא אם יצא קצת דם כמו שזכרנו, כנ"ל].

מיהו כל זה בשלא אמר השוחט ברי לי שלא נגעתי בוושט, אבל כשאומר ברי לי, אפילו חתך כל העור, כשר כשלא יצא דם, וכדמשמע בדברי הפוסקים והמחבר בס"ב, **והיכא** שנתכוין מתחלה שלא ליגע בושט, כגון שתפס הקנה לבדו בידו, אפילו חתך כל העור וגם יצא דם, כשר וכמ"ש לעיל.

ולכן יש ליזהר שלא למרוט הנוצות, אם יוכל לשחוט בלא זה.

אם תלש הנוצות מן העוף ויצא דם - (ראיתי בכתבי הרב הגדול מהר"ר דניאל זצ"ל, שדעתו דזה דוקא ביונה ולא בשאר עופות, והיינו כדעת הגאון השואל בתשובת מהר"מ פדוואה, **אך** דעת מהרמ"פ שם אינו כן, אלא דה"ה שאר עופות, וכן נראה דעת הרמ"א ז"ל, וכמ"ש בד"מ. **וכתב** עוד, פעם אחת מרט השוחט את הנוצות, וקרע קצת מן העור, אך לא מפולש, נראה דכשירה, ע"כ, **ולפי"ז** יש להתיר מכ"ש מה שנמצא לפעמים בעוף אינדיק, שנתלש קארעל אחד, וזה בא מחמת שחברותיה נושכים אותה, אם אין הנקב מפולש, דכאן יש עוד סניף, דבזה לא שייך טעם הט"ז "כיון דבעור אין דם ע"כ ניקב מושט הוא" כו', דהא בקארעלין יש דם, כן נראה לכאורה).

(**עיין** בתשובת ברית אברהם, בנדון ההקזה שעושים לבהמות מצוארם, ע"י אומן בקי בכך לרפואת הבהמות, אם מותרים המה או לא, דשמא הקיז במקום הסימנים, וגם אם יש להתיר החלב והגבינות שהוא הפסד רב, **והעלה** דאם היינו מטריפים הבהמה, היה גם החלב אסור, דלא כדעת השואל, אלא דיש להתיר גם גוף הבהמה מכמה טעמים, והאריך לחלק בטעמים נכונים, דלא דמי זה להא דחתך העור, **וסיים** דמ"מ אם אפשר להזהיר לבעל הבהמה שיראה שהמקיז יאחז בסימנים לצד השני, ראוי ונכון, **אך** גם באותן הבהמות שהעובדי כוכבים מניחים להקיז ואין ישראל רואהו, ג"כ אין להחמיר, ע"ש **גם** בתשובת חת"ס האריך בזה, והעלה להתיר, ע"ש).

סי' כג ס"ו(2) • תלש נוצות העוף, או חתך העור בבהמה

כתב הרמ"א, ומטעם זה אם תלש הנוצות מן העוף ויצא דם, או חתך (אפי' מקצת) העור בבהמה ויצא דם ממנה, **יש** להטריף, דחיישינן לנקיבת הוושט. **ולכן** יש ליזהר שלא למרוט הנוצות, אם יוכל לשחוט בלא זה.

ואע"ג דידעינן שע"י מריטת הנוצות לא ניקב הוושט, מ"מ גזרינן אטו נקרע העור מן הצואר, **ואין** חילוק בין נמרטו הנוצות בשעת שחיטה לקודם לכן, **והוא** חומרא גדולה, **ויש** שהכשיר בזה, וכתב שהוא חומרא בלא טעם, **ולכן** נראה דבהפסד מרובה וכה"ג יש להקל.

וי"א הטעם בזה, דמאן דחזי סבר להתיר גם באווזא דממסמס קועיה דמא, **ואפשר** שגם רמ"א כאן שכתב הטעם משום נקיבת וושט, כתב על חלוקה השניה שחתך בעור כו', אבל בחלוקה הראשונה הטעם כנ"ל, **וכיון** שעיקר הטעם משום גזירה הוא, דבר קשה להוסיף גזירה מה שלא נזכר בתלמוד, **ומ"מ** כיון דנהוג בחומרא זאת נהוג, **אלא** דאין להחמיר רק באם יצאו קצת טפות דם בענין שיש לו דמיון לממסמס קועיה דמא, **אבל** לא יצאו אלא שנראה האדמומית, אין להחמיר כלל.

וכתב הרמ"א, אבל אם לא יצא דם, ולא חתך כל העור, **יש** להכשיר ע"י שישחוט למעלה או למטה ולבדוק נגד מקום החתך. **הא** אם יצא דם אף שלא חתך כל העור, **או** שחתך כל העור אפי' לא יצא דם, טרפה.

ומהרש"ל הכשיר, בין בחתך מקצת העור ויצא דם, ובין בחתך כולו ולא יצא דם, **ואינו** מטריף אלא בחתך כולו ויצא דם.

וכתב הש"ך, דמה שמתיר נחתך כולו ולא יצא דם, כבר כתבתי בס"ב דלא קי"ל הכי, **אבל** במה שמכשיר נחתך מקצתו אפילו יצא דם, נראה לכאורה כן, דמאי חששא

איכא, כיון שלא חתך כל העור, ע"כ נראה להקל בהפסד מרובה וכה"ג, **אבל** בלא"ה אין להקל, דלא יהא אלא תלישת הנוצה, דנוהגים להטריף ביצא דם.

וי"א דהעיקר כדעת מהרש"ל בזה, להתיר בפשיטות היכא שרחץ העור היטב, וראה היטב שלא חתך כל העור, **ולא** דמי למריטת הנוצות, שעור עוף הוא דק, וניקבת ע"י מריטת הנוצות כולו, משא"כ בעור הבהמה.

והט"ז כתב דהעיקר כדברי רמ"א, דכיון שיצא דם אנו חוששין שמא ניקב נקב דק מאד ונגע בוושט ואינו נראה לנו, או שהדם סותמו, **דאל"כ** מאין בא דם זה, דהא בעור אין דם, **ע"כ** אין להקל בחתך אפילו מקצת עור ונראה הדם.

"ולא חתך כל העור" קאי אבהמה דוקא, **אבל** בעוף אין שייך לומר כן, **אבל** מ"מ באם יש על העור של העוף איזו גרד יבש על צדו החיצון, ושחט במקום אחר וראה בצד הפנימי שאין שם ריעותא על העור, אין להחמיר בזה לכל הדעות.

מיהו כל זה בשלא אמר השוחט ברי לי שלא נגעתי בוושט, אבל כשאומר ברי לי, אפילו חתך כל העור, כשר כשלא יצא דם, **והיכא** שנתכוין מתחלה שלא ליגע בושט, כגון שתפס הקנה לבדו בידו, אפילו חתך כל העור וגם יצא דם, כשר.

י"א דדין תלישת הנוצות הוא דוקא ביונה ולא בשאר עופות, **אך** י"א דה"ה שאר עופות, וכן נראה דעת הרמ"א ז"ל.

אם מרט השוחט את הנוצות, וקרע קצת מן העור, אך לא מפולש, יש שפסקו דכשירה, **ולפי"ז** יש להתיר מכ"ש מה שנמצא לפעמים בעוף אינדיק, שנתלש קארעל אחד, וזה בא מחמת שחברותיה נושכים אותה, אם אין הנקב מפולש, **דכאן** יש עוד סניף, דבזה לא שייך טעם הט"ז "כיון דבעור אין דם ע"כ ניקב מושט הוא" כו', דהא בקארעלין יש דם.

בנדון ההקזה שעושים לבהמות מצוארם, ע"י אומן בקי בכך לרפואת הבהמות, אם מותרים המה או לא, דשמא הקיז במקום הסימנים, וגם אם יש להתיר החלב והגבינות שהוא הפסד רב, **י"א** דאם היינו מטריפים הבהמה, היה גם החלב אסור, (דלא כמאן דמחלק), **אלא** דיש להתיר גם גוף הבהמה מכמה טעמים, דלא דמי זה להא דחתך העור, **ומ"מ** אם אפשר להזהיר לבעל הבהמה שיראה שהמקיז יאחז בסימנים לצד השני, ראוי ונכון, **אך** גם באותן הבהמות שהעכו"ם מניחים להקיז ואין ישראל רואהו, ג"כ אין להחמיר.

§ סימן כד – דיני דרסה וחלדה והגרמה ועיקור §

דרסה

סעיף א- דרסה כיצד, כגון שהניח הסכין על הצואר ודחק וחתך למטה כחותך צנון או קישות, הרי זה פסולה; ואין צריך לומר אם הכה בסכין על הצואר, כדרך שמכין בסייף, וחתך הסימנים בבת אחת - ‹השוחט צריך שיוליך ויביא, ואם לא עשה כן, אלא התיז הסימנים בבת אחת כמו שחותך הצנון, פסולה – טור›.

סימן כד ס"א • דרסה

השוחט צריך שיוליך ויביא, ואם לא עשה כן, אלא דרסה, פסולה. **דרסה** כיצד, כגון שהניח הסכין על הצואר ודחק וחתך למטה כחותך צנון או קישות, הרי זה פסולה; **ואצ"ל** אם הכה בסכין על הצואר, כדרך שמכין בסייף, **וחתך** הסימנים בבת אחת.

שיעור אורך הסכין

סעיף ב- שחט בהולכה או בהבאה לבד, אם יש בסכין כמלא צואר, וחוץ לצואר כמלא צואר, (עם העור והמפרקת), כשרה - ‹לא שיצטרך להוליך כל אורך הסכין קודם שישחוט הרוב, דאין אדם יכול ליזהר בזה, דפעמים הסכין חד וחריף וחותך רוב הסימנים קודם שיוליך או יביא כשיעור הזה, אלא לא אמרו חכמים שיעור זה, אלא דקים להו שאז יכול לשחוט בריוח בלא דרסה – טור›.

ע"ל סי' ח' מ"ש בזה, ‹ושם נאמר דלכתחלה יקח בין בבהמה ועוף סכין כמלא ב' צווארים של אותו הנשחט, יע"ש, ובבהמה לדידן יהיה י"ד אצבעות, ולא בעוף, דמכביד על העוף וסימנים רכים ויבא לידי דרסה, אחרונים – פמ"ג›.

ואם לאו פסולה, שכל שאין בו כשיעור הזה אי אפשר לשחוט בלא דרסה על ידי הולכה או הבאה לבד; ואם הוליך והביא, אפילו שחט באזמל כל שהוא כשרה - ‹ואפילו באזמל שצריך להוליך ולהביא, אין צריך להוליך ולהביא קודם שיסיים השחיטה, כי לפעמים ימצא צפור קטן שישחט רוב הסימן אפילו באזמל קודם שיוליך ויביא, והוא כשר, בתנאי שלא יתפוס הסכין במזיד במקום אחד – ב"י›.

הגה: ויש מחמירין בבהמה - ‹דהני מילי בעוף שצוארו דק, אבל בבהמה לא – בית יוסף›, **והמנהג בגלילות אלו לפסול בבהמה אפילו הוליך והביא, אם אין בסכין כמלא צואר וחוץ לצואר משהו.**

סימן כד ס"ב • שיעור אורך הסכין

שחט בהולכה או בהבאה לבד, אם יש בסכין כמלא צואר,

וחוץ לצואר כמלא צואר, עם העור והמפרקת, כשרה. **ואם** לאו, פסולה, שא"א בלא דרסה ע"י הולכה או הבאה לבד.

וי"א דא"צ להוליך כל אורך הסכין קודם שישחוט הרוב, דאין אדם יכול ליזהר בזה, דפעמים הסכין חד וחריף וחותך רוב הסימנים קודם שיוליך או יביא כשיעור הזה, **אלא** לא אמרו חכמים שיעור זה, אלא דקים להו שאז יכול לשחוט בריוח בלא דרסה.

ובסימן ח' אמרינן, דלכתחלה יקח בין בבהמה ובין בעוף, סכין כמלא ב' צווארים של אותו הנשחט, **ובבהמה** לדידן יהיה י"ד אצבעות, **אבל** לא בעוף, דיהיה מכביד על העוף, וסימנים רכים, ויבא לידי דרסה.

ואם הוליך והביא, אפילו שחט באזמל כל שהוא כשרה.

וי"א דאפי' באזמל א"צ להוליך ולהביא קודם שיסיים השחיטה, כי לפעמים ימצא צפור קטן ששחט רוב הסימן אפי' באזמל קודם שיוליך ויביא, והוא כשר, **בתנאי** שלא יתפוס הסכין במזיד במקום אחד.

וכתב הרמ"א, ויש מחמירין דה"מ דכשר באזמל, **בעוף** שצוארו דק, אבל בבהמה לא, **והמנהג** בגלילות אלו לפסול בבהמה אפי' הוליך והביא, אם אין בסכין כמלא צואר וחוץ לצואר משהו.

שחט ב' ראשים כאחד

‹**הקדמה לס"ג** – תנן חולין ל: היה שוחט והתיז הראש בבת אחת, אם יש בסכין מלא צוואר, כשירה, ומסיק בגמרא, מלא צואר חוץ לצוואר, ובענין שיהא בסכין מלא ב' צווארין, וכשמתכוין השוחט לשחוט בהבאה א' או בהולכה א', כשירה אף דנשחט בחצי סכין, כיון שיש לו ריוח. **הנה** יש בזה שלשה ציורים: הציור הא', הוא דבענין שיתחיל מן ראש סכין ממש מצד הפנימי של צוואר הנשחט, ויעביר כל הב' צווארים של סכין, עד חוץ לצוואר לגמרי, ולא ישאר בתוך הצוואר כלום הסכין, וזה חומרא גדולה. **הציור** הב', שיתחיל מן ראש הסכין בצד הפנימי של צוואר, ויוציא מלא צוואר מהסכין לצד חיצוני דצוואר, ומלא צוואר הב' של סכין ישאר בתוך הצוואר, וזה קיל מציור א'. **הציור** השלישי, הוא שיניח מלא צוואר דסכין על רוחב מלא צוואר הנשחט, ויוציא אותו מלא צוואר דסכין לחוץ לצוואר, ומלא צוואר הב' של סכין יהיה נשאר תוך צוואר הנשחט, וזה קולא גדולה. **הצורה** השלישית היא שיטת הש"ך, **והט"ז** כפי הנראה בחר לו ציור השני, **והתבואות** שור בחר לו לדינא ציור א' – פמ"ג.

סעיף ג - שחט ב' ראשים כאחד בהולכה או בהבאה בלבד, אם יש בסכין כדי ג'

צוארין, כשרה - פי' בין שהניח הסכין בתחלת השחיטה על רוחב ב' הראשים, ויצא אורך הסכין ‹בצד פנימי דפנימית› כמלא צואר ‹עד הקתא› חוץ להב' ראשים,

והוליך הסכין לצד האחר, ‹עד שיצא מלא צואר חוץ לצואר חיצונה›, עד שלא נשאר כלום יוצא באותו צד שיצא כבר, ‹והוא קולא גדולה, עיין בהקדמה›, **ובין** שהתחיל לשחוט בקצה הסכין, ‹בצד פנימי דפנימית›, והוליך הסכין בשחיטתו עד שיצא כמלא הצואר חוץ לראש השני, דאז ודאי כיון שעל ב' הראשים עבר כמלא ב' צוארים, כשר, ‹**דהיינו** בפנימית שתים עברו, וצואר אחד נשאר בתוכה, ועל החיצונה צואר אחד עבר, והב' נשאר בתוכה, והו"א דחיצונה נדרסה כקושיית הט"ז, **קמ"ל** הש"ך דאין לחוש, דאפשר הפנימית עורה וסימנים שלה קשים מחיצונה, ומשום הכי שתיהן כשירות›, **אבל** פשוט אם הניח הסכין בתחלת השחיטה על רוחב ב' הראשים, ‹ומלא צואר מראש הסכין יוצא בצד חיצוני דחיצונית›, והוליך הסכין לאותו צד שיצא חוץ להב' ראשים כמלא צואר, דזהו חשיב כאלו אין בסכין אלא כמלא ב' צוארים, וק"ל, ‹לא ידענא מה בא ללמדנו, דבשביל שיצא מלא צואר אחד לצד חיצונה יהא הו"א דכשירה בזה – פמ"ג.

משמע לכאורה דוקא דיעבד, ובטור איתא שוחט אדם שני ראשים כאחד כו', והכי איתא בש"ס פרק השוחט בהדיא, וכ"כ הר"ן דמותר אפילו לכתחלה, **וצ"ל** דלאו דוקא "שחט", דה"ה אפילו לכתחלה.

ואם לאו, יש לחוש ולאסור שתיהן - ‹לא היה בו אלא כדי שנים, הביא ולא הוליך, החיצונה כשרה והפנימית פסולה, הוליך ולא הביא, הפנימית כשרה והחיצונה פסולה. **אבל** הר"ן כתב שאיפשר ששתיהן אסורות, הואיל ושחיטתן כאחד, ואם בשניה דרס אף בראשונה נמי דרס, שהרי בבת אחת ובענין אחד העביר הסכין על שתיהן – בית יוסף›.

זהו דעת הרמב"ן והרשב"א והר"ן, ונלפע"ד דאינהו מיירי כשהניח הסכין בתחלת השחיטה על רוחב הב' ראשים, ומיירי ששחט לאותו צד שיצא, ‹ראש הסכין›, והיה צריך להיות דחיצונה כשרה, שהרי עבר עליה מלא ב' צוארים, והפנימית פסולה, דלא היה כ"א מלא צואר אחד, לולי סברת הר"ן›. **ודעת** הב"י וד"מ דלפי טעם שכתבו, דכיון שאנו רואין שבאחד מהן דרס, ע"כ אף בשניה דרס, שהרי בבת אחת ובענין א' העביר הסכין על שתיהן, **ה"ה** כשהתחיל לשחוט בקצה הסכין, וכיון שעבר חצי הסכין על השניה פוסק, ‹כשבא מלא צואר לתוך השניה הפסיק›, דשתיהן אסורות מה"ט, דהא עכ"פ עינינו רואות שאחת מהן נדרסה, וא"כ בבת א' העביר הסכין על שתיהן, וא"כ גם השניה נדרסה, וכן משמע דעת מהרש"ל, **דלא** כהב"ח

שחילק בין התחיל לשחוט בקצה הסכין, ובין הניח הסכין בתחלת השחיטה על רוחב הראשים, בדברים שאינם מתקבלים על הלב.

וגם נלפע"ד, דאם התחיל לשחוט בקצה הסכין, ועבר הסכין לצד האחר עד שיצא כמלא צואר לצד האחר, בענין שעל שתיהן עבר כל הסכין, שתיהן כשרות לכו"ע, וכן כתבו ב"י וד"מ ומהרש"ל, והוא פשוט, **דלא** כהב"ח שחלק ע"ז, ואין נראין דבריו, לא בגוף הענין ולא בדברי הרא"ש, ודוק היטב.

[**ומו"ח ז"ל פי׳ וז"ל**, דוקא בהתחיל לשחוט בקצה הסכין שאצל הקתא, דאז כששחט בחיצונה כמלא צוואר, והתחיל להביא הסכין על הפנימית, בהכרח שיביא הסכין גם בחיצונה לשוחטה עוד, שהרי בעוד שלא עבר הסכין על הפנימית לא שחט בחיצונה רק כמלא צואר, ולא נשאר חוץ לצואר החיצונה רק כמלא צואר אחד, ואם כן ודאי יש לחוש לדרסה דפנימית, מאחר שצואר החיצונה נשחט במקצת, והפנימית לא נשחט עדיין כל עיקר, והוא מעביר הסכין על שתיהן יחד, ומתכוין לשחוט שניהם בשוה כו׳, עכ"ל, וקשה מה איכפת לן באורך הסכין ב׳ צווארים, הא גם בשלשה יש חשש זה דאם אנו רואין שבאותה שעה שנחתך צואר החיצונה נחתך גם פנימית בשוה, והוא התחיל בחיצונה, ע"כ שהפנימי נדרסה, דהא אין לה שיעור כמו לחיצונה, ואי לאו שנדרסה למה היה לה די בחלק מועט מן החיצונה, **והנלע"ד** שודאי הסברא שהניח מו"ח ז"ל אמת בזה כשנשחטו בשוה, אלא שאנו צריכים לפרש הפשט בדרך אחר, דמלשון התנא שאמר שחט ב׳ ראשים כאחד, משמע שגמר שחיטה הוי ממש בשוה, ואין שום קדימה לאחד יותר מלחבירו בגמר, דאם היתה קצה קדימה, היה נקרא בזה אמר זה, **אלא כדפריש׳**, ועיקר כוונת התנא להשמיענו, דאין מה שבתוך הצואר בחשבון עד שיעבירנו ממנו, ‹עיין בהקדמה›, **והנה** אם הסכין ארוך כשלשה צוארים מצינו דבר זה שפיר, דהיינו שמניח אורך שיעור שני צווארים על שני הצוארים, וכשהביא ממילא הוה ההתחלה והסיום בשוה לשניהם, דהא על כל צואר יש חלק כנגדו, וכשהביא אורך צואר אחד, נשאר בתוך הצואר של כל אחת אורך צוואר, ובאותו פעם נשחטו שניהם, ‹היינו לאחר שהעביר על זו עוד מלא צואר א׳ ועל זו מלא א׳, כפי הציור הב׳ לעיל – פמ"ג›, ממילא הוה בשוה ממש וכשרים שניהם, **אבל** אם הסכין כשני צוארים, א"א לך לומר בשום פנים ששחיטתן יהיה נגמר בשוה וכשרים שניהם, כי אם תניח הסכין ארכו על שני הצוארים, ובכל אחד ישחט במה שעליו, פסולים שניהם, כי כל אחד נשחט רק כשיעור אורך צואר אחד, ‹עיין הקדמה›, **וג"כ** אין לומר שהפנימית כשירה כיון שמעביר כל הסכין עליה, דא"כ לא הוה גמר שחיטת שניהם בשוה, דהא החיצונה נשחט קודם לה, **אלא ע"כ** צריך אתה למצוא שהוא מניח צד שאצל הקתא על שפת החיצונה, ממילא יש לחיצונה כמלא שני צוארים, וכשהוא חותך שיעור ב׳ צוארים, מגיע על הפנימית שיעור צואר אחד, שהרי שחיטתה נגמרת בשוה, בשעה אחת ממש עם החיצונה, וע"כ אין הכשר אלא לחיצונה והפנימית נדרסה, כי לא היה לה רק שיעור צואר אחד, **וכן** להיפך אם הוליך ולא הביא, וע"כ צריך להניח ראש הסכין אצל שפת הפנימית, ממילא הפנימית כשרה ולא החיצונה, כיון שהיא נשחטת בפעם אחת עם הפנימית, כנ"ל לפרש בס"ד הפשט בטוב טעם, **אלא** שלענין הלכה פסק הש"ע כדעת הרשב"א, דכיון שראינו שהאחת נדרסה, אמרינן שגם השניה נדרסה, אע"פ שהיה לה כשיעור].

סימן כד ס"ג • שחט ב׳ ראשים כאחד

הקדמה – בענין שיעור ב׳ צוארין לבהמה אחת, יש ג׳ ציורים:

הציור הא׳, שיתחיל מן ראש סכין ממש מצד הפנימי של צוואר הנשחט, ויעביר כל הב׳ צווארים של סכין, עד חוץ לצוואר לגמרי, ולא ישאר בתוך הצוואר כלום הסכין, **וזה** חומרא גדולה, וזהו שיטת התבואות שור.

הציור הב׳, שיתחיל מן ראש הסכין בצד הפנימי של צוואר, ויוציא מלא צוואר מהסכין לצד חיצוני דצוואר, ומלא צוואר הב׳ של סכין ישאר בתוך הצוואר, **וזה** קיל מציור א׳, וזהו שיטת הט"ז.

הציור הג׳, הוא שיניח מלא צוואר דסכין על רוחב מלא צוואר הנשחט, ויוציא אותו מלא צוואר דסכין לחוץ לצוואר, ומלא צוואר הב׳ של סכין יהיה נשאר תוך צוואר הנשחט, **וזה** קולא גדולה, וזהו שיטת הש"ך.

וכתב השו"ע, שחט ב׳ ראשים כאחד בהולכה או בהבאה בלבד, אם יש בסכין כדי ג׳ צוארין, כשרה. (**ולאו** דוקא "שחט" דמשמע בדיעבד, דה"ה דמותר אפי׳ לכתחלה).

וכתב הש"ך, פי׳ בין שהניח הסכין בתחלת השחיטה על רוחב ב׳ הראשים, ויצא אורך הסכין בצד פנימי דפנימית כמלא צואר עד הקתא חוץ להב׳ ראשים, והוליך הסכין לצד האחר, עד שיצא מלא צואר חוץ לצואר חיצונה, עד שלא נשאר כלום יוצא באותו צד שיצא כבר, (והוא קולא גדולה).

ובין שהתחיל לשחוט בקצה הסכין, בצד פנימי דפנימית, והוליך הסכין בשחיטתו עד שיצא כמלא הצואר חוץ לראש השני, דאז ודאי כיון שעל ב׳ הראשים עבר כמלא ב׳ צוארים, כשר, **דהיינו** בפנימית שתים עברו, וצואר אחד נשאר

בתוכה, ועל החיצונה צואר אחד עבר, והב' נשאר בתוכה, **והו"א** דחיצונה נדרסה כקושיית הט"ז, (כיון דלא נגמר ביחד, עיין להלן), **קמ"ל** הש"ך דאין לחוש, דאפשר הפנימית עורה וסימנים שלה קשים מחיצונה, ומשום הכי שתיהן כשירות.

אבל פשוט דאם הניח הסכין בתחלת השחיטה על רוחב ב' הראשים, ומלא צואר מראש הסכין יוצא בצד חיצוני דחיצונית, והוליך הסכין לאותו צד שיצא חוץ להב' ראשים כמלא צואר, דזהו חשיב כאלו אין בסכין אלא כמלא ב' צוארים.

וכתב השו"ע, ואם אין בו שיעור זה, יש לחוש ולאסור שתיהן. **אע"ג** דהיה צריך להיות דבהביא ולא הוליך, דהחיצונה יהיה כשרה והפנימית פסולה, **ובהוליך** ולא הביא, דהפנימית יהיה כשרה והחיצונה פסולה, **אלא** די"א שאפשר ששתיהן אסורות, הואיל ושחיטתן כאחד, ואם בשניה דרס אף בראשונה נמי דרס, שהרי בבת אחת ובענין אחד העביר הסכין על שתיהן.

וכתב הט"ז כשיטת הב"ח, דלשון התנא שאמר שחט ב' ראשים כאחד, משמע שגמר שחיטה הוי ממש בשוה, ואין שום קדימה לאחד יותר מלחבירו בגמר, **ועיקר** כוונת התנא להשמיענו, דאין מה שבתוך הצואר בחשבון עד שיעבירנו ממנו, (עיין בהקדמה).

והנה אם הסכין ארוך כשלשה צוארים מצינו דבר זה שפיר, דהיינו שמניח אורך שיעור שני צוארים על שני הצוארים, וכשהביא ממילא הוה ההתחלה והסיום בשוה לשניהם, **דהא** על כל צואר יש חלק כנגדו, וכשהביא אורך צואר אחד, נשאר בתוך הצואר של כל אחת אורך צואר, ולאחר שהעביר על זו עוד מלא צואר א' ועל זו מלא א', באותו פעם נשחטו שניהם, וממילא הוה בשוה ממש וכשרים שניהם, **אבל** אם הסכין כשני צוארים, א"א לך לומר בשום פנים ששחיטתן יהיה נגמר בשוה וכשרים שניהם, **כי** אם תניח הסכין ארכו על שני הצוארים, ובכל אחד ישחט במה שעליו, פסולים שניהם, כי כל אחד נשחט רק כשיעור אורך צואר אחד, (עיין בהקדמה), **וג"כ** אין לומר שהפנימית כשירה כיון שמעביר כל הסכין עליה, דא"כ לא הוה גמר שחיטת שניהם בשוה, דהא החיצונה נשחט קודם לה, **אלא** ע"כ צריך אתה למצוא שהוא מניח צד שאצל הקתא על שפת החיצונה, ממילא יש לחיצונה כמלא שני צוארים, וכשהוא חותך שיעור ב' צוארים, מגיע על הפנימית שיעור צואר אחד, שהרי שחיטתה נגמרת בשוה, בשעה אחת ממש עם החיצונה, **וע"כ** אין הכשר אלא לחיצונה והפנימית נדרסה, כי לא היה לה רק שיעור צואר אחד, **וכן** להיפך אם הוליך ולא הביא, וע"כ צריך להניח ראש הסכין אצל שפת הפנימית, ממילא הפנימית כשרה ולא החיצונה, כיון שהיא נשחטת בפעם אחת עם הפנימית, **והשו"ע** פסק, דכיון שראינו שהאחת נדרסה, אמרינן שגם השניה נדרסה, אע"פ שהיה לה כשיעור.

שנים אוחזין בסכין ושוחטין

סעיף ד - שנים אוחזין בסכין ושוחטין, אפילו זה למעלה לצד הראש וזה למטה לצד החזה, שאוחזין אותו באלכסון, כשרה,

ולא חיישינן שמא ידרסו זה על זה - ואיצטריך משום דסלקא דעתך אמינא דמתוך שזה מושך לכאן וזה מושך לכאן, ושניהם דוחקים סכין על הצואר, יש לחוש שלא יתיזו הראש בבת אחת, קא משמע לן דלא חיישינן להכי - ב"י.

סימן כד ס"ד • שנים אוחזין בסכין ושוחטין

שנים אוחזין בסכין ושוחטין, אפי' זה למעלה לצד הראש וזה למטה לצד החזה, שאוחזין אותו באלכסון, כשרה, **ולא** חיישינן שמא מתוך שזה מושך לכאן וזה מושך לכאן, ושניהם דוחקים סכין על הצואר, ידרסו זה על זה ויתיזו הראש בבת אחת.

חותך כל המפרקת

סעיף ה - היה שוחט וחתך כל המפרקת, כשרה. (ועיין ס"ק כ') - ואף לדעת רמ"א בסימן ס"ז, דלכתחלה יש ליזהר וכו', מיהו בדיעבד כשר, **והבית** יוסף כתב שם בשם הג"א, דוקא שובר, שמחמת יסורי השחיטה אין בה כח להתאנח ולהוציא דם, אבל חותך לא, **אבל** בשם הרשב"א כתב, דאף חותך מבליע דם באברים, **וראיתי** במקום שעובדי כוכבים המה הקצבים, חותכין הראש מגוף הבהמה מיד אחר השחיטה, ובזה מבליע דם באיברים, ועושין את זאת כדי שהבשר יהיה כבד, שמוכרין לפי המשקל, וגם מוכרים לישראלים, ולפי הרשב"א יש למחות על זה, ועיין מה שכתבתי לקמן בסי' ס"ז סעיף ג', עכ"ה - נקה"כ.

הגה: והמנהג להטריף אפילו לא חתך רק רוב המפרקת, ואין לשנות כי יש מרגלותא סוברין כן. (דקדק ראבי"ה מפי' רש"י) – [במרדכי כתב שראבי"ה דקדק מפרש"י, שפירש ריש פרק השוחט, אהא דאמרינן דלא לשוויה גסטרא, חטיהו והוציא את דמו ותו לא, ומש"ה אסר כשחתך כל המפרקת, **ולא** נראה למהר"ם, דהאי "ותו לא" דפרש"י, פירושו שא"צ לשחוט יותר, ע"כ, וגם לענ"ד תמוה דעת ראבי"ה, דהא פירש במתני' דהשוחט מן העורף, דאם חתך המפרקת קודם שחיטת הסימנים, נטרף, משמע דאחר הסימנים אין חשש כלל, וכ"כ בדרישה והאריך בראיות עוד משאר פוסקים, ובת"ה כתב, דאין איסור זה אלא חומרא בעלמא, ומצאתי למהר"ר ליב מפראג שכתב, שהתיר הלכה למעשה בחתך כל המפרקת אחר הסימנים, וכן נראה עיקר, **אלא** שכיון שרמ"א כתב שאין לשנות מן המנהג שנהגו להטריף אפילו ברוב המפרקת, אין בידינו להקל, דלא יהא אלא

דברים המותרים ואחרים נהגו בו איסור, **אלא** דמ"מ יש להקל בזה בכל הספיקות, דאפילו רואה חתך במפרקת, א"צ לבדוק אחריו אם הוא רוב או לא, וק"ו כשאין המפרקת לפנינו, בכולם יש לסמוך להקל, ואין להחמיר רק אם כבר ראו שנשחט רוב המפרקת רוב גמור, ולא בענין אחר, **והאי** רוב המפרקת, נ"ל דהעיקר תלוי בחוט, דהא אפילו לדעת ראבי"ה שפי' דברי רש"י "ותו לא", דאסור לחתוך אח"כ, ע"כ לא קפיד אלא אחוט שהחיות תלוי בו, וע"ז אמרה תורה דלא ימית הבהמה אלא ע"י הסימנים, ולא בד"א, דאל"כ נימא שלא יחתוך כלל שום דבר אחר הסימנים, אלא ודאי כדפרישית, וראוי לסמוך להקל בזה, כיון שטרפות זו אינה אלא חומרא].

וצריך עיון בזה, שהרבה גדולי הפוסקים מתירין, ואולי דעת הר"ב דוקא להחמיר במקום שאין הפסד מרובה וכה"ג. ‹ופר"ח כתב, אף בהפסד מועט המקיל לא הפסיד, **אבל** בית הילל כתב, דהשוחטים מטריפין עכשיו אף בהפסד מרובה, וכ"כ ע"י - בה"ט›.

[**אחר** כתבי זאת ראיתי בתה"ה וז"ל, וקרא אתי, דלא לשוויה גיסטרא, כלומר במקום שזב בלבד, דהיינו הסימנים, אבל לא ישבור המפרקת, שאילו שבר המפרקת קודם שתצא נפשה, מבליע דם באיברים ואסור, כדאמרי' פרק כל הבשר, השובר מפרקתה של בהמה קודם שתצא נפשה, מבליע דם באיברים, עכ"ל, **ובדק** הבית חולק עליו, וכתב שאין חשש זה אלא דוקא ע"י שבירה, ולא בחיתוך בשעת שחיטה, ובמשמרת הבית חיזק דבריו הרשב"א ודחה דברי ב"ה, יעויין שם ולא אכניס עצמי להכריע בזה ביניהם, **אבל** מאד תמהתי אם יצאו דברים אלו מפי מאור עינים הרשב"א, שהרי הוא עצמו גורס בפרק כל הבשר, ומבליע דם באיברים ואסור לאכול חי, אבל ע"י מליחה מותר, וכמ"ש הט"ז סימן ס"ז, וכתב ב"י שכ"כ גם הרשב"א, וכך הם דבריו בתה"ה, ואי ס"ד דקרא אתי לזה, הו"ל כלא נשחט ויש איסור אפילו ע"י מליחה, על כן נראה שאין פירוש זה עיקר, ודברי ב"ה אמת הם עכ"פ כפי מה דקי"ל להלכה, כנלענ"ד].

לק"מ, דקרא אשמועינן דלכתחלה בכל ענין אסור, אפילו לאכול ממנו שלא באומצא, וכמו שכתב השבולי לקט ומביאו בית יוסף בסי' ע"ו, ופסקו מהרש"ל, אבל על ידי מליחה מותר בדיעבד, **אי** נמי אשמועינן דבקדשים אפילו דיעבד אסור, וכדמשמע לשון הרשב"א שם, שכתב וזה לשונו, אבל לא המפרקת, כדי שלא יבלע דם באיברים, ובשחיטת קדשים לדם הוא צריך להזיות ולזריקות, עד כאן לשונו, וא"כ נהי דבחולין מהני מליחה אח"כ, היינו להוציא מידי דמו, אבל בקדשים מה יועיל מליחה אח"כ, ותירוץ זה נראה נכון יותר - נקה"כ.

סימן כד ס"ה • חתך כל המפרקת

היה שוחט וחתך כל המפרקת, כשרה.

ואף דלכתחלה יש ליזהר מזה, מיהו בדיעבד כשר.

וכתב הרמ"א, והמנהג להטריף אפילו לא חתך רק רוב המפרקת, ואין לשנות כי יש מרבוותא סוברין כן.

וראבי"ה דקדק כן מפרש"י, שפי' אהא דאמרינן דלא לשוויה גסטרא, חטיהו והוציא את דמו, ותו לא, ומש"ה אסר כשחתך כל המפרקת, **וי"א** דהאי "ותו לא" דפרש"י, פירושו שא"צ לשחוט יותר, **וגם** תמוה דעת ראבי"ה מעוד ראיות.

וי"א דאין איסור זה אלא חומרא בעלמא.

והרשב"א כתב דנלמד זה מקרא דלא לשוויה גיסטרא, כלומר במקום שזב בלבד, דהיינו הסימנים, אבל לא ישבור המפרקת, שאילו שבר המפרקת קודם שתצא נפשה, מבליע דם באיברים, **ואף** חותך מבליע דם באברים, **(ולפי"ז** יש למחות במקומות שעובדי כוכבים המה הקצבים, וחותכין הראש מגוף הבהמה מיד אחר השחיטה, ובזה מבליע דם באיברים, ועושין את זאת כדי שהבשר יהיה כבד, שמוכרין לפי המשקל, וגם מוכרים לישראלים).

אבל י"א דדוקא שובר, שמחמת יסורי השחיטה אין בה כח להתאנח ולהוציא דם, אבל חותך לא.

אבל הט"ז מתמיה על הרשב"א, דהוא עצמו כתב דאינו אסור לאכול אלא חי, אבל ע"י מליחה מותר, **ואי ס"ד** דקרא אתי לזה, הו"ל כלא נשחט ויש איסור אפילו ע"י מליחה, **על** כן נראה שאין פירוש זה עיקר.

אבל הנקה"כ כתב, דקרא אשמועינן דלכתחלה בכל ענין אסור, אפילו לאכול ממנו שלא באומצא, אבל ע"י מליחה מותר בדיעבד, **א"נ** קרא אשמועינן דבקדשים אפילו דיעבד אסור, דבקדשים לדם הוא צריך להזיות ולזריקות, **וא"כ** נהי דבחולין מהני מליחה אח"כ, היינו להוציא מידי דמו, אבל בקדשים מה יועיל מליחה אח"כ, ותירוץ זה נראה נכון יותר.

וכתב הט"ז דהמהר"ל מפראג התיר הלכה למעשה בחתך כל המפרקת אחר הסימנים, וכן נראה עיקר, **אלא** שכיון שרמ"א כתב שאין לשנות מן המנהג שנהגו להטריף אפילו ברוב המפרקת, אין בידינו להקל, דלא יהא אלא דברים המותרים ואחרים נהגו בו איסור, **אלא** דמ"מ יש להקל בזה בכל הספיקות, דאפילו רואה חתך במפרקת, א"צ לבדוק אחריו אם הוא רוב או לא, **וק"ו** כשאין המפרקת לפנינו, בכולם יש לסמוך להקל, **ואין** להחמיר רק אם כבר ראו שנשחט רוב המפרקת רוב גמור, ולא בענין אחר.

ועוד כתב דהאי רוב המפרקת, העיקר תלוי בחוט, דהא אפי' לדעת ראבי"ה שפי' דברי רש"י "ותו לא", דאסור לחתוך אח"כ, ע"כ לא קפיד אלא אחוט שהחיות תלוי בו, וע"ז אמרה תורה דלא ימית הבהמה אלא ע"י הסימנים, ולא בד"א, דאל"כ נימא שלא יחתוך כלל שום דבר אחר הסימנים, **וראוי** לסמוך להקל בזה, כיון שטרפות זו אינה אלא חומרא.

והש"ך כתב דצ"ע בזה הפסק דהרמ"א, שהרבה גדולי הפוסקים מתירין, **ואולי** דעת הרמ"א דוקא להחמיר במקום שאין הפסד מרובה וכה"ג.
וי"א דאף בהפסד מועט המקיל לא הפסיד.
אבל י"א דהשוחטים מטריפין עכשיו אף בהפסד מרובה.

שלא יביא העוף לידי דרסה

סעיף ו - כשאדם שוחט עוף, ואוחז בסימנים בשתי אצבעותיו, צריך שיאחוז אותם יפה, שאם אינו אוחז אותן בטוב, פעמים שיהיו נשמטין לכאן ולכאן, ולא יכול לשחטן ע"י הולכה, ויבא לידי דרסה.

‹**עוד** כתב, דאין לשחוט עוף אפי' עוף גדול בסכין ששוחט בו בהמות, כי בקל יבוא לידי דרסה – באה"ט›.

סימן כד ס"ו(1) • שלא יביא העוף לידי דרסה

כשאדם שוחט עוף, ואוחז בסימנים בשתי אצבעותיו, צריך שיאחוז אותם יפה, שאל"כ פעמים שיהיו נשמטין לכאן ולכאן, ולא יכול לשחטן ע"י הולכה, ויבא לידי דרסה.

ואין לשחוט עוף אפי' עוף גדול בסכין ששוחט בו בהמות, כי בקל יבוא לידי דרסה.

שלא יניח אצבעו על הסכין, ושלא ישב

הגה: וכן לא יניח האצבע על הסכין, אלא יחזיק אותו בקתא, כדי שלא יבא לידי דרסה, (דעת עצמו מקבלת השוחטים ומהרש"ל) – ‹פעם אחת שחט אחד כמה עופות לנישואין בהנחת אצבע, והתירו חכמי ווילנא בדיעבד, מחמת הפסד מרובה ולצורך מצוה – בה"ט›.

‹**וכתב** כנה"ג להזהיר לשוחטים שלא ישחטו מיושב, שהישיבה מביאה לידי דרסה. **ופר"ח** כתב, דבדיעבד כל שידוע לו שלא דרס, מותר – בה"ט›.

‹**ועיין** תבואות שור, בהפסד מרובה התיר בהניח אצבעו על הסכין. **ונ"ל** ה"ה בישיבה, אין להחמיר דיעבד בהפס"מ, **ואף** בלא הפסד מרובה יש לצדד אם יודע שלא דרס – פמ"ג›.

סי' כד ס"ו(2) • שלא יניח אצבעו על הסכין, ושלא ישב

וכן לא יניח האצבע על הסכין, אלא יחזיק אותו בקתא, כדי שלא יבא לידי דרסה.
וי"א דבהפסד מרובה מותר. **ופעם** אחת שחט אחד כמה עופות לנישואין בהנחת אצבע, והתירו חכמי ווילנא בדיעבד, מחמת הפ"מ ולצורך מצוה.

וי"א להזהיר לשוחטים שלא ישחטו מיושב, שהישיבה מביאה לידי דרסה.

וי"א דאין להחמיר בדיעבד בהפס"מ, **ואף** בלא הפסד מרובה, יש לצדד להתיר בדיעבד אם יודע שלא דרס.

דרסה במשהו

ואפילו לא עשה דרסה אלא במשהו מן הוושט, פסולה. הגה: והמנהג להטריף כל דרסה, בין במיעוט קמא בין במיעוט בתרא, בין בקנה בין בוושט – ‹דבמיעוט בתרא קי"ל כרש"י, ובמיעוט קמא דקנה נמי משום דלא בקיאין בבדיקה, וחיישינן לוושט – גר"א›. ‹**כתוב** בשחיטות אשכנזיות, אפי' למ"ד דשהייה כשרה במיעוט קמא דקנה, אפ"ה דרסה אסורה, לפי שנעשה הפיסול בשעת שחיטה ובמעשה שחיטה, אבל שהייה כיון ששהה אזיל ליה מעשה קמא, והוי כמו מצא חצי קנה פגום – ב"י›. ‹**ונ"מ** היכא דתפס הקנה לבדו בידו בשעת שחיטה, ודרס במיעוט קמא דידיה, דאף דבשאר מדינות מקילין בשהיי' בכה"ג, מ"מ לענין דרסה חמיר בכל מקום ודינו כבמיעוט בתרא, כיון דבשחיטה א' נעשה – דרכי תשובה›.

סימן כד ס"ו(3) • דרסה במשהו

ואפי' לא עשה דרסה אלא במשהו מן הוושט, פסולה.
וכתב הרמ"א, והמנהג להטריף כל דרסה, בין במיעוט קמא בין במיעוט בתרא, בין בקנה בין בוושט.
י"א הטעם, דבמיעוט בתרא קי"ל כרש"י, (ס"י), ובמיעוט קמא דקנה נמי משום דלא בקיאין בבדיקה, וחיישינן לוושט.
וי"א דאפי' למ"ד דשהייה כשרה במיעוט קמא דקנה, אפ"ה דרסה אסורה, לפי שנעשה הפיסול בשעת שחיטה ובמעשה שחיטה, **אבל** שהייה כיון ששהה אזיל ליה מעשה קמא, והוי כמו מצא חצי קנה פגום.
ונ"מ היכא דתפס הקנה לבדו בידו בשעת שחיטה, ודרס במיעוט קמא דידיה, דאף דבשאר מדינות מקילין בשהייה בכה"ג, **מ"מ** לענין דרסה חמיר בכל מקום ודינו כבמיעוט בתרא, כיון דבשחיטה א' נעשה.

חלדה כיצד

סעיף ז - חלדה כיצד – [הוא לשון הטמנה, ע"כ נקראת חולדה בלשון זה, לפי שמטמנת עצמה בארץ, כן הוא בגמ' פ"ק דחולין], **כגון שהכניס הסכין בין סימן לסימן, בין ששחט התחתון כהלכתו מלמעלה למטה, וחזר והוציאו ושחט העליון, בין ששחט העליון ממטה למעלה שלא כהלכתו, פסולה** - וכ"ש אם הכניס הסכין תחת שני הסימנים, ושוחטן ממטה למעלה, או שחט התחתון ממטה למעלה, והעליון כהלכתו, דהוי חלדה.

סעיף ז – חלדה כיצד

סימן כד ס"ז • חלדה כיצד

חלדה כיצד, כגון שהכניס הסכין בין סימן לסימן, בין ששחט התחתון כהלכתו מלמעלה למטה, וחזר והוציאו ושחט העליון; **בין** ששחט העליון ממטה למעלה שלא כהלכתו, פסולה. **וכ"ש** אם הכניס הסכין תחת שני הסימנים, ושוחטן ממטה למעלה, **או** שחט התחתון ממטה למעלה, והעליון כהלכתו, דהוי חלדה.

תחת העור, צמר מסובך, או מטלית

סעיף ח - החליד את הסכין תחת העור, או תחת צמר מסובך בצואר הבהמה, או תחת מטלית הקשור בצוארה, או שהמטלית מדובק בו בשעוה, ושחט, שחיטתו פסולה - כל זה ספק פסולה, דבעיות ולא איפשטא נינהו.

אבל אם המטלית פרוש על צוארה ושחט, שחיטתו כשרה. ויש מי שפוסל גם בזה, ולכתחלה יש לחוש לדבריו – [הוא דעת הרמב"ם בטור, וק"ל מתלמוד ערוך שאינו כן, דהא בפרק בהמה המקשה בעי רב, הושיט ידו למעי בהמה ושחט בה בן ט' חי מהו כו', ואמאי לא אסרינן לה מטעם חלדה, דהא אין הסכין מגולה, אלא ע"כ דאין חלדה אלא במה שהוא קשור בצוארה, ובעל הלבוש שגג בזה בסימן י"ד כמ"ש שם].

לק"מ, דהתם לא שייך חלדה, כיון שעדיין לא יצא לאויר העולם, **יראה** לפרש שנתכוין למ"ש הכנה"ג כאן בהג' ב"י, דביצא לאויר העולם כיון שאפשר לשחוט בלי כיסוי, אסרה תורה, משא"כ במעי אמו, א"א בענין אחר - פמ"ג, **אי** נמי אפשר דהך סוגיא מבעיא אם תמצא לומר תחת מטלית כשר, **אי** נמי שאני התם, דהרחם הוא כמו בית שלה - נקה"כ.

הגה: וכן יש ליזהר בכבשים שיש להם צמר מסובך בצואריהם, לתלוש הצמר המסובך, שלא יבא לידי חלדה (מרדכי) - ובמרדכי סיים שגם בעופות יש למרוט הנוצות מהן, וכ"כ בעט"ז, **והר"ב** סמך אמ"ש בס"ס כ"ג, לכתחלה אין למרוט אם יוכל לשחוט בלא זה, וממילא נשמע כל שאינו יוכל לשחוט בלא זה, ימרוט.

(**עבה"ט**, ומ"ש ‹אבל למרוט נוצות מחיים מכנפיה לצורך כתיבה, אסור› משום צעב"ח, **אישתמיטתיה** דברי הרמ"א באה"ע סוף סי' ה' בשם מהרא"י, שכתב כל דבר הצריך לרפואה או לשאר דברים, לית ביה משום צעב"ח, **ומ"מ** העולם נמנעים דהוי אכזריות, ע"ש).

סימן כד ס"ח • תחת העור, צמר מסובך, או מטלית

החליד את הסכין תחת העור, או תחת צמר מסובך בצואר הבהמה, או תחת מטלית הקשור בצוארה, או שהמטלית מדובק בו בשעוה, ושחט, שחיטתו פסולה.
וכל זה ספק פסולה, דבעיות ולא איפשטא נינהו.

אבל אם המטלית פרוש על צוארה ושחט, שחיטתו כשרה.
ויש מי שפוסל גם בזה, ולכתחלה יש לחוש לדבריו.
וקשה דהא בעי רב, הושיט ידו למעי בהמה ושחט בה בן ט' חי מהו כו', ואמאי לא אסרינן לה מטעם חלדה, דהא אין הסכין מגולה, **אלא** ע"כ דאין חלדה אלא במה שהוא קשור בצוארה.
ויש מי שתירץ, דדוקא ביצא לאויר העולם, כיון שאפשר לשחוט בלי כיסוי, אסרה תורה, משא"כ במעי אמו, א"א בענין אחר, **א"נ** אפשר דהך סוגיא מבעיא את"ל תחת מטלית כשר, **א"נ** שאני התם, דהרחם הוא כמו בית שלה.

וכתב רמ"א, וכן יש ליזהר בכבשים שיש להם צמר מסובך בצואריהם, לתלוש הצמר המסובך, שלא יבא לידי חלדה.
וגם בעופות י"א דיש למרוט הנוצות מהן, **והרמ"א** סמך אמ"ש בס"ס כ"ג, דלכתחלה אין למרוט אם יוכל לשחוט בלא זה, **וממילא** נשמע כל שאינו יוכל לשחוט בלא זה, ימרוט.

וי"א דלמרוט נוצות מחיים מכנפיה לצורך כתיבה, אסור משום צעב"ח, **ואישתמיטתיה** דברי הרמ"א באה"ע סוף סי' ה', שכתב כל דבר הצריך לרפואה או לשאר דברים, לית ביה משום צעב"ח, **ומ"מ** העולם נמנעים דהוי אכזריות.

אם רק ראש הסכין מכוסה

סעיף ט - צריך ליזהר, כשאדם שוחט וחס על העור שלא יעשה בו קרע גדול, ושוחט בראש הסכין ומתכסה מהעור; אמנם אם שוחט באמצע הסכין, אין לחוש אם ראשו מתכסה בעור, כיון שהסכין במקום ששוחט בו כנגד הסימנים אינו מכוסה; ויש מי שמחמיר גם בזה, ויש לחוש לדבריו לכתחלה - כלומר בזה שבמקום ששוחט הוא מגולה, אבל בדין הראשון כששוחט בראש הסכין והסכין במקום ששוחט מתכסה מהעור, משמע דעת המחבר דאפילו בדיעבד פסול, וכן משמע בב"י, **והעט"ז** כתב, צריך ליזהר שלא יכניס הסכין בשעת שחיטה תחת העור בשום מקום, בין כנגד הסימנים, בין כנגד הסכין שלא כנגד הסימנים, עכ"ל, **ולא** ביאר יפה, דברישא בדיעבד פסול.

[מו"ח ז"ל חולק על פסק זה, מטעם דהתוס' כתבו, שכשמתכסה ראשו של סכין הוה חלדה, ע"כ יש לאסור אפילו דיעבד, ע"כ, ואין מזה תפיסה כלל, דהתם קאי שהוא שוחט גם הסימנים בראש הסכין, דהתם קאי במולק בסכין, וצריך שיהיה נזהר שלא יחתוך המפרקת עם רוב בשר שעליה, וכמו שהעתקתי סי' כ' ס"ג, ע"כ צריך לנעוץ ראש הסכין תחת הבשר שעל המפרקת, בענין שיהיה קיים, ולמטה ממנו חותך בראש הסכין המפרקת עם הסימנים, נמצא שבמקום השחיטה הסכין מכוסה, אבל מדין זה לא מיירי שם כלל].

סימן כד ס"ט • אם רק ראש הסכין מכוסה

צריך ליזהר, כשאדם שוחט וחס על העור שלא יעשה בו קרע גדול, ושוחט בראש הסכין ומתכסה מהעור.
אמנם אם שוחט באמצע הסכין, אין לחוש אם ראשו מתכסה בעור, שהסכין במקום ששוחט בו כנגד הסימנים אינו מכוסה.
ויש מי שמחמיר גם בזה, ויש לחוש לדבריו לכתחלה, בזה שבמקום ששוחט הוא מגולה, **אבל** בדין הראשון כששוחט בראש הסכין והסכין במקום ששוחט מתכסה מהעור, משמע דעת המחבר דאפילו בדיעבד פסול.

והב"ח חולק על פסק השו"ע, דיש לאסור אפי' דיעבד, **והט"ז** דוחה אותו.

חלדה במיעוט בתרא

סעיף י - אם לאחר ששחט רוב הסימנים, החליד הסכין תחת מיעוט הנשאר משניהם או מאחד מהם, ופסקו, מותר. ויש מי שאוסר גם בזה – ‹החליד במיעוט הסימנים, מיבעיא ולא איפשיטא ולחומרא, ופירש רש"י, לאחר ששחט רוב הסימנים בהכשר, החליד תחת מיעוט הנשאר משניהם או מאחד מהם, מי אמרינן הא אישתחיט רוב הסימנים שפיר, או דילמא כולה חדא שחיטה היא, ואית בה חלדה – ב"י›, **וראוי לחוש לדבריו לכתחלה. הגה: והמנהג להטריף כל חלדה, בין במיעוט קמא בין במיעוט בתרא, בין בקנה בין בוושט (שחיטת מהרי"ו)** - והיינו מטעמא דאין אנו בקיאין בבדיקת הוושט, וחיישינן שמא ‹בשעת שחיטת הקנה› נגע בוושט, וכדלעיל סי' כ"ג.

סימן כד ס"י • חלדה במיעוט בתרא

אם לאחר ששחט רוב הסימנים, החליד הסכין תחת מיעוט הנשאר משניהם או מאחד מהם, ופסקו, מותר.
ויש מי שאוסר גם בזה, (רש"י), וראוי לחוש לדבריו לכתחלה.

וכתב הרמ"א, והמנהג להטריף כל חלדה, **בין** במיעוט קמא בין במיעוט בתרא, **בין** בקנה בין בוושט, **דאין** אנו בקיאין בבדיקת הוושט, וחיישינן שמא בשעת שחיטת הקנה נגע בוושט, וכדלעיל סי' כ"ג.

עוד דיני חלדה במיעוט

סעיף יא- כל הדינים שבסעיף זה, הם פירושים דהאבעיא החליד במעוט סימנים מהו, ולא איפשטא וקי"ל לחומרא, והוי ספק נבילה. **אם החליד הסכין תחת מיעוט הראשון ושחטו ממטה למעלה, ואח"כ גמר השחיטה כדרכה** – ‹ומפרש ר"ת... א"נ מיבעיא ליה בתחב הסכין תחת מיעוט קמא ופסקו מלמטה למעלה, אח"כ שחט הרוב – תוס' חולין ל:›.

כתב הב"ח צריך לפרש לפי"ז, שקודם שהחליד חתך העור, והחליד אח"כ תחת מיעוט הראשון של הסימן, דאל"כ הו"ל תחת העור, ובלא"ה פסולה, עכ"ל, **ולא** ירדתי לסוף דעתו... אה"נ דלהוי תחת העור, ומבעיא אי הוי חלדה אף במעוט סימנים, או נימא כיון שגמר השחיטה שלא בחלדה, כשר.

וכן אם שחט רוב סימן אחד בבהמה, והחליד הסכין תחת מיעוט הנשאר ושחט סימן השני – ‹וה"ר אושעיא מפרש החליד במיעוט הסימנים, היינו שאחר ששחט רוב סימן אחד בבהמה, החליד הסכין תחת אותו מיעוט הנשאר, ושחט סימן השני, **אף** אם תמצי לומר תחת העור וצמר מסובך ומטלית לא הויא חלדה, היינו משום דלא חשיבי כבהמה, או דילמא אף אם תמצי לומר דתחב הוי חלדה, הכא שאני כיון שנשחט הרוב, המיעוט הנשאר כחתוך דמי, **ולא** שייכא בעיא זו לפירוש ה"ר אושעיא אלא בבהמה, דאילו בעוף כיון שנשחט רוב סימן אחד, הוכשר, ותו לא פסיל ביה חלדה – בית יוסף, וכן הוא בש"ד›.

וכן אם שחט מיעוט הראשון בחלדה – [פי' תחת העור, ושחט מיעוט קמא מלמעלה למטה, ואח"כ שחט השאר שלא בחלדה, וזהו שמוסיף על חלוקה ראשונה, ששם גרע טפי, ששחט מיעוט קמא מלמטה למעלה], **וגמר השחיטה שלא בחלדה, הרי זו פסולה** – ‹לשון הרמב"ם, נראה מדבריו שהוא מפרש בעיא זו, שחט מיעוט הסימנים בחלדה, וגמר שחיטתו שלא בהחלדה, מהו, מי אמרינן שיעור הכשר שחיטה, דהיינו רוב סימנים, בעינן בהחלדה, או דילמא אפילו מיעוט בהחלדה פסל, תיקו ולחומרא – ב"י›.

שחט מיעוט הראשון בחלדה - אושט קאי, דאילו אקנה לא נאסר משום חלדה במעוט קמא, מידי דהוה אחצי קנה פגום, וכדאיתא בש"ס ופוסקים, וכ"כ הדרישה.

והב"ח כתב וז"ל, ומצאתי למהרש"ל שכתב וז"ל, ולפי מש"כ הטור דיש אוסרים הגרים שליש ושחט ב' שלישים, מכ"ש שיש לאסור שהה או החליד במעוט קמא אפילו בקנה, ולא אמרינן דמ"ש מחצי קנה פגום, דא"כ הגרים שליש ושחט ב' שלישים כ"ש דנימא הכי, **אדרבה** אמינא אפילו מאן דפליג אהגרים שליש ושחט ב' שלישים, וסבר דכשר משום שאינו מקום שחיטה, אבל בשהה או החליד מודה, **גם** מסתבר לומר הכי, דמ"ש מיעוט בתרא שכבר הכל שחט כראוי, ואפ"ה אסרינן מאחר דנעשה כעין פסול בענין שחיטה, כ"ש במיעוט קמא, עכ"ל, **ודברים** ברורים הם, ודלא כמ"ש מהרו"ך, דבמעוט קמא של קנה לא נאסר משום חלדה, ושרי ליה מאריה, עכ"ל הב"ח.

ובאמת מצאתי כן בתוך הגהות מהרש"ל לטור, אבל תמה אני אם כתבו, דמי איכא למ"ד שהייה במעוט קמא דקנה פסול, הא ש"ס ערוכה פ' השוחט נשחט חצי גרגרת ושהה כדי שחיטה וגמר שחיטתו, כשרה, וכן כתב הרמב"ם, והוא פשוט ומוסכם מכל הפוסקים, כמו שנתבאר לעיל סי' כ"ג, **ואפילו** היש אוסרים בהגרים שליש ושחט ב' שלישים, והוא הרשב"א, מתיר להדיא בשהה במיעוט קמא דקנה, וטעמא, דדוקא בהגרמה פסול, כיון דבעידנא דנפקא חיותא, ר"ל בשעה ששוחט שליש האמצעי נשחט הרוב, ליכא רובא במקום שחיטה, משא"כ בשהה והחליד דכשר לכו"ע.

וע"כ צ"ל דמה שנמצא ע"ש מהרש"ל, היינו לדידן דמחמרינן בהגרמה במיעוט קמא, וה"ה בכל הלכות שחיטה, והיינו מטעמא דאין אנו בקיאין בבדיקת הוושט, וחיישינן שמא נגע בוושט, וכדלעיל סי' כ"ג, **אבל** ודאי מדינא, ולדעת הפוסקים והרמב"ם מכללם, כשר בין שהייה בין חלדה במיעוט קמא דקנה, וכמ"ש הדרישה.

‹**בתשו'** הר"י מיגש ס"ל, דמדינא אסור שהייה במיעוט קמא דקנה, וצ"ע – רעק"א›.

סימן כד סי"א • עוד דיני חלדה במיעוט

אם החליד הסכין תחת מיעוט הראשון ושחטו ממטה למעלה, ואח"כ גמר השחיטה כדרכה, הרי זו פסולה מספק, **והספק,** אי הוי חלדה אף במיעוט סימנים, **או** נימא כיון שגמר השחיטה שלא בחלדה, כשר.

ודלא כהב"ח דפי' שקודם שהחליד חתך העור, והחליד אח"כ תחת מיעוט הראשון של הסימן, והספק, אי הוי חלדה מה דמכוסה במיעוט הסימן, דאם לא חתך העור, בלא"ה הוי חלדה.

וכן אם שחט רוב סימן א' בבהמה, והחליד הסכין תחת מיעוט הנשאר ושחט סימן השני, הרי זו פסולה מספק, **והספק,** דאף את"ל תחת העור וצמר מסובך ומטלית לא הויא חלדה, היינו משום דלא חשיבי כבהמה, **או** דילמא אף את"ל דתחב הוי חלדה, הכא שאני כיון שנשחט הרוב, המיעוט הנשאר כחתוך דמי, **ולא** שייכא בעיא זו אלא בבהמה, דאילו בעוף כיון שנשחט רוב סימן אחד, הוכשר, ותו לא פסיל ביה חלדה.

וכן אם שחט מיעוט הראשון בחלדה, פי' מלמעלה למטה, (וחלוק מדלעיל, ששם גרע טפי, ששחט מיעוט קמא מלמטה למעלה), ואח"כ גמר השחיטה שלא בחלדה, הרי זו פסולה.
ומיירי בושט, דאילו הקנה לא נאסר משום חלדה במעוט קמא, מידי דהוה אחצי קנה פגום.
אבל הב"ח הביא מהרש"ל שכתב, דלפי היש אוסרים הגרים שליש ושחט ב' שלישים, **מכ"ש** שיש לאסור שהה או החליד במעוט קמא אפילו בקנה, **ולא** אמרינן דמ"ש מחצי קנה פגום, דא"כ הגרים שליש ושחט ב' שלישים כ"ש דנימא הכי, **וכתב הב"ח,** דאדרבה אפי' מאן דפליג אהגרים שליש ושחט ב' שלישים, וסבר דכשר משום שאינו מקום שחיטה, **אבל** בשהה או החליד מודה, **גם** מסתבר לומר הכי, דמ"ש מיעוט בתרא שכבר הכל שחט כראוי, ואפ"ה אסרינן מאחר דנעשה כעין פסול בענין שחיטה, כ"ש במיעוט קמא.
והקשה הש"ך, דמי איכא למ"ד שהייה במעוט קמא דקנה פסול, הא ש"ס ערוכה פ' השוחט נשחט חצי גרגרת ושהה כדי שחיטה וגמר שחיטתו, כשרה, והוא פשוט ומוסכם מכל הפוסקים, כמו שנתבאר לעיל סי' כ"ג, **ואפי'** היש אוסרים בהגרים שליש ושחט ב' שלישים, מתיר להדיא בשהה במיעוט קמא דקנה, **וטעמא,** דדוקא בהגרמה פסול, כיון דבעידנא דנפקא חיותא, ר"ל בשעה ששוחט שליש האמצעי נשחט הרוב, ליכא רובא במקום שחיטה, **משא"כ** בשהה והחליד דכשר לכו"ע.
וע"כ צ"ל דמהרש"ל ר"ל, דלדידן דמחמרינן בהגרמה במיעוט קמא, דה"ה בכל הלכות שחיטה, **והיינו** מטעמא דאין אנו בקיאין בבדיקת הוושט, וחיישינן שמא נגע בוושט, וכדלעיל סי' כ"ג, **אבל** ודאי מדינא, כשר בין שהייה בין חלדה במיעוט קמא דקנה.
וצ"ע דתשו' הר"י מיגש ס"ל, דמדינא אסור שהייה במיעוט קמא דקנה.

הגרמה כיצד

סעיף יב - הגרמה כיצד, זה השוחט בקנה למעלה במקום שאינו ראוי לשחיטה, או שהתחיל לשחוט במקום שחיטה, ושחט מעט והטה הסכין חוץ למקום שחיטה למעלה וגמרה שם; אבל שחט רוב חלל הקנה

במקום שחיטה - אבל ברוב הטבעות לא סגי, לפי שאינן מקיפות את כל הקנה, ואע"פ ששחט רובה, עדיין לא שחט רוב הקנה, חוץ מטבעת העליונה שהיא מקפת את כל הקנה, **והטה הסכין חוץ למקום שחיטה למעלה, וגמר שם חתיכת כל הקנה, כשרה.**

וה"ה אם שחט רוב שנים בבהמה במקום שחיטה, והשלים השחיטה בהגרמה או בדרסה, כשרה; ויש מי שפוסל בדרסה, ויש לחוש לדבריו לכתחלה - אבל בהגרמה מכשיר, דכיון דהגרמה לאו מקום שחיטה הוא, הוי כאלו הוליך בידה או ברגלה לאחר שחיטה, תוס' והרא"ש ושאר פוסקים.

הגה: והמנהג להטריף בין בדרסה בין בהגרמה, בין במיעוט קמא בין במיעוט בתרא, בין בקנה בין בוושט.

סימן כד סי"ב • הגרמה כיצד

הגרמה כיצד, זה השוחט בקנה למעלה במקום שאינו ראוי לשחיטה, **או** שהתחיל לשחוט במקום שחיטה, ושחט מעט והטה הסכין חוץ למקום שחיטה למעלה וגמרה שם.

אבל שחט רוב חלל הקנה במקום שחיטה, והטה הסכין חוץ למקום שחיטה למעלה, וגמר שם חתיכת כל הקנה, כשרה. **אבל** אם שחט רק רוב הטבעות לא סגי, לפי שאינן מקיפות את כל הקנה, ואע"פ ששחט רובה, עדיין לא שחט רוב הקנה, **חוץ** מטבעת העליונה שהיא מקפת את כל הקנה.

וה"ה אם שחט רוב שנים בבהמה במקום שחיטה, והשלים השחיטה בהגרמה או בדרסה, כשרה.
ויש מי שפוסל בדרסה, **ויש** לחוש לדבריו לכתחלה. **אבל** בהגרמה מכשיר, דכיון דהגרמה לאו מקום שחיטה הוא, הוי כאלו הוליך בידה או ברגלה לאחר שחיטה.

וכתב הרמ"א, והמנהג להטריף בין בדרסה בין בהגרמה, בין במיעוט קמא בין במיעוט בתרא, בין בקנה בין בוושט.

לפסול בעינן רוב השחיטה בהגרמה

סעיף יג - הגרים בקנה בתחלת שליש, ושחט ב' שלישים, כשרה - הטעם, דהא יש כאן רוב בשחיטה, **שחט שליש והגרים שליש, וחזר ושחט שליש האחרון, כשרה** - מה"ט, **הגרים שליש ושחט שליש, וחזר והגרים שליש האחרון, הרי זו פסולה** - דהא יש כאן רוב בהגרמה.

‹והטעם שמיקל בהגרמה יותר מבשארי דברים, מפני שבהגרמה אינו מקום שחיטה כלל, והוי כחותך ביד או ברגל, ולא בעינן רק שרוב סימנים יהיו במקום שחיטה, והמיעוט שהיה שלא במקום שחיטה אינו כלום, בין מיעוט קמא בין מיעוט אמצעי, ואינו פוסל רק כששני שליש היתה בהגרמה ושליש במקום שחטה, דאינו נשחט רוב הסימן במקום השחיטה, אבל בדרסה והחלדה שהפסול נעשה במקום השחיטה, פוסל במיעוט קמא ובאמצעי, ואינו כשר רק במיעוט האחרון, שכבר נגמרה הכשר שחיטה – ערוה"ש.

סי' כד סי"ג(1) • לפסול בעינן רוב השחיטה בהגרמה

הגרים בקנה בתחלת שליש, ושחט ב' שלישים, כשרה.
וכן אם שחט שליש, והגרים שליש, וחזר ושחט שליש האחרון, כשרה, **דהא** יש כאן רוב בשחיטה.

הגרים שליש, ושחט שליש, וחזר והגרים שליש האחרון, הרי זו פסולה, דהא יש כאן רוב בהגרמה.

והטעם שמיקל בהגרמה יותר מבשארי דברים, מפני שבהגרמה אינו מקום שחיטה כלל, והוי כחותך ביד או ברגל, ולא בעינן רק שרוב סימנים יהיו במקום שחיטה, והמיעוט שהיה שלא במקום שחיטה אינו כלום, בין מיעוט קמא בין מיעוט אמצעי, **ואינו** פוסל רק כששני שליש היתה בהגרמה ושליש במקום שחטה, דאינו נשחט רוב הסימן במקום השחיטה, **אבל** בדרסה וחלדה שהפסול נעשה במקום השחיטה, פוסל במיעוט קמא ובאמצעי, **ואינו** כשר רק במיעוט האחרון, שכבר נגמרה הכשר שחיטה.

דין הרמב"ם בדרס או החליד בשליש ראשון או אמצעי

ואם דרס או החליד, בין בשליש ראשון בין בשליש אמצעי, הרי זו פסולה - דע שכל הסעיף הוא לשון הרמב"ם, ונתחבטו בפירושו הריב"ש והכסף משנה, לפי שהוקשה להם מ"ש דהחליד בשליש הראשון היא פסולה ודאי, ולפני זה כתב, דשחט מיעוט סימנים בחלדה וגמר שלא בחלדה, ה"ז ספק נבלה, **ועוד** מה ענין אם דרס או החליד בשליש ראשון או אמצעי לכתבו כאן אצל דיני הגרמה, **ועוד** הקשה הריב"ש, דע"כ בקנה מיירי מדמפליג בין דרס או החליד להגרים, וא"כ מ"ש מחצי קנה פגום, והאריך בישובו והעלה בסוף דבריו שדברי הרמב"ם אינם נכונים, וקשה להולמם, **ובכ"מ** הביא תשו' הר"י ן' שושאן שהאריך עליו במליצותיו, ודחה לכל דברי הריב"ש, ונתכוין לדבר אחד עם מ"ש הכ"מ וז"ל, וי"ל שמ"ש הרמב"ם שאם דרס או החליד בשליש ראשון פסולה, כך פי', אם דרס או החליד

שליש ראשון, ושחט יפה שליש שני, ודרס או החליד שליש שלישי, וכן אם שחט שליש ראשון, ודרס או החליד שליש אמצעי, ושחט יפה שליש האחרון, ה"ז פסולה נבלה ודאית, **שלא** יעלה על דעתנו לומר, כשם שבהגרמה שחט שליש והגרים שליש ושחט שליש כשרה, כך הדין בדרסה וחלדה, לזה אמר דל"ש החליד שליש ושחט שליש והחליד שליש, דבכה"ג אפילו בהגרמה פסולה, ל"ש שחט שליש והחליד שליש ושחט שליש, הכל פסול בדרסה וחלדה, **וכן** הדין נותן, מפני שהגרמה אינו במקום שחיטה, ולכן כששחט שליש ראשון ואחרון במקום שחיטה, הרי שחט ב' שלישים במקום שחיטה, ומה לנו באמצעי שהגרים, כיון ששחט ב' שלישים במקומה, **אבל** חלדה ודרסה שהם במקום שחיטה, באמצע ג"כ פוסלת, **אבל** בשחט מיעוט סימנים בחלדה, וגמר בכשרות, מספקא לן, ולכן פסק ה"ז ספק נבלה, עכ"ל, **ולכך** העתיק כאן המחבר לשון הרמב"ם, "בין בשליש ראשון בין בשליש אמצעי", בלא ה', **וכל** דבריהם *דחוקים מאד, ואינם נראין כלל כידוע למבין.

ומה אעשה שלפענ"ד דברי הרמב"ם פשוטים, דלכך דקדק בצחות לשונו, "ואם דרס או החליד בין בשליש הראשון בין בשליש האמצעי", בה', וקאי אמ"ש הגרים שליש ושחט ב' שלישים, או שחט שליש והגרים שליש ושחט שליש, דכשרה, **עלה** קאי ואמר דלא תימא כיון דבהגרים שליש א' כשר, א"כ ה"ה כשדרס או החליד שליש הראשון או האמצעי יהא כשר, דכיון שהגרמה לאו במקום שחיטה היא, לא נחשוב אותה כלל, וא"כ יחשב כאלו דרס או החליד במיעוט קמא, קמ"ל דליתא, **ולז"א** "ואם דרס או החליד בין בשליש הראשון", כלומר שלא שחט שליש והגרים שליש ושחט שליש, אלא דרס או החליד שליש, והגרים שליש, ושחט שליש, "או בשליש האמצעי", כלומר שלא הגרים שליש, ושחט שני שלישים, אלא הגרים שליש, ודרס או החליד שליש, ושחט שליש, שחיטתו פסולה, והיינו כדקאמר בש"ס, דבעינן רובא בשחיטה דוקא, **והשתא** מיירי הרמב"ם שפיר בקנה, ולכך הוי ודאי פסולה, וזה ברור בעיני.

***ר"ל** דלפי דבריהם הרמב"ם מיירי בושט, דבקנה אם החליד שליש ראשון וגמר בכשרות, כשר, מידי דהוה אחצי קנה פגום, כמ"ש הגאמ"ו זקני ז"ל ס"ק ו', וא"כ היכא דהחליד שליש ראשון, ושחט שליש שני, והחליד שליש אחרון, נמי כשר, דלהרמב"ם לא שייך שום פסול במיעוט בתרא, וא"כ למה כתב שהיא פסולה, **אלא** ע"כ מיירי בושט, והגרמה לא קאי אלא בקנה, דבושט הוי הגרמה במשהו, **וא"כ** למה סתם הרמב"ם וכתב היכא דהחליד שליש, משמע דקאי על מאי דאמר לעיל, היכא ששייך הגרמה וכו', וזהו ליתא, דהגרמה מיירי בקנה, והכא מיירי בושט, **ולפי** הגאמ"ו ז"ל ניחא, דקאי הכל אקנה, עד כאן הגהה - נקה"כ.

סימן כד סי"ג(2) • דין הרמב"ם בדרס או החליד בשליש ראשון או אמצעי

כתב השו"ע לשונו של הרמב"ם: ואם דרס או החליד, בין בשליש ראשון בין בשליש אמצעי, הרי זו פסולה.

ונתחבטו בפירושו, מש"כ דהחליד בשליש הראשון היא פסולה ודאי, ולפני זה כתב, דשחט מיעוט סימנים בחלדה וגמר שלא בחלדה, ה"ז ספק נבלה, **ועוד** מה ענין אם דרס או החליד בשליש ראשון או אמצעי לכתבו כאן אצל דיני הגרמה, **ועוד** דע"כ בקנה מיירי מדמפליג בין דרס או החליד להגרים, דבושט הוי הגרמה במשהו, **וא"כ** מאי שנא מחצי קנה פגום.

ויש מתרצים, שמ"ש הרמב"ם שאם דרס או החליד בשליש ראשון פסולה, כך פי', **אם** דרס או החליד שליש ראשון, ושחט יפה שליש שני, ודרס או החליד שליש שלישי, **וכן** אם שחט שליש ראשון, ודרס או החליד שליש אמצעי, ושחט יפה שליש האחרון, ה"ז פסולה נבלה ודאית, **שלא** יעלה על דעתנו לומר, כשם שבהגרמה שחט שליש והגרים שליש ושחט שליש כשרה, כך הדין בדרסה וחלדה, **לזה** אמר דל"ש החליד שליש ושחט שליש והחליד שליש, דבכה"ג אפילו בהגרמה פסולה, **ל"ש** שחט שליש והחליד שליש ושחט שליש, הכל פסול בדרסה וחלדה, **וכן** הדין נותן, מפני שהגרמה אינו במקום שחיטה, ולכן כששחט שליש ראשון ואחרון במקום שחיטה, הרי שחט ב' שלישים במקום שחיטה, ומה לנו באמצעי שהגרים, כיון ששחט ב' שלישים במקומה, **אבל** חלדה ודרסה שהם במקום שחיטה, באמצע ג"כ פוסלת, **אבל** בשחט מיעוט סימנים בחלדה, וגמר בכשרות, מספקא לן, ולכן פסק ה"ז ספק נבלה.

וי"א דאינם נראין דבריהם כלל, דלפי דבריהם הרמב"ם מיירי בושט, דבקנה אם החליד שליש ראשון וגמר בכשרות, כשר, מידי דהוה אחצי קנה פגום, **וא"כ** היכא דהחליד שליש ראשון, ושחט שליש שני, והחליד שליש אחרון, נמי כשר, דלהרמב"ם לא שייך שום פסול במיעוט בתרא, **וא"כ** למה כתב שהיא פסולה, **אלא** ע"כ מיירי בושט, **והגרמה** לא קאי אלא בקנה, דבושט הוי הגרמה במשהו, **וא"כ** למה סתם הרמב"ם דמשמע דקאי על מאי דאמר לעיל.

וי"א שדברי הרמב"ם פשוטים, דלכך דקדק בצחות לשונו, "ואם דרס או החליד בין בשליש הָראשון בין בשליש הָאמצעי", בהָ', (ודלא כהעתקת השו"ע), **וקאי** אמ"ש הגרים שליש ושחט ב' שלישים, או שחט שליש והגרים שליש ושחט שליש, דכשרה, **עלה** קאי ואמר דלא תימא כיון דבהגרים שליש א' כשר, א"כ ה"ה כשדרס או החליד שליש הראשון

או האמצעי יהא כשר, דכיון שהגרמה לאו במקום שחיטה היא, לא נחשוב אותה כלל, וא"כ יחשב כאלו דרס או החליד במיעוט קמא, **קמ"ל** דליתא, **ולזה** אומר "ואם דרס או החליד בין בשליש הראשון", כלומר שלא שחט שליש והגרים שליש ושחט שליש, אלא דרס או החליד שליש, והגרים שליש, ושחט שליש, "**או** בשליש האמצעי", כלומר שלא הגרים שליש, ושחט שני שלישים, אלא הגרים שליש, ודרס או החליד שליש, ושחט שליש, שחיטתו פסולה, **והיינו** כדקאמר בש"ס, דבעינן רובא בשחיטה דוקא, והשתא מיירי הרמב"ם שפיר בקנה, ולכך הוי ודאי פסולה.

הגרמה בוושט, ובקנה למטה

סעיף יד - כל אלו החלוקים כשהוא ודאי שלא נגע בוושט, אלא בקנה לצד מעלה; אבל בוושט, אפילו שחט בו כל שהוא חוץ למקום שחיטה, בין לצד מעלה בין לצד מטה; וכן בקנה לצד מטה - דנקיבתו במשהו, כדלקמן ס"ס ל"ד, **קודם גמר הכשר שחיטה, אעפ"י שגמר כל השאר במקום שחיטה, הרי זו פסולה, מפני שנקיבת מקומות הללו במשהו** - משמע ודאי פסולה, ואע"ג דהחליד במיעוט קמא דושט הוי ספק נבלה, כדלעיל ס"ק י"א, התם היינו טעמא כמ"ש הריב"ש שם, דכיון דבדרך שחיטה הוא, י"ל דלאו נקב הוא, דהכי אגמריה רחמנא למשה לא תשחוט רובא בהחלדה, אבל מיעוטא שרי, אבל הגרמה כיון שאינו במקום שחיטה, הוי נקב.

והמנהג להטריף מכל מקום ואין לשנות - ויתר דיני הגרמה נתבארו בסי' כ' ע"ש.

סימן כד סי"ד • הגרמה בוושט, ובקנה למטה

כל אלו החלוקים כשהוא ודאי שלא נגע בוושט, אלא בקנה לצד מעלה.

אבל בוושט, אפילו שחט בו כל שהוא חוץ למקום שחיטה, בין לצד מעלה בין לצד מטה; **וכן בקנה** לצד מטה, דנקיבתו במשהו, קודם גמר הכשר שחיטה, **אע"פ** שגמר כל השאר במקום שחיטה, הרי זו ודאי פסולה, מפני שנקיבת מקומות הללו במשהו.

ואע"ג דבהחליד במיעוט קמא דושט הוי ספק נבלה, **התם** היינו טעמא, דכיון דבדרך שחיטה הוא, י"ל דלאו נקב הוא, דהכי אגמריה רחמנא למשה לא תשחוט רובא בהחלדה, אבל מיעוטא שרי, **אבל** הגרמה כיון שאינו במקום שחיטה, הוי נקב.

וכתב הרמ"א, והמנהג להטריף מכל מקום ואין לשנות.

עיקור כיצד

סעיף טו - עיקור כיצד, כגון שנעקר הקנה או הוושט מהלחי ומהבשר - אבל אם נתלש הבשר עם הסימנים, אפילו נעקרו כולן, ס"ל דכשרה. [**אבל** בטור משמע דטריפה כל שנשמט מהלחי], **ונשמט אחד מהם או שניהם קודם גמר שחיטה** – [בטור כתוב: שנעקר הסימן או נשמט כו', וצ"ל פירושו דנעקר, היינו בכח אדם, ונשמט היינו מעצמה של בהמה ע"י נדנודה].

אבל אם שחט אחד בעוף או רובו, ואח"כ נשמט השני, שחיטתו כשרה; נשמט אחד מהם ואחר כך שחט את השני, שחיטתו פסולה - דאע"ג דעוף הכשרו בסימן אחד, מ"מ בעינן שיהא שניהם ראויים לשחיטה, הרשב"א.

הגה: ואנו נוהגין להטריף כל עיקור, בין במיעוט קמא בין במיעוט בתרא, בין בקנה בין בוושט (ע"פ מהרי"ו) - ‹תרתי קשיא להש"ך, חדא, עיקור במיעוט קמא היכי משכחת ליה, דאם נעקרו במיעוט קמא, הרי שוחט כל השחיטה בסימנים עקורים, ובשלמא מיעוט בתרא משכחת שפיר, **וכי** תימא דהר"ב אעיקור דסכין פגומה קאי, הא לא הזכיר המחבר זה כאן כי אם בסימן ח"י, שהגיה הר"ב עליו זה, **ועוד**, מהו הלשון "כל עיקור", לכן פי'... – פמ"ג›, **פי'** במה שמשמע דס"ל להמחבר דאפילו עיקור בשעת שחיטה אינו פסול אלא בנעקר קודם גמר שחיטה, רובו, בזה אנו נוהגין להטריף כל עיקור אפילו כל שהוא, ר"ל מכח המנהג אבל מדינא כשר, דלא כהב"ח, ‹ודלא כט"ז שהתיר בסעיף שאח"ז, אפילו בשעת שחיטה אם נעקר כל שהוא – פמ"ג›, בין ששחט מיעוט קמא ונעקר אפי' כל שהוא בשעת השחיטה, בין במיעוט בתרא, בין בקנה בין בוושט, דכיון דאירע פסול בשחיטה, נהגינן להטריף הכל, ‹ואפילו במיעוט קמא דקנה›, משום חששא דשמא ניקב הוושט, ‹והוה בשעת שחיטה – פמ"ג›, כדלעיל ס"ס כ"ג וסי' ל"ד גבי פסוקת הגרגרת וכמה דוכתי, (**ועיין** בתשובת גבעת שאול שכתב, דלפי"ז היכא דתפס הקנה בידו, ויודע בודאי שלא נגע בושט, שחיטתו כשירה, **אך** דברי הש"ך תמוהים כו', ע"ש שהעלה, דאפי' תפס הקנה בידו נמי פסולה, עיין פמ"ג).

אבל אם נשמט קודם שחיטה, מוקמינן ליה אדינא, דלהמחבר דוקא כשנעקרו כולן מן הבשר שבלחי, או רובן ומעוטן נשאר מדולדל, אז דוקא הוי עיקור.

ודוקא לאחר שנשחט, אבל בחייו כשר, אלא שאין שחיטה מועלת בו - שמחמת העיקור מתנדנדין הסימנים וא"א שתשחט בהכשר, ר"ן בשם רמב"ן, **וכ"מ לענין חלבו או ביצים שלו שהם כשרות** - קאי אהיכא דאפילו מדינא הבהמה אסורה, אפ"ה חלבה כשר.

ומשמע מדברי הר"ב, דאפילו בנדלדלו רובן בחייו, כשר לענין חלבו או ביצים שלו, וכן פסק הרשב"א בת"ה ומביאו ב"י, **מיהו** אע"ג שכן משמע גם כן מדברי הטור, אכן התוס' פ' אלו טריפות ס"ל, דנדלדלו ברובן הוי טרפה ממש אפי' בחייה, וכן מוכח דעת הרי"ף והרמב"ם.

[ואין להקשות ממ"ש בגמרא פרק בהמה המקשה, בבעיא דחלב בן פקועה, או דילמא התם אית ליה תקנתא בשחיטה כו', כמו שהבאתי בסי' י"ד סעיף ח', הא כאן בעיקור לית ליה תקנתא על ידי שחיטה, ואפ"ה החלב מותר, דלא קאמר התם אלא שהאיסור של אבר מן החי הוא קל מאיסור יוצא, כיון ששייך תקנה בשום פעם לאותו איסור, משא"כ באיסור יוצא שאין לו תקנה כלל].

סימן כד סט"ו • עיקור כיצד

עיקור כיצד, כגון שנעקר הקנה או הוושט מהלחי ומהבשר, ונשמט אחד מהם או שניהם קודם גמר שחיטה.

(**וי"א** דנעקר, היינו בכח אדם, **ונשמט** היינו מעצמה של בהמה ע"י נדנודה).

אבל אם נתלש הבשר עם הסימנים, אפילו נעקרו כולן, ס"ל דכשרה. **וי"א** דכל שנשמט מהלחי, טריפה.

אבל אם שחט אחד בעוף או רובו, ואח"כ נשמט השני, שחיטתו כשרה; **נשמט** אחד מהם ואח"כ שחט את השני, שחיטתו פסולה, **דאע"ג** דעוף הכשרו בסימן אחד, מ"מ בעינן שיהא שניהם ראויים לשחיטה.

וכתב הרמ"א, ואנו נוהגין להטריף כל עיקור, בין במיעוט קמא בין במיעוט בתרא, בין בקנה בין בוושט.

וקשיא להש"ך, חדא, מהו הלשון "כל עיקור", **ועוד** עיקור במיעוט קמא היכי משכחת ליה, דאם נעקרו במיעוט קמא, הרי שוחט כל השחיטה בסימנים עקורים, **לכן פי'** דמשמע דהמחבר ס"ל דאפי' עיקור בשעת שחיטה אינו פסול אלא בנעקר רובו קודם גמר שחיטה, **לזה** כתב הרמ"א, דאנו נוהגין להטריף "כל עיקור" אפילו כל שהוא, (**והיינו** מכח המנהג אבל מדינא כשר, [ודלא כהב"ח], **וזה** הוי דלא כהט"ז שהתיר בסעיף שאח"ז, אפילו בשעת שחיטה אם נעקר כל שהוא), **וקאמר** דפסול זה הוא בין ששחט מיעוט קמא ונעקר אפילו כל שהוא בשעת השחיטה, בין במיעוט בתרא, בין בקנה בין בוושט, **דכיון** דאירע פסול בשחיטה, נהגינן להטריף הכל, ואפילו במיעוט קמא דקנה, משום חששא דשמא ניקב הוושט, והוה בשעת שחיטה.

וי"א דלפי"ז היכא דתפס הקנה בידו, ויודע בודאי שלא נגע בושט, שחיטתו כשירה, **אך** העלה דדברי הש"ך תמוהים, ואפי' תפס הקנה בידו נמי פסולה.

אבל אפי' להרמ"א, אם נשמט קודם שחיטה, מוקמינן ליה אדינא, דלהמחבר דוקא כשנעקרו כולן מן הבשר שבלחי, או רובן ומעוטן נשאר מדולדל.

וכתב הרמ"א, ואפי' עיקור דפסול מדינא, היינו דוקא לאחר שנשחט, **אבל** בחייו כשר, אלא שאין שחיטה מועלת בו, שמחמת העיקור מתנדנדין הסימנים וא"א שתשחט בהכשר, **ונ"מ** לענין חלבו או ביצים שלו שהם כשרות.

ומשמע מדברי הרמ"א, דאפי' בנדלדלו רובן בחייו, כשר לענין חלבו או ביצים שלו, **אכן** י"א דנדלדלו ברובן הוי טרפה ממש אפילו בחייה.

נעקר רובו או מיעוטו

סעיף טז - הא דפסול בעיקור, היינו כשנעקר כולו, אבל אם נשתייר בו אפי' משהו, כשר, והוא שאותו שנשאר הוא במקום אחד; אבל אם מיעוט הנשאר הוא מדולדל, שהוא מעט כאן ומעט כאן, פסול, שניכר הדבר שנעקר בכח, ומה שנשאר מחובר חיבור מדולדל הוא, והוה ליה נעקר כולו ופסול - הטעם כתב הרשב"א, דכשהוא מתפרק במקומות רבים, הדבר ניכר שנתפרק בכח, ומה שנשאר מחובר חבור מדולדל הוא, אבל כשנתפרק במקום א', אותו המיעוט נשאר בחבורו בחוזק כשהיה, הלכך הוי חבור והדרא בריא.

והני מילי כשנעקר רובו, אבל אם לא נעקר אלא מיעוט, ורובו קיים, אע"פ שרוב זה הנשאר הוא מדולדל מעט כאן ומעט כאן, כשר.

[משמע בהדיא, שאפי' בשעת שחיטה לא אסרינן בעיקור של שמוטת הסימן אלא בנעקר כולו, דהא בסעיף שקודם זה כתב, שנעשה קודם גמר שחיטה, ממילא נעשה העיקור בשעת התחלת השחיטה, וע"ז קאמר בסעיף זה, דכשר אם נשאר כל שהוא, ואין שום חילוק בין תוך השחיטה או קודם השחיטה, ואין נמצא בשום פוסק שיחלק בזה, ואין בו שום סברא לחלק, דכיון שכל שלא נעקר הרוב אין כאן טריפות, ולמה נאסור מכח שאירע כן בשעת שחיטה, ‹ודלא כהש"ך בסעיף הקודם, דמטריף בכל

שהוא בשעת שחיטה מכח המנהג. **והט"ז** יפרש שמה שכתב הר"ב "כל עיקור במיעוט קמא", קאי אסכין פגומה – פמ"ג. **וכתבתי** זאת לפי שמו"ח ז"ל כתב, שנ"ל אם נעשה העיקור בשעת שחיטה, אוסר אפילו בכל שהוא שנעקר, ולא בעינן כולו או רובו אלא בנעשה קודם שחיטה, וכתב כן מצאתי וכן משמעות סמ"ק ומהרי"ו, שלא הזכירו שיעור בעיקור זה, **ולא** ידענא שום מקום לחומרא זאת, כי כל הראשונים והאחרונים שלא כתבו שיעור, כתבו בלשון זה "שנעקרו הסימנים", ומשמעות זה כל הסימנים, רק שבהג"ה שחיטות של מהרי"ו כתב שם כן, דבשעת שחיטה אוסר אפילו במיעוט, ואולי ע"ז רמז מו"ח ז"ל במ"ש כן מצאתי, **אבל** עיקרא דמילתא היא שאפילו בשעת השחיטה אין עיקור אוסר אלא בכולו, ובעל הג"ה דשחיטות לא כתב יפה בזה, וכ"כ בס' זבחי ריב].

הקשה על הב"ח והגהות מהרי"ו, דפסלי עיקור כל שהוא בשעת שחיטה, מהתוס' ופוסקים, ואין דבריו נראין, דפשיטא דאנן קי"ל להטריף עיקור כל שהוא שבשעת שחיטה, וכמ"ש הרב רמ"א בהג"ה, והכי הוי סוגיא דעלמא, והוא פשוט בפי כל השוחטים, **ואין** מדברי התוס' ופוסקים ראיה, דאינהו מיירי לדינא וכמ"ש בש"ך ס"ק כ"ג, אבל אנן דנהגינן להטריף כל ה' הל' שחיטה בכל שהוא, פשיטא דה"ה עיקור, וכן כ' מהרי"ו, ועיקור פסול בין במיעוט קמא ובין במיעוט בתרא, בין בקנה בין בוושט, עד כאן לשונו, וכן הוא בשאר אחרונים - נקה"כ.

סימן כד סט"ז • נעקר רובו או מיעוטו

הא דפסול בעיקור, היינו כשנעקר כולו; **אבל** אם נשתייר בו אפי' משהו, כשר, **והוא** שאותו שנשאר הוא במקום אחד, דאותו המיעוט נשאר בחבורו בחוזק כשהיה, הלכך הוי חבור והדרא בריא; **אבל** אם מיעוט הנשאר הוא מדולדל, שהוא מעט כאן ומעט כאן, פסול, שניכר הדבר שנעקר בכח, ומה שנשאר מחובר חיבור מדולדל הוא, והו"ל נעקר כולו ופסול.

וה"מ כשנעקר רובו, אבל אם נעקר רק מיעוט, ורובו קיים, אע"פ שרוב זה הנשאר מדולדל מעט כאן ומעט כאן, כשר.

כתב הט"ז דמשמע, שאפי' בשעת שחיטה לא אסרינן בעיקור של שמוטת הסימן אלא בנעקר כולו, **דהא** בסעיף שקודם זה כתב, שנעשה קודם גמר שחיטה, ממילא נעשה העיקור בשעת התחלת השחיטה, וע"ז קאמר בסעיף זה, דכשר אם נשאר כל שהוא, **ואין** שום חילוק בין תוך השחיטה או קודם השחיטה, ואין נמצא בשום פוסק שיחלק בזה, ואין בו שום סברא לחלק, דכיון שכל שלא נעקר הרוב אין כאן טריפות, ולמה נאסור מכח שאירע כן בשעת שחיטה, (**ודלא** כהש"ך בסעיף הקודם, דמטריף בכל שהוא בשעת שחיטה מכח המנהג, **והב"ח** אוסר מדינא. **והט"ז** יפרש שמה שכתב הרמ"א "כל עיקור במיעוט קמא", קאי אסכין פגומה).

אין ידוע אם נשמט הסימן קודם שחיטה

סעיף יז - שחט א' מהסימנים - בעוף מיירי וק"ל, **ונמצא השני שמוט, ואין ידוע אם קודם שחיטה נשמט או אחר שחיטה, הרי זו פסולה** - פי' ספק נבלה ופשוט הוא. ‹ולא מהניא בדיקה – טור›.

[וסיים מהרי"ק, וא"ל אם איתא דהוה שמוטה מקמי הכי, הוי חזי ליה או מרגיש בו, כי מי יוכל להבחין בזה, הלא הוא כעצמים בבטן המלאה, עכ"ל].

הגה: ואפילו זרק העוף מידו, ולא אמרינן דמחמת זריקה או פרכוס נשמט; מיהו השוחט נאמן לומר שלא היה שמוט בשעת שחיטה – [לכאורה זה סותר מ"ש בסמוך בשם מהרי"ק, שא"א בזה לידע בשעת שחיטה, **דכאן** מיירי שבמקום השחיטה נראה אח"כ שינוי ממה שהיה בשעת שחיטה, דהיינו שבמקום השחיטה נראה העקירה, כי המקום הנעקר נתהפך ובא לשם, ובזה נאמן לומר שלא היה בשעת השחיטה כן, ואנו מוכרחים לומר שנעשה אח"כ כן ע"י פרכוס, **משא"כ** לעיל שלא נראה כלום מן העקירה במקום השחיטה, אלא למעלה במקום חבורן בלחי, והוא מכוסה עדיין בעור, ודאי לא יכול להבחין בזה].

סי' כד סי"ז • אין ידוע אם נשמט הסימן קודם שחיטה

שחט א' מהסימנים של העוף, ונמצא השני שמוט, ואין ידוע אם קודם שחיטה נשמט או אחר שחיטה, **הרי** זו פסולה מספק, ולא מהניא בדיקה.

ואין לומר אם איתא דהוה שמוטה מקמי הכי, הוי חזי ליה או מרגיש בו, כי מי יוכל להבחין בזה.

וכתב הרמ"א, ואפילו זרק העוף מידו, ולא אמרינן דמחמת זריקה או פרכוס נשמט.

מיהו השוחט נאמן לומר שלא היה שמוט בשעת שחיטה. **לכאורה** זה סותר הנ"ל, שא"א בזה לידע בשעת שחיטה, **וי"ל** דכאן מיירי שבמקום השחיטה נראה אח"כ שינוי ממה שהיה בשעת שחיטה, דהיינו שבמקום השחיטה נראה העקירה, **ובזה** נאמן לומר שלא היה בשעת השחיטה כן, ואנו מוכרחים לומר שנעשה אח"כ כן ע"י פרכוס, **משא"כ** לעיל שלא נראה כלום מן העקירה במקום השחיטה, אלא למעלה במקום חבורן בלחי, והוא מכוסה עדיין בעור, ודאי לא יכול להבחין בזה.

מצא הסימן השחוט שמוט

סעיף יח - נמצא הסימן השחוט שמוט, אם כששחט תפש הסימנים בידו, או

עור בית השחיטה מאחריו, ונדחק הסימן תחת העור, הרי זו פסולה - דכיון דתפס בסימנים, אפשר לשמוטה שתשחט, ואפשר שנשמט קודם שחיטה, והוי ספק נבלה, **ואם לאו, מותר ע"י בדיקה, שיביא בהמה וישחוט הסימן ואחר כך יעקרנו, אם דומות שתי השחיטות זו לזו, כשרה** - ‹שכשם שזו נשחטה קודם, כך הראשונה נשחטה קודם – טור›, **ואם השנית מאדמת יותר, פסולה הראשונה** - ‹שזהו סימן שהראשונה נשמטה קודם שחיטה – טור›.

וה"ה דמהני שיביא בהמה אחרת ויעקרנה וישחוט, אם הראשונה מאדים יותר כשר, ואם לאו פסול.

והא דלא מהני הקפה באותו סימן עצמו, כדלקמן סי' ל"ד גבי פסוקת הגרגרת, דהכא כיון דשמוטה לאו טרפה היא, א"כ חשוב הסימן כחי, ואפילו נשמט קודם שחיטה, יאדים חתך של קודם שחיטה מחתך של אחר שחיטה, [ולא דמי למ"ש לקמן סימן ל"ד, ששם האודם הראשון טריפה, ע"כ אין מכשול לפנינו].

ועכשיו אין אנו בקיאין בבדיקה זו, הלכך בכל גוונא אסור – [וכתב רש"ל האידנא אפילו בלא תפס אסור]. ‹ולא ידענא למה הביא דברי מהרש"ל, והא המחבר אומר בפי' כן – פמ"ג›.

סימן כד סי"ח • מצא הסימן השחוט שמוט

נמצא הסימן השחוט שמוט:

אם כששחט תפש הסימנים בידו, או עור בית השחיטה מאחריו, ונדחק הסימן תחת העור, הרי זו פסולה, **דכיון** דתפס בסימנים, אפשר לשמוטה שתשחט, ואפשר שנשמט קודם שחיטה, והוי ספק נבלה.

ואם לא תפס הסימנים בידו, מותר ע"י בדיקה, שיביא בהמה וישחוט הסימן ואח"כ יעקרנו, **אם** דומות שתי השחיטות זו לזו, כשרה, שכשם שזו נשחטה קודם, כך הראשונה נשחטה קודם; **ואם** השנית מאדמת יותר, פסולה הראשונה, שזהו סימן שנשמטה קודם שחיטה.

וה"ה דמהני שיביא בהמה אחרת ויעקרנה וישחוט, אם הראשונה מאדים יותר כשר, ואם לאו פסול.

ולא מהני הקפה באותו סימן עצמו, דכיון דשמוטה לאו טרפה היא, א"כ חשוב הסימן כחי, ואפילו נשמט קודם שחיטה, יאדים חתך של קודם שחיטה מחתך של אחר שחיטה.

ועכשיו אין אנו בקיאין בבדיקה זו, הלכך בכל גוונא אסור.

מצא טבעת מהגרגרת אחר גמר שחיטה

סעיף יט - שחט העוף כדרכו בהכשר, ואחר גמר שחיטה מצא טבעת מהגרגרת שלם על הסכין, כשר – [זה דעת האגור, הטעם, שע"י גלגול הגרגרת נעשה כן], ‹כלומר ששחט בב' מקומות – ד"מ›.

הגה: ויש מטריפין בזה, וכן עיקר ואין לשנות – [וז"ל רש"ל, הלא כל ספק בשחיטה פסולה, ומי יעיד שע"י גלגול הגרגרת של אחר שחיטת רוב הסימנין הוא בא, שמא הוה בתחילת השחיטה או באמצע השחיטה, וכן מסתבר לומר שבדחיקת הסכין על הגרגרת בא, שקפץ חוליא אחת ממקומה, עכ"ל, **וכן** מסיק מו"ח ז"ל, ואפילו באין הטבעת שלם, ואין חילוק בין נמצא על הסכין בין נמצא על הארץ, דבכל ענין הוא ספק בשחיטה, דשמא בא לידי עיקור כל שהוא, עכ"ל, **ולטעמיה** אזיל דס"ל דעיקור שבשעת שחיטה אוסר אפילו בכל שהוא, אבל כבר נתברר דאין חילוק בזה, אלא בכל מקום בעינן כולו, כמ"ש בסעיף ט"ז, **ולפי"ז** אם נמצא מן הטבעת פחות מרובו על הסכין או על הארץ, פשיטא דכשר, שהרי אין כאן טריפות לגמרי אף אם נעשה ע"י דחיקת הסכין, **ונראה** אפילו אם ספק לנו אם הוא הרוב או לא, ניזול לקולא מטעם ספק ספיקא, ספק שמא לא היה הרוב, את"ל שהוא הרוב, שמא נעשה ע"י גלגול הגרגרת].

[**ופעם** אחת בא לידי באחד ששחט אווז, ומצא אחר השחיטה על חוד הסכין טבעת אחת, דהיינו שהיתה חתוכה, ושני צדדי החיתוך על שני צדדי הסכין, **והכשרתי**, דבזה נראה ברור שלא ע"י דחיקת הסכין על הגרגרת נקפצה חוליא אחת ממקומה, שהרי נחתכה הטבעת, ואין לחוש שמא תחלה נדחפה ממקומה ואח"כ חתך בזה, דאין לחוש לדחיפה כלל אפי' לדעת המחמירים, אלא כשרואין שלא נחתך הטבעת, ויש להם קצת סברא שכח הסכין דחפו, ולא היה בו כח לחתכו, **אבל** כאן שאנו רואין שנחתך, למה לנו להחזיק איסורא שהיה תחלה דחוף, **תדע** לך, דא"כ כשנמצא בשחיטה שתי חתיכות בקנה, וטבעת אחת ביניהם, ואף שלא נתלשה משם, מ"מ נימא שאותה הטבעת נדחפה, ולא היו שם שתי חתיכות סמוכות, וכי תימא הא נמי טריפה, הא פשיטא דליתא, דהא כתב בסי' כ"א, שחט בב' וג'

מקומות כשירה, דפשוט משמע אפילו אם הם סמוכים וטבעת אחת ביניהם, **אלא** ודאי דאין סברא להחזיק ריעותא אלא כשרואין שלא נחתך הטבעת, אלא בא כולו שלם, ע"ז אנו אומרים שמא נדחף בלא חתיכה]. ‹עיין בשו"ת שבות יעקב דהסכים לפסק הט"ז, ודלא כש"ך - בה"ט›.

[**ובספר** משאת בנימין ראיתי וז"ל, **פעם אחת שחט השוחט** אווזא, וכשבא לכסות את הדם מצא טבעת שלם על האפר, והכשרתי, **ואע"ג** דבספר שארית יוסף השיב לי על דברי, ובסוף דבריו נשאר בספק ולא הכריע, מ"מ כמה גדולים ושוחטים הסכימו עמי להכשיר, וכן נראה עיקר, שהרי האגור וב"י התירו בנמצא על הסכין, אלא שהרב רמ"א החמיר, וחידוש הוא והבו דלא לוסיף עלה, ואין לאסור רק בנמצא על הסכין, עכ"ל, **וכדאי** הם הב"י והאגור שמכשירים בכל גווני שנסמוך עליהם בהנהו מילי שזכרנו]. ‹**וכתב** בש"ך, ואף אם נמצא על הארץ ג"כ טריפה - בה"ט›.

(**ועיין** בתשו' שבו"י, שהוא היה נוהג בנמצא על הארץ להכשיר בהפסד מרובה וכה"ג, **ואם** נחתך הטבעת באמצע והיא תלויה בקנה, או אפילו מונח או תלוי באמצע על הסכין או על הארץ, אין להחמיר, **וכתב** עוד שקבל משוחט מומחה, שאם תרצה ליזהר שלא יבא לידך ספק כזו בטבעת מגרגרת, שהוא מצוי באווזים, ישחט שחיטה כקולמוס בשיפוע, דאז בדוק ומנוסה שלא ימצא שום טבעת בשחיטתם, ע"ש).

סי' כד סי"ט • מצא טבעת מהגרגרת אחר גמר שחיטה

שחט העוף כדרכו בהכשר, ואחר גמר שחיטה מצא טבעת מהגרגרת שלם על הסכין, כשר.

שע"י גלגול הגרגרת נעשה כן, כלומר ששחט בב' מקומות.

וכתב הרמ"א, ויש מטריפין בזה, וכן עיקר ואין לשנות.

דהלא כל ספק בשחיטה פסולה, ומי יעיד שע"י גלגול הגרגרת של אחר שחיטת רוב הסימנין הוא בא, שמא הוה בתחילת השחיטה או באמצע השחיטה, וכן מסתבר לומר שבדחיקת הסכין על הגרגרת בא, שקפץ חוליא אחת ממקומה, **וכ"כ הב"ח**, ואפילו באין הטבעת שלם, **ואין** חילוק בין נמצא על הסכין בין נמצא על הארץ, דבכל ענין הוא ספק בשחיטה, דשמא בא לידי עיקור כל שהוא.

וכתב הט"ז, דהב"ח לטעמיה אזיל, דס"ל דעיקור שבשעת שחיטה אוסר אפילו בכל שהוא, **אבל** למה שנתברר דאין חילוק בזה, אלא בכל מקום בעינן כולו, כמ"ש בסעיף ט"ז, לפי"ז אם נמצא מן הטבעת פחות מרובו על הסכין או על הארץ, פשיטא דכשר, שהרי אין כאן טריפות לגמרי אף אם נעשה ע"י דחיקת הסכין, **ואפי'** אם ספק לנו אם הוא הרוב או לא, ניזול לקולא מטעם ס"ס, ספק שמא לא היה הרוב, את"ל שהוא הרוב, שמא נעשה ע"י גלגול הגרגרת.

אם נמצא אחר השחיטה על חוד הסכין טבעת חתוכה, ושני צדדי החיתוך על שני צדדי הסכין, **כתב הט"ז**, דכשר, דבזה נראה ברור שלא ע"י דחיקת הסכין על הגרגרת נקפצה חוליא אחת ממקומה, שהרי נחתכה הטבעת, **ואין** לחוש שמא תחלה נדחפה ממקומה ואח"כ חתך בזה, דאין לחוש לדחיפה כלל אפי' לדעת המחמירים, אלא כשרואין שלא נחתך הטבעת, ויש להם קצת סברא שכח הסכין דחפו, ולא היה בו כח לחתכו, **אבל** כאן שאנו רואין שנחתך, למה לנו להחזיק איסורא שהיה תחלה דחוף.

ויש שהסכים לפסק הט"ז, ודלא כש"ך.

אם אחר השחיטה נמצא טבעת שלם על האפר, כתב הט"ז, דכשר, **ואע"ג** דיש שנשאר בספק ולא הכריע, מ"מ כמה גדולים ושוחטים הסכימו להכשיר, **שהרי** האגור וב"י התירו בנמצא על הסכין, אלא שהרב רמ"א החמיר, וחידוש הוא והבו דלא לוסיף עלה, ואין לאסור רק בנמצא על הסכין.

וכתב הש"ך, דאף אם נמצא על הארץ ג"כ טריפה.

י"א שהיה נוהג בנמצא על הארץ להכשיר בהפסד מרובה וכה"ג, **ואם** נחתך הטבעת באמצע והיא תלויה בקנה, או אפילו מונח או תלוי באמצע על הסכין או על הארץ, אין להחמיר, **וכתב עוד** שקבל משוחט מומחה, שאם תרצה ליזהר שלא יבא לידך ספק כזו בטבעת מגרגרת, שהוא מצוי באווזים, ישחט שחיטה כקולמוס בשיפוע, דאז בדוק ומנוסה שלא ימצא שום טבעת בשחיטתם.

השוחט תרנגול, במה צריך ליזהר

סעיף כ - השוחט תרנגול, צריך ליזהר שידחוק רגלו בקרקע - [וה"ה בכותל], או יגביהנו שלא ינעוץ רגלו בקרקע, כדי שלא יעקור הסימנים.

(**עיין** בתשובת שבו"י, שנשאל בשוחט ששחט ודחק באצבעו על הקנה עד שנתמעך, ושמע חוזק שבירת הקנים שבגרגרת, אם יש חשש איסור, **וכתב** דודאי לא יפה עושין השוחטין שדוחקין כן על הסימנים באצבעותיהם, ויש לחוש שמא יקפוץ אחד מן הקנים, וע"י עוקץ הקנים ינקוב הוושט, ויש למחות בידם, **מ"מ** בדיעבד לא מחזקינן איסורא, דפסיקת הקנה ברוחב ברובא, ובאורך אפילו לא נשתייר רק משהו למעלה כו', וכ"ש כשהעור שלם, דאין לחוש כשאין ריעותא אחרת לפנינו, ע"ש).

סימן כד ס"כ • השוחט תרנגול, במה צריך ליזהר

השוחט תרנגול, צריך ליזהר שידחוק רגלו בקרקע או בכותל, או יגביהנו שלא ינעוץ רגלו בקרקע, כדי שלא יעקור הסימנים.

שוחט ששחט ודחק באצבעו על הקנה עד שנתמעך, ושמע חוזק שבירת הקנים שבגרגרת, **י"א** דודאי לא יפה עושין השוחטין שדוחקין כן על הסימנים באצבעותיהם, ויש לחוש שמא יקפוץ אחד מן הקנים, וע"י עוקץ הקנים ינקוב הוושט,

ויש למחות בידם, מ"מ בדיעבד לא מחזקינן איסורא, דפסיקת הקנה ברוחב ברובא, ובאורך אפילו לא נשתייר רק משהו למעלה כו', וכ"ש כשהעור שלם, דאין לחוש כשאין ריעותא אחרת לפנינו.

§ סימן כה – שצריך לבדוק אחר השחיטה §

בדיקה לשחיטת רובן, ולשמוטה ולהגרמה

סעיף א- השוחט צריך שיבדוק בסימנים אחר שחיטה אם נשחטו רובן, או שיראה בשעת שחיטה שהם שחוטין רובן; ואם לא ראה שרובן שחוטין, אסור - והוי נבלה, דבהמה בחייה בחזקת איסור עומדת, ואינה ניתרת עד שיודע לך שנשחטה כראוי, ש"ס. (**ועיין** בתשו' בית שמואל, שכתב דכוונת הש"ך דהוי ספק נבלה, וא"כ לענין אותו ואת בנו אסור לשחוט בנו אחריו, דלקולא לא אמרינן דהוי נבלה).

‹הנה אם מותר לחלוב הבהמה זו ולשתות חלבה, יש לעיין ביה טובא – רעק"א, ‹ע"ש אריכות גדולה›.

[בטור כתוב בזה, אם רואה אותן שחוטין לפניו, א"צ יותר, רבים מקשים מהי תיתי לבדוק יותר, **ונראה** דאשחיטת רובן קאמר, דיכול לסמוך על ראייתו שהוא רוב, **ובמהרי"ל** כתוב בשם רבו באמת להחמיר, שראוי ונכון להעביר ידו תוך חתך שחיטת בהמה, להרגיש עם המשמוש ששחט כראוי, דבראייה אין לבדוק יפה, דבית השחיטה מלא דם, עכ"ל].

הגה: ונהגו לבדוק בדרך זה, שתוקף אגודל על שיפוי כובע, ומתוך הדחק יפלטו הסימנים לחוץ, ואז יכול לראות אם נשחטו רובן, גם אם עביד שמוטה, כי אם לא יכנסו הסימנים לפנים לאחר שהסיר אצבעו, הוה שמוטה וטריפה; מיהו אין צריך לבדוק אחר שמוטה, דסמכינן ארובא כמו בשאר טריפות - ובספרי העליתי דלכתחלה יש לבדוק גם אחר שמוטה, כדעת בה"ג, אלא דבדיעבד אם לא בדק מותר, **ודמי** לריאה דשכיחא בה טרפות, דצריך לבדקה לכתחלה, ובדיעבד אם נאבדה בלא בדיקה כשר, כדלקמן סי' ל"ט, **וה"נ** שכיח הוא לעשות שמוטה בשעת שחיטה, כדמשמע ממאי דאיתא בש"ס ופוסקים גבי השוחט תרנגול בס"ס שלפני זה, וכ"כ הרא"ה בס' החנוך מצוה ת"מ בהדיא ע"ש.

מיהו כיון דבהמה בחייה לאו בחזקת שנעקרו סימנים קיימא, לא דמי לאם לא ראה שנשחטו רובן, דהתם בהמה בחייה בחזקת שאינה זבוחה קיימא, משא"כ הכא, וכשר בדיעבד, וכמ"ש הפוסקים, (**עיין** בדגמ"ר שכתב, דדוקא באין שום ריעותא לפנינו, אבל אם יש איזה ריעותא לפנינו, אין תולין להקל, ומטעם זה מחמירין בספיקא, ומקרי ספק בשחיטה, ע"ש).

וכתבתי שגם הר"ן לא חלק אבה"ג, אלא במה שאסר אף דיעבד אם לא בדק אחר שמוטה, וגם דעת הר' יונה והאבי העזרי כדעת בה"ג הובאו בתשובת הרא"ש, **וכמה** פעמים מצינו שהתוס' וכל הפוסקים חששו לדברי בה"ג אפילו היכא דלא מסתברא טעמיה, אפילו להקל, מפני שכל דבריו דברי קבלה, וכל שכן כאן שהוא מחמיר ומסתבר טעמיה, וכ"ש שגדולי פוסקים הנ"ל מסכימים לדעתו, **ואף** שאסר אף דיעבד, היינו משום דאזיל לטעמיה דס"ל לקמן סימן ל"ט, גם בריאה בדיעבד אסור, אבל אנן דקי"ל בריאה דלכתחלה צריך בדיקה ובדיעבד כשר, ה"נ דינא הכי, וכן משמע בהגהת שחיטות ישנים שהביא בד"מ, דצריך לבדוק אחר שמוטה, וכן הוא בשחיטות האחרונים.

ויש מי שאומר שצריך לראות שהם שחוטין במקום שחיטה בלא הגרמה – [דבעיקור א"צ לבדוק אחריו, דסמכינן על רוב שאין בהם עיקור, כ"כ הרא"ש, **ונראה** הא דהוצרך לבדוק אחר הגרמה, דשכיח הוא בשוחט סמוך לראש, שיגרים חוץ למקום הכשר].

‹**והיינו** בשוחט סמוך לראש, ולא באמצע הצוואר, דרחוק הוא שיגרים כן – פמ"ג›.

הג"ה זו צ"ל קודם "ויש מי שאומר", **הגה: ויש לבדוק אחר זה קודם שיזרוק העוף מידו, (מהרי"ק בשם שחיטות אשכנזים)** – [נראה הטעם, דשמא אח"כ ישכח מלבדוק, וכמ"ש ריש סימן י"א בשוחט בלילה].

‹**ויש** מי שאומר שהש"ך לכאורה יראה דפליג אט"ז, דלפי הט"ז אין חילוק בין רובא להגרמה, דה"ה אחר הגרמה צריך לבדוק קודם שיזרוק מידו, שמא ישכח, וא"כ בכיון עשה

רמ"א כן דכתב הג"ה זו כאן, לומר דקאי נמי אהגרמה, **אלא** סובר הש"ך דהטעם דלכתחלה חיישינן שמא יתרחב, דלא שייך זה בהגרמה אלא ברוב, **ויש** בזה קולא וחומרא לפי' הט"ז, שמא ישכח מלבדוק הוה חומרא אף בבהמה דלא שייך פרכוס, צריך לבדוק מיד, והה"ה הגרמה, ובעוף אם שחט הוושט ג"כ הדין כן, **ואלו** לטעם הש"ך, בבהמה א"צ, ועוף דנקיט רמ"א הוא בדקדוק, ואם שחט הוושט בעוף א"צ לבדוק מקודם, דדוקא קנה יש חשש שמא יתרחב, כמ"ש הש"ך בשם אביו הגאון ז"ל, **ויש** ג"כ חומרא לש"ך, אם אמר לאחר שיזכיר לו הבדיקה, דלא שייך שישכח, דשנים לא ישכחו, אפי' הכי אסור, שמא יתרחב, ולט"ז שרי כה"ג – פמ"ג.

אבל אם לא בדקו תחלה, בודק אח"כ, ולא חיישינן שמא ע"י הפרכוס נתרחב החתך, (סברת מהרי"ק) - והשיג על מה שנמצא בשחיטות אשכנזים בשם או"ז, דחיישינן אף בדיעבד, מדאמרינן בש"ס דרבא שחט עופא בהדי דפרח, אלמא אע"פ שנפל לארץ, [אף שהיו פורחים באויר, והיו נחבטים ע"י קרקע חבוט גדול, ומפרכסים וקופצים הרבה], לא חיישינן שמא ע"י פרכוס נתרחב החתך, **והב"ח** כדי ליישב הדברים הנכתבים בשם א"ז, חילק דהיכא דנמצא הסימן שחוט כולו, [וכולי האי לא תלינן בפירכוס], ודאי לא חיישינן שנעקר יותר בפרכוסו ממה ששחט, אבל בנמצא שחוט רובו חיישינן, **והעט"ז** כתב בהדיא, דאפי' לא נמצא אח"כ שנשחט אלא רובו, כשר, **אבל** אני קבלתי חילוק נכון מפי הגאון אמ"ו כ"ץ ז"ל, דודאי דרך הקנה להתפרק, וחיישינן דבקל נעשה רוב בפרכוסו, אבל כשנמצא הוושט שחוט, כשר, דאין דרכו להתקרע אלא באורך ולא ברוחב.

[**ולא** ידעתי למה הוצרך מהרי"ק להביא ראיה מרבא, ולא ממשנה, השוחט בלילה שחיטתו כשרה, והא לא יוכל לבדוק תיכף, ואי"כ היה לנו לחוש לפרכוס, אלא ודאי דלא חיישינן ליה כלל, **וכבר** העיד מחבר ספר זבחי ריב, שחפש בספר א"ז, ולא ראה אותו הדין].

לא קשה מידי, דהתם מיירי שתפס העוף בידו או שקשרו, עד שראה בנר או לאור היום ששחט רובן - נקה"כ.

[**ואין** להקשות על רמ"א שהצריך לכתחלה לבדוק קודם שיזרוק, ורבא בדיק גירא ועשה כן אפילו לכתחלה, **דלפי** מה שנתתי טעם בסמוך, דחיישינן שמא ישכח אח"כ לבדוק, לא קשה מידי, דודאי בהא שהיה העוף בידו וזרקן מידו, ודאי יש לחוש לזה, דיסבור אח"כ שכבר בדקו, **משא"כ** ברבא דבדק גירא, שם לא הניח מלבדוק תיכף שבא לידו].

סי' כה ס"א • בדיקה לשחיטת רובו, ולשמוטה ולהגרמה

__בדיקה אם נשחט רובו__

השוחט צריך שיבדוק בסימנים אחר שחיטה אם נשחטו רובן, או שיראה בשעת שחיטה שהם שחוטין רובן; **ואם** לא ראה שרובן שחוטין, אסור, והוי נבלה.

דבהמה בחייה בחזקת איסור עומדת, ואינה ניתרת עד שיודע לך שנשחטה כראוי.

וי"א דהיינו ספק נבלה, **וא"כ** לענין אותו ואת בנו אסור לשחוט בנו אחריו, דלקולא לא אמרינן דהוי נבלה.

ואם מותרת לחלוב בהמה זו ולשתות חלבה, י"א דיש לעיין ביה טובא.

י"א דיכול לסמוך על ראייתו שהוא רוב.

וי"א להחמיר, שראוי ונכון להעביר ידו תוך חתך שחיטת בהמה, להרגיש עם המשמוש ששחט כראוי, **דבראייה** אין לבדוק יפה, דבית השחיטה מלא דם.

וכתב רמ"א, ונהגו לבדוק בדרך זה, שתוקף אגודל על שיפוי כובע, ומתוך הדחק יפלטו הסימנים לחוץ, ואז יכול לראות אם נשחטו רובן.

__בדיקה אם נעשה שמוטה__

וכתב הרמ"א דבבדיקה זו הנ"ל יש לראות גם אם עביד שמוטה, כי אם לא יכנסו הסימנים לפנים לאחר שהסיר אצבעו, הוה שמוטה וטריפה. **מיהו א"צ לבדוק אחר שמוטה**, דסמכינן ארובא כמו בשאר טריפות.

וכתב הש"ך, דלכתחלה יש לבדוק גם אחר שמוטה, כדעת בה"ג, דחוששין לדבריו אפי' היכא דלא מסתברא טעמיה, אפי' להקל, מפני שכל דבריו דברי קבלה, וכ"ש כאן שהוא מחמיר ומסתבר טעמיה, וכ"ש שגדולי הפוסקים מסכימים לדעתו, **אלא דבדיעבד** אם לא בדק מותר, **דלא** דמי לנשחטו רובן, דהתם בהמה בחייה בחזקת שאינה זבוחה קיימא, **משא"כ** הכא דבהמה בחייה לאו בחזקת שנעקרו סימנים קיימא, **ודמי** לריאה דשכיחא בה טרפות, דצריך לבדקה לכתחלה, ובדיעבד אם נאבדה בלא בדיקה כשר. (**ואף** שהבה"ג אסר אף דיעבד, היינו משום דאזיל לטעמיה דס"ל גם בריאה בדיעבד אסור, **אבל** אנן דקי"ל בריאה דלכתחלה צריך בדיקה ובדיעבד כשר, ה"נ דינא הכי).

וי"א דדוקא באין שום ריעותא לפנינו, אבל אם יש איזה ריעותא לפנינו, אין תולין להקל, ומטעם זה מחמירין בספיקא, ומקרי ספק בשחיטה.

__בדיקה אם נשחט בלא הגרמה__

כתב השו"ע, ויש מי שאומר שצריך לראות שהם שחוטין במקום שחיטה בלא הגרמה.

דשכיח הוא בשוחט סמוך לראש, שיגרים חוץ למקום הכשר, **וי"א** דהיינו בשוחט סמוך לראש, ולא באמצע הצוואר, דרחוק הוא שיגרים כן.

סימן כה – שצריך לבדוק אחר השחיטה

סעיף א – בדיקה לשחיטת רובן, ולשמוטה ולהגרמה

בדיקה קודם שיזרוק מידו

וכתב הרמ"א, ויש לבדוק אחר זה קודם שיזרוק העוף מידו.

וכתב הט"ז הסעם, דשמא אח"כ ישכח מלבדוק, וכמ"ש ריש סימן י"א בשוחט בלילה.

ודוקא בהא שהיה העוף בידו וזרקו מידו, יש לחוש לזה, דיסבור אח"כ שכבר בדקו, **משא"כ** ברבא דבדק גירא ושחט עופא בהדי דפרת, שם לא הניח מלבדוק תיכף שבא לידו.

וי"א שהש"ך פליג אט"ז:

דלהט"ז אין חילוק בין בדיקת רוב להגרמה, דה"ה אחר הגרמה צריך לבדוק קודם שיזרוק מידו, שמא ישכח, **וא"כ** בכיון עשה רמ"א כן דכתב הג"ה זו כאן, לומר דקאי נמי אהגרמה.

והש"ך דכתב דהג"ה זו צ"ל קודם "ויש מי שאומר", ס"ל דטעם הרמ"א, דלכתחלה חיישינן שמא יתרחב, דלא שייך זה בהגרמה אלא ברוב.

ויש בזה חומרא לפי הט"ז, שמא ישכח מלבדוק הוה חומרא אף בבהמה דלא שייך פרכוס, דצריך לבדוק מיד, וה"ה הגרמה, ובעוף אם שחט הוושט ג"כ הדין כן.

ואלו לסעם הש"ך, בבהמה א"צ, ועוף דנקיט רמ"א הוא בדקדוק, **ואם** שחט הוושט בעוף א"צ לבדוק מקודם, דדוקא קנה יש חשש שמא יתרחב, כמ"ש הש"ך בסמוך בשם אביו הגאון ז"ל, **ויש** ג"כ חומרא לש"ך, אם אמר לאחר שיזכיר לו הבדיקה, דלא שייך שישכח, דשנים לא ישכחו, אפ"ה אסור, שמא יתרחב, **ולט"ז** שרי כה"ג.

אם לא בדקו תחלה קודם שזרקו

כתב הרמ"א, בודק אח"כ, ולא חיישינן בדיעבד שמא ע"י הפרכוס נתרחב החתך.

ודלא כמ"ש בשם או"ז, דחיישינן אף בדיעבד.

וי"א שחפש בספר א"ז, ולא ראה אותו הדין.

והב"ח כתב ליישב מש"כ בשם הא"ז, דהיכא דנמצא הסימן שחוט כולו, ודאי לא חיישינן שנעקר יותר בפרכוסו ממה ששחט, דכולי האי לא תלינן בפירכוס, **אבל** בנמצא שחוט רובו חיישינן.

והש"ך כתב בשם אביו, דודאי דרך הקנה להתפרק, וחיישינן דבקל נעשה רוב בפרכוסו, **אבל** כשנמצא הוושט שחוט, כשר, דאין דרכו להתקרע אלא באורך ולא ברוחב.

הבודקים בנוצה

סעיף ב - הבודקים בנוצה - ותוחבים בסימנים דרך הפה, **לראות אם נשחט הרוב, טועים הם** - דשמא לא נשחט הרוב, ואנן בעינן רוב הנראה לעינים, מרדכי, **ובהג"א** מא"ז כתב, שאפילו שחט המיעוט, הנוצה קורע ואסור, ומביאה ב"י. ‹הש"ך הביא ב' פירושים, ופירוש הב' מחמיר, דאף אם ימצא אחר כך רוב, אסור, דשמא הנוצה קרעה ונעשה רובו – פמ"ג.

‹**וכתוב** בהגהות אשירי שכן כתב באור זרוע, דהבודק בנוצה

תיפח רוחו ונשמתו, מפני שמאכיל טרפות לישראל, ואסור לעסוק בקבורתן של מאכילי טרפות – ב"י.

סימן כה ס"ב • הבודקים בנוצה

הבודקים בנוצה ותוחבים בסימנים דרך הפה, לראות אם נשחט הרוב, טועים הם, ותיפח רוחו ונשמתו, מפני שמאכיל טרפות לישראל, ואסור לעסוק בקבורתן של מאכילי טרפות.
י"א דשמא לא נשחט הרוב, ואנן בעינן רוב הנראה לעינים.
וי"א שאפי' שחט המיעוט, הנוצה קורע ואסור.
ופירוש הב' מחמיר, דאף אם ימצא אח"כ רוב, אסור, דשמא הנוצה קרעה ונעשה רובו.

חזקת היתר וחזקת איסור

סעיף ג - נשחטה כראוי, ובא זאב ונטל בני מעיה והחזירן כשהם נקובים, כשרה, ולא חיישינן שמא במקום נקב ניקב - דכיון דנשחטה הרי היא בחזקת היתר, עד שיודע לך במה נטרפה, ש"ס ופוסקים, **ובסי'** ל"ו ס"ה נתבאר, דאפילו יש נקבים הרבה שלא במקום שיניו, תלינן כולהו בזאב. ‹והטעם, דרוב אין טריפות – פמ"ג.

הגה: אבל קודם שידעינן שנשחטה כראוי, בחזקת איסור עומדת, וכל ספק שאירע בשחיטה, טריפה - ‹דמוקמינן אחזקה, אף שיצא פעם אחת בהיתר, וכבר היה לי ויכוח עם חכם אחד, ואמר דיש לומר כיון דיצא פעם אחת בהיתר אין לחוש, ודחיתי דבריו – פמ"ג.

סימן כה ס"ג • חזקת היתר וחזקת איסור

נשחטה כראוי, ובא זאב ונטל בני מעיה והחזירן כשהם נקובים, כשרה, ולא חיישינן שמא במקום נקב ניקב, **דכיון** דנשחטה הרי היא בחזקת היתר, עד שיודע לך במה נטרפה, **ואפי'** יש נקבים הרבה שלא במקום שיניו, תלינן כולהו בזאב. דרוב אין טריפות.

אבל קודם שידעינן שנשחטה כראוי, בחזקת איסור עומדת, וכל ספק שאירע בשחיטה, טריפה, דמוקמינן אחזקה, **ואף** שיצא פעם אחת בהיתר.

§ סימן כו – דין נקב בוושט או בבני מעים קודם גמר השחיטה §

ניקב הוושט כנגד המקום ששחט כבר

סעיף א - ניקב הוושט בשעת שחיטה כנגד המקום ששחט כבר, טריפה - ‹בריש חולין, אהא דאמר רבי זירא, ליבן סכין באור ושחט בה, כשרה, משום דחידודה קודם לליבונה, ומקשה והא איכא צדדין, ומתרץ בית השחיטה מירווח רווח, כתבו התוס' והרא"ש והר"ן, דמהא שמעינן שאם נכוה הושט או ניקב כנגד מה שנשחט ממנו

סימן כו – דין נקב בוושט או בבני מעים קודם גמר השחיטה

סעיף א – ניקב הוושט כנגד המקום ששחט כבר

קודם גמר שחיטה, שנאסרת בכך, שאל"כ מאי קא מקשינן והא איכא צדדין, והרי אינם נכוין אלא כנגד מה שנשחט, אלא ש"מ כדכתיבנא – ב"י. **ומהרש"ל** הוכיח שהרי כאן היה טרפה אי לאו שחידודה קודם לליבונה, עד כאן לשונו, **וקשה** דהא הכא בניקב נמי, חידודה קודם לניקב, אלא אף שחידודה קודם לליבונה, היא נאסר משום צדדין, אי לאו דבית השחיטה מרווח רווח ואינו נכווה בצדדין, הא אם ניקב כנגד מה ששחט, דלא שייך כלל למימר בית השחיטה מרווח רווח, טרפה, וזה פשוט, עכ"ה - נקה"כ.

ניקב הוושט - היינו קודם גמר שחיטת הוושט, אבל לאחר ששחט רובו, כשר אפילו לדידן דפסלינן כל הלכות שחיטה במיעוט בתרא, דהתם היינו במיעוט הנשאר עצמו, אבל מה שנשחט כבר נכשר, **ועוד** דשאני הכא דלא אירע הפסול דרך שחיטה כלל, וכ"מ מפרש"י ומשאר פוסקים, **ויש** לכל א' קולא וחומרא, לתירוץ הא', אם דרס והחליד ברוב ששחט כבר, אין חשש, דאף רש"י אין אוסר כי אם במיעוט הנשאר שלם, לא במה שכבר שחט, **וחומרא**, אם ניקב המיעוט השלם טרפה, **ולתירוץ** ב' חומרא, אם לאחר ששחט רובן דרס והחליד במה ששחט כבר, טרפה, דהוה דרך שחיטה, **וקולא**, אם ניקב המיעוט השלם, כשרה, כיון דלא הוה דרך שחיטה – פמ"ג. **ואף** שעדיין לא נשחט הקנה, מ"מ אין טרפות פוסל בוושט שנשחט כבר, וכמ"ש הרשב"א וכ"פ מהרש"ל וכ"כ הדרישה, **וכ"ש** אם ניקב הוושט אחר שנשחט כולו, קודם שחיטת הקנה, דכשר, דלא כהב"ח.

סימן כו ס"א • ניקב הוושט כנגד המקום ששחט כבר

ניקב הוושט בשעת שחיטה כנגד המקום ששחט כבר, טריפה.

והיינו קודם גמר שחיטת הוושט, **אבל** לאחר ששחט רובו, כשר.

ואפי' לדידן דפסלינן כל הלכות שחיטה במיעוט בתרא:
תירוץ א', דהתם היינו במיעוט הנשאר עצמו, אבל מה שנשחט כבר נכשר, **תירוץ ב'**, דשאני הכא דלא אירע הפסול דרך שחיטה כלל.
ויש לכל א' קולא וחומרא, **לתירוץ הא'**, אם דרס והחליד ברוב ששחט כבר, אין חשש, **וחומרא**, אם ניקב המיעוט השלם טרפה, **ולתירוץ ב'** חומרא, אם לאחר ששחט רובן דרס והחליד במה ששחט כבר, טרפה, דהוה דרך שחיטה, **וקולא**, אם ניקב המיעוט השלם, כשרה, כיון דלא הוה דרך שחיטה.

וכ"ש אם ניקב הוושט אחר שנשחט כולו, **ואף** שעדיין לא נשחט הקנה, מ"מ אין טרפות פוסל בוושט שנשחט כבר.

ניקבה הריאה אחר שחיטת הקנה, או הבני מעים אחר שחיטת הוושט

סעיף ב - שחט הקנה, וניקבה הריאה קודם ששחט הוושט, או ששחט הוושט, וניקבו בני מעים קודם ששחט הקנה, טריפה - אע"פ שחיי הריאה תלויין בקנה, וחיי המעיים תלויים בוושט, אפ"ה שייך בהם טרפות עד שישחט שניהם, קנה וושט, טור. [**דלא** אמרינן כיון ששחט הוושט, הוו המעיים כמונחים בסל, וכן הריאה אחר שחיטת הקנה, דקי"ל יש טריפות לחצי חיות].

[**ולכאורה** יש להקשות מזה על מ"ש בסמוך בשם רש"ל, דאין איסור נקיבת הוושט אחר שחיטת רובן, **י"ל** שאני הכא דיש בעלמא טריפות למעיים בפני עצמן בלא הוושט, **וע"כ** גם כאן אוסר הנקב בהם אחר שחיטת הוושט, משא"כ בוושט עצמו, דכיון שנשחט רובו, הרי הוא כמאן דליתיה].

סימן כו ס"ב • ניקבה הריאה אחר שחיטת הקנה, או הבני מעים אחר שחיטת הוושט

שחט הקנה, וניקבה הריאה קודם ששחט הוושט, או ששחט הוושט, וניקבו בני מעים קודם ששחט הקנה, טריפה.
אע"פ שחיי הריאה תלוין בקנה, וחיי המעיים תלויים בוושט, וכיון ששחט הוושט, הוו המעיים כמונחים בסל, וכן הריאה אחר שחיטת הקנה, **אפ"ה** שייך בהם טרפות עד שישחט שניהם, קנה וושט, דקי"ל יש טריפות לחצי חיות.

ולכאורה יש להקשות מזה על מש"כ בסמוך דאין איסור נקיבת הוושט אחר שחיטת רובן, **י"ל** שאני הכא דיש בעלמא טריפות למעיים בפני עצמן בלא הוושט, וע"כ גם כאן אוסר הנקב בהם אחר שחיטת הוושט, **משא"כ** בוושט עצמו, דכיון שנשחט רובו, הרי הוא כמאן דליתיה.

§ סימן כז – שלא לחתוך אבר מהבהמה בעודה מפרכסת §

נשחטה כראוי ומפרכסת ואח"כ מתה

סעיף א - חתך מבהמה לאחר שנשחטה כראוי ועודה מפרכסת, אסור לאכול ממנה עד שתמות הבהמה - משום דכתיב לא תאכלו על הדם, ודרשו חז"ל, שאסור לאכול מבהמה קודם שתצא נפשה, אבל לאחר שמתה מותר לאכול ממנה, אפילו מה שחתך ממנה קודם שמתה.

אבל לאחר שמתה מותר לאוכלה ולהאכילה לעובד כוכבים, [ומותר להאכיל המעיים לעובד כוכבים,

סימן כז - שלא לחתוך אבר מהבהמה בעודה מפרכסת
סעיף א - נשחטה כראוי ומפרכסת ואח"כ מתה

עכ"ל טור, [פי' דהיה לנו לומר, כיון דלעובד כוכבים אין שחיטה מתרת, אלא המיתה דוקא, ובשר זה נחתך קודם שמתה, לא יועיל לו המיתה אח"כ, דהא נחתך קודם היתר שלו, אלא כיון שלישראל מועיל השחיטה, ומותר מה שנחתך בעודה מפרכסת כל שהמתין עד שמתה, וליכא מידי דלישראל שרי ולעובד כוכבים אסור, **וכן** בבני מעיים כתב הטור דמותר לזמן עובד כוכבים עליהם, ולא אמרינן כיון ששחט הסימנים הוי כאלו הוציאם ומנחי בדיקולא].

סי' כז ס"א(1) • נשחטה כראוי ומפרכסת ואח"כ מתה

חתך מבהמה לאחר שנשחטה כראוי ועודה מפרכסת, אסור לאכול ממנה עד שתמות הבהמה, **משום** דכתיב לא תאכלו על הדם, ודרשו חז"ל, שאסור לאכול מבהמה קודם שתצא נפשה, **אבל** לאחר שמתה מותר לאכול ממנה, אפילו מה שחתך ממנה קודם שמתה.

ומותר להאכילה גם לעכו"ם, אף דהיה לנו לומר, כיון דלעכו"ם אין שחיטה מתרת, אלא המיתה דוקא, ובשר זה נחתך קודם שמתה, לא יועיל לו המיתה אח"כ, **אלא** כיון שלישראל מועיל השחיטה, ליכא מידי דלישראל שרי ולעכו"ם אסור, **וכן** מותר לזמן עכו"ם על בני מעיים, ולא אמרינן כיון ששחט הסימנים הוי כאלו הוציאם ומנחי בדיקולא.

לא נשחטה כראוי, וכן בהמה טמאה

וקאי ‹הטור מה שמתיר לאוכלה ולהאכילה לעכו"ם› ארישא אנשחטה כראוי, אבל היכא דלא נשחטה כראוי, פשיטא כיון דאסור לישראל משום אבר מן החי, כיון שחתך ממנה קודם שתצא נפשה, גם לעובד כוכבים אסור, דבן נח מצווה על אבר מן החי, **וכן** היכא דחתך מבהמה טמאה בעודה מפרכסת, אע"פ ששחטה כראוי, אסור להושיט לבני נח, דלא שייך שחיטה בבהמה טמאה, **וכ"כ** הרשב"א בת"ה וז"ל, ולזמן עובד כוכבים על בני מעיים, א"נ על בשר הפורש מן הבהמה קודם שתצא נפשה, אם בהמה טהורה דבת שחיטה היא, ונשחטה ע"י ישראל דבן שחיטה הוא, מותר, **אבל** בבהמה טמאה ואפי' ע"י ישראל, ואי נמי בבהמה טהורה וע"י עובד כוכבים, בשר הפורש ממנה קודם שתצא נפשה, אסור לזמן עליו העובד כוכבים, ואפילו לאחר שתצא נפשה של בהמה, **ואע"פ** שהרמב"ם ז"ל פסק, דבבהמה טהורה נמי לישראל שרי ולעובד כוכבים אסור, לא ידעתי טעם לדבריו כו', עכ"ל, וכ"כ הכ"מ, וכן הוא בש"ס ורש"י, **וכתב** מהרש"ל, דבבהמה של עובד כוכבים, אפילו שחטה ישראל, מ"מ מאחר שהוא לא נצטווה על השחיטה, א"כ בבהמה שלו לא הותרה לו בשחיטה, ודינה כשחטה עובד כוכבים, ובהכי יישב דברי הרמב"ם.

(**ועיין** ש"ך מש"כ "אבל היכא דלא נשחטה כראוי פשיטא כיון דאסור לישראל" כו', **ועיין** בדגמ"ר שכתב, ומ"מ מותר למכור להם דם היוצא בשעת שחיטה בעודה מפרכסת, אף דלא שייך "ליכא מידי" כו', **ומ"מ** בלא"ה אין עובד כוכבים מצווה על דם מן החי, כמבואר ברמב"ם פ"ט מהלכות מלכים, ע"ש).

סימן כז ס"א(2) • לא נשחטה כראוי, וכן בהמה טמאה

לא נשחטה כראוי, או שנשחטה ע"י עכו"ם, כיון דאסור לישראל משום אבר מן החי, כיון שחתך ממנה קודם שתצא נפשה, גם לעכו"ם אסור, דבן נח מצווה על אבר מן החי.
וכן היכא דחתך מבהמה טמאה בעודה מפרכסת, אע"פ ששחטה כראוי, ואפי' ע"י ישראל, אסור להושיט לבני נח, דלא שייך שחיטה בבהמה טמאה.
ומ"מ י"א דמותר למכור להם דם היוצא בשעת שחיטה בעודה מפרכסת, אף דלא שייך "ליכא מידי" כו', **ומ"מ** בלא"ה אין עכו"ם מצווה על דם מן החי, כמבואר ברמב"ם.

והרמב"ם פסק, דבבהמה טהורה נמי, לישראל שרי ולעכו"ם אסור, **וקשה** מה הטעם לדבריו.
וי"א דבבהמה של עכו"ם, אפי' שחטה ישראל, מ"מ מאחר שהוא לא נצטווה על השחיטה, א"כ בבהמה שלו לא הותרה לו בשחיטה, ודינה כשחטה עכו"ם, **ובהכי** יישב דברי הרמב"ם.

נתנבלה בשחיטה

(**והנה** דעת הפר"ח, דאפילו נתנבלה בשחיטה מותר למכור הבני מעיים, **אך** התב"ש חולק עליו, וסובר דאם נתנבלה בשחיטה אסור, וכ"כ הפמ"ג בפתיחה, דאם שהה או דרס כו' או סכין פגום, אסור למכור הבני מעיים לעובד כוכבים, דלא שייך "מי איכא מידי", וכן בניקב הוושט ופסוקת הגרגרת, **אמנם** בד' נבילות שמטמאין מחיים, מותר, ע"ש, **ועיין** בתשובת ברית אברהם שנשאל על ענין זה, באווזות שמלעיטין ונטרפו מחמת נקיבת הושט דהוי נבלה, איך אנו מוכרין האווזות עם הבני מעיים לעובד כוכבים, והעלה כמה טעמים נכונים להתיר, **ומבואר** מדבריו דבבהמה שנתנבלה בשחיטה אין להתיר, ודוקא בעוף יש להתיר, ע"ש, **גם** בתש' ח"ס המציא טעמים נכונים לקיים מנהג ישראל, שאין נזהרים בזה, וגם בבני מעיים של בהמה אין חשש, ע"ש). ‹**ועיין** ברעק"א אריכות גדול בזה›.

סימן כז ס"א(3) • נתנבלה בשחיטה

י"א דאפי' נתנבלה בשחיטה, מותר למכור הבני מעיים.
אך יש חולקין עליו, וסובר דאם נתנבלה בשחיטה אסור, **וכן** אם שהה או דרס כו' או סכין פגום, אסור למכור הבני מעיים

לעכו"ם, דלא שייך "מי איכא מידי", **וכן** בניקב הוושט ופסוקת הגרגרת, **אמנם** בד' נבילות שמטמאין מחיים, מותר.
אווזות שמלעיטין ונטרפו מחמת נקיבת הושט דהוי נבלה, איך אנו מוכרין האווזות עם הבני מעיים לעכו"ם, **י"א** כמה טעמים נכונים להתיר, **אבל** בבהמה שנתנבלה בשחיטה אין להתיר, דדוקא בעוף יש להתיר.
ויש שהמציא טעמים נכונים לקיים מנהג ישראל, שאין נזהרים בזה, **וגם** בבני מעים של בהמה אין חשש.

נשברה מפרקת

[**בטור** כתוב כאן, נשברה מפרקת ורוב בשר עמה, נבילה, ותמה ב"י, למה הוצרך הטור לכתוב דיני נבילה, דאין דרכו לכתוב אלא דיני איסור והיתר, **ותירץ** אחי מהר"י הלוי ז"ל, דנ"מ לענין ספק ביצת טריפה, כמ"ש הטור סימן פ"ו, דבביצת טריפה הולכין בספקו לחומרא].

כבר הוא מבואר בהג"ה דרישה עיי"ש, עוד כתב ונפקא מיניה לענין אותו ואת בנו, וכ"כ הבית חדש, **עוד** נ"ל דנפקא מיניה לענין החשוד לאכול טרפות, ואינו חשוד לאכול נבלות, שחמור ממנו, וכדלקמן סי' קי"ט, ע"ש ודו"ק - נקה"כ.

[**תשו'** מאחי הגאון מו"ה יצחק הלוי ז"ל לאחד מהחכמים, בענין מפרקת העוף שנשברה, וחזרו השברים ונקשרו והיו לאחדים, והחוט שבתוכו והבשר שעליו שלמים הם קיימים ועומדים, מה שכתבת להטריף, משום דשמא נשבר רוב בשר עמה וחזר ונרפא, כמו שחזרו השברים יחדו, והוי כקרום שעלה מחמת מכה כו', עכ"ל].

[**תמה אני**, דהא ודאי אי הוה נשבר רוב בשר עם המפרקת, לא היה לו אפשרות לחיות, כדאמר זעירא נשברה מפרקת ורוב בשר עמה נבילה ומטמא כו', ואם היה לו אפשרות לחיות, לא הוי ליה נבילה, אלא טריפה בעלמא, **וגם** איך יהיה אפשרות לנבילה מתה שתחזור שבריה יחד ותתרפא הבשר ותחיה אח"כ, **ועוד** דאמרינן בנשבר הרגל במקום שעושה אותו טרפה, דכשר אם עור ובשר חופין רובו, ואפי' אי ליכא למיקם אמילתא שאינו יוצא לחוץ, כגון שחזר ונקשר, פסק ר"ת דכשר, וכ"פ הרא"ש והטור, והכי קי"ל, **ולא** חיישינן שמא נקרעו גם העור והבשר, ולא היו חופין את רובו, ומקרוב נתרפאו, כמו שחזרו ונתקשרו השברים, **ועוד** שאין זה אמת שנאמר בכל דבר דהוי ליה קרום שעלה מחמת מכה ולא הוי קרום, אלא דוקא במקום שארז"ל דטריפה מחמת נקב, וכתבתי ראיות ברורות לזה בפסק אחר, ואין להאריך כאן].

[ומה שהביא כת"ר ראיה להטריף אף בלא רוב בשר עמה... אומר אני... וא"כ אין לנו ראיה להטריף בנשברה המפרקת בלא רוב בשר עמו, כשהחוט שלם, **דפשיטא** דבנפסק החוט בכל מקום שמן המוח ועד הפרשות, ודאי טריפה, ובחנם טרח כת"ר ויגע לפלפל דאין צורך פסיקת החוט לשבירת המפרקת, שטריפות החוט היא טריפות אחרת לגמרי בפני עצמה, והוא מן המוח עד פי הפרשה, ושבירות המפרקת עם רוב בשר הוא טריפות אחרת בפני עצמה, **ומיהו** בשבירת המפרקת לבד והחוט והבשר שלם, וכל שכן כשחזרו השברים ונקשרו, לא מצאנו בשום מקום דטריפה, ולא אשתמיט שום פוסק מכל הפוסקים המפורסמים להזכיר טריפות זה, **ובשו"ע** לא הזכיר כלל ענין שבירת המפרקת, והוא משום דלטעמיה אזיל, שבב"י תמה על הטור שהזכיר נשברה המפרקת ורוב בשר עמה נבילה, **ובאמת** בא הטור להשמיענו בזה, דכ"ש שהיא טריפה, ולא כתב הטור כך, דהוה משמע מזה דטריפה הוה ולא נבילה ואינה מטמאה, וזהו נגד מסקנת פסק הגמ', לכן הביא הטור דברי זעירא ממש וק"ל, **והשו"ע** לא כתב זה משום דמילתא דפשיטא היא דטריפה, דהא אפילו נבילה הוי ומטמא, **ואי** תימא דטריפה הוי אף בלא רוב בשר עמה, הוי ליה להשו"ע לכתוב לפחות דין זה, לא להשמיט כל הענין בכללו, **ועוד** שהרמב"ם טרח ומנה כל הטריפות שאפשר להמצא, וכתב שהם במנין מכוון שבעים, ע"ש בפרק ג' מהלכות שחיטה, ולא זכר כלל טריפות זה, נשברה מפרקת בלא רוב בשר, **והא** דלא מנה התם דבנשבר רוב בשר עמה, משום דהוי ליה נבילה, וכבר חשבה הרמב"ם תוך הני ששה נבילות, והוא בפרק ג' מהלכות שחיטה, ואין בידינו להוסיף על הטריפות שמנו חז"ל... והנראה לענ"ד כתבתי, יצחק לוי, ע"כ התשובה].

[**יפה** כוון אחי הגאון הנ"ל להלכה, דאין טריפות כלל בנשברה המפרקת והחוט קיים... וגדולה מזו נ"ל להקל, דאפילו נשברה מפרקת ורוב בשר עמה והחוט קיים כשרה... **ואע"ג** דמדברי אחי הנ"ל משמע דבנשברה מפרקת עם רוב בשר טריפה בלא החוט, ‹לאו דווקא דנבלה נמי הוה - פמ"ג›, נלע"ד כמש"כ, ומ"ש הטור

סעיף א - נשברה מפרקת

נשברה מפרקת ורוב בשר נבילה, היינו שנפסק החוט, וקמ"ל דלענין נבילה הוא דוקא ברוב בשר].

(**עבה"ט** ‹וז"ל, וכ"כ הפר"ח דהכל תלוי בחוט›, **ומ"ש** דתשו' בית יעקב נטה להחמיר אפי' בלא רוב בשר, **במחילת** כבודו לא עיין היטב, דשם מפורש להתיר בלא רוב בשר, אך בנשבר המפרקת ורוב בשר, העלה דאפי' נבילה נמי הוי, דלא כדברי ט"ז, ע"ש, **וכן** כתב בשו"ת תולדות יצחק, דבנשבר המפרקת ורוב בשר, יש לאסור אפי' בהפסד מרובה, ואין להכשיר אלא בלא רוב בשר, ומכ"ש כשחזרו השברים ונקשרו, **ומ"מ** חוששין לפסיקת החוט, וצריך לבדוק אחר זה, דהא כשנשבר המפרקת נשבר ג"כ השדרה, ולא גרע ממ"ש לקמן סי' ל"ב ס"ו, שאם הכה במקל לרוחב השדרה, חוששין שמא נפסק החוט, **ואף** שהב"ח כתב שם, דאפי' הלכה לא מהני, ואין לה תקנה דאין אנו בקיאין בבדיקה, א"כ ה"ה בזה, **מ"מ** הסומך בזה על הט"ז שם, שסובר דאנו בקיאים בבדיקה זו, לא הפסיד).

סימן כז ס"א(4) • נשברה מפרקת

נשברה מפרקת ורוב בשר עמה, נבילה, **ונ"מ** לענין ספק ביצת טריפה, דביצת טריפה הולכין בספקו לחומרא. **ועוד** נ"מ לענין אותו ואת בנו, **ועוד** נ"מ לענין החשוד לאכול טרפות, ואינו חשוד לאכול נבלות, שחמור ממנו.

מפרקת העוף שנשברה, וחזרו השברים ונקשרו והיו לאחדים, והחוט שבתוכו והבשר שעליו שלמים הם קיימים ועומדים, **י"א** להטריף, משום דשמא נשבר רוב בשר עמה וחזר ונרפא, כמו שחזרו השברים יחדו, **והוי** כקרום שעלה מחמת מכה. **ותמה הר"י הלוי אחי הט"ז**, דהא ודאי אי הוה נשבר רוב בשר עם המפרקת, לא היה לו אפשרות לחיות, דהא הוי נבילה, ואם היה לו אפשרות לחיות, לא הוי ליה נבילה, אלא טריפה בעלמא, **וגם** איך יהיה אפשרות לנבילה מתה שתחזור שבריה יחד ותתרפא הבשר ותחיה אח"כ, **ועוד** דלא אמרינן דהוי ליה קרום שעלה מחמת מכה ולא הוי קרום, אלא דוקא במקום שארז"ל דטריפה מחמת נקב.

נשברה המפרקת בלא רוב בשר עמה, י"א דהוי טריפה. **וחולק עליו הר"י הלוי**, דאין לנו ראיה להטריף בלא רוב בשר, כשהחוט שלם, **וכ"ש** כשחזרו השברים ונקשרו, לא מצאנו בשום מקום דטריפה, **ולא** אשתמיט שום פוסק מכל הפוסקים המפורסמים להזכיר טריפות זה.

ובנפסק החוט בכל מקום שמן המוח ועד הפרשות, ודאי טריפה, **וטריפות** החוט היא טריפות אחרת לגמרי בפני עצמה, **ושבירות** המפרקת עם רוב בשר הוא טריפות אחרת בפני עצמה.

נשברה מפרקת ורוב בשר עמה והחוט קיים, כתב הט"ז דנ"ל להקל, דאפי' זה כשרה.

אך י"א דלא כדברי ט"ז, אלא דיש לאסור אפי' בהפסד מרובה, ואין להכשיר אלא בלא רוב בשר, ומכ"ש כשחזרו השברים ונקשרו, **ומ"מ** חוששין לפסיקת החוט, וצריך לבדוק אחר זה, דהא כשנשבר המפרקת נשבר ג"כ השדרה, **ולא** גרע מאם הכה במקל לרוחב השדרה, דחוששין שמא נפסק החוט, **ואף** שהב"ח כתב דאין אנו בקיאין בבדיקה, **מ"מ** הסומך בזה על הט"ז שם, שסובר דאנו בקיאים בבדיקה זו, לא הפסיד.

§ סימן כח - דיני כסוי הדם §

מצות כיסוי

סעיף א - השוחט חיה או עוף צריך לכסות דמו, בין צדן עתה, בין שהיו מזומנים בידו

- כגון אווזים ותרנגולים, דסד"א מדכתיב אשר יצוד, אימעטו אווזים ותרנגולים וכיוצא בהן שנצודין ועומדין, ת"ל ציד מ"מ, [א"כ למה נאמר יצוד, למדך תורה דרך ארץ, שלא יאכל אדם בשר אלא בהזמנה זאת, פרש"י כאלו הוא צד, שאינה מזומנת לו, כלומר שלא יאכל בשר תדיר].

הגה: והכיסוי הוא מצוה בפני עצמה - [ואין להקשות ממ"ש הרא"ש והביאו הטור סי' כ', דמצות כיסוי היא גמר מצות שחיטה, **דבאמת** היא מצוה בפני עצמה, אלא ששייכה אחר מצות שחיטה, כמו תפילין של ראש עם של יד. **ואין** להקשות למה פסק בהג"ה סי' י"ט סעיף ל', שמותר לדבר בין כיסוי לשחיטה, מאי שנא מסח בין תפילין לתפילין, י"ל דבתפילין שייכה הברכה דשל ראש גם על של יד, כמו שזכרנו בהלכות תפילין. ‹**דאסור** להפסיק, שצריך לברך על של ראש שתים לדידן, אם כן הוה ברכה שאינה צריכה, **ומניח** תפילין דרבינו תם, או בחולו של מועד למאן דלא מברך, ודאי לענות קדיש או לומר קדושה שרי, **ובלא** כך אסור, כמו בין שחיטה לכיסוי טוב שלא לדבר, הכא נמי - פמ"ג›.

[שמעתי טועים שלא לקבל הדם באפר חם ולכסות, והבל יפצה פיהם, דמפורש בפ"ק דביצה דמכסין באפר שראוי לצלות ביצה].

סימן כח ס"א(1) • מצות כיסוי

השוחט חיה או עוף צריך לכסות דמו, בין צדן עתה, בין שהיו מזומנים בידו, כגון אווזים ותרנגולים, **ויליף** מ"ציד" מ"מ, **ולמה**

נאמר "יצוד", למדך תורה דרך ארץ, שלא יאכל אדם בשר אלא בהזמנה זאת, כלומר שלא יאכל בשר תדיר.

וכתב הרמ"א, והכיסוי הוא מצוה בפני עצמה.
ואף דכתב הרא"ש דהיא גמר מצות שחיטה, **באמת** היא מצוה בפני עצמה, אלא ששייכה אחר מצות שחיטה, כמו תפילין של ראש עם של יד.
ואין להקשות למה פסק בהג"ה סי' י"ט ס"ל, שמותר לדבר בין כיסוי לשחיטה, מאי שנא מסח בין תפילין לתפילין, **י"ל** דבתפילין שייכה הברכה דשל ראש גם על של יד.
וי"א משום דאי מפסיק, צריך לברך על של ראש שתים לדידן, וא"כ הוה ברכה שאינה צריכה, **והמניח** תפילין דר"ת, או בחוה"מ למאן דלא מברך, ודאי לענות קדיש או לומר קדושה שרי, **ובלא** כך אסור, כמו בין שחיטה לכיסוי שטוב שלא לדבר, כמ"ש בסי' י"ט, הכא נמי.

ומותר לקבל הדם באפר חם ולכסות, דמכסין באפר שראוי לצלות ביצה.

דין השחיטה אם הזיד ולא כיסה

אבל השחיטה כשרה אף אם הזיד ולא כיסה -

משמע אפילו לעצמו, וכן הוא בד"מ וכן דעת הב"י ומהרש"ל ושאר אחרונים, דלא כהב"ח שאוסר לעצמו, **מיהו** היכא דהעם פרוצים במצות כסוי, שאינם מכסים כדין, או שאינם מברכים על הכסוי או על השחיטה, «ה"ה אם אותו השוחט לחוד הוא פרוץ ואין מברך על השחיטה וכיסוי - פמ"ג», יש לקנוס ולחייב מלקות, וגם יש לאסור השחיטה להעובר, משום מיגדר מילתא, כן משמע מדברי מהרש"ל שם.

סי' כח ס"א(2) • דין השחיטה אם הזיד ולא כיסה

אבל השחיטה כשרה אף אם הזיד ולא כיסה, אפילו לעצמו, **ודלא** כהב"ח שאוסר לעצמו.
מיהו היכא דהעם פרוצים במצות כסוי, שאינם מכסים כדין, או שאינם מברכים על הכסוי או על השחיטה, **או** אם אותו השוחט לחוד הוא פרוץ ואין מברך על השחיטה וכיסוי, **יש** לקנוס ולחייב מלקות, **וגם** יש לאסור השחיטה להעובר, משום מיגדר מילתא.

ברכת כיסוי

סעיף ב - חייב לברך קודם שיכסה: אשר קדשנו במצותיו וצונו על כיסוי דם בעפר -

[אע"ג דלא מצינו בשום מקום שמזכירין פרט המצוה בברכה אלא דרך כלל, וא"כ היה די לומר "על כיסוי דם" לחוד, מ"מ הכא שאני שעושה שני מצות, דהיינו כיסוי שלמטה מן הדם ושל מעלה, וזה נלמד מן "בעפר", ע"כ צריך לומר "בעפר" להורות על שני המצות, כנ"ל]. «ואף אם נבלע ורישומו ניכר, דלית ליה אלא כיסוי מלמעלה, אפי' הכי נוסח הברכה חדא הוא. **והתבואות** שור כתב טעם, דכתיב במקום אחר "וכסינו את דמו", לשון העלמה, דלא תימא דהכא נמי הכי פירושו, לכן אנו אומרים "בעפר", לומר דמצוה היא לכסות בעפר, ונכון הוא - פמ"ג. **ועיין** בש"ך סכ"א דכתב: דהברכה לא נתקנה אלא "על כסוי דם", ולא "בעפר", ואף דנהגינן לומר "בעפר", היינו לרווחא דמלתא»

סימן כח ס"ב(1) • ברכת כיסוי

חייב לברך קודם שיכסה: אשר קדשנו במצותיו וצונו על כיסוי דם בעפר.
אע"ג דלא מצינו בשום מקום שמזכירין פרט המצוה בברכה אלא דרך כלל, **הכא** שאני שעושה שני מצות, כיסוי שלמטה מן הדם ושל מעלה, **וזה נלמד מן "בעפר"**, ע"כ צריך לומר "בעפר" להורות על שני המצות, **ואף** אם נבלע ורישומו ניכר, דלית ליה אלא כיסוי מלמעלה, אפ"ה נוסח הברכה חדא הוא.
וי"א הטעם, דלא תימא דהוא לשון העלמה, דכתיב במקום אחר "וכסינו את דמו", לכן אנו אומרים "בעפר", לומר דמצוה היא לכסות בעפר.
ולהש"ך הברכה לא נתקנה אלא "על כסוי דם", ולא "בעפר", ואף דנהגינן לומר "בעפר", היינו לרווחא דמלתא.

ברכת שהחיינו

הגה: מי ששחט פעם הראשון, מברך שהחיינו על הכיסוי - ז"ל הגהת מנהגים שהביא בד"מ, דכסוי הוי מצוה, כדאמרינן: בזכות שאמר אברהם ואנכי עפר ואפר, זכו בניו לשני מצות, והוי כמו ציצית וסוכה דמברך שהחיינו, כך מפורש בה"ש ר' ידידי' משפירא, עכ"ל, **וצ"ע** דהא גבי ציצית קי"ל דאין מברך שהחיינו, אלא א"כ קנה בגד חדש, מטעם דקנה כלים חדשים, כמו שנתבאר בא"ח סי' רכ"ג, אבל בעושה ציצית בבגד ישן אינו מברך שהחיינו, **והכי** משמע נמי בתוס', שכתבו הטעם דאין מברכין שהחיינו אציצית ותפילין, משום דלא תקנו שהחיינו אלא אמצוה שיש בה שמחה, **ואין** לומר דכסוי דכיון דבזכות "אנכי עפר ואפר" הוא חשוב שמחה, דהא אדרבה אמרינן בפ' כל הבשר: אמר רבא בשכר שאמר אברהם אבינו ואנכי עפר ואפר, זכו בניו לשתי מצות אפר פרה ועפר סוטה, וליחשוב נמי עפר כסוי הדם, התם הכשר מצוה איכא הנאה ליכא, ואמר רבא בשכר שאמר אברהם אבינו אם מחוט ועד שרוך נעל, זכו בניו לב' מצות לחוט של תכלת ורצועה של תפילין, ע"כ, **והכי** משמע נמי ממ"ש הר"ן שם הטעם דלא מברכין שהחיינו אתפילין, משום דלאו מזמן לזמן קאתי, וכ"כ הרשב"א בתשובה, **ועוד** נראה דאפי' להרמב"ם דמברכין שהחיינו

אציצית ותפילין, היינו מטעמא דכתב שם, מפני שהם מצות שהם קנין לו, משא"כ בכסוי, **ומצאתי** ברוקח שכתב בשם ריב"ק משפירא, כל מצוה שעל האדם לעשות ולא עשאה ומתחנך לכתחלה, צריך לברך שהחיינו, והביא ראיה מדאמרינן במנחות: היה עומד ומקריב מנחות בירושלים, אומר שהחיינו, שנתחנך לעבודת הזמן, עכ"ל, ואפשר ע"ז סמכו לברך בכסוי, **אבל** צ"ע לפי"ז אמאי לא מברכין בציצית ותפילין ושאר מצות שמתחנכים בהו, וכן אין מברכין שהחיינו על קדושי אשה או נשואיה, כמ"ש מהרי"ק, וכן על מזוזה כדלקמן ר"ס רפ"ט, **אלא** ע"כ ס"ל דאפי' במצוה שמתחנכים בה אין מברכין שהחיינו כל שאין זמנה קבוע, וכדעת התוס' והר"ן והרשב"א הנ"ל, **ומפרשינן** ההיא דמקריב מנחות כמ"ש התוס' והרשב"א, דהיו כ"ד משמורות ואין מתחדשות יותר מב' פעמים בשנה, וכיון שיש להן זמן קבוע, מברך שהחיינו, עכ"ל, הא לאו הכי לא, וא"כ ה"ה בכסוי, וצ"ע.

<**לכן** יראה ודאי דאין להכניס עצמו בספק ברכה, והתבואות שור הסכים דמברך, וצ"ע - פמ"ג.>

אבל לא על השחיטה, דמזיק לבריה - זה הטעם דחוק, **ולי** נראה טעם אחר יותר מתקבל, משום דשחיטה היא בידו ואינו מצווה לשחוט, דהא יכול להיות לעולם בלא בשר, או שישחוט אחר, **אבל** בכסוי החיוב מוטל על כל אדם שרואה הדם לכסות, כדלקמן ס"ח.

סימן כח ס"ב(2) • ברכת שהחיינו

מי ששחט פעם הראשון, מברך שהחיינו על הכיסוי - הרמ"א. **וצ"ע** דהא גבי ציצית קי"ל דאין מברך שהחיינו, אא"כ קנה בגד חדש, מטעם דקנה כלים חדשים, **והטעם** דלא מברכין שהחיינו אציצית ותפילין משום דלא תקנו שהחיינו אלא אמצוה שיש בה שמחה, **וי"א** משום דלאו מזמן לזמן קאתי, **והא** דאמרינן במנחות: היה עומד ומקריב מנחות בירושלים, אומר שהחיינו, משום דהיו כ"ד משמורות ואין מתחדשות יותר מב' פעמים בשנה, ויש להן זמן קבוע, **ואפי'** להרמב"ם דמברכין שהחיינו אציצית ותפילין, היינו מטעמא שהם מצות שהם קנין לו, משא"כ בכסוי, וצ"ע.
לכן י"א דאין להכניס עצמו בספק ברכה, **וי"א** דיברך, וצ"ע.

אבל אין מברכין שהחיינו על השחיטה, דמזיק לבריה - רמ"א. **וי"א** דזה הטעם דחוק, **אלא** משום דשחיטה היא בידו ואינו מצווה לשחוט, דהא יכול להיות לעולם בלא בשר, או שישחוט אחר, **אבל** בכסוי החיוב מוטל על כל אדם שרואה הדם לכסות, כדלקמן ס"ח.

כוי, וכלאים הבא מבהמה וחיה

סעיף ג - כוי שהוא ספק חיה, וכלאים הבא מבהמה וחיה - [זהו ג"כ בכלל כוי],

צריך לכסות דמן ואינו מברך - מיירי בצבי הבא על התיישה, דספוקי מספקא לן אי חוששין לזרע האב או לאו, ולכך מספיקא מכסה, ואינו מברך דדלמא אין חוששין, **דלא** כמ"ש בס' זבחי צדק הטעם דאינו מברך, משום גזירה שמא יתיר חלבו, ולא דק וק"ל, **אבל** אי הוה פשיטא לן דחוששין, הוה חייב לברך, דהא צריך לכסותו מן התורה, דקי"ל צבי ואפילו מקצת צבי, ולזרע האם ליכא מאן דפליג דפשיטא דחוששין.

ואין שוחטין אותם ביו"ט - דכיון שצריך לכסותן, וביו"ט אינו רשאי לכסותן, לא ישחוט לכתחלה.

[**וכתב** רש"ל, דדוקא בחיה שבא על הבהמה אמרינן שאינו שוחט ביו"ט, כיון דמספקא לן אם חוששין לזרע אב, ושמא אין חוששין, **אבל** בבהמה שבא על החיה, חייב לכסות בודאי, ואין כאן ספק, דצבי ואפילו מקצת צבי אמרינן, כמו דאמרינן לעיל סי' י"ז ס"ח שה אפי' מקצת שה, ודלא כפרישה <דסבר לא בכל מקום אמרו שה ואפילו מקצת שה>, **וע"כ** שוחטין אותו ביו"ט, <**ואף** דאי מכסה דמו אמרינן אתי להתיר חלבו כדלקמן, היינו כוי שהוא ספק, משא"כ תייש הבא על הצביה, ודאי מקצת חיה הוא, ומשום הכי לא אתי למישרי, **ועוד** היאך יעקור מצות כיסוי משום גזירה, כיון דודאי הוא - פמ"ג>, **ולא משכחת ספיקא** אלא בצבי הבא על התיישה, דיש ספק אי חוששין לזרע אב והוה מקצת צבי, **ואע"ג** שהטור והרמב"ם ושו"ע כתבו כאן סתם מבהמה וחיה, סמכו על מש"כ באותו ואת בנו דשה אפילו מקצת שה, ה"נ כאן, וע"כ תפרש דבצבי הבא על התיישה קא מיירי].

<**וכתב** השמלה חדשה וז"ל, והנולד מבהמה שבא על החיה, נ"ל דאין לשחטו ביו"ט, ואם שחטו יכסה דמו, ומיהו בין ביו"ט בין בחול לא יברך על כסוי, עכ"ל, וכ"כ הפמ"ג.>

ואם שחטן, אינו מכסה דמן - אפילו יש לו עפר מוכן, מפני שהרואה יאמר ודאי חיה הוא, דאל"כ לא היו מטריחין לכסות דמו ביו"ט, ויבא להתיר חלבו, עכ"ל הט"ו באו"ח סי' תצ"ח סי"ח, והוא מסקנא דש"ס פרק קמא דביצה, ומוסכם מכל הפוסקים, **דלא** כמ"ש העט"ז כאן, אין שוחטין הכוי והכלאים ביו"ט, דשמא

יטלטל עפר ביו"ט שלא לצורך, דשמא מין בהמה הוא, עכ"ל, **ולא** דק, דהא אפילו יש עפר מוכן, דליכא איסור טלטול, אסור מטעם הנזכר.

ובלילה, אם רישומו ניכר, יכסנו - ואין יכולין לקבל הדם בכלי לכסותו בלילה*, שאין שוחטין לתוך הכלים, עכ"ל הטור מדברי הרא"ש, **ור"ל** דאסור משום שנראה כמקבל דם לעבודת כוכבים, כדלעיל סי' י"א ס"ג, **והא** דלא שרי ע"י נתינת מעט עפר בכלי כדלעיל סי' י"א, משום דגם בזה יש חשש לפני הרואה, שיאמר שלקח עפר לכסות בו, ויבא להתיר חלבו, כ"כ הדרישה.

אבל הב"ח כתב וז"ל, ונ"ל דבזמן הזה {כלומר שאין דרך עובדי עבודת כוכבים בכך, וכדלעיל ס"ס י"ב} שאפילו לכתחלה היה יכול לשחוט לתוך הכלים כהא"ז, אלא שאנו נזהרים, א"כ בדיעבד אם שחט ביו"ט, יכול לקבל הדם בכלי אפילו לכתחלה, דכדי לקיים מצות כסוי כדינו לא שייך ליזהר מלקבלו, כיון שאין בו איסור מן הדין, ומ"מ יותר טוב ליתן עפר וצרורות בכלי קודם קבלה, עכ"ל, **ובאמת** קשה לדבריו, אמאי לא אשמועינן בש"ס ופוסקים האי תקנתא דעפר בכלי, **ואפשר** דלא מתיר אלא ע"י מעט עפר, בענין דליכא למימר שיכסה בו, ומדינא היה אסור כיון דליכא אלא מעט עפר משום חשדא דעבודת כוכבים, דעדיין ראוי לזריקה, אלא דהאידנא דאין דרך עובדי עבודת כוכבים בכך, שרי אפי' בלא עפר כלל, אלא דלחומרא יתן בו עפר מעט ודוק. ‹ומ"מ לכתחלה לא יעשה כן – פמ"ג›.

***קשה** לי הא כה"ג אסור משום ביטול כלי מהיכנו, ואולי י"ל דבא לומר, אף אם יש לו כלי מחובר לקרקע, דכה"ג היה ראוי לשחוט ע"ג כלי זה, דלא נקרא ביטול כלי מהיכנו, כיון דבלא"ה הכלי מחובר וא"א לטלטלו בשבת, **ועיין** מג"א מוכח דס"ל דאף בשופך לתוך כלי מחובר מקרי ביטול כלי מהיכנו, וצ"ע. **ואולי** י"ל דמשום מצות כיסוי מותר לבטל כלי מהיכנו, עיין רש"י שבת ומג"א, **ועדיין** צ"ע, דדלמא הכא גרע, דבעידן דעובר על ביטול כלי מהיכנו, עדיין אינו מקיים מצות כיסוי, וגם הוא ספק חיוב כיסוי – רעק"א›.

סימן כח ס"ג • כוי, וכלאים הבא מבהמה וחיה

כוי שהוא ספק חיה, וכלאים הבא מבהמה וחיה (דזהו ג"כ בכלל כוי), **צריך** לכסות דמן ואינו מברך.

מיירי בצבי הבא על התיישה, דספוקי מספקא לן אי חוששין לזרע האב או לאו, ולכך מספיקא מכסה, ואינו מברך דדלמא אין חוששין, **אבל** אי הוה פשיטא לן דחוששין, הוה חייב לברך, דהא צריך לכסותו מן התורה, דקי"ל צבי ואפילו מקצת צבי, **ובתייש שבא על הצבייה**, לזרע האם ליכא מאן דפליג דפשיטא דחוששין.

ואם שחטן ביו"ט, אינו מכסה דמן, אפילו יש לו עפר מוכן, מפני שהרואה יאמר ודאי חיה הוא, דאל"כ לא היו מטריחין לכסות דמו ביו"ט, ויבא להתיר חלבו, (**דבעפר** שאינו מוכן, בלא"ה אסור, דשמא יטלטל עפר ביו"ט שלא לצורך), **וכיון** שצריך לכסותן, וביו"ט אינו רשאי, לכן אין שוחטין אותם ביו"ט לכתחלה.

וגם זה דוקא בצבי שבא על התיישה, דמספקא לן אם חוששין לזרע אב, **אבל בתייש שבא על הצביה**, חייב לכסות בודאי, ואין כאן ספק, דצבי ואפילו מקצת צבי אמרינן, (**ודלא** כפרישה דסבר דלא בכל מקום אמרו שה ואפילו מקצת שה), **וע"כ** שוחטין אותו ביו"ט, ואף דאמרינן אתי להתיר חלבו, היינו כוי שהוא ספק, משא"כ תייש הבא על הצביה, ודאי מקצת חיה הוא, ומשו"ה לא אתי למישרי, **ועוד** היאך יעקור מצות כיסוי משום גזירה, כיון דודאי הוא.

אבל י"א דגם בתייש שבא על הצבייה, אין לשחטו ביו"ט, ואם שחטו יכסה דמו, **ובין** ביו"ט בין בחול לא יברך על כסוי.

ובליל מוצאי יו"ט, אם רישומו ניכר, יכסנו.

ואין יכולין לקבל הדם בכלי לכסותו בלילה, שאין שוחטין לתוך הכלים, משום שנראה כמקבל דם לע"ז, כדלעיל סי' י"א ס"ג, **והא** דלא שרי ע"י נתינת מעט עפר בכלי כדלעיל סי' י"א, **משום** דגם בזה יש חשש לפני הרואה, שיאמר שלקח עפר לכסות בו, ויבא להתיר חלבו.

אבל י"א דבזה"ז שאין דרך עובדי ע"ז בכך, אפי' לכתחלה היה יכול לשחוט לתוך הכלים, אלא שאנו נזהרים, **א"כ** בדיעבד אם שחט ביו"ט, יכול לקבל הדם בכלי אפילו לכתחלה, דכדי לקיים מצות כסוי כדינו לא שייך ליזהר מלקבלו, כיון שאין בו איסור מן הדין, **ומ"מ** יותר טוב ליתן מעט עפר וצרורות בכלי קודם קבלה, בענין דליכא למימר שיכסה בו, **ומדינא** היה גם זה אסור משום חשדא דע"ז, דעדיין ראוי לזריקה, אלא דהאידנא דאין דרך עובדי ע"ז בכך, באמת שרי אפי' בלא עפר כלל, אלא דלחומרא יתן בו עפר מעט.

וי"א דמ"מ לכתחלה לא יעשה כן.

ויש שהקשה, הא לקבל הדם בכלי בלא"ה אסור משום ביטול כלי מהיכנו, **ואולי** י"ל דבא לומר, אף אם יש לו כלי מחובר לקרקע, **דלא** נקרא ביטול כלי מהיכנו, כיון דבלא"ה הכלי מחובר וא"א לטלטלו בשבת, **ועיין** מג"א מוכח דס"ל דאף בשופך לתוך כלי מחובר מקרי ביטול כלי מהיכנו, וצ"ע. **ואולי** י"ל דמשום מצות כיסוי מותר לבטל כלי מהיכנו, **ועדיין** צ"ע, דדלמא הכא גרע, דבעידן דעובר על ביטול כלי מהיכנו, עדיין אינו מקיים מצות כיסוי, **וגם** הוא ספק חיוב כיסוי.

הבו"פלו

סעיף ד - הבו"פלו, נהגו שלא לכסות דמו.
הגה: ויש מסתפקים בבו"פלו שהוא שור הבר, שמא חיה הוא, על כן טוב לכסותו בלא

ברכה, או לשחוט עוף ג"כ - אצל הבופל"י ולא ע"ג דם הבופל"י, [בתערובות עם דם הבופי"ל, דהא יהיה בטל בתוכו, כמ"ש בסעיף י"ג בנתערב דם חיה עם דם בהמה, אם נתערב במים כו'], **ואז יוכל לברך על הכיסוי משום העוף.**

‹**עיין** בתשובת זכרון יצחק שכתב, דהרמ"א דקדק בלשונו, וכתב לשחוט עוף, ולא כתב חיה או עוף, והיינו משום דעיקר מצות כיסוי לכסות תיכף כשיצא הדם מהנשחט כו'. ‹דבחיה לא יכסה עד שיבדוק הריאה, וכדלקמן ס"כ.

סימן כח ס"ד • הבו"פלו

הבו"פלו, נהגו שלא לכסות דמו. **וכתב הרמ"א, ויש** מסתפקים בבו"פלו שהוא שור הבר, שמא חיה הוא, **על** כן טוב לכסותו בלא ברכה, **או** לשחוט עוף ג"כ אצל הבופל"י, (**ולא** ע"ג דם הבופל"י, דאם יתערב עם דם הבופי"ל, יהיה בטל בתוכו, כמ"ש בסעיף י"ג), **ואז** יוכל לברך על הכיסוי משום העוף.

י"א דהרמ"א דקדק בלשונו, וכתב לשחוט עוף, ולא כתב חיה או עוף, **משום** דעיקר מצות כיסוי לכסות תיכף כשיצא הדם מהנשחט, ובחיה לא יכסה עד שיבדוק הריאה, וכדלקמן ס"כ.

צריך שיהיה למטה עפר תיחוח

סעיף ה - צריך שיהיה למטה עפר תיחוח - ‹בר"פ כיסוי הדם, א"ר זירא השוחט צריך שיתן עפר למטה ועפר למעלה, שנאמר וכסהו בעפר, עפר לא נאמר, אלא בעפר, ופירש"י עפר למטה, עפר תיחוח ולא על קרקע קשה, וכסהו עפר, משמע דלא בעינן עפר אלא בכיסוי, "בעפר" משמע כולו עטוף בעפר תיחוח – ב"י. [**דכתיב בעפר, מלמד שצריך ב' כסויים**]. ‹והפמ"ג לומד דהט"ז ר"ל כפרש"י.

וצריך להזמינו בפה - פי' העפר דלמטה צריך להזמין בפה לשם כיסוי, היכא דמצא עפר תיחוח, דאל"כ לא עביד מידי, וכן כשנותן הוא לשם עפר תיחוח, חשיב כהזמנה, כן משמע מפרש"י פרק השוחט, וכן הוא באגודה, **וי"א שאינו צריך** - ס"ל דאם מצא עפר תיחוח ושחט עליה, די בכך, **אבל** עפר שלמעלה לכו"ע צריך שיתן הוא, כדאיתא בתוס' ריש פרק כסוי הדם, וכן משמע ברבינו ירוחם, ‹וודאי נוטל בידו זה הוא הזימון, ואין צריך לומר בפה שעושה לשם כיסוי – פמ"ג, **ונ"ל** דלא פליגי אלא למצוה מן המובחר, אבל בדיעבד פשיטא דלכו"ע א"צ שיתן הוא אפי' עפר שלמעלה, דהא כסהו הרוח בסי"א פטור מלכסות, והוא משנה שלימה.

‹לענ"ד אינו מהדומה, הא שם באמת לא נתקיים מצות כיסוי, אלא כיון דהדם מכוסה אין חיוב לכסות, ומה"ט אם חזר ונתגלה, חייב לכסות, **אבל** הכא הדם מגולה ומחוייב לכסות, החיוב לעשות כדין מצות כיסוי, שיהיה עפר למטה, **וא"כ** ה"נ י"ל, דאם לא נתן העפר מלמטה, אינו מחוייב לכסות, אבל מ"מ אם חזר ונתגלה חייב לכסות, **וא"כ** אם צריך שיתן הוא דוקא, דמצות כיסוי הוא דוקא בנתן הוא, ה"נ י"ל דהיכי דמצא עפר תיחוח ושחט עליה, דלא קיים מצות כיסוי, ואם נתגלה, כיון דדם מגולה, חיוב עליו לכסות, והיכי דצריך לגרור הדם וליתן עפר למטה כדין כיסוי, **ובפשוטו** הא נ"מ בשחט ע"ג עפר תיחוח, אם צריך לגרור הדם וליתן עפר תיחוח, וכל שהדם מגולה וחייב לכסות, חייב בנתינת עפר למטה, ודמי ממש ללא היה עפר למטה, דצריך לגרור כדאיתא בסעיף ז', ה"נ לדעת הראשונה בהיה עפר תיחוח מעצמו למטה, הוי כאין עפר כלל למטה, וצריך לגוררו ולהזמין עפר דלמטה – רעק"א.

סימן כח ס"ה • צריך שיהיה למטה עפר תיחוח

צריך שיהיה למטה עפר תיחוח, ולא על קרקע קשה, **שנאמר** וכסהו בעפר, עפר לא נאמר, אלא בעפר, דמשמע כולו עטוף בעפר תיחוח.

והיכא דמצא שם עפר תיחוח למטה, צריך להזמינו בפה לשם כיסוי, דאל"כ לא עביד מידי, **וכן** כשנותן הוא לשם עפר תיחוח, חשיב כהזמנה, **ויש אומרים** שאינו צריך.
אבל עפר שלמעלה לכו"ע צריך שיתן הוא, וכיון דנוטל בידו זה הוא הזימון, וא"צ לומר בפה שעושה לשם כיסוי.

וכתב הש"ך, דלא פליגי אלא למצוה מן המובחר, אבל בדיעבד פשיטא דלכו"ע א"צ שיתן הוא אפילו עפר שלמעלה, דהא כסהו הרוח בסי"א פטור מלכסות.
וכתב רעק"א דאינו דומה, דהא שם באמת לא נתקיים מצות כיסוי, אלא כיון דהדם מכוסה אין חיוב לכסות, ומה"ט אם חזר ונתגלה, חייב לכסות, **והכא,** אם הדם מגולה, מחוייב לעשות כדין מצות כיסוי, שיהיה עפר למטה, וצריך לגרור הדם וליתן עפר תיחוח, כדאיתא בס"ז, דלהדעה ראשונה דמי ממש ללא היה עפר למטה, **ואם** הוא כבר מכוסה למעלה, אף דאינו מחוייב לכסות, אבל מ"מ אם חזר ונתגלה חייב לכסות.

מכסה בידו או בכלי

סעיף ו - מכסה בידו או בסכין - ר"ל בקתא של סכין, אבל לא בראש הסכין במקום ששוחט, [דשמא יפגום אותו], כדלעיל ס"ס י"ח, ופשוט הוא, **או בכלי אחר; אבל לא ברגלו, כדי שלא יהיו מצות בזויות עליו.**

סימן כח ס"ו • מכסה בידו או בכלי

מכסה בידו או בקתא של סכין, (אבל לא בראש הסכין, דשמא יפגום אותו, כדלעיל ס"ס י"ח), או בכלי אחר; **אבל** לא ברגלו, כדי שלא יהיו מצות בזויות עליו.

שחט ולא היה עפר למטה

סעיף ז - שחט ולא היה עפר למטה, צריך לגרור הדם וליתנו בעפר תיחוח, ולכסות עפר תיחוח עליו – ‹נראה שלמד כן מדאמרינן בר"פ כיסוי הדם, אהא דתנן דאין כיסוי הדם נוהג במוקדשים, דטעמא משום דלמטה לא איפשר לתת עפר, משום דאי מבטל ליה הוי ליה מוסיף אבנין, ואי לא מבטל ליה הוי חציצה, ופריך ולגרריה ולכסייה – בית יוסף›.

סימן כח ס"ז • שחט ולא היה עפר למטה

שחט ולא היה עפר למטה, צריך לגרור הדם וליתנו בעפר תיחוח, ולכסות עפר תיחוח עליו.

מי ששחט הוא יכסה, וחיובו של אחר

סעיף ח - מי ששחט הוא יכסה; ואם לא כיסה וראהו אחר, חייב לכסות – [בגמ' יליף לה מדכתיב ואומר לבני ישראל, אזהרה לכל בני ישראל, והטור סיים כאן, חייב לכסות שמצות כסוי היא כשאר מ"ע שכל ישראל חייבים בהם, אלא שהשוחט קודם לכל אדם, הלכך אם קדם אחר וכסה, חייב ליתן לו י' זהובים שכר ברכה שביטל ממנו, עכ"ל, וקשה למה הוצרך לתת טעם נוסף על לימוד מהפסוק שאמרו בגמ', גם לשון "הלכך" אינו מיושב שפיר, והיה לו לומר: ואם קדם אחר כו', **ונראה** שכוונתו שלא נטעה לומר, מדחזינן שאמרה תורה "ושפך וכיסה", מי ששפך יכסה, ואח"כ אמרה אזהרה לכל ישראל, ע"כ צריך לומר דאזהרה היא כשאין הוא שם, אבל אם הוא שם אין אחר בכלל האזהרה, וא"כ אם אחר רוצה לכסות בעוד שהשוחט שם, אינו מברך, כיון שאינו מוזהר על עשייה זאת, **ולפי"ז** אין עליו חיוב לשלם י' זהובים, דדוקא שכר ברכה שהוא נהנה ומבטל את חבירו ממנו צריך לשלם לו, משא"כ כאן שאינו נהנה, ואינו אלא כמבטל חבירו מן הנאת חברו, ומזיק בעלמא הוא, **ע"כ** כתב הטור שמצות כסוי היא כשאר מצות כו', פי' אחר שגילה לנו הפסוק שיש אזהרה על כל ישראל, הוה כאן כמו בכל המצות שכל ישראל חייבים בם, ה"נ החיוב על כל ישראל אפילו אם הוא שם, אלא שהשוחט קודם באותו חיוב, **הלכך** כיון שעכ"פ האזהרה אפילו כשהוא שם ממילא שפיר מברך, וכיון שהוא מברך ומבטל מחבירו הנאת הברכה, ע"כ צריך ליתן לו י' זהובים, כנ"ל. **וכתב** הטור אלא שאין גובין זה בזמן הזה, דהוה כמו דיני קנסות כמבואר בחו"מ סי' א', וע"כ לא הביאו זה בשו"ע, **אבל** ראיתי בסמ"ק שכתב בזה: מ"מ לא טוב עשה וצריך לפייסו]. ‹וה"ה אם תפס לא מפקינן מיניה, **וכגון** שאמר הברכה בלחש, שלא שמע חבירו, הלא"ה שומע ועונה אמן יותר מהמברך, ואי לא ענה איהו דאפסיד אנפשיה, **ובזה** צריך עכ"פ לפייסו שביטל חבירו מהמצוה, **וה"ה** בספיקות, כמו ספק טריפה וכדומה, דמכסה בלא ברכה, מ"מ צריך פיוס שמבטל חבירו מספק מצוה – פמ"ג›.

בטור יש כמה דינים על מי שקדם וכיסה מה הוא חייב, והמחבר כתבם בחו"מ סי' שפ"ב, כי שם מקומם.

סימן כח ס"ח • מי ששחט הוא יכסה, וחיובו של אחר

מי ששחט הוא יכסה; **ואם** לא כיסה וראהו אחר, חייב לכסות, **מדכתיב** ואומר לבני ישראל, אזהרה לכל בני ישראל.
וי"א לא תימא דאזהרה היא דוקא כשאין השוחט שם, **אבל** אם השוחט שם אין אחר בכלל האזהרה, ואם כיסה בעוד שהשוחט שם, אינו מברך, **ולפי"ז** אין עליו חיוב לשלם י' זהובים, דדוקא שכר ברכה שהוא נהנה ומבטל את חבירו ממנו צריך לשלם לו, **משא"כ** כאן שאינו נהנה, ואינו אלא כמבטל חבירו מן הנאת חברו, ומזיק בעלמא הוא, **דליתא**, אלא הוא כמו בכל המצות שכל ישראל חייבים בם, אפילו אם השוחט שם, אלא שהשוחט קודם באותו חיוב, **הלכך** שפיר מברך, וכיון שהוא מברך ומבטל מחבירו הנאת הברכה, ע"כ צריך ליתן לו י' זהובים.
וכתב הטור אלא שאין גובין הי' זהובים בזמן הזה, דהוה כמו דיני קנסות, וע"כ לא הביאו זה בשו"ע, **אבל** י"א דמ"מ לא טוב עשה וצריך לפייסו.
וי"א דאם תפס לא מפקינן מיניה, וכגון שאמר הברכה בלחש, שלא שמע חבירו, **הלא"ה** שומע ועונה אמן יותר מהמברך, ואי לא ענה איהו דאפסיד אנפשיה, **אבל** צריך עכ"פ לפייסו שביטל חבירו מהמצוה, **וה"ה** בספיקות, כמו ספק טריפה וכדומה, דמכסה בלא ברכה, מ"מ צריך פיוס שמבטל חבירו מספק מצוה.

שחט הרבה במקום אחד

סעיף ט - שחט מאה חיות או מאה עופות, או ששחט חיה ועוף במקום אחד, כיסוי אחד לכולם - ודין אם שח בין כיסוי לכסוי, או בין שחיטה לשחיטה, וכיוצא בדינים אלו, נתבאר בסי' י"ט.

סימן כח ס"ט • שחט הרבה במקום אחד

שחט מאה חיות או מאה עופות, או ששחט חיה ועוף במקום אחד, כיסוי אחד לכולם.

נבלע הדם בקרקע

סעיף י - השוחט ונבלע הדם בקרקע, אם רישומו ניכר חייב לכסות.

סימן כח ס"י • נבלע הדם בקרקע

השוחט ונבלע הדם בקרקע, אם רישומו ניכר חייב לכסות.

כיסהו הרוח

סעיף יא - כיסהו הרוח, פטור מלכסות; ואם חזר ונתגלה, חייב לכסות - (הפר"ח כתב, וכן הסכים ע"י הפרי תואר, דמכסה בלא ברכה, משום דהא דאין דיחוי אצל מצות, הוא איבעיא דלא איפשטא, **ועיין** במג"א סי' תקפ"ו סק"ו, נראה דעתו דהכא מכסה בברכה, ע"ש, **ועיין** בספר באר יעקב מ"ש בזה, והעלה כדעת הפר"ח, אך כתב דנכון שישחוט קודם לכסות עוף אחר, ויברך על הכיסוי, ואח"כ יכסה האי דנתגלה, **אבל** אי לית ליה עוף אחר, ודאי מכסה בלא ברכה).

אבל אם הוא עצמו כיסהו ונתגלה, אינו חייב לכסותו פעם אחרת.

סימן כח סי"א • כיסהו הרוח

כיסהו הרוח, פטור מלכסות; **ואם** חזר ונתגלה, חייב לכסות.
וי"א דמכסה בלא ברכה, משום דהא דאין דיחוי אצל מצות, הוא איבעיא דלא איפשטא, **וי"א** דמכסה בברכה.
וי"א דנכון שישחוט עוף אחר, ויברך על הכיסוי, ואח"כ יכסה האי דנתגלה, **אבל** אם אין עוף אחר, ודאי מכסה בלא ברכה.

אבל אם הוא עצמו כיסהו ונתגלה, אינו חייב לכסותו פעם אחרת.

דם שנפל לתוך המים

סעיף יב - דם שנפל לתוך המים, או מים שנפלו לתוך הדם, אם יש בו מראה דם, חייב לכסות; ואם לאו, פטור - אע"פ ‹דבדם שנפל לתוך המים›, שבטל ונדחה ראשון, אפ"ה כשהלך ורבה עד שנתהפכה מראית המים לדם, חוזר דם הראשון ונראה, ולא אמרינן הואיל ונדחה ידחה, דאין תורת דחוי אצל מצות. ‹**ומכסה** בלא ברכה, דבעיא דלא איפשטא היא, אם נראה ונדחה חוזר ונראה, **ומיהו** אם יש לו עוף אחר ישחוט אצל זה ויכסה ויברך על שתיהן, ככל הספיקות ופשוט – פמ"ג›.

סימן כח סי"ב • דם שנפל לתוך המים

דם שנפל לתוך המים, או מים שנפלו לתוך הדם, אם יש בו מראה דם, חייב לכסות; **ואם** לאו, פטור.
אע"פ דבדם שנפל לתוך המים, בטל ונדחה ראשון, **אפ"ה** כשהלך ורבה עד שנתהפכה מראית המים לדם, חוזר דם הראשון, **ולא** אמרינן הואיל ונדחה ידחה, דאין תורת דחוי אצל מצות.
וי"א דמכסה בלא ברכה, דבעיא דלא איפשטא היא, אם נראה ונדחה חוזר ונראה, **ומיהו** אם יש לו עוף אחר ישחוט אצל זה ויכסה ויברך על שתיהן, ככל הספיקות.

נתערב הדם ביין אדום או בדם שא"צ כסוי

סעיף יג - נתערב הדם ביין אדום או בדם בהמה - או בדם החיה כו' - כן הוא במשנה דף פ"ז ריש ע"ב, ופרש"י והר"ן והברטנורא, בדם הקזה של חיה, והרמב"ם פירש בדם חיה טמאה, **רואים היין ודם בהמה כאילו הוא מים, ואילו נתערב במים כשיעור הזה היה בו מראית דם, חייב לכסות** - נ"ל דה"נ אם שחט חיה או עוף ונפל הדם לדם בהמה וכה"ג, בענין שאם היו רואין הדם בהמה מים, לא היה בו מראית דם, ושוב נפל לתוכו יותר, בענין שאם היה מים היה חוזר וניעור, חייב לכסות. ‹**ואיני** יודע מה מלמדנו, פשיטא דהכין הוא. **וגם** כאן אין מכסה בברכה, כיון דנראה ונדחה, הוה תו בעיא דלא איפשטא – פמ"ג›.

(**ועיין** בספר תפל"מ שכתב, דאם נתערב דם חיה ועוף, בדם חיה ועוף אחר שכבר כיסה אותה וחזר ונתגלה, דפטור לכסותה כדאיתא בסי"א, או שכבר כיסה מקצת דמה, דא"צ לכסות יותר כמ"ש בסט"ו, **אפשר** דבכה"ג אפי' לא היה בו מראה דם, חייב בכיסוי, כיון דכל הדם הוא מין שחייב בכיסוי, אלא שנפטר פעם א', ובכה"ג שנתערב אפשר דלכו"ע דם בדם לא בטיל, וצ"ע לדינא, עכ"ד ע"ש).

סי' כח סי"ג • נתערב הדם ביין אדום או בדם שא"צ כסוי

נתערב הדם ביין אדום או בדם בהמה, (או בדם הקזה של חיה, או בדם חיה טמאה), **רואים** היין ודם בהמה כאילו הוא מים, ואילו נתערב במים כשיעור הזה היה בו מראית דם, חייב לכסות.
וה"ה אם שחט חיה או עוף ונפל הדם לדם בהמה וכה"ג, בענין שאם היו רואין הדם בהמה מים, לא היה בו מראית דם, ושוב נפל לתוכו יותר, בענין שאם היה מים היה חוזר וניעור, חייב לכסות. **וגם** כאן אין מכסה בברכה, כיון דנראה ונדחה, הוה תו בעיא דלא איפשטא.

וי"א דאם נתערב דם חיה ועוף, בדם חיה ועוף אחר שכבר כיסה אותה וחזר ונתגלה, דפטור לכסותה כדאיתא בסי"א,

או שכבר כיסה מקצת דמה, דא"צ לכסות יותר כמ"ש בסט"ו, **אפשר** דבכה"ג אפי' לא היה בו מראה דם, **חייב** בכיסוי, כיון דכל הדם הוא מין שחייב בכיסוי, אלא שנפטר פעם א', אפשר דלכו"ע דם בדם לא בטיל, **וצ"ע** לדינא.

דם שחייב בכיסוי ע"ג שאר דם, או איפכא

סעיף יד - שחט עוף או חיה, ושחט עליו בהמה, פטור מלכסות - שהרי דם בהמה למעלה ומה יכסה, רש"י, **אבל אם שחט בהמה, ושחט עליה חיה או עוף, חייב לכסות** -

ואע"ג דליכא עפר למטה בינו לבין דם בהמה, מ"מ מאי דאפשר למיעבד עבדינן, [**ומפרש** הטעם בגמרא, כיון דמ"מ היה ראוי תחלה לתת עפר למטה, וכל הראוי לבילה אין בילה מעכבת בו. **ובלבוש** כתב בזה שחייב לכסות, ובלבד שיהיה עפר תיחוח למטה, שיהיה נבלע בסוף, ואם אין עפר תיחוח למטה, יגררנו הכל כמו שהוא, ויתן עפר תיחוח למטה ולמעלה כו', **וכל** זה שגגה גדולה, ולא עיין בגמרא כלל, **אלא** מדעת עצמו כתב דברים כזה והם טעות]. **ובעט"ז** כתב כאן דברים מגומגמים. «**ואיני** יודע, כיון דבסמוך הודה לדבריו לתירוץ הא', דבהמה ואחר כך חיה מכסה אף דליכא עפר למטה בין דם חיה לבהמה, כיון דאיכא למטה שפיר דמי, **אם** כן אף דבתירוץ הב' כתב דכאן אי אפשר בגרירה, אעפ"כ אין לכתוב בשביל זה דבריו מגומגמין – פמ"ג».

«**ומ"ש** הש"ך: אע"ג דליכא בינו לדם הבהמה עפר תיחוח, הורה לנו בזה, דלמעשה אין לסמוך על מש"כ הלבוש, כיון דיש עפר למטה אף שמפסיק שפיר דמי, דאין לעשות כן לשחוט חיה על גבי בהמה, ושאני הכא דא"א בגרירה, וכתירוץ הב' דבסמוך, דאם ימתין עד דתתיבש כו', והלכך מכסה במקומו – פמ"ג».

והב"ח כתב, דבעוף ע"ג בהמה פטור מלכסות, כיון דדם עוף מועט, **ואין** נלפע"ד, ומש"כ שכ"כ מהרש"ל, ליתא, דאדרבה דברי מהרש"ל שם נראין להפך, **ומה** שדחקו לזה ליישב קושית הב"י על הטור, שכתב «הטור דינא דהשו"ע» בשם בעל העיטור, דהלא ברייתא שלימה היא, [**ולכאורה** נראה שלמד ממנו, מדנקט בדברי העיטור בטור ברישא בפטור, צפור או חיה, ובסיפא גבי חיוב, לא נקט רק חיה, ולא כמו שהעתיק כאן בשו"ע, ובודאי היתה כוונת בעל העיטור דבשוחט צפור על הבהמה אין שם כסוי, דמועט הוא], **תירוצו** דחוק ע"ש, [**ולא** נתיישב לי בזה, דאטו כל העופות שוין, או כל הבהמות שוין, ובהדיא אמרינן בסוטה לענין דם צפור שמעורב במים, שאין כל הצפרים שוים, וכאן הלא הכל תלוי לפי השיעור אם היה מים, כמ"ש סעיף י"ג].

והנלפע"ד בזה משום דכל הפוסקים לא הביאו כלל ברייתא זו, משמע דס"ל דלא קי"ל כהך ברייתא, [מדקתני ר' יונתן אומר, ש"מ דתנא קמא פליג, וס"ל דאין חייב לכסות אפילו בשוחט חיה על בהמה, כיון שאין עפר למטה תחת דם החיה, **או** להיפך] משום דהתוס' תמהו עלה, וז"ל, שחט חיה ואח"כ בהמה פטור מלכסות, תימה דליגרריה ולכסייה, וכן בהמה ואח"כ חיה, ליגרריה ולכסייה כדם הניתז ושעל הסכין, עכ"ל, **וס"ל** להפוסקים לישב תמיה זו, דהך ברייתא ס"ל, דבדם הניתז ושעל הסכין נמי לא בעי גרירה, אלא מכסה במקומו, וכמ"ש הכל בו בשם הר"מ בן נתן, ומביאו ב"י, **וא"כ** אנן דקי"ל דבדם הניתז ושעל הסכין בעי גרירה, לא קי"ל כהך ברייתא, לכך כתב הטור דין זה בשם בעל העיטור, דס"ל דהך ברייתא הלכה היא, **וצריך** לחלק דלא דמי לדם הניתז ושעל הסכין, דשאני הכא כיון שדם הבהמה למעלה, מה יכסה כמ"ש רש"י, והרי כאלו הכל מעורב יחד, **וכן** כשדם חיה למעלה דחייב לכסות, אה"נ דהיינו ביש עפר תיחוח למטה, כמ"ש העט"ז והל"ח, **א"נ** אפילו ליכא עפר תיחוח אפשר דא"צ לגרור, משום דכי ימתין עד שיגרור ויתיבש, יתערב הדם חיה בדם בהמה, וקודם שיתיבש פשיטא דלא יכול לגררו, ויתערב הכל ביחד, ולכך טוב יותר לכסותו במקומו, **זה** נ"ל דעת הטור, ואפשר גם דעת הפוסקים כן, והא דהשמיטו ברייתא זו, היינו משום שנ"ל פשוט כן, וגם לא הובאה ברייתא זו בש"ס אלא אגב ריהטא, ע"ש.

הגה: שחט עוף או חיה ואח"כ שחט עוד אחרת ונתגלגל בידו, אם יודע שדם האחרון כסה דם הראשון, פטור מלכסות; אבל מסתמא חייב לכסות. (בהגהות מיימוני פי"ד פסק סתם שחייב לכסות, והוא מחלק אם יודע כו', דלא תקשי אהדדי, הגה זו, והאי דשחט עליו בהמה דפטור).

[ויש לתמוה, היאך שייך ליתן כלל כזה, לחייב ברכה מסתמא, דאטו כל חיות או עופות שוים אחת לחבירו, ונלע"ד דרך אחרת בזה, דהר"מ כתב דין זה

דוקא בנתנבלה בידו, והטעם, דכל מה שיצא בשחיטת עוף השני קודם שנעשה נבלה, הוא דם ראוי לכסוי, ובאותה שעה מיקרי דם שחיטה, ואע"פ שלאחר שנעשית נבלה הוה למפרע דם שאינו ראוי לכסוי, מ"מ כבר נתבטל בשעה שהיה עליו שם ראוי לכסות, ובזה אין אנו הולכים אחר שיעור "שאם היה מים אם היה בו מראית דם", אלא בטל האי דם בדם שהיה תחלה, ויש לדמות דבר זה לחמץ לח שנתערב קודם הפסח ביין, דקים לן אין חוזר וניעור, כמו שכתוב באורח חיים סי' תמ"ז, כיון שהיה עליו שם היתר בשעת התערובות, הכי נמי כאן היה תחלה שם היתר עליו, מש"ה אמר מהר"ם שפיר דחייב לכסות, דמסתמא מיד שרואה שנתנבלה משליכה מידו, וא"כ אין כאן דם שיבטל דם התחתון, אבל אם כבר נתנבלה בתחלת השחיטה, והוא הולך ושוחט ומוציא הדם, ודאי אין לברך על כיסוי זה, כל זמן שלא נתברר לנו שיש כ"כ, שאילו נתערב במים כשיעור דם האיסור שהיה בו מראית דם, כמ"ש בסעיף י"ג, כנלע"ד ברור].

רוצה ליישב דברי הגהת מיימוני בשם מהר"מ, והוא דחוק, והדבר ברור כמו שרשמתי במראה מקום שלי, דהגהת מיימוני מיירי בשנתערבו זה בזה, **שהרי** בהגהת מיימוני כתבו כן על מש"כ הרמב"ם שם, נתערב ביין או בדם בהמה, רואים אותם כאלו הם מים, אם אפשר שיראה מראה הדם, שחייב לכסותו כשיעור זה אלו היה מים, חייב לכסותו, **וכתב** בהגהת מיימוני על זה, חייב לכסות כסתם מתניתין, וה"פ מורי רבינו זצ"ל על השוחט תרנגולת כשרה, ושוב שחט אחרת ונתנבלה, דחייב לכסות, עכ"ל, **הרי** כדפירשתי - נקה"כ.

סי' כח סי"ד • דם שחייב בכיסוי ע"ג שאר דם, או איפכא

שחט עוף או חיה, ושחט עליו בהמה, פטור מלכסות, **שהרי** דם בהמה למעלה, ומה יכסה.

אבל אם שחט בהמה, ושחט עליה חיה או עוף, חייב לכסות, **ואע"ג** דליכא עפר למטה בינו לבין דם בהמה, **מ"מ** מאי דאפשר למיעבד עבדינן.

וי"א משום דהיה ראוי תחלה לתת עפר למטה, וכל הראוי לבילה אין בילה מעכבת בו.

וי"א ובלבד שיהיה עפר תיחוח למטה (מדם הבהמה), שיהיה נבלע בסוף, **ואם** אין עפר תיחוח למטה, יגררנו הכל כמו שהוא, ויתן עפר תיחוח למטה ולמעלה כו'. **וי"א** דכל זה שגגה גדולה, ודברים מגומגמים.

ועכ"פ למעשה אין לסמוך על מה דיש עפר למטה (מדם הבהמה) אף שמפסיק, לשחוט לכתחילה חיה על גבי בהמה, **ושאני** הכא דא"א בגרירה.

וי"א דבעוף ע"ג בהמה פטור מלכסות, כיון דדם עוף מועט, **ויש** חולקין, דאטו כל העופות שוין, או כל הבהמות שוין, אלא הכל תלוי לפי השיעור אם היה מים, כמ"ש סעיף י"ג.

ובדין דשחט חיה ואח"כ בהמה דפטור מלכסות, יש תימה, דליגרריה ולכסייה, וכן בהמה ואח"כ חיה, ליגרריה ולכסייה כדם הניתז ושעל הסכין, **וצריך** לחלק דלא דמי לדם הניתז ושעל הסכין, **דשאני** הכא כיון שדם הבהמה למעלה, מה יכסה, והרי כאלו הכל מעורב יחד, **וכן** כשדם חיה למעלה דחייב לכסות, אה"נ דהיינו ביש עפר תיחוח למטה, **א"נ** אפילו ליכא עפר תיחוח אפשר דא"צ לגרור, משום דכי ימתין עד שיגרור ויתיבש, יתערב הדם חיה בדם בהמה, **וקודם** שיתיבש פשיטא דלא יכול לגררו, ויתערב הכל ביחד, ולכך טוב יותר לכסותו במקומו.

כתב בהגהות מיימוני, שחט עוף או חיה ואח"כ שחט עוד אחרת ונתנבלה בידו, חייב לכסות. **וקשה** מדלעיל, בשחט עליו בהמה דפטור.

וכתב הרמ"א, דאה"נ אם יודע שדם האחרון כסה דם הראשון, פטור מלכסות; **אבל** הוא איירי מסתמא, דחייב לכסות.

ויש שמתמיה, היאך שייך ליתן כלל כזה, לחייב ברכה מסתמא, דאטו כל חיות או עופות שוים אחת לחבירו, **וכתב** דרך אחרת בזה, דכל מה שיצא בשחיטת עוף השני קודם שנעשה נבלה, הוא דם ראוי לכסוי, ובאותה שעה מיקרי דם שחיטה, **ואע"פ** שלאחר שנעשית נבלה הוה למפרע דם שאינו ראוי לכסוי, **מ"מ** כבר נתבטל בשעה שהיה עליו שם ראוי לכסות, ובזה אין אנו הולכים אחר שיעור "שאם היה מים אם היה בו מראית דם", אלא בטל האי דם בדם שהיה תחלה, **משו"ה** שפיר חייב לכסות, דמסתמא מיד שרואה שנתנבלה משליכה מידו, וא"כ אין כאן דם שיבטל דם התחתון, **אבל** אם כבר נתנבלה בתחלת השחיטה, והוא הולך ושוחט ומוציא הדם, ודאי אין לברך על כיסוי זה, כל זמן שלא נתברר לנו שיש כ"כ, שאילו נתערב במים כשיעור דם האיסור שהיה בו מראית דם, כמ"ש בסעיף י"ג.

וי"א דזהו דחוק, אלא דהג' מיימוני מיירי בשנתערבו זה בזה, ורואים אותם כאלו הם מים, והיה בו מראה הדם.

כיסוי מקצת הדם

סעיף טו - דם הניתז ושעל הסכין, אם אין שם דם אלא הוא, חייב לכסות; וגורר אותו ומכסהו, כדי שיתן עפר גם למטה. אבל אם יש שם דם אחר, אין צריך לכסותו, שא"צ לכסות כל הדם. לפיכך אין צריך (להמתין) לכסות עד שיצא כל הדם - ‹בגמרא, במאי קמיפלגי, רבנן סברי דמו כל דמו, ורבי יהודה סבר דמו ואפילו מקצת דמו, ורשב"ג סבר דמו המיוחד. **ופירש** רש"י שלש מחלוקות הן, רבנן סברי כוליה בעי כיסוי, ולרבי יהודה אפילו דם הנפש לא בעי כיסוי אלא מקצתו, כדקתני דדם הניתז פטור מלכסות

ואפילו הוא דם הנפש, ובלבד שיהא שם דם אחר, ולרבן שמעון בן גמליאל דם הנפש כוליה בעי כיסוי, עכ"ל, **וקיי"ל** כת"ק דמתניתין וכדפריש רבי יהודה אליביה, וכן דעת הרי"ף - ב"י.

הגה: מיהו ימתין עד שמתחיל לירד טיפין, כדי שיכסה מקלת דם הנפש - «ואף דפליגי ר' יהודה על רשב"ג, היינו דא"צ כל דם הנפש, אבל מקצת דם הנפש בעינן - גר"א».

(**עיין** בתשובת משכנות יעקב, שהביא ראיה לדעת הרז"ה שהובא בב"י, דצריך לכסות כולו, **וגם** במ"ש בשו"ע כאן, וגורר אותו כו', הביא ראיה לדעת הר"מ בר נתן שהובא בב"י, דא"צ לגוררו, ע"ש).

סימן כח סט"ו • כיסוי מקצת הדם

דם הניתז ושעל הסכין, אם אין שם דם אלא הוא, חייב לכסות; וגורר אותו ומכסהו, כדי שיתן עפר גם למטה. (**וי"א** דא"צ לגוררו).

אבל אם יש שם דם אחר, א"צ לכסותו, שא"צ לכסות כל הדם. **לפיכך** א"צ להמתין לכסות עד שיצא כל הדם. **וכתב** הרמ"א, מיהו ימתין עד שמתחיל לירד טיפין, כדי שיכסה מקצת דם הנפש, דאף דא"צ כל דם הנפש, אבל מקצת דם הנפש בעינן.
וי"א דצריך לכסות כולו.

השוחט לחולה בשבת

סעיף טז - השוחט לחולה בשבת, לא יכסה; אפי' אם יש לו דקר נעוץ - [אע"ג דלא מיתסר אלא מדרבנן, לא אמרינן כיון דשחט ברשות שיכסה כמו ביו"ט, דרצו חכמים לעשות היכר שהוא יום שאסור בשחיטה, לפיכך לא התירו אלא מה שהוא צורך החולה, כ"כ ר"ן], **ובלילה, אם רישומו ניכר יכסנו.**

ויש מי שאומר שאם היה לו אפר מוכן לכסות בו צואה, יש לכסות בו הדם אפילו בשבת - «כיון שאין אפר זה אסור בטלטול - ב"י». (**עיין** בספר תפארת למשה, דלית הלכתא כיש מי שאומר אלו, ע"ש).

סימן כח סט"ז • השוחט לחולה בשבת

השוחט לחולה בשבת, לא יכסה; אפי' אם יש לו דקר נעוץ, **דאע"ג** דלא מיתסר אלא מדרבנן, רצו חכמים לעשות היכר שהוא יום שאסור בשחיטה, ולא התירו אלא מה שהוא צורך החולה, **ובלילה**, אם רישומו ניכר יכסנו.
ויש מי שאומר שאם היה לו אפר מוכן לכסות בו צואה, יש לכסות בו הדם אפי' בשבת, כיון שאין אפר זה אסור בטלטול. **וי"א** דלית הלכתא כיש מי שאומר אלו.

נבילה וטריפה ושחיטת חש"ו

סעיף יז - השוחט ונתנבלה בידו, או ששחט ונמצאת טריפה, פטור מלכסות. וכן חרש שוטה וקטן ששחטו, ואין אחרים רואים אותם, חזקת שחיטתן מקולקלת ופטורה מכיסוי - [נראה דה"ה גדול ששחט ואין יודע הלכות שחיטה, דרוב מעשיו מקולקלים, ועמ"ש סי' ט"ז].

בש"ס משמע דאינו רשאי לכסות, כיון דרוב מעשיהם מקולקלים והוי כנבלה גמורה, וכשיכסה אתי למימר שחיטה מעלייתא היא, ואתי למטעי ולמיכל משחיטתן, כן משמע מתוס' וכ"כ הב"ח.

(**עיין** בתשובת אא"ז פנים מאירות שדחה דבריו, דבש"ס לא משמע כלל הכי, והעלה דאין איסור לכסות).

אבל כשאחרים רואין אותם, אמרינן במשנה דחייב בכסוי, ומשמע התם בש"ס דחייב מדינא בכסוי, וכן משמעות הפוסקים, וכן בדין, דהא טעמא דבינם לבין עצמם דפטור, משום שרוב מעשיהם מקולקלים, הלכך כשאחרים רואין אותם ששחטו יפה, כיון דכשר אפילו לאכילה, פשיטא שצריך כסוי, וצריך לברך, וכ"כ בספר ל"ח, **דלא** כהעט"ז, דכתב מכסה בלא ברכה, **מיהו** היינו דוקא כשהן מומחים או יודעים לאמן ידיהם, דאז שחיטתן כשרה דיעבד לכו"ע, כמ"ש בסי' א' ס"ק כ"ד, דאל"כ מכסה בלא ברכה, וע"ל סי' ט"ז ס"ק כ"א.

סימן כח סי"ז • נבילה וטריפה ושחיטת חש"ו

השוחט ונתנבלה בידו, או ששחט ונמצאת טריפה, פטור מלכסות. **וכן** חרש שוטה וקטן ששחטו, ואין אחרים רואים אותם, חזקת שחיטתן מקולקלת ופטורה מכיסוי. **וה"ה** גדול ששחט ואין יודע הלכות שחיטה, דרוב מעשיו מקולקלים.

בש"ס משמע דבחש"ו אינו רשאי לכסות, כיון דרוב מעשיהם מקולקלים והוי כנבלה גמורה, וכשיכסה אתי למימר שחיטה מעלייתא היא, ואתי למטעי ולמיכל משחיטתן - ש"ך.
ויש שדחה דבריו, דבש"ס לא משמע כלל הכי, והעלה דאין איסור לכסות.

אבל כשאחרים רואין אותם, חייב מדינא בכסוי, דכיון דכשר אפילו לאכילה, פשיטא שצריך כסוי, וצריך לברך, **ודלא** כהעט"ז, דכתב מכסה בלא ברכה, **מיהו** היינו דוקא כשהן מומחים או יודעים לאמן ידיהם, דאז שחיטתן כשרה דיעבד לכו"ע, **דאל"כ** מכסה בלא ברכה.

השוחט ואינו צריך אלא לדם

סעיף יח - השוחט, אע"פ שאינו צריך אלא לדם, חייב לכסות. כיצד יעשה, נוחר או מעקר, כדי שיפטר מכסוי - (נראה דהיינו דוקא אם צריך לכל הדם, אבל אם לא כן, הרי יכול לכסות מקצת ולעשות צרכו בדם הנשאר, כדלעיל סט"ו).

(**עיין** בתשובת נו"ב, שנשאל באיש אחד אשר זיכהו השם בנחלה רחבה, ויש לו יערות ושדות אשר בתוכו חיות, אם מותר לילך בעצמו לירות בקנה שריפה לצוד ציד, או אסור לעשות כן משום צעב"ח או בל תשחית, **והשיב** דמצד הדין אין איסור, דכל דבר שיש בו צורך להאדם לית ביה משום צעב"ח, וגם לא שייך צעב"ח אלא לצערו ולהניחו בחיים, אבל להמית לא, **ומשום** בל תשחית נמי ליכא, שהרי נהנה בעור, וגם אינו עושה דרך השחתה, ועוד דעיקר איסור בל תשחית היינו שלא ישחית דבר שיכול האדם ליהנות ממנו, אבל דבר שאין בו הפסד לשום אדם, לא שייך בל תשחית, וא"כ הני חיות כל זמן שהם בחיים אין בהם שום הנאה, רק במותן בעורותיהם, ובבשרם ודאי דלית בהו משום בל תשחית, **אך** מ"מ יש בדבר זה מדה מגונה, היינו אכזריות, וזה אומנות שאינה שלו, וגם איסורא שמכניס עצמו לסכנה, וגם גורם הזכרת עונותיו, ומי שהוא איש הצריך לזה, ופרנסתו מצידה כזו, אין ברירה, אבל מי שאין עיקר כוונתו למחייתו, אסור לעשות כן, ע"ש).

סימן כח סי"ח • השוחט ואינו צריך אלא לדם

השוחט, אע"פ שא"צ אלא לדם, חייב לכסות. **כיצד** יעשה, נוחר או מעקר, כדי שיפטר מכסוי. **והיינו** אם צריך לכל הדם, אבל אל"כ הרי יכול לכסות מקצת ולעשות צרכו בדם הנשאר, כדלעיל סט"ו.

האם מותר לירות בקנה שריפה לצוד ציד, או אסור לעשות כן משום צעב"ח או בל תשחית, **י"א** דמצד הדין אין איסור, דכל דבר שיש בו צורך להאדם לית ביה משום צעב"ח, **וגם** לא שייך צעב"ח אלא לצערו ולהניחו בחיים, אבל להמית לא, **ומשום** בל תשחית נמי ליכא, שהרי נהנה בעור, **וגם** אינו עושה דרך השחתה, **ועוד** דעיקר איסור בל תשחית היינו שלא ישחית דבר שיכול האדם ליהנות ממנו, **אבל** דבר שאין בו הפסד לשום אדם, לא שייך בל תשחית, **אך** מ"מ יש בדבר זה מדה מגונה, היינו אכזריות, וזה אומנות שאינה שלו, **וגם** איסורא שמכניס עצמו לסכנה, וגם גורם הזכרת עונותיו, **ומי** שהוא איש הצריך לזה, ופרנסתו מצידה כזו, אין ברירה, **אבל** מי שאין עיקר כוונתו למחייתו, אסור לעשות כן.

לבדוק הסימנים והסכין קודם הכיסוי

סעיף יט - צריך לבדוק הסימנים והסכין קודם הכיסוי, כדי שלא יבא לידי ברכה לבטלה – [פי' דאם ימצא פסול בסימנים, אין כאן כיסוי כלל, ואם ימצא הסכין פגום, נהי שיצטרך לכסות מספק, דשמא במפרקת נפגמה, כמ"ש אח"כ, מ"מ בשניהם אין כאן חיוב ברכה, ע"כ לא יכסה קודם הבדיקה בסימנים וסכין, **ואין** להקשות למה מברכין ברכת שחיטה קודם השחיטה, שמא ימצא טריפה, **דהא** בעינן שהברכה תהיה עובר לעשייתה, **ואע"ג** דבברכת נטילת ידים וטבילה מברכינן אחר עשיית המעשה, שאני התם דא"א בענין אחר, דגברא לא חזי כמ"ש בסי' ד' סעיף א', **וע"כ** כאן סמכינן ארובא דכשירות הם, **ובדרישה** כתב בשם רש"ל, דברכת שחיטה שאני, דמהני לטהרה מידי נבלה, **ותמוה** הוא, דא"כ למה אמרו בשוחט דבר דאיתיליד ביה ריעותא, דשוחט בלא ברכה, כדאיתא סימן י"ט סעיף א', הא מטהרה מידי נבלה, **אלא** ע"כ דלא מברכינן אלא על מה שמותר לאכול ממנה].

לא קשה מידי, ואישתמיטתיה דברי מהרש"ל פ"ק כיסוי הדם, דפסק באמת בדבר דאתיליד ריעותא, דמברך קודם שחיטה, והיינו כדעת רש"י, וגם נראה דאישתמיטתיה גם דברי רש"י, דכיון שמוציאה מידי נבילה יכול לברך, והביאו מהרש"ל שם, והב"ח בס"ס י"ט, **מיהו** בש"ך סי' י"ט כתבתי דמהירושלמי משמע כהא"ז, ‹דהוא המקור להרמ"א בסי' י"ט דלא לברך› - נקה"כ.

סימן כח סי"ט • לבדוק הסימנים והסכין קודם הכיסוי

צריך לבדוק הסימנים והסכין קודם הכיסוי, כדי שלא יבא לידי ברכה לבטלה, **דאם** ימצא פסול בסימנים, אין כאן כיסוי כלל, **ואם** ימצא הסכין פגום, נהי שיצטרך לכסות מספק, דשמא במפרקת נפגמה, מ"מ אין כאן חיוב ברכה.

ואין להקשות למה מברכין ברכת שחיטה קודם השחיטה, שמא ימצא טריפה, **די"ל** דהא בעינן שהברכה תהיה עובר לעשייתה, וע"כ כאן סמכינן ארובא דכשירות הם.

וי"א דברכת שחיטה שאני, דמהני לטהרה מידי נבלה, **ותמוה** הוא, דא"כ למה אמרו בשוחט דבר דאיתיליד ביה ריעותא, דשוחט בלא ברכה, כדאיתא סימן י"ט ס"א, הא מטהרה מידי נבלה, **אלא** ע"כ דלא מברכינן אלא על מה שמותר לאכול ממנה.

וי"א דלא קשה מידי, די"א אלו ס"ל באמת בדבר דאתיליד ריעותא, דמברך קודם שחיטה, **מיהו** אנן קימ"ל דלא לברך.

לא יכסה דם חיה עד שיבדוק הריאה

סעיף כ - השוחט חיה לא יכסה עד שיבדוק הריאה - ואע"ג דלעיל סי' י"ט אמרינן דמברך על השחיטה קודם השחיטה, היינו משום דא"א בענין אחר, דכל הברכות מברך עליהן עובר לעשייתן, וסמכינן אחזקה דרוב בהמות בחזקת כשרות הן, כדלקמן סי' פ"א, **אבל** הכא כיון דאפשר לברורי מבררינן, ודמי לדלעיל ר"ס א', דאין סומכין על החזקה במקום דיכולים לברר.

(**עיין** בתשובת צמח צדק, שכתב לענין בדיקות הוושטות באווזות שמלעיטין, שיש תקנה לבדוק, יכסה מקודם, ולא דמו לריאה, ע"ש, והביאו הפמ"ג, **ונראה** דה"ה לענין בר אווזות ששכיח במעיהן בועות הרבה, וצריך בדיקה כמו שכתוב לקמן ס"ס מ"ו, יכסה ג"כ מקודם, וכן כתב בתשובת הר הכרמל, ע"ש).

סי' כח ס"כ(1) • לא יכסה דם חיה עד שיבדוק הריאה

השוחט חיה לא יכסה עד שיבדוק הריאה.
ואף דלעיל סי' י"ט אמרינן דמברך על השחיטה קודם השחיטה, **היינו** משום דא"א בענין אחר, דכל הברכות מברך עליהן עובר לעשייתן, וסמכינן אחזקה דרוב בהמות בחזקת כשרות הן, **אבל** הכא כיון דאפשר לברורי מבררינן, דאין סומכין על החזקה במקום דיכולים לברר.

לענין בדיקות הוושטות באווזות שמלעיטין, שיש תקנה לבדוק, **י"א** דיכסה מקודם, ולא דמו לריאה, **וה"ה** לענין בר אווזות ששכיח במעיהן בועות הרבה, וצריך בדיקה, יכסה ג"כ מקודם.

נמצאת ספק פסול קודם לכיסוי

ואם נמצאת ספק טריפה, מכסה בלא ברכה; והוא הדין לכל פיסול שהוא מחמת ספק, כגון ההיא דחיישינן שמא בעור נפגמה - וכדלעיל סי' י"ח, **וכן כל כיוצא בזה** - והב"ח חלק אמהרא"י והמחבר, ודקדק ממ"ש הטור בר"ס י"ח, דבנמצאת הסכין פגומה לאחר שחיטה הרי זה נבלה, ולא כתב ספק נבלה, דאתא לאורויי דמחזקינן לה בנבלה גמורה לפטור מכסוי, **ולא** דמי לספק טריפה דמכסה בלא ברכה, כיון דאירע הספק בשחיטה עצמה, עכ"ד, **ותימה**, היאך יעלה על הדעת לעקור עשה מן התורה, לפטור מכסוי משום שנמצא הסכין פגומה, דליכא אלא ספקא, ואפשר דבעצם המפרקת נפגם, דהא איכא מ"ד פ"ק דחולין דמכשיר, ונהי דקי"ל לחומרא, מ"מ ליכא אלא ספיקא, וכדאמרינן בש"ס, חיישינן שמא בעור נפגמה, וכן כתבו כל הפוסקים וכמ"ש בר"ס י"ח, **ומה** שדקדק מדברי הטור לאו כלום הוא, דודאי הטור בסי' י"ח לאו להכי אתא, דהתם לא מיירי כלל מדיני כסוי, וגם אם היה כוונתו לכך לא היה כותבו ברמז, אלא לא ירד לדקדק בכך, וכ"כ בדוכתי טובי ה"ז נבלה, והוי ספק נבלה, וכן המחבר גופיה כתב בר"ס י"ח ה"ז נבלה, **גם** מה שחילק בין ספק טרפה לספק בשחיטה, לא נהירא כלל, והכי מוכח להדיא בש"ס גבי שחיטת חש"ו, דאי לאו דרוב מעשיהם מקולקלים, אזלינן לחומרא להצריך כסוי מספק, ע"ש, וכן פסק מהרש"ל כהמחבר וכן פסק בד"מ.

(**ועיין** בתשובת אא"ז פמ"א, שיישב דעת הב"ח, והעלה לדינא כדבריו, דספק בשחיטה בסכין פגומה א"צ לכסות, ע"ש).

הגה: אבל דבר שמדינא הוא כשר רק שמחמירים בו, כגון אם חתך כל המפרקת וכיוצא בו, חייבים לכסות - משמע דבחתך מפרקת חייב לכסות מדינא, וצריך לברך, וכן בדין, לפי מ"ש בסי' כ"ד ס"ק ה', דהא דמחמירין בחתך המפרקת הוא חומרא בלא טעם, והוכחתי שם מן הש"ס ופוסקים דמותר, ע"ש, הלכך נהי דמחמרינן לאכול, היינו משום שכבר נהגו כן, אבל פשיטא דצריך לברך, **דלא** כהעט"ז והב"ח, שכתבו מכסה בלא ברכה.

[**דוקא** בחומרא זאת, שמדינא כשר לגמרי אפילו לדידן, כמו שזכרנו בסי' כ"ד סעיף ד', ומצות פרוש בעלמא אית ביה, ע"כ יכסנו בברכה].

(**ועיין** בתשו' נח"ש, דה"ה שהייה כל דהו מכסה בברכה).

‹**כתב** הפמ"ג דאפי' טריפות דרבנן פטור מכיסוי, דמ"מ אינו בכלל "אשר יאכל", **אמנם** מוכח מסוגיא דחולין, דאיסור דרבנן לא מפקע ממצות כיסוי – רעק"א›.

סי' כח ס"כ(2) • נמצאת ספק פסול קודם לכיסוי

ואם נמצאת ספק טריפה, מכסה בלא ברכה; **וה"ה** לכל פיסול שהוא מחמת ספק, כגון ההיא דחיישינן שמא בעור נפגמה, וכן כל כיוצא בזה.
ויש שחולק, דבנמצאת הסכין פגומה, מחזקינן לה בנבלה גמורה ופטור מכסוי, **ולא** דמי לספק טריפה דמכסה בלא ברכה, כיון דאירע הספק בשחיטה עצמה.
ותימה, היאך יעלה על הדעת לעקור עשה מן התורה, לפטור מכסוי משום שנמצא הסכין פגומה, דליכא אלא ספקא,

ואפשר דבעצם המפרקת נפגם, **דהא** איכא מ"ד פ"ק דחולין דמכשיר, ונהי דקי"ל לחומרא, מ"מ ליכא אלא ספיקא, וכדאמרינן בש"ס, חיישינן שמא בעור נפגמה, **גם** מה שחילק בין ספק טרפה לספק בשחיטה, לא נהירא כלל, והכי מוכח להדיא בש"ס גבי שחיטת חש"ו, דאי לאו דרוב מעשיהם מקולקלים, אזלינן לחומרא להצריך כסוי מספק.

אבל יש שיישב דעתו, והעלה לדינא כדבריו, דספק בשחיטה בסכין פגומה א"צ לכסות.

וכתב הרמ"א, אבל דבר שמדינא הוא כשר רק שמחמירים בו, כגון אם חתך כל המפרקת וכיוצא בו, דהוא חומרא בלא טעם, חייבים לכסות, **דנהי** דמחמרינן לאכול, היינו משום שכבר נהגו כן, אבל פשיטא דצריך לברך, **ודלא** כי"א שמכסה בלא ברכה.

וי"א דה"ה שהייה כל דהו מכסה בברכה.

י"א דאפי' טריפות דרבנן פטור מכיסוי, דמ"מ אינו בכלל "אשר יאכל", **אמנם** מוכח מסוגיא דחולין, דאיסור דרבנן לא מפקע ממצות כיסוי.

למצה הדם בבגד או בסנדל כשאין לו עפר

סעיף כא - מי שאין לו עפר לכסות, לא ישחוט. הגה: אלא ימתין עד שיהיה לו עפר (טור); ואם הוא הולך במדבר או בספינה, ולא שוה העוף כהפסד הבגד שישרוף לאפר או הזהב שישחוק, תקינו ליה רבנן לשחוט ולמצה הדם בבגד או בסנדל, ומברך, וכשיגיע למקום עפר יכבס הבגד או הסנדל שילא הדם, ומכסהו בלא ברכה, (מרדכי בשם הגאונים), והכי נהוג, (א"ז והרשב"ץ) - הב"י דחה דברים אלו, משום דא"כ עדיפא הו"ל למיתני האי תקנתא משורף טליתו דאיכא משום בל תשחית, **ועוד** דכיון שאינו מכסה בעפר, היאך יברך עליו, הלכך נראה דאין לדברים אלו עיקר, עכ"ל, **והרב** בד"מ דחה דברי הב"י, דבמתני' מיירי דהבגד או זהב אינו שוה כמו העוף, וליכא בל תשחית, כדאיתא בפרק החובל גבי אילן מאכל שדמיו יקרים לבנין, מותר לקצצו, וכן פסק הרמב"ם. ‹וכיון דאפשר למיעבד הכי, לא התירו לו שיתמצה בבגדו, משא"כ כשהבגד שוה יותר, כיון דא"א בענין אחר, התירו שיתמצה בבגדו – פמ"ג.› [**ולא** תירץ כלום, דכיון דבגמרא החמירו עליו שישרוף הטלית או הזהב, ולא סגי להו בתקנה זאת שימצה הדם בבגד, אין כח ביד הגאונים לעשות תקנה מלבם]. **ואין** דבריו מוכרחים - נקה"כ.

והא דמברך, היינו הואיל וכי ממצה ליה בבגד הו"ל התחלת הכיסוי, אע"פ שאינו גומר הכסוי עד לאחר זמן, מידי דהוי אבדיקת חמץ, דמברכין על ביעור חמץ אע"ג דלא מבערין עד למחר, וה"ה בנידון דידן כו', ואח"כ מצאתי בא"ז שהביא דברי הגאונים והאריך בטעמים, וכתב דיש לסמוך עליהם, עכ"ל ד"מ. **אכן** מה שדמה בד"מ דין זה לבדיקת חמץ, לא דמי כ"כ, דהתם היינו טעמא דהבדיקה היא תחלת ביעור, דא"א לביעור בלא בדיקה, ותלי הבדיקה בביעור, [**נמצא שבשעה שציוו לבער היה בכלל זה גם הבדיקה תחלה, משא"כ כאן ששום אדם אינו עושה כן שימצה הדם בבגד, רק האי גברא לפי שאין לו עפר, ודאי אין שייך לומר שזהו בכלל הציוו מעיקרא, אדרבה נימא שזה לא ישחוט כלל** כיון שאין לו עפר לכסות].

וכן מצאתי בראב"ן שהביא דבריהם לפסק הלכה, **ומהרש"ל** נמשך אחרי הב"י לדחות דברי הגאונים, ודחוי כזה חוזר ונראה, אחר שמפורש כן בגדולי ההוראה הנזכרים ונתיישב דבריהם, **גם** מהרש"ל עצמו הביא דברי הגאונים בסתם בהגהותיו לשחיטות מהרי"ו, {אכן תמצא כמה פעמים שבספרו חוזר בו מדברי הראשונים} וכן פסק הב"ח.

נ"ל לצרף ג"כ הטעם שכתב הב"ח, דהברכה לא נתקנה אלא "על כסוי דם", ולא "בעפר", כדאיתא בתוספתא וירושלמי ופוסקים, ואף דנהגינן לומר "בעפר", היינו לרווחא דמלתא, אבל כאן אוקמא אדינא, ולכך כשממצה בבגדו אין לומר "בעפר". [**וק"ל, דאף לפי זה שאינו מזכיר בכל ברכת כיסוי תיבת "בעפר", מ"מ בעינן שיהיה הכסוי בעפר, כמפורש בפסוק "וכסהו בעפר", אלא שלא צריך להזכירו, וכמו שזכרתי לעיל סעיף ב' בקושיא]. לא** קשה מידי, דהא באמת מכסהו אח"כ בעפר, אלא דהברכה לא נתקנה לכתחלה על עפר - נקה"כ.

[**ע"כ** נראה ברור שאין לנהוג כתקנה זאת, וכן ראיתי לרש"ל בספרו וז"ל, **נראה שאין לדברים אלו עיקר, אף שהא"ז הביאם, מ"מ אם היה ממש בדברי הגאונים, א"א שלא הביאם הרי"ף או הרמב"ם, עכ"ל, ובלבוש כתב ג"כ שאין לברך על כיסוי זה לא בתחלה ולא בסוף, משמע דלא קפיד רק אברכה, אבל עיקר הכיסוי יוכל לעשות כן, ואני אומר שמי שאין לו עפר לכסות לא ישחוט כלל, כיון דליתיה לתקנה זאת, וכמ"ש הטור**

והשו"ע כאן, נ"ל ברור]. ‹ולפי דבריו אף בכוי וכדומה שמכסה בלא ברכה, אין לעשות כן, כיון דהכיסוי בבגדו או בסנדלו לאו כלום הוא, על כן אין לבטל ספק מצות עשה דכיסוי. **אמנם** לא ידענא, אם יודע ודאי שהדם יהא נשמר עד שיבוא למקום עפר, ודאי דרשאי לשחוט, כי המצות עשה דכיסוי אינו מיד, כמו שהוכחתי לעיל מדהתירו לו לבדוק הריאה מקודם, וצ"ע – פמ"ג.

ובעט"ז כתב, שנ"ל שלא יברך לכתחלה כשממצה בבגדו, ולא אח"כ כשמכבס הבגד, **ואילו** ראה דברי הר"ב בד"מ לא כתב כן. **גם** הוא לא ראה דברי ראב"ן שהבאתי בש"ך, ומוכרחים אנו ליישב דברי הגאונים שכל דבריהם דברי קבלה - נקה"כ.

‹ולענין דינא, וודאי מי שאין לו עפר, יוכל לשחוט לתוך סנדל של עור, ואין בזה ביזוי מצוה, ומכסה כשמגיע לביתו, דודאי מצות כיסוי לאו מיד הוא, כמו שהוכחתי לעיל – פמ"ג.

תקינו ליה רבנן - (עיין בתפארת למשה שכתב, דצ"ע אם מותר לעשות כן בשוחט לחולה בשבת, להיש מי שאומר דבסעיף ט"ו, **ולפמ"ש** שם דאין הלכה כהיש מי שאומר שם, א"כ גם למצה הדם בבגד אסור משום טורח).

סי' כח סכ"א • למצה הדם בבגד או בסנדל כשאין לו עפר

מי שאין לו עפר לכסות, לא ישחוט, אלא ימתין עד שיהיה לו עפר.
וכתב הרמ"א בשם הגאונים, ואם הוא הולך במדבר או בספינה, ולא שוה העוף כהפסד הבגד שישרוף לאפר או הזהב שישחוק, תקינו ליה רבנן לשחוט ולמצה הדם בבגד או בסנדל, ומברך, **וכשיגיע** למקום עפר יכבס הבגד או הסנדל שיצא הדם, ומכסהו בלא ברכה, **והכי** נהוג.

והב"י דחה דברים אלו, משום דא"כ עדיפא הו"ל למיתני במתני' האי תקנתא משורף טליתו דאיכא משום בל תשחית, **ואין** כח ביד הגאונים לעשות תקנה מלבם.
והרמ"א בד"מ דחה דברי הב"י, דבמתני' מיירי דהבגד או זהב אינו שוה כמו העוף, וליכא בל תשחית, וכיון דאפשר למיעבד הכי, לא התירו לו שיתמצה בבגדו.

ועוד דחה הב"י, דכיון שאינו מכסה בעפר, היאך יברך עליו.
וע"ז כתב הד"מ, דהואיל וכי ממצה ליה בבגד הו"ל התחלת הכיסוי, אע"פ שאינו גומר הכסוי עד לאחר זמן, **מידי** דהוי אבדיקת חמץ, דמברכין על ביעור חמץ אע"ג דלא מבערין עד למחר, **וה"ה** בנידון דידן.
וי"א דלא דמי כ"כ, דהתם הבדיקה היא תחלת ביעור, דא"א לביעור בלא בדיקה, ותלי הבדיקה בביעור, נמצא שבכלל הציווי לבער היה גם הבדיקה תחלה, **משא"כ** כאן ששום אדם אינו עושה כן שימצה הדם בבגד, רק האי גברא לפי שאין לו עפר, ודאי אין שייך לומר שזהו בכלל הציווי מעיקרא.

וי"א דהברכה לא נתקנה אלא "על כסוי דם", ולא "בעפר", ואף דנהגינן לומר "בעפר", היינו לרווחא דמלתא, **אבל** כאן אוקמא אדינא, ולכך כשממצה בבגדו אין לומר "בעפר". **ואף** דיש מקשים דגם אם אינו מזכיר תיבת "בעפר", מ"מ בעינן שיהיה הכסוי בעפר, כמפורש בפסוק "וכסהו בעפר", **לא** קשה מידי, דהא באמת מכסהו אח"כ בעפר, אלא דהברכה לא נתקנה לכתחלה על עפר.

ופסק הט"ז, שאין לנהוג כתקנה זאת. **ואף** דבלבוש כתב שאין לברך על כיסוי זה לא בתחלה ולא בסוף, משמע דלא קפיד רק אברכה, אבל עיקר הכיסוי יוכל לעשות כן, **אינו** כן, אלא מי שאין לו עפר לכסות לא ישחוט כלל, כיון דליתיה לתקנה זאת.
ולפי"ז אף בכוי וכדומה שמכסה בלא ברכה, אין לעשות כן, כיון דהכיסוי בבגדו או בסנדלו לאו כלום הוא, על כן אין לבטל ספק מצות עשה דכיסוי.
ויש מקשים, דאם יודע ודאי שהדם יהא נשמר עד שיבוא למקום עפר, ודאי דרשאי לשחוט, כי המצות עשה דכיסוי אינו מיד, כמו שהתירו לעיל לבדוק הריאה מקודם, **וצ"ע**.
והש"ך פסק כדברי הגאונים, שכל דבריהם דברי קבלה.

וי"א דצ"ע אם מותר לעשות כן בשוחט לחולה בשבת, להיש מי שאומר דבסעיף ט"ו, **אבל** לשיטה קמייתא, גם למצה הדם בבגד אסור משום טורח.

שחט חיה ועוף ולא יצא מהם דם

סעיף כב - השוחט חיה ועוף ולא יצא מהם דם, מותרין - משמע דאתא לאשמועינן דאע"פ שלא נתקיים בהן מצות כסוי, מותרים, וכן משמע בתה"א וכן משמע בעט"ז וב"ח, **אבל** במשנה פרק השוחט שממנו מקור דין זה איתא: השוחט בהמה חיה ועוף ולא יצא מהם דם, מותרין, ומדנקט בהמה משמע דלאו מכסוי מיירי, **וכ"כ** הרמב"ם בדיני מסוכנת: השוחט בהמה חיה ועוף ולא יצא מהן דם, הרי אלו מותרין, ואין אומרים שמא מתים היו, עכ"ל, וכן פירש בספר תורת חיים, **ובמשמרת** הבית פי' הרשב"א, דאתא לאשמועינן דאע"ג דלא יצא מהן דם מותרין, דדם האיברים שלא פירש מותר כו'. ‹**אפשר** דהכי קאמר, דהו"א דפירש ממקום למקום, קמ"ל דלא הוה פירש ממקום למקום – פמ"ג.

סימן כח סכ"ב • שחט חיה ועוף ולא יצא מהם דם

השוחט חיה ועוף ולא יצא מהם דם, מותרין.
משמע דקמ"ל דאע"פ שלא נתקיים בהן מצות כסוי, מותרים, **אבל** במשנה משמע דלאו מכסוי מיירי, אלא דקמ"ל דאין אומרים שמא מתים היו. **וי"א** דקמ"ל דאע"ג דלא יצא מהן דם מותרין, דהו"א דפירש הדם ממקום למקום, קמ"ל דלא הוה פירש ממקום למקום, והוה דם האיברים שלא פירש.

איזה דברים הם בכלל עפר

סעיף כג - כל הדברים שהזרעים הנזרעים בהם מצמיחים, הם בכלל עפר ומכסין בהם - ולא מהני כשמשימים בהן צמחים והוא מגדלם, אלא בעינן דוקא שהנזרעים בהן מצמיחים, ב"י, **ואם אינם מצמיחים, אם נקראו עפר מכסין בהם.**

לפיכך מכסין בזבל - ‹הדק, טור›, **ובחול הדק מאד עד שאין היוצר צריך לכתשו כלל, ובסיד, ובחרסית** - פי' בערוך, הוא מין סיד שחופרים אותו מן הקרקע, [וא"צ כתישה]; **ולבינה, ומגופה של חרס, שכתשן** - האי כתישה קאי ג"כ אלבינה, **ובשחיקת אבנים, ובשחיקת חרסים, ובנעורת של פשתן דקה** - פירש"י דהיינו אריש"טא שמנערין מן הפשתן, וה"ה בעפר, **ובנסורת חרשים** - שמגררים הנגרים במגירה וקוצצים בה עצים, והיא משרה נסורת דקה כעפר, **ובאוכלים או בגדים שרופים עד שנעשו עפר, ובשיחור** - פירש"י פחמים כתושים, וכן פי' בערוך, והרמב"ם פי' דהיינו פיח הכבשן, **ובכחול** - הוא צבע שנותנין בעין, **ובנקרות הפסולים** - פירש"י עפר שמנקרין מן הרחיים.

אבל אין מכסין בזבל גס, ולא בחול שהיוצר צריך לכתשו, ולא בקמח וסובין ומורסן, ולא בשחיקת מתכת אם אינם שרופין - אבל בשרופים מכסים, וה"ה לכל הנך דאין מכסים, אם שרופים מכסים בעפרן, כ"מ בטור וב"י ופשוט הוא, **חוץ מבזהב שחוק שנקרא עפר, דכתיב: ועפרות זהב לו; ואפר נקרא עפר, דכתיב: ולקחו לטמא מעפר שרפת החטאת.**

סימן כח סכ"ג • איזה דברים הם בכלל עפר

כל הדברים שהזרעים הנזרעים בהם מצמיחים, הם בכלל עפר ומכסין בהם, **ולא** מהני כשמשימים בהן צמחים והוא מגדלם, אלא בעינן דוקא שהנזרעים בהן מצמיחים, **ואם** אינם מצמיחים, אם נקראו עפר מכסין בהם.

לפיכך מכסין: בזבל הדק, **ובחול** הדק מאד עד שאין היוצר צריך לכתשו כלל; **ובסיד**, ובחרסית (מין סיד שחופרים אותו מן הקרקע, וא"צ כתישה); **ולבינה**, ומגופה של חרס, שכתשן; **ובשחיקת** אבנים, ובשחיקת חרסים, **ובנעורת** של פשתן דקה (אריש"טא שמנערין מן הפשתן, וה"ה בעפר); **ובנסורת** חרשים דקה כעפר, **ובאוכלים** או בגדים שרופים עד שנעשו עפר; **ובשיחור** (פי' פחמים כתושים, וי"א פיח הכבשן), **ובכחול** (הוא צבע שנותנין בעין), **ובנקרות** הפסולים (עפר שמנקרין מן הרחיים).

אבל אין מכסין: בזבל גס, ולא בחול שהיוצר צריך לכתשו, **ולא** בקמח וסובין ומורסן.
ולא בשחיקת מתכת אם אינם שרופין (**אבל** בשרופים מכסין, וה"ה לכל הנך דאין מכסין, אם שרופים מכסים בעפרן);
חוץ מבזהב שחוק שנקרא עפר, דכתיב: ועפרות זהב לו.
ואפר נקרא עפר, דכ': ולקחו לטמא מעפר שרפת החטאת.

עפר מדבר, עפר לחה, ושלג

סעיף כד - אין מכסין בעפר המדבר, מפני שהיא ארץ מליחה ואינה מצמחת - ‹דדבר שאינו עפר, כשהחשיבו הכתוב וקראו עפר, כמו הזהב, עדיף ממידי דהוי עפר והוא גרוע משאר עפר, כמו עפר שאינו מצמיח מעיקרו, אף על פי שמגדל צמחים, כגון ארץ מליחה, כיון שהוא עפר והוא גרוע כל כך, אין מכסין בו – ב"י›.

הגה: ולכן אין מכסים בעפר לחה ממים, כגון מתונתא - וכל שכן בטיט, כדאיתא בש"ס שם.

כן הוא בכל הספרים, וכן העתיק בס' אפי רברבי, ומשמע דהיינו מפני שעפר לחה אינה מצמחת, **וליתא**, דבש"ס פרק אלו עוברין איתא בהדיא, דראויה לזריעה ומצמחת, וכן הוא ברש"י שם, **אעפ"י** שהב"י העתיק לשון רש"י, "ואינה ראויה לזריעה", פשוט הוא דט"ס הוא, והעט"ז העתיק לשון הב"י ולא הרגיש בטעות, **אלא** הטעם כתב הסמ"ג, דבעינן עפר דק ונפרך שראוי למנות, כדכתיב: אם יוכל איש למנות את עפר הארץ, ומביאו ב"י ודרכי משה, **ונ"ל** דהאי "ולכן" ט"ס הוא, וצריך להיות "וכן", וקל להבין.

ואין לכסות בשלג. (ב"י וא"ז בשם גאון, דלא כמרדכי בשם גאון) - ‹כתב המרדכי בשם גאון, מכסין בשלג, שנאמר: כי לשלג יאמר הוי ארץ, **ודברי** תימה הם, דהא לא כתיב: כי לשלג יאמר הוי עפר, ואנן עפר בעינן כדכתיב בקרא, **ועוד** דלא קאמר קרא שהשלג הוא נקרא ארץ, אלא שהשי"ת מצוה ואומר לשלג שירד ויהיה בארץ, וכן

נראה מדברי הפוסקים, לא כתבו דמכסין בשלג, **לכן** אני אומר דדברים אלו דברי יחיד הם, ואין סומכים עליהם – ב"י.

‹וכ"כ באור זרוע בשם גאון אחד, דטעות הוא לכסות בשלג, דלמחר יתחמם השלג ויהיה מים, וא"כ כיסה במים, ע"כ ראוי שאין לכסות בשלג, עכ"ל – ד"מ. ‹**לאו** לומר דבעינן שיכסה כיסוי הראוי להיות עולם, דהא נוהגין העולם לכסות בשוק, אף שודאי יחזור ויגלה, אלא כלומר דלאו כיסוי כלל אף עתה – פמ"ג.

‹**והכנסת** הגדולה בשם מהר"י ווי"ל וספר יאיר נתיב, דבשעת הדחק יכסה בשלג בלא ברכה, וצ"ע – פמ"ג.

‹כתב בתבואות שור, כל הני דאין מכסין בהם, אם עבר וכיסה, צריך לגלות ולכסות בלא ברכה – פמ"ג.

סימן כח סכ"ד • עפר מדבר, עפר לחה, ושלג

אין מכסין בעפר המדבר, מפני שהיא ארץ מליחה ואינה מצמחת. **דדבר** שאינו עפר, כשהחשיבו הכתוב וקראו עפר, כמו הזהב, עדיף מארץ מליחה דהוי עפר וגרוע משאר עפר, שאינו מצמיח מעיקרו, אע"פ שמגדל צמחים.

וכתב רמ"א, ולכן אין מכסים בעפר לחה ממים, כגון מתונתא, וכל שכן בטיט.

משמע דהיינו מפני שעפר לחה אינה מצמחת, **וליתא**, דבש"ס איתא בהדיא, דראויה לזריעה ומצמחת.

אלא הטעם, דבעינן עפר דק ונפרך שראוי למנות, כדכתיב: אם יוכל איש למנות את עפר הארץ, **והאי** "ולכן" דכתב רמ"א ט"ס הוא, וצריך להיות "וכן".

ואין לכסות בשלג, דלמחר יתחמם השלג ויהיה מים, וא"כ כיסה במים, **ולא** דבעינן שיכסה כיסוי הראוי להיות עולם, דהא נוהגין העולם לכסות בשוק, אף שודאי יחזור ויגלה, **אלא** כלומר דלאו כיסוי כלל אף עתה.

וי"א דבשעת הדחק יכסה בשלג בלא ברכה, וצ"ע.

וי"א דכל הני דאין מכסין בהם, אם עבר וכיסה, צריך לגלות ולכסות בלא ברכה.

תם ונשלם הלכות שחיטה

§ סימן א – מי הם הכשרים לשחוט §

סימן א ס"א(1) • שחיטה בנשים

הכל שוחטין לכתחלה, אפילו נשים.

וכתב רמ"א, י"א שאין להניח נשים לשחוט, שכבר נהגו שלא לשחוט, וכן המנהג שאין הנשים שוחטות, **כי** המנהג מבטל הלכה, ומנהג אבותינו תורה היא.

ויש מקשים, שאם היו רוצות לשחוט ולא הניחון, היה אפשר לומר שהיא ראיה, אך ראיית "לא ראינו" אינה ראיה, **ויש** שתירץ, דבמנהג וכה"ג הוי "לא ראינו" ראיה.

סעמים שאין להניח נשים לשחוט: **י"א** משום פשיעותא, **וי"א** דחשידי אלפני עור, **או** דרגילין להתעלף.

סימן א ס"א(2) • שחיטה בעבדים

ואפי' עבדים וכל אדם.

והטור כתב: ועבדים משוחררים. **דס"ל** דסתם עבדים יש להן כל המדות הרעות יותר מן הריקים והפוחזים, ואינן בחזקת כשרות, ואע"פ שמל וטבל אין להאמינו על השחיטה אלא במכירים אותו שהוא כשר, **אבל** כשמכירים אותו הרי הוא בכלל רוב מצוים אצל שחיטה מומחים ומוחזקים הם – ש"ך.

והמחבר שהשמיט תיבת משוחררים, ע"כ מיירי במכירין אותן שהן כשרים, דסתם עבדים אינן כשרים, **ומשום** דס"ל דגם בשאר בני אדם בעינן שיהא שוחט נאמן, ולא עדיפי עבדים משאר בני אדם.

וי"א דבעבדים בעינן דוקא שיודעים שהן מומחים, דאינם בכלל רוב מצוים אצל שחיטה מומחים – ב"ח.

ויש שהקשה, הא משוחרר הוא כישראל גמור, **ותירץ** דאינו כישראל גמור מצד הסברא. **ויש** שמפקפק בדבריו.

וי"א לענין דינא, דאף שהרמ"א כתב דאין לנשים לשחוט וכן המנהג, היינו מפני עילוף, ובעבדים לא שייך זה, **ואפשר** דלא שייך "וכן המנהג" בעבדים, דאין מצויין כלל בינינו.

סי' א ס"א(3) • רוב המצויין אצל שחיטה מומחין ומוחזקין

אפי' אין מכירין אותו שמוחזק לשחוט שלא יתעלף, וגם אין יודעין בו שהוא מומחה ויודע הלכות שחיטה, **מותר** ליתן לו לכתחלה לשחוט, על סמך שיבדקנו אחר השחיטה אם הוא מומחה, (**ולא** חיישינן דלמא משתלי ואכיל בלא בדיקה, משום דלרווחא דמלתא שיילינן ליה), **ומותר** לאכול משחיטתו, **שרוב** הרגילין לשחוט הם בחזקת מומחין ומוחזקין.

נפסק בחו"מ, דטבח אומן שקלקל, צריך להביא ראיה שהוא מומחה, ולא אמרינן בכה"ג רוב מצויין אצל שחיטה מומחים הן. **י"א** דצ"ע החילוק, **וי"א** הטעם, דאין הולכין בממון אחר הרוב.

בד"א דמותר לאכול משחיטתו, בשאינו לפנינו, דאז סומכים על החזקה. **אבל** אם הוא לפנינו, צריך לבדקו אם הוא מומחה ויודע הלכות שחיטה, כיון דהוא מיעוט המצוי טובא, (וכמו בטריפות הריאה), **אבל** אין צריך לשאלו אם נתעלף דלזה לא חיישינן כלל, ואינו כסתם רוב.

וי"א דכשאינו לפנינו אוכלים משחיטתו אפי' מצינן למירדף אבתריה, **ומדברי** שאר פוסקים לא נראה כן, **ולפי** דברי הרמ"א להלן אין נפקותא בכל זה.

כתב הרמ"א, וי"א שאין לסמוך על החזקה אלא בדיעבד, אבל לכתחלה אין נותנין לו לשחוט אדעתא לבדוק אותו אח"כ אם הוא מומחה, דאין לסמוך על חזקה במקום דיכולין לבררו.

כתב הס"ז דלשיטה זו, בעילוף לא חיישינן כלל לא בתחילה ולא בסוף, **ולענין** מומחה אין לסמוך אלא בדיעבד, ובדיעבד אפי' בדיקה לא בעי.

סי' א ס"א(4) • מה צריך להשוחט עצמו כדי שישחוט

וכתב הרמ"א, דכ"ז מיירי באחרים, שאינן בקיאין ויודעין אם זה השוחט בקי או לא, **אבל** השוחט עצמו לא ישחוט, אע"פ שיודע הלכות שחיטה ומומחה, עד ששחט ג"פ בפני חכם ומומחה בהל' שחיטה, שיודע שהוא רגיל וזריז שלא יתעלף.

וכתב הס"ז, דהרמ"א בא ללמדינו דלא סגי ליטול קבלה מן המומחה בשחיטות לחוד, רק מחכם בלא"ה ג"כ, כי הוא יודע לנסותו היטב, **ואותן** הנוטלים קבלה מן השוחטים שאינן חכמים בלא"ה, לא יפה הם עושים.

והמנהג להתחיל לשחוט ג' תרנגולים, ובתוכם יהיה זכר, (מפני שהשחיטה קשה בו מחשש שמוטה), **ואסור** ליקח שכר ע"ז, **וגם** התרנגולים אל יהנה הת"ח מהן, אלא יתנם לעניים.

ואפילו מי שהוא בקי לשחוט תרנגולים, אינו יכול לשחוט העופות הקטנים, דהיינו הצפרים ותורים ובני יונה הקטנים, אלא מי ששחט אותם כבר ואתמחי, **ומה** שאין נותנים בתחלה לשחוט אותם לאתמחי בהו, היינו משום דלא שכיחי.

ואפי' מומחים גדולים היו מדקדקים, שמתי שבא לידם עוף קטן, שהיו שוחטין אותו עם התרנגול, כדי להסתלק מן החשש ברכה לבטלה.

ויש שוחטים שנוהגים לשחוט שני צפרים או יונים קטנים יחד, ותו לא, משום דלכולי האי לא חיישינן שיתנבלו שניהם.

סימן א ס"א(5) • דיני קבלה, ורוב מצויין בזה"ז

וכתב רמ"א, ולכן נוהגין שאין אדם שוחט אא"כ נטל קבלה לפני חכם, **ואין** החכם נותן לו קבלה עד שידע בו שהוא יודע הלכות שחיטה, ובקי ביד.

ובקצת מקומות נוהגין להחמיר עוד, דהמקבל נוטל כתב מן החכם, לראייה שנתן לו קבלה. **וי"א** דאין ליתן קבלה על קלף, דאימא גנב ומחק שמו של השוחט, וכתב שמו שם.

ולכן נוהגין שכל הבאין לשחוט, סומכין עליהם לכתחלה, ולא בדקינן אותם לא בתחלה ולא בסוף, דכל המצויין אצל שחיטה כבר נטלו קבלה לפני חכם, והוי מיעוט שאינו מצוי.

אם עבר ושחט בלא קבלה, במדינות אלו שאין שוחטין בלי קבלה, **י"א** דאע"פ שהוא מומחה ומוחזק, מ"מ שחיטתו אסורה, **ויש** שחולק עליו, והעלה דאין לאסור דיעבד.

י"א דהאב יוכל לסמוך את בנו בשחיטה, מאחר דע"א נאמן באיסורין, **וגדולה** מזו דאפי' אם בדקוהו ומצאו שאי"י הלכות שחיטה, אף שכתב רמ"א דאם לא נטל קבלה דאסרינן כל הכלים למפרע, מ"מ בנ"ד שאביו מעיד שהיה בקי, אמרינן השתא הוא דאיתרע, ולמד ושכח ומותרים הכלים למפרע. **ומ"מ** לכתחלה יש ליטול קבלה מאחר שאינו קרובו.

כפר שדרים בו איזה בעלי בתים, ותמיד מחזיקים אצלם שוחט ובודק, וסמוך ליו"ט של פסח נפל למשכב, ואחד מן הבע"ב מומחה ויודע הלכות שחיטה, רק שמעולם לא שחט ולא בדק ולא נטל קבלה, **י"א** שמצד הדין מותר לשחוט אחר שהוא שעת הדחק וכבוד יו"ט, **ומ"מ** לבי מהסס להתיר בדורות הללו שכבר גדלה המכשלה כו', **ומיהו** רשאי לשחוט עופות שא"צ בדיקת הריאה אצל שוחט, ובודק החולה, שהרי בכה"ג יש מתירין לכתחלה, ולכבוד יו"ט בודאי שרי, **ואפי'** אם יש להם בשר רק שהוא מלוח יותר משני ימים, מאחר שאין בו שמחה רשאי לשחוט, ואע"ג דקיי"ל דאין יוצא ידי שמחת החג בבשר עופות, מ"מ עדיף טפי מבשר מלוח ישן, **וה"ה** דשרי לשחוט בהמה, רק שאם יארע לו שום שינוי ושום ספק בבדיקת הריאה, וא"א להחולה להיטפל ולמעך, בזה יטריף, כי ודאי בבדיקה צריך אומן יד והרגל והרגשה, ויש להחמיר בו טפי מבשחיטה.

וי"א דשוחט שלא שחט מעולם אין לשחוט לכתחלה ביו"ט.

שוחט שידיו מרתיתים, ואמנם הוא מרגיש בפגימה דקה, וגם אומר ברי לו שאינו נכשל בשום דבר, כי אין הרתיתות מזיק לו, **י"א** דודאי יש להעביר השוחט ההוא לכתחלה, **אבל** אין אוסרין שחיטתו למפרע, **דלא** גרע ממי שדרכו להתעלף בס"ג, דאם אמר ברי לי כשר לכו"ע, **והש"ך** שם מקיל אף בשותק, אבל יש אוסרים בשותק.

סימן א ס"א(6) • שהשוחט יהיה שגור בהל' שחיטה,
ושב"ד ידרוש ויחקור אחר הבודקים והשוחטים

וכל שוחט אע"פ שנטל קבלה, יראה שיחזור כל ל' יום הלכות שחיטה, שיהיו שגורים בפיו ובלבו שלא ישכחם, **וחמיר** משאר הוראות, משום דשחיטה מסורה לכל.

וראינו רבים מתפרצים שאין נותנים לב תמיד לחזור ההלכות, **ולכן** נהגו גדולים לחקור אחר השוחטים אע"פ שנטלו קבלה.

וי"א דכשמתחיל לשחוט יחזור הל' שחיטה ובדיקות בכל יום פעם אחת, וכן יעשה לל' יום, **ואח"כ** יחזור בכל חדש פעם א', וכן יעשה שנה תמימה, **ואח"כ** לכל תקופה, וכן יעשה כל ימי חייו, **ואם** לא עשה כן שחיטתו פסולה.

וכמו שהדין בהלכות שחיטה ובמי שבא לשחוט, כך ה"ה בהל' בדיקות הריאה ובמי שבא לבדוק, ודינם ומנהגם שוה בכל זה. **וי"א** דלענין בדיקת הריאה דליכא חזקת איסור, י"ל דא"צ לברר, **וגם** הא הוי ב' רובי, רוב בהמות כשרות, ורוב בודקים מומחים, דא"צ לברר.

ויש לב"ד לחקור ולדרוש אחר הבודקים והשוחטים, ולראות שיהיו בקיאים ומומחים וכשרים, כי גדול איסור המכשלה בשחיטות ובדיקות המסורים לכל.

ויש שמזהיר שלא ליתן קבלה לשום אדם שהוא קל בדעות, כ"א ליראי שמים, **ובפרט** הרגילים לשתות ביותר, ואף שאינם שכורים, אינם מרגישים אם הם שכורים או לא, וידיהם כבדות מרוב שתייתם, **וגם** להזהירם על בדיקת הסכין באימה ויראה.

סי' א ס"א(7) • בדקו איזה שוחט ובודק ונמצא שאינו יודע

ואם בדקו איזה שוחט ובודק ונמצא שאינו יודע: אם נטל פעם אחת קבלה, אין מטריפין למפרע מה ששחט, דמוקמינן ליה אחזקתו עד השתא, ואמרינן השתא הוא דאתרע, **אבל** אם לא נטל קבלה מעולם, דאז לא היה לו חזקת ידיעה מעולם, כל מה ששחט טריפה, **גם** כל הכלים שבשלו בהן מה ששחט, צריכין הכשר.

וי"א דהוא ודאי איסור, כיון דהוא תרתי לריעותא, השוחט איתרע, והבהמה בחזקת איסור.

וגם בבודק אוסרין למפרע, וי"א דצע"ג, דלו יהא דמחשבינן הבדיקות שלו לאין, מ"מ לא גרע מנאבדה הריאה דכשר.

הקשה בד"מ, מ"ש מבהמה שנמצאת טרפה, שהגבינות שנעשו ממנה כשרים, אם נוכל לומר השתא הוא דנטרפה, מטעם דרוב בהמות כשרות הם, ואמרינן העמד בהמה על חזקתה, **ואמאי** הכא אסרינן למפרע:

ותירץ הד"מ, דיש לחלק בין רוב בהמות כשרות, שהרוב הוא לכל הבהמות שבעולם, ולכן מקרי שפיר רוב, **אבל** הכא דוקא רוב מצויים אצל שחיטה מומחין הן, אבל רוב בני אדם אינן מומחין, ולכן לא מקרי חזקה זו מחמת רוב.

ועוד דהתם י"ל דלא נעשה מחיים, רק השתא סמוך לשחיטה נטרפה, **משא"כ** בשוחט, דבשכחה על כרחך יצא זמן מה.

והש"ך תירץ, דהתם י"ל משעה שנולדה כשרה היתה, והשתא הוא דנטרפה, **אבל** הכא ע"כ משנולד לא ידע כלום, וא"כ נצטרך לומר למד ושכח, וזה לא אמרינן, **ועוד** דכיון דהשתא אינו יודע, מוכחא מלתא דלא ידע מעולם, דאין דרך לשכוח הל' שחיטה שצריך להיות רגיל בהן, **משא"כ** אם נטל קבלה, ע"כ צ"ל דשכח, **ואפשר** שגם זה הוא בכלל דברי הד"מ.

ושיטת הס"ז, דאף כשנטל קבלה, יש להחמיר ולאסור למפרע הבשר שישנו עדיין משחיטתו של שוחט זה, ולא יאכל, **והכלים** הידועים שנתבשלו בו מהם יש לאוסרם, **והרוצה** להקל יראה בעיניו שיסתור הראיות שזכרנו ואחר יאכל, **ועיין** בנקה"כ שחלק על כל ראיותיו.

לפי דברי הש"ך, מי שהיה בודק ואח"כ נמצא שיצא טרפה מתחת ידו בפשיעתו לא מחמת חסרון ידיעתו, **הכלים** כשרים מדינא, ואמרינן אוקמינן אחזקתיה ועד השתא כשר היה, דלא מחזקינן ליה בחשוד למפרע, **ואפי'** מי שהמיר אחר ששחט ונקר חלב באותו יום, אינו חשוד למפרע, והכל כשר.

ויש שמתמיה עליו במה דכתב כן בפשיטות, הא הרשב"א אוסר בחשוד על מה ששחט למפרע.

והט"ז והתב"ש, אוסרים בחשוד למפרע, **וכמה** אחרונים פסקו כהש"ך. **וי"א** דיש להחמיר בדאורייתא, **ומ"מ** כלים שאינם בני יומם, יש להתיר בהפסד מרובה.

ויש מחלקים בין חשוד במזיד, דאחזו היצר להעבירו על דת, דלא נחשד למפרע, **משא"כ** באם עשה כן מחמת עצלות, זה גרע טפי, ויש לחוש על למפרע.

סימן א ס"א(8) • יצא מכשול מתחת ידיו

טבח שמכר בשר שלא הודח, ולא נמלח יותר מג' ימים אחר השחיטה, ולא הגיד לקונים שלא יאכלו כי אם צלי אש, **מצד** הדין אין להעבירו, אם לא למגדר מלתא.

שוחט ובודק שאמר לפני עדים על הבהמה שכשירה היא, ואח"כ מצאו סרכה גדולה שנטרפה ע"י סרכה זו, **י"א** שאין להעבירו, מטעם שיכול לומר שוגג הייתי ומחמת מהירות

כאשר מצוי הוא מכשול כזה, **ואף** דטבח שיצא טרפה מתחת ידו אין לו התנצלות לומר שוגג הייתי, **שאני** הכא דיש להשוחט הוכחה ואומדנא ע"ז, דאם היה רוצה להכשיל במזיד, היה לו לנתק הסרכה בענין שלא היו מרגישים כלל. **אך** אם רב העיר העבירו מאומנתו למגדר מלתא, והשוחט עשה שלא כהוגן שלא קיבל גזירת הרב, **ראוי** לאסור הכלים מה שבישלו משחיטתו אחר העברתו.

שוחט שהעיז נגד הרב, ואסר הרב את שחיטתו, וקצת בעלי בתים זילזלו באיסור זה ואכלו משחיטתו, ואח"כ מת הרב ההוא, **י"א** דיש להסתפק אם הבשר שנשאר משחיטתו בחיי הרב מותר עכשיו, דאפשר שפקע האיסור למפרע, **ולענין** הכלים: **לאותן** שלא קיבלו דברי הרב, מותרים, דכיון שמת פקע האיסור מהשוחט וגם מהכלים, **אך** לאותן שקיבלו דברי הרב, הוי זה כמו נדר, ויש ספק אם הקבלה הוי כמו "בשר ויין זה", ואסור בנתינת טעם, **לכן** יניחו הכלים כ"ד שעות שלא יהיה בן יומו, כדי לצאת כל הספיקות.

שוחט שבא לפני ב"ד, והודה שע"פ הרוב שחט בשכרות, ומחמת זה לא שחט כראוי, ועשה כמה פעמים דברים הפוסלים בשחיטה, שהייה דרסה כו', ובקש מהם להורות לו סדר תשובה על המעשים רעים שעשה:

י"א דאין אדם משים עצמו רשע, ואינו נאמן, והבשר והשומן שיש עדיין משחיטת זה השוחט, מותר.

וי"א דדוקא דברים הפוסלים בשחיטה מדאורייתא, אינו נאמן, אבל אם אמר שעשה דברים הפוסלים מדרבנן, יש לאסור, דבדרבנן אדם משים עצמו רשע.

אמנם י"א דאף בדרבנן אין אדם משים עצמו רשע, ואינו נאמן, ואו"כ גם בזה יש להתיר, **מ"מ** אפשר דאם אמר שעשה שהייה משהו וכיוצא, שאין האיסור ברור, יש לאסור.

וי"א דמה שאמר דרך תשובה לא שייך אין אדם משים עצמו רשע, ונאמן, ויש לאסור כל הבשר שיש עדיין בעין, וגם כל כלי ראשון הבלוע מבשר זה.

סימן א ס"ב • מה צריך השוחט לידע

א"צ שידע כל חילוקי הדינים, אלא אם אומר אילו בא לפני דין זה, הייתי מסתפק ושואל, קרינן ביה שפיר יודע, עד שאומר על האסור מותר, דהא חכמים נמי מספקא להו כמה מילי בהל' שחיטה, **ועכ"פ** צריך שידע ששהיות מצטרפות, שזהו רגיל.

אמנם עכשיו שסדר השחיטות לפניו, י"א דאם אומר שמסתפק, אין למודו עולה יפה, ויש לאסור.

י"א דאף דהטעות אינו מפאת שכחה, רק מחמת שיקול דעתו, שכך נראה בדעתו המשובשת, ג"כ יש להעבירו עד שיחזור בו.

י"א דה"ה באומר על מותר אסור, ג"כ יש להעבירו, **והנה** יש בזה ב' טעמים:

י"א הטעם, דיש לחוש שיבא קלקול אם יקדש בו אשה, דכיון שאוסר לא יהיה שוה פרוטה, (**וא"כ** במקום שיש קונים בשר טריפה, לא שייך חשש זה, **גם** י"ל הא חזו לכלבא, **גם** קשה אם מעבירים השוחט, נעבר נמי לחכם שאמר על טהור טמא).

וי"א הטעם, שיבא קלקול בב' קדרות דלקמן סימן קי"א.

ויש נ"מ בין אלו הב' טעמים, באם אומר על מותר שהוא אסור מדרבנן, **לטעם א'**, יש חשש גם בזה, **ולטעם ב'** אין חשש, דהא אין תולין במידי דאינו אסור אלא מדרבנן.

וכן אם אומר על איסור מדרבנן שהוא מה"ת, הוא בהיפך, **לטעם א'** אין חשש, **ולטעם ב'** יש חשש.

אמנם להשיטות דהעלו, דתולין בב' קדירות אף בדבר האסור מדרבנן, **באומר** על מותר שהוא אסור מדרבנן, יש חשש לב' הטעמים, **ובאומר** על דרבנן שהוא מה"ת, אין חשש לשניהם.

ובודקין אותו בדיני הלכות שחיטה שיתבארו לקמן ריש סי' כ"ג, **ובדין** בדיקת הסכין, **ובדין** בדיקת הסימנים לאחר שחיטה, כמו שיתבאר לקמן סימן כ"ה.

ואם שחט, וליתיה קמן למבדקיה, מ"מ יבדקו בסימנים אם נשחטו רובן, דכל מה דאפשר למבדק, בדקינן.

וכל זה במקומות שלא נהגו ליטול קבלה, אבל במקומות שנוהגין ליטול קבלה, כגון בני אשכנז והנמשכין אחריהם, אין נוהגין לבדוק אחריו כלל, וכמו שנתבאר.

סי' א ס"ג(1) • אינו יודע הל' שחיטה ששחט שלא בפנינו

מי שיודעין בו שאינו יודע הלכות שחיטה, אפי' שחט לפנינו ד' או ה' פעמים שחיטה הגונה וראויה, ושחט אח"כ בינו לבין עצמו, **שחיטתו** פסולה, דשמא פעמים שהה ודרס ואינו מרגיש, דכיון דאינו בקי בהלכותיה, אינו יודע אם נזדמן לידו.

אפילו שאלו לו: עשית כך וכך, ומתוך תשובתו נראה ששחט כראוי, אין לסמוך עליו, **ואפילו** אמר: ברי לי שעשיתי כל מה שאתם שואלים, מ"מ מאחר שבשעת שחיטה לא ידע, לאו אדעתיה וסובר שעשה מה ששואלים, **ואפי'** אחר שלמדוהו הל' שחיטה אמר ברי לי כו', אין לסמוך עליו, דכל מלתא דלא רמיא עליה דאינשי לאו אדעתיה.

סימן א ס"ג(2) • דרכו להתעלף שברי שלא נתעלף

מי שדרכו להתעלף, ואנו יודעים שאינו מוחזק, ושחט ואמר: ברי לי שלא נתעלפתי, **נאמן**, מאחר שיודע הלכות שחיטה, דודאי אלו שהה או דרס לא היה מאכילה לנו. **וי"א** דלפי"ז ה"ה אפי' שותק ואינו אומר כלום, דודאי אלו שהה או דרס לא היה שותק ולא היה מאכילה לנו, והיה אומר ששהה או דרס. **וי"א** דאין לסמוך ע"ז לדינא, אולם יש לדון להקל, וצ"ע, **ויש** אוסר בשותק.

סימן א ס"ג(3) • אינו יודע הל' שחיטה ואחר עומד על גביו

מי שיודעים בו שאינו יודע הל' שחיטה, יכולים ליתן לו לשחוט, אם אחר עומד על גביו, **ובלבד** שיראה אותו מתחלת שחיטה עד סופה, דאפי' ראה ששחט סימן א' יפה, לא אמרינן כיון ששחט זה הסימן יפה, שחט הסימן הב' ג"כ יפה, אלא חיישינן שמא שהה או דרס בסימן הב'.

וכתב רמ"א, ויש מחמירין, ואוסרין ליתן לו לכתחלה לשחוט, מאחר שאינו יודע הל' שחיטה, והכי נהוג.

מיהו מן הסתם שאינו ידוע אם יודע הל' שחיטה או לאו, מותר ליתן לו לכתחלה כשאחרים עומדין על גביו.

סימן א ס"ד • מצא גדייו ותרנגוליו שחוטים

אם אבדו גדייו ותרנגוליו, ומצאם שחוטים כראוי:

במקום שרוב ישראל מצויים, אפי' רוב העיר והשוק עכו"ם, מותרים.

ואם רוב מצויים שם עכו"ם, אפי' רוב העיר והשוק ישראל, אסורים.
ואם עכו"ם וישראל מצויים שוים, אזלינן בתר רוב השוק שנמצא שם, **ואם** שוים בשוק, אזלינן בתר רוב העיר, **ואם** שוים בעיר, אסור.

ואם רוב הטבחים שם ישראל, אפי' במקום שרוב עכו"ם מצויים שם, מותר, **ודוקא** בבהמות מהני רוב טבחים, אבל לא בפרגיות וכיוצא בהן שדרכן לשחטן בבית, **אלא** בעינן דוקא שיהיו רוב ציידי עופות ישראל, ששוחטים מיד כשצדין.

אם נגנבו גדייו ותרנגוליו, ומצאם שחוטים כראוי:
אם רוב גנבי העיר ישראלים, ואפי' ברובה עכו"ם, מותרים, (**דאע"פ** שהוא חשוד על הגנבה אינו חשוד על השחיטה).
ואם רוב גנבי העיר עכו"ם, אפילו רובה ישראל, אסור.

ומיירי בגווני דליכא למיחש לבשר שנתעלם מן העין, והיינו ביש בהם סימן, וע"כ אמר "גדייו ותרנגוליו", שמשמע שיודעים שהם שלו, רק שבא להתיר כאן מטעם שחיטה.
והטור דנקט המוצא בהמה שחוטה כראוי, משמע אפי' בהמה של אחר שמותר מטעם יאוש, **היינו** שאזיל לטעמיה בסי' ס"ג, דאין איסור בנתעלם מן העין אלא ברוב עכו"ם.

בין שמצאם בשוק בין שמצאם באשפה שבבית, **אבל** אם מצאם באשפה שבשוק, אסורים, דעשוי להטיל נבילות שם.
וי"א דכשהאשפה פחות מג"ט לא חשוב אשפה, **ואינו** מוכרח, דדוקא לענין מכירה, שחייב ליתן לו כל הזבל תמיד, זה דוקא במקום חשוב תמיד לאשפה, **משא"כ** כאן לענין השלכת נבילה לפי שעה.

סימן א ס"ה(1) • חרש ושוטה

חרש שאינו שומע ואינו מדבר, ואפי' פקח ונתחרש. **ושוטה**, דהיינו שהוא יוצא יחידי בלילה, או מקרע כסותו, או לן בבית הקברות, או מאבד מה שנותנים לו, אם עושה אותם דרך שטות, נקרא שוטה אפי' באחת מאלו, **אבל** אי לא עביד דרך שטות, אפי' עביד כולהו לא מחזקינן ליה בשוטה, **אין** מוסרין להם לשחוט לכתחלה, אפי' אחרים עומדים על גביהם.
ואם שחטו, שחיטתן כשרה אם אחרים עומדים על גביהם.

כתב הב"י, שאין הכוונה שבפעם א' שעשה א' מאלו מיקרי שוטה, אף דקעביד דרך שטות, **אלא** כשדרכו בכך.

שוחט מומחה וירא ה' אשר לפרקים הוא נכפה בחולי הנופל, והרופאים שפטו שבא לו מחולשת לבו דלא טעים מידי בצפרא, **דאפילו** בעת חלמותו יש לחוש בכל רגע שמא הוא סמוך לשעה שיכפהו החולי, והוא זמן סוף שפויו והתחלת שטותו, **י"א** אף דודאי לשחיטה צריך דקדוק היטב יותר מבעדות, ובפרט בבדיקת הסכין, **אך** מאחר שהמנהג שם בלא"ה ששני שוחטים הולכים לבית המטבחים, **ואפילו** בעופות ששוחט לבדו, מ"מ לא שכיח כלל שיאכלו מעוף הנשחט בפחות משיעור חצי שעה שרייה ומליחה כו', ואם בין כך לא יארע לו, נדע שלא היה שעת השחיטה סמוכה לחולי שטיותו, ולא נחשד שיעלים חליו להאכיל נבילות חלילה, **ובפרט** אם יעמידו משגיח א' בביתו ע"ז, אין כאן בית מיחוש כלל, **והיה** סגי אפילו אי לא היה לו וסת כלל, מכ"ש שהרופאים תולים החולי בחולשת ליבא ריקנא, א"כ הלא רובי השחיטה יהיו בתר דטעים מידי, **ואין להעבירו**, **אבל** לכתחילה ודאי אין למנות שוחט כזה.

סימן א ס"ה(2) • קטן

שיטת המחבר
קטן שאינו יודע לאמן ידיו לשחוט, **וגם אינו מומחה**, אין מוסרין להם לשחוט לכתחלה, אפי' אחרים עומדים על גביהם.
ובדיעבד שחיטתן כשרה אם אחרים עומדים על גביהם.
ואם הקטן יודע לאמן ידיו, **או אם הוא מומחא**, אם אחרים עומדים על גבין, שוחט לכתחלה ומותר לאכול משחיטתו.

שיטת המהרש"ל והדרישה
קטן שאינו יודע לאמן ידיו לשחוט, **וגם אינו מומחה**, אפי' בדיעבד אסור, אפי' אחרים ע"ג.
ואם הקטן יודע לאמן ידיו, **או אם הוא מומחא**, ואחרים ע"ג, אינו מותר אלא בדיעבד, **אבל** לכתחלה אסור עד שיודע לאמן ידיו וגם הוא מומחה, וגם אחרים ע"ג.

אבל אם שחט הקטן בינו לבין עצמו, ואין אחרים ע"ג, אפי' מומחה ויודע לאמן ידיו, שחיטתו פסולה.
והטעם, **להש"ך** משום דאין נאמנות לקטן.
ודלא כהלבוש שדחק, דכיון שעדיין לא הגיע לחובת שחיטה מן התורה, אין שחיטתו שחיטה, דכתיב וזבחת, שפירושו מי שהוא מצווה, **דזהו תימה**, דדוקא עכו"ם אינו מצווה על השחיטה כלל, אבל ודאי דקטן מצווה, שהרי אסור לו לאכול בלא שחיטה, וגם משכחת לפעמים דשחיטתו כשרה.

בטור כ' דאם הוא מומחה ואומן ביד, **כשר דיעבד בלא אחרים**, אע"ג דאין קטן נאמן על השחיטה, זהו דוקא אם לא נודע שנעשה ההכשר כלל אלא ע"פ דברי הקטן, **אבל** כאן שנודע שנשחט דהרי שחוט לפניך, **אלא** שיש לחוש שמא לא שחט שפיר, או שמא נתן לאחר שא"י לשחוט, **הא** לא חיישינן, כיון שהוא יודע ומומחה אמרינן מסתמא הוא שחט ושפיר שחט, **אבל בשאר פוסקים** לא איתא להאי היתירא דדיעבד אפי' במומחה ויודע לאמן.

ואין מוסרין להם לכתחלה לשחוט כשאין אחרים עומדים על גביהם, אפי' אם רוצים להאכיל לכלבים, דדילמא אתי למיכל משחיטתייהו, שיאמר כשרה היא מדמסר להם לשחוט.
אבל באחרים עומדים על גבין, י"ל לכו"ע מותר למסור לו להשליך לכלבים, כשהוא מומחה או יודע לאמן ידיו, משום דאז בדיעבד שחיטתו כשרה לכו"ע.
וכ"ש גדול שאינו יודע הל' שחיטה, שמותר למסור לו להשליכו לכלבים כשאחרים עומדים על גביו.

הב"ח החמיר על אותן ששולחין עופות לשחוט ע"י עכו"ם, ונותנין לו לסימן איזה דבר שיכתוב השוחט עליו שהוא שוחטו, **מאחר** שאין החותם על גוף הדבר, כגון על הבשר או על השק.
והט"ז כתב דאין איסור בדבר, דהא דבעינן חותם על גוף הבשר, הוא משום שמא נתחלף, ומה יועיל הסימן כשאינו על גוף הבשר, **אבל** כאן הא מכיר העוף שלו, **ומ"מ** המחמיר תע"ב, דשמא לא יהיה היכר יפה בעוף שלו.
אבל מ"מ לאותן שכותבין לסימן תיבת "כשר", יש לחוש שמא העכו"ם צייר תיבה זאת אחריו באשר הוא מצוי, **אלא** צריך שיכתוב סימן אחר שאינו מצוי כ"כ לזייפו.

ומקרי קטן לענין זה עד שנעשה בר מצוה, דהיינו בן י"ג שנים ויום אחד.

למידי דאורייתא, בעינן שיהא גדול ממש, דהיינו שהביא ב' שערות אחר שהוא בן י"ג שנה, **ולמידי דרבנן** סומכין על החזקה שהביא ב' שערות.

ולפי"ז כאן שהוא פסול מדאורייתא לשחוט לצורך אכילה, או מטעמא דהלבוש שאינו בר זביחה, או מטעמא דהש"ך, שאינו בר עדות, **אם** אין אחר עומד על גביו, צריך שיוודע שהביא ב"ש, **או** שהוא בן ל"ה שנה ויום א', **או** שנתמלא זקנו, **אמנם** להאכיל לכלבים, או באחרים עומד על גביו, ואינו מומחה ואינו יודע לאמן ידיו, **מיד** שהוא בן י"ג שנים ויום א' מותר לשחוט.

סימן א ס"ה(3) • פחות מבן י"ח

כתב רמ"א, ויש מחמירין שלא ליתן קבלה למי שהוא פחות מבן י"ח שנה, דאז גברא בר דעת הוא, ויודע ליזהר.

וי"א דהכל לפי חורפיה וידיעתו של הנער, כי לפעמים ימצא הנער בעל תורה וחרד ביראת ה', רגילים אף בעלי הוראה להרשות אותו ולהחזיקו במומחה, כל שרואין בו שהוא בקי וזריז באימון ידים בכה גברא.

אמנם י"א עכשיו בעונותינו הרבים רבו המתפרצים, וודאי יש לנהוג כרמ"א.

סימן א ס"ה(4) • אבל וזקן

י"א דהאבל לא ישחוט, וצע"ג מ"ט, ואינו נזכר בשום פוסק, **ואפשר** דס"ל דמשום צערא לא ישים אל לבו לשחוט בכוונה, **וצ"ע** דלפי"ז אפילו טבעה ספינתו בים נמי לא ישחוט, אלא ודאי להא לא חיישינן כלל.

רק הטעם משום שאסור במלאכה, **ולפי"ז** בגוונא דשרי במלאכה, באמת מותר האבל לשחוט.

י"א דזקן בן פ' שנים לא ישחוט.

וי"א דהכל לפי מה שהוא אדם, דאם הוא תש כח לא ישחוט אפי' מבן נ' שנים.

וי"א דהאידנא בדורות הללו שנחלשו הכחות, ראוי ונכון לכל אשר בידו למחות לתקן למגדר מילתא, שעכ"פ מע' שנה ואילך לא ישחוט שום אדם, אף שמרגיש עדיין, משום לא פלוג, **גם** עד שבעים שנה צריך בדיקה גדולה, ומחוייבים הרבנים להשגיח ע"ז, שהשוחטים הבאים בימים יבואו לפניהם לפרקים לנסותם, **כי** קרוב הדבר להתקלקל, והם בעצמם אינם מרגישים בזה אם ידיהם רותתים.

סימן א ס"ו • חרש המדבר ואינו שומע

חרש המדבר ואינו שומע, לא ישחוט, מפני שאינו שומע הברכה. **ואם** שחט, אפי' בינו לבין עצמו, שחיטתו כשרה, דאין הברכה מעכבת בדיעבד.

סימן א ס"ז • אילם

אילם, אם הוא מומחה, שוחט אפי' לכתחלה, אם אחר מברך. **ואותו** אחר יכוין להוציאו.

הא דלא כתב גבי מדבר ואינו שומע בס"ו, אם הוא מומחה, י"א משום דבס"ו אפי' מומחה אינו שוחט לכתחלה, **ובדיעבד** אפי' הוא לפנינו הוי כאינו לפנינו, שא"א לבדקו כיון שאינו שומע, ושחיטתו כשרה אפי' אינו מומחה, **וא"כ** לא נפקא לן התם במומחה מידי. **ותימה** שהרי אפשר לבדקו ע"י כתב.

וי"א דהכא כיון דאינו מדבר, אינו בכלל רוב מצוים אצל שחיטה מומחין הן, **ויש** חולקין ע"ז.

וי"א משום דהכא דהוי אפי' לכתחילה, אם אין יודעים אם הוא מומחה, לכתחילה אין מוסרין לאילם לשחוט על סמך שיבדקנו אח"כ, כי הבדיקה קשה בו, שצ"ל ע"י כתיבה או ברמיזה, **אבל** בדיעבד בין באינו שומע דס"ו, ובין באילם דהכא, אם נודע שבקיאין בטוב העולם ככל שאר בני אדם, אמרינן בהו נמי רוב מצויין אצל שחיטה מומחין הן, היכא דליתנהו קמן למבדקינהו.

ויש שהקשה לשיטת המחבר בס"ג, דמי שיודעים בו שאינו יודע הל' שחיטה מותר לשחוט לכתחלה אם אחר עומד על גביו, א"כ למה צריך הכא מומחה, **י"ל** דהכא מיירי שאותו אחר אינו מומחה, רק שיודע לברך, **א"נ** שאותו אחר מברך והולך לו, **או** עומד שם ולא ראה ששחט, רק השמיע ברכתו, וכה"ג.

וי"א שאילם לא ישחוט ואחר מברך, והטעם, דדוקא מצות שאדם צריך לעשות בגופו לא ע"י אחר, מוכרח הוא באם אינו יכול לברך דיברך אחר, **משא"כ** בתרומה ושחיטה דאפשר לעשות ע"י אחר, א"כ אותו שיעשה המצוה יברך, ולא נחלק המצוה לזה והברכה לזה.

אבל שיטת המחבר, אף דגם הוא ס"ל דאילם לא יתרום ואחר מברך מטעם שזכרנו, **אבל** בשחיטה שפיר מברך אחר, דברכת השחיטה אינה באה על שחיטה עצמה, דהא אין חיוב לשחיטה אם אינו רוצה לאכול, **אלא** עיקר הכוונה לתת שבח למקום ב"ה על שאסר לנו אכילת בשר בלא שחיטה, ובזה ודאי כל ישראל שייך באותו ברכה, שהרי על כולם יש איסור, **אלא** שאין מקום לברך שבח זה אלא בשעת שחיטת שום בהמה, (**וכמו** ברכת להכניסו בברית, שהיא שבח והודיה בכל שעה על קדושה זו, וברכת אירוסין שהחתן מארס והרב מברך על איסור עריות שאסר על כל ישראל), **משא"כ** בהפרשת תרומה, הוה עיקר הברכה על מצות הפרשה, לא על איסור אכילת טבל, שהרי מצות ההפרשה חיוב עליו אפי' אם אינו רוצה לאכול מן התבואה עדיין, (**ויש** שמפקפקין בזה), **א"כ** הוה מצוה זאת כשאר מצות, וכיון שאין הוא חיוב בגופו לעשות כן, דאפשר לתרום ע"י שליח, לא נחלק המצוה והברכה זה מזה, אלא התורם יברך.

ויש שהקשה, למה יברך אחר כאן, והלא ברכת הנהנין אם יצא אינו מוציא, **וי"א** דאיירי דוקא שהאחר שוחט ג"כ, הא לא"ה א"י לברך, וכן משמע הלשון "אם אחר מברך", ולא קאמר "ואחר מברך", משמע שהאחר מברך בלא"ה.

ויש שחולק, דא"כ לא היה שותק מלפרש כן בהדיא, אלא כנ"ל, דאין כאן ברכת הנהנין כלל, אלא שבח והודיה על האיסור.

סימן א ס"ח • שכור

שכור שהגיע לשכרותו של לוט, דינו כשוטה, דלכתחלה לא ישחוט אפילו אחרים עומד על גביו, **ובדיעבד** שחיטתו כשרה כשאחרים עומד על גביו דוקא.

ואם לא הגיע לשכרותו של לוט, שוחט לכתחלה.

וכתב הרמ"א, וי"א שלא ישחוט, שרגיל לבא לידי דרסה.

י"א דהרמ"א ר"ל דאסור לשחוט, מטעם שאיבריו כבדים עליו מחמת רבוי יין ששתה, וכן ראוי לנהוג כל שיינו חזק עליו, **ואע"ג** דאמרינן שכור הרי הוא כפקח לכל דבריו, היינו במידי דתלוי בדעת האדם, **אבל** לא בזה שתלוי בכבידות אבריו, דודאי אינו כפקח.

וי"א דר"ל עצה טובה לשיכור שלא ישחוט לכתחלה, מפני שרגיל לבא לידי דרסה, **אבל** ודאי מדינא הרי הוא כפקח לכל דבר.

וי"א דמ"מ שוחט הממונה לציבור, ודאי אסור, **וה"ה** ליחיד נמי, בפרט בדור הזה. **ויש** שהחמיר מאד על השוחטים הרגילים בכך להעבירן, וכן ראוי לנהוג.

י"א בשם הסמ"ג, דזקן ומי שידיו מרתתין, הן מכח חולשה, או מכח טבעו, שג"כ ידיהם כבדות, שחיטתן רובן דרסות המה, **אע"פ** שאמרו ברי להם שלא דרסו, אינן נאמנין מפני שהם עלולין לכך. **ויש** שהשיג עליו, דשקר העיד בשם סמ"ג, **ולענין** דינא, אף דלכתחלה יש להעבירו, מ"מ אין אוסרין שחיטתו למפרע.

סימן א ס"ט • סומא

סומא, לא ישחוט לכתחלה, אא"כ אחרים רואין אותו.
וי"א דאפי' אחרים רואים אותו לא ישחוט לכתחלה, דשמא לא ישחוט הרוב, דאין רגילות לשחוט רוב, וכי יאמר לו אותו שרואה לשחוט, הוה שהייה, לדידן דשיעור שהייה משהו.

ואם שחט, שחיטתו כשרה.
וי"א דסומא שלא ראה אורות מימיו, אפילו בדיעבד אסור לאכול משחיטתו, דאין יודע לכוין מקום השחיטה, וגם לא אומן יד, **וי"א** דשאר הפוסקים לא חילקו בזה.

להחוששין דהלכה כר' יהודה דסומא פטור ממצות, י"א דממילא היה ראוי לומר דשחיטת סומא הוי נבילה, כיון דאינו מצווה על הזביחה, ומתמעט מקרא דוזבחת ואכלת, מי שהוא בר זביחה אכול מזבחו, כמו דשחיטת עכו"ם פסול מה"ט, **וצ"ל** הא דס"ל לר"י דסומא פטור ממצות, היינו רק ממצות עשיות, **אבל** על הלאוין מצווה, ואסור לאכול בלא שחיטה, ומקרי בר זביחה.

סימן א ס"י • ערום

ערום, לא ישחוט לכתחלה, מפני שאינו יכול לברך, **וגם** אחר אינו רשאי לברך כנגדו, **ועוד** דאפי' יברך אחר, ויהפוך פניו לצד אחר, כיון שהוא ערום אינו רשאי לכוין בברכת חבירו, וליכא למימר שומע כעונה.

י"א דמי שאינו חגור בחגורה, ולבו רואה ערותו, לא ישחוט לכתחילה, דכה"ג אינו רשאי לברך.
גם אסור לשחוט בגלוי ראש, דכה"ג ג"כ אינו רשאי לברך.

סימן א סי"א • אם הטילו הקהל חרם

אם הטילו הקהל חרם, שלא ישחוט אלא טבח ידוע, ושחט אחר, י"א ששחיטתו אסורה. **דכיון** שהקהל אסרו זולתו, הוי כאוכל בלא שחיטה, והוי כמומר לאותו דבר, **ומש"ה** אין איסור אם שגג בדבר, שלא ידע בחרם. **י"א** דמשמע דאפילו בלא חרם אסור, כיון דהקהל פסלו שחיטת הכל.

י"א דאם לא פסלו בפירוש שחיטת הכל, רק החרימו שלא ישחוט אלא טבח ידוע, יש להתיר בשוגג, ובהפ"מ אף במזיד, **אבל** אם פסלו בפירוש, אף שוגג אסור, דיש כח בקהל לזה.

י"א דטעם האיסור, דכל מידי דאמר רחמנא לא תעביד אי עביד לא מהני, דכאן יתוקן האיסור במאי דלא מהני. **וי"א** דלפי"ז אף בשוגג ואף בהפ"מ ראוי לאסור שחיטתו לתקן האיסור, **אבל** י"א דבאמת טעמו ליתא.

וכתב רמ"א, ואם נתבטלה התקנה, כל השוחטים בחזקת כשרות כמו בראשונה.

עיר שעשו תקנה ע"י הרב והקהל, ששוחט א' לבדו לא ישחוט בלי חבירו, והוכרז שמה שישחוט אחד הוא טרפה, **ועוד** נעשה שם שהשוחטים תקעו כפיהם שלא יכשירו שום בהמה עד שיניחו חותם לסימן כשר, ושוחט אחד עבר על כל זה, **י"א** דיש להכשיר שחיטתו לעיר אחרת, **ואפי'** לאותה העיר אם יתירו התיקון ההוא בב"ד של ג', (**וי"א** דכיון שצריך עקירת הנדר למפרע, א"כ א"א להתיר ע"פ ב"ד שבעירם, דהוי כמיפר נדרי עצמו), **דאף** שעבר על הת"כ לא נעשה חשוד לאותו דבר, כיון שהת"כ לא היה שלא ישחטו אלא שלא יכשירו, וזה ענין אחר.

קהלה אחת שנהגו מכבר להעמיד ב' שוחטים בבית המטבחיים לבדוק הסכין והריאה על ידם, **והרב** אב"ד הוסיף עוד שגם בכל בהמה דקה יעמדו ב' שוחטים, והחזיקו בזה המנהג כמו ד' שנים, **ועתה** באו פריצים וחללוהו, אם אפשר לבטל מנהג זה אחר שהחלו לעשותו ולקיימו, **י"א** דהטעם לחלק בין דקות לגסות נעלם ממנו, דהא לענין בדיקת הסכין אין חילוק, וממילא יובן שהרב דעיר הנ"ל שתיקן גם בדקות כן, **ומאחר** שפשט מנהגו שם, אפי' ב"ד אחר אינו יכול לבטלו, דהו"ל כדבר שפשט איסורו בכל ישראל, **כיון** שמתחלה לא תיקן אלא לעירו, ושם פשטה תקנה זו, **אמנם** ב"ד גדול בחכמה ובמנין יכול לבטלו, אם אינו נעשה לסייג ולגדר, **אך** אם נעשית לסייג ולגדר, ועדיין צריך לאותו סייג, אפי' ב"ד גדול אינו יכול לבטלו, **ומעתה** הרב אב"ד דמילי דבני מאתיה עליה רמיא, ומסתמא בקעה מצא וגדר בה גדר, **כל** זמן שלא בטל הטעם, לא הוא ולא אחר גדול ממנו יכול לבטל, **וכל** העובר על תקנתו אחר התראה, יש לדון אם לא יפסל משחיטה מכאן ולהבא.

סימן א סי"ב • השוחט בפני עדים ואומר לא שחטתיה

השוחט בפני עדים בהמה לעכו"ם, וכשבא ישראל לקנות ממנה, אמר: לא תקנה ממנה כי לא שחטתיה, אינו נאמן. **ואע"פ** שיש לו מיגו, שיכול לומר טריפה היא מחמת דבר אחר, **מ"מ** הוה מיגו במקום עדים, כיון שמה שטוען עכשיו לא שחטתיה, הוא מוכחש מעדים שראו ששחטה.

י"א דמשמע מלשון הש"ך, דדוקא כשאמר "שלא שחטתיה כלל", ועומד בדבורו, **אבל** כל שאומר סתם "לא שחטתיה", ולא "כלל", יש לתרץ דבריו ואסור, אף שאין מתרץ בעצמו, ואומרים שכוונתו ששהה ודרס, וכן נכון להורות, **ומס"ז** משמע דוקא שמתרץ דיבורו ויאמר: לא שחטתיה כראוי אמרתי, **אבל יש** לומדים הש"ך כהט"ז.

י״א דה״ה אם יש לתלות שאומר לא שחטתיה, שלא יקניט להעכו״ם וכדומה, יש לאסור אף שאומר לא שחטתי כלל, **ויש** שהביאו וכתב דיש להחמיר, **אבל** י״א דאין להחמיר בזה.

יש שהקשה גם באמר תחילה לא שחטתי כלל, אם אומר עתה ששהה ודרס, מה בכך, דבתחילה רצה להכחיש את הכל, שלא יהיה איתרע ששחט שלא כהוגן, ובפרט השוחט בשכר, דיצטרך לשלם, ועתה רואה שעדים מעידים ששחט, אומר האמת ששהה ודרס, **ואפשר** שכן הוא לדינא.

ומיהו לדידיה אסורה, דהא שויא אנפשיה חתיכה דאיסורא.

יש שנסתפק בכ״מ שאמרו שויא אנפשיה חד״א, אם מדין נדרי איסור נגעו בה, ואע״פ שאינו ממש כנדר, דליתא בשאלה, אולי החמירו בו חכמים כמו בנזיר שמשון, **או** אינו אלא מדין הודאת בע״ד, **וי״א** דפשיטא ליה מלתא דמדין נדרי איסור נגעו בה, **ויש** שתמה עליו, דבדין מי שטוען שקידש את האשה, מבואר דאף היכא דלא שייך טעמא דנדרי איסור, אפ״ה אמרינן שויא אנפשיה חד״א אפי׳ כנגד עדים, **וי״א** דזהו שטות, דאיזה לשון שבועה או קונם יש כאן, או במה מתפיס, **והאם** יאמר אחד בשני בשבת שהיום שבת, יהיה אסור במלאכה מטעם נדר, **אלא** ודאי מה דאמרינן שויא אנפשיה חד״א, הוא מטעם דאדם נאמן על עצמו יותר משני עדים, **ולכך** בדבר שא״א, כגון שאומר על יום חול שהוא שבת או יו״כ, לא אמרינן שויא חד״א.

י״א דאם חזר אח״כ ואמר שקר דברתי, הואיל והעד מסייעו, מותר, **ועי״ש** שנראה שחזר בו.

וי״א דהיכי דשויא אנפשיה חד״א, דאסור אף בינו לבין עצמו, אף שיודע בעצמו שהוא מותר.

סימן א סי״ג • אמר שטרפה ואח״כ שכשרה, או להיפך

טבח שעשה סימן בראש הכבש השחוט, שיהא נראה שהוא טרפה, וגם היה אומר שהוא טרפה, ואח״כ אמר שכשר היה, ולא אמר כן אלא כדי שלא יקחו אותו וישאר לו ליקח ממנו בשר, **כיון** שנתן אמתלא לדבריו, נאמן.

ויש מקשים, דהא אם לבשה בגדים המיוחדים לנדותה, לא מהני אמתלא, **דמשום** אונס מיקרי ואמרה, אבל לעשות מעשה כולי האי ללבוש בגדי נדה, אינה לובשת, **הרי** דכל שהוא אינו דיבור אלא מעשה, לא מהני אמתלא, **ע״כ** נראה שאין להקל בפסק דשו״ע בכאן בזה, דגם הד״מ הניחו בצ״ע.

וי״א דיש לחלק, דגבי טבח לא היה באפשרי בענין אחר, **משא״כ** גבי נדה, אפשר שתאמר טמאה אני, ולא היה לה ללבוש בגדי נדות.

ואם מתחלה אמר כשירה, ואח״כ אמר שהיא טריפה:

י״א דאינו נאמן אף אם נתן אמתלא לדבריו.

וי״א דנאמן אם נתן אמתלא, מק״ו מהיכא שאומר טריפה ואח״כ נותן אמתלא.

וי״א דאף אם מתחלה כשאמר כשירה לקח ממנה בשר ומכר לאחרים, אפ״ה יש לחוש לדבריו האחרונים, ולא אמרינן בזה אין אדם משים עצמו רשע, **אלא** שזה דוקא היכא שנותן אמתלא גמורה, **אבל** אם אין האמתלא ברורה כ״כ, לא מהימן, כיון שעשה מעשה שלקח ממנה בשר, **ומיהו** אי מהימן ליה, אסור אף אם אינו אומר אמתלא כלל, **ואפשר** דאפי׳ אם אומר איני מאמינך, אלא שמאמין לו בלבו.

שוחט שהוציא ידו מריאה של גדי ואמר טריפה, ואח״ז בא שם מומחה גדול והכשיר אותה, ועתה מתנצל הראשון שמה שאמר טריפה הוא משום שאירע לו ספק בשחיטה, **י״א** שאין להעביר השוחט ההוא.

סי׳ א סי״ד • העיד ע״א או שהודה, ששחט שלא כהוגן

שוחט, שהעיד עליו עד א׳ ששחט שלא כהוגן, והוא מכחישו, **עד** אחד בהכחשה לאו כלום, ואותה השחיטה עצמה מותרת לשאר בני אדם.

וי״א הטעם, דכ״מ שהאמינה תורה לעד א׳ הוה כשנים, וה״נ האמינה תורה להשוחט שיהיה נאמן כשנים. **וכתב עוד טעם**, דמיד ששחט הוא בחזקת שחוט כדינו, ואין ע״א נאמן לאסור. **אבל להעד אסור**, דשויה אנפשיה חתיכה דאיסורא.

ויש שחולקים על השו״ע, ופסקו דאותה שחיטה עצמה אסורה לכל אדם, **דדוקא** בעדות אשה אמרינן שהוא כשנים, **אבל** בשאר איסורים הוה כחד לגבי חד בהכחשה, **ובהמה** בחייה בחזקת איסור עומדת, **ע״כ** בהמה זו שהעיד העד עליה אסורה לכל ישראל.

וי״א שגם הם לא נחלקו אלא אם לפי דברי המכחיש השחיטה אסורה מה״ת, **אבל** אם גם לפי דברי המכחיש היתה שלא כהוגן משום חומרא, כגון שהיה פחות מכשיעור, או במיעוט בתרא וכדומה לזה, שוחט נאמן.

וי״א דדוקא כשמכחישו ששחט שלא כהוגן, שמעיד על הבהמה שנשחטה שלא כד״ת, **אבל** אם השוחט אומר בשעה פלונית שחטתי בהמה זו, ועד אחד מכחישו ואומר לא שחטת בהמה זו, כי כל שעה פלונית לא זזה ידי מידך, הראשון נאמן.

והעד עצמו מותר לאכול מכאן ולהבא, דלא שייך לומר דשויה אנפשיה חתיכה דאיסורא במכאן ולהבא, דהא אפי׳ אם יהיה כדברי העד, מ״מ אין מוחלט ליפסל עולמית בשביל כך, ולכל הפחות אם ילבש שחורים ויעשה תשובה המוטלת עליו, חוזר הוא לכשרותו, **ונמצא** דלא שויה אנפשיה חד״א בעדותו כלל, כיון דהדבר תלוי במחשבת השוחט אם להרע אם להיטיב במכאן ולהבא, ושמא עשה תשובה.

וי״א דאין סברא זו נראית, אלא מטעם דאף בודאי שחט שלא כהוגן, לא אמרינן אלא דמעבירין אותו, אבל שחיטתו אינה נפסלת, כמ״ש ס״ב בהג״ה – גר״א.

ומ״מ הכל לפי מה שהוא אדם, שאם אותו שוחט כבר נכשל בדבר הבדיקה, מעבירים אותו לגמרי כיון שיש רגלים לדבר.

שוחט שנפל למשכב, ושלח לקרוא את הרב, ואמר לו שרוצה להתוודות על חטאיו, ואיש לא היה עמהם בחדר, ואמר השוחט דרך ווידוי שסמוך לחליו מצא ה׳ פעמים הסכין פגום אחר שחיטה והכשיר, ובתוך יומים עמד השוחט מחליו ורוח אחרת עמו, ומכחיש את הרב ואומר לא פעלתי און ולא התוודה כלל, ומעולם לא מצא הסכין פגום אחר שחיטה.

יש בזה ב׳ שאלות: **א׳**, אם השוחט היה נאמן במה שהודה, **ב׳**, אפי׳ אם היה נאמן, אכתי כיון דליכא עדים בדבר רק הרב, והשוחט מכחישו, אם הרב נאמן.

ויש שמצדד דאין השוחט נאמן במה שהודה, כיון שהוציא הבהמות מתחת ידו בחזקת כשרות, והיה נאמן ע״ז כשנים,

ושוב מה שחזר בעת חליו ואמר שמצא פגימות אחר שחיטה, לא הוי רק ע"א דעלמא ואינו נאמן, **ואפי'** לדעת האחרונים שחלקו על השו"ע, היינו דוקא אם באים שניהם כאחד, או שהעד האוסר בא מקודם, **אבל** כשהשוחט המתיר בא מקודם ונתקבלו דבריו, לכו"ע אין ממש בדברי העד הבא אח"כ לומר שלא שחט כראוי.

אמנם מסיק דליתא, ואדרבה גרע טפי מנדון של השו"ע, דשם השוחט עומד בדבורו, ויש לנו עדיין עדותו הנחשב כשנים, ואין ביד אחד להכחיש אותו, **משא"כ** בנידון דידן שהשוחט בעצמו חוזר בו, **ועוד** דיש רגלים לדבר להאמין לדבריו האחרונים הואיל והתוודה זה בחליו ואמר דרך תשובה, **וגם** אין אדם משים עצמו רשע לא שייך בזה.

וי"א דכיון שאמרו דרך וידוי, ומכ"ש שאמר כן בשעת חליו שסבר שהולך למות, דאין אדם מכזב בשעת מיתה.

ולענין אם הרב נאמן נגד השוחט, י"א דנאמן אף לדעת השו"ע, דהא דע"א בהכחשה לאו כלום הוא, היינו דוקא בע"א דעלמא, **אבל** הרב שנתמנה מהקהל להשגיח על כל דבר איסור והיתר, וביחוד על השוחט, פשיטא דנאמן.

וי"א דבכל זאת לא נחשד אלא במה שאמר שהקיל בפגימה אחר שחיטה, אבל לא נחשד ששחט בתחלה בסכין פגום, **וכיון** שכן וכל הסכינים הן בחזקת בדוקים, א"כ אע"פ שאמר שכמה פעמים מצא סכינו פגום אחר שחיטה, עכ"פ מיעוטא הוא שימצא סכין בדוק פגום אחר שחיטה, **וא"כ** יש להקל בבשר ושומן הנשאר ולומר מרובא פריש ודהיתרא הוא.

וכיון דפגימה דלאחר שחיטה בלא"ה כעין ס"ס הוא, והכא איכא נמי רובא דהיתרא, **ע"כ** אי איכא הפ"מ למכור לעכו"ם, יש להקל, **ומיהו** בעל נפש יחוש לעצמו.

אמנם הכלים דבודאי נתבשל בהם איסור, דהרי כל בהמה נתחלקה לכמה בני אדם, וכמה פעמים נמצא סכינו פגום, ולא ימלט שנזדמן בבית כל א' פעם אחת חתיכה דאיסורא, **ע"כ** יש להטריף כל כלי ראשון, **וגם** כל כלי שני את שאפשר בהגעלה יגעילו, **וכלי** חרס דכלי שני ישהה מעל"ע.

ולענין תשלומין יראה להקל מעל בעלי התשובה, **ומ"מ** מכאן ואילך לא ישחוט בלי עומד על גבו זמן רב, עד שיפורסם צדקתו בבירור גמור.

§ סימן ב – אם שחיטת עובד כוכבים ומומר כשרה §

סימן ב ס"א • שחיטת עכו"ם

שחיטת עכו"ם נבלה, מדאורייתא, ואפי' הוא קטן די"ל דאין מחשבתו לע"ז, ואפי' יודע לאמן ידיו והוא מומחה, דבכה"ג בקטן ישראל כשר, בעכו"ם הוי נבלה, **ואפי'** אינו עובד ע"ז, כגון גר תושב שקבל עליו ז' מצות, ואפי' אחרים רואין אותו.

והרמב"ם פי' הטעם, שנא' וקרא לך ואכלת מזבחו, מאחר שהזהירה תורה שמא יאכל מזבחו, אתה למד שזבחו אסור, **ודוקא** שחיטת כותי שאינו עכו"ם הוא דהוי מדרבנן, שגזרו משום שפעם אחת מצאו להם דמות יונה שהיו עובדים אותה, **אבל** שחיטת עכו"ם אפי' אינו עובד ע"ז, אסור מדאורייתא.

וי"א דעכו"ם שאינו עובד ע"ז, שחיטתו אינה אסורה אלא מדרבנן, **וכתבו** כן לפי ספרי הרמב"ם שנדפסו בויניצאה, **אבל** נוסחא מוטעת היא, **ואפי'** ישראל מומר לכל התורה חוץ מע"ז ושבת, שחיטתו אסורה מן התורה, לקמן ס"ה, **(וי"א** דהוא רק מדרבנן), **וכ"ש** עכו"ם שאינו עובד ע"ז.

וכתב הרא"ש ע"ז: ואינם דברים של טעם, דדלמא דוקא מה שזבח בתוך בית גוי אסור, הא מה שזבח בתוך בית ישראל שרי, **אלא** הטעם דכתיב וזבחת ואכלת, אותו שהוא בר זביחה אכול מזבחו.

וי"א דנ"מ בין הטעמים, לענין ישראל שאינו מומר להכעיס ולא לתיאבון, רק שאינו חושש בזביחה, **שלהרמב"ם** אין איסור בזה כשאחרים רואין ששחט שפיר, שלא הקפידה תורה אלא על זבח שזובח עכו"ם, דבזה לא מהני אחרים רואין, **אבל** לרא"ש כל שאינו בר זביחה, דהיינו שאינו חושש בהל' שחיטה, לא מהני אפי' כשאחרים רואין, ע"ל ס"ה.

אבל י"א דגם הוא מקרי בר זביחה, כיון שעכ"פ נצטווה בזביחה, **והנ"מ**, דלהרמב"ם הוה גר תושב מותר, כיון שיצא מכלל העמים, ואינו אסור אלא מדרבנן, **אבל** להרא"ש אסור גר תושב אפי' מן התורה.

סימן ב ס"ב(1) • שחיטת מומר לתיאבון

מומר אוכל נבלות לתיאבון (כי לא משכח כשר), ישראל בודק סכין ונותן לו, ומותר לאכול משחיטתו, דלא שביק היתירא ואכיל איסורא, אלא דלא טרח להדורי בתר סכין יפה אם זו פגומה, ולכך כשבודק סכין ונותן לו, מותר אפי' לכתחלה, דמסתמא ישחוט יפה ולא ישהה ולא ידרוס.

ואפי' ישחוט בינו לבין עצמו, **ואפי'** לא יאכל הוא ממנו תחלה, **והוא** שיודעין בו שיודע הל' שחיטה, דאל"כ לא אמרינן ביה רוב מצויין אצל שחיטה מומחין הן, ואפי' דיעבד, **וצריך** לבדקו תחלה קודם שחיטה אם הוא מומחה, ואין ליתן לו על סמך שיבדקנו אחר שחיטה, דומיא דסכין דבסמוך.

ופסק ב"י, דכשבדק הסכין קודם שחיטה, א"צ לבדקו אחר השחיטה אפי' לכתחלה, **וכתב הש"ך** הטעם, דאמרינן שמסתמא בדקו המומר ומצאו יפה, **אבל** אי ידעינן בודאי שלא בדקו לאחר שחיטה, צריך לבדוק לכתחלה, דלא עדיף מישראל כשר דצריך לבדוק לכתחלה גם לאחר שחיטה, **אבל י"א** דיש לבדוק הסכין לאחר שחיטה ג"כ לכתחלה, דחיישינן שמא בעור נפגם, דכל מאי דאפשר למיבדק בדקינן, **וכן** עיקר, **אבל** בדיעבד פשיטא דכשר אף אם לא בדק לאחר שחיטה, דלא גרע מנאבד הסכין לאחר שחיטה דכשר, דכיון דבדקו קודם שחיטה, מוקמינן ליה אחזקתיה.

והט"ז כתב, דכשהסכין לפנינו תכף אחר השחיטה, כו"ע לא פליגי דצריך בדיקה, דזה פשוט דבדיקת מומר לא מיקרי בדיקה, **והמחלוקת** הנ"ל היינו באם נותן לו הסכין יפה והוא הולך ביחידות למקום אחר, ושם ישחוט באופן דלא יבא הסכין עוד לפנינו, **דהב"י** ס"ל דמותר, דהא בדיעבד גם בישראל כשר ששחט ונאבד הסכין, כשר, דכל כמה דלא הוה ריעותא לפנינו בסכין אחר השחיטה, אמרינן דלא אירע לו שום פסול, ומוקמינן הסכין אחזקתו הראשונה שהיה בדוק,

ואע"פ דכאן עושין כן לכתחילה, מ"מ הוה כדיעבד מאחר שהוא הולך לשחוט במקום אחר.

ואם לא בדק לו סכין תחלה, אסור לאכול משחיטתו, (**וי"א** דאם יש לפניו משחזת, דליכא טירחא כולי האי, מותר), **עד** שיבדקנו בסוף, **ואז** הוא נאמן לומר שבסכין זה שחט, ולא חיישינן שמא בסכין פגומה שחט, ולאחר שחיטה נזדמן לו זה, **ודוקא** בשעה או בשתים שלא היה לו פנאי ללכת לדרכו ולמצוא אחרת בשוק, **אבל** כשהיה לו פנאי יום או יומים, בזה אין סומכין עליו, **ואף** בשעה או בשתים יש להחמיר, **אבל** אם באנו בגמר שחיטה, או שהיו לפניו ב' וג' בהמות שחוטות, ועדיין הוא שוחט והולך, **כיון** שהוא מתעסק עדיין בשחיטה וסכינו בידו, אמרינן בודאי בזו שבידו שחט הכל.

ואין ליתן לו לכתחלה לשחוט, אפי' כשר עומד על גביו (דישראל מומר לא מירתת, כי הוא סבור שלא יבדקנו אחריו לפי שמחזיק עצמו בישראל), בלי שיבדוק לו כשר את הסכין תחלה, על סמך שיבדקנו בסוף, **דכיון** דאילו שכח ולא בדק הסכין לא בתחלה ולא בסוף, אפי' בדיעבד איסורא קאכיל, חיישינן שמא ישכח ולא יבדוק אחר השחיטה **ויאכל** משחיטתו, **משא"כ** לעיל ר"ס א' דמותר ליתן לו לכתחלה לשחוט על סמך שיבדקנו בסוף אם הוא מומחה, **דהתם** אפי' אם לא יבדקנו בסוף, בדיעבד לאו איסורא קאכיל, דרוב מצויין אצל שחיטה מומחין הן.

וי"א דהכא חיישינן שמא יחשבו הרואים שאין אנו צריכין לבדיקתו, וימסרו לו ולא יבדקו אחריו, **וי"א** דלפי"ז אפי' בדק הסכין בינו לבין עצמו, לא יתננו לו בפני הרואים, אא"כ יחזור ויבדקנו בפניהם, **וה"ה** אם אומר בפני הרואים בדקתי סכין זה, מותר ליתן לו.

וקשה, דהא לקמן סי' י"ח כתב, דאפי' ישראל כשר כששוחט צריך לבדוק הסכין בתחילה קודם שחיטה, **והטעם**, דחיישינן שמא ישכח מלבדוק אחר השחיטה, **וי"ל** דקמ"ל הכא, דהו"א דבמומר דנסמוך אבדיקתו שהוא יבדקנו, **קמ"ל** דחיישינן שמא ימצאנו פגום ואפ"ה ישחוט בו, דלא טרח לתקנו.

וי"א עוד לתרץ, דבישראל כשר לא הוי טעמא שמא ישכח מלבדוק, **אלא** שמא יהיה פגום ויברך ברכה לבטלה, **ע"כ** אם שומע ברכת השחיטה מפי אחר, א"צ לבדוק, **ואינו** מוכרח, וגם הגמ' אינו משמע כן.

והט"ז כתב לפי שיטתו לעיל, דהו"א דכאן הוה כדיעבד, וכיון דאין לנו סכין בדוק ליתן לו קודם השחיטה, מותר לומר לו: זיל שחוט בסכין שלך, ותבא אותו אלינו, קמ"ל.

סימן ב ס"ב(2) • שוחט שהוציא טריפה מתחת ידו

כתב הרמ"א, מי ששחט, והוציא טריפה פעם אחת מתחת ידו, אם לא הוחזק בכך, מותר לאכול אח"כ משחיטתו. **משמע** אפי' ידוע בודאי בפעם הזה שהוציא טרפה, אין מעבירין אותו, ודין זה למדו הרמ"א ממהרי"ק.

וכתב הש"ך שבמהרי"ק גופיה כתב להיפך, דכתב: עד א' שהעיד על השוחט ששחט טרפה, והוא מכחישו, אינו נאמן עליו, **ואפי'** הוא עצמו מותר אח"כ לאכול משחיטתו, שאפי' אם יהיה אמת כדברי העד, מ"מ אין מוחלט ליפסל עולמית בשביל כך, ולכל הפחות אם ילבש שחורים ויעשה תשובה המוטלת עליו, חוזר הוא לכשרותו, ונמצא דלא שויה אנפשיה חד"א בעדותו כלל, כיון שהדבר תלוי במחשבת השוחט אם להרע אם להיטיב, ע"כ. **משמע** להדיא, הא כל שלא עשה כן, פסול, אם יהיה אמת כדברי העד, **וכשידוע** לנו בודאי שהוציא טרפה מתחת ידו, פשיטא שאסור לאכול משחיטתו עד שיעשה תשובה הראוי לו, **וכן** משמעות כל הפוסקים.

וצ"ל דמ"ש הרמ"א מי ששחט והוציא טרפה, היינו שאין הדבר ברור שהוציא טרפה, אלא שיש לחוש שהוציא טרפה, כגון שהעיד עד אחד וכה"ג, **ודוחק**, וצ"ע.

ולפי הגר"א לעיל סוף סי' א', ס"ל להרמ"א בטעם דינו של מהרי"ק, דאף דבודאי שחט שלא כהוגן, לא אמרינן אלא דמעבירין אותו, אבל שחיטתו אינה נפסלת, **ואף** שמהרי"ק לא כ"כ, אלא שמא עשה תשובה, אין דבריו נראין להרמ"א.

ושיטת העס"ז דוקא כשראו ב' עדים שהוציא טרפה מתחת ידו, אז אמרינן כיון שחציף כולי האי ולא נזהר בפני עדים, חשדינן ליה ומעבירין אותו, **אבל** שלא בפני עדים כגון שפיו הכשילו, ומתוך דבריו נודע שהוציא טרפה, אין מעבירין אותו, **ולא** נהירא.

וכתב רמ"א, ומ"מ דנין בזה לפי ראות עיני הדיין באדם השוחט, אם כבר נכשל ורגלים לדבר, מעבירין אותו.

יש שנסתפק במי שהעבירוהו מהיות שו"ב ע"י עד א' עם קצת רגלים לדבר, (או אפי' העבירוהו ע"פ ב' עדים), ומ"מ יודע בעצמו ששקר ענה בו, (ואפי' אמת הוא שנכשל, יודע ששוגג היה), **אם** רשאי לשחוט בביתו, או בבואו למקום אחר שאינם יודעים מה שנעשה לו.

שוחט שבדק, ושאל אותו השוחט הזקן: וויא איזט, והשיב: בייא מיר איז עס גוט כשר, ובאמת נמצא טריפה, ונראה שלא בדק הריאה כהוגן, **י"א** דמה ששוחט עופות אח"כ אין חשש לאסור, דהחשוד לאיסור דרבנן אינו חשוד לאיסור תורה, וכיון שלא נחשד רק שאינו בודק הריאה כהוגן, אין כאן רק איסור דרבנן, דמה"ת נשחטה הותרה גם בבהמות, **וגם** יש להקל עליו שלא לדחותו לגמרי, מאחר שהשיב: בייא מיר וכו', נראה כוונתו שלדעתו הוא טובה כשירה, אבל אינו רוצה לסמוך על דעתו, דאל"כ היה לו להשיב בקיצור, **ואין** להעבירו רק על חודש או ב"ח, ואח"כ יתוודה על פשעו ויקבל עליו שיזהר היטב בבדיקת הריאה, **ועכ"פ** שנה תמימה לא יסמוך על בדיקת משמוש היד בפנים, רק יוציא הריאה לחוץ עד שירגיל היטב, ואז יהיה הנהגתו כשאר השוחטים.

ויש שפקפק על דבריו, דאטו בשחיטת עופות לא משכחת איסורא דרבנן, כגון שהייה במיעוט בתרא וכיוצא בו, וגם בבדיקת סכין איכא חומרי דרבנן ויראת שמים ומתון, וזה חשוד לאותו דבר באיסורא דרבנן.

שוחט אשר רבים מרננים עליו שהוציא כמה טריפות מת"י, ואינם רוצים להעיד בפני ב"ד, ואח"כ המה בעצמם אוכלים מבדיקתו מכאן ואילך, **י"א** דא"צ למחות בידם ולא לעורר אותם כלל שלא לאכול, אפי' אם היו בפסול שחיטה, ומכ"ש בפסול בדיקה דקיל טובא, **אמנם** אם אפשר לכופם שיבואו לפני ב"ד ויעידו, מה טוב, ובלבד שיהיו אנשים מהוגנים.

אם בעוד שלא הוציא הבהמה מתחילה בחזקת כשרות, באו עדים ששחט שלא כהוגן, והוא מכחיש אותם דשחט כהוגן, **י"א** דבזה לא נפסל, די"ל דאינו רוצה להאכיל טריפות, אלא כיון דיודע דאין מתירין ע"פ דבורו, כיון דעדים מכחישים אותו,

מש"ה הכחיש אותם להחזיק עצמו לאומן שלא קלקל בשחיטתו, ואילו לא באו העדים, באמת לא היה אומר על הבהמה שהיא כשרה, **ובפרס** באם בתחילה בא עד א' ששחט שלא כהוגן, והכחיש אותו דשחט כהוגן, ואח"כ בא עוד ע"א ומצטרף עם הראשון שמעיד שלא שחט כהוגן, **לשיטת** המהרש"ל דבע"א בהכחשה הבהמה אסורה, י"ל דהא דהכחישו, כיון דידע דאין מתירין עפ"י דבורו, כיון דיש ע"א המכחישו, מש"ה הכחיש אותו שלא יצטרך לשלם אם הוא בשכר, דלגבי ממון הוא נאמן נגד העד.

סימן ב ס"ג • מומר לתיאבון ונשבע ששחט בסכין יפה

מומר לתיאבון ששחט, אפי' נשבע ששחט בסכין יפה, **אינו** נאמן, שהרי הוא חשוד על השבועה לגבי אותו דבר, מפני שהוא מושבע ועומד מהר סיני.

וי"א דתימה מחו"מ, דאין פסול לעדות אלא בעובר עבירה שיש בה מלקות, ובעובר על השבועה אמרינן שם דפסול, ואפי' בעובר על החרם, **ולפי** מש"כ הכא, דבכל עבירה אמרינן דעובר על מה שמושבע מהר סיני, היה לנו לפסול כל העובר עבירה ואפי' אין בה מלקות.

וי"א דלא קשה מידי, דהכא דהוא חשוד לאותו דבר, גרע טפי, **ועוד** דממונא מאיסורא לא ילפינן.

סימן ב ס"ד(1) • מומר לתיאבון ששחט ויש עמו סכין יפה

מומר לתיאבון ששחט בינו לבין עצמו, ויש עמו סכין יפה ושאינו יפה, ואומר שביפה שחט, נאמן, **והיינו** בשידעינן שאלו הסכינים היו עמו בשעת שחיטה, דלא שביק היתירא ואכל איסורא, **אבל** אם אחר השחיטה מצאו אלו הסכינים אצלו, דינו כמו שנתבאר בס"ב(1) ע"ש.

והא דבעינן הכא אמירת המומר:

י"א דאה"נ דמהימנינן ליה אפי' אינו אומר כלום, אלא משום דכל היכא דאיכא לעמוד על הדבר ולברר טפי, מבררינן.

וי"א דכאן מיירי דלא ידעינן אי היו בידו שני הסכינים בשעת השחיטה, בזה סמכינן על אמירתו, דהרי עכשיו יש חזקה דהיתירא לפנינו, אבל בלא אמירתו לא סגי בזה, **וקשה** דמה מהני אמירתו, הא אין לו נאמנות, **והעיקר** תלוי באם ידוע לנו שהיתה סכין זו היפה ידוע לו, דאל"כ יש לחוש שמא בשעת שחיטה לא ידע ממנו.

וי"א דאין זה נאמנות גמורה, אלא אנו אומרים כאן נמצא כאן היה, וע"כ אנו סומכין עליו במקצת ענינים, כיון דסכין בדוקה אצלו לפנינו כו', ואינו אומר אחר יום או יומים אלא לשעתו, ואפי' לאחר שעה כל שסכין יפה בידו סמוך לשחיטתו, **וגם זה תמוה**, דודאי לא מצד נאמנות אנו מתירים כלל, אלא כיון שהרוב הוא כן, וא"כ אפי' לא אמר כלום נאמן, כיון שיש לו סכין בדוק לפנינו.

סימן ב ס"ד(2) • נמצא בשר בידו ויש מומחין בעיר

ואפי' אם נמצא בשר ביד המומר, אם יש מומחין בעיר, נאמן לומר: מומחה שחט לי.

וי"א דבעינן דוקא שיאמר מומחה פלוני שחט לי – ש"ך וט"ז.

והא דבעינן הכא אמירת המומר:

י"א כנ"ל, דבזה סגי במה שמצינו עכשיו מומחין בעיר, ולא חיישינן שמא היה הבשר הזה קודם שהיו מומחין בעיר, **וקשה** כנ"ל, מה מהני אמירתו.

וי"א כנ"ל דיש ט"ס, וצ"ל פלוני מומחה, דהיינו שמזכיר שמו, ואז מרתת לשקר שמא ישאלוהו ויתפס בשקרו, **אבל** סתם מומחא לא, ולא מהני בזה לא שביק היתירא כו', דמומחה לא שכיח כ"כ. **ותימה** דא"כ אפי' בעכו"ם נמי.

ועכ"פ יש מכשול לפני המעיין בזה בטור ושו"ע, שלא הצריכו רק שיאמר סתם מומחה שחט לי, **ובאמת** אין לנו היתר אלא באומר פלוני מומחה, ומזכיר שמו דוקא.

ויש שהקשו, דבפלוני שחט לי סתם תסגי, כיון דמאמינים לו דפלוני שחט, שוב דנין על אותו פלוני דהוא מהרוב מצויין אצל שחיטה מומחים הם.

וי"א דאינו מותר זה רק בבהמה שחוטה בידו, ואמר פלוני מומחה שחט לי, בזה שייך לומר דמרתת, **ולא** חיישינן שמא בהמה אחרת שחט לו אותו מומחה ולא בהמה זו, **דמ"מ** מרתת אולי ישאלו לפלוני ויראה לו אותה בהמה ויכיר בטביעות עין שאינה זו ששחט, **אבל** בחתיכת בשר בידו, ואמר שזהו מבהמה ששחט לו פלוני מומחה, לא מהני, דשמא באמת שחט לו אותו מומחה איזו בהמה, אבל זה הבשר לאו ממנה, ולא שייך דמרתת כיון דא"א להתברר.

משמע דעת המחבר דאין חילוק בין בשר עוף לבהמה, ולעולם אם יש מומחה בעיר, נאמן לומר מומחה שחט לו, **וי"א** דבבהמה לא מהני מומחה, **וזה** אינו.

וגבי בהמה אם יש מקולין ישראל, נאמן לומר מן המקולין שחוטה לקחתיה, **ודוקא** שהיה מצוי באותו יום בשר שחוטה כ"כ בזול כמו נבלה.

סימן ב ס"ה • אלה יש להם דין עכו"ם

<u>**מומר להכעיס**</u> אפי' לדבר א', ואפי' בפעם א', ואפי' נמצאת סכינו יפה, דינו כעכו"ם ממש, ושחיטתו נבילה מדינא.

ודלא כהב"ח שכתב דשחיטתו אינה אסורה אלא מדרבנן ואינה נבילה, בלא ראיה, **וי"א** כהב"ח.

שיטת רש"י, דמועד לנבל בידים.

שיטת הרא"ש, כיון שאינו חושש לזבוח, לא קרינן ביה וזבחת ואכלת.

שיטת הרמב"ם, דמומר להכעיס הוי אפיקורוס, ואפיקורוס הרי הוא כעכו"ם ושחיטתו נבילה.

ויש שנסתפק אם אפילו במצות עשה הדין כן, או דוקא שעובר להכעיס בקום ועשה.

<u>**מומר לע"ז**</u> ואפי' בצנעה, ואפי' רק פעם א', (דכן הוא העיקר), הוי מומר לכל התורה, ודינו כעכו"ם.

מיהו בשוחט לע"ז אין שחיטה זו אסורה משום שחיטת מומר, שאינו נעשה מומר אלא עד גמר השחיטה, **אלא** משום שוחט לע"ז, כדלקמן בסימן ד'.

<u>**מחלל שבת בפרהסיא**</u> אפי' פעם א', הוי מומר לכל התורה, ודינו כעכו"ם. **י"א** דפרהסיא היינו בעשרה מישראל.

מיהו בשוחט בשבת, אין שחיטה זו אסורה משום שחיטת מומר, שאינו נעשה מומר אלא עד גמר השחיטה, אלא משום שוחט בשבת כדלקמן בסי' י"א.

י"א דאפי' עובר על איסור דרבנן, **ויש** חולקים, דאינו מומר לכה"ת עד שיחלל באיסור דאורייתא, **ואף** אם עבר על לאוין דשבת וע"ז, לא הוי מומר לכה"ת עד שיעבור על מיתות ב"ד.

<u>מומר לכל התורה</u> אפילו חוץ משתים אלו, דינו כעכו"ם.

<u>מי שאינו חושש בשחיטה</u> ואוכל נבלות בלא תיאבון, כתב הרמ"א, דאע"פ שאינו עושה להכעיס, דינו כמומר להכעיס, **וזהו** כשיטת הרא"ש הנ"ל, דיליף מזובחת.

אבל לדעת הרמב"ם הנ"ל, דוקא להכעיס שנקרא מין.

סימן ב ס"ו(1) • מומר לאחד משאר עבירות

מומר לאחד משאר עבירות, א"צ לבדוק לו סכין, דגבי שחיטה הוא כישראל.

ולרמב"ם צריך, דכיון דחזינן דפוקר בשביל תאותו בא' משאר עבירות, חיישינן שמא פוקר שלא לקיים שום מצוה כהלכה.

ומשמע דאפי' בדיעבד, דהיכא דלא בדקו לו הסכין לא בתחילה ולא בסוף, שחיטתו אסורה, **וי"א דדוקא לכתחלה** הצריך הרמב"ם בדיקת סכין, אבל בדיעבד שחיטתו כשרה.

וי"א דהיכא דהוה ס"ס, ספק אם נתן לאחר לשחוט, ואת"ל הוא שחט שמא בדק הסכין יפה תחילה, כשר, דרק בחד ספק מחמיר הרמב"ם.

ודוקא במומר לעבירה, והיינו שהוא מועד, דהיינו שעשאו בפרהסיא או כמה פעמים, **אבל** מי שהוא פסול לעדות בעבירה מעבירות של תורה, והיינו שלא עבר אלא פעם אחת, ואינו מועד, א"צ לבדוק לו סכין, אפילו להרמב"ם.

ש"ך ושוחט שבא ואמר במותב הקהל והרב אב"ד שבא על אחות אשתו, ואמנם ביום שאחריו רוח אחרת עמו שלא אמר כן אלא מטעם אחר, **י"א** דאף אם נניח שדבריו האחרונים אמת, מ"מ איש בזוי ומבוזה אשר בשביל אמתלא קטנה הוא מחציף לומר על עצמו בננפני קהל אלופי ישראל ובפני הרב אב"ד שעבר אאיסור כרת דעריות, **שאפי'** אם דרך תשובה אמר הו"ל חצוף, מכ"ש שאינו רק ע"ד ההודאה, **ואיך** יהיה נאמנות לאדם כזו, ומה יעשה אם יארע לו הפסד בממונו או בכבודו, **הכלל**, שבזוי כזה פסול לעדות, ואיך יעיד על שחיטה ובדיקה, **ואין** הדעת סובל להעמיד בזוי כזה לפני התיבה, ומכ"ש להאמינו על שו"ב.

סימן ב ס"ו(2) • חשוד לאכול נבלות

וכתב רמ"א בשם הב"י והרמב"ם, מיהו אם הוא פסול לעדות משום שאכל נבילות, אע"פ שאינו מומר לכך, כיון שהוא חשוד לאכול נבלות, דינו כמומר לכך.

והכסף משנה כתב בשם הרמב"ם, דדוקא כשהוא מומר ורגיל בכך אז צריך בדיקת סכין, אבל לא בפסול לעדות.

וכתב הש"ך, דהכ"מ איירי בשל אחרים, **והב"י** מיירי בשל עצמו, **ולישנא** דהרמ"א שכתב "דינו כמומר לכך", אינו מדוקדק כ"כ לפי"ז.

ויש שמתמיה על הש"ך, דהא דחשוד נאמן בשל אחרים, דוקא אם אינו מתנגד לחזקה, **אבל** לא בשחיטה דאיכא חזקת אבר מן החי.

ויש שהסכים עם הש"ך, והטעם, דאינו נחשד אלא כשחייש להפסד ממון עצמו לכשיתנבל בידו, דלא יפרוש מאיסורא, **אבל** לטרחת גופו לא נחשד, ע"כ נאמן לשחוט של אחרים בלי בדיקת סכין.

שוחט שהתודה בחליו, שזה כמו ד' שנים כשעומדים ואצים עליו למהר לשחוט בין בעופות בין בבהמות, פעמים הרבה הרגיש בפגימה שבסכין קודם שחיטה ושחט בו כי מיהרו עליו, ולא אימץ לבו נגד יצרו לעכב האנשים, **י"א** דודאי אם היה נודע זאת עפ"י עדים, הוה כל מה ששחט בחזקת איסור שאינו זבוח, **אע"ג** די"ל דאינו אלא עובר עבירות לתיאבון שלא להתבייש בפני העומדים ומלעיגים עליו שמאריך בהשחזת הסכין, אבל לעולם רובא דרובא השחיז סכינו יפה בינו לבין עצמו כדי שלא יבא לידי כך, **מ"מ** מאחר שעשה כן כמה פעמים והוא רגיל לכך בזה, אפי' אם רק עובר לעצמו לאכול נבלות, שחיטתו פסולה אפי' בדיעבד לאחרים, דכיון דדש ביה שוב לא טרח, מכ"ש הכא שהוא מועד להאכיל נבילות לאחרים משום בושת, שוב לא טרח, וכל מה שכבר שחט בחזקת איסור, **אך** בנ"ד שאין שום עדות, רק הוא מעיד על עצמו, אף אם נניח כקצת אחרונים שבהודה דרך ווידוי נאמן, **מ"מ** הפה שאסר, אותן ששחט בסכין פגום, הוא הפה שהתיר, אותן שלא עמדו עליו אנשים ולחצוהו, שהיה הסכין מתוקן, נמצא עכ"פ הרוב נשחט כהוגן, וכל דפריש מרובה פריש, ואין לאסור השומן, **וכן** הכלים של מקומות אחרים שלא לקחו מאותו המקום רק שומן באקראי, אין לאסור למפרע, **ובפרט** שגם זה אינו ברור אם נאמן, **אבל** הכלים של אותו המקום, ודאי דאסורים כל כלי ראשון.

סימן ב ס"ז • מומר לערלות

מומר לערלות, דינו כמומר לעבירה אחת. **ואם** אינו ערל אלא מפני שמתו אחיו מחמת מילה, (כשהיו גדולים, או ביום השמיני אבל ראו שנבלע בהן דמן, דאל"כ אמרינן שמא עדיין לא נבלע דמן ולכך מתו), **הרי** הוא כשאר ישראל כשר, **והיינו** בשגם עכשיו שהוא גדול, אינו מניח למול מיראתו פן ימות גם הוא כאחיו, **אבל** אם אין שם יראה ואפ"ה אינו מל, הו"ל מומר לערלות.

סימן ב ס"ח • כותי האידנא

כותי האידנא, לאחר שגזרו בזמן התלמוד עליהם, דינו כעכו"ם.

סימן ב ס"ט(1) • צדוקי ובייתוסי

צדוקי ובייתוסי, (שאינם מאמינים בתורה שבע"פ), שחיטתן אסורה, **אא"כ** שחטו ואחרים עומדים על גביהם.

וגם צריך שיבדקו להם הסכין. **וצ"ע** מנ"ל הא, **ולא** דמי לישראל מומר, לפי שיודע שאין ישראל סומך עליו, וירא שמא יבדוק הסכין אחריו, הלכך נזהר מלשחוט בסכין פגום, **אבל** ישראל מומר לא מירתת שלא יבדקו אחריו, לפי שמחזיקים אותו בישראל.

י"א דצריך שיהא ג"כ מומחה, **ותמהו** עליו, כיון שישראל עומד ע"ג ל"ל מומחה, דלא גרע מקטן שיודע לאמן ידיו לעיל סי' א', **וי"ל** דא"צ שיהא מומחה רק כשישראל יוצא ונכנס, דדלמא לאו אדעתיה דישראל, ואיהו לא ידע שזהו אסור לישראל דלירתת מיניה.

ואין להקשות והא לאו בר זביחה הם, **דהא** הוחזקו במצות שחיטה.

י״א דאפי׳ חותך כזית בשר ונותן לו, לא מהני כששחט בינו לבין עצמו, **משום** דהא שחיטה לא כתיבי, וכל דלא כתיבי קי״ל דאע״ג דאחזוק לא סמכינן עליה.
אבל י״א דחותך כזית בשר ונותן לו מהני כשיאכל הוא עצמו, **דקי״ל** כיון דאחזוק אחזוק.

מיהו כל זה מדינא, אבל י״א דהיינו דוקא בצדוקים ובייתוסים שבזמן הקודם, שהיו להן כמה מדות טובות, **אבל** באלו הקראים שבזמן הזה שקלקלו מעשיהם, וגם אין אוכלים משחיטת ישראל, שחיטתן אסורה אפי׳ ישראל עומד ע״ג, וראה ששחט יפה.

סימן ב ס״ט(2) • מסור

מסור דינו כמומר ושחיטתו פסולה, **י״א** דדינו כמומר לכל התורה כולה, **וי״א** דדינו כמומר לתיאבון. **ויש** מכשירין.

סימן ב ס״י • עשה הפסול מקצת השחיטה

התחיל פסול לשחוט, וגמר הכשר, **או** שהתחיל הכשר וגמר הפסול, פסולה.

בד״א שהתחיל הפסול בדבר שעושה אותו נבלה, כגון בוושט או ברוב הקנה, **או** ששחט הכשר חצי הקנה, והשלימו הפסול לרובו. **אבל** אם התחיל הפסול בחצי קנה וגמר הכשר, כשרה.
ואע״ג דקי״ל דשהייה אפי׳ במיעוט קמא דקנה טרפה, **מ״מ** משכחת לה להאי דינא היכא דתפס הקנה לבדו בידו, דכשר אפילו לדידן דלא בקיאינן בבדיקת הוושט, **דהא** דפסלינן, היינו משום דחיישינן לנקובת הוושט, **משא״כ** הכא דתפס הקנה לבדו בידו, ואמר ברי לי שלא נגעתי בוושט.

אבל אם שחט הכשר הרוב, ושחט אח״כ הפסול, כשר.
ויש מקשים, והא כי היכי דשהייה פוסל במיעוט בתרא, ה״נ שחיטת הפסול תפסול במיעוט בתרא, **ותירץ** דכששחט הישראל הרוב, אז נגמר השחיטה, ומה ששחט הפסול אח״כ, כאילו חתך ברגל, שאין זה מצטרף לשחיטה.
ויש שתירץ, דהא אין הפסול פוסל אלא כשעושה מעשה טרפה, והלכך אחר שנשחט הרוב תו לא מיטרפא, **אבל** בשהייה לא נפקא לן מידי במעשה טרפה, אלא כיון דשחיטה שייך במעוט בתרא ושהה וחזר ושחט, הו״ל שהייה.

והטעם דלא פסלינן הכא משום שהייה, י״א משום דהכא איירי בעכו״ם, וי״ל דאין בו שהייה, **אבל** בישראל חברו אה״נ דפוסלת, **וי״א** דאפשר דהכא מיירי בדלא שהה שעור שהייה, או בדליכא שהייה אפי׳ משהו, **אבל** אה״נ דבשהייה אין חילוק בין הוא לאחר, ואה״נ היכא ששחט העכו״ם המיעוט בתרא אחר שעור שהייה, אפשר דפסולה.

י״א דדין המחבר הוי ג״כ כשהפסול ששחט הוא מין.
והקשו עליו, והא סתם מחשבת מין לע״ז, ובמעשה כל דהו נמי אסורה אפי׳ בהנאה, וא״כ במין אפי׳ התחיל בדבר שאין עושה נבילה פסולה, **וי״א** דלא נאסרה בזה אלא בשוחט סימן א׳, אבל מידי שאינו עושה נבילה אפי׳ כל דהו לא מקרי. **ודבריו** תמוהין, דהא בהדיא מוכח בש״ס דאפי׳ בכל דהו דקנה פסול. **אלא** י״ל, דהאי מין דקאמר, לאו במין האדוק לע״ז.

סימן ב סי״א(1) • כשר ופסול ששחטו ביחד

היו ישראל ופסול אוחזין בסכין ושוחטין, פסולה; **ואצ״ל** אם כל אחד סכינו בידו, **לא** מיבעי אם שחטו בסימן א׳ זה כנגד זה בהיקף, ואין רוב אלא בצירוף שניהם, **אלא** אפי׳ שחט כל אחד רובו של סימן, זה לצד הראש וזה לצד הגוף, פסולה.

ויש מכשירין, **ולא** דמי לדלקמן סימן ה׳, בשנים שאוחזים בסכין ואחד שוחט לשם דבר פסול, שפסול, **דהתם** מחשבת השוחט פסלה, **אבל** הכא בסתם עכו״ם או מומר, דלא אסור אלא משום דלאו בני שחיטה נינהו, וא״כ כשיש אחד בר שחיטה זולתו, דיו בזה וכשר.

סימן ב סי״א(2) • שחיטת קוף

שחיטת קוף, פסולה.
ואף דבנט״י באו״ח סי׳ קנ״ט, יש מכשירין, **י״ל** משום דנט״י דרבנן. **נמצא** דאינו אלא ספק, ומש״ה בשחיטה דאורייתא החמירו, ונט״י דרבנן מקילינן, **ולפי״ז** לענין אותו ואת בנו, אם שחט הקוף האם או הבת, ואחרים רואים אותו, אסור לשחוט השני אחריו בו ביום, דשמא שחיטתו כשרה.
אך מבואר מתוספתא דהוי פסול דאורייתא, משום שאינו בר זביחה, **ולא** קשה מנט״י, דהתם כשר אף עכו״ם ליתן לידים, דמקרי כח גברא, **ולפי״ז** בודאי מותר לשחוט השני אחריו.
וכששוחט האם, מותר למסור הבן או הבת לקוף לשחוט כדי להאכיל לכלבים, **דאע״ג** דבחש״ו איתא לעיל סי׳ א׳ ס״ה, דאין מוסרין להם לכתחלה לשחוט כשאין אחרים עומדים על גביהם, אפילו אם רוצים להאכיל לכלבים, **מטעם** דלמא אתי למיכל מזה, שיטעו לומר כשירה היא, **שאני** התם דלא מנכר פסולייהו, משא״כ בקוף, **וה״ה** מטעם זה מותר למסור לנכרים לשחוט ולהאכיל לכלבים.

§ סימן ג – שחיטה אינה צריכה כוונה §

סימן ג ס״א • שחיטה אינה צריכה כוונה

שחיטת חולין אינה צריכה כוונה, **מדגלי** רחמנא דבקדשים פסול, דכתיב ושחט את בן הבקר, עד שתהא שחיטה לשם בן בקר, **ש״מ** בחולין כשר.

אפי׳ מתעסק בעלמא לחתוך, או שזרק סכין לנועצה בכותל, ושחט בהליכתה, כשרה, **ובזה** לא שייך לברך.

והוא שראה שלא החליד הסכין בין סימן לסימן או תחת העור. **ואם** מצא הנוצה או השיער חתוכים, ודאי לא החליד.

ולא חיישינן שמא לא שחט הרוב בעוף, וע״י פרכוס ונפילת העוף נתרחב השחיטה ונעשה רוב.

ואפילו הפיל הסכין בידו, או ברגלו, שלא בכוונה כלל, דלא כיוון אפי׳ לשום חתיכה, ושחט, שחיטתו כשרה, **דקרינן** ביה וזבחת ואכלת, כיון שכיוון לנפילה וע״י אותה נפילה שחטה.

אבל אם נפלה מעצמה, פסולה, דבעינן כח גברא, דוזבחת הוי לכל הפחות כמו ועשית, דצריך להתכוון לשום מעשה דבעינן כח גברא.

ואם היה הסכין מונח בחיקו או בידו, ונפלה מידו או מחיקו שלא בכוונה, הוי כנפלה מעצמה דמי, ופסולה, **ואע״פ** שיש לדון ולהקל, מחמירין בשל תורה, **ולפי״ז** י״א דלחומרא הוי שחיטה, ואסור לשחוט אחר שחיטה כזה בנה, מטעם איסור אותו ואת בנה.

י״א דהטעם דבחולין סתמא כשר, משום דסתמייהו לשחיטה עומד. **וי״א** דלפי״ז כשהבהמה שנשחטה בלא כוונה אסור משום אותו ואת בנו, לאו לשחיטה עומד ביום ההוא, ואסור משום שהיה בלא כוונה, **וה״ה** אם זרק סכין בשבת, ג״כ השחיטה פסולה, דהא לאו לשחיטה עומד ביום ההוא משום איסור שבת, **מיהו** י״א דבאמת בתרווייהו השחיטה כשירה, דאע״ג דלאו לשחיטה עומד ביום ההוא משום איסור שבת או אותו ואת בנו, עכ״פ עומד לשחיטה למחר, **וגם** היום אף דלאו לשחיטה עומד, מ״מ הא אינו עומד לשחיטה פסולה, וא״כ יותר עומד לשחיטה כשירה משחיטה פסולה, דלשחיטה פסולה אינו עומד כלל, אבל לשחיטה כשירה עכ״פ עומד למחר, **תדע** דהא בהמה שעומד לחלבה או לגדל ולדות, כשר בשחיטה שלא בכוונה, מדלא חילק הפוסקים, אלמא דלא בעינן שיהא עומד לשחיטה ביום ההוא, רק כיון דסוף בהמה לשחיטה, כשר בלא כוונה.

§ סימן ד – השוחט לשם עבודת כוכבים או לשם דבר אחר מה דינו §

סימן ד ס״א • השוחט לשם ע״ז

השוחט לשם ע״ז, **ואפי׳** לא חישב לעבדה בשחיטה זו, אלא חישב בשעת שחיטה לזרוק דמה או להקטיר חלבה לע״ז, **הרי** זה זבחי מתים, ואסורה בהנאה.

סימן ד ס״ב • חישב לע״ז אחר שכבר שחטה

שחט סתם, ואח״כ חישב לזרוק דמה או להקטיר חלבה לע״ז, **הרי** זה ספק זבחי מתים, **דספק** אי אמרינם הוכיח סופו על תחילתו, דמתחילה ג״כ שחט לשם ע״ז, כשיטת רשב״ג, **וע״כ** אמרו בגמ׳, דהיה מעשה בקיסרי ולא אמרו בה לא איסור ולא היתר משום כבודו דרשב״ג.
וכיון דרבנן פליגי עליה דרשב״ג, וס״ל דלא אמרינן הוכיח סופו על תחילתו, והרבה פוסקים פסקו כרבנן, **ע״כ** סגי בזה משום כבודו דרשב״ג שאין להתירו באכילה, אבל בהנאה שרי.
ודלא כב״י דס״ל דאפי׳ בהנאה אסור, וכשיטת הרמב״ם, דס״ל דיש ספק אי הלכה כרבנן או כרשב״ג.

רבינו ירוחם ס״ל, דדוקא ששחטה ואח״כ זרק דמה לע״ז, **אבל** בחישב ולא זרק לא אסרינן, **ודעת** השו״ע דאין חילוק בין חשב לזרק, דאפי׳ בחשב אח״כ ולא זרק, ה״ז ספק זבחי מתים.

שיטת הש״ך, דהיכא ששחט מתחלה בפירוש לשם מצות שחיטה, אפי׳ זרק או הקטיר אחר השחיטה לע״ז, לא פסיל.
ושיטת הט״ז, דדוקא אם שחט אחר, שחיטה כראוי, (אפי׳ לא היה בפירוש לשם מצות שחיטה), ובא הבעל אח״כ וזרק דם לע״ז, הוא דשרי, **דאע״ג** דבקדשים בהמה נפסלת בד׳ עבודות, **התם** שאני שכולן מכשירי קרבן נינהו, **אבל** חולין כל התירן אינו תלוי אלא בשחיטה, וכיון שנשחטה כראוי, אע״פ שזרק דמה או הקטיר חלבה לע״ז, שוב אין הבהמה נפסלת, (**וזה** שלא כדעת רש״י), **אבל** בדידיה גופיה, אפי׳ אם אמר בפירוש תחילה ששוחט כאשר צוה השם, מ״מ בדעתו הוא שכך הוא המצוה לפי טעות שלו, וא״כ בודאי אסור גם בזה.

סימן ד ס״ג(1) • שחט ישראל וחישב עכו״ם

ישראל ששחט בהמתו של עכו״ם, אפילו חישב העכו״ם לע״ז, כשרה אפילו לאכילה, **ואפי׳** שמע השוחט שהעכו״ם חישב, **דזה** מחשב וזה עובד לא אמרינן, דהכל הולך אחר השוחט, **וי״א** שזה אסור באכילה.

סימן ד ס״ג(2) • חישב ישראל שיזרוק עכו״ם לע״ז

אם ישראל חשב שיזרוק העכו״ם לע״ז, פסולה ואסורה בהנאה. **וי״א** דמותר אף באכילה, **הלכך** פסק הש״ך, דיש להתיר עכ״פ בהנאה.

סימן ד ס״ג(3) • שחט עכו״ם מין או ישראל מין

אם שחט עכו״ם מין או ישראל מין האדוקים בע״ז, אסור בהנאה, דסתם מחשבתן לע״ז, **אבל** עכו״ם או ישראל מומר שאינם אדוקים בע״ז, אי שמעינן דחשבי, אסור בהנאה, ואי לא, מותר בהנאה, **דבהנך** לא אמרינן סתם מחשבתן לע״ז. **ואם** שחטו לפני ע״ז, י״א דאמרינן דסתמא מחשבתו לע״ז.

סימן ד ס״ד • ישראל ששחט בהמת חבירו לע״ז

ישראל ששחט בהמת חבירו לע״ז, לא אסרה, (אע״פ שבעצם אדם אוסר דבר שאינו שלו), שודאי לא כוון אלא לצערו.

שיטת הר״ן, דלענין איסור אכילה, ליכא למימר אין אדם אוסר דבר שאינו שלו, דלאו איהו אסר לה, אלא דלא שרי לה, והוה כלא נשחטה ומתה מאליה, וממילא אסור באכילה.
והט״ז מתמיה על ב״י ורמ״א דלא הביאו לזה.
וי״א דהוי תמיה על תמיהתו, דהר״ן לא כתב כן אלא לצד שאין אוסר דבר שאינו שלו, **אבל** לפסק השו״ע דאדם אוסר דבר שאינו שלו, אלא דאמרינן לצעוריה מכוין, בזה לא שייך סברת הר״ן, דהא אמרינן דלא שחט כלל לע״ז, וממילא גם באכילה שרי. **ופסק** בד״מ דלא כהר״ן.

והב״ח הקשה על הר״ן, דא״כ שנים אוחזין בסכין אחד, ושחט אחד לשם הרים, דשחיטתו פסולה, אינו ראיה דאדם אוסר שאינו שלו, (וכמו שהביא בגמ׳), **דהא** פסולה תנן, ודלמא היינו איסור אכילה.
והט״ז כתב, דאגב חורפיה לא עיין בזה, דהא עיקר טעם איסור אכילה להר״ן, משום דנסתלקה מעשה שחיטתו, והוה כאלו לא עשה בה מידי, **וזה** לא שייך אלא ביחיד השוחט, **משא״כ** בשנים אוחזים בסכין, אע״פ שתאמר שאותו ששחט לשם פסול נסתלק מעשה שלו, וכאלו לא היה כאן, **מ״מ** אין כאן נבילה, שהרי יש כאן השני ששחט לשם דבר כשר, **אלא** ודאי שזה השוחט לשם הרים אוסר השחיטה, וא״כ מוכח דאדם אוסר דבר שאינו שלו.
וכתב הנקה״כ, ונהפוך הוא, שהוא לא עיין, דודאי ליכא למימר דהוי כמתה מאליה כדעת הט״ז, שהרי שחוטה

לפניך, **אלא** הוי כשחטה עכו״ם דהוי נבילה, משום דאין שחיטתו שחיטה, והוי כמתה מאליה, **וא״כ** בשנים אוחזין, הא עכ״פ הוי כעכו״ם וישראל שאוחזין בסכין, דפסולה.

ואם יש לו שותפות בה, י״א שאוסר גם חלק חבירו, שהרי בחלקו ודאי לא כוון לצער, הלכך אמרינן מסתמא גם בחלק חברו לא כוון לצער – רמב״ם, **וי״א** דגם בזה אינו מכוון אלא לצער שותפו ולא לאסור – רא״ש.

וא״ת דהכא כתבו השו״ע ב׳ דעות בזה, **ובחו״מ** סי׳ שפ״ה כתבו בסתם, המנסך יין חבירו כו׳, אם היה לו בו שותפות חייב לשלם, **ואין** חילוק בין יי״נ לבהמה, כמבואר בש״ס דחולין, **וי״ל** דאע״ג דלענין איסורא איכא פלוגתא דרבוותא, מצי הניזק לומר דלמא קי״ל כמאן דאוסר בהנאה, **מה** תאמר דקי״ל כהמכשיר, א״כ קח לך היין שאיני רוצה להכניס עצמי בספק, ותמכרנו אתה כיון שגרמת לי היזק וקח לי אחר במקומו, **ולא** יכול המזיק לומר קים לי כמ״ד שאינו חייב לשלם, כיון שאין לו בו היזק, **ולא** יכול למימר אני אמכור חצי שלי, וחציו של חבירו ימכור חבירו בעצמו, כיון שלפי דברי חבירו הוא יין נסך ואסור למכור, **ועוד** י״ל משום זה נהנה וכו׳, וכופין על מדת סדום, **ונראה** דאם יש לו היזק במה שלוקח חלק חבירו, יכול לומר קים לי.

כתב הרמ״א, **ואם התרו בו** ועבר התראה, הרי זה אוסר כשאר מומרים, (אפי׳ במעשה כל דהו), **וכי** היכי דקי״ל דמומר אוסר אפי׳ דבר שאינו שלו כלל בהנאה, כששחט לע״ז, שודאי כוון לאסור ולא לצערו, **ה״נ** כיון שהתרו בו שלא ישחוט לע״ז, ואפ״ה שחט, ודאי לא כוון אלא לאסור, ואסור אף בהנאה. **ובלא** סברא שבודאי כוון לאסור, אף דעבר ההתראה, ועי״ז הוי מומר, **שחיטת** מומר סתם אינו אסור בהנאה, ובזה הסברא אסור גם בהנאה.

סימן ד ס״ה • שחט לשם הרים וגבעות

השוחט לשם הרים וגבעות; לשם חמה ולבנה, כוכבים ומזלות, ימים ונהרות, (עצמן, ולא לשר שלהם), **אין** לו דין תקרובת ע״ז לאוסרה בהנאה. **דכל** אלו הם מחוברים, (דמזלות נמי הם מחוברים לגלגל הרקיע), ודרשינן אלהיהם על ההרים ולא ההרים אלהיהם, **אבל** שחיטתו פסולה ואסור באכילה, **אע״פ** שלא נתכוון לעבדם אלא לרפואה וכיוצא בה מדברי הבאי שאומרים העובדי כוכבים.

י״א דלשון המחבר משמע, דאע״פ שנתכוון לעבדם, לא הוי אלא פסולה, ולא זבחי מתים, **אבל י״א** בשיטת הרמב״ם, דבמתכוון לעבדם, הוי זבחי מתים ואסור בהנאה, **ואפשר** לכוין גם דברי המחבר לזה.

אבל במכוון לרפואה או לשאר דברי הבאי, י״א דיש חילוק, בעושה כן לשם הר, אינו נאסר בהנאה, כיון דאפי׳ בשוחט לשם הר אין ההר עצמו נאסר משום ע״ז דכתיב אלהיהם על ההרים ולא ההרים אלהיהם, **משו״ה** כששחט לרפואה וכיוצא, לא גזרו כ״כ דלהוי אסור בהנאה מדרבנן, **אבל** בשוחט לשם רפואה לשר של הר, אסור בהנאה, וכמ״ש בס״ו, כיון דבשוחט ממש לשם שר נעשה ע״ז.

ואין איסור אלא בשוחט לשם הר, **אבל** בשוחט על ההר מותר, **ולא** דמי לשוחט תוך ימים (סי׳ יא ס״ג), דהתם משום ביעתותא דמיא לא ניחא תשמישיה, הלכך איכא חשש רואים, **ועוד** דאי לעובדה להר, סגי ליה דליקום בדוכתיה ולשחוט.

סימן ד ס״ו • שחט לשם שר של הר

שחט לשם שר של הר, או לשם שר אחד משאר הדברים, בין ששחט לשם מיכאל השר הגדול, בין ששחט לשם שר של שלשול קטן שבים, **הרי** זה זבחי מתים, ואסור בהנאה. **ואפי׳** לא נתכוון לעבדם, אלא לרפואה או לשאר דברי הבאי, אפ״ה הוי זבחי מתים, **כהרמב״ם** ולא כר״י.

סימן ד ס״ז • להפוך פניו לא״ל קיבל״א

ישמעאלים שאינם מניחים ישראל לשחוט, אא״כ יהפוך פניו לא״ל קיבל״א, דהיינו שיהפוך פניו נגד מזרח, כמנהג חקותיהם, **אינו** דומה לשוחט לשם הרים, **דהתם** השוחט עצמו מתכוין לכך, **אבל** הכא זה מחשב וזה עובד לא אמרינן.
ואין כאן איסור מצד הרואה, דהרואה סבור דאתרמי ליה אותו צד, ואינו עושה כן בכוונה.

ומ״מ ראוי לבטל המנהג ההוא ולגעור במי שעושה כן, הואיל ומקפידים על כך. **ובזמנינו** י״א דאין לחוש כלל לזה, שאינם מקפידים בזה.

§ סימן ה – השוחט לשם קדשים מה דינו §

סימן ה ס״א • שחט בהמה לשם קדשים

השוחט לשם קדשים שמתנדבים ונודרים כמותם, אפי׳ היא בעלת מום, שחיטתו פסולה, שזה כשוחט קדשים בחוץ, שפעמים שהאדם מכסה מומה ואינו ניכר, **ואפי׳** אינה מכוסה, אסור משום לא פלוג.
והטעם, מפני מראית עין, שיסברו שזה שוחט לשם קדשים, **ויש שכתב** דחיישינן שמא האמת כן הוא.

כיצד, השוחט לשם עולה, ואע״ג דלא אמר לעולתי, (כמו דבעינן בחטאת), לשם תודה, **לשם** פסח, הואיל והפסח יכול להפרישו בכל שעה שירצה, דומה לנידר ונידב, **וה״ה** לקרבן נזיר, אע״פ שלא נדר להיות נזיר, איכא למיחש הרואה יאמר נדר בצינעא, ושחיטתו פסולה.
וה״ה שלמים, י״א דהוא בכלל תודה, וי״א דהוא בכלל פסח, ובקצת ספרי השו״ע כתוב שלמים להדיא.

שחט לשם קדשים שאינם באים בנדר ונדבה, שחיטתו כשרה. **כיצד**, שחט לשם חטאת, לשם אשם ודאי, לשם אשם תלוי, שחיטתו כשרה, **דכיון** שאינו נידר ונידב, מידע ידיע שדרך שחוק והיתול אומר כן. **ואין** לומר שמא יסברו שחייב חטאת הוא, דההוא קלא אית ליה, דכל העובר בשוגג בסתר, מודה ברבים כדי שיתבייש ויהיה לו כפרה, (**דדוקא** במזיד הוי חציף מאן דמפרש חטאיה).

וכן לשם בכור, לשם מעשר, לשם תמורה, שחיטתו כשרה, **ודוקא** כשאין לו זבח בתוך ביתו, אבל יש לו זבח בתוך ביתו, ואמר לשם תמורת זבחי, אימור שהמיר ופסול, **אבל** לא חיישינן הכא שמא יש לו זבח בתוך ביתו בצנעא, משום דאית ליה קלא, שרגיל להודיע שלא יבואו לידי מעילה.

ואם נודע שעבר עבירה שחייב עליה חטאת או אשם, ואומר זו לחטאתי או לאשמי, פסולה.

אבל אם אמר זו לחטאת בלא יו"ד, כשר, משום דמשמע שמתנדב חטאת עתה, ואין חטאת באה נדבה, **אבל** לחטאתי משמע חטאת שאני מחויב כבר.

וכן אם לא אמר אלא זו חטאתי בלא למ"ד, כשר, דבעינן דוקא למיתפסיה לשם חטאת.

וי"א שצריך שיאמר לשם חטאתי, לפי שצריך שיתפוס בנדר, **אבל** אם אמר ה"ז לחטאתי, לא אמר כלום – רש"ל.

וי"א דבלמ"ד תליא מילתא, דכל שאומר לחטאתי, הוה כאומר לשם חטאתי – ב"ח וש"ך.

וי"א דאין חילוק בעולם להקל, אלא באומר בלא יו"ד, אבל באומר ביו"ד, ל"ש אומר לחטאתי או חטאתי, ברור כשמש שיש איסור בזה – ט"ז.

פירש"י דכשלא נודע שחטא, אפי' אמר לחטאתי כשרה. **וי"א** דוקא כשאינו לפנינו בעינן נודע, דאז אמרינן אוקי גברא על חזקתו, **אבל** אם הוא לפנינו ואומר שמחויב חטאת, הודאת בעל דין כמאה עדים דמי ופסולה.

ויש שחולק עליו, דאם איתא שעבר עבירה היה מפורסם, אלא ודאי שקורי משקר.

וי"א שיש חילוק בדבר, אם הוא אומר שכבר איזה זמן עבר עבירה, ודאי משקר, דאם הוא אמת היה כבר מוציא קול כדי שיתבייש ויתכפר, **אבל** אם הוא בענין שאפשר דלא נודע לו עד האידנא, או שאפשר שעשאה האידנא, ודאי אמת אמר, והשתא קא מכוון להתבייש.

והיכא דנודע שחטא ואמר לחטאתי, **י"א** דהוה פסולה כקדשים, ואסורה בהנאה כמו שחוטי חוץ, **דבשלמא** גבי דבר הנידב, אין בו איסור ודאי אלא למראית עין, הלכך אינו חמור כ"כ ואינו אסור אלא באכילה, **ויש** שחולק ע"ז, דכולה גזירה דרבנן היא משום מראית עין, דנראה כשוחט קדשים בחוץ.

כתב הרמ"א, ויש פוסלין באשם תלוי בכל ענין (הטור), **ויש** להחמיר, **משום** דס"ל דבא בנדר ונדבה, כסתם תנא דאמר מתנדב אדם אשם תלוי בכל יום, **אבל הרמב"ם** ס"ל, דנקטינן כחכמים במסכת כריתות דפליגי עליה, דהלכה כרבים, ולא חיישינן להאי סתמא, דדילמא סתם ואח"כ מחלוקת הוא.

ובאו"ח סימן א' כתב המחבר, שכשיסיים פרשת עולה יאמר יר"מ כאילו הקרבתי עולה, וכן יאמר אחר פ' המנחה והשלמים, מפני שהם נדבה, **והטור** שם כתב דאומר גם אחר אשם כן, (אפ' כשלא חטא), ואזדו לטעמייהו דהכא, **והרמ"א** שלא הגיה שם שגם אחר אשם יאמר כן, היינו משום דספוקי מספקא ליה, ואזיל הכא והכא לחומרא.

ויש שפלפל אם מביא אשם תלוי מי שהוא פחות מבן עשרים, מאחר דלדידיה אינו ספק כרת, **ונ"מ** האידנא אי אומר יהי רצון אחר אשם תלוי כשחטא, **ותימה** שלא הזכיר דיש נ"מ יותר גדולה למ"ש כאן, אם נודע שחטא, **ואף** לדעת הרמ"א דיש לפסול באשם תלוי בכל ענין, דבא בנדבה, **ג"כ** יש נ"מ אם שחט בהמת חבירו לשם אשם תלוי אפשר להכשיר, **וצ"ל** משום שהוא דבר שאינו מצוי לא נקט ליה.

סימן ה ס"ב • שחט עוף לשם קדשים

שחט תרנגולים ואווזים וכיוצא בהם, מינים שאינם ראויים להקרבה, לשם קדשים, כשרים. **וה"ה** לתורים קטנים ובני יונים גדולים, **אבל** תורים גדולים ובני יונה קטנים, פסול.

סימן ה ס"ג • שנים ששחט א' מהם לשם קדשים

שנים ששוחטין, בין שאוחזין בסכין אחד, בין שכל אחד סכינו בידו, ונתכוין א' מהם לשם דבר הפוסל, הרי זה פסולה. **ואע"פ** שכח של הכשר לבד מספיק לשחוט, ואין הפסול מסייע לו, **מ"מ** כיון שגם הוא שוחט באותו פעם, אוסר.

וכן אם שחטו זה אחר זה ונתכוין אחד מהם לשם דבר הפוסל, פסול.

ובענין שיתחיל הפסול בדבר שעושה אותה נבלה, **וכ"ש** שאם כבר שחט רובו בכשרות, דאינו פוסל כששוחט אח"כ האחר לשם קדשים, **וי"א** דאפי' אם שחט כבר הכשר שחיטה, ואח"כ בא אחר ושחט לשם קדשים, אסור משום מראית עין, **וקשה**, מאי מראית העין יש כאן, דהרי שור שחוט לפניך.

כתב המחבר, **בד"א כשהיה לו בה שותפות**, אבל אם אין לו בה שותפות, אינה אסורה, שאין כוונתו אלא לצערו.

זהו דעת הרמב"ם שהביא המחבר לעיל סי' ד' ס"ד, דתלוי בשותפות.

וטעם דלא הביא המחבר שיטת הרא"ש כמו שהביאו התם, דאפי' יש לו בה שותפות אינו אסור:

כתב הש"ך והט"ז, דדעת המחבר, דהרא"ש שם לא כ"כ אלא בע"ז, דסברא טובה היא שאין אדם מישראל עובד ע"ז, אלא ודאי לצעוריה מכוין, **אבל** הכא אסור כשיש לו בה שותפות, דהכא אין לומר לצערו קמכוין, דאדרבא הרואה סבור שמכוין למצוה,

משא"כ כשאין לו בה שותפות אינה אסורה, דכל ששוחט בהמה שאינה שלו לשם דבר פסול, קלא אית ליה, והאיך תעלה על הדעת שיקדיש בהמת אחרים, דאטו אם יראה אדם בהמת חבירו בשוק ויאמר הרי היא הקדש, וכי ס"ד שנאסר הבהמה משום מראית עין, זה ודאי אינו.

ומ"ש הב"י בדעת הרא"ש (לקמן), כתב כן לדעת הטור, וליה לא ס"ל, **א"נ** ס"ל הכי, אלא דמסתבר ליה לפסוק הכא כהרמב"ם מטעם הנזכר.

וכתב הרמ"א, ויש אוסרים בכל ענין משום מראית העין, בין שיש לו שותפות בין שאין לו – ב"י בשם הרא"ש והטור, **ויש** להחמיר.

דהב"י כתב דסברת הרא"ש אליבא דהטור, דלא אמרו אין אדם אוסר דבר שאינו שלו, אלא בדבר שאיסורו מן הדין, כמו לשם ע"ז, משום דמסתמא לצעוריה קא מכוין, **אבל** במוקדשין שאין איסורו מן הדין אלא מפני מראית העין, כי לא הוי דידיה מאי הוי, מאן דחזי סבר דדידיה היא ואתו למישרי קדשים בחוץ, **הילכך** אפילו אין לו בה שותפות אסורה להרא"ש.

אבל הרמב"ם אע"ג דאיהו נמי אסר בהני מפני מראית העין, מ"מ סבר דאם אין לו בה שותפות אינו אוסרה, דכל ששוחט בהמה שאינה שלו לשם דבר פסול קלא אית ליה.

וע"פ זה פסק רמ"א דיש להחמיר במקום שאסור משום מראית עין.

והט"ז כתב, דאף שאיני כדאי לחלוק עליהם, מ"מ אמרתי שדבריהם תמוהין, **חדא** דלא מצינו בשום מקום שיהא איסור משום מראית עין חמיר טפי מאיסור מצד עצמו, **ותו** דאם נולדה פלוגתא חדשה בין הרמב"ם להרא"ש והטור לפי דברי ב"י, היה לו להטור להזכיר מחלוקת זה בינו להרמב"ם.

אלא ודאי שהרא"ש הכא מודה להרמב"ם וכנ"ל, וכמו שפסק המחבר, וכן ברור ופשוט להלכה אבל לא למעשה, כיון דנפיק מפומייהו דב"י ורמ"א להחמיר, **ומ"מ** נראה באם יש צד אחר להקל, כגון בתערובות, יש לצרף גם היתר שאמרנו.

§ סימן ו – במה שוחטין §

סימן ו ס"א • באיזה דברים שוחטין

בכל דבר התלוש שוחטין, בין בסכין, בין בצור, **בין** בזכוכית, (דהא אין קסמין נבדלין ממנו, שהרי הוא חזק וקשה יותר מקנה הגדל באגם), **בין** בקרומית של קנה האגם, **ושן** וצפורן יחידי, (**אבל** בב' שינים שחיטתו פסולה כדבס"ג), **וכיוצא** בהם מדברים החותכים; **והוא** שיהיה פיו חד ולא יהיה בו פגם.

ואסור לשחוט בבקרומיות של שאר קנים, שקיסמים נבדלין מהם, ויש לחוש לנקיבת הסימנים.

והבעל העיטור כתב דבדיעבד נמי פסול. **וכתב הש"ך** דר"ל כשנאבד לאחר שחיטה ולא בדקו, **אבל** אם בדקו וברור לו שלא נתזו קסמין הימנו, כשר בדיעבד, וכמ"ש רבינו ירוחם, **והב"ח** ס"ל, שבעל העיטור חולק עם רבינו ירוחם, **וכ"כ** הט"ז, דא"א לעמוד על הדבר אם היו נתזין ממנו קיסמין, דאף אם ימצא הקרומית בלי פגימה אחר השחיטה, אפשר שנבדל קיסם ממנו באורך הקרומית בענין שעדיין נשאר חלק.

והט"ז מתרץ בזה, דאמאי צריך להחשש שינקוב הסימנים, והא בקסמין נבדלין הוה ליה פגום, וכל סכין פגום אוסר משום עיקור, שעוקר הסימנים, **אלא** דאי משום הא, אפשר שנבדל קיסם ממנו באורך הקרומית וכנ"ל, **ומזה** ראיה לשיטת בעל העיטור, דאפי' דיעבד אסור.

ודלא כדמשמע בירושלמי טעם משום רוח רעה השורה עליו, ולפ"ז דיעבד מותר, **ולהלכה** יש לחוש להחמיר.

סכין שצדה אחד מגל וצדה השני יפה, לא ישחוט בצד היפה לכתחלה, גזירה שמא ישחוט בצד האחר. **ואם שחט**, הואיל ובצד היפה שחט, שחיטתו כשרה.

וה"ה בסכין ארוך שיש בו פגימה, ונשאר בו שיעור שחיטה בלא פגימה, דאסור לשחוט בו אפילו במקום היפה, **אפילו** אם כרך מטלית על הפגימה.

וכן לא ישחוט לכתחילה בסכין שיש לו עוקץ חד בראשו, שלא יעבור הסכין ויעשה חלדה, **ובדיעבד** כשר.

ואם שחט בו ואמר: ברי לי שלא נגעתי במקום הפגימה, שחיטתו כשרה, אפילו לא כרך מטלית על הפגימה. **ומיירי** דוקא שידע שהיתה פגימה, אלא שנזהר ממנה, **אבל** אם לא ידע בה כלל, ודאי אינו נאמן.

וביו"ט שא"א להשחיז הסכין, וכן בחול בשעת הדחק, כגון שהוא בדרך, מותר לשחוט לכתחלה אם כורך מטלית על הפגימה.

וכ"ש בסכין שיש לו עוקץ חד בראשו, שמותר לשחוט בו ביו"ט ע"י שיתחוב ראש העוקץ בקיסם, וכן בשעת הדחק.

י"א דאע"ג דקי"ל דכשמוליך ומביא, סגי בסכין כל שהוא, הכא בעינן שיעור מלא צואר חוץ לצואר, כמו בהולכה או הבאה לבד, **דחיישינן** אם יוליך ויביא אילך ואילך, שמא ע"י כך ינתק המטלית ממקומו ושוחט בפגימה.

וי"א דצריכים ליזהר שלא יהיה כרוך צד העב דסכין יותר מצד החוד, דשמא ישחוט בחוד במקום שכנגדו כרוך המטלית למעלה, והו"ל חלדה.

ולכתחלה יש ליזהר אפילו אין לסכין פגימה רק בין הקתא לסכין, דלא ישחוט בו.

סימן ו ס"ב • מחובר, ותלוש ולבסוף חברו

השוחט בדבר המחובר לקרקע או לגוף, כגון צפורן ושן המחוברים בבהמה, שחיטתו פסולה, **שנאמר** ויקח המאכלת לשחוט, דוקא מידי דניקח מיד ליד כמו מאכלת.

והקשה רעק"א לפי מה דקי"ל דאדם אתקש לקרקע, דמקרא דוהתנחלתם ילפינן מיניה לאדם דעלמא, **א"כ** מאין פסיקא לן דשוחט בצפורן המחובר בבהמה דפסול, **הא** מתני' קתני רק והצפורן, ומפרש בגמ' משום מחובר, **ודלמא** מיירי בצפורן דהשוחט עצמו, או שאוחז ביד אדם אחר ושוחט בצפרנו, וזה הוי כמחובר לקרקע, **אבל** בצפורן של בהמה י"ל דכשר לשחיטה כמו בכל הני דלעיל, דבע"ח כמטלטלין.

ובתלוש מן הקרקע ולבסוף חברו בקרקע, לא ישחוט, **ואם** שחט, שחיטתו כשרה, **ואפילו** אם בטלו. **וי"א** דאם בטלו אפילו בדיעבד אסור, וכן דעת רוב הפוסקים.

והוא שלא יהא נשרש בארץ אחר שבטלו, דא"כ אסור אפי' בדיעבד. **וי"א** דהשו"ע לאו דוקא, דה"ה דבנשרש ולא בטלו ג"כ אסור בדיעבד.

סימן ו ס"ג • החילוק בין שינים לשן יחידי

חתך מבהמה לחי שיש בו שינים חדים ושחט בהם, שחיטתו פסולה, מפני שהם כמגל. **אבל** בשן אחד הקבוע בלחי, שוחט בו לכתחלה, דהו"ל לחי כבית יד. **וה"ה** בציפורן הקבוע ביד התלושה מן הגוף, דהו"ל היד כבית יד.

סימן ו ס"ד • נעץ סכין בכותל או בדבר התלוש

נעץ סכין בכותל, או בדבר התלוש, והעביר הצואר עד שנשחט, שחיטתו כשרה, בדיעבד ולא לכתחלה, ואפי' נעצו בדבר התלוש.

והוא שיהיה צואר הבהמה למטה והסכין למעלה, **שאם** היה צואר בהמה למעלה מהסכין, שמא תרד הבהמה בכובד גופה ותחתוך בלא הולכה והבאה, אפי' נעצו בדבר התלוש, ואין זה שחיטה.

ואפי' אמר: ברי לי שלא דרסתי, שחיטתו פסולה, דחיישינן שמא ידרוס פעם אחרת, **ולא** דמי למ"ש רמ"א בס"א, באומר ברי לי שלא נגעתי בפגימה, דכשירה דיעבד, **דשאני** הכא דקשה מאד להיות נזהר מדרסה בזה, וע"כ מצוי הוא שידרוס בפעם אחרת.

ואם היה עוף, בין שהיה צוארו למעלה מהסכין הנעוצה או למטה ממנה, שחיטתו כשרה (בדיעבד).

ומשמע דבכל עוף שחיטתו כשרה, **ובכל** בהמה שחיטתו פסולה, **ולא** כיש מחלקין בין קל לכבד.

ובסכין תלושה שלא נעצו בשום דבר, אפילו צואר בהמה למעלה מותר בדיעבד, דכל שתופס הסכין בידו מסתמא אינו דורס, **ולכתחילה** מיהת אסור גם בעוף – ש"ך.

וי"א דמשמע מרש"י ותוס' דשרי אפי' לכתחילה, ודלא כש"ך.

§ סימן ז – הקובע סכין בגלגל אם מותר לשחוט בו §

סימן ז ס"א • הקובע סכין בגלגל

יכול אדם לקבוע סכין בגלגל של אבן או של עץ (**כשהוא** תלוש מן הקרקע, דאל"כ הו"ל תלוש ולבסוף חברו דאסור לכתחילה בסי' ו'), **ומסבב** הגלגל בידו או ברגלו, ומשים שם צואר הבהמה או העוף עד שישחוט בסביבות הגלגל.

להמחבר מותר לכתחילה. **אבל** יש שפסקו דאסור לכתחילה.

ואם המים הם המסבבים את הגלגל, ושם הצואר כנגדו בשעה שסבב ונשחט, **הרי** זו פסולה, דבעינן כח גברא, כדלעיל סימן ג'.

ואם פטר אדם את המים עד שבאו וסבבו את הגלגל, ושחט בסביבתו, **ה"ז** כשרה בדיעבד, שהרי מכח אדם בא; **בד"א** בסביבה ראשונה שהיא מכח האדם, **אבל** מסביבה שנייה ולאחריה (ושניה בכלל), פסולה, שהרי אינה מכח האדם, אלא מכח המים בהילוכן.

§ סימן ח – שעור סכין של שחיטה §

סימן ח ס"א • אורך הסכין

כמה הוא אורך הסכין ששוחט בו, כל שהוא, ובלבד שיוליך ויביא, **רק** שלא יהא דבר דק שנוקב ואינו שוחט, כמו ראש האזמל הקטן וכיוצא בו.

ויש שכתב, ובלבד שלא יהא לו עוקץ בראשו, **והטעם** מתוך שהאזמל קטן, נשמט ונוקב בראש הסכין, **ומשמע** דבסכין גדול לא אכפת לן ביש עוקץ בראשו, **אלא** דמ"מ נוהגין שלא יהיה עוקץ אפי' בראש סכין גדול.

ובמחט, אפי' הוא רחב קצת כאותן של רצענים שחותכין בו החוט, אין שוחטין בו.

וכיון דלא ידעינן שיעורא, השוחט בסכין קטנה צריך ליזהר ולשער לפי אומד דעתו שכשיוליך ויביא בה שלא ידרוס; **אבל** בקטנה יותר מדאי לא ישחוט.

ומי שלא יוכל לשער, יקח סכין כמלא אורך ב' צוארין של אותו דבר ששוחטין; **וי"א** לשער בי"ד אצבעות, ורמז לזה, שנאמר: ושחטתם בזה, מנין י"ד.

ומסקי הפוסקים דלכתחלה בין בבהמה בין בעוף, אין לשחוט אלא בסכין שהוא כשיעור שני צוארים של אותו דבר ששוחט.

סייף שדן בו דיני נפשות, יש דחושש בבשר שנשחט בסכין זו משום איסור הנאה, **שכן** בהרוגי ב"ד שנו חכמים, סייף שנהרג בו נקבר עמו, **וביחוד** אם דן בו ישראל פשיטא דיש לחוש, **ודינו** כדין סכין של משמשי ע"ז, דאסור לשחוט בה מסוכנת, **וי"א** דהטעם שנקבר עמו, הוא רק שלא יהא לו זכרון רע.

§ סימן ט – השוחט בסכין מלובנת §

סימן ט ס"א • סכין מלובנת

דעה א' במחבר, דאם שחט בסכין מלובנת, שחיטתו פסולה, דסכין כשנכנס לתוך החתך, קודם שתשחט רוב הסימנים היא שורפת הסימנים, ונמצא שהיא נשרפה קודם שחיטה, שהרי ושט נקובתו במשהו ליטרף, ושריפה כנקב היא, **ואע"ג** דחידודו של סכין הוא קודם לליבונו, ונמצא שנשחט בהיתר, **מ"מ** יש לחוש לצדדי הסכין ששורפים בוושט במקום שנשחט.

דעה ב' במחבר, דיש מכשירין, אם ידע שהיא מלובנת ונזהר שלא נגע בצדדים, ואז חדודה קודם ללבונה, **ולא** דמי לפגימה שהיא מן הצד, שאם שחט בה טרפה, ולא מפלגינן בין ידע תחלה או לא, **דהתם** מורשא של סכין יוצא ומתפשט בצדי בית השחיטה וקורעתן, ואפילו ידע א"א שלא יגע בצדדין.

וי"א דגם בפגימה אם יודע ממנו, כשרה, דאפשר להזהר.

והב"ח והעט"ז פסקו כדעה א', דאפי' ידע, שחיטתו פסולה.

וי"א שאותן הרישומין שעושין האומנים בסכין, שהם רחוקים הרבה מן החוד, אין בהם חשש שיעשו טריפות בחלק הנשחט, **וי"א** דדוקא שוקע, הא בולט אף רחוק מאד אסור, **וכתב** דראוי לחוש דאף ברושמי אומנין אין לשחוט.

§ סימן י – יתר דיני סכין §

סימן י ס"א(1) • דיני סכין של משמשי ע"ז

סכין של משמשי ע"ז חדש, **והיינו** שרק חתך בה בקעת לע"ז, או שלא נשתמש בחמין, או סכין ישן שהכשירו בענין שאין בו משום גיעולי עכו"ם, **אבל** מ"מ ע"כ כבר נשתמש בו בשום דבר לע"ז, משום דמשמשי ע"ז אינם אסורים עד שישתמשו בהם, **ולכן** אין כאן איסור מצד מה שבלע, אלא מצד משמשי ע"ז, **מותר** אפי' לכתחלה לשחוט בו בהמה בריאה, מפני שהוא מקלקל, שבחייה היו דמיה מרובים מלאחר שחיטה, שהיתה עומדת לג' דברים, לגדל ולדות, ולחרישה, ולאכילה.

וכתב המחבר דאסור לשחוט בו מסוכנת, מפני שהוא מתקן.

ואם שחט בה:

הרשב"א כתב יוליך הנאה לים המלח, והיא מותרת, וכמה היא, כדי שכר סכין לשחוט בה.

והרא"ש כתב דא"צ, דבהנאה מועטת כזו שרי בדיעבד, **וי"א** דכיון דכבר גדלה הבהמה, ואינה חסירה רק להכשירה לאכילה ע"י השחיטה, אע"פ שנהנה הרבה בשחיטה ע"י איסורי הנאה, לא אסרו חכמים הנאתה בדיעבד. **וי"א** דמודה הרא"ש להרשב"א דיוליך הנאת שכר סכין לשחוט בה לים המלח, **דכל** פלפולו של הרא"ש וראיותיו אינו אלא שלא לאסור כל הבהמה, וצ"ע.

והמחבר לא כתב כאן מהו הדין בדיעבד, **ובסי'** קמ"ב, כתב: ה"ז אסורה, והוא לשון הרמב"ם, ור"ל שכל הבהמה אסורה. **והר"ן ומהרש"ל והב"ח** פסקו כהרשב"א, ולא כהמחבר לקמן סימן קמ"ב.

וקשה, דנימא כיון דאסור להנות, הוי בכלל לא תעבד ואי עביד לא מהני, והוי כלא נשחטה, דהעבירה הוא מה שנהנה מע"ז שלא תמות הבהמה, ואם נדון דהשחיטה לא מהני, והוי כמתה מאליה וכנחירה בעלמא, לא נהנה כלום מסכין, וצ"ע. **וי"א** דאף לנחור הבהמה מסוכנת בסכין כזה, כדי למכור הבשר לעכו"ם, נמי אסור, **ומותר** לנקר בשר מחוטי חלב ודם בסכין של ע"ז.

סי' י ס"א(2) • החשש בסכין של גוי לבעין או לבליעות

סתם סכין שמנוניתו טוח על פניו, ואוסר אפי' אינו בן יומו מדסתם המחבר (בדין הכשר בית השחיטה לקמן), משמע דאיירי בסתם סכין, **וס"ל** כהרשב"א, דאע"ג דסתם כלים של עכו"ם אינן בני יומן, **שאני** סכין דמתוך שתשמישו תדיר, מסתמא שמנוניתו טוח על פניו, **ואוסר** אפי' אינו בן יומו, דכל מה שהוא בעין אינו נפגם אפי' בכמה ימים.

וי"א דזה אינו אלא במקום שאין דרכם לנקות הסכינים היטב, אבל אנו שדרכנו לנקות היטב, ודאי דשרי.

וי"א דמיירי דוקא בידוע שהוא בן יומו – מהרש"ל לדעת הרא"ש ודעמיה, **אבל** אם אינו ידוע, לא בעינן לא קליפה ולא הדחה, דסתם כלים של גוים אינם בני יומן.

והטעם דלא חש הרא"ש ג"כ לאיסור בעין של הסכין, י"א דטיחת שמנונית מועטת שעל דופני הסכין אפי' לשעתה נפגמת קצת, וכ"ש כשאינו בן יומו, **ואין** מביאין ראיה מחתיכה של בשר ושל שומן המרובה ועומדת בפני עצמה, לטיחה בלבד, **ועוד** שע"י הברזל מקבלת טעם ונפגמה – ט"ז.

<u>**כשהסכין ב"י, ונראה לעין שהוא נקי מכל שומן, ושחט בה**</u>

י"א דאפ"ה צריך קליפה, (**ואפשר** שגם הרשב"א מודה לזה), **וטעמא**, דכיון שהוא ב"י, בולע ביה"ש מה שבקליפת הסכין, **ואע"ג** דאין כח בחום ביה"ש להפליט בלעו של סכין, דלהכי מהני נעיצה י"פ בקרקע קשה אפילו הוא ב"י, **מ"מ** אם לא נעצה יש כח בחום ביה"ש להפליט מה שבקליפת הסכין, **אלא** שאם נעצה והלכה לה אותה הקליפה הדקה, אין כח בחום ביה"ש להפליט הבלוע לפנים מאותה קליפה – ש"ך.

וי"א דאם הוא נקי א"צ לקליפה, גם להרא"ש – הט"ז והב"ח, **דבית** השחיטה מקרי רותח לחד צד, דהיינו שיכול לקבל הסכין מבית השחיטה שמנונית ודם וכל דבר, **אלא** שאינו רותח גמור לענין שיפליט הבלוע בסכין לבית השחיטה, דקבלה לסכין הוא דבר קל יותר מהפליטה ממנו, **אלא** שיש חשש ממה שיש בעין על הסכין מן האיסור שחתך כבר, ובזה מהני נעיצה בקרקע, (דא"ת שמבליע הבלוע, מה מועיל נעיצה למה שבלוע), **וגם** הרא"ש שחולק על רשב"א, ומוקי לה בבן יומו, גם הוא ס"ל דאין בית השחיטה בולע מבלוע בסכין, אלא דבולע ממה שהוא בעין על הסכין, כל שהוא בן יומו כמ"ש, **אלא** דלהרא"ש גם בזה צריך שיהיה בן יומו, ולרשב"א א"צ בזה בן יומו.

וי"א דדוחק לומר דהרא"ש מיירי בסכין שאינו נקי, דהא אינו מחלק אלא בין אם הוא בן יומו או לא, משמע אם הוא בן יומו אפי' ידוע שהוא נקי אסור – נקה"כ.

ולהמרדכי, אפי' נעיצה לא מהני בסכין ב"י, ובעי קליפה.

ולהרמב"ם, לא מהני נעיצה כלל בסכין של עכו"ם לשחיטה.

ואף שאומר שהסכין היה מקונח, י"א דאינו נאמן, (לענין אם חתך בפסח בסכין של חמץ), דאמרינן מלתא דלא רמיא כו'.

סי' י ס"א(3) • השחזה ונעיצה

סכין של גוי הנ"ל שהשחיזו בריחים שלו, **או** אם היה יפה שאין בו גומות, (דאם יש בו גומות לא מהני נעיצה), ונעצו בקרקע קשה עשר פעמים, ואח"כ שחט בו, מותר.

י"א אפי' היא בת יומא די לה בכך, לפי שאין חום בית השחיטה המועט מפליט בלעו של סכין. **וי"א** דלא מהני נעיצה בקרקע אלא באינה בת יומא, מרדכי וכנ"ל, **ויש** להחמיר כדבריו אם ידוע שהוא בן יומו, דצריך הגעלה.

משמע דנעיצה מהני דוקא דיעבד, אבל לכתחלה לא ישחוט, **אבל** השחזה משמע מהמחבר בסי' קכ"א, דמהני אפילו לכתחלה, **ואפשר** דאפילו לרמ"א שם דס"ל דהשחזה אינו מועיל לחמין לכתחלה, **מ"מ** כאן בשחיטה יש להקל, כיון דבלא"ה יש פוסקים דאפי' בנעיצה שרי לכתחלה, וכן יש פוסקים דביה"ש צונן – ש"ך.

וכתב הרמ"א, ובמקום הדחק שאין לו סכין אחרת, מותר לשחוט בו כה"ג לכתחלה ע"י נעיצה. **והשחזה** הוי לכתחילה אפי' בלא מקום הדחק וכדלעיל – ש"ך.

ולפי הט"ז, הרמ"א הולך על השחזה ונעיצה, דשניהם הוו לכתחילה רק במקום הדחק. **ומיירי** בסתם סכין, אבל בידוע שהוא בן יומו לא יעשה כן לכתחילה, וכנ"ל.
ויש עוד פשט ברמ"א, עיין להלן.

סי' י ס"א(4) • קליפה והדחה

ואם שחט בו בלא שום הכשר, כתב המחבר, מדיח בית השחיטה, **ואם** קלף הרי זה משובח.
וקשה הא בלא"ה כל בשר צריך הדחה קודם מליחה, **וי"א** דכאן מיירי אפילו לצלי, **וי"א** דמשום דם סגי בשפשוף במים, **וכאן** משום שמנונית איסור, צריך שפשוף גדול בידים היטב.

וכתב הרמ"א, ועל כן יש לקלפו, מדינא.
ותפסו על המחבר שפסק כהרמב"ם במקום שהפוסקים רובם וכמעט כולם הסכימו דבעי קליפה בטעמים נכונים.

והב"ח כתב, דאפי' בדיעבד התבשיל אסור בלא קליפה, **וכתב הש"ך**, ודלא כמ"ש סי' ס"ט וסי' צ"א. **מיהו** יש שמעורר, דשם לא כתב להיפך ממ"ש הב"ח, **אלא** דכתב דכשאין הקליפה ניכרת, א"צ ס' נגד הקליפה.

וכתב הרמ"א, אבל לא ישחוט על מנת לקלוף אח"כ.
וי"א דאפי' בסכין שאינו ב"י והוא נקי בודאי, אסור לכתחלה, **וי"א** דמותר בסתם סכין לשחוט לכתחלה ע"מ לקלוף, שאפי' אם לא יקלוף אח"כ ליכא איסורא, (**ולפי** שיטתו, דס"ל סתם סכין נקי), **אבל** י"א דכיון דאינו ב"י אסור משום גזירה אטו ב"י, א"כ בכל גווני אסור לכתחלה, כי היכי דלא אתי למישרי ב"י.
וי"א דמ"ש הרמ"א לעיל דמותר במקום הדחק, פירושו דבמקום הדחק מותר לשחוט ע"מ לקלוף.

סימן י ס"ב • דיני כשרות סכין ששחט בו כשרה

סכין ששחט בו כשרה, אע"פ שהוא מלוכלך בדם, מותר לשחוט בו פעם אחרת, **אף** כשהוא מלוכלך, אפי' בלא הדחה כלל, **והטעם**, משום דבלא"ה יש דם הרבה בביה"ש, ולא בלע משום דטרידי סימנים לאפוקי דם.
אבל אסור לחתוך בו רותח ע"י הדחה, אפי' שחט רק פעם א'.

וביאר הרשב"א, דבית השחיטה אינו רותח גמור, ורק לענין זה, דבולע הסכין דם אגב דוחקא דסכינא, אפי' אין מלוכלך בדם, **ומשו"ה** אסור לחתוך בו רותח, **אלא** דאפ"ה מותר לשחוט בו, משום דאיידי דטרידי סימנים לפלוט דם, לא בלעי.

ודלא כשיטת רש"י דהוי איפכא, דאע"ג דבית השחיטה צונן, דוקא גבי סכין של היתר, דלא מיתסר בבליעה זו, דקשה הוא לבלוע אלא ע"י רתיחה, **אבל** גבי סכין דאיסורא של גוים, לא פסקינן הכי, מפני שהסכין אסורה והבשר רך לבלוע.

ויש שהקשה בשוחט בהמה כשירה יהיה אסור לשחוט אחריו, כיון שיש בעין על הסכין מאיסור אבר מן החי, **ותירץ** דאין שם ממשות מן אבר מן החי, ואפי' לחלוחית, אלא נבלל בדם, **וכיון** שהדם אינו מבליע שהסימנים טרודים לפלוט דם שלהם, ע"כ אין איסור משום אבר מן החי, **אלא** דבשמנונית של בהמה טריפה חששו שהוא נדבק בסכין, שהוא דבר הנדבק ונסרך אפי' בגמר שחיטה, בזה ודאי חששו והצריכו הכשר לסכין.

ובדיעבד אם חתך בו רותח בלא הגעלה, י"א דאע"ג דצריך הגעלה, היינו לכתחלה, **אבל** אחר ההדחה היטב, מותר בדיעבד, **ובשחט** את הטריפה דסגי בהדחה לשחוט בס"ג, זהו משום דהוי כדיעבד להגעיל את הסכין בין כל בהמה טרפה.

ואף להרשב"א הנ"ל דאם חתך בו רותח, שחוזר ופולט מה שבלע, **מ"מ** נראה דסגי בקליפה, דנהי דבלע, מ"מ לא בלע יותר מכדי קליפה, ואינו אוסר יותר מכדי קליפה - ש"ך.

כתב המחבר, **ומותר לחתוך בו צונן** על ידי הדחה שידיחנו תחלה, אפילו שחט בו הרבה פעמים, **ולא** דמי לרגיל לשחוט בו טרפות דבס"ג, **דהכא** שאני דאיסורו משום דם ומישרק שריק ואינו נבלע כ"כ בסכין.
ואם חתך צונן בלא הדחת סכין, מדיח אח"כ אותו הצונן.

ומדלא כתב השו"ע "או יקנחנו בדבר קשה" כדבסמוך ס"ג, י"א דס"ל דדוקא התם הוא דמהני קנוח, כיון דאיכא נמי טעמא דטרידי סימנים לפלוט דם, **משא"כ** הכא.

וכתב רמ"א, **ואם רוצה להגעילו** לאכול בו רותח, סגי ליה בהגעלה על ידי עירוי, אע"פ שאינו ככלי ראשון, **ואע"ג** דאינו מפליט אלא כ"ק, הסכין לא בלע רק דבר מועט כנ"ל - ש"ך, **לפי** שאין בית השחיטה כרותח גמור - ט"ז.

סימן י ס"ג • סכין ששחט בה טריפה

סכין ששחט בה טריפה, אסור לשחוט בה עד שידיחנה בצונן. **הטעם**, דשמנונית הטרפה נדבק בדופני הסכין ונבלע בביה"ש, דאע"ג דטרידי סימנים לפלוט דם, מ"מ בולע שמנונית.

החילוק מה דהכא סגי בהדחה, ולא לעיל בסכין של עכו"ם.
הש"ך - **לשיטת רש"י** הנ"ל, משום דהתם הסכין כבר אסור, והבשר רך לבלוע, **אבל** הכא קשה הוא הסכין לבלוע אלא ע"י רתיחה, ולא על ידי חום ביה"ש, ואין כאן אלא שמנונית שעל הסכין, ולכך סגי בהדחה.
ולשיטת הרשב"א דס"ל דהסכין בולע קצת על ידי חום ביה"ש ואגב דוחקא דסכינא, **מ"מ** אינו נפלט בחום ביה"ש ודוחקא דסכינא, אלא ברותח ממש.
הט"ז - דשאני סכין של עכו"ם שנשתמש בו תדיר, ונדבק בו הרבה מאד, ע"כ לא תסור ממנו בהדחה בעלמא.
הקשה הנקה"כ, דלדידיה ניחא אמאי התם לא מהני נעיצה לכתחילה, וברגיל לשחוט טריפות דלקמן מהני נעיצה לכתחילה, **אבל** איך יסביר הט"ז החילוק.

כתב המחבר, **או יקנחנה בדבר קשה.**
ודוקא הכא הוא דמהני קנוח, כיון דאיכא נמי טעמא דטרידי סימנים לפלוט דם, **משא"כ** לעיל כשחותך צונן.

וכתב החמבר, **ונוהגין עתה לקנחה יפה בשער הבהמה** בין כל שחיטה ושחיטה, **דחיישינן** שמא תמצא טרפה.
וכתב הב"ח, דדוקא בבהמה, אבל בעופות דלא שכיחי טרפות אין המנהג לקנח, **אמנם** משום איסור אבר מן החי יש להזהיר השוחטים לקנח אפילו בעופות, **ולא** מהני קנוח בנוצות העופות, אלא צריך דוקא דבר קשה כגון חתיכת בגד בלוי או הדחה בצונן, בין כל שחיטה ושחיטה.
והש"ך והט"ז חולקים, וכנ"ל בס"ב, דסכין ששחט בה כשרה לא בעי הדחה כלל אפילו בצונן.

וכתב המחבר, **ואם שחט בו בלא הדחה**, **ידיח בית השחיטה**, דכי היכי דמועיל לסכין גופיה הדחה, ה"נ סגי לבית השחיטה.

והקשו עליו, דנהי דלכתחלה סגי לסכין בהדחה, משום דקשה הוא לבלוע אלא ע״י רתיחה (לרש״י), **או** משום דלא פליט (להרשב״א), **מ״מ** היכא דלא הדיחו, בלע ביה״ש משמנונית שהוא עליו בעין, וצריך קליפה, דלא גרע מסכין של עכו״ם, **וכ״ש** הוא, דהא אפי׳ סכין של עכו״ם שמקונח יפה, אלא שאיסור בלוע בו, אמרינן דבלע ע״י שחיטה, כ״ש שמנונית שנדבק בו ואינו מקונח, דבעי קליפה.

וי״א ליישב דכיון דכבר יש מחלוקת בסכין של עכו״ם, אם הבשר צריך קליפה או הדחה, **ונהי** דיש לפסוק שם לחומרא דקולף, **מ״מ** כאן קיל איסוריה מסכין של עכו״ם, ויש לסמוך אמ״ד דהדחה סגי, **ומ״מ** לענין הלכה יש לפסוק להחמיר, דבעינן גם כאן קליפה – ט״ז.

וי״א דאין זה נכון, דבכה״ג דהסכין מלוכלך בדם טרפה, ליכא פלוגתא, ולכו״ע ביה״ש בולע מן המוכן לפניו, **ועוד** אמאי קיל איסורא כאן טפי מסכין של עכו״ם – נקה״כ.

וקשה דבלא״ה צריך הדחת בית השחיטה קודם מליחה משום דם, ואפילו לצלי קי״ל דבעי הדחה, **ותירצו** דאי משום דם בשפשוף בעלמא הוי סגי, עד שיצאו המים בלא מראה דם, **אבל** השתא משום שמנונית של איסור בעינן שפשוף גדול בידים היטב, כדי שיסיר ממנו שומן הסכין שנדבק בו באומד הדעת, **ומשו״ה** אמרינן דלא ישחוט בו בלא הדחת הסכין, אע״ג דידיחנו אח״כ מסתמא, כיון דדרכו בהדחה, **דהא** בעינן דוקא הדחה היטב, דלא סגי בסתם הדחה.

כתב המחבר, **ואם רגיל לשחוט בו טריפות תדיר**, צריך נעיצה עשר פעמים בקרקע קשה.

משום דעי״ז הוי כמו סכין של עכו״ם, **וא״כ** אם עבר ושחט בלא נעיצה, פשיטא שצריך כאן לקלוף בית השחיטה לכו״ע.

וקשה דמי הוא שרגיל לשחוט טריפות בסכין, כי איך ידע מקודם שתטרף, וגם אינו בנמצא שמיחד אדם סכין לשחיטת טריפה, **וי״א** דמיירי ששחט הרבה בהמות, ונמצאו כמה בהמות מהן טרפות בבדיקה, **דשוב** לא ישחוט אלא ינעוץ י״פ בקרקע קשה – רש״ל.

וכתב הס״ז, דודאי לכתחילה אין לחוש לזה כששוחטין בהמות הרבה, שיהיו בהמות הרבה טריפות בזה אחר זה בלי הפסק שחיטות כשרות בינתיים, **דכל** שיש כשירות בינתיים לא מקרי רגיל באיסור, ולא דמי לסכין של עכו״ם, **אלא** דאם ברי לשוחט ששחט בהמות בזה אחר זה ונטרפו, מה שישחוט אחריהם בלא נעיצת קרקע קשה, צריך לקלוף בית השחיטה של אותה בהמה, **ובג׳** זימני הוה חזקה, **אבל** לכתחילה די בקנוח השיער יפה, **ועתה** לא נהגו לקנח יפה כראוי, אלא דרך עראי, וצריך המורה להזהירם על זה.

י״א דר״ל דאם קינח בשיער כמו שנוהגין השוחטים משום חשש טריפה, לא הוה רצופים, ורק אם לא קינח בנתיים – פמ״ג.

וי״א דר״ל דאף אם קינח בנתיים, כל שרגיל לשחוט טריפה צריך נעיצה – תבואת שור.

וש״ך כתב בשם הב״ח, דהבהמות הכשרות שנמצאו בין הני דנמצאו טריפות, הוכשרו בקנוח שעשה בנתיים.

י״א דמשמע דה״ק, דאף דהכשירות ששחט בנתיים הוכשרו בקנוח בשיער יפה שעשה בנתיים, **לא** ישחוט אח״כ אלא ע״י נעיצה. **אמנם** מהב״ח עצמו מבואר, דכל ששחט בינתים כשירות וקנח, אף שנמצא הרבה טריפות, לא צריך נעיצה.

י״א דיכול לשחוט לכתחלה אחר נעיצה, **ואע״ג** דבסכין של עכו״ם לעיל לא מהני נעיצה לכתחלה, **היינו** משום שבלע טובא ע״י רתיחה ממש, **משא״כ** הכא.

§ סימן יא – באיזה זמן שוחטין, ודין השוחט בתוך המים §

סימן יא ס״א • שחיטה בלילה או ביום במקום אפל

לעולם שוחטין, בין ביום בין בלילה, **בד״א** כשאבוקה כנגדו, **אבל** אם אין אבוקה כנגדו, או ביום במקום אפל, לא ישחוט, **שמא** ישהה או ידרוס ולא ירגיש, רשב״א, **ואם** שחט, שחיטתו כשרה, דיכול להרגיש בלילה אם עשה כן, ומש״ה כשר בדיעבד.

י״א דוקא כשאומר ברי לי שלא שהיתי ולא דרסתי, **וי״א** דבדיעבד כשר בלא אמירת ברי לי.

והרשב״א כתב עוד, דשמא יחליד, **והש״ך** והט״ז לא ניחא להו בזה, דחלדה נראה אם הנוצה חתוכה.

ולשיטת רש״י הוי החשש, דלמא לא ישחוט רובא והוא לא ידע, **ובודאי** אם אנו רואין ביום ששחט הרוב, כשרה, **ומש״ה** אין איסור רק לכתחילה, שמא ישכח במשך זמן הלילה שצריך לבדוק, **ואפי׳** ששחט בסוף לילה, לא פלוג רבנן.

וי״א דלפי׳ רש״י יכול לשחוט לכתחלה ביום במקום אופל, שהרי יכול לבדוק בסימנים מיד כשיצא מאופל לאורה – ב״ח.

וי״א דאפי׳ לטעם רש״י אסור לשחוט לכתחלה ביום במקום אפל, דחיישינן שמא יפסוק בענין אחר וישכח ולא יבדוק הסימנים לאור היום – ש״ך.

והב״ח פי׳ הטעם ברש״י, שמא ע״י פרכוס נתרחב החתך אחר השחיטה, ושמא לא נשחט הרוב, **וקשה** דא״כ דיעבד נמי יהיה אסור, **ותו** דבסי׳ כ״ה מבואר דלא חיישינן לכך.

וי״א בזה טעם אחר, דאחרי דלכתחלה צריך לברך לברכת השחיטה קודם השחיטה, ע״כ לא ישחוט לכתחלה בלילה, דשמא לא ישחוט רובא, ויבא לידי ברכה לבטלה, **ולפי״ז** אם שחט דבר דאיתיילד בה ריעותא, דכתב הרמ״א לקמן סימן י״ט, שאינו מברך קודם השחיטה, יכול לשחוט לכתחלה בלילה, **וכן** אם שחט מבעוד יום, ובלילה רוצה לשחוט בלא ברכה על סמך ברכה ראשונה, דלא שייך חששא הנ״ל, שפיר רשאי לשחוט לכתחלה בלילה, **אך** באמת מבואר מהגמ׳ דאין זה החשש.

י״א דאם התחיל לשחוט לאור הנר, וקודם ששחט רוב סימנים כבתה, אין זקוק לה, ויגמור שחיטתו מבלי שהייה, **ואף** אם ברור לו שלא שחט אלא חצי הקנה ולא נגע בושט, דאז אם יפסיק לא יהא נפסל משום שהייה, אפ״ה גומר.

אכן י״א דאם נכבה הנר באמצע שחיטה, אע״ג דאם שחט בלילה בלי נר, קיי״ל דשחיטתו כשירה, מ״מ ע״י כביית הנר מבעית השוחט תוך השחיטה, ועושה שהייה וטרפה.

וב׳ נרות חשובים אבוקה, **ומבואר** באו״ח סי׳ רצ״ח דנר שיש לו שני פתילות מיקרי אבוקה. **ובאו״ח** סימן תל״ג מבואר, דב׳ נרות אפילו הן קלועין דינן כאבוקה, ומסתמא ה״ה הכא.

הלכות שחיטה – סיכומים

סימן יא – באיזה זמן שוחטין, ודין השוחט בתוך המים – סעיף א

וי״א דאפי׳ אינם דבוקים מקרי אבוקה, וכן לענין הבדלה. **ויש מתירין** לכתחילה בנר יחידי. **ויש מתירין** לאור הלבנה כשמאירה יפה, **ויש מחמירין** לכתחילה.

סימן יא ס״ב • השוחט בשבת וביוה״כ

השוחט בשבת וביוה״כ, אע״פ שאילו היה מזיד בשבת מתחייב בנפשו, והיה לוקה ביוה״כ, שחיטתו כשרה.
לכאורה משמע דבמזיד אסור, (וכ״כ הלבוש), דהוה מומר, וא״כ צ״ל דמיירי בפרהסיא כדלעיל סי׳ ב׳.
ומ״מ נראה דכשר אפי׳ במזיד, דלא הוה מומר בשביל פעם א׳ – ט״ז, (**משמע** מדבריו דכשר אף בשחיטה אחרת, **ודלא** כש״ך דכתב דהוי מומר משחיטה ראשונה ואילך).
ורק דאמרינן בגמ׳ דבמזיד קנסינן ליה דאסורה עולמית, **ואף** דבשוגג אסורה נמי בו ביום, **מ״מ** שייך שחיטתו כשירה גם לדידיה ביומא אחרינא אחר השבת.

סימן יא ס״ג • שחיטה לתוך ימים ונהרות, ולתוך כלים

אין שוחטין לתוך ימים ונהרות, (אפי׳ הם עכורים), שלא יאמרו, לשר של ים הוא שוחט.
ולא לתוך הכלים, שלא יאמרו, מקבל הדם לזורקו לע״ז.
ואם יש בכלי מים, שאז אין הדם ראוי לזריקה, **אם** הם צלולים לא ישחוט בו, שלא יאמרו לצורה הנראית במים שוחט; **ואם** הם עכורים, מותר.
וכן אם יש בכלי עפר, מותר לשחוט בתוכו.

י״א דלא אסרו חז״ל בתוך הכלי אלא מתחילת השחיטה, אבל לאחר שסילק ידו מהשחיטה, לא חיישינן למראית עין.
וי״א דירא שמים יהיה נזהר מלקבל הדם בכלי אפי׳ לאחר השחיטה כדי למכור לעכו״ם, **ודוקא** כדי לקיים מצות כיסוי שרי, בזה״ז שאין דרך עובדי ע״ז בכך לקבלו בכלי, **ואעפ״כ** יותר טוב ליתן עפר וצרורות בכלי קודם קבלה.

י״א דאסור לשחוט בבית הכנסת.

סימן יא ס״ד(1) • שחיטה בספינה

היה בספינה ואין לו בה מקום פנוי לשחוט, **יכול** לשחוט ע״ג כלים והדם שותת ויורד לתוך המים, **שנוטל** כלי ארוך ומניח מקצתו בספינה ומקצתו חוץ לספינה, דרך מדרון לצד חוץ.
ויש שכתבו, דיכול לשחוט ע״ג אחורי הכלי שיש לו תוך, דלא מיחזי כמקבל דם לע״ז, כיון שאינו שוחט לתוכו, (**ודלא** כמי שפי׳, דר״ל ששוחט ע״ג אוגני הכלי, ואע״פ שהדם יורד לתוכו, כיון שאינו שוחט לתוכו ממש).

או מוציא ידו חוץ לספינה ושוחט על דפנותיה והדם שותת ויורד לתוך המים, ואינו חושש.
וי״א דבראש הספינה אפי׳ שוחט לתוך הים להדיא או בכלי שרי, דא״א לו לטנף דופני הספינה שבחוץ, **אבל** בעומד תוך הספינה, אע״פ שמלכלך דופני הספינה, משתטפים הם בהילוכם במים – ב״ח.
והש״ך השיג עליו, וכתב דלא ירד לסוף דעתו, דאין חילוק אם הוא בראש הספינה.

סימן יא ס״ד(2) • שחיטת אווז בטבת ושבט

מקצת שוחטין נזהרין שלא לשחוט שום אווז בטבת ושבט, אם לא שאוכלין מלבה, **משום** שקבלה היא שיש שעה אחת באותן חדשים אם שוחט בה אווז, ימות השוחט אם לא אוכל ממנה, ונוהגין לאכול מן הלב. **וי״א** דנותנים לו הכבד, **ויש** נוהגים לאכול מן הרגלים, **ויש** מן שומן המהותך.

וי״א אין להקפיד על כך, כי הוא בגדר דרכי אמורי, ובכלל לא תנחשו, תמים תהיה וכו׳, **והדבר** יצא מפי החסיד ר״י ז״ל, ובימיו היו הרבה מנחשים ומכשפים באווזות, ואפשר דזה היה לבטל כחם, **אבל** בזה״ז דלא שמענו ענין זה, ודאי אין להקפיד.
ולאכול לסעודת מצוה שבת ברית מילה וחתונה, פשיטא דיש לו לשחוט, ושומר מצוה לא ידע דבר רע וכו׳.

§ סימן יב – שלא לשחוט בתוך גומא §

סימן יב ס״א • שחיטה בתוך גומא

אין שוחטין לתוך הגומא, אפי׳ בבית, ואפי׳ שאינה נקייה מעפר, **והטעם**, שכן דרך האפיקורסים הכותיים להתאסף על הבור ולאכול עליו.
ואם לא היה רוצה ללכלך ביתו בדם, עושה מקום מדרון חוץ לגומא ושוחט שם, והדם שותת ויורד לגומא, **שאז** ניכר לכל שמתכוין לנקות ביתו.
ובשוק לא יעשה כן, שא״צ לנקות השוק, **והלכך** אפי׳ אין שם אדם רואה אותו, אסור, דומיא דבית.

סימן יב ס״ב • לאכול משחיטתו של השוחט בגומא

מסיים בברייתא דאין שוחטין לתוך הגומא: **ואם** עשה כן צריך בדיקה אחריו.

ויש שפסק ע״פ זה, שאם שחט בגומא בשוק, דאסור לאכול משחיטתו, (גם משחיטה זו ששחט בגומא), עד שיבדקו אחריו, שמא אפיקורס הוא.
וה״ה אם שחט לתוך ימים וכלים, שאסור לאכול משחיטתו.

וי״א דהא דאיתא דצריך בדיקה אחריו, היינו כדי לפסלו מכאן ולהבא, **ואם** ימצא אפיקורס, כל מה ששחט למפרע לתוך הגומא לשם ע״ז היה, ואסור הכל בהנאה, (**וה״ה** במים וכלים דינא הכי), **אבל** כל זמן שלא בדקו ומצאו אפיקורס, אין מוציאין את האדם מחזקת כשרות ומותר בדיעבד, וא״צ בדיקה אחריו, **וה״ה** לתוך ימים וכלים.

וכתב רמ״א, ובזה״ז דאין דרך עובדי ע״ז בכך, יש להתיר בדיעבד, **וקאי** גם אלעיל סי׳ י״א בימים וכלים.

§ סימן יג – בעלי חיים שאינם צריכים שחיטה §

סימן יג ס״א • דגים וחגבים אין טעונין שחיטה

בהמה חיה ועוף טעונין שחיטה; **דגים** וחגבים אין טעונין שחיטה.

ומותר לאוכלם מתים או לחתוך מהם אבר ולאכלו, **אבל** אסור אכלן חיים משום בל תשקצו.

סימן יג ס"ב(1) • נמצא עובר מת בתוך השחוטה

השוחט בהמה גסה ונמצאת כשרה, ומצא בה עובר בן ח', (**ובבהמה** דקה בן ד', לפי שבהמה דקה יולדת לה' חדשים), **בין** חי בין מת, (לפי שבן ח' חי הרי הוא כמת שא"א לחיות), **או** בן ט' מת, **מותר** באכילה, דכתיב בבהמה אותה תאכלו, ודרשו חז"ל, כל שבבהמה תאכלו, (**ואין** שאר טריפות אוסרים אותו), **ואינו** טעון שחיטה, לפי שניתר בשחיטת אמו, **וכיון** דאינו טעון שחיטה, אין בו משום אותו ואת בנו, ומותר לשחטו ביום שנשחט אביו או אמו.

וי"א דאין בו איסור אבר מן החי, ומותר לאוכלו אפי' חתך ממנו בזמן שהוא חי עדיין.

וי"א דצריך להמתין במפרכסת עד שתצא נפשה, **ובדגים** וחגבים אינו צריך להמתין, דנפש דהני לא חשיב.

אבל דמו אסור כשאר דם, וחלבו מותר.
וי"א הטעם דדמו אסור, שהדם שבעובר מתערב עם דם הבהמה עצמה, שהעובר נתהוה ונזון ממנו, ע"כ לא עדיף מדם הבהמה עצמה, **משא"כ** בחלב.
וי"א משום דכתיב כל בבהמה תאכלו, דמשמע הכל בלי שום שיור, מוכח דחלב וגיד דשליל מותר, **אבל** לענין דם אף אם קיימא באיסוריה, מ"מ אפשר לקיים לישנא דכל בבהמה, ע"י שיבשל כל דם השליל, והוי דם שבישלו דמותר.

וי"א דדוקא אם נמצא הבן ט' מת, אבל אם מת אחר שיצא לאויר העולם, אע"ג דלא הפריס ע"ג קרקע, אסור באכילה, **דאע"ג** דחשבינן ליה (לקמן) כשחוט, מ"מ מתחלף בבהמה מתה בעלמא, **משא"כ** כשהוא חי דמכין אותו על ראשו או קורעו, דלא אתי לאחלופי בבהמה דעלמא. **וי"א** דגם בנטרף, אם נטרף אחר שחיטת אמו, הרי הוא כאלו מת אחר שחיטת אמו ואסור, דשחיטת אמו אינה מתרת אלא מה שאירע בתוכה טריפות, אבל מה שאירע אח"כ לא, **ויש** שאינו מודה בנטרף, דלא אתי לאחלופי.

סימן יג ס"ב(2) • נמצא עובר בן ט' חי בתוך השחוטה

אם מצא בה בן ט' חי, אם הלך קצת ע"ג קרקע, טעון שחיטה מדבריהם, **דלמא** אתי לאחלופי בשאר בהמות.

י"א שאין מברכין על שחיטתו. **וי"א** דמברכין, ככל מצות דרבנן, **וי"א** דיש לברך על אחר תחלה, דשמא נפל הוא, **אבל** זהו דלא כהש"ך, **ומ"מ** דכיון די"א דמשום חשדא אין לברך, אין פסידא דיברך על אחר תחילה, ואח"כ ישחוט זה.

לענין מתנות כהונה, דבן פקועה אימעיט ופטור במתנות, י"א דאף דהפריס ע"ג הקרקע פטור, דבזה לא החמירו חז"ל.

ובדיעבד אם לא נשחט:
שיטת הט"ז, דאין לנו להחמיר לאסור דיעבד, **ושיטת הש"ך**, דאפי' דיעבד אסור.

כתב המחבר, אבל שאר טרפות אינו אוסר אותו.
וכתב הש"ך, כלומר טרפות שאינן מחמת שחיטה, דלא מיפרסם כולי האי, אינם אוסרים אותו, **אבל** טרפות שהוא מחמת שחיטה, כגון ששהה או דרס או החליד או הגרים או שחט בסכין פגומה, וכיוצא בזה, כאילו לא שחט דמי, דכיון שהצריכוהו שחיטה, בעי שחיטה מעליותא. **ומט"ז** משמע דסכין פגומה וכדומה אין אוסר.
ובנקובת הוושט, יש שמסתפק, דכיון דעצמות השחיטה היה כדינו, הוי כמו שאר טריפות דאינו אוסר, **או** כיון דקי"ל דנקובת הוושט נבילה, והוי פסולו בשחיטה, כמו שלא נשחט דמי.

אם לא הלך קצת ע"ג קרקע, כ' המחבר, דאינו טעון שחיטה.
וי"א דשחיטה הוא דלא בעי, אבל נחירה מיהא בעי, דלא גרע ממפרכסת לקמן סי' כ"ז.

ואם פרסותיו קלוטות, (פי' שפרסתו כולה אחת ואינה סדוקה), או שהיה בו שום שאר דבר תמוה, כתב המחבר דאע"פ שהלך קצת ע"ג קרקע, אינו טעון שחיטה, **דכיון** שהוא דבר תמוה, קול יוצא מאין קלוט זה, ואומרים בן פקוע הוא, ומתוך שתמהין על קליטתו זוכרין את כל דבריו, ולא אתי לאחלופי.
י"א דאם נשחט בחופה, ג"כ תמיהי אינשי, **וצ"ע** לדינא. **ועיין** בסימן ט"ז ס"י.

וכתב המחבר, ויש מגמגמין בדבר.
דפרסותיו קלוטות לחוד לא מהני, עד שיהא תרי תמיהי, דהיינו שאמו תהיה ג"כ קלוטה – ש"ך, **ודלא כי"א** דבעינן קלוט בן פקוע, בן קלוטה שאותה קלוטה היתה ג"כ בן פקוע – עט"ז, וט"ז קודם שחזר.

סימן יג ס"ג • נמצא עובר תוך אם שלא נשחטה

אם לא שחט האם, אלא קרעה, וכן אם שחטה ונתנבלה בידו או שנמצאת טריפה, **אם** העובר הנמצא בה בן ט' חי, טעון שחיטה לעצמו מדאורייתא, וניתר בה, וכל שאר טרפות פוסלים בו.

ולענין אותו ואת בנו יש חילוק בין שוחט ונתנבלה לנמצאת טרפה, דשם קיי"ל כר"מ דשחיטה שאינה ראויה שמה שחיטה.
ולענין כסוי הדם אין חילוק כמו כאן, דשם קיי"ל כר"ש דשחיטה שאינה ראויה לא שמה שחיטה.

ואם הוא בן ט' מת, או בן ח' אפי' חי, הרי זה אסור. **דאמרינן** בגמ' ד' סימנים אכשר ביה רחמנא, שאם רוצה אוכלו בב' סימנים של אמו, **ואם** אמו טריפה, דלא הועילה שחיטת אמו לטהרו, שוחט לאותו בן ט' חי, שהוא ניתר בשל עצמו, **ולהכי** אם הוא בן ט' מת, או בן ח' חי, דאין לו שחיטת עצמו שחשוב כמת, אסור.

כתב הרמ"א, ועכשיו אין להתיר שום ולד הנמצא בבהמה, אם האם טריפה, ולא מהני לו שחיטת עצמו, דחיישינן שמא אינו בן ט'.
וכתב הש"ך, אבל ודאי כשימתין עד תחלת ח' ללידתו, שאז יצא מספק נפל, אפי' היתה אמו טריפה ניתר בשחיטת עצמו.
ויש חולקים, דגם בשהה ל' יום באדם וח' בבהמה, אכתי אין זה בירור דלאו נפל הוא, **דלא** מהני ח' ימים אלא מטעם דמסייע רוב בהמות ולדות מעליא ילדן, אבל בנמצא במעי האם דליכא רוב, לא מהני. **ויש** חולקים על סברא זו.

אבל אם האם היא כשרה, כשר אפי' האידנא, דהא אפילו הוא בן ח', שחיטת אמו מטהרתו, **וכן** היכא שגם אמו לא היתה צריכה שחיטה, כגון אם היא בת פקועה, פשיטא

דאפילו נמצאת טרפה, אין העובר טעון שחיטה וכשר אפילו האידנא, **ואפי'** אין אמו קלוטה, ונמצא זה בתוכו, דג"כ צריך שחיטה מדרבנן כשמתה, (עיין סוף ס"ד), או הפריס, מותר בשחיטת עצמו, **מה** אמרת דשמא לא כלו חדשיו, כיון דספיקא דרבנן הוא תו הולכין להקל כה"ג. **ומיירי** דאביו ג"כ הוא בן פקועה, דאל"כ אין לולד תקנה כבס"ד.

סימן יג ס"ד • בן פקועה שבא על בהמה דעלמא

בן פקועה שגדל ובא על בהמה דעלמא והוליד, **וה"ה** איפכא, בהמה דעלמא שבא על בת פקועה והולידה, **אותו** הולד אין לו תקנה בשחיטה, **וגם** החלב שבא ממנו אסור.

דהרי הוא כמי שאין בו אלא סימן א' מצד אמו, שהסימן הב' שחוט ועומד הוא, ובהמה בחד סימן לא מיתכשרה, **והאי** סימנא בתרא לא מצטרף לקמא, דאין לך שהייה גדולה מזו, שהראשון שחוט משנולד, **ולא** דמי לבן פקוע מטרפה דניתר בשחיטת עצמו, **דהכא** כיון שאבי הולד בן פקוע מעליא הוא, ולא היה צריך שחיטה, א"כ סימנים דידיה הוי כשחוטין, וא"כ הולד שבא ממנו הוי סימן א' דידיה כשחוט, **ולפי"ז** בן פקוע שבא מן הטרפה, ובא על בהמה דעלמא והוליד, ה"ז הולד כשאר בהמה דעלמא, וניתר בשחיטת עצמו.

ואם לא נולד הוולד, אלא נמצא בה, (כשבא הבן פקועה על בהמה דעלמא), **הותר** בשחיטת אמו, כבן פקוע דעלמא, ואין לו סימן כלל, שהרי הוא כשחוט בין מצד אמו בין מצד אביו, ומותר, **ואפי'** הפריס ע"ג קרקע אח"כ, מ"מ כבר הותר בשחיטת אמו, אלא שצריך שחיטה משום מראית עין כדלעיל.

וי"א דה"ה בבהמה דעלמא שבאה על בת פקועה, ונשחטה הפקועה ונמצא בה ולד, דאותו ולד נמי ניתר בשחיטת אמו, **ולא** אמרינן כיון דאמו לא בעי שחיטה מן התורה, והולד בעי שחיטה אי חיישינן לזרע האב, א"כ לא ניתר בשחיטת אמו, **אלא** אמרינן רבויא דכל בבהמה מרבה הכל,דבכל ענין שניתר האם, ניתר גם הולד אגב אמו, אם נמצא בתוכו – ב"ח.

ויש חולקים דלא מרבינן מרבויא דבבהמה תאכלו אלא היכא דניתר בשחיטת אמו, **אבל** כאן שאין אמו צריך שחיטה, הו"ל כלא נשחטה, והו"ל הולד כילוד דאין לו תקנה – ש"ך.

ואם בן פקועה בא על בת פקועה כיוצא בו, הרי בנו ובן בנו עד סוף כל הדורות, (שבא נין פקועה על נין פקועה), כמוהו, אפי' נולדו כדרך הנולדים, **וכולם** צריכים שחיטה מדבריהם, כיון שהפריסו ע"ג קרקע.

ואם לא הפריסו, ניתרים בשחיטת אמם, **ואם** מתה האם והוא בן ט' מת, אסור מדרבנן, **ואם** הוא בן ט' חי, ניתר מדרבנן בשחיטת עצמן, ואין הטרפות פוסל בהם.

סימן יג ס"ה • מצא בה דמות עוף

השוחט את הבהמה ומצא בה דמות עוף, וכ"ש נולד דמות עוף, אע"פ שהוא עוף טהור, הרי זה אסור באכילה, **דלא** הותר מן הנמצא בבהמה, אלא מה שיש לו פרסה ממש, **ולא** סגי במין שיש לו פרסה, **וא"כ** כשיש לו פרסה ממש, אפי' הוא עוף מותר.

וכתב רמ"א, וי"א דאפילו פרסותיו קלוטות, רק שיהא דומה לבהמה שבמינה מין שיש לו פרסה. **ס"ל** דלאו בפרסות תליא מילתא, אלא במין שיש לו פרסה.

וקשה במ"ש הרמ"א דאפי' פרסותיו קלוטות כו', דהא בכה"ג ודאי ליכא מאן דפליג, **ועדיפא** מינה הו"ל לאשמועינן, דאפי' אין לו פרסות כלל מותר.

וי"א דר"ל, דאפי' נמצא בתוכה גמל ואין לו פרסות כלל, אלא כרגלי יונה, או שאין לו רגלים, וגם מינם אין להם פרסות בהכשרם, אלא פרסותיו קלוטות, **אפ"ה** כיון שגמל זה הוא מין בהמה, שבכלל שם בהמה נמצאים בהמות שיש להן פרסה בהכשרן, כשר, **משא"כ** עוף שאין עליו שם בהמה. **ודבריו** דחוקים.

וי"א דקאי אסיפא, דקאמר המחבר דכשיש לו פרסה אע"פ שהוא דמות עוף מותר, **וקאמר** וי"א דלא הותר אפי' פרסותיו קלוטות כשהוא דמות עוף, דהכל תלוי בדמות ולא בפרסה, **ומה** דלא אשמועינן רבותא, דלא הותר אפי' יש לו ב' פרסות כשהוא דמות עוף, **משום** דפרסה א' וב' הכל שוין, **א"נ** סירכא דלישנא דהמחבר נקט, דמשמע דשרי אפי' בפרסה א'.

סימן יג ס"ו • מצא בריה שיש לה ב' גבין וב' שדראות

השוחט את הבהמה ומצא בה בריה שיש לה ב' גבין ושני שדראות, אסור. **דזהו** השסועה, וע"כ במעי אמו הוא דאסור, שהרי אינו יכול לחיות אפילו שעה א' כשיצא לאויר העולם.

§ סימן יד – דין עובר במעי בהמה §

סי' יד ס"א • הוציא העובר את ראשו קודם שחיטת אמו

המקשה לילד והוציא העובר את ראשו, (**ורוב** פדחתו הוי כאלו יצא כל ראשו, ודלא כהב"ח), **אע"פ** שהחזירו, הרי הוא כילוד ואינו ניתר בשחיטת אמו.

לפיכך אם הוא בן ח' חי או מת, או בן ט' מת, אסור כולו, **ואם** הוא בן ט' חי, ניתר כולו בשחיטת עצמו דוקא.

ואפילו אמו טרפה ניתר בכך, דהו"ל כילוד – ש"ך. **ואף** דגם במעי אמו ניתר מדינא בשחיטת עצמו באמו טריפה. **י"א** דקמ"ל דאף למ"ש רמ"א לעיל סי' י"ג ס"ג, דעכשיו אין להתיר שום וולד הנמצא בבהמה אם האם טריפה, **דוקא** נמצא, דלא נולד כדרך הנולדים, הא נולד, כיון דנולד כדרך הנולדים, רוב וולדות אין נפלים, **וע"ל** סי' ט"ו ס"ב דיש חולקין.

סימן יד ס"ב • הוציא ידו קודם שחיטת אמו

הוציא ידו והחזירה קודם שחיטה, **מה** שיצא מן האבר לחוץ, אסור, שנאמר ובשר בשדה טרפה לא תאכלו, **דהרחם** הוא מחיצת העובר להתירו בשחיטת אמו, וכיון שיצא חוץ למחיצתו לאויר העולם, נאסר מהיתר שחיטת אמו, **אבל** מה שנשאר ממנו בפנים, ומקום חתך (מקום ההבדלה בין פנימי לחיצון), מותר, **דגם** מקום החתך קרינן "בבהמה תאכלו", **ומשום** בשר בשדה ליכא, דהא לא יצא ממחיצתו.

ואע"פ שהוא בן ט' חי, אין תקנה להאבר, ולא מהני ליה גם שחיטת עצמו אח"כ, מחמת שאין לו סימנים להתירו בהן ע"י שחיטה, דהרי כל הגוף כבשר המונח בדיקולא, והאבר שיצא הוא לבדו נשאר חי.

לא החזירה קודם שחיטה, גם מקום החתך אסור, דלא קרינן ביה "בבהמה" דלאו בתוכה הוא, **אבל** מה שבפנים, מותר אפילו הוא מיעוטו של אבר, דקי"ל אין לידה לאברים, ואין רואין אותו כאילו יצא כולו.

אבל כשהאם טרפה, דאין כאן היתר שחיטת האם, יש תקנה להאבר עם שאר הבהמה, **אכן** מדעת הש"ך לקמן בס"ג מבואר, דאפי' כשנמצאה האם טרפה, שייך איסור יוצא, ומה שבחוץ אסור, ע"ש, **אמנם** יש חלקין עליו.
אך י"א דלמעשה יש להחמיר ולומר, דאם האבר שיצא הוא אבר שהנשמה תלויה בו, יש לאסור כולו אפילו מה שהיה בפנים, **וכשהגדיל** חלבו ג"כ אסור, (**ואם** איכא עוד איזה צד היתר, כגון תערובת וכה"ג, יש להתיר), **ואם** הוא אבר שאין הנשמה תלויה בו, יש לחוש ולאסור אבר היוצא עכ"פ, והשאר ניתר בשחיטת עצמו, וכשהגדיל חלבו מותר.

וכתב רמ"א, וכל זה לא איירי אלא לענין שיהא ניתר בשחיטת אמו, כשאר עובר הנמצא בה, **אבל** אם ילדה אותה הבהמה אח"כ, גם האבר שיצא והחזירו שרי, דשחיטת עצמו מתיר הכל. **ודוקא** אם ילדה אותה קודם שחיטה, אבל לאחר שחיטה אפילו נולד דרך בית הרחם, אסור.

סימן יד ס"ג • יצא רובו, או חציו ברוב אבר, או רובו במיעוט אבר

אם יצא רוב העובר, הרי הוא כילוד.

ואם יצא חציו ברוב אבר, הרי הוא כילוד.
כגון שיצא רוב ידו, וכשנשער מה שיצא מהעובר, אינו אלא חציו, **שדינן** מיעוט היד שבפנים אחר רוב היד שיצא להשלים רוב העובר, ואסור.
כתב הש"ך, דזה בעיא בש"ס ולא איפשטא, ופסקו הפוסקים לחומרא, והלכך:
אם הוא בן ט' מת, או בן ח' אפי' חי, דלא שייך שחיטת עצמו, רק שחיטת אמו, חיישינן שמא הו"ל כילוד, ואסור הכל אפי' מה שנשאר בפנים.
ואם הוא בן ט' חי, אף דשייך שחיטת עצמו, מה שיצא לחוץ אסור, דשמא לא הו"ל כילוד, והו"ל בשר שיצא חוץ למחיצתו ונאסר, ולא מהני ליה שחיטת עצמו, כיון שלא נולד קודם שחיטת אמו, נמצא דיש עליו דין שחוטה מצד אמו. **אבל** מה שנשאר בפנים מותר ממ"נ, אפי' לא החזיר מה שהוציא, **דאי** כילוד, פשיטא דמותר בשחיטת עצמו, **ואי** לאו כילוד, ניתר בשחיטת האם, דהא לא יצא כלל.
ואפי' היתה אמו טרפה, כתב הש"ך, דניתר בשחיטת עצמו. **י"א** דלא קאי הש"ך אלא אמה שנשאר בפנים לחוד, דמותר גם אם אמו טריפה, דאז כולו ניתר, אף מה דבחוץ, בשחיטת עצמו אפי' אם אינו כילוד, דהא שחיטת אמו אינו מתיר כיון שהיא טריפה, ואכשר בה רחמנא בסימנים דידיה, **ואינו** הולך על ענין של איסור מה שבחוץ.
וי"א דהולך על שניהם, דמה שבפנים מותר, והאבר היוצא אסור, **ועיין** לעיל בס"ב דיש מדייקין מזה, דיש איסור ביוצא לחוץ, ולא רק העדר ההיתר של שחיטת אמו, ע"ש, **וי"א** דהטעם, דשחיטת אמו כשירה מטהר האבר היוצא מידי נבילה, **הא** שחיטת טריפה אין מטהר לאבר היוצא, דנחות דרגא, דמטהר לעובר מידי נבילה ולא לאבר, **וא"כ** אף באמו טריפה הסימנים כשחוטין דמיין בנוגע מה שבפנים לענין נבילה, והאבר אין לו מי שיטהר אותו מידי נבילה.

יצא רובו במיעוט אבר, הרי הוא כילוד.
זה פשוט בש"ס דהוי כילוד, **והמחבר** שכתב בבבא אחת עם דין הקדום אינו מדוקדק, דהא אינם עולים בקנה אחד, דביצא חציו ברוב אבר הוי ספק, וברובו במיעוט אבר הוי ודאי כילוד, **והלכך** היכא דהוא בן ט' חי, ניתר כולו ע"י שחיטת עצמו דוקא, **והיכא** דהוא בן ט' מת, או בן ח' חי, הרי כולו אסור אף מה שבפנים.

וה"ה אם היה מבפנים יותר מבחוץ בלא המיעוט אבר, שדינן ליה אעובר שמבחוץ, כיון שבמיעוט אבר הוי רוב עובר בחוץ.

סימן יד ס"ד • הוציא אבר אבר עד שהשלים לרוב

הוציא אבר א' והחזירו, וחזר והוציא אבר אחר והחזירו, עד שהשלים לרוב, המיעוט שלא יצא, מותר.
ואם חתך כל אבר ואבר בשעה שהוציא אותו, גם המיעוט שנשאר בפנים אסור.
וקשה, הא טעמא הוי משום דאזלינן בספיקא לחומרא, וא"כ המיעוט שנשאר בפנים יהא מותר ממ"נ, כנ"ל בס"ג, **וי"ל** דכיון שחתך רוב אבריו, א"א שיהא ניתר בשחיטת עצמו, **א"נ** מיירי בבן ח', או בבן ט' מת.

סימן יד ס"ה • חלב של עובר שהוציא אבר ונאסר

עובר שהוציא אבר ונאסר האבר, ואח"כ נשחטה האם והוציאו העובר, והרי היא נקבה, **החלב** שלה אסור לשתותו, הואיל והוא בא מכלל האברים, ויש בה אבר א' אסור, **והרי** זה כחלב טרפה שנתערב בחלב כשרה.
זהו בעיא בש"ס, ונשאר בתיקו, ואסור לשתותו מספק.

ואין החלב דומה לזרע הנולד מאותו איסור יוצא, דאסיקנא דכל מכח לא אמרינן, ושרי, **אבל** החלב בא ממש בעין מן האברים, כאילו יונקים בפנינו חלב, **וזה** שכתב השו"ע והרי זה כחלב טרפה שנתערב כו', פי' חלב בעין ממש נתערב, ולא כח בלבד כענין הולד הנולד – ט"ז.

י"א דאם היה ס' בבהמה בבשר וגידין ועצמות כנגד האבר האסור, כל החלב מותר מטעם **תערובות** שבטל בס'.
והש"ך והט"ז תמהו, מי הגיד להם נביאות זה, כי דבר ידוע שאין האברים שוין בזה לענין דם שבהם, כי יש אבר שבו רוב בשר ומיעוט עצם, א"כ יש בו רבוי דם, וכן להיפך, וכן הוא לענין חלב הבא מכח דם שבאברים, **ואין** לשער בזה בס', שמא מאבר קטן החלב מתגדל הרבה יותר מאבר אחר גדול, ולעולם אינו בטל, והכי משמע פשטא דש"ס ופוסקים.
מיהו י"ל דלא יהא אלא ספק אם יש ס', כיון דהוי מין במינו דבטל מן התורה ברוב, אלא מדרבנן צריך ס', הו"ל ספק דרבנן ולקולא.
אבל אם בודאי ליכא ס', אין להתירו ולדונו כספק דרבנן, (כיון דמדאורייתא בטל ברוב), מחמת ספיקא דאיבעי אם חלב מותר, **משום** דבעיקר הוי ספק דאורייתא, כמ"ש הט"ז והש"ך.

וי"א דלא שייך להתיר החלב אפי' אם יש ס' בבהמה נגד האבר האסור, משום שיטת המרדכי, דלא שייך ביטול אלא

בדבר שהיה ניכר בפני עצמו תחלה ואח"כ נתערב, **אבל** בדבר שתחלת ביאתו לעולם מעורב, לא בטיל.
וי"א דדברי המרדכי היינו רק בביטול בתורת רוב, **אבל** בדבר הבטל בששים, דטעם בטולו הוא מפני שאז אין הטעם נרגש, לא שייך חילוק המרדכי.

וכתב הב"ח, דבן פקועה שבא על בהמה דעלמא והוליד, שהולד אין לו תקנה מטעם שהייה, וכדלעיל סי' י"ג, **התם** פשיטא דחלבה שרי, דלאו טרפה היא, אלא שאין השחיטה מתירתו, **וכמו** גבי שמוטה, דחלב שלה מותר, מטעם דשמוטה לאו טרפה היא, אלא שאין שחיטה מועלת בו, **אבל** הכא אסור משום טרפה, וחלב טרפה אסור.
וכתבו הש"ך והט"ז, דלא דמי לשמוטה, דהתם הלכה למשה מסיני דשמוטה לאו טרפה היא בחייה, **משא"כ** גבי בן פקועה, הולד טרפה, שהרי כולו איסור כיון דשחוט חציו, והו"ל כשאר מידי שנשחט חציו ממש, **ועוד** דבשמוטה היתה לה שעת הכושר, **משא"כ** בזה, דמיום שנולד אין לו תקנה.

אם יצא חציו ברוב אבר, י"א דהחלב מותר מטעם ס"ס, ספק דהוי כילוד ואין כאן איסור יוצא, ואת"ל דלא הוי כילוד, ספק שמא ביוצא ג"כ החלב מותר, **ולכאורה** נסתר זה ממ"ש הש"ך והט"ז, דבן פקועה הבא על הבהמה מעליא ג"כ בכלל איבעיא, והא הך דינא הוי רק ספק, דאנן ס"ל לדינא דהוי ספק אם חוששים לזרע אב, וא"כ הו"ל ס"ס, **אמנם** י"ל דהתם לענין ספיקא דחוששים לזרע אב, הוי לולד חזקת איסור שאינו זבוח, ודנין מכח החזקה דאין לו תקנה בשחיטה, **אבל** הכא בחציו ברוב אבר, י"ל דלא אמרינן דהוי כודאי אינו ילוד דלא מהני שחיטה להיוצא, **דהא** לגבי הנשאר בפנים הוי בהיפוך, חזקת איסור לדונו כילוד, דאם לא היה כילוד הותר תיכף בשחיטת אם, ומכח חזקת איסור ראוי לדון דלא הותר, **וא"כ** הוי חזקה לכאן ולכאן, מש"ה י"ל דשפיר הוי ס"ס.

סי' יד ס"ו(1) • חתך מהאברים במעי בהמה או מהעובר

המושיט ידו למעי הבהמה וחתך מן הטחול ומן הכליות וכיוצא בהן, דאין הבהמה נטרפת בחתוכן, והניח החתיכות בתוך מעיה ואח"כ שחטה, **הרי** אותן החתיכות אסורות משום אבר מן החי, ואע"פ שהוא בתוך מעיה.
אבל אם חתך מן העובר שבמעיה ולא הוציאו, ואח"כ שחט האם, **הרי** חתיכת העובר או אברו מותר, הואיל ולא יצא, **ואפי'** חלב מותר, **דכתיב** בבהמה תאכלו, **משא"כ** באברי הבהמה, משום דכתיב אותה שלמה, ולא אותה חסרה.

סימן יד ס"ו(2) • שחט עובר במעי אמו

אם שחט עובר במעי אמו, לא מקרי שחיטה.
ומיירי שיצא אחר שחיטתו קודם שחיטת אמו, דאז אפי' הוא בן ט' חי, שחיטתו נבלה מספק, דשמא אין שחיטה אלא לאחר שיצא לאויר העולם, **אבל** היכא דלא יצא קודם שחיטת אמו, ניתר בשחיטת אמו.
זהו בעיא דלא איפשטא, וכיון שמספק לא מקרי שחיטה, אסור לשחוט האם אחריו בו ביום, דשמא הוי שחיטה – ש"ך.
וי"א דצ"ע, דהא ע"כ הוי חלדה.

י"א דאם מתה האם ושחט הולד במעי אמו, בזה י"ל דהוי שחיטה, דהא בעיא רק באם האם חי, דאזי י"ל דהולד כחלק מהאם, ולא הוי בהמה בפני עצמו, **אבל** במתה האם י"ל דהולד רק כמונח בקופסא וכנולד דמי, **ואולם** לטעם דהוי חלדה, גם בכה"ג לא הוי שחיטה.

ויש שהקשה, הא כבר כתב הרמ"א לעיל, דאם שחט האם ונמצאת טריפה, דהאידנא אין תקנה להולד, דאין אנו בקיאים אם כלו חדשיו, **א"כ** ממילא א"א להתיר שחיטת הולד במעי אמו בלי היתר דשחיטת האם, דדלמא לא כלו חדשיו, ואין לו שחיטת עצמו, **ואולי** י"ל דהכוונה, דלא הוי שחיטה כלל אפי' להקל, דמותר לשחוט אח"כ האם, ולא הוי אותו ואת בנו, **משום** דהוי ס"ס, ספק דלא כלו חדשיו, ואת"ל דכלו חדשיו, שמא לא מהני שחיטה במעי אמו, וצ"ע, **ודלא** כמ"ש הש"ך, דלענין אותו ואת בנו מחמירין.

י"א דאמו עכ"פ מותרת אף בלא בדיקת איברים הפנימים, ולא חיישינן שמא נגע בהם בסכין, דאין לחוש לזה כשמכוין שלא ליגע בשאר אברים.

§ סימן טו – שלא לשחוט בהמה עד יום שמיני ללידתה §

סימן טו ס"א • דיני אפרוח

אפרוח כל זמן שלא יצא לאויר העולם, אסור, משום שרץ השורץ על הארץ, שגם שריצתו בתוך קליפתו מיקרי שריצה, **ולאחר** שיצא לאויר העולם, מותר מיד, אפי' לא נתפתחו עיניו.

במס' ביצה פליגי ר"א בן יעקב ורבנן, דראב"י ס"ל כל השרץ השורץ על הארץ לרבות אפרוחים שלא נפתחו עיניהם, ורבנן ס"ל כל זמן שלא יצא לאויר העולם, **ואע"ג** דקי"ל משנת ראב"י קב ונקי, **מ"מ** כיון דקים ליה רבי יוחנן כרבנן, ורב כראב"י, וקי"ל רב ור"י, הלכה כר"י, **ולכן** בטל כלל זה מפני זה, והדרינן לכללא דיחיד ורבים הלכה כרבים.

מיהו י"א דמשום דבר שקץ אין לאכלו עד שיגדלו הכנפים, דהיינו נוצה גדולה שעל גופו שיש לו קנים – א"ז.
וי"א דס"ל הא"ז כראב"י, ושיעור דנפתחו עיניהם, ושיעור דגדלות כנפים, שיעור אחד הוא, **וא"כ** למאי דפסק השו"ע כרבנן, לא קי"ל ג"כ כהך א"ז – ט"ז.
וי"א דליתא, דהא דפליגי ראב"י ורבנן, היינו כגון שנולד עם הכנפים, **דכל** עופות שלא גדלו הכנפים, אסר משום שקץ, **כלומר** דנהי דמשום שרץ השורץ על הארץ ליכא, מ"מ משום שקץ ומיאוס אסור לאכלו, **וכן** נראה מדברי כל האחרונים, שאע"פ שפסקו כחכמים, העתיקו דברי א"ז לפסק הלכה – נקה"כ.

סי' טו ס"ב • בהמה שילדה, אם מותר מיד ביום שנולד

בהמה שילדה, אם ידוע שכלו לו חדשיו, דהיינו ט' חדשים לגסה וה' לדקה, מותר מיד ביום שנולד, **ולא** חיישינן שמא נתרסקו אבריו מחבלי הלידה, **ואפי'** איכא ריעותא שאינו

הולך, **ואפי'** אינו יכול לעמוד, **ואפי'** היא מקשה לילד, **וא"צ** שיפריס על הקרקע.
והקשה הס"ז על הרמ"א באו"ח, דפסק בעגל שנולד ביו"ט, דאע"ג דידוע שכלו לו חדשיו, צריך ג"כ שהפריס על הקרקע, **ועיין** בנקה"כ מה שתירץ.

ואם אין ידוע שכלו לו חדשיו, אסור משום ספק נפל עד תחלת ליל שמיני, **ואע"ג** דגבי קרבן כתיב מיום השמיני והלאה, **שאני** קרבן דאין ראוי להקריב בלילה.

י"א דבעינן שיעברו ז' ימים מעל"ע, ואם נולד סוף יום א', אם הגיע תחלת ליל מו"ש עדיין לא יצא מכלל נפל, עד סוף יום המחרת, **אמנם י"א** דלא בעי מעל"ע, **וסיים** דאפ"ה אם יבא מעשה לידי קשה עלי להקל, מאחר שמפורש בבעלי הוראה המפורסמים לאיסור, **ומ"מ** המיקל לא הפסיד, הואיל ובלא"ה הוא רק איסורא דרבנן, (**ובזה** גופא יש נידון אם זה ברור דהנך ז' ימים הוא רק מדרבנן).

י"א דאנן לא בקיאינן בכלו לו חדשיו, ובכל ענין צריך להמתין עד יום ח', **וזה** שלא כתב רבינו הרמ"א בכאן דין זה, סמך עצמו על מ"ש לעיל סי' י"ג ס"ג. **ועיין** לעיל סי' י"ד ס"א, דיש שחולק ע"ז.

סימן טו ס"ג • אופני בירור לידע אם הם בני ח' ימים

אין סומכין על העכו"ם בגדיים קטנים הנקחים ממנו, ואומר שהם בני ח' ימים, **לפי** שאין עכו"ם נאמן אלא בעדות אשה לבד, **וכ"ש** כאן שהוא אומר להשביח מקחו, **ולפי"ז** אפילו העכו"ם מסיח לפי תומו אינו נאמן, דהא בעדות אשה קי"ל דאינו נאמן אלא במסיח לפי תומו.

י"א דמשמע דכל שאין ידוע אי כלו חדשיו הוה ספיקא דאורייתא, דאי דרבנן הא מהימן גוי אף בשאר איסורין במסיח לפי תומו, כמ"ש הש"ך, {**אלא** דא"א לומר כן כמו שמוכח באבה"ע סי' קנ"ו וקס"ד}, **ואפשר** דהכא איתחזק מיקרי, דעד עתה היתה מעוברת.

והקשה הס"ז, הא הוה ס"ס, ספק שמא כלו לו חדשיו, ואת"ל לא כלו, שמא יש לו ח' ימים, **וי"ל** דס"ל כי"א בסי' ק"י ס"ח, דדבר שיש לו מתירין לא מהני ביה ס"ס, **אך** קשה על רמ"א, שכתב שם דלצורך יש להקל, והיה לו להתיר גם כאן אפי' בלא נאמנות הכותי, **וי"ל** דאין שייך כאן ס"ס, דע"כ יש כאן ספק נפל או לא, וא"א לך לומר את"ל נפל וכו'.
וכתב הנקה"כ, דאין זה דשיל"מ, דהא הכא אין המתיר בודאי שיבא, וכה"ג לא דשיל"מ כלל, **אבל** באמת אין התחלה לקושיא זו, דהאיך תאמר ואת"ל לא כלו, שמא יש לו ח', דמה בכך שיש לו ח', הא לא כלו ונפל הוא, **ועוד** דכשתאמר לא כלו, א"א שיש לו ח', דהא כשהוא בן ח' ימים מוציא מידי ספק נפל, **ואפשר** שזה היה כוונת הט"ז, **אבל** באמת לא הוצרך להעלותו בכתב, שהוא פשוט יותר מביעתא דכותחא.

ויש שחולק ע"ז, דלא בעינן ס"ס מתהפך, וא"כ עדיין הוי ס"ס, ספק שהה ח' ימים, ואת"ל דלא שהה ח' ימים, שמא כלו חדשיו, **אבל י"א** דאינו כן, דלדעת הש"ך, דבודאי לא כלו לא מהני ח' ימים, **וא"כ** לא שייך כאן ס"ס, דהכל אחד הוא, דאנו אומרים שמא שהה ח' ימים ומוכח דכלו חדשיו, ואת"ל דלא שהה ח' ימים, דלמא בלא הוכחה כלו חדשיו, **וא"כ** כל הספק רק אי כלו חדשיו, ופשוט.

עיר אחת שהיו רגילים לשחוט עגלים הניקחים מעכו"ם, ואינם יודעים אם הם בני ח' ימים, ועשו כך מפני חסרון ידיעתם, ואח"כ בא חכם והודיעם שהוא אסור, **י"א** שאותם הכלים שהיו בני יומן בעת שהודיעם החכם את האיסור, אסורים לעולם בלא הגעלה, אפי' אם מה שנתבשל בהם היה מעגל גדול קצת, אשר למראית עין הוא בן ח', **אבל** הכלים שלא היו אז ב"י, מותרים, (זולת כלים שהם בני הגעלה יגעילם), אפי' אם מה שנתבשל היה מעגל קטן, אשר למראית עין לא היה בן ח'.

אף די"א דגדלות לא הוי סימן, היינו גדלות מעט שיש מקום לטעות, אבל אומד הדעת שהוא בירור גמור אפשר להקל, **ולכן** יש להקל לעת הצורך במי שהוא מומחה ובקי בטבע גידול העגלים של מדינה זו, וברור לו דלא שכיח כלל שיהא בן ו' ימים גדול כ"כ, **ובלבד** שיהא השוחט ירא שמים, שלא יקל ראשו באומד כל דהו.

כתב הריק"ש, שמעתי מפי בקיאים שכל שגדלו שיניה בידוע שעברו עליה ז' ימים שלמים, **ועוד** שמעתי לבדוק בקרנים, שכל שאינם רכים עדיין שיכול לתחוב בהם הצפורן, אלא שהם קשים וחדודים, בידוע שעברו עליהם ז' ימים שלמים, **והסכים** ע"י התב"ש, והביאום הפר"ח, **הגם** כי יש שפקפק עליהם, שאין לסמוך על שום סימן מהסימנים, **ונתן** טעם, כי הטבעיות משתנות לפי הזמן ולפי הארצות, ובין אם העגל חלש או בריא, **כתב החת"ס**, מ"מ נהוג עלמא כתלתא סבי, **ועכ"פ** בצירוף מסל"ת של עכו"ם שאינו מתכוין להשביח מקחו, יש לסמוך אי איכא תרי סימנים ביחד.
ואף די"א דהוה ספיקא דאורייתא, והני סימנים ודאי לאו דאורייתא נינהו, וא"כ איך נסמוך עלייהו, **זה** אינו, דאף דמיעוט נפלים הוה מיעוט המצוי, מ"מ ידעינן דרוב בני ז' ימים לית להו סימנים כי הני, ועכ"פ מאותו מיעוט המצוי נפלים, רוב דידהו לית להו הני סימנים, ומדאשכחו הני סימנים, כבר ידענו שאינו ממיעוט המצוי נפלים, וע"כ יאכלו ענוים וישבעו.
ונפילת טבור לא הוי סימן כלל וכלל.

י"א דישראל נאמן לומר שהם בני ח' ימים, אף דבדבר דאיתחזק איסורא אין עד אחד נאמן, **הכא** שאני דהתירא בא ממילא, ודמיא לנדה, דהאשה נאמנת מה"ט, **ועוד** דהכא לא מיקרי איתחזק איסורא, דהא גם ביום א' שרי אי ידיע שכלו חדשיו, וכשחי עד יום ח' איתגלאי מלתא למפרע שלא היה נפל מעולם, והוי קודם ח' כחתיכת ספק חלב, ולא דמי לטבל.

§ סימן טז – דין אותו ואת בנו §

סימן טז ס"א • איסור אותו ואת בנו

אסור לשחוט אותו ואת בנו ביום א', לא שנא האם ואח"כ הבן או הבת, ל"ש הבן או הבת ואח"כ האם, **ואיכא** נמי מלקות.

סימן טז ס"ב • בנקבות ובזכרים

איסור אותו ואת בנו נוהג בנקבות, שזה בנה ודאי, **ואם** נודע ודאי שזה הוא אביו (דמן הספק אין חוששין), אין שוחטין

שניהם ביום אחד, **ואם** שחט אינו לוקה, שהדבר ספק אם נוהג בזכרים או אינו נוהג.

י"א דכיון דהדבר ספק אם נוהג בזכרים, א"כ מותר לשחוט השני ביה"ש משום ס"ס, שמא אינו נוהג, ושמא יום שלאחריו הוא, והניח בצ"ע, **ויש** שהשיג עליו, דהא קיי"ל דבדבר שיל"מ אין להתיר מטעם ס"ס, והכא הא יל"מ לאחר שתחשך.

סימן טז ס"ג • עבר ושחט אם מותר לאוכלו

עבר ושחט אותו ואת בנו ביום א', מותר לאכלם, **דאע"ג** דדרשינן כל שתיעבתי לך הרי הוא בבל יאכל, **שאני** הכא מדאסרה רחמנא מחוסר זמן לגבוה, דהיינו קודם יום שמיני, מכלל דבהדיוט שרי במחוסר זמן.
ויש שהקשה, הא כל מלתא דאמר רחמנא לא תעביד אי עביד לא מהני, **ותירץ**, דמעשה גופא לא אסרה תורה, אלא יום הוא שאסור, **ומיהו** בלא"ה לא קשה, מדאסר רחמנא מחוסר זמן לגבוה, מכלל להדיוט שרי.

כתב המחבר, **ויש מי שאוסר** בו ביום לאכול האחרון, משום קנס, כמו שמצינו לענין מעשה שבת, **ולא** מיעטו בגמ' אלא שלא נאסר אותו לעולם מכח כל תועבה, **ודוקא** לו קנסינן, אבל לאחרים מותר.
אבל הראשון מותר, דבשעה ששחטו לא עביד איסורא כלל.

וכן קיי"ל לענין הלכה כדעה השניה.

י"א דאם שחט אב ובנו ביום אחד, מותר לאכול בו ביום אותו שנשחט אחרון, כיון דהדבר ספק אי נוהג בזכרים כדלעיל ס"ב, א"כ הוי ס"ס, שמא אינו נוהג, ושמא הלכה כדעת האומרים דבעבר ושחט מותר בו ביום לאוכלם, **ואף** דבדבר שיל"מ לא מהני ס"ס, **מ"מ** כיון שאין איסורו לכל העולם, רק להשוחט עצמו, לא דיינינן ביה דשיל"מ, כמ"ש מהרש"ל, **מיהו** י"א דלא פסקינן כדברי מהרש"ל הנ"ל.

סימן טז ס"ד • יום אחד האמור באותו ואת בנו

יום אחד האמור באותו ואת בנו, היום הולך אחר הלילה, **כיצד**, הרי ששחט ראשון בתחלת ליל ד', לא ישחוט השני עד תחלת ליל ה'; **ואם** שחט הראשון בסוף יום ד' קודם ביה"ש, שוחט הב' בתחלת ליל ה'.
ואם שחט הא' ביה"ש של ליל ה', לא ישחוט השני עד ליל ו', **ואם** שחט ביום ה' אינו לוקה, דשמא ביה"ש הוי יום ד'.
אבל ביה"ש של ליל ו' לא ישחוט, דשמא כששחט בביה"ש הא' היה אז בלילה, ועכשיו עדיין יום.
ובאמת קשה, דכל ביה"ש שוים, אלא דהספק שמא כל ביה"ש כולו יום או כולו לילה, או מקצת הראשון מן היום ומקצת הב' מן הלילה, **א"כ** אם שחט בביה"ש של ליל ה' בתחלת ביה"ש, יהא מותר לשחוט בביה"ש דיום מחר בסופו ממ"נ, **אם** תמול היה לילה, מכ"ש דעתה שהוא בסוף ביה"ש דהוא לילה, **ואם** עתה יום, מכ"ש אתמול שהיה בתחלת ביה"ש היה יום, **ויש** לדחוק דבאמת רק מחמת חומרא בעלמא אסרו.
אמנם יקשה, דלדעת המחבר דס"ס מותר אפי' בדבר שיל"מ, א"כ יהא מותר לשחוט בביה"ש של ליל ו' מטעם ס"ס, שמא כששחט האם היה יום, ואת"ל שהיה לילה, שמא גם עתה כששוחט הבן הוא לילה, וצ"ע.

סימן טז ס"ה • אם הוא כרוך אחריה

אם הוא כרוך אחריה, חזקה שהיא אמו, ואמרינן מסתמא שהיא ילדתו והניקתו וע"כ כרוך אחריה, **והיינו** לענין איסורא, אבל לענין מלקות לא מהני כרוך, עד דידעינן בודאי שהיא אמו, **וזה** שכתב בס"ב דאיסור אותו ואת בנו נוהג בנקבות כשזה בנה ודאי, היינו למלקות.

אבל מן הספק אין חוששין אפילו לאיסורא, אפילו הוא דומה ממש בתואר האם, או בשאר סימנים שבגוף.

סימן טז ס"ו • דיני אותו ואת בנו ללוקח בהמה

הלוקח בהמה, אינו חושש שמא נשחטה אמה או בנה היום, וא"צ לשאול אחר זה, **דאיכא** ספיקא טובי, שמא אין אם לזו, ואת"ל יש לה אם, שמא לא לקחה לשחיטה, ואת"ל לשחיטה, שמא מכאן ולאחר כמה ימים.

אבל על המוכר להזהיר הלוקח ולהודיעו, (אפי' בשאר ימות השנה), אם שחט האם או הבן היום, או אם מכרה לאחר שיודע בודאי שישחטה היום, שלא יכשל על ידו.
אבל מקח טעות לא הוי אם לא הודיעו, דיכול לומר לו שחוט למחר.

ואם אינו יודע בודאי שאחר ישחטה היום, א"צ להודיעו אף לענין איסור, דשמא גם מי שלקחה לא ישחטה היום, כיון שאינו בא' מהד' זמנים.

ואם הוא בא' מן ד' זמנים שדרך שכל מי שקונה בהמה ששוחטה מיד, **והם**: ערב פסח; וערב עצרת; וערב ר"ה; וערב יו"ט האחרון של חג שהוא רגל בפני עצמו, **צריך** להודיעו שמכר היום האם או הבת, אף שאינו יודע שאחר ישחטה, דמסתמא בד' זמנים הללו הכל קונים לשחיטה.
ואם לא הודיעו, שוחט ואינו חושש, בין קנה מישראל בין קנה מעכו"ם, **ואם** נודע לו אח"כ שנשחטה אמה או בתה היום, הוי מקח טעות.
ודוקא שמוכר שניהם ביום אחד, אבל אם מכר האם או הבת ביום שלפניו, א"צ להודיעו, לא לענין איסור ולא לענין מקח טעות, שאפשר שישחטנו קודם אלו הד' זמנים.

ועיו"ט הראשון של חג, העם טרודים בסוכה ולולב, ואין להם פנאי להרבות בשחיטה כ"כ, **ועיוה"כ** היו רגילין בעופות ודגים.

ואם מכר האחד לחתן והשני לכלה, אפי' אם מוכר בשני ימים, צריך להודיעו, שודאי שניהם שוחטין ביום אחד, **והוי** מקח טעות נמי אם לא הודיעו.
אבל המוכר א"צ לשאל להקונה אם קונה לצורך חתן, **ואם** הקונה קונה לצורך חתן, צריך להודיע להמוכר.

ובזמנינו שעיקר השחיטה לצורך י"ט היא קודם י"ט, וכן בחתן וכלה שוחטים יום או יומים קודם, א"צ להודיעו במכר בב' ימים.

שנים שלקחו אותו ואת בנו ביום א' מאדם א', הלוקח תחלה ישחוט ולא השני, **שמיד** כשמכר לראשון לא היה יכול לשחוט הנשאר בידו, שהלוקח לקח ע"מ לשחוט מיד, **ולכן** גם הלוקח ממנו אסור לשחוט, שלא יכול למכור לו רק זכות שבידו.
אבל אם לקחום משנים, שניהם שוים, וכל מי שישחוט תחלה זריז ונשכר.

אבל אם נשבע א' שלא ישחוט בהמתו, רק יחזיקנה לחרישה, ומכרה, **דין** הוא שהלוקח יכול לשוחטה, **דלא** אמרו שאינו יכול למכור רק זכותו, אלא שלא להפקיע זכות אחר במה שזכה ככר, **אבל** אם אין הפקעת זכות לאחר, אין חיוב על הלוקח לקיים שבועת המוכר, **דכל** זמן שהיתה בידו חלה השבועה, ולא כשבא ליד אחר, **דרק** בנדר דהאיסור חל על החפץ, נשאר עליו לעולם, **משא"כ** בשבועה שהיא חלה על האדם הנשבע, אין עליו החיוב אלא כל זמן שהוא בידו, אבל על החפץ לא חל שום דבר.

בגמ' מוכח, דאף כשלקחו מאדם אחד, אם קדם השני ושחט, ה"ז זריז (דלא עביד איסורא), ונשכר (שיאכל בשר).
וקשה דהשו"ע משמע: דדוקא אם לקחום משנים, שניהם שוים, וכל מי שישחוט תחלה זריז ונשכר, וזה דלא כהגמ'.
י"א דקאי השו"ע גם אלעיל אלקחו מאדם א' – ב"ח.
וי"א דלחנם דחק, דהגמ' לא קאמר אלא דאם קדם הב' ה"ז זריז ונשכר, **אבל** לכתחלה אין ראוי לעשות כן, **והשו"ע** אשמועינן דבלקחו מב' בני אדם, כל מי שישחוט ה"ז זריז ונשכר אפי' לכתחילה – ש"ך.

וכתב הט"ז, מדשבחוהו חכמים וקראוהו זריז, משמע שיש מעלה באותו שקדם ושחט, **והיינו** שא"א לו לבא לידי איסור, משא"כ השני שאפשר שישכח ויעשה איסור וישחוט, **וע"כ** כשלקחוהו משנים, אין לב"ד להכניס עצמם בדבר, ולומר שיפילו גורלות מי מהם ישחוט תחלה, כי אין להם להפקיע זכות של כל אחד שרוצה להקרא זריז, **והיינו** כל שיש לכל אחד היתר לשחוט, **משא"כ** בקנו מא' וקדם השני ושחט קודם ללוקח ראשון, דלא זו דלא נקרא זריז, אלא אפילו חוטא מיקרי, שגזל זכותו של לוקח ראשון.
והקשו עליו, דהוא נגד הגמ' – באה"ט.
וי"א דהט"ז ר"ל דהגמ' מיירי קודם בואם לב"ד, דאפי' לקחו מא', רשאי הב' לשחוט, כי שמא הראשון לא ישחוט היום, **אבל** אחר בואם לב"ד, לא, ובזה מיירי השו"ע, **משא"כ** בלקחו משנים, אף באו לב"ד אין להפיל גורלות, מאחר דהגמ' קראו לזה זריז דלא יבוא לידי מכשול, אין להפקיע זכותו – פמ"ג.

וי"א דאם רואין הב"ד שא' צריך לשחוט היום, והב' אין צורך לו, כגון זו כופין על מדת סדום.

סי' טז ס"ז • נוהג בבהמה טהורה, ובכלאים מן כבש ועז

אין איסור אותו ואת בנו אלא בבהמה טהורה בלבד, **ונוהג** בכלאים הבא ממין כבש וממין עז.

סימן טז ס"ח • כלאים הבא מן העז ומן הצבי

צבי שבא על התיישה
כתב השו"ע, דאם שחט התיישה ובנה, לוקה.
י"א משום דפשיטא דחוששין לזרע האם, ויש כאן מקצת שה, ודרשינן בש"ס שה ואפי' מקצת שה.
וי"א דא"צ לזה, דהא שה ובנו אמר רחמנא, משמע בנה אפילו כל דהו, אפי' אינו שה.

בת צבי ותיישה
כתב הטור, דאם שחט בת התיישה ובתה, חייב מלקות, **דקי"ל** שה ואפי' מקצת שה, והרי הבת היא מקצת שה מכח אמו.

עז שבא על הצביה
כתב השו"ע, דאסור לשחוט אותה ואת בנה, **אבל** אינו לוקה.
וי"א דמותר לשחוט הצביה ובנה אפי' לכתחלה, דשה ובנו אמר רחמנא, ולא צבי ובנו.
וי"א דהטעם לאסור לכתחלה, משום מראית העין, דלא ליתי לאחלופי בתיישה ובנה, דאי שרית לה באביו תייש, יאמרו העולם ה"ה אמו תיישה.
וחולקין עליו, דמי יודע שאביו תייש, **ואם** נאמר דהרואה יחוש לזה, אפי' בבן צביה דעלמא נמי, **ועוד** דלא מצינו בשום מקום מראית העין כזה.
וי"א משום סרך בתה ובת בתה, דאית בה מלקות וכדבסמוך.

בת עז וצביה
כתב השו"ע, דאם שחט בת הצביה ובנה, לוקה.
והקשו עליו, דהכא ס"ל דודאי חוששין לזרע האב, (ושה ואפי' מקצת שה), דאל"כ לא היה לוקה מספק, **ולעיל** בס"ב כתב, דאין שוחטין האב ובנו ביום אחד, ואם שחט אינו לוקה, שהדבר ספק אם נוהג בזכרים או אינו נוהג.
ותירצו, דלעיל דוקא מספקא להו אי או"ב נוהג נמי באב, משום דדרשינן בנו הכרוך אחריו, לאפוקי האב שאין בנו כרוך אחריו, **אבל** פשיטא דודאי חוששין לזרע האב.
והש"ך הקשה, שא"א לחלק כן כדמוכח להדיא בש"ס, **ועוד** תימה, דהב"י כתב דספוקי מספקא לן אי חוששין לזרע האב או לא, וצ"ע.

וכתב הש"ך, דנ"מ אפי' לדידן במה שלוקין, דאז הוי פסול לעדות מן התורה, **וכן** לענין דהמקדש בפסולי עדות דאורייתא, א"צ גט כלל, ובפסולי עדות דרבנן, צריך גט.
והקשה רעק"א, דרק אם הלאו בעצמותו איני חמור כ"כ, דאין בו מלקות, לא נפסל לעדות מה"ת, **אבל** הכא דהלאו דאו"ב חמור, דיש בו מלקות, ורק דהוי ספק אם חוששים לזרע אב, הוא פסול מספק.

סימן טז ס"ט • האיסור בשחיטה דוקא

אין איסור אותו ואת בנו אלא בשחיטה בלבד, שנאמר: לא תשחטו, **ובכלל** זה אם שחט ונמצאת טרפה, דקימ"ל דשחיטה שאינה ראויה שמה שחיטה.
אבל אם ניחר הראשון, או נתנבלה בידו, מותר לשחוט השני.

ואם נתנבל בידו בא' מהדברים שאנו מחמירים בו, כגון שהייה או חלדה במעוט של סימנים, או שהייה במיעוט בתרא, או בצרוף שהיות, או שנמצא סכין פגומה לאחר ששחט, וכה"ג בפלוגתא דרבוותא, דאסרינן להו מספיקא, **אין** לשחוט הבן או האם אחריו, **ואם** שחט אינו לוקה.

לפיכך חרש שוטה וקטן ששחטו הראשון בינם לבין עצמם, מותר לשחוט השני אחריהם, לפי שרוב מעשיהם מקולקלים.
וכתב הרמ"א, ואם אחרים רואין ששוחטין כראוי, אסור לשחוט אחריהם.
ודעת המחבר, דבאחרים עומדין על גביו, אפילו אינו מומחה וגם אינו יודע לאמן ידיו, שחיטתו כשרה, וכמ"ש בסי' א'.
ואף להש"ך שאסר, מ"מ כאן יש להחמיר באיסור דאורייתא.

וי"א דה"ה כששוחט האם, מותר למסור הבן לחש"ו לשחטו בינו לבין עצמו, **ואצ"ל** שמותר למכרו לעכו"ם, אע"פ שהעכו"ם ינחרנו היום.

וצ"ע בחש"ו, נהי דמשום אותו ואת בנו ליכא, מ"מ הא אסור למסור להם לשחוט בינם לבין עצמם, אפילו להשליכו לכלבים, כדלעיל סי' א' ס"ה.

י"א דה"ה בגדול שאין יודע הלכות שחיטה, דמותר לשחוט השני אחריו, **אלא** כיון דלא הוזכר בפירוש בפוסקים, אין להקל להתיר, **אלא** דמ"מ אם עבר ושחט אחריו, דאין כאן איסור אכילה, ואפילו לי"א דבס"ג מודים בזה.

השוחט לרפואה או לאכילת עכו"ם או לאכילת כלבים, אסור משום או"ב.

וה"ה אם שוחט בהמת עכו"ם, יש איסור דאו"ב, משום דהאיסור הוא על השוחט, וכתיב לא תשחטו סתמא.

סימן טז ס"י • שחיטת המעוברת

מותר לשחוט את המעוברת, דעובר ירך אמו הוא.

ואם יצא העובר חי אחר שחיטת אמו, והפריס ע"ג קרקע, **אין** שוחטין אותו ביום אחד, כיון דמפני מראית העין טעון שחיטה, **ואם** שחט אינו לוקה, כיון שמן התורה א"צ שחיטה וניתר בשחיטת אמו.

ואם נמצא האם טריפה, דיש תקנת לולד אם כלו חדשיו, דמותר לשחטו, **פשיטא** דאסור לשחוט הולד בו ביום משום או"ב, **ואולם** אם גם הולד טריפה, י"א דיש לדון דמותר לשחוט הולד, **דהא** דקיי"ל שחיטה שאינה ראויה שמה שחיטה, היינו משום דמהני שחיטה לטהר מידי נבילה, **משא"כ** בזה דאף אילו מת העובר לא היה מטמא משום נבילה, דלענין זה מהני שחיטת האם, **וא"כ** שחיטת העובר הטריפה לא הועיל כלום, וי"ל דבכה"ג לא שמה שחיטה.

י"א דאם מכר את הבן פקוע שהפריס ע"ג קרקע לחתן או לכלה ביום החופה, א"צ להודיעו שלא ישחוט ביום ההוא, **משום** דמבואר לעיל סי' י"ג, דאם היה בו דבר תמוה א"צ שחיטה, וי"א דחופה הוי מלתא דתמיהא, **וממילא** דמותר לשוחטו ביום שנשחט אמו, **והניח** בצ"ע, **וע"ש** בסי' י"ג.

סימן טז סי"א • נאמנות עכו"ם באותו ואת בנו

עכו"ם שמכר שתי בהמות, ואח"כ אמר מסיח לפי תומו, שהן אותו ואת בנו, **אינו** נאמן במה שאמר לאחר שמכרם ויצאו מתחת ידו, **דאין** עכו"ם נאמן בשום עדות.

אבל אם אמר כן בשעת מכירה, נאמן לאסור, מיגו דאי בעי לא מזבין להו, או מקלי קלי להו, **אבל** היכי דשייך להשביח מקחו, אפי' יש לו מיגו אינו נאמן, **אמנם** י"א דהיכא דבידו נאמן, אפילו היכא די"ל דלהשביח מקחו אומר כן.

ומיהו אי מהימן ליה, אסור, אפילו אינו מסל"ת.

סימן טז סי"ב • תערובות באותו ואת בנו

בהמה שנשחטה אמה או בתה היום ונתערבה באחרות, וצריך לשחוט מהם היום, וכל זמן שהם ביחד, בעלי חיים לא בטלי אפילו באלף, **כיצד** תקנתו, נכבשינהו (וזה מותר בשאר איסורים אף לכתחלה, משא"כ בקדשים וע"ז), דניידי ממקום קביעותן, ויקח מהם אחד וישחוט, דכל דפריש מרובא פריש; **ושנים** הנותרים אסור לשחטם היום, דהוי מחצה על מחצה.

ויש שהקשה, הא או"ב הוא דשיל"מ, ולא אמרינן ביה כל דפריש מרובא פריש, (**וי"א** דגם בדבר שיל"מ אמרינן כל דפריש מרובא פריש), **וי"ל** דכל איסור שלא היה ניכר קודם שנתערב, בטיל אע"פ שהוא דשיל"מ, **א"כ** י"ל דמיירי שנתערב האם קודם שחיטת הבת, דלא ניכר האיסור קודם התערובת, **ומש"כ** בשו"ע בהמה שנשחטה כו' ונתערב, הכוונה שנתערב כבר קודם השחיטה.

וי"א דבכה"ג דנתערבה האם באחרת תחלה ואח"כ שחט בתה, מותר אח"כ לשחוט מן התערובות אף בלא נכבשינהו, **כי** דשיל"מ פשיטא דלא הוי, **אלא** אפי' חשיבות דבע"ח לא מהני, אחר דבשעה שנתערב לא היה בו שום איסור, **וסגי** שמפריש בהמה אחת ושוחט כל האחרות, **דכיון** שאיסור לא היה מבורר קודם תערובתו, רק לאחר התערובת נולד האיסור, סמכינן אברירה, **וכ"ש** אם שחט תחלה אחד מן התערובת, שמותר אח"כ לשחוט הבת.

ויש שמפקפק על עיקר דין זה, דזהו דוקא להשו"ע שהולך בשיטת בה"ג, דס"ל לאסור האחרון באכילה בו ביום, (עיין ס"ג), **אבל** לדעת הרמב"ם (דכוותיה אזלא שיטת הש"ס), דבאכילה שרי, א"כ פשוט שאין מקום לומר בזה חשיבות בע"ח ודבר שיל"מ, **דלא** החמירו חכמים רק בדבר האסור מחמת עצמו, משא"כ בזה דאין כאן דבר האסור כלל, רק דרחמנא אזהר שלא לשוחטה, **ובאם** נתערבה בטילה ברוב, דחד בתרי בטל, ולא צריך כלל לכבשינהו, דלא נקרא שם איסור על דבר שנתערב כלל.

§ סימן יז – דין השוחט בהמה המסוכנת למות §

סימן יז ס"א • דיני פירכוס במסוכנת

השוחט את הבריאה ולא פרכסה, הרי זו מותרת.

אבל המסוכנת, והוא כל שמעמידים אותה בגערה או במקל ואינה עומדת, (**אבל** כשמעמידים אותה בידיה, אין מוציאין אותה מחזקת מסוכנתה, דאף עץ בעלמא עומד כשמעמידים אותו בידים), **אע"פ** שהיא אוכלת מאכל בריאות, **שחטה** ולא פרכסה כלל, הרי זו נבלה ולוקין עליה, **דכל** שלא פרכסה בידוע שנשמתה נטולה הימנה קודם שחיטה.

ואם פרכסה, הרי זו מותרת, **וצריך** שיהיה הפרכוס בסוף השחיטה, אבל בתחלתה אינו מועיל.

וכתב רמ"א, דצריך למשוך עד אחר השחיטה. **ויש** אומרים דאע"פ שלא נמשך אחר שחיטה, רק פרכס עם גמר השחיטה, כשר.

י"א דפשוט דכ"ש אם כל הפירכוס היה אחר השחיטה דשפיר דמי, **וי"א** דאפי' אם גם אחר השחיטה לא פרכסה מיד, רק לאחר ששהה כמו רביעית שעה התחיל לפרכס, אין כאן בית מיחוש לומר דהוי כזנב הלטאה, (**ודלא** כי"א לאסור בזה), **אך** אם חתכו כל המפרקת ורוב בשר עמו, ולא פרכסה בשעת שחיטה, רק לאחר שחתך כל המפרקת פרכסה, לא מהני, דזה ודאי הוי כזנב הלטאה.

כיצד הוא הפרכוס

__בבהמה דקה, ובחיה גסה ודקה__

[בידה] – אם פשטה והחזירה.

ואם כפפה ידה בלבד, י"א דאסורה, **וי"א** דמותרת.

אבל אם פשטה ידה ולא החזירתה, הרי זו אסורה, שאין זו אלא הוצאת נפש בלבד.

[וברגלה] אם פשטה אע"פ שלא החזירה, או שכפפה רגלה בלבד, ה"ז פירכוס ומותרת.

__ובבהמה גסה__

[אחד היד ואחד הרגל], בין שפשטה ולא כפפה, בין כפפה ולא פשטה, הרי זה פרכוס ומותרת.

ואם לא פשטה לא יד ולא רגל ולא כפפה כלל, הרי זו נבילה.

[כשכוש זנב], י"א בבהמה מהני, **וי"א** דלא מהני רק בעוף, **ונראה** דהסומך דמהני לא הפסיד.

[גועה ועביה קלא, הטילה ריעי ומתרזת למרחוק, או כשכוש באזנה], י"א הוי פירכוס, **וי"א** דאחרי שרבותינו בעלי השו"ע השמיטו זה, אין להקל כלל, **וכן** יש להורות.

__ובעוף__, אפי' לא רפרף אלא בעינו, (**וי"ג** גפו במקום עינו, **וי"א** דרפרף בעינו לא מהני), **ולא** כשכש אלא בזנבו, ה"ז פרכוס.

וי"א דבזה"ז יש לראות שתהא פרכוס טוב בלי שום ספק ספיקא, **ואין** להעמיד בזה על הטבחים שדרכם להטות דעתם להיתר, **ועל** כיוצא בזה אמרו חז"ל: בהמה בחייה בחזקת איסור עומדת, עד שיודע לך במה נשחטה.

סי' יז ס"ב • השוחט את המסוכנת ולא ידע אם פרכסה

השוחט את המסוכנת בלילה ולא ידע אם פרכסה, הרי זו ספק נבילה ואסורה, **ולא** מהני כשמצא למחר כותלי ביה"ש מלוכלכים בדם, (**ודלא** כיש שמתירין בזה).

הא דלא אמרינן אוקמא אחזקת חי, **י"א** דהיינו משום דאיכא חזקה מתנגדת, חזקת איסור שאינו זבוח, **ומזה** נלמוד דבמסוכנת שנשחטה, נאמן עליו עד א' ואפי' אשה לומר שפרכסה, שאין כאן חזקת איסור.

סימן יז ס"ג • שלא לאכול מבהמה מסוכנת

גדולי החכמים לא היו אוכלים מבהמה שממהרים ושוחטים אותה כדי שלא תמות, ואע"פ שפרכסה בסוף השחיטה; **ודבר** זה אין בו איסור, אלא כל הרוצה להחמיר על עצמו בדבר זה הרי זה משובח.

י"א דבבהמת עכו"ם דליכא הפסד ממון, משום מדת חסידות אסור, **אבל** בבהמת ישראל, משום הפסד ממון, אפי' מדת חסידות ליכא, אלא חומרא לגדולי החכמים.

וי"א דבהמת עכו"ם לא מיתכשרה עד דקיימא בכרעא מאליה, ואזלא ד' אמות בדקה, **ומלא** קומתה בגסה.

§ סימן יח – דין בדיקת הסכין ופגימותיו §

סימן יח ס"א • השוחט בסכין בדוקה ונמצאת פגומה

השוחט בסכין בדוקה ונמצאת פגומה, אפילו מן הצד, (**ואין** בכלל זה רושמי הסכין, שעושין האומנים בשעת עשיית הסכין, כיון שהוא רחוק הרבה מן החוד), **הרי** זה ספק נבילה.

ואפילו נגע בעצם המפרקת, אין תולין שנפגמה בו אחר שחיטה, אלא חיישינן שמא בעור נפגמה, ונמצא שחט בסכין פגומה, **משום** דבהמה בחייה בחזקת איסור עומדת, ואינה יוצאה מאיסורא עד שיודע לך במה נשחטה, וכיון שנולד בה ספק, לא נתברר לך שנשחטה כראוי.

ואפי' בעוף, ואפילו נגע ג"כ בעצם המפרקת, דאיכא תרתי לטיבותא, שעורו רך, ונגע ג"כ בעצם המפרקת, אפ"ה חיישינן שמא בעור איפגם.

סכין שבדקוהו אחר השחיטה, ונמצא בו פגימה מורגשת, ואח"כ לקח השוחט הסכין ושפשף על בשר הזרוע, ועי"ז סרה הפגימה, ואומר שקבלה בידו שכל פגימה אף אם ישפשפו כל היום לא תוסר, וע"כ לא היה פגימה גמורה, **י"א** דבהמה זו אסורה, כי אטו פגימה נאמרה למשה מסיני, עיקור ושהייה נאמרה, וכל שיש בסכין מקום שמעכב העברת הציפורן, יהיה פגימה מגוף הסכין, או בליטה מדבר אחר הנדבק בסכין, כל שאינו יכול להסירו בנקל ע"י ידו, וע"י הדחה קלה וכדומה, רק צריך זמן מה להחליקו על עץ ועור וכדומה, הכל גורם או עיקור או שהייה, **ע"כ** כל העושה כן מאכיל טריפות, ויש לעמוד בכח נגד המשחיתים המשחיזים האלה.

סימן יח ס"ב • שיעור הפגימה

אם נמצא פגימה, שיעורה כל שהוא, **ובלבד** שתאגור בה חוט השערה, (דכל שהוא לאו דוקא), **אבל** לכתחלה לא חיישינן לפגימה כל שהוא, וא"צ בדיקה אלא אבשרא ואטופרא, כדלקמן ס"ט, **וחלילה** לנו להקל כהב"ח שפסק דאינה נטרפה בפגימה כל שהוא, אלא כדי חגירת צפורן.

בגמ' איתא הרבה אמוראים שהחמירו בבדיקה, לבדוק בשמש, או במים דכשמעבירו בחודו על המים אם יש פגימה בסכין מרגישין אותה במים אפילו בכל שהוא, **וי"א** שראוי להחמיר כן, אלא דבסתמא די בבדיקה אבישרא ואטופרא.

סימן יח ס"ג • לבדוק הסכין קודם שחיטה

צריך לבדוק הסכין קודם שחיטה, ואם לא בדק, לא ישחוט, ואין לסמוך על מה שירצה לבדוק אחר השחיטה.

ויש בזה ד' טעמים:

__א'__, שמא ישכח אח"כ, והרי הוא כאוכל נבלה, **ואף** אם יעמיד אחר אצלו, ויאמר להזכירו לבדוק אחר השחיטה, י"א דלא מהני, **דאף** דבאו"ח סי' ער"ה לענין קריאה לאור הנר בשבת, התירו בכה"ג, דוקא בקריאה דמצוה התירו.

וי"א דלפי טעם זה, בסכינים שלנו שמיוחדים לשחיטה, מותר לשחוט על סמך שיבדקנו אחר שחיטה, דהא בדיעבד אם ישכח לבדוק, כשר, כדאיתא בסעיף י"ד. **וי"א** דאפ"ה כתב רמ"א בסי"ד דלכתחלה אין לשחוט בלי בדיקה תחלה, **והטעם** משום בל תשחית או ברכה לבטלה, וכדבסמוך.

__ב'__, משום בל תשחית.

ג', משום חשש ברכה לבטלה.
וא"כ בשמע הברכה מאחר, וכשנבילה שוה ככשירה, דליכא בל תשחית, וסכין מוצנע, דליכא כולהו טעמא, **י"א** דאז שרי בלי בדיקה לסמוך אאח"כ, דא"נ משתלי ליכא איסורא.
ד', י"א משום שנאמר ושחטתם בזה ואכלתם, וקשה דבש"ס לא משמע כן.

ואם עבר ולא בדקה תחלה, ואח"כ בדקה ומצאה יפה, שחיטתו כשרה.

סימן יח ס"ד • פגימה מסוכסכת

איתא בגמ': סכין שאין בה אלא פגימה אחת, אוגרת פסולה, מסוכסכת כשרה. **אוגרת** היינו שיש להפגימה עוקצין משתי רוחות, **ומסוכסכת** היינו שיש לו רק עוקץ מרוח אחת. **וכשרה** דוקא היכי "דקיימי ארישא דסכינא", דאל"ה חורפא דסכינא מחליש, ומורשא בזע, **ודוקא** "כשהוליך ולא הביא", דאל"ה כי אזלא מחלשא, וכי אתא בזע.

שיטת רש"י: דכל עוקצי הפגם קורעים הם ואין חותכין, בין בפגעו בו, בין כשהוא יורד ממנו, **ולכן** כשרה דוקא היכי "דקיימא ארישא דסכינא", שכשהתחיל להוליך, לא היה לסכין כח להחליש עד שעבר הפגם, ואין כאן ספק שמא נגע העוקץ בסימן.

שיטת רי"ף והרמב"ם: שאין העוקץ קורע כשהוא יורד ממנו, **ולפי"ז** מה שאמר הגמ' "דקאי ארישא דסכינא", ר"ל שהעוקץ עומד כלפי הראש, ואפילו עומדת באמצע, וכגון "שהוליך ולא הביא" דאז אינו קורע בירידתו לתוכו, (**אבל** אי הביא, אפי' כשהפגימה בראש הסכין פסולה, כי לפעמים דוחק וקורע העוקץ העור ובשר וסימן ביחד), **וכן** אם העוקץ לצד הקתא, והביא ולא הוליך, כשרה.

וכתב המחבר (כשיטת הרי"ף והרמב"ם), סכין שנבדק ע"י שמוליך הסכין על האצבע, (**והוה** הולכה דבדיקה והולכה דשחיטה חד ענינא, **ואין** זה הולכה והבאה שלנו, שאנו מחזיקין הסכין ביד אחד וחודו למעלה, ומוליכין האצבע עליו, דלפי"ז לא יובנו הדברים שבסעיף זה), **ולא** הרגיש שיש בה פגם, וכשהחזיר אותה בהבאה הרגיש שיש בה פגם, **וזו** היא הנקרא מסוכסכת, דאם שחט בה דרך הולכה ולא הביא, שחיטתו כשרה; **ואם** הביא (אפי' לא הוליך), שחיטתו פסולה, משום דהעוקץ פוגע בסימן וקורעו, **דאפי'** אם היא רק נרגשת קצת כשיורד אצבעו לתוכו, נמי פסולה.

וה"מ כשהרגיש בה קודם שחיטה, **אבל** אם מצא סכינו יפה קודם שחיטה, ואחר שחיטה מצא בה פגימה מסוכסכת, ואמר: ברי לי שלא עשיתי אלא הולכה לבד, שחיטתו פסולה, **דכל** מילתא דלא רמיא עליה דאינש, עביד ולאו אדעתיה.

וכתב הרמ"א (וכפרש"י), ויש מחמירים דכל מסוכסכת אסורה, עד דקיימא ארישא דסכינא ממש, אם שחט בהולכה, **דאל"כ** רישא דסכינא מחליש העור והבשר, ואח"כ העוקץ קורע, **ואסיפא** דסכינא ממש, אם שחט בהבאה.
וי"א דאם היא כפופה כ"כ עד שאינה נרגשת כלל אלא מרוח א', שרי בהוליך ולא הביא, אע"ג דלא קיימא ארישא דסכינא.

וכתב הרמ"א, ולפי שאין אנו בקיאין היכן מיקרי רישא דסכינא, יש להטריף הכל, והכי נהוג.

וי"א דה"ה אפי' מסוכסכת מן הצד, **אבל** אותן רשומים שמן הצדדין בסכינים, מותר, דביה"ש מירווח רווח כה"ג.

סימן יח ס"ה • סכין שיש בה כמה פגימות

סכין שיש בה פגימות הרבה, (**לאו** דוקא, דה"ה אפי' רק שנים, וי"א למעלה משנים), **אפי'** כולן מסוכסכות, אפי' שחט בה בדיעבד, פסולה, **דמתוך** שפגימותיה מרובות חיישינן שמא השיב ידו מעט ולא הרגיש.
היינו הרי"ף לשיטתו, שאין העוקץ קורע כשהוא יורד ממנו, אבל בזה מתוך שפגימותיה מרובות, חיישינן שמא השיב ידו מעט ולא הרגיש.
ולשיטת רש"י, הוי כפשוטו, (ובאמת מקורו מהאי ציור), דעוקצי הפגם קורעים בין בפגעו בו בין כשהוא יורד ממנו, א"כ מורשא קמא מחליש, ומורשא בתרא בזע.

וי"א דאע"פ שאם לא היה שם אלא פגימה אחת, ונשאר בו שיעור שחיטה בלא פגימה, דמותר בדיעבד אם שחט שלא כנגדו, **מ"מ** אם יש שם ב' או יותר, אין היתר בזה אלא הוה כמגירה, **כלו'** כאלו כולו פגום ואין בו שום חלק יפה כלל.

סימן יח ס"ו • סכין שהוא מסתבך באצבע

סכין חדה שהושחזה, והרי אינה חלקה אלא מגעתה כמגע ראש השבולת שהוא מסתבך באצבע, **הואיל** ואין בה פגם שוחטין בה.
י"א דאיירי דאינו חוגרת אפי' חוט השערה, **וי"א** דחוגרת חוט השערה, ורק דאינה מגוף הסכין ואינה פגימה כלל, אלא כשמחדדין הסכין ביותר עולה על חודה כמין חוט אחד, ואותו חוט מסכסך בבשר האדם, ודומה לראשי שבלים, שמתוך דקותו הוא מסכסך כך, ולפעמים מסתלק מן הסכין.

וכתב הרמ"א, ואין אנו נוהגים לשחוט בו, לפי שאין אנו בקיאין בדבר.

סימן יח ס"ז • סכין שאינה חדה

סכין שפיה חלק ואינה חדה, הואיל ואין בה פגם שוחטין בה, ואע"פ שהוליך והביא כל היום עד ששחטה, שחיטתו כשרה.
ועיין לעיל סי' כ"ג ס"ד, דשם נתבאר דבבהמה כה"ג לפעמים טריפה, דאם נתעכב כשיעור שהייה במיעוט אחרון של סימן ראשון, פסול, דכיון שנחתך רוב הסימן הראשון, הוה כאלו נחתך כולו, ומה שמוליך ומביא במעוט הנשאר, הוי כאלו מוליך ומביא בידה או ברגלה, ויש שהייה קודם שיתחיל סימן שני, **משא"כ** בעוף שהכשרו בסימן א', לא חשיב שהייה, דמיד שחתך רוב סימן א' בעוף הרי נגמר שחיטתו.
ואע"ג דקי"ל לקמן סי' כ"ג, דשהייה אפילו כל שהוא פסולה אפילו במעוט בתרא בין בעוף בין בבהמה, **היינו** דוקא שהייה ממש, משא"כ שוחט בסכין רעה כיון שמוליך ומביא תמיד, **ודלא** כהב"ח, וצ"ע.
אבל אם לא שהה שיעור שהייה, **א"נ** היכא שכוון והניח ב' הסימנים יחד זה אצל זה, ושחט שניהם, כשרה.
מיהו ודאי לכתחלה אין לשחוט בו אפילו עוף, כיון דצריך לכתחלה לשחוט ב' סימנים בעוף כמו בבהמה.
ועיין ריש סי' כ"א.

סימן יח ס"ח • סכין שהיא עולה ויורדת

סכין שהיא עולה ויורדת כנחש, ואין בה פגם, שוחטין בה לכתחלה.

י"א דדוקא בנמוך פעם א'. **וי"א** דאינו יודע שום מקור או רמז לחומרא זאת, כיון שאין שם פגם עליה, מה לי פעם א' ומה לי הרבה פעמים, **דאי** ס"ד שנים אסור, שהשני קורע, א"כ אף באחד, חורפיה דסכינא מחליש, והעולה ויורד קורע, **ועוד** דהא מכשרינן בעולה ויורד אפי' להוליך ולהביא כמה פעמים, נימא דבפעם א' מחליש, ובפעם הב' קורע, **וגם** לשון השו"ע מורה ע"ז, שהרי כתב סכין שהוא עולה ויורד, משמע שכל הסכין הוא כדרך זה, **דאל"כ** היה לו לומר סכין שיש בו עולה ויורד, אלא דכל הסכין הוא כך. **וכשר** לשחוט לכתחלה, וכן נוהגים.

וי"א שראוי ונכון להגדיר שלא לשחוט בסכין עולה ויורד, כי בעו"ה נתמעט ההרגשה, והלואי שיוצאים חובותינו על סכין חלק וישר, ולא על הר ובקעה, דאינו דומה הרגשה דסכין ישר לעולה ויורד, **לכן** כשיש פגימה בסכין, לא ישחיז על מקום הפגימה לבד, שאז נעשה עולה ויורד, **אלא** יעביר בהשחזה כל אורך הסכין עד שיעמוד על תיקונו.

סימן יח ס"ט • בדיקת הסכין

בדיקת הסכין צריכה אבשרא (נגד הוושט), ואטופרא (נגד הקנה), **דכל** שאין אלו מרגישים, גם הוושט והקנה לא ירגישו בפגם, **ואתלת** רוחתא; דהיינו שמוליכה ומביאה על בשר אצבעו, ואח"כ מוליכה ומביאה על צפרנו, משלש רוחותיה, שהם פיה ושני צדדיה, כדי שלא יהיה בה פגם כלל.

וי"א דאם שחט עוף בסימן א', כגון ששחט הושט, והיתה הסכין בדוקה אבישרא, כשר, אע"ג שהיה בו פגימה הנרגשת אטופרא, **או** להפך, שחט הקנה בסכין בדוקה אטופרא, אע"ג דאית ביה פגימה הנרגשת אבישרא, שפיר דמי, **דהני** בדיקות דאצרכינהו רבנן אטופרא ואבישרא, טעמייהו דטופרא נגד הקנה ובשרא נגד הושט, **ויש** שחולק.

וי"א דבזה"ז בטלה הבדיקה המעולה האמורה בגמ' אבישרא, ולמה זה השליכו שוחטי זמנינו זאת הבדיקה אחר גיוום, **ואולי** היראים והחרדים בודקין כדין וכהלכה.

ויבדוק לאט ובכוונת הלב, שלא יפנה לבו לדברים אחרים. **וצריך** לשנות הצפורן אחר קצת בדיקתה, שמא נפגם הצפורן בחודה של סכין, ואולי יש פגימה בצדדין שלא ירגיש בה לפי שעוברת בתוך פגימת הצפורן.

וי"א דיש לרחוץ הסכין קודם הבדיקה, שהדם פעמים נקרש בתוך הפגימה, **ודוקא** נקרש יבש, אבל לח לית לן בה, **ומשו"ה** אחר השחיטה מיד אין לחוש לדם שע"ג הסכין.

וי"א שלא יבדוק הסכין בשעה שהיד קר ומצונן, או חם מאד, או שהיד טופח הן מחמת משקה או זיעה, אפי' טופח שלא ע"מ להטפיח, כי בדוק ומנוסה אשר בכל אלה לא ירגיש, **גם** יקנח הסכין שלא יהא בו שום לחלוחית, **גם** בעת שרוח מנשבת בעולם לא יעמוד בחוץ לבדוק, כי הרוח קשה לזה.

וכתב הרמ"א, ולא יבדוק שני צדדי הסכין ביחד, אלא כל אחד בפני עצמו.

סימן יח ס"י • לשחוט שלא כנגד הפגימה

סכין שיש לה פגימה אסור לשחוט בה, אפי' אם מכוין לשחוט שלא כנגד הפגימה.

אבל בדיעבד כשר, אפילו לא כרך מטלית על הפגימה, אם אומר ברי לי שלא נגעתי, **והיינו** דוקא כשידע קודם שחיטה שיש פגימה, אבל לא ידע, ואמר אח"כ ברי לי שלא נגעתי, **כגון** שהפגימה היא למעלה מחציו של סכין, ואמר ברי לי שלא שחטתי אלא במה שלמטה מחציו, וכה"ג, **אף** דיעבד אסור, דכל מילתא דלא רמיא עליה דאינש, לאו אדעתיה.

וביו"ט נוהגין היתר לכרוך מטלית על הפגימה, כיון שאינו יכול להשחיזה; **ואם** הוא שעת הדחק, שאין לו הכנה להשחיזה, אפילו בחול מותר לשחוט ע"י כריכת מטלית על הפגימה.

סכין שיש לה ב' פיות צריך לבדוק שני הצדדין.

סימן יח סי"א • דין בדיקה בין שחיטה לשחיטה

השוחט בהמה אחת צריך בדיקה אחר השחיטה, דשמא בעור נפגם, **וכן** השוחט בהמות רבות או עופות הרבה, צריך לבדוק בין כל אחד ואחד.

משמע בדיקה כהלכתא אבשרא ואטופרא ואתלת רוחתא, **ודלא** כי"א דאין לבדוק י"ב בדיקות בין שחיטה ושחיטה, כי אין רוח חכמים נוחה הימנו להפסיק כ"כ בין ברכה לשחיטה שניה, **ולא** נהירא, דהא צרכי שחיטה לא הוי הפסק.

וכתב המחבר, שאם לא עשה כן ובדק באחרונה ונמצאת סכין פגומה, הרי הכל ספק נבילות ואפי' הראשונה, דחיישינן שמא בעור הראשונה נפגמה, כדלעיל ס"א.

וכתב הרמ"א, ומי שרוצה להכניס עצמו לספק זה, א"צ לבדוק סכין בין שחיטה לשחיטה.

מיהו צריך שלא יקחו מהנשחטים לאכול קודם בדיקת הסכין של אחר השחיטה.

וכתב העט"ז, אם הוא שוחט לאחרים ועשה כן שלא ברשות, ונמצא אח"כ הסכין פגום, צריך לשלם אפי' שוחט בחנם, כדין מזיק בידים.

וכתב הט"ז, ולא נהירא, דהא איתא בגמ', באחד ששחט בהמת חבירו בענין שהיתה הגרמה לרבנן, ולרבי יוסי היא כשירה, דטריפה, **ופטר** השוחט מלשלם משום ספק גזל, דדילמא סבירא לן כר' יוסי וכשירה, **ולא** אמרינן התם דפשע השוחט במה שהכניס עצמו לספק נגד רבנן, ובודאי יטרפו לו, **אלא** אפ"ה כיון שיש סברא לפסוק כר"י, אין להוציא ממון מידו, **ק"ו** בזה דהיה סבור שלא יהיו טריפות לגמרי, ודאי אין להוציא ממנו, דשמא במפרקת בתרייתא אפגום.

וכתב הש"ך דלא דמי, דהתם השוחט לא הכניס עצמו בספק, ולא הוי מספקא ליה כלל, אלא איהו הוי קים ליה כרבי יוסי, **וא"כ** נהי דלדידן הוי ספק, היינו לענין טריפה, אבל לא להוציא ממון, דלמא הלכה כר' יוסי, **אבל** הכא הכניס עצמו בספק.

ויש שמפרש הט"ז, דכיון דלהרמ"א לאו חיובא לבדוק בין כל חדא, אלא עצה טובה, סבור היה שוחט שלא יפגום ופטור, **אבל** ודאי אי הוה חיובא לבדוק בין כל חדא, אף שהוא משום ספק, היה חייב, דעבר ופשע והכניס עצמו לספק.

עוד כתב הט"ז, דאין להקשות ממה שמבואר מהשו"ע בחו"מ, דשוחט שבדק סכין, ולא היה היה בו פגימה, ואח"כ מצא

הסכין פגום, דפטור, כיון דאיכא למימר במפרקת נפגמה, לא מפקינן ממון מספק, **אבל** אם לא בדק תחילה, חייב, **דשאני** התם דמבדיקה ראשונה מיירי, שהיא הכרח לכו"ע, ואין שם ספק, דכל סכין סתמו פגום, ע"כ ודאי פשע שלא עשה כדין מה שהוא חייב, **משא"כ** כאן שאין כאן אלא זריזות בעלמא לבדוק בין כל שחיטה, שהרי כתב רמ"א, שיוכל להכניס עצמו בספק, ודאי טפי עדיף מההיא מוגרמתא שזכרנו.

ותו דהיאך שייך כאן גרמי, הא גרמי הוה דוקא היכא דברי היזקא, או שהיזק נעשה מיד, **וכאן** אין שום טריפות אלא מכח ספק, ע"כ אין להוציא ממון מזה כלל.

ואע"ג דכל חומרות שאנו נוהגים בהם, אע"פ שמדינא מותר, כגון שהייה מועטת, מ"מ כיון שהוא מפורסם לאיסור, חייב השוחט בשכר לשלם, **לא** דמי לזה, דהתם ברי היזקא, שיודע שתטרף בזה, **אבל** כאן לא ברי היזקא בשעת מעשה.

וכתב הש"ך דלק"מ, דע"כ לא בעינן ברי היזקא אלא בגרמי, **אבל** הכא שמזיק בידים, שהרי שוחט בידו בסכין פגומה, ולא הוי ליה להכניס בספק, **וכ"ש** שדרך הסכין לפגום כששוחטין הרבה, והוי ליה כברי היזקא.

סימן יח סי"ב • דין בדיקת הסכין אחר השחיטה

אע"פ שבדק הסכין קודם שחיטה, צריך לחזור ולבדוק אחר השחיטה.

ויש שהקשה, הא הוי ס"ס, ספק שאינו פגום, ואת"ל פגום שמא בעצם המפרקת נפגמה, **והרי** הרמ"א פסק בסי' ק"י ס"ט, דבס"ס אפילו היכא דאפשר לברר, א"צ לברר, **ואף** להחולקים דצריך לברר, מ"מ זהו רק אם אחר הבירור נעמוד על הבירור, דאסור ודאי אי לא, **אבל** הכא דאף אם ימצא פגימה, עדיין יהא ספק שמא בעצם המפרקת נפגמה, **י"ל** דלכו"ע א"צ לברר, כיון דהשתא איכא ס"ס, וגם אחר הבירור לא יהיה ודאי איסור, **וצ"ל** דמ"מ באתחזק איסור דאינו זבוח, צריך לברר אף בס"ס ובכה"ג.

והני מילי שהסכין לפנינו, אבל (אם פשע ולא בדק הסכין) או שאבד, שחיטתו כשרה, הואיל ובדקה קודם שחיטה, ואפי' שחט בה הרבה זה אחר זה, **ולא** אמרינן דשמא בעצם המפרקת של ראשונה נגע ונפגם, או מתוך ששחט הרבה בהמות נפגם.

ואם נגע במפרקת של אחת מהן, יש להחמיר ולחוש לכל אותן שנשחטו אח"כ, **דלחומרא** אמרינן דעצם המפרקת פוגם בנגיעה לחוד, אבל לא לקולא כדלעיל ס"א, **דמן** הסברא עושה המפרקת פגימה טפי מן העור, ולכן מחמת העור לא מחזקינן ריעותא, **אבל** במפרקת, דעצם רגיל לפגום, חיישינן לחומרא לאסור האחרים.

סי' יח סי"ג • נאבד אחר שחיטה ואח"כ נמצא והוא פגום

שחט בסכין בדוק, ונאבד קודם שיבדקנו אחר שחיטה, ואח"כ נמצא והוא פגום, **שחיטתו** כשרה הואיל ויצא בהיתר, וזה שנמצא פגום אימור שיבר בה עצמות ולאו אדעתיה, דאוקי סכין אחזקתיה.

י"א הטעם, משום דחומרא יתירא היא לתלות בעור יותר מבמפרקת, **הלכך** היכא דידע בודאי שלא שבר עצמות, תלינן לחומרא, אימא בעור נפגם, אע"ג דיותר שכיח שיפגם בעצם המפרקת מבעור, **אבל** היכא דנאבד הסכין, דנתוסף עוד ספיקא, שמא שבר בה עצמות, קל לנו לתלות בזה, **ועוד טעם אחר**, דהואיל ויצא סכין בהיתר, אוקי סכין אחזקתיה, ואימור איפגם אח"כ – רא"ה.

והקשה הב"ח, ששגגה היא לפני השליטים להתיר כאן ולאסור בספיקא דסט"ו, **דמה** אכפת לן ביצא בהיתר, אלא ודאי הטעם להיתר כאן, כיון שנתוסף ספק להקל אחר השחיטה, שנאבד הסכין, **ממילא** גם בסט"ו יש להקל כל שראינו שנפל, אפילו לא ראינו שנפל על חודו, **וע"כ** מאן דשרי בהא דסי"ג, שרי אפי' בספיקא דסט"ו.

וכתב הט"ז, דוודאי בכל התורה אנו הולכין אחר החזקה, אא"כ הדבר לפנינו לבדקו, אז לא סמכינן אחזקה, **וכן** הוא כאן בסכין, דכל שהוא לפנינו חייבים אנו לבודקו, **וע"כ** כל שלא בדקו אזלא ליה חזקת סכין שהיה יפה בשעת השחיטה שבדקו קודם, דמ"מ חייב עכשיו לבדקו שנית, **משו"ה** בההיא דסעיף ט"ו, וכן סט"ז, (דפסק דדוקא בדק הסכין אחר שחיטה אמרינן אימור שיבר עצמות), שלא נאבד הסכין, ממילא חייב לבדקו, **וכל** שלא בדקו אין לו חזקה טובה, ולא היה לו שעת הכושר שום פעם עדיין, ואילו בא לשאול קודם שנמצא פגום, לא היינו מורים לו היתר, ואין כאן שייך זמן להיתר, **ע"כ** יש להחמיר מספק כאלו אין כאן חזקה, **משא"כ** כאן שנאבד הסכין והיה לו אז חזקה טובה, ואילו בא אותו פעם לשאול היינו מורים לו היתר, נמצא שהיה זמן להיתר, **ע"כ** אמרינן דאף בנמצא אח"כ והוא פגום, כיון שאפשר שנפגם אחר שחיטה, וכבר היה לו היתר אילו בא לשאול, אין הספק אוסרו אח"כ, **ועיין** ש"ך לקמן סט"ו.

סימן יח סי"ד • אם לא בדק הסכין ושחט בה

אם לא בדק הסכין ושחט בה, ונאבד אחר שחיטה, פסולה, **דבהמה** בחייה בחזקת איסור עומדת, עד שיודע במה נשחטה.

בד"א בסתם סכין, אבל טבח שיש לו סכין מיוחד לשחיטה, ומקום מיוחד שמצניעו שם תמיד, בחזקת בדוק הוא, **ואם** שחט בה בלא בדיקה ונאבד, שחיטתו כשרה, ולא חיישינן שמא עם עמידתו נפגם מעצמו.

וכתב הרמ"א, וראוי לכל טבח שיהא לו סכין מיוחד לשחיטה, ואסור לעשות בו שום דבר, ויצניענו שלא יפגמנו, **דשמא** ישחוט בו בלא בדיקה, ויאבד הסכין, ונסמוך אחזקתו שהוא בדוק קודם לכן, ושמא עשאהו פגום במה שנשתמש בו, **ומ"מ** לא ישחוט בו לכתחלה בלא בדיקה, (**ע"ל** ס"ג טעם לזה).

סימן יח סט"ו • סכין בדוק, ואחר השחיטה אירע בו דבר ובדקה ונמצאת פגום

השוחט בסכין בדוק, ואחר השחיטה שיבר בה עצמות דרך שבירה, שלא בדרך הולכה והבאה, ובדקה ונמצאת פגום, **שחיטתו** כשרה, דאנו תולים שבשבירת העצמות נפגמה.

י"א דלפי מש"כ תוס' בחד תירוצא, דסברת הגמ' הוא, שמא שחט שלא במקום הפגימה, והיינו ע"כ בסכין ארוך כמלא ב' צווארים, **וא"כ** בסכין קטן דלא שייך כן, אסור.

וכן כל כיוצא בזה, כגון שנפל ע"ג קרקע קשה, **ודוקא** שראינו שנפל על חודו, אבל מספיקא אין תולין לומר שנפל על חודו, **משום** דהוי ס"ס לאיסור, חדא דשמא לא נפלה על חודה, ואת"ל נפלה על חודה שמא לא נפגמה בקרקע, דקרקע אינה ודאי פוגמת.

ולא דמי כלל לדלעיל סי"ג, היכא דנאבד הסכין ואח"כ נמצא פגום דכשר, **דהתם** ליכא אלא חדא ספיקא, דשמא שבר בו עצמות ולאו אדעתיה, **ועוד** דכאן הואיל והסכין לפנינו וצריך בדיקה, א"כ לא יצא מעולם בחזקת היתר, **אבל** התם כיון שנאבד יצא בחזקת היתר, ולכך אפילו נמצא אח"כ, מוקמינן ליה אחזקתיה דהיתרא, ואמרינן דילמא שבר בו אח"כ עצמות ולאו אדעתיה – ש"ך. **(עיין ט"ז לעיל סי"ג)**.

וכתב המחבר, ואם שיבר בה עצם המפרקת, אפילו דרך שבירה, אין תולין בו מפני שהוא רך.

וצ"ע דנראה מהפוסקים דדרך שבירה תולין, **ורק** כשחתך בו דרך הולכה והבאה, אין תולין בו מתרי טעמי: **חדא** שהוא רך ואין החתך ההוא מקלקל הסכין, **ועוד** שאפילו היה קשה כשאר עצמות, אין תולין בו כיון שנעשה החיתוך דרך הולכה והבאה, אין הסכין מתקלקל בזה אפילו בשאר עצמות, **אבל** לעולם אם היה מכה בכח על עצם המפרקת לא דרך הולכה והבאה, פשיטא דתולין בו, **והוא** נכלל בכלל שבר בה עצמות, דהיינו כל עצמות, וכי עצם המפרקת אינו בכלל לשון עצמות, ואמאי לא אמרו חוץ ממפרקת, **ועוד** מי גרע מנפל על הקרקע קשה דמתיר כאן כשנפל על חודו, כ"ש בעצם המפרקת – ט"ז וש"ך.

ויש שהשיג על הט"ז והש"ך והעלה, דבהפסד מרובה יש להתיר, ולא בענין אחר.

י"א דאם ידעינן שנגע הסכין במפרקת, שיש חתך במפרקת, והפגימה אינה גדולה כחגירת ציפורן, **יש** להכשיר מטעם ס"ס, שמא הלכה כרא"ש וסייעתו, דלא מיטרף עד שתפגום כדי חגירת צפורן, ושמא בעצם נפגם – שבות יעקב.

ויש שהקשה עליו, דהא הוא עצמו פסק, דס"ס נגד חזקה לא אמרינן.

השוחט שאמר ששמע קול הסכין כשנגע במפרקת, כמו שקורין קר"ק, שנראה וניכר עי"ז שמשם בא הפגימה, **י"א** שכשר, כי כה"ג כו"ע מודו דאמרינן בעצם נפגם, כיון שיש רגלים לדבר, **וי"א** דהמיקל בהפ"מ אין להאשימו, **אבל** י"א דדוקא שבירה ולא הולכה.

כתב הרמ"א, ואין חילוק בכל זה בין שבדק הסכין תחלה סמוך לשחיטה, או שהיה בחזקת בדוק תחילה ולא בדקו סמוך לשחיטה, דאפ"ה מקרי סכין בדוק.

סימן יח סט"ז • בדק הסכין אחר שחיטה והצניעו, ואח"כ נמצאת פגום

אם בדק הסכין אחר שחיטה והצניעו, ואח"כ נמצאת פגום, לית לן בה, **דאימור** בדבר אחר נפגם, או שיבר בו עצמות ולאו אדעתיה.

לכאורה קשה למה כתב המחבר דין זה, הלא כ"ש הוא ממ"ש בסי"ג, **וצ"ל** דלכך דקדק וכתב, דאימר בד"א נפגם או שבר בו עצמות כו', ולעיל לא כתב אלא טעם דאימור שבר בו עצמות לחוד, **משום** דלעיל מיירי שאינו ידוע אם שבר בו עצמות או לא, ולכך אמרינן שבר בו עצמות, **אבל** הכא אשמועינן אע"ג שידוע בברור שלא שבר בו עצמות, כגון שהניחו בקופסא, אפ"ה כיון שבדקו אחר השחיטה, אימור בדבר אחר נפגם מעצמו או שבר בו עצמות כו', **ואע"ג** דלעיל סוף סעיף י"ד לא חיישינן שמא עם עמידתו נפגם מעצמו, **התם** משום דאין ריעותא לפנינו, לכך מוקמינן ליה אחזקתיה, **אבל** הכא הרי פגום לפניך, וע"כ אמרינן עם עמידתו נפגם מעצמו בדבר אחר. **(עיין ט"ז לעיל סי"ג)**.

ויש שהחמירו אם לא בהפסד מרובה, וכן ראוי לעשות.

§ סימן יט – דיני ברכת השחיטה §

סימן יט ס"א(1) • אם שחט ולא בירך

השוחט צריך שיברך קודם: אקב"ו על השחיטה.

ואם שחט ולא בירך, כשרה, **(ודלא** כי"א שהשחיטה אסור בזה, וי"א דבמזיד מיירי, והו"ל כמומר לאותו דבר, וצ"ע).

ואפי' הזיד ולא ברך, כשרה אפילו לעצמו, **ורק** דאם העם פרוצים שלא לברך על השחיטה ועל הכסוי, יש להוכיחם ולאסור השחיטה, להם ולא לאחרים.

וי"א דבמזיד, אסור לאכול ממנה, והיו מכין אותו, אבל לאחר מותר, **ושאר** פוסקים חולקים עליו, **ומ"מ** י"א דיש להחמיר כהי"א לקנסו.

סימן יט ס"א(2) • שחט דבר דאתיליד בו ריעותא, ודין לברך אחר השחיטה

כתב הרמ"א בשם א"ז, ואם שחט דבר דאתיליד בו ריעותא וצריך בדיקה, ישחטנו בלא ברכה, **וכשימצא** כשר מברך על השחיטה, ובלבד שיהא סמוך לשחיטה.

וי"א דיברך קודם השחיטה, דאפי' מיטרפא מהני לה שחיטתה לטהרה מידי נבלה, **ולא** משמע כן בירושלמי.

וי"א שאנו נוהגין כשיזדמן לשחוט דבר שיש בו ספק טרפה, ששוחט תרנגול או עוף אחר קודם לו, וכוונתו ג"כ ע"ז, **ומ"מ** דינו של הרמ"א אמת היכא דאין אפשר לשחוט עוף אחר.

וי"א דאפי' בכשרה אם שכח ולא ברך קודם השחיטה, יברך אח"כ, **דכל** מצות שלא ברך עובר לעשייתן, מברך אח"כ, **(דאל"כ** היכא שרינן לגר וכן שאר חייבי טבילות לברך לכתחלה אחר עשייתן), **אכן** בסעודה דאסור לאדם שיהנה בלא ברכה, כיון דעבר ואכל והגיע ברכה אחרונה, הואיל ואידחי אידחי – ד"מ בשם א"ז.

אכן דעת הרמב"ם, דאינו חוזר ומברך אחר עשייה, **ורק** בגר, וכן שאר חייבי טבילות, מברך לכתחלה אחר עשייתן, **דהא** קי"ל כל הברכות הם מדרבנן חוץ מברכת המזון, והם אמרו לברך קודם המצוה ולא אחר המצוה כלל, **והם** אמרו בגר ודכותיה דאכתי גברא לא חזי, יברך אחר המצוה.

וכן נראה, ועוד דהא קי"ל כל ספק ברכות להקל – ש"ך.

וי"א דלפי הש"ך, דה"נ באתיילד בו ריעותא אינו מברך אח"כ, **דאינו** דומה לטבילת גר, דאמרינן כיון דמעיקרא לא חזי לא אדחי, דכיון דבכל פנים לא חזי לברך מקודם, כי תקנו חז"ל ברכה זו דטבילת גרים מעיקרא, הכי איתקן לברך אח"כ, **אבל**

ברכת שחיטה קבעו ותקנו עובר לעשייתן, אלא דבהך דבר דאתיילד ביה ריעותא דא״י לברך מספק, י״ל כיון דאדחי אדחי, **ואין** חילוק בין אדחי מחמת פשיעה ושוגג או מחמת אונס, **ומקור** הדין של הרמ״א הוא מא״ז, ולשיטתיה אזיל, דבכל מצות אם לא בירך עובר לעשייתן מברך אח״כ, **אבל** לדידן דקי״ל כהרמב״ם, י״ל דגם בזה אינו מברך אח״כ, **וצ״ע** לדינא.

וי״א דתוך כדי דיבור שלאחר שחיטה מצי לברוכי, **וי״א** דאפי׳ תוך כדי דיבור לא יברך.

ואם נזכר באמצע שחיטה קודם רוב ב׳ ורוב א׳, י״א דיברך, **וי״א** דלא יברך, **וצ״ע** בכל זה.

בן פקוע שהפריס ע״ג קרקע, שצריך שחיטה מד״ס, י״א דיברך על השחיטה. **ואם** אין שם בקי בבדיקה, מותר לנבל בלא ברכה, אם דעתו להאכילן לעכו״ם, **אבל** אי איכא שם אחד הבקי בבדיקה, צריך לשחוט ולבדוק, דהא חזי ליה.

ואם הוא בשבוע שחל ט״ב, ויש לחוש שיבא לידי הפסד, באופן דמותר לשחוט, י״א דאף שהוא בקי בבדיקה, לא יברך, (דהא לא חזי ליה), **אמנם** אם יוכל לקיים ממנו לשבת, או ליתן ממנו לחולה וכה״ג, יש לו לברך.

סימן יט ס״א(3) • שחט במקום מטונף

כתב רמ״א, ואם שחט בבית המטבחים, שהוא מקום מטונף, יברך ברחוק ד׳ אמות קודם שיכנס לשם, ולא ידבר עד אחר השחיטה.

ויש שחולק, לפי שאין לברך על המצוה אלא כשהיא מזומנת לפניו לעשותה מיד, ואם לא, יש לחוש שמא ימלך הקצב ולא ישחוט, **אלא** ישחוט תחלה, ותיכף לשחיטה יצא לחוץ ויברך הברכה במקום טהרה, דכיון דמברכין ב״על״ שפיר דמי, וכן בברכת כיסוי, **ומ״מ** לא החליט זה רק להלכה ולא למעשה.

ויש שחולק על הרמ״א מטעם אחר, דדוקא כשהכל בבית אחד, משום דהברכה צריכה להיות דוקא במקומה, ואפי׳ ברכה אחרונה צריכה דוקא במקומה, ק״ו ברכה ראשונה.

סי׳ יט ס״ב • שחט בהמות וחיות ועופות, ברכה א׳ לכולן

שחט בהמות וחיות ועופות, ברכה אחת לכולן.

סימן יט ס״ג • שנים ששוחטין, יכול הא׳ להוציא חבירו

שנים שוחטין שני בעלי חיים, יכול לברך הא׳ להוציא חבירו; והוא שיתכוין לצאת, וגם חבירו יכוין להוציאו.

וקמ״ל בזה, דלא תימא דוקא בברכת הנהנין שכולן יש להם קביעות אחד, אז אחד מברך לכולן, משא״כ כאן שכל אחד שוחט בהמה אחרת, קמ״ל.

י״א דג׳ מיני ברכות הן להט״ז: ברכות המצות, אע״פ שיצא מוציא, והיינו אם מי שעושה המצוה אין יכול לברך, הא לא״ה אין לחלק המצוה והברכה. **ברכת** הנהנין, נהנה מברך ואחר יוצא, לדעת המחבר בפירות, ולדידן יין, ואפשר שכר ומע״ד נמי הוה קביעות, וא׳ מוציא חבירו לכתחלה. **ושחיטה** דומה לברכת אירוסין, שלכתחלה אחד מקדש וא׳ מברך, וא׳ מברך וב׳ שוחט, כיון דהוה ברכת שבח והודאה.

סי׳ יט ס״ד • דיבור בין ברכה לשחיטה, ובין שחיטה לכסוי

צריך ליזהר מלדבר בין ברכה לשחיטה בדבר שאינו מצרכי השחיטה, ואם דבר, צריך לברך פעם אחרת.

ואפי׳ דיבור א׳ הוה הפסק. **ומ״מ** צ״ע לדינא בשח פחות מכדי דיבור.

ולכתחלה אין להפסיק בשתיקה יותר מכדי דיבור, **ומ״מ** אפי׳ שהה כדי הילוך כ״ב אמות בשתיקה, א״צ לחזור ולברך.

וכתב הרמ״א, אבל מותר לדבר בין השחיטה לכיסוי. **דס״ל** דכסוי מצוה בפני עצמה, **אבל** דכיון די״א דהכסוי הוא גמר השחיטה, נמצא שהוא באמצע המצוה, ע״כ כתב הרמ״א, דטוב ליזהר שלא לדבר, **אבל** אם דיבר, י״א דא״צ לברך שנית גם בתוך השחיטה עצמה.

סימן יט ס״ה • דיבור בין שחיטה לשחיטה

דעה א׳ בשו״ע – אם רוצה לשחוט הרבה, צריך ליזהר שלא לדבר בין שחיטה לשחיטה בדבר שאינו מצרכי השחיטה.

ואם דיבר, צריך לחזור ולברך על שחיטה השניה, דהוה כמו שח בין תפילין לתפילין, דצריך לחזור ולברך.

ולכן צריך לכסות דם שחיטה ראשונה ולברך עליה, כדי לגמור מצות שחיטה ראשונה, ואח״כ יברך פעם אחרת על שחיטה השניה.

אבל על כסוי שני לא יברך, כיון דבשעה שבירך על כסוי הראשון היה דעתו לשחוט ולכסות עוד, **ושחיטה** לא הוי הפסק, משום דאפשר דשחיט בחד ידא ומכסה בחד ידא, **וברכת** השחיטה נמי לא הוי הפסק, כיון דאינו שח שיחת חולין, וכדאשכחן ביקנה״ז.

אבל אם שח בינתים, הוי הפסק וצריך לחזור ולברך על כסוי השני, כמו בהפסק בין השחיטות.

דעה ב׳ בשו״ע – ויש אומרים דשיחה בין שחיטה לשחיטה לא הוי הפסק, **דשאני** בין תפילין לתפילין דב׳ מצות של חובה הם, וכיון שהתחיל בהם אין בדין שיפסוק ויתעסק בשיחה, **אבל** הכא דאי בעי שחיט ואי בעי לא שחיט, לא מחייב לחזור ולברך, והוה כמו שח באמצע סעודה, **ולפי״ז** א״צ כלל לכסות דם הראשונה, אלא ישחוט עוד ויכסה הכל בפעם אחת.

הט״ז – וכיון שלא הכריע בשו״ע, (**ואף** דכלל מסור בידינו, דהלכה כדעה א׳ בסתם, כיון דלא כתב ״יש אומרים״, בספק ברכות דחמור הוא אין להכניס בספק), **קי״ל** כי״א אלו, דספק ברכות להקל, **וע״כ** צריך ליזהר שלא ידבר בין שחיטה לשחיטה, שלא יביא עצמו לידי ספק.

הש״ך – והסכמת הפוסקים דהוי הפסק וצריך לחזור ולברך.

וי״א דמשום חומר ברכה, אין לברך אא״כ יפסיק הרבה בדברים אחרים, ואז יברך.

יש שנסתפק בשוחט עוף במקום זה, וחזר ושחט עוף במקום אחר רחוק קצת, וכיסה הראשון ושח, מהו, **דהא** וודאי החיוב מוטל עליו לכסות דם שני, דמי ששחט יכסה, א״כ דמיא לשח בין תפלה לתפלה, **או** דלמא שאין חוזר ומברך, **ולכאורה** נראה שיברך שנית, וצ״ע.

סימן יט ס״ו • אם אחר הברכה הביאו לו יותר

המברך על דעת לשחוט חיה אחת, ואח״כ הביאו לו יותר, יכסה דם הראשון ויברך עליו, דהוה נמלך, שלא היה דעתו מתחלה עליהם.

י"א דלשיטת המחבר בס"ז, דלא כהטור, הי"ל לכתוב "אחר שנשחט הביאו לו", וכן בסוף הסעיף בנוגע כיסוי, וצ"ע.

ואין להקשות מאי שנא מאומר הב לן ונברך ורוצה לאכול אח"כ, דצריך לברך המוציא, אבל א"צ לברך בהמ"ז על מה שאכל כבר, **דשאני** התם דהודאת בהמ"ז היא שבח להקב"ה, וסגי בהודאה א' על ב' אכילות, **אבל** מעשה הכסוי הוא גמר השחיטה, וצריך לגומרה קודם שיתחיל האחרת.

ויברך על השחיטה שנייה ולא על הכסוי; **והני** מילי כשהביאום לו קודם שבירך על כיסוי הראשונה.

וכתב הרמ"א, וי"א דאם הביאו לו ממין הראשון ששחט, א"צ לכסות הראשונה ולברך על שחיטה שנייה, וכן עיקר – טור בשם בעל העיטור, **שהטור** באו"ח סי' ר"ו סתם כבעל העיטור, ושלא כדברי הרא"ש.

ויש שהקשה, דלפי מה שדימו ברכת שחיטה לברכת פירות, א"כ הביאו לו ממין אחר נמי, ורק שיהיה ממין ברכות הראשון, **וכאן** מחלק בעל העיטור בין חיה לעוף, והא ברכותיהן שוות, ואפ"ה צריך לחזור ולברך, **ועוד** דלפי"ז קשה דברי הטור, שכתב בס"ז שאפילו עדיין מאותו מין שבירך עליו לפניו, והביאו לו עוד מאותו המין, צריך לחזור ולברך על המובאים, **וזהו** דלא כמ"ש בסימן ר"ו, **אלא** ע"כ צ"ל דיש חילוק, דבאכילה טבע האדם לגרור אחריה ולהוסיף עוד, וע"כ הוה כמו שהיו לפניו בשעת הברכה, משא"כ בשחיטה, **והוה** בעל העיטור כאן דעת יחיד.

ולענין דינא, חומר ספק ברכה, ע"כ טוב לכוון לכל מה שיביאו לו.

סימן יט ס"ז • אם כשהביאו לו האחרונות יש עדיין לפניו מאותם שהיו לפניו כשבירך

היו לפניו הרבה לשחוט, וברך על השחיטה ואח"כ הביאו לו עוד (פי' ממין אחר, לדעת בעל העיטור הנ"ל, ולשאר פוסקים אפי' מאותו מין), **אם** כשמביאים לו האחרונות יש עדיין לפניו מאותם שהיו לפניו כשבירך, **וה"ה** אם היה לפניו א', ואחר שברך קודם ששחט הביאו לפניו אחרות, **אין** צריך לחזור ולברך, ואם לאו, צריך לברך, **דכל** שיש לפניו עדיין הוא קבוע לשחוט, אבל כשגמר הוה סילוק.

וי"א דלעולם כל מה שלא היה לפניו כשבירך, צריך לברך, אא"כ היה דעתו על כל מה שיביאו לו – טור, **הלכך** כתב המחבר, דלאפוקי נפשיה מפלוגתא, לכתחלה טוב ליזהר להיות דעתו בשעת ברכה על כל מה שיביאו לו.

וי"א דהשוחט המושכר המיוחד לשוחט קבוע במקום, לעולם דעתו על כל מה שיביאו לו, אפילו בב' מינים, וא"צ לברך כל זמן שלא שח בנתיים.

סי' יט ס"ח • אם בין שחיטה לשחיטה שכח וכיסה ובירך

היה שוחט חיה או עוף ודעתו לשחוט עוד, ושכח וכיסה ובירך, כשחוזר לשחוט א"צ לחזור ולברך על השחיטה, שאין הכסוי הפסק, **אבל** צריך לחזור ולברך על הכיסוי השניה, דהרי שכח והיה סבור שלא ישחוט עוד, והיא מצוה חדשה שבאה לו אח"כ.

וכתב הרמ"א, וכן הדין אם שחט חיה או עוף, ונתכוין ג"כ על שחיטת הבהמה, (או שהיתה לפניו בשעת השחיטה של החיה, לדעה א' לעיל), מכסה דם החיה וישחוט הבהמה בלא ברכה.

וי"א דלפי מאי דקי"ל לקמן, דצריך לבדוק הריאה קודם הכסוי, א"כ יפסיק הרבה בין שחיטה לשחיטה ויצטרך לברך פעם אחרת, **ולכן** ישחוט מתחלה הבהמה ואח"כ יכסה החיה.

וי"א דבדיקת הריאה לא הוי הפסק.

§ סימן כ – מקום השחיטה בצואר §

סימן כ ס"א • מקום השחיטה בצואר להקנה

מקום השחיטה בצואר, בקנה לצד הראש, משיפוי כובע ולמטה, והוא קודם שיתחיל הכובע לשפע ולעלות, **דהיינו** אם שחט בתוך החיטין ושייר מהם כל שהוא למעלה, כשרה; **ואם** לא שייר מהם כלום, הרי זה מוגרמת, ופסולה.

וכתב הרב הברצלו"ני, ענין שיפוי כובע הוא, שע"פ הטבעת הגדולה יש שם בשר ופי הבשר עשוי חטים, **ועל** אותן חטים כיסוי שדומה לעלה של הדס, **ועליה** עצם אחד מטבעת הגדולה, ומכסה סביב זה הבשר כמו כובע, **ובאמצע** זה העצם יש שיפוי אחד בגוף העצם ונקרא שיפוי כובע, **ואמרו** רבנן משיפוי כובע ולמטה כשירה, שהוא כמו אצבע למעלה מטבעת הגדולה.

והמחבר כתב, שבסוף הקנה למעלה יש בתוך טבעת הגדולה כמו שני גרגרים מגוף שחוסי, ונקראים חיטי.

ומשמע מלשונו (שהוא לשון הרמב"ם בפי' המשנה), דחיטי הם בתוך טבעת הגדולה, **ובגמ'** משמע דהם למעלה, **גם** בשו"ע גופא משמע כן, דכתב ואם לא שייר טריפה, ובתוך הטבעת וודאי כשירה, **ורמ"א** כתב לכתחלה ישחוט למטה מטבעת הגדולה, היינו בתוך טבעת הגדולה, על כרחך שייר בחיטי הוא למעלה, **ולזה** נאמר דהתחלתן הוא בתוך הטבעת, ונמשכין למעלה מטבעת.

וי"א שבהמה בחייה כשהיא הולכת שחוח, החיטים נכפפים תוך הטבעת, **משא"כ** בשעת שחיטה מותח הצוואר, **ולפי"ז** התחלתן למעלה מטבעת, **ולא** יתישב לישנא דפי' המשניות.

וי"א דאותו עצם שחוס המחובר לטבעת, קורא הרמב"ם ג"כ טבעת, **ולפי"ז** שווין דברי הרמב"ם עם פי' הרב אלברצלוני.

וי"א דענין חיטים אלו אין אנו בקיאין, וחפשנו וחקרנו את בודקים בקיאים ואמרו שלא הגיעו עד תכליתם.

וכתב הרמ"א, ולכתחלה ישחוט למטה מטבעת הגדולה.

ומשמע דבדיעבד כשר אפי' למעלה עד שיפוי כובע, דהוא להרחקה מחמת חשש תקלה, **ובהפסד** מרובה יש להקל.

וי"א שלא להכשיר למעלה מטבעת הגדולה, מחמת חשש תקלות, **ואף** דמבואר בגמ' דכשר, מפני ע"ה יש להחמיר, **מיהו** במקום הפסד מרובה וכה"ג י"א לפסוק כמ"ש המחבר.

ושיעורו למטה, עד ראש כנף האונא, (שהיא בצד שמאל, וכשהבהמה רועה יוצאת יותר מן הגוף משל צד ימין שהיא עבה), כשנופחין אותה ועולה למעלה עד מקום שמגיע ראשה בקנה, **אז** הוא המקום בעצמו שהיתה נוגעת כשהיתה חיה

הבהמה והיתה רועה כדרכה, כשתמשוך צוארה לרעות, **בלי** שתאנוס עצמה למשוך צוארה ביותר.
י"א דהיינו שלא תאנס עצמה בשעת שחיטה למשוך צוארה ביותר בידי אדם.
וי"א דר"ל דדרך הבהמה לאנוס עצמה לפשוט ראשה ביותר ליטול ירק מן הבור, ואין פישוט כזה בכלל.

ובעוף למטה בקנה כמו בוושט, **והיינו** עד גגו של זפק.
ובעוף למעלה בקנה לא הזכיר בשו"ע בהדיא מה דינו, **וי"א** דמסתימות לשון נראה, דדינו משיפוי כובע ולמטה, כמו בהמה.

סימן כ ס"ב • מקום השחיטה בצואר להוושט

ובוושט, מתחלת המקום שכשחותכין אותו מתכויץ.
ואין הפי' שחלק א' מתרחב מחבירו זה למעלה וזה למטה, כמו שמבינים מקצת שוחטים, שדבר זה הוא בכל מקום שיחתוך בבשר החי, **אלא** הפי' שהעור מתקמט ונעשה קמטים במקום השחיטה, והחלל מתכסה, **משא"כ** בתורבץ נשאר החלל מגולה ואין מתקמט.
עד מקום שישעיר ויתחיל להיות פרצים פרצים ככרס.

שחט למעלה ממקום זה, והוא הנקרא תורבץ הוושט, או למטה ממקום זה והוא מתחלת בני מעים, שחיטתו פסולה, כל זה הוא לשון הרמב"ם.
וכתב הכ"מ, דמשמע דנבילה הוי, **וקשה** דתורבץ הושט וכרס לא הוי אלא טרפה ולא נבלה, **ותירץ** דאה"נ הוא לוקה משום טריפה, ומש"ה לא אמר ה"ז נבלה ומטמא במשא, אלא דאם אכל ממנה כזית לוקה, אבל לענין טומאה לא נחית, ומשום דרוב הנזכרים באלו פרקים הוי נבלה, נקט לה לשון נבלה.
והקשה הש"ך, והא כתב בהדיא דלוקה משום אוכל נבלה, **אלא** ודאי כיון ששחט בתורבץ הוושט וכרס, נטרפה, ואין השחיטה מתירתה, דזהו לאו מקום שחיטה, ואין לך נבלה גדולה מזו, **דהא** ודאי כל טרפה אם לא נשחטה ומתה כך, נבלה היא, (**ובודאי** אם שחט אח"כ במקום אחר שחיטה כשרה, השחיטה מוציאה מידי נבילה), **ונ"מ** לדידן במאי דהוי נבלה, לענין אותו ואת בנו.

ושיעור תורבץ הוושט שאינו ראוי לשחיטה, למעלה, בבהמה וחיה כדי שיאחוז בשתי אצבעותיו, **וי"א** כדי רוחב ד' אצבעות; **וקבלה** ביד הקדמונים, שבכל בהמה וחיה השיעור עד מקום שמגיע שם אוזן הבהמה או החיה כשכופפין אותה.

ובעוף, הכל לפי גדלו וקטנו. **ואין** חילוק בין יונה לשאר עופות, דבכולן שיעורן שוה.
ולמטה עד הזפק, דהיינו עד גגו של זפק, ולא גגו בכלל.

וי"א סימן להבחין אם שחט בגגו של זפק, אם נראה עור לבן, בידוע שנגע בו, לפי שהאדום מצוי יותר בוושט מבחוץ מן הלבן, והלבן יותר ארוך מן האדום, **ועוד** סימן, דבגג הזפק אין בו שני עורות כמו בוושט.

וכתב הרמ"א, **ועוף שאין לו זפק**, עד בין האגפים.
ולפי שאין אנו בקיאין בשיעורין אלו, נכון לשחוט באמצע הצואר לארכו, דאז יוצא מידי ספק.

סימן כ ס"ג • שחיטה מן הצדדין ומן העורף

צריך השוחט שישחוט באמצע הצואר.
ואם שחט מן הצדדין, שחיטתו כשרה, **והוא** שהחזיר הסימנים, וידע שחתכם קודם שחתך המפרקת, כי הסימנים רכים ונדחים מן הסכין; **וה"ה** לשוחט מן העורף.

ואם לא החזיר הסימנים, פסולה, דהא השוחט מן הצדדין הוי כשר דוקא בדיעבד, ומשום גזרה אטו לא החזיר, **ואי אפי'** לא החזיר גופיה כשר בדיעבד, לא היה שייך למיגזר אטו לא החזיר, כיון דלא אתי תקלה מזה, דלא מצינו גזרה כי האי.

מדברי המחבר נראה דצריך תרתי: א'. חזרת הסימנים, **וב'.** ידיעת דחתך הסימנים קודם המפרקת.
והט"ז והש"ך חולקים עליו, דהחזרה עצמה היא הידיעה, דע"י שהחזיר יודע ודאי שחתך הסימנים קודם המפרקת.

וי"א דלדידן אין נ"מ בזה, דהא עיקר החשש דהכא משום שמא חתך המפרקת קודם הסימנים, **ואנן** ס"ל דאסור אפילו חתך המפרקת אחר הסימנים, ואין הכשר אלא בלא חתך המפרקת, **ולכן** כשר אפי' בלא החזיר, דאין לנו מה לחוש.

והקשה הש"ך על המחבר, דמשמע מדבריו, דידע לחוד לא מהני, וזהו נגד הש"ס, **וצ"ל** דמ"ש המחבר "וידע", הוא וי"ו מחלקת, כלומר "והוא שהחזיר או ידע", **ומ"ש** אחר כך: וה"ה לשוחט מן העורף, קאי אהחזיר לחוד.

וי"א דלענין דינא יש להחמיר דתרתי בעינן, החזיר וידע.

וכתב הב"ח, דכל שחתך בשר הצואר קודם הסימנים יש לאסור מטעם שהייה, דשמא בשעה שהתחיל לשחוט בבשר נגע מעט בושט, וחזר וחתך בבשר, **וכתב הט"ז** שאין מקום לחומרא זאת, דא"כ ניחוש מספק בכל שוחט, שמא באמצע שחיטת הסימנים חתך בבשר וחזר לסימנים, או שמא בשעה שהתחיל לחתוך בעור נגע בסי', וחזר וחתך בעור, **אלא** דודאי אין שיעור שהייה בזה, **ואפי'** לדידן דאנו מחמירים בכל השהיות, אין זה אלא אם מגביה הסכין אפילו קצת, בזה גוזרים מגביה ושהה קצת, משום שוהה הרבה, **אבל** כשאינו מגביה כלל, למה נחמיר לדידן יותר מחכמי התלמוד, דזה אין שייך בו גזירה, אפי' אם בתוך השחיטה חותך במפרקת, וכ"ש בבשר הצואר, דאין כאן שיעור.

ואם שחט מן העורף בלא חזרת סימנים, ושחט המפרקת וסימנין בלא בשר, יש לעיין לדינא אם הוי טריפה, או דהוי נבילה מטעם חלדה.

סימן כ ס"ד • למשמש בסימנים ולתפשם

אפילו בשוחט כנגד הגרון, טוב ליזהר למשמש בסימנים ולתפשם קודם שחיטה, כדי שיזדמנו קודם בשר הצואר. **ועיקר** הקפידה שלא יבא לחתוך המפרקת, כמו שסיים בהדיא, ומש"ה הקפידו גם על בשר הצואר שהוא על המפרקת משום הרחק מן הכיעור, (ולא משום טעם שהייה וכנ"ל).

וביונים נמצאים הסימנים בצדדים, וצריך אימון ידים וזהירות גדולה, שאם לא ימשמש בהם ויזמינם לפניו קודם שחיטה, קרוב הדבר מאד לפשוע ולחתוך המפרקת קודם הסימנים.

§ סימן כא - שיעור השחיטה בכמותה §

סימן כא ס"א • שיעור השחיטה בכמותה

כמה הוא שיעור השחיטה של הקנה והוושט;השחיטה המעולה, שיחתכו שניהם בין בבהמה ובין בעוף, ולזה יתכוין השוחט.
ויש שהקשה, כיון שצריך גם בעוף ב' סימנים לכתחלה, למה נתיר לכתחלה לשחוט העוף בסכין שאינו חד, כמ"ש בסי' י"ח שוחטין בו, **ותירץ** דבסי' י"ח מיירי ששוחט ב' סימנים כאחד, ומיירי אפילו בבהמה, ולא כמ"ש ב"י דבעוף מיירי.
וי"א דלא נהירא להקל בבהמה, שיסמוך ע"ז שיחתוך ממש בשוה בכל א', ולא יקדים באחד יותר קצת מחבירו, דשמא יקדים באחד יותר ויבוא ליד איסור גמור, **ודוקא** בעוף דכשר עכ"פ דיעבד כשנחתך רובו של א', בזה שפיר יוכל לסמוך שישחוט שניהם, כיון דאפי' אם לא יהיה כן אין איסור בדבר.

ואם שחט רוב אחד מהם בעוף, ורוב שנים בבהמה ובחיה, שחיטתו כשרה.
וושט - י"א דאם נשחט עור החיצון כולו, ועור הפנימי לא נשחט רובו, דאסור, כי בעינן רוב חלל הוושט מבפנים.
קנה - י"א דהוא הקרום שבפנים הגרגרת המחבר את הטבעות יחד, אבל טבעות עצמן נקראין גרגרת, **ורובו** של א' כמוהו היינו דוקא רוב הקנה מתחלת הקרום ולמטה, ולא רוב הגרגרת, דהיינו עובי הטבעות.

ובלבד כשימדדו אותו ימצאו שהנשחט הוא רוב; וכיון שימצאו שהנשחט יותר מחצי, אפילו כחוט השערה, דיו.
ולרש"י בעינן רוב גדול, רוב גמור הניכר, ולא ע"י מדידה.
וי"א דיש להחמיר במקום שאין הפסד, **ויש** שהחמירו אפי' בהפסד מרובה.

סימן כא ס"ב • שחט רק חצי הסימן

שחט בבהמה הא' כולו וחצי השני, ובעוף שני חצאי סימנים, פסולה, **דזיל** הכא ליכא שיעורא, וזיל הכא ליכא שיעורא.

סימן כא ס"ג • שחט הסימן בב' מקומות

לא שחט רוב הסימן במקום א', כגון שהתחיל לשחוט ונתהפך הסימן וגמרה שם, ובין שניהם רוב, כשרה בין בקנה בין בוושט (**ומיירי** בדלא שהה, ולדידן צריך שלא ישהה אפי' כל שהוא, **וי"א** דבעינן לדידן שלא הגביה כלל הסכין בשעת שחיטה, אלא נדחף ממקום למקום בשעת שחיטה), **לא** מבעיא אם שני החתכים שוים בהיקף א', אלא אפי' הא' לצד הראש והשני לצד מטה, כשר, **בין** אם אדם א' שחט כך בב' או בג' מקומות, בין ששחטו שנים בב' סכינים.

ויש מי שכתב שבעל נפש לא יאכל משחיטה כזו, **וצ"ע**, דבגמ' שם מפורש דר' יצחק שקל משופרי שופרי.

אבל אם הכל בצד אחד, כגון שלאחר שהתחיל לשחוט מעט, הניח זה המקום ושחט למטה או למעלה ממנו באותו צד, צריך שיהא הרוב במקום אחד.
וכשיש רוב אפי' במקום השני, אע"פ שאין השחיטה מפורעת, (פי' גלויה ונכרת), דכשנחתך למעלה או למטה לא מירווח רווח ואינה מפורעת, כשר.

סי' כא ס"ד • שחיטה העשויה כקולמוס או כשיני המסרק

שחיטה העשויה כקולמוס, פי' באלכסון, כשר.
ויש בזה ב' פירושים: **או** שהניח הסכין על הצואר בעיקום, **או** שהניח הסכין ישר, רק שעיקם בידו וירד למטה או למעלה.
וי"א דאפי' לכתחלה יכול לשחוט כקולמוס, **וצ"ע**, דמלשון הגמ' נראה דאין לעשות כן לכתחלה.

או כשיני המסרק, כשר.
שאינו חותך חתוך ישר, רק חותך ומעקם, וחוזר כנגד המקום שהתחיל וחוזר ומעקם.
וי"א שכשמעקם הסכין בתוך הסי' לכאן ולכאן, א"א שלא יעשה עיקור, שמעקר הסימנים בעיקום הסכין, ולמה שחיטתו כשרה, **ותירץ** שמבחוץ הוא חותך הסימנים סביבם, ומעקם באותו חיתוך.
וי"א דלדידן אין היתר בהאי כשיני המסרק, דהא צריך להוציא הסכין ולחתוך במקום אחר סמוך לו, ואנן קי"ל כל שהגביה הסכין אפילו כל שהוא אסור משום שהייה.

סימן כא ס"ה • היה חצי הקנה חתוך

היה חצי הקנה חתוך, ויודע שלא ניקב הוושט, (**כגון** כשחתך חצי הקנה הראשון תפס הקנה לבדו בידו, או שנפגם חצי הקנה מחמת חולי), **ושחט** בו והשלימו לרוב, כשר; **וכן** אם התחיל לשחוט במקום השלם ופגע בחתך, והחתוך משלימו לרוב, כשר.

וכתב הט"ז, דנראה דלדידן בכל גווני טריפה, כדקימ"ל כל היכא שיש ריעותא בסימנים.
והש"ך כתב דזה אינו, אלא אפילו לדידן כשר, דהא דפסלינן שהייה במיעוט קמא דקנה, היינו משום דלא בקיאינן בבדיקת הוושט, וחיישינן לנקובת הוושט, **אבל** היכא דתפס הקנה לבדו בידו, ואמר ברי לי שלא נגעתי בוושט, קי"ל דכשר.
ומיהו י"א דע"י חולי, אף הט"ז יודה דאין חוששין.

§ סימן כב - באיזו מין צריך לשחוט הורידין §

סימן כב ס"א • דין שחיטת הורידין בעוף

בעוף צריך לשחוט הורידין, (י"א לפחות ב' ורידין), או לנקבם בשעה שמפרכס ועדיין הדם חם, כדי שיצא ולא יתקרר בתוכו.
ואפילו דעתו בשעת שחיטה לנתחו אבר אבר, הואיל ודרכו לצלותו שלם, חיישינן דילמא מימלך עלויה ויצלנו שלם.

ואם לא עשה כן, לא יצלנו שלם.
וי"א דמותר לצלותו ע"י שיחתוך הוורידין עם הבשר שסביבותם מן הצואר, **וכן** נראה מהך דמסירים הראש בעוף בהג"ה.

וי"א שאם לא שחט כל הסימנים אלא רובן, ורוצה לצלות שלם, שצריך לחתוך אותם ג"כ כמו הוורידין, **ויש** שדחה אותם שא"צ לעשות כן, **וי"א** שיש איסור בדבר, דנראה כשהייה בשחיטה, **ואפי'** בדרך שאין שייך לומר כן, כגון לנקבן, לא ראיתי לשום אדם לחוש לזה, **ואפשר** משום שגם בוורידין לא נהגו כן, וכדלהלן.

ואם צלאו שלם, ישליך הורידין ויחתוך סביבם כדי נטילה, שהוא כעובי רוחב אגודל.

ודוקא באלו הורידין שבצואר אמרינן הכי, דבעי נטילה, **אבל** בחוטין שבצואר, הרי כתב הרב בהג״ה סי׳ ס״ה, דסגי בקליפה, והחילוק יתבאר שם.

וא״צ ס׳, שאינו מפעפע בכולו בצלי, **ואף** לדידן דקי״ל דצלי מפעפע בכולו עד ס׳, סגי בנטילה וכדלקמן.

ואם נמלח שלם, כתב הרמ״א דמסירין אח״כ החוטין ושרי, דמליחה קל מצלי, ואמרינן כבולעו כך פולטו.

ויש מחמירים לקלוף סביב החוטין.

י״א משום דהוה כמו דם בעין, ולא מיקרי דם פליטה, ובבעין לא אמרינן כבולעו כך פולטו, **ומ״מ** אף לדידן די בקליפה, אף דאנו אוסרים מליחה בס׳, כיון דהוה רק חומרא בעלמא.

וי״א דצ״ע אנה מצא לחלק בין צלי למליחה, דהא קי״ל בכל דוכתא מליח הרי הוא כרותח דצלי, ומאן דאוסר בצלי כדי נטילה, אוסר במליחה כדי קליפה.

וי״א דעור הורידין עצמן במקום קליפה.

וי״א דס״ל להרמ״א כיון דמדינא אפילו בצלי א״צ נטילה, דהא קי״ל כבולעו כך פולטו גבי ורידין, **ולא** קי״ל כמ״ש הרשב״א דאחר שיסלק מן האור עדיין חוטין פולטים קצת דם בבשר, ואין כח בחמימות הבשר לפלוט מה שבלע אחר שנסתלק מן האור, **דאי** קי״ל כן, היה צריך ס׳ לדידן דקי״ל דדם מפעפע, **אלא** קי״ל דאחר שנסתלק מן האור נמי אמרינן כבולעו כך פולטו, **והלכך** מדינא שרי לגמרי, אלא דלחומרא מצרכינן נטילה לחוש לדברי הרשב״א וסייעתו, **והלכך** דוקא בצלי שייך למימר הכי, דאף הרשב״א לא קאמר אלא בצלי, משום דלאחר שסילק מן האור ליכא למימר תו כבולעו כך פולטו, **משא״כ** במליחה דלא שייך למימר הכי, **והלכך** מאן דמצריך קליפה במליחה, ע״כ חומרא בעלמא קאמר אפילו להרשב״א וסייעתו, אבל מדינא א״צ קליפה לכו״ע, דכבולעו כך פולטו גבי מליחה.

ודלא כהב״ח, שאסר במליחה כדי נטילה בלא טעם וראיה.

ואם בשלו שלם, מחטט ומנקר החוטים; והשאר, אם יש בכל מה שבקדרה כדי לבטל הדם שבכל החוטין בס׳, מותר, (**וי״א** דאפי׳ הורידין עצמן ממנין ס׳).

צ״ע, דכאן סתם הרמ״א כדברי המחבר, ובאיסור דבוק פסק גבי לב, דצריך שיהא בעוף גופיה ס׳ נגד הלב, וא״כ הכא נמי אמאי כל הקדירה מצטרף לבטל, נימא שיהא דוקא בעוף גופיה ס׳, **והטור** לטעמיה דס״ל דלא אמרינן איסור דבוק, א״נ לטעמיה דס״ל דלא אמרינן חנ״נ בשאר איסורים, **אבל** לדידן אין הקדרה מצטרף, **וי״ל** דדעת הרמ״א, דכיון דבשר הורידין עצמן אין בהן דם, הלכך כיון שהן מפסיקין בין הדם והעוף, אינו ממהר לבלוע בעוף מבשאר דברים שבקדרה, **דהא** טעמא דאיסור דבוק הוא משום שנבלע בתחלה בחתיכה הדבוקה, **ומה״ט** חשיב הדם שבתוכן דם פליטה, דאמרינן ביה כבולעו כך פלטו, דלגבי דם בעין לא אמרינן כבולעו כך פולטו, **ואע״ג** דגבי לב הדבוק בעוף בעינן התם ס׳ מן העוף עצמו, היינו משום דיש דם בבשר הלב עצמו ג״כ, משא״כ בורידין.

וי״א דבאמת לפי מה דקי״ל חנ״נ אפי׳ בשאר איסורים, צריך שיהיה ס׳ באותו עוף לבד, ואם לאו צריך ס׳ נגד כל העוף.

לשון הרשב״א: אם יש בו כדי לבטל כל החוטין בס׳ כו׳, **וכתב** ב״י (וכ״כ בשו״ע): אבל הר״ן כתב אם יש כדי לבטל הדם שבכל החוטין שרי, **והרמ״א** בד״מ השיג עליו, דהא טעמא דהרשב״א, הוא משום דלא ידעינן כמה דמא נפק מנייהו, **וא״כ** גם הר״ן מודה בזה, ודם החוטין דנקט לאו דוקא, אלא דעיקר האיסור הוא משום דם, **ואם** אפשר לשער הדם שבתוך החוטין, גם הרשב״א מודה דא״צ לשער רק נגד הדם, עכ״ל, **ודבריו** נכונים.

כתב הב״ח, דלדידן דקי״ל חנ״נ בכל האיסורין, צריך ס׳ ג״כ כנגד הקליפה שנאסרה תחלה במליחה.

וכתב הש״ך, ואין נראה כן דעת הרמ״א, ונראה דס״ל דלא אמרינן חנ״נ אלא במקום שהחתיכה עצמה נאסרה בנ״ט, אבל לא בקליפה שאסרו חכמים שהיא חומרא, **עי״ל** דס״ל דלא אמרינן חנ״נ במליחה, ואע״ג דאינו מתיר אלא במקום הפסד מרובה דוקא, מ״מ הכא כיון דיש עוד צד להיתר, **וגם** יש פוסקים מתירין בדיעבד אפילו בנצלה העוף שלם, וכ״ש במליחה, וכמש״כ, ואפילו להאוסרים בנצלה שרי במליחה כמ״ש שם, **א״כ** יש להתיר אפילו שלא במקום הפסד מרובה, דהא דבכל האיסורים חנ״נ, היינו משום שגזרו אטו בב״ח, ולא גזרו אלא דומיא דבב״ח, דדרך בישול אסרה תורה ולא במליחה וכה״ג.

אכן הרבה פוסקים ס״ל, דאף במליחה אמרינן חנ״נ בכה״ג.

הסרת ראש העוף

וכתב הרמ״א (בשם ר״ת), ואם הסירו הראש ממנו, לא מקרי שלם, וא״צ לחתיכות הוורידין, ולכן נהגו להסירו מן העופות השלמות, **ובבהמה** צריך לחתוך הצואר לשני חתיכות, **אבל** עוף שצוארו דק, די בהסרת הראש.

וי״א דמכאן תשובה לאותן שמבשלים עוף שלם עם הראש, אלא שרמ״א כתב סוף הסימן, שסתם עוף נחתכו וורידין שלו בשחיטה, עכ״ל דרישה, **וכתב הט״ז**, דלא תיקן כלום בזה, דלא אמרינן כן אלא מכח חזקה דודאי עשה כהוגן, והרי עכשיו אנו קיימין שאין חותכין הורידין, א״כ מה היתר יש כשלא נחתך הראש, **ע״כ** יש ליזהר שכל מי שרוצה לבשל העוף שלם עם הראש, שיחתוך הורידן שלו בשעת שחיטה, כל זמן שמפרכס, **ובאמת** שמעתי מאנשי מעשה, שהיו על סעודה כזאת, ולא רצו לאכול מאותו עוף.

והש״ך כתב, דתיקן טובא, דסתם עוף נשחטו וורידין, (ולא משום דעושין כהוגן), א״כ אף שהראש מחובר בו, מ״מ מסתמא נשחטו וורידין.

וכתב רש״ל, ואנו נוהגים לחטוט אחר הורידין ולחותכן, אלא שאין נזהרין לנוקבן או לשוחטן בשעת שחיטה, וצריכין אנו לדברי ר״ת, דדי בהסרת הראש.

סימן כב ס״ב • דין שחיטת הורידין בבהמה

הבהמה א״צ לנקוב הורידין בשעת שחיטה, מפני שאין דרך לצלותה שלימה, **ואפי׳** גדיים וטלאים שצולין לפעמים שלמים, כיון שאין דרכן בכך.

אבל אם רוצה לצלותה שלימה, צריך לנקוב ורידיה בשעת שחיטה; (**וי״א** דאף למנהגינו שצולין בלא הראש, אפ״ה בהמה שצווארה עב, אף בגדיים וטלאים צריך לחתוך הצואר לשניים, וחיישינן דלמא מישתלי, כיון שרוצה לצלות שלם, ומשו״ה

צריך חתיכת וורידין), **ואם** לא נקבם, אסור לצלותה או לבשלה שלימה. **ואם** צלאה או בשלה שלימה, דינה כמו בעוף.

וי"א דבעוף אפי' הוא ודאי שרוצה לנתחו אבר אבר, צריך לשחוט הוורידין, משום שדרך העולם לצלותו כאחד, **ובבהמה** כשהוא ודאי שינתחנו, אז א"צ לחתוך הורידין, **אבל** אם אינו ודאי, אלא בסתם, צריך גם בבהמה כיון דזמנין צולה ג"כ כא'. **וי"א** דאנן קיי"ל כפסק השו"ע, דבהמה מסתם א"צ חתיכת וורידין, אף בגדיים וטלאים.

וכתב רמ"א, וסתם עוף נשחטו הורידין, (**וי"א** משום שבודאי עשו כדין, **וי"א** זה היה אפשר בזמן רמ"א, אבל עכשיו לא היה ולא נעשה), **וסתם** בהמה לא נשחטו.

וכתב רמ"א, וכ"ז כשיצא דם בשעת שחיטה, אבל אם לא יצא דם, אין חוששין לשחיטת הורידין,דהא לא נתעורר הדם לצאת, **וכיון** דאיסורו הוא משום דם האברים, כל שלא פירש מותר. **וי"א** דאף כשלא יצא דם, צריך לחתוך אבר אבר.

§ סימן כג – דיני שהייה בשחיטה §

סימן כג ס"א • טבח שאינו יודע הלכות שחיטה

כל טבח שאינו יודע הלכות שחיטה, אסור לאכול משחיטתו; **ואלו** הן: שהייה, דרסה, חלדה, הגרמה ועיקור.

סימן כג ס"ב(1) • שיעור שהייה

שהייה כיצד, הרי שהתחיל לשחוט והגביה ידו קודם שיגמור השחיטה, ושהה, (או לא הגביה ושהה, ואורחא דמלתא נקט), בין בשוגג בין במזיד בין באונס בין ברצון, ובא הוא או אחר וגמר השחיטה, **אם** שהה כדי שיגביה הבהמה וירביצנה וישחוט (עד) רוב הסימנים שהוא הכשר שחיטה, שחיטתו פסולה.

היתה בהמה דקה, שיעור שהייתה כדי שיגביה בהמה דקה וירביצנה וישחוט.

ואם היתה גסה, כדי שיגביה בהמה גסה וירביצנה וישחוט.

ובעוף, כדי שיגביה בהמה דקה וירביצנה וישחוט.

ומה שהקילו בעוף יותר ממה שהקילו בבהמה דקה, **הכי** הוה קים להו חכמי התלמוד, דעוף חיותו רב כשל בהמה דקה, **א"נ** דהכי גמירי הלכה למשה מסיני.

והרמ"א הוסיף תיבת "עד", מפני שכתב הרמב"ם, דאם שהה כדי שיגביהנה וירביצנה וכדי שישחוט מיעוט סימנים, ה"ז ספק נבלה, **ופי' בב"י**, דהיינו ששהה הזמן שבחוט השערה יותר היה שוהה שיעור שחיטה, **ולכך** כיון שהדבר משוער באומד הדעת, אפשר שיסבור שלא שהה אלא כדי שישחוט מיעוט סימנים, ואולי שהה כדי שחיטת רוב סימנים, **לכך** הגיה הרמ"א תיבת "עד", לומר דהיינו ששהה כדי שחיטה עד שהיה מגיע לרוב הסימנים, שבחוט השערה היה רוב.

וי"א דלהרמב"ם אפי' שהה כדי שחיטה מעט, אפ"ה כיון דשיעור שחיטה הוי דבר מועט, ושיעור מועט הוא בין שחיטת רובו למעוטו, לכן הוי ספק נבילה אם שהה בכדי שיגביה והרבצה ושחיטה קצת, **אבל** שהה פחות מכדי זה, כלומר דלא שהה כשיעור שלשתן, אלא ששהה שיעור הגבהה והרבצה בלא שחיטה, או להיפך, כשר.

וי"א דהרמ"א ר"ל, דלא סגי כשיעור שחיטת רוב סימנים לחוד, בלי עור שע"ג הסימנים, לזה כתב תיבת "עד", דבעינן שישחוט העור ובשר עד רוב סימנים.

וכתב השו"ע, **וי"א** דשיעור שהיית עוף, כדי שחיטת רוב סימן א' בעוף בלי הגבהה והרבצה.

ולפי דבריהם יש ליזהר כשהתחיל לשחוט בעוף וחתך מעט עד שהדם יוצא, והגביה סכינו מהצואר, שלא יגמור השחיטה, **לפי** שיש לחוש שמא שחט משהו מהושט; **ואפילו** לא הגביה סכינו אלא מעט, יש לחוש, מפני ששהיית העוף מועטת מאד, דכדי שחיטת רוב סימן א' בעוף הוא נעשה מהר; **ואפילו** אמר השוחט: ברי לי שלא חתכתי כי אם העור, אין סומכין עליו כיון שיצא הדם.

וי"א דאע"פ שלא יצא דם חיישינן שמא נגע בוושט, **ומיהו** היכא דאמר השוחט ברי לי שלא חתכתי כי אם העור, דלא סמכינן עליה, היינו ביצא הדם.

אבל י"א דאע"פ שנחתך, אינו אוסר עד שיצא דם. **ולא** פסקו כן האחרונים.

וכתב השו"ע, ואם בא לשאול אחר שהגביה סכינו כיצד יעשה, אומרים לו שישחוט הקנה לבדו במקום אחר, ואח"כ יהפוך הושט ויבדוק אותו.

ולדידן שאין אנו בקיאין בבדיקה, טרפה, **וי"א** דבהפסד מרובה או לצורך מצוה, יראה להקל ולסמוך על הגדולים האחרונים שהנהיגו והורו הלכה למעשה להיתר.

ולענין מעשה יש להחמיר כסברא זו (בעוף), אא"כ הוא שעת הדחק או הפ"מ, שאז יש לסמוך על סברא ראשונה – שו"ע.

ופסק הרמ"א, והמנהג פשוט במדינות אלו להטריף כל שהייה, אפי' משהו, בין בעוף בין בבהמה, ואין לשנות. **ואפילו** בהפסד מרובה וכה"ג, המנהג להטריף, (ודלא כהעט"ז).

וי"א דמ"מ אין בכלל זה רק אם הגביה הסכין אפילו משהו, דכיון שעקרו מן הצואר אין לחלק אם שהה הרבה או מעט, **אבל** אם לא הגביה כלל, רק שנדחף הסכין ממקום למקום, כשר אף לדידן.

סימן כג ס"ב(2) • נמצא דבר מונח בוושט או בקנה

<u>**נמצא גמי או כיוצא בו**</u>

כתב הרמ"א, ואם נמצא לאחר שחיטה גמי או כיוצא בו מונח בוושט או בקנה, (וי"א דה"ה בין הקנה להושט), ונשחט עמו, **טריפה**, (משא"כ אם לא נשחט עמו), דודאי הוצרך להשהות מעט בחתיכת הדבר ההוא לאחר ששחט הסימן, והוי שהייה במשהו, וטרפה.

וא"ת מאן לימא לן דשהה בחתיכת גמי, דלמא לעולם חתך הוושט והגמי בבת א' שוה בשוה ממש, **וי"ל** שהרי הסימן הוא מתוח בשעת שחיטה, והגמי אינו מתוח, כי איננו מחובר אל הלחי והגוף, **והדבר** ידוע שכל דבר רך שפוגע בו חדוד הסכין, אם הוא מתוח נחתך מהר, יותר משאם לא היה מתוח.

<u>**נמצא עשב**</u>

כתב הש"ך דמה"ט לא שנא גמי או עשב ארוך ודק, **וכן** משמע מדברי הרמ"א שכתב גמי או כיוצא בו, **ודלא כהב"ח**, שהתיר בעשב ארוך ודק מונח לאורך הוושט בלי טעם וראיה.

נמצא סובין או דוחן

אם הוושט מלא מאכילת סובין, ועינינו רואות שהסכין מלא סובין, ויורד עם קילוח הדם, **י״א** שאסור מדינא.

וי״א שאם נמצא לאחר שחיטה דוחן בושט, דמותר, **דדוקא** בנמצא דבר רך כגמי וכיוצא בו יש לאסור, **אבל** אם נמצא דבר קשה כגון קוץ או חטה או שעורה או דוחן מונח בושט, ונחתך, כשירה, **זהו** טעם הב״ח שהתיר בעשב, **ואף** הש״ך שחלק עליו, היינו דוקא בעשב, דאף דאינו רך כמו הסימן, מ״מ אינו דומה בקשיותו וחיזוקו כמו הסימן לאחר מיתוח, **אבל** בשאר דברים קשים שהם כמתוחים ועומדים, עד שהם מכריעים למיתוח הסימן ויותר, גם הש״ך מודה דאין לאסור, **ומ״מ** מסתפי לסמוך ע״ז למעשה, אחרי שלא נזכר חילוק זה בשום אחרון, **אלא** דבספק אם נחתך, פשיטא דודאי יש להתיר ולסמוך על הי״א דמתיר אף בגמי כה״ג.

נמצא חוט השערה

וי״א דלאו דוקא גמי, אלא אף חוט השערה שנמצא, הן בושט או בקנה, אסור.

תרנגולת שֶׁחוט יוצא מפיה, ומשכו בה וראו שהוא תוך הושט ולא יצא לחוץ, **יש** לשחוט הקנה לבדו, דאע״ג דלכתחלה צריכין לשחוט אף בעוף ב׳ סימנים, מ״מ כאן הוי כדיעבד, דאי ישחוט הושט אתי לידי שהייה כשיחתוך החוט, **ואחר** שחיטה יראו מהיכן חוט זה בא, ואם לא נמצא ריעותא אחרת, כשר.

נמצא בועות

פעמים נמצא בעוף בין סימן לסימן בועות קשים, אם נחתך א׳ מהם עם הסימנים, **י״א** שיש להטריף מחמת שהייה, **אבל** בדברים רכים סביב הסימנים, אין לחוש.

נגע ראש הסכין בשעת שחיטה בכותל או בקרקע או בעץ

י״א דאם שחט ובשעת שחיטה נגע בראש הסכין בכותל או בקרקע, או בעץ כסא המיוחד לשחיטה, שהוא שהייה גמורה. **וי״א** שאין להחמיר בזה כלל, **ופשיטא** היכא שאינו יודע אימת נגע הסכין בכותל או בקרקע, אם קודם גמר השחיטה או לאחר גמר השחיטה, דודאי כשירה, **ואף** הי״א קמא יודה לזה. **אכן** יש שמחמיר אף אם אינו יודע אימת נגע, דכבר נתפשט המנהג בין השוחטים להטריף, אם לא נתברר בבירור גמור שלא שחט אחרי הדחיפה, **ולא** מחלקים בין דחיפה חזקה ובין דחיפה ונגיעה קלה, **ולא** יהא אלא כדברים המותרים כו׳, (**מיהו** י״א לפי״ז דוקא אם מנהג השוחטים הוא מחמת סייג וגדר, **אבל** אם נוהגים איסור מחמת שסוברים שהדין כן, לא שייך בזה דברים המותרים כו׳, **גם** קשה, דהלא בדבר שאינו מצוי לא שייך בו מנהג).

ואם לא נדחף ראש הסכין, רק שהעביר הטבח חודו של סכין בהולכה או בהבאה על צואר הבהמה ועל העץ בפעם אחת, **אף** דאיכא למיחש דלמא שהה בחתיכת העץ מעט יותר מבחתיכת הסימנים, **י״א** דמ״מ יש להכשיר, הואיל וליכא בשהייה משהו לא איסור תורה ולא איסור דרבנן, רק מצד המנהג, לכן אמרינן ספיקא לקולא, (**משא״כ** בנמצא גמי, דהתם ליכא ספיקא כלל, וכמ״ש הרמ״א דודאי הוצרך וכו׳), **ומכ״ש** כשיש ספק אימת נגע, אם קודם גמר השחיטה או אחריו, **ובפרט** אם השוחט אומר ברי לי שלא שהיתי כלל.

חתך אצבעו בשעת שחיטה

אם בשעת שחיטה חתך באצבעו, י״א דאסור, כי נבהל מחמת החתך באצבעו, והגביה הסכין כל שהוא, והו״ל שהייה. **ויש** שמחלק, שאם חתך באצבעו שלא בשעת חתיכת הסימן, כגון לאחר שהעביר כל הסכין בהולכה או בהבאה חוץ לצואר, ואז חתך באצבעו, ואח״כ חזר והוליך או הביא הסכין וגמר השחיטה, ודאי שהייה היא ופסולה, **אבל** אם חתך בסימנים ובאצבעו כא׳, אין כאן שהייה, **ולא** דמי לנמצא גמי בתוך הסימנים, דהתם הגמי הוא רך, וע״י חידוד הסכין שוהה יותר לחתכו מבחתיכת הסימן, **ואם** השוחט מסופק באיזו אופן היה החיתוך באצבעו, יש להקל.

ולענין הכשר כלים או להעביר השוחט, צידד להקל.

סימן כג ס״ג • צירוף השהיות

שחט מעט ושהה מעט, וחזר ושחט מעט ושהה מעט, אם כשתצטרף כל השהיות יש שיעור שהייה, שחיטתו פסולה, **והיינו** ספק נבלה.

וכתב הרמ״א, ולפי המנהג בכל ענין טריפה.

סימן כג ס״ד • השוחט בסכין שאינו חד

השוחט בהמה בסכין שאינו חד, ונתעכב כשיעור שהייה בשחיטת מיעוט אחרון של סימן ראשון, הרי זו פסולה, **והיינו** ספק נבלה.

והטעם, דכיון שנחתך רוב הסימן, הוי כאלו נחתך כולו, ומה שמוליך ומביא במעוט האחרון, הוי כאלו מוליך ומביא בידה או ברגלה, **ולכך** כשנתעכב שיעור שהייה במיעוט אחרון של סימן ראשון, טרפה בבהמה, **משא״כ** בעוף דהכשרו ברוב א׳.

ומדלא הגיה הרב נמי כאן, דלפי המנהג בכל ענין טריפה, אפילו לא נתעכב שיעור שהייה, **משמע** דס״ל דהכא דוקא בעינן שיעור שהייה אפילו לדידן, **והיינו** כיון דמתעסק הכא בשחיטת הסימנים.

סימן כג ס״ה • שהה אחר ששחט רוב

אחר ששחט רוב אחד בעוף או רוב שנים בבהמה, אין שהייה פוסלת; **ולפי״ז** אין שהייה בקנה בעוף כלל, דבמעוט קמא דקנה לא שייך שהייה, דפסוקתו ברובו, מידי דהוה אחצי קנה פגום, **משא״כ** בוושט יש שהייה במעוט קמא, דנקובתו במשהו.

ויש מי שאומר, שכל שלא נגמרה שחיטת כל שני הסימנים, פוסלת שהייה, **דדילמא** כיון דהדר גמרה, כולה חדא שחיטה היא, ותיקו ולחומרא. **ולכתחלה** יש ליזהר לחוש לדבריו.

וכתב הרמ״א, ואפי׳ בדיעבד המנהג להטריף; **ולכן** אם לאחר ששחט רוב שנים שוהה הבהמה או העוף למות, יכנו על ראשו להמיתו, ולא יחזור וישחוט.

ובספר התרומות כתב, ובלבד שלא ישבר מפרקתה. **ויש** מי שהבין, דהוא מטעם שהייה, **וכתב** דחומרא יתירא היא, דפשיטא אם שובר המפרקת בסכין דלא נראה כשחיטה, ולמה לנו להחמיר כולי האי. **וליתא**, אלא טעמו משום דהשובר מפרקתה של בהמה קודם שתצא נפשה, מבליע דם באברים, ואסור לכתחלה אפי׳ לאכול ממנה באומצא.

י״א דמותר לשחוט בסכין פגום אח״כ, **ולא** נהירא, **ועוד** דמ״מ אסור משום עיקור במעוט בתרא.

אם ברור להשוחט שכבר שחט סימן אחד בעוף לגמרי, ולא נשאר ממנו מאומה, אף שעדיין לא התחיל לשחוט הסימן השני, **י״א** שאסור לו לגמור אחר שנעשה שהייה גמורה, **ודלא** כמי שהורה שמותר.

שוחט ששחט רק הקנה בעוף, וכאשר הובא העוף לבית היה עדיין חי, והחזירו העוף לבית השוחט ושחט את הושט, **י"א** דאין לסמוך על תשובת שבו"י, שס"ל דבדיעבד כיון שכבר יצא מתחת יד השוחט בהכשר שחיטה, אין להטריף תו משום שהייה, **ועוד** דבנדון זה גם השבו"י מודה, דדוקא במיעוט הסימנים הקיל בדיעבד, משא"כ כאן שכל הושט נשאר, **ולכן** יש לאסור גם הכלים אפי' אחר מעל"ע, **והשוחט** יש לדונו לכף זכות, ואעפ"כ טוב להעבירו על חודש או ב' חדשים כפי ראות עיני המורה, ולפי חזקת השוחט ביראת שמים.

י"א שאסור לחתוך במספרים הסימן שלא נשחט, **ודלא** כמורה אחד שהתיר באחר, **כי** באמת אין חילוק בין השוחט לאחר, **ואף** דאיכא למימר הואיל וגזז במספרים, אין שם שחיטה עליו, רק גוזז מקרי, **אך** לדינא חלילה לסמוך גם ע"ז.

סי' כג ס"ו(1) • שחט עוף ושהה ואינו יודע אם ניקב הושט

שחט עוף ושהה בו ואינו יודע אם ניקב הושט, **חוזר** ושוחט הקנה לבדו במקום אחר ומניחו עד שימות, והופך הוושט ובודקו מבפנים; **אם** לא נמצא בו טיפת דם, בידוע שלא ניקב וכשרה.

הטעם דשוחט הקנה במקום אחר:

א. משום דאיכא למיחש שמא מתוך שכבר התחיל לשחוט באותו מקום, יהיה יותר נקל לפגוע בוושט, ויבא לומר עתה הוא שנשחט, ומקודם לכן לא נגעתי בו, ושמא מקודם נגע בו, ונמצא מכשירו שלא כדין.

וי"א דליתא, דודאי כל שימצא טיפת דם לא יתלה לקולא, ויאסור מספק, ואין כאן מכשול. **וי"א** דלקמ"מ, דהטיפת דם שיצא ממנו, היא מחמת השחיטה ששחט באותו מקום, ומהיכי תיתי יעלה על לבו לאסור, דהא אין כאן ספיקא כלל, אלא מקום השחיטה הוא שניכר, ואין כאן נקב כלל.

ב. שמא מקודם לא נגע בו, ועתה מתוך שקל לפגוע בו יפגע בו, נמצא שפוסלו שלא כדין, ועצה טובה קמ"ל.

ג. דכשרוצה להחזיק בקנה לבד, צריך שיאחזנה בכח, ואם יעשה כן במקום שחתך כבר, יש לחוש שמתוך כך יתנתק ויתרחב החתך עד שיהיה פסול.

ד. שאם ישחוט במקום הראשון, יש לחוש שמא יקלקל לעצמו, דשמא שחט כבר הרוב בקנה, ונמצא שאז אין פסול במה שניקב הוושט, וא"א לראות היטב בשעת שחיטה אם נשחט הרוב, כיון שהוא מלוכלך בדם, ע"כ ישחוט במקום אחר, ויוכל אח"כ לראות במקום הראשון, שאם נשחט הרוב לא יזיק לו נקיבת הוושט.

ודוקא בעוף שהכשרו בסימן אחד אית ליה האי תקנתא, אבל לא בבהמה.

ואם יודע בבירור שלא ניקב הוושט, כגון שתפס הקנה לבדו בידו, שחיטתו כשרה אף בלא בדיקה.

וכתב הרמ"א, **והמנהג להטריף** הכל אפילו לא שהה רק במיעוט קמא דקנה, משום דאנן לא בקיאין בבדיקת הוושט וחיישינן לנקיבת הוושט, **ואסור** למוכרו לאינו יהודי כך, אלא ימיתנו ואח"כ ימכרנו לאינו יהודי.

ואין להקשות, דהא קימ"ל בספק טרפות דמותר למכרו לעכו"ם מטעם ס"ס, **והכא** נמי אע"ג דקי"ל להטריף, מ"מ כיון דאינו אלא חששא דשמא ימכרנו, הו"ל ס"ס, שמא לא ניקב הוושט, ואילו היינו בקיאין בבדיקה היינו רואין שלא ניקב, ואת"ל ניקב, שמא לא ימכרנו העכו"ם לישראל, **וי"ל** דלא דמי ספיקא דפלוגתא לספיקא דבגוף המעשה, (**וצ"ע** בהרבה מקומות בש"ס בענין זה), **ועוד** י"ל דהכא כיון שהספק הוא מחמת חסרון ידיעתנו, שאין אנו בקיאין בבדיקה, לא מיקרי ספק כלל, כמ"ש הפוסקים בכמה דוכתי.

ואסור להשהותו בביתו, דלמא אתי לידי תקלה, **אבל** אם א"צ להשהותו אלא כ"א יום שתתעבר ותלד, דטרפה אינה יולדת, מותר.

י"א דאם שחט הוושט והניחו, ולא שהה כלל קודם שהתחיל לשחוט הגרגרת, ושחט הגרגרת, ואח"כ שחט וגמר את הוושט, מאחר שעסוק בשחיטה, כשירה.

סי' כג ס"ו(2) • תלש נוצות העוף, או חתך העור בבהמה

כתב הרמ"א, ומטעם זה אם תלש הנוצות מן העוף ויצא דם, או חתך (אפי' מקצת) העור בבהמה ויצא דם ממנה, יש להטריף, דחיישינן לנקיבת הוושט. **ולכן** יש ליזהר שלא למרוט הנוצות, אם יוכל לשחוט בלא זה.

ואע"ג דידעינן שע"י מריטת הנוצות לא ניקב הוושט, מ"מ גזרינן אטו נקרע העור מן הצואר, **ואין** חילוק בין נמרטו הנוצות בשעת שחיטה לקודם לכן, **והוא** חומרא גדולה, **ויש** שהכשיר בזה, וכתב שהוא חומרא בלא טעם, **ולכן** נראה דבהפסד מרובה וכה"ג יש להקל.

וי"א הטעם בזה, דמאן דחזי סבר להתיר גם באווזא דממסמס קועיה דמא, **ואפשר** שגם רמ"א כאן שכתב הטעם משום נקיבת וושט, כתב על חלוקה השניה שחתך בעור כו', אבל בחלוקה הראשונה הטעם כנ"ל, **וכיון** שעיקר הטעם משום גזירה הוא, דבר קשה להוסיף גזירה מה שלא נזכר בתלמוד, **ומ"מ** כיון דנהוג בחומרא זאת נהוג, **אלא** דאין להחמיר רק באם יצאו קצת טפות דם בענין שיש לו דמיון לממסמס קועיה דמא, **אבל** לא יצאו אלא שנראה האדמומית, אין להחמיר כלל.

וכתב הרמ"א, אבל אם לא יצא דם, ולא חתך כל העור, יש להכשיר ע"י שישחוט למעלה או למטה ולבדוק נגד מקום החתך. **הא** אם יצא דם אף שלא חתך כל העור, **או** שחתך כל העור אפי' לא יצא דם, טרפה.

ומהרש"ל הכשיר, בין בחתך מקצת העור ויצא דם, ובין בחתך כולו ולא יצא דם, **ואינו** מטריף אלא בחתך כולו ויצא דם.

וכתב הש"ך, דמה שמתיר נחתך כולו ולא יצא דם, כבר כתבתי בס"ב דלא קי"ל הכי, **אבל** במה שמכשיר נחתך מקצתו אפילו יצא דם, נראה לכאורה כן, דמאי חששא איכא, כיון שלא חתך כל העור, **ע"כ** נראה להקל בהפסד מרובה וכה"ג, **אבל** בלא"ה אין להקל, דלא יהא אלא תלישת הנוצה, דנוהגים להטריף ביצא דם.

וי"א דהעיקר כדעת מהרש"ל בזה, להתיר בפשיטות היכא שרחץ העור היטב, וראה היטב שלא חתך כל העור, **ולא** דמי למריטת הנוצות, שעור עוף הוא דק, וניקבת ע"י מריטת הנוצות כולו, משא"כ בעור הבהמה.

והט"ז כתב דהעיקר כדברי רמ"א, דכיון שיצא דם אנו חוששין שמא ניקב נקב דק מאד ונגע בוושט ואינו נראה לנו, או שהדם סותמו, **דאל"כ** מאין בא דם זה, דהא בעור אין דם, **ע"כ** אין להקל בחתך אפילו מקצת עור ונראה הדם.

"ולא חתך כל העור" קאי אבהמה דוקא, **אבל** בעוף אין שייך לומר כן, **אבל** מ"מ באם יש על העור של העוף איזו גרד יבש על צדו החיצון, ושחט במקום אחר וראה בצד הפנימי שאין שם ריעותא על העור, אין להחמיר בזה לכל הדעות.

מיהו כל זה בשלא אמר השוחט ברי לי שלא נגעתי בוושט, אבל כשאומר ברי לי, אפילו חתך כל העור, כשר כשלא יצא דם, **והיכא** שנתכוין מתחלה שלא ליגע בושט, כגון שתפס הקנה לבדו בידו, אפילו חתך כל העור וגם יצא דם, כשר.

י"א דדין תלישת הנוצות הוא דוקא ביונה ולא בשאר עופות, **אך** י"א דה"ה שאר עופות, וכן נראה דעת הרמ"א ז"ל.

אם מרט השוחט את הנוצות, וקרע קצת מן העור, אך לא מפולש, יש שפסקו דכשירה, **ולפי"ז** יש להתיר מכ"ש מה שנמצא לפעמים בעוף אינדיק, שנתלש קארעל אחד, וזה בא מחמת שחברותיה נושכים אותה, אם אין הנקב מפולש, **דכאן** יש עוד סניף, דבזה לא שייך טעם הט"ז "כיון דבעור אין דם ע"כ ניקב מושט הוא" כו', דהא בקארעלין יש דם.

בנדון ההקזה שעושים לבהמות מצוארם, ע"י אומן בקי בכך לרפואת הבהמות, אם מותרים המה או לא, דשמא הקיז במקום הסימנים, וגם אם יש להתיר החלב והגבינות שהוא הפסד רב, **י"א** דאם היינו מטריפים הבהמה, היה גם החלב אסור, (דלא כמאן דמחלק), **אלא** דיש להתיר גם גוף הבהמה מכמה טעמים, דלא דמי זה להא דחתך העור, **ומ"מ** אם אפשר להזהיר לבעל הבהמה שיראה שהמקיז יאחז בסימנים לצד השני, ראוי ונכון, **אך** גם באותן הבהמות שהעכו"ם מניחים להקיז ואין ישראל רואהו, ג"כ אין להחמיר.

§ סימן כד – דיני דרסה וחלדה והגרמה ועיקור §

סימן כד ס"א • דרסה

השוחט צריך שיוליך ויביא, ואם לא עשה כן, אלא דרסה, פסולה. **דרסה** כיצד, כגון שהניח הסכין על הצואר ודחק וחתך למטה כחותך צנון או קישות, הרי זה פסולה; **ואצ"ל** אם הכה בסכין על הצואר, כדרך שמכין בסייף, וחתך הסימנים בבת אחת.

סימן כד ס"ב • שיעור אורך הסכין

שחט בהולכה או בהבאה לבד, אם יש בסכין כמלא צואר, וחוץ לצואר כמלא צואר, עם העור והמפרקת, כשרה. **ואם** לאו, פסולה, שא"א בלא דרסה ע"י הולכה או הבאה לבד.

וי"א דא"צ להוליך כל אורך הסכין קודם שישחוט הרוב, דאין אדם יכול ליזהר בזה, דפעמים הסכין חד וחריף וחותך רוב הסימנים קודם שיוליך או יביא כשיעור הזה, **אלא** לא אמרו חכמים שיעור זה, אלא דקים להו שאז יכול לשחוט בריוח בלא דרסה.

ובסימן ח' אמרינן, דלכתחלה יקח בין בבהמה ובין בעוף, סכין כמלא ב' צווארים של אותו הנשחט, **ובבהמה** לדידן יהיה י"ד אצבעות, **אבל** לא בעוף, דיהיה מכביד על העוף, וסימנים רכים, ויבא לידי דרסה.

ואם הוליך והביא, אפילו שחט באזמל כל שהוא כשרה.

וי"א דאפי' באזמל א"צ להוליך ולהביא קודם שיסיים השחיטה, כי לפעמים ימצא צפור קטן שישחט רוב הסימן אפי' באזמל קודם שיוליך ויביא, והוא כשר, **בתנאי** שלא יתפוס הסכין במזיד במקום אחד.

וכתב הרמ"א, ויש מחמירין דה"מ דכשר באזמל, בעוף שצווארו דק, אבל בבהמה לא, **והמנהג** בגלילות אלו לפסול בבהמה אפי' הוליך והביא, אם אין בסכין כמלא צואר וחוץ לצואר משהו.

סימן כד ס"ג • שחט ב' ראשים כאחד

הקדמה – בענין שיעור ב' צוארין לבהמה אחת, יש ג' ציורים:

הציור הא', שיתחיל מן ראש סכין ממש מצד הפנימי של צוואר הנשחט, ויעביר כל הב' צווארים של סכין, עד חוץ לצוואר לגמרי, ולא ישאר בתוך הצוואר כלום הסכין, **וזה** חומרא גדולה, וזהו שיטת התבואות שור.

הציור הב', שיתחיל מן ראש הסכין בצד הפנימי של צוואר, ויוציא מלא צוואר מהסכין לצד חיצוני דצוואר, ומלא צוואר הב' של סכין ישאר בתוך הצוואר, **וזה** קיל מציור א', וזהו שיטת הט"ז.

הציור הג', הוא שיניח מלא צוואר דסכין על רוחב מלא צוואר הנשחט, ויוציא אותו מלא צוואר דסכין לחוץ לצוואר, ומלא צוואר הב' של סכין יהיה נשאר תוך צוואר הנשחט, **וזה** קולא גדולה, וזהו שיטת הש"ך.

וכתב השו"ע, שחט ב' ראשים כאחד בהולכה או בהבאה בלבד, אם יש בסכין כדי ג' צוארין, כשרה. **(ולאו** דוקא "שחט" דמשמע בדיעבד, דה"ה דמותר אפי' לכתחלה).

וכתב הש"ך, פי' בין שהניח הסכין בתחלת השחיטה על רוחב ב' הראשים, ויצא אורך הסכין בצד פנימי דפנימית כמלא צואר עד הקתא חוץ להב' ראשים, והוליך הסכין לצד האחר, עד שיצא מלא צואר חוץ לצואר חיצונה, עד שלא נשאר כלום יוצא באותו צד שיצא כבר, (והוא קולא גדולה).

ובין שהתחיל לשחוט בקצה הסכין, בצד פנימי דפנימית, והוליך הסכין בשחיטתו עד שיצא כמלא הצואר חוץ לראש השני, דאז ודאי כיון שעל ב' הראשים עבר כמלא ב' צוארים, כשר, **דהיינו** בפנימית שתים עברו, וצואר אחד נשאר בתוכה, ועל החיצונה צואר אחד עבר, והב' נשאר בתוכה, **והו"א** דחיצונה נדרסה כקושיית הט"ז, (כיון דלא נגמר ביחד, עיין להלן), **קמ"ל** הש"ך דאין לחוש, דאפשר הפנימית עורה וסימנים שלה קשים מחיצונה, ומשום הכי שתיהן כשירות.

אבל פשוט דאם הניח הסכין בתחלת השחיטה על רוחב ב' הראשים, ומלא צואר מראש הסכין יוצא בצד חיצוני דחיצונית, והוליך הסכין לאותו צד שיצא חוץ להב' ראשים כמלא צואר, דזהו חשיב כאלו אין בסכין אלא כמלא ב' צוארים.

וכתב השו"ע, ואם אין בו שיעור זה, יש לחוש ולאסור שתיהן.

אע"ג דהיה צריך להיות דבהביא ולא הוליך, דהחיצונה יהיה כשרה והפנימית פסולה, **ובהוליך** ולא הביא, דהפנימית יהיה כשרה והחיצונה פסולה, **אלא** די"א שאפשר ששתיהן אסורות, הואיל ושחיטתן כאחד, ואם בשניה דרס אף בראשונה נמי דרס, שהרי בבת אחת ובענין אחד העביר הסכין על שתיהן.

וכתב הט"ז כשיטת הב"ח, דלשון התנא שאמר שחט ב' ראשים כאחד, משמע שגמר שחיטה הוי ממש בשוה, ואין שום קדימה לאחד יותר מלחבירו בגמר, **ועיקר** כוונת התנא להשמיענו, דאין מה שבתוך הצואר בחשבון עד שיעבירנו ממנו, (עיין בהקדמה).

והנה אם הסכין ארוך כשלשה צוארים מצינו דבר זה שפיר, דהיינו שמניח אורך שיעור שני צוארים על שני הצוארים, וכשהביא ממילא הוה ההתחלה והסיום בשוה לשניהם, **דהא** על כל צואר יש חלק כנגדו, וכשהביא אורך צואר אחד, נשאר בתוך הצואר של כל אחת אורך צוואר, ולאחר שהעביר על זו עוד מלא צואר א' ועל זו מלא א', באותו פעם נשחטו שניהם, וממילא הוה בשוה ממש וכשרים שניהם, **אבל** אם הסכין כשני צוארים, א"א לך לומר בשום פנים ששחיטתן יהיה נגמר בשוה וכשרים שניהם, **כי** אם תניח הסכין ארכו על שני הצוארים, ובכל אחד ישחט במה שעליו, פסולים שניהם, כי כל אחד נשחט רק כשיעור אורך צואר אחד, (עיין בהקדמה), **וג"כ** אין לומר שהפנימית כשירה כיון שמעביר כל הסכין עליה, דא"כ לא הוה גמר שחיטת שניהם בשוה, דהא החיצונה נשחט קודם לה, **אלא** ע"כ צריך אתה למצוא שהוא מניח צד שאצל הקתא על שפת החיצונה, ממילא יש לחיצונה כמלא שני צוארים, וכשהוא חותך שיעור ב' צוארים, מגיע על הפנימית שיעור צואר אחד, שהרי שחיטתה נגמרת בשוה, בשעה אחת ממש עם החיצונה, **וע"כ** אין הכשר אלא לחיצונה והפנימית נדרסה, כי לא היה לה רק שיעור צואר אחד, **וכן** להיפך אם הוליך ולא הביא, וע"כ צריך להניח ראש הסכין אצל שפת הפנימית, ממילא הפנימית כשרה ולא החיצונה, כיון שהיא נשחטת בפעם אחת עם הפנימית, **והשו"ע** פסק, דכיון שראינו שהאחת נדרסה, אמרינן שגם השניה נדרסה, אע"פ שהיה לה כשיעור.

סימן כד ס"ד • שנים אוחזין בסכין ושוחטין

שנים אוחזין בסכין ושוחטין, אפי' זה למעלה לצד הראש וזה למטה לצד החזה, שאוחזין אותו באלכסון, כשרה, **ולא** חיישינן שמא מתוך שזה מושך לכאן וזה מושך לכאן, ושניהם דוחקים סכין על הצואר, ידרסו זה על זה ויתיזו הראש בבת אחת.

סימן כד ס"ה • חתך כל המפרקת

היה שוחט וחתך כל המפרקת, כשרה.

ואף דלכתחלה יש ליזהר מזה, מיהו בדיעבד כשר.

וכתב הרמ"א, והמנהג להטריף אפילו לא חתך רק רוב המפרקת, ואין לשנות כי יש מרבוותא סוברין כן.

וראבי"ה דקדק כן מפרש"י, שפי' אהא דאמרינן דלא לשוויה גסטרא, חטיהו והוציא את דמו, ותו לא, ומש"ה אסר כשחתך כל המפרקת, **וי"א** דהאי "ותו לא" דפרש"י, פירושו שא"צ לשחוט יותר, **וגם** תמוה דעת ראבי"ה מעוד ראיות.

וי"א דאין איסור זה אלא חומרא בעלמא.

והרשב"א כתב דנלמד זה מקרא דלא לשוויה גיסטרא, כלומר במקום שזב בלבד, דהיינו הסימנים, אבל לא ישבור המפרקת, שאילו שבר המפרקת קודם שתצא נפשה, מבליע דם באיברים, **ואף** חותך מבליע דם באברים, **(ולפי"ז** יש למחות במקומות שעובדי כוכבים המה הקצבים, וחותכין הראש מגוף הבהמה מיד אחר השחיטה, ובזה מבליע דם באיברים, ועושין את זאת כדי שהבשר יהיה כבד, שמוכרין לפי המשקל, וגם מוכרים לישראלים).

אבל י"א דדוקא שובר, שמחמת יסורי השחיטה אין בה כח להתאנח ולהוציא דם, אבל חותך לא.

אבל הט"ז מתמיה על הרשב"א, דהוא עצמו כתב דאינו אסור לאכול אלא חי, אבל ע"י מליחה מותר, **ואי** ס"ד דקרא אתי לזה, הו"ל כלא נשחט ויש איסור אפילו ע"י מליחה, **על** כן נראה שאין פירוש זה עיקר.

אבל הנקה"כ כתב, דקרא אשמועינן דלכתחלה בכל ענין אסור, אפילו לאכול ממנו שלא באומצא, אבל ע"י מליחה מותר בדיעבד, **א"נ** קרא אשמועינן דבקדשים אפילו דיעבד אסור, דבקדשים לדם הוא צריך להזיות ולזריקות, **וא"כ** נהי דבחולין מהני מליחה אח"כ, היינו להוציא מידי דמו, אבל בקדשים מה יועיל מליחה אח"כ, ותירוץ זה נראה נכון יותר.

וכתב הט"ז דהמהר"ל מפראג התיר הלכה למעשה בחתך כל המפרקת אחר הסימנים, וכן נראה עיקר, **אלא** שכיון שרמ"א כתב שאין לשנות מן המנהג שנהגו להטריף אפילו ברוב המפרקת, אין בידינו להקל, דלא יהא אלא דברים המותרים ואחרים נהגו בו איסור, **אלא** דמ"מ יש להקל בזה בכל הספיקות, דאפילו רואה חתך במפרקת, א"צ לבדוק אחריו אם הוא רוב או לא, **וק"ו** כשאין המפרקת לפנינו, בכולם יש לסמוך להקל, **ואין** להחמיר רק אם כבר ראו שנשחט רוב המפרקת רוב גמור, ולא בענין אחר.

ועוד כתב דהאי רוב המפרקת, העיקר תלוי בחוט, דהא אפי' לדעת ראבי"ה שפי' דברי רש"י "ותו לא", דאסור לחתוך אח"כ, ע"כ לא קפיד אלא אחוט שהחיות תלוי בו, וע"ז אמרה תורה דלא ימית הבהמה אלא ע"י הסימנים, ולא בד"א, דאל"כ נימא שלא יחתוך כלל שום דבר אחר הסימנים, **וראוי** לסמוך להקל בזה, כיון שטרפות זו אינה אלא חומרא.

והש"ך כתב דצ"ע בזה הפסק דהרמ"א, שהרבה גדולי הפוסקים מתירין, **ואולי** דעת הרמ"א דוקא להחמיר במקום שאין הפסד מרובה וכה"ג.

וי"א דאף בהפסד מועט המקיל לא הפסיד.

אבל י"א דהשוחטים מטריפין עכשיו אף בהפסד מרובה.

סימן כד ס"ו(1) • שלא יביא העוף לידי דרסה

כשאדם שוחט עוף, ואוחז בסימנים בשתי אצבעותיו, צריך שיאחוז אותם יפה, שאל"כ פעמים שיהיו נשמטין לכאן ולכאן, ולא יכול לשחטן ע"י הולכה, ויבא לידי דרסה.

ואין לשחוט עוף אפי' עוף גדול בסכין ששוחט בו בהמות, כי בקל יבוא לידי דרסה.

סי' כד ס"ו(2) • שלא יניח אצבעו על הסכין, ושלא ישב

וכן לא יניח האצבע על הסכין, אלא יחזיק אותו בקתא, כדי שלא יבא לידי דרסה.

וי"א דבהפסד מרובה מותר. **ופעם** אחת שחט אחד כמה עופות לנישואין בהנחת אצבע, והתירו חכמי ווילנא בדיעבד, מחמת הפ"מ ולצורך מצוה.

וי"א להזהיר לשוחטים שלא ישחטו מיושב, שהישיבה מביאה לידי דרסה.

וי"א דאין להחמיר בדיעבד בהפס"מ, **ואף** בלא הפסד מרובה, יש לצדד להתיר בדיעבד אם יודע שלא דרס.

סימן כד ס"ו(3) • דרסה במשהו

ואפי' לא עשה דרסה אלא במשהו מן הוושט, פסולה.
וכתב הרמ"א, והמנהג להטריף כל דרסה, בין במיעוט קמא בין במיעוט בתרא, בין בקנה בין בוושט.
י"א הטעם, דבמיעוט בתרא קי"ל כרש"י, (ס"י), ובמיעוט קמא דקנה נמי משום דלא בקיאין בבדיקה, וחיישינן לוושט.
וי"א דאפי' למ"ד דשהייה כשרה במיעוט קמא דקנה, אפ"ה דרסה אסורה, לפי שנעשה הפיסול בשעת שחיטה ובמעשה שחיטה, **אבל** שהייה כיון ששהה אזיל ליה מעשה קמא, והוי כמו מצא חצי קנה פגום.
ונ"מ היכא דתפס הקנה לבדו בידו בשעת שחיטה, ודרס במיעוט קמא דידיה, דאף דבשאר מדינות מקילין בשהייה בכה"ג, **מ"מ** לענין דרסה חמיר בכל מקום ודינו כבמיעוט בתרא, כיון דבשחיטה א' נעשה.

סימן כד ס"ז • חלדה כיצד

חלדה כיצד, כגון שהכניס הסכין בין סימן לסימן, בין ששחט התחתון כהלכתו מלמעלה למטה, וחזר והוציאו ושחט העליון; **בין** ששחט העליון ממטה למעלה שלא כהלכתו, פסולה.
וכ"ש אם הכניס הסכין תחת שני הסימנים, ושוחטן ממטה למעלה, **או** שחט התחתון ממטה למעלה, והעליון כהלכתו, דהוי חלדה.

סימן כד ס"ח • תחת העור, צמר מסובך, או מטלית

החליד את הסכין תחת העור, או תחת צמר מסובך בצואר הבהמה, או תחת מטלית הקשור בצווארה, או שהמטלית מדובק בו בשעוה, ושחט, שחיטתו פסולה.
וכל זה ספק פסולה, דבעיות ולא איפשטא נינהו.

אבל אם המטלית פרוש על צווארה ושחט, שחיטתו כשרה.
ויש מי שפוסל גם בזה, ולכתחלה יש לחוש לדבריו.
וקשה דהא בעי רב, הושיט ידו למעי בהמה ושחט בה בן ט' חי מהו כו', ואמאי לא אסרינן לה מטעם חלדה, דהא אין הסכין מגולה, **אלא** ע"כ דאין חלדה אלא במה שהוא קשור בצווארה.
ויש מי שתירץ, דדוקא ביצא לאויר העולם, כיון שאפשר לשחוט בלי כיסוי, אסרה תורה, משא"כ במעי אמו, א"א בענין אחר, **א"נ** אפשר דהך סוגיא מבעיא את"ל תחת מטלית כשר, **א"נ** שאני התם, דהרחם הוא כמו בית שלה.

וכתב רמ"א, וכן יש ליזהר בכבשים שיש להם צמר מסובך בצואריהם, לתלוש הצמר המסובך, שלא יבא לידי חלדה.
וגם בעופות י"א דיש למרוט הנוצות מהן, **והרמ"א** סמך אמ"ש בס"ס כ"ג, דלכתחלה אין למרוט אם יוכל לשחוט בלא זה, **וממילא** נשמע כל שאינו יוכל לשחוט בלא זה, ימרוט.

וי"א דלמרוט נוצות מחיים מכנפיה לצורך כתיבה, אסור משום צעב"ח, **ואישתמיטתיה** דברי הרמ"א באה"ע סוף סי' ה', שכתב כל דבר הצריך לרפואה או לשאר דברים, לית ביה משום צעב"ח, **ומ"מ** העולם נמנעים דהוי אכזריות.

סימן כד ס"ט • אם רק ראש הסכין מכוסה

צריך ליזהר, כשאדם שוחט וחס על העור שלא יעשה בו קרע גדול, ושוחט בראש הסכין ומתכסה מהעור.

אמנם אם שוחט באמצע הסכין, אין לחוש אם ראשו מתכסה בעור, שהסכין במקום ששוחט בו כנגד הסימנים אינו מכוסה.
ויש מי שמחמיר גם בזה, ויש לחוש לדבריו לכתחלה, בזה שבמקום ששוחט הוא מגולה, **אבל** בדין הראשון כששוחט בראש הסכין והסכין במקום ששוחט מתכסה מהעור, משמע דעת המחבר דאפילו בדיעבד פסול.

והב"ח חולק על פסק השו"ע, דיש לאסור אפי' דיעבד, **והט"ז** דוחה אותו.

סימן כד ס"י • חלדה במיעוט בתרא

אם לאחר ששחט רוב הסימנים, החליד הסכין תחת מיעוט הנשאר משניהם או מאחד מהם, ופסקו, מותר.
ויש מי שאוסר גם בזה, (רש"י), וראוי לחוש לדבריו לכתחלה.
וכתב הרמ"א, והמנהג להטריף כל חלדה, בין במיעוט קמא בין במיעוט בתרא, בין בקנה בין בוושט, **דאין** אנו בקיאין בבדיקת הוושט, וחיישינן שמא בשעת שחיטת הקנה נגע בוושט, וכדלעיל סי' כ"ג.

סימן כד סי"א • עוד דיני חלדה במיעוט

אם החליד הסכין תחת מיעוט הראשון ושחטו ממטה למעלה, ואח"כ גמר השחיטה כדרכה, הרי זו פסולה מספק, **והספק**, אי הוי חלדה אף במיעוט סימנים, **או** נימא כיון שגמר השחיטה שלא בחלדה, כשר.
ודלא כהב"ח דפי' שקודם שהחליד חתך העור, והחליד אח"כ תחת מיעוט הראשון של הסימן, והספק, אי הוי חלדה מה דמכוסה במיעוט הסימן, דאם לא חתך העור, בלא"ה הוי חלדה.

וכן אם שחט רוב סימן א' בבהמה, והחליד הסכין תחת מיעוט הנשאר ושחט סימן השני, הרי זו פסולה מספק, **והספק**, דאף את"ל תחת העור וצמר מסובך ומטלית לא הויא חלדה, היינו משום דלא חשיבי כבהמה, **או** דילמא אף את"ל דתחב הוי חלדה, הכא שאני כיון שנשחט הרוב, המיעוט הנשאר כחתוך דמי, **ולא** שייכא בעיא זו אלא בבהמה, דאילו בעוף כיון שנשחט רוב סימן אחד, הוכשר, ותו לא פסיל ביה חלדה.

וכן אם שחט מיעוט הראשון בחלדה, פי' מלמעלה למטה, (וחלוק מדלעיל, ששם גרע טפי, ששחט מיעוט קמא מלמטה למעלה), ואח"כ גמר השחיטה שלא בחלדה, הרי זו פסולה.
ומיירי בושט, דאילו הקנה לא נאסר משום חלדה במעוט קמא, מידי דהוה אחצי קנה פגום.
אבל הב"ח הביא מהרש"ל שכתב, דלפי היש אוסרים הגרים שליש ושחט ב' שלישים, **מכ"ש** שיש לאסור שהה או החליד במעוט קמא אפילו בקנה, **ולא** אמרינן דמ"ש מחצי קנה פגום, דא"כ הגרים שליש ושחט ב' שלישים כ"ש דנימא הכי, **וכתב הב"ח**, דאדרבה אפי' מאן דפליג אהגרים שליש ושחט ב' שלישים, וסבר דכשר משום שאינו מקום שחיטה, **אבל** בשהה או החליד מודה, **גם** מסתבר לומר הכי, דמ"ש מיעוט בתרא שכבר הכל שחט כראוי, ואפ"ה אסרינן מאחר דנעשה כעין פסול בענין שחיטה, כ"ש במיעוט קמא.
והקשה הש"ך, דמי איכא למ"ד שהייה במעוט קמא דקנה פסול, הא ש"ס ערוכה פ' השוחט נשחט חצי גרגרת ושהה כדי שחיטה וגמר שחיטתו, כשרה, והוא פשוט ומוסכם מכל הפוסקים, כמו שנתבאר לעיל סי' כ"ג, **ואפי'** היש אוסרים

בהגרים שליש ושחט ב׳ שלישים, מתיר להדיא בשהה במיעוט קמא דקנה, **וטעמא**, דדוקא בהגרמה פסול, כיון דבעידנא דנפקא חיותא, ר״ל בשעה ששוחט שליש האמצעי נשחט הרוב, ליכא רובא במקום שחיטה, **משא״כ** בשהה והחליד דכשר לכו״ע.

** וע״כ צ״ל** דמהרש״ל ר״ל, דלדידן דמחמרינן בהגרמה במיעוט קמא, דה״ה בכל הלכות שחיטה, **והיינו** מטעמא דאין אנו בקיאין בבדיקת הוושט, וחיישינן שמא נגע בוושט, וכדלעיל סי׳ כ״ג, **אבל** ודאי מדינא, כשר בין שהייה בין חלדה במיעוט קמא דקנה.

וצ״ע דתשו׳ הר״י מיגש ס״ל, דמדינא אסור שהייה במיעוט קמא דקנה.

סימן כד סי״ב • הגרמה כיצד

הגרמה כיצד, זה השוחט בקנה למעלה במקום שאינו ראוי לשחיטה, **או** שהתחיל לשחוט במקום שחיטה, ושחט מעט והטה הסכין חוץ למקום שחיטה למעלה וגמרה שם.

אבל שחט רוב חלל הקנה במקום שחיטה, והטה הסכין חוץ למקום שחיטה למעלה, וגמר שם חתיכת כל הקנה, כשרה. **אבל** אם שחט רק רוב הטבעות לא סגי, לפי שאינן מקיפות את כל הקנה, ואע״פ ששחט רובה, עדיין לא שחט רוב הקנה, **חוץ** מטבעת העליונה שהיא מקפת את כל הקנה.

וה״ה אם שחט רוב שנים בבהמה במקום שחיטה, והשלים השחיטה בהגרמה או בדרסה, כשרה.

ויש מי שפוסל בדרסה, **ויש** לחוש לדבריו לכתחלה. **אבל** בהגרמה מכשיר, דכיון דהגרמה לאו מקום שחיטה הוא, הוי כאלו הוליך בידה או ברגלה לאחר שחיטה.

וכתב הרמ״א, והמנהג להטריף בין בדרסה בין בהגרמה, בין במיעוט קמא בין במיעוט בתרא, בין בקנה בין בוושט.

סי׳ כד סי״ג(1) • לפסול בענין רוב השחיטה בהגרמה

הגרים בקנה בתחלת שליש, ושחט ב׳ שלישים, כשרה. **וכן אם שחט שליש, והגרים שליש, וחזר ושחט שליש האחרון**, כשרה, **דהא יש** כאן רוב בשחיטה.

הגרים שליש, ושחט שליש, וחזר והגרים שליש האחרון, הרי זו פסולה, דהא יש כאן רוב בהגרמה.

והטעם שמיקל בהגרמה יותר מבשארי דברים, מפני שבהגרמה אינו מקום שחיטה כלל, והוי כחותך ביד או ברגל, ולא בעינן רק שרוב סימנים יהיו במקום שחיטה, והמיעוט שהיה שלא במקום שחיטה אינו כלום, בין מיעוט קמא בין מיעוט אמצעי, **ואינו** פוסל רק כששני שליש היתה בהגרמה ושליש במקום שחטה, דאינו נשחט רוב הסימן במקום השחיטה, **אבל** בדרסה וחלדה שהפסול נעשה במקום השחיטה, פוסל במיעוט קמא ובאמצעי, **ואינו** כשר רק במיעוט האחרון, שכבר נגמרה הכשר שחיטה.

סימן כד סי״ג(2) • דין הרמב״ם בדרס או החליד
בשליש ראשון או אמצעי

כתב השו״ע לשונו של הרמב״ם: ואם דרס או החליד, בין בשליש ראשון בין בשליש אמצעי, הרי זו פסולה.

ונתחבטו בפירושו, מש״כ דהחליד בשליש הראשון היא פסולה ודאי, ולפני זה כתב, דשחט מיעוט סימנים בחלדה וגמר שלא בחלדה, ה״ז ספק נבלה, **ועוד** מה ענין אם דרס או החליד בשליש ראשון או אמצעי לכתבו כאן אצל דיני הגרמה, **ועוד** דע״כ בקנה מיירי מדמפליג בין דרס או החליד להגרים, דבושט הוי הגרמה במשהו, **וא״כ** מאי שנא מחצי קנה פגום.

ויש מתרצים, שמ״ש הרמב״ם שאם דרס או החליד בשליש ראשון פסולה, כך פי׳, **אם** דרס או החליד שליש ראשון, ושחט יפה שליש שני, ודרס או החליד שליש שלישי, **וכן** אם שחט שליש ראשון, ודרס או החליד שליש אמצעי, ושחט יפה שליש האחרון, ה״ז פסולה נבלה ודאית, **שלא** יעלה על דעתנו לומר, כשם שבהגרמה שחט שליש והגרים שליש ושחט שליש כשרה, כך הדין בדרסה וחלדה, **לזה** אמר דל״ש החליד שליש ושחט שליש והחליד שליש, דבכה״ג אפילו בהגרמה פסולה, **ל״ש** שחט שליש והחליד שליש ושחט שליש, הכל פסול בדרסה וחלדה, **וכן** הדין נותן, מפני שהגרמה אינו במקום שחיטה, ולכן כששחט שליש ראשון ואחרון במקום שחיטה, הרי שחט ב׳ שלישים במקום שחיטה, ומה לנו באמצעי שהגרים, כיון ששחט ב׳ שלישים במקומה, **אבל** חלדה ודרסה שהם במקום שחיטה, באמצע ג״כ פוסלת, **אבל** בשחט מיעוט סימנים בחלדה, וגמר בכשרות, מספקא לן, ולכן פסק ה״ז ספק נבלה.

וי״א דאינם נראין דבריהם כלל, דלפי דבריהם הרמב״ם מיירי בושט, דבקנה אם החליד שליש ראשון וגמר בכשרות, כשר, מידי דהוה אחצי קנה פגום, **וא״כ** היכא דהחליד שליש ראשון, ושחט שליש שני, והחליד שליש אחרון, נמי כשר, דלהרמב״ם לא שייך שום פסול במיעוט בתרא, **וא״כ** למה כתב שהיא פסולה, **אלא** ע״כ מיירי בושט, **והגרמה** לא קאי אלא בקנה, דבושט הוי הגרמה במשהו, **וא״כ** למה סתם הרמב״ם דמשמע דקאי על מאי דאמר לעיל.

וי״א שדברי הרמב״ם פשוטים, דלכך דקדק בצחות לשונו, ״ואם דרס או החליד בין בשליש הראשון בין בשליש האמצעי״, בה׳, (ודלא כהעתקת השו״ע), **וקאי** אמ״ש הגרים שליש ושחט ב׳ שלישים, או שחט שליש והגרים שליש ושחט שליש, דכשרה, **עלה** קאי ואמר דלא תימא כיון דבהגרים שליש א׳ כשר, א״כ ה״ה כשדרס או החליד שליש הראשון או האמצעי יהא כשר, דכיון שהגרמה לאו במקום שחיטה היא, לא נחשוב אותה כלל, וא״כ יחשב כאלו דרס או החליד במיעוט קמא, **קמ״ל** דליתא, **ולזה** אומר ״ואם דרס או החליד בין בשליש הראשון״, כלומר שלא שחט שליש והגרים שליש ושחט שליש, אלא דרס או החליד שליש, והגרים שליש, ושחט שליש, ״**או** בשליש האמצעי״, כלומר שלא הגרים שליש, ושחט שני שלישים, אלא הגרים שליש, ודרס או החליד שליש, ושחט שליש, שחיטתו פסולה, **והיינו** כדקאמר בש״ס, דבעינן רובא בשחיטה דוקא, והשתא מיירי הרמב״ם שפיר בקנה, ולכך הוי ודאי פסולה.

סימן כד סי״ד • הגרמה בוושט, ובקנה למטה

כל אלו החלוקים כשהוא ודאי שלא נגע בוושט, אלא בקנה לצד מעלה.

אבל בוושט, אפילו שחט בו כל שהוא חוץ למקום שחיטה, בין לצד מעלה בין לצד מטה; **וכן בקנה** לצד מטה, דנקיבתו

במשהו, קודם גמר הכשר שחיטה, **אע״פ** שגמר כל השאר במקום שחיטה, הרי זו ודאי פסולה, מפני שנקיבת מקומות הללו במשהו.

ואע״ג דבהחליד במיעוט קמא דושט הוי ספק נבלה, **התם** היינו טעמא, דכיון דבדרך שחיטה הוא, י״ל דלאו נקב הוא, דהכי אגמריה רחמנא למשה לא תשחוט רובא בהחלדה, אבל מיעוטא שרי, **אבל** הגרמה כיון שאינו במקום שחיטה, הוי נקב.

וכתב הרמ״א, והמנהג להטריף מכל מקום ואין לשנות.

סימן כד סט״ו • עיקור כיצד

עיקור כיצד, כגון שנעקר הקנה או הוושט מהלחי ומהבשר, ונשמט אחד מהם או שניהם קודם גמר שחיטה.

(**י״א** דנעקר, היינו בכח אדם, **ונשמט** היינו מעצמה של בהמה ע״י נדנודה).

אבל אם נתלש הבשר עם הסימנים, אפילו נעקרו כולן, ס״ל דכשרה. **וי״א** דכל שנשמט מהלחי, טריפה.

אבל אם שחט אחד בעוף או רובו, ואח״כ נשמט השני, שחיטתו כשרה; **נשמט** אחד מהם ואח״כ שחט את השני, שחיטתו פסולה, **דאע״ג** דעוף הכשרו בסימן אחד, מ״מ בעינן שיהא שניהם ראויים לשחיטה.

וכתב הרמ״א, ואנו נוהגין להטריף כל עיקור, בין במיעוט קמא בין במיעוט בתרא, בין בקנה בין בוושט.

וקשיא להש״ך, חדא, מהו הלשון ״כל עיקור״, **ועוד** עיקור במיעוט קמא היכי משכחת ליה, דאם נעקרו במיעוט קמא, הרי שוחט כל השחיטה בסימנים עקורים, **לכן פי׳** דמשמע דהמחבר ס״ל דאפי׳ עיקור בשעת שחיטה אינו פסול אלא בנעקר רובו קודם גמר שחיטה, **לזה** כתב הרמ״א, דאנו נוהגין להטריף ״כל עיקור״ אפילו כל שהוא, (**והיינו** מכח המנהג אבל מדינא כשר, [ודלא כהב״ח], **וזה** הוי דלא כהט״ז שהתיר בסעיף שאח״ז, אפילו בשעת שחיטה אם נעקר כל שהוא), **וקאמר** דפסול זה הוא בין ששחט מיעוט קמא ונעקר אפילו כל שהוא בשעת השחיטה, בין במיעוט בתרא, בין בקנה בין בוושט, **דכיון** דאירע פסול בשחיטה, נהגינן להטריף הכל, ואפילו במיעוט קמא דקנה, משום חששא דשמא ניקב הוושט, והוה בשעת שחיטה.

וי״א דלפי״ז היכא דתפס הקנה בידו, ווידע בודאי שלא נגע בושט, שחיטתו כשירה, **אך** העלה דדברי הש״ך תמוהים, ואפי׳ תפס הקנה בידו נמי פסולה.

אבל אפי׳ להרמ״א, אם נשמט קודם שחיטה, מוקמינן ליה אדינא, דלהמחבר דוקא כשנעקרו כולן מן הבשר שבלחי, או רובן ומעוטן נשאר מדולדל.

וכתב הרמ״א, ואפי׳ עיקור דפסול מדינא, היינו דוקא לאחר שנשחט, **אבל** בחייו כשר, אלא שאין שחיטה מועלת בו, שמחמת העיקור מתנדנדין הסימנים וא״א שתשחט בהכשר, **ונ״מ** לענין חלבו או ביצים שלו שהם כשרות.

ומשמע מדברי הרמ״א, דאפי׳ בנדלדלו רובן בחייו, כשר לענין חלבו או ביצים שלו, **אכן** י״א דנדלדלו ברובן הוי טרפה ממש אפילו בחייה.

סימן כד סט״ז • נעקר רובו או מיעוטו

הא דפסול בעיקור, היינו כשנעקר כולו; **אבל** אם נשתייר בו אפי׳ משהו, כשר, **והוא** שאותו שנשאר הוא במקום אחד, דאותו המיעוט נשאר בחבורו בחוזק כשהיה, הלכך הוי חבור והדרא בריא; **אבל** אם מיעוט הנשאר הוא מדולדל, שהוא מעט כאן ומעט כאן, פסול, שניכר הדבר שנעקר בכח, ומה שנשאר מחובר חיבור מדולדל הוא, והו״ל נעקר כולו ופסול.

וה״מ כשנעקר רובו, אבל אם נעקר רק מיעוט, ורובו קיים, אע״פ שרוב זה הנשאר מדולדל מעט כאן ומעט כאן, כשר.

כתב הט״ז דמשמע, שאפי׳ בשעת שחיטה לא אסרינן בעיקור של שמוטת הסימן אלא בנעקר כולו, **דהא** בסעיף שקודם זה כתב, שנעשה קודם גמר שחיטה, ממילא נעשה העיקור בשעת התחלת השחיטה, וע״ז קאמר בסעיף זה, דכשר אם נשאר כל שהוא, **ואין** שום חילוק בין תוך השחיטה או קודם השחיטה, ואין נמצא בשום פוסק שיחלק בזה, ואין בו שום סברא לחלק, דכיון שכל שלא נעקר הרוב אין כאן טריפות, ולמה נאסור מכח שאירע כן בשעת שחיטה, (**ודלא** כהש״ך בסעיף הקודם, דמטריף בכל שהוא בשעת שחיטה מכח המנהג, **והב״ח** אוסר מדינא. **והט״ז יפרש** שמה שכתב הרמ״א ״כל עיקור במיעוט קמא״, קאי אסכין פגומה).

סי׳ כד סי״ז • אין ידוע אם נשמט הסימן קודם שחיטה

שחט א׳ מהסימנים של העוף, ונמצא השני שמוט, ואין ידוע אם קודם שחיטה נשמט או אחר שחיטה, **הרי** זו פסולה מספק, ולא מהניא בדיקה.

ואין לומר אם איתא דהוה שמוטה מקמי הכי, הוי חזי ליה או מרגיש בו, כי מי יוכל להבחין בזה.

וכתב הרמ״א, ואפילו זרק העוף מידו, ולא אמרינן דמחמת זריקה או פרכוס נשמט.

מיהו השוחט נאמן לומר שלא היה שמוט בשעת שחיטה.

לכאורה זה סותר הנ״ל, שא״א בזה לידע בשעת שחיטה,

וי״ל דכאן מיירי שבמקום השחיטה נראה אח״כ שינוי ממה שהיה בשעת שחיטה, דהיינו שבמקום השחיטה נראה העקירה, **ובזה** נאמן לומר שלא היה בשעת השחיטה כן, ואנו מוכרחים לומר שנעשה אח״כ כן ע״י פרכוס, **משא״כ** לעיל שלא נראה כלום מן העקירה במקום השחיטה, אלא למעלה במקום חבורן בלחי, והוא מכוסה עדיין בעור, ודאי לא יכול להבחין בזה.

סימן כד סי״ח • מצא הסימן השחוט שמוט

נמצא הסימן השחוט שמוט:

אם כששחט תפש הסימנים בידו, או עור בית השחיטה מאחריו, ונדחק הסימן תחת העור, הרי זו פסולה, **דכיון** דתפס בסימנים, אפשר לשמוטה שתשחט, ואפשר שנשמט קודם שחיטה, והוי ספק נבלה.

ואם לא תפס הסימנים בידו, מותר ע״י בדיקה, שיביא בהמה וישחוט הסימן ואח״כ יעקרנו, **אם** דומות שתי השחיטות זו לזו, כשרה, שכשם שזו נשחטה קודם, כך הראשונה נשחטה קודם; **ואם** השנית מאדמת יותר, פסולה הראשונה, שזהו סימן שנשמטה קודם שחיטה.

וה״ה דמהני שיביא בהמה אחרת ויעקרנה וישחוט, אם הראשונה מאדים יותר כשר, ואם לאו פסול.

ולא מהני הקפה באותו סימן עצמו, דכיון דשמוטה לאו טרפה היא, א"כ חשוב הסימן כחי, ואפילו נשמט קודם שחיטה, יאדים חתך של קודם שחיטה מחתך של אחר שחיטה.

ועכשיו אין אנו בקיאין בבדיקה זו, הלכך בכל גוונא אסור.

סי' כד סי"ט • מצא טבעת מהגרגרת אחר גמר שחיטה

שחט העוף כדרכו בהכשר, ואחר גמר שחיטה מצא טבעת מהגרגרת שלם על הסכין, כשר.

שע"י גלגול הגרגרת נעשה כן, כלומר ששחט בב' מקומות.

וכתב הרמ"א, ויש מטריפין בזה, וכן עיקר ואין לשנות.

דהלא כל ספק בשחיטה פסולה, ומי יעיד שע"י גלגול הגרגרת של אחר שחיטת רוב הסימנין הוא בא, שמא הוה בתחילת השחיטה או באמצע השחיטה, וכן מסתבר לומר שבדחיקת הסכין על הגרגרת בא, שקפץ חוליא אחת ממקומה, **וכ"כ הב"ח**, ואפילו באין הטבעת שלם, **ואין** חילוק בין נמצא על הסכין בין נמצא על הארץ, דבכל ענין הוא ספק בשחיטה, דשמא בא לידי עיקור כל שהוא.

וכתב הט"ז, דהב"ח לטעמיה אזיל, דס"ל דעיקור שבשעת שחיטה אוסר אפילו בכל שהוא, **אבל** למה שנתברר דאין חילוק בזה, אלא בכל מקום בעינן כולו, כמ"ש בסעיף ט"ז, לפי"ז אם נמצא מן הטבעת פחות מרובו על הסכין או על הארץ, פשיטא דכשר, שהרי אין כאן טריפות לגמרי אף אם נעשה ע"י דחיקת הסכין, **ואפי'** אם ספק לנו אם הוא הרוב או לא, ניזול לקולא מטעם ס"ס, ספק שמא לא היה הרוב, את"ל שהוא הרוב, שמא נעשה ע"י גלגול הגרגרת.

אם נמצא אחר השחיטה על חוד הסכין טבעת חתוכה, ושני צדדי החיתוך על שני צדדי הסכין, **כתב הט"ז**, דכשר, דבזה נראה ברור שלא ע"י דחיקת הסכין על הגרגרת נקפצה חוליא אחת ממקומה, שהרי נחתכה הטבעת, **ואין** לחוש שמא תחלה נדחפה ממקומה ואח"כ חתך בזה, דאין לחוש לדחיפה כלל אפי' לדעת המחמירים, אלא כשרואין שלא נחתך הטבעת, ויש להם קצת סברא שכח הסכין דחפו, ולא היה בו כח לחתכו, **אבל** כאן שאנו רואין שנחתך, למה לנו להחזיק איסורא שהיה תחלה דחוף.

ויש שהסכים לפסק הט"ז, ודלא כש"ך.

אם אחר השחיטה נמצא טבעת שלם על האפר, כתב הט"ז, דכשר, **ואע"ג** דיש שנשאר בספק ולא הכריע, מ"מ כמה גדולים ושוחטים הסכימו להכשיר, **שהרי** האגור וב"י התירו בנמצא על הסכין, אלא שהרב רמ"א החמיר, וחידוש הוא והבו דלא לוסיף עלה, ואין לאסור רק בנמצא על הסכין.

וכתב הש"ך, דאף אם נמצא על הארץ ג"כ טריפה.

י"א שהיה נוהג בנמצא על הארץ להכשיר בהפסד מרובה וכה"ג, **ואם** נחתך הטבעת באמצע והיא תלויה בקנה, או אפילו מונח או תלוי באמצע על הסכין או על הארץ, אין להחמיר, **וכתב עוד** שקבל משוחט מומחה, שאם תרצה ליזהר שלא יבא לידך ספק כזו בטבעת מגרגרת, שהוא מצוי באווזים, ישחט שחיטה כקולמוס בשיפוע, דאז בדוק ומנוסה שלא ימצא שום טבעת בשחיטתם.

סימן כד ס"כ • השוחט תרנגול, במה צריך ליזהר

השוחט תרנגול, צריך ליזהר שידחוק רגלו בקרקע או בכותל, או יגביהנו שלא ינעוץ רגלו בקרקע, כדי שלא יעקור הסימנים.

שוחט ששחט ודחק באצבעו על הקנה עד שנתמעך, ושמע חוזק שבירת הקנים שבגרגרת, **י"א** דודאי לא יפה עושין השוחטין שדוחקין כן על הסימנים באצבעותיהם, ויש לחוש שמא יקפוץ אחד מן הקנים, וע"י עוקץ הקנים ינקוב הוושט, ויש למחות בידם, **מ"מ** בדיעבד לא מחזקינן איסורא, דפסיקת הקנה ברוחב ברובא, ובאורך אפילו לא נשתייר רק משהו למעלה כו', וכ"ש כשהעור שלם, דאין לחוש כשאין ריעותא אחרת לפנינו.

§ סימן כה – שצריך לבדוק אחר השחיטה §

סי' כה ס"א • בדיקה לשחיטת רובו, ולשמוטה ולהגרמה

בדיקה אם נשחט רובו

השוחט צריך שיבדוק בסימנים אחר שחיטה אם נשחטו רובן, או שיראה בשעת שחיטה שהם שחוטין רובן; **ואם** לא ראה שרובן שחוטין, אסור, והוי נבלה.

דבהמה בחייה בחזקת איסור עומדת, ואינה ניתרת עד שיודע לך שנשחטה כראוי.

וי"א דהיינו ספק נבלה, **וא"כ** לענין אותו ואת בנו אסור לשחוט בנו אחריו, דלקולא לא אמרינן דהוי נבלה.

ואם מותרת לחלוב בהמה זו ולשתות חלבה, י"א דיש לעיין ביה טובא.

י"א דיכול לסמוך על ראייתו שהוא רוב.

וי"א להחמיר, שראוי ונכון להעביר ידו תוך חתך שחיטת בהמה, להרגיש עם המשמוש ששחט כראוי, **דבראייה** אין לבדוק יפה, דבית השחיטה מלא דם.

וכתב רמ"א, ונהגו לבדוק בדרך זה, שתוקף אגודל על שיפוי כובע, ומתוך הדחק יפלטו הסימנים לחוץ, ואז יכול לראות אם נשחטו רובן.

בדיקה אם נעשה שמוטה

וכתב הרמ"א דבבדיקה זו הנ"ל יש לראות גם אם עביד שמוטה, כי אם לא יכנסו הסימנים לפנים לאחר שהסיר אצבעו, הוה שמוטה וטריפה. **מיהו א"צ לבדוק אחר שמוטה**, דסמכינן ארובא כמו בשאר טריפות.

וכתב הש"ך, דלכתחלה יש לבדוק גם אחר שמוטה, כדעת בה"ג, דחוששין לדבריו אפי' היכא דלא מסתברא טעמיה, אפי' להקל, מפני שכל דבריו דברי קבלה, וכ"ש כאן שהוא מחמיר ומסתבר טעמיה, וכ"ש שגדולי הפוסקים מסכימים לדעתו, **אלא דבדיעבד** אם לא בדק מותר, **דלא** דמי לנשחטו רובן, דהתם בהמה בחייה בחזקת שאינה זבוחה קיימא, **משא"כ** הכא דבהמה בחייה לאו בחזקת שנעקרו סימנים קיימא, **ודמי** לריאה דשכיחא בה טרפות, דצריך לבדקה לכתחלה, ובדיעבד אם נאבדה בלא בדיקה כשר. (**והבה"ג** דאסר אף בדיעבד, לטעמיה דס"ל גם בריאה בדיעבד אסור, **אבל** אנן דקי"ל דבדיעבד כשר, ה"נ דינא הכי).

וי"א דדוקא באין שום ריעותא לפנינו, אבל אם יש איזה ריעותא לפנינו, אין תולין להקל, ומטעם זה מחמירין בספיקא, ומקרי ספק בשחיטה.

סימן כה – שצריך לבדוק אחר השחיטה – סעיף א

בדיקה אם נשחט בלא הגרמה

כתב השו"ע, ויש מי שאומר שצריך לראות שהם שחוטין במקום שחיטה בלא הגרמה.

דשכיח הוא בשוחט סמוך לראש, שיגרים חוץ למקום הכשר, **וי"א** דהיינו בשוחט סמוך לראש, ולא באמצע הצוואר, דרחוק הוא שיגרים כן.

בדיקה קודם שיזרוק מידו

וכתב הרמ"א, ויש לבדוק אחר זה קודם שיזרוק העוף מידו.

וכתב הט"ז הטעם, דשמא אח"כ ישכח מלבדוק, וכמ"ש ריש סימן י"א בשוחט בלילה.

ודוקא בהא שהיה העוף בידו וזרקו מידו, יש לחוש לזה, דיסבור אח"כ שכבר בדקו, **משא"כ** ברבא דבדק גירא ושחט עופא בהדי דפרת, שם לא הניח מלבדוק תיכף שבא לידו.

וי"א שהש"ך פליג אט"ז:

דלהט"ז אין חילוק בין בדיקת רוב להגרמה, דה"ה אחר הגרמה צריך לבדוק קודם שיזרוק מידו, שמא ישכח, **וא"כ** בכיון עשה רמ"א כן דכתב הג"ה זו כאן, לומר דקאי נמי אהגרמה.

והש"ך דכתב דהג"ה זו צ"ל קודם "ויש מי שאומר", ס"ל דטעם הרמ"א, דלכתחלה חיישינן שמא יתרחב, דלא שייך זה בהגרמה אלא ברוב.

ויש בזה חומרא לפי הס"ז, שמא ישכח מלבדוק הוה חומרא אף בבהמה דלא שייך פרכוס, דצריך לבדוק מיד, וה"ה הגרמה, ובעוף אם שחט הוושט ג"כ הדין כן.

ואלו לטעם הש"ך, בבהמה א"צ, ועוף דנקיט רמ"א הוא בדקדוק, **ואם** שחט הוושט בעוף א"צ לבדוק מקודם, דדוקא קנה יש חשש שמא יתרחב, כמ"ש הש"ך בסמוך בשם אביו הגאון ז"ל, **ויש** ג"כ חומרא לש"ך, אם אמר לאחר שיזכיר לו הבדיקה, דלא שייך שישכח, דשנים לא ישכחו, אפ"ה אסור, שמא יתרחב, **ולט"ז** שרי כה"ג.

אם לא בדקו תחלה קודם שזרקו

כתב הרמ"א, בודק אח"כ, ולא חיישינן בדיעבד שמא ע"י הפרכוס נתרחב החתך.

ודלא כמ"ש בשם או"ז, דחיישינן אף בדיעבד.

וי"א שחפש בספר א"ז, ולא ראה אותו הדין.

והב"ח כתב ליישב מש"כ בשם הא"ז, דהיכא דנמצא הסימן שחוט כולו, ודאי לא חיישינן שנעקר יותר בפרכוסו ממה ששחט, דכולי האי לא תלינן בפירכוס, **אבל** בנמצא שחוט רובו חיישינן.

והש"ך כתב בשם אביו, דודאי דרך הקנה להתפרק, וחיישינן דבקל נעשה רוב בפרכוסו, **אבל** כשנמצא הוושט שחוט, כשר, דאין דרכו להתקרע אלא באורך ולא ברוחב.

סימן כה ס"ב • הבודקים בנוצה

הבודקים בנוצה ותוחבים בסימנים דרך הפה, לראות אם נשחט הרוב, טועים הם, ותיפח רוחו ונשמתו, מפני שמאכיל טרפות לישראל, ואסור לעסוק בקבורתן של מאכילי טרפות.

י"א דשמא לא נשחט הרוב, ואנן בעינן רוב הנראה לעינים.

וי"א שאפי' שחט המיעוט, הנוצה קורע ואסור.

ופירוש הב' מחמיר, דאף אם ימצא אח"כ רוב, אסור, דשמא הנוצה קרעה ונעשה רובו.

סימן כה ס"ג • חזקת היתר וחזקת איסור

נשחטה כראוי, ובא זאב ונטל בני מעיה והחזירן כשהם נקובים, כשרה, ולא חיישינן שמא במקום נקב ניקב, **דכיון** דנשחטה הרי היא בחזקת היתר, עד שיודע לך במה נטרפה, **ואפי'** יש נקבים הרבה שלא במקום שיניו, תלינן כולהו בזאב. דרוב אין טריפות.

אבל קודם שידעינן שנשחטה כראוי, בחזקת איסור עומדת, וכל ספק שאירע בשחיטה, טריפה, דמוקמינן אחזקה, **ואף** שיצא פעם אחת בהיתר.

§ סימן כו – דין נקב בוושט או בבני מעים קודם גמר השחיטה §

סימן כו ס"א • ניקב הוושט כנגד המקום ששחט כבר

ניקב הוושט בשעת שחיטה כנגד המקום ששחט כבר, טריפה. **והיינו** קודם גמר שחיטת הוושט, **אבל** לאחר ששחט רובו, כשר.

ואפי' לדידן דפסלינן כל הלכות שחיטה במיעוט בתרא:

תירוץ א', דהתם היינו במיעוט הנשאר עצמו, אבל מה שנשחט כבר נכשר, **תירוץ ב'**, דשאני הכא דלא אירע הפסול דרך שחיטה כלל.

ויש לכל א' קולא וחומרא, **לתירוץ הא'**, אם דרס והחליד ברוב ששחט כבר, אין חשש, **וחומרא**, אם ניקב המיעוט השלם טרפה, **ולתירוץ ב'** חומרא, אם לאחר ששחט רובן דרס והחליד במה ששחט כבר, טרפה, דהוה דרך שחיטה, **וקולא**, אם ניקב המיעוט השלם, כשרה, כיון דלא הוה דרך שחיטה.

וכ"ש אם ניקב הוושט אחר שנשחט כולו, **ואף** שעדיין לא נשחט הקנה, מ"מ אין טרפות פוסל בוושט שנשחט כבר.

סימן כו ס"ב • ניקבה הריאה אחר שחיטת הקנה, או הבני מעים אחר שחיטת הוושט

שחט הקנה, וניקבה הריאה קודם ששחט הוושט, או ששחט הוושט, וניקבו בני מעים קודם ששחט הקנה, טריפה.

אע"פ שחיי הריאה תלויין בקנה, וחיי המעיים תלויים בוושט, וכיון ששחט הוושט, הוו המעיים כמונחים בסל, וכן הריאה אחר שחיטת הקנה, **אפ"ה** שייך בהם טרפות עד שישחט שניהם, קנה וושט, דקי"ל יש טריפות לחצי חיות.

ולכאורה יש להקשות מזה על מש"כ בסמוך דאין איסור נקיבת הוושט אחר שחיטת רובן, **י"ל** שאני הכא דיש בעלמא טריפות למעיים בפני עצמן בלא הוושט, וע"כ גם כאן אוסר הנקב בהם אחר שחיטת הוושט, **משא"כ** בוושט עצמו, דכיון שנשחט רובו, הרי הוא כמאן דליתיה.

§ סימן כז – שלא לחתוך אבר מהבהמה בעודה מפרכסת §

סי׳ כז ס״א(1) • נשחטה כראוי ומפרכסת ואח״כ מתה

חתך מבהמה לאחר שנשחטה כראוי ועודה מפרכסת, אסור לאכול ממנה עד שתמות הבהמה, **משום** דכתיב לא תאכלו על הדם, ודרשו חז״ל, שאסור לאכול מבהמה קודם שתצא נפשה, **אבל** לאחר שמתה מותר לאכול ממנה, אפילו מה שחתך ממנה קודם שמתה.

ומותר להאכילה גם לעכו״ם, אף דהיה לנו לומר, כיון דלעכו״ם אין שחיטה מתרת, אלא המיתה דוקא, ובשר זה נחתך קודם שמתה, לא יועיל לו המיתה אח״כ, **אלא** כיון שלישראל מועיל השחיטה, ליכא מידי דלישראל שרי ולעכו״ם אסור, **וכן** מותר לזמן עכו״ם על בני מעיים, ולא אמרינן כיון ששחט הסימנים הוי כאלו הוציאם ומנחי בדיקולא.

סימן כז ס״א(2) • לא נשחטה כראוי, וכן בהמה טמאה

לא נשחטה כראוי, או שנשחטה ע״י עכו״ם, כיון דאסור לישראל משום אבר מן החי, כיון שחתך ממנה קודם שתצא נפשה, גם לעכו״ם אסור, דבן נח מצווה על אבר מן החי.
וכן היכא דחתך מבהמה טמאה בעודה מפרכסת, אע״פ ששחטה כראוי, ואפי׳ ע״י ישראל, אסור להושיט לבני נח, דלא שייך שחיטה בבהמה טמאה.
ומ״מ י״א דמותר למכור להם דם היוצא בשעת שחיטה בעודה מפרכסת, אף דלא שייך ״ליכא מידי״ כו׳, **ומ״מ** בלא״ה אין עכו״ם מצווה על דם מן החי, כמבואר ברמב״ם.

והרמב״ם פסק, דבבהמה טהורה נמי, לישראל שרי ולעכו״ם אסור, **וקשה** מה הטעם לדבריו.
וי״א דבבהמה של עכו״ם, אפי׳ שחטה ישראל, מ״מ מאחר שהוא לא נצטווה על השחיטה, א״כ בבהמה שלו לא הותרה לו בשחיטה, ודינה כשחטה עכו״ם, **ובהכי** יישב דברי הרמב״ם.

סימן כז ס״א(3) • נתנבלה בשחיטה

י״א דאפי׳ נתנבלה בשחיטה, מותר למכור הבני מעיים.
אך יש חולקין עליו, וסובר דאם נתנבלה בשחיטה אסור, **וכן** אם שהה או דרס כו׳ או סכין פגום, אסור למכור הבני מעיים לעכו״ם, דלא שייך ״מי איכא מידי״, **וכן** בניקב הוושט ופסוקת הגרגרת, **אמנם** בד׳ נבילות שמטמאין מחיים, מותר.
אווזות שמלעיטין ונטרפו מחמת נקיבת הושט דהוי נבלה, איך אנו מוכרין האווזות עם הבני מעיים לעכו״ם, **י״א** כמה טעמים נכונים להתיר, **אבל** בבהמה שנתנבלה בשחיטה אין להתיר, דדוקא בעוף יש להתיר.

ויש שהמציא טעמים נכונים לקיים מנהג ישראל, שאין נזהרים בזה, **וגם** בבני מעים של בהמה אין חשש.

סימן כז ס״א(4) • נשברה מפרקת

נשברה מפרקת ורוב בשר עמה, נבילה, **ונ״מ** לענין ספק ביצת טריפה, דבביצת טריפה הולכין בספקו לחומרא. **ועוד** נ״מ לענין אותו ואת בנו, **ועוד** נ״מ לענין החשוד לאכול טרפות, ואינו חשוד לאכול נבלות, שחמור ממנו.

מפרקת העוף שנשברה, **וחזרו השברים ונקשרו** והיו לאחדים, והחוט שבתוכו והבשר שעליו שלמים הם קיימים ועומדים, **י״א** להטריף, משום דשמא נשבר רוב בשר עמה וחזר ונרפא, כמו שחזרו השברים יחדו, **והוי** כקרום שעלה מחמת מכה.
ותמה הר״י הלוי אחי הט״ז, דהא ודאי אי הוה נשבר רוב בשר עם המפרקת, לא היה לו אפשרות לחיות, דהא הוי נבילה, ואם היה לו אפשרות לחיות, לא הוי ליה נבילה, אלא טריפה בעלמא, **וגם** איך יהיה אפשרות לנבילה מתה שתחזור שבריה יחד ותתרפא הבשר ותחיה אח״כ, **ועוד** דלא אמרינן דהוי ליה קרום שעלה מחמת מכה ולא הוי קרום, אלא דוקא במקום שארז״ל דטריפה מחמת נקב.

נשברה המפרקת בלא רוב בשר עמה, י״א דהוי טריפה.
וחולק עליו הר״י הלוי, דאין לנו ראיה להטריף בלא רוב בשר, כשהחוט שלם, **וכ״ש** כשחזרו השברים ונקשרו, לא מצאנו בשום מקום דטריפה, **ולא** אשתמיט שום פוסק מכל הפוסקים המפורסמים להזכיר טריפות זה.

ובנפסק החוט בכל מקום שמן המוח ועד הפרשות, ודאי טריפה, **וטריפות** החוט היא טריפות אחרת לגמרי בפני עצמה, **ושבירות** המפרקת עם רוב בשר הוא טריפות אחרת בפני עצמה.

נשברה מפרקת ורוב בשר עמה והחוט קיים, כתב הט״ז דנ״ל להקל, דאפי׳ זה כשרה.
אך י״א דלא כדברי ט״ז, אלא דיש לאסור אפי׳ בהפסד מרובה, ואין להכשיר אלא בלא רוב בשר, ומכ״ש כשחזרו השברים ונקשרו, **ומ״מ** חוששין לפסיקת החוט, וצריך לבדוק אחר זה, דהא כשנשבר המפרקת נשבר ג״כ השדרה, **ולא** גרע מאם הכה במקל לרוחב השדרה, דחוששין שמא נפסק החוט, **ואף** שהב״ח כתב דאין אנו בקיאין בבדיקה, **מ״מ** הסומך בזה על הט״ז שם, שסובר דאנו בקיאים בבדיקה זו, לא הפסיד.

§ סימן כח – דיני כסוי הדם §

סימן כח ס״א(1) • מצות כיסוי

השוחט חיה או עוף צריך לכסות דמו, בין צדן עתה, בין שהיו מזומנים בידו, כגון אווזים ותרנגולים, **ויליף** מ״ציד״ מ״מ, **ולמה** נאמר ״יצוד״, למדך תורה דרך ארץ, שלא יאכל אדם בשר אלא בהזמנה זאת, כלומר שלא יאכל בשר תדיר.

וכתב הרמ״א, והכיסוי הוא מצוה בפני עצמה.

ואף דכתב הרא״ש דהיא גמר מצות שחיטה, **באמת** היא מצוה בפני עצמה, אלא ששייכה אחר מצות שחיטה, כמו תפילין של ראש עם של יד.
ואין להקשות למה פסק בהג״ה סי׳ י״ט ס״ל, שמותר לדבר בין כיסוי לשחיטה, מאי שנא מסח בין תפילין לתפילין, **י״ל** דבתפילין שייכה הברכה דשל ראש גם על של יד.
וי״א משום דאי מפסיק, צריך לברך על של ראש שתים

לדידן, וא"כ הוה ברכה שאינה צריכה, **והמניח** תפילין דר"ת, או בחוה"מ למאן דלא מברך, ודאי לענות קדיש או לומר קדושה שרי, **ובלא** כך אסור, כמו בין שחיטה לכיסוי שטוב שלא לדבר, כמ"ש בסי' י"ט, הכא נמי.

ומותר לקבל הדם באפר חם ולכסות, דמכסין באפר שראוי לצלות ביצה.

סי' כח ס"א(2) • דין השחיטה אם הזיד ולא כיסה

אבל השחיטה כשרה אף אם הזיד ולא כיסה, אפילו לעצמו, **ודלא** כהב"ח שאוסר לעצמו.

מיהו היכא דהעם פרוצים במצות כסוי, שאינם מכסים כדין, או שאינם מברכים על הכסוי או על השחיטה, **או** אם אותו השוחט לחוד הוא פרוץ ואין מברך על השחיטה וכיסוי, **יש** לקנוס ולחייב מלקות, **וגם** יש לאסור השחיטה להעובר, משום מיגדר מילתא.

סימן כח ס"ב(1) • ברכת כיסוי

חייב לברך קודם שיכסה: אשר קדשנו במצותיו וצונו על כיסוי דם בעפר.

אע"ג דלא מצינו בשום מקום שמזכירין פרט המצוה בברכה אלא דרך כלל, **הכא** שאני שעושה שני מצות, כיסוי שלמטה מן הדם ושל מעלה, וזה נלמד מן "בעפר", ע"כ צריך לומר "בעפר" להורות על שני המצות, **ואף** אם נבלע ורישומו ניכר, דלית ליה אלא כיסוי מלמעלה, אפ"ה נוסח הברכה חדא הוא.

וי"א הטעם, דלא תימא דהוא לשון העלמה, דכתיב במקום אחר "וכסינו את דמו", לכן אנו אומרים "בעפר", לומר דמצוה היא לכסות בעפר.

ולהש"ך הברכה לא נתקנה אלא "על כסוי דם", ולא "בעפר", ואף דנהגינן לומר "בעפר", היינו לרווחא דמלתא.

סימן כח ס"ב(2) • ברכת שהחיינו

מי ששחט פעם הראשון, מברך שהחיינו על הכיסוי – הרמ"א.

וצ"ע דהא גבי ציצית קי"ל דאין מברך שהחיינו, אא"כ קנה בגד חדש, מטעם דקנה כלים חדשים, **והטעם** דלא מברכין שהחיינו אציצית ותפילין משום דלא תקנו שהחיינו אלא אמצוה שיש בה שמחה, **וי"א** משום דלאו מזמן לזמן קאתי, **והא** דאמרינן במנחות: היה עומד ומקריב מנחות בירושלים, אומר שהחיינו, משום דהיו כ"ד משמורות ואין מתחדשות יותר מב' פעמים בשנה, ויש להן זמן קבוע, **ואפי'** להרמב"ם דמברכין שהחיינו אציצית ותפילין, היינו מטעמא שהם מצות שהם קנין לו, משא"כ בכסוי, וצ"ע.

לכן י"א דאין להכניס עצמו בספק ברכה, **וי"א** דיברך, וצ"ע.

אבל אין מברכין שהחיינו על השחיטה, דמזיק לבריה – רמ"א.

וי"א דזה הטעם דחוק, **אלא** משום דשחיטה היא בידו ואינו מצווה לשחוט, דהא יכול להיות לעולם בלא בשר, או שישחוט אחר, **אבל** בכסוי החיוב מוטל על כל אדם שרואה הדם לכסות, כדלקמן ס"ח.

סימן כח ס"ג • כוי, וכלאים הבא מבהמה וחיה

כוי שהוא ספק חיה, וכלאים הבא מבהמה וחיה (דזהו ג"כ בכלל כוי), **צריך** לכסות דמן ואינו מברך.

מיירי בצבי הבא על התיישה, דספוקי מספקא לן אי חוששין לזרע האב או לאו, ולכך מספיקא מכסה, ואינו מברך דדלמא אין חוששין, **אבל** אי הוה פשיטא לן דחוששין, הוה חייב לברך, דהא צריך לכסותו מן התורה, דקי"ל צבי ואפילו מקצת צבי, **ובתייש שבא על הצבייה**, לזרע האם ליכא מאן דפליג דפשיטא דחוששין.

ואם שחטן ביו"ט, אינו מכסה דמן, אפילו יש לו עפר מוכן, מפני שהרואה יאמר ודאי חיה הוא, דאל"כ לא היו מטריחין לכסות דמו ביו"ט, ויבא להתיר חלבו, (**דבעפר** שאינו מוכן, בלא"ה אסור, דשמא יטלטל עפר ביו"ט שלא לצורך), **וכיון** שצריך לכסותן, וביו"ט אינו רשאי, לכן אין שוחטין אותם ביו"ט לכתחלה.

וגם זה דוקא בצבי שבא על התיישה, דמספקא לן אם חוששין לזרע אב, **אבל בתייש שבא על הצביה**, חייב לכסות בודאי, ואין כאן ספק, דצבי ואפילו מקצת צבי אמרינן, (**ודלא** כפרישה דסבר דלא בכל מקום אמרו שה ואפילו מקצת שה), **וע"כ** שוחטין אותו ביו"ט, ואף דאמרינן אתי להתיר חלבו, היינו כוי שהוא ספק, משא"כ תייש הבא על הצביה, ודאי מקצת חיה הוא, ומשו"ה לא אתי למישרי, **ועוד** היאך יעקור מצות כיסוי משום גזירה, כיון דודאי הוא.

אבל י"א דגם בתייש שבא על הצבייה, אין לשחטו ביו"ט, ואם שחטו יכסה דמו, **ובין** ביו"ט בין בחול לא יברך על כסוי.

ובליל מוצאי יו"ס, אם רישומו ניכר, יכסנו.

ואין יכולין לקבל הדם בכלי לכסותו בלילה, שאין שוחטין לתוך הכלים, משום שנראה כמקבל דם לע"ז, כדלעיל סי' י"א ס"ג, **והא** דלא שרי ע"י נתינת מעט עפר בכלי כדלעיל סי' י"א, **משום** דגם בזה יש חשש לפני הרואה, שיאמר שלקח עפר לכסות בו, ויבא להתיר חלבו.

אבל י"א דבזה"ז שאין דרך עובדי ע"ז בכך, אפי' לכתחלה היה יכול לשחוט לתוך הכלים, אלא שאנו נזהרים, **א"כ** בדיעבד אם שחט ביו"ט, יכול לקבל הדם בכלי אפילו לכתחלה, דכדי לקיים מצות כסוי כדינו לא שייך ליזהר מלקבלו, כיון שאין בו איסור מן הדין, **ומ"מ** יותר טוב ליתן מעט עפר וצרורות בכלי קודם קבלה, בענין דליכא למימר שיכסה בו, **ומדינא** היה גם זה אסור משום חשדא דע"ז, דעדיין ראוי לזריקה, אלא דהאידנא דאין דרך עובדי ע"ז בכך, באמת שרי אפי' בלא עפר כלל, אלא דלחומרא יתן בו עפר מעט.

וי"א דמ"מ לכתחלה לא יעשה כן.

ויש שהקשה, הא לקבל הדם בכלי בלא"ה אסור משום ביטול כלי מהיכנו, **ואולי** י"ל דבא לומר, אף אם יש לו כלי מחובר לקרקע, דלא נקרא ביטול כלי מהיכנו, כיון דבלא"ה הכלי מחובר וא"א לטלטלו בשבת, **ועיין** מג"א מוכח דס"ל דאף בשופך לתוך כלי מחובר מקרי ביטול כלי מהיכנו, וצ"ע. **ואולי** י"ל דמשום מצות כיסוי מותר לבטל כלי מהיכנו, **ועדיין** צ"ע, דדלמא הכא גרע, דבעידן דעובר על ביטול כלי מהיכנו, עדיין אינו מקיים מצות כיסוי, **וגם** הוא ספק חיוב כיסוי.

סימן כח ס"ד • הבו"פלו

הבו"פלו, נהגו שלא לכסות דמו. **וכתב הרמ"א**, ויש מסתפקים בבו"פלו שהוא שור הבר, שמא חיה הוא, **על** כן טוב לכסותו בלא ברכה, **או** לשחוט עוף ג"כ אצל הבופל"י, (**ולא** ע"ג דם

הבופל"י, דאם יתערב עם דם הבופי"ל, יהיה בטל בתוכו, כמ"ש בסעיף י"ג), **ואז** יוכל לברך על הכיסוי משום העוף.

י"א דהרמ"א דקדק בלשונו, וכתב לשחוט עוף, ולא כתב חיה או עוף, **משום** דעיקר מצות כיסוי לכסות תיכף כשיצא הדם מהנשחט, ובחיה לא יכסה עד שיבדוק הריאה, וכדלקמן ס"כ.

סימן כח ס"ה • צריך שיהיה למטה עפר תיחוח

צריך שיהיה למטה עפר תיחוח, ולא על קרקע קשה, **שנאמר** וכסהו בעפר, עפר לא נאמר, אלא בעפר, דמשמע כולו עטוף בעפר תיחוח.

והיכא דמצא שם עפר תיחוח למטה, צריך להזמינו בפה לשם כיסוי, דאל"כ לא עביד מידי, **וכן** כשנותן הוא לשם עפר תיחוח, חשיב כהזמנה, **ויש אומרים** שאינו צריך.
אבל עפר שלמעלה לכו"ע צריך שיתן הוא, וכיון דנוטל בידו זה הוא הזימון, וא"צ לומר בפה שעושה לשם כיסוי.

וכתב הש"ך, דלא פליגי אלא למצוה מן המובחר, אבל בדיעבד פשיטא דלכו"ע א"צ שיתן הוא אפילו עפר שלמעלה, דהא כסהו הרוח בסי"א פטור מלכסות.
וכתב רעק"א דאינו דומה, דהא שם באמת לא נתקיים מצות כיסוי, אלא כיון דהדם מכוסה אין חיוב לכסות, ומה"ט אם חזר ונתגלה, חייב לכסות, **והכא**, אם הדם מגולה, מחוייב לעשות כדין מצות כיסוי, שיהיה עפר למטה, וצריך לגרור הדם וליתן עפר תיחוח, כדאיתא בס"ז, דלהדעה ראשונה דמי ממש ללא היה עפר למטה, **ואם** הוא כבר מכוסה למעלה, אף דאינו מחוייב לכסות, אבל מ"מ אם חזר ונתגלה חייב לכסות.

סימן כח ס"ו • מכסה בידו או בכלי

מכסה בידו או בקתא של סכין, (אבל לא בראש הסכין, דשמא יפגום אותו, כדלעיל ס"ס י"ח), או בכלי אחר; **אבל** לא ברגלו, כדי שלא יהיו מצות בזויות עליו.

סימן כח ס"ז • שחט ולא היה עפר למטה

שחט ולא היה עפר למטה, צריך לגרור הדם וליתנו בעפר תיחוח, ולכסות עפר תיחוח עליו.

סימן כח ס"ח • מי ששחט הוא יכסה, וחיובו של אחר

מי ששחט הוא יכסה; **ואם** לא כיסה וראהו אחר, חייב לכסות, **מדכתיב** ואומר לבני ישראל, אזהרה לכל בני ישראל.
וי"א לא תימא דאזהרה היא דוקא כשאין השוחט שם, **אבל** אם השוחט שם אין אחר בכלל האזהרה, ואם כיסה בעוד שהשוחט שם, אינו מברך, **ולפי"ז** אין עליו חיוב לשלם י' זהובים, דדוקא שכר ברכה שהוא נהנה ומבטל את חבירו ממנו צריך לשלם לו, **משא"כ** כאן שאינו נהנה, ואינו אלא כמבטל חבירו מן הנאת חברו, ומזיק בעלמא הוא, **דליתא**, אלא הוא כמו בכל המצות שכל ישראל חייבים בם, אפילו אם השוחט שם, אלא שהשוחט קודם באותו חיוב, **הלכך** שפיר מברך, וכיון שהוא מברך ומבטל מחבירו הנאת הברכה, ע"כ צריך ליתן לו י' זהובים.
וכתב הטור אלא שאין גובין הי' זהובים בזמן הזה, דהוה כמו דיני קנסות, וע"כ לא הביאו זה בשו"ע, **אבל** י"א דמ"מ לא טוב עשה וצריך לפייסו.

וי"א דאם תפס לא מפקינן מיניה, וכגון שאמר הברכה בלחש, שלא שמע חבירו, **הלא"ה** שומע ועונה אמן יותר מהמברך, ואי לא ענה איהו דאפסיד אנפשיה, **אבל** צריך עכ"פ לפייסו שביטל חבירו מהמצוה, **וה"ה** בספיקות, כמו ספק טריפה וכדומה, דמכסה בלא ברכה, מ"מ צריך פיוס שמבטל חבירו מספק מצוה.

סימן כח ס"ט • שחט הרבה במקום אחד

שחט מאה חיות או מאה עופות, או ששחט חיה ועוף במקום אחד, כיסוי אחד לכולם.

סימן כח ס"י • נבלע הדם בקרקע

השוחט ונבלע הדם בקרקע, אם רישומו ניכר חייב לכסות.

סימן כח סי"א • כיסהו הרוח

כיסהו הרוח, פטור מלכסות; **ואם** חזר ונתגלה, חייב לכסות.
וי"א דמכסה בלא ברכה, משום דהא דאין דיחוי אצל מצות, הוא איבעיא דלא איפשטא, **וי"א** דמכסה בברכה.
וי"א דנכון שישחוט עוף אחר, ויברך על הכיסוי, ואח"כ יכסה האי דנתגלה, **אבל** אם אין עוף אחר, ודאי מכסה בלא ברכה.

אבל אם הוא עצמו כיסהו ונתגלה, אינו חייב לכסותו פעם אחרת.

סימן כח סי"ב • דם שנפל לתוך המים

דם שנפל לתוך המים, או מים שנפלו לתוך הדם, אם יש בו מראה דם, חייב לכסות; **ואם** לאו, פטור.
אע"פ דבדם שנפל לתוך המים, בטל ונדחה ראשון, **אפ"ה** כשהלך ורבה עד שנתהפכה מראית המים לדם, חוזר דם הראשון, **ולא** אמרינן הואיל ונדחה ידחה, דאין תורת דחוי אצל מצות.
וי"א דמכסה בלא ברכה, דבעיא דלא איפשטא היא, אם נראה ונדחה חוזר ונראה, **ומיהו** אם יש לו עוף אחר ישחוט אצל זה ויכסה ויברך על שתיהן, ככל הספיקות.

סי' כח סי"ג • נתערב הדם ביין אדום או בדם שא"צ כסוי

נתערב הדם ביין אדום או בדם בהמה, (או בדם הקזה של חיה, או בדם חיה טמאה), **רואים** היין ודם בהמה כאילו הוא מים, ואילו נתערב במים כשיעור הזה היה בו מראית דם, חייב לכסות.
וה"ה אם שחט חיה או עוף ונפל הדם לדם בהמה וכה"ג, בענין שאם היו רואין הדם בהמה מים, לא היה בו מראית דם, ושוב נפל לתוכו יותר, בענין שאם היה מים היה חוזר וניעור, חייב לכסות. **וגם** כאן אין מכסה בברכה, כיון דנראה ונדחה, הוה תו בעיא דלא איפשטא.

וי"א דאם נתערב דם חיה ועוף, בדם חיה ועוף אחר שכבר כיסה אותה וחזר ונתגלה, דפטור לכסותה כדאיתא בסי"א, או שכבר כיסה מקצת דמה, דא"צ לכסות יותר כמ"ש בסט"ו, **אפשר** דבכה"ג אפי' לא היה בו מראה דם, חייב בכיסוי, כיון דכל הדם הוא מין שחייב בכיסוי, אלא שנפטר פעם א', אפשר דלכו"ע דם בדם לא בטיל, **וצ"ע** לדינא.

סי' כח סי"ד • דם שחייב בכיסוי ע"ג שאר דם, או איפכא

שחט עוף או חיה, ושחט עליו בהמה, פטור מלכסות, **שהרי** דם בהמה למעלה, ומה יכסה.

אבל אם שחט בהמה, ושחט עליה חיה או עוף, חייב לכסות, **ואע"ג** דליכא עפר למטה בינו לבין דם בהמה, **מ"מ** מאי דאפשר למיעבד עבדינן.

וי"א משום דהיה ראוי תחלה לתת עפר למטה, וכל הראוי לבילה אין בילה מעכבת בו.

וי"א ובלבד שיהיה עפר תיחוח למטה (מדם הבהמה), שיהיה נבלע בסוף, **ואם** אין עפר תיחוח למטה, יגררנו הכל כמו שהוא, ויתן עפר תיחוח למטה ולמעלה כו'. **וי"א** דכל זה שגגה גדולה, ודברים מגומגמים.

ועכ"פ למעשה אין לסמוך על מה דיש עפר למטה (מדם הבהמה) אף שמפסיק, לשחוט לכתחילה חיה על גבי בהמה, **ושאני** הכא דא"א בגרירה.

וי"א דבעוף ע"ג בהמה פטור מלכסות, כיון דדם עוף מועט, **ויש** חולקין, דאטו כל העופות שוין, או כל הבהמות שוין, אלא הכל תלוי לפי השיעור אם היה מים, כמ"ש סעיף י"ג.

ובדין דשחט חיה ואח"כ בהמה דפטור מלכסות, יש תימה, דליגרריה ולכסייה, וכן בהמה ואח"כ חיה, ליגרריה ולכסייה כדם הניתז ושעל הסכין, **וצריך** לחלק דלא דמי לדם הניתז ושעל הסכין, **דשאני** הכא כיון שדם הבהמה למעלה, מה יכסה, והרי כאלו הכל מעורב יחד, **וכן** כשדם חיה למעלה דחייב לכסות, אה"נ דהיינו ביש עפר תיחוח למטה, **א"נ** אפילו ליכא עפר תיחוח אפשר דא"צ לגרור, משום דכי ימתין עד שיגרור ויתיבש, יתערב הדם חיה בדם בהמה, **וקודם** שיתיבש פשיטא דלא יכול לגררו, ויתערב הכל ביחד, ולכך טוב יותר לכסותו במקומו.

כתב בהגהות מיימוני, שחט עוף או חיה ואח"כ שחט עוד אחרת ונתנבלה בידו, חייב לכסות. **וקשה** מדלעיל, בשחט עליו בהמה דפטור.

וכתב הרמ"א, דאה"נ אם יודע שדם האחרון כסה דם הראשון, פטור מלכסות; **אבל** הוא איירי מסתמא, דחייב לכסות.

ויש שמתמיה, היאך שייך ליתן כלל כזה, לחייב ברכה מסתמא, דאטו כל חיות או עופות שוים אחת לחבירו, **וכתב** דרך אחרת בזה, דכל מה שיצא בשחיטת עוף השני קודם שנעשה נבלה, הוא דם ראוי לכסוי, ובאותה שעה מיקרי דם שחיטה, **ואע"פ** שלאחר שנעשית נבלה הוה למפרע דם שאינו ראוי לכסוי, **מ"מ** כבר נתבטל בשעה שהיה עליו שם ראוי לכסות, ובזה אין אנו הולכים אחר שיעור "שאם היה מים אם היה בו מראית דם", אלא בטל האי דם בדם שהיה תחלה, **משו"ה** שפיר חייב לכסות, דמסתמא מיד שרואה שנתנבלה משליכה מידו, וא"כ אין כאן דם שיבטל דם התחתון, **אבל** אם כבר נתנבלה בתחלת השחיטה, והוא הולך ושוחט ומוציא הדם, ודאי אין לברך על כיסוי זה, כל זמן שלא נתברר לנו שיש כ"כ, שאילו נתערב במים כשיעור דם האיסור שהיה בו מראית דם, כמ"ש בסעיף י"ג.

וי"א דזהו דחוק, אלא דהג' מיימוני מיירי בשנתערבו זה בזה, ורואים אותם כאלו הם מים, והיה בו מראה הדם.

סימן כח סט"ו • כיסוי מקצת הדם

דם הניתז ושעל הסכין, אם אין שם דם אלא הוא, חייב לכסות; וגורר אותו ומכסהו, כדי שיתן עפר גם למטה. (**וי"א** דא"צ לגוררו).

אבל אם יש שם דם אחר, א"צ לכסותו, שא"צ לכסות כל הדם. **לפיכך** א"צ להמתין לכסות עד שיצא כל הדם. **וכתב** הרמ"א, מיהו ימתין עד שמתחיל לירד טיפין, כדי שיכסה מקצת דם הנפש, דאף דא"צ כל דם הנפש, אבל מקצת דם הנפש בעינן.

וי"א דצריך לכסות כולו.

סימן כח סט"ז • השוחט לחולה בשבת

השוחט לחולה בשבת, לא יכסה; אפי' אם יש לו דקר נעוץ, **דאע"ג** דלא מיתסר אלא מדרבנן, רצו חכמים לעשות היכר שהוא יום שאסור בשחיטה, ולא התירו אלא מה שהוא צורך החולה, **ובלילה**, אם רישומו ניכר יכסנו.

ויש מי שאומר שאם היה לו אפר מוכן לכסות בו צואה, יש לכסות בו הדם אפי' בשבת, כיון שאין אפר זה אסור בטלטול. **וי"א** דלית הלכתא כיש מי שאומר אלו.

סימן כח סי"ז • נבילה וטריפה ושחיטת חש"ו

השוחט ונתנבלה בידו, או ששחט ונמצאת טריפה, פטור מלכסות. **וכן** חרש שוטה וקטן ששחטו, ואין אחרים רואים אותם, חזקת שחיטתן מקולקלת ופטורה מכיסוי. **וה"ה** גדול ששחט ואין יודע הלכות שחיטה, דרוב מעשיו מקולקלים.

בש"ס משמע דבחש"ו אינו רשאי לכסות, כיון דרוב מעשיהם מקולקלים והוי כנבלה גמורה, וכשיכסה אתי למימר שחיטה מעלייתא היא, ואתי למטעי ולמיכל משחיטתן – ש"ך.

ויש שדחה דבריו, דבש"ס לא משמע כלל הכי, והעלה דאין איסור לכסות.

אבל כשאחרים רואין אותם, חייב מדינא בכסוי, דכיון דכשר אפילו לאכילה, פשיטא שצריך כסוי, וצריך לברך, **ודלא** כהעט"ז, דכתב מכסה בלא ברכה, **מיהו** היינו דוקא כשהן מומחים או יודעים לאמן ידיהם, דאז שחיטתן כשרה דיעבד לכו"ע, **דאל"כ** מכסה בלא ברכה.

סימן כח סי"ח • השוחט ואינו צריך אלא לדם

השוחט, אע"פ שא"צ אלא לדם, חייב לכסות. **כיצד** יעשה, נוחר או מעקר, כדי שיפטר מכסוי. **והיינו** אם צריך לכל הדם, אבל אל"כ הרי יכול לכסות מקצת ולעשות צרכו בדם הנשאר, כדלעיל סט"ו.

האם מותר לירות בקנה שריפה לצוד ציד, או אסור לעשות כן משום צעב"ח או בל תשחית, **י"א** דמצד הדין אין איסור, דכל דבר שיש בו צורך להאדם לית ביה משום צעב"ח, **וגם** לא שייך צעב"ח אלא לצערו ולהניחו בחיים, אבל להמית לא, **ומשום** בל תשחית נמי ליכא, שהרי נהנה בעור, **וגם** אינו עושה דרך השחתה, **ועוד** דעיקר איסור בל תשחית היינו שלא ישחית דבר שיכול האדם ליהנות ממנו, **אבל** דבר שאין בו הפסד לשום אדם, לא שייך בל תשחית, **אך** מ"מ יש בדבר זה מדה מגונה, היינו אכזריות, וזה אומנות שאינה שלו, **וגם** איסורא שמכניס עצמו לסכנה, וגם גורם הזכרת עונותיו,

ומי שהוא איש הצריך לזה, ופרנסתו מצידה כזו, אין ברירה, **אבל** מי שאין עיקר כוונתו למחייתו, אסור לעשות כן.

סימן כח סי"ט • לבדוק הסימנים והסכין קודם הכיסוי

צריך לבדוק הסימנים והסכין קודם הכיסוי, כדי שלא יבא לידי ברכה לבטלה, **דאם** ימצא פסול בסימנים, אין כאן כיסוי כלל, **ואם** ימצא הסכין פגום, נהי שיצטרך לכסות מספק, דשמא במפרקת נפגמה, מ"מ אין כאן חיוב ברכה.

ואין להקשות למה מברכין ברכת שחיטה קודם השחיטה, שמא ימצא טריפה, **די"ל** דהא בעינן שהברכה תהיה עובר לעשייתה, וע"כ כאן סמכינן ארובא דכשירות הם.

וי"א דברכת שחיטה שאני, דמהני לטהרה מידי נבלה, **ותמוה** הוא, דא"כ למה אמרו בשוחט דבר דאיתיליד ביה ריעותא, דשוחט בלא ברכה, כדאיתא סימן י"ט ס"א, הא מטהרה מידי נבלה, **אלא** ע"כ דלא מברכינן אלא על מה שמותר לאכול ממנה.

וי"א דלא קשה מידי, די"א אלו ס"ל באמת בדבר דאתיליד ריעותא, דמברך קודם שחיטה, **מיהו** אנן קימ"ל דלא לברך.

סי' כח ס"כ(1) • לא יכסה דם חיה עד שיבדוק הריאה

השוחט חיה לא יכסה עד שיבדוק הריאה.

ואף דלעיל סי' י"ט אמרינן דמברך על השחיטה קודם השחיטה, **היינו** משום דא"א בענין אחר, דכל הברכות מברך עליהן עובר לעשייתן, וסמכינן אחזקה דרוב בהמות בחזקת כשרות הן, **אבל** הכא כיון דאפשר לברורי מבררינן, דאין סומכין על החזקה במקום דיכולים לברר.

לענין בדיקות הוושטות באוזות שמלעיטין, שיש תקנה לבדוק, **י"א** דיכסה מקודם, ולא דמו לריאה, **וה"ה** לענין בר אווזות ששכיח במעיהן בועות הרבה, וצריך בדיקה, יכסה ג"כ מקודם.

סי' כח ס"כ(2) • נמצאת ספק פסול קודם לכיסוי

ואם נמצאת ספק טריפה, מכסה בלא ברכה; **וה"ה** לכל פיסול שהוא מחמת ספק, כגון ההיא דחיישינן שמא בעור נפגמה, וכן כל כיוצא בזה.

ויש שחולק, דבנמצאת הסכין פגומה, מחזקינן לה בנבלה גמורה ופטור מכסוי, **ולא** דמי לספק טריפה דמכסה בלא ברכה, כיון דאירע הספק בשחיטה עצמה.

ותימה, היאך יעלה על הדעת לעקור עשה מן התורה, לפטור מכסוי משום שנמצא הסכין פגומה, דליכא אלא ספקא, ואפשר דבעצם המפרקת נפגם, **דהא** איכא מ"ד פ"ק דחולין דמכשיר, ונהי דקי"ל לחומרא, מ"מ ליכא אלא ספיקא, וכדאמרינן בש"ס, חיישינן שמא בעור נפגמה, **גם** מה שחילק בין ספק טרפה לספק בשחיטה, לא נהירא כלל, והכי מוכח להדיא בש"ס גבי שחיטת חש"ו, דאי לאו דרוב מעשיהם מקולקלים, אזלינן לחומרא להצריך כסוי מספק.

אבל יש שיישב דעתו, והעלה לדינא כדבריו, דספק בשחיטה בסכין פגומה א"צ לכסות.

וכתב הרמ"א, **אבל דבר שמדינא הוא כשר** רק שמחמירים בו, כגון אם חתך כל המפרקת וכיוצא בו, דהוא חומרא בלא טעם, חייבים לכסות, **דנהי** דמחמרינן לאכול, היינו משום שכבר נהגו כן, אבל פשיטא דצריך לברך, **ודלא** כי"א שמכסה בלא ברכה.

וי"א דה"ה שהייה כל דהו מכסה בברכה.

י"א דאפי' טריפות דרבנן פטור מכיסוי, דמ"מ אינו בכלל "אשר יאכל", **אמנם** מוכח מסוגיא דחולין, דאיסור דרבנן לא מפקע ממצות כיסוי.

סי' כח סכ"א • למצה הדם בבגד או בסנדל כשאין לו עפר

מי שאין לו עפר לכסות, לא ישחוט, אלא ימתין עד שיהיה לו עפר.

וכתב הרמ"א בשם הגאונים, ואם הוא הולך במדבר או בספינה, ולא שוה העוף כהפסד הבגד שישרוף לאפר או הזהב שישחוק, תקינו ליה רבנן לשחוט ולמצה הדם בבגד או בסנדל, ומברך, **וכשיגיע** למקום עפר יכבס הבגד או הסנדל שיצא הדם, ומכסהו בלא ברכה, **והכי** נהוג.

והב"י דחה דברים אלו, משום דא"כ עדיפא הו"ל למיתני במתני' האי תקנתא משורף טליתו דאיכא משום בל תשחית, **ואין** כח ביד הגאונים לעשות תקנה מלבם.

והרמ"א בד"מ דחה דברי הב"י, דבמתני' מיירי דהבגד או זהב אינו שוה כמו העוף, וליכא בל תשחית, וכיון דאפשר למיעבד הכי, לא התירו לו שיתמצה בבגדו.

ועוד דחה הב"י, דכיון שאינו מכסה בעפר, היאך יברך עליו.

וע"ז כתב הד"מ, דהואיל וכי ממצה ליה בבגד הו"ל התחלת הכיסוי, אע"פ שאינו גומר הכסוי עד לאחר זמן, **מידי** דהוי אבדיקת חמץ, דמברכין על ביעור חמץ אע"ג דלא מבערין עד למחר, **וה"ה** בנידון דידן.

וי"א דלא דמי כ"כ, דהתם הבדיקה היא תחלת ביעור, דא"א לביעור בלא בדיקה, ותלי הבדיקה בביעור, נמצא שבכלל הציווי לבער היה גם הבדיקה תחלה, **משא"כ** כאן ששום אדם אינו עושה כן שימצה הדם בבגד, רק האי גברא לפי שאין לו עפר, ודאי אין שייך לומר שזהו בכלל הציווי מעיקרא.

וי"א דהברכה לא נתקנה אלא "על כסוי דם", ולא "בעפר", ואף דנהגינן לומר "בעפר", היינו לרווחא דמלתא, **אבל** כאן אוקמא אדינא, ולכך כשממצה בבגדו אין לומר "בעפר". **ואף** דיש מקשים דגם אם אינו מזכיר תיבת "בעפר", מ"מ בעינן שיהיה הכסוי בעפר, כמפורש בפסוק "וכסהו בעפר", **לא** קשה מידי, דהא באמת מכסהו אח"כ בעפר, אלא דהברכה לא נתקנה לכתחלה על עפר.

ופסק הט"ז, שאין לנהוג כתקנה זאת. **ואף** דבלבוש כתב שאין לברך על כיסוי זה לא בתחלה ולא בסוף, משמע דלא קפיד רק אברכה, אבל עיקר הכיסוי יוכל לעשות כן, **אינו** כן, אלא מי שאין לו עפר לכסות לא ישחוט כלל, כיון דליתיה לתקנה זאת.

ולפי"ז אף בכוי וכדומה שמכסה בלא ברכה, אין לעשות כן, כיון דהכיסוי בבגדו או בסנדלו לאו כלום הוא, על כן אין לבטל ספק מצות עשה דכיסוי.

ויש מקשים, דאם יודע ודאי שהדם יהא נשמר עד שיבוא למקום עפר, ודאי דרשאי לשחוט, כי המצות עשה דכיסוי אינו מיד, כמו שהתירו לעיל לבדוק הריאה מקודם, וצ"ע.

והש"ך פסק כדברי הגאונים, שכל דבריהם דברי קבלה.

וי"א דצ"ע אם מותר לעשות כן בשוחט לחולה בשבת, להיש מי שאומר דבסעיף ט"ו, **אבל** לשיטה קמייתא, גם למצה הדם בבגד אסור משום טורח.

סימן כח סכ״ב • שחט חיה ועוף ולא יצא מהם דם

השוחט חיה ועוף ולא יצא מהם דם, מותרין.
משמע דקמ״ל דאע״פ שלא נתקיים בהן מצות כסוי, מותרים, **אבל** במשנה משמע דלאו מכסוי מיירי, אלא דקמ״ל דאין אומרים שמא מתים היו. **וי״א** דקמ״ל דאע״ג דלא **יצא** מהן דם מותרין, דהו״א דפירש הדם ממקום למקום, קמ״ל דלא הוה פירש ממקום למקום, והוה דם האיברים שלא פירש.

סימן כח סכ״ג • איזה דברים הם בכלל עפר

כל הדברים שהזרעים הנזרעים בהם מצמיחים, הם בכלל עפר ומכסין בהם, **ולא** מהני כשמשימים בהן צמחים והוא מגדלם, אלא בעינן דוקא שהנזרעים בהן מצמיחים, **ואם** אינם מצמיחים, אם נקראו עפר מכסין בהם.

לפיכך מכסין: בזבל הדק, **ובחול** הדק מאד עד שאין היוצר צריך לכתשו כלל; **ובסיד**, ובחרסית (מין סיד שחופרים אותו מן הקרקע, וא״צ כתישה); **ולבינה**, ומגופה של חרס, שכתשן; **ובשחיקת** אבנים, ובשחיקת חרסים, **ובנעורת** של פשתן דקה (אריש״טא שמנערין מן הפשתן, וה״ה בעפר); **ובנסורת** חרשים דקה כעפר, **ובאוכלים** או בגדים שרופים עד שנעשו עפר; **ובשיחור** (פי׳ פחמים כתושים, וי״א פיח הכבשן), **ובכחול** (הוא צבע שנותנין בעין), **ובנקרות** הפסולים (עפר שמנקרין מן הרחיים).

אבל אין מכסין: בזבל גס, ולא בחול שהיוצר צריך לכתשו, **ולא** בקמח וסובין ומורסן.
ולא בשחיקת מתכת אם אינם שרופין (**אבל** בשרופים מכסין, וה״ה לכל הנך דאין מכסין, אם שרופים מכסים בעפרן);
חוץ מבזהב שחוק שנקרא עפר, דכתיב: ועפרות זהב לו.
ואפר נקרא עפר, דכ׳: ולקחו לטמא מעפר שרפת החטאת.

סימן כח סכ״ד • עפר מדבר, עפר לחה, ושלג

אין מכסין בעפר המדבר, מפני שהיא ארץ מליחה ואינה מצמחת. **דדבר** שאינו עפר, כשהחשיבו הכתוב וקראו עפר, כמו הזהב, עדיף מארץ מליחה דהוי עפר וגרוע משאר עפר, שאינו מצמיח מעיקרו, אע״פ שמגדל צמחים.

וכתב רמ״א, ולכן אין מכסים בעפר לחה ממים, כגון מתונתא, וכל שכן בטיט.
משמע דהיינו מפני שעפר לחה אינה מצמחת, **וליתא**, דבש״ס איתא בהדיא, דראויה לזריעה ומצמחת.
אלא הטעם, דבעינן עפר דק ונפרך שראוי למנות, כדכתיב: אם יוכל איש למנות את עפר הארץ, **והאי** ״ולכן״ דכתב רמ״א ט״ס הוא, וצריך להיות ״וכן״.

ואין לכסות בשלג, דלמחר יתחמם השלג ויהיה מים, וא״כ כיסה במים, **ולא** דבעינן שיכסה כיסוי הראוי להיות עולם, דהא נוהגין העולם לכסות בשוק, אף שודאי יחזור ויגלה, **אלא** כלומר דלאו כיסוי כלל אף עתה.
וי״א דבשעת הדחק יכסה בשלג בלא ברכה, וצ״ע.

וי״א דכל הני דאין מכסין בהם, אם עבר וכיסה, צריך לגלות ולכסות בלא ברכה.

§ סימן סט – דיני מליחה והדחה §

הטעם להדחה קודם מליחה

סעיף א- צריך להדיח הבשר קודם מליחה -

הטעם, כדי שיתרכך הבשר ויצא דמו ע"י מליחה - ר"ן וי"א במרדכי, **והמרדכי** כ' הטעם, דהדחה ראשונה היא להעביר הלכלוך שעל החתיכה, שאל"כ המלח נתמלא ממנו, ושוב לא יוציא המלח הדם שבחתיכה, **ולהנך** תרי טעמי מהני אם יחזור וידיחנו וימלחנו אפי' אחר זמן, [**ויפלוט דם שבלע עם דמו, דהא גם כאן יש לו דם אחר שיחזור וידיחנו ויתרכך הבשר, ואם יחזור וימליחנו יהיה לו דם בלוע לפלוט, ואגב זה יפליט גם מה שבלע ממה שהוא עליו בעין**], **אבל** הגמ"י כתבו בשם סמ"ק הטעם, מפני שהמלח מבליע ואינו מפליט דם שהוא בעין, וכן כתב בסמ"ג, וכן כתוב בשערי דורא ובהגהת ש"ד, דדם שעל גבו הוי כמו דם בעין שנפל ע"ג בשר רותח, ואסור, דלא שייך מישרק שריק, ולא כבולעו כך פולטו, וכן נמי צ"ל לדידהו, דלא אמרינן גבי דם בעין איידי דטריד למיפלט לא בלע, וכן כתב הר"ב סוף סימן ע'. ‹ודברי הט"ז סדרנו בס"ב.

סימן סט ס"א(1) • הטעם להדחה קודם מליחה

צריך להדיח הבשר קודם מליחה, **הטעם:** י"א כדי שיתרכך הבשר ויצא דמו ע"י מליחה, **וי"א** להעביר הלכלוך שעל החתיכה, (שלא ימס המלח), שאל"כ המלח נתמלא ממנו, ושוב לא יוציא המלח הדם שבחתיכה, **לפי** הני טעמי, מהני אם יחזור וידיחנו וימלחנו אפי' אחר זמן, **וי"א** הטעם: מפני שהמלח מבליע ואינו מפליט דם שהוא בעין, אפי' תוך שיעור מליחה, ודם שעל גבו הוי כמו דם בעין שנפל ע"ג בשר רותח, ולא שייך בדם בעין לא מישרק שריק, ולא כבולעו כך פולטו, ולא איידי דטריד למיפלט לא בלע. **ועוד** טעם (הובא בס"ב בט"ז): שאין המלח מפליט אלא דם הבלוע שהוא לח, אבל לא מה שנתיבש על פניו, ואם לא ידיחו אותו תחילה, יש לחוש שמא לאחר שיניח מלפלוט דם וציר, יהא ניתך ויבליענו.

הדחה במים קרים

‹**עיין** בב"י שכתב, דבמקומות הקרים ובזמן הקור הגדול, ישימו המים באור עד שתפיג צינתן, ואח"כ ידיחו בו הבשר, דאל"כ אדרבה ע"י הקור שבמים מטרשי להבשר›. ‹**ובדיעבד** אם הדיחו במים הקרים ביותר, יש לדון אם מהני להדיח שנית במים פושרים לרכך, או כיון דנתקשה הבשר ע"י מים קרים לא יתרכך עוד, **ויש** ללמוד להתיר מההיא דבשר מלא קרח שבסוף סעיף זה – רעק"א›.

‹**ואם** מלחו אחר ההדחה במים קרים, יש לו תקנה בהדחה ומליחה שנית, דממ"נ, לטעם דדם בעין, היה מהני הדחה ראשונה של מים קרים, ולטעם ריכוך, מהני הדחה ומליחה שנית, **ואם** לא הדיח ומלח שנית ונתבשל כך, צ"ע לדינא, דלדעת הט"ז והש"ך דהדיחו מעט מותר בדיעבד, ‹בס"ב›, דסמכינן על טעם דדם בעין, או בצירוף טעם דשלא ימס המלח, הכא נמי שרי, **אבל** אם נפרש דהדחה מעט שרי, דקאי אדלעיל דשרי בהדחה ומליחה שנית, ‹וההוכחה של רעק"א סדרנו בס"ב›, א"כ ה"נ בהדיחו במים קרים י"ל דאסור בלא הדחה ומליחה שנית, ואף בנתבשל, וליכא הפ"מ – רעק"א›.

סימן סט ס"א(2) • הדחה במים קרים

מים קרים צריך להשים באור עד שתפיג צינתן, דאל"כ אדרבה ע"י הקור שבמים מטרשי הבשר. **בדיעבד** אם הדיחו במים הקרים ביותר, מהני להדיח שנית במים פושרים לרכך. **ואם** מלחו בלא הדחת פושרים, יש תקנה להדיחו ולחזור ולמולחו, דלטעם דם בעין, מהני הדחת מים קרים, ולטעם ריכוך, מהני הדחה שנית. **ואם** לא הדיח ומלח שנית ונתבשל, לפי הש"ך בס"ב, דבהדחה מועטת מותר אפי' בלא הדחה ומליחה שנית, ה"ה הכא, דסמכינן על טעם של דם בעין וטעם שלא ימס, **אבל** לפי רעק"א, דהתם מותרת דוקא בהדחה ומליחה שנית, יהיה גם הכא אסור, אם לא בהפ"מ.

אופן ההדחה

(ואם הדיחו הטבח, אין צריך להדיחו בבית) –

[לכאורה קמ"ל בזה, דאין צריך לשרות במים דוקא, אלא דרך שפיכת מים עליו כדרך הטבחים סגי, אלא דבאמת קיימ"ל דלא סגי בזה כדלקמן, **ע"כ** נ"ל דנשמר בזה, דלא נימא מדאמר רב הונא בגמ' מולח ומדיח, ולא זכר הדחה ראשונה, והוא מטעם דכבר הודח בי טבחי כמ"ש ב"י, ולמה באמת סמך רב הונא על זה, אלא דודאי דרכן היה בכך שהטבחין היו מדיחין, וע"כ לא הוצרך להזכירו, אע"פ שבברייתא הזכירו, מ"מ רב הונא סמך על המנהג, **וא"כ** הו"א דמה שהזכיר הטור דבעי הדחה, היינו לאחר הדחה שהיא מצד המנהג, ובעינן שתי הדחות תחילה, קמ"ל דלא, **ואע"ג** דהתנא בגמ' אמר סתם מדיח ולא נזהר מזה, **תנא א"צ לפרש דבריו**].

וכתב באו"ה ומביאו בת"ח, דלא מועיל אפילו בדיעבד מה שרוחצים הטבחים הצלעות שלימות בבי טבחי, כמו שרגילים לשפוך עליהם בהעברה בעלמא

סימן סט – דיני מליחה והדחה
סעיף א – אופן ההדחה

לנאותם, ואפילו לא בקען אח"כ, דאינו קרוי הדיחו הטבח עד ששרה אותן קצת בכלי, עכ"ל.

נ"ל מיהו אי ידעינן דהדיחו הטבח, אמרינן דמסתמא הדיחו יפה, וכן משמע בב"ח. (**עיין** בנ"צ שכתבתי, דזה דווקא במקום שהמנהג כן שהטבחים שורים במים, אבל בלא"ה לא אמרינן כן).

(**ועיין** חוו"ד שכתב, דיש להקל כשהדיחו בשעה שהדם חם, אפילו בהדחה מועטת).

"**ועד ששרה** *{בכלי}" ‹דקאמר האו"ה›, הוא לאו דוקא, דאה"נ אם לא הדיחו דרך העברה אלא הדיחו היטב וכמ"ש הר"ב בסמוך, **לכך** כשהעתיק בת"ח ל' או"ה, העתיק דאינו נקרא הדיחו הטבח אלא כששרה אותו קצת כדרך בשר שמדיחים כשרוצה למלחו, ע"כ.

***יש** מגיהין "בכלי", למען יבוא על נכון מש"כ הש"ך אח"כ, "לכך כשהעתיק" וכו', והוי הפי', שע"כ לא העתיק בת"ח תיבת "בכלי". {וכ"כ המחה"ש. אבל שריי' קצת צריך, והגם דרמ"א בסמוך כתוב, דהדחה היטב בלא שריי' די, דלמא ביחד עם שריי' קצת הוי לכתחילה, אע"פ שלא שרה נגד חצי שעה}. **ולענ"ד** אין זה כוונת רבינו הש"ך כלל, תדע שהרי מסיק מיד "דאה"נ אם לא הדיחו דרך העברה אלא הדיחו היטב", והשתא אם נאמר שרק תיבת "בכלי" הוא לאו דוקא, שע"כ לא העתיקו בת"ח, אבל "עד ששרה" דוקא, וע"כ העתיק זה בת"ח כאמור, א"כ מה זה שסיים הש"ך "דאה"נ כו' אלא הדיחו היטב", הלא שרייה דוקא הוא, ודוק. **אשר** ע"כ נלענ"ד כוונת רבינו בזה פשוט בלא הג"ה ככתוב בכל הספרים, "ועד ששרה" הוא לאו דוקא, והכי פתרונו, לא תימא דוקא שרה, אלא ה"ה הדיחו היטב, וה"ק או"ה, שרה או הדיחו היטב, לאו דוקא שרה, ונקט "ששרה", כי כן דרך בשר כשמדיחין אותו למולחו שורין אותו קצת, **ועתה** יבוא על נכון גם מש"כ הש"ך אח"כ "לכך כשהעתיק בת"ח לשון או"ה העתיק דאינו נקרא הדיחו הטבח אלא כששרה אותו קצת כדרך בשר שמדיחין אותו כשרוצה למולחו", דלכאורה אמאי הוסיף מילים "כדרך בשר" וכו', אלא לומר דהך "ששרה" לאו דוקא, כנ"ל. **והוסיף** הש"ך "מיהו אי" וכו', דלכאורה מדברי הת"ח בשם או"ה שכתבו "אינו נקרא הדיחו הטבח אלא כששרה" וכו', משמע דוקא שאנו יודעים ששרה או הדיחו היטב עכ"פ, **לזה** כתב הש"ך "מיהו אי ידעינן", דבזה אתי שפיר מ"ש הטור והרמ"א סתם "ואם הדיחו הטבח", ולא כתבו "ואם הדיחו הטבח כראוי" – מחה"ש להרה"ג ר' נחום ווייסבלאט.

ואם אחר שהדיח חתך כל נתח לשנים או לשלשה, ‹צריך לחזור ולהדיחם› - דקדק לכתוב חתך, דהיינו דוקא בסכין, הוא דצריך לחזור ולהדיח וכמ"ש המרדכי, דאגב דוחקא דסכינא מפליט.

(**ועיין** חוו"ד שכתב, דאם אכל חתול קצת מהחתיכה, א"צ להדיח במקום האכילה, וצ"ע).

(**ואם** לא חתך לשנים, רק חתך מעט, כתב הפמ"ג דמותר בדיעבד, דהא יש ס', ואף שלא נמלח שם להמרדכי, ‹דהוא המקור לדינא דשו"ע›, מ"מ בנשאר מקום בלי מלח מתיר הש"ך, וה"נ מותר, עכ"ד, **ולפמ"ש** לקמן בשם חמודי דניאל, דלא שרי אלא בנשאר מעט מקום בלי מלח, אבל אם נשאר הרבה אף דיעבד אסור, דבאותו מקום נאכל מחמת מלחו, נראה דגם כאן אסור, ודינו כנמלח מצד אחד, וצ"ע לדינא).

(או שהסיר טלפי הרגלים – [פירוש מנעלים של בהמה], **לאחר ההדחה),** ‹צריך לחזור ולהדיחם› - אבל אם לא היה מסירם, היה נחשב הכל כחתיכת בשר א', והיה די בהדחתן כך כמות שהן, **והיינו** דכתב הר"ב בסי' ס"ח סעיף ח', דפרסות הרגל שנמלחו בקליפתן, דנהגינן לאסור מה שבתוך הקליפה, מטעם דהוי כמולח בכלי שאינו מנוקב, **ולא** אסרינן להו מטעם שנמלחו בלא הדחה, ואז אפי' מה שחוץ לקליפה אסור וכמ"ש בסמוך, **אלא** ודאי דאם לא הסירם די להם בהדחה כמות שהן, הואיל ואין כאן דם נראה לעינים, וכן מוכח באו"ה.

צריך לחזור ולהדיחם - מיהו דעת הר"ן, דאם חתכו אח"כ לשנים א"צ לחזור ולהדיחו, וכן מוכרח דעת הר"י ן' חביב שהביא הב"י, **אך** י"ל דהר"ן לטעמיה אזיל, דס"ל דטעם הדחה לאו משום דם הוא, אלא כדי שיתרכך הבשר, וכמ"ש בשמו למעלה, וכיון דחללינהו בי טבחי כבר נתרכך, ולא איכפת לן במה שחתכו אח"כ לשנים, וזהו ג"כ דעת ן' חביב, **אבל** לדידן דקי"ל דטעם הדחה הוא משום דם, וכדלקמן ס"ב, צריך הדחה אף בדיעבד.

הגה: ואם לא עשה כן, הוי כלא הודח כלל - ‹קי"ל, הא בלא הודח כלל ומלחו ובישלו, אפי' בדיעבד והפ"מ אסור, ובזה דחתך נתח, אם לא חזר והדיחם מותר בהפ"מ, דהא בהפ"מ סמכינן על טעמא דריכוך, כמבואר בס"ב, ולהך טעמא דריכוך א"צ לחזור ולהדיחו, כמ"ש הש"ך – רעק"א›.

הדחת הבשר לכתחלה יזהר לשרותו נגד חצי שעה, ולהדיחו היטב במי השרייה, אבל אם לא שראו רק הדיחו היטב, סגי ליה - פירוש וא"צ לחזור ולטרוח ולשרותו, אפי' לא נמלח עדיין, אבל בהדחה מועטת לא סגי ליה, וצריך לחזור ולהדיחו היטב, **אבל** אם נמלח, אף בהדחה מועטת סגי ליה בדיעבד, כמ"ש בהג"ה בסעיף ב', וכן משמע להדיא בת"ח כדפי', **ובספר** ל"ח כתב, דהר"ב שינה בהגהותיו ממ"ש בת"ח ע"ש, ולפעד"נ כמ"ש - ס"ק ה'. ‹**ועיין** מש"כ ע"ז רעק"א בס"ב›.

‹**אם** נשרה בכלי במים, וחצי חתיכה היה למעלה מהמים, כתב הפמ"ג, דלטעם כדי לרכך שרי, שהמים נכנסים בבשר ונתרכך כל החתיכה, ע"ש, **ואם** כן מדיח הצד שהיה למעלה מהמים ודיו, דהא לאינך טעמי לא צריך שריה חצי שעה›.

‹**ואם** הדיחו היטב מצד אחד, ומצד אחד הדחה מועטת, י"ל דדי בכך, דלענין ריכוך י"ל דע"י צד אחד ג"כ נתרכך, דכמו דהוכיח רשב"א דנמלח מצד אחד מהני, כמו דמהני מליחה לחתיכה עבה, זה הראיה עצמו ג"כ לענין הדחה מצד אחד, ולענין דם בעין ולאינך טעמים, מהני הדחה מועטת, וצ"ע לדינא – רעק"א›.

ואח"כ ימתין מעט שיטפטפו המים קודם שימלחנו, שלא ימס המלח מן המים ולא יוציא דם - ‹וימתין מעט דוקא›, לאפוקי שלא ימתין עד שיתנגב לגמרי, דאז לא ימס המלח כלל, ולא יוציא דם - ת"ח.

‹**עיין** משמרת הבית, כי אם לא יתלחלח הבשר לא ידבק בו המלח ולא יוציא דם. **ויראה** דיעבד אם נתיבש מאד אחר הדחה, יש להתיר, כ"ש אנן קי"ל עיקר הטעם משום ריכוך או דם בעין, ובהפ"מ מתירין בס"ב, יש להתיר כאן בלא הפ"מ – פמ"ג›.

סימן סט ס"א(3) • אופן ההדחה

לכתחילה יזהר לשרותו נגד חצי שעה, ולהדיחו היטב במי השרייה. **ואם** לא שראו רק הדיחו היטב, סגי ליה, וא"צ לחזור ולטרוח ולשרותו אפי' לא נמלח עדיין, (**ולפי** רעק"א בס"ב, צריך לחזור ולשרותו אם לא נמלח עדיין).

גדר של הדיחו היטב: לשון האו"ה: "דאינו קרוי הדיחו הטבח עד ששרה אותן קצת בכלי", **והש"ך** כתב דלאו דוקא, ויש ב' גירסאות בש"ך: או ד"בכלי" לאו דוקא, ולפי"ז צריך לשריי", (**והגם** דרמ"א כ' שהדחה היטב בלא שריי' די, דלמא ביחד עם שריי' קצת נחשב לכתחילה לאו"ה, אע"פ שלא שרה נגד חצי שעה), **או** דגם שרייה לאו דוקא (כפשטות הרמ"א).

אבל הדחה מועטת לא סגי ליה, וצריך לחזור ולהדיחו היטב, **אבל** אם כבר נמלח אחר הדחה מועטת, סגי ליה בדיעבד. (עיין לקמן ס"ב לשיטת רעק"א).

שפיכת מים בהעברה בעלמא, לא מהני אפי' בדיעבד, וכשהדיחו בשעה שהדם חם, יש להקל.

אי ידעינן דהדיחו הטבח, אמרינן מסתמא הדיחו היטב, ודוקא במקום שהמנהג כן ששורים במים, ואל"ה לא.

אם אחר ההדחה חתך בסכין כל נתח לשנים או לשלשה, צריך לחזור ולהדיחם אף בדיעבד, דאגב דוחקא דסכינא מפליט, **וכתב** הש"ך דזהו לדידן דקימ"ל דטעם ההדחה משום דם, אבל להצד דהוא משום ריכוך, א"צ לחזור ולהדיחו.

אם אכל חתול קצת מהחתיכה, א"צ להדיח, וצ"ע. **ואם** לא חתך לשנים רק מעט, אף שלא נמלח שם, מותר בדיעבד, דהא יש ס', **ואם** נשאר הרבה מקום שנאכל מחמת מלחו, אסור אף בדיעבד, כנמלח מצד א', וצ"ע לדינא.

וכן אם הסיר טלפי הרגלים, צריך ללחזור ולהדיחם, **ואם** לא הסיר, הוי הכל כחתיכה א', ומדיחו כמו שהוא.

אם לא חזר והדיחו (אחר שחתכו לשנים), הוי כלא הודח כלל – רמ"א. **והקשה** רעק"א, דלא הודח כלל ומלחו ובישלו, אסור אף בדיעבד והפ"מ, **משא"כ** בזה, דבהפ"מ סמכינן על טעמא דריכוך כמבואר בס"ב, ולצד דריכוך א"צ לחזור ולהדיח.

אם נשרה במים וחצי חתיכה למעלה מהמים, לטעם כדי לרכך שרי, שהמים נכנסים בבשר, ואח"כ א"צ אלא להדיח חציה שני, דלאינך טעמי א"צ שריי'. **וכן** אם הדיח היטב מצד א', ומצד שני רק הדחה מועטת, יוצא לכל הדעות, וצ"ע.

אחר ההדחה ימתין מעט שיטפטפו המים קודם מליחה, שלא ימס המלח ולא יוציא דם, **ודוקא** מעט, דאי תנגב לגמרי, לא ימס כלל ולא יוציא דם. **בדיעבד** אם נתיבש מאד, יש להתיר, וכ"ש אנן דקי"ל עיקר הטעם משום ריכוך או דם בעין, וסומכין עלייהו בהפ"מ, דיש להתיר כאן בלא הפ"מ – פמ"ג.

דין הכלי ששורין בו הבשר

ונהגו שלא להשתמש בדברים אחרים בכלי ששורין בו בשר - כלומר ודאי מדינא שרי להשתמש בו דברים אחרים, דלא נאסר הכלי כיון דאין שורין בו מעל"ע, דצונן הוא ולא בלע, אלא דנהגו שלא להשתמש בו לכתחלה אפי' בצונן, דחיישינן שמא נדבק בו עדיין דם, [ולא הדיחו יפה מדמו, *ודוקא דבר לח בצונן או יבש ברותח], **מיהו** בדיעבד שרי אפי' נשתמש בו רותח, אם הדיחו קודם, [דהא הכלי שרי, ואין כאן אלא גזירה, כ"כ ד"מ].

*‹**משמע** דצונן יבש מותר, דידיחו האוכל, ואף בדבר דלאו אורחיה בהדחה, לא חיישינן דלמא משתלי ואכיל

בלא הדחה, כיון דבדיעבד דנין דהכלי הודח היטב, דהא מהאי טעמא בשמשו בו רותח מותר בדיעבד, מש"ה לא חיישינן למשתלי – רעק"א›.

ואם נשתהה הבשר בשרייתו מעת לעת, הבשר וגם הכלי אסורין - דכיון שנשרה בו מעל"ע הוי כבוש, וכבוש הרי הוא כמבושל.

ועיין לקמן סימן זה - סט"ו, דשם נתבאר דהבשר אסור אפי' לצלי, **ואם** יש במים ס' כנגדו, מותר אפי' לקדרה, [דאותה חתיכה ג"כ מותרת, **דאינו חמור** כ"כ כמו מתבשל ממש בלא מליחה – ת"ח, **ורש"ל אוסר** בכל גווני אותה חתיכה, אפי' בכבוש, ועיין מ"ש בסט"ו].

אבל פחות מעת לעת אין להקפיד. ואף במקום שנאסר הכלי, מותר לחזור ולשרות בו - דהא אין שורין בו הבשר שני מעל"ע, ואינו בולע - או"ה, **משמע** דאסור לשרות בו מעל"ע בשר שנמלח כבר והודח כהוגן, מטעם שנכבש בכלי איסור, ופשוט הוא, **מיהו** בדיעבד שרי, דהא לא נעשה כבוש עד אחר מעל"ע, ואז הוי נותן טעם לפגם, וכמ"ש בסי' ק"ה.

סימן סט ס"א(4) • דין הכלי ששורין בו הבשר

כלי ששרה בו הבשר, אם הדיחו, מעיקר הדין מותר להשתמש בו, דלא שרה בו מעל"ע, וצונן הוא ולא בלע, ודנין שהודח היטב, **ובדיעבד** מותר אפי' השתמש בו רותח, **אלא** דנהגו שלא להשתמש בו אפי' צונן, שמא לא הדיחו יפה מדמו, **ודוקא** דבר לח וצונן או יבש ורותח, **דבצונן** יבש ידיחו האוכל, אף בדבר דלאו אורחיה בהדחה, ולא חיישינן ששכח, דהא בדיעבד מותר אפי' אם שכח.

אם שרה בו מעל"ע, הבשר וגם הכלי אסורין, דכבוש הרי הוא כמבושל, והבשר אסור אף לצלי, **ואם** יש ס' במים כנגדו, מותר אפי' לקדירה, אפי' החתיכה עצמו, דאינו חמור כ"כ כמו מתבשל בלא מליחה, **ורש"ל** אוסר החתיכה.

ואף במקום שנאסר הכלי, מותר לחזור ולשרות בו, דהא הבשר השני אין שורין בו מעל"ע ואינו בולע, **אבל** אסור לשרות בו בשר מעל"ע, אפי' כבר נמלח והודח כדינו, מטעם שנכבש בכלי איסור, **מיהו** בדיעבד שרי, דלא נעשה כבוש עד אחר מעל"ע, ואז הוי נט"ל.

בשר שנקרש

דין בשר שמלא קרח, כילד נוהגין עם שרייתו, עיין לעיל סי' ס"ח - בשר שנקרש, אסור למלחו עד שירכך אותו כמו שהיתה מתחלה, **ואם** נמלח ואח"כ נקרש קודם ששהה שיעור מליחה, אם נפשר אח"כ, טוב למלחו פעם אחרת ולהשהותו שיעור מליחה, **ואם** לא מלחו פעם אחרת, ושהה שיעור מליחה אחר ההפשר, ונתבשל, מותר בדיעבד, ‹**ואם** לאו אסור, דעת הקרישה לא מצטרף – בה"ט›, כן העלה במהרש"ל. ‹**ומשמע** דצירוף לא מהני, כי כבר נתבטל רתיחה ראשונה, וצריך לשהות אח"כ ביחד שיעור מליחה – פמ"ג. ‹**נ"ב** ופר"ח {לקמן בסמוך} כתב להדיא, דמצרפא השהייה קודם שנקרש – הגהות רעק"א›.

‹**וכתב** פר"ח, אבל אם נשתהה זמן מהריפוי קודם התחלת הקרישה, אע"פ שלא שהה אחר ההפשר כשיעור מליחה, כיון שנשתהה שיעור מליחה בהפשר ראשון ושני, אע"פ שנקרש בינתיים, מצטרפין – בה"ט›.

(**ועיין** בספר לוית חן שכתב, דבשר שנמלח ושהה שיעור מליחה והודח, ואח"כ נמצא באמצעיתו קרח, לא מהני לבשר זה שיחזור וימלחנו אחר שנפשר, כיון דהבשר סביביו היה נפשר בשעת מליחה ופלט כל דמו, שוב לא יפלוט המליחה לדם שבפנים, כמו בחלחולת בסימן ע"ה, ואין תקנה לבשר זה רק לצלותו, עכ"ד).

(**ועיין** בתשובת הר הכרמל שדחה טעם זה, אלא דמטעם אחר יש לאסור, דאותו חלק בשר שכבר שהה במלחו כראוי, ויצא דמו והודח ונסתמו נקבי הפליטה, כשמולחין שנית יחזור ויבלע מבשר זה שבאמצע, **ושוב** העלה דגם משום זה אין לאסור, ע"ש. **ועיין** בתשובת גבעת שאול, שדעתו בדין זה, דאם לא הודח עדיין, יש תקנה להתיר, ע"י שידיחנו קודם רק להעביר הליכלוך של ציר, ואז ודאי דמהני מליחה שנית, אפילו שלא במקום הפסד, **אך** אם כבר הודח היטב, אין תקנה רק לצלותו, **ואם** כבר נמלח שנית אחר שהודח כדין הדחה גמורה, יש לאסור אף לצלי, ע"ש היטב).

(**ומ"ש** הבה"ט עוד בשם מנחת יעקב, בשר ששרה במים, ונקרש ‹הבשר תיכף עם המים ונעשה קרח, ושהה עם הקרח כמה ימים בלי מליחה, **העלה**, דאם שהה שלשה ימים בתוך הקרח, דיש לאסור הבשר לבישול ממ"נ, אי חשבינן הקרח כמים, א"כ הוי כבשר ששהה במים מעל"ע, שמבליע הדם, **ואם** לא חשיב הקרח כמים, א"כ הוי כבשר ששהה שלשה ימים בלא הדחה, **אבל** לצלי מותר בכל ענין, ע"ש שהוכיח דקרח לא חשיב כמים›, **עיין** בזה בשו"ת דבר שמואל, שדעתו לאסור אף אם לא נשרה בקרח רק מעל"ע, **ועיין** בשו"ת קרית חנה שהעלה כדעת המ"י, דקרח לא חשיב

כמים, ולכן אם לא שהה בקרח רק מעל"ע בודאי שרי, ואף אם שהה כן ג' ימים, ג"כ אין ברור לאסור), «כיון דבשר ששהה ג' ימים הוא חומרת הגאונים, ובכמה דברים הקילו בו, יש לחושבו להדחה מועטת עכ"פ – מהמשך לשון התשובה».

סימן סט ס"א(5) • בשר שנקרש

בשר שנקרש, **אסור** למלחו עד שיתרכך כמו שהיתה בתחילה, **ואם** נמלח ואח"כ נקרש קודם ששהה שיעור מליחה, אם נפשר אח"כ, טוב למלחו פעם אחרת ולהשהותו שיעור מליחה, **ואם** לא מלחו פעם אחרת, ושהה שיעור מליחה אחר ההפשר ונתבשל, מותר בדיעבד, **אבל** עת הקרישה לא מצטרף, **והפמ"ג** סבר דזמן שקודם הקרישה לא מצטרף עם הזמן שאחר ההפשר, **ופר"ח** חולק.

אם אחר ששהה שיעור מליחה והודח, מצא באמצעיתו קרח, לא מהני שיחזור וימלחנו אחר ההפשר, דהבשר סביבו כבר פלט כל דמו ושוב המליחה לא יפליט לדם שבפנים, ואין תקנה אלא לצלותו, **ויש** חולקים על זה הטעם, ואוסרים מטעם דהבשר סביבו שכבר שהה במלחו כראוי, יצא דמו והודח ונסתמו נקבי הפליטה, וכשימלוח שנית יבלע מבשר שבאמצע, **ושוב** העלה דגם משום זה אין לאסור. **וי"א** דאם לא הודח עדיין, יש תקנה להדיחו רק להעביר הכלוך, ואז מהני מליחה שנית, **אבל** אם כבר הודח היטב, אין תקנה אלא בצלי, **ואם** מלחו שנית אחר שכבר הודח היטב, יש לאסור אף לצלי.

בשר ששרה במים ונקרש, ושהה עם הקרח כמה ימים בלי מליחה, י"א דאם שהה ג' ימים, אסור לבישול ממ"נ, אי חשבינן הקרח כמים, כבר אסור אפי' לצלי אחר מעל"ע, ואם לא חשיב כמים, א"כ בשר ששהה ג' ימים בלא הדחה אוסר לבישול, **אבל** לצלי מותר, דלמעשה קרח לא חשיב כמים, **ויש** אוסרין אפי' לצלי, אף אם לא נשרה רק מעל"ע, **וי"א** דאם שהה רק מעל"ע, בודאי שרי, דלא חשיב כמים, ואפי' אם שהה ג' ימים, אינו ברור לאסור לבישול, דכל האיסור של ג' ימים הוא מחומרת הגאונים, ובכמה דברים הקילו בו, ועכ"פ יש לחושבו להדחה מועטת.

מלח ולא הדיח תחילה

סעיף ב - אם מלח ולא הדיח תחילה, ידיחנו וימלחנו שנית – [דיחזור ויפלוט מה שבלע, כמו בבשר שנפל לציר, או בשר שנמלח שנתנוהו עם בשר שלא נמלח].

ויש אוסרין – [הוא סמ"ק ומהר"י טרושין, ס"ל דשאני הכא דבלע דם בעין לא אמרינן שיצא ע"י מליחה, ופסק רש"ל וכן בת"ח דאפי' לצלי אסור].

[**בב"י** מביא שני טעמים להדחה ראשונה, האחד משום דם בעין שהוא על הבשר, שאין המלח מפליט אלא דם הבלוע שהוא לח, אבל לא מה שנתיבש על פניו, **ואם** לא ידיחו אותו תחילה, יש לחוש שמא לאחר שיניח מלפלוט דם וציר, יהא ניתך ויבליענו, **טעם** שני, משום שיתרכך הבשר ויצא דמו ע"י מליחה, שאם יהא נקרש על פניו לא יהא כח במלח להוציא דמו, עכ"ל, **ונראה** דבהא פליגי היש אוסרין ויש מתירין, לענין מלח בלא הדחה תחילה, כי היש מתירין שהוא הרא"ש ס"ל הטעם שני, ומש"ה מדמה ליה לבשר שנמלח שנתנוהו על בשר שלא נמלח, שיש לו תקנה במליחה, ויפלוט דם שבלע עם דמו, דהא גם כאן יש לו דם אחר שיחזור וידיחנו ויתרכך הבשר, ואם יחזור וימליחנו יהיה לו דם בלוע לפלוט, ואגב זה יפליט גם מה שבלע ממה שהוא עליו בעין, **והיש** אוסרין ס"ל טעם הראשון, ממילא אחר המליחה הראשונה יצא כבר כל דמו, ואין חשש רק שיבלע מדם בעין שעליו, ובזה לא שייך לומר שיצא על ידי מליחה אגב דמו, דהא בשעת מליחה אין לו דם של עצמו. **והב"י** הביא בשם הג"ה מיימון בשם סמ"ק, דהמלח מבליע דם בעין שעל הבשר לתוך הבשר, וכ"כ האו"ה וכן בש"ד], «ולפי"ז דחשוב "דם בעין", בולע אפי' תוך שיעור מליחה, וכמו שהסביר הש"ך בס"א, ולא שייך בו כבולעו כך פולטו, **משא"כ** לפי הטעם שכתב בתחילת דבריו, אינו חשוב "דם בעין", ואינו בולעו עד אחר שיניח מלפלוט, ומש"כ שם "משום דם בעין", כתב הפמ"ג דהוי לאו דוקא. **ודברי** הט"ז הם מובאים מס"א».

«**תרנגולת** מבחוץ ליכא דם בעין, פמ"ג – רעק"א».

הגה: וכן נוהגין, אפילו לא נמלח רק מעט כדרך שמולחים לצלי – [באו"ה בשם אור זרוע נתן שני טעמים, האחד שאין אנו בקיאין להבחין בין מליחת צלי לקדרה, **ועוד** בשם אור זרוע, «לגבי נמלח מליחה מועטת בכלי שאינו מנוקב», דא"א דאפי' מליחה של צלי לא יפלוט כל שהוא מן הדם*, וחוזר ואוסרו, ע"כ, **ולפי** טעם יש אוסרין שבסמוך, משום דמבליע דם בעין, הוה האיסור אפי' במליחה מעט ג"כ משום דם בעין, כמו בדם פליטה לדעת האור זרוע, **ומו"ח** ז"ל פסק להתיר במליחה מועטת ולא שהה, ומשווה אותנו לבקיאין בדבר, **ולא נלע"ד** כן, דאפי' לפי"ז יש לאסור מטעם השני, דכיון שמבליע איסור ואינו פולט, מה לי הרבה מה לי מעט].

*וק"ל, דלפי"ז אפי' אם הודח תחילה יאסר מליחת צלי, דפלט מעט וחזר ובלע, דאין טרוד לפלוט הרבה כיון דנמלח רק מעט – רעק"א.

ואפילו לא שהה במלחו שיעור מליחה - כתב בד"מ, דהיינו לקדרה, אבל לצלי שרי אם לא שהה שיעור מליחה, כמ"ש הר"ב בסימן ע"ו ס"ב, (**ועיין** בתפארת למשה שכתב, דלא שרי אלא בתרתי למעליותא, לא נמלח רק מעט, ולא שהה, וגם דעת הרמ"א בסימן ע"ו מתפרש כן), **ומהרש"ל** פסק, דאפי' לא שהה שיעור מליחה אסור ג"כ לצלי, וכן פסק הב"ח, **ובספרי** העליתי כדברי הר"ב, ודחיתי ראיותיהם, ע"ש.

מיהו במקום הפסד מרובה, יש להתירו – [פי' אפי' שהה במלחו], ‹ק"ל, לכאורה דוקא בשהה, אבל בלא שהה כיון דיש היתר בצלי, לא מקרי הפ"מ לדעת הט"ז בס"ד - רעק"א›. **מה** שפסק הב"ח, דבשהה אסור אף במקום הפסד מרובה, אף ע"י הדחה ומליחה שנית, לא מחוור כמ"ש שם באריכות, ע"ש.

ז"ל הב"י: ז"ל הרא"ש, מלח בלא הדחה, י"א שאין תקנה לאותו בשר כו', עד לענין הלכה, אם הוא במקום הפסד מרובה, או שהוא בע"ש וא"א להכין אחרת, כדאי הם הרא"ש והר"מ לסמוך עליהם, עכ"ל, **ונראה** דעת הב"י לסמוך עליהם במקום הפסד מרובה, אם הדיחו ומלחו שנית דוקא, וכן משמע מדבריו כאן בשו"ע, וא"כ מה שכתב הר"ב מיהו במקום הפסד מרובה יש להתירו, נמי איירי בכה"ג, וכן מבואר להדיא דעת העט"ז, **ודעת** מהרש"ל נראה, דאין תקנה לאותו בשר בהדחה ומליחה שנית, אף במקום הפסד מרובה, ואין זה עיקר, **ולקמן** סי' ע' נתבאר, דבכל מקום דשרי הדחה ומליחה שנית, כ"ש דשרי לצלי, ע"ש.

סימן סט ס"ב(1) • מלח ולא הדיח תחילה

מלח ולא הדיח תחילה, י"א ידיחנו וימלחנו שנית, דטעם ההדחה הוא כדי שיתרכך הבשר, ולאחר שיחזור וידיחנו ויתרכך, יש לו עדיין דם, ואגב זה יפלוט גם מה שבלע ממה שהוא עליו, **ויש** אוסרין, דטעם ההדחה הוא משום הדם שעל הבשר, שאין המלח מפליט אלא דם הבלוע, אבל לא מה שנתייבש על פניו, ויש חשש שאחר שיניח מלפלוט, יהא הדם שעל פניו ניתך ויבליענו, וא"כ כשיחזור וימלחנו, אין לו דם של עצמו לפלוט, שיהא שייך להפליט אגבה דם שעל פניו, **ועוד** יש סברא, דדם שעליו נחשב דם בעין, (ובתרגולת אין לו דם בעין מבחוץ), ובולע אותו אפי' תוך שיעור המליחה, דלא שייך בדם בעין סברת כבולעו כך פולטו, (והש"ך הביאו בס"א).

אפי' לא נמלח רק מעט כדרך שמולחין לצלי, אסור, מפני שאין אנו בקיאין בין מליחת צלי לקדרה, **ועוד** לטעם דם בעין, אפי' במליחה מעט מבליע, **והב"ח** מקיל במליחה מועטת.

ואפי' לא שהה במלחו שיעור מליחה, אסור, לפי הד"מ אסור רק לקדירה ולא לצלי, מיהו דוקא בנמלח רק מעט, **ולמהרש"ל** ולב"ח אסור אפי' לצלי, **והש"ך** פסק כד"מ.

מיהו במקום הפ"מ, או שהוא ע"ש וא"א להכין אחרת, יש להתירו, ע"י הדחה ומליחה שנית, אפי' שהה במלחו, (**ולרעק"א** דוקא בציור ששהה במלחו, דבלא שהה איכא תקנה בצלי, ולט"ז בס"ד אופן זה לא מקרי הפ"מ), **והב"ח** ומהרש"ל חולקים. **כל** מקום דמהני הדחה ומליחה שנית, כ"ש דמהני צלי.

הדחה מועטת, וכשיש ס'

ואם לא הודח רק מעט קודם שמלחו, מותר בדיעבד, והוא הדין אם היה ס' בחתיכה נגד דם שעליו - ‹ומ"מ קליפה בעיא - רעק"א›.

לשון הת"ח, ואע"ג דאין לך חתיכה שיש בה ס' נגד דם שעליו, היינו בסתם, אבל אי ידעינן דיש בה ס', ודאי מהני, ע"כ.

כלומר דודאי לטעם כדי שיתרכך, לא מהני הדחה מועטת, דאינו מתרכך בזה, ופשיטא נמי דלא שייך כאן ס', **אלא** שאנו סומכים בדיעבד דטעמא לא הוי אלא משום דם שע"ג, והלכך מהני הדחה מועטת, וכן אם יש ס' נגד הדם, וכן מבואר בת"ח, [**וכן לומד הט"ז**], ***ומשמע** דכיון שנמלח, אף שלא בישלו עדיין חשוב דיעבד, ****וא"צ** לחזור ולהדיחו ולמלחו, ודוק, ועיין ס"ק ה'.

*‹**אין** זה מוכרח, די"ל דלא הוי דיעבד כיון דיש לו תקנה לחזור ולמולחו שנית, דאז מותר ממ"נ, לטעם דנתרכך לא נאסר במליחה ראשונה, ומהני הדחה ומליחה שנית, ולטעם דם בעין מהני הדחה מועטת בהדחה הראשונה, ולא מקרי דיעבד אלא בנתבשל, **ולפי"ז** ממילא גם מש"כ הש"ך סק"ה אינו מוכרח, די"ל דהדיחו היטב מהני רק במלחו, דא"צ לחזור ולשרותו ולמלחו, אבל כל זמן שלא מלחו, י"ל דצריך לשרותו - רעק"א›.

‹מסקנת** האחרונים אינו כן, אלא דכוונת הרמ"א, דבהודח או שיש ששים, מהני הדחה ומליחה שנית, דלטעם ריכוך מהני הדחה השנייה, ולאינך טעמים משום דם בעין או שלא ימס המלח, מהני הדחה הראשונה›. ‹**והכי** מוכח לכאורה, מדכתב בהג"ה וה"ה אם היה ששים נגד דם בעין, ובזה לכל הטעמים אסורים, רק לטעם בעין, וא"כ מדשריין בלא הדחה ומליחה שנית ובלא הפסד, יהיה מוכרח דנקטינן לעיקר לטעם דם בעין, ולא חיישינן כלל לאינך טעמים, **והא** במלחו ולא הדיחו, דמהני הדחה ומליחה שנית בהפ"מ, הרי דסמכינן לומר דאין הטעם משום דם בעין, **ע"כ** דדברי ההג"ה קאי על תקנה דהדחה ומליחה שנית - רעק"א, ‹קטע זה מובא מס"א›.

‹ובנתבשל ע״י הדחה מועטת ומליחה צ״ע לדינא, די״ל דמותר כיון דיש שני צדדים להתיר, היינו לטעם דשלא ימס או משום דם בעין, מהני הדחה מועטת, **ובלא** הדיחו כלל רק דיש ששים, בזה יש לאסור, כיון דאינו מותר רק להטעם משום דם בעין, ואין אנו דנין טעם לעיקר, כיון דבהפסד מרובה מתירים בהדחה ומליחה שנית, דסמכינן דהטעם דריכוך או דלא ימס המלח, **ואולם** בהפסד מרובה צ״ע, **ועיין** מש״כ בגליון לעיל, דהמשמעות דחד דינא הוא, דהודח מעט עם דינא דיש ששים נגד הדם בעין, וכיון דבששים בודאי אי אפשר להקל בלא הפסד מרובה, ולסמוך על טעם דדם בעין, הכי נמי בהודח מעט, כיון דכייל רמ״א בחד מחתה – רעק״א.

(**עיין** פמ״ג שפי׳ דברי הרמ״א בזה, דשרי ע״י הדחה ומליחה שנית דוקא, ע״ש, **ועיין** בספר לבושי שרד שחולק עליו, ומסיק דלכתחילה ידיחנו וימלחנו שנית, ובדיעבד אם נתבשל בלי מליחה שנית שרי).

סימן סט ס״ב(2) • הדחה מועטת, וכשיש ס׳

אם הודח הדחה מועטת, מותר בדיעבד, **וה״ה** אם היה ס׳ בחתיכה נגד דם שעליו, **ומ״מ** קליפה בעי, **ואע״ג** דאין לך חתיכה שיש ס׳ נגד דם שעליו, היינו בסתם, אבל אי ידעינן דיש, ודאי מהני.

לטעם כדי שיתרכך, לא מהני הדחה מועטת וששים, רק בדיעבד סומכים דטעמא משום דם שעל גביו.

כתב הש״ך דכיון שנמלח אף שלא בישלו, כבר חשוב בדיעבד, וא״צ לחזור ולהדיחו ולמלחו. **ורעק״א** חולק מב׳ צדדין, חדא, די״ל דכל עוד דיש לו תקנה לחזור ולמולחו, (ובזה יהיה מותר ממ״נ, לטעם דנתרכך לא נאסור במליחה ראשונה, ומהני הדחה ומליחה שנית, ולטעם דם בעין, מהני הדחה מועטת ראשונה), לא נקרא בדיעבד, ורק אם כבר בישלו. **ועוד** דהסכמת האחרונים, דלא התיר הרמ״א בדיעבד אלא ע״י שיחזור וימלחנו שנית. (**והפמ״ג** הסכים לרעק״א, **והלב״ש** חולק עליו, ולכתחילה יש למלוח שנית, ובדיעבד מותר בלא מליחה שנית). **דאי** כהש״ך, מדהתיר הרמ״א גם אם יש ס׳, (וזה לא מהני אלא לטעם בעין, לא לטעם כדי שיתרכך, ולא לטעם שלא ימס המלח), א״כ מדהתיר בלא הדחה שנית ובלא הפ״מ, מוכח דטעם דם בעין הוא העיקר טעם, ולא חיישינן לאינך טעמי כלל, **א״כ** איך במלחו בלא הדחה בהפ״מ, התיר להדיחו ולמלחו שנית, הרי שסמכינן דאין הטעם משום דם בעין.

בשנתבשל ע״י הדחה מועטת, כתב רעק״א דצ״ע, וי״ל דמותר כיון דיש ב׳ צדדים להתיר, טעם דשלא ימס או דם בעין, **משא״כ** אי נתבשל בלא הדחה רק דיש ס׳, יש לאסור, דאינו מותר רק לטעם דם בעין, דאינו עיקר וכנ״ל, **אבל** כיון דכייל הרמ״א ב׳ דינים בחדא מחתא, כמו דאין להתיר בלא הפ״מ בס׳ וכנ״ל, (וכשיש הפ״מ צ״ע), ה״ה בהדחה מועטת.

נמלח חתיכה בלא הדחה עם שאר חתיכות

ואם נמלח חתיכה בלא הדחה עם שאר חתיכות, שאר חתיכות מותרות והיא אסורה - דלגבי האחרות מיקרי דם פליטה, וכבולעו כך פולטו, ‹כיון שנמס ואח״כ נפל על האחרים, תו לא הוי דם בעין, משא״כ לגבי אותה חתיכה מיד מבליע שעדיין גוש ועב – פמ״ג›. [**דדם** שריק ואינו מפעפע מחתיכה לחתיכה במליחה וצליה, וג״כ אמרינן כבולעו כך פולטו, **כיון שהוא דם דרבנן מאחר שנמלח**]. ‹**וכוונתו** כמ״ש הש״ך, דלגבי אחרות לא הוה דם בעין, כיון שנתלחלח ונעשה צלול קודם בואו לאחרות, אמרינן מישרק, ר״ל דטרוד לא בלע, או כבולעו כך פולטו, בדם מליחה דרבנן לא מחמירין – פמ״ג›.

סי׳ סט ס״ב(3) • נמלח חתיכה בלא הדחה עם שאר חתיכות

אם נמלח חתיכה בלא הדחה עם שאר חתיכות, שאר חתיכות מותרות, (דלגבי האחרות מקרי דם פליטה, שכבר נמס ואח״כ נפל עליהם, ותו לא הוי דם בעין, וכבולעו כך פולטו, או דטרוד ולא בלע, ובדם מליחה דרבנן לא מחמרינן) **והיא** אסורה, (דמיד מבליע שעדיין גוש ועב).

סי׳ סט ס״ב(4) • סיכום ההלכות שיש בהם נ״מ בין הטעמים

אם נתייבשה הבשר לגמרי: לטעם שלא ימס לא יוציא דם, לטעם דם בעין או ריכוך אינו חשש. **להלכה:** לכתחילה צריך שלא תנגב לגמרי, ובדיעבד מותר אף בלא הפ״מ.

מלחו בלא הדחה ראשונה, אם מהני לחזור ולהדיחו אח״כ: לטעם ריכוך ושלא ימס, מהני, לטעם דם בעין לא מהני. **להלכה:** הרמ״א מתיר בהפ״מ, (ומהרש״ל וב״ח אוסרים).

אם הדיחו במים קרים, ונמלחו ונתבשל: לטעם דם בעין ושלא ימס מהני, לטעם ריכוך לא מהני. **להלכה:** להש״ך מותר בדיעבד בלא הפ״מ. לרעק״א מותר דוקא בהפ״מ.

אם אחר ההדחה חתכו לב׳ או לג׳, ולא חזר והדיחו ובישלו: לטעם ריכוך מהני, לטעם דם בעין ושלא ימס, לא מהני. **להלכה:** לרמ״א אסור אף בהפ״מ. לרעק״א מותר בהפ״מ.

אם צריך לשרות את הבשר: לטעם ריכוך צריך, (ודי אם נשרה חציה), לטעם דם בעין ושלא ימס, אין צריך. **להלכה:** לכתחילה צריך, ובדיעבד סגי בהדיחו היטב.

הדחה מועטת: לטעם של ריכוך, לא מהני. לטעם של דם בעין ושלא ימס, מהני. **להלכה:** הרמ״א מתיר בדיעבד. ופי׳ הש״ך אפי׳ לא בישלו עדיין, מותר בדיעבד. **לרעק״א**, אם לא בישלו, אינו מותר אא״כ יחזור וימלחנו, **ואם** בישלו, מסופק אם מותר בדיעבד או דוקא בהפ״מ.

אם יש ס׳ בחתיכה נגד דם שעליו: לטעם ריכוך ולטעם שלא ימס, לא מהני, לטעם דם בעין מהני. **להלכה:** הרמ״א התיר בדיעבד, (וקליפה ודאי בעי). ופי׳ הש״ך אפי׳ לא בישלו עדיין, מותר בדיעבד. **לרעק״א**, אם לא בישלו, אינו מותר אא״כ יחזור וימלחנו, **ואם** בישלו צ״ע אי מותר אפי׳ בהפ״מ.

אם מדיח במי פירות, לצד דם בעין מהני, לצד ריכוך לא מהני - רעק"א בס"ז.

סוג המלח

סעיף ג - לא ימלח במלח דקה כקמח - שהמלח הדק נבלע בבשר ואינו פולט, **מיהו** בדיעבד בכל מלח שמלח סגי, כ"כ בת"ח ובב"ח.

ולא במלח גסה ביותר, שנופלת מעל הבשר אילך ואילך – [וכתב ד"מ בשם או"ה הארוך להלכה, דכל מלח שאינו גס יותר ממלח שעושין ממי הים, הוא כשר למליחה, ואם גס יותר, צריך להדיקו].

(ואם אין לו מלח אחר רק מלח דק כקמח, מותר למלוח בו) - (עיין בספר חמודי דניאל שכתב, בזה צריך ליתן מלח על הבשר שיהא עב קצת, **ואם** מלח גס מצוי, אסור למלוח במלח דק אף אם נותן הרבה, דראשון ראשון מהמלח שנתקרב לבשר נכנס לבשר ואינו פועל בו, **עוד** כתב, שצריך ליזהר, שע"י השחיקה נטחן מן המלח הרבה כקמח, וכשמולח בכל המלח ביחד יש הרבה מן הבשר שלא בא עליו אלא מן המלח הדק כקמח, **ולענין** דיעבד משמע מדבריו, דאף אם מלח כל הבשר במלח דק לבד, ולא ריבה עד שיהא עב קצת, מותר).

אבל אם אין לו רק מלח גס, לא הוצרך להשמיענו, ‹דמותר למלוח בו›, דהרי יכול להדקו. ‹ואם א"א להדקו, שהוא קשה כאבן וכדומה, מולח בו – פמ"ג›.

סימן סט ס"ג(1) • סוג המלח

לא ימלח במלח דקה כקמח, שהמלח נבלע בבשר ואינו פולט, מיהו בדיעבד סגי. **ואם** אין לו רק מלח דק, מולח בו, וצריך ליתן על הבשר שיהא עב קצת, **אבל** אפי' באופן זה אינו לכתחילה, דראשון ראשון מהמלח שנתקרב לבשר נכנס לבשר ואינו פועל בו, **ואם** לא ריבה עד שיהא עב, אפ"ה מותר בדיעבד.

ולא במלח גסה ביותר ממה שעושין ממי הים, שנופלת מעל הבשר אילך ואילך, **ואם** אין לו רק מלח גסה, צריך להדקו, **ואם** א"א, מולח בו.

זהירות שלא יגע מלח בבשר שלא נמלח

[**כתב** רש"ל מצאתי כתוב, נוהגין המדקדקים ליזהר שלא לתת שום בשר שלא הודח, לא על שום דף או שלחן שאין מיוחד לכך, כי שמא יש מלח על מקום הנחת הבשר ולאו אדעתיה, עכ"ל, ‹והוה כמולח בלא הדחה – פמ"ג›, **נ"ל** ללמוד ג"כ, שאין לתת מלח על מקום המיוחד לתת שם בשר כשמביאין אותו מבית הטבח].

סי' סט ס"ג(2) • זהירות שלא יגע מלח בבשר שלא נמלח

לא יתן בשר שלא הודח על שלחן שאינו מיוחד לכך, **ולא** יתן מלח על מקום המיוחד לבשר כשבא מבית הטבח, **דהוה** כמולח בלא הדחה.

אופן המליחה

סעיף ד - יפזר עליו מלח שלא ישאר בו מקום מבלי מלח, וימלח כדי שלא יהא ראוי לאכול עם אותו מלח, ואינו צריך להרבות עליו מלח יותר מזה - כלומר שא"צ לעשותו כבנין, **וקי"ל** כהרשב"א, דאף החתיכה עבה א"צ לחתכה לשנים, ודלא כהמרדכי, וכ"כ מהרש"ל.

ומולחו משני צדדים, ועופות צריך למלחם גם מבפנים – [ה"ה כל דבר שהוא חלול, כ"כ או"ה הארוך, וע"כ יזהר בשעה שמתקנים ריאה ע"י מליחה, צריך לפתוח קודם מליחה את הקנוקנות שבה].

[**בב"י** הביא בשם המרדכי, מעשה לפני רבינו יודא, שמלח ראש כבש מבחוץ ולא מבפנים, והורה שלא למולחה פעם שניה, ולא יבשלנה כו', נ"ל פשוט דזה מיירי שכבר חתך הראש לשנים, והיה לו למלוח גם מצד פנים כמו כל חתיכה, אבל אם הראש לא נבקע, מותר אם הוא נמלח בחוץ לחוד, כמו שאר חתיכה עבה שא"צ לבקוע אותה בשעת מליחה, וכמ"ש הב"י בסי' ע"א, **אלא** דצריך לנקוב את העצם משום המוח וקרומיו, שיהיה לו מקום לדם שבהם לצאת, כמ"ש שם רמ"א].

ואם לא מלחם אלא מבפנים או מבחוץ, וכן חתיכה שלא נמלחה אלא מצד א', מותר. הגה: ויש אוסרים אפי' בדיעבד - נ"ל הטעם דאסור, משום דאיתא בב"י סי' כ"ב, דמותר לצלות עוף שלם, וכתב הכל בו, דהאידנא נהוג עלמא לבשולי עוף שלם אפי' לקדירה, וטעמא משום דמלחי שפיר בפנים ומבחוץ, משמע דאי לא הוה האי טעמא הוי אסור לבשולי שלם, ואי הוה מתיר אפי' נמלח מצד אחד, נמצא יכולים לבא לידי מכשול לבשולי שלם, **ולפי"ז** יש להקשות על המחבר שכתב בסי' כ"ב ובסי' ע"ו, שמותר לצלותו שלם, והתם טעמא הוא כמש"ל משום דמלחו

משני צדדין, וכאן כתב בדיעבד מותר, ולפי"ז הו"ל לאסור משום שלא ימלחו מצד אחד ויצלה שלם, וי"ל וק"ל, ע"כ הג"ה - נקה"כ.

ויש אוסרים אף בדיעבד - קאי נמי ארישא, שאף בדיעבד צריך שלא ישאר מקום מבלי מלח, כדמוכח בת"ח ע"ש ודוק, וגם דברי מהרש"ל נראין כן, וחזר בו ממ"ש באו"ש דחומרא יתירה היא, **אכן** הב"ח פסק לחלק בכך, וראייתו מאו"ה נכונה, **וכן** נוהגין העולם שאין מדקדקין בכך. ‹ולכתחלה נכון ליזהר – פמ"ג›.

‹**שומן** שנמלח מצד אחר מותר – רעק"א›.

וככי נכוג, אס לא לצורך – [אבל בהפסד מרובה מותר מצד אחד, ונראה פשוט דכ"ש אם נמלח משני צדדים, **אלא דלא נתפשט המלח בכל מקום דמותר, שהרי** באו"ה הארוך כתב בזה להתיר בדיעבד, ופסק לאיסור בלא נמלח משני צדדים, וכן מדברי רש"ל משמע דזה קיל יותר, **ע"כ** נראה דבלא נמלח בכל מקום, מותר **בדיעבד אפי' בלא הפסד מרובה**].

(**עיין** בשו"ת רב משולם, דאין חילוק בין אם צד הנמלח למעלה או אם הוא למטה, דודאי המלח מוצץ הדם ומושכו אל המקום אשר הוא שם, בין מלמטה למעלה, ובין מלמעלה למטה).

(**ובספר** חוו"ד כתב, במעשה שמלחו בשר במלח מעורב בגרופין שליש או רביע, שאסור, כיון שנוהגים בלא"ה שיש מקום פנוי, ובהצטרף לזה מקום הגרופין, יהיה הרבה פנוי, ובאותו מקום נאכל מחמת מלחו, וזה מעכב בדיעבד אליבה דכו"ע, **לכן** אם לא שהה עדיין שיעור מליחה, יש להדיחו ולחזור למולחו במלח יפה, דאסור למלוח בעוד שהמלח ודם עליו, **ואם** שהה שיעור מליחה, ידיחנו מעט ומלחנו, דאם ידיחו יפה יסתמו נקבי הפליטה, ויבלע המקום שנמלח כהוגן מהמקום שלא נמלח, **גם** ימלחנו על מקום נקי, לא על אותו כלי שמלח בראשונה, ע"ש).

סימן סט ס"ד(1) • אופן המליחה

ימלח כדי שלא יהא ראוי לאכול עם אותו מלח, וא"צ להרבות עליו מלח יותר מזה, שא"צ לעשותו כבנין.
יפזר עליו מלח: [א] שלא ישאר בו מקום מבלי מלח.[ב] ומשני צדדים, [ג] ובדבר שהוא חלול, גם מבפנים, **אבל** חתיכה עבה א"צ לחתכה לשנים. **ובדיעבד** אם לא מלח כן, מותר בכל הג' ציורים. **ואין** חילוק אם הצד הנמלח למעלה או למטה.
ויש אוסרים אפי' בדיעבד בכל הג' ציורים, **וי"א** הטעם, דהא נוהגין העולם לבשולי עוף שלם אפי' לקדירה, וטעמא משום דמלחי שפיר בפנים ומבחוץ.
ונוהגין להתיר בציור א' בדיעבד, **ובציור** ב' וג' מותר דוקא בהפסד מרובה.
שומן שנמלח מצד אחר מותר.

ואם מעורב המלח עם גרופין (ובאותו מקום נאכל מחמת מלחו), ובצירוף מקום הגרופין עם מקום הפנוי יהיה הרבה פנוי, מעכב בדיעבד, **לכן** אם לא שהה עדיין שיעור מליחה, יש להדיחו ולחזור למולחו במלח יפה, דאסור למלוח בעוד שהמלח ודם עליו, **ואם** שהה שיעור מליחה, **ידיחנו** מעט וימלחנו, דאם ידיחו יפה יסתמו נקבי הפליטה, ויבלע המקום שנמלח כהוגן מהמקום שלא נמלח, **גם** ימלחנו על מקום נקי, לא על אותו כלי שמלח בראשונה.

חילוק אי נתבשלה או לא

ודוקא אס ככר נתכשל כך - ‹הט"ז בסמוך לומד הרמ"א, דקאי על מה שמותר לצורך, וע"ז קאמר דדוקא בשכבר נתבשל, אז מותר בהפסד מרובה, **אבל** כשלא נתבשל עדיין, לא יבשל כך אפי' בהפסד מרובה, כיון דיש תקנה ע"י צלי, ומה"ט ג"כ לא אמרינן דפולט ציר יום שלם, **והש"ך** לא ניחא ליה בזה, דאפי' באפשר לו בצלי שייך ליחשב הפסד מרובה, וע"כ לומד דהרמ"א קאי על מה דאסור כשאינו לצורך›.

כלומר הא דאסור בדיעבד ואין לו תקנה, דוקא אם נתבשל כך כו', וכן מוכח בת"ח, **אבל** לצורך, דהיינו במקום הפסד מרובה וכה"ג, יחזור וימלח צד השני תוך מעל"ע, כמ"ש הר"ב ס"ס ע', **ודוחק** לחלק דשאני הכא כיון דאפשר בצלי.

אבל אס לא נתכשל עדיין, לא יכשלנו כך, אלא אס כוא תוך י"ב שעות שנמלח, יחזור וימלח לד השני שלא נמלח עדיין - שאז כיון שפולט עדיין ציר, פולט מה שבולע מצד השני, [אבל אח"כ יש לחוש שיחזור ויבלע הצד הנפלט מהצד שלא נפלט עדיין], **ויכשלנו אחר כך.**

‹**אף** בעוף הוא כך, כ"כ בד"מ, ועיין בפמ"ג – רעק"א›.

[**ואע"פ** שבסי' ע' כתב רמ"א, דבהפסד מרובה י"ל שפולט ציר עד יום שלם, מ"מ כאן לא שייך הפסד מרובה, כיון דיש היתר בצלי, כנ"ל דעתו]. **זה** אינו, כמ"ש בש"ך - נקה"כ.

סימן סט ס"ד(2) • חילוק אי נתבשלה או לא

וכתב הרמ"א, ודוקא אם כבר נתבשל כך. **ולפי** הט"ז ר"ל דדוקא אם נתבשלה מתירין בהפ"מ הנ"ל, דאי לא נתבשלה ושייך תקנה ע"י צלי, לא נחשב להפ"מ, אלא אי הוי תוך י"ב שעות, יחזור וימלח צד השני, (דהא רק בהפ"מ מקלינן לחזור ולמלוח תוך מעל"ע), ולאחר י"ב שעות צריך לצלות. **ולפי הש"ך** אפי' אי שייך לצלות שייך ליחשב להפ"מ, ובתוך מעל"ע יחזור ימלח צד השני, ולאחר זה הזמן יכול לבשלו כמו שהוא. **והרמ"א מיירי** רק כשאינו הפ"מ, דאסור בדיעבד כנ"ל, זהו כשנתבשלה, אבל אי לא נתבשלה, ואינו הפ"מ, אי הוי תוך י"ב שעות, יחזור וימלח, ואי הוי אח"כ, צריך לצלות.

התקנה לחזור ולמלוח

ונראה דמיירי כשלא הודח עדיין, אבל אם הודח אחר מליחתו, מיד נסתמין נקבי הפליטה, ולא מהני מליחה אח"כ, וכמ"ש לקמן סי' ע', וכ"כ הב"ח, [**דשמא** יבלע הצד שנמלח כבר מן הצד השני, ולא שייך ביה כבולעו כך פולטו, מאחר שאין לו ציר, שהרי נסתמין נקבי הפליטה, כמ"ש בסי' ע', ע"כ].

[**ואני כתבתי בסי' ע'**, שדין זה דהדחה סותמת נקבי פליטת הציר, היא אינה מוסכמת, וכאן הכל מודים דאין לאסור מכח זה, כיון שיש היתר בלא"ה במקום הפסד].

‹**לענ"ד** א"כ אחר י"ב שעות אמאי לא ימלחנו, נימא נמי כיון דהא מילתא דשיעור פליטת ציר י"ב שעות אינו מוסכם, דהעיקר יותר כהפוסקים דשיעורו כ"ד שעות, דהרי סמכינן ע"ז בהפסד מרובה, והכא כיון דיש היתר בלא"ה במקום הפסד, נסמוך עלייהו דשיעור פליטת ציר כ"ד שעות – רעק"א›.

יחזור וימלח צד השני - ‹לענ"ד יש לעיין מה מהני מליחת צד השני, הא הצד שכבר נמלח ושהה שיעור מליחה, פסק כח המלח, וא"כ הוי כמו אינו מלוח, וא"כ הוי עתה במליחה השניה ג"כ רק נמלח מצד אחד, והיה מהראוי למלוח שנית את כולו משני צדדים, **דהא** פשיטא דלא אמרינן דנמלח מצד אחד מועיל לעוביו דחצי חתיכה, דא"כ אם נחתוך החתיכה לשנים יהא מותר, וזהו אינו במשמע, אלא דאמרינן דכח המלח נכנס רק בעובי מעט, לפעמים כעובי אצבע וכדומה, **ואי** כן נימא דמליחה ראשונה הוציא דם מעובי אצבע, ופסק כח המלח, ועתה כשמולחים צד השני, מוציא ג"כ כעובי אצבע, והאמצעי נשאר בדמו, וצ"ע – רעק"א›.
‹**ואולי** "צד השני" לאו דוקא הוא – פמ"ג›.

ואם הוא אחר י"ב שעות, אזי ימלחנו, דנורא משאב שאיב, ואין הצד שנמלח כבר בולע מצד שלא

נמלח - ואפילו בולע, כבולעו כך פולטו, כדלקמן בסי' ע"ג ובכמה דוכתי.

סימן סט ס"ד(3) • התקנה לחזור ולמלוח

תוך י"ב שעות עדיין בשר פולט ציר, ומה שבולע מצד שני יפלטנו, **אבל** לאחר י"ב שעות כשאינו הפ"מ, חיישינן שיחזור ויבלע הצד הנפלט מהצד שלא נפלט עדיין. (**ולפי** הט"ז [להלן בסמוך], אפי' כשאינו הפ"מ, היה צ"ל מותר לחזור ולמלחו תוך מעל"ע, כיון דזמן י"ב שעות אינו מוסכם – רעק"א). **אבל** ע"י צלייה, דנורא משאיב שאיב, אין הצד שנמלח בולע מהצד שלא נמלח, ואפי' בולע, כבולעו כך פולטו.

לפי הש"ך לא מהני לחזור ולמלוח, אלא כשלא הודח עדיין, דאל"כ נסתמין נקבי הפליטה, ולא מהני מליחה אח"כ, ושמא יבלע הצד שנמלח כבר מן הצד השני. **ולהט"ז** כיון דסברא זו אינו מוסכמת, כאן מותר לכו"ע אפי' אם הודחו כבר, כיון שיש היתר בלא"ה במקום הפסד.

לפי רעק"א ופמ"ג אינו די לחזור ולמלוח צד שני בלבד, אלא צריך לחזור ולמולחו מב' צדדיו, **דהא** פשיטא דלא אמרינן דנמלח מצד אחד מועיל לעוביו דחצי חתיכה, דא"כ אם נחתוך החתיכה לשנים יהא מותר, וזהו אינו, **אלא** דאמרינן דכח המלח נכנס רק בעובי מעט, וא"כ אם עכשיו ימלח רק הצד השני, יוציא ג"כ רק כעובי אצבע, והאמצעי ישאר בדמו.

חילוק בין הכא לחלחולת

[**ותמהתי על רמ"א**, דבסי' ע"ה גבי חלחולת שיש שם שומן ‹על צד חיצון›, **דאסור אם נתבשל בלא מליחה אפי' דיעבד אם מלח צד פנימי לחוד**, ‹כיון שהחלחולת שאין בו דם מפסיק, ואפי' בהפסד מרובה›, **ואפ"ה** כל שלא נתבשל יש היתר לחזור ולמלוח החיצון, ואפי' אחר י"ב שעות, והטעם, שאין ‹השומן› מוחזק כ"כ בדם, **וכאן יש סברא טפי שאינו מוחזק צד שלא נמלח בדם**, שהרי בדיעבד מותר במקום הפסד, ואמאי פסק כאן דוקא תוך י"ב שעות, **ומהרא"י** דחילק כאן בין י"ב שעות, הוא ס"ל בכל גווני אסור כאן בדיעבד, **ע"כ** נ"ל להלכה, כיון דכאן יש קולא בלא"ה בדיעבד, יש להתיר אפי' אחר י"ב שעות כמו בחלחולת].

לא קשיא מידי, דהתם היינו טעמא, כיון שאין מחזיקין דם בחלחולת רק בשומן שבחלחולת, א"כ אם מלח צד פנימי של חלחולת, הרי לא מלח השומן כלל אפי' מצד אחד, שהרי החלחולת מפסיק בין המלח ובין השומן – נקה"כ.

‹**לענ"ד** לא קשה מידי, דהתם המליחה בצד פנים בודאי לא מהני, כיון דליכא שם דם, מש"ה בנתבשל אפי' בהפסד

מרובה אסור, משום הדם דבשומן, אבל לחזור ולמולחו שרי, כיון דבשומן יש רק מעט דם, **אבל** הכא להרשב"א דמליחה מצד אחד מהני, לא נשאר דם כלל, ועדיף מההיא דלקמן, ולמהרא"י דמליחה מצד אחד לא מהני, נשאר דם הרבה, וגרע מהיא דלקמן, **מש"ה** בהפסד מרובה סמכינן על הרשב"א, ואין כאן דם כלל, אבל בלא הפסד מרובה חיישינן למהרא"י, דמליחה מצד אחד לא מהני, וממילא יש בחתיכה דם הרבה, ולא מהני לחזור ולמולחו, וברור בעזה"י – רעק"א.

סימן סט ס"ד(4) • חילוק בין הכא לחלחולת

כתב הט"ז, מדמצינו בחלחולת שנמלח רק מצד הפנימי (החלחולת שאין לו דם), דיכול למלוח צד החיצון (השומן שיש לו דם) אפי' אחר י"ב שעות, משום שאין השומן מוחזק כ"כ בדם, הגם דבלא מליחה אסור אפי' בהפ"מ, **וא"כ** כ"ש בבשר שנמלח מצד א', דמותר בהפ"מ, שיהא יכול למולחו אחר י"ב שעות. **הש"ך** מחלק, דהתם המליחה מצד הפנימי דאין בו דם, אינו נחשב כמליחה כלל להשומן, והוי כמו הכא אם לא נמלח כלל, דאסור אפי' בהפ"מ, ויכול למולחו אחר י"ב שעות. **ורעק"א** מחלק, דהתם נחשב אחר המליחה כציור ממוצע, דיש לו רק מעט דם, וא"כ בלי עוד מליחה אסור אפי' בהפ"מ, משום דיש מעט דם, אבל יכול לחזור ולמולחו אחר י"ב שעות כיון דיש לו רק מעט דם, **משא"כ** הכא הוא משום דיש מחלוקת, לשיטה א' מליחה מצד א' לא מהני, ויש לו הרבה דם, וממילא אין יכול לחזור ולמולחו אחר י"ב שעות, ורק דיש שיטה דמליחה מצד א' מהני לגמרי, ועל זה סמכינן בהפ"מ.

חתך מן הבשר אחר המליחה

סעיף ה - אחר שנמלחה החתיכה, אם חתך ממנה, אינו צריך לחזור ולמלוח

מקום החתך - דוקא אחר שנמלחה החתיכה כראוי, הוא דא"צ לחזור ולמלוח מקום החתך, [שע"י מליחה נפלט כל הדם, אפי' מה שהוא באמצע חתיכה, אע"פ שהוא עבה מאד], **אבל** תוך שיעור מליחה, צריך להדיחו שם היטב ולחזור למלחו, כמ"ש הר"ב ס"ס כ', [דיש איסור שיוצא דם בעין על הבשר].

סימן סט ס"ה • חתך מן הבשר אחר המליחה

אחר שנמלחה החתיכה כראוי, וחתך ממנה, א"צ לחזור ולמלוח מקום החתך, דכבר יצא כל הדם, אפי' מה שהוא באמצע, אפי' אם הוא עבה מאד. **אבל** תוך שיעור מליחה, צריך להדיחו שם היטב ולחזור ולמלוח.

שיעור שהייה במלח

סעיף ו - שיעור שהייה במלח, אינו פחות מכדי הילוך מיל, שהוא כדי שלישית שעה

בקירוב - דהיינו פחות חלק ל' מן השעה, לפי חשבון דמהלך אדם בינוני י' פרסאות ביום, דהיינו י"ב שעות.

הגה: ועל זה יש לסמוך בדיעבד - כגון אם הודח אחר ששהה שיעור מיל ונתבשל, (**ומשמע** דאם לא נתבשל, אף שהודח, יחזור וימלחנו, **ועיין** בדגמ"ר שכתב, דדוקא אם לא שהה רק שיעור מיל, אבל אם שהה יותר מחצי שעה, יש להקל אחר שכבר הודח, ואין צריך להפסיד מלח ולמולחו שנית).

או אפילו לכתחלה לכבוד אורחים או לצורך שבת - (כתב בסולת למנחה בשם תורת אשם, מקום שהוזכר כבוד אורחים, היינו כגון בעלי תורה ובעלי שם טוב ומע"ט, או עני בן טובים, או עשירים שראוי לכבדם שאינם עושים רעה, **ולא** הגרועים או הקבצנים שעוברים ושבים בשביל טרף ומזון, הם בכלל צדקה).

(**וכתב** עוד, דלא מקרי אורחים אלא שנתארחו בביתו, אבל לא כשזימן אצלו חבירו, **והוא** ז"ל חולק עליו בזה, וסיים דלכתחלה לא יזמין אצלו חבירו, אם יודע שהוא צריך להקל בענין הדחה או מליחה, **אבל** אם כבר זימן אצלו, אז יש להקל כמו מפני שאר אורחים).

אבל בלאו הכי המנהג להשהות במליחה שיעור שעה, ואין לשנות.

סימן סט ס"ו • שיעור שהייה במלח

המנהג להשהות במליחה שיעור שעה, ואין לשנות. **בדיעבד** יש לסמוך בי"ח דקות, אם כבר הודח ונתבשל, **ואם** לא נתבשל, אף שהודח, יחזור וימלחנו, **ואם** שהה יותר מחצי שעה בהמלח, יש להקל בדיעבד אף אם רק הודח, וא"צ לחזור ולמולחו שנית. **ואפי'** לכתחילה יכול לסמוך על י"ח דקות, לכבוד שבת, **או** לכבוד אורחים בעלי תורה ובעלי שם טוב ומע"ט, או עני בן טובים, או עשירים שראוי לכבדם שאינם עושים רעה, **אבל** לא הגרועים או הקבצנים שעוברים ושבים בשביל טרף ומזון, שהם בכלל צדקה. **וי"א** דלא מקרי אורחים אלא שנתארחו בביתו, אבל לא כשזימן אצלו חבירו, **וי"א** דלכתחילה לא יזמין חבירו אם יהיה צריך להקל בהדחה או במליחה, **ואם** כבר זימן, יש להקל כמו מפני שאר אורחים.

הדחה וניפוץ אחר המליחה

סעיף ז - קודם שיתן הבשר בכלי שמדיחו בו, ינפץ מעליו המלח שעליו, או ישטפנו

במים - שאם יניחו עם מלחו בכלי שאינו מנוקב

עם המים, נמצא המים שוברים כח פליטת הבשר, ונמצא הדם שע"פ הבשר ושעם המלח חוזר ונבלע בתוכו, לשון הרשב"א.

ואח"כ יתן הבשר בכלי שמדיחין בו, וידיחנו פעמים, וישטוף הכלי בין רחיצה לרחיצה.

הגה: וי"א שצריכין להדיח הבשר ג' פעמים, והכי נוהגין לכתחילה - אבל בדיעבד אפי' לא הודח רק פעם א' ונתבשל כך, מותר, כדלקמן ס"ס ט' בהג"ה. ‹**ומיהו** ניפוץ לחוד לא מהני אלא הדחה – פמ"ג›.

על כן ישטפנו או ינפץ המלח מעליו, וידיחנו ב' פעמים, דזה הוי כהדחה ג' פעמים.

הג"ה זו צריכה ביאור, דהא המחבר נמי קאמר דלכתחלה ינפצנו או ישטפנו וידיחנו שני פעמים, **ונראה** משום דמבואר הוא דלהכי מצריך המחבר שטיפה או ניפוץ, משום דם ומלח שלא יהא נבלע בבשר כשמניחו בכלי, וא"כ כשמדיחו ביד כשתופס הבשר באויר, א"צ ניפוץ או שטיפה ודי בהדחה ב' פעמים, דס"ל דהדחה לבשר לא בעינן אלא ב"פ, **ע"ז** כתב וי"א שצריכים הדחה לבשר ג"פ, ע"כ אפי' ביד ישטפנו להמלח או ינפצנו וידיחנו לבשר ב"פ, דזה הוי כהדחה ג"פ, **ויותר** נראה דלא הביא הר"ב הי"א, אלא להורות די"א שידיח ג"פ ושכן נוהגין, וס"ל די"א אלו לא פליגי אהמחבר, לזה אמר על כן ישטפנו כו', כלומר דמר אמר חדא ומר אמר חדא ולא פליגי, ודוק.

או ישים המים תוך הכלי, ואחר כך יניח בו הבשר וידיחנו ג' פעמים, והכי נהוג.

וצריך ג"כ ביאור, דהיכי דמי, דאי בלא ניפוץ ושטיפה תחלה, הא אסור לכתחלה וכמ"ש המחבר מטעם שכתבתי, ודוחק גדול לומר דפליג בהא אהמחבר מכמה טעמים, ודוק, **ואי** בשטיפה או ניפוץ קאמר, אם כן אמאי צריך הדחה ג"פ, תיסגי בהדחה ב"פ, דהא שטיפה וניפוץ חשיבי כהדחה וכמ"ש מקודם, **ויש** לדחוק וליישב דהדחה ראשונה שבכלי לאו הדחה מעליותא חשיבא, **א"נ** בלא שטיפה וניפוץ איירי, ואפי' הכי שרי כשנותן מים הרבה בהדחה ראשונה, שמבטלין כח הציר, וכדמסיים ולכתחלה יתן מים הרבה כו', ודוחק, **ובעט"ז** לא הביא אלא דברי המחבר ותו לא מידי, וצ"ע.

[יש לתמוה, דהא בשו"ע כתב ג"כ ניפוץ או שטיפה ואח"כ הדחה ב' פעמים, וע"ז כתב רמ"א, וי"א שצריכין להדיח ג' פעמים, משמע דלא סגי ניפוץ או שטיפה במקום הדחה אחת, והאיך חזר רמ"א וכתב "דזה הוי כהדחה ג' פעמים", וכן מ"ש רמ"א אח"כ, או ישים המים תוך הכלי כו', האי "או" אין לו פירוש, ‹כמ"ש הש"ך דהיכי דמי כו'›, **ונלענ"ד** דהאי "או" קמייתא ‹"או ינפץ"› ט"ס, דתחילה אמר רמ"א "ע"כ ישטפנו וינפץ המלח כו'", דזה הוי כהדחה ג' פעמים, דהיינו ששטיפה ששוטף באויר וגם הניפוץ שאח"כ, הויין במקום הדחה קמייתא, **ואח"כ** אמר על רישא דמלתא, ‹דאם לא עשה רק שטיפה או ניפוץ לחוד›, שצריך הדחה ג' פעמים, שיהיה בדרך זה, שיתן תחילה המים בכלי ואח"כ הבשר, כך נלענ"ד ליישב]. **זה** אינו מחוור ועיין בש"ך - נקה"כ.

ולכתחילה יתן מים הרבה בהדחה ראשונה, כדי שיבטלו כח המלח שעליו.

סימן סט ס"ז(1) • הדחה וניפוץ אחר המליחה

להמחבר צריך לנפץ המלח שעליו או ישטפנו במים, ואח"כ ידיחנו בכלי ב' פעמים, וישטוף הכלי בין רחיצה לרחיצה.

ואי מדיחו באויר שלא בכלי, י"א דלהמחבר א"צ רק להדיח ב' פעמים, **ולהרמ"א** אפי' אי מדיחו באויר, צריך ג' הדחות.

והג' הדחות דצריך להרמ"א, אליבא דהש"ך, די אם ניפוץ או שטיפה הוא א' מהם, **ויש** לו צד, דבכלי אין ההדחה ראשונה מעלייתא, וצריך עוד ב' פעמים (סך הכל ג' פעמים), לבד הניפוץ או שטיפה. **ולהט"ז**, דוקא ניפוץ ושטיפה ביחד נחשב במקום הדחה אחת, וצריך עוד ב' הדחות.

בדיעבד אפי' לא הודח רק פעם א' ונתבשל כך, מותר.

לכתחילה יתן מים הרבה בהכלי בהדחה ראשונה. **והש"ך** יש לו צד בהרמ"א, דבאופן זה א"צ ניפוץ או שטיפה קודם, רק הדחה ג' פעמים.

הדחה במי פירות

מותר להדיח הבשר במי פירות ואין צריך מים -

כתב הר"ב בתשו', שאלת על מה שכתב הר"ן והבאתיו בת"ח שלי, דיכול להדיח הבשר לקדרה במי פירות, ודקדקת הא הדחה ראשונה לא, ושאלת טעמא, ואפשר לומר דשאר משקין מטרשי ליה, [ואינן מרככין הבשר כמו מים, וכזה כתב מהרי"ק לענין רחיצת אשה קודם טבילה, שציוו עליה הרופאים שלא תחוף אלא ביין, כי צריך דקדוק אם מותרת לחוף ביין, שאפשר שהיין מסבך השערות, וה"ה לענין מטרשי נמי, ואין כל

הטבעים שוים], עכ"ל, **וסברא** זו קלושה, [ואינו כלום, כי גם לשם אינו דבר ברור, כמבואר בב"י בשם מהרי"ק], **גם** צ"ע דלא נמצא כן בדברי הר"ן כלל, דיכול להדיח הבשר במי פירות, **ובע"כ** צ"ל דהר"ב כוון למ"ש אמתני' דהשוחט ולא יצא דם, כשרה ונאכלים בידים מסואבות, לפי שלא הוכשר בדם, ומקשו הכא, נהי שלא הוכשר בדם, על כרחך קודם אכילה הוכשרו במים, דאי לקדרה בעי לה הוכשר במים שבה, יש לומר דלצלי דלא בעי הדחה, אי נמי משכחת לה כשהודחו ע"י גשמים, עכ"ל, *__וסבירא__ ליה להר"ב, או שהיה כתוב בגירסתו, דה"ה במי פירות, וכן כתבו התוס' בפרק השוחט בהדיא, וז"ל, לצלי איירי דלא בעי הדחה, א"נ לקדרה והודח במי פירות, עכ"ל, **ויותר** נראה דט"ס הוא, ובמקום ר"ן צריך להיות תוספות, **אם** כן משמע להדיא דמיירי בהדחה ראשונה, ‹מדכתבו "לצלי" בלמ"ד, ולא כתבו "בצלי איירי", ש"מ דעסוק בהדחה ראשונה – פמ"ג, ובזה מקיים הגירסא "ועוד"›, **ועוד** דאם לא כן הדרא קושיא לדוכתא, דהא הוכשר בהדחה קמייתא, ומ"ש לקדירה, היינו משום דלצלי לא בעי הדחה כלל, **וצ"ע**.

*‹**אינו** מובן, דאם מסברא דומה מי פירות למי גשמים, מה צורך לדברי הר"ן, וכי בלא"ה לא ידענו דמי גשמים מהני, ולא צריך מי מעיין דוקא – רעק"א›.

[ויש מי שבא לתרץ, דתוס' ס"ל דלא היה צריך להדחה **ראשונה, דס"ל טעם הדחה ראשונה משום דם שעל פני הבשר, וכאן אין דם שהרי לא הוכשר, והבל יפצה פיהו, דודאי אין שום דם מכשיר אלא דם שחיטה, אבל דם שלאחר השחיטה שהוא קרוי דם התמצית ודאי אינו מכשיר, וכ"ש בדם האיברים שבודאי ישנו בכל בהמה, וכשחותך בבשר יוצא דם האברים, וצריך הדחה תחילה**].

‹**לענ"ד** י"ל דכוונת הת"ח, בודאי דעת תוס' דבין הדחה ראשונה ובין הדחה אחרונה מותר במי פירות, וכיון דס"ל לתוס' כן מסברא בלא הכרח, דהא ממתנ' אין ראיה, די"ל דמיירי לצלי וכמ"ש תוס' בעצמם, מהיכי תיתי לפסוק שלא כדבריהם ולא מצינו מאן דפליג, **וזהו** לענין הדחה אחרונה, אבל לענין הדחה ראשונה אין ראיה מתוס', דדלמא סברי כהפוסקים דטעמא דהדחה ראשונה משום דם בעין, מש"ה מותר במי פירות, אבל לטעמא משום ריכוך, י"ל דמי פירות לא מהני, ודו"ק – רעק"א›.

(**ועיין** בתשובת רדב"ז החדשות, דשם איתא בהדיא, דאף בהדחה ראשונה שרי במי פירות).

סימן סט ס"ז(2) • הדחה במי פירות

הדחה אחרונה יכול להיות במי פירות. **ולענין** הדחה ראשונה, מהת"ח מבואר דלא מהני, ואפשר משום דמטרשי ליה, **והש"ך** והט"ז כתבו דצ"ע, **וכתב רעק"א** דאי טעם הדחה ראשונה הוא לרכך הבשר, אז י"ל דלא מהני, ואי משום הדם בעין, אז מהני, **והפת"ש** מביא דמהני מי פירות להדחה ראשונה.

הניחו בכלי בלי ניפוץ ושטיפה

סעיף ח - אם לא ניפץ המלח שעליו ולא שטפו, אין לאסור, כי המים שבכלי מבטלין כח המלח - ולא חשיב כרותח לאסור הבשר, **ולאו** דוקא מים אלא ה"ה ציר, ‹היינו לדעת המחבר לקמן ס"כ – דגמ"ר›, אלא דנקט מים לאפוקי היכא דליכא לא מים ולא מוהל, אלא מיחוי דם של איסור גרידא, דאז המלח חוזר ונבלע בבשר ואסור עכ"פ כדי קליפה, ועיין בסעיף כ'. ‹**ובכלי** שאינו מנוקב לא שייך טרוד ולא כבולעו כך פולטו – פמ"ג שם›. ‹**עיין** ש"ך דאי לא מים ולא מוהל, עכ"פ אסור כדי קליפה, כמ"ש בס"כ במעשה דרש"י, עיין ט"ז שם {דחולק ע"ז} – פמ"ג›. ‹**וכתב** שם הט"ז, דלרווחא דמלתא כתב המחבר מים, שהוא אליבא דכו"ע, אפי' למאן דאוסר שם›.

הגה: ואפילו המים מועטים מ"מ מבטלים כח הציר. ויש מתירין אפילו לא היה מים כלל בכלי והניחו בו הבשר, דאין לחוש בשעה מועטת כזו שעוסקין בהדחת הבשר, ויש לסמוך עלייהו.

וכתב באו"ה, דאפי' נמצא קצת מוהל תוך הקערה, שרי בזמן מועט כו', ולקמן ס"כ יתבאר ‹לרמ"א – דגמ"ר›, דאם נמצא ציר ממש בכלי, נאסר מיד. ‹**אולי** כוונתו לחלק בין אם יש ציר מכונס בכלי, ובין אם אין אלא ציר טופח תחת הבשר, ואף אם אין כוונתו כזה, נלענ"ד נכון לדינא – יד יהודה›.

ואין לחוש בכל זה רק בהדחה ראשונה, אבל לאחר הדחה ראשונה אין לחוש.

סימן סט ס"ח(1) • הניחו בכלי בלי ניפוץ ושטיפה

להמחבר, אם לא ניפץ ולא שטפו, ונתנו תוך מים, אפי' מועטים, או לתוך ציר, (המחבר לשיטתו ס"כ), בכלי שאינו מנוקב (דלא שייך טרוד, ולא כבולעו כך פולטו), אין לאסור, כי המים מבטלין כח המלח, **אבל** אי ליכא אלא מחוי דם, המלח חוזר ונבלע בבשר, ואסור עכ"פ כדי קליפה, להש"ך לכו"ע, (אפי' לדעת המחבר עצמו), כיון דליכא מים או מוהל, **ולהט"ז** זהו רק למאן דאוסר בס"כ, אבל למאן דמתיר שם, (וזהו שיטת המחבר שם), מותר.

להרמ"א, אפי' לא היה מים, ואפי' יש ציר טופח, מותר לשעה מועטת שעוסק בהדחה, **אבל** ציר מכונס, אוסר הרמ"א בס"כ.

נמצא ב' מחלוקות בין מחבר לרמ"א, כשיש מחוי דם או ציר טופח, להמחבר אסור כדי קליפה, (אליבא דהש"ך, ואליבא דהט"ז, גם להמחבר לשיטתו בס"כ מותר), להרמ"א מותר לשעה מועטת, **ואי** איכא ציר מכונס, יש מחולקת איפכא בס"כ, להמחבר מותר, להרמ"א אסור.

וכ"ז בהדחה ראשונה, אבל לאחר הדחה ראשונה אין לחוש.

כשהכלי טריפה או חולבת

ואין חילוק בין אם הדיחו בכלי כשר או טרפה או חולבת - כלומר כיון שהכלי אינו מלוכלך, אין חילוק אפי' אין שם מים בכלי, ‹והטעם, שאין מליחה לכלים להפליט – מחה"ש›. **ומשמע** מדברי הר"ב, דאפי' הכלי בן יומו, מותר כשאינו מלוכלך, ועמ"ש מזה בס"ק ע"ז.

[**אבל אם מלוכלך**, אין היתר אא"כ שיהיה מעט מים בכלי, כדמסיק אח"כ, ורש"ל פסק, דאף אם הכלי חולבת מלוכלך בשיורי פירורי מאכל חלב, אפי' הוא לח, אינו אוסר אא"כ נשתייר בו לכלוך חלב ממש].

ואם היה מעט מים בכלי, שמבטל כח המלח שאינו חשוב עוד כרותח, אפילו הכלי חולבת או הטריפה מלוכלך עדיין באיסור, מותר.

סימן סט ס"ח(2) • כשהכלי טריפה או חולבת

כשהכלי אינו מלוכלך, אפי' כשאין מים בכלי, אין לחוש אפי' אם הכלי הוא טרפה או חלבת בן יומו, דאין מליחה לכלים, **ולרש"ל** ה"ה אפי' אם מלוכלך בשיורי פירורי מאכל חלב לח, כ"ז שלא נשתייר לכלוך חלב ממש. **ואם** יש מעט מים בכלי, שמבטל רתיחת המלח, מותר אפי' כשהוא עדיין מלוכלך.

בשר שנתבשל בלא הדחה אחרונה

סעיף ט - בשר שנמלח, ונתבשל בלא הדחה אחרונה - ‹וכן אם שרה במים מעל"ע – רעק"א›,

צריך שיהא בו ששים כדי המלח שבו - כ"כ גם הטור, וצ"ל דהיינו מטעם דלא ידעינן כמה דמא בלע, וכ"כ ב"י ס"ס ק"ה, **דליכא** למימר מטעם דהמלח נעשה נבלה, וכמ"ש הגה"מ בשם סמ"ק, דהא ס"ל להטור לקמן סי' צ"ב דלא אמרינן חנ"נ אלא בבשר בחלב, דלא כהב"ח, **ומ"מ** מש"כ הטור והמחבר והרב "נגד המלח", הוא לאו דוקא, אלא ששים נגד לחלוחית דם ומלח שעליו מבחוץ בעינן, וכך מבואר בדברי הפוסקים ובת"ח.

[**ולא** סגי בששים נגד הדם, כי המלח נעשה כולו נבילה, כמ"ש הב"י בזה בשם הגה"מ מיימון], ‹**הוא** תמוה, הא המחבר ס"ל דלא אמרינן חנ"נ בשאר איסורים, אלא ודאי דהטעם דלא ידעינן כמה בלע, וכמ"ש הש"ך – רעק"א›.

הגה: וכל הקדירה מצטרף לששים – [פירוש כל מה שבקדירה, אבל הקדירה עצמה פשיטא דאינו מצטרף, כמ"ש סי' צ"ט].

גם דברי המחבר צריך לפרש כן, ומ"ש צריך שיהא בו ס', לאו למימרא דצריך שיהא בו לבדו ס' נגד המלח שבו, וכדעת מהרש"ל שאכתוב בסמוך, **דהא** אפי' למ"ד דחנ"נ אף בשאר איסורין, וכשהאיסור דבוק בעינן ס' נגד כל החתיכה, כדלקמן סי' ע"ב ס"ג בהג"ה גבי לב הדבוק בעוף, דאם אין בעוף ס' נגד הלב, בעינן ס' נגד כל העוף, **מ"מ** הכא לא מיקרי איסור דבוק, וכמ"ש המרדכי והגהת ש"ד ראב"ן ובאו"ה ובת"ח, דמיד שבא החתיכה למים נמס כל המלח ודם שעליו ונופל לקדרה, [וכ"כ בט"ז], **ועוד** דהא ס"ל להמחבר דלא אמרי' חנ"נ רק בבשר בחלב, וגם הטור כתב צריך שיהא בקדרה ס' לבטל כל המלח, וא"צ ס' נגד כל החתיכה, עכ"ל, וכ"כ הרבה פוסקים.

[ורש"ל פסק דהחתיכה עצמה נאסרה מחמת שנתבשלה בדמה, וע"כ אינה מסייעה לבטל בששים דם ומלח, אלא צריך ששים נגד כל החתיכה, **אא"כ** הודחה פעם אחת, אז גם החתיכה מסייע לבטל, **ונלענ"ד** דאין לנהוג כן, *דהא קי"ל בסי' ק"ה, היכא דאין שמנונית, **דאינו** אוסר במליחה יותר מקליפה, **מלבד** מה שיש לדחות ראייתו ממהרא"י להמעיין, **ע"כ** העיקר כפסק רמ"א כאן, וכ"כ מו"ח ז"ל בשם מהר"ר הירש שור, שהכריע כרמ"א]. *‹וזה תמוה, דהא טעמא דמהרש"ל דהוי דבוק, ונאסר בשעת הבישול – רעק"א›.

ומהרש"ל האריך מאד לפסוק, דלמאי דקי"ל דבאיסור דבוק בעינן ס' נגד כל החתיכה, דה"נ בעינן שיהא בקדרה ס' נגד כל החתיכה, ואפ"ה החתיכה עצמה אסורה, והטיח הרבה כלפי המורים נגד זה, ע"ש, **ובספרי** דחיתי כל דבריו, ושלא כוון יפה בהג"מ בשם מהר"מ ובדברי מהרא"י, אשר עליהם בנה יסודו, והעיקר דמהר"מ ס"ל דבחתיכה עצמה יש ס' לבטל הדם והמלח שעליו, וא"צ לצירוף הרוטב שבקדרה, והאוסרים ס"ל

דאין בחתיכה עצמה ס', ולכן בעינן לצירוף הרוטב, והכי נהגינן, ובזה נדחו כל דבריו, ודוק, והוכחתי זה מהגהת ש"ד, והוספתי בראיות ברורות לפסוק כדברי הר"ב, **גם** הבאתי שם הש"ד והסמ"ק והמרדכי וכל בו ואו"ה ומהרי"ל, דפסקו בעלמא באיסור דבוק בעינן ס' נגד כל החתיכה, והחתיכה עצמה אסורה, וכאן פסקו כדברי הרב, גם כתבתי שם שכן משמע דעת מהרא"י ע"ש, וכך נוהגין כל בעלי הוראה.

[**ואין** להקשות והא קימ"ל כל מילתא דעבידא לטעמא אפי' באלף לא בטיל, ומלח הוא נותן טעם, **תירץ** ריש שערי דורא, דזהו דוקא אם גוף האיסור הוא נותן טעם, משא"כ כאן המלח אינו אוסר אלא מכח דם שבו, והדם אינו נותן טעם], ‹ואין הנאסר חמיר מהאוסר – ב"י›.

ואם יש בקדירה כ"כ כמו החתיכה שנמלח ולא הודח, הכל שרי, דודאי איכא ששים נגד המלח שעל החתיכה, דהחתיכה עצמה בודאי היא שלשים נגד המלח שעליו - דודאי אין החתיכה ס' נגד דם ומלח שעליה, אפי' החתיכה עבה - ת"ח, [**ויש** נוסחאות כתוב בהם ‹בשו"ע› "בודאי היא ס'", והוא ט"ס, וכתב באו"ה הארוך, דיש דעות לומר דהחתיכה עצמה היא ס' נגד דם ומלח שעליה, אבל שאין לפסוק כן להלכה].

‹**בשומן** כה"ג מסתמא יש בו ששים נגד הדם והמלח, פמ"ג בשם הכנסת הגדולה – רעק"א›.

סימן סט ס"ט(1) • בשר שנתבשל בלא הדחה אחרונה

בשר שנמלח, ונתבשל או שרה במים מעל"ע, בלא הדחה אחרונה, (דאי הודח אפי' רק פעם א', מותר בדיעבד), צריך ששים נגד לחלוחית דם ומלח שעליו מבחוץ, דלא ידעינן כמה דם בלע המלח (או משום חנ"נ).
וכל מה שבקדירה מצטרף עם החתיכה עצמה לששים, (דלא שייך איסור דבוק, כרש"ל, דמיד שבא למים נמס כל המלח ודם), **אבל** לא הקדירה עצמה.
ואין המלח נחשב למילתא דעבידא לטעמא דלא בטל אפי' באלף, דהא אין גוף האיסור נותן טעם, ואין הנאסר חמיר מהאוסר. **ואם** יש בקדירה כ"כ כמו החתיכה, הכל שרי, דהחתיכה בודאי היא שלשים נגד דם ומלח שעליו.
ובשומן מסתמא יש בו ששים נגד הדם והמלח שעליו.

בדליכא ששים בכלי שני

ואי ליכא ס' בקדירה נגד המלח, אפילו לא הוסס רק בכלי שני - שהיד סולדת בו, ת"ח, [פי' שהקידרה ששמו בו הבשר הזה הוא כלי שני], **הכל אסור, דמאחר שיש שם מלח וציר, אפילו בכלי שני מבשל** – [כתב זה שלא תקשה, הא קימ"ל כלי שני אינו מבשל, וזה סברת או"ה הארוך].

[**אבל** רש"ל כתב וז"ל, אבל בדיעבד אינו נאסר לפי מש"כ לעיל, שכלי שני אינו מבשל, וגם אינו מפליט ומבליע הדם שבתוך המלח בבשר, דהא המלח לאחר שפסק כחו לא חשוב עוד כרותח, ואל תשגיח במה שכתב בת"ח לאסור אף בכלי שני בשם או"ה, גם דעת מהרא"י שכלי שני אינו מבשל כלל, ולא מפליט ומבליע כאחת, עכ"ל, **ונראה** דהמיקל כדעת רש"ל לא הפסיד, דמסתבר טעמיה, ועיקר מילתא הוא מדרבנן, דדם שמלחו אינו עובר עליו, אע"פ שבמרדכי מסתפק בזה, יש לילך לקולא].

ומ"מ מהרש"ל חולק, ומתיר בכ"ש אפי' בכה"ג, וכן מוכח מל' המרדכי במה שמצא כתוב בשם מהר"מ, ומל' תשובת הרשב"א, ומדברי הרא"ש, והמחבר באו"ח סימן שי"ח ס"ט, דלית להו האי סברא דהמלח גורמת להתבשל אף בכ"ש, **אלא** שיש לחוש לדברי האו"ה והרב, וכן דעת מהר"מ מלובלין, במקום שאין הפסד מרובה, כי יש לדחוק וליישב דברי הפוסקים הנ"ל לדעתם, ע"ש ודו"ק.

‹**ובמלח** שלנו לא ידענא היתר באין הפסד מרובה, ובהפ"מ צ"ע – פמ"ג›.

וה"ה אם יש שם חומץ ושאר דבר חריף כה"ג, מבשל אף בכ"ש, כ"כ בס' אפי רברבי, ‹ובזה גם הרש"ל מודה, דדוקא במלח פליג משום דפסק כח המלח, ולא מקרי עוד חריף לסייע לבשל בכלי שני – רעק"א›.

ואי ליכא ס' בקדירה כו' - ‹משמע דכל הקדירה מצטרף לששים, דלא כמ"ש הפמ"ג, כיון דמבשל רק מכח המלח, אין שאר החתיכות מסייעים לבטל – רעק"א›.

סימן סט ס"ט(2) • בדליכא ששים בכלי שני

ואי ליכא ס' בקדירה, הכל אסור, וכתב הרמ"א, דאפי' רק בכ"ש שהיסל"ב, אסור, והגם דכ"ש אינו מבשל, הכא שיש שם מלח וציר מבשל, (**אבל** בדאיכא ס', מצטרף הכל לבטל, הגם דמבשל רק מכח המלח, ודלא כהפמ"ג – רעק"א).
אבל מהרש"ל כתב דאינו אסור בכ"ש בדיעבד, דמלח לאחר שפסק כחו לא חשוב עוד רותח. **ופסק** הט"ז כרש"ל, כיון דדם שמלחו הוא מדרבנן. **והש"ך** פסק כן רק בהפ"מ. **והפמ"ג** פסק במלח שלנו, דאין היתר בלא הפ"מ, ובהפ"מ צ"ע.
וכשיש חומץ או שאר דבר חריף, מבשל בכ"ש אפי' לרש"ל, דדוקא במלח יש סברא דפסק כחו.

בשר שור בלא מליחה בכלי ראשון

[ומשמע כאן דבכלי ראשון אפי' בלא מליחה אסור, וכ"כ בת"ח, דלא כרבינו ירוחם דמתיר בשר שלא נמלח חי שנתנוהו בכלי רותח שהוסר מעל האור, **וראיה** מדברי הרא"ש שכתב, דאף שאין הבשר נתבשל, מ"מ הלחלוחית שעליו מתבשל, ע"כ, וז"ל הרא"ש, על מאי דמסקינן בגמרא דמותר לתת בשבת מלח בקדירה שהוסרה מעל האש, דמילחא צריכה בישולא כבישרא דתורא, משמע הכא דבישרא דתורא לא בשלה בכלי ראשון, ומותר לתת בשר חי לתוך כלי ראשון שהעבירוהו מעל האור, ומיהו אי מלוח ישן הוא אפשר דאסור, דממהר להתבשל, ואפי' נמלח מחדש, נהי דבשר אינו מתבשל, הלחלוחית והדם והמלח שבתוכו מתבשל, ונבלע בבשר ואסור, עכ"ל, וז"ל הטור באו"ח סי' שי"ח, כלי ראשון מבשל אפי' לאחר שהוסר מהאש, הלכך אסור ליתן בו בשר, אפי' בשר שור שצריך בישול רב ואינו מתבשל, מ"מ לחלוחית שבו מתבשל, עכ"ל, **וכתב** בת"ח, דאף דמשמע מדברי הרא"ש, דדוקא בנמלח מתבשל הלחלוחית, כי המליחה מועילה לרתיחת הלחלוחית, מ"מ אין לחלק בהכי, כיון שהאורח חיים כתב, דמתבשל הלחלוחית אפי' בלא מליחה כלל, ע"כ].

[ותמוהין דבריו, דהא ע"כ הרא"ש לא איירי שם לענין איסור שבת, אלא לענין איסור הבשר, דהא סיים דהלחלוחית של דם ומלח חוזר ומבליע בבשר, וא"כ ודאי דוקא בנמלח קאמר, דאי לאו דוקא ואפי' בלא נמלח, אין הבשר נאסר, דהא הבשר שור עצמו אינו מתבשל, אלא שהלחלוחית מתבשל, הלכך אין איסור לבשר אלא בנמלח, שהמלח מבליע הדם בבשר, אבל אם אין שם מלח, אע"פ שלחלוחית הדם מתבשל, מ"מ אין בו כח להבליע, *כיון שהבשר אינו מבושל, **אבל** האו"ח לא איירי לענין איסור בשר, אלא לענין איסור שבת, דאין חילוק בין נמלחה או לא, דמ"מ יש איסור בישול שבת מחמת הלחלוחית עכ"פ].

[**נמצא** לפי"ז דזכינו דבבשר שור שלא נמלח והושם בכלי ראשון לאחר שהוסר מהאש, יפה כתב רבינו ירוחם בשם הרא"ש שהבשר מותר, ודברי האו"ח הם לענין שבת דוקא, **אבל** שאר בשר אפשר שממהר להתבשל כדרך שמתבשל הלחלוחית, מש"ה גם הבשר נאסר, כנלענ"ד, ושוב ראיתי ברש"ל שכתב, בשר שנמלח ולא שהה שיעור מליחה, והודח ונתנוהו בקדירה, אם הוא שאר בשר, נאסר אף אם לא הושם רק בכלי ראשון שהיד סולדת בו, ונזכר קודם שהתחילה להרתיח, אבל בשר השור אינו נאסר בזה, מאחר שכבר הודח, וכן בשר חי שלא נמלח כלל, עכ"ל, הרי שתופס כמ"ש, כנלענ"ד].

*וקשה לי, הא חזינן בנמלח בלא הדחה קמייתא, דאסור להסמ"ק, הטעם דמלח מבליע לדם בעין, ואפי' בבשרא דתורא הוא, וכיון דכח המלח להבליע בבשרא דתורא, מכ"ש דבישול לחודיה יכול להבליע בבשר, דהא בכל מקום בישול עדיף ממליחה, וצל"ע – רעק"א.

סימן סט ס"ט(3) • בשר שור בלא מליחה בכלי ראשון

כתב הט"ז, שמשו"ע משמע דהבשר אסור בכ"ר אפי' בלא מליחה, **והט"ז** עצמו סובר, דדוקא לענין איסור בישול בשבת, הגם דבשר השור אינו מתבשל בכ"ר, הלחלוחית מתבשל, **אבל** לענין איסור בשר, הגם דהלחלוחית נתבשל, בלא מליחה אין שייך להיות הלחלוחית נבלע בהבשר (**ורעק"א** מתמיה ע"ז), **אבל** בשאר בשר נאסר אפי' בלא מליחה.

בשר שנמלח ולא הודח ונתייבש

ובשר יבש - פי' שלא הודח אחר מליחתו, ונתייבש אח"כ, **יש להתיר אפילו בכלי ראשון** - שהיד סולדת בו, **דודאי יש ס' נגד המלח שעליו מאחר שכבר נתייבש.**

אבל לכתחלה יזהר אפילו בבשר יבש, שלא לבשלו או להדיחו במים שהיד סולדת בהם, בלא הדחה אחרונה - אבל אם הודח והוכשר כדינו קודם שנתייבש, ודאי דהרי הוא כשאר בשר, וא"צ זהירות אפילו לכתחלה.

סימן סט ס"ט(4) • בשר שנמלח ולא הודח ונתייבש

אם הודח כדינו קודם שנתייבש, מותר לכתחילה. **ואם** לא הודח קודם שנתייבש, לכתחילה יזהר שלא לבשלו או להדיחו במים שהיס"ב בלא הדחה. **ואם** בשלו בלא הדחה אפי' בכ"ר, מותר בדיעבד, דודאי יש ס' כנגד המלח כיון שכבר נתייבש.

אם הודח פעם אחת

וכ"ז מיירי שלא הודח באחרונה כלל, אבל אם הודח רק פעם אחת ונתבשל כך, מותר, דבדיעבד סגי ליה בהדחה אחת באחרונה.

סימן סט ס"ט(5) • אם הודח פעם אחת

וכ"ז הסעיף מיירי שלא הודח באחרונה כלל, אבל אם הודח רק פעם א' ונתבשל כך, מותר, דבדיעבד סגי ליה.

מלח שמלחו בו פעם אחת

מלח שמלחו בו פעם אחת, אסור למלוח בו פעם שנית - אבל בדיעבד מותר*, ת"ח ע"ש, **ונראה** לי דוקא אם נתבשל חשוב דיעבד, אבל אם לא בישלו עדיין, ידיחנו ויחזור וימלחנו, וכן משמע קצת בסימני ת"ח, ע"ש.

*‏**ובמנחת** יעקב כ', דאסור אם לא הודח ונמלח שנית, דפסק כח המלח, ולא נתכשר במליחה זו להוציא דמו, ומ"ש הת"ח להקל דיעבד, היינו בהודח ונמלח שנית, ע"ש, **וקשה** לי, א"כ איך כתב הרמ"א כאן: וכ"ש שאסור לאכול המלח, מה כ"ש הוא, אף אם המלח מותר לאכלו, והיינו ע"כ משום דהדם נשרף במלח, כמ"ש הר"ן, מ"מ אסור למלוח בו בשר אחר דפסק כחו, וצ"ע – רעק"א. ‹**דבשלמא** אי לא פסק כח המלח ואעפ"כ אסור למלוח בו, ע"כ הוא משום הדם הנבלע בו, וא"כ כ"ש שאסור לאכלו, **אבל** אי פסק כח המלח, ומש"ה אסור למלוח בו, מ"מ אפשר דמותר לאכלו משום דנשרף הדם›.

(**בספר** חמודי דניאל כתב, דמלח של הערינ"ג שיבשו, אסור למלוח בו בשר, ואפילו בדיעבד יש לאסור, דגרע ממלח שמלחו בו בשר, כיון שנכבש מעל"ע בציר).

וכל שכן שאסור לאכול המלח אחר שמלחו בו - כתוב בס' אפי רברבי, מיהו כשנתייבש היטב נראה שמותר, **וצ"ע** לדינא, גם ממה שנתבאר מקודם, דבשר יבש מותר מטעם דודאי יש ס' מאחר שכבר נתייבש, משמע הא לאו הכי אסור.

(**ועיין** בתשובת שבות יעקב, אודות מים שהדיחו בו בשר ונשפך על המלח, מה יעשה עם המלח, ופסק שיניח להתייבש ואח"כ יוכל למלוח בו בשר להוציא דמו, **אבל** ליתן תוך מאכל אסור, **ואם** הוא מלח הרבה, לא ישהה בתוך ביתו, שלא יטעו ליתנו תוך המאכל).

סימן סט ס"ט(6) • מלח שמלחו בו פעם אחת

מלח שמלחו בו פעם' א', אסור למלוח בו שנית. **וכתב** הת"ח דבדיעבד מותר, **לפי** הש"ך, היינו אם כבר נתבשל, אבל אם לא נתבשל, ידיחנו וימליחנו שנית. **לפי** המנ"י, מותר בדיעבד רק אם הודח ונמלח שנית, ואם לא, אסור, אפי' נתבשל, דכבר פסק כח המלח, **ורעק"א** כתב דהמנ"י צ"ע.
ומלח של הערינג שיבשו, אסור למלוח בו בשר אפי' בדיעבד, כיון שנכבש מעל"ע בציר.
וכ"ש דאסור לאכול מלח אחר שמלחו בו. **וי"א** דלאחר שנתייבש היטב מותר, **וכתב** הש"ך דזה צ"ע דמשמע דאסור.
ומלח שנפל עליו מים שהודחו בו בשר, יניח להתייבש ואח"כ יכול למלוח בו בשר, **אבל** אסור לאוכלו, **ואם** הוא הרבה, לא ישהה בתוך ביתו, שלא יבא לידי מכשול.

משמש גוי וספק אם הדיחו

סעיף י - עובד כוכבים משמש בבית ישראל ונתן הבשר בקדירה, ואין ידוע אם הדיחו, אם יודע העובד כוכבים מנהג ישראל סומכין על דבריו, אם היה שם ישראל יוצא ונכנס, או שום קטן בן דעת - ‹קטן מהני אף מדאורייתא, ש"ך לקמן סי' קי"ח – רעק"א›.

הגה: ובחד מינייהו סגי, או במסיח לפי תומו שהדיחו יפה, או שישראל, אפילו קטן, יוצא ונכנס, דמרתת הואיל ויודע מנהגי ישראל - וכתוב בספר אפי רברבי, נראה ‹דדוקא – פמ"ג› בעבדו ושפחתו שייך מירתת.

[**בדרישה** כתב, לאו דוקא יודע ‹מנהגי ישראל›, אלא ראוי להיות יודע, מרתת גוי].

לא העתיק יפה, דבדרישה כתב כן אמ"ש הטור, "והיה שם קטן יודע בטיב הדחה", דא"צ להיות הקטן יודע, אלא כיון שהוא ראוי להיות יודע, מירתת הגוי דדלמא יודע הקטן, **אבל** האי "הואיל ויודע" שכתב רב רמ"א, קאי אגוי - נקה"כ, ‹וכ"כ רעק"א›.

[וז"ל סמ"ק, אם יש גוי משמש בבית ישראל, ושמו הבשר בקדירה, ולא ידעינן אם הדיחוה או לא, נאמנין במסיח לפי תומן, וכ"ש אם יודעין בטיב יהודים, ואם יש שם נער או נערה יודעין בטיב הדחה, או יוצא ונכנס, מותר משום דמרתתי כו', עכ"ל, ורבים תמהו על האי "וכ"ש", דמשמע דביודעים יש טפי היתר במסל"ת, וזה אינו, דביודעין אין שייך מסל"ת].

[ע"כ הגיהו הדרישה ומו"ח ז"ל את הוא"ו של "ואם יש וכו'", וצ"ל "אם יש וכו'", והכוונה לומר, דיש כ"ש אם יודעים בטיב יהודים ויש שם נער כו', אבל ברישא מיירי דוקא באין יודעין, כיון דעיקר ההיתר מסל"ת, ולי נראה דאין הג"ה זו צודקת, דא"כ "מותר" דאמר בסיפא הוא מיותר, ולכל הפחות היה לו לומר "דמותר", ובודאי

הנוסחא האמיתית כאשר היא בכל הספרים, וכן הוא בהעתקת רש"ל דברי סמ"ק].

[והך מסל"ת הוא בענין שמשמע שלא על דבר זה בא להודיעו, כגון שמספר איזה דבר אחר, ומתוך אותן הדברים נשמע הסיפור שהדיח הבשר, בכזה מהמנינן ליה, ולא מזיק בזה מה שיודע בטיב ישראל, כיון שמוכח שלא על דבר זה נתכוון להודיע, **וא"כ** אדרבה יש מעלה במה שיודע בטיב ישראל, דיש תרתי לטיבותא, דודאי עשה כדרך ישראל כיון שהוא משרת שלו, ומכוין לעשות רצונו, ויש ג"כ מסל"ת באופן שזכרנו, ע"כ יש כ"ש דמהני בזה, ואם יש נער כו' אז א"צ למסל"ת, **וע"כ** פסק רמ"א יפה דחד מינייהו סגי, ובודאי נתכוין להך מסל"ת שזכרנו, אבל בלא"ה דאיכא למימר שנתכוין לחבב עצמו לישראל, ודאי לא מהני מסל"ת, כנלענ"ד הלכה למעשה].

(**ועיין** בתשובת נו"ב שכתב לפרש דברי הסמ"ק בטוב טעם, דזה ברור שהעובד כוכבים נאמן באיסור דרבנן במקום שרגילים לדבר אף אם אינו מסל"ת, וראיה לדבר ממ"ש לקמן סימן קפ"ז ס"ח, שאם ניכר שהועילו הרפואות יש לסמוך אף על עובד כוכבים אף שאינו מסל"ת, ושם איסור דרבנן הוא, **וכיון** שכן הרי כאן דם שמלחו הוא דרבנן, והנה אם הוא יודע מנהגן של ישראל, מקרי רגילים לדבר לעשות כמנהג, כיון שהוא משמש בבית ישראל, **וא"כ** ג' חלוקים בדבר, שאם מסל"ת, אף שאינו יודע מנהגן, ולא הוי רגילים לדבר, נאמן מטעם מסל"ת, **ואם** הוא יודע מנהגן, הוי רגילים לדבר, ונאמן אף אם אינו מסל"ת, **ואפשר** דמעלה דרגילים לדבר עם עדות עובד כוכבים, אף שאינו מסל"ת, עדיף ממסל"ת היכא דאין רגילים לדבר, ולכך כתב הסמ"ק לשון וכ"ש, **והיכא** שיש תינוק בן דעת יוצא ונכנס, והעובד כוכבים יודע מנהגן, מותר, וא"צ אפילו שיאמר העובד כוכבים כלל שהדיחו, ובלא אמירה דיליה אמרינן מסתמא מטעם מרתת דבודאי הדיחו, **משא"כ** אם אין ישראל יוצא ונכנס, אף שיודע מנהגן, מ"מ לא מישתרי מסתמא, רק אם אומר בפירוש שהדיחו, אף אם אינו מסל"ת, ובזה מתפרש לשון הסמ"ק היטב, עכ"ד).

בב"י כתב, דאף כשיודע העובד כוכבים מנהג ישראל, נאמן במסל"ת, **והפרישה** והב"ח תמהו עליו, דהיאך שייך מסל"ת כשיודע שהאיסור והיתר תלוי בזה, והב"ח הוסיף להביא ראיה מלקמן סי' צ"ח, **ולא** קשה מידי, דודאי לא דמי לסי' צ"ח, דהתם יהבינן ליה לטעום אם יש בו איסור או לאו, ובלא"ה ליכא למיקם עלה דמילתא, הלכך כשיודע שהאיסור והיתר תלוי בזה, ודאי אין כאן מסל"ת, **משא"כ** הכא, דאפשר לומר דאע"פ שיודע מנהג ישראל, מ"מ משכחת לה כגון דהסל"ת לפני אחרים שלא שאלוהו אם הדיחו, והסל"ת דהדיחו, **והגע** עצמך דהא קי"ל דמומר לעבודת כוכבים נאמן לעדות אשה במסל"ת, כמו שנתבאר באה"ע סי' י"ז, ולא אמרינן כיון שיודע שהאיסור והיתר תלוי בזה, חזקתו משקר, אלא ודאי משכחת לה בכה"ג וזה ברור, (**עיין** בס' שב שמעתתא שהעלה, שגוי שיודע דת ישראל אינו נאמן במסל"ת, זולת בעדות אשה – רעק"א).

נ"ל דלכך לא הביא המחבר דין דמסיח לפי תומו שהוזכר בטור ופוסקים, דאזיל לטעמיה שכתב בב"י, דלסמ"ג וריב"א לא מהני מסיח לפי תומו, ודוקא מירתת מהני לסמ"ג ע"ש, ונהי דריב"א פליג דמירתת לא מהני, מ"מ כיון דסמ"ק נמי ס"ל דמירתת מהני, פסק דמסל"ת לא מהני ומירתת מהני, **א"נ** משום דהקשה בב"י, דהא קי"ל דאין עובד כוכבים נאמן במסיח לפי תומו אלא לעדות אשה בלבד, *ותירץ דהיינו דוקא באיסור דאורייתא, משא"כ הכא דדם שבשלו וכן דם שמלחו אינו אלא מדרבנן, **ולקמן** בס"ס קל"ז, גבי אם עובד כוכבים נאמן במסל"ת בהכשר כלים האסורים שהוא מדרבנן, הביא מחלוקת הפוסקים בזה, ופסק בב"י ובשו"ע שם דאינו נאמן, **לכך** השמיט כאן דין דמסל"ת, כנ"ל, **אבל** הר"ב שכתב ובחד מינייהו סגי כו', ולא כתב בלשון וי"א, נראה דמשמע ליה דאפשר דגם המחבר ס"ל כסמ"ק, דבחד מינייהו סגי, אלא דנקט מירתת וה"ה לאידך, וכן נראה דעתו בת"ח, במ"ש שם בשם הב"י, **ולדבריו** צ"ל דלא דמי לס"ס קל"ז, דהכא כיון דאיכא נמי טעמא דעובד כוכבים אנקיותא קפדי, דנקיותא הוא להדיח אחר המליחה, כמ"ש הסמ"ק והסמ"ג, יש להקל טפי.

ותיקון לשון הר"ב, שכ' ובחד מינייהו כו', דמשמע כאילו המחבר הזכיר בדבריו ממסל"ת, נראה דמשום דהמחבר כ' סומכין על דבריו, דלא שייך במירתת, דלא בעינן למיסמך אדבריו כלל, דאפילו אינו אומר כלום, אמרינן שהדיחו מטעם דמירתת, וכמבואר בב"י, והוא פשוט, **לכך** פירש הר"ב דתרתי קאמר, דסומכין על

דבריו, היינו היכא דבעינן למיסמך אדבריו דוקא, והיינו במסל"ת, או אם היה שם ישראל יוצא כו', **ומ"מ** מה שכתבתי הוא עיקר בדעת המחבר, ולישנא דסומכין על דבריו הוא לאו דוקא, וכה"ג אשכחן בכמה דוכתי.

*[ותירץ הב"י, דבמילי דרבנן נאמן בכל מקום, כמ"ש מהרא"י, והך בשר כיון דמליח כרותח, הוי דם שבישלו, ואינו עובר עליו, **וכתב** רמ"א בד"מ עליו, דלא היה צריך למליח כרותח, דבלא"ה לא הוי אלא איסור דרבנן, דהרי הוא מבושל לפנינו, **ומהאי** טעמא אם מלג גוי תרנגולת, ולא ידעינן אי בכלי ראשון או בכלי שני, נאמן, דאי נמי עבד בכלי ראשון אין כאן איסור דאורייתא, ולכך נאמן, עכ"ל, **ורש"ל** כתב ג"כ על ב"י, דלא היה צריך לתת טעם משום דמליח כרותח דמבושל, דהא מחמת מליחה ג"כ אזל ליה איסור דאורייתא].

מיהו אם מיחה לעובד כוכבים שלא ידיחו בלא רשותו, והוא עבר על דבריו, אסור, דהא חזינן דאינו מרתת, ואין לסמוך גם כן אדבריו.

‹**משמע** דגם מסל"ת לא מהני, וכן משמע להדיא בעט"ז, אולם במקור הדין לא נזכר רק דמרתת לא מהני, ולא נזכר כלל מסל"ת, **ואפשר** למה דנראה מלשון הרמ"א, "ובחד מינייהו", דמפרש בכוונת המחבר דתרתי קאמר, דמותר ע"י מרתת וגם ע"י מסל"ת, וכמ"ש הש"ך, **ובזה** לכאורה יש לדייק, דאמאי נקט המחבר אם יודע מנהג ישראל סומכים על דבריו, דלשון על דבריו היינו היתר דמסל"ת, ולמאי צריך ביודע גוי מנהג ישראל, **ולזה** נראה, כיון דהסמ"ק כתב וכ"ש אם יודע מנהג ישראל, היינו דיש בזה עוד סניף, דמסתמא מכוין לעשות רצונו ואינו משנה ממנהגם, כמ"ש הב"י וכ"כ הט"ז, **א"כ** י"ל כיון דהסמ"ג ס"ל דלא סמכינן על מסל"ת, לא ניחא ליה להמחבר לפסוק כהסמ"ק אלא בכה"ג דיודע מנהג ישראל, דיש עוד סניף דמסתמא אינו משנה מהמנהג, **ולזה** כתב הרמ"א כיון דחזינן דמשנה מרצונו דישראל, אזדא לה הך סניף, ולא מהני היתירא דמסל"ת, כמו בלא היה יודע מנהג ישראל, ודו"ק – רעק"א›.

סימן סט ס"י(1) • משמש גוי וספק אם הדיחו

משמש גוי, ואינו ידוע אם הדיח הבשר, ונתבשלה, כתב המחבר דאם יודע מנהג ישראל, ויש שם ישראל או קטן בן דעת יוצא ונכנס, מרתת, (**וקטן** מהני אף בדאורייתא – רע"א), **והביא** הש"ך, דדוקא בעבדו ושפחתו שייך מרתת.

ורמ"א כתב דמסל"ת ג"כ סגי כיון דהוא דרבנן, (או משום דנתבשל, או משום דמליח כרותח, או משום דדם שנמלח הוא דרבנן).

והדרישה כ', דלא מהני מסל"ת אלא דוקא באינו יודע מנהג ישראל. (**וכן** הביא רעק"א משב שמעתתא, דגוי אינו נאמן לפי תומו אם יודע דת ישראל, זולת בעדות אשה).

והט"ז והש"ך כתבו, דאיירי שלא שאלוהו, ולא בא להודיע דבר זה, ורק שמספר איזה דבר אחר, ואגב מספר שהדיח הבשר, **וא"כ** אדרבה יש מעלה במה שיודע מנהג ישראל, ויש תרתי לטיבותא, דמכוין לעשות רצון הישראל, ומסל"ת. **ולפי"ז** כתב רעק"א, דמהני דוקא ביודע מנהג ישראל (עיין למטה).

והנו"ב ס"ל דמהני בשני הציורים, בין יודע ובין שאינו יודע מנהג ישראל (עיין למטה).

וכתב רעק"א דהיכא דמיחה בהגוי שלא ידיחו בלא רשותו, ועבר על דבריו, לא רק דאזלא ההיתר דמרתת, כיון דחזינן דאינו מרתת, כמ"ש הרמ"א, אלא משמע דגם אזלא ההיתר של מסל"ת, כיון דאבד האי סניף דמכוין לעשות רצונו.

וש"ך כ' דהמחבר לא ס"ל להיתר דמסל"ת, אפי' בזה שהוא איסור דרבנן, וכמו שפסק בסי' קל"ז, **ורמ"א** ס"ל דאפשר דהמחבר מסכים הכא דמהני, דהכא יש גם סברא דנקיותא.

לפי הנו"ב יש ג' דרגות, נאמן במסל"ת אפי' אינו יודע מנהג ישראל, **ואם** יש רגלים לדבר, כדהכא דיודע מנהג ישראל, נאמן הגוי באמירתו אפי' כשאינו מסל"ת, כיון שהוא איסור דרבנן, ואפשר דזה עדיף ממסל"ת, **והיכא** שיש מירתת ויודע מנהג ישראל, נאמן אפי' בלא אמירה.

אשה ששכחה אם מלחה הבשר

[**ומעשה** בא לידינו, באשה אחת שבשלה בשר, ושכחה אם מלחה אותו תחילה אם לאו, והתרנו מכח זה, דלא הוי אלא ספיקא דרבנן ולקולא, **ואין** לומר דמוקמינן לה אחזקה דמעיקרא שלא היתה מלוחה, דא"כ גם כאן אמאי אנו מתירין מכח מסל"ת מחמת שהוא דרבנן, ולא אמרינן אוקי אחזקה דמעיקרא שלא היתה מודחת, ‹מאי קושיא אמאי מהימן כאן, י"ל משום מסל"ת – פמ"ג ע"ש›, **ועוד** מצאתי בקובץ ישן, בספק אם הדיח הדחה אחרונה, מצאתי כתוב שכשר, מאחר דמליח הוא מדרבנן, הוי ספיקא דרבנן ולקולא, כדאיתא בהג"ה ש"ד, **ואע"ג** דהב"י סי' פ"ז כתב בשם רש"י ורמב"ם, דס"ל אפי' בבישול יש איסור מן התורה, מ"מ הא קמן דכל האחרונים לא חשו לזה, כיון דהוא תלמוד ערוך].

נראה לי דלא טב הורה, דודאי לא אמרינן בכה"ג ספק דרבנן לקולא, דא"כ למה הוצרכו כל הפוסקים הכא למסל"ת או ליוצא ונכנס, **הא בלא"ה שרי מטעם ספק דרבנן, והקובץ ישן שמצא, הוא ודאי נגד כל הפוסקים, **אלא** ודאי שאני הכא כיון דאיתחזק כאן איסור דם, וכל היכא דאיתחזק איסורא לא אמרינן ספק דרבנן לקולא, כמ"ש בש"ך סי' ק"י דין כ', **א"נ** כיון שמצד

אחר בא לו שהוא מדרבנן, וכמ"ש שם דין י"ט, **גם** אין לבדות ספק דרבנן להקל, כמ"ש שם בדין ל"ו, דאשכחן טובי ספיקא דרבנן להחמיר - נקה"כ.

**‹איש לישב דבריו בטוב, דודאי בלא מסל"ת א"א להתיר, דאין זה ספק שקול, דמהיכי תיתי ידיח הגוי ולעשות בטורח, ומש"ה אי לאו מסל"ת לא מהימן, ובמסל"ת מהימן ככל איסור דרבנן, ה"ה באשה ששכחה אי מלחה מקילין – פמ"ג›.

[**ועוד יש לתת טעם להתיר, דבודאי עשתה האשה כדרכה ומלחה תחילה, כעין ההיא דאמרינן גבי ק"ש, טעה בוכתבם והתחיל למען ירבו כו', א"צ לחזור, דסירכיה נקיט ואתי, כנלענ"ד**].

דמיון של הבל הוא זה, ואדרבה הכא מסתברא דלא מלחה, דהרי ענין מליחה עסק גדול הוא, והאיך אפשר ששכחה עסק כזה - נקה"כ.

[**והא דלא אזלינן בתר חזקה, כמו דאזלינן בתר חזקה לענין עירוב תחומין, דיש רוב נגד החזקה, דרוב פעמים מולחין תחילה, ורוב עדיף מחזקה, כמ"ש הרא"ש]. ליתא**, דלא שייך כאן רוב, וק"ל - נקה"כ.

‹**ופר"ח** הסכים עם הט"ז - בה"ט, (**ועיין** בשער המלך מה שהקשה על הט"ז, ועמש"ל סי' ק"י בדיני ספק ספיקא אות כ' וכ"א).

(**ובתשובת** ש"ב הגאון מו"ה שבתי כ"ץ ז"ל, כתב שהתיר במעשה שבא לפניו, באשה ששכחה אם מלחה צד השני, דאף הש"ך שאוסר אם נמלח מצד א' לאחר שהודח, וכן בנה"כ מחמיר אם שכחה אם נמלח, י"ל כה"ג מותר, דשם הטעם דמעשה רב איך שכחה, אבל כה"ג אדרבה מאחר שמלחה צד א', הרגל הדבר הוא עושה).

(**ועיין** בתשובת אא"ז פנים מאירות, שנשאל באשה ששלחה לבעלה בשר לכפר, ולא הזכירה בתוך הכתב אם מלחה הבשר, ובישל הבעל הבשר בלא מליחה, אם מותר לאכול הבשר, **והראה** פנים לכאן ולכאן, וסיים שלבו מהסס בדבר זה להתיר הבשר, אם לא שנצרף איזה אומדנות המוכיחות שבודאי מלחה, כגון שהשליח לא היה יכול לבוא אלא סמוך לשבת, שלא היה שהות למלוח ולבשל על שבת, אז אמרינן בודאי מלחה קודם ששלחה, ע"ש, **ועיין** בתשובת שבו"י שחולק על הפמ"א, במ"ש כגון שהשליח לא היה יכול לבוא כו', דהא ליתא, דזה אינה אומדנא דמוכח, דאולי היתה כוונת המשלח למלוח זמן מה לכבוד שבת ולהטמין אותו סמוך לשבת, או לצלות בשפוד ע"י מליחה קצת שא"צ שהות כ"כ, **ובלאו** הכי כיון שהוא דבר שיכול להתברר, אין צד כלל להתיר ע"י ספק, ואפילו בס"ס יש להחמיר, וע"ש מה שתמה עוד על הפמ"א בתשובה ההיא).

(**ועיין** פמ"ג שכתב שאלה, שלש קדירות רותחים כ"ר, מא' עירו על רבע העוף קודם הדחה אחרונה, ויש שם עוד רבע שהודח ממלחו כו', **תשובה**, מה שמלגו ע"י עירוי גרע כו', ע"ש, **ועיין** בספר בית יהודה שם שחולק עליו).

סימן סט ס"י(2) • אשה ששכחה אם מלחה הבשר

כתב הט"ז אשה שבשלה בשר, ואינה זוכרת אם מלחתו תחילה, הוי ספקא דרבנן ולקולא, **וה"ה** אם יש ספק אם נעשית ההדחה אחרונה.

וכתב הש"ך דלא אמרינן ספיקא דרבנן לקולא היכא דיש חזקת איסור, כמו שיש הכא, (**והט"ז** כתב דיש רוב נגד החזקה, דרוב פעמים מולחין תחילה, **וש"ך** כתב דלא שייך כאן רוב), **ועוד**, דטעם שהוא דרבנן בא מצד אחר, **וגם** אין לבדות ספק דרבנן להקל.

וכתב עוד הט"ז טעם להיתר, דכיון דדרכה למלוח תחילה, אמרינן סרכא נקיט ואתי, **והש"ך** כתב דסברא זה לא שייך כאן, דהאיך שכחה עסק גדול כמליחה. **אבל** אם ששכחה אם מלחה צד השני, (אף דאם לא מלחה צד השני אוסר הש"ך אם כבר הודח), הביא הפת"ש, דמותר אפי' להש"ך, מאחר שמלחה צד א', הרגל הדבר למלוח צד שני.

אשה ששלחה בשר לבעלה, ולא הזכירה אם מלחה, וכבר נתבשלה, מתיר הפמ"א אם יש אומדנא דמוכח, כגון שיודע האשה שלא יהיה זמן קודם שבת למלחה, שבודאי מלחה קודם, **והשבו"י** חולק עליו, דזה אינה אומדנא דמוכח, ובלא"ה א"א להתיר ספק ואפי' ס"ס, היכא שהוא יכול להתברר.

בשר שנתבשל בלא מליחה

סעיף יא - בשר שנתבשל בלא מליחה - אף אם לא נתבשל לגמרי, רק ששמוה בקדרה שמקצתה חם והיד סולדת בה, ת"ח בשם הגהת ש"ד, וכן הוא במהרי"ל, ‹**והמנח"י** פי', "שמקצתה חם והיסל"ב", הולך על החתיכה, כלומר דלא נתבשל אלא נעשה מקצתה חם שהיסל"ב, דלא שייך לשון זה על הקדירה, כי לעולם לא נמצא קדירה חם ביותר רק שהיסל"ב, וכל שאין החתיכה יסל"ב, אף שיסל"ב בקדירה, מותרת, **והפמ"ג** חולק עליו›.

צריך שיהיה בתבשיל ששים כנגד אותו בשר - דלא ידעינן כמה דמא נפק מיניה, **ואז מותר הכל** – [דמה שיצא נתבטל בששים, ומה שנשאר בו הוי דם האיברים שלא פירש, **והקשה** מו"ח ז"ל, דהא בשובר

מפרקת בהמה בסי' ס"ז, אף הרא"ש ס"ל דאסור משום פירש ממקום למקום, וה"נ יהיה אסור מה"ט, ותירץ שם, עיין עליו ולא קשה מידי, דהכא בבישול כל מה שפירש יוצא לחוץ, וכל מה שלא יצא לחוץ אינו פורש כלל].

(**עיין** בספר ברכי יוסף שהביא בשם גדול אחד, דהיינו באם נתנו הבשר במים שאינם רותחים, אבל אם נתנו אותו במים רותחים, הוי חליטה ומותר בדיעבד בלא ס', כמבואר לקמן סימן ע"ג ס"ב כו', **והוא** ז"ל שקיל וטרי קצת, ומסיים דאם ברור הדבר שהיו המים רותחים מאד, ויש דוחק כגון שהוא ערב שבת, יש להקל, ע"ש, ועש"ך שם סק"י, וצ"ע).

(**בגיו"ד** של אא"ז הרב ז"ל מצאתי כתוב, כתב אגודה: אומר רבי, דמותר לבשל בשר בלי מליחה בחמי טבריא).

(**עיין** בתשובת שמש צדקה, בשומן שלא נמלח שנתבשל, אם צריך לשער ג"כ נגד כל השומן, או לא, מאחר שאין דם כ"כ בשומן, ע"ש, **ונראה** דאישתמיטתיה דברי הת"ח וש"ך לקמן סימן ע"ה סק"ח, דמבואר שם דצריך ס' נגד כל השומן, ע"ש).

הגה: ויש אוסרים אותה חתיכה אפילו בדאיכא ס' נגד החתיכה - אין לפרש הטעם דחנ"נ, דהא לא נאסר הבשר מעולם אלא עתה מחמת הבישול נאסר, וכן כתב הרא"ש ומביאו בית יוסף, **אלא** הטעם משום דרוטב מבלבל טעם החתיכה, וגורם שהדם שבתוכו פירש ממקום למקום, וכדאיתא במרדכי והג"ה ש"ד.

[**לפי** שנתבשלה החתיכה בדמה, **ואין** להקשות והא בדם מעלמא שנפל על חתיכה שבקדירה, שמקצתה תוך הרוטב, מותר אפי' מה שהוא חוץ לרוטב, **שאני** הכא שהאיסור הוא מחמת עצמו, נשאר הטעם במקומו ואסור, ‹**כוונתו**, אף דאין האיסור רק משום דם שפירש ממקום למקום, לא אמרינן כיון דהדם נפרש ממקומו ונבלע למקום אחר, שוב הוי כדם מעלמא שנפל על החתיכה בתוך הרוטב, דהכל מצטרף, משום דהכא כיון דהדם פירש מהחתיכה זו, ממהרת להתבלע בחתיכה זו, דהוי כמו באיסור דבוק – חוו"ד›, **ועוד** דחשוב כאיסור הדבוק, ויש לחוש שמא הגביה פעם אחת חוץ לרוטב קודם שפולט כל דמה, עכ"ל או"ה הארוך].

והכי נהוג אם לא לצורך, כגון לכבוד שבת או לכבוד אורחים - או במקום הפסד מרובה, ת"ח, **דאז יש לסמוך אדברי המקילין.**

סימן סט סי"א(1) • בשר שנתבשל בלא מליחה

בשר או שומן שנתבשל בלא מליחה, ואפי' לא נתבשל לגמרי, (**אבל** לפי המנ"י בשם הש"ך, צריך הבשר להיות יסל"ב, ופמ"ג חולק ע"ז), **פסק** המחבר דאם יש ששים כנגד הבשר כולו, (דלא ידעינן כמה דם נפיק מיניה), אז מותר הכל אפי' הבשר, דדם שיצא נתבטל, ומה שנשאר הוי דם איברים שלא פירש, **ולא** אמרינן שפירש ממקום למקום בהבשר, דכל מה שלא יצא אינו פורש כלל.

והרמ"א פסק, דבמקום שאינו לצורך (כגון לכבוד שבת או לכבוד אורחים או הפ"מ), יש לאסור חתיכת הבשר אפי' כשיש ששים, **ולא** משום חנ"נ, (דהא עכשיו הוא תחילת איסורו), אלא משום דהרוטב מבלבל טעם החתיכה, וגורם שהדם פורש ממקום למקום. **ולא** מצטרף כל מה שבקדירה לבטל האי דם הפורש, משום דכיון דבא מהחתיכה, ממהרת להתבלע, **ועוד** משום איסור דבוק, דשמא הגביה פעם אחת חוץ לרוטב קודם שפלט כל דמו.

אם נתנו אותו במים רותחים, י"א דמותר בדיעבד בלא ס', דהוי חליטה, **וי"א** דמותר דוקא במקום דוחק כגון ערב שבת. **יש** מתירין לבשל בלי מליחה בחמי טבריה.

תרנגולת שלימה או חלולה

[**בת"ח** כתב, בתרנגולת שהיא חלולה, איכא למיחש שמא פירש ממקום למקום, ואסור כה"ג אפי' בשעת הדחק והפסד מרובה].

דמי להההוא ציידא, דמשכח רברבא ושקיל זוטרי ושקיל, ואני בספרי השגתי על ת"ח בזה, **וזה** לשוני, כתב במרדכי על שם תשו' רבי שמשון בן אברהם, דאפי' למאן דמתיר בבשר, אבל בתרנגולת שלימה שנתבשלה ראוי להחמיר, אע"פ שיש במים ששים, מפני כבד ובני מעיה דכמאן דמנחא בדיקולא דמיא, ודם הנפלט מהם נבלע בתרנגולת ושוב יוצא כו', עכ"ל, ואיתא תשו' זו בתשו' מיימוני, **וכתב** בת"ח, דה"ה אי ליכא בני מעיים דאסור בתרנגולת לכו"ע, דמאחר שהיא חלולה פירש הדם ממקום למקום, ואסור כה"ג אפי' שעת הדחק והפסד מרובה, עכ"ל, וכ"כ בס' אפי רברבי, **ולא** נהירא, דדוקא נקט כבד ובני מעיים, הלא"ה לא גרע כלל מחתיכת בשר, דנהי דפורש ממקום למקום, מ"מ מיד שנפרש לחלל נתבטל במים, **ואפי'** בכבד ובני מעיה אינו אסור אלא כשהן דבוקים בעוף, הלא"ה לא, כמ"ש הרוקח בשם הרבה גדולים, **ונהי** דלא קימ"ל כוותיה במאי דמכשיר התם הרוקח אפי' בדבוק, היינו משום דאזיל לטעמיה דלית ליה איסור דבוק, ואנן לא קימ"ל הכי, **אבל** באינו דבוק פשיטא דקימ"ל הכי, וכדכתב הרב

בהג"ה גופיה סוף סי' ע"ג, אלא דאמרינן כיון דאינו דבוק א"כ מיד שנפלט נתבטל במים, וכ"ש גבי תרנגולת גופיה דיש לומר הכי, נ"ל ברור, וכן פסק בס' באר שבע ע"ש, עד כאן לשוני - נקה"כ.

סימן סט סי"א(2) • תרנגולת שלימה או חלולה

כתב המרדכי דראוי להחמיר בתרנגולת שלימה, אפי' יש ששים, מפני הכבד ובני מעיין, דדם הנפלט מהם נבלע בתרנגולת, **והת"ח** מוסיף, דאפי' בדליכא בני מעיים אסור לכו"ע, דמאחר שהיא חלולה פירש הדם ממקום למקום, ואסור אפי' בהפ"מ, והט"ז מביאו, **והש"ך** חולק על הת"ח, דדוקא כבד ובני מעיין משום איסור דבוק, אבל כשאינן דבוקין, וכ"ש כשהיא חלולה, לא גרע מחתיכת בשר, דנהי דפורש, מיד שנפרש לחלל נתבטל במים.

נמלחה שלא כראוי ונתבשלה

ואם נמלחה חתיכה ולא נמלחה כראוי, דינה כאלו לא נמלחה כלל – [באו"ה הארוך כתב שני דינים, הא' בנמלח ולא שהה שיעור מליחה, הב' אם לא נמלח רק מצד אחד, בשניהם הוה כלא נמלח כלל, והיינו היש אוסרים דס"ד שמביא רמ"א, **אבל** רמ"א הכריע שם דבדיעבד מותר בנמלח צד אחד, **וכן** אם לא פיזר בכל מקום מלח, ‹**ואף** דהתם בהפ"מ דוקא, מ"מ כיון דכאן לצורך מתירין אותה חתיכה, במלח מצד א' אין להחמיר כלל, ובפרט דם דרבנן ויש כמה ספיקות דפלוגתא לקולא – פמ"ג, **וא"כ** אמאי צריך כאן ששים דהוה כלא נמלח כלל, **אלא** מיירי כאן בנמלח כראוי ולא שהה שיעור מליחה, וע"ז אמר שלא נמלח כראוי, ר"ל שלא שהה בו כשיעור מליחה].

וכן בשר ששהה ג' ימים בלא מליחה, אף אם נמלח, דינו כאלו לא נמלח, ואם נתבשל צריך ס' כנגדו - להתיר מה שנתבשל עמה, אבל החתיכה אסורה עכ"פ, כדאיתא בת"ח.

‹**אם** נמלח בלא הדחה ראשונה ונתבשל, ויש ששים בקדירה, י"ל דאף בהפסד מרובה אסורה החתיכה, כיון דטעמא דהמקילין משום דממ"נ, דאם לא יצא לחוץ הוי דם איברים שלא פירש, א"כ בנמלח בלא הדחה ראשונה, להסוברים דהטעם משום דם בעין, כבר נאסר קודם הבישול, והוי כמו כל חתיכה דעלמא דבלע איסור ונתבשל בששים, דהחתיכה קיימא באיסורה, כדלקמן סי' ק"ו, **ואף** דלעיל ס"ב סמכינן בהפסד מרובה על טעם דנתרכך, מ"מ י"ל דתרי קולי בהפסד מרובה לא אמרינן, **וביותר** י"ל, דאף לטעמא דריכוך אסור, דהרי מבואר בהרא"ש, הא דמלח ולא הדיח מהני הדחה ומליחה שנית, ולא חיישינן כיון דנמלח תחילה בלא ריכוך, יצא מקצת דם וחוזר ונבלע, היינו דאמרינן איידי דיפלוט דם דידיה, **א"כ** ממילא בנתבשל בלא הדחה ומליחה שנית, אסורה אותה חתיכה, דחיישינן דיצא תחילה בשעת המליחה קצת דם, וחזר ונבלע, ולא יצא ע"י הבישול – רעק"א›.

‹**ולפי"ז** יש לדון במ"ש ההג"ה, דאם שהה שלשה ימים בלא מליחה ונמלח אח"כ, דדינו כלא נמלח, ומשמע דלא חמיר מלא נמלח כלל, **ולפי** הנ"ל י"ל דבזה אף בהפסד מרובה אסורה החתיכה, כיון דשהה שלשה ימים בלא מליחה, נתקשה הדם ויצא קצת דם וחזר ונבלע, {לשיטת הש"ך בסי"ב, ודלא כט"ז}, כמ"ש הרא"ש לענין מלח בלא הדחה לטעמא דריכוך, ואין כאן ממ"נ, **גם** יש לעיין במ"ש הש"ך בסי"ב, דטעמא דבשלו אחר הצלייה מותר, משום דמה שלא יצא על ידי צלי לא יצא ג"כ ע"י בישול, **א"כ** בנמלח תחילה יהא גרע, דבשעת מליחה יצא קצת דם וחזר ונבלע, ודו"ק›.

‹**ואחר** העיון נ"ל דזהו ניחא, דמהני צלייה אף אחר מליחה, דלהט"ז ממ"ש בסי"ב וז"ל, ועוד נ"ל דאם מלח וכו', בזה אמרינן להיפך לחומרא וכו', משמע דאמרינן בהיפוך, דלמא כהריב"ש דלא נתקשה, אבל לגאונים היה מותר, דאם אמרינן דנתקשה הדם אינו מוציא דם כלל, א"כ ממילא בצלי מותר, **ולהש"ך** בנקה"כ דנפיק מעט מעט, מ"מ הא הסכים שם עם המורה בט"ז, מטעם דמ"מ יוצא מעט בצלי, ואמרינן ביה איידי דיפלוט דם דידיה, ע"ש, **א"כ** אף אם בשעת מליחה יצא מעט וחזר ונבלע, מ"מ בצלי יוצא אותו המעט, מכח איידי דיפלוט מעט מהנשאר בו ונתקשה, **אבל** הדין הראשון, בנתבשל אחר המליחה ויש ששים, מדינא אסור הבשר להש"ך הנ"ל, דיוצא מעט, ודו"ק – רעק"א›.

סימן סט סי"א(3) • נמלחה שלא כראוי ונתבשלה

אם לא פיזר מלח בכל מקום, מותר בדיעבד בס"ד אף אם נתבשלה בלא ששים, בלא הפ"מ, **ואפי'** אם לא נמלח רק מצד אחד, דכשנתבשלה בלא ששים מותר רק בהפ"מ בס"ד, **כשיש** ששים, מותר החתיכה בדיעבד בלא הפ"מ.

אם נמלח כראוי ולא שהה שיעור מליחה, הוי כלא נמלח, ואסור החתיכה אפי' כשיש ששים, (אם לא בהפ"מ), **וצריך** ששים להתיר מה שנתבשל עמה.

וכן בשר ששהה ג' ימים בלא מליחה, אפי' נמלח הוי כלא נמלח, וצריך ששים להתיר מה שנתבשל עמה, והחתיכה אסורה, אם לא בהפ"מ, וכנ"ל. **וכתב** רעק"א דו"ל דלפי הש"ך בסי"ב, אסור אפי' בהפ"מ.

וכן אם נמלח בלא הדחה ראשונה ונתבשל, כתב רעק"א, דו"ל דאסור אף כשיש ששים, אפי' בהפ"מ.

בשר ששהה ג' ימים בלא מליחה

סעיף יב - בשר ששהה ג' ימים מעת לעת בלא מליחה, נתייבש דמו בתוכו, ולא יצא עוד ע"י מליחה - ואפילו שיתנו במים פושרים כדי שיתעורר דמו לצאת, לא מהני, ת"ח ומהר"ש באו"ש.

ואין לאכלו מבושל אלא צלי - ולצלי מותר בלא מליחה, אלא דלכתחלה יש למלחו קצת כשאר צלי, וכדלקמן סי' ע"ו ס"ב בהג"ה, אבל לא אמרינן כיון ששהה ג' ימים בלא מליחה, ניבעי מליחה ממש אף לצלי, ת"ח, **ומבואר** עוד שם, דאפילו לא ניקר אותו מגידי הדם שבו, מותר לצלי, **ולעיל** סימן ס"ד סעיף י"ח נתבאר, דלכתחלה יש לנקר הבשר מחלב שבו תוך שלשה ימים, ובדיעבד אם מנקרו אחר כך מותר אף לקדירה, ע"ש.

ואחר שצלאו לא יבשלנו - דשמא לא יצא כל דמו על ידי צלייה, ויצא אח"כ על ידי בישול, דהבישול פועל יותר מצלייה, **ולא** דמי לכבד בר"ס ע"ג, דג"כ אין לה היתר ע"י מליחה כי אם ע"י צלייה, ומותר לבשלה אחר הצלייה ואפי' לכתחלה, **דהתם** אינו מועיל מליחה משום ריבוי דם שבה, ומסתמא נפלט הכל בצלייה, ומה שלא נפלט בצלייה לא יפלוט בבישול, **אבל** הכא אינו מועיל מליחה משום שכבר נתייבש דמו בתוכו, ואפשר דצלי אינו פועל לרכך הדם שיצא הכל, והבישול פועל לרככו.

(**עיין** בספר חמודי דניאל, דאף אם רוצים לצלותו בקדירה ביובש, אסור, ע"ש).

(**ועיין** בתשובת רדב"ז, שדעתו דהא דאסור לבשל אחר הצליה, דוקא אם יתנו בקדירה בעוד שיהיו המים פושרים, דאז מרכבין אותו, אבל אם ישליכו אותו במים רותחים, מותר, ע"ש, **ונראה** דלעת הצורך כגון בלילי פסחים, שאין אוכלין צלי, רק צלי ואח"כ בישלו אוכלין, כמו שמבואר באו"ח סימן תע"ו, יש לסמוך ע"ז בפשיטות).

ואם בישלו מותר - שאנו תולין לומר שיצא הכל, ומה שנשאר ולא יצא, שוב לא יצא ג"כ ע"י בישול.

[רש"ל פסק אפי' בדיעבד אסור, וכתב מו"ח ז"ל: לא נראו דבריו].

[מצאתי בקובץ ישן וז"ל, שמעתי מהרב שאמר בשם מהרי"ו שאמר משום מהרי"ל, בשר ששהה שלשה ימים בלא מליחה שאסור לבשל, **גם** שמעתי שכמדומה הוא שראה כתוב בשם מהר"ר עוזר, שאם אחר ששהה שלשה ימים מלחוהו כשיעור מליחה, והדיחוהו וצלאוהו, שוב מותר לבשל, עכ"ל].

(**ועיין** בתשובת מעיל צדקה, שכתב שאין לסמוך ע"ז אפילו בהפ"מ, ע"ש היטב).

‹**המנ"י** כתב, דהר"ר עוזר ס"ל כהסוברים דמותר לבשל אחר צלייה, אלא דס"ל לצלי ג"כ בעי מליחה מקודם, כמ"ש בת"ח בשם או"ה הארוך, **אבל** לדידן דקימ"ל דאין לבשל אחר הצלייה, גם במלחו וצלאו לא מהני – רעק"א›.

(ואין להשהות בשר ג' ימים בלא מליחה - כדי לצלותו, **דחיישינן שמא יבשלו)** - דילמא אישתלי ומבשל ליה. (**עיין** בספר חמודי דניאל, באם שהה ג' ימים בשוגג, אי מחוייב לאכול תיכף).

(**עיין** בספר חמודי דניאל שכתב, דכבד וכחל מותר להשהות, דודאי יצלנו, **אע"ג** דהכבד מבשלים אחר צלי, ‹אם לא שהה ג' ימים›, וניחוש שמא יבשלנו אחר צלי, ‹הגם דכבד שהה ג' ימים›, **מ"מ** כל מידי דבדיעבד מותר לא חיישינן שמא ישכח, ע"ש).

סימן סט סי"ב(1) • בשר ששהה ג' ימים בלא מליחה

בשר ששהה ג' ימים מעל"ע בלא מליחה, נתייבש דמו בתוכו, ולא יצא עוד ע"י מליחה, אפי' אם יתנו אותו בפושרין, **ואין** לאכלו מבושל אלא צלי.

ולצלי א"צ שום מליחה, רק לכתחילה יש למלחו קצת כשאר צלי, אבל מליחה ממש א"צ. (**אבל** מליחה אינו מגרע, כמ"ש רעק"א סי"א). **ומותר** אפי' לא ניקר אותו מגידי הדם.

ולכתחילה יש לנקר הבשר מחלב שבו תוך ג' ימים, ובדיעבד אפי' ניקר אח"כ, מותר אף לקדירה.

ואסור לבשלו אחר הצלי, (וגם לצלותו בקדירה ביובש), דשמא לא יצא כל דמו ע"י צלי, ויצא ע"י בישול דפועל יותר, **משא"כ** בכבד דמותר לבשלו אחר צליי', הגם דאסור לבשלו קודם, דהתם הנדון הוא ריבוי הדם, ומסתמא נפלט הכל ע"י צליי', ומה שלא נפלט לא יפלוט גם ע"י בישול, **משא"כ** הכא הנדון הוא שנתייבש הדם, ואפשר שאף שלא יצא ע"י צלי יצא ע"י בישול. **וי"א** דאם ישליכו למים רותחים מותר, ויש לסמוך ע"ז לעת הצורך. **ואם** בישלו מותר, שאנו תולין שיצא הכל, ומה שנשאר לא יצא גם ע"י בישול, (ודלא כרש"ל דאוסר בדיעבד).

כתב הט"ז בשם הר"ר עוזר, שאם מלחוהו כשיעור מליחה, מותר לבשלו אחר הצליי', **ופת"ש** הביא שאין לסמוך ע"ז,

ורעק"א כתב דהר"ר עוזר ס"ל כהנהו שמתירין לבשל אחר צליי', ורק דס"ל דצלי ג"כ בעי מליחה, אבל אנן דלא קימ"ל כן, מליחה לא מהני לבשלו אחר צליי'.

ואסור להשהות בשר ג' ימים בלא מליחה, דלמא ישכח ויבשל, **משא"כ** כבד וכחל דמותר להשהותן, דהתם לעולם אין להם היתר כי אם ע"י צלי, **ואף** דיש לחשוש שיבשלם אחר הצלי, (וזה מותר רק אם מלחם תוך ג' ימים), כיון דבין כך מותרין בדיעבד, לא גזרינן.

בשר שמלחו אחר ג' ימים

[**כתב** רש"ל, על בשר ששהה שלשה ימים בלא מליחה, ואח"כ מלחו אותו בכלי מנוקב כשיעור מליחה, ואח"כ הדיחוהו וחזרו ומלחוהו והניחוהו בכלי שאינו מנוקב, ולא שהה בה שיעור כבישה, ומצאו שם ציר, דלכאורה יש לחוש שמא לא היה כח במליחה ראשונה להפליט כל הדם שבתוכו כיון שנתקשה, אלא תמיד פולט מעט מעט, וע"כ אסור, **והשיב** דאינו כן, אלא ממ"נ מותר, דאם לא יצא במליחה ראשונה, שוב אינו יוצא בשניה, ואם יצא במליחה הראשונה, יצא הכל, **ולא** דמי למה שאמרו במידי דבעי ליבון, ועשה הגעלה, דאסור לחתוך בו רותח לדעת הרא"ש, משום דע"י ההגעלה פולט מעט מעט, דהתם יש פליטה יותר כל שהוא רותח יותר, ע"כ יש לחוש שמא ע"י הגעלה ראשונה שחלש כחו, אינו יוצא כולו, ונתוסף עליו חום אחר אחר שחתך בו רותח, משא"כ במליחה כו', **נראה** ביאור דבריו, דבחשש זה שנתייבש הדם בבשר, ולא מתעורר מחום המליחה לצאת, בזה אמרינן שפיר ממ"נ, אם נתעורר לצאת במליחה ראשונה, וכדעת ריב"ש שמביא ב"י, ממילא א"צ למליחה שניה כלל, ומותר במליחה שניה בכלי שאינו מנוקב, ואם לא יצא במליחה ראשונה, והיבוש במקומו עומד, גם מליחה השניה לא תאסור אותו ומותר לצלי, **משא"כ** בהגעלה דאין שם טעם יבוש, אלא שאין כח להגעלה להוציא לגמרי כיון שצריך ליבון, מ"מ מהני כח ההגעלה שיזוז הבלוע ממקומו קצת, וע"כ כשיבא רתיחת השניה, יוציא לחוץ, כנ"ל טעם רש"ל והוא נכון].

ולי דברי מהרש"ל צ"ע, דהסברא נותנת הכי, דהבשר פולט מעט מעט - נקה"כ.

[**ומשמע** דאילו מלחו בכלי שאינו מנוקב לחוד, ולא מלחו תחילה בכלי מנוקב, אסור, דשמא יצא קצת מן הדם שנתקשה בו ע"י מליחה, **וכן** נראה נמי **אם** מלח אותו בשר ששהה שלשה ימים בלא מליחה, עם שאר בשר שנמלח להוציא דמו, דאסור זה הבשר ששהה שלשה ימים, דשמא בולע מהדם שיוצא משאר הבשר, דאע"פ שאמרו שאין מליחה מועיל לו, היינו לפי שנתקשה דמו בתוכו, מ"מ אין הבשר נתקשה לומר ששוב לא יבלע דבר בתוכו, **וגם** לענין דם שבתוכו כתב הריב"ש הביאו ב"י, דאין בירור שלא יצא ע"י מליחה, והיה ראוי להתיר, אלא שראוי לחוש לדברי הגאונים במקום שנהגו, *וע"כ ודאי לא נסמוך בשום דבר לקולא ע"ז, ולומר שלא יבלע שאר דם, **אלא** לחומרא אמרינן דשמא דם שלו לא יצא ע"י מליחה כיון שנתקשה, וע"כ אין כאן היתר לומר כמו שיפלוט דם שלו יפלוט ג"כ מה שבולע מבשר אחר, **וראיתי** למורה אחד שהתיר בזה מטעם כבולעו כך פולטו, ונראה שטעה, דודאי זה דומה למולח בשר שנמלח כבר, ויצא מידי דמו וצירו, עם שאר בשר שמולח להוציא דמו, דאמרינן בכל סימן שאחר זה, דודאי בולע מן האיסור ונשאר בתוכו, כיון שאין לו מה להפליט, ה"נ אמרינן ביה לחומרא].

ולי נראה דטב הורה, דהא הך דשהה שלשה ימים בלא מליחה, היא חומרת הגאונים, ולא נזכר שום רמז בש"ס, וגם הריב"ש שדא ביה נרגא, והלכך הבו דלא לוסיף עלה, ואין לך אלא מה שהחמירו בו בפירוש, **ועוד** די"ל דאף הגאונים לא קאמרי שאינו יוצא ע"י מליחה כלל, שהרי נראה הדבר לעין שיוצא, אלא ר"ל שאינו יוצא כל דמו, וא"כ כיון דעכ"פ יוצא קצת דם, אמרינן לגבי דם שבלע כבולעו כך פולטו, כן נראה לי - נקה"כ.

***לענ"ד** זהו אינו מספיק, דמ"מ היה צלי מועיל בדרך ממ"נ, דלפי החומרא דנתקשה, הא לא בלע כלום, ואם לא דנין דנתקשה ובלע, הא מותר, דאיידי דפלט דם דידיה פלט דם דאחריני, **אלא** דאסור מטעם הראשון, דאף אם אמרינן דנתקשה דמו בתוכו ולא פליט, מ"מ בלע, **והא** דאין לו תקנה בצלי, ע"י איידי דיפלוט דם דידיה, צ"ל דגם בצלי לא יפלוט דידיה כיון דנתקשה, והא דבשלו אחר צלי מותר, צ"ל מטעם שכתב הש"ד, "... מה שנשאר ולא יצא, שוב לא יצא ג"כ ע"י בישול" - רעק"א.

(**ועיין** בתשובת בית אפרים, במעשה שנמלח בשר ששהה ג' ימים עם בשר עוף יחד, ואחר מליחה והדחה כבשו אותם בחבית ומלחו אותן יחד, כדרך שמולחין לקיום, ונכבש כך כמה ימים, **וכתב** דיש לאסור הכל אפילו

מה שחוץ לציר, חדא דהא הט"ז כתב בשם רש"ל, דבלא שהה שיעור כבישה מתיר מטעם ממ"נ, וא"כ הכא דשהה שיעור כבישה, נאסר, **ואף** דביש"ש מבואר שאם הודח אחר המליחה הראשונה אין לאסור אפילו שהה שיעור כבישה, מ"מ הרי כאן היה כבוש מעל"ע, דאפילו במים ה"ה כמבושל, וא"כ נאסר מה שבתוך הציר, ואוסר הכל אח"כ, **ועוד** דהכא בין להט"ז ובין להש"ך בנה"כ אין מקום להקל בזה, דהא להט"ז נאסר מתחלה הבשר ששהה שבלע דם משאר הבשר, ואף שנקה"כ צידד להקל, הלא לדעתו נאסר מטעם שנמלח אח"כ בכלי שאינו מנוקב, ולית לן למינקט קולי דתרווייהו, עכ"ת דבריו).

[**ועוד נ"ל,** אם מלח הבשר ששהה שלשה ימים עם שאר בשר שכבר נמלח והודח, **בכלי שאינו מנוקב, אסור גם שאר הבשר, דבזה אמרינן להיפך לחומרא, **שמא** יצא הדם שנתקשה ע"י המליחה, ואוסר שאר הבשר כיון שמונח בכלי שאינו מנוקב, כל זה ברור לפענ"ד].

<אינו** מדוקוק, דגם במנוקב אסור – רעק"א>. <**תמה** המ"י ממ"נ, אי הודח נסתמין נקבי הפליטה, אפי' בכלי מנוקב אסור, כמבואר סימן ע', **ואי** לא נסתם נקבי הפליטה, אפי' כלי שאינו מנוקב שרי ע"י מליחה שנית, וירצה בזה עכ"פ בהפ"מ שרי, איידי דיפלוט ציר כמבואר סי' ע', בין במנוקב או אינו מנוקב. **ויראה** דלא החמיר בכלי מנוקב דאיכא נמי טעמא דמישרק שריק, אף דאנן לא קי"ל כן, מ"מ איכא ספיקי טובא, ומש"ה לא החמיר אלא בכלי שאינו מנוקב – פמ"ג>.

סימן סט סי"ב(2) • בשר שמלחו אחר ג' ימים

כתב הט"ז בשם הרש"ל, בשר שנמלח אחר ג' ימים בכלי מנוקב, ואח"כ הדיחוהו ומלחוהו בכלי שאינו מנוקב, ולא שהה בה שיעור כבישה ומצאו שם ציר, **מותר** ממ"נ, אם מהני מליחה אחר ג' ימים כשיטת הריב"ש, ממילא א"צ מליחה שנית כלל, ומותר בכלי שנית שאינו מנוקב, **ואם** משום ייבוש הדם לא מהני מליחה ראשונה כחומרת הגאונים, גם מליחה שנית לא תאסור אותו, **משא"כ** בדבר דבעי ליבון, ועשה הגעלה, דאוסר לחתוך בה רותח, דהתם ליכא ייבוש, אלא שאין כח בהגעלה להוציא הבליעות, אבל מהני שיזוז קצת, וכשיבא רתיחה השניה יוציא לחוץ. **והש"ך** חולק, דאפי' לפי חומרת הגאונים, הסברא נותנת שהבשר פולט מעט מעט.

אבל אם מתחילה מלחו אחר ג' ימים בכלי שאינו מנוקב, אסור, דשמא יצא קצת מן הדם ע"י מליחה.

וכן אם מלח בשר ששהה ג' ימים עם שאר בשר שנמלח להוציא דמו, אסור, דשמא בולע מדם היוצא משאר בשר, דאע"פ שהייבוש גורם שלא יפליט, אבל עדיין יבלע, (**והא** דאינו מותר לצלותו, ואיידי דיפלוט דם דידיה יפלוט גם מה שבלע, **כתב** רעק"א דצ"ל, דגם ע"י צלי לא יפלוט כיון דנתייבש, **והא** דמותר בישול אחר צלי, הגם דלא נפלט ע"י צלי, **עיקר** הטעם הוא מה שאמר הש"ך, דכמו דלא נפלט ע"י צלי לא יצא גם ע"י בישול), **ועוד** דכל סברת ייבוש הוא חומרא דחוששין לדעת הגאונים, אבל ודאי לא יסמוך לקולא לומר שלא יבלע, **והקשה** רעק"א, דאי פליטת דם יבש ובליעתו תלוי זה בזה, היה צריך להיות מותר לצלי ממ"נ, דלפי חומרת הגאונים הא לא בלע, ולפי הריב"ש, כמו דבולע ג"כ יפלוט, וצריך לסברא ראשונה של הט"ז, דאינם תלוים זה בזה, והגם דאינו פולט מ"מ בולע.

והש"ך חולק, חדא דכל זה הוא משום חומרת הגאונים, והבו דלא לוסיף, **ועוד** דגם הגאונים לא אמרו דאינו יוצא ע"י מליחה כלל, דהא חזינן דיוצא, אלא דאין כולו יוצא, אבל עכ"פ קצת יוצא, וא"כ אמרינן לגבי דם שבלע, כבולעו כך פולטו.

ואם נמלח בשר ששהה ג' ימים עם בשר עוף ביחד, ואחר מליחה והדחה נכבשו ביחד במלח לכמה ימים, **אסור** לכו"ע אפי' מה שחוץ לציר, דהט"ז לא התיר במליחה שניה אלא אם לא נכבש, אבל נכבש שיעור כבישה, ובודאי בנכבש מעל"ע, נאסר כל מה שבציר, ואוסר הכל אח"כ, **ועוד** דגם מצד המליחה נאסר לכו"ע, דלהט"ז נאסר במליחה ראשונה, ואפי' להש"ך, נאסר מצד מליחה שניה בכלי שאינו מנוקב.

אם מלח בשר ששהה ג' ימים עם שאר בשר דכבר נמלח והודח, בכלי שאינו מנוקב, (ולפי רעק"א גם בכלי מנוקב), **כתב** הט"ז דבזה אמרינן להיפך, דחוששין לשיטת הריב"ש לחומרא, ושמא יצא הדם ואוסר שאר הבשר.

הג' ימים בנוגע שומן

(**עיין** בה"ט של הרב מהרי"ט ז"ל, שכתב בשם תשו' שבו"י, להקל בשומן אווזות שלא הודח תוך ג"י, **ועיין** בתשו' נו"ב שחלק על השבו"י בזה, שהתיר את האסור, וכתב דאף לדעת השבו"י, דוקא בשומן שהופשט, אבל אם השומן לא הופשט עדיין מעל האווז, גם הוא מודה שאפילו השומן אסור לבשל, **ומי** שהורה להתיר אפילו השומן לחוד, ראוי לגעור בו בנזיפה, ואם כבר נעשה מעשה והפשיט השומן ובשלו, אסורים הכלים וכל התערובת, ע"ש, **גם** בתשובת מאור הגולה רבינו עקיבא איגר ז"ל, חולק על השבו"י בזה, **ועיין** בספר חוו"ד שכתב ג"כ, דבשומן הדין כמו בבשר, אלא שכתב דיש להתיר ע"י בישול במים בששים אחר המליחה, **ואין** זה מבטל איסור, כיון דבהפ"מ סמכינן אמחבר בסעיף י"א, והמים שבלעו איסור ישפכו, **והטעם** שיחזור ויבלע השומן מהמים אין זה ביטול איסור, דהבליעה בא אחר הביטול, **ועוד** דכוונתנו להתיך השומן, דמיא קצת לסימן פ"ד ס"ג, {**ונראה** דבאופן זה אף בבשר שרי, מיהו לטעם השני שכתב החו"ד דלא הוי מבטל איסור, דאין כוונתנו אלא להתיר השומן, אפשר

דבבשר אסור מטעם שכתב הט"ז, דלא שרי באין כוונתו לכך אלא היכא שאי אפשר בענין אחר, ע"ש, וה"נ בבשר אפשר בצליה, אבל בשומן א"א בענין אחר, דבצלי השומן כלה], **אבל** לערבו בשומן אחר עד ששים נראה דאסור, עכ"ד, **ועיין** בתשובת רבינו עקיבא איגר, שהוא ז"ל העלה להקל בזה בהפ"מ, והיינו דמתחלה ימלח השומן כדינו, ואחר המליחה והדחה יערב בשאר שומן שנמלח והודח כדינו, ע"ש טעמו).

סימן סט סי"ב(3) • הג' ימים בנוגע שומן

השבו"י מקיל בשומן אווז (ודוקא כשהופשט מעל האווז) שלא הודח תוך ג' ימים, **והנו"ב** חולק עליו, שבזה התיר את האיסור, ומי שמתיר ראוי לגעור בו בנזיפה, **ואם** בישלו אסורים הכלים וכל התערובות. **והחוו"ד** מתיר ע"י בישול במים בס' אחר המליחה, **ואין** זה מבטל איסור, כיון דבהפ"מ סמכינן על המחבר בסי"א (דבשר שלא נמלח מותר כשנתבשל בששים), והמים ישפכו, **והטעם** שיחזור ויבלע השומן מהמים אין זה ביטול איסור, דהבליעה בא אחר הביטול, **ועוד** דכוונתו להתיך השומן, **וכתב** הפת"ש, דלטעם הראשון של החוו"ד, יש היתר זה גם בבשר, אבל לטעם שני, לפי הט"ז אינו מותר לבטל באופן זה אלא כשא"א באופן אחר, ובבשר אפשר בצלי", משא"כ שומן ע"י הצלי כלה. **אבל** לערבו עם שומן אחר בס' אסור, **ורעק"א** מתיר בזה בהפ"מ, אחר מליחה כדינו, יערב בשאר שומן דנמלח והודח כדינו.

מאיזה שעה מונין הג' ימים

(**עיין** בתשובת ברית אברהם, עוף השוהה למות אחר שחיטה כמה שעות, ונשתהה ג"י בלי מליחה, מאיזה זמן מונין השלשה ימים, אם משעת שחיטה או משעה שתצא נפשה, **כתב** מתחלה לחלק לענין הבני מעים, דהוי כמנחי בדיקולא, וראוי למחשב הג' ימים משעת שחיטה, משא"כ שאר הבשר, **והאריך** בזה והעלה להקל גם בבני מעיים, דיש לחשוב משעה שתצא נפשה, ע"ש).

סימן סט סי"ב(4) • מאיזה שעה מונין הג' ימים

עוף השוהה למות אחר השחיטה כמה שעות, יש לחשוב הג' ימים גם בבני מעים משעה שתצא נפשה.

בדיעבד אם לא נודע עד לאחר בישול

(**ועיין** בתשו' תפארת צבי, במעשה שבשלו בשר שנמלח והודח, ואח"כ נתוודע ששהה ג' ימים בלי מליחה, וזה נודע אחר ששהו הכלים מעל"ע, **הנה** אם הכלים יש להם תקנה בהגעלה, אסורים בלא הגעלה, דהוי דבר שיש לו מתירין, **אולם** אם הם כלי חרס שאין תקנה בהגעלה, המורה להתיר הכלים אין מזניחים אותו, **ומ"מ** לא הייתי מורה להתיר, כיון דהספק על הבשר ולא על הכלים).

סימן סט סי"ב(5) • בדיעבד אם לא נודע עד לאחר בישול

אם נמלח ונתבשל (בלא ששים), ונודע אחר ששהו הכלים מעל"ע, שבשר זה נשתהה ג' ימים בלא מליחה, **כתב** התפארת צבי, הכלים שיש להם תקנה, אסורים בלא הגעלה, **וכלי** חרס, המורה המתיר אין מזניחים אותו, **אבל** אני לא הייתי מתיר, כיון דהספק על הבשר ולא על הכלים.

אם שרו את הבשר תוך הג' ימים

סעיף יג- ואם שרו אותו במים תוך הג' ימים, יכול להשהותו עוד שלשה ימים אחרים פחות חצי שעה – [דהוא שיעור ההדחה ששרה במים, כמ"ש רמ"א בס"א]. **לאו** דוקא חצי שעה, אלא פחות מעט, וק"ל. ‹ואיני יודע, כיון דשיעור שריה הוא חצי שעה, א"כ כלין הג' ימים קודם הריכוך – פמ"ג›.

(**בספר** לוית חן פרשת אחרי מות כתב, דלמאי דאמרינן פ"ק דפסחים, לר"י אדם טועה ג' שעות, א"כ אין להשהות רק ג"י פחות שלש שעות כו', עיין שם, **ולענ"ד** חומרא יתירה היא, דודאי דוקא באיסור דאורייתא חיישינן, כדמוכח בפסחים דף י"ב, דאמר שם גזירה משום יום המעונן, ע"ש, ולא קאמר שמא יטעה בין ה' לו', ומכ"ש הכא דלא הוי אלא חומרת הגאונים, ואין להחמיר בדינים אלו כמ"ש הש"ך, **ועוד** אפשר לומר, דזה דמי למש"כ מהרש"ל שם על דברי התוספות, דבהמשך הזמן לא חיישינן שיטעו, כגון אם אומר ה' שעות עמנו הייתם, לא אמרינן שמא טעה ולא היה אלא ד', דאין זה ענין כלל לטעות דאיזה שעה, ע"ש, א"כ ה"ה כאן י"ל כן).

(**וצ"ע** לדינא, אם נשרה במים, וכשלקחוהו מהמים היה לח כמו ב' וג' שעות עד שהיו המים נוטפים, ונשתהה ג"י, מאיזה זמן מנינן, אם משעה שלקחו מהמים, או מעת שכלה כל לחלוחית המים, **ונראה** להקל).

[**פי'** באו"ה, דוקא שרו קצת שעה, **אבל** אין די בהעברת מים עליו כמו שרגילים לעשות בבית מטבחים, **ואם** נקרו הבשר ‹מחוטי הדם – פמ"ג› **תוך הג' ימים, סומכים אז בדיעבד על מה ששפכו עליו בהעברה בעלמא, מאחר שאין שם דם אלא מה שמובלע בבשר, ומ"מ צריך אח"כ הדחה אחרת קודם המליחה לקדירה אפי' דיעבד, עכ"ל**].

דעת הר"ב בת"ח, דלכתחלה אין לשרות אותו תוך ג' ימים כדי להשהותו עוד ג' ימים אחרים, **אך** בדיעבד שכבר שהה אותו ג' ימים, מותר לבשלו אפילו לא שראו רק מעט תוך הג' ימים, יאו בהעברה בעלמא כדחללי בי טבחא – פמ"ג, אם היה מנוקר מגידי הדם, **וכן** בשעת הדחק או במקום הפסד מרובה, יכול לשרותו אפילו לכתחלה ולשהותו עוד ג' ימים, ע"ש ובסימני ת"ח, שכן מוכרח דעת הר"ב, ודוק, **וכאן** השמיט כל זה, לפי שכתב שם שיש מקומות רבים נוהגין היתר אפי' לכתחלה, ושבק"ק קראקא נהגו כן, והניח להן מנהגן, לכך סתם כאן הדברים להיות נהרא נהרא ופשטיה, **ובאמת** אין להחמיר בדינים אלו, כיון שלא מצינו חומרא דבשר ששהה ג' ימים בלא מליחה בש"ס, וגם הריב"ש שדא בה נרגא, **ומ"מ** לכתחלה יש לשרותו היטב כשרוצה להשהותו עוד ג' ימים, וכדאיתא באגור ות"ח שם.

(**עיין** באר היטב של הרב מהרי"ט ז"ל, מש"כ בשם המג"א, שאם חל יום ג' בשבת, אסור להדיחו אפילו ע"י עובד כוכבים, **ועיין** בתשובת נו"ב שכתב, דאווזות פטומות שעיקרם בשביל השומן, ובצלי השומן כלה, ואיכא פסידא, שרי ע"י עובד כוכבים, **ולא** מיבעיא אווזות דרכיך וחזי לאומצא, אלא אפילו בשר בהמה, אם אינו ראוי כ"כ לצלי כבישול, שרי ע"י עובד כוכבים, **ואם** אי אפשר בעובד כוכבים, מותר בעצמו, ובפרט אם בלא"ה צריך לרחוץ ידיו, **וע"ש** בסימן צ"ב שכתב, דאם חל יום הג' ביו"ט, שרי בכל ענין, אפילו ע"י עצמו).

(**עיין** במנחת יעקב שכתב בשם חמיו הגאון מהר"ש ז"ל, באווזים שלימים שהודחו תוך ג' ימים בעודן שלימים עם העור, והורה להפשיט העור של אווז ולבשלה, והשאר יצלה, דהדחת העור לא שייכא לבשר, **והוא** ז"ל כתב ע"ז, דבשבת דף ק"ח משמע דעור אית ביה נקבים, ועולה ג"כ לבשר, ע"ש, **לענ"ד** צ"ע, דהרי תשובת נו"ב כתב, לגבי הא דעור מגין, דאין הנוצה נוקב העור מעבר לעבר, אך לענין תפילין, שצריך עיבוד ולגרור הרבה מצד פנימי, והנשאר לאחר הגרירה אית ביה ניקבי, ע"ש, וא"כ הכא כיון דאין העור מנוקב מעבר לעבר, אין ההדחה מועיל לבשר, **איברא** דדברי הנו"ב צל"ע, דהרי בחולין דף קי"ט מבואר, דנימא חלחולי מחלחל מעבר לעבר, כמ"ש רש"י שם, ומכ"ש בשר עוף, **שוב** ראיתי בתשובה הנ"ל חלק או"ח, שכתב אם שרו אווזות שלמים שלא נפתחו כלל, אם יועיל תוך ג' ימים, דעתי להקל, ואף שביארתי במקום אחר דהנקבים שבעור אינם שולטים מעבר לעבר, מ"מ נתרכך מעבר לעבר ע"י שריית המים, ומותר אח"כ ע"י מליחה, וכן אם שטף מים בשפע ושפשף היטב בידיו, ג"כ מותר כל הבשר, רק האיברים פנימים צריכים צלי, **ובדיעבד** לצורך גדול אפילו לא שרו רק שטף עליהם מים, ע"ש).

(**ועיין** בתשובת חת"ס שכתב ע"ד עופות בנוצתן, שהורה א' שצריך להסיר הנוצות לפני שרייתן קודם מליחה, יפה הורה, ולא דמי לטלפי רגלי הבהמה כו', **ואם** עבר ושראם בנוצותם, ואח"כ שהו ולא נמלחו ג' ימים מעל"ע משעת שחיטה, אם היו מונחים בכלי מים או אפילו בנחל שוטף, וראשי העופות היו למעלה, באופן ששבולת הנהר עבר ע"ג ראשן, נ"ל פשוט שהנוצות עכבו מלהכניס המים לגופם, ונאסרו מפני חומרת הגאונים, שהרי אפילו להקל כתב הרשב"א דאם נמלגו ברותחין כו', וכמ"ש גם בשו"ע סימן ס"ח ס"י, **אמנם** אם היו בשבולת הנהר, ועברו המים במקום רגלי העוף, יש להסתפק ולומר שמועיל, שא"א שלא ישפכו המים בין הנוצות ונגעו אל גוף העופות ונתרכך הבשר ע"י המים, ולדינא צריך תלמוד גם בזה, עכ"ד ע"ש).

(**ועיין** פמ"ג שכתב, דאם היה הבשר מלא קרח ששראו תוך שלשה ימים, שאסור אף דיעבד, כי ידוע שהשריה תוך ג' ימים הוא לרכך, ובזמן שהוא נקרש כאבן קשה הוא, ואין פועל השריה כלום, **וכן** במי פירות אפשר להחמיר, ע"ש).

(בשר שנמלח וספק אם נמלח תוך ג', מותר).

סימן סט סי"ג • אם שרו את הבשר תוך הג' ימים

אם שרו הבשר במים תוך הג' ימים, יכול להשהותו עוד ג' ימים פחות חצי שעה, דהוא שיעור ההדחה, **ולפי** הש"ך לאו דוקא, אלא ג' ימים פחות מעט.

כתב בספר לוית חן, דלפי ר' יהודה דאדם טועה ג' שעות, אין להשהות אלא ג' ימים פחות ג' שעות, **והפת"ש** חולק, דדוקא באיסור דאורייתא חיישינן כן, ומכ"ש דהכא אינו אלא חומרת הגאונים, **ועוד** דבמשך זמן לא חיישינן שיטעו, ואין זה ענין לטעות דאיזה שעה.

אם אחר שלקחוהו מהמים היה מטפטף כמו ב' וג' שעות, יש להקל ולהשהותו ג' ימים משעה שכלה כל הלחלוחית.

צריך דוקא שריי' קצת שעה, ואין די בהעברת מים בעלמא, **אם** לא שנקרו הבשר מחוטי הדם, אז די בדיעבד בהעברא בעלמא, דאין שם דם אלא מה שמובלע בבשר, **ומ"מ** צריך אח"כ הדחה אחרת קודם המליחה לקדירה אפי' בדיעבד.

דעת הת"ח דלכתחילה אין לשרותו תוך ג' ימים כדי להשהותו, ורק בדיעבד, או אפי' לכתחילה במקום הדחק והפ"מ, **אבל** כיון שהיה מקומות שנהגו כן לכתחילה, סתם הרמ"א כאן והניח להן מנהגן, **וכתב** הש"ך, דאין להחמיר בדינים אלו, דאינו אלא חומרת הגאונים, אבל לכתחילה צריך שריי' היטב.

אם חל יום שלישי בשבת, המ"א ס"ל דאסור לשרותו אפי' ע"י גוי, **ונו"ב** מיקל ע"י גוי באווזות פטומות שיכלה השומן ע"י צלי ואיכא פסידא, ואפי' בשר בהמה אם אינו ראוי כ"כ לצלי, **ואם** א"א ע"י גוי מותר בעצמו, ובפרט אם בלא"ה צריך לרחוץ ידיו, **ואם** חל ביו"ט מותר בכל ענין בעצמו.

מהר"ש סבר דאווזות שלימות עם עורן, לא מהני השריי' אלא לעורן, והבשר יצלה, **והמנ"י** כתב דהעור יש בו נקבים, ומהני גם להבשר, **והנו"ב** כתב דאין הנקבים הולכים מעבר לעבר אלא ע"י עיבוד בנוגע תפילין, **ומ"מ** נתרכך הבשר ע"י שריי', או שפשוף היטב בשעת השטיפה, ובדיעבד לצורך גדול אפי' רק בשטיפה, **ורק** האברים פנימיים צריכים צלי.

צריך להסיר הנוצות לפני שרייתן, ואם עבר ולא עשה כן ואח"כ שהו ג' ימים, אם היה ראשם למעלה, באופן ששבולת הנהר עבר ע"ג ראשן, הנוצות ודאי עכבו המים ונאסרו, **ואי** לא, יש ספק וצ"ע.

אם הבשר מלא קרח, לא מהני שריי אפי' בדיעבד, דאינו פועל כלום. **וכן** במי פירות אפשר להחמיר.

בשר שנמלח וספק אם הוא תוך ג' ימים, מותר.

בשר ששהה ג' ימים ונתערבה באחרות

סעיף יד - בשר ששהה שלשה ימים בלא מליחה, ונתערבה אותה חתיכה בחתיכות אחרות - פירוש שנתערבה בחתיכות אחרות שלא שהו עדיין ג' ימים, ולא נמלחו עדיין, **בטלה ברוב, ומותר לבשל כולן** - כשימלח כולן.

א"נ מיירי שכבר נמלחו כולן, ואחת נמלחה אחר ששהה ג' ימים, והאחרות נמלחו תוך ג' ימים, דמותר לבשל כולן בלא מליחה.

וקמ"ל דלא תימא דהוי דבר שיש לו מתירין בצלי*, דלצלי לא נאסר מעולם, [**דאע"פ** שיש לו היתר לצלי, מ"מ אין היתר למה שהוא אסור עכשיו, **דהיינו** לקדירה], ‹**ואי** דיכול לבשל אחר הצליי' דמותר מדינא, מ"מ צריך הוצאת עצים להסקה ולבשול – רעק"א›.

*‹**ולענ"ד** קשה, הא בצלי יפסיד השמנונית הנוטף לתוך האש, דאם יעמיד כלי תחתיו לקבל השומן הנוטף, שוב הוי בישול, וא"כ בלא"ה לא הוי יש לו מתירין, דיש לו הפסד שומן הנוטף – רעק"א›.

[וגדולה מזו היה להשו"ע לכתוב, **דאפי' תוך שלשה ימים**, בחתיכה שלא נמלחה שנתערבה עם שתי חתיכות שנמלחו, **מותרים וא"צ למלוח את כולם מספק, וכ"כ רש"ל בפירוש, ולא הוי דבר שיש לו מתירין, כיון שצריך הוצאה למולחם**, ‹הנה שם כתב, דאין לו מלח כ"כ, או שאין רוצה לפגום שאר החתיכות שיהיו נמלחות ב' פעמים – פמ"ג, כמו **בכלי בסי' קכ"ב**, ‹ר"ל, שכתוב שם, כלי שנאסר בבליעת איסור שנתערב באחרים ואינו ניכר, בטל ברוב, ואין דנין אותו בדבר שיש לו מתירין ע"י הגעלה, לפי שצריך להוציא עליו הוצאות להגעילו, והכא נמי דכוותיה שצריך הוצאה למולחם – מחה"ש›, **והוה על בשר דין יבש ביבש, שמבואר בסי' ק"ט מה דינו, ועיין מש"כ סי' ק"ב]**.

ולי נראה דזה אינו לפי מש"כ בש"ך סי' ק"ב - נקה"כ. ‹דכתב דאין להקל בהוצאה מועטת כזה במקום שאינו הפסד מרובה – מחה"ש›. ‹**ומיהו** הא ודאי, דאם הוא במקום שאין מלח מצוי, ואם ימתין יהא נפסד, לא הוה דשיל"מ ולא חהר"ל ובטל, ופשוט הוא – פמ"ג›.

ומותר לבשל כולן - דוקא כל אחד ואחד בפני עצמו, ‹דנהי דבטל ברוב, ולא גזרינן שמא יבשלם יחד ויתן טעם, {וכדמבואר בסמוך בש"ך הטעם לזה}, מ"מ אסור לעשות כן לבשלם יחד, דאז האיסור יתן טעם, אלא צריך לבשל כל אחד בפני עצמו, ותלינן בכל חד דאיסורא ברובא הוי והיתר הוא – מחה"ש›, **או** אפילו כולן בקדרה אחת, כשירבה עליו היתר עד ס', ‹ואינו מקרי מבטל איסור לכתחילה, כיון שמותר לבשל כל אחד בפני עצמו – מחה"ש›, **הא** לאו הכי לא, וכדלקמן סי' ק"ט ס"ב וע"ש.

(**עבה"ט**, ‹הובא מסי"א: הר"ש הלוי הורה להתיר בשר ששהה שלשה ימים בלא מליחה, ונמלחה בטעות עם שאר חתיכות אחרות, ונתבשלו כולם יחד, ולעת האוכל נזכרו שחתיכה אחת היתה מבשר ששהה שלשה ימים בלא מליחה, דכולם מותרות באכילה›, ‹וזה המשך לשונו: ע"פ מה שהביא הרב הקדוש ב"י תשובה מהרב הגדול בעל תרומת הדשן זלה"ה, בבשר ששהה ג' ימים בלא מליחה, ונתערבה אותה חתיכה בחתיכות אחרות, שאותה חתיכה בטילה באחרות, וכולן מותרות לבשל›, **ועיין** בזה בתשו' מעיל שמואל, שחולק על הוראת הר"ש הלוי ז"ל, ‹וז"ל: שמה שכתב שאותה חתיכה היא בטילה באחרות וכולן מותרות לבשל, היינו לבשל כל אחת בפני עצמה, ולא שלשתן יחד›, **ועיין** בתשובת שמש צדקה בהג"ה מבן המחבר, שדחה דבריו, והעלה כדעת הר"ש הלוי ז"ל, ‹וז"ל: ועמו הסליחה דבריו דחויים מעיקרא, דכבר הרגיש מזה הש"ך ס"ק נ"ז, ‹עיין לקמן בסמוך›, וכתב

דכיון דבשר ששהה ג' ימים בלא מליחה היא חומרת הגאונים ז"ל, דהגאונים לא גזרו כולי האי, וכו', ע"כ. **ולכאורה** הש"ך לקמן מיירי כשנתערבו יבש ביבש, ובנוגע החשש שמא יבשלם, דגזירה זו לא גזרינן בדבר דהוי רק חומרת הגאונים, **אבל** בנוגע לבשלם יחדיו, כתב הש"ך לעיל בפירוש, דצריך או לבשלם כל אחת בפני עצמה, או להרבות עד ס', וכדמחלק המחה"ש, וזה ממש כדברי המעיל שמואל, **אלא** דהש"ך לעיל איירי בלכתחילה והר"ש הלוי איירי בדיעבד, וצ"ע.

ומלשון ומותר לבשל כולן משמע, שא"צ להשליך אחד או ליתן לעובד כוכבים, **ואע"ג** דבסימן הנזכר כתב הר"ב, דיש מחמירין להשליך אחד או ליתן לעכו"ם, **מ"מ** סתם הכא כדברי המחבר, דכבר כתב שם דאינו אלא חומרא בעלמא, וכאן כיון שבשר ששהה ג' ימים בלא מליחה אינו אלא חומרת הגאונים, אין להחמיר.

ואפי' היתה ראויה להתכבד - ר"ל משום דאין איסורה מחמת עצמה, אלא מחמת דם הבלוע בה, וכדלקמן סימן ק"א ס"ב ע"ש. ‹**יש** לעיין, הא המחבר פסק בלא"ה דחתיכה חיה לא מקרי ראויה להתכבד – רעק"א›.

‹**עוד** כתב האו"ה, דקודם בישול היה היתר, דדם שלא פירש, ואימתי מתחיל האיסור, מכי בא לקדירה, ואז לא ניכר, ותחלת ביאתו לעולם ע"י תערובת לא הוה דשיל"מ, **וסובר** דה"ה חהר"ל ושאר דבר חשוב, כל שלא ניכר פעם א' בפני עצמו באיסורו, לא הוה דבר חשוב, והוא לכאורה חידוש דין – פמ"ג›.

וכן הדין בנתבשל בלא מליחה ונתערב אח"כ באחרות – ‹וכן במלח בלא הדחה ראשונה, ונתערב באחרות, תשו' מהר"י לבית לוי – רעק"א›.

צ"ע, דהא קי"ל לקמן סי' ק"ט, דמין בשאינו מינו צריך ששים, מטעם דאם יבשלם יתן טעם, אם כן הכא אמאי סגי ברוב, הא הדם יתן טעם כשיבשלה, **מיהו** אמהרא"י והמחבר לא קשה מידי, דאפשר דס"ל דכיון דבשר ששהה ג' ימים בלא מליחה היא חומרת הגאונים, יש לומר דהגאונים לא גזרו כולי האי, **וכה"ג** כתוב בתשובת ר' אהרן ששון, בבשר ששהה ג' ימים בלא מליחה ונתבשל, דמאחר שאינו אלא חומרת הגאונים, נראה שיש לסמוך אהראב"ד, דס"ל אפילו בבשר שנתבשל בלא מליחה, דא"צ ששים נגד כל החתיכה, אלא משערינן במאי דנפיק מיניה, אלא שאין להקל לענין מעשה, עכ"ד, **אבל** על הרב קשה, דכתב וכן כו', משמע דבטל נמי ברוב, וכדכתב בת"ח בהדיא, והא בשר שנתבשל בלא מליחה מדינא אסור, **מיהו** אאו"ה ‹שממנו נובעים דברי הרב› לא קשה מידי, דאזיל לטעמיה דס"ל, דהא דיבש ביבש שלא במינו צריך ס', אין הטעם משום דיתן טעם כשיבשלם, אלא משום שנקרא דבר שיש לו תקנה קצת, להכיר האיסור ולהסירו משם כו', וכמ"ש בשמו בסימן צ"ח, א"כ הכא א"א להכירו שהרי הוא בלוע, ואפשר דמהרא"י נמי סובר האי טעמא ודוק, **אבל** הרב דס"ל הטעם דלעיל, והוא עיקר כמ"ש שם, קשיא, ודוחק לחלק דהכא שאני דהאיסור בלוע, **ואפשר** דהכא לא אתא אלא לאשמועינן דלא נאסר משום חתיכה, ר"ל ורוב הוא לאו דוקא, אלא צריך ששים, וצ"ע. ‹**וצריך** להשליך א' מהן להיש מחמירין – פמ"ג›.

(**עיין** בשו"ת תולדות יצחק שכתב, דאפשר דמיירי שהיה במים ס' כנגדו, ואז אותה החתיכה אינה אסורה אלא מצד חומרא, כמ"ש לעיל סעיף י"א, להכי בטילה ברוב, ובזה מתורץ מה שהקשה הש"ך, **ושוב** העלה להלכה כדמשמע מפשט דברי הרמ"א, דאף אם לא היה מתחלה ששים, ונאסרה מצד הדין, אפילו הכי בטילה ברוב, ע"ש).

הג"ה - דברי הגאמו"ר ז"ל צ"ע ולא ירדתי לסוף דעתו, דהא כיון דקימ"ל דם שבישלו ומלחו אינו אלא מדרבנן, וא"כ א"צ ס', כמ"ש הוא עצמו בסי' ק"ט, דמין בשא"מ שהאיסור מדרבנן א"צ ס' ובטל ברוב, ע"ש, וכ"כ הוא עצמו בסי"ז על דברי מהרש"ל דמיקל, וכתב דיש לסמוך, דבלא"ה דם שבישלו ודם שמלחו אינו אלא מדרבנן, ע"ש, וא"כ מזה הטעם כתב הרמ"א דסגי ברוב, וצ"ע - נקה"כ.

סימן סט סי"ד • בשר ששהה ג' ימים ונתערבה באחרות

בשר ששהה ג' ימים בלא מליחה, ונתערבה בחתיכות אחרות שלא נמלחו, בטלה ברוב, ומותר למולחן ולבשל כולן, **וכן** אם שהה ג' ימים בלא מליחה, ונמלחה, ונתערבה בחתיכות אחרות שנמלחו תוך ג' ימים, בטלה ברוב ומותר לבשל כולן, **וקמ"ל** דלא אמרינן שהוא דשיל"מ בצלי, דלצלי לא נאסר מעולם, ולקדרה אין היתר, (**ואפי'** בלא זה, ע"י צלי יפסיד השומן), **והגם** דיש היתר לקדרה אחר צלי, דמותר מדינא, מ"מ צריך הוצאת עצים להסקה ולבשול.

והיתר הבישול הוא דוקא כל א' בפ"ע, דאי ביחד, יתן האיסור טעם, **או** אי יש ששים בקדירה, יכול לבשלם ביחד, **ואינו** מבטל איסור לכתחילה, כיון דיש היתר לבשלם כל א' בפ"ע.

וא"צ להשליך אחד או ליתן לעכו"ם, ואע"ג דהרמ"א מחמיר בזה בשאר תערובות, **כיון** דבשר ששהה ג' ימים אינו אלא חומרת הגאונים, לא החמיר.

ואפי' היתה ראויה להתכבד, כיון דאין איסורה מחמת עצמה אלא מחמת דם הבלוע בה, והדם אינו חהר"ל, בטלה, **ועוד** לפי המחבר חתיכה חיה לא מקרי ראויה להתכבד. **ועוד** הביא הפמ"ג מאו"ה דין חדש, כיון דקודם בישולו היה היתר, דהוי דם שלא פירש, ומכי פירש לקדירה אז לא היה ניכר, לכן כמו בדשיל"מ, כן הוא בחהר"ל, כל שלא ניכר בפ"ע באיסורו, לא הוה דבר חשוב.

ובדיעבד אם נתבשלו כולם יחד, ולעת האוכל נזכרו שחתיכה אחת היתה מבשר ששהה ג' ימים בלא מליחה, י"א דכולם מותרות באכילה, **ויש** חולקים.

כתב הרמ"א דה"ה בנתבשל בלא מליחה ונתערב באחרות, (וכן במלח בלא הדחה ראשונה ונתערב), דבטלה. **והקשה** הש"ך דהא מין בשאינו מינו צריך ששים, מטעם דאם יבשלם יתן טעם, א"כ אמאי סגי ברוב, והא הדם יתן טעם כשיבשלה, **בשלמא** ציור דלעיל, ששהה ג' ימים בלא מליחה ואח"כ נמלח, אינו אסור אלא מחומרת הגאונים, י"ל שלא גזרו כולי האי, **אבל** ציור דהרמ"א אסור מדינא, ומשמע מיניה דבטל ברוב, **(ואם** תחילה נתבשל במים בס', ואז החתיכה אינה אסורה בסי"א אלא מצד חומרא, א"כ בודאי יבטל ברוב חתיכות), **וכתב** דאפשר דלאו דוקא, ובאמת צריך ששים, (וגם צריך להשליך אחד מהן). **ובנו** של הש"ך הקשה צ"ע על אביו, דכיון דדם שבישלו ומלחו אינו אלא מדרבנן, הש"ך בעצמו כתב, דבאיסור דרבנן, א"צ ס' אפי' במין בשאינו מינו, ובטל ברוב.

כתב הט"ז בשם המהרש"ל, דה"ה תוך ג' ימים, חתיכה שלא נמלחה שנתערב בב' חתיכות שנמלחו, בטל וא"צ למלחם, ולא הוי דשיל"מ למלוח, כיון שצריך הוצאה למולחם. **והש"ך** חולק דאין להקל בהוצאה מועטת במקום שאין הפ"מ, **אבל** אם אין מלח מצוי, ואם ימתין יהא נפסד, לא הוי דשיל"מ.

בשר עם דמו שנשרה במים

סעיף טו - בשר המלוכלך בדמים – [פירוש שלא פלט עדיין דמו ע"י מליחה, ודין זה כתבו רמ"א בס"א, ועיין מש"כ שם], **ובש"ך** כתבתי ‹לקמן, ע"ש וצ"ע›, דדוקא נקט מלוכלך - נקה"כ, **שנשרה במים מעת לעת, יש אוסרים לאכלו כי אם צלי.**

מלוכלך בדמים - כן הוא לשון ר' ירוחם הובא בב"י, ונ"ל דדוקא נקט ר"י מלוכלך בדמים, וכדאיתא נמי להדיא בסמ"ק בשם מהר"מ, ובאו"ה בשם המרדכי ומהר"ם, וסבירא להו דלא נאסר מטעם הבשר עצמו שנכבש, דאע"ג דמבליע ומפליט, מ"מ לא עדיף מכלי שני דיש לו תקנה במליחה, וכמו שהביא הב"י המ"כ בשם מהר"מ, **אבל** בשר המלוכלך בדמים, הוי דם בעין דאינו יוצא לא ע"י מליחה ולא ע"י צלייה, אפילו בלא טעמא דכבוש הוי כמבושל ממש, וכמ"ש לעיל ובר"ס ע"ו, וכ"כ באו"ה שם בהדיא, דדם זה הוי דם בעין דאינו יוצא לא ע"י מליחה ולא ע"י צלייה, ודוק, **אכן** הביא הב"י הגהת ש"ד, מה שנהגו רבותינו לאסור הבשר ששהה במים, היינו בבשר הרבה שאין במים ס' נגד כל החתיכות, אבל אם יש ס' במים נגד כל החתיכות, אז הדם שיצא בטל במים כבר, ואם חזר ונבלע בבשר אינו מזיק, *ומה שנשאר בחתיכה יוצא ע"י מלח, עכ"ל, **משמע** להדיא דאפי' אינו מלוכלך בדמים אסר ליה, מטעם החתיכה עצמה שנכבש דהוי כמבושל, ‹מדסתם, וגם מדלא די בס' נגד הלכלוך. **ואינו** כמבושל ממש, אלא שמבליע ומפליט, ואינו יוצא ע"י מליחה, אבל ע"י צלי ודאי דיוצא – מחה"ש›, **וכן** משמע מדברי ש"ד ומהרא"י והאגור, דאפילו אינו מלוכלך נאסר, וכן דעת מהרש"ל, וכן דעת הרב בת"ח ולעיל ס"א בהג"ה, ע"ש, וכן נראה דעת כל האחרונים, **וגם** המחבר שכתב מלוכלך בדמים, צ"ל דלאו דוקא מלוכלך אלא אורחא דמילתא נקט, דלכך שורין אותו, שהרי כתב אא"כ יש ס' במים כנגדו, ר"ל נגד הבשר.

*‹**דהבלוע** ע"י כבישה יוצא ע"י מליחה, והא דאסור בליכא ששים, היינו דשמא יצא הכל וחזר ונבלע, דכיון דיצא מהחתיכה הו"ל כמו דם מעלמא, ולא מהני מליחה היכא דלא שייך איידי דיפלוט דידיה – רעק"א›.

ומ"מ צ"ע, דהיאך כתב כי אם ע"י צלי, דזה לא נמצא בשום פוסק, דבשר המלוכלך בדמים שנשרה מעל"ע שיהא מותר לצלי, והוא תמוה, דכיון דנבלע בבשר ע"י כבוש, תו לא מהני ליה צלייה, דדם בעין שנבלע אינו יוצא לא ע"י מליחה ולא ע"י צלייה, וכמבואר לעיל ובר"ס ע"ו ובכמה דוכתי, **והש"ד** והאגור שהזכירו דיש מתירין לצלותו, לא הזכירו בדבריהם מלוכלך בדמים, *וס"ל דכבוש לא עדיף ממליח, ואינו כמבושל ממש, ור"י ושאר פוסקים שהזכירו מלוכלך לא הזכירו היתר בצלייה, **וא"כ** המחבר הוא מזכה שטרא אליבא דבי תרי, **ואולי** דעת המחבר דאפי' מלוכלך, מ"מ כיון שנשרה ונתערב הדם במים ונכבש, לא חשיב תו דם בעין, ודלא כמ"ש למעלה, גם דלא כאו"ה, וצ"ע ועס"ק ס"ו.

*‹**קשה** לי, דמ"מ כמו דלא מהני מליחה, משום דחיישינן שיצא וחזר ונבלע, גם לצלי ניחוש דיצא הכל ע"י כבישה וחזר ונבלע, והו"ל כבלע שם ממקום אחר, דאינו יוצא בצלי היכא דלא שייך איידי דיפלוט דם דידיה, וכדלקמן, וצ"ע – רעק"א›. ‹**ועיין** לעיל במחה"ש, דמחלק בין מליחה לצלי›.

אלא אם כן יש במים ס' כנגדו - כלומר אז החתיכה עצמה מותרת גם כן, וכן דעת הרב בת"ח, וכתב שם דלא דמי למבושל {לעיל סי"א בהג"ה}, דלא אמרו כבוש כמבושל לכל דבר, רק שבולע ומפליט, אבל אינו מבלבל טעם החתיכה כמו ברוטב, *__וגם__ שם אינו אלא מנהג לאסור אותה חתיכה, ולכן אין להחמיר בכה"ג, עכ"ל, **ומהרש"ל** אסר אותה חתיכה ודאי, **ועכ"פ** יש לסמוך על דברי הגהת ש"ד והמחבר והרב להתירו לצלי, הואיל ובלא"ה יש מתירין כבוש לצלי, **ועוד** דגם בש"ד משמע לכאורה הכי, מדתלי טעמא דבשר שנשרה במים מעל"ע אסור, לפי שהדם חוזר ונבלע בבשר, ע"ש, **ונראה** דלהמתירין אפי' הוא מלוכלך בדמים שרי, דכיון שיש במים ס' כנגדו, נתבטל הדם בעין שעליו בס'.

*__לענ"ד__ אינו מספיק, דשם מדינא מותר בממ"נ, אם לא פריש הוי דם איברים שלא פירש, והיינו לאכלו כך, אבל הכא דמיירי למלחו ולבשלו, ליכא ממ"נ, דדלמא לא נפלט הכל בכבישה, ואח"כ כשיבשל יצא ע"י הבישול, **ולענ"ד** העיקר דמש"ה מותר אותה חתיכה לכו"ע, דמה שלא פירש יצא ע"י מליחה, דהבלוע ע"י כבישה יוצא ע"י מליחה, כמ"ש הגה' ש"ד, ועדיף הכא ממבושל, **ואף** דנפרש ממקום למקום, מ"מ כל שלא יצא לחוץ מקרי דם דידיה, ויוצא במליחה, ודו"ק – רעק"א.

[**ורש"ל חולק ע"ז, וכתב ע"ז אל תסמוך עליו להתיר, אף** שהר"ם כתב להיתר, **אפשר שהר"ם ס"ל אף** שנתבשל בלי מליחה, דהחתיכה עצמה מותרת, כמו שפסק הרא"ש תלמידו, **אבל אנו דקי"ל דאוסר**, ה"ה בשרייה, **עכ"ל**, **ונראה דרמ"א לטעמיה, דהוא פסק אפי'** בבישול להיתר במקום צורך גדול, **ע"כ בשרייה יש להקל** בכל גווני, **אבל רש"ל פסק בבישול לחומרא בכל גווני,** ע"כ החמיר גם בשרייה, **ונראה דיש לסמוך להקל כפסק** רמ"א בזה].

(ויש אוסרים אפילו לצלי, והכי נהוג) - אפילו אינו מלוכלך, כדמוכח בש"ד ואגור ות"ח שם, וכן משמע בס' אפי רברבי. ‹**כמו** דבר שנתבשל בלא מליחה, ושו"ע ס"ל דאע"ג דאמרינן כבוש כמבושל, אינו רק לענין שמפליט ומבליע, אבל לא לכל דבר – גר"א›.

(**עיין** בתשובת שב יעקב שהעלה, דהא דכבוש כמבושל, דווקא בנשתהה במים אחדים מעל"ע, אבל אם שהה כ"ג שעות במים בכלי אחד, ואח"כ הסירוהו משם ונתנו לכלי אחר מלא מים, ושהה שם עוד שעה, לא מקרי כבוש, ע"ש, וכ"כ בנה"כ לקמן סי' קל"ה סי"ב, דכבוש לא הוי במע"ל בסירוג, וכ"כ בתשובת חת"ס, {**ועיין** בספר עיקרי דינים, שרב אחד אמר שקבלה בידו משם הרמ"ף, דאף אם לא הסירוהו רק שנענעו הכלי בתוך מעל"ע, אין בו דין כבוש, ואח"כ חזר בו וביטל קבלתו, ע"ש}, **ונראה** קצת דלפי"ז, אם נפל בשר שלא נמלח לנהר, ונשתהה שם כ"ד שעות, והוא באופן דלית ביה משום בשר שנתעלם מן העין, כמבואר לעיל סימן ס"ג, שרי אף לקדירה, **ואף** לדעת הש"ך בס"ק ס"א דגם אם יש במים ס' אסור אף לקדרה, מ"מ הכא בנהר לא מקרי כבוש כלל, דקמא קמא אזדא ליה, ודינו כמימות מחולפים, **כמ"ש** המג"א לגבי נט"י שחרית דבעי ג"פ, דבנהר די בפ"א מטעם זה, ע"ש).

(**ע"ל** במ"ש בסי"ג בנוגע מה דאדם טועה ג' שעות, ולחילוק הראשון שם אולי יש להחמיר כאן, דהכא יש חשש איסור דאורייתא, דדם כבוש אסור מה"ת, כמ"ש הפמ"ג בפתיחה, ולסברא הב', כ"ש כאן אין להחמיר).

סימן סט סט"ו • בשר עם דמו שנשרה במים

כתב המחבר דבשר המלוכלך בדם, או בשר שלא פלט עדיין דמו ע"י מליחה, שנשרה במים מעל"ע, ואין שם ששים, **יש** אוסרים לאכלו ע"י מליחה כי אם ע"י צלי, **לפי** הש"ך הטעם, דכבוש כמבשול לענין שאינו יוצא ע"י מליחה, (ואינו ככלי שני), אבל אינו כמבושל ממש ויוצא ע"י צלי, **לפי** רעק"א הטעם, שמא יצא כל דמו וחזר ונבלע, ואז הוא כמו דם מעלמא, ולא מהני מליחה, דלא שייך איידי דיפלוט דם דידיה. (**והש"ך** מתחילה צידד, דהמחבר ס"ל כהאו"ה, דדוקא כשהיה מלוכלך בדם, דדם בעין אינו יוצא לא ע"י מליחה ולא ע"י צליי, (אפי' אם כבוש אינו כמבושל ממש), ודחה, דאיירי בב' הציורים.

והקשה הש"ך, כשמלוכלך בדם, איך מהני צליי, והא דם בעין אינו יוצא לא ע"י מליחה ולא ע"י צליי, **וכתב** אולי כיון דנתערב הדם במים, לא חשיב תו דם בעין, וצ"ע.

והקשה רעק"א לשיטתו (אפי' בנוגע דם הפליטה), איך מהני צלי, והא כמו דלא מהני מליחה, וכדלעיל, דשמא יצא כל דמו וחזר ונבלע, מאותו טעם צלי ג"כ לא מהני, וצ"ע.

וכתב הרמ"א ויש אוסרים אפי' ע"י צלי, אפי' אינו מלוכלך, דכבוש כמבושל ממש.

ואי יש במים ששים, אפי' כשהבשר מלוכלך בדם, אז החתיכה עצמה מותרת. **וכתב** הת"ח, דאינו דומה לחתיכה שלא נמלחה שנתבשל בששים, דאסור להרמ"א בסי"א, דלא אמרינן כבוש כמבושל לכל מידי, רק שבולע ומפליט, אבל אינו מבלבל טעם החתיכה כמו ברוטב, **וגם** שם אינו אלא מנהג לאסור, ולכן אין להחמיר בכה"ג.

והקשה רעק"א דהתם הטעם דלא נאסר מעיקר הדין, הוא דממ"נ, אם לא פירש הדם, הוי דם האיברים שלא פירש, דהא הוא כבר מבושל, **משא"כ** הכא דאח"כ מבשלו, ליכא

ממ"נ, דדלמא לא יצא ע"י כבישה, ויצא ע"י בישול, **וכתב** דעיקר הטעם הוא, דהדם שיצא בטל בס', ואפי' חזר ונבלע אינו מזיק, ומה שנשאר בפנים, יוצא ע"י מליחה, דהבלוע ע"י כבישה יוצא במליחה, ואפי' פירש ממקום למקום, הוי עדיין דם דידיה, ויצא ע"י מליחה.

והמהרש"ל אוסר החתיכה. **וכתב** הש"ך דעכ"פ יש להתיר לצלי, הואיל ובלא"ה יש מתירין לצלי, **והט"ז** מסכים לפסק של הרמ"א, (דגם בבישול התיר הרמ"א לצורך גדול).

כבוש כמבושל, הוא רק אם היה בכלי אחד לכ"ד שעה, אבל כ"ג שעה בכלי אחד, ועוד שעה בכלי שני, לא מקרי כבוש, **וה"ה** נמי בנשרה מעל"ע בנהר, דקמא קמא אזדא ליה, ודינו כמימות מחולפים. (**ויש** מי שצידד דאפי' בכלי אחד, אם נענעו תוך מעל"ע אינו כבוש, אבל חזר מזה).

בנוגע הסברא דאדם טועה ג' שעות, עיין בסי"ג, לסברא דמחלק בין דאורייתא לדרבנן, הכא הוי חשש דאורייתא, דדם כבוש אסור מדאורייתא, **אבל** לסברא דמחלק בין משך זמן, לאיזה שעה, כ"ש דיש להתיר כאן.

באיזה כלי מולחין

סעיף טז - אין מולחין אלא בכלי מנוקב, או על גבי קשין וקסמין, או במקום מדרון, בענין שאם ישפך שם מים יצאו מיד.

הגה: ודף חלק ברהטני, שמים זבין ממנו, אין צריך להניחו במדרון; אבל אם אינו חלק ברהיטני, צריך להניחו במדרון שיצאו המים ממנו.

ואפילו בכלי מנוקב יזהר לכתחלה שיהיו הנקבים פתוחים, ולכן לא יעמידו על גבי קרקע, כי הוא ככלי שאינו מנוקב, (ע"ל ס"ס ע'); וכן מחמירין קצת לשום תוך הכלי מנוקב קש או קסמין, כי הבשר יסתום הנקבים, ובדיעבד אין לחוש לכל זה - [לא קאי אמ"ש המחבר, בענין שאם ישפך שם מים כו', דבזה ודאי אפי' דיעבד אסור, כל שאין המים יורדים אלא מתכנסין למקום אחד, דהוי ככלי שאינו מנוקב].

סימן סט סט"ז(1) • באיזה כלי מולחין

אין מולחין אלא בכלי מנוקב, או ע"ג קשין וקסמין, או במקום מדרון בענין שאם ישפך שם מים יצאו מיד. **ודף**, אם חלק ברהיטני, שמים זב ממנו, א"צ מדרון, ואם לאו, צריך מדרון, **וכל זה** צריך אפי' בדיעבד.

ולכתחילה אפי' בכלי מנוקב יזהר שיהיו הנקבים פתוחים, ולכן לא יעמידו ע"ג הקרקע. **וכן** מחמירין קצת לתת לתוך הכלי מנוקב קש או קסמין, שהבשר לא יסתום הנקבים, **ובדיעבד** אין לחוש.

מלח בשאינו מנוקב, להשתמש בו ברותח

ואם מלח בכלי שאינו מנוקב, אסור להשתמש באותו כלי בדבר רותח - אפי' אחר שהודח הכלי, [**והא דאמרינן** דאין מליחה לכלים, פי' ב"י, דאין הנכנס לתוכו יוצא ע"י מליחה, אבל ע"י בישול יוצא, דנהי דמליח כרותח, פי' כרותח דצלי, אבל לא כמבושל, עכ"ל, והטעם דאסור להשתמש באותו כלי רותח דוקא, וצונן מותר, דס"ל דהקערה אחר המליחה מיחשב צונן, ע"כ מותר בצונן בלי הדחה, **ולא** דמי לסכין ששחט בו לעיל סי' י' ס"ב, דהתם אגב דוחקא דסכינא מפלט].

(**ועיין** פמ"ג שכ' בס"ס צ"ג בשם חכם אחד, דהא דקיי"ל יש מליחה לכלים להבליע ונאסר הכלי, דוקא בכלי חרס חדש או שאר כלים, אבל כלי חרס ישן דכבר שבע לבלוע, לא, **דהא** כתב הט"ז שם לענין כבוש, דאינו בולע אא"כ מפליט שלו, וא"כ במליחה דאין מליחה לכלים להפליט, א"א לבלוע, ולא נאסר הכלי, **והוא** ז"ל כתב שאין להקל, ע"ש, ולפמ"ש שם בשם תשובת חו"י, פשיטא שאין להקל).

הגה: ואם נשתמש בו, בעי קליפה אם הוא דבר יבש; ואם הוא דבר לח, בעינן ששים נגד קליפה מן הקערה – [וכתב בת"ח, ולי נראה דדין קערה זו כדין שאר כלי טריפה ששמו בו היתר, ושייך לדין תתאה גבר, ולכן אם הקערה קר ושמו בו רותח, סגי ליה בקליפה, ואם הוא רוטב, בעינן ששים נגד הקליפה, **ואם** החם למטה, או שניהם חמין, הכל אסור, אי ליכא ששים נגד קליפת כל הקערה, עכ"ל].

הג"ה זו צ"ע, ‹דלפרש כפשטא דמלתא כשהכלי קרה, יקשה כמו שהקשה לקמן בסמוך, "אבל קשה לפי"ז" – מחה"ש›, **ואחרי** העיון היטב בת"ח נראה לכאורה לפרש, דמיירי כאן שהקערה היא חם, לכך אם הוא דבר יבש סגי בקליפה, אפי' הקערה חם כיון שהוא נגוב, ‹ר"ל, אע"ג דדוקא איסור הבלוע בחתיכה אינו יוצא מאותה חתיכה לחתיכות אחרות בלא רוטב, אבל איסור הבלוע בכלי, לפי שאין לו בלוע מקודם יוצא בלא רוטב, אפילו הכי סגי הכא בקליפה, כיון שהוא נגוב אין האיסור נבלע יותר מכדי קליפה, כדלקמן סי' ק"ה ס"ק כ"ג – מחה"ש›, **ואף** דב' דברים יבשים

לדידן קיי"ל דאוסר בכולו, דאין אנו בקיאין בין כחוש לשמן, אבל כלי נהי דמפליט ממנו דבר הבלוע בלא רוטב, היינו כדי קליפה ולא יותר, עיין סי' ק"ה בש"ך ס"ק כ"ג – פמ"ג, **ואה"נ** דאם נתן בה רותח יבש שיש בו רטיבות קצת, דצריך נטילה, וכדמוכח מדברי הרשב"א בחידושיו ובת"ה הארוך, ‹**והיינו** לשיטת המחבר, אבל לדידן גם ביבש שיש בו רטיבות קצת צריך ששים, וכדלקמן סימן ק"ה ס"ק כ"ג, ומשום הכי מה שכתב הרב: ואם הוא דבר לח כו', ר"ל הן שיש בו רטיבות קצת או לח ממש כרוטב – מחה"ש›, **ולכך** אם הוא דבר רותח לח כרוטב, ‹לאו דווקא אלא רטיבות קצת לדידן דאוסר בכולו – פמ"ג›, צריך ס' נגד הקליפה מן הקערה, אף במקום שלא נגע שם הרוטב, **וא"צ** ס' נגד כל ‹עובי› הקערה, משום דמתחלה לא נאסרה במליחה רק כדי קליפה, כדקי"ל לקמן סי' צ"ח ס"ד בהג"ה.

אלא שדוחק לפרש דמיירי שהקערה חמה, וגם דוחק לפרש דמ"ש "ס' נגד קליפה מן הקערה", מיירי אף במקום שלא נגע שם הרוטב, ועוד דדוחק לומר דמיירי בדבר יבש לגמרי, **ועוד** דבת"ח שם ע"כ בדבר יבש שיש בו רטיבות קצת מיירי, מדכתב שם אי הקערה קר סגי בקליפה, ולא ביאר החלוקה השנית כשהקערה חם, ‹ציור של יבש כמו ברישא, ואי מיירי ביבש לגמרי היה הדין חלוק, דאינו אסור רק כדי קליפה›, **אלא** ודאי מ"ש שם בסיפא "ואי הקערה חם" קאי נמי אדבר יבש דרישא, שיש בו רטיבות קצת דצריך ס' כשהקערה חם לדידן, וכמ"ש בסי' ק"ה ס"ק כ"ב, ‹דדינו שוה לרוטב›, **אלא** ודאי מיירי בהג"ה נמי כשהיא קר וכפשטא דמלתא, ואפ"ה צריכה קליפה, אפי' נשתמש בו דבר יבש לגמרי, ‹דגם בזה מיירי›, וכדמשמע בת"ח ע"ש, וכדאית להו להתוס', דהקערה צוננת היא, ואפ"ה אם נתן בה רותח נגוב צריך קליפה, וכמבואר ברשב"א שם, **ומ"ש** ואם הוא דבר לח בעינן ס' כנגד קליפה מן הקערה, היינו במקום שנשתמש בקערה.

אבל קשה לפי"ז, דלקמן סימן צ"א סעיף ד' כתב הרב, דבמקום שהבשר צריך קליפה, אם לא קלפוהו ובשלו כך, מותר בדיעבד, והיינו מטעם מאחר דאינו ראוי לקלוף, **וכ"כ** בת"ח וז"ל, ופסק עוד בארוך, דכל מקום שצריך קליפה, ועבר ובשל בלא קליפה, שרי, ולפי"ז אם עירה תבשיל של בשר לתוך קערה אסורה, מותר, דהא מדינא אינו אוסר רק כדי קליפה, ומאחר דאינו ראוי לקלוף, הכל שרי, עכ"ל, **וא"כ** אמאי צריך כאן ס' נגד קליפה מן הקערה.

ולפי' הראשון שכתבתי לא קשה מידי, דלא אמרינן הכי אלא במקום שהבשר עצמו צריך קליפה לחוד במה שנגע, **משא"כ** הכא דלא סגי בקליפה במה שנגע, דהא נבלע בתוכו כל מה שיש בקליפת הקערה אף במקום שלא נגע שם הרוטב, **ועוד** דכיון שהקערה חמה, א"כ הו"ל התבשיל שבתוכה כנתבשל בתוכה, דכתב הר"ב סימן צ"ח ס"ד, דכלי שנאסר במליחה כדי קליפה, צריך אח"כ ‹אם נתבשל באותו כלי›, ס' נגד הקליפה, **וזה** לא דמי לסי' צ"א בהג"ה, כיון שהקליפה של הקערה בעצמה אוסרו מחמת שהיא חם והיא עומדת בעין ושייך בה קליפה, כמ"ש בסימן צ"א ס"ק ח', **אבל** אי נימא דמיירי כשהקערה קרה, א"כ צריך קליפה מפני שהתבשיל בלע קצת קודם שנצטנן, א"כ צריך ס' נגד קליפת התבשיל, והיא אינה עומדת בעין ולא שייך בה קליפה, ודוק וצ"ע.

וי"ל דסבירא ליה להרב, דהכא יש להחמיר להצריך ס' נגד קליפת הקערה, כיון דבלא"ה יש פוסקים כאן דס"ל, דלאחר הדחה רותחת היא מתוך המלח שבה, כגון הראב"ד וסייעתו ומביאו הרשב"א וב"י, **א"כ** אע"ג דקי"ל בעלמא כסברת ר"ת, ‹דבאינו ראוי לקליפה א"צ ס' נגד הקליפה›, מ"מ הכא יש להחמיר כסברת ריב"א, דמצריך בעלמא ס' נגד הקליפה, **וכה"ג** צריך ליישב דברי הרשב"א בת"ה הקצר ומביאו הרב המגיד וב"י, דלא ליסתרי לדבריו שבת"ה הארוך ובחדושיו לחולין, ומביאו ב"י ע"ש, כן נ"ל ודוק היטב.

‹**והא** דלא צריך ס' נגד קליפת התבשיל, ‹דהא צוננת היא הקערה ואינה בולעת בכולה מיד, אלא אוסרת קליפת המאכל, ושייך לומר בו חנ"נ, ונ"מ דאפי' אי ידעינן כמה איסורא בלע, יהיה כל הקליפה אסור, משא"כ אם צריך ס' נגד קליפת הקערה, לא אמרינן בזה חנ"נ – מראה מקומות דרשו›, **י"ל** כיון דלהרבה פוסקים לא אמרינן חתיכה עצמה נ"נ בשאר איסורים, ואי מיירי ברוטב, בלא"ה קימ"ל בהפ"מ דבלח לא אמרינן חנ"נ, והכא דאיכא סניף דהקערה צוננת, והוי א"א לקלפו שרי, לא מחמרינן ביה דין חנ"נ, וסגי בס' נגד קליפת הקערה, **ובלא"ה** ניחא, דבס' נגד קליפת הקערה מותר בממ"נ, דאם הקערה חם, ממילא נכנס קליפת הקערה בכולו, ולא נאסר קליפה מהתבשיל, ואם הקערה קר, ונאסר תחילה הקליפה מהתבשיל, מותר מדין א"א לקלפו – רעק"א›.

לקמן סי' קל"ז מוכח בפשיטות, דסתם כלי יש במה שבתוכו ס' נגד קליפת הכלי, ואפשר דהיינו דוקא בשאר כלים, אבל בקערה שרחבה ואינה גבוה, מסתמא ליכא ס', וכן משמע באו"ה, דליכא ס' במה שבקערה נגד קליפתה, וכ"כ בס' אפי' ברבבי, סתם תבשיל אין ס' נגד קליפה פנימי של הקערה.

סי' סט סט"ז(2) • מלח בשאינו מנוקב, להשתמש בו ברותח

אם מלח בכלי שאינו מנוקב, אסור להשתמש באותו כלי בדבר רותח, אפי' אחר שהודח הכלי, דיש מליחה לכלים להבליע לתוכן, (**י"א** לא בכלי חרס ישן דכבר שבע לבלוע, דאין שייך לבלוע אא"כ מפליט, וזה לא שייך ע"י מליחה, ופמ"ג וחו"י חולקים), **ורק** אין מליחה להפליט מהם ע"י מליחה, אבל ע"י בישול מפליט, דמליח כרותח היינו רותח דצלי, ולא כבישול. **אבל** ע"י צונן מותר, דהכלי אחר המליחה נחשב צונן, (ודלא כהראב"ד), וליכא דוחקא כמו שיש בסכין.

אם נשתמש בו: אם הכלי היה חם, והדבר הוא יבש לגמרי, סגי בקליפה, **והגם** דבכלי יוצא הבליעה בלא רוטב, ודלא כמאכל, (וגם דלדידן דאין אנו בקיאין בין שומן לכחוש, בכל דבר אוסר בכולו ביבש), **אבל** עכ"פ לא נכנס מתחילה להכלי יותר מכדי קליפה.

ואם היה בהדבר רטיבות קצת, צריך כדי נטילה (היינו לשיטת המחבר, אבל לדידן צריך ששים). **ואם** היה דבר רותח לח כרוטב, צריך ששים נגד הקליפה מן הקערה, (ולא כל עובי הקערה), ואף במקום שלא נגע שם הרוטב.

אם היה הקערה קר, אפי' נשתמש בו דבר יבש לגמרי, צריך קליפה, וה"ה אם יש רטיבות קצת, סגי בקליפה, דתתאה גבר. **ואם** היה דבר לח, צריך ס' כנגד קליפה מן הקערה, ורק במקום שנגע שם הרוטב.

קים"ל בסי' צ"א, דבמקום שהבשר צריך קליפה, אם לא קלפוהו ובשלוהו כך, מותר בדיעבד בלא ששים, מאחר דאינו ראוי לקלוף, **וזהו** דוקא כשהבשר צריך קליפה במה שנגע, אבל אם נבלע בתוכו כל מה שיש בקליפת הקערה, אף במקום שלא נגע הרוטב, לא, **וגם** היכא שהקערה חם, והיא עומדת בעין ושייך ביה קליפה, והיא אוסרו, לא אמרינן הכי. **אבל** הכא שהקערה קר, וצריך הבשר קליפה רק במקום שנגע, אמאי צריך ששים נגד הקליפה, **וכתב** הש"ך דהכא מחמרינן, משום דיש פוסקים דגם לאחר הדחה היא רותחת מחמת המלח. **עיין** ברעק"א דהכא לא אמרינן חנ"נ.

סתם כלי יש במה שבתוכה ס' נגד קליפת הכלי, **ואפשר** דקערה שרחבה ואינה גבוה, מסתמא ליכא ס'.

מלח בשאינו מנוקב, להשתמש בו בצונן

ויש אומרים שאפי' בצונן אסור להשתמש בו בלא הדחה, ואם נשתמש בו בלא הדחה, ידיח מה שנשתמש בו – [ס"ל, דהקערה נחשבת רותח מחמת המליחה, והוי דינא כסכין ששחט בה, דשם הוי דוחק הסכין כמו הכא רתיחת המליחה].

‹**אמת** שכך דעת הראב"ד, אבל איני יודע מי הכריח להט"ז לפרש כן בכוונת הי"א אלו, הא נראה יותר דאנן קימ"ל להלכה דהקערה צוננת היא, ואם נשתמש בה רותח רטוב, סגי בקליפה, **אלא** פשוט דדעת הי"א אלו, הם דעת איכא מ"ד שהובא בר"ן ורשב"א, דס"ל כל כלי שבלע איסור בעי הדחה לכו"ע, אף למ"ד דסכין ששחט בה לא בעי הדחה, התם משום דדם משרק שריק, **וראיה** לזה, דהרי בהג"ה בסמוך דפסק דמותר לחזור ולמלוח בו, בשר שנמלח והודח, והיינו מטעם דאין מליחה לכלים להפליט, וזהו אפי' לדעת הי"א אלו, מדכתבן הרמ"א אח"כ, וכמש"כ הש"ך, **ואם** איתא דדעת הי"א אלו דהקערה היא רותחת, לא שייך בזה לומר אין מליחה לכלים, דהא שניהם רותחים, עיין ברשב"א שכתב בהדיא, דלהראב"ד הא דמולחים בכלי זה אחר זה, ע"כ לאו משום דאין מליחה לכלים, אלא דאיידי דטרוד לפלוט, ע"ש, **אלא** ודאי ברור דגם הי"א אלו ס"ל דהקערה אינה רותחת, אלא דכל כלי איסור צריך הדחה, וברור בעזה"י – רעק"א›.

ובת"ח פסק, *דבכלי חרס אסור להשתמש לכתחלה בלא הדחה, ובשאר כלים מותר, וכן פסק מהרש"ל, **ומיהו** ודאי אף בשאר כלים צריך לקנחם היטב קודם שישתמש בהם, וכמבואר ברשב"א שם, וכ"כ מהרש"ל שם.

*‹**במנח"י** כתב, דאף בהדחה אסור לשמש בו צונן, כיון דלית ליה תקנה בהגעלה, חיישינן שישתמש בו חמים, ומותר רק לנוקבו ולמלוח בו בשר – רעק"א›.

סי' סט סט"ז(3) • מלח בשאינו מנוקב, להשתמש בו בצונן

י"א שאפי' בצונן אסור להשתמש בלא הדחה, ואם נשתמש בו בלא הדחה, ידיח מה שנשתמש בו. **הט"ז** כתב דהי"א ס"ל דהקערה נחשבת רותח מחמת המליחה, ורתיחה דמליחה הוי כמו דוחקא דסכינא. **אבל רעק"א** כתב דהי"א ס"ל, דכל כלי שבלע איסור בעי הדחה, (אפי' למ"ד דלא בעי הדחה בסכין, דהתם הדם משרק שריק). **והש"ך** כתב בשם הת"ח, דדוקא בכלי חרס בעי הדחה, ובשאר כלים צריך קינוח יפה. **(ורעק"א** הביא ממנ"י, דבכלי חרס לא מהני הדחה, דכיון דלא שייך ביה הגעלה, חיישינן שישתמש בו חמים, ומותר רק לנוקבו ולמלוח בו בשר).

מלח בשאינו מנוקב, להשתמש בו למליחה

הגה: אבל מותר לחזור ולמלוח בו בשר לאחר שניקבו - בת"ח כתב הטעם בשם או"ה, דאין מליחה לכלי להפליט מה שבתוכו על ידי מליחה, וכן

הוא בהגהת ש"ד ומביאם ב"י, ובכלל י"ז פסק דאפילו בכלי חרס אמרינן הכי, **מיהו** קשה, כיון דאין מליחה לכלים להפליט ע"י מליחה, כ"ש שמותר להשתמש בו צונן, וא"כ אמאי כתב הרב האי דינא אחר הי"א שכתב המחבר, **ונראה** דשאני בשר כמ"ש הט"ו ר"ס צ"א, דבשר חי וכיוצא בו דאורחיה בהדחה, כלומר קודם שיתנו בקדרה, מותר להניח בכלי של איסור, ולא אמרינן כיון דבעי הדחה דילמא מישתלי ואכיל בלא הדחה, כיון דאורחיה בהדחה, **אבל** שאר דברים אפילו צוננים אסור להשתמש בקערה זו שמלחו בה בשר, דכיון דבעי הדחה אח"כ אם נשתמש בהן, חיישינן דילמא ישכח מלהדיח, וכמ"ש הט"ו שם, **ולא** בא הרב לאשמועינן דמותר לחזור ולמלוח בה, אלא דלא הוי מליח כרותח, ואדלעיל קאי, ‹ר"ל על מש"כ הרמ"א, ואם נשתמש בו בעי קליפה אם הוא דבר יבש כו', וכדי שלא תאמר דמליח כרותח - מחה"ש›, **ואתי** שפיר בזה דלא תקשי ממ"ש הרב בסי' ק"ה סי"ב, דאסור למלוח לכתחלה גבינות בדפוסי העובדי כוכבים.

גם אפילו בלא נקיבה, אם הבשר שהה כבר במליחתו והודח – [נ"ל דהיינו פחות מכדי כבישה דהיינו מעל"ע, דאל"כ יהיה אסור מחמת הכבישה*, שהרי יש שם ציר, וכבוש כמבושל, **אבל** אין להחמיר ולומר דשיעור כבישה יהיה כאן כשיעור הנאמר בסי' ק"ה ס"א, בכבוש בתוך ציר, דשיעורו כדי שיתננו על האור, **דזה** שייך על הבשר הנשרה בתוך הציר, משא"כ כאן דהכלי לא מפליט בזמן קצר כזה הכבישה, אלא בשיעור סתם כבישה מכל מקום שהוא מעל"ע].

***זה** אינו, שאפי' שהה בו מעל"ע מותר, דהוי נותן טעם לפגם, וכמ"ש בש"ך - נקה"כ.

‹**והמנ"י** כתב דכוונת הט"ז, דכשמולחים בשר לקיים, מסתמא מולחים אותו הרבה, עד שהציר הזב ממנו נעשה חריף ומחלי לשבח – רעק"א›.

הקשה בדרישה, דליתסר מטעם דהוי כבוש, אם שהה כשיעור שיתנו על האש ויתחיל להרתיח, כמ"ש הטושו"ע בסי"ח, א"כ מכח הציר הבשר כשר נעשה כבוש ומפליט הכלי, והניחו בצ"ע, **ולא** קשה מידי, דדוקא לענין נמלח מתחלה בכלי שאינו מנוקב, דנאסר הבשר מציר גופה, אמרינן הכי, אבל לענין אין מליחה לכלים אין חילוק, דלעולם אין כח מלח והציר מפליט כלי, **ונראה** דאפי' שהה בו הבשר כשר מעל"ע מותר, דנהי דבמעל"ע הוי כבוש כמבושל ממש דמפליט כלי, וכמו שנתבאר בר"ס ק"ה, מ"מ בשעת פליטה הוא נותן טעם לפגם, כיון דאינו פולט רק אחר מעל"ע שאינו בן יומו, וכמ"ש ר"ס ק"ה, **מיהו** לכתחלה אסור להשהותו מעל"ע, דנ"ט לפגם לכתחלה אסור, וכדלקמן ר"ס קכ"ב.

‹**ויראה** להט"ז אף חומץ קשה אין מפליט מכלי, כדכתב דווקא כבוש מעת לעת, **ולהש"ך** משמע הטעם, דעיקר רתיחת הציר מחמת מלח, ואין כח במלח להפליט מכלי, ולפי"ז אפשר בחומץ חזק אוסר לכלי כשיעור שיתנו על האש, **ועיין** ש"ך סי' ק"ה אות ב', חולק וסובר דחומץ אין אוסר בפחות מעת לעת, וא"כ בין לט"ז ולש"ך בכלי אין איסור בחומץ פחות מעת לעת – פמ"ג›.

‹**במג"א** מסכים להדרישה, דכבישה כדי שיתן על האש וירתיח מפליט מכלי, וכן מבואר דעת התפל"מ בהשגתו על הש"ך בס"כ. **וקשה** לי דאפי' בלא שיעור כבישה, ליתסר מדין מלוח, למש"כ הש"ך בטעמא דאין מליחה לכלים, דהוי טהור מלוח וטמא תפל, והא בצלול טהור מלוח אסור, כמ"ש הש"ך – רעק"א. ‹**ועיין** בפת"ש סי' ק"ה סי"ג, שדוחה סברא זו›.

סי' סט סט"ז(4) • מלח בשאינו מנוקב, להשתמש בו למליחה

מותר לחזור ולמלוח בו בשר אחר שניקבנוה, דאין מליחה לכלי להפליט מה שבלע בתוכו ע"י מליחה, ואפי' בכלי חרס, **ומותר** לכתחילה, הגם דבעי הדחה וכלדעיל, ולא מתירין לעיל להשתמש בו בלא הדחה על סמך שידיח מה שנשתמש בו, **דשאני** דבשר חי דדרכו בהדחה, ולא חיישנן שישכח להדיחו.

וגם מותר למלוח בה בשר אפי' בלא נקיבה, אם הבשר שהה כבר במליחתו והודח.

וכתב הט"ז, דזהו דוקא פחות מעל"ע, דאל"כ יהיה אסור מחמת הכבישה, **והקשה** הש"ך, דהא הוא כבר נטל"פ, (מיהו גם נטל"פ אסור לכתחילה), **ותירץ** רעק"א, דאיירי במולח להתקיים, דמולחים הרבה ונעשה חריף, ומשוי הטעם לשבח.

ולא אמרינן דכבר בשיעור כדי להרתיח יהיה נחשב לכבוש, כתב הט"ז והש"ך, דזה שייך רק להבשר הנשרה בתוך הציר, אבל הכלי לא יפלוט פחות מעל"ע, **(וכתב** הפמ"ג, דאפי' ע"י חומץ לא יפלוט הכלי פחות מעל"ע). **והמג"א** והדרישה סברי דיפליט הכלי בכדי שירתיח. **ורעק"א** ס"ל דאף בלא שיעור כבישה, מצד דין מליחה יפליט הכלי בדבר צלול, **ופת"ש** בסי' ק"ה דחה סברא זה.

מלח בכלי מנוקב

סעיף יז - אבל אם הוא מנוקב, מותר לאכול בו אפילו רותח - משום דכיון דהכלי מנוקב, לא בלע מידי, דמשריק שריק. ‹היינו לגבי כלי אמרינן

שריק, ולא לגבי אוכל, כמבואר סימן ע', בשר שפלט כל דמו וצירו עם בשר מלוח, אסור – פמ"ג.

ויש אוסרין ברותח. (ויש ליזהר לכתחלה) - אפילו בשאר כלים, **(ובדיעבד מותר)** - אפי' בשל חרס.

ודעת מהרש"ל, דבשאר כלים מותר לאכול בהן רותח אפי' לכתחלה, כיון שהם מנוקבים, ובשל חרס אפילו מנוקבת אסור אפי' דיעבד, [אם נשתמש בו רותח, כדעת ה"ר פרץ שמביא טור באחרונה, וכן פסק מו"ח ז"ל], **ונראה** להכריע, דבשאר כלים אסור לכתחלה, ומותר בדיעבד כיון שהם מנוקבים, ובשל חרס אף בדיעבד אסור, ‹דכלי חרס בולע אף במנוקב כמו אוכל – פמ"ג›, וכן פסק הב"ח, וכן פסק האו"ה, **מיהו** ודאי צונן מותר להשתמש אפילו לכתחלה בכלי חרס מנוקב לכו"ע, בלא הדחה, אלא בקנוח היטב.

סימן סט סי"ז – מלח בכלי מנוקב

אם מלח בכלי מנוקב, מותר להשתמש בו אפי' רותח, **דכיון** דהכלי מנוקב, לא בלע מידי דמשריק שריק, **ודוקא** לגבי כלי אמרינן שריק, ולא לגבי אוכל. **ויש אוסרין ברותח.**

והרמ"א מכריע, דיש ליזהר לכתחילה אפי' בשאר כלים, ובדיעבד מותר אפי' בכלי חרס.

ודעת מהרש"ל, דבשאר כלים מותר אפי' לכתחילה, **ובשל** חרס אסור אפי' דיעבד.

והש"ך מכריע, דבשאר כלים צריך ליזהר לכתחילה, ובשל חרס אסור אפי' בדיעבד, דחרס בולע אפי' במנוקב כמו אוכל. **ובצונן** מותר אפי' לכתחילה בלא הדחה, אלא בקינוח היטב.

בשר שנמלח בכלי שאינו מנוקב

סעיף יח - בשר שנמלח בכלי שאינו מנוקב -

משמע דעתו בב"י, דהיינו שאינו נאכל מחמת מלחו, והיינו כעין מליחה לקדרה, וכדלקמן סי' צ"א ס"ה, מיהו אנן קי"ל כמ"ש הרב, **ושהה בו כשיעור שיתנו מים על האש ויתחילו להרתיח**

– ‹כן הוא לשון הטור, וקשה לי, דבטור ושו"ע ריש סי' ס"ה לא נזכר לשון זה, רק סתם, אם כדי שיתנו על האש, משמע דמשערינן תמיד על הך חתיכה ששרה בציר, אם היו נותנים אותו על האור אם הרתיח, ובמקור הדין בהרא"ש ג"כ לא נזכר לשון שיתנו מים וכו', רק אם נתנו וכו', וצ"ע – רעק"א›.

כל מה שממנו בציר, אסור לאכלו אפילו צלי -

משום דכבוש הוי כמבושל, ולכך בעינן האי שיעורא, **אבל** בפחות משיעור זה, אף מה שבתוך הציר *לא נאסר אלא כדי קליפה, הרא"ש וטור, **והא** דבעינן בסעיף ט"ו מעת לעת למחשביה כבוש, היינו משום דהתם ליכא רותח דמליחה, **ומה"ט** כתב המחבר לעיל דמותר לצלי, וכאן אסר אף לצלי, ויתבאר עוד זה בס"ס ע', ור"ס ק"ה.

***קשה** לי, הא כיון דלא שהה שיעור כבישה, והקליפה לא נאסר רק מדין מלוח, א"כ יהיה לו תקנה במליחה, ועיין – רעק"א.

וחלק החתיכה שחוץ לציר, אין אסור ממנו אלא כדי קליפה - פי' במקום שנגע בחתיכה שהיה בציר, **ואפילו אם יש בה שומן** - ולא אמרינן שמוליך הדם עמו, דבכל דוכתי קי"ל דאין הנאסר יכול לאסור, אלא במקום שהאיסור עצמו יכול לילך שם מצד טבע, משא"כ הכא, וקי"ל וע"ל ס"ס ק"ה.

הגה: ויש אוסרין כל החתיכה, אפילו מה שחוץ לציר - ולא דמי לחתיכה שנפלה תוך הציר, שאינו אסור אלא מה שבתוך הציר, וכדלקמן ס"ס ע', **דהתם** נמלח החתיכה כדינה ופלטה כל דמה, הלכך אינו אסור אלא מה שבתוך הציר, דדם אינו מפעפע למעלה, **אבל** כשנמלח בכלי שאינו מנוקב, הכל אסור, שלא יצא דמה ממנה, לפי שהמקום דחוק כיון שאין הכלי מנוקב, **ואע"פ** שדם האברים שלא פירש מותר, היינו דוקא שלא פירש כלל ממקומו, אבל פירש ממקום למקום לא, כגון הכא, דכיון שמלח, מיד הדם פירש ויצא ממקום למקום, ואינו יוצא לגמרי כיון שהוא בכלי שאינו מנוקב, ושוב אינו יוצא לא ע"י מליחה ולא ע"י צלייה, כ"כ הפוסקים, וכ"כ האו"ה והרב בת"ח ובסימנים והעט"ז הטעם, משום שפירש ממקום למקום, וכ"כ שאר אחרונים, [**וטעם** האיסור מבואר עוד באו"ה, **דהדם אינו פולט כלל לצדדין** רק למטה]. ‹ושם המקום דחוק –פמ"ג›.

ואע"ג דבשובר מפרקתה של בהמה, שאסור נמי לאכול ממנה באומצא, משום שהדם פירש ממקום למקום, ואפ"ה שרי ע"י מליחה וצלייה, כמו שנתבאר לעיל סי' ס"ז, **י"ל** דהכא כיון שפירש ע"י מליחה גרע טפי, **אי** נמי כיון שנמלח בכלי שאינו מנוקב, הוי כבוש, וכבוש הרי הוא כמבושל, דלא מהני ליה מליחה וצלייה אח"כ, וע"ל ס"ק מ"ג וסי' ע"ו ס"ק ב'. ‹**לא** ידענא מה הוא, דמה שחוץ לציר אין כבוש, ואף מה שבתוך הציר לא שהה כשיעור

כו', **ואולי** ר"ל דכבוש ושהה קצת ויש דעות אף למעלה מציר אסור. **ודע**, דאף בהפ"מ וצורך אין להתיר – פמ"ג.

ואפילו לא נמלח רק מעט, כדרך שמולחין לצלי, ואפילו לא שהה שיעור מליחה רק מעט,

עד שנראה ציר בכלי - (בספר חמודי דניאל כתב, אפשר דזה דוקא בתחלת מליחה, כל זמן שלא נראה ציר בכלי, לא פעל המלח עדיין בבשר כלום, **אבל** באמצע מליחה פולטת מיד מעט מעט, ואם הושם בכלי שא"מ, או נפל על הקרקע, נאסר מיד, דהדם פירש ממקום למקום, וצ"ע).

ואם נפלה חתיכה לציר בכלי שאינו מנוקב, וספק אם נפלה לשם קודם ששהה שיעור מליחה, מותר מה שחוץ לציר, (הואיל והוא גופא חומרא בעלמא, אין לאסור מה שחוץ לציר – מחה"ש), **וכ"ש** אם ברי שנפלה לשם אחר ששהה שיעור מליחה, **אבל** אם ברי לנו שנפלה לשם קודם ששהה שיעור מליחה, אסור אף מה שחוץ לציר, דכיון דעדיין לא פלט כל דמו, הוי ממש כמולח בכלי שאינו מנוקב, כן פסק בתשובת משאת בנימין, והוכיח כן מדברי או"ה ע"ש, וכן משמע להדיא מדברי הפוסקים שהבאתי בס"ק הקודם, דכל זמן שלא נמלח כדינו ופלט כל דמו, אסור כשהניחו בכלי שאינו מנוקב, ע"ש ודוק, **ובספרי** הוכחתי שגם הרב בת"ח מודה לזה, דלא כמשאת בנימין שהשיג עליו בזה, ועיין בס"ס ע' ובמ"ש שם.

וכן נוהגין, ואין לשנות - כתב מהרש"ל, דאף דנהגינן הכי, מ"מ אם נתערב חד בתרי אפילו בבישול, א"צ ס' אלא בטל ברוב, *דמאחר דמדאורייתא חד בתרי בטל, אלא דמדרבנן אסור עד ס' בבישול, כדאי הם הפוסקים המתירין מה שחוץ לציר לסמוך עליהם בכה"ג, עכ"ד, **וצ"ע** לדינא, ואולי יש לסמוך עליו בזה, כיון דבלא"ה דם שמלחו ודם שבשלו אינו אלא מדרבנן, **ומשמע** שם מדבריו, דאפילו נמלח כשיעור מליחה לקדרה, ושהה ג"כ שיעור מליחה, יש להתיר בכה"ג ע"ש.

*לא הבנתי, הא לפי"מ דקימ"ל טעם כעיקר דאורייתא, מדינא לא הוי ביטול בתרי במין בשאינו מינו, והכא דם לגבי בשר הוי אינו מינו, וצ"ע, **והיה** מקום להקל רק לבשל כל אחד בפ"ע, דלענין חשש שמא יבשלם יחד, י"ל דלא גזרו כולי האי, **אבל** לשון רש"ל, דמדאורייתא חד ברובא בטל אפילו בבישול, וצ"ע – רעק"א.

ומכל מקום אינו אסור רק אותה החתיכה המונחת למטה בכלי ונוגעת בציר, אבל שאר החתיכות שעליה הנמלחים עמה - שאינם נוגעים בציר, (דכל מה שהוא בתוך הציר, המקום דחוק, ואף שאין מונח למטה, פמ"ג, אלא מונחים על החתיכות הנוגעות בציר, ת"ח, **מותרות, והכי נהוג.**

[**ואע"ג** דפולט הבשר למטה, כמ"ש בסמוך, וכאן החתיכות דלמטה הן סתומות מלפלוט, **מ"מ** אין חתיכה אחת דחוקה כ"כ ע"ג חברתה, שיעכבו התחתונות את העליונות מלפלוט, **ואפי'** קליפה **לא בעי**, עכ"ל או"ה].

[**ומעשה בא בעירנו, שהניחה אשה אווז שנמלח והודח על אווז שלא נמלח, ומלחה האווז העליונה, והיה זב ציר ממנה, ונשרה קצת מן התחתונה בתוך אותו ציר בכלי שאינו מנוקב, נ"ל שבכזה יש לסמוך על הרא"ש ורשב"א, ולא לאסור רק מה שמונח בציר, ולא הוי האווז התחתון כנמלח בכלי שאינו מנוקב, דהא אין כאן מליחה כלל, רק הו"ל דין כבוש בציר שנזכר ריש סי' ק"ה, ושם הביא רמ"א יש מקילין מה שחוץ לציר**].

זה פשוט ולא הוצרך לכתבו, דודאי בכה"ג לכו"ע שרי, כיון שהאווז העליונה נמלחה והודחה, ולא חזרה ומלחה רק העליונה, **ותמהני** עליו, על מה שאסור מה שמונח בציר, כיון שהאווז העליונה נמלחה והודחה, **ואפשר** יש ט"ס בדבריו, וצ"ל שנמלחה ולא הודחה, או מיירי שלא נמלחה שיעור מליחה - נקה"כ.

(**ובספר** מנחת יעקב כתב, ולענ"ד דהט"ז אזיל לשיטתו, שהשיג בסימן ע' ס"ק י"ז על מהרש"ל, {דס"ל בכבוש בציר כדי שירתיח מהני ליה מליחה אח"כ, ולפי"ז במעשה דהט"ז גם מה שבתוך הציר מותר, דהא לא נמלחה האווז עדיין, וצריך למולחה אח"כ, ויצא הדם ע"י המליחה}, **וכתב** דשיעור כבישה בציר כדי שירתיח, הוא ממש ככבוש במים מעל"ע, ובשר בלא מליחה שנכבש במים מעל"ע אסור מטעם מבושל בלא מליחה, ולא יצא אח"כ ע"י מליחה, **ה"ה** בכבוש בציר כדי שירתיח, לכן אוסר מה שבתוך הציר – מחה"ש).

סימן סט סי"ח • בשר שנמלח בכלי שאינו מנוקב

בשר שנמלח, (להמחבר היינו שאינו נאכל מחמת מלחו, ולהרמ"א אפי' נמלח מעט כדרך שמולחין לצלי, וכן קימ"ל), בכלי שאינו מנוקב, ושהה בו כשיעור שיתנו מים (ורעק"א מתמה דהיה צריך לשער באותה חתיכה הנשרה בציר, לא במים) על האש ויתחיל להרתיח, (כיון דיש רותח דמליחה, די

בשיעור זה, וא"צ מעל"ע כדלעיל בסט"ו), כל מה שממנו בציר אסור לאכלו אפי' צלי, (ולא כדעיל סט"ו דמותר לצלי, דהכא יש רותח דמליחה), משום דכבוש כמבושל.

וחלק החתיכה שחוץ לציר, לשיטת המחבר, אינו אסור אלא כדי קליפה, במקום שנגע בציר, **ואפי'** יש בה שומן לא מוליך הדם עמו, דאין הנאסר יכול לאסור אלא במקום שהאיסור עצמו יכול לילך מצד טבע.

והרמ"א הביא דיש אוסרין כל החתיכה, דכיון שהמקום דחוק משום שאינו מנוקב, לא יצא הדם ממנה, דדם אינה יוצא לצדדין אלא למטה ושם דחוק, אבל עכ"פ פירש ממקום למקום, ואינו כדם איברים שלא פירש, ושוב אינו יוצא לא ע"י מליחה ולא ע"י צליי', (**ולא** דמי לשובר מפרקתה של בהמה, דג"כ פירש הדם ממקום למקום, ויוצא ע"י מליחה וצליי', **דהכא** שפירש ע"י מליחה גרע, או משום דהכא הוי כבוש).

אם נשרה פחות משיעור זה, שיטת המחבר, דאף מה שבציר לא נאסר אלא כדי קליפה. **והקשה** רעק"א, כיון דיש לה רק דין מלוח, היה צ"ל תקנה אפי' להקליפה ע"י מליחה.

והרמ"א פסק דאפי' לא נמלח אלא מעט, ואפי' לא שהה שיעור מליחה, רק מעט עד שנראה ציר בכלי, אסור.

בפת"ש מביא, דדוקא בתחילת מליחה צריך שיראה ציר בכלי, דקודם לכן לא פעל המלח בהבשר כלום, אבל באמצע מליחה פולטת מעט מעט, ואם נתנה בכלי שא"מ, או על הקרקע, נאסר מיד, דהדם פירש ממקום למקום, וצ"ע.

אם נפלה חתיכה לציר בכלי שא"מ, וספק אם היה קודם שהחתיכה שהה שיעור מליחה, מותר מה שחוץ לציר, דהיא חומרא בעלמא, **וכ"ש** אם ברי שכבר שהה שיעור מליחה, **אבל** אם ברי שלא שהה עדיין שיעור מליחה, אסור אף מה שחוץ לציר, דהוי כמולח בכלי שא"מ.

כתב מהרש"ל, אם נתערב מה שחוץ לציר (אפי' נמלח שיעור מליחה לקדרה וגם שהה שיעור מליחה) חד בתרי אפי' בבישול, מותר, כיון דמדאורייתא חד בתרי בטל, סומכין על הפוסקים דמתירין מה שחוץ לציר, (**הקשה** רעק"א והא הוי מין בשאינו מינו, וטעם כעיקר דאורייתא, והיה צריך להיות מותר לבשלם כל אחד בפני עצמו, דלענין חשש שמא יבשלם יחד יש להקל, ודלא כדמשמע ממהרש"ל). **וש"ך** כתב שצ"ע לדינא, ואולי יש להקל כיון דבלא"ה דם שמלחו או בישלו אינו אלא מדרבנן.

ואינו אסור אלא אותה חתיכה המונחת בתוך הציר, אפי' אינו מונח למטה, **אבל** חתיכות המונחות על חתיכה זו, ואינם נוגעים בציר, לא, דאין החתכה שלמטה מעכב את העליונות מלפלוט, ואפי' קליפה לא בעי.

הס"ז מביא מעשה, אווז שנמלח והודח, והניח על אווז שלא נמלח, ומלחה העליונה, והיה זב ציר, ונשרה התחתונה בתוך אותה ציר בכלי שא"מ. **ופסק**, דלא נאסר אלא מה שבציר, ולא הוי התחתונה כנמלח בכלי שא"מ, דהא אין כאן מליחה, רק הו"ל כבוש בציר, דמותר מה שחוץ לציר. **והש"ך** כתב, דהיתר מה שחוץ לציר הוי פשוט, וזה שאסר מה שבתוך הציר, הוי תימה, כיון שהעליונה נמלח והודח, **וכתב** אפשר דט"ס, ולא הודחה העליונה, או לא נמלחה שיעור מליחה. **והמחה"ש** כתב, דהט"ז לשיטתו ס"ל דנכבשה בציר שיעור להרתיח, הוי ככבוש במים מעל"ע, ובשר שלא נמלחה שנכבש מעל"ע, לא יצא שוב הדם ע"י מליחה.

בשר שנמלח והודח, אם צריך חליטה

סעיף יט - אחר שנמלח הבשר והודח, מותר ליתנו אפילו במים שאינם רותחין.

ויש מי שמצריך ליתנו במים רותחין - כדי לחלוט ולצמת הדם שנשאר בתוכו, ולהכי הביא המחבר סברא זו, דהיכא דאפשר יש לחוש לעשות כן, וכמ"ש בב"י.

(והמנהג כסברא ראשונה, וכן עיקר) - דעת הרב

דאין לחוש לכך כלל, וכמבואר בדבריו בת"ח, והטעם, דהואיל ששהה שיעור מליחה, כבר יצא כל דמו, ומה שיוצא אח"כ אע"פ שהוא אדום, אינו אלא מוהל בעלמא.

סימן סט סי"ט – בשר שנמלח והודח, אם צריך חליטה

המחבר הביא שיטה שמצריך אחר מליחה והדחה, חליטה, לצמת הדם הנשאר בתוכו, **והמחבר** ס"ל דהיכא דאפשר יש לחוש לעשות כן, **והרמ"א** ס"ל דאין לחוש כלל, דכבר יצא כל דמו, ומה שנשאר אע"פ שהוא אדום, אינו אלא מוהל בעלמא.

מעשה דרש"י – ציר לאחר שיעור מליחה

סעיף כ - בשר שנמלח, ושהה כדי מליחה, ונתנוהו אחר כך בכלי בלא הדחה, ונתמלא מציר, מותר - הטעם, דציר היוצא מבשר לאחר ששהה שיעור מליחה, אינו אלא מוהל בעלמא, ואע"פ שהמלח שעל הבשר אסור, שהדם מעורב בו, והמלח נתמחה בציר, מ"מ בטל הוא בציר, כ"כ הפוסקים.

[זה מעשה דרש"י, והטעם, דמשום הציר אין לאוסרו,

דאינו דם אלא מוהל הבשר, שהרי אחר ששהה כשיעור, מדיחין אותו לבשלו בקדירה, ואין חוששין לציר הנפלט ממנו, **ואע"פ** שהמלח שעל הבשר אסור שהדם מעורב בו, ולכך צריך להדיח הבשר יפה, מ"מ אותו דם שבמלח נדבק הוא במלח ומתייבש בתוכו, ואין לו כח לבלוע בבשר, **דאל"כ** נאסר כל בשר שמניחין במים להדיחו, כי נמחה המלח, והדם שבתוכו נבלע בבשר, דמה לי מים מה לי מוהל, שניהם היתר הם, אלא ודאי דם המלח נתייבש בתוכו, ואין לו כח לצאת, כ"כ התוס'].

סימן סט – דיני מליחה והדחה
סעיף כ – מעשה דרש"י – ציר לאחר שיעור מליחה

[והרא"ש כתב עוד, אי נמי דפסק כח המלח מחמת שהפליט את הדם, ומחמת אותו המלח לא יחשב עוד כרותח, **ולא** דמי לבר יונה דנפל לכמכא, שהיה נחשב כרותח אם היה הכמכא מלוח הרבה עד שאינו נאכל מחמת מלחו, אף שהיה הכותח נמלח מזמן מרובה, דהתם לא פסק כח המלח, וכ"כ הסמ"ג דברי התירוץ השני של הרא"ש שזכרנו, וכתב עליו שהוא טעם הגון, **ומכח** התירוץ הזה פסק בתרומת הדשן והביאו הרמ"א בסמוך סעיף זה, באחד שמלח אווז ונמצא טריפה, ואחר ששהה שיעור מליחה נתנו עם בשר כשר, ופסק שם כיון דהוא צורך סעודת מצוה וגם יש הפסד מרובה, י"ל כיון שכבר שהה שיעור מליחה, לא מיחשב עוד רותח, שכבר פסק כח המלח, **אבל** באין הפסד מרובה כתב להחמיר, כיון שהסמ"ג עצמו כתב, בשר וגבינה שנגעו זה בזה כשהם לחים, אם שניהם מלוחים ואינם יבשים, שניהם אסורים, משמע אפי' לאחר שיעור מליחה איירי, וגם ספר התרומה וש"ד ואו"ז ס"ל, דגם אח"כ מיחשב רותח, ע"כ אין להקל אלא במקום דוחק כדלעיל].

[והנה יש לנו לתרץ עכ"פ דברי הסמ"ג שלא יהיו מוכחשים אהדדי, ונ"ל דס"ל לסמ"ג, דלא אמרינן סברא זו דפסק כח המלח, אלא דוקא באם הפליט דם מן הבשר, משא"כ בבשר שנפלט כבר כל דמו והודח, ואח"כ מלחוהו להיותו קיים, ודאי חשיב רותח, דהרי אותו מלח לא עשה פעולה שנאמר עליו דפסק כחו, והוה כההיא דכמכא שזכרו הרא"ש והסמ"ג, מש"ה יפה כתב הסמ"ג בבשר מליח כזה, אם נגע בגבינה הוי עדיין רותח לעולם כל זמן שהוא לח, **ולפי"ז** יש לנו לומר דגם כל החולקים שמביא בתרומת הדשן שם, מיירי בענין זה, ונמצא לא יהיה מחלוקת כלל, ויהיה ראוי לפסוק אפי' שלא במקום הספד מרובה להתיר, **אמנם** מצד אחר יש פלוגתא, דהסמ"ק מביא על מעשה דרש"י בשם ריב"א, דאחר שיעור מליחה אין עליו שם רותח לענין דם, אבל בשר רותח מקרי, מש"ה אם נפל ההוא ציר על גבינה אוסר, **וע"כ** פסק בהג' ש"ד ומביאו רמ"א סעיף זה, דאם הדיח הבשר בכלי חולבת מלוכלך, דאסור, וא"כ גם בההוא דאווז טריפה של תרומת הדשן דלעיל יש לאסור, דמ"מ הוה בשר רותח ואוסרת הבשר, **אלא** דהרא"ש והסמ"ג ע"כ לית להו חילוק זה, דא"כ לא היו מקשים כלל מן יונה דכמכא, וכמש"כ תה"ד הוכחה זו על חילוק שבין הציר לחתיכה עצמה שא"א לומר כן, וע"כ יפה הכריע התה"ד בין הפ"מ או לא].

[וראיתי למו"ח ז"ל חולק על האי פסקא דמהרא"י, מחמת שהאווז הנבילה היא פתוחה תמיד ליפלט ציר נבילה, וכיון שהציר אינו נאכל מחמת מלחו אלא ע"י טיבול, אע"פ שהבשר אינו רותח, מ"מ הציר רותח ואוסר, **ולענ"ד** נראה דאין לאסור מטעם זה, דכבר הוכיח בתה"ד שם, שהסמ"ג והרא"ש לא ס"ל האי חילוקא, דא"כ לא היו מקשים כלום, אלא ודאי דגם הציר הוא אינו רותח אחר שיעור מליחה, **וא"כ** אף אם יש איזה פוסק דס"ל לחלק כן, מ"מ כדאי הם התוס' והסמ"ג, והרא"ש בחד שינויה, לסמוך עליהם במקום הפסד מרובה, ויפה פסקו מהרא"י ורמ"א].

[וגם רש"ל פסק לעיל ס"ט כהך סברא, דפסק כח המלח מחמת שהפליט דם, ולעיל הבאתי דבריו ע"ש, אלא דבפרק כ"ה חולק הוא על המהרא"י, וכתב שיש לחלק בין הבשר להמלח, והא דלא תרצו כן בההיא דכותח, היינו דדוקא בבשר יש לחלק ולומר שהמלח פסק כחו אחר שהפליט, ונבלע כח רתיחתו בבשר, אבל בכותח אין לחלק בהכי, שאם המלח אינו כרותח, אף הכותח אינו כרותח, אלא ע"כ הכל כרותח, עכ"ל, **וכדאי** הם מהרא"י ורמ"א לסמוך עליהם במקום מצוה והפסד גדול כמ"ש שם].

ולפי זה בשר שנפל לתוך ציר היוצא מהבשר אחר ששהה כדי מליחה, מותר – [דלא חשיב עוד רותח, **ואין** להקשות ממה שכתב הטור לעיל ‹סעיף ח'›, ואין חילוק בין מלח במלח דק כו', ‹ולא נפצו או לא נשטף במים תחילה, אין לאסרו›, כי המים שבכלי מבטלין כח המלח כו', משמע דבלא מים הוי רותח, אע"פ שעבר שיעור מליחה, י"ל דהתם רוצה להתיר אפי' למאן דפליג אמעשה דרש"י ואוסר, כמ"ש המחבר בסמוך, מ"מ מודה לעיל, כיון שהמים מבטלין כח המלח, וכתבו הטור לרווחא דמלתא, שהוא אליבא דכו"ע, וכאן כתב והתירו רש"י, כלומר שאין זה אליבא דכו"ע, **ומו"ח** ז"ל פי' טעם מעשה דרש"י, לפי שהמוהל הוא היתר, ואף שנתערב בו לחלוחית דם ומלח שעל הבשר, המוהל מבטל כח המלח ולא חשיב כרותח, דמה לי מים מה לי מוהל, והטור לא אתי לעיל אלא לאפוקי היכא דליכא לא מים ולא מוהל, אלא מחוי דם ומלח של איסור גרידא, דהוה אסור וכו',

ואין זה נייח, דהא התם ג"כ מיירי אחר ששהה שיעור מליחה, וכבר הלך לו כל הדם, ומה שיוצא אח"כ ג"כ מוהל הוא כמו הכא, **גם** מ"ש בטעם רש"י שהמוהל מבטל כח המלח, הא ודאי ליתא, דלאו משום ביטול מתיר רש"י, דא"כ האיך מדמה אותו למים, ‹ר"ל דהמים רבים ומועילים לבטל, משא"כ מוהל מעט הוא, ואין בו כדי לבטל, אלא ודאי כוונת רש"י, דכמו שאין המים ממחה הדם, משום דהדם מתייבש במלח ואין מועיל מיחוי, כן המוהל אין ממחה הדם לאסור – חוו"ד›, **אלא** דבר ברור שלרש"י אין כאן איסור לגמרי, שכבר פסק כחו של מלח בשעת הפליטה, כמש"כ בשם הרא"ש וסמ"ג, או משום שנתייבש, או משום שפסק כחו של מלח, וא"צ כלל לבטלו, **ולא** תקשה א"כ לרש"י למה לי הדחה אחרונה שאחר המליחה, וכן למה אסרו לעיל אם נתבשל בלא הדחה אחרונה, **לא** קשה מידי, דודאי המלח עכ"פ אסור מכח דם שבתוכו, אלא שאין לו כח לאסור הבשר כיון שנתייבש, והוי כמו דם צונן הנדבק בו דצריך הדחה, ואין כאן שום דבר רותח שיבליענו בתוך הבשר, כי אין כאן אלא מוהל בעלמא, ואין לו כח להבליע בבשר, כמו שאין למים כח להבליע בבשר, וע"ז אמרו בשם רש"י, מה לי מוהל מה לי מים, **וע"כ** לרש"י אם חתך בסכין אחר שיעור מליחה, **א"צ** אלא הדחה, כיון שאין כאן אלא צונן, משא"כ להחולקים עליו בסמוך, צריך הגעלה, ויפה כתב ב"י שמעשה דרש"י חולק אם אגרת דר' יונה שמביא הטור, **ולא** כדעת מו"ח ז"ל, שכתב שאף לרש"י הוי האיסור בחתיכת סכין כמו לר' יונה, כיון שיש איסור דם ומלח, ואין שם מוהל לבטל, דזה אינו, דאין כוונת רש"י שהמוהל יעשה ההיתר בביטולו האיסור, אלא כוונתו דאין המוהל עושה שום איסור, ונשאר על הבשר שם צונן].

סימן סט ס"כ(1) • מעשה דרש"י – ציר לאחר שיעור מליחה

מעשה דרש"י: בשר שנמלח, ושהה כדי מליחה, ונתנוהו בכלי בלא הדחה, ונתמלא מציר, (או שנפל בו בשר אחר), מותר, **דציר** היוצא אחר ששהה שיעור מליחה אינו אלא מוהל בעלמא, (דהא מבשלין אותו אחר ששהה שיעור מליחה, ואין חוששין לציר). **והדם** המעורב בהמלח שעל הבשר, (שמפני כך צריך הדחה היטב), בטל הוא בציר.

ואי משום כח המלח שעל הבשר שהדם מעורב בו, כתב הט"ז בשם תוס', דהדם נדבק במלח ומתייבש בתוכו, ואין לו כח לבלוע בבשר, **ובשם** הרא"ש כתב, דפסק כח המלח מחמת שהפליט הדם, ולא חשיב עוד רותח. **והב"ח** כ', דכיון דהמוהל הוא היתר, הוא מבטל כח המלח ולא חשיב רותח, **ולדידיה** אם חתכו בסכין אחר שיעור מליחה, כיון שאין מוהל לבטל כח המלח, אפי' לרש"י צריך הסכין הגעלה, **והט"ז** חולק עליו, דאין די כמות המוהל כדי לבטל כח המלח, אלא דהטעם כדלעיל, **וממילא** בציור דסכין, יהיה מותר לפי שיטת רש"י, ועיין לקמן.

ומכח זה פסק התרומת הדשן, דלצורך סעודת מצוה והפסד מרובה, במלח אווז טריפה, ואחר ששהה שיעור מליחה נתנו עם בשר כשר, דלא מיחשב עוד רותח, **אבל** כיון דיש פוסקים שחולקים ע"ז, יש להחמיר באין הפ"מ, **והט"ז** כתב דאין כאן מחלוקת, דהם איירי רק כשמלח דבר שאין בו דם, או שכבר פלט כל דמו, דודאי עדיין חשיב רותח, דהמלח לא עשה פעולה שנאמר עליו דפסק כחו, ובזה מודי כו"ע, **ומפני** כן היה ראוי לפסוק להיתר אפי' כשאינו הפ"מ, אלא דכיון דיש שחלקו על מעשה דרש"י, וסברי דנהי דאין עליו שם רותח לענין דם, בשר רותח מקרי, א"כ יפה הכריע התרומת הדשן.

והב"ח חולק על הת"ה, וס"ל דהציר שאינו נאכל מחמת מלחו חשיב רותח אע"פ שהבשר אינו רותח, **וכן** מהרש"ל חולק על הת"ה, דמה שפסק רתיחת המלח, היא רק משום דנבלע כח רתיחתו בהבשר, **והט"ז** כתב, דאפי' יש איזה פוסק דס"ל כן, כדאי הם המתירין לסמוך עליהם בהפ"מ כפסק התה"ד.

בס"ח פסק השו"ע, דאם לא ניפץ המלח ולא שטפו, אין המלח אוסר, דמים שבכלי מבטלין כח המלח, משמע דבלא מים הוי עדיין רותח, אע"פ שעבר שיעור מליחה, (ממש כסברת הב"ח, שכ' דלאו דוקא מים, דה"ה מוהל, ובא רק לאפוקי מחוי דם ומלח), **תירץ** הט"ז, דהתם רוצה להתיר אפי' למ"ד החולק על מעשה דרש"י לרווחא דמלתא.

הלכה למעשה

ויש מי שאוסר בזה ובזה - ‹ס"ל דציר היוצא לאחר שיעור מליחה הוא דם – חוו"ד›, **ויש לחוש לו לכתחלה. הגה: ויש אוסרין אפילו בדיעבד כדי קליפה** - דס"ל דציר זה הוי כשאר ציר, ‹כשאר ציר ר"ל, היוצא מבשר תוך שיעור מליחתו, שהוא דם – מחצה"ש›, ורותח הוא ונבלע בבשר, ומ"מ אינו נבלע יותר מכדי קליפה, ‹ואנן קי"ל, דמוהל לאחר שיעור מליחה לאו דם הוא, ואפ"ה נאסר כ"ק מדם ומלח שעליה – פמ"ג, וכ"כ החוו"ד›.

וכתוב בת"ח, דאם הדיחו קודם שנתנו לכלי שאינו מנוקב, שרי לכו"ע, ומשמע שם דאפילו נתמלא אח"כ ציר קאמר, **וכבר** נתבאר לעיל סוף ס"ח, דבדיעבד סגי אפילו בהדחה אחת אחרונה, ונ"ל דה"ה הכא.

ומשמע דהאוסרין אוסרין אותו מיד אפילו לא שהה בכלי, כיון שיש ציר בכלי, וכ"כ באו"ה להדיא.

ואע"ג דהכא ליכא טעמא דפירש ממקום למקום, שהרי כבר שהה שיעור מליחה, מ"מ לא אמרינן איידי

דפליט ציר לא בלע, וכדלקמן סימן ע' ס"ו, כיון שהוא בכלי שאינו מנוקב, וק"ל.

וְהָכִי נָהוּג, וְדַוְקָא מַה שֶּׁמֻּנָּח בְּתוֹךְ הַצִּיר, אֲבָל מַה שֶּׁחוּץ לַצִּיר, שָׁרֵי.

ומהרש"ל חלק בספרו, ואסר כל מה שבציר, ‹ולא כדי קליפה בלבד›, ומעט למעלה ממנו כדי קליפה, [ושכן נהגו, וכתב שכן משמע לשון התוס' והסמ"ג והמרדכי, שכתבו לשון אסור הכל, כנלענ"ד למעשה].

ולדברי הרב לא מהני ס' לבטל, דכל מקום דצריך קליפה אין מבטלין בס', וכדלקמן סי' ק"ה,

***ולדברי** מהרש"ל אם יש במה שבתוך הציר ס' נגד הציר, שרי, אבל מה שחוץ לציר אין מצטרף לבטל, דדם אינו מפעפע למעלה, **וכ"כ** באו"ה וז"ל, ומיהו מה שבתוך הציר אסור, אפילו אם יש ס' בכל החתיכה נגדו, דהא מה שחוץ לציר אינו מצטרף לבטל, מאחר שדם אינו מפעפע, עכ"ל, וברור הוא, **והרב** בת"ח כתב על האו"ה, ואינו נראה, דאם היה ס' בבשר שבציר נגד הציר שרי, לדבריו דאוסר הכל בדליכא ס', עכ"ל, **ותמהני**, דהא אף האו"ה לא קאמר אלא דמה שחוץ לציר אינו מצטרף, וכמבואר בדבריו להדיא.

*****‹**לענ"ד** הא קימ"ל סי' ק"ה דבעינן ס' וקליפה, ומכ"ש הכא דמדינא סגי בקליפה, אלא דמחמרינן במליחה בס', אבל מ"מ אין להקל שלא להצריך קליפה, **גם** הא הרש"ל דאוסר כולה היינו בשהה כדי ******כבישת ציר, וכ"כ להדיא במנח"י, וא"כ קודם ששהה כבר נאסר כ"ק – רעק"א›.

‹**וצ"ל** דס"ל להש"ך, דשאני הכא כיון דמדינא ליכא איסורא לאחר ששהה שיעור מליחה לרוב הפוסקים, וחומרא בעלמא הוא דמחמירין לאסור, א"כ נהי שהרש"ל החמיר עוד יותר לאסור עד ס', מ"מ הבו דלא לוסיף עלה דליבעי קליפה אפי' כי איכא ס'. **והמנח"**י חולק, דאדרבה כ"ש הכא דלדעת רוב הפוסקים לא מחשב כרותח אחר שיעור מליחה כלל, וא"כ יותר יש לחוש שלא נבלע רק כדי קליפה, וא"כ אין לבטלו בס', ומש"ה הסכים, דלדעת רש"ל בעינן ס' וגם קליפה – מחה"ש›.

******‹**ובפחות** מכדי כבישה, צריך רק כדי קליפה, וצ"ע להתיר פחות משיעור כבישה בכדי קליפה. **ומינה**, רמ"א דמתיר, אף בשיעור כבישה מתיר, ואין אוסר רק כ"ק – פמ"ג›.

[**עוד כתב רש"ל, דמכל מקום אם נתערבה אותה חתיכה באחרות, אפי' חד בתרי בטל, ובזה יש לסמוך אדברי רש"י דמיקל בכל ענין].**

סימן סט ס"כ(2) • הלכה למעשה

וכתב המחבר, דיש מי שאוסר במעשה דרש"י, דס"ל דציר היוצא לאחר שיעור מליחה הוא דם, (**ואפי'** לא שהה בכלי, כיון שיש ציר בכלי, **ולא** אמרינן איידי דפליט ציר לא בלע, כיון שהוא בכלי שא"מ), **ויש** לחוש לו לכתחילה.

וכתב הרמ"א, דיש אוסרין אפי' בדיעבד כדי קליפה, **או** דס"ל דהציר יש לו דין דם, ורותח הוא ונבלע בבשר, ומ"מ אינו נבלע יותר מכדי קליפה, **או** דאין לו דין דם, ואפ"ה נאסר כ"ק מדם ומלח שעליו. (**ואפי'** שהה כדי כבישה, אינו אוסר יותר מכ"ק), **אבל** מה שחוץ לציר מותר. **ולא** מהני ס' לבטל, דקימ"ל דכל מקום שצריך קליפה, אין מבטלין בס'.

ומהרש"ל אוסר כל מה שבתוך הציר, וכ"ק למעלה ממנו, וכן פסק הט"ז. **וכתב** הש"ך, דלפי דבריו, אם יש במה שבתוך הציר ס' נגד הציר, שרי, אבל אין לצרף מה שלמעלה מהציר, דדם אינו מפעפע למעלה. **ורעק"א** הקשה, דהא בעינן ס' וקליפה, וכ"ש הכא דמדינא סגי בקליפה, ומה דצריך ס' אינו אלא חומרא, **ועוד** דהא דצריך ס' אינו אלא אחר ששהה כדי כבישת ציר, וכבר מקודם נאסר כ"ק (**ופמ"ג** כתב דזה צ"ע, לאסור קודם כדי כבישה רק כ"ק), **והמחה"ש** מסביר הש"ך, דהכא מדינא ליכא איסור כלל אחר שיעור מליחה, וחומרא בעלמא הוא לאסור, וא"כ הגם שמהרש"ל מחמיר עד ס', אבל הבו דלא לוסיף דליבעי קליפה כי איכא ס', **אבל** המנ"י ס"ל, דאדרבה דכ"ש להפוסקים דאינו רותח אחר שיעור מליחה, דלא נבלע אלא כ"ק, ואין לבטלו בס'.

אם הדיחו (אפי' פ"א) קודם שנתנו לכלי שא"מ, שרי לכו"ע, אפי' נתמלא אח"כ ציר. **אם** נתערבה אותה חתיכה באחרות, אפי' חד בתרי, מותר לכו"ע, דבזה יש לסמוך אדברי רש"י.

דין הכלים

וְהַכְּלִי שֶׁנָּפַל בּוֹ אוֹתוֹ הַצִּיר, אָסוּר – [דהכלי נוח יותר לבלוע מן הבשר, שאין לו מקום לצאת], ‹ולא ידענא, דמה אריא דהמקום דחוק שאין לו מקום לצאת, אפי' נפל בחוץ על הכלי אוסר כדי קליפה, ואה"נ בכלי עץ קולף, וכלי חרס אין לו תקנה – פמ"ג›. ‹**וצ"ע** דכלי מנוקב אינו אוסר בדיעבד, לעיל סי"ז, וגב הכלי הוא ככלי מנוקב›.

כבר נתבאר לעיל דין קערה שמלח בה בשר בסעיף ט"ז, וכאן שכתב סתם, והכלי שנפל בו הציר אסור, מיירי בענין דא"א לקלפו, כגון שנפל בו הרבה ציר, או שהוא כלי חרס, וכדכתב הרב לקמן סימן צ"א סס"ה, ע"ש, והכי איתא בת"ח, ע"ש.

(**ועיין** פמ"ג שפירש, דאם הוא כלי חרס נאסר כולו, ומעשה שמלחו בשר ונטף ציר על הכ"ח בחוץ, והיה ערב שבת וא"א להכין אחרת, והתיר ע"י גרידה היטב, דכיון שנפל בחוץ הוי ככלי מנוקב דשריק, ודוקא לכבוד

שבת, **ודעת** המנ"י דאף כלי חרס אין אוסר רק כדי קליפה, ע"ש, **ועיין** בתשובת פרי תבואה שהשיג על הפמ"ג, ודעתו כהמנ"י, דלעולם סגי בקליפה, ומפרש דברי הש"ך במש"כ או שהוא כלי חרס, ר"ל דא"א לקלפה, **וכתב** שם בדבר מעשה שנטף ציר מליחה על קנקן של פורצ"לין אצל אוזן הכלי, דא"צ אפילו קליפה כיון שנפל במקום גבוה, דבכל זמן שיגיעו החמין נגד מקום הטיפה יהיה ס' נגד הטפה, וכדלקמן סוף סימן צ"ט, ואף הט"ז שם מודה אם הוא אחר מעל"ע, **ואפילו** את"ל דקנקן זה לא הוי כדבר שדרכו להשתמש לעולם בשפע, יש להתיר מטעם אחר, דלעולם לא יבא לידי נ"ט, כיון שאין דרך להשתמש בקנקן זה אצל האש רק ע"י עירוי, שמערין לתוכה קאווע רותחת, ובליעת האיסור הוא חוץ לכלי, וכח העירוי אינן פועל להפליט דרך דופן הכלי מעבר השני, א"כ דמיא לקדרה גדולה, **ובפרט** כיון שהיה הציר אחר שיעור מליחה, יש לצרף דעת רש"י דס"ל דאז מיחשב צונן, ע"ש באריכות).

סימן סט ס"כ(3) • דין הכלים

הכלי שנפל בו הציר, אסור, דהכלי נוח יותר לבלוע מן הבשר שאין לו מקום לצאת, **וכתב** הש"ך, דמיירי בשא"א לקלפו, כגון שנפל בו הרבה ציר, או שהוא כלי חרס, **וכתב הפמ"ג**, לדברי הש"ך, כלי חרס נאסר כולו, (**וכשנפל** בחוץ לכלי, לכבוד שבת כשא"א באחרת, מותר ע"י גרירה היטב, דהוי ככלי מנוקב דשריק), **והמנ"י** ס"ל דאינו אוסר רק כ"ק, וכוונת הש"ך רק כשא"א בקליפה. **ואם** נפל ציר במקום גבוה בחוץ, א"צ קליפה, דבכל זמן שיגיעו החמין שם, יהיה ס', **ועוד** דאין דרכו להיות על האש, אלא בערוי, וכח ערוי אינו פועל להפליט דרך דופן הכלי מעבר השני, **וגם** יש לצרף שיטת רש"י.

דין כלי חולבת

וכן אם היה הכלי חולבת ויש בו לכלוך, אסור הבשר, דאף לאחר שיעור מליחתו נחשב כרותח

- משמע מדברי הרב, דכשהכלי אינו מלוכלך אפי' היה בן יומו מותר, וכן משמע מדבריו לעיל סוף ס"ח, וכ"כ בת"ח בהדיא ע"ש, **ואע"ג** דבהגהת ש"ד, שממנה הוציא הרב מקור דין זה, מבואר שאם הכלי ב"י, צריך ס' נגד כל הכלי, **מ"מ** היה נראה להרב לפסוק דלא כוותיה בזה, כיון דקיי"ל דאין מליחה לכלים, וכ"כ בסימן ק"ה סי"ב בהג"ה, דאם נמלח היתר בכלי איסור, מותר, דאין מליח כרותח כ"כ להפליט מה שבלוע בכלי, וכן נראה להדיא דעת מהרש"ל, **והוא** פשוט דלא כהעט"ז שהעתיק הג"ה ש"ד לפסק הלכה, ותימה עליו, שהרי הוא עצמו כתב בסי' ק"ה סי"ג, דאם מלח בשר בכלי של איסור, מותר, שאין המלח מפליט האיסור מן הכלי, ע"כ.

[ה"ה **אם אין בו לכלוך, והכלי חולבת הוא בן יומו, דאסור,** כ"כ הב"י]. **לא** דק, דדוקא יש בו לכלוך, דאל"כ אין מליחה בכלים - נקה"כ. ‹**ובאמת** צ"ע, דהא איהו גופא פסק לעיל סט"ז, אפילו כשיעור רתיחה לא מפליט מכלי - פמ"ג›.

(**ועיין** בספר תפארת למשה שכתב, דאם שהה שיעור כבישה, כדי שיתן על האור ויתחיל להרתיח, גם להש"ך אסור אף באינו מלוכלך). ‹**וצ"ע**, דהא הש"ך לעיל סט"ז כתב, דלעולם אין כח מלח והציר מפליט כלי, וע"ש ברעק"א, דמביא התפל"מ כחולק על הש"ך›.

ומ"ש הרב אסור הבשר, משמע דאסור כולו קאמר, אי ליכא ס' נגד הלכלוך, וכן כתוב בת"ח, והטעם ע"ש.

אבל אם הוא הפסד מרובה, ואית ביה גם כן צורך סעודת מצוה, יש להקל ולומר דאחר שעבר שיעור מליחה לא מחשב צירו כרותח - כלומר דבכה"ג אפי' לענין לכלוך דחלב אמרינן דהציר לא מחשב רותח, וכן מבואר בסי' צ"א ס"ה בהג"ה א', וכן מוכח בת"ה להדיא, **ועיין לקמן סימן צ"א**.

סימן סט ס"כ(4) • דין כלי חולבת

אם הכלי חולבת ויש בו לכלוך, אסור הבשר כולו, אי ליכא ס' נגד הלכלוך, דאף לאחר שיעור מליחתו נחשב רותח, **אבל** אם אינו מלוכלך, אפי' בן יומו, מותר, (ודלא כהג' שערי שורא והט"ז), דאין מליחה לכלים להפליט מה שבלוע בהכלי, **ואם** שהה כדי כבישה, כדי שיתן על האור ויתחיל להרתיח, ס"ל להתפארת למשה לפי הש"ך, דאסור אפי' אינו מלוכלך, **ודלא** כרעק"א לפי הש"ך.

בהפ"מ ולצורך סעודת מצוה, יש להקל, דאחר שיעור מליחה אינו נחשב רותח.

עוד נ"מ בין רש"י להחולקים

ולפי דבריו, אע"פ ששהה הבשר במלח כשיעור, אסור לאכול ממנו עד שידיחנו יפה יפה –

[קשה, הא ודאי גם לרש"י צריך הדחה יפה, כמו שהוזכר בגמ' ופוסקים, **ויש** לדחוק דה"ק, לרש"י א"צ תיכף הדחה אחרונה, אלא יכול להניחו בכלי שאינו מנוקב, וכשירצה לבשלו ידיחנו אז, **אבל** לסברת החולקים דהוה עדיין רותח, צריך תיכף להדיחו קודם שיניחנו בכלי שאינו מנוקב, ולא ישימנו בכלי שאינו מנוקב עד לאחר ההדחה

שימלחנו שנית, כדמסיק אח"כ, **אלא** דאין לשון שו"ע מורה ע"ז].

צריך ביאור, איך דין זה תלוי בזה, והלא כל הפוסקים מודים בזה שצריך להדיח הבשר יפה יפה, וכדאיתא בש"ס להדיא, אין הבשר יוצא מידי דמו אא"כ מלחו יפה יפה ומדיחו יפה יפה, וגם המחבר כתב לעיל בסעיף ז' בסתם, שצריך להדיחו יפה יפה, **ונראה** דכוונת המחבר לומר, דכיון דדעת היש מי שאוסר הוא, דס"ל דציר היוצא מבשר מליח לאחר שיעור מליחתו רותח הוא, וחשיב דם ולא מוהל, ונבלע בבשר, א"כ אסור לאכול ממנו עד שידיחנו יפה יפה מיד קודם פליטת כל צירו, וכמ"ש לקמן סי' ע' ס"ה מה"ט, וכמו שיתבאר שם, וכן מוכח בב"י ס"ס זה עיין שם ודוק, **עי"ל** דודאי טעם הדחה לאחר מליחה הוא משום הלחלוחית ומלח שעליו, ולפי"ז כשחתכו מכל צדדים מותר לאכלו בלא הדחה, **אבל** לסברא זו דהציר קודם ההדחה חשיב דם, אם כן לעולם צריך הדחה להסתים נקבי הפליטה ודוק.

סימן סט ס"כ(5) • עוד נ"מ בין רש"י להחולקים

להחולקים על רש"י, צריך תיכף הדחה, קודם שיניחנו בכלי שא"מ, ולרש"י יכול להניח בכלי שא"מ ולהדיחו כשירצה, ט"ז. **להחולקים** על רש"י, אסור לאכול מבשר עד שידיחנו מיד קודם פליטת כל צירו, **ואפי'** כשחתכו מכל צדדיו, צריך הדחה להסתים נקבי הפליטה, משא"כ לרש"י – ש"ך.

דין לחתוך בסכין

ואסור לחתוך ממנו בסכין קודם שידיחנו, ואם חתך צריך להגעילו - היינו דוקא לסברא האחרונה, אבל לפי מה שפסק המחבר, דלכתחילה יש לחוש לדבריו ובדיעבד שרי, א"כ אינו אסור אלא לחתוך לכתחלה, אבל אם חתך א"צ הגעלה, וק"ל. [ודלא כדעת מו"ח ז"ל, שכתב שאף לרש"י הוי האיסור בחתיכת סכין – ט"ז לעיל ע"ש].

הגה: ויש מתירין לחתוך בסכין לאחר ששהה שיעור מליחה, דאין מליחה לכלים - כלומר דהדם מישרק שריק ואינו נבלע בסכין, וכ"כ בת"ח, **אבל** ודאי יש מליחה לכלים לענין שבולע שפיר ע"י מליחה היכא דליכא טעמא דמשריק שריק, ומה"ט נאסר כלי שאינו מנוקב שנמלח בו, וק"ל.

ואפי' איכא גומות בסכין, כי ע"י הולכת והבאת סכין בבשר מתקנח הלכלוך זה מן הגומות, ‹והוה ככלי מנוקב, פמ"ג, כ"כ מהרא"י, ובהג' ש"ד, ומביאו הרב בת"ח.

וכן עיקר דמותר - משמע דאפילו לכתחלה מתיר לחתוך, וכ"כ בת"ח להדיא, **ותימה** כיון דהסכין צריך הדחה אח"כ וכדמסיק, א"כ אמאי לא חיישינן דלמא ישכח להדיחו, וכדלקמן ר"ס צ"א, דאסור להניח היתר צונן שאין דרכו להדיח בקערה של איסור צונן, דילמא אכיל בלא הדחה, וסכין דבר שאין דרכו להדיח הוא, כדלקמן סי' צ"ה ס"ק א', **ודוחק** לומר דשאני הכא כיון שאין גוף המאכל צריך הדחה, אלא דאיכא למיחש שמא יחתוך אח"כ בלא הדחה, דהא הך דלקמן סי' צ"א מדברי הרשב"א הוא, והרשב"א כתב דבכלי של היתר נמי דינא הכי, כמ"ש שם בס"ק ב', **ואפשר** לומר דדוקא גבי כלי חיישינן דילמא משתלי להדיח, משא"כ בסכין, דהאיסור שע"ג נראה לעין, ואם ירצה להשתמש בו יראה לעינים הדם שע"ג, וידיחו, **א"נ** שאני הכא כיון דמדינא ליכא איסורא, לאחר ששהה שיעור מליחה לרוב הפוסקים.

ומהרש"ל פסק דלכתחלה יש להגעילו, ובדיעבד מותר אם קנחו בדבר קשה, והמחמיר לאסור בלא הגעלה תע"ב, **והיינו** דוקא לעצמו, אבל לאחרים יש להורות להתיר בדיעבד אף אם לא קנחו וחתך בו רותח, עכ"ד, **וכן** אם חתך בצלי שלא נצלה כל צרכו, פסק ג"כ הכי.

מיהו בסכין של איסור, משמע בת"ח שם דאסור לכתחלה לחתוך בו בשר ‹שנמלח ולא הודח – א"ב›, ובדיעבד מותר, ודמי למאי דלקמן סימן ק"ה סי"ב בהג"ה ע"ש.

אבל הסכין צריך הדחה אחר כך - אף שעדיין לא נתיבשה הציר עליו, **או נעילה בקרקע אם נתייבשה עליו הציר** - דין נעיצה ע"ל ס"ס קכ"א.

ואפילו קודם שיעור מליחה, אין האיסור משום הסכין – [משמע דהסכין מותר אפי' תוך שיעור מליחה, וכ"כ בת"ח מטעם דם מישרק שריק, וקשה דהא גבי כלי מנוקב ג"כ מותר מטעם זה, כמ"ש סעיף י"ז, ואפ"ה אסר רמ"א שם לכתחילה, ומאי שנא מסכין].

לא קשה מידי, דשאני התם שנמלח ממש בכלי - נקה"כ.

‹פי' דסכין דרך עראי שרי, משא"כ הכלי שנמלח בו בולע יותר, אפילו מנוקב יש לאסור – פמ"ג.

אלא משום שילא דם בעין על הבשר, ואם רוצה להדיחו שם היטב ולחזור ולמלחו שם, מותר - ‹קשה לי, הא החתיכה כולה רותח מחמת המלח, וא"כ כשיצא הדם בעין ממקום החתך, תיכף נבלע בתוכו, כמו דם אחר שנפל על החתיכה תוך שיעור מליחה, דנאסר מיד כדאיתא בסי' ע', וא"כ מה מהני שמדיחו אח"כ, וצ"ע, **אחר** זה בא לידי ספר חדש נקרא בשמו חוו"ד, וראיתי שעמד בזה – רעק"א›.

סימן סט ס"כ(6) • דין לחתוך בסכין

להחולקים על רש"י, אסור לחתכו בסכין קודם שידיחנו, ואם חתך צריך הגעלה, משא"כ לרש"י, (ולכן להלכה, להשו"ע כדאית ליה ולרמ"א כדאית ליה לעיל), **ולהב"ח** ה"ה דאסור לרש"י וכנ"ל. **ויש** מתירין לכו"ע לחתוך בסכין לכתחילה, דהדם משריק שריק ואינו נבלע בסכין, ואפי' איכא גומות בסכין, ע"י הולכה והבאה מתקנח הלכלוך מן הגומות והוי ככלי מנוקב, **ולא** חיישינן שישכח להדיח הסכין ויחתוך אח"כ בלא הדחה, דבסכין האיסור בעין ויראה הדם וידיחו, **א"נ** משום דמעיקר הדין ליכא איסורא אחר שיעור מליחה, כדברי רש"י. **והסכין** צריך הדחה אח"כ, אף שעדיין לא נתיבשה הציר עליו, או נעיצה בקרקע אם נתיבשה עליו הציר.

ומהרש"ל פסק דלכתחילה יש להגעילו, ובדיעבד מותר אם קנחו בדבר קשה, והמחמיר לאסור בלא הגעלה תע"ב, והיינו לעצמו, אבל לאחרים יש להורות להתיר בדיעבד אפי' לא קנחו, **וה"ה** אם חתך צלי שלא נצלה כל צרכו.

מיהו סכין של איסור אסור לכתחילה לחתוך בו בשר דנמלח ולא הודח, ובדיעבד מותר.

ואפי' חתכו קודם שיעור מליחה, הסכין מותר לכתחילה, דכיון דהוא דרך ארעי, אמרינן דם משרק שריק, **משא"כ** כלי מנוקב דאסור לכתחילה (**והט"ז** יש לו צ"ע על חילוק זה). **אבל** כיון שחתכו יצא דם בהעין על הבשר, וצריך להדיח שם היטב ולחזור למולחו ומותר. **והקשה** רעק"א, דהא כל החתיכה רותח, וכשיצא הדם תיכף נבלע בתוכו, ונאסר מיד, כמו דם אחר שנפל על חתיכה תוך שיעור מליחה.

מליחה להתקיים, ומליחה לצלי

וכשרוצים לעשות מליח להתקיים, לאחר ששהה במלחו בכלי מנוקב כשיעור הראוי, מדיחים אותו יפה יפה, ואח"כ חוזרים ומולחים אותו כדי שיתקיים, ואפי' בכלי שאינו מנוקב - זה נמשך ג"כ לסברא האחרונה הנ"ל, ‹ומשו"ה מצריך להדיחו קודם שמניחו בכלי שאינו מנוקב – מחה"ש›, ולפי מה שפסק המחבר דלכתחילה יש לחוש לה, וק"ל.

ואפילו לפי סברא זו, אם רוצה למלוח ולאכול צלי בלא הדחה, עושה ואינו חושש לדם שעל המלח, שהאש שואבו ומונע המלח מלבלוע דם. והני מילי במולחו ומעלהו לצלי, אבל אם שהה במלחו, המלח בולע הדם ונאסר, ולפיכך מדיחו יפה יפה וצולה ואוכל. (וע"ל סי' ע"ו מדין בשר שנמלח ולא הודח ונצלה כך) - עד סוף הסימן נתבאר על נכון בסי' ע"ו ע"ש.

סימן סט ס"כ(7) • מליחה להתקיים, ומליחה לצלי

להחולקים על רש"י, ולמחבר חיישינן להם לכתחילה, כשרוצה לעשות מליח להתקיים, אחר שמלחו כדינו בכלי מנוקב, מדיח יפה יפה, ואח"כ חוזרים ומולח אותו אפי' בכלי שא"מ, **ואם** רוצה למלוח ולאכול צלי בלא הדחה, אין חשש, שהאש שואב המלח מלבלוע דם, **וה"מ** במולחו ומעלהו לצלי (מיד), אבל אם שהה במלחו, בולע הדם ונאסר, לפיכך מדיחו יפה יפה וצולה ואוכל.

הכשירו ע"י צלי כשאין מלח

סעיף כא - במקום שאין מלח מצוי, יצלו הבשר עד שיזוב כל דמו - ‹דהיינו חצי צלייתו – פר"ח›, **ואח"כ יבשלוהו** – [רש"ל הביא דעת הר"ן, **שיתבשל** ‹היינו שיצלה› כמאכל ב"ד, ‹דהיינו חצי צלייתו, פמ"ג›, **ודעת הרשב"א עד שיהא ראוי לאכילה לרוב בני אדם**, ופסק הרשב"א שכן משמע באו"ז, **ובהג' ש"ד** כתוב, מפני שאין הנשים בקיאות בדבר, נוהגין לצלותו כ"כ עד שיתייבש מבחוץ, ואח"כ מבשלים אותו בלי הדחה, עכ"ל, **ונראה שכן ראוי לנהוג, לצאת כל הדיעות**].

סימן סט סכ"א • הכשירו ע"י צלי כשאין מלח

כשאין מלח מצוי, יצלו הבשר עד שיזוב כל דמו, דהיינו חצי צלייתו, **וי"א** עד שיהא ראוי לאכילה לרוב בני אדם, **וי"א** כיון שאין הנשים בקיאות, נוהגין לצלותו עד שיתייבש מבחוץ, ואח"כ מבשלו בלי הדחה, **וכן** ראוי לנהוג לצאת כל הדעות.

§ סימן ע – דין מליחת הרבה בשר ביחד §

מולחן הרבה חתיכות זו ע"ג זו

סעיף א - מולחין הרבה חתיכות זו על גב זו; אע"פ שהתחתונה גומרת פליטתה קודם לעליונה, לא אמרינן שחוזרת ובולעת מדם העליונה, לפי שהוא שוהה הרבה לפלוט ציר, וכל זמן שפולטת צירה אינה בולעת.

[כן הוא לחד תירוצא בתוס' שמביא ב"י כאן, אלא שיש עוד תירוץ שם, דס"ל דשפיר בולע, אלא דיש לו היתר שיחזור ויפלטנו כשיפלוט הציר שבו, וכן משמע מדכתב רמ"א ס"ו, שיחזור וימלחנו כו', משמע דעכ"פ בלע כבר], ‹ודלא כש"ך בס"ו ס"ק ל"ז, דכתב דציר גרע, ולא אמרינן איידי דטריד למיפלט לא בלע ציר - גל' מהרש"א›.

‹להמחבר דהטעם דטרוד בציר לא בלע דם, א"צ להשהות תחתונה כשיעור עליונה, משא"כ להר"ב, דכ"ז שפולט ציר בולע שפיר, אלא כבולעו כך פולטו - פמ"ג›.

ואפילו מתקבץ הרבה ציר ועומד בגומא שבין החתיכות, מותר. במה דברים אמורים, במולח בשר עם בשר, ואפילו בשר שור עם בשר גדיים וטלאים ואפילו עם עופות, שאי אפשר להם לגמור כל פליטת צירן עד שיגמור בשר שור לפלוט את דמו.

עיין ס"ק כ"ד, ‹הפמ"ג הסביר הש"ך לפי גירסתינו, דבא הש"ך לומר, דעוף נמי פולט ציר י"ב שעות כמו השור, דאל"כ אלא העוף ממהר לפלוט דמו וצירו, ואינו שוהה אלא עד שיעור ששור פולט דמו, איך מולחין עופות עם בשר שור, ולהשהותו יותר משיעור זה, והא בשר לאחר י"ב שעות שכבר פלט כל צירו, אסור להניח כך לכתחילה בלא הדחה, אלא ע"כ גם העוף פולט ציר כל י"ב שעות. **אבל** המחה"ש חולק וגורס ס"ק כ"ו, דמהכא מבואר דכ"ז שפולט ציר משלו אין חשש שבולע דם, ומותר למלוח עמו לכתחילה, ובס"ו לכאורה מבואר, דכיון שפלט כל דמו, וציר עדיין לא פלט, אפ"ה אסור לכתחילה, **וע"כ** ציין הש"ך לס"ק כ"ו, דמבאר דהתם איירי דפלט כל דמו והודח, א"נ התם נמי איירי דפלט כל דמו וצירו›.

הגה: ומ"מ נוהגין להחמיר לכתחלה שכל חתיכה שיש לה בית קיבול, כגון דופן שלימה, מהפכין אותה שיזוב הדם, אבל בדיעבד אין לחוש.

סימן ע ס"א(1) • מולחן הרבה חתיכות זו ע"ג זו

מולחין הרבה חתיכות זו ע"ג זו, ולא אמרינן שהתחתונה דגמר פליטתה קודם לעליונה יחזור ויבלע מן העליונה, לפי ששוהה הרבה לפלוט ציר, דאיידי דטריד לפלוט ציר אינה בולעת – מחבר, **וכתב** הט"ז עוד סברא, דשפיר בולע הדם, אלא דכשיפלוט הציר יחזור ויפלוט הדם שבלע, כבולעו כך פולטו, וכ"כ הרמ"א בס"ו, (**וכתב** הג' מהרש"א בשם הש"ך, דהתם שאני דאיירי בבליעת ציר, וציר גרע דלא אמרינן גביה איידי דטרוד למיפלט לא בלע), **ונ"מ**, דלהמחבר א"צ לשהות להתחתונה שיעור שתפלוט העליונה, דלא בלע מיניה, **משא"כ** להרמ"א דבלע, צריך לשהות שיעור לפלוט - פמ"ג.

ואפי' בשר שור עם עופות, דא"א לעוף לפלוט כל צירן, קודם פליטת בשר השור את דמו, דעוף נמי פולט ציר י"ב שעות כמו השור.

ואפי' מתקבץ הרבה ציר ועומד בגומא שבין החתיכות, כגון דופן שלימה, מותר, **ומ"מ** נוהגין להחמיר שמהפכין אותה שיזוב הדם, אבל בדיעבד אין לחוש.

חתיכה שמלח אותה ב' פעמים

חתיכה שמלח אותה ב"פ - בלא הדחה בנתיים, **מותרת** - ודוקא מָלַח, אבל לכתחלה אסור לעשות כן, אלא צריך להדיחו יפה יפה קודם מליחה שנית, וכן משמע בת"ח.

ולא חיישינן שמלח השני מבליע הדם הנשאר ממליחה הראשונה – [זה על פי דעת הרא"ש, שכתב הטור משמו שאין דרך מלח להבליע רק להפליט, ולפי הפוסקים שסוברים שהמלח מבליע ג"כ, כמו שזכרתי לעיל סי' ס"ט ס"א בשם או"ה בטעם הדחה קמייתא, וכן הש"ד ואו"ה אוסרים בהדיא בנמלח שנית, מטעם שהמלח השני יבליע המוהל שעליו לתוכו, צריך לומר טעם אחר בזה, **דכיון** דהבשר עדיין טרוד להפליט ציר בשעה שבא עליו מלח השני, ע"כ המלח השני יפליט הציר ולא יבליע מה שפלט כבר, כיון שבשעה שבא המלח יש שם פליטת הציר].

‹**ואף** שבאות א' ט"ז כתב להר"ב, כל זמן שטרוד לפלוט ציר בולע דם, אלא כבולעו כך פולטו, וא"כ היה צריך

להמתין במלח הב' שיעור שעה כדי פליטת דמו, י"ל בצירוף עם טעם הרא"ש, דאין טבע המלח להבליע, א"צ לשהות שיעור שעה אח"כ – פמ"ג.

והא דאסרינן בריש סי' ס"ט, בשר שנמלח בלא הדחה קמייתא, מטעם שהמלח מבליע הדם שעליו, ‹אלמא דלא ס"ל למה שכתב הטור בשם הרא"ש, דמלח רק מפליט דם ולא מבליעו – מחה"ש›, **שאני** התם דאיכא דם בעין, ‹דבדם בעין המלח מבליעו, משא"כ בדם פליטה הוא רק מפליטו – מחה"ש›, **אי** נמי שאני הכא, כיון שנמלח תחלה ולא הודח אח"כ, א"כ עדיין הוא עומד לפלוט ציר, ומתוך כך אמרינן דאין המלח השני מבליע הדם, ‹ונ"מ בין התירוצים, היכא שמלח אותו לאחר שכבר פלט כל צירו – מחה"ש›. ‹**והמיקל** כתירוץ א' לא הפסיד – פמ"ג›.

[**ואין** להקשות, אמאי אסור בסמוך בדם בעין שנפל על הבשר בשעת מליחה, אע"ג דבאותה שעה היא טרודה לפלוט, **התם** אין האיסור מחמת שהמלח מבליעו, אלא שהבשר עצמו הוא רותח מחמת המליחה, הוה כמו בצלי שנפל עליו דם, **משא"כ** כאן שאין האיסור רק מצד מלח השני, ובזה אין איסור, ‹הא כאן גם כן החתיכה הוא רותח – חוו"ד, ע"ש איך שפי' הט"ז באריכות›, **אבל אם** נמלח בלא הדחה קמייתא, יש איסור מצד המלח, שבשעה שבא עליו המלח היה בלא פליטה, ע"כ אמרינן שהמלח מבליעו, **ולפי"ז** גם כאן אם שהה כבר כדי פליטת ציר, דהיינו אחר מעל"ע, אז אין היתר אלא לדעת הרא"ש, **ונראה** דאחר פליטת ציר דהיינו אחר מעל"ע למליחתו, יש לאסור אם נמלח, דהרי לקמן סי' זה קימ"ל, דאם נפל לציר אחר שיעור זה, דאסור מטעם שהציר יבליע בו, והכא נמי יבליע בו]. ‹**משמע** הא קודם מעת לעת לאחר י"ב שעות אין אוסר {אף} בלא הפ"מ, **ואף** דהר"ב בס"ו כתב, דבאין הפ"מ אסור, כאן יש נמי טעם דאין המלח מבליע – פמ"ג›.

סימן ע ס"א(2) • חתיכה שמלח אותה ב' פעמים

לכתחילה אין למלוח חתיכה פעם שנית, אא"כ הדיח יפה יפה קודם, **אבל** בדיעבד אם מלחו פעם שני, מותרת, ולא חיישינן שמלח השני מבליע דם הנשאר ממליחה ראשונה, דאין דרך מלח להבליע אלא להפליט – רא"ש, **ולפי** הפוסקים שסוברים שמלח מבליע ג"כ, כתב הט"ז דכיון דהבשר עדיין פולט ציר בשעת מליחה שני', יפליט ולא יבליע. (**ואפי'** לרמ"א, דבשעת פליטת ציר הבשר בולע דם, וצריך לשהות אחר פליטת הציר כדי שיפליט מה שבלע, הכא א"צ, דיש צירוף סברת הרא"ש).

והא דקימ"ל דאם נפל על בשר בשעת מליחה דם בעין, דאסור, הגם דהבשר טרוד לפלוט, היינו משום דהתם לא מצד המלח מבליע, אלא הבשר עצמו רותח מחמת מליחה ובולע. (**והחוו"ד** הקשה דמ"ש, הכא נמי נימא דהבשר רותח). **ואם** נמלח אחר פליטת כל צירו, אין היתר אלא לדעת הרא"ש, **ונראה** דיש לאסור לאחר מעל"ע – ט"ז. (**ואף** דלאחר י"ב שעות בלא הפ"מ נחשב דכבר פלט כל צירו, הכא יש צירוף סברת הרא"ש).

והש"ך כתב עוד סברא, דמלח מבליע רק דם בעין, לא דם פליטה, (**וא"כ** אפי' מלח אחר פליטת כל צירו, לא יבלע, והמיקל כזה לא הפסיד).

מליחת בשר עם דגים

אבל בשר עם דגים, אפילו בשר עופות עם דגים, אסור למלוח, לפי שהדגים פולטים כל צירן קודם שיפלוט העוף את דמו; ואם עבר ומלחן יחד, העופות מותרין, אבל הדגים צריך ליטול מהם כדי קליפה - בין שמלחן יחד זה אצל זה, בין שמלח מעופות על הדגים, בין שמלח הדגים על העופות, לעולם שייך לומר דהדגים אסורים כדי קליפה והעופות מותרים, דאע"ג דדם אינו מפעפע למעלה, וכמ"ש הרב בס"ב, מ"מ קליפה בעי כמו שיתבאר שם, וכמ"ש המחבר עצמו בסי' ס"ט ס"ח, דמה שחוץ לציר חותך כדי קליפה.

והעופות מותרים לעולם, דאיידי דטרידי לפלוט לא בלעי, וכן דעת הרבה פוסקים מאד, **דלא** כהב"ח שפסק כיחידאי, לאסור מן העופות עד ס', ע"ש שדבריו ממילא נפרכים, **גם** מש"כ דנקטינן להחמיר באיסורא דאורייתא, ליתא, דהא קיי"ל דם שמלחו אינו אלא מדרבנן, כמבואר בכמה דוכתי.

ואם לא ניטלו קשקשיהם כשנמלחו, מותרים - לפי שהקשקשין הם במקום קליפה, וכן מוכח בטור ע"ש, וגם הרב נראה פשוט דמודה שהקשקשין הם במקום קליפה כו', אלא דהוצרך לטעם דרפו קרמייהו למאי דאסרינן הדגים בס', **ונ"מ** דאם נמלחו הדגים עם שאר איסור שאינו של דם, אע"ג דלא אמרינן ביה איידי דפליט כו', מותרים הדגים, **דאע"ג** דאנן קי"ל כל מליחה בס', מ"מ הא כתב הרב סי' ק"ה ס"ט, דבאיסור שאין בו שמנונית כלל, כגון חמץ בפסח וכה"ג, לכו"ע מליחה אינה אוסרת רק כדי קליפה, ועמ"ש שם, **ואם** כן בכה"ג הכא הדגים מותרים בלא קליפה, שהקשקשים הם במקום קליפה.

‹בלא"ה נ"מ בפשוטו, דאם דגים חמים מונחים על איסור קר, דקימ"ל תתאה גבר ומהני קליפה, הדגים מותר בלא קליפה, שהקשקשים במקום קליפה – רעק"א›.

הגה: ויש אוסרין כל הדגים אם אינן ס' נגד העופות, דאנו משערין במליחה בס', והכי נהוג; ודוקא דלית בהו קשקשים, דרפו קרמייהו ופלטי מיד, אבל אי אית בהו קשקשים, מותרים, דאינן פולטים מיד ולא בלעי מן העופות, דאיידי דטרידי לפלוט לא בלעי, מידי דהוי אשני חתיכות שנמלחו יחד – [בטור משמע, שהקשקשין מועילין לפי שאין איסור בלא"ה אלא כדי קליפה, וא"כ לדידן דדגים כולן אסורין, לא יועילו הקשקשים, **וליתא**, אלא עיקר הטעם, דבעוד הקשקשים עליהם קמיטי ולא בלעי כמו העופות, כ"כ רש"ל, וכן משמע מדברי רמ"א דמותרין לגמרי]. ‹**והפמ"ג** הקשה, דהרמ"א כתב כן בפירוש, וגם דמלת "לגמרי" הוי מיותר›.

[**והא** דאין הדגים אסורין משום סכנה, דנמלחו עם בשר וקשה לדבר אחר, דאין סכנה במליחה]. ‹וכן הביא הש"ך סוף ס"ב›.

‹**עיין** פמ"ג שהביא שהמנ"י הניח בצ"ע, בכבש בשר עם דגים מעל"ע, אם היא סכנה, ועיין בספר בית יהודה שהביא ראיה, דגם בכבוש אין סכנה›.

סימן ע ס"א(3) • מליחת בשר עם דגים

אסור למלוח אפי' בשר עוף עם דגים, לפי שהדגים פולטים כל צירן קודם שיפלוט העוף דמו. **ואם** עבר ומלחם, בין שמלחן זה אצל זה, ובין שהעופות למעלה, ובין שהדגים למעלה, העופות מותרין, דאיידי דטריד לפלוט לא בלעי, **והדגים** צריך ליטול מהם כדי קליפה, **ואם** לא ניטלו קשקשיהם, הם במקום קליפה.

ויש אוסרין כל הדגים אם אינן ס' נגד העופות, דאנו משערין במליחה בס', והכי נהגו, **אבל** אי אית בהו קשקשים, קמיטי ולא פלטי מיד, ואיידי דטריד לפלוט לא בלעי מן העופות, כמו שאר ב' חתיכות.

גם לפי סברא זו נוגע מה דקשקשין במקום קליפה, בשאר איסורים, דלית בהו סברא של איידי דטריד לפלוט, והיה צריך להיות אסור כדי קליפה, (בדלית בהו שמנונית כלל, דאפי' לדידן לא משערין מליחה זו בס'), **וכן** בציור שדגים חמים מונחים על איסור קר, דקימ"ל תתאה גבר, ואוסר רק כדי קליפה, **מותרים** הדגים, דהקשקשים במקום קליפה.

אין סכנה במליחת בשר ודגים ביחד. **והמנ"י** הניח בצ"ע בכבשם ביחד מעל"ע, ובית יהודה מתיר.

אם הבשר תפל או כבר פלט כל דמו

סעיף ב - בד"א כשמלח שניהם יחד, או שהעוף מליח ודג תפל - מדסתים דבריו, משמע שהוא תפל שלא נמלח עדיין, ואפי' הכי אסור, ולא מהני ליה מליחה אח"כ, וכן משמע בב"י, וכמו שהבין הרב בת"ח דעתו, וקצת משמע כן דעת הטור, **דבדגים** לא מהני מליחה, לומר דאיידי דיפלטו דם דידהו יפלטו דם דאחריני, כדאמרינן גבי בשר לקמן סי' זה, דשאני דגים כיון דרפו קרמייהו בלעי טובא, והדם הבא להם מעלמא נסרך בהם ביותר, ***וגם** צ"ל שכן דעת רבותיו של הרשב"א בת"ה, וכ"כ בדרישה שכן פסק מהרש"ל, וכ"כ האו"ה להדיא, **והוכחתי** בספרי בכמה הוכחות, שט"ס הוא באו"ה בשם הסמ"ק, וצריך להגיה שם קצת, דלא כמ"ש הרב בת"ח בשם או"ה בשם הסמ"ק, דבדגים נמי אמרינן איידי דיפלטו כו', וכמ"ש לקמן בהג"ה, והשיג שם על הב"י, **מיהו** נ"ל שדעת הרשב"א והר"ן כהרב, ובהגהות שנדפסו בגליון או"ה, נסתפק בדין זה.

***‹אין** מזה ראיה, דהם כיון דסוברים דמליחה מהני גם לדם שממקום אחר, והא דדגים אסירי ע"כ משום דמסרך בדגים ביותר, א"כ ממילא גם דגים תפלים אסורים, **אבל** להטור דהיתר דמליחת שתי חתיכות משום דאיידי דיפלוט דם דידיה, אבל דם דמעלמא לחוד אינו יוצא במליחה, ודגים אסורים משום דקדמי ופלטי ואין בהם דם של עצמן, א"כ י"ל דגים תפלים מותרים משום איידי דיפלוט דם דידיה, **עכ"פ** להמחבר צדקו דברי הש"ך, דהא המחבר בס"ו פסק לעיקר, דמהני מליחה לדם שממקום אחר, ומוכח דדגים מסרך ביותר, וממילא גם תפלים אסורים – רעק"א›.

אבל אם דג מליח ועוף תפל, ונתנם זה אצל זה, או זה על גב זה, אף דגים מותרים בלא קליפה – [שהדבר המליח מחמם התפל שיהא מבליע, אבל לא כל כך עד שיהא פולט – ב"י בשם הרשב"א].

‹**משמע** להדיא שנוגעים זה בזה, ואע"ג דלקמן סעיף ג' גבי בשר טריפה תפל ובשר שחוטה מלוח, הביא המחבר דיש אוסרים כדי קליפה כשנוגעים זה בזה, **י"ל** נהי דנחשב הטרפה תפלה, מחמת הכשירה מלוח, רותח כל כך שמפליטה ציר, וציר טרפה אסור, **מכל** מקום לא מחשב רותח כל כך שיפלוט דם, ‹ויש לומר דם הנפלט מעט הוא ושריק – פמ"ג›, דהכא אין האיסור אלא משום

דם, **ועוד** דאף אם מפליט דם, מכל מקום לא מחשב רותח כ"כ שיפלוט כל כך דם הרבה, אפי' אחר פליטת דם וציר של הדגים. ‹**ועיין** בט"ז ס"ג, דלהיש אוסרים שם, גם הכא אסור כשנוגעים›.

‹**לפי** תירוץ א' בש"ך יש קולא, בחתיכה ששהה במלחה והודחה, דנסתמין נקבי הפליטה, או לאחר י"ב שעות, ומלחה והניח חתיכה תפלה עליה, שרי, דאין מפליט דם, וה"ה דגים כה"ג שרי, **ולתירץ** הב', אם נמלחה כה"ג, וכן בדגים שחזר ומלחן לאחר פליטת צירן והניח עליו עופות תפילים, אסורים, דמפליט דם מהם, ולא שייך טרוד, דהא פלטו כבר במליחה ראשונה, ויש איסור עכ"פ באין הפ"מ – פמ"ג›.

סימן ע ס"ב(1) • אם הבשר תפל או כבר פלט כל דמו

אם הדג מליח והעוף תפל, ונתנתם זה אצל זה, או זה ע"ג זה, אף הדגים מותרים בלא קליפה, שהדבר המליח מחמם התפל שיהא מבליע, אבל לא כ"כ עד שיהא פולט.

והגם דבס"ג כתב השו"ע בבשר טריפה תפל וכשירה מליח, יש אוסרים כדי קליפה כשנוגעים זה בזה, **תירץ** הש"ך, דנהי דמחמם התפל הטריפה כדי פליטת ציר, וציר טריפה אסורה, אבל לא כ"כ כדי פליטת דם, או רק מעט הוא ושריק. (**ולפי** תירוץ זה, אף אם המליח כבר פלט כל דמו וצירו, כגון לאחר י"ב שעות, או אם נסתתמו נקבי הפליטה ע"י הדחה, שרי). **ועוד** דלא מפליט כ"כ דם, שיפליט אפי' אחר שיגמור פליטת דם וציר של הדג, (**ולפי"ז** אם כבר פלט כל דמו וצירו וכהציורים הנ"ל, יהיה אסור עכ"פ באין הפ"מ). **ולפי** הט"ז בס"ג, האוסרים שם, אוסרים גם הכא כשנוגעים.

אם נמלחו יחד הדגים על העופות

הגה: וכן אם הדגים מונחים על העופות, מותרים אפילו נמלחו יחד, דדם אינו מפעפע מלמטה למעלה, ולא גרע מחתיכה המונחת בציר, דמה שלמעלה מן הציר שרי - מיהו קליפה בעי, וכדלקמן ס"ס זה גבי חתיכה שמקצתה בציר, והרב כתב זה לדידן דאסרינן הדגים עד ששים, דאם הדגים מונחים על העופות מותר בלא ששים בקליפה, **אבל** לסברת המחבר לא שייך דין זה, וכמו שכתבתי בס"א, ע"ש.

כתב מהרש"ל, דוקא כשידוע בבירור שלא נשרקו הדגים מלמעלה, אבל אם אינו ידוע בבירור, אסור, דסתם מליחה דרך להתהפך עליון לתחתון ע"כ, [ובספק יש לאסור, רש"ל].

וכתוב בהגהות שבסוף ספר האו"ה, דה"ה אפי' זו בצד זו, אם חתיכות הדגים גדולים וגבוהים יותר ועולים נגד למעלה מן הבשר, מה שלמעלה מן החתיכה שאינו נוגע בה מותר, אפי' באותה חתיכה עצמה, דלא גרע מנפל חציה לציר, ע"כ.

סימן ע ס"ב(2) • אם נמלחו יחד הדגים על העופות

אם נמלחו יחד הדגים על העופות, צריך הדגים רק קליפה, (אפי' להיש אוסרים דבעלמא מצריך ששים), דדם אינו מפעפע מלמטה למעלה, **ודוקא** בידוע שלא נשרקו הדגים, דסתם מליחה דרך להתהפך עליון לתחתון, **ובספק** יש לאסור. **ואפי'** אם הם זה בצד זה, אם חתיכות הדגים גדולים וגבוהים יותר ועולים למעלה מן הבשר, מה שלמעלה מן הבשר ואינו נוגע בה, מותר.

אם העוף כבר פלט כל דמו

וכן אם לא הניח הדגים אצל העופות, אלא לאחר ששהו העופות במלחן שיעור מליחה, אף הדגים מותרים, אע"פ ששניהם מלוחים - ואע"ג דלקמן בסי' צ"א גבי בשר וגבינה מלוחים, אמרינן דאף לאחר שיעור מליחתו חשוב רותח, שאני הכא דאין האיסור אלא משום דם, ולאחר שיעור מליחתו פלט כל דמו, **ואע"ג** דלעיל סי' ס"ט ס"כ, נהגינן לאסור במעשה דרש"י, שאני התם שהמוהל בעין והבשר מונח בתוכו, אבל משום לחלוחית בעלמא שעל הבשר לא נהגינן איסור, וסגי לדגים בהדחה, וכן מתבאר בת"ח בשם או"ה, [וכ"ה בט"ז].

ואפילו שהו הדגים ג"כ מתחלה שיעור מליחה, מותרים, כן מוכח להדיא בת"ח ע"ש, וכן מתבאר מתוך הטעמים שכתבתי בס"ק הקודם.

סימן ע ס"ב(3) • אם העוף כבר פלט כל דמו

אם לא הניח הדגים אצל העופות עד שכבר שהו העופות במלחן שיעור מליחה, אף הדגים מותרים, אע"פ ששניהם מלוחים. ואפי' שהו הדגים ג"כ מתחלה שיעור מליחה.

ואע"ג דבסי' צ"א לגבי בשר וגבינה מלוחים, אמרינן דאף לאחר שיעור מליחתו חשוב רותח, הכא האיסור הוא משום דם, ואחר שיעור מליחתו כבר פלט כל דמו. **ואע"ג** דלעיל סי' ס"ט ס"כ נוהגין לאסור אפי' אחר שיעור מליחתו, הכא דאין כאן אלא לחלוחית בעלמא, לא נהגינן איסור, וסגי בהדחה.

נמלחו דגים בכלי שמלחו בו בשר

ואם נמלחו דגים בכלי שמלחו בו בשר, הדגים מותרים, דאין הדגים בולעים הדם שבכלי, דאין מליחה לכלים - משמע דיעבד, אבל לכתחלה לא,

משום דמ"מ הדחה מיהא בעי, וחיישינן דלמא משתלי להדיח, וכדלקמן ר"ס צ"א, **ואע"ג** דלעיל סי' ס"ט סעיף ט"ז כתב הרב, דמותר למלוח אפי' לכתחלה בשר שכבר נמלח והודח, בכלי שאינו מנוקב שמלחו בו בשר, **כבר** כתבתי שם דה"ט דאורחיה דבשר להדיחו קודם הבישול, משא"כ כאן גבי דגים, **אבל** מדברי הב"י משמע, דס"ל דגם דגים דרכן להדיח קודם הבישול, וכ"כ הרשב"א בת"ה, **ונראה** לחלק בין דגים שמולחין לקדרה לבשל מיד, שאין דרכן להדיחן, ובין דגים שמולחין לקיום, שדרכן להדיחן אח"כ קודם הבישול, ‹דדרך למלחו הרבה, עד שאינו יכול לאכול מחמת מלחו, להתקיים, וצריך להדיחו אח"כ קודם בישול – מחה"ש›, **ובהכי** מיירי הרשב"א בתשובה ומביאו ב"י, דכתב דמותר לכתחלה למלוח דגים בכלי שמלחו בו בשר כשר, כן נראה ליישב דעת הרב, **אבל** לפי מש"כ לקמן ר"ס צ"א ס"ק ג', בלאו הכי לק"מ ע"ש, ‹דמסיק שם, דאפי' אם נשתמש בכלי דבר אסור חם, מותר לאכול בו אח"כ אפי' צונן לח בלא הדחה כלל, לא הכלי ולא המאכל, אלא שמקנח הכלי וסגי – מחה"ש›.

[**דוקא** דם, אבל בשאר איסורים שנאסר הכלי מהם ע"י מליחת בשר, אפשר דהויין הדגים אסורין, לפי שפליטות שאר איסורין מסתרכת יותר, ב"י בשם רשב"א, ורש"ל כתב, אני אומר שאין מליחה לעץ להפליט איסור כלל, אפי' בבליעה בכלי איסור דאורייתא, עכ"ל].

סימן ע ס"ב(4) • נמלחו דגים בכלי שמלחו בו בשר

אם נמלחו דגים בכלי שמלחו בו בשר, הדגים מותרים בדיעבד, דאין מליחה לכלי, **אבל** כיון דהדחה מיהא בעי, וחיישינן שישכח להדיחו, אסור לכתחילה, **ודלא** כבשר בסי' ס"ט סט"ז, דמותר לכתחילה, דבשר דרכו להדיחו, **ודגים** נמי דוקא במולחין לקדרה, שאין דרכן להדיחן, אבל במולחין לקיום, ג"כ דרכן להדיחן קודם בישול, (**ולפי** מה שמסיק בש"ך שם, א"צ הדחה, ודי בקינוח הכלי, למלוח שם דגים לכתחילה).

ואם היה הכלי אסור במליחת בשר הנאסר משאר איסורים, לפי הרשב"א אפשר שהדגים אסורים, שפליטת שאר איסורים מסתרכת יותר, **ולרש"ל** מותר, דאין מליחה לעץ להפליט איסור כלל, אפי' איסור דאורייתא.

דג תפל אין שפלט כל דמו

וכא דאמרינן דאם הדג תפל והעופות מלוחים אסורים, היינו דוקא שהדג פלט כבר דמו והודח - אין לפרש דנקט והודח משום דאז נסתמין נקבי הפליטה, וכדלקמן ס"ו, אבל כשלא הודח, אף שפלט דמו מ"מ עדיין פולט ציר, ואיידי דפליט ציר לא בלע, **דהא** עכ"פ הדג פולט כל צירו קודם שיפלוט העוף דמו, א"כ אפי' בלא הודח נמי יהא אסור, וכמו שנתבאר, **אלא** והודח הוא לאו דוקא, אלא שכתב כן דלישנא דתפל משמע שאינו עומד במלחו.

אבל אם עדיין לא פלט דמו ולא נמלח מעולם, מותר, דאגב דיפלוט דם דידיה יפלוט גם כן הדם שבולע מן העופות, כמו חתיכה שנפלה לציר קודם מליחה דמותר מהאי טעמא, כמו שיתבאר לקמן סימן זה - הרב מבאר כן לדעת עצמו, אבל דעת המחבר אינו כן, וכמ"ש בס"ק ו' וע"ש, ולא כתב הר"ב כן בלשון וי"א, כיון שאין בדברי המחבר הכרח, וכן דרכו בכמה מקומות.

[**בזה** חולק על הב"י, שכתב על מה שכתב הטור, דהדגים אסורים בשניהם מלוחים, וכתב ב"י, דכ"ש אם הדג תפל והאיסור מלוח, דהוי כטהור טפל וטמא מלוח, **וטעמו**, דבשניהם מלוחין כל אחד טרוד לפלוט, ואפ"ה אמרינן שג"כ בולע, ק"ו בדג תפל שבולע מעוף מלוח, וכ"כ רש"ל דיש ק"ו, אם הדג לא נמלח והבשר נמלח, דאסור הדג, **ורמ"א** בד"מ ובת"ח חולק ע"ז, וס"ל דכיון שהדג תפל אינו בולע רק דם, אמרינן הואל ועדיין פולט דם דידיה, פולט נמי דם שבולע ממקום אחר, כמ"ש אצל בשר שלא נמלח, שהונח עם בשר שנמלח, עכ"ל, **ומו"ח** ז"ל כתב, שיש לפרש דברי ב"י, שהדג כבר נמלח, ואח"כ נקרא תפל, **וכתב** בפרישה על רמ"א, וצ"ע, דלכאורה יש לחלק, דשאני הכא שהדגים שם היתר עליהם, ואיך נתירם כשקיבלו איסור דם, **וגם** מורי ורבי ‹יש"ש› פסק לאיסור, משום דדם דגים אינו אלא ציר בעלמא, ולא שייך לומר אגב דפליט דם דידיה כו', עכ"ל, **ולענ"ד** ג"כ כדברי האוסרים, דכיון דהציר שבדגים הוא דבר מועט, ויפלוט אותו בזמן קצר, האיך נסמוך על פליטת ציר שלהם לומר, שאגב שפליט ציר יפליט הדם שבלע, דשמא יכלה זמן פליטת הציר קודם לפליטת הדם שבלע, ויש כאן ספק דאורייתא, ‹זה תמוה, דהא הוא דם שמלחו דליכא דאורייתא – רעק"א, נקה"כ›, **משא"כ** בבשר עם בשר, שיש בו ציר להפליט זמן מרובה, ע"כ יש זמן רב להפליט גם דם הבלוע ממקום אחר].

«ומ"מ נ"מ אם הדגים תפלים עם הקשקשים, דלטעמיה דהפרישה אסורים, דדם דגים אינו אלא ציר, ולא אמרי' לגביה איידי דיפלוט, ולטעמיה דהט"ז, בכה"ג שרי, דליכא חשש שיפלוט הדם של עצמו בזמן קצר, דהא בקשקשים אינם פולטים במהירות, כמ"ש בהגהת שו"ע ס"א – רעק"א.

[**ולפי** פי' הרר"י מאורליינ"ש בתוס' פרק כ"ה, הביאו ב"י ריש סימן ע', דפירש אצל בשר ובשר, שכל זמן שהאחד פתוח לפלוט קודם התחלת בליעתו מן השני, לא יסתום פליטתו אח"כ, יש להתיר ג"כ הדגים, ע"י מליחתן אחר מליחת הבשר, **אבל** אנן לא קימ"ל כאותו תירוץ כמבואר שם, **ועוד** יש כאן טעם לאיסור, שהרי כתב הרא"ש בפרק כ"ה, פירוש רשב"ם, דבבשר ובשר לא הטריחוהו יותר מדאי, כיון דדם מדרבנן הוא כו', ע"כ הקילו שם, **וזה** לא שייך כאן, דלאו תקנת חכמים שימלח דגים עם בשר, ע"כ אין להקל מטעם שיחזור וימלחנו ויפלטנו, כנלענ"ד, **ועוד** ראיה ממ"ש ת"ה הארוך, וז"ל, ואפשר דדגים כיון דרפי קרמייהו בולעים הרבה, והדם הבא להם מעלמא נסרך בהם ביותר, ואין כח במלח להוציאו, עכ"ל, **ועוד** ראיה ממ"ש או"ה הארוך, דגים תפלים המונחים עם ציר בשר, אסורים, דלא גרע מאילו נמלחו עמהם, עכ"ל, הרי בהדיא כמ"ש לאיסור, ותמיהני על רמ"א שלא הרגיש בזה].

«**בד"מ** כאן הביא לדברי או"ה הארוך אלו, וכתב עלה, ואין נראה אלא כמו שכתבתי – רעק"א.

«**לפי** טעמי הפרישה והיש"ש, היה ראוי להתיר הדגים בהפ"מ עכ"פ, דהא בס"ו בהג"ה מתיר חתיכה שפלטה כל דמה שנפלה לציר בהפ"מ, וכן הלכה, והא שם היתר עליה לאחר פליטת דמה, וגם אגב ציר דידה פולטת דם דאחריני, **אמנם** לטעם דמן מועט אין כח להפליט דם המרובה, ולטעם דרפי קרמייהו, יש לאסור בהפ"מ ג"כ – פמ"ג.

הג"ה - בט"ז מחלק בין יש מפרשים «הוא תירוץ ראשון מובא בב"י» לפירוש מהר"י מאורליינש, דליש מפרשים הוא דוקא עד זמן שציר מפליט, ולהר"י מאורליינש אפי' אחר זמן פליטת ציר כו', ע"ש, **וקשה** לי, דא"כ למה לה לגמ' למימר, בתר דנייחי דגים פלטי עופות והדר בלעי כו', הא אפי' דלא נייחי דגים עד אחר פליטת העופות, אפ"ה כיון דזמן פליטת הדגים הוא זמן מועט, ואסורה כדלעיל, **אלא** ודאי הנכון דחילוק הוא, דלי"מ אפי' אין בבשר התחתון דם, אפ"ה מותר למלוח בשר על גבו, ולהר"י מאורליינש אינו מותר עד שיהא קצת דם בבשר, וזהו שדקדקו «ר"י מאורליינש» וכתבו, שכיון שלא נגמר פליטת דם התחתון - נקה"כ.

ועיין לקמן סימן ק"ה באיזה מליחה אמרינן דהוי

כרותח - כלומר דשם סעיף ה' בהג"ה נתבאר, דציר מבשר שנמלח, אפי' לא נמלח רק לצלי, חשוב רותח, וה"ה הכא, ודוק, ועיין בת"ח.

כתב או"ה, דגים שנמלחו עם עופות אין לאסרם משום סכנה, דאין סכנה במליחה, עכ"ל ת"ח, **ונ"מ** נמי כגון היכא דליכא משום איסור דם, כגון ששהו שיעור מליחה והודחו, וחזרו ונמלחו יחד, וכה"ג, וע"ל ר"ס קי"ו, «וכן הביא הט"ז סוף ס"א».

סימן ע ס"ב(5) • דג תפל או שפלט כל דמו

שיטת המחבר, שאם הדג תפל והעוף מליח, הדג אסור, ולא מהני ליה מליחה אח"כ, לומר דאיידי שיפלוט דם דידיה יפלוט מה שבלע, כדאמרינן בבשר, דשאני דגים דרפו קרמייהו ובלעי טובא, והדם הבא להם בעלמא נסרך בהם ביותר. **והרמ"א** חולק, דדוקא אם הדג פלט כבר דמו, אמרינן דאסור, אבל אם לא נמלח מעולם, מותר, דאגב דיפלוט דם דידיה יפלוט גם מה שבלע מהעוף.

ויש כמה סברות של החולקים על הרמ"א: **הפרישה** כתב שהדגים יש שם היתר עליהם, ואיך נתירם כשקיבלו איסור דם. **ויש"ש** אוסר, משום דדם דגים אינו אלא ציר בעלמא, ולא שייך אגב דיפלוט. (**ולפי** הני תרי טעמי, יהיה מותר בהפ"מ, דהא מתירין בס"ו חתיכה שפלטה כל דמה ואין לה אלא ציר בהפ"מ, משא"כ לטעמי לקמן). **והט"ז** כתב, דכיון דהציר שבדגים דבר מועט ויפלוט אותו בזמן קצר, שמא יכלה זמן פליטת צירן קודם שיפליט הדם שבלע, ויש כאן ספק איסור דאורייתא, (צ"ע דדם שמלחו הוא דרבנן – רעק"א). **ונ"מ** דלטעם הט"ז אי יש להדג קשקשים, אינו פולט בזמן קצר, משא"כ לאידך טעמי. **ועוד** טעם כתב הט"ז, דדוקא בבשר עם בשר הקילו חכמים בדם דרבנן, שלא להטריחו יותר מדאי, וזה לא שייך בבשר ודגים, דליכא תקנה למלחם ביחד.

אפי' במליחה רק לצלי, חשוב כרותח.

בשר טרפה שנמלחה עם בשר כשרה

סעיף ג - בשר שחוטה שמלחו עם בשר טריפה, או שהטריפה מלוחה והכשירה תפלה, והם נוגעים זה בזה, אסור כדי קליפה, שאע"פ שאינו בולע מדם הטריפה - כיון שהוא טרוד לפלוט דם דידיה, מ"מ **בולעת מצירה** - שהיא נוח ליבלע, דדוקא גבי דם אמרינן

אידי דטריד למיפלט לא בלע, אבל לא בשאר איסורים, **וציר** נבילה וטריפה ושרצים הוא מדאורייתא, משא"כ ציר דגים טמאים דהוי מדרבנן, וכדלקמן סי' פ"ג ס"ה, **וכן** ציר דבשר דאסור משום דם, אינו אסור אלא מדרבנן, וכדלקמן בסוף הסי', ונ"מ לענין ספיקא.

[**בש"ד כ', ואי איכא ספיקא אם נמלח בשר שחוטה בהדי בשר נבילה, הוי ספק דאורייתא לחומרא, עכ"ל**].

והם נוגעים זה בזה - לרבותא דסיפא נקט הכי, דאם הכשרה מלוח והטריפה תפלה, אפי' בנוגעים זה בזה מותר, ולא אמרינן דמתוך נגיעתו יחשב התפלה רותח, ויפלוט ע"י כך, כיון שלא נמלח ממש, ולאפוקי סברא אחרונה, **אבל** אין לפרש דלהכי נקט נוגעים זה בזה, משום דאל"כ אפילו הטריפה מלוח והכשרה תפלה מותר, **דזה** לא נמצא בשום פוסק, ואדרבה משמע בב"י, דכ"ע מודי בהא דאע"פ שאינן נוגעים זה בזה, כל שעומדים בסמוך בכדי שפליטה של זה נוגעת בזה, אסור, **וגם** אין סברא כלל להתיר בכה"ג, כיון דעכ"פ הציר נוטף על הכשרה, מה לי נוגע או לא, אלא ודאי כדפי', **ומ"ש** הרב ובטריפה מלוח כו', היינו אליבא דכו"ע.

אבל אם הכשירה מלוחה והטריפה תפלה, מותרת בהדחה בלא קליפה, בין נתן כשירה למעלה, בין נתנה למטה.

ויש מי שאוסר בנוגעים זה בזה, וסובר שלא הותרו אלא בעומדים בסמוך, בכדי שפליטה של זה נוגעת בזה – [הוא הר"ן, שהוקשה לו, דגם בטהור מליח וטמא תפל, י"ל שרתיחת הטהור מליח מחמם הטמא עד שיפליט ויבליע בטהור, ואיהו לא ס"ל התירוץ שכתבתי ריש ס"ב בשם הרשב"א, שאינו מחמם כ"כ, ע"כ תירץ דלא התירו אלא באינם נוגעים, רק שהפליטות נוגעים]. ‹**וע"ש** בש"ך, דמחלק בין התם להכא›.

ונראה דאז ‹באינם נוגעים› אפילו הדחה לא צריך, כיון שאין נוגעים זה בזה, וא"כ המחבר שכתב לקמן סי' ק"ה ס"י, אם ההיתר מלוח והאיסור תפל א"צ אלא הדחה, ע"כ מיירי בנוגעים, וסתם שם כסברא הראשונה, וכן בסימן צ"א ס"ה סתם כן, וגם בספרו ב"י משמע להדיא שהסברא ראשונה עיקר בעיניו, ולכן כתב הסברא האחרונה בשם ויש מי שאוסר.

הגה: וכשהטריפה מלוח וכשר תפל, אפילו בכהאי גונא אסור.

וע"ל סימן ק"ה מאלו דינים - כלומר דשם ס"ו פסק הרב, דיש להחמיר שלא במקום הפסד מרובה כסברא האחרונה, ‹בכהנ"ג השיג, דשם לא נזכר תיבת "מרובה", ודעת הרמ"א להקל אף בהפסד קצת – רעק"א›, **ובת"ח** פסק לגמרי כסברא הראשונה, וכן דעת מהרש"ל, וכ"ד העט"ז.

סימן ע ס"ג • בשר טרפה שנמלחה עם בשר כשרה

בשר טרפה שנמלחה עם בשר כשרה, (בין שהכשרה מלוחה או תפלה, בין נוגעין בין אינו נוגעין), אסור כדי קליפה, שאע"פ שאינו בולע מדם הטרפה, כיון שהוא טריד לפלוט דם דידיה, בולעת מציר טריפה, **דדוקא** גבי דם אמרינן איידי דטריד למיפלט לא בלע, אבל לא בשאר איסורים.

וציר נבילה וטריפה ושרצים, מדאורייתא, וספיקא לחומרא, **וציר** דג טמא, וציר בשר שאסור משום דם, מדרבנן, וספיקא לקולא.

אבל אם הכשירה מלוחה והטריפה תפלה, ואינם נוגעין, מותרת בלא קליפה, בין שטריפה למעלה או למטה, ואפי' הדחה אין צריך, **ואם** הם נוגעין זה בזה, ג"כ מותרת בלא קליפה, אבל בזה צריך הדחה.

ויש מי שאוסר בנוגעין זה בזה כדי קליפה.

והמחבר ס"ל דהעיקר כסברא ראשונה, וכן הת"ח. **אבל** הרמ"א לפי הש"ך, פסק בסי' ק"ה להחמיר כסברא אחרונה, אם לא בהפ"מ, **וי"א** דהרמ"א מתיר אף בהפסד קצת.

אם אחת מהן שמינה

סעיף ד - הא דאמרינן דאינו אוסר אלא כדי קליפה, היינו כששתיהן כחושות, אבל אם אחת מהן שמינה, אפילו אם חתיכת הטריפה כחושה וחתיכת הכשירה שמינה, מפעפע האיסור בכולה - משום דאזיל הכשרה ומפטם לטריפה, [זה יתבאר בסי' ק"ה].

אם היתה הטריפה המלוחה למטה, משום דתתאה גבר - לאפוקי אם היתה הכשרה התפלה למטה, אע"פ שהטריפה שמינה למעלה, אינו אסור אלא כדי קליפה, דתתאה שהוא אינו מליח גובר ומצנן העליון, ‹ואפילו הכי אסור כדי קליפה, דאדמיקר ליה בלע כדי קליפה – מחה"ש›, **מיהו** בשניהם כחושים, לענין קליפה אין חילוק בין המלוח למטה או למעלה, אלא

לעולם טמא מליח כחוש אוסר טהור תפל כחוש, עכ"פ כדי קליפה, וכדלקמן סי' צ"א ס"ה, ודוק ועמ"ש שם.

הג"ה - מפעפע האיסור בכולה אם היתה הטריפה המלוחה ‹והכחושה› למטה - פי' הכשרה ‹השמנה› היא תפלה, כמ"ש הגאון אמ"ו ז"ל, דאלת"ה מאי שנא אם הטריפה למטה, כיון ששניהם מלוחים, אלא ודאי מיירי שהכשרה היא תפלה כדאמרן, **וזהו** דלא כמ"ש הגאון אמ"ו ז"ל בסימן ק"ה סס"ק כ"ח, וצ"ע - נקה"כ. ‹וז"ל הש"ך התם, דלא אמרו הט"ו {דאפי' כשהיתר שמן, דאזיל ומפטם להאיסור} אלא בששניהם מלוחים, אבל לא כשהאיסור מלוח וההיתר תפל, דכיון שהוא תפל אין בו כח לפטם האיסור, ע"כ. **ומהכא** מבואר דאפי' כשרק האיסור מלוח, ג"כ אמרינן דההיתר השמן אזיל ומפטם להאיסור›.

(ועיין לקמן סימן ק"ה כילד נוהגין) - כלומר דשם נתבאר, דאף בשמן אין חילוק בין המליח עליון או תחתון, ‹**דדוקא** ברתיחת האור יש חילוק, דמחמת האור אותו שהוא גובר מרתיח את חברו או מצנן אותו, **אבל** מחמת מליחה אין כח באותו שהוא תפל לבטל כח המליחה, כי כן הוא דרך המליחה שאינה יכולה להתבטל כי אם ע"י הדחה - מחה"ש›, **וגם** נתבאר שם דאין אנו בקיאין בין כחוש לשמן, ומשערים כל מליחה בס', וע"ש בסעיף י' וי"א.

סימן ע ס"ד • אם אחת מהן שמינה

אם אחת מהן שמינה, אפי' הכשרה, מפעפע האיסור בכולה, משום דאזיל הכשרה ומפטם לטריפה, **ודוקא** אם היתה הטריפה המלוחה למטה, משום דתתאה גבר, אבל אם היתה הכשרה למטה, אע"פ שהטריפה שמינה למעלה, אינו אסור אלא כדי קליפה, שתתאה שאינו מליח גובר ומצנן העליון.

ומשמע מש"ך, דמיירי דוקא בשאין שניהם מלוחין, (אף כשהכשרה שמינה), דאי שניהם מלוחים, מאי נ"מ איזה מהן למטה, בכל אופן שניהם אסורים. **והש"ך** בסי' ק"ה כתב, דלא אמרינן דאזיל הכשר ומפטם להטרפה, אלא כששניהם מלוחין.

ואם שניהם כחושים דאינם אוסרין אלא כדי קליפה, אין חילוק איזה למעלה, דבכל אופן אוסר עכ"פ כדי קליפה.

והרמ"א כ' בסי' ק"ה, דמנהגינו, דבמליחה אין חילוק בין עליון לתחתון, ולא אמרינן תתאה גבר אלא ברתיחת האור, **וגם** דלא בקיאינן בין כחוש לשמן, ולעולם משערינן במליחה בס'.

עד איזה זמן מותר להשהותו במלחו

סעיף ה - יש אומרים שבשר שנמלח אסור להשהותו במלחו לאחר פליטת כל צירו, דהיינו י"ב שעות, לפי שחוזר ובולע מלחלוחית דם שעליו ושעל המלח - ‹ובדיעבד צריך קליפה, וכן הוא דעת החינוך מצוה קמ"ח, **וכתב** שם דמ"מ לצלי מותר בלא קליפה - רעק"א›.

ויש מתירים להשהותו במלחו אפילו כמה ימים. ולכתחלה יש לחוש לדברי האוסרים, ובדיעבד מותר - בב"י כתוב, שדין זה תלוי בדין דסי' ס"ט ריש סעיף כ' ע"ש. ‹**דדעת** הסברא ראשונה כהיש מי שאוסר שם, דציר לאחר שיעור מליחתו רותח הוא וחשיב דם, והסברא השניה סבירא לה כדעת רש"י, דמוהל בעלמא הוא, **ולפי** שהכריע שם המחבר לחלק בין לכתחלה לדיעבד, גם כאן כתב כן - מחה"ש›.

‹**אלא** שהרב שם הגיה לאסור אפילו דיעבד כדי קליפה, וכאן לא הגיה כלום, לפי שהולך לשיטתו שכתב בתורת חטאת, דאפילו למאי דמחמירין כו' - מחה"ש›, **ובת"ח** כתב, דאפי' למאי דמחמירין לעיל לאסור בקליפה, היינו משום דהתם אנו רואין שהמלח הוציא עוד הציר, ומאחר שמונח בכלי שאינו מנוקב אסור, **אבל** הכא שהבשר מונח תמיד בכלי מנוקב, לא חיישינן דהבשר יבלע מן המלח שעליו, דאף אם יפליט דם, מישרק שריק, לכן שרי בדיעבד, ע"כ.

[**ואפי'** מאן דמחמיר במעשה דרש"י סי' ס"ט ס"כ, ‹עכ"פ כדי קליפה›, **מודה כאן**, ‹דשרי, דהתם נמחה הדם בציר, משא"כ כאן›, **דאין ציר בעין, וכמ"ש סי' זה ס"ב בשם או"ה הארוך**, ‹וז"ל שם: משום לחלוחית לחוד שעל הבשר לא נהגו איסור›, **וכ"כ ד"מ. והטעם, דדם מישרק שריק ונופל, ועוד שהבשר הנמלח פולט ציר לעולם, ואינו בולע מן הדם]**. ‹**אף** דאנן לא קיי"ל משרק שריק במליחה, כמו שיתבאר, מ"מ הלחלוחית מעט שריק, ודם שבמלח אין טבעו להפליט אלא למשוך אליו, עיין ברא"ש - פמ"ג›.

ואע"ג דאם נפל בשר שכבר פלט דמו וצירו אצל בשר שלא שהה עדיין שיעור מליחה, אסור כמ"ש הרב ריש ס"ן, ופשוט הוא דהיינו אפי' בכלי מנוקב, ולא אמרינן מישרק שריק, **י"ל** דשאני הכא, דמה שיצא מן הבשר תוך שיעור מליחה שהוא רותח ודם ממש, כבר יצא לחוץ הכלי שהוא מנוקב, ומה שנשאר ע"ג אינו אלא לחלוחית שיצא ממנו אחר ששהה שיעור מליחה, דאינו אלא מוהל בעלמא לדעת הרבה פוסקים, וכמו שנתבאר בסי' ס"ט שם, **א"כ** נהי דמחמירין לחשבו דם, מ"מ איכא למסמך בכה"ג אטעמא דמישרק שריק, **וכן** המלח

שעליו, הרבה פוסקים ס"ל שלאחר שפלט דמו אין לו שום כח, וכמו שנתבאר שם, ‹ונהי דמחמרינן לחשבו רותח, מ"מ סמכינן הכא אטעמא דמישרק שריק›, הלכך *סמכינן הכא אטעמא דמישרק, משא"כ לקמן, ‹אטעמא דמשרק שריק לחוד, בלא שום צירוף צד היתר בלאו הכי, לא סמכינן – מחה"ש› - ס"ק כ"ד.

*יש לעיין, הא בלא"ה ג"כ מתירין היכי דהוי רק לחלוחית בעלמא, כמ"ש הש"ך בס"ב ס"ק י"א, דהא התם ליכא סניף שיטת ר"ת דמישריק, דבדגים גם לר"ת לא אמרינן משריק כיון דסריך – רעק"א.

סימן ע ס"ה • עד איזה זמן מותר להשהותו במלחו

י"א דאסור להשהותו במלחו עד אחר י"ב שעות, דאז כבר פלט כל צירו, ויחזור ויבלע מלחלוחית דם שעליו ושעל המלח, **ובדיעבד** צריך קליפה, ואם צולהו א"צ קליפה. **ויש** מתירין להשהותו במלחו אפי' כמה ימים, **ולכתחילה** יש לחוש להאוסרין ובדיעבד מותר.

והב"י ס"ל דדין זה תלוי בסי' ס"ט ס"כ, דלדעת האוסרין ס"ל, כמ"ד דלאחר שיעור מליחתו חשיב דם, והמתירין ס"ל כרש"י דמוהל בעלמא הוא, **ולכן** המחבר מכריע הכא כמו שהכריע התם. **אבל** הרמ"א שאסר התם בדיעבד כדי קליפה, ולא הגיה הכא כלום, משום דכתב בת"ח, דאפי' לפי מאי דמחמרינן התם, היינו משום דרואין שהמלח הוציא עוד ציר, ומונח בכלי שאינו מנוקב, **משא"כ** הכא שמונח תמיד בכלי מנוקב, לא חיישינן שיבלע מן המלח שעליו, דאף אם יפליט דם, משרק שריק, ומותר בדיעבד. **והט"ז** כתב עוד, שהבשר הנמלח פולט ציר לעולם, ואינו בולע מן הדם.

ואע"פ דלא סמכינן על סברת משריק שריק במליחה, מ"מ בצירוף סברא אחרת סמכינן, וכיון דלדעת הרבה פוסקים אחר שיעור מליחה אינו אלא מוהל בעלמא, וכן המלח להרבה פוסקים אחר שכבר פלט דמו אין לו שום כח, ולכן סמכינן על מישריק שריק, אבל לא סמכינן על סברא זה לחוד, **וי"א** דאפי' בלא סברת מישריק שריק, מתירין היכי דהוי רק לחלוחית בעלמא.

לתת ביחד בשר שפולט עם שאינו פולט

סעיף ו - יש אוסרים ליתן בשר שלא נמלח כלל, או שנמלח ופלט כל דמו, עם בשר שנמלח קודם פליטתו דם, לפי שהבשר שלא נמלח - שאז אינו פולט כלום ובולע, **או שנמלח ופלט כל דמו, חוזר ובולע ממה שחבירו פולט.**

"**או** שנמלח ופלט כל דמו והודח", כן הוא בת"ה ובר"ן, ונראה דהיינו משום דכיון דהודח אחר שיעור מליחתו, נסתמין נקבי הפליטה, וכדכתב בת"ח, אבל אם לא הודח, אף שכבר פלט כל דמו, מ"מ כיון דעדיין פולט ציר אינו בולע, **א"נ** מ"ש הט"ו "ופלט כל דמו", ר"ל דמו וצירו, וכן מצאתי בהגהות מהרש"ל לטור שפי' כן, וכן הביא הדרישה על שמו, ופי' כן בפרישה, **והיש** מתירין מתירין אפי' בכה"ג, כמו שהוכחתי בספרי מדברי הרשב"א בת"ה להדיא, וחד טעמא הוא, דכי היכא דמתירין בבשר שנמלח והודח, דאפי' אין בו דם של עצמו וגם נסתמים נקבי פליטת צירו, אפ"ה חוזר ופולט ע"י מליחה אח"כ, ה"נ אם פלט כבר כל צירו, **וזה** ברור דלא כהב"ח שדחה פי' זה, מפני שהבין דבכה"ג ליכא מאן דמתיר, והאריך להוכיח כן, ע"ש שהוכחתו היא סתירתו, וגם הרב משמע שהבין כמו שכתבתי והוא פשוט - ס"ק כ"ו.

[**וסברא** זאת משמע כן בדברי הר"ן בשם ה"ר רבינו יונה, שהשווה בשר שנמלח ויצא מידי דמו והודח, לבשר שנמלח ופלט כל דמו וצירו, ע"ש, משמע דאחר שיצא הדם, עושה ההדחה שנסתמין נקבי הפליטה לענין ציר שבו, כמו אם היה שוהה בלא הדחה אחר המליחה יום שלם, שאז ג"כ כלה הציר שבו, **ובטור** כתוב בשם הרשב"א וז"ל, ויש מתירין גם בזה ע"י מליחה וכו', עכ"ל, **ובת"ה** כתב אותו דעה בשם מורו הרב, וזכר שם אפי' הודח אחר המליחה, ***וצ"ל** דאותו הרב אינו רבינו יונה, דהא הר"ן כתב בשם רבינו יונה דהודח אוסר, וזה הרב ס"ל דאין ההדחה אוסרת כלל, מחמת שנאמר שנסתמו נקבי הפליטה, **גם הטור נראה דס"ל שאין ההדחה עושה כלום,** מדהביא דעת הרב של הרשב"א, ולא נקט רבותא אליביה, דאפי' הודח יש תקנה במליחה, אלא ודאי דהדחה זאת אינו מעלה ולא מוריד, **ולפי מ"ש בס"א, שכל זמן שפולט ציר אינו בולע, א"צ כאן לחזור ולמלוח, אלא דיש עוד תירוץ בתוס', דס"ל דשפיר בולע, אלא ההיתר הוא שיחזור ויפליטנו, וכמו שזכרתי ריש סי' זה**].

*לענ"ד אין ראיה כלל, אלא דהר"ן ס"ל דלא אמרינן איידי דיפלוט ציר יפלוט דם, כמבואר בדבריו בההיא דהניח בשר בתוך כלי שאינו מנוקב, דתוך שיעור מליחה, נהי דבלע, דלא שייך ביה איידי דטרוד, כיון דמתכבש תחתיו, מ"מ אמרינן איידי דיפלוט, **אבל** אחר שיצא דמו אסור, דאיידי דיפלוט ציר לא אמרינן, **אלא** דבהניחו אצלו חתיכה מלוחה, אמרינן איידי דיפלוט ציר לא בלע, **מש"ה** בהודח אחר מליחה, דעתה אין טרוד לפלוט ובלע, אין לו תקנה במליחה, דלא אמרינן איידי דיפלוט ציר יפלוט דם, או אם כבר פלט צירו, דאינו טרוד לפלוט, אסור, **אבל** לומר דנסתם נקבי

הפליטה אינו הכרח, **ונ"מ** בחתיכה שהודח אחר שיעור מליחה, וחזרה ומלחה עם חתיכה אחרת שנמלחה להוציא דמה, דמותרת, דטרודה לפלוט ולא בלע – רעק"א›.

[**ולעניין אם לא שהה עדיין שיעור מליחה ויש בו עדיין דם, לא שייך חילוק זה, דאפי' אם הודח מהני ליה מליחה אחרת, דאל"כ איך מצינו תקנה למי שהדיח הבשר קודם ששהה שיעור מליחה, וכ"ת ה"נ דאסור, הא ודאי לא הוו שתקו הפוסקים מלהשמיענו דין זה, אלא פשוט דאין ההדחה סותמת אלא נקבי הציר, אבל לא דם, ובכל מקום שמזכיר רמ"א יחזור וימלחנו שנית, מחמת שיש בו עדיין ציר ולא דם, הוא מיירי דוקא בלא הודח עדיין אחר מליחה ראשונה**], ‹ועיין מה שהקשה על הרמ"א לקמן בסמוך›.

ויש מתירים - כלומר בבשר שלא נמלח כלל, **ע"י**

מליחה שימלחנו אחר כך, כי אז יפליט כל דם שבלע - שכמו שיפלוט אח"כ דם של עצמו יפלוט דם דאחריני, [**והיש אוסרין** ס"ל, דאין מלח מפליט אלא מה שהוא שלו, ולא מה שבלע ממקום אחר כלל].

ויש מתירים בכל זה - כלומר אפי' בסיפא, דלית בה דם של עצמו, אפ"ה מותר ע"י מליחה אח"כ.

ולכתחלה יש לחוש לדברי האוסרים - כלומר דלכתחלה יש ליזהר בכל זה שלא לעשותו, אבל בדיעבד יש לפסוק בכל זה דמותר, וכן משמע בב"י, שכתב דלכתחלה יש ליזהר בכל הדברים האלו ולחוש לדברי האוסרין, אבל בדיעבד יש לסמוך אהמתירין, עכ"ל, משמע דקאמר דלכתחלה יש ליזהר שלא לעשותם, וכך נראה שהבין הרב, **ודלא** כמו שדקדק מהר"י כהן מקראקא בתשובה, שגם הב"י אוסר בדיעבד, ומ"ש לכתחלה, ר"ל כשרוצה הרב לפסוק, לכתחלה יפסוק דאסור, אבל בדיעבד שאם פסק להתיר, סמכינן אהמתיר ולא מהדרינן עובדא, עכ"ל, **ע"ש** שאין בדקדוקו כדאי להוציא דברי המחבר מפשטן, **ודברי** בעל ספר אפי רברבי בכמה דינים שבסי' זה מעורבבין, ואין לסמוך עליו - ס"ק כ"ט.

ומ"ש המחבר להתיר בדיעבד בשר שלא נמלח כלל, מיירי שהודח מתחלה, דאל"כ תיפוק ליה דנמלח בלא הדחה קמייתא, דאסור אפי' דיעבד מפני שהמלח מבליעו לדם בעין שעליו, ואינו יוצא שוב לא ע"י מליחה ולא ע"י צלייה, וכדלעיל סי' ס"ט ס"ב, **וכן** מ"ש הרב דאם לא נמלח כלל ונפל לציר ממש, דהותר ע"י הדחה ומליחה אח"כ, מיירי נמי שהודח קודם שנפל לציר, **וזה** פירשתי לדעת מהרא"י בהגהת ש"ד, והרב בת"ח, **אבל** בהגהה אחרת בש"ד כתב ע"ש הר"ר יעקב שושן עמק, דאפי' למאי דאסרינן בשר שנמלח בלא הדחה קמייתא, שרי הכא בציר, ע"ש הטעם, **וכ"כ** באו"ה ע"ש המרדכי, בשר שלא הודח ולא נמלח ונפל לציר, חוזר ומדיחו ומולחו ומותר, ופי' הטעם, דאין כח ברתיחת הציר אלא להתבלע היא עצמה, ולא להבליע הדם בעין שעליו לתוכו, וכן פסק מהרש"ל, וכן פסק הב"ח, והיינו שלא כתבו הפוסקים והמחבר בשר שהודח ולא נמלח כו', **ומ"ש** בא"ו של מהרי"ל, חתיכה תפלה שלא נמלחה עדיין, ונתערבה בין מלוחות ונשתהה ביניהם, אותה חתיכה אסורה ולא מועיל למלחה שנית, אמנם אם הודחה טרם שנתערבה, יחזור וידיחנה וימלחנה, עכ"ל, **נראה** דשאני התם, כיון שנתערבה בין המלוחות ונשתהא שם, א"כ אפשר שקבלה טעם מהמלח עצמו.

הגה: ואפילו בדיעבד נוהגין לאסרו, אם נפל בשר שכבר פלט כל דמו וצירו, אצל בשר שלא שהה עדיין שיעור מליחה - ולא מהני הדחה ומליחה אחר כך, ואפילו לצלי אסור, ת"ח, **וטעמא**, דכיון שכבר פלט דמו וצירו, א"כ אינו טרוד שוב לפלוט ובולע, ושוב אינו יוצא לא ע"י מליחה ולא ע"י צלייה, כיון דלא פליט דם של עצמו, וגם לא אמרינן דמישרק שריק, והלכך כולו אסר, דאנן משערינן במליחה בס', **וגם** משמע דנאסר מיד, **ואף** מהרש"ל דס"ל דבשר שנפל לציר אינו אסור אלא כששהה שם שיעור כבישה, והבאתיו בס"ק מ"ו, משמע בספרו פכ"ה דמודה הכא, **ונראה** דה"ט, דכיון דמיד שנפלט מן הבשר נופל עליו, א"כ מיד הוא נבלע, **ועוד** דכאן הוי רותח מיד מחמת המליחה, ודוק - ס"ק ל'.

וכן אם שהה שיעור מליחה והודח, ונפל אצל בשר כו', דחד טעמא הוא וכמ"ש, (**ועיין** בתשובת צמח צדק שנשאל על דין זה, והשיב להיתר במקום הפסד מרובה, דהך סברא שע"י הדחה נסתמו נקבי הפליטה, לא קים לן שפיר, ומאן דמקיל בזה אפילו שלא בהפ"מ, ע"י שיחזור וימלחנו, לא הפסיד, **ועיין** בתשובת משאת בנימין שמקיל ג"ב בזה, וכ"כ בס' מנחת יעקב בשם ספר תמים דעים).

סימן ע ס"ו(1) • לתת ביחד בשר שפולט עם שאינו פולט

יש אוסרין לתת בשר שלא נמלח כלל, או נמלח ופלט כל

דמו (וגם צירו; או שכבר הודח אחר שנפלט דמו, ונסתם נקבי הפליטה, ולא יפלוט עוד ציר), עם בשר שנמלח ועדיין פולט דמו, שהבשר שאינו פולט, יבלע מהבשר שפולט.

ואם עדיין פולט ציר, אז לא יבלע דם, או יבלע אבל יחזור ויפלטנו עם הציר. **ואם** לא שהה שיעור מליחתו ועדיין פולט דם, אפי' ע"י הדחה אינו סותם נקבי הפליטה, ומהני ליה מליחה אחרת.

והאי בשר שלא נמלח, י"א שמיירי שהודח מתחילה, דאל"כ נמצא דנמלח בלא הדחה ראשונה, דאסור אפי' בדיעבד, דהמלח מבליע הדם בעין, ואינו יוצא לא ע"י מליחה ולא ע"י צלי, **וי"א** דהכא בציר שאני, דאין כח ברתיחת הציר אלא להתבלע היא עצמה, ולא להבליע דם בעין שעליו לתוכו, **אא"כ** שהה בין המלוחות, דאז אפשר שקבלה טעם מהמלח עצמו.

ויש מתירין היכא שהבשר עדיין לא נמלח, דע"י שימליחנו אח"כ, איידי דיפלוט דם דידיה יפלוט מה שבלע מאחריני. **וסברת** היש אוסרין, דאין מלח פולט אלא מה שהוא שלו, ולא מה שבלע ממקום אחר.

ויש מתירין אפי' היכא שהבשר כבר פלט כל דמו, ואע"פ שאין לו דם של עצמו, יפלוט דם של אחריני ע"י מליחה אח"כ.

ופסק המחבר, דלכתחילה יש לחוש לדברי האוסרין, ובדיעבד יש לפסוק בכל זה דמותר.

ורמ"א פסק, דאפי' בדיעבד נוהגין לאסור בשר דכבר פלט כל דמו וצירו, או כל דמו והודח דנסתם נקבי הפליטה, דכיון דאינו טרוד שוב לפלוט, בולע, ושוב אינו יוצא לא ע"י מליחה ולא ע"י צלי, כיון דאינו פולט דם של עצמו, **וגם** לא אמרינן מישריק שריק, **וכולו** אסור, דמשערינן במליחה בס'.

ואפי' למאן דס"ל דבשר שנפל לציר אינו אסור אלא אם שהה שיעור כבישה, מודה הכא, דכיון דמיד שנפלט מן הבשר נופל עליו, א"כ מיד הוא בולע, **ועוד** דכאן הוי רותח מיד מחמת מליחה.

ויש מתירין בהפ"מ אם לא פלט צירו וכבר הודח, דסברא דנסתם נקבי הפליטה אינו מוסכם, **ואפי'** שלא בהפ"מ מאן דמקיל ע"י שיחזור וימלחנו, לא הפסיד.

אימתי נחשב שפלט כל צירו

וי"א שכל מעת לעת לאחר שנמלח, פולט ציר – [והיש אומרים לא אתי אלא לפרושי, אימת נקרא פלט כל דמו וצירו].

ואם נגע תוך זמן זה לבשר שנמלח ולא שהה עדיין שיעור מליחה, אינו נאסר, וכן נוהגין - בזה גם מהרש"ל, ‹דס"ל דלא אמרינן איידי דיפלוט ציר דידיה יפלוט דם דאחריני, או ציר דאחריני, אלא איידי דיפלוט דם דידיה יפלוט דם דאחריני – מחה"ש›, מודה, וה"ט, דכיון שפולט ציר אינו בולע, והלכך א"צ לחזור ולמלחו אח"כ.

‹וחילוק יש בין נפלה לציר או הונחה אצל חתיכה, דבציר לא שייך טריד, ובהונחה אצל חתיכה אמרינן בציר טרוד ולא בלע לכו"ע, ומש"ה א"צ כאן מליחה שנית אף להר"ב – פמ"ג›.

[**כיון שעדיין טרוד לפלוט ציר שלו, פליט נמי מה שבלע מחתיכה שלא נמלחה**], ‹**אבל** מתחילה בולע, ודלא כהש"ך, ולפי"ז הוי לכאורה דלא כרש"ל, **אבל** עיין בט"ז לקמן, דרש"ל סובר דבכה"ג שייך לומר בשעת בליעה כבולעו כך פולטו, הגם דליכא סברא במליחה אח"כ דאיידי דיפלוט ציר›.

‹**ויראה** לפרש דבריו, דסובר דהר"ב משוה מדותיו, בין שהונחה אצל חתיכה שלא נמלחה, ובין שנפלה לציר ממש, **דלא** כש"ך שמחלק בין הונחה אצל חתיכה שלא נמלחה, אז א"צ מליחה שנית, דטרוד לפלוט ציר לא בלע כלל, ומש"ה מותר באין ה"מ תוך י"ב שעות, ולאחר י"ב שעות בה"מ, **ובנפלה** לציר, דאז ודאי בולעת, דלא שייך טרוד כיון שנפלה לציר ממש, אלא ע"י מליחה שנית הוא דמותר, תוך י"ב שעות ובה"מ דווקא, ולאחר י"ב שעות אף בה"מ אסור, **אמנם** הט"ז אין דעתו כן, אלא דשוין המה {דשניהם צריכים מליחה}. **וצריך** להבין, א"כ אמאי במליחה היקל בה"מ לאחר י"ב שעות, ותוך י"ב שעות באין ה"מ, ובנפלה לציר לא היקל אלא בה"מ, כיון דחד טעם הוא, **י"ל** דמ"מ החמיר יותר בנפלה לציר, י"ל דבלע טובא, משא"כ במליחה יש צירוף דאגב דטרוד לא בלע כ"כ – פמ"ג›.

אך במקום שאין הפסד מרובה, יש לאסרו לאחר י"ב שעות. וקודם לזה אין להחמיר כלל.

ודעת מהרש"ל, נראה להתיר עד מעת לעת אפי' בלא הפסד מרובה, **ודעת** הרב נראה עיקר, לפי שדעת הר"ר יונה והרשב"א והר"ן והטור ורבינו ירוחם והרא"ה והרב המגיד והאגור, שאחר י"ב שעות שוב אין פולט ציר, וזה דעת המחבר, וגם בכל בו נזכר דעה זו.

סימן ע ס"ו(2) • אימתי נחשב שפלט כל צירו

י"א שבשר פולט צירו כל מעל"ע, וממילא אם נגע תוך זה הזמן בבשר תוך שיעור מליחתו שעדיין פולט דם, אינו נאסור – רמ"א, **וכתב** הש"ך, דהיינו אפי' למהרש"ל דס"ל דלא אמרינן איידי דיפלוט צירו יפלוט דם, (רק איידי דיפלוט דמו יפלוט דם אחריני), דעכ"פ כל זמן שפולט צירו אינו בולע, הלכך א"צ לחזור ולמלחו, (וכ"ז אם מונח אצלו, **אבל** כשנפלה לציר, אינו טרוד להוציא צירו, ובולע, ומותר רק ע"י מליחה שנית תוך י"ב שעות בהפ"מ דוקא, ולאחר י"ב שעות אסור אפי' בהפ"מ), **ולהט"ז** באמת בולע הדם, ואפי' כשמונח אצלו, ורק שפולטו אגב צירו, ואפי' למהרש"ל דלא אמרינן איידי דיפלוט צירו יפלוט דם, בשעת בליעה עצמו אמרינן כבולעו כך פולטו, (**וא"כ** לדידיה מונח אצלו ונפלה לציר הם שוין, ורק דכיון דנפלה לציר בלע טובא, ולכן מותר רק

בהפ"מ ותוך י"ב שעות, **משא"כ** במונח אצלו, דאגב שטרוד לא בלע כ"כ, וממילא מותר תוך י"ב שעות בלא הפ"מ, ואחר י"ב בהפ"מ).

במקום שאין הפ"מ יש לאסרו אחר י"ב שעות, וקודם לזה אין להחמיר כלל – רמ"א. **והמהרש"ל** מתיר כל מעל"ע אפי' בלא הפ"מ, **והש"ך** פסק כרמ"א.

לא נמלח כלל או לא שהה שיעור מליחה

וכ"ש אם לא נמלח כלל, דאפי' אם נפל לציר ממש – ‹ר"ל דבציר החמיר, משום דאגב הציר נסרך הדם יותר, כמ"ש ז"ל, והחמיר דלאחר י"ב שעות אין להתיר אף בהפ"מ, ותוך י"ב שעות דוקא בהפ"מ, וכתב כאן אבל אם לא נמלח כלל אף בציר מותר – גר"א›, **אין לאסרו, דאמרינן על ידי שיפלוט דם דידיה** - כשידיחנו וימלחנו, **יפלוט גם כן מה שבלע ממקום אחר.**

ואפי' נמלח הבשר ולא שהה עדיין שיעור מליחה, ונפל לציר, יש להתיר - כשידיחנו ויחזור וימלחנו, וכמ"ש הרב לקמן בסמוך, **והיינו** טעמא, דכיון דלא שהה שיעור מליחה, ועדיין אית ביה דם, שפיר אמרינן איידי דיפלוט דם דידיה יפלוט ג"כ דם דאחריני לכ"ע, ‹**דאף** רש"ל מודה דתוך שיעור מליחה שרי, דכל זמן שיש דם של עצמו פולט דאחריני אגב דם דידיה – פמ"ג, וכמו שיתבאר.

סימן ע ס"ו(3) • לא נמלח כלל או לא שהה שיעור מליחה

אם לא נמלח כלל, או נמלח ולא שהה שיעור מליחתו, אפי' לשיטת הרמ"א, שמחמיר היכא דנפלה לציר (בשר שפלט כל דמו ורק דמפליט ציר), דאינו מותר אלא תוך י"ב שעות ודוקא בהפ"מ, **הכא** דעדיין פולט דמו, מותר ע"י הדחה ומליחה שנית, **ואפי'** למהרש"ל דליכא סברת "איידי" במפליט ציר, כשעדיין מפליט דם, אמרינן איידי זה יפלוט דם אחריני.

נכבש בציר מעל"ע

אם לא נכבש בתוכו יום שלם - כ"כ בהג' ש"ד ע"ש רבינו שמשון ב"א, ומביאה ב"י והרב בת"ח, **אבל** תימה, דלקמן ר"ס ק"ה סתם כדברי המחבר והרא"ש, דאם הוא כבוש בציר כדי שיתננו על האור וירתיח ויתחיל להתבשל, הוה כמבושל, עכ"ל, **וי"ל** דלא קאמר התם דהוי כמבושל אלא לשאר מילי, ‹שמבליע ומפליט›, אבל לא לענין בשר דיהא כמבושל ממש, ולא יצא אח"כ ע"י מליחה, וכמ"ש הרב לשם אדברי המחבר, וע"ל סי' ע' מדין בשר שנפל לציר, ודוחק, **ועי"ל** דהכא ע"כ מיירי בכלי מנוקב, ‹ויש לציר מקום לזוב›, דאי באין לציר מקום לזוב, ס"ל להרב דלא מהני הדחה ומליחה שנית, כמ"ש בס"ק מ', וא"כ נראה דהכא הרא"ש מודה דלא הוי כבוש אלא ביום שלם, דהא הרא"ש קאי להדיא אכלי שאינו מנוקב, ולא אכלי מנוקב, ודוק, **מיהו** ודאי מהרש"ל פשיטא דסובר, דאם לא שהה שיעור מליחה ונפל לציר, אע"פ ששהה בתוכו כדי שירתיח כו', שרי, שהרי סובר דבשר ששהה שיעור מליחה ונפל לציר, אינו אסור אלא בשיעור שירתיח, ‹דהיש אוסרים אם שהה שיעור מליחה ונפל לציר שהביא הרב, הוא דעת מהרש"ל, וסבר דאינו אסור אלא בשיעור שירתיח, ואם כן בלא שהה שיעור מליחה ונפל לציר, שמודה מהרש"ל להתיר, ע"כ אפילו בשיעור שירתיח מתיר – מחצה"ש›, **וצ"ע** לדינא - ס"ק ל"ו.

‹**עיין** בת"ח, וס"ל להש"ך ‹בתירוצו הראשון› דמה שכתב הת"ח לחלק בין היכא שיש להציר מקום לזוב, היינו דבאין מקום לזוב מיתסר מה שבתוך הציר מיד, דחיישינן שפירש ממקום למקום, ומ"מ לא הוי ממש ככלי שאינו מנוקב, לאסור גם מה שלמעלה מהציר, כיון דמונח ע"ג עצים, כמ"ש הש"ך בס"ק מ', **אבל** לענין כבוש כמבושל ס"ל להש"ך בתירוצו הראשון, דאין לחלק בכך, וא"כ מדמצריך כאן נכבש יום שלם, מוכח דאף דהוי כבוש, מ"מ המלח מפליטו, **וא"כ** היכא דליכא חשש פירש ממקום למקום, דהיינו בחתיכה תפילה קודם שנמלחה שנפלה לציר, אף בכלי שאינו מנוקב, ושהה כדי שיתן על האור וירתיח, מהני מליחה, **ועי"ז** כתב הש"ך אח"כ, די"ל כיון דעכ"פ מוכח מדברי הת"ח, דמיירי הכא ביש לציר מקום לזוב, דהא מיירי הכא בנמלח ונפל תוך שיעור מליחה, ‹ומ"מ אינו נאסר מיד כל מה שבתוך הציר›, **א"כ** יש לחלק ג"כ לענין דין כבוש, ולומר דמש"ה בעינן יום שלם, דאין בזה דין כבישת ציר, כיון דהוא כלי מנוקב ויש לציר מקום לזוב, **אבל** באין מקום לזוב, י"ל אף בחתיכה תפילה, אף בשהה כדי שיתן על האור וירתיח אין לו תקנה במליחה, דהוי כבוש גמור, **ולפי"ז** אין ראיה דהרא"ש חולק, אף דהרא"ש גבי נמלחה בכלי שאינו מנוקב אוסר רק מה שבתוך הציר, ומדין כבוש, ואעפ"כ אוסר בכבישת ציר, דהיינו שהה כדי שירתיח, דשאני התם דאין לציר מקום לזוב, ודו"ק, **וכפי** הנראה ס"ל להש"ך לעיקר כתירוצו השני ולהחמיר, ונ"מ גם לקולא, באם חתיכה קודם הדחה הראשונה נפל לציר שאין לו מקום לזוב – אולי צ"ל: נפל לציר שיש לו מקום לזוב – דלתירוצא קמא דהוי כבוש, אלא דמ"מ יוצא במליחה, בזה כיון דהדם בעינן נבלע, אין לו תקנה במליחה, אבל לתירוצו השני כהאי גוונא לא מקרי כבוש, ודו"ק – רעק"א.

[תמוה הוא לי, דאם נכבש יום שלם מאי אריא ציר, אפי' מים נמי הוה אסור, דכבוש הרי כמבושל, כדאי'

בסי' ס"ט ס"ט, וזה מבואר שם בס"א, דשריית מעל"ע הוי כמבושל, ותו דבמקור דין זה לא כ"כ, אלא בת"ח זכר בשם הג"ה ש"ד דיום או לילה סגי, וכתב שם רמ"א וז"ל, וכן משמע באשיר"י, דאם לא נכבש כשיעור שירתיח אצל האור דלא נאסר רק כדי קליפה, עכ"ל, **ובאו"ה** כתב ג"כ דבפחות משיעור כבישה לא נאסר, ובת"ח פסק כאו"ה, דחתיכה שלא נמלחה ונפלה לציר ונשתהה שיעור כבישה, דאין לו תקנה אח"כ במליחה, דהוי כמבושל, **נמצא** לדעת רמ"א כל שנכבש שיעור כבישה אסור, הן בלא נמלח הן בנמלח, **אלא** שרש"ל חולק על רמ"א בלא נמלח, וז"ל, נהי דבלע מ"מ חוזר ופולט אגב דמו, אע"ג דאמרינן גבי ציר כבוש כמבושל, היינו שאוסר כולו ולא סגי בקליפה, והיינו דוקא אחר ששהה שיעור מליחה, אבל קודם ששהה שיש תקנה לחזור ולמולחו, אינו כמו מבושל גמור, ואינו דומה להיכא דשרוי במים מעל"ע, דאז אסור אפי' בלא ציר, דחשוב בישול גמור, ולא כמהר"ם בת"ח כו', עכ"ל, **ואם** נאמר דרמ"א כאן הדר ביה ממ"ש בת"ח, וס"ל דבעינן יום שלם תוך שיעור מליחה, וכדעת רש"ל, לא היה לו לתלות האיסור בציר, דאפי' נכבש במים מעל"ע אסור, **וכמדומה** שט"ס יש כאן הך "יום שלם", וצ"ל "אם לא נכבש בתוכו שיעור כבישה", אבל אם שהה שם שיעור כבישה, אסור, אע"ג דלא נכבש בתוכו יום שלם]. **עיין** בש"ך יישוב הדברים - נקה"כ.

(**עבה"ט** בשם ש"ך וט"ז, ועיין בתשובת נו"ב, שדעתו דאם הבשר נמלח ולא שהתה שיעור מליחה, יש לאסור כדברי הט"ז אפילו בהפ"מ לחלוטין, **אבל** אם לא נמלחה כלל, באין הפ"מ יש לאסור, **אבל** בהפ"מ או לכבוד שבת, יש להתיר לצלי, דבזה יש עוד סיוע מדברי המחבר בסימן ס"ט סט"ז, דאין כבוש אוסר לצלי).

[**ופשוט** הוא דכאן לא מיירי מכלי שאינו מנוקב, דאל"כ היה כאן איסור בלא ציר, מטעם שאינו מנוקב, והבשר לא שהה עדיין שיעור מליחה, כדלעיל סי' ס"ט סי"ח, **אלא** מיירי כאן בכלי מנוקב, כגון שמלח בגיגית של עצים, והציר יורד למטה ונפל מקצת בשר לציר, **ובספר** משאת בנימין לא הבין כן מדברי רמ"א, וחלק על רמ"א ולא נ"ל].

[ולענין אם שהה הבשר שיעור מליחה ונפל לציר, כתב בת"ח ואנו לא נהגינן כן כאו"ה דבעי שיעור כבישה, אלא נאסר מיד שנפל לציר או הציר עליו, דהוי כרותח, ע"כ, וכן פסק רמ"א בסמוך, דמה שבתוך הציר נאסר מיד].

סימן ע ס"ו(4) • נכבש בציר מעל"ע

אבל אם נכבש בציר יום שלם, אסור, כ"כ הב"י ורמ"א, **והקשה** הש"ך, והא בסי' ק"ה סתם המחבר, דאם כבוש כדי שיתננו על האור וירתיח ויתחיל להתבשל, הוה כמבושל.

תירץ א', דהתם הוי כמבושל רק לענין שמבליע ומפליט, אבל לא מבושל ממש שלא יצא הדם אח"כ ע"י מליחה, ודוחק, (**גם** לפי תירץ זה ע"כ יש חילוק, דבכלי שאינו מנוקב, בבשר בשעת מליחה, אסור גם מה שלמעלה מן הציר, **ובנקוב** רק שאין מקום להציר לזוב, נאסר רק מה שבתוך הציר מיד, דחיישינן שפירש ממקום למקום, **אבל** כשליכא חשש פירש ממקום למקום, דהיינו בחתיכה טפילה, אינו כמבושל ממש, ובכל ענין, אפי' אם הכלי אינו מנוקב, מהני מליחה אח"כ, אם לא נכבש יום שלם, **ובכל** ענין נחשב כבוש לענין להפליט ולהבליע, דהיינו חילוקים הנ"ל אינם מחלקים לענין זה).

תירץ ב', דהכא איירי בכלי מנוקב ויש מקום לדם לזוב (וזה היה אמת גם לתירץ א', דאל"ה, ס"ל לרמ"א דלא מהני הדחה ומליחה שנית), וממילא אינו נחשב לכבוש כלל, בכדי שירתיח, **והתם** מיירי בכלי שאינו מנוקב, וממילא נחשב כמבושל ממש בכדי שירתיח, והיינו דחילוקים הנ"ל שייך גם לענין אם נחשב כבוש בכלל בכדי שירתיח, וכל היכא דחשיב כבוש, נחשב גם מבושל ממש, וצ"ע לדינא.

אבל מהרש"ל חולק על ההיא דהתם, דהא אסר בנפל לציר כשפלט כל דמו, וזהו בששהה שיעור שירתיח, וא"כ כשלא פלט כל דמו, דמודה דמותר, היינו אפי' בכדי שירתיח.

והש"ך ס"ל בעיקר כתירוץ ב' ולהחמיר, **אבל** נ"מ גם לקולא, אם חתיכה קודם הדחה ראשונה נפל לציר ויש מקום לזוב, לתירוץ קמא דמבליע ומפליט, ורק דעדיין יוצא ע"י מליחה, הכא דהוי דם בעין לא יצא ע"י מליחה, **ולתירוץ** ב' לא נקרא כבוש כלל - רעק"א.

הקשה הט"ז אי נכבש יום שלם, מאי אריא ציר, ה"ה במים הוי כבוש כמבושל, **וכתב** שט"ס וצ"ל שיעור כבישה, ואסור אע"ג דלא נכבש יום שלם. **אבל** מהרש"ל ס"ל, דדוקא אם נכבש יום שלם ליכא תקנה ע"י מליחה, דחשוב בישל גמור, **אבל** אם נכבש רק שיעור שירתיח, נהי דבלע ואסור כולו ולא מהני קליפה, אם כבר אינו פולט דם, **אבל** אם הוא תוך שיעור מליחה שעדיין פולט דם, אינו כמבשול גמור, ומהני מליחה אח"כ, (והיינו לכאורה כהחילוק בתירוץ א' של הש"ך).

הנו"ב פסק, דאם הבשר תוך שיעור מליחתו שעדיין פולט דם, יש לאסור כהט"ז אם נכבש שיעור כבישה, אפי' בהפ"מ לחלוטין, **אבל** אם לא נמלחה כלל, באין הפ"מ אין להתירו, **אבל** בהפ"מ או לכבוד שבת, יש להתיר לצלי.

שהה שיעור מליחה ונפל לציר

אך אם שהה שיעור מליחה ונפל לציר, יש אוסרין אותו אע"פ שלא כלה זמן פליטת צירו עדיין -

זהו דעת מהרש"ל, ומביאו הרב בת"ח, ומוכח שם דאין חילוק בין לדעת הרב ובין לדעת מהרש"ל בין נפל לציר או נפל ציר עליו, ע"ש, **וצ"ל** דס"ל דציר גרע מנמלח בשר על גבי בשר שכבר נמלח, ולא אמרינן איידי דטריד למיפלט לא בלע ציר, וצ"ל דגם הרב מודה לזה, ‹**ולשיטתיה** אזיל הש"ך ומפרש, דכו"ע היש"ש והר"ב מודים בחתיכה אצל חתיכה במליחה, כל זמן שפולטת ציר אין בולעת, וא"צ הדחה ומליחה שנית, ובנפלה לציר, אף להר"ב לא שייך טרוד, ובהא פליגי, דליש"ש לא אמרינן כבולעו כך פולטו אגב ציר דידיה, ולהר"ב אמרינן, ועכ"פ אף להר"ב צריך מליחה שנית – פמ"ג›, **אלא** שמהרש"ל סובר דאף הדחה ומליחה שנית לא מהני, דלא אמרינן בכל דוכתי אלא איידי דיפלוט דם דידיה יפלוט דם דאחריני, אבל איידי דיפלוט ציר דידיה יפלוט דם דאחריני, ‹או ציר דאחריני›, זה לא אמרינן, **והרב** ס"ל דלצורך הפסד גדול יש להתיר כל זמן פליטת צירו, ע"י שיחזור וימלחנו, דאיידי דיפלוט ציר דידיה יפלוט ג"כ דם דאחריני, **ולהכי** לא התיר הרב בלא מליחה שנית, משום דאע"ג דעדיין לא פלט כל צירו, לא אמרינן איידי דטריד למפלט ציר לא בלע ציר, **וצ"ע** בת"ח, מה שהביא בשם הרא"ש, ובסימני ת"ח, דמשמע שם להדיא דמתיר במקום צורך, משום טעם דאף לאחר שיעור מליחה כיון דעדיין פולטת ציר לא בלעה, ואם כן אמאי מצריך כאן בהגה"ה הדחה ומליחה שנית, **ואפשר** דאה"נ מדינא לא צריך הדחה ומליחה שנית במקום צורך גדול, אלא הרב חשש כאן להחמיר דדילמא דעת מהרש"ל עיקר, דבלע, ולכך יש להדיחו ולמלחו שנית לכתחלה, מיהו אם נתבשל בלא הדחה ומליחה שנית, דעת הרב דמותר במקום צורך גדול, ודו"ק, **מיהו** כל זה כשלא הודח אחר המליחה קודם שנפל לציר, אבל הודח, כבר נסתמים נקבי הפליטה ובולע, ולא מהני אח"כ הדחה ומליחה שנית אליבא דכו"ע, וכמ"ש הרב בת"ח, וכמ"ש בס"ק כ"ו - ס"ק ל"ז.

[**ורש"ל** האריך בדינים אלו פ' כ"ה, ומסקנתו דתיקון של חזרת מליחה אינו מועיל אלא אם לא שהה עדיין שיעור מליחה, שיש בו עדיין דם, אז אמרינן שע"י המלח יפליט דמו ויפליט ג"כ מה שבלע מהציר דנפל לתוכו, אבל אם שהה שיעור מליחה ולא נשאר בו אלא ציר, לא מהני חזרת מליחה אם נפל לציר, **והא** דנקטו הפוסקים אגב שיפליט ציר דידיה, ר"ל דם דידיה, **וה"ה** אם בשר שלא הודח ונמלח נפל לציר, ג"כ לא מהני חזרת מליחה אח"כ, כיון שיש דם בעין על הבשר שלא הודח, ונבלע בבשר בשעת מליחתו, אינו יוצא אח"כ, **ועיין** מה שכתבתי בסוף הסימן, באם לא הודח ולא נמלח שנפל לציר, **אבל** אם נפל בשר ששהה שיעור מליחה לבין חתיכות בשר שהם מונחים במליחה, אז יש היתר מצד כבולעו כך פולטו, דכמו שבולע מן החתיכות המלוחות כך פולט ע"י שפולט ג"כ ציר דידיה, **ואע"ג** דבנפל לציר לא מהני זה, התם ליכא כבולעו כך פולטו אגב ציר דידיה, דבנפל לציר ונשרה בו הוי כמבושל בו, וע"כ לא שייך בו כבולעו כך פולטו, **אלא** מ"מ אם לא שהה הבשר שיעור מליחה ונפל לציר ונשתהה שם שיעור כבישה, יש לו עדיין תקנה בחזרת מליחה, **ואע"ג** דאמרינן כבוש כמבושל, היינו אם נפל אחר ששהה שיעור מליחה ונשתהה שיעור כבישה, דאסור כולו ולא סגיא בקליפה, **אבל** לא בלא נשתהה שיעור מליחה, שתקנתו ע"י חזרת מליחה כיון שלא נשתהה בציר יום שלם, **והא** דאמרנו שאחר שיעור מליחה יש היתר לבשר שנתערב בין חתיכות מלוחות מכח כבולעו כך פולטו, היינו שיש בו עדיין ציר דידיה, אבל אם פלט כבר כל צירו, כגון ששהה יום שלם אחר המליחה, או שהודח תיכף אחר שיעור מליחה, ממילא נסתמו נקבי פליטת צירו, אז נאסר כשנפל בין חתיכות מלוחות, ואין לו שום תקנה, ע"כ, **ונראין** דבריו לפי משמעות הפוסקים, זולת במה שהתיר בשר שלא שהה שיעור מליחה, ונפל לציר ושהה שם שיעור כבישה, שיחזור וימלחנו, דמשמעות הפוסקים אינו כן, אלא קימ"ל בסי' ק"ה דשיעור כבישה הוה כמבושל לכל דבר, ולא מהני ליה חזרת מליחה].

[**ולענין** הלכה יש לנו לפסוק, אם תוך שיעור מליחה נפל לציר, ולא נשתהה שיעור כבישה, יחזור וידיחנו וימלחנו, ואם נשתהה שיעור כבישה, אין לו תקנה כדעת רמ"א בת"ח, וכאו"ה הביאו רמ"א, ולא כדעת רש"ל שמיקל בזה, ומחלק בין כבוש כמבושל דציר בכדי שירתיח על האור, ובין שאר כבוש כמבושל במים בכדי מעל"ע, דלא משמע לחלק בכך, **ולאחר** ששהה שיעור

מליחה, אפי' לא נשתהה אלא מעט בציר אסור, כדעת הת"ח וכמ"ש רמ"א בסמוך].

ומ"מ לצורך הפסד גדול יש להתיר גם בזה כל זמן פליטת צירו, דהיינו תוך י"ב שעות - שאז אפי' שלא במקום הפ"מ אמרינן דפולט ציר, וכמש"כ הרב לעיל בסמוך, וא"כ ממילא דבמקום הפ"מ סמכינן נמי דאיידי דיפלוט אח"כ ציר יפלוט דם, משא"כ לאחר י"ב שעות.

‹**משמע** דאחר פליטת כל צירו, אסור גם בהפסד מרובה כל החתיכה כמ"ש אח"כ, "מיהו מה שבתוך הציר נאסר מיד", **וקשה** הא הרמ"א כתב דבהפסד מרובה, אף בדבר שיש בו סרך שמנונית, אינו אוסר במליחה רק כדי קליפה – רעק"א›.

סימן ע ס"ו(5) • שהה שיעור מליחה ונפל לציר

הרמ"א הביא שיטת מהרש"ל – דאם שהה שיעור מליחה ונפל לציר, אע"פ שעדיין פולט ציר, אסור.

כו"ע מודי, דהיכא דמונח אצל חתיכה הפולטת, כל זמן שפולט ציר אינה בולעת, דטרוד – ש"ך, (**ולט"ז** בולעת, ורק דבאופן זה אמרינן כבולעו כך פולטו לכו"ע). **וכו"ע** מודי דהיכא דנפלה לציר, לא שייך טרוד – ש"ך, (ולא כבולעו כך פולטו, דהוי כמבושל בו – ט"ז).

ומחלוקת רק היכא שנפלה לציר, אפי' כשיש מקום לדם לזוב, דבולע משום דאינה טרוד, אם מהני מליחה אח"כ, שאיידי שיפלוט ציר יפלוט גם מה שבלע, דלמהרש"ל לא מהני, **ולת"ח** מהני, (אם לא הודח שעי"ז סותם נקבי הפליטה). **וממילא** מכריע הרמ"א, דלצורך הפסד גדול יש להתיר כל זמן פליטת צירו, דהיינו תוך י"ב שעות, ע"י שיחזור וימלחנו, (**דעד** אותו זמן אמרינן דעדיין פולט ציר, אפי' שלא במקום הפ"מ, וא"כ סומכין על סברת "איידי" במקום הפ"מ, **משא"כ** אחר י"ב שעות, דאסור אף בהפ"מ, **ורעק"א** הקשה דבהפ"מ היה צריך מליחה לאסור רק כדי קליפה, כשיטת הרמ"א).

ומעיקר הדין סובר הרמ"א, דגם בנפלה לציר אינה בולעת, (ולפי הט"ז כבולעו כך פולטו), כמ"ש בת"ח, וא"צ מליחה שנית, **ולכן** במקום צורך גדול, אם כבר נתבשל ולא אפשר למלחו שנית, מותר, **ורק** דחשש לדעת המהרש"ל, להחמיר דבולעת במקום שאינו צורך גדול, וצריך מליחה שנית – ש"ך, **ולהט"ז ב(6)** הרמ"א סותר מש"כ בת"ח.

איזה הדחה סותם נקבי הפליטה

ע"י שיחזור וידיחנו ויחזור וימלחנו - ולא אמרינן שכיון ששהה שיעור מליחה קודם שנפל לציר, ועתה ידיחנו, יסתמו נקבי הפליטה וכדלעיל, **דשאני** הכא דהדחה זו אינו אלא להעביר הלכלוך של הציר, ולא אמרינן דכיון שהודח נסתמים נקבי הפליטה, אלא כשהדיחו קודם שנפל לציר, **ומכ"ש** שלפי מ"ש בס"ק מ"ב, דא"צ אלא לשפוך עליו מעט מים ודיו להעביר הלכלוך של הציר, פשיטא דלא נסתמי בזה נקבי הפליטה, דלא אמרינן דנסתמים כו' אלא כשהודח כדין בשר אחר מליחה, משא"כ בזה, **ובב"ח** כתב ששגגה היא זו לפני הרב, דאם ידיחו יסתמו נקבי הפליטה, ופשוט הוא שדעת הרב כמו שכתבתי, ואין כאן שגגה - ס"ק ל"ט.

[**אך** יש לתמוה, דהא עיקר ההיתר מכח ציר שלו שיש לו עדיין, ואם ידיחנו יסתום נקבי הציר, ומה תועיל אח"כ המליחה, וכן קשה על מ"ש האו"ה וז"ל, ואפי' אם יפול תוך שיעור מליחתו תוך הציר, או הושם בכלי שא"מ, ואפי' לאחר שיעור מליחתו, לא נהגינן בו איסור, אלא מותר הכל כשחוזר ומדיחו ומולחו, דאגב דפליט וכו', עכ"ל, הרי דגם הוא תלה ההיתר במה שידיח ויחזור וימלח ויפליט אגב הציר שבו, דלא אמרינן שנסתמו נקבי הפליטה, ונ"ל שבעל או"ה וכן הרמ"א כאן לא ס"ל הך סברא דהודחו נסתמו נקבי הפליטה, וכמו דס"ל לרבו של הרשב"א, וכן משמע דעת הטור כמ"ש שם, וכאן סתם הרמ"א כמו אותה דעה דהביא הטור, דיש מתיר גם בזה ע"י מליחה, וכפסק השו"ע, **ואע"ג** שכתב שם רמ"א דאף בדיעבד נוהגים לאוסרו, היינו אחר פליטת כל צירו, משא"כ כאן דתוך י"ב שעות הוא, **ובת"ח** כתב רמ"א ממש להיפך ממה שכתב כאן, דאם הודח לא מועיל אח"כ שום תיקון, אם נשתהה הבשר תחילה שיעור מליחה, הרי חומרא, ואם לא הודח לא נאסר כלל, ‹אפי' בלא מליחה שנית›, דאמרינן דאף שבולע מדבר האוסרו, מ"מ **כבולעו** כך פולטו אגב ציר שיש עדיין בתוכו, ‹ולש"ך בס"ק ל"ז, הת"ח ס"ל דאינו בולע מתחילה›, **וכאן** חזר בו וכתב דהדחה אינה סותמת כלל, וצריכין דוקא הדחה ומליחה שנית, **ועכ"פ** צ"ל דמיירי כאן שלא שהה הבשר שבציר שיעור כבישה, דאל"כ אין לו תקנה דהוה כמבושל, וכמ"ש סי' ק"ה]. **עיין** בש"ך ונתיישב על נכון -נקה"כ.

סימן ע ס"ו(6) • איזה הדחה סותם נקבי הפליטה

כשימלחנו שנית, ידיחנו וימלחנו, ולא אמרינן דכיון דכבר פסק מלפלוט דם, יסתמו נקבי הפליטה, **דהדחה** זו אינו אלא להעביר לכלוך של הציר, ולא נסתם אלא כשהדיחו קודם שנפל לציר, **וכ"ש** דא"צ אלא לשפוך מעט מים ודיו להעביר לכלוך הציר, דלא נסתם ע"ז נקבי הפליטה, דלא נסתם אלא בהדחה כדין בשר אחר מליחה.
אבל הב"ח והט"ז סברי דהדחה כזה סותם נקבי הפליטה, אלא דהרמ"א סותם כהני דסברי, דתוך י"ב שעות בכלל אינו סותם נקבי הפליטה ע"י הדחה, וסותר עצמו בת"ח.

נפל לציר קודם ששהה שיעור מליחה

וכן אם נפל לציר קודם ששהה שיעור מליחה, ידיחנו ויחזור וימלחנו - דוקא שנפל לציר שיש לה מקום לזוב, פי' שהיא בכלי מנוקב, **אבל** אין לה מקום לזוב, אף קודם שיעור מליחה אסור, ולא מהני מליחה אח"כ, כן פסק בת"ח, {**ומינה** דאם שהה שיעור מליחה, אפילו נפל לציר בכלי מנוקב לא מהני הדחה ומליחה ‹בלא הפסד גדול›}, **וכתוב** בת"ח בשם או"ה, דאף באין לציר מקום לזוב, מה שחוץ לציר מותר, **ונ"ל** דלא מיירי מטעם כלי שאינו מנוקב, דא"כ לא תלי בציר, **ועוד** דא"כ גם הרב מודה דמה שחוץ לציר נמי אסור, וכמ"ש בסי' ס"ט ס"ק ע"ה, **אלא** מיירי כמ"ש האו"ה ותוס' פג"ה והפוסקים, כגון המולח בשר הרבה בגיגית ע"ג עצים, ולאח"כ מצא חתיכה חציה תוך הציר ואינה נוגעת בשולי הגיגית, מותר מה שחוץ לציר, **מטעם** דלא דמי לכלי שאינו מנוקב כיון דמונחת ע"ג עצים, ואינה נוגעת בשולי הגיגית, וכמ"ש שם חילוק זה ע"ש, אלא דכיון דנשרה בציר שאין לה מקום לזוב, אסור מה שבציר, ודוק, ‹מיד, דחיישינן שפירש ממקום למקום, ומ"מ לא הוי ממש ככלי שאינו מנוקב, לאסור גם מה שלמעלה מהציר, כיון דמונח ע"ג עצים – רעק"א לעיל›, **ולהב"ח** דעת אחרת בדינים אלו, והנלפע"ד כתבתי - ס"ק מ'.

אף מהרש"ל מודה בזה, דכיון שלא שהה שיעור מליחה, אמרינן איידי דיפלוט דם דידיה יפלוט דם דאחריני, ואפי' הודח קודם שנפל לציר, לא אמרינן דנסתמין נקבי הפליטה, כיון שהודח קודם שיעור מליחה, וזה פשוט.

מיהו אם מלחו בלא הדחה לאחר שנפל לציר, שרי בדיעבד - ולא אמרינן דהוי כבשר שנמלח בלא הדחה קמייתא, כמו בר"ס ס"ט, **דהתם** דוקא בדם שבעין אמרינן הכי, משא"כ ציר זה דלא גרע משאר דם פליטה.

ומהרש"ל כתב, דאין צריך לחזור ולהדיחו אפי' לכתחלה, ואפילו הרוצה להחמיר ישפוך עליו מים ודיו, כיון שהודח הדחה קמייתא, עכ"ד, **ונראה** דגם הרב מודה בזה, דאין צריך אלא לשפוך עליו מים ודיו, ולכך לא פירש שיעור ההדחה - ס"ק מ"ב.

מיהו אם מלחו בלא הדחה לאחר שנפל לציר, שרי בדיעבד - ולא אמרינן דהוי כבשר שנמלח בלא הדחה קמייתא, כמו בר"ס ס"ט, **דהתם** דוקא בדם שבעין אמרינן הכי, משא"כ ציר זה דלא גרע משאר דם פליטה.

ומהרש"ל כתב, דאין צריך לחזור ולהדיחו אפי' לכתחלה, ואפילו הרוצה להחמיר ישפוך עליו מים ודיו, כיון שהודח הדחה קמייתא, עכ"ד, **ונראה** דגם הרב מודה בזה, דאין צריך אלא לשפוך עליו מים ודיו, ולכך לא פירש שיעור ההדחה - ס"ק מ"ב.

סימן ע ס"ו(7) • נפל לציר קודם ששהה שיעור מליחה

נפל לציר קודם ששהה שיעור מליחה, ידיחנה ויחזור וימלחנו, אפי' למהרש"ל, דאיידי דיפלוט דם, יפלוט מה שבלע, ואפי' הודחה, דכל זמן שפולט דם, לא נסתמו נקבי הפליטה. **ודוקא** שהוא כלי מנוקב ויש מקום לדם לזוב, **אבל** אם אינה מנוקבת, אסור אף מה שלמעלה מן הציר, **ואם** היא מנוקבת רק אין לה מקום לזוב, כגון שמונח ע"ג עצים ואינה נוגעת בשולי החבית, דאינו דומה לכלי שאינה מנוקבת, דאינה נוגעת בשולי החבית, אסור רק מה שבתוך הציר, מיד, דחיישינן שפירש הדם ממקום למקום, ולא מהני מליחה אח"כ, ומ"מ לא הוי ממש ככלי שאינה מנוקבת לאסור גם מה שלמעלה מהציר.

אם מלחו בלא הדחה, מותר בדיעבד, ואינו כבשר שנמלח בלא הדחה ראשונה, דהתם יש עליו דם בעין, והכא בציר לא גרע משאר דם פליטה. **ולמהרש"ל** מותר בלא הדחה אפי' לכתחילה, **ולכו"ע** א"צ רק לשפוך עליו מים ודיו.

דם בעין שנפל על בשר

וכל זה לא מיירי אלא בציר שהוא כרותח, כמבואר לעיל סימן ס"ט, אבל דם בעין שנפל על בשר שהוא תוך שיעור מליחתו, והוא חשוב כרותח כמבואר לקמן סימן נ"ח - היינו דוקא בהפסד מרובה וסעודת מצוה גם כן, דאל"כ אפילו לאחר שיעור מליחתו חשוב כרותח, כדלקמן סימן צ"א ס"ה, **נאסר הבשר, דלגבי דם בעין לא אמרינן איידי דטריד לפלוט לא בלע, ולא כבולעו כך פולטו.**

סימן ע ס"ו(8) • דם בעין שנפל על בשר

דם בעין שנפל על בשר תוך שיעור מליחתו, (דאפי' בהפ"מ חשוב רותח, או בלא הפ"מ, דאפי' אחר שיעור מליחתו חשיב רותח), נאסר הבשר, דלגבי דם בעין לא אמרינן איידי דטריד לפלוט דם לא בלעי, ולא כבולעו כך פולטו.

בשר שנפל לציר, מה נאסר, ומתי

והא דאסרינן אותו כשנפל לציר, היינו דוקא מה שבתוך הציר, אבל מה שלמעלה מן הציר, שרי

- דדם אינו מפעפע למעלה, ואפילו אותו מקצת שבציר שמן, מותר כדלעיל סימן ס"ט סי"ח, והכי איתא בת"ח, **מיהו** חותך גם כן כדי קליפה ממה שבחוץ לציר, וכדאיתא בסימן ס"ט, ובת"ח, ועיין בסימן ס"ט ס"ק ע"ג.

(**עבה"ט** שכתב, דאנן לא קי"ל כן, אלא הכל אסור, **ובמח"כ** שגה בזה, והבין דמ"ש הש"ך סוף ס"ק מ"ו, אבל לדידן דקיי"ל כל מליחה בס' פשיטא דנאסר מיד הכל, ר"ל אפילו מה שלמעלה מהציר, **ובאמת** הש"ך לא דייק בתיבת הכל, אלא לומר דלא כ"ק לחוד נאסר, רק הכל מה שבתוך הציר, **אבל** מה שלמעלה מהציר בודאי מותר, ואפילו זה שבתוך הציר שמן, אינו אוסר שלמעלה מהציר רק כ"ק, כמבואר בש"ך ס"ק הקודם ובכמה דוכתי, **שוב** מצאתי בתשו' פרי תבואה בהגה, שהשיג עליו בזה).

מיהו מה שבתוך הציר נאסר מיד, ואין שיעור לדבר - בת"ח כתב הרב, דמשמע דעת הרא"ש, דאם נפל לציר ולא נכבש בה כשיעור אם נתנו על האור כדי שירתיח, אינו נאסר רק כדי קליפה, ואנן לא נהגינן כן, אלא נאסר מיד שנפל בציר או הציר עליו, דהוה כרותח, עכ"ל, **ומהרש"ל** חלק על הרב, וכתב שלא ירד לעומקו, דאע"פ שאנו נוהגים לאסור מיד בשר שנמלח בכלי שאינו מנוקב, היינו משום דמחלקינן בין כשא"מ לבשר שנפל לציר, {כלומר דבכשא"מ נאסר מטעם דהוי פירש ממקום למקום, וכמ"ש בסימן ס"ט ס"ק ס"ח}, אבל הרא"ש מדמי ליה לבשר שנפל לציר, וכתב שיעור זה מי יימר דפליגי עליה תוס', עכ"ד, וסמך עצמו אדברי הרא"ש אלו להתיר, **ואני** שמעתי ולא אבין, דנ"ל דגם הרא"ש מודה, דאי הוה שיעור מליחה בס', דהוה אסור מיד, דציר זה רותח הוא, ולכך נהגינן לאסור מיד, **ומש"כ** הרא"ש גבי בשר שנמלח בכלי שאינו מנוקב, וז"ל, לפי שהאיסור הוא מחמת שנכבש בציר, ואמרינן כבוש הרי הוא כמבושל, הלכך אני אומר שהכבוש בציר ונוטלו מיד א"א שיאסר לאלתר כו', ושיעור כבישה הוה כאלו נתנו על האור כדי שירתיח ויתחיל לבשל, אם נכבש בתוך הציר כשיעור הזה נאסר כל מה שבתוך הציר, ובפחות משיעור זה לא נאסר אלא כדי קליפה כדין מליח, הרי הוא כרותח, עכ"ל, **היינו** משום דרוצה ליתן טעם למה אסור כל מה שמונח בציר, ולא סגי ליה בקליפה, וכדס"ל להרא"ש בעלמא דמליחה אינה אוסרת רק כדי קליפה, והוצרך לומר שהאיסור הוא מכח כבוש, ולא מכח מליח כרותח, ובפחות משיעור זה לא מקרי כבוש, **אבל** ודאי ברור דמודה הרא"ש דנאסר מיד מכח מליח כרותח, וכדמסיים, ובפחות משיעור זה לא נאסר אלא כדי קליפה, כדין מליח ה"ה כרותח, **וא"כ** נהי דהרא"ש לא אסר אלא כדי קליפה, היינו דס"ל בעלמא דכל מליחה אינה אוסרת רק כדי קליפה, אבל לדידן דקי"ל כל מליחה בששים, פשיטא דנאסר מיד הכל, **וא"כ** מוכח אדרבה מהרא"ש, דלדידן נאסר כולו מיד, וכן דעת האו"ה בכמה דוכתי, והכי נהגינן ואין לשנות - ס"ק מ"ו.

סימן ע ס"ו(9) • בשר שנפל לציר, מה נאסר, ומתי

בשר שנפל לציר, נאסר דוקא מה שבתוך הציר, אבל מה שלמעלה מן הציר שרי, דדם אינו מפעפע למעלה, ואפי' אם המקצת שבציר שמן, מיהו חותך ג"כ כדי קליפה ממה שבחוץ לציר. **מיהו** מה שבתוך הציר נאסר מיד, דרק בכבוש צריך שישהה כדי כבישה, היינו כדי נתינה על האש ויתחיל להרתיח, אבל אנן דקימ"ל דבמליחה בלבד בלא כבישה כבר נאסר כולו ולא רק כדי קליפה, נאסר מיד, ודלא כמהרש"ל.

בשר שנפל לציר שעל הקרקע

בשר שנפל לתוך ציר שעל הקרקע, דינה כאילו היתה הציר בכלי - ז"ל הת"ח, כתוב באו"ה דראוי להסתפק אם קרקע מקרי כלי מנוקב, ומאחר שנסתפק ראוי להחמיר, עכ"ל, **ונראה** דמ"מ א"צ רק כדי קליפה במקום שנוגע בקרקע לציר, (שאורחא דמלתא שאין שם ציר רק דבר מועט, ואה"נ אם היה מונח הרבה בציר דאסור כולו – עצי לבונה), אבל מה שלמעלה ממנו שרי, דלא גרע מחתיכה שחציה בציר וחציה חוץ לציר, ע"כ, **ונראה** דמיירי שנפל על הקרקע בשר שלא שהה עדיין שיעור מליחה, דמסתפק אם מקרי כלי מנוקב (ויש מקום לזוב), והוה כנפל לציר דעלמא, דמהני מליחה אח"כ דאיידי דיפלוט כו', או מקרי כלי שאינו מנוקב, ולא מהני מליחה אח"כ, ואפ"ה התיר מה שלמעלה מן הציר, וכמ"ש בשמו בס"ק מ' ע"ש, **אבל** אין לפרש דמיירי שנפל שם בשר שכבר פלט כל דמו, דזה אסור אפילו בכלי מנוקב, וכמו שנתבאר, **ואע"ג** דבלשון הגהת ש"ד שהביא בת"ח, נסתפק אי נימא דהוי ככלי מנוקב ואגב דאזלא לא בלע כו', ומשמע לפי"ז דאפי' בכה"ג אפשר דשרי מטעם דלא בלע, הא נתבאר דאפי' בכלי מנוקב בלע מיהת, ***מיהו** פשיטא דלא איירי בבשר שלא נמלח כלל, דזה שרי אפילו בכלי שאינו מנוקב ע"י מליחה אח"כ, דאין כח בציר לפרוש ממקום למקום כמ"ש האו"ה, ודוקא מלח

סימן ע - דין מליחת הרבה בשר ביחד
סעיף ו - בשר שנפל לציר שעל הקרקע

בכלי שאינו מנוקב הוא דאסור, **מיהו** אף למש"כ לעיל, דאף מה שבחוץ לציר אסור אפילו להרב, אם נפל תוך שיעור מליחה לציר בכלי שאינו מנוקב ממש, מ"מ הכא גבי קרקע שרי מה שחוץ לציר, כיון דמספקא לן אי הוי ככלי מנוקב או לא, דהתם גופא חומרא בעלמא היא לאסור מה שחוץ לציר, **ודמי** למש"כ בסי' ס"ט ס"ק ס"ט, דבספק אם נפלה קודם ששהה שיעור מליחה בכלי שאינו מנוקב, או לאחר שיעור מליחה, דשרי מה שחוץ לציר מה"ט ע"ש - ס"ק מ"ז.

*‹**ולפמ"ש** הש"ך ס"ק ל"ו בתירוצו השני, יש נ"מ גם בלא נמלח כלל, לענין אם שהה כדי שירתיח, דבכלי מנוקב ‹ויש מקום לזוב›, לא הוי כבוש, ובכלי שאינו מנוקב הוי כבוש, ואין לו תקנה במליחה – רעק"א›.

סימן ע ס"ו(10) • בשר שנפל לציר שעל הקרקע

בשר שלא שהה עדיין שיעור מליחה, שנפל לציר שעל הקרקע, יש ספק אם נחשב ככלי מנוקב ויש מקום לזוב, דמהני מליחה אח"כ, דאיידי דיפלוט כו', או נחשב ככלי שאינו מנוקב, ולא מהני מליחה אח"כ, **וכתב** רמ"א, דדינה כאילו ככלי שאינו מנוקב להחמיר, ומ"מ אינו אוסר מה שלמעלה מן הציר, דלמעלה מן הציר הוי רק חומרא, והכא הוי רק ספקא, (**ודמי** לסי' ס"ט ס"ט, כשיש ספק אם נפל תוך שיעור מליחה בכלי שאינו מנוקב, או אח"כ, דשרי מה שחוץ לציר), **ורק** אסור מה שבתוך הציר, ואי"כ אי נפל רק לדבר מועט, א"צ אלא כדי קליפה, ואם יש הרבה, אסור כל מה שבציר.

ואי נפל בשר שכבר פלט כל דמו, לציר שעל הקרקע, אסור אפי' אי היה ככלי מנוקב, (בלא הפסד גדול).

ובבשר שלא נמלח כלל, שרי אפי' אי הוי ככלי שאינו מנוקב, ע"י מליחה אח"כ, דאין כח בציר לפרוש הדם ממקום למקום, ודוקא במלח יש זה הכח.

אבל אי בשר הנ"ל שהה כדי שירתיח, **יש** אותו הספק (לתירץ ב' של הש"ך לעיל (4), דאי הוי ככלי מנוקב ויש מקום לזוב, לא הוי ככבוש, **ואי** הוי ככלי שאינו מנוקב, הוי ככבוש, ואין תקנה במליחה אח"כ – רעק"א.

בשר שנגע בחתיכה שנמלחה בכשא"מ

בשר שנגע בחתיכה שנמלחה בכלי שאינו מנוקב ונאסרה, דינה כאילו נגעה בציר - כלומר ומהני לה מליחה אח"כ איידי כו', וכן משמע בת"ח, וכן דעת מהרש"ל, דחתיכה תפלה דהיינו שלא נמלחה, שנתערבה בחתיכות מלוחות בכלי שאינו מנוקב, ובלעה דם, דמותרת על ידי מליחה, **דאינו** נאסר אלא דוקא כשמלחה חתיכה בכלי שאינו מנוקב, משום דהמקום הוא דחוק, וע"י מליחה פירש ממקום למקום, וכמ"ש סי' ס"ט ס"ק ס"ח, משא"כ הכא, וכ"כ בס' באר שבע, **דלא** כדמשמע מדברי מהר"י כהן מקראקא בתשו', דחתיכות תפלות שלא נמלחו, שקבלו דם מחתיכות שנמלחו בכלי שאינו מנוקב, דאסור ולא מהני מליחה אח"כ, כי דבריו באותה תשובה אינם עולים יפה, ובספרי ברורתי כ"ז ע"ש, ועיין בהגהת הרב שבסוף סי"ח בסי' ס"ט - ס"ק מ"ח.

סימן ע ס"ו(11) • בשר שנגע בחתיכה שנמלחה בכשא"מ

בשר שנגע בחתיכה שנמלחה בכלי שאינו מנוקב ונאסרה, דינה כאילו נגע בציר, דמהני לה מליחה אח"כ, איידי כו', דדוקא חתיכה שנמלח, משום שהמקום דחוק, וע"י מליחה פירש ממקום למקום, משא"כ בחתיכה טפילה.

ספק ציר ספק מים

ספק ציר ספק מים, מותר, דציר דרבנן וספיקא להקל - פירוש דדם שמלחו אינו אלא מדרבנן, והכי איתא במרדכי, **ואע"ג** דבנפל לציר שבקרקע לעיל אזיל מספיקא לחומרא, **יש** לומר דשאני התם שאם אתה מיקל בזה, יבאו להקל אם נפל ע"ג קרקע לדם ממש, וכן יש לומר בשאר ספיקות, **משא"כ** הכא דאיכא לספוקי שמא אין כאן ציר, ועיין במשמרת הבית שמחלק כהאי גוונא גבי דם שבשלו עיין שם - ס"ק מ"ט.

‹**ולענ"ד** י"ל, בציר שבקרקע דליכא נ"מ אלא בנפל תוכו תוך שיעור מליחה, וכמ"ש הש"ך ס"ק מ"ז, וכן לפמש"כ שם בגליון, דנ"מ ג"כ בחתיכה תפילה ושהה כדי שירתיח, דכיון דעדיין לא יצא החתיכה מידי דמה, הוי כמו איתחזק איסורא, ואמרינן שמא קרקע הוי כלי שא"מ ולא מהני המליחה, **משא"כ** בספק ציר ספק מים, דהנ"מ בנפל תוכה חתיכה שפלט כל דמה, דהוי חזקת היתר, **ובאמת** י"ל בחתיכה תפילה שלא נמלח ונפל לתוך מקום ספק ציר ספק מים, ושהה כדי שירתיח, וכן בנפל לתוכו תוך שיעור מליחה, אסור מה שבתוך הציר, ודו"ק – רעק"א›.

סימן ע ס"ו(12) • ספק ציר ספק מים

ספק ציר ספק מים, מותר, דציר דרבנן, דדם שמלחו אינו אלא מדרבנן, וספקא להקל. **ואע"ג** דלעיל בנפל לציר על הקרקע אזלינן לחומרא, **שאני** התם, שאם בא להקל, יבאו להקל גם אם נפל לדם ממש ע"ג הקרקע, וכן י"ל בשאר ספיקות, **משא"כ** הכא, דיש ספק אם יש כאן ציר – ש"ך. **ורעק"א** מחלק, דלעיל כל הספק הוי רק נ"מ, בנפל לתוכו תוך שיעור מליחה, (או לרעק"א, בנפל חתיכה טפילה ושהה כדי שירתיח), וכיון דעדיין לא יצא החתיכה מידי דמה, הוי כמו איתחזק איסורא, **משא"כ** הכא, הנ"מ בנוגע חתיכה שפלט כל דמה, דהוי חזקת היתר, **ובאמת** לפי"ז, בנפל חתיכה טפילה לספק ציר, ושהה כדי שירתיח, יהיה אסור מה שבתוך הציר.

ציר מעורב במים

ציר מעורב עם מים, אפילו היו המים מועטים -

פירוש שאין במים ס' נגד הציר, אבל עכ"פ בעינן שיהיו מרובין מהציר, כן משמע להדיא בהג"א ושאר פוסקים, וכן הוא בהדיא באו"ה, **לא חשיבי עוד רותח ואינה אוסרת.**

(**ועיין** במג"א שכתב, דמלשון רמ"א משמע אפי' אין המים מרובים ‹מהציר›, ‹ונ"ל דהכל לפי ראות עיני הדיין, עכ"ל – רעק"א›, **ועיין** בתשו' פרי תבואה בהג"ה, שכתב עליו דלא עיין לקמן סי' קכ"ב ס"ג בדברי הרמ"א, ע"ש).

(**עיין** בת"ח, בדין בשר שנמלח, ונפל למים שנתאדמו מפני שהדיחו בהם בשר, ואין ס' במים נגד הדם, יש אוסרין, ואין נוהגין כן, אלא מותר בדיעבד, ותלה הטעם לפי שהמים מבטלים כח הציר, **ועיין** בתשובת נו"ב שפקפק ע"ז, דשאני ציר המתערב עם המים תיכף ובטל כחו, אבל הבשר אינו מתערב עם המים ואינו מצטנן, וראיה מסימן צ"א ס"ה בהגה ב', דלא אמרינן שדבר הצלול מצנן המליח, **והאריך** בזה ומחלק בין בב"ח לענין דם, והעלה לדינא ג"כ דיש להקל, בין אם הוא תוך שיעור מליחתו, ע"י מליחה שנית, **ובין** אחר שיעור מליחתו, ג"כ יש להתיר, ומי שלבו נוקפו בזה עכ"פ יתיר ע"י מליחה שנית, **ואף** שכאן י"ל נסתמו נקבי הפליטה, מכל מקום הרי הצ"צ {הבאתיו לעיל} חולק על דין זה, שעל ידי הדחה נסתמו נקבי הפליטה, וראוי לסמוך עליו בנדון זה, **רק** יזהר שימלחנו בפני עצמו ולא עם שאר בשר, ע"ש).

(דין כבוש עיין לקמן סימן ק"ה).

סימן ע ס"ו(13) • ציר מעורב במים

ציר מעורב במים, אפי' המים מועטים, ואין בה ששים כנגד הציר, אבל הם רוב נגד הציר, (ש"ך), לא חשיבי עוד רותח, ואינה אוסרת, **והמ"א** כתב דמשמע מהרמ"א, דאפי' אין המים רוב נגד הציר, **והכל** לפי ראות הדיין – רעק"א.

כתב הת"ח בשר שנמלח ונפל למי הדחת בשר שנתאדם, ואין ס' במים נגד הדם, יש אוסרין, ואין נוהגין כן, אלא מותר בדיעבד, משום שהמים מבטלין כח הציר, **והקשה** נו"ב, דציר שאני, שמעורב עם המים תיכף ובטל כחו, אבל הבשר רותח אינו מתערב עם המים ואינו מצטנן, **והעלה** לדינא ג"כ להקל, תוך שיעור מליחה, ע"י מליחה שנית, וכן מתיר אחר שיעור מליחה, ומי שלבו נוקפו בזה, עכ"פ יתיר ע"י מליחה שנית, **ואף** שי"ל שנסתמו נקבי פליטה, כיון דיש חולקין על ענין זה, יש לסמוך עליו בנדון זה, **רק** יזהר שלא ימלחנו עם שאר בשר.

סימן ע ס"ו(14) • סיכום של הסיכומים

<u>בשר שלא נמלח כלל אצל בשר שפולט דם (1,11)</u>

יש אוסרין, ויש מתירין ע"י מליחה אח"כ, **ופסק** המחבר דלכתחילה יש יש לחוש להאוסרים, ובדיעבד מותר. **והרמ"א** מתיר היכא שלא נמלח, ע"י מליחה אח"כ, (וכ"ש הוא מהיכא שנפל לציר).

<u>הנ"ל אם לא הודח תחילה (1)</u>

י"א דאסור אפי' בדיעבד, דהמלח מבליע הדם בעין שעליו, **וי"א** דציר שאני, דאין כח אלא להתבלע ולא להבליע דם בעין שעליו לתוכו. **ואם** שהה בין המלוחות, אפשר שיקבל טעם מהמלח עצמו.

<u>הנ"ל אם הוא בכלי שאינו מנוקב (11)</u>

מהני מליחה אח"כ, דדוקא כשנמלח אסור משום שהמקום דחוק, ולא בחתיכה טפילה.

<u>בשר שעדיין פולט דם אצל בשר שפולט דם (1)</u>

לא נאסר, (וכ"ש מהיכא דרק פולט ציר, ועוד ככל ב' חתיכות שמולחים ביחד), ואפי' הודחה, לא נסתם נקבי הפליטה.

<u>בשר שנמלח ופלט כל דמו ועדיין פולט ציר (תוך י"ב שעות) אצל בשר שפולט דם (2)</u>

י"א דאינו נאסר, ואין להחמיר כלל, אפי' בלא הפ"מ.

<u>הנ"ל מחלוקת ש"ך וט"ז בסברא מה דמהני מה שפולט ציר אפי' למהרש"ל (2)</u>

הגם דבעלמא ס"ל למהרש"ל דלא אמרינן איידי שיפלוט ציר יפלוט נמי מה שבלע, עכ"פ כל זמן שפולט אינו בולע, (כיון דהוי רק אצל הציר ולא נפל לתוכו) – ש"ך. **ולהט"ז** בולע, ורק בשעת בליעה עצמה אמרינן כבולעו כך פולטו.

<u>בשר שנמלח ופלט כל דמו ועדיין פולט ציר (תוך מעל"ע) אצל בשר שפולט דם (2)</u>

במקום שאין הפ"מ יש לאסרו, דיש מחלוקת אם פולט ציר אחר י"ב שעות – רמ"א, וכן פסק הש"ך. **ולמהרש"ל** מותר כל המעל"ע אפי' בלא הפ"מ.

<u>בשר שנמלח ופלט כל דמו וצירו, (או נסתם נקבי פליטה) אצל בשר שפולט דם (1)</u>

יש אוסרין, ויש מתירין ע"י מליחה אח"כ, **ופסק** המחבר דלכתחילה יש יש לחוש להאוסרים, ובדיעבד מותר. **ורמ"א** פסק דאפי' בדיעבד נוהגין לאסור, **וכולו** אסור, דמשערינן במליחה בס'.

<u>הנ"ל דנאסר מיד ולא בעי כדי כבישה (1)</u>

ואפי' למ"ד דבציר בעינן כדי כבישה, דמיד שנפלט מן הבשר נפל עליו, **ועוד** דכאן הוי רותח מיד מחמת המליחה.

<u>הנ"ל אם נסתם נקבי הפליטה מוסכם (1)</u>

יש מתירין בהפ"מ, דסברא זו אינו מוסכם, **ואפי'** שלא בהפ"מ מאן דמקיל ע"י מליחה שנית, לא הפסיד.

בשר שלא נמלח שנפל לציר (3)

מותר ע"י מליחה אח"כ, ואפי' מהרש"ל מודה, דאיידי דפולט דם יפלוט מה שבלע.

בשר שנמלח ועדיין פולט דם שנפל לציר (3,7)

אם היא כלי מנוקב ויש מקום לדם לזוב, מותר ע"י הדחה ומליחה שנית, **אפי'** לרמ"א דמחמיר היכא שנפל לציר (דמתיר דוקא תוך י"ב שעות ובהפ"מ), כשרק פולט ציר, אבל כשעדיין פולט דם מותר ע"י מליחה שנית, **וגם** מהרש"ל מודה דאיידי דפולט דם יפלוט מה שבלע. **ואפי'** הודחה, שכל זמן שפולט דם, לא יסתם נקבי הפליטה.

הנ"ל בכלי שאינה מנוקבת (7)

והבשר עדיין פולט דם, אסור כולו, אפי' מה שלמעלה מן הציר, ולא מהני מליחה שנית.

הנ"ל באין לה מקום לזוב (7)

כגון שמונח ע"ג עצים, דכיון דאינה נוגעת בשולי הכלי, לא דמי לאינה מנוקבת, אבל אין מקום לדם לזוב, **ואסור** רק מה שבתוך הציר, מיד, דחיישינן שפירש הדם ממקום למקום, ולא מהני מליחה שנית.

בשר שנמלח ופלט דמו ועדיין פולט ציר שנפל לציר, אם בולעת (5)

מעיקר הדין סובר הרמ"א בת"ח, דאינה בולעת, (ולפי הט"ז כבולעו כך פולטו), **ורק** פסק הרמ"א לחשוש לשיטת המהרש"ל דבולעת, דלא שייך טירוד, (ולהט"ז לא שייך כבולעו כך פולטו), במקום שאינו צורך גדול. **(ולפי** הט"ז הרמ"א הכא סותר מה שכתב בת"ח).

הנ"ל אם פולט ע"י מליחה שנית (5)

למהרש"ל לא מהני מליחה אח"כ, דלא אמרינן איידי דיפלוט צירו יפלוט גם מה שבלע, **ולהרמ"א** מהני מליחה שנית, דיש סברת איידי.

פסק: בשר שנמלח ופלט כל דמו ועדיין פולט ציר (תוך י"ב שעות) שנפל לציר (5)

לצורך הפסד גדול יש להתיר כל י"ב שעות, ע"י מליחה שנית (דנחשב זמן פליטת ציר אפי' שלא במקום הפ"מ).

פסק: בשר שנמלח ופלט כל דמו ועדיין פולט ציר (תוך מעל"ע) שנפל לציר (5)

לאחר י"ב שעות אסור אפי' בהפ"מ, (דהא לא נחשב זמן פליטת ציר אלא בהפ"מ, וממילא הכא מחמרינן כמהרש"ל). **ולרעק"א** בהפ"מ אינו אוסר אלא כדי קליפה כשיטת רמ"א.

הנ"ל בהדחה שיעשה קודם מליחה שנית (6)

ידיחנו – רמ"א. **ולא** אמרינן דכיון דכבר אינו פולט דם, יסתם נקבי הפליטה, דהדחה זו אינו אלא להעביר לכלוך של הציר, וכ"ש דא"צ אלא לשפוך מים ודיו – ש"ך. **והט"ז** ס"ל דהדחה כזו סותם נקבי הפליטה, ורק דהרמ"א סותם הכא כהני דסברי, דבכלל אין הדחה סותם נקבי הפליטה תוך י"ב שעות, וסותר מש"כ בת"ח.

הנ"ל מלחו שנית בלא הדחה כלל (7)

מותר בדיעבד, דהכא ליכא דם בעין, אלא ציר דלא גרע משאר דם פליטה, **ולמהרש"ל** מותר לכתחילה בלא הדחה, **ולכו"ע** א"צ אלא לשפוך עליו מים ודיו.

בשר ששייך בו עצת מליחה שנית, אם נכבש בציר (4)

לפי תירוץ א' של הש"ך, אם רק נכבש כדי שירתיח, הגם שמבליע ומפליט, (וממילא בדם בעין יהיה אסור, דאינו יוצא ע"י מליחה), אינו ככבוש ממש, (אפי' אם הכלי אינו מנוקב), ומהני מליחה שנית, (**אם** הבשר עדיין טפילה ואינו תוך שיעור הפלטת דם, דאל"כ אסור אם אינה מנוקבת כנ"ל), **משא"כ** אם נכבש יום שלם, אסור.

לפי תירוץ ב' של הש"ך, אם הכלי מנוקב, ויש מקום לדם לזוב, אינו ככבוש כלל בכדי שירתיח, אפי' להבליע ולהפליט, (ואפי' בדם בעין לא יהיה אסור), עד מעל"ע, **ואם** אינה מנוקבת, נחשב מבושל ממש בכדי שירתיח, ואסור ולא מהני מליחה שנית, **והש"ך** ס"ל דהעיקר כתירוץ ב'.

ולהט"ז במים צריך יום שלם, ובציר אסור כבר בכדי שירתיח.

ולמהרש"ל אפי' שהה כדי שירתיח, אינו נאסר כל זמן שמפליט דם, כעין תירוץ א' של הש"ך.

ופסק הנו"ב דכל זמן שפולט דם, יש לאסור כהט"ז לחלוטין אפי' בהפ"מ, **אבל** אם לא נמלחה כלל, בהפ"מ או לכבוד שבת יש להתיר לצלי.

בשר שנמלח ופלט כל דמו וצירו, (או נסתם נקבי פליסה) שנפל לציר

אסור, כדמבואר בכל הנ"ל.

בשר דלא שייך בו מליחה שנית, אם נפל לציר (9)

נאסר מיד, דרק בכבוש צריך כדי נתינה על האש וירתיח, אבל למליחה נאסר מיד, ואנן קימ"ל דכבר במליחה נאסר כולו, ולא רק כדי קליפה.

הנ"ל עד היכן האיסור מגעת (9)

רק מה שבתוך הציר, דאין דם מפעפע למעלה, אפי' אם הבשר שמן, **מיהו** צריך לחתוך כדי קליפה ממה שבחוץ לציר.

נפל לציר על הקרקע, הספק (10)

ספק אם נחשב ככלי מנוקב ומקום לדם לזוב, או ככלי שאינו מנוקב. **ופסק** הרמ"א דדינה ככלי שאינה מנוקבת להחמיר, ואוסר מה שבתוך הציר, **ואי** נפל רק מעט, אוסר רק כדי קליפה, **אבל** אינו אוסר למעלה מן הציר, דהיא גופא חומרא בעלמא.

הנ"ל באיזה גווני נוגע הספק (10)

בבשר שכבר פלט כל דמו, אסור אפי' אי הוי ככלי מנוקב. **בבשר** שלא נמלח כלל, מותר במליחה שנית אפי' אי הוי ככלי שאינו מנוקב, דאין כח בציר שיפריש דם ממקום למקום, אלא במלח. **ורק** נוגע בששהה בהציר שיעור כדי

שירתיח, דלתירוץ ב' של הש"ך לעיל, אי הוי ככלי שאינו מנוקב, נחשב ככבוש, דלא מהני אח"כ מליחה. **ונוגע** ג"כ היכא שלא שהה עדיין שיער מליחה, ועדיין פולט דם, דאי הוי ככלי מנוקב, מהני מליחה שנית, ואי ככלי שאינה מנוקבת, לא מהני מליחה שנית.

__ספק ציר ספק מים (12)__

דם שמלחו הוא דרבנן, וספיקא להקל, **ולעיל** בציר שעל הקרקע שאני, דאם בא להקל יבא להקל גם בדם, משא"כ הכא דיש ספק אם יש כאן ציר בכלל – ש"ך. **ולרעק"א**, לעיל הב' גווני שנוגע בהם, הוי קודם שפלט דמו, ואח"כ יש חזקת איסור, **משא"כ** הכא הנ"מ בבשר דכבר פלט כל דמו, דהוי חזקת היתר, **ואה"נ** בנפל בשר טפילה לספק ציר, ושהה כדי שירתיח, יהיה אסור.

__ציר מעורב במים (13)__

אם יש רוב מים, הגם שאינו ששים כנגד הציר, לא חשיב עוד רותח, **ולהמ"א** א"צ אפי' רוב מים, **ורעק"א** כתב, דהכל לפי ראות הדיין.

__בשר שנמלח שנפל למי הדחת בשר שנתאדם (13)__

אם אין ששים במים נגד הדם, יש אוסרין, ואין נוהגין כן, שהמים מבטלין כח הציר – ת"ח, **והקשה** נו"ב דבשר שאינו מתערב עם מים, אינו דומה לציר שנתערב במים, **אבל** הוא ג"כ מיקל תוך שיעור מליחה ע"י מליחה שנית, **וכן** מתיר אחר שיעור מליחה, **ומי** שלבו נוקפו, עכ"פ יתיר אחר מליחה שנית, **ובנדון** זה לא חיישינן למ"ד שיסתם נקבי הפליטה, **ולא** ימלחנו עם שאר בשר.

__בשר שעדיין פולט דם שנפל עליו דם בעין (8)__

תוך שיעור מליחתו, דנחשב בודאי לרותח, או בלא הפ"מ, דאפי' אחר שיעור מליחה נחשב רותח, נאסר הבשר, **דלגבי** דם בעין לא אמרינן איידי דטריד לא בלע, ולא כבכ"פ.

§ סימן עא – דין מליחת הראש והטלפים והמוח §

אופן מליחת הראש

סעיף א- הראש, חותכו לשנים ומולחו יפה לצד פנים - אין לפרש הטעם, משום דלכתחלה צריך למלוח מב' צדדין, וכדלעיל סי' ס"ט ס"ד, דאם כן אמאי שרי כאן בס"ג ע"י נקיבת העצם והקרום, אלא ודאי כיון שמולח מבחוץ מכל צדדין סגי, דלא יהא אלא חתיכה אחת עבה, **וה"ק** הראש חותכו לשנים כו', כלומר מי שרוצה לעשות מצוה מן המובחר, למלוח הראש והמוח, חותך הראש לשנים ומולחו יפה לצד פנים משום המוח כו', **ובס"ג** מבואר, דמי שרוצה למלוח הראש והמוח בתוכו, ינקוב העצם והקרום. ‹**ויראה** דמש"ה איכא מצוה מן המובחר, דשמא יתהפך הנקב לצדדין, כמ"ש היש"ש דגם במליחה דרך להתהפך, דלא כמ"ש הד"מ כאן, ומש"ה מצוה איכא ולא מדינא – פמ"ג›.

וחוזר ומולח על השיער - היינו משום דלכתחלה צריך למלוח מב' צדדין, וכדלעיל סי' ס"ט ע"ש, **שאין השיער מעכב על ידי המלח להפליט דם.**

[**פי'**, דיש מחמירים ואומרים, שהשיער מעכב את הדם שבבשר הראש שלא יצא ע"י מליחה, ולפיכך מולחין אותו תחילה על השיער, שיפליט מעט, ואח"כ מניחין אותו על האש ומסירין השיער, וחוזרין ומולחין את הראש, **וכתב** הרשב"א על זה, דלפי סברתם שהמליחה הראשונה לא נכנסה רק מעט, למה היא באה, אלא ודאי אין השיער מעכב כלל, והוי הראש כמו שאר בשר, והרוצה להחמיר בראש, יחתכנו לשנים וימלחנו לצד פנים וגם על השיער, **ובתורת** הבית הארוך לא זכר שיחתוך לשנים את הראש, רק בקצר כתבו, וגם כן שלא מן הדין, רק בלשון: אם רוצה חותך הראש לשנים כו', **ואע"פ** שהטור והשו"ע לא כתבו: אם רוצה כו', אלא כתבו דרך פסק, מ"מ הוא למצוה מן המובחר, מאחר שכתב ב"י הטעם שצריך לחתוך הראש לשנים, משום המוח שבפנים, ע"כ, ובאמת גם ניקב העצם לחוד מהני, וכמ"ש אח"כ כאן, וע"כ מתורץ לשון "ואם רוצה" שכתב הרשב"א].

(**עיין** ט"ז וש"ך דזהו למצוה מן המובחר, **ועיין** בתשו' בית יעקב שכתב, דנ"ל דמצד הדין צריך לחתוך הראש לשנים, ואם לא חתכו ומלחו, אסור, אף שהרשב"א כתב הטעם משום המוח, ומדמה לה לחתיכה עבה, **מ"מ** נראה דאיכא טעמא אחרינא במילתא, דיש מקומות בראש שהוא חלול בפנים כו', לכן לא דמי לחתיכה עבה, ולא גרע מן הריאה שצריך לפתוח הקנוקנות שבה כו', הלכך בנ"ד יש לאסור אפילו בדיעבד, כדין בשר שנמלח רק מצד אחד, עכ"ד, **ולענ"ד** לא נהירא, כי מש"כ הבי"ע "לכן לא דמי לחתיכה עבה", ליתא, דהרי בסימן ע"ב בלב, קורעו לאחר מליחה אף שהוא חלול בפנים, **ומש"כ** הבי"ע "דלא גרע מהריאה", תמיהני דאדרבה משם מוכח איפכא, דהרי בסי' ע"ב סעיף ד' מבואר, דמדינא א"צ לפתוח הקנוקנות, אלא

סימן עא – דין מליחת הראש והטלפים והמוח

סעיף א – אופן מליחת הראש

ממנהגא, ע"ש, **והגם** שמדברי הט"ז לעיל סימן ס"ט ס"ק י"ג, משמע דיש ליזהר מדינא, כבר השיג עליו במנ"י שם).

סימן עא ס"א • אופן מליחת הראש

מן הדין יוצא אם מולחו בלא לחתכו, מידי דהוי אחתיכה עבה, וצריך רק לנקוב עצם המוח והקרום, **אבל** מצוה מן המובחר לחתוך הראש לשנים, ולמלות המוח עצמו, (עיין ס"ג), דדלמא יתהפך הנקב לצדדין. **ויש** מי שאומר דחיתוך לשנים מעכב אפי' בדיעבד, משום דיש חלל בתוכו, וממילא לא דמי לחתיכה עבה, **אבל הפת"ש** דוחה אותו.

ומבחוץ מולח אותו על השיער, דאין השיער מעכב המלח מלהפליט דם.

אופן מליחת הטלפים

סעיף ב - הטלפים, מחתך אותם מעט למטה, ומולח - משום דאל"כ הוי כמולח בכלי שאינו מנוקב, לפי שהטלפים מעכבים הדם מלצאת, ואף שנמלחו אין הדם יוצא דרך הטלפים, משא"כ בשאר עצמות שמליחתן מועיל למוח שבתוכן, וכמ"ש הרב ס"ג, לפי שהדם נפלט דרך העצמות ע"י מליחה, וזה פשוט, וכן מוכח להדיא ברשב"א וטור, **והעט"ז** כתב וז"ל, שאני שאר עצמות מטלפים, דשאר עצמות המוח שבתוכן ממלא את כל החלל, ואין שם מקום שיתכנס שם הדם וישאר שם, אבל הטלפים הם חלולים מבפנים, ואין הבשר דבוק בכולן, ואם לא יפתח אותם יש לחוש שמא יתכנס דם הפליטה בפנים למקום אחד, והוי כמולח בכלי שאינו מנוקב, עכ"ל, **ולא** נהירא, דהא אדרבה המולח בכלי שאינו מנוקב, אסור מטעם שהבשר המונח בו הוא מונח במקום דחוק, וע"י כן אינו פולט יפה, וחיישינן שמא פירש ממקום למקום, וכמ"ש בסי' ס"ט, אלא הטעם פשוט כדפי'.

[**כתב רש"ל**, מאחר שמנקבין הטלפים, דהיינו המנעל, למה צריכה להיות המליחה קודם החריכה, **אדרבה** עדיף טפי אח"כ, והיו"ד לא קאמר וכן הדין בטלפים כו', אלא שמהני מליחה קודם החירוך, לאפוקי מן המחמירין, **אבל** מצוה מן המובחר למלוח אח"כ, כיון שנוקב המנעלים תחילה, אע"פ שאין המנהג כן, ע"כ].

ויניח מקום החתך למטה, וימלח גם על השיער. (ועיין לעיל סימן ס"ח) - כלומר דשם בס"ח נתבאר, דאם לא חתך אותם מעט למטה, נהגינן לאסור אף דיעבד מה שבתוך הקליפה, וע"ש.

סימן עא ס"ב • אופן מליחת הטלפים

הטלפים צריך לחתוך אותם מעט למטה, ואח"כ מולחם גם על השיער, (ויניח מקום החתך למטה), **דאל"כ** הטלפים מעכבים הדם מלצאת, והו"ל כמולח בכלי שאינו מנוקב, **ונהגינן** לאסור אף בדיעבד מה שבתוך הקליפה. **משא"כ** בשאר העצמות שאין הדם נתעכב, אלא נפלט דרך העצמות, **ודלא** כלבוש שכתב הטעם, דטלפים הם חלולים מבפנים, ושמא יתכנס הדם שמה, והוי ככלי שאינו מנוקב, **דאדרבה** כל החסרון של אינו מנוקב, הוי משום דאין מקום והוי דחוק, וחיישינן שמא פירש הדם ממקום למקום, ולא מצד רבוי מקום.

כתב רש"ל דאחר שמנקבין הטלפים, טפי עדיף למולחם אחר החריכה, וכן מצוה מן המובחר, (אע"פ שאין המנהג כן), אלא דמהני גם קודם החריכה.

אופן מליחת המוח

סעיף ג - הקרום שעל המוח, יש בו חוטין, והמוח עצמו יש בו דם, ואינו יוצא מידי דמו במליחת הראש, לפי שעצם הראש מקיפו ועומד לפניו ואין מקום לדם לזוב, לפיכך הבא למולחו, קורעו ומוציא המוח, וקורע הקרום ומולחו.

ואם רצה למלוח הראש והמוח בתוכו, ינקוב העצם כנגד הקרום, וינקוב גם הקרום, וימלח, ויניח הנקב למטה, ומותר אפי' לקדירה - כלומר ולא מהני אלא בכה"ג, אבל לא כשמניחו על בית השחיטה או אנחירין ודץ ביה מידי, כדמהני בצלי לעיל ר"ס ס"ח, וכן משמע להדיא בת"ה ובטור ובהרב המגיד.

הגה: ועיין לעיל סימן ס"ח כילד נוהגין לכתחלה - כלומר דשם בסעיף ד' בהג"ה נתבאר, דלכתחלה נוהגין ליטול המוח קודם המליחה מתוך הגולגולת, ולחתוך הגולגולת שתי וערב, שאז מתחתך הקרום היטב.

ואם נמלח הראש שלם בלא נקיבת העצם, הקרום והמוח אסורים - דהוה כנמלחו בכלי שאינו מנוקב, **וכתב** בת"ח, דאף בעוף הדין כן, וע"ש.

ושאר הראש מותר, וכל שכן שאר בשר שעמו - לפי שעצם הגולגולת מפסיק בין דם שבתוכו לבשר, ואפילו אם קצת מן הדם נפלט ונכנס לתוך הבשר, כבולעו כך פולטו, כן כתב הרשב"א בת"ה הארוך, והרא"ש ואו"ה, **ונ"ל** שטעם הראשון עיקר, ולרווחא

דמלתא כתבו הטעם השני, וגם הר"ן לא כתב אלא טעם הראשון, **ולפי** זה אפילו *שאר בשר שעמו נמלח ופלט כבר כל דמו וצירו, בענין דלא שייך ביה כבולעו כך פולטו, וכדלעיל ס"ס ע', אפ"ה מותר, אם הוסר הבשר מעל הראש שבחוץ על הגולגולת, ‹דאל"ה אסור הבשר, שקיבל דם מבשר הראש – פמ"ג, **ויתר** דיני מליחה וצליה ובישול הראש והמוח, נתבארו בסי' ס"ח, ע"ש.

*‹**לא** ידעתו אמאי לא נקט הנ"מ בבשר שבראש, אם אחר שמלחו והודח חזר ומלחן, אם נאסר הבשר מהקרום, דלטעם כבולעו כך פולטו אסור, דמה שנפלט עתה אסור כיון דליכא דם של עצמו – רעק"א.

‹**עיין** ש"ך שכתב, דאפילו שאר בשר שנמלח עמו כבר פלט כל דמו וצירו, אפילו הכי מותר, **ותמוהין** דבריו מאד, דהא הרשב"א עצמו הביאו הש"ך ס"ק י', מחלק בין מוח שבראש למוח שבעצמות, משום דשורייקי סומקי דדמא שבקרום המוח הוי כדם כנוס בתוכו, אבל דם איברים במעט מליחה נפלט ומתמצה, ולפי זה נראה דשאר בשר שפלט דמו וצירו נאסר מהמוח שבגלגולת, דנהי דדם הכנוס שבשורייקי דדמא אין יכול לצאת דרך הגולגולת, מכל מקום שאר הדם שבגוף המוח והקרום ודאי מתמצה דרך עצם הגולגולת כמו דם המוח של שאר עצמות, שאין חילוק ביניהם. **והרא"ש** והרשב"א לא כתבו זה רק לתרץ דלא תקשה שיאסר הראש משום הדם שבשורייקי דהוי דם בעין, ועל זה מתרצין דהקרום והגולגולת מפסיק, ושוב לא הוי רק כדם פליטה דאמרינן ביה כבולעו כך פולטו, כמו שכתב הש"ך בסימן כ"ב ס"ק ו' וס"ק ח' גבי ורידין, אבל שלא להיות נחשב אפילו כדם פליטה, אין עולה על הדעת כלל. **ולפענ"ד** נראה דאין לסמוך על הש"ך בזה, דמסברא נראה דלענין לאסור שאר בשר אוסר, כמו שאר עצמות שיש בהן מוח שאוסרין שאר בשר בודאי, כן נראה לי – חוו"ד.

‹**ויש** לספק בעצם קוליות ושאר עצמות שיש בהן מוח, והם שלימים מכל צד, ונמלחו עם בשר שפלט צירו, אי שרי, או דיש לחלק בין גולגולת דמפסיק לשאר עצמות, וצ"ע – פמ"ג.

[**אין** שייך לומר כאן דאסור בדיעבד, מאחר שלא נמלח בפנים, וכההיא דסי' ס"ט ס"ד, בלא נמלח רק מצד אחד, **דכאן** שהראש שלם, הוה כמו חתיכה עבה, אלא דאם קרעו לשנים, אז דינו כדלעיל לענין נמלח מצד אחד, וכמו שכתבתי שם].

הקולית ושאר עצמות שיש בהן מוח, צריכין מליחה - פי' ואם נתבשל בלא מליחה, המוח אסור, משום דמחזקינן דם במוח, **ומה"ט** אם נמלח בדיעבד עם שאר בשר שרי, ‹דיש לו דם, ודוקא בדיעבד, דחוששין שמא אין בו דם – פמ"ג, **ומ"מ** נראה דאם יש ס' בקדרה נגד המוח שבעצמות, אף המוח עצמו מותר, ‹דאין הרבה דם בתוכו, ולא גרע משומן – פמ"ג, ועיין בסי' ע"ה ס"ק ח'.

ומליחת העצם מועיל למוח שבקרבו, וא"צ לנקוב העצם - ולא דמי למוח שבראש, דהתם שורייקי דדמא שבקרום המוח הוא כדם כנוס בתוכו, ‹דקרום יש בו דם הרבה, וע"י כך מתבשל המוח בדמו, או דמוח שבראש יש בו יותר דם ממוח שבקוליות – פמ"ג, אבל דם שבאיברים במעט מליחה נפלט ומתמצה, עכ"ל הרשב"א.

מיהו לכתחלה לא ימלחנו עם שאר בשר, רק לבד, ובדיעבד שרי.

אבל בבשר שלהם, נוהגים בכל יום למלוח אפילו לכתחלה, ושפיר דמי, וכ"כ בת"ח.

סימן עא ס"ג • אופן מליחת המוח

הקרום שעל המוח יש בו חוטין, והמוח יש בו דם, ועצם הראש עומד לפניו ואין מקום לדם לזוב, ולכן אופן המובחר למליחת המוח, קורעו ומוציא המוח, וקורע המוח ומולחו. **ולכתחילה** יטול המוח מתוך הגולגולת קודם מליחה, וחותך הגולגולת שתי וערב, שאז מתחתך הקרום היטב.

ואם רצה למלוח המוח כשהוא בתוך הראש, ינקוב העצם והקרום, וימלח ויתן הנקב למטה, (דלא מהני כשמניחו אבית השחיטה או הנחירין ודץ ביה מידי), ומותר אף לקדירה.

ואם נמלח בלא נקיבת העצם, הקרום והמוח אסורים, דהוי כנמלח בכלי שאינו מנוקב, **ואף** בעוף כן.

ואם נמלח בלא נקיבת העצם, שאר הראש מותר, וכ"ש שאר בשר שעמו, **טעם** א', משום שעצם הגולגולת מפסיק, **טעם** ב', אפי' אם קצת מן הדם נפלט, כבולעו כך פולטו. **ועיקר** כטעם א', ונ"מ, אם שאר בשר שעמו נמלח וכבר נפלט כל דמו וצירו, דלא שייך ביה כבולעו כך פולטו, דלטעם א' מותר, (אם הוסר בשר הראש, שלא יאסר מדמו) – ש"ך. **עוד** נ"מ, אם בשר הראש גופא נמלח והודח כדינו, ועכשיו כשיחזור וימלחנו, לא שייך כבולעו כך פולטו, ויהיה נאסר בדם הקרום לטעם ב' – רעק"א.

והחוו"ד חולק ע"ז, דעצם הראש מפסיק רק בנוגע דם הכנוס בשורייקי, דהו דם בעין, ששוב לא יהיה רק כדם פליטה, אבל שאר דם שבגוף המוח והקרום ודאי נפלט דרך העצם, כמו שאר העצמות כדמבואר מהש"ך דלהלן, וא"כ יהיה אסור גם לטעם א'. **והפמ"ג** מצדד, דלפי טעם א', גם בשאר עצמות, לא יאסור שאר בשר (שכבר פלט כל דמו וצירו) שנמלחו עמו.

קולית ושאר עצמות שיש בהם מוח, צריכים מליחה, **ואם** נתבשל בלא מליחה, המוח אסור, משום דמחזקינן דם במוח,

ומש"ה אם נמלח בדיעבד עם שאר בשר, שרי, דיש לו דם, **אבל** לא לכתחילה, דחיישינן שמא אין בו דם, (**אבל** בבשר שלהם נוהגים בכל יום למלוח אפי' לכתחילה ושפיר דמי), **ואם** יש ס' בקדירה אף המוח עצמו מותר, דליכא הרבה דם בתוכו, ולא גרע משומן. **ומליחת** העצם מהני למוח שבקרבו, וא"צ לנקוב בהעצם, **ודלא** כעצם הראש, דהתם שורייקי דדמא שבקרום כדם כנוס בתוכו, אבל דם שבאברים, במעט מליחה נפלט.

§ סימן עב – דין מליחת הלב והריאה §

אופן מליחת הלב

סעיף א - הלב, מתקבץ הדם בתוכו בשעת שחיטה; לפיכך צריך לקרעו קודם מליחה ולהוציא דמו, ולמלחו אחר כך. ואז מותר אפילו לבשלו - ק"ק דמאי קמ"ל, הא גם המחבר כתב: ואח"כ מבשלין, ונראה דה"ק, ואז הוי כשאר בשר ומותר לבשלו, אפי' עם בשר, כדכתב בד"מ.

(ויש מחמירים לבשלו) - פי' אפילו ע"י קריעה ומליחה מחמירין לבשלו, גזרה שמא יבשלוהו בלא קריעה, **(רק צולין אותו)** - ע"י קריעה ומליחה קצת, כשאר בשר לקמן סי' ע"ו.

[**וכתב ע"ז** בד"מ, ואני שמעתי מרבים שמקילין, **ונוהגין** לבשלו אחר המליחה, ע"כ, וכ"כ רש"ל להקל בזו, שאין גזירה זו בתלמוד ולא בגאונים]. **וכתוב** בת"ח, ואין לשנות במקום שנהגו להחמיר, מיהו בדיעבד אם בשלוהו אחר קריעה ומליחה, פשיטא דשרי אף להיש מחמירין.

ואחר כך מבשלו.

וכתב בתשב"ץ, ואיני אוכל לב עוף, אע"פ שהספר אינו מזכיר רק לב בהמה שקשה לשכחה, מ"מ כמו כן מונע אני מלב עוף, עכ"ל, וכן ראיתי נזהרין בזה.

סימן עב ס"א • אופן מליחת הלב

הלב מתקבץ הדם בתוכו בשעת שחיטה, לפיכך צריך לקרעו ולהוציא דמו קודם מליחה, ולמלחו ואח"כ מותר לבשלו, אפי' עם שאר בשר, **ויש** מחמירין דוקא לצלותו, מחשש שמא יבשלוהו בלא קריעה, **והביא** ט"ז הד"מ ורש"ל להקל, שאין גזירה זו לא בתלמוד ולא בגאונים, **וש"ך** הביא מת"ח דאין לשנות במקום שנהגו להחמיר, **אבל** בדיעבד אם בשלוהו אחר קריעה ומליחה, מותר אף להיש מחמירין.

יש נזהרין שלא לאכול לב בהמה ולא לב העוף.

מלחו או צלאו בלא קריעה

סעיף ב - מלחו ולא קרעו, קורעו אחר מליחתו ומותר, אע"פ שנמלח עם הדם שבתוכו, דכבולעו כך פולטו, וה"ה אם צלאו ולא קרעו, שקורעו לאחר צלייתו ומותר - ואע"ג דלגבי דם בעין לא אמרינן כבכ"פ, וכדלעיל ר"ס ס"ט וס"ס ע', שאני גבי לב דשיע, פי' חלק, ולענין זה מהני עכ"פ שיעתו, דלא בולע הרבה רק מעט, ולגבי דידיה מיחשב דם פליטה, כ"כ בת"ח, **והוצרך** לטעם זה לסברת היש מחמירין שכתב בהג"ה, לאסור בשר שנמלח עמו, ע"ש, **ומהרא"י** כתב בשם הגהת שערי דורא הטעם, דכיון שהוא כנוס תוך חללו, א"כ ע"י מליחה וצלייה מתייבש הדם תוך חללו, וחשיב תו דם פליטה, [ולפי"ז צ"ל דגם במליחה **מתיבש**, ודוחק קצת, **עכ"ל**], ולפי"ז פשיטא דשאר בשר שנמלח עמו שרי.

‹**אבל** אין למלוח אפילו בפני עצמו ולסמוך אקריעה שלאחר מליחה, דדיעבד אמרינן דהוה דם פליטה ולא לכתחלה, ועוד שמא ישכח ויבשלנו כך – פמ"ג›.

מיהו הרשב"א והר"ן כתבו בשם הרמב"ן, דלצלי בלא"ה שרי, דבצלי אמרינן דשיע ואינו בולע כלום, ונראה שם שכן דעת הר"ן, וה"נ במליחה אמרינן דשיע, ובספרי כתבתי שהיא השטה המחוורת בש"ס, וכן הסכים מהרש"ל, **ונ"ל** דנ"מ אם אחר שנמלח הלב נפל לציר, דשרי מטעם דשיע ולא בלע, אע"ג דאסור בשאר בשר, וכדלעיל ס"ס ע'.

‹**בלא"ה** נ"מ, אם אחר שנמלח הלב ושהה כדי שיפלוט דמו וצירו, או בהודח לאחר ששהה במלחו שיעור מליחה, להסוברים דהודח נסתמו נקבי הפליטה, חזר ומלח הלב, דלטעמים הראשונים דדם הלב כדם פליטה, אסור, כיון דאין לבשר הלב דם של עצמו, לומר איידי דפליט, ולטעם דשיע לא בלע, מותר – רעק"א›.

סימן עב ס"ב(1) • מלחו או צלאו בלא קריעה

מלחו או צלאו בלא קריעה, קורעו אח"כ, אע"פ שנמלח או נצלה עם הדם שבתוכו, כבולעו כך פולטו, **ואע"ג** דלא אמרינן "כבולעו" בדם בעין, שאני לב דחלק, ואינו בולע הרבה רק מעט, ולגבי דידיה נחשב לדם פליטה, (ולפי"ז שאר בשר שנמלח עמו נאסר, וכדלקמן), **ועוד** טעם, דכיון שהדם כנוס תוך חללו, ע"י צליי' ומליחה נתייבש בתוכו, וחשיב תו דם פליטה, (ולפי"ז שאר בשר שנמלח עמו שרי, וכדלקמן).

ולכתחילה אין לסמוך לעשות הקריעה אח"כ, דרק בדיעבד אמרינן שנחשב לדם פליטה, ועוד שמא ישכח ויבשלו כך.

וי"א דכיון דלב חלק, אינו בולע כלום ע"י מליחה וצליי', **ונ"מ**, דאם אחר המליחה נפל הלב לציר, אע"ג דבשאר בשר נאסר, בלב שרי, דאינו בולע, **עוד** נ"מ, אם אחר שנמלח הלב, שהה כדי שיפלוט כל דמו וצירו, (או אם הודח אחר שנפלט כל דמו, למאן דס"ל דנסתמו נקבי הפליטה), וחזר ומלחו, דלטעמים הראשונים דדם שבחלל הלב הוי דם פליטה, הכא ליכא דם של עצמו לומר "איידי דפליט", ולטעם דלא בלע כלל, מותר.

בשלו בלא קריעה

אבל אם בשלו בלי קריעה, אסור - דע"י בישול בולע, ולא אמרינן דשיע, ולא שייך למימר כבכ"פ בקדרה, דהא כל מה שנפלה ממנו הוא בקדרה, [**ודלא** כרמב"ם דפסק להתיר, מכח התירוץ בגמ': שאני לב דשיע ולא בלע].

עד שיהא ס' כנגד הלב, דלא ידעינן כמה נפק מיניה - לכאורה משמע מדברי הט"ו, דאפי' נמלח תחלה דיצא כבר כל הדם שבבשר הלב, דמה"ט קורעו לאחר מליחתו ומותר, אפ"ה בעינן ס' נגד הלב, ולא סגי כנגד דם שהיה בחללו, דאף זה אין אנו יכולין לעמוד עליו ולשערו, **שהרי** כתבו, אבל אם בישלו בלא קריעה כו', דמשמע דנמלח מיהא, אלא דנתבשל בלא קריעה, **ועוד** דאי לא נמלח, תיפוק ליה דאפי' נקרע צריך ס' נגד כל הלב, וכן מוכח מדברי הרשב"א בת"ה להדיא, ע"ש, וגם דברי שאר פוסקים לכאורה נראין כן, **וכן** נראה מדברי מהרא"י, שכתב בהגהת ש"ד, על מש"כ הש"ד הלב אסור שנתבשל בדם חללו, והעוף מותר שיש ס' כנגד דם הלב, וז"ל, הא דלא קאמר ס' נגד הלב, דהיאך ידעינן כמה דמא נפיק מיניה, פי' בתשובת מיימוני"י, משום דדם הלב כנוס במקום אחד, ונוכל לשער, ודם שבבשר הלב יראה כיון דלקדרה איירי, ע"כ נמלח תחלה, עכ"ל, **וא"כ** הט"ו וסייעתו דמיירי נמי לקדרה, ע"כ נמלח תחלה, כן היה נראה לכאורה, **אבל** מהרש"ל כתב, דמוכרחים אנו ליישב שהטור מיירי קודם מליחה, עכ"ל, [**ודבריו נראין עיקר בפירוש דברי הטור, דאי מיירי הטור בנמלח, אין שייך לומר לא ידעינן כמה נפיק מיניה**], וגם הב"ח כתב שיש מפרשים כן, **ובעיני** דוחק לפרש כן וכמ"ש, וגם בת"ח משמע דס"ל דהטור פליג אש"ד, וס"ל דאפילו נמלח צריך ס' נגד כל הלב, ופסק כהטור, ע"ש ודוק, **גם** באו"ה כתב בשם הסמ"ק, דאפי' נמלח צריך ס' נגד כל הלב, ולא סגי בס' נגד הדם שבתוכו, אלא שכתב שם הטעם בשמו, משום דאנו צריכין מליחה משני צדדין, וא"כ לא נמלח מבפנים ומבחוץ, **ואין** נראה כן דעת מהרא"י ודעת הרב, שהרי גם הם פסקו לעיל סי' ס"ט ס"ד, דאף בדיעבד צריך מליחה משני צדדים, ואפי' הכי פסקו כאן דקורעו אחר מליחתו ומותר, אלא ע"כ כיון שהלב אינו קרוע, הוי כחתיכה א' עבה, כמו גבי ראש בר"ס ע"א, ובאמת לא מצאתי מזה שום דבר בסמ"ק, **מיהו** ע"כ דברי המחבר צריך לפרש בלא נמלח תחלה, שבסי' כ"ב על מש"כ הטור, דצריך ס' כנגד כל החוטין, כתב וז"ל, וא"ת למה צריך ס' נגד כל החוטין, בדם שבהן ליסגי, כבר נתן הרשב"א ז"ל טעם לדבר, דלא ידעינן כמה נפק מנייהו, אבל הר"ן כתב דמשערין בדם שבחוטין, ונראין דבריו, עכ"ל, וכן פסק בשו"ע שם, **א"כ** משמע להדיא דס"ל דבדם שהוא כנוס במקום א' נוכל לשערו, **מיהו** כתבתי שם בשם ד"מ, שגם הר"ן סובר דלא ידעינן לשער, ע"ש, וצ"ע לדינא. ‹**דאולי** אין ראיה מד"מ, דאפשר בגוף החוטין יש דם, משא"כ כאן דם שבבשר הלב יצא ע"י מליחה, ומש"ה הניח בצ"ע – פמ"ג›.

[**ונראה דלמעשה יש להחמיר כדעת רמ"א, להצריך ששים נגד כל הלב בכל גווני, וראיה ממהרי"ל העתקתיו בסוף סימן זה, דהיה נמלח ונתבשל, ואפ"ה הצריך ששים נגד כל הלב, ומי יקל נגדו שהוא גדול שבאחרונים**].

(**עיין** בתשו' נו"ב, ע"ד עוף שצלאו תוך בעקי"ן, ונמצא בו לב, אם יש להחמיר ולומר שהרוטב לא הגיע למעלה, ובעינן ששים באותו חלק שבתוך הרוטב, **וכתב** שהוא מורה להקל, ולא מטעם זה לחוד דקיי"ל כר"י בחתיכה שמקצתה תוך הרוטב, אלא גם מטעם אחר, דאולי לא הגיע הרוטב אפילו לכסות עובי אותו צד העוף שלמעלה, ונשאר הלב כולו למעלה מהרוטב, ואז ממ"נ, אם אתה רוצה לאסור העוף מחמת הלב, ולומר שאף בלא רוטב כו', **ולכל** היותר אין להחמיר יותר מכדי נטילה, ולומר שהרוטב לא עלה למעלה מעובי הצלע, והיה הלב דבוק בלא רוטב ואסור רק כדי נטילה, **וגם** בזה יש מקום להקל, דהא כתב הש"ך בסי' צ"ב בשם הר"ן, דחתיכה שבקדרה מתפשט בכולה אף בלא רוטב, **ואף** דהש"ך כתב שם דדוקא בדבר צלול, היינו כשאין האיסור דבוק ממש, עכ"ד).

(**ועיין** בשו"ת פני אריה, שנשאל על ענין כזה, רק בעובדא דידיה היה ידוע שמקצת העוף תוך הרוטב, והלב מונח באותו מקצת, ומקצת העוף היה חוץ לאגן, **וכתב** מתחלה דאע"ג דכחוש הוא, הרוטב מפעפעתו ומבליעתו בכל העוף בשוה, אף במה שחוץ לקדירה, ומצטרף כל העוף לבטל הלב, **ושוב** חזר בו מהוראה זו, והעלה דאין המקצת שחוץ לקדרה מצטרף לבטל, **וכתב** שגם על המקצת שבתוך הקדרה, אלא שהוא חוץ לרוטב, יש ג"כ לדון הרבה אם מצטרף לבטל האיסור המונח בתוך הרוטב, ע"ש, **ולדברי** הנו"ב הנ"ל, גם בזה יש להקל, מטעם דקיי"ל כר"י, וגם מטעם האחרון, **ואף** דכאן היה מקצת חרץ לאגן, נראה דלא שנא).

סימן עב ס"ב(2) • בשלו בלא קריעה

אם בשלו בלא קריעה, וליכא ששים, אסור, דע"י בישול בולע, ולא אמרינן דחלק, ולא שייך כבולעו כך פולטו, דהא כל מה שנפלה ממנו הוא בקדרה.

וכדי לבטלו צריך ששים כנגד הלב, דלא ידעינן כמה דם נפיק מיניה, **ואפי'** נמלח תחילה ויצא כל דם של בשר הלב עצמו, ולא סגי בששים נגד חלל הלב, דאף זה אין אנו יכולין לשער, (**דאי** לא נמלח תחילה, היה צריך לששים נגד כל הלב אפי' אי קרעו והוציא דם שבחלל קודם הבישול), **מיהו** יש מפרשים דברי המחבר, דאי נמלח תחילה, די כשיש ששים נגד חללו לבד, דזה נוכל לשער, וצ"ע לדינא – ש"ך, **וס"ז** כתב דיש להחמיר כהרמ"א, להצריך ששים נגד כל הלב בכל גווני.

אם צלאו עוף בכלי ונמצא בו לב, וחלק מהעוף היה חוץ להרוטב, פסק הנו"ב להקל מב' טעמים: שיטת ר"י דאפי' מקצתו ברוטב נתפשט הטעם בכולו, ועוד דאי אינו מתפשט, דלמא הלב היה בהחלק שמחוץ לרוטב, ומותר ממ"נ, **ולכל** היותר אין להחמיר יותר מכדי נטילה דדלמא היה הלב חוץ להרוטב, **וגם** בזה יש מקום להקל לשיטת הש"ך, דכל מה שבקדרה מתפשט בכולו אפי' בלא רוטב.

ואם היה הלב בהמקצת שבתוך הרוטב, ומקצת העוף חוץ לקדרה, מסיק הפני ארי', דאין מה שמבחוץ לקדרה מצטרף להשאר לבטל הלב, וגם מה שתוך הקדרה וחוץ לרוטב יש לדון הרבה אם מצטרף, **ולפי** הנו"ב הנ"ל, גם בזה יש להקל, ואף דהכא מקצתו חוץ לקדרה, נראה דלא שנא.

אם יש ס', מה הדין עם הלב עצמו

הגה: ואפילו בדאיכא ס', הלב עצמו אסור - הטעם כתב בת"ח, בשם מהרא"י בהגהת ש"ד, משום דלפעמים הדם שבלב מתבשל ונתייבש כולו בחלל הלב, ואינו יוצא לחוץ, **והא** דלא אסר ליה מטעם שהלב עצמו נעשה נבלה מהדם שבתוכו שהוא דבוק בו, **כבר** כתב מהרא"י שם, דלענין זה מהני שיעתו דלב, דלא אמרינן ממהר לבלוע טפי משאר בשר, ע"ש, והוכיח כן מדברי הש"ד, וכן מבואר דעת מהרש"ל שם, וכ"כ הד"מ בהדיא ע"ש, ‹**ויראה** לפרש, דאף שפולט הדם דרך בשר הלב, וע"כ הלב בולע תחלה, י"ל דלב שיע ובפעם ראשון שפולט לא נתעכב בלב, אלא אח"כ ע"י בישול הרבה נכנס ג"כ בלב, ומש"ה לא שייך איסור דבוק, אלא מטעם דנתייבש ולא יצא – פמ"ג, **דלא** כהעט"ז שאסר ליה מטעם דנ"נ.

‹**בפשוטו** י"ל, דאם הלב דבוק בעוף, הוי הכל כחתיכה אחת, ואין הלב ממהר לבלוע יותר מהעוף, ואם יש ס' בעוף, מהראוי דגם הלב שרי, ובזה צריך לטעם דנתייבש בתוכו, וכ"כ המנ"י – רעק"א›.

צ"ע קצת, כיון דהמחבר כתב אסור עד שיהא בו ס', דמשמע דאם יש בו ס' גם הלב מותר, וכמבואר ג"כ בב"י, א"כ הוה ליה להרב לכתוב, וי"א דאפי' איכא ס' כו'.

ויקלוף מעט סביב הלב - פירוש אם נתבשל הלב עם העוף, בענין שיש בחתיכה עצמה ס', אפ"ה צריך קליפה, כיון דכבר נמלח עמו ונאסר כדי קליפה, וכן מבואר בת"ח, **ולפי"ז** מוכח ג"כ דעת הרב, דאפילו נמלח הלב תחילה צריך לשער נגד כל הלב, ודוק ועיין לעיל.

סימן עב ס"ב(3) • אם יש ס', מה הדין עם הלב עצמו

והיכא דאיכא ששים, משמע מהמחבר דגם הלב מותר, **אבל** הרמ"א פסק, דהלב עצמו אסור, **מטעם** דלפעמים הדם שבלב מתבשל ונתייבש כולו בחלל הלב, ואינו יוצא לחוץ, **אבל** לא מטעם דבוק ונעשה נבילה, דלענין זה מהני שיעתו דלב דאינו ממהר לבלוע טפי משאר בשר, (**ואע"ג** דפולט דרך הלב, וע"כ בלע תחילה, **י"ל** דלא נתעכב הדם בבשר הלב בפעם ראשונה, אלא ע"י בישול הרבה, וא"כ לית ביה עדיפות משאר בשר). **ועוד** טעם, משום דגם הלב דבוק בשאר העוף, וא"כ אינו ממהר לבלוע טפי משאר העוף.

וצריך גם קליפה סביב הלב, דכיון דנמלח כבר, נאסר כדי קליפה. **והקשה** רעק"א (לקמן בסמוך) שיחשב בשר הלב עצמו כקליפה.

שאר הבשר שנמלח עם הלב

ויש מחמירין בו אפילו במליחה, לאסור שאר בשר שנמלח עמו, ואומרין דלא אמרינן כבולעו כך פולטו גבי דם הלב הכנוס בתוכו, דהוי דם ממש, ולא מקרי דם פליטה.

אבל הלב עצמו מותר, דלכך מהני שיעתו דלא בולע רק מעט, ולגבי דידיה מיחשב דם פליטה המעט שבולע, אבל גבי שאר בשר מיחשב דם ממש, עכ"ל ת"ח, **ומבואר** בהג' ש"ד, דהאוסרים בשר שנמלח עמו, אוסרים נמי בשר שנצלה עמו, מה"ט דהוי דם בעין ע"ש, **ומהרש"ל** לא עיין שפיר אגב חורפיה, והבין דהגהת ש"ד אוסרת במליחה דוקא ולא בצליה, **ולפי"ז** הרב שחשש לדברי הגהת ש"ד להחמיר כדי קליפה במליחה, אה"נ דבצלי מחמיר כדי נטילה, כיון דבלא"ה קי"ל בצלי בכדי נטילה, רק שאנו מחמירין בס' וכדלקמן סי' ק"ה ס"ה, **וכן** גבי ורידין בסי' כ"ב ס"א, סתם הרב כדברי המחבר, דאם צלאו שלם יחתוך סביבם כדי נטילה, וכ"כ הרשב"א, דכי היכי דגבי ורידין צריך נטילה, ה"ה בלב, ע"ש.

דלא אמרינן כבולעו כך פולטו - ‹קשה לי, הא במליחה גם בדם פליטה לא אמרינן כבולעו כך פולטו, כדקימ"ל לעיל סי' ע' ס"ו, והו"ל למינקט דלא אמרינן איידי דיפלוט דם דידיה, או איידי דטרוד לפלוט לא בלע - רעק"א›.

והמנהג להקל, וכן עיקר, דגם זה מקרי דם פליטה, ושייך למימר ביה כבולעו כך פולטו, מידי דהוי אדם שבחוטין, כמו שנתבאר לעיל סימן כ"ב - [פירוש, במליחה מקילין בין הבשר שנמלח עמו, בין הלב עצמו, וכמו שמסיק אח"כ, שאין חילוק כו', רק בבישול קימ"ל, אפי' בדאיכא ששים הלב עצמו אסור, **ומ"ש** הרמ"א אח"כ, ולכן אם העוף שלם הכל מותר, לא נתכוין אהלב עצמו, דמ"מ אסור בבישול, **ומו"ח** ז"ל הקשה כאן דברי רמ"א אהדדי, ולא קשה, **דהכל קאי אמה שבקדרה ועל העוף**].

ודעת מהרש"ל, כדעת היש מחמירים, והעיקר כדעת הרב כמ"ש בספרי ע"ש, וכ"כ הב"ח דהכי נהגינן, **מיהו** פשיטא דלכתחלה אין למלוח או לצלות לב עם בשר, כיון דעכ"פ צריך קליפה, ‹והיינו לשיטתו בס"ק שאחר זה, דאף באין דבוק צריך קליפה, **אלא** דלא ידענא, מאי איריא משום קליפה, בלא"ה אין למלוח אפילו בפני עצמו ולסמוך אקריעה שלאחר מליחה - פמ"ג›.

ויש מחמירין לקלוף קצת במקום שהיה הלב דבוק, וטוב לחוש לדבריהם ולקלוף קצת סביב הלב, ואז הכל מותר - ואז יוצאים לכו"ע, שהרי רוב הפוסקים הסכימו שלא להצריך במליחה רק קליפה, רק שאנו מחמירין בס', עכ"ל ת"ח, **ולפי"ז** משמע להדיא דאפי' אינו דבוק הלב, אלא שנמלח עם בשר שאינו דבוק בו, צריך קליפה, וכן מוכח עוד בת"ח שם ע"ש ודוק, **ומש"כ** הרב במקום שהיה הלב דבוק, לאו דוקא קאמר, **וכן** בדין, דהא מהרש"ל אוסר כולו, ונהי דלא נהגינן הכי, מ"מ יש להחמיר ולהצריך קליפה.

והב"ח כתב, ואם נמצא הלב מונח תוך העוף במליחה או בצליה, א"צ אפילו קליפה, כמו לגבי כבד בסי' ע"ג, עכ"ל, **וליתא**, דשאני הכא כיון דקצת פוסקים חשבי דם לב בעין, ראוי להחמיר להצריך קליפה, ולא דמי לכבד כמ"ש בהגהת ש"ד עצמו לחלק, דשאני כבד דכולי דם הוא, ואפ"ה שרי רחמנא, **גם** מש"כ הב"ח או בצלייה, ודאי ליתא, דהא אפילו בכבד נוהגים להצריך קליפה בצלי, אפי' אינו דבוק, וכמ"ש בסימן ע"ג ס"ק י"ז, וכמ"ש הב"ח עצמו שם.

‹**קשה** לי כיון דהלב לא נאסר, וקורעו אחר מליחתו ומותר, א"כ לגבי שאר החתיכות להוי בשר הלב עצמו כדי קליפה, וצע"ג, **וכן** קשה על תחילת דברי הרמ"א, ויקלוף מעט סביב הלב, והטעם דבמליחה נאסר כ"ק, ואמאי לא נחשב בשר הלב עצמו בתורת קליפה - רעק"א›.

ואין חלוק בין בשר שעם הלב או הלב עצמו - אדסמיך ליה קאי, ור"ל דבמליחה אין חילוק, דכי היכי דאמרינן בלב עצמו כבולעו כך פולטו, ה"נ בבשר שעמו, וכמו שנתבאר וק"ל, **דלא** כהב"ח שהבין, דמש"כ הרב לעיל, אפי' בדאיכא ס' הלב עצמו אסור, קאי נמי אמליחה ‹משום חומרא›, וכאן מיירי לפי ‹דין› הש"ס ע"ש.

סימן עב ס"ב(4) • שאר הבשר שנמלח עם הלב

יש מחמירין במליחה (וה"ה בצליי'), לאסור שאר בשר שנמלח עמו, דלא אמרינן כבולעו כך פולטו על דם בעין, ודם הלב הכנוס בתוכו לא מקרי דם פליטה, **אבל** הלב עצמו הוא חלק אינו בולע רק מעט, ולדידיה נחשב לדם פליטה, (וכנ"ל בתחילת הסעיף). **ודלא** כהב"ח דס"ל אליבא דרמ"א, דגם במליחה הלב עצמו אסור.

והמנהג להקל, וכן עיקר, דגם דם זה מקרי דם פליטה, ושייך ביה כבולעו כך פולטו - רמ"א, **ודעת** המהרש"ל כהמחמירין, והעיקר כהרמ"א - ש"ך. **ויש** מחמירין לקלוף סביב הלב (אפי' כשאינו דבוק), וטוב לחוש לדבריהם, דאז יוצאין לכו"ע, שהרי רוב פוסקים ס"ל, דבכל מליחה א"צ רק קליפה, רק שאנו מחמירין בס', (והיכא שצלאו צריך כדי נטילה). **ודלא** כהב"ח, דאינו מצריך קליפה אפי' בצליי'.

והקשה רעק"א, כיון דהלב עצמו אינו נאסר, א"כ לגבי שאר חתיכות להוי בשר הלב עצמו כדי קליפה, וצע"ג.

מיהו פשיטא דלכתחילה אין למלוח או לצלות הלב עם בשר, בלא קריעה, כיון דצריך עכ"פ קליפה, **ועוד** דכבר אמרנו לעיל (1), דאפי' הלב בפני עצמו אין למלוח ולסמוך אקריעה שלאחר מליחה וכדלעיל.

הקשה רעק"א, דבמליחה, גם בדם פליטה לא אמרינן כבולעו כך פולטו, והו"ל למינקט איידי דיפלוט דם דידיה, או איידי דטריד לפלוט לא בלע.

אם הלב סגור, וערלת הלב

ואין חלוק בין אם הלב סגור או פתוח למעלה -

כלומר דאפי' סגור למעלה מהני ליה קריעה אחר מליחה וצלייה, ואפי' אינו סגור למעלה צריך לחזור ולקרעו היטב, דמה שפתוח למעלה לא מיקרי קרוע, וכן אם נתבשל כך אסור, וכן עיקר כאשר הוכיח הרב בת"ח בראיות ברורות ע"ש, וכן משמע מדברי כל הפוסקים, שלא חילקו בכך, דלא כהב"ח.

[**דלא** כאו"ה שסובר, בסגור למעלה אסור אפי' במליחה וצלייה, ובפתוח למעלה סגי כמו קרוע, ואם בישלו אח"כ מותר, **דקשה** עליו, היכן מצינו מה שאמרו וקורעו לאחר מליחתו, אי בסתום למעלה, הא כבר נאסר, ואי בפתוח למעלה, הא א"צ קריעה אח"כ, **אלא** ודאי אין חילוק, דכל שלא קרעו ממש אין שום היתר במקום שצריך קריעה, ומיהו אם הניחו על פיו, דאיכא מקום לדם לזוב, איכא למימר דמקרי קרוע, וכל זה כתוב בת"ח, ודבריו נכונים].

ונוהגין לכתחלה לחתוך ערלת הלב ולחתוך גידין שבפנים, ואינו אלא חומרא וזהירות בעלמא -

וברקנ"ט פרשת לך לך כתוב וז"ל, ובעבור כי הברית היא דוגמת הלב, לכך חותכים גם חידוד הלב בראשיתו, להעביר משם כחות הטומאה, וזהו ומלתם את ערלת לבבכם, ע"ש.

סימן עב ס"ב(5) • אם הלב סגור, וערלת הלב

אפי' אם הלב סגור, מהני ליה קריעה אחר מליחה וצליי', **ואפי'** אם הלב פתוח, צריך לחזור ולקרוע היטב, דמה שפתוח לא מקרי קרוע, ואם נתבשל כך אסור. **מיהו** אם הניחו על פיו, דאיכא מקום לדם לזוב, איכא למימר דמקרי קרוע.

נוהגין לכתחילה לחתוך ערלת הלב, והגידין שבפנים, ואינו אלא חומרא וזהירות בעלמא, **וי"א** דחותכין חידוד הלב בראשיתו, כדי להעביר משם כחות הטומאה, וזהו ומלתם את ערלת לבבכם.

שהעוף יש בו ששים כנגד הלב

סעיף ג- אין עוף שלא יהא בו ששים כנגד לבו

- כלומר כנגד כל לבו, לא כנגד דם שבחללו לבד, וכן הוכחתי בספרי מדברי הרבה פוסקים ע"ש, **והלכך** אפי' לב שלם שלא נמלח, או לב שנאסר ונתבשל עם עוף שלו, וכיוצא בו, מותר, דהעוף הוא ס' נגד כל לבו.

וכתב מהרש"ל, דאווזא שהופשטה עורה, אין בה ששים נגד לבה, [דאפשר דאין בה ששים אפי' נגד דם הלב], וע"ש בפרישה.

ומותר אפילו הוא דבוק בעוף - אין ר"ל דאילו לא היה בעוף ס' כנגד לבו, היה העוף אסור, אפי' אם יש בו עם הקדרה לבטל הלב בששים, וכדכתב הרב, דהא ס"ל להמחבר לקמן סי' צ"ב ס"ד דלא אמרינן חנ"נ רק בבשר בחלב, **אלא** מילי מילי קאמר, וה"ק אין עוף שלא יהא בו ס' נגד לבו, ולא בעינן לצירוף שאר דברים בקדרה כשהעוף שלם, **ומותר** אפי' הוא דבוק בעוף, ואפי' אין בחתיכה הדבוקה בו ס' אלא ע"י צירוף הקדרה, מטעם דלא אמרינן חנ"נ בשאר איסורים, **ועוד** דלא נאסרה החתיכה קודם לכן, ועתה אינה ממהרת יותר לבלוע משאר דברים שבקדרה, זאת היא דעת המחבר, וכך היא דעת הרשב"א והטור.

הגה: וכל עוף יש בו ס', אפילו אין בו הראש והרגלים התחתונים, כדרך שנוהגים להסירן, דהיינו עד הארכובה התחתונה - ‹ודע, אף שאין בני מעיים בתוך התרנגולת, יש ס' - פמ"ג›.

[**בתשובת ר"י** מינץ מיקל יותר, להתיר העוף גם כשהוא בלא כנפים ורגלים, דאפ"ה מקרי עוף שלם, **וכתב שם**, ‹דלכתחלה לא היה מתיר, אלא› **אם היה העוף** לפניו והיה משער במראית העין, **ומש"ה לא נקיט הרמ"א** כאן רק ראש ורגלים, **שזה א"צ לעיין בו אפי' העוף** לפנינו, **וכן** דעת בעל הדרישה להקל בזה, ‹ואפילו ניטל הגרגרת ושאר דברים, ולא נשאר כי אם הגוף שלם, **ומ"מ** יראה דאם נטלו העצם הקוליות ובשר עליהם, ולא נשאר כי אם הגוף לבדו, דאין להקל כולי האי - פמ"ג›, **עכ"פ היכא** שיש עוד איזה צד לקולא, ‹שיש שאר דברים בקדירה להצטרף›, דהיינו **שאנו משערים ששים בכל החתיכה**, היכא שיש איסור דבוק שהוא עצמו חומרא, ‹ודע, דיש צד

להקל היינו איסור דבוק, אבל חנ"נ, על דרך משל שהסירו הכנפים וגרגרת, ונאסר העוף, ואח"כ הוסיפו עוד בקדירה, אין מקילין לומר דחנ"נ הוה חומרא, כי רוב הפוסקים ס"ל חנ"נ בשאר איסורין, ופשוט הוא – פמ"ג. **ונ"ל עוד, דגם בלא העור עליה יש להקל, שהרי גם בתרנגולת אמרו כן, ושם העור דבר מועט, ממילא ה"ה נמי בעור אווז שהופשטה]**, ‹כתב בעבודת הגרשוני, דמיירי שיש עוד צד להקל, והדבר למד מענינו, ולא סותר מה שכתב לעיל – פמ"ג.

ולכן אם העוף שלם, הכל מותר - וכל זה לא מיירי אלא לענין שאר דברים שבקדרה, אבל הלב אסור לעולם, אפי' יש בעוף עצמו ששים כנגדו, משום דלפעמים הדם מתיבש בתוך חללו ואינו יוצא לחוץ, וכמ"ש בס"ב.

סימן עב ס"ג(1) • שהעוף יש בו ששים כנגד הלב

לב שלם שלא נמלח או שנאסר, ונתבשל עם עוף שלו, מותר כל העוף חוץ מהלב עצמו, דאין עוף שלם שלא יהא בו ששים כנגד כל הלב, (לא רק כנגד הדם שבחללו).

אפי' אין להעוף הראש, ורגלים התחתונים עד הארכובה התחתונה, יש בו ס', **ואפי'** אין בהתרנגולת הבני מעיים. **אבל** אווז שהופשטה עורה, אין בה ששים נגד לבה, ואפשר דאין בה ששים אפי' נגד דם הלב.

מהר"י מינ"ץ מתיר אפי' כשהוא בלא כנפים ורגלים, אלא דכשהוא לפניו צריך לכתחילה לשער במראית העין, **משא"כ** כשרק חסר הראש והרגלים התחתונים, א"צ לשער אפי' כשהוא לפניו. **דעת** הדרישה ג"כ להקל, אפי' ניטל גם הגרגרת ושאר דברים, ולא נשאר כי אם הגוף שלם, עכ"פ היכא שיש עוד צד להקל, (דהיינו שיש שאר דברים בקדרה), אנו משערין שיש ששים בהחתיכה, (והיינו באיסור דבוק, דכל ענין של דבוק הוא חומרא, אבל בציור שהנדון הוא חנ"נ, לא הוה אמרינן כן, דרוב פוסקים ס"ל חנ"נ בשאר איסורים). **ובאופן** זה שיש עוד צד להקל, גם אי הופשטה מהעור, אמרינן דיש ס' בתרנגולת וה"ה לאווז, **אבל** בלא עוד צד להקל, לא מקילין שיש ס' כשהופשטה וכנ"ל.

דבוק וחנ"נ

ואם אין שלם, וליכא בו ס' נגד הלב הדבוק בעוף, י"א דהחתיכה נעשית נבילה - הטעם, דאותה חתיכה שהאיסור דבוק בה ממהרת לבלוע האיסור תחלה, ונעשית מיד נבלה, **ובעינן ס' בקדירה נגד כל העוף, וכן נוהגין.**

‹בש"ך לעיל סימן כ"ב כתב, דמיירי דוקא בלא נמלח הלב, אבל בנמלח, והאיסור רק משום דם הכנוס, לא מקרי דבוק – רעק"א›.

[זה דעת מרדכי שמביא בד"מ, דס"ל בכל איסור דבוק דנעשה נבילה, כמ"ש בסי' צ"ב ס"ד, **אבל** בטור כתב בשם י"א, דחיישינן שמא אותה חתיכה לבדה נשארה ברוטב ונאסרה, וחזרה ואוסרת האחרת, ולא היה שם ששים, ודחה הטור את זה, דאמאי יחזיק ריעותא לומר כן, והטעם, שדם שבישלו אינו אלא מדרבנן, והוי ליה ספיקא דרבנן, **ואין זה דומה למש"כ הטור סי' ק"ז גבי דגים**, דחיישינן שמא נשארו כו', **דשם יש איסור דאורייתא**, וה"ה בחתיכת בשר שנדבק בה חלב, שנתבשל עם שאר חתיכות, ויש מקום לחוש שמא היתה עם החתיכה אחרת אחת לבד בלי תערובות אחרים, ודאי חיישינן כמו בדגים דלקמן, ובחנם האריך הדרישה בחילוקים דחוקים בזה].

מדברי מהרש"ל, מתוך מה שפירש דברי המרדכי וסמ"ג, נראה, דאם בתוך הרוטב דרך בישול נצטמק הלב בחתיכה, מיקרי איסור דבוק, וצריך בחתיכה עצמה ששים לבטל הלב, **ואין** דבריו מוכרחים, גם א"צ לפרש כלל דברי המרדכי וסמ"ג כן, כמ"ש בספרי ע"ש. ‹דמ"מ אין ממהר לבלוע יותר בשביל זה, ואפשר אף לטעם שמא היתה פ"א חוץ לרוטב לא חיישינן, כל שאינו מחובר בתולדה, דהיא גופא חומרא – פמ"ג›.

ואפילו איכא ס' בקדירה, העוף אסור, הואיל ואין בו ס' נגד הלב הדבוק בו. ואם אין הלב דבוק בעוף, מצטרף כל הקדירה לבטל הלב בס'. ועיין לקמן סימן צ"ב בדין חתיכה נעשית נבילה.

סימן עב ס"ג(2) • דבוק וחנ"נ

שיטת המחבר, דאפי' אין בהעוף ששים אלא בצירוף שאר דברים שבקדירה, מותרת, דלא ס"ל סברת דבוק, (שממהר לבלוע יותר משאר דברים שבקדירה, או שמא היה פעם א' חוץ לרוטב), **וגם** לא ס"ל חנ"נ בשאר איסורים, א"כ אפי' ממהר לבלוע, מצטרף עמו שאר הדברים לבטל הלב.

אבל הרמ"א ס"ל סברת דבוק וחנ"נ, ממילא אם הלב אינו דבוק, אפי' אין בהעוף ס', מצטרף שאר דברים עם העוף לבטל הלב, **אבל** אם הלב דבוק, אם אין ששים בהעוף, נעשית העוף חתיכת נבילה, ובעינן ס' בקדירה נגד כל העוף, ואפ"ה העוף אסור, **ודוקא** בדלא נמלח הלב, אבל אם נמלח, והאיסור הוא רק משום דם הכנוס, לא מקרי דבוק.

והס"ז מביא דעת הטור, דחשש דבוק הוא שמא נשארה לבדה אותה חתיכה עם מה שדבוק, ולא היה ס', ולכן כיון

דדם שבישלו הוא דרבנן, לא מחזקינן ריעותא, דהוי ספיקא דרבנן, **ודלא** כדגים טמאים וחלב דיש איסור דאורייתא.

לפי המהרש"ל, אם דרך בישול נצטמק הלב בחתיכה, מקרי דבוק, **ואינו** מוכרח, דמ"מ אין ממהר לבלוע בשביל זה, ואף לחשש שמא היתה פעם א' חוץ לרוטב, לא חיישינן כיון שאינו מחובר בתולדה, דהיא גופא חומרא.

דין מלוי העוף

דין עוף שמלאוהו בלב או כבד ע"ל ס"ס ע"ג.

[**כתוב** בס' מהרי"ל, לב שלם נמצא בתרנגול שלם, ונמלח ונתבשל עמו, ומלאו התרנגולת בביצים, ואסר מהרי"ל את הכל, משום דאין בעוף ששים נגד לבו, אלא כשהוא שלם עם רגליו והראש כו', והביצים שמלאו בו אינם מצטרפים לבטל בששים, דהוי כתבשיל אחר, עכ"ל, **וכבר** כתבו האחרונים, דלא קימ"ל כמהרי"ל במה שהחמיר להצריך כל העוף שלם, אלא כמבואר בסמוך אפי' בלא הראש ורגלים, **וכתב** רש"ל דמ"מ איכא נפקותא לדידן, היכא שאין בעוף ששים נגד הלב, שאין הביצים מועילים לבטל, ואפי' היה הלב מונח לבדו ואינו מחובר אל החתיכה, כיון שהביצים נקרשים, **וכן** מצאתי בחידושים, ואם מלאו בשר, הוי המלוי כשאר בשר המונח עם הלב בקדרה, ואם המלוי מבשר וביצים ביחד, אז אם לא נמלח הבשר, מועיל לבטל כמו שהיה הכל בשר, ‹עיין בש"ך ס"ס ע"ז דחולק ע"ז›, **ואם** נמלח, אז המלח גורם שיקרש, והוי כמלאו כולו ביצים, **ומש"כ** הכל בו, שאם מלאו בבשר או ביצים, דיש לחוש שנבלע כל הדם במלוי, ואף אם יש בתבשיל הקדירה ששים כנגד הלב, אסור המלוי והשאר מותר, **לא** נהירא כלל, אלא כמ"ש, דכל שנאסר המלוי, צריך שיהיה בגוף העוף ששים נגד המלוי, ואם לאו, נאסר כל הקדרה עד שיהיה ששים נגד כל העוף, **והא** דמשמע מדברי מהרי"ל, שאין הביצים מועילים לבטל, אבל מ"מ אין המלוי נעשה נבילה, ולא נאסר, היינו שמלאו בין העור לבשר, אבל מילאו בתוכו בביצים, ידוע שהלב נחבא וכמוס בתוך המלוי, והוי כחתיכה שהלב דבוק בה, **ובאגודה** כתוב, דאם מלאוהו בביצים הוי כבישול, ואסור אפי' דיעבד, לא נתכוין דהוי כבישול ממש אפי' לקולא, דהיינו אם יש ששים בין הכל דמותר, אלא לאיסור קאמר, דלא אמרינן מישרק שריק, עכ"ל רש"ל בקיצור].

[ורמ"א ס"ס ע"ג כתב, דמילוי ביצים הוי ממש כבישול לכל דבר, והוה כתבשיל אחד עם העוף, אם אין הלב דבוק בו, וכ"כ באו"ה, שהם פירשו דברי האגודה כפשוטן, ולא כמו שדחק רש"ל בפירושן, **גם** בפירוש דברי מהרי"ל נדחק רש"ל, לחלק בין מילוי בין העור ובשר למלוי בתוכו, ואינו במשמע הלשון לחלק בין מלוי למלוי, **גם** מש"כ, דכיון שהלב נחבא בתוכן מקרי איסור הדבוק, לא מסתבר לומר כן, **ע"כ** נראה עיקר כדברי רמ"א, דכל מלוי ביצים נחשב כבישול ממש, ומהני במקום ששאר בשר מהני לבטל, אם אין דבוק בעוף אלא מונח בתוכו, ואם היה דבוק, צריך בעוף עצמו ששים, ואז הכל שרי, ומי שלבו נוקפו להחמיר, יחמיר דוקא במלוי ביצים בתוך החלל, לאסור אותם לחוד אף בדאיכא ס', אבל לא העוף, כי די לנו בחומרא זו, כנלענ"ד].

סימן עב ס"ג(3) • דין מלוי העוף

שיטת מהרי"ל: א', דאין בעוף ששים נגד הלב, אלא כשהוא שלם עם רגליו והראש, **ב'**, ואם מלאוהו בביצים, אינם מצטרפים לס', דהוי כתבשיל אחר. ש

וכתב המהרש"ל דאע"ג דלא קימ"ל כוותיה בדין א', אבל נ"מ גם לדידן דין ב', היכא שאין העוף שלם, דליכא ס' בעוף נגד הלב, אין הביצים מצטרפים לבטל, **ואפי'** אם אין הלב דבוק, אלא מונח לבדו, (וא"צ להתחשב להביצים לחלק מהחתיכה עצמה), ג"כ אינם מצטרפים לשאר הקדירה, כיון שהביצים נקרשים.

אם מלאו בשר, הוי המלוי כשאר בשר המונח בקדירה עם הלב, **ואם** המלוי מבשר וביצים ביחד, אם לא נמלח הבשר, מועיל לבטל כמו שהיה הכל בשר, (ודלא כהש"ך ס"ס ע"ז), **ואם** נמלח, אז המלח גורם שיקרש, והוי כמלאו כולו ביצים.

וכתב הכל בו, שאם מלאו בבשר או ביצים, יש לחוש שנבלע כל הדם במלוי, ואף אם יש בקדירה ס' נגד הלב, המלוי אסור, (דנחשב הלב דבוק להמלוי, אבל אין המלוי דבוק להעוף), והשאר מותר, (דלא ס"ל חנ"נ), **וחולק** המהרש"ל, דכל שנאסר המלוי, צריך שיהא בעוף ס' נגד המלוי, (דנחשב המלוי דבוק להעוף), **ואם** לאו, צריך ס' בקדירה נגד כל העוף, (משום חנ"נ). **והא** דמשמע ממהרי"ל דאין המלוי נ"נ, (דאין המלוי נחשב דבוק אפי' להלב), כתב רש"ל, היינו כשהמלוי בין הבשר להעור, אבל כשהמלוי בתוכו, הוי כחתיכה הדבוק להלב, (**וכתב** הט"ז דחילוק זה דחוק).

והט"ז כתב, דלא מסתבר שמשום שנחבא הלב בתוכן, שמש"ה יחשב לאיסור דבוק. **ומביא** הרמ"א דס"ל, דמלוי ביצים הוי ממש כשאר כל דבר, ומהני במקום ששאר בשר מהני, דאם אין הלב דבוק להעוף, מצטרף לבטל, **ואם** הלב דבוק להעוף, צריך בהעוף עצמו ס', ואז הכל שרי, **ומי** שלבו נוקפו, יחמיר דוקא במלוי ביצים בתוך החלל, לאסור אותם בלחוד אף בדאיכא ס', אבל לא העוף, כי די בחומרא זו.

שהבהמה אין בה ששים נגד הלב

ואין לך בהמה שהיא ס' נגד לבה - ז"ל העט"ז: וביש

ספרים מצאתי מסיימים, אבל אין לך בהמה שהיא ששים נגד לבה, כך מצאתי ואינו נ"ל, ובודאי טעות גמור הוא, דהא לפי אומדנא קלה עינינו רואות שיש בבהמה ג"כ ששים ויותר, עכ"ל, **ומה** אעשה שלא עיין בד"מ ובת"ח, שכתב שם הרב כן בשם או"ה, וכן הוא באו"ה, והכי משמע בסמ"ג ובמרדכי, גבי מעשה בטלה א' שנמלח ונתבשל עם הלב, והשיב ר"י דאם יש ששים במים ובטלה נגד הלב, מותר, אך לא נתיר עתה מטעם זה, לפי שרש"י היה משער בכל החתיכה שדבוק בה, ע"כ, **ולענין** מש"כ דהא לפי אומדנא קלה כו', נראה דכיון דבבהמה הדרך להסיר הראש וכרעיו וקרבו, גם צריך לנקרה מן החלב וגיד הנשה, גם מפשיטים עורה, {דהעוף דוקא עם עור שלו הוא ששים נגד לבו, וכמ"ש}, א"כ אדרבה לפי האומדנא אין כאן ס', וכ"כ רנ"ש במ"ש.

סימן עב ס"ג(4) • שהבהמה אין בה ששים נגד הלב

אין לך בהמה שהיא ס' נגד לבה - רמ"א. **והלבוש** ס"ל דבודאי טעות גמור הוא, דהא לפי אומדנא קלה עינינו רואות שיש ששים ויותר. **וש"ך** כתב, דהדרך להסיר הראש וכרעיו וקרבו, ולנקרה מן החלב וגיד הנשה, גם מפשיטה עורה, א"כ אדרבה לפי אומדנא אין כאן ס'.

דין מליחת הריאה

סעיף ד - הריאה אינה צריכה חיתוך, אבל נהגו לקרעה ולפתוח הקנוקנות הגדולים שלה, ומנהג יפה הוא - אבל פשיטא דאם בשלוה בלא קריעה, דמותר בדיעבד.

סימן עב ס"ד • דין מליחת הריאה

הריאה א"צ חיתוך, אבל נהגו לקרעה ולפתוח הקנוקנות הגדולים שלה, ומנהג יפה, **אבל** אם בשלוה בלא קריעה, פשיטא דמותר בדיעבד.

§ סימן עג – דין צליית כבד §

הקדמת הט"ז לכבד, ופסק הטור

סעיף א – [בגמ' אמרינן, א"ל אביי לר' ספרא בעי מינייהו, כבדא מה אתון ביה, אמר ר' זריקא אנא שלקי ליה לר' אמי ואכל, אמר אביי למיסר נפשא לא קא מיבעיא לי, כי קא מיבעיא לי למיסר חבירתה כו', ולא נפשטה הבעיא].

[**ופי' רש"י** דבעיא זו קאי אפי' **אחר** מליחה, אי שרי לבשלה עם שאר בשר מפני שפולטת דם, ואע"פ שכולה דם, מ"מ לאחר שפירש אוסרה, או לא, אבל היא אינה נאסרת מפני שפולטת דם וטרודה מלבלוע דם, אבל שמנונית וציר מקבלת ממה שנתבשל עמה, **וכתב** ב"י בשם הרא"ש, מתוך פי' רש"י משמע, דבישלו בקדירה אחר מליחה קאמר, ומספקא ליה שיש בו רבוי דם, ושמא אין כח במלח להפליט כל הדם, וחוזר ונבלע בתוכו, עכ"ל, וכן משמע מדברי הטור לרש"י שהוא דעה קמייתא שמביא, **ור"ת** פי', דלאחר מליחה פשיטא דנחשבת כצלייה, ומותרת לבשלה עם בשר, רק הבעיא בגמ' קאי אקודם מליחה, אם מותרת לבשלה עם בשר, כיון דכולה דם והתורה התירה].

[**ופסקו** כר"**ת**, ‹היינו הטור, וכ"כ בת"ח - פמ"ג›, **דאחר** מליחה מותר לבשלה אפי' עם בשר, **רק שאין** נוהגין כן לכתחילה, ‹כרש"י, דהיינו אף שהעיקר כר"ת, נוהגין להחמיר כרש"י - מחה"ש›, **אלא בדיעבד שרי, וכתב** הג' ש"ד בשם מהרא"י, קבלתי שאף בדיעבד אסור, ודוקא אי אישתלי ופסק כר"ת לא מהדרינן עובדא, ע"כ, והביאו דבריו רמ"א בת"ח, ‹**דוקא** ע"י קריעה שתי וערב וחתיכה לתחת, ע"י מליחה, והיינו בנתבשלה כך, אבל לא נתבשלה, אף שהורה מהדרינן עובדא - פמ"ג›, **ורש"ל פסק**, אבל בישלו בלא מליחה עם בשר, אסור לכו"ע הבשר והקדירה, **עד שיש ששים נגד הכבד**].

[**כתוב** בטור, ‹ור"ת התיר לבשלו ע"י קריעה ומליחה, ואין נוהגין כן›, **ומיהו בדיעבד שרי**, ‹ואיירי בנמלח, ומשמע שנתבשלה לבדו בלא בשר, ואפ"ה לא התיר אלא בדיעבד - אמרי בינה›, **וקשה, הא** כתב **אח"כ דבדיעבד שרי** בקדירה לבדו, ואפי' בלא נמלחה, כמו שכתב ב"י, **ונ"ל** דכאן בפלוגתא דר"ת ס"ל באמת כן להלכה, רק שלא נהגו כן לפסוק בזה כמותו, ובזה אם אירע שרב אחד פסק כמותו, אע"פ שלא נעשה עדיין, יכולים לסמוך עליו ולעשות כן, **משא"כ** למטה אין היתר **אא"כ** נעשה כבר

המעשה, ובסמוך יתבאר דין בישול בלא בשר]. ‹ולדידן דוקא נתבשלה ע"י קריעה ומליחה והורה המורה, לא מהדרינן – פמ"ג. עיין בש"ך לקמן›.

סימן עג ס"א(1) • הקדמת הט"ז לכבד, ופסק הטור

שיטת רש"י, דבעיא הגמרא (דלא נפשטה) היה בכבד אחר מליחה, (דאין כח במלח להפליט כל הדם), אי אוסר שאר בשר שנתבשל עמה. **ולפי** ר"ת, אחר מליחה אינו אוסר שאר בשר, דנחשבת כצלוי, ובעיא דגמרא היה בכבד שלא נמלחה, אי אוסר שאר בשר שנתבשל עמה, כיון דכולה דם והתורה התירה. **אבל** כבד שנתבשל בפני עצמה אפי' בלא מליחה, אינו אסור מעיקר הדין, דכיון דטרוד להפליט אינו בולע, **אבל** שמנונית וציר בולע אפי' בשעה שהיא פולטת דם.

ופסק הטור לענין בישול עם שאר בשר: דאחר מליחה מותר, כר"ת, **רק** שאין נוהגין כן לכתחילה, להחמיר כרש"י, **אבל** בדיעבד שרי, ע"י קריעה שתי וערב וחתוכה לתחת, **ודוקא** שפסק כן הפוסק ונעשה המעשה, **אבל** בלא מליחה, אוסר הבשר שנתבשל עמה והקדירה, עד שיהא ס' נגד הכבד.

ופסק הטור בבשלו בפני עצמה: אי נמלח, ופסק כן הפוסק, לא מהדרינן עובדא, אפי' אי לא נעשה המעשה, **ואי** לא נמלח, לא מתירין בדיעבד אא"כ נעשה מעשה ג"כ.
ולפי הש"ך (לקמן 3), בשלה בפני עצמה, יש לו אותו הגדרים של נתבשלה עם הבשר, דע"י מליחה מותר רק בהוראה ומעשה, ובלא מליחה אסור בכל גווני.

בישול הכבד לכתחילה

הכבד יש בו ריבוי דם, לפיכך לכתחלה אין לו תקנה לבשלו ע"י מליחה - אפילו רוצה לאסור הכלי, כ"כ בת"ח, וכן כתב הב"ח.

אלא קורעו שתי וערב ומניח חיתוכו למטה, וצולהו (שיהא ראוי לאכילה) - ע"ל סימן ע"ו ס"ב וה' בהג"ה, דנתבאר דבחצי צלייתו מיקרי ראוי לאכילה, ומשמע דה"ה כאן, וכן כתב באו"ה בהדיא, **ואחר כך יכול לבשלו.**

‹**עיין** בשו"ת הר הכרמל שכתב, דנוהגין היתר לצלות כבד בתוך התנור האופה בשעה שבוער רחוק מהאש, ואין חוששין לא משום שנתבשל הכבד בדם הזב תחתיו, ולא להכשיר מקום זה בתנור, והכל מטעם לפי שהאש שואבו ואין מניחו להבליע, ומכלהו ומייבשו, עכ"ד, **ולענ"ד** היתר זה קלוש מאד, ומכלהו ומייבשו לא שייך אלא בדבר מועט, כגון טיפה כמ"ש לקמן סימן צ"ב ס"ו, והכא עינינו רואות שפולט דם הרבה בב"א, **שוב** ראיתי בצל"ח שכתב, שכמה פעמים בא לידו שאלה הנ"ל, ואסר, וכתב ג"כ הטעם כי אין מקום לדם לזוב, ודמו כפולטו אח"כ נבלע בתוכו כו'. **וכתב** עוד שנלמד מדין האסכלא שם, שגם בדבר שהוחם באור טבעו להוציא דם, וא"כ אם הסיק התנור וגרף כל הגחלים ותלה באויר התנור הכבד או בשר לצלות, באופן שאינו נוגע למטה בחרסו של תנור, שפיר מקרי צלי ושרי, ושוב פקפק גם ע"ז. **ועיין** בט"ז לעיל סימן ס"ה שכתב, דמותר לצלות כבד על הנייר, והביא ראייה מדמותר לצלות המוח בקרומו על האש, **ועיין** בשו"ת תשובה מאהבה, ובתשובת הגאון בעל נו"ב ז"ל, שהשיגו על הט"ז, גם בספר בינת אדם פסק לאסור אף בדיעבד›.

הגה: ואם מנקבה הרבה פעמים בסכין, הוי כקריעת שתי וערב - היינו בדיעבד, אחר שצלאה ע"י שנקבה תחלה הרבה פעמים בסכין, אבל לכתחלה אין מועיל נקיבה בסכין הרבה פעמים, אם רוצה לבשלו אח"כ, כן פסק בת"ח.

[**כתב** רש"ל, זהו לאותן שסוברים דלצלי לא צריך קריעה שתי וערב אלא מצד החומרא לבד, אבל לבה"ג ודעימיה דס"ל מדינא בעי קריעה שתי וערב אף לצלי, אין לשנות ממשמעות הלכה דבעינן קריעה שתי וערב, ע"כ, וראוי להחמיר עכ"פ לעשות נקבים גם בכבד של עוף, כמ"ש הפוסקים בשם הר"ר יונה שצריך לחתוך כל חלק ממנו שתי וערב, **ובטור** כתב בשם בעל העיטור, דבכבד של עוף קיל טפי לפי המנהג, נראה טעם לזה, דדי בזה בחתיכה שחותכין המרה, משא"כ בבהמה שיש שיעור גדול בין חתיכת המרה לשאר הכבד, ‹בעינן קריעה שתי וערב דוקא – חוו"ד›, **וכתב** "דיפה לנקוב בסכין לחומרא", האי "לחומרא" הוא מיותר, ונראה דכיון בזה, דדוקא במקום שאין הכרח לחתוך שתי וערב, דזה דקאמר דצריך דוקא חיתוך שתי וערב שנזכר בגמ', דזה דוקא בצולה ע"מ לבשלו, כמ"ש ב"י בסי' זה בשם התוס' ורא"ש, **אבל** באכל צלי לא צריך לזה, ע"ז אמר מ"מ יפה לנקבו בסכין שאינו אלא לחומרא, **משא"כ** בצולה לבשלו, שמן הדין צריך חתיכה שתי וערב, בזה לא מהני נקיבת סכין כדי לפוטרו מחתיכה שתי וערב, כנ"ל ברור ונכון כוונתו].

וכן אם נטל משם המרה וחתיכת בשר מן הכבד, דאפשר לדם לזוב משם - כלומר שחתך ממנה הגידים והקנוקנות באותו צד שהמרה תלויה בו, וחתך

מעט מבשר הכבד עמהן, וכן מבואר בתורת חטאת שם, ובזה אפילו לכתחילה מותר כשרוצה לבשלה אח"כ, כדמוכח בת"ח שם ע"ש. ‹**ועדיף** מנקיבת הסכין דאין שרי לכתחילה – פמ"ג›.

ומ"מ אם לא עשה כן, נוטל הסמפונות לאחר צלייה, ומבשלה - ‹תמיהני, כיון דהאו"ה ס"ל, דאם רוצה לאכלו צלי א"צ חתיכה כלל, וכמו שפסק ג"כ הרמ"א ס"ג, א"כ מוכח דדם שבסמפונות יוצא ע"י צלייה בלא חתיכה, כיון דצלול הוא, א"כ הא דלבשל אחר צלייה צריך לקורעה, ע"כ משום דם כבד עצמו דאינו יוצא בצלייה בלא חתיכה, א"כ מה מהני דנוטל הסמפונות אחר הצלייה, הא מ"מ דם הכבד לא יצא, וצע"ג, אחר זמן רב נדפס תשו' נו"ב, וראיתי שנתקשה בזה – רעק"א›.

‹**והנלע"ד** בזה, שדעת רמ"א הוא שאין אנו חוששין שיש דם בעין בסמפונות, אבל החשש הוא שדם הנבלע בסמפונות הוא שאין כח האש מגיע שם להוציאו לגמרי, ולכך כשיבשלו אח"כ יפלוט הדם ע"י בישול, ויהיה דם שפירש ואסור, ולכך מהני נטילת הסמפונות אחר הצליה. **ודוק** בדברי רמ"א בס"א, שכתב שנוטל הסמפונות, ואם היה החשש משום דם בעין הכנוס בהם, היה די בחתיכת הסמפונות לאחר צליה, ולמה צריך לנטלם לגמרי, אלא ודאי החשש משום דם הבלוע בהם, ולכן אם רוצה לאכלו כך צלי, ליכא שום חשש, דמה שלא שלט בו כח האש הוא דם שלא פירש – תשו' נו"ב›.

וכל זה בכבד שלימה, אבל כשהיא חתוכה אין צריך כלום.

וכשבא לבשלה אחר הצלייה, ידיחנה תחלה אחר הצלייה, קודם הבישול - הטעם, מפני המלח הנדבק בו, ויש ג"כ למיחש משום מראית העין, שיתאדם הבשר, **וכן** בשר שנמלח בשפוד, ‹פי' שנמלח בעת שתחוב כבר בשפוד וצולהו מיד›, ורוצים לבשלו, צריך להדיחו ג"כ מטעם זה, עכ"ל ב"י, ‹**דלטעם** ראשון א"צ להדיחו כמ"ש בסי' ע"ו ס"ב – ראש פינה›, וכ"כ הר"ב בסי' ע"ו ס"ס ב' ע"ש.

מיהו אם לא הדיחה ובשלה כך, מותר.

סימן עג ס"א(2) • בישול הכבד לכתחילה

הכבד יש בו רבוי דם, לפיכך לכתחילה אין לו תקנה לבשלו ע"י מליחה, אפי' רוצה לאסור הכלי, **אלא** קורעו שתי וערב ומניח חיתוכו למטה וצולהו חצי צלייתו, ואח"כ יכול לבשלו. **ועיין** בט"ז בס"ג, דלהרמ"א שם, אם צולהו א"צ חתיכה כלל.

בדיעבד אם מנקבה הרבה פעמים בסכין, הוי כקריעת שתי וערב, **אבל** לכתחילה אינו מועיל כשרוצה לבשלו אח"כ - ש"ך.

ולהט"ז לא מהני נקיבת הסכין, אלא במקום דא"צ הקריעה אלא לחומרא, כגון לצלי לחד מ"ד, **אבל** אם צריך קריעה לצלי מדינא, או בצולהו לבשלו, שמן הדין צריך קריעה, לא מהני נקיבת הסכין.

וכן אם חתך ממנה הגידים והקנוקנות באותו צד שהמרה תלויה בו, וחתך מעט מבשר הכבד עמהן, מותר אפי' לכתחילה, ואפי' כשרוצה לבשלו אח"כ, ועדיף מנקיבת סכין – רמ"א.

והט"ז הביא דזה דוקא בעוף, (וגם בזה ראוי להחמיר לנקוב בסכין), דאין שיעור גדול בין חתיכת המרה לשאר הכבד, **אבל** בבהמה בעינן קריעה שתי וערב דוקא – חוו"ד.

ואם הכבד חתוכה אין צריך כלום – רמ"א.

אם לא חתכה קודם קודם צליי', נוטל הסמפונות אחר צליי' ומבשלה – רמ"א.

והקשה רעק"א, דכיון ס"ל בס"ג, דאם בא לאכול צלי א"צ חתיכה כלל, א"כ ע"כ דם שבתוך הסמפונות יוצא ע"י צליי' בלא חתיכה, והחתיכה הוי לצורך דם הכבד עצמה דאינו יוצא ע"י צלי בלא חתיכה, א"כ מה מהני ליטול את הסמפונות אח"כ, וצע"ג.

והנו"ב תירץ, דהחשש הוא להדם הנבלע בכותלי הסמפונות, דאין הצלי מוציאו לגמרי, ואם יאכלו צלי, הוי דם שלא פירש, אבל אם מבשלו יפלוט הדם ויהיה דם שפירש, ולכן צריך להסירם אחר צליי' כדי לבשלו.

כתב הר הכרמל, כשצולין כבד בתנור, לא חיישינן שנתבשל הכבד בהדם הזב תחתיו, ולא להכשיר מקום זה בהתנור, שהאש מכלהו ומייבשו, **והפת"ש** כתב דהיתר זה קלוש, דלא שייך זה אלא בדבר מועט כגון טפה, וכן אסר הצל"ח. **ופקפק** שם אם די בחום האש להוציא דם, כגון שגרף הגחלים, או צריך אש ממש.

והט"ז כתב דמותר לצלות כבד על נייר, **ויש** חולקים עליו, אפי' לאוסרו בדיעבד.

וכשבא לבשלה אחר הצליי', ידיחנה תחילה – רמ"א.

והטעם, משום המלח הנדבק בה, **(ולפי"ז** אם מלחו כשתחוב על השפוד וצולהו מיד, א"צ הדחה, דלא בלע המלח דם).

או הטעם, משום חשש מראית עין, שיתאדם הבשר, **(ולפי"ז** אם מלחו בשפוד וכנ"ל, צריך להדיחו).

מיהו אם לא הדיחו ובשלה כך, מותר – רמ"א.

בדיעבד אם נתבשל בלא צליי'

ובדיעבד מותר אם נתבשל לבדו בקדירה -

כלומר בדיעבד מותר אם נתבשל אפילו בלא מליחה לבדה בלא בשר, **שאם** נתבשל עם בשר, אז הבשר אסור כמו הקדרה, לפי שהכבד פולטת דם שבה, ואינה בולעת אפילו ע"י הבישול, מחמת שהיא טרודה לפלוט דם הרבה.

[אבל לא לכתחילה, הטעם בסמ"ק, דבגמ' ס"ל לחד תנא דאסור כשמבושלת הרבה, ואנן אין בקיאין בזה],

‹**ומתמיה** עליו האחרונים, דא"כ היה צריך להיות אסור אף בדיעבד, וכדלקמן בש"ך›. ‹**ואמנם** הפוסקים כתבו טעם אחר, או דמתני' "אינה נאסרת", היינו דיעבד ולא לכתחלה, או הטעם משום הכלי, או כמ"ש המ"י, דרוטב נאסר ובעי הכבד הדחה, ודילמא מישתלי, ואף אי יש ס' במים נגד הכבד, אפ"ה הרוטב אסור, דאין מבטלין איסור לכתחלה, וא"כ הכבד בעי הדחה – פמ"ג›.

(בלא צלייה) - פשטא דמילתא נקט הרב, אבל אין לומר דבא לפרש, דאף המתירין בדיעבד היינו דוקא בלא צלייה, אבל לא בלא מליחה, **דזה** אינו במשמע בלשונו, ועוד דהא לפי הטעם דפולטת ואינה בולעת, אפי' בלא מליחה שרי, וכן מוכח מדברי הפוסקים.

אבל הקדירה אסורה, שפולטת ואינה בולעת.

ויש מי שאוסר. הגה: וכן נוהגין לאסור הכל - הטעם מבואר בהג"ה סמ"ק, ובהגהת מהרא"י, ובאו"ה ובת"ח ובשאר אחרונים, משום דאיכא מ"ד בש"ס דשלוקה נאסרה, ואנן לא בקיאינן מהו שלוק ומהו מבושל, **וכתוב** בת"ח בשם או"ה, אבל הקערה שאכלו בה הכבד כשרה, ע"כ. ‹**ואפשר** דמיירי בלא ערוי, דערוי מבשל כדי קליפה, **ובסי'** ק"ה צידד להחמיר בכלי שני בדבר גוש, וכאן מתיר כה"ג – פמ"ג›.

[**הרמב"ם ס"ל כן, דפוסק כרבנן דר' יוחנן בן נורי, דהכבד** בולעת ג"כ, ורוב הפוסקים לא ס"ל כן, אלא כר' יוחנן בן נורי, דאינה בולעת, **אלא** דנוהגין להחמיר כמ"ש הרמ"א אח"כ, **ורש"ל** כתב להקל בזה, כיון שאין שם בשר, רק שצריך להדיח הכבד כיון שהרוטב נאסר, **ואין** אחר המנהג שהעיד עליו רמ"א כלום לשנות אותו, **ומ"מ** נלמד קולא מזה בס"ו ע"ש].

אפילו נמלחה הכבד קודם בשולה - כלומר אפי' נמלחה כשיעור מליחה לקדרה, והודחה כדין קודם הבישול, לפי שהיא מרובה בדמים ואין מועיל לה מליחה, אפי' על ידי קריעה שתי וערב וחתוכה לתחת, כדמוכח בת"ח, **ונתבאר** שם בת"ח, דאם אירע שהורה המורה להתיר אחר שנמלחה הכבד ע"י קריעה שתי וערב וחתוכה לתחת ונתבשלה, וכר"ת דס"ל דלאחר מליחה הרי היא כשאר בשר, לא מהדרינן עובדא, ושרי הכל בין הכבד בין הבשר שנתבשל עמה. ‹**ואפילו** נמלחה לבדה אסורה אם לא שהורה המורה לאחר שנתבשלה – פמ"ג. עיין ט"ז לעיל›, **ומוכח** שם דאם לא היתה חתוכה שתי וערב וחתוכה לתחת בשעת מליחה, מהדרינן עובדא ואסור אפי' הכבד, ודו"ק.

ומסקנת מהרש"ל וז"ל, כבד שנתבשל בלא מליחה, שרי בדיעבד, דפולטת ואינה בולעת, אבל אם אין בתבשיל ששים כנגד הכבד, אף הכבד אסורה, אפילו נמלחה, וכמו שחלקתי בספרי, דכיון שנאסר התבשיל מדם הכבד, אז נעשית נבילה ונאסרה הכבד משמנונית התבשיל, עד כאן לשונו, **ותימה**, דהא קיימא לן בכל דוכתא דאין הנאסר יכול לאסור אלא במקום שהאיסור עצמו יכול לילך שם, וגם הוא בעצמו כתב בספרו שם בפנים, דאין הכבד נאסר מהאי טעמא ע"ש. ‹**י"ל** דדמי לדגים ועופות, שיש אוסרין העופות, דע"י רוב שמנונית נבלע קצת דם, ה"ה כאן – פמ"ג›.

‹**ונראה** ליישב, דהנה יש לעיין בהא דכבד אינו נאסרת מטעם שאינה בולעת, מ"מ הא הדם שבתוכה פירש ממקום למקום, **י"ל** דדם הכבד עיקרו דרבנן, לא גזרו פירש ממקום למקום, או כיון שמרובה בדמים מה שפירש נופל לחוץ – פמ"ג›, **וע"כ** צ"ל דדם הכבד אינו אוסר רק בפירש לחוץ, ולא בפירש ממקום למקום, כיון דכבד כולו דם הוא, וכמו בכחל שהחלב אינו אוסר הכחל עד שפירש לחוץ. **והנה** בכחל בסימן צ' ובש"ס פרק גיד הנשה מבואר, דשאר בשר שנכנס בכחל בבישול דנאסר, דנגד שאר בשר הוי כפירש לחוץ, **וא"כ** ה"נ בכבד שנתבשלה עם בשר, כיון דהכבד בולע השמנונית, ודאי נאסר מדם הכבד שנפרש לתוך השמנונית, דהוי כפירש לחוץ נגד השמנונית, כמו בכחל, כן נראה לי טעם הרש"ל. ועיין עוד במה שכתבתי בט"ז בס"ו – חוו"ד›.

סימן עג ס"א(3) • בדיעבד אם נתבשל בלא צליי׳

אם נתבשל בלא צליי׳ עם בשר, אז הבשר והקדירה נאסר, **אבל** הכבד עצמה מותר, **וכן** אם בישל לבדה, אפי' בלא מליחה וצליי׳, מותר הכבד בדיעבד, (והקדירה אסורה), שטרודה לפלוט דם הרבה.

וטעם דאסור לכתחילה, משום חד תנא דס"ל דשלוק אסור, ואין אנו בקיאין בזה – ט"ז, **והקשו** עליו דא"כ היה צ"ל אסור אף בדיעבד, **וכתבו** האחרונים הטעם, או משום הכלי הנאסר, או משום רוטב הנאסר וצריך הדחה (אפי' כשיש ס', שאין מבטלין איסור לכתחילה), ושמא ישכח להדיחו.

ויש מי שאוסר הכבד עצמו אפי' בדיעבד, אפי' נמלחה כשיעור מליחה לקדרה, וע"י קריעה שתי וערב וחתוכה לתחת, והודחה כדין, **וכן** נוהגין, משום המ"ד דשלוקה נאסרה, ואנן לא בקיאין מהו שלוק מהו מבושל – ש"ך. **והט"ז** כתב משום דפוסק כרבנן דר' יוחנן בן נורי דס"ל דהכבד בולעת ג"כ. **ומהרש"ל** מקיל, אבל אין אחר המנהג של רמ"א כלום.

אבל הקערה שאכלו בה הכבד כשרה, והיינו בדליכא ערוי, **ויש** צד להחמיר בדבר גוש אפי' בכלי שני.

אם אירע שהורה המורה להתיר אחר שנמלחה הכבד ע"י קריעה שתי וערב וחתוכה לתחת, ונתבשלה, וכר"ת, לא מהדרינן עובדא, ושרי בין הכבד בין הבשר שנתבשל עמה, **וכן** ה"ה בכבד שנתבשלה בפני עצמה, (ודלא כט"ז(1) **אבל** בלא קריעה שתי וערב וחתוכה לתחת, הכל אסור - ש"ך.

אם אין בתבשיל ששים כנגד הכבד, אף הכבד אסור אפי' נמלחה, דכיון שנאסר התבשיל מדם הכבד, נעשית נבילה, ונאסרה הכבד משמנונית התבשיל - רש"ל, **והקשה** הש"ך, דאין הנאסר יכול לאסור אלא במקום שהאיסור יכול לילך שם, ועיין בפנים לתירוצים של הפמ"ג והחוו"ד.

חליטת הכבד

סעיף ב - אם חלטו בחומץ או ברותחין, ונקב והוציא מזרקי הדם שבתוכו, מן הדין מותר לבשלו, אלא שהגאונים אסרו לעשות כן,

ובדיעבד מותר - אפי' להיש מי שאוסר שבסוף סעיף א', דשאני הכא כיון שכבר נחלטה שוב אין דם יוצא ממנה, כן משמע דעת המחבר, וכן מבואר ברמב"ם שם להדיא ובבית יוסף, ולפי"ז אפי' נתבשל אחר החליטה עם בשר, מותר הבשר, וכן מוכח להדיא בדברי הפוסקים, **והרב** בתורת חטאת פסק, דאף בדיעבד לא מהני חליטה, **ותימה** שלא הגיה כאן כלום, וגם דבריו בת"ח צריכין ביאור, שכתב שם וז"ל, כתב הטור, שאין אנו בקיאין בחליטה, הלכך אין להתירו בחליטה, אבל אם נעשה בדיעבד שרי, שפולטת ואינה בולעת, ולפי מה שכתוב לעיל דנוהגין לאסור הכבד כשנתבשל, ה"ה הכא דנחלטה מעיקרא ונתבשלה אסורה, כן נראה לי, עד כאן לשונו בקצת תוספת ביאור.

ודבריו לכאורה תמוהים, דבשלמא מה שנוהגים לאסור הבישול, היינו משום דאין אנו בקיאין איזהו שלוק ואיזהו מבושל, ואולי כשנתבשלה בולעת, **אבל** בהחלטה כיון שנחלטה שוב אין בה דם, ולמה תהא אסורה בדיעבד, **וכן** הרמב"ם והמחבר אסרוה אפילו בדיעבד בבישול והתירוה בחליטה, **והטור** באמת לא נתן טעם לחליטה דשרי משום דפולטת ואינה בולעת, וכמו שהעתיק הרב, אלא לשון הטור כך הוא: הלכך אין להתירה בחליטה, אבל אם נעשה בדיעבד, או אפילו נתבשלה לבדו בקדירה, שרי בדיעבד, שפולטת ואינה בולעת, עד כאן לשונו, וקאי טעם זה אסיפא כשנתבשל בלא חליטה, וזה פשוט.

וצריך ליישב דה"ק הרב, ולפי מש"כ לעיל דנוהגים לאסור הכבד כשנתבשל, משום דאין אנו בקיאין איזהו שלוק, ולכך אסרינן אפילו דיעבד, ה"נ מה"ט דאין אנו בקיאין בחליטה, אפילו דיעבד אסור, **אלא** שקשה לפי"ז, דהא כתב הרב לעיל סוף סימן ס"ז, שאין אנו בקיאין בזמן הזה בחליטת בשר, ובדיעבד מותר, **וי"ל** דשאני כבד דנפיש דמיה, **עי"ל** דהרב משוה מדותיו, וס"ל דכיון דאין אנו בקיאין בחליטה, א"כ לענין דיעבד מוקמינן לה אחזקתה קמא כאילו לא נחלטה כלל, והלכך בס"ס ס"ז גבי בשר, דאי לא נחלט מותר לקדרה ע"י מליחה, כתב דבדיעבד מותר, ור"ל ע"י מליחה לקדרה, **וגבי** כבד דאפילו בלא חליטה אסור אפילו דיעבד לקדרה, הלכך החליטה לא משוי ליה לשבח, דהא אין אנו בקיאין בחליטה, ותירוץ זה נכון.

‹לתירוץ א', בבשר מותר, משמע אף לבשלו אח"כ בלא מליחה, דחליטה מהני אם בישלו דיעבד, הרי קולא, **וחומרא** בכבד, דאם חלטו אפשר אף לצלי אסור, דא"א בקיאין ושמא פירש ונבלע ואין יוצא ע"י צלייה, **ולתירוץ** הב' בבשר אין שרי אלא ע"י מליחה, וכבד לקדירה אסור, הא לצלי שרי כמו קודם חליטה - פמ"ג.

‹עיין בב"י ולא קשה מידי, דבבשר כיון דלא מצינו חליטת רותחין, רק חליטת חומץ, ובזה לא שייך בקיאות, **משא"כ** בכבד דשייך ג"כ חליטת רותחים, דבזה שייך אין אנו בקיאים, דלפעמים לא יהיה רותח כ"כ, ולא חילקו בין חליטה לחליטה, ואסרו הכל דיעבד, **אלא** דר' ירוחם כתב ג"כ בבשר דאין אנו בקיאים, וחוששים בזה לכתחילה, אבל דיעבד סמכינן על סתימות שאר פוסקים, דבבשר לא אמרינן אין אנו בקיאים - רעק"א.

סימן עג ס"ב • חליטת הכבד

אם חלטו בחמין או בחומץ, ונקב והוציא מזרקי הדם, מן הדין מותר לבשלו, אלא שהגאונים אסרו, **ופסק המחבר** דבדיעבד מותר, **ואפי'** להיש אוסרין לעיל הכבד עצמה, הכא דנחלטה שאני, דשוב אין דם יוצא ממנה, **ואפי'** אם נתבשל עם שאר בשר, מותר הבשר.

הרמ"א בת"ח פסק, דאסור אף בדיעבד, (ותימה שלא הגיה הכא כלום), דכמו לעיל בבשלה, אסור בדיעבד, משום דלא בקיאינן בין בישול לשלוק, ה"נ כיון דלא בקיאינן בחליטה, אסור אף בדיעבד.

קשה, דלעיל בסי' ס"ז גבי בשר שנחלטה, פסק הרמ"א דמותר בדיעבד, **תירץ** הש"ך א': דשאני כבד דנפיש דמיה, **(ולפי"ז** בבשר שנחלטה, מותר לבשל אפי' בלא מליחה, **וכבד** שנחלטה אפשר דאסור אף לצלי, דכיון דאין אנו

בקיאין, שמא פירש הדם ונבלע, ואין יוצא ע"י צליי"). **תירץ** הש"ך ב' (והוא הנכון): דהרמ"א השוה מדותיו, דכיון דאין אנו בקיאין בחליטה, מוקמינן אחזקה קמא כאילו לא נחלט כלל, וא"כ בבשר הוי כאילו לא נחלט, ומותר לבשלה ע"י מליחה (דוקא) בדיעבד, וכבד דהיה אסור בלא חליטה, אסור אפי' בדיעבד לבשלה. (ולצלי שרי כמו קודם חליטה). **תירץ** רעק"א, דלא בקיאינן רק בחליטת חמין, אבל לא שייך בקיאות בחליטת חומץ, ולכן בבשר דשייך רק ענין חומץ, מותר בדיעבד, **אבל** בכבד דיש ענין של חליטת חמין, אסרינן בדיעבד כל חליטה, שלא לחלק בין חליטה לחליטה.

חתיכה לצורך צלי

סעיף ג - לצלי צריך חתיכה משום דם שבסמפונות, ואם לא קרעו קודם צלייה, יקרענו אחר כך - ואי משום דם שבסמפונות, כבולעו כך פולטו.

(וי"א דאין צריך לצלי שום חתיכה כלל, וכן נוהגין אפילו לכתחלה) – [קשה הא לעיל ס"א כתב המחבר, וצולהו, וע"ז כתב רמ"א דיני נקיבת הכבד וחיתוכה, משמע דגם בצלי צריך חיתוך, **ואין** לומר דהתם מיירי שבא לבשלה אח"כ, וכאן מיירי שאוכלה צלי, וכן יש חילוק זה בדברי ב"י, על מש"כ הטור ולצלותו כו', דהא כתב רמ"א לעיל, וכשבא לבשלה אח"כ כו', משמע דקודם לזה לא איירי מבישול אחר צלייה, **ותו** דא"כ היה לו לרמ"א לכתוב כאן הכי, נוהגין לכתחילה אם אינו רוצה לבשלה אח"כ, ולא לכתוב סתם, **וצ"ל** דלעיל כתב אליבא דדעה ראשונה דהכא דבעי חתיכה אף לצלי, ועיין מש"כ שם בשם רש"ל]. ‹ומיהו אנן קיי"ל, דלצלי א"צ כלל קריעה, ולבשלו אח"כ צריך, ובעוף די בנטילת המרה – פמ"ג.›

סימן עג ס"ג • חתיכה לצורך צלי

לצלי צריך חתיכה משום דם שבסמפונות, ואם לא קרעו קודם צליי', יקרענו אח"כ, ואי משום הדם בשעת צליי', כבולעו כך פולטו. **ורמ"א** פסק דלצלי א"צ שום חתיכה כלל, (**ואפי'** לבשלו אח"כ – ט"ז). **וכתב** הפמ"ג דאנן קימ"ל, דלצלי א"צ קריעה, אבל לבשלו אח"כ צריך, **ובעוף** די בנטילת מרה.

צליית הכבד בתנור עם בשר

סעיף ד - אם צלאו עם בשר בתנורים שבימי חכמי הגמרא, שפיהם למעלה, יהיה הכבד למטה ולא למעלה. ובדיעבד, מותר - הטעם איתא בש"ס פכ"ה, דדם מישרק שריק בצלייה, **והקשו** התוס', דאמאי לא שרינן אפי' לכתחלה, משום דכבכ"פ, ואי משום דפעמים נצלה הבשר שלמטה מן הכבד תחלה, והכבד עדיין פולטת ונופל על הבשר, וכשמסירין הבשר הרי בלע ולא היה לו שהות לפלוט, אם כן בישרא עלוי בישרא נמי ליתסר מה"ט, כשהתחתון נצלה קודם ומסירין אותו מן השפוד, **וי"ל** דכבד שיש בו שפע דם לא אמרינן כבולעו כך פולטו, והא דאמרינן, דלב קורעו אחר צלייתו משום דכבכ"פ, אע"פ שיש בו שפע דם, דם הלב מתבשל ומתייבש במקומו בחלל הלב, עכ"ל, **והעתקתי** דבריהם מפני העט"ז, שכתב וז"ל, אסור לצלות כבד על בשר, שהכבד כולה דם ופולט כל זמן שהוא אצל האש, והבשר לאחר שנצלה קצת פוסק מלפלוט, ויזוב הדם מן הכבד על הבשר ויבלע הבשר מדם הכבד, ובדיעבד מותר דכבכ"פ בצלייה, ע"כ לשונו, **והרי** בש"ס התירו להדיא מטעמא דמישרק שריק, וגם מש"כ והבשר לאחר שנצלה קצת כו', לכאורה נגד התוס'. ‹ונ"מ, דלטעם דמישרק שריק, א"צ לשהות התחתון שנצלה כבר כמו העליון שעדיין לא נצלה, ואלו לטעם הלבוש דכבכ"פ, היה צריך לשהות התחתון כמו העליון – פמ"ג.›

ובשפודים שצולים אצל האש, אסור לצלותן עם הבשר לכתחלה, אפילו כבד למטה - שפעמים מגביהין השפוד ונהפך העליון לתחתון.

סימן עג ס"ד(1) • צליית הכבד בתנור עם בשר

אם צלאו הכבד יחד עם בשר, צריך שיהא הכבד למטה ולא למעלה, **וכן** על שפודים אסור לצלותן עם בשר אפי' כשהכבד למטה, שפעמים מהפך העליון לתחתון, **אבל** בדיעבד מותר גם כשהיא למעלה, דדם מישרק שריק בצליי', (**ולפי** טעם זה, א"צ לשהות התחתון שנצלה כבר כמו העליון שעדיין לא נצלה), **אבל** לא מספיק הטעם של כבולעו כך פולטו, (ודלא כהלבוש, ולפי טעמו, צריך לשהות התחתון כמו העליון), דכיון דהכבד יש לו שפע דם, לא אמרינן כן (לפי תוס'), (**ובלב** אמרינן כן, דדם הלב מתייבש במקומו בחלל הלב).

צליית הכבד שנמלחה עם הבשר

הגה: מיהו אם נמלחה הכבד כבר, מותר לצלותה עם בשר, אפילו על גבי בשרא, דכבר נתמעט דמו, והוי כבשר על גבי בשר - משמע דכ"ש תותי בישרא, וכן משמע בתוספות להדיא, שכתבו ליישב הא דצולין את הפסח עם הכבד, דנותן כרעיו ובני מעיו לתוכו אפילו לכתחלה, אליבא דמאן דאמר כבדא עלוי

בישרא אפילו דיעבד אסור, {אבל למאן דאמר כבדא עלוי בישרא דלכתחלה הוא דאסור, כתבו שם דגבי פסח לא החמירו ושרי לכתחלה}, **דהוא** יעמיד כגון שמלח הבני מעיים מליחה גמורה, דאפי' לקדרה התירו ר"ת על ידי מליחה גמורה, ואפי' לפי מנהגינו שאין מבשלים כבד ע"י שום מליחה, מ"מ כיון דנמלח במליחת קדירה נתמעט דמו, ולא אסר טפי משאר בשר שלא נמלח, ובישרא ע"ג בישרא שרי לכתחלה לכו"ע, עכ"ל, **וא"כ** אף שנמלח הכבד והיתה למטה, שהרי היתה מונחת בתוך הפסח, שרי לכתחלה, ולפי"ז מוכח דגם לר"ת שרי בכה"ג אפילו לכתחלה.

[**וקשה** הא תחת הבשר ודאי אסור, **כיון שמיירי כאן בבשר שלא נמלח, כמו שסיים "והוי כבשר ע"ג בשר", וא"כ יהיה אסור לצלות הכבד שנמלח תחת הבשר שלא נמלח, דהא לר"ת הוי הכבד שנמלח כמו בשר שנמלח, כמ"ש בס"א, וכן עיקר להלכה, אלא שאנו מחמירין דלא כוותיה, וכאן אמאי יהיה מותר]. לא** קשה מידי, דאפי' לר"ת שרי הכא תותי בשרא, מטעם דכבולעו כך פולטו, וכמ"ש בש"ך - נקה"כ.

והדרישה כתב וז"ל, צ"ל דמש"כ התוס' שמותר, היינו דוקא כשהכבד למעלה, דהא קי"ל להלכתא כר"ת, שכבד שנמלח אפילו לבשלו עם בשר מותר, שדינה כבשר מלוח, רק שאין נוהגין כן, **ואם** כן הוא יש לתמוה על רמ"א שכתב, אפילו ע"ג בישרא, דמשמע כ"ש תותי בישרא, וזה אינו כמ"ש, וצ"ע, **וצ"ל** דרמ"א איירי בשכבר נמלח הכבד, אבל לא הודח ופולט עדיין ציר, עכ"ל, וגם הב"ח כתב כן קצת מזה.

והא ודאי ליתא כדפי', דאפי' לר"ת שרי לכתחלה, והיינו מטעם כבכ"פ, **ובכבדא** עלוי בישרא לא מהני הך טעמא דכבכ"פ אלא בדיעבד, כיון שיש בה רבוי דם, **אלא** דא"צ להך טעמא, דבלא"ה אינו נבלע כלל דמישרק שריק כדמוכח להדיא כל זה בתוס' שם ע"ש, ובתוס' שהבאתי בס"ק לעיל מוכח, דאפי' דיעבד לא הוי שרי בכבדא עילוי בישרא מטעמא דכבכ"פ, ודוק, **ומש"כ** הדרישה דרמ"א איירי שפולט עדיין ציר, הוא דחוק ורחוק מכמה טעמים, ואין להאריך, **ועוד** דמעולם לא שמענו בצלי חילוק בין שהוא פולט ציר או לא, [וכן הקשה ט"ז], וכן כתב הרא"ה, דבצלי לא שייך לחלק בזה, וגם הרשב"א משמע דלא נחלק עליו בזה, (עיין ש"ך לקמן סי' ע"ז סק"ב, וצ"ע - רעק"א), **אלא** הברור כדפי', דמטעם כבכ"פ שרי לכתחלה, **אבל** ק"ק דהא כתב הרב לקמן ס"ס ע"ז, דלכתחלה אסור לצלות בשר שנמלח עם בשר שלא נמלח, **וי"ל** דהא ודאי דמדינא שרי אפי' לכתחלה מטעמא דכבכ"פ, אלא דהרב חשש שם להחמיר, וכאן כיון דהרבה פוסקים ס"ל דאפילו אחר מליחה יש הרבה דם בכבד, אוקמא אדינא.

[**ונראה פשוט דרמ"א לא התיר תחת הבשר, אלא מעיקרא אמר שמותר לצלותו עם בשר בשוה, ר"ל בשפודין שלנו שאצל האש, וע"ז אמר אפי' ע"ג הבשר נמי, אבל תחת הבשר פשיטא שאסור**].

הג"ה - אם נמלח הבשר ונמלחה הכבד ג"כ, אם מותר לצלותו ביחד, הבשר שנמלח עם הכבד שנמלח, או לאו, נראה להתיר - נקה"כ.

(**עיין** תשו' הר הכרמל שכתב, בכבד שצלאוהו ע"ג גחלים על הכירה, ונגע בשעת הצליה בקצה א' בקדרה כלי חרס של תבשיל רותח העומד שם אצל האש, ואין ס' בקדרה נגד הכבד, דהכל אסור, הקדרה והתבשיל שבתוכה, **אך** אם הקדרה היתה ריקנית, י"ל אפילו בשל חרס שרי, דאמרינן כבולעו כך פולטו, ע"ש הרבה טעמים לזה, **ויש** נ"מ בין הטעמים שלו לענין אם הקדרה היתה כלי מתכות, וכן אם הקדרה צוננת, וגם יש חילוק בין אם מיד שהניחו הכבד על האש נגע בקדרה, לאם נגע אח"כ, ע"ש היטב).

סימן עג ס"ד(2) • צליית הכבד שנמלחה עם הבשר

אם נמלחה הכבד, מותר לצלותה עם הבשר, אפי' ע"ג הבשר, דכבר נתמעט הדם, והוי כבשר ע"ג בשר, **משמע** מהרמ"א דכ"ש כשהוא תחת הבשר. **וקשה**, דהא לפי ר"ת דעיקר ההלכה כוותיה, (ורק דמחמירין כרש"י), כבד שנמלח הוי כמו בשר שנמלח, ואיך מותר לצלות בשר שנמלח תחת בשר שלא נמלח, **והדרישה** תירץ, שכבר נמלח הכבד, אבל לא הודח, ועדיין פולט ציר, **והקשו** עליו, דזה דחוק, וגם דלא מצינו בנוגע צלי חילוק בין שהוא פולט ציר או לא (עיין רעק"א), **והט"ז** תירץ, דבאמת הרמ"א אינו מתיר כשהכבד למטה, **וש"ך** תירץ, דאפי' לר"ת מותר לכתחילה משום כבולעו כך פולטו, (**משא"כ** כשהכבד שלא נמלח הוא למעלה, לא מהני כבולעו כך פולטו אלא להתיר בדיעבד, [ודלא כתוס' לעיל], אלא דא"צ לזה, דמותר בדיעבד משום סברת מישרק שריק), **אבל** ק"ק, דהא פסקינן לקמן דלכתחילה אסור לצלות בשר שנמלח תחת בשר שלא נמלח, **ותירץ**, דמדינא שרי לכתחילה, ורק דחוששין להחמיר, אבל הכא דבלא"ה יש פוסקים דאפי' אחר המליחה יש הרבה דם, אוקמא אדינא. **ואם** נמלח הבשר וגם הכבד, ג"כ מותר.

כבד שצלאוהו ע"ג גחלים על הכירה, **ונגע** בשעת הצליה בקצה א' בקדרת חרס של תבשיל רותח העומד שם אצל האש, ואין ס' בקדרה נגד הכבד, הכל אסור, הקדרה והתבשיל שבתוכה, **אך** אם הקדרה היתה ריקנית, י"ל אפילו בשל חרס שרי, דאמרינן כבולעו כך פולטו, **ויש** הרבה טעמים, **ונ"מ** בין הטעמים, בנוגע אם היא של מתכת או כשהיא צוננת, ובנוגע מתי נגע בקדרה, מיד או אח"כ.

מליחת הכבד עם בשר

סעיף ה - לא ימלחנו לכתחלה על גבי הבשר, אלא תחתיו - פי' כשמולח שניהם הוא דלכתחלה אסור, ובדיעבד מותר אפי' הכבד למעלה, וכדכתב נמי הרב, **אבל** אם הבשר כבר נמלח והודח, אסור אפי' דיעבד אם הכבד למעלה, דודאי לא גרע משאר בשר שלא נמלח, שנמלח ע"ג בשר שנמלח כבר והודח, דנתבאר לעיל ס"ס ע' דאסור, וכן מוכח להדיא בתה"א שם, דמיירי כשמולח שניהם.

סימן עג ס"ה(1) • מליחת הכבד עם בשר

לכתחילה לא ימלח הכבד ע"ג בשר, אלא תחתיו, **ובדיעבד** מותר אפי' על גבי בשר. **אבל** אם הבשר כבר נמלח והודח, אסור אפי' בדיעבד אם הכבד על גביו.

המנהג במליחת הכבד

הגה: ונהגו שלא למלוח כבד כלל, אפילו לבדה - משום היכירה דאינו דומה לשאר בשר, שלא יבואו לבשל עם בשר, או"ה שם, **וא"נ** משום דהאור חוזר ומבליע הדם ‹לתוכו – פמ"ג, אגור בשם מהרי"ל›, **ולפי"ז** נראה דאם אירע שמלחה, ידיחנה קודם הצלייה, וכדלעיל סי' ס"ט סס"כ ע"ש, ועיין בתשובת מהרי"ל.

ואין לשנות, רק יש למלחה קצת כשהיא תחובה בשפוד, או מונחת על האש לצלותה.

ומיהו אם היתה שמלח כבד, בין שמלחה לבדה או עם בשר, אפילו על גבי בשרא, הכל מותר. וי"א שיש לקלוף מעט סביב הכבד, אם היא דבוקה בעוף, ואינו אלא חומרא בעלמא - מלשון זה, וגם מדנקט הרב עוף, משמע דאתא לאשמועינן דבבהמה שאין דרך להיות הכבד דבוקה בה בשעת מליחה, פשיטא דליכא מ"ד דבעי קליפה, וכ"כ באו"ה שם בהדיא, אבל נמצא בתוכה כשאינה דבוקה לא, ופסק בת"ח, **דלא** כדמשמע בעט"ז, דאפי' אינה דבוקה בו בעי קליפה, ועיין בס"ו.

‹**עיין** בשו"ת הרדב"ז שכתב, דכבד שנמלח עם בני מעים, דאיכא תרתי לריעותא, חדא דכבד מרובה בדמים, ותו דאין מחזיקין דם בבני מעיים, יש לחוש ולאסור הבני מעיים, ע"ש›.

סימן עג ס"ה(2) • המנהג במליחת הכבד

המנהג שלא למלוח הכבד כלל אפי' לבדה, או משום היכר דאינו דומה לשאר בשר, שלא יבאו לבשלה עם בשר, **או** משום דהאור יחזור ויבליע הדם לתוכו, **ולפי** טעם שני, אם אירע שנמלחה, ידיחנה קודם הצליי'.

י"א שאם נמלחה, שיש לקלוף מעט סביב הכבד אם היא דבוקה בעוף, ואינו אלא חומרא עלמא, **ודוקא** כשהיא דבוקה, אבל בלא"ה, וכן בבהמה דאין הדרך להיות דבוקה, א"צ קליפה, **ודלא** כהעט"ז.

יש למלחה קצת כשהיא תחובה בשפוד או מונחת על האש.

כבד שנמלח עם בני מעיים, דאיכא תרתי לריעותא, הכבד מרובה בדמים, ובבני מעיים לא מחזקינן דם, **יש** לחוש ולאסור הבני מעיים.

הדחת הכבד

נהגו להדיח כל כבד אחר צלייתה - כלומר אפי' רוצה לאכלה כך צליה, וק"ל, ‹והיינו דלעיל ס"א בהג"ה כתב, דמדינא יש לכתחלה להדיח אחר הצליה אם רוצה לבשלו, מפני מראית עין שלא יתאדם התבשיל, ודיעבד שרי, **וכאן** אשמעינן דמנהג הוא אפי' בלא בישול נוהגין להדיח – פמ"ג›,

משום דם הדבוק בה, מיהו אם לא הדיחה מותרת - כלומר אם לא הדיחה כלל, אפי' קודם צלייה, ובישלה כך, מותר, וכ"כ בד"מ בשם או"ה, וכן משמע בת"ח, והטעם איתא שם, דדם כבד דרבנן, **אבל** אם לא הדיחה אחר הצלייה, כבר כתבו הרב בס"א, **מיהו** מסיק בת"ח, דלכתחלה נהגו להדיח גם קודם צלייה, ומשמע שם אפילו לאכלה כך צלויה, ועי"ש.

סימן עג ס"ה(3) • הדחת הכבד

מן הדין צריך להדיח הכבד אחר הצליי', אם רוצה לבשלו, משום מראית עין, **ואפי'** אם רוצה לאכלו צלי, המנהג להדיחו אחר הצליי', משום דם הדבוק בה, **וגם** קודם הצליי' המנהג להדיחו לכתחילה. **ואם** לא הדיחו אחר הצליי', כבר כתב בס"א דמותרת, **ואפי'** לא הדיח קודם הצליי' מותרת, דדם כבד דרבנן.

שריית הכבד מעל"ע

(**עבה"ט** של הרב מהרי"ט ז"ל, מש"כ לענין כבד שנשרה במים מעת לעת, ועיין בתשובת חו"י שדעתו לאסור, **ובתשובת** מקום שמואל האריך בזה, והעלה להתיר, ועיין בתשובת מעיל צדקה, שחולק ג"כ על האחרונים האוסרים, והעלה כדעת הפר"ח להתיר, **אמנם** אם לא הדיח הכבד מתחלה, ואין במים ס' נגד הדם בעין שעליו, יש לאוסרו, **אבל** אם הודח מתחלה, או שיש ס' נגד אותו הדם לבד, יש לסמוך להקל, **והכלי** שבו נכבש יש לאסור, אם אין ס' במים נגד כל הכבד, ע"ש).

סימן עג ס"ה(4) • שריית הכבד מעל"ע

כבד שנשרה במים מעל"ע, יש אוסרים ויש מתירין. **ואם** לא הדיח הכבד מתחילה, ואין במים ס' כנגד הדם בעין שעליו, יש לאוסרו. **והכלי** יש לאסרו אם אין ס' במים נגד כל הכבד.

נמצא כבד בעוף צלוי

סעיף ו - נמצא כבד בעוף צלי, מותר. הגה: וי"א לקלוף מעט סביב הכבד - משמע אפילו אינו דבוק מצריכין קליפה בצלי, וכ"כ בד"מ, ובת"ח בשם או"ה.

ואינו אלא חומרא בעלמא - וסיים בת"ח, ולכן אם לא קלפוה ונתבשל כך אין לחוש כלל, עכ"ל, **ונ"ל** דאפי' קליפה א"צ אחר הבישול, **והטעם**, כיון דלפעמים ליכא ס' נגד הקליפה, ושלא יבואו להתיר אף במקום שהקליפה נאסר מדינא – פמ"ג, **משא"כ** גבי לב לעיל סי' ע"ב. (דשם י"א דהוה דם בעין, ומש"ה לא הוה חומרא בעלמא – פמ"ג).

סימן עג ס"ו(1) • נמצא כבד בעוף צלוי

נמצא כבד בעוף צלוי, מותר, מטעם כבולעו כך פולטו, **וי"א** לקלוף מעט סביב הכבד, אפי' כשאינו דבוק, (ודלא כמליחה לעיל ס"ה דדוקא בדבוק), **ואינו** אלא חומרא בעלמא, ולכן אם לא קלפוה ובשלוה אין לחוש כלל, **ואחר** הבישול אפי' קליפה א"צ, (דלפעמים ליכא ס', ויש חשש דהיכא דצריך קליפה מן הדין, ולא יהיה ס' נגד הקליפה, ג"כ יתירו ע"י קליפה), **משא"כ** בלב לעיל סי' ע"ב, דיש בו דם בעין ואינו רק חומרא בעלמא.

נמצא כבד בעוף מבושל

ואם הוא מבושל, צריך ס' כנגד הכבד - המחבר סתם הדברים, דבכל גוונא דאיכא ס' נגד הכבד הכל שרי, דס"ל לקמן סי' צ"ב, דלא אמרינן חנ"נ רק בב"ח ולא בשאר איסורין.

הגה: ואין לך עוף שהוא ס' נגד הכבד, כשהיא שלימה, ולכן אם הכבד שלימה ודבוקה בעוף, נעשה העוף חתיכת נבילה, ובעינן ס' משאר דברים שבקדרה נגד כל העוף; וה"ה אם דבוק חתיכת כבד בחתיכת עוף, ואין ס' כנגדו, דהא קיימא לן בכל האיסורים חתיכה נעשית נבילה, כדלקמן סימן צ"ב.

ואם אין הכבד דבוקה, מצטרף כל מה שבקדרה לבטל הכבד, ואם יש ששים בכל, הכל מותר; מיהו הכבד עצמה אסורה כמו בלב, כמו שנתבאר לעיל סימן ע"ב - מפשט דברי הרב משמע, דאפי' נמלחה קודם, אסורה, דהא ארישא קאי דאיירי בנמלחה, שהרי היא דבוקה בעוף, וכן משמע להדיא בסימני ת"ח, וכ"כ הב"ח, **אמנם** צ"ע בעיקר דין זה, לפי שהרב בת"ח כתב, שנ"ל להתיר הכבד, אפי' לא נמלחה מקודם כשיש ס', מטעם דבשר שנתבשל בלא מליחה דאסור אפי' יש ס', גופיה חומרא בעלמא הוא, וכדלעיל סי' ס"ט סי"א, והלכך גבי כבד דבלא"ה רוב הפוסקים הסכימו דאין הכבד נאסר, אין להחמיר, עכ"ד, **אלא** שכתב אח"כ, אבל מצאתי שכתב ר' ירוחם, דאפילו איכא ס' נגד הכבד, מ"מ הכבד אסור כמו גבי לב, עכ"ל, ואין לזוז מדבריו, כי בטלה דעתי נגד דבריו, עכ"ל הרב, **וברבינו** ירוחם לא נמצא דבר, ואדרבה כתב לשם שמשערינן בכל הכבד כיון שאין אנו יודעים כמה דם יצא ממנו, אע"פ שהכבד מותר, כמ"ש שאינו נאסר, דומיא דלב שבשלו בלא קריעה, שמשערינן בכל הלב אע"פ שהלב מותר, כמ"ש בדיני הלב, עכ"ל, **אלא** שכתב לשם בסוף האות, דתרנגולת שנצלה עם הכבד שלה, הכבד אסור ותרנגולת מותרת, כי יש בה יותר מס', עכ"ל, **וא"א** לומר שהרב כוון לזה, שהרי העתיק לשונו כמו גבי לב, **ועוד** דע"כ אין ראייה מזה, דבלא"ה קשה, דהא ס"ל לרי"ו דהכבד מותרת שפולטת ואינו בולעת, **אלא** צ"ל דס"ל לרי"ו דבצלי שאני, שפולטת דם הרבה וכנוס תחתיה בחלל התרנגולת, וחוזר ונבלע בכבד, וגם ס"ל כתוס' שהבאתי בס"ק י"ב, דלא אמרינן כבולעו כך פולטו בדם כבד,

{**מיהו** אנן לא קי"ל כרי"ו בהא, אלא כמ"ש הפוסקים והטור בס"ו, דנמצא כבד בעוף צלי מותר מטעם דכבכ"פ, וכ"כ הב"י, **גם** במה שמשמע מדברי רי"ו דתרנגולת יש בה ס' נגד כבדה, לא קי"ל כוותיה}, **וגם** ס"ל לרי"ו דלא אמרינן דם מישרק שריק אלא בכבדא ע"ג בישרא, משא"כ בחלל התרנגולת דלא שריק, דלא עדיף מאלו יש גומות בבשר דלא אמרינן מישרק שריק, וכמ"ש בס"ס ע"ה בשם הגה"מ ושאר פוסקים, **וא"כ** אין ראיה לדין דהכא, וצ"ע.

[**וכיון דכתבתי בס"א, שרש"ל מתיר להלכה למעשה הכבד שנתבשלה לבדה, *יש לסמוך עליו בזה לכל הפחות דאין הכבד חוזרת ואוסרת אח"כ דברים אחרים בנתינת טעם**, ‹היינו דבבשר שנתבשל בלי מליחה, ויש נגדו ששים, דאסורה אותה החתיכה, אם נפלה לקדירה אחרת, אוסרת כשאין ששים, אבל בכבד אין להחמיר כולי האי - פמ"ג, דהיא עצמה אינה אסורה כלל מן הדין **אלא מצד חומרא, והיינו בנתבשלה בלא בשר, אבל עם בשר פשיטא שאין לסמוך להקל בזה, כנלענ"ד**]. ‹**ולא** ידענא כוונתו כאן - פמ"ג. **תמוה** לכאורה, דכיון דיש ששים לא נעשה השמנונית נבלה, ולא שייך טעם הרש"ל שהביא הש"ך בסוף ס"א - חוו"ד›.

*****‹**לענ"ד** אסור בזה, דהא בזה אזדא היתרא, "כיון דהרבה פוסקים ס"ל דכבד אינה נאסרת", דהא מ"מ אוסרת, **וגם** ההיתר, "דגם בשאר בשר מדינא מותר", י"ל דגם בשר מותר רק לאכלו בעצמו, אבל לבשלו אוסר, דדלמא מתחילה לא יצא בבשול כל דמו - רעק"א›.

‹**ונראה** דודאי בבישול יוצא כל דמה, ומה שאפשר לצאת יוצא בבישול ראשון, ולא נשאר רק טעם קלוש, דלא גרע מאחר מליחה לרבינו תם, ובבישול כולי עלמא מודו, רק שאפילו הכי אינה נאסרת, דמכל מקום טרודה בפליטה, **ופירש** ממקום למקום אינו אסור לדעת הרש"ל, וכמש"כ לעיל סוף ס"א. **ועם** שאר בשר, כיון שאסר הרש"ל מהטעם שכתבתי שם, דהדם שנכנס בתוך השמנונית של שאר בשר שנבלע בהכבד, הוי כפירש ואסור, לא רצה לסמוך להתיר - חוו"ד›.

סימן עג ס"ו(2) • נמצא כבד בעוף מבושל

פסק המחבר, נמצא כבד בעוף מבושל, צריך ס' נגד הכבד, ולא אמרינן חנ"נ רק בבב"ח. **והרמ"א** ס"ל דיש חנ"נ, ולכן אם הכבד דבוקה להעוף, **ואין** לך עוף שהוא ס' נגד הכבד, (ודלא כרי"ו), נעשה העוף חנ"נ, ובעינן ס' משאר דברים שבקדרה נגד כל העוף, **וה"ה** אם דבוק חתיכת כבד בחתיכת העוף, ואין ס' כנגדו. **ואם** אין הכבד דבוק בהעוף, מצטרף כל מה שבקדרה לבטל העוף בס', והכל מותר, **חוץ** מן הכבד עצמה, אפי' נמלחה קודם, **והש"ך** כתב דדין זה לאסור הכבד הוי צ"ע, וכמ"ש הת"ח, דאפי' הדין בבשר שאסור כשנתבשל בלא מליחה, הוי חומרא בעלמא, וא"כ בכבד דבלא"ה לרוב פוסקים אין הכבד נאסר, אין להחמיר אפי' לא נמלחה מקודם, **ודלא** כמו שהוכיח שם הת"ח בסוף מדברי רי"ו.

מה שעולה מדברי רי"ו לפי הש"ך: **1]** כבד שנתבשל בעוף, גם הכבד מותר, ואעפ"כ צריך ס' כנגד כל הכבד, דלא ידעינן כמה דם נפיק מיניה. **2]** כבד שנצלה בהעוף, הכבד אסור, והעוף מותר כשיש יותר מס', **והטעם**, שפולטת דם הרבה וכנוס תחתיה בחלל העוף, וחוזר ונבלע בכבד, ולא אמרינן כבולעו כך פולטו, (וזה דלא כהלכתא), **3]** וגם לא אמרינן מישריק שריק בחלל העוף, דלא עדיף מגומות בבשר דג"כ לא אמרינן כן. **4]** דהעוף יש ס' נגד הכבד, (ודלא כהלכתא).

כתב הט"ז, דכיון דמהרש"ל מתיר כבד שנתבשלה לבדה, הגם דלא פסקינן כוותיה, אבל יש לסמוך עליו עכ"פ בנוגע שלא יאסר בשר בקדרה אחרת בנתינת טעם, דהיא אינה אסורה אלא מצד חומרא, **משא"כ** בשר שנתבשלה בלא מליחה, דאותה חתיכה אסורה, ואוסרת אח"כ בשר בקדרה אחרת בנתינת טעם.

אבל כתב בט"ז, דזהו דוקא כבד שנתבשל לבדה, אבל אם נתבשלה עם בשר, אין לסמוך על זה לקולא, דזה לא הוי חומרא בעלמא. **והקשו** עליו על נקודה זה, כיון דאיירי דיש ס', א"כ ליכא שמנונית איסור, דהא כל שאר הבשר מותרת, וא"כ גם הכא מה שנאסר הכבד היא חומרא בעלמא.

והקשה רעק"א על כל דינו של הט"ז, דהא כל הטעם דמתיר הרש"ל, הוא משום ב' סברות: א'. "דהכבד אינה נאסרת", והא עכ"פ אוסרת, ואיך שייך לסמוך ע"ז להתיר שלא יאסר אחרת, **ב'**. "דגם בשאר בשר מדינא מותר, בנתבשלה בלא מליחה", והא זה רק מה דנאסרת, אבל י"ל דאוסרת מדינא, דדלמא מתחילה לא יצא כל דמו, ועיין בפנים מש"כ החוו"ד.

נמצא כבד או לב בעוף צלוי וממולא

עוף שמלאוהו בביצים ונמצא בו לב או כבד, דינו כמבושל, ובעינן ס' מן העוף בלא המילוי - אע"ג דאין עוף שהוא ס' נגד הכבד שלו, י"ל דמיירי כשהכבד אינה שלימה, **ואם לאו, הכל אסור** - ר"ל דאם אין העוף שלם, דאז אפשר דאין בו ס' נגד לבו, דאל"כ הא כבר נתבאר בס"ס ע"ב, דאין לך עוף שלא יהא בו ס' נגד לבו, וק"ל.

ונראה מדברי הרב, דבדאיכא ס' גם המלוי מותר, וכן משמע דעתו בת"ח להדיא, וכן משמע פשטא דמילתא באגודה, וכן במהרי"ל ובאו"ה, **ואע"פ** שדעת מהרש"ל והב"ח אינו כן, מ"מ הא בלא"ה הרמב"ם והסמ"ג ס"ל דבביצים נמי אמרינן כבכ"פ, ‹ועיין בס"ס ע"ב בט"ז אריכות בענין זה›.

לכאורה היה נראה מדכתב הרב ונמצא בו, וכן מדהוצרך לכתוב ובעינן ס' מן העוף בלא המלוי, דאיירי אפי' כשאינו דבוק הלב או הכבד בעוף, ואפ"ה אינו מצטרף המלוי לבטל בס', וכדעת רש"ל, וכך הבין העט"ז, **אבל** פשטא דלישנא דדינו כמבושל שכ' הרב לא משמע הכי, אלא משמע דהוי כנתבשל הכל ביחד, וכ"מ באו"ה ובת"ח, שלא הזכירו דבעינן ס' מן העוף בלא המלוי, **וכן** בכבד הנמצא בפשטיד"א, כתב הרב בת"ח ובהג' ס"ס ע"ח, דיש לה דין בישול לקדרה בין לקולא בין לחומרא, והיינו דאם יש ס' בפשטיד"א, הכל שרי, מלבד החתיכה שהאיסור דבוק בה, ופשטיד"א דומה למילוי ביצים, **ואדרבה** הסמ"ג מחמיר טפי בפשטיד"א מבמלוי ביצים, דס"ל התם דבפשטיד"א לא אמרינן כבכ"פ, ובביצים אמרינן כבכ"פ, וכן מהרש"ל דימה דין קמח לביצים, וא"כ ה"ה בביצים, דאם אין האיסור דבוק, מצטרף המלוי ג"כ לבטל, **וכן** בדין, דכיון דאמרינן דהביצים כיון שהם נקרשים גורמין דהוי כבישול, למה לא יצטרפו ג"כ לבטל, וכ"מ דעת הב"ח, **אלא** הרב מיירי כאן שנמצא הלב או הכבד דבוק בעוף, ולכן בעינן ס' מן העוף בלא המלוי, ולא בא הרב אלא לאשמועינן דלא תימא דבכל צלייה אמרינן כבכ"פ, אפי' במלוי ביצים, וכדעת הרמב"ם וסמ"ג, אלא כיון דמלאוהו בביצים שהם נקרשים, לא שייך כבכ"פ, והוי כאלו נתבשל הכל יחד, ואגב זה נקט נמי דבעינן ס' מן העוף בלא המלוי, כלומר כשהאיסור דבוק בו כדין שאר בישול, **א"נ** אתא לאשמועינן דלא תימא כיון דהמלוי גורם דהוי כבישול, א"כ נבלע אדרבה מתחלה במלוי, וא"כ אף שהאיסור דבוק בעוף, יצטרף המלוי, קמ"ל.

ואם מלאוהו בבשר ואין שם ביצים הנקרשים ומעכבים הדם, דינו כצלי - משמע דעת הרב, דאם יש שם ביצים, אע"פ שיש שם בשר שלא נמלח, לא אמרינן כבכ"פ, וכן יתבאר עוד דעת הרב בזה בסי' ע"ו וע"ז. (**ועיין** בט"ז ס"ס ע"ב, דבלא נמלח הבשר אמרינן כבכ"פ).

(**עיין** בתשובת שבו"י, במעשה בסעודה גדולה של נישואין, שבשלו הרבה קדירות עם תרנגולים ובשר הרבה, ומצאו תוך תרנגולת אחת הכבד והלב מחובר, וידעו באיזה קדרה שבשלו זאת התרנגולת, אך לא ידעו שאר התרנגולים ובשר איזה נתבשל עם תרנגולת זאת, **והשיב** דזה ודאי, אם בצירוף יחד כל הבשר והתרנגולים יש ששים נגד זאת התרנגולת, פשיטא דהכל מותר במקום הפסד, כיון דכל מה שנכנס בספק מצטרף לבטל, כדאיתא בשו"ע סי' קי"א ס"ז, **אלא** אפילו ליכא ס' נגד התרנגולת שהלב והכבד דבוק בו, אין לאסור רק אותו תרנגולת במקום הפ"מ וסעודת מצוה, כיון דהא דחתיכה נ"נ בשאר איסורים הוא רק מדרבנן, גם איסור דם הכבד והלב שבשלו הוא רק מדרבנן, גם נתבטל חד בתרי בקדרות, אין להחמיר כלל, עכ"ד, **וצ"ע** בזה, אמנם היכא שסילקו זאת התרנגולת מהקדרה קודם שנודע, או דנצטנן הקדרה קודם שנודע, יש לסמוך להקל, עמ"ש לקמן סי' צ"ט סק"ו בשם רעק"א).

סימן עג ס"ו(3) • נמצא כבד או לב בעוף צלוי וממולא

עוף שנצלה, ומלאוהו ביצים, ונמצא בו לב או כבד, (וה"ה בכבד שנמצא בפשטידא), דינו כמבושל, דכיון דהביצים נקרשים, לא שייך כבולעו כך פולטו, והוי כאילו נתבשל הכל יחדיו, (**ודלא** כהרמב"ם וסמ"ג דס"ל, דגם בביצים אמרינן כבכ"פ, והסמ"ג ס"ל, דבפשטידא לא אמרינן כבכ"פ). **ולכן** אם אינם דבוקים להעוף, מצטרף כל מה שבקדרה לס', אפי' המלוי, (ודלא כהרש"ל והעט"ז), **אבל** כשהם דבוקים להעוף, בעינן שיהיה הס' מהעוף בלא מלוי, (ובכבד, כיון דאין עוף שהוא ס' מן הכבד, היינו כשהכבד אינה שלמה), **ואז** הכל מותר אפי' המלוי, (ודלא כהרש"ל והב"ח). **ואם** אין ס', הכל אסור, (ובלב, דאין עוף שאינו ס' נגד בלב, היינו כשאין העוף שלם).

אם מלאוהו בשר, ואין שם ביצים הנקרשים ומעכבים הדם, דינו כצלי, **משא"כ** אם יש בו ג"כ ביצים, אע"פ שהבשר לא נמלח, דינו כמבושל, דלא אמרינן כבכ"פ. **ודלא** כמו שמביא הט"ז בס"ס ע"ב, דבלא נמלח הבשר אמרינן כבכ"פ.

אם בשלו הרבה קדרות עם בשר ותרנגולים הרבה, ומצאו תוך תרנגולת אחת הכבד והלב, ולא ידעינן בהשאר בשר איזה נתבשל עם זה, **אם** יש בצירוף הכל ס' נגד זאת התרנגולת, כל מה שנכנס בספק מצטרף לס', **ואפי'** ליכא ס' נגד התרנגולת, אינו אסור אלא אותו תרנגולת, במקום הפ"מ וסעודת מצוה, דחנ"נ בשאר איסורים דרבנן, וגם כבד ולב שנתבשלו דרבנן, וגם נתבטל חד בתרי, וצ"ע, **אבל** אם סילק התרנגולת מהקדרה קודם שנודע, או נצטנן קודם שנודע, יש לסמוך להקל.

§ סימן עד – הטחול דינו כשאר בשר §

בישול הטחול כליות וביצי זכר

סעיף א - הטחול, אע"פ שיש בו מראה אדמומית ונראה כרבוי דם, דינו כשאר בשר - ומותר לבשלו אפילו עם שאר בשר, ת"ח.

הגה: י"א שנהגו שלא לבשל הכליות או ביצי זכר - כלומר בקדרה, **אפילו לאחר שניקר אותן, משום דאית בהו רוב דם, ובדיעבד אין לחוש** - ולשון הב"י, ואנו נהגנו היתר לבשלם, ולא שמענו פוצה פה, ע"כ, **ובמדינות** אלו אין נוהגין כן. ‹ויש להסתפק בדבריו במה שסיים ובמדינות אלו אין נוהגין כן, אי קאי אב"י, והסכים להר"ב, **או** אהר"ב קאי דנוהגין שלא לבשל, אין נוהגין כן אלא מבשלין אחר המליחה, **ובית** לחם יהודה כתב, ואנו נוהגין היתר לבשלו, ב"י וש"ך, וחזי מה עמא דבר – פמ"ג.

סימן עד ס"א(1) • בישול הטחול כליות וביצי זכר

הטחול אע"פ שיש בו מראה אדמומית ונראה כרבוי דם, דינו כשאר בשר, ומותר לבשלו עם שאר בשר.

י"א שנהגו שלא לבשל הכליות או ביצי זכר, אפי' אחר שניקר אותן, משום דאית בהו רבוי דם, **ובדיעבד** אין לחוש – רמ"א. **ואנו** נוהגין היתר – ב"י. **והש"ך** כתב ובמדינות אלו אין נוהגין כן, **ופמ"ג** מסופק בכוונתו, **ובית** לחם יהודה כ' דר"ל דנוהגין היתר.

מליחת כל אלו עם בשר

ומותר למלוח כל אלו עם שאר בשר, אף על פי שיש בהם רוב דם - כלומר אע"ג דכבדא עלוי בישרא לכתחלה אסור, וכמו שנתבאר בסי' הקודם סעיף ה', באלו מותר אפילו לכתחלה ע"ג שאר בשר.

ובלבד שיסירו הקרומים והחלב מהם - דין קרום הטחול נתבאר בסי' ס"ד ס"י, ודין קרום הכוליא שם סעיף י"ב ע"ש, ועיין לקמן בסי' ק"ה ס"ח.

סימן עד ס"א(2) • מליחת כל אלו עם בשר

מותר למלוח לכתחילה כל אלו על גבי שאר בשר, אע"פ שיש להם רבוי דם, **ובלבד** שיסירו הקרומים והחלב מהם, **ודלא** ככבד שאסרנו לעיל למלוח אותו על גבי בשר.

טחול בלא ניקור

[**כתוב** בהג' ש"ד, מעשה היה בטחול שנצלה בלא ניקור, והתיר ה"ר משולם וחבריו, דבטל חלב בטחול עצמו ובחלב הכשר שבו, דשיערוהו דהטחול והחלב הכשר שבו הוה ששים נגד חלב האיסור, ראבי"ה, עכ"ל, וכתוב בת"ח, ומשמע הלשון דאסתם טחול קאמר דהוא כך, דאל"כ מאי קמ"ל, ומ"מ צ"ע, דאמאי לא כתבוהו הפוסקים כמו שכתבוהו גבי לב, **ואפשר** דדוקא התם שיערו כך, וקמ"ל דשומן הטחול מפעפע ודינו בששים אפי' בצלייה, ע"כ אין לסמוך להקל בסתם טחול מכח זה, אא"כ ברור שיש ס' בהיתר נגדו, הואיל ואפשר לדחוק וליישב הלשון, עכ"ל, **ולענ"ד** דודאי לא קאי על סתם טחול, דגבי לב מצינו שהיה קבלה בידם ע"ז, כמ"ש הטור בשם הרא"ש, ולמה הוצרך לקבלה, ולא שיעורו בעצמו, אלא דמידי דתלוי בשיעור אין לתת בו כלל, כי לפעמים לא יהיה כך, **והא** ראיה, שכתבו האחרונים, דלפעמים יש אף בחתיכה של עוף ס' נגד הלב או הכבד, אע"פ שכתבו שאם אין העוף שלם אין שם ס', אלא ע"כ דהקבלה היא באם העוף שלם בודאי יש בריוח ס', ואם אינו שלם תלוי בראיית עין, ואם כן האיך נאמר בטחול, כיון שהם שיערו באחת, יהיה כן לעולם, והלא לפעמים יש חלב הרבה, ולפעמים מעט שהוא כחוש, **ע"כ** אין כאן חומרא, רק איסור גמור מן הדין, עד שיהא ששים נגדו].

‹**אם** נמלח הטחול ‹בלי ניקור› והכרס יחדיו, יש להתיר הכרס בקליפה, כיון דהרבה פוסקים ס"ל דלא אמרינן חתיכה עצמה נעשית נבילה, וגם במליחה יש להקל ביותר, עיין ש"ך סי' צ"ב ס"ק ט"ז, א"כ יש לסמוך על הקולא דמסתמא יש בטחול ששים, חי' הגרשוני, **ולענ"ד** אם ידוע שנמלחו יחד, ולא נמלח הטחול לבדה, יש להתיר גם הטחול בקליפה, דגם דבוק הוי חומרא בעלמא, ויש לסמוך על המקילים דלא אמרינן דבוק, ויצטרף הכל לששים, כיון דבלא"ה יש סברא דבטחול גופיה יש ששים, ודו"ק – רעק"א.

סימן עד ס"א(3) • טחול בלא ניקור

מעשה שצלה טחול בלא ניקור, והתירו, דשיערוהו דהיה ס' בהטחול והשומן נגד החלב – ראבי"ה. **וכ'** הת"ח דאפשר דאין זה כלל לכל סתם טחול, אלא דוקא כששיערוהו כן, ורק קמ"ל דהשומן בפעפע בכולו לבטלו בס'. **והט"ז** כתב דכן מוכרח מן הדין, דכדי לעשות כלל, צריך קבלה, כמו בלב (דלעולם יש בעוף ס' ממנו), אבל לא בהשערה פעם אחת בעלמא.

נמלח הטחול בלי ניקור עם הכרס ביחד, יש להתיר הכרס בקליפה, דכיון דיש פוסקים דלא אמרינן חנ"נ, וגם במליחה יש להקל טפי, יש לסמוך דהיה ס' בטחול נגד החלב. **וכשידוע** שנמלח ביחד ולא לבדה, יש להתיר גם הטחול בקליפה, דגם דבוק הוא חומרא בעלמא, ויש לסמוך על המקילין דלא אמרינן דבוק, ויצטרף הכל לס', כיון דבלא"ה יש סברא דבטחול גופיה יש ס' – רעק"א.

§ סימן עה – דין מליחת המעיים §

אם מחזיקין דם בבני מעיים ובכרס

סעיף א - אין מחזיקין דם בבני מעיים, כגון בכרס - כן הוא דעת הרא"ש וטור ושאר פוסקים, דכרס הוי בכלל בני מעיים שהוזכר בש"ס, שאין מחזיקין בהם דם. **ובקיבה, ובדקין** - הם הסובבים סביב הכנתא, אבל כנתא גופא יש בה דם.

ובחלחולת (פירוש הכרכשא, והוא המעי הדבוק בפי הטבעת), בלא שומן שעליהם.

לפיכך אם בשלם בקדרה בלא מליחה, מותר, אלא אם כן אסמיק - כלומר דדוקא מסתמא לא מחזקינן בהו דם, אבל אי אסמיק צריכין מליחה כשאר בשר.

הגה: וכ"ש אם נמלחו בכלי שאינו מנוקב, דמותרים - מן הסתם אי לא אסמיק.

מיהו לכתחלה צריכים מליחה בכלי מנוקב, והדחה תחלה, כשאר בשר - הטעם מפורש בסה"ת ובאו"ה, לפי שא"א לנקר הבני מעיים שלא ישאר בהן מעט שומן, ע"ש, **ומה"ט** סגי אפי' לכתחלה במליחת צד החיצון לבד, וכדלקמן.

ויש חולקים בכרס, ואומרים דמחזיקין בה דם, ואפילו בדיעבד אסור בכרס ובית הכוסות כשאר בשר - וכן פסק מהרש"ל, וכ"כ הב"ח, דלא כהעט"ז שלא הביא אלא דברי המחבר.

(**עיין** בתשובת רדב"ז, שדעתו נוטה לדעת המקילים, דכרס אין מחזיקין בו דם, ע"ש).

סימן עה ס"א(1) • אם מחזיקין דם בבני מעיים ובכרס

אין מחזיקין דם בבני מעיים, כגון בקיבה ובדקין ובחלחולת, בלא שומן שעליהן.

לפיכך אם בשלם בקדרה, וכ"ש אם נמלחו בכלי שאינו מנוקב, מותר מסתמא אא"כ אסמיק, **דאי** אסמיק צריך מליחה כשאר בשר. **מיהו** לכתחילה צריך מליחה בכלי מנוקב והדחה תחילה, שא"א לנקרם שלא ישאר בהן מעט שומן, **ומש"ה** סגי במליחת צד החיצון לבד.

וכן בכרס, לפי המחבר הרא"ש והטור והעט"ז, הוי דינו כמו הבני מעיים דלא מחזיקין בו דם, וכן נוטה דעת רדב"ז. **ורמ"א** הביא יש חולקים, דבכרס מחזיקין דם, ואסור אפי' בדיעבד בכרס ובית הכוסות, וכן פסקו מהרש"ל וב"ח.

אם מחזיקים דם בקורקבן

ונ"ל דאף הרא"ש והטור מודים דבקורקבן מחזיקין דם, שהרי עינינו רואות דיש דם הרבה בקורקבן, ועוד דהא ס"ל בסי' נ', דקורקבן לא הוי בכלל בני מעיים שהוזכר בש"ס, **והדרישה** כ', דלדעת הטור וסייעתו, אין מחזיקין דם בקורקבן כמו בכרס, ותלה עצמו במה שהביא הטור ר"ס ק"י בשם רבי יודא, דקורקבן לא הוי חתיכה הראויה להתכבד, כדאמרינן בני מעיים אוכליהון לאו בר אינש, **ולא** כוון יפה, דלדבריו יהיו דברי הטור סותרים זא"ז, וכן הקשה בהגהת דרישה, ולדבריהם תיקשי נמי, אמאי לא מייתי הטור ראיה ממאי דאיתא להדיא בפ' קמא דביצה, קורקבן ובני מעיים לא אכלי להו אינשי, וגם אדרבה מוכח מש"ס זו דקורקבן לא הוי בכלל בני מעיים.

[**וראיתי אחר זה בסמ"ג**, שמביא ג"כ דין של ה"ר יהודה שמביא הטור סי' ק"י, דקורקבן לא מיקרי חתיכה הראויה להתכבד, ומביא שם שני גמרות, האחת ממס' נדרים, רשב"ג אומר קרביים, פי' מעיים, לאו בשר, ואוכליהון לאו בר איניש, ואח"כ מביא גמ' דריש ביצה, דקורקבן ובני מעיים איכא אינשי דלא אכלי, וקשה ודאי למה לו להביא כלל גמ' דנדרים, דשם לא הוזכר כלל קורקבן, ולא היה לו לאתויי אלא גמ' דביצה דמפורש שם קורקבן, וזה עיקר כוונתו של הסמ"ג, **אלא** פשוט דאי מגמ' דביצה לחוד, הו"א שאמר שם איכא אינשי דלא אכלי כו', מנלן דאזלינן בתרייהו, דלמא אזלינן בתר האוכלים, והוה חתיכה הראויה להתכבד, ע"כ מביא גמ' דנדרים, דאמרינן מעיים אוכליהון לאו בר איניש, פי' שאכילתם היא אכילה גרועה, כמו שפי' רש"י שם, וא"כ גם גמ' דביצה שאמרה גבי מעיים, איכא אינשי דלא אכלי, אותן האנשים הם עיקר, ממילא גם גבי קורקבן יתפרש כך, דהא אמר חד לישנא לקורקבן עם בני מעיים בגמ' דביצה, ומגמ' דנדרים פשיטא דלא מצי לאתויי לחוד, ששם לא הוזכר רק מעיים ולא קורקבן, ואין

קורקבן בכלל בני מעיים, ולא הביא גמ' זו רק לפרש גמ' דביצה לענין מעיים, ממילא נדע לפרש גם לענין קורקבן כך, זה נ"ל ברור ומתוקן יפה בפירוש דברי הסמ"ג, גם הטור סי' ק"י, אלא שלא הביא רק גמ' אחת, דהיינו דנדרים, שמשם אנו למדין דאנו הולכים אחר אותן שאינו אוכלין אותם, ממילא גם הקורקבן בכלל מעיים לענין זה דוקא, כנלענ"ד פשוט, דדין בשר גמור יש לו].

ועוד דהא הך ראיה דמייתי הטור בשם הר"י, מדאמרינן בני מעיים אוכליהון לאו בר אינש הוא, לישנא דרשב"ג בנדרים בברייתא, ובלישנא דברייתא אף להרא"ש וטור קורקבן בכלל בני מעיים, ‹היינו בלשון תנאים קורקבן בכלל, ולא בלשון אמוראים – א"ב›, כדכתב הרא"ש להדיא ומביאו ב"י בסי' נ', וזה ברור.

וגם הב"ח בקו' אחרון לא כוון יפה בזה, במ"ש דכיון דאנן לא קי"ל כר"י, וקורקבן הוי חתיכה הראויה להתכבד, א"כ לא הוי בכלל בני מעיים ג"כ לענין דם, עכ"ל, **דהא** דאנן קי"ל דהוי חתיכה הראויה להתכבד, היינו משום דכתבו הרמב"ם והסמ"ג ושאר פוסקים, דדין חתיכה הראויה להתכבד משתנה לפי הזמן והמקום, **תדע** שהרי בש"ס הנזכר מבואר להדיא דקורקבן לא אכלי להו אינשי, אלא צ"ל דהיינו דוקא בזמנם, אבל היה יכול להיות דקי"ל דקורקבן הוי בכלל בני מעיים שהוזכר בש"ס, אם לא כמו שהוכחתי, ודוק.

[**כתוב** בדרישה, דקורקבן של עוף הוה במקום קיבה בבהמה, ולא מחזקינן ביה דם...]. ‹**גירסת** הספרים "הוה במקום כרס בבהמה", והקשה הפמ"ג על הט"ז, דלבסוף סיים הט"ז בשם הדרישה דהוי במקום קיבה, והט"ז עצמו הביא ראיה לבסוף דהקורקבן הוא במקום כרס, והא הדרישה ג"כ ס"ל כן דהוא בכלל כרס ומש"ה מתיר, ואה"נ דלסברת הרב בהגה"ה, דס"ל דמחזיקין דם בכרס, ה"ה בקורקבן הדין כן, **ועיין** בלבושי שרד שכתב דט"ס בריש דברי הט"ז, וצ"ל "הוה במקום קיבה בבהמה" – אמרי בינה›.

[**ומה** שכתב בדרישה, דקורקבן של עוף הוה במקום קיבה בבהמה, אין זה נכון כלל, דהא כתב הטור בסי' מ"ט, כל הטריפות בבהמה טריפות גם בעוף, באברים הנמצאים בו, אלא שאין לעוף לא כרס ולא המסס ובית הכוסות, ויש כנגדו זפק וקורקבן, עכ"ל, הרי שנקט הקורקבן במקום כרס והמסס ובית הכוסות בבהמה, והכא נמי ודאי כן הוא בלי ספק, וחד דינא אית להו]. ‹ודלא כהש"ך דסובר דאפי' ככרס אינו, ואפי' להמחבר דאין מחזיקין דם בכרס, מחזיקין בקורקבן›.

[**ועוד** נראה להביא ראיה, דאע"פ דנקטו הפוסקים קיבה בזה הסי', מ"מ אין בכלל זה קורקבן של עוף, דמצינו בפ' אלו טריפות דחושב שם הטריפות שלו שהם גם בבהמה, ומפרש שם ברש"י במתנ', אמאי הוצרך לשנות אותם גבי עוף מאחר שכבר שנאם בבהמה, ועל מה ששנה גבי עוף ניקב הקורקבן, לא הקשה רש"י כלל, למה חזר להזכירו בעוף, מאחר ששנה בבהמה ניקבה הקיבה, וגם אין שום תירוץ ע"ז, **אלא** ודאי דאין בזה קושיא כלל, דהקורקבן אינו דומה מצד הסברא להקיבה של בהמה, ממילא גם כאן, **אע"פ** שהוזכר בקיבה שאין מחזיקין בה דם, אין קורקבן העוף בכלל זה].

[**ועוד** ראיה לאיסור כאן בקורקבן, מדמצינו לר"ת שכתב הר"ן משמו, שהכרס אינו בכלל מעיים ומחזיקין בו דם, מדאמרינן במחט שנמצא בעובי בית הכוסות, שאם אין עליה קורט דם כו', וכן פסק הרמ"א כאן לאיסור בכרס, **וא"כ** גם בקורקבן הוה כך, דהא כתב הטור וב"י בשם שאר הפוסקים, דמחט בקורקבן כדין מחט שנמצא בהמסס ובית הכוסות, ולא אמר כדין הקיבה, ועל כן ע"כ צ"ל דבקורקבן יש דם, דאל"כ לא שייכי דינים של בית הכוסות, דהא עיקר דין של המסס ובית הכוסות תלוי בדם אם נמצא, וזה נתחדש אצלם].

[**ואין** להקשות ממתני' דנחמרו בני מעיה, דשם הוה הקורקבן בכלל, **דהא** התם גם לב וכבד בכלל, ומביא ב"י בשם רבינו יונה, לחלק בין לשון מתני' דהכל בכלל מעיים, ולא בלשון אמוראים, והיינו לענין לב וכבד וקורקבן כולם הם בכלל בלשון מעיים, אבל לא מצינו שום סברא להכניס קורקבן יותר לכלל מעיים מלב וכבד].

סימן עה ס"א(2) • אם מחזיקים דם בקורקבן

שיטת הש"ך: דאפי' לפי שיטת המחבר שבכרס לא מחזיקין דם, מודה דבקורקבן מחזיקין דם. **שיטת** הדרישה: דלהמחבר כמו דלא מחזיקין בכרס, ה"ה לקורקבן, ולהרמ"א מחזיקין בה דם כמו בכרס, **וכ"כ** הט"ז, (אלא דהוא סובר דלהדרישה הוי הקורקבן כמו הקיבה, והרבה להקשות עליו).

דם בשומן שעל הבני מעיים

אבל שומן שעליהם, דינו כשאר בשר; לפיכך כשמולחים החלחולת ושאר מעיים, אין

מולחים אותם בצד פנימי מעבר המאכל, אלא בצד החיצון ששם השומן דבוק.

משמע דאפי' לכתחלה א"צ למלחו רק מצד החיצון ולא מצד הפנימי, וכ"כ באו"ה ובת"ח בהדיא, **ואע"ג** שכתב המחבר לעיל סי' ס"ט ס"ד, דלכתחלה צריך למלוח הבשר משני צדדין, והרב שם אוסר אפי' דיעבד, וא"כ כאן כשאינו מולח אלא מצד החיצון, נמצא שהשומן לא נמלח במקום שהוא דבוק, **י"ל** דכיון דאין כ"כ דם בשומן, וגם אית ביה חטי חטי, סגי בהכי אף לכתחילה.

הגה: ואם מלח החלחולת מצד פנים ולא מצד חוץ, הוי כאילו לא נמלחה כלל; ואם נתבשלה כך, טריפה, אם יש עליה שומן מבחוץ - פירוש אם ידוע שהיה שם שומן כדי לאסור, אבל אין לאסור בדיעבד מטעם שא"א לנקרה שלא ישאר בה שומן.

‹דוקא החלחולת, אבל שארי בני מעיים, אף דלכתחילה צריך למלוח ג"כ צד החיצון, מ"מ אם דיעבד מלח צד הפנימי לחוד, מותר, מנ"י, דלא כהלבוש והל"ח – רעק"א›.

לשון הת"ח, מיהו אם יש ס' רק נגד השומן והגידין שבה, הכל מותר, עכ"ל, **ואע"ג** דבשר שנתבשל בלא מליחה נהגינן לאסור אותה חתיכה אף בדאיכא ששים, כדלעיל סי' ס"ט סי"א, מ"מ הכא השומן נמס בקדרה ואינו ניכר ובטל, **א"נ** כיון דהתם גופא חומרא בעלמא היא, יש להקל כיון דאין דם נראה לעין בשומן, **ובזה** אתי שפיר הא דסגי בששים נגד השומן והגידין, ולא בעינן ששים נגד כל החלחולת, לפי שהאיסור דבוק בה ונעשית נבילה, **אלא** ודאי כיון דעינינו רואות דלית בהו דם למראית העין, ובודאי הוא מעט מזער, ראוי להקל בזה, כיון דאיסור דבוק בלא"ה חומרא הוא, וכן כתב מהרש"ל.

ואם לא נתבשלה עדיין, יחזור וימלחנה מבחוץ, ומותרת - כ"כ בסימני ת"ח, ובת"ח שם בפנים כתב, יחזור וידיחנה וימלחנה.

[**ולא** חיישינן שיבלע הצד הפנימי מן החיצון], דמאחר שאינו מוחזק כ"כ בדם, אין לדמותו לבשר אחר שנמלח מצד א', עכ"ל ת"ח בשם או"ה, **ור"ל** דהכא אפי' לאחר י"ב שעות שרי לחזור ולמלחו, משא"כ גבי בשר לעיל סימן ס"ט ס"ד, **וכן** אפי' לאחר מעל"ע, להי"א בס"ס ע' דפליטת ציר היא מעל"ע, וק"ל.

סימן עה ס"א(3) • דם בשומן שעל הבני מעיים

שומן שעל הבני מעיין דינו כשאר בשר, לפיכך כשמולחין אותם, אין מולחין אותם אלא לצד חיצוני ששם השומן דבוק, ואפי' לכתחילה, **ולא** נחשב צד השני של השומן כאילו לא נמלח, ונמצא דנמלח רק מצד א', דאסור בבשר אפי' בדיעבד, **דכיון** דאין כ"כ דם, וגם אית ביה חיטי חיטי, סגי בהכי לכתחילה.

אם מלחום רק לצד פנים, ולא מצד חוץ, הוי כאילו לא נמלחה כלל, ואם נתבשלה כך אסורה, **ודוקא** אם ידוע שהיה שם שומן מבחוץ, אבל לא נאסר מטעם שא"א לנקרה שלא ישאר בה שומן. **ולפי** רעק"א כ"ז דוקא בחלחולת, אבל שאר בני מעיין, הגם דכשידוע שיש שומן צריך למלוח גם לצד חיצון לכתחילה, אבל בדיעבד אם מלח רק צד פנימי, מותר.

אם בשלם בלא מליחה, והיה ס' נגד השומן והגידין, הכל מותר, **ולא** הוי כבשר שנתבשל בלא מליחה, דהבשר אסור אף כשיש ס', **דהכא** השומן נמס ואינו ניכר ובטל, **וא"נ** התם גופא הוי חומרא בעלמא, ויש להקל הכא כיון דאין דם נראה לעין בשומן, **ומש"ה** לא בעינן ס' נגד החלחולת כולו, אף דהוי דבוק ונ"נ, **דכיון** דאיסור דבוק הוא חומרא, וליכא דם למראית עין, והוא מעט מזער, ראוי להקל.

אם לא נתבשלה עדיין, יחזור וימלחנה (וי"א יחזור וידיחנה וימלחנה) מבחוץ ומותרת, ואפי' לאחר י"ב שעות או לאחר מעל"ע, **ולא** חיישינן שיבלע צד הפנימי מצד החיצון, מאחר שאינו מוחזק כ"כ דם, ואינו דומה לבשר דאסור כה"ג.

ביצים הנמצאים בעופות אחר שחיטה

ביצים הנמצאים בעופות לאחר שחיטה, אם לא נגמר החלבון שלהם, רק החלמון לבד, צריכים מליחה כשאר בשר - (וכתב מנ"י בשם מהרי"ל ואו"ה, דצריכים ג"כ שריה כשאר בשר, ע"ש). **ומותר למלחן עם בשר.**

ואם נגמר אף החלבון, אפי' הקליפה הקשה עליו כמו שהיא נמכרת בשוק, נוהגין למלחה; אך יזהר שלא למלחה עם בשר; מיהו בדיעבד, אין לחוש.

ודעת מהרש"ל נראה, לאסור אף בדיעבד, בין שנגמר החלמון לבד, או גם החלבון, בין שהקליפה קשה או רכה, ע"ש שהאריך ודבריו נכונים, [וז"ל, ולענין מליחה יראה שאין להקל כלל, ולמלוח אותה ביצה שנמצא בתרנגולת עם התרנגולת, דאע"פ שאנו מחמירין ומולחין כל הביצים, הלא מדינא לא בעי, ולא עוד אלא אפי' נגמר החלמון לבד, דחשבינן כבשר מדינא, ולא כרש"י, סוף

סוף עינים רואות שאין בו דם, וגם אין לה ציר שפולט ממנה, וא"כ אינה טרודה לפלוט ותבלע דם התרנגולת ואסורה, **ועוד** נ"ל דשפיר בלעה ופלטה ע"י מלח, אפי' נתקשה לגמרי, דהא אפי' כלי חרס שמלחו בו בשר, אפי' הוא מנוקב אסור לאכול בו רותח, כ"ש הכא כו', **ואפי'** הכי נ"ל שאינה אוסרת את התרנגולת הנמלחת עמה, כמו גבי דגים ועופות, עכ"ל, **ובאו"ה** כתב עוד, דאם נתבשלה הביצה הזאת הנאסרת, אוסרת מה שנתבשל עמה עד ששים, **ודבריו** נראין עיקר להלכה למעשה], וכ"כ הב"ח.

(**עיין** בשאילת יעב"ץ שכתב, דאם הביצה נולדה כדרכה, אף שהקליפה רכה, א"צ למלחה אף מצד המנהג, דאם איתא דאיכא למיחש משום דם, תיתסר לגמרי משום אבר מן החי, דלא כמורה אחד שטעה בזה, ע"ש).

סימן עה ס"א(4) • ביצים הנמצאים בעופות אחר שחיטה

ביצים הנמצאים בעופות אחר השחיטה, אם לא נגמר החלבון שלהם ורק החלמון, צריכים שרייה ומליחה כשאר בשר, ומותר למלחם עם בשר. **ואם** נגמר החלבון, אפי' אי הוי הקליפה קשה כמו שהוא נמכר בשוק, נוהגין למלחה, אך לא עם בשר, **מיהו** בדיעבד אין לחוש. **והמהרש"ל** אוסר אף בדיעבד בכל אופן, בין שנגמר החלמון לבד, או גם החלבון, בין שהקליפה קשה או רכה, **ודבריו** נכונים, דאע"פ שאנו מחמירין ומולחין כל הביצים, הלא מדינא לא בעי, ואפי' נגמר רק החלמון, דחשוב כבשר מדינא, סוף סוף עינים רואות שאין בו דם, וגם אין לה ציר לפלוט ואינה טרודה, **ושפיר** בולע אפי' הקליפה קשה, דהא אפי' כלי חרס בולע, **ואפ"ה** אינה אוסרת הבשר שנמלחה עמה, **ואם** נתבשל הביצה הזאת שנאסרת, אוסרת מה שנתבשל עמה עד ס'.

אם נולדה כדרכה, אף שהקליפה רכה, א"צ מליחה אפי' מצד המנהג, דאם איתא דאיכא למיחש לדם, תיתסר משום אבר מן החי.

שומן

וכל שומן, אפילו של עופות, דינו כשאר בשר לענין מליחה והדחה – ‹בין לענין הדחה ראשונה, בין לענין הדחה שנייה – רעק"א›.

סימן עה ס"א(5) • שומן

כל שומן, אף של עופות, דינו כבשר לענין מליחה והדחה, בין לענין הדחה ראשונה בין לענין הדחה שנייה.

מליחת בני מעיים ביחד עם בשר

סעיף ב - בני מעיים בלא שומן שעליהם, אף על פי שאין מחזיקים בהם דם, מותר למלחם עם בשר - משום דציר יש להן, וכל שהן פולטין ציר אין בולעין - רשב"א, **והתוס'** והרא"ש והר"ן כתבו הטעם, דמישרק שריק, **ואע"ג** דס"ל להנך פוסקים דלא כר"ת, דס"ל מישרק שריק במליחה, וכמו שנתבאר בסי' ע' בב"י, **הא** כבר כתבו התוס' והגה"מ והגהת ש"ד ושאר פוסקים, דה"ט משום דמסתמא איכא גומות בבשר ולא שריק, והלכך בבני מעיים דחלקים הם, שפיר אמרינן דשריק, **א"נ** והוא עיקר, דהיכא דפליט ציר אמרינן שפיר דשריק, וכן כתב מהרש"ל שם, וסברא זו מוכרחת בכמה דוכתי, ודו"ק.

[**ואע"ג** דבביצים כתב רש"ל בסמוך, דבלעי מן בשר שלא נמלח ואסור, היינו כיון דליכא בהו ציר, **ואע"ג** דלעיל סי' ע' ס"ו כתבתי בשם רש"ל, דדוקא בפליטת דם אמרינן דלא בלע דם, אבל לא מחמת פליטת ציר, **הא** כבר הוזכר שם, שבענין שי"ל כבולעו כך פולטו, כגון בחתיכה שהונחה עם חתיכות שלא נמלחו, מודה רש"ל דמהני הך סברא, כיון דטרוד לפלוט ציר לא בלע דם].

הגה: וים אוסרין למלחם עם בשר – ‹דלא קי"ל כסברת התוס' דמשרק שריק – גר"א›, **והכי נוהגין לכתחלה, ובדיעבד מותר** – [ורש"ל כתב דמותר אפי' לכתחילה, ושכן המנהג].

(**ועיין** במנחת יעקב בשם ח"ז הגאון מהר"ש ז"ל, בעוף שנמלח עם זפק ונתבשל, שטריפה עד שיהיה ס' נגד המאכל שבזפק, מטעם דהמאכל בלע דם במליחה, ואין לו לפלוט דם של עצמו, ולא פלט דם שבלע, ע"ש, **ועיין** בתשובת כנסת יחזקאל שחולק עליו, ופסק דשרי, ויסוד ההיתר שלו דאמרינן קרמא מפסיק, וכמו בבוליא שצלאו בחלבו, ע"ש, **ואין** דבריו מוכרחים, ומ"מ נראה ברור, דאף להמנ"י דלא מהני בזה הא דקרמא מפסיק, מ"מ לא אמרינן בזה איסור דבוק, שאם לא היה בעוף גופיה ס', יצטרך ס' נגד כל העוף, אלא כל הקדירה מצטרף לבטל המאכל שבזפק, דלענין זה מהני עב"פ הקרום, שאין העוף ממהר לבלוע טפי משאר דברים שבקדרה, וכמ"ש הש"ך בסי' כ"ב גבי ורידין כן, ע"ש, והוא פשוט).

סימן עה ס"ב • מליחת בני מעיים ביחד עם בשר

בני מעיים בלא שומן שעליהם, אע"פ שאין מחזיקין בהם דם, מותר למלחם עם בשר, משום דיש להם ציר, (ודלא כביצים דלעיל), וכל זמן שהם פולטים ציר אין בולעים דם, **(ולהט"ז** כל זמן שהם פולטים ציר אמרינן כבולעו כך פולטו, **ואפי'**

לרש"ל דבציר לא אמרינן איידי דיפלוט ציר יפלוט גם הדם שבלע, בשעת בליעה עצמו, כשאינו בתוכו, אלא מונח אצלו, אמרינן כבכ"פ), **או** משום דאמרינן דהדם מישריק שריק, **והגם** דקימ"ל דלא אמרינן מישריק שריק במליחה, ה"ט משום דאיכא גומות בבשר, אבל הבני מעיים הם חלקים, **א"נ** והוא העיקר, דהיכא שפולט ציר אמרינן מישריק שריק.

ויש אוסרים למחלם עם בשר, והכי נוהגין לכתחילה, ובדיעבד מותר – רמ"א. **ורש"ל** מתיר אפי' לכתחילה, ושכן המנהג.

עוף שנמלח עם זפק ונתבשל, המאכל שבזפק אסור, דאינו פולט דם של עצמו, שעי"ז יפלוט דם שבלע, **ופסק** המנ"י דאוסר שאר הקדרה עד שיהיה ס' נגד המאכל שבזפק, **והכנסת** יחזקאל מתיר, דאמרינן קרמא מפסיק בין מה שבקדרה להמאכל שבזפק, **וכתב** הפת"ש דאין דבריו מוכרחים, **אבל** גם המנ"י מודה דאמרינן קרמא מפסיק עכ"פ לענין איסור דבוק, דלא אמרינן שיהא צריך ס' בעוף נגד הזפק, ואל"כ, צריך ס' בקדרה נגד העוף, שאין העוף ממהר לבלוע טפי משאר הקדרה משום הקרמא דמפסיק.

שומן הדקין

סעיף ג- שומן הכנתא (פירוש שומן הדקים אינטריי"לייא בלע"ז) שעל הדקים, מלאה חוטים דקים מלאים דם, ולפיכך יש אוסרים אותה לקדירה אפילו על ידי חתיכה ומליחה; ועכשיו נוהגין היתר. ואותם חוטין של דם כשאדם בקי בהם מותחן, ונפשלים היטב עד שלא ישאר אחד מהם.

סימן עה ס"ג • שומן הדקין

שומן שעל הדקים מלאה חוטין דקין מלאים דם, ויש אוסרים לקדרה אפי' ע"י חתיכה ומליחה, **ועכשיו** נוהגין היתר, **וכשאדם** בקי מותחן, נפשלים היטב עד שלא ישאר אחד מהם.

§ סימן עו – דין בשר לצלי §

הדחה ומליחה קודם לצליי' להמחבר

סעיף א- הצלי אין צריך מליחה, לפי שהאש שואב הדם שבו מעצמו - כן הוא ג"כ לשון הטור, ומשמע דסבירא ליה אפי' הדחה נמי לא בעי לכתחלה משום דם בעין שעליו, לפי שהכל האש שואבו, וכ"כ הרא"ש בהדיא, ומביאו ב"י, ועיין ס"ק ט'.

סימן עו ס"א(1) • הדחה ומליחה קודם לצליי' להמחבר

הצלי א"צ הדחה ומליחה, שהאש שואב הדם, ע"ל ברמ"א.

בשר שלא נצלה יפה להמחבר

לשון הרא"ש, לא מיבעיא אם נצלה יפה, דאז נפלט כל הדם לחוץ, אלא אפילו לא נצלה יפה, ולא נפלט כל הדם לחוץ, שרי, כי מה שיוצא לחוץ נורא מישאב שאיב ליה ומישרק שריק, ומה שנשאר בתוכו הוי דם האיברים שלא פירש, ולא חשיב כפירש מה שהולך בתוכו מצד זה לצד זה, עכ"ל, **וכתב** הדרישה על דברי הרא"ש אלו וז"ל, ולא דמי למה שנתבאר לעיל סימן ס"ז, דדם שנצרר בחתיכה, או שפירש ממקומו ונתעורר לצאת ונבלע במקום אחר, אסור, **דשאני** התם שמחיים נתעורר לצאת, והוי דם שפירש, משא"כ כאן שלא נתעורר לצאת רק מחמת האש, הלכך אמרינן כל מה שבא אליו כח האש לזוזו ממקומו, הוציאו לגמרי ונפל לאש, עכ"ל, **ודבריו** תמוהים, דהא הרא"ש אפי' מה שנשאר בתוכו קאמר דלא הוי כפירש, **ובאמת** יש לתרץ

בקיצור, דשאני הכא דלא חשיב פירש, כיון דלא פירש מחיים ממקום למקום, ואולי יש ט"ס בדבריו.

הג"ה, ולי נראה לתרץ, דמש"כ הרא"ש "ולא חשיב כפירש", לא קאי אמה שנשאר בתוכו כו', אלא לעיל מיניה קאי, כי מה שיוצא לחוץ נורא וכו', וק"ל - נקה"כ.

‹והרא"ש לשיטתיה, דמולח בכלי שאינו מנוקב מה שפירש ממקום למקום לאו כלום, והרשב"א חולק עליו, וכמו שפסק רמ"א בסי' ס"ט סי"ב לגבי מליחה – פמ"ג›.

סימן עו ס"א(2) • בשר שלא נצלה יפה להמחבר

ואפי' כשלא נצלה יפה, כתב הרא"ש שמה שיצא לחוץ ע"י האש, מישריק שריק, ומה שנשאר, הוי דם אברים שלא פירש, **ואע"ג** דפירש מצד אחד לצד שני, זה לא חשיב פירש, **והגם** דבנצרר הדם או פירש ממקומו בסי' ס"ז, אמרינן דהוי כפירש ואסור, כתב הדרישה, דכל מה שפירש ע"י האש יצא לחוץ, **ותמוה** דהוי דלא כדמשמע מהרא"ש, **והש"ך** פי' דרק כשפירש מחיים הוי אסור, **והפמ"ג** כתב דהרא"ש לשיטתו, דפירש ממקום למקום לאו כלום, ודלא כמו דקימ"ל דאסור. **ועיין** ברמ"א וש"ך סוף ס"ב (6).

דם בעין שנטף על הצלי

אבל אם דם אחר – [פי' דם בעין, לאפוקי דם הנפלט ע"י מליחה או צלייה, דביה אמרינן מישרק שריק], **נטף על הצלי**, ‹לא אמרינן שהאש שואבו› - לשון הטור, על הצלי שאצל האש, **ובת"ח** כתב בשם או"ה, דאם נפל דם צלול ובעין על הבשר, וצלאו כך בלא הדחה, טרפה,

דלא אמרינן כבכ"פ, או אגב דפליט דם דידיה כו', גבי דם בעין שנפל עליו ממקום אחר, ע"כ, **ואפשר** שמטעם זה השמיט המחבר "שאצל האש", לומר דמש"כ הטור שאצל האש הוא לאו דוקא, דאה"נ דאם נפל עליו ואח"כ צלאו כך.

אפי' אותו דם הוא צונן - דקי"ל תתאה גבר, וכדלקמן ר"ס צ"א, א"נ כיון שהוא על האש כחם לתוך חם דמי, כמ"ש בת"ח.

לא אמרינן שהאש שואבו, ואוסר ממנו כדי נטילה – [ושיעור כדי נטילה, הוא כעובי אצבע].

זהו לדעת הט"ז בסי' ק"ה ס"ה, משא"כ לדידן דנהגינן לאסור אפילו במליחה בדם בס', כמו שנתבאר בדוכתי טובי, כ"ש בצלייה, וכ"כ הרב לקמן סי' ק"ה שם, וכ"כ מהרש"ל, וכ"כ האחרונים, והוא פשוט, **ומה** שלא הגיה הרב כאן מידי אדברי המחבר, היינו שסמך עצמו אמ"ש בכמה דוכתי, דנהגינן לאסור במליחה וצלייה בס', וממילא נשמע דזה לא כתב המחבר אלא לשיטתו, **אבל** על העט"ז שהעתיק לשון המחבר כהווייתו יש לתמוה.

[**כתב** רש"ל שזהו לפי סברת הטור, דס"ל בחם דצלי דיו בכדי נטילה, אבל בש"ד פסק לאסור בצונן לתוך חם בכולו, וכן יש לפסוק, **ואפי'** לסברת הטור יש להחמיר, כיון דבשומן מפעפע בכולו, ואין אנו בקיאים איזה מקרי כחוש ואיזה מקרי שומן, ע"כ].

סימן עו ס"א(3) • דם בעין שנטף על הצלי

דם בעין שנטף על הצלי, (לא דם הנפלט ע"י מליחה וצליי' שמישריק שריק), אפי' כשלא היה אצל האש, (ודלא כהטור), לא אמרי' שהאש שואבו, ולפי המחבר אוסר כדי נטילה, **אבל** לדידן שמחמירין בכל צליי' ומליחה בס', משום דלא בקיאינן בין כחוש לשומן, ה"נ צריך לס', (**וגם** לפי שיטת הש"ד דאוסר כל צונן לתוך חם בס'), **ואפי'** אותו דם הוא צונן, משום דתתאה גבר, או דכיון שהוא על האש, הוי כחם לתוך חם.

הדחה שלאחר מליחה וצליי' להמחבר

סעיף ב - רצה למלוח צלי ולאכלו בלא הדחה, עושה, ואין לחוש לדם שעל המלח -

המחבר לא איירי כאן מדין הדחה שקודם המליחה, [ולא הוצרך להזכיר אותה הדחה, כיון שזכר המליחה], אלא איירי בהדחה שאחר המליחה [קודם הצלייה], דמותר כשמולחו וצולהו מיד, ‹ברור שמש"כ המחבר: רצה למלוח צלי, אין כוונתו דוקא בצלאו מיד, דהא אח"כ כתב היש מי שאומר דה"מ כו', אלא אף בשהה במלחו, וכן ציין הבאר הגולה על רצה כו', מגיד משנה, ועל יש מי שאומר, רשב"א, ודעת המ"מ מבואר דאף בשהה במלחו מותר, ודברי הש"ך צ"ע - יד יהודה›, **ושאין** לחוש לדם שעל המלח, שהאש שואב ומונע המלח מלבלוע הדם, **ודין** הדחה שקודם המליחה כתבו הרב בסמוך, ועיין בס"ק ט'. [**אבל** בלא מליחה א"צ הדחה תחילה, וע"ז קאי ויש אומרים של רמ"א, דלצלי בעי הדחה תחילה].

ויש מי שאומר דהני מילי כשמולחו וצולהו מיד, אבל אם שהה במלחו – [פי' אפי' קצת, לא שיעור מליחה], **המלח בולע ונאסר** – [היינו המלח], **לפיכך מדיחו יפה קודם צלייה** - ואם לא הדיחו קודם צלייה, נכשר ע"י הדחה לאחר צלייה, ועי' בס"ק ט"ו.

סימן עו ס"ב(1) • הדחה שלאחר מליחה וצליי' להמחבר

אם רצה למלוח ולצלות בשר, (לפי היד יהודה אפי' אינו צולהו מיד, ועיין ש"ך וצ"ע), ולאכלו בלא להדיח אחר הצלי, עושה, ואין חשש לדם שעל המלח, שהאש שואב ומונע המלח מלבלוע הדם, (אבל בודאי צריך להדיח קודם המליחה, עיין לקמן), **וי"א** דדוקא אם מלחו וצולהו מיד, אבל אם שהה במלחו אפי' קצת ולא שיעור מליחה, המלח נאסר, וצריך להדיחו יפה קודם הצליי', **ואם** לא עשה קודם הצליי', כשר ע"י הדחה אחר הצליי'. **ועיין** במנהג הרמ"א לקמן (2).

הדחה ומליחה קודם לצליי' להרמ"א

הגה: וי"א דלצלי בעי הדחה תחלה - כלומר דכל צלי ‹אף לא מלח כלל – פמ"ג› בעי הדחה תחלה, משום דם בעין שעליו, ודוק.

וי"א דצריך גם כן קצת מליחה תחלה, והמנהג להדיחו תחלה, וגם למלחו קצת כאשר נתחב בשפוד, וצולהו מיד קודם שיתמלא המלח דם. מיהו אם לא הדיחו ולא מלחו כלל, ‹מותר› - הטעם בזה, דנורא מישאב שאיב ליה, וכמ"ש הט"ו בס"א.

סימן עו ס"ב(2) • הדחה ומליחה קודם לצליי' להרמ"א

י"א דכל צלי, אפי' לא מלח כלל, צריך הדחה תחילה, משום דם בעין שעליו, **וי"א** שצריך ג"כ קצת מליחה תחילה, **והמנהג** להדיחו תחילה, וגם למלחו קצת כשהוא נתחב בשפוד, וצולהו מיד קודם שיתמלא המלח דם, **מיהו** אם לא הדיחו ולא מלחו כלל, מותר, הגם דיש עליו דם בעין, משום דנורא משאב שאיב.

החילוק בין דם זה לדם בעין

ואע"ג דאם דם אחר בעין נפל עליו לא אמרינן שהאש שואבו, והאי נמי חשיב דם בעין כיון שלא הודח ולא נמלח, **דהא** מהאי טעמא אסור אם נמלח בלא הדחה תחלה ושהה שיעור מליחה אפי' לצלי, וכן לקדרה אפי' לא שהה שיעור מליחה, וכדלעיל סי' ס"ט ס"ב, והיינו מטעמא דכיון דלא הודח, המלח מבליע דם בעין שעליו, **וה"נ** נימא כיון דהוי דם בעין ולא הדיחו ולא מלחו כלל, אין האש שואבו, **י"ל** דכיון דלא הוי דם בעין ממש, אמרינן שפיר שהאש שואבו, **ומ"מ** אם לא הודח, ונמלח ושהה שיעור מליחה, אמרינן שהמלח מבליעו ושוב אינו יוצא אפי' ע"י צלייה, דלגבי דם בעין שנבלע לא אמרינן כבולעו כך פולטו, **אבל** אם לא הודח, ונמלח ולא שהה שיעור מליחה, אע"ג דהמלח הבליע דם בעין שעליו, דמה"ט לא מהניא ליה מליחה שנית לקדרה, מ"מ לא נבלע בחוזק, וגם לא נבלע הרבה, ויוצא על ידי צלייה אח"כ, **דטובא** אשכחן כה"ג, מה שיוצא ע"י צלייה ולא ע"י מליחה, כגון בשר ששהה ג' ימים בלא מליחה בסי' ס"ט סי"ב, ובשר שנשרה מעל"ע במים, לדעת המחבר שם סט"ו ושאר פוסקים, וכה"ג טובי, **מיהו** ודאי בדם בעין ממש שנפל ע"ג בשר מליח, שחשוב כרותח, אסור אפי' לצלי, כדמשמע מדברי הרב ס"ס ע', ועיין בסי' ס"ט ס"ב ובמ"ש שם.

ולענ"ד נראה דהחילוק הוא כך, דהדם בעין שעליו ונבלע במליחה, אף דלא מקרי דם בעין לגבי צלייה, מ"מ לא מקרי דם עצמו של החתיכה, כיון דלא היה מובלע בחתיכה, והוי כמו דם פליטה ממקום אחר, ומשום הכי אין לו תקנה בצלי, **דהא** דם הנבלע ממקום אחר אינו יוצא במליחה וצלי, רק בדרך איידי דיפלוט דם דידיה, וכיון דשהה שיעור מליחה כבר פלט דידיה, ונבלע הדם שעליו, ובצלי לא אמרינן איידי דיפלוט ציר, כמ"ש הש"ך סי' ע"ג ס"ק י"ד, **וגם** הא מיירי הכל שלא במקום הפסד מרובה, דבהפ"מ אפי' לקדירה מותר, כמ"ש הרמ"א סי' ס"ט ס"ב, ושלא במקום הפ"מ גם במליחה לא אמרינן איידי דיפלוט ציר כדלעיל – רעק"א.

סימן עו ס"ב(3) • החילוק בין דם זה לדם בעין

ואע"ג דאם דם אחר בעין נפל עליו, לא היו אמרינן שהאש משאיב שאיב, **כתב** הש"ך, די"ל דלא הוי דם בעין ממש, ושפיר אמרינן שהאש משאב שאיב, **ומ"מ** אם לא הודח ונמלח ושהה שיעור מליחה, המלח מבליעו ושוב אינו יוצא אפי' ע"י צליי', דכלפי זה חשבינן ליה כדם בעין דלא אמרינן ביה כבכ"פ, **אבל** אם לא שהה שיעור מליחה, אע"ג דהמלח מבליע הדם לתוכו, ומה"ט לא מהני מליחה שנית, **מ"מ** לא נבלע בחוזק, וגם לא נבלע הרבה, ויוצא ע"י צליי', וטובא אשכחן כה"ג, **אבל** בדם בעין ממש, לא מהני אפי' צליי'.

ורעק"א כתב דהחילוק הוא, דאע"ג דלא מקרי דם בעין, עכ"פ לא מקרי דם עצמו של החתיכה, והוי כמו דם פליטה ממקום אחר, **ומש"ה** לא מהני צליי' כששהה שיעור מליחה, דדם הנבלע ממקום אחר אינו יוצא אלא ע"י איידי דיפלוט דם דידיה פולט גם מה שבלע, והכא דשהה שיעור מליחה, אין לו דם של עצמו לפלוט, **ובצלי** לא אמרינן איידי דיפלוט ציר, **ובלא** הפ"מ, גם במליחה לא אמרינן איידי דיפלוט ציר, והכא לא הוי הפ"מ, דאל"ה היה מותר גם לקדירה.

מליחה בלא הדחה תחילה

או מלחו בלא הדחה תחלה, וצלאו כך, מותר, ובלבד שלא שהה כך במליחתו בלא הדחה שיעור מליחתו, אבל אם שהה כל כך קודם שצלאו, אסור

- כבר נתבאר הטעם, דהמלח מבליע הדם בעין שעליו, **ולפי"ז** אפי' אם מדיחו אחר המליחה אסור, ואפי' אם מדיחו אחר הצלייה ג"כ, דבכל ענין אסור, והכי מוכח להדיא בת"ח ובאו"ה, והוא פשוט, **ומש"כ** המחבר, אבל אם שהה במלחו המלח בולע ונאסר, ולפיכך מדיחו יפה קודם צלייה, מיירי שהודח תחלה ואח"כ נמלח, וכמ"ש לעיל, **וכל** זה פשוט ולא הוצרכתי לכתבו, רק מפני שהעט"ז השמיט כל דינים אלו שכתב הרב, וקיצר וכתב וז"ל, אם לא הדיחו ולא מלחו כלל, או מלח בלא הדחה תחלה, וצלאו כך, מותר לאכלו, וא"צ להדיחו מן הדם שיצא עליו בשעת צלייה ונשאר עליו ועל המלח, שדרך שמולחין אותו בשפוד, והוא שואב ומונע את המלח מלבלוע דם, בד"א כשמלחו וצלאו מיד, אבל אם שהה במלחו, כבר בלע המלח ונאסר, לפיכך צריך הדחה אחר צלייה קודם שיאכלנו, עכ"ל, **נראה** מדבריו, דאף בשלא הודח מתחלה ונמלח, שרי אח"כ ע"י הדחה שאחר הצלייה, דאין כאן איסור אלא משום המלח שעליו שנאסר, והבין דהרב והמחבר איירי בחדא מלתא, ולא דק, **גם** מש"כ מותר לאכלו וא"צ להדיחו מן הדם שיצא בשעת צלייה כו', ליתא וכמ"ש הרב לקמן, דכל צלי צריך הדחה אחר צלייתו, משום דם הדבוק בו.

ונצלה כך, מותר - לאו למימרא דאסור לכתחלה אפי' לצלי, דהא בת"ח משמע להדיא, דמותר לצלותו, **ועוד** דאם אתה אוסרו לצלי, *נמצא דלית ליה תקנתא, והוי כדיעבד, **אלא** משום דכתב בריש ההג"ה, דהמנהג

להדיחו תחלה ולמלחו קצת כאשר נתחב בשפוד, משום הכי כתב כאן לשון דיעבד, **אי** נמי משום דלכתחלה בעי הדחה אחר המליחה לצלותו, להכי נקט וצלאו כך בלא הדחה שאחר המליחה.

*הג"ה - ויש להקשות, דהלא אית להו תקנתא, שידיח הבשר ואח"כ יצלה, או ימלחנו, **ואע"ג** דלעיל סי' ס"ט ס"ב כתב המחבר ויש אוסרין, וכתב רמ"א דכן נוהגין, היינו דוקא לקדרה, אבל לא לצלי, כמ"ש בש"ך הנ"ל ס"ק י"ג, ועיין בט"ז הנ"ל ס"ק ז', וי"ל - נקה"כ.

ובלבד שלא שהה כך במליחתו – [בת"ח לא פסק כן הוא עצמו, אלא אין שיעור לדבר, וכן פסק רש"ל, **אפי'** בלא שהה אסור כמו בבישול, ‹בלא הפ"מ, ובהפ"מ שרי אף לבישול – פמ"ג, **וכן יש לפסוק**].

נמשך אחר דברי הב"ח, אבל בספרי כתבתי וז"ל, ומש"כ הרב בהג"ה, דאם לא שהה שיעור מליחה ונצלה כך מותר, כ"כ בת"ח כלל ט' בשם האו"ה, **וכתב** עליו וז"ל, וכבר כתבתי לעיל כלל ה' דעתי, ונראה לאסור אף בכה"ג, דאין שיעור לדבר, עכ"ל, **ובכלל** ה' משמע דס"ל כן, אלא שכתב דאין ראיה לאיסור, לכך ביטל דעתו מפני דעת האו"ה, **ובזה** נסתלקה תמיהת הב"ח על הרב בזה, גם א"צ לומר שהרב חזר בהגהותיו ממ"ש בת"ח, כמ"ש הב"ח, ע"ש, ע"כ - נקה"כ.

‹**והמנ"י** כתב, דהר"ב כאן מיירי בתרתי למעליותא, בלא שהה ולא נמלח אלא מעט, הוא דמתיר הר"ב כאן לצלי, ולקדירה אף תרתי למעליותא אסור באין הפ"מ – פמ"ג.

[**וכתב** רש"ל מה שנהגו הנשים להדיחו אחר שנצלה קצת קודם שנגמר כל צרכו, ושוב חוזרין וצולין אותו, לא משום איסור נהגו כן, אלא שלא יתקלקל טעם הצלי אחר הדחתו].

סימן עו ס"ב(4) • מליחה בלא הדחה תחילה

וכן אם מלחו תחילה בלא הדחה, ונצלה כך, מותר, ובלבד שלא שהה שיעור מליחה קודם הצליי', דא"כ אסור, שהמלח מבליע הדם בעין שעליו לתוכו, ולא מהני עוד הדחה, (ודלא כהעט"ז). **והטעם** דכתב הרמ"א "ונצלה כך", דמשמע בדיעבד, משום דלכתחילה היה צריך להדיח ולמלחו קצת וכנ"ל, **א"נ** דלכתחילה צריך להדיח אחר המליחה ואח"כ לצלותו.

כתב הט"ז דהת"ח ומהרש"ל פסקו, דאסור אפי' אם לא שהה שיעור מליחה, בלא הפ"מ, ובהפ"מ מותר אף לבישול, **והנה"כ** כתב, דכן כתב הת"ח לפי דעתו, אבל בסוף ביטל דעתו להאו"ה, דאם לא שהה מותר, **והפמ"ג** הביא ממנ"י, דהרמ"א מתיר דוקא בתרתי למעליותא, דלא שהה, וגם נמלח רק מעט, ובזה מותר לצלי ולא לקדרה, אא"כ בהפ"מ.

מה שנהגו הנשים להדיחו אחר שנצלה קצת ושוב צולין אותו, לא משום איסור, אלא שלא יתקלקל טעם הצלי אחר הדחתו.

עופות חלולים ומלואים

ואין חילוק בכל זה בין אווזות ושאר עופות החלולים - כלומר דאין חילוק בכל זה בין בשר ובין אווזות ועופות החלולים, שאע"פ שהדם בהן פירש מדופן לדופן, מ"מ כבולעו כך פולטו.

[**ולא** אמרינן דחשיב כאילו פירש מחתיכה לחתיכה, **אלא** חשוב ממש כחתיכה אחת, ולא עוד אלא אפי' בשתי חתיכות לא חיישינן למה שפירש מזו לזו בצלי שאצל האש, כ"כ רש"ל, ולי משמע מדברי המרדכי, דבדבר חלול לא הוה כחתיכה אחת, אלא דמ"מ מותר במליחה וצלי, דכבולעו כך פולטו].

ובלבד שלא יהיו מלואים בביצים או בשאר בשר, אבל אם הם מלואים, דינם כבישול, וצריכים מליחה תחלה כמו לקדרה - לצדדים קתני, בביצים אפילו דיעבד אסור, ובבשר לכתחלה אסור, וכמו שיתבאר בסימן שאח"ז.

[תמוה הוא, דהא בסי' ע"ז מתיר בבשר בכל גווני בצלי, וצ"ל בדוחק דה"ק כאן, בביצים לחוד או בבשר עם ביצים, **ויותר** נראה דהך מליחה תחילה, צ"ל מליחה לכתחילה, ור"ל דבזה לא סגי לכתחילה במליחה מועטת שזכר בסמוך]. **עיין** בש"ך נתיישב - נקה"כ.

סימן עו ס"ב(5) • עופות חלולים ומלואים

ואין חילוק בכל זה בין בשר ובין עופות חלולים, שאע"פ שהדם בהן פירש מדופן לדופן, כבולעו כך פולטו – ש"ך. **ורש"ל** כתב דחשיב כחתיכה אחת, **וט"ז** חולק, דלא הוי כחתיכה אחת, ורק כבכ"פ.

ובלבד שלא יהיו מלואים בביצים או בשאר בשר, **ואם** הם מלואים בביצים, (או בבשר וביצים, ט"ז), אסור אף בדיעבד, ודינם כבישול, וצריכים מליחה כמו לקדרה, **ואם** מלואים בבשר, אסור רק לכתחילה.

אופן הצליי', ואם לא נצלה יפה, להרמ"א

ונהגו להחמיר כשצולין בשר בלא מליחה - או שנמלח ולא שהה שיעור מליחה, **שלא להפך השפוד תמיד, כדי שיזוב הדם, ובדיעבד אין לחוש** - אפי' הפכו כל שעת הצליה. ‹ונוהגין העולם שאין נזהרים באקראי, ומהפכין שיהא נצלה יפה – פמ"ג.

ואין חלוק בכל זה בין אם רוצה לאכלו כך צלי, או רוצה לבשלו אחר כך, רק שיצלנו תחלה כדי שיהא ראוי לאכילה - לכאורה משמע, דאאם רוצה לבשלו אח"כ לחוד קאי, דאז אם לא יצלנו כדי שיהא ראוי לאכילה, נשאר דם בתוכו, ויוצא אח"כ ע"י בישול, **אבל** אם רוצה לאכלה כך צלוי, אף שנצלה מעט שרי, דמה שנשאר בתוכו הוי דם האברים שלא פירש, ומותר, **אבל** האו"ה כתב, דאף לאכלו כך אסור אם לא נצלה כל צרכו, וא"כ י"ל דקאי אתרוייהו. ‹**דלדידן** דפירש ממקום למקום אסור, ומה"ט מולח בכלי שאינו מנוקב, או חתיכה שנתבשלה בדמה דאסורה ביש ס', דפירש ממקום למקום, דלא כרא"ש, א"כ ה"ה לא נצלה כ"צ דאסור לאכלו, דפירש ממקום למקום, **אלא** דל"ת כסברת הפרישה, דדמה שפירש יוצא הוא לחוץ, כמ"ש הש"ך בס"א, לזה הזכיר מאו"ה דאסור – פמ"ג.

דהיינו כחצי צלייתו - כ"כ באו"ה, וטעמא, דאז יצא כבר כל דמו, והכי איתא בהדיא בטור ס"ס ס"ט, במקום שאין מלח מצוי, יצלה הבשר עד חצי צלייתו, ואח"כ יבשלהו, עכ"ל, משמע דבחצי צלייתו זב כל דמו, כ"כ הב"י והב"ח והדרישה שם, ועוד ביאר הב"ח דעת שאר מחברים כן, ע"ש, **והיינו** דלא כמהרש"ל, דאוסר בחצי צלייתו, ע"ש.

ומשמע באו"ה, דמותר אפי' לכתחלה לצלותו חצי צלייתו, כדי לבשלו אח"כ, ולא חיישינן שמא לא יצלה כל צרכו כי יסמוך על הבישול.

סי' עו ס"ב(6) • אופן הצליי', ואם לא נצלה יפה, להרמ"א

נוהגין להחמיר כשצולין בשר שלא נמלח, או לא שהה שיעור מליחה, שלא להפך השפוד תמיד, כדי שיזוב הדם, **ובדיעבד** אין לחוש אף אם הפכו כל שעת הצליי', **ובאקראי** נוהגין להפכו שיהא נצלה יפה.

ואין חילוק בכל זה בין אם רוצה לאכלו צלי או לבשלו, רק כשרוצה לבשלו צריך שיצלנו תחילה כדי שיהא ראוי לאכילה, **וכן** כשרוצה לאכלו צלי, לדידן דקימ"ל דפירש ממקום למקום אסור, א"כ אי לא צלה כל צרכו, אסור לאכלו, וצריך ג"כ לצלותו כל צרכו, **דהיינו** חצי צלייתו, (ודלא כמהרש"ל דאוסר בזה), דעי"ז זב כל דמו, **ובזה** מותר לכתחילה, ולא חיישינן שמא לא יצלה כל צרכו, כי יסמוך על הבישול.

הדחה אחר הצליי' להרמ"א

י"א דכל צלי צריך הדחה אחר צלייתו, משום דם הדבוק בו, וכן נוהגין לכתחלה - וכתוב בת"ח בשם האגודה, דאם נצלה בלא מליחה, צריך להדיחו אחר הצליה ג"פ, והוא באגודה ר"פ כ"צ, וכתב שם שכן משמע מהגדולים, וכ"כ באו"ה, וכתב דהכי נהוג עלמא, **ומשמע** שם באגודה ובאו"ה, דה"ה אם נמלח ולא שהה, או אפי' שהה ולא הודח אחר המליחה, דצריך הדחה ג"פ אחר הצלייה, ע"ש, **ומהרש"ל** חלק ע"ז, וכתב דלעולם א"צ אלא הדחה אחת אחר הצלייה, **ולא** ידעתי איך מלאו לבו לחלוק על הגדולים הקדמונים בסברא בעלמא בלי ראיה ברורה, בפרט להקל.

מיהו אם לא הדיחו, ואפילו בשלו כך, מותר (ע"ל סימן ע"ג). ואפילו נמלח תחלה קודם צלייתו ולא הודח אחר המליחה, אפילו הכי מותר, ולא חיישינן לדם ומלח שעליו, דנורא משאב שאיב - ‹ומיהו לאחר צליה בעי הדחה ממלח הנאסר. **נסתפקתי**, אי הודח ונמלח ושהה קצת או שיעור מליחה ולא הודח, ונצלה, ובשלו כך, מהו, דהא המלח נאסר, ועד כאן לא שרינן אלא בצליה, דכבולעו כך פולטו, כמ"ש או"ה, אבל לא בבישול, **ומ"ש** רמ"א: ואפי' נמלח קודם צלייתו, לא קאי אמ"ש לעיל דלהתיר בבישול, אלא בפני עצמו הוא, **או** דלמא כיון די"א דכל חתיכה יש ס' נגד דם ומלח, ובסימן ס"ט בהג"ה בשר יבש יש ס' נגד המלח, וה"ה כאן שאש שורפו ומייבשו – פמ"ג. **עכשיו** ראיתי הדין מפורש ביש"ש, דאין לאסרו דיעבד אף אם נתבשל בלי הדחה אחרונה – פמ"ג סי' ע"ח.

סימן עו ס"ב(7) • הדחה אחר הצליי' להרמ"א

י"א דכל צלי צריך הדחה אחר הצליי', משום דם הדבוק בה, וכן נוהגין לכתחילה.

אם נצלה בלא מליחה, **וה"ה** אם נמלח ולא שהה שיעור מליחה, **או** אפי' שהה ולא הודח אחר המליחה, כתב הש"ך בשם האגודה דצריך הדחה ג' פעמים. **ומהרש"ל** חלק ע"ז, דלעולם א"צ אלא פעם א', **והש"ך** לא הבין איך מלאו לבו לחלוק על הגדולים הקדמונים בסברא בעלמא בלי ראיה ברורה, ובפרט להקל.

אם לא הדיח הצלי (כשלא נמלח תחילה), ואפי' בשלו כך, מותר. **ואפי'** נמלח קודם הצליי' ולא הודח אחר המליחה, אפ"ה מותר לאכלו אחר הצליי', ולא חיישינן לדם ומלח שעליו, דהנורא משאב שאיב, ורק צריך הדחה אחר הצליי', **ואי** בשלו כך, הגם דמתחלה נסתפק הפמ"ג, לבסוף מסיק דמותר, די"א דכל חתיכה יש ס' נגד דם ומלח, וחתיכה יבשה להרמ"א יש ס' נגד המלח, וכן כאן שהאש שורפו ומייבשו.

מחבר רמ"א ש"ך ונקה"כ

אם לא ניקב הורידים בעוף

סעיף ג - לא נקב הורידים [בעוף] בשעת שחיטה, אסור לאכלו, ואפילו צלי, עד שיחתוך אבר אבר ויצלה - כבר נתבאר כל דיני ורידין בסי' כ"ב ע"ש.

רצה לאכול ממנו בשר חי, אסור עד שיחתוך וימלח - כלומר אע"ג דמותר לאכול בשר חי בהדחה בלא מליחה, וכמבואר בסימן ס"ז, דדם האברים שלא פירש מותר, הכא כיון שהדם שבורידין כנוס הוא, אסור. ‹**ודם** שבורידין לאו דוקא, אלא הטעם, כל שלא ניקב הורידין בשעה שהדם חם, נבלע הדם בכל החוטין שבשדרה, כמ"ש הרשב"א, והוה הדם כנוס בחוטין ההם, ומש"ה אם ניקר הבשר מכל החוטין שרי – פמ"ג›.

ואם נקר הבשר מחוטי דם, אוכל אפילו בלא מליחה, חי או צלי, ואפילו כולו כאחד - וכן לקדרה מותר ע"י מליחה, כשאר בשר, כיון שנקרו מחוטי הדם, וק"ל.

ויש שהחמירו שלא לאכלו כולו כאחד, אפילו בצלי - כלומר דלא מהני ניקור, ‹הטעם, דכל שלא חתך הוורידין בשעה שהדם חם, הדם נבלע בבשר הגוף, ואין יוצא ע"י מליחה, אלא צריך חתיכת אבר אבר, וכן לצלי בעינן אבר אבר – פמ"ג›. **אלא לאחר חתיכת הורידין ורוב שני הסימנים.**

הטור סיים "ושחיטת שני הסימנים", והמחבר השמיטו בכוונה, משום דס"ל דשחיטת שני הסימנים לאו בהכי תליא, ‹**ומ"ש** בשו"ע "ורוב שני סימנים", הוא טעות המדפיסים – מחצה"ש›.

[**בטור** כתב בסיום דברי רשב"א אלו: ושחיטת שני הסימנים, עכ"ל, וכתב בפרישה משום בהמה נקט לה, **וליתא**, דבתורת הבית כתב בהדיא אפי' בעוף, **אלא** לא מיירי כאן רק מדין חתיכת אבר אבר, שכ"כ שם הרשב"א בשם הראב"ד, שאם לא שחט כל הסימנים, דצריך לחתכם בשעה שהדם חם כמו בורידין, ואם לא עשה כן, אפי' בעוף צריך חתיכת אבר אבר כו', **ובב"י** הביא כן בשם הר"ן, וכתב דאין אחד מכל הפוסקים מזכיר זה, ובד"מ שם כתב ע"ז, ולדידן דאסור שהייה אפי' במיעוט בתרא, גם בזה יהיה נראה כשתי שחיטות].

סימן עו ס"ג • אם לא ניקב הורידים בעוף

אם לא ניקב הורידים בעוף בשעת שחיטה, בשעה שהדם חם, אסור לאכלו אפי' צלי, עד שיחתוך אבר אבר ויצלה, **ואם** רצה לאוכלו חי, אע"ג דבשאר בשר מותר בלא מליחה, דדם האברים שלא פירש מותר, אבל כיון דדם הורידים כנוס הוא, אסור עד שיחתוך וימלח, **וכל** שלא ניקב הורידים בשעה שהדם חם, נבלע הדם בכל החוטין שבשדרה, והוי דם כנוס גם בחוטין ההם. **ואם** ניקר הבשר מכל החוטין, אוכל אפי' בלא מליחה חי או צלי, ואפי' כולו כאחד, ומותר לקדרה ע"י מליחה, דהוי כשאר בשר. **ויש** מחמירין דלא מהני ניקור, דנבלע הדם בבשר הגוף.

והטור (וגירסתינו בשו"ע טעות) סובר, דלא די בחתיכת הורידין בשעת שחיטה, אלא צריך גם חתיכת רוב שני סימנים בשעה שהדם חם, **אבל** הב"י כתב, דאין אחד מכל הפוסקים מזכיר זה, **והד"מ** כתב, דלדידן דאסור שהייה אפי' במיעוט בתרא, אסור לחתכם אחר השחיטה, דנראה בזה כשתי שחיטות.

דיני סכין ושפוד בצלי שלא נמלח

סעיף ד - יש מי שאוסר לחתוך בסכין צלי שאצל האש שלא נמלח, כל זמן שאינו נצלה כל צרכו, מפני דם שנבלע בסכין. ויש מי שאוסר השפוד שצלו בו בשר בלא מליחה - משום דלגבי שפוד לא אמרינן כבולעו כך פולטו.

ויש מי שהורה שאסור להשהות הצלי על השפוד לאחר שהוסר מן האש, לאחר שפסק הבשר מלזוב, שמא יחזור הבשר החם ויבלע ממנו - משמע דבעודו עדיין על האש, אפי' פסק כבר מלזוב דם של עצמו, מותר, וכן הוכחתי בספרי מדברי הר"ן, וכן מבואר בש"ג, **והיינו** טעמא, דכל זמן שהוא אצל האש אמרינן כל מה שבולע הבשר מן השפוד חוזר ופולט, דכבולעו כך פולטו, **דלא** כהעט"ז שכ' וז"ל, אע"ג שכל זמן שהוא אצל האש אין חוששין לזה, היינו משום שכל זמן שהוא אצל האש הבשר זב ופולט, והואיל וטריד לפלוט אינו בולע, עכ"ל, **דליתא** אלא כדפי'.

[**משמע** דאם הוסר מהאש בעוד שהבשר זב, אין איסור בדבר, מאחר שפולט אינו בולע, ומה שבולע פולט, אלא שהשפוד נאסר, שאין שייך לומר כבולעו כך פולטו, **ולפי"ז** להיש מתירין שמביא אח"כ, שהוא הרא"ש, ממילא כ"ש דמותר הכל כל זמן שיש לו מה לפלוט והוסר מן

האש, **והטעם**, דכל זמן שחום האש על הבשר, אז מפליט הבשר דם שבתוכו לחוץ, וכשנתקרר החום ההוא אין מפליט כלל, והוי דם האברים שלא פירש ושרי, ומו"ח ז"ל כ' שהרא"ש מודה, שאם לא נצלה חצי צלייתו והוסר מן האש, דאסור השפוד והסכין והצלי, **ותמוה הוא**, אלא הכל שרי, וכן מעשים בכל יום, כשצולין בשר שלא נמלח, שאין נזהרין להסיר השפוד עם הבשר קצת מן האש לתקן האש].

ויש מתירין בכל זה – [הוא הרא"ש, וכ"כ הר"ן מביאו ב"י וז"ל, ולי אפשר דבשפוד נמי אמרינן כבולעו כך פולטו, ואין להחמיר בזה כ"כ, דדם מבושל אינו עובר עליו, עכ"ל], **וכן המנהג להתיר.**

(ולכן נזהרין לכתחלה, ומתירין בדיעבד) – ‹והיינו דלכתחלה נזהרין שלא להשהות הבשר בשפוד לאחר שהוסר מאש, וגם שלא לחתוך בסכין צלי שלא נצלה כ"צ, וגם לאסור השפוד לצלות עליו בשר אחר שלא נמלח {וכ"ש אם כבר נמלח – ברית מלח} אא"כ מלבן, **ודיעבד** שרי אף אם תחב השפוד לתבשיל רותח, דלגבי שפוד אמרינן נמי כב"פ – פמ"ג›.

[**אכן** רש"ל אוסר השפוד אפי' דיעבד, מטעם שאין לומר בשפוד כבולעו כך פולטו, ‹והיינו אפילו לצלות בו בשר אחר. ועיין ברש"ל הטעם דלא אמרינן בהבשר האחר כבולעו כך פולטו, משום דהשפוד פולט בקל במעט חום קודם שמתחיל פליטת הבשר, וכשהבליעה קודם הפליטה לא אמרינן כבולעו כך פולטו – חוו"ד›, ‹**אמנם** כן ראיתי דיש"ש כתב שם, דאין כח בידו לאסור הבשר שצלו עליו, יע"ש, ומ"מ אם נגע בתבשיל, יש לאסור, דלגבי בשר אחר אמרינן ביה כבולעו כך פולטו – פמ"ג›, ‹**אבל** אם נגע בתבשיל רותח נאסר התבשיל, דאין כאן כבולעו כך פולטו – לקוטי שושנים›, **ובמקום שאין** הפסד מרובה יש לחוש לדבריו]. ‹**וכן** ראוי לנהוג – פמ"ג›.

ודעת מהרש"ל בסכין בזה, כתבתי בסי' ס"ט ס"כ ע"ש, ‹**ור"ל** דלעצמו יש להחמיר ולאסור, אם חתך בו רותח בלא הגעלה, אבל לאחרים יש להורות להתיר בדיעבד, אף אם לא קנחו וחתך בו רותח – מחה"ש›, **מיהו** בשפוד משמע דעת מהרש"ל באו"ש סי' י"ז כדעת הרב, ע"ש. ‹ועיינתי באו"ש שם ולא מצאתיו, וביש"ש מפורש כדברי ט"ז – פמ"ג›.

[**ואם צלאו בו בשר איסור, נראה דאסור אפי' דיעבד,** דדוקא באיסור דם יש להקל, מכח טעם דלעיל, אבל לענין בליעת איסור דמסריך סריך, לא שייך להקל].

סימן עו ס"ד • דיני סכין ושפוד בצלי שלא נמלח

י"א שסכין שחתך צלי שאצל האש שלא נמלח, ולא נצלה כל צרכו, אסור מפני הדם שנבלע בו. **ויש** אוסרים השפוד שצלאו בו, דלגבי שפוד לא אמרינן כבכ"פ.

ויש מי שאוסר להשהות הצלי על השפוד אחר שהוסר מן האש, ואחר שפסק מלזוב, שמא יחזור הבשר החם ויבלע מן השפוד. **אבל** כל זמן שהוא על האש, אפי' פסק מלזוב, מותר, דכבכ"פ (ודלא כהעט"ז). **וכל** זמן שהבשר זב, אפי' אינו על האש, מותר, דמה שבולע מן השפוד פולט.

ואין חשש (בציור האחרון הנ"ל) מצד הדם שעדיין זב, ואינו עכשיו על האש, דכל זמן שיש חום אש על הבשר, מפליט הדם לחוץ, וכשנתקרר החום, אינו אין מפליט כלל, והוי דם האברים שלא פירש, **ודלא** כהב"ח דאוסר השפוד והסכין והצלי, אם הוסר מן האש בחצי צלייתו, **ותמוה** דהא מעשים בכל יום דמסירין השפוד מן האש לתקן האש.

ויש מתירין כל זה, דבשפוד נמי אמרינן כבכ"פ, ואין להחמיר כ"כ בדם מבושל דהוא דרבנן.

ולכתחילה נזהרין שלא להשהות הבשר על השפוד אחר שהוסר מן האש, ושלא לחתוך בסכין צלי שלא נצלה כ"צ, וגם לאסור השפוד אא"כ מלבן, **ובדיעבד** שרי אף אם תחב השפוד לתבשיל רותח, דאמרינן גם בשפוד כבכ"פ – רמ"א.

ורש"ל אוסר השפוד אפי' בדיעבד, (ודלא כמו שכתב הש"ך בשמו), ואף לצלות עליה בשר אחר, ולא אמרינן בהבשר כבכ"פ, משום דהשפוד פולט בקל קודם שמתחיל פליטת הבשר – ט"ז. **וכשאינו** הפ"מ יש לחוש לדבריו, **אמנם** היש"ש כתב, דאין כח בידו לאסור הבשר שצלו עליו, משום כבכ"פ, **ורק** אם נגע בתבשיל רותח נאסר, דאין כאן כבכ"פ – פמ"ג.

ודעת רש"ל בסכין, דלעצמו יש להחמיר, אם חתך בו בלא הגעלה, אבל לאחרים יש להתיר בדיעבד, אף אם לא קנחו וחתך בו רותח.

ואם צלאו בו בשר איסור, נראה דאסור אפי' דיעבד, דדוקא באיסור דם יש להקל וכנ"ל.

מוהל של צלי שלא נמלח

סעיף ה - צלי שלא נמלח וחתכו על גבי ככר, אף על פי שיש בככר מראה אודם - לשון הטור, ועבר בכל הככר מעבר לעבר, והכי איתא בש"ס, **מותר אם נצלה עד כדי שהוא ראוי לאכילה לרוב בני אדם, (דהיינו חצי צלייתו; וה"ה שהמוהל בלא ככר נמי שרי).**

ונראה מן הש"ס, דאפי' המוהל עב מותר, וכן כתב הרשב"א בהדיא, וכ"כ ב"י, וכ"כ ר' ירוחם בהדיא, ונ"ל מוכח שכן דעת הרי"ף והר"ן והרמב"ם והרב המגיד והגהמ"י והרא"ש וראב"ן וסמ"ג וסה"ת ואגודה ושאר פוסקים, **ומהרש"ל** תלה עצמו בדקדוק קלוש מא"ז,

סימן עו – דין בשר לצלי
סעיף ה – מוהל של צלי שלא נמלח

ופסק לאסור אם המוהל עב, ונעלם ממנו כל הנך פוסקים, **גם** מש"כ להחמיר כיון דספק דאורייתא הוא, ליתא, דהא קי"ל דם שבישלו אינו אלא מדרבנן, וכמו שנתבאר בדוכתי טובא, וכמ"ש הטור והרשב"א בס"ס זה.

סימן עו ס"ה • מוהל של צלי שלא נמלח

צלי שלא נמלח וחתכו ע"ג ככר, אע"פ שיש בככר מראה דם, ועבר בכל הככר מעבר לעבר, אם נצלה חצי צלייתו, מותר, **וה"ה** המוהל בלא ככר נמי שרי, **ואפי'** הוא עב, (ודלא כרש"ל).

לקבל שמנונית צלי שלא נמלח

סעיף ו - בשר שצולין בלא מליחה, אין נותנין כלי תחתיו לקבל שמנונית הנוטף ממנו, עד שיצלה עד שיהא ראוי לאכילה על ידי צליה זו.

לשון הטור, בשר שצולין כו' עד כדי שיהא ראוי לאכילה על ידי צליה זו, וקאמר בש"ס, שאם נתן בכלי שנים או שלשה גרגרים מלח, מותר, לפי שהמלח מושך בטבעו כל הדם לשולי הכלי, והשומן צף למעלה, ואחר צלייה שופך בנחת השומן מלמעלה, ומשליך הדם הנשאר בשולי הכלי, עכ"ל הטור, **ומבואר** דאם נצלה עד שהוא ראוי לאכילה, מותר ליתן כלי תחתיו אפילו בלא נתינת מלח בכלי, וכן מבואר להדיא ברשב"א בת"ה, וזהו דעת המחבר, והיינו שכיון שנצלה שיעור הראוי לאכילה, דהיינו חצי צלייתו וכמ"ש הר"ב ס"ב וס"ה, כבר זב כל דמו, ומה שזב אח"כ אינו אלא מוהל בעלמא.

[**ואפי'** לרשב"א שמביא ב"י, דמפרש תקנתא דר' אשי בהך גללי מלחא, דוקא לאחר שתעלה תימרותו, ותרווייהו בעינן, מ"מ עדיין לא מקרי ראוי לאכילה, דהיינו חצי צלייתו לדעת הטור ס"ס ס"ט, **ואפי'** למש"כ הב"י בשם ר"ן, דבי דוגי דגמ' היינו אחר שנצלה כמאכל בן דרוסאי, ואפ"ה בעינן גללי מלחא, לא קשיא מידי, דהר"ן קרי למאב"ד בשליש בישול, אבל בחצי בישולו ודאי מקרי ראוי לאכילה, ולא בעינן תקנתא דמלחא כלל, **ואפי'** משום מראית עין אין כאן חשש, כאילו הוא נצלה כל צרכו ממש, **ומכ"ש** לפי סברת הטור שנמשך אחר הרא"ש, דתקנתא דר' אשי הוי במלחא בלא תעלה תימרותו, **אבל** בראוי לאכילה פשיטא דדי בכך, דהא בס"ס ס"ט כתב רבינו, במקום שאין מלח מצוי כו', כיון שמותר לבשלו, האיך נאמר שאסור הכלי דבי דוגי].

והב"ח פי', דהטור לא מתיר אף כשהוא ראוי לאכילה, אלא ע"י גללי דמלחא, ולכך תמה תימה גדולה על המחבר, **גם** מתוך כך הוצרך לדחוק וליישב, דמ"ש הטור ס"ס ס"ט דאחר צלייתו מותר לבשלו, היינו משום דאפילו את"ל דאית ביה קצת דם, נתבטל בבישול בקדרה במיעוטו, [**ואינו** נכון כלל, שהרי הר"ן לא כ"כ אלא שאינו פורש, אבל פשיטא כל שפורש, **אפי'** טיפה אחת אסור לבשל אפי' ביורה גדולה, **דאין** מבטלין איסור לכתחילה], **וכל** זה גרם לו מפני שחשב דאם נצלה חצי צלייתו עדיין אית ביה דם, **אבל** לפי מש"כ בס"ב, דבחצי צלייתו כבר זב כל דמו, ודאי דלק"מ, והכל ברור ופשוט, **ותימה** עליו, שהוא עצמו כתב בס"ס ס"ט, דבחצי צלייתו כבר זב כל דמו, ופשיטא דאין שם דם, עכ"ל, **ואולי** מש"כ כל דמו הוא לאו דוקא, ור"ל דלא נשאר בו אלא מעט, ואותו מעט בטל במיעוטו בבישול, **מ"מ** הדבר פשוט כמו שכתבתי, וכן מוכח באו"ה להדיא, דבחצי צלייתו שוב אין בו דם כלל, שהרי אם לא נצלה כל צרכו דהיינו חצי צלייתו, פסק שם דאסור לאכלו אפילו כך צלי, משום דם שבו שפירש ממקום למקום, ובחצי צלייתו התיר לאכלו כך צלוי, ש"מ דבחצי צלייתו שוב אין בו דם כלל, וכן משמע דעת האחרונים, וכמ"ש לעיל.

(**עיין** בתשובת גבעת שאול שכתב, דבשר ששהה ג' ימים בלא מליחה, אסור לקבל השומן אף אחר חצי צלייתו, **מיהו** בדיעבד שרי, דהא אף בבישול גמור שרי בדיעבד, כמ"ש בסי' ס"ט סעיף י"ב, ע"ש).

סימן עו ס"ו • לקבל שמנונית צלי שלא נמלח

צלי שלא נמלח, אין נותנין כלי תחתיו לקבל שמנונית הנוטף ממנו, עד שיצלה חצי צלייתו, ואז מותר בלא תקנתא כלל, (**ודלא** כהב"ח דאפי' בזה צריך גללי דמלחא, וליתא, דהא מותר אפי' לבשלו, **ומש"כ** הב"ח דזהו משום דבטל הדם במיעוטו, ליתא, דהא אין מבטלין איסור לכתחילה), **ואפי'** משום מראית העין ליכא, כאילו נצלה כל צרכו ממש.

ועד שלא נצלה חצי צלייתו, מביא הטור עצת הגמרא, ליתן בכלי שנים או שלשה גרגרים של מלח, והמלח מושך הדם לשולי הכלי, והשומן צף למעלה, ואחר הצליי' שופך בנחת השומן מלמעלה, ומשליך הדם הנשאר בשולי הכלי, (**ולפי** הרשב"א צריך נמי שיהא אחר שתעלה תמרתו, **ולר"ן** צריך שיהא אחר שנצלה כמאכל בן דרוסאי).

בשר ששהה ג' ימים בלא מליחה, אסור לקבל השומן אפי' אחר חצי צלייתו, **מיהו** בדיעבד שרי, דהא אף בישול גמור מותר בדיעבד.

§ סימן עז – דין עופות שנמלאו בשר שלא נמלח §

עופות או גדיים ממולאים

סעיף א - עופות או גדיים שממלאים אותם בשר שלא נמלח, אם לצלי, מותר אפילו פיהם למעלה, ואפי' אם נמלח החיצון - לשון הרא"ש וטור, ושהה כדי מליחה, שעתה אינו טרוד לפלוט, **ומוכח** דר"ל אפילו שהה שיעור מליחה והודח, דאז אינו פולט אפילו ציר, וכדלעיל סימן ע' ס"ק כ"ו,

דכמו שבולע דם המילואים כך פולטו - דגבי חיצון אמרינן כבכ"פ, אע"פ שאינו פולט דם של עצמו, **ואע"ג** דבשר שנמלח ע"ג בשר שכבר נמלח והודח, קי"ל בס"ס ע' דלא מהני ליה מליחה וצלייה אח"כ, שאני הכא שנפלט מיד בשעת הבליעה, [**ולא** דמי לבשר שנמלח ונפל לציר דאסור, דהתם הפליטה אחר זמן הבליעה].

והלכך אם הפנימי נמלח ולא שהה, והחיצון נמלח ושהה והודח, או פלט כבר כל צירו, נאסר החיצון, דבולע ג"כ מהפנימי קודם הצלייה, **וכל** מקום שתמצא בדברי מהרש"ל שכתב, דהיכא דהפנימי נמלח ולא שהה, והחיצון שהה, שהחיצון מותר, ע"כ צריך לפרש דבריו, דהיינו שהחיצון לא הודח ולא פלט כל צירו, אע"פ שדוחק קצת בדבריו, **דודאי** לא עדיף החיצון, משאר בשר שנמלח ע"ג בשר שכבר נמלח ושהה והודח, או פלט כל צירו, דנתבאר לעיל סי' ע' דאסור אפילו לצלי, **ואפילו** אם נפל רק בשר שכבר פלט כל צירו, אצל בשר שלא שהה עדיין שיעור מליחה, קי"ל דאסור, וכמ"ש הרב שם, וגם מהרש"ל כתב כן בכמה דוכתי. [**ואם נמלח הפנימי ולא שהה, והחיצון לא נמלח, הכל שרי – רש"ל**]. ‹כהש"ד›.

אבל אם לא נמלח הפנימי, אינו אסור אלא כשהחיצון נמלח ולא שהה, כדכתב המרדכי בשם ר"י ור"ת, שאז בולע הפנימי קודם הצלייה, **ואע"ג** דקי"ל בס"ס ע', דבשר שנמלח ע"ג בשר שלא נמלח, דמהני ליה מליחה אח"כ, וכ"ש צלייה, דאיידי שיפלוט דם דידיה יפלוט דם דאחריני, **הכא** שאני כיון שהוא בפנים, וכתבתי שם דבהכי מיירי הסמ"ק והגהת מיימוני בשם התוס'. [**ואין** איסור אלא כשהחיצון נמלח ולא שהה, והפנימי לא נמלח, אז נאסר הפנימי לחוד – רש"ל]. ‹כהש"ד›.

והב"י והרב בת"ח הבינו, דהג' מיימוני איירי היכא דנמלח החיצון ושהה, ‹ואוסר, ודלא כהמחבר›. [**משום דאין** החיצון טרוד לפלוט, ובת"ח פסק כהג' מיימוני, וכ"כ המרדכי], **וזה** אינו, ועוד דהא בתוס' כתבו דבכה"ג שרי, וכן משמע בש"ס, ממאי דפריך מטפילת בר אווזא, ע"ש ודו"ק, ועוד הוכחתי שם שדעת הסמ"ק והגהמ"י כן, וכ"כ שם דבכה"ג מיירי האו"ה, והרב בת"ח ובד"מ הבין דברי האו"ה בענין אחר דחוק מאד.

הגה: וכ"ש אם נמלח הפנימי ולא החיצון דשרי, דנורא משאב שאיב הדם מן החיצון ואינו נבלע בפנימי - דעת הרב, דאפילו נמלח הפנימי ושהה שיעור מליחה, אינו בולע מן החיצון, דנורא מישב שייב מן החיצון, והוציא כן בד"מ ובת"ח מהאו"ה, **ובספרי** הארכתי בזה, והוכחתי בראיות ברורות דכל הפוסקים מודים, דהיכא דנמלח הפנימי ושהה כדי מליחה והחיצון תפל, או לא שהה שיעור מליחה, דנאסר הפנימי, משום דלגבי פנימי לא אמרינן כבכ"פ, כיון דלית ביה דם של עצמו לפלוט, ובולע הפנימי, ולא אמרינן בכה"ג מישב שייב ליה. ‹**ואף** שלא הודח הפנימי, דאין נסתמין, אפ"ה נאסר הפנימי, מדכתב ושהה, משמע דרק שהה ולא הודח, **ואף** דבסי' ע' פסק דהיכא דפולט ציר במליחה, אין בולע מחתיכה שאצלה, **הכא** דמי לחתיכה שנפלה לציר דודאי בלעה, אלא דהתם בהפ"מ מתיר ע"י הדחה ומליחה שנית, כבולעו כך פולטו אגב ציר דידיה, וכאן שאין אצל האש לא אמרינן כבולעו כך פולטו – פמ"ג›, ‹**והחוו"ד** מסופק בזה, וכתב: ויש להקל, כיון דהרב מיקל בכל גוונא›. [**ובנמלח הפנימי ולא החיצון, כו"ע מודים דשרי, משום דנורא שאיב לדם**]. ‹כהרמ"א ודלא כהש"ד›.

‹**ותמה** אני במאוד מאוד על הש"ך, דאיך עלה על דעתו לאסור בנמלח הפנימי, משום דכיון דאין לו מה לפלוט לא אמרינן גביה כבכ"פ כיון שאינו סמוך לאש, מה יענה במולייתא בעשבים דמתיר או"ה, והם גם דברי הרמ"א כאן שכתב לקמן, והם בודאי גרע מבשר שפליט כ"צ, דלא היה לו מעולם דם וציר לפלוט, ואעפ"כ אמרינן כבכ"פ – יד יהודה›.

אבל כשהפנימי הוא שוה לחיצון, דהיינו ששניהם מלוחים ושהו, או שניהם תפלים, או אפילו שניהם נמלחו ולא שהו, שרי בכל ענין, כדאיתא במרדכי להדיא,

כל זה העליתי שם להשוות דברי הפוסקים יחד, והוא ברור, וכן הוא דעת מהרש"ל בכל זה.

ולקדרה אסור עד שימלח חיצון לבדו ופנימי לבדו - פי' וידיחם אחר המליחה כל אחד בפני עצמו, דאל"כ הוי בשר שנתבשל בלא הדחה אחרונה, שאסור וכדלעיל סי' ס"ט ס"ט, וכן פי' האחרונים.

אבל אם לאחר שמילאו מלח החיצון, אינו מפליט דם שבפנימי - דלא דמי לחתיכה עבה, שנתבאר בסי' ס"ט ס"ק י"ט דמותר, דהכא אין הפנימי נחשב כחתיכה א' עם החיצון, וק"ל, **ולפי** מה שנתבאר בסי' ס"ט ס"ד, דאף דיעבד אסור אם לא מלח אווזים ועופות מבפנים ומבחוץ ונתבשלו, ה"נ צריך למלוח לכתחלה החיצון מבפנים ומבחוץ, והפנימי מכל צדדיו, ולהדיחם היטב ולמלאותם, ובלא"ה אסור לקדרה אפילו דיעבד, וכן כתבו האחרונים. ‹מדבריו נראה דבהפ"מ עכ"פ שרי, כמו בסימן ס"ט, דמדמי להתם, דלא כט"ז בשם רש"ל, דכה"ג אפילו בהפ"מ אסור, וצ"ע – פמ"ג›.

אינו מפליט דם שבפנימי – [פירש רש"ל וז"ל, אינו מפליט לדם שבפנים, ר"ל של צד פנימי של חיצון עצמו, **ואע"פ** שנמלח הפנימי, עכ"ל, **ואף** שהלשון אינו משמע כן, מ"מ יש לחוש לדבריו להלכה, **ואינו** דומה למה שפסק בסי' ס"ט ס"ד, דמותר בדיעבד כשנמלח מצד אחד, דהכא גרע טפי, כיון דהמלוי שבפנים סתמו מכל צד].

הגה: וכ"ז בדיעבד - ‹מה דהתיר בצלי›, **אבל לכתחלה אין לעשות שום מולייתא, רק אם נמלחו שניהם.**

וכל זה מיירי שאין במולייתא זו רק בשר או עשבים, אבל אם יש שם ביצים הנקרשים, דינו כאלו נתבשל בקדירה, ואפילו בדיעבד יש לאסרו אם לא נמלחו שניהם - כלומר במלוי ביצים יש לאסור בדיעבד, אם לא נמלח הבשר החיצון וגם הפנימי שעם הביצים, [מליחה גמורה כל אחד בפני עצמו, עד שיהיה ראוי לקדירה בכל דיניו], וכמ"ש בס"ק שלפני זה.

משמע מדברי הרב, דדוקא בשר לבדו מותר, אבל אם יש ביצים עם בשר, אפי' עם בשר שלא נמלח, דינו כביצים לבדם, וכן משמע מדברי האו"ה ואחרונים, דאין חילוק בזה, וכן מסיק בסי' ל"ח בפירוש, **ודלא** כמהרש"ל ‹הובא בט"ז ס"ס ע"ב›, דס"ל דבמלוי ביצים עם בשר שלא נמלח, הוי הכל כמילוי בשר, דאין לזה טעם כלל, **ונראה** עוד מדברי הרב, דאם יש ס' במולייתא נגד האיסור שבמולייתא, הכל מותר, שהרי כתב סתם דדינו כאילו נתבשל בקדרה, וכבר נתבאר כל זה בס"ס ע"ג ע"ש.

בשר שלא נמלח ולא הודח, שנצלה עם בשר שנמלח והודח, מותר בדיעבד; אבל לכתחלה אסור לצלות בשר שנמלח - ‹ושהה שיעור מליחה, אף דלא שהה שיעור פליטת ציר – רעק"א›, **עם הבשר שלא נמלח, ואפי' הודח.**

סימן עז ס"א • עופות או גדיים ממולאים

לכתחילה אין לעשות שום מולייתא אפי' לצלי, רק אם נמלחו שניהם.

אם הפנימי לא נמלח, והחיצון נמלח ושהה והודח, דאז אינו פולט אפי' ציר, אם לצלי, מותר אפי' פיהן למעלה, דכמו שבולע דם המילואים כך פולטו, (היינו כפסק המחבר, ודלא כהב"י והת"ח בהבנת דברי הגה' מיימוני). **ואע"ג** דבשר שנמלח ע"ג (או אצל) בשר שכבר נמלח והודח, לא מהני מליחה וצליי' אח"כ, כיון שאינו פולט דם של עצמו, **היינו** דוקא אח"כ, (וכן בבשר שנמלח שנפל לציר, דהפליטה הוא אחר זמן הבליעה), **אבל** בשעת בליעה אמרינן כבכ"פ.

אם הפנימי נמלח ולא שהה, והחיצון נמלח ושהה והודח (או פלט כל צירו), נאסר החיצון, דבולע קודם הצליי', ואח"כ בשעת צליי' לא אמרינן כבכ"פ, כיון שאין לו דם של עצמו.

אם הפנימי נמלח ולא שהה, והחיצון שהה ולא הודח ולא פלט כל צירו, או לא נמלח, מותר.

אם לא נמלח הפנימי, והחיצון נמלח ולא שהה, אסור, שאז בולע הפנימי קודם הצליי', **ואע"ג** שבשר שנמלח ע"ג בשר שלא נמלח, מהני מליחה אח"כ, דאיידי דיפלוט דם דידיה יפלוט גם מה שבלע, **שאני** הכא כיון שהוא בפנים.

אם נמלח הפנימי ושהה, והחיצון לא נמלח, (או לכאורה בציור שממולא בעשבים – יד יהודה), מותר, ולא בולע הפנימי מהחיצון, דנורא משאב שאיב מן החיצון – רמ"א וט"ז. **וש"ך** חולק, דלא אמרינן משאב שאיב. **ולפי** הפמ"ג, זהו אפי' אם לא הודח הפנימי, ועדיין פולט ציר, **ואע"ג** דלגבי בשר כה"ג לא בלע מחתיכה שאצלה, הפנימי דומה לחתיכה שנפלה לציר, דהתם בלע, **ורק** דהתם בהפ"מ אמרינן דאיידי דיפלוט ציר יפלוט מה שבלע, אבל כאן שאינו אצל האש לא אמרינן כבכ"פ. **והחוו"ד** מסופק בזה, וכתב דיש להקל, כיון דהרמ"א מיקל בכל גווני.

כשהפנימי שוה לחיצון, ששניהם תפלים, או שניהם מלוחים ושהו, או אפי' שניהם נמלחו ולא שהו, שרי בכל ענין.

לקדירה אסור עד שימלח וידיחו, (דאל"כ הוי בשר שנתבשל בלא הדחה אחרונה שאסור), חיצון לבדו ופנימי לבדו. **אבל** למלוח רק החיצון אחר שמילאו, אינו מפליט דם שבפנימי,

דאינו כחתיכה עבה, דאין הפנימי נחשב לחתיכה אחת עם הפנימי, **וצריך** למלוח החיצון מבפנים ומבחוץ, והפנימי מכל צדדיו, ולהדיחם היטב ולמלאותם, ובלא"ה אסור אפי' בדיעבד, **ומן** הש"ך משמע, דאם לא מלחו להחיצון מבפנים, מותר בהפ"מ, **אבל** להט"ז אסור, ולא דמי לחתיכה שמלחו מצד אחד, דמותר בהפ"מ, דהכא גרע טפי, דכיון דהמלוי מבפנים, הוי סתום מכל צד.

וכל ההיתר של צלי, איירי שאין במולייתא רק בשר או עשבים, אבל אם יש שם ביצים הנקרשים, אפי' בדיעבד דינו כאילו נתבשל בקדירה, **ואפי'** אם יש בשר שלא נמלח עם הביצים, דינו כביצים לבדם, **ודלא** כמהרש"ל (הובא בט"ז ס"ס ע"ב) דס"ל דכשיש בשר שלא נמלח עם ביצים, הוי הכל כמילוי בשר, דאין לזה טעם כלל. **ואם** יש ס' במולייתא נגד איסור שבמולייתא, הכל מותר.

בשר שלא נמלח ולא הודח, שנצלה עם בשר שנמלח והודח, מותר בדיעבד, **אבל** לכתחילה אסור לצלות בשר שנמלח ושהה (אפי' עדיין פולט ציר), עם בשר שלא נמלח אפי' הודח.

§ סימן עח – שלא לדבק בצק בבשר שלא נמלח §

לדבק בשר שלא נמלח בבצק, ופשטיד"א

סעיף א - הטופל בצק בעוף שלא נמלח - כלומר בשעת צלייה, וק"ל, **אע"ג דבגמרא מפליג בין סמידא לשאר קימחי, ובין אסמיק ללא אסמיק, אנן השתא לא בקיאין במלתא, ובכל גוונא יש לאסור** - אפילו בטפילת עיסה שבלילתה רכה, יש לה כל דין בישול לקדרה בין לקולא בין לחומרא, וכן כתוב בעט"ז.

והאי טפילה לאו היינו פשטיד"א שכתב הרב, ,ודע, טופל היינו בלילתו רכה, ופשטיד"א בלילתו עבה – פמ"ג, דפשטיד"א מדינא דש"ס מיתסר, דהא חזינן דלא פלטי, שמקום מושבם יבש בתנור, **אלא** הוא מה שהיו רגילין לטוח בעיסה שבלילתה רכה, והיו רגילין לעשות סביב קורקבנים ובני מעיים, שמשימים אותם בשפוד וטחים סביבותם בעיסה רכה, כן כתבו התוספות והאגודה והמרדכי והסמ"ג ושאר פוסקים.

אבל אם נמלח, ושהה כדי מליחה ואחר כך הודח, מותר בכל גוונא.

הגה: ודוקא לטפל בבצק אסור, אבל מותר למשוח בשמן או בציר – [הוא ציר בשר], **בשר שלא נמלח, דאין זה מעכב הפליטה** – [ובאו"ה כתב: ביצים מתובלות, ולא הוזכר שם בציר].

ופשטיד"א יש לו כל דין בישול בקדירה, בין לקולא בין לחומרא - לשון התורת חטאת, ופשטיד"א יש לה דין בישול, ומשערינן בששים בין לקולא בין לחומרא, דאם יש ששים הכל שרי, מלבד אותה חתיכה שהאיסור דבוק בה, ואי ליכא ששים, הכל אסור, ע"כ.

[**פי'** משערינן בששים, וזורק אותה חתיכה, והשאר מותר, ולא אמרינן דחיישינן שמא מתחילה נאסרו שתים או שלש חתיכות, ע"י שומן שמטפטף שם מתחילה, ויצטרך ששים נגד אותן שתים או שלש חתיכות, לא אמרינן הכי].

סימן עח ס"א • לדבק בשר שלא נמלח בבצק, ופשטיד"א

הטופל בשר שלא נמלח בשעת צליי', בבצק, אפי' בלילתה רכה, אע"ג דמדינא דגמרא יש כמה חילוקים, אנן השתא לא בקיאין במלתא, ובכל גווני יש לאסור, ויש לה דין בישול בקדירה בין לקולא בין לחומרא.

ופשטיד"א שבלילתה עבה, אסור מדינא דגמרא, דהא חזינן דלא פלטי, שמקום מושבם יבש בתנור, ויש לה כל דין בישול בקדירה בין לקולא בין לחומרא, **ומשערין** בס', דאם יש ס' הכל שרי, מלבד החתיכה שהאיסור דבוק בה, **ולא** חיישינן שמא מתחילה נאסרו ב' או ג' חתיכות ע"י שומן שמטפטף שם מתחילה, ויצטרך ס' כנגדם.

ודוקא בבצק אסור, אבל מותר למשוח בשר שלא נמלח, בשמן או בציר או בביצים מתובלות, דאין זה מעכב הפליטה.

ואם נמלח ושהה כדי מליחה ואח"כ הודח, מותר בכל גווני.

תם ונשלם הלכות מליחה

§ סימן סט – דיני מליחה והדחה §

סימן סט ס"א(1) • הטעם להדחה קודם מליחה

צריך להדיח הבשר קודם מליחה, **הטעם:** י"א כדי שיתרכך הבשר ויצא דמו ע"י מליחה, **וי"א** להעביר הלכלוך שעל החתיכה, (שלא ימס המלח), שאל"כ המלח נתמלא ממנו, ושוב לא יוציא המלח הדם שבחתיכה, **לפי** הני טעמי, מהני אם יחזור וידיחנו וימלחנו אפי' אחר זמן, **וי"א** הטעם: מפני שהמלח מבליע ואינו מפליט דם שהוא בעין, אפי' תוך שיעור מליחה, ודם שעל גבו הוי כמו דם בעין שנפל ע"ג בשר רותח, ולא שייך בדם בעין לא מישרק שריק, ולא כבולעו כך פולטו, ולא איידי דטריד למיפלט לא בלע. **ועוד** טעם (הובא בס"ב בט"ז): שאין המלח מפליט אלא דם הבלוע שהוא לח, אבל לא מה שנתיבש על פניו, ואם לא ידיחו אותו תחילה, יש לחוש שמא לאחר שיניח מלפלוט דם וציר, יהא ניתך ויבליענו.

סימן סט ס"א(2) • הדחה במים קרים

מים קרים צריך להשים באור עד שתפיג צינתן, דאל"כ אדרבה ע"י הקור שבמים מטרשי הבשר. **בדיעבד** אם הדיחו במים הקרים ביותר, מהני להדיח שנית במים פושרים לרכך. **ואם** מלחו בלא הדחת פושרים, יש תקנה להדיחו ולחזור ולמולחו, דלטעם דם בעין, מהני הדחת מים קרים, ולטעם ריכוך, מהני הדחה שנית. **ואם** לא הדיח ומלח שנית ונתבשל, לפי הש"ך בס"ב, דבהדחה מועטת מותר אפי' בלא הדחה ומליחה שנית, ה"ה הכא, דסמכינן על טעם של דם בעין וטעם שלא ימס, **אבל** לפי רעק"א, דהתם מותרת דוקא בהדחה ומליחה שנית, יהיה גם הכא אסור, אם לא בהפ"מ.

סימן סט ס"א(3) • אופן ההדחה

לכתחילה יזהר לשרותו נגד חצי שעה, ולהדיחו היטב במי השרייה. **ואם** לא שראו רק הדיחו היטב, סגי ליה, וא"צ לחזור ולטרוח ולשרותו אפי' לא נמלח עדיין, (**ולפי** רעק"א בס"ב, צריך לחזור ולשרותו אם לא נמלח עדיין).

גדר של הדיחו היטב: לשון האו"ה: "דאינו קרוי הדיחו הטבח עד ששרה אותן קצת בכלי", **והש"ך** כתב דלאו דוקא, ויש ב' גירסאות בש"ך: או ד"בכלי" לאו דוקא, ולפי"ז צריך לשריי', (**והגם** דרמ"א כ' שהדחה היטב בלא שריי' די, דלמא ביחד עם שריי' קצת נחשב לכתחילה לאו"ה, אע"פ שלא שרה נגד חצי שעה), **או** דגם שרייה לאו דוקא (כפשטות הרמ"א).

אבל הדחה מועטת לא סגי ליה, וצריך לחזור ולהדיחו היטב, **אבל** אם כבר נמלח אחר ההדחה מועטת, סגי ליה בדיעבד. (עיין לקמן ס"ב לשיטת רעק"א).

שפיכת מים בהעברה בעלמא, לא מהני אפי' בדיעבד, וכשהדיחו בשעה שהדם חם, יש להקל.

אי ידעינן דהדיחו הטבח, אמרינן מסתמא הדיחו היטב, ודוקא במקום שהמנהג כן ששורים במים, ואל"ה לא.

אם אחר ההדחה חתך בסכין כל נתח לשנים או לשלשה, צריך לחזור ולהדיחם אף בדיעבד, דאגב דוחקא דסכינא מפליט, **וכתב** הש"ך דזהו לדידן דקימ"ל דטעם ההדחה משום דם, אבל להצד דהוא משום ריכוך, א"צ לחזור ולהדיחו.

אם אכל חתול קצת מהחתיכה, א"צ להדיח, וצ"ע. **ואם** לא חתך לשנים רק מעט, אף שלא נמלח שם, מותר בדיעבד, דהא יש ס', **ואם** נשאר הרבה מקום שנאכל מחמת מלחו, אסור אף בדיעבד, כנמלח מצד א', וצ"ע לדינא.

וכן אם הסיר טלפי הרגלים, צריך לחזור ולהדיחם, **ואם** לא הסיר, הוי הכל כחתיכה א', ומדיחו כמו שהוא.

אם לא חזר והדיחו (אחר שחתכו לשנים), הוי כלא הודח כלל – רמ"א. **והקשה** רעק"א, דלא הודח כלל ומלחו ובישלו, אסור אף בדיעבד והפ"מ, **משא"כ** בזה, דבהפ"מ סמכינן על טעמא דריכוך כמבואר בס"ב, ולצד דריכוך א"צ לחזור ולהדיח.

אם נשרה במים וחצי חתיכה למעלה מהמים, לטעם כדי לרכך שרי, שהמים נכנסים בבשר, וא"כ א"צ אלא להדיח חציה שני, דלאינך טעמי א"צ שריי'. **וכן** אם הדיח היטב מצד א', ומצד שני רק הדחה מועטת, יוצא לכל הדעות, וצ"ע.

אחר ההדחה ימתין מעט שיטפטפו המים קודם מליחה, שלא ימס המלח ולא יוציא דם, **ודוקא** מעט, דאי תנגב לגמרי, לא ימס כלל ולא יוציא דם. **בדיעבד** אם נתיבש מאד, יש להתיר, וכ"ש אנן דקי"ל עיקר הטעם משום ריכוך או דם בעין, וסומכין עלייהו בהפ"מ, דיש להתיר כאן בלא הפ"מ – פמ"ג.

סימן סט ס"א(4) • דין הכלי ששורין בו הבשר

כלי ששרה בו הבשר, אם הדיחו, מעיקר הדין מותר להשתמש בו, דלא שרה בו מעל"ע, וצונן הוא ולא בלע, ודנין שהודח היטב, **ובדיעבד** מותר אפי' השתמש בו רותח, **אלא** דנהגו שלא להשתמש בו אפי' צונן, שמא לא הדיחו יפה מדמו, **ודוקא** דבר לח וצונן או יבש ורותח, **דבצונן** יבש ידיחו האוכל, אף בדבר דלאו אורחיה בהדחה, ולא חיישינן שישכח, דהא בדיעבד מותר אפי' אם שכח.

אם שרה בו מעל"ע, הבשר וגם הכלי אסורין, דכבוש הרי הוא כמבושל, והבשר אסור אף לצלי, **ואם** יש ס' במים כנגדו, מותר אפי' לקדירה, אפי' החתיכה עצמו, דאינו חמור כ"כ כמו מתבשל בלא מליחה, **ורש"ל** אוסר החתיכה.

ואף במקום שנאסר הכלי, מותר לחזור ולשרות בו, דהא הבשר השני אין שורין בו מעל"ע ואינו בולע, **אבל** אסור לשרות בו בשר מעל"ע, אפי' כבר נמלח והודח כדינו, מטעם שנכבש בכלי איסור, **מיהו** בדיעבד שרי, דלא נעשה כבוש עד אחר מעל"ע, ואז הוי נט"ל.

סימן סט ס"א(5) • בשר שנקרש

בשר שנקרש, אסור למלחו עד שיתרכך כמו שהיתה בתחילה, **ואם** נמלח ואח"כ נקרש קודם ששהה שיעור מליחה, אם נפשר אח"כ, טוב למלחו פעם אחרת ולהשהותו שיעור מליחה, **ואם** לא מלחו פעם אחרת, ושהה שיעור מליחה אחר ההפשר ונתבשל, מותר בדיעבד, **אבל** עת הקרישה לא מצטרף, **והפמ"ג** סבר דזמן שקודם הקרישה לא מצטרף עם הזמן שאחר ההפשר, **ופר"ח** חולק.

אם אחר ששהה שיעור מליחה והודח, מצא באמצעיתו קרח, לא מהני שיחזור וימלחנו אחר ההפשר, דהבשר סביבו כבר פלט כל דמו ושוב המליחה לא יפליט לדם שבפנים, ואין תקנה אלא לצלותו, **ויש** חולקים על זה הטעם, ואוסרים מטעם דהבשר סביבו שכבר שהה במלחו כראוי, יצא דמו והודח ונסתמו נקבי הפליטה, וכשימלוח שנית יבלע מבשר שבאמצע, **ושוב** העלה דגם משום זה אין לאסור. **וי"א** דאם לא הודח עדיין, יש תקנה להדיחו רק להעביר הלכלוך, ואז מהני מליחה שנית, **אבל** אם כבר הודח היטב, אין תקנה אלא בצלי, **ואם** מלחו שנית אחר שכבר הודח היטב, יש לאסור אף לצלי.

בשר ששרה במים ונקרש, ושהה עם הקרח כמה ימים בלי מליחה, י"א דאם שהה ג' ימים, אסור לבישול ממ"נ, אי חשבינן הקרח כמים, כבר אסור אפי' לצלי אחר מעל"ע, ואם לא חשיב כמים, א"כ בשר ששהה ג' ימים בלא הדחה אוסר לבישול, **אבל** לצלי מותר, דלמעשה קרח לא חשיב כמים, **ויש** אוסרין אפי' לצלי, אף אם לא נשרה רק מעל"ע, **וי"א** דאם שהה רק מעל"ע, בודאי שרי, דלא חשיב כמים, ואפי' אם שהה ג' ימים, אינו ברור לאסור לבישול, דכל האיסור של ג' ימים הוא מחומרת הגאונים, ובכמה דברים הקילו בו, ועכ"פ יש לחושבו להדחה מועטת.

סימן סט ס"ב(1) • מלח ולא הדיח תחילה

מלח ולא הדיח תחילה, י"א ידיחנו וימלחנו שנית, דטעם ההדחה הוא כדי שיתרכך הבשר, ולאחר שיחזור וידיחנו ויתרכך, יש לו עדיין דם, ואגב זה יפלוט גם מה שבלע ממה שהוא עליו, **ויש** אוסרין, דטעם ההדחה הוא משום הדם שעל הבשר, שאין המלח מפליט אלא דם הבלוע, אבל לא מה שנתייבש על פניו, ויש חשש שאחר שיניח מלפלוט, יהא הדם שעל פניו ניתך ויבליענו, וא"כ כשיחזור וימלחנו, אין לו דם של עצמו לפלוט, שיהא שייך להפליט אגבה דם שעל פניו, **ועוד** יש סברא, דדם שעליו נחשב דם בעין, (ובתרנגולת אין לו דם בעין מבחוץ), ובולע אותו אפי' תוך שיעור המליחה, דלא שייך בדם בעין סברת כבולעו כך פולטו, (והש"ך הביאו בס"א).

אפי' לא נמלח רק מעט כדרך שמולחין לצלי, אסור, מפני שאין אנו בקיאין בין מליחת צלי לקדרה, **ועוד** לטעם דם בעין, אפי' במליחה מעט מבליע, **והב"ח** מקיל במליחה מועטת.

ואפי' לא שהה במלחו שיעור מליחה, אסור, לפי הד"מ אסור רק לקדירה ולא לצלי, מיהו דוקא בנמלח רק מעט, **ולמהרש"ל** ולב"ח אסור אפי' לצלי, **והש"ך** פסק כד"מ.

מיהו במקום הפ"מ, או שהוא ע"ש וא"א להכין אחרת, יש להתירו, ע"י הדחה ומליחה שנית, אפי' שהה במלחו, **(ולרעק"א** דוקא בציור ששהה במלחו, דבלא שהה איכא תקנה בצלי, ולט"ז בס"ד אופן זה לא מקרי הפ"מ), **והב"ח** ומהרש"ל חולקים. **כל** מקום דמהני הדחה ומליחה שנית, כ"ש דמהני צלי.

סימן סט ס"ב(2) • הדחה מועטת, וכשיש ס'

אם הודח הדחה מועטת, מותר בדיעבד, **וה"ה** אם היה ס' בחתיכה נגד דם שעליו, **ומ"מ** קליפה בעי, **ואע"ג** דאין לך חתיכה שיש ס' נגד דם שעליו, היינו בסתם, אבל אי ידעינן דיש, ודאי מהני.

לטעם כדי שיתרכך, לא מהני הדחה מועטת וששים, רק בדיעבד סומכים דטעמא משום דם שעל גביו.

כתב הש"ך דכיון שנמלח אף שלא בישלו, כבר חשוב בדיעבד, וא"צ לחזור ולהדיחו ולמלחו. **ורעק"א** חולק מב' צדדין, חדא, די"ל דכל עוד דיש לו תקנה לחזור ולמולחו, (ובזה יהיה מותר ממ"נ, לטעם דנתרכך לא נאסר במליחה ראשונה, ומהני הדחה ומליחה שנית, ולטעם דם בעין, מהני הדחה מועטת ראשונה), לא נקרא בדיעבד, ורק אם כבר בישלו. **ועוד** דהסכמת האחרונים, דלא התיר הרמ"א בדיעבד אלא ע"י שיחזור וימלחנו שנית. **(והפמ"ג** הסכים לרעק"א, **והלב"ש** חולק עליו, ולכתחילה יש למלוח שנית, ובדיעבד מותר בלא מליחה שנית). **דאי** כהש"ך, מדהתיר הרמ"א גם אם יש ס', (וזה לא מהני אלא לטעם בעין, לא לטעם כדי שיתרכך, ולא לטעם שלא ימס המלח), א"כ מדהתיר בלא הדחה שנית ובלא הפ"מ, מוכח דטעם דם בעין הוא העיקר טעם, ולא חיישינן לאינך טעמי כלל, **א"כ** איך במלחו בלא הדחה בהפ"מ, התיר להדיחו ולמלחו שנית, הרי שסמכינן דאין הטעם משום דם בעין.

בשנתבשל ע"י הדחה מועטת, כתב רעק"א דצ"ע, י"ל דמותר כיון דיש ב' צדדים להתיר, טעם דשלא ימס או דם בעין, **משא"כ** אי נתבשל בלא הדחה רק דיש ס', יש לאסור, דאינו מותר רק לטעם דם בעין, דאינו עיקר וכנ"ל, **אבל** כיון דכייל הרמ"א ב' דינים בחדא מחתא, כמו דאין להתיר בלא הפ"מ בס' וכנ"ל, (וכשיש הפ"מ צ"ע), ה"ה בהדחה מועטת.

סי' סט ס"ב(3) • נמלח חתיכה בלא הדחה עם שאר חתיכות

אם נמלח חתיכה בלא הדחה עם שאר חתיכות, שאר חתיכות מותרות, (דלגבי האחרות מקרי דם פליטה, שכבר נמס ואח"כ נפל עליהם, ותו לא הוי דם בעין, וכבולעו כך פולטו, או דטרוד ולא בלע, ובדם מליחה דרבנן לא מחמרינן) **והיא** אסורה, (דמיד מבליע שעדיין גוש ועב).

סי' סט ס"ב(4) • סיכום ההלכות שיש בהם נ"מ בין הטעמים

אם נתייבשה הבשר לגמרי: לטעם שלא ימס לא יוציא דם, לטעם דם בעין או ריכוך אינו חשש. **להלכה:** לכתחילה צריך שלא תנגב לגמרי, ובדיעבד מותר אף בלא הפ"מ.

מלחו בלא הדחה ראשונה, אם מהני לחזור ולהדיחו אח"כ: לטעם ריכוך ושלא ימס, מהני, לטעם דם בעין לא מהני. **להלכה:** הרמ"א מתיר בהפ"מ, (ומהרש"ל וב"ח אוסרים).

אם הדיחו במים קרים, ונמלחו ונתבשל: לטעם דם בעין ושלא ימס מהני, לטעם ריכוך לא מהני. **להלכה:** להש"ך מותר בדיעבד בלא הפ"מ. לרעק"א מותר דוקא בהפ"מ.

אם אחר ההדחה חתכו לב' או לג', ולא חזר והדיחו ובישלו: לטעם ריכוך מהני, לטעם דם בעין ושלא ימס, לא מהני. **להלכה:** לרמ"א אסור אף בהפ"מ. לרעק"א מותר בהפ"מ.

אם צריך לשרות את הבשר: לטעם ריכוך צריך, (ודי אם נשרה חציה), לטעם דם בעין ושלא ימס, אין צריך. **להלכה:** לכתחילה צריך, ובדיעבד סגי בהדיחו היטב.

הדחה מועטת: לטעם של ריכוך, לא מהני. לטעם של דם בעין ושלא ימס, מהני. **להלכה:** הרמ"א מתיר בדיעבד. ופי' הש"ך אפי' לא בישלו עדיין, מותר בדיעבד. **לרעק"א**, אם לא

בישלו, אינו מותר אא"כ יחזור וימלחנו, **ואם** בישלו, מסופק אם מותר בדיעבד או דוקא בהפ"מ.

אם יש ס' בחתיכה נגד דם שעליו: לטעם ריכוך ולטעם שלא ימס, לא מהני, לטעם דם בעין מהני. **להלכה:** הרמ"א התיר בדיעבד, (וקליפה ודאי בעי). ופי' הש"ך אפי' לא בישלו עדיין, מותר בדיעבד. **לרעק"א**, אם לא בישלו, אינו מותר אא"כ יחזור וימלחנו, **ואם** בישלו צ"ע אי מותר אפי' בהפ"מ.

אם מדיח במי פירות, לצד דם בעין מהני, לצד ריכוך לא מהני – רעק"א בס"ז.

סימן סט ס"ג(1) • סוג המלח

לא ימלח במלח דקה כקמח, שהמלח נבלע בבשר ואינו פולט, מיהו בדיעבד סגי. **ואם** אין לו רק מלח דק, מולח בו, וצריך ליתן על הבשר שיהא עב קצת, **אבל** אפי' באופן זה אינו לכתחילה, דראשון ראשון מהמלח שנתקרב לבשר נכנס לבשר ואינו פועל בו, **ואם** לא ריבה עד שיהא עב, אפ"ה מותר בדיעבד.

ולא במלח גסה ביותר ממה שעושין ממי הים, שנופלת מעל הבשר אילך ואילך, **ואם** אין לו רק מלח גסה, צריך להדקו, **ואם** א"א, מולח בו.

סי' סט ס"ג(2) • זהירות שלא יגע מלח בבשר שלא נמלח

לא יתן בשר שלא הודח על שלחן שאינו מיוחד לכך, **ולא** יתן מלח על מקום המיוחד לבשר כשבא מבית הטבח, **דהוה** כמולח בלא הדחה.

סימן סט ס"ד(1) • אופן המליחה

ימלח כדי שלא יהא ראוי לאכול עם אותו מלח, וא"צ להרבות עליו מלח יותר מזה, שא"צ לעשותו כבנין.
יפזר עליו מלח: [א] שלא ישאר בו מקום מבלי מלח.[ב] ומשני צדדים, [ג] ובדבר שהוא חלול, גם מבפנים, **אבל** חתיכה עבה א"צ לחתכה לשנים. **ובדיעבד** אם לא מלח כן, מותר בכל הג' ציורים. **ואין** חילוק אם הצד הנמלח למעלה או למטה.
ויש אוסרים אפי' בדיעבד בכל הג' ציורים, **וי"א** הטעם, דהא נוהגין העולם לבשולי עוף שלם אפי' לקדירה, וטעמא משום דמלחי שפיר בפנים ומבחוץ.
ונוהגין להתיר בציור א' בדיעבד, **ובציור** ב' וג' מותר דוקא בהפסד מרובה.
שומן שנמלח מצד אחר מותר.

ואם מעורב המלח עם גרויפין (ובאותו מקום נאכל מחמת מלחו), ובצירוף מקום הגרויפין עם מקום הפנוי יהיה הרבה פנוי, מעכב בדיעבד, **לכן** אם לא שהה עדיין שיעור מליחה, יש להדיחו ולחזור למולחו במלח יפה, דאסור למלוח בעוד שהמלח ודם עליו, **ואם** שהה שיעור מליחה, ידיחנו מעט וימלחנו, דאם ידיחו יפה יסתמו נקבי הפליטה, ויבלע המקום שנמלח כהוגן מהמקום שלא נמלח, **גם** ימלחנו על מקום נקי, לא על אותו כלי שמלח בראשונה.

סימן סט ס"ד(2) • חילוק אי נתבשלה או לא

וכתב הרמ"א, ודוקא אם כבר נתבשל כך. **ולפי** הט"ז ר"ל דדוקא אם נתבשלה מתירין בהפ"מ הנ"ל, דאי לא נתבשלה ושייך תקנה ע"י צלי, לא נחשב להפ"מ, אלא אי הוי תוך י"ב שעות, יחזור וימלח צד השני, (דהא רק בהפ"מ מקלינן לחזור ולמלוח תוך מעל"ע), ולאחר י"ב שעות צריך לצלות. **ולפי** הש"ך אפי' אי שייך לצלות שייך ליחשב להפ"מ, ובתוך מעל"ע יחזור ימלח צד השני, ולאחר זה הזמן יכול לבשלו כמו שהוא. **והרמ"א מיירי** רק כשאינו הפ"מ, דאסור בדיעבד כנ"ל, זהו כשנתבשלה, אבל אי לא נתבשלה, ואינו הפ"מ, אי הוי תוך י"ב שעות, יחזור וימלח, ואי הוי אח"כ, צריך לצלות.

סימן סט ס"ד(3) • התקנה לחזור ולמלוח

תוך י"ב שעות עדיין בשר פולט ציר, ומה שבולע מצד שני יפלטנו, **אבל** לאחר י"ב שעות כשאינו הפ"מ, חיישינן שיחזור ויבלע הצד הנפלט מהצד שלא נפלט עדיין. **(ולפי** הט"ז [להלן בסמוך], אפי' כשאינו הפ"מ, היה צ"ל מותר לחזור ולמלחו תוך מעל"ע, כיון דזמן י"ב שעות אינו מוסכם – רעק"א). **אבל** ע"י צלייה, דנורא משאיב שאיב, אין הצד שנמלח בולע מהצד שלא נמלח, ואפי' בולע, כבולעו כך פולטו.

לפי הש"ך לא מהני לחזור ולמלוח, אלא כשלא הודח עדיין, דאל"כ נסתמין נקבי הפליטה, ולא מהני מליחה אח"כ, ושמא יבלע הצד שנמלח כבר מן הצד השני. **ולהט"ז** כיון דסברא זו אינו מוסכמת, כאן מותר לכו"ע אפי' אם הודחו כבר, כיון שיש היתר בלא"ה במקום הפסד.

לפי רעק"א ופמ"ג אינו די לחזור ולמלוח צד שני בלבד, אלא צריך לחזור ולמולחו מב' צדדיו, **דהא** פשיטא דלא אמרינן דנמלח מצד אחד מועיל לעוביו דחצי חתיכה, דא"כ אם נחתוך החתיכה לשנים יהא מותר, וזהו אינו, **אלא** דאמרינן דכח המלח נכנס רק בעובי מעט, וא"כ אם עכשיו ימלח רק הצד השני, יוציא ג"כ רק כעובי אצבע, והאמצעי ישאר בדמו.

סימן סט ס"ד(4) • חילוק בין הכא לחלחולת

כתב הט"ז, מדמצינו בחלחולת שנמלח רק מצד הפנימי (החלחולת שאין לו דם), דיכול למלוח צד החיצון (השומן שיש לו דם) אפי' אחר י"ב שעות, משום שאין השומן מוחזק כ"כ בדם, הגם דבלא מליחה אסור אפי' בהפ"מ, **וא"כ** כ"ש בבשר שנמלח מצד א', דמותר בהפ"מ, שיהא יכול למולחו אחר י"ב שעות. **הש"ך** מחלק, דהתם המליחה מצד הפנימי דאין בו דם, אינו נחשב כמליחה כלל להשומן, והוי כמו הכא אם לא נמלח כלל, דאסור אפי' בהפ"מ, ויכול למולחו אחר י"ב שעות. **ורעק"א** מחלק, דהתם נחשב אחר המליחה כציור ממוצע, דיש לו רק מעט דם, וא"כ בלי עוד מליחה אסור אפי' בהפ"מ, משום דיש מעט דם, אבל יכול לחזור ולמולחו אחר י"ב שעות כיון דיש לו רק מעט דם, **משא"כ** הכא הוא משום דיש מחלוקת, לשיטה א' מליחה מצד א' לא מהני, ויש לו הרבה דם, וממילא אין יכול לחזור ולמולחו אחר י"ב שעות, ורק דיש שיטה דמליחה מצד א' מהני לגמרי, ועל זה סמכינן בהפ"מ.

סימן סט ס"ה • חתך מן הבשר אחר המליחה

אחר שנמלחה החתיכה כראוי, וחתך ממנה, א"צ לחזור ולמלוח מקום החתך, דכבר יצא כל הדם, אפי' מה שהוא באמצע, אפי' אם הוא עבה מאד. **אבל** תוך שיעור מליחה, צריך להדיחו שם היטב ולחזור ולמלוח.

סימן סט ס"ו • שיעור שהייה במלח

המנהג להשהות במליחה שיעור שעה, ואין לשנות. **בדיעבד** יש לסמוך בי"ח דקות, אם כבר הודח ונתבשל, **ואם** לא נתבשל, אף שהודח, יחזור וימלחנו, **ואם** שהה יותר מחצי שעה בהמלח, יש להקל בדיעבד אף אם רק הודח, וא"צ לחזור ולמולחו שנית. **ואפי'** לכתחילה יכול לסמוך על י"ח דקות, לכבוד שבת, **או** לכבוד אורחים בעלי תורה ובעלי שם טוב ומע"ט, או עני בן טובים, או עשירים שראוי לכבדם שאינם עושים רעה, **אבל** לא הגרועים או הקבצנים שעוברים ושבים בשביל טרף ומזון, שהם בכלל צדקה. **וי"א** דלא מקרי אורחים אלא שנתארחו בביתו, אבל לא כשזימן אצלו חבירו, **וי"א** דלכתחילה לא יזמין חבירו אם יהיה צריך להקל בהדחה או במליחה, **ואם** כבר זימן, יש להקל כמו מפני שאר אורחים.

סימן סט ס"ז(1) • הדחה וניפוץ אחר המליחה

להמחבר צריך לנפץ המלח שעליו או ישטפנו במים, ואח"כ ידיחנו בכלי ב' פעמים, וישטוף הכלי בין רחיצה לרחיצה.

ואי מדיחו באויר שלא בכלי, י"א דלהמחבר א"צ רק להדיח ב' פעמים, **ולהרמ"א** אפי' אי מדיחו באויר, צריך ג' הדחות.

והג' הדחות דצריך להרמ"א, אליבא דהש"ך, די אם ניפוץ או שטיפה הוא א' מהם, **ויש** לו צד, דבכלי אין ההדחה ראשונה מעלייתא, וצריך עוד ב' פעמים (סך הכל ג' פעמים), לבד הניפוץ או שטיפה. **ולהט"ז**, דוקא ניפוץ ושטיפה ביחד נחשב במקום הדחה אחת, וצריך עוד ב' הדחות.

בדיעבד אפי' לא הודח רק פעם א' ונתבשל כך, מותר.

לכתחילה יתן מים הרבה בהכלי בהדחה ראשונה. **והש"ך** יש לו צד בהרמ"א, דבאופן זה א"צ ניפוץ או שטיפה קודם, רק הדחה ג' פעמים.

סימן סט ס"ז(2) • הדחה במי פירות

הדחה אחרונה יכול להיות במי פירות. **ולענין** הדחה ראשונה, מהת"ח מבואר דלא מהני, ואפשר משום דמטרשי ליה, **והש"ך** והט"ז כתבו דצ"ע, **וכתב רעק"א** דאי טעם הדחה ראשונה הוא לרכך הבשר, אז י"ל דלא מהני, ואי משום הדם בעין, אז מהני, **והפת"ש** מביא דמהני מי פירות להדחה ראשונה.

סימן סט ס"ח(1) • הניחו בכלי בלי ניפוץ ושטיפה

להמחבר, אם לא ניפץ ולא שטפו, ונתנו תוך מים, אפי' מועטים, או לתוך ציר, (המחבר לשיטתו ס"כ), בכלי שאינו מנוקב (דלא שייך טרוד, ולא כבולעו כך פולטו), אין לאסור, כי המים מבטלין כח המלח, **אבל** אי ליכא אלא מחוי דם, המלח חוזר ונבלע בבשר, ואסור עכ"פ כדי קליפה, להש"ך לכו"ע, (אפי' לדעת המחבר עצמו), כיון דליכא מים או מוהל, **ולהט"ז** זהו רק למאן דאוסר בס"כ, אבל למאן דמתיר שם, (וזהו שיטת המחבר שם), מותר.

להרמ"א, אפי' לא היה מים, ואפי' יש ציר טופח, מותר לשעה מועטת שעוסק בהדחה, **אבל** ציר מכונס, אוסר הרמ"א בס"כ.

נמצא ב' מחלוקות בין מחבר לרמ"א, כשיש מחוי דם או ציר טופח, להמחבר אסור כדי קליפה, (אליבא דהש"ך, ואליבא דהט"ז, גם להמחבר לשיטתו בס"כ מותר), להרמ"א מותר לשעה מועטת, **ואי** איכא ציר מכונס, יש מחולקת איפכא בס"כ, להמחבר מותר, להרמ"א אסור.

וכ"ז בהדחה ראשונה, אבל לאחר הדחה ראשונה אין לחוש.

סימן סט ס"ח(2) • כשהכלי טריפה או חולבת

כשהכלי אינו מלוכלך, אפי' כשאין מים בכלי, אין לחוש אפי' אם הכלי הוא טרפה או חלבת בן יומו, דאין מליחה לכלים, **ולרש"ל** ה"ה אפי' אם מלוכלך בשיורי פירורי מאכל חלב לח, כ"ז שלא נשתייר לכלוך חלב ממש. **ואם** יש מעט מים בכלי, שמבטל רתיחת המלח, מותר אפי' כשהוא עדיין מלוכלך.

סימן סט ס"ט(1) • בשר שנתבשל בלא הדחה אחרונה

בשר שנמלח, ונתבשל או שרה במים מעל"ע, בלא הדחה אחרונה, (דאי הודח אפי' רק פעם א', מותר בדיעבד), צריך ששים נגד לחלוחית דם ומלח שעליו מבחוץ, דלא ידעינן כמה דם בלע המלח (או משום חנ"נ).

וכל מה שבקדירה מצטרף עם החתיכה עצמה לששים, (דלא שייך איסור דבוק, כרש"ל, דמיד שבא למים נמס כל המלח ודם), **אבל** לא הקדירה עצמה.

ואין המלח נחשב למילתא דעבידא לטעמא דלא בטל אפי' באלף, דהא אין גוף האיסור נותן טעם, ואין הנאסר חמיר מהאוסר. **ואם** יש בקדירה כ"כ כמו החתיכה, הכל שרי, דהחתיכה בודאי היא שלשים נגד דם ומלח שעליו.

ובשומן מסתמא יש בו ששים נגד הדם והמלח שעליו.

סימן סט ס"ט(2) • בדליכא ששים בכלי שני

ואי ליכא ס' בקדירה, הכל אסור, וכתב הרמ"א, דאפי' רק בכ"ש שהיס"ב, אסור, והגם דכ"ש אינו מבשל, הכא שיש שם מלח וציר מבשל, (**אבל** בדאיכא ס', מצטרף הכל לבטל, הגם דמבשל רק מכח המלח, ודלא כהפמ"ג – רעק"א).

אבל מהרש"ל כתב דאינו אסור בכ"ש בדיעבד, דמלח לאחר שפסק כחו לא חשוב עוד רותח. **ופסק** הט"ז כרש"ל, כיון דדם שמלחו הוא מדרבנן. **והש"ך** פסק כן רק בהפ"מ. **והפמ"ג** פסק במלח שלנו, דאין היתר בלא הפ"מ, ובהפ"מ צ"ע.

וכשיש חומץ או שאר דבר חריף, מבשל בכ"ש אפי' לרש"ל, דדוקא במלח יש סברא דפסק כחו.

סימן סט ס"ט(3) • בשר שור בלא מליחה בכלי ראשון

כתב הט"ז, שמשו"ע משמע דהבשר אסור בכ"ר אפי' בלא מליחה, **והט"ז** עצמו סובר, דדוקא לענין איסור בישול בשבת, הגם דבשר השור אינו מתבשל בכ"ר, הלחלוחית מתבשל, **אבל** לענין איסור בשר, הגם דהלחלוחית נתבשל, בלא מליחה אין שייך להיות הלחלוחית נבלע בהבשר (**ורעק"א** מתמיה ע"ז), **אבל** בשאר בשר נאסר אפי' בלא מליחה.

סימן סט ס"ט(4) • בשר שנמלח ולא הודח ונתייבש

אם הודח כדינו קודם שנתייבש, מותר לכתחילה. **ואם** לא הודח קודם שנתייבש, לכתחילה יזהר שלא לבשלו או להדיחו במים שהיס"ב בלא הדחה. **ואם** בשלו בלא הדחה אפי' בכ"ר, מותר בדיעבד, דודאי יש ס' כנגד המלח כיון שכבר נתייבש.

סימן סט ס"ט(5) • אם הודח פעם אחת

וכ"ז הסעיף מיירי שלא הודח באחרונה כלל, אבל אם הודח רק פעם א' ונתבשל כך, מותר, דבדיעבד סגי ליה.

סימן סט ס"ט(6) • מלח שמלחו בו פעם אחת

מלח שמלחו בו פעם' א', אסור למלוח בו שנית. **וכתב** הת"ח דבדיעבד מותר, **לפי** הש"ך, היינו אם כבר נתבשל, אבל אם לא נתבשל, ידיחנו וימליחנו שנית. **לפי** המנ"י, מותר בדיעבד רק אם הודח ונמלח שנית, ואם לא, אסור, אפי' נתבשל, דכבר פסק כח המלח, **ורעק"א** כתב דהמנ"י צ"ע.

ומלח של הערינג שיבשו, אסור למלוח בו בשר אפי' בדיעבד, כיון שנכבש מעל"ע בציר.

וכ"ש דאסור לאכול מלח אחר שמלחו בו. **וי"א** דלאחר שנתייבש היטב מותר, **וכתב** הש"ך דזה צ"ע דמשמע דאסור.

ומלח שנפל עליו מים שהודחו בו בשר, יניח להתייבש ואח"כ יכול למלוח בו בשר, **אבל** אסור לאוכלו, **ואם** הוא הרבה, לא ישהה בתוך ביתו, שלא יבא לידי מכשול.

סימן סט ס"י(1) • משמש גוי וספק אם הדיחו

משמש גוי, ואינו ידוע אם הדיח הבשר, ונתבשלה, כתב המחבר דאם יודע מנהג ישראל, ויש שם ישראל או קטן בן דעת יוצא ונכנס, מרתת, (**וקטן** מהני אף בדאורייתא – רע"א), **והביא** הש"ך, דדוקא בעבדו ושפחתו שייך מרתת.

ורמ"א כתב דמסל"ת ג"כ סגי כיון דהוא דרבנן, (או משום דנתבשל, או משום דמליח כרותח, או משום דדם שנמלח הוא דרבנן).

והדרישה כ', דלא מהני מסל"ת אלא דוקא באינו יודע מנהג ישראל. (**וכן** הביא רעק"א משב שמעתתא, דגוי אינו נאמן לפי תומו אם יודע דת ישראל, זולת בעדות אשה).

והט"ז והש"ך כתבו, דאיירי שלא שאלוהו, ולא בא להודיע דבר זה, ורק שמספר איזה דבר אחר, ואגב מספר שהדיח הבשר, **וא"כ** אדרבה יש מעלה במה שיודע מנהג ישראל, ויש תרתי לטיבותא, דמכוין לעשות רצון הישראל, ומסל"ת. **ולפי"ז** כתב רעק"א, דמהני דוקא ביודע מנהג ישראל (עיין למטה).

והנו"ב ס"ל דמהני בשני הציורים, בין יודע ובין שאינו יודע מנהג ישראל (עיין למטה).

וכתב רעק"א דהיכא דמיחה בהגוי שלא ידיחו בלא רשותו, ועבר על דבריו, לא רק דאזלא ההיתר דמרתת, כיון דחזינן דאינו מרתת, כמ"ש הרמ"א, אלא משמע דגם אזלא ההיתר של מסל"ת, כיון דאבד האי סניף דמכוין לעשות רצונו.

וש"ך כ' דהמחבר לא ס"ל להיתר דמסל"ת, אפי' בזה שהוא איסור דרבנן, וכמו שפסק בסי' קל"ז, **ורמ"א** ס"ל דאפשר דהמחבר מסכים הכא דמהני, דהכא יש גם סברא דנקיותא.

לפי הנו"ב יש ג' דרגות, נאמן במסל"ת אפי' אינו יודע מנהג ישראל, **ואם** יש רגלים לדבר, כדהכא דיודע מנהג ישראל, נאמן הגוי באמירתו אפי' כשאינו מסל"ת, כיון שהוא איסור דרבנן, ואפשר דזה עדיף ממסל"ת, **והיכא** שיש מירתת ויודע מנהג ישראל, נאמן אפי' בלא אמירה.

סימן סט ס"י(2) • אשה ששכחה אם מלחה הבשר

כתב הט"ז אשה שבשלה בשר, ואינה זוכרת אם מלחתו תחילה, הוי ספקא דרבנן ולקולא, **וה"ה** אם יש ספק אם נעשית ההדחה אחרונה.

וכתב הש"ך דלא אמרינן ספיקא דרבנן לקולא היכא דיש חזקת איסור, כמו שיש הכא, (**והט"ז** כתב דיש רוב נגד החזקה, דרוב פעמים מולחין תחילה, **וש"ך** כתב דלא שייך כאן רוב), **ועוד**, דטעם שהוא דרבנן בא מצד אחר, **וגם** אין לבדות ספק דרבנן להקל.

וכתב עוד הט"ז טעם להיתר, דכיון דדרכה למלוח תחילה, אמרינן סרכא נקיט ואתי, **והש"ך** כתב דסברא זה לא שייך כאן, דהאיך שכחה עסק גדול כמליחה. **אבל** אם ששכחה אם מלחה צד השני, (אף דאם לא מלחה צד השני אוסר הש"ך אם כבר הודח), הביא הפת"ש, דמותר אפי' להש"ך, מאחר שמלחה צד א', הרגל הדבר למלוח צד שני.

אשה ששלחה בשר לבעלה, ולא הזכירה אם מלחה, וכבר נתבשלה, מתיר הפמ"א אם יש אומדנא דמוכח, כגון שיודע האשה שלא יהיה זמן קודם שבת למלחה, שבודאי מלחה קודם, **והשבו"י** חולק עליו, דזה אינה אומדנא דמוכח, ובלא"ה א"א להתיר ספק ואפי' ס"ס, היכא שהוא יכול להתברר.

סימן סט סי"א(1) • בשר שנתבשל בלא מליחה

בשר או שומן שנתבשל בלא מליחה, ואפי' לא נתבשל לגמרי, (**אבל** לפי המנ"י בשם הש"ך, צריך הבשר להיות יסל"ב, ופמ"ג חולק ע"ז), **פסק** המחבר דאם יש ששים כנגד הבשר כולו, (דלא ידעינן כמה דם נפיק מיניה), אז מותר הכל אפי' הבשר, דדם שיצא נתבטל, ומה שנשאר הוי דם איברים שלא פירש, **ולא** אמרינן שפירש ממקום למקום בהבשר, דכל מה שלא יצא אינו פורש כלל.

והרמ"א פסק, דבמקום שאינו לצורך (כגון לכבוד שבת או לכבוד אורחים או הפ"מ), יש לאסור חתיכת הבשר אפי' כשיש ששים, **ולא** משום חנ"נ, (דהא עכשיו הוא תחילת איסורו), אלא משום דהרוטב מבלבל טעם החתיכה, וגורם שהדם פורש ממקום למקום. **ולא** מצטרף כל מה שבקדירה לבטל האי דם הפורש, משום דכיון דבא מהחתיכה, ממהרת להתבלע, **ועוד** משום איסור דבוק, דשמא הגביה פעם אחת חוץ לרוטב קודם שפלט כל דמו.

אם נתנו אותו במים רותחים, י"א דמותר בדיעבד בלא ס', דהוי חליטה, **וי"א** דמותר דוקא במקום דוחק כגון ערב שבת. **יש** מתירין לבשל בלי מליחה בחמי טבריה.

סימן סט סי"א(2) • תרנגולת שלימה או חלולה

כתב המרדכי דראוי להחמיר בתרנגולת שלימה, אפי' יש ששים, מפני הכבד ובני מעיין, דדם הנפלט מהם נבלע בתרנגולת, **והת"ח** מוסיף, דאפי' בדליכא בני מעיים אסור לכו"ע, דמאחר שהיא חלולה פירש הדם ממקום למקום, ואסור אפי' בהפ"מ, והט"ז מביאו, **והש"ך** חולק על הת"ח, דדוקא כבד ובני מעיין משום איסור דבוק, אבל כשאינן דבוקין, וכ"ש כשהיא חלולה, לא גרע מחתיכת בשר, דנהי דפורש, מיד שנפרש לחלל נתבטל במים.

סימן סט סי"א(3) • נמלחה שלא כראוי ונתבשלה

אם לא פיזר מלח בכל מקום, מותר בדיעבד בס"ד אף אם נתבשלה בלא ששים, בלא הפ"מ, **ואפי'** אם לא נמלח רק מצד אחד, דכשנתבשלה בלא ששים מותר רק בהפ"מ בס"ד, **כשיש** ששים, מותר החתיכה בדיעבד בלא הפ"מ.

אם נמלח כראוי ולא שהה שיעור מליחה, הוי כלא נמלח, ואסור החתיכה אפי׳ כשיש ששים, (אם לא בהפ״מ), **וצריך** ששים להתיר מה שנתבשל עמה.

וכן בשר ששהה ג׳ ימים בלא מליחה, אפי׳ נמלח הוי כלא נמלח, וצריך ששים להתיר מה שנתבשל עמה, והחתיכה אסורה, אם לא בהפ״מ, וכנ״ל. **וכתב** רעק״א ד״ל דלפי הש״ך בסי״ב, אסור אפי׳ בהפ״מ.

וכן אם נמלח בלא הדחה ראשונה ונתבשל, כתב רעק״א, די״ל דאסור אף כשיש ששים, אפי׳ בהפ״מ.

סימן סט סי״ב(1) • בשר ששהה ג׳ ימים בלא מליחה

בשר ששהה ג׳ ימים מעל״ע בלא מליחה, נתייבש דמו בתוכו, ולא יצא עוד ע״י מליחה, אפי׳ אם יתנו אותו בפושרין, **ואין** לאכלו מבושל אלא צלי.

ולצלי א״צ שום מליחה, רק לכתחילה יש למלחו קצת כשאר צלי, אבל מליחה ממש א״צ. (**אבל** מליחה אינו מגרע, כמ״ש רעק״א סי״א). **ומותר** אפי׳ לא ניקר אותו מגידי הדם.

ולכתחילה יש לנקר הבשר מחלב שבו תוך ג׳ ימים, ובדיעבד אפי׳ ניקר אח״כ, מותר אף לקדירה.

ואסור לבשלו אחר הצלי, (וגם לצלותו בקדירה ביובש), דשמא לא יצא כל דמו ע״י צלי, ויצא ע״י בישול דפועל יותר, **משא״כ** בכבד דמותר לבשלו אחר צלייי׳, הגם דאסור לבשלו קודם, דהתם הנדון הוא ריבוי הדם, ומסתמא נפלט הכל ע״י צלייי׳, ומה שלא נפלט לא יפלוט גם ע״י בישול, **משא״כ** הכא הנדון הוא שנתייבש הדם, ואפשר שאף שלא יצא ע״י צלי יצא ע״י בישול. **וי״א** דאם ישליכו למים רותחים מותר, ויש לסמוך ע״ז לעת הצורך. **ואם** בישלו מותר, שאנו תולין שיצא הכל, ומה שנשאר לא יצא גם ע״י בישול, (ודלא כרש״ל דאוסר בדיעבד).

כתב הט״ז בשם הר״ר עוזר, שאם מלחוהו כשיעור מליחה, מותר לבשלו אחר הצלייי׳, **ופת״ש** הביא שאין לסמוך ע״ז, **ורעק״א** כתב דהר״ר עוזר ס״ל כהנהו שמתירין לבשל אחר צלייי׳, ורק דס״ל דצלי ג״כ בעי מליחה, אבל אנן דלא קימ״ל כן, מליחה לא מהני לבשלו אחר צלייי׳.

ואסור להשהות בשר ג׳ ימים בלא מליחה, דלמא ישכח ויבשל, **משא״כ** כבד וכחל דמותר להשהותן, דהתם לעולם אין להם היתר כי אם ע״י צלי, **ואף** דיש לחשוש שיבשלם אחר הצלי, (וזה מותר רק אם מלחם תוך ג׳ ימים), כיון דבין כך מותרין בדיעבד, לא גזרינן.

סימן סט סי״ב(2) • בשר שמלחו אחר ג׳ ימים

כתב הט״ז בשם הרש״ל, בשר שנמלח אחר ג׳ ימים בכלי מנוקב, ואח״כ הדיחוהו ומלחוהו בכלי שאינו מנוקב, ולא שהה בה שיעור כבישה ומצאו שם ציר, **מותר** ממ״נ, אם מהני מליחה אחר ג׳ ימים כשיטת הריב״ש, ממילא א״צ מליחה שנית כלל, ומותר בכלי שנית שאינו מנוקב, **ואם** משום ייבוש הדם לא מהני מליחה ראשונה כחומרת הגאונים, גם מליחה שנית לא תאסור אותו, **משא״כ** בדבר דבעי ליבון, ועשה הגעלה, דאסור לחתוך בה רותח, דהתם ליכא ייבוש, אלא שאין כח בהגעלה להוציא הבליעות, אבל מהני שיזוז קצת, וכשיבא רתיחה השניה יוציא לחוץ. **והש״ך** חולק, דאפי׳ לפי חומרת הגאונים, הסברא נותנת שהבשר פולט מעט מעט.

אבל אם מתחילה מלחו אחר ג׳ ימים בכלי שאינו מנוקב, אסור, דשמא יצא קצת מן הדם ע״י מליחה.

וכן אם מלח בשר ששהה ג׳ ימים עם שאר בשר שנמלח להוציא דמו, אסור, דשמא בולע מדם היוצא משאר בשר, דאע״פ שהייבוש גורם שלא יפליט, אבל עדיין יבלע, (**והא** דאינו מותר לצלותו, ואיידי דיפלוט דם דידיה יפלוט גם מה שבלע, **כתב** רעק״א דצ״ל, דגם ע״י צלי לא יפלוט כיון דנתייבש, **והא** דמותר בישול אחר צלי, הגם דלא נפלט ע״י צלי, **עיקר** הטעם הוא מה שאמר הש״ך, דכמו דלא נפלט ע״י צלי לא יצא גם ע״י בישול), **ועוד** דכל סברת ייבוש הוא חומרא דחוששין לדעת הגאונים, אבל ודאי לא יסמוך לקולא לומר שלא יבלע, **והקשה** רעק״א, דאי פליטת דם יבש ובליעתו תלוי זה בזה, היה צריך להיות מותר לצלי ממ״נ, דלפי חומרת הגאונים הא לא בלע, ולפי הריב״ש, כמו דבולע ג״כ יפלוט, וצריך לסברא ראשונה של הט״ז, דאינם תלוים זה בזה, והגם דאינו פולט מ״מ בולע.

והש״ך חולק, חדא דכל זה הוא משום חומרת הגאונים, והבו דלא לוסיף, **ועוד** דגם הגאונים לא אמרו דאינו יוצא ע״י מליחה כלל, דהא חזינן דיוצא, אלא דאין כולו יוצא, אבל עכ״פ קצת יוצא, וא״כ אמרינן לגבי דם שבלע, כבולעו כך פולטו.

ואם נמלח בשר ששהה ג׳ ימים עם בשר עוף ביחד, ואחר מליחה והדחה נכבשו ביחד במלח לכמה ימים, **אסור** לכו״ע אפי׳ מה שחוץ לציר, דהט״ז לא התיר במליחה שניה אלא אם לא נכבש, אבל נכבש שיעור כבישה, ובודאי בנכבש מעל״ע, נאסר כל מה שבציר, ואוסר הכל אח״כ, **ועוד** דגם מצד המליחה נאסר לכו״ע, דלהט״ז נאסר במליחה ראשונה, ואפי׳ להש״ך, נאסר מצד מליחה שניה בכלי שאינו מנוקב.

אם מלח בשר ששהה ג׳ ימים עם שאר בשר דכבר נמלח והודח, בכלי שאינו מנוקב, (ולפי רעק״א גם בכלי מנוקב), **כתב** הט״ז דבזה אמרינן להיפך, דחוששין לשיטת הריב״ש לחומרא, ושמא יצא הדם ואוסר שאר הבשר.

סימן סט סי״ב(3) • הג׳ ימים בנוגע שומן

השבו״י מקיל בשומן אווז (ודוקא כשהופשט מעל האווז) שלא הודח תוך ג׳ ימים, **והנו״ב** חולק עליו, שבזה התיר את האיסור, ומי שמתיר ראוי לגעור בו בנזיפה, ואם בישלו אסורים הכלים וכל התערובות. **והחוו״ד** מתיר ע״י בישול במים בס׳ אחר המליחה, **ואין** זה מבטל איסור, כיון דבהפ״מ סמכינן על המחבר בסי״א (דבשר שלא נמלח מותר כשנתבשל בששים), והמים ישפכו, **והטעם** שיחזור ויבלע השומן מהמים אין זה ביטול איסור, דהבליעה בא אחר הביטול, **ועוד** דכוונתו להתיך השומן, **וכתב** הפת״ש, דלטעם הראשון של החוו״ד, יש היתר זה גם בבשר, אבל לטעם שני, לפי הט״ז אינו מותר לבטל באופן זה אלא כשא״א באופן אחר, ובבשר אפשר בצלייי׳, משא״כ שומן ע״י הצלי כלה. **אבל** לערבו עם שומן אחר בס׳ אסור, **ורעק״א** מתיר בזה בהפ״מ, אחר מליחה כדינו, יערב בשאר שומן דנמלח והודח כדינו.

סימן סט סי"ב(4) • מאיזה שעה מונין הג' ימים

עוף השוהה למות אחר השחיטה כמה שעות, יש לחשוב הג' ימים גם בבני מעים משעה שתצא נפשה.

סימן סט סי"ב(5) • בדיעבד אם לא נודע עד לאחר בישול

אם נמלח ונתבשל (בלא ששים), ונודע אחר ששהו הכלים מעל"ע, שבשר זה נשתהה ג' ימים בלא מליחה, **כתב** התפארת צבי, הכלים שיש להם תקנה, אסורים בלא הגעלה, **וכלי** חרס, המורה המתיר אין מזניחים אותו, **אבל** אני לא הייתי מתיר, כיון דהספק על הבשר ולא על הכלים.

סימן סט סי"ג • אם שרו את הבשר תוך הג' ימים

אם שרו הבשר במים תוך הג' ימים, יכול להשהותו עוד ג' ימים פחות חצי שעה, דהוא שיעור ההדחה, **ולפי** הש"ך לאו דוקא, אלא ג' ימים פחות מעט.

כתב בספר לוית חן, דלפי ר' יהודה דאדם טועה ג' שעות, אין להשהות אלא ג' ימים פחות ג' שעות, **והפת"ש** חולק, דדוקא באיסור דאורייתא חיישינן כן, ומכ"ש דהכא אינו אלא חומרת הגאונים, **ועוד** דבמשך זמן לא חיישינן שיטעו, ואין זה ענין לטעות דאיזה שעה.

אם אחר שלקחוהו מהמים היה מטפטף כמו ב' וג' שעות, יש להקל ולהשהותו ג' ימים משעה שכלה כל הלחלוחית.

צריך דוקא שריי' קצת שעה, ואין די בהעברת מים בעלמא, **אם** לא שנקרו הבשר מחוטי הדם, אז די בדיעבד בהעברא בעלמא, דאין שם דם אלא מה שמובלע בבשר, **ומ"מ** צריך אח"כ הדחה אחרת קודם המליחה לקדירה אפי' בדיעבד.

דעת הת"ח דלכתחילה אין לשרותו תוך ג' ימים כדי להשהותו, ורק בדיעבד, או אפי' לכתחילה במקום הדחק והפ"מ, **אבל** כיון שהיה מקומות שנהגו כן לכתחילה, סתם הרמ"א כאן והניח להן מנהגן, **וכתב** הש"ך, דאין להחמיר בדינים אלו, דאינו אלא חומרת הגאונים, אבל לכתחילה צריך שריי' היטב.

אם חל יום שלישי בשבת, המ"א ס"ל דאסור לשרותו אפי' ע"י גוי, **ונו"ב** מיקל ע"י גוי באוזות פטומות שיכלה השומן ע"י צלי ואיכא פסידא, ואפי' בשר בהמה אם אינו ראוי כ"כ לצלי, **ואם** א"א ע"י גוי מותר בעצמו, ובפרט אם בלא"ה צריך לרחוץ ידיו, **ואם** חל ביו"ט מותר בכל ענין בעצמו.

מהר"ש סבר דאווזות שלימות עם עורן, לא מהני השריי' אלא לעורן, והבשר יצלה, **והמנ"י** כתב דהעור יש בו נקבים, ומהני גם להבשר, **והנו"ב** כתב דאין הנקבים הולכים מעבר לעבר אלא ע"י עיבוד בנוגע תפילין, **ומ"מ** נתרכך הבשר ע"י שריי', או שפשוף היטב בשעת השטיפה, ובדיעבד לצורך גדול אפי' רק בשטיפה, **ורק** האברים פנימיים צריכים צלי.

צריך להסיר הנוצות לפני שרייתן, ואם עבר ולא עשה כן ואח"כ שהו ג' ימים, אם היה ראשם למעלה, באופן ששבולת הנהר עבר ע"ג ראשן, הנוצות ודאי עכבו המים ונאסרו, **ואי** לא, יש ספק וצ"ע.

אם הבשר מלא קרח, לא מהני שריי אפי' בדיעבד, דאינו פועל כלום. **וכן** במי פירות אפשר להחמיר.

בשר שנמלח וספק אם הוא תוך ג' ימים, מותר.

סימן סט סי"ד • בשר ששהה ג' ימים ונתערבה באחרות

בשר ששהה ג' ימים בלא מליחה, ונתערבה בחתיכות אחרות שלא נמלחו, בטלה ברוב, ומותר למולחן ולבשל כולן, **וכן** אם שהה ג' ימים בלא מליחה, ונמלחה, ונתערבה בחתיכות אחרות שנמלחו תוך ג' ימים, בטלה ברוב ומותר לבשל כולן, **וקמ"ל** דלא אמרינן שהוא דשיל"מ בצלי, דלצלי לא נאסר מעולם, ולקדרה אין היתר, (**ואפי'** בלא זה, ע"י צלי יפסיד השומן), **והגם** דיש היתר לקדרה אחר צלי, דמותר מדינא, מ"מ צריך הוצאת עצים להסקה ולבשול.

והיתר הבישול הוא דוקא כל א' בפ"ע, דאי ביחד, יתן האיסור טעם, **או** אי יש ששים בקדירה, יכול לבשלם ביחד, **ואינו** מבטל איסור לכתחילה, כיון דיש היתר לבשלם כל א' בפ"ע.

וא"צ להשליך אחד או ליתן לעכו"ם, ואע"ג דהרמ"א מחמיר בזה בשאר תערובות, **כיון** דבשר ששהה ג' ימים אינו אלא חומרת הגאונים, לא החמיר.

ואפי' היתה ראויה להתכבד, כיון דאין איסורה מחמת עצמה אלא מחמת דם הבלוע בה, והדם אינו חהר"ל, בטלה, **ועוד** לפי המחבר חתיכה חיה לא מקרי ראויה להתכבד. **ועוד** הביא הפמ"ג מאו"ה דין חדש, כיון דקודם בישולו היה היתר, דהוי דם שלא פירש, ומכי פירש לקדירה אז לא היה ניכר, לכן כמו בדשיל"מ, כן הוא בחהר"ל, כל שלא ניכר בפ"ע באיסורו, לא הוה דבר חשוב.

ובדיעבד אם נתבשלו כולם יחד, ולעת האוכל נזכרו שחתיכה אחת היתה מבשר ששהה ג' ימים בלא מליחה, י"א דכולם מותרות באכילה, **ויש** חולקים.

כתב הרמ"א דה"ה בנתבשל בלא מליחה ונתערב באחרות, (וכן במלח בלא הדחה ראשונה ונתערב), דבטלה. **והקשה** הש"ך דהא מין בשאינו מינו צריך ששים, מטעם דאם יבשלם יתן טעם, א"כ אמאי סגי ברוב, והא הדם יתן טעם כשיבשלה, **בשלמא** ציור דלעיל, ששהה ג' ימים בלא מליחה ואח"כ נמלח, אינו אסור אלא מחומרת הגאונים, י"ל שלא גזרו כולי האי, **אבל** ציור דהרמ"א אסור מדינא, ומשמע מיניה דבטל ברוב, (**ואם** תחילה נתבשל במים בס', ואז החתיכה אינה אסורה בסי"א אלא מצד חומרא, א"כ בודאי יבטל ברוב חתיכות), **וכתב** דאפשר דלאו דוקא, ובאמת צריך ששים, (וגם צריך להשליך אחד מהן). **ובנו** של הש"ך הקשה צ"ע על אביו, דכיון דדם שבישלו ומלחו אינו אלא מדרבנן, הש"ך בעצמו כתב, דבאיסור דרבנן, א"צ ס' אפי' במין בשאינו מינו, ובטל ברוב.

כתב הט"ז בשם המהרש"ל, דה"ה תוך ג' ימים, חתיכה שלא נמלחה שנתערב בב' חתיכות שנמלחו, בטל וא"צ למלחם, ולא הוי דשיל"מ למלוח, כיון שצריך הוצאה למולחם. **והש"ך** חולק דאין להקל בהוצאה מועטת במקום שאין הפ"מ, **אבל** אם אין מלח מצוי, ואם ימתין יהא נפסד, לא הוי דשיל"מ.

סימן סט סט"ו • בשר עם דמו שנשרה במים

כתב המחבר דבשר המלוכלך בדם, או בשר שלא פלט עדיין דמו ע"י מליחה, שנשרה במים מעל"ע, ואין שם ששים, יש אוסרים לאכלו ע"י מליחה כי אם ע"י צלי, **לפי** הש"ך הטעם, דכבוש כמבשול לענין שאינו יוצא ע"י מליחה, (ואינו ככלי שני),

אבל אינו כמבושל ממש ויוצא ע"י צלי, **לפי** רעק"א הטעם, שמא יצא כל דמו וחזר ונבלע, ואז הוא כמו דם מעלמא, ולא מהני מליחה, דלא שייך איידי דיפלוט דם דידיה. (**והש"ך** מתחילה צידד, דהמחבר ס"ל כהאו"ה, דדוקא כשהיה מלוכלך בדם, דדם בעין אינו יוצא לא ע"י מליחה ולא ע"י צליי', (אפי' אם כבוש אינו כמבושל ממש), ודחה, דאיירי בב' הציורים.

והקשה הש"ך, כשמלוכלך בדם, איך מהני צליי', והא דם בעין אינו יוצא לא ע"י מליחה ולא ע"י צליי', **וכתב** אולי כיון דנתערב הדם במים, לא חשיב תו דם בעין, וצ"ע.

והקשה רעק"א לשיטתו (אפי' בנוגע דם הפליטה), איך מהני צלי, והא כמו דלא מהני מליחה, וכדלעיל, דשמא יצא כל דמו וחזר ונבלע, מאותו טעם צלי ג"כ לא מהני, וצ"ע.

וכתב הרמ"א ויש אוסרים אפי' ע"י צלי, אפי' אינו מלוכלך, דכבוש כמבושל ממש.

ואי יש במים ששים, אפי' כשהבשר מלוכלך בדם, אז החתיכה עצמה מותרת. **וכתב** הת"ח, דאינו דומה לחתיכה שלא נמלחה שנתבשל בששים, דאסור להרמ"א בסי' א, דלא אמרינן כבוש כמבושל לכל מידי, רק שבולע ומפליט, אבל אינו מבלבל טעם החתיכה כמו ברוטב, **וגם** שם אינו אלא מנהג לאסור, ולכן אין להחמיר בכה"ג.

והקשה רעק"א דהתם הטעם דלא נאסר מעיקר הדין, הוא דממ"נ, אם לא פירש הדם, הוי דם האיברים שלא פירש, דהא הוא כבר מבושל, **משא"כ** הכא דאח"כ מבשלו, ליכא ממ"נ, דדלמא לא יצא ע"י כבישה, ויצא ע"י בישול, **וכתב** דעיקר הטעם הוא, דהדם שיצא בטל בס', ואפי' חזר ונבלע אינו מזיק, ומה שנשאר בפנים, יוצא ע"י מליחה, דהבלוע ע"י כבישה יוצא במליחה, ואפי' פירש ממקום למקום, הוי עדיין דם דידיה, ויצא ע"י מליחה.

והמהרש"ל אוסר החתיכה. **וכתב** הש"ך דעכ"פ יש להתיר לצלי, הואיל ובלא"ה יש מתירין לצלי, **והט"ז** מסכים לפסק של הרמ"א, (דגם בבישול התיר הרמ"א לצורך גדול).

כבוש כמבושל, הוא רק אם היה בכלי אחד לכ"ד שעה, אבל כ"ג שעה בכלי אחד, ועוד שעה בכלי שני, לא מקרי כבוש, **וה"ה** נמי בנשרה מעל"ע בנהר, דקמא קמא אזדא ליה, ודינו כמימות מחולפים. (**ויש** מי שצידד דאפי' בכלי אחד, אם נענעו תוך מעל"ע אינו כבוש, אבל חזר מזה).

בנוגע הסברא דאדם טועה ג' שעות, עיין בסי"ג, לסברא דמחלק בין דאורייתא לדרבנן, הכא הוי חשש דאורייתא, דדם כבוש אסור מדאורייתא, **אבל** לסברא דמחלק בין משך זמן, לאיזה שעה, כ"ש דיש להתיר כאן.

סימן סט סט"ז(1) • באיזה כלי מולחין

אין מולחין אלא בכלי מנוקב, או ע"ג קשין וקסמין, או במקום מדרון בענין שאם ישפך שם מים יצאו מיד. **ודף**, אם חלק ברהיטני, שמים זב ממנו, א"צ מדרון, ואם לאו, צריך מדרון, **וכל** זה צריך אפי' בדיעבד.

ולכתחילה אפי' בכלי מנוקב יזהר שיהיו הנקבים פתוחים, ולכן לא יעמידו ע"ג הקרקע. **וכן** מחמירין קצת לתת לתוך הכלי מנוקב קש או קסמין, שהבשר לא יסתום הנקבים, **ובדיעבד** אין לחוש.

סי' סט סט"ז(2) • מלח בשאינו מנוקב, להשתמש בו ברותח

אם מלח בכלי שאינו מנוקב, אסור להשתמש באותו כלי בדבר רותח, אפי' אחר שהודח הכלי, דיש מליחה לכלים להבליע לתוכן, (**י"א** לא בכלי חרס ישן דכבר שבע לבלוע, דאין שייך לבלוע אא"כ מפליט, וזה לא שייך ע"י מליחה, ופמ"ג וחו"י חולקים), **ורק** אין מליחה להפליט מהם ע"י מליחה, אבל ע"י בישול מפליט, דמליח כרותח היינו רותח דצלי, ולא כבישול. **אבל** ע"י צונן מותר, דהכלי אחר המליחה נחשב צונן, (ודלא כהראב"ד), וליכא דוחקא כמו שיש בסכין.

אם נשתמש בו: אם הכלי היה חם, והדבר הוא יבש לגמרי, סגי בקליפה, **והגם** דבכלי יוצא הבליעה בלא רוטב, ודלא כמאכל, (וגם דלדידן דאין אנו בקיאין בין שומן לכחוש, בכל דבר אוסר בכולו ביבש), **אבל** עכ"פ לא נכנס מתחילה להכלי יותר מכדי קליפה.

ואם היה בהדבר רטיבות קצת, צריך כדי נטילה (היינו לשיטת המחבר, אבל לדידן צריך ששים). **ואם** היה דבר רותח לח כרוטב, צריך ששים נגד הקליפה מן הקערה, (ולא כל עובי הקערה), ואף במקום שלא נגע שם הרוטב.

אם היה הקערה קר, אפי' נשתמש בו דבר יבש לגמרי, צריך קליפה, וה"ה אם יש רטיבות קצת, סגי בקליפה, דתתאה גבר. **ואם** היה דבר לח, צריך ס' כנגד קליפה מן הקערה, ורק במקום שנגע שם הרוטב.

קימ"ל בסי' צ"א, דבמקום שהבשר צריך קליפה, אם לא קלפוהו ובשלוהו כך, מותר בדיעבד בלא ששים, מאחר דאינו ראוי לקלוף, **וזהו** דוקא כשהבשר צריך קליפה במה שנגע, אבל אם נבלע בתוכו כל מה שיש בקליפת הקערה, אף במקום שלא נגע הרוטב, לא, **וגם** היכא שהקערה חם, והיא עומדת בעין ושייך ביה קליפה, והיא אוסרו, לא אמרינן הכי. **אבל** הכא שהקערה קר, וצריך הבשר קליפה רק במקום שנגע, אמאי צריך ששים נגד הקליפה, **וכתב** הש"ך דהכא מחמרינן, משום דיש פוסקים דגם לאחר הדחה היא רותחת מחמת המלח. **עיין** ברעק"א דהכא לא אמרינן חנ"נ.

סתם כלי יש במה שבתוכה ס' נגד קליפת הכלי, **ואפשר** דקערה שרחבה ואינה גבוה, מסתמא ליכא ס'.

סי' סט סט"ז(3) • מלח בשאינו מנוקב, להשתמש בו בצונן

י"א שאפי' בצונן אסור להשתמש בלא הדחה, ואם נשתמש בו בלא הדחה, ידיח מה שנשתמש בו. **הט"ז** כתב דהי"א ס"ל דהקערה נחשבת רותח מחמת המליחה, ורתיחה דמליחה הוי כמו דוחקא דסכינא. **אבל רעק"א** כתב דהי"א ס"ל, דכל כלי שבלע איסור בעי הדחה, (אפי' למ"ד דלא בעי הדחה בסכין, דהתם הדם משרק שריק). **והש"ך** כתב בשם הת"ח, דדוקא בכלי חרס בעי הדחה, ובשאר כלים צריך קינוח יפה. (**ורעק"א** הביא ממנ"י, דבכלי חרס לא מהני הדחה, דכיון דלא שייך ביה הגעלה, חיישינן שישתמש בו חמים, ומותר רק לנוקבו ולמלוח בו בשר).

סי' סט סט"ז(4) • מלח בשאינו מנוקב, להשתמש בו למליחה

מותר לחזור ולמלוח בו בשר אחר שניקבנוה, דאין מליחה לכלי להפליט מה שבלע בתוכו ע"י מליחה, ואפי' בכלי חרס,

ומותר לכתחילה, הגם דבעי הדחה וכלדעיל, ולא מתירין לעיל להשתמש בו בלא הדחה על סמך שידיח מה שנשתמש בו, **דשאני** דבשר חי דדרכו בהדחה, ולא חיישנן שישכח להדיחו.

וגם מותר למלוח בה בשר אפי׳ בלא נקיבה, אם הבשר שהה כבר במליחתו והודח.

וכתב הט״ז, דזהו דוקא פחות מעל״ע, דאל״כ יהיה אסור מחמת הכבישה, **והקשה** הש״ך, דהא הוא כבר נטל״פ, (מיהו גם נטל״פ אסור לכתחילה), **ותירץ** רעק״א, דאיירי במולח להתקיים, דמולחים הרבה ונעשה חריף, ומשוי הטעם לשבח.

ולא אמרינן דכבר בשיעור כדי להרתיח יהיה נחשב לכבוש, כתב הט״ז והש״ך, דזה שייך רק להבשר הנשרה בתוך הציר, אבל הכלי לא יפלוט פחות מעל״ע, (**וכתב** הפמ״ג, דאפי׳ ע״י חומץ לא יפלוט הכלי פחות מעל״ע). **והמג״א** והדרישה סברי דיפליט הכלי בכדי שירתיח. **ורעק״א** ס״ל דאף בלא שיעור כבישה, מצד דין מליחה יפליט הכלי בדבר צלול, **ופת״ש** בסי׳ ק״ה דחה סברא זה.

סימן סט סי״ז – מלח בכלי מנוקב

אם מלח בכלי מנוקב, מותר להשתמש בו אפי׳ רותח, דכיון דהכלי מנוקב, לא בלע מידי דמשריק שריק, **ודוקא** לגבי כלי אמרינן שריק, ולא לגבי אוכל. **ויש** אוסרין ברותח.

והרמ״א מכריע, דיש ליזהר לכתחילה אפי׳ בשאר כלים, ובדיעבד מותר אפי׳ בכלי חרס.

ודעת מהרש״ל, דבשאר כלים מותר אפי׳ לכתחילה, ובשל חרס אסור אפי׳ דיעבד.

והש״ך מכריע, דבשאר כלים צריך ליזהר לכתחילה, ובשל חרס אסור אפי׳ בדיעבד, דחרס בולע אפי׳ במנוקב כמו אוכל.

ובצונן מותר אפי׳ לכתחילה בלא הדחה, אלא בקינוח היטב.

סימן סט סי״ח • בשר שנמלח בכלי שאינו מנוקב

בשר שנמלח, (להמחבר היינו שאינו נאכל מחמת מלחו, ולהרמ״א אפי׳ נמלח מעט כדרך שמולחין לצלי, וכן קימ״ל), בכלי שאינו מנוקב, ושהה בו כשיעור שיתנו מים (ורעק״א מתמה דהיה צריך לשער באותה חתיכה הנשרה בציר, לא במים) על האש ויתחיל להרתיח, (כיון דיש רותח דמליחה, די בשיעור זה, וא״צ מעל״ע כדלעיל בסט״ו), כל מה שממנו בציר אסור לאכלו אפי׳ צלי, (ולא כדעיל סט״ו דמותר לצלי, דהכא יש רותח דמליחה), משום דכבוש כמבושל.

וחלק החתיכה שחוץ לציר, לשיטת המחבר, אינו אסור אלא כדי קליפה, במקום שנגע בציר, **ואפי׳** יש בה שומן לא מוליך הדם עמו, דאין הנאסר יכול לאסור אלא במקום שהאיסור עצמו יכול לילך מצד טבע.

והרמ״א הביא דיש אוסרין כל החתיכה, דכיון שהמקום דחוק משום שאינו מנוקב, לא יצא הדם ממנה, דדם אינה יוצא לצדדין אלא למטה ושם דחוק, אבל עכ״פ פירש ממקום למקום, ואינו כדם איברים שלא פירש, ושוב אינו יוצא לא ע״י מליחה ולא ע״י צליי׳, (**ולא** דמי לשובר מפרקתה של בהמה, דג״כ פירש הדם ממקום למקום, ויוצא ע״י מליחה וצליי׳, **דהכא** שפירש ע״י מליחה גרע, או משום דהכא הוי כבוש).

אם נשרה פחות משיעור זה, שיטת המחבר, דאף מה שבציר לא נאסר אלא כדי קליפה. **והקשה** רעק״א, כיון דיש לה רק דין מלוח, היה צ״ל תקנה אפי׳ להקליפה ע״י מליחה.

והרמ״א פסק דאפי׳ לא נמלח אלא מעט, ואפי׳ לא שהה שיעור מליחה, רק מעט עד שנראה ציר בכלי, אסור.

בפת״ש מביא, דדוקא בתחילת מליחה צריך שיראה ציר בכלי, דקודם לכן לא פעל המלח בהבשר כלום, אבל באמצע מליחה פולטת מעט מעט, ואם נתנה בכלי שא״מ, או על הקרקע, נאסר מיד, דהדם פירש ממקום למקום, וצ״ע.

אם נפלה חתיכה לציר בכלי שא״מ, וספק אם היה קודם שהחתיכה שהה שיעור מליחה, מותר מה שחוץ לציר, דהיא חומרא בעלמא, **וכ״ש** אם ברי שכבר שהה שיעור מליחה, **אבל** אם ברי שלא שהה עדיין שיעור מליחה, אסור אף מה שחוץ לציר, דהוי כמולח בכלי שא״מ.

כתב מהרש״ל, אם נתערב מה שחוץ לציר (אפי׳ נמלח שיעור מליחה לקדרה וגם שהה שיעור מליחה) חד בתרי אפי׳ בבישול, מותר, כיון דמדאורייתא חד בתרי בטל, סומכין על הפוסקים דמתירין מה שחוץ לציר, (**הקשה** רעק״א והא הוי מין בשאינו מינו, וטעם כעיקר דאורייתא, והיה צריך להיות מותר לבשלם כל אחד בפני עצמו, דלענין חשש שמא יבשלם יחד יש להקל, ודלא כדמשמע ממהרש״ל). **וש״ך** כתב שצ״ע לדינא, ואולי יש להקל כיון דבלא״ה דם שמלחו או בישלו אינו אלא מדרבנן.

ואינו אסור אלא אותה חתיכה המונחת בתוך הציר, אפי׳ אינו מונח למטה, **אבל** חתיכות המונחות על חתיכה זו, ואינם נוגעים בציר, לא, דאין החתכה שלמטה מעכב את העליונות מלפלוט, ואפי׳ קליפה לא בעי.

הס״ז מביא מעשה, אווז שנמלח והודח, והניח על אווז שלא נמלח, ומלחה העליונה, והיה זב ציר, ונשרה התחתונה בתוך אותה ציר בכלי שא״מ. **ופסק**, דלא נאסר אלא מה שבציר, ולא הוי התחתונה כנמלח בכלי שא״מ, דהא אין כאן מליחה, רק הו״ל כבוש בציר, דמותר מה שחוץ לציר. **והש״ך** כתב, דהיתר מה שחוץ לציר הוי פשוט, וזה שאסר מה שבתוך הציר, הוי תימה, כיון שהעליונה נמלח והודח, **וכתב** אפשר דט״ס, ולא הודחה העליונה, או לא נמלחה שיעור מליחה. **והמחה״ש** כתב, דהט״ז לשיטתו ס״ל דנכבשה בציר שיעור להרתיח, הוי ככבוש במים מעל״ע, ובשר שלא נמלחה שנכבש מעל״ע, לא יצא שוב הדם ע״י מליחה.

סימן סט סי״ט – בשר שנמלח והודח, אם צריך חליטה

המחבר הביא שיטה שמצריך אחר מליחה והדחה, חליטה, לצמת הדם הנשאר בתוכו, **והמחבר** ס״ל דהיכא דאפשר יש לחוש לעשות כן, **והרמ״א** ס״ל דאין לחוש כלל, דכבר יצא כל דמו, ומה שנשאר אע״פ שהוא אדום, אינו אלא מוהל בעלמא.

סימן סט ס"כ(1) • מעשה דרש"י – ציר לאחר שיעור מליחה

מעשה דרש"י: בשר שנמלח, ושהה כדי מליחה, ונתנוהו בכלי בלא הדחה, ונתמלא מציר, (או שנפל בו בשר אחר), מותר, **דציר** היוצא אחר ששהה שיעור מליחה אינו אלא מוהל בעלמא, (דהא מבשלין אותו אחר ששהה שיעור מליחה, ואין חוששין לציר). **והדם** המעורב בהמלח שעל הבשר, (שמפני כך צריך הדחה היטב), בטל הוא בציר.

ואי משום כח המלח שעל הבשר שהדם מעורב בו, כתב הט"ז בשם תוס', דהדם נדבק במלח ומתייבש בתוכו, ואין לו כח לבלוע בבשר, **ובשם** הרא"ש כתב, דפסק כח המלח מחמת שהפליט הדם, ולא חשיב עוד רותח. **והב"ח** כ', דכיון דהמוהל הוא היתר, הוא מבטל כח המלח ולא חשיב רותח, **ולדידיה** אם חתכו בסכין אחר שיעור מליחה, כיון שאין מוהל לבטל כח המלח, אפי' לרש"י צריך הסכין הגעלה, **והט"ז** חולק עליו, דאין די כמות המוהל כדי לבטל כח המלח, אלא דהטעם כדלעיל, **וממילא** בציור דסכין, יהיה מותר לפי שיטת רש"י, ועיין לקמן.

ומכח זה פסק התרומות הדשן, דלצורך סעודת מצוה והפסד מרובה, במלח אווז טריפה, ואחר ששהה שיעור מליחה נתנו עם בשר כשר, דלא מיחשב עוד רותח, **אבל** כיון דיש פוסקים שחולקים ע"ז, יש להחמיר באין הפ"מ, **והט"ז** כתב דאין כאן מחלוקת, דהם איירי רק כשמלח דבר שאין בו דם, או שכבר פלט כל דמו, דודאי עדיין חשיב רותח, דהמלח לא עשה פעולה שנאמר עליו דפסק כחו, ובזה מודי כו"ע, **ומפני** כן היה ראוי לפסוק להיתר אפי' כשאינו הפ"מ, אלא דכיון דיש שחלקו על מעשה דרש"י, וסברי דנהי דאין עליו שם רותח לענין דם, בשר רותח מקרי, א"כ יפה הכריע התרומות הדשן.

והב"ח חולק על הת"ה, וס"ל דהציר שאינו נאכל מחמת מלחו חשיב רותח אע"פ שהבשר אינו רותח, **וכן** מהרש"ל חולק על הת"ה, דמה שפסק רתיחת המלח, היא רק משום דנבלע כח רתיחתו בהבשר, **והט"ז** כתב, דאפי' יש איזה פוסק דס"ל כן, כדאי הם המתירין לסמוך עליהם בהפ"מ כפסק התה"ד.

בס"ח פסק השו"ע, דאם לא ניפץ המלח ולא שטפו, אין המלח אוסר, דמים שבכלי מבטלין כח המלח, משמע דבלא מים הוי עדיין רותח, אע"פ שעבר שיעור מליחה, (ממש כסברת הב"ח, שכ' דלאו דוקא מים, דה"ה מוהל, ובא רק לאפוקי מחוי דם ומלח), **תירץ** הט"ז, דהתם רוצה להתיר אפי' למ"ד החולק על מעשה דרש"י לרווחא דמלתא.

סימן סט ס"כ(2) • הלכה למעשה

וכתב המחבר, דיש מי שאוסר במעשה דרש"י, דס"ל דציר היוצא לאחר שיעור מליחה הוא דם, **(ואפי'** לא שהה בכלי, כיון שיש ציר בכלי, **ולא** אמרינן איידי דפליט ציר לא בלע, כיון שהוא בכלי שא"מ), **ויש** לחוש לו לכתחילה.

וכתב הרמ"א, דיש אוסרין אפי' בדיעבד כדי קליפה, **או** דס"ל דהציר יש לו דין דם, ורותח הוא ונבלע בבשר, ומ"מ אינו נבלע יותר מכדי קליפה, **או** דאין לו דין דם, ואפ"ה נאסר כ"ק מדם ומלח שעליו. **(ואפי'** שהה כדי כבישה, אינו אוסר יותר מכ"ק), **אבל** מה שחוץ לציר מותר. **ולא** מהני ס' לבטל, דקימ"ל דכל מקום שצריך קליפה, אין מבטלין בס'.

ומהרש"ל אוסר כל מה שבתוך הציר, וכ"ק למעלה ממנו, וכן פסק הט"ז. **וכתב** הש"ך, דלפי דבריו, אם יש במה שבתוך הציר ס' נגד הציר, שרי, אבל אין לצרף מה שלמעלה מהציר, דדם אינו מפעפע למעלה. **ורעק"א** הקשה, דהא בעינן ס' וקליפה, וכ"ש הכא דמדינא סגי בקליפה, ומה דצריך ס' אינו אלא חומרא, **ועוד** דהא דצריך ס' אינו אלא אחר ששהה כדי כבישת ציר, וכבר מקודם נאסר כ"ק **(ופמ"ג** כתב דזה צ"ע, לאסור קודם כדי כבישה רק כ"ק), **והמחה"ש** מסביר הש"ך, דהכא מדינא ליכא איסור כלל אחר שיעור מליחה, וחומרא בעלמא הוא לאסור, וא"כ הגם שמהרש"ל מחמיר עד ס', אבל הבו דלא לוסיף דליבעי קליפה כי איכא ס', **אבל** המנ"י ס"ל, דאדרבה דכ"ש להפוסקים דאינו רותח אחר שיעור מליחה, דלא נבלע אלא כ"ק, ואין לבטלו בס'.

אם הדיחו (אפי' פ"א) קודם שנתנו לכלי שא"מ, שרי לכו"ע, אפי' נתמלא אח"כ ציר. **אם** נתערבה אותה חתיכה באחרות, אפי' חד בתרי, מותר לכו"ע, דבזה יש לסמוך אדברי רש"י.

סימן סט ס"כ(3) • דין הכלים

הכלי שנפל בו הציר, אסור, דהכלי נוח יותר לבלוע מן הבשר שאין לו בקום לצאת, **וכתב** הש"ך, דמיירי בשא"א לקלפו, כגון שנפל בו הרבה ציר, או שהוא כלי חרס, **וכתב** הפמ"ג, לדברי הש"ך, כלי חרס נאסר כולו, **(וכשנפל** בחוץ לכלי, לכבוד שבת כשא"א באחרת, מותר ע"י גרירה היטב, דהוי ככלי מנוקב דשריק), **והמנ"י** ס"ל דאינו אוסר רק כ"ק, וכוונת הש"ך רק כשא"א בקליפה. **ואם** נפל ציר במקום גבוה בחוץ, א"צ קליפה, דבכל זמן שיגיעו החמין שם, יהיה ס', **ועוד** דאין דרכו להיות על האש, אלא בערוי, וכח ערוי אינו פועל להפליט דרך דופן הכלי מעבר השני, **וגם** יש לצרף שיטת רש"י.

סימן סט ס"כ(4) • דין כלי חולבת

אם הכלי חולבת ויש בו לכלוך, אסור הבשר כולו, אי ליכא ס' נגד הלכלוך, דאף לאחר שיעור מליחתו נחשב רותח, **אבל** אם אינו מלוכלך, אפי' בן יומו, מותר, (ודלא כהג' שערי שורא והט"ז), דאין מליחה לכלים להפליט מה שבלוע בהכלי, **ואם** שהה כדי כבישה, כדי שיתן על האור ויתחיל להרתיח, ס"ל להתפארת למשה לפי הש"ך, דאסור אפי' אינו מלוכלך, **ודלא** כרעק"א לפי הש"ך.

בהפ"מ ולצורך סעודת מצוה, יש להקל, דאחר שיעור מליחה אינו נחשב רותח.

סימן סט ס"כ(5) • עוד נ"מ בין רש"י להחולקים

להחולקים על רש"י, צריך תיכף הדחה, קודם שיניחנו בכלי שא"מ, ולרש"י יכול להניח בכלי שא"מ ולהדיחו כשירצה, ט"ז. **להחולקים** על רש"י, אסור לאכול מבשר עד שידיחנו מיד קודם פליטת כל צירו, **ואפי'** כשחתכו מכל צדדיו, צריך הדחה להסתים נקבי הפליטה, משא"כ לרש"י – ש"ך.

סימן סט ס"כ(6) • דין לחתוך בסכין

להחולקים על רש"י, אסור לחתכו בסכין קודם שידיחנו, ואם חתך צריך הגעלה, משא"כ לרש"י, (ולכן להלכה, להשו"ע כדאית ליה ולרמ"א כדאית ליה לעיל), **ולהב"ח** ה"ה דאסור

לרש"י וכנ"ל. **ויש** מתירין לכו"ע לחתוך בסכין לכתחילה, דהדם משריק שריק ואינו נבלע בסכין, ואפי' איכא גומות בסכין, ע"י הולכה והבאה מתקנח הלכלוך מן הגומות והוי ככלי מנוקב, **ולא** חיישינן שישכח להדיח הסכין ויחתוך אח"כ בלא הדחה, דבסכין האיסור בעין ויראה הדם וידיחו, **א"נ** משום דמעיקר הדין ליכא איסורא אחר שיעור מליחה, כדברי רש"י. **והסכין** צריך הדחה אח"כ, אף שעדיין לא נתיבשה הציר עליו, או נעיצה בקרקע אם נתיבשה עליו הציר.

ומהרש"ל פסק דלכתחילה יש להגעילו, ובדיעבד מותר אם קנחו בדבר קשה, והמחמיר לאסור בלא הגעלה תע"ב, והיינו לעצמו, אבל לאחרים יש להורות להתיר בדיעבד אפי' לא קנחו, **וה"ה** אם חתך צלי שלא נצלה כל צרכו.

מיהו סכין של איסור אסור לכתחילה לחתוך בו בשר דנמלח ולא הודח, ובדיעבד מותר.

ואפי' חתכו קודם שיעור מליחה, הסכין מותר לכתחילה, דכיון דהוא דרך ארעי, אמרינן דם משרק שריק, **משא"כ** כלי מנוקב דאסור לכתחילה (**והט"ז** יש לו צ"ע על חילוק זה). **אבל** כיון שחתכו יצא דם בהעין על הבשר, וצריך להדיח שם היטב ולחזור למולחו ומותר. **והקשה** רעק"א, דהא כל החתיכה רותח, וכשיצא הדם תיכף נבלע בתוכו, ונאסר מיד, כמו דם אחר שנפל על חתיכה תוך שיעור מליחה.

סימן סט ס"כ(7) • מליחה להתקיים, ומליחה לצלי

להחולקים על רש"י, ולמחבר חיישינן להם לכתחילה, כשרוצה לעשות מליח להתקיים, אחר שמלחו כדינו בכלי מנוקב, מדיח יפה יפה, ואח"כ חוזרים ומולח אותו אפי' בכלי שא"מ, **ואם** רוצה למלוח ולאכול צלי בלא הדחה, אין חשש, שהאש שואב המלח מלבלוע דם, **וה"מ** במולחו ומעלהו לצלי (מיד), אבל אם שהה במלחו, בולע הדם ונאסר, לפיכך מדיחו יפה יפה וצולה ואוכל.

סימן סט סכ"א • הכשירו ע"י צלי כשאין מלח

כשאין מלח מצוי, יצלו הבשר עד שיזוב כל דמו, דהיינו חצי צלייתו, **וי"א** עד שיהא ראוי לאכילה לרוב בני אדם, **וי"א** כיון שאין הנשים בקיאות, נוהגין לצלותו עד שיתייבש מבחוץ, ואח"כ מבשלו בלי הדחה, **וכן** ראוי לנהוג לצאת כל הדעות.

§ סימן ע – דין מליחת הרבה בשר ביחד §

סימן ע ס"א(1) • מולחן הרבה חתיכות זו ע"ג זו

מולחין הרבה חתיכות זו ע"ג זו, ולא אמרינן שהתחתונה דגמר פליטתה קודם לעליונה יחזור ויבלע מן העליונה, לפי ששוהה הרבה לפלוט ציר, דאיידי דטריד לפלוט ציר אינה בולעת – מחבר, **וכתב** הט"ז עוד סברא, דשפיר בולע הדם, אלא דכשיפלוט הציר יחזור ויפלוט הדם שבלע, כבולעו כך פולטו, וכ"כ הרמ"א בס"ו, (**וכתב** הג' מהרש"א בשם הש"ך, דהתם שאני דאיירי בבליעת ציר, וציר גרע דלא אמרינן גביה איידי דטרוד למיפלט לא בלע), **ונ"מ**, דלהמחבר א"צ לשהות להתחתונה שיעור שתפלוט העליונה, דלא בלע מיניה, **משא"כ** להרמ"א דבלע, צריך לשהות שיעור לפלוט – פמ"ג.

ואפי' בשר שור עם עופות, דא"א לעוף לפלוט כל צירן, קודם פליטת בשר השור את דמו, דעוף נמי פולט ציר י"ב שעות כמו השור.

ואפי' מתקבץ הרבה ציר ועומד בגומא שבין החתיכות, כגון דופן שלימה, מותר, **ומ"מ** נוהגין להחמיר שמהפכין אותה שיזוב הדם, אבל בדיעבד אין לחוש.

סימן ע ס"א(2) • חתיכה שמלח אותה ב' פעמים

לכתחילה אין למלוח חתיכה פעם שנית, אא"כ הדיח יפה יפה קודם, **אבל** בדיעבד אם מלחו פעם שני, מותרת, ולא **חיישינן** שמלח השני מבליע דם הנשאר ממליחה ראשונה, דאין דרך מלח להבליע אלא להפליט – רא"ש, **ולפי** הפוסקים שסוברים שמלח מבליע ג"כ, כתב הט"ז דכיון דהבשר עדיין פולט ציר בשעת מליחה שני', יפליט ולא יבליע. (**ואפי'** לרמ"א, דבשעת פליטת ציר הבשר בולע דם, וצריך לשהות אחר פליטת הציר כדי שיפליט מה שבלע, הכא א"צ, דיש צירוף סברת הרא"ש).

והא דקימ"ל דאם נפל על בשר בשעת מליחה דם בעין, דאסור, הגם דהבשר טרוד לפלוט, היינו משום דהתם לא מצד המלח מבליע, אלא הבשר עצמו רותח מחמת מליחה ובולע. (**והחוו"ד** הקשה דמ"ש, הכא נמי נימא דהבשר רותח). **ואם** נמלח אחר פליטת כל צירו, אין היתר אלא לדעת הרא"ש, **ונראה** דיש לאסור לאחר מעל"ע – ט"ז. (**ואף** דלאחר י"ב שעות בלא הפ"מ נחשב דכבר פלט כל צירו, הכא יש צירוף סברת הרא"ש).

והש"ך כתב עוד סברא, דמלח מבליע רק דם בעין, לא דם פליטה, (**וא"כ** אפי' מלח אחר פליטת כל צירו, לא יבלע, והמיקל כזה לא הפסיד).

סימן ע ס"א(3) • מליחת בשר עם דגים

אסור למלוח אפי' בשר עוף עם דגים, לפי שהדגים פולטים כל צירן קודם שיפלוט העוף דמו. **ואם** עבר ומלחם, בין שמלחן זה אצל זה, ובין שהעופות למעלה, ובין שהדגים למעלה, העופות מותרין, דאיידי דטריד לפלוט לא בלעי, **והדגים** צריך ליטול מהם כדי קליפה, **ואם** לא ניטלו קשקשיהם, הם במקום קליפה.

ויש אוסרין כל הדגים אם אינן ס' נגד העופות, דאנו משערין במליחה בס', והכי נהגו, **אבל** אי אית בהו קשקשים, קמיטי ולא פלטי מיד, ואיידי דטריד לפלוט לא בלעי מן העופות, כמו שאר ב' חתיכות.

גם לפי סברא זו נוגע מה דקשקשין במקום קליפה, בשאר איסורים, דלית בהו סברא של איידי דטריד לפלוט, והיה צריך להיות אסור כדי קליפה, (בדלית בהו שמנונית כלל, דאפי' לדידן לא משערין מליחה זו בס'), **וכן** בציור שדגים חמים מונחים על איסור קר, דקימ"ל תתאה גבר, ואוסר רק כדי קליפה, **מותרים** הדגים, דהקשקשים במקום קליפה.

אין סכנה במליחת בשר ודגים ביחד. **והמנ"י** הניח בצ"ע בכבשם ביחד מעל"ע, ובית יהודה מתיר.

סימן ע ס״ב(1) • אם הבשר תפל או כבר פלט כל דמו

אם הדג מליח והעוף תפל, ונתנתם זה אצל זה, או זה ע״ג זה, אף הדגים מותרים בלא קליפה, שהדבר המליח מחמם התפל שיהא מבליע, אבל לא כ״כ עד שיהא פולט.

והגם דבס״ג כתב השו״ע בבשר טריפה תפל וכשירה מליח, יש אוסרים כדי קליפה כשנוגעים זה בזה, **תירץ** הש״ך, דנהי דמחמם התפל הטריפה כדי פליטת ציר, וציר טריפה אסורה, אבל לא כ״כ כדי פליטת דם, או רק מעט הוא ושריק. (**ולפי** תירוץ זה, אף אם המליח כבר פלט כל דמו וצירו, כגון לאחר י״ב שעות, או אם נסתתמו נקבי הפליטה ע״י הדחה, שרי). **ועוד** דלא מפליט כ״כ דם, שיפליט אפי׳ אחר שיגמור פליטת דם וציר של הדג, (**ולפי״ז** אם כבר פלט כל דמו וצירו וכהציורים הנ״ל, יהיה אסור עכ״פ באין הפ״מ). **ולפי** הט״ז בס״ג, האוסרים שם, אוסרים גם הכא כשנוגעים.

סימן ע ס״ב(2) • אם נמלחו יחד הדגים על העופות

אם נמלחו יחד הדגים על העופות, צריך הדגים רק קליפה, (אפי׳ להיש אוסרים דבעלמא מצריך ששים), דדם אינו מפעפע מלמטה למעלה, **ודוקא** בידוע שלא נשרקו הדגים, דסתם מליחה דרך להתהפך עליון לתחתון, **ובספק** יש לאסור. **ואפי׳** אם הם זה בצד זה, אם חתיכות הדגים גדולים וגבוהים יותר ועולים למעלה מן הבשר, מה שלמעלה מן הבשר ואינו נוגע בה, מותר.

סימן ע ס״ב(3) • אם העוף כבר פלט כל דמו

אם לא הניח הדגים אצל העופות עד שכבר שהו העופות במלחן שיעור מליחה, אף הדגים מותרים, אע״פ ששניהם מלוחים. ואפי׳ שהו הדגים ג״כ מתחילה שיעור מליחה.

ואע״ג דבסי׳ צ״א לגבי בשר וגבינה מלוחים, אמרינן דאף לאחר שיעור מליחתו חשוב רותח, הכא האיסור הוא משום דם, ואחר שיעור מליחתו כבר פלט כל דמו. **ואע״ג** דלעיל סי׳ ס״ט ס״כ נוהגין לאסור אפי׳ אחר שיעור מליחתו, הכא דאין כאן אלא לחלוחית בעלמא, לא נהגינן איסור, וסגי בהדחה.

סימן ע ס״ב(4) • נמלחו דגים בכלי שמלחו בו בשר

אם נמלחו דגים בכלי שמלחו בו בשר, הדגים מותרים בדיעבד, דאין מליחה לכלי, **אבל** כיון דהדחה מיהא בעי, וחיישינן שישכח להדיחו, אסור לכתחילה, **ודלא** כבשר בסי׳ ס״ט סט״ז, דמותר לכתחילה, דבשר דרכו להדיחו, **ודגים** נמי דוקא במולחין לקדרה, שאין דרכן להדיחן, אבל במולחין לקיום, ג״כ דרכן להדיחן קודם בישול, (**ולפי** מה שמסיק בש״ך שם, א״צ הדחה, ודי בקינוח הכלי, למלוח שם דגים לכתחילה).

ואם היה הכלי אסור במליחת בשר הנאסר משאר איסורים, לפי הרשב״א אפשר שהדגים אסורים, שפליטת שאר איסורים מסתרכת יותר, **ולרש״ל** מותר, דאין מליחה לעץ להפליט איסור כלל, אפי׳ איסור דאורייתא.

סימן ע ס״ב(5) • דג תפל או שפלט כל דמו

שיטת המחבר, שאם הדג תפל והעוף מליח, הדג אסור, ולא מהני ליה מליחה אח״כ, לומר דאיידי שיפלוט דם דידיה יפלוט מה שבלע, כדאמרינן בבשר, דשאני דגים דרפו קרמייהו ובלעי טובא, והדם הבא להם בעלמא נסרך בהם ביותר. **והרמ״א** חולק, דדוקא אם הדג פלט כבר דמו, אמרינן דאסור, אבל אם לא נמלח מעולם, מותר, דאגב דיפלוט דם דידיה יפלוט גם מה שבלע מהעוף.

ויש כמה סברות של החולקים על הרמ״א: **הפרישה** כתב שהדגים יש שם היתר עליהם, ואיך נתירם כשקיבלו איסור דם. **ויש״ש** אוסר, משום דדם דגים אינו אלא ציר בעלמא, ולא שייך אגב דיפלוט. (**ולפי** הני תרי טעמי, יהיה מותר בהפ״מ, דהא מתירין בס״ו חתיכה שפלטה כל דמה ואין לה אלא ציר בהפ״מ, משא״כ לטעמי לקמן). **והט״ז** כתב, דכיון דהציר שבדגים דבר מועט ויפלוט אותו בזמן קצר, שמא יכלה זמן פליטת צירן קודם שיפליט הדם שבלע, ויש כאן ספק איסור דאורייתא, (צ״ע דדם שמלחו הוא דרבנן – רעק״א). **ונ״מ** דלטעם הט״ז אי יש להדג קשקשים, אינו פולט בזמן קצר, משא״כ לאידך טעמי. **ועוד** טעם כתב הט״ז, דדוקא בבשר עם בשר הקילו חכמים בדם דרבנן, שלא להטריחו יותר מדאי, וזה לא שייך בבשר ודגים, דליכא תקנה למלחם ביחד.

אפי׳ במליחה רק לצלי, חשוב כרותח.

סימן ע ס״ג • בשר טרפה שנמלחה עם בשר כשרה

בשר טרפה שנמלחה עם בשר כשרה, (בין שהכשרה מלוחה או תפלה, בין נוגעין בין אינו נוגעין), אסור כדי קליפה, שאע״פ שאינו בולע מדם הטרפה, כיון שהוא טריד לפלוט דם דידיה, בולעת מציר טריפה, **דדוקא** גבי דם אמרינן איידי דטריד למיפלט לא בלע, אבל לא בשאר איסורים.

ציר נבילה וטריפה ושרצים, מדאורייתא, וספיקא לחומרא, **וציר** דג טמא, וציר בשר שאסור משום דם, מדרבנן, וספיקא לקולא.

אבל אם הכשירה מלוחה והטריפה תפלה, ואינם נוגעין, מותרת בלא קליפה, בין שטריפה למעלה או למטה, ואפי׳ הדחה אין צריך, **ואם** הם נוגעין זה בזה, ג״כ מותרת בלא קליפה, אבל בזה צריך הדחה.
ויש מי שאוסר בנוגעין זה בזה כדי קליפה.
והמחבר ס״ל דהעיקר כסברא ראשונה, וכן הת״ח. **אבל** הרמ״א לפי הש״ך, פסק בסי׳ ק״ה להחמיר כסברא אחרונה, אם לא בהפ״מ, **וי״א** דהרמ״א מתיר אף בהפסד קצת.

סימן ע ס״ד • אם אחת מהן שמינה

אם אחת מהן שמינה, אפי׳ הכשרה, מפעפע האיסור בכולה, משום דאזיל הכשרה ומפטם לטריפה, **ודוקא** אם היתה הטריפה המלוחה למטה, משום דתתאה גבר, אבל אם היתה הכשרה למטה, אע״פ שהטריפה שמינה למעלה, אינו אסור אלא כדי קליפה, שתתאה שאינו מליח גובר ומצנן העליון.

ומשמע מש״ך, דמיירי דוקא בשאין שניהם מלוחין, (אף כשהכשרה שמינה), דאי שניהם מלוחים, מאי נ״מ איזה מהן למטה, בכל אופן שניהם אסורים. **והש״ך** בסי׳ ק״ה כתב, דלא אמרינן דאזיל הכשר ומפטם להטרפה, אלא כששניהם מלוחין.

ואם שניהם כחושים דאינם אוסרין אלא כדי קליפה, אין חילוק איזה למעלה, דבכל אופן אוסר עכ״פ כדי קליפה.

והרמ"א כ' בסי' ק"ה, דמנהגינו, דבמליחה אין חילוק בין עליון לתחתון, ולא אמרינן תתאה גבר אלא ברתיחת האור, **וגם** דלא בקיאינן בין כחוש לשמן, ולעולם משערינן במליחה בס'.

סימן ע ס"ה • עד איזה זמן מותר להשהותו במלחו

י"א דאסור להשהותו במלחו עד אחר י"ב שעות, דאז כבר פלט כל צירו, ויחזור ויבלע מלחלוחית דם שעליו ושעל המלח, **ובדיעבד** צריך קליפה, ואם צולהו א"צ קליפה. **ויש** מתירין להשהותו במלחו אפי' כמה ימים, **ולכתחילה** יש לחוש להאוסרין ובדיעבד מותר.

והב"י ס"ל דדין זה תלוי בסי' ס"ט ס"כ, דדעת האוסרין ס"ל, כמ"ד דלאחר שיעור מליחתו חשיב דם, והמתירין ס"ל כרש"י דמוהל בעלמא הוא, **ולכן** המחבר מכריע הכא כמו שהכריע התם. **אבל** הרמ"א שאסר התם בדיעבד כדי קליפה, ולא הגיה הכא כלום, משום דכתב בת"ח, דאפי' לפי מאי דמחמרינן התם, היינו משום דרואין שהמלח הוציא עוד ציר, ומונח בכלי שאינו מנוקב, **משא"כ** הכא שמונח תמיד בכלי מנוקב, לא חיישינן שיבלע מן המלח שעליו, דאף אם יפליט דם, משרק שריק, ומותר בדיעבד. **והט"ז** כתב עוד, שהבשר הנמלח פולט ציר לעולם, ואינו בולע מן הדם.

ואע"פ דלא סמכינן על סברת משריק שריק במליחה, מ"מ בצירוף סברא אחרת סמכינן, וכיון דלדעת הרבה פוסקים אחר שיעור מליחה אינו אלא מוהל בעלמא, וכן המלח להרבה פוסקים אחר שכבר פלט דמו אין לו שום כח, ולכן סמכינן על מישריק שריק, אבל לא סמכינן על סברא זה לחוד, **וי"א** דאפי' בלא סברת מישריק שריק, מתירין היכי דהוי רק לחלוחית בעלמא.

סימן ע ס"ו(1) • לתת ביחד בשר שפולט עם שאינו פולט

יש אוסרין לתת בשר שלא נמלח כלל, או נמלח ופלט כל דמו (וגם צירו; או שכבר הודח אחר שנפלט דמו, ונסתם נקבי הפליטה, ולא יפלוט עוד ציר), עם בשר שנמלח ועדיין פולט דמו, שהבשר שאינו פולט, יבלע מהבשר שפולט.

ואם עדיין פולט ציר, אז לא יבלע דם, או יבלע אבל יחזור ויפלטנו עם הציר. **ואם** לא שהה שיעור מליחתו ועדיין פולט דם, אפי' ע"י הדחה אינו סותם נקבי הפליטה, ומהני ליה מליחה אחרת.

והאי בשר שלא נמלח, י"א שמיירי שהודח מתחילה, דאל"כ נמצא דנמלח בלא הדחה ראשונה, דאסור אפי' בדיעבד, דהמלח מבליע הדם בעין, ואינו יוצא לא ע"י מליחה ולא ע"י צלי, **וי"א** דהכא בציר שאני, דאין כח ברתיחת הציר אלא להתבלע היא עצמה, ולא להבליע דם בעין שעליו לתוכו, **אא"כ** שהה בין המלוחות, דאז אפשר שקבלה טעם מהמלח עצמו.

ויש מתירין היכא שהבשר עדיין לא נמלח, דע"י שימליחנו אח"כ, איידי דיפלוט דם דידיה יפלוט מה שבלע מאחריני. **וסברת** היש אוסרין, דאין מלח פולט אלא מה שהוא שלו, ולא מה שבלע ממקום אחר.

ויש מתירין אפי' היכא שהבשר כבר פלט כל דמו, ואע"פ שאין לו דם של עצמו, יפלוט דם של אחריני ע"י מליחה אח"כ.

ופסק המחבר, דלכתחילה יש לחוש לדברי האוסרין, ובדיעבד יש לפסוק בכל זה דמותר.

ורמ"א פסק, דאפי' בדיעבד נוהגין לאסור בשר דכבר פלט כל דמו וצירו, או כל דמו והודח דנסתם נקבי הפליטה, דכיון דאינו טרוד שוב לפלוט, בולע, ושוב אינו יוצא לא ע"י מליחה ולא ע"י צלי, כיון דאינו פולט דם של עצמו, **וגם** לא אמרינן מישריק שריק, **וכולו** אסור, דמשערינן במליחה בס'.

ואפי' למאן דס"ל דבשר שנפל לציר אינו אסור אלא אם שהה שיעור כבישה, מודה הכא, דכיון דמיד שנפלט מן הבשר נופל עליו, א"כ מיד הוא בולע, **ועוד** דכאן הוי רותח מיד מחמת מליחה.

ויש מתירין בהפ"מ אם לא פלט צירו וכבר הודח, דסברא דנסתם נקבי הפליטה אינו מוסכם, **ואפי'** שלא בהפ"מ מאן דמקיל ע"י שיחזור וימלחנו, לא הפסיד.

סימן ע ס"ו(2) • אימתי נחשב שפלט כל צירו

י"א שבשר פולט צירו כל מעל"ע, וממילא אם נגע תוך זה הזמן בבשר תוך שיעור מליחתו שעדיין פולט דם, אינו נאסור – רמ"א, **וכתב** הש"ך, דהיינו אפי' למהרש"ל דס"ל דלא אמרינן איידי דיפלוט צירו יפלוט דם, (רק איידי דיפלוט דמו יפלוט דם אחריני), דעכ"פ כל זמן שפולט צירו אינו בולע, הלכך א"צ לחזור ולמלחו, (וכ"ז אם מונח אצלו, **אבל** כשנפלה לציר, אינו טרוד להוציא צירו, ובולע, ומותר רק ע"י מליחה שנית תוך י"ב שעות בהפ"מ דוקא, ולאחר י"ב שעות אסור אפי' בהפ"מ), **ולהט"ז** באמת בולע הדם, ואפי' כשמונח אצלו, ורק שפולטו אגב צירו, ואפי' למהרש"ל דלא אמרינן איידי דיפלוט צירו יפלוט דם, בשעת בליעה עצמו אמרינן כבולעו כך פולטו, (**וא"כ** לדידיה מונח אצלו ונפלה לציר הם שוין, ורק דכיון דנפלה לציר בלע טובא, ולכן מותר רק בהפ"מ ותוך י"ב שעות, **משא"כ** במונח אצלו, דאגב שטרוד לא בלע כ"כ, וממילא מותר תוך י"ב שעות בלא הפ"מ, ואחר י"ב בהפ"מ).

במקום שאין הפ"מ יש לאסרו אחר י"ב שעות, וקודם לזה אין להחמיר כלל – רמ"א. **והמהרש"ל** מתיר כל מעל"ע אפי' בלא הפ"מ, **והש"ך** פסק כרמ"א.

סימן ע ס"ו(3) • לא נמלח כלל או לא שהה שיעור מליחה

אם לא נמלח כלל, או נמלח ולא שהה שיעור מליחתו, אפי' לשיטת הרמ"א, שמחמיר היכא דנפלה לציר (בשר שפלט כל דמו ורק דמפליט ציר), דאינו מותר אלא תוך י"ב שעות ודוקא בהפ"מ, **הכא** דעדיין פולט דמו, מותר ע"י הדחה ומליחה שנית, **ואפי'** למהרש"ל דליכא סברת "איידי" במפליט ציר, כשעדיין מפליט דם, אמרינן איידי זה יפלוט דם אחריני.

סימן ע ס"ו(4) • נכבש בציר מעל"ע

אבל אם נכבש בציר יום שלם, אסור, כ"כ הב"י ורמ"א, **והקשה** הש"ך, והא בסי' ק"ה סתם המחבר, דאם כבוש כדי שיתננו על האור וירתיח ויתחיל להתבשל, הוה כמבושל.

תירץ א', דהתם הוי כמבושל רק לענין שמבליע ומפליט, אבל לא מבושל ממש שלא יצא הדם אח"כ ע"י מליחה, ודוחק,

(**גם** לפי תירץ זה ע"כ יש חילוק, דבכלי שאינו מנוקב, בבשר בשעת מליחה, אסור גם מה שלמעלה מן הציר, **ובנקוב** רק שאין מקום להציר לזוב, נאסר רק מה שבתוך הציר מיד, דחיישינן שפירש ממקום למקום, **אבל** כשליכא חשש פירש ממקום למקום, דהיינו בחתיכה טפילה, אינו כמבושל ממש, ובכל ענין, אפי' אם הכלי אינו מנוקב, מהני מליחה אח"כ, אם לא נכבש יום שלם, **ובכל** ענין נחשב כבוש לענין להפליט ולהבליע, דהיינו חילוקים הנ"ל אינם מחלקים לענין זה).

תירץ ב', דהכא איירי בכלי מנוקב ויש מקום לדם לזוב (וזה היה אמת גם לתירץ א', דאל"ה, ס"ל לרמ"א דלא מהני הדחה ומליחה שנית), וממילא אינו נחשב לכבוש כלל, בכדי שירתיח, **והתם** מיירי בכלי שאינו מנוקב, וממילא נחשב כמבושל ממש בכדי שירתיח, והיינו דחילוקים הנ"ל שייך גם לענין אם נחשב כבוש בכלל בכדי שירתיח, וכל היכא דחשיב כבוש, נחשב גם מבושל ממש, וצ"ע לדינא.

אבל מהרש"ל חולק על ההיא דהתם, דהא אסר בנפל לציר כשפלט כל דמו, וזהו בששהה שיעור שירתיח, וא"כ כשלא פלט כל דמו, דמודה דמותר, היינו אפי' בכדי שירתיח.

והש"ך ס"ל בעיקר כתירוץ ב' ולהחמיר, **אבל** נ"מ גם לקולא, אם חתיכה קודם הדחה ראשונה נפל לציר ויש מקום לזוב, לתירוץ קמא דמבליע ומפליט, ורק דעדיין יוצא ע"י מליחה, הכא דהוי דם בעין לא יצא ע"י מליחה, **ולתירוץ** ב' לא נקרא כבוש כלל - רעק"א.

הקשה הט"ז אי נכבש יום שלם, מאי אריא ציר, ה"ה במים הוי כבוש כמבושל, **וכתב** שט"ס וצ"ל שיעור כבישה, ואסור אע"ג דלא נכבש יום שלם. **אבל** מהרש"ל ס"ל, דדוקא אם נכבש יום שלם ליכא תקנה ע"י מליחה, דחשוב בישל גמור, **אבל** אם נכבש רק שיעור שירתיח, נהי דבלע ואסור כולו ולא מהני קליפה, אם כבר אינו פולט דם, **אבל** אם הוא תוך שיעור מליחה שעדיין פולט דם, אינו כמבשול גמור, ומהני מליחה אח"כ, (והיינו לכאורה כהחילוק בתירוץ א' של הש"ך).

הנו"ב פסק, דאם הבשר תוך שיעור מליחתו שעדיין פולט דם, יש לאסור כהט"ז אם נכבש שיעור כבישה, אפי' בהפ"מ לחלוטין, **אבל** אם לא נמלחה כלל, באין הפ"מ אין להתירו, **אבל** בהפ"מ או לכבוד שבת, יש להתיר לצלי.

סימן ע ס"ו(5) • שהה שיעור מליחה ונפל לציר

הרמ"א הביא שיטת מהרש"ל - דאם שהה שיעור מליחה ונפל לציר, אע"פ שעדיין פולט ציר, אסור.

כו"ע מודי, דהיכא דמונח אצל חתיכה הפולטת, כל זמן שפולט ציר אינה בולעת, דטרוד - ש"ך, (**ולט"ז** בולעת, ורק דבאופן זה אמרינן כבולעו כך פולטו לכו"ע). **וכו"ע** מודי דהיכא דנפלה לציר, לא שייך טרוד - ש"ך, (ולא כבולעו כך פולטו, דהוי כמבושל בו - ט"ז).

ומחלוקת רק היכא שנפלה לציר, אפי' כשיש מקום לדם לזוב, דבולע משום דאינה טרוד, אם מהני מליחה אח"כ, שאיידי שיפלוט ציר יפלוט גם מה שבלע, דלמהרש"ל לא מהני, **ולת"ח** מהני, (אם לא הודח שעי"ז סותם נקבי הפליטה), **וממילא** מכריע הרמ"א, דלצורך הפסד גדול יש להתיר כל זמן פליטת צירו, דהיינו תוך י"ב שעות, ע"י שיחזור וימלחנו, (**דעד** אותו זמן אמרינן דעדיין פולט ציר, אפי' שלא במקום הפ"מ, וא"כ סומכין על סברת "איידי" במקום הפ"מ, **משא"כ** אחר י"ב שעות, דאסור אף בהפ"מ, **ורעק"א** הקשה דבהפ"מ היה צריך מליחה לאסור רק כדי קליפה, כשיטת הרמ"א).

ומעיקר הדין סובר הרמ"א, דגם בנפלה לציר אינה בולעת, (ולפי הט"ז כבולעו כך פולטו), כמ"ש בת"ח, וא"צ מליחה שנית, **ולכן** במקום צורך גדול, אם כבר נתבשל ולא אפשר למלחו שנית, מותר, **ורק** דחשש לדעת המהרש"ל, להחמיר דבולעת במקום שאינו צורך גדול, וצריך מליחה שנית - ש"ך, **ולהט"ז ב(6)** הרמ"א סותר מש"כ בת"ח.

סימן ע ס"ו(6) • איזה הדחה סותם נקבי הפליטה

כשימלחנו שנית, ידיחנו וימלחנו, ולא אמרינן דכיון דכבר פסק מלפלוט דם, יסתמו נקבי הפליטה, **דהדחה** זו אינו אלא להעביר לכלוך של הציר, ולא נסתם אלא כשהדיחו קודם שנפל לציר, **וכ"ש** דא"צ אלא לשפוך מעט מים ודיו להעביר לכלוך הציר, דלא נסתם עי"ז נקבי הפליטה, דלא נסתם אלא בהדחה כדין בשר אחר מליחה.

אבל הב"ח והט"ז סברי דהדחה כזה סותם נקבי הפליטה, אלא דהרמ"א סותם כהני דסברי, דתוך י"ב שעות בכלל אינו סותם נקבי הפליטה ע"י הדחה, וסותר עצמו בת"ח.

סימן ע ס"ו(7) • נפל לציר קודם ששהה שיעור מליחה

נפל לציר קודם ששהה שיעור מליחה, ידיחנה ויחזור וימלחנו, אפי' למהרש"ל, דאיידי דיפלוט דם, יפלוט מה שבלע, ואפי' הודחה, דכל זמן שפולט דם, לא נסתמו נקבי הפליטה. **ודוקא** שהוא כלי מנוקב ויש מקום לדם לזוב, **אבל** אם אינה מנוקבת, אסור אף מה שלמעלה מן הציר, **ואם** היא מנוקבת רק אין לה מקום לזוב, כגון שמונח ע"ג עצים ואינה נוגעת בשולי החבית, דאינו דומה לכלי שאינה מנוקבת, דאינה נוגעת בשולי החבית, אסור רק מה שבתוך הציר, מיד, דחיישינן שפירש הדם ממקום למקום, ולא מהני מליחה אח"כ, ומ"מ לא הוי ממש ככלי שאינה מנוקבת לאסור גם מה שלמעלה מהציר.

אם מלחו בלא הדחה, מותר בדיעבד, ואינו כבשר שנמלח בלא הדחה ראשונה, דהתם יש עליו דם בעין, והכא בציר לא גרע משאר דם פליטה. **ולמהרש"ל** מותר בלא הדחה אפי' לכתחילה, **ולכו"ע** א"צ רק לשפוך עליו מים ודיו.

סימן ע ס"ו(8) • דם בעין שנפל על בשר

דם בעין שנפל על בשר תוך שיעור מליחתו, (דאפי' בהפ"מ חשוב רותח, או בלא הפ"מ, דאפי' אחר שיעור מליחתו חשיב רותח), נאסר הבשר, דלגבי דם בעין לא אמרינן איידי דטריד לפלוט דם לא בלעי, ולא כבולעו כך פולטו.

סימן ע ס"ו(9) • בשר שנפל לציר, מה נאסר, ומתי

בשר שנפל לציר, נאסר דוקא מה שבתוך הציר, אבל מה שלמעלה מן הציר שרי, דדם אינו מפעפע למעלה, ואפי' אם המקצת שבציר שמן, מיהו חותך ג"כ כדי קליפה ממה שבחוץ לציר. **מיהו** מה שבתוך הציר נאסר מיד, דרק בכבוש צריך שישהה כדי כבישה, היינו כדי נתינה על האש ויתחיל להרתיח, אבל אנן דקימ"ל דבמליחה בלבד בלא כבישה כבר נאסר כולו ולא רק כדי קליפה, נאסר מיד, ודלא כמהרש"ל.

סימן ע ס"ו(10) • בשר שנפל לציר שעל הקרקע

בשר שלא שהה עדיין שיעור מליחה, שנפל לציר שעל הקרקע, יש ספק אם נחשב ככלי מנוקב ויש מקום לזוב, דמהני מליחה אח"כ, דאיידי דיפלוט כו', או נחשב ככלי שאינו מנוקב, ולא מהני מליחה אח"כ, **וכתב** רמ"א, דדינה כאילו ככלי שאינו מנוקב להחמיר, ומ"מ אינו אוסר מה שלמעלה מן הציר, דלמעלה מן הציר הוי רק חומרא, והכא הוי רק ספקא, **(ודמי** לסי' ס"ט ס"ט, כשיש ספק אם נפל תוך שיעור מליחה בכלי שאינו מנוקב, או אח"כ, דשרי מה שחוץ לציר), **ורק** אסור מה שבתוך הציר, ואי"כ אי נפל רק לדבר מועט, א"צ אלא כדי קליפה, ואם יש הרבה, אסור כל מה שבציר.

ואי נפל בשר שכבר פלט כל דמו, לציר שעל הקרקע, אסור אפי' אי היה ככלי מנוקב, (בלא הפסד גדול).

ובבשר שלא נמלח כלל, שרי אפי' אי הוי ככלי שאינו מנוקב, ע"י מליחה אח"כ, דאין כח בציר לפרוש הדם ממקום למקום, ודוקא במלח יש זה הכח.

אבל אי בשר הנ"ל שהה כדי שירתיח, יש אותו הספק (לתירץ ב' של הש"ך לעיל **(4)**, דאי הוי ככלי מנוקב ויש מקום לזוב, לא הוי ככבוש, **ואי** הוי ככלי שאינו מנוקב, הוי ככבוש, ואין תקנה במליחה אח"כ – רעק"א.

סימן ע ס"ו(11) • בשר שנגע בחתיכה שנמלחה בכשא"מ

בשר שנגע בחתיכה שנמלחה בכלי שאינו מנוקב ונאסרה, דינה כאילו נגע בציר, דמהני לה מליחה אח"כ, איידי כו', דדוקא חתיכה שנמלח, משום שהמקום דחוק, וע"י מליחה פירש ממקום למקום, משא"כ בחתיכה טפילה.

סימן ע ס"ו(12) • ספק ציר ספק מים

ספק ציר ספק מים, מותר, דציר דרבנן, דדם שמלחו אינו אלא מדרבנן, וספקא להקל. **ואע"ג** דלעיל בנפל לציר על הקרקע אזלינן לחומרא, **שאני** התם, שאם בא להקל, יבאו להקל גם אם נפל לדם ממש ע"ג הקרקע, וכן י"ל בשאר ספיקות, **משא"כ** הכא, דיש ספק אם יש כאן ציר – ש"ך. **ורעק"א** מחלק, דלעיל כל הספק הוי רק נ"מ, בנפל לתוכו תוך שיעור מליחה, (או לרעק"א, בנפל חתיכה טפילה ושהה כדי שירתיח), וכיון דעדיין לא יצא החתיכה מידי דמה, הוי כמו איתחזק איסורא, **משא"כ** הכא, הנ"מ בנוגע חתיכה שפלט כל דמה, דהוי חזקת היתר, **ובאמת** לפי"ז, בנפל חתיכה טפילה לספק ציר, ושהה כדי שירתיח, יהיה אסור מה שבתוך הציר.

סימן ע ס"ו(13) • ציר מעורב במים

ציר מעורב במים, אפי' המים מועטים, ואין בה ששים כנגד הציר, אבל הם רוב נגד הציר, (ש"ך), לא חשיבי עוד רותח, ואינה אוסרת, **והמ"א** כתב דמשמע מהרמ"א, דאפי' אין המים רוב נגד הציר, **והכל** לפי ראות הדיין – רעק"א.

כתב הת"ח בשר שנמלח ונפל למי הדחת בשר שנתאדם, ואין ס' במים נגד הדם, יש אוסרין, ואין נוהגין כן, אלא מותר בדיעבד, משום שהמים מבטלין כח הציר, **והקשה** נו"ב, דציר שאני, שמעורב עם המים תיכף ובטל כחו, אבל הבשר רותח אינו מתערב עם המים ואינו מצטנן, **והעלה** לדינא ג"כ להקל, תוך שיעור מליחה, ע"י מליחה שנית, וכן מתיר אחר שיעור מליחה, ומי שלבו נוקפו בזה, עכ"פ יתיר ע"י מליחה שנית,

ואף שי"ל שנסתמו נקבי פליטה, כיון דיש חולקין על ענין זה, יש לסמוך עליו בנדון זה, **רק** יזהר שלא ימלחנו עם שאר בשר.

סימן ע ס"ו(14) • סיכום של הסיכומים

<u>בשר שלא נמלח כלל אצל בשר שפולט דם (1,11)</u>

יש אוסרין, ויש מתירין ע"י מליחה אח"כ, **ופסק** המחבר דלכתחילה יש יש לחוש להאוסרים, ובדיעבד מותר. **והרמ"א** מתיר היכא שלא נמלח, ע"י מליחה אח"כ, (וכ"ש הוא מהיכא שנפל לציר).

<u>הנ"ל אם לא הודח תחילה (1)</u>

י"א דאסור אפי' בדיעבד, דהמלח מבליע הדם בעין שעליו, **וי"א** דציר שאני, דאין כח אלא להתבלע ולא להבליע דם בעין שעליו לתוכו. **ואם** שהה בין המלוחות, אפשר שיקבל טעם מהמלח עצמו.

<u>הנ"ל אם הוא בכלי שאינו מנוקב (11)</u>

מהני מליחה אח"כ, דדוקא כשנמלח אסור משום שהמקום דחוק, ולא בחתיכה טפילה.

<u>בשר שעדיין פולט דם אצל בשר שפולט דם (1)</u>

לא נאסר, (וכ"ש מהיכא דרק פולט ציר, ועוד ככל ב' חתיכות שמולחים ביחד), ואפי' הודחה, לא נסתם נקבי הפליטה.

<u>בשר שנמלח ופלט כל דמו ועדיין פולט ציר (תוך י"ב שעות) אצל בשר שפולט דם (2)</u>

י"א דאינו נאסר, ואין להחמיר כלל, אפי' בלא הפ"מ.

<u>הנ"ל מחלוקת ש"ך וט"ז בסברא מה דמהני מה שפולט ציר אפי' למהרש"ל (2)</u>

הגם דבעלמא ס"ל למהרש"ל דלא אמרינן איידי שיפלוט ציר יפלוט נמי מה שבלע, עכ"פ כל זמן שפולט אינו בולע, (כיון דהוי רק אצל הציר ולא נפל לתוכו) – ש"ך. **ולהט"ז** בולע, ורק בשעת בליעה עצמה אמרינן כבולעו כך פולטו.

<u>בשר שנמלח ופלט כל דמו ועדיין פולט ציר (תוך מעל"ע) אצל בשר שפולט דם (2)</u>

במקום שאין הפ"מ יש לאסרו, דיש מחלוקת אם פולט ציר אחר י"ב שעות – רמ"א, וכן פסק הש"ך. **ולמהרש"ל** מותר כל המעל"ע אפי' בלא הפ"מ.

<u>בשר שנמלח ופלט כל דמו וצירו, (או נסתם נקבי פליטה) אצל בשר שפולט דם (1)</u>

יש אוסרין, ויש מתירין ע"י מליחה אח"כ, **ופסק** המחבר דלכתחילה יש יש לחוש להאוסרים, ובדיעבד מותר. **ורמ"א** פסק דאפי' בדיעבד נוהגין לאסור, **וכולו** אסור, דמשערינן במליחה בס'.

<u>הנ"ל דנאסר מיד ולא בעי כדי כבישה (1)</u>

ואפי' למ"ד דבציר בעינן כדי כבישה, דמיד שנפלט מן הבשר נפל עליו, **ועוד** דכאן הוי רותח מיד מחמת המליחה.

<u>הנ"ל אם נסתם נקבי הפליטה מוסכם (1)</u>

יש מתירין בהפ"מ, דסברא זו אינו מוסכם, **ואפי'** שלא בהפ"מ מאן דמקיל ע"י מליחה שנית, לא הפסיד.

<u>בשר שלא נמלח שנפל לציר (3)</u>

מותר ע"י מליחה אח"כ, ואפי' מהרש"ל מודה, דאיידי דפלוט דם יפלוט מה שבלע.

בשר שנמלח ועדיין פולט דם שנפל לציר (3,7)

אם היא כלי מנוקב ויש מקום לדם לזוב, מותר ע"י הדחה ומליחה שנית, **אפי'** לרמ"א דמחמיר היכא שנפל לציר (דמתיר דוקא תוך י"ב שעות ובהפ"מ), כשרק פולט ציר, אבל כשעדיין פולט דם מותר ע"י מליחה שנית, **וגם** מהרש"ל מודה דאיידי דפולט דם יפלוט מה שבלע. **ואפי** הודחה, שכל זמן שפולט דם, לא יסתם נקבי הפליטה.

הנ"ל בכלי שאינה מנוקבת (7)

והבשר עדיין פולט דם, אסור כולו, אפי' מה שלמעלה מן הציר, ולא מהני מליחה שנית.

הנ"ל באין לה מקום לזוב (7)

כגון שמונח ע"ג עצים, דכיון דאינה נוגעת בשולי הכלי, לא דמי לאינה מנוקבת, אבל אין מקום לדם לזוב, **ואסור** רק מה שבתוך הציר, מיד, דחיישינן שפירש הדם ממקום למקום, ולא מהני מליחה שנית.

בשר שנמלח ופלט דמו ועדיין פולט ציר שנפל לציר, אם בולעת (5)

מעיקר הדין סובר הרמ"א בת"ח, דאינה בולעת, (ולפי הט"ז כבולעו כך פולטו), **ורק** פסק הרמ"א לחשוש לשיטת המהרש"ל דבולעת, דלא שייך טירוד, (ולהט"ז לא שייך כבולעו כך פולטו), במקום שאינו צורך גדול. **(ולפי** הט"ז הרמ"א הכא סותר מה שכתב בת"ח).

הנ"ל אם פולט ע"י מליחה שנית (5)

למהרש"ל לא מהני מליחה אח"כ, דלא אמרינן איידי דיפלוט צירו יפלוט גם מה שבלע, **ולהרמ"א** מהני מליחה שנית, דיש סברת איידי.

פסק: בשר שנמלח ופלט כל דמו ועדיין פולט ציר (תוך י"ב שעות) שנפל לציר (5)

לצורך הפסד גדול יש להתיר כל י"ב שעות, ע"י מליחה שנית (דנחשב זמן פליטת ציר אפי' שלא במקום הפ"מ).

פסק: בשר שנמלח ופלט כל דמו ועדיין פולט ציר (תוך מעל"ע) שנפל לציר (5)

לאחר י"ב שעות אסור אפי' בהפ"מ, (דהא לא נחשב זמן פליטת ציר אלא בהפ"מ, וממילא הכא מחמרינן כמהרש"ל). **ולרעק"א** בהפ"מ אינו אוסר אלא כדי קליפה כשיטת רמ"א.

הנ"ל בהדחה שיעשה קודם מליחה שנית (6)

ידיחנו – רמ"א. **ולא** אמרינן דכיון דכבר אינו פולט דם, יסתם נקבי הפליטה, דהדחה זו אינו אלא להעביר לכלוך של הציר, וכ"ש דא"צ אלא לשפוך מים ודיו – ש"ך. **והט"ז** ס"ל דהדחה כזו סותם נקבי הפליטה, ורק דהרמ"א סותם הכא כהני דסברי, דבכלל אין הדחה סותם נקבי הפליטה תוך י"ב שעות, וסותר מש"כ בת"ח.

הנ"ל מלחו שנית בלא הדחה כלל (7)

מותר בדיעבד, דהכא ליכא דם בעין, אלא ציר דלא גרע משאר דם פליטה, **ולמהרש"ל** מותר לכתחילה בלא הדחה, **ולכו"ע** א"צ אלא לשפוך עליו מים ודיו.

בשר ששייך בו עצת מליחה שנית, אם נכבש בציר (4)

לפי תירוץ א' של הש"ך, אם רק נכבש כדי שירתיח, הגם שמבליע ומפליט, (וממילא בדם בעין יהיה אסור, דאינו יוצא ע"י מליחה), אינו ככבוש ממש, (אפי' אם הכלי אינו מנוקב), ומהני מליחה שנית, (**אם** הבשר עדיין טפילה ואינו תוך שיעור הפלטת דם, דאל"כ אסור אם אינה מנוקבת כנ"ל), **משא"כ** אם נכבש יום שלם, אסור.

לפי תירוץ ב' של הש"ך, אם הכלי מנוקב, ויש מקום לדם לזוב, אינו ככבוש כלל בכדי שירתיח, אפי' להבליע ולהפליט, (ואפי' בדם בעין לא יהיה אסור), עד מעל"ע, **ואם** אינה מנוקבת, נחשב מבושל ממש בכדי שירתיח, ואסור ולא מהני מליחה שנית, **והש"ך** ס"ל דהעיקר כתירוץ ב'.

ולהט"ז במים צריך יום שלם, ובציר אסור כבר בכדי שירתיח.

ולמהרש"ל אפי' שהה כדי שירתיח, אינו נאסר כל זמן שמפליט דם, כעין תירוץ א' של הש"ך.

ופסק הנו"ב דכל זמן שפולט דם, יש לאסור כהט"ז לחלוטין אפי' בהפ"מ, **אבל** אם לא נמלחה כלל, בהפ"מ או לכבוד שבת יש להתיר לצלי.

בשר שנמלח ופלט כל דמו וצירו, (או נסתם נקבי פליטה) שנפל לציר

אסור, כדמבואר בכל הנ"ל.

בשר דלא שייך בו מליחה שנית, אם נפל לציר (9)

נאסר מיד, דרק בכבוש צריך כדי נתינה על האש וירתיח, אבל למליחה נאסר מיד, ואנן קימ"ל דכבר במליחה נאסר כולו, ולא רק כדי קליפה.

הנ"ל עד היכן האיסור מגעת (9)

רק מה שבתוך הציר, דאין דם מפעפע למעלה, אפי' אם הבשר שמן, **מיהו** צריך לחתוך כדי קליפה ממה שבחוץ לציר.

נפל לציר על הקרקע, הספק (10)

ספק אם נחשב ככלי מנוקב ומקום לדם לזוב, או ככלי שאינו מנוקב. **ופסק** הרמ"א דדינה ככלי שאינה מנוקבת להחמיר, ואוסר מה שבתוך הציר, **ואי** נפל רק מעט, אוסר רק כדי קליפה, **אבל** אינו אוסר למעלה מן הציר, דהיא גופא חומרא בעלמא.

הנ"ל באיזה גווני נוגע הספק (10)

בבשר שכבר פלט כל דמו, אסור אפי' אי הוי ככלי מנוקב. **בבשר** שלא נמלח כלל, מותר במליחה שנית אפי' אי הוי ככלי שאינו מנוקב, דאין כח בציר שיפריש דם ממקום למקום, אלא במלח. **ורק** נוגע בששהה בהציר שיעור כדי שירתיח, דלתירוץ ב' של הש"ך לעיל, אי הוי ככלי שאינו מנוקב, נחשב ככבוש, דלא מהני אח"כ מליחה. **ונוגע** ג"כ היכא שלא שהה עדיין שיער מליחה, ועדיין פולט דם, דאי הוי ככלי מנוקב, מהני מליחה שנית, ואי ככלי שאינה מנוקבת, לא מהני מליחה שנית.

הלכות מליחה – סיכומים

סימן ע – דין מליחת הרבה בשר ביחד – סיכום סעיף ו

ספק ציר ספק מים (12)

דם שמלחו הוא דרבנן, וספיקא להקל, **ולעיל** בציר שעל הקרקע שאני, דאם בא להקל יבא להקל גם בדם, משא״כ הכא דיש ספק אם יש כאן ציר בכלל – ש״ך. **ולרעק״א**, לעיל הב׳ גווני שנוגע בהם, הוי קודם שפלט דמו, וא״כ יש חזקת איסור, **משא״כ** הכא הנ״מ בבשר דכבר פלט כל דמו, דהוי חזקת היתר, **ואה״נ** בנפל בשר טפילה לספק ציר, ושהה כדי שירתיח, יהיה אסור.

ציר מעורב במים (13)

אם יש רוב מים, הגם שאינו ששים כנגד הציר, לא חשיב עוד רותח, **ולהמ״א** א״צ אפי׳ רוב מים, **ורעק״א** כתב, דהכל לפי ראות הדיין.

בשר שנמלח שנפל למי הדחת בשר שנתאדם (13)

אם אין ששים במים נגד הדם, יש אוסרין, ואין נוהגין כן, שהמים מבטלין כח הציר – ת״ח, **והקשה** נו״ב דבשר שאינו מתערב עם מים, אינו דומה לציר שנתערב במים, **אבל** הוא ג״כ מיקל תוך שיעור מליחה ע״י מליחה שנית, **וכן** מתיר אחר שיעור מליחה, **ומי** שלבו נוקפו, עכ״פ יתיר אחר מליחה שנית, **ובנדון** זה לא חיישינן למ״ד שיסתם נקבי הפליטה, **ולא** ימלחנו עם שאר בשר.

בשר שעדיין פולט דם שנפל עליו דם בעין (8)

תוך שיעור מליחתו, דנחשב בודאי לרותח, או בלא הפ״מ, דאפי׳ אחר שיעור מליחה נחשב רותח, נאסר הבשר, **דלגבי** דם בעין לא אמרינן איידי דטריד לא בלע, ולא כבכ״פ.

§ סימן עא – דין מליחת הראש והטלפים והמוח §

סימן עא ס״א • אופן מליחת הראש

מן הדין יוצא אם מולחו בלא לחתכו, מידי דהוי אחתיכה עבה, וצריך רק לנקוב עצם המוח והקרום, **אבל** מצוה מן המובחר לחתוך הראש לשנים, ולמלוח המוח עצמו, (עיין ס״ג), דדלמא יתהפך הנקב לצדדין. **ויש** מי שאומר דחיתוך לשנים מעכב אפי׳ בדיעבד, משום דיש חלל בתוכו, וממילא לא דמי לחתיכה עבה, **אבל** הפת״ש דוחה אותו.

ומבחוץ מולח אותו על השיער, דאין השיער מעכב המלח מלהפליט דם.

סימן עא ס״ב • אופן מליחת הטלפים

הטלפים צריך לחתוך אותם מעט למטה, ואח״כ מולחם גם על השיער, (ויניח מקום החתך למטה), **דאל״כ** הטלפים מעכבים הדם מלצאת, והו״ל כמולח בכלי שאינו מנוקב, **ונהגינן** לאסור אף בדיעבד מה שבתוך הקליפה. **משא״כ** בשאר העצמות שאין הדם נתעכב, אלא נפלט דרך העצמות, **ודלא** כלבוש שכתב הטעם, דטלפים הם חלולים מבפנים, ושמא יתכנס הדם שמה, והוי ככלי שאינו מנוקב, **דאדרבה** כל החסרון של אינו מנוקב, הוי משום דאין מקום והוי דחוק, וחיישינן שמא פירש הדם ממקום למקום, ולא מצד רבוי מקום.

כתב רש״ל דאחר שמנקבין הטלפים, טפי עדיף למולחם אחר החריכה, וכן מצוה מן המובחר, (אע״פ שאין המנהג כן), אלא דמהני גם קודם החריכה.

סימן עא ס״ג • אופן מליחת המוח

הקרום שעל המוח יש בו חוטין, והמוח יש בו דם, ועצם הראש עומד לפניו ואין מקום לדם לזוב, ולכן אופן המובחר למליחת המוח, קורעו ומוציא המוח, וקורע המוח ומולחו. **ולכתחילה** יטול המוח מתוך הגולגולת קודם מליחה, וחותך הגולגולת שתי וערב, שאז מתחתך הקרום היטב.

ואם רצה למלוח המוח כשהוא בתוך הראש, ינקוב העצם והקרום, וימלח ויתן הנקב למטה, (דלא מהני כשמניחו אבית השחיטה או הנחירין ודץ ביה מידי), ומותר אף לקדירה.

ואם נמלח בלא נקיבת העצם, הקרום והמוח אסורים, דהוי כנמלח בכלי שאינו מנוקב, **ואף** בעוף כן.

ואם נמלח בלא נקיבת העצם, שאר הראש מותר, וכ״ש שאר בשר שעמו, **טעם** א׳, משום שעצם הגולגולת מפסיק, **טעם** ב׳, אפי׳ אם קצת מן הדם נפלט, כבולעו כך פולטו. **ועיקר** כטעם א׳, ונ״מ, אם שאר בשר שעמו נמלח וכבר נפלט כל דמו וצירו, דלא שייך ביה כבולעו כך פולטו, דלטעם א׳ מותר, (אם הוסר בשר הראש, שלא יאסר מדמו) – ש״ך. **עוד** נ״מ, אם בשר הראש גופא נמלח והודח כדינו, ועכשיו כשיחזור וימלחנו, לא שייך כבולעו כך פולטו, ויהיה נאסר בדם הקרום לטעם ב׳ – רעק״א.

והחוו״ד חולק ע״ז, דעצם הראש מפסיק רק בנוגע דם הכנוס בשורייקי, דהו דם בעין, ששוב לא יהיה רק כדם פליטה, אבל שאר דם שבגוף המוח והקרום ודאי נפלט דרך העצם, כמו שאר העצמות כדמבואר מהש״ך דלהלן, וא״כ יהיה אסור גם לטעם א׳. **והפמ״ג** מצדד, דלפי טעם א׳, גם בשאר עצמות, לא יאסור שאר בשר (שכבר פלט כל דמו וצירו) שנמלחו עמו.

קולית ושאר עצמות שיש בהם מוח, צריכים מליחה, **ואם** נתבשל בלא מליחה, המוח אסור, משום דמחזקינן דם במוח, **ומש״ה** אם נמלח בדיעבד עם שאר בשר, שרי, דיש לו דם, **אבל** לא לכתחילה, דחיישינן שמא אין בו דם, (**אבל** בבשר שלהם נוהגים בכל יום למלוח אפי׳ לכתחילה ושפיר דמי), **ואם** יש ס׳ בקדירה אף המוח עצמו מותר, דליכא הרבה דם בתוכו, ולא גרע משומן. **ומליחת** העצם מהני למוח שבקרבו, וא״צ לנקוב בהעצם, **ודלא** כעצם הראש, דהתם שורייקי דדמא שבקרום כדם כנוס בתוכו, אבל דם שבאברים, במעט מליחה נפלט.

§ סימן עב – דין מליחת הלב והריאה §

סימן עב ס״א • אופן מליחת הלב

הלב מתקבץ הדם בתוכו בשעת שחיטה, לפיכך צריך לקרעו ולהוציא דמו קודם מליחה, ולמלחו ואח״כ מותר לבשלו, אפי׳ עם שאר בשר, **ויש** מחמירין דוקא לצלותו, מחשש שמא יבשלוהו בלא קריעה, **והביא** ט״ז הד״מ ורש״ל להקל, שאין גזירה זו לא בתלמוד ולא בגאונים, **וש״ך** הביא מת״ח דאין לשנות במקום שנהגו להחמיר, **אבל** בדיעבד אם בשלוהו אחר קריעה ומליחה, מותר אף להיש מחמירין.

יש נזהרין שלא לאכול לב בהמה ולא לב העוף.

סימן עב ס״ב(1) • מלחו או צלאו בלא קריעה

מלחו או צלאו בלא קריעה, קורעו אח״כ, אע״פ שנמלח או נצלה עם הדם שבתוכו, כבולעו כך פולטו, **ואע״ג** דלא אמרינן ״כבולעו״ בדם בעין, שאני לב דחלק, ואינו בולע הרבה רק מעט, ולגבי דידיה נחשב לדם פליטה, (ולפי״ז שאר בשר שנמלח עמו נאסר, וכדלקמן), **ועוד** טעם, דכיון שהדם כנוס תוך חללו, ע״י צליי׳ ומליחה נתייבש בתוכו, וחשיב תו דם פליטה, (ולפי״ז שאר בשר שנמלח עמו שרי, וכדלקמן). **ולכתחילה** אין לסמוך לעשות הקריעה אח״כ, דרק בדיעבד אמרינן שנחשב לדם פליטה, ועוד שמא ישכח ויבשלו כך.

וי״א דכיון דלב חלק, אינו בולע כלום ע״י מליחה וצליי׳, **ונ״מ**, דאם אחר המליחה נפל הלב לציר, אע״ג דבשאר בשר נאסר, בלב שרי, דאינו בולע, **עוד** נ״מ, אם אחר שנמלח הלב, שהה כדי שיפלוט כל דמו וצירו, (או אם הודח אחר שנפלט כל דמו, למאן דס״ל דנסתמו נקבי הפליטה), וחזר ומלחו, דלטעמים הראשונים דדם שבחלל הלב הוי דם פליטה, הכא ליכא דם של עצמו לומר ״איידי דפליט״, ולטעם דלא בלע כלל, מותר.

סימן עב ס״ב(2) • בשלו בלא קריעה

אם בשלו בלא קריעה, וליכא ששים, אסור, דע״י בישול בולע, ולא אמרינן דחלק, ולא שייך כבולעו כך פולטו, דהא כל מה שנפלה ממנו הוא בקדרה.

וכדי לבטלו צריך ששים כנגד הלב, דלא ידעינן כמה דם נפיק מיניה, **ואפי׳** נמלח תחילה ויצא כל דם של בשר הלב עצמו, ולא סגי בששים נגד חלל הלב, דאף זה אין אנו יכולין לשער, **(דאי** לא נמלח תחילה, היה צריך לששים נגד כל הלב אפי׳ אי קרעו והוציא דם שבחלל קודם הבישול), **מיהו** יש מפרשים דברי המחבר, דאי נמלח תחילה, די כשיש ששים נגד חללו לבד, דזה נוכל לשער, וצ״ע לדינא – ש״ך, **וס״ז** כתב דיש להחמיר כהרמ״א, להצריך ששים נגד כל הלב בכל גווני.

אם צלאו עוף בכלי ונמצא בו לב, וחלק מהעוף היה חוץ להרוטב, פסק הנו״ב להקל מב׳ טעמים: שיטת ר״י דאפי׳ מקצתו ברוטב נתפשט הטעם בכולו, ועוד דאי אינו מתפשט, דלמא הלב היה בהחלק שמחוץ לרוטב, ומותר ממ״נ, **ולכל** היותר אין להחמיר יותר מכדי נטילה דדלמא היה הלב חוץ להרוטב, **וגם** בזה יש מקום להקל לשיטת הש״ך, דכל מה שבקדרה מתפשט בכולו אפי׳ בלא רוטב.

ואם היה הלב בהמקצת שבתוך הרוטב, ומקצת העוף חוץ לקדרה, מסיק הפני ארי׳, דאין מה שמבחוץ לקדרה מצטרף להשאר לבטל הלב, וגם מה שתוך הקדרה וחוץ לרוטב יש לדון הרבה אם מצטרף, **ולפי** הנו״ב הנ״ל, גם בזה יש להקל, ואף דהכא מקצתו חוץ לקדרה, נראה דלא שנא.

סימן עב ס״ב(3) • אם יש ס׳, מה הדין עם הלב עצמו

והיכא דאיכא ששים, משמע מהמחבר דגם הלב מותר, **אבל** הרמ״א פסק, דהלב עצמו אסור, **מטעם** דלפעמים הדם שבלב מתבשל ונתייבש כולו בחלל הלב, ואינו יוצא לחוץ, **אבל** לא מטעם דבוק ונעשה נבילה, דלענין זה מהני שיעתו דלב דאינו ממהר לבלוע טפי משאר בשר, **(ואע״ג** דפולט דרך הלב, וע״כ בלע תחילה, **י״ל** דלא נתעכב הדם בבשר הלב בפעם ראשונה, אלא ע״י בישול הרבה, וא״כ לית ביה עדיפות משאר בשר). **ועוד** טעם, משום דגם הלב דבוק בשאר העוף, וא״כ אינו ממהר לבלוע טפי משאר העוף.

וצריך גם קליפה סביב הלב, דכיון דנמלח כבר, נאסר כדי קליפה. **והקשה** רעק״א (לקמן בסמוך) שיחשב בשר הלב עצמו כקליפה.

סימן עב ס״ב(4) • שאר הבשר שנמלח עם הלב

יש מחמירין במליחה (וה״ה בצליי׳), לאסור שאר בשר שנמלח עמו, דלא אמרינן כבולעו כך פולטו על דם בעין, ודם הלב הכנוס בתוכו לא מקרי דם פליטה, **אבל** הלב עצמו הוא חלק אינו בולע רק מעט, ולדידיה נחשב לדם פליטה, (וכנ״ל בתחילת הסעיף). **ודלא** כהב״ח דס״ל אליבא דרמ״א, דגם במליחה הלב עצמו אסור.

והמנהג להקל, וכן עיקר, דגם דם זה מקרי דם פליטה, ושייך ביה כבולעו כך פולטו – רמ״א, **ודעת** המהרש״ל כהמחמירין, והעיקר כהרמ״א – ש״ך. **ויש** מחמירין לקלוף סביב הלב (אפי׳ כשאינו דבוק), וטוב לחוש לדבריהם, דאז יוצאין לכו״ע, שהרי רוב פוסקים ס״ל, דבכל מליחה א״צ רק קליפה, רק שאנו מחמירין בס׳, (והיכא שצלאו צריך כדי נטילה). **ודלא** כהב״ח, דאינו מצריך קליפה אפי׳ בצליי׳.

והקשה רעק״א, כיון דהלב עצמו אינו נאסר, א״כ לגבי שאר חתיכות להוי בשר הלב עצמו כדי קליפה, וצע״ג.

מיהו פשיטא דלכתחילה אין למלוח או לצלות הלב עם בשר, בלא קריעה, כיון דצריך עכ״פ קליפה, **ועוד** דכבר אמרנו לעיל (1), דאפי׳ הלב בפני עצמו אין למלוח ולסמוך אקריעה שלאחר מליחה וכדלעיל.

הקשה רעק״א, דבמליחה, גם בדם פליטה לא אמרינן כבולעו כך פולטו, והו״ל למינקט איידי דיפלוט דם דידיה, או איידי דטריד לפלוט לא בלע.

סימן עב ס״ב(5) • אם הלב סגור, וערלת הלב

אפי׳ אם הלב סגור, מהני ליה קריעה אחר מליחה וצליי׳, **ואפי׳** אם הלב פתוח, צריך לחזור ולקרוע היטב, דמה שפתוח לא מקרי קרוע, ואם נתבשל כך אסור. **מיהו** אם הניחו על פיו, דאיכא מקום לדם לזוב, איכא למימר דמקרי קרוע.

נוהגין לכתחילה לחתוך ערלת הלב, והגידין שבפנים, ואינו אלא חומרא וזהירות בעלמא, **וי"א** דחותכין חידוד הלב בראשיתו, כדי להעביר משם כחות הטומאה, וזהו ומלתם את ערלת לבבכם.

סימן עב ס"ג(1) • שהעוף יש בו ששים כנגד הלב

לב שלם שלא נמלח או שנאסר, ונתבשל עם עוף שלו, מותר כל העוף חוץ מהלב עצמו, דאין עוף שלם שלא יהא בו ששים כנגד כל הלב, (לא רק כנגד הדם שבחללו).

אפי' אין להעוף הראש, ורגלים התחתונים עד הארכובה התחתונה, יש בו ס', **ואפי'** אין בהתרנגולת הבני מעיים. **אבל** אווז שהופשטה עורה, אין בה ששים נגד לבה, ואפשר דאין בה ששים אפי' נגד דם הלב.

מהר"י מינ"ץ מתיר אפי' כשהוא בלא כנפים ורגלים, אלא דכשהוא לפניו צריך לכתחילה לשער במראית העין, **משא"כ** כשרק חסר הראש והרגלים התחתונים, א"צ לשער אפי' כשהוא לפניו. **דעת** הדרישה ג"כ להקל, אפי' ניטל גם הגרגרת ושאר דברים, ולא נשאר כי אם הגוף שלם, עכ"פ היכא שיש עוד צד להקל, (דהיינו שיש שאר דברים בקדרה), אנו משערין שיש ששים בהחתיכה, (והיינו באיסור דבוק, דכל ענין של דבוק הוא חומרא, אבל בציור שהנדון הוא חנ"נ, לא הוה אמרינן כן, דרוב פוסקים ס"ל חנ"נ בשאר איסורים). **ובאופן** זה שיש עוד צד להקל, גם אי הופשטה מהעור, אמרינן דיש ס' בתרנגולת וה"ה לאווז, **אבל** בלא עוד צד להקל, לא מקילין שיש ס' כשהופשטה וכנ"ל.

סימן עב ס"ג(2) • דבוק וחנ"נ

שיטת המחבר, דאפי' אין בהעוף ששים אלא בצירוף שאר דברים שבקדירה, מותרת, דלא ס"ל סברת דבוק, (שממהר לבלוע יותר משאר דברים שבקדירה, או שמא היה פעם א' חוץ לרוטב), **וגם** לא ס"ל חנ"נ בשאר איסורים, א"כ אפי' ממהר לבלוע, מצטרף עמו שאר הדברים לבטל הלב.

אבל הרמ"א ס"ל סברת דבוק וחנ"נ, ממילא אם הלב אינו דבוק, אפי' אין בהעוף ס', מצטרף שאר דברים עם העוף לבטל הלב, **אבל** אם הלב דבוק, אם אין ששים בהעוף, נעשית העוף חתיכת נבילה, ובעינן ס' בקדירה נגד כל העוף, ואפ"ה העוף אסור, **ודוקא** בדלא נמלח הלב, אבל אם נמלח, והאיסור הוא רק משום דם הכנוס, לא מקרי דבוק.

והט"ז מביא דעת הטור, דחשש דבוק הוא שמא נשארה לבדה אותה חתיכה עם מה שדבוק, ולא היה ס', ולכן כיון דדם שבישלו הוא דרבנן, לא מחזקינן ריעותא, דהוי ספיקא דרבנן, **ודלא** כדגים טמאים וחלב דיש איסור דאורייתא.

לפי המהרש"ל, אם דרך בישול נצטמק הלב בחתיכה, מקרי דבוק, **ואינו** מוכרח, דמ"מ אין ממהר לבלוע בשביל זה, ואף לחשש שמא היתה פעם א' חוץ לרוטב, לא חיישינן כיון שאינו מחובר בתולדה, דהיא גופא חומרא.

סימן עב ס"ג(3) • דין מלוי העוף

שיטת מהרי"ל: א', דאין בעוף ששים נגד הלב, אלא כשהוא שלם עם רגליו והראש, **ב'**, ואם מלאוהו בביצים, אינם מצטרפים לס', דהוי כתבשיל אחר. ש

וכתב המהרש"ל דאע"ג דלא קימ"ל כוותיה בדין א', אבל נ"מ גם לדידן דין ב', היכא שאין העוף שלם, דליכא ס' בעוף נגד הלב, אין הביצים מצטרפים לבטל, **ואפי'** אם אין הלב דבוק, אלא מונח לבדו, (וא"צ להתחשב להביצים לחלק מהחתיכה עצמה), ג"כ אינם מצטרפים לשאר הקדירה, כיון שהביצים נקרשים.

אם מלאו בשר, הוי המלוי כשאר בשר המונח בקדירה עם הלב, **ואם** המלוי מבשר וביצים ביחד, אם לא נמלח הבשר, מועיל לבטל כמו שהיה הכל בשר, (ודלא כהש"ך ס"ס ע"ז), **ואם** נמלח, אז המלח גורם שיקרש, והוי כמלאו כולו ביצים.

וכתב הכל בו, שאם מלאו בבשר או ביצים, יש לחוש שנבלע כל הדם במלוי, ואף אם יש בקדירה ס' נגד הלב, המלוי אסור, (דנחשב הלב דבוק להמלוי, אבל אין המלוי דבוק להעוף), והשאר מותר, (דלא ס"ל חנ"נ), **וחולק** המהרש"ל, דכל שנאסר המלוי, צריך שיהא בעוף ס' נגד המלוי, (דנחשב המלוי דבוק להעוף), **ואם** לאו, צריך ס' בקדירה נגד כל העוף, (משום חנ"נ). **והא** דמשמע ממהרי"ל דאין המלוי נ"נ, (דאין המלוי נחשב דבוק אפי' להלב), כתב רש"ל, היינו כשהמלוי בין הבשר להעור, אבל כשהמלוי בתוכו, הוי כחתיכה הדבוק להלב, (**וכתב** הט"ז דחילוק זה דחוק).

והט"ז כתב, דלא מסתבר שמשום שנחבא הלב בתוכן, שמש"ה יחשב לאיסור דבוק. **ומביא** הרמ"א דס"ל, דמלוי ביצים הוי ממש כשאר כל דבר, ומהני במקום ששאר בשר מהני, דאם אין הלב דבוק להעוף, מצטרף לבטל, **ואם** הלב דבוק להעוף, צריך בהעוף עצמו ס', ואז הכל שרי, **ומי** שלבו נוקפו, יחמיר דוקא במלוי ביצים בתוך החלל, לאסור אותם בלחוד אף בדאיכא ס', אבל לא העוף, כי די בחומרא זו.

סימן עב ס"ג(4) • שהבהמה אין בה ששים נגד הלב

אין לך בהמה שהיא ס' נגד לבה – רמ"א. **והלבוש** ס"ל דבודאי טעות גמור הוא, דהא לפי אומדנא קלה עינינו רואות שיש ששים ויותר. **וש"ך** כתב, דהדרך להסיר הראש וכרעיו וקרבו, ולנקרה מן החלב וגיד הנשה, גם מפשיטה עורה, א"כ אדרבה לפי אומדנא אין כאן ס'.

סימן עב ס"ד • דין מליחת הריאה

הריאה א"צ חיתוך, אבל נהגו לקרעה ולפתוח הקנוקנות הגדולים שלה, ומנהג יפה, **אבל** אם בשלוה בלא קריעה, פשיטא דמותר בדיעבד.

§ סימן עג – דין צליית כבד §

סימן עג ס"א(1) • הקדמת הט"ז לכבד, ופסק הטור

שיטת רש"י, דבעיא הגמרא (דלא נפשטה) היה בכבד אחר מליחה, (דאין כח במלח להפליט כל הדם), אי אוסר שאר בשר שנתבשל עמה. **ולפי** ר"ת, אחר מליחה אינו אוסר שאר בשר, דנחשבת כצלי", ובעיא דגמרא היה בכבד שלא נמלחה, אי אוסר שאר בשר שנתבשל עמה, כיון דכולה דם

והתורה התירה. **אבל** כבד שנתבשל בפני עצמה אפי' בלא מליחה, אינו אסור מעיקר הדין, דכיון דטרוד להפליט אינו בולע, **אבל** שמנונית וציר בולע אפי' בשעה שהיא פולטת דם.

ופסק הטור לענין בישול עם שאר בשר: דאחר מליחה מותר, כר"ת, **רק** שאין נוהגין כן לכתחילה, להחמיר כרש"י, **אבל** בדיעבד שרי, ע"י קריעה שתי וערב וחתוכה לתחת, **ודוקא** שפסק כן הפוסק ונעשה המעשה, **אבל** בלא מליחה, אוסר הבשר שנתבשל עמה והקדירה, עד שיהא ס' נגד הכבד.

ופסק הטור בבשלו בפני עצמה: אי נמלח, ופסק כן הפוסק, לא מהדרינן עובדא, אפי' אי לא נעשה המעשה, **ואי** לא נמלח, לא מתירין בדיעבד אא"כ נעשה מעשה ג"כ.

ולפי הש"ך (לקמן 3), בשלה בפני עצמה, **יש** לו אותו הגדרים של נתבשלה עם הבשר, דע"י מליחה מותר רק בהוראה ומעשה, ובלא מליחה אסור בכל גווני.

סימן עג ס"א(2) • בישול הכבד לכתחילה

הכבד יש בו רבוי דם, לפיכך לכתחילה אין לו תקנה לבשלו ע"י מליחה, אפי' רוצה לאסור הכלי, **אלא** קורעו שתי וערב ומניח חיתוכו למטה וצולהו חצי צלייתו, ואח"כ יכול לבשלו. **ועיין** בט"ז בס"ג, דלהרמ"א שם, אם צולהו א"צ חתיכה כלל.

בדיעבד אם מנקבה הרבה פעמים בסכין, הוי כקריעת שתי וערב, **אבל** לכתחילה אינו מועיל כשרוצה לבשלו אח"כ - ש"ך. **ולהט"ז** לא מהני נקיבת הסכין, אלא במקום דא"צ הקריעה אלא לחומרא, כגון לצלי לחד מ"ד, **אבל** אם צריך קריעה לצלי מדינא, או בצולהו לבשלו, שמן הדין צריך קריעה, לא מהני נקיבת הסכין.

וכן אם חתך ממנה הגידים והקנוקנות באותו צד שהמרה תלויה בו, וחתך מעט מבשר הכבד עמהן, מותר אפי' לכתחילה, ואפי' כשרוצה לבשלו אח"כ, ועדיף מנקיבת סכין - רמ"א. **והט"ז** הביא דזה דוקא בעוף, (וגם בזה ראוי להחמיר לנקוב בסכין), דאין שיעור גדול בין חתיכת המרה לשאר הכבד, **אבל** בבהמה בעינן קריעה שתי וערב דוקא - חוו"ד.

ואם הכבד חתוכה אין צריך כלום - רמ"א.

אם לא חתכה קודם צליי', נוטל הסמפונות אחר צליי' ומבשלה - רמ"א.

והקשה רעק"א, דכיון ס"ל בס"ג, דאם בא לאכול צלי א"צ חתיכה כלל, א"כ ע"כ דם שבתוך הסמפונות יוצא ע"י צליי' בלא חתיכה, והחתיכה הוי לצורך דם הכבד עצמה דאינו יוצא ע"י צלי בלא חתיכה, א"כ מה מהני ליטול את הסמפונות אח"כ, וצע"ג.

והנו"ב תירץ, דהחשש הוא להדם הנבלע בכותלי הסמפונות, דאין הצלי מוציאו לגמרי, ואם יאכלו צלי, הוי דם שלא פירש, אבל אם מבשלו יפלוט הדם ויהיה דם שפירש, ולכן צריך להסירם אחר צליי' כדי לבשלו.

כתב הר הכרמל, כשצולין כבד בתנור, לא חיישינן שנתבשל הכבד בהדם הזב תחתיו, ולא להכשיר מקום זה בהתנור, שהאש מכלהו ומייבשו, **והפת"ש** כתב דהיתר זה קלוש, דלא שייך זה אלא בדבר מועט כגון טפה, וכן אסר הצל"ח. **ופקפק** שם אם די בחום האש להוציא דם, כגון שגרף הגחלים, או צריך אש ממש.

והט"ז כתב דמותר לצלות כבד על נייר, **ויש** חולקים עליו, אפי' לאוסרו בדיעבד.

וכשבא לבשלה אחר הצליי', ידיחנה תחילה - רמ"א.

והטעם, משום המלח הנדבק בה, (**ולפי"ז** אם מלחו כשתחוב על השפוד וצולהו מיד, א"צ הדחה, דלא בלע המלח דם).

או הטעם, משום חשש מראית עין, שיתאדם הבשר, (**ולפי"ז** אם מלחו בשפוד וכנ"ל, צריך להדיחו).

מיהו אם לא הדיחו ובשלה כך, מותר - רמ"א.

סימן עג ס"א(3) • בדיעבד אם נתבשל בלא צליי'

אם נתבשל בלא צליי' עם בשר, אז הבשר והקדירה נאסר, **אבל** הכבד עצמה מותר, **וכן** אם בישל לבדה, אפי' בלא מליחה וצליי', מותר הכבד בדיעבד, (והקדירה אסורה), שטרודה לפלוט דם הרבה.

וטעם דאסור לכתחילה, משום חד תנא דס"ל דשלוק אסור, ואין אנו בקיאין בזה - ט"ז, **והקשו** עליו דא"כ היה צ"ל אסור אף בדיעבד, **וכתבו** האחרונים הטעם, או משום הכלי הנאסר, או משום רוטב הנאסר וצריך הדחה (אפי' כשיש ס', שאין מבטלין איסור לכתחילה), ושמא ישכח להדיחו.

ויש מי שאוסר הכבד עצמו אפי' בדיעבד, אפי' נמלחה כשיעור מליחה לקדרה, וע"י קריעה שתי וערב וחתוכה לתחת, והודחה כדין, **וכן** נוהגין, משום המ"ד דשלוקה נאסרה, ואנן לא בקיאין מהו שלוק מהו מבושל - ש"ך. **והט"ז** כתב משום דפוסק כרבנן דר' יוחנן בן נורי דס"ל דהכבד בולעת ג"כ. **ומהרש"ל** מקיל, אבל אין אחר המנהג של רמ"א כלום.

אבל הקערה שאכלו בה הכבד כשרה, והיינו בדליכא ערוי, **ויש** צד להחמיר בדבר גוש אפי' בכלי שני.

אם אירע שהורה המורה להתיר אחר שנמלחה הכבד ע"י קריעה שתי וערב וחתוכה לתחת, ונתבשלה, וכר"ת, לא מהדרינן עובדא, ושרי בין הכבד בין הבשר שנתבשל עמה, **וכן** ה"ה בכבד שנתבשלה בפני עצמה, (ודלא כט"ז(1) **אבל** בלא קריעה שתי וערב וחתוכה לתחת, הכל אסור - ש"ך.

אם אין בתבשיל ששים כנגד הכבד, אף הכבד אסור אפי' נמלחה, דכיון שנאסר התבשיל מדם הכבד, נעשית נבילה, ונאסרה הכבד משמנונית התבשיל - רש"ל, **והקשה** הש"ך, דאין הנאסר יכול לאסור אלא במקום שהאיסור יכול לילך שם, ועיין בפנים לתירוצים של הפמ"ג והחוו"ד.

סימן עג ס"ב • חליטת הכבד

אם חלטו בחמין או בחומץ, ונקב והוציא מזרקי הדם, מן הדין מותר לבשלו, אלא שהגאונים אסרו, **ופסק** המחבר דבדיעבד מותר, **ואפי'** להיש אוסרין לעיל הכבד עצמה, הכא דנחלטה שאני, דשוב אין דם יוצא ממנה, **ואפי'** אם נתבשל עם שאר בשר, מותר הבשר.

הרמ"א בת"ח פסק, דאסור אף בדיעבד, (ותימה שלא הגיה הכא כלום), דכמו לעיל בבשלה, אסור בדיעבד, משום דלא בקיאינן בין בישול לשלוק, ה"נ כיון דלא בקיאינן בחליטה, אסור אף בדיעבד.

קשה, דלעיל בסי' ס"ז גבי בשר שנחלטה, פסק הרמ"א דמותר בדיעבד, **תירץ** הש"ך א': דשאני כבד דנפיש דמיה, (**ולפי"ז** בבשר שנחלטה, מותר לבשל אפי' בלא מליחה,

וכבד שנחלטה אפשר דאסור אף לצלי, דכיון דאין אנו בקיאין, שמא פירש הדם ונבלע, ואין יוצא ע"י צליי'). **תירץ** הש"ך ב' (והוא הנכון): דהרמ"א השוה מדותיו, דכיון דאין אנו בקיאין בחליטה, מוקמינן אחזקה קמא כאילו לא נחלט כלל, וא"כ בבשר הוי כאילו לא נחלט, ומותר לבשלה ע"י מליחה (דוקא) בדיעבד, וכבד דהיה אסור בלא חליטה, אסור אפי' בדיעבד לבשלה, (ולצלי שרי כמו קודם חליטה). **תירץ** רעק"א, דלא בקיאינן רק בחליטת חמין, אבל לא שייך בקיאות בחליטת חומץ, ולכן בבשר דשייך רק ענין חומץ, מותר בדיעבד, **אבל** בכבד דיש ענין של חליטת חמין, אסרינן בדיעבד כל חליטה, שלא לחלק בין חליטה לחליטה.

סימן עג ס"ג • חתיכה לצורך צלי

לצלי צריך חתיכה משום דם שבסמפונות, ואם לא קרעו קודם צליי', יקרענו אח"כ, ואי משום הדם בשעת צליי', כבולעו כך פולטו. **ורמ"א** פסק דלצלי א"צ שום חתיכה כלל, (**ואפי'** לבשלו אח"כ – ט"ז). **וכתב** הפמ"ג דאנן קימ"ל, דלצלי א"צ קריעה, אבל לבשלו אח"כ צריך, **ובעוף** די בנטילת מרה.

סימן עג ס"ד(1) • צליית הכבד בתנור עם בשר

אם צלאו הכבד יחד עם בשר, צריך שיהא הכבד למטה ולא למעלה, **וכן** על שפודים אסור לצלותן עם בשר אפי' כשהכבד למעלה, שפעמים מהפך העליון לתחתון, **אבל** בדיעבד מותר גם כשהיא למעלה, דדם מישרק שריק בצליי', (**ולפי** טעם זה, א"צ לשהות התחתון שנצלה כבר כמו העליון שעדיין לא נצלה), **אבל** לא מספיק הטעם של כבולעו כך פולטו, (ודלא כהלבוש, ולפי טעמו, צריך לשהות התחתון כמו העליון), דכיון דהכבד יש לו שפע דם, לא אמרינן כן (לפי תוס'), (**ובלב** אמרינן כן, דדם הלב מתייבש במקומו בחלל הלב).

סימן עג ס"ד(2) • צליית הכבד שנמלחה עם הבשר

אם נמלחה הכבד, מותר לצלותה עם הבשר, אפי' ע"ג הבשר, דכבר נתמעט הדם, והוי כבשר ע"ג בשר, **משמע** מהרמ"א דכ"ש כשהוא תחת הבשר. **וקשה**, דהא לפי ר"ת דעיקר ההלכה כוותיה, (ורק דמחמירין כרש"י), כבד שנמלח הוי כמו בשר שנמלח, ואיך מותר לצלות בשר שנמלח תחת בשר שלא נמלח, **והדרישה** תירץ, שכבר נמלח הכבד, אבל לא הודח, ועדיין פולט ציר, **והקשו** עליו, דזה דחוק, וגם דלא מצינו בנוגע צלי חילוק בין שהוא פולט ציר או לא (עיין רעק"א), **והט"ז** תירץ, דבאמת הרמ"א אינו מתיר כשהכבד למטה, **וש"ך** תירץ, דאפי' לר"ת מותר לכתחילה משום כבולעו כך פולטו, (**משא"כ** כשהכבד שלא נמלח הוא למעלה, לא מהני כבולעו כך פולטו אלא להתיר בדיעבד, [ודלא כתוס' לעיל], אלא דא"צ לזה, דמותר בדיעבד משום סברת מישרק שריק), **אבל** ק"ק, דהא פסקינן לקמן דלכתחילה אסור לצלות בשר שנמלח תחת בשר שלא נמלח, **ותירץ**, דמדינא שרי לכתחילה, ורק דחוששין להחמיר, אבל הכא דבלא"ה יש פוסקים דאפי' אחר המליחה יש הרבה דם, אוקמא אדינא. **ואם** נמלח הבשר וגם הכבד, ג"כ מותר.

כבד שצלאוהו ע"ג גחלים על הכירה, ונגע בשעת הצליה בקצה א' בקדרת חרס של תבשיל רותח העומד שם אצל האש, ואין ס' בקדרה נגד הכבד, הכל אסור, הקדרה והתבשיל שבתוכה, **אך** אם הקדרה היתה ריקנית, י"ל אפילו בשל חרס שרי, דאמרינן כבולעו כך פולטו, ויש הרבה טעמים, **ונ"מ** בין הטעמים, בנוגע אם היא של מתכת או כשהיא צוננת, ובנוגע מתי נגע בקדרה, מיד או אח"כ.

סימן עג ס"ה(1) • מליחת הכבד עם בשר

לכתחילה לא ימלח הכבד ע"ג בשר, אלא תחתיו, **ובדיעבד** מותר אפי' על גבי בשר. **אבל** אם הבשר כבר נמלח והודח, אסור אפי' בדיעבד אם הכבד על גביו.

סימן עג ס"ה(2) • המנהג במליחת הכבד

המנהג שלא למלוח הכבד כלל אפי' לבדה, או משום היכר דאינו דומה לשאר בשר, שלא יבאו לבשלה עם בשר, **או** משום דהאור יחזור ויבליע הדם לתוכו, **ולפי** טעם שני, אם אירע שנמלחה, ידיחנה קודם הצליי'.

י"א שאם נמלחה, שיש לקלוף מעט סביב הכבד אם היא דבוקה בעוף, ואינו אלא חומרא עלמא, **ודוקא** כשהיא דבוקה, אבל בלא"ה, וכן בבהמה דאין הדרך להיות דבוקה, א"צ קליפה, **ודלא** כהעט"ז.

יש למלחה קצת כשהיא תחובה בשפוד או מונחת על האש.

כבד שנמלח עם בני מעיים, דאיכא תרתי לריעותא, הכבד מרובה בדמים, ובבני מעיים לא מחזקינן דם, יש לחוש ולאסור הבני מעיים.

סימן עג ס"ה(3) • הדחת הכבד

מן הדין צריך להדיח הכבד אחר הצליי', אם רוצה לבשלו, משום מראית עין, **ואפי'** אם רוצה לאכלו צלי, המנהג להדיחו אחר הצליי', משום דם הדבוק בה, **וגם** קודם הצליי' המנהג להדיחו לכתחילה. **ואם** לא הדיחו אחר הצליי', כבר כתב בס"א דמותרת, **ואפי'** לא הדיח קודם הצליי' מותרת, דדם כבד דרבנן.

סימן עג ס"ה(4) • שריית הכבד מעל"ע

כבד שנשרה במים מעל"ע, יש אוסרים ויש מתירין. **ואם** לא הדיח הכבד מתחילה, ואין במים ס' כנגד הדם בעין שעליו, יש לאוסרו. **והכלי** יש לאסרו אם אין ס' במים נגד כל הכבד.

סימן עג ס"ו(1) • נמצא כבד בעוף צלוי

נמצא כבד בעוף צלוי, מותר, מטעם כבולעו כך פולטו, **וי"א** לקלוף מעט סביב הכבד, אפי' כשאינו דבוק, (ודלא כמליחה לעיל ס"ה דדוקא בדבוק), **ואינו** אלא חומרא בעלמא, ולכן אם לא קלפוה ובשלוה אין לחוש כלל, **ואחר** הבישול אפי' קליפה א"צ, (דלפעמים ליכא ס', ויש חשש דהיכא דצריך קליפה מן הדין, ולא יהיה ס' נגד הקליפה, ג"כ יתירו ע"י קליפה), **משא"כ** בלב לעיל סי' ע"ב, דיש בו דם בעין ואינו רק חומרא בעלמא.

סימן עג ס"ו(2) • נמצא כבד בעוף מבושל

פסק המחבר, נמצא כבד בעוף מבושל, צריך ס' נגד הכבד, ולא אמרינן חנ"נ רק בבב"ח. **והרמ"א** ס"ל דיש חנ"נ, ולכן אם הכבד דבוקה להעוף, ואין לך עוף שהוא ס' נגד הכבד,

(ודלא כרי"ו), נעשה העוף חנ"נ, ובעינן ס' משאר דברים שבקדרה נגד כל העוף, **וה"ה** אם דבוק חתיכת כבד בחתיכת העוף, ואין ס' כנגדו. **ואם** אין הכבד דבוק בהעוף, מצטרף כל מה שבקדרה לבטל העוף בס', והכל מותר, **חוץ** מן הכבד עצמה, אפי' נמלחה קודם, **והש"ך** כתב דדין זה לאסור הכבד הוי צ"ע, וכמ"ש הת"ח, דאפי' הדין בבשר שאסור כשנתבשל בלא מליחה, הוי חומרא בעלמא, וא"כ בכבד דבלא"ה לרוב פוסקים אין הכבד נאסר, אין להחמיר אפי' לא נמלחה מקודם, **ודלא** כמו שהוכיח שם הת"ח בסוף מדברי רי"ו.

מה שעולה מדברי רי"ו לפי הש"ך: **1]** כבד שנתבשל בעוף, גם הכבד מותר, ואעפ"כ צריך ס' כנגד כל הכבד, דלא ידעינן כמה דם נפיק מיניה. **2]** כבד שנצלה בהעוף, הכבד אסור, והעוף מותר כשיש יותר מס', **והטעם**, שפולטת דם הרבה וכנוס תחתיה בחלל העוף, וחוזר ונבלע בכבד, ולא אמרינן כבולעו כך פולטו, (וזה דלא כהלכתא), **3]** וגם לא אמרינן מישריק שריק בחלל העוף, דלא עדיף מגומות בבשר דג"כ לא אמרינן כן. **4]** דהעוף יש ס' נגד הכבד, (ודלא כהלכתא).

כתב הט"ז, דכיון דמהרש"ל מתיר כבד שנתבשלה לבדה, הגם דלא פסקינן כוותיה, אבל יש לסמוך עליו עכ"פ בנוגע שלא יאסר בשר בקדרה אחרת בנתינת טעם, דהיא אינה אסורה אלא מצד חומרא, **משא"כ** בשר שנתבשלה בלא מליחה, דאותה חתיכה אסורה, ואוסרת אח"כ בשר בקדרה אחרת בנתינת טעם.

אבל כתב בט"ז, דזהו דוקא כבד שנתבשל לבדה, אבל אם נתבשלה עם בשר, אין לסמוך על זה לקולא, דזה לא הוי חומרא בעלמא. **והקשו** עליו על נקודה זה, כיון דאיירי דיש ס', א"כ ליכא שמנונית איסור, דהא כל שאר הבשר מותרת, וא"כ גם הכא מה שנאסר הכבד היא חומרא בעלמא.

והקשה רעק"א על כל דינו של הט"ז, דהא כל הטעם דמתיר הרש"ל, הוא משום ב' סברות: א'. "דהכבד אינה נאסרת", והא עכ"פ אוסרת, ואיך שייך לסמוך ע"ז להתיר שלא יאסר אחרת, **ב'**. "דגם בשאר בשר מדינא מותר, בנתבשלה בלא מליחה", והא זה רק מה דנאסרת, אבל י"ל דאוסרת מדינא, דדלמא מתחילה לא יצא כל דמו, ועיין בפנים מש"כ החוו"ד.

סימן עג ס"ו(3) • נמצא כבד או לב בעוף צלוי וממולא

עוף שנצלה, ומלאוהו ביצים, ונמצא בו לב או כבד, (וה"ה בכבד שנמצא בפשטידא), דינו כמבושל, דכיון דהביצים נקרשים, לא שייך כבולעו כך פולטו, והוי כאילו נתבשל הכל יחדיו, (**ודלא** כהרמב"ם וסמ"ג דס"ל, דגם בביצים אמרינן כבכ"פ, והסמ"ג ס"ל, דבפשטידא לא אמרינן כבכ"פ), **ולכן** אם אינם דבוקים להעוף, מצטרף כל מה שבקדרה לס', אפי' המלוי, (ודלא כהרש"ל והעט"ז), **אבל** כשהם דבוקים להעוף, בעינן שיהיה הס' מהעוף בלא מלוי, (ובכבד, כיון דאין עוף שהוא ס' מן הכבד, היינו כשהכבד אינה שלמה), **ואז** הכל מותר אפי' המלוי, (ודלא כהרש"ל והב"ח). **ואם** אין ס', הכל אסור, (ובלב, דאין עוף שאינו ס' נגד בלב, היינו כשאין העוף שלם).

אם מלאוהו בשר, ואין שם ביצים הנקרשים ומעכבים הדם, דינו כצלי, **משא"כ** אם יש בו ג"כ ביצים, אע"פ שהבשר לא נמלח, דינו כמבושל, דלא אמרינן כבכ"פ. **ודלא** כמו שמביא הט"ז בס"ס ע"ב, דבלא נמלח הבשר אמרינן כבכ"פ.

אם בשלו הרבה קדרות עם בשר ותרנגולים הרבה, ומצאו תוך תרנגולת אחת הכבד והלב, ולא ידעינן בהשאר בשר איזה נתבשל עם זה, **אם** יש בצירוף הכל ס' נגד זאת התרנגולת, כל מה שנכנס בספק מצטרף לס', **ואפי'** ליכא ס' נגד התרנגולת, אינו אסור אלא אותו תרנגולת, במקום הפ"מ וסעודת מצוה, דחנ"נ בשאר איסורים דרבנן, וגם כבד ולב שנתבשלו דרבנן, וגם נתבטל חד בתרי, וצ"ע, **אבל** אם סילק התרנגולת מהקדרה קודם שנודע, או נצטנן קודם שנודע, יש לסמוך להקל.

§ סימן עד – הטחול דינו כשאר בשר §

סימן עד ס"א(1) • בישול הטחול כליות וביצי זכר

הטחול אע"פ שיש בו מראה אדמומית ונראה כרבוי דם, דינו כשאר בשר, ומותר לבשלו עם שאר בשר.

י"א שנהגו שלא לבשל הכליות או ביצי זכר, אפי' אחר שניקר אותן, משום דאית בהו רבוי דם, **ובדיעבד** אין לחוש – רמ"א. **ואנו** נוהגין היתר – ב"י. **והש"ך** כתב ובמדינות אלו אין נוהגין כן, **ופמ"ג** מסופק בכוונתו, **ובית** לחם יהודה כ' דר"ל דנוהגין היתר.

סימן עד ס"א(2) • מליחת כל אלו עם בשר

מותר למלוח לכתחילה כל אלו על גבי שאר בשר, אע"פ שיש להם רבוי דם, **ובלבד** שיסירו הקרומים והחלב מהם, **ודלא** ככבד שאסרנו לעיל למלוח אותו על גבי בשר.

סימן עד ס"א(3) • טחול בלא ניקור

מעשה שצלה טחול בלא ניקור, והתירו, דשיעורהו דהיה ס' בהטחול והשומן נגד החלב – ראבי"ה. **וכתב** הת"ח דאפשר דאין זה כלל לכל סתם טחול, אלא דוקא כששיעורהו כן, ורק קמ"ל דהשומן בפעפע בכולו לבטלו בס'.

והט"ז כתב דכן מוכרח מן הדין, דכדי לעשות כלל, צריך קבלה, כמו בלב (דלעולם יש בעוף ס' ממנו), אבל לא בהשערה פעם אחת בעלמא.

נמלח הטחול בלי ניקור עם הכרס ביחד, יש להתיר הכרס בקליפה, דכיון דיש פוסקים דלא אמרינן חנ"נ, וגם במליחה יש להקל טפי, יש לסמוך דהיה ס' בטחול נגד החלב. **וכשידוע** שנמלח ביחד ולא לבדה, יש להתיר גם הטחול בקליפה, דגם דבוק הוא חומרא בעלמא, ויש לסמוך על המקילין דלא אמרינן דבוק, ויצטרף הכל לס', כיון דבלא"ה יש סברא דבטחול גופיה יש ס' – רעק"א.

§ סימן עה – דין מליחת המעיים §

סימן עה ס"א(1) • אם מחזיקין דם בבני מעיים ובכרס

אין מחזיקין דם בבני מעיים, כגון בקיבה ובדקין ובחלחולת, בלא שומן שעליהן.

לפיכך אם בשלם בקדרה, וכ"ש אם נמלחו בכלי שאינו מנוקב, מותר מסתמא אא"כ אסמיק, **דאי** אסמיק צריך מליחה כשאר בשר. **מיהו** לכתחילה צריך מליחה בכלי מנוקב והדחה תחילה, שא"א לנקרם שלא ישאר בהן מעט שומן, **ומש"ה** סגי במליחת צד החיצון לבד.

וכן בכרס, לפי המחבר הרא"ש והטור והעט"ז, הוי דינו כמו הבני מעיים דלא מחזיקין בו דם, וכן נוטה דעת רדב"ז. **ורמ"א** הביא יש חולקים, דבכרס מחזיקין דם, ואסור אפי' בדיעבד בכרס ובית הכוסות, וכן פסקו מהרש"ל וב"ח.

סימן עה ס"א(2) • אם מחזיקים דם בקורקבן

שיטת הש"ך: דאפי' לפי שיטת המחבר שבכרס לא מחזיקין דם, מודה דבקורקבן מחזיקין דם. **שיטת** הדרישה: דלהמחבר כמו דלא מחזיקין בכרס, ה"ה לקורקבן, ולהרמ"א מחזיקין בה דם כמו בכרס, **וכ"כ** הט"ז, (אלא דהוא סובר דלהדרישה הוי הקורקבן כמו הקיבה, והרבה להקשות עליו).

סימן עה ס"א(3) • דם בשומן שעל הבני מעיים

שומן שעל הבני מעיין דינו כשאר בשר, לפיכך כשמולחין אותם, אין מולחין אותם אלא לצד חיצוני ששם השומן דבוק, ואפי' לכתחילה, **ולא** נחשב צד השני של השומן כאילו לא נמלח, ונמצא דנמלח רק מצד א', דאסור בבשר אפי' בדיעבד, **דכיון** דאין כ"כ דם, וגם אית ביה חיטי חיטי, סגי בהכי לכתחילה.

אם מלחום רק לצד פנים, ולא מצד חוץ, הוי כאילו לא נמלחה כלל, ואם נתבשלה כך אסורה, **ודוקא** אם ידוע שהיה שם שומן מבחוץ, אבל לא נאסר מטעם שא"א לנקרה שלא ישאר בה שומן. **ולפי** רעק"א כ"ז דוקא בחלחולת, אבל שאר בני מעיין, הגם דכשידוע שיש שומן צריך למלוח גם לצד חיצון לכתחילה, אבל בדיעבד אם מלח רק צד פנימי, מותר.

אם בשלם בלא מליחה, והיה ס' נגד השומן והגידין, הכל מותר, **ולא** הוי כבשר שנתבשל בלא מליחה, דהבשר אסור אף כשיש ס', **דהכא** השומן נמס ואינו ניכר ובטל, **וא"נ** התם גופא הוי חומרא בעלמא, ויש להקל הכא כיון דאין דם נראה לעין בשומן, **ומש"ה** לא בעינן ס' נגד החלחולת כולו, אף דהוי דבוק ונ"נ, **דכיון** דאיסור דבוק הוא חומרא, וליכא דם למראית עין, והוא מעט מזער, ראוי להקל.

אם לא נתבשלה עדיין, יחזור וימלחנה (וי"א יחזור וידיחנה וימלחנה) מבחוץ ומותרת, ואפי' לאחר י"ב שעות או לאחר מעל"ע, **ולא** חיישינן שיבלע צד הפנימי מצד החיצון, מאחר שאינו מוחזק כ"כ דם, ואינו דומה לבשר דאסור כה"ג.

סימן עה ס"א(4) • ביצים הנמצאים בעופות אחר שחיטה

ביצים הנמצאים בעופות אחר השחיטה, אם לא נגמר החלבון שלהם ורק החלמון, צריכים שרייה ומליחה כשאר בשר, ומותר למלחם עם בשר. **ואם** נגמר החלבון, אפי' אי הוי הקליפה קשה כמו שהוא נמכר בשוק, נוהגין למלחה, אך לא עם בשר, **מיהו** בדיעבד אין לחוש. **והמהרש"ל** אוסר אף בדיעבד בכל אופן, בין שנגמר החלמון לבד, או גם החלבון, בין שהקליפה קשה או רכה, **ודבריו** נכונים, דאע"פ שאנו מחמירין ומולחין כל הביצים, הלא מדינא לא בעי, ואפי' נגמר רק החלמון, דחשוב כבשר מדינא, סוף סוף עינים רואות שאין בו דם, וגם אין לה ציר לפלוט ואינה טרודה, **ושפיר** בולע אפי' הקליפה קשה, דהא אפי' כלי חרס בולע, **ואפ"ה** אינה אוסרת הבשר שנמלחה עמה, **ואם** נתבשל הביצה הזאת שנאסרת, אוסרת מה שנתבשל עמה עד ס'.

אם נולדה כדרכה, אף שהקליפה רכה, א"צ מליחה אפי' מצד המנהג, דאם איתא דאיכא למיחש לדם, תיתסר משום אבר מן החי.

סימן עה ס"א(5) • שומן

כל שומן, אף של עופות, דינו כבשר לענין מליחה והדחה, בין לענין הדחה ראשונה בין לענין הדחה שנייה.

סימן עה ס"ב • מליחת בני מעיים ביחד עם בשר

בני מעיים בלא שומן שעליהם, אע"פ שאין מחזיקין בהם דם, מותר למלחם עם בשר, משום דיש להם ציר, (ודלא כביצים דלעיל), וכל זמן שהם פולטים ציר אין בולעים דם, **(ולהט"ז** כל זמן שהם פולטים ציר אמרינן כבולעו כך פולטו, **ואפי'** לרש"ל דבציר לא אמרינן איידי דיפלוט ציר יפלוט גם הדם שבלע, בשעת בליעה עצמו, כשאינו בתוכו, אלא מונח אצלו, אמרינן כבכ"פ), **או** משום דאמרינן דהדם מישריק שריק, **והגם** דקימ"ל דלא אמרינן מישריק שריק במליחה, ה"ט משום דאיכא גומות בבשר, אבל הבני מעיים הם חלקים, **א"נ** והוא העיקר, דהיכא שפולט ציר אמרינן מישריק שריק.

ויש אוסרים למחלם עם בשר, והכי נוהגין לכתחילה, ובדיעבד מותר – רמ"א. **ורש"ל** מתיר אפי' לכתחילה, ושכן המנהג.

עוף שנמלח עם זפק ונתבשל, המאכל שבזפק אסור, דאינו פולט דם של עצמו, שעי"ז יפלוט דם שבלע, **ופסק** המנ"י דאוסר שאר הקדרה עד שיהיה ס' נגד המאכל שבזפק, **והכנסת** יחזקאל מתיר, דאמרינן קרמא מפסיק בין מה שבקדרה להמאכל שבזפק, **וכתב** הפת"ש דאין דבריו מוכרחים, **אבל** גם המנ"י מודה דאמרינן קרמא מפסיק עכ"פ לענין איסור דבוק, דלא אמרינן שיהא צריך ס' בעוף נגד הזפק, ואל"כ, צריך ס' בקדרה נגד העוף, שאין העוף ממהר לבלוע טפי משאר הקדרה משום הקרמא דמפסיק.

סימן עה ס"ג • שומן הדקין

שומן שעל הדקים מלאה חוטין דקין מלאים דם, ויש אוסרים לקדרה אפי' ע"י חתיכה ומליחה, **ועכשיו** נוהגין היתר, **וכשאדם** בקי מותחן, נפשלים היטב עד שלא ישאר אחד מהם.

§ סימן עו - דין בשר לצלי §

סימן עו ס"א(1) • הדחה ומליחה קודם לצליי' להמחבר

הצלי א"צ הדחה ומליחה, שהאש שואב הדם, ע"ל ברמ"א.

סימן עו ס"א(2) • בשר שלא נצלה יפה להמחבר

ואפי' כשלא נצלה יפה, כתב הרא"ש שמה שיצא לחוץ ע"י האש, מישריק שריק, ומה שנשאר, הוי דם אברים שלא פירש, **ואע"ג** דפירש מצד אחד לצד שני, זה לא חשיב פירש, **והגם** דבנצרר הדם או פירש ממקומו בסי' ס"ז, אמרינן דהוי כפירש ואסור, כתב הדרישה, דכל מה שפירש ע"י האש יצא לחוץ, **ותמוה** דהוי דלא כדמשמע מהרא"ש, **והש"ך** פי' דרק כשפירש מחיים הוי אסור, **והפמ"ג** כתב דהרא"ש לשיטתו, דפירש ממקום למקום לאו כלום, ודלא כמו דקימ"ל דאסור. **ועיין** ברמ"א וש"ך סוף ס"ב (6).

סימן עו ס"א(3) • דם בעין שנטף על הצלי

דם בעין שנטף על הצלי, (לא דם הנפלט ע"י מליחה וצליי' שמישריק שריק), אפי' כשלא היה אצל האש, (ודלא כהטור), לא אמרי' שהאש שואבו, ולפי המחבר אוסר כדי נטילה, **אבל** לדידן שמחמירין בכל צליי' ומליחה בס', משום דלא בקיאינן בין כחוש לשומן, ה"נ צריך לס', (**וגם** לפי שיטת הש"ד דאוסר כל צונן לתוך חם בס'), **ואפי'** אותו דם הוא צונן, משום דתתאה גבר, או דכיון שהוא על האש, הוי כחם לתוך חם.

סימן עו ס"ב(1) • הדחה שלאחר מליחה וצליי' להמחבר

אם רצה למלוח ולצלות בשר, (לפי היד יהודה אפי' אינו צולהו מיד, ועיין ש"ך וצ"ע), ולאכלו בלא להדיח אחר הצלי, עושה, ואין חשש לדם שעל המלח, שהאש שואב ומונע המלח מלבלוע הדם, (אבל בודאי צריך להדיח קודם המליחה, עיין לקמן), **וי"א** דדוקא אם מלחו וצולהו מיד, אבל אם שהה במלחו אפי' קצת ולא שיעור מליחה, המלח נאסר, וצריך להדיחו יפה קודם הצליי', **ואם** לא עשה קודם הצליי', כשר ע"י הדחה אחר הצליי'. **ועיין** במנהג הרמ"א לקמן (7).

סימן עו ס"ב(2) • הדחה ומליחה קודם לצליי' להרמ"א

י"א דכל צלי, אפי' לא מלח כלל, צריך הדחה תחילה, משום דם בעין שעליו, **וי"א** שצריך ג"כ קצת מליחה תחילה, **והמנהג** להדיחו תחילה, וגם למלחו קצת כשהוא נתחב בשפוד, וצולהו מיד קודם שיתמלא המלח דם, **מיהו** אם לא הדיחו ולא מלחו כלל, מותר, הגם דיש עליו דם בעין, משום דנורא משאב שאיב.

סימן עו ס"ב(3) • החילוק בין דם זה לדם בעין

ואע"ג דאם דם אחר בעין נפל עליו, לא היו אמרינן שהאש משאיב שאיב, **כתב** הש"ך, די"ל דלא הוי דם בעין ממש, ושפיר אמרינן שהאש משאב שאיב, **ומ"מ** אם לא הודח ונמלח ושהה שיעור מליחה, המלח מבליעו ושוב אינו יוצא אפי' ע"י צליי', דכלפי זה חשבינן ליה כדם בעין דלא אמרינן ביה כבכ"פ, **אבל** אם לא שהה שיעור מליחה, אע"ג דהמלח מבליע הדם לתוכו, ומה"ט לא מהני מליחה שנית, **מ"מ** לא נבלע בחוזק, וגם לא נבלע הרבה, ויוצא ע"י צליי', וטובא אשכחן כה"ג, **אבל** בדם בעין ממש, לא מהני אפי' צליי'.

ורעק"א כתב דהחילוק הוא, דאע"ג דלא מקרי דם בעין, עכ"פ לא מקרי דם עצמו של החתיכה, והוי כמו דם פליטה ממקום אחר, **ומש"ה** לא מהני צליי' כששהה שיעור מליחה, דדם הנבלע ממקום אחר אינו יוצא אלא ע"י איידי דיפלוט דם דידיה פולט גם מה שבלע, והכא דשהה שיעור מליחה, אין לו דם של עצמו לפלוט, **ובצלי** לא אמרינן איידי דיפלוט ציר, **ובלא** הפ"מ, גם במליחה לא אמרינן איידי דיפלוט ציר, והכא לא הוי הפ"מ, דאל"ה היה מותר גם לקדירה.

סימן עו ס"ב(4) • מליחה בלא הדחה תחילה

וכן אם מלחו תחילה בלא הדחה, ונצלה כך, מותר, ובלבד שלא שהה שיעור מליחה קודם הצליי', דא"כ אסור, שהמלח מבליע הדם בעין שעליו לתוכו, ולא מהני עוד הדחה, (ודלא כהעט"ז).**והטעם** דכתב הרמ"א "ונצלה כך", דמשמע בדיעבד, משום דלכתחילה היה צריך להדיח ולמלחו קצת וכנ"ל, **א"נ** דלכתחילה צריך להדיח אחר המליחה ואח"כ לצלותו.

כתב הט"ז דהת"ח ומהרש"ל פסקו, דאסור אפי' אם לא שהה שיעור מליחה, בלא הפ"מ, ובהפ"מ מותר אף לבישול, **והנה"כ** כתב, דכן כתב הת"ח לפי דעתו, אבל בסוף ביטל דעתו להאו"ה, דאם לא שהה מותר, **והפמ"ג** הביא ממנ"י, דהרמ"א מתיר דוקא בתרתי למעליותא, דלא שהה, וגם נמלח רק מעט, ובזה מותר לצלי ולא לקדרה, אא"כ בהפ"מ.

מה שנהגו הנשים להדיחו אחר שנצלה קצת ושוב צולין אותו, לא משום איסור, אלא שלא יתקלקל טעם הצלי אחר הדחתו.

סימן עו ס"ב(5) • עופות חלולים ומלואים

ואין חילוק בכל זה בין בשר ובין עופות חלולים, שאע"פ שהדם בהן פירש מדופן לדופן, כבולעו כך פולטו - ש"ך. **ורש"ל** כתב דחשיב כחתיכה אחת, **וט"ז** חולק, דלא הוי כחתיכה אחת, ורק כבכ"פ.

ובלבד שלא יהיו מלואים בביצים או בשאר בשר, **ואם** הם מלואים בביצים, (או בבשר וביצים, ט"ז), אסור אף בדיעבד, ודינם כבישול, וצריכים מליחה כמו לקדרה, **ואם** מלואים בבשר, אסור רק לכתחילה.

סי' עו ס"ב(6) • אופן הצליי', ואם לא נצלה יפה, להרמ"א

נוהגין להחמיר כשצולין בשר שלא נמלח, או לא שהה שיעור מליחה, שלא להפך השפוד תמיד, כדי שיזוב הדם, **ובדיעבד** אין לחוש אף אם הפכו כל שעת הצליי', **ובאקראי** נוהגין להפכו שיהא נצלה יפה.

ואין חילוק בכל זה בין אם רוצה לאכלו צלי או לבשלו, רק כשרוצה לבשלו צריך שיצלנו תחילה כדי שיהא ראוי לאכילה, **וכן** כשרוצה לאכלו צלי, לדידן דקימ"ל דפירש ממקום למקום אסור, א"כ אי לא צלה כל צרכו, אסור לאכלו, וצריך ג"כ לצלותו כל צרכו, **דהיינו** חצי צלייתו, (ודלא כמהרש"ל דאוסר בזה), דעי"ז זב כל דמו, **ובזה** מותר לכתחילה, ולא חיישינן שמא לא יצלה כל צרכו, כי יסמוך על הבישול.

סימן עו ס"ב(ז) • הדחה אחר הצלייה להרמ"א

י"א דכל צלי צריך הדחה אחר הצליי', משום דם הדבוק בה, וכן נוהגין לכתחילה.

אם נצלה בלא מליחה, **וה"ה** אם נמלח ולא שהה שיעור מליחה, **או** אפי' שהה ולא הודח אחר המליחה, כתב הש"ך בשם האגודה דצריך הדחה ג' פעמים. **ומהרש"ל** חלק ע"ז, דלעולם א"צ אלא פעם א', **והש"ך** לא הבין איך מלאו לבו לחלוק על הגדולים הקדמונים בסברא בעלמא בלי ראיה ברורה, ובפרט להקל.

אם לא הדיח הצלי (כשלא נמלח תחילה), ואפי' בשלו כך, מותר. **ואפי'** נמלח קודם הצליי' ולא הודח אחר המליחה, אפ"ה מותר לאכלו אחר הצליי', ולא חיישינן לדם ומלח שעליו, דהנורא משאב שאיב, ורק צריך הדחה אחר הצליי', **ואי** בשלו כך, הגם דמתחלה נסתפק הפמ"ג, לבסוף מסיק דמותר, די"א דכל חתיכה יש ס' נגד דם ומלח, וחתיכה יבשה להרמ"א יש ס' נגד המלח, וכן כאן שהאש שורפו ומייבשו.

סימן עו ס"ג • אם לא ניקב הורידים בעוף

אם לא ניקב הורידים בעוף בשעת שחיטה, בשעה שהדם חם, אסור לאכלו אפי' צלי, עד שיחתוך אבר אבר ויצלה, **ואם** רצה לאוכלו חי, אע"ג דבשאר בשר מותר בלא מליחה, דדם האברים שלא פירש מותר, אבל כיון דדם הורידים כנוס הוא, אסור עד שיחתוך וימלח, **וכל** שלא ניקב הורידים בשעה שהדם חם, נבלע הדם בכל החוטין שבשדרה, והוי דם כנוס גם בחוטין ההם. **ואם** ניקר הבשר מכל החוטין, אוכל אפי' בלא מליחה חי או צלי, ואפי' כולו כאחד, ומותר לקדרה ע"י מליחה, דהוי כשאר בשר. **ויש** מחמירין דלא מהני ניקור, דנבלע הדם בבשר הגוף.

והסור (וגירסתינו בשו"ע טעות) סובר, דלא די בחתיכת הורידין בשעת שחיטה, אלא צריך גם חתיכת רוב שני סימנים בשעה שהדם חם, **אבל** הב"י כתב, דאין אחד מכל הפוסקים מזכיר זה, **והד"מ** כתב, דלדידן דאסור שהייה אפי' במיעוט בתרא, אסור לחתכם אחר השחיטה, דנראה בזה כשתי שחיטות.

סימן עו ס"ד • דיני סכין ושפוד בצלי שלא נמלח

י"א שסכין שחתך צלי שאצל האש שלא נמלח, ולא נצלה כל צרכו, אסור מפני הדם שנבלע בו. **ויש** אוסרים השפוד שצלאו בו, דלגבי שפוד לא אמרינן כבכ"פ.

ויש מי שאוסר להשהות הצלי על השפוד אחר שהוסר מן האש, ואחר שפסק מלזוב, שמא יחזור הבשר החם ויבלע מן השפוד. **אבל** כל זמן שהוא על האש, אפי' פסק מלזוב, מותר, דכבכ"פ (ודלא כהעט"ז). **וכל** זמן שהבשר זב, אפי' אינו על האש, מותר, דמה שבולע מן השפוד פולט.

ואין חשש (בציור האחרון הנ"ל) מצד הדם שעדיין זב, ואינו עכשיו על האש, דכל זמן שיש חום אש על הבשר, מפליט הדם לחוץ, וכשנתקרר החום, אינו אין מפליט כלל, והוי דם האברים שלא פירש, **ודלא** כהב"ח דאוסר השפוד והסכין והצלי, אם הוסר מן האש בחצי צלייתו, **ותמוה** דהא מעשים בכל יום דמסירין השפוד מן האש לתקן האש.

ויש מתירין כל זה, דבשפוד נמי אמרינן כבכ"פ, ואין להחמיר כ"כ בדם מבושל דהוא דרבנן.

ולכתחילה נזהרין שלא להשהות הבשר על השפוד אחר שהוסר מן האש, ושלא לחתוך בסכין צלי שלא נצלה כ"צ, וגם לאסור השפוד אא"כ מלבן, **ובדיעבד** שרי אף אם תחב השפוד לתבשיל רותח, דאמרינן גם בשפוד כבכ"פ – רמ"א.

ורש"ל אוסר השפוד אפי' בדיעבד, (ודלא כמו שכתב הש"ך בשמו), ואף לצלות עליה בשר אחר, ולא אמרינן בהבשר כבכ"פ, משום דהשפוד פולט בקל קודם שמתחיל פליטת הבשר – ט"ז. **וכשאינו** הפ"מ יש לחוש לדבריו, **אמנם** היש"ש כתב, דאין כח בידו לאסור הבשר שצלו עליו, משום כבכ"פ, **ורק** אם נגע בתבשיל רותח נאסר, דאין כאן כבכ"פ – פמ"ג.

ודעת רש"ל בסכין, דלעצמו יש להחמיר, אם חתך בו בלא הגעלה, אבל לאחרים יש להתיר בדיעבד, אף אם לא קנחו וחתך בו רותח.

ואם צלאו בו בשר איסור, נראה דאסור אפי' דיעבד, דדוקא באיסור דם יש להקל וכנ"ל.

סימן עו ס"ה • מוהל של צלי שלא נמלח

צלי שלא נמלח וחתכו ע"ג ככר, אע"פ שיש בככר מראה דם, ועבר בכל הככר מעבר לעבר, אם נצלה חצי צלייתו, מותר, **וה"ה** המוהל בלא ככר נמי שרי, **ואפי'** הוא עב, (ודלא כרש"ל).

סימן עו ס"ו • לקבל שמנונית צלי שלא נמלח

צלי שלא נמלח, אין נותנין כלי תחתיו לקבל שמנונית הנוטף ממנו, עד שיצלה חצי צלייתו, ואז מותר בלא תקנתא כלל, **(ודלא** כהב"ח דאפי' בזה צריך גללי דמלחא, וליתא, דהא מותר אפי' לבשלו, **ומש"כ** הב"ח דזהו משום דבטל הדם במיעוטו, ליתא, דהא אין מבטלין איסור לכתחילה), **ואפי'** משום מראית העין ליכא, כאילו נצלה כל צרכו ממש.

ועד שלא נצלה חצי צלייתו, מביא הטור עצת הגמרא, ליתן בכלי שנים או שלשה גרגרים של מלח, והמלח מושך הדם לשולי הכלי, והשומן צף למעלה, ואחר הצליי' שופך בנחת השומן מלמעלה, ומשליך הדם הנשאר בשולי הכלי, **(ולפי** הרשב"א צריך נמי שיהא אחר שתעלה תמרתו, **ולר"ן** צריך שיהא אחר שנצלה כמאכל בן דרוסאי).

בשר ששהה ג' ימים בלא מליחה, אסור לקבל השומן אפי' אחר חצי צלייתו, **מיהו** בדיעבד שרי, דהא אף בישול גמור מותר בדיעבד.

§ סימן עז – דין עופות שנמלאו בשר שלא נמלח §

סימן עז ס"א • עופות או גדיים ממולאים

לכתחילה אין לעשות שום מולייתא אפי' לצלי, רק אם נמלחו שניהם.

אם הפנימי לא נמלח, והחיצון נמלח ושהה והודח, דאז אינו פולט אפי' ציר, אם לצלי, מותר אפי' פיהן למעלה, דכמו שבולע דם המילואים כך פולטו, (היינו כפסק המחבר, ודלא כהב"י והת"ח בהבנת דברי הגה' מיימוני). **ואע"ג** דבשר שנמלח ע"ג (או אצל) בשר שכבר נמלח והודח, לא מהני מליחה וצליי' אח"כ, כיון שאינו פולט דם של עצמו, **היינו** דוקא אח"כ, (וכן בבשר שנמלח שנפל לציר, דהפליטה הוא אחר זמן הבליעה), **אבל** בשעת בליעה אמרינן כבכ"פ.

אם הפנימי נמלח ולא שהה, והחיצון נמלח ושהה והודח (או פלט כל צירו), נאסר החיצון, דבולע קודם הצליי', ואח"כ בשעת צליי' לא אמרינן כבכ"פ, כיון שאין לו דם של עצמו.

אם הפנימי נמלח ולא שהה, והחיצון שהה ולא הודח ולא פלט כל צירו, או לא נמלח, מותר.

אם לא נמלח הפנימי, והחיצון נמלח ולא שהה, אסור, שאז בולע הפנימי קודם הצליי', **ואע"ג** שבשר שנמלח ע"ג בשר שלא נמלח, מהני מליחה אח"כ, דאיידי דיפלוט דם דידיה יפלוט גם מה שבלע, **שאני** הכא כיון שהוא בפנים.

אם נמלח הפנימי ושהה, והחיצון לא נמלח, (או לכאורה בציור שממולא בעשבים – יד יהודה), מותר, ולא בולע הפנימי מהחיצון, דנורא משאב שאיב מן החיצון – רמ"א וט"ז. **וש"ך** חולק, דלא אמרינן משאב שאיב. **ולפי** הפמ"ג, זהו אפי' אם לא הודח הפנימי, ועדיין פולט ציר, **ואע"ג** דלגבי בשר כה"ג לא בלע מחתיכה שאצלה, הפנימי דומה לחתיכה שנפלה לציר, דהתם בלע, **ורק** דהתם בהפ"מ אמרינן דאיידי דיפלוט ציר יפלוט מה שבלע, אבל כאן שאינו אצל האש לא אמרינן כבכ"פ. **והחוו"ד** מסופק בזה, וכתב דיש להקל, כיון דהרמ"א מיקל בכל גווני.

כשהפנימי שוה לחיצון, ששניהם תפלים, או שניהם מלוחים ושהו, או אפי' שניהם נמלחו ולא שהו, שרי בכל ענין.

לקדירה אסור עד שימלח וידיחו, (דאל"כ הוי בשר שנתבשל בלא הדחה אחרונה שאסור), חיצון לבדו ופנימי לבדו. **אבל** למלוח רק החיצון אחר שמילאו, אינו מפליט דם שבפנימי, דאינו כחתיכה עבה, דאין הפנימי נחשב לחתיכה אחת עם הפנימי, **וצריך** למלוח החיצון מבפנים ומבחוץ, והפנימי מכל צדדיו, ולהדיחם היטב ולמלאותם, ובלא"ה אסור אפי' בדיעבד, **ומן** הש"ך משמע, דאם לא מלחו להחיצון מבפנים, מותר בהפ"מ, **אבל** להט"ז אסור, ולא דמי לחתיכה שמלחו מצד אחד, דמותר בהפ"מ, דהכא גרע טפי, דכיון דהמלוי מבפנים, הוי סתום מכל צד.

וכל ההיתר של צלי, איירי שאין במולייתא רק בשר או עשבים, אבל אם יש שם ביצים הנקרשים, אפי' בדיעבד דינו כאילו נתבשל בקדירה, **ואפי'** אם יש בשר שלא נמלח עם הביצים, דינו כביצים לבדם, **ודלא** כמהרש"ל (הובא בט"ז ס"ס ע"ב) דס"ל דכשיש בשר שלא נמלח עם ביצים, הוי הכל כמילוי בשר, דאין לזה טעם כלל. **ואם** יש ס' במולייתא נגד איסור שבמולייתא, הכל מותר.

בשר שלא נמלח ולא הודח, שנצלה עם בשר שנמלח והודח, מותר בדיעבד, **אבל** לכתחילה אסור לצלות בשר שנמלח ושהה (אפי' עדיין פולט ציר), עם בשר שלא נמלח אפי' הודח.

§ סימן עח – שלא לדבק בצק בבשר שלא נמלח §

סימן עח ס"א • לדבק בשר שלא נמלח בבצק, ופשטיד"א

הטופל בשר שלא נמלח בשעת צליי', בבצק, אפי' בלילתה רכה, אע"ג דמדינא דגמרא יש כמה חילוקים, אנן השתא לא בקיאין במלתא, ובכל גווני יש לאסור, ויש לה דין בישול בקדירה בין לקולא בין לחומרא.

ופשטיד"א שבלילתה עבה, אסור מדינא דגמרא, דהא חזינן דלא פלטי, שמקום מושבם יבש בתנור, ויש לה כל דין בישול בקדירה בין לקולא בין לחומרא, **ומשערין** בס', דאם יש ס' הכל שרי, מלבד החתיכה שהאיסור דבוק בה, **ולא** חיישינן שמא מתחילה נאסרו ב' או ג' חתיכות ע"י שומן שמטפטף שם מתחילה, ויצטרך ס' כנגדם.

ודוקא בבצק אסור, אבל מותר למשוח בשר שלא נמלח, בשמן או בציר או בביצים מתובלות, דאין זה מעכב הפליטה.

ואם נמלח ושהה כדי מליחה ואח"כ הודח, מותר בכל גווני.

תם ונשלם הלכות מליחה

§ סימן קפג - אשה שרואה טיפת דם צריכה לישב ז' נקיים §

דין ראיית דם נדה והרגשה

סעיף א - אשה שיצא דם ממקורה - מדכתיב והיא גלתה את מקור דמיה, למדו חז"ל שאינה טמאה אלא בדם הבא מן המקור, **בין באונס בין ברצון, טמאה** – [אונס פי' על ידי קפיצה, רצון **פי' כפי טבע האשה מחמת עצמה]**.

והוא שתרגיש ביציאתו - היינו מדאורייתא, אבל מדרבנן טמאה אע"פ שלא הרגישה.

‹**ודע** דג' מיני הרגשות יש לענין שתהא טמאה מדאורייתא, **א'**, שנזדעזע גופה, כמ"ש הרמב"ם, **ב'**, שנפתח מקורה, כמבואר בסי' קפ"ח ובסי' ק"ץ ס"א, **והג'** נמצא בשו"ת האחרונים ז"ל, כשמרגשת שדבר לח זב ממנה בפנים›.

‹**נראה** דבעינן שתרגיש שזב ממקורה, דאם לא הרגישה רק שזב בפרוזדור, נראה דטהורה, כיון שבשעה שנפל מהמקור רחמנא טהריה להדם שבא בלא הרגשה, מאין יתחיל הטומאה בפרוזדור – חוו"ד. **וחולק** עליו הנוב"י וז"ל: שתרגיש בשרה שמן השינים ולחוץ.. והרי זה כבר הוא חוץ לפתח המקור, עכ"ל. **וכתב** באג"מ וז"ל, הנה לא ידוע לנשי שלנו אם הרגשתה כשזב הדם מגופה אם הוא רק מפרוזדור או מן המקור, וכיון שהרגשת זיבת דבר לח נחשבה הרגשה, הוא לדינא בכל הרגשה בשעת יציאה מהגוף, ואף שהחו"ד והנו"ב דנו בזה, אנן גריעי טובא מינייהו. **אבל** כל זה בהרגישה יציאה מהגוף, אבל מה שהרגישה שנעשה בין רגליה לח מאיזה משקה, אין להחשיב זה להרגשה, עכ"ל›.

‹**אמנם** בתשו' חת"ס חולק ע"ז, והאריך לבאר דזיבת דבר לח לאו הרגשה הוא, וכתב שכן הוא מורה ובא הלכה למעשה, וכן קיבל ממורו הגאון מוהר"ר נתן אדלער ז"ל›.

‹**ואם** מצאה דם בבדיקה בלא הרגשה, או אחר תשמיש בלא הרגשה, אי הוי ספק דאורייתא, ונימא הא דלא ארגשה משום דסברה הרגש עד או שמש הוא, או לא, **עיין** בשו"ת שב יעקב ‹דס"ל דהוי רק דרבנן›, **אמנם** הכו"פ והס"ט וח"ד כתבו דהוא דאורייתא, **וכן** סמוך להטלת מי רגלים הוא ג"כ דאורייתא, **אבל** בקינוח או שלא הכניסה העד בעומק אלא מהפרוזדור ולחוץ, אינו אלא מדרבנן כשלא הרגישה - חוו"ד›.

ומיהו משתרגיש בו שנעקר ממקומו ויצא, טמאה אף על פי שלא יצא לחוץ - (עיין בתשו' ברית אברהם, שרב אחד נסתפק, אם נימא דעיקר הטומאה בעקירת הדם מבית הפנימי לבית החיצון, אבל יציאת הדם מבה"ח לחוץ לא מעלה ולא מוריד, ותוכל לספור אותו לז"נ, או דיציאת הדם מבה"ח לחוץ יחשב ג"כ לראית טומאה, ולא תוכל לצרפו למנין ז"נ, **והשיב** לו והרבה להוכיח, דאין שום טומאה נוספת ביציאת הדם מבה"ח לחוץ, **אך** אין נ"מ בזה למש"כ הרב השואל אם תוכל לספור אותו לז"נ, דכיון שצריכה בדיקת הפסק טהרה, צריכה שתדע שלא יהיה שום דם אפילו בבה"ח, דאף דאילו הוי ידעינן בבירור שלא יצא עוד דם מפנימי לבה"ח לא מטמא תו הדם הנשאר בבה"ח, מ"מ כל זמן שאינה בודקת בכל בה"ח שלא תמצא שום דם, חיישינן שמא יצא עוד מפנימי כיון דהוחזק מעיינה פתוח, **אלא** דנ"מ היכא שנעקר מן המקור שלא כדרך ראיה, ‹כגון בשפופרת›, לא איכפת לן כלום ביציאת חוץ דרך ראיה).

ואפי' לא ראתה אלא טיפת דם כחרדל, יושבת עליו שבעה נקיים - וה"ה פחות מחרדל, ‹**ורבותא** דטיפת דם כחרדל, היינו משום דהוה מצינן למימר, דבדם מרובה דוקא הוא שראוי להחמיר בו, דשמא יצא מן המקור בג' ימים זה אחר זה, ושהה בפרוזדור שהוא כמו שיצא לחוץ, וצריכה מן התורה ז' נקיים אם היא בימי זובה, ולהכי נקט טיפה כחרדל, אע"ג דודאי אינה אלא ראייה א' - ב"י›.

היינו מדרבנן, אבל מדאורייתא א"צ לישב ז' נקיים אלא זבה גדולה, אלא שכדי שלא תבא לידי טעות החמירו חז"ל, והצריכו לעולם ז' נקיים.

[**דג' חששות יש כאן, האחד במראה דם שיטעו לטהר, על כן החמירו לטמא כל מראה אודם, ועוד חשש לענין ימי נדה, דשמא עד יום האחרון של ראייתה עדיין לא ראתה דם טמא, על כן היה צריך ששה נקיים, ועוד חשש שתטעה בימים בין זיבה לנידה, דיש מקום לטעות בין נקיים דנדה לנקיים דזיבה, ע"כ צריכה בכל מקום ז"נ**].

כתב בעט"ז, וקבלו חז"ל הל"מ, שי"א יום יש אחר ז' ימי נדה, ‹אף שלא ראתה בהז' ימים דם›, ואם ראתה באותן הי"א, היא נקראת זבה, ואח"כ חוזרת להקרות

נדה, ‹אף שלא ישבה ז' נקיים›, וכן לעולם ז' ימי נדה ואחד עשר ימי הזיבות, וכן לעולם כל ימיה, וכ"ז מדין תורה עכ"ל, וזהו דעת הרמב"ם, **אבל** כבר השיגו עליו כל הפוסקים והסכימו, שמשעה שהאשה נעשית זבה גדולה, אינה חוזרת לימי נדות עד שתשב ז' נקיים, **ואין** ימי זיבה אלא בי"א הסמוכים לז' שראתה בהם נדות.

הגה: כאשר יתבאר משפטן לקמן סימן קצ"ו. ואין חילוק בין פנויה לנשואה לענין איסור נדה, כי כל הבא על הנדה חייב כרת.

סימן קפג ס"א • דין ראיית דם נדה והרגשה

איזה דם מטמא

אין אשה טמאה אלא בדם הבא מן המקור, דכתיב והיא גלתה את מקור דמיה, **וטמאה** בין כשהראייה באונס, פי' ע"י קפיצה, בין ברצון, פי' כפי טבע האשה מחמת עצמה. **ואין** חילוק בין פנויה לנשואה, כי כל הבא על הנדה חייב כרת.

כשנעקר, מאיזה מקום הוי הדם טמא

י"א דעיקר הטומאה בעקירת הדם מבית הפנימי לבית החיצון, אבל יציאת הדם מבית החיצון לחוץ לא מעלה ולא מוריד, ותוכל לספור אותו לז"נ, **אך** אין נ"מ בזה, דכיון שצריכה בדיקת הפסק טהרה, צריכה שתדע שלא יהיה שום דם אפי' בבה"ח, **אלא** דנ"מ היכא שנעקר מן המקור שלא כדרך ראיה, כגון בשפופרת, לא איכפת לן כלום ביציאת חוץ דרך ראיה.

הרגש

מדאורייתא אינה טמאה אלא בשהרגישה ביציאתו, **אבל** מדרבנן טמאה אע"פ שלא הרגישה. **ומיהו** משתרגיש בו שנעקר ממקומו ויצא, טמאה אע"פ שלא יצא לחוץ.

הג' מיני הרגש

ויש ג' מיני הרגשות לענין שתהא טמאה מדאורייתא: **א'**. שנזדעזע גופה, **ב'**. שנפתח מקורה, **והג'**. ע"פ האחרונים ז"ל, כשמרגשת שדבר לח זב ממנה בפנים. (**והחת"ס** חולק ע"ז, דלאו הרגשה הוא).

ג' שיטות בהרגש זיבת דבר לח

י"א דבעינן שתרגיש שזב ממקורה, דאם לא הרגישה רק שזב בפרוזדור, טהורה, דכיון שבשעה שנפל מהמקור בלא הרגשה רחמנא טהריה להדם, מאין יתחיל הטומאה בפרוזדור, **וי"א** דגם כשתרגיש בשרה שמן השינים ולחוץ טמאה. **וי"א** דלא ידוע לנשי שלנו אם הרגשתה הוא רק מפרוזדור או מן המקור, ובכל הרגשת זיבת דבר לח הוא לדינא הרגשה, **אבל** כל זה בהרגישה יציאה מהגוף, אבל מה שהרגישה שנעשה בין רגליה לח מאיזה משקה, אין להחשיב זה להרגשה.

כשא"א להבחין אם היה הרגש

אם מצאה דם בלא הרגשה בבדיקה, או אחר תשמיש, וכן סמוך להטלת מי רגלים, **י"א** דהוי רק דרבנן, **וי"א** דהוא דאורייתא, דנימא הא דלא ארגשה משום דסברה הרגש עד או שמש הוא, **אבל** בקינוח או שלא הכניסה העד בעומק, אלא מהפרוזדור ולחוץ, אינו אלא מדרבנן כשלא הרגישה.

טפת דם כחרדל, ודין ז' נקיים

ואפי' לא ראתה אלא טיפת דם כחרדל, וה"ה פחות, ואף דלא שייך לומר, שמא יצא מן המקור בג' ימים זה אחר זה, ושהה בפרוזדור, דבודאי אינה אלא ראייה א', יושבת עליו ז' נקיים, מדרבנן כדי שלא תבא לידי טעות, **אבל** מדאורייתא א"צ לישב ז' נקיים אלא זבה גדולה.

טעם לגזירת ז' נקיים בנדה

והס"ז כתב, דג' חששות יש כאן, **הא'** במראה דם שיטעו לטהר, ע"כ החמירו לטמא כל מראה אודם, **ועוד** חששו דשמא עד יום האחרון של ראייתה עדיין לא ראתה דם טמא, ע"כ היה צריך ששה נקיים, **ועוד** חששו שתטעה בין ו' נקיים דנדה, לז' נקיים דזיבה, ע"כ צריכה בכל מקום ז' נקיים.

שיטת הרמב"ם והפוסקים בהי"א יום והז' ימים

דעת הרמב"ם, שאחד עשר יום יש אחר ז' ימי נדה, אף שלא ראתה בהז' ימים דם, ואם ראתה באותן הי"א, היא נקראת זבה, **ואח"כ** חוזרת להקרות נדה, אף שלא ישבה ז' נקיים, וכן לעולם כל ימיה, ז' ימי נדה וי"א ימי הזיבות, **אבל** כבר השיגו עליו כל הפוסקים והסכימו, שמשעה שהאשה נעשית זבה גדולה, אינה חוזרת לימי נדות עד שתשב ז' נקיים, **ואין** ימי זיבה אלא בי"א הסמוכים לז' שראתה בהם דם נדות.

§ סימן קפד – שצריך לפרוש מהאשה עונה קודם לוסתה §

דין אשה שיש לה וסת שלא בשעת וסתה

סעיף א - רוב הנשים יש להם וסתות (פי' זמן קבוע אורח כנשים) לראות בזמן ידוע, כגון מכ' לכ' יום - או לכ"ה, **או מל' לל' יום** - וסתם וסת מל' יום לל' יום, טור, והיינו אם לא קבעה וסת, אז מסתמא וסתה כל ל', ובתוך ל' מיקרי שלא בשעת וסתה.

(עיין ש"ך, דאם לא קבעה וסת, מקרי בתוך ל' שלא בשעת וסתה, משמע דא"צ בדיקה תוך ל', **ועיין** בכו"פ שחלק עליו, **אמנם** הס"ט והחוו"ד קיימו דבריו, וכתבו דבתחלת ראייתה שלא נודע למתי תקבע וסת, מקרי בתוך ל' שלא בשעת וסתה, וא"צ בדיקה, **אבל** כשנתחזקה דאין לה וסת, צריכה לעולם בדיקה).

וכל אשה שיש לה וסת קבוע, בא עליה שלא בשעת וסתה – [בטור כתוב דבא עליה כמו

סימן קפד – שצריך לפרוש מהאשה עונה קודם לוסתה

סעיף א – דין אשה שיש לה וסת שלא בשעת וסתה

שירצה, ור"ל בין שהיא ערה בין ישנה, פי' שאינה ישנה לגמרי, דא"כ אסור לשמש עמה, כדאיתא בנדרים, אלא שאינה ערה כ"כ שתוכל להשיב אם היא טהורה אי לאו].

ואינה צריכה בדיקה לפני תשמיש (רמב"ם) -

היינו להרמב"ם, ‹מה דמשמע דאינה צריכה בדיקה, אבל אם תרצה להחמיר ולבדוק רשאית, ודוקא לפני תשמיש, אבל לאחר תשמיש צריכה בדיקה – מחה"ש›, **אבל** לרוב הפוסקים ולדעת הרב, אין לה להחמיר כלל.

הגה: גם אין לה להחמיר לבדוק עצמה, לא לפני תשמיש - שלא יהא לבו נוקפו, כיון דראה אשתו בודקת, מחשב שאם לא הרגישה לא היתה בודקת, ופורש, **ולא לאחר תשמיש, שלא יהא לבו נוקפו ופורש** - מכאן ולהבא, **אבל שלא בשעת תשמיש, כל המרבה לבדוק הרי זו משובחת.**

סי' קפד ס"א • אשה שיש לה וסת שלא בשעת וסתה

רוב הנשים יש להם וסתות לראות בזמן ידוע, כגון מכ' לכ' יום, או מכ"ה לכ"ה, או מל' לל'. **וכתב** הש"ך, דאם לא קבעה וסת, מקרי בתוך ל', שלא בשעת וסתה, דא"צ בדיקה, **ומקשים** עליו, דהא היינו אשה שאין לה וסת, **אמנם** יש מקיימין דבריו, דר"ל דבתחלת ראייתה שלא נודע למתי תקבע וסת, מקרי בתוך ל', שלא בשעת וסתה, וא"צ בדיקה, **אבל** כשנתחזקה דאין לה וסת, צריכה לעולם בדיקה.

וכל אשה שיש לה וסת קבוע, מותר לבא עליה שלא בשעת וסתה בין שהיא ערה, בין שאינה ערה כ"כ שתוכל להשיב אם היא טהורה אי לאו, **אבל** ישנה לגמרי אסור לשמש עמה.

שיטת המחבר, דא"צ בדיקה לפני תשמיש, אבל אם תרצה להחמיר ולבדוק רשאית, **ודוקא** לפני תשמיש, אבל לאחר תשמיש צריכה בדיקה. **אבל** לרוב הפוסקים ולרמ"א, אין לה להחמיר כלל לבדוק עצמה, לא לפני תשמיש, שלא יהא לבו נוקפו, שיחשב שאם לא הרגישה לא היתה בודקת, ופורש, **ולא** לאחר תשמיש, שלא יהא לבו נוקפו ופורש מכאן ולהבא, **אבל** שלא בשעת תשמיש, כל המרבה לבדוק הרי זו משובחת.

דין פרישה עונה אחת בשעת וסתה

סעיף ב - בשעת וסתה, צריך לפרוש ממנה

עונה אחת - (ואם עברו ושמשו, האיש והאשה שניהם צריכים כפרה).

היינו מדרבנן, כן הסכמת רוב הפוסקים והאחרונים, דוסתות דרבנן.

(**עיין** בתשו' נו"ב שהעלה דמה שאמרו וסתות דרבנן, היינו לענין שלא אמרינן שכבר ראתה בשעת וסתה, משום דנגד חזקה אורח בזמנו בא, יש חזקת טהרה, **אבל** לענין לפרוש מאשתו סמוך לוסתה הוא מן התורה, דחיישינן שמא תראה, ולא אמרינן על להבא נוקים לה בחזקת טהרה, דאטו לעולם לא תראה, ודמי להא דאמרו, שמא מת לא חיישינן ושמא ימות חיישינן, **ועיין** בתשו' חת"ס שכתב, דהנו"ב כיון סברא זו מדעתו, ובאמת היא קדומה בהרא"ה, וכן קיבל ממורו הגאון ז"ל לחלק בכך, ולכן חושש מאד לסברא זו, ומשוי לה ספק דאורייתא).

(**אמנם** מדברי הרא"ה ז"ל נראה, דרק גוף הסברא לחלק בין ראתה לשמא תראה קדומה בהרא"ה, **אבל** לדינא יש מרחק רב ביניהם, **ואילו** דברי הרא"ה, אע"ג דוסתות לאו דאורייתא כדי שנחזיק אותה בודאי טמאה אחר שעבר רגע הוסת, מ"מ מה"ת אסורה לשמש בעונה הסמוך לוסתה אחר רגע הוסת, דודאי אם רגילה לראות באמצע היום, ואנו אוסרים אותה לשמש מתחלת הנץ קודם שתגיע רגע הוסת, משום שמא ע"י חימום התשמיש יקדים האורח, זהו דרבנן, **אבל** אחר אמצע היום שכבר עברה רגע הוסת, אע"ג דלא מחזקינן לה בודאי ראתה כיון דוסתות דרבנן, ולא אמרינן כבר ראתה, אבל מה"ת אסורה לשמש חציה של עונה זו מחצי יום ואילך, דשמא תראה עתה מחמת חום התשמיש, כיון שכבר הגיע הרגע שהיתה ראויה לראות בהם).

ולא משאר קריבות אלא מתשמיש (המטה) בלבד - משמע אפילו חיבוק ונשוק שרי כמו שפסק ב"י, [ולא חיישינן לביאה כיון שביאה איסור דרבנן, דלא כתרומת הדשן שכתב לאיסור בחיבוק ונישוק], **וכן** פסק הב"ח, אלא שמסיים, מיהו נראה דהמחמיר באלה תע"ב, [ולי נראה שאסור מן הדין]. ‹ולפי זה כ"ש שאין לישן עמה במטה אחת – הגר"ז›. ‹**אבל** משאר קריבות שאסור בימי נדתה, מותר – חכמת אדם›.

(**ועיין** בתשובת רדב"ז שפסק, דחבוק ונשוק שרי כדעת ב"י, וכתב דאין לחדש חומרות על ישראל, והלואי שישמרו מה שמוטל עליהם).

סי' קפד ס"ב(1) • דין פרישה עונה אחת בשעת וסתה

צריך לפרוש עונה אחת בשעת וסתה מתשמיש המטה. **ואם** עברו ושמשו, האיש והאשה שניהם צריכים כפרה.

ג' שיטות אם ווסתות דאורייתא או דרבנן

וכתב הש"ך, דהסכמת רוב הפוסקים והאחרונים, דוסתות דרבנן.

והנו"ב ס"ל, דמה שאמרו וסתות דרבנן, היינו לענין דלא אמרינן שכבר ראתה בשעת וסתה, משום דנגד חזקה אורח בזמנו בא, יש חזקת טהרה, **אבל** לענין לפרוש סמוך לוסתה הוא מה"ת, דחיישינן שמא תראה, ולא אמרינן על להבא נוקים לה בחזקת טהרה, דאטו לעולם לא תראה, **והחת"ס** כתב, שקיבל ממורו הגאון ז"ל לחלק בכך, ולכן חושש מאד לסברא זו, ומשוי לה ספק דאורייתא.

והרא"ה ס"ל, מה"ת אסורה לשמש רק אחר רגע הוסת, דאם רגילה לראות באמצע היום, ואנו אוסרים אותה לשמש מתחלת הנץ משום שמא ע"י חימום התשמיש יקדים האורח, זהו דרבנן, **אבל** אחר אמצע היום שכבר עברה רגע הוסת, מה"ת אסורה לשמש, דשמא תראה עתה מחמת חום התשמיש, כיון שכבר הגיע הרגע שהיתה ראויה לראות בהם.

חיבוק ונישוק ושאר קריבות

וא"צ לפרוש משאר קריבות, ואפי' חיבוק ונשוק שרי, ולא חיישינן לביאה, כיון שביאה איסור דרבנן, **וכן** פסק הב"ח, אלא שמסיים: מיהו נראה דהמחמיר בחיבוק ונישוק תע"ב.

ושיטת התרומות הדשן דאסור בחיבוק ונישוק, וכן פסק הט"ז שאסור מן הדין.

ולפי"ז כתב הגר"ז, דכ"ש שאין לישן עמה במטה אחת. **אבל** משאר קריבות שאסור בימי נדתה, מותר.

ותשו' רדב"ז פסק, דחבוק ונשוק שרי, ואין לחדש חומרות על ישראל, והלואי שישמרו מה שמוטל עליהם.

גדר של עונה ושיטת האביאסף

אם הוא ביום, פורש ממנה אותו היום כולו אפילו אם הוסת בסופו, ומותר מיד בלילה שלאחריו; וכן אם הוא בתחלתו, פורש כל היום ומותר כל הלילה שלפניו. וכן הדין אם הוא בלילה, פורש כל הלילה ומותר ביום שלפניו ולאחריו, בין שקבעה וסת בג"פ או בפ"א.

פורש ממנה אותו היום כולו וכו' - (פי' אפילו בבית אפל, או תלמיד חכם שמאפיל בטליתו, דאל"כ בלא"ה אסור, כדאיתא באו"ח סימן ר"מ).

כתב הג"מ בשם אביאסף, וכמה עונה יום או לילה ביומי ניסן ותשרי, וחצי יום וחצי לילה ביומי תמוז וטבת, עכ"ל, **וב"י** דחה דבריו מאחר שהפוסקים לא הזכירוהו, **וגם** לישנא דש"ס משמע, דלא קפיד אלא על היום או על הלילה, לא על השעות כו', **והמעדני** מלך והב"ח השיגו עליו, דדברי האביאסף נכונים ומבוארים בש"ס פרק תינוקת, עכ"ד, **וכן** מצאתי בראב"ן כהאביאסף, **ומה** שלא הזכירוהו הפוסקים אין ראיה, דבסתם יום ובסתם לילה מיירי, ואה"נ דבתקופת תמוז וטבת יש לחשוב שעות זמניות, (ט"ס הוא, וצ"ל שעות שוות - סדרי טהרה).

[**ואין** זה ענין לההיא דריש פרק תינוקת דלא תליא אלא בשעות, דשם קאי לענין תינוקת שראתה בבית אביה, שניסת אח"כ, שמותרת לשמש אחר ביאה ראשונה, ותולין הדם בבתוליה או יום או לילה בניסן ותשרי, וחצי לילה וחצי יום בטבת ותמוז לחד תירוצא שם, דשם אי אפשר לתלות בלילה ממש כמו כאן, דשם הוה ההיתר קביעות הזמן לתלות בדם בתולים אחר ביאה ראשונה, ולא תליא ביום או לילה, **משא"כ** כאן בראיית דם נדה שתלוי בזמן, דהיינו או בלילה או ביום כפי וסתה, נתנו חכמים שיעור לאיסור, שיפרוש ממנה כל אותו היום או אותה הלילה שרגילה לראות, הן לפניו הן לאחריו, והוה שיעור שוה בכולן, ולפני אותה הלילה או היום או לאחריו מותר, וקשה לי דאם תאמר בשעות תליא מילתא, ממילא איסור העונה הוא באותה פרק שרגילה לראות הן ביום הן בלילה, ולא תמצא כאן לומר י"ב שעות אלא אם ראתה ביומי ניסן ותשרי באמצע היום או באמצע הלילה, ותמיהני על הב"י שלא הקשה כן על סברת האביאסף, **ונראה** דלאביאסף עצמו אפשר דאה"נ היו חושבין תמיד לאיסור ו' שעות שלפני השעה שרגילה לראות וששה לאחריו, נמצא דברגילה לראות בתחילת היום הכי נמי דמותרת בסוף היום אחר ששה שעות, אבל אנו אין לנו לומר כן, דהלכה פסוקה בידינו שאסורה כל היום אפי' אם הוא יום ארוך, וזה ברור ופשוט].

ולא קשה לי מידי, דאם וסתה ביום בתקופת טבת, שהיום אינו אלא ט' שעות, כשבאת לחוש פעם שני, לא סגי ביום לחוד, אלא צריך לפרוש שעה ומחצה קודם היום, עד שעה ומחצה בתחילת הלילה, **ואם** וסתה בתוך הלילה, כשבאת לחוש פעם שנית עונת הלילה, אינו צריך לפרוש מתחילת הלילה, אלא משעה ומחצה בתחילת לילה עד שעה ומחצה לפני נץ החמה, שהוא י"ב שעות, **משום** דבתקופת טבת הלילה לוה מן סוף היום ומן תחילת היום, ושעה ומחצה שמתחיל עתה להיות לילה היה ראוי להיות עדיין יום בימי ניסן, וכן שעה ומחצה שבסוף הלילה היה ראוי להיות יום בימי ניסן, ועל דרך זה בימי תמוז, **והשתא** ניחא מה דאיתא בש"ס ופוסקים סתם, אם הוא ביום פורש ממנה כל היום, וכן בלילה,

דאינהו לא איירי אלא ביום ולילה שהן מן הדין יום ולילה, דהיינו י"ב שעות, אבל בתמוז וטבת היום והלילה המותר אינו מן הדין, שהיום לוה מן הלילה והלילה מן היום, וכל זה ברור - נקה"כ.

(**ואין** חילוק בין יומי ניסן ותשרי ליומי תמוז וטבת, ב"י ט"ז ואחרונים, דלא כש"ך).

סימן קפד ס"ב(2) • גדר של עונה ושיטת האביאסף

אם הוא ביום, פורש ממנה אותו היום כולו, אפי' אם הוסת בסופו, ומותר מיד בלילה שלאחריו, **וכן** אם הוא בתחלתו, פורש כל היום, ומותר כל הלילה שלפניו. **וכן** אם הוא בלילה, פורש כל הלילה ומותר ביום שלפניו ולאחריו, (בבית אפל, או ת"ח שמאפיל בטליתו), **בין** שקבעה וסת בג"פ או בפ"א.

<u>שיטת האביאסף</u>, דעונה הוא י"ב שעות, שהוא יום או לילה ביומי ניסן ותשרי, וחצי יום וחצי לילה ביומי תמוז וטבת.
וב"י דחה דבריו מאחר שהפוסקים לא הזכירוהו, וגם לישנא דש"ס לא משמע כן.
והמעדני מלך והב"ח ס"ל דדברי האביאסף נכונים, וגם הראב"ן ס"ל כהאביאסף, **וכתב** הש"ך דמה שלא הזכירוהו הפוסקים אין ראיה, דבסתם יום ובסתם לילה מיירי, ואה"נ דבתקופת תמוז וטבת יש לחשוב שעות שוות.

<u>שיטת הס"ז בהאביאסף</u>, דחושבין תמיד לאיסור ו' שעות שלפני השעה שרגילה לראות, וששה לאחריו, **נמצא** דברגילה לראות בתחילת היום, מותרת בסוף היום אחר ו' שעות. **אבל** פסק דלא כהאביאסף.

<u>שיטת הש"ך בהאביאסף</u>, דאם וסתה ביום בתקופת טבת, שהיום אינו אלא ט' שעות, כשבאת לחוש פעם שני, לא סגי ביום לחוד, אלא צריך לפרוש שעה ומחצה קודם היום, עד שעה ומחצה בתחילת הלילה, **ואם** וסתה בתוך הלילה, כשבאת לחוש פעם שנית עונת הלילה, א"צ לפרוש מתחילת הלילה, אלא משעה ומחצה בתחילת לילה עד שעה ומחצה לפני נץ החמה, שהוא י"ב שעות, **משום** דבתקופת טבת הלילה לוה מן סוף היום ומן תחילת היום, ושעה ומחצה שמתחיל עתה להיות לילה היה ראוי להיות עדיין יום בימי ניסן, וכן שעה ומחצה שבסוף הלילה היה ראוי להיות יום בימי ניסן, ועל דרך זה בימי תמוז, **וניחא** מה דאיתא בש"ס ופוסקים סתם, אם הוא ביום פורש ממנה כל היום, וכן בלילה, דאינהו לא איירי אלא ביום ולילה שהן מן הדין יום ולילה, דהיינו י"ב שעות, אבל בתמוז וטבת היום לוה מן הלילה והלילה מן היום, וכל זה ברור.

והפת"ש פסק, דאין חילוק בין יומי ניסן ותשרי ליומי תמוז טבת, כהב"י וט"ז ואחרונים, ודלא כש"ך.

שיטת האור זרוע

ובא"ז כתב וז"ל, פורש ממנה כל אותו יום והלילה שלפניו, וכן להיפך, עכ"ל, **ועיין** בראב"ן ובש"ס פרק האשה סוף דף ס"ג ודוק, **גם** הב"ח כתב ששמע שהירא דבר ה' נוהג כהא"ז, [**ומו"ח** ז"ל תיקן את פסק האור זרוע הזה לומר, **אע"ג** דהלכתא כר' יהודה, מכל מקום ראוי להחמיר על זה, **ותמוה** הוא להחמיר על מה שמפורש בתלמוד לקולא, בפרט בווסתות דרבנן].

וצ"ל דדעת ראב"ן, דודאי אם יש לה וסת קבוע ביום, כגון שיש לה וסת לראות לעולם בתחילתו או לעולם באמצעיתו או לעולם בסופו, א"צ לפרוש אלא אותו היום ולא לפניו, ובהכי איירי בש"ס ופוסקים, **אבל** אם רגילה לראות ביום ואין לה שעה קבועה, רק לפעמים בתחלתו ולפעמים באמצעיתו ולפעמים בסופו, א"כ כל היום וסתה, ודמי כאילו היה וסתה כל היום, וודאי דאשה שוסתה כל היום צריכה לפרוש כל הלילה שלפניו, ‹בפשוטו י"ל דגם בזה אין צריך לפרוש בלילה שקודם - רעק"א, ובהכי מיירי הא"ז, **ובזה** מיושב שפיר מה שהקשה הב"י דהא"ז הוא נגד הש"ס.

ואין להקשות אמאי לא פירש האור זרוע דאין לה שעה קבועה, **דיש** לומר דסתמו כפירושו, מדכתב אם רגילה לראות ביום, משמע כל היום שעתא, **אי** נמי אפשר דסבירא ליה דבזמן הזה אין לה וסתות כל כך לקבוע שעות ביום - נקה"כ.

(**ועיין** ש"ך ‹בנוגע לשיטת אור זרוע›, ועיין חוו"ד שכתב, דמסברא נראה שאין להחמיר בזה).

סימן קפד ס"ב(3) • שיטת האור זרוע

<u>שיטת האור זרוע</u>, דפורש ממנה כל אותו יום והלילה שלפניו, וכן להיפך, **וגם** הב"ח כתב ששמע שהירא דבר ה' נוהג כהאו"ז, **וכתב** הט"ז, דתמוה הוא להחמיר על מה שמפורש בתלמוד לקולא, בפרט בווסתות דרבנן.

<u>שיטת הש"ך בהאו"ז</u>, דודאי אם יש לה וסת קבוע ביום, שרואה לעולם בתחילתו או לעולם באמצעיתו או לעולם בסופו, א"צ לפרוש אלא אותו היום ולא לפניו, ובהכי איירי בש"ס ופוסקים, **אבל** אם רגילה לראות ביום ואין לה שעה קבועה, רק לפעמים בתחלתו ולפעמים באמצעיתו ולפעמים בסופו, א"כ כל היום וסתה, ודמי כאילו היה וסתה כל היום, **וודאי** דאשה שוסתה כל היום צריכה לפרוש כל הלילה שלפניו, (**בפשוטו** י"ל דגם בזה א"צ לפרוש בלילה שקודם – רעק"א), **ובהכי** מיירי האו"ז, ולא פירש כן, דסתמו כפירושו, מדכתב אם רגילה לראות ביום, משמע כל היום שעתא, **א"נ** אפשר דס"ל דבזה"ז אין לה וסתות כ"כ לקבוע שעות ביום.

<u>שיטת החת"ס בהאו"ז</u>, דמחמיר חומרת האביאסף, וא"כ חשבינן כל אשה מרגע ראייתה מעל"ע חצי יום וחצי לילה, כגון שתראה בשעה עשר ביום, תחשב עד אותו שעה בלילה, וכן כולם, **וס"ל** דכיון שאין כל הזמנים שווים, לפעמים על ד' שעות, ויהיה עונתה מד' שעות עד ד' שעות, ולפעמים מאוחר

ולפעמים מוקדם, א"כ לעולם נוסף להחמיר עונה שלפניה משום לא פלוג.

והפת"ש הביא החוו"ד, דאין להחמיר כשיטת האור זרוע.

אשה שקבעה וסת בליל טבילה

(**ועיין** בספר תפארת למשה שכתב, דאשה שקבעה וסת בליל טבילתה וא"א לה לטבול עד ליל וסתה, כגון שקבעה וסת מליל ט"ו לליל ט"ו, ודרכה לראות כל ז' ימים, וצריכה למנות שבעה נקיים שבוע שני וטובלת ליל ט"ו, דמותר לשמש אף שהוא שעת וסתה, דוסתות דרבנן ולא החמירו לאסרה על בעלה עולמית, **ומכ"ש** אם דרכה לראות ביום ט"ו, דאין להחמיר בליל טבילתה ליל ט"ו משום עונה שלפני עונת וסתה כדעת הא"ז, **ומשמע** דדוקא בכה"ג שדרכה לראות כל ז' ימים, וא"כ א"א להקדים הטבילה מליל ט"ו, אבל אל"כ וקבעה וסת מליל י"ג לליל י"ג, אף שכתב הרמ"א בסי' קצ"ו סעיף י"א, דאין מתחלת למנות שבעה נקיים אלא מיום ו', וא"כ ליל הטבילה הוא שעת וסתה, מ"מ יותר עדיף שתתחיל למנות מיום ה', או יום ד', היינו בקבעה לליל י"ב, דזה אינו אלא חומרא, **אכן** אם וסתה ליום י"ג, בזה י"ל דיותר טוב לחוש לחומרת הרמ"א ז"ל, מלחוש לחומרת הא"ז שלא נזכר בשו"ע כלל).

(**ועיין** בתשו' חת"ס שאלה כעין זו, באשה ששינתה וסתה פעמים בכל חודש באופן שקשה ורחוק שתזדמן שתטבול לנדתה, כי עד שהראשונה פקודה שניה ממהרת לבא, ואם יזדמן לה ליל טבילה יהיה בעונה שוסתה מחר ביומו, ולדעת הש"ך יש להחמיר כראב"ן לפרוש לילה שלפני אותה העונה, א"כ אשה זו סופה להתגרש מבעלה ח"ו, אם יש למצוא לה ב' התירים, **א'** לשמש בליל הסמוך ליום שעונתה בו, **ב'** אם יארע שתראה מיד אחר טבילה טרם ששמשה, להקל שלא תצטרך להמתין שש עונות ותספור ז"נ מיד שתפסוק לראות, **והשיב** לענין דין הא' אם צריך לנהוג כחומרת הא"ז וראב"ן, נראה להקל כיון דכל עיקר טעמם אינו אלא משום לא פלוג, «שראב"ן מחמיר חומרת האביאסף, וא"כ חשבינן כל אשה מרגע ראייתה מעל"ע חצי יום וחצי לילה, כגון שתראה בשעה עשר ביום, תחשב עד אותו שעה בלילה, וכן כולם, וס"ל לראב"ן דכיון שאין כל הזמנים שווים, לפעמים על ד' שעות, ויהיה עונתה מד' שעות עד ד' שעות, ולפעמים מאוחר ולפעמים מוקדם, א"כ לעולם נוסף להחמיר עונה שלפניה משום לא פלוג – חת"ס», בשגם וסתות דרבנן, **ואפי'** להרא"ה דס"ל עונה הסמוך לוסתה חמירא מוסת גופיה, מ"מ היינו בוסת קבוע ג"פ, אבל וסת שאינו קבוע, כגון איתתא דא שמשנית וסתה תמיד וחוששת ליום ראיה שלה, הוה עונה סמוך לוסתה דרבנן, א"כ יש להקל בלא פלוג דידיה ולהתיר בעונה הסמוכה לעונת ראיה, כדי שלא תתגרש ויקיים הבעל פריה ורביה, **וגם** בדין הב' פשוט דיש להקל, כיון דהא דנהיגין להמתין שש עונות אע"פ שלא שמשה, הוא רק משום לא פלוג בין שמשה ללא שמשה, ואין להחמיר בלא פלוג כמו בגוף הדין עצמו, ע"כ יש להקל בכה"ג, **ולכל** הפחות תמתין ג' עונות, דהיכא דאיכא למיחש שתצא אשה מיד בעלה עי"ז פשיטא שיש להקל לכל הפחות אחר ג' עונות, ואם טבלה במש"ק וראתה אחר הטבילה קודם תשמיש, תחל לספור ז' נקיים ביום ג', ותפסוק בטהרה בהש"מ דיום ב' נגהי ג').

(**ועמ"ש** לקמן סי' קצ"ו סוף ס"ק ט"ז בשם כמה גדולים, דבכה"ג בראתה אחר טבילה קודם ששמשה, יש להקל בכל אופן ואף לספור מיד).

סימן קפד ס"ב(4) • אשה שקבעה וסת בליל טבילה

בעונת הוסת עצמה
התפארת למשה כתב, דאשה שקבעה וסת בליל טבילתה וא"א לה לטבול עד ליל וסתה, **דמותר** לשמש, דוסתות דרבנן, ולא החמירו לאסרה על בעלה עולמית.

בעונת האו"ז
ומכ"ש אם וסתה ביום מחר, דאין להחמיר בליל טבילתה משום עונת האו"ז, **וכ"כ** החת"ס כיון דכל עיקר טעמם אינו אלא משום לא פלוג וכנ"ל, בשגם שוסתות דרבנן, וכדי שלא תתגרש ויקיים הבעל פ"ו, **ואפי'** לשיטת הרא"ה הנ"ל, היינו בוסת קבוע ג"פ, אבל וסת שאינו קבוע, הוה עונה סמוך לוסתה דרבנן.

בשאפשר להקל בחומרת הרמ"א
לא מקילינן בעונת וסת עצמה אלא דוקא בשדרכה לראות כל אותן הימים, וא"כ א"א להקדים הטבילה, **אבל** בלא"ה, אף שכתב הרמ"א בסי' קצ"ו סי"א, דאין מתחלת למנות ז' נקיים אלא מיום ו', וא"כ ליל הטבילה הוא שעת וסתה, **מ"מ** יותר עדיף שתתחיל למנות מיום ד' או ה', דזה אינו אלא חומרא.

חומרת הרמ"א עדיף מחומרת האו"ז
אכן יותר טוב לחוש לחומרת הרמ"א ז"ל, מלחוש לחומרת האו"ז שלא נזכר בשו"ע כלל.

אם ראתה טרם ששמשה
וכתב החת"ס, דאם יארע שראתה מיד אחר טבילה טרם ששמשה, **פשוט** דיש להקל, כיון דהא דנהיגין להמתין ו' עונות אע"פ שלא שמשה, הוא רק משום לא פלוג בין שמשה ללא שמשה, ואין להחמיר בלא פלוג כמו בגוף הדין עצמו, היכא דאיכא למיחש שתצא אשה מיד בעלה עי"ז, **ולכל** הפחות תמתין ג' עונות. **והפת"ש** הביא בשם כמה גדולים, דבכה"ג

בראתה אחר טבילה קודם ששמשה, יש להקל בכל אופן ואף לספור מיד.

וסת התלוי בשינוי הגוף

הגה: וכל זה לא מיירי אלא בוסת התלוי בימים, אבל לא בוסת התלוי בשינוי הגוף - לבד, דא"צ לפרוש אלא זמן הוסת, אם אינו בא לזמן ידוע, **וע"ל סימן קפ"ט.**

סימן קפד ס"ב(5) • וסת התלוי בשינוי הגוף

וכל זה לא מיירי אלא בוסת התלוי בימים, **אבל** בוסת התלוי בשינוי הגוף לבד, א"צ לפרוש אלא זמן הוסת, **אם** אינו בא לזמן ידוע.

דין הרמ"א באשה שמשנית וסתה

ואשה שמשנית וסתה להקדים ב' או ג' ימים קודם, או לאחר, כשמגיע זמן וסתה, צריך לפרוש ממנה ב' או ג' ימים קודם או אחריו. וע"ל סימן קפ"ט - אין ר"ל שצריך לפרוש כל הג' ימים, אלא ר"ל דהיה לה וסת ואח"כ משתנית וסתה להקדים ב' או ג' ימים, אז צריך לפרוש גם קודם הוסת כפי מה שרגילה להקדים, כגון שרגילה להקדים ג' ימים, צריך לפרוש אותו יום שרגילה להקדים - ש"ך סי' קפ"ט ס"ק ל"ט.

(**ועיין** בתשו' נו"ב שפירש דברי הרב, דהיינו שכך הוא קביעת וסתה, שבתוך אלו הב' וג' ימים תראה, ובגוף אלו הימים אין לה זמן קבוע אימת, לפעמים בזה ולפעמים בזה, ועכ"פ לא יעברו אלו הג' ימים בלא ראיה, א"כ כל הג' ימים וסת הן, וצריך לפרוש בכולם, **ומכח** זה המציא דין חדש, באשה שהוחזקה שאינה מספקת לספור ז"נ, כל ז' וז' הם אצלה כוסת קבוע, וצריכה בדיקה כל ז' בבוקר וערב ובאמצע היום כמה פעמים, **ולמד** זה מסי' קפ"ו ס"ג, דעד י"ד יום דינה כדין אשה שיש לה וסת, ואם לקולא אמרינן כן ק"ו לחומרא כו' ע"ש, **ואיני** מבין ראיתו, דשם הוחזקה בודאי שלא תראה באותן י"ד ימים, משא"כ בנ"ד שלא הוחזק יום א' מאותן הז' ימים שתראה בו בודאי).

(**ומצאתי** בחוו"ד שהשיג עליו בזה, ופירש הוא ז"ל דברי הרמ"א באופן אחר, דמשנית וסתה להקדים, היינו כגון שהיה לה וסת בג' לירחא, ועתה הקדימה וראתה ג"פ בב' לירחא ובג' לירחא, וחזרה וראתה ג"פ בריש ירחא ובב' לירחא ובג' לירחא, דאז חוששת לשלשתן, דהימים שהיו בתחלת וסת, אף שהן עתה באמצע וסת, לא אבדו מעלתן, **וכן** במאחרת כגון שהיה לה וסת קבוע בריש ירחא, ואחר כך ראתה ב"פ בב' בירחא, דלא נעקר הוסת דריש ירחא עדיין, דאין הוסת נעקר עד ג"פ, ובפעם הג' ראתה בריש ירחא ובב' בירחא, דאז נקבעו שני הוסתות, דב' בירחא ג"כ הוקבע, כיון שב"פ הראשונים הוחזק ממעין סתום, ואח"כ ראתה ב"פ רק בג' בירחא, ובפעם הג' ראתה בריש ירחא ובב' בירחא ובג' לירחא, דאז הוקבעו שלשתן, **וכיון** שמשנית וסתה פעמים מקדמת ופעמים מאחרת, חיישינן שמא היא באופן ששלשתן הוקבעו, משו"ה חוששת לשלשתן).

סימן קפד ס"ב(6) • דין הרמ"א באשה שמשנית וסתה

כתב הרמ"א, דאשה שמשנית וסתה להקדים ב' או ג' ימים קודם, או לאחר, כשמגיע זמן וסתה, צריך לפרוש ממנה ב' או ג' ימים קודם או אחריו.

<u>**פי' הש"ך**</u>, דאין ר"ל שצריך לפרוש כל הג' ימים, אלא ר"ל דהיה לה וסת ואח"כ משתנית וסתה להקדים ב' או ג' ימים, אז צריך לפרוש גם קודם הוסת כפי מה שרגילה להקדים, כגון שרגילה להקדים ג"י, צריך לפרוש אותו יום שרגילה להקדים.

<u>**פי' הנו"ב**</u>, דהיינו שכך הוא קביעת וסתה, שבתוך אלו הב' וג' ימים תראה, ובגוף אלו הימים אין לה זמן קבוע אימת, לפעמים בזה ולפעמים בזה, ועכ"פ לא יעברו אלו הג' ימים בלא ראיה, **א"כ** כל הג' ימים וסת הן, וצריך לפרוש בכולם, **ומכח** זה המציא דין חדש, באשה שהוחזקה שאינה מספקת לספור ז"נ, כל ז' וז' הם אצלה כוסת קבוע, וצריכה בדיקה כל ז' בבוקר וערב ובאמצע היום כמה פעמים, **ולמד** זה מסי' קפ"ו ס"ג, באשה שאינה רואה בפחות מי"ד ימים, דעד י"ד יום דינה כדין אשה שיש לה וסת, ואם לקולא אמרינן כן ק"ו לחומרא, **והפת"ש** מחלק, דשם הוחזקה בודאי שלא תראה באותן י"ד ימים, **משא"כ** בנ"ד שלא הוחזק יום א' מאותן הז' ימים שתראה בו בודאי.

<u>**פי' החוו"ד**</u>, כגון שהיה לה וסת בג' לירחא, ועתה הקדימה וראתה ג"פ בב' לירחא ובג' לירחא, וחזרה וראתה ג"פ בר"ח ובב' לירחא ובג' לירחא, דאז חוששת לשלשתן, דהימים שהיו בתחלת וסת, אף שהן עתה באמצע וסת, לא אבדו מעלתן, **וכן** במאחרת, כגון שהיה לה וסת קבוע בר"ח, ואח"כ ראתה ב"פ בב' בירחא, דלא נעקר הוסת דר"ח עדיין, דאין הוסת נעקר עד ג"פ, ובפעם הג' ראתה בר"ח ובב' בירחא, דאז נקבעו שני הוסתות, דב' בירחא ג"כ הוקבע, כיון שב"פ הראשונים הוחזק ממעין סתום, ואח"כ ראתה ב"פ רק בג' בירחא, ובפעם הג' ראתה בר"ח ובב' בירחא ובג' לירחא, דאז הוקבעו שלשתן.

קטנה וזקנה

סעיף ג - במה דברים אמורים, בגדולה, אבל בקטנה שלא הגיעה לימי הנעורים,

ולא הביאה סימנים - היינו שלא הגיעה לי"ב שנים ויום א', או לא הביאה סימנים, [ור"ל דתרי גוונא קטנה יש, האחת שלא הגיעה לימי הנעורים, ואפי' הביאה סימנים עדיין קטנה היא, דשומא בעלמא הם, **ועוד** יש סי' לקטנות, במה שלא הביאה סימנים, ואז אע"פ שהגיעו ימי הנעורים קטנה היא].

אין צריך לפרוש סמוך לוסתה – [נראה פשוט דה"ה בשעת וסתה עצמה, דחד טעמא הוא, וכמו שכתב בסעיף ז' לענין מעוברת].

כל זמן שלא קבעתו ג' פעמים - (משמע דאפילו ראתה הרבה פעמים, כל זמן שלא קבעה וסת אינה חוששת כלל, **ועיין** בט"ז לקמן סי' קפ"ט ס"ק מ"ג שדעתו, דאם ראתה ג"פ אע"פ שלא נקבע וסת, מ"מ חוששת, כיון דמוחזקת לראות, **ובנה"כ** שם חולק עליו, **ועיין** בס"ט וחוו"ד שם שהסכימו לדעת הט"ז).

והוא הדין לזקנה שנסתלקו דמיה.

סימן קפד ס"ג • קטנה וזקנה

קטנה שלא הגיעה לי"ב שנים ויום א', אפי' הביאה סימנים, דשומא בעלמא הם, **או** לא הביאה סימנים אע"פ שהגיעו לי"ב שנים ויום א', **א"צ** לפרוש סמוך לוסתה או בשעת וסת עצמה.

וכ"ז דוקא כשלא קבעתו ג"פ. **וכתב** הש"ך דאפי' ראתה הרבה פעמים, כיון שלא קבעה וסת, אינה חוששת כלל, **והט"ז** ס"ל, דאם ראתה ג"פ אע"פ שלא נקבע וסת, מ"מ חוששת, כיון דמוחזקת לראות, **והס"ט** וחוו"ד הסכימו לדעת הט"ז.

וה"ה לזקנה שנסתלקו דמיה, דא"צ לפרוש סמוך לוסתה.

לא קים לן אי ראייתה קודם הנץ או אחריו

סעיף ד - אם רגילה לראות בהנץ החמה, ולא קים לן שפיר אי קודם הנץ החמה או אחריו, אינה אסורה אלא ביום - דכיון דוסתות מדרבנן הו"ל ספק דרבנן לקולא, וא"צ לפרוש אלא ביום שהיה ודאי בימי נדתה - הרא"ש, **ר"ל** דאפילו ראתה קודם הנץ החמה מ"מ היום היה ודאי בימי נדתה, משא"כ הלילה היה בספק, [וכיון דביום עכ"פ טמאה היא, תלינן תחילת הקלקלה גם כן ביום], **ולפי"ז** אם רגילה לראות בין השמשות, ולא קים לן אי קודם או לאחר הלילה, (**ר"ל** אי קודם שקיעת החמה או לאחר שקיעה, דלענין וסתות חשבינן משקיעת החמה עד צה"כ, וכן מעלות השחר עד נה"ח ללילה - חוו"ד), אינה אסורה אלא בלילה.

והב"ח כתב, דראוי להחמיר מכח ספק, לאסור ביום ובלילה, **ולפמ"ש** לעיל, (לענין שיטת אור זרוע), כ"ש הכא. (**צ"ע** דהא כתב הש"ך, דאם יש לה שעה קבועה, די באותה עונה, וכאן הרי יש שעה קבועה, **וצ"ל** דסמך עצמו עמ"ש בנה"כ, דנשי דידן אין להם שעה קבועה, וכן מצאתי בחוו"ד ודוחק). (**ור"ל** כיון שלרוב הנשים אין שעה קבועה, לכן החמירו בכל הנשים – שבה"ל).

סימן קפד ס"ד • לא קים לן אי ראייתה קודם הנץ או אחריו

אם רגילה לראות בהנץ החמה, ולא קים לן שפיר אי קודם הנץ או אחריו, אינה אסורה אלא ביום, **דאפי'** ראתה קודם הנץ, מ"מ היום היה ודאי בימי נדתה, משא"כ הלילה הוי בספק, **וכיון** דוסתות מדרבנן הו"ל ספק דרבנן לקולא, **ותלינן** תחילת הקלקלה ביום, **ולפ"ז** אם רגילה לראות ביה"ש, ולא קים לן אי קודם שקיעה או לאחריו, אינה אסורה אלא בלילה, (**דלענין** וסתות חשבינן משקיעת החמה עד צה"כ, וכן מעלות השחר עד נץ החמה, ללילה).

והב"ח כתב, דראוי להחמיר מכח ספק, לאסור ביום ובלילה, **ולפמ"ש** הש"ך לעיל, להחמיר כשיטת האור זרוע, כ"ש הכא. **והגם** דאם יש לה שעה קבועה, אפי' להש"ך די באותה עונה, וכאן הרי יש שעה קבועה, **צ"ל** דסמך עצמו עמ"ש, דנשי דידן אין להם שעה קבועה, לכן החמירו בכל הנשים.

אם נמשכה ראייתה עד אחר הנץ

סעיף ה - אם רגילה לראות ראייה מקודם הנץ החמה עד אחר הנץ החמה, אסורה בלילה, וביום כשיעור הנמשך בו - דבתר תחלת הוסת אזלינן, [דאמרינן שעיקר הוסת בלילה, אלא שנמשך זמנו עוד במקצת היום, על כן אסורה גם באותו מקצת היום], **ולפי"ז** אם רגילה לראות מקודם הלילה עד הלילה, אסורה כל היום ובלילה כשיעור הנמשך בו, **ולפמ"ש** לעיל בס"ק ז', א"כ בקודם הנץ החמה, אסורה כאן כל הלילה וכל היום שלפניו, וביום שאחריו כשיעור הנמשך בו, **ובקודם** הלילה אסורה כל היום וכל הלילה שלפניו, ובלילה שאחריו כשיעור הנמשך בו. (**עיין** לעיל בסעיף ד' קושיית הפתחי תשובה, והוא הקשה אותו כאן).

סימן קפד ס"ה • אם נמשכה ראייתה עד אחר הנץ

אם רגילה לראות מקודם הנץ החמה עד אחר הנץ, אסורה בלילה, וביום כשיעור הנמשך בו, **דבתר** תחלת הוסת אזלינן, ואמרינן שעיקר הוסת בלילה, אלא שנמשך זמנו עוד במקצת היום, **ולפי"ז** אם רגילה לראות מקודם הלילה עד הלילה, אסורה כל היום ובלילה כשיעור הנמשך בו.

ולפמ"ש הש"ך לעיל להחמיר כשיטת האור זרוע, א"כ אסורה לפניו לעוד עונה וכנ"ל, **וא"ת** הא יש לה שעה קבוע לראות, עיין לעיל ס"ד.

אם נמשכה ראייתה ב' או ג' ימים

סעיף ו - אם וסת נמשך ב' או ג' ימים, ששופעת או מזלפת, אינה צריכה לפרוש אלא עונה הראשונה של הוסת, וכיון שעברה העונה ולא ראתה, מותרת - ולא דמי לס"ה, דצריכה לפרוש ביום כשיעור הנמשך בו, דהתם רואה ראיה מרובה מסוף הנה"ח עד תוך היום, אבל כאן אינה ראיה א', ‹דמיירי בפוסקת וחוזרת ורואה, וכשיטתו בסי' ק"ץ ס"ג, דאשה השופעת ב' או ג' ימים בלא הפסק א"א שתחיה›, אלא הראיה שרואה בראשונה היא תחילת הוסת, וכל מה שרואה אח"כ דמים יתירים הוא דאתוספו בה, כ"כ הב"ח, **והפרישה** כתב, דדוקא לעיל דהמשך הוא דבר מועט, סברא לומר דגם הוא מצטרף, משא"כ כשהוא ב' או ג' ימים, [שא"א שתהיה הכל ראיה אחת, ‹אפי' בשופעת או מזלפת בהמשך א', וכשיטתו שם דאפשר שתחיה, דאין סברא להיות נחשב הכל ראיה אחת – בדי השלחן›, **אלא תוספת דמים, וכיון** שנסתלק עיקר הראיה, נסתלק ג"כ התוספת, כן מתרצים רבים דברי השו"ע, **אלא דצ"ע מנ"ל לחלק בכך].**

(**ולפי"ז** אשה שראתה ב"פ בר"ח, ונמשך ראייתה עד ב' או ג' לחודש, ובפעם הג' לא ראתה בר"ח רק בב' או ג' לחודש, לא קבעה וסת לב' או ג' לחודש, דאזלינן תמיד בתר תחלת ראיה, ובב"פ ראשונים היה בר"ח, **ועיין** חוו"ד שכתב, דדברי המחבר כאן דוקא בשופעת או מזלפת, דודאי ראיה אחת היא, אבל בפוסקת צריכה לחוש לכל הג' ימים, **וכן** בנדון הנ"ל קבעה לה וסת לב' או לג', דחיישינן אולי ראיית יום ב' או ג' הוא עיקר, **אמנם** זה דוקא בכה"ג שהימים שבתחלת ראייתה לא הוקבעו, **אבל** אם הוקבעו כגון שראתה ג"פ בר"ח ונמשך עד ב' או ג' לחודש, אינה חוששת להראיות שבתוך נדתה, ומיד שעברה עונה ראשונה מותרת, אף בפוסקת, **וכן** כשהראיות שבתוך נדתה לא הוקבעו עדיין, אינה חוששת לו ולא לעונה בינונית ממנה).

סימן קפד ס"ו • אם נמשכה ראייתה ב' או ג' ימים

כתב המחבר, דאם הוסת נמשך ב' או ג' ימים, ששופעת או מזלפת, א"צ לפרוש אלא עונה הראשונה של הוסת, וכיון שעברה העונה ולא ראתה, מותרת.

וקשה מס"ה, דהתם צריכה לפרוש כשיעור הנמשך בו, **ותירץ** הש"ך, דהתם רואה ראיה א', **אבל** כאן אינה ראיה א', דמיירי בפוסקת וחוזרת ורואה, (וכשיטתו בסי' ק"ץ ס"ג, דאשה השופעת ב' או ג' ימים בלא הפסק א"א שתחיה), אלא הראיה שרואה בראשונה היא תחילת הוסת, וכל מה שרואה אח"כ דמים יתירים הוא דאתוספו בה. **והפרישה** תירץ, דדוקא לעיל דהמשך הוא דבר מועט, סברא לומר דמצטרף, **משא"כ** כשהוא ב' או ג' ימים, אפי' בשופעת או מזלפת בהמשך א', (וכשיטת הט"ז שם דאפשר שתחיה), אין סברא להיות נחשב הכל ראיה א', אלא תוספת דמים, וכיון שנסתלק עיקר הראיה, נסתלק ג"כ התוספת, **וכתב** הט"ז דצ"ע מנ"ל לחלק בכך.

ולפי"ז אשה שראתה ב"פ בר"ח, ונמשך ראייתה עד ב' או ג' לחודש, ובפעם הג' לא ראתה בר"ח רק בב' או ג' לחודש, לא קבעה וסת לב' או ג' לחודש, דאזלינן תמיד בתר תחלת ראיה, **אבל** להט"ז, דהמחבר איירי בלי הפסק, דודאי ראיה אחת היא, **י"א** דבפוסקת צריכה לחוש לכל הג' ימים, **וכן** בנדון הנ"ל קבעה לה וסת לב' או לג', דחיישינן אולי ראיית יום ב' או ג' הוא עיקר, **אמנם** זה דוקא בכה"ג שהימים שבתחלת ראייתה לא הוקבעו, **אבל** אם הוקבעו כגון שראתה ג"פ בר"ח ונמשך עד ב' או ג' לחודש, אינה חוששת להראיות שבתוך נדתה, ומיד שעברה עונה ראשונה מותרת, אף בפוסקת.

מעוברת ומניקה

סעיף ז - אם הגיע וסתה בימי עיבורה, משהוכר עוברה, או בימי מניקתה שהם כ"ד חדשים משנולד הולד, אפילו מת הולד - ‹ואף בהניקתו ד' או ה' שנים – רעק"א›.

עיין באהע"ז סי' י"ג סי"א, דאין חדש העיבור עולה למנין, (**ועיין** כו"פ שחולק, ופסק דחודש העיבור עולה למנין, ואין לה אלא כ"ד חדשים הן בשנה פשוטה או מעוברת).

א"צ לפרוש סמוך לוסתה, ואפילו בתוך וסתה מותרת בלא בדיקה. (וע"ל סוף סי' קפ"ט).

מצאתי בהגהת מהרש"ל לטור וז"ל, ונ"ל דמיירי שלא קבעה וסת שלש פעמים בימי עיבורה או בימי מניקתה, אלא שחוששת לוסתה הראשונה ודו"ק, עכ"ל, **וע"ל** סימן קפ"ט סל"ג, (**ור"ל** דשם מבואר, דאפילו אם ראתה רק פעם א' בימי עיבורה או מניקתה, צריכה לחוש

לו כדין וסת שאינו קבוע, וכ"כ הס"ט וחוו"ד ‹ורעק"א›. **ותימה** על המנ"י בתוה"ש שכתב וז"ל, ואם ראתה ג"פ בימי עיבורה או מניקתה, יתבאר לקמן סי' קפ"ט דחוששת עכ"פ לוסת שאינו קבוע, וכן כתב הש"ך, עכ"ל, וזה אינו וכמ"ש).

כתב הפרישה ‹על דברי הטור›, משמע דוקא סמוך, אבל בזמן וסתה עצמו צריך לפרוש, וכן לעיל גבי קטנה, ומיהו אין זה דיוק גמור כו', **וכן** נראה ממ"ש המחבר והעט"ז ואפי' בתוך וסתה מותר בלא בדיקה, וכן משמע מדברי הרא"ש ושאר פוסקים, ‹וכן הוא בט"ז לעיל בס"ג›.

סימן קפד ס"ז • מעוברת ומניקה

אם הגיע וסתה בימי עיבורה, (משהוכר עוברה), או בימי מניקתה, (שהם לעולם כ"ד חדשים משנולד הולד, אף כשמת הולד, ואף בהניקתו ד' או ה' שנים), **א"צ** לפרוש סמוך לוסתה, ואפילו בתוך וסתה מותרת בלא בדיקה.

כתב הש"ך דאין חדש העיבור עולה למנין, **וי"א** דעולה למנין, ואין לה אלא כ"ד חדשים הן בשנה פשוטה או מעוברת.

י"א דמיירי שלא קבעה וסת ג' פעמים בימי עיבורה או בימי מניקתה, אלא שחוששת לוסתה הראשונה, **ובסי'** קפ"ט סל"ג מבואר, דאפי' אם ראתה רק פעם א' בימי עיבורה או מניקתה, צריכה לחוש לו כדין וסת שאינו קבוע.

יש מדייקים מהטור, דדוקא סמוך לוסת א"צ לפרוש, אבל בזמן וסתה עצמו צריך לפרוש, וכן לעיל גבי קטנה, (ודלא כהשו"ע וכל הפוסקים), **ומיהו** אין זה דיוק גמור.

היתה נחבית במחבא

סעיף ח - היתה נחבית במחבא מפני פחד, והגיע שעת וסתה, אינה חוששת לו. הגה: וי"א דוקא אם עבר הוסת ולא בדקה ולא הרגישה, טהורה בלא בדיקה, אבל לכתחלה צריכה בדיקה - ‹אפי' לא היה לה וסת קבוע, טור›. **ולא** דמי למעוברת ומניקה דבסמוך, דאפילו לכתחלה א"צ בדיקה, דמעוברות ומניקות חזינן דדמיהן מסולקים, **אבל** היתה במחבא לא בריר לן כולי האי דתהא מסולקת דמים, דהא חזינן כמה נשים אע"ג דהוו במחבא לא שינו את תפקידם - בית יוסף והאחרונים.

[ולענ"ד נראין הדברים כפשוטן, דגבי סילוק דמים משום פחד, איכא למיחש שמא באותה שעה שתזקק לבעלה יצא הפחד מלבה, וכיון שהיא שעת וסתה אפשר שאז תטמא, כי אורח בזמנו בא, **ולא** אמרו בה שחרדה מסלקת הדמים, אלא אם היתה כל שעת הוסת בחרדה, ולא הפסיקה ממנה, **וזהו דבר ברור, אם** היתה בפחד בתחילת שעת הוסת ויצאה מן הפחד בתוך אותו זמן הוסת, דאז היא כשאר נשים דחזר טבעה למקומה הראשון, ע"כ לא תשמש עד אחר שעברה כל שעת הוסת, ‹וכן באינה משמשת, דלמא יצא הפחד מלבה באיזה רגע, דהרי לא הזכיר רמ"א תשמיש דוקא - גליון מהרש"א, **משא"כ** במעוברת שכבר היא מסולקת דמים, ואין חשש לאסור אותה אפי' בשעת הוסת.

(**ואם** ראתה במחבא, אינו מצטרף לענין קביעות וסת, חוו"ד).

סימן קפד ס"ח • היתה נחבית במחבא

כתב המחבר, היתה נחבית במחבא מפני פחד, והגיע שעת וסתה, אינה חוששת לו. **וכתב** הרמ"א, וי"א דוקא אם עבר הוסת ולא בדקה ולא הרגישה, טהורה בלא בדיקה, **אבל** לכתחלה צריכה בדיקה, ואפי' לא היה לה וסת קבוע.

ואף דמעוברת ומניקה בס"ז, אפי' לכתחלה א"צ בדיקה, **היינו** משום דמעוברות ומניקות חזינן דדמיהן מסולקים, **אבל** היתה במחבא לא בריר לן כולי האי דתהא מסולקת דמים, דהא חזינן כמה נשים אע"ג דהוו במחבא לא שינו את תפקידם.

ולהט"ז הטעם, דלא אמרו שחרדה מסלקת הדמים, אלא אם היתה כל שעת הוסת בחרדה, ולא הפסיקה ממנה, אבל כשהיא במחבא, איכא למיחש שמא באותה שעה שתזקק לבעלה יצא הפחד מלבה, (וכן באינה משמשת, דלמא יצא הפחד מלבה באיזה רגע), וכיון שהיא שעת וסתה, אפשר שאז תטמא, כי אורח בזמנו בא, **משא"כ** במעוברת שכבר היא מסולקת דמים, אין חשש לאסור אותה אפי' בשעת הוסת.

אם ראתה במחבא, אינו מצטרף לענין קביעות וסת.

דין בדיקה בשעת הוסת

סעיף ט - שאר נשים - דעלמא שאינן מעוברות ומיניקות או במחבא, **צריכות בדיקה כשיגיע הוסת** - (היינו בדיקת חורין וסדקין - חוו"ד).

(**ואם** יש לה שעה קבוע ביום הוסת, א"צ בדיקה רק אותה השעה, **ואם** אין לה שעה קבוע, וכן בעונה בינונית, צריכה בדיקה כל העונה, דהיינו שתשים מוך דחוק ויהיה שם כל העונה, **ונשי** דידן אין להם שעה קבועה, כמ"ש בשם הנה"כ, **ובמשנית** וסתה ב' או ג' ימים המבואר בס"ב, צריך שיהיה מוך דחוק שם כל הב' או ג' ימים, דכשעת וסתה דמיין, וצריך ללמד זה תוך ביתו, חוו"ד).

‹לא נתקבלו דבריו בעיני בעלי ההוראה - אמרי בינה›.

עבר הוסת ולא בדקה ולא הרגישה, טהורה בלא בדיקה. וי"א שאסורה עד שתבדוק, אם יש לה וסת קבוע, או שהוא יום ל' אע"פ שאינו קבוע. (והכי נהוג, וכן הוא לקמן סימן קפ"ט).

כתב ב"י ממשמעות הפוסקים, דאפילו איחרה זמן מה אחר הוסת, כיון שבדקה ומצאה טהורה, טהורה, **והב"ח** פסק דיש להחמיר, דדוקא בבדקה עצמה מיד לאחר וסתה תוך שיעור וסת, **אבל** לא בדקה תוך הזמן, אע"פ שלאח"כ בדקה עצמה ומצאה טהורה, טמאה, דחזקה אורח בזמנו בא ונפל לארץ. (**והאחרונים** כתבו שאין לחוש לחומרא זו).

(**ואם** בדקה עצמה ונאבד העד, אסורה, דשוב ליכא ראיה מהא דלא הרגישה, דסברה הרגשת עד הוא, וכ"ש אם השליכה או פשעה באבידת העד דאסורה - חוו"ד, **ולפי"ז** ה"ה אם בשעת וסתה הטילה מים, ג"כ טמאה כשעבר הוסת ולא בדקה ולא הרגישה, דאימור ארגשה וסברה הרגשת מי רגלים הוא, **דמה"ט** כתבתי לעיל ריש סימן קפ"ג, דאם ראתה אחר הטלת מי רגלים, אף בלא הרגשה הוא דאורייתא, וצ"ע, **ופשוט** דכ"ז אפילו אם בדקה עצמה אחר הוסת ומצאה טהורה, ג"כ טמאה, כיון דחיישינן דבשעת וסתה ראתה על העד או נפל לארץ, ולא ארגשה, דסברה הרגשת עד או מי רגלים הוא).

‹האבני נזר כתב, שאין דברי החוו"ד אמורים אלא לדעה ראשונה, שאם עבר זמן הוסת ולא בדקה ולא הרגישה דא"צ בדיקה, ובזה קאמר החוו"ד, דאם נאבד העד, לכו"ע בעי בדיקה, **אבל** אם בדקה ומצאה טהורה, לכו"ע מותרת, **ולפי"ז** אין נ"מ לדידן בדברי החוו"ד, דהא אנן נהגינן כהרמ"א, דכל אשה שעבר וסתה בלא בדיקה צריכה בדיקה, **אמנם** הפת"ש הבין בכוונת החוו"ד, שאם נאבד העד, אפי' בדקה אח"כ ומצאה טהורה, צריכה ז' נקיים – בדי השלחן›.

‹**ובשיעורי** שבט הלוי הביא, דבתשו' בית שלמה וכן מהרש"ם חולקין על חומרא זה דהחוו"ד, דאין לחוש דבדיוק אותו רגע דבדיקה היתה ראייה בהרגשה, דחשש רחוק הוא›.

אם יש לה וסת קבוע - [אבל אם יש לה וסת שעדיין לא קבעתו ג' פעמים, והוא פחות מעונה בינונית, כגון שראתה מכ"ה לכ"ה וכיוצא בזה, אע"פ שלא בדקה, כיון שלא הרגישה בדם, טהורה בלא בדיקה, עכ"ל הטור סוף סימן זה. **והקשה** בפרישה, **דהא** איתא בסימן קפ"ו, אשה שאין לה וסת אסורה לשמש בלא בדיקה, ומתוך כך האריך מאד בתירוצים, ולי נראה דלא קשה מידי, דודאי אשה שאין לה וסת, אלא רגילה כבר בראיות הרבה בלי שעור שוה כלל, בכל פעם היא בחזקת רואה עד שתבדוק, **אבל** הכא מיירי שיש לה וסת כדרך שאר נשים, אלא ששינתה לראות מכ"ה לכ"ה פעם אחת, והיא צריכה לחוש כשיגיע עוד יום כ"ה, כדאיתא סי' קפ"ט, **בזה** אמרינן כיון שלא הרגישה באותו יום שהיא חוששת, ועבר אותו יום ולא בדקה אחר כך, טהורה, דהא לא מוחזקת ג"פ בראיה באותו זמן, ודי בזה שחוששת לכתחלה, וזה פשוט].

(**ודע** דכל זה מיירי בוסת הקבוע לימים לחודש, אבל בוסתות שע"י מקרים שבגופה, כיון שהרגישה במקרים הללו ולא בדקה, אפילו בוסת שאינו קבוע, אסורה לשמש עד שתבדוק, כמ"ש הט"ז בסי' קפ"ט סכ"א).

(**עוד** כתב החוו"ד, אם עבר ג"פ יום וסתה ולא בדקה ולא הרגישה, לא מיעקר וסתה, **וכן** אם באמצע הג"פ לא בדקה ולא הרגישה ביום הוסת, מצטרף הראיות שאח"כ שראתה ביום הוסת, לג"פ לקביעת וסת, ע"ש, **ונראה** קצת דדוקא וסת קבוע לא מיעקר בכה"ג, בין שהיה קבוע בתחלה, בין שנעשה קבוע ע"י צירוף הראיות שאח"כ, וכמ"ש החוו"ד, דאמרינן מכח חזקה דוסתות, שראתה אפילו בלא הרגשה, **אבל** וסת שאינו קבוע דמיעקר בפ"א, אפשר דנעקר גם בכה"ג, וצ"ע).

סימן קפד ס"ט • דין בדיקה בשעת הוסת

שאר נשים (שאינן מעוברות ומיניקות או במחבא), צריכות בדיקת חורין וסדקין כשיגיע הוסת.

חומרת החוו"ד דצריכה בדיקה כל העונה

כתב החוו"ד, דאם יש לה שעה קבוע ביום הוסת, א"צ בדיקה רק אותה השעה, **ואם** אין לה שעה קבוע, וכן בעונה בינונית, צריכה בדיקה כל העונה, דהיינו שתשים מוך דחוק ויהיה שם כל העונה, **ונשי** דידן אין להם שעה קבועה, כמ"ש בשם הנה"כ, **ובמשנית** וסתה ב' או ג' ימים המבואר בס"ב, צריך שיהיה מוך דחוק שם כל הב' או ג' ימים, דכשעת וסתה דמיין. **וכתב** האמרי בינה, דלא נתקבלו דבריו בעיני בעלי ההוראה.

עבר הוסת ולא בדקה ולא הרגישה

טהורה בלא בדיקה. **וי"א** שאסורה עד שתבדוק, אם יש לה וסת קבוע, או שהוא יום ל' אע"פ שאינו קבוע, **והכי** נהוג. **ואפי'** איחרה זמן מה אחר הוסת, כיון שבדקה ומצאה טהורה, טהור.

חומרת הב"ח דבדיקה לאחר הוסת לא מהני

והב"ח מחמיר, דדוקא בבדקה עצמה מיד לאחר וסתה תוך שיעור וסת, **אבל** לא בדקה תוך הזמן, אע"פ שלאח"כ בדקה עצמה ומצאה טהורה, טמאה, דחזקה אורח בזמנו בא ונפל לארץ. **והאחרונים** כתבו שאין לחוש לחומרא זו.

חומרת החוו"ד בבדקה עצמה ונאבד העד

כתב החוו"ד, דאם בדקה עצמה ונאבד העד, אסורה, דשוב ליכא ראיה מהא דלא הרגישה, דסברה הרגשת עד הוא, וכ"ש אם השליכה או פשעה באבידת העד דאסורה.

וכתב הפת"ש, דלפי"ז ה"ה אם בשעת וסתה הטילה מים, וצ"ע, **ופשוט** דכ"ז אפילו אם בדקה עצמה אחר הוסת ומצאה טהורה, כיון דחיישינן דבשעת וסתה ראתה על העד או נפל לארץ, ולא ארגשה, דסברה הרגשת עד או מי רגלים הוא, וצריכה ז' נקיים.

אבל האבני נזר כתב, שאין דברי החוו"ד אמורים אלא לדעה ראשונה, שאם עבר זמן הוסת ולא בדקה ולא הרגישה דא"צ בדיקה, ובזה קאמר החוו"ד, דאם נאבד העד, לכו"ע בעי בדיקה, **אבל** אם בדקה ומצאה טהורה, לכו"ע מותרת, **ולפי"ז** אין נ"מ לדידן בדברי החוו"ד, דהא אנן נהגינן כהי"א, דכל אשה שעבר וסתה בלא בדיקה צריכה בדיקה.

והאחרונים חולקין על חומרא זה דהחוו"ד, דאין לחוש דבדיוק אותו רגע דבדיקה היתה ראייה בהרגשה, דחשש רחוק הוא.

בדיקה לוסת שאינו קבוע

כתב הטור, דאם יש לה רק וסת שאינו קבוע ג' פעמים, והוא פחות מעונה בינונית, כגון שראתה מכ"ה לכ"ה וכיוצ"ב, אע"פ שלא בדקה, כיון שלא הרגישה בדם, טהורה בלא בדיקה, **והקשו** עליו, דהא איתא בסי' קפ"ו, דאשה שאין לה וסת אסורה לשמש בלא בדיקה, **ותירץ** הט"ז, דודאי אשה שאין לה וסת, אלא רגילה כבר בראיות הרבה בלי שעור שוה כלל, בכל פעם היא בחזקת רואה עד שתבדוק, **אבל** הכא מיירי שיש לה וסת כדרך שאר נשים, אלא ששינתה לראות מכ"ה לכ"ה פעם אחת, והיא צריכה לחוש כשיגיע עוד יום כ"ה, כדאיתא סי' קפ"ט, **בזה** אמרינן כיון שלא הרגישה באותו יום שהיא חוששת, ועבר אותו יום ולא בדקה אח"כ, טהורה, דהא לא מוחזקת ג"פ בראיה באותו זמן, ודי בזה שחוששת לכתחלה.

בדיקה לוסת שע"י מקרים שבגופה

וכל זה מיירי בוסת הקבוע לימים לחודא, אבל בוסתות שע"י מקרים שבגופה, כיון שהרגישה במקרים הללו ולא בדקה, אפי' בוסת שאינו קבוע, אסורה לשמש עד שתבדוק.

כשלא בדקה לענין עקירת וקביעת וסתה

אם עבר ג"פ יום וסתה ולא בדקה ולא הרגישה, לא מיעקר וסתה, **וכן** אם באמצע הג"פ לא בדקה ולא הרגישה ביום הוסת, מצטרף הראיות שאח"כ שראתה ביום הוסת, לג"פ לקביעת וסת, **ונראה** דדוקא וסת קבוע לא מיעקר בכה"ג, בין שהיה קבוע בתחלה, בין שנעשה קבוע ע"י צירוף הראיות שאח"כ, דאמרינן מכח חזקה דוסתות, שראתה אפילו בלא הרגשה, **אבל** וסת שאינו קבוע דמיעקר בפ"א, אפשר דנעקר גם בכה"ג, וצ"ע.

הרוצה לצאת לדרך

סעיף י - הרוצה לצאת לדרך, צריך לפקוד אשתו, אפילו סמוך לוסתה. הגה:

ואפילו בתשמיש שרי - [כיון דוסתות דרבנן, במקום מצוה לא גזור].

ובאו"ח סימן ר"מ סט"ו כתבו הט"ו, דלא יבעול לא ביום יציאה לדרך או ביאה מן הדרך, שקשה לו, (**עיין** בשו"ת תשובה מאהבה שכתב, דשיעור הדרך בזה נראה שהוא שנים עשר מיל), **ועיין** בלבוש שם ובתשובת הרב, (דבלילה שלפניו מותר), **ועיין** בפרישה ובב"ח, (דמיירי כשהולך בדרך ברגליו, ולא רוכב או יושב בקרון).

(**עיין** בתשו' כנסת יחזקאל שפסק, דאם אירע ליל טבילה מכתם סמוך לוסתה, מותר ג"כ, **וכבר** חלקו עליו הס"ט והחוו"ד, **ועיין** בתשו' גבעת שאול שהשיג ג"כ עליו, והעלה לאסור טבילה סמוך לוסתה, אף היכא דהוי ראיה גמורה, כגון אשה שיש לה וסת קבוע מל' לל' יום, וראתה פ"א לי"ח יום, וכשהגיע זמן הוסת דהיינו ל' יום מראיה ראשונה שקודם י"ח, אז הגיע זמן טבילתה מהראיה שראתה לי"ח יום, אסורה לטבול, ומכ"ש בנמצא כתם, **וכן** בתשו' נו"ב פסק ג"כ דאסור, **ואף** בכלה שאירע ליל טבילתה סמוך לוסתה, כתב ג"כ לאסור ע"ש, **ועיין** בתשו' אבן שהם שהעלה ג"כ דאסור, **אך** כתב דמ"מ מותרת לטבול אפילו בליל שבת, אף שאין זקוק לה בעלה, כיון דכל מיני קורבא שרי, רק תשמיש אסור, ושאר מיני קורבא נמי מצוה הן).

ומ"מ המחמיר שלא לפקדה רק בדברי רצוי, תע"ב

– [אע"ג דגם באין יוצא לדרך שרי בדברי ריצוי, כדלעיל ס"ב, מכל מקום ביוצא לדרך חייב בכך].

(**עיין** בתוה"ש שכתב, דהיכא דאפשר יש לנהוג כמו שפירש מהרש"ל לדברי הסמ"ג, דהמחמיר ומונע עצמו מלילך בדרך סמוך לוסתה, כדי שלא יכניס עצמו בספק, תע"ב).

(**ועיין** בתשו' חת"ס שכתב שנשאל, אשה שהגיע ליל טבילתה ביום יציאת בעלה לדרך, והוא בעונה הסמוך לוסתה, אם נאמר שבצירוף ב' מצות עונה, דהיינו ליל טבילה ויום יציאה לדרך, לא נחוש כלל למצות פרישה, **ואסר** בפשיטות, מחמת דמש"כ רמ"א לחומרא בעלמא לפרוש מתשמיש, לדעתו היא מעיקר הדין, דהב"י והש"ך כתבו בזה, משום דקי"ל וסתות לאו דאורייתא, ואני קבלתי ממ"ו ז"ל, דאפי' למ"ד וסתות לאו דאורייתא, מ"מ פרישת עונה הסמוך לוסתה דאורייתא, ומעתה כיון דאיכא ספק דאורייתא, בודאי אין להקל בתשמיש בעונה הסמוך לוסתה, **אך** בעונה דאביאסף ודא"ז, בהאי יש להקל קצת).

וכבר נתבאר דכל מיני קורבה ואהבה שרי, מלבד תשמיש - אפילו חיבוק ונישוק, ואע"ג דכתבתי לעיל בס"ב בשם הב"ח, דהמחמיר בחיבוק ונישוק תבא עליו ברכה, נראה דהכא אין להחמיר כלל, כיון די"א דאפי' בתשמיש חיובא ומצוה איכא.

ואם הולך לדבר מצוה א"צ לפקוד אשתו - ‹דמיטרד בפקידה ויבטל מן המצוה – ב"י.

וי"א אם אדם רוצה לילך לדרך, ואשתו נדה ותטבול תוך עונה אחת - היינו י"ב שעות, **צריך להמתין (כ"י)** - מיהו אם הולך לדבר מצוה א"צ להמתין, כדאיתא בנ"י ופשוט הוא, **ואף** לדבר הרשות, אם הולך לצורך גדול, נראה דא"צ להמתין, משום דהנ"י מפרש כן הש"ס, ואין פירושו מחוור, גם כל הפוסקים לא פירשו כן.

(**עכו"פ** שכתב, דאם נזדמן שטבילתה יהיה סמוך לוסתה, אין צריך להמתין).

(**ועיין** בתשו' חת"ס, ע"ד אשה העומדת עונה סמוך לטבילתה, ורוצה ליסע עם אביה למצות סנדקאות בלי רצון ורשות בעלה, לא נכון לעשות כן, מכמה טעמים).

סימן קפד ס"י • הרוצה לצאת לדרך

הקולא של היוצא לדרך
הרוצה לצאת לדרך, צריך לפקוד אשתו, אפי' סמוך לוסתה, ואפי' בתשמיש שרי, דוסתות דרבנן, ובמקום מצוה לא גזור.

אם בליל טבילה יש אותו הקולא
י"א דאף אם אירע ליל טבילה מכתם סמוך לוסתה, מותר ג"כ, **וכבר** חלקו עליו והעלו לאסור אף היכא דהוי טבילה מראיה גמורה, ומכ"ש בנמצא כתם, **ואף** בכלה שאירע ליל טבילתה סמוך לוסתה ג"כ לאסור, **אך** דמ"מ מותרת לטבול אפי' בליל שבת, אף שאין זקוק לה בעלה, דרק תשמיש אסור, אבל שאר מיני קורבא שרי, ומצוה נמי הן.

שיטת הרמ"א דתע"ב
וכתב הרמ"א דמ"מ המחמיר שלא לפקדה רק בדברי רצוי, תע"ב, **אע"ג** דגם באין יוצא לדרך שרי בדברי ריצוי, כדלעיל ס"ב, **מ"מ** ביוצא לדרך חייב בכך.

עוד מהלך בתע"ב
וי"א דהיכא דאפשר, המחמיר ומונע עצמו מלילך בדרך סמוך לוסתה, כדי שלא יכניס עצמו בספק, תע"ב.

שיטת החת"ס
וכתב החת"ס, דאשה שהגיע ליל טבילתה ביום יציאת בעלה לדרך, והוא בעונה הסמוך לוסתה, דיש ב' מצות, מצות עונה דליל טבילה, ויום יציאה לדרך, אסורה בתשמיש, **דמ"ש** רמ"א לחומרא בעלמא לפרוש מתשמיש, לדעתו היא מעיקר הדין, דקבל ממ"ו ז"ל, דאפי' למ"ד וסתות דרבנן, מ"מ פרישת עונה הסמוך לוסתה דאורייתא, ומעתה כיון דאיכא ספק דאורייתא, בודאי אין להקל בתשמיש בעונה הסמוך לוסתה, **אך** בעונה דאביאסף ודאו"ז, בהאי יש להקל קצת, ועיין ס"ב(4).

חיבוק ונישוק ביוצא לדרך
וכל מיני קורבה ואהבה, ואפילו חיבוק ונישוק, שרי, מלבד תשמיש, **ואף** למש"כ הב"ח לעיל בס"ב(1), דהמחמיר בחיבוק ונישוק תע"ב, **הכא** אין להחמיר כלל, כיון די"א דאפי' בתשמיש חיובא ומצוה איכא.

הולך לדבר מצוה
ואם הולך לדבר מצוה א"צ לפקוד אשתו, דמיטרד בפקידה ויבטל מן המצוה.

איש הרוצה לצאת לדרך בעונה שלפני טבילתה
וי"א אם אדם רוצה לילך לדרך, ואשתו נדה ותטבול תוך י"ב שעות, צריך להמתין, **מיהו** אם הולך לדבר מצוה א"צ להמתין, **ואף** לדבר הרשות, אם הולך לצורך גדול, א"צ להמתין. **ואם** נזדמן שטבילתה יהיה סמוך לוסתה, אין צריך להמתין.

אשה הרוצה לצאת לדרך בעונה שלפני טבילתה
אשה העומדת עונה סמוך לטבילתה, ורוצה ליסע עם אביה למצות סנדקאות בלי רצון ורשות בעלה, לא נכון לעשות כן.

בעילה ביום יציאה או ביאה מן הדרך
ובאו"ח סימן ר"מ סט"ו כתב השו"ע, דלא יבעול לא ביום יציאה לדרך או ביאה מן הדרך שקשה לו, (ודרך היינו שנים עשר מיל), **וי"א** דבלילה שלפניו מותר, **וי"א** דזה דוקא כשהולך בדרך ברגליו, ולא ברוכב או יושב בקרון.

מתי אסור לבא עליה עד שישאלנה

סעיף יא - אשה שיש לה וסת לימים לבד, והגיע שעת וסתה, אסור לבא עליה עד שישאלנה; ואם אין לה וסת, יום ל' לראייתה הוי כהגיע שעת וסתה.

(**ואפי'** היא ערה ושוכבת אצלו, מ"מ צריך דוקא שישאלנה, ותוציא מפיה שהיא טהורה - חוו"ד). ‹**ועיין** בתחילת סי' קפ"ה שהתם חולק עליו הערוה"ש, אבל בזה מודה, וז"ל: ומחוייב לישאול ממנה אם טהורה היא, והיא משיבה טהורה אני, ומסתמא בדקה את עצמה, **ונראה** דטוב יותר שישאל ממנה אם בדקה בשעת וסתה, או עכ"פ לאחר זמן וסתה›.

אבל קודם שעת וסתה, וכן באין לה וסת קודם ל', א"צ שישאלנה.

ואם שהתה אחר הוסת שיעור שתספור ותטבול, בא עליה ואין צריך לשאול –

[מבואר בגמ' אפי' אשה ילדה, דבושה לטבול מעצמה].

בין אם היא ערה או ישנה, בין קטנה בין גדולה - טור,

וכתבו התוספות דלא לגמרי ישנה, אלא אינה ערה כ"כ שיודעת להשיב שהיא טהורה, **אבל** בישנה לגמרי, נהי דליכא איסור נדה, מ"מ אסור לבא על הישנה, כדאיתא בנדרים והביאו האחרונים.

[**ומבואר** עוד בגמ', דאם ודאי ראתה, אסורה עד שישאלנה, וכן הוא בסי' שאחר זה].

סימן קפד סי"א • מתי אסור לבא עליה עד שישאלנה

אשה שיש לה וסת לימים לבד, והגיע שעת וסתה, **או** אם אין לה וסת, הוי יום ל' לראייתה כהגיע שעת וסתה, **אסור** לבא עליה עד שישאלנה, **ואפי'** היא ערה ושוכבת אצלו, מ"מ מחוייב לישאול ממנה אם טהורה היא, והיא משיבה טהורה אני, וא"כ מסתמא בדקה את עצמה, **וטוב** **יותר** שישאל ממנה אם בדקה בשעת וסתה, או עכ"פ לאחר זמן וסתה.

ואם שהתה אחר הוסת שיעור שתספור ותטבול, בא עליה וא"צ לשאול, בין גדולה בין קטנה, ואפי' באשה ילדה דבושה לטבול מעצמה. **ואפי'** אם אינה ערה כ"כ שיודעת להשיב שהיא טהורה, **אבל** בישנה לגמרי, נהי דליכא איסור נדה, מ"מ אסור לבא על הישנה.

ואם ודאי ראתה, אסורה עד שישאלנה, וכמ"ש בסי' שאחר זה.

וקודם שעת וסתה, וכן באין לה וסת קודם ל', א"צ שישאלנה.

וסת לימים ולוסתות הגוף

סעיף יב - היה לה וסת לימים ולוסת מוסתות הגוף, כגון קפיצה וכיוצא בה, כיון שהוסת תלוי במעשה, אימור לא קפצה ולא ראתה - וא"צ שישאלנה, אפילו לא שהתה שיעור שתספור ותטבול.

אבל חוששת לעונה בינונית שהיא ל' יום - ואסור לבא עליה אחר העונה בינונית עד שישאלנה, או ששהתה שיעור שתוכל לספור ולטבול.

‹**לענ"ד** י"ל, באם היה הוסת המורכב לקפיצה מכ"ה לכ"ה, והבעל שהה עד שעברו ל"ג, דשריא מטעם ספק ספיקא, ספק לא ראתה כלל, אם תמצא לומר דראתה, שמא קפצה ביום כ"ה וראתה, והגיע עתה זמן טבילה – רעק"א.

מוסתות הגוף כגון קפיצה וכיו"ב - (משמע דהיינו פיהוק ועיטוש ודכוותייהו), דברים אלו הם ע"פ מש"כ בב"י, **אבל** באמת דבריו צל"ע, דודאי אם יש לה וסת לימים ולוסת מוסתות הגוף, חוששת לעולם לוסתה, ולא שייך לומר אימור לא ראתה, וא"צ לחוש לעונה בינונית כיון דיש לה וסת, **דדוקא** גבי קפיצה, כיון דהוא תלוי במעשה דידה, דאי בעית קפצה ואי בעית לא קפצה, אמרינן הכי, אבל לא בוסתות הגוף.

(**ועיין** בתוה"ש וס"ט וכו"פ שכתבו, דמ"ש המחבר "וכיוצא בה", ר"ל כגון אכלה שום או פלפל. **ועיין** חוו"ד שכתב, דלעולם מיירי בפיהוק ועיטוש, אלא כגון שהיה לה כמה ר"ח שלא פיהקה ולא ראתה, רק שכן אירע לה בג' ר"ח שלא כסדרן שפיהקה וראתה, ופיהקה כמה פעמים שלא בר"ח ולא ראתה, **דאז** לא הוי וסת קבוע רק לענין שא"צ לחוש רק לפיהוק של ר"ח, אבל לר"ח לחוד ודאי דא"צ לחוש שמא תפהק, דהא אלו הג' ר"ח היו שלא כסדרן).

סימן קפד סי"ב • וסת לימים ולוסתות הגוף

כתב המחבר, דאם היה לה וסת לימים ולוסת מוסתות הגוף , כגון קפיצה "וכיוצא בה", (וי"א דר"ל כגון אכלה שום או פלפל, ועיין לקמן), כיון שהוסת תלוי במעשה, א"צ שישאלנה, אפי' לא שהתה שיעור שתספור ותטבול, דאימור לא קפצה ולא ראתה.

אבל חוששת לעונה בינונית, ואסור לבא עליה אחר העונה בינונית עד שישאלנה, או ששהתה שיעור שתספור ותטבול.

וי"א דאם היה הוסת המורכב לקפיצה מכ"ה לכ"ה, והבעל שהה עד שעברו ל"ג, שריא מטעם ס"ס, ספק לא ראתה כלל, את"ל דראתה, שמא קפצה ביום כ"ה וראתה, והגיע עתה זמן טבילה.

וי"א ד"וכיוצא בה", ר"ל כגון פיהוק ועיטוש ודכוותייהו, **וצל"ע**, דדוקא גבי קפיצה, כיון דהוא תלוי במעשה דידה, אמרינן הכי, **אבל** בפיהוק ועיטוש לא שייך לומר אימור לא ראתה, **וא"צ** לחוש לעונה בינונית כיון דיש לה וסת. **וי"א** דמיירי שהיה לה כמה ר"ח שלא פיהקה ולא ראתה, רק שכן אירע לה בג' ר"ח שלא כסדרן שפיהקה וראתה, ופיהקה כמה פעמים שלא בר"ח ולא ראתה, **דאז** לא הוי וסת קבוע רק לענין שא"צ לחוש רק לפיהוק של ר"ח, **אבל** לר"ח לחוד ודאי דא"צ לחוש שמא תפהק, דהא אלו הג' ר"ח היו שלא כסדרן.

§ סימן קפה – דין אשה שאמרה טמאה אני ואח"כ אמרה טהורה אני §

גדרי נאמנותה של אשה

סעיף א - האשה שהיא בחזקת טמאה, אסור לו לבא עליה עד שתאמר לו: טבלתי - (ואפילו שוכבת אצלו, לא מהני עד שתאמר לו בפירוש טבלתי - חוו"ד).

‹**וערוך** השלחן חולק עליו, וז"ל, ולא ידעתי למה, אטו האמירה מעכבת, הלא העיקר רק לדעת אם נטהרה,

סימן קפה – דין אשה שאמרה טמאה אני

סעיף א – גדרי נאמנותה של אשה

וכשהיא מרמזת לו דיו, דכמדומני שבנות ישראל בושות לומר בפיהן טבלתי, עכ"ל, וכ"כ בס' לחם ושמלה›.

(**ואשה** החשודה על איסור נדה, אם זנתה בנדות לא מקרי חשודה לגבי בעלה, ונאמנת אפילו בשעת וסתה, **ואם** הכשילה לבעלה באיסור נדות, שוב אינה נאמנת לומר בשעת וסתה טהורה אני, עד שתעשה תשובה, **אבל** שלא בשעת וסתה, וכן לומר שטבלה, נאמנת, אם לא בימות החורף שהטבילה טירחא - חוו"ד, **ואפשר** דבמקום שנותנין שכר בעד הטבילה אינה נאמנת).

הגה: ומאחר שעברו ימים שאפשר לה למנות ולטבול, נאמנת - היינו לאפוקי אם הוא יודע בודאי שלא עברו הימים, **אבל** אם הבעל אינו יודע אם עברו או לא, סומך עליה, דכתיב וספרה לה לעצמה.

[**ונראה שאפילו אם ספק לו אם עברו כל כך ימים שאפשר** שטבלה, דהיינו שרגילה ללבוש לבנים ביום ששי לראייתה, ‹דהיא רגילה לראות גם ביום ו', וא"א לה להתחיל למנות ז"נ כי אם מיום ז'›, **ועכשיו אי אפשר בכך, אלא שאם טבלה, היתה צריכה ללבוש לבנים ביום חמישי**, ‹ולמנות מיום ו' כדמבואר בסי' קצ"ו – מחה"ש›, **והיא אומרת** שטבלה, נאמנת, כיון שעכ"פ אפשר בכך].

אפילו רואה בגדיה מלוכלכים בדם, נאמנת לומר, בשוק טבחים עברתי, או נתעסקתי בצפור וכדומה לזה.

סימן קפה ס"א • גדרי נאמנותה של אשה

האשה שהיא בחזקת טמאה, אסור לו לבא עליה עד שתאמר לו: טבלתי, **וי"א** דאפי' שוכבת אצלו, לא מהני עד שתאמר לו בפירוש טבלתי, **ויש** חולקים, דאטו האמירה מעכבת, הלא העיקר רק לדעת אם נטהרה, וכשהיא מרמזת לו דיו, שבנות ישראל בושות לומר בפיהן טבלתי.

אשה שזנתה בנדות, לא מקרי חשודה לגבי בעלה, ונאמנת אפילו בשעת וסתה, **ואם** הכשילה לבעלה באיסור נדות, שוב אינה נאמנת לומר בשעת וסתה טהורה אני, עד שתעשה תשובה, **אבל** שלא בשעת וסתה, וכן לומר שטבלה, נאמנת, **אם** לא בימות החורף שהטבילה טירחא, **ואפשר** דבמקום שנותנין שכר בעד הטבילה אינה נאמנת.

ואם הוא יודע שבודאי לא עברו הימים שאפשר לה למנות ולטבול, אינה נאמנת, **אבל** אם הבעל אינו יודע אם עברו או לא, סומך עליה, דכתיב וספרה לה, לעצמה.

וי"א שאפי' אם רגילה לראות גם ביום ו', וא"א לה להתחיל למנות ז"נ כי אם מיום ז', ועכשיו א"א בכך, אלא שאם טבלה, היתה צריכה למנות מיום ו', **והיא אומרת** שטבלה, נאמנת, כיון שעכ"פ אפשר בכך.

ואפי' רואה בגדיה מלוכלכים בדם, נאמנת לומר, בשוק טבחים עברתי, או נתעסקתי בצפור וכדומה לזה.

הוחזקה נדה בשכנותיה

סעיף ב - אם הוחזקה נדה בשכנותיה, שראוה לובשת בגדים המיוחדים לימי נדותה, חשיבה כודאי טמאה - ‹עיין לדברי הט"ז ופתחי תשובה בסעיף הבא›.

סימן קפה ס"ב • הוחזקה נדה בשכנותיה

אם הוחזקה נדה בשכנותיה, שראוה לובשת בגדים המיוחדים לימי נדותה, חשיבה כודאי טמאה.

דיני אמתלא

סעיף ג - אמרה לבעלה: טמאה אני, ואחר כך אמרה: טהורה אני - ודרך שחוק אמרתי לך תחלה, **אינה נאמנת, (אם הוא לאחר כדי דבור)** - ‹עיין חוו"ד שכתב, דאפי' אם עברו עליה ימים שראויין לספור ולטבול, ויש לה מגו דטבלתי, ואמרה לא טבלתי וטהורה הייתי, אינה נאמנת בלא אמתלא›.

ואם נתנה אמתלא לדבריה, כגון שאומרת שלא אמרה לו כן תחלה, אלא מפני שלא היה בה כח לסבול תשמיש, או טענה אחרת כיוצא בזה, נאמנת - לשון הרמב"ם, כגון שתבעה בעלה, ואחותו או אמו עמה בחצר, ואמרה טמאה אני, ואח"כ חזרה ואמרה טהורה אני, ולא אמרתי לך טמאה אני, אלא מפני אחותך ואמך שלא יראו אותנו, ה"ז נאמנת, וכן כל כיוצא בזה, **וסה"ת** ומרדכי בשם א"ז כתבו, שאמרה סבורה הייתי להיות נדה, אבל עכשיו בדקתי עצמי ומצאתי שמחמת מכה או חבורה בא אלי הדם, וכיוצא בזה נאמנת.

(**ואחר** ל' יום לא מהני אמתלא - בית שמואל, **ור"ל** שכל ל' יום אמרה שהיא טמאה, **ובדרושי** הוכחתי, דאם האמתלא באופן שהענין היה צריך להאריך ל' יום, מועיל האמתלא, ושוב מצאתי בתשו' חת"ס שהחליט כן לדינא).

הגה: ומכל מקום מי שרוצה להחמיר על עצמו, שלא להאמין לה, מדת חסידות הוא (ב"י).

(**עיין** בתשו' חת"ס, ע"ד אשה שאמרה לבעלה ביום ד' יגיע זמן טבילתה, ואחר זמן ביומו או ביום שלאחריו, אמרה שטעתה בחשבון, וביום ג' יהיה זמן טבילתה, **והאריך** בזה ומסיק, אם ביום הג' בעצמו אמרה היום ליל טבילתי וטעיתי אתמול, יש להחמיר, אע"פ שהתורה האמינה לה, מ"מ בעל נפש יחוש דלמא יצרה תקפה לבעילת הלילה, **אבל** אם הוא יום או יומים קודם, לא נחשדו בנות ישראל על כך, אע"ג דבשאר עדיות אפילו על צד רחוקה ונפלאה הוי נוגע בעדות, מ"מ הכא שהתורה האמינה אנו מה לנו).

אבל מדינא נאמנת אפילו בשחקה אח"כ, רק שהיא בוש ושוכבת אצל בעלה, והוא יודע ומכיר שמה שאמרה תחלה: טמאה אני, עשתה מחמת קטטה שהיה לו עמה, וכדומה לזה - ומ"מ נראה, דהבעל חייב לשאול אותה, למה היא באה אצלו, הרי אמרה אליו טמאה אני, דצריך להוציא האמתלא מפיה כו', **ותו** דמהרי"ו לא התיר אלא באמרה אליו מתחלה, מרגשת אנכי כאב בבני מעיים וחוששת לשינוי וסת כו', אבל לא באמרה אליו בפירוש טמאה אני, אלא דס"ל להרב דה"ה באמרה טמאה אני - ב"ח, **ומשמע** מדבריו דאינו חולק על הרב, וכ"נ, דודאי מודה הרב דכל מה דאפשר לברורי מבררינן, **ולא** בא אלא לומר דל"ת דשכיבה אצלו לאו כלום הוא, וצריך מיד לפרוש ממנה עד שתאמר האמתלא בפירוש, ‹קמ"ל דא"צ – מחה"ש›.

אבל אם ראוה לובשת בגדים המיוחדים לימי נדותה, ואח"כ אמרה: טהורה אני, אע"פ שנתנה אמתלא לדבריה, אינה נאמנת - הטעם כתב ב"י בשם הרשב"א, דמשום בושת או אונס מקרי ואמרה טמאה, אבל לעשות מעשה כולי האי, ללבוש בגדי נדה, אינה לובשת, וכן כתב הב"ח, ומסיים, דהרי היה די כשתאמר לו טמאה אני, ולא היה לה ללבוש בגדי נדה, **משמע** מדבריהם, דהיכא דלא היה אפשר לה בענין אחר, נאמנת, **וכ"כ** הרב בתשו', על אשה שילדה ג"פ בחודש הח', וחששה שהוא משום עין הרע, ורצתה להסתיר עיבורה מבני ביתה ושכנותיה, ואמרה בפני בני ביתה טמאה אני כו', דבעלה מותר לבא עליה כו', **דאע"ג** דאיתא שם בלשון השאלה, שבעלה הסכים עמה שתאמר כן, **מ"מ** נראה לפי תשובת הרב, אפילו לא ידע בעלה מזה נאמנת, ע"ש שהאריך ומסיים, ועוד נראה דבנ"ד, אפי' הרמב"ן מודה דמהני לה נתינת אמתלא, אע"ג דכתב דלא מהני, היינו דוקא אמתלא דמהני גבי טמאה אני לך, דהיינו שתאמר שלא היה בה כח, או שאר אמתלאות כאלו, ומטעם שכתב ב"י, דכולי האי לא הוי שטיא להחזיק עצמה נדה בין שכנותיה, **אבל** בכה"ג דעיקר אמתלא תלוי באחרים, ולא היתה יכולה לעשות בענין אחר, בודאי אמרינן דמהני אמתלא כזו, וכמ"ש הטור דלא גרע מאמרה טמאה אני לך בהדיא.

(**ולפי"ז** אם אמרה האי אמתלא שכתב הש"ך בס"ג, סבורה הייתי להיות נדה, אבל עכשיו בדקתי עצמי ומצאתי שמחמת מכה בא אלי הדם, מהני לעולם, דהא לא שייך לומר שלא היה לה ללבוש בגדי נדות, שהרי באמת טעתה וסברה שהיא נדה, וכדין לבשה בגדי נדות, **אמנם** ראיתי בכו"פ שכתב, דאפילו אמתלא זו לא מהני).

‹בנוגע לתשובת הרב›, [ולפענ"ד נראה שאין זה נכנס כלל בכלל הוחזקה נדה, כיון דגלתה כן קודם שהוחזקה עצמה לטמאה, ודבר זה דומה למוסר מודעה על גט ומתנה, דאע"ג דעושה מעשה גדול אח"כ, אפ"ה כיון שגילה דעתו תחילה, שלא יהיה ממש במעשה שיעשה אח"כ, לא אזלינן בתר המעשה, ה"נ כן הוא, **ואין** חילוק בין גלתה תחילה בפני בעלה לגלתה בפני עדים, כיון שבעלה יודע האמתלא לא אסרה תורה עליו כלל]. **השיג** על תשובת רמ"א בחנם, דהדבר פשוט, דרמ"א רוצה ליישב דאפי' לא ידע הבעל שרי - נקה"כ.

[**ומצאתי** כתוב בשם מהר"ר לייב מפראג, דשאני הוחזקה נדה בשכנותיה, דלאו כולי עלמא ידעי מן האמתלא, וא"כ על מה סמכה כשהחזיקה עצמה נגד כולי עלמא, **משא"כ** באומרת לבעלה טמאה אני, אפשר שסמכה עצמה שאח"כ תאמר לו את האמתלא, ותירוץ נכון הוא, **ולמדתי** מזה עוד, דאפי' באמרה יש חילוק, דאם אמרה בפני רבים שהיא טמאה, לא מהני אח"כ אמתלא, **על כן כתבו הפוסקים, אמרה לבעלה טמאה אני**, דאין הדין כן אלא באמרה לבעלה לחוד כן].

(**ועיין** בתוה"ש שחולק ע"ז, וכתב דאפילו אמרה בפני רבים מהני אמתלא, וכ"כ הכו"פ).

(אמרה לו: פלוני חכם התיר לי כתם זה, והחכם אומר שהיא משקרת, החכם נאמן,

וטמאה היא) - עיין בר״ן שכ׳ בשם הרמב״ן, הטעם שקבל, שכן הדין בכל עד מפי עד, אם בא הא׳ וכפר, אין השני האומר משמו נאמן.

[**נראה** לי דוקא החכם עצמו, כיון שהיא סומכת עליו ואשתכח שיקרא, משא״כ אם אין החכם לפנינו, ועד א׳ מעיד שהחכם אסר לה, אינו נאמן, **דהא** אמרינן כל מקום שהאמינה התורה עד אחד הרי כאן שנים, וא״כ ה״נ אין אותו העד נאמן להכחיש אותה שהיא כשנים, ותו דגם לענין זנות אין עד א׳ נאמן לאסרה, וה״ה כאן, נ״ל].

[והך נאמנות דחכם כאן, היינו דוקא לענין איסור, אבל לענין ממון, כגון להפסידה כתובתה, אין החכם נאמן יותר משאר עד אחד].

סימן קפה ס״ג • דיני אמתלא

אמרה לבעלה טמאה אני, ואח״כ אמרה טהורה אני, ודרך שחוק אמרתי לך תחלה, **אינה** נאמנת לאחר כדי דבור, **ואפי׳** אם עברו עליה ימים שראויין לספור ולטבול, ויש לה מגו.

ואם נתנה אמתלא לדבריה, כגון שאומרת שלא אמרה לו כן תחלה, אלא מפני שלא היה בה כח לסבול תשמיש, **או** מפני שאחותו או אמו עמה בחצר, שלא יראו אותה, **או** שאומרת סבורה הייתי להיות נדה, אבל עכשיו בדקתי עצמי ומצאתי שמחמת מכה או חבורה בא אלי הדם, **או** טענה אחרת כיוצא בזה, **נאמנת**.

אמתלא אחר ל׳ לא מהני, אם כל ל׳ יום אמרה שהיא טמאה, **וי״א** דאם האמתלא באופן שהענין היה צריך להאריך ל׳ יום, מועיל האמתלא.

מדת חסידות, מי שרוצה להחמיר על עצמו, לא להאמין לה.

אם שוכבת אצלו
אבל מדינא אפילו בשתקה אח״כ, רק שהיא באה ושוכבת אצל בעלה, והוא יודע ומכיר מה שאמרה תחלה טמאה אני, עשתה מחמת קטטה שהיה לו עמה, וכדומה לזה, **לא** אמרינן דעד שתאמר האמתלא בפירוש, דצריך לפרוש מיד ממנה, **ומ״מ** הבעל חייב לשאול אותה, למה היא באה אצלו, הרי אמרה אליו טמאה אני, שצריך להוציא האמתלא מפיה, דכל מה דאפשר לברורי מבררינן.

דלא מהני אמתלא בהוחזקה נדה בשכינותיה
אבל אם ראוה לובשת בגדים המיוחדים לימי נדותה, ואח״כ אמרה טהורה אני, אע״פ שנתנה אמתלא לדבריה, **אינה** נאמנת, דמשום בושת או אונס מקרי ואמרה טמאה, אבל לעשות מעשה כולי האי, ללבוש בגדי נדה, אינה לובשת, דהרי היה די כשתאמר לו טמאה אני, **אבל** היכא דלא היה אפשר לה בענין אחר, נאמנת, **כגון** אשה שילדה ג״פ בחודש הח׳, וחששה שהוא משום עין הרע, ורצתה להסתיר עיבורה מבני ביתה ושכנותיה, דעיקר אמתלא תלוי באחרים, ולא היתה יכולה לעשות בע״א, בודאי אמרינן דמהני אמתלא כזו. **ולפי״ז** ה״ה אם אמרה סבורה הייתי להיות נדה, אבל עכשיו בדקתי עצמי ומצאתי שמחמת מכה בא אלי הדם, דהא לא שייך לומר שלא היה לה ללבוש בגדי נדות, שהרי באמת טעתה וסברה שהיא נדה, **אמנם** י״א דבזה אמתלא זו לא מהני.

עוד סעם בהנ״ל
וי״א דשאני הוחזקה נדה בשכנותיה, דלאו כו״ע ידעי מן האמתלא, וא״כ על מה סמכה כשהחזיקה עצמה נגד כו״ע, **ולפי״ז** אפי׳ אם אמרה בפני רבים שהיא טמאה, לא מהני אח״כ אמתלא. **וי״א** דאפילו אמרה בפני רבים מהני אמתלא.

ואם גלתה כן קודם שהוחזקה עצמה לטמאה, אע״ג דעושה מעשה גדול אח״כ, אפ״ה כיון שגילה דעתו תחילה, שלא יהיה ממש במעשה שיעשה אח״כ, לא אזלינן בתר המעשה, **ואין** חילוק בין גלתה תחילה בפני בעלה לגלתה בפני עדים, כיון שבעלה יודע האמתלא, לא אסרה תורה עליו כלל.

אשה ששינה יום טבילתה
י״א דאשה שאמרה לבעלה ביום ד׳ יגיע זמן טבילתה, ואחר זמן ביומו או ביום שלאחריו, אמרה שטעתה בחשבון, וביום ג׳ יהיה זמן טבילתה, **אם** ביום הג׳ בעצמו אמרה היום ליל טבילתי וטעיתי אתמול, אע״פ שהתורה האמינה לה, מ״מ בעל נפש יחוש דלמא יצרה תקפה לבעילת הלילה, **אבל** אם הוא יום או יומים קודם, לא נחשדו בנות ישראל על כך, אע״ג דבשאר עדיות אפילו על צד רחוקה ונפלאה הוי נוגע בעדות, מ״מ הכא שהתורה האמינה אנו מה לנו.

אמרה בשם חכם, והחכם סותרה
אמרה לו: פלוני חכם התיר לי כתם זה, והחכם אומר שהיא משקרת, **החכם** נאמן, וטמאה היא, שכן הדין בכל עד מפי עד, אם בא הא׳ וכפר, אין השני האומר משמו נאמן. **ודוקא** החכם עצמו, כיון שהיא סומכת עליו ואשתכח שיקרא, **משא״כ** אם אין החכם לפנינו, ועד א׳ מעיד שהחכם אסר לה, אינו נאמן, דהא אמרינן כל מקום שהאמינה התורה עד אחד הרי כאן שנים, וגם לענין זנות אין עד א׳ נאמן לאסרה.

לענין ממון
והיינו דוקא לענין איסור, אבל לענין ממון, כגון להפסידה כתובתה, אין החכם נאמן יותר משאר עד אחד.

דיני דם בשעת תשמיש

סעיף ד - היה משמש עם הטהורה ואמרה לו: נטמאתי, ופירש מיד, חייב כרת, שיציאתו הנאה לו כביאתו. כיצד יעשה, נועץ צפרני רגליו בארץ, ושוהה בלא דישה עד שימות האבר, ופורש באבר מת. הגה: וימלא פחד ורתת על העבירה שבאה לידו. ולא יסמוך עליה, רק יסמוך על רגליו וידיו, ולא יהנה ממנה.

(**ודוקא** כשמוצאת דם באמצע תשמיש, אבל אם אמרה מרגשת אני, א"צ לפרוש באבר מת, דאימור הרגשת שמש הוא, **אם** לא שאמרה מרגשת אני בבירור שהוא דם), (**והרבה** פוסקים סברי, דאפי' לא הרגישה בבירור שהיא ראיית דם, אלא מסתפקת היא אם היא הרגשת דם או הרגשת אבר, ג"כ אסור לו לפרוש מיד, מטעם ספק דלמא הוי הרגשת דם – בדי השלחן).

(**עיין** חוו"ד שכתב, דה"ה כששימש סמוך לוסתה בשוגג, ונזכר באמצע תשמיש, צריך ג"כ לפרוש באבר מת), (**ובשיעורי** שה"ל הביא מס' פרי דעה וממהר"ם שי"ק, דאדרבה טוב יותר שיפרוש מיד, כיון דאין איסור בגוף התשמיש, רק שמא תראה דם, **אא"כ** הרגישה הרגשת וסת הגוף, שבא אצלה עם הראייה, דאז שמא כבר ראתה).

(**ועיין** בתשו' חתם סופר, דאם הרגישה באמצע תשמיש, ולא הגידה לו כלום עד אחר הפרישה, הבעל ודאי אנוס גמור ופטור לגמרי, **אך** לענין האשה הוא ספק אם נקראת ג"כ אנוסה, כיון דנכנסה בהיתר יצרה אלבשה, והו"ל תחלתה באונס וסופה ברצון, דהו"ל אונס גמור, כדקי"ל כרבא בכתובות, **או** אפשר דשאני התם שנאנסה מגברא אחרינא, דיצרה תקפה מאד, דאם לא עכשיו אימתי, וקשה לה לפרוש, **משא"כ** נדה דמותרת לאחר זמן, אפשר לא שייך תקפה יצרה ליחשב כאונס מה שלא הודיעה לבעלה, ואדרבה נחשבת מזידה בזה).

ואם פירש ממנה בקשוי בשוגג, שלא ידע שאסור לפרוש ממנה, יתענה מ' יום, ואינן צריכין להיות רצופים, רק כל שבוע שני ימים, כגון שני וחמישי, ובליל התעניות אסור ביין ובשר – (עיין בתוה"ש, שנסתפק אי הלילה שלפני התענית קאמר, או שאחר התענית, משום דבקדשים הלילה הולך אחר היום, והרי התענית במקום קרבן, **ומסיק** בשם מהרש"ל, דראוי לנהוג, שלא יאכל בשר ולא ישתה יין בליל שלפני התענית, ובליל שאחר התענית).

(**ועיין** באו"ח סי' תקס"ח ס"ד בהגה, דמבואר שם דשלשה ימים רצופים עם הלילות חשיב כמ' יום, **ובאדם** חלש סגי בב' ימים, **והמג"א** כתב, דמ"מ יותר טוב שיצום מפוזרים, שבכל עת יהיה לבו נכנע, ויהיו חטאיו נגדו תמיד, **ועיין** בתשו' חת"ס שכתב, דהמקובלים כתבו להתענות ע"ב יום, אך הם דברו במזיד, **ואם** חטא ב' פעמים בכניסה ויציאה, יתענה ב' פעמים ככה, **והאשה** היכא דצריכה כפרה, מאחר דנשים תשושי כח הן, יש להקל עליהן בתעניתם, **ואף** אם אחד מהם פטור, מ"מ יתענה ב' ימים, או יפדה, דלא יהא אלא נתכוין לבשר טלה, ועלתה בידו בשר חזיר, והעיקר להתוודות).

ואם לא יוכל להתענות, יפדה כל יום בממון, שיתן לצדקה כפי ערך ממון שיש לו, כי עשיר יתן יותר קצת מעני, ויש מחמירין בתשובתו; וכל המרבה לשוב, זכות הוא לו.

(**ועיין** בתשו' חת"ס, דהיכא דצריך כפרה, אין חילוק אף אם לא הגיע לעשרים שנה, דודאי משנעשו בני מצוה בשנים וסימנים, מתחייבין בכל חיובי תורה בב"ד של מעלה ושל מטה, **ומה** שנמצא במדרשות שבני כ' נעשו בני עונשים למעלה, לא נאמר זה אלא בעונשים על חטאים המחודשים לשעה, כגון עונשי דור המדבר כו' ע"ש, **וקצת** חידוש שלא הזכיר הגמ' דשבת דף פ"ט ע"ב, ושם לא משמע הכי).

והאשה אינה צריכה כפרה – (ועיין בנוב"י, וכתב הוא ז"ל לבאר דברי הרמ"א, דהנה יש שלשה חלוקים בזה, **אשה** שיש לה וסת, בשעת וסתה ובעונה הסמוכה דאסורה לשמש, אם עברה ושמשה, ומצאה אח"כ על עד שלו, אפילו בדקה לפני תשמיש, צריכים שניהם כפרה, ואין כאן אונס שהרי היה להם למנוע מתשמיש, ומזה לא מיירי הרמ"א ולא המחבר כלל, {**נ"ל** הטעם, כיון דעתה אין נ"מ לענין קרבן, רק לענין אם צריכים כפרה ותשובה, והרי גם אם לא מצאה דם כלל צריכים ג"כ כפרה}, **ב'**. אשה שאין לה וסת כלל, שלזו הרמב"ם והרא"ש מצריכים אותה בדיקה תמיד לפני התשמיש, כמבואר בסי' קפ"ו ס"ב, ואם לא בדקה אין זה אונס, **אמנם** אם בדקה אנוסים הם על תחלת התשמיש, **אבל** על הפרישה שפירש באבר חי, יש חילוק, **אם** אמרה לו נטמאתי ופרוש ממני, הרי גם היא רצונה בפרישה, הרי הרצון והנאה נחשבים גם לה למעשה, וק"ו אם סייעה בהפרישה, שגם היא נשמטת מתחתיו, ואף היא חייבת, ומזה מיירי אוקימתא דמס' שבועות, **אמנם** אם אמרה לו רק נטמאתי, ולא אמרה פרוש ממני, א"כ מה שהודיעה לו, היינו שימתין עד שימות האבר, ואם פירש באבר חי, היא נחשבת אנוסה, ואינה צריכה כפרה, והוא צריך כפרה, ומזה מיירי המחבר

והרמ"א ז"ל. **ונקט** המחבר לשון המשנה, היה משמש עם הטהורה, בה"א הידיעה, הטהורה בודאי, דהיינו שבדקה לפני תשמיש, ואפ"ה אם פירש באבר חי חייב על הפרישה, וע"ז כתב רמ"א שהאשה א"צ כפרה, שהיא אנוסה ממש, בין על הכניסה שהרי בדקה, בין על הפרישה שהרי לא אמרה לו פרוש).

ואם שמשה שלא בשעת וסתה, ומצאה אחר התשמיש דם, אפי' נמצא על עד שלו, מקרי אונס, אפילו לא בדקה תחלה, וא"צ כפרה לא הוא ולא היא - (דהיינו שיש לה וסת ושמשה שלא בשעת וסתה, בזו אפי' לא בדקה תחלה מקרי אונס. **וההפרש** בין תחלת דברי הרמ"א ובין סיום דבריו הוא, שבתחלה מיירי באין לה וסת כלל, אלא שבדקה, וסיום דבריו הוא ביש לה וסת, ושמשה שלא בשעת וסתה).

‹**אבל** אם נתחלפה לו אשתו בערוה, חייב, וה"ה אם נדה היא וסובר טהורה היא, צריך כפרה, בית הילל – בה"ט›.

(**ועיין** בשו"ת מאיר נתיבים, שכתב באשה שפשטה חלוקה בלילה קודם השינה, והיה שלא בשעת וסתה, והיתה עם בעלה באותה הלילה, ולמחר לבשה חלוקה בעמדה מעל משכבה, ומצאה בו כתם, דא"צ כפרה, **ולא** דמי למש"כ הבית הילל, וה"ה אם נדה היא כו', דהיינו בענין שיש לומר הו"ל למידע, **אבל** הכא לא שייך כלל הו"ל למידע, דלא מצינו שתהא האשה מחוייבת לבדוק חלוקה, שמא תמצא בו כתם, כל שלא הרגישה כלל, **ולכן** א"צ כפרה, בפרט באיסור כתמים אין להחמיר כ"כ).

(**ועיין** בתשו' חת"ס, מי שבא על אשתו שלא בשעת וסתה, ביום ל"א לראייתה, ואז הרגישה כובד באברים, וזה דרכה בכל עת זיבת דמה, **וכתב** דאף דעברו ימי וסתה, ושוב אין לבעל לחוש כלל, מ"מ מאחר שהרגישה הכובד, וזהו וסת הגוף, היה לה לחוש לו, **ומה** שחשבה עצמה למעוברת, ולא חששה כלל לכובד אברים, מחשבת שטות הוא, להתיר פתח לחטאת רובץ, **ע"כ** אם קודם התחלת התשמיש הודיעה לבעלה שמרגשת כן, שניהם בסורה על רעות שתים, על הכניסה ועל הפרישה, **ואע"ג** דלענין חטאת אינם חייבין אלא כל א' חטאת א', דהו"ל ב' זיתי חלב בהעלם אחת, **מ"מ** תשובה וכפרה מיהא בעי על כל כח וכח, **ואם** לא הרגישה עד תוך התשמיש והודיעה לו, הבעל שוגג, והיא פטורה דאנוסה היא, **ואם** לא הודיעה לו כלל, הוא אונס ופטור לגמרי, והיא האשה קרובה למשמשתו נדה, וצריך לאיים עליה הרבה, שלא תבוא להכשיל בעלה עוד, **ולענין** אם צריכה כפרה, יש ספק בדבר), ‹כדלעיל, אי היא נחשבת אנוסה או מזידה›.

(**עוד** בתשו' חת"ס, באשה שאירע לה פחד פתאום, ואח"כ בלילה שמשה, ולמחר מצאה סדינה מלוכלך בדם, וגם על עד שלו, שבודאי בשעת תשמיש היה, **וכתב** דאין צריכים כפרה, כיון דהיה שלא בשעת וסתה, **ואף** שקודם תשמיש נתפחדה, והפחד עלול להביא דם, כדאיתא בנדה ע"א, **היינו** שהפחד מרפיא ומתחלחלת לשעה ברגע הפחד ומרגשת בעצמה, ואיננו כשאר מקרים שחיישינן שמא ראתה טיפת דם כחרדל, או שמא ארגשה ולאו אדעתה וכדומה, כי אם יצא ממנה דם, יצא בשפע ולשעתו ובהרגשה רבה, כי זה ענין חלחול דקרא, ותתחלחל המלכה, **ואם** לשעתה לא הרגישה, תו לא חיישינן לה להצריכה בדיקה או פרישה כלל, וממילא בנ"ד א"צ כפרה).

(**עוד** בתשו' חת"ס, אודות אשה שמצאה כתם והראתה לחמותה, ואמרה שהיא טמאה, ושוב הראתה למרשעת אחת, ואמרה שאם הכתם חולף הולך ע"י רוק, *הרי היא טהורה, וסמכה האי שטיא על המקילה, ושמשה עם בעלה, ושוב נודע הדבר לחמותה, וצווחה כי כרוכיא, **וכתב** דפשיטא דתרוויהו צריכים כפרה, ומכ"ש המרשעת הזאת שהורה רעה להכשיל אחרים שראויה לעונש מר, **ומ"מ** אף שהם קרובים למזיד, אין להחמיר עליהם טפי מהמבואר ברמ"א ס"ס קפ"ה, כיון דליכא אלא איסור דרבנן).

*(**עיין** סדרי טהרה סי' ק"צ ס"ק נ"ב מ"ש בזה), ‹וז"ל: כתב בספר שלטי גבורים, דאם כשרקקה על הכתם חלף והלך לו מיד, זו סימן טהרה, **ובשו"ת** דבר שמואל מפקפק על בדיקה זו דשפשוף הרוק, אחר שאין לנו קבלה והוראה ברורה מחז"ל על זה, איך יערב לבנו לסמוך ולהקל על דברים בלתי מובנים, ושלא נמצא פירושם בספרי הפוסקים, עכ"ל עיין שם›.

סימן קפה ס"ד • דיני דם בשעת תשמיש

כשיש לה וסת ושמשה בשעת וסתה, או בעונה הסמוכה, דאסורה לשמש, ומצאה אח"כ על עד שלו, אפילו בדקה לפני תשמיש, **צריכים** שניהם כפרה, ואין כאן אונס שהרי היה להם למנוע מתשמיש, **ועתה** אין נ"מ לענין קרבן, והרי גם אם לא מצאה דם כלל צריכים ג"כ כפרה.

כשיש לה וסת ושמשה שלא בשעת וסתה, ומצאה אחר התשמיש דם, אפי' נמצא על עד שלו, מקרי אונס, אפילו לא בדקה תחלה, וא"צ כפרה לא הוא ולא היא.

כשאין לה וסת כלל ולא בדקה, שלהרמב"ם והרא"ש צריכה בדיקה תמיד לפני התשמיש, כמבואר בסי' קפ"ו ס"ב, **אם** לא בדקה אין זה אונס.

כשאין לה וסת ובדקה, ואמרה נטמאתי ופרוש ממני

אנוסים הם על תחלת התשמיש, **אבל** על הפרישה אם פירש באבר חי, יש חילוק: **אם** אמרה לו נטמאתי ופרוש ממני, הרי גם היא רצונה בפרישה, הרי הרצון והנאה נחשבים גם לה למעשה, וק"ו אם סייעה בהפרישה, שגם היא נשמטת מתחתיו, ואף היא חייבת.

הנ"ל ואמרה רק נטמאתי – והוא ציור המחבר והרמ"א

ולא אמרה פרוש ממני, א"כ מה שהודיעה לו, היינו שימתין עד שימות האבר, **ואם** פירש באבר חי מיד, האשה נחשבת אנוסה, וא"צ כפרה, **והאיש** חייב כרת וצריך כפרה, שיציאתו הנאה לו כביאתו.

אמרה נטמאתי, כיצד יעשה, נועץ צפרני רגליו בארץ, ושוהה בלא דישה עד שימות האבר, ולא יסמוך עליה, רק יסמוך על רגליו וידיו, ולא יהנה ממנה, ופורש באבר מת. **וימלא** פחד ורתת על העבירה שבאה לידו.

אם רק אמרה מרגשת אני, א"צ לפרוש באבר מת, דאימור הרגשת שמש הוא, **אם** לא שאמרה מרגשת אני בבירור שהוא דם, **והרבה** פוסקים סברי, דאפי' לא הרגישה בבירור שהיא ראיית דם, אלא מסתפקת אפשר הוי הרגשת אבר, ג"כ אסור לו לפרוש מיד, מטעם ספק דלמא הוי הרגשת דם.

וה"ה כששימש סמוך לוסתה בשוגג, ונזכר באמצע תשמיש, י"א דצריך ג"כ לפרוש באבר מת, **וי"א** דאדרבה טוב יותר שיפרוש מיד, כיון דאין איסור בגוף התשמיש, רק שמא תראה דם, **אא"כ** הרגישה הרגשת וסת הגוף, שבא אצלה עם הראייה, דאז שמא כבר ראתה.

הרגישה באמצע תשמיש, ולא הגידה לו כלום, הבעל ודאי אנוס גמור ופטור לגמרי, **אך** לענין האשה הוא ספק אם נקראת ג"כ אנוסה, דכיון דנכנסה בהיתר, יצרה אלבשה, והו"ל תחלתה באונס וסופה ברצון, דהו"ל אונס גמור, **או** אפשר דשאני מהיכא שנאנסה מגברא אחרינא, דיצרה תקפה מאד, דאם לא עכשיו אימתי, **משא"כ** נדה דמותרת לאחר זמן, אפשר לא שייך תקפה יצרה ליחשב כאונס מה שלא הודיעה לבעלה, ואדרבה נחשבת מזידה בזה.

אם פירש ממנה בקשוי

אם היה בשוגג, שלא ידע שאסור לפרוש ממנה, יתענה מ' יום, ואינן צריכין להיות רצופים, רק כל שבוע שני ימים, כגון שני וחמישי, **ובליל** התעניות אסור ביין ובשר, **ויש** ספק אי האיסור בלילה שלפני התענית, או בלילה שלאחר התענית, משום דבקדשים הלילה הולך אחר היום, והרי התענית במקום קרבן, **וראוי** לנהוג איסור בשניהם. **ואם** היה במזיד, כתב המקובלים להתענות ע"ב יום. **ואם** חטא ב' פעמים, בכניסה וביציאה, יתענה ב' פעמים ככה. **ונשים** היכא דצריכין כפרה, מאחר דתשושי כח הן, יש להקל עליהן בתעניתם.

באו"ח סי' תקס"ח ס"ד בהגה מבואר, דג' ימים רצופים עם הלילות חשיב כמ' יום, ובאדם חלש סגי בב' ימים, **ומ"מ** יותר טוב שיצום מפוזרים, שבכל עת יהיה לבו נכנע, ויהיו חטאיו נגדו תמיד.

ואם לא יוכל להתענות, יפדה כל יום בממון, שיתן לצדקה כפי ערך ממון שיש לו, כי עשיר יתן יותר קצת מעני, **ויש** מחמירין בתשובתו, **וכל** המרבה לשוב, זכות הוא לו.

אף אם אחד מהם פטור, מ"מ יתענה ב' ימים או יפדה, דלא יהא אלא נתכוון לבשר טלה, ועלתה בידו בשר חזיר, **והעיקר** להתוודות.

י"א דהיכא דצריך כפרה, אין חילוק אף אם לא הגיע לכ' שנה, דודאי משנעשו בני מצוה בשנים וסימנים, מתחייבים בכל חיובי תורה בב"ד של מעלה ושל מטה, **ומה** שנמצא במדרשות שבני כ' נעשו בני עונשין למעלה, לא נאמר זה אלא בעונשים על חטאים המחודשים לשעה, כגון עונשי דור המדבר. **וי"א** דגמ' שבת לא משמע הכי.

נתחלפה אשתו בערוה, חייב, וה"ה בנדה וסבור טהורה היא, חייב וצריך כפרה, אם הוא בענין שיש לומר הו"ל למידע, **אבל** אשה שפשטה חלוקה בלילה קודם השינה, והיה שלא בשעת וסתה, והיתה עם בעלה באותה הלילה, ולמחר לבשה חלוקה בעמדה מעל משכבה, ומצאה בו כתם, **א"צ** כפרה, דלא שייך כלל הו"ל למידע, דלא מצינו שתהא האשה מחוייבת לבדוק חלוקה, שמא תמצא בו כתם, כל שלא הרגישה כלל, ולכן א"צ כפרה, בפרט באיסור כתמים אין להחמיר כ"כ.

אם הרגישה כובד באברים

מי שבא על אשתו ביום ל"א לראייתה, דעברו ימי וסתה, ואז הרגישה כובד באברים, וזה דרכה בכל עת זיבת דמה, וזהו וסת הגוף, **היה** לה לחוש לו, ומה שחשבה עצמה למעוברת, ולא חששה כלל לכובד אברים, מחשבת שטות הוא, להתיר פתח לחטאת רובץ, **ע"כ** אם קודם התחלת התשמיש הודיעה לבעלה שמרגשת כן, שניהם בסורה על רעות שתים, על הכניסה ועל הפרישה, **ואע"ג** דלענין חטאת אינם חייבין אלא כל א' חטאת א', דהו"ל ב' זיתי חלב בהעלם אחת, מ"מ תשובה וכפרה מיהא בעי על כל כח וכח, **ואם** לא הרגישה עד תוך התשמיש והודיעה לו, הבעל שוגג, והיא פטורה דאנוסה היא, **ואם** לא הודיעה לו כלל, הוא אונס ופטור לגמרי, והיא האשה קרובה למשמשתו נדה, וצריך לאיים עליה הרבה, שלא תבוא להכשיל בעלה עוד, **ולענין** אם צריכה כפרה, יש ספק בדבר אי היא נחשבת אנוסה או מזידה וכנ"ל.

אשה שאירע לה פחד פתאום, ואח"כ בלילה שמשה, ולמחר מצאה סדינה מלוכלך בדם, וגם על עד שלו, שבודאי בשעת תשמיש היה, **אין** צריכים כפרה, כיון דהיה שלא בשעת וסתה, **ואף** דהפחד עלול להביא דם, איננו כשאר מקרים שחיישינן שמא ראתה טיפת דם כחרדל, או שמא ארגשה ולאו אדעתה וכדומה, **כי** אם יצא ממנה דם, יצא בשפע ולשעתו ובהרגשה רבה, כי זה ענין חלחול דקרא, ותתחלחל המלכה, **ואם** לשעתה לא הרגישה, תו לא חיישינן לה להצריכה בדיקה או פרישה כלל.

בדיקת כתם ברוק

אשה שמצאה כתם והראתה למרשעת אחת, ואמרה שאם הכתם חולף הולך ע"י רוק, הרי היא טהורה, וסמכה האי

שטיא על המקילה, ושמשה עם בעלה, **פשיטא** דתרוייהו צריכים כפרה, ומכ"ש המרשעת הזאת שהורה רעה להכשיל אחרים שראויה לעונש מר, **ומ"מ** אף שהם קרובים למזיד, אין להחמיר עליהם טפי מהמבואר ברמ"א, כיון דליכא אלא איסור דרבנן. **וי"א** דאם כשרקקה על הכתם חלף והלך לו מיד, זו סימן טהרה, **ויש** שמפקפק על בדיקה זו, אחר שאין לנו קבלה והוראה ברורה מחז"ל ע"ז, איך יערב לבנו לסמוך ולהקל על דברים בלתי מובנים, ושלא נמצא פירושם בספרי הפוסקים.

§ סימן קפו – דיני בדיקת אשה בין לפני תשמיש בין לאחר תשמיש §

בדיקה לאשה שיש לה וסת קבוע

סעיף א - אשה שיש לה וסת קבוע, אינה צריכה בדיקה כלל, לא לפני תשמיש ולא לאחר תשמיש; ואדרבה, אין לה לבדוק בפני בעלה בשעת תשמיש, כדי שלא יהא לבו נוקפו. והרמב"ם ז"ל מצריך לבדוק אחר תשמיש, היא בעד אחד והוא בעד אחד, ולראות בהם, שמא ראתה דם בשעת תשמיש - ‹אפי' מינקת ומעוברת וזקנה וקטנה - רעק"א›. (**כתב** הר"ד עראמה, דאשה שלא ראתה מעולם, דהיינו בתולת דמים, בחזקתה קאי, וא"צ בדיקה לבעלה). **ולדעתו, הצנועות בודקות עצמן אף קודם תשמיש. (והסברא הראשונה היא עיקר, וכן נהגו).**

סימן קפו ס"א • בדיקה לאשה שיש לה וסת קבוע

כתב המחבר, דאשה שיש לה וסת קבוע, א"צ בדיקה כלל, לא לפני תשמיש ולא לאחר תשמיש; **ואדרבה**, אין לה לבדוק בפני בעלה בשעת תשמיש, כדי שלא יהא לבו נוקפו.

ולהרמב"ם צריכים לבדוק אחר תשמיש, היא בעד אחד והוא בעד אחד, ולראות בהם, שמא ראתה דם בשעת תשמיש, **ואפי'** מינקת ומעוברת וזקנה וקטנה, **אבל י"א** דאשה בתולת דמים שלא ראתה מעולם, בחזקתה קאי, וא"צ בדיקה לבעלה. **ולהרמב"ם**, הצנועות בודקות עצמן אף קודם תשמיש.

וכתב הרמ"א, דהסברא הראשונה היא עיקר, וכן נהגו.

בדיקה לאשה שאין לה וסת קבוע

סעיף ב - אם אין לה וסת קבוע, שלש פעמים הראשונים צריכין לבדוק קודם תשמיש ואחר תשמיש, הוא בעד שלו והיא בעד שלה, ואם הוחזקה באותם שלש פעמים שאינה רואה דם מחמת תשמיש, שוב אינה צריכה בדיקה כלל, לא לפני תשמיש ולא לאחר תשמיש - באמת כן הבינו הפוסקים, הלא המה הרמב"ן והרשב"א והרא"ש והר"ן ושאר פוסקים, דברי הרי"ף, דס"ל כפי' השני שסתר רש"י, והוא פירוש ר"ח, והלכה כרבי חנינא בן אנטיגנוס דצריכה לבעלה בדיקה, ומשמשת בעדים ג"פ הראשונים, **והאריך** הרא"ש לסתור דברי הרי"ף, והסכים להלכה דלא בעי בדיקה כלל, אלא שלא מלאו לבו להקל נגד פי' ר"ח, וגם הרשב"א והר"ן נדחקו ליישב דברי הרי"ף, ולא מלאו לבם להקל נגדו, אע"פ שלענין הדין נראה מדבריהם עיקר להלכה דלא בעי בדיקה כלל לבעלה, ע"ש בדברי כל המפרשים הנזכרים, שנראה מתוך דבריהם בעצמם שדבריהם דחוקים, **אבל** באמת לא ירדתי לסוף דעת כל אלו הגדולים, איך עלה על לבם שדעת הרי"ף לפסוק הלכה כרבי חנינא בן אנטיגנוס, דאשה שאין לה וסת צריכה בדיקה לבעלה... **משום** דכיון דהאידנא דליכא טהרות, לא בעינן בדיקה כלל... **אבל** האמת יורה דרכו, דדעת הרי"ף כדעת כל הפוסקים, דאפילו אשה שאין לה וסת, לא בעיא בדיקה לבעלה כלל, לא לפני התשמיש ולא לאחר התשמיש... **מיהו** נ"מ באשה שראתה דם מחמת תשמיש, דצריכה בדיקה ג"פ, ומשמשת בעדים... **וכל** שלא ראתה מחמת תשמיש א"צ בדיקה כלל... **ולכך** כ' הרי"ף, וכבר פירשנוה בכתובות, משום דהכא לענין נדה לא נ"מ במאי דהלכה כרחב"א, ‹ואע"ג דנ"מ בראתה פ"א כנ"ל, מ"מ עיקר הנפקותא לענין כתובה – מחה"ש›, **רק** לענין כתובה נ"מ דהלכה כרחב"א, ‹דאפי' ראתה דם פ"א›, דלא הפסידה כתובתה עד שתשמש ג"פ... **או** אפשר דלענין כתובה שהוא ממון, מצי הבעל למימר כיון דאין לך וסת, ‹אפי' עדיין לא ראתה דם מחמת תשמיש›, איני רוצה ליתן לך כתובה ולשמש עמך אלא בעדים, שמא תהיה רואה דם מחמת תשמיש, ומשמש בעדים ג"פ שתהא יוצאת שוב מחשש רואה דם מחמת תשמיש, **אבל** ודאי אי הבעל לא קפיד משום כתובה, לענין איסור נמי לא בעי בדיקה כלל, כן נ"ל וזהו ברור ואמת בדעת הרי"ף... **ומעתה** כיון דדעת כל הפוסקים, דאשה שאין לה וסת לא בעיא בדיקה כלל, לא לפני התשמיש ולא לאחר התשמיש, אלא שלא מלאו לבם להקל נגד דעת הרי"ף, וכבר

נתבאר דאדרבה נהפוך הוא, דדעת הרי"ף, דכל לבעלה לא בעיא בדיקה כלל, וכמו שמוכח הסוגיא פ"ק דנדה וכמה דוכתי, א"כ ודאי דהכי קי"ל, ואפילו רוצה להחמיר על עצמה ולבדוק קודם תשמיש או לאחר תשמיש, לא שבקינן, דא"כ לבו נוקפו, וכמדומה שכן עמא דבר.

(**עיין** בתוה"ש שכתב, דבמקום שנהגו להקל אין להחמיר, **אבל** בלא"ה אין להקל נגד פסק המחבר והרמ"א).

(**ועיין** חוו"ד שכתב, דאף האומרים דא"צ בדיקה, היינו בדיקת חורין וסדקין לא בעי, אבל מ"מ צריכה קנוח, ‹**ויש** גורסין: דאף האומרים דצריכה בדיקה, מ"מ בדיקת חורין וסדקין לא בעי, ודי בקנוח›, **ולהשהות** העד על גופה כשיעור וסת המבואר בסי' ק"צ סנ"א, ולמחר תעיין בו, וראוי לכל אדם לעשות כן, לחוש לדברי ר"ח ורוב הפוסקים והמחבר והרמ"א, **והקנוח** צריך להיות בשעה שאינה שוכבת אפרקיד).

(**עוד** כתב שם, דאם ראתה פ"א בליל תשמיש, אפי' במופלג מהתשמיש, מחוייבת שוב בדיקה אחר תשמיש, כיון דאתייליד לה ריעותא פ"א, **ואם** היא אשה שאין לה וסת, צריכה ג"פ בדיקה, שתתחזק באין רואה מ"ת, **וביש** לה וסת, א"צ בדיקה רק פ"א אח"כ, ואם לא מצאה, שוב א"צ בדיקה).

ולהרמב"ם והרא"ש, כל זמן שאין לה וסת צריכה היא בדיקה לעולם, קודם תשמיש ואחר תשמיש, והרמב"ם מצריך שגם הבעל יבדוק עצמו אחר תשמיש – ‹השו"ע לא הביא דעת הרמב"ם והרא"ש אלא שראוי לבעל נפש לחוש לדעתם, אבל העיקר כסברא הראשונה שהביא בסתם כנודע – הגר"ז›.

(**עיין** בתשובת מהר"ם פדוא"ה שכתב, דאפילו אשה שאין לה וסת, אם היא מעוברת שמסולקת דמים, א"צ בדיקה, כ"כ המנ"י והס"ט בשמו, **ונראה** פשוט דה"ה למניקה דחד טעמא הוא).

הגה: ואין צריכין לבדוק עצמם אחר כל תשמיש ותשמיש שעושין בלילה אחת, אלא מקנחין עצמן כל הלילה בעד, ולמחר צריכין בדיקה, ואם מצאו דם טמאה – ‹ס"ט מבאר, דהיינו דצריכים לבדוק כל פעם, אבל אינם צריכים לעיין בעד הבדיקה עד הבוקר›.

(**עיין** בשו"ת תשובה מאהבה, דצ"ע אי גם קודם התשמיש, תוכל לבדוק על סמך שתראה למחר על העד, או דוקא בבדיקה שאחר תשמיש יכולה לעשות כן, אבל קודם תשמיש, צריכה לבדוק ולראות לאלתר).

קנחה עצמה בעד, ואבד, לא תשמש עד שתבדוק עצמה, הואיל ואין לה וסת.

סימן קפו ס"ב • בדיקה לאשה שאין לה וסת קבוע

שיטת המחבר
דאשה שאין לה וסת קבוע, ג"פ הראשונים צריכין לבדוק קודם תשמיש ואחר תשמיש, הוא בעד שלו והיא בעד שלה, ואם הוחזקה באותם ג' פעמים שאינה רואה דם מחמת תשמיש, שוב א"צ בדיקה כלל, לא לפני תשמיש ולא לאחר תשמיש.

שיטת הרמב"ם והרא"ש
דכל זמן שאין לה וסת צריכה היא בדיקה לעולם, קודם תשמיש ואחר תשמיש, **והרמב"ם** מצריך שגם הבעל יבדוק עצמו אחר תשמיש, **והשו"ע** הביאם, משום שראוי לבעל נפש לחוש לדעתם, **אבל** העיקר כסברא הראשונה שהביא בסתם.

שיטת הש"ך
דלא בעיא בדיקה לבעלה כלל, לא לפני התשמיש ולא לאחר התשמיש, **מיהו** באשה שראתה דם פ"א מחמת תשמיש, צריכה בדיקה ג"פ, ומשמשת בעדים. **וגם** לענין כתובה אפי' ראתה דם פ"א מחמת תשמיש, לא הפסידה כתובתה עד שתשמש ג"פ, **ואפשר** דלענין כתובה שהוא ממון, מצי הבעל למימר כיון דאין לך וסת, אפי' עדיין לא ראתה דם מחמת תשמיש, איני רוצה ליתן לך כתובה ולשמש עמך אלא בעדים, שמא תהיה רואה דם מחמת תשמיש, ומשמש בעדים ג"פ שתהא יוצאת שוב מחשש רואה דם מחמת תשמיש, **אבל** ודאי אי הבעל לא קפיד משום כתובה, לענין איסור נמי לא בעי בדיקה כלל, **ואפילו** רוצה להחמיר על עצמה ולבדוק קודם תשמיש או לאחר תשמיש, לא שבקינן, דא"כ לבו נוקפו, **וכמדומה** שכן עמא דבר.

פסק הפת"ש
דבמקום שנהגו להקל אין להחמיר, אבל בלא"ה אין להקל נגד פסק המחבר והרמ"א.

קינוח
י"א דאף האומרים דא"צ בדיקה, היינו בדיקת חורין וסדקין לא בעי, אבל מ"מ צריכה קנוח, **וי"א** דאף האומרים דצריכה בדיקה, מ"מ בדיקת חורין וסדקין לא בעי, ודי בקנוח. **ובקנוח** צריך להשהות העד על גופה כשיעור וסת המבואר בסי' ק"צ סנ"א, ולמחר תעיין בו. **והקנוח** צריך להיות בשעה שאינה שוכבת אפרקיד. **וראוי** לכל אדם לעשות כן, לחוש לדברי ר"ח ורוב הפוסקים והמחבר והרמ"א.

ראתה פ"א בליל תשמיש
אפי' במופלג מהתשמיש, י"א דכיון דאתייליד לה ריעותא, מחוייבת שוב בבדיקה אחר תשמיש: **אם** היא אשה שיש לה וסת, א"צ בדיקה רק פ"א אח"כ, ואם לא מצאה, שוב א"צ בדיקה, **ואם** היא אשה שאין לה וסת, צריכה ג"פ בדיקה, שתתחזק באין רואה מחמת תשמיש.

מסולקת דמים
י"א דאפי' אשה שאין לה וסת, אם היא מעוברת או מניקה, שמסולקת דמים, א"צ בדיקה.

אם צריכין לעיין בעד בדיקה
וא"צ לעיין בעד הבדיקה שבודקין בו אחר כל תשמיש ותשמיש שעושין בלילה אחת, אלא מקנחין עצמן כל פעם בעד, ולמחר צריכין לעיין בעד הבדיקה, ואם מצאו דם טמאה - רמ"א.

וצ"ע אי גם קודם התשמיש, תוכל לבדוק על סמך שתראה למחר על העד, **או** דלמא דוקא בבדיקה שאחר תשמיש יכולה לעשות כן, אבל קודם תשמיש, צריכה לבדוק ולראות לאלתר.

קנחה עצמה בעד ואבד
לא תשמש עד שתבדוק עצמה, הואיל ואין לה וסת.

אשה שאינה רואה בפחות מי"ד ימים

סעיף ג - אשה שאינה רואה בפחות מי"ד ימים אחר טבילתה, אבל לאחר י"ד ימים אין לה קבע , עד י"ד יום דינה כדין אשה שיש לה וסת.

סימן קפו ס"ג • אשה שאינה רואה בפחות מי"ד ימים

אשה שאינה רואה בפחות מי"ד ימים אחר טבילתה, אבל אח"כ י"ד ימים אין לה קבע, עד י"ד יום דינה כדין אשה שיש לה וסת.

שאשה נאמנת לבדוק בעד של בעל

סעיף ד - יש לאדם להניח את אשתו שתבדוק בעד שלו, מתוך שנאמנת על שלה, נאמנת על שלו.

סימן קפו ס"ד • שאשה נאמנת לבדוק בעד של בעל

יש לאדם להניח את אשתו שתבדוק בעד שלו, מתוך שנאמנת על שלה, נאמנת על שלו.

אשה שראתה ג"פ דם מחמת תשמיש

סעיף ה - אם ראתה דם מחמת תשמיש ג' פעמים רצופים, אסורה לשמש לעולם עם אותו בעל, ויתבאר בסי' שאחר זה.

סי' קפו ס"ה • אשה שראתה ג"פ דם מחמת תשמיש

אם ראתה דם מחמת תשמיש ג' פעמים רצופים, אסורה לשמש לעולם עם אותו בעל, ויתבאר בסי' שאחר זה.

§ סימן קפז – דיני אשה הרואה דם מחמת תשמיש §

אשה שראתה דם מחמת תשמיש

סעיף א - אשה שראתה דם מחמת תשמיש מיד, בכדי שתושיט ידה לתחת הכר או לתחת הכסת, ותטול עד לבדוק בו ותקנח עצמה

- כלומר דאם ראתה מיד בשיעור זה, אע"ג די"ל דאחר תשמיש ראתה, מ"מ כיון דהיתה חייבת אשם תלוי, מקרי רואה מחמת תשמיש, **אבל** אחר השיעור הזה מותרת, אע"ג די"ל קודם לכן ראתה, יצאה מכלל רואה מחמת תשמיש, כן משמע בפוסקים.

ולפי"ז לדידן דקי"ל דכל סמוך לתשמיש מקרי רואה מחמת תשמיש, וכמ"ש הרב, היינו דוקא בידוע בודאי שראתה סמוך לתשמיש, **אבל** אם במופלג אחר התשמיש בדקה עצמה ומצאה דם, אע"ג די"ל דראתה בשעת תשמיש, מותרת, (**עיין** חוו"ד שכתב, דמ"מ אסורה מכאן ואילך לשמש שני תשמישין בלילה אחת, משום עונה הסמוכה לוסת, עד שתעקר ג"פ, דהיינו שתשמש ג"פ ולא תראה, ע"ש), **וכ"ש** באשה שראתה ג"פ בבוקר בליל טבילתה, כשקמה ממטתה מצאה על כתונת שלה ריבוי דם, שהיא מותרת.

פסק הגאון אמ"ו ז"ל בתשובתו, דאף אם תשמש אשה זו עוד פעם אחת או ב', ותמצא מיד בשעת תשמיש, מותרת, ולא אמרינן אגלאי מילתא למפרע שהיה ג"כ בשעת תשמיש, אלא ימים הראשונים יפלו, ומכאן והלאה חושבנא, **וכל** זה ברור, לא הוצרכתי לכתבו אלא להוציא מלב הקורא בדברי הרב, שחלק על תשובת הגאון אמ"ו ז"ל בענין זה.

והדבר פשוט, דכל היכא דלא מיקרי רואה מחמת תשמיש, אפילו ראתה כמה וכמה פעמים מותרת, וכן הוא בדברי האחרונים, וכ"כ בתשובת מהר"מ מלובלין, דאין חילוק בין שמשה ג"פ, או מ' ונ' פעמים.

ואם בדקה מיד אחר תשמיש ולא מצאה כלום, ואח"כ ראתה אפילו תוך שיעור זה, לא מיקרי רואה מחמת תשמיש.

משמשת ג"פ, אם בכל ג' פעמים רצופים ראתה דם - ג"פ עם הראשון, דהיינו עוד ב' פעמים,

סעיף א – אשה שראתה דם מחמת תשמיש

בלי הפסק תשמיש של היתר בינתים, **אבל** א"צ ג' לילות רצופים.

(**ועיין** בתוה"ש שכתב, דוקא קאמר המחבר ג"פ, שכן דעת הראב"ד, דקמייתא לאו ממנינא הוא, כיון דמעיקרא לא בדקה, וכן דעתו ברור לדינא, **ועיין** בתשובת חת"ס שכתב, דנראה שזה ג"כ דעת הגאון נו"ב, אך הפלתי וס"ט אין דעתם להקל בזה, **ולכן** מסיק בנידון דלקמן, דאילו היה השאלה אחר ב"פ, לא הייתי מקיל שלא לצרף ראיה ראשונה, אך מאחר שכבר עברו ג' תשמישים כו').

(**עיין** חוו"ד שכתב, דאם בדקה עצמה ב"פ סמוך לתשמיש ומצאה דם, ואח"כ שמשה כמה פעמים בלא בדיקה כלל, ואח"כ שמשה פ"א ובדקה ומצאה דם, הוי כג"פ רצופים והוחזקה ברואה מחמת תשמיש).

(**ועיין** בשו"ת שיבת ציון, שנשאל באשה שאמרה שראתה ג"פ רצופים דם מחמת תשמיש, ואח"כ כשחקר הרב אימתי היתה הבדיקה, אם היה בכל ג"פ תיכף אחר תשמיש, אמרה בפעם שניה לא בדקה עצמה תיכף מחמת שלא הרגישה כלום, רק ביום שלאחר הטבילה בדקה ומצאה דם, **מה** דינה, ואם האשה נאמנת ע"ז אם אין זה חזרה מדבריה הראשונים, שאמרה סתם שג"פ ראתה אחר תשמיש, **והשיב**, דזה ודאי שאין זו בגדר רואה מחמת תשמיש, כיון דבפעם ב' לא בדקה תיכף, ולא אמרינן איגלאי מלתא כו', כמ"ש הש"ך, {**אמנם** אם יש ג"פ לבד זה, אסורה כנ"ל בשם חוו"ד}, **ולענין** אם היא נאמנת, פשיטא דנאמנת, שהרי אין כאן חזרה, כיון שיכולה לתרץ דבריה, ולא היה במשמעות דבריה ענין איסור ברור).

(וכ"ש אם מצאה ג' פעמים דם על עד שלו) - דבכה"ג אפי' מצאה זמן מופלג אחר התשמיש, מקרי רואה מחמת תשמיש, דע"כ מחמת תשמיש הוא.

(**ועיין** בשו"ת אא"ז פנים מאירות, דכ"ז מיירי שנמצא בעד שלו שהוכן לקנח בו אחר תשמיש, וקנח עצמו בו, **אבל** אם לא קנח בעד שלו, רק שנמצא בכותנתו, א"כ לא הוי רק כמו שאר כתם הנמצא, ולא מצינו שנחוש בכתמים בבגד האיש כי אם בבגדי אשה ע"ש, **וכתב** הס"ט דאפילו אם נמצא נמי בכתונת שלה, י"ל דבא לאחר זמן שיעור אשם תלוי, ומה שנמצא בשלו דילמא מעלמא אתי).

אסורה לשמש עם בעל זה, אלא תתגרש ותנשא לאחר – [לפי שאין כל האצבעות שוות].

(**עיין** בתשו' נו"ב שכתב, דאם ראתה שפע דם אין להתירה להנשא לאחר, שעיקר ההיתר שמותרת לשני, כתב הסמ"ג דאיכא ספק ספיקא, שמא מהצדדים, ושמא אצבע של השני לא תהיה שוה לראשון, **אבל** כשיורד בשפע והוא ודאי מן המקור, אין כאן ס"ס, **ואף** אם בב' פעמים ראשונים לא ראתה בשפע, רק בפעם הג', אין הדבר ברור להתירה לאיש אחר, **ואפילו** בדיקת שפופרת יש לפקפק בה, כיון שע"י שפע דם שיצא ממנה, נתברר שהוא מן המקור, הרי היא בכלל כל הממלאה ונופצת).

(**עיין** בתשובת נו"ב, שהמציא היתר לרואה מ"ת, באם בשעה שראתה מ"ת עדיין לא היה לה וסת קבוע כלל, ואח"כ נקבע לה וסת קבוע, בין בימי החודש בין וסת הפלגה, **משום** דהא דרואה ג"פ מ"ת אסורה, היא מטעם וסת, דאמרינן קבעה לה וסת במעשה התשמיש, והרי קי"ל בסי' קפ"ט סעיף י"ז, דוסת שנקבע מחמת אונס, כגון שקפצה וראתה, אפילו אירע כן כמה פעמים, אינו כדין וסת קבוע אם לא קבעה אותו לימים, רק דמ"מ חוששת לו אם אירע ג"פ, כמו לוסת שאינו קבוע, **ומעתה** זהו עצמו דין אשה הרואה מ"ת, דהרי מה בין קפיצה לתשמיש, וא"כ כיון דהוא רק וסת שאינו קבוע, לפי"ז בנדון הנ"ל כיון שנקבע לה וסת קבוע, שוב אינה חוששת לוסת שאינו קבוע כלל, אפילו לא נעקר עדיין הוסת שאינו קבוע, כמבואר בסי' קפ"ט בש"ך סק"מ, שאפילו לא הגיע עדיין יום ל', כיון שנקבע יום כ' א"צ לחוש, וא"כ שוב א"צ לחוש לוסת התשמיש כלל, **ושוב** נסתפק עוד לפי"ז, באשה שיש לה וסת קבוע כבר, אם לאסור אותה מחמת רואה מחמת תשמיש או לא, {וטעם הספק בזה, הוא ע"פ הספק שאכתוב בשמו בסימן קפ"ט סל"ב}, **וכן** הורה בנו"ב הלכה למעשה, באשה הרואה מ"ת שלא היה לה וסת, אם תקבע לה וסת קבוע, שיהא קבוע לכל הפוסקים, אז היא מותרת לשמש עם בעלה, **ואם** שוב תראה מ"ת פעם ראשון, אז פעם השני תפרוש ליל טבילה ותשמש בלילה שאח"כ, ואם שוב תראה מ"ת, תחזור ותטבול ותשמש פעם שלישי, ואם שוב תראה אז תבא לשאול לגדולי הדור, ר"ל כי יש בזה הספק הנ"ל, כיון שאחר שנקבע לה וסת קבוע ראתה ג"פ, **ואף** שכתבתי שעדיין לא מצאתי סמך לזה בדברי הראשונים,

מ"מ באשה ילדה כזו, ושלא לאוסרה לכל העולם, {דעשתה בדיקת שפופרת ונמצא על המוך}, צריך אני לכנוס בפרצה דחוקה, עכ"ל, **ועיין** חוו"ד שחולק עליו, וכתב דחלילה לסמוך עליו בזה, חדא דרואה מ"ת לאו מטעם וסת לחוד נאסרה, רק מטעם חשש חולה הממלאה ונופצת, דאפילו בימי עיבור והנקה שאינה חוששת לוסת, חוששת ברואה מ"ת, **וגם** במש"כ דאשה שיש לה וסת קבוע אינה חוששת לוסת שאינו קבוע, כתבתי בסי' קפ"ט דליתא, עכ"ד).

(**ואסורה** לשמש עם בעל זה, אפילו בימי עיבור והנקה, וכן אם ראתה ג"פ בימי עיבור והנקה אסורה - חוו"ד, **אכן** בתשובת נו"ב כתב בפשיטות, דאם נתעברה בביאה שלישית שראתה מחמת תשמיש, תמתין עד שיהיה הוכר עוברה, ומותרת לבעלה כל ימי עיבורה ומניקתה, **וטעם** מחלוקתן מבואר לעיל).

(**וכתב** עוד, אם גם בימי עיבורה תראה מ"ת, תחזור ותיאסר, ואף אם לא תראה, מ"מ כשיפסוק ימי העיבור וההנקה תחזור לאיסורא, דמה שלא ראתה בימי עיבור והנקה, לא מהני לעקור הוסת הראשון שקבעה לראות מ"ת, **והנה** מש"כ דאם גם בימי עיבורה תראה מ"ת תחזור ותיאסר, בסי' צ"א הוסיף ביאור בזה, דלכאורה אם ראתה ג"פ מחמת תשמיש בימי מניקתה, אי אסורה כל ימי מניקתה, זה תלוי ברבוותא, **דהט"ז** בסי' קפ"ט ס"ק מ"ח סובר, דאפי' לוסת שאינו קבוע חוששת מעוברת ומניקה, **אבל** הש"ך בסי' קפ"ד סקי"ט מביא בשם הגהת רש"ל ודרישה, דדוקא לוסת קבוע חוששת, **וא"כ** כיון דרואה מ"ת אינו נחשב וסת קבוע, לא היתה צריכה לחוש כל משך כ"ד חודש, **אלא שאין** רצוני לתקוע עצמי בזה שנחלקו בו הש"ך והט"ז, {עמש"ל סי' קפ"ד, דהש"ך עצמו סובר ג"כ דאפילו בפעם ראשון חוששת}, **וגם** אפשר דהא דוסת שנקבע ע"י אונס מיחשב אינו קבוע, הוא רק לענין עקירה, דנעקרה בפ"א, אבל לחוש לו בימי מניקתה אפשר שצריכה, **וגם** זה שתשמיש מקרי אונס אינו מוסכם, **וגם** דברי רמ"א בסי' קפ"ז ס"י, שכתב וכל זה אם כבר עברה ושמשה וכו', לשון עברה, מורה לאסור, **לכן** לא אקבע יתד בהיתר זה).

(**ובתשובת** חת"ס השיב, אודות אשה שראתה דם מחמת תשמיש ב' פעמים טרם שהוכר עוברה, ופעם ג' אחר שהוכר עוברה, נראה פשוט, אי היה כל הג' פעמים בימי עיבור אחר הכרת העובר, או בימי הנקה, הו"ל רואה דם מ"ת ממש, **ואע"ג** דקי"ל ס"ס קפ"ט, דאין אשה קובעת וסת בימי עיבורה ומניקה, היינו להיות כוסת קבוע, אבל מיחש חוששת, **וא"כ** כיון שראתה ג"פ מחמת תשמיש, צריכה שתחוש ואסורה לשמש, ואה"נ שנעקר בפ"א אם עברה ושמשה כו', **וגם** אשה זו שראתה נמי ב"פ קודם הוכר עוברה, ופעם ג' אח"כ, היא רואה מחמת תשמיש גמורה, **ומכ"ש** לפי מה שכתב הרב השואל, שעלובתא דא רגילה לראות לעולם ו' חדשים הראשונים בימי עיבורה בזמן וסתה, הרי אשה זו גרועה משאר נשים לענין זה, שאין עיבורה מסלק דמים, **אך** מאחר שכבר עברו ג' תשמישים, ואם נאסרה תתגרש ח"ו, וקשים גירושין, או שתבדוק ונפלין ברבוותא, נ"ל להקל ולסמוך הפעם אדעת הראב"ד, שלא לצרף ראיה ראשונה, כיון שלא בדקה תחלה, ותידון כרואה ב"פ מ"ת, **ועתה** לא ישמש עמה עד שתשאל לרופאים ותעסוק ברפואות, וכיון שאינה מוחזקת עדיין תוכל להאמין לרופאים שנתרפאת, ותשמש פעם ג', **ותראה** לדחות התשמיש הג' ההוא עד אחר ה' או ו' חדשים לעיבורה, שאינה עלולה לראות באותן הימים, דכל טצדקי שנוכל לעשות שלא תקלקל עצמה נעשה לה).

נשאת לאחר, וראתה דם מחמת תשמיש ג"פ רצופים, אסורה לשמש גם עם אותו בעל, אלא תתגרש ותנשא לשלישי; ואם גם עם השלישי ראתה דם מחמת תשמיש ג"פ רצופים, לא תנשא לאחר, אלא אסורה לכל עד שתבדוק – [שלא הוחזקה לראות מחמת כל האצבעות אלא עד השלישי, **והא** דלא נאסרה לשלישי אחר ביאה הראשונה, לפי שאין כל הכוחות שוות, ושמא בעילה הראשונה היתה בכח מרובה, ולא הוחזקה אלא בשלש ביאות לכל אחד ואחד].

הגה: וי"א שאין אנו בקיאין איזה מקרי מחמת תשמיש, כי אין בקיאין בשיעור הנזכר, ולכן כל שרואה ג"פ סמוך לתשמיש, מקרי לדידן מחמת תשמיש ונאסרה על בעלה - צ"ע אי מחמרינן מה"ט דאין אנו בקיאים, לאסרה לכל העולם, היכא שהוחזקה בשלשה אנשים כן.

ואלו ג"פ צריכים להיות רצופים, אבל אם לא היו רצופים לא נאסרה על בעלה. ואין חילוק בין

סימן קפז – דיני אשה הרואה דם מחמת תשמיש

סעיף א – אשה שראתה דם מחמת תשמיש

אם ראתה ג' פעמים מיד שנשאה, ודין נתקלקלה אח"כ וראתה ג' פעמים. וכל זה לא מיירי אלא בראתה סמוך לתשמיש, אבל אם לא ראתה סמוך לתשמיש, לא נאסרה על בעלה, ומותרת לו לאחר טהרתה תמיד, ודינה כמי שאין לה וסת.

(**עוד** חקר השיבת ציון על עיקר דין רואה מ"ת שנאסרת על בעלה, אם אומרת שראתה ג"פ מחמת תשמיש, אמאי לא נימא שאינה נאמנת שמא עיניה נתנה באחר, כמו באמרה טמאה אני לך, **והאריך** הרבה בזה והעלה, דלהכי נאמנת כיון דהיא מלתא דעבידא לגלויי, שהרי ביד הבעל תיכף כשאמרה לו שנטמאת, לראות בעד הבדיקה אם הוא אמת, **וכתב** דלפי"ז דוקא אם האשה אמרה לבעלה בכל ג"פ תיכף אחר התשמיש שראתה דם, שייך בו מלתא דעבידא לגלויי, אבל אם אחר התשמיש לא אמרה לבעל, רק ביום שלאחר התשמיש אמרה כן, אפשר לומר שאינה נאמנת, ע"ש. **ולענ"ד** איני מבין מה שהצריך דבכל ג"פ אמרה לבעלה תיכף, דלכאורה נראה דבשני פעמים הראשונים, אפילו אם אמרה אחר זמן רב נאמנת, כיון שאינה נאסרת מיד עד שתראה ג"פ, ועיקר הקפידה הוא רק על פעם הג', **גם** צ"ע על עיקר חקירתו, כיון דאפילו לבעל ראשון מותרת ע"י בדיקת שפופרת, כדעת רוב הפוסקים לקמן סעיף ג', א"כ לא דמי לאומרת טמאה אני לך, שאסורה עליו באין מזור ותרופה, משא"כ הכא לא שייך בזה לחוש שמא עיניה נתנה באחר, **כעת** ראיתי שדבריו נכונים בחקירה זו, דמשמעות השו"ע והפוסקים לקמן ס"ג, דבדידה תליא מלתא, אם האשה רוצה לבדוק עצמה תחת הראשון הרשות בידה, אבל הבעל אינו יכול לכופה על זה, וממילא יגרשה, א"כ שפיר יש לחוש שמא עיניה נתנה באחר, **ועוד** י"ל לפי דברי הנו"ב שהובא לקמן ס"ק י"ח, דאף המתירין לבעל הא' בבדיקה, היינו אם תמצא דם בצדדי השפופרת, אבל אם לא תמצא כלל לא מהני, וכן הוא דעת הס"ט שם, **א"כ** שפיר חקר בזה הרב שיבת ציון הנ"ל, דלמה נאמנת באומרת שראתה ג"פ מ"ת, נימא עיניה נתנה באחר, ובאמת לא ראתה כלל מ"ת, וא"כ גם ע"י בדיקת שפופרת לא תמצא כלל, ותהיה אסורה לו וממילא יגרשה ותנשא לאחר, ויש לעיין בזה).

(**ועיין** בתשובת חמדת שלמה במעשה שאירע, אשה אחת שלחה לשאול על סדין בתורת כתם, שהיה בו בכמה מקומות כתמים, ולא היה בכל א' כגריס, והמראה שבינתיים היה מקום ספק אם מצטרף, **וכאשר** שלח המורה לחקור אם יש לה במה לתלות, השיבה כי יש לתלות בבעלה, לפי שתיכף אחר התשמיש קינח הבעל את האבר בהסדין, והסדין היה נקי ובדוק, וזה אירע ד' וה' פעמים, וטמאתה את המראה כי לא ידעה דבר שיהיה בזה דבר חמור, ובכל פעם היא בודקת עצמה בשחרית אחר התשמיש, ואינה מוצאת שום דבר, ולבעלה כאב בצידו, והכאב נמשך לפעמים לפניו סמוך לאבר, ובשתן לא נמצא שום אודם, גם לא שום כאב, רק זה מקרוב נראה על סדינו שהיה מלוכלך בש"ז כעין מראות אדומים ששלחה לשאול, ולאשה הנ"ל יש לה וסת קבוע, **והאריך** בזה דיש לצדד להקל, דאין זה בגדר רואה מחמת תשמיש, לפי מה שבא השאלה, דאין הדבר ברור שהיה יותר מכגריס, גם הוא מקום שהפישפשין מצויין שנוכל לתלות כתורמס, **גם** נראה שלא היה בבירור במקום שהבעל קינח עצמו, רק שרגיל לקנח שם, **גם** לפי הנראה לא מצאה תיכף בלילה אחר קנוח בעלה, ולא ראתה הכתם עד הבוקר, מעתה אינו בגדר עד הבדוק, כיון שנוכל לתלות שאח"כ נעשה ע"י מאכולת, וכדאיתא בסי' ק"צ סל"ד, ואע"ג שנמצא איזה פעמים, עכ"ז נראה דלא יצא מדין כתם שתולין במה שיכולין לתלות, **ואפילו** הוי בגדר ספק, מ"מ נוכל לצרף בזה דעת המרדכי שהקיל הרמ"א, באשה שיש לה וסת, אם יש מקום לתלות במכה, אע"פ שאינה יודעת שמכתה מוציאה דם, ונראה דתליה זו במאכולת עדיף, כיון דעכ"פ אינו ברור שהיה יותר מכגריס כו', ובפרט שיש ג"כ מקום לתלות בבעל, **ע"כ** דעתי להקל אם יסכים עוד רב מוסמך להתירא, לשמש עוד עכ"פ פעם א', ושתבדוק אח"כ היא ובעלה כדי לעמוד על הבירור, ובודאי נכון הדבר לתקן מה דאפשר לשמש בליל שני, **ויותר** נכון להתיר לה לטבול ביום ח' קודם מנחה, ותלך לביתה בלילה ומותרת לשמש מיד, כיון דהוי לאחר עונת הוסת, **גם** י"ל דמלילה ליום לא קבעה, **ואם** תטבול בלילה אולי ח"ו תראה עי"ז, ע"כ נראה דהוי לצורך, **רק** בזה לא יהיה עקירת וסת אם לא תראה, כיון שלא טבלה בלילה ונתיישב בזה אח"כ, **גם** יש לעשות מאי דאפשר לבוא לידי בירור אם הוא מהבעל, לראות אחר קינוח אולי נשאר בפי האמה, וגם לבדוק מי רגלים שלו שמטיל פעם ראשון אחר התשמיש).

סימן קפז – דיני אשה הרואה דם מחמת תשמיש

סעיף א – אשה שראתה דם מחמת תשמיש

סימן קפז ס"א • אשה שראתה דם מחמת תשמיש

שיטת המחבר בשיעור רואה מ"ת

אשה שראתה דם מחמת תשמיש מיד, בכדי שתושיט ידה לתחת הכר או לתחת הכסת, ותטול עד לבדוק בו ותקנח עצמה, אע"ג די"ל דאחר תשמיש ראתה, מ"מ כיון דהיתה חייבת אשם תלוי, מקרי רואה מחמת תשמיש, **אבל** אחר השיעור הזה לא מיקרי רואה מ"ת, אע"ג די"ל קודם לכן ראתה. **ואם** בדקה מיד אחר תשמיש ולא מצאה כלום, ואח"כ ראתה אפי' תוך שיעור זה, לא מיקרי רואה מ"ת.

דינה

משמשת ג"פ עם בעלה הראשון, דהיינו עוד ב"פ, **וי"א** דדוקא קאמר המחבר ג"פ, שכן דעת הראב"ד, דקמייתא לאו ממנינא הוא, כיון דמעיקרא לא בדקה. **ואם** בכל ג"פ רצופים ראתה דם, אסורה לשמש עם בעל זה. **ואין** חילוק בין אם ראתה ג"פ מיד שנשאה, ובין נתקלקלה אח"כ וראתה ג"פ.

כשנמצאה על עד שלו

וכ"ש אם מצאה ג"פ דם על עד שלו, דבכה"ג אפי' מצאה זמן מופלג אחר התשמיש, מקרי רואה מ"ת, דע"כ מ"ת הוא.

נמצא בכתונת

ואם לא קנח בעד שלו, רק שנמצא בכותנתו, א"כ לא הוי רק כמו שאר כתם הנמצא, ולא מצינו שנחוש בכתמים בבגד האיש כי אם בבגדי אשה, **ואפי'** אם נמצא נמי בכתונת שלה, י"ל דבא לאחר זמן שיעור אשם תלוי.

צריכים להיות רצופים

ואלו ג"פ צריכים להיות רצופים, בלי הפסק תשמיש של היתר בינתים, **אבל** א"צ ג' לילות רצופים, **אבל** אם לא היו רצופים לא נאסרה על בעלה. **וי"א** דאם בדקה עצמה ב"פ סמוך לתשמיש ומצאה דם, ואח"כ שמשה כמה פעמים בלא בדיקה כלל, ואח"כ שמשה פ"א ובדקה ומצאה דם, הוי כג"פ רצופים, והוחזקה ברואה מחמת תשמיש.

אמרה שראתה רצופים, ואח"כ אמרה שלא בדקה תיכף

אשה שאמרה שראתה ג"פ רצופים דם מ"ת, ואח"כ אמרה דבפעם שניה לא בדקה עצמה תיכף, מחמת שלא הרגישה כלום, רק ביום שלאחר הטבילה בדקה ומצאה דם, **פשיטא** דנאמנת, שהרי אין כאן חזרה, כיון שיכולה לתרץ דבריה, ולא היה במשמעות דבריה ענין איסור ברור, **וודאי** שאין זו בגדר רואה מ"ת, כיון דבפעם ב' לא בדקה תיכף, ולא אמרינן איגלאי מלתא וכדלקמן, **אמנם** אם יש ג"פ לבד זה, אסורה כנ"ל.

שיטת הרמ"א בשיעור רואה מ"ת

י"א שאין אנו בקיאין בשיעור הנזכר, ולכן כל שרואה ג"פ סמוך לתשמיש, מקרי לדידן מ"ת ונאסרה על בעלה. (**צ"ע** אי מחמרינן מה"ט דאין אנו בקיאים, לאסרה לכל העולם, היכא שהוחזקה בג' אנשים כן). **אבל** אם לא ראתה סמוך לתשמיש, לא נאסרה על בעלה, ומותרת לו לאחר טהרתה תמיד, ודינה כמי שאין לה וסת.

אם אינה ידוע אם ראתה סמוך לתשמיש

וכ"ז דוקא בידוע בודאי שראתה סמוך לתשמיש, **אבל** אם במופלג אחר התשמיש בדקה עצמה ומצאה דם, אע"ג די"ל דראתה בשעת תשמיש, מותרת. (**וי"א** דמ"מ אסורה מכאן ואילך לשמש שני תשמישין בלילה אחת, משום עונה הסמוכה לוסת, עד שתעקר ג"פ, דהיינו שתשמש ג"פ ולא תראה), **וכ"ש** באשה שראתה ג"פ בבוקר בליל טבילתה, כשקמה ממטתה מצאה על כתונת שלה ריבוי דם, שהיא מותרת.

ואף אם תשמש אשה זו עוד פעם אחת או ב', ותמצא מיד בשעת תשמיש, מותרת, ולא אמרינן אגלאי מילתא למפרע שהיה ג"כ בשעת תשמיש, אלא ימים הראשונים יפלו, ומכאן והלאה חושבנא.

היכא דלא מקרי רואה מ"ת, אפי' ראתה כמה פעמים

וכל היכא דלא מיקרי רואה מחמת תשמיש, אפילו ראתה כמה וכמה פעמים, אפי' מ' ונ' פעמים, מותרת.

נאמנות של אשה שאומרת שראתה דם מ"ת

ויש שחקר על אשה האומרת שראתה ג"פ מחמת תשמיש, אמאי לא נימא שאינה נאמנת דשמא עיניה נתנה באחר, כמו באמרה טמאה אני לך, **והעלה**, דלהכי נאמנת כיון דהיא מלתא דעבידא לגלויי, שהרי ביד הבעל תיכף כשאמרה לו שנטמאת, לראות בעד הבדיקה אם הוא אמת, **ולפי"ז** דוקא אם האשה אמרה לבעלה בכל ג"פ תיכף אחר התשמיש שראתה דם, **אבל** אם רק ביום שלאחר התשמיש אמרה כן, אפשר לומר שאינה נאמנת.

וי"א דלכאורה נראה דבשני פעמים הראשונים, אפי' אם אמרה אחר זמן רב, נאמנת, כיון שאינה נאסרת מיד עד שתראה ג"פ, ועיקר הקפידה הוא רק על פעם הג'.

ויש מקשים על החקירה, כיון דלדעת רוב הפוסקים אפי' לבעל ראשון מותרת ע"י בדיקת שפופרת, א"כ לא דמי לאומרת טמאה אני לך, שאסורה עליו באין מזור ותרופה, משא"כ הכא לא שייך בזה לחוש שמא עיניה נתנה באחר, **ותירץ** דכיון דבדידה תליא מלתא, דאם האשה רוצה לבדוק עצמה תחת הראשון הרשות בידה, אבל הבעל אינו יכול לכופה על זה, וממילא יגרשה, א"כ שפיר יש לחוש שמא עיניה נתנה באחר.

ועוד י"ל די"א דאף המתירין לבעל הא' בבדיקה, היינו אם תמצא דם בצדדי השפופרת, אבל אם לא תמצא כלל לא מהני, א"כ שפיר חקר, דדלמא באמת לא ראתה כלל מ"ת, וא"כ גם ע"י בדיקת שפופרת לא תמצא כלל, ותהיה אסורה לו, וממילא יגרשה ותנשא לאחר.

היתר לינשא לאחר

ואם ג' פעמים רצופים ראתה דם, אסורה לשמש עם בעל זה, אלא תתגרש ותנשא לאחר, לפי שאין כל האצבעות שוות.

אם ראתה דם בשפע

י"א דאם ראתה שפע דם, אין להתירה להנשא לאחר, שעיקר ההיתר שמותרת לשני, דאיכא ס"ס, שמא מהצדדים, ושמא אצבע של השני לא תהיה שוה לראשון, **אבל** כשיורד בשפע והוא ודאי מן המקור, אין כאן ס"ס, **ואף** אם בב' פעמים ראשונים לא ראתה בשפע, רק בפעם הג', אין הדבר ברור להתירה לאיש אחר, **ואפילו** בדיקת שפופרת יש לפקפק בה, כיון שע"י שפע דם שיצא ממנה נתברר שהוא מן המקור, הרי היא בכלל כל הממלאה ונופצת.

סעיף א – אשה שראתה דם מחמת תשמיש

נשאת לשני ולשלישי וראתה דם

נשאת לשני, וראתה דם מחמת תשמיש ג' פעמים רצופים, אסורה לשמש גם עם אותו בעל, אלא תתגרש ותנשא לשלישי, שלא הוחזקה לראות מחמת כל האצבעות אלא עד השלישי. **ואם** גם עם השלישי ראתה דם מחמת תשמיש ג"פ רצופים, לא תנשא לאחר, אלא אסורה לכל עד שתבדוק, **והא** דלא נאסרה לשלישי אחר ביאה הראשונה, לפי שאין כל הכוחות שוות, ושמא בעילה הראשונה היתה בכח מרובה, ולא הוחזקה אלא בשלש ביאות לכל אחד ואחד.

שיטת הנו"ב באיסור של רואה מ"ת

דהיא מטעם וסת, דאמרינן קבעה לה וסת במעשה התשמיש, **וממילא** אם נתעברה בביאה שלישית שראתה מחמת תשמיש, תמתין עד שיהיה הוכר עוברה, ומותרת לבעלה כל ימי עיבורה ומניקתה, שהרי בימים אלו אינה חוששת לוסת. **ואף** אם לא תראה בימי העיבור והנקה, מ"מ כשיפסוק הני ימים, תחזור לאיסורא, דמה שלא ראתה בהני ימים, לא מהני לעקור הוסת הראשון שקבעה לראות מ"ת.

לפי הנ"ל אם גם רואה מ"ת בימי עיבור והנקה

תחזור ותיאסר, **והביאור**, דלכאורה אם ראתה ג"פ מ"ת בימי מניקתה, אי אסורה כל ימי מניקתה, זה תלוי ברבוותא, (**דוסת** שנקבע מחמת אונס, כגון שקפצה וראתה, אפילו אירע כן כמה פעמים, אינו כדין וסת קבוע אם לא קבעה אותו לימים, רק דמ"מ חוששת לו אם אירע ג"פ, כמו לוסת שאינו קבוע, ומעתה זהו עצמו דין אשה הרואה מ"ת, דהרי מה בין קפיצה לתשמיש), **דהט"ז** בסי' קפ"ט סובר, דאפי' לוסת שאינו קבוע חוששת מעוברת ומניקה, **אבל** הש"ך בסי' קפ"ד מביא בשם הגהת רש"ל ודרישה, דדוקא לוסת קבוע חוששת, וא"כ כיון דרואה מ"ת אינו נחשב וסת קבוע, לא היתה צריכה לחוש כל משך כ"ד חודש, **אמנם** כדי שלא לתקוע במחלוקת, (והש"ך עצמו סובר ג"כ דאפי' בפעם ראשון חוששת), **וגם** אפשר דהא דוסת שנקבע ע"י אונס מיחשב אינו קבוע, הוא רק לענין עקירה, דנעקרה בפ"א, אבל לחוש לו בימי מניקתה אפשר שצריכה, (וכ"כ החת"ס להלן), **וגם** זה שתשמיש מקרי אונס אינו מוסכם, **וגם** דברי רמ"א בסי' קפ"ז ס"י, שכתב: וכל זה אם כבר עברה ושמשה וכו', לשון עברה, מורה לאסור, **לכן** לא קבע יתד בהיתר זה.

ושיטת החוו"ד באיסור של רואה מ"ת

דלאו מטעם וסת לחוד נאסרה, רק מטעם חשש חולה הממלאה ונופצת, דאפילו בימי עיבור והנקה שאינה חוששת לוסת, חוששת ברואה מ"ת, דאסורה לשמש, **וכן** אם ראתה ג"פ בימי עיבור והנקה אסורה.

היתר לרואה מ"ת לפי שיטת הנו"ב

באם בשעה שראתה מ"ת עדיין לא היה לה וסת קבוע כלל, ואח"כ נקבע לה וסת קבוע, בין בימי החודש בין וסת הפלגה, **דכיון** דהא דרואה ג"פ מ"ת אסורה היא מטעם וסת, וכוסת שאינו קבוע וכנ"ל, לפי"ז בנדון הנ"ל כיון שנקבע לה וסת קבוע, שוב אינה חוששת לוסת שאינו קבוע כלל, אפילו לא נעקר עדיין הוסת שאינו קבוע, כמבואר בסי' קפ"ט בש"ך, **ושוב** נסתפק עוד לפי"ז, באשה שיש לה וסת קבוע כבר, אם לאסור אותה מחמת רואה מ"ת או לא, (וטעם הספק בזה, נכתוב בסימן קפ"ט), **ואם** שוב תראה מ"ת פעם ראשון, אז פעם השני תפרוש ליל טבילה ותשמש בלילה שאח"כ, **ואם** שוב תראה מ"ת, תחזור ותטבול ותשמש פעם שלישי, **ואם** שוב תראה אז תבא לשאול לגדולי הדור, ר"ל כי יש בזה הספק הנ"ל, כיון שאחר שנקבע לה וסת קבוע ראתה ג"פ, **ואף** שלא מצא סמך לזה בדברי הראשונים, מ"מ באשה ילדה כזו, ושלא לאוסרה לכל העולם נכנס בפרצה דחוקה.

והחוו"ד לטעמיה חולק עליו, וכתב דחלילה לסמוך עליו בזה, חדא דרואה מ"ת לאו מטעם וסת לחוד נאסרה, רק מטעם חשש חולה הממלאה ונופצת, **וגם** במש"כ דאשה שיש לה וסת קבוע אין חוששין לוסת שאינו קבוע, ליתא.

תשובת החת"ס באשה שרואה מ"ת בימי עיבור

אשה שראתה כל הג' פעמים בימי עיבור אחר הכרת העובר, או בימי הנקה, הו"ל רואה דם מ"ת ממש, **וגם** אשה שראתה דם מ"ת ב"פ טרם שהוכר עוברה, ופעם ג' אחר שהוכר עוברה, רואה מ"ת גמורה, **ומכ"ש** באשה שרגילה לראות לעולם ו' חדשים הראשונים בימי עיבורה בזמן וסתה, הרי אשה זו גרועה משאר נשים לענין זה, שאין עיבורה מסלק דמים, **אך** אם כבר עברו ג' תשמישים, ואם נאסרה תתגרש ח"ו, וקשים גירושין, או שתבדוק ונפלין ברבוותא, יש להקל ולסמוך הפעם אדעת הראב"ד, שלא לצרף ראיה ראשונה, כיון שלא בדקה תחלה, ותידון כרואה ב"פ מ"ת, ועתה לא ישמש עמה עד שתשאל לרופאים ותעסוק ברפואות, וכיון שאינה מוחזקת עדיין תוכל להאמין לרופאים שנתרפאת, ותשמש פעם ג', **ותראה** לדחות התשמיש הג' ההוא עד אחר ה' או ו' חדשים לעיבורה, שאינה עלולה לראות באותן הימים, דכל טצדקי שנוכל לעשות שלא תקלקל עצמה נעשה לה.

תשובת החמדת שלמה בנמצא על הסדין שקינח בו הבעל

סדין שיש בו כתמים, והאשה אמרה כי יש לתלות בבעלה, לפי שתיכף אחר התשמיש קינח הבעל את האבר בהסדין, והסדין היה נקי ובדוק, וזה אירע ד' וה' פעמים, וטמאתה את המראה כי לא ידעה דבר שיהיה בזה דבר חמור, ובכל פעם היא בודקת עצמה בשחרית אחר התשמיש, ואינה מוצאת שום דבר, ולבעלה כאב בצידו, והכאב נמשך לפעמים לפניו סמוך לאבר, ובשתן לא נמצא שום אודם, גם לא שום כאב, רק זה מקרוב נראה על סדינו שהיה מלוכלך בש"ז כעין מראות אדומים, ולאשה הנ"ל יש לה סת קבוע, **כתב** החמדת שלמה דיש לצדד להקל, דאין זה בגדר רואה מ"ת, דאין הדבר ברור שהיה יותר מכגריס, **גם** הוא מקום שהפישפשין מצויין שנוכל לתלות כתורמס, **גם** אינו בבירור במקום שהבעל קינח עצמו, רק שרגיל לקנח שם, **גם** לא מצאה תיכף בלילה אחר קנוח בעלה, ולא ראתה הכתם עד הבוקר, מעתה אינו בגדר עד הבדוק, כיון שנוכל לתלות שאח"כ נעשה ע"י מאכולת, ואף שנמצא איזה פעמים, עכ"ז לא יצא מדין כתם שתולין במה שיכולין לתלות, **ואפילו** הוי בגדר ספק, מ"מ נוכל לצרף בזה דעת המרדכי שהקיל הרמ"א, באשה שיש לה וסת, אם יש מקום לתלות במכה, אע"פ שאינה **יודעת** שמכתה מוציאה דם, ונראה דתליה זו במאכולת עדיף, כיון דעכ"פ אינו ברור שהיה יותר מכגריס כו', ובפרט שיש ג"כ מקום לתלות בבעל, **ע"כ** דעתו להקל אם יסכים עוד רב מוסמך להתירא, לשמש עוד עכ"פ פעם

א', ושתבדוק אח"כ היא ובעלה כדי לעמוד על הבירור, ובודאי נכון הדבר לתקן מה דאפשר לשמש בליל שני, **ויותר** נכון להתיר לה לטבול ביום ח' קודם מנחה, ותלך לביתה בלילה ומותרת לשמש מיד, כיון דהוי לאחר עונת הוסת, גם י"ל דמלילה ליום לא קבעה, ואם תטבול בלילה אולי ח"ו תראה עי"ז, ע"כ נראה דהוי לצורך, רק בזה לא יהיה עקירת וסת אם לא תראה, כיון שלא טבלה בלילה, **גם** יש לעשות מאי דאפשר לבוא לידי בירור אם הוא מהבעל, לראות אחר קינוח אולי נשאר בפי האמה, וגם לבדוק מי רגלים שלו שמטיל פעם ראשון אחר התשמיש.

בדיקת שפופרת

סעיף ב - כיצד בודקת, נוטלת שפופרת של אבר, (פירוש קנה חלול של עופרת) -

כתוב בתשו' משאת בנימין, דה"ה גם בשאר מיני מתכות, **לאפוקי** של עץ דלא, דמסרטט, **ונ"ל** דה"ה של ברזל דלא, דמסרטט.

(**וצל"ע** לענין דיעבד שבדקה בשל עץ, אי מהני הבדיקה, **ולכאורה** נראה דמהני, שהרי הטעם דמסרט הוא, דשמא באמת לא יהא דם, רק ע"י הסירוט יוציא דם ותמצא על ראשו ונטמא אותה בחנם, וא"כ הוא רק להקל עליה, **אבל** אם בדקה בשל עץ ואפ"ה לא נמצא על ראשו, מהני, **אמנם** נראה לפמ"ש דאם מצאה בצדדי השפופרת קיל יותר מאם לא מצאה כלל, מ"מ בנ"ד לא ניתן לה הקולא של מצאה בצדדים, רק דינה כמי שלא מצאה כלל, דחיישינן דמה שנמצא הוא ע"י הסירוט, וצ"ע).

(**עוד** כתב המ"ב, דיש לעשות השפופרת כשיעור אבר בינוני, וכ"כ בתשו' אמונת שמואל).

ופיה רצוף לתוכה, ונותנת בתוכה מכחול ובראשו מוך – [מכחול פי' קיסם, ואי הכניסה הקיסם לבד, לא היתה יודעת אם מהמקור אם מהצדדין, ע"כ תכניסנו בשפופרת שמפסיק בין הקיסם לצדדים, והמוך הוא בשביל שיהא הדם ניכר בו, ועוד שלא יסרט ויוציא דם].

ומכנסת אותו באותו מקום עד מקום שהשמש דש - כתב בתשובת משאת בנימין, שא"צ להכניס השפופרת עם המכחול והמוך רק עד מקום שהיא יכולה, ומשערת בעצמה לפי אומד דעתה שהגיע עד מקום שהשמש דש, ואשה בעצמה נאמנת ע"ז, **וא"צ** כלל לדחוק השפופרת למקום צר ודוחק, ואין לנו לחוש שמא לא הכניסה כשיעור דישה, דלא ניתנה תורה למלאכי השרת. **ועיין** לקמן בפת"ש מה שכתב החת"ס.

(**עיין** בתוה"ש שדקדק מדברי הרמב"ם, שמתחלה מכנסת השפופרת עד מקום שהיא יכולה, ואח"כ מכנסת המכחול בתוך השפופרת ובראשו מוך, ודוחקת אותו עד שתגיע סמוך לצוארי הרחם, וע"ש הטעם, **וכתב** הס"ט, דה"ה כשהיא מוציאה, תחלה מוציאה המכחול מתוך השפופרת, ע"ש).

נמצא דם על ראשו בידוע שהוא מן המקור, ואסורה - (עיין בתשו' נו"ב שכתב, דשוב אין מועיל לה שום בדיקת שפופרת, אפילו ששוב תבדוק ותמצא בצדדי השפופרת, או שלא תמצא כלל, נשארה לעולם באיסורה, **וגם** על רפואת הרופאים אין לסמוך אחר בדיקה, **זולתי** אם תפיל חררת דם, אזי תחזור להתירה, ע"ש, **וכ"כ** בחוו"ד, דאפילו בדקה שוב אח"כ כמה פעמים ונמצא בצדדין, אסורה, דחיישינן שמא היא רואה מחמת חימוד תשמיש, **ואם** עברה ושמשה ג"פ ולא מצאה דם, הותרה, ע"ש, **מיהו** זה דוקא בבדיקה שאחר בעל הג', אבל בבדיקה שאחר בעל הראשון, יש לה תקנה, דאם בדקה עצמה תחת בעל הראשון ומצאה דם על ראש המוך, ואח"כ בדקה ולא מצאה דם על ראשו, מותרת לבעל שני, ואסורה לבעל הראשון).

ואם לאו, בידוע שהוא מן הצדדין, ומותרת - משמע דאם לא נמצא על המוך, בין שנמצא בצדדי השפופרת, בין שלא נמצא עליו כלל, מותרת, וכ"כ הב"ח, **וכתב** הטעם דאילו היה מן המקור, גם עכשיו היה נמצא על ראש המכחול, **וכן** הוא בתשובת מיימו' בשם ריצב"א, וז"ל, נ"ל דאפילו בדקה עצמה על ידי שפופרת ולא מצאה דם כלל, מותרת לשמש אחר כך, דלמא נתרפאה, שהרי ע"י הכנסת השפופרת רגילה לראות כמו על ידי אצבע כו' ופשוט הוא.

(**ומשמע** דגם אם לא נמצא כלל, אפילו ראתה אח"כ כמה פעמים, מותרת, דתלינן שהוא מן הצדדים, וכ"כ החוו"ד בהדיא, **אמנם** הס"ט חלק ע"ז, ע"ש שהאריך, וסיים: מי שירצה להקל אף אם ראתה ג"פ אח"כ, יסתור כל הראיות שהבאתי ואח"כ יורה להקל, ודי מי שמקיל עד ג"פ, ע"ש, **ועיין** בנו"ב שכתב ג"כ, דיש חילוק בין לא נמצא דם כלל בשפופרת, ובין נמצא בצדדין, שאם מצאה

בצדדים, אף ששוב תראה ג"פ מחמת תשמיש, לא תהיה נאסרת, **אבל** אם לא מצאה כלל, אם שוב תראה ג"פ, תחזור לאיסורה, **דלא** כדעת הגאון מהר"ר חיים צאנזר ז"ל, שדעתו דגם בזה אינה נאסרת לעולם, דליתא, ע"ש).

ומשמע דמותרת אפי' לבעל הג', וכן הסכמת הפוסקים.

[**ולא אמרינן הא אין האצבעות שוות, מכ"ש שאין שפופרת שוה לאצבע, דלחומרא לא אמרינן כן**],

‹אלא להקל, וטעמא, משום דרוב נשים אינן רואות דם מחמת תשמיש, הלכך כל מאי דמצינן למיתלי בה להיתרא שלא להוציאה מכלל שאר נשים, תלינן, כיון דאיכא רגלים לדבר, שהרי בדקה ולא נמצא דם על ראש המכחול – ב"י›.

(**כתב** בתשובת אמונת שמואל בשם חכם אחד, שבתחלה בדק שלא בשפופרת רק במוך ועץ כעובי ואורך האבר, אולי יהיה דם מן הצד ואז א"צ תו לבדוק בשפופרת, ובאם נמצא בראש המוך, אזי לא תועיל הבדיקה לחומרא, וחזר ובדק בשפופרת, וישר בעיני והגון, **ועיין** בתוה"ש שכתב ע"ז, נלע"ד הוא בדיקה שלא לצורך, דאף שהוא מן הצדדים בודאי יתלכלך ראש המכחול, ועוד דאין להרבות בבדיקה, **ומ"מ** מודה לדינא שאם בדקו תחלה ע"י המוך ועץ, ולא נמצא בראשו, או לא נמצא כלל, דמותרת, **ובתשו'** חתם סופר האריך בזה, והוא מסכים ג"כ עם תשובת אמונת שמואל הנ"ל, ונזכר שם דהכי עביד עובדא ועלתה בידו, **ושם** כתב דצריכה שתכניסהו בכל האפשרי עד שיגיע לפתח בית הרחם, **ודלא** כמ"ש הש"ך בשם מ"ב, שא"צ לדחוק כ"כ, אפילו נשמע לו בשפופרת, מ"מ בבדיקה זו לא נקבל).

(**ועיין** עוד בס"ט שכתב שמעשה בא לידו, באשה שראתה ג"פ מחמת תשמיש אחר לידה, **וצוה** לעשות כיס מבגד פשתן ארוך וצר כמדת אבר, ולמלאות הכיס במוכין בדוחק, עד שנעשה עגול ועב, והיה דק מלמעלה ועב מלמטה, ובדקוה בו ונמצא דם מן הצד, והתיר לשמש עם בעלה, **מיהו** אם לא נמצא דם כלל אין להתיר אחר בדיקה זו, כי קשה להכניס דבר רך כ"כ בעומק, ושמא לא הכניסה עד מקום שהשמש דש, ואילו היה שם היתה מוצאת דם).

(**עיין** בתשו' נו"ב, לענין אם מצאה דם בצדדי השפופרת, ושוב ראתה מחמת תשמיש דמותרת, אם מותרת אפילו בלא נקיים, או עכ"פ צריכה נקיים, {וכן על הדם עצמו שנמצא בצדדי השפופרת יש ספק זה}, **ודעת** הגאון מהר"י הורוויץ ז"ל, שאינה צריכה נקיים, והגאון המחבר ז"ל מראה פנים לכאן ולכאן, והביא דבתשובת הר"ן משמע להדיא, שאפילו שבעה נקיים אינה צריכה, וסיים מ"מ אני נבוך בזה, **אכן** בחוו"ד כתב דצריכה ז' נקיים תמיד אחר כל דם שמוצאת בשעת תשמיש, ואפילו על הדם שמוצאת בצדדי השפופרת צריכה ז' נקיים, **וכתב** עוד דבדיקת שפופרת צריך להיות דוקא שלא בימי עיבור והנקה, וכשבדקה עצמה בימי עיבור והנקה, לא מהני להתירה רק בימי עיבור והנקה, ולא בשאר ימים, **ונראה** דאם בדקה עצמה בימי עיבור, מהני אף לימי הנקה, וצ"ע).

(**עיין** בתשו' נודע ביהודה, שכתב דאשה שראתה ג"פ מחמת תשמיש, והוזקקה לבדיקת שפופרת, אם נתעברה בתשמיש האחרון, לא מהני לה בדיקת שפופרת כל ימי עיבורה וימי מניקתה, **אכן** כל זה אם בדקה ולא מצאה כלל לא מהני, אבל אם מצאה בצדדי השפופרת, שההיתר הוא משום דדם מצדדים קאתו, מהני, **וע"ש** שכתב, שאם תבדוק בשפופרת, צריכה מתחלה נקיים וטבילה), ‹שתהיה בחזקת טהרה, ואז אמרינן השתא הוא דחזאי, ולא אמרינן כבר יצא מהמקור וכותלי בית הרחם העמידוהו, משום דהעמד אשה בחזקת טהרה – שם›.

(ואף בזמן הזה יש לסמוך אבדיקה זו).

[**וכתב** רמ"א בסעי' י', שאם עבר הבעל ובא עליה באיסור, ולא ראתה, עדיף טפי מבדיקה דשפופרת, ומהני].

סימן קפז ס"ב • בדיקת שפופרת

ממה נעשה השפופרת

כיצד בודקת, נוטלת שפופרת של אבר, וה"ה גם בשאר מיני מתכות, **לאפוקי** של עץ ושל ברזל דלא, דמסרטט. **והוא** רק להקל עליה, דשמא באמת לא היה דם, רק ע"י הסירוט יוציא דם ותמצא על ראשו, ונטמא אותה בחנם, **אבל** אם בדקה בשל עץ ואפ"ה לא נמצא על ראשו, מהני. **אמנם** בנ"ד לא ניתן לה הקולא של מצאה בצדדים, (די"א דאם מצאה בצדדי השפופרת, קיל יותר מאם לא מצאה כלל), רק דינה כמי שלא מצאה כלל, דחיישינן דמה שנמצא הוא ע"י הסירוט, וצ"ע.

כיצד עושין אותה

ויש לעשות השפופרת כשיעור אבר בינוני, ופיה רצוף לתוכה, **ונותנת** בתוכה מכחול, דאי הכניסה הקיסם לבד, לא היתה יודעת אם מהמקור אם מהצדדין, **ובראש** הקיסם מוך, בשביל שיהא הדם ניכר בו, ועוד שלא יסרט ויוציא דם.

כיצד מכניסין אותה

ומכניסין אותו באותו מקום עד מקום שמשערת בעצמה שהשמש דש, לפי אומד דעתה, ואשה בעצמה נאמנת ע"ז, **וי"א** שא"צ להכניס רק עד מקום שהיא יכולה, וא"צ כלל לדחוק השפופרת למקום צר ודוחק, ואין לנו לחוש שמא לא הכניסה כשיעור דישה, דלא ניתנה תורה למלאכי השרת. (**ועיין** לקמן כשבודקין בלא שפופרת).

וי"א שמתחלה מכנסת השפופרת עד מקום שהיא יכולה, ואח"כ מכנסת המכחול בתוך השפופרת ובראשו מוך, ודוחקת אותו עד שתגיע סמוך לצוארי הרחם, **וה"ה** כשהיא מוציאה, תחלה מוציאה המכחול מתוך השפופרת.

נמצא דם על ראשו

בידוע שהוא מן המקור, ואסורה, **ושוב** אין מועיל שום בדיקת שפופרת, אפילו אם שוב תבדוק כמה פעמים ותמצא בצדדי השפופרת, או שלא תמצא כלל, נשארה לעולם באיסורה, דחיישינן שהיא רואה מחמת חימוד תשמיש, (**וגם** על רפואת הרופאים אין לסמוך אחר בדיקה, זולתי אם תפיל חררת דם, אזי תחזור להתירה), **ואם** עברה ושמשה ג"פ ולא מצאה דם, הותרה. **מיהו** זה דוקא בבדיקה שאחר בעל הג', אבל בבדיקה שאחר בעל הראשון, יש לה תקנה, דאם בדקה עצמה תחת בעל הראשון ומצאה דם על ראש המוך, ואח"כ בדקה ולא מצאה דם על ראשו, מותרת לבעל שני, ואסורה להראשון.

אם לא נמצא דם על המוך

בין שנמצא בצדדי השפופרת, בין שלא נמצא עליו כלל, בידוע שהוא מן הצדדין, ומותרת, ואפילו לבעל הג', **דאילו** היה מן המקור, גם עכשיו היה נמצא על ראש המכחול, ודלמא נתרפאה, דע"י השפופרת רגילה לראות כמו ע"י אצבע.

ולא אמרינן, הא אין האצבעות שוות, כ"ש שאין שפופרת שוה לאצבע, דלחומרא לא אמרינן כן, רק להקל, **וטעמא**, משום דרוב נשים אינן רואות דם מ"ת, הלכך כל מאי דמצינן למיתלי בה להיתרא שלא להוציאה מכלל שאר נשים, תלינן, כיון דאיכא רגלים לדבר, שהרי בדקה ולא נמצא דם על המכחול.

אם לא נמצא על המוך, ואח"כ ראתה מ"ת

י"א דגם אם לא נמצא כלל, אפי' ראתה אח"כ כמה פעמים, מותרת, דתלינן שהוא מן הצדדים, **וי"א** דמי שירצה להקל אף אם ראתה ג"פ אח"כ, יסתור כל הראיות שהבאתי ואח"כ יורה להקל, ודי מי שמקיל עד ג"פ, **וי"א** שאם מצאה בצדדים, אף ששוב תראה ג"פ מחמת תשמיש, לא תהיה נאסרת, **אבל** אם לא מצאה כלל, אם שוב תראה ג"פ, תחזור לאיסורה.

עצה לעשות קודם בדיקת שפופרת

י"א שבתחלה יבדוק שלא בשפופרת, רק במוך ועץ כעובי ואורך האבר, אולי יהיה דם מן הצד, ואז א"צ תו לבדוק בשפופרת, **ובאם** נמצא בראש המוך, אזי לא תועיל בדיקה זה לחומרא, ויחזור ויבדוק בשפופרת, (**וצריכה** שתכניסהו בכל האפשרי עד שיגיע לפתח בית הרחם, ודלא כמ"ש לעיל שא"צ לדחוק כ"כ, דאפילו נשמע בשפופרת, מ"מ בבדיקה זו לא נקבל), **וי"א** דהוא בדיקה שלא לצורך, דאף שהוא מן הצדדים בודאי יתלכלך ראש המכחול, ועוד דאין להרבות בבדיקה, **ומ"מ** אם בדקו תחלה ע"י המוך ועץ, ולא נמצא בראשו, או לא נמצא כלל, דמותרת. **וי"א** דזה ודאי עצה, וכן צוה לאשה שראתה ג"פ מ"ת אחר לידה, לעשות כיס מבגד פשתן ארוך וצר כמדת אבר, ולמלאות הכיס במוכין בדוחק, עד שנעשה עגול ועב, והיה דק מלמעלה ועב מלמטה, **ואם** בדקוה בו ונמצא דם מן הצד, מותר לשמש עם בעלה, **מיהו** אם לא נמצא דם כלל אין להתיר אחר בדיקה זו, כי קשה להכניס דבר רך כ"כ בעומק, ושמא לא הכניסה עד מקום שהשמש דש, ואילו היה שם היתה מוצאת דם.

אם צריך ז' נקיים לדם מן הצדדים

אם מצאה דם בצדדי השפופרת, ושוב ראתה מחמת תשמיש דמותרת, (וכן הדם עצמו שנמצא בצדדי השפופרת), האם מותרת דם זה אפילו בלא נקיים, **י"א** שאינה צריכה נקיים, **ויש** שמסופק בזה, **וי"א** דצריכה ז' נקיים.

בדיקת שפופרת בימי עיבור והנקה

בדיקת שפופרת צריך להיות דוקא שלא בימי עיבור והנקה, **וכשבדקה** עצמה בימי עיבור והנקה, לא מהני להתירה רק בימי עיבור והנקה, ולא בשאר ימים, (**וי"א** דכ"ז אם בדקה ולא מצאה כלל, הוא דלא מהני, **אבל** אם מצאה בצדדי השפופרת, שההיתר הוא משום דדם מצדדים קאתו, מהני), **ואם** בדקה עצמה בימי עיבור, מהני אף לימי הנקה, וצ"ע.

לבדיקת שפופרת צריכה חזקת טהרה

י"א דאם תבדוק בשפופרת, צריכה מתחלה נקיים וטבילה, שתהיה בחזקת טהרה, ואז אמרינן השתא הוא דחזאי, ולא אמרינן כבר יצא מהמקור וכותלי בית הרחם העמידוהו, משום דהעמד אשה בחזקת טהרה.

אף בזמן הזה יש לסמוך אבדיקה זו.

בעילה עדיף מבדיקת שפופרת

כתב רמ"א בסעיף י', שאם עבר הבעל ובא עליה באיסור, ולא ראתה, עדיף טפי מבדיקה דשפופרת, ומהני.

אם מהני בדיקה להתירה לבעל ראשון

סעיף ג - אם רוצה לבדוק עצמה בעודה תחת הראשון, אחר ששמשה שלש פעמים, הרשות בידה, ומותרת לו –

[שלא אמרו שתתגרש מהראשון אלא להקל עליה, דהיינו אם תבדוק תחת הראשון, שמא תמצא דם בראש המכחול, ותהיה אסורה לכל אדם, ע"כ התירו לה שתנשא לאחר בלא בדיקה, **אלא** אחר השלישי שבלאו הכי אין לה תקנה, אז תכניס עצמה בספק זה].

מיהו אם בדקה לראשון ונמצא על המוך, אסורה לכל,

‹וכתב סמ"ג, שמה שלא פירש התנא בדיקה לאחר פעם שלישית של ראשון, עצה טובה קא משמע לן, דהשתא מותרת בלא בדיקה מטעם ספק ספיקא, שמא לא בא הדם מן המקור אלא מן הצדדים, ואפילו בא לראשון מן המקור, שמא לא יבוא לבעל שני, דאין כל האצבעות שוות, **אבל** אם היתה בודקת לראשון ותראה דם בראש המכחול, שעכשיו נתברר שמן המקור בא, לא תהא מותרת לשני מטעם שאין כל האצבעות שוות בלבד – ב"י›.

(**ועיין** חוו"ד שכתב, דאם בדקה עצמה תחת בעל הראשון ומצאה דם על ראש המוך, ואח"כ בדקה ולא מצאה על ראשו, מותרת לבעל שני ואסורה לבעל הראשון).

(**עיין** בתשו' נו"ב שכתב, דאף המתירין גם לבעלה הראשון בבדיקה, היינו אם תמצא דם בצדדי השפופרת, אבל אם לא תמצא כלל, לכו"ע לא מהני). (**ושיטת** הרב"י, שגם לבעל הראשון מועיל בדיקת שפופרת אף שלא תמצא כלל – נו"ב).

ויש אומרים שאסורה לראשון מתשמיש שלישי ואילך, אפילו בבדיקה. הגה: ויש לסמוך אסברא ראשונה להקל - ולפעד"נ דאין להורות בדיקה בבעל הראשון, דהא הרמב"ם ורש"י אוסרים, **ותו** דהרי הראב"ד והרמב"ן אוסרים בדיקה בזמן הזה, **וגם** הרשב"א ורבינו ירוחם כתבו דנכון להחמיר כדבריהם, **גם** אם ימצא דם על המוך תהא אסורה לכל העולם, **ומ"מ** הב"ח ומהר"מ מלובלין ושאר אחרונים מקילין.

ואם הרגישה צער וכאב בשעת תשמיש, לכו"ע יש לסמוך אבדיקה בבעל הראשון - דנראה קצת כי חולי ומכה יש לה.

סימן קפז ס"ג • אם מהני בדיקה להתירה לבעל ראשון

עצה טובה לאשה שראה מ"ת, שתתגרש מראשון ולא תבדוק תחתיה, להקל עליה, שאם תבדוק שמא תמצא דם בראש המכחול, ותהיה אסורה לכל אדם, **דלשני** מותרת בלא בדיקה מטעם ס"ס, שמא לא בא הדם מן המקור אלא מן הצדדים, ואפילו בא לראשון מן המקור, שמא לא יבוא לבעל שני, דאין כל האצבעות שוות, **אבל** אם היתה בודקת לראשון ותראה דם בראש המכחול, שעכשיו נתברר שמן המקור בא, לא תהא מותרת לשני מטעם שאין כל האצבעות שוות בלבד. **ע"כ** התירו לה שתנשא לאחר בלא בדיקה, **אבל** אחר השלישי שבלא"ה אין לה תקנה, אז תכניס עצמה בספק זה.

אבל אם רוצה לבדוק עצמה בעודה תחת הראשון, אחר ששמשה ג"פ, כתב המחבר דהרשות בידה, ומותרת לו.

י"א דאף המתירין גם לבעלה הראשון בבדיקה, היינו אם תמצא דם בצדדי השפופרת, אבל אם לא תמצא כלל, לכו"ע לא מהני, **אבל** שיטת הרב"י, שגם לבעל הראשון מועיל בדיקת שפופרת אף שלא תמצא כלל.

י"א דאם בדקה עצמה תחת בעל הראשון ומצאה דם על ראש המוך, ואח"כ בדקה ולא מצאה על ראשו, מותרת לבעל שני, ואסורה לבעל הראשון.

והביא המחבר, די"א שאסורה לראשון מתשמיש שלישי ואילך, אפי' בבדיקה. **וכתב** הרמ"א דיש לסמוך אסברא ראשונה להקל. **והש"ך** כתב דאין להורות בדיקה בבעל הראשון, דהא הי"א אוסרים, **ותו** דהרי יש אוסרים בדיקה בזמן הזה, וגם יש כתבו דנכון להחמיר כדבריהם, **גם** אם ימצא דם על המוך תהא אסורה לכל העולם, **ומ"מ** הב"ח ומהר"מ מלובלין ושאר אחרונים מקילין.

ואם הרגישה צער וכאב בשעת תשמיש, לכו"ע יש לסמוך אבדיקה בבעל הראשון, דנראה קצת כי חולי ומכה יש לה.

אם היה סמוך לוסת תולין בוסתה

סעיף ד - אם שמשה סמוך לוסתה - (הקבוע - בדי השלחן), **אנו תולין ראייתה משום וסתה, ולא חשבינן לה רואה מחמת תשמיש** - כתב הפרישה, דלאו ברשיעי עסקינן, ולר"ת דמחמיר לפרוש ממנה סמוך לוסתה אפילו ביוצא לדרך, משכחת לה הכא סמוך שמותר, כגון אם ראייתה תחלת היום דמותר כל הלילה שלפניו, **וקשה** לי דהא להכי מותר כל הלילה שלפניו, משום דכיון דוסתה ביום לא חיישינן דתראה בלילה, שאין רגילה לראות בלילה, **א"כ** כיון דמקילים מה"ט, כ"ש דאין לתלות לקולא בהכי, שלא תהא רואה מחמת תשמיש, כיון שאינה רגילה לראות אז, (**ועיין** בתוה"ש ובס"ט, שדעתם להקל כדעת הפרישה), (דודאי לא חיישינן לכתחילה, אך אם ראתה, אמרינן אגלאי מלתא דדמים יתירים נתוספו בה – סד"ט), **אלא** הכא מיירי שעברה ושמשה, **א"נ** ר"ת מפרש "ואם יש לה וסת" כרש"י או כהמרדכי, **א"נ** הכא מיירי בקטנה או שלא הביאה סימנים עדיין, שא"צ לפרוש ממנה כל שלא קבעתו בג"פ, וקאמר הכא דאם נתברר ששמשה סמוך לוסתה, דהיינו שראתה אחר התשמיש עוד פעם א' או ב' באותו זמן, שנמצא שקבעה וסת בג"פ, תולה בוסתה.

(**ולפי** מה שכתבתי לעיל סי' קפ"ד ס"ב בשם התפל"מ, משכחת לה נמי בכה"ג).

(**ועיין** בהשגות הרז"ה על ס' בעה"נ שכתב וז"ל, אם יש לה וסת כגון שפיהוקה או עטשה, ה"ז תולה בפיהוקה או בעיטושה ולא בתשמיש, ואין זו רואה מ"ת עד שנתברר שוסת פיהוקה או עיטושה מורכבת בתשמישה, עכ"ל).

(**כתב** הס"ט, ונראה אם פ"א שימשה סמוך לוסתה, אפילו אם אח"כ ראתה ב"פ מחמת תשמיש מופלג מוסתה, לא מצרפינן לראיה ראשונה בהדייהו, עד שתראה עוד פעם שלישית מופלג מוסתה כו', ע"ש).

[הב"י הביא בשם רש"י, אם יש וסת לקלקול זה, שאינה רואה כל שעה מחמת תשמיש אלא בפרקים, תולה בוסתה, ומשמשת בלא בדיקה בין וסת לוסת].

[וכתב עוד בשם המרדכי וז"ל, אשה שיש לה וסת קבוע שהיתה רואה נדה, תולה בוסתה, שיכולה לומר זה הדם שהיא רואה, טהור, שעדיין לא הגיע וסתה, עכ"ל, וזה דבר שאין לו ביאור כלל, ובמרדכי עצמו כתוב אחר זה ותולה במכתה, והב"י הבין שמילתא באנפי נפשה היא, ובאמת חדא מילתא היא, ור"ל שאם יש לה מכה, אע"פ שאין ראוי לתלות בה כ"כ אילו לא היה לה וסת, מ"מ עכשיו שיש לה וסת תלינן בה, וכן מבואר להדיא בפסק מהר"ר איסרלן שהביא ב"י סוף סימן זה].

זה אינו, כמו שכתבתי ס"ק כ' - נקה"כ, ‹ושם כתב›, **עיין** בספרי שהוכחתי, דס"ל להמרדכי דאם יש לה וסת זמן קבוע שהיא רואה, תולה שלא בשעת וסתה בוסתה, אפילו אין לה מכה כלל, ואמרינן שזהו דם טהור הוא מן הצדדים מחמת מיעוך תשמיש, שהרי עדיין לא הגיע וסתה, **ושגם** מהר' איסרלין הבין כן, אלא דדייק מהמרדכי מכח כל שכן, דכיון דס"ל דמחזקה אין אורח בא אלא בזמנו, מהני דתולין דדם טהור הוא, מה שלא היו תולין בלא זה, מכל שכן דס"ל דהיכא דאיכא מכה, אע"פ שאינה מוציאה דם, דטהורה, **והב"ח** הבין פשט המרדכי דותולה במכתה כו', נקשר אתולה בוסתה, והאריך בקושיות ופירוקים, **וכבר** סתרתי כל דבריו בארוכה, אלא הדבר ברור, שהמרדכי מציין הברייתא ותולה במכתה כו', וכן מוכח בבית יוסף וד"מ.

סימן קפז ס"ד • אם היה סמוך לוסת תולין בוסתה

כתוב בגמ' נדה דף ס"ח: ואם יש לה וסת תולה בוסתה.

ופסק המחבר ע"פ זה, דאם שמשה סמוך לוסתה הקבוע, אנו תולין ראייתה משום וסתה, ולא חשבינן לה רואה מ"ת.

והאיך שמשה סמוך לוסתה: **י"א** שעברה ושמשה, **אבל** י"א דלאו ברשיעי עסקינן, ולכן לפי השיטה שמותר לשמש סמוך לוסתה כשיוצא לדרך, ניחא, **ולר"ת** דמחמיר אפי' ביוצא לדרך, משכחת לה כגון אם ראייתה תחלת היום, דמותר כל הלילה שלפניו, **וקשה**, דהא להכי מותר כל הלילה שלפניו, משום דכיון דוסתה ביום, אין רגילה לראות בלילה, **א"כ** כיון דמקילים מה"ט, כ"ש דאין לתלות לקולא בהכי, שלא תהא רואה מ"ת, **ויש** מתרצים דאף דלא חיישינן לכתחילה, אך אם ראתה, אמרינן אגלאי מלתא דדמים יתירים נתוספו בה. **א"נ** ר"ת ס"ל כרש"י או כהמרדכי כדהלן, דלא ס"ל לדין של המחבר. **א"נ** הכא מיירי בקטנה או שלא הביאה סימנים עדיין, שא"צ לפרוש ממנה כל שלא קבעתו בג"פ, וקאמר הכא דאם נתברר ששמשה סמוך לוסתה, דהיינו שראתה אחר התשמיש עוד פעם א' או ב' באותו זמן, שנמצא שקבעה וסת בג"פ, תולה בוסתה. **א"נ** יש מתירין כשנפלה וסתה בליל טבילתה, עיין לעיל סי' קפ"ד ס"ב.

ואם פ"א שימשה סמוך לוסתה, אפילו אם אח"כ ראתה ב"פ מחמת תשמיש מופלג מוסתה, לא מצרפינן לראיה ראשונה בהדייהו, עד שתראה עוד פעם שלישית מופלג מוסתה.

וי"א דאם יש לה וסת כגון שפיהקה או עטשה, ה"ז תולה בפיהוקה או בעיטושה ולא בתשמיש, ואין זו רואה מ"ת עד שנתברר שוסת פיהוקה או עיטושה מורכבת בתשמישה.

ושיטת רש"י בגמ' הנ"ל, דאם יש וסת לקלקול זה, שאינה רואה כל שעה מחמת תשמיש אלא בפרקים, תולה בוסתה, ומשמשת בלא בדיקה בין וסת לוסת.

ושיטת המרדכי בגמ' הנ"ל, דאשה שיש לה וסת קבוע שהיתה רואה נדה, תולה בוסתה, (אפילו אין לה מכה כלל), שיכולה לומר, זה הדם שהיא רואה טהור הוא, מן הצדדים מחמת מיעוך תשמיש, שעדיין לא הגיע וסתה. **וי"א** דדבר זה אין לו ביאור כלל, ובאמת המרדכי ר"ל שאם יש לה מכה, אע"פ שאין ראוי לתלות בה כ"כ אילו לא היה לה וסת, מ"מ עכשיו שיש לה וסת תלינן בה.

אם יש מכה באותו מקום

סעיף ה - אם יש לה מכה באותו מקום, תולין בדם מכתה

בדם מכתה - כתב הב"ח, דאין פי' בכל איזה מקום שבאותו מקום, אלא ר"ל באותו מקום עצמו שמשם יוצא הדם יש לה לשם מכה, **ולפיכך** אם הדם יוצא מן המקור, צריך שתדע שיש לה מכה במקור, **אבל** אם אומרה בסתם מכה יש לי, אין תולין הדם במכה שיש לה.

(**ועיין** חוו"ד שכתב, דזה דוקא באם מרגשת שהדם בא ממקורה, אז בעינן שתדע שהמכה במקור, **אבל** ברואה שלא בהרגשה, ואפילו ע"י בדיקה, תולה במכה שידוע שמוציאה דם, אפי' אם המכה בודאי בצדדין, ע"ש).

כתב הגאון אמ"ו ז"ל בתשו', דאפילו בדקה עצמה בשפופרת ומצאה על המוך, תולין במכה, והביא ראיות, וכ"כ הב"ח. (**דאפילו** אם המכה הוא בבית הרחם במקור עצמו, שמשם נובע הדם נדה, מ"מ טהורה היא, ותלינן בדם מכתה - מהר"ם מלובלין).

(**ועיין** בתשו' אא"ז פנים מאירות, שכתב דהא דמטהרינן דם מכה, דוקא אם יש לה מכה במעיים שיכול הדם לבוא שם בלתי שיצטרך תחלה ליבלע בשאר אברים, **אבל** אם יש לה מכה בשאר אברים הפנימים, שא"א לזוב

דרך המקור אם לא שיבלע תחלה בשאר אברים, זה דם נדה גמור הוא, ע"ש).

(**ועיין** בדגול מרבבה שכתב, דדין זה הוא פשוט ברואה מחמת תשמיש, שאז ודאי האשה בחזקת טהרה, שהרי שמשה עם בעלה, **אבל** ברואה שלא מחמת תשמיש, ואירע לה בימי טומאה ובימי ליבונה, הדבר צריך תלמוד, וכתב דבימי ליבונה היא בחזקת טומאה, **ועיין** בתשו' ברית אברהם שהאריך לחלוק על הנו"ב בזה, דגם בימי ליבונה בחזקת טהרה עומדת, והביא שגם בתשו' מאיר נתיבים כתב כן, **גם** החוו"ד דחה דברי הנו"ב בזה, והעלה דאפילו בספירת שבעה נקיים היא בחזקת טהרה, **וכן** העלה בתשו' חת"ס בכמה תשובות, וכתב דבנדה דאורייתא הא סגי אפילו לא פסקה בטהרה, כל שעברו עליה ימים הראוים לזיבת דמי נדתה, על הרוב פסקה לה חזקת ראיה, אלא משום דנשי דידן ספק זבות נינהו, בעינן שפסקה בטהרה לפנינו עכ"פ, **ודעת** המרדכי דבעינן ג' ימים לאחזוקי בטהרה, אך הוא ז"ל האריך להקשות ע"ז, ודעתו לדינא דבג' בדיקות סגי, ערבית ושחרית וערבית, וכבר דבר מזה הפלתי ובס"ט). ‹**ואפי'** אם היא בספירת ז"נ תולין במכה, רק באופן שהיה לה הפסק טהרה ויום א' נקי בבדיקה עכ"פ בעינן – חוו"ד›.

ואם דם מכתה משונה מדם ראייתה, אינה תולה בדם מכתה - כתב הרב המגיד והר"ן והרשב"א, דוקא שנתברר שהיא משונה, הא לאו הכי תולין במכה, לפי שהאשה בחזקת טהרה עומדת, וכן דעת הרא"ש וכן פסקו האחרונים דלא כהרמב"ן, **ומשמע** מדברי הרא"ש, שא"צ להראות לחכם אם הוא משונה, וכן כתבו ב"י והאחרונים.

[**וכתב הפרישה**, דאם שניהם לפניו, לא ניזל לקולא כיון שאפשר לבירורי, וכל אדם יוכל לברר אותו, ונכון **הוא**], ‹ובש"ך מיקל יותר – חוו"ד›.

(**דעת** החוו"ד, דדוקא בראתה אחר תשמיש א"צ בדיקה אם הוא משונה, אפי' לענין ז' נקיים, כיון דאיכא עוד ספק, אימור שמש עכרן, **אבל** בראתה שלא בשעת תשמיש, צריכה בדיקה לענין נקיים אם הוא משונה או לא).

סימן קפז ס"ה(1) • אם יש מכה באותו מקום

אם יש לה מכה באותו מקום, תולין בדם מכתה. **ור"ל** באותו מקום עצמו שמשם יוצא הדם, שם יש לה מכה, **והיינו** אם מרגשת שהדם בא מן המקור, צריך שתדע שיש לה מכה במקור, **ולא** די בסתם מכה בכל איזה מקום שבאותו מקום, **אבל** ברואה שלא בהרגשה, ואפילו ע"י בדיקה, תולה במכה שידוע שמוציאה דם, אפילו אם המכה בודאי בצדדין.

ואפילו אם המכה הוא בבית הרחם במקור עצמו, שמשם נובע הדם נדה, מ"מ טהורה היא, ותלינן בדם מכתה, **ואפילו** בדקה עצמה בשפופרת ומצאה על המוך, תולין במכה.

ודוקא אם יש לה מכה במעיים שיכול הדם לבוא שם, בלתי שיצטרך תחלה ליבלע בשאר אברים, **אבל** אם יש לה מכה בשאר אברים הפנימים, שא"א לזוב דרך המקור אם לא שיבלע תחלה בשאר אברים, זה דם נדה גמור הוא.

צריכה חזקת טהרה

י"א דדין זה הוא פשוט ברואה מ"ת, שאז ודאי האשה בחזקת טהרה, שהרי שמשה עם בעלה, **אבל** ברואה שלא מ"ת, ואירע לה בימי טומאה ובימי ליבונה דהיא בחזקת טומאה, הדבר צריך תלמוד, **ויש** חולקים, דגם בימי ליבונה בחזקת טהרה עומדת, **וי"א** דבנדה דאורייתא סגי אפי' לא פסקה בטהרה, שכל שעברו עליה ימים הראוים לזיבת דמי נדתה, על הרוב פסקה לה חזקת ראיה, **אלא** משום דנשי דידן ספק זבות נינהו, בעינן שפסקה בטהרה לפנינו עכ"פ, **י"א** דבעינן ג' ימים לאחזוקי בטהרה, **וי"א** דבג' בדיקות סגי, ערבית ושחרית וערבית, **וי"א** דבעינן הפסק טהרה ויום א' נקי בבדיקה.

אם נתברר דדם מכתה משונה מדם ראייתה, אינה תולה בדם מכתה, **הא** אם לא נתברר, תולין במכה, לפי שהאשה בחזקת טהרה עומדת, (ודלא כהרמב"ן), **וי"א** דא"צ להראות לחכם אם הוא משונה, **וי"א** דאם שניהם לפניו, לא ניזל לקולא כיון שאפשר לבירורי, וכל אדם יוכל לברר אותו.

וי"א דהא דא"צ בדיקה אם הוא משונה, דוקא בראתה אחר תשמיש, ואפי' לענין ז' נקיים, כיון דאיכא עוד ספק, אימור שמש עכרן, **אבל** בראתה שלא בשעת תשמיש, צריכה בדיקה לענין נקיים אם הוא משונה או לא.

כשיש לה וסת קבוע, ואינה יודעת שמכתה מוציאה דם

הגה: וכל זה באשה שיש לה וסת קבוע, אז יכולה לתלות שלא בשעת וסתה במכתה, אע"פ שאינה יודעת בודאי שמכתה מוציאה דם - פי' אפי' אינה יודעת כלל שדרכה של המכה להוציא דם, ‹דלא תימא שרק אינה יודעת אם עכשיו הוציאה דם – מחה"ש›.

עיין בספרי שהוכחתי, דס"ל להמרדכי דאם יש לה וסת זמן קבוע שהיא רואה, תולה שלא בשעת וסתה בוסתה, אפי' אין לה מכה כלל, ואמרינן שזהו דם טהור הוא מן הצדדים מחמת מיעוך תשמיש, שהרי עדיין לא הגיע וסתה, **ובכהאי** גוונא ‹דרמ"א› אפשר דאף הפוסקים

החולקים אהמרדכי מודים, כיון דאיכא עוד צד היתר שיש לה מכה, **ועל** פי הדברים האלה הם דברי הרב.

ולפי"ז נראה דאין להתיר אלא לבעלה, משום דבכמה מקומות חשו חז"ל שלא להוציא אשה מבעלה ומשום עיגונא הקילו, הלכך אין להחזיקה ברואה מחמת תשמיש, ‹**בלא"ה** י"ל, דלבעלה דהאיסור רק דכיון דהוחזקה לראות מחמת תשמיש, שמא תראה בשעת תשמיש, דהוא ענין וסת דהוי רק מדרבנן, כדקימ"ל וסתות דרבנן, לזה סמכינן להקל לתלות במכה, **אבל** לענין ז' נקיים לא סמכינן – רעק"א›, **אבל** מ"מ צריכה לישב ז' נקיים, דבכה"ג אין לסמוך אהמרדכי, **דהא** מדברי רש"י נראה שחולק, וגם שאר כל הפוסקים שפירשו, ואם יש לה וסת ושמשה סמוך לוסתה תולין בוסתה, אלמא לא שמשה סמוך לוסתה, אפילו יש לה וסת לא תלינן דדם טהור הוא, **וכ"כ** בתשובת מהר"מ פדוואה וז"ל: ואשר נסתפק מעלתך אם יש להקל כדברי המרדכי, בפירוש "ואם יש לה וסת תולה בוסתה כו'", קולא גדולה היא, ומי הוא אשר חיילים יגבר להקל נגד כל הפוסקים האחרים, עכ"ל, **וכן** הרב לא הקיל אלא שלא להחזיקה ברואה מחמת תשמיש, וגם זה בשיש לה מכה אע"פ שאינה מוציאה דם, **ומדברי** הב"ח נראה דמתיר בכל ענין, ולפעד"נ כמ"ש.

(**עיין** בשו"ת כנסת יחזקאל שכתב, סוף דבר לענין לבעלה א"צ לידע שמכתה מוציאה דם, לפי"ז כיון דאשה דנ"ד מוציאה דם בשעת תשמיש, ועלינו מוטל להתירה לבעלה ולומר מכתה מוציא דם, א"כ אף מה שרואה שלא בשעת תשמיש מותר, **ומש"כ** אחרונים להרשב"א צריך שתדע שמכתה מוציא דם, היינו שלא ראתה בעת התשמיש ג"פ, עכ"ד, **הבין** מש"כ הש"ך, "אבל מ"מ צריכה שבעה נקיים", היינו בלא ראתה מחמת תשמיש, אבל בראתה מחמת תשמיש, כיון דלענין לבעלה אתה צ"ל שהמכה מוציא דם, א"כ אין טהרה לחצאין, וגם ז' נקיים א"צ, ‹**וזה** דלא כסברת רעק"א לעיל›, **ובאמת** קצת נראה כן מדברי הש"ך ס"ק כ"ד, במה שכתב "מ"מ שלא בשעת תשמיש כו'", **אכן** הס"ט השיג עליו, והעלה דאף לאותו דם שראתה מחמת תשמיש צריכה שבעה נקיים, ולא תלינן במכה שאינו יודע שמוציא דם, וכ"כ בשו"ת צ"צ).

(**ועיין** בתשו' נו"ב שהוכיח, דדעת הרמ"א לטהר לגמרי אף בלא שבעה נקיים, דלא כש"ך, **ומ"מ** לא החליט למעשה כיון שהש"ך פליג).

(**ואם** אין לה וסת קבוע, רק שאינה רואה עד אחר י"ד יום אחר טבילתה, נראה דעד י"ד יום דינה כדין אשה שיש לה וסת גם לענין זה, כמו בסי' קפ"ו סעיף ג', וכן כתב החוו"ד).

(**עיין** בספר צלעות הבית להג' בית מאיר שכתב, דכ"ש בזקינה שיכולה לתלות במכה שאינו יודע שמוציא דם, אף דבתשובת פ"י לא כ"כ, דבריו תמוהים).

(**ועיין** בתשו' חתם סופר שכתב, דאחר כל הקולות ברואה מחמת תשמיש להתירה לבעלה בספירת נקיים, מ"מ צריך הוא לפרוש באבר מת, וליחוש שמא ראתה, דלא התרנו אלא שלא תתגרש, ומכיון שהתרנו לו הכניסה די וכו', וכ"כ עוד בכמה תשובות).

(**ועיין** בס"ט שנסתפק, אם עבר עליה שעת וסתה ולא בדקה ולא הרגישה, ואח"כ בדקה עצמה ומצאה טמאה מה דינה, אי תולה במכה שאינו יודע שמוציאה דם, **דאע"ג** דכתב הרמ"א דשלא בשעת וסתה טהורה, היינו היכא שבדקה בשעת וסתה ומצאה טהורה, אבל זו שלא בדקה בשעת וסתה, י"ל דכבר ראתה בשעת וסתה, **מיהו** כל עיקר ספיקו לא שייך אלא לדעת הרמ"א, דס"ל דטהורה אף לענין שבעה נקיים, **אבל** לדעת הש"ך, דמ"מ צריכה לישב שבעה נקיים, לא שייך ספיקו כלל, דדהא אף אם בדקה בשעת וסתה ומצאה טהורה, וראתה שלא בשעת וסתה, צריכה שבעה נקיים, ואינה תולה במכה שאינו יודע שמוציאה דם, **ולענין** רואה מחמת תשמיש ג"כ ליכא לספוקי, דממ"נ אי דם זה שלא מוסתה, תולין במכה ואף שבעה נקיים אינה צריכה, ואי ניחוש שהוא מוסתה, א"כ פשיטא דאינה רואה מחמת תשמיש, ומותרת לבעלה ע"י ז"נ עכ"פ, **אכן** במכה שידוע שמוציא דם, תולה אף בכה"ג, דהא כתב הרמ"א בסוף הגהה זו, דבשעת וסתה אינה תולה במכה כלל, משום דאל"כ לא תטמא לעולם, וזה לא שייך הכא, וכן נראה מבואר מדברי הס"ט).

[לא ירדתי לסוף דעת רמ"א בפסק זה, ולכוונו להפוסקים אחרונים שהוא נמשך אחריהם, בגמ' איתא בפרק תינוקת, ונאמנת אשה לומר מכה יש לי במקור שממנה דם יוצא, והוא מה שכתוב בשו"ע בסעיף ו'... והמרדכי והג"מ ס"ל דבעינן שתדע בודאי שיש לה מכה שמוציאה דם, ואז מותר שלא בשעת וסתה דוקא, ובפסקי מהרא"י כתב להיתר, באשה אחת שבודקת בחורין וסדקין, ואינה

מוצאה דם רק במקום אחד בצדדין, והיינו ביש לה וסת קבוע, אז יש לה היתר זה כל שלא הגיע וסתה, **אבל** בענין אחר לא התיר אפי' שלא בשעת וסתה, כיון דלהמרדכי בעינן שתדע שודאי מכתה מוציאה דם, ואותה האשה לא היתה יודעת כן בודאי].

[**וקשה תרתי, חדא** שהרי השו"ע כתב בס"ז פסק דמהרא"י דלעיל, משמע כל שאין מבורר לה במקום אחד מהצדדין, אזלינן לחומרא כל שאינה יודעת בודאי שמכתה מוציאה דם, ומהרא"י מיירי ביש לה וסת קבוע, כמו שהביא ב"י, **ורמ"א** היה לו לכתוב ע"ז דלא קימ"ל כן לפי פסק שלו, אלא בכל גווני שיש לה מכה, והוא שלא בשעת וסתה טהורה, **ותו** קשה, דכיון שראה רמ"א דעת מהרא"י וב"י שמחמירין באינה יודעת שמכתה מוציאה דם, וכן פסק מהר"י ווייל, מנ"ל להקל נגדם].

[**ותו** תמיה לי מאד, שהרי בסי' קצ"א כתב רמ"א עצמו כדברי מהרא"י ומהר"י סג"ל, להחמיר באשה שרואה דם במי רגלים, וכתב שהכי נהוג להצריכה בדיקה במוך נקי, אבל לא בלאו הכי, וכאן הוא מיקל שלא בשעת וסתה בכל ענין, אע"פ שאינה יודעת שמכתה מוציאה דם, **ואין** לומר דדין דהכא באשה שיש לה מכה, עדיף מההיא דינא דמוצאת במי רגלים, זה אינו, דבההיא כתב מהר"י ווייל בנוגע מי רגלים, ונראה לי דעדיף האי מאשה שיש לה מכה באותה מקום, כיון דמצטערת במי רגליה, מוכחא מילתא שבא הדם עם מי הרגלים, הרי דכאן חמיר טפי, **וא"כ** דברי רמ"א סותרים זה את זה, דכאן שהוא חמיר, התיר בלא שום בדיקה שלא בשעת וסתה, ובסי' קצ"א במי רגלים דקיל טפי, כתב דהכי נהוג להתירה ע"י בדיקה דוקא].

[**ומו"ח ז"ל** כתב שיש לפסוק כדברי הג"ה זאת, אע"פ שהוא דלא כדעת מהרא"י, כיון שהרשב"א מיקל בכל ענין, **ותמיה** לי, דמה נעשה לדברי מהרא"י והג' שערי דורא ומהר"י ווייל דלעיל, וב"י בסעיף ז', ודברי רמ"א עצמו בסי' קצ"א, כי לכל אלו ראוי להחמיר, והם אחרונים שאנו שותים מימיהם תמיד].

האריך להקשות על רמ"א ולשונו מגומגם הרבה, ובאמת לא קשה מידי, דהמעיין בפסקי מהרא"י יראה לעינים, דמתחילה הקיל במעשה דאשה שבודקת בחורים וסדקים, אע"פ שאינה יודעת שמכתה מוציאה דם, מטעם דכיון שהיא מרגשת בשעת בדיקה כשנוגעת באותו מקום ההוא שהוא כואב לה קצת, ובשאר חורים וסדקים אינה מרגשת כאב כלל, יש הוכחה שמן המכה בא, **ולפי** טעם זה אפי' באשה שאין לה וסת קבוע טהורה, וע"כ כתב בשו"ע סעיף ז' בסתם, דיש לתלות שממכה שבאותו צד בא, ולא כתב דהיינו דוקא באשה שיש לה וסת שלא בשעת וסתה, **אלא** דאח"כ כתב מהרא"י שם עוד טעם להתיר, דאף את"ל שאין זה הוכחה שמן המכה בא, כיון שיש לה וסת ורואה שלא בשעת וסתה, כהמרדכי, **וקאמר** דאע"ג דרש"י חולק על המרדכי, מ"מ נוכל לצרף דעת המרדכי לשאר צדדים, כלומר היכא דיש לה מכה, אע"פ שאינה יודעת אם מוציאה דם, טהורה, א"כ דברי רמ"א נכונים - נקה"כ.

ובלאו הכי נמי לא קשה מידי, דאפי' תימא דדעת מהרא"י דלא תלינן במכה כזו, היינו להחזיקה טהורה, דבהא לא רצה לסמוך אהמרדכי לחוד, **אבל** להחזיקה ברואה מחמת תשמיש לא מחזקינן לה, כיון דרואה שלא בשעת וסתה, ויש לה מכה אע"פ שאינה יודעת אם מוציאה דם, **ובזה** מתורץ כל מה שהקשה על רמ"א, וגם מה שהקשה עליו מלקמן סי' קצ"א - נקה"כ.

וגם בלאו הכי לא קשה מידי מלקמן סי' קצ"א, לפי מה שכתבתי בש"ך סי' קצ"א ס"ק ז', **ועוד** נראה דלא קשה מידי מלקמן סי' קצ"א, דודאי היכא דא"א בבדיקה, לא קאמר מהרי"ל דתהא טמאה, אלא היכא דאפשר למיקם עלה דמילתא, קאמר מהרי"ל דצריכה בדיקה, **הלכך** התם דאפשר בבדיקה, וכמו שכתב מהר"י ווייל, גבי תכניס מוך נקי, משום דאשה יש לה שני נקבים, אחד שיוצא ממנו השתן, והוא למטה סמוך ליציאתן, ואחד שיוצא ממנו דם נדות, הוא למעלה בעומק הרבה לתוך הגוף, וא"כ אפשר שתכניס מוך נקי לתוך אותו נקב שבעומק ותשתין, ולא ימצא דם על המוך, דהתם המכה שכואב לה הוא במקום מי רגליה, **אבל** הכא המכה במקור, א"כ בין שתראה דם מקור, בין שתראה דם מכה, לעולם ימצא דם על המוך, וגם בדיקת שפופרת לא שייך כאן, כיון שיש לה מכה במקור - נקה"כ.

גם מה שלא רצה מהרי"ל להקל בלא בדיקה, היינו טעמא כמו שכתב, כיון דלית לה מכה מבוררת, ואע"פ דמהר"י ווייל סבירא ליה דעדיף מיש לה מכה, מהרי"ל לא ס"ל הכי, **ובזה** ג"כ נסתלקה קושייתו דלעיל

על רמ"א מסי' קצ"א, דרמ"א שם הביא מתחילה, דנראה להתיר בכל ענין, אפי' באשה שאין לה וסת קבוע, והיינו כדעת מהר"י ווייל, דכאב דבמי רגליה עדיף ממכה, ואח"כ הביא דעת מהרי"ל דגרע ממכה - נקה"כ.

סימן קפז ס"ה(2) • כשיש לה וסת קבוע, ואינה יודעת שמכתה מוציאה דם

שיטת הרמ"א, דאשה שיש לה וסת קבוע, יכולה לתלות שלא בשעת וסתה במכתה, אע"פ שאינה יודעת כלל שדרכה של המכה להוציא דם, (**ולאפוקי** דלא תימא שרק אינה יודעת אם עכשיו מוציא דם).

ביאורו – דשיטת המרדכי, דאם יש לה וסת קבוע, תולה שלא בשעת וסתה בוסתה, אפי' אין לה מכה כלל, ואמרינן שזהו דם טהור מן הצדדים מחמת מיעוך תשמיש, שהרי עדיין לא הגיע וסתה, **ובציור** דהרמ"א, כיון דאיכא עוד צד היתר שיש לה מכה, אפשר דאף הפוסקים החולקים אהמרדכי מודים.

שיטת הש"ך, דאינו היתר אלא לבעלה, דמשום עיגונא הקילו שלא להחזיקה ברואה מחמת תשמיש, **אבל** מ"מ צריכה לישב ז' נקיים, דבכה"ג אין לסמוך אהמרדכי, דהא שאר כל הפוסקים נראה שחולקים. **עוד** מחלק רעק"א, דאיסור דרואה מחמת תשמיש לבעלה, הוא ענין וסת, וקימ"ל וסתות דרבנן, ולזה סמכינן להקל לתלות במכה, אבל לענין ז' נקיים לא סמכינן. **ומדברי** הב"ח נראה דמתיר בכל ענין, **וכן** הנו"ב ס"ל, דדעת הרמ"א לטהר לגמרי אף בלא ז' נקיים, דלא כש"ך, **ומ"מ** לא החליט למעשה כיון שהש"ך פליג.

ב' צדדין בהבנת הש"ך: "אבל מ"מ צריכה שבעה נקיים", **י"א** דהיינו בלא ראתה מ"ת, אבל בראתה מ"ת, כיון דלענין לבעלה אתה צ"ל שהמכה מוציא דם, א"כ אין טהרה לחצאין, וגם ז' נקיים א"צ, (דלא כדברי רעק"א הנ"ל).
וי"א דאף לאותו דם שראתה מחמת תשמיש צריכה ז' נקיים, ולא תלינן במכה שאינו יודע שמוציא דם.

מי שאינה רואה עד אחר י"ד יום אחר טבילתה, אבל אין לה וסת קבוע, עד י"ד יום דינה כדין אשה שיש לה וסת. **וכ"ש** בזקינה שיכולה לתלות במכה שאינו יודע שמוציא דם, **ודברי** החולקים ע"ז תמוהים.

דעת החתם סופר, דאחר כל הקולות ברואה מחמת תשמיש להתירה לבעלה בספירת נקיים, מ"מ צריך הוא לפרוש באבר מת, וליחוש שמא ראתה, דלא התרנו אלא שלא תתגרש, ומכיון שהתרנו לו הכניסה די.

ספק לפי דעת הרמ"א, דס"ל דשלא בשעת וסתה טהורה אף לענין ז' נקיים, י"ל דדלמא היינו היכא שבדקה בשעת וסתה ומצאה טהורה, **אבל** אם עבר עליה שעת וסתה ולא בדקה ולא הרגישה, ואח"כ בדקה עצמה ומצאה טמאה, אפשר דאין תולין במכה שאינו יודע שמוציאה דם, די"ל דכבר ראתה בשעת וסתה, **אכן** במכה שידוע שמוציא דם, **תולה** אף בכה"ג, דהא כתב הרמ"א בסוף הגהה זו, דבשעת וסתה אינה תולה במכה כלל, משום דאל"כ לא תטמא לעולם, וזה לא שייך הכא. **אבל** לדעת הש"ך, דס"ל דמ"מ צריכה לישב ז"נ, לא שייך ספק כלל, **דהא** לענין ז"נ, אף אם בדקה בשעת וסתה ומצאה טהורה, וראתה שלא בשעת וסתה, צריכה ז"נ, ואינה תולה במכה שא"י שמוציאה דם, **ולענין** רואה מ"ת ג"כ ליכא לספוקי, דממ"נ אי דם זה שלא מוסתה, תולין במכה ואף ז' נקיים אינה צריכה, **ואי** ניחוש שהוא מוסתה, א"כ פשיטא דאינה רואה מ"ת, ומותרת לבעלה ע"י ז"נ עכ"פ.

והס"ז חולק על הרמ"א בפסק זה, והרבה בקושיות, והנקה"כ תירץ כל קושיותיו: **הקשה** מס"ז, דמשמע ליה דעוסק באשה דיש לה וסת קבוע, וכל שאין מבורר לה דהדם בא ממקום אחד מהצדדין, אזלינן לחומרא כשאינה יודעת בודאי שמכתה מוציאה דם, **ולהנקה"כ** איירי באשה שאין לה וסת. **ועוד** הקשה עליו מסי' קצ"א דסותר עצמו, דכאן שהוא חמיר, התיר בלא שום בדיקה שלא בשעת וסתה, ובסי' קצ"א באשה שרואה דם במי רגלים דקיל טפי, כתב דהכי נהוג להתירה ע"י בדיקה במוך נקי דוקא ע"ש. **ולהנקה"כ** לא קשה מידי, דודאי היכא דא"א בבדיקה, לא קאמר דתהא טמאה, אלא היכא דאפשר למיקם עלה דמילתא, קאמר דצריכה בדיקה, והכא דיש לה מכה במקור לא שייך בדיקה, **וגם** די"א דכאב במי רגליה דלית לה מכה מבוררת, גרע ממכה. **ובלא"ה** נמי לא קשה מידי, דדוקא להחזיקה לטהורה, בהא לא רצה לסמוך אהמרדכי לחוד, **אבל** להחזיקה ברואה מ"ת לא מחזקינן לה, כיון דרואה שלא בשעת וסתה, ויש לה מכה אע"פ שאינה יודעת אם מוציאה דם.

כשאין לה וסת קבוע

וכן אם אין לה וסת קבוע, והוא ספק אם הדם בא מן המקור או מן הצדדין, אז תלינן במכה מכח ספק ספיקא, ספק מן הצדדים או מן המקור, ואת"ל מן המקור, שמא הוא מן המכה.

ולפעד"נ דמשמע ליה להרב הכי, מדכתב השערי דורא, אם מרגשת בעצמה שהדם בא מן הרחם טמאה כו', **משמע** דוקא כשיודעת שבא מן הרחם, דהיינו מן המקור, הא לא"ה טהורה, אע"פ שאינה יודעת שהמכה מוציאה דם, **ומשמע** ליה נמי מדכתב סתמא, מיירי בין באשה שיש לה וסת קבוע או שאין לה וסת קבוע, וע"פ זה כתב, וכן משמע בהג"מ ומרדכי דלעיל שדבריהם כדברי הש"ד, **אבל** באמת לא משמע מידי, דלא קאמר אם מרגשת בעצמה שהדם בא מן הרחם כו', אלא לאפוקי סיפא, דכל כתמים תולה במכתה, **תדע** דהרי הגמי"י כתבו בשם ס"ה, אשה שיש לה מכה באותו מקום, ואינה יודעת אם מכתה מוציאה דם אי לא, אם בודקת עצמה באותו מקום ומוצאה דם, או אם מרגשת כשהדם נופל מהרחם כו', עד מיהו כל כתמיה תולין להקל עכ"ל, **א"כ** אדרבה מוכח להדיא מהגמי"י וסה"ת

איפכא, דאפילו אינה מרגשת כשהדם נופל מהרחם, אלא שבדקה באותו מקום ומצאה דם, טמאה, אם אינה יודעת שמכתה מוציאה דם, **וזה** ברור, והכי משמע פשט דברי הפוסקים, דאפילו בסתמא צריך שתדע שמכתה מוציאה דם, **ותו** קשיא לי על הרב, דמאי ספק ספיקא הוא זה, הא איכא למימר מיד דלמא דם נדה, וכה"ג לא מיקרי ס"ס כלל, (דהוי ס"ס שאינו מתהפך – שב יעקב. דהוי הכל שם ספק אחד – פלתי, מחה"ש), **שוב** מצאתי בתשובת מהר"מ מלובלין שכתב על הגהות הרב, שיש לפקפק על חלוקי דיניו, וכולי האי ואולי כוון למה שכתבתי.

(**ועיין** בתשו' נודע ביהודה שהשיג על הש"ך, והסכים להרמ"א דשפיר מתירין כאן משום ס"ס, ומניה לא תזוע, **ואמנם** זה משום חזקת טהרה, אבל אם היא טמאה נדה, ואירע לה כן בימי ליבונה, תלינן בפלוגתא אי מתירין ס"ס בחזקת איסור, **וע"ש** בהג"ה שכתב דאם כבר ספרה לה ג' או ד' ימים של ימי ליבונה, נחלקו בו רש"י ותוס' אם היא אז בחזקת טהרה, **וצל"ע** דמזה משמע, דמש"כ בפנים ואירע לה כן בימי ליבונה, ר"ל קודם שספרה ג' או ד' ימים, והרי בג' ימים הראשונים לא תלינן במכה, **ועיין** בתשו' שמן רוקח שפלפל בדברי הנו"ב הנ"ל, במה שהשיג על הש"ך, ולבסוף העלה דשפיר השיג הש"ך על הרמ"א, דלא חשיב אלא ספק א').

(**ועיין** בחוו"ד שכתב ג"כ לקיים דברי הרמ"א הנ"ל, אך כתב דהרמ"א מיירי בראתה שלא בהרגשה דמדרבנן היא, טהורה מטעם ס"ס, **אבל** אם בבדיקה או בשעת תשמיש ראתה, דאיכא ספק הרגשה, דשמא סברה הרגשת עד ושמש הוא, לא מועיל ס"ס זו, ואינה תולה עד שתדע שהמכה מוציא דם, **אמנם** אשה זו אין לה לבדוק עצמה כלל, שאם תמצא תהיה טמאה, ול"ל לטמא עצמה בחנם, תמתין עד שתרגיש ותטמא).

(**וכתב** עוד בנו"ב שם, דהא דאנו מתירין מטעם ס"ס, היינו אם המכה במקור עצמו, אבל אם המכה ודאי אינו במקור רק מן הצדדים, אסורה אף בימי טהרה, דאז ליכא ס"ס, **ונראה** דבזה שהמכה במקור, אפשר אפי' אם יש לה וסת קבוע, ורואה כן בשעת וסתה ממש, ואינה יודעת אם המכה מוציא דם, רק שלא הרגישה אם הוא מהמקור או מן הצדדים, תולה להקל מס"ס, **דלא** שייך כאן לומר דא"כ לא תטמא לעולם, שהרי כשתרגיש בדם הבא מן המקור תהיה טמאה).

סימן קפז ס"ה(3) • כשאין לה וסת קבוע

הרמ"א מתיר בציור של ס"ס

כתב הרמ"א, דאף באשה שאין לה וסת קבוע, אם הוא ספק אם הדם בא מן המקור או מן הצדדין, אז תלינן במכה אע"פ שאינה יודעת אם מוציאה דם, מכח ס"ס, ספק מן הצדדים או מן המקור, ואת"ל מן המקור, שמא הוא מן המכה. (**ואפשר** אפי' אם יש לה וסת קבוע, ורואה כן בשעת וסתה ממש, תולה להקל מס"ס, דלא שייך כאן לומר דא"כ לא תטמא לעולם (ע"ל ס"ה 5), שהרי כשתרגיש שבא מן המקור תהיה טמאה).

והש"ך חולק על הרמ"א וסותר את מקורו, וכתב דהכי משמע פשט דברי הפוסקים, דצריך שתדע שמכתה מוציאה דם, **ותו** קשיא לו על הרב, הא איכא למימר מיד דלמא דם נדה, וכה"ג לא מיקרי ס"ס כלל: **י"א** משום דהוי ס"ס שאינו מתהפך, **וי"א** משום דהוי הכל שם ספק אחד.

והנו"ב השיג על הש"ך, והסכים להרמ"א דשפיר מתירין כאן משום ס"ס, **ואמנם** זה משום חזקת טהרה, אבל אם היא טמאה נדה, ואירע לה כן בימי ליבונה, קודם שספרה ג' או ד' ימים, הרי היא בחזקת טומאה, ותלינן בפלוגתא אי מתירין ס"ס בחזקת איסור, (**וצל"ע** דהרי בג' ימים הראשונים לא תלינן במכה), **ואם** היא כבר ספרה לה ג' או ד' ימים של ימי ליבונה, נחלקו בו רש"י ותוס' אם היא אז בחזקת טהרה.

וי"א דשפיר השיג הש"ך על הרמ"א, דלא חשיב אלא ספק א'.

וי"א דהרמ"א מיירי בראתה שלא בהרגשה, דמדרבנן היא, **אבל** אם בבדיקה או בשעת תשמיש ראתה, דאיכא ספק הרגשה, דשמא סברה הרגשת עד ושמש הוא, לא מועיל ס"ס זו, ואינה תולה עד שתדע שהמכה מוציאה דם, **אמנם** אשה זו אין לה לבדוק עצמה כלל, שאם תמצא תהיה טמאה, ול"ל לטמא עצמה בחנם, תמתין עד שתרגיש ותטמא.

וי"א דדוקא אם המכה במקור עצמו, הוא דמתירין מטעם ס"ס, אבל אם המכה ודאי אינו במקור רק מן הצדדים, אסורה אף בימי טהרה, דאז ליכא ס"ס.

מכה שיודעת בודאי שמוציאה דם

אבל אם ידוע שבא מן המקור, אע"פ שיש לה מכה במקור, אינה תולה במכה, אם אין לה וסת קבוע, אלא אם כן יודעת בודאי שמכתה מוציאה דם - דאז אע"פ שאין לה וסת קבוע, אינה מוחזקת ברואה מחמת תשמיש, דתולין במכה, **וגם** היא טהורה וא"צ לישב ז' נקיים, כיון דהוא תוך ל', כן נראה דעת הרב.

ואע"פ שאינה מרגשת עתה שדם זה הוא בא ממכתה, **וכן** באשה שיש לה וסת, ומצאה דם שלא בשעת וסתה, אע"ג דלענין רואה מחמת תשמיש סגי אע"פ שאינה יודעת שמכתה מוציאה דם, כששמשה שלא

בשעת וסתה, דסמכינן בהא אהמרדכי, **מ"מ** שלא בשעת תשמיש אם בדקה עצמה ומצאה דם, או כשמרגשת שהדם נופל מהרחם, דבעינן שתדע שמכתה מוציאה דם, **סגי** כשיודעת שדרך מכתה להוציא דם, אע"פ שלא הרגישה עתה שדם זה הוא ממכתה, **והוכחתי** דגם הרשב"א מודה לזה, דלא קאמר אלא שא"צ שתדע שמרגשת עתה שהדם הוא בא ממכתה, אבל צריכא שתדע שמכתה מוציאה דם, **והבית** יוסף וד"מ וב"ח הבינו שהרשב"א פליג.

בגמרא איתא בפרק תינוקת, **ונאמנת אשה לומר** מכה יש לי במקור שממנה דם יוצא, והוא מה שכתוב בשו"ע בסעיף ו', **והביא ב"י** פלוגתא בפירוש דבר זה, הרשב"א מפרש אפי' אם אינה מרגשת ממש שהדם שותת מן המכה, דאין עיניה בין מכתה, וא"א לה לדעת אלא בבדיקת שפופרת כו', אלא הכי קאמר היא עצמה מרגשת במכה, ונאמנת לומר מכה יש לי ששם יש דם, תולה במכתה שאני אומר ממנה הדם יורד, **אבל** מרדכי והג"מ ס"ל דבעינן שתדע בודאי שיש לה מכה שמוציאה דם, ואז מותר שלא בשעת וסתה דוקא, **גם** מה שהבין דהמרדכי פליג אהרשב"א ליתא, כמו שכתבתי בש"ך ס"ק כ"ד ‹לעיל בסמוך›.

(**עיין** בתשו' נו"ב, שכתב דגם בזה דוקא בימי טהרה, אבל אם היא כבר טמאה, אינה תולה במכה, **אמנם** יש קולא, דאם יש לה וסת קבוע, וראתה שלא בשעת וסתה, ויש לה מכה שמוציא דם, אף אם כבר היא נדה, תולה להקל, דתולין במצוי, **וק"ו** שיש להקל כה"ג בימי מניקתה, אף שאין לה וסת קבוע, **אלא** שכל זה כשכבר פסק טומאתה איזה זמן, אבל אם מיום לידתה היא רואה, קשה ליתן לה קולא של מניקה, דחזינן נשים הרבה הרואות איזה שבועות אחר לידה, ע"ש).

(**ועיין** בתשובת ברית אברהם שכתב, דביודעת בודאי שמוציא דם דתולה אף באין לה וסת, היינו אף אם קודם שנולד המכה היתה רגילה בראיות משונות בלי שיעור, אפ"ה תולה, **רק** מיום ל' לראייתה האחרונה מקודם שנולד המכה אינה תולה, **דלא** כדמשמע מדברי שו"ת כנסת יחזקאל היפך זה, ע"ש).

(**ולענין** אם כאב לה כאב בשעת תשמיש, אי תולה בה, כבר דברו בזה בשו"ת הרבה, והסכמת אחרונים דכאב אינו כמכה, ואינו תולה בה עד שיברר בודאי שכאב זה בר דמים הוא, **ועיין** בס"ט שכתב דאף דכאב אינו כמכה, מ"מ לענין זה מהני הכאב, היכא דידעה בודאי שיש לה מכה, רק שאינו יודע אם מוציא דם, אם בכל פעם שכואב לה המכה מוציאה דם, אז מסתמא המכה הוא שמוציא דם, וכ"כ בתשו' כנסת יחזקאל).

[**ועוד** נראה לענ"ד שאם בשעת הכאב מוצאת דם, מוכחא מילתא דממנו הוא בא, ועל כן מותר, אף אם לאחר שיפסוק הכאב מוצאת דם, נראה דמתמצית אותו הדם שהיה בשעת הכאב נשאר זה].

[**ועוד** נ"ל אם יש לה מכה שרגילין נשים אחרות לראות דם ממכה כזו, אע"פ שזו אינה יודעת, יש לתלות במכה, כנלענ"ד].

סימן קפז ס"ה(4) • מכה שיודעת בודאי שמוציאה דם

אם אין לה וסת קבוע, צריך לידע שהמכה מוציאה דם

כתב הרמ"א, אבל אם ידוע שהדם בא מן המקור, אע"פ שיש לה מכה במקור, אינה תולה במכה, אם אין לה וסת קבוע, אא"כ יודעת בודאי שמכתה מוציאה דם, דאז אינה מוחזקת ברואה מ"ת, דתולין במכה, וגם היא טהורה וא"צ לישב ז"נ, כיון דהוא תוך ל'.

ה"ה ביש לה וסת, שלא בשעת וסתה ושלא בשעת תשמיש

וכתב הש"ך (לשיטתו לעיל ס"ה 2), דכן ה"ה באשה שיש לה וסת, ומצאה דם שלא בשעת וסתה, דאע"ג דלענין רואה מ"ת סגי אע"פ שאינה יודעת שמכתה מוציאה דם, דסמכינן בהא אהמרדכי, מ"מ שלא בשעת תשמיש אם בדקה עצמה ומצאה דם, או כשמרגשת שהדם נופל מהרחם, בעינן שתדע שמכתה מוציאה דם.

גדר של יודעת שמוציאה דם

ואע"פ שאינה מרגשת עתה שדם זה הוא בא ממכתה, סגי כשיודעת שדרך מכתה להוציא דם.

אם הרשב"א חולק ע"ז

הב"י הביא פלוגתא בפירוש של מכה שיודעת שמוציאה דם: **דלהרשב"א** ר"ל שהיא עצמה מרגשת במכה, ונאמנת לומר מכה יש לי ששם יש דם, ותולה במכתה שאני אומר ממנה הדם יורד, **אבל** מרדכי והג"מ ס"ל דבעינן שתדע בודאי שיש לה מכה שמוציאה דם, ואז מותר שלא בשעת וסתה דוקא. **וכתב** הש"ך, דליתא, דגם הרשב"א מודה לזה, דלא קאמר אלא שא"צ שתדע שמרגשת עתה שהדם הוא בא ממכתה, אבל צריכא שתדע שמכתה מוציאה דם.

ודוקא בימי טהרה, אא"כ יש לה וסת או מניקה

וי"א דגם בזה דוקא בימי טהרה, אבל אם היא כבר טמאה, אינה תולה במכה, **אמנם** יש קולא, דאם יש לה וסת קבוע, וראתה שלא בשעת וסתה, ויש לה מכה שמוציאה דם, אף אם כבר היא נדה, תולה להקל, דתולין במצוי, **וק"ו** שיש להקל כה"ג בימי מניקתה, אף שאין לה וסת קבוע, **אלא** שכל זה כשכבר פסק טומאתה איזה זמן, **אבל** אם מיום

לידתה היא רואה, קשה ליתן לה קולא של מניקה, דחזינן נשים הרבה הרואות איזה שבועות אחר לידה.

רגילה בראיות משונות

י"א דביודעת בודאי שמוציאה דם, דתולה אף באין לה וסת, היינו אף אם קודם שנולד המכה היתה רגילה בראיות משונות בלי שיעור, אפ"ה תולה, **רק** מיום ל' לראייתה האחרונה מקודם שנולד המכה אינה תולה, **דלא** כדמשמע מדברי שו"ת כנסת יחזקאל היפך זה.

ואם כאב לה כאב בשעת תשמיש, אי תולה בה, כבר דברו בזה בשו"ת הרבה, והסכמת אחרונים דכאב אינו כמכה, ואינו תולה בה עד שיברר בודאי שכאב זה בר דמים הוא. **וי"א** דמ"מ היכא דידעה בודאי שיש לה מכה, רק שאינו יודע אם מוציא דם, אם בכל פעם שכואב לה המכה מוציאה דם, אז מסתמא המכה הוא שמוציא דם.

ואם בשעת הכאב מוצאת דם, כתב הט"ז, דמוכחא מילתא דממנו הוא בא, ומותר, ואף אם לאחר שיפסוק הכאב מוצאת דם, מתמצית אותו הדם שהיה בשעת הכאב נשאר זה.

מכה שרגילין נשים אחרות לראות דם ממכה כזו, כתב הט"ז, אע"פ שזו אינה יודעת אם מוציאה, יש לתלות במכה.

בשעת וסתה

ומ"מ בשעת וסתה - (מקרי כל אותה העונה שרגילה לראות בו, ואפי' ברואה שלא בהרגשה, חוו"ד), **או מל' יום לל' יום, אינה תולה במכתה** - ואע"פ שיודעת שמכתה מוציאה דם, **דאל"כ לא תיטמא לעולם** - אבל אם מרגשת עתה שדם זה בא מן המכה, אפי' בשעת וסתה טהורה, **ולא** שייך לומר בכה"ג דאל"כ לא תטמא לעולם, דהלא תהיה טמאה כשלא תרגיש.

(**כתב** הנו"ב, אם אינה מרגשת אם הדם מן המקור או מן הצדדים, י"ל בזה אפילו אם יש לה וסת קבוע וראתה בשעת וסתה, תולה להקל, דכאן ל"ש לומר א"כ לא תטמא לעולם, שהרי כשתרגיש בדם הבא ממקור תהיה טמאה).

הרב העתיק זה מהפוסקים הנ"ל, ואינן ענין לכאן, דהם מדברים שלא בשעת תשמיש, לענין אם צריכה לישב ז' נקיים, **אבל** לענין רואה דם מחמת תשמיש, פשיטא דבשעת וסתה לא הוחזקה להיות רואה דם מחמת תשמיש, דנהי דלא תלינן במכה, מ"מ תלינן בוסתה, **וצריך** לומר דגם הרב אלעלמא קאי, לומר שהיא טמאה וצריכה לישב ז' נקיים.

(**כתב** החוו"ד, ואפילו אם לא ראתה ביום הל', מ"מ בראיה הראשונה שרואה אחר יום הל' טמאה, **ודע** שאחר שטמאה משום נדה, אינה עולה מטומאתה, עד שיהיה לה הפסק טהרה ובדיקה יום א' מהשבעה נקיים, ותמצא נקי מדם דוקא).

סימן קפז ס"ה(5) • בשעת וסתה

אם רואה שלא בשעת תשמיש בשעת וסתה, והיינו כל אותה העונה שרגילה לראות בו, ואפי' ברואה שלא בהרגשה, **או** מל' יום לל' יום, (ואפי' אם לא ראתה ביום הל', מ"מ בראיה הראשונה שרואה אחר יום הל'), **אינה** תולה במכתה, ואע"פ שיודעת שמכתה מוציאה דם, היא טמאה וצריכה לישב ז"נ, דאל"כ לא תיטמא לעולם. **אבל** אם מרגשת עתה שדם זה בא מן המכה, אפי' בשעת וסתה טהורה, דלא שייך לומר א"כ לא תטמא לעולם, דהלא תהיה טמאה כשלא תרגיש.

וי"א דאם אינה מרגשת אם הדם מן המקור או מן הצדדים, אפי' אם יש לה וסת קבוע וראתה בשעת וסתה, תולה להקל, **דכאן** לא שייך לומר א"כ לא תטמא לעולם, שהרי כשתרגיש בדם הבא ממקור תהיה טמאה.

ולענין רואה דם מחמת תשמיש, פשיטא דבשעת וסתה לא הוחזקה, דנהי דלא תלינן במכה, מ"מ תלינן בוסתה.

ולאחר שטמאה משום נדה, אינה עולה מטומאתה, עד שיהיה לה הפסק טהרה ובדיקה יום א' מהז"נ, ותמצא נקי מדם.

כתמים

וכתמים, תולה בה בכל ענין - אפילו בשעת וסתה, אפילו אינה יודעת שמכתה דרכה להוציא דם. (**ותוך** ג' ימים של ספירת ז' נקיים לא תלינן במכה – בה"ט).

(**כתב** בתשו' נו"ב, אף דכאב אינו כמכה, מ"מ לענין כתמים תולה בה שלא בשעת וסתה, אפי' אדומים הרבה, גם גדולים יותר מכגריס, מיהו בשעת וסתה אסורה, **וכ"ז** בימי טהרתה או בד' ימים אחרונים של ז"נ, אבל בג' ימים הראשונים אם תמצא כתם הגדול מגריס טמאה).

(**ועיין** בתשו' פנים מאירות, שכתב להקל באשה שמשמשה עם בעלה, והיה לה מכה באותו מקום ונתרפאה, ואחר התשמיש מצאה כתם בבגדים, דטהורה, **דבכתמים** תולין להקל, דע"י תשמיש נתגלע המכה והוציא דם, כיון דהיה לה כאב בשעת תשמיש, **ועיין** בס"ט שפקפק בזה).

סימן קפז ס"ה(6) • כתמים

כתמים, תולה בה בכל ענין, אפילו בשעת וסתה, אפילו אינה יודעת שמכתה דרכה להוציא דם. **ותוך** ג' ימים של ספירת ז' נקיים לא תלינן במכה.

י"א דאף דכאב אינו כמכה, מ"מ לענין כתמים תולה בה שלא בשעת וסתה, אפי' אדומים הרבה, גם גדולים יותר

מכגריס, **מיהו** בשעת וסתה אסורה, **וכ"ז** בימי טהרתה או בד' ימים אחרונים של ז"נ, אבל בג' ימים הראשונים, אם תמצא כתם הגדול מגריס, טמאה.

וי"א דאשה שמשמשה עם בעלה, והיה לה מכה באותו מקום ונתרפאה, ואחר התשמיש מצאה כתם בבגדים, דטהורה, דבכתמים תולין להקל, דע"י תשמיש נתגלע המכה והוציא דם, כיון דהיה לה כאב בשעת תשמיש, **ויש** שמפקפק בזה.

נאמנת אשה לומר מכה יש לי

סעיף ו - נאמנת אשה לומר: מכה יש לי באותו מקום שהדם יוצא ממנה.

(**עיין** בתשו' חת"ס שכתב וז"ל, מה שאמרה האם, שמששה בידים ומצאה בצדדים חבורות ופצעים, פשוט דיש לסמוך ע"ז, דעד אחד נאמן להתיר היכא דלא איתחזק איסורא, ומכ"ש באשה שיש לה חזקת טהרה, ורוב נשים אינן רואות מחמת תשמיש, **ונ"ל** אפי' להתברר א"צ לשאול לנשים אחרות, דכל מקום שהאמינה תורה ע"א הרי כאן שנים, **ומש"כ** הרב השואל, דוספרה לה כתוב, על האשה עצמה דוקא, דבריו תמוהים וכו', מכ"ש הכא שגם הרופא עכ"פ אמר כן, ודרך נשים להיות להם פצעים אחר הלידה, **ואף** דיש לבעל דין לחלוק ולומר, אדרבה כיון דאיכא כל הני צדדים, אין לסמוך על עדות האם, דמורה התירא, כמבואר ברמ"א ס"ס קכ"ז, דכל שיש בו ספיקא או צדדים להקל, אין לסמוך אעדות נשים, **מ"מ** נ"ל הכא איכא בלא"ה סברות להקל כו').

(וכן אם אומרת: ברי לי שאין דם זה בא מן המקור, נאמנת וטהורה) - (עיין בתוה"ש ובדגמ"ר ובחוו"ד שפקפקו בזה, **ומ"מ** היכא דאיכא עוד צד להקל יש לסמוך עליה).

סימן קפז ס"ו • נאמנת אשה לומר מכה יש לי

כתב המחבר, דנאמנת אשה לומר: מכה יש לי באותו מקום שהדם יוצא ממנה.

וכתב הרמ"א, וכן אם אומרת: ברי לי שאין דם זה בא מן המקור, נאמנת וטהורה. **ויש** שפקפקו בזה, **ומ"מ** היכא דאיכא עוד צד להקל יש לסמוך עליה.

י"א דאם אמרה האם, שמששה בידים ומצאה בצדדים חבורות ופצעים, יש לסמוך ע"ז, דעד אחד נאמן להתיר היכא דלא איתחזק איסורא, ומכ"ש באשה שיש לה חזקת טהרה, ורוב נשים אינן רואות מחמת תשמיש, **וא"צ** אפי' להתברר לשאול לנשים אחרות, דכל מקום שהאמינה תורה ע"א הרי כאן שנים, **מכ"ש** הכא שגם הרופא עכ"פ אמר כן, ודרך נשים להיות להם פצעים אחר הלידה, **ואף** דמשום דאיכא כל הני צדדים, אפשר דמורה התירא, אעפ"כ סומכין על עדות האם.

בכל בדיקה מוצאה הדם רק בצד אחד

סעיף ז - אם כל זמן שהיא בודקת בכל החורים והסדקים אינה מוצאת כתמים, כי אם במקום אחד בצדדין, יש לתלות שממכה שבאותו צד בא; וכ"ש אם מרגשת בשעת בדיקה, כשנוגעת בצד המקום ההוא כואב לה קצת, ובשאר חורין וסדקים אינה מרגשת כאב כלל -

<דעת הט"ז דאיירי כשיש לה וסת קבוע, דמותרת שלא בשעת וסתה, ולהש"ך איירי אף באין לה וסת, עיין לעיל ס"ה>.

(**עיין** בתשו' נו"ב שכתב, דדין זה סובב והולך אדלעיל, ובאשה שיש לה מכה עסקינן, דבזה איירי בסעיף ה' ו', **אלא** דשם בס"ה שכתב תולין בדם מכתה, משמע דדם מכתה ברור, ולכן כתב בסעיף זה, אם כל זמן כו', היינו אפילו אינה יודעת שהמכה מוציאה דם, **וזה** מהני גם באשה שאין לה וסת, ובזה מיושב קושית הט"ז בס"ק י').

<**ובס'** תפארת למשה ותשו' אבני מילואים, חלקו על הנוב"י, והקלו אף באשה שאין ידוע כלל שיש לה מכה – שה"ל>.

סימן קפז ס"ז • בכל בדיקה מוצאה דם רק בצד אחד

אם כל זמן שהיא בודקת בכל החורים והסדקים אינה מוצאת כתמים, כי אם במקום א' בצדדין, יש לתלות שממכה שבאותו צד בא; **וכ"ש** אם מרגשת בשעת בדיקה, כשנוגעת בצד המקום ההוא שכואב לה קצת, ובשאר חורין וסדקים אינה מרגשת כאב כלל.

דעת הט"ז בס"ה, דהכא איירי כשיש לה וסת קבוע, דמותרת שלא בשעת וסתה, **ולהש"ך** איירי הכא אף באין לה וסת.

וי"א דדין זה הולך אדלעיל, באשה שיש לה מכה, דבזה איירי בסעיף ה' ו', אלא דשם בס"ה הוא דוקא כשיודע שמכתה מוציאה דם, **ולכן** כתב בסעיף זה, דהכא מותר אפילו כשאינה יודעת שהמכה מוציאה דם, וזה מהני גם באשה שאין לה וסת, **ובזה** מיושב קושית הט"ז בס"ה. **אבל** יש שחלקו עליו, והקלו אף באשה שאין ידוע כלל שיש לה מכה.

אם תרצה להתרפאות

סעיף ח - אם תרצה להתרפאות, צריך שיהיה קודם שתתחזק, אבל לאחר שתתחזק, יש מסתפקים אם מותר לסמוך על הרפואה לשמש אח"כ.

כתב הב"ח מיהו נראה, דאם רופא זה עשה רפואה זו לאשה א' קודם שהתחזקה ונתרפאה, יכולה אשה

אחרת לסמוך עליו, אף לאחר שנתחזקה בשלש פעמים, ומותרת לשמש בפעם רביעית לאחר הרפואה.

(**ותמיהא** לי, כיון דאשה זו שריפא הרופא אותה לא נתחזקה עדיין בחולי, א"כ מנא ידעינן שרופא זה מומחה, דלמא בלא"ה נמי היה פוסק, ומצאתי בחוו"ד שתמה ג"כ בזה, **ועיין** בתשו' חת"ס, שכתב קצת ליישב).

(**וע"ש** עוד, דהא דהוצרך הכא לומר שעשה רפואה זו לאשה אחת קודם שתתחזק, ולא הוה בעי למימר אם עשה רפואה זו לנכרית בתר ג"פ, משום דאין ראיה מגופים שלהם לגופים שלנו, כדאמרינן בשבת פ"ו, אינהו דאכלי שקצים כו').

ויש מי שמתיר אם אמר לה רופא ישראל: נתרפאת. ואם תראה האשה שפסק דם וסתה וראייתה על ידי הרפואות, וניכר שהועילו, יש לסמוך אף על הגוי.

(**וכתב** בשו"ת רדב"ז החדשות, דאם יש רגלים לדבר, כגון זו שכל ימיה היתה משמשת בלא צער, ועתה התשמיש קשה לה, קרוב בעיני שסומכת על רופא מומחה שאמר שנתרפאת, ותשמש פעם ד').

סימן קפז ס"ח • אם תרצה להתרפאות

אם תרצה להתרפאות, צריך שיהיה קודם שתתחזק, **אבל** לאחר שתתחזק, יש מסתפקים אם מותר לסמוך על הרפואה לשמש אח"כ.

וכתב הב"ח, דאם רופא זה עשה רפואה זו לאשה א' קודם שהתחזקה ונתרפאה, יכולה אשה אחרת לסמוך עליו, אף לאחר שנתחזקה בג' פעמים, ומותרת לשמש בפעם רביעית לאחר הרפואה. **והקשו** עליו, כיון דאשה זו שריפא הרופא אותה לא נתחזקה עדיין בחולי, א"כ מנא ידעינן שרופא זה מומחה, דלמא בלא"ה נמי היה פוסק, **ויש** שכתב קצת ליישב.

ולא הוה בעי למימר דעשה רפואה זו לנכרית בתר ג"פ, משום דאין ראיה מגופים שלהם לגופים שלנו.

ויש מי שמתיר אם אמר לה רופא ישראל: נתרפאת.

ואם תראה האשה שפסק דם וסתה וראייתה על ידי הרפואות, וניכר שהועילו, **יש** לסמוך אף על הגוי.

וי"א דאם יש רגלים לדבר, כגון זו שכל ימיה היתה משמשת בלא צער, ועתה התשמיש קשה לה, סומכת על רופא מומחה שאמר שנתרפאת, ותשמש פעם ד'.

הפחידוה פתאום ונפל ממנה חררת דם

סעיף ט - הפחידוה פתאום ונפל ממנה חררת דם, נתרפאת ומותרת לבעלה; ואם חזרה וראתה מחמת תשמיש, אפילו פעם אחת, בידוע שלא נתרפאת. ובזמן הזה אין מתירין ע"י רפואה זו - ‹לפי שאין אנו בקיאין – פרישה›, **ומיהו אין מוציאין אותה מבעלה אחר רפואה זו, עד שתבעל ותחזור לקלקולה** - כלומר אין לעשות רפואה זו לכתחלה להתירה על ידי כך, **אי** נמי שאם נתגרשה ואחר כך עשתה רפואה זו, אין מתירין אותה לינשא, **אלא** שאם עשתה רפואה זו בעודה תחת בעלה, אין מוציאין אותה מבעלה.

(**עיין** בתשו' נו"ב, במעשה באשה שבשעת תשמיש הרגישה זיבת דבר לח, וקפצה בבהלה מן המטה, והיה שופע ממנה דם הרבה, **וכתב** דאף דבשו"ע כתב באם הפחידוה כו' דאין מוציאין אותה מבעלה, דעת הראשונים לא נראה כן, **ועכ"פ** אין להקל רק כהאי עובדא ממש, אבל הבהלה אינה ביעתותא, וגם שפע דם אינו כמו חררה).

סי' קפז ס"ט • הפחידוה פתאום ונפל ממנה חררת דם

הפחידוה פתאום ונפל ממנה חררת דם, נתרפאת ומותרת לבעלה. **ואם** חזרה וראתה מחמת תשמיש, אפי' פעם אחת, בידוע שלא נתרפאת. **ובזה"ז** אין מתירין ע"י רפואה זו, לפי שאין אנו בקיאין, **כלומר** אין לעשות רפואה זו לכתחלה להתירה ע"י כך, **ומיהו** אין מוציאין אותה מבעלה אחר רפואה זו, עד שתבעל ותחזור לקלקולה. **א"נ** שאם נתגרשה ואח"כ עשתה רפואה זו, אין מתירין אותה לינשא, **אלא** שאם עשתה רפואה זו בעודה תחת בעלה, אין מוציאין אותה מבעלה.

י"א דאשה שבשעת תשמיש הרגישה זיבת דבר לח, וקפצה בבהלה מן המטה, והיה שופע ממנה דם הרבה, **אף** דבשו"ע כתב דאין מוציאין אותה מבעלה, **דעת** הראשונים לא נראה כן, **ועכ"פ** אין להקל רק כהאי עובדא ממש, אבל הבהלה אינה ביעתותא, וגם שפע דם אינו כמו חררה.

ראתה דם מ"ת אחר הטבילה

סעיף י - הרואה דם בשעת תשמיש, מותרת לשמש פעם שנית כשתטהר - ‹הקשה הש"ך ס"ק לה, דאמאי לא נימא דבפעם אחת שראתה מחמת תשמיש תהיה חוששת עכ"פ ותהא אסורה לשמש, כמו בוסת דפיהוק ועיטוש דבפעם אחת חוששת לפיהוק גרידא, וכמו שפסקו לקמן סימן קפ"ט סכ"ב, **ותירץ** וז"ל: שאני התם שהוסת

הגוף בא מעצמו, אבל בוסת הגוף שבא על ידי אונס כגון קפיצה, קי"ל התם בסי"ז דאינה חוששת אלא כשקבעה אותו ביום ידוע, ולא כל פעם שתקפוץ, ותשמיש חשיב ע"י אונס כמו קפיצה. **והט"ז** כתב בס"ק ט"ז, משום דלא מפקינן לה מבעלה משום חשש דוסת שאינו קבוע, משא"כ בליל טבילה דאין כאן רק חשש לענין יום וסתה בלבד, חיישא – חוו"ד›.

מיהו מיחש חיישינן חדא זימנא אחר ראייתה, כגון ראתה פעם אחת או פעמים בליל שני של טבילתה, כשתגיע טבילה אחרת (צריכה לפרוש) ליל שני של טבילתה - (עבה"ט בשם תשו' אמונת שמואל דיש ט"ס כאן ‹בגירסא הישנה "בליל טבילתה"›, וצ"ל בליל שני כו', דאל"כ בלא הוחזקה יכולה לשמש אפילו בליל טבילתה כו', כיוצא בזה הם דברי שאילת יעב"ץ), ‹**דמנ"ל** לומר שהיא רואה מחמת ליל טבילתה, ולא מחמת ביאה ראשונה לחוד – אמונת שמואל›, ‹ווסת של דישת השמש אינה חוששת לו כלל עד אחר ג"פ רצופים, כמו בפיהוק וקפיצה, מאחר שמעצמה אינה רואה אלא ע"י דחיקה ודישת שמש, אבל כשראתה בשני לטבילתה, שאנו רואים שלא ראתה בתשמיש ראשון של ליל טבילה, ובשני לו ראתה, הרי מוכיחה בצדה שהוא וסת התלוי גם בימים שוים סמוכים לטבילה, דחוששת לו בפעם אחד - שאלת יעב"ץ›. ‹**והתוה"ש** וסד"ט והפלתי גורסים כגירסא הישנה, דחוששת גם לליל טבילה, **ולהחו"ד** חוששת דוקא לליל טבילתה, וכדלהלן›.

(**ואם** ראתה בליל שני של טבילה אחר תשמיש, דעת הגהת מיימוני שאסורה תמיד בליל שני, דחיישינן שמא טבילה דאתמול גרם, וכן דעת תש' אמונת שמואל ודעת שאילת יעב"ץ וכמ"ש לעיל, **ועיין** חוו"ד שכתב, ‹אמנם נראה דהמחבר בכיון שינה מלשון הגה' מיי' והגיה בליל טבילה, דס"ל בסי' קפ"ט סי"ז דלא אמרינן קפיצה דאתמול גורם, וטבילה דמיא כקפיצה›, **ואף** לדידהו אם ראתה בליל ג', וכ"ש ד' של טבילה, א"צ לחוש אח"כ), ‹דכולי האי ודאי לא אמרינן דהטבילה תגרום – שם›.

ואין צריך לפרוש ליל שני של טבילה שלישית, דכל מידי דלא קבעה וסת לא חיישא אלא חדא זימנא.

(**עיין** חוו"ד שכתב, דהיינו דוקא כשעברה ושמשה בליל טבילה שניה, דנעקר הוסת בהרכבה, **אבל** כשלא שמשה בליל טבילה שניה, אסורה, דכל וסת אינו נעקר רק כעין שנקבע, וא"כ כשראתה בליל טבילה אחר תשמיש, אסורה לעולם לשמש בליל טבילה, **אם** לא שעברה ושמשה ולא ראתה, חזרה להתירה). ‹**והגר"ז** סבר, דאפי' כשעברה ליל טבילה בלא תשמיש, ג"כ נעקר החשש, משום שיטת הראב"ד, דס"ל דוסת המורכב אינו נקבע אלא בראיות רצופות, **וא"כ** כיון דעבר ליל טבילה בלא ראיה, שוב לא תצטרף לראשונה עוד ראיה בליל טבילה בשעת תשמיש›.

(**וכתב** עוד, דלא מועיל בדיקת שפופרת להתירה בליל טבילה). ‹דשפופרת לא הוי בירור רק נגד חשש חולי, ולא נגד וסת – חוו"ד›. ‹**וכמה** אחרונים חולקים ע"ז›.

(**עיין** חוו"ד שכתב, דזה דוקא באם ראתה בליל טבילתה אחר תשמיש, אפילו שלא בשעת תשמיש רק באותה עונה, דוסת מורכב הוא לטבילה ולתשמיש, **אבל** אם ראתה בליל טבילה בלא תשמיש כלל, א"צ לפרוש). ‹דכקפיצה דמיא, דלא חיישא בפעם אחת, ולטבילה ולתשמיש חיישא, דהוי כמו וסת המורכב לקפיצה וימים דחיישא בפעם אחת. **ומכאן** מוכח דלא כהש"ך שכתב דתשמיש כקפיצה דמיא, דאי תשמיש ג"כ כקפיצה דמיא, אטו וסת שנקבע מחמת שני אונסין הוי קביעת וסת, אתמהה, אלא ודאי דתשמיש כאכילת פלפלין דמיא, מש"ה חיישא ג"כ להרכבה – חוו"ד›.

סימן קפז ס"י(1) • ראתה דם מ"ת אחר הטבילה

הרואה דם בשעת תשמיש, מותרת לשמש פעם שנית כשתטהר.

אמאי אינה חוששת לכל תשמיש

וקשה, דאמאי לא נימא דכיון שראתה פעם אחת מ"ת, תהיה חוששת לכל תשמיש, ותהא אסורה לשמש, כמו בוסת דפיהוק ועיטוש דבפעם א' חוששת לפיהוק גרידא, **ותירץ** הש"ך, דשאני פיהוק, דהוסת הגוף בא מעצמו, אבל בוסת הגוף שבא ע"י אונס כגון קפיצה, קי"ל דאינה חוששת אלא כשקבעה אותו ביום ידוע, ולא כל פעם שתקפוץ, ותשמיש חשיב ע"י אונס כמו קפיצה. **והט"ז** תירץ, משום דלא מפקינן לה מבעלה משום חשש דוסת שאינו קבוע, **משא"כ** לאסור בליל טבילה, דאין כאן רק חשש לענין יום וסתה בלבד, **חיישא**.

מיהו חוששת מלשמש באותו לילה בפעם שנית

מיהו מיחש חיישינן חדא זימנא אחר ראייתה, כגון ראתה פעם אחת או פעמים בליל שני של טבילתה, כשתגיע טבילה אחרת צריכה לפרוש ליל שני של טבילתה

י"א דכצ"ל, (ולא כגירסא הישנה "בליל טבילתה"), דאל"כ בלא הוחזקה יכולה לשמש אפי' בליל טבילתה, דמנ"ל לומר שהיא רואה מחמת ליל טבילתה, ולא מחמת ביאה ראשונה לחוד, ווסת של דישת השמש אינה חוששת לו כלל עד אחר ג"פ רצופים, כמו בפיהוק וקפיצה, מאחר שמעצמה אינה רואה אלא ע"י דחיקה ודישת שמש, **אבל** כשראתה בשני לטבילתה, שאנו רואים שלא ראתה בתשמיש ראשון של ליל טבילה, ובשני לו ראתה, הרי מוכיחה בצדה שהוא וסת התלוי גם בימים שוים סמוכים לטבילה, דחוששת לו בפעם אחד.

וי"א דגורסין כגירסא ישנה, וחוששת גם לליל טבילתה.
ולהחוו"ד חוששת דוקא בליל טבילתה, דכמו דלא אמרינן בסי' קפ"ט דקפיצה דאתמול גורם, ה"ה טבילה דדמיא לקפיצה, לא אמרינן ג"כ טבילה דאתמול גורם.
ועכ"פ אם ראתה בליל ג', וכ"ש ד' של טבילה, לכו"ע א"צ לחוש אח"כ, דכולי האי ודאי לא אמרינן דהטבילה תגרום.

וי"א דלא מועיל בדיקת שפופרת להתירה בליל טבילה, דשפופרת לא הוי בירור רק נגד חשש חולי, ולא נגד וסת. **וכמה** אחרונים חולקים ע"ז.

ואינה חוששת מלשמש באותו לילה בפעם שלישית
וא"צ לפרוש ליל שני של טבילה שלישית, דכל מידי דלא קבעה וסת לא חיישא אלא חדא זימנא.
והחוו"ד ס"ל, דהיינו דוקא כשעברה ושמשה בליל טבילה שניה, דנעקר הוסת בהרכבה, **אבל** כשלא שמשה בליל טבילה שניה, אסורה, דכל וסת אינו נעקר רק כעין שנקבע.
והגר"ז ס"ל, דאפי' כשעברה ליל טבילה בלא תשמיש, ג"כ נעקר החשש, **משום** שיטת הראב"ד, דס"ל דוסת המורכב אינו נקבע אלא בראיות רצופות, וא"כ כיון דעבר ליל טבילה בלא ראיה, שוב לא תצטרף לראשונה עוד ראיה בליל טבילה בשעת תשמיש.

אם ראתה בליל טבילה בלא תשמיש
וי"א דכל זה דוקא באם ראתה בליל טבילתה אחר תשמיש, אפילו שלא בשעת תשמיש רק באותה עונה, דוסת מורכב הוא לטבילה ולתשמיש, **אבל** אם ראתה בליל טבילה בלא תשמיש כלל, א"צ לפרוש, דכקפיצה דמיא, דלא חיישא בפעם אחת, **ולטבילה** ולתשמיש חיישא, דהוי כמו וסת המורכב לקפיצה וימים דחיישא בפעם אחת. **ולפי"ז** מוכח דלא כהש"ך שכתב דתשמיש כקפיצה דמיא, דאי תשמיש ג"כ כקפיצה דמיא, אטו וסת שנקבע מחמת שני אונסין הוי קביעת וסת, אתמהה, **אלא** ודאי דתשמיש כאכילת פלפלין דמיא, מש"ה חיישא גם כן להרכבה.

ראתה ג' פעמים

הגה: ואם ראתה ג"פ, כל פעם בביאה ראשונה שאחר טבילתה, אסורה לבעלה כאילו ראתה ג"פ רצופים, שהרי אי אפשר לה לטבול ולשמש עמו, שהרי היא רואה כל פעם אחר טבילתה.

[זה אינו דומה למה שכתב השו"ע בסמוך בענין חשש ראיית ליל טבילה, **דשמה** תלוי החשש באותו לילה דוקא ואח"כ מותרת, **אבל** כאן איכא החשש מחמת ביאה ראשונה שאחר הטבילה, אע"פ שהוא זמן רב אחר הטבילה, ‹ר"ל שלא היתה הביאה בליל טבילתה דוקא, ולא היו הג' פעמים בזמנים שוים – מחה"ש›. **אלא דקשה,** בזה פשיטא שאסורה ככל אשה שראתה ג' פעמים רצופים, **ע"כ** צ"ל דמיירי אע"פ שבינתים היו ביאות של היתר, וזה מהני בדין שאח"כ, מ"מ כאן לא מהני, דגם שם לא מהני אלא דאמרינן מכח זה דדם הראשון שאחר לידה היה מחמת הלידה, כמבואר שם, וזה לא שייך בליל טבילה].

"**ואם** ראתה שלש פעמים" - כלומר ועברה ושמשה ולא ראתה, ‹**היינו** לכאורה בביאות שבינתים כמו להט"ז, עיין בתוה"ש›, "**כאילו** ראתה ג' פעמים רצופים" - דינו כאלו ראתה ג' פעמים רצופים בטבילה, דבלאו הכי א"א למצוא שלש פעמים רצופים, שהרי צריכה לטבול בכל פעם, ‹**היינו** דרמ"א מיירי שהיה ביאות דהיתרות בינתים, כמו הט"ז, ופסק דהוי כאילו לא היה ביאות היתרות בינתים – **הש"ך** איך שהוא מתוקן בלוח ההשמטות, עיין בתוה"ש›.

‹**עוד** נוסח בש"ך›: "כאלו ראתה ג' פעמים רצופים" - כלו' כאלו עברה וראתה ג' פעמים רצופים בלא טבילה, **דודאי** בלא"ה א"א למצוא שלש פעמים רצופים, שהרי צריכה לטבול בכל פעם, ‹**היינו** דרמ"א מיירי שהיה טבילות בין הראיות, ופסק דהוי כאילו לא היה טבילות בין הראיות, **ולא** מיירי הרמ"א באופן דהיו ביאות דהיתרות בינתים כמו הט"ז, **וכתבו** חוו"ד וס"ט, דסבר הש"ך דבאופן זה לא תהיה אסורה לבעלה, דאינו וסת מורכב – **הש"ך** כפי דפוס הראשון›.

‹**בתשו'** אמונת שמואל כתב, די"ל בפשטו דמשכחת ג' פעמים רצופים, דהיינו ששמשה ג' פעמים בלילה אחד, ואחר כל תשמיש קנחה עצמה בעד, ובשחרית בדקה הג' עדים ומצאה עליהם דם, דבכה"ג היה השימוש בהיתר – רעק"א›.

‹**עיין** ט"ז שכתב, דאפי' היה מופלג מליל טבילה, קבעה וסת לביאה ראשונה שאחר טבילה, ואפי' עברה ושמשה קודם הטבילה ולא ראתה, קבעה וסת ואסורה לשמש אחר טבילה, ‹**שהט"ז** מצרף הטבילה להתשמיש לוסת המורכב, שאלו הג"פ לא היו בליל טבילה, רק בביאה ראשונה שאחר הטבילה, וניכר דהוסת הוא ביאה ראשונה שאחר טבילה›. **וכתב** החוו"ד דלדעת הש"ך נראה דמותרת, וכן עיקר, ‹דהש"ך לא ס"ל בהא כהט"ז, לצרף הטבילה להתשמיש לוסת המורכב, כיון שהיה מופלג, כמ"ש לעיל - חוו"ד›. **ועיין** תשו' אמונת שמואל, שדעתו כהט"ז הביאו המנ"י, **וגדולה** מזו כתב שם, באשה שראתה ג"פ, בכל פעם בביאה ראשונה שאחר טבילתה לוסת, אבל בין וסת לוסת כשטבלה אחר מציאת כתם, שמשה כמה לילות ולא ראתה, וכתב ג"כ דהוי כרצופים, **אכן** גם הס"ט האריך לחלוק על הט"ז והאמונת שמואל, והעלה דכל שהיה שום ביאת היתר ביניהם, לא הוי כרצופים›.

(**ועיין** עוד במנ"י שכתב להקל, באשה שראתה ג"פ מחמת תשמיש, כל פעם בליל טבילתה, דמותרת אח"כ בליל ב' של טבילתה ואילך, **וחלק** על האמונת שמואל, שכתב שחלילה להקל בזה). <**משמעות** הלשון [השו"ע] משמע דאף אי קבעה ג' פעמים, אינה חוששת כי אם ליל טבילתה, [כפי גירסא הישנה], וכך הבין הט"ז בס"ק י"ד, והוא טעות מפורסם, דמי הגיד לנו הנביאות דתיחוש לילה ראשונה דוקא, דלמא מחמת ביאה ראשונה רואה, וא"כ אסורה לשמש לעולם ביאה ראשונה כיון שכבר הוחזקה ג"פ ברואה מחמת תשמיש ראשון אצל בעל זה, וא"כ אסורה לו לעולם וכמ"ש הרב בהג"ה, והאריך שם בתשובת אמונת שמואל, **ולענ"ד** אין כאן טעות כלל, ודבר זה דומה ממש לוסת המורכב, דהיינו וסת שנקבע לימים ולקפיצות וכה"ג, ואם אח"כ הגיע הזמן ולא קפצה או קפצה ולא הגיע אותו זמן, אינה חוששת לוסתה, כמבואר לקמן בסי' קפ"ט סעי' י"ח וי"ט, ולא אמרינן מי הגיד לנו הנביאות דלמא לימים לחוד איקבע אף אם לא תקפוץ ותיחוש, אלא ודאי דכה"ג אזלינן להקל בוסתות כל שלא ידעינן בודאי דאיקבע וסת לחדא מינייהו, **וא"כ** ה"ה הכא שמטעם קביעות וסת אנו חוששין לה כמבואר בתשובות הרשב"א הובא בב"י, א"כ אינה נאסרת על בעלה, שיכולה לשמש בלילי שני לטבילתה, **ולכן** דקדק מהרמ"א וכתב כל פעם בביאה ראשונה, כוונתו שלא נקבע בימים כלל, וכמ"ש הט"ז – מנחת יעקב>.

(**ועוד** המציא, דאם ראתה ג' פעמים רצופים ביום ידוע לחודש מחמת תשמיש, דאינה אסורה רק לאותו יום הידוע, **ועיין** חוו"ד שהשיג עליו, והעלה דאסורה בכל רואה דם מ"ת, ואינה תולה בליל טבילתה או ביום החודש, <חלילה מלומר כן, וישתקע הדבר ולא יאמר להמציא קולא אשר לא אשתמיט שום פוסק קדמון ואחרון לומר כך, דדוקא שהיו לה תשמישין של היתר בינתים, אז תולה בוסתה ומשמשת בין וסת לוסת, אבל כשלא שמשה כלל בינתים, אסורה, ותולה רק במחמת תשמיש, דבכל רואה מחמת תשמיש לאו מטעם וסת אסורה, רק דחיישינן לה לחולי הממלאה ונופצת, וכך היה קים להו לחז"ל, דיותר מסתבר להחזיקה בחולי הממלאה ונופצת מלתלות בוסת – חוו"ד>, **גם** הס"ט האריך לחלוק על זה, **גם** בתשו' חת"ס כתב, דחלילה להקל בזה, שכן משמע להדיא בתשו' רשב"א שהביא בכו"פ וס"ט).

(**אך** צידד חת"ס להקל בנידון שנשאל עליו, באשה שאחר לידה ראשונה ראתה דם מחמת תשמיש על עד הקינוח כמה פעמים, והיה כל פעם בליל טבילה, אלא שטבלה במים קרים, והאשה פחדה מאד מקרירות המים, עד שבכל פעם אחזתה רתת וכאב המעיים שקורין קרומע"ן, עד שבאחרונה חממו מי המקוה, ומ"מ ראתה, אם יש להתירה בליל שני אחר הטבילה, **וכתב** אחרי דיש בזה כמה צדדים להקל, חדא, ששהתה עמו כמה שנים ולא ראתה מחמת תשמיש, ואין זה תחלת תשמישה, **ב'**, שיש לה וסת, וזו ראתה שלא בשעת וסתה, **ג'**, שהוא אחר לידה ראשונה, וי"ל נתקלקלו צדדיה ע"י הלידה ולא מן המקור הוא, **ד'**, והיא העיקר, שהיתה רותתת ע"י ביעתותא דמים קרים, והרגישה עי"ז כאב בבטנה, וזה גורם לפריסת נדה, וא"כ אפי' אי טבילה דעלמא לא מצרפינן לרואה מחמת תשמיש לדעת רשב"א הנ"ל, מ"מ היכא דחזינן דרפיא ע"י ביעתותא כי הכא, בודאי יש לתלות בהכי, {**לפמ"ש** הוא ז"ל בעצמו, והובא לעיל סי' קפ"ה ס"ק ט"ו, דהפחד אין בטבעו להביא דם רק באותו רגע ממש, אין זה מוסיף היתר}, **ואע"ג** דאח"כ חממו המים ואע"פ כן ראתה, י"ל מכאן והלאה חושבנא, ויכולה לשמש אפילו בליל טבילה שבמים חמים עוד ב' פעמים, **אלא** שלא לסמוך ע"ז לחוד, ע"כ יש להתיר לשמש בליל ב' אחר טבילתה במים חמין דוקא, שאז מצטרף כל הקולות האלו, **ומ"מ** אומר אני שבאותה בעילה יפרוש באבר מת, כי מה לנו להכניס בספק כרת על מגן, ואם לא תראה אז תשמש כך לעולם, בליל ב' אחר טבילתה בחמין דוקא, **ואם** תרצה לבדוק בשפופרת, בכדי להיות ככל הנשים, צריכה לבדוק דוקא אחר טבילתה במים קרים באותו לילה ולא תראה עליו, כדי שיתעקר כמו שנתחזקה).

סימן קפז ס"י(2) • ראתה ג' פעמים

ואם ראתה ג"פ, כל פעם בביאה ראשונה שאחר טבילתה, כתב הרמ"א, דאסורה לבעלה כאילו ראתה ג"פ רצופים, שהרי א"א לה לטבול ולשמש עמו, שהרי היא רואה כל פעם אחר טבילתה.

בפעם א' החשש לאותו לילה, ובג' פעמים החשש לעולם

כתב הט"ז, דלעיל כשראתה פעם אחת, תלוי החשש באותו לילה דוקא ואח"כ מותרת, **אבל** בג"פ איכא חשש דהוא מחמת ביאה ראשונה שאחר הטבילה, שלא היתה הביאה בליל טבילתה דוקא, ולא היו הג' פעמים בזמנים שוים, וממילא קבעה וסת לביאה ראשונה שאחר טבילה.

ציור הרמ"א אליבא דהט"ז

וכתב הט"ז, דקמ"ל הרמ"א, דאע"פ דעברה ושמשה בינתים ולא ראתה, לא מהני, **ודלא** כדלקמן באחר לידה דמהני, דהתם היה מחמת מכת הלידה, **וכ"כ** הש"ך לפי גירסא אחד, **ור"ל** דהוי כאילו ראתה ג' פעמים רצופים בטבילה, בלא

ביאות שלא ראתה בהם בינתים, **שהס"ז** מצרף הטבילה להתשמיש לוסת המורכב, שאלו הג"פ לא היו בליל טבילה, רק בביאה ראשונה שאחר הטבילה, וניכר דהוסת הוא ביאה ראשונה שאחר טבילה.

וי"א אפי' גדולה מזו, דאשה שראתה ג"פ, בכל פעם בביאה ראשונה שאחר טבילתה לוסת, אבל בין וסת לוסת כשטבלה אחר מציאת כתם, ששמשה כמה לילות ולא ראתה, דג"כ הוי כרצופים.

ציור הרמ"א אליבא דהש"ך לאידך גירסא

ולפי גירסא אחרת בהש"ך, הרמ"א מיירי בלא ראיות שלא ראתה בהם בינתים, **ור"ל** דהוי כאילו לא היה טבילות בין הראיות, דעברה ושמשה, **דס"ל**, דאי היתה ראיות שלא ראתה בהם בינתים, לא תהיה אסורה לבעלה, **דהש"ך** לא ס"ל לצרף הטבילה להתשמיש לוסת המורכב, כיון שהיה מופלג וכנ"ל.

ציור של רצופים בהיתר

וי"א דמשכחת בפשוטו ג' פעמים רצופים בהיתר, דהיינו ששמשה ג' פעמים בלילה אחד, ואחר כל תשמיש קנחה עצמה בעד, ובשחרית בדקה הג' עדים ומצאה עליהם דם.

מחלוקת המנח"י אליבא דהס"ז, והאמונת שמואל והחוו"ד

שיטת המנח"י, דאשה שראתה ג"פ מ"ת, כל פעם בליל טבילתה, מותרת אח"כ בליל ב' של טבילתה ואילך, וכן אם ראתה ג"פ רצופים ביום ידוע לחודש מ"ת, דאינה אסורה רק לאותו יום הידוע, דנקבע וסת מורכב לאותו יום ידוע ולתשמיש.

והאמונת שמואל חולק על הט"ז, וס"ל שחלילה להקל בזה, דמי הגיד לנו הנביאות דתיחוש לאותו לילה דוקא, דלמא נקבע וסת מורכב לביאה ראשונה שאחר טבילה, וא"כ אסורה לשמש לעולם אצל בעל זה.

וסברת המנח"י, דהוי דומה ממש לוסת המורכב, דאם אח"כ הגיע הזמן ולא קפצה או קפצה ולא הגיע אותו זמן, אינה חוששת לוסתה, ולא אמרינן מי הגיד לנו הנביאות דלמא לימים לחוד איקבע אף אם לא תקפוץ ותיחוש, **אלא** ודאי דאזלינן להקל בוסתות כל שלא ידעינן בודאי דאיקבע וסת לחדא מינייהו, **וא"כ** ה"ה הכא, דאינה נאסרת על בעלה, שיכולה לשמש בלילי שני לטבילתה, **ולכן** דקדק הרמ"א וכתב כל פעם בביאה ראשונה, כוונתו שלא נקבע בימים כלל.

והחוו"ד השיג על המנח"י, דאפי' להט"ז, דוקא הכא שהיו לה תשמישין של היתר בינתים, אז כשראתה כל הג"פ בלילה ידוע, תולה בוסתה ומשמשת בין וסת לוסת, **אבל** כשלא שמשה כלל בינתים, אסורה, ותולה רק במ"ת, דבכל רואה מ"ת לאו מטעם וסת אסורה, רק דחיישינן לה לחולי הממלאה ונופצת, וכך היה קים להו לחז"ל, דיותר מסתבר להחזיקה בחולי הממלאה ונופצת מלתלות בוסת.

והחת"ס מקיל באשה שאחר לידה ראשונה ראתה דם מ"ת על עד הקינוח כמה פעמים, והיה כל פעם בליל טבילה, אלא שטבלה במים קרים, והאשה פחדה מאד מקרירות המים, עד שבכל פעם אחזתה רתת וכאב המעיים שקורין קרומע"ן, עד שבאחרונה חממו מי המקוה, ומ"מ ראתה, **דיש** בזה כמה צדדים להקל: **חדא**, ששהתה עמו כמה שנים ולא ראתה מ"ת, ואין זה תחלת תשמישה, **ב'**, שיש לה וסת, וזו ראתה שלא בשעת וסתה, **ג'**, שהוא אחר לידה ראשונה, וי"ל נתקלקלו צדדיה ע"י הלידה ולא מן המקור הוא, **ד'**, והיא העיקר, שהיתה רותתת ע"י ביעתותא דמים קרים, והרגישה ע"ז כאב בבטנה, וזה גורם לפריסת נדה, **וא"כ** אפי' אי טבילה דעלמא לא מצרפינן לרמ"ת כמ"ש החוו"ד הנ"ל, מ"מ היכא דחזינן דרפיא ע"י ביעתותא כי הכא, בודאי יש לתלות בהכי, **(ודלא** כמ"ש לעיל סי' קפ"ה דהפחד אין בטבעו להביא דם רק באותו רגע ממש), **ואע"ג** דאח"כ חממו המים ואע"פ כן ראתה, י"ל מכאן והלאה חושבנא, **ויכולה** לשמש אפי' בליל טבילה שבמים חמים עוד ב"פ, **אלא** שלא לסמוך ע"ז לחוד, ע"כ יש להתיר לשמש בליל ב' אחר טבילתה במים חמין דוקא, שאז מצטרף כל הקולות האלו, **ומ"מ** באותה בעילה יפרוש באבר מת, כי מה לנו להכניס בספק כרת על מגן, **ואם** לא תראה אז תשמש כך לעולם, בליל ב' אחר טבילתה בחמין דוקא, **ואם** תרצה לבדוק בשפופרת, בכדי להיות ככל הנשים, צריכה לבדוק דוקא אחר טבילתה במים קרים באותו לילה ולא תראה עליו, כדי שיתעקר כמו שנתחזקה.

ראתה מחמת תשמיש אחר הלידה

ואם אירע לה שראתה ג"פ בביאה ראשונה שאחר לידתה, או ראתה אחר כל לידה ג' פעמים, ובנתיים לא ראתה, יש שכתבו להקל להתירה לבעלה - (ומ"מ נקיים ודאי צריכה, ואינה תולה במכת לידה, כ"כ הס"ט והחוו"ד, ע"ש), **כי תלינן הראייה בחולשתה עדיין מכה לידתה, שהוכו הגידין מכח הלידה, ולכן רואה סמוך ללידה ולא אחר כך, ותלינן בלידה כמו שתלינן במכה.**

כלומר ואם אירע לה שראתה תכף אחר לידתה ג"פ רצופים, ואח"כ עברה ושמשה בינתים ולא ראתה, ואח"כ חזרה וראתה אחר לידתה שלש פעמים רצופים, ולא שמשה שוב, מותרת, **וכן** אפילו ראתה אחר כל לידה ולידה שלש פעמים רצופים, רק אח"כ בין כל לידה ולידה שמשה בינתים ולא ראתה, ואחר לידה ג' או ד' חזרה וראתה ג"פ רצופים, ושוב לא שמשה, מותרת, **אבל** אם ראתה ג"פ רצופים אחר לידה, אסור לה לשמש אחר כך לכתחלה, דאין מתירין אלא כשאחר כך עברה ושמשה, דהוחזקו ביאות של היתר אחר ביאות של איסור, ותלינן בחולשת הלידה, אע"ג שחזרה אחר כך וראתה ג"פ אחר לידתה ולא שמשה אח"כ, **אבל** אם שמשה אח"כ ולא ראתה, אפי' ראתה מתחלה ג' פעמים רצופים שלא בעת לידתה טהורה, דעדיף מבדיקת שפופרת, כך הם ביאור דברי הרב.

והב"ח פירש דעת הרב, שראתה אחר הלידה שלש פעמים, אבל לא היו רצופים כו', וכתב שכן משמע מתש' הר"ר יוחנן לשם, ונהפוך הוא וכדפירשתי, **ובלאו** הכי נמי אין סברא לומר כן, דהא כיון דשרי אחר לידה האחרונה אפילו היו רצופים, א"כ מה לי שהיו הביאות הראשונות רצופים או לא, וכ"ז נראה לי ברור.

וכל זה אם כבר עברה ושמשה בין לידות הראשונות, שהוחזקו ביאות של היתר אחר ביאות של איסור; אבל אם ראתה ג' פעמים רצופין אחר לידה, לא תלינן בלידה, אלא צריכה בדיקת השפופרת.

[דברי רמ"א א"א ליישבן, אם לא נאמר שיש כאן ט"ס, תחילה נעתיק דעת מהר"ר יוחנן בהג' שערי דורא, שמשם לוקח דין זה, דעת מהר"ר יוחנן, שאשה שראתה פעם א' שאחר לידתה ואח"כ שמשה ולא ראתה, וכן מנהגה עד ג' לידות, ופסק שם כיון שהוחזקה בביאות של היתר בינתים, איכא למימר דמה שראתה פעם א' אחר הלידה, הוא מחמת שהוכו הצדדין מחמת הלידה, והוי ליה כמכה דלעיל ס"ה, זהו כלל דבריו שם, **משמע** דאם לא הוחזקו ביאות היתר בינתים, אלא לא היו רק ג' ביאות לחוד, דהיינו ביאה א' אחר הלידה וראתה, ותו לא שמשה כלל עד אחר לידתה, ג' פעמים, וראתה, דפשיטא שאסורה, ולא אמרינן בזה דכל ראייתה הוה מחמת מכת הצדדין, אע"ג שכל אחת תכופה ללידה, **וא"כ** ק"ו הוא, אם שמשה וראתה ג' פעמים רצופים אחר לידה אחת, דאסורה עד בדיקתה בשפופרת, דהא כאן חמיר טפי בשתי ביאות שאחר ביאה הראשונה, שהם אינם תכופים ללידה, ותו משמע אם אירע לה כך ג' פעמים אחר לידה, דהיינו שבכל פעם אחר לידה ראתה ג' פעמים רצופים, והיא נאסרה כמו שאמרנו, ועברה ושמשה אחר אותן הג' פעמים אחר כל לידה, דלא מהני לה, וכ"ש דבדיקת שפופרת לא מהני, **דלא** מהני תיקון שפופרת או ביאה ולא ראתה, אלא במקום שיש חשש באותה ביאה לאיסור, אז אמרינן כיון דנתקנה ע"י שפופרת, מה שראתה ע"י תשמיש הוא מחמת צדדין כדלעיל, **משא"כ** אף את"ל שנתקנה והותרה אח"כ, היינו עד לידה רביעית, אבל אחר שנתחזקה לראות ג' פעמים אחר כל לידה לראות ג' פעמים רצופים, ובזה לא מהני לומר הוכו הצדדין, לא מהני לה אף אם יבוא עליה באיסור אחר אותן הג' פעמים, להתירה אחר לידה רביעית, דהא איתחזקה באיסור ג' פעמים אחר כל לידה בג' פעמים רצופים, ובודאי תראה גם בפעם הרביעית אחר הלידה ג' פעמים, ויהיה ודאי איסור לפנינו, **וכאן** לא שייך לומר כיון שיש בינתים ביאות של היתר, דהא ג"פ רצופים ראתה אחר כל לידה, והוא עכשיו אחר לידתה כמו ליל טבילתה דלעיל, **אלא** אם עבר ובא עליה באיסור אחר לידתה ולא ראתה, אז מהני, ואזלה חזקת איסור לראות אחר לידתה, כ"ז נראה ברור ופשוט, וגם פסקי רמ"א יורו ע"ז].

[**אלא** שקשה בדבריו, דמה שכתב או ראתה אחר כל לידה ג' פעמים כו', דמשמע רצופין, דאל"כ מה זה שכתב אח"כ, וכל זה אם כבר עברה ושמשה, למה כתב עברה, והלא בהיתר שמשה, דלא נאסרה כיון שלא ראתה ג' פעמים רצופין אחר שום לידה, אע"כ שראתה ג' פעמים רצופין אחר כל לידה, ועל זה קאי אם עברה כו', **וא"כ** קשה מאי מסיים אח"כ אבל אם ראתה ג"פ רצופים אחר לידה לא תלינן בלידה, דהא גם ברישא מיירי מרצופין].

[**ובלבוש** הוסיף כאן תיבה, וז"ל, אבל לכתחילה אם ראתה ג' פעמים רצופים כו', ור"ל דקמ"ל דלא מצינו תשמיש בינתים שלא ראתה, אלא כשעברה ועשתה כן, אבל באמת אינו מותר, והג"ה זה אינה נכונה, דא"כ לא היה לו לרמ"א לכתוב, אלא "אבל באמת אסורה היא", ומה לו להזכיר כאן לא תלינן בלידה, **גם** למה לו להזכיר אבל אם ראתה ג' פעמים רצופים, והא לעיל ג"כ מיירי ממנו, ותו דלמה לא כתב לעיל בעיקר הדין תיבת רצופים].

[**והיותר** קשה מן הכל, דלפי זה משמע, אם כבר ראתה רצופין ג' פעמים אחר כל לידה, מהני לה מה שעברה ושמשה אח"כ ולא ראתה בין לידה ללידה, שתהיה מותרת אפי' אחר לידה רביעית, וחלילה לומר כן, ומהר"ר יוחנן לא התיר לעיל, אלא שראתה פעם אחת אחר כל לידה, ממילא הפסיקו ביאות היתר בין אותן ביאות שרוצים לעשות האיסור, דהיינו הצירוף של כל אחר לידה להדדי, דהא קודם לידה השני' אין כאן איסור, משא"כ כאן שיש ג' פעמים איסור, שהרי הם רצופים אחר כל לידה, ויש איסור אפי' קודם לידה השני', ומה שכתב רמ"א אח"כ בסוף, דבמקום שצריך בדיקה מהני עברה ושמשה, היינו בעברה ושמשה אחר לידה הרביעית, וכן כתב בהדיא בד"מ, אבל לא מהני לה מה ששמשה ולא ראתה קודם לידה הרביעית שזכרנו, וזה ברור לכל מבין].

[ע"כ נראה שיש כאן טעות סופר, וצ"ל וכל זה אם כבר שמשה, ותיבת עברה אינו נכון כאן, ונמצאו דברי רמ"א ממש כדברי מהר"ר יוחנן, ומה שכתב או ראתה אחר כל לידה ג' פעמים, מיירי באינם רצופין, ויש ביאות היתר ביניהם, ועל זה אמר אם שמשה כבר, ור"ל בהיתר, אז לא אמרינן שהוחזקה לראות אחר כל לידה, ותלינן בהוכו הצדדין, **ונמצא** שפיר מסיק אח"כ, אבל אם ראתה ג' פעמים רצופין אפי' אחר לידה אחת, צריכה שפופרת, **ולא** מהני לה אם תעבור ותשמש באיסור אח"כ, אלא לענין תשמיש שמכאן ואילך עד לידה רביעית, דהיינו שאחר לידה השלישית מותרת עד שתגיע לידה הרביעית, ואז אסורה אע"פ ששמשה בינתים ולא ראתה, כי דרכה של אשה זו לראות דוקא אחר לידתה, והוה לה וסת בזה, **גם** מו"ח ז"ל כתב דהג"ה זאת מיירי ברישא באינן רצופים].

האריך להוכיח שיש ט"ס בדברי רמ"א, והשיג על העט"ז, והלך בדרך הב"ח, והוציא מתוך כך דברצופים לא תלינן בלידה, ואין דבריו נכונים, ואין ספק שלא עיין שפיר במקור הדין, ומתחילה אוכיח מלשון רמ"א גופיה שאין הפי' כדבריו: **(א)** כשכתב רמ"א ברישא ג' פעמים, לא הוה ליה למסתם סתומי, אלא הוה ליה לפרושי, דהיינו דוקא באינן רצופים **(ב)** דאי באינן רצופים מאי רבותא דג' פעמים, דהא מיד שלא ראתה אחר ראייה השני', ראייה שלישית לאו כלום היא, כמו באשה דעלמא **(ג)** מדקאמר ובינתים לא ראתה, משמע דרצונו לומר בין הלידות לא ראתה, וא"כ הו"ל למימר ובין הראיות לא ראתה - נקה"כ.

(ד) תימה על דבריו, כיון שכתב רמ"א ותלינן בלידה כמו שתלינן במכה, שרצונו לומר דם טהור הוא, א"כ מה לי ראתה ג' פעמים רצופים או לא **(ה)** דאם כדבריו הו"ל לרמ"א לבאר, דמ"מ סמוך ללידה אסור לשמש **(ו)** דכשכתב, וכ"ז אם כבר עברה ושמשה בין לידות הראשונות, הו"ל למימר שעברה ושמשה בין ראיות הראשונות **(ז)** דבכל הספרים כתוב עברה ושמשה **(ח)** דאם כדבריו דעברה ושמשה לא מהני רק אחר לידה רביעית בסמוך לה, א"כ גם בדיקת שפופרת לא מהני רק בסמוך ללידה רביעית, וכן כתב ג"כ איהו גופיה דגם בדיקת שפופרת לא מהני בכה"ג, דהא כל מקום שצריכה בדיקת שפופרת, אם עבר ושמשה הוי כמו בדיקת שפופרת, וא"כ כשכתב רמ"א לא תלינן בלידה אלא צריכה בדיקת שפופרת, הו"ל לפרושי דדוקא אחר לידה צריכה בדיקת שפופרת **(ט)** היכא משכחת לה דתשתרי ע"י בדיקת שפופרת, דהא כשראתה ג' פעמים אסורה לשמש אח"כ, ‹בלא בדיקת שפופרת להתיר הביאות עד לידה רביעית – חי' ר' דוב לנדו›, וא"א שתלד, כי היכא דנימא דתבדוק בשפופרת אחר לידה, אלא בע"כ צריכה להתגרש, ‹**אף** די"ל דמשכחת לה כשנתעברה בביאה שלישית, מ"מ לא הו"ל לרמ"א למיסתם דצריכה בדיקה, כיון דע"פ הרוב צריכה להתגרש – הגהות שו"ע›, **והיכא** קאמר רמ"א אלא צריכה בדיקת שפופרת - נקה"כ.

אלא ודאי הפירוש בדברי רמ"א כמו שכתבתי בש"ך, דמיירי ברישא ג"כ ברצופים, וכדמשמע ג"כ בעטרת זהב, **ומה** שלא פירש כן ברישא כמו בסיפא, היינו משום דסתמא קאמר ומשמע דמיירי בכל ענין, אבל בסיפא הוצרך לומר רצופים דוקא, משום דאל"כ מותרת, **ומה** שלא התיר ברישא בלא טעמא דתלינן בלידה, מטעם דעברה ושמשה דהוי כמו בדיקת השפופרת, היינו כמו שכתבתי בש"ך, דחזרה ושמשה אח"כ ג' פעמים רצופים, **אי** נמי והוא העיקר, דודאי מטעם בדיקת שפופרת לחוד לא הוי שרינן, אי לא הוי אמרינן לידה הוי כמכה, כיון דאין הבדיקת שפופרת סמוך ללידה, דומיא דרואה כל פעם אחר טבילתה, דלא מהני מה שעברה ושמשה בין טבילה לטבילה, אלא דמ"מ מהני בדיקת שפופרת או עברה ושמשה, דאמרינן כיון דהשתא לא חזאי, אמרינן דמאי דחזאי מעיקרא דם מכה הוא, **ולפי"ז** מה שכתב רמ"א ברישא, ואם אירע שראתה ג' פעמים בביאה ראשונה שאחר לידתה כו', אין צריך לפרש ששוב חזרה וראתה ג' פעמים רצופים, וכמו שכתבתי בש"ך, דא"כ הו"ל למימר "בביאות ראשונות", אלא מיירי כפשוטו, ואפ"ה צריך לטעם דתלינן בלידה דהוה כמו מכה, אבל מטעם עברה ושמשה לחוד לא הוה שרינן, דדלמא קבעה וסת ללידות וכדפירשתי, **אבל** מ"מ כשעברה ושמשה אפי' ברחוק מלידה, כיון דהשתא לא חזאי תלינן במכת לידה, וכ"ש היכא דלא ראתה על ידי בדיקת שפופרת, אפילו ברחוק מלידה תלינן במכת לידה, ולכך כתב רמ"א סתמא, אלא צריכה בדיקת שפופרת, ולא דמי לראתה אחר כל טבילה דאע"ג דבינתים שמשה ולא ראתה אסורה, דהתם ליכא למיתלי בשום מכה - נקה"כ.

והכלל, דג' פעמים אחר כל לידה דקאמר רמ"א ברישא, מיירי ג"כ ברצופים, ואפ"ה שרי, כיון שהוחזקו

אח"כ ביאות של היתר, א"כ תלינן בלידה, דדם טהור הוא ממכת הלידה, **והא** דלא מתיר מטעם עברה ושמשה לחוד, היינו משום די"ל דלמא קבעה וסת ללידות, אבל מ"מ מהני מה ששמשה אח"כ לומר דדם מכת לידה הוא, וכן בדיקת שפופרת אפי' ברחוק מלידה מהני, דאמרינן דם מכת לידה הוא, **ובלא"ה** אין טעם לחלק בין ג"פ רצופים או לא, דכיון דשרי אחר ג' לידות כיון שהוחזקו בביאות של היתר בינתים, אלמא דכיון דהוחזקו ביאות של היתר בינתים, לא אמרינן דקבעה וסת ללידות, א"כ מה בכך שראתה אח"כ עוד שתי פעמים - נקה"כ.

אבל אם ראתה ג' פעמים רצופין אחר לידה, לא תלינן בלידה כו' - נ"ל דדוקא ראתה לאחר ל"ג לזכר וס"ו לנקבה, אבל תוך הזמן הזה, כיון דמן הדין דם טוהר הוא, וכדלקמן סי' קצ"ד, נראה דאין להוציא אשה מבעלה בשביל כך, **דנהי** דהחמירו האידנא שלא לבעול על דם טוהר, היינו לעצמן אבל לא להוציאה מבעלה, **ועוד** דהכא איכא נמי צד היתר, דמחמת חולשת הלידה ראתה דם מחמת תשמיש, (**ועיין** כו"פ שחלק עליו, **ועיין** בנו"ב שהסכים להש"ך).

(**ועיין** עוד בנו"ב, באשה שראתה ה' פעמים אחר תשמיש אחר הלידה, וב' פעמים הראשונים היו תוך מלאת, ועל פעם שלישי היא בספק אם היה תוך מלאת, וב' פעמים האחרונים בוודאי היו אחר מלאת, **וכתב** כיון שעיקר איסור האשה שראתה מחמת תשמיש, מטעם וסת נגעו בה, וביארתי דוסת זה התלוי במעשה בוודאי הוא דרבנן, {דאילו וסת שאינו תלוי במעשה ס"ל דהוא דאורייתא, וכמ"ש לעיל סי' קפ"ד ס"ב משמו}, **לכן** כיון שיש ספק שמא בפעם ג' היה תוך מלאת, וא"כ לא ראתה רק ב"פ אחר מלאת מחמת תשמיש, לא נאסרת עדיין ומותרת לשמש עוד פעם שלישית, **אך** לא בליל טבילה רק בליל שניה).

(**כתב** החוו"ד, דאם בביאה ראשונה שאחר לידה לא ראתה, רק אח"כ ראתה ג"פ, לא תלינן שוב במכת הלידה, דאילו היה מחמת לידה, אף בפעם ראשונה היה לה לראות דם).

מיהו כל מקום שצריכה בדיקה, אם עברה ושמשה ולא ראתה, מותרת, דתשמיש זה שלא ראתה בו, עדיף מבדיקת השפופרת, כן נראה לי.

[**פירוש** הן כאן בראתה ג' פעמים, דהיינו אחר כל לידה פעם אחת, ולא הוחזקה בביאות היתר בינתים שלא ראתה, ממילא היא כשאר אשה שראתה ג' פעמים רצופים, ועברה ושמשה אח"כ ולא ראתה, מהני לה שלא תחשוש עוד, **אבל** אי הוחזקה בביאות היתר בינתים אין כאן חשש, **וכן** אם ראתה ג' פעמים אחר לידה בג' לידות, ועברה ושמשה אחר לידה הרביעית מהני לה, **אבל** לא מהני לה מה שעברה ושמשה באיסור בין לידה ללידה, כיון דהוקבע לה וסתות ללידות, צריכה תיקון אחר לידה הרביעית דוקא, **וכן** בכל אשה שראתה דם מחמת תשמיש ג' פעמים שצריכה שפופרת, כ"ש שמהני לה אם עברה ושמשה באיסור, והוא סברת רמ"א בד"מ, ונכונה היא].

נמשך אחר דבריו שלפני זה, וכבר נתבאר דליתנהו לדבריו - נקה"כ.

ובספר אפי רברבי כ', ולי נראה דדוקא שעברה ושמשה ג"פ, **ולפעד"נ** דדברי הרב ברורים בטעמם, דתשמיש זה שלא ראתה עדיף מבדיקת שפופרת, וכן משמע בתשו' מיימוניות שהבאתי לעיל, דאצבע הוי כשפופרת.

‹**ובתשו'** נוב"י כתב לתרץ, די"ל דהאפי רברבי סבירא ליה כהטור לקמן, דגם וסת קפיצות צריך שתעקר ג' פעמים, **או** דס"ל דתשמיש הוי כמו וסת הגוף דאכלה שום, משו"ה ס"ל דלא נעקר בפעם א', אא"כ שמשה ג"פ, **והא** דמהני שפופרת, היינו באמת רק בנמצא מהצד, דראיה דמן הצדדים הוא, **אבל** בתשמיש דלא שייך כן, בעינן ג' פעמים – רעק"א›.

סימן קפז ס"י(3) • ראתה מחמת תשמיש אחר הלידה

כתב הרמ"א, דאשה שראתה ג"פ בביאה ראשונה שאחר לידתה, או ראתה אחר כל לידה ג"פ, ובנתיים לא ראתה, **יש** שכתבו להקל להתירה לבעלה, כי תלינן הראייה בחולשתה עדיין מכח לידתה, שהוכו הצדדין מכח הלידה, ולכן רואה סמוך ללידה ולא אח"כ, ותלינן בלידה כמו שתלינן במכה. (**וי"א** דמ"מ נקיים ודאי צריכה). **וכ"ז** אם כבר עברה ושמשה בין לידות הראשונות, שהוחזקו ביאות של היתר אחר ביאות של איסור, **אבל** אם ראתה ג"פ רצופין אחר לידה, לא תלינן בלידה, אלא צריכה בדיקת השפופרת.

שיטת הש"ך בהרמ"א

שראתה תכף אחר לידתה ג"פ רצופים, (**ומה** שלא פירש כן ברישא כמו בסיפא, משום דסתמא קאמר ומשמע דמיירי בכל ענין, ורק בסיפא הוצרך לומר רצופים דוקא, משום דאל"כ מותרת), **ואח"כ** עברה ושמשה בינתים (דאסור לה לשמש לכתחלה) ולא ראתה, ואח"כ חזרה וראתה אחר לידתה ג"פ רצופים, ולא שמשה שוב, דמותרת, **וכן** אפי' ראתה אחר הרבה לידות ג"פ רצופים, רק אח"כ בין כל לידה ולידה שמשה בינתים ולא ראתה, ואחר לידה ג' או ד' חזרה

וראתה ג"פ רצופים, ושוב לא שמשה, מותרת, **אבל** אם שמשה אח"כ ולא ראתה, ולא חזרה וראתה אח"כ, אפי' ראתה מתחלה ג"פ רצופים שלא בעת לידתה, טהורה, דעדיף מבדיקת שפופרת.

אי נמי והוא העיקר, דודאי מטעם בדיקת שפופרת לחוד, או מה שעברה ושמשה בין טבילה לטבילה לחוד, לא הוי שרינן, אי לא הוי אמרינן לידה הוי כמכה, כיון דאינו סמוך ללידה, (עיין להלן דמאריך הט"ז בסברא זו), **אבל** כיון דאמרינן דלידה הוי כמכה, מהני בדיקת שפופרת או עברה ושמשה אפי' ברחוק מלידה, דאמרינן כיון דהשתא לא חזאי, אמרינן דמאי דחזאי מעיקרא תלינן במכת לידה, **ודלא** כהט"ז דלהלן.

שיטת הט"ז בהרמ"א

שראתה אחר הלידה ג"פ, אבל לא היו רצופים, **דאם** לא הוחזקו ביאות היתר בינתים, אלא לא היו רק ג' ביאות לחוד, דהיינו ביאה א' אחר הלידה וראתה, ותו לא שמשה כלל עד אחר לידתה, ג"פ, וראתה, **פשיטא** שאסורה, ולא אמרינן בזה דכל ראייתה הוה מחמת מכת הצדדין, אע"ג שכל אחת תכופה ללידה, **וק"ו** אם שמשה וראתה ג"פ רצופים אחר לידה א', דהא הב' ביאות שאחר ביאה הא' אינם תכופים ללידה, **אלא** מש"כ או ראתה אחר כל לידה ג"פ, מיירי באינם רצופין, ויש ביאות היתר ביניהם, **ויש** טעות סופר ברמ"א, וצ"ל: וכל זה אם כבר שמשה, ותיבת "עברה" אינו נכון כאן, דהלא בהיתר שמשה, דלא נאסרה כיון שלא ראתה ג"פ רצופין אחר שום לידה, **ור"ל** דאם שמשה כבר, והיינו בהיתר, אז לא אמרינן שהוחזקה לראות אחר כל לידה, ותלינן בהוכו הצדדין.

והש"ך כתב, דאין סברא לחלק בין ג"פ רצופים או לא, דכיון דשרי אחר ג' לידות כיון שהוחזקו בביאות של היתר בינתים, אלמא דכיון דהוחזקו ביאות של היתר בינתים, לא אמרינן דקבעה וסת ללידות, א"כ מה בכך שראתה אח"כ עוד ב"פ.

וכתב עוד הט"ז, דאם אירע לה כך שבכל פעם אחר לידה ראתה ג"פ רצופים, והיא נאסרה, ועברה ושמשה אחר אותן הג"פ אחר כל לידה, לא מהני לה, **ומה** שמסיק הרמ"א אח"כ, אבל אם ראתה ג"פ רצופין (אפי' אחר לידה א'), צריכה שפופרת, היינו אחר הלידה רביעית, **ולא** מהני לה אם תעבור ותשמש באיסור אח"כ בינתיים, וכ"ש דבדיקת שפופרת לא מהני בינתיים, אלא לענין תשמיש שמכאן ואילך עד לידה רביעית, **דלא** מהני תיקון שפופרת או ביאה ולא ראתה, אלא במקום שיש חשש באותה ביאה לאיסור, אז אמרינן כיון דנתקנה ע"י שפופרת, מה שראתה ע"י תשמיש הוא מחמת צדדין כדלעיל, **אבל** אחר שנתחזקה לראות ג"פ אחר כל לידה לראות ג"פ רצופים, לא מהני לה אף אם יבוא עליה באיסור אחר אותן הג"פ, להתירה אחר לידה רביעית, דהא איתחזקה באיסור ג"פ אחר כל לידה בג"פ רצופים, ובודאי תראה גם בפעם הרביעית אחר הלידה ג"פ, ויהיה ודאי איסור לפנינו, **אלא** אם עבר ובא עליה באיסור אחר לידתה ולא ראתה, אז מהני, ואזלה חזקת איסור לראות אחר לידתה. **ומש"כ** רמ"א אח"כ בסוף, דבמקום שצריך בדיקה מהני עברה ושמשה, היינו בעברה ושמשה אחר לידה הרביעית, **אבל** לא מהני לה מה ששמשה ולא ראתה קודם לידה הרביעית.

ט' קושיות שהקשה הש"ך על הט"ז

(**א**) כשכתב רמ"א ברישא ג"פ, אי ר"ל דדוקא דאינן רצופים, לא הו"ל למסתם סתומי, אלא הו"ל לפרושי (**ב**) דאי באינן רצופים מאי רבותא דג"פ, דהא מיד שלא ראתה אחר ראייה הב', ראייה ג' לאו כלום היא (**ג**) מדקאמר ובינתים לא ראתה, משמע דר"ל בין הלידות לא ראתה, ולהט"ז הו"ל למימר ובין הראיות לא ראתה (**ד**) כיון דתלינן בלידה כמו שתלינן במכה, שדם טהור הוא, א"כ מה לי ראתה ג"פ רצופים או לא (**ה**) דאם כדבריו הו"ל לרמ"א לבאר, דמ"מ סמוך ללידה אסור לשמש (**ו**) דכשכתב, וכ"ז אם כבר עברה ושמשה בין לידות הראשונות, הו"ל למימר שעברה ושמשה בין ראיות הראשונות (**ז**) דבכל הספרים כתוב עברה ושמשה (**ח**) כשכתב רמ"א לא תלינן בלידה אלא צריכה בדיקת שפופרת, הו"ל לפרושי דדוקא אחר לידה צריכה בדיקת שפופרת (**ט**) היכא משכחת לה דתשתרי ע"י בדיקת שפופרת, דהא כשראתה ג"פ אסורה לשמש אח"כ, וא"א שתלד, ובע"כ צריכה להתגרש, **ואף** די"ל דמשכחת לה כשנתעברה בביאה שלישית, מ"מ לא הו"ל לרמ"א למיסתם, כיון דע"פ הרוב צריכה להתגרש.

ג"פ רצופין אחר לידה אם הם תוך מלאת

כתב הש"ך, הא דאם ראתה ג"פ רצופין אחר לידה, לא תלינן בלידה, היינו דוקא כשראתה לאחר ל"ג לזכר וס"ו לנקבה, **אבל** תוך הזמן הזה, כיון דמן הדין דם טוהר הוא, וכדלקמן סי' קצ"ד, נראה דאין להוציא אשה מבעלה בשביל כך, **דנהי** דהחמירו האידנא שלא לבעול על דם טוהר, היינו לעצמן אבל לא להוציאה מבעלה, **ועוד** דהכא איכא נמי צד היתר, דמחמת חולשת הלידה ראתה דם מחמת תשמיש, **וכו"פ** חולק עליו, **והנו"ב** מסכים עמו.

אם יש ספק אם היו תוך מלאת

י"א באשה שראתה ה' פעמים אחר תשמיש אחר הלידה, וב"פ הראשונים היו תוך מלאת, ועל פעם ג' היא בספק אם היה תוך מלאת, וב"פ האחרונים בודאי היו אחר מלאת, **כיון** שעיקר איסור האשה שראתה מ"ת, מטעם וסת נגעו בה, **והגם** די"א דוסת שאינו תלוי במעשה הוי דאורייתא, וסת זה התלוי במעשה בוודאי הוא דרבנן, **לכן** כיון שיש ספק שמא בפעם ג' היה תוך מלאת, וא"כ לא ראתה רק ב"פ אחר מלאת מחמת תשמיש, לא נאסרת עדיין ומותרת לשמש עוד פעם שלישית, **אך** לא בליל טבילה רק בליל שניה.

אם הג"פ היו אחר פעם אחת שלא ראתה

י"א דאם בביאה ראשונה שאחר לידה לא ראתה, רק אח"כ ראתה ג"פ, לא תלינן שוב במכת הלידה, **דאילו** היה מחמת לידה, אף בפעם ראשונה היה לה לראות דם.

אם תשמיש שלא ראתה עדיף מבדיקת השפופרת

כתב רמ"א, דכל מקום שצריכה בדיקה, אם עברה ושמשה ולא ראתה, מותרת, דתשמיש זה שלא ראתה בו, עדיף מבדיקת השפופרת. **וי"א** דדוקא שעברה ושמשה ג"פ, (**דס"ל** דגם וסת קפיצות צריך שתעקר ג"פ, **או** דס"ל דתשמיש הוי כמו וסת הגוף דאכלה שום, דלא נעקר בפ"א), **והא** דמהני שפופרת, היינו באמת רק בנמצא דם בהצד, דראיה דמן הצדדים הוא, **אבל** בתשמיש דלא שייך כן, בעינן ג"פ, **והש"ך** הסכים להרמ"א, דתשמיש זה שלא ראתה עדיף מבדיקת שפופרת, ודי בפ"א.

אשה שרואה מחמת תשמיש מזמן לזמן

סעיף יא - אשה שראתה מחמת תשמיש, ולאחר חצי שנה חזרה וראתה מחמת תשמיש, מותרת לבעלה, שהרי לא קבעה בג' וסתות שוים, ולא בדילוג - פי' והלכך כשהגיע חצי שנה אחר ראיית פעם האחרון, ולא ראתה אז, תו לא חיישא כלל, וכן הוא בתשובת הרשב"א שהביא בית יוסף וז"ל, ותו לא חיישא, דכל מידי דלא מיקבע בג' זמני מיעקר בחדא זימנא, לאפוקי אם היתה קובעת, היתה צריכה ליעקר ג"פ, **אבל** ודאי דאפילו קבעה בשלשה וסתות שוים או בדילוג, מותרת לבעלה בין וסת לוסת.

מיהו חוששת לאחרון פעם אחת, וכשיגיע חצי שנה מיום ראיית דם האחרון, אסורה עונה אחת - ונ"ל דה"ה לוסת החדש חוששת, כגון אם שמשה פעם ב' בט"ו בניסן, חוששת אח"כ לט"ו באייר, ואסורה לשמש בט"ו באייר, ואם לא ראתה בט"ו באייר, חוששת להפלגה חצי שנה, ושוב אינה חוששת לט"ו לחודש, (**ועיין** חוו"ד שכתב, דהא דאינה חוששת לט"ו בסיון, היינו כשעברה ושמשה בט"ו באייר ולא ראתה, דנתעקר בהרכבה, אבל כשלא שמשה כלל, אסורה, {וכמש"ל תחילת ס"י בשמו לענין ליל טבילה}, ועי"ש מש"כ בשם הגר"ז, **וא"כ** כשאשה רואה פ"א מחמת תשמיש נאסרה לאותו יום החודש לעולם, ואם ראתה ב' פעמים מחמת תשמיש, נאסרה ליום החודש של ראיה שניה ולהפלגה לעולם כל ימיה, עד שעברה ושמשה ולא ראתה), **וה"ה** אחר ששמשה פעם ראשונה חוששת מיד לוסת החדש, אבל לוסת ההפלגה א"א בלא ראיה שניה, והכי אמרינן לקמן סימן קפ"ט סי"ט וסכ"ב גבי וסתות הגוף, **ואע"ג** דהתם צריכה למיחש לוסתות הגוף אפילו שלא בשעת וסת החדש, כגון שפיהקה פעם א' וראתה, צריכה לחוש כשתפהק עוד פעם שנית באיזה זמן שיהיה, **שאני** התם שהוסת הגוף בא מעצמו, אבל בוסת הגוף שבא על ידי אונס כגון קפיצה, קי"ל התם בסעיף י"ז דאינה חוששת אלא כשקבעה אותו ביום ידוע, ולא כל פעם שתקפוץ, ותשמיש חשיב ע"י אונס כמו קפיצה.

[**אין להקשות אמאי אמר בסעיף י' בהג"ה, ג' פעמים אחר טבילתה, והלא בשתי פעמים צריכה ג"כ לפרוש** בטבילה כמו הכא, דהתם קאי לענין לאוסרה על בעלה, ומכח חששא זו דלא הוחזקה בג' פעמים, לא אסרינן לה עולמית על בעלה, אלא דכל היכא שאפשר לחוש לפי שעה חוששת, כיון שיהיה לה אח"כ היתר, כנ"ל].

ואם קבעה וסת לראיית דם מחמת תשמיש שלשה זימני וסת שוה, מותרת לשמש בין וסת לוסת; אך ימי הוסת פורשת עד שיעקר שלש פעמים - (עיין חוו"ד שכתב דאף אם רק פ"א עבר ולא ראתה, תו לא חיישא, דנתבטל הפלגתה, כמ"ש הש"ך סי' קפ"ט ס"ק מ"ה, **רק** דנ"מ לענין אם חזרה וראתה, דחיישא שוב לחצי שנה אחר ראיה זו, אבל כשנעקר ג"פ אינה חוששת כלל, והוא שנתעקר בהרכבה).

(**עיין** בתשו' חתם סופר, אודות אשה אחת אשר ראתה כמה שנים מחמת תשמיש ממש ובהרגשת כאב, ואמנם בליל טבילה אינה רואה, רק איזה לילות אח"כ היא רואה מחמת תשמיש, ולפי גודל הכאב בהכנסת השמש היא תולה בכחו כי רב, והתחננה לו שיכניס בלט ונחת, ואז אינה רואה, ולפעמים אינו מעמיד על עצמו, ואז היא רואה, **וכתב** דפשוט דאין חילוק בין וסת ליום חודש ולהפלגה וכדומה, או לומר שבכל יום ד' אחר טבילתה תראה מחמת תשמיש, שמותרת עד אותו היום, וכמו אשה שרגילה לראות ע"י קפיצה בהפלגה פלונית, דאמרינן כך טבעה שאין הקפיצה פועלת להריק דם עד כך וכך ימים, **ה"נ** אין חימום התשמיש פועל עד יום ד' אחר טבילתה, ואפשר בתחלה קומטו עצבים שבה וסובלים התשמיש, ואחר איזה חימום תשמישים נתרפו העצבים ומיתרי המקור שלה ואינם סובלים התשמיש, **ועכ"פ** אשה זו בליל טבילה לא תחוש כלל, שהרי זו כמה שנים שמשה ולא ראתה בליל טבילה, **ואם** קבעה ג"פ לראות ביום ג' או ד', אזי מותרת עד אותו יום, ומאז אסורה עד שתראה מעצמה, ותטבול ותחזור ותשמש יומיים, וכן לעולם, **ואם** דרכה לאחר או להקדים, הרי דינה מבואר בש"ך סי' קפ"ט ס"ק ל"ט ובס"ט סי' קפ"ד סק"ד, **אמנם** בהגיע התור ההוא, פשוט שאסורה, ולא ניתן לו תורתו בידו לומר שישמש בלט ונחת, **אך** כל זה לפי ההנחה שזהו דם מקור, וכיון שהיא מותרת לבעלה לפי הנ"ל, אין להכניס עצמנו בשארי צדדים, **אבל** טוב לייעצה שתשאול לבקיאות, אולי ימצאו בצדדים מקום הרגש כאב, ע"ש).

סימן קפז סי"א • אשה שרואה מ"ת מזמן לזמן

אשה שראתה מ"ת ב"פ, שראתה, ולאחר חצי שנה חזרה וראתה מ"ת, **חוששת** לוסת החדש, כגון אם שמשה פעם ב' בט"ו בניסן, חוששת אח"כ לט"ו באייר, ואסורה לשמש בט"ו באייר, **ואם** לא ראתה אז, שוב אינה חוששת לט"ו לחודש, וחוששת להפלגה חצי שנה, וכשיגיע חצי שנה מיום ראיית דם האחרון, אסורה עונה א', **ואם** לא ראתה אז, תו לא חיישא כלל ומותרת לבעלה, שהרי לא קבעה בג' וסתות שוים, ולא בדילוג, וכל מידי דלא מיקבע בג' זימני, מיעקר בחדא זימנא.

וה"ה כשראתה מ"ת פעם א', חוששת מיד לוסת החדש, אבל לוסת ההפלגה א"א בלא ראיה שניה.

שיטת החוו"ד דלא נעקר אלא בהרכבה, דוסת החודש והפלגה אינו נעקר, אלא כשעברה ושמשה ולא ראתה, **אבל** כשלא שמשה כלל, אסורה (וכמש"ל תחילת ס"י לענין ליל טבילה), **וא"כ** כשאשה רואה פ"א מ"ת, נאסרה לאותו יום החודש לעולם, ואם ראתה ב"פ מ"ת, נאסרה ליום החודש של ראיה שניה ולהפלגה לעולם כל ימיה, עד שעברה ושמשה ולא ראתה. **וע"ש** לשיטת הגר"ז דחולק.

ואין חשש אלא כשיבא אותו הזמן, ואע"ג דלוסתות הגוף חוששין אפי' שלא באותו יום החדש, כגון שפיהקה פ"א וראתה, צריכה לחוש כשתפהק עוד פעם שנית באיזה זמן שיהיה, **תירץ** הש"ך, דשאני התם שהוסת הגוף בא מעצמו, אבל בוסת הגוף שבא ע"י אונס כגון קפיצה, אינה חוששת אלא כשקבעה אותו ביום ידוע, ולא כל פעם שתקפוץ, ותשמיש חשיב ע"י אונס כמו קפיצה. **והט"ז** תירץ דמכח חששא דלא הוחזקה בג"פ, לא אסרינן לה עולמית על בעלה, ורק היכא שאפשר לחוש לזמן מיוחד, חוששת, כיון שיהיה לה אח"כ היתר.

ואם קבעה וסת ג"פ, שראתה דם מ"ת ג' זימני וסת שוה, מותרת לשמש בין וסת לוסת, אך ימי הוסת פורשת עד שיעקר ג"פ. **וי"א** דאף אם רק פ"א עבר ולא ראתה, תו לא חיישא להפלגתה, דנתבטל, **רק** דנ"מ לענין אם חזרה וראתה, דחיישא שוב לחצי שנה אחר ראיה זו, **אבל** כשנעקר ג"פ אינה חוששת כלל, **ולשיטת** החוו"ד צריך שתיעקר בהרכבה.

אשה שראתה כמה שנים מ"ת אבל לא בליל טבילה, רק איזה לילות אח"כ היא רואה מ"ת, ובהרגשת כאב, ולפי גודל הכאב בהכנסת השמש היא תולה בכחו כי רב, וכשיכנס בלט ונחת, אז אינה רואה, ובלא"ה היא רואה, **י"א פשוט** דכמו דאמרינן דיש וסת ליום חודש ולהפלגה וכדו', י"ל שבכל יום ד' אחר טבילתה תראה מ"ת, ומותרת עד אותו היום, **ובליל** טבילה לא תחוש כלל, שהרי זו כמה שנים שמשה ולא ראתה בליל טבילה, **ואם** קבעה ג"פ לראות ביום ג' או ד', אזי מותרת עד אותו יום, ומאז אסורה עד שתראה מעצמה, ותטבול ותחזור ותשמש יומיים, וכן לעולם, **אמנם** בהגיע התור ההוא, פשוט שאסורה, ולא ניתן לומר שישמש בלט ונחת, **אך** כל זה לפי ההנחה שזהו דם מקור, וכיון שהיא מותרת לבעלה לפי הנ"ל, אין להכניס עצמנו בשארי צדדים, **אבל** טוב לייעצה שתשאול לבקיאות, אולי ימצאו בצדדים מקום הרגש כאב.

אסור לקיים אשה הרואה מחמת תשמיש

סעיף יב - הרואה מחמת תשמיש ג' פעמים, אסור להשהותה אף אם אינו רוצה לבא עליה, אלא א"כ רוצה להשהותה ע"י שליש, ולא ילך אצלה אלא בעדים - וכתוב בתשובת מהר"מ פדווא"ה, דהיכא שנפרדו זה מזה שאינו דר בשכונתה, א"צ עדים, (ר"ל באופן דלית ביה משום איסור ייחוד – בדי השלחן), דאין לך סהדי יותר מזה שמרוחקים הן, **וכתב** עוד שם דאם לא קיים פריה ורביה, כופין אותו להוציא, **ועיין** באה"ע סימן קנ"ד ס"י, (דבזה"ז לא נהגו לכוף כלל משום זה – מחצה"ש).

סימן קפז סי"ב • אסור לקיים אשה הרואה מ"ת

הרואה מ"ת ג"פ, אסור להשהותה אף אם אינו רוצה לבא עליה, אא"כ רוצה להשהותה ע"י שליש, **ולא** ילך אצלה אלא בעדים, **והיכא** שנפרדו זה מזה שאינו דר בשכונתה, א"צ עדים, כשיבא אצלה באופן דלית ביה משום איסור ייחוד, דאין לך סהדי יותר מזה שמרוחקים הן. **ואם** לא קיים פריה ורביה, כופין אותו להוציא, **ובזה"ז** לא נהגו לכוף כלל משום זה.

בתולה שראתה דם מחמת תשמיש

סעיף יג - הבועל את הבתולה כמה פעמים, וראתה דם מחמת תשמיש, לעולם מחזקינן שהם דם בתולים - (ועיין בתשו' אא"ז פנים מאירות, שהתרעם על רב אחד שרצה לומר אודות בתולה בוגרת שנשאת ולא פסקה לראות מביאה ראשונה ואילך ויש לה צער, דמותרת לבעלה אפילו בלא טבילה, דלא גזרו חכמים בדם בתולים שיטמא אלא במלתא דשכיח, דהיינו היכא שהדמים מצויים כשיעור השנוי בר"פ תינוקת, אבל אחר אותם זמנים, דלא שכיח ברוב בתולות שימצא בהם עוד דם, לא גזרו כו', **והוא** ז"ל השיג עליו וכתב שלא לזוז מפסק הלכה, שהיא טמאה עד שתמנה שבעה נקיים, **וגדולה** מזו נראה, דאפילו בדקה עצמה בשפופרת ולא נמצא דם בראש המכחול, דאז ברור דלאו מן המקור הוא אלא מן הצדדים, **אפ"ה** טמאה לבעלה, דהא גזרו על דם בתולים שתהיה אסורה לבעלה אף שהוא מן הצדדים, **ומ"מ** יש לצדד להקל בזה, כיון דיש לספק שמא בא מן הצדדים משאר מכה ולא מדם בתולים, והוי ספק דרבנן ולקולא, עכ"ד, ע"ש עוד).

עד שתשמש פעם אחת ולא תראה דם מחמת תשמיש - (עיין חוו"ד שכתב, דה"ה אם התשמיש הראשון היה בלא דם שוב אינה תולה, **וכן** אם לא בדקה עצמה פ"א, ג"כ שוב אינה תולה). **וכמה** אחרונים סברי, דאם שמשה ולא בדקה ולא ראתה דם, דיינינן לה כלא שימשה כלל, ועדיין יכולה לתלות אח"כ בבתולים - שה"לא.

(**עיין** בתשו' נו"ב, ע"ד בתולה שנשאת וראתה כמה פעמים דם מחמת תשמיש, ויש לה צער וכאב, ובתוכם היו שתי ביאות שלא ראתה בהם דם, אך אחר ביאות הללו ראתה ג"פ, והיא אומרת דמה שלא ראתה אז, לפי שלא היתה ביאה גמורה, **דמותרת** לבעלה אחר הטבילה, דכאן לא נחשב פסקה מלראות, כיון שבאותן ב' פעמים לא היתה ביאה גמורה, אמרינן לכך לא ראתה, ולעולם שעדיין לא כלו הבתולים, **ומ"מ** לא רצה לסמוך ע"ז לחוד, רק בצירוף קולות אחרות, וגם בלילה הראשונה של הטבילה לא יזדקק לה בעלה, ע"ש).

ואם אחר כך תראה ג' פעמים מחמת תשמיש, הוחזקה להיות רואה דם מחמת תשמיש.

הגה: ואפילו אם לא פסקה לראות פעם א', אם אין לה צער כלל בשעת תשמיש, הרי היא ככל הנשים ולא תלינן בדם בתולים.

והב"ח חולק, ופסק דאפילו אין לה צער כלל בשעת תשמיש, תלינן בדם בתולים, **אבל** בתשו' משאת בנימין האריך, ופסק כהרב, **וגם** הב"י גופיה כתב בסוף דבריו, מסתפינא להקל אא"כ יהיו ידים מוכיחות שהוא דם בתולים, [**דמה דגמ' אמר עד שתחיה המכה, והיינו כל זמן שהיא רואה מחמת תשמיש, אין משם ראיה להגיע זמנה לראות, וכ"ש אם ראתה בבית אביה קודם הנישואין, שאין שיעורה אפי' לדין המשנה רק בעילת מצוה, ממילא אח"כ כלו בתוליה, וא"כ מנ"ל שתהיה עוד אח"כ בתולה, כל שאין ידים מוכיחות לזה**]. (**ונהי** לענין להוציאה מבעלה משום רואה מחמת תשמיש, לא נתנו שיעורא זוטא הנ"ל, מ"מ לא מקילינן טפי ממה שכתב הרב, דאפי' אם לא פסקה לראות פעם אחת, אם אין לה צער כלל בשעת תשמיש, הוחזקה להיות רואה מחמת תשמיש - מחה"ש).

(**ועיין** בתשו' נודע ביהודה, שנשאל באשה שטענה על בעלה, נשען על ביתו ולא יעמוד, ונתגרשה ונשאת לאלמן, וראתה דם מחמת תשמיש כמה פעמים בליל טבילה, ולא היה לה צער כלל בשעת תשמיש, והיא אומרת שהיתה בתולה, אם נאמנת כדי לתלות בבתולים, וגם אם תולין כיון שלא היה לה צער כלל, **והשיב** דודאי נאמנת, דהרי נאמנת לומר מכה יש לי, ומה לי מכה אחרת או מכת בתולים, ומכ"ש אם גם הבעל השני אומר שמצאה בתולה, דהרי אין אנו יודעים שראתה מחמת תשמיש רק מפיהם, והפה שאסר כו', **אך** כיון שלא היה לה צער קשה להתיר, ואף שהב"ח מתיר, כל האחרונים לא הסכימו עמו, **ומ"מ** נראה דאם אשה זו יש לה וסת קבוע, אף שכל הפוסקים דחו דברי המרדכי, בזו שיש לתלות בבתולים יש לצרף דעתו, שלא להחזיקה ברואה מחמת תשמיש, **אך** לא תשמש בליל טבילה רק בליל שניה, **ושוב** כתב דאפילו אין לה וסת, מ"מ כיון שג"פ שראתה היו בליל טבילתה, יכולה לשמש עוד אחר טבילתה בליל שניה, ואם לא תראה אז, תהיה מותרת לשמש גם בליל טבילה, **ובאם** תראה גם בתשמיש הזה, שהוא ליל שני לטבילה, חזר דינה לחלק בין יש לה וסת, או אם מרגשת צער, **ואף** דבשאר נשים שראו ג"פ מחמת תשמיש אין להקל, אף אם היה כל הג"פ בליל טבילה, מ"מ בזו שיש לתלות בבתולים יש להתיר).

(**ועיין** בתשו' חת"ס, אודות בתולה שאחר הנשואין לא פסקה עדיין מלראות דם מחמת תשמיש, עם הרגשת כאב וצער מכת בתולים, אך היא אומרת שמרגשת שהדם יוצא מהמקור, והבעל רוצה לפטרה בג"פ כרואה מ"ת, **וכתב** לא ידעתי מקום הספק, לא מבעיא אם מרגשת פתיחת פי המקור, שזה הוא עיקר הרגשה דאורייתא, פשיטא דטמאה נדה ממש וקובעת וסת בכך, דאפי' אם נניח שהדם שהיא מוצאה הוא דם בתולים, מ"מ א"א שלא נתערב בה דם נדה היוצא בפתיחת המקור, דהרגשה סברא דאורייתא היא כמ"ש תה"ד, ומובא בשו"ע סי' ק"צ ובט"ז שם, **ודוחק** להקל לתלות הדם בבתולים, ופתיחת המקור במראה טהורה, וכמ"ש תה"ד שם דלמראה טהורה נמי נפתח המקור, **דז"א**, דכל עצמו של דין תליה בבתולים מפוקפק קצת כמ"ש הט"ז, והבו דלא לוסיף, {אפשר דכוונתו אף אם מצאה על העד ג"כ מראה טהורה אין להקל}, **אך** אפילו אם אינה מרגשת פתיחת פה"מ ממש, רק זיבת דבר לח יוצא ממקום המקור, שהוא למעלה ממקום הבתולים, נמי לא נראה להקל, אף

דהרגשה זה אינו רק איסור דרבנן, {כמו שביאר בתשובות אחרות הובא לעיל סי' קפ"א סק"א}, וגם וסת התשמיש הוא רק דרבנן, והו"ל תרי דרבנן, ומצורף לזה דרוב נשים אינן רואות מ"ת, **מ"מ** אין להקל, דכיון דיוצא מהמקור, חזקה שיצא בהרגשה ממש, אלא דלאו אדעתה משום הרגשת שמש, והרי סמכינן אסברא זו ומייתי חטאת עלה, כמבואר ר"פ הרואה כתם, ומכ"ש שלא נוכל להקל להתיר לשמש עמה, ע"כ משמים ירחמו, עב"ד).

(**ולכאורה** יש להעיר, לפי מה שכתבתי לעיל סק"ג בשם תשו' שיבת ציון, דלהכי אשה נאמנת לומר שראתה ג"פ מחמת תשמיש, ולא אמרינן עיניה נתנה באחר, היינו כיון דהיא מלתא דעבידא לגלויי כו', **וא"כ** הכא בנ"ד דלא עבידא לגלויי, שהרי בלא אמירתה הוה תלינן בבתולים, ורק משום אמירתה שמרגשת שהדם יוצא ממקורה, דיינינן לה כרואה מחמת תשמיש, מהראוי לומר דאינה נאמנת, **אך** לפי סברתי שם אתי שפיר).

מי שיוצא דם ממנו דרך פי האמה, ושמש, האשה תולה בו, וע"ל סימן ק"ן (סעיף כ').

סימן קפז סי"ג • בתולה שראתה דם מחמת תשמיש

שיטת המחבר, דהבועל את הבתולה כמה פעמים, וראתה דם מ"ת, לעולם מחזקינן שהם דם בתולים, עד שתשמש פ"א ולא תראה דם מ"ת, **ואם** אח"כ תראה ג"פ מ"ת, הוחזקה להיות רואה דם מ"ת. **וה"ה** אם התשמיש הראשון היה בלא דם, שוב אינה תולה, **וי"א** דגם אם לא בדקה עצמה פ"א, ג"כ שוב אינה תולה, **וכמה** אחרונים חולקים, דדיינינן לה כלא שימשה כלל, ועדיין יכולה לתלות אח"כ בבתולים.

כשאומרת דטעם שלא ראתה, לפי שלא היתה ביאה גמורה, י"א דאפי' אם אח"כ ראתה ג"פ, מותרת לבעלה אחר הטבילה, דכאן לא נחשב פסקה מלראות, כיון שלא היתה ביאה גמורה, לכך לא ראתה, ולעולם לא כלו הבתולים, **ומ"מ** לא רצה לסמוך ע"ז לחוד, רק בצירוף קולות אחרות, **וגם** בלילה הראשונה של הטבילה לא יזדקק לה בעלה.

שיטת הרמ"א, דאפי' אם לא פסקה לראות פ"א, אם אין לה צער כלל בשעת תשמיש, הרי היא ככל הנשים ולא תלינן בדם בתולים, **דמה** שהגמ' אמר כל זמן שהיא רואה מ"ת, היינו כשלא הגיע זמנה עדיין לראות, **אבל** אין משם ראיה להגיע זמנה לראות, וכ"ש אם ראתה בבית אביה קודם הנישואין, ששיעורה לפי דין המשנה, רק בעילת מצוה, ואח"כ כלו בתוליה, **ונהי** לענין להוציאה מבעלה משום רואה מ"ת, לא נתנו שיעורא זוטא הנ"ל, מ"מ לא מקילינן טפי ממש"כ הרב, דאפי' אם לא פסקה לראות פ"א, אם אין לה צער כלל בשעת תשמיש, הוחזקה להיות רואה מ"ת.

והב"ח חולק, ופסק דאפילו אין לה צער כלל בשעת תשמיש, תלינן בדם בתולים, **אבל** בתשו' משאת בנימין פסק כהרב, **וגם** הב"י גופיה כתב, דמסתפינא להקל אא"כ יהיו ידים מוכיחות שהוא דם בתולים.

צדדי קולא לבתולה שראתה מ"ת בלא צער

י"א דאשה שראתה דם מ"ת כמה פעמים בליל טבילה, ולא היה לה צער כלל בשעת תשמיש, והיא אומרת שהיתה בתולה, **שנאמנת**, דהרי נאמנת לומר מכה יש לי, ומה לי מכה אחרת או מכת בתולים, ומכ"ש אם גם הבעל אומר שמצאה בתולה, דהרי אין אנו יודעים שראתה מ"ת רק מפיהם, והפה שאסר כו', **אך** כיון שלא היה לה צער, קשה להתיר, ואף שהב"ח מתיר, כל האחרונים לא הסכימו עמו, **ומ"מ** נראה דאם אשה זו יש לה וסת קבוע, אף שכל הפוסקים דחו דברי המרדכי, בזו שיש לתלות בבתולים יש לצרף דעתו, שלא להחזיקה ברואה מ"ת, אך לא תשמש בליל טבילה רק בליל שניה, **ואפילו** אין לה וסת, מ"מ כיון שג"פ שראתה היו בליל טבילתה, יכולה לשמש עוד אחר טבילתה בליל שניה, ואם לא תראה אז, תהיה מותרת לשמש גם בליל טבילה, **ואף** דבשאר נשים שראו ג"פ מ"ת בליל טבילה אין להקל, מ"מ בזו שיש לתלות בבתולים יש להתיר.

בתולה שאומרת שמרגשת שהדם יוצא מהמקור

בתולה שאחר הנשואין לא פסקה עדיין מלראות דם מ"ת, עם הרגשת כאב וצער מכת בתולים, אך היא אומרת שמרגשת שהדם יוצא מהמקור, והבעל רוצה לגרשה כרואה מ"ת, **כתב** החת"ס, לא ידעתי מקום הספק, לא מבעיא אם מרגשת פתיחת פה"מ, שהוא עיקר הרגשה דאורייתא, פשיטא דטמאה נדה ממש וקובעת וסת בכך, **דאפי'** אם נניח שהדם שהיא מוצאה הוא דם בתולים, מ"מ א"א שלא נתערב בה דם נדה היוצא בפתיחת המקור, דהרגשה סברא דאורייתא היא, **ודוחק** להקל לתלות הדם בבתולים, ופתיחת המקור במראה טהורה, **דז"א**, דכל עצמו של דין תליה בבתולים מפוקפק קצת, והבו דלא לוסיף, (**ואפשר** דאף אם מצאה על העד ג"כ מראה טהורה, אין להקל), **אך** אפי' אם אינה מרגשת פתיחת פה"מ ממש, רק זיבת דבר לח יוצא ממקום המקור, שהוא למעלה ממקום הבתולים, נמי לא נראה להקל, **אף** דהרגשה זה אינו רק איסור דרבנן (לשיטתו לעיל סי' קפ"ג), וגם וסת התשמיש הוא רק דרבנן, והו"ל תרי דרבנן, ומצורף לזה דרוב נשים אינן רואות מ"ת, **מ"מ** אין להקל, דכיון דיוצא מהמקור, חזקה שיצא בהרגשה ממש, אלא דלאו אדעתה משום הרגשת שמש, ע"כ משמים ירחמו.

ולכאורה יש להעיר, לפמש"כ לעיל, דלהכי אשה נאמנת לומר שראתה ג"פ מ"ת, ולא אמרינן עיניה נתנה באחר, היינו כיון דהיא מלתא דעבידא לגלויי כו', **וא"כ** הכא בנ"ד דלא עבידא לגלויי, שהרי בלא אמירתה הוה תלינן בבתולים, ורק משום אמירתה שמרגשת שהדם יוצא ממקורה, דיינינן לה כרואה מ"ת, מהראוי לומר דאינה נאמנת, ועיין מש"כ שם.

דצריכה ז' נקיים לדם בתולים בכל אופן

י"א דבתולה בוגרת שנשאת ולא פסקה לראות מביאה ראשונה ואילך ויש לה צער, דאינה מותרת לבעלה בלא טבילה, **ודלא** כמאן דס"ל דלא גזרו חכמים בדם בתולים שיטמא אלא במלתא דשכיח, דהיינו היכא שהדמים מצויים כשיעור השנוי בר"פ תינוקת, אבל אחר אותם זמנים, דלא

סעיף יג – בתולה שראתה דם מחמת תשמיש

שכיח ברוב בתולות שימצא בהם עוד דם, לא גזרו כו', **דליתא**, ולא תזוז מפסק הלכה, שהיא טמאה עד שתמנה ז"נ, **וגדולה** מזו נראה, דאפי' בדקה עצמה בשפופרת ולא נמצא דם בראש המכחול, דאז ברור דלאו מן המקור הוא אלא מן הצדדים, אפ"ה טמאה לבעלה, דהא גזרו על דם בתולים שתהיה אסורה לבעלה אף שהוא מן הצדדים, **ומ"מ** יש לצדד להקל בזה, כיון דיש לספק שמא בא מן הצדדים משאר מכה ולא מדם בתולים, והוי ספק דרבנן ולקולא.

מי שיוצא דם ממנו דרך פי האמה, ושמש, האשה תולה בו.

שלא לקיים אשה שא"א לה ליטהר

סעיף יד - אשה שיש לה מכות ופצעים שאינה יכולה לטבול, תצא מתחת בעלה,

כדי שלא יתבטל מפריה ורביה - (עיין בס' צלעות הבית להגאון בית מאיר, שנסתפק אם אשה שאינה יכולה ליטהר שוה לרואה מחמת תשמיש לענין זה, שבעלה חייב להוציאה מחשש איסור שמא יבא עליה והוא כבר קיים פ"ו, או דלמא רואה מחמת תשמיש שאני, דהאיסור קיל ליה, דבעידן שבא עליה היא טהורה, ע"ש).

סימן קפז סי"ד • שלא לקיים אשה שא"א לה ליטהר

אשה שיש לה מכות ופצעים שאינה יכולה לטבול, תצא מתחת בעלה, כדי שלא יתבטל מפריה ורביה. **ויש** שנסתפק אם היא שוה לרואה מ"ת שבעלה חייב להוציאה מחשש איסור שמא יבא עליה, אפי' אם הוא כבר קיים פ"ו, **או** דלמא רואה מ"ת שאני, דהאיסור קיל ליה, דבעידן שבא עליה היא טהורה.

§ סימן קפח – דיני מראות הדם §

מראות הדם

סעיף א - כל מראה אדום, בין אם היא כהה הרבה, או עמוק, טמאים, וכן כל מראה שחור - מן התורה אינם טמאים אלא ה' מיני מראות, וחכמים החמירו שלא לטעות בין דם לדם, ואסרו כל מראה הנוטה לאדמימות, והכשירו כל מראה שאין לספקו באדמימות כלל.

(**עיין** בתשו' גבעת שאול, שכתב דכתם שבלילה נדמה למראה טמא, וביום שהוא יבש נראה שהוא מראה טהור, יש להקל ולטהר, **ובספר** לבושי שרד כתב עליו, אבל אם אחר שראהו ביום, ראהו עוד הפעם אחר שעה, ורואה שנשתנה ממראיתו הראשונה, יש לאסרו, **ועיין** בס"ט שדעתו, דדוקא אם בלילה מספקא ליה, אבל היכא דאיתחזקא לודאי טמא ע"י ראייתה בלילה, אע"ג דחזרה וראתה ביום, ויש לו מראה טהור, אין להקל).

(**ועיין** בס"ט בשם מצאתי כתוב, שדם הנוטה לצבע ברוין, שהוא כעין קליפת ערמונים, וכמו משקה הקאו"י, שהוא טהור, ואין צ"ל בכתם, לפי שהוא אינו נוטה לאדמימות), ‹**אבל** בית מאיר ותשו' בית שלמה ולחם ושמלה חולקים ומחמירים, משום שמראה חום מורכב מאדום ושחור, **והערוך** השלחן כתב: וחלילה להחמיר›.

ואין טהור אלא מראה לבן - ואפילו אינו לבן לגמרי, אלא כמראה בגד לבן שנפל עליו אבק, שהוכהה לבנוניתו, טהור.

[ומו"ח ז"ל כתב, שמצא בכתבים בשם מהר"י מרגלית, שהאשה שיצאה ממנה סמיכות לבן ועב, לאחר שרחצה במרחץ כמו שתים ושלש שעות, היא טמאה, שדרך הדם להתלבן מחמת רחיצה, **ודברים** תמוהים הם, שלא נמצא בתלמוד ובפוסקים רמז מזה, ולאו מר בר רב אשי חתום עליה, שבאו דברים אלו מפי מהר"י מרגלית, **אלא** דבר זה חומרא יתירא היא, והמחמיר יחמיר לעצמו, ולא יורה כן לאחרים כלל, כן נראה לענ"ד].

וכן מראה ירוק, אפילו כמראה השעוה או הזהב - או אתרוג או חלמון ביצה, **וכ"ש הירוק ככרתי או כעשבים. (וכן מראה סקורין בל"א בלו"א בכלל ירוק הוא).**

כתב הב"ח, דהיינו כשנשאר ירוק מתחלתו ועד סופו, אבל כשנשתנה לאחר שנתייבש הכתם, ונעשה אדום בקצותיו, טמאה, דכשנעקר מן הגוף הוא לקה ונעשה ירוק, וכשנתייבש חזר למראהו קצת, שהיה אדום מתחלה, **ולכן** כשיבא מראה ירוק ולבן לפני המורה בעודו לח, לא יורה בו דבר עד שנתייבש, עכ"ל, ‹**ונראה** דבכתם אפי' הב"ח מתיר, ודוקא בבדיקה או בהרגשה ובסמיכות דם – חוו"ד. **ואין** נוהגין כן, ונראה דאחזוקי ריעותא לא מחזקינן. ‹**וממשמע**, דאם כבר נתייבש ונעשה אדום, דטמאה, אף שהיה לבן בשעת יציאה מן הגוף – חוו"ד.

(**ועיין** במנ"י ובס"ט, שגם הם חלקו על הב"ח, **וגדולה** מזו כתב בתשו' ח"צ, דאפילו אם ראה המורה כשהיה לח, והיה לו מראה טהור, ואח"כ כשנתייבש נמצא מראה

טמא, טהורה, ואזלינן תמיד בתר יציאה מן הגוף, הן לטמא או לטהר, **ועיין** בתשו' שבות יעקב, שחלק עליו בזה, **אך** כתב הס"ט, שאין ראייתו מוכרחת, **גם** החוו"ד הסכים עם הח"צ בזה, **ועיין** בשאילת יעב"ץ, שכתב דמסתפי למעבד עובדא כדעת אביו ז"ל, ודעתו להחמיר, דכי איתרמי דהדר למראה טמא אחר שיבש, יש להורות דטמאה, **ואע"ג** דכבר הורה בו להיתרא, ולזילותא לא חיישינן).

(**בשל"ה** כתב וז"ל, ורש"ל כתב בירוק צ"ע, כי מהר"ם מינץ כתב בתשו' בשם הגדולים, דאסרינן גם בירוק, ע"כ אין להקל במהירות, אם הוא כמראה השעוה ומכ"ש כמראה הזהב, אא"כ יש ג"כ צדדים אחרים, וסברות מוכיחות שאינו נדות, **ואם** מצאה מראה הירוק הזה ע"י הרגשה, נ"ל להחמיר, **ואם** בלי הרגשה מצאה כתם, בזה יש להקל, **ואם** בקינוח ממנה בלי הרגשה קנחה מראה זו, אזי יש לצדד כך וכך, והכל לפי ראות הענין, **ועיין** בס"ט שכ' עליו, והאחרונים השמיטו זה, אלמא דלא ס"ל הכי, **מ"מ** בעל נפש יחמיר לעצמו, לפי ראות הענין).

(**ועיין** בתשו' חת"ס, שנסתפק באשת חבר שמצאה בעד הבדיקה כעין מראה אדמדם, ושאלה לחכם וטיהר, אי שרי לבעלה להחמיר על עצמו, דלא גרע מבהמה שהורה בה חכם, או דילמא לאו כל כמיניה להפקיע שעבודו לאשתו, **והאריך** בזה ומסיק, דודאי רשאי להחמיר על עצמ, כיון שכן דרכן של פרושים, **ואף** דבשעת נשואין לא היה עדיין מתנהג בפרישות, מ"מ אמרינן רגיל הוא זה, שעתיד להיות פרוש וחסיד, וזקני ת"ח כל זמן שמזקינין וכו', וכשם שאמרו אשרי לנשותיהן של אלדד ומידד, שזכו לנבואה, הוא הדין כל מדרגות מעלות עבודת השם, שמחה היא לאשתו, **ואף** אם צווחת, אמרינן השתא היא דאיתרעי, ומעולם לא נשתעבד לה).

ואפילו יש בו סמיכות דם והוא עב הרבה, ואפילו הרגישה שנפתח מקורה, ובדקה מיד - (היינו בתוך שיעור וסת - חוו"ד), (עיין לקמן סי' ק"צ ס"א, מה שהס"ט מסופק, בעד כמה זמן תלינן במראות טהורות), **ומצאה מראות הללו, טהורה.**

הגה: וכן עיקר, דלא כים מחמירין לטמאות אם יש בו סמיכות והוא עב.

(**עיין** בתשו' גבעת שאול, באשה שהרגישה שנפתח מקורה, ובדקה תיכף בחלוקה, ומצאה כתם גדול ממראה הטהור, רק שבתוך הכתם היה כמו נקודה אדומה קטנה, כמו טיפת חרדל, והחלוק ההוא לא היה בדוק, **ויש** לספק אם לתלות הרגשה במראה טמא, כמו במראה טהור, או לתלות המראה טמא בדם מאכולת, כיון שהוא פחות מכגריס, והרגשה במראה טהור לבד, **וכתב** דטהורה, דתלינן הרגשה במראה טהור, והדם במאכולת, **ושם** בסופו כתוב, בשם הגאון מוהר"ר מרדכי ז"ל מטיקטין שפקפק בפסק זה), (**עיין** לקמן סי' ק"צ ס"א, דחוו"ד חולק עליו ג"כ).

(ואם הרגישה שנפתח מקורה, ובדקה מיד ולא מצאה כלום, ע"ל סימן ק"ץ).

סימן קפח ס"א • מראות הדם

מן התורה אינם טמאים אלא ה' מיני מראות, **וחכמים** החמירו שלא לטעות בין דם לדם, ואסרו כל מראה הנוטה לאדמימות, בין אם היא כהה הרבה, או עמוק, **וכן** כל מראה שחור, **והכשירו** כל מראה שאין לספקו באדמימות כלל.

דם הנוטה לצבע ברוין, שהוא כעין קליפת ערמונים, וכמו משקה הקאו"י, י"א שהוא טהור, ואין צ"ל בכתם, לפי שהוא אינו נוטה לאדמימות, **אבל** כמה אחרונים חולקים ומחמירים, משום שמראה חום מורכב מאדום ושחור.

מראה לבן טהור, אפילו כשאינו לבן לגמרי, אלא כמראה בגד לבן שנפל עליו אבק, שהוכהה לבנוניתו.

יצאה ממנה סמיכות לבן ועב, לאחר שרחצה במרחץ כמו שתים ושלש שעות, י"א שהיא טמאה, שדרך הדם להתלבן מחמת רחיצה, **ודבריו** תמוהים, שלא נמצא בתלמוד ובפוסקים רמז מזה, ודבר זה חומרא יתירא היא, והמחמיר יחמיר לעצמו, ולא יורה כן לאחרים כלל.

וכן מראה ירוק טהור, אפילו כמראה השעוה או הזהב או אתרוג או חלמון ביצה, וכ"ש הירוק ככרתי או כעשבים. **וכן** מראה שקורין בל"א בלו"א בכלל ירוק הוא.

דוקא שנשאר ירוק מתחלתו ועד סופו, אבל כשנשתנה לאחר שנתייבש הכתם, ונעשה אדום בקצותיו, כתב הב"ח דטמאה, דכשנעקר מן הגוף הוא לקה ונעשה ירוק, וכשנתייבש חזר למראהו קצת, שהיה אדום מתחלה, **ולכן** כשיבא מראה ירוק ולבן לפני המורה בעודו לח, לא יורה בו דבר עד שנתייבש, **ודוקא** בבדיקה או בהרגשה ובסמיכות דם, אבל בכתם מותר. **והש"ך** כתב דאין נוהגין כן, דאחזוקי ריעותא לא מחזקינן, **אבל** אם כבר נתייבש ונעשה אדום, טמאה, אף שהיה לבן בשעת יציאה מן הגוף. **והח"צ** ס"ל דאפי' אם אח"כ כשנתייבש נמצא מראה טמא, טהורה, דאזלינן תמיד בתר יציאה מן הגוף, הן לטמא או לטהר, **ובנו** היעב"ץ כתב דמסתפי למעבד עובדא כדעת אביו ז"ל, ודעתו להחמיר, דיש להורות דטמאה, ואע"ג דכבר הורה בו להיתרא, ולזילותא לא חיישינן.

י"א דבירוק צ"ע, דיש אוסרים גם בירוק, ע"כ אין להקל במהירות, אם הוא כמראה השעוה ומכ"ש כמראה הזהב,

אא"כ יש ג"כ צדדים אחרים, וסברות מוכיחות שאינו נדות, **ואם** מצאה מראה הירוק הזה ע"י הרגשה, נ"ל להחמיר, **ואם** בלי הרגשה מצאה כתם, בזה יש להקל, **ואם** בקינוח ממנה בלי הרגשה קנחה מראה זו, אזי יש לצדד כך וכך, והכל לפי ראות הענין, **וי"א** דהאחרונים לא ס"ל הכי, ומ"מ בעל נפש יחמיר לעצמו, לפי ראות הענין.

אם בלילה נדמה למראה טמא, וביום נראה שהוא טהור כשהוא יבש, **י"א** דיש להקל ולטהר, **וי"א** דדוקא אם בלילה מספקא ליה, אבל היכא דאיתחזקא לודאי טמא בלילה, אע"ג דחזרה וראתה ביום, ויש לו מראה טהור, אין להקל, **וי"א** דאף בציור דמקילין, אם אחר שראהו ביום, ראהו עוד הפעם אחר שעה, ורואה שנשתנה ממראיתו הראשונה, יש לאסרו.

מראה טהורה, אפי' אם יש בו סמיכות דם והוא עב הרבה, טהורה, **ואפי'** הרגישה שנפתח מקורה, ובדקה מיד, (בתוך שיעור וסת), ומצאה מראות הללו, טהורה, (ולקמן סי' ק"צ ס"א הסד"ט מסופק, בעד כמה זמן תלינן במראות טהורות), **דלא** כיש מחמירין לטמאות אם יש בו סמיכות והוא עב.

מצאה כתם גדול ממראה הטהור, ובתוכו היה נקודה אדומה קטנה, כמו טיפת חרדל, ומצאה כן אחר שהרגישה שנפתח מקורה, ובדקה תיכף בחלוקה, והחלוק ההוא לא היה בדוק, **י"א** דטהורה, דתלינן הרגשה במראה טהור, והדם במאכולת, כיון שהוא פחות מכגריס, **ויש** שחלקו עליו.

חבר שרוצה להחמיר על עצמו במראה שכבר טיהר החכם, י"א דודאי רשאי, ולא אמרי' דלאו כל כמיניה להפקיע שעבודו לאשתו, כיון שכן דרכן של פרושים, ואף דבשעת נשואין לא היה עדיין מתנהג בפרישות, מ"מ אמרינן רגיל הוא לזה, שעתיד להיות פרוש וחסיד, ושמחה היא לאשתו, **ואף** אם צווחת, אמרינן השתא היא דאיתרעי, ומעולם לא נשתעבד לה.

נאמנות האשה בענין מראות

סעיף ב - נאמנת אשה לומר: כזה ראיתי, ואבדתיו, ואם הוא מראה לבן או ירוק, טהורה; אבל אם הביאה לפנינו דם, והחזקנוהו בטמא, או אפילו נסתפקנו אם הוא טמא או טהור, והיא אומרת: חכם פלוני טיהר לי כיוצא בזה, אין סומכין עליה – [לפי שאפשר שיש לה ספק, וסברה שהוא טהור, כיון שיש ריעותא לפנינו, שגם לנו יש ספק].

וכן אשה זו שמסופקת בדם שלה, אין לה לסמוך על חברתה שהראתה לה דמה, ואמרה לה כדם זה שלך הראתי גם אני לפלוני חכם וטהר, כן פירש"י, ומביאו הב"ח.

(**ועיין** בס"ט שכתב, דאפי' על עצמה אינה יכולה לסמוך בזה, כגון שיודעת שכזה טיהר לה החכם, וצריכה להראות גם עתה לחכם, **ועיין** בתוה"ש שכתב, דאפילו אם היא מביאה דם הראשון, ואומרת זה שהוא כזה טיהר לי החכם, דאז ליכא למיחש שמא טעתה בדמיונות, מ"מ אין סומכין עליה), ‹דכל היכי דהדם לפנינו, אין סומכין על נאמנות האשה›.

מיהו משמע, דאם אומרת דם זה או כתם זה טיהר לי החכם, נאמנת.

כתבו התוספות סוף פרק כל היד, דיכול לראות דמי אשתו, (**עיין** בספר חכמת אדם שכתב, דאם אירע לה שאלה בענין הטבילה, אינו יכול להורות, מאחר דאיתחזק איסורא).

סימן קפח ס"ב • נאמנות האשה בענין מראות

אשה שאומרת: דם זה או כתם זה טיהר לי החכם, נאמנת.

נאמנת אשה לומר: כזה ראיתי, ואבדתיו, ואם הוא מראה לבן או ירוק, טהורה.

הביאה לפנינו דם, והחזקנוהו בטמא, או אפי' נסתפקנו אם הוא טמא או טהור, שיש ריעותא לפנינו, והיא אומרת: חכם פלוני טיהר לי כיוצא בזה, אין סומכין עליה, לפי שאפשר שיש לה ספק, וסברה שהוא טהור, שגם לנו יש ספק.

אשה שמסופקת בדם שלה, אין לה לסמוך על חברתה שהראתה לה דמה, ואמרה לה כדם זה שלך הראתי גם אני לפלוני חכם וטהר.
וי"א דאפי' על עצמה אינה יכולה לסמוך בזה, כגון שיודעת שכזה טיהר לה החכם, וצריכה להראות גם עתה לחכם.

ואפי' אם היא מביאה דם הראשון, ואומרת זה שהוא כזה טיהר לי החכם, דאז ליכא למיחש שמא טעתה בדמיונות, י"א דמ"מ אין סומכין עליה, דכל היכי דהדם לפנינו, אין סומכין על נאמנות האשה, דחיישינן שהיא משקרת.

יכול הבעל לראות דמי אשתו, וי"א דאם אירע לה שאלה בענין הטבילה, אינו יכול להורות, מאחר דאיתחזק איסורא.

דם בשפופרת ובחתיכה, וכשנעקר המקור

סעיף ג - הכניסה שפופרת והוציאה בה דם, טהורה; וכן אם ראתה דם בחתיכה, אפי' היא מבוקעת והדם בבקעים בענין שנוגע בבשרה, טהורה, כיון שאין דרך לראות כך.

וכן אשה שנעקר מקור שלה, וכמין חתיכות בשר נופלים בבית החיצון, טהורה – ‹כפי

שיטת רבינו שמשון), **ודוקא** כשרואה דם נדות בחתיכות, אבל כשהחתיכות נופלות ממנה בלא דם, טהורה, (אפי' לפי רש"י ותוס' – מחצה"ש).

כתב הב"ח, דצ"ע לענין מעשה אם יש להקל, (כשיטת רבינו שמשון דפסק שו"ע כוותיה, דמטהרינן אפי' היכא דידעינן שהיא דם נדה, משום דאין דרכה של אשה לראות כך), **כיון** דגם דעת התוס' כפירש"י, (שיטת רש"י, דלא מטהרינן בתוך החתיכה ובבקעי החתיכה, אלא היכא דשייך דאין הדם דם נדה, משא"כ הכא דנעקר המקור, ידעינן שהדם דם נדה היא, **ושיטת** התוס', דאי נמצא דם בבקעים, טמאה, דדם נדה הוא ונוגע בבשרה, ולא התירו אלא בחתיכה עשויה כמין שפופרת, והוי חציצה בין דם לבשר, אבל היכא שנעקר מקור שלה דנוגע הדם בבשרה, {דבודאי נמצא דם בבקעי החתיכות, שהרי מקור כולו מלא דם – בדי השלחן}, טמאה, **ודעת** המקור מים חיים, דהב"ח בא להחמיר כשיטת התוס' גם בכל חתיכה שהדם נמצא בבקעים, ודלא כהחוו"ד). (**וכתב** החוו"ד, דלא מחמיר הב"ח רק בשעת וסתה).

הגה: ואפילו ראתה דם, כל זמן שהחתיכות בבית החיצון שלה, טהורה, דתלינן הדם בחתיכות אלו, הואיל וידעינן ודאי שנעקר מקורה, ומחמת מכה היא.

[**ואפילו ראתה דם** – זהו קאי אסיפא דנעקר מקור שלה כו', והוא מדברי הטור שכתב, ולא היתה פוסקת לראות כל זמן שאותן חתיכות היו בבית החיצון, **ופי'** ב"י תחילה, דלא פסקה לראות דם ממש, ואפ"ה טהורה, דתלינן הדם בחתיכה זאת, **והוקשה לו** ע"ז, **דאע"ג** דלעיל תלינן במכה, הנ"מ במכה דבצדדין, אבל הכא שהמכה היתה במקור עצמו, אפשר דטמא, **וע"כ** חזר ופי', דהטור לא מיירי מדם, אלא חתיכות קטנות ראתה, **והקשה** בד"מ על הב"י, מה שהחמיר במה שהיתה המכה במקור עצמו, והלא אמרינן פ' תינוקת, נאמנת אשה לומר, מכה יש לי במקור שממנה יוצא דם, **ע"כ** פי' כדבריו הראשונים, **מש"ה** כל מה שהיא רואה, **אפי'** דם גמור, אחר שמרגשת שנפל המקור בבית החיצון, היא תולה הדם באותן החתיכות, וכך הם דבריו כאן שכתב: ומחמת מכה היא, **וקשה לי**, דא"כ למה אמרו בגמרא ובפוסקים, הטעם לפי שאין דרכה לראות בכך, מאי שנא מההיא דסי' קפ"ז דהקילו במכה בלאו האי טעמא, (**לשון** הגר"א: כמו דתלינן במכה בסימן הקודם וכ"ש הכא, ע"כ, משמע ממנו דהוי רק דוגמא),

ונראה לי, אע"פ שלענין דין יפה כתב רמ"א, מ"מ אין טעם שלו מתיישב, דהכא התירו אפי' בדם נדה ממש שבא מאותה חתיכה, דהיינו שהדם נדה שיש באותה חתיכה של המקור, הוליכה אותה חתיכה עמה הדם נדות לבית החיצון, **אינה אוסרת**, דלא אסרה תורה אלא כשהמקור נשאר במקומו והדם יוצא ממנו, משא"כ כאן שהמקור עצמו מוליך הדם עמו, ואין זה דרך ראיה שאסרה תורה].

[**ולפ"ז אפי'** הוא בשעת וסתה, מותר זה הדין, כיון שראייתה משונה], (**ועיין** חוו"ד שכתב, דזה דוקא כשהחתיכה נפלה לבית החיצון בשעת וסתה, אבל אם נפלה קודם, ובשעת וסתה ראתה דם, טמאה, (דחיישינן דלמא יורד הדם מהמקור עכשיו – חוו"ד), [**ודלא כמו"ח ז"ל שכתב, דדין זה אינו מותר, אלא בין וסת לוסת**], (דבשעת וסתה לא תלינן במכה), (**ובש"ך** לעיל החמיר בזה, אף אם רואה דם בחתיכה שנעקר ממקורה בשעת וסתה, (מה שמביא מהב"ח דחושש לשיטת רש"י ותוס'), **אבל** כשהחתיכות נופלות ממנה בלא דם, טהורה לכולי עלמא).

כתב הב"ח, דמשמע דס"ל (לשו"ע) דלא בעינן דבדקה בשעה שנעקרה, **ולא** נהירא, אלא דוקא בעינן דבשעת נפילתה לבית החיצון בדקה, ולא ראתה שום דם כלל, אלא דלאחר כך כשהיו בבית החיצון, לא היתה פוסקת לראות, כל זמן שאותן החתיכות בבית החיצון, וטיהר **רבי שמשון** (אותה, משום דמיד שנפלו בבית החיצון חשיב כאילו נפלו לחוץ, וכיון דלא היה עמה דם בשעה שנפלה, א"כ הדם שיצא אח"כ שלא פסק ממנה כל זמן שהיו בבית החיצון, היה בתוך החתיכה, דהשתא אפי' היה דם נדות בתוך החתיכות, וגם היו בקעים בחתיכות, טהורה היא, מטעם דאין דרך וכו') ע"ש, [**ואיני רואה שום חילוק, בין שעת נפילה לאחר נפילה בזה**, (שאפי' אם בשעת נפילה לבית החיצון ראתה דם, ג"כ טהורה, וא"כ לא בעינן בדיקה בשעת נפילה דבכל ענין טהורה – מחה"ש), **ותו דמה שיעור יש ליתן בזה, אימתי מיקרי בשעת נפילה או אחריה, והנלענ"ד כתבתי**].

והוא שהטיל החתיכות במים פושרין, ולא נמוחו - כדבסמוך ביוצא ממנה צורת בריה כמין קליפות או שערות כו', **ומיהו** אפשר דשאני הכא, שהיה ניכר בהן שהיו חתיכות בשר, אלא שהיה בתוכן דם, עכ"ל ב"י, **ובד"מ** כתב, ולפי מה שכתב דמיירי כאן דידוע היה שנעקר המקור שלה, א"כ גם כאן אין דברי הב"י נכונים, דאף בלא בדיקה, היה ידוע שאין זה דם קפוי,

רק שהמקור נעקר, ולא הוצרך להתיר אלא שלא נאמר דזה עצמו דרך ראיה היא, ע"כ. ‹ר"ל מה דמספקא להב"י וכתב בדרך אפשר, פשיטא ליה להד"מ – מחזה"ש›.

ודוקא חתיכות קטנות דומיא דשפופרת - דק שבדקין, **אבל חתיכה גדולה, טמאה, אפי' לא ראתה כלום, לפי שא"א לפתיחת הקבר בלא דם, אפילו בנפל שלא נגמרה צורתו.**

(**ומפני** ‹שהאשה שנעקר מקור שלה› וכיוצא בו לא ניתן רשות לכל מורה לפסוק הדין בזה, כי אם לגדולי הדור, כמבואר בתשו' נוב"י, לכן לא הבאתי הכל באריכות).

סי' קפח ס"ג • דם בשפופרת ובחתיכה, וכשנעקר מקור שלה

__**הכניסה שפופרת**__ והוציאה בה דם, טהורה. **וכן אם ראתה דם בחתיכה,** אפי' היא מבוקעת והדם בבקעים בענין שנוגע בבשרה, טהורה, כיון שאין דרך לראות כך.

__**אשה שנעקר מקור שלה**__, **וכמין חתיכות בשר נופלים בבית החיצון, ואפי' רואה דם בחתיכות,** טהורה (וכפי שיטת רבינו שמשון), משום דאין דרכה של אשה לראות כך.

וכשהחתיכות נופלות ממנה בלא דם, טהורה לכו"ע, אף לרש"י ותוס'.

וכתב הב"ח, דצ"ע אם יש להקל כשיטת רבינו שמשון דפסק שו"ע כוותיה, דדעת התוס' ורש"י להחמיר, **דשיטת רש"י,** דלא מטהרינן בתוך החתיכה ובבקעי החתיכה, אלא היכא דשייך דאין הדם דם נדה, משא"כ הכא דנעקר המקור, ידעינן שהדם דם נדה היא, **ושיטת התוס',** דאי נמצא דם בבקעים, טמאה, דדם נדה הוא ונוגע בבשרה, **ולא** התירו אלא בחתיכה עשויה כמין שפופרת, והוי חציצה בין דם לבשר, **אבל** היכא שנעקר מקור שלה, דבודאי נמצא דם בבקעי החתיכות, שהרי מקור כולו מלא דם, טמאה.

וי"א דהב"ח החמיר גם בכל חתיכה שהדם נמצא בבקעים, כשיטת התוס', **ויש** חולקים.

וי"א דלא החמיר הב"ח רק בשעת ווסתה.

__**אשה שנעקר מקור שלה וראתה דם**__, כל זמן שהחתיכות בבית החיצון שלה, טהורה.

טעם הרמ"א, דתלינן הדם בחתיכות אלו, הואיל וידעינן ודאי שנעקר מקורה, ומחמת מכה היא.

הקשה הס"ז, דאי הוי הטעם מחמת מכה, למה אמרו בגמ' ובפוסקים, הטעם לפי שאין דרכה לראות בכך, (**והגר"א** משמע דמחמת מכה הוי רק דוגמא).

טעם הס"ז, דהכא התירו אפי' בדם נדה ממש, דלא אסרה תורה אלא כשהמקור נשאר במקומו והדם יוצא ממנו, **משא"כ** כאן שהמקור עצמו מוליך הדם עמו, אין זה דרך ראיה שאסרה תורה.

ולפי"ז אפי' הוא בשעת וסתה, מותר, כיון שראייתה משונה, (**וי"א** דזה דוקא כשהחתיכה נפלה לבית החיצון בשעת וסתה, **אבל** אם נפלה קודם, ובשעת וסתה ראתה דם, טמאה, דחיישינן דלמא יורד הדם מהמקור עכשיו).

והב"ח ס"ל, דאינו מותר אלא בין וסת לוסת, דכיון דהטעם משום מכה, בשעת וסתה לא תלינן במכה.

כתב הב"ח, דבעינן דבשעת נפילתה לא ראתה שום דם כלל, וממילא בעינן בדיקה בשעת נפילה לבית החיצון, (**ודלא** כדמשמע משו"ע דלא בעינן דבדקה בשעה שנעקרה), **ורק** לאח"כ כשהוא בבית החיצון, כשאינו פוסקת לראות, טהור.

והט"ז ס"ל, שאפי' אם בשעת נפילה לבית החיצון ראתה דם, ג"כ טהורה, דאין שום חילוק לפי סברא הנ"ל, בין שעת נפילה לאחר נפילה, **ותו** דמה שיעור יש ליתן בזה, אימתי מיקרי בשעת נפילה או אחריה.

__**וכתב המחבר**__, **דצריך שיטיל החתיכות במים פושרין,** ולא נמוחו, כמו לקמן ס"ד, **וכתב** הב"י דאפשר דשאני הכא, שהיה ניכר בהן שהיו חתיכות בשר, **ומה** דמספקא להב"י וכתב בדרך אפשר, פשיטא ליה להד"מ.

ודוקא חתיכות קטנות דומיא דשפופרת, דק שבדקין, אבל חתיכה גדולה, טמאה, אפילו לא ראתה כלום, לפי שא"א לפתיחת הקבר בלא דם, אפילו בנפל שלא נגמרה צורתו.

דיני אשה שנעקר מקור שלה וכיוצא בו, לא ניתן רשות לכל מורה לפסוק הדין בזה, כי אם לגדולי הדור.

דם יבש וכצורת בריה

סעיף ד - כל דם היוצא מן האשה, בין לח בין יבש, טמא; ולא עוד, אלא אפילו יצא ממנה כצורת בריה, כמין קליפות או כמין שערות או כמין יבחושים אדומים, טמאה.

(**עיין** בתשו' חינוך ב"י שכתב, דדוקא כשהיבחושין וכיוצא יוצאים ממנה לבד, ואף אם תראה קצת לובן, מ"מ הם עיקר, **אבל** כשהלובן עיקר, ומעט נקודות או שירטוט של דם כו', ע"ש עוד. **ולענ"ד** דבריו צ"ע, ושוב מצאתי בשאלית יעב"ץ שהשיג עליו, והאריך לבאר דכל אותה התשובה כולה משגה הוא).

ואם יש לחוש משום ולד, טמאה לידה ג"כ משום טומאת נקבה, אפילו לא היתה בחזקת מעוברת.

והוא שיהיו נמוחים בתוך מעת לעת, על ידי ששורים אותם במים פושרים, ויהיו המים פושרים כל משך מעת לעת שהם בתוכו. ושיעור החימום, כמו מים ששאבו בקיץ מהנהר, או מהמעין ועמדו בבית, שחום הבית מחממתן – ‹אמים שנשאבו מהמעיין קאי, דאילו מי נהר, בלא עמידה בבית הן חמין, כ"כ ב"י – תורת השלמים›.

וכחימום של אלו כך הוא שיעור פושרים בימות החורף. (וסתם פושרים אינן חמין יותר מחמימות הרוק) - זה כלל גדול, עכ"ל הריטב"א, משמע דבכ"מ שהוזכר בש"ס פושרים, היינו כחמימות הרוק, **ואם הם קשים כל כך, שאינם נמוחים בתוך מעת לעת, טהורה, אפילו אם הם נמוחים על ידי מיעוך שממעכן בצפרניו. (ואם מעכן בצפרניו ולא נימוחו, טהורה ואינו צריך לבדוק ע"י שריה).**

(**כתב** בתשובת בית יעקב, דאשה שראתה קרטין, ונאבדו בלא בדיקה אם נימוחו, דמותר מטעם ס"ס, ספק אם הוא אדום או לא, ואת"ל שהוא אדום, שמא לא היה נמוח, **ואע"ג** שהאשה אומרת שראתה מקודם שהיה אדום, מ"מ כיון שיש מראה אדום שהוא טהור, אלא שאין אנו בקיאין חשיב ספיקא כו', **ועיין** בס"ט שחלק על זה, דלא חשיב ס"ס, דהוי הכל משם אחד אם דם נדה היא או לא).

סימן קפח ס"ד • דם יבש וכצורת בריה

כל דם היוצא מן האשה, בין לח בין יבש, טמא.

ואפי' יצא ממנה כצורת בריה, כמין קליפות או כמין שערות או כמין יבחושים אדומים, טמאה. **(ואם** **יש** **לחוש** **משום** **ולד**, טמאה לידה ג"כ משום טומאת נקבה, אפי' לא היתה בחזקת מעוברת). **והוא** שיהיו נמוחים בתוך מעל"ע, ע"י ששורים אותם במים פושרים, **ויהיו** פושרים כל משך מעל"ע שהם בתוכו.

ושיעור פושרים בימות החורף, הוא כמו מים ששאבו בקיץ מהנהר, **או** כמו מים מהמעין שעמדו בבית, שחום הבית מחממתן. **וסתם** פושרים אינן חמין יותר מחמימות הרוק.

ואפי' אם הם נמוחים ע"י שממעכן בצפרניו, אם אינם נמוחים בתוך מעל"ע, טהורה.

ואם מעכן בצפרניו ולא נימוחו, טהורה וא"צ לבדוק ע"י שריה.

אשה שראתה קרטין ונאבדו בלא בדיקה אם נימוחו, **י"א** דמותר מטעם ס"ס, ספק אם הוא אדום או לא, ואת"ל שהוא אדום, שמא לא היה נמוח, **ואע"ג** שהאשה אומרת שהיה אדום, מ"מ כיון שיש מראה אדום שהוא טהור, אלא שאין אנו בקיאין, חשיב ספיקא, **ויש** שחלק ע"ז, דלא חשיב ס"ס, דהוי הכל משם אחד, אם דם נדה היא או לא.

אם יש עליהם לחלוח דם

סעיף ה - במה דברים אמורים שאם לא נימוחו טהורה, בזמן שהם יבשים גמורים, שאין עמהם דם כלל, אבל אם יש עליהם שום לחלוח דם, טמאה.

ולא דמי לדלעיל סעיף ג', דאם ראתה דם בחתיכה, אפילו מבוקעת טהורה, **דהתם** הדם הוא בתוך החתיכות, אלא שהוא בבקעים, משא"כ הכא, שהלחלוח הדם הוא ע"ג החתיכות.

[ולא שייך כאן אין דרכה של אשה לראות בכך, דכאן ודאי אמרינן, כיון דיש דם מוכח דגם הנהו הם דם, אע"פ שלא נימוחו, **ועוד** דאפשר דדרכה של אשה, לראות לפעמים כך].

הגה: והוא הדין אם נתמעכו או נימוחו קצתן, וקצתן לא נימוחו, דטמאה.

מיהו נראה לי דאם בדקה ג' פעמים כל מה שראתה ולא נימוחו כלל, שוב אינה צריכה לבדוק מה שהיא רואה אח"כ כדרך זה, שהרי הוחזקה שדברים אלו אינן דם, רק באים ממכה שבגופה; ודוקא באשה שיש לה וסת, ושלא בשעת וסתה, כמו שנתבאר גבי מכה, לעיל סימן קפ"ז.

צ"ע, דלא נמצא בשום פוסק דמחלק הכא בין שעת וסת או לא, **ולא** דמי לדלעיל סימן קפ"ז ס"ה, דהתם כיון דרואה דם להדיא, לא תלינן במכתה בשעת וסתה, מטעם דאל"כ לא תהיה טמאה לעולם, **אבל** הכא הרי אינה רואה דם אלא דברים יבשים, והלכך אפילו בשעת וסתה טהורה, וצל"ע, **שוב** מצאתי בספר אפי רברבי וז"ל, ולי נראה, כיון שעיקר הטעם, דאינו דם רק בריה, טהורה אף בשעת וסתה, **דאף** גבי דם מכה ס"ל לרמב"ם ורשב"א, דטהורה אף בשעת וסתה, דקי"ל וסתות דרבנן, **וכ"ש** בכה"ג דטהורה לכו"ע.

(**כתב** בספר עמודי כסף כ"י, שחיבר הגאון בעל מאיר נתיב וז"ל, ונראה דאף שראתה אח"כ דם עמו, טהורה, דע"י ג"פ הוחזקה דמכה בגופה, ותלינן בה, כמו במכה דעלמא בין וסת לוסת, **וז"ש** בהג"ה ודוקא כו', כשראתה עמו דם גמור, ובזה נסתלקה קושית הש"ך).

סימן קפח ס"ה • אם יש עליהם לחלוח דם

בד"א שאם לא נימוחו טהורה, בזמן שהם יבשים גמורים, שאין עמהם דם כלל, **אבל** אם נתמעכו או נימוחו קצתן, וקצתן לא

נימוחו, דטמאה. **וכן** אם יש עליהם שום לחלוח דם, טמאה.

החילוק בין הכא לדלעיל ס"ג, דהתם אם ראתה דם בחתיכה, אפילו מבוקעת טהורה: **י"א** דהתם הדם הוא בתוך החתיכות, אלא שהוא בבקעים, משא"כ הכא, שהוא ע"ג החתיכות. **וי"א** דלא שייך כאן אין דרכה של אשה לראות בכך, דכיון דיש דם, מוכח דגם הנהו הם דם, אע"פ שלא נימוחו, **ועוד** דאפשר דדרכה של אשה, לראות לפעמים כך.

וכתב הרמ"א, **דאם בדקה ג"פ** כל מה שראתה ולא נימוחו כלל, שוב א"צ לבדוק מה שהיא רואה אח"כ כדרך זה, שהרי הוחזקה שדברים אלו אינן דם, רק באים ממכה שבגופה, **ודוקא** באשה שיש לה וסת, ושלא בשעת וסתה, כמו שנתבאר גבי מכה, לעיל סימן קפ"ז.

והקשה הש"ך, דלא נמצא בשום פוסק דמחלק בין שעת וסת או לא, **ולא** דמי לדלעיל סימן קפ"ז ס"ה, דהתם כיון דרואה דם להדיא, לא תלינן במכתה בשעת וסתה, מטעם דאל"כ לא תהיה טמאה לעולם, **אבל** הכא הרי אינה רואה דם אלא דברים יבשים, והלכך אפילו בשעת וסתה טהורה, **ואף** גבי דם מכה י"א דטהורה אף בשעת וסתה, דקי"ל וסתות דרבנן, וכ"ש בכה"ג דטהורה לכו"ע, וצל"ע. **ויש** שתירץ, דאיירי הרמ"א שראתה אח"כ דם עמו, דע"י ג"פ הוחזקה דמכה בגופה, ותלינן בה, וטהורה, וכמו במכה דעלמא בין וסת לוסת.

חתיכת דם

סעיף ו - במה דברים אמורים שצריך בדיקה בשרייה, במפלת כמין קליפות ושערות, אבל חתיכת דם, אע"פ שקשה ואינו נימוח, טמאה. וי"א שגם לזה צריך בדיקה בשרייה, אם היא חתיכה קטנה כשיעור שפופרת קנה דק שבדקים.

ובירושלמי מוכח להדיא כסברא הראשונה, ותמהני על מה נתחבטו הגדולים בזה, **גם** לישנא דש"ס, אי הכי בשלא נימוחו נמי כו', נמי משמע הכי.

סימן קפח ס"ו • חתיכת דם

בד"א שצריך בדיקה בשרייה, במפלת כמין קליפות ושערות, **אבל** חתיכת דם, אע"פ שקשה ואינו נימוח, טמאה. **וי"א** שגם לזה צריך בדיקה בשרייה, אם היא חתיכה קטנה כשיעור שפופרת קנה דק שבדקים. **והש"ך** פסק כדעה הראשונה.

§ סימן קפט – דיני אשה שיש לה וסת קבוע, ושאין לה וסת קבוע §

עונה בינונית

סעיף א - כל אשה שאין לה וסת קבוע, חושששת ליום ל' לראייתה, שהוא עונה בינונית לסתם נשים.

‹דעת הכו"פ והגר"ז, דחוששת לכל היממה, בין לעונת הלילה ובין לעונת היום, ואין נ"מ אם ראייתה האחרונה היתה בלילה או ביום, **ודעת** הב"ח והס"ט, דאינה חוששת רק לעונת ראייתה האחרונה›

וכן חוששת לוסת ההפלגה, עד שתקבע א' כדינו.

ואם יש לה וסת קבוע לזמן ידוע מכ' לכ' או מכ"ה לכ"ה, חוששת לזמן הידוע.

סימן קפט ס"א • עונה בינונית

כל אשה שאין לה וסת קבוע, עד שתקבע א' כדינו, צריכה לחשוש לוסת ההפלגה, (וליום החודש, **ודלא** כהש"ך דהעונה בינונית הוא יום החודש, עיין סי"ג), **וכן** חוששת ליום ל' לראייתה, שהוא עונה בינונית לסתם נשים.
י"א דחוששת לכל היממה, בין לעונת הלילה ובין לעונת היום, בין אם ראייתה האחרונה היתה בלילה או ביום, **וי"א** דחוששת רק לעונת ראייתה האחרונה.

ואם יש לה וסת קבוע לזמן ידוע מכ' לכ' או מכ"ה לכ"ה, חוששת לזמן הידוע.

קביעת וסת

סעיף ב - כיצד קובעתו, כגון שתראה ד' פעמים, וביניהם ג' זמנים שווין, כגון שראתה היום, ולסוף כ' יום פעם אחרת, ועוד לסוף כ' יום, ועוד לסוף כ' יום, וזה נקרא וסת ההפלגות; ולכך צריכה ד' ראיות, שראיה ראשונה אינה מן המנין, לפי שאינה בהפלגה.

ואפי' קודם שקבעתו שלש פעמים, חוששת, שמיד אחר שראתה פעם אחת לסוף כ', חוששת מכאן ואילך כשיגיע כ'.

וכן בראיית הימים שהיא לימים ידועים לחדש, מיד אחר שראתה פעם אחת ליום ידוע לחדש, כגון כ"א או כ"ה בו, חוששת לפעם אחרת לזה היום, ואסורה לשמש כל אותה העונה.

וה"ה לשאר מיני וסת שצריכה לחוש להם כן, חוץ מוסת הדילוג, וכמו שיתבאר בסימן זה.

ולא אמרו שצריך לקובעם ג"פ, אלא לענין עקירה, שכיון שקבעתו בשלש פעמים, אינו נעקר בפחות מג' פעמים, שכל זמן שלא עקרתו ג"פ צריכה לחוש לו; אבל ליאסר, אפילו בפעם אחת חוששת לו בפעם שנייה.

ומיהו אע"פ שחוששת לו, נעקר בפעם אחת, אפילו קבעתו ב' פעמים, שאם ראתה ב' פעמים ליום ידוע, ובשלישית לא ראתה, אינה חוששת לו עוד.

סימן קפט ס"ב • קביעת וסת

קביעת וסת הפלגות

כיצד קובעתו, כגון שתראה ד"פ, וביניהם ג' זמנים שווין, כגון שראתה היום, ולסוף כ' יום פעם אחרת, ועוד לסוף כ' יום, ועוד לסוף כ' יום, וזה נקרא וסת ההפלגות. **ולכן** צריכה ד' ראיות, שראיה ראשונה אינה מן המנין, לפי שאינה בהפלגה.

ואפי' קודם שקבעתו ג"פ חוששת להפלגה, שמיד אחר שראתה פעם אחת לסוף כ', חוששת מכאן ואילך כשיגיע כ'.

וכן חוששת לימים ידועים לחדש, דמיד אחר שראתה פ"א ליום ידוע לחדש, כגון כ"א או כ"ה בו, חוששת לפעם אחרת לזה היום, ואסורה לשמש כל אותה העונה.

וה"ה לשאר מיני וסת שצריכה לחוש להם כן, חוץ מוסת הדילוג, וכמו שיתבאר בסי"א.

ולא אמרו שצריך לקובעם ג"פ אלא לענין עקירה, שכיון שקבעתו בג"פ, אינו נעקר בפחות מג"פ, שכל זמן שלא עקרתו ג"פ צריכה לחוש לו. **אבל** ליאסר, אפילו בפ"א חוששת לו בפעם שנייה.

ומיהו אע"פ שחוששת לו, נעקר בפ"א, אפילו קבעתו ב"פ, שאם ראתה ב"פ ליום ידוע, ובשלישית לא ראתה, אינה חוששת לו עוד.

וסת לשעות ולא לימים

סעיף ג - אם קבעה וסת לשעות ולא לימים - [פי' כגון אחר טבילתה, או שאר דברים כיוצא בזה, שרגילה לראות מחמת אותו זמן], **אינה חוששת אלא שעתה בלבד** - ‹פי' כגון שראתה כמה פעמים בימים שאינן שוין, כגון א' בניסן וד' אייר וח' סיון, דהדין שחוששת לאחרון שבהן, דהיינו לח' תמוז, עונה שלימה, כמו שחוששת לוסת שאינו קבוע, **וע"ז** כתב המחבר, דאם בכל פעם שראתה בימים אלו ראתה תמיד בשעה אחת, כגון בשעה ששית מהיום, דאז אינה חוששת לח' תמוז רק בשעת ששית, ולא עונה שלימה, **וזהו** כוונת הט"ז ג"כ, שכתב כגון אחר טבילתה וכיוצא, פי' דכל וסת שאינו קבוע, דטבילה כקפיצה דמיא דהוה כוסת שאינו קבוע, ואינה חוששת אלא שעתה, כשהשעה נקבעה ג' פעמים – חוו"ד›.

ווסת זה הוא נעקר בשעה אחת, ואפילו בלא בדיקה - ‹דהיינו כיון שעברה שעתה ולא בדקה ולא הרגישה, מותרת כדין וסת שאינו קבוע, והטעם פשוט, דנהי דהשעה קבועה, דביום שתראה ודאי לא תראה רק בשעת זו, מ"מ היום אינו קבוע, שתראה בשעה זו ביום זה דוקא, והוי כשאר וסת שאינו קבוע דמותרת בלא בדיקה ונעקר בפעם אחת, כמו בס"ד – חוו"ד›. ‹**ויש** עוד מהלכים באחרונים בהלכה זו, ע"ש›.

סימן קפט ס"ג • וסת לשעות ולא לימים

אם קבעה וסת לשעות ולא לימים, כגון שראתה כמה פעמים בימים שאינן שוין, כגון א' בניסן וד' אייר וח' סיון, דהדין שחוששת לאחרון שבהן, דהיינו לח' תמוז, עונה שלימה, כמו שחוששת לוסת שאינו קבוע, **ואם** בכל פעם שראתה בימים אלו ראתה תמיד בשעה אחת, כגון בשעה ששית מהיום, **אינה** חוששת אלא שעתה בלבד, דהיינו בח' תמוז אינה חוששת רק בשעת ששית, ולא עונה שלימה.

ה"ה אם ראתה אחר טבילתה או שאר דברים כיוצא בזה, ג"פ בשעה אחת, דטבילה כקפיצה דמיא, דהוה כוסת שאינו קבוע, ואינה חוששת אלא שעתה.

ווסת זה הוא נעקר בשעה אחת, ואפילו בלא בדיקה, דהיינו כיון שעברה שעתה ולא בדקה ולא הרגישה, מותרת כדין וסת שאינו קבוע, **דנהי** דהשעה קבועה, דביום שתראה ודאי לא תראה רק בשעת זו, מ"מ היום אינו קבוע, שתראה בשעה זו ביום זה דוקא, והוי כשאר וסת שאינו קבוע דמותרת בלא בדיקה ונעקר בפעם אחת.

ויש עוד מהלכים באחרונים בהלכה זו, ע"ש.

החילוק בין קבעתו ללא קבעתו, לענין לשמש בלא בדיקה

סעיף ד - עוד יש חילוק בין קבעתו ג' פעמים ללא קבעתו ג' פעמים, שהקבוע אף על פי שעברה עונתו ולא הרגישה, אסורה לשמש עד שתבדוק ותמצא טהורה; ושלא קבעתו ג"פ, אם הגיע זמן הוסת ולא בדקה ולא ראתה, כיון שעברה עונתו, מותרת.

[אע"ג דבסי' קפ"ו פסק באין לה וסת צריכה בדיקה לפני תשמיש, ‹לשיטת הרמב"ם והרא"ש›, **כאן** מיירי שיש לה כבר וסת, אלא ששינתה עכשיו בוסת חדש, ולא קבעתו ג' פעמים].

זה אינו, דמשמע דמיירי אפי' בתחילת קביעותא, **אלא** י"ל דהתם מיירי שאין לה וסת כלל, וכל פעם היא מוחזקת ברואה, אבל כאן יש לה וסת, אלא שאינו קבוע - נקה"כ, ‹**והיינו** ציור של סי' קפ"ו ס"ג, דיש ימים שאינה רגילה לראות בהם, והגם דפעם אחת ראה בהם, אבל כיון דאינה רגילה לראות, אינה צריכה בדיקה אלא מצד מה דהויא יום החדש, ולא מצד מה דאין לה וסת – חוו"ד›.

ועונה בינונית, שהיא לל' יום, דינה כוסת קבוע - ‹היינו לענין זה דוקא, דאסורה לשמש עד שתבדוק, **אבל** לענין עקירה, מתעקר בפ"א, כמו וסת שאינו קבוע - תורת השלמים וחכ"א›. ‹**ודלא** כהלבוש המובא בש"ך בסי"ג›.

סימן קפט ס"ד • החילוק בין קבעתו ללא קבעתו, לענין לשמש בלא בדיקה

עוד יש חילוק בין קבעתו ג"פ ללא קבעתו ג"פ, שהקבוע אע"פ שעברה עונתו ולא הרגישה, אסורה לשמש עד שתבדוק ותמצא טהורה, **ושלא** קבעתו ג"פ, אם הגיע זמן הוסת ולא בדקה ולא ראתה, כיון שעברה עונתו, מותרת.

והקשה הט"ז, והא בסי' קפ"ו פסק לשיטת הרמב"ם והרא"ש, דבאין לה וסת, לעולם צריכה בדיקה לפני תשמיש, **ותירץ** דכאן מיירי שיש לה כבר וסת, אלא ששינתה עכשיו בוסת חדש, ולא קבעתו ג"פ.

והש"ך כתב, דזה אינו, דמשמע דמיירי אפי' בתחילת קביעותא, **אלא** די"ל דהתם מיירי שאין לה וסת כלל, וכל פעם היא מוחזקת ברואה, **אבל** כאן מיירי דיש ימים שאינה רגילה לראות בהם, והגם דפעם אחת ראה בהם, אבל כיון דאינה רגילה לראות, א"צ בדיקה אלא מצד מה דהויא יום החדש, ולא מצד מה דאין לה וסת.

ועונה בינונית, שהיא לל' יום, דינה כוסת קבוע, והיינו לענין דאסורה לשמש עד שתבדוק, **אבל** לענין עקירה, מתעקר בפ"א, כוסת שאינו קבוע, (**ודלא** כהלבוש מובא בש"ך בסי"ג).

וסת הפלגה לדילוג

סעיף ה - פעמים שתהיה ההפלגה שקובעת בהם הוסת, בדילוג, כגון שראתה היום, וראתה שנית לסוף ל', ושלישית לל"א, ורביעית לל"ב, קבעה וסת לדילוג של הפלגות.

משמע דבד' ראיות קבעה וסת לדילוג, והיינו דוקא לדעת היש מחמירין דלקמן סעיף ז', שקבעה וסת לדילוג, כרב, **ולפי"ז** להפוסקים בס"ז כשמואל, א"כ הכא לא קבעה וסת לדלוגים, אלא בה' ראיות, **ולפמ"ש** לקמן, דלענין הדין יש להחמיר כשני הסברות, ה"ה הכא.

וה"ה דילגה למפרע, כגון ראתה שנית לסוף כ"ט, ושלישית לסוף כ"ח, בכל ענין שהיא משוה דילוגה, קבעה וסת כמו כן לדילוג, ‹**ועיין** כו"פ שמפקפק בזה, משום שזה מנגד להטבע›.

בין שהרחיקה דילוגה הרבה, בין שלא הרחיקה אלא יום אחד, קבעה וסת לדילוג השוה, שבכל ענין שתהא משוה ראייתה, קבעה לה וסת - כגון שדלגה מכ"ט לל"א, ואחר כך לל"ג, ואח"כ לל"ה, חוששת שוב לל"ז, ואח"כ לל"ט, וכן לעולם. **לאפוקי** דילגה יום א' ואח"כ ב' ימים או איפכא.

סימן קפט ס"ה • וסת הפלגה לדילוג

פעמים שתהיה ההפלגה שקובעת בהם הוסת בדילוג, כגון שראתה היום, וראתה שנית לסוף ל', ושלישית לל"א, ורביעית לל"ב, קבעה וסת לדילוג של הפלגות.

משמע דבד' ראיות קבעה וסת לדילוג, והיינו דוקא לדעת היש מחמירין (שיטת רב) דלקמן ס"ז.

ולפי הפוסקים בס"ז החולקים, (שיטת שמואל) הכא לא קבעה וסת לדלוגים אלא בה' ראיות.

ולענין הדין יש להחמיר כשני הסברות וכדלקמן.

וה"ה דילגה למפרע, כגון ראתה שנית לסוף כ"ט, ושלישית לסוף כ"ח, בכל ענין שהיא משוה דילוגה, קבעה וסת כמו כן לדילוג, **ויש שמפקפק בזה**, משום שזה מנגד להטבע.

וה"ה כשהרחיקה דילוגה הרבה, בכל ענין שתהא משוה ראייתה, קבעה לה וסת, כגון שדלגה מכ"ט לל"א, ואח"כ לל"ג, ואח"כ לל"ה, חוששת שוב לל"ז, ואח"כ לל"ט, וכן לעולם. **לאפוקי דילגה יום א' ואח"כ ב' ימים** או איפכא.

וסת ימי החודש וימי השבוע

סעיף ו - כשם שקובעת וסת בהפלגה מימים שוים, ושאינם שוים - ‹ר"ל וסת הפלגה בדילוג בס"ה›, **כך קובעת בימי החדש ובימי השבוע שוים, ושאינם שוים** - ‹ר"ל בדילוג בס"ז, וסת השבוע בדילוג נלמד מוסת החדש בדילוג – בדי השלחן›.

כתב הרא"ה, לא לקידוש החודש ולתקיעת שופר שלנו, אלא למולד הלבנה, לשעה שנראה שראוי לקבוע

חודש ע"פ הראיה, **אבל** הרשב"א כתב, דודאי שיפורא גרים, והכל לימות החודש מלא וחסר, לחדשים ולשנים מעוברות לפי תיקוני ב"ד, שכל מה שב"ד שלמטה עושים, ב"ד שלמעלה מסכימים עמהם, דכתיב אשר תקראו אותם, אשר תקראו אַתֶּם במועדם, **ואף** בחידושי הגוף כן, וכמו שדרשו ז"ל בלאל גומר עלי, קטנה בת ג' שנים ויום א' שנבעלה, אין בתוליה חוזרים, נמנו ב"ד ועברו השנה, בתוליה חוזרים, **וכן** משמע פשט דברי הט"ז והפוסקים.

כיצד, ראתה ג"פ באחד בשבת או בה' בשבת, או באחד בניסן ובאחד באייר ובאחד בסיון, או בה' בניסן ובה' באייר ובה' בסיון, קבעה לה וסת באחד בשבת או בה' בו, ובאחד בחודש או בה' בו, אף על פי שאחד מלא ואחד חסר, אין מדקדקין בכך.

בא' בשבת או בה' בו - כגון שראתה בא' בשבת, וחזרה וראתה בג' שבועות בא' בשבת, וחזרה וראתה בג' שבועות בא' בשבת, קבעה לה וסת בג' שבועות בא' בשבת, ואע"ג דאינן שוין לימות החדש, וכן בראתה ג"פ בה' בשבת בזמנים שוים, קבעה וסת בג"פ.

(**ולכאורה** קשה, דהא בכה"ג איכא נמי הפלגה שוה לכ"ב יום, וא"כ מאי איצטריך לאשמעינן, תיפוק ליה דאיכא וסת הפלגות שווים, **וי"ל** דאי משום וסת הפלגה, היה צריך ד' ראיות, משא"כ אי נקבע לימי השבוע, א"צ אלא ג' ראיות, **ועיין** חוו"ד שכתב, דאם כבר נקבע וסת להפלגה, דהיינו שראתה כבר ד' פעמים כך, ואז נקבע וסת להפלגות שוות לכ"ב יום, שוב אינה חוששת רק להפלגה, ולא לימי השבוע, ונ"מ אם הפסיקה, או ריחקה ראיותיה ע"ש, **ובכו"פ** הניח זה בצ"ע).

סימן קפט ס"ו • וסת ימי החודש וימי השבוע

אשה קובעת וסת לימי השבוע, כיצד, ראתה ג"פ בא' בשבת, כגון שראתה בא' בשבת, וחזרה וראתה בג' שבועות בא' בשבת, וחזרה וראתה בג' שבועות בא' בשבת, קבעה לה וסת בג' שבועות בא' בשבת, ואע"ג דאינן שוין לימות החדש, **וכן** בראתה ג"פ בה' בשבת בזמנים שוים, קבעה וסת בג"פ.

ואע"ג דאיכא נמי הפלגה שוה לכ"ב יום, אי משום וסת הפלגה, היה צריך ד' ראיות, משא"כ אי נקבע לימי השבוע, א"צ אלא ג' ראיות.

וי"א שאם ראתה כבר ד"פ כך, ונקבע וסת להפלגות שוות לכ"ב יום, שוב אינה חוששת רק להפלגה, ולא לימי השבוע, **ונ"מ** אם הפסיקה, או ריחקה ראיותיה, **ויש** שהניח זה בצ"ע.

וכן קובעת וסת לימי החודש, כיצד, ראתה בא' בניסן ובא' באייר ובא' בסיון, או בה' בניסן ובה' באייר ובה' בסיון, קבעה וסת לא' בחודש או בה' בו, אע"פ שאחד מלא ואחד חסר, אין מדקדקין בכך.

י"א דקביעת וסת לימי החודש, לא לקידוש החודש ולתקיעת שופר שלנו, אלא למולד הלבנה, לשעה שנראה שראוי לקבוע חודש ע"פ הראיה, **וליתא** דודאי שיפורא גרים, והכל לימות החודש מלא וחסר, לחדשים ולשנים מעוברות לפי תיקוני ב"ד, שכל מה שב"ד שלמטה עושים, ב"ד שלמעלה מסכים עמהם.

וסת ימי החודש בדילוג

סעיף ז - כיצד קובעת בימי החדש בדילוג, כגון שראתה בט"ו בניסן וט"ז באייר וי"ז בסיון, לא קבעה וסת עד שתראה בי"ח בתמוז, שאין ראיה ראשונה מצטרפת, כיון שאין ההפלגות שוות - ולא היה בראשונה שם דילוג.

עד שתראה בי"ח בתמוז - ואז תקבע וסת בחדשים לדילוג, וצריכה לחוש אח"כ לי"ט באב, ולכ' באלול, וכן לעולם, (**ועיין** חוו"ד, דאפילו לא ראתה בי"ט אב, מ"מ חוששת לכ' אלול).

ומיהו אם היה לה וסת קודם שהתחילה, ואח"כ שינתה וראתה בדילוג ג' פעמים, קבעה וסת בדילוג, לפי שאף הראשונה בדילוג ראתה אותה, שדילגה מוסת הקבוע לה - ר"ל אפי' וסתה היה בדילוג מופלג בי"ב בחודש או בי"ג, כ"כ בדרישה, **וכן** מוכח לכאורה, דאי תימא דוקא דהיה לה וסת שוה לדילוג דהשתא, דהיינו שוסתה היה בי"ד, אם כן פשיטא, דהא הו"ל ד' ראיות, וגם אפילו באין לה וסת נמי, כיון שראתה ד' פעמים בדילוג, **אלא** שקשה מנין להם זה, דהא בש"ס לא קאמר אלא כשוסתה היה שוה לדילוגה של עכשיו, אבל כשוסתה לא היה שוה, י"ל כיון שסירגה לא קבעה וסת, **לכך** נראה, דמיירי שוסתה שוה לדילוגה, וכן פסק הב"ח דברי הטור, **אלא** דאשמעינן רבותא, דאפילו היה לה וסת מקודם סגי בג' ראיות אחר כך, לאפוקי הסברא האחרונה דס"ל כרב, דקבעה וסת בג' ראיות, ולרב אם היה לה וסת מקודם, לא סגי בב' ראיות אח"כ, וא"כ לא תימא כי היכי דלרב גרע אם היה לה וסת, דלא מצרפינן ראיית הוסת דתהוי ג' ראיות, ה"ה לשמואל לא תצטרף דתהוי ד' ראיות, ונימא דשדינן

ראיית וסת שלה עם ראיות שעברו עליה, **דליתא**, כדאיתא בש"ס בברייתא שם, דלשמואל מצטרף ראיית וסתה דתהוי ד' ראיות.

וי"א שאע"פ שלא ראתה אלא בט"ו בניסן וט"ז באייר וי"ז בסיון, קבעה וסת וחוששת לי"ח בתמוז וי"ט באב, וכן לעולם. ויש לחוש לדבריהם ולהחמיר - כתב הב"ח, דהיינו לחוש לחומרת זה וזה, [דהא גם לדעה הראשונה יש חומרא אחת, דהיינו אם יש לה חשש שני וסתות, דאינו נעקר א' מהם אלא אם יהיה השני נקבע, כמ"ש סעיף י"ג בתחילת ההג"ה, ולדעה הראשונה לא נקבע עדיין והיא חוששת גם להשני]. **והלכך** חוששת לוסת דהפלגה, שקבעה בב"פ*, ואמרינן דלא קבעה עדיין וסת הדילוג, וכסברא הראשונה, וכדלקמן, ע"כ, **ור"ל** דחוששת לי"ז בתמוז משום וסת הפלגות, ולי"ח בו משום וסת הדילוג, **ואם** נקבע בג' ראיות, אינו נעקר אלא בג"פ, וכדין וסת קבוע.

***לשון** זה תמוה, דהא אין שתי הפלגות שוות כיון דאייר חסר וניסן מלא, **אלא** דחוששת לי"ז משום הפלגה אחד של ל"א, וגם בלא זה צריכה לחוש לי"ז תמוז משום יום החדש - רעק"א.

סימן קפט ס"ז • וסת ימי החודש בדילוג

שיטת שמואל - כיצד קובעת בימי החדש בדילוג, כגון שראתה בט"ו בניסן וט"ז באייר וי"ז בסיון, לא קבעה וסת, שאין ראיה ראשונה מצטרפת, כיון שלא היה ראשונה בדילוג, **עד** שתראה בי"ח בתמוז, ואז תקבע וסת, וצריכה לחוש אח"כ לי"ט באב, **ואפי'** לא ראתה בי"ט אב, מ"מ חוששת לכ' אלול, **וכן** לעולם.

אם היה לה וסת קודם שהתחילה, כתב המחבר, דאם אח"כ שינתה וראתה בדילוג ג"פ, קבעה וסת בדילוג, לפי שאף הראשונה בדילוג ראתה אותה, שדילגה מוסת הקבוע לה. **ופי' הדרישה**, אפי' וסתה היה בדילוג מופלג בי"ב בחודש או בי"ג. **והקשה הש"ך** דמנין דבר זה, דהא כיון שסירגה לא קבעה וסת. **לכן פי' הש"ך**, דמיירי שוסתה שוה לדילוגה, דהיינו שוסתה היה בי"ד, **וא"ת** פשיטא, דהא הו"ל ד' ראיות, ואפי' בלא וסת הא ראתה ד"פ בדילוג, **וי"ל** דקמ"ל דלא נימא דשדינן ראיית וסת שלה עם ראיות שעברו עליה, אלא מצטרף ראיית ווסתה דתהוי ד' ראיות, דמ"מ שם דילוג עלה.

שיטת רב - וי"א שאע"פ שראתה רק בט"ו בניסן וט"ז באייר וי"ז בסיון, קבעה וסת, וחושש לי"ח בתמוז וי"ט באב, וכן לעולם.

ויש לחוש לדבריהם ולחוש לחומרת זה וזה: **דלדעה** הראשונה יש חומרא, דכיון לא נקבע עדיין, חוששת לוסת דהפלגה שקבעה בב"פ, וחוששת לי"ז בתמוז משום וסת הפלגות, (**ויש** מתמיהין, דהא אין שתי הפלגות שוות כיון דאייר חסר וניסן מלא, אלא דחוששת לי"ז משום הפלגה אחד של ל"א, וגם בלא זה צריכה לחוש לי"ז תמוז משום יום החדש), **ולדעה** שניה חוששת גם לי"ח בו משום וסת הדילוג, **וגם** כיון דנקבע בג' ראיות, אינו נעקר אלא בג"פ, וכדין וסת קבוע.

וסת לדילוג חלילה

סעיף ח - ראתה ג"פ בג' חדשים בדילוג, וחזרה וראתה באותם דילוגים עצמם, אם נהגה כן ג"פ, הרי זה וסת קבוע לדילוג חלילה, כיצד, ראתה ט"ו בניסן וט"ז באייר וי"ז בסיון, וחזרה חלילה וראתה ט"ו בתמוז וט"ז באב וי"ז באלול, ועוד חזרה וראתה ט"ו בתשרי וט"ז בחשון וי"ז בכסליו, קבעה לה וסת לדילוג חלילה, וחוששת לעולם ט"ו לחודש זה וט"ז לחודש זה וי"ז לחודש זה.

כתב הפרישה, ולשמואל בעינן שתראה ג"כ בי"ח בתמוז, ואח"כ בג' חדשים שלאחריה, ט"ז וי"ז וי"ח, וכן בג' חדשים השלישית, **וקשה**, דפשט דברי הטור משמע, דהכא לכו"ע סגי בג"פ בכל ענין, **אלא** נראה דהכא, בין לרב בין לשמואל סגי בג"פ, דכיון דראתה ג"פ בט"ו, וג"פ בט"ז, וג"פ בי"ז, הו"ל כראתה ג"פ בימי החודש בשוה דלעיל ס"ו, ודוק, וכן משמע להדיא בב"ח כדפי'.

(**ועיין** בספר תוה"ש שכתב, דאין דבריו מוכרחים, הילכך גם בדין זה יש להחמיר, ולחוש לחומר שתי הדעות).

וכתב הב"ח, דה"ה בג"פ בב' חדשים, וחוזר חלילה, נמי הוה וסת קבוע, כגון שראתה ט"ו בניסן וט"ז באייר, וט"ו בסיון וט"ז בתמוז, וט"ו באב וט"ז באלול, קבעה לה וסתה לדילוג חלילה, וחוששת אח"כ לט"ו בתשרי וט"ז בחשון, וט"ו בכסלו וט"ז לטבת, וכן לעולם, [**וממילא** נדע אם הדילוג הוא ביותר מג' ימים, דהיינו שראתה ד' פעמים בד' חדשים, שלשה פעמים בדילוג, דג"כ אזלינן בתריה].

סימן קפט ס"ח • וסת לדילוג חלילה

ראתה ג"פ בג' חדשים בדילוג, הרי זה וסת קבוע לדילוג חלילה, כיצד, ראתה ט"ו בניסן וט"ז באייר וי"ז בסיון, וחזרה חלילה וראתה ט"ו בתמוז וט"ז באב וי"ז באלול, ועוד חזרה וראתה ט"ו בתשרי וט"ז בחשון וי"ז בכסליו, **קבעה** לה וסת לדילוג חלילה, וחוששת לעולם ט"ו לחודש זה וט"ז לחודש זה וי"ז לחודש זה.

הפרישה כ', דלשמואל בעינן שתראה ג"כ בי"ח בתמוז, ואח"כ בג' חדשים שלאחריה, ט"ז וי"ז וי"ח, וכן בג' חדשים השלישית. **ולהש"ך**, הכא בין לרב בין לשמואל סגי בג"פ, דכיון דראתה ג"פ בט"ו, וג"פ בט"ז, וג"פ בי"ז, הו"ל כראתה ג"פ בימי החודש בשוה דלעיל ס"ו.

וי"א דאין דברי הש"ך מוכרחים, הילכך גם בדין זה יש להחמיר, ולחוש לחומר שתי הדעות.

ראתה ג"פ בב' חדשים בדילוג, וחוזר חלילה, כתב הב"ח, דהוה נמי וסת קבוע, כגון שראתה ט"ו בניסן וט"ז באייר, וט"ו בסיון וט"ז בתמוז, וט"ו באב וט"ז באלול, קבעה לה וסתה לדילוג חלילה, וחוששת אח"כ לט"ו בתשרי וט"ז בחשון, וט"ו בכסלו וט"ז לטבת, וכן לעולם.

ראתה ג"פ בד' חדשים בדילוג, וחוזר חלילה, כתב הט"ז דג"כ קבעה לה וסת.

וסת החודש לדילוגים

סעיף ט - ראתה בא' בניסן ובא' בסיון ובא' באב, קבעה לה וסת לר"ח לדילוגים - גם בכאן פי' הדרישה דהיינו לרב, או לשמואל בהיה לה וסת מקודם ושינתה, ‹וכן כתב הט"ז, ועיין מש"כ הט"ז בסי"ב, דלכאורה סותר עצמו, ועיין בחוו"ד›, **וזה** אינו, דהכא כיון דראיותיה שוות לעולם בר"ח, גם שמואל מודה, כדלעיל ס"ו בראתה מר"ח לר"ח, ומה לי מר"ח א' לב', או מא' לג', וכ"כ הב"ח, דהכא אפילו שמואל מודה, וכדלקמן סי"ב.

אבל ראתה בא' בניסן ובא' באייר ובא' בתמוז, ובא' בסיון לא ראתה, לא קבעה לה וסת.

סימן קפט ס"ט • וסת החודש לדילוגים

ראתה בא' בניסן ובא' בסיון ובא' באב, קבעה לה וסת לר"ח לדילוגים. **גם** בכאן פי' הדרישה דהיינו לרב, או לשמואל בהיה לה וסת מקודם ושינתה. **ולהש"ך**, הכא כיון דראיותיה שוות לעולם בר"ח, גם שמואל מודה, כדלעיל ס"ו בראתה מר"ח לר"ח, ומה לי מר"ח א' לב', או מא' לג', וכדלקמן סי"ב.

אבל ראתה בא' בניסן ובא' באייר ובא' בתמוז, ובא' בסיון לא ראתה, לא קבעה לה וסת.

וסת החודש לדילוג שאינו שוה

סעיף י - ראתה ט"ו בניסן וט"ז באייר וי"ח בסיון, לא קבעה וסת, כיון שסירגה בחודש השלישי ולא ראתה עד י"ח בו - אפילו להיש מחמירין דבסעיף ז', **ואפילו** אם היה לה קודם לכן וסת קבוע ליום י"ד, לא אמרינן, כיון שראתה עתה ביום ט"ו וט"ז, דקבעה וסת, אלא בעינן שתראה ג' ראיות, מלבד ראיה די"ד, והלכך זו שסירגה לי"ח, לא קבעה וסת.

וכתב הב"ח, אפילו חזרה וראתה י"ט בתמוז, לא קבעה לה וסת לדילוג, כיון דאין הדלוגים שוים, **מיהו** נראה, כיון דראיית ט"ז באייר מראיית ט"ו בניסן, הוי לה בהפלגה ל"ב יום, שוה להפלגת י"ח בסיון מט"ז באייר, דהוא ג"כ ל"ב יום, דניסן מלא ואייר חסר, חוששת להפלגה זו, וכשתראה בי"ט בתמוז, דהו"ל נמי הפלגה ל"ב מי"ח בסיון, קבעה לה וסת דג' הפלגות שוים דל"ב יום, בד' ראיות, ע"כ ופשוט הוא.

סימן קפט ס"י • וסת החודש לדילוג שאינו שוה

ראתה ט"ו בניסן וט"ז באייר וי"ח בסיון, לא קבעה וסת, כיון שסירגה בחודש השלישי ולא ראתה עד י"ח בו, **ואפי'** לרב דבס"ז, **ואפי'** אם היה לה קודם לכן וסת קבוע ליום י"ד, לא אמרינן דקבעה וסת, אלא בעינן שתראה ג' ראיות מלבד ראיה די"ד, (וכדלקמן סי"א), והלכך זו שסירגה לי"ח, לא קבעה וסת.

מיהו כיון דראיית ט"ז באייר מראיית ט"ו בניסן, הוי לה בהפלגה ל"ב יום, שוה להפלגת י"ח בסיון מט"ז באייר, דהוא ג"כ ל"ב יום, דניסן מלא ואייר חסר, **חוששת** להפלגה זו, וחוששת לי"ט בתמוז, **ואם** חזרה **וראתה** י"ט בתמוז, אע"פ שלא קבעה לה וסת לדילוג, דאין הדלוגים שוים, **עכ"פ** כיון דהו"ל נמי הפלגה ל"ב מי"ח בסיון, קבעה לה וסת דג' הפלגות שוים דל"ב יום, בד' ראיות.

אינה חוששת לוסת הדילוג עד שתקבענו

סעיף יא - דילגה פעם אחת או שתים, אינה חוששת לדילוג, אף על פי שחוששת לשאר וסתות בפעם אחת, אינה חוששת לוסת הדילוג עד שתקבענו.

דילגה פעם אחת או שתים - כתב הדרישה, ר"ל לרב פעם אחת, ולשמואל שתי פעמים, דאילו לרב אם ראתה היום ולסוף ל' ולסוף ל"א ולסוף ל"ב, אף דאין כאן אלא שני דילוגים, ס"ל דקבעה וסת לדילוגים, **אם** לא שנאמר שהיה לה וסת תחילה מכ' לכ', ושינתה וראתה לל' ואח"כ לל"א, דזהו שני דילוגים, ואפ"ה לא מיקבע וסת לדילוגים לרב, ‹דרישה לשיטתו, דס"ל דוסת קבוע לא בעינן שוה לדילוג, והחסרון הוא רק משום מאי דהוי וסת הפלגה – מחה"ש›, **דלא** אמר רב דסגי בשני דילוגים אלא כשהן בט"ו ט"ז י"ז, דאז ימי החודש ניכרים, גורמים שמצרפים לראיית ט"ו למנין שלש, עכ"ל, **נראה** מדברי

הדרישה, דאף ביש לה וסת קבוע בט"ו לחודש, וראתה אח"כ בט"ז י"ז, ס"ל לרב דקבעה וסת לדילוגים, כיון דימי החודש נכרים, **ודוקא** ביש לה וסת מכ' לכ', ושינתה בדילוג, ס"ל לרב דלא קבעה וסת לדילוגים, כיון דוסתה לא היה בימי החודש נכרים, **וליתא**, דבהדיא משמע בש"ס, גבי אמר לך רב למודה שאני, דאפילו ביש לה וסת ליום ט"ו לחודש, שדינן ליום ט"ו לוסת שלפניו.

סימן קפט סי"א • אינה חוששת לוסת הדילוג
עד שתקבענו

דילגה פעם א' או ב', אינה חוששת לדילוג, אע"פ שחוששת לשאר וסתות בפ"א, אינה חוששת לוסת הדילוג עד שתקבענו.

ר"ל לרב דילגה פ"א, ולשמואל ב"פ, **דאילו** לרב אם ראתה היום ולסוף ל' ולסוף ל"א ולסוף ל"ב, אף דאין כאן אלא שני דילוגים, ס"ל דקבעה וסת לדילוגים, **אם** לא כשראיה ראשונה היה חלק מוסת, ושינתה וראתה לל' ואח"כ לל"א, דזהו שני דילוגים, ואפ"ה לא מיקבע וסת לדילוגים לרב, דשדינן לראיה ראשונה לוסת שלפניו.

שיטת הדרישה דה"מ בוסת הפלגה, הוא דאין הראיה ראשונה שהוא חלק מוסת מצטרף לב' דילוגין לרב, **אבל** בוסת החודש, אף ביש לה וסת קבוע בט"ו לחודש, וראתה אח"כ בט"ז י"ז, קבעה וסת לדילוגים לרב, כיון דימי החודש ניכרים, **והש"ך חולק**, דבהדיא משמע בש"ס, דאפילו ביש לה וסת החודש ליום ט"ו, שדינן ליום ט"ו לוסת שלפניו.

וסת החודש לסירוגין

סעיף יב - וסת הסירוג, ראיה ראשונה מן המנין, לדברי הכל, ואע"פ שהרחיקה ראיותיה

- אין ר"ל, שראתה בתחילת ראייתה בר"ח ניסן, וראיה ב' בר"ח סיון, וג' בר"ח אב, **דא"כ** פשיטא דקבעה וסת, דמנ"ל דוסת הסירוג הוא, דלמא וסת השוה הוא, שהרי לעולם לא סירגה*, **מיהו** י"ל, דמ"מ נקרא וסת הסירוג, כיון שסתם נשים וסתם מל' לל', א"כ זו שראתה מב' חדשים לב' חדשים, סירגה מדרך שאר הנשים, **אבל** יותר נראה, דמיירי אפי' שראתה בתחילת ראייתה בר"ח אדר, ואח"כ בר"ח ניסן, דאע"ג דהשתא ראתה מחדש לחדש, אם שוב ראתה בר"ח סיון ואב, קבעה וסת לסירוגים, דהשתא חזינן שסירגה מב' חדשים לב"ח.

***לא** ידעתי מאי קושיא, הא מטעם וסת השוה דהיינו שתי הפלגות שוות מנ"ט לנ"ט, הא היו רק שתי הפלגות, והיה לו רק דין וסת שאינו קבוע, **לזה** החידוש דהוי וסת קבוע מחמת הסירוג, דלזה ראיה ראשונה מן המנין, כיון דדנין על יום החדש – רעק"א. <**הבין** דמש"כ הש"ך וסת השוה, ר"ל וסת הפלגה, אולם כתבו אחרונים דכוונת הש"ך, דר"ל וסת החודש, וכמש"כ לעיל ס"ו, דמה לי מר"ח א' לב', או מא' לג'>.

מיהו בהיה לה וסת קודם לכן, כגון שראתה בר"ח שבט ובר"ח אדר ובר"ח ניסן, ושוב סירגה לראות בר"ח סיון ובר"ח אב, נראה דלכו"ע ראיית ניסן אינה מן המנין, ולא קבעה וסת לסירוגים, אלא לראש חודש, **ואע"ג** דאמרינן בש"ס, דאם היה לה וסת ליום כ', ואח"כ ראתה בדילוג ליום כ"א וכ"ב וכ"ג, מודה שמואל דראיית כ"א ממנינא היא, **היינו** משום דהתם דילגה מוסת הקבוע לה ביום כ', וראתה ביום כ"א, ואם כן מ"מ שם דילוג עלה, משא"כ הכא, דכיון דקבעה וסת מר"ח לר"ח, א"כ בר"ח ניסן לא שם סירוג עלה, אלא וסת השוה הוא.

(**ועיין** חוו"ד שכתב, דה"ה להיפך, שראתה ניסן סיון אב אלול תשרי, חוששת לוסת השוה, **ואפילו** אם היה מקודם ד' סירוגין, ואח"כ חזרה וראתה ג"ח על הסדר, נעקר וסת הסירוג, ונקבע וסת הסידור, **וכתב** עוד, דוסת הסירוג שנקבע, כגון שראתה בניסן ובסיון ובאב, ואח"כ לא ראתה ג"פ רצופים, דהיינו אלול תשרי חשון, אפ"ה חוששת לכסלו, **ואין** וסת זה נעקר, עד שלא תראה בג' סירוגין, דהיינו ו' חדשים).

אלא שלענין חשש וסתה בתחלה הוא שוה לדילוג, שאינה חוששת אלא מר"ח לר"ח הסמוך לו, כגון שראתה בר"ח ניסן, חוששת לר"ח אייר – [פירוש בשני ימים דר"ח אייר, הראשון, <משום> שהוא יום ל' לראייתה, והיא עונה בינונית למי שאין לה וסת קבוע, והשני, משום ר"ח]. <וכן הוא בב"ח>.

ואם לא ראתה עד ר"ח סיון, חוששת לר"ח תמוז הסמוך לו, ואם לא ראתה בר"ח תמוז, אינה חוששת לר"ח אב – (עיין חוו"ד שכתב, דלא דק המחבר בלשונו, דנקט הציור בחדשי חמה, שהן תמיד שוה א' מלא וא' חסר, וא"כ ההפלגה בימים ג"כ שוה, ודאי חוששת לר"ח אב מפני ההפלגה, **ודוקא** אם לא היו הפלגות שוות, כגון שב"ח הראשונים מלאים, וב' השניים, היו א' חסר וא' מלא, משו"ה אינה חוששת ליום החודש, **אבל** חוששת ליום שאחריו, מפני שהוא שוה להפלגה).

אע"פ שהם הפלגת ב' חדשים כעין ההפלגה הראשונה, מפני שהפסקת החדש השני

ביטלה ראיית החודש הראשון, וראיית החודש השלישי היא התחלת וסת, וחוששת לר"ח הסמוך, ולא יותר - נ"ל הטעם, משום דסתם נשים וסתן כל ל', והיינו כל חודש, וזהו שכתב מפני שהפסקת החודש השני ביטלה ראית החדש הראשון.

סימן קפט סי"ב • וסת החודש לסירוגין

באיזה ענין חלוק וסת הסירוג מוסת הדילוג

כתב המחבר דבוסת הסירוג, ראיה ראשונה מן המנין לד"ה, ואע"פ שהרחיקה ראיותיה.

מהלך א' בש"ך, שראתה בתחילת ראייתה בר"ח ניסן, וראיה ב' בר"ח סיון, וג' בר"ח אב, **והקשה** א"כ פשיטא דקבעה וסת, דמנ"ל דוסת הסירוג הוא, דלמא וסת השוה הוא, שהרי לעולם לא סירגה, דמה לי מר"ח א' לב', או מא' לג', **מיהו** י"ל, דמ"מ נקרא וסת הסירוג, כיון שסתם נשים וסתן מל' לל', א"כ זו שראתה מב' חדשים לב"ח, סירגה מדרך שאר הנשים.

מהלך ב' בש"ך, דמיירי אפי' שראתה בתחילת ראייתה בר"ח אדר, ואח"כ בר"ח ניסן, דאע"ג דהשתא ראתה מחדש לחדש, אם שוב ראתה בר"ח סיון ואב, קבעה וסת לסירוגים, דהשתא חזינן שסירגה מב' חדשים לב"ח.

מיהו בהיה לה וסת קודם לכן, כגון שראתה בר"ח שבט ובר"ח אדר ובר"ח ניסן, ושוב סירגה לראות בר"ח סיון ובר"ח אב, ראיית ניסן אינה מן המנין, ולא קבעה לסירוגים, אלא לר"ח, דשדינן לראיה ראשונה לוסת שלפניו, **ואע"ג** דאמרינן דלשמואל כשהיה לה וסת קבוע, דראיה ראשונה שרואה אח"כ הוא מן המנין, **התם** משום דמ"מ שם דילוג עלה, **משא"כ** הכא, דכיון דקבעה וסת מר"ח לר"ח, א"כ בר"ח ניסן לא שם סירוג עלה, אלא וסת השוה הוא.

אם ראתה ניסן סיון אב אלול תשרי, י"א דחוששת לוסת השוה, ואפילו אם היה מקודם ד' סירוגין, ואח"כ חזרה וראתה ג"ח על הסדר, נעקר וסת הסירוג, ונקבע וסת הסידור.

עקירת ווסת הסירוג שנקבע, כגון שראתה בניסן ובסיון ובאב, אם אח"כ לא ראתה ג"פ רצופים, דהיינו אלול תשרי חשון, אפ"ה חוששת לכסלו, **ואין** וסת זה נעקר, עד שלא תראה בג' סירוגין, דהיינו ו' חדשים.

באיזה ענין שוה וסת הסירוג לוסת הדילוג

לענין חשש וסתה בתחלה, שאינה חוששת אלא מר"ח לר"ח הסמוך לו, כגון שראתה בר"ח ניסן, חוששת לר"ח אייר, פי' לשני ימים דר"ח אייר, הראשון, משום שהוא יום ל' לראייתה, והיא עונה בינונית למי שאין לה וסת קבוע, והשני, משום ר"ח, **ואם** לא ראתה עד ר"ח סיון, חוששת לר"ח תמוז הסמוך לו, **ואם** לא ראתה בר"ח תמוז, אינה חוששת לר"ח אב, **(ולא** דק המחבר בלשונו, דודאי חוששת לר"ח אב מפני ההפלגה, **ודוקא** אם לא היו הפלגות שוות, כגון שב"ח הראשונים מלאים, וב' השניים, היו א' חסר וא' מלא, אינה חוששת ליום החודש, אבל חוששת ליום שאחריו, מפני שהוא שוה להפלגה), **ואע"פ** שהם הפלגת ב' חדשים כענין ההפלגה הראשונה, מפני שהפסקת החדש השני ביטלה ראיית החודש הראשון, (דסתם נשים וסתן כל ל', והיינו כל חודש), **וראיית** החודש השלישי היא התחלת וסת, וחוששת לר"ח הסמוך, ולא יותר.

ראיות בעונות שונות

סעיף יג- אין האשה קובעת לה וסת, אפי' ראתה שלשה ר"ח זה אחר זה, אלא אם כן יהיו כולם בעונה אחת, ביום או בלילה.

(**עיין** בתשו' נו"ב בשם גדול אחד שכתב, דאף דבשו"ע כתב דין זה בראתה ג' ר"ח, ה"ה בוסת הפלגה, דאינו וסת קבוע אף שהוא בג' הפלגות שווים, אם אינם שווים בעונת יום או לילה, וא"כ הא דאיתא בש"ס ופוסקים, דאשה קובעת וסת הפלגת ימים שוים, הוא ג"כ בהפלגת עונות שוים, **ומעתה** יש בו דעת לשאול, מה יהיה דין הוסת בתחלת וסת הפלגה קודם שקבעתו ג"פ, דלענין וסת החודש מבואר בשו"ע, דחוששת לאחרונה, אם היתה השניה בלילה, חוששת שוב בלילה, **אמנם** בוסת הפלגה, דרך משל, אם ראתה ביום א', ואח"כ לסוף ד' שבועות, ראתה בליל א', נראה דא"צ לחוש לסוף ח' שבועות, בליל א', אף דבהפלגת ימים הוא שוה, אך בוסתות אין משגיחין רק בעונות, וראיה שניה מופלגת מראיה ראשונה, ששה וחמשים עונות, וא"כ לסוף ח' שבועות, צריכה לחוש ביום השבת, **והוא** ז"ל חלק עליו, ומחלק, דבשלמא לענין ההפרשה, שיפרוש באותה עונה, אם היו בעונות חלוקים, אין אחת מהם נחשבת קבוע, **אבל** לענין חשבון ההפלגה, חשבינן יום המופלג לפי מספרו, בין אם היה הראיה שממנו מופלגת ביום, ובין אם היה בלילה, לא משגחינן בזה, ואמרינן שזה דרכה, כשמגיע יום המופלג מראיה ראשונה כך למספר הימים, דרכה לראות, ע"ש, **ודבריו** צריכין ביאור, והנראה דכוונתו לחלק, דדוקא בוסת החודש דלא חשבינן כמה רחוק מראיה הקודמת, א"כ מה שיש לדון אם הלילה והיום נחשב כחדא, הוא לענין ההפרשה, בזה כיון שהיו בעונות חלוקים, לא נחשב קבוע, דא"א לומר שאותו יום בחודש הוא הגורם, שהרי ראיה האחרת היתה בלילה, **אבל** בוסת ההפלגה, דחשבינן כמה היה רחוק מראיה הקודמת, חשבינן לפי מספר הימים, **ואכתי** דבריו צריכין תבלין).

(הנה במחכ"ת הגאון בפת"ש, המעיין בפנים בנו"ב יראה דלא כך כוונתו, אלא דבוסת ההפלגה עצמו מחלק בין תחילת קביעותו לאחר שכבר נקבע, **דאע"פ** דלאחר שכבר נקבע, גם בוסת ההפלגה אנו מסתכלים על העונות, דהא בזה השוו דעת הגדול א' עם הנו"ב, דלא נקרא קביעות גם בהפלגה אלא אם

תבא שוה כל פעם ביום או בלילה, **אבל** כשבאים לקבוע מספר הבדל הימים של ההפלגה בתחילתו, בזה אין אנו מסתכלים כלל על העונה, אלא על ימי ההבדל שביניהם - שבה"ל.

ואם ראתה שלש פעמים ביום והרביעית בלילה, או שלש פעמים בלילה והרביעית ביום, חוששת ביום ובלילה, מפני חשש הוסת הראשון, ומפני חשש השינוי שהוא האחרון; ואם ראתה פעמים ביום ופעמים בלילה, שלא על הסדר, (ולא קבעה אחד מהן ג"פ), או שתראה הראשונה ביום, וג' האחרונות בלילה, או הראשונה בלילה והג' אחרונות ביום, או שלש בזה ושלש בזה, חוששת לאחרונה בלבד.

סימן קפט סי"ג(1) • ראיות בעונות שונות

אין האשה קובעת לה וסת, אפי' ראתה ג' ר"ח זה אחר זה, אא"כ יהיו כולם בעונה א', ביום או בלילה.

ואם ראתה ג"פ ביום והד' בלילה, או ג"פ בלילה והד' ביום, חוששת ביום ובלילה, מפני חשש הוסת הראשון, ומפני חשש השינוי שהוא האחרון.

ואם ראתה פעמים ביום ופעמים בלילה, שלא על הסדר, ולא קבעה אחד מהן ג"פ, **או** שראה הראשונה ביום, וג' האחרונות בלילה, או הראשונה בלילה והג' אחרונות ביום, או ג' בזה וג' בזה, **חוששת** לאחרונה בלבד.

ג' שיטות בוסת הפלגה

י"א דאף דבשו"ע כתב דין זה בראתה ג' ר"ח, **ה"ה** בוסת הפלגה, דאינו וסת קבוע אף שהוא בג' הפלגות שווים, אם אינם שווים בעונת יום או לילה. **ובנוגע** לוסת שאינה קבוע דחוששת לראיה אחרונה, הגם דלענין וסת החודש אם היתה האחרונה בלילה, חוששת שוב בלילה, **אמנם** בוסת הפלגה, חשבינן רק העונות, וצריכה לחשוש כשבא אותו מספר עונות בין אם הוא שוה לעונת ראיה האחרונה או לא.

והנו"ב חולק עליו, דבשלמא לענין שיפרוש באותה עונה, אם היו בעונות חלוקים, אין אחת מהם נחשבת קבוע, **אבל** לענין חשבון ההפלגה, חשבינן יום המופלג לפי מספר הימים, בין אם היה הראיה שממנו מופלגת ביום ובין אם היה בלילה, ולא משגחינן בעונות, ואמרינן שזה דרכה, כשמגיע יום המופלג מראיה ראשונה כך למספר הימים, דרכה לראות.

והפת"ש הבין הנו"ב דכוונתו לחלק, דדוקא בוסת החודש דלא חשבינן כמה רחוק מראיה הקודמת, בזה כיון שהיו בעונות חלוקים, לא נחשב קבוע, דא"א לומר שאותו יום בחודש הוא הגורם, שהרי ראיה האחרת היתה בלילה, **אבל** בוסת ההפלגה, אפי' לענין קביעת וסת, חשבינן כמה היה רחוק מראיה הקודמת לפי מספר הימים.

וי"א דהנו"ב מחלק בוסת הפלגות גופא, דאע"פ דלענין קביעות, מסתכלים על העונות, ולא נקרא קביעות אלא אם תבא שוה כל פעם ביום או בלילה, **אבל** כשבאים לקבוע מספר הבדל הימים של ההפלגה בתחילתו, בזה אין אנו מסתכלים כלל על העונה, אלא על ימי ההבדל שביניהם.

עונה בינונית

הגה: כאשה שראתה, חוששת לוסת החדש ולהפלגה, עד שתקבע וסת החדש בג"פ, או וסת הפלגה בד"פ, או שתעקר א' מהן.

כתב הטור לשון הרמב"ן, וסת החדש חוששת לו בתחלתו פעם א', אבל וסת ההפלגה א"א לחוש לו, עד שתראה ראיה שניה, שהרי אינה יודעת לאיזה יום היא מפלגת, **נמצאת** אומר, שהרואה ליום ר"ח ניסן, חוששת לר"ח אייר, ראתה בו, חוששת לר"ח סיון, ראתה בו הוקבע וסתה לר"ח, **לא** ראתה לר"ח סיון, נעקר וסת של ר"ח, וחוששת לב' בסיון, אפשר שתראה ותקבע וסת להפלגה מל"א לל"א, שהרי ראיית ר"ח ניסן ואייר, שוות בהפלגה לראית ב' בסיון, שניסן מלא ואייר חסר, **ולעולם** חוששת חששות הללו, לוסת החדש ולהפלגה, עד שתקבע אחד מהן ג"פ כדינו, כיצד ראתה באחד בניסן וכ' בו כו'.

וכתב ב"י במ"ש דחיישינן שתקבע מל"א לל"א, לאו למימרא שא"צ לחוש ליום אחר, שהרי אין לה וסת קבוע, וכל שאין לה וסת קבוע, חוששת ליום ל', שהיא עונה בינונית, **אלא** ר"ל, שאע"פ שיבא ר"ח ביום ל' לראיה, אין לו דין וסת קבוע, אבל יש לו דין וסת שאינו קבוע, לחוש לו מיהא, עכ"ל, ׳דהיינו דנעקר בפעם אחת כוסת שאינו קבוע, אבל בודאי לענין לשמש בלא בדיקה יש לה דין וסת קבוע - מזהה"ש›, **ולפי"ז** ה"ה דבתחלת ראייתה, צריכה לחוש ליום ל', וליום החודש.

אבל קשה לי ע"ז, דא"כ הרמב"ן והרב, שבאו לפרש לנו מהו החששות שצריכה לחוש, וכתבו שלעולם צריכה לחוש לוסת החדש ולהפלגה, למה לא כתבו ופירשו גם כן, שצריכה לחוש לעונה בינונית, **ואדרבה** מפשט דבריהם שכתבו, האשה חוששת לוסת החודש ולהפלגה כו', וכן ממ"ש בסוף וכן היא חוששת לשניהם, עד שתקבע אחד מהם כדינו כו', משמע שאינה צריכה לחוש אלא לב' חששות הללו ותו לא, **ועוד** תימה, דודאי הא דאמרינן עונה בינונית היא ל' יום, היינו שצריכה לחוש ליום ל"א לראייתה, דעונה בינונית היא ל' יום, מתחלת ראיה לתחלת ראיה, **וא"כ** קשה נמי, לאיזה צורך

הוצרך הרמב"ן לומר, חוששת לר"ח אייר, דמשמע משום ר"ח אייר הוא דחוששת, הא בלא"ה חוששת משום עונה בינונית, **וכן** לאיזה צורך הוצרך לומר, חוששת לב' בסיון, אפשר שתקבע וסת להפלגה, תיפוק ליה דהוא עונה בינונית, **ותו** קשיא טובא לדעת הב"י והפרישה והב"ח, דס"ל דכל אשה צריכה לחוש ליום החודש, וגם לעונה בינונית, א"כ היכי אמרינן דצריכה לחוש לעונה בינונית, משום דסתם וסת הוא מל' לל', והרי היא צריכה לחוש ליום החדש שראתה בו, והוא יום שאח"כ, אע"פ שלא ראתה אלא פעם אחת, וע"כ הוא משום דסתם נשים דרכן כך, לראות באותו יום החדש, ואם כן קשיאן סתמי אהדדי, ואיך תתפוס החבל בשני ראשים, שתאמר דמן הסתם צריכה לחוש ליום החדש, שמסתמא תראה לאותו יום, ותאמר שמן הסתם צריכה לחוש לעונה בינונית, וזהו דבר שאין לו שחר כלל, **אלא** נ"ל, דהא דאמרינן בש"ס עונה בינונית ל' יום, היינו מחדש לחדש, בין מלא בין חסר.

(**בענין** הפלוגתא שבין הט"ז והש"ך, בעונה בינונית מאי היא, דדעת הט"ז דעו"ב לאו היינו וסת החודש, והיא יום ל' לראייתה, ואם החודש חסר, שניהם הם ליום אחד, אבל אם החודש מלא, חוששת גם ליום הקודם משום עו"ב, **ודעת** הש"ך דעו"ב לעולם הוא יום החודש, ושיעור עו"ב היינו יום ל"א, בסתם חודש דהוא מלא, **הנה** הח"צ בתשובה, האריך להשיג על הש"ך, והסכים עם הט"ז, וכן הסכים הכרתי ופלתי ע"ש, **ועיין** חוו"ד שהסכים ג"כ עמהם, בהא דעו"ב לאו היינו וסת החודש, **אמנם** לא כדבריהם דהוא יום ל', רק בזה עיקר כהש"ך, דהוא יום ל"א, **וא"כ** הוא להיפך, דאם החודש מלא, שניהם ליום אחד הם, ואם החודש חסר, חוששת גם ליום שאחריו, משום עו"ב ע"ש).

(**ודע** דאף לדעת הש"ך, ע"כ צ"ל דחילוק יש בין עו"ב לוסת החודש, דאילו בוסת החודש, כל זמן שלא נקבע, ועבר זמנו ולא בדקה, מותרת בלא בדיקה, כדמשמע בס"ד, ובעו"ב אסורה עד שתבדוק, כמבואר שם, **ומשכחת** לה וסת החודש בלא עו"ב, כגון אם ראתה בינתיים, או שיש לה וסת אחר קבוע, ואח"כ שינתה ליום אחר).

סימן קפט סי"ג(2) • עונה בינונית

האשה שראתה, חוששת לוסת החדש (בראיה א'), ולהפלגה (בשתי ראיות), **וכתב** ב"י דחוששת נמי לעונה בינונית, (**ונעקר** בפעם אחת כוסת שאינו קבוע, **אבל** לענין לשמש בלא בדיקה יש לה דין וסת קבוע), **עד** שתקבע וסת החדש בג"פ, או וסת הפלגה בד"פ, או שתעקר א' מהן.

שיטת הט"ז, דעו"ב לאו היינו וסת החודש, והיא יום ל' לראייתה, **ואם** החודש חסר, שניהם הם ליום אחד, **אבל** אם החודש מלא, חוששת גם ליום הקודם משום עו"ב.

והקשה הש"ך, למה לא כתבו הרמב"ן והרב, שבאו לפרש לנו מהו החששות שצריכה לחוש, שצריכה לחוש גם לעונה בינונית, משמע שאינה צריכה לחוש אלא לב' חששות הללו, לוסת החודש ולהפלגה, ותו לא, **ועוד** קשה, דאיך תתפוס החבל בשני ראשים, שתאמר דמן הסתם צריכה לחוש ליום החדש, שמסתמא תראה לאותו יום, ותאמר שמן הסתם צריכה לחוש לעונה בינונית, וזהו דבר שאין לו שחר כלל.
עוד כתב, דאף אם נאמר דעונה בינונית ל' יום, היינו יום ל"א לראייתה, בסתם חודש דהוא מלא, דעונה בינונית היא ל' יום מתחלת ראיה לתחלת ראיה.
ומסיק הש"ך, דהא דאמרינן בש"ס עונה בינונית ל' יום, היינו מחדש לחדש, בין מלא בין חסר.

יש חילוק בין עו"ב לוסת החודש אף לדעת הש"ך, דאילו בוסת החודש, כל זמן שלא נקבע, ועבר זמנו ולא בדקה, מותרת בלא בדיקה, ובעו"ב אסורה עד שתבדוק, **ומשכחת** לה וסת החודש בלא עו"ב, כגון אם ראתה בינתיים, או שיש לה וסת אחר קבוע, ואח"כ שינתה ליום אחר.

שיטת החוו"ד ג"כ כהט"ז, דעו"ב לאו היינו וסת החודש, **אמנם** לא כדבריו דהוא יום ל', רק בזה עיקר כהש"ך, דהוא יום ל"א, **וא"כ** הוא להיפך, דאם החודש מלא, שניהם ליום אחד הם, ואם החודש חסר, חוששת גם ליום שאחריו, משום עו"ב.

חשש עונה בינונית כשיש ראיה בינתים

כילד, ראתה בא' בניסן וכ' בו, חוששת לאחד באייר, מפני ר"ח ניסן – [פשוט שגם כאן, חוששת גם ליום א' דר"ח אייר, שהוא יום ל' מן הראיה דר"ח ניסן, כסתם עו"ב לשאין לה וסת קבוע, ומו"ח ז"ל כתב כאן, מדלא נקט אלא אחד באייר, ש"מ שאינה חוששת ליום א' דר"ח, ולא ידעתי למה יסתור דברי עצמו, שכתב לעיל, ראתה ליום ר"ח ניסן, חוששת לר"ח אייר, והיינו לב' ימי ר"ח, כמו שכתב הוא בעצמו].

(**וכבר** חלקו עליו הס"ט והחוו"ד, דכאן שראתה בכ' בניסן, ליכא חשש דעו"ב, שהוא מטעם הפלגה, וכבר הפסיקה בראיית כ', **ולא** מיבעיא לדעת הב"ח המובא בסמוך, דבכל וסת הפלגה, כשהפסיקה בראיה, הוי החשבון מהראיה הסמוכה, ודאי דאף לענין עו"ב הדין כן, **אלא** אפי' לדעת הט"ז דפליג שם, מ"מ בעונה בינונית, דהטעם הוא כמ"ש

הר"ן, משום דכי לעולם לא תראה, ודאי דהחשבון מהראיה הסמוכה, וצדקו דברי הב"ח). ‹וכ"כ רעק"א›.

סימן קפט סי"ג(3) • חשש עונה בינונית כשיש ראיה בינתים

כתב רמ"א, דאם ראתה בא' בניסן וכ' בו, חוששת לאחד באייר, מפני ר"ח ניסן.
וכתב הט"ז, שחוששת גם לעו"ב ביום א' דר"ח אייר, שהוא יום ל' מן הראיה דר"ח ניסן.
וחלקו עליו האחרונים דכיון שכבר הפסיקה בראיית כ', ליכא חשש דעו"ב, שהוא מטעם הפלגה, **ולא** מיבעיא לדעת הב"ח המובא בסמוך, דבכל וסת הפלגה, כשהפסיקה בראיה, הוי החשבון מהראיה הסמוכה, ודאי דאף לענין עו"ב הדין כן, **אלא** אפי' לדעת הט"ז דפליג שם, מ"מ בעונה בינונית, דהטעם הוא, משום דכי לעולם לא תראה, ודאי דהחשבון מהראיה הסמוכה.

הפלגה קטנה שלאחר הפלגה גדולה

ראתה באחד באייר או לא ראתה בו, חוששת לט' באייר, שהוא יום כ' מראיית יום כ' שראתה

– [בטור בשם הרמב"ן כתוב כאן: ואם לא ראתה כו', **וכתב** ב"י, משמע שאם ראתה בראש חודש אייר, אין צריכה לחוש לט' בו, **והטעם**, שאילו חזרה לראות בראש חודש אייר, היינו אומרים שראיה הראשונה שראתה בראש חודש ניסן היא עיקר, וראיה השניה בעשרים בו היא תוספת דמים, הלכך אינה חוששת לא לט' באייר ולא לעשרים בו, **אבל** השתא שלא ראתה בראש חודש אייר, אגלאי מילתא דראיה דעשרים בניסן היא עיקר, וחוששת לט' וכ' באייר].

[**ובד"מ** חלק עליו, וכתב מדכתב בסמוך וחוששת לשתיהן עד שתקבע כו', ש"מ שקודם שתקבע וסת א' שלש פעמים, חוששת לשתיהן, **ועוד** דקאמר בסמוך, ראתה בט' בו כו', ש"מ אע"ג דראתה ב' פעמים להפלגת עשרים, אפ"ה חוששת לימי החודש, וצריכה לחוש לכ' באייר, ה"ה כאן אע"פ שראתה בא' באייר, צריכה לחוש לט' בו משום ראיית עשרים בניסן, **והא** דנקט לא ראתה בא' באייר, נ"ל דלרבותא קאמר, אע"ג דנעקר וסת של ר"ח ניסן, מ"מ צריכה לחוש לשני, כל זמן שלא נעקר פעם אחת, עכ"ל].

[וכן נ"ל עיקר, ויפה הגיה כאן רמ"א: ראתה או לא ראתה כו', דלא מצינו בשום מקום דראיה שרואה בשינוי זמן תעקור החשש שהיה עליה תחלה, כל זמן שאין להשינוי קביעות כדין שלו בג"פ או בד' פעמים]. **לאו** מילתא היא, דהכא כיון שראתה בר"ח, הרי שינתה הפלגתה לי"ב, וכיון שלא קבעה וסת להפלגות, נעקר בפעם אחת - נקה"כ.

[ותו דאטו אם תראה גם בר"ח אייר וט' בו וכ"ח בו, ג"כ לא תקבע וסת להפלגת עשרים מראיית עשרים בניסן, זה ודאי שקבעה וסת, כיון שיש ג' הפלגות שוות, ולא אכפת לן במה שראתה גם בר"ח אייר, וא"כ היאך נתיר מכח ראיית ר"ח אייר, שלא תחוש כלל לט' בו, כיון שאפשר לבא לידי קביעות וסת]. **אומר** אני דאה"נ, דבכה"ג לא תקבע וסת, שאין כאן ג' הפלגות שוות, דכיון דראתה בר"ח, נעקר הוסת של כ' שמתחילה - נקה"כ.

[**ובפרישה** כתב בזה, דאע"פ שאפשר לקבוע בזה וסת להפלגת עשרים, מ"מ אין אנו חוששין לו לכתחלה קודם שראינו ג' הפלגות שוות, **וקשה**, דכל שאפשר, ודאי אנו חוששין לו שלא יבא לידי כך, כמו שמצינו בכל המקומות בסימן זה, זולתי בוסת הדלוג, שלא חששו לו עד שלא יקבע, כמ"ש בסעיף י"א].

[**ועוד** נראה ראיה ברורה, ממה שכתב בסוף סי' זה בטור, בראתה ב' פעמים בר"ח, ובפעם השלישית ראתה בכ"ה לחדש ובראש חדש, דחוששת ג"כ ליום הקדימה דהיינו לכ"ה, שמא וסת אחר היא קובעת, והלא הדברים ק"ו, דהא התם ברור לפנינו ג' פעמים בר"ח והוא סתם עונה בינונית לאשה, אפ"ה חוששת גם ליום כ"ה, כ"ש כאן דיש ב' ראיות לפנינו, האחד כ' בניסן והשני בר"ח אייר, וע"כ לומר שאחת מהן עיקרית והשנית דרך מקרה, ומנא לך לומר דר"ח עיקר ולא לחוש לט' בו, **אימא** לך דראיית כ' בניסן עיקרית, וצריכה לחוש לט' באייר, דלאו דמא דראש חדש אייר סומק טפי מדם דכ' בניסן]. **לא** דק, דהתם בוסת החודש היא, ובזה גם הב"ח והפרישה מודים, וכמו שכתבתי בש"ך - נקה"כ.

[**ע"כ** נראה עיקר כדברי רמ"א, דגם בראתה בר"ח אייר צריכה לחוש לט' וכ' אייר], ‹**דכמו** דבוסת של החדש חוששין אע"פ שראתה באמצע, ותולין בתוספת דמים, כמו כן בוסת הפלגה – ערוך השלחן›, [**אלא** דמה שביאר רמ"א דברי הטור, במ"ש: ואם לא ראתה, דאמר כן דרך רבותא, לא מתיישב לי, דא"כ גם אחר כך במ"ש: ראתה או לא ראתה בט', היה לו לומר גם כן רבותא זו].

[ומו"ח ז"ל הפליג לחלוק גם על רמ"א, ואמר שטעות גמור הוא, בראתה בר"ח אייר לחוש לט' בו, מדהפסיקה ראיית ר"ח אייר בינתים, דאם היתה חוששת להפלגת כ' יום, צריכה שתחוש כן מן ראיית ר"ח אייר, **וכמ"ש** הטור בסמוך, היתה רגילה לראות ביום כ', ושינתה ליום שלשים, זה וזה אסורין, וכשיגיע יום עשרים לראיית ל' אסורה, הרי מבואר שאינה חוששת להפלגת כ' מראיה שקודם ל', אלא חוששת שמא תראה לכ' יום מראיית ל' שראתה עכשיו, וכדרב הונא בריה דרב יהושע ס"פ בנות כותים, עכ"ל, **ואני אומר** כבוד חכמים ינחלו, **אבל** דבריו אלו הם כשגגה לפני השליט, ואדרבה משם ראיה לדעת רמ"א, דשם לא מנינן אלא מן ראיית ל', כיון שלא היתה עכשיו שום ראיה קודם ל', אלא שהיתה ראויה לראות ביום כ' כמתחלה, ועכשיו שינתה והמתינה לראות עד ל', ע"כ ס"ל לרב הונא בריה דרב יהושע ס"פ בנות כותים, דלא מנינן מן שעה שהיתה ראויה לראות, אלא משעה שראתה באמת, ולאפוקי מרב פפא דס"ל שמנינן משעה שהיתה ראויה לראות, וזה פשוט בסוגיא שם, **גם** מלשון רש"י ות"ה הארוך מוכח כן, שכתבו שאם תמנה מיום שהיתה ראויה לראות, נמצא שהיא חוששת שמא יקדים לבא זמן קצר ממה שראתה עכשיו, ואינו בדין שזו שינתה לרחק, ואנן ניחוש שמא תקרב, עכ"ל, משמע דאם היתה רואה גם ביום שהיתה רגילה לראות, הרי אנו רואין שהיא קרבה לראות, **ודאי** צריכה לחוש ליום כ' מן ראיה של עשרים, וגם ליום עשרים מן ראית יום שלשים, אם כן גם בזה צריכה לחוש להפלגת עשרים ימים מן יום העשרים בניסן, ומן ר"ח אייר, **והדבר** ברור דמשה אמת ותורתו אמת, ודברי רמ"א הם הלכה רווחת בישראל, דגם בראתה בר"ח אייר הוה כלא ראתה].

מה שהשיג על הב"ח יפה כוון, אך מ"מ דינו אמת, ומה שהוכיח הוא להיפך, אינה הוכחה כלל, **דהתם** היה לה יום קבוע ליום כ', הלכך אם היתה רואה ליום כ', לא הוי אמרינן דשינתה הפלגתה בזה שראתה י' ימים אח"כ, והיתה צריכה לחוש י' ימים אחר ראית יום י', דהיינו יום כ', משא"כ הכא דלא נקבע לה וסת הפלגה - נקה"כ.

אבל באמת נראה עיקר, דאם ראתה בא' באייר, א"צ לחוש לט' בו, {וכדמשמע מפשט דברי הרמב"ן, וכמו שכתב איהו גופיה, דמה שכתב רמ"א "דאם לא ראתה" הוא דרך רבותא, לא מתיישב כו' - נקה"כ},

שהפסיקה בראייתה בנתיים, ואין כאן הפלגת עשרים יום, אלא הפלגת י"ב יום, ושינתה הפלגתה לי"ב יום, ואין צריכה לחוש אלא להפלגת י"ב יום מראיה זו דא' באייר, וכדלקמן סעיף י"ד, **וחוששת** נמי לכ' באייר, משום וסת החדש, ולא' בסיון משום ר"ח אייר. **אבל** לוסת החדש חוששת, בין ראתה מקודם או לא ראתה, כל שלא שינתה וסתה של החדש.

(**ועיין** חוו"ד שכתב, דאם היו שתי הפלגות הראשונות, בלי הפסקה בנתיים, ובאמצע הפלגה שלישית הפסיקה, כגון שראתה בר"ח ניסן, ובכ' בו, ובט' באייר, ובכ' בו, ובכ"ח בו, כו"ע מודו, דקבעה לה וסת מכ' לכ', {**אך** בש"ך בסעיף י"ד לא משמע הכי, עמ"ש שם בזה}, **ואם** הפסיקה באמצע הפלגה ראשונה, כגון שראתה בר"ח ניסן, ובי' בו, ובכ' בו, ובט' באייר, ובכ"ח בו, כו"ע מודו, דלא קבעה לה וסת, **רק** כשהפסיקה בהפלגה האמצעית פליגי).

(**ועיין** מנחת יעקב שהסכים עם הט"ז, **אך** הכרתי ופלתי והס"ט, העלו כדעת הש"ך).

(**הכו"פ** הס"ט הבית מאיר הגר"ז והלחם ושמלה סוברים, דאין חוששין דראיית ר"ח אייר היא תוספת דמים כהט"ז, וגם אין הפלגה קטנה עוקרת הפלגה גדולה כהש"ך, **אלא** חוששת ליום כ' מראיה האחרונה כהב"ח).

סי' קפט סי"ג(4) • הפלגה קטנה לאחר הפלגה גדולה

כתב רמ"א, דאם ראתה בא' בניסן וכ' בו, בין ראתה בא' באייר או לא ראתה בו, חוששת לט' באייר, שהוא יום כ' מראיית יום כ' שראתה.

והב"י כתב בשם הטור, שאם ראתה בר"ח אייר, א"צ לחוש לט' בו, שאומרים שראיה הראשונה שראתה בר"ח ניסן היא עיקר, וראיה השניה בכ' בו היא תוספת דמים, הלכך אינה חוששת לא לט' באייר ולא לכ' בו, **אבל** אם לא ראתה בר"ח אייר, אגלאי מילתא דראיה דכ' בניסן היא עיקר, וחוששת לט' וכ' באייר.

וכתב הט"ז דהעיקר כהרמ"א, דכמו דבוסת של החדש חוששין אע"פ שראתה באמצע, ותולין בתוספת דמים, כמו כן בוסת הפלגה, **דלא** מצינו בשום מקום דראיה שרואה בשינוי זמן תעקור החשש שהיה עליה תחלה, כל זמן שאין להשינוי קביעות כדין שלו בג"פ או בד' פעמים. **והדבר** ברור דמשה אמת ותורתו אמת, ודברי רמ"א הם הלכה רווחת בישראל, דגם בראתה בר"ח אייר הוה כלא ראתה.

וכתב הש"ך דלאו מילתא היא, דהכא כיון שראתה בר"ח, הפסיקה בראייתה בנתיים, ואין כאן הפלגת כ' יום, אלא הפלגת י"ב יום, ושינתה הפלגתה לי"ב יום, וא"צ לחוש אלא להפלגת י"ב יום מראיה זו דא' באייר, **וחוששת** נמי לכ' באייר, משום וסת החדש, ולא' בסיון משום ר"ח אייר, **דלעניין**

וסת החדש חוששת, בין הפסיקה בינתיים או לא הפסיקה, כל שלא שינתה וסתה של החדש.

וכתב הש"ך, דאפי' אם תראה גם בר"ח אייר וט' בו וכ"ח בו, ג"כ לא תקבע וסת להפלגת כ' מראיית כ' בניסן, שאין כאן ג' הפלגות שוות, דכיון דראתה בר"ח, נעקר הוסת של כ' שמתחילה. **ודלא** כהפרישה דס"ל שקובע בזה ווסת להפלגת כ', ורק דאין אנו חוששין לו לכתחלה קודם שראינו ג' הפלגות.

ושיטת הב"ח, שטעות גמור הוא לחוש לט' בו, בראתה בר"ח אייר, מדהפסיקה ראיית ר"ח אייר בינתים, דאם היתה חוששת להפלגת כ' יום, צריכה שתחוש כן מן ראיית ר"ח אייר, **והט"ז** כתב דצריכה לחוש להפלגת כ' ימים מן יום הכ' בניסן, ומן ר"ח אייר.

שיטת החוו"ד, דאם היו שתי הפלגות הראשונות בלי הפסקה בנתיים, ובאמצע הפלגה שלישית הפסיקה, כגון שראתה בר"ח ניסן, ובכ' בו, ובט' באייר, ובכ' בו, ובכ"ח בו, **כו"ע** מודו, דקבעה לה וסת מכ' לכ', (**אך הש"ך** בסעיף י"ד לא משמע הכי ע"ש. **אבל** היכא דהיה לה וסת קבוע להפלגת כ', כתב הנקה"כ, דאם ראתה לכ', וגם ראתה לל', לא אמרינן דשינתה הפלגתה בזה שראתה י' ימים אחר הפלגת כ', וצריכה לחוש י' ימים אחר ראיית יום י', דהיינו יום כ', **משא"כ** היכא דלא נקבע לה וסת הפלגה), **ואם** הפסיקה באמצע הפלגה ראשונה, כגון שראתה בר"ח ניסן, ובי' בו, ובכ' בו, ובט' באייר, ובכ"ח בו, **כו"ע** מודו, דלא קבעה לה וסת, **רק** כשהפסיקה בהפלגה האמצעית פליגי הט"ז והש"ך.

והרבה אחרונים ס"ל, דלא אמרינן דראיית ר"ח אייר היא תוספת דמים כהט"ז, וגם אין הפלגה קטנה עוקרת הפלגה גדולה כהש"ך, **אלא** חוששת ליום כ' מראיה האחרונה כהב"ח.

ב' וסתות ביחד

ראתה בט' באייר או לא ראתה, חוששת לעשרים באייר, שמא קבעה לה וסת כ' לחדש, שהרי ראתה עשרים לחדש ניסן. וכן היא חוששת לעולם עד שתקבע וסת א' כדינו, דאז אינה חוששת לשני שלא נקבע, או עד שאחד מהן נעקר, אז אינה חוששת לו, אעפ"י שלא נקבע השני.

(**כתב** החוו"ד, דוקא בחשש דוסת החודש וחשש דוסת הפלגה, אז כשנקבע א', שוב אינה חוששת לשני, כיון דא"א שיתקיימו שניהם, **אבל** כששניהן הם חששות דוסת החודש, כגון שראתה ג"פ בר"ח, ובפעם הג' ראתה ג"כ בכ"ה, חוששת גם לכ"ה, אף שכבר נקבע הוסת של ר"ח, כיון דאפשר שיתקיימו שניהם, דהא אשה קובעת וסת בתוך וסת, כבסעיף ל"ב, **וכן** הדין בוסת הדילוג ווסת השוה).

סימן קפט סי"ג(5) • ב' וסתות ביחד

כתב רמ"א, דאם ראתה בט' באייר או לא ראתה, חוששת לכ' באייר, שמא קבעה לה וסת כ' לחדש, שהרי ראתה כ' לחדש ניסן. **וכן** היא חוששת לעולם עד שתקבע וסת א' כדינו, דאז אינה חוששת לשני שלא נקבע, **או** עד שאחד מהן נעקר, אז אינה חוששת לו, אעפ"י שלא נקבע השני.

כתב החוו"ד, דוקא בחשש דוסת החודש וחשש דוסת הפלגה, אז כשנקבע א', שוב אינה חוששת לשני, כיון דא"א שיתקיימו שניהם, **אבל** כששניהן הם חששות דוסת החודש, כגון שראתה ג"פ בר"ח, ובפעם הג' ראתה ג"כ בכ"ה, חוששת גם לכ"ה, אף שכבר נקבע הוסת של ר"ח, כיון דאפשר שיתקיימו שניהם, דהא אשה קובעת וסת בתוך וסת, כבסעיף ל"ב, **וכן** הדין בוסת הדילוג ווסת השוה.

וסת הדילוגין

ואינה חוששת לוסת הדילוגין, עד שתקבענו; כילד, ראתה ט"ו בניסן, חוששת לט"ו באייר; לא ראתה בט"ו באייר, אינה חוששת לט"ז בו; ראתה ט"ז בו, חוששת לט"ז בסיון - לוסת החדש, **ואינה חוששת לשבעה עשר בו** - משום וסת הדילוג, **וגם** משום וסת הפלגה ליכא, שהרי ניסן מלא, ואייר חסר, נמצא ט"ז דאייר, הוא הפלגת ל"ב מט"ו דניסן, וי"ז דסיון הוא הפלגת ל"א, מט"ז דאייר.

ראתה י"ז בו, חוששת לי"ז בתמוז, ואינה חוששת לי"ח בו - שאינה הפלגת ל"א, אלא ל"ב, מי"ז בסיון, וצריכה לחוש להפלגת האחרון, שהוא ל"א.

היינו להרמב"ן, והיא הסברא הראשונה לעיל ס"ז, **אבל** להי"א שם, קבעה כבר וסת הדילוג בשלש ראיות, וחוששת כאן לי"ח בתמוז, וכמו שמסיים הרב, "רק י"א כי בדילוג חדש, הראיה ראשונה מן המנין כו'", "וכיון דדבר זה תלוי בפלוגתא הנ"ל, למה כתב הרב דין זה בסתם, על זה כתב הש"ך... - מחה"ש, **ולפי"ז** מיירי הכא, בהיה לה וסת קבוע קודם לכן בט"ו לחדש, דאז לד"ה שדינן ראיה דט"ו דניסן לוסתה, ואינה מן המנין.

ראתה י"ח בתמוז, קבעה לה וסת דילוגין לימי החודש וחוששת לי"ט באב; וכן בדרך זה בהפלגה ודילוגין, כי אין חילוק ביניהם; רק י"א כי בדילוג חדש, הראייה הראשונה מן המנין, כמו

שנתבאר - צ"ע, דהי"א בדילוג חדש ראיה ראשונה מן המנין, סוברים גם בדילוג דהפלגה, דהפלגה ראשונה מן המנין, **אלא** שאין הפלגה נודעת אלא בב' ראיות, וכדלעיל ס"ב, וא"א בפחות מד' ראיות, אפילו בהפלגות שוות, וצל"ע.

וכן בדרך זה בהפלגה ודילוגין כו' - כלומר שדילגה בהפלגה, כגון שראתה באחד בניסן ולסוף עשרים, חוששת להפלגה זו, {דהיינו ט' באייר, שהוא הפלגת עשרים מעשרים בניסן, מיהו גם לראש חודש אייר חוששת משום וסת החדש}, **דילגה** ליום כ"א {היינו עשרה באייר, ובר"ח אייר לא ראתה}, חוששת ליום כ"א, {היינו ר"ח סיון, **מיהו** גם ליום כ' אייר חוששת, שמא תקבע וסת בימי החדש, שהרי ראתה כ' בניסן כדלעיל}, **הגיע** יום כ"א ולא ראתה, מותרת לשמש {ביום כ"ב, וא"צ לחוש להפלגה בדילוג}, **דילגה** ליום כ"ב, חוששת ליום כ"ב, {היינו כ"ג בסיון}, הגיע כ"ב ולא ראתה, מותרת לשמש {ביום כ"ג לראייתה, דהיינו כ"ד בסיון, **והיינו** לשמואל, א"נ לרב ובהיה לה וסת קודם לכן מעשרים לעשרים, **אבל** כשלא היה לה וסת, סגי לרב בארבע ראיות להפלגה, לקבוע וסת בדילוג בהפלגה, וכמש"ל}, **אירע** לה ראיה ליום כ"ג, קבעה לה וסת לדילוג, מכאן ואילך אינה חוששת אלא לדילוגה, כ"כ הטור בשם הרמב"ן, והוספתי ביאור.

סימן קפט סי"ג(6) • וסת הדילוגין

כתב הרמ"א, דאינה חוששת לוסת ימי החדש בדילוג עד שתקבענו בד' ראיות וג' דילוגין, והיינו להסברא הראשונה לעיל ס"ז, **אבל** להי"א שם, ראיה ראשונה מן המנין, וקבעה כבר בג' ראיות וב' דילוגים, **אבל** בשהיה לה וסת קבוע קודם לכן, אז לד"ה שדינן ראיה ראשונה לוסתה, ואינה מן המנין.

כתב הרמ"א, דכן בדרך זה בהפלגה ודילוגין, כי אין חילוק ביניהם. **רק** י"א כי בדילוג חדש, הראייה הראשונה מן המנין, כמו שנתבאר. **וצ"ע**, דהי"א ס"ל גם בדילוג דהפלגה, דהפלגה ראשונה מן המנין, אלא שאין הפלגה נודעת אלא בב' ראיות, וכדלעיל ס"ב, וא"א בפחות מד' ראיות, אפי' בהפלגות שוות.

המשיכה ראייתה

ראתה ט"ו בניסן והמשיכה ראייתה ד' ימים, וביום ט"ז באייר ראתה והמשיכה ראייתה ג' ימים – [ונראה שלרבותא כתב כן, דאע"פ שראיית י"ז של פעם הא' וב' לא היתה סוף העונה, אלא באמצע, אפ"ה חשבינן לה לעיקר העונה], **ובסיון התחילה לראות בי"ז בו** – [ולא כתב שראתה בי"ז וי"ח כמו שכתב בשתי פעמים הראשונים, דאז היה פשיטא לקבוע הוסת בי"ז וי"ח, כיון שיש שם שני ימים שוים בכל פעם], **י"א שחוששת לדילוג ולוסת שוה, שהרי שלשה לראות ג"פ בי"ז לחדש; וי"א שאין כאן וסת שוה כלל, דהולכין תמיד אחר תחלת הראייה, וכן עיקר.**

[קשה, הא זה מדברי הרמב"ן בטור, וכבר כתב הטור לעיל בשם הרמב"ן, דקימ"ל כשמואל, דבעינן ד' ראיות לוסת הדילוג, ותירץ ב"י דהכא מיירי, שהיה לה כבר וסת, קודם שהתחילה לראות בדילוג, ובזה גם שמואל מודה דסגי בג' ראיות, כמו שכתב בסעיף ז', והיה לו לרמב"ן לפרש כן, דמיירי באשה שהיתה רגילה לראות מי"ד לי"ד יום, ושינתה וראתה בט"ו והמשיכה וכו', ובדרישה מביא בשם רש"ל, וכן פי' מו"ח ז"ל, דמיירי לענין שאם תראה בפעם רביעית בי"ח לחודש, ולפי"ז מיושב מה שסיים הטור: חוששת לימים שהשלישה בהן כוסת הקבוע, ולשאר הימים כוסת הדילוג, דמשמע דוסת הדילוג אינו קבוע עדיין, עכ"ל, ותמיהתי על דבריהם, דהיאך כתב: שחוששת לשאר הימים כוסת הדילוג, דהא כיון שלא נקבע הדילוג כדינו, אין חוששין לו כשיגיע היום שראוי לראות לפי דילוגה, עד שכבר דילגה ג' פעמים כדינה, דהיינו ד' ראיות, וכמו שכתב בסעיף י"א, **ואי** מיירי הטור שכבר ראתה בפעם הרביעית בי"ח, הרי גם וסת הדילוג קבוע, כמו וסת היום י"ז, ולמה קראו דוקא לוסת יום י"ז קבוע, **והנראה** לענ"ד דהרמב"ן עצמו, אע"ג דכתבו משמו שפוסק כשמואל, מ"מ הרמב"ן עצמו מחמיר להלכה כרב, דג' ראיות סגי].

לא קשה מידי, דמיירי כשתראה אח"כ בפעם רביעית, תקבע וסת הדילוג, ולפי דעד השתא לא נקבע, לא קראוהו קבוע, כמו וסת השוה דנקבע כבר, **גם** שאר הוכחותיו שהוכיח דהרמב"ן חש להחמיר כרב, אינם מוכרחים - נקה"כ.

סימן קפט סי"ג(7) • המשיכה ראייתה

ראתה ט"ו בניסן והמשיכה ראייתה ד' ימים, וביום ט"ז באייר ראתה והמשיכה ג' ימים, ובסיון התחילה לראות בי"ז בו:
י"א שחוששת לדילוג, (ולסברא ראשונה בס"ז צריך עוד ראיה), ולוסת שוה, שהרי שלשה לראות ג"פ בי"ז לחדש, **ואע"פ** שראיית י"ז של פעם הא' וב' לא היתה סוף העונה,

אלא באמצע, אפ"ה חשבינן לה לעיקר העונה. **ואם** ראתה בפעם השלישית בי"ז וי"ח, אז קבע הוסת בי"ז וי"ח, כיון שיש שם שני ימים שוים בכל פעם.
וי"א שאין כאן וסת שוה כלל, דהולכין תמיד אחר תחלת הראייה, וכן עיקר.

דיני עקירת וסת הפלגה

סעיף יד - היתה רגילה לראות יום עשרים, (ויש לה בזה וסת קבוע), ושינתה ליום שלשים, זה וזה אסורים – [דאם לא היה וסת קבוע, כיון דשינתה ולא ראתה ביום כ', נעקר חשש יום הכ', כיון שאינו נקבע כבר בג' פעמים].

וכשיגיע יום כ' לראיית שלשים, אסורה משום וסת הראשון – [אבל אין מונין כ' יום משעה שהיתה ראויה לראות ליום כ', כיון שלא ראתה אותו פעם והמתינה עד יום ל'], **ואם לא תראה בו חוששת ליום ל'; שינתה פעמיים ליום ל', זה וזה אסורים; שינתה ג"פ ליום ל', הותר יום כ' ונאסר יום ל'.**

ואם לאחר ששינתה פעם או פעמיים ליום ל' ראתה לסוף כ', חזר וסת של כ' למקומו והותר שלשים - שאע"פ שג' פעמים לא ראתה ביום עשרים, לא נעקר יום כ', כיון שלא ראתה יום ל' {רק שתי פעמים, וראייה שלישית ראתה אחר ל', ‹כגון בל"ב או ל"ג›, א"כ כשראתה לסוף כ' אחר ראיה דלאחר ל', חזר וסת של כ' למקומו - נקה"כ}, **שאם** אשה מדלגת וסת אחד פעמיים וג' פעמים, ואינה רואה בנתים לזמן אחר, וחוזרת לראות לזמן הוסת, לא נעקר הוסת - הרא"ש, וצריכה עוד ג"פ לעקרו, **ודוקא** שלא שינתה לוסת אחר, אבל שינתה לוסת אחר, כבר נעקר הראשון לגמרי, ואם תחזור לראות בו, הרי הוא כתחלת וסת, דבעינן ג"פ לעקירת הראשון ולקביעות השני, והראשון נעשה שני, והשני נעשה ראשון.

ובמעדני מלך כתב, ‹ס"ל דשו"ע איירי, באופן דלא ראתה ביום כ' רק ב' פעמים, ובא להסביר החידוש›, דהטור סובר, דלאו דוקא בשלא ראתה בל' השלישי, אלא שעדיין לא הגיע, אפ"ה כל שחזרה וראתה לכ', חזרה לקביעות הראשון, ואינה חוששת לל', **ואע"פ** שלא נעקר עדיין ע"י שלא ראתה בו, אפ"ה זה שראתה בכ', שהוא יום קביעותה הראשון, מחשיב לה לעקירה של ב' ראיות דל', עכ"ל.

‹י"א דדוקא בב' מיני הפלגות, חזרת ראיית וסת קבוע מפקיעה מהאינו קבוע, דלא יתכנו ב' וסתות אלו באשה א', **אבל** בב' ימי החדש, דיתכן באשה א', אין חזרת ראיית וסתה מפקיעה מחשש היום שאינו קבוע, חוו"ד, **וי"א** דבחזרה לראות ביום וסתה קבוע, בכל ענין אינה חוששת לוסת שאינה קבוע, דעי"ז נתברר שהיתה רק מקרה בעלמא, נו"ב - בדי השלחן›.

ופירוש זה צ"ע, וע"ק, דא"כ אפילו לא היה קביעותה הא' בכ' עקרה וסת הל', דכיון שראתה אח"כ בכ', א"כ עקרה הפלגתה ושינתה לכ', וא"צ לחוש אלא להפלגת כ', ‹לשיטתו דהפלגה קטנה עוקרת הפלגה גדולה›, **ואע"ג** דהרמב"ם כתב נמי, ז"ל, היה דרכה לראות יום כ', ושינתה ליום כ"ב, שניהם אסורים, הגיע יום כ' וראתה, טהר יום כ"ב, שהרי חזרה לוסתה הקבוע, ונעקר כ"ב, מפני שלא נקבע ג"פ, עכ"ל, וכ"כ הרב המגיד, **שם** מיירי בכ' וכ"ב לחדש, וכדמיירי התם לעיל מיניה בהדיא הכי, והלכך אם לא היה לה מתחלה וסת קבוע ליום כ' לחדש, לא היה נעקר כ"ב לחדש, במה שראתה כ' בו, **אבל** הטור והמחבר, דמיירי בהפלגות, שהרי כתבו וכשיגיע יום כ' לראיית ל' כו', א"כ אפילו לא חזרה לקביעותה הראשון, רק ששינתה הפלגתה, שוב אין לחוש להפלגת ל'.

(**ומשמע** מדברי הש"ך, דאם ראתה ב' פעמים ביום ל', ושינתה לכ', בטלה הפלגת ל', **ומשמע** דאפילו ראתה עוד אחר עשרה ימים אחר ראיית כ', בטלה הפלגת ל', כיון שבהפלגה השלישית היה הפסקה, **וכבר** השיגו עליו הס"ט והחוו"ד), ‹**עיין** פת"ש לעיל בסי"ג›.

[**וקשה על הרמב"ן**, ‹שממנו נובע דינו של שו"ע›, **למה כתב ששינתה פעמיים ליום ל', וראתה ביום כ', משמע דעדיין לא עקרה ראיית יום כ' שלש פעמים**, ‹שהוא מפרש כהמעדני מלך›, **ובגמ' שזכרנו אמרו, אפי' אם עקרה ג' פעמים ראיית יום כ'... אה"נ** אילו ראתה אחר ל' **השלישים**, ‹שעבר ג' פעמים יום כ' בלא ראיה›, **ב' ראיות וכ' ימים ביניהם, הוה ג"כ דינא הכי, דחזר הוסת הראשון למקומו, ויש בזה רבותא**, דהותר יום ל', אע"פ שלא נעקר עדיין, כיון דעכשיו חזר הוסת הראשון למקומו. **ונראה** שכן היתה להרמב"ן גירסא אחרת בגמ', ולפי זה באמת, אי לא ראתה ג' פעמים ביום כ', נעקר, **אפי'** אי לא ראתה

יום שלשים שאחריו, וראתה יום כ' שאחר אותן שלשים, **אבל** ברא"ש הגירסא כמו בגמ' שלנו, **וצ"ע** על ב"י ושו"ע שלא הרגיש בזה].

סימן קפט סי"ד • דיני עקירת וסת הפלגה

עקירת וסת שאינו קבוע – ראתה ב' ראיות בהפלגת כ', ולא היתה וסת קבוע, ושינתה לראות הפלגת ל', נעקר חשש הכ'.

עקירת וסת קבוע – היתה לה וסת קבוע להפלגת כ', ושינתה לראות הפלגת ל', זה וזה אסורים, וכשיגיע יום כ' לראיית ל', אסורה משום וסת הראשון, (**ואין** מונין כ' יום משעה שהיתה ראויה לראות ליום כ'), **ואם** לא תראה בו, חוששת ליום ל'; **שינתה** פעמיים ליום ל', זה וזה אסורים; **שינתה** ג"פ ליום ל', הותר יום כ' ונאסר יום ל'.

דלא נעקר הוסת, אלא אם ראתה ג"פ ביום אחר
כתב המחבר, דאם לאחר ששינתה פעם או פעמיים ליום ל' ראתה לסוף כ', חזר וסת של כ' למקומו והותר ל'.
שיטת הש"ך, דהשו"ע איירי אף שג"פ לא ראתה ביום כ', עדיין לא נעקר יום כ', כיון שלא ראתה יום ל' רק ב"פ, וראייה שלישית ראתה אחר ל', כגון בל"ב או ל"ג, וא"כ כשראתה לסוף כ' אחר ראיה דלאחר ל', חזר וסת של כ' למקומו, **שאשה** שמדלגת וסת ג"פ, אם אינה רואה בנתיים לזמן אחר, לא נעקר הוסת, ואם חוזרת לראות לזמן הוסת, צריכה עוד ג"פ לעקרו, (רא"ש), **אבל** שינתה לוסת אחר, כבר נעקר הראשון לגמרי, ואם תחזור לראות בו, הרי הוא כתחלת וסת.

כשחוזרת לראות ביום וסת קבוע, נעקר הוסת שאינו קבוע
שיטת המעדני מלך, דהשו"ע איירי, באופן דלא ראתה ביום כ' רק ב' פעמים, ולפי"ז החידוש הוא, דלאו דוקא בשהגיע יום ל' השלישי ולא ראתה, אלא אפי' אם עדיין לא הגיע, אפ"ה כל שחזרה וראתה לכ', חזרה לקביעות הראשון, ואינה חוששת לל', ונחשב לעקירה של ב' ראיות דל'.

אם יש חילוק בהנ"ל, בין ב' וסתות דהפלגה, וב' וסתות דחדש
שיטת החוו"ד דדוקא בב' מיני הפלגות, חזרת ראיית וסת קבוע מפקיעה מהאינו קבוע, דלא יתכנו ב' וסתות אלו באשה א', **אבל** בב' ימי החדש, דיתכן באשה א', אין חזרת ראיית וסתה מפקיעה מחשש היום שאינו קבוע.
ולהנו"ב, בחזרה לראות בוסתה קבוע, בכל ענין אינה חוששת לוסת שאינה קבוע, דעי"ז נתברר שהיתה רק מקרה בעלמא.

כשחזרה לראות ביום שאינו קבוע, בהפלגה וביום החודש
והש"ך לשיטתו ס"ל, דאי כהמע"מ, אפי' לא היה וסת קבוע לכ', כיון שראתה אח"כ בכ', עקרה הפלגתה ושינתה לכ', דהפלגה קטנה עוקרת הפלגה גדולה, וא"צ לחוש אלא להפלגת כ'.
וזהו דוקא לענין חשש הפלגה וכנ"ל, **משא"כ** בחשש יום החודש, דוקא כשיש לה וסת קבוע לראות יום כ', ושינתה ליום כ"ב, דשניהם אסורים, הוא דאם הגיע יום כ' וראתה, טהר יום כ"ב, שהרי חזרה לוסתה הקבוע, ונעקר כ"ב, (וכשיטת הנו"ב הנ"ל), **אבל** אם לא היה לה מתחלה וסת קבוע ליום כ' לחדש, לא היה נעקר כ"ב לחדש במה שראתה כ' בו.

דהפלגה קטנה עוקרת הפלגה גדולה אפי' בין ראיה ב' לג'
ומדברי הש"ך אלו הוכיח הפת"ש בסי"ג דלא כהחוו"ד, דאם ראתה ב' פעמים ביום ל', ושינתה לכ', בטלה הפלגת ל', ומשמע דאפי' ראתה עוד אחר י' ימים אחר ראיית כ', בטלה הפלגת ל', כיון שבהפלגה השלישית היה הפסקה.

שיטת הרמב"ן לפי הס"ז בעקירת וסת קבוע
והס"ז לומד כהמע"מ, והטעם דהרמב"ן (מקור השו"ע) לא איירי כשלא ראתה ג"פ ביום כ', דס"ל דא"כ נעקר יום כ', אף שלא ראתה יום ל' שלאחריו לפעם שלישי, ודלא כשיטת הרא"ש הנ"ל, **וכתב** דהוי צ"ע על ב"י ושו"ע שלא הרגיש בזה.

שינתה הפלגתה או הפסיקה ג"פ

סעיף טו - שינתה ראיותיה ולא השוות אותם, כגון ששינתה פעם אחת ליום ל' והשניה לל"ב, והג' לל"ד, נעקר וסת הראשון ואין לה וסת כלל - וא"ת כיון שראתה פעמיים בדילוג ב' ימים, הו"ל לחוש ליום ל"ו, **י"ל** שמאחר שלא ראתה בדילוג אלא ב"פ, א"צ לחוש כלל, שכבר נתבאר שוסת הדילוג, כל זמן שלא הוקבע בג"פ, אינה חוששת לו כלל - ב"י, **והיינו** לשמואל, אבל למאי דמחמרינן לעיל ס"ז כרב, אם כן ה"ה הכא, צריכה לחוש לוסת הדילוג, כיון שדילגה ב"פ, **והב"ח** השיג על הב"י וז"ל, וב"י כתב כאן שראתה פעמיים בדילוג כו', וליתא, שאין כאן כי אם ג' ראיות ל' ול"ב ול"ד, ואין כאן אלא דילוג אחד... עכ"ל, **ודבריו** תמוהים.

מיהו חוששת להפלגה אחרונה, דהיינו ליום ל"ד, **עוד** כתב בב"י, דחוששת לעונה בינונית, וכבר כתבתי דהיינו לימי החדש.

ואם חזרה לראות ביום הוסת הראשון - (ונראה דמיירי, שראתה בשיעור הפלגת וסת הראשון, מיום ל"ד שראתה באחרונה - חוו"ד), **חזר לקביעותו הראשון, וחוששת לו תמיד עד שיעקר ממנה שלש פעמים.**

וה"ה להפסיקה מלראות שלש עונות, ואחר כך חזרה לראות ביום הוסת הראשון - (הכא דמיירי בוסת הפלגה, ע"כ מיירי שראתה שתי ראיות, שיהיה מינכר הפלגתה לכ' יום).

[**בטור** לא כתב לשון "וה"ה", אלא "ואם הפסיקה ולא ראתה, משעבר עליה יום כ', ובדקה ולא ראתה, שוב אינה

חוששת לעולם", **ופי'** ב"י דמיירי ג"כ מהא דלעיל, דהיינו שעברו עליה ג' עונות, ג' פעמים כ' יום שהיתה רגילה לראות בהם, ולא ראתה בהם, ומה שכתב "משעבר עליה כ' יום", ר"ל ג' פעמים עשרים יום, הוה מסולקת דמים, ואינה חוששת אח"כ, **משמע** דאם קודם שעברו עליה ג' עונות של כ' יום, לא הותר לה כל יום כ' שבתוכם, אע"פ שלא ראתה ביום כ' השני, נאסרת ביום כ' השלישי].

[**אבל** רש"ל פי' דברי הטור כאן וז"ל, מה שכתב "ואם הפסיקה כו'", אני אומר דאין הטעם כאן משום דהיא מסולקת דמים, ולא איירי הכא דהפסיקה ג' עונות דוקא, **אלא** אפי' כשהפסיקה פעם אחת לגמרי, ולא שינתה ראיותיה כלל, שוב אינה חוששת לאותו יום לעולם, כדמשמע הלשון להדיא, **והטעם** דאינה חוששת ליום כ' הבא, משום דאין כאן הפלגה של כ', כיון שהפסיקה ולא ראתה, ואם נחוש ליום כ' הוה הפלגת מ' מראיה אחרונה, דאין סברא לומר דחשבינן אותו יום שהפסיקה ולא ראתה דהוה מקרה וכאילו ראתה דמי, דסוף סוף לא ראתה, **ולפיכך** אינה חוששת אפי' לעונה בינונית, דהיינו ל' יום לראיה אחרונה, דדוקא באשה שאין לה וסת קבוע אמרינן הכי, אבל זו שיש לה וסת קבוע, אלא שהפסיקה לראות ביום הקבוע, **אין לנו לחוש כלל ליום ל'**, מאחר דליכא ריעותא לפנינו, ומש"כ הטור "חזרה לראות חוששת" כו', מיירי אפי' הפסיקה מלראות בג' עונות, חוששת ליום עשרים, דלעולם כל היכא שהפסיקה וחזרה לראות, חוזרת לוסת הראשון וחוששת לו מראיה זו, **אלא** דבהפסיקה ג' עונות הוה מסולקת דמים, ואינה חוששת אלא ליום עשרים מראיה זו, דתלינן דחזרה לוסת הראשון, (**ועיין** חוו"ד שכתב, דחוששת להפלגה גדולה של ג' עונות שהפסיקה, **וגם** לעונה בינונית), **אבל** בדלא הפסיקה ג' עונות וראתה, חוששת נמי לשיעור ההפלגה מראייה האחרונה עד ראייה זו שראתה עכשיו].

[**ומש"ה** כתב לעיל, היכא דשינתה מכ' לל', דכשיגיע יום כ' לראיית ל' אסורה, ולא אמרינן דחוששת ליום העשירי שלאחר ראיית שלשים, שהוא יום עשרים לוסת הא' שהיה ראוי לבוא, **אלמא** דמסתבר לן טפי למתלי בראיה, מלמיתלי ביום שהיתה ראויה לראות, וכדרב הונא בריה דרב יהושע בסוף פ' בנות כותים, **כ"ש** היכא דליכא ראיה כלל, דלא תלינן במאי דלא בא לעולם, **ולא** דמי לוסת החדש, דאם עבר עליה ר"ח ולא ראתה, חוששת לר"ח הבא אחריו, עד שיעברו עליה ג' ר"ח ולא תראה, דצריך לעקרו ג"פ, ואם לאו תלינן דמקרה היה דלא ראתה בר"ח שעבר, וחוששת לר"ח הבא, **אבל** בוסת ההפלגה, מיד כשהגיע יום כ' והפסיקה ולא ראתה, אין כאן וסת לאותו יום, דהפלגה תלויה בראיה שאחריה ראיה זו, והיא אינה יודעת לאיזה יום מפלגת, ולא כב"י, עכ"ל].

[**וקשה** דלפי דברי רש"ל, יהיה חילוק בין הפלגת ימים לחדש בזה, והלא בפירוש כתב הטור אח"כ: כעקירת וסת ההפלגה כן עקירת וסת החדש, משמע דשוין הם לגמרי, רק שזו חוששת ליומה וזו לחדש].

לא קשה מידי, דודאי לענין עקירה שוין הן, דהיינו כל שעקרתו והפסיקה בג' עונות, ולא ראתה ביום כ' בשום פעם, או ששינתה בג' ראיות שוות, כי היכי דוסת ההפלגות נעקר בכך, הוא הדין וסת החדש נעקר בכך, **מיהו** היכא דהפסיקה ולא ראתה ביום כ', נהי דאינה חוששת להפלגת כ', דהיינו ראיית מ', מ"מ לא נעקר וסת של כ', דהיינו כשחזרה וראתה צריכה מיד לחוש ליום כ', **אבל** כשהפסיקה בג' עונות, כיון שהוסת נעקר, א"כ אע"פ שחזרה וראתה, א"צ לחוש ליום כ', רק כשחזרה וראתה ביום כ', אז נקבע הוסת הראשון - נקה"כ.

[**תו** נראה ראיה ברורה ממקום שהביא הרב רש"ל לדבריו נראה לענ"ד להוכיח משם איפכא, דבסוף פרק בנות כותים קיימא לן כרב הונא בריה דרב יהושע, דמנינן הפלגת עשרים מיום ששינתה, **דהיינו** יום ל', ולא יום עשרים שהיתה ראויה לראות, **וכתב** בת"ה הארוך וז"ל, ואילו זו מונה עשרים מזמן העשרים שהיתה ראויה לראות, נמצא שהיא חוששת שמא יקדים האורח לבוא, ואינו בדין שזו שינתה לרחק, **ואנו** ניחוש שמא תקרב, עכ"ל, **הרי** שהיה מסתבר לחשוב ההפלגה מיום שהיתה ראויה לראות, אלא שאין אומרים כן כיון ששינתה לרחק בראיית שלשים, **משמע** דאילו לא ראתה כלל, היינו חושבים ההפלגה של כ' מיום שהיתה רגילה לראות, שלא כדברי רש"ל, **דלפי** דבריו אין צריך לומר כלל משום ריחוק וקירוב, אלא שאין שום אפשר לחשוב הפלגה מזמן שהיתה ראויה לראות ולא ראתה באמת, **אלא** על כרחך שזה אינו].

אינה ראיה, דז"ל בת"ה הארוך שם, ומאיזה זמן היא מונה הכ', מראיית הל' ולא מראיית הכ' שהיא

למודה לראות, לפי שהאורח לא היה רגיל לבוא בפחות מכ', ואילו זו מונה כ' מזמן הכ', נמצא כו', **הרי** דעיקר טעמו משום דהאורח לא היה רגיל לבוא בפחות מכ', וה"ה איפכא, היכא דהאורח לא היה רגיל לבוא ביותר מכ', וא"כ זו שלא ראתה ליום כ' אינה חוששת ליום למ' - נקה"כ.

[והחילוק שחילק הרב, בין וסת הפלגת ימים לחדש, לענין

אם לא ראתה פעם אחת, לא הבנתיו כלל, דודאי כמו שאם לא ראתה בר"ח אחד, **שחוששת** לר"ח השני שאחריו, עד שיעקר ג' פעמים, ה"נ בהפלגת ימים, **דאטו** ראייה זו היא גורמת לראיית הפלגה שאחריה, עד שתאמר כיון שזה בטל, בטל ג"כ זה, **דמנא** לן לומר כן, דכיון שאין סילוק דמים באשה זו, נאמר מה שלא ראתה פעם אחת בהפלגה היה דרך מקרה, וממילא יש בה עדיין דמים יתרים, ואורח בזמנו יבא לימי הפלגתו כדרכה].

הוא מובן לפענ"ד, דבשלמא בוסת החודש, אע"פ שלא

ראתה בר"ח, יש לומר מקרה הוא שלא ראתה בר"ח זה, אבל בר"ח אחר תראה, כיון דרגילה לראות בר"ח תראה עוד כהרגלה בר"ח, **אבל** בהפלגות א"א לומר כן, דהרי כשתראה לסוף מ', לא תראה בהפלגת כ', נמצא עלו כל דברי מהרש"ל כהוגן - נקה"כ.

[הלכך נראה לענ"ד, כפי' הב"י כן עיקר, דמיירי הטור

בהפסיקה ג' עונות דוקא].

האריך לסתור דברי מהרש"ל, וכל דבריו אינם נראין,

דפשט לשון הטור מובן לכל מעיין כמהרש"ל - נקה"כ.

[**אלא** שמה שכתב הטור אחר זה, "חזרה לראות", נראה

דנתכוין לכל אחד כדינו, דהיינו בשינתה ראייתה, צ"ל דחזרה לראות כשיעור הפלגה ראשונה שהיא כ', דהיינו מן ראיית ל"ד, ממילא הוי כוסת ראשון, **ובהפסיקה** לגמרי, די בכך כל אימת שתחזור לראות, מ"מ תחוש ליום כ' שלאחריו, והיינו כדעת הרמב"ן דסוף סימן זה, שכתב שמשעברו ימי העיבור והנקה, ותראה פעם אחת, חוזרת לוסתה, אפי' אינה רואה בזמן וסתה, עכ"ל, וכ"ש הכא דנימא כן, דהלא גם כאן הם דברי הרמב"ן, וכן פסק בשו"ע סוף סי' זה, **וא"כ** תימה על השו"ע, שכתב כאן גם בהפסיקה, "ואח"כ חזרה לראות ביום הוסת", דהא אין צריך לזה, כמו שכתב הוא עצמו בסוף הסי', **ותו** דכאן דמיירי בהפלגת ימים, אי אפשר להמצא הפלגה רק אחר

שתי ראיות, **ע"כ** נראה, דמה שכתב השו"ע "ביום הוסת" בסוף הסעיף, הוא שלא בדקדוק, וכאשר כתבתי נראה נכון מכל צד בסיעתא דשמיא].

לא דק, דהכא כיון שהפסיקה, ולא ראתה ג' עונות,

ממילא נעקר לגמרי וסת של כ', ואפי' תראה אחר כך, אין צריכה לחוש ליום כ', כיון שהפסיקה ג' עונות, **ולא** דמי לדלקמן סוף סי' זה, דהתם לא נעקר וסתה, אלא דבימי העיבור והנקה לא היתה צריכה לחוש להן, דמסולקת דמים היא בימי העיבור והנקה, הלכך כשעברו ימי העיבור והנקה, מיד שחזרה וראתה, צריכה לחוש להפלגות שהיתה רגילה, משא"כ הכא, **וא"כ** מה שכתב, "דמה שכתב השו"ע 'ביום הוסת' בסוף הסעיף, הוא שלא בדקדוק", לא דק, דהוא בדקדוק זך ונמרץ, דכיון דפסקה מלראות ג' עונות, לא חזר וסת הראשון למקומו, עד שתחזור לראות ביום הוסת הראשון, דהיינו שתראה ראיה אחת, ואח"כ ראיה ב' ליום כ', דאז חזר וסתה למקומו לכל דבר, וכל זה ברור - נקה"כ.

סימן קפט סט"ו • שינתה הפלגתה או הפסיקה ג"פ

שינתה ראיותיה ולא השוות אותם

כגון ששינתה פעם אחת ליום ל', והשניה לל"ב, והג' לל"ד, נעקר וסת הראשון ואין לה וסת כלל, **שמאחר** שלא ראתה בדילוג אלא ב"פ, א"צ לחוש כלל, שוסת הדילוג כל זמן שלא הוקבע בג"פ, אינה חוששת לו כלל, והיינו לשמואל, **אבל** למאי דמחמרינן לעיל ס"ז כרב, א"כ ה"ה הכא, צריכה לחוש לוסת הדילוג, כיון שדילגה ב"פ, (ודלא כהב"ח).

מיהו חוששת להפלגתה האחרונה, דהיינו ליום ל"ד, **ועונה** בינונית, ולהש"ך היינו לימי החדש.

ואם חזרה לראות ביום הוסת הראשון, היינו בשיעור הפלגת וסת הראשון מיום ל"ד שראתה באחרונה, חזר לקביעותו הראשון, וחוששת לו תמיד עד שיעקר ממנה ג"פ.

הפסיקה מלראות ג' עונות

כתב המחבר דה"ה להפסיקה מלראות ג' עונות, ואח"כ חזרה לראות ביום הוסת הראשון, דהיינו שראתה שתי ראיות בהפלגת כ' יום, חוזר לקביעותו הראשון, וחוששת לו תמיד עד שיעקר ממנה ג"פ.

אם יש חילוק בחזרה לראות, בין שינתה ראיותיה להפסיקה

וכתב הט"ז, דהגם דבשינתה ראיותיה, כשחזרה לראות, היינו דוקא כשיעור הפלגה ראשונה שהיא כ', דהיינו מן ראיית ל"ד, **בהפסיקה** לגמרי, די בכך דכל אימת שתחזור לראות, תחוש ליום כ' שלאחריו, **והיינו** כמו שפסק בשו"ע סוף סי' זה, דכשעברו ימי העיבור והנקה, ותראה פעם אחת, חוזרת לוסתה, אפי' אינה רואה בזמן וסתה, וכ"ש הכא דנימא כן, **וא"כ** תימה על השו"ע, שכתב כאן גם בהפסיקה, "ואח"כ חזרה לראות ביום הוסת", דהא א"צ לזה וכנ"ל, **ותו** דבהפלגת ימים א"א להמצא רק אחר שתי ראיות, **ע"כ** נראה, דמש"כ השו"ע "ביום הוסת", הוא שלא בדקדוק.

והש"ך דוחה, דהט"ז לא דק, דהכא כיון שהפסיקה ולא ראתה ג' עונות, ממילא נעקר לגמרי וסת של כ', ואפי' תראה פ"א אח"כ, א"צ לחוש ליום כ', **ולא** דמי לדלקמן סוף סי' זה, דהתם לא נעקר וסתה, אלא דבימי העיבור והנקה דמסולקת דמים היא, לא היתה צריכה לחוש להן, הלכך כשעברו ימי העיבור והנקה, מיד שחזרה וראתה צריכה לחוש להפלגות שהיתה רגילה, **משא"כ** הכא, **וא"כ** הוא בדקדוק זך ונמרץ, דלא יחזור וסת הראשון למקומו, עד שתחזור לראות ביום הוסת הראשון, דהיינו שתראה ראיה א', ואח"כ ראיה ב' ליום כ'.

כשהפסיקה אם צריכה לחוש להפלגה גדולה

וכתב הט"ז, דכשראתה פעם א' אחר שהפסיקה ג' עונות, אינה חוששת להפלגה גדולה של ג' עונות, דהוה מסולקת דמים, **ואינה** חוששת אלא ליום כ' מראיה זו, דתלינן דחזרה לוסת הראשון. (**וי"א** דחוששת להפלגה גדולה של ג' עונות שהפסיקה, וגם לעונה בינונית), **אבל** בשהפסיקה פחות מג' עונות וראתה, חוששת נמי לשיעור ההפלגה מראייה האחרונה עד ראייה זו שראתה עכשיו.

הפסיקה מלראות עונה אחת

הב"י משמע, דקודם שעברו עליה ג' עונות של כ' יום, לא הותר לה כל יום כ' שבתוכם, ואע"פ שלא ראתה ביום כ' השני, נאסרת ביום כ' השלישי.

אבל רש"ל כתב, דאפי' כשהפסיקה פעם א' לגמרי, ולא שינתה ראיותיה כלל, שוב אינה חוששת ליום כ' לעולם, **דכיון** שהפסיקה ולא ראתה, אין כאן הפלגה של כ', דאם נחוש ליום כ' הוה הפלגת מ' מראיה אחרונה, **דאין** סברא לומר דחשבינן אותו יום שהפסיקה ולא ראתה דהוה מקרה וכאילו ראתה דמי, דסוף סוף לא ראתה, **וגם** אינה חוששת אפי' לעונה בינונית, דדוקא באשה שאין לה וסת קבוע אמרינן הכי, אבל זו שיש לה וסת קבוע, אלא שהפסיקה לראות ביום הקבוע, אין לנו לחוש כלל ליום ל', מאחר דליכא ריעותא לפנינו.

והקשה הט"ז, דלדברי רש"ל יהיה חילוק בין הפלגת ימים לחדש בזה, והלא בפירוש כתב הטור: כעקירת וסת ההפלגה כן עקירת וסת החדש, משמע דשוין הם לגמרי, רק שזו חוששת ליומה וזו לחדש.

ודוחה הש"ך, דלא קשה מידי, דודאי לענין עקירה שוין הן, דהיינו כל שעקרתו והפסיקה בג' עונות, ולא ראתה ביום כ' בשום פעם, או ששינתה בג' ראיות שוות, כי היכי דוסת ההפלגות נעקר בכך, ה"ה וסת החדש נעקר בכך, **מיהו** היכא דהפסיקה ולא ראתה ביום כ', נהי דאינה חוששת להפלגת כ', דהיינו ראיית מ', **מ"מ** לא נעקר וסת של כ', דהיינו כשחזרה וראתה (אפי' שלא בהפלגת כ') צריכה מיד לחוש ליום כ', **אבל** כשהפסיקה בג' עונות, כיון שהוסת נעקר, א"כ אע"פ שחזרה וראתה, א"צ לחוש ליום כ', רק כשחזרה וראתה ביום כ', אז נקבע הוסת הראשון. (**והש"ך** והט"ז לשיטתם לעיל).

וכתב רש"ל, דלא דמי לוסת החדש, דאם עבר עליה ר"ח ולא ראתה, חוששת לר"ח הבא אחריו, עד שיעברו עליה ג' ר"ח ולא תראה, דבעבר פ"א תלינן דמקרה היה דלא ראתה בר"ח שעבר, **דבוסת** ההפלגה, מיד כשהגיע יום כ' והפסיקה ולא ראתה, אין כאן וסת לאותו יום, דהפלגה תלויה בראיה שאחריה ראיה זו, והיא אינה יודעת לאיזה יום מפלגת.

והקשה הט"ז, דהחילוק שחילק בין וסת הפלגת ימים לחדש, אינו מובן כלל, דאטו ראייה זו היא גורמת לראיית הפלגה שאחריה, עד שתאמר כיון שזה בטל, בטל ג"כ זה, דמנא לן לומר כן, דכיון שאין סילוק דמים באשה זו, נאמר מה שלא ראתה פעם אחת בהפלגה היה דרך מקרה, וממילא יש בה עדיין דמים יתרים, ואורח בזמנו יבא לימי הפלגתו כדרכה.

ודוחה הש"ך, דהוא מובן, דבהפלגות א"א לומר כן, דהרי כשתראה לסוף מ', לא תראה בהפלגת כ'.

וכתב הט"ז, הלכך נראה לענ"ד, דהב"י הוא העיקר. **והש"ך כתב** דכל דבריו אינם נראין, ומובן לכל מעיין כמהרש"ל.

דיני עקירת וסת החודש

סעיף טז - כיוצא בזה דין עקירת וסת ר"ח. כיצד, היתה רגילה לראות בר"ח, ועבר עליה ר"ח ולא ראתה, חוששת לר"ח עד שיעברו עליה שלשה ר"ח.

עברו עליה שלשה ר"ח ולא ראתה, אינה חוששת להם - ‹אף אם הקדימה לראות בכל פעם קודם שהגיע יום הוסת, אלא שלא המשיכה ראייתה עד עונת הוסת - הגר"ז›. **חזרה וראתה בר"ח, חזר הוסת למקומו** - וה"ה לשינתה ראיותיה ג' פעמים לראיות שאינן שוות, וחזרה וראתה בראש חודש, חזר הוסת למקומו, וצריך ג' פעמים לעקרו.

(**עיין** חוו"ד, דאפילו יש לה ב' וסתות קבועים, באופן המבואר בסעיף ל"ב, והפסיקה וסת אחת ג' עונות, וחזרה וראתה ביום הוסת, ג"כ חזר הוסת למקומו).

(**עיין** בתשו' נודע ביהודה שנשאל, אם עברו עליה שני ר"ח, ולא ראתה, ושוב נתעברה, ועברו ימי העיבור והנקה, ושוב הגיע ר"ח ולא ראתה, אם מצטרפת עקירה זו עם שתי העקירות ראשונות, להיות נחשב עקירה ג"פ, **והשיב**, דלדעת המחבר לקמן סעיף ל"ד, וכן לדעת הרמב"ן המובא בש"ך שם, פשוט כיון שצריכה לחוש, גם לענין עקירה מחשב עקירה, ומצטרף עם ב' הראשונות, **אבל** לדעת יש מגדולי המורים שהביא הטור שם, לא משכחת דין זה כלל, **ולכן** בנ"ד, אם אחר ההנקה עדיין לא ראתה כלל, או ראתה פ"א שלא בשעת וסתה, ושוב הגיעה שעת וסתה, ולא ראתה, א"צ לחוש לוסת הראשון ממ"נ, דלדעת המחבר וכן לדעת הרמב"ן, נחשב ג' עקירות, ולדעת יש מגדולי המורים, בלא"ה א"צ לחוש כ"ז שלא ראתה באותו

וסת, **ואם** אח"כ שוב תראה באותו וסת, לכו"ע בפ"א חוזר לקביעותה, כיון שעדיין לא קבעה וסת אחר).

סימן קפט סט"ז • דיני עקירת וסת החודש

היתה רגילה לראות בר"ח, ועבר עליה ר"ח ולא ראתה, עדיין חוששת לר"ח, עד שיעברו עליה ג' ר"ח.

עברו עליה ג' ר"ח ולא ראתה, **וה"ה** לשינתה ראיותיה ג' פעמים לראיות שאינן שוות, **אינה** חוששת לר"ח, **ואף** אם הקדימה לראות בכל פעם קודם שהגיע יום הוסת, אלא שלא המשיכה ראייתה עד עונת הוסת. **חזרה** וראתה בר"ח, חזר הוסת למקומו, וצריך ג"פ לעקרו.

כתב החוו"ד, דאפי' יש לה ב' וסתות קבועים, באופן המבואר בסעיף ל"ב, והפסיקה וסת אחת ג' עונות, וחזרה וראתה ביום הוסת, ג"כ חזר הוסת למקומו.

אם עברו עליה שני ר"ח, ולא ראתה, ושוב נתעברה, ועברו ימי העיבור והנקה, ואחר ההנקה עדיין לא ראתה כלל, או ראתה פ"א שלא בשעת וסתה, ושוב הגיע ר"ח ולא ראתה, **א"צ** לחוש אח"כ לוסת הראשון ממ"נ, **דלדעת** המחבר לקמן סל"ד, דמיד אחר שעברה ימי הנקה צריך לחוש לוסתה, **וכן** לדעת הרמב"ן המובא בש"ך שם, דרק אחר שראתה פעם א', אפי' שלא בשעת וסתה, צריך לחוש, **פשוט**, כיון שצריכה לחוש, גם לענין עקירה מחשב עקירה, ומצטרף עם ב' הראשונות, **ולדעת** יש מגדולי המורים, בלא"ה א"צ לחוש כל זמן שלא ראתה באותו וסת, **ואם** אח"כ שוב תראה באותו וסת, לכו"ע בפ"א חוזר לקביעותה, כיון שעדיין לא קבעה וסת אחר.

וסת שנקבע באונס

סעיף יז - כל וסת שנקבע מחמת אונס, הגה: כגון שקפצה וראתה, אפי' ראתה בו כמה פעמים, הגה: אם לא קבעה אותן לימים, אינו וסת, שמפני האונס ראתה – [זה דלא כדעת הטור, שפסק אפילו לקפיצות לחוד יש וסת, וכן במה שכתב סוף הסעיף, דכבר נקבע יום זה ג' פעמים כו', הוא שלא כדעת הטור, שפסק באותו דין שנקבע וסת ליום א' ולקפיצות, שקפיצה דאתמול גרמה שראתה ביום א' שלאחריו].

(**עיין** כו"פ שנסתפק, אם דוקא בצירוף ימים הוא דנקבע, או דנקבע ג"כ בצירוף וסת הגוף, **כגון** אשה שקפצה, והתחילה לפהק ולעטוש וראתה דם, וכן ג"פ, אבל כמה פעמים קפצה לבד או פיהקה לבד, ולא ראתה, **דאפשר** דמצטרפים ג"כ, ויש לה וסת אם תקפוץ ותפהק, והגמרא דנקט צירוף ימים, חדא מינייהו נקט, והניח בצ"ע).

הגה: ומ"מ חוששת לו כמו לוסת שאינו קבוע - כיון שאירע כן ג"פ, כן הוא בהג"מ, ומביאו ב"י וד"מ.

(**עיין** חוו"ד שכתב, דאם יש לה שעה קבועה אחר הקפיצה, כגון שבשעה ג' אחר הקפיצה היא רואה, אינה חוששת רק לאותה שעה, דאתיא קביעותא דשעה ועקרה לה לוסת שאינו קבוע, **וכן** אם הקפיצות היו בשעות מכוונים, כגון בשעה ו' מהיום, א"צ לחוש רק לשעה ההיא, דהיינו אם קפצה בשעה ההיא, אבל לא מקודם או לאחריו).

ונ"ל דלא אתא אלא לאפוקי, שא"צ לחוש לכל פעם שתקפוץ, כשלא אירע כן ג' פעמים, **אבל** לוסת החדש ולהפלגה, צריכה לחוש אפילו בפעם אחת, כגון שקפצה וראתה, ואחר כ' יום חזרה וקפצה וראתה, צריכה לחוש לוסת ההפלגה, ואם אח"כ תקפוץ לסוף כ', צריכה לחוש לו כל העונה, **דלו** יהא ראתה מכ' לכ' בלא קפיצה, צריכה לחוש לכ', וכי בשביל שקפצה מתחילה יגרע, הא השתא נמי קפצה בכ', **ועוד** כיון דע"י קפיצה ליום ידוע בג"פ קבעה וסת, כדלקמן סי"ח, אם כן בחדא זימנא נמי מיחש חיישא, **וכן** אם קפצה בט"ו בניסן, וקפצה בט"ו באייר, צריכה לחוש לאותו יום, שהוא לוסת החדש ע"י קפיצה, דהא וסת החדש הוא כוסת ההפלגה בכל דבר, **אבל** אם לא תקפוץ אח"כ לאותו וסת, א"צ לחוש, דמה שראתה מתחילה, היה על ידי קפיצה, **ואע"ג** דגבי פיהוק אמרינן לקמן, דחוששת לוסת החדש אף בלא פיהוק, שאני התם כיון שמתחילה ראתה שלא ע"י אונס, כן נ"ל.

(**ועיין** חוו"ד שכתב, דמיירי ביש לה וסת קבוע, או שראתה בינתיים, דאז ליכא חשש ליום החודש מטעם עו"ב, רק מטעם גרמת יום החודש, ובזה כתב שפיר דא"צ לחוש לוסת החודש בלא קפיצה, **אבל** במקום דהחשש הוא מטעם עו"ב, כגון שאין לה וסת, וגם לא ראתה בינתיים, ודאי דצריכה לחוש).

סימן קפט סי"ז(1) • וסת שנקבע באונס

וסת לקפיצות לחוד

כל וסת שנקבע מחמת אונס, כגון שקפצה וראתה, אפי' כמה פעמים, אם לא קבעה אותן לימים, אינו וסת, שמפני האונס ראתה, **ודעת** הטור, שאפילו לקפיצות לחוד יש וסת.

וסת לקפיצות ולימים, או עם וסת הגוף

ואם נקבע ליום ידוע, הוי קביעת וסת, וכדלקמן סי"ח.

יש שנסתפק, אי נקבע ג"כ בצירוף וסת הגוף, כגון אשה שקפצה, והתחילה לפהק ולעטוש וראתה דם, וכן ג"פ, **אבל** כמה פעמים קפצה לבד או פיהקה לבד, ולא ראתה, **דאפשר** דמצטרפים ג"כ, ויש לה וסת אם תקפוץ ותפהק, **והגמ'** דנקט צירוף ימים, חדא מינייהו נקט, **והניח** בצ"ע.

וסת לקפיצות לחוד שאירע כן ג"פ, הוי כוסת שאינו קבוע ומ"מ חוששת לו כל פעם שתקפוץ, כמו לוסת שאינו קבוע, כיון שאירע כן ג"פ.

וי"א דאם יש לה שעה קבועה אחר הקפיצה, כגון שבשעה ג' אחר הקפיצה היא רואה, אינה חוששת רק לאותה שעה, דאתיא קביעותא דשעה ועקרה לה לוסת שאינו קבוע, **וכן** אם הקפיצות היו בשעות מכוונים, כגון בשעה ו' מהיום, א"צ לחוש רק לשעה ההיא, דהיינו אם קפצה בשעה ההיא, אבל לא מקודם או לאחריו.

ראתה פעם אחת, חוששת ליום החודש והפלגה כשקופצת
והא דצריך ג"פ, היינו שא"צ לחוש לכל פעם שתקפוץ, כשלא אירע כן ג"פ, **אבל** לוסת החדש והפלגה, צריכה לחוש אפי' בפ"א, כגון שקפצה וראתה, ואחר כ' יום חזרה וקפצה וראתה, צריכה לחוש לוסת ההפלגה, ואם אח"כ תקפוץ לסוף כ', צריכה לחוש לו כל העונה, **וכן** אם קפצה בט"ו בניסן, וקפצה בט"ו באייר, צריכה לחוש לאותו יום, שהוא לוסת החדש ע"י קפיצה, **דהא** אם ראתה מכ' לכ' בלא קפיצה, צריכה לחוש לכ', וכי בשביל שקפצה מתחילה יגרע, הא השתא נמי קפצה בכ', **ועוד** כיון דע"י קפיצה ליום ידוע בג"פ קבעה וסת, אם כן בחדא זימנא נמי מיחש חיישא, **אבל** אם לא תקפוץ אח"כ לאותו וסת, א"צ לחוש, דמה שראתה מתחילה, היה על ידי קפיצה, **ואע"ג** דגבי פיהוק אמרינן לקמן, דחוששת לוסת החדש אף בלא פיהוק, **שאני** התם כיון שמתחילה ראתה שלא ע"י אונס.

ולעונה בינונית חוששת לאותו יום אפי' בלא קפיצה
וי"א דמיירי ביש לה וסת קבוע, או שראתה בינתיים, דאז ליכא חשש עו"ב, **אבל** במקום דהחשש הוא מטעם עו"ב, כגון שאין לה וסת, וגם לא ראתה בינתיים, ודאי דצריכה לחוש לאותו יום אף בלא קפיצה.

קפצה בשבת וראתה בא' בשבת

קפצה וראתה, קפצה וראתה, קבעה לה וסת לימים בלא קפיצות – ‹פי' פעמים שקבעה לה כו' – הגר"ז›. **כיצד, קפצה באחד בשבת וראתה דם, ולאחר כ' יום קפצה באחד בשבת וראתה דם, ולאחר י"ט יום קפצה ביום השבת ולא ראתה דם, ולאחר השבת ראתה בלא קפיצה, הרי נקבע אחד בשבת אחר כ', שהרי נודע שהיום גרם לה, ולא הקפיצה, וכבר נקבע יום זה ג"פ, וכן כל כיוצא בזה.**

(**עיין** חוו"ד שכתב, דאם כל הג' פעמים ראתה ביום הקפיצה, רק בפעם ד' ראתה ביום שלאחר הקפיצה, תליא בפלוגתא שהביא הט"ז ס"ס י"ט, **דלדעת** המחבר אמרינן, ג"כ איגלי מילתא דיומא קא גרים, **ולדעת** הרב שם, לא קבעה רק להרכבה).

אבל הרשב"א וטור פסקו, שתולין ראיית א' בשבת בקפיצה של אתמול, וקבעה וסת ליום א' ולקפיצה, אבל לא לימים לחודייהו, וכ"כ הרב המגיד בשם הרמב"ן, דמסתברא כיון דוסתות דרבנן נקטינן לקולא, ומביאו הב"י, **ותימה** על המחבר והרב שהשמיטו דעתם, **ועוד** שכן ג"כ דעת הראב"ד והרא"ש, **ועוד** דאע"פ דסברא הוא ‹שלא› להקל, ‹ר"ל אף את"ל לדעת המחבר והרב הסברא היא שלא להקל›, מ"מ קולא דאתי לידי חומרא הוא, ‹דאפי' קולת הטור יש לו צד חומרא, ואם דעת המחבר והרב להחמיר, הו"ל להביא גם דעת הטור, ושיש להחמיר כחומרת שניהם – מחה"ש›, **דלסברת** הרמב"ם דקבעה וסת לימים לחודייהו, אם לא ראתה אח"כ ג"פ ביום א', עקרה וסתה, **אבל** לסברת המקילין, דסוברים דלא קבעה וסת אלא לימים ולקפיצות, לא נעקר הוסת בכך, כיון דלא קפצה, דהאי דלא ראתה משום דלא קפצה הוא, אבל אם תקפוץ לאותו יום חוששת, וכדלקמן סכ"ו.

(**ועיין** חוו"ד שכתב, דמ"מ, ‹היינו אפי' לדעת הטור מובא בש"ך›, אם היו כל הג' פעמים בהפלגות שוות, ובכל הג"פ ‹או אפי' ב' פעמים – חוו"ד›, קפצה ביום שקודם הראיה, קבעה וסת לימים לחודייהו, ולא תלינן בקפיצה דאתמול, **דדוקא** אם ראתה ב"פ ביום הקפיצה, תלינן ראיה ג' בקפיצה דאתמול, **משא"כ** בשכל הג"פ לא ראתה ביום הקפיצה, תלינן בימים לחודייהו).

(**ועיין** בנו"ב, דדוקא בקפיצה של אתמול תולין, אבל אם קפצה באמצע הזמן, קודם ההפלגה כמה ימים, ולא ראתה, ושוב ראתה ביום הפלגה, לכו"ע אמרינן איגלי מילתא למפרע דיומא גרים).

סימן קפט סי"ז(2) • קפצה בשבת וראתה בא' בשבת

פעמים אף כשקפצה וראתה, קבעה וסת לימים בלא קפיצות
כיצד, קפצה בא' בשבת וראתה דם, ולאחר כ' יום קפצה בא' בשבת וראתה דם, ולאחר י"ט יום קפצה ביום השבת ולא ראתה דם, ובא' בשבת ראתה בלא קפיצה, **הרי** נקבע א' בשבת אחר כ', שהרי נודע שהיום גרם לה, ולא הקפיצה, וכבר נקבע יום זה ג"פ, וכן כל כיוצא בזה.

אם רק בפעם הד' ראתה ביום שלאחר הקפיצה, אבל כל הג"פ ראתה ביום הקפיצה, י"א דתליא בפלוגתא שהביא הט"ז ס"ס י"ט, **דלדעת** המחבר אמרינן ג"כ איגלי מילתא דיומא קא גרים, **ולדעת** הרב שם, לא קבעה רק להרכבה.

אבל הטור חולק על פסק השו"ע, ופסק שתולין ראיית א' בשבת בקפיצה של אתמול, וקבעה וסת ליום א' ולקפיצה, ולא לימים לחודייהו, דכיון דוסתות דרבנן נקטינן לקולא.
ותימה על המחבר והרב שהשמיטו דעתו, **ואם** דעת המחבר

והרב להחמיר, אפי' קולת הטור יש לו צד חומרא, והו"ל להביא גם דעת הטור להחמיר כחומרת שניהם, **דלסברת** המחבר דקבעה וסת לימים לחודייהו, אם לא ראתה אח"כ ג"פ ביום א', עקרה וסתה, **אבל** לסברת הטור, לא נעקר הוסת בכך, כיון דלא קפצה, דהאי דלא ראתה משום דלא קפצה הוא, **אבל** אם תקפוץ לאותו יום חוששת.

אם כל הג"פ (או אפי' ב"פ), קפצה ביום שקודם הראיה, י"א דאפי' לדעת הטור, קבעה וסת לימים לחודייהו, ולא תלינן בקפיצה דאתמול, **דדוקא** אם ראתה ב"פ ביום הקפיצה, תלינן ראיה ג' בקפיצה דאתמול.

אם קפצה באמצע הזמן, קודם ההפלגה כמה ימים, ולא ראתה, ושוב ראתה ביום הפלגה, **י"א** דאפי' לדעת הטור אמרינן דיומא גרים, **דדוקא** בקפיצה של אתמול תולין.

וסת לקפיצות ולימים

סעיף יח - קפצה ביום ידוע, כגון בר"ח או באחד בשבת, וראתה בו, ואירע כן בג' ר"ח או בג' אחד בשבת, קבעה לה וסת, וחוששת לכל פעם שתקפוץ באותו זמן - עד שתקפוץ ג' אותם זמנים ותמצא טהור, שאין הוסת נעקר אלא כעין שהוא נקבע.

(**ונראה**, דאם אח"כ חזרה וקפצה בר"ח וראתה, דחזר הוסת למקומו, כמו בסעיף ט"ו, גבי הפסיקה ג' עונות וחזרה וראתה - חוו"ד).

וחוששת דהכא, היינו כל העונה, (היינו לאחר הקפיצה - חוו"ד), כיון דקבעה וסת לקפיצות ולימים, כדלקמן סכ"ה.

(**כתוב** בחוו"ד, דאם קבעה וסת להפלגה ולקפיצות, אפילו אם הפסיקה בראיה בינתיים, לא נתבטלה ההפלגה, דכאן אמרינן דדוקא ההפלגה מהראיה שביום הקפיצה גורם הראיה שאחריה, וכן הדין בפיהוק והפלגה).

(**כתב** הס"ט דאין וסת מורכב נקבע אלא ברציפות, אבל אם יש חודש אחד בינתיים, דלא קפצה ולא ראתה, אינו נקבע, וכ"כ הגר"ז, **אבל** החוו"ד סבר דהוסת נקבע גם באופן זה).

ואם אח"כ הגיע א' בשבת ולא קפצה, או שקפצה בשני בשבת, אינה חוששת, שהרי לא קבעה אלא לקפיצות של אחד בשבת.

סימן קפט סי"ח • וסת לקפיצות ולימים

קפצה ביום ידוע, כגון בר"ח או בא' בשבת, וראתה בו, ואירע כן בג' ר"ח או בג' א' בשבת, **קבעה** לה וסת, וחוששת לכל פעם שתקפוץ באותו זמן, **וחוששת** כל העונה (אחר הקפיצה), **ואם** אח"כ הגיע א' בשבת ולא קפצה, או שקפצה בב' בשבת, אינה חוששת, שהרי לא קבעה אלא לקפיצות של א' בשבת.

והוסת אינו נעקר עד שתקפוץ ג' אותם זמנים ותמצא טהור, שאין הוסת נעקר אלא כעין שהוא נקבע. **ואם** אח"כ חזרה וקפצה בר"ח וראתה, חזר הוסת למקומו.

ואם קבעה וסת להפלגה ולקפיצות, אפי' אם הפסיקה בראיה בינתיים, לא נתבטלה ההפלגה, דדוקא ההפלגה מהראיה שביום הקפיצה גורם הראיה שאחריה, **וכן** הדין בפיהוק והפלגה.

י"א דאין וסת מורכב נקבע אלא ברציפות, אבל אם יש חדש אחד בינתיים דלא קפצה ולא ראתה, אינו נקבע, **וי"א** דהוסת נקבע גם באופן זה.

וסתות שבגופה

סעיף יט - יש קובעת וסת על ידי מקרים שיארעו בגופה, כגון שמפהקת, דהיינו כאדם שפושט זרועותיו מחמת כובד, או כאדם שפותח פיו מחמת כובד, או כאדם שמוציא קול דרך הגרון - מתוך המאכל שאכל.

וכן אם מתעטשת דרך מטה - ומדברי הרמב"ם בפירוש המשנה נראה, דמתעטשת היינו מלמעלה, **ונראה** דלענין דינא שניהם אמת.

או חוששת בפי כריסה – [נגד טיבורה], **ובשיפולי מעיה** – [בבית הרחם], **או שאחזוה צירי הקדחות, או שראשה ואיבריה כבדים עליה, בכל אחד מאלו אם יארע לה שלש פעמים וראתה, קבעה לה וסת, שבכל פעם שהיא חוששת מהם אסורה לשמש.**

(**ועיין** בתשו' פני יהושע, כתב דדה"ה בראתה תחלה כעין מוגלא, ואחר זה דם, דהיינו שופעת דם טמא מתוך דם טהור, **ולדינא** דבריו נכונים - ס"ט).

ומיהו בפיהוק או עיטוש של פעם אחת אין הוסת נקבע, אלא כשעושה כן הרבה פעמים זה אחר זה - דאל"כ אין הוסת נקבע בכך, כי זה דרך כל העולם, ואין כאן שינוי, **ואם אירע לה כן שלש פעמים, שבכל פעם עשתה כן הרבה פעמים, הרי זה וסת** - ואפילו מאן דסובר לעיל

סעיף י"ז, דלא קבעה וסת לקפיצות לחוד, **התם** ה"ט, משום דעיקר הראיה אינו אלא מחמת אונס, משא"כ הכא, [דפיהוק הוא מצד טבע האשה להיות כן משעת ראייתה ממותרי הליחה שבה], רשב"א, ופשוט.

סימן קפט סי"ט(1) • וסתות שבגופה

יש קובעת וסת ע"י מקרים שיארעו בגופה, כגון שמפהקת, דהיינו כאדם שפושט זרועותיו מחמת כובד, או כאדם שפותח פיו מחמת כובד, או כאדם שמוציא קול דרך הגרון מתוך המאכל שאכל. **וכן** אם מתעטשת דרך מטה, וי"א דמתעטשת היינו מלמעלה, ולענין דינא שניהם אמת. **או** חוששת בפי כריסה נגד טיבורה, ובשיפולי מעיה בבית הרחם, **או** שאחזוה צירי הקדחות, **או** שראשה ואיבריה כבדים עליה, **וי"א** דה"ה בראתה תחלה כעין מוגלא, ואחר זה דם, דהיינו שופעת דם טמא מתוך דם טהור, **בכל** אחד מאלו אם יארע לה ג"פ וראתה, קבעה לה וסת, שבכל פעם שהיא חוששת מהם אסורה לשמש.

ומיהו בפיהוק או עיטוש של פ"א אין הוסת נקבע, כי זה דרך כל העולם ואין כאן שינוי, **אלא** כשעושה כן הרבה פעמים זה אחר זה, ואם אירע לה כן ג"פ, שבכל פעם עשתה כן הרבה פעמים, הרי זה וסת.

ואפי' למאי דס"ל לעיל סי"ז, דלא קבעה וסת לקפיצות לחוד, **התם** אינו אלא מחמת אונס, **משא"כ** הכא דפיהוק הוא מצד טבע האשה להיות כן משעת ראייתה ממותרי הליחה שבה.

וסת הגוף לזמן ידוע

וכל אלו הוסתות שבגופה אין להם זמן ידוע, אלא בכל פעם שיקרה לה זה המקרה, הוא וסת. ואם בא וסת הגוף לזמן ידוע, כגון מר"ח לר"ח או מכ' יום לכ' יום, קבעה לה וסת לזמן ולמיחוש הוסת, ואינה חוששת אלא לשניהם ביחד, ואם הגיע העת ולא בא המיחוש, או שבא המיחוש בלא עתו, אינה חוששת – [ב"י פי', דאינה חוששת כמו וסת קבוע, אבל מ"מ כוסת שאינו קבוע חוששת, כמו שכתב סעיף כ"ו], ‹דצריך לחוש בוסת הגוף לוסת שאינו קבוע›.

הגה: ודוקא שקבעה וסת לשניהם ביחד, אבל מתחלה חוששת לכל אחד בפני עצמו, כי אינה יודעת איזה מהן תקבע, וכמו שנתבאר לעיל גבי וסת הדילוג וימים, או בהפלגה ובימים, וכן יתבאר בסמוך – [משמע שחולק על הב"י, וסבירא ליה דכאן אינה חוששת לגמרי, כיון שמבורר לנו שאין חשש בפיהוק זולת הימים, מדלא ראתה שום פעם בפיהוק ביום אחר, ויום זה נקבע לה דוקא לפיהוק, **דהא לא** החמיר לתת לה דין וסת שאין קבוע אלא קודם הקביעות].

ודוקא שקבעה וסת לשניהם ביחד - ואז כשהגיע העת ולא באו שניהם ביחד, אינה חוששת כלל, אפילו כדין וסת שאינו קבוע, לא לוסת המקרה ולא לוסת היום, **אבל** כשלא קבעה שניהם ביחד, חוששת לכל אחד בפני עצמו.

(**ועיין** חוו"ד שהשיב על הש"ך, דודאי חוששת לכתחלה לוסת היום גרידא, ‹אפי' כשקבעה שניהם ביחד›, כמו לוסת שאינו קבוע, רק כוסת קבוע אינה חוששת, **דהיינו** לענין אם עבר היום ולא בא המיחוש, ולא בדקה דמותרת, **אבל** באותו היום אסורה, כמבואר בסכ"ה, דאסורה כמו וסת ימים גרידא, ‹ומשמע דבעי בדיקה›, **והרמ"א** לא פליג רק בבא המיחוש ולא בא העת, כמו שציין הט"ז עצמו).

‹וכ"כ הש"ך בנקה"כ בסכ"ה, דאסורה כל היום, **ועיין** בגר"ז וז"ל: אינה חוששת כלל אפי' כדין וסת שאינו קבוע – ט"ז ש"ך, ובהגיע העת ולא בא המיחוש אינה צריכה בדיקה אפילו לכתחילה, להתירה אחר העונה, אבל כל העונה אסורה, כדלקמן סעיף כ"ה, עכ"ל. **והיינו** דהתם בסכ"ה הוי הדין דאסורה בתשמיש, משום חשש דשמא תפהק ויהיה יום וסתה, אבל כל עוד שלא פיהקה ליכא חיוב בדיקה, דבאמת עדיין אינו יום וסתה, **משא"כ** לפי סברת ב"י, חשיב יום וסתה ויש חיוב בדיקה, **ועוד** נ"מ, באופן דבאמת תראה ביום זה בלא פיהוק, דלב"י הוי איגליא מילתא דיומא קגרים, וכדמבואר בפת"ש לעיל בסי"ז, **משא"כ** לש"ך אינו מגלה כלום›.

סימן קפט סי"ט(2) • וסת הגוף לזמן ידוע

אם בא וסת הגוף לזמן ידוע, כגון מר"ח לר"ח או מכ' יום לכ' יום, קבעה לה וסת לזמן ולמיחוש הוסת, ואינה חוששת אלא לשניהם ביחד.

ומבואר בב"י, דאם הגיע העת ולא בא המיחוש, או שבא המיחוש בלא עתו, אינה חוששת כוסת קבוע, **אבל** מ"מ כוסת שאינו קבוע חוששת, **דהיינו** לענין אם עבר היום ולא בא המיחוש, ולא בדקה דמותרת.

והרמ"א חולק, דדוקא מתחלה קודם הקביעות, חוששת לכל אחד בפני עצמו כוסת שאין קבוע, כי אינה יודעת איזה מהן תקבע, **אבל** אחר שקבעה וסת לשניהם ביחד, כיון שמבורר לנו שאין חשש בפיהוק זולת הימים, מדלא ראתה שום פעם בפיהוק ביום אחר, ויום זה נקבע לה דוקא לפיהוק, **ולכן** אינה חוששת בבא המיחוש ולא בא העת, **אמנם** לפי הט"ז אפי' להרמ"א ודאי חוששת לכתחלה לוסת היום גרידא, כמבואר בסכ"ה, דאסורה כמו וסת ימים גרידא, **אבל** לפי הש"ך

להרמ"א אינה חוששת כלל, אפילו כדין וסת שאינו קבוע, לא לוסת המקרה ולא לוסת היום.

ומקשים על הש"ך, דודאי חוששת לכתחלה לוסת היום גרידא, כמו לוסת שאינו קבוע, אפי' כשקבעה שניהם ביחד, וכדמבואר בסכ"ה, ומשמע דבעי בדיקה, **וע"כ** הרמ"א לא פליג רק בבא המיחוש ולא בא העת, כמו שפי' הט"ז, **וכ"כ** הש"ך בנקה"כ בסכ"ה, דאסורה כל היום. **ויש מתרצים**, דהתם בסכ"ה איירי באיסור תשמיש, ומשום חשש דשמא תפהק ויהיה יום וסתה, **אבל** כל עוד שלא פיהקה ליכא חיוב בדיקה, דבאמת עדיין אינו יום וסתה, **משא"כ** לפי סברת ב"י, חשיב יום וסתה ויש חיוב בדיקה, **ועוד** נ"מ, באופן דבאמת תראה ביום זה בלא פיהוק, דלב"י הוי איגליא מילתא דיומא קגרים, וכדמבואר בפת"ש לעיל בסי"ז, **משא"כ** לש"ך אינו מגלה כלום.

פיהקה בר"ח, ואם בפעם שלישית פיהקה היום וראתה למחר

סעיף כ - פיהקה ב' פעמים בר"ח וראתה, ואחר כך פיהקה שלא בר"ח וראתה, הוברר הדבר שאין ר"ח גורם אלא הפיהוק; וכן אם בפעם השלישית ראתה בר"ח בלא פיהוק, הוברר הדבר שאין הפיהוק גורם אלא הר"ח.

אבל אם פיהקה ב' פעמים בר"ח, ובפעם השלישית פיהקה בכ"ט לחדש ולא ראתה, ובר"ח ראתה בלא פיהוק, קבעה לה וסת לפיהוק של ר"ח, שפיהוק של אתמול גרם לראייה של ר"ח - ולא דמי לדלעיל ס"ס י"ז, דאמרינן דהיום גורם, ולא קפיצה דאתמול, **דשאני** קפיצה דמחמת אונס הוא בא, כ"כ בדרישה, ועיין במשמרת הבית דכתב ג"כ, דיותר מסתבר לומר גבי פיהוק, דהפיהוק של אתמול גרם, מבקפיצה.

סימן קפט ס"כ • פיהקה בר"ח, ואם בפעם שלישית פיהקה היום וראתה למחר

פיהקה ב' פעמים בר"ח וראתה, ואח"כ פיהקה שלא בר"ח וראתה, הוברר הדבר שאין ר"ח גורם, אלא הפיהוק; **וכן** אם בפעם הג' ראתה בר"ח בלא פיהוק, הוברר הדבר שאין הפיהוק גורם, אלא הר"ח.

אבל אם פיהקה ב"פ בר"ח, ובפעם הג' פיהקה בכ"ט לחדש ולא ראתה, ובר"ח ראתה בלא פיהוק, **קבעה** לה וסת לפיהוק של ר"ח, שפיהוק של אתמול גרם לראייה של ר"ח, **ולא** דמי לדלעיל ס"ס י"ז, דאמרינן דהיום גורם, ולא קפיצה דאתמול, **דיותר** מסתבר לומר דהפיהוק של אתמול גרם, מבקפיצה, דשאני קפיצה דמחמת אונס הוא בא.

וסת הגוף שאינו קבוע

סעיף כא - פיהקה בר"ח וראתה, וחזרה ופיהקה בתוך ימי החדש, חוששת לאותו הפיהוק ואסורה לשמש עד שתבדוק.

[קשה, הא איתא בסי' זה סעיף ד', באם לא קבעתו ג' פעמים, ולא בדקה ולא ראתה, כיון שעברה עונתה מותרת, **ונראה** דכאן בפיהוק גרע טפי, כיון שדרך הטבע הוא באשה לפהק בשעת ראייתה, או סמוך לו, הוה ריעותא לפנינו שהיא טמאה, ועל כן חמיר טפי משאר וסת שאינו קבוע].

לא קשה מידי, דהכא ודאי א"א לומר שתחוש אלא עד שתפהק, לכך אמר ואסורה לשמש עד שתבדוק, כלומר בסמוך אחר הפיהוק אסורה לשמש, **אבל** אם עבר זמן מופלג אחר הפיהוק ולא הרגישה, מותרת כיון שאינו קבוע, כדמשמע לקמן סכ"ו, **אבל** לעיל ס"ד, כיון שתלוי בזמן, א"כ מיד אחר הזמן אפי' בסמוך לו, כל שלא הרגישה מותרת, דכבר עבר זמנו, דהזמן נודע - נקה"כ.

שכל וסת בין של ימים בין של גוף, חוששת לו בפעם אחת, ויש לחוש שמא תקבע וסת לפיהוק בלא זמן ידוע; ואם בדקה ונמצאת שלא ראתה, אינה חוששת עוד לפיהוק גרידא, אבל חוששת לראש חדש, שמא תקבע לראשי חדשים.

סימן קפט סכ"א • וסת הגוף שאינו קבוע

פיהקה בר"ח וראתה, וחזרה ופיהקה בתוך ימי החדש, חוששת לאותו הפיהוק, **שכל** וסת בין של ימים בין של גוף, חוששת לו בפ"א, דיש לחוש שמא תקבע וסת לפיהוק בלא זמן ידוע. **ואסורה** לשמש עד שתבדוק.

והקשה הט"ז, הא בוסת שאינו קבוע, ולא בדקה ולא ראתה, כיון שעברה עונתה מותרת, **ותירץ** דפיהוק גרע טפי, דכיון שדרך הטבע הוא באשה לפהק בשעת ראייתה או סמוך לו, הוה ריעותא לפנינו שהיא טמאה.

והש"ך כתב דלא קשה מידי, דהכא ודאי א"א לומר שתחוש אלא עד שתפהק, לכך אסורה עד שתבדוק, כלומר בסמוך אחר הפיהוק אסורה לשמש, **אבל** אם עבר זמן מופלג אחר הפיהוק ולא הרגישה, מותרת כיון שאינו קבוע, **אבל** וסת שאינו קבוע שתלוי בזמן, מיד אחר הזמן אפי' בסמוך לו, כל שלא הרגישה מותרת, דכבר עבר זמנו, דהזמן נודע.

ואם בדקה ונמצאת שלא ראתה, אינה חוששת עוד לפיהוק גרידא, **אבל** חוששת לר"ח, שמא תקבע לראשי חדשים.

פיהקה בהפלגה

סעיף כב - וכן הדין בימים, אם פיהקה היום, ופיהקה לסוף ל', אם תפהק אפילו שלא ביום שלשים, חוששת לאותו פיהוק, שמא תקבע לפיהוק גרידא.

פיהקה בתוך שלשים ולא ראתה, אינה צריכה לחוש עוד לפיהוק גרידא, אבל צריכה לחוש לסוף שלשים.

וכן צריכה לחוש ליום הקבוע בחדש שפיהקה בו, שמא תקבע וסת לימים.

סימן קפט סכ"ב • פיהקה בהפלגה

וכן אם פיהקה היום, ופיהקה לסוף ל', אם תפהק אפי' שלא ביום ל', חוששת לאותו פיהוק, שמא תקבע לפיהוק גרידא.

פיהקה בתוך ל' ולא ראתה, א"צ לחוש עוד לפיהוק גרידא, אבל צריכה לחוש לסוף ל'.

וכן צריכה לחוש ליום הקבוע בחדש שפיהקה בו, שמא תקבע וסת לימים.

קביעת וסת הגוף ע"י מקרים שונים, וע"י אכילת דברים חריפים

סעיף כג - כל אלו הוסתות שנקבעים על ידי מקרה, אין אחד קובע עם חבירו, אלא כל שפיהקה שלש פעמים וראתה, קבעה וסת; אבל אם פיהקה פעם אחת ונתעטשה שתי פעמים, אין מצטרפים.

הגה: אכלה שום וראתה, אכלה בצל וראתה, אכלה פלפלין וראתה, יש אומרים שקבעה לה וסת לראות ע"י כל אכילת דברים חמים.

‹וכתב ב"י, שמדברי הרא"ש ומרדכי משמע כן, **ודבריו** תמוהים, דלשון הרא"ש כדברי הגמ', ובמרדכי משמע להיפך – גר"א›.

(**כתב** החוו"ד, ומ"מ אם אכלה שאר דברים חמים ג"פ, ולא ראתה, לא נעקר וסתה מאכילת שום ובצלים ופלפלין, **אבל** אם אכלה שום ג"פ, ולא ראתה, נעקר הוסת מכל הדברים, כיון דנעקר מין אחד מהמינים שנתחזקה על ידן, נתבטלה כל החזקה, ונעקר הכל).

‹**בפשוטו** נראה, דדוקא בכה"ג, כיון דראתה בג' מינים חריפים, אבל אם אכלה ג' פעמים שום, קבעה רק לשום, **וגם** באכלה ב' פעמים שום וראתה, ואכלה בצל וראתה, לא הוקבע כלל, **וא"כ** קשה אמאי נקט שו"ע, אם פיהקה פעם אחת, ונתעטשה ב' פעמים, הא כה"ג גם באכילת דברים חריפים לא הוי קביעות, **והו"ל** למינקט, פיהקה פעם אחת, ונתעטשה, וראשה ואבריה כבדים עליה, דהוי ג' ענינים שונים, דלא קבעה, וצ"ע – רעק"א›.

י"א שכל מה שתראה ע"י מאכל, דינו כמו שתראה ע"י קפיצה ושאר מעשה שהיא עושה, שמקרי ראיה ע"י אונס, ואינה קובעת וסת אלא עם הימים. וי"א שדינו כוסת שתראה על ידי מקרה שבגופה, וקובעת אותו אפילו בלא ימים שוים -

‹כתב תוה"ש, שיש להחמיר ולדון אכילת שום כסיבה גמורה לוסת, וקובעת וסת גמור בג' פעמים, וכן חוששת לו בפעם אחת – בדי השלחן›.

סימן קפט סכ"ג • קביעת וסת הגוף ע"י מקרים שונים, וע"י אכילת דברים חריפים

אין מקרה א' קובע עם חבירו, אלא כל שפיהקה ג"פ וראתה, קבעה וסת. **אבל** פיהקה פ"א ונתעטשה ב"פ, אין מצטרפים.

אכלה שום וראתה, אכלה בצל וראתה, אכלה פלפלין וראתה, י"א שקבעה לה וסת לראות ע"י כל אכילת דברים חמים.

אכלה ג"פ שום, קבעה רק לשום.
אכלה ב"פ שום וראתה, ואכלה בצל וראתה, לא הוקבע כלל.

אכלה שאר דברים חמים ג"פ ולא ראתה, י"א דלא נעקר וסתה מאכילת שום ובצלים ופלפלין.
אבל אם אכלה שום ג"פ ולא ראתה, נעקר הוסת מכל הדברים, כיון דנעקר מין אחד מהמינים שנתחזקה על ידן.

י"א שכל מה שתראה ע"י מאכל, דינו כמו שתראה ע"י קפיצה ושאר מעשה שהיא עושה, שמקרי ראיה ע"י אונס, ואינה קובעת וסת אלא עם הימים. **וי"א** שדינו כוסת שתראה ע"י מקרה שבגופה, וקובעת אותו אפי' בלא ימים שוים. **ויש** להחמיר, שקובעת וסת גמור בג"פ, וכן חוששת לו בפ"א.

שעת חששת וסת הגוף

סעיף כד - וכולם, אין חוששין להם אלא לשעתם; כיצד, היתה רגילה לראות עם התחלת הוסת מיד, אסורה כל זמן המשכת הוסת; היתה רגילה לראות בסופו, אינה אסורה אלא בסופו.

בד"א, בזמן שכל הראיה מובלעת בתוך הוסת, אבל אם אין כל הראייה מובלעת בתוך הוסת, אלא נמשכת גם אחר הוסת, אסורה מתחלת הוסת עד סוף עונה אחת.

נראה, כ"ש אם מתחלת גם קודם הוסת, דצריכה לפרוש כל אותה עונה שלפני הוסת, וכל הוסת, וכן מוכח בתה"א ומביאו ב"י, **ואפשר** דהכא אסור כל העונה גם לאחר הוסת, וצ"ע.

‹**ודבריו** תמוהים, כמו שתמהו עליו האחרונים ז"ל, דבמאי איירי הש"ך, אם בוסת הגוף גרידא, איך שייך למיסר לפני הוסת, דהא אינה יודעת מתי יבא לה וסת הגוף, וכי בכל יום תחוש, **ואי** בוסת הגוף בימים ידועים, בלא"ה אסורה כל היום, דלמא יבא לה וסת הגוף, כמבואר בסכ"ה – מקור מים חיים›.

סימן קפט סכ"ד • שעת חששת וסת הגוף

וכולם, אין חוששין להם אלא לשעתם, כיצד, היתה רגילה לראות עם התחלת הוסת מיד, אסורה כל זמן המשכת הוסת; **היתה** רגילה לראות בסופו, אינה אסורה אלא בסופו.

בד"א, בזמן שכל הראיה מובלעת בתוך הוסת, **אבל** אם אין כל הראייה מובלעת בתוך הוסת, אלא נמשכת גם אחר הוסת, אסורה מתחלת הוסת עד סוף עונה אחת.

וכתב הש"ך, דכ"ש אם מתחלת גם קודם הוסת, דצריכה לפרוש כל אותה עונה שלפני הוסת, וכל הוסת, **ואפשר** דאסור כל העונה גם לאחר הוסת, וצ"ע.

ומתמיהין עליו, דבמאי איירי, אם בוסת הגוף גרידא, איך שייך למיסר לפני הוסת, דהא אינה יודעת מתי יבא לה וסת הגוף, **ואי** בוסת הגוף בימים ידועים, בלא"ה אסורה כל היום, דלמא יבא לה וסת הגוף, כמבואר בסעיף כ"ה.

וסת הגוף שנקבע ליום ידוע, מתי חוששין

סעיף כה - אם אחד מאלו בא לזמן ידוע, אז ודאי אסורה כל עונת הוסת, כמו וסת ימים גרידא.

[לעיל הביא ב"י ראב"ד, ומשמע מיניה, שאין חילוק בין קבוע ליום מיוחד או קבוע לחוד, דאינה אסורה אלא לשעתה, והך פסק דהכא שאסורה כל היום כמו בשאר וסת היום, הם ג"כ דברי הראב"ד, ולא קשה מידי, דלעיל לא אמר כן הראב"ד, אלא לענין היתר לפני שעת הוסת, דמותרת שלא כוסת דימים לחוד, דזה מסתבר, שאין חשש קודם הוסת הגוף, דהא תרווייהו בעינן, דהיום והוסת הגוף דוקא גורמים הראיה, אבל כאן איירי אחר הוסת הגוף, בזה שפיר יש לחלק, דבקבוע ליום אסור מן התחלת וסת הגוף עד כלות אותה עונה, הן יום הן לילה, אבל בוסת הגוף בלא יום קבוע, מותרת תיכף אחר שכלה וסת הגוף, וזה דבר ברור לענ"ד].

אין חילוקו בדברי הראב"ד נכון, דכיון דאמרינן דינו כוסת הימים לחוד, אמאי לא תחוש ג"כ לפני הוסת, ועוד דלשון הפוסקים והטור, שכתבו צריכה לפרוש כל העונה כמו וסת ימים לחודיה, משמע דדין וסת ימים לחודיה ממש יש לו - נקה"כ. ‹וע"ש איך שהוא מחלק›.

סימן קפט סכ"ה • וסת הגוף שנקבע ליום ידוע, מתי חוששין

אם אחד מאלו בא לזמן ידוע, אז ודאי אסורה כל עונת הוסת, כמו וסת ימים גרידא.

וכתב הט"ז, דלפני שבא וסת הגוף אין חשש, ומותרת, שלא כוסת דימים לחוד, דהא תרווייהו בעינן, דהיום והוסת הגוף דוקא גורמים הראיה, **אבל** כאן איירי אחר הוסת הגוף, בזה שפיר יש לחלק, דבקבוע ליום אסור מן התחלת וסת הגוף עד כלות אותה עונה, הן יום הן לילה, **משא"כ** בוסת הגוף בלא יום קבוע, מותרת תיכף אחר שכלה וסת הגוף.

אבל הש"ך כתב, דכיון דאמרינן דינו כוסת הימים לחוד, משמע דדין וסת ימים לחודיה ממש יש לו, וחוששין גם לפני הוסת.

עקירת וסת הגוף

סעיף כו - כשם שחוששת לוסת הימים בפעם אחת, כך חוששת לוסת הגוף בפעם אחת. כיצד, היתה מפהקת פעם אחת וראתה, כשתפהק פעם אחרת, חוששת לו.

וכשם שוסת הימים שאינו קבוע נעקר בפעם אחת, שאפילו ראתה שתי פעמים ליום ידוע, אם הגיע זמן שלישי ולא ראתה, נעקר לגמרי, כן הוא וסת הגוף.

וכשם שוסת הימים הקבוע בג' פעמים צריך עקירה ג' פעמים ובדיקה, כן הוא וסת הקבוע בגוף. ומאימתי עקירתו, משיקרה מקרה, ולא תראה.

היה המקרה לזמן ידוע, אינו נעקר אלא אם כן בא המקרה שלש פעמים בזמנו ולא

ראתה; אבל במקרה לבדו, או זמן לבדו, שלא ראתה בהם, אינו נעקר.

(**עיין** בס"ט שכתב, הא דאמרינן בזמן לבד אינו נעקר, היינו לענין זה, דאם הגיע ג"פ היום ולא פיהקה ולא ראתה, מ"מ צריכה לחוש אח"כ אם הגיע היום ופיהקה, **אבל** מ"מ לענין זה נעקר, דא"צ לפרוש כל אותו היום כל זמן שלא פיהקה, מחשש דשמא תפהק, דהא עברו ג' ר"ח ולא פיהקה, וכ"ב החוו"ד).

סימן קפט סכ"ו • עקירת וסת הגוף

חוששין לוסת הגוף בפ"א, כשם שחוששין לוסת הימים בפ"א.

ווסת הגוף שאינו קבוע נעקר בפ"א, שאפי' ראתה ב"פ, אם יקרה פעם ג' ולא ראתה, נעקר לגמרי, וכמו וסת הימים.

ווסת הקבוע בגוף בג"פ צריך עקירה ג"פ ובדיקה, וכמו וסת הימים הקבוע, ומאימתי עקירתו, משיקרה מקרה, ולא תראה.

היה המקרה לזמן ידוע, אינו נעקר אא"כ בא המקרה ג"פ בזמנו ולא ראתה, **אבל** במקרה לבדו, או זמן לבדו, שלא ראתה בהם, אינו נעקר.

וי"א דהא דאינו נעקר, היינו דאף דהגיע ג"פ היום ולא פיהקה ולא ראתה, מ"מ צריכה לחוש אח"כ אם הגיע היום ופיהקה, **אבל** מ"מ לענין זה נעקר, דא"צ לפרוש כל אותו היום כל זמן שלא פיהקה, מחשש דשמא תפהק, דהא עברו ג' ר"ח ולא פיהקה.

שקטנה קובע וסת, וכשפסקה צ' יום

סעיף כז - תינוקת שלא הגיע זמנה לראות, והיא קטנה שלא הגיעה לימי הנעורים - דהיינו שהיתה פחותה מי"ב שנים ויום א', **אפי' הביאה שתי שערות** – [דאמרינן שומא נינהו ולא סימני גדלות], **וכן אפי' הגיעה לימי הנעורים, אם בדקוה ולא הביאה שתי שערות; היא קובעת וסת כשאר נשים בשלש ראיות בשאר הוסתות, ובארבעה בוסת ההפלגות** - וה"ה בכל שאר מיני וסתות.

[מ"מ כל שעדיין לא קבעה, לא חוששת כלל, אפי' לוסת שאינו קבוע, דאמרינן מקרה הוא].

אלא שיש הפרש בינה לגדולה, שאף על פי שהוחזקה רואה וקבעה לה וסת, אם פסקה ג' עונות בינוניות שהם צ' יום ולא ראתה, אינה חוששת לוסתה הראשון כלל, וחזרה לקדמותה.

והדרישה כתב שקשה, למה נקט שפסקה ג' עונות בינוניות, הל"ל שפסקה ג' עונות מהעונות הראשונות, יהיה מה שיהיה כו'. **וכל** דבריו אינם נראים בזה, והדבר ברור, דבגדולה כשקבעה וסת, אמרינן לעיל דבעינן שעקרתו בג"פ, והיינו שיגיע זמן וסתה ולא תראה ג"פ, **אבל** קטנה א"צ עקירה, אלא כיון שעברו עליה ג' עונות בינוניות, חזרה לקדמותה, **ומשכחת** לה בוסת החדש בסירוג, שראתה מב' חדשים לב' חדשים, דבגדולה שקבעה וסת, בעינן שיעברו עליה ג"פ מב' חדשים לב' חדשים ולא תראה, **אבל** בקטנה סגי בצ' יום, **וכן** בוסת ההפלגה אם היה לה וסת מל"ה לל"ה, בגדולה בעינן שיעברו עליה ג"פ מל"ה לל"ה ולא תראה, דהיינו ק"ה ימים, ובקטנה סגי בצ' יום, **וכדמסיים** בטעמא, לפי שאינה בת דמים, נתגלה שדמיה הראשונים מקרה היה, והלכך עקירתה בג' עונות בינוניות כסתם נשים, לכך נקט שלש עונות בינוניות.

ואם לא פסקה ג' עונות בינוניות, אלא שלש עונות קטנות שהיתה רגילה לראות בהן, **אם** היתה אח"כ חוזרת ורואה באותן עונות קטנות פעם א', היתה חוששת להן, **ואפילו** לא ראתה באותן עונות, אלא שראתה פ"א, היתה חוששת לראייתה או לעונה בינונית כשאר נשים, **משא"כ** כשפסקה שלש עונות בינוניות, דראינו שפסקה ממנה הטבע דשאר נשים, אז אמרינן דראיות הראשונות היו מקריות.

אם פסקה ג' עונות... ולא ראתה, אינה חוששת וכו' - [פי' אם לא ראתה עד אחר צ' יום ואז ראתה, אפ"ה אינה חוששת, שמקרה הוא, ואח"כ כתב: ואפי' חזרה לראות באותן עונות, דיש סברא טפי שחזרה לוסת הראשון], ‹וכן› **בדרישה** כתב, דמש"כ אינה חוששת לוסת הראשון כו', קאי אמש"כ אחר זה: ואפילו חזרה לראות, **דאין** לומר דלא ראתה כלל, דאין צריכה לחוש לוסתה הראשון שהיה מר"ח לר"ח, או להפלגתה שהיה לה מכ' לכ', **דא"כ** מאי אריא קטנה, כל נשים דעלמא נמי, עכ"ל.

וליתא, אלא דרישא דהכא בלא חזרה לראות היא, והוא נכון, ‹והחילוק בין קטנה לגדולה הוי כמו שהסביר לעיל בסמוך›, **מיהו** בהפלגה לא שייך לומר שאינה חוששת לוסת הראשון, עד שתחזור לראות אחר צ',

ומש"כ ואפילו חזרה לראות באותן עונות כו', מכלל דברישא בלא חזרה לראות כלל מיירי, משכחת לה בוסת החדש בסירוג, וכדפי', **א"נ** בוסת ההפלגה, וכשראתה אחר צ' יום, דההיא ראיה לא חשיבא ראיה כלל, דכל ראיה דעלמא דהפלגה א"א בפחות מב' ראיות, והלכך מש"כ ואפילו חזרה לראות באותן עונות כו', אי בהפלגה מיירי, ע"כ בחזרה לראות ב' ראיות היא, דההיא חשיבה ראיה א' להפלגה, וזה ברור.

ואפילו חזרה לראות באותן עונות שהיתה למודה (פי' נהוגה) לראות בהן, אינה חוששת עד שתחזור ותקבענו ג' פעמים, לפי שאינה בת דמים, ונתגלה שדמים הראשונים מקרה היה.

ראתה ג' ראיות מג' עונות מכוונות, שלא פיחתה ולא הותירה, נתגלה שדילוג הראשון אינו סילוק דמים, אלא שינוי וסת; לפיכך, ראיה ראשונה שממנה התחילה [לדלג] מצטרפת לג' ראיות אחרונות, ונמצאו ד' ראיות וג' הפלגות ביניהם מצ' לצ'.

אבל אם פיחתה או הותירה, שלא היו הראיות מכוונות, אז אי אפשר לראשונה להצטרף, ועד שתראה ד' ראיות מכוונות אינה קובעת וסת להפלגות.

פיחתה, כגון שראתה ראיה ראשונה לצ"ג, ושנייה לצ"ב, ושלישית לצ"א, **או** הותירה, כגון ראשונה לצ"א, ושניה לצ"ב, ושלישית לצ"ג, (**והיינו** לשמואל דבעי שתשלש בדילוג, אבל למאי דמחמרינן לעיל כרב, ה"ה הכא צריכה לחוש לוסת הדילוג, כיון שדילגה שתי פעמים - מחה"ש). **ואע"ג** דאמרינן לעיל ס"ז בהיה לה וסת קבוע קודם לכן, מצטרפת הראיה הראשונה שהתחילה לדלג ממנה, **שאני** הכא כיון דוסתה לא היה שוה לדילוג, (דלא היה וסתה מקודם לצ"ד או לצ').

[**הכלל** בזה, דכיון שהפסיקה בג' עונות, הלך לו וסת הראשון לגמרי, וכאילו היא עדיין לא ראתה מעולם, וצריכה מחדש ג' ראיות כבתחילה, שאז הוחזקה ברואה דם, **ואפי'** אם תפסיק שנית ותחזור ולא תראה ג' עונות, לא אמרינן שחזרה גם עכשיו לקדמותה, ותצטרך ג' ראיות אחרי הפסקה השניה, זה אינו, דכולי האי לא אמרינן, אלא הראיה הראשונה שאחר הפסקה הראשונה, מתחיל לה להיותה מוחזקת כשתראה עוד ב' פעמים, יהיו אימת שיהיו, **ואני אשתומם** כשעה חדא על רבינו בעל ב"י שהלך בדרך זה, לומר דגם אחר הפסקה שניה אם תראה, הוה כמו אחר הפסקה ראשונה, לענין שלא תהיה מוחזקת בדם, עד אחר ג' ראיות מן הפסקה שניה].

[**וממילא** יש כאן ב' דרכים, בג' ראיות שאחר הפסקה הראשונה, אם הם בדרך שאפשר שתקבע לה וסת, דהיינו שיהיו מכוונים ביום ידוע ג' פעמים, או בהפלגה ד' פעמים עם הראיה שאחר הפסקה, אז קבעה לה וסת כשאר נשים, **ויש** לה עוד וסת הפלגה, **אפי'** בב' פעמים אחר ראיה ראשונה שאחר ההפסקה, דהיינו שתראה אח"כ מצ' לצ' ב' פעמים, אז נצרף גם ראיה האחרונה שראתה קודם ההפסקה, שממנה התחילה לדלג, נמצא שיהיו כאן ד' ראיות וג' הפלגות, **ובזה** נראה לי, אפי' אם לא היה לה וסת קבוע כלל קודם ההפסקה, ולא ראתה רק פעם א' קודם ההפסקה, כיון שכיוונה אח"כ ג"פ מצ' לצ', קבעה לה וסת ההפלגה מצ' לצ', וזה פשוט].

[**ואם** הראיות שאחר ההפסקה הם בדרך שא"א לעשות מהם וסת קבוע, כגון שאין הראיות מכוונות בשוה, אז עכ"פ מהני הג' ראיות שתהיה מוחזקת בדם מאותה שעה, ודינה כאשה שאין לה וסת, **ולא** דמי למה דפסק רמ"א סעיף כ"ח, דקטנה וזקנה אינן חוששות כלל לוסת שאינו קבוע, **דהיינו** כשלא ראתה ג' פעמים, ממילא אינה מוחזקת בדם, משא"כ זו שראתה ג"פ, ממילא היא מוחזקת בדם, ודאי דינה כגדולה שאין לה וסת קבוע], (**ועיין** בס"ט ובחוו"ד שהסכימו לדעת הט"ז - פת"ש סימן קפ"ד ס"ג).

מה שכתב בפירוש דברי הרשב"א ורב גידל, דבריו נכונים, **אבל** מה שהעלה לענין דינא, דתינוקת שראתה ג' פעמים, חוששת לוסת שאינו קבוע, **אינו** נראה לי כלל, דא"כ היאך כתבו הרשב"א והטור והמחבר ורמ"א בסתמא, דאינה חוששת לוסת שאינו קבוע כלל, **ואע"ג** דכשראתה ראיה שלישית מטמאה מעת לעת, היינו לענין שאם ראתה מטמאה למפרע, **אבל** כל שלא ראתה, אינה חוששת שמא תראה כיון שלא קבעה וסת, **דכללא** הוא, דתינוקת אינה חוששת לוסת שאין קבוע - נקה"כ.

סי' קפט סכ"ז • שקטנה קובע וסת, וכשפסקה צ' יום

תינוקת שלא הגיע זמנה לראות, והיא קטנה שהיתה פחותה מי"ב שנים ויום אחד, אפילו הביאה שתי שערות, דאמרינן שומא נינהו ולא סימני גדלות, **וכן** אפי' הגיעה לימי הנעורים, אם בדקוה ולא הביאה שתי שערות, **אע"פ** דכל זמן שעדיין לא קבעה וסת לא חוששת כלל, אפי' לוסת שאינו קבוע, דאמרינן מקרה הוא, **מ"מ** קובעת וסת כשאר נשים בג' ראיות בשאר הוסתות, ובד' בוסת ההפלגות, וה"ה בכל שאר מיני וסתות.

ואע"פ שקבעה לה וסת, אם פסקה ג' עונות בינוניות שהם צ' יום ולא ראתה, כתב המחבר, דחזרה לקדמותה, ואינה חוששת לוסתה הראשון כלל.

ופי' הט"ז הציור, שחזרה וראתה אחר צ' יום, ואפ"ה אינה חוששת, שמקרה הוא, **דאי** לא ראתה כלל, מאי אריא קטנה, כל נשים דעלמא נמי.

אבל הש"ך לומד, דהציור הוא בדלא חזרה וראתה, (**דהא** רק לקמן כתב השו"ע "ואפי חזרה לראות", **ולהט"ז** השו"ע לקמן שכתב שחזרה לראות בעונות, דהיינו בוסתה ראשונה, דזה הוי חידוש יותר, דאעפ"כ אינה חוששת), **וכגון** בוסת בסירוג, דרק בקטנה א"צ לחשוש, משא"כ גדולה וכדלקמן. **ובוסת** הפלגה לא איירי הכא, דאין שייך לחשוש לה בלא ראיה, **א"נ** איירי בוסת ההפלגה, וכשראתה אחר צ' יום, דההיא ראיה לא חשיבא ראיה כלל, דכל ראיה דעלמא דהפלגה א"א בפחות מב' ראיות, **והלכך** מש"כ לקמן ואפילו חזרה לראות באותן עונות כו', אי בהפלגה מיירי, ע"כ בחזרה לראות ב' ראיות היא, דההיא חשיבה ראיה א' להפלגה.

החילוק בין עקירת וסת ג"פ, לפסקה צ' יום דקטנה, כתב הש"ך דנ"מ בוסת החדש בסירוג, שראתה מב' חדשים לב' חדשים, דבגדולה שקבעה וסת, בעינן שיעברו עליה ג"פ מב' חדשים לב' חדשים ולא תראה, **אבל** בקטנה סגי בצ' יום, **וכן** בוסת ההפלגה אם היה לה וסת מל"ה לל"ה, בגדולה בעינן שיעברו עליה ג"פ מל"ה לל"ה ולא תראה, דהיינו ק"ה ימים, **ובקטנה** סגי בצ' יום, וכדמסיים בטעמא, לפי שאינה בת דמים, נתגלה שדמיה הראשונים מקרה היה.

ועוד חילוק, שאם לא פסקה ג' עונות בינוניות, אלא ג' עונות קטנות שהיתה רגילה לראות בהן, אם היתה אח"כ חוזרת ורואה באותן עונות קטנות פעם א', היתה חוששת להן, **ואפי'** לא ראתה באותן עונות, אלא שראתה פ"א, היתה חוששת לראייתה או לעונה בינונית כשאר נשים, **משא"כ** כשפסקה ג' עונות בינוניות, דראינו שפסקה ממנה הטבע דשאר נשים, אז אמרינן דראיות הראשונות היו מקריות, וחזרה לקדמותה, וכאילו היא עדיין לא ראתה מעולם.

ואפילו חזרה לראות באותן עונות שהיתה נהוגה לראות בהן, אינה חוששת, לפי שאינה בת דמים, ונתגלה שדמים הראשונים מקרה היה, **עד** שתחזור ותקבענו ג"פ, דהיינו שיהיו מכוונים ביום ידוע ג"פ, או בהפלגה ד"פ עם הראיה שאחר הפסקה, אז קבעה לה וסת כשאר נשים.

ואם ראתה ג' ראיות מג' עונות מכוונות של צ' יום, שלא פיחתה ולא הותירה, נתגלה שדילוג הראשון אינו סילוק דמים, אלא שינוי וסת, לפיכך, ראיה ראשונה שממנה התחילה לדלג מצטרפת לג' ראיות אחרונות, ונמצאו ד' ראיות וג' הפלגות ביניהם מצ' לצ'. **ואף** אם לא היה לה וסת קבוע כלל קודם ההפסקה, ולא ראתה רק פעם א' קודם ההפסקה, כיון שכיוונה אח"כ ג"פ מצ' לצ', קבעה לה וסת ההפלגה מצ' לצ'.

אבל אם פיחתה, כגון שראתה ראיה ראשונה לצ"ג, ושנייה לצ"ב, ושלישית לצ"א, **או הותירה**, כגון ראשונה לצ"א, ושניה לצ"ב, ושלישית לצ"ג, שלא היו הראיות מכוונות, **אז** א"א לראשונה להצטרף, ועד שתראה ד' ראיות מכוונות אינה קובעת וסת להפלגות. **והיינו** לשמואל דבעי שתשלש בדילוג, **אבל** למאי דמחמרינן לעיל כרב, ה"ה הכא צריכה לחוש לוסת הדילוג, כיון שדילגה שתי פעמים. **ואע"ג** דאמרינן לעיל ס"ז, בהיה לה וסת קבוע קודם לכן, מצטרפת הראיה הראשונה שהתחילה לדלג ממנה, **שאני** הכא דוסתה לא היה שוה לדילוג, דלא היה וסתה מקודם לצ"ד או לצ'.

ואם הראיות שאחר ההפסקה א"א לעשות מהם וסת קבוע, כתב הט"ז, דאז עכ"פ מהני הג' ראיות שתהיה מוחזקת בדם מאותה שעה, ודינה כאשה שאין לה וסת, **ולא** דמי למה דפסק רמ"א בסעיף כ"ח, דקטנה וזקנה אינן חוששות כלל לוסת שאינו קבוע, דהיינו כשלא ראתה ג"פ, ממילא אינה מוחזקת בדם, **משא"כ** זו שראתה ג"פ, ממילא היא מוחזקת בדם, ודינה כגדולה שאין לה וסת קבוע.

והש"ך כתב דאינו נראה לו כלל, דא"כ היאך כתבו והמחבר ורמ"א בסתמא, דאינה חוששת לוסת שאינו קבוע כלל, **ואע"ג** דכשראתה ראיה שלישית מטמאה מעת לעת, היינו לענין שאם ראתה מטמאה למפרע, **אבל** כל שלא ראתה, אינה חוששת שמא תראה כיון שלא קבעה וסת, **דכללא** הוא, דתינוקת אינה חוששת לוסת שאין קבוע.

והס"ט והחוו"ד הסכימו להט"ז.

ואם תפסיק שנית ותחזור ולא תראה ג' עונות, לא אמרינן שחזרה גם עכשיו לקדמותה, ותצטרך ג' ראיות אחרי הפסקה השניה, זה אינו, דכולי האי לא אמרינן, **אלא** הראיה הראשונה שאחר הפסקה הראשונה, מתחיל לה להיותה מוחזקת כשתראה עוד ב"פ, יהיו אימת שיהיו, (**ודלא** כב"י דס"ל, דגם אחר הפסקה שניה, הוה כמו אחר הפסקה ראשונה, ולא תהיה מוחזקת בדם עד אחר ג' ראיות מן הפסקה שניה).

זקנה שעברו עליה ג' עונות

סעיף כח - וכן זקנה שעברו עליה שלש עונות משהזקינה, ולא ראתה, הרי זו מסולקת דמים, ואינה חוששת לוסתה הראשון

- היינו כשלא חזרה לקביעותה הראשון, כדלקמן סל"א.

(וקטנה וזקנה אינן חוששות לוסת שאינו קבוע) -

[פי' כל שלא נקבע ‹הקטנה› עדיין ג"פ, ועיין מש"כ לעיל בסכ"ז], ‹ועיין מה שחלק עליו הש"ך בנקה"כ. ‹ולענין זקנה אף שרהיטת לשון הפוסקים משמע לדמותה לגמרי לקטנה, צ"ע, ונראה דלרוב הפוסקים, דבזקנה כיון

דראתה פעם א' אחר הראיה שלאחר ההפסקה, אפי' שלא בדרך וסתה הראשון, הרי היא ככל הנשים – לחם ושמלה›.

סימן קפט סכ"ח(1) • זקנה שעברו עליה ג' עונות

זקנה שעברו עליה ג' עונות משהזקינה, ולא ראתה, הרי זו מסולקת דמים, ואינה חוששת לוסתה הראשון, כל שלא חזרה וראתה בשעת וסתה, כדלקמן סל"א.

וקטנה וזקנה אינן חוששות לוסת שאינו קבוע. **להט"ז** היינו כשלא ראתה הקטנה עדיין ג"פ, **ולהש"ך** היינו אפי' ראתה ג"פ, כל שלא קבעה וסת, עיין בסכ"ז. **ולענין** זקנה צ"ע.

קביעת וסת בימי נדה וזיבה

כתבו הרשב"א והטור ושאר פוסקים, מדין התלמוד אין האשה קובעת וסת בימי נדתה, ולא בימי זיבה, כיצד ראתה בא' בחדש ובה' בו, שהוא תוך ימי נדה לראיה הראשונה, אפי' נהגה כן ג' פעמים, לא קבעה וסת לה' בחדש, אלא בא' לחדש, **וכן** ראתה בא' בחדש ובט"ו בו, לא קבעה וסת לט"ו, לפי שראיית ט"ו בחודש הוא תוך ימי זיבתה של ראיית א' בחדש, **בד"א** שראתה ממעיין פתוח כדפרישית, אבל ראתה ממעיין סתום, כגון שראתה ב' פעמים בר"ח, ובפעם השלישית ראתה בכ"ה בחודש ובר"ח, אע"פ שראייה השלישית היתה תוך ימי נדות לראיית כ"ה בחודש, קובעת בר"ח, לפי ששתי ראיות הראשונות היו ממעיין סתום, וראיית כ"ה בחודש דמים יתירים נתוספו בה, ומיהר לבא, וחוששת נמי ליום הקדימה, שמא וסת אחר היא קובעת, **והמחבר** והרב השמיטו כל זה, נראה דהיינו מפני שכתב הטור והפוסקים בשם הרמב"ן, דכיון דהאידנא נהגו בנות ישראל להחמיר על עצמן, שלא להפריש בין ימי נדה לימי זיבה, ה"נ לענין קביעת וסת, אין חילוק, לפיכך אם ראתה מט"ו לט"ו קבעה וסת - נקה"כ.

אבל באמת הדבר ברור, דהרמב"ן לא קאמר אלא לחומרא, דקבעה וסת אף בימי נדה וימי זיבה, אבל לא להקל, דודאי לא יחלק על התלמוד, **וכבר** נתבאר לעיל בכמה דוכתי, דיני חומר וסת שאינו קבוע מהקבוע, ‹הא דאיתא בסי"ד, דאשה שנעקר וסת שלה וקבעה לה וסת אחר, אינה חוזרת לוסת הראשון עד שתראה בו ג"פ, אבל כל זמן שלא קבעה וסת אחר, חוזרת לראשון בפ"א›, **גם** מי שאין לה וסת קבוע צריכה לחוש לוסת החודש ולהפלגה, משא"כ בקבוע, כדלעיל סי"ג, ‹דאינה חוששת עוד לוסת שאינה קבוע, וגם אינה חוששת לעו"ב כדאיתא בס"א – בדי השלחן›, **א"כ** בזמן הזה יש להחמיר לקבוע בימי הזיבה ונדה, ונ"מ לענין עקירה, דאף אם נעקר ב' פעמים, צריך לחוש להשלישי, **אבל** להקל, חלילה לנו לחלוק על התלמוד, וא"כ היה להם להמחבר והרב להביא דינים אלו - נקה"כ, ‹ומסיק הש"ך›, ודע דבכל מקום שנאמר בכל סימן זה שקבעה וסתה, אם הוא להקל, הוא דוקא שלא בימי נדה וימי זיבה.

‹והתוה"ש וסד"ט חולקים על הש"ך, דא"כ מה הועילו חכמים בתקנתן שהחמירו כל החומרות הנ"ל, שלא תצטרך אשה למנות ימי נדה וימי זיבה, והא אכתי תצטרך למנות, כדי שאם תקבע וסת, ויהיה בתוך ימי נדה, לא יהא לו דין וסת קבוע להקל, **אלא** ודאי דגם להקל הוי האידנא, דאשה קובעת וסת בימי נדה וזיבה, **ואי** משום קושיא הנ"ל, דאיך אפשר לעקור דין התלמוד, **הא** קי"ל וסתות דרבנן, והם אמרו והם אמרו, **והפליתי** הניח הדין בצ"ע – מחה"ש›.

סימן קפט סכ"ח(2) • קביעת וסת בימי נדה וזיבה

מדין התלמוד אין האשה קובעת וסת בימי נדתה, ולא בימי זיבה, **כיצד** ראתה בא' בחדש ובה' בו, שהוא תוך ימי נדה לראיה הראשונה, אפי' ג"פ, לא קבעה וסת לה' בחדש, אלא בא' לחדש, **וכן** ראתה בא' בחדש ובט"ו בו, לא קבעה וסת לט"ו, שהוא תוך ימי זיבתה של ראיית א' בחדש.

בד"א שראתה ממעיין פתוח וכנ"ל, אבל ראתה ממעיין סתום, כגון שראתה ב"פ בר"ח, ובפעם הג' ראתה בכ"ה בחודש ובר"ח, אע"פ שראייה הג' היתה תוך ימי נדות לראיית כ"ה, קובעת בר"ח, לפי ששתי ראיות הראשונות היו ממעיין סתום, וראיית כ"ה בחודש דמים יתירים נתוספו בה, ומיהר לבא, וחוששת נמי ליום הקדימה, שמא וסת אחר היא קובעת.

והמחבר והרב השמיטו כל זה, מפני דכיון דהאידנא נהגו בנות ישראל להחמיר על עצמן, שלא להפריש בין ימי נדה לימי זיבה, ה"נ לענין קביעת וסת, אין חילוק, לפיכך אם ראתה מט"ו לט"ו קבעה וסת.

אבל כתב הש"ך דלא אמרינן כן אלא לחומרא, ונ"מ לענין עקירה, דאף אם נעקר ב"פ, צריך לחוש להשלישי, **אבל** לא להקל, דודאי לא יחלק על התלמוד, **וציור** דהוי קביעת וסת קולא: כגון הא דאיתא בסי"ד, דאשה שנעקר וסת שלה וקבעה לה וסת אחר, אינה חוזרת לוסת הראשון עד שתראה בו ג"פ, אבל כל זמן שלא קבעה וסת אחר, חוזרת לראשון בפ"א, **גם** מי שאין לה וסת קבוע צריכה לחוש לוסת החודש ולהפלגה, משא"כ בקבוע דאינה חוששת עוד לוסת שאינה קבוע, וגם אינה חוששת לעו"ב, **א"כ** בזה"ז יש להחמיר לקבעו בימי הזיבה ונדה, **אבל** להקל, חלילה לנו לחלוק על התלמוד, **וא"כ** היה להם להמחבר והרב להביא דינים אלו.

והאחרונים חולקים על הש"ך, דא"כ מה הועילו חכמים בתקנתן שהחמירו כל החומרות הנ"ל, שלא תצטרך אשה למנות ימי נדה וימי זיבה, והא אכתי תצטרך למנות, **אלא** ודאי האידנא אשה קובעת וסת בימי נדה וזיבה גם להקל, **ואי** משום קושיא הנ"ל, דאיך אפשר לעקור דין התלמוד, הא קי"ל וסתות דרבנן, והם אמרו והם אמרו. **ויש** שהניח דין זה בצ"ע.

איזו היא זקנה

סעיף כט - איזו היא זקנה, כל (שזקנה כל כך שראויה) שקורין לה אימא בפניה מחמת זקנותה ואינה חוששת.

[**בב"י** מביא פלוגתא דרבי שמואל בר רב יצחק ורבי זירא, בבושה ואינה מקפדת, והרמב"ם פסק כמ"ד אינה מקפדת, ונ"ל מדברי הטור ושו"ע, שכתבו אינה חוששת, משמע דוקא אינה בושה, ממילא לא מקרי זקנה אלא עד שלא תחוש כלל, אפי' בדרך בושת, היינו לחומרא שאז דוקא מקרי זקנה].

‹**משמעות** לשון השו"ע, כמ"ד שאינה מקפדת, דלא כהט"ז, כדברי המיקל, דוסתות דרבנן – הגר"א›.

סימן קפט סכ"ט • איזו היא זקנה

איזו היא זקנה, כל שזקנה כ"כ שראויה שקורין לה אימא בפניה מחמת זקנותה ואינה חוששת.

י"א דמשמעות השו"ע שכתבו "ואינה חוששת", היינו דלא די שאינה מקפדת, אלא כמ"ד דגם אינה בושה, והיינו לחומרא. **וי"א** דמשמעות השו"ע, כמ"ד דדי כשאינה מקפדת, אע"פ שבושה, כדברי המיקל, דוסתות דרבנן.

זקנה שחזרה וראתה שלא בשעת וסתה

סעיף ל - חזרה וראתה, דינה כדין תינוקת שלא הגיע זמנה לראות.

סי' קפט ס"ל • זקנה שחזרה וראתה לא בשעת וסתה

דינה כדין תינוקת שלא הגיע זמנה לראות, דאינה חוששת.

זקנה שחזרה וראתה בשעת וסתה

סעיף לא - חזרה לראות בעונות קטנות שהיתה למודה להיות רואה בהן, חוזרת לקביעותה הראשון; אם וסת ההפלגות, חזרה לקדמותה אם תהיה ההפלגה כמו שהיתה למודה תחלה; ואם בשאר הוסתות, אפי' בפעם אחת חוזרת לקדמותה; שהרי נתגלה שדילוג הראשון לא סילוק דמים היא אלא מקרה. ובזה חמור דין הזקנה מדין הקטנה שלא הגיע זמנה לראות.

סימן קפט סל"א • זקנה שחזרה וראתה בשעת וסתה

חזרה לראות בהוסת שהיתה למודה להיות רואה בהן, **בין** לוסת ההפלגות, שחזרה לראות ב' ראיות בההפלגה שהיתה למודה תחלה, **ובין** בשאר הוסתות, אפי' בפעם א', **חוזרת** לקביעותה הראשון, שהרי נתגלה שדילוג הראשון לא סילוק דמים היא אלא מקרה. **ובזה** חמור דין הזקנה מדין הקטנה שלא הגיע זמנה לראות.

וסת בתוך וסת

סעיף לב- פעמים שהאשה קובעת לה וסת בתוך וסת. כיצד, ראתה שלש פעמים בראש חודש, ורביעית בב' לחודש ובר"ח, וכן בחמישית ובששית, הרי קבעה שתי וסתות –

[והא דנקט בדרך זה ולא בדרך דלעיל ‹בטור›, דהיינו שראתה ג' פעמים בר"ח ובב' לחודש, דקמ"ל רבותא דאע"ג דראיית ר"ח הוא קבוע תחילה, אימא שאין לחוש אלא בר"ח לחוד ולא בב' לחודש דהוא ממעין פתוח, קמ"ל דחוששת לשניהם].

הט"ז גורס בב' לחודש ואינו נכון - נקה"כ, **ועוד** דהא בב' לחדש הו"ל ב' ימים רצופים, דהולכים תמיד אחר תחלת הראיה, וכדלעיל ס"ס י"ג בהג"ה, **והעיקר** כמו שהוא ברוב ספרי הטור ובב"ח ובעט"ז: "בעשרים".

וא"ת והלא ריש ירחא בתוך י"א לראיית עשרים, ‹והראב"ד אזיל לשיטתו, דפסק אף האידנא כדינא דגמ' דאין האשה קובעת בימי זיבתה – גר"א›, **אין** בכך כלום, שהרי קובעתן מתחלה, ונהי דלכתחלה אינה קובעת וסת בתוך י"א, אבל אם נקבע מתחלה, כבר נקבע ואינו נעקר עד שיעקר ממנה ג"פ, עכ"ל הראב"ד.

וכתב עוד הראב"ד, ועוד יש ענין אחר שהיא קובעת וסת בתוך וסת, כגון שראתה ט"ו בחודש זה וט"ז בחודש זה, וט"ו בחודש זה וט"ז בחודש זה, כשתשלש בכל א' וא', קבעה לה ב' וסתות, כל חדש וחדש כראוי לו, עכ"ל, **וזה** נתבאר לעיל ס"ח.

(**עיין** בתשו' נו"ב שנסתפק, אם הכוונה דוקא וכן בחמישית ובששית, דאז הוקבע גם הֶחָדָשׁ ג"פ, **אבל** תיכף ברביעית שראתה בב', א"צ לחוש לב' כלל, כיון שיש לה וסת קבוע של ר"ח, א"צ לחוש לשאינו קבוע כלל, וכדלעיל סעיף י"ג בהגה"ה, דאם תקבע וסת אחד אינה חוששת לשני, **או** דילמא דדוקא אם בשעה שאירע הוסת שאינו קבוע, שינתה ולא ראתה בהקבוע, ואף שאכתי לא

נעקר בחד זימנא, מ"מ כיון שעכ"פ לא ראתה בו, צריכה לחוש לזה שבא מחדש אף שאינו קבוע, **בזה** הוא דאיכא למימר, אם אח"כ חזר הקבוע למקומו, שוב א"צ לחוש לאין קבוע, אף שעדיין לא נעקר, לפי שבתחלה לא בא אלא בעת שלא בא הקבוע בזמנו, וא"כ עתה שחזר הקבוע, איכא למימר ששוב לא יבא זה החדש, **אבל** אם בא החדש בעת שלא נעקר הקבוע, כמו הכא שראתה ג"פ בר"ח וגם בכ' לחודש, י"ל דלא יועיל מה שראתה שוב בר"ח הקבוע לה, שהרי גם מתחלה לא פסק וסת הר"ח ממנה, ואפ"ה ראתה בכ' לחודש, וא"כ הכא צריכה תיכף לחוש, **אלא** דהשו"ע מיירי שקובעת, דהיינו שיהיו שניהם קבועים ממש, להכי נקט וכן בחמישית ובששית, **והניח** בספק, **ועמש"ל** סי"ג בשם חוו"ד, ‹דס"ל דכל היכא דאין הב' וסתות סותרות, חוששין לשתיהן, **והב"ח** ס"ל לעולם א"צ לחוש להאינו קבוע, כשממשיכה לראות בוסתה הקבוע›.

סימן קפט סל"ב • וסת בתוך וסת

פעמים שהאשה קובעת לה וסת בתוך וסת. כיצד, ראתה ג"פ בר"ח, ורביעית בב' לחודש ובר"ח, וכן בחמישית ובששית, הרי קבעה שתי וסתות. **כן הוא גירסת הט"ז, וכתב** דה"ה אם ראתה ג"פ בר"ח ובב' לחודש, **רק** דבציור השו"ע יש רבותא, דאע"ג דראיית ר"ח הוא קבוע תחילה, אימא שאין לחוש לב' לחודש שהוא ממעין פתוח, קמ"ל.

והש"ך גורס "ורביעית בעשרים לחודש ובר"ח". **וכתב** דגירסת הט"ז אינו נכון, דאי בב' לחדש, הו"ל ב' ימים רצופים, דהולכים תמיד אחר תחלת הראיה, וכדלעיל ס"ס י"ג בהג"ה.

והקשה הראב"ד, והלא ר"ח בתוך י"א לראיית עשרים, (לשיטתו דפסק אף האידנא כדינא דגמ', דאין האשה קובעת בימי זיבתה), **ותירץ** דאין בכך כלום, שהרי קובעתן מתחלה, ורק לכתחלה אינה קובעת וסת בתוך י"א, אבל אם כבר נקבע, אינו נעקר עד שיעקר ממנה ג"פ.

ויש ענין אחר שהיא קובעת וסת בתוך וסת, כגון שראתה ט"ו בחודש זה וט"ז בחודש זה, וט"ו בחודש זה וט"ז בחודש זה, כשתשלש בכל א' וא', קבעה לה ב' וסתות, כל חדש וחדש כראוי לו, וכדלעיל בס"ח.

הנו"ב נסתפק, תיכף ברביעית שראתה בכ', אם צריך לחוש אח"כ גם לכ', **דאפשר** כיון שיש לה וסת קבוע של ר"ח, א"צ לחוש לשאינו קבוע כלל, וכדלעיל סעיף י"ג בהגה"ה, דאם תקבע וסת אחד, אינה חוששת לשני, (**וכן** ס"ל הב"ח, דלעולם א"צ לחוש להאינו קבוע, כשממשיכה לראות בוסתה הקבוע), **או** דילמא דדוקא אם בשעה שאירע הוסת שאינו קבוע, שינתה ולא ראתה בהקבוע, ואף שאכתי לא נעקר בחד זימנא, מ"מ כיון שעכ"פ לא ראתה בו, צריכה לחוש לזה שבא מחדש אף שאינו קבוע, **בזה** הוא דאיכא למימר, אם אח"כ חזר הקבוע למקומו, שוב א"צ לחוש לאין קבוע, אף שעדיין לא נעקר, לפי שבתחלה לא בא אלא בעת שלא בא הקבוע בזמנו, וא"כ עתה שחזר הקבוע, איכא למימר ששוב לא יבא זה החדש, **אבל** אם בא החדש בעת שלא נעקר הקבוע, כמו הכא שראתה ג"פ בר"ח וגם בכ' לחודש, י"ל דלא יועיל מה שראתה שוב בר"ח הקבוע לה, שהרי גם מתחלה לא פסק וסת הר"ח ממנה, ואפ"ה ראתה בכ' לחודש, וא"כ הכא צריכה תיכף לחוש, (**וכן** ס"ל החוו"ד, דכל היכא דאין הב' וסתות סותרות, חוששין לשתיהן), **והשו"ע** דנקט וכן בחמישית ובששית, היינו שיהיו שניהם קבועים ממש, **והניח** בספק.

מעוברת ומניקה אינה קובעת וסת

סעיף לג- מעוברת לאחר שלשה חדשים לעיבורה, ומניקה כל כ"ד חודש אחר לידת הולד, אינה קובעת וסת; אפילו מת הולד או גמלתו, שדמים מסולקים מהן כל זמן עיבורה, וכל כ"ד חודש.

כתב הב"ח, תימה למה פסק להקל, שהרי הטור הביא דעת הרמב"ן להורות חומרא כדבריו, ‹**שיטת** הרמב"ן הוא, דאשה קובעת וסת בימי עיבורה, ובימי מניקתה בימי טומאתה, ורק לא בימי טהרתה, **וכיון** דמחמרינן לשווי ימי טומאה וימי טהרה כהדדי, היא קובעת וסת כל ימי מניקתה›, **ואין** זה תימה, דהא קיי"ל בחו"מ סימן כ"ה ס"ב, דכל מקום שהאחרונים חולקים על הראשונים, קיי"ל כהאחרונים, **אבל** אם דברי הראשונים אינם מפורסמים, אין צריך לפסוק כהאחרונים, שהרי אפשר לא ידעו דברי הראשונים, ואי הוי שמיע להו הוי הדרי, **וכ"ש** הכא, שהרשב"א בתה"א חולק בהדיא על הרמב"ן, ומביאו ב"י, ‹והרשב"א הוא אחרון וידע דברי הראשון›, **והטור** לא ראה ספר תה"א, כדמוכח בכמה מקומות, וכמו שכתב גם הב"י בסימן זה, ‹והטור הוא אחרון דלא ידע דברי הראשון›, **ותו** דכיון דהראב"ד והריטב"א מסכימים לדעת הרשב"א, כדאיתא בב"י, הו"ל הרמב"ן יחיד לגבייהו, **ותו** דהריטב"א כתב שכן המנהג, ומביאו ב"י, ואמרינן כל מקום שהלכה רופפת בידך הלך אחר המנהג, **ותו** דהא קי"ל וסתות דרבנן, ואזלינן בהו לקולא בכמה דוכתי.

(**ועיין** בתשו' חת"ס) ‹שצידד לחלק בדין מינקת, בין אם מניקה בפועל, שבזה יש להקל כהשו"ע שלא תקבע וסת, **לבין** אם אינה מניקה בפועל, שבזה יש לחוש לשיטת הרמב"ן דקובעת וסת›.

(**עיין** כו"פ שכתב, אפילו הפילה נפל, כל זמן שיש לה דין לידה לענין דם לידה ודם טוהר, יש לה דין מניקה,

דאין אבריה חוזרין עד לאחר כ"ד חודש, וכן הסכים הס"ט, **והחוו"ד** כתב, דאפילו הפילה רוח, יש לה ג"כ דין מניקה).

(**וכתב** עוד בס"ט, דהא דאמרינן דאינן קובעין וסת, היינו דוקא להחמיר לא אמרינן דידהא צריך תלת זימני למיעקר, **אבל** להקל אמרינן דקבעה וסת, וא"צ לחוש אלא כפי מה שקבעה, אם בהפלגה חוששת להפלגה, ואם לימי החודש חוששת לימי החודש, **ולא** אמרינן דניזיל בתר ראיה בתרייתא, ותיחוש מספק לימי החודש ולהפלגה, כיון שלא קבעה, הא לא אמרינן).

סי' קפט סל"ג(1) • מעוברת ומניקה אינה קובעת וסת

מעוברת לאחר ג' חדשים לעיבורה, ומניקה כל כ"ד חודש אחר לידת הולד, אינה קובעת וסת, אפי' מת הולד או גמלתו, שדמים מסולקים מהן כל זמן עיבורה, וכל כ"ד חודש.

ודלא כשיטת הרמב"ן, דאשה קובעת וסת בימי עיבורה, ובימי מניקתה בימי טומאתה, ורק לא בימי טהרתה, וכיון דמחמרינן לשווי ימי טומאה וימי טהרה כהדדי, היא קובעת וסת כל ימי מניקתה, **שהרשב"א** בתה"א חולק בהדיא על הרמב"ן, והרשב"א הוא אחרון וידע דברי הראשון, **והטור** שפסק כהרמב"ן לא ראה ספר תה"א, והטור הוא אחרון דלא ידע דברי הראשון, **ותו** דכיון דהראב"ד והריטב"א מסכימים לדעת הרשב"א, הו"ל הרמב"ן יחיד לגבייהו, **ותו** דהריטב"א כתב שכן המנהג, וכל מקום שהלכה רופפת בידך הלך אחר המנהג, **ותו** דהא קי"ל וסתות דרבנן.

יש מצדדין לחלק בדין מינקת, בין אם מניקה בפועל, שבזה יש להקל כהשו"ע שלא תקבע וסת, **לבין** אם אינה מניקה בפועל, שבזה יש לחוש לשיטת הרמב"ן דקובעת וסת בימי מניקותה.

י"א דאפי' הפילה נפל, כ"ז שיש לה דין לידה לענין דם לידה ודם טוהר, יש לה דין מניקה, דאין אבריה חוזרין עד לאחר כ"ד חודש.
וי"א דאפי' הפילה רוח, יש לה ג"כ דין מניקה.

י"א דדוקא להחמיר הוא דאמרינן דאינן קובעין וסת, היינו דיהא צריך תלת זימני למיעקר, **אבל להקל אמרינן דקבעה וסת**, וא"צ לחוש אלא כפי מה שקבעה, ולא לראיה בתרייתא, שתיחוש מספק לימי החודש ולהפלגה.

שחוששת לראייתה כוסת שאינו קבוע

ומ"מ חוששת לראיה שתראה כדרך שחוששת לוסת שאינו קבוע – [בזה חמור דין מעוברת מדין זקנה, וכתב ב"י הטעם, שזקנה אין לה דם בטבע, משא"כ מעוברת שיש לה דם רק שהעובר מעכב, ותיכף שעברו ימי העיבור חזרה למקומה], ‹עיין בפת"ש סי' קפ"ט סק"ה, דמוכיח מכאן דט"ז סובר דחוששין כבר בראיה אחת, דבג' ראיות גם זקנה חוששת, **ועיין** במחה"ש שכתב דהוי טעות המדפיס, ודברי הט"ז אלו ראויים להיות מצויינים בסל"ד, ומוכיח איפכא מסל"ד, ע"ש›.

(**עיין** בס"ט שכתב, מ"מ א"צ לחוש לעו"ב של אותה ראיה, דהא אשה שיש לה וסת, אם שינתה ראייתה פעם אחת, א"צ לחוש לעו"ב של אותה ראיה, לפמש"ל דלא אמרו דצריכה לחוש לעו"ב אלא באשה שאין לה וסת כלל, אבל לא באשה שיש לה וסת, אלא דצריכה לחוש פעם א' מאותה ראיה, אם להפלגה או לימי החודש, **וא"כ** כ"ש במעוברת ומניקה, דעדיפי מאשה שיש לה וסת), ‹והחוו"ד והגר"ז חולקין›.

סימן קפט סל"ג(2) • שחוששת לראייתה כוסת שאינו קבוע

ומ"מ חוששת לראיה שתראה כדרך שחוששת לוסת שאינו קבוע. **וכתב** הט"ז דבזה חמור דין מעוברת מדין זקנה, **והטעם**, שזקנה אין לה דם בטבע, **משא"כ** מעוברת שיש לה דם, רק שהעובר מעכב, ותיכף שעברו ימי העיבור חזרה למקומה. **והפת"ש** מוכיח מכאן דט"ז סובר דחוששין כבר בראיה אחת, דבג' ראיות גם זקנה חוששת, **והמחה"ש** כתב דהוי טעות המדפיס, ודברי הט"ז אלו ראויים להיות מצויינים בסל"ד, ומוכיח איפכא מסל"ד, ע"ש.

י"א דמ"מ א"צ לחוש לעו"ב של אותה ראיה, דהא אשה שיש לה וסת, אם שינתה ראייתה פעם א', א"צ לחוש לעו"ב של אותה ראיה, דרק אשה שאין לה וסת כלל חוששת, **וא"כ** כ"ש במעוברת ומניקה, דעדיפי מאשה שיש לה וסת. **ויש** חולקין.

שאינה חוששת לוסתה הראשון

סעיף לד - מעוברת משהוכר עוברה, ומניקה כל כ"ד חדש, אינה חוששת לוסתה הראשון, אפילו היה לה וסת קבוע והגיע תוך הזמן הזה, א"צ בדיקה ומותרות לבעליהן. ואפילו שופעות ורואות דם באותן עונות שהן למודות לראות בהן, אינו אלא במקרה – [פי' ואח"כ אינה חוששת לוסת זו], ‹**מבואר** מט"ז דסבר, דמה דכתב השו"ע לעיל, שצריכה לחוש לראיה שתראה, היינו דוקא כשתראה ג' פעמים, כשיטת המהרש"ל, **והש"ך** בקפ"ד סקי"ט, כפי שביארו שם הפת"ש ורעק"א, סבר דכבר בפעם אחת צריך לחוש, וכן הסכימו הס"ט חוו"ד והגר"ז, **וע"כ** הכא ד"אינו אלא במקרה" ואינה חוששת, היינו בתורת וסת קבוע, אבל פעם א' חוששת כוסת שאינה קבוע, כדלעיל, כ"כ בספר מקור חיים, ועיין מחה"ש›.

סימן קפט סל"ד(1) • שאינה חוששת לוסתה הראשון

מעוברת משהוכר עוברה, ומניקה כל כ"ד חדש, אינה

חוששת לוסתה הראשון, וא״צ בדיקה ומותרות לבעליהן. **ואפי׳** שופעות ורואות דם באותן עונות שהן למודות לראות בהן, אינו אלא במקרה.

כתב הט״ז, פי׳ ואח״כ אינה חוששת לוסת זו. **מבואר** מהט״ז, דמש״כ השו״ע לעיל סל״ג, שצריכה לחוש לראיה שתראה, היינו דוקא כשתראה ג״פ.

והש״ך בסי׳ קפ״ד, כפי שביארו שם הפת״ש ורעק״א, ס״ל דכבר בפעם א׳ צריך לחוש, **וע״כ** הכא ד״אינו אלא במקרה״ ואינה חוששת, היינו בתורת וסת קבוע, אבל בפעם א׳ חוששת כוסת שאינה קבוע, כדלעיל סל״ג.

עברו ימי העיבור וההנקה

עברו ימי העיבור וההנקה, חוזרות לחוש לוסתן הראשון – ‹ועל זה קאי הט״ז דלעיל סל״ג, לפי המחה״ש›.

(**עיין** בתשו׳ נו״ב שכתב, דדוקא לוסת הקבוע חוזרת לחוש, **אבל** לוסת שאינו קבוע, כיון שנתעברה ופסקה דמים, שוב אינה צריכה לחוש לו כלל, אחר ההנקה).

כיצד, היה לה וסת לימים, אם למודה לראשי חדשים, חוששת לר״ח ראשון שהיא פוגעת בו - ואף אם לא ראתה בו, חוששת לר״ח שני, וכן לג׳, שאינו נעקר בפחות מג״פ, **וכן כל כיוצא בזה. וכן הדין אם היה לה וסת הגוף** – ‹בלא זמן ידוע›, **או** – ‹וסת הגוף› **לזמן ידוע** – ‹ע״פ הגר״ז›.

אבל אם היה וסתה וסת ההפלגה, אי אפשר לחוש עד שתחזור לראות - שהרי אין כאן שום ראיה שנשער בהפלגה ממנה, **חזרה לראות אפילו פעם א׳, חוששת ליום ההפלגה שהיתה למודה להפליג.**

לר״ח ראשון שהיא פוגעת בו - והטור כתב במסקנא בשם הרמב״ן, שאינה חוזרת עד שתראה פעם א׳, ומשתראה פ״א חוזרת לוסתה, אפילו אינה רואה בזמן וסתה, וכן דעת הראב״ד ומביאו ב״י, **ולא** ידעתי למה השמיט המחבר דעתם, דהא רבים נינהו, וגם דעת הטור נראה כן, **ועוד** דהא בוסתות דרבנן שומעין להקל.

סימן קפט סל״ד(2) • עברו ימי העיבור וההנקה

עברו ימי העיבור וההנקה, חוזרות לחוש לוסתן הראשון. **ולפי** המחה״ש, ע״ז קאי הט״ז דלעיל סל״ג.

ודוקא לוסת הקבוע חוזרת לחוש, אבל לוסת שאינו קבוע, כיון שנתעברה ופסקה דמים, שוב א״צ לחוש כלל אחר ההנקה.

כיצד, היה לה וסת לימים, אם למודה לר״ח, חוששת לר״ח ראשון שהיא פוגעת בו, ואף אם לא ראתה בו, חוששת לר״ח שני, וכן לג׳, שאינו נעקר בפחות מג״פ, וכן כל כיוצא בזה. **וכן** הדין אם היה לה וסת הגוף בלא זמן ידוע, או לזמן ידוע.

אבל אם היה וסת ההפלגה, א״א לחוש עד שתחזור לראות, שהרי אין כאן ראיה שנשער בהפלגה ממנה, **חזרה** לראות אפי׳ פעם א׳, חוששת ליום ההפלגה שהיתה למודה להפליג.

והטור פסק כהרמב״ן, שאינה חוזרת לחשוש לוסתה, עד שתראה פעם א׳, ומשתראה פעם א׳ חוזרת לוסתה, אפי׳ אינה רואה בזמן וסתה, **וקשה** למה השמיט המחבר דעתם, דהא רבים נינהו, **ועוד** דהא בוסתות דרבנן שומעין להקל.

§ סימן קצ – דיני כתמים ובדיקת האשה §

דין כתם מה״ת ומדרבנן

סעיף א - דבר תורה אין האשה מטמאה ולא אסורה לבעלה עד שתרגיש שיצא דם מבשרה – [לפי שנאמר: בבשרה, עד שתרגיש בבשרה, פי׳ אפילו אם היא רואה טהורה, כיון שלא הרגישה], (עיין מש״כ לעיל ר״ס קפ״ג, דג׳ מיני הרגשות יש, לענין שתהא טמאה מדאורייתא).

וחכמים גזרו על כתם שנמצא בגופה או בבגדיה, שהיא טמאה – ‹אפי׳ אם לא ראתה מעולם, דכל שהגיע לימי הנערות כתמה טמא – רעק״א›, **ואסורה לבעלה, אפילו לא הרגישה, ואפילו בדקה עצמה ומצאה טהורה.**

[אין להקשות הא הוה ספק ספיקא, ספק אם יצא ממנה או מעלמא, ואת״ל ממנה אימור לאו מן המקור אתי, י״ל דכיון דרוב דם שיוצא מהאשה שאין לה מכה אתי ממקור, לא נחשב זה לספק כלל].

(**עיין** בתשובת פנים מאירות, דדוקא בבגד האשה גזרו על הכתמים, אבל אם נמצא כתם בבגד האיש, ואפילו על חלוקו לאחר התשמיש, אין לו דין כתם, **אם** לא שקנח עצמו בו דאז האשה טמאה, **וכבוד** ידידי הרב הגאון מוה׳ יחיאל העליר זצ״ל אב״ד דק״ק וואלקאווישק, הראני

שנעלם מהגאון בעל פנים מאירות ז"ל בזה תוספתא ערוכה בנדה פ"ו, נמצאת על חלוק בנה השוכב בצדה, הרי זה טמאה, ולא על בנה בלבד אמרו, אלא על כל אדם, אלא שדברו חכמים בהוה, ע"כ, ולכאורה הוא פליאה נשגבה על אא"ז ז"ל), **ואפשר** לומר, שהוא עוסק היכי דלא שייך דבא הדם להדיא מגופה, בזה אינו כתם לומר דבא מגופה לגופו, ואח"כ לבגדו, **אבל** בציור דשוכב בצדה, באופן דשייך דבא הדם מגופה לבגדו, בזה אמרינן דהוי כתם, וכן כתב בספר חוט השני›.

וצריכה הפסק טהרה, שתבדוק עצמה ותמצא טהורה, ואח"כ תמנה שבעה נקיים חוץ מיום המציאה, (כאילו ראתה ודאי, וכמו שיתבאר לקמן סימן קצ"ו) – ‹פי' שצריכה להמתין ה' ימים קודם שתתחיל לספור – באר הגולה›.

סימן קצ ס"א(1) • דין כתם מה"ת ומדרבנן

דבר תורה אין האשה מטמאה ולא אסורה לבעלה, אפי' אם היא רואה, עד שתרגיש שיצא דם מבשרה, **ועיין** לעיל ר"ס קפ"ג, דג' מיני הרגשות יש, לענין שתהא טמאה מדאורייתא.

וחכמים טמאו כתם שנמצא בגופה או בבגדיה, אפי' לא הרגישה, ואסורה לבעלה, (**אפי'** אם לא ראתה מעולם, כיון שהגיע לימי הנערות), **ואפי'** בדקה עצמה ומצאה טהורה.

ולא הוי ס"ס, ספק אם יצא ממנה או מעלמא, ואת"ל ממנה אימור לאו מן המקור אתי, **דכיון** דרוב דם שיוצא מהאשה שאין לה מכה, אתי ממקור, לא נחשב זה לספק כלל.

וצריכה הפסק טהרה, שתבדוק עצמה ותמצא טהורה, ואז צריכה להמתין ה' ימים קודם שתתחיל לספור, כאילו ראתה ודאי, ואח"כ תמנה ז' נקיים.

אם נמצא כתם בבגד האיש, ואפילו על חלוקו לאחר התשמיש, י"א דאין לו דין כתם, **אם** לא שקנח עצמו בו דאז האשה טמאה, **והגם** דמבואר בתוספתא, דאם נמצאת על חלוק בנה או כל אדם השוכב בצדה, ה"ז טמאה, **י"ל** דהיינו דוקא בציור דשוכב בצדה, באופן דשייך דבא הדם מגופה לבגדו, **משא"כ** היכי דלא שייך דבא הדם להדיא מגופה, אין אומרים דבא מגופה לגופו, ואח"כ לבגדו.

האשה שהרגישה שנפתח מקורה

אם הרגישה שנפתח מקורה להוציא דם, ובדקה אחר כך ולא מצאה כלום, יש מי שאומר שהיא טמאה – [שאני אומר דם יצא כחרדל ונתקנח או נימוק, דהרגשה דאורייתא היא היכא דליכא למיתלי במידי אחרינא, תרומת הדשן מביאו ב"י].

‹**וכתב** החכ"א דנשים שרגיל בהם ליחה לבנה ומוחזקת בזה, אפי' הרגישה זיבת דבר לח ולא בדקה, טהורה כיון שמוחזקת ורגילה בכך, תלינן במצוי›.

‹**ובמעוברת** כתב המנח"י דטהורה, ומדמי ליה כמו דאינה חוששת אף למ"ד וסתות דאורייתא, **ולענ"ד** יש לחלק, ומדברי התפל"מ מבואר דלא ס"ל כהמנח"י, וכ"כ בפשיטות בתשו' נוב"י – רעק"א›.

‹**עיין** בתוה"ש שכתב, דבהני נשים שהם בחזקת מסולקות דמים, כגון מעוברת ומניקה, אפילו נפתח מקורה, טהורה אם לא מצאה כלום, וכן הסכים לדינא הס"ט, **וכתב** הטעם, דתלינן דמה שנפתח מקורה, היה להוציא ליחה לבנה או ירוקה, שגם אלו באים מן המקור, דכיון דהן בחזקת מסולקות דמים, יותר מסתבר לתלות בהם, שכן דרך אפילו במעוברת ומניקה, ממה שנאמר שיצא דם, **ובתשובת** חתם סופר נראה דעתו להחמיר בזה, אך לא ראה בזה דברי הס"ט, דג"כ נחית לסברתו, ואעפ"כ מקיל מטעם הנ"ל›.

‹**ועיין** בשאילת יעב"ץ, נשאל שם אם לסמוך על תוה"ש בזה, מאחר שבסוף ספר בית לחם יהודה השיג עליו, **והאריך** להקשות על עיקר דין של התה"ד, ולכן העלה דלא מיבעיא במסולקת דמים דלא חיישינן לה, אלא אפילו במוחזקת דמים, המקיל נשכר ואין כאן חשש, **ועיין** בתשובות רדב"ז, שחולק ג"כ על דין זה של התה"ד, **אכן** הס"ט כתב לתרץ קושייתו, והביא ראיות לדעת התה"ד›.

‹**ועיין** בתשו' נוב"י, באשה שנדמה לה בשעת שינה כאילו היא מרגשת שנפתח מקורה, ומתוך כך הקיצה, ותיכף בדקה עצמה ולא מצאה מאומה, והיא מסופקת אם זה היה רק חלום או באמת נפתח מקורה, **והאריך** שם לסתור דברי התה"ד, שהוא מקור דין זה שכתב השו"ע אם הרגישה כו', והחליט שגם התה"ד לא קאמר הרגשה דאורייתא שהוא ודאי, אלא כוונתו ספק דאורייתא, והוא לחומרא, ומעתה היכא שהאשה מסופקת על ההרגשה עצמה, הוי ס"ס, **אמנם** כל זה אם היא עומדת בימי טהרתה, אבל בימי ספירה אי מהני ס"ס, מבואר בנו"ב›.

‹**ועיין** בנו"ב בהג"ה מבן המחבר שכתב, דמש"כ בשו"ע, אם הרגישה שנפתח מקורה להוציא דם, היינו שהרגישה שנפתח מקורה, וגם הרגישה זיבת דבר לח, ותרתי דוקא בעינן, ובזה מסולק מה שמתמיהים על דין זה›.

סימן קצ – דיני כתמים ובדיקת האשה

סעיף א – האשה שהרגישה שנפתח מקורה

(**וכתב** בחכמת אדם, אבל בהרגשה שנזדעזעו אבריה, אם בדקה ולא מצאה כלום, טהורה, שתלינן זו בשאר מקרים, **ועיין** מש"כ לקמן בשם תשו' חתם סופר).

עיין לעיל סימן קפ"ח ס"א ומש"כ שם, (דאם בדקה ומצאה מראות כשרות, כגון ליחה לבנה או ירוקה, או כמראה געַ"ל, טהורה, ותולה הרגשתה בזו).

(**וחת"ס** כתב, כשהרגישה שנפתח מקורה ומצאה מראה טהור לבד, דצריך קצת מיתון בדין זה, מהו מראה הטהור, כי לעולם תוציא לפנינו הבדיקה מלוכלכת בשליי"ם מלחלוחי הגוף, ונפל פיתא בבירא).

ובדקה אחר כך וכו' - (עיין חוו"ד שכתב, דאפי' בדקה עצמה בתוך שיעור וסת ולא מצאה כלום, טמאה, **אכן** דעת הכו"פ אינו כן, אלא דדוקא אי לא בדקה תיכף כשיעור וסת, אמרינן חזקה דראתה, משא"כ אם בדקה בתוך שיעור וסת, **ועיין** בתשו' חת"ס, שמסופק בדין זה).

(**ועיין** בס"ט שנסתפק, באם מצאה מראה טהורה, דתולה הרגשה בזה, עד כמה זמן יכולה לתלות בהא, **ומזה** מוכח דס"ל להס"ט ג"כ כדעת הכו"פ הנ"ל, ולא כהחוו"ד, דאל"כ אמאי לא מוקי לה כשבדקה בתוך שיעור וסת, וכמ"ש החוו"ד, אלא ודאי בכה"ג אף אם לא מצאה כלום טהורה).

(**ועיין** בתשובת נו"ב שכתב, באשה שהרגישה שנפתח מקורה, ובדקה מיד בתוך שיעור וסת, והניחה העד עד הבוקר, ובבוקר לא מצאה כלום, יש לטהרה, ותלינן שהיה מראה טהור ונתייבש על העד ואינו ניכר, דזה קרוב יותר מלומר שהיה אדום ונמוק קודם שבדקה כרגע, דזה אינו שכיח, **ומבואר** שם דאם לא הניחה עד הבוקר, אלא ראתה מיד ולא מצאה כלום, טמאה, אף שבדקה בתוך שיעור וסת, והיינו כדעת החוו"ד הנ"ל, **ואמנם** אם לא בדקה רק אחר שיעור וסת, חיישינן שמא נמוק או נאבד, **ואפילו** אם בדקה בתוך שיעור וסת, דוקא אם למחר לא מצאה כלום, אבל אם מצאה דם כל שהוא, אפילו פחות מגריס, אף שהעד אינו בדוק, טמאה).

(**ועיין** בס"ט שהביא דברי מורו בתשובת שב יעקב, שכתב באשה שראתה טיפות דמים ע"י ליחה לבנה מרובה, דזה מקרי שלא ע"י הרגשה, דתלינן הרגשה ברובא בליחה לבנה מרובה, וכ"כ בתשו' בית יעקב, והוא ז"ל השיג ע"ז).

(**וכתב** בתשו' גבעת שאול, באם בדקה בעד שאינו בדוק, ומצאה מראה טהור ובתוכו מראה טמא פחות מגריס, דטהורה, **אכן** דעת החוו"ד בדין זה, דטמאה, וכתב הטעם משום דרוב פתיחות המקור למראות טמאות הן, תדע דהא טמאה בלא מצאה כלום, ולא תלינן במראות טהורות, **ולכן** נראה ג"כ, דאפי' ראתה מראות טהורות על עד שהוא בודאי מלוכלך בדם, טמאה כשהרגישה, **וכן** אפי' נאבד מקצת העד, טמאה, ואינה טהורה כשהרגישה רק כשיודעת בבירור שלא ראתה על העד רק מראות טהורות).

(**וכן** הוא דעת תשו' חתם סופר, אך כתב דדוקא בהרגשת פתיחת פי המקור, או זעזוע הגוף או עקיצה, כמו עקיצת מי רגלים, שהם הרגשות גמורות מן התורה, בזה יש להחמיר, אפילו בדקה בכתונת, מכ"ש בעד שאינו בדוק דעדיף מכתונת, **והטעם**, דמיד שהרגישה אבדה לה חזקת טהרה שלה עד שתבדוק, ואם בדקה ונאבד העד, בטמאה מחזקינן לה, **אבל** בהרגשה דזיבת דבר לח, אפילו יהיבנא ליה להגאון נו"ב ז"ל שהוא הרגשה דאורייתא, מ"מ היינו שאם ראתה דם ע"י הרגשה כזו, חייבים עליה כרת, **אבל** שיהיה הרגשה כזו מוציאה מחזקת טהרה שלה, עד שנאמר שאם נאבד העד או שאינו בדוק, תהיה בספק טומאה, זה לא אמרינן, וא"א לאמרו כלל, **ולכן** אשה שהרגישה זיבת דבר לח, ובדקה עצמה בעד שאינו בדוק, ומכ"ש בכתונת המלוכלך בכמה טיפי דמים, אם מצאה עליו ליחה לבנה, ובתוכה טיפה או טיפות דמים פחות מכגריס ועוד, טהורה, **אפילו** אם לא מצאה עליו כלל מראות טהורות, רק אלו הטיפי דמים, אינה טמאה יותר רק כשאר בדיקות עד שאינו בדוק, דאינו מטמא אלא בשיעור כתם, **רק** בענין אחד חמור מכתם דעלמא, דאין לטהר אלא בשיעור מאכולת קטן שבזמנינו, או פשפש אם מצויים שם).

(**עוד** בחת"ס שאלה כזו, באשה שהרגישה שנפתח מקורה, ובדקה עצמה בכתונת שלה, או בעד שאינו בדוק, ומצאה מראה טהור, וגם טיפי דם פחות מכגריס ועוד, **ושם** מחלק בין כתונת לעד שאינו בדוק, דבעד שאינו בדוק המלוכלך בכמה לכלוכים, הוה כלא בדקה כלל, ותלינן שדם יצא מהמקור, והאי מראה טהור לאו מגופה, אלא מעלמא, **ואפילו** אין על העד שום דם, רק מראה טהור צ"ע להקל, **אך** בכתונת דמראות כשרות אין מצויים בו לומר דהוא מעלמא, טוב יותר לתלות מגופה, שבא ע"י הרגשה זו, ע"כ המקיל לא הפסיד והמחמיר תע"ב).

סימן קצ – דיני כתמים ובדיקת האשה
סעיף א – האשה שהרגישה שנפתח מקורה

(**עיין** בתשו' אא"ז פנים מאירות, שכתב באשה שהרגישה שנפתח מקורה, ובדקה עצמה בעד שאינו בדוק, ומצאה טיפת דם כחרדל, טמאה, **אף** אם ניקל באם לא מצאה כלום, מ"מ הכא שמצאה טיפת דם גרע טפי, ולא תלינן לקולא, **ונראה** דאם מצאה ג"כ מראות טהורות, דיכולה לתלות הרגשתה בזו, והדם במאכולת, טהורה לדעת המקיל באם לא מצאה כלום, **דאף** החוו"ד לעיל לא כתב בדין זה דטמאה, אלא דוקא לדעת המחמיר באם לא מצאה כלום, וכמ"ש שם תדע כו', **וצריך** לעיין לדעת הפמ"א, דזה גרע טפי מאם לא מצאה כלום, אולי אף במעוברת ומניקה טמאה בכה"ג, לדעת המחמיר באם לא מצאה כלום).

(**עיין** בתשובת שב יעקב, באשה שהיתה מתעטשת בחוזק וכח, וע"י כח גדול של העיטוש ניתז ממנה למטה מי רגלים לפי דעתה, כי היתה בעת הזאת בעזרת נשים בבהכ"נ ולא יכלה לבדוק עצמה, ולאו אדעתה כלל עד בלילה בשכבה ראתה למטה בכתונת כתם קטן פחות מכשיעור גריס, **ושאלה** אם יש לחוש אפילו פחות מכשיעור, הואיל שהרגישה בבוקר שניתז ממנה, אפשר שזה הדם ניתז ממנה, **והשיב** כיון שהוא פחות מכגריס אין לחוש כלל, אף דמבואר בסי' קפ"ח וק"צ, אם הרגישה שנפתח מקורה ובדקה ולא מצאה כלום, דטמאה, **שאני** התם, דמיירי שבדקה מיד ולא מצאה כלום, ועל כרחך צ"ל דלא לחנם נפתח מקורה, והואיל דלא מצאה כלום ע"כ שיצא ממנה דבר מה ונאבד, והואיל שהרגשה דאורייתא חיישינן שמא יצאה טפת דם, **משא"כ** באשה זו דלא בדקה מבקר עד ערב, וזה שכיח הרבה בין הנשים, שע"י עטוש בכח נתזין ממנה מ"ר, ואי הוי בדקה מיד היתה רואה לחלוחית של מ"ר, ואחזוקי איסורא לא מחזקינן, עכ"ד, **ועיין** בספר תפארת צבי, שחיבר תלמידו על הלכות נדה, שכתב דדוקא בכה"ג שיצאו ממנה כמה טיפין לדעתה, והואיל דלא מצאה אלא חד כתם קטן, מוכח שמי רגלים היה, דאי היה דם היה נמצא הרבה, **אבל** אם הרגישה כאילו יצא ממנה מעט, ואינה יודעת מה הוא, אם דם או מי רגלים, ואח"כ מצאה כתם אפילו פחות מכגריס, תלינן כתם זה בהרגשה וטמאה, ע"ש, **אכן** דעת הס"ט לא נראה כן, אלא דאפילו בכה"ג תלינן להקל, דדוקא בפתיחת המקור החמיר בתה"ד כו', משא"כ בהרגשה שניתז ממנה דבר מה, תולין במצוי במ"ר).

סימן קצ ס"א(2) • האשה שהרגישה שנפתח מקורה

כתב המחבר בשם התה"ד, אם הרגישה שנפתח מקורה להוציא דם, ובדקה אח"כ ולא מצאה כלום, טמאה, שאני אומר דם יצא כחרדל ונתקנח או נימוק, דהרגשה דאורייתא היא היכא דליכא למיתלי במידי אחרינא.

נשים שרגיל בהם ליחה לבנה ומוחזקת בזה, י"א דאפי' הרגישה זיבת דבר לח ולא בדקה, טהורה כיון שמוחזקת ורגילה בכך, תלינן במצוי.

נשים שהם בחזקת מסולקות דמים, כגון מעוברת ומניקה, י"א דאפי' נפתח מקורה, טהורה אם לא מצאה כלום, דתלינן שנפתח מקורה להוציא ליחה לבנה או ירוקה, שגם אלו באים מן המקור, וכיון שהן בחזקת מסולקות דמים, יותר מסתבר לתלות בהם, שכן דרך אפילו במעוברת ומניקה, ממה שנאמר שיצא דם, **ויש** חולקים עליו.

ויש שהקשו על עיקר דין של התה"ד, וא"כ י"א דלא מיבעיא במסולקת דמים דלא חיישינן לה, אלא אפילו במוחזקת דמים, המקיל נשכר ואין כאן חשש.

י"א שגם התה"ד לא קאמר הרגשה דאורייתא שהוא ודאי, אלא כוונתו דהוא ספק דאורייתא ולחומרא, ומעתה היכא שהאשה מסופקת על ההרגשה עצמה, כגון שנדמה לה בשעת שינה כאילו היא מרגשת שנפתח מקורה, והיא מסופקת אם זה היה רק חלום או באמת נפתח מקורה, הוי ס"ס, **אמנם** כ"ז אם היא עומדת בימי טהרתה, אבל בימי ספירה אי מהני ס"ס, עיין בנו"ב.

י"א דתרתי בעינן, שהרגישה שנפתח מקורה, וגם הרגישה זיבת דבר לח, והיינו הפי' במש"כ בשו"ע, אם הרגישה שנפתח מקורה להוציא דם, ובזה מסולק מה שמתמיהים על התה"ד.

ואם רק הרגישה שנזדעזעו אבריה, י"א דאם בדקה ולא מצאה כלום, טהורה, שתלינן זו בשאר מקרים, ודלא כהחת"ס לקמן.

בדקה ומצאה מראות כשרות, כגון ליחה לבנה או ירוקה, או כמראה גע"ל, טהורה, ותולה הרגשתה בזו. **וי"א** דצריך קצת מיתון בדין זה, מהו מראה הטהור, כי לעולם תוציא לפנינו הבדיקה מלוכלכת בשליי"ם מלחלוחי הגוף, ונפל פיתא בבירא.

אם בדקה עצמה בתוך שיעור וסת ולא מצאה כלום, שיטת החוו"ד, דאפ"ה טמאה, (**ולפי"ז** י"ל, דאם מצאה מראה טהורה דתולה הרגשה בזה, היינו גם דוקא כשבדקה בשיעור וסת), **אכן** דעת הכו"פ אינו כן, אלא דדוקא אי לא בדקה תיכף כשיעור וסת, אמרינן חזקה דראתה, **משא"כ** אם בדקה בתוך שיעור וסת, (**ולפי"ז** יש להסתפק באם מצאה מראה טהורה, עד כמה זמן יכולה לתלות בהא), **והחת"ס** מסופק בדין זה.

ואם בדקה מיד בתוך שיעור וסת, והניחה העד עד הבוקר, ובבוקר לא מצאה כלום, י"א שיש לטהרה, ותלינן שהיה מראה טהור ונתייבש על העד ואינו ניכר, דזה קרוב יותר מלומר שהיה אדום ונמוק קודם שבדקה כרגע, דזה אינו שכיח, **אבל** אם לא הניחה עד הבוקר, אלא ראתה מיד ולא מצאה כלום, טמאה, אף שבדקה בתוך שיעור וסת, (והיינו כדעת החוו"ד הנ"ל), **ואמנם** אם לא בדקה רק אחר שיעור וסת, חיישינן

שמא נמוק או נאבד, **ואפי'** אם בדקה בתוך שיעור וסת, דוקא אם למחר לא מצאה כלום, אבל אם מצאה דם כל שהוא, אפי' פחות מגריס, אף שהעד אינו בדוק, טמאה.

אם ראתה טיפות דמים ע"י ליחה לבנה מרובה, י"א דזה מקרי שלא ע"י הרגשה, דתלינן הרגשה ברובא בליחה לבנה מרובה, **ויש** שהשיג ע"ז.

בדקה ומצאה מראה טהור ובתוכו מראה טמא פחות מגריס, י"א דאם בדקה בעד שאינו בדוק, דטהורה, **אכן** החוו"ד כתב דטמאה, דהא רוב פתיחות המקור למראות טמאות הן, תדע דהא טמאה בלא מצאה כלום, ולא תלינן במראות טהורות, **ואפי'** ראתה מראות טהורות על עד שהוא בודאי מלוכלך בדם, טמאה כשהרגישה, **וכן אפי'** נאבד מקצת העד, טמאה, **ואינה** טהורה כשהרגישה רק כשיודעת בבירור שלא ראתה על העד רק מראות טהורות.

ודוקא בהרגשת פתיחת פה"מ, או זעזוע הגוף, או עקיצה כמו עקיצת מ"ר, שהם הרגשות גמורות מה"ת, כתב החת"ס דיש להחמיר כהחוו"ד, אפי' בדקה בכתונת, מכ"ש בעד שאינו בדוק דעדיף מכתונת, **והטעם**, דמיד שהרגישה אבדה לה חזקת טהרה שלה עד שתבדוק, ואם בדקה ונאבד העד, בטמאה מחזקינן לה, **אבל** בהרגשה דזיבת דבר לח, אפילו יהיבנא ליה להגאון נו"ב ז"ל שהוא הרגשה דאורייתא, מ"מ היינו שאם ראתה דם ע"י הרגשה כזו, חייבים עליה כרת, **אבל** שיהיה הרגשה כזו מוציאה מחזקת טהרה שלה, עד שנאמר שאם נאבד העד או שאינו בדוק, תהיה בספק טומאה, זה לא אמרינן, וא"א לאמרו כלל, **ואפי'** אם לא מצאה עליו כלל מראות טהורות, רק אלו הטיפי דמים, אינה טמאה יותר רק כשאר בדיקות עד שאינו בדוק, דאינו מטמא אלא בשיעור כתם, **רק** בענין אחד חמור מכתם דעלמא, דאין לטהר אלא בשיעור מאכולת קטן שבזמנינו, או פשפש אם מצויים שם.

ויש שמחלק בין כתונת לעד שאינו בדוק, דבעד שאינו בדוק המלוכלך בכמה לכלוכים, הוה כלא בדקה כלל, ותלינן שדם יצא מהמקור, והאי מראה טהור לאו מגופה, אלא מעלמא, **ואפילו** אין על העד שום דם, רק מראה טהור צ"ע להקל, **אך** בכתונת דמראות כשרות אין מצויים בו לומר דהוא מעלמא, טוב יותר לתלות מגופה, שבא ע"י הרגשה זו, ע"כ המקיל לא הפסיד והמחמיר תע"ב.

הרגישה שנפתח מקורה, ומצאה טיפת דם כחרדל, כשבדקה עצמה בעד שאינו בדוק, י"א דטמאה, **דאף** אם ניקל באם לא מצאה כלום, (דלא כתה"ד), מ"מ הכא שמצאה טיפת דם גרע טפי, ולא תלינן לקולא, **ונראה** דאם מצאה ג"כ מראות טהורות, דיכולה לתלות הרגשתה בזו, והדם במאכולת, טהורה לדעת המקיל באם לא מצאה כלום, **דאף** החוו"ד לעיל לא כתב בדין זה דטמאה, אלא דוקא לדעת התה"ד, וכמ"ש שם תדע כו', **וצריך** לעיין, דכיון דגרע טפי מאם לא מצאה כלום, אולי לדעת התה"ד, אף במעוברת ומניקה טמאה בכה"ג.

אשה שהיתה מתעסקת בחוזק וכח, וע"י כח גדול של העיטוש ניתז ממנה למטה מי רגלים לפי דעתה, ולא בדקה עד הלילה בשכבה שראתה למטה בכתונת כתם קטן פחות מכשיעור גריס, **י"א** דכיון שהוא פחות מכגריס אין לחוש כלל, **ואף** דמבואר דאם הרגישה שנפתח מקורה ובדקה ולא מצאה כלום, דטמאה, **שאני** התם, דמיירי שבדקה מיד ולא מצאה כלום, וע"כ צ"ל דלא לחנם נפתח מקורה, והואיל שהרגשה דאורייתא חיישינן שמא יצאה טפת דם, **משא"כ** באשה זו דלא בדקה מבקר עד ערב, וזה שכיח הרבה בין הנשים, שע"י עטוש בכח נתזין ממנה מ"ר, ואי הוי בדקה מיד היתה רואה לחלוחית של מ"ר, ואחזוקי איסורא לא מחזקינן.

ויש שכתב דהיינו דוקא בכה"ג שיצאו ממנה כמה טיפין לדעתה, והואיל דלא מצאה אלא חד כתם קטן, מוכח שמי רגלים היה, דאי היה דם היה נמצא הרבה, **אבל** אם הרגישה כאילו יצא ממנה מעט, ואינה יודעת מה הוא, אם דם או מי רגלים, ואח"כ מצאה כתם אפילו פחות מכגריס, תלינן כתם זה בהרגשה וטמאה, ע"ש.

אבל י"א דאפילו בכה"ג תלינן להקל, דדוקא בפתיחת המקור החמיר בתה"ד, משא"כ בהרגשה שניתז ממנה דבר מה, תולין במצוי במ"ר.

דין כתם בתינוקות

סעיף ב - לא גזרו בתינוקת שלא הגיע זמנה לראות, דהיינו שהיא פחותה מי"ב - שנה ויום אחד, אפילו הביאה שתי שערות; וכן אפילו היתה יתירה מי"ב, אם בדקוה ולא הביאה ב' שערות; בין שהיא בתולה בין שהיא בעולה, ואפילו אם ראתה כבר ב"פ; אבל לאחר שראתה שלש פעמים חוששת לכתם.

כתב מהרש"ל, והאידנא כל אשה שיש לה בעל חוששת לכתמיה, ואפילו היא קטנה, שהרי אפילו לדם בתולים מונים ז' נקיים, ואין להקל מן המנהג, עכ"ל, והב"ח כתב דודאי אין להקל מן המנהג, [וכן הט"ז העתיק דברי מהרש"ל].

אבל נ"ל דאין ראיה כלל מדם בתולים, וכמ"ש הרא"ש גבי דם בתולים וז"ל: ונ"ל דטעם חומרא זו לא בשביל שנחוש שמא יצא דם מן המקור כו', אלא הטעם משום דבעילת מצוה לכל היא מסורה, ואין הכל בקיאין בין קטנה לגדולה ובין ראתה ללא ראתה, **ועוד** משום דהחתן יצרו תקפו, הלכך הסכימו רבותינו להשוות כולן, עכ"ל, **משא"כ** הכא וק"ל, **וגם** מש"כ הב"ח דודאי אין להקל מן המנהג כו', אומר אני שאין בזה מנהג, וגם מדברי מהרש"ל גופא נראה שאין מנהג בזה, רק בדם בתולים, ומשם למד לכאן, **ועוד** דהדבר ידוע דדבר שאינו מצוי אין שייך בו מנהג, **וגם** אילו היה המנהג כן

היה הרב כותבו בהג"ה, **וכן** נראה דעת הטשו"ע ושאר אחרונים, שאע"פ שכתבו לקמן סימן קצ"ג, דאפי' הבועל הקטנה טמאה, כתבו כאן דכתמיה טהורים.

ולפעד"נ מדקאמר ש"ס בקטנה, שאפי' סדינים שלה מלוכלכים בדם, ולא קאמר רבותא, שאפי' גופה מלוכלך בדם, אלמא דוקא בסדינין תלינן להקל, אבל לא בנמצא על גופה, עכ"ל הב"ח, **וקשה**, דהא טעמא דשריותא הוא בקטנה, שחכמים לא גזרו בה, וכדכתב רש"י והרשב"א בת"ה ושאר פוסקים, וא"כ אוקמוה אדין תורה דאינה טמאה כיון שלא הרגישה, **וכן** משמע ממ"ש הטשו"ע, דבר תורה אין האשה טמאה עד שתרגיש כו', וחכמים גזרו על כתם שנמצא בגופה או בבגדיה כו', ולא גזרו בתינוקת כו', משמע דלא גזרו בתינוקת כלל אפילו בנמצא על גופה, **והא** דקאמר בש"ס סדינים שלה מלוכלכים, נראה דה"ה גופה, אלא אורחא דמלתא נקט.

‹**ועיין** בש"ך דמשמע מדבריו, דאפילו אתי ודאי מגופה, כל שהוא שלא בהרגשה טהורה, מאחר דאינו רק מדרבנן ולא גזרו בקטנה, וכן דעת הלחם חמודות והמנח"י, **אכן** החוו"ד חולק ע"ז, וס"ל דאין מטהרין כתמים, רק במקום דאיכא למימר עברה בשוק של טבחים ולאו אדעתה, **אבל** אי ודאי אתי מגופה, אפילו לא הרגישה טמאה›.

סימן קצ ס"ב • דין כתם בתינוקות

לא גזרו בתינוקת שלא הגיע זמנה לראות, דהיינו שהיא פחותה מי"ב שנה ויום אחד, אפי' הביאה שתי שערות, **וכן** אפי' היתה יתירה מי"ב, אם בדקוה ולא הביאה ב' שערות, **בין** שהיא בתולה בין שהיא בעולה, **ואפי'** אם ראתה כבר ב"פ, **אבל** לאחר שראתה ג"פ חוששת לכתם.

שיטת מהרש"ל, דהאידנא כל אשה שיש לה בעל חוששת לכתמיה, ואפי' היא קטנה, שהרי אפי' לדם בתולים מונים ז"נ, ואין להקל מן המנהג, **והב"ח** כ' דודאי אין להקל מן המנהג. **אבל הש"ך** כתב, דאין ראיה כלל מדם בתולים, **וגם** שאין בזה מנהג, והמנהג הוא רק בדם בתולים, ומשם למד לכאן, **ועוד** דדבר שאינו מצוי אין שייך בו מנהג, **וגם** אילו היה המנהג כן, היה הרב כותבו בהג"ה, **וכ"נ** דעת הט"ו ושאר אחרונים, שאע"פ שכתבו לקמן סימן קצ"ג, דאפי' הבועל הקטנה טמאה, כתבו כאן דכתמיה טהורים.

שיטת הב"ח, דדוקא בכתם שנמצא בסדינים תלינן להקל, אבל לא בנמצא על גופה.

שיטת הש"ך, דאפי' נמצא על גופה, כל שהוא שלא בהרגשה טהורה, מאחר דאינו רק מדרבנן ולא גזרו בקטנה.

והחוו"ד חולק ע"ז, וס"ל דאין מטהרין אפי' כתמים בבגדה רק במקום דאיכא למימר עברה בשוק של טבחים ולאו אדעתה, **אבל** אי ודאי אתי מגופה, אפילו לא הרגישה, טמאה.

גדר של ראיות נפרדות

סעיף ג' - היתה שופעת כמה ימים, או שהיתה מדלפת טיף אחר טיף בלא הפסק, אינו אלא כראיה אחת עד שתפסוק.

אבל אם פסקה מעט, וחזרה וראתה שלש פעמים אפילו ביום אחד, הרי זו מוחזקת בדמים וכתמה טמא - לא קאי אלא אמזלפת, אבל בשופעת אפי' פסקה מעט וחזרה וראתה, והפסיקה כך הרבה פעמים, כיון שהיא שופעת אינה אלא ראיה אחת, דא"א לאשה שופעת כמעין כמה ימים ותחיה, וצ"ע - ב"ח.

[**וקשה** דהא בהדיא אמר בגמ', דשופעת מותר ופוסקת אסור, ש"מ דפוסקת קאי אשופעת, **ומלבד** זה קשה לחלק בהפסקה בין מזלפת טיפין טיפין, מהפסקה בין שופעת, **ואע"פ** שאמרו בגמ' שהוא א"א, היינו כל ז', דלא בחנם כתב רש"י כל ז', אבל הטור והשו"ע כתבו כמה ימים, **דהיינו ב' או ג' ימים, וזה ודאי אפשר שתחיה, ונמצא** שכל שיש הפסק בין הראיות, הן בין שופעת, הן בין מזלפת טיפין, נחשב לשתי ראיות, **כן נראה לי פשוט**], ‹**והכו"פ** והגר"ז והחכמ"א והתוה"ש הסכימו לדברי הט"ז›.

דבריו דחוקים, דהא הטור והמחבר כתבו סתמא כמה ימים, ועוד דהחוש מעיד ע"ז, דא"א שתהיה שופעת כמה ימים, כלומר ג' או ד' ימים, או אפי' ב' ימים ותחיה - נקה"כ.

ויש מי שאומר שאין כתמה טמא אלא א"כ ראתה דם שלשה וסתות – [פי' ג"פ, בכל פעם וסת בפני עצמו], ‹כדרך נשים שרואות בוסתות מחולקים, דהיינו שתפסיק איזה ימים בין ראיה לחבירתה, ולא בעי לכו"ע שיהיה דוקא דרך קביעות וסת בזמנים שוים דוקא – פרי דעה›,

ויש להחמיר כסברא ראשונה.

סימן קצ ס"ג • גדר של ראיות נפרדות

היתה שופעת כמה ימים, או שהיתה מדלפת טיף אחר טיף בלא הפסק, אינו אלא כראיה אחת עד שתפסוק. **אבל** אם פסקה מעט, וחזרה וראתה ג"פ אפילו ביום אחד, הרי זו מוחזקת בדמים וכתמה טמא.

שיטת הב"ח הובא בש"ך, דפסקה מעט קאי רק אמזלפת, **אבל** בשופעת אפי' פסקה מעט וחזרה וראתה, והפסיקה כך הרבה פעמים, כיון שהיא שופעת, אינה אלא ראיה אחת, **דא"א** לאשה שופעת כמעין כמה ימים ותחיה, וצ"ע.

שיטת הס"ז, דהא דא"א שתחיה, היינו כל ז', אבל השו"ע כתב כמה ימים, דהיינו ב' או ג' ימים, וזה ודאי אפשר שתחיה, (**ולהש"ך** אפי' ב' ימים א"א שתחיה), **ונמצא** שכל שיש הפסק בין הראיות, הן בין שופעת, הן בין מזלפת טיפין, נחשב לשתי ראיות, **וכן** הסכימו האחרונים.

שיטת הי"א, שאין כתמה טמא אא"כ ראתה דם ג' וסתות, דהיינו שתפסיק איזה ימים בין ראיה לחבירתה, (**אבל** לא בעינן שיהיה דוקא דרך קביעות וסת בזמנים שוים), **ויש** להחמיר כסברא ראשונה.

תינוקת שראתה ג"פ ופסקה

סעיף ד - תינוקת שלא הגיע זמנה לראות וראתה ג"פ, ופסקה מלראות שיעור שלש עונות, שהם צ' יום, חוזרת לקדמותה וכתמה טהור - אפילו חזרה לראות בעונות שהיתה למודה, **עד שתחזור ותראה שלש פעמים.**

סימן קצ ס"ד • תינוקת שראתה ג"פ ופסקה

תינוקת שלא הגיע זמנה לראות וראתה ג"פ, ופסקה מלראות שיעור ג' עונות, שהם צ' יום, חוזרת לקדמותה וכתמה טהור, **אפי'** חזרה לראות בעונות שהיתה למודה, **עד** שתחזור ותראה ג"פ.

שיעור של כתם

סעיף ה - לא גזרו על הכתם אא"כ יש בו כגריס ועוד, ושיעור כגריס הוא כט' עדשים (ג' על ג').

ושיעור עדשה כד' שערות, שכוס ל"ו שערות - כלו' שהגריס הוא ל"ו שערות, דהיינו ו' על ו' לאורך ולרוחב, **כמו שכן קבועות בגופו של אדם** - ר"ל עם החלל שביניהם, ולא כמו שהן דבוקים זה אצל זה ממש.

(**עיין** בתשובת מאיר נתיבים שכתב, דהכוונה לשער בשערות שבגוף, ולא בשערות שבראש, **ואף** שבד"מ כתב כמו שהן קבועות בראש, העיקר כדבריו כאן בהגה"ה, **וכתב** שהוא רגיל לשער, אם אין לו גריס של פול, בשערות הקבועים בפרק היד, הוא הזרוע שבין כף היד ובין הפרק, שם ישוער היטב ששה שערות על ששה, הן ואירך, ועוד מסביב סביב שיעור חצי אוירן).

וכל זמן שאין בו כזה השיעור - ר"ל שאין בו כגריס ועוד, **אנו תולין לומר דם כנה הוא, אע"פ שלא הרגה כנה.**

אבל משיש בו כזה השיעור, אין תולין בכנה, בין אם הוא מרובע או אם הוא ארוך. ואם נזדמן לה גריס יותר גדול מזה השיעור, משערין בו – [דאמרינן דאפשר דיש כנה יותר גדולה].

(**עיין** בתשובת ח"צ שכתב, «שגריס» הוא המין שקורין באנין, ומהם שני מינין, האחד נקרא טערקישי באהנען, והם אותם שאין מגדלין תולעים במחובר, ועוד מין ב' נקרא גרוישע באהנען, ובהם הרחש מצוי, וזה המין גריס שלו, דהיינו מחציתו לאחר שחלק לשנים, כמו שהוא דרך גידולו שני חלקים, וכל חלק לעצמו במקום שהוא מחובר לחבירו דומה למרובע, ובו יש לשער להלכה למעשה, **ובכו"פ** כתב עליו אם קבלה נקבל, **ועיין** בתשו' מאיר נתיבים שכתב, דמ"ש הח"צ דומה למרובע, סימנא קא יהיב, ולאו קפידא הוא, **וטעם** הכרעתו לשער באותן גרוישי באהנען, לאו משום דס"ל דחז"ל נתכוונו לזה הגריס, רק הוא כמ"ש בשו"ע, ואם נזדמן גריס יותר גדול משערים בו, **ולכן** כתב דעתה שנמצאים עוד פולין יותר גדולים מאלה, והם מן המין הראשון שזכר הח"צ, דהיינו שאין התולעים מצויים בהם, ואינם מרובעים כלל, והם הנקראים פאסוליש, יש לשער בהם).

(**בספר** כו"פ השיב על שיעורו של בעל מעיל צדקה, דהוא שיעור גדול, **ועיין** בתשו' חת"ס שכתב, דשיעור כתם הנכון כפי שהעלה בתשובת מ"צ, דשם מצויין השיעור בצמצום ובדקדוק גדול, וכמה טרחות ויגיעות יגעתי עד שבדקתי אחריו, ומצאתי שיעורו נאמן, וכבר סלקתי מעליו כל תלונות הכרתי ופלתי, **ואף** דהוא שיעור גדול הרבה, ולא נמצא כן דם מאכולת בזמנינו, **נ"ל** הטעם משום דתחלת גזירת כתם היה משום חומרא דטהרות, ולא פלוג רבנן וטמאו אותה גם לבעלה, שלא תהיה חוכא, האשה טמאה נדה לטהרות, וטהורה לבעלה, וכיון שנאסר במנין, אע"פ שבטל טעם טהרות, מ"מ גזירה לא בטלה, ועדיין אסורה לבעלה, וכיון שכל עצמה לא נאסרה לבעלה אלא מתקנת חכמים הראשונים, אין לנו לטמא

אותה אלא בשיעור כתם שבזמניהם, שהיה מאכולת גדולה מצויה, אע"פ שבזמנינו אין נמצא).

‹**והחזו"א** כ' ששיעור גריס בלא ה"עוד" של המעיל צדקה, הוא ריבוע של י"ח על י"ח מיללימטר, שהוא עיגול בקו של בערך כ' מיללימטר - חוט השני. (**ועיין** בחכמ"א שכתב, הנהוג בינינו, שהוא בערך כמו דיטקע פרייסעש החדשה). ‹**ואג"מ** כתב, שגריס ועוד הוא כעין "פעני", מטבע של סנט אחד של ארה"ב, ויש לו קו של י"ט מיללימטר. **ושבה"ל** כתב, ששיעור גריס ועוד הוא קו של י"ח - י"ט מיללימטר. ושיעור של "דיים" הוא קו של י"ח מיללימטר, עיין בספר מאזני צדק›.

‹**ואם** הדם נצרר ועב במקום אחד, ואם היינו מרדדים הדק היה בו שיעור גריס, עיין בס"ט - רעק"א›.

(**עיין** בספר יראים, שכתב דאנן לא בקיאין בשיעור הגריס, הילכך צריך ליזהר בכתמים לפי שיקול הדעת, שאין דם מאכולת רבה, ובענין שהוא רואה שאינו ראוי לתלות, **ותימה** על הפוסקים שלא הביאו כלל דבריו).

(**ומצאתי** בתשו' בשמים ראש שכתב, וטעמו של היראים נ"ל, דלא איתפריש עביו של הדם המונח על הסדין, ואם יש בו ממשות דם אתה משערו כן, ואם אין כאן רק צביעת הסדין אתה משער כן בכגריס, ובדם גדול כגריס אתה יכול לצבוע כל החלוק, **ומ"מ** ראיתי רבותי כולם משערין ואינם חשים בדבר, **ועיין** בס"ט, שגם הוא ז"ל חקר בזה, אם הדם נצרר במקום אחד איך משערין, אם כמו שהוא עתה שהוא פחות מכגריס, או צריכין להחמיר לשער כמו שהיה מתפשט כצבע בעלמא, והיה יותר מכגריס וטמאה, **וכתב** דנ"ל דאין אנו צריכים לשער רק כמות שבא לפנינו, וה"ה איפכא, היכא שבא לפנינו כתם, ואינו שגוף הכתם פחות מכגריס, רק סביבו הוא התפשטות לכלוכו של גוף הכתם, שנצטבע מגוף הכתם, אפ"ה טמאה, וכך הוא מדות חכמים בלא פלוג, **מיהו** י"ל דהכל לפי ראות עיני המורה, אם הדם צבור במקום אחד הרבה, דיינינן ליה כאילו נתפשט).

(**עיין** בתשובת מעיל צדקה שכתב, וכן שמעתי מן החברים, דהיה מן הראוי לטמא כתם שחור שקטן מגריס, מטעם הזה עצמו, שא"א לתלות במאכולת שהוא אדום, ואילו כן לא ימלט שיזכירוהו הפוסקים, **ועיין** בס"ט שתמה עליו, דנעלם ממנו דברי הראב"ד שכתב כן בהדיא, דאינה תולה במאכולת אלא כתם אדום, **וכתב**, ומ"מ במקומות שמצויין פרעושים שלכלוך שלהם שחור, ואין לך סדין וסדין שלא נמצא בו טיפות שחורות מאלו, בודאי יש לתלות בהם, והכל כפי ראות עיני המורה).

סימן קצ ס"ה • שיעור של כתם

לא גזרו על הכתם אא"כ יש בו כגריס ועוד.

ושיעור כגריס הוא כט' עדשים, ג' על ג'. ושיעור עדשה כד' שערות, והגריס הוא ל"ו שערות, דהיינו ו' על ו' לאורך ולרוחב. **ומשערין השערות** (אם אין לו גריס של פול) כמו שהן קבועות בגופו של אדם עם החלל שביניהם, **ולא** בשערות שבראש, שהן דבוקים זה אצל זה ממש, (ודלא כהד"מ), **ומשערין** בזרוע שבין כף היד ובין הפרק, שם ישוער היטב ו' שערות על ו', הן ואורין, ועוד מסביב סביב שיעור חצי אוירן.

וכל זמן שאין בו כגריס ועוד, אנו תולין לומר דם כנה הוא, אע"פ שלא הרגה כנה.

אבל משיש בו כזה השיעור, אין תולין בכנה, בין אם הוא מרובע או אם הוא ארוך.

ואם נזדמן לה גריס יותר גדול מזה השיעור, משערין בו, דאמרינן דאפשר דיש כנה יותר גדולה.

שיעור הח"צ, שגריס הוא המין שקורין גרוישע באהנען, ובהם הרחש מצוי, ומחציתו לאחר שחלק לשנים, (שדרך גידולו שני חלקים, וכל חלק לעצמו במקום שהוא מחובר לחבירו דומה למרובע), ובו יש לשער להלכה למעשה, **ולאו** משום דחז"ל נתכוונו לזה הגריס, רק הוא כמ"ש בשו"ע, דאם נזדמן גריס יותר גדול משערים בו, **ובכו"פ** כתב, אם קבלה נקבל, **וי"א** דמש"כ דומה למרובע, סימנא קא יהיב, ולאו קפידא הוא.

וי"א דעתה שנמצאים עוד פולין יותר גדולים מאלה, והם נקרא טערקישי באהנען, והם אותם שאין מגדלין תולעים במחובר, ואינם מרובעים כלל, והם הנקראים פאסוליש, יש לשער בהם.

שיעור של בעל מעיל צדקה, לפי החזו"א, גריס בלא ה"עוד", הוא ריבוע של י"ח על י"ח מיללימטר, שהוא עיגול בקו של בערך כ' מיללימטר. **וחכמ"א** כתב, שהוא בערך כמו דיטקע פרייסעש החדשה. **ואג"מ** כתב, שגריס ועוד הוא כעין "פעני", מטבע של סנט אחד של ארה"ב, ויש לו קו של י"ט מיללימטר, **ושבה"ל** כתב, שהוא קו של י"ח - י"ט מיללימטר. (**ושיעור** של "דיים" הוא קו של י"ח מיללימטר).

בספר כו"פ השיב על שיעורו של בעל מעיל צדקה, דהוא שיעור גדול, **וחת"ס כתב**, דכן הוא שיעור כתם הנכון, בצמצום ובדקדוק גדול, **ואף** דהוא שיעור גדול הרבה, ולא נמצא כן דם מאכולת בזמנינו, **הטעם**, משום דתחלת גזירת כתם היה משום חומרא דטהרות, ולא פלוג רבנן וטמאו אותה גם לבעלה, שלא תהיה חוכא, האשה טמאה נדה לטהרות, וטהורה לבעלה, **וכיון** שנאסר במנין, אע"פ שבטל טעם טהרות, מ"מ גזירה לא בטלה, ועדיין אסורה לבעלה, **וכיון** שכל עצמה לא נאסרה לבעלה אלא מתקנת חכמים הראשונים, אין לנו לטמא אותה אלא בשיעור כתם שבזמניהם, שהיה מאכולת גדולה מצויה, אע"פ שבזמנינו אין נמצא.

י"א דאנן לא בקיאין בשיעור הגריס, דלא איתפריש עביו של הדם המונח על הסדין, ואם יש בו ממשות דם אתה משערו כן, ואם אין כאן רק צביעת הסדין אתה משער כן, ובדם גדול

כגריס יכול לצבוע כל החלוק, **הילכך** צריך ליזהר בכתמים לפי שיקול הדעת, שאין דם מאכולת רבה, ובענין שהוא רואה שאינו ראוי לתלות, **ותימה** על הפוסקים שלא הביאו כלל דבריו, **ומ"מ י"א** דכולה רבוותא משערין ואינם חשים בדבר.

ואם הדם נצרר ועב במקום אחד, ואם היינו מרדדים הדק היה בו שיעור גריס, יש לחקור איך משערין, אם כמו שהוא עתה שהוא פחות מכגריס, או צריכין להחמיר לשער כמו שהיה מתפשט כצבע בעלמא, והיה יותר מכגריס וטמאה, **וי"א דאין אנו צריכים לשער רק כמות שבא לפנינו**, וה"ה איפכא, היכא שבא לפנינו כתם, וראינו שגוף הכתם פחות מכגריס, רק סביבו הוא התפשטות לכלוכו של גוף הכתם, שנצטבע מגוף הכתם, אפ"ה טמאה, וכך הוא מדות חכמים בלא פלוג, **מיהו י"ל** דהכל לפי ראות עיני המורה, אם הדם צבור במקום אחד הרבה, דיינינן ליה כאילו נתפשט.

י"א דהיה מן הראוי לטמא כתם שחור שקטן מגריס, שא"א לתלות במאכולת שהוא אדום, **ומ"מ** במקומות שמצויין פרעושים שלכלוך שלהם שחור, ואין לך סדין וסדין שלא נמצא בו טיפות שחורות מאלו, בודאי יש לתלות בהם, **והכל** כפי ראות עיני המורה.

אם כתם הנמצא על בשרה צריך שיעור

סעיף ו - הא דבעינן שיעורא, בין בכתם הנמצא על חלוקה, בין בכתם הנמצא על בשרה. וי"א שלא אמרו אלא בכתם הנמצא על חלוקה, אבל כתם הנמצא על בשרה בלבד, במקומות שחוששין להם, אין לו שיעור. (רמב"ם).

(**עיין** בס"ט שכתב, דוקא על בשרה לבד, אבל אם נמצא גם על בגדיה, אז לכו"ע תולה במאכולת אם אינה כגריס, וכ"כ בב"י, **ואפי'** הכתם שבבגדיה שלא כנגד הכתם שעל בשרה, שכן דרך החלוק להתהפך הנה והנה, **ועיין** בחוו"ד שהוא לא כתב כן, אלא דגם על בשרה ועל חלוקה טמאה בכל שהוא להרמב"ם). (**ועיין** ברעק"א בסל"ה).

(**בתפל"מ** כתב, דבהרגה, גם להרמב"ם בודאי בעינן שיעור כגריס ועוד, דדמי למכה שבגופה, ולענ"ד צ"ע לדינא - רעק"א).

והב"ח פסק כהי"א דלקמן ס"ח, (והיינו שיטה קמייתא דכאן), ולפענ"ד אין להקל כלל.

(**עיין** בתשו' שב יעקב, כאיזה דעה יש לפסוק, ושם בסופו כתב בשם הגאון מהר"א ברודא ז"ל, דיש להחמיר כהרמב"ם, **ועיין** בס"ט שכתב עליו, דהסומך להקל כדעה ראשונה, כפי דעת הב"ח, לא הפסיד, וכן דעת בעל מנח"י).

סי' קצ ס"ו • אם כתם הנמצא על בשרה צריך שיעור

כתב המחבר, דבעינן שיעורא בין בכתם הנמצא על חלוקה, בין בכתם הנמצא על בשרה.
והביא שיטת הרמב"ם בשם י"א, שלא אמרו אלא בכתם הנמצא על חלוקה, **אבל** כתם הנמצא על בשרה בלבד, במקומות שחוששין להם, אין לו שיעור.

י"א דוקא על בשרה לבד, אבל אם נמצא גם על בגדיה, אז לכו"ע תולה במאכולת אם אינה כגריס, **ואפילו** הכתם שבבגדיה שלא כנגד הכתם שעל בשרה, שכן דרך החלוק להתהפך הנה והנה.
וי"א דגם על בשרה ועל חלוקה, טמאה בכל שהוא להרמב"ם.

י"א דבהרגה, גם להרמב"ם בודאי בעינן שיעור כגריס ועוד, דדמי למכה שבגופה, **וצ"ע** לדינא.

הב"ח פסק כשיטה קמייתא, **והש"ך** כתב דאין להקל כלל.

מתי הוי השיעור כתורמוס ועוד

סעיף ז - אם הרגה פשפש - בל"א וואנץ, **או הריחה ריחו, תולה בו עד כתורמוס, (פירוש מין ממיני הקטניות שטעמו מר, ובלע"ז לופינו) -**

[הוא מין קיטנית עגולה ורחב כמעה קטנה].

[אבל בלא"ה לא תלינן בפשפש, וז"ל הרא"ש הביאו ב"י, אבל מסתמא לא תלינן ביה, משום דלא שכיח, משמע דבמקומות השכיחים תלינן בהו כמו במאכולת, **אלא** שהרב ב"י שיכל את ידיו, וכתב שיש לפרש דברי הרא"ש מה דכתב הרא"ש לא שכיח, היינו לא שכיח שיהיה סמוך לגוף כ"כ ולא תריח ריחו].

ודעת הרשב"א, דבמקומות שהפשפש והרחש מצויין, תולין בה כתורמוס אע"פ שלא הרגה, **והב"ח** פסק דלא כוותיה, משום דרא"ש והטור והמחבר לא ס"ל הכי, **ואינו** מוכרח, דאפי' יהיה פי' דברי הרא"ש כפי' השני שכ' ב"י, מ"מ אפשר דלענין הסברא מודים, דהיכא שהוא מצוי תולין בו, ולא דברו מזה, **וכ"כ** ר' ירוחם, דאם נתעסקה בפשפש כו' או במקומות שנמצאים הרבה מהם, שיש עיירות ומקומות שמצויים לרוב, תולים בו עד כתורמוס עכ"ל, **וכבר** נודע דרבינו ירוחם כתב ספרו ע"פ דברי הרא"ש, **ועוד** דבכתמים שומעין להקל, [וכן פסק הט"ז]. (**ויש** בזה צד חומרא, באם מצאה למעלה מהחגור כתורמוס, ולמטה מהחגור יותר מתורמוס, עיין סי"ז - רעק"א).

[**מבואר** בב"י, דבמקום דתלינן בפשפש, **אין** חילוק בין ארכו כרחבו או לא].

(**עיין** בס"ט שכתב, דצ"ע לדידן דקיי"ל לקולא לקמן סעיף כ"ו, בהא דנתעסקה בכגריס, דתולה בנמצא עליה כשני גריסין, וא"כ בהרגה פשפש, דהוי כמו נתעסקה בכתמים, אם יש לתלות בזה אם היה כתורמוס ועוד, ולומר דאותו עוד הוא ממאכולת).

סימן קצ ס"ז • מתי הוי השיעור כתורמוס ועוד

אם הרגה פשפש, בל"א וואנץ, או הריחה ריחו, תולה בו עד כתורמוס, והוא מין קיטנית עגולה ורחב כמעה קטנה.

י"א דבמקומות שהפשפש והרחש מצויין, תולין בה כתורמוס אע"פ שלא הרגה, **והב"ח** פסק דלא כוותיה, **אבל** הש"ך והט"ז פסק כוותיה, דבכתמים שומעין להקל.
אבל יש בזה צד חומרא, באם מצאה למעלה מהחגור כתורמוס, ולמטה מהחגור יותר מתורמוס, עיין סי"ז.

ואין חילוק בין ארכו כרחבו או לא, במקום דתלינן בפשפש.

י"א דצ"ע בהרגה פשפש, דהוי כמו נתעסקה בכתמים, אם יש לתלות בזה אם היה כתורמוס ועוד, ולומר דאותו עוד הוא ממאכולת.

אם אין במקום אחד כגריס ועוד

סעיף ח - אם אין בכתם במקום אחד כגריס ועוד, אע"פ שיש שם טיפין הרבה סמוכין זה לזה, עד שאם נצרפם יש בהם יותר מכגריס, טהורה, שאנו תולין כל טיפה וטיפה בכנה, עד שיהא בו כגריס ועוד במקום אחד.

(**עיין** בספר בינת אדם, לענין כתם שנמצא על בית יד של נשים על מקום הקמטים, אי הוי כטיפין טיפין, או נאמר שמצטרף, **וכתב** דאם אינו תפור, פשוט דאינו מצטרף, כי כל קמט עומד לעצמו, **ואפי'** אם תפורים צ"ע, דעכ"פ יש אויר ביניהם).

וי"א דהני מילי כשנמצאו על חלוקה, אבל אם נמצאו על בשרה, מצטרפין לכגריס ועוד - ודוקא לסברא הראשונה דלעיל ס"ו, אבל לסברא האחרונה, בלי צירוף טמאה בכל שהוא.

סימן קצ ס"ח • אם אין במקום אחד כגריס ועוד

אם אין בכתם במקום אחד כגריס ועוד, אע"פ שיש שם טיפין הרבה סמוכין זה לזה, עד שאם נצרפם יש בהם יותר מכגריס, **טהורה**, שאנו תולין כל טיפה וטיפה בכנה, עד שיהא בו כגריס ועוד במקום אחד.

כתם שנמצא על בית יד של נשים על מקום הקמטים, אם אינו תפור, פשוט דאינו מצטרף, כי כל קמט עומד לעצמו, **ואפי'** אם תפורים צ"ע, דעכ"פ יש אויר ביניהם.

וי"א דה"מ כשנמצאו על חלוקה, אבל אם נמצאו על בשרה, מצטרפין לכגריס ועוד, **ודוקא** לסברא הראשונה דלעיל ס"ו, אבל לסברא האחרונה, בלי צירוף טמאה בכל שהוא.

כשצורתו נראה כאילו לא נטף מן הגוף

סעיף ט - כתם הנמצא על בשרה, שהוא ארוך כרצועה או עגול, או שהיו טיפין טיפין, או שהיה אורך הכתם על רוחב יריכה, או שהיה נראה כאילו הוא ממטה למעלה, הואיל והוא כנגד בית תורפה, (פי' גנאי הוא, והוא כנוי לערוה), טמאה, ואין אומרים אילו נטף מן הגוף לא היה כזה.

לענין השיעור, אין בדברי הרמב"ם שבסעיף זה הכרע כלל, ‹דדין זה נוגע בין אם היא טמאה בפחות מגריס, בין אם צריכה שיעור, ואיירי הכא כשיש גריס ועוד›.

סי' קצ ס"ט • כשצורתו נראה כאילו לא נטף מן הגוף

כתם הנמצא על בשרה, שהוא ארוך כרצועה או עגול, או שהיו טיפין טיפין, או שהיה אורך הכתם על רוחב יריכה, או שהיה נראה כאילו הוא ממטה למעלה, **הואיל** והוא כנגד בית תורפה, טמאה, ואין אומרים אילו נטף מן הגוף לא היה כזה.
ודין זה נוגע בין למ"ד דהיא טמאה בפחות מגריס, **בין** למ"ד דצריכה שיעור, ואיירי כשיש גריס ועוד.

נמצא על דבר שאינו מקבל טומאה

סעיף י - כתם שנמצא על דבר שאינו מקבל טומאה, לא גזרו עליו - וכן אפי' מין שהוא מקבל טומאה, אלא ששיעורו גרם לו, כגון מטלית שאין בו ג' על ג'.

וכל שמקבל טומאת נגעים, אע"פ שאין מקבל שאר טומאה, מקבל כתמים וטמאה.

(**ועיין** במנ"י שרוצה להחמיר בנמצא על בנין מחובר, כיון שהוא מקבל טומאת נגעים, לשיטת התוס' והרא"ש, **ובכו"פ** חולק ע"ז).

(**עיין** בס"ט שכתב, דיצא לו דין חדש, דאם אותו דבר שאינו מקבל טומאה שנמצא עליו, מונח ע"ג דבר המקבל טומאה, כיון דנטמא משום משא, לכך גם האשה טמאה). ‹**והאחרונים** חלקו על הס"ט›.

(**ועיין** בנו"ב, דמה שמקבל טומאה מדרבנן, מקבל כתמים).

(**ועיין** בנודע ביהודה שכתב, דנייר שלנו מקבל כתמים, דלא גרע מלבדים דמקבלי טומאה, ע"ש. **ועיין** בשו"ת שיבת ציון, שגדול אחד הקשה על דברי הנודע ביהודה הנ"ל, ממה שכתב הרמב"ם בהדיא, דהנייר אינו מקבל טומאה, והיינו טעמא, דלא דמי ללבדים, דבנייר פנים חדשות באו לכאן, **והשיב** לו דיש חילוק בין נייר שהיה להם בדורות הקודמים, ועדיין עושים כן במדינות הודו, מעלי אילנות וירקות, או על קליפת עצים, שהחליקו והתקינו אותם לקבל הדיו, זה אינו מקבל טומאה, ומזה מיירי הרמב"ם, **אבל** נייר שלנו שנעשה מבלויי סחבות, או מעשבים כתושים, שהוא מעשה לבדים, זה בודאי מקבל טומאה, **וליכא** למימר דפנים חדשות באו לכאן, דזה אינו, שהרי אין אנו דנין שיקבל טומאה מפני שהיה ארוג בתחלה, אלא ממה שנעשה עתה מעשה לבדים).

(**ועיין** בס"ט שכתב, אם נמצא על נייר, שלא ע"י בדיקה וקינוח, אלא שעברה עליו או ישבה עליו, כתב בתוי"ט דאין טומאה שייך בנייר, **הגם** דאיהו מיירי בנייר שהיה בזמן הש"ס, שהיה מעשבים, משא"כ בנייר דידן שהוא נעשה מבגדי פשתן, **מ"מ** נראה דאין חילוק, שהבגדי פשתן נטחן, ופנים חדשות בא לכאן, עכ"ל, וכ"כ בחכמת אדם, **ואילו** ראו דברי הנו"ב, ודברי בנו הגאון בתשובת שיבת ציון הנ"ל, לא כתבו כן).

(**עתה** נדפס שו"ת חת"ס חלק ששי, ושם כתב, דאפילו נייר דידן אינו מקבל טומאה ולא כתמים, דכיון שנכתשו הדק היטב, ונמסו במים ונהפכו לפנים אחרות, פרחה דין צמר ופשתים מנייהו, **ועוד** נ"ל דלא מקרי צמר ופשתים, אלא העומדים לבגד ואריג וחבלים ולבדים וכדומה, אבל הני ניירות שמיוחדים לצרכים אחרים, א"כ אפילו צמר ופשתים בעינא, נימא מעשה עץ שימש, כמבואר בחולין, **ומסיים** ע"כ בכתמים הנמצאים הולכין להקל, **אך** בבדיקת עד שאינו בדוק, אם הוא נייר, אע"פ שלענין שיעור כגריס ועוד יש לו דין כתם, מ"מ לענין זה לא אומר להקל בנייר).

כיצד, בדקה קרקע עולם, (או בית הכסא שאינו מקבל טומאה), או כל דבר שאינו מקבל טומאה, וישבה עליו ומצאה בו כתם, ‹טהורה›.

(**עיין** בתשו' נו"ב, באשה שישבה בבהכ"ס הקבוע בקרקע, והדף שיושבים עליו נעשה מן דף שהיו עורכין עליו, והיה עליו תורת כלי בתלוש, אח"כ קבעוהו שם, וישבה עליו האשה ומצאה כתם, **וכתב** שהיא טהורה, דכיון שקבעוהו אינו מקבל טומאה, ואף אם לא חיברו בקרקע, משפתח בו נקב גדול כזה, אפילו הוא עדיין רחב מכל צד ויכול לערוך עליו, מ"מ כבר נטהר).

סימן קצ ס"י(1) • נמצא על דבר שאינו מקבל טומאה

כתם שנמצא על דבר שאינו מקבל טומאה, לא גזרו עליו, **וכן** אפי' מין שהוא מקבל טומאה, אלא ששיעורו גרם לו, כגון מטלית שאין בו ג' על ג'. **כיצד**, בדקה קרקע עולם, או בית הכסא שאינו מקבל טומאה, או כל דבר שאינו מקבל טומאה, וישבה עליו ומצאה בו כתם, טהורה.

אם מקבל טומאת נגעים, אע"פ שאין מקבל שאר טומאה, מקבל כתמים וטמאה.

נמצא על בנין מחובר, י"א דכיון שהוא מקבל טומאת נגעים, לשיטת התוס' והרא"ש, טמא, **ויש** שחולק ע"ז.

דבר שאינו מקבל טומאה, המונח ע"ג דבר המקבל טומאה, י"א כיון דנטמא משום משא, לכך גם האשה טמאה, **והאחרונים** חלקו עליו.

מה שמקבל טומאה מדרבנן, י"א דמקבל כתמים.

אם נמצא על נייר, (שלא ע"י בדיקה וקינוח, אלא שעברה עליו או ישבה עליו), כתב הנו"ב דנייר שלנו מקבל כתמים, דלא גרע מלבדים דמקבלי טומאה. **ומש"כ** הרמב"ם דהנייר אינו מקבל טומאה, היינו בנייר שהיה להם בדורות הקודמים, מעלי אילנות וירקות או על קליפת עצים, שהחליקו והתקינו אותם לקבל הדיו, **אבל** נייר שלנו שנעשה מבלויי סחבות, או מעשבים כתושים, שהוא מעשה לבדים, זה בודאי מקבל טומאה, **וליכא** למימר דפנים חדשות באו לכאן, שהבגדי פשתן נטחן, דאין אנו דנין שיקבל טומאה מפני שהיה ארוג בתחלה, אלא ממה שנעשה עתה מעשה לבדים.

אבל החת"ס כתב, דאפילו נייר דידן אינו מקבל טומאה ולא כתמים, דכיון שנכתשו הדק היטב, ונמסו במים ונהפכו לפנים אחרות, פרחה דין צמר ופשתים מנייהו, **ועוד** דלא מקרי צו"פ אלא העומדים לבגד ואריג וחבלים ולבדים וכדומה, אבל הני ניירות שמיוחדים לצרכים אחרים, א"כ אפילו צו"פ בעינא, נימא מעשה עץ שימש, **ע"כ** בכתמים הנמצאים הולכין להקל, **אך** בבדיקת עד שאינו בדוק, אם הוא נייר, אע"פ שלענין שיעור כגריס ועוד יש לו דין כתם, מ"מ לענין זה לא אומר להקל בנייר.

בהכ"ס הקבוע בקרקע, והדף שיושבים עליו נעשה מן דף שהיו עורכין עליו, והיה עליו תורת כלי בתלוש, ואח"כ קבעוהו שם, וישבה עליו האשה ומצאה כתם, **י"א** שהיא טהורה, דכיון שקבעוהו אינו מקבל טומאה, **ואף** אם לא חיברו בקרקע, משפתח בו נקב גדול כזה, אפילו הוא עדיין רחב מכל צד ויכול לערוך עליו, מ"מ כבר נטהר.

נמצא על בגד צבוע

וכן כתם שנמצא על בגד צבוע, טהורה - (עיין בדגמ"ר, שתמה על שלא הביאו שום חולק בזה, ובהג"מ כתב בשם רבינו שמחה וראב"ן, שלא אמרו בגמרא דבר זה אלא לטהר הבגד, אבל האשה טמאה, וכיון שגם הרמב"ן מחמיר כמבואר בב"י, קשה להקל נגד שלשה חמורי עולם, **ועיין** בתשו' חת"ס שהאריך ג"כ בזה, להבין סברת רבינו שמחה, דהלא בכל דוכתא מצינן דמקילין לבעלה טפי מטהרות, **והעלה** לדינא דקיי"ל כרמ"א, דאשה הלובשת בגדי צבעונים מצלת על כתמים, שלא לחוש לדברי רבינו שמחה, **ועיין** בשו"ת תשובה מאהבה שהעלה, אחרי שרוב הפוסקים ראשונים ואחרונים, כולם עונים כאחד שאין חוששין משום כתם בהם, ודאי אין להחמיר, **אכן** אם הכתם חציו על הלבן וחציו על הצבוע, יש להחמיר, אחרי שאין המטהרים מטהרים באופן זה).

(**ועיין** בתשו' מעיל צדקה, בדין כתם שנמצא על בגד מנומר גוונים הרבה, לבנים ושאר צבעים, ולא היה כשיעור כתם על נימור לבן אחד, אלא שהיה מחובר, ועבר ע"ג חלק הצבוע צבע תכלת, ויוצא על גב הלבן שבצדו, באופן שבין שני חלקים שע"ג פספס שני הלבנים, היה בין שניהם כשיעור, ונסתפק השואל אם מצטרפין לטמא, הואיל והפסיק ביניהם הצבע, **וגם** אם כל הצבעים מצילין על הכתמים, **והעלה** דגם כל הצבעים מצילין, **ואין** הכתם שעל הצבע מצטרף, אבל שני הלבנים מצטרפים, כיון שהכל הוא כתם א', ומתחבר ע"י הכתם שעל הצבע, דעושה חבור לצרף שני הלבנים אהדדי, שאם יש בין שניהם כגריס טמאה, ‹**וכן** אם ראתה כתם לבן, ובשני קצותיו מראה אדום, הלבן מצרפן להאדום שיהיה כתם א', ואם יש באדום יחד שיעור כתם, טמאה – רעק"א›, **ובאם** לאו טהורה, אע"ג שעם חלק הצבע הוא כגריס, דחלק הצבע אינו מצטרף להשלים השיעור, **אכן** החוו"ד כתב, דגם מקום הצבוע מצטרף לכשיעור).

(**ועיין** בס"ט שכתב דצ"ע, היכא דשמשה מטתה, ואח"כ מצאה כתם על דבר שאינו מקבל טומאה, או על בגד צבוע, דבעלמא קי"ל דטהורה, אע"ג דודאי מגופה, כיון דשלא בהרגשה חזיא, אבל כאן דספק דאורייתא הוא, די"ל הרגישה וסברה הרגשת שמש הוא, טמאה, **ואם** מצאה כתם זה סמוך להטלת מי רגלים, יש ג"כ ספק זה, **ועיין** בתשו' חמדת שלמה, שהביא ראיה דגם בכה"ג טהורה, **ועיין** עוד בס"ט לענין אם גם בשוטה תלינן, בנמצא על דבר שאינו מקבל טומאה, או ע"ג בגד צבוע).

הגה: לפיכך תלבש האשה בגדי צבעונין, כדי להצילה מכתמים - (ועיין בתשו' חת"ס שהאריך להבין, מדוע שינה הרמ"א ז"ל לשון הרמב"ם, וכתב לפיכך תלבש האשה כו', ולא כתב תיקנו, **והעלה** דנהי דתקוני לא מתקנינן כהרמב"ם, מ"מ אין מוחין בידם ג"כ, **אך** זה דוקא בבגד שעל החלוק, אבל בגד הסמוך לבשר, כחלוק וכתונת, לא שמענו, ‹**ורעק"א** ומהרש"ם וחזו"א ועוד אחרונים חולקים על החת"ס›.

(**בספר** עמודי כסף כתב בזה, נראה דוקא תלבש תמיד, אבל כדי להציל בימי נדתה ובימי ליבונה, לא, **וי"ל** דבג' ימים ראשונים אין תולין. **ועמש"ל** סי' קצ"ו ס"י) ‹בשמו, דהוא מתיר כתם הנמצא בבגד צבוע תוך ג' ימים›.

סימן קצ ס"י(2) • נמצא על בגד צבוע

כתם שנמצא על בגד צבוע, טהורה. **וכתב** הרמ"א, **לפיכך** תלבש האשה בגדי צבעונין, כדי להצילה מכתמים.

ויש שמתמיה על שלא הביא השו"ע שום חולק בזה, די"א שלא אמרו בגמרא דבר זה אלא לטהר הבגד, אבל האשה טמאה, **והחת"ס** העלה לדינא, דאשה הלובשת בגדי צבעונים מצלת על כתמים, ואין להחמיר.

החת"ס כתב דזה דוקא בבגד שעל החלוק, אבל בגד הסמוך לבשר, כחלוק וכתונת, לא, **והאחרונים** חולקים עליו.

י"א דדוקא תלבש תמיד, אבל כדי להציל בימי נדתה ובימי ליבונה, לא, דהוי כמבטל איסור.

בג' ימים ראשונים י"א דאין תולין, **וי"א** דטהורה.

כתם שנמצא על בגד מנומר גוונים הרבה, לבנים ושאר צבעים, ולא היה כשיעור כתם על נימור לבן אחד, אלא שהיה מחובר, ועבר ע"ג חלק הצבוע צבע תכלת, (דכל הצבעים מצילין), ויוצא ע"ג הלבן שבצדו, באופן שבין שני חלקים שע"ג פספס שני הלבנים, היה בין שניהם כשיעור, והפסיק ביניהם הצבע, **י"א** דאין הכתם שעל הצבע מצטרף, **אבל** שני הלבנים מצטרפים, שאם יש בין שניהם כגריס טמאה, **אכן** י"א דגם מקום הצבוע מצטרף לכשיעור.

וכן אם ראתה כתם לבן, ובשני קצותיו מראה אדום, הלבן מצרפן להאדום שיהיה כתם א', ואם יש באדום יחד שיעור כתם, טמאה.

היכא דשמשה מטתה, ואח"כ מצאה כתם על דבר שאינו מקבל טומאה, או על בגד צבוע, **י"א** דצ"ע, דאע"ג דבעלמא קי"ל דטהורה, הגם דודאי מגופה, כיון דשלא בהרגשה חזיא, **אבל** כאן ספק דאורייתא הוא, די"ל הרגישה וסברה הרגשת שמש הוא, טמאה, **ואם** מצאה כתם זה סמוך להטלת מי רגלים, יש ג"כ ספק זה, **וי"א** דגם בכה"ג טהורה.

המקומות שכתם מטמאה

סעיף יא - לא בכל מקום שימצא שם כתם טמאה, אלא במקום שאפשר שבא שם מן המקור, כיצד, נמצא על עקבה, טמאה - [שמא נגע באותו מקום בישיבתה, **ופי'** בפרישה, דהיינו כשישיבתה כדרך הישמעאלים, שמשימין רגליהם תחת עגבותיהם].

וכן אם נמצא על כל אורך שוקה ופרסותיה מבפנים, והם המקומות הנדבקים זה בזה בעת שתעמוד ותדבק רגל ברגל ושוק בשוק, וכן אם נמצא על ראש גודל רגליה, (וכ"ש על רגליה ממש) – [כ"כ ב"י, דמשמע לו כן מלשון "אפי' ראש גודל", **אבל** אין בזה הכרח, דאפשר דהאי לשון "אפילו" קאי אגודל עצמו, דפשיטא הוא דטמאה, אבל גב הרגל לא גרע מצד חוץ דשוקיה ופרסותיה, וכן פירש מו"ח ז"ל, **אלא** שאין להקל למעשה כיון שכבר הורה זקן ב"י, ורמ"א מביאו].

והב"ח כתב, דדוקא גב הרגל שכנגד הגודל, אבל בשאר גב הרגל לצד חוץ, וכ"ש בנמצא אשאר ראשי ד' אצבעותיה, טהורה כו', **ואין** דבריו מוכרחים, גם בדרישה כתב, שצ"ע בשאר ראשי אצבעות הרגלים, [וזה נראה להקל, באם נמצא על שאר האצבעות של הרגל חוץ מן הגודל, ואפשר שגם הב"י מודה בו, כיון שהוא רחוק מצד פנים].

וכן אם נמצא על ידיה, אפילו על קשרי אצבעותיה, שהידים עסקניות הן ושמא נגעו באותו מקום - משמע להדיא מדברי הטור והמחבר, דאפי' בסתם חיישינן שמא נגעו, וכן דעת ה"ה.

(**וכתב** הס"ט, דדוקא מן הסתם, חיישינן שמא נגעה בידה במקום דאפשר ליפול דם מן המקור, **אבל** אם אמרה ברי לי, שלא נגעתי באותן המקומות שאפשר ליפול שם דם מן המקור, נאמנת, ולא אמרינן דהוי מלתא דלא רמיא).

(**גם** נראה דאף לדברי המחמירים כהרמב"ם, דכתם שעל בשרה א"צ שיעור, מ"מ בנמצא על ידיה יש לסמוך על הפוסקים דאף על בשרה צריך שיעור, **דהא** בלא"ה דעת הרשב"א בשם רבו, דדוקא כשבדקה עצמה ולא נטלה ידיה אח"כ, ואף דאנן מחמירין כדעת המ"מ כו').

(**וכתב** עוד דנראה לו, דאם מצאה על גב ידה למעלה מן קשרי האצבעות, במקום שיש עוד צד להקל, יש לצדד לומר דדוקא עד קשרי אצבעות טמא, אבל שאר גב היד, כיון דאפילו ע"י שחיה הרבה א"א לה ליגע באותו מקום, אינו מטמא כלל בכתמים, ומכ"ש כשלא בדקה סמוך לזה, או אפילו בדקה אלא שנטלה ידיה).

אבל אם נמצא על שוקיה ועל פרסותיה לצד חוץ, או אפילו מהצדדין, ואצ"ל למעלה מאותו מקום, טהורה - אפי' לא עברה בשוק של טבחים, שאין במה לתלות, כן מוכח מן הש"ס ופוסקים ופשוט הוא.

ולא חיישינן שמא הביאתו שם בידים [ממקור], דלא מחזקינן טומאה ממקום למקום.

ואם יודעת שנזדקרה והגביהה רגליה למעלה - לשון הטור, כגדי, ור"ל דהיינו דוקא כשנתהפכה ראשה למטה ורגליה למעלה, **טמאה בכל מקום שתמצאנו, אפילו למעלה מהחגור** - הוא סינר שחוגרות בו הנשים לצניעות, ורש"י והברטנורה כתבו, שהחגור כנגד בית התורפה, **בין מלפניה בין מלאחריה, אפילו עברה בשוק של טבחים או נתעסקה בכתמים.**

סימן קצ סי"א(1) • המקומות שכתם מטמאה

__מקומות שהכתם מטמאה__, כשאפשר שבא שם מן המקור, **ואפי'** עברה בשוק של טבחים או נתעסקה בכתמים, דכיון דבגופה לחוד אשתכח, רגלים לדבר וחזקה דמגופה אתא:

עקבה, דשמא נגע באותו מקום בישיבתה, דהיינו כשישיבתה כדרך הישמעאלים, שמשימין רגליהם תחת עגבותיהם.

כל אורך שוקה ופרסותיה מבפנים, והם המקומות הנדבקים זה בזה בעת שתעמוד ותדבק רגל ברגל ושוק בשוק.

ראש גודל רגליה.

כ"ש על גב רגליה ממש – רמ"א, **וי"א** דאפשר דגב הרגל לא גרע מצד חוץ דשוקיה ופרסותיה, **אבל** אין להקל למעשה, כיון שכבר הורה כן בב"י, ורמ"א מביאו.

י"א דבשאר גב הרגל לצד חוץ, וכ"ש בנמצא אשאר ראשי ד' אצבעותיה, טהורה, **וי"א** שצ"ע בשאר ראשי אצבעות הרגלים, **וי"א** דבזה נראה להקל, ואפשר שגם הב"י מודה בו, כיון שהוא רחוק מצד פנים.

ידיה, ואפי' על קשרי אצבעותיה, **ואפי'** בסתם, (הרב המגיד, ולא רק כשבדקה עצמה ולא נטלה ידיה), שהידים עסקניות הן ושמא נגעו באותו מקום.

אם אמרה ברי לי, שלא נגעתי באותן המקומות שאפשר ליפול שם דם מן המקור, י"א דנאמנת, ולא אמרינן דהוי מלתא דלא רמיא.

נמצא על ידיה אם צריכה שיעור, י"א דאפי' להמחמירים כהרמב"ם דכתם שעל בשרה א"צ שיעור, יש לסמוך על השיטות דצריכה שיעור, דהא בלא"ה י"א דדוקא כשבדקה עצמה ולא נטלה ידיה אח"כ, ורק דאנן מחמירין כהרב המגיד.

מצאה על גב ידה למעלה מן קשרי האצבעות, י"א דבמקום שיש עוד צד להקל, י"ל דכיון דאפי' ע"י שחיה הרבה א"א לה ליגע באותו מקום, אינו מטמא כלל בכתמים, ומכ"ש כשלא בדקה סמוך לזה, או אפי' בדקה אלא שנטלה ידיה.

<u>מקומות שאין הכתם מטמאה</u>, ואפי' לא עברה בשוק של טבחים, שאין במה לתלות, שא"א שבא שם מן המקור:
על שוקיה ועל פרסותיה לצד חוץ, או אפילו מהצדדין.
ואצ"ל למעלה מאותו מקום, טהורה.

ולא חיישינן שמא הביאתו שם בידים ממקור, דלא מחזקינן טומאה ממקום למקום.

<u>ואם יודעת שנזדקרה כגדי</u>, ונתהפכה ראשה למטה ורגליה למעלה, טמאה בכל מקום שתמצאנו, אפי' למעלה מהחגור (סינר שחוגרות בו הנשים לצניעות, והוא כנגד בית התורפה), בין מלפניה בין מלאחריה.

נמצא על בשרה וגם על חלוקה, תלינן

ודוקא כשנמצא על בשרה לבד – ‹כיון דמגופה קא חזיא ובגופה לחוד אשתכח, רגלים לדבר וחזקה מגופה אתא ולא תלינן – ב"י בשם הרשב"א›, **אבל אם נמצא על בשרה וגם על חלוקה, אם עברה בשוק של טבחים או נתעסקה בכתמים, תולה בו, בין שנמצא למטה מהחגור, או שהגביהה רגליה ונמצא למעלה מהחגור** – [וכתב בב"י בשם הרשב"א בזה, דאי מגופה אתא, על בשרה לחוד איבעי ליה לאשתכוחי, **וכבר** הביא ב"י לעיל בשמו, דלא כתבו דרך הוכחה, דהא אפשר גם לדבר שמגוף להמצא על חלוקה, **אלא** הכי קאמר, לית כאן הוכחה דמגופה אתי, כיון דלא אשתכח על הבשר לחוד].

(**עיין** בס"ט שכתב, דאפילו אם החלוק היה אינו בדוק, לא אמרינן שהכתם היה על החלוק מקודם, וזה שעל בשרה הוא מגופה, **אלא** תלינן שגם על החלוק בא לה עתה ממה שנתעסקה בכתמים, ומזה בא גם על גופה, **ועמש"ל** בשמו, דאפילו שהכתם שעל חלוקה אינו נגד זה שעל בשרה, מ"מ טהורה, לפי שדרך החלוק להתהפך).

(**כתב** הס"ט דצ"ע, אם למעלה מהחגור מצאה הכתם על חלוקה, ולמטה מן החגור מצאה על בשרה, אם זה הוא כמו בנמצא על בשרה וחלוקה, שתולה אם עברה, או לא כיון דלא ראתה הכל במקום אחד). ‹הובא מסי"ז›.

סי' קצ סי"א(2) • נמצא גם על בשרה וחלוקה, תלינן

ודוקא כשנמצא על בשרה לבד, הוא דלא תלינן בעברה בשוק של טבחים או נתעסקה בכתמים, **דכיון** דבגופה לחוד אשתכח, רגלים לדבר וחזקה דמגופה אתא.

אבל אם נמצא על בשרה וגם על חלוקה, אם עברה בשוק של טבחים או נתעסקה בכתמים, תולה בו, בין שנמצא למטה מהחגור, או שהגביהה רגליה ונמצא למעלה מהחגור, **ואף** דאין הוכחה דלא בא מגופה, דהא אפשר גם לדבר שמגוף להמצא על חלוקה, **אבל** עכ"פ לית כאן הוכחה דמגופה אתי, כיון דלא אשתכח על הבשר לחוד.

ואפי' אם החלוק אינו בדוק, י"א דלא אמרינן שהכתם היה על החלוק מקודם, וזה שעל בשרה הוא מגופה, **אלא** תלינן שגם על החלוק בא לה עתה ממה שנתעסקה בכתמים, ומזה בא גם על גופה.
ואפי' אם הכתם שעל חלוקה אינו נגד זה שעל בשרה, מ"מ טהורה, לפי שדרך החלוק להתהפך.

אם למעלה מהחגור מצאה על חלוקה, ולמטה מן החגור מצאה על בשרה, י"א דצ"ע אם זה הוא כמו בנמצא על בשרה וחלוקה, שתולה אם עברה, או לא, כיון דלא ראתה הכל במקום אחד.

ציורים שתולין אף בנמצא רק על בשרה

בד"א שכשנמצא הכתם על בשרה בלבד אינה תולה, כשאין לה לתלות אלא בעסק הכתמים או בשוק של טבחים, אבל אם יש מכה בגופה שיכולה לתלות בה, שאפשר שיבא הדם ממנה, תולה בה, וטהורה - ותוך ג' ימים ראשונים של ספירת ז' נקיים, לא תלינן אפילו במכה, כדלקמן סי' קצ"ו ס"י.

ואם המכה בכתפה, והכתם על יריכה במקום שאי אפשר לבא מהמכה, טמאה – [דלא מחזקינן טהרה ממקום למקום, **אבל** בצוארה לפעמים תולה בה, כגון בצד שמקום התורפה מכוון נגדו, ולפעמים שוחה צוארה ונופל דם המכה שם].

[**וכן אם נתעסקה ממש בידיה בכתמים, תולה אם נמצא** על ידיה – טור בשם רשב"א], (**ומשמע** דדוקא בנמצא על ידיה, אבל בנמצא על שאר גופה לא תלינן, אע"ג

שנמצא נמי על ידיה). ‹וגם› ‹משמע דבעברה ונמצא דם על ידיה דאין תולין, **וקשה** לי, הא הטעם דבבשר לחוד דאין תולין, משום הוכחה דהוא מגופא, דאילו מעלמא גם על חלוקה היה משתכח, וזה שייך בבשר שמכוסה בחלוקה, אבל על היד לא שייך כן – רעק"א.

‹**אבל** באמת במקור הדין בטור בשם הרשב"א ליתא כן, אלא ונמצאו על ידיה תולין בהן, עכ"ל, היינו דכיון דנתעסקה בכתמים, ונמצא גם על ידיה, שידוע שהלכלוך הזה הוא מהעסק, בזה מה שנמצא גם על גופה תולין בידיה שנגעה שם, דזה לא מקרי ממקום למקום, דהא ידוע שעל ידיה לכלוך דם מעלמא, **וכן** פי' בפרישה, (דדוקא בענין שלא ידעה אם נגעה, או אפילו נגעה ולא ידעה אם נתלכלך ידיה מדם שבמכה, דהוי ס"ס להחמיר, שמא לא נגעה במכה, ואת"ל נגעה שמא לא נתלכלכו ידיה, ואת"ל שנתלכלך שמא לא הכניסה ידה לירכה וכיוצא בו, **אבל** אם נגעה בודאי במכה או בשאר דברים, ויודעת שנתלכלך ידיה מאותן הדברים, וגם נמצא עכשיו דם על ידיה וגם על גופה, ודאי תלינן כיון דידיה ודאי נתלכלכו וידים עסקניות הם, שמא הכניסה ידיה לשאר מקומות שבגוף וטהורה, ויש לסמוך על הפרישה בזה - ס"ט).

‹**וא"כ** י"ל, דבעברה ונמצא על ידיה, תולין, **אלא** דבזה אם נמצא דם גם על גופה אין תולין, כיון דהלכלוך שעל ידיה אין בודאי דמעלמא, אין תולין בהם מה שעל גופה, **וגם** זה צ"ע קצת, דמ"מ נימא, דמה שעל גופה הוא מהלכלוך שלפנינו על הידים, וכיון דדנין דהלכלוך ההוא מעלמא כיון דעברה, ממילא הך דם שעל גופה טהור, דדינו כדין הדם שעל ידיה – רעק"א.

‹**החכמת** אדם כתב, דנראה לו, שאם המכה ודאי מוציאה דם, וידעה שנגעה בודאי במכה, וכן אם נתעסקה בידיה בבשר ודגים שהיו מלוכלכים בודאי בדם, אע"פ שלא ידעה בודאי שהיו ידיה מלוכלכות בדם, מ"מ טהורה, שדבר ידוע שהנוגע בדם ודאי נדבק בידים).

סי' קצ סי"א(3) • ציורים שתולין בנמצא רק על בשרה

כשיש מכה בגופה שאפשר שיבא הדם ממנה, תולה בה, אפי' כשנמצא הכתם על בשרה בלבד, וטהורה.
ותוך ג' ימים ראשונים של ספירת ז' נקיים, לא תלינן אפילו במכה, כדלקמן סי' קצ"ו ס"י.

כשיש מכה בגופה שא"א שיבא הדם ממנה, שהמכה בכתפה, והכתם על ירכה, טמאה, דלא מחזקינן טהרה ממקום למקום, **אבל בצוארה** לפעמים תולה בה, כגון בצד שמקום התורפה מכוון נגדו, ולפעמים שוחה צוארה ונופל דם המכה שם.

אם נתעסקה ממש בידיה בכתמים, **י"א** דאם נמצא על ידיה, תולין, אבל בנמצא גם על שאר גופה לא תלינן, אע"ג שנמצא נמי על ידיה.
ויש חולקין עליו, דדוקא כשלא ידעה אם נגעה, או אפי' נגעה ולא ידעה אם נתלכלך ידיה מדם שבמכה, דהוי ס"ס להחמיר, שמא לא נגעה במכה, ואת"ל נגעה שמא לא נתלכלכו ידיה, ואת"ל שנתלכלך שמא לא הכניסה ידה לירכה וכיוצא בו, **אבל** אם נגעה בודאי במכה או בשאר דברים, ויודעת שנתלכלך ידיה מאותן הדברים, וגם נמצא עכשיו דם על ידיה וגם על גופה, ודאי תלינן דידים עסקניות הם, ושמא הכניסה ידיה לשאר מקומות שבגוף וטהורה.

אם יודעת שנגעה בודאי במכה, והמכה ודאי מוציאה דם, וכן אם נתעסקה בידיה בבשר ודגים שהיו מלוכלכים בודאי בדם, אע"פ שלא ידעה בודאי שהיו ידיה מלוכלכות בדם, **י"א** דמ"מ טהורה, שדבר ידוע שהנוגע בדם ודאי נדבק בידים.

עברה ונמצא דם על ידיה, י"א דאין תולין.
ויש מקשין, הא הטעם דבבשר לחוד דאין תולין, משום הוכחה דהוא מגופא, דאילו מעלמא גם על חלוקה היה משתכח, **וזה** שייך בבשר שמכוסה בחלוקה, אבל על היד לא שייך כן.
ולכן חולקין עליו, דבעברה ונמצא על ידיה, באמת תולין, **אלא** דבזה אם נמצא דם גם על גופה אין תולין, כיון דהלכלוך שעל ידיה אין בודאי דמעלמא, אין תולין בהם מה שעל גופה, **וג"ז צ"ע** קצת, דמ"מ נימא, דמה שעל גופה הוא מהלכלוך שלפנינו על הידים, וכיון דדנין דהלכלוך ההוא מעלמא, ממילא הך דם שעל גופה ג"כ טהור.

אין חילוק בבגד בין צד חוץ לצד פנים

סעיף יב - נמצא הכתם על חלוקה - הבדוק לה, **למטה מהחגור, או במקום החגור עצמו, טמאה, אפילו נמצא לצד חוץ. (ואין חילוק בין נמצא בחלוק מלפניה או מאחריה או מן הצדדין, מפני שהבגדים חוזרין הנה והנה).**

‹**עיין** בסדרי טהרה שכתב, דהא דאיתא בש"ס, לבשה שלשה חלוקים זה על זה, אם אינה יכולה לתלות אינה תולה אפי' בעליון, **דוקא** ג' חלוקים שהם כתונות התחתונות, ובהני איכא למימר שנתקפלו התחתונות, **אבל** במלבושים גמורים, ובפרט מלבושים שלנו, נראה דאינה חוששת בעליון, דליכא למימר במלבושים כאלו שנתקפלו, **ושוב** הביא בשם אא"ז בתשובת פנים מאירות שכתב כן, אלא שמחלק בענין אחר, דשאני בגדים שלהם שהיו כולם פתוחים מבית הצואר עד למטה, אבל במלבושי נשים שלנו שכולם אפודים, והיא לובשת ממתניה ולמטה, א"א בשום ענין שיבא בגד העליון נגד התורפה, ולא מטמאינן

אם נמצא בבגד העליון, **וכן** בכרים שנותנים במטה שלנו, העשויה כתיבה מוקף בנסרים, והכרים עשויים כמדת המטה, א״א שיתהפך התחתון לעליון, ואם נמצא הכתם על הכר השני יש לטהר, ומעולם לא שמענו שטימאו משום כתם בבגד עליון).

ואם עברה בשוק של טבחים, טהורה, אפילו נמצא לצד פנים ועל בשרה - דכיון שנמצא על חלוקה גם כן, טהורה.

סי׳ קצ סי״ב(1) • אין חילוק בבגד בין צד חוץ לפנים

כשלא עברה בשוק של טבחים, ונמצא הכתם על חלוקה הבדוק לה, למטה מהחגור, או במקום החגור עצמו, טמאה, אפי׳ נמצא לצד חוץ. **ואין** חילוק בין נמצא בחלוק מלפניה או מאחריה או מן הצדדין, מפני שהבגדים חוזרין הנה והנה.

י״א דהא דאמרינן דבג׳ חלוקים זה על זה, אם אינה יכולה לתלות אינה תולה אפי׳ בעליון, דוקא ג׳ חלוקים שהם כתונות התחתונות, ובהני איכא למימר שנתקפלו התחתונות, **אבל** במלבושים גמורים, ובפרט מלבושים שלנו, נראה דאינה חוששת בעליון, דליכא למימר במלבושים כאלו שנתקפלו, **ויש** שמחלק בענין אחר, דדוקא בגדים שלהם שהיו כולם פתוחים מבית הצואר עד למטה, **אבל** במלבושי נשים שלנו שכולם אפודים, והיא לובשת ממתניה ולמטה, א״א בשום ענין שיבא בגד העליון נגד התורפה, ולא מטמאינן אם נמצא בבגד העליון, **וכן** בכרים שנותנים במטה שלנו, העשויה כתיבה מוקף בנסרים, והכרים עשויים כמדת המטה, א״א שיתהפך התחתון לעליון, ואם נמצא הכתם על הכר השני יש לטהר.

ואם עברה בשוק של טבחים, טהורה, אפילו נמצא לצד פנים ועל בשרה, כיון שנמצא גם על חלוקה, (**דבנמצא** על בשרה לחוד לא תלינן וכנ״ל).

נמצא על חלוקה בלבד טהורה בנזדקרה

ואם נמצא על חלוקה בלבד מהחגור ולמעלה, טהורה, אפילו נזדקרה והגביהה רגליה, ואפילו לא עברה בשוק של טבחים, שאילו בא מן המקור היה נמצא גם על בשרה - ואע״ג דלמטה מהחגור ולא נזדקרה, אפילו על חלוקה לבד טמאה, כשלא עברה בשוק של טבחים, **נזדקרה** שאני, שא״א לדם לטפטף אלא שותת ויורד, ונוגע פעמים אף בחלוק, ושלא יגע בבשרה א״א.

‹**ואם** עברו ימים בין האזדקרות למציאת כתם, י״ל דטמאה, דדלמא באמת היה ג״כ על בשרה, אלא דנתייבש ונתפרך – רעק״א.

כתב הב״ח ותימה בעיני, למה פסק להקל כסברת הרשב״א, שהוא יחיד בהוראה זו, **ותימה** לתמיהתו, דהלא דעת הרמב״ן כהרשב״א, וכן נראה דעת ה״ה ודעת ר׳ ירוחם, ואם כן אדרבה הרשב״א וסייעתו רובא נינהו, ועוד דבכתמים שומעים להקל.

וגם בבשרה לבד, מהחגור ולמעלה טהורה, כשלא נזדקרה, אפילו לא עברה בשוק של טבחים, כדלעיל, אלא דאשמעינן הכא בחלוק לבד, דאפי׳ נזדקרה טהורה.

מהחגור ולמעלה טהורה - (עיין בחכמת אדם שכתב בשם הס״ט, דאפי׳ מגיע לשם כששוחה הרבה, טהורה מסתם, כשלא ידעה ששחתה הרבה, ובאמת כן הוא בס״ט שם, **אמנם** לא עיין בס״ט ס״ק ל״ה, דשם הקשה ע״ז ממ״ש בשו״ע שם סעיף י״ג, אפילו אינה יכולה להגיע שם אא״כ תשחה הרבה כו׳, **ולכן** כתב דצ״ל דמתניתין והפוסקים מיירי כשהיא חוגרת בחגורה, דאז אפילו ע״י שחיה מרובה א״א להגיע מה שהוא למעלה מן החגור נגד התורפה, לפי שהחגור מפסיק למה שלמעלה מן החגור, **אבל** כשאינה חוגרת חגורה, י״ל באמת חיישינן, אף אם נמצא למעלה ממקום החגורה, **והניח** בצ״ע).

סי׳ קצ סי״ב(2) • על חלוקה בלבד טהורה בנזדקרה

אם נמצא על חלוקה בלבד מהחגור ולמעלה, טהורה, אפי׳ נזדקרה והגביהה רגליה, ואפי׳ לא עברה בשוק של טבחים, דבנזדקרה א״א לדם לטפטף אלא שותת ויורד, ונוגע פעמים אף בחלוק, אבל שלא יגע בבשרה א״א, **משא״כ** בלמטה מהחגור ולא נזדקרה, אפילו על חלוקה לבד טמאה, כשלא עברה בשוק של טבחים.

ואם עברו ימים בין האזדקרות למציאת כתם, י״א דטמאה, דדלמא באמת היה ג״כ על בשרה, אלא דנתייבש ונתפרך.

ואפי׳ מגיע מהחגור ולמעלה כששוחה הרבה, י״א דטהורה מסתם, כשלא ידעה ששחתה הרבה, **וי״א** דהיינו כשהיא חוגרת בחגורה, דאז אפילו ע״י שחיה מרובה א״א להגיע מה שהוא למעלה מן החגור נגד התורפה, לפי שהחגור מפסיק למה שלמעלה מן החגור, **אבל** כשאינה חוגרת חגורה, י״ל באמת חיישינן, אף אם נמצא למעלה ממקום החגורה, **וצ״ע**.

נמצא על בית יד

סעיף יג- נמצא על בית יד - קורין בל״א ארבי״ל, **של חלוקה, אם המקום שנמצא בו הדם בבית יד מגיע עד בית תורפה, טמאה,**

אפילו אינו יכול להגיע שם אא"כ תשחה הרבה; ואם אינו יכול ליגע שם כלל, טהורה.

(**כתב** בחכמת אדם, נ"ל לפי מה שנוהגין נשים שלנו לקשור הבית יד, אם נמצא למעלה כתם, טהורה, **ומ"מ** נ"ל שתשער האשה בעצמה, שתשחה הרבה עד שתגע לפי הטבעת, שכן דרכן לפעמים למשמש שם לקנח, ועד המקום שמגיע מבית ידה לשם חוששין, ולא יותר).

סימן קצ סי"ג • נמצא על בית יד

נמצא על בית יד של חלוקה, אם מקום הכתם מגיע עד בית תורפה, טמאה, אפי' אינו יכול להגיע שם אא"כ תשחה הרבה, **ואם** אינו יכול ליגע שם כלל, טהורה.

י"א דלפי מה שנוהגין נשים שלנו לקשור הבית יד, אם נמצא למעלה כתם, טהורה, **ומ"מ** תשער האשה בעצמה, שתשחה הרבה עד שתגע לפי הטבעת, ועד המקום שמגיע מבית ידה לשם חוששין, ולא יותר.

היתה פושטתו ומתכסה בו, ומעפורת

סעיף יד - היתה פושטתו ומתכסה בו בלילה, בכל מקום שימצא בו, טמאה, מפני שהוא חוזר הילך והילך. וכן הדין אם נמצא במעפורת שמכסה ראשה או שחוגרת בו; ואם קשרה בו ראשה היטב, וכשנעורה גם כן מצאתו קשור יפה, אינה חוששת.

סימן קצ סי"ד • היתה פושטתו ומתכסה בו, ומעפורת

היתה פושטתו ומתכסה בו בלילה, בכל מקום שימצא בו, טמאה, מפני שהוא חוזר הילך והילך.
וכן הדין אם נמצא במעפורת שמכסה ראשה או שחוגרת בו.
ואם קשרה בו ראשה היטב, וכשנעורה גם כן מצאתו קשור יפה, אינה חוששת.

השתמשו בו ב' נשים

סעיף טו - שתי נשים שכיסו ראשן בחלוק א', שתיהן טמאות; ואם אחת כיסתה והאחרת לא כיסתה, אע"פ ששתיהן לבשו החלוק, ונמצא הכתם למעלה מהחגור, אותה שכיסתה טמאה, והאחרת טהורה.

סימן קצ סט"ו • השתמשו בו ב' נשים

שתי נשים שכיסו ראשן בחלוק א', שתיהן טמאות. **ואם** אחת כיסתה והאחרת לא כיסתה, אע"פ ששתיהן לבשו החלוק, ונמצא הכתם למעלה מהחגור, אותה שכיסתה טמאה, והאחרת טהורה.

היתה פושטתו ומתכסה בו ויש לה מכה

סעיף טז - אם יש לה מכה בצוארה - היינו בצדדי הצואר, **ונמצא הכתם בחלוק, אפילו למטה מהחגור, שאי אפשר ליגע שם מהמכה, אם פושטתו ומתכסה בו, תולה במכתה, שאני אומר נתהפך ובא לו שם** - והיינו בצדדי הצואר, שאז א"א ליגע שם מהמכה, אם לא על ידי שפושטתו ומתכסה בו, **אבל** בצואר ממש, בלאו הכי תולה בה.

סי' קצ סט"ז • היתה פושטתו ומתכסה ויש לה מכה

אם יש לה מכה בצדדי הצואר, ונמצא הכתם בחלוק, אפילו למטה מהחגור, שא"א ליגע שם מהמכה, אם פושטתו ומתכסה בו, תולה במכתה, שאני אומר נתהפך ובא לו שם. **ואם** יש לה מכה בצואר ממש, מקום שאפשר ליגע שם מהמכה, בלא"ה תולה בה.

מצאה כתם למעלה ולמטה

סעיף יז - מצאה כתם למעלה מהחגור, וכתם למטה ממנו, ויודעת שלא נזדקרה, טהורה, שאני אומר כמו שהעליון בא מעלמא כך בא התחתון.

ויודעת שלא נזדקרה - ואע"ג דלעיל סעיף י"א אמרינן שאינה חוששת שמא נזדקרה, **שאני** הכא שיש עוד ריעותא אחרת בכתם התחתון, ואם היינו תולין לומר לא נזדקרה ומעלמא אתי, ואח"כ נתלה גם הכתם התחתון בזה, הוי ב' תליות לקולא, וכולי האי לא מקילינן.

(**כתב** הס"ט דצ"ע, אם תולה התחתון שעל בשרה בעליון שעל חלוקה, דכיון שנמצא למעלה מהחגור על חלוקה, ודאי עברה ולאו אדעתה, וניתז למעלה על חלוקה ולמטה על בשרה, או לא. **וכתב** בתפארת למשה, דאם שלמעלה מהחגור בבשרה לחוד, ושלמטה ג"כ בבשרה לחוד, דתולים, **זולת** אם שלמעלה על חלוקה ובשרה, ושלמטה על בשרה לבד – רעק"א. **ושאר** דברי הפת"ש הובאו לעיל סי"א.

ונ"ל דאף תוך ג' ימים לספירתה תולה תחתון בעליון, כיון דהעליון ודאי אינו מגופה, ידעינן דבא מעלמא, הוי

כאילו ידענו שנשפך דם על החלוק ולא ידעינן כמה, דפשיטא דגם תוך ג' ימים תלינן, ועדיין צ"ע לדינא – רעק"א›.

‹**ואם** כתם העליון אדום והתחתון שחור או איפכא, עיין לקמן סכ"ג – באר הגולה›. ‹**במחכת"ה** דינא דהתם אינו דומה לזה, דהתם דידעינן דנתעסקה באדום, בזה אין תולין בו שחור, אבל הכא דלא ידעה משום עסק, אלא דמוכח דנתעסקה ולאו אדעתה, י"ל דתלינן כי היכי דנתעסקה באדום ולאו אדעתה, ה"נ נתעסקה בשחור ולאו אדעתה, והכי איתא להדיא בסוגיא לחד שינויא, והכי פסקו הרבה פוסקים, **אבל** הר"ח והרא"ש פסקו דגם הכא אין תולין שחור באדום, והובא מחלקותם בטור, **אבל** ההיא דלקמן סכ"ג היא ברייתא ערוכה ואין בזה חולק, **ועיין** בלבוש דפסק כהר"ח והרא"ש – רעק"א›.

(**כתב** הס"ט, דוקא אדום באדום תולה למטה בלמעלה, אבל שחור באדום לא).

בד"א בשיש בעליון כגריס ועוד, או יותר, שודאי מעלמא בא, שהרי אין לתלותו בכנה; אבל אם אין בו כגריס ועוד, אין תולין אותו מעלמא, דשמא דם כנה הוא – ‹ואף לדעת הי"א לעיל ס"ו, מ"מ כיון דנאמר דלאו מגופה הוא, שוב י"ל דדם כנה הוא, ואין ראיה דנתעסקה – רעק"א›, **ואם יש בתחתון כגריס ועוד, שאין לתלות בכנה, טמאה.**

סימן קצ סי"ז • מצאה כתם למעלה ולמטה

מצאה כתם על חלוקה למעלה מהחגור, וכתם על חלוקה למטה ממנו, ויודעת שלא נזדקרה, טהורה, שאני אומר כמו שהעליון בא מעלמא כך בא התחתון.

ואע"ג דלעיל סעיף י"א אמרינן שאינה חוששת שמא נזדקרה, **הכא** בעינן שיודעת שלא נזדקרה, שיש עוד ריעותא אחרת בכתם התחתון, ואם היינו תולין לומר לא נזדקרה ומעלמא אתי, ואח"כ נתלה גם הכתם התחתון בזה, הוי ב' תליות לקולא, וכולי האי לא מקילינן.

מצאה למעלה מהחגור בבשרה לחוד, ולמטה ג"כ בבשרה לחוד, תולים.

מצאה למעלה מהחגור על חלוקה, ולמטה על בשרה, י"א דצ"ע אי אמרינן דכיון דודאי עברה ולאו אדעתה, ניתז למעלה על חלוקה ולמטה על בשרה, או לא.
ויש מחמירין, דאפי' אם למעלה נמצא על חלוקה ובשרה, ולמטה על בשרה לחוד, דאין תולין.

וי"א דאף תוך ג' ימים לספירתה תולה תחתון בעליון, דכיון דהעליון ודאי אינו מגופה, ידעינן דבא מעלמא, הוי כאילו ידענו שנשפך דם על החלוק ולא ידעינן כמה, דפשיטא דגם תוך ג' ימים תלינן, **ועדיין** צ"ע לדינא.

אם כתם העליון אדום והתחתון שחור או איפכא, י"א דאף שבסכ"ג בנתעסקה באדום, אין תולין בו שחור, **הכא** דלא ידעה בשום עסק, אלא דמוכח דנתעסקה ולאו אדעתה, י"ל דתלינן כי היכי דנתעסקה באדום ולאו אדעתה, ה"נ נתעסקה בשחור ולאו אדעתה, **אבל** הפוסקים פסקו דגם הכא אין תולין שחור באדום.

בד"א בשיש בעליון כגריס ועוד או יותר, שודאי מעלמא בא, שהרי אין לתלותו בכנה, **אבל** אם אין בו כגריס ועוד, אין תולין אותו מעלמא, דשמא דם כנה הוא, **ואם יש** בתחתון כגריס ועוד, שאין לתלות בכנה, טמאה. (**ואף** לדעת הי"א לעיל ס"ו דעל בשרה א"צ שיעור דלא תלינן בכנה, **מ"מ** כיון דהעליון לאו מגופה הוא, שוב י"ל דדם כנה הוא, ואין ראיה דנתעסקה).

דין תליית כתמים

סעיף יח - כיון שכתמים דרבנן, מקילין בהם ותולה בכל דבר שיכולה לתלות; כיצד, שחטה בהמה חיה או עוף, או נתעסקה בכתמים, או ישבה בצד המתעסקים בהם, או שעברה בשוק של טבחים, ונמצא דם בבגדיה, תולה בה וטהורה; אפילו לובשת ג' חלוקים זה על זה, ונמצא אפילו בתחתון, טהורה.

(**וכתב** בספר חמודי דניאל, מ"ש בשו"ע כיצד שחטה כו', נראה דלא בעינן שיכול הדם או הכתם לבוא לשם, אלא שידיה נתלכלכו, תלינן שבא על הבגד מידיה, שידים עסקניות הם, **לכן** נשי הקצבים יכולים לתלות כל כתמיהם בדם שנתלכלכה בידיהם, **עיין** מה שכתבתי לעיל סעיף י"א מענין זה).

(**כתב** בספר חמודי דניאל, אשה שיוצא דם מחוטמה לפעמים, ורוצה לתלות בזה, נראה אם דרכה בכך, דבהכאה מועטת נוטף דם מחוטמה, יכולה לתלות, **וכתב** עוד, אם אפשר לה לתלות בצואת תרנגולים, לכאורה נראה דתלינן, שלפעמים הם אדומים).

(**ועיין** בס"ט שכתב, דהאידנא שכיחי נשים טובא ששואפים אבק הטאב"ק בחוטמיהן, וכשנופל הליחה מחוטמיהן ע"ג בגד פשתן נעשה כתם אדום, דיש לתלות בו, וה"ה כשבעלה דרכו בכך, **ועוד** בא לידי, שכמה פעמים מלפפים התינוקות בבגד אדום, וע"י שהתינוק מטיל מים מפליט הצבע אדומה מהבגד ונצטבע חלוקה והסדין שלה, דודאי יש לתלות בו, **וכן** לפעמים היא לובשת בתי שוקיים מבגד

אדום, וכשהיא מזיעה נתלכלך חלוקה מהצבע שהבגד מפליט, יש ג"כ לתלות בו, והכל לפי ראות עין המורה).

אבל אם נמצא על בשרה - «לבד», **אינה תולה** - «וכנ"ל בסי"א – בדי השלחן», **אא"כ יש לה מכה בגופה, אז תולה בה אפילו על בשרה, אם הוא במקום שאפשר לדם לנטף משם; ואפילו נתרפאת, אם אפשר לה להתגלע ולהוציא דם ע"י חיכוך, תולה בה, ואע"פ שעכשיו עלה עליה קרום ואינה מטפטפת** - «דשמא גלעה שלא מדעתה, ואפילו אינה יודעת שהמכה מוציאה דם, סתם מכה לפעמים היא מוציאה דם – ב"י».

סימן קצ סי"ח • דין תליית כתמים

כיון שכתמים דרבנן, מקילין בהם ותולה בכל דבר שיכולה לתלות, כיצד, שחטה בהמה חיה או עוף, או נתעסקה בכתמים, או ישבה בצד המתעסקים בהם, או שעברה בשוק של טבחים, ונמצא דם בבגדיה, תולה בה וטהורה, **אפילו** לובשת ג' חלוקים זה על זה, ונמצא אפילו בתחתון, טהורה.

לא בעינן שיכול הדם או הכתם לבוא לשם, דה"ה אם ידיה נתלכלכו, תלינן שבא על הבגד מידיה, שידים עסקניות הם, **לכן** נשי הקצבים יכולים לתלות כתמיהם בדם שנתלכלכה בידיהם.

י"א דאשה שיוצא דם מחוטמה לפעמים, ורוצה לתלות בזה, אם דרכה בכך, דבהכאה מועטת נוטף דם מחוטמה, יכולה לתלות, **ואם אפשר לתלות בצואת תרנגולים**, תלינן, שלפעמים הם אדומים.

י"א דהאידנא דשכיחי נשים טובא ששואפים אבק הטאבא"ק בחוטמיהן, וכשנופל הליחה מחוטמיהן ע"ג בגד פשתן נעשה כתם אדום, דיש לתלות בו, **וה"ה** כשבעלה דרכו בכך.

פעמים מלפפים התינוקות בבגד אדום, וע"י שהתינוק מטיל מים מפליט הצבע אדומה מהבגד ונצטבע חלוקה והסדין שלה, ודאי יש לתלות בו, **וכן** לפעמים היא לובשת בתי שוקיים מבגד אדום, וכשהיא מזיעה נתלכלך חלוקה מהצבע שהבגד מפליט, יש ג"כ לתלות בו, והכל לפי ראות עין המורה.

אבל אם נמצא על בשרה לבד אינה תולה, (וכנ"ל בסי"א), אא"כ יש לה מכה בגופה, אז תולה בה אפילו על בשרה, אם הוא במקום שאפשר לדם לנטף משם. **ואפי'** נתרפאת, אם אפשר לה להתגלע ולהוציא דם ע"י חיכוך, תולה בה, **ואע"פ** שעכשיו עלה עליה קרום ואינה מטפטפת, דשמא גלעה שלא מדעתה, **ואפילו** אינה יודעת שהמכה מוציאה דם, סתם מכה לפעמים היא מוציאה דם.

תלייה בבנה ובבעלה ובנשים אחרים

סעיף יט - כשם שתולה בה, כך תולה בבנה ובבעלה אם נתעסקו בכתמים או אם יש בהם מכה, לפי שדרכם ליגע בה - (עיין בס"ט שכתב, דאפילו נמצא על בשרה לבד, תולה בבנה ובבעלה, **אבל** בסיפא כשלא נמצא בהם דם, אלא שהיו עסוקים בדבר שדרכו לינתז, ודאי דאין תולין אלא כשנמצא גם על חלוקה, **אבל** בנמצא על בשרה לבד לא, דלא עדיף מעברה בשוק של טבחים).

(**ועיין** בתשו' חתם סופר, שרב אחד פקפק על לשון השו"ע, דמשמע שיש לבנה ובעלה כל דין מכה שבגופה, שאפילו היתה רק יכולה להתגלע נמי תולה בהם, **והוא** ז"ל השיב, דדברי השו"ע צודקים לדינא, כי כן מבואר בדברי רוב הפוסקים, להקל בכתמים דרבנן).

אבל אם היו עסוקים בדם ולא נמצא בהם דם - נראה דה"ק, ולא נודע שנמצא בהן בודאי דם לאחר שהיו עסוקים בדם, **אינה תולה בהם אא"כ היו עסוקים בדבר שדרכו לינתז, כגון שחיטה וכיוצא בה** - אבל אם היה נודע שהיה נמצא בהם דם, אע"פ שעכשיו אין בהם דם, תלינן שבשעה שנגעו בה היה בהם דם, ב"ח.

הגה: וה"ה אם שכבה במטה עם נשים שיש להם מכות בגופן, תולה בהן כמו בבנה ובעלה - והא דנקט בש"ס ופוסקים בנה ובעלה, היינו משום דאלו מסתמא דרכן ליגע בה.

סימן קצ סי"ט • תלייה בבנה ובבעלה ובנשים אחרים

כשם שתולה בה, כך תולה בבנה ובבעלה אם נתעסקו בכתמים או אם יש בהם מכה, לפי שדרכם ליגע בה, **ויש** לבנה ובעלה כל דין מכה שבגופה, שאפי' היתה רק יכולה להתגלע נמי תולה בהם. **וי"א** דאפי' נמצא על בשרה לבד, תולה בבנה ובבעלה, (**משא"כ** בסיפא בדבר שדרכו לינתז, ע"ש).

וה"ה אם שכבה במטה עם נשים שיש להם מכות בגופן, תולה בהן כמו בבנה ובעלה.

אבל אם לא נודע שנמצא בהן בודאי דם לאחר שהיו עסוקים בדם, אינה תולה בהם, **אא"כ** היו עסוקים בדבר שדרכו לינתז, כגון שחיטה וכיוצא בה, (**ובזה** בודאי דאין תולין אלא כשנמצא גם על חלוקה, אבל בנמצא על בשרה לבד לא, דלא עדיף מעברה בשוק של טבחים), **אבל** אם היה נודע

שהיה נמצא בהם דם, אע"פ שעכשיו אין בהם דם, תלינן שבשעה שנגעו בה היה בהם דם.

כשרגיל לצאת ממנו דם מפי האמה

סעיף כ - מי שרגיל לצאת ממנו דם דרך פי האמה, ובשעת תשמיש נמצא בעד האשה דם, תולה בבעלה - (עיין בתשו' נו"ב שכתב, דאם לא היה דרכו להוציא דם כי אם בשעת הטלת מי רגלים, לא מהני לטהר האשה ולתלות בבעלה, **ודוקא** אם רגיל שיוצא ממנו דם אף שלא בשעת מ"ר), ‹כך הוא במקור הדין בתשובת הרשב"א שהביא הב"י – רעק"א›.

(עיין בתשובת מהרי"ט, דה"ה אם אחר ב' או ג' ימים, בעת שרגילה לפלוט מצאה דם, ג"כ תולה בו).

סימן קצ ס"כ • כשרגיל לצאת ממנו דם מפי האמה

מי שרגיל לצאת ממנו דם דרך פי האמה, ובשעת תשמיש נמצא בעד האשה דם, תולה בבעלה, (**וה"ה** אם אחר ב' או ג' ימים, בעת שרגילה לפלוט מצאה דם, ג"כ תולה בו), **ודוקא** אם רגיל שיוצא ממנו דם אף שלא בשעת הטלת מי רגלים, **דאם** לא היה דרכו להוציא דם כי אם בשעת מ"ר, לא מהני לטהר האשה ולתלות בבעלה.

כתם בבגדה מאחוריה ויש לה מכה לפניה

סעיף כא - היכא דאישתכח כתם בשיפולה מאחורה, ומכה איכא מקמא, תליא בה, דאפשר אדיתבא, הך דבתרא אתא לקמה ונטפה בה מההיא מכה.

סי' קצ סכ"א • נמצא בבגדה מאחוריה ויש לה מכה לפניה

היכא דאישתכח כתם בשיפולה מאחורה, ומכה איכא מקמא, **תליא** בה, דאפשר אדיתבא, הך דבתרא אתא לקמה ונטפה בה מההיא מכה.

ספק עברה בשוק של טבחים

סעיף כב - ספק אם עברה בשוק של טבחים או אם ישבה בצד המתעסקים בכתמים, אינה תולה בהם. במה דברים אמורים, בעיר שהטבחים או המתעסקים בכתמים יושבים במקום ידוע, אבל אם דרכם להתעסק כאן וכאן – [דאז הוה כולה מתא כשוק של טבחים], **תולין אפילו מספק, שמא נתעסקו במקום שעברה ולא הרגישה.**

סימן קצ סכ"ב • ספק עברה בשוק של טבחים

ספק אם עברה בשוק של טבחים או ישבה בצד המתעסקים בכתמים, אינה תולה בהם. **בד"א** בעיר שהטבחים או המתעסקים בכתמים יושבים במקום ידוע, **אבל** אם דרכם להתעסק כאן וכאן, דאז הוה כולה מתא כשוק של טבחים, תולין אפי' מספק, שמא נתעסקו במקום שעברה ולא הרגישה.

לתלות כתם בדבר מצבע אחר

סעיף כג - נתעסקה בדבר אדום, ונמצא עליה כתם שחור, או איפכא, אין תולין בו. במה דברים אמורים, אדום בשחור ושחור באדום, אבל אדום באדום ושחור בשחור, אפילו אם אינו ניכר ממש שדומה לו, תולה בו, כגון שנתעסקה במי תלתן או במי בשר או בקילור אדום קצת, תולה בו האדום.

‹**ואם** נתעסקה בצבע אדום, יש לעיין, דלכאורה אסור, דאפשר לברר ע"י העברת ז' סמנים, **ואף** דאין אנו בקיאים, הוי ספק מחמת חסרון ידיעה, **ואף** בנאבד יש מקום לאסור, כמו שכתב כיוצא בזה בתפארת למשה, העתקתיו לקמן סעיף מ"ו, וצ"ע – רעק"א›.

סימן קצ סכ"ג • לתלות כתם בדבר מצבע אחר

נתעסקה בדבר אדום, ונמצא עליה כתם שחור, או איפכא, אין תולין בו. **בד"א** אדום בשחור ושחור באדום, אבל אדום באדום ושחור בשחור, אפי' אם אינו ניכר ממש שדומה לו, תולה בו, כגון שנתעסקה במי תלתן או במי בשר או בקילור אדום קצת, תולה בו האדום.

ואם נתעסקה בצבע אדום, י"א דצ"ע, דלכאורה אסור, דאפשר לברר ע"י העברת ז' סמנים, ואף דאין אנו בקיאים, הוי ספק מחמת חסרון ידיעה, **ואף** בנאבד יש מקום לאסור.

נתעסקה בתרנגולת

סעיף כד - נתעסקה בתרנגולת, תולה בו אדום ושחור וכרכומי, לפי שדם שחיטתה אדום, ודם איבריה שחור, ודם בני מעיה כרכומי.

סימן קצ סכ"ד • נתעסקה בתרנגולת

נתעסקה בתרנגולת, תולה בו אדום ושחור וכרכומי, לפי שדם שחיטתה אדום, ודם איבריה שחור, ודם בני מעיה כרכומי.

ב' נשים שנתעסקו בבסלע, ונמצא על כל אחת כסלע

סעיף כה - שתי נשים שנתעסקו בצפור אחד, שאין בו דם אלא כסלע, ונמצא על כל אחת כסלע, שתיהן טמאות.

[בתוס' כתבו בשם ר"ת, דאיירי שנתעסקו זו אחר זו, ואם היתה נשאלת הראשונה, היינו מטהרין אותה הואיל ונתעסקה, ובשביל חבירתה אנו מטמאין הראשונה שהיא טהורה גמורה, עכ"ל, ומו"ח ז"ל העתיק בזה, הואיל שבאין לשאול כאחת שתיהן טמאות, והכי משמע בתוס', עכ"ל, משמע אם באו לשאול זו אחר זו טהורות, ולא נלענ"ד כן, דא"כ הוי ליה לתלמודא ולפוסקים לחלק בזה בהדיא, ותו דע"כ לא כתבו התוס' שאחת מהן טהורה אלא הראשונה, והיינו אילו היתה באה קודם שנודע כלום מן השניה, אבל אחר שנודע, ודאי שתיהן טמאות, אפי' בזו אחר זו, **וטעמא** דמילתא נראה לי, דבכתמים כל שאין בו לתלות בשום דבר, הוי ספיקא טמא, ואין לך היתר רק אם יש בשום דבר לתלות שמסתבר שמשם בא הכתם, ומש"ה כאן שיש ב' נשים ויש כאן סלע יתירה, ואין סברא לתלות הטומאה באחת יותר מבחברתה, נשאר הדבר כאילו לא היה במה לתלות כלל].

השיג על הב"ח, ולפענ"ד דברי הב"ח נכונים - נקה"כ.

[**וגם** בדרישה כתב, שאין כאן חילוק בין זה אחר זה או בבת אחת, אלא שנתן טעם לזה, דדוקא במידי דרבנן אמרינן כן, וכאן הוי ראיית דם גמור מן התורה, **ולא** דק בזה בתרתי, חדא דאף במידי דאורייתא אמרינן כן, ועוד הא כאן הוי כתם לחוד, ואין בו אלא מדרבנן].

הוא לא דק, דהאיך יעלה על הדעת לומר באיסורא דאורייתא הכי, והא לא שרינן ליה אלא משום ספיקא לקולא, וספק דאורייתא לחומרא הוא, **וגבי** טומאה הוי משום דספק טומאה ברה"ר טהור, **וגבי** חמץ כיון דבדיקת חמץ הוי דרבנן תלינן לקולא, **ולגבי** שבוייה, משום דהקילו בה טובא, אבל לא באיסור דאורייתא, **והכא** נמי מדאורייתא אפי' אם תמצא כתם בגופה, טהורה עד שתרגיש שיצא דם מבשרה, ורבנן גזרו על הכתם היכא דליכא למיתלי במידי, **הלכך** היכא שבאו לשאול בזה אחר זה טהורות - נקה"כ.

[ועוד נתן בדרישה טעם להחמיר כאן, אפי' בזו אחר זו, דאיכא למימר דמהצפור בא על כל אחת כחצי סלע, והחצי השניה היא דם מקורה דכל אחת, **וגם** זה אינו, דדבר ברור הוא, כל שיש לפנינו לתלות בו, תלינן לקולא שנתעסקה בכל הסלע, כמו בכל מידי שתולין בו, לא אמרינן שמא לא בא מדבר שתולין בו רק מקצת ממנו, והשאר מן האשה].

סימן קצ סכ"ה • ב' נשים שנתעסקו בכסלע, ונמצא על כל אחת כסלע

שתי נשים שנתעסקו בצפור אחד, שאין בו דם אלא כסלע, ונמצא על כל אחת כסלע, שתיהן טמאות.

י"א דאיירי שבאין לשאול שתיהן כאחת, משו"ה טמאות, אבל אם באו לשאול זו אחר זו, טהורות.

ויש חולקין, דא"כ הו"ל לתלמודא ולפוסקים לחלק בזה בהדיא, **דדוקא** כשאחת באה קודם שנודע כלום מן השניה, אבל אחר שנודע, ודאי שתיהן טמאות, אפי' בזו אחר זו, **וטעמא** דמילתא, דבכתמים כל שאין בו לתלות בשום דבר, הוי ספיקא טמא, ואין לך היתר רק אם יש בשום דבר לתלות שמסתבר שמשם בא הכתם, **ומש"ה** כאן שיש ב' נשים ויש כאן סלע יתירה, ואין סברא לתלות הטומאה באחת יותר מבחברתה, נשאר הדבר כאילו לא היה במה לתלות כלל.

י"א דאף במידי דאורייתא מקילין בבאו לשאול בזה אחר זה, **ויש חולקין** עליו, דלא שרינן אלא משום ספיקא לקולא, וספק דאורייתא לחומרא הוא, **ורק** גבי טומאה הוי ספק טומאה ברה"ר טהור, **וכן** בבדיקת חמץ הוי דרבנן, **ולגבי** שבוייה, משום דהקילו בה טובא, **אבל** לא באיסור דאורייתא, **והכא** נמי מדאורייתא אפי' אם תמצא כתם בגופה, טהורה עד שתרגיש שיצא דם מבשרה, ורבנן הוא דגזרו על הכתם.

נתעסקה בכגריס ונמצא עליה יותר

סעיף כו - נתעסקה בדם שא"א שיהיה ממנו כתם אלא כגריס, ונמצא עליה כשני גריסין, הרי זו תולה כגריס בדם שנתעסקה בו, וכגריס במאכולת - <בתשו' מעיל צדקה כתב, דדוקא במאכולת דשכיח טובא, וגם רגיל להיות במקום זוהמא, תלינן דנזדמן לדם שנתעסקה, ונדמה לכתם אחד, אבל בנתעסקה בב' זמנים, בכל פעם ופעם כסלע, ומצאה כתם ב' סלעים, אפשר דאין תולין להקל לומר דאתרמי זה בצד זה – רעק"א. **אבל אם נמצא הכתם יותר מכשני גריסין, טמאה.**

ויש מחמירין ומטמאין בכל זה - ולדידהו אפילו נתעסקה בכגריס, ונמצא עליה כגריס ועוד טמאה,

ומכל מקום נראה דיש לסמוך אמקילין, דבכתמים שומעין להקל.

סי' קצ סכ"ו • נתעסקה בכגריס ונמצא עליה יותר

נתעסקה בכגריס, ונמצא עליה כשני גריסין, הרי זו תולה כגריס בדם שנתעסקה בו, וכגריס במאכולת, (**אע"פ** שצ"ל שכל העסק שנתעסקה נדבק בה, ולא נשתייר שום דם באותו ענין שנתעסקה).

וכ"ש נתעסקה בכגריס, ונמצא עליה כגריס ועוד.

וי"א דדוקא במאכולת דשכיח טובא, וגם רגיל להיות במקום זוהמא, תלינן דנזדמן לדם שנתעסקה, ונדמה לכתם אחד, **אבל** בנתעסקה בב' זמנים בדם, אפשר דאין תולין להקל לומר דאתרמי זה בצד זה.

נתעסקה בכגריס, ונמצא עליה יותר מכשני גריסין, טמאה.

וכתב הרמ"א, ויש מחמירין ומטמאין בכל זה. **ואפי'** נתעסקה בכגריס, ונמצא עליה כגריס ועוד.

ומ"מ נראה דיש לסמוך אמקילין, דבכתמים שומעין להקל.

נתעסקה בפחות מכגריס ונמצא עליה יותר

סעיף כז - נתעסקה בפחות מכגריס, ונמצא עליה כגריס ועוד, טהורה, שאני אומר כתם זה מעסק הכתמים הוא, וכבר היה שם דם מאכולת (פירוש דם כינה) שנצטרף אליו, עד שחזר ליותר מכגריס - היינו כשהעסק שנתעסקה בו, שהוא פחות מכגריס, הוא כ"כ כמו הועוד, כגון שהועוד הוא חצי גריס, צ"ל שנתעסקה בחצי גריס.

וכן אם נתעסקה בפחות מכגריס, ונמצא עליה כשני גריסין, טהורה. הגה: וים מחמירין ומטמאין - והמעדני מלך והדרישה והב"ח השיגו ע"ז, דליכא מאן דמטהר בהא, כיון דאיכא ביתרון מהעסק שיעור כתם, **דמאי** שנא זו מנתעסקה בכגריס ונמצא עליה כב' גריסים ועוד, דאמרינן בש"ס דלא אמרינן שדי דם העסק בי מצעי, וזיל הכא ליכא שיעורא וזיל הכא ליכא שיעורא, אלא היא טמאה, וכן כתבו כל הפוסקים והטש"ע בסעיף שלפני זה, **והכא** אמאי נימא שדי העסק בי מצעי, **ומה** שיצא לו להב"י כן מהרמב"ן שהביא הטור, נוסחא מוטעת נזדמנה לו, ודברים ברורים הם.

[**והעיקר** כגירסא בספרים מדוייקים, והרמב"ן טיהר בנתעסקה כגריס ונמצא עליה ב' גריסין, **ודבר** זה הוצרך הטור לכתוב, אע"פ שכתב כבר שהרשב"א טיהר בנתעסקה בפחות מגריס ונמצא כגריס ועוד, **משום** דאפשר לומר, דלהרשב"א אפשר דנתעסקה כגריס ונמצא ב' גריסין טמאה, דאין לך לטהר אלא אחר שתאמר, שכל העסק שנתעסקה נדבק בה, ולא נשתייר שום דם באותו ענין שנתעסקה, אלא הכל בא לכאן, ומש"ה לא נשתייר רק כגריס, ואנן כגריס ועוד בענין, וזה אינו סברא טובה כל כך, דיותר יש צד לומר, דנשתייר באותו עסק ג"כ קצת, ולא נדבק בה רק כגריס פחות משהו, וא"כ יש על חלוקה כגריס ועוד, **אבל הרמב"ן** טיהר גם בזה, דס"ל דכל העסק דהיינו כגריס נדבק בה, ואין כאן רק כגריס מצומצם, ע"כ טהורה, **אבל** בנתעסקה בפחות מגריס ונמצא ב' גריסין, ודאי טמאה היא, ולא אמרינן כלל שדי ביה מצעי, כן נראה לענ"ד].

ומכל מקום אם נתעסקה בדם ואינה יודעת בכמה, אזלינן לקולא ואמרינן שהיה בדם כשיעור הכתם.

סי' קצ סכ"ז • נתעסקה בפחות מכגריס ונמצא עליה יותר

נתעסקה בפחות מכגריס, ונמצא עליה כגריס ועוד, טהורה, שאני אומר כתם זה מעסק הכתמים הוא, וכבר היה שם דם מאכולת שנצטרף אליו, עד שחזר ליותר מכגריס, **ודוקא** אם מה שנתעסקה בו, הוא כ"כ כמו הועוד, כגון שהועוד הוא חצי גריס, צ"ל שנתעסקה בחצי גריס.

ואם נתעסקה בפחות מכגריס, ונמצא עליה כשני גריסין, כתב המחבר דטהורה, דשדי דם העסק בי מצעי, וזיל הכא ליכא שיעורא וזיל הכא ליכא שיעורא.

וכתב הרמ"א, ויש מחמירין ומטמאין.

והפוסקים כתבו דליכא מאן דמטהר בהא, כיון דאיכא ביתרון מהעסק שיעור כתם, **דמ"ש** זו מנתעסקה בכגריס ונמצא עליה כב' גריסים ועוד, דסכ"ו, דלא אמרינן שדי דם העסק בי מצעי.

ואם נתעסקה בדם ואינה יודעת בכמה, אזלינן לקולא ואמרינן שהיה בדם כשיעור הכתם.

מצאה ב' גריסין וכינה מעוכה בו

סעיף כח - האשה שמצאה על חלוקה כשני גריסין וכינה מעוכה בו, טהורה, שהגריס הא' ודאי מכינה המעוכה בו, והגריס השני אנו תולין אותו בכינה אחרת, כיון שאין בו כגריס ועוד - אע"ג דלעיל סכ"ו, טהורה אפי' אינה מעוכה בו, שאני התם דנתעסקה בכגריס, משא"כ הכא.

סימן קצ סכ״ח • מצאה ב׳ גריסין וכינה מעוכה בו

האשה שמצאה על חלוקה כשני גריסין וכינה מעוכה בו, טהורה, **שהגריס** הא׳ ודאי מכינה המעוכה בו, והגריס השני אנו תולין אותו בכינה אחרת, כיון שאין בו כגריס ועוד.

הרגה פשפש

סעיף כט - הרגה פשפש שאנו תולין בו עד כתורמוס, חזר כתורמוס לשיעור הגריס לכל הדינים שאמרנו.

סימן קצ סכ״ט • הרגה פשפש

הרגה פשפש שאנו תולין בו עד כתורמוס, חזר כתורמוס לשיעור הגריס לכל הדינים שאמרנו.

אינה צריכה להקיף

סעיף ל׳ - אינה צריכה להקיף (פי׳ ענין הקפה הוא לדמות דבר לדבר) הכתם לדבר שהיא תולה בו, אלא תולה מן הסתם עד שתדע שזה שחור וזה אדום.

סימן קצ ס״ל • אינה צריכה להקיף

א״צ להקיף הכתם לדבר שהיא תולה בו, אלא תולה מן הסתם, עד שתדע שזה שחור וזה אדום.

ספק דם או צבע

סעיף לא- מצאה כתם ואין לה במה לתלות, והדבר מסופק אם הוא דם או צבע, מעברת עליו ז׳ סמנים, אם עמד בעינו הרי זה צבע וטהורה; ואם אינה מעברת עליו, טמאה מספק. ועכשיו אין לנו העברת ז׳ סמנים, מפני שאין אנו בקיאים בקצת משמותם.

סימן קצ סל״א • ספק דם או צבע

מצאה כתם ואין לה במה לתלות, והדבר מסופק אם הוא דם או צבע, **מעברת** עליו ז׳ סמנים, אם עמד בעינו הרי זה צבע וטהורה, ואם אינה מעברת עליו, טמאה מספק. **ועכשיו** אין לנו העברת ז׳ סמנים, מפני שאין אנו בקיאים בקצת משמותם.

נמצא דם במקום שעברה

סעיף לב- האשה שהיתה עוסקת במלאכתה, ונמצא דם במקום שעברה על דבר שהיה בדוק לה מתחילה, (והוא מקבל טומאה) - אבל אם אינו מקבל טומאה טהורה, כדלעיל ס״י, דאין לחלק בין כתם לדם, דכיון דלא הרגישה שיצא מבשרה, טהורה מדאורייתא, ורבנן הוא דגזרו, ובדבר שאינו מקבל טומאה לא גזרו, **תחזור להתעסק כמו שעשתה, אם יזדמן שתעבור על המקום שנמצא בו הדם** - ר״ל שיבא מקום בין רגליה, נגד אותו מקום, **טמאה, ואם לא, טהורה.**

סימן קצ סל״ב • נמצא דם במקום שעברה

האשה שהיתה עוסקת במלאכתה, ונמצא דם במקום שעברה על דבר שהיה בדוק לה מתחילה, והוא מקבל טומאה, (**דאם** אינו מקבל טומאה טהורה, כדלעיל ס״י, דאין לחלק בין כתם לדם), **תחזור** להתעסק כמו שעשתה, אם יזדמן שיבא המקום שנמצא בו הדם בין רגליה, נגד אותו מקום, טמאה, **ואם** לא, טהורה.

בדקה בעד הבדוק לה, ונמצא עליו דם

סעיף לג- האשה שבדקה עצמה בעד (פירוש סמרטוט, מענין וכבגד עדים כל צדקותינו) הבדוק לה, ונמצא עליו אפילו טיפה כחרדל, בין עגול בין משוך, טמאה.

(**ראיתי** בכתבי הרב הגדול מהר״ר דניאל ז״ל, שנסתפק אם בדקה קצת מן העד, וקצת העד לא בדקה, ובדקה את עצמה ממקום הבדוק, וכעת נסתפקה שמא ניתק מעל ידה ממקום שאינו בדוק, ומצאה פחות מכגריס מה דינה, ודעתו נוטה להקל, **אך** אם לא בדקה היטב רק דרך העברה, בזה מותרת בודאי).

ולא עוד, אלא אפילו נמצא על הכתם מאכולת מעוכה, טמאה – [הטעם, שאותו מקום בדוק הוא אצל מאכולת, וע״כ חמור העד מחלוק, דבחלוקה תלינן במאכולת כל שאין בו כגריס ועוד, אבל עד זה שהיה בדוק לה קודם הקינוח, וקים להו לרבנן דאין שם מאכולת, ודאי דם זה מגופה היא, ומאכולת מעלמא אתא בעוד שהוא מעוכה].

וכן הדין כשבדקה בו והניחתו בקופסא, ואחר שעה בדקה אותו ומצאה עליו דם כל שהוא, בין משוך בין עגול, טמאה - אעד הבדוק

לה דלעיל מיניה קאי, **ובפרישה** כתב דקאי אפי' אעד שאינו בדוק לה, וקשה דבכה"ג לכו"ע בכל שהוא טהורה, דבעינן כגריס ועוד.

[**לא בא למעט אם הניחתו במקום מגולה, דטהור אם** נמצא לאחר זמן עליו דם, דזה אינו, **דפשוט במתני'** בנמצא על עד שלה לאחר זמן, דטמא מספק]. ‹כבר תמה בזה בספר ס"ט, דהתם מיירי, דבדיקת עצמה בעד היה אחר זמן דתשמיש, אבל מציאת הדם על העד היה מיד אחר שבדקה בו – רעק"א›. [**אלא היפוכו דסיפא קאמר, דהיינו** **אם הניחתו תחת כר או כסת או טחתו בירכה**].

סי' קצ סל"ג • בדקה בעד הבדוק לה, ונמצא עליו דם

האשה שבדקה עצמה בעד הבדוק לה, ונמצא עליו אפי' טיפה כחרדל, בין עגול בין משוך, טמאה. **ולא** עוד, אלא אפי' נמצא על הכתם מאכולת מעוכה, טמאה, **שאותו** מקום בדוק הוא אצל מאכולת, וע"כ חמור העד מחלוק, וודאי דם זה מגופה היא, ומאכולת מעלמא אתא בעוד שהוא מעוכה.

וכן הדין כשבדקה בעד הבדוק לה בו והניחתו בקופסא, (וכתב הט"ז דה"ה אם הניחתו במקום מגולה), ואחר שעה בדקה אותו ומצאה עליו דם כל שהוא, בין משוך בין עגול, טמאה.

אם בדקה קצת מן העד, וקצת העד לא בדקה, ובדקה את עצמה ממקום הבדוק, וכעת נסתפקה שמא ניתק מעל ידה ממקום שאינו בדוק, ומצאה פחות מכגריס, מה דינה, **יש** שדעתו נוטה להקל, **אך** אם לא בדקה היטב רק דרך העברה, בזה מותרת בודאי.

בדקה בעד הבדוק לה, והניחתו תחת הכר

סעיף לד - בדקה עצמה בעד הבדוק לה, והניחתו תחת הכר או תחת הכסת, ולמחר נמצא עליו דם, אם משוך, טמאה, שחזקתו מהקינוח - דוקא הכא כשבדקה עצמה אמרינן הכי, אבל בכל שאר כתמים לא מחלקינן בין משוך לעגול, דלעולם פחות מכגריס טהורה.

ואם עגול, ואין בו כגריס ועוד, טהורה, שאין זה אלא דם מאכולת שנהרגה תחת הכר -

(עיין בשו"ת מאיר נתיבים, דלמחר לאו דוקא, אלא אורחא דמלתא קתני, וה"ה אם מצאה מיד סמוך לבדיקה).

(**עיין** בדגמ"ר שכתב, דבג' ימים ראשונים של ז' נקיים, טמאה, דדהא דכתם פחות מכגריס טהור אף בג' ימים ראשונים, הוא משום דאל"כ אין שום אשה יכולה להטהר, **אבל** כאן שהוא בעד שבודקת, ואפשר לה להזהר, אין להתיר בג' ימים ראשונים, **ועיין** בתשו' מעיל צדקה, שאין דעתו כן, אלא דאפי' בעד שבודקת טהורה פחות מכגריס, אף בג' ימים ראשונים, **אכן** בס"ט, כתב דכל ראיותיו יש לדחות, ודעתו להחמיר).

הגה: וה"ה אם הוא יותר מכגרים, ויש מקום לתלות בו, כמו שנתבאר לעיל באיזה דבר תלינן כתם – [משמע כאן דאף בספק שהוא ע"י בדיקה, מהני בו לתלות בשום דבר, **ע"כ** נ"ל באשה שרגילה להוציא דם מבית הרעי שלה, ע"י איזה סבה, ובדקה עצמה אפי' בעד הבדוק, ובשעת הבדיקה נגעה גם שם, דתולה בה שלא בשעת וסתה, (**ועיין** בחוו"ד שחולק עליו, שיש לתלות אפילו בשעת וסתה), **דאין כאן ספק** דאורייתא, כיון שלא הרגישה בדם מן המקור, **ואפי'** משוך טהור, כיון שנעשה בקינוח ממקום טהור, וכ"ש הוא, דזה הוה כמו מכה באותו מקום, **ואפי'** להי"א דסל"ה מודה בזה, **וכתבתי** זאת לפי שראיתי מורה א' שהורה להחמיר בזה, ונ"ל דטעה בדבר פשוט].

(**ועיין** בשו"ת מאיר נתיבים, שרב אחד רצה לפסוק, דדוקא כשהיתה בימי טהרתה, שאז יש לה חזקת טהרה, תולה בזה, משא"כ בימי ליבונה שהיא בחזקת טמאה, אינה תולה, **והוא** ז"ל האריך לחלוק, והביא ראיות דגם בימי ליבונה תולה, **ונ"ל** פשוט דבג' ימים ראשונים אינה תולה בזה, לפי דעת הש"ך בסי' קצ"ו, דאפילו במכה שידוע שמוציאה דם אינה תולה, מכ"ש כאן).

סי' קצ סל"ד • בדקה בעד הבדוק, והניחתו תחת הכר

בדקה עצמה בעד הבדוק לה, והניחתו תחת הכר או תחת הכסת, ולמחר נמצא עליו דם, (**וי"א** דה"ה אם מצאה מיד סמוך לבדיקה, ורק אורחא דמלתא קתני):

אם משוך, טמאה, שחזקתו מהקינוח, ואפי' פחות מכגריס, **ודוקא** בעד בדיקה אמרינן הכי, אבל בכל שאר כתמים לא מחלקינן בין משוך לעגול, דלעולם פחות מכגריס טהורה.

ואם עגול, ואין בו כגריס ועוד, טהורה, שאין זה אלא דם מאכולת שנהרגה תחת הכר.

בג' ימים ראשונים של ז"נ, י"א דטמאה, דהא דכתם פחות מכגריס טהור אף בג"י ראשונים, הוא משום דאל"כ אין שום אשה יכולה להטהר, **אבל** כאן שהוא בעד שבודקת, ואפשר לה להזהר, אין להתיר בג"י ראשונים, **ויש חולקים**.

וה"ה אם הוא עגול יותר מכגריס, ויש מקום לתלות בו, כמו שנתבאר לעיל באיזה דבר תלינן כתם.

וכתב הט"ז, דה"ה אשה שרגילה להוציא דם מבית הרעי שלה, ובדקה עצמה אפי' בעד הבדוק, ובשעת הבדיקה נגעה

גם שם, תולה בה שלא בשעת וסתה, (**וי"א**, שיש לתלות אפי' בשעת וסתה), **דאין** כאן ספק דאורייתא, כיון שלא הרגישה בדם מן המקור, **ואפי'** משוך טהור, כיון שנעשה בקינוח ממקום טהור, **ואפי'** הי"א דסל"ה מודה בזה, **ודלא** כהמחמירין בזה.

י"א דכן הדין בימי ליבונה, דתולה בזה, **ודלא** שרב אחד שרצה לפסוק, דדוקא כשהיתה בימי טהרתה, שאז יש לה חזקת טהרה, משא"כ בימי ליבונה שהיא בחזקת טמאה, דאינה תולה. **ופשוט** דבג"י ראשונים אינה תולה בזה, לפי דעת הש"ך בסי' קצ"ו, דאפילו במכה שידוע שמוציאה דם אינה תולה, מכ"ש כאן.

בדקה בעד הבדוק לה וטחתו בירכה

סעיף לה - בדקה עצמה בעד הבדוק לה וטחתו בירכה, ולמחר נמצא עליו דם, אם משוך, טמאה אפילו בכל שהוא; ואם עגול, טהורה, אם אין בו כגריס ועוד – [דגם כאן י"ל שמאכולת היתה על ירכה, ונתמעכה בהטחה שהטיחה על הירך].

ויש אומרים שאף עגול טמא בכל שהוא, (הגה: וכן עיקר) - ולא דמי להניחתו תחת הכר וכסת, דשם המאכולת מצויה, משא"כ בירכה, ופסק הב"ח כהי"א. ‹**ובנמצא** בו מאכולת רצופה, בזה ודאי תולין במאכולת – רעק"א›.

[הי"א הוא הרמב"ם המחמיר בירכה, וס"ל דדוקא בכר וכסת שבסעיף הקודם, לזה הקילו בעגול ואין בו כגריס ועוד, אבל בירכה לא, **וג"ל** טעמו, דס"ל ממ"נ יש להחמיר, אם נמצא דם על הירך, איהו לטעמיה אזיל, דכל שנמצא על בשרה, *לא תלינן במאכולת אפי' בפחות מגריס, **ואם** לא נמצא כאן דם על הירך, הרי הוכחה לפנינו, דהדם שעל העד הוא מגופה, דאי מהמאכולת שטחתה על ירכה, היה לה להמצא גם על הירך, כיון ששם נתמעכה, **משא"כ** אם בא מגופה, אפשר שלא נגע בירך באותו חלק שעליו הדם, כן נ"ל טעמו והוא נכון מאד].

***קשה** לי, הא התם על בשרה לבד הוא דאין תולין, אבל בעל בשרה וחלוקה תולין, וא"כ הכא בעל עד וירך נתלה – רעק"א. ‹**ועיין** בפת"ש לעיל בס"ו, מחלוקת אם תולין כה"ג›.

סי' קצ סל"ה • בדקה בעד הבדוק לה וטחתו בירכה

בדקה עצמה בעד הבדוק לה וטחתו בירכה, ולמחר נמצא עליו דם, **אם** משוך, טמאה אפילו בכל שהוא, **ואם** עגול, טהורה, אם אין בו כגריס ועוד, **דגם** כאן י"ל שמאכולת היתה על ירכה, ונתמעכה בהטחה שהטיחה על הירך.

וי"א שאף עגול טמא בכל שהוא, וכתב רמ"א, וכן עיקר, **ולא** דמי להניחתו תחת הכר וכסת, דשם המאכולת מצויה, משא"כ בירכה. **וי"א** דבנמצא בו מאכולת רצופה, בזה ודאי תולין במאכולת.

והט"ז כתב, דהי"א הוא הרמב"ם, דס"ל ממ"נ יש להחמיר, אם נמצא דם על הירך, איהו לטעמיה אזיל, דכל שנמצא על בשרה, לא תלינן במאכולת אפי' בפחות מגריס, (**ומקשים**, דהא בעל בשרה וחלוקה תולין, וא"כ הכא בעל עד וירך נתלה, **ובאמת** לעיל בס"ו, יש מחלוקת אם תולין כה"ג), **ואם** לא נמצא כאן דם על הירך, הרי הוכחה לפנינו, דהדם שעל העד הוא מגופה, דאי מהמאכולת שטחתה על ירכה, היה לה להמצא גם על הירך, כיון ששם נתמעכה, **משא"כ** אם בא מגופה, אפשר שלא נגע בירך באותו חלק שעליו הדם.

בדקה בעד שאינו בדוק לה

סעיף לו - בדקה עצמה בעד שאינו בדוק לה, אפילו הניחתו שמור בתיבתה, ומצאה עליו דם, (אינה) טמאה (אלא) אם יש בו כגריס ועוד – ‹ונראה דרבינו הרמ"א ז"ל כיון בזה אגב אורחיה להוציא מדברי הרז"ה ז"ל, שדעתו דבמשוך אפי' בכל שהוא טמא, וכמו בעד בדוק והניחתו תחת הכר או תחת הכסת, וע"ש טעמו ונימוקו, **וקמ"ל** הרמ"א דאינה טמאה לעולם אלא בכגריס ועוד – מחצה"ש›.

בב"י הביא מחלוקת הפוסקים בזה, שקצתם הורו להקל, ‹אפי' בכגריס ועוד›, ומ"מ חששו להחמיר לענין מעשה, **ובספרי** כתבתי שנראה עיקר בש"ס, דלכו"ע טמאה משום כתם, ‹ואין מי שהורה להקל›.

(**עיין** בתשו' חת"ס, דבזמנינו יש להחמיר בו מכתם דעלמא, דבכתם הנמצא, שיעורו בכגריס ועוד, שהוא שיעור דם מאכולת גדולה שלא נמצא כן בזמנינו, וכמו שמצוין בספר מעיל צדקה, **אבל** בדקה עצמה בעד שאינו בדוק, ומכ"ש ע"י הרגשת זיבת דבר לח, נהי דדין כתם יש לו, מ"מ מידי ספיקא לא נפיק, ואין לטהר אלא בשיעור קטן, כדם מאכולת שנמצא בזמנינו, או פשפש אם מצוים שם).

הגה: ודוקא בעד בינוני, דהיינו שאין חזקתו בדוק ולא מלוכלך, אבל אם בדקה עצמה בעד שחזקתו מלוכלך, כגון שלקחה עד ממקום שדמים מצויין שם, שחזקתו שכבר היו בו כתמים, ובדקה עצמה

בו ונמצא עליו כתם, טהורה אפי' יותר מכגריס – (עיין בתשו' בית אפרים שכתב, דר"ל דוקא שלא בשעת וסתה, אבל בשעת וסתה חוששין, וכמו במכה שבגופה).

[**בת"ה** הארוך הביאו ב"י מבואר, אותו שנקרא אינו בדוק, היינו שהיא נוטלתו ממקום מוצנע, שדרכן של נשים להצניע ולהכין להם עדים, ואין מוליכות בשוק ולא מתעסקים בהם בכתמים, **אבל** כשלקחה חלוק מן השוק, ואינה יודעת ממי לקחתו, אי מגויה או מישראלית, נדה או טהורה, או שקנחה בעד המזדמן לה בבית, בכי הא ודאי ליכא מאן דמטמא אפי' משום כתם, ועיין מה שאכתוב בסמוך סעיף ל"ט].

סימן קצ סל"ו • בדקה בעד שאינו בדוק לה

בדקה עצמה בעד שאינו בדוק לה, אפי' הניחתו שמור בתיבתה, ומצאה עליו דם, אינה טמאה, (אפי' כשהוא משוך), אלא אם יש בו כגריס ועוד.

וכתב רמ"א, ודוקא בעד בינוני, דהיינו שאין חזקתו בדוק ולא מלוכלך, **אבל** אם בדקה עצמה בעד שחזקתו מלוכלך, כגון שלקחה עד ממקום שדמים מצויין שם, שחזקתו שכבר היו בו כתמים, **טהורה** אפי' יותר מכגריס. **וי"א** דדוקא שלא בשעת וסתה, אבל בשעת וסתה חוששין, וכמו במכה שבגופה.

והט"ז הביא, דמלוכלך היינו כשלקחה חלוק מן השוק, ואינה יודעת ממי לקחתו, אי מגויה או מישראלית, נדה או טהורה, או שקנחה בעד המזדמן לה בבית, **ועד** שאינו בדוק, היינו שהיא נוטלתו ממקום מוצנע, שדרכן של נשים להצניע ולהכין להם עדים, **ועיין** מש"כ בסל"ט.

י"א דבזה"ז יש להחמיר בעד שאינו בדוק יותר מכתם דעלמא, דהתם שיעורו בכגריס ועוד, שהוא שיעור דם מאכולת גדולה שלא נמצא כן בזמנינו, **אבל** בעד שאינו בדוק, ומכ"ש ע"י הרגשת זיבת דבר לח, נהי דדין כתם יש לו, מ"מ מידי ספיקא לא נפיק, ואין לטהר אלא כדם מאכולת שנמצא בזמנינו, או פשפש אם מצוים שם.

בדקה בעד שאינו בדוק לה וטחתו בירכה

סעיף לז - בדקה עצמה בעד שאינו בדוק לה, וטחתו בירכה, ואח"כ נמצא עליו דם, אפי' כגריס ועוד, טהורה – [והוי תרי ספיקי ולקולא, חדא דלמא לא מן העד הוטח על יריכה, ואפי' את"ל מן העד, כיון שאינו בדוק לה, מקמי הכי הוה שם – רש"י].

דין זה צל"ע, ומה שהוציא המחבר כן מרש"י גם כן צ"ע, **דדוקא** לפי מה שפי' הוא, דטחתו על ירכה ונמצא דם על ירכה, ‹והעד אינו לפנינו – חוו"ד›, דבכה"ג אפשר דטהורה לגמרי משום דהוי תרי ספיקי, ר"ל ס"ס, דליכא למימר מיד שמא מהמקור בא על ירכה, דהא מצאה על הירך במקום שאין דם המקור יכול לפול שם, **א"כ** אני אומר ספק בא מן העד על הירך, ספק מעלמא אתי על הירך, ואת"ל מן העד בא על הירך, דלמא על העד נמי מקמי הכי הוה, א"כ הוי ס"ס גמור, **אבל** במצאה על העד לא הוי ס"ס כלל, דליכא למימר שמא מן הירך שמא אינו מן הירך, ואת"ל אינו מן הירך שמא מקודם לכן היה עליו הדם, דזה אינו ס"ס כלל, דהכל א' הוא, ומיד איכא למימר שמא מהמקור בא על העד, וכה"ג לא מקרי ס"ס כלל, **ומכ"ש** כשטחתו בירכה ונמצא עליה יותר מכגריס, דכה"ג ליכא חשש מאכולת כלל, וא"כ תימה היאך תהא טהורה בכה"ג, דהא כיון דהוא כגריס ועוד ליכא למימר דמן המאכולת שבירכה הוא, וכדאיתא בפוסקים להדיא, **א"כ** ליכא הכא אלא חדא ספיקא, שמא מקמי הכי הוי על העד, או שמא מן הקינוח הוא, אם כן הו"ל ספק דאורייתא וטמאה, **ודמי** לבדקה עצמה בעד שאינו בדוק והניחתו בקופסא, בסעיף ל"ו, דטמאה בכגריס ועוד, וה"ה הכא, **וכ"ש** להי"א בסעיף ל"ה, דאפילו בכל שהוא טמאה בירכה, דלא תלינן כלל בירכה, א"כ באינו בדוק נמי לא עדיף מהניחתו בקופסא, וכל זה ברור, **והיה** נ"ל ליישב דברי המחבר, דמיירי ג"כ בשנמצא הדם על ירכה, אך העט"ז והמ"מ לא כ"כ, וכן נראה מדברי הרב והב"ח דמיירי כשנמצא על העד, וצ"ע.

‹**ותוה"ש** והגר"ז והחכמ"א נקטו דלא כהש"ך, **וז"ל** הגר"ז, דאיכא למימר מעלמא אתא הדם על ירכה, ומירכה הוטח על העד, אלא דגבי עד הבדוק לא אמרינן הכי כדלעיל, אבל הכא כיון דאינו בדוק, ואיכא למימר נמי מקמי הכי הוה הדם על העד, הוו להו תרי ספיקי לקולא, **מיהו** דוקא בנמצא דם גם על ירכה, דאיכא למימר מעלמא אתא הדם על ירכה, ומירכה הוטח על העד, אבל אם לא נמצא דם על ירכה, דינו כהניחתו בקופסא›.

הגה: וכל שכן אם הניחתו אחר הבדיקה במקום שיש לתלות הכתם – [פי' ולא טחתו ביריכה], **דטהורה אפילו ביותר מכגרים.**

אבל הניחתו במקום שאין דם שכיח, טמא, אם הוא יותר מכגרים – [קאי ג"כ אלא טחתו, אבל טחתו טהור בכל גווני, משום ס"ס כדלעיל].

סימן קצ סל"ז • בדקה בעד שאינו בדוק וטחתו בירכה

בדקה עצמה בעד שאינו בדוק, וטחתו בירכה, ואח"כ נמצא עליו דם, אפי' כגריס ועוד, טהורה, **דהוי** תרי ספיקי ולקולא.

והקשה הש"ך, דדוקא בנמצא דם על ירכה, (והעד אינו לפנינו), הוי תרי ספיקי, דליכא למימר מיד שמא מהמקור בא על ירכה, דהא מצאה על הירך במקום שאין דם המקור יכול ליפול שם, **א"כ** אני אומר ספק בא מן העד על הירך, ספק מעלמא אתי על הירך, ואת"ל מן העד בא על הירך, דלמא על העד נמי מקמי הכי הוה, א"כ הוי ס"ס גמור, **אבל** במצאה על העד, לא הוי ס"ס כלל, דליכא למימר שמא מן הירך שמא אינו מן הירך, ואת"ל אינו מן הירך שמא מקודם לכן היה עליו הדם, **דכה"ג** לא מקרי ס"ס כלל, דהכל א' הוא, דמיד איכא למימר שמא מהמקור בא על העד.

ומכ"ש כשנמצא עליה יותר מכגריס, דכה"ג ליכא חשש מאכולת כלל, וליכא למימר דמן המאכולת שבירכה הוא, **וליכא** אלא חדא ספיקא, שמא מקמי הכי הוי על העד, או שמא מן הקינוח הוא, והו"ל ספק דאורייתא וטמאה, **ודמי** לבדקה עצמה בעד שאינו בדוק והניחתו בקופסא, בסעיף ל"ו, דטמאה בכגריס ועוד, וה"ה הכא

וכ"ש להי"א בסעיף ל"ה, דאפילו בכל שהוא טמאה בירכה, דלא תלינן כלל בירכה, א"כ באינו בדוק נמי לא עדיף מהניחתו בקופסא, וצ"ע.

והאחרונים נקטו דלא כהש"ך, דכיון דאיכא למימר מעלמא אתא הדם על ירכה, ומירכה הוטח על העד, הגם דלגבי עד הבדוק לא אמרינן הכי כדלעיל, הכא כיון דאינו בדוק, ואיכא למימר נמי מקמי הכי הוה הדם על העד, חיישינן לזה הצד נמי, והוו להו תרי ספיקי לקולא.

מיהו דוקא בנמצא דם גם על ירכה, אבל אם לא נמצא דם על ירכה, י"א דדינו כהניחתו בקופסא.

וכ"ש בדהניחתו אחר הבדיקה במקום שיש לתלות הכתם, (ולא טחתו ביריכה), דטהורה אפי' ביותר מכגריס. **אבל הניחתו** במקום שאין דם שכיח, טמא, אם הוא יותר מכגריס – רמ"א.

איזהו עד הבדוק

סעיף לח - איזהו עד הבדוק, כל שבדקתו, בין היא בין חברתה, ולא נודע שנכתם בו כתם, ולא העבירתו בשוק של טבחים, ולא בצד המתעסקים בכתמים, הרי זה בחזקת בדוק - ‹ואם הניחתו במקום מגולה, שאינו בחזקת שמור וגם לא בחזקת מלוכלך, דעת הסד"ט ועוד אחרונים שזה מקרי עד בדוק, והגר"ז חולק›.

סימן קצ סל"ח • איזהו עד הבדוק

איזהו עד הבדוק, כל שבדקתו, בין היא בין חברתה, ולא נודע שנכתם בו כתם, ולא העבירתו בשוק של טבחים, ולא בצד המתעסקים בכתמים, הרי זה בחזקת בדוק.

ואם הניחתו במקום מגולה, שאינו בחזקת שמור ולא בחזקת מלוכלך, דעת האחרונים שזה מקרי עד בדוק, **ויש** חולקין.

מצאה כתם בחלוק שאינו בדוק

סעיף לט - אין האשה טמאה משום כתם שמצאה בחלוקה, אלא אם כן היה בדוק לה קודם שלבשתו; אבל אם אינו בדוק קודם שלבשתו, ולבשתו בלא בדיקה ומצאה בו כתם, טהורה - אפי' יודעת ממי לקחתו, כיון שלא היה בדוק, אני אומר כתם זה כבר היה, שהכתמים מדבריהם והולכים בהם להקל.

[כוונת השו"ע כאן במה שכתב: אבל אם אינו בדוק, היינו אם לקחה חלוק זה מן השוק ולבשתו בלא בדיקה, **ואינו** כלשון "אינו בדוק" שנזכר בסעיף ל"ו, דטמאה ביש בה כגריס ועוד, דהתם מיירי שהצניעתו בחזקת נקי, דבזה מיירי הגמ', **אבל** כאן נקט השו"ע לישנא דעלמא אינו בדוק, כלומר אין לה שום ידיעה ממנו, **ונראה** דמש"ה כתבו כאן ברישא: אא"כ היה בדוק לה, ולא כתבו: אא"כ בדקה אותו, אלא להורות שאף אם לא בדקה אותו בבירור, רק שהיה לה בחזקת בדוק, והוא אותו שנקרא בסעיף ל"ו "אינו בדוק" בלשון התלמוד, **נמצא** דלעניין דינא הוי הך דין דסעיף זה מכוון ממש עם סעיף ל"ו].

[ומור"ח ז"ל הבין דהאי אינו בדוק, הוא דומיא דסל"ו, וע"כ הוקשה לו הך דסעיף ל"ו דטמאה, אהך דהכא דטהורה, **וניחא** ליה דשם דמיירי שקנחה עצמה, גרע טפי מהך דהכא דלא קנחה עצמה כלל, רק שמצאה כתם].

[וקשה... ותו דמה טעם יש לחלק בין קנחה ולא הרגישה דם, למצאה כתם בלא קנחה, דהא תרווייהו **לאו** דאורייתא, דמן התורה אין האשה טמאה אפי' ראתה, עד שתרגיש שיצא דם מבשרה, וכל שלא הרגישה וקינחה ולא ראתה על העד, ואח"כ מצאה על העד, הוה על זה דין כתם, **וטומאתו מדרבנן**, ‹**והגם** דלכאורה החילוק פשוט, דקינחה י"ל שהרגישה וטעתה בהרגשת עד, **דדעת** הט"ז, {וכמו דמבואר נמי מדבריו בסל"ד}, דמילתא רחיקתא הוא למתלי בהרגשת עד, ולא אמרינן הכי רק בליכא מידי למתלי שמשם בא הדם, וכיון שחזקת דמי מקור באין בהרגשה, לכן תלינן בהרגשת עד, אבל באיכא מידי למתלי, ודאי מן התורה תלינן יותר במעלמא משנתלי בהרגשת עד – פרי דעה›, **וא"כ** ברור הוא, שדין קינחה בעד שאינו בדוק, ודין מצאה

כתם שוין, **ששניהם טהורים בלקחה מן השוק, ודין דסל"ו, דהיינו שהוא קצת בחזקת בדוק, טמאה אפי' במצאה כתם, זה ברור ופשוט לפענ"ד**].

‹כל דברי הט"ז הם תמוהים בזה, דאיך אפשר לומר דכל שלקחתם ממקום מוצנע מקרי בדוק וטמא, הא הרשב"א מיקל אף בעד שבדקו בה, אם לקחתו ממקום מוצנע ולא בדקתו מעולם, דטהורה אף ביתר מכגרים, **אלא** העיקר כהב"ח, דלא בדקתו מעולם מקרי אינו בדוק, וטהור ביתר מכגרים, **ואף** להרא"ש בסעיף ל"ו דמחמיר, היינו בעד שקנחה בה, אבל לא בכתם, **ומכ"ש** לדעת הרשב"א דגם בעד טהור, ולזה הסכים בתפארת למשה – רעק"א.

סימן קצ סל"ט • מצאה כתם בחלוק שאינו בדוק

אין האשה טמאה משום כתם שמצאה בחלוקה, אא"כ היה בדוק לה קודם שלבשתו. **אבל** אם אינו בדוק קודם שלבשתו, אפי' יודעת ממי לקחתו, ולבשתו בלא בדיקה ומצאה בו כתם, טהורה, **שאני** אומר כתם זה כבר היה, שהכתמים מדבריהם והולכים בהם להקל.

שיטת הט"ז, דכוונת השו"ע במש"כ: אבל אם אינו בדוק, היינו אם לקחה חלוק זה מן השוק ולבשתו בלא בדיקה, והיינו שאין לה שום ידיעה ממנו, ולכן אינה טמאה אפי' ביש בה כגריס ועוד, **ואינו** כלשון "אינו בדוק" שנזכר בסעיף ל"ו, דטמאה ביש בה כגריס ועוד, דהתם מיירי שהצניעתו בחזקת נקי, **ונמצא** דלענין דינא הוי הך דין דסעיף זה מכוון ממש עם סעיף ל"ו.

והב"ח הבין דהאי "אינו בדוק", הוא דומיא דסל"ו, **והחילוק**, דשם דמיירי שקנחה עצמה, וגרע טפי מהך דהכא דלא קנחה עצמה כלל, רק שמצאה כתם, וכ"כ רעק"א.

והט"ז ס"ל דאין לחלק בין קנחה ולא הרגישה דם, למצאה כתם בלא קנחה, דהא תרווייהו לאו דאורייתא, **והגם** דיש לחלק דקינחה י"ל שהרגישה וטעתה בהרגשת עד, **דעת** הט"ז (וכמו דמבואר נמי מדבריו בסל"ד), דמילתא רחיקתא הוא למתלי בהרגשת עד, ולא אמרינן הכי רק בליכא מידי למתלי שמשם בא הדם.

בדקה והשאילה לחבירתה

סעיף מ - בדקה חלוקה ופשטתו ומצאה טהור, והשאילה לחברתה, ולבשה, ומצאה בו כתם, הראשונה טהורה, והשניה טמאה - פי' שבדקה אותו בתחלה ואח"כ לבשתו, ואח"כ פשטתו ומצאתו טהור והשאילתו לחברתה, **אבל** בלא בדקה חלוקה אלא כשפשטתו, לא אצטריך לאשמעינן דהראשונה טהורה משום שמצאה אותו טהורה והשאילתו לחברתה, הא בלא"ה טהורה כיון שלא בדקה אותו קודם הלבישה, וכמ"ש בסעיף שלפני זה, וכ"כ הרשב"א בת"ה הקצר בהדיא, שבדקה חלוקה קודם הלבישה, ודעתו כדפירשתי, **והדרישה** הניח דבריו בצ"ע, **גם** הב"ח פי' הא דנקט בדיקה קודם הלבישה לדיוקא, דדוקא כשבדקה פעם ב' טהורה, אבל לא בדקתו פעם ב', אע"פ שבדקתו כשלבשתו, שתיהן טמאות, עכ"ל, [**ואם** נתכוין לזה, מה לו לטורח הזה, הא כתב בהדיא אח"כ כל היכא ששניהם שוין שניהם טמאים], **ולפענ"ד** נראה כמש"כ, **גם** מש"כ הב"ח אע"פ שבדקה אותו כשלבשתו כו', אינו מכוון דמשמע כ"ש לא בדקתו כלל, וזה אינו, דבלא בדקתו כלל שתיהן טהורות, דאינה טמאה משום כתם אלא בחלוק הבדוק, **גם** מש"כ בפרישה, דמיירי שלא בדקה פעם שנית החלוק, אלא שבדקה את עצמה ונמצאת טהורה, ואע"ג שהשניה בדקה נפשה ומצאה טהורה, אפ"ה תולין בשניה ולא בראשונה, דכאן נמצא כאן היה, **אינו** מכוון, ובכה"ג דשתיהן שוות שתיהן טמאות, ולא אמרינן הכא כאן נמצא כאן היה.

[**והנראה** לפענ"ד דברים כהוייתן, דהכרח הוא לבדיקה שלפני הלבישה, דזה פשוט דהבדיקה שלאחר ההפשטה אינה מועלת אלא אם תבדוק בכוונה מכוונת לידע הבירור, **משא"כ** אם בדקה דרך העברה בעלמא, דכל מילתא דלא רמיא עליה דאינש לאו אדעתיה, **מש"ה** אם לא בדקה החלוק תחילה קודם ללבישה, אין לה שום צורך לבדוק אחר ההפשטה, דאף אם תמצא אחר ההפשטה כתם, אין לה היזק כמו שפסק בסעיף הקודם, ממילא מה שבודקת אח"כ הוא דרך מקרה בעלמא, ואין זה מועיל שנאמר השניה טמאה, **ואין** לומר שהיא עושה בשביל שרוצה היא להשאילו לאחרת, ותמצא אח"כ כתם, שתהיה היא טהורה, זה אינו, דא"כ יהיו שניהם טהורות, כיון שלא נבדק תחילה אימור מתחילה היה עליו, וא"כ אין לה צורך לבדיקה שאחר ההפשטה, **וע"כ** כתב שבדקה תחילה, שנמצא שהבדיקה שאחר ההפשטה היא בכוונה מכוונת, כן נלע"ד ברור].

עיין מש"כ, ותראה שאין צריך לזה - נקה"כ.

סימן קצ ס"מ • בדקה והשאילה לחבירתה

בדקה חלוקתה בתחלה (בדיקה #1), ואח"כ לבשתו, ואח"כ פשטתו ומצאתו טהור (בדיקה #2), והשאילה לחברתה, ולבשה, ומצאה בו כתם, **הראשונה** טהורה, והשניה טמאה.

טעם לבדיקה #1, כיון דבין כך יש בדיקה #2.

י"א דאל"כ בלא"ה הראשונה טהורה כיון שלא בדקה אותו קודם הלבישה, וכמ"ש בסעיף שלפני זה – ש"ך.

וי"א לדיוקא, דדוקא כשבדקה #2 טהורה, אבל לא בדקתו

‎#2, שתיהן טמאות, וזה אין שייך בלא בדיקה ‎#1 – ב"ח. **וי"א** דבדיקה ‎#1 הכרח, דאל"כ אין לה שום צורך לבדיקה ‎#2, דאף אם תמצא כתם אחר ההפשטה, אין לה היזק כמו שפסק בסעיף הקודם, **וא"כ** ממילא בדיקה ‎#2 הוא דרך מקרה בעלמא, ופשוט דאינה מועלת אלא אם תבדוק בכוונה מכוונת לידע הבירור, **משא"כ** אם בדקה דרך העברה בעלמא, דכל מילתא דלא רמיא עליה דאינש לאו אדעתיה – ט"ז. **וי"א** דמיירי שלא בדקה פעם שנית החלוק, אלא שבדקה את עצמה ונמצאת טהורה, ואפ"ה תולין בשניה ולא בראשונה, דכאן נמצא כאן היה, **ואינו** מכוון, דבכה"ג דשתיהן שוות שתיהן טמאות, ולא אמרינן הכא כאן נמצא כאן היה.

תולין בנדה ובנכרית

סעיף מא- לבשה חלוק הבדוק לה, ופשטתו, והשאילתו לישראלית נדה; או לגויה שהגיע זמנה לראות - היינו שהגיעה לימי הנעורים, לי"ב שנה ויום א', **וראתה פעם אחת, אע"פ שאינה רואה בימי השאלת החלוק; ואחר כך נמצא בו כתם, תולה בהן וטהורה** - דוקא נדה ונכרית, משום שתולין הקלקלה במקולקלת, [דנדה ונכרית אין בהו קלקול, ועל כן תולין בהם, ולא לקלקל אשה טהורה], **משא"כ** השאילתו לטהורה, דשתיהן טמאות.

והוא הדין אם בדקתו והשאילתו להן, ואח"כ לבשתו היא ומצאה בו כתם, שתולה בהן.

וה"ה אם בדקתו - כשפשטתו והשאילתו, ‹עיין באחרונים דטרחי להסביר, למה צריך להש"ך לבישה ופשיטה קודם הבדיקה›.

ואפי' היא בספירת ז' נקיים. (וע"ל סי' קצ"ו, דבג' ימים הראשונים של ז' נקיים אין מקילין בכתמים לתלות בדבר אחר) - דוקא כשהם יותר מכגריס ועוד, אבל בפחות מכן תולין בכינה, אפי' תוך ג', כמבואר שם, ‹ודברי הש"ך הנוגעים לסעיף מ"ד מובאים שם›.

סימן קצ סמ"א • תולין בנדה ובנכרית

לבשה חלוק הבדוק לה, ופשטתו, והשאילתו לישראלית נדה, **או** לגויה שהגיע לימי הנעורים, לי"ב שנה ויום א', דהוא זמנה לראות, וגם ראתה פעם אחת, אע"פ שאינה רואה בימי השאלת החלוק, **ואח"כ** נמצא בו כתם, תולה בהן וטהורה, **משום** שתולין הקלקלה במקולקלת, דנדה ונכרית אין בהו קלקול, **משא"כ** השאילתו לטהורה, דשתיהן טמאות.

וה"ה אם בדקתו (כשפשטתו, וצ"ע), והשאילתו להן, ואח"כ לבשתו היא ומצאה בו כתם, שתולה בהן.

ותולה בהן אפי' כשהיא בספירת ז"נ. **וכתב** הרמ"א דבג' ימים הראשונים של ז"נ אין מקילין בכתמים לתלות בדבר אחר, **ודוקא** כשהם יותר מכגריס ועוד, אבל בפחות מכן תולין בכינה, אפי' תוך ג'.

תולין בבתולה וביושבת על דם טוהר, ובסופרת ז"נ

סעיף מב- הטעם דסעיף זה הוא, שכל אלו אין מקלקלן כשתתלה הכתם בהן, וכשתתלה בהראשונה הרי אתה מקלקלה, **וכענין** שאמרו בב' קופות א' של חולין וא' של תרומה, שאני אומר חולין לתוך חולין נפלה, ותרומה לתוך תרומה.

השאילתו לקטנה, שלא ראתה מעולם - (עיין בדגמ"ר שתמה ע"ז, דדוקא בנערה בעינן שלא ראתה מעולם, אבל בקטנה לא איכפת לן אם ראתה בבית אביה), **ולבשתו קטנה זו לאחר שנבעלה קודם שחיתה המכה** – [שבימי חכמי המשנה היתה מותרת עד שתחיה המכה של בתולים, ובנערה עד ארבעה לילות אחר בעילת מצוה].

או שהשאילתו לנערה שלא ראתה, ולבשתו תוך ארבעה לילות לבעילתה, או שהשאילתו ליושבת על דם טוהר, תולה בהן, ואפילו בזמן הזה - שאין נותנין לשום בתולה שנבעלה אלא בעילת מצוה, אפ"ה תולה בה לפי שדמים מצויים בה, **וכן** היושבת על דם טוהר, אע"ג דבזמן הזה היא ככל הנשים, אפ"ה תולה בה, לפי שמן הדין היא טהורה, ואם תתלה בה אין כאן קלקול, **ומה** שהחמירו שלא לבעול על דם טוהר לעצמן החמירו, אבל לענין שלא תציל חברתה לא החמירו.

וכן אם השאילתו לסופרת ז' שלא טבלה, תולה בה, ובעלת החלוק טהורה, וחברתה ששאלתו מקולקלת - וסתרה כל מה שלפניה.

‹**משמע** דוקא בתוך ספירתה, אבל בשלמו ספירת ז' נקיים, אף דלא טבלה, אין תולין בה, **עיין** משנה למלך› (שכתב, מאחר שטומאתה הראשונה כבר פקעה, אלא דגזירת הכתוב הוא דבעינן טבילה, ואם אנו תולין בה אנו מביאין לה טומאה מחודשת, ומאי חזית דנטמא לזו מחדש ולא לזו, משום הכי שתיהן מקולקלות), ‹ובלבוש סתם

בפשיטות, דאף בשלמו ימי ספירתה תולין בה כל זמן שלא טבלה – רעק"א›.

‹**ועיין** בתשו' רבינו עקיבא איגר, באשה נשואה טהורה ששכבה במטה עם פנויה גדולה שכבר ראתה כמה פעמים, ונמצא כתם בסדין המטה, **וכתב** דנ"ל להקל ולתלות בפנויה, **לא** מיבעיא לדעת הלבוש שכתב בפשיטות, דאף בשלמו ימי ספירתה כל זמן שלא טבלה תולה בה, היינו ממש נידון דידן, **אלא** אף לדעת המל"מ, דאחר שבעה אף שלא טבלה פנים חדשות באו לכאן ואינה תולה בה, **מ"מ** בנידון דידן אף דהך פנויה אפשר שלא ראתה זה כמה שבועות, מ"מ לא הוי כמו זבה אחר ששלמו ימי ספירתה, מאחר דקיי"ל דבעי ספורים או בתחלה או בסוף, אבל בלא ספירה כלל, אף אי קמי שמיא גליא דלא ראתה כל ז', מ"מ לא מהני בלא ספירה, **א"כ** ממילא בפנויות שלנו דאין דעתן לטבול, ואין סופרות לכוונת שבעה נקיים, מקרי זבה שלא ספרה ותולין בה›.

סימן קצ סמ"ב • תולין בבתולה וביושבת על דם טוהר, ובסופרת ז"נ

השאילתו לקטנה, שלא ראתה מעולם, (וצ"ע דבקטנה ה"ה אם ראתה), ולבשתו קטנה זו לאחר שנבעלה קודם שחיתה המכה, **שבימי** חכמי המשנה היתה מותרת עד שתחיה המכה של בתולים.

או שהשאילתו לנערה שלא ראתה, ולבשתו תוך ארבעה לילות לבעילתה, **ובימי** חכמי המשנה היתה מותרת עד ארבעה לילות אחר בעילת מצוה.

תולה בהן, ואפי' בזמן הזה שאין נותנין לשום בתולה שנבעלה אלא בעילת מצוה, לפי שדמים מצויים בה.

השאילתו ליושבת על דם טוהר, תולה בה, ואפילו בזמן הזה דהיא ככל הנשים, לפי שמן הדין היא טהורה, ואם תתלה בה אין כאן קלקול, **ומה** שהחמירו שלא לבעול על דם טוהר, לעצמן החמירו, אבל לא לענין שלא תציל חברתה.

השאילתו לסופרת ז' שלא טבלה, תולה בה, ובעלת החלוק טהורה, וחברתה ששאלתו מקולקלת, וסתרה כל מה שלפניה.

משמע דוקא בתוך ספירתה, אבל בשלמו ספירת ז"נ, אף דלא טבלה, אין תולין בה, דמאחר שטומאתה הראשונה כבר פקעה, אלא דגזה"כ הוא דבעינן טבילה, ואם אנו תולין בה אנו מביאין לה טומאה מחודשת, ומאי חזית דנטמא לזו מחדש ולא לזו, משו"ה שתיהן מקולקלות – משנה למלך.

וכ' לבוש, אף בשלמו ימי ספירתה תולין בה כ"ז שלא טבלה.

אשה נשואה טהורה ששכבה במטה עם פנויה גדולה שכבר ראתה כמה פעמים, ונמצא כתם בסדין המטה, **י"א** דנ"ל להקל ולתלות בפנויה, **לא** מיבעיא לדעת הלבוש דכ"ז שלא טבלה תולה בה, היינו ממש נ"ד, **אלא** אף לדעת המל"מ, דאף דהך פנויה אפשר שלא ראתה זה כמה שבועות, קיי"ל דבעי ספורים או בתחלה או בסוף, אבל בלא ספירה כלל, אף אי קמי שמיא גליא דלא ראתה כל ז', מ"מ לא מהני בלא ספירה, **א"כ** ממילא בפנויות שלנו דאין דעתן לטבול, ואין סופרות לכוונת ז"נ, מקרי זבה שלא ספרה ותולין בה.

השאילתה לבעלת כתם

סעיף מג- השאילתו לבעלת הכתם, בין שהיתה יושבת כבר על הכתם קודם שאלה, בין שראתה כתם בחלוק אחר לאחר ששאלה את זה, אין תולות זו בזו ולא זו בזו, ושתיהן צריכות לחוש – [לפי שאין ידוע בבירור לבעלת הכתם שהכתם יצא ממנה].

בין שהיתה - זו ואצ"ל זו, כלומר אפילו יושבת כבר על הכתם, לא אמרינן כיון שאח"כ נולד הספק דניתלי בה, ואצ"ל אם ראתה כתם בחלוק אחר השאלה, שבשעה שנולד בה הספק לא הכירה עדיין כתמה.

‹**לכאורה** נראה דמיירי דוקא דלאחר ששאלה ומצאה בו כתם, לבשה החלוק אחר ומצאה בו ג"כ כתם, דאילו נמצאו שני הכתמים ביחד, אמאי לא תליא זו בזו, הא י"ל דמהיכן שבא הכתם שבחלוקה, אם מגופה אם שעברה ולאו אדעתה, אז גם הכתם שבחלוק השאול ג"כ בא מאותו מקום עצמו, **וגם** אם תחילה נמצא הכתם שבחלוק השאול, ואח"כ נמצא בחלוק שלה, מ"מ נימא דאם הכתם אחר אינו מגופה ועברה ולאו אדעתה, דלמא עברה מקודם שנמצא הכתם בחלוק השאול, וכשעברה נכתם הכל, **אע"כ** דמיירי דכשנמצא בחלוק השאול, ידעה שבחלוקה האחר עדיין אין בו כתם, **ואולם** קשה לי, הא ע"כ דנמצא הכתם אותיום אחר מציאת הכתם שבחלוק השאול, דאל"כ ל"ל דהיא בעלת כתם, ומטעם דלאו מגופה, הא אף בראתה ממש לא מהני, כדלקמן סעיף נ"א, **וא"כ** איך שייך לומר, דמיירי דברגע שמצאה כתם בחלוק השאול, ידוע שעדיין לא נכתם חלוק דידה, ומיד ממש מצאה שנכתם ג"כ חלוק שלה, לומר דלא תלינן, דלא ידעינן בבירור שהכתם יצא מגופה, הא א"א שיהיה מעלמא, כיון דידוע דבאותו רגע לא עברה, וצ"ע – רעק"א›.

וכל שכן אם השאילתו לטהורה, וחזרה ולבשתו, ששתיהן צריכות לחוש - וה"ה כשלא חזרה ולבשתו נמי, כשלא בדקה הראשונה קודם שפשטתו, **אלא** קמ"ל דאע"ג שחזרה ולבשתו, והחלוק הוא אצל הראשונה, אפ"ה השניה ג"כ טמאה, **א"נ** מיירי

שהראשונה בדקתו קודם שפשטתו, דהשתא אינה טמאה עד שתחזור ותלבשנו.

ואע"ג דהוי ספק דרבנן, מ"מ כיון דאי תליא בהא מיקלקלת, מאי חזית דתקלקל להך טפי מהך.

סימן קצ סמ"ג • השאילתה לבעלת כתם

השאילתו לבעלת הכתם, אין תולות זו בזו ולא זו בזו, ושתיהן צריכות לחוש, לפי שאין ידוע בבירור לבעלת הכתם שהכתם יצא ממנה. **ואפי'** כשהיתה יושבת כבר על הכתם קודם שאלה, **ואצ"ל** כשראתה כתם בחלוק אחר לאחר ששאלה את זה, שבשעה שנולד בה הספק לא הכירה עדיין כתמה.

והקשה רעק"א דע"כ לא מיירי שנמצאו שני הכתמים ביחד, דא"כ אמאי לא תליא זו בזו, הא י"ל דמהיכן שבא הכתם שבחלוקה, אם מגופה אם שעברה ולאו אדעתה, בא ג"כ הכתם שבחלוק השאול, **אע"כ** מיירי דכשנמצא בחלוק השאול, ידעה שבחלוקה האחר עדיין אין בו כתם, **וקשה**, דהא ע"כ דנמצא הכתם אותיום אחר מציאת הכתם שבחלוק השאול, **דאל"כ** אף בראתה ממש לא מהני, כדלקמן סעיף נ"א, **וא"כ** איך שייך לומר, דמיירי דברגע שמצאה כתם בחלוק השאול, ידוע שעדיין לא נכתם חלוק דידה, ומיד ממש מצאה שנכתם ג"כ חלוק שלה, לומר דלא תלינן, דלא ידעינן בבירור שהכתם יצא מגופה, **הא** א"א שיהיה מעלמא, כיון דידוע דבאותו רגע לא עברה, וצ"ע.

וכ"ש בששתיהם סהורות, שבדקתו קודם שפשטתו, ואח"כ השאילתו לטהורה, וחזרה ולבשתו, ששתיהן צריכות לחוש, **וה"ה** כשלא חזרה ולבשתו נמי, אם לא בדקה קודם שפשטתו, **אלא** קמ"ל דאע"ג שנמצא אצלה, אפ"ה השניה ג"כ טמאה.

ואע"ג דהוי ספק דרבנן, מ"מ כיון דאי תליא בהא מיקלקלת, מאי חזית דתקלקל להך טפי מהך.

תולה בימי נדותה

סעיף מד - לבשה חלוק בימי נדתה ולא בדקתו - כשפשטתו, **ולבשתו בימי טהרתה** - ג"כ בלא בדיקה, אבל בדקתו קודם ימי נדותה, **ונמצא בו כתם, תולה שמימי נדותה הוא** - דאי לא בדקה כלל, (אף קודם ימי נדותה), פשיטא דבלא"ה טהורה, כדלעיל סל"ט.

וכן במעוברת ומניקה דבסעיף שאח"ז, מיירי שבדקה בשעה שלבשה אותה קודם ימי עבורה ומניקתה, ואחר שנתעברה ולבשה אותו לא בדקה אותו.

לפמ"ש הרב (בסעיף מ"א), דבג' ימים הראשונים אין תולין, ה"ה הכא, בעצמה אינה תולה, **אלא** שא"כ היה לו להגיה ג"כ הכי הכא, **אלא** נראה דהרב אזיל לטעמיה לקמן סימן קצ"ו ס"י, דכתב דדוקא בדבר אחר אינה תולה ג' ימים הראשונים, אבל במכה שבגופה שמוציאה דם תולה בה, א"כ ימי נדתה של עצמה ודאי כמכה שבגופה שמוציאה דם דמי, **אבל** לפמש"כ דאפילו במכה שבגופה אינה תולה, א"כ הכא אינה תולה בימים שבנדתה, אלא אחר ג' ימים הראשונים של ז' נקיים.

סימן קצ סמ"ד • תולה בימי נדותה

בדקה חלוקתה ולבשה בימי נדתה, ולא בדקתו כשפשטתו, ולבשתו בימי טהרתה ג"כ בלא בדיקה, ונמצא בו כתם, **תולה** שמימי נדותה הוא. **ואי** לא בדקה כלל אף קודם ימי נדותה, פשיטא דבלא"ה טהורה, כדלעיל סל"ט.

לפמ"ש הרמ"א לעיל בסעיף מ"א, דבג"י הראשונים אין תולין, ה"ה הכא, בעצמה אינה תולה, **אלא** שא"כ היה לו להגיה ג"כ הכי הכא, **אלא** דהרמ"א אזיל לטעמיה לקמן סימן קצ"ו ס"י, דדוקא בדבר אחר אינה תולה ג"י הראשונים, אבל במכה שבגופה שמוציאה דם תולה בה, **א"כ** ימי נדתה של עצמה ודאי כמכה שבגופה שמוציאה דם דמי, **אבל** לפי מש"כ הש"ך שם, דאפי' במכה שבגופה אינה תולה, א"כ הכא אינה תולה בימים שבנדתה, אלא אחר ג"י הראשונים של ז"נ.

עוברה מניקה וזקנה תולין בימים שלא היו כן

סעיף מה - לבשה חלוק קודם שהיתה עוברה, ואחר שנתעברה לבשתו בלא בדיקה, ומצאה עליו כתם, תולה בלבישת הימים שלא היתה עוברה; וכן המניקה, תולה בעצמה כמו שתולה בחברתה. (וכן זקנה תולה בעצמה בימים שלא היתה זקנה).

סימן קצ סמ"ה • עוברה מניקה וזקנה תולין בימים שלא היו כן

בדקה חלוקתה ולבשה קודם שהיתה מעוברת, ואחר שנתעברה לבשתו בלא בדיקה, ומצאה עליו כתם, תולה בלבישת הימים שלא היתה עוברה. **וכן** המניקה, תולה בעצמה כמו שתולה בחברתה. **וכן** זקנה תולה בעצמה בימים שלא היתה זקנה.

נתכבס הבגד בין הב' לבישות

סעיף מו - חלוק שלבשתו בימי נדתה ונתכבס, וחזרה ולבשתו בזמן שהיא טהורה בלא בדיקה, אם נתכבס על ידי ישראלית ואינה בפנינו לשאול, חזקה בדקתו בשעת כיבוס, ואינה תולה בה - דחזקת בנות ישראל

בודקות חלוקיהן ושל חברותיהן בשעת כבוס, כלומר ואם תמצא כתם מגדת לחברתה, **ובזמן** הזה לא חזינן דדרך בנות ישראל בכך, ונראה להחמיר, ‹**כתב** הגר"ז, היינו במקום שהחזקה הוי לקולא, כגון שנתכבס והשאילה לאחרת ונמצא כתם, דאי אזלינן בתר חזקה תהא הראשונה טהורה, בכגון זה אמר הש"ך ונראה להחמיר›.

‹**בנתכבס** ע"י ישראלית דחזקתו דבדקתו בשעת כיבוס, לא מהני בדיקה של מקדיר או מגליד, רק באמרה שלא בדקתו או בנתכבס ע"י נכרית – רעק"א בשם תפארת למשה בכוונת הש"ך לקמן בסמוך›.

ואם היא בפנינו ואומרת שלא בדקתו, תולה לומר שמתחילה היה ולא עבר על ידי הכיבוס. ואם נתכבס ע"י שפחה או גויה, אפילו אינה לפנינו, תולה לומר שמתחילה היה - משמע דה"ה אם היא לפנינו, ואומרת שבדקתו ולא היה בו כתם, לא סמכינן על דבריה לא לאיסור ולא להיתר, ודנין אותה כאילו אינה לפנינו.

נראה דגם החלוק אינו בפנינו, דאם הוא בפנינו תבדוק במקדיר או מגליד, ואם אינה בקיאה תחמיר כדלקמן בסמוך, **אלא** מיירי שנאבד החלוק, דבכה"ג אין להחמיר, דלא אפשר למיקם עלה דמלתא, וטהורה מספק דרבנן לקולא. ‹הש"ך נערך כאן ע"פ רעק"א›.

ואם אפשר לעמוד על הבירור, כגון שמכרת במראיתו, אם מקדיר, דהיינו שנכנס לתוך הבגד, בידוע שקודם כיבוס היה; ואם מגליד, דהיינו שאינו נכנס לתוך הבגד, בידוע שאחר כיבוס היה; ואם אינה בקיאה בכך, חוששת להחמיר - שאין זה כספק דרבנן, דספק הבא ממיעוט הכרה אינו ספק, דאם אין זה בקי ומכיר, אחר יכיר - הרשב"א.

‹**ובתפארת** למשה כתב, והאידנא דאין אנו בקיאים בין מקדיר למגליד, אף נאבד אסור, דמיד כשנמצא הכתם נאסרה מחמת דהוי ספק דהוי חסרון ידיעה, וע"י שנאבד אח"כ לא הותרה – רעק"א›.

סימן קצ סמ"ו • נתכבס הבגד בין הב׳ לבישות

חלוק שלבשתו בימי נדתה ונתכבס, וחזרה ולבשתו בזמן שהיא טהורה בלא בדיקה:

אם נתכבס ע"י ישראלית ואינה בפנינו לשאול, אינה תולה בה, דחזקת בנות ישראל בודקות חלוקיהן ושל חברותיהן בשעת כבוס, ואם תמצא כתם מגדת לחברתה.
ובזה לא מהני בדיקה של מקדיר או מגליד, דמהני רק באמרה שלא בדקתו, או בנתכבס ע"י נכרית.
בזה"ז לא חזינן דדרך בנות ישראל בכך, **ולכן** במקום שהחזקה הוי לקולא, כגון שנתכבס והשאילה לאחרת ונמצא כתם, דאי אזלינן בתר חזקה תהא הראשונה טהורה, **נראה** להחמיר.

ואם היא בפנינו ואומרת שלא בדקתו, תולה לומר שמתחילה היה ולא עבר ע"י הכיבוס.

וכן אם נתכבס ע"י שפחה או גויה, ואינה לפנינו, (**וה"ה** אם היא לפנינו, ואומרת שבדקתו ולא היה בו כתם, דלא סמכינן על דבריה לא לאיסור ולא להיתר, ודנין אותה כאילו אינה לפנינו), **תולה** לומר שמתחילה היה.

וכל זה מיירי היכא דהחלוק אינו בפנינו, שנאבד החלוק, דלא אפשר למיקם עלה דמלתא, וטהורה מספק דרבנן לקולא.

אבל אם הבגד לפנינו, אם אפשר לעמוד על הבירור, כגון שמכרת במראיתו, **אם** מקדיר, דהיינו שנכנס לתוך הבגד, בידוע שקודם כיבוס היה. **ואם** מגליד, דהיינו שאינו נכנס לתוך הבגד, בידוע שאחר כיבוס היה.
ואם אינה בקיאה בכך, חוששת להחמיר, שאין זה כספק דרבנן, דספק הבא ממיעוט הכרה אינו ספק, דאם אין זה בקי ומכיר, אחר יכיר.

והאידנא דאין אנו בקיאים בין מקדיר למגליד, אף נאבד אסור, דמיד כשנמצא הכתם נאסרה מחמת דהוי ספק דהוי חסרון ידיעה, וע"י שנאבד אח"כ לא הותרה.

נתכבס הבגד בין לבישת הב׳ נשים

סעיף מז - לבשה חלוק הבדוק לה, ופשטתו וכבסתו והשאילתו לחבירתה, ונמצא עליו כתם - וא"א לידע הדבר על ידי שאלה כדבסעיף הקודם, **אם מגליד, בידוע שמהשניה הוא, והיא טמאה והראשונה טהורה; ואם הוא מקדיר, בידוע שמהראשונה הוא, והיא טמאה והשניה טהורה.**

ואם אין יכולין לעמוד על הדבר, שתיהן טמאות, טור והרשב"א בתה"ק, **וכתב** העט"ז דהיינו טעמא דטמאות מספק, דלא שייך כאן למיזל לקולא מטעמא דלעיל, **משמע** דס"ל דלא הוי ספק כיון דהוא בא ממיעוט הכרה, **וקשה** דבטור ובתה"ק משמע אפילו מאן דחשיב הא דלעיל ספק, מודה בהכי, **אלא** נראה דהכא היינו טעמא, דכיון דשתיהן טהורות ואין לתלות בא׳

יותר מחברתה, מאי חזית דמקלקלת להך טפי מהך, **ולפי"ז** אפילו נאבד, דבכה"ג הוי ספק מעליא, אפ"ה הכא שתיהן טמאות, כיון שאין לתלות בא' יותר מבחברתה.

סימן קצ סמ"ז • נתכבס הבגד בין לבישת הב' נשים

לבשה חלוק הבדוק לה, ופשטתו וכבסתו והשאילתו לחבירתה, ונמצא עליו כתם, וא"א לידע הדבר על ידי שאלה וכנ"ל, **אם** מגליד, בידוע שמהב' הוא, והיא טמאה והא' טהורה. **ואם** הוא מקדיר, בידוע שמהא' הוא, והיא טמאה והב' טהורה.

ואם אין יכולין לעמוד על הדבר, שתיהן טמאות. **וי"א** דטעמא, דלא שייך כאן למיזל לקולא, דהוי ספק הבא ממיעוט הכרה וכנ"ל, **וקשה** דאפי' מאן דחשיב הא דלעיל ספק, מודה בהכי, **אלא** היינו טעמא, דכיון דשתיהן טהורות ואין לתלות בא' יותר מחברתה, מאי חזית דמקלקלת להך טפי מהך, **ולפי"ז** אפי' נאבד, דבכה"ג הוי ספק מעליא, אפ"ה הכא שתיהן טמאות.

שתי נשים א' ארוכה וא' קצרה

סעיף מח - שתי נשים שלבשו חלוק אחד בדוק, ונמצא בו כתם, אם הוא מהחגור ולמטה לשתיהן, שתיהן טמאות; ואם הוא למעלה מהחגור לשתיהן, שתיהן טהורות.

היתה אחת ארוכה ואחת קצרה, אם הוא מהחגור ולמטה לארוכה, כ"ש שהוא לקצרה, ושתיהן טמאות; ואם הוא מהחגור ולמטה לקצרה, ולמעלה מהחגור לארוכה, קצרה טמאה, וארוכה טהורה.

במה דברים אמורים, כשלא פשטו אותו בלילה לכסות בו את ראשן, אבל אם כיסו בו את ראשן, שתיהן טמאות. כיסתה אחת מהן את ראשה ולא השניה, אותה שכיסתה את ראשה טמאה, וחבירתה טהורה.

סימן קצ סמ"ח • שתי נשים א' ארוכה וא' קצרה

ב' נשים שלבשו חלוק א' בדוק, ונמצא בו כתם, **אם** הוא מהחגור ולמטה לשתיהן, שתיהן טמאות. **ואם** הוא למעלה מהחגור לשתיהן, שתיהן טהורות.

היתה א' ארוכה וא' קצרה, אם הוא מהחגור ולמטה לארוכה, כ"ש שהוא לקצרה, ושתיהן טמאות. **ואם** הוא מהחגור ולמטה לקצרה, ולמעלה מהחגור לארוכה, קצרה טמאה, וארוכה טהורה.

בד"א כשלא פשטו אותו בלילה לכסות בו את ראשן, אבל אם כיסו בו את ראשן, שתיהן טמאות. **כיסתה** א' מהן את ראשה ולא השניה, אותה שכיסתה את ראשה טמאה, וחבירתה טהורה.

ג' נשים שלבשו חלוק אחד, או שישבו על ספסל אחד

סעיף מט - שלש נשים שלבשו חלוק אחד, או שישבו על ספסל אחד, זו אחר זו, ואח"כ נמצא עליו כתם, כולן טמאות, והוא שיהא הספסל מדבר המקבל טומאה.

[בתורת הבית הארוך מסיק בזה, דאפי' אם אינן באין לשאול בבת אחת, אלא בזה אחר זה, והטעם נראה לי כמו שכתבתי, בסימן זה סעיף כ"ה], ועיין שם בנקה"כ שחולק עליו.

בד"א בזמן שכולן שוות, אבל אם היתה אחת מהן ראויה לראות יותר מחברתה, כגון שהיא זקנה או מעוברת או מניקה, או שלא ראתה דם מימיה אע"פ שנשואה, אותה שאינה ראויה לראות תולה בראויה.

סימן קצ סמ"ט • ג' נשים שלבשו חלוק אחד, או שישבו על ספסל אחד

ג' נשים שלבשו חלוק א', או שישבו על ספסל א', זו אחר זו, ואח"כ נמצא עליו כתם, כולן טמאות, **והוא** שיהא הספסל מדבר המקבל טומאה.

י"א דאפי' אם אינן באין לשאול בבת אחת, אלא בזה אחר זה, **ויש** חולקים, וכנ"ל בסעיף כ"ה.

בד"א בזמן שכולן שוות, אבל אם היתה אחת מהן אינה ראויה לראות יותר מחברתה, כגון שהיא זקנה או מעוברת או מניקה, או שלא ראתה דם מימיה אע"פ שנשואה, אותה שאינה ראויה לראות תולה בראויה.

ג' נשים שישנות במטה אחת

סעיף נ - שלש נשים שישנות במטה אחת ומשולבות (פי' תכופות ודבוקות יחד כשליבות הסולם), שרגליהן מעורות זו בזו, ונמצא דם תחת אחת מהן, כולן טמאות.

ואם אינן משולבות זו בזו, ונמצא דם תחת האמצעית, כולן טמאות; נמצא תחת

הפנימית, היא והאמצעית טמאה, והחיצונה טהורה.

נמצא תחת החיצונה, היא והאמצעית טמאה, והפנימית טהורה; בד"א כשעלו דרך מרגלות המטה, אבל אם עלו דרך החיצונה, כולן טמאות, שאולי דרך עברתה נטף ממנה.

וה"מ כשלא נמצא על סדין העליון, אבל אם נמצא בו, בין כך ובין כך כולן טמאות, מפני שהוא עשוי להתהפך אילך ואילך - ר"ל למנהג שמניחין ב' סדינין זה ע"ג זה, והוא שוכב ביניהם כדי שלא יתלכלך המטה העליונה משום זיעה - פרישה, **וכתב** בשם מהרש"ל דלא נהירא כלל, דהא עינינו רואות דהתחתון ג"כ נמשך, **וכ"כ** הב"ח שעכשיו שעינינו הרואות שהתחתון ג"כ מתהפך, כולן טמאות, [**ונ"ל** דמ"מ בכסת שתחת הסדין אין מתהפך כלל].

אבל לגופן אין חוששין שמא תתהפכנה מתוך שינה להיות משולבות, והעיקר לזה מפני שכתמים דרבנן, **אבל** אשה א' שאין לה מונע, בכל מקום שימצא דם במטה טמאה, שהמטה כולה מקומה, ועוד דם זה מהיכן - רשב"א בת"ה ומביאו ב"י.

סימן קצ ס"נ • ג' נשים שישנות במטה אחת

ג' נשים שישנות במטה א' ומשולבות, שרגליהן מעורות זו בזו, ונמצא דם תחת א' מהן, כולן טמאות.

ואם אינן משולבות זו בזו:
נמצא דם תחת האמצעית, כולן טמאות.
נמצא תחת הפנימית, היא והאמצעית טמאה, **והחיצונה** טהורה.
נמצא תחת החיצונה, היא והאמצעית טמאה, והפנימית טהורה. **בד"א** כשעלו דרך מרגלות המטה, אבל אם עלו דרך החיצונה, כולן טמאות, שאולי דרך עברתה נטף ממנה.

וה"מ כשלא נמצא על סדין העליון, אבל אם נמצא בו, למנהג שמניחין ב' סדינין זה ע"ג זה, ושוכב ביניהם כדי שלא יתלכלך המטה העליונה משום זיעה, בין כך ובין כך כולן טמאות, מפני שהוא עשוי להתהפך אילך ואילך.
וי"א דלא נהירא כלל, דהא עינינו רואות דהתחתון ג"כ נמשך, **ומ"מ** בכסת שתחת הסדין אין מתהפך כלל.

אבל לגופן אין חוששין שמא תתהפכנה מתוך שינה להיות משולבות, מפני שכתמים דרבנן.
אבל אשה א' שאין לה מונע, בכל מקום שימצא דם במטה טמאה, שהמטה כולה מקומה, **ועוד** דם זה מהיכן.

בציור הנ"ל הדין אם בדקו

סעיף נא - כל זה מיירי שלא בדקה שום אחת מהן, או שבדקו שלשתן ומצאו טהורות; אבל אם בדקה אחת או שתים ומצאו טהורות, הן טהורות, והאחרת שלא בדקה טמאה; ואם בדקה גם השלישית ומצאה טהורה, כולן טמאות.

ואם בדקה אחת ומצאה טמאה, האחרות שלא בדקו תולות בה, והן טהורות; בדקו שתים ומצאו טמאות, הן טמאות, והשלישית טהורה, מפני שתולה בהן.

והא דתלינן באותה שמצאה טמאה לטהר האחרות, וכן הא דמטהרינן לאותה שמצאה טהורה, דוקא שקנחה עצמה בעד שבידה מיד תיכף למציאת הדם; אבל אם שהתה כדי שיעור בדיקה, דהיינו כדי שתקנח בחורים ובסדקים, אין הבדיקה מועלת לטמאה לטהר האחרת, ולא לטהורה לטהר עצמה.

דוקא שקנחה עצמה - ‹נראה דזהו רק במצאה טמאה, בזה אם בדקה, דלמא לא בא הדם מיד ממש, ומש"ה בעינן דוקא קנחה, **אבל** לענין בדקה ומצאה טהורה, גם בדקה מהני, כיון דמצאה טהורה, ידוע דמתחילת הבדיקה שהיה מיד היא טהורה, **ובאמת** קשה לי מנא לן דלענין מצאה טהורה סגי בקנחה, דלמא בעינן בדיקה ממש, כמו כל בדיקות שהם לברר שהיא טהורה, דצריכים בדיקה גמורה, וצ"ע - רעק"א.

סימן קצ סנ"א • בציור הנ"ל הדין אם בדקו

כ"ז מיירי שלא בדקה שום א' מהן, או שבדקו שלשתן ומצאו טהורות, דכולן טמאות.
אבל אם בדקה א' או שתים ומצאו טהורות, הן טהורות, והאחרת שלא בדקה טמאה.
וי"א דהכא גם בדיקה מהני לטמא האחרות, ולא בעי דוקא קינוח כדלקמן, **דכיון** דמצאה טהורה, ידוע דמתחילת הבדיקה שהיה מיד היא טהורה, **ובאמת** קשה משמעות השו"ע דסגי בקנחה, דלמא בעינן בדיקה ממש, כמו כל בדיקות שהם לברר שהיא טהורה, דצריכים בדיקה גמורה, וצ"ע.

ואם בדקה א' ומצאה טמאה, האחרות שלא בדקו תולות בה, והן טהורות. **בדקו** שתים ומצאו טמאות, הן טמאות, והשלישית טהורה, מפני שתולה בהן.

ודוקא שקנחה עצמה בעד שבידה מיד תיכף למציאת הדם, אבל אם שהתה כדי שיעור בדיקה, דהיינו כדי שתקנח בחורים ובסדקים, אין בדיקת הטמאה מועלת לטהר האחרת, דדלמא לא בא הדם מיד ממש.

תולות שאינה ראויה בראויה

סעיף נב - בד"א כשכולן שוות, אבל אם אחת ראויה לראות יותר מחבירתה, שאינה ראויה תולה בראויה. כיצד, אחת זקנה שעברו עליה שלש עונות ולא ראתה, ואחת ילדה, זקנה טהורה, וילדה טמאה - אפילו הילדה יש לה וסת קבוע, ומציאת כתם היא שלא בשעת וסתה, תלינן בילדה. **לעיל** סי' קפ"ט סכ"ט נתבאר איזו זקנה.

אחת מעוברת שהוכר עוברה, ואחת שאינה מעוברת, מעוברת טהורה, ושאינה מעוברת, טמאה; אחת בתולת דמים שלא ראתה מעולם - אפי' היא נשואה, **ואחת שראתה, שלא ראתה טהורה, ושראתה טמאה.**

אחת מניקה ואחת שאינה מניקה, מניקה טהורה, ושאינה מניקה טמאה.

דוקא בהך ענינא, אבל יש לה וסת אינה תולה באין לה וסת, **וכן** יש לה וסת ולא הגיע שעת וסתה, אינה תולה בהגיע שעת וסתה.

וכשם שתולה בחברתה כך תולה בעצמה, שאם לבשה חלוק בזמן שאינה עוברה, ואח"כ לבשתו בזמן שהיא עוברה, ונמצא עליו דם, תולה בימים הראשונים שלא היתה מעוברת; וכן מניקה וזקנה, וטהורה.

ואם היו כולן שוות, מניקות או זקנות, או אחת זקנה ואחת מניקה - או א' זקנה ואחת בתולת דמים, **אין תולות זו בזו** - וה"ה לאחת זקנה וא' מעוברת, ולכל שאר אינך ששתיהן אינם ראוים לראות, אין תולות זו בזו, ושתיהן טמאות.

סימן קצ סנ"ב(1) • תולות שאינה ראויה בראויה

אם א' ראויה לראות יותר מחבירתה, שאינה ראויה תולה בראויה. כיצד:

א' ילדה וא' זקנה שעברו עליה ג' עונות ולא ראתה, זקנה טהורה, וילדה טמאה, **ואפי'** הילדה יש לה וסת קבוע, ומציאת כתם היא שלא בשעת וסתה, תלינן בילדה.

א' שאינה מעוברת וא' מעוברת שהוכר עוברה, מעוברת טהורה, ושאינה מעוברת טמאה.

א' שראתה דם וא' בתולת דמים שלא ראתה מעולם, אפי' היא נשואה, שלא ראתה טהורה, ושראתה טמאה.

א' מניקה וא' שאינה מניקה, מניקה טהורה, והאחרת טמאה.

אבל יש לה וסת אינה תולה באין לה וסת, **וכן יש לה וסת ולא הגיע שעת וסתה**, אינה תולה בהגיע שעת וסתה.

וכשם שתולה בחברתה כך תולה בעצמה, שאם לבשה חלוק בזמן שאינה עוברה, ואח"כ לבשתו בזמן שהיא עוברה, ונמצא עליו דם, תולה בימים הראשונים שלא היתה מעוברת, וכן מניקה וזקנה, וטהורה.

ואם היו כולן שוות, מניקות או זקנות, **או** א' זקנה ואחת מניקה, **או** א' זקנה וא' בתולת דמים, **או** א' זקנה וא' מעוברת, ולכל שאר אינך ששתיהן אינם ראוים לראות, **אין** תולות זו בזו, ושתיהן טמאות.

ג' נשים ערות ושוכבות על המטה

היו שלשתן ערות ושוכבות על המטה או יושבות על הספסל כאחד, ונמצא דם תחת אחת מהן, אפילו תחת האמצעית, כיון שכל אחת מכרת מקומה, אותה שתאמר: ברי לי שלא באתי למקום שנמצא הדם, טהורה.

[**לא** ירדתי לסוף דעתו, דמשמע מדבריו דוקא אם תאמר ברי לי כו', אז טהורה, והלא אמירה זו אינה מועילה כלל, **דהא** איתא בחו"מ אמר לו מנה הלויתיך בצד עמוד פלוני, השיבו לא עברתי בצד עמוד פלוני מעולם, ובאו עדים שעבר בצדו אבל לא ראו שהלוהו, לא הוחזק כפרן, דמלתא דלא רמיא עליה דאינש אמר ולאו אדעתיה, והכי נמי נימא כאן, בהאי אשה שאומרת לא נכנסתי למקום הפנימית, אימא דנכנסה ולאו אדעתה, דהא לא רמיא על דעתה בזה, כמו ההוא שעבר בצד עמוד פלוני, **ואין** לומר דשאני הכא, שאין דרך אשה ערה ליכנס למקום חבירתה, א"כ אמירתה ברי לי שלא באתי כו' למה לי, אפי' אם אינה יודעת מזה לישתרי, **ונראה** לתרץ דשאני הכא כיון דסמוך לשכיבתן נמצא הדם, ובזמן קצר כזה שפיר יודעת

אם נכנסה למקום חברתה, כיון דהוא דבר שאינו רגיל קצת, **אבל** אם יש זמן רב אחר שכיבתן למציאת הדם, נ"ל דגם החיצונה טמאה, מטעם שאמרנו, כן נ"ל].

הקשה מחו"מ, ומתוך זה הוציא דאם הוא זמן רב טמאה, ולא קרב זה אל זה, דהתם אמרינן לאו אדעתיה, ואפשר דמ"מ אמת שפרעו, **אבל** הכא הא אומרת ברי לי ורמיא עלה, ואי לאו דודאי קושטא קאמרה איסורא קעבדה, וודאי דלא בעי למיעבד איסורא, **ובלאו** הכי נמי לא דמי מכמה טעמים - נקה"כ.

ואם נמצא ביניהן, השתים שנמצא ביניהן טמאות, והאחרת טהורה. ואם עלו דרך החיצונה ונמצא תחת החיצונה, כולן טמאות; תחת האמצעית, אמצעית ופנימית טמאות, והחיצונה טהורה; תחת הפנימית, היא לבדה טמאה, ושתים החיצונות טהורות.

ואם היה להן עסק לצד פנים שדרכן לקרב לצד הפנימי, כגון שהן טוחנות ברחיים, ונמצא דם תחת הפנימית, שתים הפנימיות טמאות; ואם נמצא תחת החיצונה, היא טמאה ופנימית טהורה, שאין פנימית דוחקת לבא לצד החיצונה.

סימן קצ סנ"ב(2) • ג' נשים ערות ושוכבות על המטה

היו ג' נשים ערות ושוכבות על המטה או יושבות על הספסל כאחד, ונמצא דם תחת א' מהן, אפי' תחת האמצעית, **כיון** שכל א' מכרת מקומה, אותה שתאמר: ברי לי שלא באתי למקום שנמצא הדם, טהורה.

והקשה הט"ז מחו"מ, דמוכח דמלתא דלא רמיא עליה דאינש אמר ולאו אדעתיה, **ותירץ** דשאני הכא כיון דסמוך לשכיבתן נמצא הדם, ובזמן קצר כזה שפיר יודעת אם נכנסה למקום חברתה, כיון דהוא דבר שאינו רגיל קצת, **אבל** אם יש זמן רב אחר שכיבתן למציאת הדם, גם החיצונה טמאה.

והש"ך חולק, ומחלק דהכא דאי לאו דודאי קושטא קאמרה איסורא קעבדה, וודאי דלא בעי למיעבד איסורא, **ובלא"ה** נמי לא דמי מכמה טעמים.

אם נמצא ביניהן, הב' שנמצא ביניהן טמאות, והאחרת טהורה.

אם עלו דרך החיצונה ונמצא תחת החיצונה, כולן טמאות. **תחת** האמצעית, אמצעית ופנימית טמאות, והחיצונה טהורה. **תחת** הפנימית, היא לבדה טמאה, ושתים החיצונות טהורות.

ואם היה להן עסק לצד פנים שדרכן לקרב לצד הפנימי, כגון שהן טוחנות ברחיים, ונמצא דם תחת הפנימית, שתים הפנימיות טמאות, **ואם** נמצא תחת החיצונה, היא טמאה ופנימית טהורה, שאין פנימית דוחקת לבא לצד החיצונה.

נתעסקה אחת בכתמים

סעיף נג - הא דאמרינן: נמצא דם בחלוק או מטה או ספסל כולן טמאות, אם נתעסקה אחת בכתמים, כולן טהורות, שכולן תולות בה והיא תולה בכתמים.

סימן קצ סנ"ג • נתעסקה אחת בכתמים

הא דאמרינן: נמצא דם בחלוק או מטה או ספסל כולן טמאות, **אם** נתעסקה אחת בכתמים, כולן טהורות, שכולן תולות בה, והיא תולה בכתמים.

אין בכתמים משום וסת

סעיף נד - אין בכתמים משום וסת. כיצד, מצאה כתם בר"ח, אפי' שלש פעמים, לא קבעתו, ולא עוקרתו – <היינו לענין דהיה לה וסת קבוע בראש חדש, ואח"כ שלש פעמים לא ראתה בר"ח, ושלש פעמים מצאה <כתם> בה' בחדש, לא אמרינן דנעקר לגמרי הוסת דר"ח, אלא הוי כלא קבעה וסת אחר, דאם אח"כ ראתה פעם אחת בר"ח, חזרה לוסת הראשון, פרישה – רעק"א>.

חוץ מכתמי עד הבדוק לה, שהם מטמאים בכל שהן - אפילו בפחות מכגריס, כדלעיל סל"ג, **והרי הן כראיות לכל דבר.**

[משמע דדוקא בעד הבדוק, דאמרינן עלה בגמ' טמאה משום נדה, בזה אמרינן דהוא כראייתה לכל דבר, **אבל** בעד שאינו בדוק, אע"ג דגם בו יש איסור, כמו שכתב בסעיף ל"ו, מ"מ אין בו משום נדה, רק משום ספק טמאה כמו בכתם, ע"כ לא הוה כראיה ממש גם לענין וסת, ומזה ג"כ ראיה למה שכתבתי בסעיף ל"ט, דאינו בדוק לא הוי טומאה דאורייתא, אע"פ שקנחה עצמה].

[רש"ל העתיק תשו' מהר"ם, וז"ל, ועל אשה מוכת שחין, דבר פשוט שכתמיה טהורין, אפי' אם בשעת וסתה לא בדקה עצמה, ושוב בדקה ומצאה כתמים על סדינה או על חלוקה, טהורה, וכ"ש בימי ליבונה דתלינן להקל, עכ"ל, **ויתבאר** בסי' קצ"ו ס"י, מה דינה בג"י הראשונים].

סימן קצ סנ"ד(1) • אין בכתמים משום וסת

אין בכתמים משום וסת. כיצד:
מצאה כתם בר"ח, אפי' ג"פ, לא קבעתו.
ואם היה לה וסת קבוע בר"ח, ואח"כ ג"פ לא ראתה בר"ח, וג"פ מצאה כתם בה' בחדש, **לא** אמרינן דנעקר לגמרי הוסת דר"ח, אלא הוי כלא קבעה וסת אחר, דאם אח"כ ראתה פעם א' בר"ח, חזרה לוסת הראשון.

חוץ מכתמי עד הבדוק לה, שהם מטמאים בכל שהן, אפי' בפחות מכגריס, והרי הן כראיות לכל דבר.

כתב הט"ז, דמשמע דדוקא בעד הבדוק, דאמרינן עלה בגמ' טמאה משום נדה, **אבל** בעד שאינו בדוק, אע"ג דגם בו יש איסור בכגריס ועוד, כמ"ש בסל"ו, מ"מ אין בו משום נדה, רק משום ספק טמאה כמו בכתם, ע"כ לא הוה כראיה ממש גם לענין וסת, **ומביא** מזה ראיה למש"כ בסל"ט, דעד שאינו בדוק לא הוי טומאה דאורייתא, אע"פ שקנחה עצמה.

אשה שהיא מוכת שחין, י"א דדבר פשוט שכתמיה טהורין, אפי' אם בשעת וסתה לא בדקה עצמה, ושוב בדקה ומצאה כתמים על סדינה או על חלוקה, טהורה, **וכ"ש** בימי ליבונה דתלינן להקל.

מצאה כתם אדום ולבן

[**כתב** רמ"א בתשובה סי' צ"ז, שנשאל על הכתם שמצאה

בחלוקה והיה בו יותר מכגריס ועוד, אך שהיה לאשה מקום לתלות בו, שהיתה בעלת חטטין ומכות המגועלים בדם, והנה זאת האשה היתה רגילה בשעת מציאת הכתם, לראות מראה לבן וירוק הכשרים, וכל חלוקה היה מלוכלך מכתמים הירוקים והלבנים ההם, ובראש כתם אחד מן הכתמים ההם, היה נמצא המראה האודם הנ"ל סביב הכתם הלבן, כדמות דבר לח המתפשט בבגד, וע"כ היה נדמה לעין, שהמראה האודם הנ"ל היה קצוות הכתם הלבן, ושהכל כתם אחד, **והשיב** דאע"ג דקימ"ל בכתמים להקל, מ"מ בכה"ג נראה דטמאה, מאחר שאיכא הוכחה שבא ממנה עם הכתם הלבן, דהא כתב בתרומת הדשן דמראה לבן וירוק נמי ממקור באים, וא"כ בידוע שנפתח המקור שיצא ממנו הלבן, א"כ ודאי גם מראה האדום יצא משם, מאחר שנדמה הכל לכתם אחד, **ואפי'** לא יהא אלא ספק אם הכל כתם אחד או לא, נראה דאזלינן לחומרא, וראיה מפרק הרואה כתם וכו', הרי קמן דנתעסקה במין אחד תולה בו כמה מיני דמים, דאמרינן כמו שזה בא מעלמא ה"ה מינים אחרים, ואזלינן לקולא אע"ג שאין זה המין בעצמו, כ"ש שניזל לחומרא לתלות מין אחד בחבירו, לומר שכמו שבא מראה הלבן מהמקור ה"ה מראה אדום, כדאיתא באותו פרק, כי אמרינן אין שונין לקולא אבל לחומרא שונין, **והשתא** מבואר שאלתינו דאזלינן לחומרא, לא מבעיא ללישנא קמא דרבא, דתלינן מין בשאינו מינו לקולא, כ"ש שתלינן לחומרא, **אלא אפי'** ללישנא בתרא, דלא תלינן רק בנתעסקה בתרנגולת, מ"מ בנדון דידן כמו נתעסקה בתרנגולת דמיא, דבמקור נמי נמצאים דמים הרבה, עכ"ל בקיצור].

[והנה אף כי חביבים עלינו דברי רמ"א, ושותין אנו בצמא

את דבריו ברוב המקומות, מ"מ דבריו אלו אינם מתקבלים עלינו כאשר נבאר, **דמה** שכתב להחמיר כאן, לומר כשם שמראה הלובן בא מן המקור כך בא מראה האודם, וסברתו דמן המקור באים הרבה דמים כמו תרנגולת, **א"כ** היה לנו לומר אף אם נמצא מראה האודם רחוק מן זה המראה לובן, שכמו שאנו אומרים בנתעסקה בתרנגולת, שבכל מקום שתמצא בחלוקה תולה בדם התרנגולת, ה"ה בזה לפי סברא זאת, **והא** ודאי ליתא, דא"כ כל אשה שיצא ממנה מראה טהור, נימא דכל כתם שלה טמא, אפי' ביש במה לתלות, ובגמ' ופוסקים לא חילקו בדבר זה].

[**וראיה** מפורשת ממתני' ג' נשים שהיו ישנות במטה א'

ונמצא דם תחת א' מהן, כולן טמאות, בדקה א' מהן ונמצאת טמאה, היא טמאה וכולן טהורות, ואמרינן עלה, אמר רב יהודה אמר רב והוא שבדקה עצמה כשיעור וסת של מציאת הדם, הלכך מחזקינן האי דם בדידה, ואינך טהורות, **הרי** לפנינו דעיקר טעם טהרות שאר נשים מכח חזקה דזו שבדקה עצמה ומצאה טמאה, אבל בלאו הכי לא הוה חזקה, **ולפי** דברי רמ"א אפי' לא מצאה עצמה טמאה אלא שמצאה מראה לבן וירוק, נמי נימא זו הוחזקה מקורה פתוח, וכשם שהלובן ממנה ה"נ הדם שנמצא במטה, משא"כ נשים האחרות שאין מקורן פתוח כלל. **ומזה** קשה נמי אפילו אם תרצה לומר שלא החמיר אלא באם נמצא מראה אודם ולובן דוקא במקום א', אבל בנמצא במקום אחר אין כאן חזקה כיון שהוא ממקום למקום, **דהא** בכאן במתניתין אזלינן בתר חזקה, מדמצאה עצמה טמאה חזקה שגם הדם שנמצא במטה ממנה הוא, ואילו בלא מצאה אלא מראה טהור אין

אומרים חזקה זו, **אלא** ודאי שאין במראה טהור שום חזקה לומר כשם שזה הוא ממנה כך מראה הטמא].

[**ועוד ראי'ה** ממתני' פרק הרואה כתם, מעשה באשה אחת שבאתה לפני ר"ע אמרה לו ראיתי כתם, א"ל שמא מכה היתה ביך, א"ל הן וחייתה, א"ל שמא יכולה להתגלע ולהוציא דם, אמרה לו הן, טהרה ר"ע כו', **ואם** איתא דרגילה במראה לובן אין תולים כתם שלה במכה או בשחין, היה לו לר"ע לשאול את האשה שמא ראתה מראה לובן או שאר מראה טהור, **וכ"ת שא"צ** לחקור אחר דבר זה, זה ודאי סותר דברי רמ"א, שסובר מה שאנו מוצאים להקל בכתם כ"ש שאמרינן כן להחמיר, וא"כ ה"נ נימא כי היכי ששאל ר"ע אחר דבר שמביא לידי קולא, כ"ש שהיה לו לחקור אחר דבר שמביא לידי חומרא, **אלא** ע"כ שאין כאן חומרא לגמרי, כיון שיש לתלות הכתם במכה או בשחין, דכל שיש לתלות אזלינן לקולא אפי' ברואה ממש, כל שיש לה מכה באותו מקום, ולא מטמאינן מספק, כ"ש בכתם שעל חלוקה].

[**ולא** אמרו בגמ' שונין לחומרא, אלא בדבר שא"א לתלות הדם בשום דבר רק בה, אלא שעיקר ההיתר מכח שלא היתה שם, בזה אמרינן שתחזור להתעסק, **אם** יזדמן וכו', שזהו עיקר גזירת הכתם, שהחמירו שכל שאין דבר לתלות בו מטמאינן אותה, כיון שגם זאת מן האפשר שהלכה שם, למה תנצל מחומרת חכמים, ומזה הטעם אין להחמיר גם לפי ל"ק דרבא, דאמר נמצא עליה מין אחד תולה בה מינים אחרים, שמשם למד רמ"א דכ"ש דנימא כן לחומרא, שלא לתלות הכתם בשחין, רק במקור הנפתח למראות הטהורות, **שודאי** אין זה דומה לזה, דלענין לתלות ודאי אזלינן לקולא ולא לחומרא, כי כן היתה תקנת חכמים להקל לענין תליה בכל מה שאפשר לתלות, אבל בלא לתלות, ודאי אזלינן לחומרא שלא יבא להקל בד"ת].

[**ועוד** נ"ל תמוה, מה שדימה רמ"א נתעסקה במראות טהורות, למיתלי בהו מראות טמאות, כמו בתרנגולת, דזה פשוט שאם לא נתעסקה אלא בדם בני מעיים שהוא כרכומי, אינה יכולה לתלות בו מראה אודם, והכא אמאי נימא כיון שהוחזקה במראה טהור הוחזקה נמי במראה טמא, ותו דא"כ אשה שהיא רואה מראה טהור, נימא שתהיה טמאה, דאימר ראתה ג"כ מראה טמא, וחיפהו מראה הטהור, כמו דחיישינן גבי בעילת מצוה, **אע"כ** דאין פתיחת המקור למראה טהור כלל חזקה למראה אודם שניחוש בשבילו, וא"כ אין כאן רק כתם בעלמא, ואזלינן ביה לקולא אם יש מידי לתלות בו].

[**אם** לא באותו ענין שנשאל רמ"א עליו, שהיה נראה לראות עין, שהאודם הוא קץ של מראה הטהור, דהיינו שהוא הולך ומתפשט סביב המראה הטהור כעין קו, *אז ודאי טמאה, **אבל** בלא"ה, אלא שהמראה הטהור הוא הולך על מראה האודם והולך עליו, ואפשר לתלות האודם במידי, ודאי לא יצא מדין שאר כתם, ואמרינן דהאודם היה כבר ממידי אחרינא וטהורה, כנלענ"ד].

***גם** בזה דעת תשובות מעיל צדקה להתיר, שי"ל דם מאכולת היה מעורב בו בעודו לח, והטבע דחאה לחלק האודם לצדדים, דבכתם תלינן גם בהיותר רחוק, דאם לא היינו מקילין לא תמצא א"א יושבת תחת בעלה, דכל הסדינים והחלוקים מלאים כתמים - גליון מהרש"א.

השיג על תשובת רמ"א, ויש לדחות כל ראיותיו, מיהו דינו מסתבר - נקה"כ.

סימן קצ סנ"ד(2) • מצאה כתם אדום ולבן

כתב רמ"א בתשובה, שאם מצאה כתם בחלוקה יותר מכגריס ועוד, והיה מה לתלותו בו, אבל נמצא המראה האודם הנ"ל סביב הכתם הלבן, כדמות דבר לח המתפשט בבגד, וע"כ היה נדמה לעין, שהמראה האודם הנ"ל היה קצוות הכתם הלבן, ושהכל כתם אחד, **אע"ג** דקימ"ל בכתמים להקל, מ"מ בכה"ג נראה דטמאה, מאחר שאיכא הוכחה שבא ממנה עם הכתם הלבן, דהא מראה לבן וירוק נמי ממקור באים, וא"כ בידוע שנפתח המקור שיצא ממנו הלבן, וודאי גם מראה האדום יצא משם, מאחר שנדמה הכל לכתם אחד, **ואפי'** לא יהא אלא ספק אם הכל כתם אחד או לא, נראה דאזלינן לחומרא, דכמו דללישנא קמא, נתעסקה במין אחד תולה בו כמה מיני דמים, דאמרינן כמו שזה בא מעלמא ה"ה מינים אחרים, ואזלינן לקולא אע"ג שאין זה המין בעצמו, **כ"ש** שניזל לחומרא לתלות מין אחד בחבירו, לומר שכמו שבא מראה הלבן מהמקור, ה"ה מראה אדום, **ואפי'** ללישנא בתרא, דלא תלינן רק בנתעסקה בתרנגולת, מ"מ בנדון דידן כמו נתעסקה בתרנגולת דמיא, דבמקור נמי נמצאים דמים הרבה.

והקשה הט"ז, א"כ היה לנו לומר כן אף אם נמצא מראה האודם רחוק מן זה המראה לובן, שכמו שאנו אומרים בנתעסקה בתרנגולת, שבכל מקום שתמצא בחלוקה תולה בדם התרנגולת, ה"ה בזה לפי סברא זאת, ובגמ' ופוסקים לא חילקו בדבר זה, **שודאי** אין זה דומה לזה, דלענין לתלות ודאי אזלינן לקולא ולא לחומרא, כי כן היתה תקנת חכמים להקל לענין תליה בכל מה שאפשר לתלות.

ועוד תמוה, דבתרנגולת פשוט שאם לא נתעסקה אלא בדם בני מעיים שהוא כרכומי, אינה יכולה לתלות בו מראה אודם, **והכא** אמאי נימא כיון שהוחזקה במראה טהור הוחזקה נמי

במראה טמא, **ותו** דא"כ אשה שהיא רואה מראה טהור, נימא שתהיה טמאה, דאימר ראתה ג"כ מראה טמא, וחיפהו מראה הטהור, כמו דחיישינן גבי בעילת מצוה, **אע"כ** דאין פתיחת המקור למראה טהור כלל חזקה למראה אודם שניחוש בשבילו, **וא"כ** אין כאן רק כתם בעלמא, ואזלינן ביה לקולא אם יש מידי לתלות בו.

ורק באותו ענין שנשאל רמ"א עליו, שהיה נראה לראות עין, שהאודם הוא קץ של מראה הטהור, דהיינו שהוא הולך ומתפשט סביב המראה הטהור כעין קו, אז ודאי טמאה, **אבל בלא"ה**, אלא שהמראה הטהור הוא הולך על מראה האודם והולך עליו, ואפשר לתלות האודם במידי, ודאי לא יצא מדין שאר כתם, ואמרינן דהאודם היה כבר ממידי אחרינא וטהורה. **וכתב** ג"כ הש"ך, דדינו של הט"ז מסתבר.

וי"א דגם בציור הרמ"א היא טהורה, שי"ל דם מאכולת היה מעורב בו בעודו לח, והטבע דחאה לחלק האודם לצדדים, דבכתם תלינן גם בהיותר רחוק, דאל"כ לא תמצא א"א יושבת תחת בעלה, דכל הסדינים והחלוקים מלאים כתמים.

§ סימן קצא – דין אשה שמצאה דם בהשתנה §

יצא דם עם מי רגליה

סעיף א - האשה שהשתינה מים ויצא דם עם מי רגליה, בין שהשתינה והיא עומדת, בין שהשתינה והיא יושבת - בין מקלחת בין שותתת, **הרי זו טהורה.**

‹ר"פ האשה, האשה שהיא עושה צרכיה וראתה דם, ר"מ אומר אם עומדת טמאה ואם יושבת טהורה, ר' יוסי אומר בין כך ובין כך טהורה, **ובגמ'**: מאי שנא עומדת דאמרינן מי רגלים הדור למקור ואייתי דם, יושבת נמי נימא מי רגלים הדור למקור ואייתי דם, **אמר** שמואל במזנקת, מזנקת נמי דלמא בתר דתמו מיא אתא דם, אמר רבי אבא ביושבת על שפת הספל ומזנקת בתוך הספל, ונמצא דם בתוך הספל, דאם איתא דבתר דתמו מיא אתא, על שפת הספל איבעי ליה לאשתכוחי, **אמר** שמואל הלכה כר' יוסי, וכן אורי רבי אבא, ע"כ. **שיטה** זו דעת רש"י והרמב"ם, דרבי יוסי דאמר בין יושבת בין עומדת טהורה, אפי' בתרתי לריעותא, עיין מחה"ש›.

ואפילו הרגיש גופה ונזדעזעה, אינה חוששת, שהרגשת מי רגליה היא זו, שאין מי רגלים מן החדר, ודם זה דם מכה הוא בחלחולת או בכוליא.

הגה: וי"א דאין להתיר אלא ביושבת והשתינה, אבל בעומדת, אם מקלחת לתוך הספל ונמצא שם דם, טהורה; אבל אם שותתין על שפת הספל ונמצא שם דם, טמאה, דהואיל והמקום צר חוזרין למקור ומביאים דם - וק"ו אם שותת תוך הספל, ‹פי' אם שותתת על שפת הספל, בודאי לא היתה שותתת מתחילה, דא"כ לא היתה עומדת על שפת הספל, {פן יהיו מי רגלים שותתין חוץ לספל אצל רגליה}, אלא באמצע הספל, **אלא** מתחילה היתה מקלחת לתוך הספל, על כן עמדה על שפת הספל, דאל"כ היה הקילוח הולך חוץ לספל, רק בתר דתמו מיא היתה שותתת על שפת הספל, **וקאמר** דאפ"ה טמאה, אע"ג דלא היתה שותתת כי אם בסוף, מ"מ מקרי תרתי לריעותא, עומדת ושותתת, **וק"ו** אם שותתת תוך הספל, דהיינו שהיתה שותתת מתחילה ועד סוף – מחה"ש›.

[**ורבים** מקשים, למה כתב אצל מקלחת לתוך הספל, ואצל שותתת כתב על שפת הספל, **ונ"ל** דלא קשה מידי, דודאי עיקר החילוק הוא בין מקלחת לשותתת, דבמקלחת כיון דנפקי בקילוח כי אורחא, לא דחיק לה ולא הדרי מי רגלים למקור, ואין דרך דם מקור לצאת עם מי רגלים, **אבל שותתת**, איידי דאוקמא אנפשה, אפשר דהדור מי רגלים למקור, ומוציאין עמהם דם, **אלא** דבמקלחת אי אפשר, אלא כשמרחבת רגליה זו מזו, ומשימה את הספל בין רגליה, נמצא שיורדין מי רגלים עם הדם לתוך הספל שהוא מכוון שם, ולא על שפת הספל, **אבל** בשותתת ועומדת, היינו שסומכות רגליה זו אצל זו, ואז א"א לה לקלח רק שותתין ממנה בנחת, והספל משימה סמוך לבין רגליה, וע"כ שותתת על שפת הספל, כי אז מכוון שפת הספל נגד מקום יציאת מי רגליה, זה נראה לי ברור].

‹**שיטה** זו דעת הרא"ש, דלא התיר ר' יוסי אלא במה דטימא ר"מ, וכיון דר"מ איירי רק במקלחת, דביושבת טהורה דאיכא תרתי לטיבותא, ובעומדת טמאה משום דהוי רק חדא לטיבותא, ובזה ר' יוסי טיהר, דלא בעי אלא חדא לטיבותא, אבל בתרתי לריעותא גם ר' יוסי מודה דטמאה, עיין מחה"ש›.

וי"א דאפילו ביושבת אין להתיר אלא במקלחת ונמלא הדם תוך הספל, אבל על שפת הספל - [פי' ויושבת], **טמאה; ובעומדת, בכל ענין טמאה** -

סימן קצא – דין אשה שמצאה דם בהשתנה
סעיף א – יצא דם עם מי רגליה

ודוקא כשנמצא הדם בספל שהיא משתנת שם לחוד, דידוע שהוא ממנה; אבל אם נמצא בספל שאיש ואשה מטילין שם מים, טהורה בכל ענין - משום דהוי ס"ס, דילמא מן האיש, ואת"ל מן האשה, שמא לא מן המקור, **ומשמע** דהיינו בנמצא תוך הספל על המים, כדאיתא בש"ס, ‹אבל בס' מנחת יעקב השיג עליו, כיון דטעמא הוא משום ספק ספיקא, וגם בנמצא על שפת הספל איכא האי ספק ספיקא – מחה"ש›.

סימן קצא ס"א(1) • יצא דם עם מי רגליה

שיטת המחבר, האשה שהשתינה מים ויצא דם עם מי רגליה, בין שהשתינה והיא עומדת, בין שהשתינה והיא יושבת, בין מקלחת בין שותתת, הרי זו טהורה. **ואפי'** הרגיש גופה ונזדעזעה, אינה חוששת, שהרגשת מי רגליה היא זו, שאין מי רגלים מן החדר, ודם זה דם מכה הוא בחלחולת או בכוליא. **(ע"פ** רש"י והרמב"ם, דרבי יוסי דאמר בין יושבת בין עומדת טהורה, אפי' בתרתי לריעותא, עומדת ושותתת).

כתב הרמ"א, וי"א דאין להתיר אלא ביושבת והשתינה, אבל בעומדת, אם מקלחת לתוך הספל ונמצא שם דם, טהורה. **אבל** אם שותתין על שפת הספל, וק"ו תוך הספל, ונמצא שם דם, טמאה, דהואיל והמקום צר חוזרין למקור ומביאים דם. **(ע"פ** הרא"ש, דלא התיר ר' יוסי אלא בחדא לטיבותא, בעומדת אבל עכ"פ מקלחת, אבל בתרתי לריעותא, שגם שותתת, גם ר' יוסי מודה דטמאה).

כתב רמ"א, עוד י"א דאפילו ביושבת אין להתיר דוקא במקלחת ולא שותתת, **ודוקא** יושבת על שפת הספל ונמצא דם תוך הספל לחוד, דאם איתא דבתר דתמו מיא אתא, על שפת הספל איבעי ליה לאישתכוחי, **אבל** אם נמצא על שפת הספל ג"כ, טמאה, דאמרינן בתר דתמו מיא אתי דם, **וגם** ביושבת באמצע הספל טמאה, דאפשר בתר דתמו מיא אתי דם, **ובעומדת**, בכל ענין טמאה, אפילו מקלחת לתוך הספל לחוד, **דבעינן** תלתא: יושבת, ומקלחת, ותוך הספל. **(ע"פ** הר"ח, דלא טיהר ר' יוסי בחדא לטיבותא אלא משום נדה, אבל טמאה משום כתם, אא"כ הוא תרתי לטיבותא).

והכי נהוג, דמשום חומרא אין לפסוק נגד ר"ח, **והש"ך כתב** דכן נראה בש"ס וירושלמי מצד הדין ולא משום חומרא.

ודוקא כשנמצא הדם בספל שהיא משתנת שם לחוד, דידוע שהוא ממנה, **אבל** אם נמצא בספל שאיש ואשה מטילין שם מים, טהורה בכל ענין, משום דהוי ס"ס, דילמא מן האיש, ואת"ל מן האשה, שמא לא מן המקור, **ומשמע** דהיינו בנמצא תוך הספל על המים, **וי"א** דכיון דטעמא הוא משום ס"ס, גם בנמצא על שפת הספל איכא האי ס"ס.

אשה זקנה שחדל לה אורח כנשים, י"א דיש לטהר דמה הנמצא בעת עשיית צרכיה, בכל ענין, **דאף** לדעת המחמירין לא טימאו אלא משום כתם, וק"ו, אם בכתם שהחמירו טיהרו בזקנה, ק"ו בנדון זה דקיל טפי, **ובפרט** שראוי לסמוך על המחבר דמסתבר טעמו. **וצ"ע** דלא נזכר בשום דוכתא דטיהרו כתם בזקנה, ואדרבה מבואר להדיא להיפך.

אפילו מקלחת לתוך הספל לחוד, [דבעינן תלתא לטיבותא, יושבת ומקלחת ותוך הספל].

דוקא מקלחת ולא שותתת, **ודוקא** יושבת על שפת הספל ונמצא דם תוך הספל לחוד, דאם איתא דבתר דתמו מיא אתא, על שפת הספל איבעי ליה לאישתכוחי, **אבל** אם נמצא על שפת הספל גם כן, טמאה, דאמרינן בתר דתמו מיא אתי דם, **וביושבת** באמצע הספל טמאה, ‹דאפשר בתר דתמו מיא אתי דם – מחה"ש›, והרב קיצר במובן.

‹**שיטה** זו דעת הר"ח, דלא טיהר ר' יוסי בחדא לטיבותא אלא משום נדה, אבל טמאה משום כתם, אא"כ הוא תרתי לטיבותא, עיין מחה"ש›.

והכי נהוג - כן נלע"ד מוכח מהש"ס והירושלמי כהי"א אלו, שהם ר"ח וסייעתו, שכל דבריו דברי קבלה, דהא ר' יוסי מודה דאסורה לכתחילה לטהרות, וכי היכי דלטהרות לכתחלה אסורה, ה"ה לבעלה, **ובזה** אתי שפיר מה שהקשה הר"ן, דהיכי אפשר ששמואל ורבי אבא תרווייהו ס"ל כרבי יוסי, ושקלי וטרי אליבא דר"מ כו', אלא אע"ג דפסקו כר"י, היינו לענין דיעבד במאי דפליג עליה דר"מ, אבל לענין לכתחלה דמודה ליה, כל מאי דשייך גבי ר"מ בדיעבד, שייך גבי ר"י לענין לכתחלה, וכל זה ברור, **ומדברי** האחרונים וגם לקמן מדברי הרב וכן משמע בעט"ז, דמשום חומרא אין לפסוק נגד ר"ח, **ולענ"ד** נראה כן בש"ס וירושלמי, ‹מצד הדין ולא משום חומרא – מחה"ש›.

(**עיין** בתשו' פנים מאירות שכתב, דאשה זקנה שחדל לה אורח כנשים, יש לטהר דמה הנמצא בעת עשיית צרכיה, בעומדת בכל ענין, ופשיטא ביושבת אפי' בנמצא באמצע הספל, **דאף** לדעת המחמירין לא טימאו אלא משום כתם, וכאן הקילו יותר, וא"כ ק"ו, אם בכתם שהחמירו טיהרו בזקנה, ק"ו בנדון זה דקיל טפי, **ובפרט** שראוי לסמוך על הרמב"ם והרשב"א והרמב"ן והמחבר דמסתבר טעמייהו, ע"ש, **ולענ"ד** צ"ע מש"כ דכתם טיהרו בזקנה, ובאמת לא נזכר זה בשום דוכתא, רק בסי' ק"צ ס"ב איתא, לא גזרו בתינוקת שלא הגיע זמנה לראות, **ואדרבה** ממש"כ הרמ"א שם סעיף מ"ה, דזקנה תולה בעצמה בימים שלא היתה זקנה, נראה להיפך, וכן מבואר להדיא בסנ"ב שם, וצ"ע).

אשה שרגילה לראות דם במי רגליה

וכל זה אם נמצא דם במקרה, אבל אשה שרגילה לראות דם במי רגליה, ומרגשת כאב בשעה שמטלת מים, כגון החולי שקורין האר"ן ווינ"ד, נראה דיש להתיר בכל ענין, דהא איכא ידים מוכיחות שיש לה מכה המכאיב אותה בהטלת מי רגליה, וממנו הדם יוצא.

ואפילו אם מוצאה דם אחר הטלת מי רגלים, כשמקנחת עצמה, טהורה, דמאחר דמרגשת כאב, ואינה מוצאה דם רק אחר הטלת מי רגלים, ודאי דם מכה הוא – (עיין בתשובת צ"צ שכתב, דאין להתיר במוצאה דם אחר הטלת מ"ר, אא"כ מוצאה ג"כ תוך מ"ר בתוך הספל, וכואבת כשהיא מטלת מים, אז יש להתיר אפילו במוצאת דם גם אחר הטלת מ"ר על העד שבודקת, משום דתלינן דאותו דם הוא מתמצית הדם שמצאה תוך מ"ר, דהוא ודאי לאו מן המקור, **אי** נמי כשלא מצאה דם תוך מ"ר, אלא שכואב לה הרבה בשעת הטלת מ"ר ממש, והיא בודקת קודם הטלת מ"ר ונמצאת נקיה, ואח"כ מכנסת מוך נקי מבפנים ומשתנת, **אבל** אם אינה מרגשת כאב בשעת הטלתה ממש, אין להתירה, אע"פ שמרגשת כאב קודם לכן ואח"כ, **ועיין** בס"ט שחולק עליו, ופסק דאפי' לא מצאה כלל תוך מ"ר, וגם לא היה לה כאב בשעת הטלת מ"ר, רק אחר הטלת מ"ר מיד היה לה כאב, ואז מצאה דם, טהורה ע"י בדיקה שכתב רמ"א, וכן מוכח מדברי תשובת ח"צ, **ושוב** הביא בשם שבו"י, שכתב להחמיר לכתחלה, ולהיות מתון בדין זה).

אך יש מחמירין שלא להתיר רק באשה שיש לה וסת ולהצריכה בדיקה, דהיינו קודם שתשתין תבדוק עצמה היטב בחורין ובסדקין – «והיינו עצה טובה לדידה, שאם לא תעשה כן, כשתכניס מוך נקי על המקור בפנים ותמצא עליו דם, אפשר דאינו מן המקור אלא המוך נתלכלך מדם המכה היוצא עם מ"ר, ותתקלקל בכדי, והיינו טעמא ג"כ שתקנח עצמה יפה ממי רגליה ותוציא המוך כו' – מחה"ש», **ואם לא תמצא דם, תכניס מוך נקי על המקור בפנים, ותשתין, ותקנח עצמה יפה ממי רגליה, ותוציא המוך, אם נקיה היא, הוכחה גדולה דאין הדם מן המקור, והכי נהוג** – [בתשובת מהר"י ווייל מבואר, דאשה יש לה שני נקבים, אחד שיוצא ממנה השתן, והוא למטה סמוך ליציאתן, והאחר שיוצא ממנו דם נדות, שהוא למעלה בעומק הרבה לתוך הגוף].

ז"ל מהרי"ל «מקור היש מחמירין», וכל זה לנשים שהיו להן וסתות, ושלא בשעת וסתה, אבל זו שכתבת עליה דאין לה וסת, אם כן יש להחמיר, דאם לא כן וכי לעולם לא תהא טמאה, כמו שכתבו רז"ל, **אכן** אם יש לה עונה כדרך הנשים, אפי' אין וסתה קבוע, כגון שפיחתה או הותירה ג' ימים או ד' או שבוע, או פחות או יותר, רק שיהא לה עונה קבועה שרגילה להמתין לכל הפחות מסוף ראיה כך וכך ימים, ולענ"ד נראה לסמוך אתקנתא דלעיל כו', עכ"ל, **וקשה** דאם בדיקה זו חשיבה בדיקה, אם כן אפילו אין לה וסת נמי, ולא דמי למ"ש רז"ל לעיל סי' קפ"ז ס"ה גבי מכה, דאל"כ וכי לעולם לא תהיה טמאה, דהתם בלא בדיקה היא, אבל הכא תהיה טמאה כשתמצא דם על המוך, **ונראה** דמהרי"ל ספוקי מספקא ליה, אי האי בדיקה חשיבה בדיקה מעלייתא, וקאמר דבאשה זו שאין לה וסת יש להחמיר עליה, **ומ"מ** קשה, מאי קאמר "וכי לעולם לא תהיה טמאה", הרי תהיה טמאה כשתראה דם שלא בשעת צרכיה, **ונראה** דמיירי שאינה רואה בשום פעם דם כי אם בשעת צרכיה, **ועפ"ז** תפרש מש"כ הרב שלא להתיר רק באשה שיש לה וסת, ר"ל שרואה אפי' בשעה שאינה עושה צרכיה, אפילו אין לה וסת קבוע, מ"מ היא רואה לפעמים שלא בשעת צרכיה, ולכך בין עונה לעונה טהורה, וכדכתב מהרי"ל, **ואף** אם ירצה בעל דין לחלוק על פי' זה, אמור לו הנה מהרי"ו בתשו', סומך בפשיטות על בדיקה זו, וחשיב לה בדיקה מעלייתא, ולא הזכיר לחלק בין יש לה וסת או לא, **וגם** הרב כתב, נראה דיש להתיר בכל ענין כו', אך יש כו'.

(**עיין** בתשו' נו"ב, באשה שמוצאת בבדיקתה כתמים למטה במקום אחד, והשיב להכניס מוך נקי במקור, ואח"כ תבדוק למטה בא"מ, ואם עדיין תמצא דם, תוציא המוך וכשיהיה נקי אז יש הוכחה שהדם מן הצדדים, ע"ש שהאריך לבאר אופני בדיקה זו איך יהא, **וכתב** דאף שהש"ך כתב בסימן קצ"א, דמהרי"ל ספוקי מספקא ליה אי האי בדיקה מעלייתא היא, דברי הש"ך תמוהים, דודאי

בדיקה מעלייתא היא, **אלא** שמהרי"ל מטהר אותה אחר בדיקה לעולם, לכן התנה שיהיה לה וסת, **וכן** הא דכתב הרמ"א דבעינן שתרגיש כאב, הכל הוא לטהרה אחר בדיקה לעולם, בזה צריך תנאים אלו, **והטעם** דבעינן שיהא מוכיחה קיים, כדי שנדע כאשר יסור הסיבה, שוב לא תתלה בו, **אבל** הדם שמוצאה בעת שהמוך בתוכה, ורואה שהמוך נקי, מועיל לעולם, דודאי בדיקה מעלייתא היא).

(**ועיין** בנו"ב, באשה שמוצאת תמיד בעד הבדיקה קורט דם כחודה של מחט, וצוה ג"כ לעשות בדיקה הנ"ל, וכתב דאף שכתבתי בחיבורי שאין לטהר לעולם, רק בייש מוכיחה קיים, **מ"מ** באשה זו שאינה מוצאת רק קורט אחד יבש, כאשר יסור הסיבה מסתמא שוב לא תראה באופן זה, ונקרא מוכיחה קיים).

(**ועיין** בחוו"ד שהשיג עליו, והעלה דאין לסמוך על בדיקה זו, להתיר דם הנמצא בפרוזדור שחייבין עליו כרת, **אכן** באם יש לה כאב או מכה, רק שא"י שמוציאה דם, מועיל בדיקה זו, דע"י בדיקה זו הוי כדין המבואר בסי' קפ"ז ס"ז, באם אינה מוצאת דם תמיד רק מצד אחד, דמהני ביש לה כאב, או מכה שא"י שמ"ד, רק דבעינן שתבדוק עצמה הרבה פעמים ולא תמצא רק למטה).

(**וכתב** נו"ב עוד, דאם בדקה עצמה בבדיקה הנ"ל בימי מניקתה, יש לספק אם מועיל לאחר שעברו ימי מניקתה, לכן תנסה שוב שנית).

ואם בדקה עצמה ג' פעמים בכהאי גוונא ומצאה המוך נקי, מותרת אחר כך בלא בדיקה, שלא בשעת וסתה, דחזקה דדם מכה הוא, מאחר שאינה מוצאה אותו רק אחר שהשתינה – (עיין בדגמ"ר שתמה ע"ז, דבאופן זה שעל המוך לא מצאה דם, ובבדיקה מצאה דם, סגי בפ"א, שכבר נודע שיש לה במקום מי רגלים מכה המוציאה דם, **אבל** מה דבעי מהרי"ל ג"פ, היינו אם לא מצאה דם כלל, ואז הטעם שכבר נעקר וסתה שהיה לה במעשה מי רגלים, בזה צריך ג"פ, **וכן** כתב בספרו תשובת נו"ב, דדברי רמ"א בזה הם שלא בדקדוק, ובאמת סגי בפעם אחת).

(**עיין** בתשו' חת"ס, אודות אשה שיש לה וסת שמצאה דם במ"ר, ונבדקה בבדיקת מהרי"ל, ועלה בידו באופן שאין ספק שכל דם שתראה עם מ"ר בין עונה לעונה מטהרים, **אך** אחר שראתה דם ממש בוסתה, ובאתה לפסוק בטהרה ולספור נקיים, מה דינה אם צריכה אז לחוש לדם היוצא עם מ"ר, **ודעת** הרב השואל דהרי היא ככל הנשים, והדם שרואה עם מ"ר אינו סותר ואינו מפסיק, **אך** חשש למה שמצא בספר אבני מילואים, שהצריך להפסקת טהרה וספירת יום א' מימי נקיים עוד פעם בדיקת מהרי"ל, ובא לשאול אם הדין דין אמת להחמיר כ"כ, **והשיב** אין ספק שכיון שיצאה בהיתר שוב הרי היא ככל הנשים, והנידון שבספר הנ"ל אינו סותר הוראה זו, **דהתם** מיירי באשה שפסק וסתה לגמרי, ואינה רואה כי אם במ"ר, שהדין עכ"פ ביום שהיתה רגילה לראות כוסתה או עונה בינונית, תחזיק הדם שעם מ"ר לדם טמא, ותספור עליו שבעה נקיים אחר הפסקת טהרה, ובזה צדקו דברי האבני מילואים, דאין מועיל שום הפסק טהרה אא"כ תטיל מים נקיים בלא דם, דמה שפוסקת ואינה מוצאת דם בבדיקת חורין וסדקין אין ראיה שפסקה, כיון שלעולם אינו רואה אלא עם מ"ר, ותחלת טומאתה שהחזקנו אותה בנדה היה עם דם שראתה עם מ"ר ביום וסתה, ותלינן שיצא דם המקור עם מ"ר, וכל זמן שלא פסקה בטהרה תלינן שאותו המעין פתוח עדיין ויוצא עם מ"ר, ע"כ לא שייך הפסק טהרה עד שתטיל מים נקיים בלא דם, וכיון שא"א בלא דם כלל, עכ"פ צריך שנדע שיצאו מ"ר בלא דם מקור, וזה א"א לידע אלא ע"י בדיקת מהרי"ל, **אבל** נ"ד שלא פסק וסתה, ורואה בזמנה ככל הנשים, ופוסקת בטהרה ע"י בדיקת חורין וסדקין, אין דם שיוצא עם מ"ר אח"כ סותר, דתלינן בדם אחר שלא מן המקור, אלא מן הכליות, כאשר נתברר ע"י בדיקה בראשונה, ועדיין לא נולד ריעותא לומר שיצא דם מקור עם מ"ר של עכשיו, וברור הוא).

סימן קצא ס"א(2) • רגילה לראות דם במי רגליה

כתב הרמ"א, דכל זה אם נמצא דם במקרה, אבל אשה שרגילה לראות דם במי רגליה, ומרגשת כאב בשעה שמטלת מים, כגון החולי שקורין האר"ן וינ"ד, נראה דיש להתיר בכל ענין, דהא איכא ידים מוכיחות שיש לה מכה המכאיב אותה בהטלת מי רגליה, וממנו הדם יוצא.

ואפילו אם מוציאה דם אחר הטלת מי רגלים, כשמקנחת עצמה, טהורה, דמאחר דמרגשת כאב, ואינה מוצאה דם רק אחר הטלת מי רגלים, ודאי דם מכה הוא.

וי"א דבזה אין להתיר אא"כ מוצאה ג"כ תוך מ"ר בתוך הספל, וכואבת כשהיא מטלת מים, דאז תלינן דאותו דם הוא מתמצית הדם שמצאה תוך מ"ר, דהוא ודאי לאו מן המקור,

א"נ כשלא מצאה דם תוך מ"ר, אלא שכואב לה הרבה בשעת הטלת מ"ר ממש, והיא בודקת בדיקת המהרי"ל דלהלן, **אבל** אם אינה מרגשת כאב בשעת הטלתה ממש, אין להתירה, אע"פ שמרגשת כאב קודם לכן ואח"כ. **ויש** שחולק עליו, ופסק דאפי' לא מצאה כלל תוך מ"ר, וגם לא היה לה כאב בשעת הטלת מ"ר, רק אחר הטלת מ"ר מיד היה לה כאב, ואז מצאה דם, טהורה ע"י בדיקת מהרי"ל.

בדיקת מהרי"ל – כתב רמ"א, אך יש מחמירין שלא להתיר רק באשה שיש לה וסת, ולהצריכה בדיקה, **דהיינו** קודם שתשתין תבדוק עצמה היטב בחורין ובסדקין, ואם לא תמצא דם, תכניס מוך נקי על המקור בפנים, ותשתין, ותקנח עצמה יפה ממי רגליה, **ותוציא** המוך, אם נקיה היא, הוכחה גדולה דאין הדם מן המקור, והכי נהוג, **דאשה** יש לה שני נקבים, אחד שיוצא ממנה השתן, והוא למטה סמוך ליציאתן, והאחר שיוצא ממנו דם נדות, שהוא למעלה בעומק הרבה לתוך הגוף.

שיטת הש"ך – הקשה, דאם בדיקה זו חשיבה בדיקה, א"כ אפי' אין לה וסת נמי, **ולא** דמי למ"ש רז"ל לעיל סי' קפ"ז ס"ה גבי מכה, דאל"כ וכי לעולם לא תהיה טמאה, **דהתם** בלא בדיקה היא, אבל הכא תהיה טמאה כשתמצא דם על המוך, **וכתב** ונראה דמהרי"ל ספוקי מספקא ליה, אי האי בדיקה חשיבה בדיקה מעלייתא, וקאמר דבאשה זו שאין לה וסת יש להחמיר עליה, **ומ"מ** קשה, דקאמר "וכי לעולם לא תהיה טמאה", הרי תהיה טמאה כשתראה דם שלא בשעת צרכיה, **ונראה** דמיירי שאינה רואה בשום פעם דם כי אם בשעת צרכיה, **ועפ"ז** תפרש מש"כ הרב שלא להתיר רק באשה שיש לה וסת, ר"ל שרואה אפי' בשעה שאינה עושה צרכיה, אפי' אין לה וסת קבוע, מ"מ היא רואה לפעמים שלא בשעת צרכיה, ולכך בין עונה לעונה טהורה, **ואף** אם ירצה בעל דין לחלוק על פי' זה, הנה המהרי"ו לא הזכיר לחלק בין יש לה וסת או לא, וגם הרמ"א כתב, נראה דיש להתיר בכל ענין כו'.

והנו"ב כתב, דדברי הש"ך תמוהים, דודאי בדיקה מעלייתא היא, אלא שמהרי"ל מטהר אותה אחר בדיקה לעולם, לכן התנה שיהיה לה וסת, **וכן** הא דכתב הרמ"א דבעינן שתרגיש כאב, הכל הוא לטהרה אחר בדיקה לעולם, בזה צריך תנאים אלו, **והטעם** דבעינן שיהא מוכיחה קיים, כדי שנדע כאשר יסור הסיבה, שוב לא תתלה בו, **אבל** הדם שמוצאה בעת שהמוך בתוכה, ורואה שהמוך נקי, מועיל לעולם, דודאי בדיקה מעלייתא היא. **וכתב עוד**, דאשה שמוצאת תמיד בעד הבדיקה קורט דם כחודה של מחט, יש לה לעשות בדיקה הנ"ל, דכאשר יסור הסיבה, מסתמא שוב לא תראה באופן זה, ונקרא מוכיחה קיים.

והחוו"ד השיג עליו, והעלה דאין לסמוך על בדיקה זו, להתיר דם הנמצא בפרוזדור שחייבין עליו כרת, **אכן** באם יש לה כאב או מכה, רק שא"י שמוציאה דם, מועיל בדיקה זו.

וי"א שאם בדקה עצמה בבדיקה הנ"ל בימי מניקתה, יש לספק אם מועיל לאחר שעברו ימי מניקתה, לכן תנסה שוב שנית.

אם בדקה עצמה ג"פ בכה"ג, ומצאה המוך נקי, כתב הרמ"א דמותרת אח"כ בלא בדיקה, שלא בשעת וסתה, דחזקה דדם מכה הוא, מאחר שאינה מוצאה אותו רק אחר שהשתינה.

והדגמ"ר תמה ע"ז, דבאופן זה שעל המוך לא מצאה דם, ובבדיקה מצאה דם, סגי בפ"א, שכבר נודע שיש לה במקום מי רגלים מכה המוציאה דם, **ומה** דבעי מהרי"ל ג"פ, היינו אם לא מצאה דם כלל, ואז הטעם שכבר נעקר וסתה שהיה לה במעשה מי רגלים, בזה צריך ג"פ, **ודברי** רמ"א בזה הם שלא בדקדוק, ובאמת סגי בפעם אחת.

אשה שנבדקה בדיקת מהרי"ל, ועלה בידו באופן שאין ספק שכל דם שתראה עם מ"ר בין עונה לעונה מטהרים, **אך** אח"כ ראתה דם ממש בוסתה, ובאתה לפסוק בטהרה ולספור נקיים, **י"א** דאין ספק שכיון שיצאה בהיתר, שוב הרי היא ככל הנשים, דכיון שלא פסק וסתה, ורואה בזמנה ככל הנשים, ופוסקת בטהרה ע"י בדיקת חורין וסדקין, אין דם שיוצא עם מ"ר אח"כ סותר, דתלינן בדם אחר שלא מן המקור, אלא מן הכליות, כאשר נתברר ע"י בדיקה בראשונה, ועדיין לא נולד ריעותא לומר שיצא דם מקור עם מ"ר של עכשיו, **ורק** באשה שפסק וסתה לגמרי, ואינה רואה כי אם במ"ר, שהדין עכ"פ דביום שהיתה רגילה לראות כוסתה או עונה בינונית, תחזיק הדם שעם מ"ר לדם טמא, ותספור עליו ז"נ אחר הפסקת טהרה, **בזה** אין מועיל שום הפסק טהרה אא"כ תטיל מים נקיים בלא דם, דמה שפוסקת ואינה מוצאת דם בבדיקת חורין וסדקין אין ראיה שפסקה, כיון שלעולם אינו רואה אלא עם מ"ר, ותחלת טומאתה שהחזקנו אותה בנדה היה עם דם שראתה עם מ"ר ביום וסתה, ותלינן שיצא דם המקור עם מ"ר, וכל זמן שלא פסקה בטהרה תלינן שאותו המעין פתוח עדיין ויוצא עם מ"ר, **ע"כ** לא שייך הפסק טהרה עד שתטיל מים נקיים בלא דם, וכיון שא"א בלא דם כלל, עכ"פ צריך שנדע שיצאו מ"ר בלא דם מקור, וזה א"א לידע אלא ע"י בדיקת מהרי"ל עוד פעם.

מצאה דם בלא כאב

וכל זה דוקא שמרגשת כאב עם מי רגליה, אבל אם אינה מרגשת כאב, ובודקת עצמה אחר הטלת מים ומוצאה דם, אם לא מצאה דם במי רגליה, ודאי טמאה.

אבל אם מצאה דם תוך מי רגליה, וגם על העד שבדקה עצמה בו, י"א שהיא טמאה, דלא התירו רק דם שנמצא תוך מי רגליה; וי"א שהיא טהורה, דדם שנמצא תולין שעדיין נשאר מתמצית מי רגלים, ויש להחמיר.

קשה לאיזה צורך כתב כלל האי דינא, דהא כבר כתב לעיל דאין להתיר אלא ביושבת ומקלחת, **ואין** לומר דה"נ ביושבת ומקלחת, ואפי' הכי כשנמצא גם על העד טמאה, **דהא** פשיטא, דהא אפי' ביושבת על שפת

הספל, ונמצא דם בשפת הספל ותוך הספל, טמאה, כ"ש כשנמצא על העד ותוך הספל, **גם** מש"כ הרב ויש להחמיר, לפי מש"כ לעיל שפירש ר"ח הוא עיקר אין כאן חומרא, אלא כך הוא שורש הדין.

מיהו א"צ לבדוק אחר זה. ואפילו אם היתה רגילה לראות, אם בדקה עצמה שלש פעמים ומצאה טהורה, שוב אינה צריכה בדיקה.

ואם אינה רגילה לראות רק לפרקים, קובעת לה וסת אם הוא בדרך קבע, בין וסת שוה בין וסת דילוגין.

סימן קצא ס"א(3) • מצאה דם בלא כאב

כתב הרמ"א, דאם אינה מרגשת כאב, ובודקת עצמה אחר הטלת מים ומוצאה דם, אם לא מצאה דם במי רגליה, ודאי טמאה. **אבל** אם מצאה דם תוך מי רגליה, וגם על העד שבדקה עצמה בו, י"א שהיא טמאה, דלא התירו רק דם שנמצא תוך מי רגליה, **וי"א** שהיא טהורה, דדם שנמצא תולין שעדיין נשאר מתמצית מי רגלים, **ויש** להחמיר.

והקשה הש"ך דאין צורך להאי דינא, דהא כבר כתב לעיל, דאין להתיר אלא ביושבת ומקלחת, ואפי' ביושבת על שפת הספל, ונמצא דם בשפת הספל ותוך הספל, טמאה, כ"ש כשנמצא על העד ותוך הספל, **וגם** לפי מ"ש לעיל שפירש ר"ח הוא עיקר, אינו רק חומרא, אלא כך הוא שורש הדין.

וכתב הרמ"א דעכ"פ א"צ לבדוק אחר זה. **ואפילו** אם היתה רגילה לראות, אם בדקה עצמה ג"פ ומצאה טהורה, שוב א"צ בדיקה. **ואם** אינה רגילה לראות רק לפרקים, קובעת לה וסת אם הוא בדרך קבע, בין וסת שוה בין וסת דילוגין.

מצאה קרטין

ואם אינה מוצאה דם אח"כ כשבודקת עצמה, רק קרטין קרטין כמו חול והן אדום - אבל אם מצאה דם ג"כ, טמאה כדכתב המרדכי, ד"מ, **ונמצא כזה ג"כ במי רגליה, ובשעת וסתה או לפעמים אחרים רואה דם ממש כשאר נשים, ואינה מוצאת אותו חול רק אחר מי רגליה, טהורה, דאין זה דם רק חול שדרכו להוולד בכליות (ב"י בשם תשו' הר"ן)** - ואין צריך להטיל למים לראות אם נמוחו, כדלעיל סימן קפ"ח ס"ד, **דהכא** שאני כיון שהיא רואה עם מי רגליה חצץ אדום או חול, ושרי אפילו בלא בדיקה, או אפילו כשנימוחו במים.

[**ונראה** ודאי, דאם אינה רואה דם גמור אחר מי רגליה, אע"פ שאלו הקרטין הנמצאים הם דם גמור, דכשממחין אותן בין האצבעות נמחין ונעשין דם, אין חוששין להן, דלא חמירי מדם ממש שיוצא עם מי רגליה, דתלינן במכה שבכליות, כ"ש הנהו קרטין – ב"ח].

[**שאלה**, על אודות האשה שיש לה וסת כדרך כל הנשים, ושלא בשעת וסתה מוצאה עצמה בבדיקה טהורה מראיית דם, רק שמוצאה קרטין אדומים כחודו של מחט, ואותן קרטין מקצתן נבלעין בבגד פשתן, ומקצתן אינן נבלעין, ונלקטין מן הפשתן במחט, וכשנמצאו אותן קרטין, אינם חדין כדרך החול, ומנהגה בשעת וסתה, כשפוסק השפעת הדם ממנה כדרך כל הארץ, אז מוצאת כמי שריית בשר, ובתוכן ישנן אותן קרטין הנ"ל הרבה יותר מזולת זה, והיא אומרת שהרבה פעמים הרגישה בכאב שהיה לה במקום הכליות, אך שזה כמו תשעה שבועות לא הרגישה באותו כאב, אך תמיד עדיין מרגשת בכאב בבטנה למעלה מאותו מקום, וכואב לה הרבה, ודומה לה כאילו הולך שם שום דבר אנה ואנה, והיא מוצאת אותן הקרטין לפעמים מתוך הרגש הכאב, ולפעמים אח"כ ג"כ, וזה זמן רב מנהגה כן, מה משפטה].

[**תשובה**, הנה מצינו שני היתירים במקום זה, האחד הוא מכח עצמות הקרטין, שרגיל לבא מחמת מכה בכליות אפי' אינה מרגשת כאב, **והשני** מכח מכה שיש לה מכה שמרגשת כאב, וזה אפי' בדם גמור, ותחלה נדון מהיתר הקרטין מצד עצמן, שהב"י מפרש דאין היתר אלא דוקא בחול ממש, ולפי"ז אין כאן היתר מחמת הקרטין כי אין כאן חול ממש, והיה ראוי להחמיר כמותו, אבל באמת חלק עליו בד"מ, וכן נ"ל כי אין לו שורש ועיקר, **והנה** עדיין יש לנו לומר מסברא, דשמא הקרטין של האשה שלפנינו, אינן דומין באיזה צד להקרטין דהר"ן, ואין לנו ללמוד היתר משם, מ"מ יש לנו עדיין היתר מצד הרגשת הכאב, דהא הרגישה בכאב שהיה לה בפנים במקום הכליות, א"כ ודאי משם באין הקרטין, כיון שיש לה וסת כדרך כל הנשים, וזה משונה, ויש לתלות במכה שבכליות, ודאי תלינן שלא בשעת וסתה, **ואף** שזה איזה שבועות שלא הרגישה באותו כאב, מ"מ כיון שיש לה מכה תלינן בה, אף אם הונח לה מעוצב כאב אותה מכה, מ"מ לא נתקלקל היתר התלוי בהכי, כי הרבה מכות

ישנן שלפעמים אינן מכאיבים אף שלא נתרפאו לגמרי, **ואף** אם יעלה על לב להחמיר בזה, מ"מ הרי לפנינו שהאשה הזאת מרגשת תמיד בכאב גדול למעלה מאותו מקום, ודאי תלינן בזה, **ואע"פ** שלפעמים מפסיק קצת הרגש אותו כאב וחוזר ובא, והיא מוצאת הקרטין בכל זמן, מ"מ ודאי הכל אחד הוא, והוא מתמצית אותו שבא מחמת הכאב, **ואין** להקשות דהא מביא רמ"א שתי דעות בסי' זה, אם נמצא דם בשעת הטלת מי רגליה וגם אח"כ, וכתב דיש להחמיר, **לא** קשה מידי, דשם מיירי בלא הרגשת כאב, רק בהיתר מצד מי רגליה לחוד, אבל בהרגשת כאב כבר כתב לעיל מיניה, דמותר אף בנמצא גם אחר מי רגלים, **ואע"פ** שהביא שם רמ"א, שאין מועיל לה היתר רק ע"י בדיקה, ותו דכתב ב"י בשם האגור דמה שרואה לפעמים בלתי כאב אסורה, **כל** זה לא קשה מידי, דכל זמן שאינה מרגשת כאב רק בשעת הטלת מי רגלים, אבל בלא מי רגלים אין לה כאב כלל, ע"כ אין לה היתר שלא בשעת כאב, דאז היא כשאר נשים, **משא"כ** בנידון דידן דברור לה הכאב בכל עת ובכל שעה, נימא ודאי דתמיד הוא מחמת מכה, ואע"פ שלפעמים אינה מרגשת בכאב לפי שעה, מ"מ אינה נתרפאה שהרי חוזר ונעור תמיד אח"כ, ונמצא הכל בא מחמת הכאב, וזה אפי' בדם גמור, וכ"ש שיש לנו לומר מאחר שאינה מוצאת רק קרטין, והם רגילין להולד מן הכליות, ואשה זו הרגישה הרבה פעמים כאב גדול במקום הכליות, דיש לנו לומר דגם קרטין אלו הוויין כקרטין דהר"ן, דהא יש לה וסת כשאר נשים, ותכף שפסקה מלראות דם באין אלו הקרטין, ש"מ דמלתא אחריתא נינהו]. (**וכבר** השיג עליו הגאון ח"צ בתשובה, ומסיק, הסומך על הוראה הנ"ל, מתיר איסור כרת).

סימן קצא ס"א(4) • מצאה קרטין

אם כשבודקת עצמה אחר הטלת מי רגליה, מוצאה רק קרטין קרטין כמו חול וחצץ אדום (דאם מצאה דם ג"כ, טמאה), ונמצא כזה ג"כ במי רגליה, ובשעת וסתה או לפעמים אחרים רואה דם ממש כשאר נשים, ואינה מוצאת אותו חול רק אחר מי רגליה, **טהורה**, דאין זה דם רק חול שדרכו להוולד בכליות. **וא"צ** להטיל למים לראות אם נמוחו, כדלעיל סימן קפ"ח ס"ד, **דאפי'** אם כשממחין אותן בין האצבעות נמחין ונעשין דם, אין חוששין להן, דלא חמירי מדם ממש שיוצא עם מי רגליה, דתלינן במכה שבכליות, כ"ש הנהו קרטין.

אם מוצאה קרטין (שאינן חדין כחול) בלא הטלת מי רגליה אשה שיש לה וסת כדרך כל הנשים, ושלא בשעת וסתה מוצאה עצמה בבדיקה טהורה מראיית דם, רק כשפוסק השפעת הדם ממנה כדרך כל הארץ, אז מוצאת כמי שריית בשר, ובתוכן ישנן קרטין אדומים כחודו של מחט, ואינם חדין כדרך החול, **ואומרת** שהרבה פעמים הרגישה בכאב שהיה לה במקום הכליות, אך שזה כמו תשעה שבועות לא הרגישה באותו כאב, אך תמיד עדיין מרגשת בכאב בבטנה למעלה מאותו מקום, וכואב לה הרבה, ודומה לה כאילו הולך שם שום דבר אנה ואנה, **והיא** מוצאת אותן הקרטין לפעמים מתוך הרגש הכאב, ולפעמים אח"כ ג"כ, וזה זמן רב מנהגה כן. **כתב הס"ז** שמצינו שני היתירים בזה: **הא'** מכח עצמות הקרטין, שרגיל לבא מחמת מכה בכליות אפי' אינה מרגשת כאב, **והגם** די"א דאין היתר מחמת הקרטין אם אינם חול ממש, באמת חלק עליו בד"מ, וכן נ"ל כי אין לו שורש ועיקר, **והנה** עדיין יש לנו לומר מסברא, דשמא הקרטין של האשה שלפנינו, אינן דומין באיזה צד להקרטין דהנ"ל, ואין לנו ללמוד היתר משם, **מ"מ** יש לנו עדיין היתר מצד הרגשת הכאב, ויש לתלות במכה שבכליות, וודאי תלינן שלא בשעת וסתה, **ואף** שזה איזה שבועות שלא הרגישה באותו כאב, מ"מ לא נתקלקל היתר התלוי בהכי, כי הרבה מכות ישנן שלפעמים אינן מכאיבים אף שלא נתרפאו לגמרי, **ואף** אם יעלה על לב להחמיר בזה, מ"מ הרי מרגשת תמיד בכאב גדול למעלה מאותו מקום, וודאי תלינן בזה, **ואע"פ** שלפעמים מפסיק קצת הרגש אותו כאב וחוזר ובא, והיא מוצאת הקרטין בכל זמן, **מ"מ** ודאי הכל אחד הוא, והוא מתמצית אותו שבא מחמת הכאב, **ואע"פ** שכתב רמ"א, שאין מועיל לה היתר רק ע"י בדיקה, ותו דכתב ב"י בשם האגור דמה שרואה לפעמים בלתי כאב אסורה, **כל** זה לא קשה מידי, דכל זה בזמן שאינה מרגשת כאב רק בשעת הטלת מי רגלים, אבל בלא מי רגלים אין לה כאב כלל, ע"כ אין לה היתר שלא בשעת כאב, דאז היא כשאר נשים, **משא"כ** בנידון דידן דברור לה הכאב בכל עת ובכל שעה, נימא ודאי דתמיד הוא מחמת מכה, וזה אפי' בדם גמור, וכ"ש שיש לנו לומר מאחר שאינה מוצאת רק קרטין, והם רגילין להולד מן הכליות, דהא יש לה וסת כשאר נשים, ותכף שפסקה מלראות דם באין אלו הקרטין, ש"מ דמלתא אחריתא נינהו. **וכבר השיג עליו הח"צ**, דהסומך עליו, מתיר איסור כרת.

§ סימן קצב – דיני כלה הנכנסת לחופה §

תבועה לינשא צריכה לישב ז"נ

סעיף א - תבעוה לינשא ונתפייסה, צריכה לישב ז' נקיים, בין גדולה בין קטנה

- (עיין בתשו' גבעת שאול, דאף אם היא זקינה ומסולקת דמים צריכה לישב ז' נקיים, **ועיין** בתשו' מקום שמואל, שנשאל באשה אחת שנתעברה מנואף, ואח"כ דברו על לבבו לקחת אותה לאשה, וכבר נתעברה ממנו כז' חדשים,

אם צריכה לספור ז' נקיים, או נימא כיון דמעוברת בחזקת מסולקת דמים, לא חיישינן שמא מחמת חימוד ראתה, **והשיב** דזה פשוט דצריכה ז' נקיים, וק"ו הוא מקטנה).

(**עיין** בתשו' שער אפרים, באשה אחת שהיתה זקוקה ליבם, ולא רצה לחלוץ לה עד שנתפשרה עמו וחלץ לה, וקודם החליצה עשתה שידוך, ואחר החליצה רוצה לכנס לחופה בו ביום, ואמרה שספרה ז' נקיים קודם החליצה, והורה דצריכה ז' נקיים מחדש, **פשיטא** במקומות שנהגו לייבם, שאינו מועיל ז"נ שספרה קודם, כי ויבמה אמרינן אפילו בעל כרחה, וא"כ נחשבת כאשת איש, **ואפי'** במקום שאין מייבמין רק חולצים, מ"מ לא סמכה דעתה).

(**וכתב** בס' חמודי דניאל, דבלא כתיבת התנאים לא מהני שבעה נקיים, וצריכה למנות מחדש).

(**ועיין** בבית שמואל, שמסתפק באשה שנשתטית, וספרה ז' נקיים בימי שטותה ע"י נשים אחרות שבדקוה, ואח"כ נעשה חלומה, אם רשאים לכנסה על סמך נקיים הראשונים, או נימא דכשנעשה חלומה נתעורר החימוד מחדש, **שכתב** קצת ראיה להקל מפרק חרש, **ועיין** בתשו' חתם סופר שחיזק ראייתו, וגם הוסיף להביא ראיה ופשט ליה לקולא).

(**וע"ש** עוד אודות אלמנה אחת, שדברו בה להנשא לאיש אשר לא ראתה מעולם, ונתפייסה וקבע במכתב יום מועד לנישואין, וספרה שבעה נקיים לטהרתה טרם בא האיש, אם יעלו לה הימים, **או** אפשר דעיקר החימוד יתעורר לאחר ראייתה אותו, ואין לחשוב הימים שלפני זה, דהרי אמרו בסוטה, גמירי דאין יצה"ר שולט אלא במה שעיניו רואות, ודעת הרב השואל להחמיר, **והוא** ז"ל האריך להביא ראיות דאין לחלק בכך, ולא עלה ע"ד שום פוסק דבעינן ראתה אותו, **ומש"ס** דסוטה אין ראיה, דמשם לא נשמע אלא המהרהר על גוף זה, לא יבא ע"י זה להרהר על גוף אחר, אבל אשה המחמדת על חיבת ביאה סתם, ולא על גוף ידוע, אין שום הכרח לומר לכשתראה אותו יתחדש לה חמדה יתירה, **ואף** אם יהיה קצת חימוד יותר, מ"מ כבר שבעה לה מתחלת התביעה, ע"כ דעתו נוטה להקל, והרב השואל שהחמיר תע"ב).

ואפילו בדקה עצמה בשעת תביעה ומצאה טהורה, שמא מחמת חימוד ראתה טיפת דם כחרדל ולא הרגישה בו – [כתב הרב המגיד, דזו היא מדרבנן דהם החמירו בגזירה זאת, ומן התורה מותרת גמורה, שהרי אפי' ראתה בלא הרגשה מן התורה אינה טמאה, כ"ש זו שלא מצאה אפי' כתם, **ובזה** ניחא לי הא דאיתא פ"ק דסוטה, גבי תמר ותשב בפתח עינים, שנתנה עינים לדבריה, שאמרה ליהודה טהורה אני מנדה, וכן מצינו ברות שנכנסה למטתו של בועז אחר שטבלה, **וקשה** הא צריכים ז' נקיים אחר שנתפייסו ביחד לישא זה את זו, **ולפי** מה שכתבתי ניחא, דעדיין לא היתה גזירה זאת, **אלא** דצ"ע כיון שהיא מדרבנן, היכן מצינו שחידשו גזירה זו, **אי** בההיא דרבא דאמר תבעוה לינשא ונתפייסה צריכה לישב ז' נקיים, ורבא הוא שהמציא חומרא זו בימיו, **קשה** מההיא דפרק החולץ, רב כי איקלע לדרדשיר אמר מאן בעיא למהוי איתתא ליומא, ופרכינן עליה והא אמר רבא וכו', **מאי** פריך הא נתחדשה חומרא זאת בימי רבא, **ונ"ל** דבאותה שעה שגזרו חכמים על הכתמים, ולא התירו בשביל שלא הרגישה, נעשה גם גזירה זאת, ואין מועיל לה מה שלא הרגישה, כנ"ל, **ועוד** נראה לתרץ, דגבי תמר ורות לא היה חשש שמא תראה מחמת חימוד, דמיד שנתפייס יהודה ובועז, אז היו עמהם במטה, והוי ליה כמי שיש לו פת בסלו, משא"כ בשאר כלה].

(**ועיין** חוו"ד שכתב, שזה דחוק דאין שום סברא לחלק בין זמן מועט לזמן מרובה, אלא מש"ה לא היה שם חשש, דדוקא בחימוד של נשואין חיישינן).

ומונה ז' ממחרת יום התביעה, וא"צ הפסק טהרה, שאע"פ שלא בדקה ביום התביעה להפסיק בטהרה, מונה מיום המחרת ז' נקיים – [הטעם, שאינה מוחזקת בדם, דהא לא ודאי ראתה].

והאידנא נהגו להפסיק בטהרה אף לבתולה, ‹ר"ל אף לכלה שא"צ ז"נ רק משום חשש חימוד – מחה"ש›.

ומיהו צריכה בדיקה תוך ז' (כל יום לכתחלה, מיהו בדיעבד אם לא בדקה עצמה רק פעם אחת תוך ז', סגי) - דלא עדיפא מרואה ודאית - ב"י, **ונראה** דר"ל דלא עדיפא מרואה ודאית, דס"ל להרא"ש לקמן סימן קצ"ו, דסגי בדיעבד בבדקה פעם אחת תוך ז', **ולפי"ז** לדידן דקי"ל התם ס"ד, דלא סגי אלא בבדקה ביום א' וביום ז', ה"ה הכא, **אבל** אין נראה כן דעת הרב והאחרונים, אלא נראה דס"ל, דהכא כיון דלא ראתה ודאי, עדיף טפי.

סימן קצב - דיני כלה הנכנסת לחופה
סעיף א - תבועה לינשא צריכה לישב ז"נ

סימן קצב ס"א • תבועה לינשא צריכה לישב ז"נ

תבועה לינשא ונתפייסה, צריכה לישב ז"נ, **ואפי'** בדקה עצמה בשעת תביעה ומצאה טהורה, שמא מחמת חימוד ראתה טיפת דם כחרדל ולא הרגישה בו.

והיא גזירה מדרבנן, ומן התורה מותרת גמורה, שהרי אפי' ראתה בלא הרגשה מן התורה אינה טמאה, כ"ש זו שלא מצאה אפי' כתם, **דבאותה** שעה שגזרו חכמים על הכתמים, ולא התירו בשביל שלא הרגישה, נעשה גם גזירה זאת.

י"א דגבי תמר ורות לא היה חשש שמא תראה מחמת חימוד, דמיד שנתפייס יהודה ובועז, אז היו עמהם במטה, והוי ליה כמי שיש לו פת בסלו, משא"כ בשאר כלה. **וי"א** שזה דחוק דאין שום סברא לחלק בין זמן מועט לזמן מרובה, **אלא** מש"ה לא היה שם חשש, דדוקא בחימוד של נשואין חיישינן.

וא"צ הפסק טהרה, ומונה ז' ממחרת יום התביעה, **והטעם**, שאינה מוחזקת בדם, דהא לא ודאי ראתה. **וי"א** והאידנא נהגו להפסיק בטהרה.

ומיהו צריכה בדיקה תוך ז', לכתחלה כל יום, **מיהו** בדיעבד אם לא בדקה עצמה רק פעם אחת תוך ז', סגי. **י"א** משום דלא עדיפא מרואה ודאית, **וי"א** דאפי' לדידן דקי"ל ברואה ודאית, דלא סגי אלא בבדקה ביום א' וביום ז', הכא שאני, כיון דלא ראתה ודאי.

ובין גדולה בין קטנה, צריכות לישב ז"נ. **וי"א** דה"ה אף בזקינה ומסולקת דמים, וכן מעוברת דהיא בחזקת מסולקת דמים.

אשה שהיא זקוקה ליבם, וקודם החליצה עשתה שידוך וספרה ז"נ, ואחר החליצה רוצה לכנס לחופה בו ביום, **י"א** דצריכה ז"נ מחדש, **לא** מיבעיא במקומות שנהגו לייבם, כי ייבום מועיל אפי' בעל כרחה, וא"כ נחשבת כא"א, **אלא** אפי' במקום שאין מייבמין רק חולצים, מ"מ לא סמכה דעתה.

י"א בלא כתיבת התנאים, לא מהני ז"נ, וצריכה למנות מחדש.

אשה שנשתטית, וספרה ז"נ בימי שטותה ע"י נשים אחרות שבדקוה, ואח"כ נעשה חלומה, **יש** להסתפק אם כשנעשה חלומה נתעורר החימוד מחדש, **ויש** דפשט ליה לקולא.

אשה שדברו בה להנשא לאיש אשר לא ראתה מעולם, ונתפייסה וקבע במכתב יום מועד לנישואין, וספרה ז"נ, **יש** מחמירין, דעיקר החימוד יתעורר לאחר ראייתה אותו, ואין לחשוב הימים שלפני זה, דהרי אמרו בסוטה, גמירי דאין יצה"ר שולט אלא במה שעיניו רואות, **ויש** שדעתו נוטה להקל, ומש"ס דסוטה אין ראיה, דמשם לא נשמע אלא המהרהר על גוף זה, לא יבא ע"י זה להרהר על גוף אחר, **אבל** אשה המחמדת על חיבת ביאה סתם, ולא על גוף ידוע, אין שום הכרח לומר לכשתראה אותו יתחדש לה חמדה יתירה, **ואף** אם יהיה קצת חימוד יותר, מ"מ כבר שבעה לה מתחלת התביעה, **והמחמיר** תע"ב.

מאימתי חוששין לדם חימוד

סעיף ב - שבעת ימים הללו מונים אותם משעה שהיא סומכת בדעתה ומכינה עצמה לחופה, אע"פ שלא נתקדשה עדיין - משמע דכ"ש אם כבר נתקדשה דצריכה לישב ז' נקיים סמוך לחופה, וכן הוא בב"י ע"ש, ‹שמפקיע התם מדברי הגה' מיימוניות בשם ריב"א שכתב: דה"מ כגון שקידשה ורוצה מיד לישאנה, דכיון דלא נתקדשה מקודם חמודי מחמדא ליה, אבל אם קידשה מקודם הרבה, ולאחר הקידושין או ז' ימים תבעוה לינשא, כיון דיודעת בו כבר, לא מחמדא והיא מותרת לינשא לו מיד, כן פי' הלחם ושמלה. **והסד"ט** כתב, דבא לאפוקי מדעת הרא"ה, דס"ל דחשש חימוד אינו אלא לאחר קדושין דוקא, לכך כתב אע"פ שלא נתקדשה, וכ"ש אחר שנתקדשה, **וכתב** עליו הלחם ושמלה: נראה שלא דקדק היטב בלשון הש"ך›.

[**בטור** הביא זה בשם הרשב"א וז"ל, לא שתבעוה לינשא לאחר י"ב חדש, שזמנה רחוק ואינה חומדת בכך כו', דאין מועיל לה שתשב ז' נקיים תכף, דהא עכשיו אין לה שום חימוד עדיין, אלא בשעה שתכין עצמה לחופה, שאז יש לה חימוד, ומה יועילו השבעה נקיים דעכשיו, **אלא** ע"כ משעה שמכינים השכר לצורך החופה, או משעה שמודיעין לה, ואז מועילין הז' נקיים, אע"פ שיש עוד זמן רב להחופה, כיון דבשעת התחלת התביעה שאז עיקר החימוד, ישבה אחריו שבעה נקיים, אח"כ הרי היא כשאר הנשים ואין לה לבדוק כלל].

[**ובדרישה** הוקשה לו, למה לא אמר הטעם, שתחזור ותחמוד לאחר זמן קודם החתונה, אלא אמר הטעם שהזמן רחוק ואינה חומדת בכך, **דנ"מ** אם תבעוה לינשא לאחר י"ב חודש, והתחילה לספור ז"נ, וביום ג' או ד' לספירתה נתרצו לכנסה, צריכה לספור ז' נקיים מחדש, ולא מעת התביעה, שהרי מעת התביעה לא היה חמדה, **ואזה** נמי מסיק ואמר שמונין לה מכי רמו שערי וכו', שאף שרגילין לעשות חופה על דרך משל ד' שבועות אחר זה, מ"מ מונין לה מאותה שעה, דאם הסכימו ביני ביני לעשות חופה מיד, אינה צריכה למנות ז' נקיים חדשים, עכ"ל].

[**הבין** שעכ"פ צריכה שתשב דוקא קודם החופה סמוך לה ז' נקיים, וע"כ כתב דכוונת הרשב"א כאן, שאין מונין משעת התביעה אם תנשא אחר י"ב חודש, כלומר

שאם מונה עכשיו ז׳ נקיים, ובתוך ז׳ נקיים נמלכו לעשות החתונה תיכף, לא מועילים אלו הז׳ נקיים, כיון שלא היה חימוד, **אלא** משעה שמכניסין לחופה, **ואם** התחילו להכין שכר, ומנתה ז׳ נקיים ויש עוד איזה שבועות להחתונה, ונמלכו לעשות אחר הז׳ נקיים אינה צריכה מחדש ז׳ נקיים, **ולפי** דבריו אם לא הקדימו החתונה צריכה ז׳ נקיים קודם החתונה שנית, **ולא** דק בפירושו זה, דלהרשב״א אחר שישבה ז׳ נקיים משעת החימוד, אינה צריכה לשום דבר אח״כ, אלא הרי היא ככל הנשים, **אלא** דשאר פוסקים החמירו, שתבדוק משעה שמתחילין הז׳ נקיים עד שתבעל, והיינו לכתחילה כמו שכתב רמ״א].

הגה: ויש לסמוך הטבילה סמוך לבעילת מצוה בכל מה דאפשר – (עיין בתשו׳ אבן שהם שכתב, דחתן שרוצה לבעול בעילת מצוה ביום חופתו, קודם הלילה באור היום אחר החופה, אסור אף בבית אפל, אף דשאר כל אדם מותר בבית אפל, מ״מ להחתן אסור, ע״ש הרבה טעמים לזה, **ועיין** בתשובת נו״ב שלא כתב כן).

והמנהג לטבול הכלה ליל ד׳ – [כיון דבזמן התלמוד בתולה נישאת ליום הרביעי], **אע״פ שלא תבעל קודם מוצאי שבת, אבל אין להרחיק הטבילה מן הבעילה יותר מזה.**

ואם לא תבעל במוצאי שבת, יש לה לבדוק עצמה בכל יום עד בעילת מצוה – ‹הלשון לאו דוקא, דגם קודם מוצאי שבת יש לה לבדוק עצמה בכל יום מן הטבילה עד הבעילה, דמאי שנא – מחה״ש›.

[הטעם בב״י, דלעולם משתבעוה לינשא עד שתבעל איכא לספוקי דלמא חזיא מחמת חימוד, ומ״מ אין חשש חימוד זה שוה לחשש חימוד דבסעיף א׳, דהתם בחימוד בשעת התביעה הוא ביותר, ע״כ יש לחוש שם אפי׳ בדיעבד, **אבל** הרשב״א לא סבירא ליה האי סברא דכל שקרוב לנישואין יש לה חימוד ג״כ, אלא לא חשו רק לחימוד של שעת התביעה לחוד, והשו״ע פסק להחמיר].

ודוקא לכתחלה, אבל בדיעבד אין להחמיר אם בדקה רק פ״א תוך ז׳.

וכל חתן ישאל לכלה קודם שיגע בה, אם שמרה ז״נ – ועכשיו לא נהגו כך, ונראה שסומכין על מה שהשושבינים רגילים להודיע להחתן אם היא טמאה.

(**עיין** באר הגולה מש״כ בשם של״ה, שדיבר מרורות כו׳ ‹על המנהג הרע שנהגו, לא די זו שמשיבין את החתן אצל הכלה, אלא אף מחבק ומנשק אותה, ואוי לעינים שכן רואות וכו׳, **לא** מיבעיא אם הבתולה באה לכלל נדות, הנה עבר אדאורייתא ואל אשה בנדת טומאתה לא תקרב, דאסור אפי׳ קריבה וכו׳, **אלא** אפי׳ היא עדיין קטנה, בתוקף אהבתו יצרו מתגבר וכו׳, וכ״ש אם בא לידי קרי וגורם להוצאת זרע לבטלה, שגדול עונו מנשוא, **ועיין** עוד שם שהזהיר, שלא לשכב החתן אצל הכלה עד ליל בעילה›, **ועיין** בתשו׳ מעיל צדקה שכתב ג״כ מרורות על המנהג הרע הזה, ולבסוף העלה דעכ״ז אין החיוב להוכיחם בדברים, מאחר שאינו מפורש בתורה, ומנוסה וברור הוא לנו שלא יקבלו, אמרינן מוטב שיהיו שוגגין כו׳).

סימן קצב ס״ב • מאימתי חוששין לדם חימוד

שבעת ימים הללו מונים אותם משעה שהיא סומכת בדעתה ומכינה עצמה לחופה, אע״פ שלא נתקדשה עדיין, **וכ״ש** אם כבר נתקדשה, ולא אמרינן כיון דיודעת בו כבר, לא מחמדא.

טור בשם הרשב״א כתב, שאם תבעוה לינשא לאחר י״ב חדש, שזמנה רחוק, אין מועיל לה שתשב ז״נ תכף, דהא עכשיו אין לה שום חימוד עדיין, **אלא** בשעה שתכין עצמה לחופה, שמכינים השכר לצורך החופה, או משעה שמודיעין לה, שאז יש לה חימוד, ואע״פ שיש עוד זמן רב להחופה.

וי״א דמשו״ה לא אמר הרשב״א הטעם, משום שתחזור ותחמוד לאחר זמן קודם החתונה, **דנ״מ** אם תבעוה לינשא לאחר י״ב חודש, והתחילה לספור ז״נ, וביום ג׳ או ד׳ לספירתה נתרצו לכנסה, צריכה לספור ז״נ מחדש, שהרי מעת התביעה לא היה חמדה.

יש שהבין בכוונת הרשב״א, שצריכה שתשב דוקא קודם החופה סמוך לה ז״נ, **ולכן** אם התחילו להכין שכר, ומנתה ז״נ ויש עוד איזה שבועות להחתונה, ונמלכו לעשות אחר הז״נ מיד, א״צ מחדש ז״נ, **אבל** אם לא הקדימו החתונה, צריכה ז״נ קודם החתונה שנית, **ויש** חולקים, דלהרשב״א אחר שישבה ז״נ משעת החימוד, א״צ לשום דבר אח״כ, אלא הרי היא ככל הנשים, **אלא** דשאר פוסקים החמירו, שתבדוק משעה שמתחילין הז״נ עד שתבעל, והיינו לכתחילה כמש״כ רמ״א.

וכתב הרמ״א, ויש לסמוך הטבילה סמוך לבעילת מצוה בכל מה דאפשר, **והמנהג** לטבול הכלה ליל ד׳, אע״פ שלא תבעל קודם מו״ש, כיון דבזמן התלמוד בתולה נישאת ליום הרביעי, **אבל** אין להרחיק הטבילה מן הבעילה יותר מזה.
ומאז עד בעילת מצוה יש לה לבדוק עצמה בכל יום, דלעולם משתבעוה לינשא עד שתבעל איכא לספוקי דלמא חזיא

מחמת חימוד, **ומ"מ** אין חשש חימוד זה שוה לחשש חימוד דבס"א, דהתם בחימוד בשעת התביעה הוא ביותר, ע"כ יש לחוש שם אפי' בדיעבד, **והרשב"א** לא ס"ל האי סברא דכל שקרוב לנישואין יש לה חימוד ג"כ, וחשו רק לחימוד של שעת התביעה לחוד, **והשו"ע** פסק להחמיר, ודוקא לכתחלה, אבל בדיעבד אין להחמיר אם בדקה רק פ"א תוך ז'.

וכתב רמ"א, דכל חתן ישאל לכלה קודם שיגע בה, אם שמרה ז"נ. **ועכשיו** לא נהגו כך, ונראה שסומכין על מה שהשושבינים רגילים להודיע להחתן אם היא טמאה.

חתן שרוצה לבעול בעילת מצוה ביום חופתו קודם הלילה, י"א דאסור, אף בבית אפל דמותר שאר כל אדם, **ויש** שחולק.

יש שדיברו מרורות על המנהג הרע שנהגו, שמשיבין את החתן אצל הכלה, ולא די בזו, אלא אף מחבק ומנשק אותה, ואוי לעינים שכן רואות, **לא** מיבעיא אם הבתולה באה לכלל נדות, הנה עבר אדאורייתא ואל אשה בנדת טומאתה לא תקרב, דאסור אפי' קריבה, **אלא** אפי' היא עדיין קטנה, בתוקף אהבתו יצרו מתגבר וכו', וכ"ש אם בא לידי קרי וגורם להוצאת זרע לבטלה, שגדול עונו מנשוא, **ועוד** הזהיר, שלא לשכב החתן אצל הכלה עד ליל בעילה. **ועכ"ז** אין החיוב להוכיחם בדברים, מאחר שאינו מפורש בתורה, ומנוסה וברור הוא לנו שלא יקבלו, אמרינן מוטב שיהיו שוגגין כו'.

אם דחו הנשואין

סעיף ג - אם דחו הנשואין מחמת איזו סיבה, אע"פ שישבה ז' נקיים - ואפילו טבלה, **צריכה לחזור ולישב ז' נקיים (ולטבול) כשיתפשרו לעשות הנשואין.**

[**משמע** מלשון המרדכי, דהנישואין היו נדחים מבלי עשיית מועד אחר לנשואין, אלא היו נפרדין זה מזה באופן שלא ידעו אימת יהיו הנישואין, וזה היה מדעת שניהם, דמשמע שנדחו מלעשות אז הנישואין בעת ההיא על צד הבירור, וגם משמע ששניהם הסכימו לכך, ע"כ ודאי לא מסקא דעתה שפיר בבדיקתה, **נמצינו** למדין אם חסר אחד מהנך תרתי, דהיינו שלא נדחו בבירור, רק מצד סילוק הנדוניא לא הושוו, וע"כ לא נעשו הנישואין באותו יום, וחשבו שעדיין יתפשרו ותהיה הסעודה למחר, **או אפי'** אם החתן גומר ואומר שאינו רוצה לישאנה מחמת שלא סילקה נידונייתו, וצד הכלה רודפים אחריו בדין ובפשר לפתותו עד שנתפתה להם, אע"פ שזה נמשך יום או יומים, לא מקרי זה דחיית הנישואין, דהכלה דעתה סומכת תמיד באותו זמן שיתפתה החתן בכך, **דאי** תימא אף בזה שייך חימוד חדש כשיצא הספק מלבה ונעשה ודאי, הא גם ביום הנישואין עצמו זמנין הרבה שהחתן מעקש, ואומר בפירוש שלא ירצה לישאנה, עד לאחר איזה שעות שנעשה שלום ביניהם, וכי תצטרך הכלה לישב ז"נ מחדש, וזה לא נשמע ולא נראה, אדרבה מעשה בכל יום שאין משגיחין בזה, וא"כ מה לי באותו יום, מה לי אם נמשך הקטטה יום או יומים, ודאי אין דעת הכלה מסתלקת, וסמכה דעתה שיהיו הנישואין אחר ההשואה].

כתב הב"ח פי', שדחו הנשואין בסתם, ולא הסכימו באותה שעה על איזה זמן יהיו הנשואין, אלא אמרו כשיתוועדו יחד לאחר שיתפשרו וישלימו אז יקבעו זמן לנשואין, בזה חיישינן דלמא לא אסקה אדעתה שתהא נזהרת יפה בבדיקתה, דמאחר שאינה יודעת קביעות הנשואין, אינה חוששת להנך שבעה נקיים הראשונים, **אבל** אם הדחייה מזמן קביעות הראשון והקביעות לזמן השני, הכל היה באותו מעמד, ועסוקים באותו ענין, אין ספק דא"צ לחזור ולספור שבעה נקיים מחדש, *ואי בדקה עצמה באותה שעה ומצאה טהורה, טהורה היא, **ודלא** כהעט"ז שהחמיר בזה מסברתו בלי ראיה, [וכתב ונ"ל, אפי' מתחילה כשדחו החופה מיום הראשון אחר שהכינו לה, והתנו מיד וקבעוה ליום אחר מיוחד, אפילו לא הרחיקה רק יום או יומים, צריכה לישב ז' נקיים מחדש, כיון שהסיחה דעתה מזמן הראשון חוזר החימוד להתעורר פעם שנית סמוך לזמן האחרון, עכ"ל, **ואין** דבריו נראין כלל, **דאף מהרי"ק לא החמיר, אלא מטעם** דילמא חזיא ולאו אדעתה, כיון שנדחו הנישואין, וזה אינו שייך כאן, דהא ודאי ידעה שפיר זמן הנישואין, ובודקת עצמה תמיד].

*(**ומש"כ**, ואם בדקה עצמה באותה שעה כו', עיין ס"ט שכתב, דאינו ידוע בדיקה דאותה שעה למה, כיון דבנ"ד לא נתייאשה מן הנקיים הראשונים, **וכתב**, דהש"ך לא העתיק יפה דברי הב"ח, דשם כתב זה על ענין אחר).

(**וגדולה** מזו כתב הב"ח בתשו', דהיכא דהדחיה והקביעות היו הכל ביום אחד, בין בדיקת שחרית וערבית, אפילו דחו בסתם מתחלה וחזרו ונתפשרו, כיון דהבדיקות היו בשעה דאסקא אדעתה יפה, א"צ לחזור ולמנות שבעה נקיים, ואין להחמיר כי אם בעומדת יום או יומים בדיחוי).

(**ועיין** חוו"ד שכתב על דברי הב"ח הנ"ל, דזה דוקא כשקבעו על זמן קרוב קבוע, דהיינו באופן שלא נתבטל הכנת הנשואין, וא"צ הכנה חדשה, **אבל** אם קבעו על זמן רחוק, באופן שצריכין למירמי שיכרא באסינתא מחדש על הנשואין, ודאי צריכה לישב שבעה נקיים מחדש, מיום שמתחילין למירמי שיכרא באסינתא על הנשואין שנקבעו שנית, דאין סברא דאם קבעו הנשואין מחדש עד אחר י"ב חודש, שלא תהא צריכה להמתין אח"כ).

מיהו אם מתוך הקטט נתפרדה החבילה, ובאותו מעמד הסכימה הכלה לישא איש אחר, ונכנסה לחופה מיד באותו היום, הדבר פשוט דהו"ל תביעה חדשה ממש, ואפילו בדקה עצמה ומצאה טהורה צריכה לספור ז' נקיים מחדש, דאיכא כאן חימוד חדש מאיש אחר, ע"כ ‹דברי הב"ח›.

(**ומש"כ** עוד, מיהו אם מתוך הקטט נתפרדה החבילה כו', עיין בתשו' חתם סופר שכתב, דאפילו לא היה יאוש וקטטה כלל, אלא שנתרצו להחליף חתן בחתן אחר, מ"מ כיון דהחמדה הראשונה היה על גוף זה, ואין היצה"ר מתגרה מגוף זה לגוף אחר, וכיון שנתחלף בגוף אחר, הוי חמדה חדשה לגמרי וצריכה שבעה נקיים).

[נ"ל דאם אחר ריצוי עם החתן השני, חזר החתן הראשון ונתרצה עמה, צריכה ג"כ ז' נקיים מחדש, כיון דאפסקה אחר בינתיים].

(אף על פי שבדקה עצמה תמיד בימים שבינתיים, לא מהני) - ובתשו' משאת בנימין האריך לחלוק ע"ז, וס"ל דא"צ לחזור ולישב ז' נקיים אלא כשלא בדקה עצמה, ומסיק לבסוף ומ"מ יש להחמיר כדברי מהרי"ק והרב, **ומ"מ** בכלה שלבשה לבנים וספרה ז' נקיים אדעת הנשואין שהיו מוגבלים לר"ח ניסן, וכשהגיע ר"ח ניסן לא בא החתן, ולמחרתו בא ציר מהחתן דאתיליד ליה אונסא בדרך, ומיד יבא ביום או יומים ועשו החופה ב' או ג' ימים אחר ר"ח ניסן, בזה ודאי א"צ ז' נקיים אחרים, אפילו לא בדקה עצמה בימים שבינתיים, אם לא עברו עליה ז' ימים בלא בדיקה, ואפילו הרב ומהרי"ק מודו בזה, **דמאחר** דלא דחו הנשואין, אלא שמחמת איזה אונס נתעכב הדבר, ודאי לא נתייאשה מן ז' נקיים הראשונים, וסמכה דעתה שיבא החתן אחר יום או יומים, ורמיא אנפשה ויהבה אדעתה שתהיה נקיה, ושלא תבא לידי חשש חימוד, עכ"ד, **ובאמת** אין להחמיר בדינים אלו, דבלא"ה הרבה פוסקים סוברים דא"צ ז"נ, ‹עיין מחצה"ש›, וגם בדיעבד סגי בבדיקה א' תוך ז' לכו"ע, וגם כל עיקר דין זה הוא מדבריהם.

[**ונ"ל** דהכלה צריכה לז' נקיים מחדש, **דכיון שלא בא ליום** המוגבל, ודאי מסופקת בדעתה, **דכל הדרכים** בחזקת סכנה, ושמא יש סכנה שלא יבא כלל, וודאי היא דואגת על סכנה שלו, או שאינו חפץ בה, ע"כ לא בא ביום חתונתו, ואחר שנודע לה שהוא בא ודאי הוה חימוד חדש].

סימן קצב ס"ג • אם דחו הנשואין

אם דחו הנשואין מחמת איזו סיבה, אע"פ שישבה ז"נ, ואפי' טבלה, צריכה לחזור ולישב ז"נ ולטבול כשיתפשרו לעשות הנשואין, **דחיישינן** דלמא לא אסקה אדעתה שתהא נזהרת יפה בבדיקתה, דמאחר שאינה יודעת קביעות הנשואין, אינה חוששת להנך ז"נ הראשונים. **ואע"פ** שבדקה עצמה תמיד בימים שבינתיים, לא מהני. **וי"א** דא"צ לחזור ולישב ז"נ אלא כשלא בדקה עצמה, ומסיק לבסוף ומ"מ יש להחמיר.

י"א דדוקא כשהנישואין היו נדחים מבלי עשיית מועד אחר לנשואין, שנדחו מלעשות אז הנישואין בעת ההיא על צד הבירור, **והיה מדעת שניהם**, אבל אם לא נדחו בבירור, רק מצד סילוק הנדוניא לא הושוו, וע"כ לא נעשו הנישואין באותו יום, וחשבו שעדיין יתפשרו ותהיה למחר, **או** אפי' אם החתן גומר ואומר שאינו רוצה לישאנה, וצד הכלה רודפים אחריו לפתותו, אע"פ שזה נמשך יום או יומים, לא מקרי זה דחיית הנישואין, דהכלה דעתה סומכת תמיד באותו זמן שיתפתה החתן בכך, **דהא** ביום הנישואין עצמו זמנין הרבה שהחתן מעקש, ואומר בפירוש שלא ירצה לישאנה, עד לאחר איזה שעות שנעשה שלום ביניהם, וכי תצטרך הכלה לישב ז"נ מחדש, וזה לא נשמע ולא נראה, וא"כ מה לי באותו יום, מה לי אם נמשך הקטטה יום או יומים.

אם הדחייה מזמן קביעות הראשון והקביעות לזמן השני הכל היה באותו מעמד, י"א דא"צ לחזור ולספור ז"נ מחדש, (ודלא כי"א שהחמיר בזה), **ולא** עוד אלא אפילו דחו בסתם מתחלה וחזרו ונתפשרו, כיון דהבדיקות היו בשעה דאסקא אדעתה יפה, א"צ לחזור ולמנות ז"נ, **ואין** להחמיר כי אם בעומדת יום או יומים בדיחוי.

וי"א דהיינו דוקא כשקבעו על זמן קרוב קבוע, באופן שלא נתבטל הכנת הנשואין, וא"צ הכנה חדשה, **אבל** אם קבעו על זמן רחוק, באופן שצריכין למירמי שיכרא באסינתא מחדש על הנשואין, ודאי צריכה לישב ז"נ מחדש, מיום שמתחילין למירמי שיכרא באסינתא על הנשואין שנקבעו שנית, **דאין** סברא דאם קבעו הנשואין מחדש עד אחר י"ב חודש, שלא תהא צריכה להמתין אח"כ.

נתחלף החתן

אם מתוך הקטט נתפרדה החבילה, ובאותו מעמד הסכימה הכלה לישא איש אחר, (**וי"א** דאפי' לא היה יאוש וקטטה כלל, אלא שנתרצו להחליף חתן בחתן אחר), ונכנסה לחופה

מיד באותו היום, **הדבר** פשוט דהו"ל תביעה חדשה ממש, ואפי' בדקה עצמה ומצאה טהורה צריכה לספור ז"נ מחדש, דאיכא כאן חימוד חדש מאיש אחר.

וי"א דאפי' אם אחר ריצוי עם החתן השני, חזר החתן הראשון ונתרצה עמה, צריכה ג"כ ז"נ מחדש, כיון דאפסקה אחר בינתיים.

לא בא החתן ביום החופה

כלה שלבשה לבנים וספרה ז"נ אדעת הנשואין שהיו מוגבלים לר"ח ניסן, וכשהגיע ר"ח ניסן לא בא החתן, ולמחרתו בא ציר מהחתן דאתיליד ליה אונסא בדרך, ומיד יבא ביום או יומים ועשו החופה ב' או ג' ימים אחר ר"ח ניסן, **בזה** ודאי א"צ ז"נ אחרים, אפי' לא בדקה עצמה בימים שבינתיים, אם לא עברו עליה ז' ימים בלא בדיקה, דמאחר דלא דחו הנשואין, אלא שמחמת איזה אונס נתעכב הדבר, ודאי לא נתייאשה מן ז"נ הראשונים, **ובאמת** אין להחמיר בדינים אלו, דבלא"ה הרבה פוסקים סוברים דא"צ ז"נ, **וגם** בדיעבד סגי בבדיקה א' תוך ז' לכו"ע, **וגם** כל עיקר דין זה הוא מדבריהם.

וי"א דצריכה לז"נ מחדש, דכיון שלא בא ליום המוגבל, ודאי מסופקת בדעתה, דכל הדרכים בחזקת סכנה, ושמא יש סכנה שלא יבא כלל, או שאינו חפץ בה, ע"כ לא בא ביום חתונתו, ואחר שנודע לה שהוא בא ודאי הוה חימוד חדש.

עבר וכנסה תוך זמן זה

סעיף ד - עבר וכנסה תוך זמן זה, וכן חתן שפירסה כלתו נדה קודם שבא עליה - ונתבאר באה"ע, שהמנהג פשוט לכנוס ולעשות נשואין אף שהיא נדה, **לא יתייחד עמה, אלא הוא ישן בין האנשים והיא ישנה בין הנשים** - אבל פירסה נדה אחר שבא עליה, לא תקיף ליה יצריה כ"כ כיון דבעל, ומותר לייחד עמה.

הגה: וי"א אם היתה טהורה כשנשאה ולא בא עליה, ופירסה נדה אח"כ, א"צ שימור עוד - דהא חזינן דלא תקיף יצריה, כיון שלא בא עליה עד השתא, **והמחמיר תע"ב.**

[בתרומת הדשן הביא דעת האוסרים, כסתם לישנא דתלמודא דאמר, שאם בעל א"צ שמירה, ויש מתירים, דמה שאמר התלמוד בעל, היינו ראוי לבעול, **והכריע** בעל תרומת הדשן להיתר, וראייתו מדמצינו בשור המועד דראה שוורים ג' פעמים ולא נגח חזר לתמותו, אלמא דלא אמרינן דבהאי זימנא נח יצריה, והיום או למחר הדר יצריה, ה"נ בנידון זה, ומ"מ המחמיר תע"ב, **ולענ"ד** שאין הנידון דומה לראיה, דהא קימ"ל סתם שוורים בחזקת שימור קיימי, נמצא דכל שור שהוא מועד לנגוח הוא משונה מטבע סתם שוורים, ומש"ה כל שאנו רואים שראה שוורים ולא נגח, נתבטל שינוי שלו ונעשה כשאר השוורים, **משא"כ** כאן, דסתם אדם יצריה תקיף עליה ולא מוקים אנפשיה, נמצא דהאי חתן שלא בעל הוא נשתנה מטבע העולם, ולא אמרינן שבשביל שנשתנה שעה אחת או ימים אחדים יהיה כן לעולם, אדרבה אמרינן כל זמן שאנו רואין שנשתנה הרי נשתנה, ובזמן שאין רואין שנשתנה יחזור הדבר לטבע האדם שהוא רוב העולם, ואין לך בו אלא חידושו ומחידושו לא ילפינן, **ע"כ** נ"ל כדברי האוסרין, כמשמעות לשון התלמוד, דאין היתר רק כשבעל, ואין זה בכלל המחמיר תע"ב, אלא דין גמור הוא שצריך שמירה].

השיג על התרומת הדשן שלא כדת, דהכא נמי סתם בני אדם בחזקת כשרות, ומה שהביא ראיות דלא מוקי אנפשיה, היינו בציורים שהיא מותרת לו - נקה"כ.

ונראה דהאידנא שהמנהג שלא לבעול רק אחר ב' או ג' ימים אחר הנשואים, אע"פ שהוא מנהג של שטות, ויש בו איסור מכמה טעמים ונכון לבטלו, **מ"מ** כיון שהמנהג כך א"כ אם פירסה נדה ודאי דצריך שימור, דהא דלא בעל תחלה היינו משום המנהג, וכן נוהגין להצריך שימור בכה"ג.

‹והפלתי כתב, ושגגה פלטה הקולמוס, דאם אין יצרו תקפו כ"כ, עד שיוכל לעצור עצמו מבלי לעבור מנהג של שטות, איך לא יעצור כח הגבורה לבל יבעול נדה ח"ו, ואדרבה זה מורה כי אין יצרו תקפו, וישמע לקול דברי חז"ל, כי ראינו ששמע למנהג, ואין ספק שתלמיד טועה הוסיף כן, כי שפתי כהן ישמרו דעת – מחצה"ש.

ואין לחלק בזה בין בחור לאלמן - כלומר דלא תימא דבאלמן שבעל כבר לא תקיף יצריה, קמ"ל, **או בתולה לאלמנה** - דגם בבתולה אחר שבעל בעילת מצוה מותר לייחד, אע"פ שלא ראתה דם נדות, דדם בתולים חמיר ליה כמו דם נדות, **וזה** דעת רבינו ירוחם והרא"ש דלא כהרמ"ה.

וי"א שאסורה ליחד עמו ביום כמו בלילה, וא"צ להיות שתי שמירות, רק הוא בין האנשים או היא בין הנשים.

ואם אינם ישנים בחדר אחד, אינם צריכים שימור כלל.

וי"א דבלילה צריך שתי שמירות, וביום מותר להתייחד.

והמנהג ליקח קטן אצל החתן וקטנה אצל הכלה, ואין מתיחדין ביום בלא קטן או קטנה -

וצריכים להיות שיודעים טעם ביאה, ושאין מוסרין עצמם לביאה, ‹דלא יתייחד איש אחד אפי' עם שתי נשים, דשמא יפתה שניהם, אבל מותר להתייחד עם אשה שיש עמה תינוקת קטנה, שיודעת טעם ביאה ואינה מוסרת עצמה לביאה, שאינה מזנה לפניה לפי שהיא מגלה את סודה, ושיפתה גם הקטנה לא חיישינן, דאינה מוסרת עצמה לביאה – מחה"ש›.

‹**ומנחת** יעקב חולק, דהכא אף במוסרת עצמה לביאה מותרת, דלא חיישינן שישכב גם עמה, דאשתו משמרתו, והפלתי מיישב – מחה"ש›.

והמנהג ליקח קטן - (עיין בסוף ספר באר שבע, שתמה על מנהג זה שאינו עפ"י הדין, **ובפרט** מה שנהגו שאין לוקחים לשמירה לא קטן ולא קטנה, רק אֵם הכלה שוכבת אצל בתה הכלה, דזה איסור גמור).

סימן קצב ס"ד • עבר וכנסה תוך זמן זה

עבר וכנסה תוך זמן זה, **וכן** חתן שפירסה כלתו נדה קודם שבא עליה, (**דהמנהג** פשוט לעשות נשואין אף שהיא נדה), **לא יתייחד** עמה, אלא הוא ישן בין האנשים והיא ישנה בין הנשים, (**ואם** אינם ישנים בחדר אחד, אינם צריכים שימור כלל), **אבל** פירסה נדה אחר שבא עליה, לא תקיף ליה יצריה כ"כ כיון דבעל, ומותר לייחד עמה.

אם היתה טהורה כשנשאה ולא בא עליה, כתב רמ"א די"א, דאם פירסה נדה אח"כ, א"צ שימור עוד, דהא חזינן דלא תקיף יצריה, כיון שלא בא עליה עד השתא, **והמחמיר** תע"ב.

והט"ז חולק, שאינו דומה להא דשור המועד שראה שוורים ג"פ ולא נגח, דחזר לתמותו, **דהא** קימ"ל סתם שוורים בחזקת שימור קיימי, נמצא דכל שור שהוא מועד לנגוח הוא משונה מטבע סתם שוורים, ומש"ה כל שאנו רואים שראה שוורים ולא נגח, נתבטל שינוי שלו ונעשה כשאר השוורים, **משא"כ** כאן, דסתם אדם יצריה תקיף עליה ולא מוקים אנפשיה, נמצא דהאי חתן שלא בעל הוא נשתנה מטבע העולם, ולא אמרינן שבשביל שנשתנה שעה אחת או ימים אחדים יהיה כן לעולם, **ע"כ** אין זה בכלל המחמיר תע"ב, אלא דין גמור הוא שצריך שמירה.

והש"ך הקשה על הט"ז, דה"נ סתם בני אדם בחזקת כשרות.

האידנא שהמנהג שלא לבעול רק אחר ב' או ג' ימים אחר הנשואין, כתב הש"ך, דאע"פ שהוא מנהג של שטות, ויש בו איסור מכמה טעמים ונכון לבטלו, **מ"מ** כיון שהמנהג כך א"כ אם פירסה נדה ודאי דצריך שימור, דהא דלא בעל תחלה היינו משום המנהג, וכן נוהגין להצריך שימור בכה"ג.

ומקשים עליו, דאם אין יצרו תקפו כ"כ, עד שיוכל לעצור עצמו מבלי לעבור מנהג של שטות, איך לא יעצור כח הגבורה לבל יבעול נדה ח"ו, **ואין** ספק שתלמיד טועה הוסיף כן, כי שפתי כהן ישמרו דעת.

ואין לחלק בזה בין בחור לאלמן, ולא אמרינן דבאלמן שבעל כבר לא תקיף יצריה. **גם** אין חילוק בין אלמנה לבתולה, דגם בבתולה אחר שבעל בעילת מצוה מותר לייחד, אע"פ שלא ראתה דם נדות, דדם בתולים חמיר ליה כמו דם נדות.

כתב הרמ"א ג' שיטות:
י"א שאסורה ליחד עמו ביום כמו בלילה, **וא"צ** להיות שתי שמירות, רק הוא בין האנשים או היא בין הנשים.

וי"א דבלילה צריך שתי שמירות, **וביום** מותר להתייחד.

והמנהג ליקח בלילה קטן אצל החתן וקטנה אצל הכלה, **ואין** מתיחדין ביום בלא קטן או קטנה.
וכתב הש"ך, דצריכים להיות שיודעים טעם ביאה, ושאין מוסרין עצמם לביאה, **וי"א** דהכא אף במוסרת עצמה לביאה מותרת, דלא חיישינן שישכב גם עמה, דאשתו משמרתו.

יש שתמה על מנהג זה ליקח קטן, שאינו עפ"י הדין, **ובפרט** מה שנהגו שאין לוקחים לשמירה לא קטן ולא קטנה, רק אֵם הכלה שוכבת אצל בתה הכלה, דזה איסור גמור.

מחזיר גרושתו

סעיף ה - מחזיר גרושתו צריכה לישב ז' נקיים

– [נראה דאם עבר וכנס תוך זמן, דאין צריך שמירה, כיון דכבר בעלה כשהיתה אשתו בפעם הראשון, לא תקיף יצריה עכשיו כ"כ].

‹**מדנקט** הט"ז לדינא בעבר וכנס תוך זמן, ולא נקט בפשטות, דנשא כדין אחר ז' נקיים, וקודם הביאה פירסה נדה, דמותרת ביחוד, היה נ"ל, דהט"ז לא סמך על סברתו להקל, רק בזה דתוך הז' נקיים מותר ביחוד, כיון דלהרבה פוסקים לא צריכה לז' נקיים, בזה מקילים ביחוד, אבל בפירסה נדה אסור ביחוד, **אבל** התפארת למשה כתב על דברי הט"ז אלו, "ולפי זה אם בא עליה פעם אחת בזנות, ואח"כ נשאת ופירסה נדה, א"צ שמירה, וצ"ע לדינא", **נראה** דס"ל בכוונת הט"ז, דהכא אפי' בפירסה נדה א"צ שמירה, **וכן** כתב להדיא בשם הט"ז, דבמחזיר גרושתו תוך ז' נקיים או פירסה נדה א"צ שמירה, **ולענ"ד** אין מוכח כן מהט"ז – רעק"א›.

(**עיין** ברדב"ז שכתב, איכא לאיסתפוקי, אם גירש אותה כדי לקיים שבועתו, והוא עתיד להחזירה, והיא יודעת בדבר, כיון דדעתה עליו אין כאן תביעה כלל, והיא אינה מחמדת, או דילמא לא חילקו רבנן).

סימן קצב ס"ה(1) • מחזיר גרושתו

מחזיר גרושתו צריכה לישב ז"נ.

כתב הט"ז, דאם עבר וכנס תוך זמן, א"צ שמירה, כיון דכבר בעלה כשהיתה אשתו בפעם הראשון, לא תקיף יצריה כ"כ.

י"א בהט"ז, דאם נשא כדין אחר ז"נ, וקודם הביאה פירסה נדה, לא סמך הט"ז על סברתו להקל, ואסור ביחוד, ורק בנידון דידן, כיון דלהרבה פוסקים לא צריכה לז"נ, **אבל י"א בהט"ז**, דאפי' בפירסה נדה א"צ שמירה, **ואם** בא עליה פעם אחת בזנות, ואח"כ נשאת ופירסה נדה, צ"ע לדינא.

אם גירש אותה כדי לקיים שבועתו, והוא עתיד להחזירה, והיא יודעת בדבר, **י"א** דאיכא לאיסתפוקי, דכיון דדעתה עליו אין כאן תביעה כלל, והיא אינה מחמדת, **או** דילמא לא חילקו רבנן.

הקדמת זמן הנישואין

[מעשה באלמנה אחת, שהיה לה זמן מוגבל בתנאים עם החתן שלה לנישואין, אלא שהחתן אמר לה, שאפשר שיקדים הנשואין, וכן עשה, והיא אמרה שסמכה ע"ז, וספרה ז' נקיים וטבלה ובא עליה, נ"ל דאע"פ שהאלמנה עשתה שלא כדין, כיון שלא היה לה בירור על הקדמת החתונה עד שבא החתן וכנסה תיכף, נמצא שבשעה שהתחילה לדעת הבירור נתחדש החימוד, וצריכה לחזור ולמנות ז' נקיים, מ"מ כיון שכבר עברה ועשתה כן, אין להפרישם ג' חדשים משום הבחנה עבור זה, **וראיה** ממה שכ' סי' קצ"ו סעיף י"ב, אם טעתה וטבלה כו' שתמתין ו' עונות ותטבול, וכל שכן כאן דחשש חימוד אינו אלא מדרבנן, כמ"ש תחילת הסימן].

‹והיינו בציור שלא היה חימוד מחמת הזמן ראשון, דאל"כ א"צ עוד ז"נ, עיין בט"ז סי' קצ"ב ס"ג – בדי השלחן›.

(**עיין** בתשו' נו"ב שכתב, בכלה שביקשה מאבי החתן שיקדים הנשואין, והשיב שהוא מסכים לזה, אך צריך מקודם ליסע לביתו לשאול לאשתו, ואם תסכים ישלח שליח להכלה, והכלה התחילה תיכף למנות ז' נקיים, ולסוף כן היה שהסכימה אשתו, **הדבר** פשוט שצריכה למנות ז' נקיים מיום ביאת השליח, כיון שכל זמן שלא חזר השליח עדיין הדבר ספק אצלה, **וע"ש** שכתב, דאם אבי החתן אמר שאין בדבר זה ספק, שודאי גם זוגתו תסכים לזה, אפשר להקל, ועדיין צריך תלמוד כיון שתלה בדעת אחרים).

סימן קצב ס"ה(2) • הקדמת זמן הנישואין

אשה שהיה לה זמן מוגבל בתנאים עם החתן שלה לנישואין, (והיה בזמן רחוק, בציור שלא היה חימוד מחמת הזמן ראשון), אלא שהחתן אמר לה, שאפשר שיקדים הנשואין, וכן עשה, והיא אמרה שסמכה ע"ז, וספרה ז"נ וטבלה ובא עליה, **אע"פ** שהאלמנה עשתה שלא כדין, דכיון שלא היה לה בירור על הקדמת החתונה, נמצא שבשעת הבירור נתחדש החימוד, וצריכה לחזור ולמנות ז"נ, **מ"מ** כיון שכבר עברה ועשתה כן, אין להפרישם ג' חדשים משום הבחנה עבור זה.

ואם ביקשה מאבי החתן שיקדים הנשואין, והשיב שהוא מסכים לזה, אך צריך מקודם לשאול לאשתו, ואם תסכים ישלח שליח להכלה, והכלה התחילה תיכף למנות ז"נ, ולסוף כן היה שהסכימה אשתו, **י"א** שצריכה למנות ז"נ מיום ביאת השליח, כיון שכל זמן שלא חזר השליח עדיין הדבר ספק אצלה, **ואם** אבי החתן אמר שאין בדבר זה ספק, שודאי גם זוגתו תסכים לזה, אפשר להקל, **ועדיין** צריך תלמוד כיון שתלה בדעת אחרים.

§ סימן קצג – דין דם בתולים §

דם בתולים

סעיף א - הכונס את הבתולה, בועל בעילת מצוה וגומר ביאתו

- אע"פ שהדם שותת ויורד, **ופורש מיד** - וה"ה דמותר לו לפרוש באבר חי, וא"צ להמתין עד שימות האבר.

אפילו היא קטנה שלא הגיע זמנה לראות ולא ראתה – [ובטור כתוב כאן: ואפי' היא בוגרת שכלו בתוליה, והוקשה לב"י מאי אפי' בוגרת, אדרבה בבוגרת יש לתלות טפי בדם נדה, כיון שאין לה דם בתולים, **ונראה** דלא קשה מידי, דכוונת הטור ללמדנו תרי רבותות, **האחת**, אף אם בודאי הוא דם בתולים ולא דם נדה, כגון לא הגיע זמנה ולא ראתה, אפ"ה מחמירין, דאתי למטעי בין דם לדם, **ואח"כ** קמ"ל, דלא תימא דוקא היכא שברור שרואה דם בתולים, אבל אם אין ברור שראתה כלל אפי' דם בתולים, למה נחמיר בה, לזה קאמר דאפי' בוגרת יחמיר, דשמא ראתה והוא לא ידע מזה, **ואח"כ** אמר, אפי' אם בודאי הוא שלא ראתה, דהיינו שבדקה עצמה, מ"מ חיישינן שחיפהו שכבת זרע].

ואפי' בדקה ולא מצאה דם, טמאה, שמא ראתה טיפת דם כחרדל וחיפהו שכבת זרע – [הא דהוצרך כאן לזה, ולא אמר כמו שאמר ריש סי' קצ"ב לענין חימוד, "ולא הרגישה בו", י"ל דהתם היא הולכת

סימן קצג – דין דם בתולים

סעיף א – דם בתולים

אנה ואנה, ובודאי אין שייך לבקש בשום מקום אם יצא ממנה דם, משא"כ כאן שהיא שוכבת במטה, ואפשר לראות אם יש בסדין שתחתיה דם, לזה הוצרך לומר שמא נתחפה בשכבת זרע].

הגה: ויש מקילין אם לא ראתה דם. ונהגו להקל אם לא גמר ביאה רק הערה בה ולא ראתה דם; אבל אם בא עליה ביאה ממש, צריך לפרוש ממנה אע"פ שלא ראתה דם. ובעל נפש יחוש לעצמו שלא לשחוק בתינוקות.

וצריכה שתפסוק בטהרה ותבדוק כל שבעה, ולא תתחיל למנות עד יום ה' לשימושה - כדין נדה לקמן סי' קצ"ו סי"א. [מצאתי בשם מהר"ל מפראג, דאע"פ דהשתא נהוג עלמא, דהנדה מתחלת למנות מיום הששי, מ"מ במתחלת למנות אחר ביאה ראשונה של בתולים, מתחלת למנות מיום חמישי, וכן הורה הלכה למעשה]. ‹ויש דיון בין האחרונים אי כוונת הש"ך לחלוק ע"ז, עיין במחה"ש ובפרי דעה›.

ונוהג עמה בכל דיני נדה לענין הרחקה; אלא שנדה גמורה אסור לו לישן על מטתה אפילו כשאינה במטה, וזו מותר לו לישן באותה מטה לאחר שעמדה מאצלו, ואפילו בסדין שהדם עליו.

סימן קצג ס"א • דם בתולים

הכונס את הבתולה, בועל בעילת מצוה וגומר ביאתו, אע"פ שהדם שותת ויורד, **ופורש** מיד, ואפי באבר חי.

ואפי' היא קטנה שלא הגיע זמנה לראות ולא ראתה, דהוא בודאי דם בתולים ולא דם נדה, משום דאתי למטעי בין דם לדם, **ואפי' בוגרת שכלו בתוליה** דאינו ברור שראתה כלל אפי' דם בתולים, משום דשמא ראתה והוא לא ידע מזה, **ואפי' בדקה ולא מצאה דם**, טמאה, משום שמא ראתה טיפת דם כחרדל וחיפהו שכבת זרע.

וכתב הרמ"א, ויש מקילין אם לא ראתה דם. **ונהגו** להקל אם לא גמר ביאה רק הערה בה ולא ראתה דם; **אבל** אם בא עליה ביאה ממש, צריך לפרוש ממנה אע"פ שלא ראתה דם. **ובעל** נפש יחוש לעצמו שלא לשחוק בתינוקות.

וצריכה שתפסוק בטהרה ותבדוק כל ז', ולא תתחיל למנות עד יום ה' לשימושה, **ואע"פ** דהשתא נהוג עלמא, דהנדה מתחלת למנות מיום הששי, **מ"מ** במתחלת למנות אחר ביאה ראשונה של בתולים, מתחלת למנות מיום חמישי.

ונוהג עמה בכל דיני נדה לענין הרחקה; **אלא** שנדה אסור לו לישן על מטתה אפי' כשאינה במטה, **וזו** מותר לו לישן באותה מטה לאחר שעמדה מאצלו, ואפילו בסדין שהדם עליו.

§ סימן קצד – דין יולדת ומפלת §

ימי לידה

סעיף א- יולדת, אפילו לא ראתה דם, טמאה כנדה; בין ילדה חי, בין ילדה מת, ואפי' נפל. וכמה הם ימי טומאתה, עכשיו בזמן הזה כל היולדות חשובות יולדות בזוב, וצריכות לספור שבעה נקיים; נמצאת אומר שהיולדת זכר יושבת ז' ללידה וז' לנקיים לזיבה, והיולדת נקבה יושבת שבועים ללידה וז' נקיים לזיבה.

ימי לידה, שהם ז' לזכר וי"ד לנקבה, אם לא ראתה בהן עולים לספירת זיבתה – [פי' ולא ראתה אח"כ עד כלות י"ד לנקבה, דאילו ראתה, הרי צריכה לישב ז' נקיים מחדש מחמת אותה ראיה, מכח חומרא דר' זירא, **ואין** לומר דבדם כזה לא החמירו על עצמן, כיון שאינו דם נדות ולא זיבות, זה אינו, דהא כתבו הפוסקים, שאין בועלין על דם טוהר מכח חומרא דר' זירא, והא התם הוה אפי' דם טוהר, וכ"ש שאינו ראוי לנדה ולזיבה, ואפ"ה נהגו בו איסור משום חומרא זאת, ק"ו לדם טמא שהיא רואה בשבוע שני של נקבה, **ואין** להקשות ממה שכתב הטור, "ואפי' ילדה נקבה ולא ראתה בז' ימים הראשונים, ועלו לה לספירת זיבה, וראתה בז' ימים השניים, אינה סותרת וטובלת לאחר י"ד אפי' לא פסקה" עכ"ל, **הא** מיירי במקום שנוהגין לבעול על דם טוהר, דאין שייך חומרא דר' זירא אפי' במה שראתה בשבוע השני, דהיאך תעשה ז' נקיים, כיון שאותו דם שהיא רואה באותן הנקיים בועלין עליו, **אבל** במקום שאין בועלין על דם טוהר, ברור כשמש שצריכה ז' נקיים על מה שרואה בשבוע השני, **אלא** שמו"ח ז"ל כתב, דחומרא דר' זירא אינה שייכה אלא בדם הראוי לנדות ולזיבה, אבל בדם של שבוע שני של יולדת נקבה

לא שייכא, אף לאותן שאינן בועלין על דם טוהר, ודברי תימה הם].

ואם שלמו ז' נקיים בתוך י"ד לנקבה, הרי זו אסורה עד ליל ט"ו; ואם טבלה קודם לכן, לא עלתה לה טבילה.

סימן קצד ס"א(1) • ימי לידה

יולדת, אפי' לא ראתה דם, טמאה כנדה; בין ילדה חי, בין ילדה מת, ואפי' נפל. **וכמה** הם ימי טומאתה, עכשיו בזה"ז כל היולדות חשובות יולדות בזוב, וצריכות לספור ז"נ; **נמצאת** אומר שהיולדת זכר יושבת ז' ללידה וז"נ לזיבה, והיולדת נקבה יושבת י"ד ללידה וז"נ לזיבה.

ימי לידה, שהם ז' לזכר וי"ד לנקבה, אם לא ראתה בהן עולים לספירת זיבתה, **והיינו** אם לא ראתה אח"כ עד כלות י"ד לנקבה, דאילו ראתה, הרי צריכה לישב ז"נ מחדש מחמת אותה ראיה, מכח חומרא דר' זירא, **והיינו** לדידן דאין בועלין על דם טוהר מכח חומרא דר' זירא, וק"ו לדם טמא שהיא רואה בשבוע שני של נקבה, **ובמקום** שנוהגין לבעול על דם טוהר, אין שייך חומרא דר' זירא אפי' במה שראתה בשבוע השני, דהיאך תעשה ז"נ, כיון שאותו דם שהיא רואה באותן הנקיים בועלין עליו, **אלא שהב"ח** כתב, דחומרא דר' זירא אינה שייכה אלא בדם הראוי לנדות ולזיבה, אבל בדם של שבוע שני של יולדת נקבה לא שייכא, אף לאותן שאינן בועלין על דם טוהר, **ודברי** תימה הם.

ואם שלמו ז' נקיים בתוך י"ד לנקבה, הרי זו אסורה עד ליל ט"ו; **ואם** טבלה קודם לכן, לא עלתה לה טבילה.

ליל מ"א לזכר וליל פ"א לנקבה

[**בטור** כתוב, וצריכה לפרוש מבעלה ליל פ"א, והיא מימרא בגמ', ויש בה מחלוקת, **דבה"ג** מפרש הטעם, משום דנפקא אז מימי טוהר לימי טומאה, הוי ליה כשעת וסתה, **אבל** שאר הפוסקים שהביא ב"י סבירא להו לכולהו הטעם, דמתוך שהורגלה לשמש כל ימי טוהר ואפי' תראה, חיישינן שמא גם עתה תראה ולאו אדעתה, לכן יודיענה בעלה שהוא פורש ממנה ליל זו, בשביל שכלו ימי טוהר שלה, **ולפי** טעם זה אין איסור אלא במקום שבועלין על דם טוהר, אבל לדידן שאין בועלין על דם טוהר, אין איסור בליל מ"א ופ"א, **משא"כ** לפי בה"ג אין חילוק זו, ואפי' לדידן שאין בועלין על דם טוהר, צריך לפרוש ליל מ"א ופ"א, וכיון שרוב פוסקים סבירא להו הטעם משום גזירה שזכרנו, אין צריך לפרוש בליל מ"א ופ"א, ומש"ה לא הביאו כאן בשו"ע, ולית מאן דחש לה], ועיין ש"ך ס"ג.

הגה: ולאחר ז' לזכר וי"ד לנקבה, מותרת לבעלה מיד, מאחר שספרה ז' נקיים ולא חזרה וראתה.

סימן קצד ס"א(2) • ליל מ"א לזכר וליל פ"א לנקבה

בטור כתוב, וצריכה לפרוש מבעלה ליל מ"א (לזכר) וליל פ"א (לנקבה), והיא מימרא בגמ', **ויש** בה מחלוקת:
דבה"ג מפרש הטעם, משום דנפקא אז מימי טוהר לימי טומאה, הוי ליה כשעת וסתה.
אבל שאר הפוסקים ס"ל הטעם, דמתוך שהורגלה לשמש כל ימי טוהר ואפי' תראה, חיישינן שמא גם עתה תראה ולאו אדעתה, לכן יודיענה בעלה שהוא פורש ממנה ליל זו, בשביל שכלו ימי טוהר שלה.
ולפי טעם זה אין איסור אלא במקום שבועלין על דם טוהר, **אבל** לדידן שאין בועלין על דם טוהר, אין איסור בליל מ"א ופ"א, **משא"כ** לפי בה"ג אין חילוק זו.
וכתב הס"ז, וכיון שרוב פוסקים ס"ל הטעם משום גזירה שזכרנו, א"צ לפרוש בליל מ"א ופ"א, ומש"ה לא הביאו כאן בשו"ע, ולית מאן דחש לה. **ועיין** ש"ך ס"ג.

תוך מ' לזכר ותוך פ' לנקבה

מיהו יש מקומות שנוהגין שאין טובלין תוך מ' לזכר ושמונים לנקבה, ואין להתיר במקום שנהגו להחמיר; אבל במקום שאין מנהג אין להחמיר כלל, רק מיד שלא ראתה דם אחר ז' לזכר וי"ד לנקבה וספרה ז' נקיים, מותרת לבעלה.

[מנהג זה מצינו לו שהרמב"ם קרא עליו תגר, ואמר שיש איסור לנהוג כן, ונמשך לצד מינות, כמו שהעתיק ב"י, **גם הביא שאר דעות שמקיימין אותו, ומצינו לו שני** טעמים למקיימין אותו, **האחד**, מצד שראו להחמיר באיסור נדה בימים ההם שדמים מצויים באשה, כמו שכתב ב"י בשם הריב"ש, שלמד זכות על מנהג זה], **מפני** שהוא כ"כ קרוב ללידתה, הדמים מצויים בהם וחוששים שמא יראו ולא ירגישו, וחששה רחוקה היא, דאפילו יראו ולא ירגישו מה בכך, דם טהור הוא מן התורה, עכ"ל עט"ז, **ואמת** שלפי טעם זה הוא חששה רחוקה.

[**עוד** מצינו לספר האגודה, וז"ל, נ"ל דמש"ה רגילים נשים יולדות להמתין, כי יראות פן ישכחו העונה דמ' לזכר ופ' לנקבה, עכ"ל, ר"ל דהא יש איסור בליל מ"א לזכר וליל פ"א לנקבה, משום הכי החמירו כל ימי טוהר], **שהמחמירין** סוברים כדעת בה"ג כו', ע"ש ‹בב"ח›, [**ואי** משום טעם זה לא איריא כלל, דהא נתבאר דאין

סימן קצד – דין יולדת ומפלת
סעיף א – תוך מ' לזכר ותוך פ' לנקבה

צריך לדידן לפרוש אותה העונה כל עיקר, ומי שאומר שצריך לפרוש בעת ההיא לדידן, הוא דעת יחיד ולא קימ"ל כוותיה כלל].

אבל בד"מ כתב בזה טעם שיש בו עיקר, דס"ל כר"ת דכתבו הסמ"ג והג"מ ושאר פוסקים, אע"ג שכל הגאונים חולקים עליו, נהגו בצרפת להחמיר כר"ת, לומר דימי לידה אין עולין, עכ"ל, ‹**וא"כ** צריכה ב' טבילות, האחד לאחר שיעברו ימי לידה, ז' לזכר וי"ד לנקיבה, ואינה טהורה עדיין באותה טבילה, אלא שאם לא היתה טובלת עדיין היו נקראים ימי לידה, ולא היה מועיל לה לספירת ז' נקיים שלה, דאף לאחר ז' לזכר וי"ד לנקיבה כל זמן שלא טבלה ימי לידה מקרי ואינה עולה, ולאחר ז' נקיים צריכה טבילה שנית לטהרה לבעלה – מחה"ש›, **וא"כ** לדידן שאין נוהגין בב' טבילות, א"כ פשוט שצריכה להמתין מלספור ז' נקיים עד אחר ארבעים יום לזכר ושמונים לנקבה, ומזה נשתרבב המנהג, ולכן אין למחות כלל ביד הנוהגים להחמיר כדעת ר"ת, **ואע"ג** דמטעם זה של שתי טבילות, אין חילוק בין הוא תוך פ' או אח"כ, דלעולם היא בנדתה עד שתהיה במים, ‹**ר"ל** אף לאחר מ' ופ' מקרי ימי לידה, ואינה עולה לספירת ז' נקיים – מחה"ש›, **אפשר** דאותן שנהגו מנהג זה להחמיר, ראו דברי ר"ת עיקר תוך ימי לידתה, דהיינו תוך מ' לזכר ופ' לנקבה, אבל לא אח"כ, עכ"ל ד"מ, ‹**דתו** לא הוי ימי לידה כ"כ, ועולה לספירת זיבתה אף שלא טבלה עדיין – מחה"ש›.

[**גם** מו"ח ז"ל הביא טעם זה, והנך רואה שאין טעם זה לשבח כל עיקר, חדא דלא קימ"ל כר"ת שפסק כאביי, כמו שהביא המרדכי שכל הגאונים בכלל ופרט פסקו כרבא, דס"ל ימי לידה הנקיים עולין למספר ז' נקיים, וא"כ לית דמשגח בר"ת בדבר זה, ותו דא"כ לא מתקנת כלום, דכיון דלאביי דר"ת פוסק כוותיה, דבהטבילה תליא מילתא, א"כ אע"פ שכלו מ' דזכר ופ' דנקבה, אכתי ימי לידה קרינן, ומה לי תוך פ' או אחר פ', גם רמ"א עצמו בד"מ כתב, שאין טעם זה עיקר, ואין להחמיר כלל במקום שלא נהגו כבר להחמיר, וכן דבריו כאן בשו"ע, רק שכתב שטעם זה מועיל ליישב למקום המחמיר].

[**אלא** שמו"ח ז"ל כתב והפריז על המדה, ואמר שעל מנהג זה פורץ גדר ישכנו נחש, ולא ידעתי מי הכניסו לכך, לחזק אותו המנהג ולהטיל עונש ח"ו, כיון שהרמב"ם ראה המנהג וכתב לבטלו, והמגיד משנה והמרדכי וב"י ומהרי"ק הסכימו לזה, גם הריב"ש רק שכתב שיש קצת ללמוד זכות ולקיימו, אבל להטיל עונש על העובר, לא עלה על דעת שום ראשון ואחרון, **ואנו** רואין בקהלות קדושות מעשים בכל יום בנשים הרבה כמעט רובן, שמקילין בדבר ואינם ממתינים עד פ' לנקבה, **ובאם** מפלת נפל אין שום אחת שתמתין שמונים יום, אלא טובלת כל זמן שתוכל, וחלילה להענישם ע"ז, ‹**עיין** בספר תפארת צבי שכתב, דאפילו ילדה ולד חי אלא שמת בתוך שלשים, אינה צריכה להמתין›, **גם מעיד אני** שראיתי גדול אחד, שצוה לאשתו שתטבול תוך פ' לנקבה, ואמר לי הטעם כיון שהחומרא הוא בשביל פרישות ליל מ"א ופ"א, אמר שיודע בעצמו להזהר לפרוש אותה עונה, וכבר נתבאר שאין אנו צריכין ליזהר כלל בעונות פ"א יום, **ע"כ** אומר אני רחמנא לבא בעי, וכל הרוצה להחמיר בזה וכוונתו לשמים, יש לו לסמוך על קצת האחרונים שכתבו לקיים אותו המנהג, **אבל** המקיל בדבר חלילה לתת עליו שום עונש, ואין בזה בדורותינו משום פורץ גדר, דאנו רואין שאין מנהג זה קבוע לגמרי ומוסכם בין הכל במקומותינו, ובודאי רמ"א לא נתכוין אלא במקום שהוא מוסכם בין כולם להחמיר בדבר, כנלענ"ד, **אחרי** כתבי זאת נדפסו תשובות רמ"א, וכתוב שם דנהגו להקל במדינות אלו, ביולדות שטובלות קודם מ' יום לזכר וכו', **וכתב** עוד שאין צריך לפרוש ליל מ"א או פ"א מטעם שזכרתי לעיל].

(**ועיין** בט"ז דמשמע שם, דבמקום שהמנהג בין כולם להחמיר, חשיב פורץ גדר, **ועיין** בתשו' נו"ב שכתב דדוקא בידוע שנעשה מתחלה בהסכמת זקני העיר, אבל בלא"ה אפשר שהנשים נהגו כן בעצמם, ואין בזה אלא משום דברים המותרים ואחרים נהגו בו איסור, **עוד** כתב שם, שאם היה בידו היה כותב לכל המקומות שיבטלו מנהג זה, כי כמה מכשולים באים ע"י זה, ובמקום שיש לחוש למכשול עבירה, לא שייך לומר אי אתה רשאי להתיר בפניהם, **ובפרט** הנוהגים מ"ה לזכר וס"ה לנקבה, דמנהג בורות הוא, ואין בזה משום דברים המותרים כו', **ומ"מ** מי שירצה לשנות המנהג ישאל לחכם, **ועיין** בספר חכמת אדם שכתב, דבמדינות אלו נהגו בו היתר).

סימן קצד ס"א(3) • תוך מ' לזכר ותוך פ' לנקבה

כתב רמ"א, יש מקומות שנוהגין שאין טובלין תוך מ' לזכר ופ' לנקבה, **ואין** להתיר במקום שנהגו להחמיר, **אבל** במקום

שאין מנהג, אין להחמיר כלל, רק מיד שלא ראתה דם אחר ז' לזכר וי"ד לנקבה וספרה ז"נ, מותרת לבעלה.

מנהג זה מצינו לו שהרמב"ם קרא עליו תגר, ואמר שיש איסור לנהוג כן, ונמשך לצד מינות, **ויש** שאר דעות שמקיימין אותו, ומצינו לו כמה טעמים למקיימין אותו:

הא', מפני שהוא כ"כ קרוב ללידתה, הדמים מצויים בהם, וחוששים שמא יראו ולא ירגישו, **וחששה** רחוקה היא, דאפילו יראו ולא ירגישו מה בכך, דם טהור הוא מן התורה.

עוד טעם, כי יראות פן ישכחו העונה דמ' לזכר ופ' לנקבה, משו"ה החמירו כל ימי טוהר, **וכתב הט"ז**, דאי משום טעם זה לא איריא כלל, דהא לדידן א"צ לפרוש אותה העונה כל עיקר.

וטעם הד"מ, דס"ל כר"ת, דימי לידה אין עולין לז' נקיים לזיבתה, וא"כ צריכה להמתין מלספור ז"נ עד אחר מ' יום לזכר ופ' לנקבה, **ואע"ג** שכל הגאונים חולקים עליו, נהגו בצרפת להחמיר כר"ת, **ומזה** נשתרבב המנהג, ולכן אין למחות כלל ביד הנוהגים להחמיר כדעת ר"ת.

והט"ז כתב, שאין טעם זה לשבח כל עיקר, חדא דלא קימ"ל כר"ת, ולית דמשגח בר"ת בדבר זה, **ותו** דא"כ לא מתקנת כלום, דאע"פ שכלו מ' דזכר ופ' דנקבה, אכתי ימי לידה קרינן עד שתטבול, וא"כ כיון דבטבילה תליא מילתא, מה לי תוך פ' או אחר פ', **והש"ך** כתב, דאפשר דאותן שנהגו מנהג זה להחמיר, ראו דברי ר"ת עיקר תוך ימי לידתה, דהיינו תוך מ' לזכר ופ' לנקבה, אבל לא אח"כ, דתו לא הוי ימי לידה כ"כ, ועולה לספירת זיבתה אף שלא טבלה עדיין.

והב"ח הפריז על המדה, ואמר שעל מנהג זה פורץ גדר ישכנו נחש, **והט"ז** מתמיה עליו, מי הכניסו לכך לחזק אותו המנהג ולהטיל עונש ח"ו, כיון שהרמב"ם ראה המנהג וכתב לבטלו, **וגם** המקיימים, רק כתבו שיש קצת ללמוד זכות ולקיימו, אבל להטיל עונש על העובר, לא עלה על דעת שום ראשון ואחרון, **ואנו** רואין בקהלות קדושות מעשים בכל יום בנשים הרבה כמעט רובן, שמקילין בדבר, **ובאם** מפלת נפל אין שום אחת שתמתין פ' יום, (**וי"א** דאפילו ילדה ולד חי אלא שמת בתוך ל', א"צ להמתין), **וחלילה** להענישם ע"ז, דאין בזה בדורותינו משום פורץ גדר, דאנו רואין שאין מנהג זה קבוע לגמרי ומוסכם בין הכל במקומותינו, **וכל** הרוצה להחמיר בזה וכוונתו לשמים, יש לו לסמוך על קצת האחרונים שכתבו לקיים אותו המנהג, **אבל** המקיל בדבר חלילה לתת עליו שום עונש, **ובודאי** רמ"א לא נתכוין אלא במקום שהוא מוסכם בין כולם להחמיר בדבר.

י"א דמהט"ז משמע, דבמקום שהמנהג בין כולם להחמיר, חשיב פורץ גדר, **ודוקא** בידוע שנעשה מתחלה בהסכמת זקני העיר, **אבל** בלא"ה אפשר שהנשים נהגו כן בעצמם, ואין בזה אלא משום דברים המותרים ואחרים נהגו בו איסור, **עוד** כתב, שאם היה בידו, היה כותב לכל המקומות שיבטלו מנהג זה, כי כמה מכשולים באים ע"י זה, ובמקום שיש לחוש למכשול עבירה, לא שייך לומר אי אתה רשאי להתיר בפניהם, **ובפרט** הנוהגים מ"ה לזכר וס"ה לנקבה, דמנהג בורות הוא, ואין בזה משום דברים המותרים כו', **ומ"מ** מי שירצה לשנות המנהג ישאל לחכם.

והחכמת אדם שכתב, דבמדינות אלו נהגו בו היתר.

דם טוהר

אבל אם חזרה וראתה, אפילו טפת דם כחרדל, טמאה, אע"ג דמדאורייתא דם טהור הוא עד ארבעים לזכר ושמונים לנקבה, כבר פשט המנהג בכל ישראל שאין בועלין על דם טוהר, ודינו כשאר דם לכל דבר.

(**עיין** בתשובת נו"ב שכתב, דאם באמצע תשמיש אמרה לו נטמאתי, מותר לו לגמור ביאתו כרצונו, ולפרוש באבר חי, **ואף** שכבר נתפשט המנהג שאין בועלין על דם טוהר, אין לך בו אלא חידושו שלא יבעול אחר שראתה, אבל אותה ביאה רשאי לגמור כדרכו, וק"ו הוא מדם בתולים, **ועיין** בנחלת צבי, (דכתב בעל הפת"ש שם, ולענ"ד לא זכיתי להבין דבריו... ומסיק, אשר ע"כ לולא דמסתפינא הייתי אומר, דיש להחמיר וצריך לפרוש מיד באבר מת, **ומיהו** אם עבר ופירש באבר חי יש להקל, ואין צריך כפרה).

(**ועיין** בשו"ת תשובה מאהבה, שנסתפק אם יש להם לברך על הטבילה שעל דם טוהר, כיון שאינו אלא מנהגא, כמו דאמרינן בסוכה דאין מברכין על ערבה, כיון שאינו רק מנהג נביאים, **ומדברי** הרמ"א שכתב ודינו כשאר דם לכל דבר, משמע דצריך לברך על הטבילה, **וכתב** שהציע ספיקתו לפני רבו הגאון בעל נודע ביהודה ז"ל, ושקיל וטרי באין ולאו ורפיא בידיה, (**אבל** מסיק הגאון הנ"ל בספרו דגול מרבבה, וז"ל, ופשוט בעיני שאם טבלה אחר לידה, ושוב ראתה בימי טוהר, אף שאנו מחמירין בדם טוהר, עם כל זה לא תברך על הטבילה, דלא שייך לברך וצונו, בדבר שאפי' רבנן לא גזרו רק מנהג בעלמא), **ועיין** בתשו' חת"ס שנשאל ג"כ על ענין זה, והעלה דלפי מה דקי"ל לברך על הלל ועל יו"ט ב' דגליות, ובפרט על אכילת מרור, ועל הדלקת נר ביו"ט ב' וביוה"כ, א"כ יש לברך ג"כ על טבילה של דם טוהר, דאין לך מעשה רב מזה, **וכעין** ראיה מהא דאמר ר"ז בנות ישראל החמירו על עצמן שאפילו רואות טיפת דם כחרדל, וכתבו תר"י בברכות בשם י"מ, דר"ל כמראה החרדל, וס"ל דמראה טהורה היא ואפ"ה החמירו, ובלי ספק שברכו על טבילתם, דלא לישתמיט שום פוסק לומר שלא יברכו, אע"כ דמעשה רבה כי האי מנהגא צריך ברכה לכו"ע, **וע"ש** עוד שכתב דיש לחלק בין מנהגא בשב וא"ת לאסור דבר מה, ובין מנהגא דקום עשה, כגון מנהג דערבה, ולפי"ז בנ"ד כיון שנהגו איסור לבעול על דם טוהר,

והעובר על זה עובר על בל תטוש תורת אמך בלי ספק, א"כ הטבילה הוא מדינא ובעי ברכה באמת, והכי נהוג).

(**ובאמת** צריך עיון לע"ד לדינא, בכל הכתמים היכא שיש ספק אם לטמא או לטהר, כגון שנוטה קצת לאדמימות, או שיש ספק אם הוא כגריס וכיוצא, והמורה מחמיר לטמאה, איך תברך אח"כ על הטבילה).

סימן קצד ס"א(4) • דם טוהר

כתב הרמ"א, אם חזרה וראתה, אפי' טפת דם כחרדל, טמאה, **אע"ג** דמדאורייתא דם טהור הוא עד מ' לזכר ופ' לנקבה, **כבר** פשט המנהג בכל ישראל שאין בועלין על דם טוהר, ודינו כשאר דם לכל דבר.

אם באמצע תשמיש אמרה לו נטמאתי, י"א דמותר לו לגמור ביאתו כרצונו, ולפרוש באבר חי, **ואף** שנתפשט המנהג שאין בועלין על דם טוהר, **אין** לך בו אלא חידושו שלא יבעול אחר שראתה, אבל אותה ביאה רשאי לגמור כדרכו, וק"ו הוא מדם בתולים, **וי"א דיש להחמיר** וצריך לפרוש מיד באבר מת, **ומיהו** אם עבר ופירש באבר חי יש להקל, ואין צריך כפרה.

יש שנסתפק אם יש להם לברך על הטבילה שעל דם טוהר, כיון שאינו אלא מנהגא, **ומדברי הרמ"א** שכתב ודינו כשאר דם לכל דבר, משמע דצריך לברך על הטבילה, **והדגול מרבבה** כתב, דלא תברך, דלא שייך לברך וצונו, בדבר שאפי' רבנן לא גזרו רק מנהג בעלמא, כמו דאין מברכין על ערבה. **והחת"ס** פסק, דלפי מה דקי"ל לברך על הלל ועל יו"ט ב' דגליות, ובפרט על אכילת מרור, ועל הדלקת נר ביו"ט ב' וביה"כ, א"כ יש לברך ג"כ על טבילה של דם טוהר, דאין לך מעשה רב מזה, **ועוד כתב** דיש לחלק בין מנהגא דקום עשה, כגון מנהג דערבה, ובין מנהגא בשב וא"ת לאסור דבר מה, ובנ"ד כיון שנהגו איסור לבעול על דם טוהר, והעובר על זה עובר על בל תטוש תורת אמך בלי ספק, א"כ הטבילה הוא מדינא ובעי ברכה באמת, **והכי** נהוג.

וי"א דצ"ע לדינא, בכל הכתמים היכא שיש ספק, כגון שנוטה קצת לאדמימות, או שיש ספק אם הוא כגריס וכיוצא, והמורה מחמיר לטמאה, איך תברך אח"כ על הטבילה.

המפלת בתוך מ'

סעיף ב - המפלת בתוך מ' אינה חוששת לולד

- בין הוא זכר או נקבה, זה וזה אינם נגמרים בפחות ממ' יום, אבל אחר מ' יום יש לחוש לולד.

(**עבה"ט** בשם עבודת הגרשוני, דחשבינן מ' יום מיום הטבילה, אך בכתם צריך תלמוד, **ועיין** בשו"ת תשובה מאהבה, שכתב דאין זה צריך תלמוד כלל, דהא אמרינן בש"ס דנדה, דלא אמרו חכמים בכתם להקל על ד"ת אלא להחמיר, ואי ס"ד למנות מ' יום מיום טבילתה על הכתם, א"כ משכחת שבאין הכתמים להקל על ד"ת, **ומשמע** דבראיה גמורה מודה לו וכמבואר שם להדיא, **אכן** בס' חוו"ד חלק עליו גם בזה, מטעם דהא תוך ג' חדשים לעיבורה אפילו וסת קובעת, אלמא דמצי לראות, **וגם** בס"ט חולק עליו, וכן השיב בתשו' חת"ס, דחלילה לסמוך על זה כלל להקל, והמפלת ולא ידעה שפירש בעלה ממנה, לעולם מספקינן בספק ולד, ותשב י"ד ימים, **וכ"ז** דלא כחכמת אדם, דנראה שנמשך אחר דברי עה"ג).

אבל חוששת משום נדה, אפילו לא ראתה.

הגה: מפני שא"א לפתיחת הקבר בלא דם, ונפקא מינה דמיד לאחר שספרה ז' נקיים מותרת ואינה חוששת לולד.

(**עיין** בנודע ביהודה, דמה שאמרו א"א לפה"ק בלא דם, אין חילוק בין גרם הפתיחה מבפנים ובין מבחוץ, כגון שהרופא הכניס אצבעו או איזה כלי ופתח פי המקור, **גם** אין חילוק בין אם היא ילדה או זקנה או מעוברת או מניקה, תמיד אין פה"ק בלא דם, **ועיין** בספר בינת אדם דכתב עליו, דמש"כ כגון שהרופא הכניס אצבעו, אגב שיטפיה כ"כ ולא דק, שהרי עיקר הבדיקה בהפסק טהרה שתכניס אצבעה בעומק, אלא ודאי דאין זה ענין לפה"ק, שהרי אפילו האבר כשהוא גדול הרבה אינו מגיע רק עד הפרוזדור ולא לחדר, כמ"ש התוי"ט בשם רמב"ם, **גם** בתשו' חת"ס כתב, דהן אשה הבודקת עצמה בחו"ס, והן המילדת שבדקה, לעולם לא יגעו בפה"ק שהוא המקור, אלא בבה"ח, ובשום אופן אינה יכולה להכניס אצבעה לפנים עד שתפתח בטבע, וזה נקרא פה"ק שא"א בלא דם).

(**ועיין** בשו"ת תשובה מאהבה, בתשובת הגאון בעל נו"ב ז"ל שם, שכתב דמה שאמרו אין פה"ק בלא דם, היינו אם הקבר נפתח ויצא ממנו דבר גוש, כמו ולד או חתיכה, כל שאינו דק כשפופרת דק של קש, או שילדה רוח, **אבל** כשלא יצא דבר, או שיצא דבר דק מאד או משקה, לא אמרינן אין פה"ק בלא דם, דאל"כ היכא משכחת כלל דם טהור, הרי עכ"פ נפתח הקבר).

סימן קצד ס"ב • המפלת בתוך מ'

המפלת בתוך מ' אינה חוששת לולד, בין הוא זכר או נקבה, דזה וזה אינם נגמרים בפחות ממ' יום.

י"א דחשבינן מ' יום מיום הטבילה, **אך** בכתם צריך תלמוד, **וי"א** דא"צ תלמוד כלל, דלא אמרו חכמים בכתם להקל על ד"ת אלא להחמיר, **ומשמע** דבראיה גמורה מודה לו, **אכן יש** חולקין עליו גם בזה, מטעם דהא תוך ג' חדשים לעיבורה

אפילו וסת קובעת, אלמא דמצי לראות, וחלילה לסמוך על זה כלל להקל, **והמפלת** ולא ידעה שפירש בעלה ממנה, לעולם מספקינן בספק ולד, ותשב י"ד ימים.

אי אפשר לפתיחת הקבר בלא דם

אבל המפלת תוך מ' צריך לחשוש משום נדה, אפילו לא ראתה, מפני שא"א לפתיחת הקבר בלא דם, **ומיד** לאחר שספרה ז"נ מותרת, כיון דאינה חוששת לולד.

י"א דמה שאמרו א"א לפה"ק בלא דם, אין חילוק בין גרם הפתיחה מבפנים ובין מבחוץ, כגון שהרופא הכניס אצבעו או איזה כלי ופתח פי המקור, **גם** אין חילוק בין אם היא ילדה או זקנה או מעוברת או מניקה, **וי"א** דמש"כ כגון שהרופא הכניס אצבעו, אגב שיטפיה כ"כ ולא דק, שהרי עיקר הבדיקה בהפסק טהרה שתכניס אצבעה בעומק, **אלא** ודאי דאין זה ענין לפה"ק, שהרי אפילו האבר כשהוא גדול הרבה אינו מגיע רק עד הפרוזדור ולא לחדר, **ובשום** אופן אינה יכולה להכניס אצבעה לפנים עד שתפתח בטבע.

וי"א דמה שאמרו אין פה"ק בלא דם, היינו אם הקבר נפתח ויצא ממנו דבר גוש, כמו ולד או חתיכה, (כל שאינו דק כשפופרת דק של קש), או שילדה רוח, **אבל** כשלא יצא דבר, או שיצא דבר דק מאד או משקה, לא אמרינן אין פה"ק בלא דם, **דאל"כ** היכא משכחת כלל דם טהור, דהרי עכ"פ נפתח הקבר.

המפלת כל מיני צורות

סעיף ג- המפלת כמין בהמה חיה ועוף, או כמין דגים וחגבים ושקצים ורמשים, וכל צורות ולד, או שפיר או שליא, או חתיכה שקרעוה ויש בה עצם, עכשיו שאין אנו בקיאין בצורות, חוששת לולד - ומטמאינן לה טומאת נקבה מספק.

(**עיין** בתשובת מעיל צדקה שכתב, דאם אין בה עצם, אינה טמאה לידה, כי אם בשפיר, וע"ש הסימן להבחין בין שפיר לחתיכה, **ולבסוף** כתב בשם מורו הגאון מהר"א ברודא, שפקפק בזה, ודעתו להחמיר בזה, **ועיין** בס"ט שכתב, דאין לחוש לדבריו, דבטלה דעתו נגד כל הפוסקים, דכולהו ס"ל דאם אין בחתיכה עצם אין לחוש לולד).

ואם כלו ז' נקיים בתוך י"ד יום, אם טבלה קודם ליל ט"ו, לא עלתה לה טבילה - אלא צריכה ז' נקיים אחר י"ד יום כדלעיל ס"א.

(**ועיין** בתשו' חתם סופר שכתב, דמש"כ הש"ך "אלא דצריכה שבעה נקיים אחר י"ד יום", דט"ס הוא, וצ"ל שבעה נקיים ואחר י"ד יום, בוא"ו העיטוף, והרצון, שצריכה האשה ב' דברים, האחד, שתספור שבעה נקיים, והב', שיהיו לה י"ד יום מיום לידתה, ואחד בלא אידך לא סגי, **אבל** הא פשוט דהשבעה נקיים יכולים להיות מכלל הי"ד יום, כדלעיל ס"א).

‹**ובספר** בית ישראל ראיתי, שהגיה וכתב דכצ"ל "אלא צריכה ז' נקיים ולטבול אחר י"ד יום" - גליון מהרש"א›.

ומשמע דבמפלת ליכא מאן דמחמיר להצריכה פ"א יום, וסגי לה בז"נ אחר י"ד יום, **ומ"מ** נראה דבעל נפש יחמיר, לפרוש ממנה ליל מ"א וליל פ"א, משום ספק זכר או נקבה, ‹**ודלא** כהט"ז בס"א דבכלל אינו חושש להני לילות›.

(**עיין** בשו"ת תשובה מאהבה, שנשאל באשה אחת שילדה זכר בשינויים גדולים, דמות אדם ודמות חיה להנה, אם מותר להמית הולד, פן יהיה לפוקה ולמכשול, **ומורה** אחד צידד להתיר לסבב לו מיתה, מפני שאמרו חכמים בנדה, כל שאינו מצורת אדם אינו ולד, ועוד הרבה טעמים, **והוא** השיג עליו, דמה שאינו ולד, דוקא לענין שאין אמו טמאה לידה, אבל לא לענין לסבב לו מיתה, והאריך למעניתו, והעלה דחלילה לשום אדם לשלוח יד לפגוע או לסבב סיבה וגרמא ע"י רעב וכדומה להמית הולד הזה, ובכלל שפיכות דמים הוא).

סימן קצד ס"ג • המפלת כל מיני צורות

המפלת כמין בהמה חיה ועוף, או כמין דגים וחגבים ושקצים ורמשים, וכל צורות ולד, או שפיר או שליא, או חתיכה שקרעוה ויש בה עצם, **עכשיו** שאין אנו בקיאין בצורות, חוששת לולד, ומטמאינן לה טומאת נקבה מספק, וצריכה ז"נ ולטבול אחר י"ד יום.

י"א דאם החתיכה אין בה עצם, אינה טמאה לידה, כי אם בשפיר, **ויש** סימן להבחין בין שפיר לחתיכה, **ויש** שפקפקו בזה, ודעתו להחמיר בזה, **וכל** הפוסקים חולקין עליו.

וכתב הש"ך, דמשמע דבמפלת ליכא מאן דמחמיר להצריכה פ"א יום, **ומ"מ** נראה דבעל נפש יחמיר, לפרוש ממנה ליל מ"א וליל פ"א, משום ספק זכר או נקבה, **ודלא** כהט"ז בס"א, דבכלל אינו חושש להני לילות.

אשה שילדה זכר בשינויים גדולים, דמות אדם ודמות חיה להנה, **ומורה** אחד צידד להתיר לסבב לו מיתה, מפני שאמרו חכמים בנדה, כל שאינו מצורת אדם אינו ולד, ועוד הרבה טעמים, **ויש שהשיגו** עליו, דמה שאינו ולד, דוקא לענין שאין אמו טמאה לידה, אבל לא לענין לסבב לו מיתה, **וחלילה** לשום אדם לשלוח יד לפגוע או לסבב סיבה וגרמא ע"י רעב וכדומה להמית הולד הזה, ובכלל שפיכות דמים הוא.

אם אח"כ הפילה שליא

סעיף ד - ילדה ולד חי ואח"כ הפילה שליא, אינה חוששת לולד אחר, אלא תולה אותה בולד שילדה כבר, עד כ"ג יום - בלא יציאת השליא, דהיינו כ"ד יום עם יציאת השליא.

אבל אם הפילה נפל תחלה, אין תולין בו השליא שהפילה אחר כך, וחוששת לשליא ליתן לה ימי טומאה של נקבה.

סימן קצד ס"ד • אם אח"כ הפילה שליא

ילדה ולד חי ואח"כ הפילה שליא, אינה חוששת לולד אחר, אלא תולה אותה בולד שילדה כבר, עד כ"ג יום בלא יציאת השליא, **דהיינו** כ"ד יום עם יציאת השליא.

אבל אם הפילה נפל תחלה, אין תולין בו השליא שהפילה אח"כ, וחוששת לשליא ליתן לה ימי טומאה של נקבה.

יצאה השליא תחילה

סעיף ה - יצאה השליא תחילה, אין תולין אותה בולד - זכר, **שתלד אחר כך, אפילו הוא בן קיימא, וחוששת לשליא ליתן לה ימי טומאה של נקבה.**

סימן קצד ס"ה • יצאה השליא תחילה

יצאה השליא תחילה, אין תולין אותה בולד זכר, שתלד אח"כ, אפי' הוא בן קיימא, וחוששת לשליא ליתן לה ימי טומאה של נקבה.

יצאה מקצת שליא ביום א' ונגמרה ביום ב'

סעיף ו - יצאה מקצת שליא ביום א', ולא נגמרה יציאתה עד יום ב', חוששת מיום ראשון, אבל אינה מונה אלא מיום שני.

סי' קצד ס"ו • יצאה מקצתה ביום א' ונגמרה ביום ב'

יצאה מקצת שליא ביום א', ולא נגמרה יציאתה עד יום ב', **חוששת** מיום ראשון, אבל אינה מונה אלא מיום שני.

המפלת דמות בהמה חיה ועוף ושליא עמהן

סעיף ז - המפלת דמות בהמה חיה ועוף, ושליא קשורה בה, אינה חוששת לולד אחר; ואם אינה קשורה בה, חוששת לולד אחר, ואף על פי שהולד הנדמה זכר, חוששין ליתן לה ימי טומאה של נקבה בשביל השליא - מספק, **ולדידן** שאין אנו בקיאים, לעולם נותנים לה ימי טומאה של נקבה, כדלעיל ס"ג, ‹ואפי' אם קשורה בה, והולד הנדמה זכר – מחה"ש›.

סי' קצד ס"ז • המפלת בהמה חיה ועוף ושליא עמהן

המפלת דמות בהמה חיה ועוף, ושליא קשורה בה, אינה חוששת לולד אחר; **ואם** אינה קשורה בה, חוששת לולד אחר, ואע"פ שהולד הנדמה זכר, חוששין מספק ליתן לה ימי טומאה של נקבה בשביל השליא.

ולדידן שאין אנו בקיאים, לעולם נותנים להולד הנדמה ימי טומאה של נקבה, ואפי' אם קשורה בה, וכדלעיל ס"ג.

היולדת טומטום או אנדרוגינוס

סעיף ח - היולדת טומטום או אנדרוגינוס, נותנין לה ימי טומאה של נקבה.

סימן קצד ס"ח • היולדת טומטום או אנדרוגינוס

היולדת טומטום או אנדרוגינוס, נותנין לה ימי טומאה של נקבה.

הרגישה שהפילה ואינה יודעת מה

סעיף ט - הרגישה שהפילה ואינה יודעת מה, אפי' לא היתה בחזקת מעוברת, הרי זו טמאה לידה, וחוששת שמא נקבה היתה.

סימן קצד ס"ט • הרגישה שהפילה ואינה יודעת מה

הרגישה שהפילה ואינה יודעת מה, אפי' לא היתה בחזקת מעוברת, **הרי** זו טמאה לידה, וחוששת שמא נקבה היתה.

מאימתי נחשב לולד

סעיף י - נחתך הולד במעיה ויצא אבר אבר, בין שיצא על סדר האברים, כגון שיצא הרגל ואחריה השוק ואחריה הירך, בין שיצא שלא על הסדר, אינה טמאה לידה עד שיצא רובו - כלומר מדאורייתא אינה טמאה לידה, ‹עד שיצא רובו›, **אבל** מדרבנן טמאה לידה ביצא אבר אחד והחזירו, כדלקמן סי"א, **וטמאה** ג"כ נדה אפי' מדאורייתא, דאי אפשר לפתיחת הקבר בלא דם.

ואם יצא ראשו כולו כאחד, הרי זה כרובו; ואם לא נתחתך, ויצא כדרכו, משתצא פדחתו

ה"ז כילוד, אף על פי שנחתך אח"כ - היינו לפמ"ש בכסף משנה ובבדק הבית ד"רוב פדחתו" ברמב"ם ט"ס הוא, ‹**דבמשנה** תנן יצא כדרכו, עד שיצא רוב ראשו, ואיזהו רוב ראשו, משיצא פדחתו› **אבל** בב"י יישב דבריו, וכן הטור כתב רוב פדחתו, משמע דס"ל דפדחתו שבמשנה, היינו רוב פדחתו, ‹**שסובר** הרמב"ם, שאינו נקרא ראש אלא הגולגולת לבד, לא מקום העינים והפה והלחיים, וא"א משיצא כל הפדחת קאמר, הא ודאי דלא פדחתו בלבד קאמר, אלא פדחתו עם הגולגולת, א"כ היינו כל ראשו, ואיך קרי ליה מתני' רוב ראשו, אלא ודאי ר"ל רוב פדחתו – מחה"ש›.

ולא סוף דבר שיצא לחוץ ממש, אלא אפילו משיצא חוץ לפרוזדור.

(**עבה"ט** של הרב מהרי"ט ז"ל, שהביא בשם תשובת נחלת שבעה, באשה שישבה על המשבר ופסקו החבלין וצירין, דצריכה שבעה נקיים, משום דאמרינן בשבת, מאימתי מחללין עליה שבת, משעת פתיחת הקבר, וקתני עלה מאימתי פתיחת הקבר, משעה שישבה על המשבר, וא"א לפתיחת הקבר בלא דם, **ועיין** חוו"ד שחלק על דברי נחלת שבעה אלו, ופסק להתיר, **וכן** הסכימו בספר כרתי ופלתי וס"ט, אלא דבמקום שנהגו איסור לא ישנו, ‹**דבאמת** האשה היושבת על המשבר יש כאן ספק אולי הוא העת שתלד או לא, כי לפעמים הוא רק צירים וחבלים שאין בהם לידה, רק חבלי שוא וכאב בעלמא, וא"כ לענין חילול שבת, דעל ספק נפשות ג"כ מחללין שבת, והכא נמי מאן מפיס, כיון דדרך האשה אם יבא חבל לה ויושבת על המשבר שתלד, וא"כ הוי ספק פתיחת הקבר, ואמרינן דמחללין שבת, **ואף** אני אומר דבאותה שעה יש לבעל להזהר בה, דהוי ספק פתיחת הקבר, ומספיקא מחמרינן, **אבל** כשאנו רואים שפסקו הצירים ועמדה מהמשבר ולא ילדה, איגלאי מילתא למפרע דרק כאב בעלמא הוי, ולא היה פתיחת הקבר כלל, דלא שכיח שיפתח ויהיה חוזר ונסתם מבלי לידה, אלא ודאי שלא היה פתיחת הקבר כלל, ופשיטא דטהורה – מחה"ש›, **גם** בשו"ת תשובה מאהבה השיג על הנחלת שבעה, והורה להתיר, **והסכים** עמו רבו הגאון בעל נו"ב ז"ל, **וכן** הסכים בתשובת חתם סופר, והוסיף עוד לומר, דאף המנהג שהעידו נשי פולין לפני בעל נחלת שבעה, אינו אלא בסתם, אבל אם בדקוה המילדות ומצאו הפתח סגור, אפילו מנהג ליכא).

סימן קצד ס"י • מאימתי נחשב לנולד

נחתך הולד במעיה ויצא אבר אבר, בין שיצא על סדר האברים, כגון שיצא הרגל ואחריה השוק ואחריה הירך, בין שיצא שלא על הסדר, **אינה** טמאה לידה מדאורייתא עד שיצא רובו, **אבל** טמאה מדרבנן אפי' ביצא אבר א' והחזירו, כדלקמן סי"א, **וטמאה** ג"כ נדה מדאורייתא, דא"א לפתיחת הקבר בלא דם. **ואם** יצא ראשו כולו כאחד, הרי זה כרובו.

ואם לא נתחתך, ויצא כדרכו, משתצא רוב ראשו, והיינו כל פדחתו, ה"ז כילוד, אע"פ שנחתך אח"כ. **וי"א** משתצא רוב פדחתו, שהראש אינו אלא הגולגולת לבד, לא מקום העינים והפה והלחיים, ואי אמרת משיצא כל פדחתו, הא ודאי דלא פדחתו בלבד קאמר, אלא פדחתו עם הגולגולת, א"כ היינו כל ראשו, **ומתני'** קתני רוב ראשו, אלא ודאי ר"ל רוב פדחתו.

וא"צ שיצא לחוץ ממש, אלא אפי' משיצא חוץ לפרוזדור.

י"א דאשה שישבה על המשבר ופסקו החבלין וצירין, שצריכה ז"נ, דהא מחללין עליה שבת משעת פתיחת הקבר, וקתני מאימתי פתיחת הקבר, משעה שישבה על המשבר, וא"א לפתיחת הקבר בלא דם, **ויש חולקין** ופסקו להתיר, דאשה היושבת על המשבר יש כאן ספק אולי הוא העת שתלד או לא, כי לפעמים הוא רק צירים וחבלים שאין בהם לידה, **וא"כ** לענין חילול שבת, דעל ספק נפשות ג"כ מחללין שבת, א"כ הוי ספק פתיחת הקבר ומחללין שבת, **ובאותה** שעה יש לבעל להזהר בה, דהוי ספק פתיחת הקבר, ומספיקא מחמרינן, **אבל** כשאנו רואים שפסקו הצירים ועמדה מהמשבר ולא ילדה, איגלאי מילתא למפרע דרק כאב בעלמא הוי, ולא היה פתיחת הקבר כלל, דלא שכיח שיפתח ויהיה חוזר ונסתם מבלי לידה, ופשיטא דטהורה. **וי"א** דבמקום שנהגו איסור לא ישנו, **וי"א** דאף המנהג לאיסור שהעידו נשי פולין, אינו אלא בסתם, **אבל** אם בדקוה המילדות ומצאו הפתח סגור, אפי' מנהג ליכא.

הוציא העובר את ידו והחזירה

סעיף יא - הוציא העובר את ידו והחזירה, אמו טמאה לידה - ‹מדרבנן – ש"ך בס"י›.

לשון הטור: הוציא ידו או רגלו והחזירו, הרי זו טמאה לידה, ואין נותנין לה ימי טוהר עד שיולד.

סימן קצד סי"א • הוציא העובר את ידו והחזירה

הוציא העובר את ידו או רגלו והחזירה, אמו טמאה לידה מדרבנן, **ואין** נותנין לה ימי טוהר עד שיולד.

שמעה קולו של ולד

סעיף יב - היתה מקשה לילד ושמעה קולו של ולד, חשוב כילוד, שאי אפשר שלא הוציא ראשו חוץ לפרוזדור - ‹איש ואשתו היו במטה, והאשה מעוברת והיתה ישנה, והאיש היה ניעור ושמע קול העובר בוכה במעי אמו, **הורה** בתשובת נו"ב דטמאה י"ד יום, ולא אמרינן דאילו יצאה ראשו אגב צערה היתה מתערה, כדאיתא בנדה, **דהכא** כיון דרוב ולדות

סימן קצד – דין יולדת ומפלת

סעיף יב – שמעה קולו של ולד

אינם בוכים קודם הוצאת הראש, מידי ספיקא לא נפקא, **ולא** אמרינן ס"ס, שמא זכר ושמא לא הוציא ראשו, דהכא לא מהני ס"ס), ‹כמפורש בנדה דף כ"ז. בתוספות ד"ה חומר שני ולדות, ובדף כ"ט. ד"ה תשב לזכר כו' ע"ש – המשך לשונו. **וז"ל** התוס': דאי מטהרת לה מטומאת נקבה משום ס"ס, ה"נ נטהרנה אם ראתה בל"ד ומ"א מס"ס ולא ניחוש לזכר, והוי תרי קולי דסתרן אהדדי›.

סימן קצד סי"ב • שמעה קולו של ולד

היתה מקשה לילד ושמעה קולו של ולד, חשוב כילוד, שא"א שלא הוציא ראשו חוץ לפרוזדור.

איש ואשתו שהיו במטה, והאשה מעוברת והיתה ישינה, והאיש היה ניעור ושמע קול העובר בוכה במעי אמו, **י"א** דטמאה י"ד יום, **ולא** אמרינן דאילו יצאה ראשו אגב צערה היתה מתערה, **דכיון** דרוב ולדות אינם בוכים קודם הוצאת הראש, מידי ספיקא לא נפקא, **ולא** אמרינן ס"ס, שמא זכר ושמא לא הוציא ראשו, **דיבא** לידי תרי קולי דסתרן אהדדי.

תאומים שנולדו בב' ימים

סעיף יג - היולדת תאומים ושהה ולד אחר חבירו, כגון שנולד האחד קודם שקיעת החמה והאחר אחר שקיעת החמה, משיצא הראשון טמאה לידה, ומונין ימי טומאה משיצא האחרון; ואם הראשון ניכר שהוא זכר והשני ניכר שהוא נקבה, או שאינו ניכר שני זה אם הוא זכר או נקבה, מונה משיצא השני ימי טומאה לנקבה.

סימן קצד סי"ג • תאומים שנולדו בב' ימים

היולדת תאומים, ונולד הא' קודם שקה"ח והשני אחר שקה"ח, **משיצא** הראשון טמאה לידה, ומונין ימי טומאה משיצא האחרון; **ואם** הראשון ניכר שהוא זכר, והשני ניכר שהוא נקבה, או שאינו ניכר שני זה אם הוא זכר או נקבה, **מונה** משיצא השני ימי טומאה לנקבה.

יוצא דופן

סעיף יד - יוצא דופן, אם לא יצא דם אלא דרך דופן, אמו טהורה מלידה ומנדה ומזיבה – ‹לידה, דכתיב: אשה כי תזריע וילדה, עד שתלד ממקום שמזרעת. **נדה** וזיבה, דכתיב: את מקורה הערה, מלמד שאינה טמאה עד שיצא מדוה דרך ערותה – ב"י›.

סימן קצד סי"ד • יוצא דופן

יוצא דופן, אם לא יצא דם אלא דרך דופן, אמו טהורה מלידה ומנדה ומזיבה.

§ סימן קצה – דברים האסורין בזמן נדותה §

דיני הרחקות, שחוק קלות ראש, להריח בשמים שלה, וייחוד

סעיף א - חייב אדם לפרוש מאשתו בימי טומאתה עד שתספור ותטבול. (ואפילו שהתה זמן ארוך ולא טבלה, תמיד היא בנדתה עד שתטבול) - כלומר אף בימי לבונה כל דין נדה יש לה - עכ"ל הטור.

ולא ישחוק ולא יקל ראש עמה (אפילו בדברים) - אם מרגילין לערוה לא ידבר בהן עמה - עכ"ל הטור, **שמא ירגיל לעבירה.**

(**עיין** בשע"ת באו"ח שכתב בשם ברכי יוסף, דאסור להריח מבשמים שלה, אף שהתורה העידה סוגה בשושנים, מ"מ יש להתרחק, וסימן לדבר סוגה בשושנים, דצריך סייג גם בשושנים, **ועיין** בט"ז שם שכתב, דאפי' אם הסירה מעליה ומונחים על השולחן, אפ"ה אסור להריח בהם).

(**וכתב** בספר חמודי דניאל, נראה אפילו לדידן שמקילין בתשמיש המטה ביוצא לדרך סמוך לוסתה, כדלעיל סי' קפ"ד, מ"מ בדברי הרגל באשתו נדה אסור).

אבל מותר לו להתייחד עמה, דכיון שבא עליה פעם אחת תו לא תקיף יצריה.

סימן קצה ס"א • דיני הרחקות, שחוק קלות ראש, להריח בשמים שלה, וייחוד

חייב אדם לפרוש מאשתו בימי טומאתה עד שתספור ותטבול. **ואף** בימי לבונה כל דין נדה יש לה עד שתטבול.

ולא ישחוק ולא יקל ראש עמה, שמא ירגיל לעבירה. **ואפי' בדברים** אם מרגילין לערוה, לא ידבר בהן עמה.

אסור להריח מבשמים שלה, **ואפי' אם הסירה מעליה** ומונחים על השולחן, אפ"ה אסור להריח בהם.

ואפילו ביוצא לדרך, להנהו דמקילין סמוך לוסתה בתשמיש המטה בסי' קפ"ד, **מ"מ** בדברי הרגל באשתו נדה אסור.

אבל מותר לו להתייחד עמה, דכיון שבא עליה פעם אחת תו לא תקיף יצריה.

איסור נגיעה והושטה

סעיף ב - לא יגע בה אפילו באצבע קטנה, ולא יושיט מידו לידה שום דבר, ולא יקבלנו מידה - אפי' בדבר שהוא ארוך, **שמא ניגע בבשרה.**

(**בתשו'** נו"ב נשאל באיש ואשה הדרים בכפר בין הגוים, ואין שם יהודי או יהודית זולת הזוג לבדם, אם מותר לבעלה לעמוד עליה כשהיא טובלת, לראות שתהא כולה תחת המים, ואם יכול לתמכה בידיו לדחפה תחת המים, **וכתב** שמצד הסברא נראה כיון דאיסור נגיעה כדעת הש"ך בסי"ז, וכן איסור הסתכלות במקומות המכוסים, הוא שמא יבא לידי הרגל דבר, ברגע זה לא חיישינן, דלא שביק היתרא שתיכף ברגע זה מותרת בעלייתה מן המים, ולכן אם א"א בענין אחר יש להתיר).

(**ועיין** בתשובת שמש צדקה שכתב, מי שמתה אשתו ר"ל והיא נדה, רשאי ליגע בה).

(**עיין** בתשובת יד אליהו שכתב, דאין אשה נדה רשאה להחזיק נר בידה כדי שישתה בעלה טאב"ק, או לחמם עצמו בנר ההוא, או להדליק ממנו נר אחר, וראיה ממשנה דמכשירין, אשה שהיו ידיה כו', ופי' הרע"ב לפי שההבל מחבר כו').

(**ועיין** בתשב"ץ שכתב, דמותר ליטול מידה התינוק, משום דחי נושא את עצמו, והיא אינה עושה כלום, אלא התינוק עצמו הוא יוצא מחיק אמו ובא אל אביו, **ונראה** דאם התינוק קטן או חולה או כפות אסור, דאז לא שייך לומר חי נושא את עצמו).

(**וכתב** עוד דליגע בבגדיה בעודה לבושה יש להתרחק, אבל כשאינן עליה מותר, שלא נאסר משכב ומושב שלה אלא לטהרות).

הגה: וכן ע"י זריקה מידו לידה או להיפך, אסור - (כתב הכו"פ, שראה נוהגין שזורקין דבר כלפי מעלה, ולא לנוכח אשתו כמתכוין לזרוק לידה, והיא פושטת ידה ומקבלתו, ויש להקל בזה, **אכן** בס"ט כתב, דאע"פ שיש להקל מעיקר הדין, מ"מ אין להתיר, וכל המחמיר בענינים כאלה תע"ב).

(**עיין** בשו"ת שבסוף ספר מנחת יעקב שכתב, דאסור לאשה נדה להסיר מבעלה נוצה דרך נפיחה, ומביא ראיה מאמימר דשקיל גברא גדפא מיניה, א"ל פסילנא לך לדינא, **ועיין** בתשו' הר הכרמל שדחה זה, והעלה להתיר, גם הכו"פ כתב דאין להחמיר בזה).

סימן קצה ס"ב • איסור נגיעה והושטה

לא יגע אפי' באצבע קטנה, **ולא יושיט** מידו לידה שום דבר, ולא יקבלנו מידה, אפי' בדבר שהוא ארוך, שמא יגע בבשרה.

וכן ע"י זריקה מידו לידה או להיפך, אסור.

י"א שלזורק דבר כלפי מעלה, ולא לנוכח אשתו, והיא פושטת ידה ומקבלתו, יש להקל, **אכן י"א** דאע"פ שיש להקל מעיקר הדין, מ"מ אין להתיר, וכל המחמיר בענינים כאלה תע"ב.

י"א דמותר ליטול מידה התינוק, משום דחי נושא את עצמו, והיא אינה עושה כלום, אלא התינוק עצמו הוא יוצא מחיק אמו ובא אל אביו, **ואם התינוק קטן** או חולה או כפות אסור, דאז לא שייך לומר חי נושא את עצמו.

י"א דליגע בבגדיה בעודה לבושה יש להתרחק, **אבל** כשאינן עליה מותר.

להסיר מבעלה נוצה דרך נפיחה, י"א דאסור, **ויש** מתירין.

י"א דאין אשה נדה רשאה להחזיק נר בידה כדי שישתה בעלה טאב"ק, או לחמם עצמו בנר ההוא, או להדליק ממנו נר אחר, **לפי** שההבל מחבר.

מי שמתה אשתו ר"ל והיא נדה, רשאי ליגע בה.

איש ואשה הדרים במקום שאין שם יהודי או יהודית זולת הזוג לבדם, י"א דכיון דא"א בענין אחר, מותר לבעלה לעמוד עליה כשהיא טובלת, לראות שתהא כולה תחת המים, ויכול לתמכה בידיו לדחפה תחת המים, **דכיון** דאיסור נגיעה כדעת הש"ך בסי"ז, וכן איסור הסתכלות במקומות המכוסים, הוא שמא יבא לידי הרגל דבר, ברגע זה לא חיישינן, דלא שביק היתרא שתיכף ברגע זה מותרת בעלייתה מן המים.

איסורי אכילה ביחד, ומשירים שלה

סעיף ג - לא יאכל עמה על השלחן - ואצ"ל שאסור לאכול עמה בקערה א' בזה אחר זה, אע"פ שאין נוגעים ביחד.

אא"כ יש שום שינוי, שיהא שום דבר מפסיק בין קערה שלו לקערה שלה, לחם או קנקן – [נראה דוקא כשאין אוכלין מאותו לחם, ואין שותין מאותו קנקן].

או שיאכל כל אחד במפה שלו - או שתגלה מעט מן השלחן, ותתן קערה שלה עליו.

הגה: וי"א הא דצריכין הפסק בין קערה שלו לקערה שלה, היינו דוקא כשאינן אוכלין מקערה אחת כשהיא טהורה; אבל אם אוכלין מקערה אחת כשהיא טהורה, סגי אם אוכלת בקערה בפני עצמה, וא"צ היכר אחר, וכן נוהגין.

כתב הב"ח דאף לסברא זו, אינה אלא כשגם בני הבית אוכלים עמהם על שלחן א' ביחד, התם הוא דשרי כשהיא אוכלת מהקערה שלה, אע"פ שאוכלים על מפה אחת בלא שום היכר, **אבל** כשבני הבית אוכלין על שלחן אחר, והאיש והאשה אוכלין לבדן על שלחן אחד כל אחד מקערה שלו, אסור, אפילו היה רגיל לאכול עמה בקערה א', **ומשמע** מדבריו דה"ה כשאין שם בני בית כלל אסור, ואין דבריו מוכרחים.

(**ועיין** בתשו' משאת בנימין שכתב, דאפילו מקערה אחת שרי לאכול, אם גם בני הבית אוכלים עמהם מקערה זו, דאין לך הפסק גדול מזה, **ומ"מ** רבים הם המחמירים שלא לאכול מקערה א' אפילו עם בני הבית, **ומדינא** אין לאסור, ולא נמצא איסור זה ברור בשום דוכתא, אך המחמירים יפה עושים באיסור חמור כו' ע"ש, **ולענ"ד** נראה דדוקא על שולחן אחד יש מקום להתיר בזה, אף אם גם כשהיא טהורה הם אוכלים בקערה בפני עצמו, מ"מ כשגם בני הבית אוכלים עמהם עדיף מהיכר, **אבל** מקערה אחת מדינא יש לאסור, לפמ"ש הרמ"א שאסור לו לאכול משיורי מאכל שלה, א"כ כשאוכלים בקערה אחת בודאי אוכל משיורי מאכל שלה, ואי אפשר ליזהר ולדקדק בזה שיפסוק אדם אחר בינתיים).

[**העתיקו** בפרישה ומו"ח ז"ל לשון זה: **עוד ראיתי שטות גדול, שמנתחין חתיכות קטנות בקערה אחת, הוא נוטל אחת והיא נוטלת אחת עד גמר אכילה, ושבוש גדול הוא, דפשיטא דחשיב אכילה יחד, עכ"ל, אבל מ"מ משמע, דכשמשימין קערה עם החתיכות גדולות, כדרך שמשימין בקדרה, וכל אחד נוטל מן הקערה ומשים לפניו על כלי מיוחד ואוכל משם, אין בזה איסור, כיון דאין האכילה מיד בלקיחתו מקערה שלוקחה גם היא, אלא משתמש בכלי אחר בינתיים, כנלענ"ד**].

וי"א שאסור לו לאכול משיורי מאכל שלה, כמו שאסור לשתות משיורי כוס שלה, וכמו

שיתבאר - לפי שהרב בד"מ כתב דין זה בשם הקונטרס שמצא, ע"כ כתב דין זה בשם י"א, **אבל** לענ"ד דהגמי"י בשם ראב"ם, ומרדכי בשם הר"ש, שמהם מקור דהאי דינא דלקמן סעיף ד', דלא ישתה משיורי כוס ששתתה, שם מוכח להדיא דכ"ש דלא יאכל משיורי מאכל שלה, ואדרבה שתיה נלמד מאכילה.

[**ואם הפסיק אחר ביניהם מותר, כמו בשיורי כוס בסמוך, וכן בכל הקולות שישנן שם, יש בזה**].

[**כיון דמדמה מאכל לשתיה, משמע לכאורה שאף מאכל לא תביא לו, וכן כתב מו"ח ז"ל בשם הר"ש מאוסטרייך, וקשה לי, דאמאי אמרו כל מלאכות עושה לו חוץ ממזיגת הכוס, ולא חשיב תיקון מאכל לפניו, על כן נראה, דחכמים שיערו שאין קירוב בזה, רק מעשה עבודות שיש בו טורח, משא"כ במזיגת הכוס, וכמו שמחלק בסעיף י"א לענין הצעת המטה**], ‹ועיין ש"ך ס"י›.

(**עיין** בתשובת יד אליהו שכתב, באשה נדה שהריחה טאב"ק כמו חצי כלי, מותר לבעלה להריח המותר, דזה לא דמי לאכילה).

סימן קצה ס"ג • איסורי אכילה ביחד, ומשירים שלה

לא יאכל עמה על השלחן, **ואצ"ל** שאסור לאכול עמה בקערה אחת בזה אחר זה, אע"פ שאין נוגעים ביחד.

אא"כ יש שום שינוי, שיהא שום דבר מפסיק בין קערה שלו לקערה שלה, לחם או קנקן, (**ודוקא** כשאין אוכלין מאותו לחם, ואין שותין מאותו קנקן), **או** שיאכל כל אחד במפה שלו, **או** שתגלה מעט מן השלחן, ותתן קערה שלה עליו.

כתב הרמ"א, וי"א הא דצריכין הפסק בין קערה שלו לקערה שלה, היינו דוקא כשאינן אוכלין מקערה אחת כשהיא טהורה, **אבל** אם אוכלין מקערה אחת כשהיא טהורה, סגי אם אוכלת בקערה בפני עצמה, וא"צ היכר אחר, **וכן** נוהגין.

וי"א דאף לסברא זו, אינו מותר רק כשגם בני הבית אוכלים עמהם על שלחן א' ביחד, **אבל** כשבני הבית אוכלין על שלחן אחר, (**וי"א** דה"ה כשאין שם בני בית כלל, ואינו מוכרח), והאיש והאשה אוכלין לבדן על שלחן אחד כל אחד מקערה שלו, אסור, אפילו היה רגיל לאכול עמה בקערה א'.

אם גם בני הבית אוכלים עמהם מקערה זו, י"א דאפי' מקערה אחת שרי לאכול, דאין לך הפסק גדול מזה, **ומ"מ** רבים הם המחמירים, ומדינא אין לאסור, אך המחמירים יפה עושים באיסור חמור.

וי"א דדוקא על שולחן אחד יש מקום להתיר בזה, (אף אם גם כשהיא טהורה הם אוכלים בקערה בפ"ע), **דכשגם** בני הבית אוכלים עמהם עדיף מהיכר, **אבל** מקערה אחת מדינא יש לאסור, לפמ"ש הרמ"א שאסור לו לאכול משיורי מאכל שלה, א"כ כשאוכלים בקערה א' בודאי אוכל משיורי מאכל שלה, **וא"א** ליזהר ולדקדק בזה שיפסוק אדם אחר בינתיים.

אם מנתחין חתיכות קטנות בקערה אחת, והוא נוטל אחת והיא נוטלת אחת עד גמר אכילה, י"א דשבוש גדול הוא, דפשיטא דחשיב אכילה יחד, **אבל כששמשימין קערה עם החתיכות גדולות**, כדרך שמשימין בקדרה, וכל אחד נוטל מן הקערה ומשים לפניו על כלי מיוחד ואוכל משם, אין בזה איסור, **כיון** דאין האכילה מיד בלקיחתו מקערה שלוקחה גם היא, אלא משתמש בכלי אחר בינתיים.

אסור לו לאכול משיורי מאכל שלה, כמו שאסור לשתות משיורי כוס שלה, וכמו שיתבאר בס"ד, **ואם** הפסיק אחר ביניהם מותר, כמו בשיורי כוס בסמוך, **וכן** בכל הקולות שישנן שם, יש בזה.

י"א כיון דמדמה מאכל לשתיה, אף מאכל לא תביא לו.
ויש שהקשה, דא"כ אמאי אמרו כל מלאכות עושה לו חוץ ממזיגת הכוס, ולא חשיב תיקון מאכל לפניו, **ע"כ נראה**, דחכמים שיערו שאין קירוב בזה, רק מעשה עבדות שיש בו טורח, משא"כ במזיגת הכוס, **וכמו** שמחלק בסעיף י"א לענין הצעת המטה, **ועיין ש"ך** ס"י.

י"א דאשה נדה שהריחה טאב"ק כמו חצי כלי, מותר לבעלה להריח המותר, דזה לא דמי לאכילה.

שתיית שיורי כוס שלה

סעיף ד - לא ישתה משיורי כוס ששתתה היא

- משמע אע"פ שחזר ומלאוהו, כגון ששתתה היא חצי ואח"כ מלאוהו, אסור, דמ"מ הוא שותה משיורה, **אבל** אם שתתה היא כל הכוס ומלאוהו נראה דמותר, **ואע"ג** שכתב ב"י, ואנו נוהגין עוד להדיח הכוס בין שתיה דידה לשתיה דידיה, ומנהג כשר הוא, עכ"ל, **אנן** לא נהגינן הכי.

הגה: אם לא שמפסיק אדם אחר ביניהם, או שהורק מכוס זה אל כוס אחר, אפילו הוחזר לכוס ראשון. ואם שתתה והוא אינו יודע ורוצה לשתות מכוס שלה, אינה צריכה להגיד לו שלא ישתה. והיא מותרת לשתות מכוס ששתה הוא –

[דהיא לא מרגלא ליה לעבירה].

ואם שתתה מכוס והלכה לה, י"א שמותר לו לשתות המותר, דמאחר שכבר הלכה אין כאן חבה -

(עיין בתשו' יד אליהו שכתב, דאם באתה באמצע מותר לגמור, **וכן** בפירסה נדה באמצע אכילה, מותר לגמור).

סימן קצה ס"ד • שתיית שיורי כוס שלה

לא ישתה משיורי כוס ששתתה היא, ואע"פ ששתתה היא חצי ואח"כ מלאוהו, מ"מ הוא שותה משיורה, **אבל** אם שתתה היא כל הכוס ומלאוהו, נראה דמותר, **ואע"ג** שיש נוהגין להדיח הכוס בין שתיה דידה לשתיה דידיה, **אנן** לא נהגינן הכי.

אבל אם מפסיק אדם אחר ביניהם, **או שהורק** מכוס זה אל כוס אחר, אפילו הוחזר לכוס ראשון, מותר.

ואם שתתה והוא אינו יודע ורוצה לשתות מכוס שלה, א"צ להגיד לו שלא ישתה.

ואם שתתה מכוס והלכה לה, י"א שמותר לו לשתות המותר, דמאחר שכבר הלכה אין כאן חבה.
ואם באתה באמצע, י"א דמותר לגמור, **וכן** בפירסה נדה באמצע אכילה, מותר לגמור.

והיא מותרת לשתות מכוס ששתה הוא, דהיא לא מרגלא ליה לעבירה.

דיני שכיבה וישיבה

סעיף ה - לא ישב במטה המיוחדת לה, אפילו שלא בפניה

- (עיין בספר חכמת אדם שכתב, דה"ה על כרים המיוחדים לה אסור).

[משמע אפי' ישיבה בעלמא בלא שכיבה, דבישיבה נמי איכא הרהור, ומצד ההרהור יבוא לידי הרגל עבירה].

והב"ח חולק (על השו"ע), דדוקא לשכב שם ולישן כשפושט בגדיו הוא דאסור, אבל ישיבה בעלמא כשהוא לבוש בגדיו אין בו איסור, אפי' בפניה.

[**ולא נראה, דודאי גם ישיבה שייך בה הרהור**, דהא כתב רמ"א בסמוך, דאסור לישב על ספסל ארוך, וכ"ש ישיבה במטה שלה דאיכא הרהור טפי].

השיג על הב"ח שלא כדת, ומה שאמר דהא אסור לישב על ספסל ארוך, לא דק, דהתם לאו משום הרהור הוא, אלא כיון דמתנודדת הוי כנגיעה, **אי** נמי כיון דשניהם יושבים עליה ביחד, הוי ליה כישן עמה במטה, דאסור אע"פ שאין נוגעין זה בזו, **משא"כ** הכא - נקה"כ.

(**ונראה** פשוט דאם אינה בעיר כלל, מותר).

[**ונראה דכ"ש הוא, שהיא לא תישן במטה שלו**, דיש טפי הרהור בשכבה ובקומה, (וה"ה דאסורה היא לישכב על כרים המיוחדים לו), **אבל ישיבה בעלמא** מותר לה על מטה שלו, דהיא לא מרגלא ליה, כנ"ל].

(ואף דהוא על מטתה אסור ג"כ שלא בפניה, מ"מ היא על מטתו נ"ל דמותרת שלא בפניו, וכ"נ מדברי הט"ז).

[מצאתי בהג"ה סמ"ק בשם מהר"ר פרץ, אשה נדה יכולה לשכוב אסדיני בעלה, (ומיירי באינם מיוחדים לו, אי נמי מיירי שלא בפניו), ונזהרות מסדינים ששכב עליהם איש אחר, פן תתעבר משכבת זרע של אחר, ואמאי אינה חוששת פן תתעבר בנדותה מש"ז של בעלה, ויהא הולד בן הנדה, והשיב כיון דאין כאן ביאת איסור, הולד כשר לגמרי אפי' תתעבר מש"ז של אחר, כי הלא בן סירא כשר היה, אלא דמש"ז של אחר קפדינן אהבחנה, וגזירה שמא ישא אחותו מאביו].

[ונגיעה שנוגע בסדין שהוא מלוכלך בדם, אין איסור, אע"פ שקצת נזהרין מזה, ושבוש הוא].

הגה: ואסור לישב על ספסל ארוך שמתנדנדת ואינה מחוברת לכותל, כשאשתו נדה יושבת עליו; ויש מתירים כשאדם אחר מפסיק ויושב ביניהן.

וכן לא ילך עם אשתו בעגלה אחת או בספינה אחת, אם אינו הולך רק דרך טיול, כגון לגנות ופרדסים וכיוצא בזה – ‹באגרות משה ביאר, דאיסור זה מיירי בעגלה ובספינה המתנדנדים בעת שנכנסים אליהם, והערוך השלחן סובר, שההתקבצות לישב בעגלה ובספינה אסורה, אף באופן שאין נדנוד›. **אבל אם הולך מעיר לעיר לצרכיו, מותר אע"פ שהוא ואשתו הם לבדן, ובלבד שישבו בדרך שלא יגעו זה בזה.**

סימן קצה ס"ה • דיני שכיבה וישיבה

לא ישב במטה המיוחדת לה, (**וי"א** דה"ה על כרים המיוחדים לה), **דאפי'** ישיבה בעלמא בלא שכיבה איכא הרהור, ויבוא לידי הרגל עבירה, **ואפי'** שלא בפניה, **ואם** אינה בעיר כלל, מותר.

והב"ח חולק על השו"ע, דדוקא לשכב שם ולישן כשפושט בגדיו הוא דאסור, **אבל** ישיבה בעלמא כשהוא לבוש בגדיו אין בו איסור, אפי' בפניה.

ונגיעה בסדין שהוא מלוכלך בדם, אין איסור, אע"פ שקצת נזהרין מזה, שבוש הוא.

וי"א דכ"ש שהיא לא תישן במטה שלו, (וה"ה לישכב על כרים המיוחדים לו), דיש טפי הרהור בשכבה ובקומה, **ושלא** בפניו מותרת. **אבל ישיבה** בעלמא מותר לה על מטה שלו, דהיא לא מרגלא ליה.

י"א דאשה נדה יכולה לשכוב אסדיני בעלה, (כשאינם מיוחדים לו, א"נ שלא בפניו), ואינה חוששת פן תתעבר בנדותה מש"ז של בעלה, ויהא הולד בן הנדה, **דכיון** דאין כאן ביאת איסור, הולד כשר לגמרי.

ונזהרות מסדינים ששכב עליהם איש אחר, פן תתעבר משכבת זרע של אחר, ואף שאין כאן ביאת איסור, קפדינן אהבחנה, וגזירה שמא ישא אחותו מאביו.

ואסור לישב על ספסל ארוך שמתנדנדת ואינה מחוברת לכותל, כשאשתו נדה יושבת עליו, **י"א** דלאו משום הרהור, אלא כיון דמתנודדת הוי כנגיעה, **א"נ** כיון דשניהם יושבים עליה ביחד, הוי ליה כישן עמה במטה, דאסור אע"פ שאין נוגעין זה בזה, **ויש מתירים** כשאדם אחר מפסיק ויושב ביניהן.

וכן לא ילך עם אשתו בעגלה א' או בספינה א', אם אינו הולך רק דרך טיול, כגון לגנות ופרדסים וכיוצא בזה, **י"א** דמיירי בעגלה ובספינה המתנדנדים בעת שנכנסים אליהם, **וי"א** שההתקבצות לישב בעגלה ובספינה אסורה, אף באופן שאין נדנוד, **אבל אם הולך מעיר לעיר לצרכיו,** מותר אע"פ שהוא ואשתו הם לבדן, **ובלבד** שישבו בדרך שלא יגעו זה בזה.

שינה במטה ביחד

סעיף ו - לא יישן עמה במטה, אפילו כל אחד בבגדו ואין נוגעין זה בזה. הגה: ואפי' יש לכל אחד מצע בפני עצמו - מיהו במטה של עץ או של בנין, מותר שם עם אשתו, הוא במטתו ואשתו במטתה, ‹ר"ל שעושין מקרשים בתוך הבית כמין חדר קטן, שאין שם מקום רק לב' מטותיהם, ואותו חדר קטן קורא מטה של עץ, ומש"כ או של בנין, ר"ל ג"כ על דרך זה – מחה"ש›, (**וכן** התיר לישן תחת הכילה עם אשתו נדה, כשלכל אחד יש כסת בפני עצמו, **מ"מ** הנכון להחמיר, אם לא במחיצת סדין תלויה בין המטות שאינה רואה אותה עוד, וראיה לאיסור בלא זה עיין בתשב"ץ).

ואפילו אם שוכבים בשתי מטות והמטות נוגעות זו בזו, אסור - (עיין בספר מקור חיים שכתב, דמלשון המרדכי, שממנו הוציא הרב דבר זה, משמע דדוקא אם רגלי המטות נוגעים זו בזו אסור, דאז שוכב האיש והאשה פנים נגד פנים, ויכולים להסתכל זה בזו ויכול לבוא לידי הרגל דבר, **משא"כ** אם ראש המטה נוגעת ברגלי חברתה, וכ"ש ראש המטה בראש חברתה, שאין יכולין לראות זה פנים של זו מותר, **אלא** דמ"מ העולם נוהגים כסתימת לשון רמ"א, דבכל ענין שנוגעים זה בזה אסור, **אבל** בהפרש כל שהוא בין מטה למטה מותר).

(**ועיין** בחכמת אדם שכתב, דאפשר דאם המטות מחוברין בכותל דמותר).

(**ולי** נראה דהרמ"א לא אמר דבר זה, אלא דוקא במטות שלהם שלא היה מוקף בנסרים למעלה, ואז כשהיו המטות נוגעות זו בזו היה נראה כמטה אחת ארוכה, **אבל** במטות שלנו העשויים כתיבה מוקף בנסרים למעלה, מותר).

(**צ"ע** אי מותר לשמוע קול זמר שלה, מאחר דבגמרא דשבת אמר מקיש אשה נדה לאשת רעהו, רק דיחוד שרי משום דהתורה העידה סוגה בשושנים, א"כ נראה דאסור, דהא באשת רעהו אסור, כמ"ש בברכות, קול באשה ערוה, וכתב הרא"ש שם פי' לשמוע, וכ"כ כל הפוסקים, וצ"ע).

סימן קצה ס"ו • שינה במטה ביחד

לא יישן עמה במטה, אפי' כל אחד בבגדו ואין נוגעין זה בזה, **ואפי'** יש לכל אחד מצע בפני עצמו.

ואפי' אם שוכבים בשתי מטות והמטות נוגעות זו בזו, אסור – רמ"א. **י"א** דדוקא אם רגלי המטות נוגעים זו בזו אסור, דאז שוכב האיש והאשה פנים נגד פנים, ויכולים להסתכל זה בזו ויכול לבוא לידי הרגל דבר, **משא"כ** אם ראש המטה נוגעת ברגלי חברתה, **וכ"ש** ראש המטה בראש חברתה, שאין יכולין לראות זה פנים של זו, מותר, **אלא** דמ"מ העולם נוהגים כסתימות לשון רמ"א, דבכל ענין שנוגעים זה בזה אסור, **אבל** בהפרש כל שהוא בין מטה למטה מותר.
ודוקא במטות שלהם שלא היה מוקף בנסרים למעלה, ואז כשהמטות נוגעות זו בזו נראה כמטה א' ארוכה, אבל במטות שלנו העשויים כתיבה מוקף בנסרים למעלה, י"א דמותר.
ואם המטות מחוברין בכותל, י"א דאפשר דמותר.

מה שעושין כמין חדר קטן בתוך הבית, מקרשים של עץ או של בנין, ואין שם מקום רק לב' מטותיהם, **מותר** שם עם אשתו, הוא במטתו ואשתו במטתה, **וכן** מותר לישן תחת הכילה עם אשתו נדה, כשלכל אחד יש כסת בפני עצמו, **מ"מ** הנכון להחמיר, אם לא במחיצת סדין תלויה בין המטות שאינה רואה אותה עוד.

צ"ע אי מותר לשמוע קול זמר שלה.

דין הסתכלות

סעיף ז - לא יסתכל אפילו בעקבה, ולא במקומות המכוסים שבה – [והעונש על זה בגמרא, דהויין ליה בנים שאינם מהוגנים].

(אבל מותר להסתכל בה במקומות הגלוים, אע"פ שנהנה בראייתה) - הואיל והיא מותרת לו לאחר זמן, אינו בא לידי מכשול.

סימן קצה ס"ז • דין הסתכלות

לא יסתכל אפי' בעקבה, ולא במקומות המכוסים שבה, **והעונש** ע"ז בגמ', דהווין ליה בנים שאינם מהוגנים.

אבל מותר להסתכל בה במקומות הגלוים, אע"פ שנהנה בראייתה, הואיל והיא מותרת לאחר זמן, אינו בא לידי מכשול.

בגדים מיוחדים לימי נדותה

סעיף ח - ראוי לה שתייחד לה בגדים לימי נדותה, כדי שיהיו שניהם זוכרים תמיד שהיא נדה – ‹ולא ידעתי מאין יצא להם טעם זה, הלא הטעם מפורש להדיא בש"ס, כדי שלא תתגנה על בעלה, ופי' רש"י בימי טהרה, אם לובשת בגדים שלבשה בימי נדתה – תורת השלמים›.

סימן קצה ס"ח • בגדים מיוחדים לימי נדותה

ראוי לה שתייחד לה בגדים לימי נדותה, כדי שיהיו שניהם זוכרים תמיד שהיא נדה. **ויש** מקשים, והלא הטעם מפורש להדיא בש"ס, כדי שלא תתגנה על בעלה בימי טהרה, אם לובשת בגדים שלבשה בימי נדתה, **ולא** דהוי דין לעשות כן.

קישוט בימי נדותה

סעיף ט - בקושי התירו לה להתקשט בימי נדותה, אלא כדי שלא תתגנה על בעלה – ‹ובאבות דרבי נתן, כל המנבלת עצמה בימי נדתה, רוח חכמים נוחה הימנה, וכל המתקשטת עצמה בימי נדתה, אין רוח חכמים נוחה הימנה – גר"א›.

סימן קצה ס"ט • קישוט בימי נדותה

בקושי התירו לה להתקשט בימי נדותה, אלא כדי שלא תתגנה על בעלה. **ובאבות** דרבי נתן, כל המנבלת עצמה בימי נדתה, רוח חכמים נוחה הימנה, **וכל** המתקשטת עצמה בימי נדתה, אין רוח חכמים נוחה הימנה.

דין מלאכה, מזיגת הכוס, והבאת קערה

סעיף י - כל מלאכות שהאשה עושה לבעלה, נדה עושה לו - (בשל"ה כתב, דזה מצד הדין, לפי שראו את העם שלא יסבלו יותר מחמת חסרון שפחות, **אבל** מ"מ המחמיר שומר מצרות נפשו).

חוץ ממזיגת הכוס, שאסורה למזוג הכוס (בפניו), ולהניחו לפניו על השלחן; אא"כ תעשה שום היכר, כגון שתניחנו על השלחן

ביד שמאל, או תניחנו על הכר או הכסת אפילו ביד ימינה.

כתב הב"ח, מ"כ בדרשות מהר"ש מאוסטרייך, דשלא כדין עושין הבעלי בתים, שמניחין נשותיהם לישא הקערות וכיוצא בהן על השלחן, מידי דהוה אמזיגת הכוס, עכ"ל, **מיהו** למש"כ הגמי"י בשם רא"מ, דמזיגה בלא הושטה או הושטה בלא מזיגה, מותר אפי' בלא שינוי, ה"ה בקערה דליכא אלא הושטה דשרי, **וכן** למש"כ הרשב"א, דמזיגת יין במים דוקא אסור, אבל שאר משקים, אי נמי מזיגה מן הכלי כמו שאנו עושים, שרי, ה"ה בקערה אין קפידא. **ועוד** נראה דאפי' את"ל דנתינת הקערה על השלחן הו"ל כמזיגת הכוס, מ"מ אף במזיגת הכוס אין איסור אלא בכוס המיוחד לבעלה בלבד, דאיכא חיבה, **אבל** להביא הקערה על השלחן שכל בני בית אוכלים ממנה, אין קפידא, אע"ג שגם בעלה אוכל עם בני ביתה מאותה קערה, דליכא הכא חיבה, והכי נקטינן, **אבל** להביא קערה המיוחדת לבעלה אסורה, וכדמוכח מתנא דבי אליהו וממ"ש סה"ת, דאף בהושטה בלבד כשאין בו שינוי אסור במאכל ובמשתה, ע"כ ‹הב"ח›. ‹עיין מש"כ הט"ז בס"ג›. **ולפי** זה משמע דמחמיר ג"כ בשאר משקים.

והב"ח כתב, דאע"פ שהמזיגה שלא בפניו, אם מניחה על השלחן בפניו אסור, **ואף** הגמי"י, דדוקא בדאיכא תרווייהו מזיגה והושטה הוא דאוסר, מודה בזה, **ואצ"ל** כשהוא יודע שהיא מוזגת את הכוס, דכיון שהניחה על השלחן בפניו חשיב כמזיגה בפניו ג"כ ואסור, עכ"ד, **ואין** דבריו מוכרחים, גם מדברי הרא"ש מוכח, דשלא בפניו ליכא איסורא כלל, ‹**ואסור** רק משום חומרא בעלמא, וכדלעיל בהושטה בלא מזיגה – מחה"ש›.

סי' קצה ס"י • דין מלאכה, מזיגת הכוס, והבאת קערה

כל מלאכות שהאשה עושה לבעלה, נדה עושה לו. **וי"א** דכן הוא מצד הדין, לפי שראו את העם שלא יסבלו יותר מחמת חסרון שפחות, **אבל** מ"מ המחמיר שומר מצרות נפשו.

חוץ ממזיגת הכוס, שאסורה למזוג הכוס בפניו, ולהניחו לפניו על השלחן, **אא"כ** תעשה שום היכר, כגון שתניחנו על השלחן ביד שמאל, **או** תניחנו על הכר או הכסת אפילו ביד ימינה.

כתב הב"ח בשם מהר"ש מאוסטרייך, דשלא כדין עושין הבעלי בתים, שמניחין נשותיהם לישא הקערות וכיוצא בהן על השלחן, מידי דהוה אמזיגת הכוס.
מיהו להי"א דמזיגה בלא הושטה או הושטה בלא מזיגה, מותר אפי' בלא שינוי, **ה"ה** בקערה דליכא אלא הושטה דשרי.
וכן למ"ש הרשב"א, דמזיגת יין במים דוקא אסור, אבל שאר משקים, **א"נ** מזיגה מן הכלי כמו שאנו עושים, שרי, **ה"ה** בקערה אין קפידא.
ועוד דאף במזיגת הכוס, אין איסור אלא בכוס המיוחד לבעלה בלבד, דאיכא חיבה, **אבל** להביא הקערה על השלחן שכל בני בית אוכלים ממנה, אין קפידא, אע"ג שגם בעלה אוכל עם בני ביתה מאותה קערה, דליכא הכא חיבה.
אבל מסיק הב"ח, דלהביא קערה המיוחדת לבעלה, אסורה משום חומרא, דאף בהושטה בלבד כשאין בו שינוי, אסור במאכל ובמשתה, **(ועיין** מש"כ הט"ז בס"ג).
ולפי"ז משמע דמחמיר ג"כ בשאר משקים.

וכתב הב"ח, דאע"פ שהמזיגה נעשה שלא בפניו, אם מניחה על השלחן בפניו, אסור, **ואף להי"א** דדוקא בדאיכא תרווייהו מזיגה והושטה הוא דאוסר, מודה בזה, **ואצ"ל** כשהוא יודע שהיא מוזגת את הכוס, דכיון שהניחה על השלחן בפניו חשיב כמזיגה בפניו ג"כ ואסור.
וכתב הש"ך דאין דבריו מוכרחים, **ואסור** רק משום חומרא בעלמא, וכדלעיל בהושטה בלא מזיגה.

הצעת המטה

סעיף יא - אסורה להציע מטתו בפניו; ודוקא פריסת סדינים והמכסה שהוא דרך חבה, אבל הצעת הכרים והכסתות שהוא טורח ואינו דרך חבה, שרי; ושלא בפניו, הכל מותר, אפילו הוא יודע שהיא מצעת אותם.

סימן קצה סי"א • הצעת המטה

אסורה להציע מטתו בפניו; **ודוקא** פריסת סדינים והמכסה שהוא דרך חבה, **אבל** הצעת הכרים והכסתות שהוא טורח ואינו דרך חבה, שרי; **ושלא** בפניו, הכל מותר, אפילו הוא יודע שהיא מצעת אותם.

הרחצת פניו ידיו ורגליו

סעיף יב - אסורה ליצוק לו מים לרחוץ פניו ידיו ורגליו, אפילו אינה נוגעת בו, ואפילו הם מים צוננים.

וכתב הר"ר יונה בספר דרשות הנשים, דאסור לתת לפני בעלה קיתון של מים וכלים שירחץ בהם רגליו, מפני שהוא דרך חיבה.

אסורה ליצוק לו מים – [לכאורה משמע מלשון זה, שאסורה ליתן מים בכלי והוא ירחץ אח"כ, **אבל** באמת אינו כן, דזה לשון רשב"א, אפי' הוא רוחץ והיא מוצקת, שאילו לרחוץ בידיה, אפי' בלא רחיצה אסור,

דהא איכא קירוב בשר, ואסור ליגע אפי' באצבע קטנה, עכ"ל, **משמע** דמותרת להכין לו מים בכלי והוא ירחץ משם, דמדכתב הוא רוחץ והיא מוצקת, משמע דבשעת רחיצה שלו היא יוצקת, ולא שהיא מכינה לו תחילה קודם רחיצתו, ותו דאם תפרש דגם זה אסור, קשה מנא ליה לאסור זה, דהא כתב אח"כ הוכחה, שאין לפרש הרחיצה בידה מכח קירוב בשר, ש"מ דמיירי כאן במידי דלאו קירוב בשר, דהיינו שיוצקת בשעת רחיצה. **ואין** לומר דהא גם דבר זה שיוצקת בשעה שהוא רוחץ, ג"כ אסור בלאו חיבה דרחיצה, אלא מטעם דנוגעת בו ע"י המים הנוזלין מידה לידו, י"ל דזהו מגע ע"י דבר אחר, שהיא נוגעת בכלי, והכלי במים, והמים בידו, ס"ד דשרי, קמ"ל דאסור משום רחיצה שמביאה לידי חיבה, **וכנ"ל** מלשון התלמוד, שאמר בדין זה, דהרחצת פניו ידיו ורגליו אסור, ודבר זה שנותנת מים לכלי תחילה בלי יציקה עליו, לא מקרי רחיצה כלל, והיה לו לומר, דנתינת מים להרחצה אסור, כמו שאמר שם מזיגת הכוס, הכי נמי היה לו לומר ונתינת מים, משא"כ אם יוצקת על ידיו, מקרי שפיר רחיצה, ומ"מ פשוט לי, דגם זה בכלל האיסור, שאם הוא רוחץ מכלי שיש בו נקב למטה, ובשעת רחיצתו היא יוצקת מים להכלי, דגם זה מיקרי הרחצה, כנ"ל]. **כתב** להתיר שתכין לו מים, ובש"ך כתבתי בשם מהר"ר יונה לאסור - נקה"כ.

סימן קצה סי"ב • הרחצת פניו ידיו ורגליו

אסורה ליצוק לו מים לרחוץ פניו ידיו ורגליו, אפי' אינה נוגעת בו, **ואפי'** הם מים צוננים. **וכן** אסור לתת לפני בעלה קיתון של מים וכלים שירחץ בהם רגליו, מפני שהוא דרך חיבה.

והט"ז חולק, דהאיסור הוא רק כשהוא רוחץ והיא מוצקת, **שאילו** לרחוץ בידיה, אפי' בלא רחיצה אסור, דהא איכא קירוב בשר, ואסור ליגע אפי' באצבע קטנה, **אבל** מותרת להכין לו מים בכלי והוא ירחץ משם, **וכן** משמע מלשון הגמ', הרחצת פניו ידיו ורגליו, ונתינת המים לכלי תחילה בלי יציקה עליו, לא מקרי רחיצה כלל, והי"ל נתינת מים להרחצה, כמ"ש מזיגת הכוס, **משא"כ** יציקה עליו מקרי שפיר רחיצה, **ומ"מ** נכלל גם בהאיסור, אם הוא רוחץ מכלי שיש בו נקב למטה, ובשעת רחיצתו היא יוצקת מים להכלי, דג"ז מיקרי הרחצה.

למזוג לה ולשלוח לה כוס

סעיף יג - כשם שאסורה למזוג לו, כך הוא אסור למזוג לה; ולא עוד, אלא אפילו לשלוח לה כוס של יין אסור, לא שנא כוס של ברכה לא שנא כוס אחר, אם הוא מיוחד לה; אבל אם שותים הם מאותו הכוס ושתיא איהי אבתרייהו, לית לן בה - (עיין בשאילת יעב"ץ שכתב, דראוי להחמיר כדעת השאילתות), וז"ל, וכי לא שתיא כלל משום היכירא, פשיטא דשפיר עבדא.

סימן קצה סי"ג • למזוג לה ולשלוח לה כוס

כשם שאסורה למזוג לו, כך הוא אסור למזוג לה, **ולא** עוד, אלא אפי' לשלוח לה כוס של יין אסור, לא שנא כוס של ברכה לא שנא כוס אחר, אם הוא מיוחד לה; **אבל** אם שותים הם מאותו הכוס ושתיא איהי אבתרייהו, לית לן בה. **וי"א** דראוי להחמיר שלא ישתה כלל משום היכירא.

דיני הרחקות בימי ליבונה

סעיף יד - כל אלו ההרחקות צריך להרחיק בין בימי נדותה בין בימי ליבונה, שהם ימי ספירתה, ואין חילוק בכל אלו בין רואה ממש למוצאת כתם.

הגה: וי"א דאין להחמיר בימי ליבונה בענין איסור אכילה בקערה, וכן נוהגין להקל בזה, ויש להחמיר.

ז"ל ד"מ: אמנם מצאתי הג"ה במרדכי בשם ראבי"ה וז"ל, אחר ימי ליבון ליכא הרגל עבירה, וטוב לאכול עמה כדי שתרצה לטבול אם יכולה לטבול, ע"כ, **וע"ז** ראיתי מקילים בימי לבונה, ואין נ"ל לסמוך ע"ז, וראבי"ה הוא יחיד בזה, עכ"ל, **והב"ח** כתב, דאף לפי זה טועים המקילים, שהרי לא התיר אלא ביום הז' שאחר ימי ליבון, כדי שתתרצה לטבול, וגם ליכא הרגל עבירה, דאין לחוש שמא יבא עליה ביום הז' כיון שהיא טובלת לערב, **וגם** זו סברא קלושה היא, ואין שומעין ליחיד להתיר איסור המפורסם בכל החיבורים, [**ואין** להם על מי שיסמוכו], ולכן יש לדרוש ברבים, דאיסורא קא עבדי הני דאוכלים יחד מקערה א' בימי לבונה, [**ונ"ל** עוד, דאפי' יש להחמיר יותר בימי ליבון, דאם נתיר לו באיזה קולא, יותר יש חשש שיבוא לידי הרגל דבר, מאחר שרואה שהיא אינה טמאה כל כך].

ומצאתי בהג"ה, ואנשים האוכלים עם נשותיהם בימי ליבונה שלא ירגישו בני הבית, שבוש הוא, ועוברים על דברי חכמים, ונתקבצו כל הקהלות ועשו חרם ע"ז, דברי הר"ח, **וראב"ן** כתב, ויש נוהגין שלא

לאכול עד כלות שבעה נקיים, והוא כשר ונאה, דשוב ליכא הרגל עבירה אלא הרגל מצוה, דכיון דמצי למטבל לא שביק היתרא ואכיל איסורא.

‹**והפוסקים** האחרונים החמירו, שלא להתיר שום הרחקה קודם שטבלה, אף שכבר שלמו ימי ספירתה, חכ"א וקשר"ע וערוך השלחן›.

סימן קצה סי"ד • דיני הרחקות בימי ליבונה

כל אלו ההרחקות צריך להרחיק בין בימי נדותה בין בימי ליבונה, **ואין** חילוק בכל אלו בין רואה ממש למוצאת כתם.

וכתב הרמ"א, וי"א דאין להחמיר בימי ליבונה בענין איסור אכילה בקערה, וכן נוהגין להקל, **ויש** להחמיר שלא לסמוך ע"ז.

וי"א דטועים המקילים, שהרי לא התיר הי"א אלא ביום הז' שאחר ימי ליבון, כדי שתתרצה לטבול, **וגם** ליכא הרגל עבירה, דאין לחוש שמא יבא עליה ביום הז' כיון שהיא טובלת לערב, **וגם** זו סברא קלושה היא, ואין שומעין ליחיד להתיר איסור המפורסם בכל החיבורים, ואין להם על מי שיסמוכו, **ולכן** יש לדרוש ברבים, דאיסורא קא עבדי הני דאוכלים יחד מקערה א' בימי לבונה. **ואותם** האוכלים עם נשותיהם בימי ליבונה שלא ירגישו בני הבית, שבוש הוא, ועוברים על דברי חכמים, ונתקבצו כל הקהלות ועשו חרם ע"ז.

וי"א דיש נוהגין שלא לאכול עד כלות ז"נ, והוא כשר ונאה, דשוב ליכא הרגל עבירה אלא הרגל מצוה, דכיון דמצי למטבל לא שביק היתרא ואכיל איסורא.
והפוסקים האחרונים החמירו, שלא להתיר שום הרחקה קודם שטבלה, אף שכבר שלמו ימי ספירתה.

אם הוא חולה

סעיף טו - אם הוא חולה ואין לו מי שישמשנו זולתה, מותרת לשמשו

- ‹כגון להושיט חפץ מידה לידו, או לקחת חפץ מידו, וכגון לשמשו בתשמישי גופו, כהתרת מנעל והנעלתו, והלבשת בגדיו, ותזהר כפי האפשר שלא ליגע בו אפי' דרך בגדיו, **אמנם** כשצריך לכך מותרת אף לנגוע בו, וכגון שצריך לה להקימו ולהשכיבו ולסומכו וכה"ג, וכדמבואר מסט"ז – בדי השלחן›.

רק שתזהר ביותר שתוכל מהרחצת פניו ידיו ורגליו, והצעת המטה בפניו

- אבל מזיגת הכוס אשכחן היתרי טובי, כדלעיל ס"י - ב"ח, ‹ר"ל, הא דנקט הנהו תרתי, הרחצת פניו ידיו ורגליו והצעת המטה, ושבק מזיגת הכוס, משום דמלתא דפסיקא נקט, והני תרתי הרחצת פניו כו' והצעת המטה בכל ענין אסורים, **אבל** מזיגת הכוס לאו מלתא דפסיקא היא, שהרי אפילו אם אין הבעל חולה אין איסור בכל ענין, דמותר על ידי שתניחנו על השלחן ביד שמאל או תניחנו על הכר וכסת, כדלעיל סעיף י', **אבל** לא הקיל הב"ח כאן כשהוא חולה יותר מאם הוא בריא›.
ונראה דאפי' למש"כ שם דנכון להחמיר, ‹בהושטה בלי מזיגה או בשאר משקים›, הכא בחולה שרי, ‹הואיל ואינם מדינא רק חומרא בעלמא – מחה"ש›.

סימן קצה סט"ו • אם הוא חולה

אם הוא חולה ואין לו מי שישמשנו זולתה, מותרת לשמשו, כגון להושיט חפץ מידה לידו, או לקחת חפץ מידו, וכגון לשמשו בתשמישי גופו, כהתרת מנעל והנעלתו, והלבשת בגדיו, **ותזהר** כפי האפשר שלא ליגע בו אפי' דרך בגדיו, **אמנם** כשצריך לכך מותרת אף לנגוע בו, וכגון שצריך לה להקימו ולהשכיבו ולסומכו וכה"ג.

רק שתזהר ביותר שתוכל מהרחצת פניו ידיו ורגליו, והצעת המטה בפניו.
י"א דהטעם דלא הזכיר השו"ע מזיגת הכוס, לאו משום דיש להקל בה כשהוא חולה יותר מאם הוא בריא, **אלא** משום דאשכחן היתרי טובי, ע"י שתניחנו על השלחן ביד שמאל או תניחנו על הכר וכסת, כדלעיל ס"י.
וי"א דהני דינים בס"י שאינם אסורים מדינא, רק דנכון להחמיר, כהושטה בלי מזיגה או בשאר משקים, הכא בחולה שרי.

אם היא חולה

סעיף טז - אשה חולה והיא נדה, אסור לבעלה ליגע בה כדי לשמשה, כגון להקימה ולהשכיבה ולסומכה

- דדוקא כשהוא חולה והיא בריאה שרי, דכיון דחולה הוא ליכא למיחש להרגל עבירה, דאין יצרו מתגבר עליו מפני שתשש כחו, **אבל** כשהיא חולה והוא בריא, איכא למיחש להרגל עבירה, שמא יתגבר יצרו עליו ויפייסנה.

(וי"א דאם אין לה מי שישמשנה, מותר בכל, וכן נוהגין אם צריכה הרבה לכך).

‹**וכן** פסק בתשו' רדב"ז, וכתב אע"ג דבכל אביזרא דג"ע אמרינן ימות ואל יעבור, מההיא עובדא דהעלה לבו טינא, **לא** דמי, דהתם בא החולי מחמת העבירה, אבל הכא לא בא החולי מחמת העבירה, להכי שרי, **ואפילו** אם היא חולה שאב"ס נמי שרי, **רק** לא ירחץ פניה ידיה ורגליה, **ואם** היא מסוכנת אצל הרחיצה, אפשר לו להשליך מים עליה, **ואם** א"א אלא ברחיצה ממש, מותר›.

‹**והביאו** האחרונים את דברי הרדב"ז, דהחילוק בין איש חולה לאשה חולה, הוא, דכשהיא חולה, צריך לשכור אחרים כדי לשמשה, **משא"כ** כשהוא חולה, א"צ לשכור

אחרים לשמשו, ולכן אם אין באפשרות להיעזר באדם אחר בחינם, מותרת היא לשמשו.

סימן קצה סט"ז • אם היא חולה

אשה חולה והיא נדה, אסור לבעלה ליגע בה כדי לשמשה, כגון להקימה ולהשכיבה ולסומכה, **דדוקא** כשהוא חולה והיא בריאה שרי, דכיון דחולה הוא ליכא למיחש להרגל עבירה, דאין יצרו מתגבר עליו מפני שתשש כחו, **אבל** כשהיא חולה והוא בריא, איכא למיחש להרגל עבירה, שמא יתגבר יצרו עליו ויפייסנה.

וכתב הרמ"א, וי"א דאם אין לה מי שישמשנה, מותר בכל, וכן נוהגין אם צריכה הרבה לכך. **ואע"ג** דבכל אביזרא דג"ע אמרינן ימות ואל יעבור, מההיא עובדא דהעלה לבו טינא, **התם** בא החולי מחמת העבירה, משא"כ הכא.

וי"א דאפי' אם היא חולה שאב"ס נמי שרי, **רק** לא ירחץ פניה ידיה ורגליה, **ואם** היא מסוכנת אצל הרחיצה, אפשר לו להשליך מים עליה, **ואם** א"א אלא ברחיצה ממש, מותר.

ולפי"ז מה חילוק יש בין איש חולה לאשה חולה, **י"א** דכשהיא חולה, צריך לשכור אחרים כדי לשמשה, **משא"כ** כשהוא חולה, א"צ לשכור אחרים לשמשו, ולכן אם אין באפשרות להיעזר באדם אחר בחינם, מותרת היא לשמשו.

אם בעלה רופא

סעיף יז - אם בעלה רופא, אסור למשש לה הדפק - ומיהו אם החולה מסוכן ואין שם רופאים, משמע קצת מדברי תשובת הרמב"ן דשרי מפני פיקוח נפש, אלא די"ל דלטעמיה אזיל, דס"ל דנגיעת נדה אינו אלא מדרבנן, **אבל** להרמב"ם דנגיעת ערוה אסורה מן התורה, הכא אע"פ שיש פיקוח נפש אפשר דאסור, משום אביזרא דג"ע, וצ"ע, עכ"ל ב"י, **ואין** נראה, דודאי אף להרמב"ם ליכא איסור דאורייתא, אלא כשעושה כן דרך תאוה וחיבת ביאה, מה שאין כן הכא, **וכן** המנהג פשוט שרופאים ישראלים ממששים הדפק של אשה, אפילו אשת איש או נכרית, אע"פ שיש רופאים אחרים גוים, וכן עושים שאר מיני משמושים ע"פ דרכי הרפואה, **וזה** נראה דעת הרב, דלעיל בסי' קנ"ז משמע מדבריו כהרמב"ם, וכאן התיר מישוש הדפק, **מ"מ** באין סכנה, אסור לבעלה למשש הדפק כשהיא נדה.

הגה: ולפי מה שכתבתי דנוהגין היתר אם צריכה אליו דמשמש לה, כ"ש דמותר למשש לה הדפק אם אין רופא אחר, וצריכה אליו ויש סכנה בחליה

– «ובשה"ל הביא, דכמה מגדולי אחרונים התירו, אף בחולה שאין בו סכנה», **ומה** דהרמ"א לא התיר אלא בדיש סכנה, ולעיל התיר להקימה אפי' כשהיא רק צריכה הרבה לכך, **מביא** בדי השולחן מתשו' בית שערים, דהתם בעבידתא טריד טפי, שהוא טרחא, משא"כ מישוש הדפק, הוא פעולה קלה».

(**בספר** מקור חיים כתב, שראה מורים שהורו בנדון כזה, להניח בגד על הדפק, ואז מותר לבעלה הרופא למשש הדפק על אותו בגד המפסיק).

סימן קצה סי"ז(1) • אם בעלה רופא

אם בעלה רופא, אסור למשש לה הדפק. **ומה** דמשמע מהרמב"ן, דאם החולה מסוכן ואין שם רופאים, דשרי מפני פיקוח נפש, **י"א** דדוקא לשיטתו דס"ל דנגיעת נדה אינו אלא מדרבנן, **אבל** להרמב"ם דנגיעת ערוה אסורה מן התורה, אפשר דאסור משום אביזרא דג"ע, וצ"ע - ב"י.

וכתב הש"ך, דודאי אף להרמב"ם ליכא איסור דאורייתא, אלא כשעושה כן דרך תאוה וחיבת ביאה, משא"כ הכא, **וכן** המנהג פשוט שרופאים ישראלים ממששים הדפק של אשה, אפי' א"א או נכרית, אע"פ שיש רופאים אחרים גוים, **וכן** עושים שאר מיני משמושים ע"פ דרכי הרפואה. **מ"מ** באין סכנה, אסור לבעלה למשש הדפק כשהיא נדה.

וכתב הרמ"א, דלפי מש"כ לעיל, דנוהגין היתר אם צריכה אליו דמשמש לה, כ"ש דמותר למשש לה הדפק אם אין רופא אחר, וצריכה אליו ויש סכנה בחליה.

ואף דהרמ"א התיר לעיל להקימה אפי' כשהיא רק צריכה הרבה לכך, ואפי' בלא סכנה, **י"א** דהתם בעבידתא טריד טפי, שהוא טרחא, **משא"כ** מישוש הדפק, הוא פעולה קלה. **וכמה מגדולי אחרונים** התירו, אף בחולה שאין בו סכנה.

וי"א שיש להניח בגד על הדפק, ואז מותר לבעלה הרופא למשש הדפק על אותו בגד המפסיק.

תפלה, כניסה לבהכ"נ ולבית החיים

ולענין תפלה ושאר דברי קדושה, יש שכתבו שאין לאשה נדה בימי ראייתה ליכנס לבית הכנסת או להתפלל או להזכיר השם או ליגע בספר. וי"א שמותרות בכל, וכן עיקר. אבל המנהג במדינות אלו כסברא הראשונה. ובימי לבון נהגו היתר. ואפילו במקום שנהגו להחמיר, בימים נוראים וכה"ג, שרבים מתאספים לילך לבית הכנסת, מותרות לילך לבהכ"נ כשאר נשים, כי הוא להם לעצבון גדול שהכל מתאספים והם יעמדו חוץ.

(**כתב** בספר חמו"ד, נהגו הנשים שלא לילך לבית החיים להתפלל בימי נדתה, ונכון הוא).

סי' קצה סי"ז(2) • תפלה, כניסה לבהכ"נ ולבית החיים

ולענין תפלה ושאר דברי קדושה, י"א שאין לאשה נדה בימי

ראייתה ליכנס לבהכ"נ או להתפלל או להזכיר השם או ליגע בספר. **וי"א** שמותרות בכל, וכן עיקר.

והמנהג במדינות אלו כסברא הראשונה. **ובימי לבון** נהגו היתר. **ואפי' במקום שנהגו להחמיר**, בימים נוראים וכה"ג, שרבים מתאספים לילך לבהכ"נ, מותרות לילך לבהכ"נ כשאר נשים, כי הוא להם לעצבון גדול שהכל מתאספים והם יעמדו חוץ.

י"א דנהגו הנשים שלא לילך לבית החיים להתפלל בימי נדתה, ונכון הוא.

§ סימן קצו – דיני לבישת הלבון ובדיקתה §

דין הפסק טהרה

סעיף א - שבעת ימים שהזבה סופרת מתחילין ממחרת יום שפסקה בו. וכן משפטה, אם תראה ב' ימים או ג' ופסקה מלראות, בודקת ביום שפסקה כדי שתפסוק בטהרה - בין השמשות, ‹ולא ידעתי כוונתו, הא מבואר כן בשו"ע - סד"ט›, **ובדיקה זו תהיה סמוך לבין השמשות.**

(וכן נוהגין לכתחלה; ובדיעבד, אפילו לא בדקה עצמה רק שחרית ומצאה עצמה טהורה, סגי בכך) - היינו מיום ב' מראייתה ואילך, כדלקמן ס"ב.

ולעולם ילמד אדם בתוך ביתו (להחמיר לכתחלה) שתהא בודקת ביום הפסק טהרתה במוך דחוק, ושיהא שם כל בין השמשות, שזו בדיקה מוציאה מידי כל ספק.

הגה: יש אומרים אם התפללו הקהל ערבית ועוד היום גדול, אינה יכולה לבדוק אז ללבוש לבנים ולהתחיל למנות מיום המחרת, מאחר דהקהל כבר עשו אותו לילה - אע"פ שעדיין היא לא התפללה ערבית.

וי"א דמותר אפילו עשו הקהל שבת - כי ההיא תוספת לא שייך לענין נדה, וצריך כ"ד שעות, **ויש** ראיה מספירת עומר, דלא חשבינן ללילה אפילו בע"ש דתוספת שבת דאורייתא, וכן מאכילת מצה ופסח וסוכה, עכ"ל האגור בשם מהרי"ל, **משמע** מדבריו ומכל הלין ראיות, דאע"פ שהתפללה היא ג"כ ועשתה שבת, מותר, **ולפי"ז** מש"כ הרב, דאפי' עשו הקהל שבת, ה"ק אפילו עשו הקהל גם כן שבת, וגם היא, **והגאון** אמ"ו ז"ל לא כתב כן בתשובה, אלא כתב דלהרב, אם התפללה היא ערבית אין להקל אפי' דיעבד.

מ"מ מבואר מהאגור שהבאתי, דאף להמקילים היינו עד כ"ד שעות, וא"כ כשהיום גדול כל כך, חשבינן יום ולילה שוים, וכמש"ל סי' קפ"ד ס"ק ז', אבל בתר הכי לכו"ע אסור. ‹**ועיין** בדגמ"ר שהשיג ע"ז, וכתב שאין להחמיר בזה כלל, אפילו לכתחלה, **ונראה** דאף הש"ך לא החמיר, אלא כשהתפללה היא וגם הקהל ערבית וקיבלו שבת, **וגם** בזה נראה להקל בדיעבד›.

ונוהגין לכתחלה ליזהר, ובדיעבד אין לחוש.

ומקצת נשים נוהגות שאם פסקה קודם ברכו, וחזרה לראות כתם או דם תוך ימי ספירתה, אז מפסיקין אפילו לאחר ברכו אם נתקלקלה סמוך לערב, וחושבים דבר זה לדיעבד; ואין למחות בידם, כי כן קבלו מאיזה חכם שהורה להן, והוא מנהג ותיקין.

כתב הב"ח, משמע מדבריו דוקא תוך ימי ספירתה, אבל בתחילת ספירתה אם ראתה דם אחר ברכו, אע"פ שעוד היום גדול, אינה מפסקת בטהרה היום אלא ביום המחרת, **וליתא**, אלא אף בתחלת ספירתה מפסקת בטהרה, אפילו אם ראתה דם סמוך לערב כו', עכ"ל, **ולפעד"נ** דגם להרב, אפי' אם ראתה דם סמוך לערב, מפסקת אחר ברכו בתחילת ספירתה, ‹ומש"כ "תוך ימי ספירתה", ר"ל שפסקה קודם ברכו, ואחר ברכו חזרה וראתה דם›, **וה"ק**, אפי' פסקה קודם ברכו, לא אמרינן כיון דפסקה קודם ברכו, א"כ חשיב אחר ברכו לדידה לילה, אלא אם נתקלקלה אח"כ, מפסקת אפילו לאחר ברכו, ‹וכ"ש אם לא פסקה קודם ברכו – מחה"ש›, **והיינו** שכתב הרב, "ובדיעבד אין לחוש", ואם היא רואה דם עד סמוך לערב, פשיטא דאין דיעבד גדול מזה, ומתחלת להפסיק

אחר ברכו, **ומה** שכתב "ונוהגים לכתחלה ליזהר", היינו היכא דאפשר, כגון שאינה רואה דם קודם ברכו.

[רש"ל בתשובה כתב, דכיון שנשים שלנו מתחילין למנות מיום ששי, פשיטא שיכולה למנות אפי' אחר תפילת ערבית].

(**עיין** בדגמ"ר שהשיג גם ע"ז, דמהרש"ל מיירי, שהראיה שראתה היתה אחר תפלת ערבית בעוד יום, ולענין אימת תלבש לבנים, אם ביום חמישי לראייתה שהיה עדיין יום, או חמישי מיום המחרת, בזה כתב דכיון דנשים שלנו מתחילין מיום ו', יש להקל, **אבל** כאן דמיירי בבדיקה של הפסקת טהרה, אין הפרש לנשים שלנו, שאם אחר תפלת ערבית לילה, אין יום המחרת עולה למספר שבעה נקיים).

סימן קצו ס"א • דין הפסק טהרה

ז' ימים שהזבה סופרת, מתחילין ממחרת יום שפסקה בו. **וכך משפטה**, אם תראה ב' ימים או ג' ופסקה מלראות, בודקת ביום שפסקה כדי שתפסוק בטהרה, **ונוהגין** לכתחלה שבדיקה זו תהיה סמוך לביהש"מ, **ובדיעבד**, אפי' לא בדקה עצמה רק שחרית ומצאה עצמה טהורה, סגי בכך, **אם** הוא מיום ב' מראייתה ואילך, כדלקמן ס"ב.

ולעולם ילמד אדם בתוך ביתו להחמיר לכתחלה שתהא בודקת ביום הפסק טהרתה במוך דחוק, ושיהא שם כל ביהש"מ, שזו בדיקה מוציאה מידי כל ספק.

ב' דעות שהביא הרמ"א בהפסק טהרה אחר תפלת הצבור:
י"א אם התפללו הקהל ערבית ועוד היום גדול, **אע"פ** שהיא לא התפללה ערבית עדיין, **אינה** יכולה לעשות הפסק טהרה, מאחר דהקהל כבר עשו אותו לילה.
וי"א דמותרת, ואפי' עשו הקהל שבת, כי ההיא תוספת לא שייך לענין נדה, **וכמו** דלא חשיב ללילה לענין ספירת עומר, ולאכילת מצה ופסח וסוכה.
וכתב רמ"א, דנוהגין לכתחלה ליזהר, **ובדיעבד** אין לחוש.

הפסק טהרה אחר שהתפללה היא
י"א דאע"פ שהתפללה היא ג"כ ועשתה שבת, מותר בדיעבד, **וי"א** דאם התפללה היא ערבית, אין להקל אפי' דיעבד.

כתב הש"ך, דאף להמקילים, היינו עד כ"ד שעות, ואח"כ כשהיום גדול כל כך, חשבינן יום ולילה שוים, וכמש"ל סי' קפ"ד, **אבל** בתר הכי לכו"ע אסור.
והדגמ"ר השיג עליו, וכתב שאין להחמיר בזה כלל, אפי' לכתחלה. **ואף הש"ך** לא החמיר אלא כשהתפללה היא וגם הקהל ערבית וקיבלו שבת, **וגם** בזה נראה להקל בדיעבד.

אם ראתה דם אחר ברכו
כתב הרמ"א, ומקצת נשים נוהגות שאם פסקה קודם ברכו, וחזרה לראות כתם או דם תוך ימי ספירתה, אז מפסיקין אפי' לאחר ברכו אם נתקלקלה סמוך לערב, וחושבים דבר זה לדיעבד; **ואין** למחות בידם, כי כן קבלו מאיזה חכם שהורה להן, והוא מנהג ותיקון.

כתב הב"ח, דמשמע מהרמ"א דדוקא תוך ימי ספירתה, **אבל** בתחילת ספירתה אם ראתה דם אחר ברכו, אע"פ שעוד היום גדול, אינה מפסקת בטהרה היום אלא ביום המחרת, **וליתא**, אלא אף בתחלת ספירתה מפסקת בטהרה, אפילו אם ראתה דם סמוך לערב.
וכתב הש"ך, דגם להרמ"א, אפי' בתחילת ספירתה אם ראתה דם סמוך לערב, מפסקת אחר ברכו, **דהא** כתב לעיל "ובדיעבד אין לחוש", ואין דיעבד גדול מזה, **ומש"כ** תוך ימי ספירתה, ר"ל שפסקה קודם ברכו, ואחר ברכו חזרה וראתה דם, **וה"ק**, אפי' פסקה קודם ברכו, לא אמרינן דחשיב אחר ברכו לדידה לילה, וכ"ש אם לא פסקה קודם ברכו, **ומש"כ** לעיל, "ונוהגים לכתחלה ליזהר", היינו היכא דאפשר, כגון שאינה רואה דם קודם ברכו.

הט"ז הביא מהמרש"ל, דכיון שנשים שלנו מתחילין למנות מיום ששי, פשיטא שיכולה למנות אפי' אחר תפילת ערבית.
והשיגו עליו, דמהרש"ל מיירי שהראיה היתה אחר תפלת ערבית בעוד יום, ולענין אימת תלבש לבנים, בזה כתב דכיון דנשים שלנו מתחילין מיום ו', יש להקל, **אבל** כאן דמיירי בבדיקה של הפסקת טהרה, אין הפרש לנשים שלנו, שאם אחר תפלת ערבית לילה, אין יום המחרת עולה למספר ז"נ.

הפסק טהרה ביום א' לראייתה

סעיף ב - ראתה יום אחד בלבד ופסקה בו ביום, צריכה לבדוק עצמה במוך דחוק ושיהא שם כל בין השמשות. הגה: ובדיעבד אם בדקה עצמה סמוך לבין השמשות ומצאה עצמה טהורה, אע"פ שלא היה המוך אצלה כל בין השמשות, סגי; אבל בדיקת שחרית לא מהני, הואיל ולא ראתה רק יום אחד – [הטעם, הואיל ומעיינה פתוח ביום ההוא].

(**עיין** בדגול מרבבה שכתב, דלאו דוקא בדיקת שחרית, אלא כל שהיתה קודם מנחה קטנה לא מהני ביום הראשון).

וכתוב בספר מעדני מלך, וא"ת ולדידן מאי נ"מ, הא אפילו אשה שרואה כתם, נוהגין שצריכה להמתין ה' ימים עם יום שראתה בו, ואחר כך תפסוק ותספור ז' נקיים, **ונ"ל** דנ"מ להיכא דחזרה וראתה בתוך ימי הספירה, דכיון שלא ראתה רק יום א' בימי הספירה, בדיקת שחרית לא מהני אפילו בדיעבד, **אבל** לא ראתה רק כתם, אפשר להקל בין בימי הספירה בין בתחילה. (ר"ל דמהני בדיקת שחרית בדיעבד, אפי' לא ראתה כתם רק יום א', דכתם לאו מעיינה פתוח הוא – מחה"ש).

‹צ"ע, על מה דמקיל הש"ך בכתם בתחילה, דהא בתחילה אפי' בכתם צריכה להמתין ה' ימים, **אמנם** לפי מה שכתב הש"ך לקמן, שפיר משכחת לה בכתם בתחילה, היכא דלא שמשה, **ונראה** דנ"מ ג"כ בכלה – דגול מרבבה›.

סימן קצו ס"ב • הפסק טהרה ביום א' לראייתה

כתב המחבר, ראתה יום א' בלבד ופסקה בו ביום, צריכה לבדוק עצמה במוך דחוק ושיהא שם כל בהש"מ.

וכתב הרמ"א, ובדיעבד אם בדקה עצמה סמוך לבהש"מ ומצאה עצמה טהורה, אע"פ שלא היה המוך אצלה כל בהש"מ, סגי.

אבל בדיקת שחרית, (**וי"א** כל שהיתה קודם מנחה קטנה), לא מהני, הואיל ומעיינה פתוח ביום ההוא.

וא"ת ולדידן מאי נ"מ, הא אפי' אשה שרואה כתם, נוהגין שצריכה להמתין ה' ימים עם יום שראתה בו, ואח"כ תפסוק, **נ"מ** להיכא דחזרה וראתה בתוך ימי הספירה, דכיון דראתה רק יום א', בדיקת שחרית לא מהני אפי' בדיעבד.

וכתב הש"ך, דאם ראתה רק כתם, אפשר להקל דמהני בדיקת שחרית בדיעבד, בין בימי הספירה בין בתחילה, דכתם לאו מעיינה פתוח הוא. **וצ"ע**, דהא בתחילה אפי' בכתם צריכה להמתין ה' ימים, **אמנם** לפי מה שכתב הש"ך לקמן, משכחת לה היכא דלא שמשה, **וגם** נ"מ ג"כ בכלה.

רחיצה ולבישת לבנים

סעיף ג - ביום שפוסקת מלראות ובודקת עצמה כאמור, תלבש חלוק הבדוק לה שאין בו כתם, ובלילה תשים סדינים הבדוקים מכתמים, ומיום המחרת תתחיל לספור שבעה נקיים.

הגה: ומנהג כשר הוא כשהאשה פוסקת בטהרה שתרחץ – ‹כל בין רגליה עד למטה, בכל מקום שאפשר לדם ליפול שם מאותו מקום – בדי השלחן›, **ולובשת לבנים, אמנם אם לא רחצה רק פניה של מטה, די בכך, וכן נוהגין ואין לשנות.**

אבל בשעת הדחק, כגון אשה ההולכת בדרך ואין לה בגדים, תוכל לספור ז' נקיים, רק שהחלוק נקי ובדוק מדם – ‹ולכאורה קשה, מה קולא הקלנו, והלא כך הוא דינו של כל אשה, **ואפשר** לפרש, דלכתחילה יהיה החלוק מכובס, והקלנו לזו ללבוש אף חלוק שלבשתו כבר לאחר כיבוסו, **ועוד** אפשר לומר, דמקילין לזו ללבוש בגד צבוע – בדי השלחן›.

(**עיין** בתשו' מעיל צדקה שכתב, באשה שמצאה כתם בימי ליבונה, ולערב הפסיקה בטהרה מחדש, ולבשה שנית לבנים, ואמרו לה חברותיה ביום המחרת, שגם על הכתם צריכה להמתין מחדש ה' ימים, וחזרה ולבשה כתונת שלה הנכתם בכמה כתמים, אך היתה חגורה מלמטה סינר לבן ונקי מלבונה של אתמול, ואחר ב' ימים נודע לה שא"צ להמתין מחדש ה' ימים, **ושאלה** אם היא רשאי למנות שבעה נקיים מפסיקת טהרתה הראשון, כי אומרת שהיא מכרת הכתמים שבחלוקה שהם מימי טומאתה הראשון, ולהוכיח מילין אמרה שהסינר נקי עדיין, ואילו נכתם מחדש היה נמצא על הסינר, **והנה** השאלה הזאת מתחלק לכמה פנים, **הא'** אם היא רשאי למנות ימים הראשונים אשר נפלו מתחלה לדעתה, **הב'** אף אם נחשב אותם לטהורים, אם לבשה בגדים מלוכלכים, אם נאמר שהכתמים ההם הנה מימי נדתה, **הג'** אף אם אין תולין בכך, אם נאמין לה מה שהיא אומרת שמכרת אותן בטביעת עין, **וגם** מה יוסיף לה מה שהסינר התחתון נקי, **והעלה** לענין ספק א', מאחר שהחזיקה עצמה בטמאה, אין לה לספור אותן הימים, ומעתה אין נ"מ בספיקות האחרונים, **אך** אם לא החזיקה עצמה בטמאה, עלו לה אותן ב' ימים, כיון שמכרת הכתמים בט"ע שהם מימי נדתה, **ואף** אם אין לה בהם ט"ע, ג"כ עלו לה מחמת ההוכחה, דעל הסינר בעי לה לאשכוחי, **אכן** אם אין הוכחה זו, וגם אין לה בהם ט"ע, אין תולין שהם מימי נדתה, כיון שהוא בג"י ראשונים).

סימן קצו ס"ג • רחיצה ולבישת לבנים

ביום שפוסקת טהרה, תלבש חלוק הבדוק לה שאין בו כתם, ובלילה תשים סדינים הבדוקים מכתמים, ומיום המחרת תתחיל לספור ז"נ.

ומנהג כשר הוא כשהאשה פוסקת בטהרה שתרחץ כל בין רגליה עד למטה, בכל מקום שאפשר לדם ליפול שם מאותו מקום, ולובשת לבנים, **אמנם** אם לא רחצה רק פניה של מטה, די בכך, **וכן** נוהגין ואין לשנות.

אבל בשעת הדחק, כגון אשה ההולכת בדרך ואין לה בגדים, תוכל לספור ז"נ, רק שהחלוק נקי ובדוק מדם, **והיינו** אף דלכתחילה יהיה החלוק מכובס, הקלנו לזו ללבוש אף חלוק שלבשתו כבר לאחר כיבוסו, **ועוד** אפשר לומר, דמקילין לזו ללבוש בגד צבוע.

י"א דאשה שהחזיקה עצמה בטמאה בטעות, אין לה לספור אותן ימים הראשונים אשר נפלו מתחלה לדעתה. **אך** אם לא החזיקה עצמה בטמאה, ורק בב' ימים הראשונים לבשה

כתונת שלה הנכתם בכמה כתמים, אך היתה חגורה מלמטה סינר לבן ונקי, **אם** אומרת שהיא מכרת הכתמים שבחלוקה שהם מימי טומאתה הראשון, עלו לה אותן ימים, כיון שמכרת הכתמים בט"ע שהם מימי נדתה, **ואף** אם אין לה בהם ט"ע, ג"כ עלו לה מחמת ההוכחה, דעל הסינר בעי לה לאשכוחי, **אכן** אם אין הוכחה זו, וגם אין לה בהם ט"ע, אין תולין שהם מימי נדתה, כיון שהוא בג"י ראשונים.

דיני בדיקה של ז' ימי הספירה

סעיף ד - בכל יום מז' ימי הספירה צריכה להיות בודקת - ‹עצמה וחלוקה - רעק"א›, **לכתחלה פעמיים בכל יום, א' שחרית וא' סמוך לבין השמשות.**

(**הגאון** הקדוש בעל של"ה, הצריך שבימי ספירת הנקיים תמנה בכל יום, ותאמר היום יום כו', כדכתיב וספרה לה, **אך** בתשובת נודע ביהודה חולק עליו, **ועיין** בתשובת מהר"ם בר ברוך דפוס פראג, שכתב ג"כ דאינה סופרת, דלא דמי לעומר, **וכן** בתשובת הרדב"ז כתב ג"כ, שאין צריכה להוציא המספר בשפתיה, ע"ש הטעם).

ואם לא בדקה בכל השבעה אלא פעם אחת - מלבד הבדיקה דהפסק טהרה דלעיל סעיף א', **לא שנא בדקה ביום ראשון של השבעה, או ביום השביעי, או באחד מהאמצעיים, מאחר שבדקה ביום שקודם השבעה ומצאה טהורה, עלו לה.**

אבל אם לא בדקה בכל הז', וביום השמיני בדקה ומצאה טהורה, אין לה אלא יום ח' בלבד ומשלמת עליו.

(**עיין** בספר חו"ד שכתב, ומשמע מדברי הש"ס נדה, דכל שלא בדקה אף שלא הרגישה, טמאה מדאורייתא, דימי נקיים ספורין ובדוקין בעינן כו', **ועיין** בתשובת חתם סופר שחולק עליו, וכתב הדין דין אמת גבי הפסק טהרה, וא"צ ראיה, דודאי אין מועיל מה שלא הרגישה כל ביה"ש שנפתח מקורה, דהרי פתוח ועומד הוא, וצריכה שתדע שנסתם מקורה, וזה א"א לידע אלא ע"י בדיקת חו"ס, **אך** לענין הספירות נקיים, צריך ראיה, דאפשר הוה ספורים לפנינו כל שברור לה שהשגיחה על עצמה שחרית א' מז' ימים, ויודעת בודאי שאז לא נפתח מקורה, ואין ראייתו מהש"ס מכרעת כלל).

(**ועל** מ"ש עוד, דאם יצא ממנה דם שלא בהרגשה, דסותר, דמקור מקומו טמא, והו"ל כפולטת, **וזה** אינו, דמה"ת אינו סותר בשום אופן, **אך** לדידן אפילו כתם סותר).

(**וגם** מ"ש עוד החו"ד שם, דבין אשה שהוחזקה נדה ואח"כ נולד לה מכה שמוצ"ד, ובין אשה טהורה שנולד לה מכה שמוצ"ד, ואף טמאה ביום עונה שלה, כדלעיל סימן קפ"ז ס"ה, מכיון שהוזקקו לטומאה, אינם יוצאים מטומאתם עד שיהיה בדיקת הפסק טהרה, ויום אחד מהז' נקיים, נקי לגמרי בלי ראיית דם מכה, **האריך** בתשו' חתם סופר שם לחלוק עליו, ומדבריו מבואר, דמודה ליה בחדא, ופליג עליה בחדא, **ודעתו** להלכה, דאשה שהיתה טמאה נדה, וטרם שפסקה בטהרה ומעיינה עדיין פתוח, נולד לה מכה, בזה צדקו דברי החו"ד, ואין לה היתר לפסוק בטהרה, {המעיין יבין שגם בזו החלוקה אינו מודה לגמרי להחו"ד}, **אבל** אשה שמעיינה סתום, שנולד לה מכה, והגיע יום וסתה, ואנו חוששים לשיטת תוספות ומטמאים אותה, אז אחר שעברו עליה כ"ב ימים, אשר אין דרך דם למשוך אצלה, ומסתמא כבר סתם מקורה, תוכל לפסוק בטהרה, באופן שתעמוד כל ביה"ש בהיסת הדעת מכל הרהורים ומחשבות, ותשגיח על עצמה, ואם לא תרגיש אז פתיחת המקור, תפסוק בטהרה ותטהר, ע"ש בטעם הדבר).

וי"א שצריך שתבדוק ביום ראשון מהשבעה וביום השביעי, ואין להקל - ‹סמ"ג›.

(**עיין** בתשו' חתם סופר שכתב, דבדיעבד שכבר לנתה אצל בעלה, יש להקל, **אך** כ"ז בבדקה בודאי בא' או בז', אבל אם לא בדקה בהם רק מאחד מהאמצעים, יש לחוש אפילו בדיעבד).

(**עיין** בדגמ"ר שכתב, דאפילו לא בדקה ביום ראשון, ובדקה באחד מימים אמצעים וגם ביום שביעי, גם הסמ"ג מודה שעלו לה, ובלבד שעב"פ ליום שפסקה בדקה כדי שתפסוק בטהרה, **ועיין** בספרו תשו' נודע ביהודה, כתב שם, דדוקא ראשון ושביעי בעינן, אבל אם בדקה דרך משל בראשון ובשלישי, לא מהני ואינה יכולה לטבול בשביעי, **ואם** אח"כ שוב לא בדקה עד עשירי, אין בידה אלא עשירי, **אבל** אם בדקה אח"כ בתשיעי, טובלת לערב, דדל יום א' מהכא, הרי בדיקת ג' וט' נחשב ראשון ושביעי, **ואפילו** בדקה בשמיני, דהיינו שבדקה בראשון ובשלישי ובשמיני, טובלת בשמיני לערב, ומצטרף השמיני עם

הראשון, **ואף** שיש בין שמיני לראשון יותר מה' ימים, השלישי מצרפם ע"ש, **ומזה** מוכח, דאם לא בדקה בראשון, רק באחד מימים אמצעים ובשביעי, לא מהני, דלא כמ"ש בדגמ"ר).

הגה: והבדיקה תהיה לאור היום ולא לאור הנר, ובדיעבד מהני אפילו אור הנר.

סימן קצו ס"ד • דיני בדיקה של ז' ימי הספירה

בכל יום מז' ימי הספירה צריכה להיות בודקת עצמה וחלוקה, לכתחלה פעמיים בכל יום, א' שחרית וא' סמוך לבהש"מ.

י"א שצריך שתמנה בכל יום, ותאמר היום יום כו', כדכתיב וספרה לה, **אך** הרבה חולקין עליו.

ואם לא בדקה בכל השבעה אלא פעם א', מלבד הבדיקה דהפסק טהרה, לא שנא בדקה ביום א' של השבעה, או ביום ז', או באחד מהאמצעיים, ומצאה טהורה, עלו לה.

אבל אם לא בדקה בכל הז', וביום ח' בדקה ומצאה טהורה, אין לה אלא יום ח' בלבד, ומשלמת עליו.

והביא המחבר שיטת הסמ"ג, שצריך שתבדוק ביום א' וביום ז', וכתב דאין להקל.

וי"א דבדיעבד שכבר לנתה אצל בעלה, יש להקל, **אך** כ"ז בבדקה בודאי בא' או בז', **אבל** אם לא בדקה בהם רק מאחד מהאמצעים, יש לחוש אפילו בדיעבד.

בדגמ"ר כתב, דאפי' לא בדקה ביום א', ובדקה באחד מימים אמצעים **וגם** ביום ז', גם הסמ"ג מודה שעלו לה, **ובלבד** שעכ"פ ליום שפסקה בדקה כדי שתפסוק בטהרה, **אבל בנו"ב** כתב, דדוקא א' וז' בעינן, אבל אם בדקה דרך משל בא' ובג', לא מהני ואינה יכולה לטבול בז', **ואם** אח"כ שוב לא בדקה עד י', אין בידה אלא י', **אבל** אם בדקה אח"כ בט', טובלת לערב, דדל יום א' מהכא, הרי בדיקת ג' וט' נחשב א' וז', **ואפילו** בדקה בח', דהיינו שבדקה בא' ובג' ובח', טובלת בח' לערב, ומצטרף הח' עם הראשון, **ואף** שיש בין ח' לראשון יותר מה' ימים, השלישי מצרפם, **ומזה מוכח**, דאם לא בדקה בראשון, רק באחד מימים אמצעים ובז', לא מהני, דלא כמ"ש בדגמ"ר.

והבדיקה תהיה לאור היום ולא לאור הנר, **ובדיעבד** מהני אפילו אור הנר.

י"א דכל שלא בדקה אף שלא הרגישה, טמאה מדאורייתא, דימי נקיים ספורין ובדוקין בעינן, **ויש שחולק עליו**, וכתב דלגבי הפסק טהרה, ודאי אין מועיל מה שלא הרגישה כל ביה"ש שנפתח מקורה, דהרי פתוח ועומד הוא, וצריכה שתדע שנסתם מקורה, וזה א"א לידע אלא ע"י בדיקת חורין וסדקין, **אך** לענין הספירות נקיים, צריך ראיה, דאפשר הוה ספורים לפנינו כל שברור לה שהשגיחה על עצמה שחרית א' מז' ימים, ווידעת בודאי שאז לא נפתח מקורה.

י"א דאם יצא ממנה דם שלא בהרגשה, דסותר, דמקור מקומו טמא, והו"ל כפולטת, **וי"א** דמה"ת אינו סותר בשום אופן, **אך** לדידן אפילו כתם סותר.

י"א דאשה שנולד לה מכה שמוצ"ד, בין כשכבר הוחזקה נדה, ובין אשה טהורה שנולד לה מכה שמוצ"ד, ואך טמאה ביום עונה שלה, כדלעיל סימן קפ"ז ס"ה, **מכיון** שהוזקקו לטומאה, אינם יוצאים מטומאתם עד שיהיה בדיקת הפסק טהרה, ויום אחד מהז"נ, נקי לגמרי בלי ראיית דם מכה.

ויש דמודה ליה בחדא, ופליג עליה בחדא, **דאשה** שהיתה טמאה נדה, וטרם שפסקה בטהרה ומעיינה עדיין פתוח, נולד לה מכה, בזה צדקו דבריו, ואין לה היתר לפסוק בטהרה, **אבל** אשה שמעיינה סתום, שנולד לה מכה, והגיע יום וסתה, ומטמאים אותה, **אז** אחר שעברו עליה כ"כ ימים, אשר אין דרך דם למשוך אצלה, ומסתמא כבר סתם מקורה, **תוכל** לפסוק בטהרה, באופן שתעמוד כל ביה"ש בהיסח הדעת מכל הרהורים ומחשבות, ותשגיח על עצמה, ואם לא תרגיש אז פתיחת המקור, תפסוק בטהרה ותטהר.

אשה שלא הפסיק בטהרה

סעיף ה - בדקה עצמה ביום שפסקה מלראות ומצאה טמאה, ובדקה לאחר שלשה או ד' ימים ומצאה טהורה, ה"ז בחזקת טמאה עד שתפסוק בטהרה, שלעולם אינה סופרת עד שתבדוק אם פסקה, ואז מונה למחרתו - וה"ה אם ראתה, ולא בדקה עצמה ביום שפסקה מלראות, ובדקה לאחר ג' או ד' ימים ומצאה טהורה, הרי היא בחזקת טמאה עד שפסקה בטהרה.

סימן קצו ס"ה • אשה שלא הפסיק בטהרה

בדקה עצמה ביום שפסקה מלראות ומצאה טמאה, **או** לא בדקה עצמה ביום שפסקה מלראות, **ובדקה** לאחר ג' או ד' ימים ומצאה טהורה, **הרי** זו בחזקת טמאה עד שתפסוק בטהרה, שלעולם אינה סופרת עד שתבדוק אם פסקה.

אופן הבדיקה

סעיף ו - כל בדיקות אלו, בין בדיקת הפסק טהרה, בין בדיקת כל השבעה, צריכות להיות בבגד פשתן לבן ישן, או בצמר גפן, או בצמר לבן נקי ורך, ותכניסנו באותו מקום בעומק ולחורים ולסדקים עד מקום שהשמש דש, ותראה אם יש בו שום מראה אדמומית, ולא שתכניסהו מעט לקנח עצמה; ואם יקשה בעיניה מאוד להכניסו כל כך בעומק, לפחות בדיקה של יום הפסק טהרה,

ובדיקה של יום ראשון מהשבעה, תהיינה עד מקום שהשמש דש.

הגה: ואם לא עשתה כן בבדיקת יום ראשון, תעשה פעם אחת כן מבדיקות שאר הימים; מיהו בדיעבד אם לא עשתה כן כלל, רק שבדקה עצמה יפה בחורין ובסדקין בעומק היטב כפי כחה, אע"פ שלא הגיע למקום שהשמש דש, סגי לה.

(**עיין** בתשו' נודע ביהודה, שהאריך להוכיח דדעת הרבה פוסקים להקל בהבדיקה, ‹לא להצריך חורין וסדקין›, אלא שלא מלאו לבו להקל לגמרי, כיון שיש ג"כ דעת הרבה פוסקים המחמירים, **אך** במ"ש השו"ע דבדיקה של הפסק טהרה ובדיקה של יום ראשון כו', בזה נראה לו להקל ולסמוך על הרמב"ן, דרק בדיקה של הפסקת טהרה צריכה לחורין ולסדקין, אבל שאר בדיקות אפילו של יום ראשון די בבדיקה קלה, **ומה** גם אחרי שכתב השו"ע ס"א, שילמד אדם בתוך ביתו כו', ושיהא שם כל ביה"ש כו', וא"כ הרי בבדיקה זו כוללת גם בדיקת יום ראשון, שהרי המוך אצלה עד הלילה, **אלא** שטעם הב"י, משום דספירת לילה לאו ספירה, **עכ"פ** יש לצרף דעת רש"י, שסובר דספירת לילה מקרי ספירה, לענין זה, שאף שצריכה בדיקה ביום ראשון, שוב די לה בבדיקה קלה).

(**בתשו'** נו"ב כתב, דאם כואב לה הרבה, אינה צריכה בדיקה כלל בשאר ימים חוץ מיום ראשון ויום שביעי, **וטוב** להצריכה קינוח כל דהו מבחוץ אם לא יכאב לה).

סימן קצו ס"ו • אופן הבדיקה

כל בדיקות אלו, בין בדיקת הפסק טהרה בין בדיקת כל השבעה, צריכות להיות בבגד פשתן לבן ישן, או בצמר גפן, או בצמר לבן נקי ורך.

ותכניסנו באותו מקום בעומק ולחורים ולסדקים עד מקום שהשמש דש, ותראה אם יש בו שום מראה אדמומית, ולא שתכניסהו מעט לקנח עצמה.

ואם יקשה בעיניה מאוד להכניסו כל כך בעומק, לפחות בדיקה של יום הפסק טהרה, ובדיקה של יום ראשון מהשבעה, תהיינה עד מקום שהשמש דש.

ואם לא עשתה כן בבדיקת יום ראשון, תעשה פעם אחת כן מבדיקות שאר הימים.

מיהו בדיעבד אם לא עשתה כן כלל, רק שבדקה עצמה יפה בחורין ובסדקין בעומק היטב כפי כחה, אע"פ שלא הגיע למקום שהשמש דש, סגי לה.

י"**א** דדעת הרבה פוסקים להקל בהבדיקה, ולא להצריך בדיקת חורין וסדקין, **אלא** שלא מלאו לבו להקל לגמרי, כיון שיש ג"כ דעת הרבה פוסקים המחמירים, **אך** במ"ש השו"ע דבדיקה של הפסק טהרה ובדיקה של יום ראשון כו', בזה נראה לו לסמוך על המקילין, דרק בדיקה של הפסקת טהרה צריכה לחורין ולסדקין, אבל שאר בדיקות אפי' של יום ראשון, די בבדיקה קלה, **ומה** גם דבדיקת ההפסק טהרה כוללת גם בדיקת יום ראשון, שהרי המוך אצלה עד הלילה, **אלא** שטעם הב"י, משום דספירת לילה לאו ספירה, **עכ"פ** יש לצרף דעת רש"י, שסובר דספירת לילה מקרי ספירה, לענין זה, שאף שצריכה בדיקה ביום ראשון, שוב די לה בבדיקה קלה.

אם כואב לה הרבה, י"א דאינה צריכה בדיקה כלל בשאר ימים חוץ מיום ראשון ויום שביעי, **וטוב** להצריכה קינוח כל דהו מבחוץ אם לא יכאב לה.

סומא

סעיף ז - הסומא בודקת עצמה ומראה לחבירתה.

סימן קצו ס"ז • סומא

הסומא בודקת עצמה ומראה לחבירתה.

חרשת ושוטה

סעיף ח - החרשת ששומעת ואינה מדברת, או שמדברת ואינה שומעת, הרי הן כפקחות. אבל אם אינה שומעת ואינה מדברת, וכן השוטה או שנטרפה דעתה מחמת חולי, צריכות פקחות לבדוק אותן ולקבוע להן וסתות, כדי שתהיינה מותרות לבעליהן; הוקבע להן וסת, הרי הן כשאר כל הנשים; לא הוקבע להן, חוששות משלשים יום לשלשים יום ובודקות על ידי פקחות.

סימן קצו ס"ח • חרשת ושוטה

החרשת ששומעת ואינה מדברת, או שמדברת ואינה שומעת, הרי הן כפקחות.

אבל אם אינה שומעת ואינה מדברת, **וכן** השוטה או שנטרפה דעתה מחמת חולי, **צריכות** פקחות לבדוק אותן ולקבוע להן וסתות, כדי שתהיינה מותרות לבעליהן. **הוקבע** להן וסת, הרי הן כשאר כל הנשים; **לא** הוקבע להן, חוששות מל' יום לל' יום, ובודקות ע"י פקחות.

להרבות בבדיקות

סעיף ט - האשה שמרבה לבדוק, בין בימי ספירתה, בין בימים שלא ראתה בהם, הרי זו משובחת, אע"פ שיש לה וסת קבוע.

‹**ובזה"ז** שאין אנו בקיאין כלל במראות, ומחמירין אפילו כמראה השעוה והזהב, שנמצא שהרבה ממה שתמצא יאסרו רק מספק וגם רק מחומרא בעלמא, ודאי אין מעלה ברבוי בדיקות – אג"מ›.

סימן קצו ס"ט • להרבות בבדיקות

האשה שמרבה לבדוק, בין בימי ספירתה, בין בימים שלא ראתה בהם, הרי זו משובחת, אע"פ שיש לה וסת קבוע.

וי"א דבזה"ז שאין אנו בקיאין כלל במראות, ומחמירין אפילו כמראה השעוה והזהב, שנמצא שהרבה ממה שתמצא יאסרו רק מספק וגם רק מחומרא בעלמא, **ודאי** אין מעלה ברבוי בדיקות.

הז' נקיים צריכים להיות רצופים

סעיף י - השבעה נקיים צריך שיהיו רצופים שלא תראה דם בהם, שאם ראתה דם אפילו בסוף יום השביעי, סתרה כל הימים, וצריכה לפסוק בטהרה ולחזור ולמנות שבעה נקיים - וה"ה אם ראתה ביום הח', דלעולם צריכה לישב ז' נקיים סמוך לטבילתה, וזה פשוט.

[**בב"י** כתוב, דאין מזה נפקותא אלא לדין התלמוד, שהיה חילוק בין נדה לזיבה, אבל האידנא אחר חומרא דר' זירא, דכל אשה שרואה אפי' טיפה כחרדל צריכה לישב ז"נ, אין נפקותא מדין זה, דאע"פ שאינה סותרת, הרי צריכה לישב ז' נקיים מחמת ראיה דעכשיו, **והוא** דוחק גדול, שיכתוב הטור דין לפי התלמוד, גם בשו"ע כתבו בעל ב"י, וע"כ שיש בו איזה נפקותא מיניה, **ונ"ל** דיש בו נפקותא אף לדידן, לפי מה דקימ"ל דאשה שיש לה וסת אינה צריכה בדיקה כלל ‹שלא בשעת וסתה אפילו לכתחלה, רק היא משובחת, כמש"כ בסעיף שלפני זה›, **והטעם דאז היא** בחזקת טהרה, משא"כ בז' הנקיים, קימ"ל כאן דלכתחילה צריכה בדיקה ‹פעמים בכל יום שחרית וערבית›, **והטעם** דהיא בחזקת טמאה עד שיצאו הז' נקיים, **ע"כ** קמ"ל כאן, דחזקת טומאה עליה עד שיכלו ז' נקיים רצופין, דלא תימא בהגיע קץ הז' נקיים, הרי שבה לחזקת טהרה, ואינה צריכה בדיקה אפי' לכתחילה, ‹דאי הוי אמרינן דלא סתרה כל הימים שלמפרע, אף שמ"מ היתה צריכה למנות ז"נ מחמת ראיה של עכשיו, הוי אמרינן דא"צ בדיקה תוך הז"נ, דבז"נ של עכשיו לא הוחזקה להיות מעיינה פתוח, מאחר שמראיה ראשונה כבר הוא לאחר ז"נ שאינן רצופים – מחה"ש›, קמ"ל דאפי' אם תראה בסוף הז' נקיים ממש, תסתור הכל, א"כ עדיין חזקתה הראשונה עליה, וצריכה בדיקה לכתחילה גם בעת ההיא, כנלענ"ד].

סימן קצו ס"י(1) • הז' נקיים צריכים להיות רצופים

הז"נ צריך שיהיו רצופים שלא תראה דם בהם, שאם ראתה דם אפי' בסוף יום הז', סתרה כל הימים, וצריכה לפסוק בטהרה ולחזור ולמנות ז"נ.

וזהו לדין התלמוד, אבל האידנא אחר חומרא דר' זירא, דכל אשה שרואה אפי' טיפה כחרדל צריכה לישב ז"נ, אין נפקותא מדין זה, דה"ה אם ראתה ביום הח', דלעולם צריכה לישב ז"נ סמוך לטבילתה אע"פ שאינה סותרת.

וי"א דהוא דוחק גדול, שיכתוב דין דאינו נוגע רק לפי דינא דהתלמוד, **וי"ל** דיש בו נפקותא אף לדידן, לפי מה דקימ"ל דאשה שיש לה וסת א"צ בדיקה כלל שלא בשעת וסתה אפילו לכתחלה, רק היא משובחת, והטעם, דאז היא בחזקת טהרה, **משא"כ** בז"נ, קימ"ל כאן דלכתחילה צריכה בדיקה פעמים בכל יום, והטעם דהיא בחזקת טמאה עד שיצאו הז"נ, **ע"כ** אי הוי אמרינן דלא סתרה כל הימים שלמפרע, אף שמ"מ היתה צריכה למנות ז"נ מחמת ראיה של עכשיו, הוי אמרינן דא"צ בדיקה תוך הז"נ, **קמ"ל** דאפי' אם תראה בסוף הז"נ ממש, תסתור הכל, א"כ עדיין חזקתה הראשונה עליה, וצריכה בדיקה לכתחילה גם בעת ההיא.

דין שלשה ימים ראשונים

הגה: יש אומרים דבשלשה ימים ראשונים של ימי הספירה, אם מצאה כתם אין תולין אותו להקל כמו שתולין שאר כתמים, דג' ימים ראשונים צריכה להיות נקייה לגמרי; אבל אח"כ דינו כשאר כתם, וכן נוהגין.

(**ואם** סופרת נקיים על כתם שמצאה, אם מצאה אח"כ כתם בג"י ראשונים, עיין באה"ע בב"ש, **ועיין** בדגמ"ר שכתב, שיש להקל בזה, **וק"ו** שיש להקל בתבעוה להנשא ונתפייסה, ומצאה כתם בג' ימים ראשונים).

(**ועיין** בתשובת חתם סופר, ע"ד אשה שבדקה עצמה לילך לבית הכנסת, וביום הפסקת טהרה הפסיקה וספרה, ובתוך ג' ימים מצאה כתם, ויש לה במה לתלות, אם נאמר דבתוך ג"י לא תלינן כתם, או נחשוב מיום שבדקה לילך

לביהכ"נ, **וכבר** הלכו בזה נימושות, בעל עבודת הגרשוני מקיל, וצ"צ דעתו להחמיר, ובס"ט נוטה להקל, **אך** כתב דמפי' רש"י למד מהר"ם לובלין, דוקא בדיקת תיקון חז"ל, אבל בדיקה אחרת לא, דאינה מדקדקת יפה, ומביאו המל"מ, משמע קצת כצ"צ, **אלא** י"ל התם לטהרות שאני, **והוא** ז"ל כתב דמעולם לא נתכוין רש"י לזה כלל, רק כתב כן לכוונה אחרת, **ובנידון** השאלה העלה, דאם אמרה עתה ברי לי שבדקתי שפיר, יש להקל).

(**עיין** בתשובת תפארת צבי שכתב, דדוקא אם מצאה הכתם תוך ג"י ראשונים אינה תולה, **אבל** אם מצאה הכתם לאחר ג' ימים, אלא שיש לחוש שזה הכתם ראתה בתוך ג"י ולא ידעה עד הנה, תולה במכתה ובנדתה, וחושבת אף ג' ימים הראשונים לספירה, לא כרב אחד שטעה בזה, **אכן** בתשובת בית אפרים שאביא לקמן בשם אחיו, מבואר שדעתו אינו כן).

(**עיין** בתשובת חמדת שלמה שהעלה, דאם נמצא הכתם ע"ד שאינו מקבל טומאה, אף תוך ג' לא חיישינן לה, כיון דדבר שאינו מקבל טומאה לא הוי בכלל גזירת כתמים, **וכן** משמע מדברי הגה"מ ובסה"ת, שלא כתבו רק דתוך ג' ימים לא תלינן, והיינו במידי דבעי לתלות, שפיר אמרינן דיותר מסתבר לתלות בגופה, **אבל** בדבר שאינו מקבל טומאה, דלאו מטעם תליה אתינן עלה, דאפילו בדקה קרקע עולם וישבה עליו טהורה, והיינו כיון דבלא הרגשה חזיא לא גזרו חכמים ע"ז, א"כ מה מהני הא דתוך ג' ימים מעיינה פתוח, סוף סוף חזיא בלא הרגשה, **ושוב** ראיתי בתשובת מעיל צדקה, דמדבריו נראה פשוט, להתיר בכתמים הנמצאים בבגד צבוע תוך ג"י).

ודוקא כתם שהוא יותר מכגרים ועוד, אבל פחות מכגרים ועוד, תולה בכינה אפילו בג' ימים ראשונים – [בב"י בשם ת"ה כתב וז"ל, אבל בפחות מכן, דאינה צריכה לתלותו בחבורה או מכה, אלא בדם מאכולת, ודאי תלינן לעולם, דאל"כ אין שום אשה יכולה לטהר, דאין לך אשה שאין עליה כמה טיפי דמים של מאכולת].

(**ובכתבי** הרב הגדול מהר"ר דניאל זצ"ל ראיתי שכתב, דאם יכולה לישן במקום שאין פשפשין, ושכבה במקום שיש פשפשין, אינה יכולה לתלות בפשפשין).

וה"ה אם היה לה מכה בגופה ויודעת שמוציאה דם, תולה בה אפילו ביותר מכגרים ועוד; אלא שאין מקילין בשלשה ימים הראשונים לתלות במכה שאין ידוע שמוציאה דם, או בשאר דברים שתלינן בהם כתם, כמבואר לעיל סימן ק"צ.

ז"ל ד"מ: במרדכי, אם סופרת תוך ז' ימים נקיים, מסתברא מג' ימים ואילך הכתמים טהורים, אם יש לתלות במכה או בחבורה או בצפור, ואינה סותרת, אבל צריכה לידע בודאי שפסק דם המקור לגמרי, לכך צריך שיהיו ג' ימים הראשונים של ספירת נקיים טהורים לגמרי, עכ"ל, וכן הוא בהגמ"י, **ונ"ל** דהא דלא תלינן במכה בשלשה ימים הראשונים, דוקא במכה שאינו ידוע שמוציאה דם, דתלינן בה שאר כתם, וכן משמע מלשון המרדכי, דע"ז קאי, אבל במכה שידוע שמוציאה דם, נ"ל דתלינן בה אף בג' ימים הראשונים, **דהא** אפי' רואה ממש תלינן במכה שמוציאה דם, כ"ש כתמים דרבנן, **ואין** לומר דשאני ברואה ממש, דהוא תחלת ראיה, ולכך תלינן במכה, ואמרינן דמעיינה סתום עדיין ולא ראתה, אבל תוך ספירתה שמעיינה פתוח כבר, לא תלינן במכה כלל, זה אינו... **כנ"ל** לצדד להקל, משום דלא חילקו שאר הפוסקים בין כתם שרואה בימי הספירה לשאר כתם, א"כ משמע דס"ל דאפי' תוך ג' ימים תלינן כתם בכל מקום שיש לתלות, **ואפשר** דסה"ת והמרדכי לא החמירו אלא לחומרא בעלמא, דהרי כתב בת"ה, טעמא דלא תלינן בג' ימים הראשונים, הואיל ואפשר ליזהר כו', ואם היה אסור מדינא, לא שייך לחלק משום שאפשר ליזהר, אלא ודאי לא החמירו אלא משום שאפשר ליזהר, **אבל** במקום דאי אפשר ליזהר אין להחמיר, ולכן התיר בכתם בפחות מכגריס ועוד שתלינן בכינה, על כן נ"ל דאין להחמיר במכה שידוע שמוציאה דם, עכ"ל ד"מ.

[**ומסיק שם:** כנ"ל להלכה, אבל למעשה יש להחמיר לכתחילה במכה עוברת בימים מועטים, דגם זה מקרי אפשר להיזהר, ע"כ, ‹שיכולה להמתין אותן ימים מועטין – מחה"ש›, **ומ"מ** כתב כאן להתיר, במכה שיודעת ודאי שמוציאה דם].

וכל דבריו צל"ע, מה שכתב ונ"ל דהא דלא תלינן כו', וכן משמע לשון המרדכי כו', אדרבה פשט דברי המרדכי, דמסתימת סתים לה, משמע דבכל מכה איירי,

ועוד דהא אפי' בנתעסקה בדם צפור לא תלינן בה, אע"פ שיש דם לפנינו, כל שכן במכה שמוציאה דם, **ולהרב** צריך לחלק דשאני דם צפור שהוא ממקום אחר, מה שאין כן מכה שבגופה שא"א ליזהר, וזה אינו משמע.

ועוד מדתלו הפוסקים טעמא, שצריכה שתדע בודאי שפסק דם המקור, משמע דבג' ימים הראשונים שאינה יודעת בודאי שפסק דם מקורה, בכל ענין לא תלינן במכה, **והאי** "אין לומר" שכתב הרב לחלק בין מעיינה סתום או פתוח, ודאי קושטא הוא, והכי משמע, מדכתבו הפוסקים שצריכה שתדע בודאי שפסק דם מקורה, [**דהתם אית לה חזקת טהרה תחילה, ואתה בא לטמאותה, ע"כ תלינן במכה, משא"כ כאן, שהיא כבר טמאה ואתה צריך לטהרה, ע"כ צריך לך חזקה ברורה לטהרה, להוציאה מן החזקה של טומאה הקודמת, משא"ה בעינן ג"י נקיים לגמרי, דאז יש חזקה לטהרה בג' ימים**].

ומ"ש: כן נ"ל לצדד להקל משום דשאר הפוסקים לא חילקו כו', אין זה כדאי להקל, דהא בכמה מקומות מצינו כה"ג, אפי' היכא שמקצת פוסקים מקילין ושאר פוסקים סתמו דבריהם, ואמרינן ילמד הסתום מן המפורש, כ"ש הכא שהמפרשים מחמירים, **ועוד**, מי לנו גדול מסה"ת ומרדכי והגה"מ, וכ"ש שגם הר"ף והא"ח ות"ה מסכימים לדבריהם, וכ"פ האגודה.

ומ"ש: ואפשר דלא החמירו אלא לחומרא בעלמא, דהא כתב בת"ה כו', **לא** ידענא מאי הוכחה היא זו, דת"ה לא כתב שם אלא דפחות מכגריס ועוד תלינן בכינה, הואיל ושכיח טובא וא"א ליזהר, א"כ אין לך אשה שתוכל לספור ז' נקיים, משא"כ במכה, **אבל** ודאי טעמא הוא משום שצריכה בודאי לידע שפסק דם מקורה.

שוב מצאתי בב"ח שכתב, באשה שהיא מוכת שחין, כיון שהדם יוצא תמיד מהשחין שבגופה, ונכתם בסדיניה וחלוקה, יש לתלות אף בג' ימים הראשונים, דאל"כ לא תוכל לספור שבעה נקיים לעולם, **ולא** דמי לחבורה שבגופה שמוציאה דם, ואפ"ה לא תלינן בה ג' ימים הראשונים, **דשאני** חבורה אחת שהיא מכוסה באספלנית שאינה מוציאה דם אלא לפעמים, דומיא דמכה שבאותו מקום, דכתב סה"ת דלפעמים מוציאה דם, **אבל** מוכת שחין דכל שעה יוצא ממנה דם, דמיא למאכולת דתלינן בה אף בשלשה ימים הראשונים וכו', ומ"מ הכל לפי ענין השחין ודוק, עכ"ל, **מבואר** מדבריו דאין להקל אלא במלאה שיחני וכיבי, ודם יוצא ממנה תמיד, הלא"ה אפי' ידוע שמכתה מוציאה דם אין להקל, **וכ"מ** בספר אפי רברבי, שהעתיק כל הדברים שבסי' זה, רק דין זה שכתב הרב, דבמכה שמוציאה דם תולין אף בשלשה ימים הראשונים, השמיט, רק כתב סתמא שאין תולין כתם כגריס ועוד בשום דבר בג' ימים הראשונים.

[**אלא** דבפחות מכגריס א"א בעולם להזהר בזה לא גזרו **רבנן, דדבר זה אינו רק מדרבנן, כיון שאינה מרגשת ביציאת הדם, וכן נראה במכה שיש לה בגופה, כל שאפשר לה להזהר שלא תלכלך עצמה מדם, ולא עשתה כן, אין לה לתלות באותה מכה, משא"כ במכה שא"א לה להזהר, שפיר תולה בה, וגם דברי רמ"א כאן בשו"ע יש כוון לזה, ומו"ח ז"ל שכתב על ההיא דמוכת שחין, דהכל לפי השחין, היינו כפי הדרך שכתבתי**].

(**ועיין** בתשובת ברית אברהם שכתב דגם אם נחמיר ברואה ממש, במכה הידוע שמוציאה דם תוך ג' ימים ראשונים, כל זה באם הראיה שנטמאה בעבורה היא טומאה ודאית, **אבל** בנדון דהרמ"א בסי' קפ"ז ס"ה, בחלוקה הג', שמרגשת שהדם בא מהמקור, ואינה יודעת אם היא ממכה שבמקור, דבתחלת ראיה טהורה, אך בשעת וסתה או בשעת עונה בינונית מטמאינן לה, משום הסברא דכי לעולם לא תטמא, **בכה"ג** יש להקל אחר זה תוך ג"י ראשונים, לתלות במכה גם ברואה ממש, כעין שכתב הב"ש בכלה או בבעלת הכתם מעיקרא).

(**ועיין** בתשו' בית אפרים, באשה שהפסיקה בטהרה, ולפי שהיתה בדרך לא פשטה חלוקה, וביום ששי לספירתה באתה לביתה ומצאה על חלוקה דם, אם יכולה לתלות שהדם הנמצא הוא מימי נדתה, **וכתב** שאחיו הרב מדובנא צידד להחמיר, לפי דעת הש"ך דגם במכה שמ"ד אינה תולה בג' ימים הראשונים, וא"כ אם נתלה מימי נדתה, ע"כ שהיה עליה גם בג' ימים ראשונים, **והוא** ז"ל העלה להקל, דגם במכה שמ"ד מסתבר להקל, ולתלות בימי נדתה עדיף טפי ממכה שבגופה, ומכ"ש כשידוע שבאו כתמים על החלוק, **וכן** כתב בשם אא"ז פנים מאירות, באשה שהתחילה לספור שבעה נקיים, וביום שני פירסה המשרתת הסדין שהיתה שוכבת עליו בימי נדתה, וביום ז' מצאה כתם על הסדין, והעלה דזה הוי כמכה שבודאי מטפטף ומוציא דם, דתולין אף בג' ימים ראשונים).

(ועיין בתשו' חת"ס, אודות אשה שבימי נקיים שלה הגיע וסת עורק זהב {גילדעני אדער} וחלוקה וסדיניה מלוכלכים בדם, אי לתלות ג"י הראשונים, או דילמא כיון שבימים מועטים יעברו אלו הדמים של עורק זהב, אין הפסד שתמתין מלספור, **והאריך** בזה, ומסיק מאחר שאין וסת העורק זהב נמשך אלא איזה ימים, אין לתלות בו בג"י ראשונים, **אך** נעשה לה תקנה, שמיד אחר ב' ימים לראייתה תפסוק בטהרה, דאע"ג דאלו ג' ימים אין עולים לה לנקיים, מפני חשש פולטת, ותמתין עד אחר ה' ימים, מ"מ מועיל לה בדיקתה שלא נחזיקנה רואה, ואם אחרי ה' ימים תפתח עורק זהב שלה, תולין בו כתמים, כנ"ל למעשה).

סימן קצו ס"י(2) • דין שלשה ימים ראשונים

כתב הרמ"א, י"א דבג' ימים ראשונים של ימי הספירה, אם מצאה כתם אין תולין אותו להקל כמו שתולין שאר כתמים, דג' ימים ראשונים צריכה להיות נקייה לגמרי, **אבל** אח"כ דינו כשאר כתם, **וכן** נוהגין.

ואם סופרת נקיים על כתם שמצאה, ומצאה אח"כ כתם בג"י ראשונים, י"א שיש להקל בזה, **וק"ו שיש להקל בתבעוה להנשא** ונתפייסה, ומצאה כתם בג"י ראשונים.

אשה שבדקה עצמה לילך לבהכ"נ, ואח"כ הפסיק בטהרה וספרה, ובתוך ג"י מצאה כתם, ויש לה במה לתלות, יש מחלוקת אחרונים אם נאמר דבתוך ג"י לא תלינן כתם, או נחשוב מיום שבדקה לילך לביהכ"נ, **וי"א** דדוקא בעינן בדיקת תיקון חז"ל, אבל בדיקה אחרת לא, דאינה מדקדקת יפה, **וי"א** דזהו דוקא לטהרות, **וי"א** דאם אמרה עתה ברי לי שבדקתי שפיר, יש להקל.

אם מצאה הכתם לאחר ג"י, אלא שיש לחוש שזה הכתם ראתה בתוך ג"י ולא ידעה עד הנה, י"א דתולה במכתה ובנדתה, וחושבת אף ג"י הראשונים לספירה, **אכן** יש חולקים.

אם נמצא הכתם ע"ד שאינו מקבל טומאה, או בבגד צבוע י"א דאף תוך ג' לא חיישינן לה, דדוקא במידי דבעי לתלות, אמרינן דיותר מסתבר לתלות בגופה, **אבל** באלו לאו מטעם תליה אתינן עלה, דאפילו בדקה קרקע עולם וישבה עליו, כיון דבלא הרגשה חזיא, טהורה, דדבר שאינו מקבל טומאה לא הוי בכלל גזירת כתמים, א"כ מה מהני הא דתוך ג"י מעיינה פתוח, סוף סוף חזיא בלא הרגשה.

וכ"ז דוקא בכתם שהוא יותר מכגריס ועוד, אבל פחות מכגריס ועוד, תולה בכינה אפי' בג"י ראשונים, דכיון דא"צ לתלותו בחבורה או מכה, אלא בדם מאכולת, ודאי תלינן לעולם, דאל"כ אין שום אשה יכולה לטהר, דאין לך אשה שאין עליה כמה טיפי דמים של מאכולת.
וי"א דאם יכולה לישן במקום שאין פשפשין, ושכבה במקום שיש פשפשין, אינה יכולה לתלות בפשפשין.

וכתב רמ"א, דאם היה לה מכה בגופה ויודעת שמוציאה דם, תולה בה אפי' ביתר מכגריס ועוד, **דרק** במכה שאין ידוע שמוציאה דם, או בשאר דברים שתלינן בהם כתם, אין תולין. **דהא** אפי' רואה ממש תלינן במכה שמוציאה דם, כ"ש כתמים דרבנן, **ואין לומר** דשאני ברואה ממש, דהוא תחלת ראיה, ולכך תלינן במכה, ואמרינן דמעיינה סתום עדיין ולא ראתה, אבל תוך ספירתה שמעיינה פתוח כבר, לא תלינן במכה כלל, זה אינו, **ואפשר** דלא החמירו בג"י ראשונים אלא לחומרא בעלמא, דהרי כתבו, הואיל ואפשר ליזהר כו', ואם היה אסור מדינא, לא שייך לחלק משום שאפשר ליזהר.
ובד"מ מסיק: כנ"ל להלכה, אבל למעשה יש להחמיר לכתחילה במכה עוברת בימים מועטים, דגם זה מקרי אפשר להיזהר, שיכולה להמתין אותן ימים מועטין, **ומ"מ** כאן ברמ"א, התיר במכה שיודעת ודאי שמוציאה דם.

והש"ך חולק עליו, דמדתלו הפוסקים טעמא, שצריכה שתדע בודאי שפסק דם המקור, משמע דבג"י הראשונים שאינה יודעת בודאי שפסק דם מקורה, בכל ענין לא תלינן במכה, **והאי** "אין לומר" שכתב רמ"א לחלק בין מעיינה סתום או פתוח, ודאי קושטא הוא, **דהתם** אית לה חזקת טהרה תחילה, ואתה בא לטמאותה, ע"כ תלינן במכה, **משא"כ** כאן, שהיא כבר טמאה ואתה צריך לטהרה, ע"כ צריך לך חזקה ברורה לטהרה, להוציאה מן החזקה של טומאה הקודמת, מש"ה בעינן ג' ימים נקיים לגמרי.
ומש"כ ואפשר דלא החמירו אלא לחומרא בעלמא, לא ידענא מאי הוכחה היא זו.

והב"ח כתב, באשה שהיא מוכת שחין, כיון שהדם יוצא תמיד מהשחין שבגופה, ונכתם בסדיניה וחלוקה, יש לתלות אף בג' ימים הראשונים, דאל"כ לא תוכל לספור ז"נ לעולם, **ולא** דמי לחבורה שבגופה שמוציאה דם, ואפ"ה לא תלינן בה ג"י הראשונים, **דשאני** חבורה אחת שהיא מכוסה באספלנית שאינה מוציאה דם אלא לפעמים.
והט"ז הוסיף, דבמכה שיש לה בגופה, כל שאפשר לה להזהר שלא תלכלך עצמה מדם, ולא עשתה כן, אין לה לתלות באותה מכה, **משא"כ** במכה שא"א לה להזהר, שפיר תולה בה, **וגם** דברי רמ"א כאן בשו"ע יש כוון לזה.

וי"א דאף אם נחמיר ברואה ממש, במכה הידוע שמוציאה דם תוך ג' ימים ראשונים, כל זה באם הראיה שנטמאה בעבורה היא טומאה ודאית, **אבל** בנדון דהרמ"א בסי' קפ"ז ס"ה, בחלוקה הג', שמרגשת שהדם בא מהמקור, ואינה יודעת אם היא ממכה שבמקור, דבתחלת ראיה טהורה, אך בשעת וסתה או בשעת עונה בינונית מטמאינן לה, משום הסברא דכי לעולם לא תטמא, **בכה"ג** יש להקל אחר זה תוך ג"י ראשונים, לתלות במכה גם ברואה ממש.

אשה שהפסיקה בטהרה, ולפי שהיתה בדרך לא פשטה חלוקה, וכן אשה שהתחילה לספור ז"נ, וביום שני פירסה המשרתת הסדין שהיתה שוכבת עליו בימי נדתה, ולבסוף מצאה כתם, **אם** יכולה לתלות שהדם הנמצא הוא מימי נדתה, **יש** שצידד להחמיר, לפי דעת הש"ך דגם במכה שמ"ד אינה תולה בג"י הראשונים, וא"כ אם נתלה מימי נדתה, ע"כ שהיה עליה גם בג"י ראשונים, **ויש** שהעלה להקל, דגם במכה שמ"ד מסתבר להקל, ולתלות בימי נדתה עדיף טפי ממכה שבגופה, ומכ"ש כשידוע שבאו כתמים על החלוק.

אשה שבימי נקיים שלה הגיע וסת עורק זהב, וחלוקה וסדיניה מלוכלכים בדם, י"א מאחר שאין וסת העורק זהב נמשך אלא איזה ימים, אין לתלות בו בג"י ראשונים, **אך** נעשה לה תקנה, שמיד אחר ב' ימים לראייתה תפסוק בטהרה, דאע"ג דאלו ג' ימים אין עולים לה לנקיים, מפני חשש פולטת, ותמתין עד אחר ה' ימים, **מ"מ** מועיל לה בדיקתה שלא נחזיקנה רואה, ואם אחרי ה' ימים תפתח עורק זהב שלה, תולין בו כתמים.

שלא להתחיל למנות עד יום הששי

סעיף יא - הפולטת שכבת זרע בימי ספירתה, אם הוא תוך ו' עונות - ועונה היא י"ב שעות, **לשמושה, סותרת אותו יום; לפיכך המשמשת מטתה וראתה אחר כך ופסקה, הגה: ואפילו לא ראתה רק מלאה כתם** - ‹לפי שו"ע מהדורת פדיעדמאן›, **אינה מתחלת למנות שבעה נקיים עד שיעברו עליה ו' עונות שלימות שמא תפלוט** - ולא תרגיש.

לפיכך אינה מתחלת לספור עד יום ה' לשמושה, כגון אם שמשה במוצאי שבת, אינה מתחלת לספור עד יום ה' - דעד אותו היום חיישינן לכל יום ויום שמא תפלוט, או שמא תפלוט כל השלשה ימים, **דקיי"ל אין שכבת זרע מסריח עד שיעברו עליו שש עונות שלימות מעת לעת** - כלומר ע"ב שעות, [ואחר שהוא מסריח, אע"פ שפולטת אותו, הרי היא כפולטת מיא בעלמא], **ואם שמשה במוצאי שבת ופלטה ליל ד', קודם עת שימושה במוצאי שבת, עדיין היא עומדת בתוך עונה ששית לשמושה וסותרת** - אע"פ ששלמו הו' עונות בתחלת ליל ד' אחר שימושה במו"ש, מ"מ כיון שפלטה בתחלת ליל ד' קודם שימושה במו"ש, א"כ סותרת אותו יום, והיינו כל יום ד', ומתחלת לספור מיום ה', [**דאיך** תמנה היום ד' ליום נקי, דהא אפשר שתפלוט באותן שתי שעות של תחילת הלילה, ועדיין הש"ז אינו מסריח, וכל יום נקי צריך שיהיה כולו נקי, הן בלילה הן ביום שבו], **הילכך יום ה' יהיה ראשון לספירתה. הגה: ותפסוק יום ד' לעת ערב, ויום ה' עולה לה למנין שבעה.**

ויש שכתבו שיש להמתין עוד יום אחד, דהיינו שלא תתחיל למנות עד יום הששי, והוא יהיה יום ראשון לספירתה, דחיישינן שמא תשמש ביום ראשון בין השמשות ותסבור שהוא יום, ואפשר שהוא לילה, ואם תתחיל למנות מיום חמישי יהיה תוך שש עונות לשמושה, על כן יש להוסיף עוד יום א', דמעתה א"א לבא לידי טעות, וכן נוהגין בכל מדינות אלו, ואין לשנות.

[וכבר כתבתי בסי' קצ"ג בשם מהר"ל מפרא"ג, שבכלה אחר בעילת מצוה, תוכל למנות מיום חמישי לשמושה, ור"ל דלא גזרינן בה שמא תשמש באותו יום בסופו, דהיינו בין השמשות, **ונראה** טעמו, כיון דאין כאן דם נדה רק דם בתולים, לא החמירו בו משום תשמיש בין השמשות, **אבל** אם באמת נבעלה בעילת מצוה בין השמשות, נראה ודאי דחשבינן לה כאילו נבעלת בלילה שאחר אותו בין השמשות, אפי' גבי כלה, **נמצא** שאם נבעלה הכלה ליל מו"ש, תמנה מיום ה', **ואם** נבעלה בביה"ש של סוף יום ראשון, תמנה מיום ששי, כנלענ"ד].

וכתב מהרש"ל בתשובה, דלפי מנהג זה, אם ראתה אחר ערבית ביום א', ועדיין הוא יום, ‹דאנן מחמרינן שלא לחלק בין שמשה ללא שמשה, א"כ לא מנינן הני ימים מעת התשמיש כי אם מן ראייתה – סד"ט›, יכולה ללבוש בגדים נקיים בסוף יום ה', ומונה מיום ו', ואין ספיקא בדבר, {**ומשמע** מדבריו דאע"פ שהתפללה היא גם כן ערבית}, **אבל** לפי מנהג המקומות של הטוש"ע, שלובשים לבנים ביום ד' לראייתם, ומתחילין למנות מיום ה', צ"ע בדבר, **ואינו** דומה למש"כ מהרא"י בתשובה, שאין אשה יכולה להפסיק בטהרה אחר שהתפללו הקהל ערבית, **דשאני** הכא שבא לה הסבה מן השמים, ואין שייך לומר שהו"ל להקדים או לאחר, משא"כ בהפסקת טהרה כו', **ומ"מ** נראה, די לנו בזה שנחמיר היכא שהתפללה כבר ערבית ועשתה אותו כבר לילה, **אבל** היכא שלא התפללה, אפילו התפללו כבר הקהל, לא נחמיר כה"ג לחושבו לילה, מאחר שבא לה הסבה מן השמים כו', עכ"ל, **ונראה** דנמשך לדברי מהרא"י דלעיל סעיף א', **אבל** לפי מה שכתבתי לעיל, דדעת מהר"ל והרב בהפסקת טהרה להקל אפילו התפללה היא, וכ"ש הכא.

ויש נשים שנהגו להחמיר עוד להמתין עד ז' ימים, ואין טעם בדבר, והמחמיר יחמיר והמיקל נשכר להקדים עצמו למצוה – [ומו"ח ז"ל הביא טעם לדבר בשם הר"ש מאוסטרייך, דכיון דנדה דאורייתא טובלת אחר ז' ימי נדה, אף שלא היו נקיים, אלא שצריכה ז' נקיים שמא היא בימי זיבה, והיו נוהגים בימים קדמונים לטבול ב' פעמים, אחת אחר ז' דאורייתא, והשניה אחר ז' הנקיים, וזכר לאותו דבר נהגו ג"כ להמתין י"ד יום, ע"כ, **ויפה** כתב רמ"א, שהמקדים עצמו מקדים למצוה, ואין בטעמים כאלה כדי להרחיק טבילת מצוה].

ויש שכתבו שעכשיו אין לחלק בין משמש עם בעלה ללא משמש - דלא פלוג רבנן וגזרינן לא שמשה אטו שמשה, ואע"ג דשמשה גופה גזירה היא אטו בין השמשות, חששא דביה"ש פשוטה היא, וחששו בה רבנן טובא בכמה דוכתי - תה"ד.

[**הב"י** לא חש לחומרא זאת, **אלא** אם לא שמשה אינה ממתנת כלל, **אלא** דרמ"א מקיים המנהג להחמיר בזה], **וכתב** הב"ח, מיהו היינו דוקא כשבעלה בעיר, אבל כשאין בעלה בעיר יש להקל, דמיד שתפסוק בטהרה סמוך לביה"ש תמנה למחרתו, **ואע"ג** דבתה"ד משמע מלשון השאלה שהיה שואל להחמיר אף כשאין בעלה בעיר, **מ"מ** מלשון התשובה שלא הזכיר שם להחמיר בזה, משמע קצת דבהכי יש להקל, עכ"ל, **ואין** דבריו נראין, דהלא נודע שהשאלות שבתה"ד, עשה מהרא"י בעל התשובות עצמו, ולא ששאלוהו אחרים כמו בפסקיו וכתביו, **ועוד** דא"כ אמאי לא פשיט מידי אשאלה זו, **אלא** הדבר פשוט כיון דבשאלה משוה להדיא אין בעלה בעיר ללא שמשה, א"כ גם בתשובה הוא כן, **גם** בתשו' מהרי"ק כתב, שהנשים מחמירין אפי' אין בעליהן בעיר, [ומי יחלוק על המנהג], וכן המנהג פשוט במדינות אלו.

וגדולה מזו נוהגים, שאפי' כלה, (שאינה צריכה שבעה נקיים רק משום חימוד – מחה"ש) אינה סופרת ז' נקיים עד יום ה' לראייתה, אע"פ שעדיין לא בא החתן לעיר, **אע"פ** שלפי דעתי אין להחמיר בזה כלל, ולא נזכר בשום פוסק קדמון או אחרון, **מ"מ** לא יהא אלא כדברים המותרים ואחרים נהגו בו איסור כו', **ומ"מ** בשעת הדחק יש להתיר להכלה, שמיד שתפסוק בטהרה תספור ז' נקיים, **דבהכי** עדיף טפי ממה שנוהגין שנשאת כשהיא נדה, שהרמב"ם פסק שלא תנשא כלל עד שתטהר, **ואע"ג** דאנן לא מדקדקים בהכי, מ"מ ודאי היכא דאפשר בטהרה טפי עדיף, כן נ"ל.

(והט"ז חולק, דאין להחמיר כלל בכלה להמתין ה' ימים קודם ספירת הז"נ – מחה"ש), [**אלא דנראה לי קולא אחת בזה, בכלה שפירסה נדה סמוך לחופתה, ואפי' אחר חופתה קודם שנתייחדה עם חתן שלה, אין ממתנת כלל, דבזה ודאי לא שייך למגזר לא שמשה אטו שמשה, דלא באה עדיין לכלל תשמיש כלל עמו, ולמה נגזור כזה, כנ"ל**].

(**עיין** בדגמ"ר שכתב, דאף הש"ך שכתב, דשלא בשעת הדחק אפי' כלה אינה סופרת ז"נ עד יום ה' לראייתה, **לא** אמר אלא כשלא היתה נדה קודם לראיה זו, כגון בתולה שראתה פעם ראשונה, או מניקה שהיתה טהורה בעת מיתת בעלה, וראתה עתה פעם ראשון אחר כ"ד חודש, **אבל** אם היתה כבר נדה לא שייך חומרא זו כלל).

(**ועפ"ז** הוריתי ביולדת שלא טבלה תוך מ' לזכר ופ' לנקבה, וככלות הימי טוהר ראתה, דא"צ להמתין למנות ז"נ עד אחר ה' ימים, אלא מיד שתפסוק בטהרה תוכל להתחיל למנות שבעה נקיים, דהא עד ראיה זו היתה ג"כ טמאה מלידה, ולא שייך חומרא זו כלל, **ומכ"ש** אם ראיה זו היא בתוך ימי טוהר, והיא רוצה למנות שבעה נקיים ולטבול, דבזה אפשר לומר שגם אם לא היתה טמאה מכבר מחמת לידה, שטבלה כבר, ג"כ תוכל למנות שבעה נקיים מיד אם לא שמשה, דהא אפילו בכתם כתב הש"ך דיש להקל היכא דלא שמשה, למנות מיום המחרת, ומכ"ש בדם טוהר דקיל יותר דאינו אלא חומרת הגאונים).

(**ועיין** בתשו' חת"ס שאלה כזו, ביולדת שטובלת תוך מלאות, וחזרה וראתה באותן הימים, אם תתחיל לספור נקיים השניים האלו אחר ד' לשמושה, דלא גרע מכלה הטובלת לדם בתולים, **והשיב** להחמיר, אחרי שכתב הרמ"א בסי' קצ"ד דדינו כדם לכל דבר, משמע שאין לחלק בשום דבר בכל מנהגי נדה וחומרותיה).

(**ועיין** בתשו' נודע ביהודה, שמורה אחד הורה, באשה שטבלה ואחר טבילה קודם ששמשה ראתה דם, ובעלה היה בעיר, שתמנה שבעה נקיים תיכף, **וכתב** שראוי המורה הזה לגעור בו בנזיפה, אבל לא לענשו באיזה עונש, כי גוף דין זה הוא חומרא בלא טעם, **ואח"כ** כתב בשם תשובת פני יהושע שמקיל בזה, בראתה תיכף אחר הטבילה קודם ששמשה, והוא ז"ל חולק עליו, **וכתב**

דהט"ז מחמיר ג"כ בזה, שהרי לא הקיל רק בראתה תיכף אחר חופתה, שלא באה עדיין לכלל תשמיש, **ועיין** בתשו' מעיל צדקה, שגם הוא ז"ל מקיל בראתה תיכף אחר הטבילה קודם ששמשה, וכתב הטעם, דאף בגזירת חז"ל קיי"ל במלתא דלא שכיח לא גזרו, ומכ"ש בגזירה זו, **וכתב** שהסכימו עמו החברים ונעשה מעשה, וכן דעת הס"ט).

(**עיין** בשל"ה שכתב וז"ל, מעשה בא לידי באשה אחת, שהיה יום ד' לנדתה, ולא שמשה עם בעלה בלילה שקודם ראייתה, והתרתי לה ללבוש לבנים ביום ד', ולהתחיל לספור ביום ה', כי אם היתה מתחלת לספור ביום ו', אז היה בא ליל טבילה בליל שבת שאחר יו"ט, ומוטב שניח חומרא זו כדי לקרב הטבילה לחפיפה, עכ"ל, **ועיין** בס"ט שכתב, דנראה לו דבנדון כזה, אף בשמשה יש להתיר שתפסוק ביום ד' לראייתה, ותמנה ז' נקיים מיום ה').

וכל אשה שרואה אפילו כתם, צריכה להמתין ה' ימים עם יום שראתה בו, ותפסוק לעת ערב ותספור ז' נקיים - והיינו שרואה בתחילה, ומשום טעמא דש"ז, **אבל** אם תוך ימי ספירתה או אחר ה' ימים, נתקלקלה וחזרה וראתה דם או כתם, פוסקת באותו יום בטהרה, ומונה למחרת, וזה פשוט.

וכן נוהגין במדינות אלו ואין לשנות - נראה דבכתם יש להקל היכא דלא שמשה, למנות מיום המחרת של מציאת הכתם, דהא הך דלא שמשה גופה גזירה רחוקה היא, וגם הב"י כתב דבמקומו לא נהגו בגזירה זו, **הלכך** י"ל דגם התה"ד גופיה שכתב להחמיר, היינו ברואה, אבל לא בכתמים דרבנן דאזלינן בהו בכמה דוכתי לקולא, שהרי לא הזכיר שם כתם כלל, **ואפשר** לזה לא כתב הרב, האי "ויש שכתבו שעכשיו כו'" אחר דין הכתם, אלא אחר דין רואה, ‹עיין בתחילת הסעיף לפי מהדורת פריעדמאן›, **אבל** עט"ז כתב, יש שכתבו שכל אשה אפי' רואה כתם או טפת דם כחרדל, בין שמשה בין לא שמשה, **צריכה** להמתין כו', וכן נוהגין. ‹נוהגין להחמיר אע"פ שאינו מן הדין, ש"ך – תורת השלמים. **מה** שמסיים הש"ך וכן נוהגין, הוא סיום לשון העט"ז – סד"ט›.

(**עיין** בתשו' חת"ס, מבואר שדעתו דבדיעבד שכבר ספרה שבעה נקיים, מיד אחר מציאת הכתם מבלי המתנת ה' ימים, אפשר להקל גם בשמשה, שיעלו לה הנקיים, **אך** אם היה זה הכתם בבדיקת העד, אין להקל אפי' בדיעבד).

סימן קצו סי"א • שלא להתחיל למנות עד יום הששי

שיטת המחבר להמתין עד יום ה' – הפולטת שכבת זרע בימי ספירתה, אם הוא תוך ו' עונות (ע"ב שעות) לשמושה, סותרת אותו יום, **דאין** שכבת זרע מסריח עד שיעברו עליו ו' עונות שלימות מעל"ע, ואח"כ הרי היא כפולטת מיא בעלמא. **לפיכך** המשמשת מטתה וראתה אח"כ ופסקה, ואפי' לא ראתה רק מצאה כתם, אינה מתחלת למנות ז"נ עד שיעברו עליה ו' עונות שלימות, דחיישינן לכל יום ויום שמא תפלוט, או שמא תפלוט כל השלשה ימים, ולא תרגיש. **לפיכך** אם שמשה במו"ש, אינה מתחלת לספור עד יום ה', דאם פלטה ליל ד', קודם עת שימושה במו"ש, עדיין היא עומדת בתוך עונה ששית לשמושה וסותרת, וכל יום נקי צריך שיהיה כולו נקי, הן בלילה הן ביום שבו, **ותפסוק** יום ד' לעת ערב, ויום ה' עולה לה למנין שבעה.

שיטת הרמ"א להמתין עד יום ו' – ויש שכתבו שיש להמתין עוד יום אחד, דהיינו שלא תתחיל למנות עד יום הששי, דחיישינן שמא תשמש ביום ראשון בה"ש ותסבור שהוא יום, ואפשר שהוא לילה, ואם תתחיל למנות מיום חמישי יהיה תוך שש עונות לשמושה, ע"כ יש להוסיף עוד יום א', דמעתה א"א לבא לידי טעות, **וכן** נוהגין בכל מדינות אלו, ואין לשנות.

כלה אחר בעילת מצוה – שיטת מהר"ל מפרא"ג, שתוכל למנות מיום חמישי לשמושה, ולא גזרינן בה שמא תשמש באותו יום בסופו בבה"ש, דכיון דאין כאן דם נדה רק דם בתולים, לא החמירו בו, **אבל** אם באמת נבעלה בעילת מצוה בה"ש, ודאי חשבינן לה כאילו נבעלת בלילה שאחר אותו בה"ש, אפי' גבי כלה.

ראתה אחר ערבית ביום א' ועדיין הוא יום – (לפי מה דמחמרינן שלא לחלק בין שמשה ללא שמשה, וא"כ מנינן הני ימים מן ראייתה), י"א דאפי' כשהיא התפללה ג"כ, יכולה למנות מיום ו', **אבל** לפי מנהג המקומות של המחבר, שמתחילין למנות מיום ה', צ"ע בדבר, **ומ"מ** נראה, דהיכא שלא התפללה, אפילו התפללו כבר הקהל, לא נחמיר כה"ג לחושבו לילה, **אפי'** לשיטת מהרא"י לעיל, שאין אשה יכולה להפסיק בטהרה אחר שהתפללו הקהל ערבית, **שאני** הכא מאחר שבא לה הסבה מן השמים, (ודלא כהפסק טהרה). **ולפי** מש"כ לעיל ס"א, דדעת מהרי"ל והרמ"א להקל אפי' להפסיק בטהרה, ואפי' התפללה היא, כ"ש הכא.

יש נשים שנהגו להחמיר עוד להמתין עד ז' ימים, ואין טעם בדבר, והמחמיר יחמיר והמיקל נשכר להקדים עצמו למצוה. **וי"א** דהטעם דכיון דנדה דאורייתא טובלת אחר ז' ימי נדה, אף שלא היו נקיים, אלא שצריכה ז"נ שמא היא בימי זיבה, והיו נוהגים בימים קדמונים לטבול ב' פעמים, אחת אחר ז' דאורייתא, והב' אחר ז"נ, וזכר לאותו דבר נהגו ג"כ להמתין י"ד יום, **ואין** בטעמים כאלה כדי להרחיק טבילת מצוה.

כתב הרמ"א, ויש שכתבו שעכשיו אין לחלק בין שמשה עם בעלה ללא שמשה, (ודלא כהב"י), דלא פלוג רבנן וגזרינן לא שמשה אטו שמשה, **ואע"ג** דשמשה גופה גזירה אטו בה"ש, חששא דביה"ש פשוטה היא, וחששו בה רבנן בכמה דוכתי.

וי"א דהיינו דוקא כשבעלה בעיר, אבל כשאין בעלה בעיר יש להקל, דמיד שתפסוק בטהרה סמוך לביה"ש תמנה

למחרתו, **והש"ך חולק**, והנשים מחמירין אפי' אין בעליהן בעיר, ומי יחלוק על המנהג, **וכן** המנהג פשוט במדינות אלו.

וכתב הש"ך, דגדולה מזו נוהגים, שאפי' כלה, שא"צ ז"נ רק משום חימוד, אינה סופרת ז"נ עד יום ה' לראייתה, אע"פ שעדיין לא בא החתן לעיר, אע"פ שאין להחמיר בזה כלל, ולא נזכר בשום פוסק קדמון או אחרון, מ"מ לא יהא אלא כדברים המותרים ואחרים נהגו בו איסור כו', **ומ"מ** בשעת הדחק יש להתיר להכלה, שמיד שתפסוק בטהרה תספור ז"נ, **דבהכי** עדיף טפי ממה שנוהגין שנשאת כשהיא נדה, שהרמב"ם פסק שלא תנשא כלל עד שתטהר, **ואע"ג** דאנן לא מדקדקים בהכי, מ"מ ודאי היכא דאפשר בטהרה טפי עדיף.

והס"ז חולק, דאין להחמיר כלל בכלה להמתין ה' ימים קודם ספירת הז"נ, **וכתב עוד קולא** בזה, בכלה שפירסה נדה סמוך לחופתה, ואפי' אחר חופתה קודם שנתייחדה עם חתן שלה, אין ממתנת כלל, דבזה ודאי לא שייך למגזר לא שמשה אטו שמשה, דלא באה עדיין לכלל תשמיש כלל עמו, ולמה נגזור כזה.

וי"א דאף להש"ך שכתב, דשלא בשעת הדחק אפי' כלה אינה סופרת ז"נ עד יום ה' לראייתה, לא אמר אלא כשלא היתה נדה קודם לראיה זו, כגון בתולה שראתה פעם ראשונה, או מניקה שהיתה טהורה בעת מיתת בעלה, וראתה עתה פעם ראשון אחר כ"ד חודש, **אבל** אם היתה כבר נדה, לא שייך חומרא זו כלל.

וכן יולדת שלא טבלה תוך מ' לזכר ופ' לנקבה, וככלות הימי טוהר ראתה, א"צ להמתין למנות ז"נ עד אחר ה' ימים, **ומכ"ש** אם ראיה זו היא בתוך ימי טוהר, דבזה אפשר לומר שגם אם לא היתה טמאה מכבר, כגון שטבלה כבר, ג"כ תוכל למנות ז"נ מיד אם לא שמשה, **דהא** אפי' בכתם כתב הש"ך דיש להקל היכא דלא שמשה, למנות מיום המחרת, **ומכ"ש** בדם טוהר דקיל יותר דאינו אלא חומרת הגאונים.
ויש שכתב להחמיר, אחרי שכתב הרמ"א בסי' קצ"ד דדינו כדם לכל דבר, משמע שאין לחלק בשום דבר בכל מנהגי נדה וחומרותיה.

אשה שטבלה ואחר טבילה קודם ששמשה ראתה דם, ובעלה היה בעיר, י"א שתמנה ז"נ תיכף, דאף בגזירת חז"ל קיי"ל במלתא דלא שכיח לא גזרו, ומכ"ש בגזירה זו, והסכימו עמו החברים ונעשה מעשה, **וי"א** שראוי המורה הזה לגעור בו בנזיפה, **דגם** הט"ז לא הקיל רק בראתה תיכף אחר חופתה, שלא באה עדיין לכלל תשמיש, **אבל** כתב דאינו ראוי לענשו באיזה עונש, כי גוף דין זה הוא חומרא בלא טעם.

אשה שהיה יום ד' לנדתה, ולא שמשה עם בעלה בלילה שקודם ראייתה, י"א שתפסוק ביום ד' לראייתה, ותמנה ז"נ מיום ה', כי אם היתה מתחלת לספור ביום ו', אז היה בא ליל טבילה בליל שבת שאחר יו"ט, **ומוטב** שנניח חומרא זו כדי לקרב הטבילה לחפיפה, **וי"א** דיש להתיר אף בשמשה.

כתב הרמ"א, וכל אשה שרואה אפי' כתם, צריכה להמתין ה' ימים עם יום שראתה בו, ותפסוק לעת ערב ותספור ז"נ, וכן נוהגין במדינות אלו ואין לשנות, **והיינו** כשרואה בתחילה, ומשום טעמא דש"ז, **אבל** אם תוך ימי ספירתה או אחר ה' ימים, נתקלקלה וחזרה וראתה דם או כתם, פוסקת באותו יום בטהרה, ומונה למחרת.

והש"ך כתב, ונראה דבכתם יש להקל היכא דלא שמשה, למנות מיום המחרת של מציאת הכתם, דהא הך דלא שמשה גופה גזירה רחוקה היא, וגם הב"י כתב דבמקומו לא נהגו בגזרה זו, **הלכך** י"ל דגם המחמירים, היינו ברואה, אבל לא בכתמים דרבנן דאזלינן בהו בכמה דוכתי לקולא, **אבל עט"ז** כתב להחמיר, "וכן נוהגין". **י"א** ד"וכן נוהגין" הוי סיומא דדברי עט"ז, **וי"א** דהוי מדברי הש"ך, דכן המנהג אע"פ שאינו מן הדין.

י"א דבדיעבד שכבר ספרה ז"נ מיד אחר מציאת הכתם מבלי המתנת ה' ימים, אפשר להקל גם בשמשה, שיעלו לה הנקיים, **אך** אם היה זה הכתם בבדיקת העד, אין להקל אפי' בדיעבד.

שמשה תוך הז' נקיים

סעיף יב - אם טעתה במנין יום א', וטבלה ושמשה, צריכה להמתין ו' עונות שלימות, ואח"כ תמנה יום אחד נקי ותטבול -
דשמא תפלוט בג' ימים שאחר התשמיש, **ואיכא** למידק דאע"ג שתפלוט ביום הב', מ"מ סתירה דלאחר ז' לאו סתירה היא, **י"ל** דחיישינן שמא תפלוט גם ביום א' שאחר התשמיש, א"כ לא יהיו ז' נקיים, ולא הוי סתירה דלאחר ז'.

[**פשוט דה"ה נמי אם טעתה שני ימים, שתמנה אחר השש עונות עוד שני ימים, אלא דכולי האי לאו אורחה למטעי, ע"כ נקט יום אחד**].

[מ"מ אין להקשות, הא איתא בס"י, דבעינן ז' רצופין, וכאן **מפסקת בימי פליטת זרע, דפליטת שכ"ז אין סותר למפרע כדם, אלא דאותן ימים עצמן אינן נחשבים לנקיים**].

[**ואין** להקשות, דשמא ראתה באותן השש עונות דם, אלא **שחיפהו שכ"ז, כדאיתא סי' קצ"ג בבעילת מצוה, דהתם שאני, שדמים מצויין בה מחמת הבעילה**].

ומשמע דהכא לא נהגינן להחמיר משום גזירה דבין השמשות, וטובלת מיד אחר ד' ימים ויום א' נקי, דהיינו אחר ה' ימים, דלא שכיח שתטעה במנין, ובמלתא דלא שכיחא לא גזרו רבנן.

(**עיין** בשו"ת תשובה מאהבה, באשה אחת נדה שהתחילה לספור שבעה נקיים, ותיכף ביום א' מצאה כתם יותר מכגריס, והתחילה לספור מחדש מיום המחרת כדין, וספרה יום יום ובדקה בכל יום ומצאה טהורה, וטבלה ושמשה, ויהי בוקר והנה האשה השכנה מגרת ביתה

אמרה לה, מה זאת עשית כי טעית בחשבונך יום א׳, ולא ספרת רק ששה נקיים, והאשה ההיא אומרת דקדקתי בחשבוני ושבעה ספרתי, **ואעפ״כ** באה האשה לשאול, אף כי לפי דעתה ברור לה שלא טעתה, מ״מ היא חוששת לדברי חברתה ומסתפקת אולי טעתה, ושאלה מה דינה, אם צריכה טבילה אחרת ואם צריכה כפרה, **וצדד** להקל, אחרי שאין כאן רק ספק דרבנן, דמה״ת הכתם שמצאה ביום הא׳ טהור כיון שלא הרגישה, וא״כ מן התורה מצטרף גם יום זה לנקיים, ויש ג״כ עוד כמה צדדים להקל, **ואחרי** שכבר שמשה ויש חשש לעז פגם לולד אשר תלד, הורה לה להקל שאין צריכה לא טבילה ולא כפרה, **וצוה** עליה שתאמר בפירוש לחברתה שאינה מאמנת לה).

(**והסכים** עמו הגאון בעל נודע ביהודה ז״ל, אך כתב, דדוקא אם אומרת איני מאמינך, אבל אם היא בעצמה מסתפקת, יש לה לחוש לדברי חברתה, דהיכא דהבע״ד שותק, שתיקה כהודאה, **ואם** האשה מכחשת פשיטא שהיא נאמנת, וספרה לה כתיב, ואין עד א׳ נאמן באיסורים היכא שהבע״ד מכחישו - **ובזה** אפילו אם היה חשש איסור דאורייתא הדין כן).

אך סתירה שלאחר שבעה, כגון שלא טבלה כראוי ושמשה, הרי זו טובלת בכל עת –

[שהרי היא כבר ספרה ז׳ נקיים, רק שמחוסרת טבילה].

ובב״י כתב בשם הרא״ש, דבטבלה ליל ז׳ ושמשה ביום הז׳, ‹שא״א לה לפלוט השכ״ז עד לאחר שהאיר היום›, נמי לאו סתירה היא, וטובלת מיד לאחר ז׳, כיון שפלטה כשהאיר היום הז׳, ‹**דמקצת** היום ככולו, ואע״ג שאם ראתה דם סותרת, היינו לפי שסותרת למפרע כל הז״נ, אבל בפולטת שכ״ז שאינה סותרת, רק שאותו יום אינו עולה לה, וכיון שמקצת היום ככולו, כבר היה לה ז״נ קודם פליטה – מחזה״ש›, **וכתב** אם באנו להסכים דברי הסמ״ק ‹שהם המקור לדברי המחבר› להרא״ש, י״ל דמש״כ הסמ״ק סתירה דלאחר ז׳ לאו סתירה היא, היינו לאחר ליל ז׳, **וצ״ע** לדינא, דפשט דברי הסמ״ק משמע לאחר ז׳ דוקא.

[**ויש** לי תמיה רבה בסעיף זה, ממה שכתוב באבה״ע, גר ואשתו שנתגיירו, מפרישין אותם צ׳ יום, להבחין בין זרע שנזרע בקדושה, לזרע שנזרע שלא בקדושה, וה״נ היה לנו להפרישם אחר שבא עליה באיסור, כדי להבחין אם נתעברה באיסור, כשטבלה שלא כראוי, **ונ״ל** דהכא מיירי, באשה שבעלה מצוי לה קודם לזה, **נמצא** שאין שייך כאן הבחנה, דומיא דאשה שנאנסה תחת בעלה, שאינה צריכה להמתין צ׳ יום, אם נבעלה לבעלה תחלה, ***ולפי״ז** אם לא היה בעלה אצלה קודם למעשה זה תוך צ׳ יום, ממילא צריך להפריש אחר ביאה זו האסורה צ׳ יום, כן היה נ״ל, וצ״ע למעשה, **אבל** מה שכתבתי לעיל בסוף סי׳ קצ״ב, בעברה על הדין שצריכה ז׳ נקיים משום חימוד, שא״צ להפריש, זה אינו דומה כלל לההיא דגר שזכרנו, דשם אין כאן אלא איסור דרבנן לחוד].

לא קשה מידי, דהתם כיון שנזרע שלא בקדושה, לאו ישראל גמור הוא, דבכמה דינים חלוק הוא מישראל, אבל הכא אפי׳ נולד מן הנדה, קימ״ל דכשר - נקה״כ.

*(**ועיין** בתשו׳ חתם סופר שכתב, דמש״כ הט״ז, אבל אם לא היה בעלה עמה צ׳ יום, דבריו תמוהים, מה שייכות צ׳ יום לכאן, אפילו לא היה בין שימוש בעלה לראיה רק זמן מועט, שייך הבחנה, **וכתב** עוד, דבכתם אין לחוש להצריך הבחנה).

סימן קצו סי״ב • שמשה תוך הז׳ נקיים

אם טעתה במנין יום א׳, (וה״ה אם טעתה ב׳ ימים, אלא דכולי האי לאו אורחא למטעי), וטבלה ושמשה, **צריכה** להמתין ו׳ עונות שלימות, ואח״כ תמנה יום אחד נקי ותטבול, **דשמא** תפלוט בג׳ ימים שאחר התשמיש, ולא יהיו ז׳ נקיים, (וגם ביום א׳ שאחר התשמיש יש חשש, וא״כ לא הוי סתירה דלאחר ז׳). **אבל** עדיין חשובין רצופין, דפליטת שכ״ז אין סותר למפרע כדם, אלא דאותן ימים עצמן אינן נחשבים לנקיים.

ואין חוששין שמא ראתה דם באותן השש עונות, וחיפהו שכ״ז, כדאיתא סי׳ קצ״ג בבעילת מצוה, **דהתם** שאני, שדמים מצויין בה מחמת הבעילה.

והכא לא נהגינן להחמיר משום גזירה דבה״ש, וטובלת מיד אחר ד׳ ימים ויום א׳ נקי, דהיינו אחר ה׳ ימים, **דלא** שכיח שתטעה במנין, ובמלתא דלא שכיחא לא גזרו רבנן.

אך סתירה שלאחר ז׳, כגון שלא טבלה כראוי ושמשה, הרי זו טובלת בכל עת, שהרי היא כבר ספרה ז״נ, רק שמחוסרת טבילה.

י״א דאפי׳ בטבלה ליל ז׳, אם לא שמשה עד יום הז׳, נמי לאו סתירה היא, וטובלת מיד לאחר ז׳, כיון שאינה פולטת השכ״ז עד לאחר שהאיר היום, מקצת היום ככולו, **ואע״ג** שאם ראתה דם סותרת, היינו לפי שסותרת למפרע כל הז״נ, **אבל** בפולטת שכ״ז שאינה סותרת, רק שאותו יום אינו עולה לה, וכיון שמקצת היום ככולו, כבר היה לה ז״נ קודם פליטה, **וצ״ע** לדינא, דפשט דברי השו״ע משמע לאחר ז׳ דוקא.

נדה שהתחילה לספור ז״נ, ותיכף ביום א׳ מצאה כתם יותר מכגריס, והתחילה לספור מחדש מיום המחרת כדין, וספרה

יום יום ובדקה בכל יום ומצאה טהורה, וטבלה ושמשה, **ויהי** בוקר והנה שכנתה אמרה לה, מה זאת עשית כי טעית בחשבונך יום א', ולא ספרת רק ששה נקיים, **והאשה** ההיא אומרת דקדקתי בחשבוני ושבעה ספרתי, ואעפ"כ באה האשה לשאול, אף כי לפי דעתה ברור לה שלא טעתה, מ"מ היא חוששת לדברי חברתה ומסתפקת אולי טעתה, ושאלה מה דינה, אם צריכה טבילה אחרת ואם צריכה כפרה, **י"א** דיש להקל, אחרי שאין כאן רק ספק דרבנן, דמה"ת הכתם שמצאה ביום הא' טהור, כיון דלא הרגישה, וא"כ מן התורה מצטרף גם יום זה לנקיים, ויש ג"כ עוד כמה צדדים להקל, **ואחרי** שכבר שמשה ויש חשש לעז פגם לולד אשר תלד, **וצוה** עליה שתאמר בפירוש לחברתה שאינה מאמנת לה.

ויש שהסכים עמו, אך כתב, דדוקא אם אומרת איני מאמינך, **אבל** אם היא בעצמה מסתפקת, **יש** לה לחוש לדברי חברתה, דהיכא דהבע"ד שותק, שתיקה כהודאה, **ואם** האשה מכחשת פשיטא שהיא נאמנת, ד"וספרה לה" כתיב, ואין עד א' נאמן באיסורים היכא שהבע"ד מכחישו, **ובזה** אפילו אם היה חשש איסור דאורייתא הדין כן.

הבחנה

הקשה הט"ז, דכמו בגר ואשתו שנתגיירו, מפרישין אותם צ' יום, להבחין בין זרע שנזרע בקדושה, לזרע שנזרע שלא בקדושה, **ה"נ** היה לנו להפרישם אחר שבא עליה באיסור, כדי להבחין אם נתעברה באיסור, כשטבלה שלא כראוי, **ותירץ** דהכא מיירי, באשה שבעלה מצוי לה קודם לזה, נמצא שאין שייך כאן הבחנה, דומיא דאשה שנאנסה תחת בעלה, שא"צ להמתין צ' יום, אם נבעלה לבעלה תחלה, **וכתב** דלפי"ז אם לא היה בעלה אצלה קודם למעשה זה תוך צ' יום, (וי"א דדבריו תמוהים, דמה שייכות צ' יום לכאן, אפילו לא היה בין שימוש בעלה לראיה רק זמן מועט, שייך הבחנה), ממילא צריך להפריש אחר ביאה זו האסורה צ' יום, **וצ"ע** למעשה, **משא"כ** בעברה על הדין שצריכה ז"נ משום חימוד, שא"צ להפריש, דשם אין כאן אלא איסור דרבנן לחוד. **וי"א** דבכתם אין לחוש להצריך הבחנה.

והש"ך כתב דלא קשה מידי, דהתם כיון שנזרע שלא בקדושה, לאו ישראל גמור הוא, דבכמה דינים חלוק הוא מישראל, **אבל** הכא אפי' נולד מן הנדה, קימ"ל דכשר.

לרחוץ ולקנח כדי למנות ז"נ מיד

סעיף יג- האשה ששמשה מטתה וראתה אחר כך ופסקה, ורוצה לספור מיום מחרת ראייתה, תקנח יפה יפה אותו מקום במוך או בבגד להפליט כל הזרע, או תרחוץ במים חמין והם יפליטו כל הזרע.

הגה: וי"א דאין אנו בקיאין בזה בזמן הזה ואין לסמוך על זה, והכי נהוג, דהרי כבר נתבאר שאנו נוהגין להמתין אפילו לא שמשה כלל, כדי שלא לחלק בין ספירה לספירה, כ"ש בכהאי גוונא - לא ידענא מאי ענין זה לזה, דהתם לא שייך בקיאות כלל, וגזרינן לא שמשה אטו שמשה, **ואה"נ**, (ר"ל אמנם יש ק"ו באופן אחר ממה שכתב הרמ"א, דבאשה לא מהני רחיצה וקינוח, דלא עדיף מלא שמשה כלל, והתם גזרינן במלתא דשכיח, **אבל** מ"מ נ"מ ברחיצה וקינוח, (אי ילפינן הק"ו על דרך שכתב הש"ך, ולא על דרך שכתב הרמ"א), בדין שנזכר בסעיף הקודם, בשכחה יום א' שצריכה להמתין ו' עונות, דמהני רחיצה וקינוח דתמנה מיד אחר שתשלים היום ששכחה, (ר"ל דלפי מה שכתב הרמ"א הק"ו, ע"ז דאין אנו בקיאין, א"כ גם בהא לא מהני הרחיצה וקינוח, **אבל** אי נימא דאנו בקיאין, רק דלא עדיף מלא שמשה, דגזרינן אטו שמשה, א"כ בשכחה יום א' דלא גזרינן לא שמשה אטו שמשה, גם הרחיצה והקינוח י"ל דמהני – מחה"ש), **ונראה** דגם הרב מודה בזה, ומיירי בסתם אשה, **ומ"מ** לענין דינא, בלאו הכי, כיון דהסמ"ק והג"מ כתבו דאין אנו בקיאין, אין להקל לכתחלה, וכן פסק הב"ח.

וכל הפורץ גדר בדברים אלו במקום שנהגו להחמיר, ישכנו נחש.

סימן קצו סי"ג • לרחוץ ולקנח כדי למנות ז"נ מיד

האשה ששמשה מטתה וראתה אח"כ ופסקה, ורוצה לספור מיום מחרת ראייתה, **תקנח** יפה יפה אותו מקום במוך או בבגד להפליט כל הזרע, או תרחוץ במים חמין והם יפליטו כל הזרע.

וכתב הרמ"א, וי"א דאין אנו בקיאין בזה בזה"ז ואין לסמוך על זה, והכי נהוג, **דהרי** כבר נתבאר שאנו נוהגין להמתין אפי' לא שמשה כלל, כדי שלא לחלק בין ספירה לספירה, כ"ש בכה"ג.

והקשה הש"ך, כיון דטעם הרמ"א משום חסרון בקיאות, מה ענין זה ללא שמשה, התם לא שייך בקיאות כלל, ורק דגזרינן לא שמשה אטו שמשה.

אבל כתב די"ל הק"ו באופן אחר, דבאשה לא מהני רחיצה וקינוח משום גזירה, והוי ק"ו מלא שמשה כלל.

ויש נ"מ אי ילפינן הק"ו כהש"ך או כהרמ"א, בשכחה יום א' שצריכה להמתין ו' עונות, **דלפי** מה שכתב הרמ"א הק"ו, דאין אנו בקיאין, א"כ גם בהא לא מהני הרחיצה וקינוח, **אבל** אי נימא דאנו בקיאין, רק דלא עדיף מלא שמשה, דגזרינן אטו שמשה, א"כ בשכחה יום א' דלא גזרינן לא שמשה אטו שמשה, גם הרחיצה והקינוח י"ל דמהני, **וכתב** דנראה דגם הרמ"א מודה בזה, **ומ"מ** לענין דינא, כיון דהסמ"ק והג"מ כתבו דאין אנו בקיאין, אין להקל לכתחלה.

וכל הפורץ גדר בדברים אלו במקום שנהגו להחמיר, ישכנו נחש.

§ סימן קצז – שלא תטבול האשה ביום §

אין עולות מטומאתן בלא טבילה

סעיף א - אין הנדה והזבה והיולדת עולות מטומאתן בלא טבילה, שאפילו אחר כמה שנים חייב כרת הבא על אחת מהן, אא"כ טבלו כראוי – [בלא חציצה], **במקום הראוי** – [היינו שיש שם מ' סאין].

סימן קצז ס"א • אין עולות מטומאתן בלא טבילה

אין הנדה והזבה והיולדת עולות מטומאתן בלא טבילה, שאפי' אחר כמה שנים חייב כרת הבא על אחת מהן, **אא"כ** טבלו כראוי בלא חציצה, **במקוה** שיש שם מ' סאין.

מצוה לטבול בזמנה

סעיף ב - אם בעלה בעיר, מצוה לטבול בזמנה, שלא לבטל מפריה ורביה אפילו לילה אחת – [זהו אפילו למאן דסבירא ליה בטור, טבילה בזמנה לאו מצוה היא, ומ"מ משום פריה ורביה ודאי מצוה היא].

סימן קצז ס"ב(1) • מצוה לטבול בזמנה

אפי' למאן דס"ל טבילה בזמנה לאו מצוה, אם בעלה בעיר, מצוה לטבול בזמנה, שלא לבטל מפריה ורביה אפי' לילה א'.

טבילת ליל שבת אם לא יכלה לטבול מקודם

הגה: ומותרת לטבול בליל שבת אם לא יכלה לטבול קודם לכן, ודוקא אם בעלה בעיר, אבל בלאו הכי אסור – [בטור הביא דעת ר"ת, דסבירא ליה טבילה בזמנה מצוה, ולפי זה היה מותר לטבול בשבת, **אלא** דר"ת סבירא ליה, הלכה טבילה בזמנה לאו מצוה היא מצד הטבילה עצמה, אלא מצד פריה ורביה, ומש"ה פסק רמ"א דוקא כשבעלה בעיר].

וכתוב בתשובת מהר"ם מלובלין, דמי שטבלה בליל ו', ואחר כך מצאה שלא טבלה כראוי, כגון שמצאה לכלוך תחת הצפורן, מותרת לטבול ליל שבת, כי אונסא הוא, ואין לדמותה ליולדת, ע"כ. **ומי** שטבלה בשבת, וכשבאתה לביתה מבית הטבילה, ראתה ששכחה לחתוך צפורן א', ואין שום לכלוך תחת הצפורן, נראה דאע"ג דהא דצריכה טבילה שנית בכה"ג חומרא בעלמא היא, מ"מ יש לה לחזור ולטבול, **ולא** אמרינן דהוי טבילה שאינה של מצוה, דהא מדינא כל טבילה שריא בשבת, ואע"ג דנהגו להחמיר, בכה"ג לא נהגו, **ותו** דכיון דכבר נהגו להחמיר להצריכה טבילה שנית, א"כ טבילה של מצוה היא, **ותו** דראב"ן ס"ל דמדינא הצפורן מעכב, **ותו** דהא לקמן נתבאר, דאפילו טבילה שלא בזמנה שריא, אלא דכתב בתה"ד דנהגו להחמיר, משום דבש"ס קאמר דלא מחזי כמתקן גברא משום דנראה כמיקר, ובזמן הזה שנזהרין להקר מיחזי כמתקן גברא, אלמא דטהור מותר לטבול, דלא מחזי כמתקן גברא כלל, וכן פשוט בש"ס ופוסקים, דאדם טהור מותר לרחוץ כל גופו ולטבול בשבת, **א"כ** אשה זו מותרת לטבול ממ"נ, אם הצפורן מעכב, א"כ הוי טבילה בזמנה לצורך מצוה, ואם אינו מעכב, א"כ טהורה היא ולא מתקן איתתא כלל ומותרת לטבול, כן נ"ל ברור, **דלא** כיש מי שרצה להחמיר שלא תטבול עד אחר השבת, **ועפ"ז** נ"ל, דה"ה בכל שאר ספק אם טבלה כראוי או לא, מותרת לטבול בליל שבת.

ומטעם זה נ"ל דמי שטבלה ליל ו', ולמחרת מצאה ששכחה לחתוך צפורן אחד, דבתשובת מהר"מ מלובלין שם פסק דא"צ טבילה כלל, דלא החמירו בכה"ג בדין ששכחה צפורן, כיון דעברה עם בעלה לילה אחת, **ולקמן** כתבתי דאף בכה"ג צריכה טבילה אחרת, **א"כ** נשארה שאלת השואל שם במקומה, וז"ל: דמאחר שמדין הש"ס והפוסקים א"צ טבילה אחרת בשכחה צפורן, א"כ לא הוי אדחי זמנה, דעשתה כל מה שבידה לעשות, דלא נודע לה איסורא עד למחר, **או** נאמר כ"ש דאסורה לטבול, דאי נתיר לטבול הוי חומרא דאתיא לידי קולא, דהא ההיא איתתא עלתה לה טבילה מדינא, וא"כ קיימא באיסור רחיצה בשבת כשאר כל אדם, אך הבתראים החמירו עליה והצריכוה טבילה אחרת, ואם נתיר לה טבילה בשבת, הוי חומרא דאתיא לידי קולא, שנתיר איסור רחיצה בשבת, עכ"ל, **ולי** נראה דאין כאן חומרא דאתיא לידי קולא, דאדרבה כשאין צריכה טבילה דהצפורן אינו מעכב, א"כ טהורה היא, וליכא כלל איסור רחיצה בשבת בטהורה, דלא מיחזי כמתקן, וא"כ אשה זו מותרת לטבול בליל שבת ממ"נ, וזה ברור, וכן הסכים הגאון אמ"ו ז"ל.

(**עיין** בתשו' חכם צבי, שאוסר לנשים לטבול בליל שבת בחמין, משום דאסור לרחוץ כל גופו בחמין בשבת, וכתב דהעוברת וטובלת בליל שבת בחמין, ודאי איסורא עבדא, ושרי למיקריה עבריינא כו', **ומה** שהורה חכם א', והתיר להן לטבול בע"ש מבעוד יום ביום שביעי שלהן, ודאי לאו שפיר עביד, ועבר אדרבנן כו', **והאריך** בזה ומסיק וכתב, סוף דבר הלכה למעשה אני אומר, שאין להן לטבול בחמין בליל שבת, ולא בע"ש שהוא יום שביעי שלהן, אלא תטבולנה בצונן ליל שבת, או בהפגת צנתן בלבד, עד שלא יקרא עליהן שם חמין, או תדחה הטבילה למוצאי שבת, **ואם** אי אפשר בכל האמור, יתירו להן לטבול בין השמשות, ולא תבואנה לבתיהן עד הלילה, ויותר מזה אין בידינו להתיר כלל).

(**ועיין** בס' בית לחם יהודה שהביאו, ופקפק על מש"כ: או תדחה הטבילה למוצ"ש, דהא כתב הרמ"א דבמקום שנהגו להחמיר, גם במוצ"ש לא תטבול כו', **גם** בספר לבושי שרד עמד עליו בזה, **ואפשר** ליישב, דהא הרמ"א מסיים: דמאחר שהיה אפשר לה לטבול קודם לכן כו', והכא מקרי לא אפשר, שאינה יכולה לסבול צינת המים, **ועיין** בתשו' דברי יוסף שהביא דבריו, והוא ז"ל בא ללמד זכות על המנהג, שנהגו בנות ישראל לטבול בחמין בליל שבת, ולבסוף הניח הדבר בצ"ע).

(**ועיין** בתשו' נוב"י, שהוא היה מזהיר להבלנין שיתנו החמין בע"ש למקוה בעוד היום גדול, כדי שלכשתחשך לא יהיו רק פושרין, ובפושרין שרי, רק בחמין אסור, **וע"ש** עוד לענין יו"ט שחל להיות בע"ש, אם מותר להסיק תחת היורה לצורך קאפ"ע, שישתה היהודי שבמרחץ, והשאר יניח לזוב לתוך המקוה לצורך טבילת נשים בליל שבת).

(**בספר** קרבן נתנאל בפרק במה מדליקין סי' כ"ד כתב, שטבילת מי מקוה בחמין אינו בכלל גזרת מרחצאות, ויש לסמוך בעת הדחק על הקרבן נתנאל – שער הציון סי' שכ"ו ס"ק ה').

(**ונהגו** הנשים לטבול בחמין בשבת, ואין למחות בידן כי יש להם על מה לסמוך, ובפרט בזה"ז שירדה חולשה לעולם וא"א להן בצונן, ויש ביטול מצות עונה, **ומ"מ** לא תשהא במים יותר מן הצורך – בדי השלחן).

(**ועיין** בתשו' חוט השני מענין טבילת נשים בליל שבת, הס מלהזכיר מלטבול בעוד יום במקום שאין מנהג, **ובמקום** שנוהגין כן אין לעשות רק בשבת אחר אמירת ברכו, שכבר נקרא שם שבת עליו, אבל לא בחול אפילו אחר ברכו, **ועיין** בתשו' חינוך בית יהודה, שקרא תגר על המנהג, דאפילו בשבת אחר אמירת ברכו לא נכון לטבול בעוד היום גדול, ויש למחות ולבטל מנהג זה, **ואם** היא מתפחדת מחשש נפילה, יעמידו נר בעששית סגור בבית הטבילה מבע"י, **ואפילו** בבה"ש שרי להדליק ע"י גוי, דאמירה לנכרי שבות, וכל שבות מותר בבה"ש לצורך מצוה, **ולשמא** יטה לא חיישינן, דהא איכא לפחות שתי נשים שתזכיר זו לזו).

סימן קצז ס"ב(2) • טבילת ליל שבת אם לא יכלה לטבול מקודם

להמ"ד דס"ל טבילה בזמנה מצוה, מותר לטבול בשבת, **ואפי'** לפי מה דקימ"ל הלכה טבילה בזמנה לאו מצוה היא מצד הטבילה, אלא מצד פריה ורביה, **מותרת** לטבול בליל שבת, אם לא יכלה לטבול קודם לכן, **ודוקא** אם בעלה בעיר, **אבל** בלא"ה אסור (לפי י"א, ובמקומות שנהגו כן, עיין לקמן).

מי שטבלה בליל ו', ואח"כ מצאה שלא טבלה כראוי, כגון שמצאה לכלוך תחת הצפורן, **י"א** דמותרת לטבול ליל שבת, כי אונסא הוא.

מי שטבלה בשבת, וכשבאתה לביתה מבית הטבילה, ראתה ששכחה לחתוך צפורן א', ואין שום לכלוך תחת הצפורן, **אע"ג** דהא דצריכה טבילה שנית בכה"ג חומרא בעלמא היא, **מ"מ** יש לה לחזור ולטבול, ולא אמרינן דהוי טבילה שאינה של מצוה, **דהא** מדינא כל טבילה שריא בשבת, ואע"ג דנהגו להחמיר, בכה"ג לא נהגו, **ותו** דכיון דכבר נהגו להחמיר להצריכה טבילה שנית, א"כ טבילה של מצוה היא, **ותו** דראב"ן ס"ל דמדינא הצפורן מעכב, **ותו** דהא אפי' טבילה שלא בזמנה שריא, דטהור מותר לטבול, דלא מחזי כמתקן גברא כלל, **וא"כ** אשה זו מותרת לטבול ממ"נ, אם הצפורן מעכב, א"כ הוי טבילה בזמנה לצורך מצוה, **ואם** אינו מעכב, א"כ טהורה היא ולא מתקן איתתא כלל ומותרת לטבול, (**ודלא** כיש מי שרצה להחמיר שלא תטבול עד אחר השבת), **וה"ה** בכל שאר ספק אם טבלה כראוי או לא, מותרת לטבול בליל שבת.

וה"ה מי שטבלה ליל ו', ולמחרת מצאה ששכחה לחתוך צפורן אחד, **די"א** דא"צ טבילה כלל, דלא החמירו בכה"ג בדין ששכחה צפורן, כיון דעברה עם בעלה לילה אחת, **אבל** להש"ך דאף בכה"ג צריכה טבילה אחרת, **מותרת** לטבול ליל שבת ממ"נ, ואין כאן חומרא דאתיא לידי קולא, דאי א"צ טבילה דהצפורן אינו מעכב, א"כ טהורה היא, וליכא כלל איסור רחיצה בשבת בטהורה, דלא מיחזי כמתקן.

טבילת חמין בליל שבת

כתב חכ"צ שאסור לנשים לטבול בליל שבת בחמין, משום דאסור לרחוץ כל גופו בחמין בשבת, והעוברת ודאי איסורא עבדא, ושרי למיקריה עבריינא.

והקרבן נתנאל כתב, שטבילת מי מקוה בחמין אינו בכלל גזרת מרחצאות, **ויש** לסמוך ע"ז בשעת הדחק.

וי"א דנהגו הנשים לטבול בחמין בשבת, ואין למחות בידן כי

יש להם על מה לסמוך, **ובפרט** בזה"ז שירדה חולשה לעולם וא"א להן בצונן, ויש ביטול מצות עונה, **ומ"מ** לא תשהא במים יותר מן הצורך.

מה תעשה להחכ"צ

תטבולנה בצונן ליל שבת, **או** בהפגת צנתן בלבד, עד שלא יקרא עליהן שם חמין.

וי"א שיתנו הבלנין החמין בע"ש למקוה בעוד היום גדול, כדי שלכשתחשך לא יהיו רק פושרין, ובפושרין שרי.

או תדחה הטבילה למו"ש, **ויש** מפקפקין ע"ז, דהא כתב הרמ"א דבמקום שנהגו להחמיר, גם במוצ"ש לא תטבול, **ואפשר** ליישב, דהא הרמ"א מסיים דמאחר שהיה אפשר לה לטבול קודם לכן כו', והכא מקרי לא אפשר, שאינה יכולה לסבול צינת המים.

ואם א"א בכל האמור, יתירו להן לטבול ביה"ש, ולא תבואנה לבתיהן עד הלילה, **ולא** תטבול בע"ש שהוא יום ז' שלהן.

וי"א דהס מלהזכיר מלטבול בעוד יום במקום שאין מנהג, **ובמקום** שנוהגין כן אין לעשות רק בשבת אחר אמירת ברכו, שכבר נקרא שם שבת עליו, **אבל** לא בחול אפילו אחר ברכו. **וי"א דאפי'** בשבת אחר אמירת ברכו לא נכון לטבול בעוד היום גדול, ויש למחות ולבטל מנהג זה, **ואם** היא מתפחדת מחשש נפילה, יעמידו נר בעששית סגור בבית הטבילה מבע"י, **ואפילו** בבה"ש שרי להדליק ע"י גוי, דכל שבות מותר בבה"ש לצורך מצוה, **ולשמא** יטה לא חיישינן, דהא איכא לפחות שתי נשים שתזכיר זו לזו.

טבילת ליל שבת אם יכלה לטבול מקודם

ואם היה אפשר לה לטבול קודם לכן, כגון אחר לידה, או שלא היה בעלה בעיר ובא בערב שבת, י"א שאסורה לטבול.

אחר לידה - דוקא כשטובלת אחר לידה ולא ראתה דם טמא, **אבל** אם ראתה דם טמא וזמן טבילתה בליל שבת, מותרת לטבול משום דהוי בזמנה, כ"כ מהרי"ו בפסקיו ומביאו ד"מ, **ונראה** דדם טמא הוי לאחר ל"ג לזכר וס"ו לנקבה, כדלעיל סימן קצ"ד.

(**ועיין** בדגמ"ר שחולק על זה, דאפילו בתוך ימי טוהר אם ראתה, ולא יכלה לטבול רק מחמת חומרא שהחמירו הפוסקים, מקרי זמנה, ומותרת לטבול בליל שבת, וכ"כ בספר לבושי שרד, **וכתב** עוד, דאם כבר טבלה פעם אחת בתוך ימי טוהר אחר הלידה, ואח"כ ראתה תוך ימי טוהר, והגיע זמן הטבילה בליל שבת, בהא גם הש"ך מודה דמותרת לטבול, דממ"נ, אם נחזיק דם זה לטמא הוי טבילת מצוה, ואם לאו ליכא איסור טבילה כלל).

(**ודע** דבכל הני שכתבתי לעיל סי' קצ"ו, שיכולה למנות שבעה נקיים מיד, אך היא החמירה על עצמה ולא התחילה למנות עד אחר ה' ימים, ועי"ז אירע ליל טבילתה בליל שבת, אסורה לטבול וזה פשוט).

(**עיין** בתשו' נודע ביהודה, באשה שהיה זמנה ללבוש לבנים ביום ה', ונתאחרה לבא מן השוק שסבורה שעוד היום גדול, ובין כך נתאחרה עד בה"ש, והוצרכה ללבוש לבנים ביום המחרת, ועי"ז חל טבילתה בליל שבת, נחשבת שוגגת ומותרת לטבול ליל שבת).

(**וכתב** בספר לבושי שרד, אם היה לה שום אונס שלא היתה יכולה לטבול בזמנה, כגון קצת חולי שהיה טריח לה טובא לילך לבית הטבילה, או איזה כאב באבריה והמים מזיק לה, וכה"ג, ונתרפאת בע"ש, מותרת לטבול ליל שבת).

(**וכתב** בספר חמודי דניאל, היוצא לדרך מותרת לטבול בליל שבת, אפילו פשעה ולא טבלה קודם לכן, וכן לטבול ביום חי"ת אפשר דשרי).

(**עיין** בתשו' חוט השני שכתב, דבדיעבד אם טבלה, אם בשוגג מותרת מיד, **ואם** במזיד טבלה בליל שבת, יש להחמיר לאוסרה בשבת לבעלה, ובמו"ש מותרת, **ודעת** המנ"י כחוט השני, **והס"ט** חולק וכתב, ולענ"ד נראה להקל בדיעבד אפילו באותו שבת כו', עי"ש, **ואם** הוא ביו"ט, כתב חוט השני, נראה להלכה דמותרת מיד, אבל לא למעשה, כי ראוי להחמיר לעושה מזיד משום מגדר מלתא, ע"ש, **ונ"ל** דעב"פ מותרת בכל מיני קורבה ואהבה, **כעת** ראיתי במנ"י וס"ט, שדעתם להקל ביו"ט אף לכתחלה, אפי' במקומות שנהגו להחמיר בשבת).

וכן נהגו במקצת מקומות, אבל במקום שאין מנהג אין להחמיר.

[**בתרומת** הדשן נשאל, ביולדת שטובלת לאחר פ' של נקבה, או תוך אותו הזמן, והוא בענין שהיתה יכולה לטבול קודם זה ז' או ח' ימים מצד הנקיות, אלא שברצונה ממתנת, לפי שאין בה כח הרבה עדיין, יכולה לטבול בשבת אע"פ שאפשר לה לטבול קודם, או לא, **והשיב**, דבמרדכי כתב, דלא שרינן לטבול בשבת אלא משום טבילה בזמנה מצוה, ונדון זה לא הוה בזמנה, שהרי אפשר לה מקודם, **ואח"כ** כתב, אם לא אפשר לה

מקודם כגון ע"י אונס, י"ל אפי' לר"ת דפסק טבילה בזמנה לאו מצוה, מ"מ שרי למטבל משום מצות קיום עונה, ואפי' שלא בשעת עונה חשוב מצוה, שהאיש משמח את אשתו בתשמיש, וסיים שם, נהגו הנשים ליזהר שלא לטבול בשבת, אא"כ בעלה בעיר, ולא היה אפשר קודם, דבכהאי גוונא הוה טבילת מצוה משום עונה, **ואע"ג** דבביצה אמרינן, דכל טמא טובל בשבת משום דנראה כמיקר עצמו, האידנא שאני דלא נהיג למיקר עצמו בשבת בשום מים, א"כ לא נראה כמיקר, עכ"ד, **הרי** שלא התיר אלא בלא היה לה לטבול קודם שבת, כגון ע"י אונס, ובעלה עמה בע"ש, ולא ממעט אלא אם אינו בעיר בשעת טבילתה, **אבל** פשוט דזה לא מהני אם לא בא עד ע"ש, והיה לה אפשרות לטבול קודם, דלא מהני לה מה שלא היה בעלה בעיר בחול, דמכל מקום היה לה לטבול בחול. **ובאגור** ומהר"י ווייל הביאו ד"מ ומו"ח ז"ל החמירו יותר, שאפי' אם נאנסה ולא יכלה לטבול קודם שבת, ובא בעלה בע"ש, לא תטבול בשבת, **והב"י** חולק עליהם, ומסיק להקל, ואפי' באפשר קודם השבת, מטעם דנראה כמיקר, ודברי תרומת הדשן לא הביא כלל].

[**וכתב** בד"מ, כיון דנהגו לטבול בשבת, ש"מ דלא קימ"ל כהמרדכי, א"כ הו"ל למישרי אפי' באפשר קודם לכן, מ"מ נראה ליישב המנהג ולומר, דכל שלא היתה יכולה לטבול קודם לכן, אפי' ע"י חומרא שנהגו הנשים בעצמן, מקרי טבילה בזמנה וטובלת בשבת, אבל במקום דאפשר, לא, **ומ"מ** לא נראה לי להחמיר בזו במקום דלא נהגו להחמיר, עכ"ל, וכן פסק כאן בשו"ע, דבמנהג תליא מילתא, **ודבריו** תמוהים, כיון דלהמרדכי והאגור בשם הגדולים ומהר"י ווייל ומהרי"ל אוסרים לגמרי לטבול בשבת, ובתרומת הדשן מתיר דוקא בלא היה אפשר תחילה, אבל באפשר אסור אפי' בא בעלה בע"ש, למה הקיל רמ"א בזה במקום שאינו מנהג, באם בא בעלה בע"ש אפי' אם היה אפשר, וכן אחר לידה, והוא נגד כל הני רבוותא, **גם** מו"ח ז"ל חולק על רמ"א בזה, ומחמיר בכל מקום, **אלא** שכתב דלדברי תרומת הדשן דלעיל משמע, דדוקא כשבעלה בעיר והיה אפשר קודם, אסורה בשבת, אבל כשאין בעלה בעיר ובא בע"ש, אע"ג דהיה אפשר קודם מותרת בשבת, לפי שאין הנשים טובלות בלא בעלה בעיר, **והוא** שלא בדקדוק, דודאי לא עלתה כן על דעת תרומת הדשן להתיר בזה, אלא כוונתו דבעינן שיהיה בעלה בעיר בשעת טבילתה, ואין חילוק בין אם בא בע"ש או קודם, מ"מ בעינן שיהיה בענין שלא היה אפשר תחילה לטבול, **והכי** יש לנו לפסוק כדעת תרומת הדשן, דדבריו ממוצעים בין המחמירים לגמרי להמיקל לגמרי, דהיינו דכל שאפשר לטבול קודם השבת בלא שום אונס, ולא טבלה, אסורה לטבול בשבת, אפי' אם בא הבעל בע"ש, וכל שלא אפשר מחמת איזה אונס, כעין ההיא דת"ה שזכרנו, יש להתיר לטבול בשבת בכל דוכתי].

והב"ח כתב דיש להחמיר, דחומרא זו היא מדינא כו', גם טבילה בזמנה מצוה, ע"ש, **ולא** ירדתי לסוף דעתו בכל דבריו, אלא הדבר ברור דקי"ל טבילה בזמנה לאו מצוה, וכמ"ש כל הפוסקים, ולכך אין הנשים טובלות בזמנם כשאין בעלה בעיר, וכן אלמנות ובתולות שהן נדות אין טובלות כלל בזמנן, וכן אפילו לא שמשה אינה טובלת אלא לאחר ה' וז', כדלעיל סי' שלפני זה סי"א, **אלא** דאפילו הכי מותרת לטבול בשבת, וכמ"ש הת"ה והב"י וכדמוכח בש"ס ופוסקים, דאין איסור בדבר משום דנראה כמיקר, **אלא** שבת"ה כתב, דהאידנא נהגו להחמיר ביולדת וכה"ג, ודחק בטעם הדבר, וכתב וז"ל, וכיון דהמנהג הוא השתא ליזהר ולמנוע להקר בשבת, אע"ג דליכא טעמא בדבר, מ"מ ליכא למימר דנראה כמיקר, דהא נזהרין להקר, ומוכח מלתא דלטבול קא מכוין, ונראה כמתקן, ומטעם זה נראה דנהגו הנשים ליזהר שלא לטבול בשבת, אלא א"כ בעלה בעיר, ולא היה אפשר לה קודם, דבכה"ג הוי מצוה משום עונה, עכ"ל, **משמע** מדבריו דכשאין בעלה בעיר ובא בע"ש, אע"ג דהיה אפשר קודם, מ"מ כיון שלא פשעה במה שלא טבלה קודם, שרי לטבול בשבת, **וכן** הב"י פסק דמותר לטבול בשבת בכל ענין, וכן עיקר לדינא, וכדפי', **הלכך** במקום שאין מנהג אין להחמיר, וכמ"ש הרב, וכן כתב מהר"מ מלובלין.

(**עיין** בתשו' אבן השהם שכתב, שנשאל מהנשים הממונים על הטבילה, באשה שהלבישה לבנים ביום ה', וסברה לטבול בליל שאחר ה', וכאשר לא בא בעלה לביתה עד יום ו', לא טבלה בליל שאחר ה', אם מותרת לטבול בליל שבת, **וכתב** דמותרת לטבול כיון דדבר זה במנהגא תליא, ומאחר שהנשים הממונים על הטבילה שאלו הדבר הזה, א"כ אין ידוע להן המנהג ואין להחמיר, ע"ש עוד טעמים להתיר, **עוד** כתב שם ששמע מנשים צדקניות, שנוהגים

כשלובשים לבנים התנו, אם יבא בעלה תטבול בליל ד' או ה', ואם לא יבא תטבול לכשיבא בליל שבת, דלכאורה אין לזה טעם וריח, והוא ז"ל כתב טעם לזה).

סי' קצז ס"ב(3) • טבילת ליל שבת אם יכלה לטבול מקודם

שיטת האגור ומהר"י ווייל והב"ח - שאפי' אם נאנסה ולא יכלה לטבול קודם שבת, ובא בעלה בע"ש, לא תטבול בשבת.

שיטת הב"י - להקל לגמרי, אפי' באפשר קודם השבת, מטעם דנראה כמיקר.

שיטת תה"ד - דנהגו הנשים ליזהר שלא לטבול בשבת, אא"כ בעלה בעיר, ולא היה אפשר קודם, דבכה"ג הוה טבילת מצוה משום עונה, **ואע"ג** דבביצה אמרינן, דכל טמא טובל בשבת משום דנראה כמיקר עצמו, **האידנא** שאני דלא נהיג למיקר עצמו בשבת בשום מים, א"כ לא נראה כמיקר.

שיטת הב"ח והש"ך אליבא דתה"ד, דכשאין בעלה בעיר ובא בע"ש, אע"ג דהיה אפשר קודם, מותרת בשבת, לפי שאין הנשים טובלות בלא בעלה בעיר.

והט"ז חולק, וכתב דהוא שלא בדקדוק, דודאי לא עלתה כן על דעת תה"ד להתיר בזה.

וכתב רמ"א, ואם היה אפשר לה לטבול קודם לכן, כגון אחר לידה, (ולא ראתה דם טמא), או שלא היה בעלה בעיר ובא בערב שבת, י"א שאסורה לטבול, וכן נהגו במקצת מקומות, **אבל** במקום שאין מנהג אין להחמיר.

וכתב הט"ז דדברי רמ"א תמוהים, כיון דהרבה אוסרים לגמרי לטבול בשבת, ובתה"ד מתיר דוקא בלא היה אפשר תחילה, אבל באפשר אסור אפי' בא בעלה בע"ש, **למה** הקיל רמ"א בזה במקום שאינו מנהג, והוא נגד כל הני רבוותא, **ויש** לנו לפסוק כדעת תה"ד, דדבריו ממוצעים בין המחמירים לגמרי להמיקל לגמרי. **אבל הש"ך** בנקה"כ פסק כהרמ"א.

כתב הש"ך, דאם אחר הלידה ראתה דם טמא, וזמן טבילתה בליל שבת, מותרת לטבול משום דהוי בזמנה, **אבל** דוקא שראתה לאחר ימי טוהר, ל"ג לזכר וס"ו לנקבה.

ויש חולקים ע"ז, דאפי' בתוך ימי טוהר, דלא יכלה לטבול רק מחמת חומרא שהחמירו הפוסקים, מקרי זמנה.

ואם כבר טבלה פעם אחת אחר הלידה, ואח"כ ראתה תוך ימי טוהר, והגיע זמן הטבילה בליל שבת, י"א דבהא גם הש"ך מודה דמותרת לטבול, **דממ"נ**, אם נחזיק דם זה לטמא, הוי טבילת מצוה, ואם לאו, ליכא איסור טבילה כלל.

בכל הני גווני לעיל סי' קצ"ו, שיכולה למנות ז"נ מיד, אך היא החמירה ולא התחילה למנות עד אחר ה' ימים, ועי"ז אירע ליל טבילתה בליל שבת, י"א דאסורה לטבול.

אשה שנתאחרה לבא מן השוק שסבורה שעוד היום גדול, ובין כך נתאחרה עד בה"ש, ועי"ז חל טבילתה בליל שבת, י"א דנחשבת שוגגת ומותרת לטבול ליל שבת.

אם היה לה שום אונס שלא היתה יכולה לטבול בזמנה, כגון קצת חולי שהיה טריח לה טובא לילך לבית הטבילה, או איזה כאב באבריה והמים מזיק לה, וכה"ג, ונתרפאת בע"ש, י"א שמותרת לטבול ליל שבת.

היוצא לדרך, י"א דמותרת לטבול בליל שבת, אפילו פשעה ולא טבלה קודם לכן, **וכן** לטבול ביום חי"ת אפשר דשרי.

בדיעבד אם טבלה ליל שבת, י"א דאם בשוגג מותרת מיד, ואם במזיד, יש להחמיר לאוסרה בשבת לבעלה, ובמו"ש מותרת, **וי"א** דמותר בדיעבד אפילו באותו שבת.

ואם הוא ביו"ט במזיד, י"א דמותרת מיד, להלכה אבל לא למעשה, כי ראוי להחמיר לעושה מזיד משום מגדר מלתא, **ועכ"פ** מותרת בכל מיני קורבה ואהבה, **ויש מתירין ביו"ט** אף לכתחלה, אפי' במקומות שנהגו להחמיר בשבת.

י"א ששמע מנשים צדקניות, שנוהגים כשלובשים לבנים התנו, אם יבא בעלה, תטבול בליל ד' או ה', ואם לא יבא, תטבול לכשיבא בליל שבת, **דלכאורה** אין לזה טעם וריח, והוא ז"ל כתב טעם לזה.

טבילת מוצאי שבת

ובמקום שנהגו להחמיר, גם במו"ש לא תטבול, דמאחר שהיה אפשר לה לטבול קודם לכן, אין מרחיקין הטבילה מן החפיפה - כלומר במו"ש לא תוכל לחוף, כיון דלפירש"י ושאר פוסקים לקמן סי' קצ"ט, צריכה לחוף דוקא ביום, ואין לתקן שתחוף בע"ש, דאין מרחיקין החפיפה מן הטבילה היכא דאפשר.

[**ואע"פ** שפסק לקמן, דבדיעבד סגי שתחוף היטב בלילה, היינו בחל טבילתה דוקא במו"ש, משא"כ כאן שפשעה מה שהמתינה עד מו"ש].

(**עיין** בתשו' נוב"י שב', דבכלה אפשר להקל שתחוף בלילה ותטבול, דבכלה לא שייך מתוך שהיא מהומה לביתה).

צ"ע מאי ענין חומרא זו לזו, ‹הא אם לא היו נוהגין להחמיר בליל שבת, ואפ"ה לא טבלה, כ"ש שאסור לה לטבול במו"ש - מחה"ש›, **וי"ל** דה"ק, ובמקום שנהגו להחמיר שלא לטבול בשבת אלא בזמנה ממש, וכן במו"ש מטעם שאין להרחיק הטבילה מן החפיפה, וכן באלמנה, דבשבת אינה יכולה לטבול מטעם דהוי שלא בזמנה, אין להקל במו"ש, ‹דהכל נישנית בשביל הסיום, דבאלמנה יהיה אסורה גם במו"ש. ‹ועיין בסד"ט›.

וכן אלמנה שאסורה לטבול טבילה ראשונה בליל שבת, משום דאסור לבא עליה ביאה ראשונה בשבת - [לפי שקונה אותה בביאה זו], **אסורה לטבול ג"כ במוצאי שבת.**

[**וע"כ** אין לעשות לאלמנה נשואין בשבת, כשחל טבילתה בליל שבת, **ואם** טבלה קודם שבת, צריך שיבא עליה דוקא בע"ש אחר החופה, **ויחוד** לתוך החדר אחד לא

מהני, לשיבעול אותה בשבת פעם ראשון, כ"כ במרדכי בשם הר"מ, וכ"כ במהרי"ל בשם מהר"ש רבו של מהרי"ל, דבעינן בעילה גמורה דוקא, **אף** שבספר משאת בנימין כתב, דיחוד ג"כ קונה במקום הראוי לביאה, מ"מ יש להחמיר, כיון דגדולים אוסרים].

כתב מהר"מ מלובלין, דכלה בתולה שאירע טבילתה ליל

שבת, נראה להתיר, אע"ג דנוהגים שלא לבעול בעילת מצוה עד אחר שבת, ‹עיין באו"ח סימן ר"פ ובמ"ב שם›, משום דשאר מיני קריבות נמי מצוה הן, **ולא** דמי לאלמנה דהואיל ואסור לבא עליה ביאה ראשונה ‹מצד הדין›, מפרישים אותה מכל שאר קורבות, משא"כ בבתולה ‹דליכא איסור ביאה רק מנהגא בעלמא – מחה"ש›, **ומ"מ** טוב להקדים טבילתה קודם שבת, וכן נוהגים.

‹**עיין** בתשו' אבן השהם שכתב, דמה"ט התיר לאשה לטבול

בליל שבת, שהיה בעלה אבל, ויום ז' היה בשבת, מאי אמרת הלא אסור לשמש עד אחר יציאה מבהכ"נ ביום שבת, ואסור לשמש ביום, הלא מבואר בסי' שפ"ג דאבל בכל שאר קריבות מותר, א"כ לא דמי לאלמנה, וכתשו' מהר"ם הנ"ל, **ועוד** אם לא תטבול ליל שבת, גם במו"ש אסור, ולמה נבטל מפו"ר כ"כ, עכ"ד, **ולענ"ד** צ"ע, מש"כ אם לא כו' גם במו"ש אסור, דהא כתב הרמ"א דגם במו"ש לא תטבול, דמאחר שהיה אפשר לה לטבול קודם לכן כו', וא"כ בנדון זה, אם נאסור לה לטבול בליל שבת, לא היה אפשר לה קודם לכן, ושרי לטבול במוצאי שבת›.

ויש מקילין ומתירין לטבול במו"ש, הואיל שלא

טבלה בשבת משום חשש איסור – [נ"ל דזה קאי דוקא על הא דסמיך ליה, דהיינו בכונס אלמנה, שמן הדין אסורה בשבת, ואז היה חל זמן טבילתה, והיא לא פשעה במידי, **אבל** בדין שלפני זה, דהיינו במקום שנהגו להחמיר אחר לידה, או שלא היה בעלה בעיר עד שבת, ודאי אסור גם במו"ש, כיון שהיה אפשר לה לטבול קודם שבת, למה תטבול במו"ש ותרחיק החפיפה מן הטבילה בחנם, כן נ"ל].

‹**ועיין** בתשו' מקום שמואל שחלק עליו, והעלה דלהיש מקילין אלו, אין חילוק בין אלמנה לשאר נשים, דכולהו מצו טבלי במוצאי שבת, **וכתב** שם שהוא מורה ובא כדעת היש מקילין›.

‹**המנהג** כהיום להקל לטבול ליל שבת וגם מוצ"ש, אפי' דחתה טבילתה ברצונה בלא שום מניעה – בדי השלחן›.

סימן קצז ס"ב(4) • טבילת מוצאי שבת

כתב רמ"א, ובמקום שנהגו להחמיר בליל שבת, גם במו"ש לא תטבול, דמאחר שהיה אפשר לה לטבול קודם לכן, אין מרחיקין הטבילה מן החפיפה, **דבמו"ש** לא תוכל לחוף, כיון דלפירש"י ושאר פוסקים לקמן סי' קצ"ט, צריכה לחוף דוקא ביום, **ואין** לתקן שתחוף בע"ש, דאין מרחיקין החפיפה מן הטבילה היכא דאפשר; **דדוקא** בשחל טבילתה במו"ש, בדיעבד סגי שתחוף היטב בלילה, **משא"כ** כאן שפשעה במה שהמתינה עד מו"ש.

י"א דבכלה אפשר להקל שתחוף בלילה ותטבול, דבכלה לא שייך מתוך שהיא מהומה לביתה.

הש"ך לומד, דאין חומרת ליל שבת שייך לחומרת מו"ש, ורק דהכל נישנית בשביל סיום דברי רמ"א, **וה"ק**, דבמקום שנהגו להחמיר שלא לטבול בליל שבת, וכן במו"ש, **כן הדין באלמנה**, שאסורה לטבול טבילה ראשונה בליל שבת, משום דאסור לבא עליה ביאה ראשונה בשבת, לפי שקונה אותה בביאה זו, (**ואף** די"א דיחוד הראוי לביאה ג"כ קונה, מ"מ יש להחמיר, כיון דגדולים אוסרים), **אסורה** לטבול ג"כ במוצאי שבת.

וע"כ אין לעשות לאלמנה נשואין בשבת, כשחל טבילתה בליל שבת, **ואם** טבלה קודם שבת, צריך שיבא עליה דוקא בע"ש אחר החופה.

וכלה בתולה שאירע טבילתה ליל שבת, י"א דמותרת, אע"ג דנוהגים שלא לבעול בעילת מצוה עד אחר שבת, {עיין באו"ח סימן ר"פ}, **כיון** דליכא איסור ביאה רק מנהגא בעלמא, שאר מיני קריבות נמי מצוה הן, **משא"כ** אלמנה דאסור לבא עליה מצד הדין, מפרישים אותה מכל שאר קורבות, **ומ"מ** טוב להקדים טבילתה קודם שבת, וכן נוהגים.

וכן מותר למי שהיה בעלה אבל, ויום ז' היה בשבת, אף דאסור לשמש עד אחר יציאה מבהכ"נ ביום שבת, ואסור לשמש ביום, **הלא** מבואר בסי' שפ"ג דאבל בכל שאר קריבות מותר, א"כ לא דמי לאלמנה, **ועוד** אם לא תטבול ליל שבת, גם במו"ש אסור, ולמה נבטל מפו"ר כ"כ, **וי"א דצ"ע**, דהא כתב הרמ"א, דמאחר שהיה אפשר לה לטבול קודם לכן כו', **וא"כ** אם נאסור לה לטבול בליל שבת, לא היה אפשר לה קודם לכן, ושרי לטבול במוצאי שבת.

וכתב רמ"א, ויש מקילין ומתירין לטבול במו"ש, הואיל שלא טבלה בשבת משום חשש איסור.

כתב הט"ז, דזה קאי דוקא על כונס אלמנה, שמן הדין אסורה בשבת, ואז היה חל זמן טבילתה, והיא לא פשעה במידי, **אבל** בדין שלפני זה, דהיינו במקום שנהגו להחמיר אחר לידה, או שלא היה בעלה בעיר עד שבת, **ודאי** אסור גם במו"ש, כיון שהיה אפשר לה לטבול קודם שבת, למה תטבול במו"ש ותרחיק החפיפה מן הטבילה בחנם.

וי"א דלהיש מקילין אלו, אין חילוק בין אלמנה לשאר נשים, דכולהו מצו טבלי במוצאי שבת.

וי"א שהמנהג כהיום, להקל לטבול ליל שבת וגם מוצ"ש, אפי' דחתה טבילתה ברצונה בלא שום מניעה.

שלא לטבול ביום

סעיף ג - אסורה לטבול ביום ז' – [פי' דדין תורה הוא, שנדה שטובלת ביום ז' שלה אע"פ שלא היו בנקיות, טובלת דוקא בלילה, דבדידה תליא דוקא בימים, **אבל** זבה שסופרת ז' נקיים, בספירה אמרינן מקצת היום ככולו, כיון שספרה מקצת היום השביעי בנקיות, טובלת אפי' ביום, וילפינן לה מקרא ד"ואחר תטהר", אחר מעשה תטהר, **אלא** שחכמים אסרו לטבול ביום, שמא תשמש בעוד יום, ואח"כ בו ביום תראה, ותסתור למפרע, נמצא שבא עליה באיסור, **ע"כ** כתב הטור, הנשים שלנו, אע"פ שהם ספק זבות, כלומר שהם סופרות ז' נקיים, וא"כ לעולם הוה לכה"פ ח' ימים עם יום הראיה, והיה לה היתר לטבול ביום, כיון שכבר כלו ז' ימים, ‹מצד חשש נדה›, אפ"ה לא תטבול ביום], ‹משום חשש זבה – מחה"ש›.

ואפילו אם ממתנת מלטבול עד יום ח' או ט', אינה יכולה לטבול ביום משום סרך בתה. (פי' דבוק הבת וקורבתה לעשות כמעשה האם, שתטבול ביום כמוה, ולא תבחין שאמה לאחר שבעה טבלה ולא בשביעי עצמו) - וה"ה יותר מט', שסברה שאמה טבלה ביום ז', ותעשה כן גם היא, **ואפי'** אין לה בת דינא הכי, דלא פלוג, ופשוט הוא.

משמע אפילו שתטבול סמוך לחשכה, ותבא לביתה משתחשך, אסור, כדעת רשב"ם וסייעתו, שכתבו הפוסקים שנכון להחמיר כדבריו.

וכתב הב"ח דאפי' ללכת מביתה לבית הטבילה מבע"י אסור, והיינו כשהאשה רוחצת וחופפת בביתה, והולכת למקום טבילה, **אבל** כשיש מרחץ ובית הטבילה במקום א', והאשה הולכת מבע"י למרחץ שעה או ב' קודם חשכה, ובאה לביתה אחר חשכה, אע"פ שהמרחץ ובית הטבילה קרוב וסמוך לביתה, אין כאן משום סרך בתה, דהבת יודעת שהיא שוהה ברחיצה וחפיפה במרחץ ואינה טובלת אלא משחשכה.

מיהו באגור כתוב, שהמנהג באשכנז לטבול סמוך לחשכה, עכ"ל, **ואפשר** דס"ל כר"ת וסייעתו, דמותרת לטבול סמוך לחשכה, רק שתבא לביתה משתחשך, **וכמדומה** לי שכן נוהגים, מ"מ יש להחמיר, **מיהו** נראה דהיינו דוקא ביום ח', דאסור משום סרך בתה לחוד, ובכה"ג מיקל ר"ת סמוך לחשכה, **אבל** ביום ז', אין לטבול כלל סמוך לחשכה, ויש למחות ביד העושות כן.

‹**ועיין** בתשו' חת"ס שהאריך בזה, ובסוף כתב וז"ל, הנה הגאון ס"ט החליט קולא זו לחלוטין, דבמקום ביטול עונה, לטבול ביום ז', ולא תבא לביתה עד שחשיכה, והיות הגזירה רק רחוקה, ומילי דרבנן, וביטול מצוה פריה ורביה, הקילו הגאונים, ומי יבא אחריהם ח"ו אפילו להחמיר, **אך** עכ"פ נ"ל, שתשהה האשה בהליכה ממקוה לביתה עד הלילה, אבל אינו מועיל מה שתלך לבית חברתה באותה העיר, כי מה לי בית זה או זה, ולא ניתנו דבריהם לשיעורים כאלה, **ומ"מ** המחמיר תע"ב, והמקיל לא הפסיד, עכ"ל›.

‹**ועי"ש** עוד על דברת הרב השואל, בישוב שצריכות הנשים ליסע מהלך ג' שעות לטבול, ובחזירתם בלילה איכא סכנת דרכים, ומש"ה נהגו לטבול ביום ח', וחוזרים לביתם משחשיכה, אמנם אם יחול יום ח' בשבת, ע"כ תדחה הטבילה עד יום א', שהיא ט' לספירה, ומתבטלות ב' עונות, **ונתן** הרב הנ"ל עצה, ללמוד אותן הנשים להפסיק בטהרה ב"פ, א' ביום ד' לראיה, והשני ביום ה' כו', **והוא** ז"ל כתב לו שעצה נכונה הוא לכתחלה, עכ"פ לצאת גם דעות המחמירים, שתפסוק בטהרה גם ביום ד' סמוך לבה"ש הפונה ליום ה' לראיה, ומ"מ לא תתחיל לספור אלא מיום ו' ואילך, אחר פסיקת טהרה שנית סמוך לבה"ש הפונה ליום ו' לראיה, ואז תטבול ביום ז' שחל בעש"ק, ולא תבוא לביתה עד הלילה ליל ש"ק, **ומ"מ** קשה הדבר, איך תשהה כ"כ סמוך לשבת בדרך, כי כבר כתבתי, שאין נ"ל שום היתר במה שהיא בבית חברתה באותה העיר, והחכם עיניו בראשו, עכ"ד›.

‹**ובתשו'** מהר"מ מלובלין, נסתפק השואל במי שלא טבלה כראוי, בענין שלאחר ב' או ג' ימים צריכה לחזור ולטבול, **אי** יכולה לטבול ביום, **ואם** צריכה לשמור שבעה ימים נקיים אחרים משום סרך בתה, שתאמר שראתה דם וטבלה לאחר שלשה ימים, ומהר"מ לא השיב לו ע"ז דבר, **ונ"ל** דלענין שאלה קדמייתא יש להחמיר לכתחלה, ובדיעבד שרי, **ולענין** שאלה תניינא, הדבר פשוט דיכולה לטבול לאחר ב' או ג' ימים, ולא מצינו גזרה דסרך בתה אלא לענין טבילה ביום, **וראיה** ממ"ש הסמ"ק והמחבר ושאר אחרונים לעיל סימן קצ"ו

סי"ב, במי שטעתה במנין, יכולה לטבול אחר ד' ימים, וכן אם לא טבלה כראוי יכולה לטבול בכל עת.

הגה: והכלות הטובלות קודם החופה, יכולות לטבול ביום, דהא לא באין אצל החתן עד הלילה - נראה דהיינו דוקא לדידן, שהכלות אינן טובלות בז', ‹שאינה סופרת שבעה נקיים עד יום ה' לראייתה›, וכמ"ש בסי' קצ"ו, ‹וליכא איסור בטבילה ביום רק משום סרך בתה, משום הכי הקילו בכלה – מחה"ש› **אבל** במקום שהכלות טובלות בז', או לדידן אם אירע לה טבילה בז', כגון שנתקלקלה בימי ספירתה, דאז טובלת מיד לאחר ז', **אינה** יכולה לטבול ביום, דהא ביום ז' לאו משום סרך בתה לחוד מיתסרי, אלא משום שמא תראה ותסתור כל מה שלמפרע, ונמצאת זבה למפרע, כדאיתא בש"ס ופוסקים, כן נראה לי.

‹**תמוה** מאד מה חילוק יש בין נתקלקלה לתחילתה, לעולם טבלה לאחר שספרה ז' נקיים מיום שפסקה – דגו"מ›.

(**עבה"ט** ומה שתמה על הש"ך, ‹וז"ל, ובאמת דבריו תמוהים וצריכים עיון, דהא החשש שמא תסתור, הוא באופן זה שחששו חכמים, שמא תשמש בעוד יום, ואח"כ תראה עוד בו ביום, ותסתור למפרע, ונמצא שבא עליה באיסור, **וזהו** דוקא באשה דעלמא, אבל בכלות לפי מה שכתב רמ"א הטעם, שאינן באין אצל החתן עד הלילה, אזיל ליה החשש הזה, ולא שייך גבה כלל, וצ"ע – בה"ט›, **עיין** בדגמ"ר שהשיג ג"כ על הש"ך בזה, וכתב דבשעת הדחק נראה להקל אף ביום ז', אבל באופן שלא יעמידו החופה עד צאת הכוכבים ממש, אבל להעמיד החופה ביום, ולסמוך על שאינם מייחדים אותם עד הלילה, לא מהני בזה, **ועיין** בתשו' אא"ז פנים מאירות, שחלק ג"כ על הש"ך, **אך** קודם אור הבוקר בודאי אסור, במקום שנהגו לטבול בז', אף אם הכלה לא הגיע זמנה לראות).

‹**היכא** דנוהגין לטבול כלה ביום ז', לא תטבול עד אחר הנץ החמה, ובדיעבד משעלה עמוד השחר מהני, **ובטור** כתב, אבל זבה דבר תורה טובלת ביום ז' אחר הנץ החמה, לשון זה קצת קשה, דהא דבר תורה אחר שעלה עמוד השחר מותרת לטבול – רעק"א›.

אבל אחר החופה דינן כשאר נשים - כלומר אם טובלת אחר החופה, אע"פ שהיא טבילה הראשונה לבעלה זה, דינה כשאר נשים.

סימן קצו ס"ג • שלא לטבול ביום

אסור לאשה לטבול ביום ז'. דדין תורה נדה טובלת דוקא בלילה אחר ז' ימים אע"פ שלא היו נקיות, דבדידה תליא דוקא בימים, **אבל** זבה שסופרת ז"נ, אמרינן מקצת היום ככולו, וכיון שספרה מקצת היום הז' בנקיות, טובלת אפי' ביום, **אלא** שחכמים אסרו, שמא תשמש בעוד יום, ואח"כ בו ביום תראה, ותסתור למפרע, נמצא שבא עליה באיסור, **ע"כ** הנשים שלנו שהם סופרות ז"נ משום ספק זיבה, לעולם הוה לכה"פ ח' ימים עם יום הראיה, והיה לה היתר לטבול ביום, מצד חשש נדה, **אפ"ה** לא תטבול ביום, משום חשש זבה.

ואפי' אם ממתנת מלטבול עד יום ח' או ט', וה"ה יותר, אינה יכולה לטבול ביום, משום סרך בתה, שסברה שאמה טבלה ביום ז', ותעשה היא ג"כ, **ואפי'** אין לה בת הדין הכי, דלא פלוג.

ואפי' לטבול סמוך לחשכה, ותבא לביתה משתחשך, אסור, כדעת רשב"ם וסייעתו, שנכון להחמיר כדבריו.

וי"א דאפי' ללכת מביתה לבית הטבילה מבע"י אסור, והיינו כשהאשה רוחצת וחופפת בביתה, והולכת למקום טבילה, **אבל** כשיש מרחץ ובית הטבילה במקום א', והאשה הולכת מבע"י למרחץ שעה או ב' קודם חשכה, ובאה לביתה אחר חשכה, **אע"פ** שהמרחץ ובית הטבילה קרוב וסמוך לביתה, **אין** כאן משום סרך בתה, דהבת יודעת שהיא שוהה ברחיצה וחפיפה במרחץ ואינה טובלת אלא משחשכה.

מיהו י"א שהמנהג באשכנז לטבול סמוך לחשכה, ואפשר דס"ל כר"ת וסייעתו, דמותרת לטבול סמוך לחשכה, רק שתבא לביתה משתחשך.

וכתב הש"ך, כמדומה לי שכן נוהגים, מ"מ יש להחמיר, **מיהו** היינו דוקא ביום ח', דאסור משום סרך בתה לחוד, ובכה"ג מיקל ר"ת סמוך לחשכה, **אבל ביום ז'**, אין לטבול כלל סמוך לחשכה, ויש למחות ביד העושות כן.

וי"א דבמקום ביטול עונה, יכולה לטבול ביום ז', ולא תבא לביתה עד שחשיכה, שהוא גזירה רחוקה, ומילי דרבנן, וביטול מצוה פריה ורביה, **אך** עכ"פ תשהה האשה בהליכה ממקוה לביתה עד הלילה, **אבל** אינו מועיל מה שתלך לבית חברתה באותה העיר, כי מה לי בית זה או זה, ולא ניתנו דבריהם לשיעורים כאלה, **ומ"מ** המחמיר תע"ב, והמקיל לא הפסיד.

במקום שצריכות הנשים ליסע מהלך ג' שעות לטבול, ובחזירתם בלילה איכא סכנת דרכים, ומש"ה נהגו לטבול ביום ח', וחוזרים לביתם משחשיכה, אמנם אם יחול יום ח' בשבת, ע"כ תדחה הטבילה עד יום א', שהיא ט' לספירה, ומתבטלות ב' עונות, **ויש שנתן עצה**, ללמוד אותן הנשים להפסיק בטהרה ב"פ, א' ביום ד' לראיה, והשני ביום ה', ולא תתחיל לספור אלא מיום ו' ואילך אחר פסיקת טהרה שנית, ואז תטבול ביום ז' שחל בעש"ק, ולא תבוא לביתה עד הלילה ליל ש"ק, **ומ"מ** קשה הדבר, איך תשהה כ"כ סמוך לשבת בדרך, שאין שום היתר במה שהיא בבית חברתה באותה העיר וכנ"ל.

מי שלא טבלה כראוי, בענין שלאחר ב' או ג' ימים צריכה לחזור ולטבול, **כתב הש"ך** דיש להחמיר לכתחלה שלא

תטבול ביום, ובדיעבד שרי, **והדבר** פשוט דיכולה לטבול לאחר ב' או ג' ימים, וא"צ לשמור ז"נ אחרים משום סרך בתה, דלא מצינו גזרה דסרך בתה אלא לענין טבילה ביום.

כתב רמ"א, והכלות הטובלות קודם החופה, יכולות לטבול ביום, דהא לא באין אצל החתן עד הלילה.

וכתב הש"ך, דהיינו דוקא לדידן, שהכלות אינן סופרות ז"נ עד יום ה' לראייתה, והוי רק משום סרך בתה, משו"ה הקילו בכלה, **אבל** במקום שהכלות טובלות בז', או לדידן אם אירע לה טבילה בז', כגון שנתקלקלה בימי ספירתה, דאז טובלת מיד לאחר ז', **אינה** יכולה לטבול ביום, דהא ביום ז' לאו משום סרך בתה לחוד מיתסרי, אלא משום שמא תראה ותסתור כל מה שלמפרע, ונמצאת זבה למפרע.

ותמו עליו, דמה חילוק יש בין נתקלקלה לתחילתה, לעולם טבלה לאחר שספרה ז"נ מיום שפסקה, **ועוד** דהא החשש שמא תסתור, הוא דשמא תשמש בעוד יום, ואח"כ תראה עוד בו ביום, ותסתור למפרע, ונמצא שבא עליה באיסור, **וזהו** דוקא באשה דעלמא, אבל בכלות לפי מה שכתב רמ"א הטעם, שאינן באין אצל החתן עד הלילה, אזיל ליה החשש הזה, ולא שייך גבה כלל, **וצ"ע.**

וי"א דבשעת הדחק נראה להקל אף ביום ז', אבל באופן שלא יעמידו החופה עד צה"כ ממש, **אבל** להעמיד החופה ביום, ולסמוך על שאינם מייחדים אותם עד הלילה, לא מהני בזה. **וקודם** אור הבוקר בודאי אסור, אף אם הכלה לא הגיע זמנה לראות, **ולא** תטבול עד אחר הנץ החמה, **ובדיעבד** משעלה עמוה"ש, דלאחר עמוה"ש מהני טבילה דבר תורה.

אבל אם טובלת אחר החופה, דינן כשאר נשים, אע"פ שהיא טבילה הראשונה לבעלה זה.

היכא דאיכא אונס

סעיף ד - היכא דאיכא אונס, כגון שיראה לטבול בלילה מחמת צינה או פחד גנבים וכיוצא בו, או שסוגרין שערי העיר, יכולה לטבול בשמיני מבעוד יום - (כתב בספר חמודי דניאל, לכאורה נראה, דלא מהני אונס, אלא אם האונס לכל הנשים שבעיר), **אבל בשביעי לא תטבול מבעוד יום אף על גב דאיכא אונס.**

סימן קצז ס"ד • היכא דאיכא אונס

היכא דאיכא אונס, כגון שיראה לטבול בלילה מחמת צינה או פחד גנבים וכיוצא בו, או שסוגרין שערי העיר, (**וי"א** דוקא אם האונס לכל הנשים שבעיר), **יכולה** לטבול בשמיני מבעוד יום, **אבל בשביעי** לא תטבול מבעוד יום אע"ג דאיכא אונס.

עברה וטבלה ביום

סעיף ה - אם עברה וטבלה בח' ביום בלא אונס, אפ"ה עלתה לה טבילה; וכן אם עברה וטבלה בז' ביום, עלתה לה טבילה.

והב"ח פסק להחמיר, כמהרי"ל והג"מ והגהת ש"ד בשם מהר"ם, דביום ז' לא עלתה לה טבילה, וצריכה טבילה שנית בלילה, **וטוב** להחמיר היכא דאפשר, כיון שכן גם כן דעת הראב"ד, והג"מ והר"א בשם השאילתות.

(**וכתב** בספר חמודי דניאל, אם הוא יום מעונן וכדומה, ויש ספק אם טבלה ביום או בלילה, או שטבלה בין השמשות, אינה צריכה להחמיר ולטבול שנית).

הגה: ומכל מקום לא תשמש אפילו בשמיני עד הלילה, ותסתיר טבילתה מבעלה עד הלילה (ב"י בשם האגור) - ‹משום דבטובלת בשביעי היה אפשר לבוא לידי ספיקא דאורייתא, וחומרא יתירה היא - ב"י. ‹כן פי' בב"י דברי האגור, אבל העיקר שדוקא בשביעי - גר"א›.

סימן קצז ס"ה • עברה וטבלה ביום

אם עברה וטבלה בח' ביום בלא אונס, אפ"ה עלתה לה טבילה; **וכן** אם עברה וטבלה בז' ביום, עלתה לה טבילה.

וי"א דביום ז' לא עלתה לה טבילה, וצריכה טבילה שנית בלילה, **וטוב** להחמיר היכא דאפשר.

ואם הוא יום מעונן וכדו', **ויש** ספק אם טבלה ביום או בלילה, או שטבלה ביה"ש, י"א דא"צ להחמיר ולטבול שנית.

כתב הרמ"א, ומ"מ לא תשמש אפי' בח' עד הלילה, ותסתיר טבילתה מבעלה עד הלילה, **ומשום** דבטובלת בז' היה אפשר לבוא לידי ספיקא דאורייתא, וחומרא יתירה היא.

וי"א שהדין כן דוקא בשביעי.

§ סימן קצח – דיני טבילה וחציצתה §

חציצה וגדרי הקפדה

סעיף א - צריכה שתטבול כל גופה בפעם אחת - [דדרשינן רחץ וגו' ובא השמש וטהר, מה ביאת שמשו כולו כאחת, אף רחיצתו כולו כאחת],

לפיכך צריך שלא יהיה עליה שום דבר החוצץ, ואפילו כל שהוא - ‹כלומר, שאילו לא היתה צריכה לטבול כל גופה בפעם אחת, אע"פ שהיה עליה דבר חוצץ בשעה שטבלה, לא היתה נפסלת אותה טבילה לגמרי, שאחר טבילת גופה היתה מעברת אותו דבר החוצץ מעל האבר

שהוא בו, וטובלת אותו אבר, **אבל** השתא דצריכה שתטבול כל גופה בפעם אחת, צריך שלא יהא עליה שום דבר החוצץ, שאם לא כן לא עלתה לה טבילה כלל, דאין לה תקנה עד שאחר שתסיר דבר החוצץ מעליה, תחזור ותטבול כל גופה בפעם אחת - ב"י.

אם דרך בני אדם לפעמים להקפיד עליו, חוצץ אפילו אם אינה מקפדת עליו עתה - כיון דאיכא זימנא דמקפדת, חוצץ לעולם, אף על פי דרוב פעמים אינה מקפדת - ב"ח.

‹**עיין** בשו"ת זכרון יוסף שכתב, דמ"מ בעינן דוקא שמקפדת לעתים מזומנות, כאותה שכתב הט"ז, דטבעת מהודקת באצבע חוצץ משום דמסירתו בשעת לישה, דהרי אם מיקלע לה עיסה ללוש כמה פעמים היום או מחר מסירתו, **אבל** אם אינה מקפדת רק פ"א לזמן מרובה לא, **ומש"כ** בשו"ע אפילו אינה מקפדת עליו עתה כו', אין פירושו אלא שמקפדת עליו לבסוף לזמן רחוק, **אלא** פירושו שאינה מקפדת עתה בשעת טבילה, מ"מ מקפדת בימים שקודם ושלאחר הטבילה›.

‹**מש"כ** השו"ע "אם דרך בני אדם לפעמים" וכו', ר"ל רוב בני אדם, כמו שהבינו הב"י והב"ח, כמו בסוף דברי השו"ע, **ומה** שמסיים "אפי' אינה מקפדת עליו עתה", ה"ה דגם הבני אדם אין מקפידין עליו עתה, אפ"ה חייץ, **אבל** אם רוב העולם אינן מקפידין ע"ז, אלא שהיא מקפדת ע"ז, מזה לא מיירי כאן בסעיף זה - סד"ט, **ודלא** כמו שלמד הט"ז דברי המחבר›.

או אפילו אינה מקפדת עליו לעולם, כיון שדרך רוב בני אדם להקפיד עליו, חוצץ - ‹כלומר, דבטלה דעתה אצל כל אדם, דאם לא כן נתת דבריך לשיעורין - ב"י›.

[**נראה** ביאור לשון זה, ‹היינו הב' בבות דהשו"ע›, **דרך בני אדם** להקפיד ע"ז, אע"פ שאין רוב בני אדם מקפידין, רק קצתן, וזו האשה רגילה להקפיד ג"כ ע"ז בפעמים אחרים, רק שעכשיו אינה מקפדת, **או אפי'** אינה מקפדת בשום פעם, ורוב בני אדם מקפידין ע"ז, חוצץ, **אבל** אם מקצת בני אדם מקפידין, וזו אינה מקפדת לעולם, לא הוה חציצה].

והיכא דרוב בני אדם אין מקפידים, והיא מקפדת, כתב ב"י בשם הרמב"ם וטור, דחוצץ, וכן פסק הב"ח, וכן כתב בד"מ.

[**בב"י** נסתפק, אם שאר בני אדם אינם מקפידים, וזו מקפדת, וכתב בד"מ, דבמרדכי כתב בהדיא שחוצץ, וכ"כ מו"ח ז"ל], ‹**ולכאורה** מה דשינה הט"ז מלשון הב"י, דכתב "דרובן אינן מקפידות", והוא אמר "דשאר בני אדם אינם מקפידים", דהיינו לכאורה כולם, משום דמה דרובן אינם מקפידים, כבר למד הט"ז בדברי המחבר דחוצץ›.

‹**מבואר** מדברי הט"ז, דאם עכשיו אינה מקפדת, אלא שבפעמים אחרות היא מקפדת, ואין דרך בני אדם אפי' המקצת להקפיד על זה בשום פעם, לא חייץ - סד"ט›.

ואם הוא חופה רוב הגוף, אפילו אין דרך בני אדם להקפיד בכך, חוצץ - [דדבר תורה אינו חוצץ אלא ברובו ומקפיד עליו, וגזרו רבנן ברובו שאינו מקפיד, משום רוב המקפיד, וגזרו על המיעוט המקפיד ג"כ, משום רוב המקפיד, אבל במיעוט ואינו מקפיד, דתרתי לטיבותא, לא גזרו כלל, דהוה גזירה לגזירה].

הגה: ולכתחלה לא תטבול אפילו בדברים שאינן חוצצין - [והיינו אפי' במיעוט שאינו מקפיד], **גזרה אטו דברים החוצצין** - ‹ר"ל אפי' מעשה רשת, או שאר חוטין שאינן מהודקין, גזירה אטו מהודקין - סד"ט›.

[וזהו לכתחילה, אבל דיעבד לא גזרינן גזירה לגזירה].

‹ואינו אלא מחומרות האחרונים וזהירות בעלמא - סד"ט›.

סימן קצח ס"א • חציצה וגדרי הקפדה

צריכה שתטבול כל גופה בפעם אחת, לפיכך צריך שלא יהיה עליה שום דבר החוצץ, ואפי' כל שהוא, **שאילו** לא היה דין פעם א', לא היתה חציצה פוסלת אותה טבילה לגמרי, רק שאח"כ היתה טובלת אותו אבר שעליו היתה החציצה, **אבל** השתא דיש דין פעם א', אם יש עליה חציצה, לא עלתה לה טבילה כלל, וצריכה לחזור ולטבול כל גופה בפעם אחת.

שו"ע לפי הס"ט

אם דרך רוב בני אדם לפעמים להקפיד עליו, חוצץ אפי' אם אינה מקפדת עליו עתה, וה"ה דגם הבני אדם אין מקפידין עליו עתה, כיון דאיכא זימנא דמקפדין, **ואפי' אינה מקפדת עליו לעולם**, כיון שדרך רוב בני אדם להקפיד עליו, חוצץ, דבטלה דעתה אצל כל אדם, דאם לא כן נתת דבריך לשיעורין.

אבל אם רוב העולם אינן מקפידין ע"ז, אלא שהיא מקפדת ע"ז, מזה לא מיירי המחבר כאן בסעיף זה, **אלא** דכתב ב"י בשם הרמב"ם טור, דחוצץ.

י"א דבעינן דוקא שמקפדת לעתים מזומנות, כגון טבעת מהודקת באצבע שמסירתו בשעת לישה, דהרי אם מיקלע לה עיסה ללוש כמה פעמים היום או מחר, מסירתו, **אבל** אם אינה מקפדת רק פ"א לזמן מרובה, לא.

סימן קצח – דיני טבילה וחציצתה
סעיף א – חציצה וגדרי הקפדה

השו"ע לפי הט"ז דיש ב' בבות בהשו"ע:

אם דרך מקצת בני אדם להקפיד ע"ז, אע"פ שאינם רוב, וזו האשה רגילה להקפיד ג"כ ע"ז בפעמים אחרים, רק שעכשיו אינה מקפדת, חוצץ. **אבל אם היא אינה מקפדת לעולם,** לא הוה חציצה.

או אם רוב בני אדם מקפידין ע"ז, אפי' אינה מקפדת בשום פעם, חוצץ.

והיכא דכולן אינן מקפידות, וזו מקפדת, חוצץ (ומזה לא מיירי המחבר כאן בסעיף זה, ובב"י נסתפק), **אבל אם היא עכשיו אינה מקפדת,** אלא שבפעמים אחרות היא מקפדת, לא חייץ.

ואם הוא חופה רוב הגוף, אפילו אין דרך בני אדם להקפיד בכך, חוצץ. **דדבר תורה** אינו חוצץ אלא ברובו ומקפיד עליו, **וגזרו** רבנן ברובו שאינו מקפיד, משום רוב המקפיד, **וגזרו** על המיעוט המקפיד ג"כ, משום רוב המקפיד, **אבל** במיעוט ואינו מקפיד, דתרתי לטיבותא, לא גזרו כלל, דהוה גזירה לגזירה.

כתב רמ"א, ולכתחלה לא תטבול אפי' בדברים שאינן חוצצין, י"א דהיינו אפי' במיעוט שאינו מקפיד, **וי"א** דר"ל אפי' מעשה רשת, או שאר חוטין שאינן מהודקין, **גזרה** אטו דברים החוצצין.

וזהו לכתחילה, אבל דיעבד לא גזרינן גזירה לגזירה. **ואינו** אלא מחומרות האחרונים וזהירות בעלמא.

חוטי צמר ופשתן ורצועות

סעיף ב - אלו הדברים שחוצצין, חוטי צמר וחוטי פשתן ורצועות שכורכין בהם השער בראש, לא תטבול בהם עד שתרפם –

[לפי שמקפדת להסירם בשעת חפיפה או רחיצה, שיכנסו שם המים, כיון דאיכא זימנא דמקפדת, חוצץ לעולם, ע"כ א"צ כאן שיהיה כן על רובה], ‹ועיין מה שמבואר עוד בט"ז בס"ה בענין זה›.

ואם הם בתוך קליעת שערה אינו מועיל בהם רפיון. ואם הם כרוכים בשאר מקומות בגוף, לא תטבול בהם עד שתרפם, חוץ מאם הם כרוכים בצואר, שאינם חוצצין לפי שאינה מהדקן - שלא תהא חונקת עצמה.

אבל קטלא - האל"ז באנ"ד בל"א, **שהיא רצועה חלקה ורחבה שכורכת סביב צוארה, חוצצת, מפני שחונקת עצמה בחוזק כדי שיהיה בשרה בולט ותראה בעלת בשר, ומתוך שהרצועה חלקה ורחבה אינה מזיקתה.**

‹מזה יש ללמוד בכל מקום, כל שאינו מהודק ביותר מחוטי הצואר, שאינה מהדקן שלא תהא חונקת עצמה, רפוי מקרי - סד"ט. **ושבה"ל** ציין לשון הש"ך ס"ק נ"ו, דרק בגד שאינו מהודק אינו חוצץ, הא מהודק חוצץ אף שאינו חונק›.

‹**עיין** בתשו' פני אריה, שנשאל על אשה שנושאת ספוג באזנה לשאוב הזוהמא, ששכחה ליטול הספוג בשעת טבילה, **וכתב** שלא ידע בזה הלכה ברורה, ע"כ תטבול שנית בלא ברכה›.

סימן קצח ס"ב • חוטי צמר ופשתן ורצועות

אלו הדברים שחוצצין: חוטי צמר וחוטי פשתן ורצועות שכורכין בהם השער בראש, לא תטבול בהם עד שתרפם, **לפי** שמקפדת להסירם בשעת חפיפה או רחיצה, שיכנסו שם המים, **וכיון** דאיכא זימנא דמקפדת, חוצץ לעולם, **על** כן א"צ כאן שיהיה כן על רובה.

ואם הם בתוך קליעת שערה אינו מועיל בהם רפיון.

ואם הם כרוכים בשאר מקומות בגוף, לא תטבול בהם עד שתרפם, **חוץ** מאם הם כרוכים בצואר, שאינם חוצצין לפי שאינה מהדקן, שלא תהא חונקת עצמה.

אבל קטלא שהיא רצועה חלקה ורחבה שכורכת סביב צוארה, חוצצת, מפני שחונקת עצמה בחוזק כדי שיהיה בשרה בולט ותראה בעלת בשר, מתוך שהיא חלקה ורחבה אינה מזיקתה.

י"א דמזה יש ללמוד בכל מקום, דכל שאינו מהודק ביותר שתהא חונקת עצמה, רפוי מקרי. **וי"א** דרק בגד שאינו מהודק אינו חוצץ, הא מהודק חוצץ אף שאינו חונק.

אשה שנושאת ספוג באזנה לשאוב הזוהמא, ששכחה ליטול הספוג בשעת טבילה, **י"א** דאין ההלכה ברורה, ע"כ תטבול שנית בלא ברכה.

חוטין חלולין מעשה רשת

סעיף ג - אם החוטין האלו חלולין, עשוי מעשה רשת, אינם חוצצין - דרפו מרפי טובא ולא מהדקי שפיר, ועייל מיא תותייהו - הראב"ד, **וק"ק** דבאו"ח ר"ס ש"ג כתב סתם, אם הם מעשה אריגה מותר, שא"צ להתירה בשעת טבילה, ולא מחלק בין עשויה חלולים מעשה רשת או לא, **משמע** דסבירא ליה כהחולקים על הראב"ד, ויש ליישב.

סימן קצח ס"ג • חוטין חלולין מעשה רשת

אם החוטין האלו חלולין, עשוי מעשה רשת, אינם חוצצין, דרפו מרפי טובא, ועייל מיא תותייהו. **וק"ק** דבאו"ח ר"ס ש"ג כתב סתם, אם הם מעשה אריגה מותר, ואינו מחלק בין עשויה חלולים או לא, ויש ליישב.

חוטי שער

סעיף ד - חוטי שער אינם חוצצין – [פירוש שכרוכים סביב השערות ולא מהודקים בהם, ע"כ אינם חוצצין, ויתבאר בסמוך].

סימן קצח ס"ד(1) • חוטי שער

חוטי שער שכרוכים סביב השערות, ולא מהודקים בהם, אינם חוצצין.

אם היו מוזהבות או מטונפים

הגה: ואם היו מוזהבות, חוצצין, דמקפדת עליהם שלא תטנפם; וכן אם היו מטונפים תחלה, מקפדת עליהם שלא תתלכלך מהן במים, וחוצצין –
[דכשהם מוזהבות מקפדת עליהם להסירם, וכשאינה מסירם הוה חציצה, וכן במטונפות מקפדת להסירם].

ואם היו מוזהבות כו' - נראה דקאי גם אסעיף שלפני זה.

(**כתב** בספר לבושי שרד, ואע"ג דמיא עיילי בהו, ומה יזיק מה שמקפדת להסירם, כבר כתב הב"י, דהטור פסק כרבותיו של רש"י, דהנהו דינים דסעיף א', דרוב או מקפיד חוצץ, מיירי אף דעיילי מיא כו', **ולפי"ז** הני דינים דסעיף ג' ד' דאין חוצץ, מיירי דוקא במיעוט, אבל כשמכסה רוב השערות, אע"ג דאינה מקפדת ומיא עיילי, אפ"ה חוצץ, **ולפי** זה קצת קשה מההיא דסעיף ה', דמבואר דבב' שערות או יותר אין חוצץ, אף במקפיד או רוב, משום דלא מיהדק, **וצ"ל** דדוקא בדבר שאינה מגופה, כהך דסעיף ג' ד', אמרינן דבמקפיד או רוב חוצץ, אף אי עיילי מיא, משא"כ שערות דעצמה, דהוה גופה, אין מקום לומר שחוצץ, אלא אי לא עיילי מיא).

(**שוב** ראיתי בס"ט האריך ג"כ בזה, כנראה שדעתו, דגם לדעת רבותיו של רש"י לא אסור היכא דעיילי מיא, אלא במקפיד, אבל באינו מקפיד אף ברובא שרי, **ולענ"ד** תימה לומר כן, דודאי אין חילוק בין מיעוט המקפיד לרוב שאינו מקפיד, אחרי דס"ל לרבותיו של רש"י, דהלכתא דרובא ומקפיד חוצץ אתמר נמי במידי דלא מיהדק, ולישנא דחוצץ לאו דוקא, א"כ גם הא דגזרו רובו שאינו מקפיד משום רובו המקפיד, הוא נמי בכה"ג אף דלא מיהדק, **ואף** למה שרוצה לומר בס"ט שם, דס"ל לדעה זו דמדאורייתא ליכא חציצה אלא במידי דמיהדק, אלא שחכמים גזרו כו', ג"כ אין שום סברא לחלק בין מיעוט המקפיד לרוב שאינו מקפיד, **ומסיק** דהיכא דאיכא עוד צד להקל יש להקל אם הם רפויין, אע"ג דקפיד עלייהו).

(**אך** כ"ז הוא לדעת הב"י, אבן הדרישה ופרישה חולק, דדעת רש"י עיקר, והך דינא דמוזהבות אין הטעם משום חציצה, אלא משום דמירתתא ולא טבלה שפיר, **ולדבריו** הך דסעיף ג' ד' אין חוצץ אף ברוב, כיון דמיא עיילי, **ונ"ל** עיקר כהדרישה ופרישה ולא כהב"י, והכי נקטינן להלכה, דכל היכא דעיילי מיא, אפילו רוב ומקפיד שרי, **ומדינא** אפילו לכתחלה טובלת בהם, ולא גזרינן רפויין אטו שאין רפויין, אלא מקום שמצינו בו, כגון אחוזה חברתה, וכן בנזמי האוזן, כיון דטריחא לה להסירן, אבל בשאר דוכתי לא גזרינן, **אך** מאחר דיש מי שמחמיר בכל הרפויין להסירם, יש לנהוג לכתחלה להחמיר בכולם ולהסירם, וכנ"ל ברמ"א ס"א, **אבל** אם כבר טבלה, ודאי דאין להחמיר כלל, ודלא כספר בה"י, **וכתב** עוד, מאחר דהוכחתי דטעמא דמוזהבות אינו רק משום דמירתתא, א"כ י"ל דהוא רק לכתחלה, וצ"ע בזה להלכה, עכ"ד).

סימן קצח ס"ד(2) • אם היו מוזהבות או מטונפים

ואם היו (השערות או החוטין חלולין מעשה רשת) מוזהבות, חוצצין, דמקפדת עליהם להסירם שלא תטנפם, וכשאינה מסירם הוה חציצה; **וכן** אם היו מטונפים תחלה, מקפדת עליהם להסירם שלא תתלכלך מהן במים, וחוצצין.

ואע"ג דמיא עיילי בהו, ומה יזיק מה שמקפדת להסירם, פוסק כרבותיו של רש"י, דהא דרוב או מקפיד חוצץ, מיירי אף דעיילי מיא, **ולפי"ז הני דינים דסעיף ג' ד'** דאין חוצץ, מיירי דוקא במיעוט, **אבל** כשמכסה רוב השערות, אע"ג דאינה מקפדת ומיא עיילי, **אפ"ה חוצץ**.
ולפי"ז ק"ק מההיא דס"ה, דמבואר דבב' שערות או יותר אין חוצץ, אף במקפיד או רוב, משום דלא מיהדק, **וצ"ל דדוקא** בדבר שאינה מגופה, כהך דסעיף ג' ד', אמרינן דבמקפיד או רוב חוצץ, אף אי עיילי מיא, **משא"כ** שערות דעצמה, דהוה גופה, אין מקום לומר שחוצץ, אלא אי לא עיילי מיא.

וי"א דגם לדעת רבותיו של רש"י לא אסור היכא דעיילי מיא, אלא במקפיד, אבל באינו מקפיד אף ברובא שרי, **(והיכא** דאיכא עוד צד להקל יש להקל אף בדקפיד עלייהו), **וי"א** דתימה לומר כן, **ואף** את"ל דס"ל לדעה זו דמדאורייתא ליכא חציצה אלא במידי דמיהדק, אלא מדרבנן, ג"כ אין שום סברא לחלק בין מיעוט המקפיד לרוב שאינו מקפיד.

אך כ"ז הוא לדעת הב"י, אכן הדרישה ופרישה חולק, דדעת רש"י עיקר, **והך** דינא דמוזהבות אין הטעם משום חציצה, אלא משום דמירתתא ולא טבלה שפיר, **(וא"כ** י"ל דהוא רק לכתחלה, וצ"ע בזה להלכה), **ולדבריו** הך דסעיף ג' ד' אין חוצץ אף ברוב, כיון דמיא עיילי, **וי"א** דהעיקר כהדרישה

ופרישה ולא כהב"י, והכי נקטינן להלכה, דכל היכא דעיילי מיא, אפילו רוב ומקפיד שרי, **ומדינא** אפי' לכתחלה טובלת בהם, ולא גזרינן רפויין אטו שאין רפויין, אלא מקום שמצינו בו, כגון אחזה חברתה, וכן בנזמי האוזן, כיון דטריחא לה להסירן, **אך** מאחר דיש מי שמחמיר בכל הרפויין להסירם, יש לנהוג לכתחלה להחמיר בכולם ולהסירם, וכנ"ל ברמ"א ס"א, **אבל** אם כבר טבלה, ודאי דאין להחמיר כלל.

שערה אחת או ב' שערות

סעיף ה - שתי שערות או יותר שהיו קשורים כאחד קשר אחד, אינם חוצצין. הגה: ואין חילוק בין אם קשר ב' שערות עם שתי שערות, או שקשר ראש ב' שערות בפני עצמן.

ושערה אחת שנקשרה, חוצצת - אין חילוק בין שהיא קשורה עם חברתה, א' אל א', או שקשורה בפני עצמה, בכל ענין חוצצת, **והוא שתהא מקפדת עליה** - וה"ה אם דרך רוב בני אדם מקפידין, אע"פ שהיא אינה מקפדת, וכדלעיל סעיף א'.

אבל אם אינה מקפדת עליה, עלתה לה טבילה, עד שיהא רוב שערה קשור נימא נימא בפני עצמו - ‹היא דעת הגאונים, לאפוקי מדעת הרמב"ם שסובר, דחשבינן לראשו וגופו של אדם כחדא, א"כ אפי' רוב שער קשור, אם אינה מקפדת, הוי מיעוט שאינו מקפיד לגבי כל הגוף, ואינו חוצץ, **אבל** הגאונים סברי, דחושבין לראשו של אדם בפני עצמו, וגופו בפני עצמו, וא"כ רוב שער קשור הוי ליה רוב שאינו מקפיד וחוצץ – מחה"ש›.

[מה שכתב בס"ד, חוטי שער אינם חוצצין, מיירי מדבוק שער דעלמא על שערה, וכאן בס"ה מיירי לענין שערות האשה עצמה, שאם נקשרו רובן אחת אחת אז חוצץ דוקא, ונ"מ בין הנך תרתי, דהתם כל דהוה חציצה אפי' במיעוט הוה חציצה, כמו חוטי צמר דס"ב, ולהכי לא כתב התם הטור דבעינן שיהא הרוב שערה כמ"ש כאן, ואפי' לא הוה רובא ואינה מקפדת, דמיא לא עיילי שם עד שתרפם, דאפי' במיעוט הוה חציצה, ‹לפי שמקפדת להסירם בשעת חפיפה או רחיצה, שיכנסו שם המים, כיון דאיכא זימנא דמקפדת, חוצץ לעולם – ט"ז ס"ב›, **אבל** הכא דמיירי בשערות עצמה שנקשרו, צריך דוקא רוב דבלא"ה אינה מקפדת, **והב"י** דכתב דהתם מיירי במקפדת או שהם הרבה, הוא שלא בדקדוק, **אבל** ודאי לענין המנין הם שוים, דכמו שלענין שער עצמה תלוי הדבר היאך נקשרו השערות, אם אחת אחת או שתים שתים, התם נמי כן הוא, אם כרכה חד שער על שערה, חוצץ, והיינו אפי' אם כרכה הרבה שערות סביב, זה שלא במקום זה, ובכל כריכה הוה חד שער, מהטעם דמהדק שפיר, אבל אם על כל כריכה לקחה שתי שערות או יותר, לא הוה חציצה].

סימן קצח ס"ה • שערה אחת או ב' שערות

שתי שערות או יותר שהיו קשורים כאחד קשר אחד, אינם חוצצין, **ואין חילוק** בין אם קשר ב' שערות עם שתי שערות, או שקשר ראש ב' שערות בפני עצמן.

שערה אחת שנקשרה, חוצצת, **ואין חילוק** בין שהיא קשורה עם חברתה, א' אל א', או שקשורה בפני עצמה.

והוא שתהא מקפדת עליה, **וה"ה** אם דרך רוב בני אדם מקפידין, אע"פ שהיא אינה מקפדת, וכדלעיל סעיף א'.

אבל אם אינה מקפדת עליה, עלתה לה טבילה, עד שיהא רוב שערה קשור נימא נימא בפני עצמו, **דחושבין לראשו של אדם בפני עצמו**, וגופו בפני עצמו, וא"כ רוב שער קשור הוי ליה רוב שאינו מקפיד וחוצץ.
וי"א דחשבינן לראשו וגופו של אדם כחדא, א"כ אפי' רוב שער קשור, אם אינה מקפדת, הוי מיעוט שאינו מקפיד לגבי כל הגוף, ואינו חוצץ.

החילוק בין ס"ד לכאן
לעיל בס"ד מיירי מדבוק שער דעלמא על שערה, וכאן בס"ה מיירי לענין שערות האשה עצמה, **ונ"מ בין הנך תרתי**, דהתם כל דהוה חציצה, אפי' במיעוט הוה חציצה, כמו חוטי צמר דס"ב, ואף דלא הוה רובא ואינה מקפדת, משום דמיא לא עיילי שם עד שתרפם, ומקפדת להסירם בשעת חפיפה או רחיצה, שיכנסו שם המים, וכיון דאיכא זימנא דמקפדת, חוצץ לעולם. **אבל** הכא דמיירי בשערות עצמה שנקשרו, צריך דוקא רוב, (**ודלא** כהב"י דכתב דהתם מיירי במקפדת או שהם הרבה, והוא שלא בדקדוק), **אבל** ודאי לענין המנין הם שוים, דכמו שלענין שער עצמה תלוי הדבר אם אחת או שתים, **התם** נמי, אם כרכה חד שער על שערה, חוצץ, **אבל** אם על כל כריכה לקחה ב' שערות או יותר, לא הוה חציצה.

דברים החוצצים בשער

סעיף ו - שער שכנגד הלב ושבזקן הנדבק זה בזה מחמת זיעה, חוצץ; שבראש ושבבית השחי, אינו חוצץ - לפי שאין אדם מקפיד עליו.

‹**והסד"ט** הביא מפי' הר"ש ומדברי הרשב"א שכתבו, דשער בית השחי חוצץ באשה, ורק באיש אינו חוצץ, **וכתב** שבה"ל דלכתחילה יש להחמיר, ובפרט שאפשר שהיום רגילים להקפיד טפי, **אבל** בדיעבד אין להחמיר›.

ושבאותו מקום, באיש אינו חוצץ; ובאשה, בנשואה חוצץ, בפנויה אינו חוצץ - איש וכן אשה פנויה אינן מקפידין, **אבל** אשה נשואה מקפדת, שלא תתגנה על בעלה.

[**וכתב** ב"י, דלא היה צריך הטור לכתוב דין הפנויה שאינה חוצץ, דאין נ"מ לדידן, ומו"ח ז"ל תיקן אותו, דקמ"ל אם היתה נשואה דומיא דפנויה, שאין בעלה מקפיד ע"ז, אפ"ה חוצץ, דאזלינן בתר רוב נשואות, וע"כ אמר דוקא פנויה אינו חוצץ, ולא שום נשואה].

‹לענ"ד דנ"מ לדידן לענין טבילת גרים – רעק"א›.

הגה: ואותן שיש להן כמין קליעות שערות דבוקות זו בזו, ונעשית בלילה על ידי שד, וסכנה להסירס, לא חייצי - היינו מה שקורין בל"א מארצע"פ או מארלאקי"ן, ובלשון פולין ורוסי"א קאלטינ"ש.

(**כתב** בספר חמודי דניאל, נראה שהיא צריכה להשהות במים עד שיכנס בהם המים היטב).

‹**דע** דמש"כ הרב בהג"ה, הוא מהמרדכי בשם ראבי"ה, ונתן ד' טעמים לדבר: **הא'**, כיון דמהדקי טובא זה בזה, הוי כבלוע, ובית הסתרים דלא מטמא, וכיון דלא מטמא לא חייצי, **ועוד** אפי' לא חשבת ליה כבית הסתרים, ולא הוי כחתיכה אחת, מ"מ לא חייצי, דמצי מיא עייל בהו, דכיון דקימ"ל בב' וג' נימין קשורין אינם חוצצים, משום דלא מהדקי ועייל בהו מיא, כ"ש שערות טובא, **והג'**, דמה"ט שאינה יכולה לגלחן, דהוי סכנה, הוי רביתא ולא חייצי, **והד'**, דמה"ט שאינה יכולה לגלחן משום סכנה, אינה מקפדת עליהם ולא חייצי, עכת"ד – מחצה"ש›.

(**עיין** בתשו' פנים מאירות שכתב, דהכא מיירי אפי' אם רוב שערות דבוקות, ולהכי הוצרך המרדכי לאהדורי אטעמא אחרינא, ולא כתב טעם מפני שאין מקפדת).

(**וכתב** עוד, באשה שחלתה ואמרו הרופאים שאין תקנה, אא"כ תעשה מארלאקי"ן, וא"א לעשות אם לא שמפזרים בראשה סמים כתושים כמו קמח, ועי"ז השערות מסתבכים, וכשמדיחים במים הסמים הנ"ל אי אפשר לשערות להסתבך, והחולי חוזר וניעור, **דיש** לפקפק אם תוכל לטבול כן, דשני טעמים הראשונים שבמרדכי לא שייכי, אלא באותן קליעות הנעשים מן השערות עצמן, אבל לא בזה שנעשים ע"י דבר אחר, וגם הב' טעמים אחרים יש לפקפק בנדון שלפנינו, **והעלה** דאין להקל, אא"כ נשאר רוב שערותיה שלא נקלעו, דאז הוי מיעוט שאינו מקפיד, ולא חייצי אלא מדרבנן, סמכינן שפיר ארופא מומחה שאומר שיעלה לה רפואה ע"י זה, והוי רביתה, אבל לעשות לה כל הראש או רוב שערה, דיש כאן ספק דאורייתא, אין בידנו להתירה, **ועיין** בס"ט שהביאו ג"כ, וכתב שדבריו נכונים לדינא, ומסיים ועכ"פ בכל השערות או ברוב השערות שלה, ודאי דאסור לעשות כן לכתחלה ע"י תחבושת וסמים, ואם עשתה כן הוא חוצץ בטבילה).

(**ועיין** בתשו' חת"ס, שכתב אודות האשה שרוצים לדבק שערותיה בשעוה לצורך רפואה, פשיטא שחוצץ, וע"כ לא שקלי וטרי בתשו' פמ"א וס"ט, אלא ע"י סמים ותחבושת, שהם עצמם אינם חוצצים, אלא שדיבוק השערות חוצץ, ואהא שקלי וטרי אי שייך לומר דהכי רביתא, ומ"מ הסכימו לאיסור, **אבל** ע"י שעוה, שהשעוה בעצמו חוצץ, ולא שייך לומר הכי רביתא, פשיטא שחוצץ וחלילה להקל כלל, עכ"ל).

סימן קצח ס"ו • דברים החוצצים בשער

שער הנדבק זה בזה מחמת זיעה, שכנגד הלב ושבזקן, חוצץ; **שבראש** ושבבית השחי, אינו חוצץ, לפי שאין אדם מקפיד עליו.

וי"א דשער בית השחי חוצץ באשה, ורק באיש אינו חוצץ, **וי"א** דלכתחילה יש להחמיר, ובפרט שאפשר שהיום רגילים להקפיד טפי, **אבל** בדיעבד אין להחמיר.

ושבאותו מקום, באיש ובאשה פנויה אינו חוצץ, דאינן מקפידין, **בנשואה** חוצץ, דמקפדת, שלא תתגנה על בעלה.

והגם דדין הפנויה שאינה חוצץ אין נ"מ לדידן, י"א דקמ"ל דאם היתה נשואה דומיא דפנויה, שאין בעלה מקפיד ע"ז, אפ"ה חוצץ, דאזלינן בתר רוב נשואות, דדוקא פנויה אינו חוצץ, ולא שום נשואה, **וי"א** דנ"מ לדידן לענין טבילת גרים.

ואותן שיש להן כמין קליעות שערות דבוקות זו בזו, ונעשית בלילה ע"י שד, וסכנה להסירם, לא חייצי. **וי"א** שהיא צריכה להשהות במים עד שיכנס בהם המים היטב.

ויש ד' טעמים לדבר: א', כיון דמהדקי טובא זה בזה, הוי כבלוע, ובית הסתרים דלא מטמא, וכיון דלא מטמא לא חייצי, **ב'**, אפי' לא חשבת ליה כבית הסתרים, ולא הוי כחתיכה אחת, מ"מ לא חייצי, דמצי מיא עייל בהו, דכיון דקימ"ל בב' וג' נימין קשורין אינם חוצצים, משום דלא מהדקי ועייל בהו מיא, כ"ש שערות טובא, **ג'**, דמה"ט שאינה יכולה לגלחן דהוי סכנה, הוי רביתא ולא חייצי, **ד'**, דמה"ט שאינה יכולה לגלחן משום סכנה, אינה מקפדת עליהם ולא חייצי – מרדכי.

וי"א דאפי' אם רוב שערות דבוקות, אף דלא שייך הטעם דאינה מקפדת, יש לסמוך אטעמי אחריני.

אשה שחלתה ואמרו הרופאים שאין תקנה, **אא"כ** תעשה מארלאקי"ן, וא"א לעשות אם לא שמפזרים בראשה סמים כתושים כמו קמח, ועי"ז השערות מסתבכים, וכשמדיחים במים הסמים הנ"ל א"א לשערות להסתבך, והחולי חוזר וניעור, **י"א** דיש לפקפק אם תוכל לטבול כן, דב' טעמים הראשונים שבמרדכי לא שייכי אלא באותן קליעות הנעשים מן השערות עצמן, **אבל** לא בזה שנעשים ע"י דבר אחר, **וגם** הב' טעמים אחרים יש לפקפק בנדון שלפנינו, **והעלה** דאין להקל, אא"כ נשאר רוב שערותיה שלא נקלעו, דאז הוי מיעוט שאינו מקפיד, ולא חייצי אלא מדרבנן, סמכינן שפיר ארופא מומחה שאומר שיעלה לה רפואה ע"י זה, והוי רביתא, **אבל** לעשות לה כל הראש או רוב שערה, דיש כאן ספק דאורייתא, אין בידנו להתירה, **ואם** עשתה כן הוא חוצץ בטבילה.

אשה שרוצים לדבק שערותיה בשעוה לצורך רפואה, י"א דפשיטא שחוצץ, דהנידון הנ"ל אינו אלא ע"י סמים ותחבושת, שהם עצמם אינם חוצצים, אלא שדיבוק השערות חוצץ, ומ"מ הסכימו לאיסור, **ועי"י** שעוה שבעצמו חוצץ, ולא שייך לומר הכי רביתא, פשיטא שחוצץ, וחלילה להקל כלל.

לפלוף העין

סעיף ז - לפלוף (פי' צואת העין) שחוץ לעין, חוצץ אפילו הוא לח; ולפלוף שבעין אינו חוצץ - ואין חילוק בכאן בין תוך שלשה ימים או לאחר ג' ימים, **ואם הוא יבש, חוצץ; והוא שהתחיל להוריק** – [זה דלא כדברי הטור שהקיל בעין לגמרי, ובחוץ לעין חילק בין לח ליבש].

ודעת הראב"ד והרשב"א והרמב"ם ור"ת וסמ"ג ושאר כמה גאונים, דחציצה זו, וכן חציצה דבסעיף ח' ט', אינו אלא לטהרות, אבל לא לבעלה, ומביאם ב"י, **ותימה** שלא הזכיר דעתם כאן, ועוד דמידי דרבנן הוא, דד"ת אינו חוצץ אלא רובו ומקפיד עליו, ובדרבנן הלך אחר המיקל, **מיהו** כתב רא"מ והסמ"ג והמרדכי, דאפילו מ"ד דוקא לטהרות, מ"מ צריך ליזהר לבעלה לכתחלה בכל דבר, וכן משמע בכמה דוכתי, דלבעלה לכתחלה כטהרות דמי, **ואפשר** שגם הרא"ש שכתב, ונכון להחמיר כפרש"י, לכתחלה קאמר, **ומ"מ** נראה דהיכא דאפשר שתטבול שנית, יש להחמיר, אבל היכא דלא אפשר, ודאי כדאי הם כל הנך רבוואתה לסמוך עליהם, שפסקו דלטהרות דוקא אתמר ולא לבעלה, וגם המחבר גופיה הביא סברתם לקמן סל"ה ול"ט. ‹וכ"ז בלפלוף יבש שבתוך העין, אבל בלפלוף שחוץ לעין, אפי' בדיעבד חוצץ – חכ"א›.

סימן קצח ס"ז • לפלוף העין

לפלוף (פי' צואת העין) שחוץ לעין, חוצץ אפי' הוא לח; **ולפלוף** שבעין אינו חוצץ, ואפי' לאחר ג' ימים, **ואם** הוא יבש, חוצץ, והוא שהתחיל להוריק.
וי"א שבתוך העין לעולם אינו חוצץ, ובחוץ לעין יש חילוק בין לח ליבש.

ולהרבה פוסקים, חציצה זו, וכן חציצה דבסעיף ח' ט', אינו אלא לטהרות, אבל לא לבעלה, **מיהו** י"א דמ"מ צריך ליזהר לבעלה לכתחלה בכל דבר, דלבעלה לכתחלה כטהרות דמי. **ונראה** דהיכא דאפשר שתטבול שנית, יש להחמיר, **אבל** היכא דלא אפשר, ודאי כדאי הם כל הנך רבוואתה לסמוך עליהם. **וי"א** דכ"ז בלפלוף יבש שבתוך העין, **אבל** בלפלוף שחוץ לעין, אפי' בדיעבד חוצץ.

כחול, פתחה עיניה, ושמן

סעיף ח - כחול שבעין אינו חוצץ, ושחוץ לעין חוצץ; ואם היתה פותחת ועוצמת (פי' וסוגרת) עיניה תדיר – [פי' שמנהגה כך, וכן משמע לשון הטור, שכתב נפתחות, דהיינו שלא בכוונה, וכן כתב מו"ח ז"ל], **אף שחוץ לעין אינו חוצץ.**

[ובטור כתב בשם הרמב"ם, שפי' היו עיניה פתוחות, נראה לי שהרמב"ם מפרש, דבשעת טבילה עשתה כך, שפתחה עיניה, דזה פשוט שאין אשה שתהא עיניה פתוחות תמיד, **נמצא** ששפיר יש לרמב"ם פי' שלישי, ממה שכתב הטור קודם לזה ב' פירושים, **ולא** כב"י שכתב, שהרמב"ם ס"ל כפי' קמא ברש"י], ‹והיינו הפי' שמביא השו"ע›.

לשון בה"ג: וכי טבלה לא תישוף משחא, ולא תכחול עיניה, דאמר שמואל כוחלת אם לרפואה הרי זה חוצץ, ואם בשביל שתראה עיניה פורעת ‹פי' גלויות – מחה"ש›, אין חוצץ, **ושנו** חכמים, כחול שחוץ מן העין חוצץ, **אמר** רב יהודא כל השמנים אין חוצצים חוץ משמן המור, **ונהגו** בנות ישראל בעצמן, שאין סכות שמן בשעת טבילה כל עיקר, ע"כ.

סימן קצח ס"ח • כחול, פתחה עיניה, ושמן

כחול שבעין אינו חוצץ; (**וי"א** דאם לרפואה הרי זה חוצץ, **ואם** בשביל שתראה עיניה גלויות, אין חוצץ).
ושחוץ לעין, חוצץ, **ואם** מנהגה להיות פותחת וסוגרת עיניה תדיר, ר"ל שלא בכוונה, אף שחוץ לעין אינו חוצץ.

וי"א דאם בשעת טבילה עשתה כך, שפתחה עיניה, אינו חוצץ.

י"א דכל השמנים אין חוצצים חוץ משמן המור, **ונהגו** בנות ישראל בעצמן, שאין סכות שמן בשעת טבילה כל עיקר.

דם ריר וחטטים

סעיף ט - דם יבש שעל המכה, חוצץ; וריר שבתוכה – [פי' שהוסר הגליד מעליה], **אינו חוצץ. יצא הריר מתוכה, כל תוך ג' ימים לח הוא ואינו חוצץ; לאחר מכאן, יבש הוא וחוצץ** - וכן אם הקיזה דם, תוך ג' ימים אינו חוצץ, מכאן ואילך חוצץ, כל זמן שהגלד עליו, עד שיתרפא כהוגן.

(**עיין** בתשו' חת"ס שכתב, דהדעת נותנת דבעינן מעל"ע, ולא אמרינן בזה מקצת היום ככולו, וזכר לדבר מבשר ששהה ג' ימים בלא מליחה, **וכיון** דמיעוט המקפיד אינו אלא מדרבנן, המקיל לא הפסיד, והמחמיר תע"ב).

לפיכך אשה בעלת חטטים צריכה לחוף במים עד שיתרככו – [והביא רש"ל הג"ה אחת וז"ל, וגרב לגבי טבילה צריכה להסיר, אע"פ שכואב לה הרבה, ואשתו של מהרר"ק היתה צריכה לעמוד לפניו ערומה, שהיה רואה שלא היה גרב עליה, **שלא היה מאמין לה שהיתה מסירה, שהיתה נערה והיה כואב לה, וכן עשה השר מקוצי לאשתו**], (**והסד"ט** כתב, שהם חולקין על השו"ע, וסוברים דלא מהני ריכוך החטטים, **אך** למעשה כתב דאפשר לסמוך על השו"ע).

(**ואף** דאסור להסתכל במקומות המכוסים שבה, כדלעיל סימן קצ"ה ס"ז, כבר תירץ ע"ז בתשו' נו"ב, וע"ש בהגה"ה מבן המחבר שכתב, דהכא מיירי לאחר טבילה, וכן משמע הלשון, שלא היה גרב עליה, **ולא** חיישינן שמא נפל במים, כיון שדבוק כ"כ עד שכואב לה להסירו).

סימן קצח ס"ט • דם ריר וחטטים

דם יבש שעל המכה, חוצץ.
וכשהוסר הגליד מעליה, ריר שבתוכה, אינו חוצץ.
יצא הריר מתוכה, וכן אם הקיזה דם, כל תוך ג' ימים לח הוא ואינו חוצץ; **לאחר** מכאן, יבש הוא וחוצץ, כל זמן שהגלד עליו, עד שיתרפא כהוגן.

י"א דבעינן מעל"ע, ולא אמרינן בזה מקצת היום ככולו, **וכיון** דמיעוט המקפיד אינו אלא מדרבנן, המקיל לא הפסיד, והמחמיר תע"ב.

לפיכך אשה בעלת חטטים צריכה לחוף במים עד שיתרככו.
ויש חולקין על השו"ע, וסוברים דלא מהני ריכוך החטטים, וצריך להסירם, אע"פ שכואב לה הרבה, **ואשתו** של מהרר"ק היתה צריכה לעמוד לפניו ערומה, שהיה רואה שלא היה גרב עליה, שלא היה מאמין לה שהיתה מסירה, שהיתה נערה והיה כואב לה, וכן עשה השר מקוצי לאשתו,
ואף דאסור להסתכל במקומות המכוסים שבה, **מיירי** לאחר טבילה, **ולא** חיישינן שמא נפל במים, כיון שדבוק כ"כ עד שכואב לה להסירו.
אך למעשה אפשר לסמוך על השו"ע.

רטיה

סעיף י - רטיה שעל המכה, חוצצת.

סימן קצח ס"י • רטיה

רטיה שעל המכה, חוצצת.

חץ או קוץ התחוב בבשר

סעיף יא - חץ או קוץ התחוב בבשר, אם נראה מבחוץ, חוצץ; ואם אינו נראה, אינו חוצץ - בב"י נסתפק בפי' "אינו נראה", **ונראה** לחומרא, דהיינו כל שהוא שוה לבשר קרי "נראה", וכשהוא משוקע הוי "אינו נראה", **ומשמע** כל שהוא משוקע שאינו שוה לבשר, אע"פ שנראה העץ מונח בבשר הפנימי שתחוב בו, "אינו נראה" מיקרי, כיון שאינו נראה בשוה לבשר. (אינו מובן, דהא הב"י מסתפק אם "נראה" היינו שנראה משוקע, או ד"נראה" היינו שוה לבשר, וא"כ אם ניזל לחומרא, גם משוקע חוצץ – רעק"א), (**ויש** גורסין בש"ך "ונראה לקולא" – סד"ט).

ואם יש עליו קרום של בשר, בכל ענין אינו חוצץ, ע"כ לשון הטור, פירוש אפילו נראה מבחוץ תחת העור, (**והמחבר** דלא הביאו, משום דסבר כהרמב"ם והרא"ש ורבינו ירוחם דלא כתבו, ופי' בב"י משום דסברי, דהתוספתא דהוא מקורו הוי אליבא דרבנן, והם פסקו כהמשנה דהוי כרבי, **אבל** הש"ך סובר דאפי' הם לומדים המשנה כחכמים, ועיין מחה"ש), **ומה** שלא כתבו הרמב"ם והרא"ש ורבינו ירוחם דבקרם עליה בשר מותר, משום דפשוט הוא, דאם אינו נראה מבחוץ אינו חוצץ, פשיטא דכ"ש קרם עליה אינו חוצץ, **או** אפשר שהם מפרשים ואם אינו נראה דמתני', דהיינו שקרם עליה בשר.

סימן קצח סי"א • חץ או קוץ התחוב בבשר

חץ או קוץ התחוב בבשר, אם נראה מבחוץ, חוצץ; **ואם** אינו נראה, אינו חוצץ.
בב"י נסתפק אם "נראה" היינו שנראה משוקע, או ד"נראה" היינו שוה לבשר, אבל כל שהוא משוקע, אע"פ שנראה העץ מונח בבשר הפנימי שתחוב בו, "אינו נראה" מיקרי.
וכתב הש"ך ונראה לחומרא, דכל שהוא שוה לבשר קרי "נראה", וכשהוא משוקע הוי "אינו נראה".
והקשו עליו דאם ניזל לחומרא, גם משוקע חוצץ.
ויש גורסין בש"ך, "ונראה לקולא".

ואם יש עליו קרום של בשר, כתב הטור דבכל ענין אינו חוצץ, אפי' נראה מבחוץ תחת העור, **והמחבר** דלא הביאו, משום דסבר כהרמב"ם והרא"ש ורבינו ירוחם דלא כתבו.
והטעם דהם לא כתבו, י"א משום דלא פסקו כן.
אבל י"א דהטעם, משום דאם אינו נראה מבחוץ אינו חוצץ, פשיטא דכ"ש קרם עליה אינו חוצץ, **או** אפשר שהם מפרשים ואם אינו נראה דמתני', שקרם עליה בשר.

לכלוכי צואה שעל הבשר מחמת זיעה

סעיף יב - לכלוכי צואה שעל הבשר מחמת זיעה, אינם חוצצין; נגלד כגליד, חוצץ.

סי' קצח סי"ב • לכלוכי צואה שעל הבשר מחמת זיעה

אינם חוצצין; **נגלד** כגליד, חוצץ.

מלמולין שעל הבשר

סעיף יג - מלמולין שעל הבשר, חוצצין - פי' כשאדם מגבל טיט או לש עיסה, ומשפשף ידיו זו בזו, נופל מהן כמו חוטין, אם נופלים על בשרה חוצצים, טור, ‹וכן בזמן שהם עדיין על ידיה – סד"ט›.

סימן קצח סי"ג • מלמולין שעל הבשר

מלמולין שעל הבשר, חוצצין. **פי'** כשאדם מגבל טיט או לש עיסה, ומשפשף ידיו זו בזו, נופל מהן כמו חוטין, **אם** נופלים על בשרה חוצצים, **וכן** בזמן שהם עדיין על ידיה.

טיט

סעיף יד - טיט היון – ‹טיט הבורות – משנה פ"ט מ"ב›, **וטיט היוצרים, וטיט דרכים הנמצא שם תמיד אפילו בימות החמה, כל אלו חוצצין. ושאר כל הטיט, כשהוא לח אינו חוצץ שהרי הוא נמחה במים; וכשהוא יבש חוצץ. (מיהו אם היא מקפדת, אפילו בדבר לח חוצץ)** - קאי גם אסעיף שלאח"ז, ‹וסברת רמ"א משום דחושש לשיטת המרדכי, דסבר דגם בלח אין המים נכנסים, והא דבלח אינו חוצץ, היינו משום דבסתם אינו מקפיד, **משא"כ** המחבר הולך בשיטת הרמב"ם, דסובר דבלח אינו חוצץ משום דנמחה במים, עיין מחה"ש›.

סימן קצח סי"ד • טיט

טיט היון (זה טיט הבורות), וטיט היוצרים, וטיט דרכים הנמצא שם תמיד אפי' בימות החמה, כל אלו חוצצין.
ושאר כל הטיט, כשהוא לח אינו חוצץ, שהרי הוא נמחה במים; וכשהוא יבש חוצץ.

וחולק הרמ"א וכתב, מיהו אם היא מקפדת, אפי' בדבר לח חוצץ, משום דסבר הרמ"א, דגם בלח אין המים נכנסים, והא דבלח אינו חוצץ, היינו משום דבסתם אינו מקפיד.

הדיו החלב והדבש והדם, והשרף

סעיף טו - הדיו החלב והדבש והדם, שרף התאנה ושרף התות ושרף החרוב ושרף השקמה (פירוש מין ממיני התאנים), יבשים, חוצצין; לחים, אינם חוצצין. ושאר כל השרפים, אפילו לחים, חוצצין.

סימן קצח סט"ו • הדיו החלב והדבש והדם, והשרף

הדיו החלב והדבש והדם, שרף התאנה, ושרף התות, ושרף החרוב, ושרף השקמה (פי' מין ממיני התאנים): **יבשים**, חוצצין; **לחים**, אינם חוצצין. **ושיטת** הרמ"א כנ"ל בסי"ד.
ושאר כל השרפים, אפילו לחים, חוצצין.

דם שנסרך

סעיף טז - דם שנסרך בבשר - שמתחיל להתייבש ולהדבק קצת, שכשתולים בו אצבע נמשך והולך חוט ממנו, **אפילו לח, חוצץ** - ומשמע דעיקר החילוק הוא בין נסרך או לא, אבל אין חילוק בין נסרך בבשר או בד"א.

ובה"ג מצאתי, אמר רב זו שאמרו חכמים דם לח אינו חוצץ, לא אמרו אלא בשלא נתבשל, אבל נתבשל באש, בין לח בין יבש חוצץ, ע"כ, **ואף** שלא נמצא כן בש"ס שלנו, גם מדלא משני הכי במנחות לא משמע הכי, מ"מ דברי בה"ג דברי קבלה הם.

סימן קצח סט"ז • דם שנסרך

דם שנסרך בבשר או בד"א, שמתחיל להתייבש ולהדבק קצת, שכשתולים בו אצבע נמשך והולך חוט ממנו, אפי' לח, חוצץ.

כתב בה"ג, דלא אמרו דם לח אינו חוצץ, אלא בשלא נתבשל, אבל נתבשל באש, בין לח בין יבש חוצץ, **ואף** שלא נמצא כן בש"ס שלנו, מ"מ דברי בה"ג דברי קבלה הם.

צבע

סעיף יז - צבע שצובעות הנשים על פניהן וידיהן ושער ראשן, אינו חוצץ - אע"פ שחופה רוב השער או כולו, והרי הוא כגופו של שער שאינו חוצץ, והשער הוא כגופו של אדם, **ועוד** שהמראה

מן הצבע אין בו ממש, ואינו דומה לדיו שחוצץ, דהתם יש ממשות הדיו, כ"כ ר' ירוחם והרמב"ן והרשב"א.

וכן מי שהוא צבע וידיו צבועות, אינו חוצץ.

הגה: וכן מי שאומנותו להיות שוחט או קצב וידיו מלוכלכות תמיד בדם, אינו חוצץ, שרוב בני אומנות זו אינן מקפידים.

[**בב"י** סוף סי' זה כתב בשם הרוקח וז"ל, נראה אם אשה נגעה ביורה או בקדרה, ונתפחמה בבשר מעט, זה אינו קפידא, אע"פ שמעט נדבק בבשר, עכ"ל, **ומטעם** זה דנתי להתיר, באשה שטבלה ומצאה במקום אחד בגופה שחרורית, במקום שנגעה בכותלי בית המרחץ, שהיו שחורים מחמת עשן המרחץ, שאינה צריכה טבילה שנית, דדמיא להא שזכרנו, **והוא** ק"ו, דהא ידיה צריכין להיות נקיות יותר מגופה, שידיה מגולות תמיד, והיא מקפדת על נקיותם יותר מגופה, **ולא** דמיא לדיו שחוצץ, דהתם ממשה של דיו חוצצת, משא"כ במראה שחרורית זו, שאינו אלא לכלוך בעלמא].

סימן קצח סי"ז • צבע

צבע שצובעות הנשים על פניהן וידיהן ושער ראשן, אינו חוצץ, אע"פ שחופה רוב השער או כולו, **הרי** הוא כגופו של שער שאינו חוצץ, והשער הוא כגופו של אדם, **ועוד** שהמראה מן הצבע אין בו ממש, ואינו דומה לדיו שחוצץ, דהתם יש ממשות הדיו.

אשה שנגעה ביורה או בקדרה, ונתפחמה בבשר מעט, זה אינו קפידא, אע"פ שמעט נדבק בבשר, **וכן** באשה שטבלה ומצאה במקום אחד בגופה שחרורית, במקום שנגעה בכותלי בית המרחץ, שהיו שחורים מחמת עשן המרחץ, א"צ טבילה שנית, **ולא דמיא** לדיו שחוצץ, דהתם ממשה של דיו חוצצת, משא"כ במראה שחרורית זו, שאינו אלא לכלוך בעלמא.

וכן מי שהוא צבע וידיו צבועות, אינו חוצץ. **וכן** מי שאומנותו להיות שוחט או קצב וידיו מלוכלכות תמיד בדם, אינו חוצץ, שרוב בני אומנות זו אינן מקפידים.

צואה ובצק שתחת הצפורן

סעיף יח - צואה שתחת הצפורן, שלא כנגד הבשר חוצץ; כנגד הבשר, אינו חוצץ

- בב"י מתמה על הרשב"א שדבריו סותרים זה את זה, (ר"ל, דהא קימ"ל דברים שחוצצין בטבילה חוצץ בנט"י, וכאן כתב הרשב"א, בצואה שתחת הצפורן שלא כנגד הבשר חוצצין, ובנט"י כתב סתם צואה שתחת הצפורן אינו חוצץ, דמשמע אפי' שלא כנגד הבשר ג"כ אינו חוצץ – מחה"ש), **וחילק** בדוחק בין נטילה לטבילה, **ובספרי** הוכחתי דלא קשה מידי, והוא דס"ל להרשב"א כסמ"ג וסמ"ק בשם ר"ת דצואה שאינה נדבקת אינה חוצצת כלל, והנדבקת חוצצת שלא כנגד הבשר, וסתם צואה אינה נדבקת, **אלא** דקאמר דכיון דבצואה נדבקת דומיא דבצק חוצצת, נהגו הנשים להחמיר ליטול צפרניהם בשעת טבילה, דשמא יש שם צואה הנדבקת, **אבל** ודאי לענין נטילה לא שייך האי חומרא, ליטול צפרניו בכל נטילה ונטילה, (ר"ל, ודאי מלתא דמדינא אין לחלק בין הכא להתם, אע"ג דקשה ליטול הצפרנים בכל נטילה ונטילה, אכן מאחר דרוב צואה אינה נדבקת ואינה חוצצת כלל, והאי חששא דשמא יש שם צואה הנדבקת היא חומרא בעלמא, אין להחמיר בנטילה ליטול הצפרנים בכל נטילה ונטילה – מחה"ש).

[**כתב** ב"י בשם סמ"ג בשם ר"ת, שזה דוקא בטיט הדומה לבצק שנדבק מאד, כגון טיט של יוצרים, אבל לא בטיט אחר וצואה, **ולא** זכר מזה השו"ע להקל כל כך, ומ"מ נראה לי לתרץ בזה מה שהוקשה ללבוש, למה אין נזהרין מזה בנטילת ידים, **ולפי** מה שכתבתי ניחא, דודאי לענין נטילת ידים שפיר סמכינן על ר"ת, דאינו חוצץ רק טיט היוצרים וכיוצא בו].

(**עיין** במ"א סי' קס"א שכתב וז"ל, אע"פ שטיט חוצץ אפי' כנגד הבשר, אין מקפידין ע"ז, (**וכמ"ש** שם הרמ"א: ומש"ה לא נהגו לנקר הטיט שתחת הצפרנים לנטילה, משום דהוי כמיעוטו שאין מקפיד, כי אין מקפידים על זה לנטילה), **אבל** שלא כנגד הבשר, בודאי רוב בני אדם מקפידין אפילו בצואה, וחוצץ אע"פ שהוא אינו מקפיד, **אבל** הט"ז כתב, דבנט"י יש לסמוך על הר"ת, דאין חוצץ רק טיט היוצרים, שדומה לבצק שנדבק מאד, אבל לא בטיט אחר).

ובצק שתחת הצפורן, אפילו כנגד הבשר חוצץ.

[**בטור** סיים אח"ז, "ומיהו אין דרך בני אדם להקפיד בכך, הלכך מי שאינו מקפיד אינו חוצץ", וכתב ב"י דקאי גם אבצק, **ותמה** ב"י, דהיאך פסק לחלק בכך ובמשנה לא חילקו, וע"כ לא הביאו כאן בשו"ע, וד"מ פי', דהטור מיירי בענין שהוא דבר מועט מאד, שאין מקפידין עליו].

ואיזהו שלא כנגד הבשר, זה שהצפורן עודף על הבשר. ולפי שאינן יכולות לכוין מה נקרא כנגד הבשר או שלא כנגדו, נהגו הנשים ליטול צפרניהם בשעת טבילה.

סימן קצח סי"ח • צואה ובצק שתחת הצפורן

צואה שתחת הצפורן, שלא כנגד הבשר חוצץ; **כנגד** הבשר, אינו חוצץ.

בב"י מתמה על הרשב"א שדבריו סותרים זה את זה, **דהא** קימ"ל דברים שחוצצין בטבילה חוצץ בנטילת ידים, **וכאן** כתב הרשב"א, בצואה שתחת הצפורן שלא כנגד הבשר חוצצין, **ובנטילת** ידים כתב סתם, צואה שתחת הצפורן אינו חוצץ, דמשמע אפילו שלא כנגד הבשר ג"כ אינו חוצץ, **וחילק** בדוחק בין נטילה לטבילה.

והש"ך כתב דלק"מ, דס"ל להרשב"א כר"ת, דצואה שאינה נדבקת אינה חוצצת כלל, והנדבקת חוצצת שלא כנגד הבשר, וסתם צואה אינה נדבקת, **אלא** דכיון דבצואה נדבקת חוצצת, נהגו הנשים להחמיר ליטול צפרניהם בשעת טבילה, דשמא יש שם צואה הנדבקת, **אבל** ודאי לענין נטילה מאחר דרוב צואה אינה נדבקת ואינה חוצצת כלל, והאי חששא דשמא יש שם צואה הנדבקת היא חומרא בעלמא, ואין להחמיר בנטילה ליטול הצפרנים בכל נטילה ונטילה.

והשו"ע לא זכר שיטת ר"ת להקל כ"כ, וכתב בהל' נטילת ידים: דצואה שתחת הצפורן שלא כנגד הבשר חוצץ.

והרמ"א כתב בהל' נטילת ידים: ומש"ה לא נהגו לנקר הטיט שתחת הצפרנים לנטילה, משום דהוי כמיעוטו שאין מקפיד, כי אין מקפידים על זה לנטילה, ע"כ. **וכתב המ"א**, דהיינו כנגד הבשר, (אפי' בטיט היוצרין וכיוצא בו דבעלמא **חוצצין** אפי' כנגד הבשר), **אבל** שלא כנגד הבשר, בודאי רוב בני אדם מקפידין אפילו בצואה, וחוצץ אע"פ שהוא אינו מקפיד. **אבל הס"ז** כתב, דבנט"י יש לסמוך על הר"ת, דאין חוצץ רק טיט היוצרים, שדומה לבצק שנדבק מאד, אבל לא בטיט אחר.

ובצק שתחת הצפורן, אפילו כנגד הבשר חוצץ.

וי"א שאם הוא דבר מועט מאד, אין דרך בני אדם להקפיד בכך, הלכך מי שאינו מקפיד אינו חוצץ.

ואיזהו שלא כנגד הבשר, זה שהצפורן עודף על הבשר.
ולפי שאינן יכולות לכוין מה נקרא כנגד הבשר או שלא כנגדו, נהגו הנשים ליטול צפרניהם בשעת טבילה.

יש לה נפח על מקום הצפורן

סעיף יט - אם יש לה נפח על מקום הצפורן, ואינה יכולה לא לחתוך ולא לחטט, אם נפוחה כל כך שאין הטיט שתחת הצפורן נראה, אינו חוצץ - כתב ב"י, שזה נלמד מחץ דלעיל סי"א, ולפי"ז א"צ שיהא נקרם עור ובשר על הטיט, אלא כל שהטיט כך בעומק שאינו נראה בשוה לבשר, אינו חוצץ, כדלעיל גבי חץ.

סימן קצח סי"ט • יש לה נפח על מקום הצפורן

אם יש לה נפח על מקום הצפורן, ואינה יכולה לא לחתוך ולא לחטט, **אם** נפוחה כ"כ שאין הטיט שתחת הצפורן נראה, אינו חוצץ, **וא"צ** שיהא נקרם עור ובשר על הטיט, אלא כל שהטיט כך בעומק שאינו נראה בשוה לבשר, אינו חוצץ, וכדלעיל גבי חץ בסי"א.

חציצת הצפרנים עצמם

סעיף כ - דוקא בצק שתחת הצפורן חוצץ, אבל הצפורן עצמה אינה חוצצת; ואפילו אם היתה גדולה ועומדת ליחתך ופורחת ועוברת מכנגד הבשר, אינה חוצצת – [לפי שהוא מגוף האשה].

הגה: מיהו כל זה דוקא שאין צואה או בצק תחתיו בשעה שטבלה; ומאחר דכבר נהגו ליטול הצפרנים, אפילו אם צפורן אחת נשאר בידה וטבלה, צריכה טבילה אחרת, וכן נוהגין.

באמת חומרא זו לא נמצאת בשום פוסק, ואדרבה מהמשנה והרבה פוסקים וטושו"ע נראה מבואר, דכל שהצפורן נקי בודאי אינו חוצץ, **אלא** ההגהות ש"ד כתב דטוב להחמיר ותטבול שנית, משום דא"א שלא יהא בתוכו טיט, וע"כ כתב הרב דנוהגין להחמיר, [**ורש"ל** העתיק מתשו' מהר"מ בזה, דעלתה לה טבילה כל שבודקת תחת צפרניה קודם טבילה ואין שם טיט וצואה], **וכתב** מהר"מ מלובלין, דכיון שאין זה מדינא אלא מחומרא, נ"ל שלא החמירו אלא כשנמצא ששכחה צפורן א' מיד אחר הטבילה קודם שלנתה עם בעלה, **אבל** אם לא מצאה כי אם עד למחר, אין ראוי להחמיר שלא תוציא לעז על בעילתה, **ואפי'** אם לא נזקקה לבעלה אותו לילה, הדבר מכוער וא"צ טבילה אחרת, אם לא נמצא שום לכלוך תחתיו, עכ"ל.

מיהו בהראב"ן מצאתי, וז"ל, צריכה לחתוך צפרני ידיה ורגליה, דכיון דעתידה ליטלן חייצי השתא, עכ"ל, **וזהו** כעין מש"כ הרב, ומאחר דכבר נהגו ליטול הצפרנים כו' צריכה טבילה אחרת כו', משמע דטעמא לאו משום דא"א שלא נשאר טיט תחת הציפורן, אלא משום דהצפורן עצמו חוצץ, **וכ"כ** הב"ח, דנ"ל דאפילו ברי לה שלא היה שום טיט כלל, יש להחמיר שתטבול פעם שנית, שהרי איכא למ"ד אם הצפורן עומד ליקצץ חוצץ, [ולא דמי לשערות הראש, דרוב הנשים אין דרכן לקצץ, משא"כ בצפרנים דכולם קוצצים, והוה חציצה אם

לא תקצץ], עכ"ל, **וא"כ** צ"ע בפסק זה שפסק מהר"מ מלובלין, **ע"כ** נראה דהיכא דאפשר לה לחזור ולטבול, אפילו לא מצאה עד למחר, יש לה לחזור ולטבול, וכמדומה לי שכן נוהגים להורות, **אבל** היכא דלא אפשר אין להחמיר, כיון שעבר הלילה.

[**ודברי הב"ח** תמוהים, דהא כל הפוסקים כתבו כאן דאינו אלא מנהג בעלמא ליטול הצפרנים, ואינו מן הדין, **ונ"ל** ‹כדברי מהר"מ מלובלין›, **ואפי'** אם אין ידוע לה שלא היה שם טיט וצואה, דמשמע מהג' שערי דורא ותשו' מהר"מ, שצריכה מדינא טבילה שנית, היינו כל זמן שלא שמשה עם בעלה, אבל לא אח"כ, דהא אפי' אם היה שם צואה, מדאורייתא אינו חוצץ, דרובא ומקפיד בעינן, אלא דגזירה דרבנן היא במיעוט המקפיד, א"כ הוה כאן ספיקא דרבנן, **וכ"ש** למש"כ בשם סמ"ג ור"ת, דדוקא טיט הנדבק בעינן, אע"פ שלא פסקו בשו"ע להלכה, מ"מ כאן שכבר שמשה ואפשר שהיא נתעברה, אם באת להחמיר עליה בטבילה שנית, אתה מוציא לעז על אותו הולד, כנלענ"ד ברור].

עיין ש"ך דלא קשה מידי, ‹מה שהקשה ט"ז על הב"ח›, גם מה שהוגד לו שגדול אחד השיב בתשובה כדבריו, אותו גדול הוא מהר"מ מלובלין, וכבר השגתי עליו בש"ך - נקה"כ.

[**וכיון** שנתברר דנטילת צפרנים של האשה אינו אלא מצד המנהג שהחמירו על עצמם, **נ"ל** דהא דאיתא במרדכי, דאם אירע טבילתה בחול המועד, נכון הדבר ששפחה גויה תגלחם לה, דאמירה לנכרי שבות היא, ובמקום מצוה לא גזרו, ואם אין לה גויה תנקר היטב בטיט שתחת הציפורן, עכ"ל, **היינו** דוקא בחוה"מ, אבל בשבת ויו"ט אם אירע ששכחה ליטול הצפרנים, לא תאמר לגויה שתחתוך לה, דכיון שאין מצוה גמורה בנטילת צפרנים, דהא אפשר בניקור תחתם לחוד, למה נבטל בזה שבות, דאמירה לנכרי שבות הוא, **ותו** דהוא חומרא דאתא לקולא, שאע"פ שהגויה חותכת, מ"מ אותה ישראלית מסייעת לה, ע"י שמטה לה את ידיה, וכאילו היא עושה מלאכה זו, שאסורה מדאורייתא בשבת ויו"ט, וזה א"א להשמר ממנו, כשתניח לחתוך הצפרנים להגויה בלי הטיית הישראלית את ידיה אליה, **ואין** לומר דאה"נ שלא תטבול כשאירע כן בשבת ויו"ט, זה אינו, דהא גם בחוה"מ התירו ע"י שתנקר בצפרנים, ולמה יגרע בשבת ויו"ט מאין לה גויה בחוה"מ, **ולא** החמיר במרדכי לחתוך ע"י גויה אלא בחוה"מ, דבו הקילו אפי' לחתכם היא בעצמה, והכי קימ"ל בטבילת מצוה אליבא דכו"ע, **אלא** דהמרדכי שהוא תלמיד מהר"מ דהחמיר, דאסור לחתוך הצפרנים בחוה"מ כי אם ע"י גוי, ע"כ הוצרך לחתכם ע"י גויה לפי סברתו, **ולפי** מה דקימ"ל להתיר, חותכין בחוה"מ בלי שינוי, ובשבת ויו"ט לא תחתכם כלל, אלא תנקר אותם היטב היטב, כנ"ל ברור, וראיתי מי ששגג בזה, וצוה לחתוך ביו"ט ע"י גויה, **ולא** כיון נכונה לענ"ד].

זה שהורה ‹ה"מי ששגג"› טב הורה, וכמו שאבאר, דמה שכתב דכיון דמסייע הוי כאילו עושה מלאכה שאסורה בשבת ויו"ט, דומיא דניקף, טעה בתרתי, **חדא**, דאפי' חתכם בכלי הוא עצמו, ליכא כאן איסורא דאורייתא לרוב הפוסקים, וכ"ש נטלן בידו דלכו"ע ליכא איסור דאורייתא, דבפרק המצניע אמרינן, דלכו"ע הנוטל צפרניו לחבירו ליכא אלא שבות שלא בכלי, ולרבנן אפי' לעצמו ליכא אלא שבות, וכן כתבו הפוסקים, **ואפי'** בכלי היה נראה להתיר, דהתוס' כתבו, דהך מתני' דהמצניע אתי כר' יהודה, א"כ הרמב"ן ושאר פוסקים פסקו כר' שמעון, דמלאכה שאין צריך לגופה פטור, **וגם** בלאו הכי יש פוסקים, דאפי' מלאכה גמורה מותר לומר לגוי במקום מצוה, א"כ הכא הוי תרתי למעליותא, **ועוד** דכאן לא שייך מסייע, דדוקא בהקפה, דא' המקיף וא' הניקף במשמע, וכדפי' רש"י, דשמעינן לקרא הכי, לא תקיפו, לא תניחו להקיף, אי נמי מדאפקיה בלשון רבים, משמע דאתרי אזהר רחמנא, ניקף ומקיף, עכ"ל, אלא דבאינו מסייע פטור, משום דהוי לאו שאין בו מעשה, ובמסייע חייב, **אבל** בשאר אזהרות לא שייך לומר דחייב משום מסייע, דמסייע אין בו ממש לענין שבת, ומותר אפי' לכתחילה, והוא מוסכם מכל הפוסקים, **וא"כ** כיון דמשמע מהפוסקים, דעכ"פ מצוה היא בנטילת צפרנים, ואמירה לנכרי שבות, ובמקום מצוה לא גזור, וכ"ש לדעת הראב"ן, דהצפורן מעכב מדינא, פשיטא דהוי מצוה ומותר לומר לגוי, דאפי' נוטל הוא עצמו הצפרנים ליכא כאן איסורא דאורייתא, **אלא** כיון דאפשר ליטלן שלא בכלי, למה נקיל בכדי, אבל שלא בכלי הדבר פשוט דמותר, ולית דין צריך בשש - נקה"כ.

(**עיין** בתשו' שבות יעקב שכתב, דנראה לו עיקר למעשה כמסקנת בעל נקודות הכסף, ליטול ע"י גוי בידו או

בשיניו, **אף** שבתשו' ח"צ השיג עליו, היינו דוקא ליטול בכלי, אבל בכה"ג מודה, **וגם** הנה"כ עצמו למעשה לא התיר אלא ביד או בשיניו, ולרווחא דמלתא כתב דאפילו בכלי אפשר להתיר למקצת פוסקים, אבל אין לסמוך למעשה כי אם ביד או בשיניו.

(**ראיתי** בכתבי הרב הגדול מהר"ר דניאל זצ"ל, שדעתו להקל בצפרני הרגלים שאינה צריכה טבילה אחרת, ‹ודלא כהראב"ן לעיל›, הגם שאינה יודעת אם היה נקי, **וכתב** שאפשר אפילו יודעת שלא היה נקי א"צ טבילה אחרת, שברגלים אין דרכן של הנשים להקפיד).

סימן קצח ס"כ • חציצת הצפרנים עצמם

כתב המחבר, הצפורן עצמה אינה חוצצת, **ואפי'** אם היתה גדולה ועומדת ליחתך, ופורחת ועוברת מכנגד הבשר, אינה חוצצת,**לפי** שהוא מגוף האשה.

וכתב הרמ"א, מיהו כל זה דוקא שאין צואה או בצק תחתיו בשעה שטבלה, **ומאחר** דכבר נהגו ליטול הצפרנים, אפילו אם צפורן א' נשאר בידה וטבלה, צריכה טבילה אחרת, וכן נוהגין.

וכתב הגה' ש"ד דהטעם לטבול שנית, משום דא"א שלא יהא בתוכו טיט, ועי"כ כתב הרב דנוהגין להחמיר, **וי"א** דכל שבודקת תחת צפרניה קודם טבילה ואין שם טיט וצואה, עלתה לה טבילה.

וכתב מהר"מ מלובלין, דכיון שאין זה מדינא אלא מחומרא, נ"ל שלא החמירו אלא כשנמצא ששכחה צפורן א' מיד אחר הטבילה, **אבל** אם לא מצאה עד למחר שכבר לנתה עם בעלה, אין ראוי להחמיר שלא תוציא לעז על בעילתה, **ואפי'** אם לא נזקקה לבעלה אותו לילה, הדבר מכוער וא"צ טבילה אחרת, **אם** לא נמצא שום לכלוך תחתיו.

מיהו בהראב"ן כתב, צריכה לחתוך צפרני ידיה ורגליה, דכיון דעתידה ליטלן חייצי השתא. **וזהו** כעין מש"כ הרב, **משמע** דטעמא לאו משום דא"א שלא נשאר טיט תחת הציפורן, אלא משום דהצפורן עצמו חוצץ, **ואפי'** ברי לה שלא היה שום טיט כלל, יש להחמיר שתטבול פעם שנית, **ולא** דמי לשערות הראש, דרוב הנשים אין דרכן לקצץ, משא"כ בצפרנים דכולם קוצצים.

וכתב הש"ך, א"כ צ"ע בפסק זה שפסק מהר"מ מלובלין, **ע"כ** היכא דאפשר לה לחזור ולטבול, אפי' לא מצאה עד למחר, יש לה לחזור ולטבול, וכן נוהגים להורות, **אבל** היכא דלא אפשר אין להחמיר, כיון שעבר הלילה.

אבל הט"ז פסק כדברי מהר"מ מלובלין, **ואפי'** אם אין ידוע לה שלא היה שם טיט וצואה, דמשמע מהג' שערי דורא ותשו' מהר"מ, שצריכה מדינא טבילה שנית, **היינו** כל זמן שלא שמשה עם בעלה, אבל לא אח"כ, **דהא** אפי' אם היה שם צואה, מדאורייתא אינו חוצץ, דרובא ומקפיד בעינן, אלא דגזירה דרבנן היא במיעוט המקפיד, א"כ הוה כאן ספיקא דרבנן, **וכ"ש** למש"כ בשם סמ"ג ור"ת, דדוקא טיט הנבדק בעינן, **אע"פ** שלא פסקו בשו"ע להלכה, מ"מ כאן שכבר שמשה ואפשר שהיא נתעברה, אם באת להחמיר עליה בטבילה שנית, אתה מוציא לעז על אותו הולד.

י"א להקל בצפרני הרגלים שא"צ טבילה אחרת, (ודלא כהראב"ן), הגם שאינה יודעת אם היה נקי, **וכתב** שאפשר אפילו יודעת שלא היה נקי א"צ טבילה אחרת, **שברגלים** אין דרכן של הנשים להקפיד.

קציצת צפרנים ביו"ט

כתב הט"ז, כיון שנתברר דנטילת צפרנים אינו אלא מצד המנהג שהחמירו על עצמם, **אם** אירע ששכחה ליטול הצפרנים בשבת ויו"ט, לא תאמר לגויה שתחתוך לה, **דכיון** שאין מצוה גמורה בנטילת צפרנים, דהא אפשר בניקור תחתם לחוד, למה נבטל בזה שבות דאמירה לנכרי, **ותו** דאע"פ שהגויה חותכת, מ"מ אותה ישראלית מסייעת לה, ע"י שמטה לה את ידיה, וכאילו היא עושה מלאכה זו, שאסורה מדאורייתא בשבת ויו"ט, וזה א"א להשמר ממנו, **ואין** לומר דאה"נ שלא תטבול כשאירע כן בשבת ויו"ט, **זה** אינו, דהא גם בחוה"מ התיר המרדכי ע"י שתנקר בצפרנים, אם אין לה גויה, ולמה יגרע בשבת ויו"ט, **ודוקא** בחוה"מ כתב דנכון הדבר שגויה תגלחם לה, דבו הקילו אפי' לחתכם היא בעצמה, דהכי קימ"ל בטבילת מצוה אליבא דכו"ע, **ורק** משום דהמרדכי היה תלמיד מהר"מ, דאסר לחתוך הצפרנים בחוה"מ כ"א ע"י גוי, ע"כ הוצרך לחתכם ע"י גויה לפי סברתו. **אבל** לפי מה דקי"ל להתיר, חותכין בחוה"מ בלי שינוי, **ובשבת** ויו"ט לא תחתכם כלל, אלא תנקר אותם היטב היטב.

אבל הש"ך כתב, דאפי' חתכם בכלי היא עצמה, ליכא כאן איסורא דאורייתא לרוב הפוסקים, כר' שמעון דמלאכה שאין צריך לגופה פטור, **וכ"ש** נטלן בידו דלכו"ע ליכא איסור דאורייתא, אלא שבות, **וגם** בלא"ה יש פוסקים, דאפי' מלאכה גמורה מותר לומר לגוי במקום מצוה, **ועוד** דכאן לא שייך מסייע, דדוקא בהקפה, דשמעינן לקרא הכי, אבל בשאר אזהרות מסייע אין בו ממש, ומותר אפי' לכתחילה, והוא מוסכם מכל הפוסקים, **וא"כ** כיון דמשמע מהפוסקים, דעכ"פ מצוה היא בנטילת צפרנים, ואמירה לנכרי שבות, ובמקום מצוה לא גזור, **וכ"ש** לדעת הראב"ן, דהצפורן מעכב מדינא, פשיטא דהוי מצוה ומותר לומר לגוי ליטול בכלי, **אלא** כיון דאפשר ליטלן שלא בכלי, למה נקיל בכדי, **אבל** שלא בכלי הדבר פשוט דמותר.

וי"א דעיקר למעשה כמסקנת בעל נקודות הכסף, ליטול ע"י גוי בידו או בשיניו, **דאף** הנה"כ עצמו לא התיר למעשה אלא ביד או בשיניו, **ורק** לרווחא דמלתא כתב דאפי' בכלי אפשר להתיר למקצת פוסקים.

צפורן המדולדלת

סעיף כא- צפורן המדולדלת שפירשה מיעוטה,

חוצצת - היא עצמה משום שפירשה, אפי' לא נמצא עליה דבר חוצץ - ד"מ והעט"ז וב"ח ושאר אחרונים, **ודלא** כמסקנת ב"י, ‹עיין מגיד מישרים, דמהשמים הסכימו למסקנת הב"י›.

פירשה רובה, אינה חוצצת - ונראה דלדידן דנוהגים להצריכה טבילה שנית אם לא חתכה הצפורן, ה"ה הכא, ‹דא"א שלא יהיה בתוכה טיט› **או** אפשר לחלק, דכיון דמן הדין אפילו נשאר צפורן אינו חוצץ, כל שידוע שלא היה שום צואה תחתיו, אלא דנהגו להחמיר, והיינו כשכל הצפורן נשאר, מה שאין כן הכא, **ודוחק**, וכ"ש לטעם דהצפורן גופיה מעכב, ‹כיון דעתידה ליטלן חוצץ השתא, כ"ש כשפירש רובן דודאי עתיד ליטלן וחייץ טפי – מחה"ש›.

[הב"י האריך בדבר זה, שהוקשה לו מ"ט יש חציצה במיעוט יותר מברוב, ומתוך כך נדחק לפרש, דמיירי שיש איזה דבר חציצה על אותו המדולדל, והמרדכי כתב וב"י מביאו, רובה אינה חוצצת, דוקא רובה, דרובה ככולה, אבל מיעוטה חוצצת, כיון דעומדת לפרוש, וכבר התחילה לפרוש, עכ"ל, ומ"מ לא נתיישב עדיין, למה לא יהא חציצה באותו מיעוט הנדבק עדיין כשנפרש רובו, ותו, מ"ש מאבר המדולדל ועומד להחתך, דהוה חציצה אפי' בנפרש רובו, ומו"ח ז"ל נתן טעם לזה, לפי שצריך אומן לחתכו, **ולא** ידעתי חילוק, דסוף סוף עומד להחתך הוא, **והנראה** לענ"ד לפרש, דודאי אין חציצה במה שנדבק עדיין, כי לא היה מגולה מעולם שם, וכמו שכתב ב"י בקושייתו, **אלא** על החלק הנפרש אמרינן כן, דאם רובו קיים ומיעוטו נסדק, נמצא דמקום הסדק צר הוא, ואין המים יכולין לבוא באותו הסדק, **משא"כ** אם נפרץ רובו, נמצא שנתרחב מקום הסדק, ויכולים מים לבוא שם, והוי ראוי לביאת מים, **אבל** באבר ובשר המדולדל, אפי' נפרץ רובו אין דרך להניחו כך, שהוא תלוי ועומד, דהוה כאב לה הרבה, אלא מחזיקו תמיד אל הגוף כפי מה שיכול להחזיק, ע"כ אינו ראוי לביאת מים שם, כנ"ל לפרש דבר זה בסיעתא דשמיא].

סימן קצה סכ"א(1) • צפורן המדולדלת

צפורן המדולדלת שפירשה מיעוטה, חוצצת.
י"א דמשום שפירשה, היא עצמה חוצצת, אפי' לא נמצא עליה דבר חוצץ. **ודלא** כמסקנת ב"י.

פירשה רובה, אינה חוצצת.
והב"י הקשה, מ"ט יש חציצה במיעוט יותר מברוב, **ומתוך** כך נדחק לפרש, דמיירי שיש איזה דבר חציצה על אותו המדולדל.
וי"א דרובה אינה חוצצת, משום דרובה ככולה, **אבל** מיעוטה חוצצת, כיון דעומדת לפרוש, וכבר התחילה לפרוש.
וי"א דלא נתיישב עדיין, למה לא יהא חציצה באותו מיעוט הנדבק עדיין כשנפרש רובו, **ותו**, מ"ש מאבר המדולדל ועומד להחתך, דהוה חציצה אפי' בנפרש רובו, בסכ"ב, (**וי"א** לפי שצריך אומן לחתכו, **וצ"ע** דסוף סוף עומד להחתך הוא).
וכתב דודאי אין חציצה במה שנדבק עדיין, כי לא היה מגולה מעולם שם, **אלא** על החלק הנפרש אמרינן כן, דאם רובו קיים ומיעוטו נסדק, נמצא דמקום הסדק צר הוא, ואין המים יכולין לבוא באותו הסדק, **משא"כ** אם נפרץ רובו, נמצא שנתרחב מקום הסדק, ויכולים מים לבוא שם, והוי ראוי לביאת מים, **אבל** באבר ובשר המדולדל, אפי' נפרץ רובו אין דרך להניחו תלוי ועומד, דהוה כאב לה הרבה, אלא מחזיקו תמיד אל הגוף כפי מה שיכול להחזיק, ע"כ אינו ראוי לביאת מים שם.

י"א דלדידן דנוהגים להצריכה טבילה שנית אם לא חתכה הצפורן, משום דא"א שלא יהיה בתוכה טיט, **ה"ה** הכא, **אלא** דיש לחלק, דדוקא כשכל הצפורן נשאר נהגו להחמיר, משא"כ הכא, **ודוחק**, **וכ"ש** לטעם דהצפורן גופיה מעכב מן הדין, דכיון דעתידה ליטלן חוצץ השתא, כ"ש כשפירש רובן דודאי עתיד ליטלן וחייץ טפי.

שער של כלה שעתיד ליקצץ

(עיין בתשו' חתם סופר, אודות כלות שטובלות ושערותיהן ארוכות, ועתידין לקוץ אחר בעילת מצוה, ופקפק רב אחד לחוש שיחוצו, כיון שסופן להתגלח, **והוא** ז"ל כתב דאין כאן בית מיחוש, ומנהג ישראל תורה היא, משום דהא דאמרינן בכל מקום כל העומד כו', היינו כשעומד להעשות מיד בלי הפסק דבר אחר ביניהם, **והכא** אין השערות עומדות להתגלח עד אחר בעילת מצוה, והבעילה מפסקת בין הטבילה לגילוח, לא שייך עומד לקוץ כקצוץ, **ועוד** ראיה ברורה מנזיר).

סימן קצה סכ"א(2) • שער של כלה שעתיד ליקצץ

כלות שטובלות ושערותיהן ארוכות, ועתידין לקוץ אחר בעילת מצוה, **יש** שפקפקו לחוש שיחוצו, כיון שסופן להתגלח, **אבל י"א** דאין כאן בית מיחוש, ומנהג ישראל תורה היא, משום דהא דאמרינן בכ"מ כל העומד כו', היינו כשעומד להעשות מיד בלי הפסק דבר אחר ביניהם, **והכא** אין השערות עומדות להתגלח עד אחר בעילת מצוה, והבעילה מפסקת בין הטבילה לגילוח, לא שייך עומד לקוץ כקצוץ.

אבר ובשר המדולדלים

סעיף כב - אבר ובשר המדולדלים, חוצצים. (הגה: אבל יבלת או יתרת ואינן מדולדלין, אינן חוצצים).

סימן קצה סכ"ב • אבר ובשר המדולדלים

אבר ובשר המדולדלים, חוצצים. **אבל** יבלת או יתרת ואינן מדולדלין, אינן חוצצים.

תכשיטים

סעיף כג - השירים והנזמים והטבעות והקטלאות, אם הם רפויים, אינם

חוצצים - (עיין באר היטב של הרב מהרי"ט ז"ל, שכתב בשם בית הילל, דחוצץ אפילו בדיעבד, **רק** דאם שמשה כבר אחר הטבילה בטבעת רפויה, אין צריכה טבילה אחרת, **ועיין** בתשו' מקום שמואל שחולק עליו, ופסק כהשו"ע, **ובכתבי** הרב הגדול מהר"ר דניאל זצ"ל, ראיתי שמחמיר בזה מאד, דאפילו אם עברה לילה אחד אחר טבילה זו בטבעת רפויה, יש להחמיר להצריכה טבילה אחרת, **רק** אם היה רפוי הרבה יש להקל, **ועיין** בתשו' ב"ח החדשות, דשם כתב שחלילה לומר דברפוי לא עלתה לה טבילה, והאומר זה ראוי לנזיפה, ולא אמר הרמב"ם אלא באוחז באדם וכלים כו', אבל זולת זה אין גוזרין רפוי אטו שאינו רפוי מדינא, **אם** לא בנזמי האוזן, כיון דטריחא לה מילתא להסירם, וכל כה"ג במה דטריחא לה יש לגזור מטעם חומרא לכתחלה, וכן בחוטין שבצואר שתולין בהן הקמיעין כו', **גם** בס"ט דעתו דרק לכתחלה יש ליזהר, אבל בדיעבד עלתה לה טבילה).

‹**עיין** בשו"ע או"ח, שכתב הרמ"א דאין אנו בקיאים מה הוא רפוי - רעק"א›.

‹**ואם** מסופקת אם טבלה בטבעת הרפויה, ושמשה, אינה צריכה לטבול שנית - רעק"א›.

ואם הם מהודקים, חוצצים - [ואין להקשות, הא מיעוט שאינו מקפיד הוא, פי' הראב"ד, לפי שמקפדת להסירו בשעת לישה, והוה כההיא דחוטי צמר דס"ב].

(**ועיין** בספר שיורי טהרה שכתב, דמדברי ספר גן המלך מבואר, דאשה שאין דרכה ללוש בעצמה, אין הטבעת שעל ידה חוצץ, אפילו מיהדק טובא, **וכה"ג** כתב בא"ר בשם רש"ל, דטבעת באנשים אינו חוצץ, לפי שאין מקפידין אם לא בטבעת שיש בו אבן טוב, והוא ג"כ מה"ט, לפי שאין דרכם של אנשים לעשות מלאכות כאלו, **ומ"מ** אין להקל, כיון דבשו"ע כאן ובאו"ח כתב סתם, דטבעת מהודק חוצץ, ולא מפליג מידי, משמע שאין לחלק בזה, **ולא** דמי למוכרי רבב והצובעים, שכל אותו אומנות ידועים בכך, משא"כ הכא י"ל דלא פלוג, **מיהו** אפשר בדיעבד ושימשה יש להקל בנדון זה).

‹**עיין** תשו' תשב"ץ שהוכיח, דדוקא נזמי אף חוצצים, אבל נזמי אוזן אין חוצצים, **ועיין** בתשו' ב"ח שכתב בהיפוך, דנזמי אוזן אפי' רפויים חוצצים - רעק"א›.

סימן קצח סכ"ג(1) • תכשיטים

השירים והנזמים והטבעות והקטלאות, רפויים, אינם חוצצים.
וי"א דחוצץ אפילו בדיעבד, **רק** דאם שמשה כבר אחר הטבילה בטבעת רפויה, א"צ טבילה אחרת.
ויש שמחמירו בזה מאד, דאפי' אם עברה לילה א' אחר טבילה זו בטבעת רפויה, יש להחמיר להצריכה טבילה אחרת, **רק** אם היה רפוי הרבה יש להקל.
ויש שחלקו עליהם, ופסקו כהשו"ע, וכתבו שחלילה לומר דברפוי לא עלתה לה טבילה, והאומר זה ראוי לנזיפה, **דאין** גוזרין רפוי אטו שאינו רפוי מדינא, **אם** לא בנזמי האוזן וכן בחוטין שבצואר שתולין בהן הקמיעין כו' וכה"ג, דטריחא לה מילתא להסירם, מטעם חומרא לכתחלה.
וי"א דלכתחלה יש ליזהר, אבל בדיעבד עלתה לה טבילה.

אם מסופקת אם טבלה בטבעת הרפויה, ושמשה, אינה צריכה לטבול שנית.

כתב הרמ"א בשו"ע או"ח, דאין אנו בקיאים מה הוא רפוי.

ואם התכשיטים הם מהודקים, חוצצים.
ואין להקשות, הא מיעוט שאינו מקפיד הוא, **לפי** שמקפדת להסירו בשעת לישה.

וי"א דאשה שאין דרכה ללוש בעצמה, אין הטבעת שעל ידה חוצץ, אפילו מיהדק טובא, **וכה"ג י"א** דטבעת באנשים אינו חוצץ, לפי שאין מקפידין אם לא בטבעת שיש בו אבן טוב, והוא ג"כ מה"ט, לפי שאין דרכם של אנשים לעשות מלאכות כאלו, **ומ"מ** אין להקל, כיון דבשו"ע כאן ובאו"ח כתב סתם, דטבעת מהודק חוצץ, ולא מפליג מידי, משמע שאין לחלק בזה, **מיהו** אפשר בדיעבד ושימשה יש להקל בנדון זה.

י"א דדוקא נזמי אף חוצצים, אבל נזמי אוזן אין חוצצים, **וי"א** בהיפוך, דנזמי אוזן אפי' רפויים חוצצים.

אגד וקשקשים

וכן הדין באגד שעל המכה, וקשקשים שעל השבר - היינו לוחות שעושים הרופאים ע"ג מכה.

והב"ח פסק, דבאגד וקשקשים אפילו רפויים חוצצים, דלא עיילי בה מיא שפיר.

(**עיין** בשו"ת שיבת ציון, באשה אשר לה כאב עינים ר"ל, וצוה עליה רופא מומחה שלא יבואו מים כלל על עיניה, אפילו מחוץ לעינים, פן תאבד מאור עיניה, איך תנהג האשה ההיא בחפיפה וטבילה, **ודעת** השואל להמציא לה תחבולה, לעשות לה אגד רפוי על עיניה בעת טבילה, **ואף** שכתב הב"ח בשם ש"ד, דגבי שירים ונזמים

יש לגזור לכתחלה רפוי אטו אין רפוי, וכ"כ הרמ"א לעיל ס"א בהגה"ה, **דוקא** בשירים ונזמים שהם עליה תמיד כו', **והרב** המחבר נר"ו אין דעתו מסכמת להך תקנה, דאדרבה אפילו מאן דסובר בשירים ונזמים דלא גזרינן אטו אינו רפוי, היינו דשם ליכא תועלת והנאה לאשה אם טובלת במהודקין, **משא"כ** בנ"ד שעיקר פעולת האגד להגין שלא יבואו מים על העינים, יש לחוש שתהדק מפני הפחד, **אך** יש לה תקנה אחרת, שתתן ידיה על עיניה, ותדיח הידים תחלה שתהיינה טופח ע"מ להטפיח, **אך** הנחת ידים לא תהיה מהאשה עצמה, דאם תכוף את הידים למעלה נעשו קמטים, ונתכסה הבשר שבתוך הפרק במקום חיבור היד והזרוע, וכמש"ל סל"ה, דהטבילה צריכה להיות כמו שהיא הולכת, **רק** אשה אחרת תרד עם האשה לתוך המקוה, ותעמוד לאחוריה בריחוק קצת, שלא תגע גופה בגוף האשה הטובלת, ותדיח ידיה במים ותכסה עיני האשה הזאת ברפיון קצת ותטבול, **ולענין** החפיפה העלה להקל, אשר די לה שתרחץ ותחוף כל גופה וראשה חוץ מהעינים, וסגי לה בעיון לראות במראה, או בבדיקה ע"י אשה אחרת, שלא יהיה לפלוף, וגם שלא תהיה ריסי עיניה דבוקות).

סימן קצח סכ"ג(2) • אגד וקשקשים

אגד שעל המכה, וקשקשים שעל השבר, היינו לוחות שעושים הרופאים ע"ג מכה, חוצצין.
וי"א דאפילו רפויים חוצצים, דלא עיילי בה מיא שפיר.

אשה אשר לה כאב עינים ר"ל, וצוה עליה רופא מומחה שלא יבואו מים כלל על עיניה, אפילו מחוץ לעינים, פן תאבד מאור עיניה, **י"א** דאינו עצה שיעשה לה אגד רפוי על עיניה בעת טבילה, דאפי' מאן דסובר בשירים ונזמים דלא גזרינן אטו אינו רפוי, היינו דשם ליכא תועלת והנאה לאשה אם טובלת במהודקין, **משא"כ** בנ"ד שעיקר פעולת האגד להגין שלא יבואו מים על העינים, יש לחוש שתהדק מפני הפחד, **אך** יש לה תקנה אחרת, שאשה אחרת תרד עם האשה לתוך המקוה, ותעמוד לאחוריה בריחוק קצת, שלא תגע גופה בגוף האשה הטובלת, ותדיח ידיה במים טופח ע"מ להטפיח, ותכסה עיני האשה הזאת ברפיון קצת ותטבול, **אך** לא תעשה כן האשה עצמה, דאם תכוף את הידים למעלה נעשו קמטים, ונתכסה הבשר שבתוך הפרק במקום חיבור היד והזרוע, והטבילה צריכה להיות כמו שהיא הולכת.
ולענין החפיפה, די לה שתרחץ ותחוף כל גופה וראשה חוץ מהעינים, וסגי לה בעיון לראות במראה, או בבדיקה ע"י אשה אחרת, שלא יהיה לפלוף, וגם שלא תהיה ריסי עיניה דבוקות.

לחצוץ השינים

סעיף כד - צריכה לחצוץ שיניה שלא יהא בהם דבר חוצץ, שאם טבלה ונמצא שום דבר דבוק בהם, לא עלתה לה טבילה - דאע"ג דלא בעינן ביאת מים לבית הסתרים, [דדרשינן כל בשרו, מה בשרו מאבראי אף כל מאבראי], ראוי לביאת מים בעינן, [דכל הראוי לבילה אין בילה מעכבת בו].

כתב הב"ח דמלשון זה משמע שאינו חוב עליה, אלא צריכה לחוץ לטובתה, שאם טבלה ונמצא שום דבר ביניהם, לא עלתה לה טבילה, (**מדכתב** "שאם" בש"ע, ולא כתב "ואם" בוי"ו, אינו רק עצה טובה, **אבל** אם היא אומרת שאינה רוצה לחצוץ שיניה, ואם תמצא לאחר הטבילה שום דבר דבוק בשיניה תטבול שנית, הרשות בידה), **וכיוצא בזה** כתב מהרא"י בתה"ד גבי שחיטה, ובנה יסודו על דקדוק כזה, עכ"ל, **ולא** נהירא, דדוקא לעיל גבי שחיטה, דאמרינן השוחט בהמות רבות צריך לבדוק בין כל אחד ואחד, שאם לא נעשה כן, ובדק באחרונה ונמצא הסכין פגום, הרי הכל ספק נבילות, **ע"כ** דייק מהרא"י שם שפיר מלשון זה, דאי איתא דאיסורא מטעמא אחרינא, שמא יאכל מהן קודם בדיקה אחרונה, לא הול"ל הכי, ("שאם", דהא לאו מהאי טעמא צריך לבדוק בין כל אחת ואחת, דאפי' אם יאמר שאינו חושש לפסידא דיליה, אפ"ה צריך לבדוק הסכין מיד בין כל אחת ואחת, **דזה** פשוט דאי משום טעמא דיהיה הכל ספק נבילות, א"כ מאן דלא חייש לפסידא רשאי, דלא חיישינן שמא ישכח לבדוק הסכין אחר שחיטת האחרונה, דהא בכל פעם כששוחט צריך לבדוק אחר השחיטה – מחה"ש), ע"ש מבואר כך להדיא, **אבל** הכא אפי' תימא דחוב הוא לה, היינו טעמא משום שאם טבלה ונמצא שום דבר ביניהם לא עלתה לה טבילה, והלכך חיישינן שמא יהא דבר חוצץ ביניהם, דהא אין צריכה לבדוק אחר הטבילה אם יש עליה שום דבר חוצץ, אבל בשחיטה צריך הסכין לבדוק אחר סוף השחיטה, **וכן** משמע בב"י דחוב הוא לה, וכתב דכן הדין שהרי שיניים מצויים לימצא ביניהם שיורי מאכל, **ובזה** מיושב מה שהקשה הב"ח, מנ"ל דחובה הוא, דכן בדין וק"ל, **וגם** בעט"ז כתב "ואם" בוי"ו, **ואפי'** אמרה אבדוק אחר הטבילה בין השיניים, חיישינן שמא תשכח מלבדוק, וכה"ג חיישינן בדוכתי טובי, **ולא** דמי לשחיטה, דהתם בלא"ה צריך לבדוק הסכין אחר השחיטה, משא"כ הכא.

ויש נוהגות שלא לאכול בשר ביום לכתן לבית הטבילה, מפני שהוא נכנס בין השיניים יותר ממאכל אחר; ואע"פ שבודקות וחוצצות

השיניים, חוששות דילמא משתייר מיניה ולאו אדעתה, ומנהג יפה הוא – [פשוט שאם לא נהגה כן, אינה צריכה לעכב הטבילה בשביל זה, **ובשבת** ויו"ט המנהג שאוכלים בשר, רק שתזהר לנקר ביותר אחרי כן].

הגה: ואין לה לאכול בין הרחיצה לטבילה; ואין לה לעסוק כל היום קודם הטבילה בבצק או בנרות של שעוה, שלא ידבק בה, וכן נהגו.

סימן קצה סכ"ד • לחצוץ השינים

צריכה לחצוץ שיניה שלא יהא בהם דבר חוצץ, שאם טבלה ונמצא שום דבר דבוק בהם, לא עלתה לה טבילה, **דאע"ג** דלא בעינן ביאת מים לבית הסתרים, דדרשינן כל בשרו, מה בשרו מאבראי אף כל מאבראי, **ראוי** לביאת מים בעינן, דכל הראוי לבילה אין בילה מעכבת בו.

כתב הב"ח, דמדכתב "שאם" בשי"ן, ולא כתב "ואם" בוי"ו, אינו רק עצה טובה, **אבל** אם היא אומרת שאינה רוצה לחצוץ שיניה, ואם תמצא לאחר הטבילה שום דבר דבוק בשיניה תטבול שנית, הרשות בידה.

והש"ך חולק, דאפי' תימא דחוב הוא לה, היינו טעמא משום שאם טבלה ונמצא שום דבר ביניהם לא עלתה לה טבילה, והלכך חיישינן שמא יהא דבר חוצץ ביניהם, דהא א"צ לבדוק אחר הטבילה אם יש עליה שום דבר חוצץ, **ואפי'** אמרה אבדוק אחר הטבילה, חיישינן שמא תשכח מלבדוק, וכה"ג חיישינן בדוכתי טובי, **וגם** דיש גורסים "ואם" בוי"ו.

ויש נוהגות שלא לאכול בשר ביום לכתן לבית הטבילה, מפני שהוא נכנס בין השיניים יותר ממאכל אחר; ואע"פ שבודקות וחוצצות השיניים, חוששות דילמא משתייר מיניה ולאו אדעתה, **ומנהג** יפה הוא. **אבל** אם לא נהגה כן, אינה צריכה לעכב הטבילה בשביל זה, **ובשבת ויו"ט** המנהג שאוכלים בשר, רק שתזהר לנקר ביותר אחרי כן.

ואין לה לאכול בין הרחיצה לטבילה.

ואין לה לעסוק כל היום קודם הטבילה בבצק או בנרות של שעוה, שלא ידבק בה, וכן נהגו.

הדחת בית הסתרים

סעיף כה - אם לא הדיחה בית הסתרים ובית הקמטים שלה, ונמצא בהם דבר חוצץ, לא עלתה לה טבילה. ואם לא נמצא עליה דבר חוצץ, אף על פי שלא בדקה קודם טבילה, עלתה לה טבילה; ואינו דומה לבדיקת הגוף וחפיפת הראש - כתב הט"ז והמעדני מלך הטעם, דבבית הסתרים כיון שיש לה מקום להשאר שם ולהתדבק בבית קמטיה, אמרינן ודאי לא היה שם, דא"כ למה יפול אחר הטבילה, עכ"ל, **ולחנם** דחקו*, דלהכי לא דמי לבדיקת הגוף וחפיפת הראש, דהתם בעינן ביאת מים ותלינן לחומרא, אבל הכא לא בעינן ביאת מים אלא ראוי לביאת מים, לכך תלינן לקולא.

*ו**ביותר**, דאם נימא דבעינן הוכחה, א"כ בסכ"ו, הא עכ"פ ליכא הוכחה להקל, דהא באמת נמצא חציצה. **ואף** למה דמסיק הש"ך הכא, "לכך תליא לקולא", דמשמע דעכ"פ בעינן בדיקה לבית הסתרים, אלא דמהני בדיקה שלאחר הטבילה, ולא חיישינן דנפל בעלייתו, דתלינן לקולא, **ויקשה** ג"כ מההיא דסכ"ו, דהא התם ליכא כלל בדיקת בית הסתרים, דהא באמת מצאה חציצה, אלא דיש לתלות בנתעסקה, אבל מ"מ לא היה בדיקה לבית הסתרים, וצ"ע – רעק"א.

סימן קצה סכ"ה(1) • הדחת בית הסתרים

אם לא הדיחה בית הסתרים ובית הקמטים שלה, **ונמצא** בהם דבר חוצץ, לא עלתה לה טבילה.

ואם לא נמצא בהם חציצה, אע"פ שלא בדקה קודם טבילה, עלתה לה טבילה, ואינו דומה לבדיקת הגוף וחפיפת הראש.

י"א הטעם, דבבית הסתרים כיון שיש לה מקום להשאר שם ולהתדבק בבית קמטיה, אמרינן ודאי לא היה שם, דא"כ למה יפול אחר הטבילה. **(ויש מקשים**, דאם נימא דבעינן הוכחה, א"כ בסכ"ו, הא עכ"פ ליכא הוכחה להקל, דהא באמת נמצא חציצה).

והש"ך כתב דבחנם דחקו, אלא הטעם, דבבדיקת הגוף וחפיפת הראש בעינן ביאת מים ותלינן לחומרא, **אבל** הכא לא בעינן ביאת מים אלא ראוי לביאת מים, לכך תלינן לקולא. **(ומקשים** גם עליו, דמשמע דעכ"פ בעינן בדיקה לבית הסתרים, אלא דמהני בדיקה שלאחר הטבילה, ולא חיישינן דנפל בעלייתה, דתלינן לקולא, **ויקשה** ג"כ מההיא דסכ"ו, דהא התם ליכא כלל בדיקת בית הסתרים, דהא באמת מצאה חציצה, אלא דיש לתלות בנתעסקה, אבל מ"מ לא היה בדיקה לבית הסתרים, וצ"ע).

יש לה טבעת באותו מקום

(**עיין** בתשו' נודע ביהודה, על דבר האשה אשר הושם טבעת של שעוה תוך עומק הפרוזדור לצורך רפואה, אם חוצץ בטבילה, **וכתב** דזה ודאי קרוי מקפיד, שהרי הוא מתלכלך תמיד בימי נדתה, וצריכה להסירה בעת שתפסוק בטהרה לנקותה, וכן בימי לידה, ואולי מעכב גם הבדיקה תמיד בשבעה נקיים וצריכה להסירה, וא"כ הוא דבר שמקפיד וחוצץ, **אמנם** אף שאמרו בית הסתרים צריך להיות ראוי לביאת מים, דוקא בבית הסתרים אמרו כן, אבל במקום הנקרא בלוע א"צ אפילו ראוי לביאת מים, **ולכן** אם אשה זאת אומרת שהוא כ"כ בעומק, עד שאין

השמש מגיע שם אפילו בשעת גמר ביאה, אז מקרי בלוע וא״צ להיות ראוי לביאת מים, וא״צ להסירה בשעת טבילה, **ע״ש** שהעלה כן להלכה ולא למעשה, עד שיסכימו עמו עוד שני רבנים).

(**ובתשו׳** חת״ס חולק על ראשית דברי הנו״ב, מש״כ דקרוי מקפיד משום שצריכה להסירו בשעת הפסק טהרה, וכן בימי לידה, **וכתב** דההסרה שבעת לידה לא מקרי מקפיד, שאין אותה ההסרה מטעם ההקפדה, לא על הטבעות ולא על לכלוך גופה, אלא לפנות מקום לולד, **וראיה** לזה מטבעת של איש שאין בו אבן, שאין חוצץ כמש״כ מג״א, אף דמסירו בשעת הנחת תפלין ונטילת לולב, **רק** אם היתה צריכה להסירו בשעת פרישת טהרה, זה ודאי קרוי מקפיד, **וגם** מש״כ הנו״ב, אם האשה זאת אומרת שהוא כ״כ בעומק כו׳, **הוסיף** הוא ז״ל דאף אם מסופקים בכך, ואפשר הוי ספק חסרון ידיעה, דאשה בקיאה יכולה לברר, מ״מ כיון דהוי סכנה וחולשה רבה להוציא, הו״ל מיעוטא ואינו מקפיד כו׳ ויש להקל).

(**ועיין** בנודע ביהודה, שרב אחד רצה לחלק בבית הסתרים גופא, דבמקום שהמים יכולים לבוא בעצמם, כמו הפה אם הוא פתוח, וכן נקבי החוטם והאזנים, אלא שהכתוב גילה לנו שא״צ לביאת מים, אלו צריכים עכ״פ ראוי לביאת מים, **אבל** אותו מקום של אשה אפילו בית החיצון, כיון שאף אם תרחיק ירכותיה לא יכנסו המים רק קצת בהתחלת המקום, ולכן כל שהוא לפנים ממקום שהתינוקת יושבת ונראית, אין צריכה אפילו ראוי לביאת מים, **והוא** ז״ל דחה ראיותיו - גם מדברי הרמ״א בסעיף מ״ג בהגה״ה, מבואר דלא כוותיה).

(**וע״ש** שהעלה לענין בדיקת הנקיים, אם הוא באופן שפי הרחם מכוון נגד חלל הטבעת, וכל פה המקור מכוון ג״כ כנגד חלל הטבעת, א״כ בשעת הפסק טהרה תתן צמר גפן תוך מטלית של פשתן נקי, באופן שיהא עב קצת, עכ״פ כמו רוחב חלל הטבעת, ותכניס העד הזה עמוק דרך חלל הטבעת עד נגד פי המקור, ויהא אצלה מקודם ביה״ש עד אחר צה״כ, וגם ביום א׳ תעשה כן, ובשאר ששת ימים תבדוק כפי האפשר לה).

(**ועיין** בתשו׳ זכרון יוסף, שנשאל ג״כ על השאלה הנ״ל, וכוון לדברי הנוב״י הנ״ל, דאין חוצץ בשעת טבילה, אחרי שהטבעת אינו בבית החיצון רק למעלה סמוך לחדר, הוי בלוע ואין צריך אפי׳ ראוי לביאת מים, **והמציא** עוד ב׳ היתרים, חדא, דהא לא ברירא לן דלא עיילי מיא תחת הטבעת, דאפשר שאינו מהודק כ״כ, והוי ספיקא דרבנן לקולא, כיון דלא הוי רק מיעוט המקפיד, והביא בשם שו״ת שבות יעקב שכתב כן בפירוש, דלענין מיעוט המקפיד אמרינן ספק דרבנן לקולא, {**וצריך** עיון כעת, דהא באיתחזק איסורא לא אמרינן ספק דרבנן, כדלעיל ס״ס ק״י בדיני ס״ס, והכא איתחזק איסור דטומאת נדה, **וצ״ל** דס״ל כדעת הפר״ח שהבאתי שם, וכבר כתבתי שם דאין כן הלכה, וכעת אין ספר הנ״ל לפני}, **ועוד**, לפי שהאשה אמרה שאינה יכולה לקחת הטבעת משם משום סכנת נפשות, זולת בבוא חבלי לידה בהכרח נוטלתו כדי שלא ימנע יציאת העובר מרחמה, א״כ מקרי אינה מקפדת, **ולענין** בדיקת העלה, שיכולה לבדוק את עצמה כשאר נשים במוך, שתכניס לאמצע פרוזדור עד קרוב למקום שהשמש דש, ותניחהו שם כל בין השמשות, בשעת הפרשתה לטהרה, וכן תעשה גם באחד מימי הספירה בשחרית או ערבית, וגם תבדוק צד שמאל רחמה, ואף שצד הימין ומקום הטבעת אינה יכולה לבדוק, אין בכך כלום, רק תעשה מה שביכולתה לבדוק, בכל המקומות שתוכל להגיע שם, ובשאר ימים די לה בבדיקה קלה).

(**ועיין** בתשובת רבינו עקיבא איגר זצ״ל, שהאריך מאד בענין הנ״ל, והסכים ג״כ להקל לענין החציצה, דאינה חוצצת, וגם הגאון מליסא ז״ל הסכים להיתירא, **אולם** במה שמקיל בתשו׳ זכרון יוסף הנ״ל, לענין הבדיקה, חולק עליו, מאחר שרבו רבותינו המחמירים, דבעינן דוקא בדיקת חורין וסדקין, ומשמע דאינה בדיקה כלל בלא חו״ס, **אולם** אחת היא שיש בזה לדון ולהקל, די״ל דהא דצריך בדיקת חו״ס, היינו כיון דע״פ הרוב אינה יכולה להכניס העד בעומק עד מקום שהשמש דש ממש, כמ״ש הב״י, ואף במקום גמר דישת השמש אינו ממש במקור, חיישינן דזב לצדדים לחו״ס, ואינו פוגע בעד, **א״כ** יש תקנה לאחותנו לבדוק בשפופרת ומוך בתוכו {דע״י זה יכולה לדחוק המוך יותר} ולדחוק הרבה המוך עד שיכנס לפנים ממקום שהשמש דש, סמוך לפי האם ממש, דזה הוי הוכחה, דאם המקור זב היה נוטף על המוך, ולא בעי בדיקת חו״ס, **ככה** יהיה בדיקה דפסיקת טהרה ויום א׳ דז״נ, **וסיים** דיש להקל ע״י בדיקה הנ״ל, באופן אם יסכימו גדולי הדור, **ואף** אם יקילו ביותר שיהיה רק בדיקה

דהפסק טהרה כפי הנ"ל, ולסמוך על הרמב"ן דבדיקת שבעה נקיים לא בעי חו"ס, מסכים ג"כ לזה).

סימן קצח סכ"ה(2) • יש לה טבעת באותו מקום

שהושם טבעת של שעוה תוך עומק הפרוזדור לצורך רפואה:

אם מקרי חציצה

י"א דלא ברירא לן דלא עיילי מיא תחת הטבעת, דאפשר שאינו מהודק כ"כ, והוי ספיקא דרבנן לקולא, כיון דלא הוי רק מיעוט המקפיד, **וי"א** דצ"ע, דהא קימ"ל באיתחזק איסורא דלא אמרינן ספק דרבנן לקולא, והכא איתחזק איסור דטומאת נדה, **אבל** יש שהסכימו, דאינה חוצצת.

אם מקרי מקפיד

י"א דזה ודאי קרוי מקפיד, שהרי הוא מתלכלך תמיד בימי נדתה, וצריכה להסירה בעת שתפסוק בטהרה לנקותה, וכן בימי לידה, ואולי מעכב גם הבדיקה תמיד בז"נ וצריכה להסירה, וא"כ הוא דבר שמקפיד וחוצץ.

אבל י"א דההסרה בעת לידה לא מקרי מקפיד, שאין אותה ההסרה מטעם ההקפדה, לא על הטבעות ולא על לכלוך גופה, אלא לפנות מקום לולד, **רק** אם היתה צריכה להסירו בשעת פרישת טהרה, זה ודאי קרוי מקפיד.

וי"א לפי שהאשה אמרה שאינה יכולה לקחת הטבעת משם משום סכנת נפשות, זולת בשעת לידה בהכרח נוטלתו כדי שלא ימנע יציאת העובר מרחמה, א"כ מקרי אינה מקפדת.

אם צריך ראוי לביאת מים

י"א דדוקא בבית הסתרים צריך להיות ראוי לביאת מים, **אבל** במקום הנקרא בלוע, א"צ אפי' ראוי לביאת מים, **ולכן** אם אשה זאת אומרת שהוא כ"כ בעומק, עד שאין השמש מגיע שם אפילו בשעת גמר ביאה, אז מקרי בלוע וא"צ להיות ראוי לביאת מים, וא"צ להסירה בשעת טבילה. (**ע"ש** שהעלה כן להלכה ולא למעשה, עד שיסכימו עמו עוד שני רבנים).

וי"א דאף אם מסופקים בכך, ואפשר דהוי ספק חסרון ידיעה, דאשה בקיאה יכולה לברר, **מ"מ** כיון דהוי סכנה וחולשה רבה להוציא, הו"ל מיעוטא ואינו מקפיד כו', **ויש** להקל.

וי"א דיש לחלק בבית הסתרים גופא, דבמקום שהמים יכולים לבוא בעצמם, כמו הפה אם הוא פתוח, וכן נקבי החוטם והאזנים, צריכים עכ"פ ראוי לביאת מים, **אבל** אותו מקום של אשה אפילו בית החיצון, כיון שאף אם תרחיק ירכותיה לא יכנסו המים רק קצת בהתחלת המקום, **ולכן** כל שהוא לפנים ממקום שהתינוקת יושבת ונראית, א"צ אפי' ראוי לביאת מים, **ודחו** אותו.

לענין בדיקת הנקיים

י"א שיכולה לבדוק את עצמה כשאר נשים במוך, שתכניס לאמצע פרוזדור עד קרוב למקום שהשמש דש, ותניחהו שם כל בין השמשות, בשעת הפרשתה לטהרה, **וכן** תעשה גם באחד מימי הספירה בשחרית או ערבית, **וגם** תבדוק צד שמאל רחמה, ואף שצד הימין ומקום הטבעת א"י לבדוק, אין בכך כלום, רק תעשה מה שביכולתה לבדוק, בכל המקומות שתוכל להגיע שם, **ובשאר** ימים די לה בבדיקה קלה.

אבל יש שחלקו עליו, מאחר שרבו דעת רבותינו המחמירים, דבעינן דוקא בדיקת חורין וסדקין, ומשמע דאינה בדיקה כלל בלא חו"ס. **אולם** יש לדון ולהקל, די"ל דהא דצריך בדיקת חו"ס, היינו כיון דע"פ הרוב אינה יכולה להכניס העד בעומק עד מקום שהשמש דש ממש, חיישינן דזב לצדדים לחו"ס, ואינו פוגע בעד, **א"כ** יש תקנה לבדוק בשפופרת ומוך בתוכו, ולדחוק הרבה המוך עד שיכנס לפנים ממקום שהשמש דש, סמוך לפי האם ממש, **דזה** הוי הוכחה, דאם המקור זב היה נוטף על המוך, ולא בעי בדיקת חו"ס, **וככה** יהיה בדיקה דפסיקת טהרה ויום א' דז"נ, (**באופן** אם יסכימו גדולי הדור, **ואף** אם יקילו ביותר שיהיה רק בדיקה דהפסק טהרה כפי הנ"ל, ולסמוך דבדיקת ז"נ לא בעי חו"ס, **יסכים** ג"כ לזה).

וי"א דאם הוא באופן שפי הרחם מכוון נגד חלל הטבעת, וכל פה המקור מכוון ג"כ כנגד חלל הטבעת, **א"כ** בשעת הפסק טהרה תתן צמר גפן תוך מטלית של פשתן נקי, באופן שיהא עב קצת, עכ"פ כמו רוחב חלל הטבעת, ותכניס העד הזה עמוק דרך חלל הטבעת עד נגד פי המקור, ויהא אצלה מקודם בה"ש עד אחר צה"כ, **וגם** ביום א' תעשה כן, **ובשאר** ששת ימים תבדוק כפי האפשר לה.

מצאה דבר החוצץ בבית סתריה לאחר שנתעסקה באותו המין

סעיף כו - ואם לא בדקה קודם טבילה בין שיניה ולא בית הסתרים שלה, ואחר טבילה נמי לא בדקה עד שנתעסקה בכתמים ובתבשילין, ואחר כך בדקה ומצאה עצם בין שיניה או דבר חוצץ בין סתריה, תלינן לקולא ואמרינן דבתר טבילה עיילי בה

– [זה דוקא בבית הסתרים שאין צריך לביאת מים].

ודעת הרוקח אינו כן, וז"ל, מצאתי מעשה באשה שטבלה ונמצא בשר בין שיניה, והצריכוה טבילה אחרת, מההוא עובדא דמייתי פ"ק דקדושין, מעשה בשפחתו של רבי שטבלה ונמצא לה עצם בין שיניה, והצריכה רבי טבילה אחרת, **ואפי'** לא ידעינן מתי נכנס בין שיניה, קודם טבילה או אחר טבילה, הא אמרינן טבל ועלה ונמצא עליו דבר חוצץ, אע"פ שנתעסקה באותו המין כל היום כולו, לא עלתה לה טבילה, עכ"ל, **ויש** להחמיר.

סימן קצח סכ"ו • מצאה דבר החוצץ בבית סתריה לאחר שנתעסקה באותו המין

אם לא בדקה קודם טבילה בין שיניה ולא בית הסתרים שלה, וכן אחר הטבילה עד שנתעסקה בכתמים ובתבשילין, ואח"כ בדקה ומצאה עצם בין שיניה או דבר חוצץ בין סתריה, **תלינן** לקולא ואמרינן דבתר טבילה עיילי בה, **ודוקא** בבית הסתרים שא"צ לביאת מים. **ויש** חולקין, **ויש** להחמיר.

לחצה את עצמה באופן שלא תבא המים

סעיף כז - נתנה שערה בפיה - ולא באו המים בשערה, **או קרצה שפתותיה, או קפצה ידה בענין שלא באו המים בהם, לא עלתה לה טבילה** - (כתב בספר חמודי דניאל, אבל אם קרצה שיניה לא הוי חציצה, ע"ב).

סי' קצח סכ"ז • לחצה את עצמה באופן שלא תבא המים

נתנה שערה בפיה, ולא באו המים בשערה, או קרצה שפתותיה, או קפצה ידה בענין שלא באו המים בהם, לא עלתה לה טבילה. **וי"א** דאם קרצה שיניה לא הוי חציצה.

אחוזה בה חברתה

סעיף כח - לא תאחוז בה חברתה בידיה בשעת טבילה, אלא אם כן רפתה ידה כדי שיבואו המים במקום אחיזת ידיה; ואם הדיחה ידיה במים תחלה - ודוקא במי מקוה, אבל לא במים תלושים, כדלעיל סימן ק"כ ס"ב בהג"ה, וכן משמע במרדכי, **שרי, שמשקה טופח** - ע"מ להטפיח, **שעל ידיה חבור למי המקוה.**

במים תחילה – [פי' אפי' במים תלושים, שעכשיו שיתחברו למי מקוה יהיו גם הם כשרים, דמשקה טופח הוא חיבור, **ולא** כמו שכתב רמ"א בסי' ק"כ ס"ב, דוקא במי מקוה, וכמו שהוכחתי שם שלא דק בזה].

[**איתא** במתני' פרק ח' דמקואות, האוחז באדם ובכלים ומטבילן, טמאין, ואם הדיח ידיו במים, טהורים, רבי שמעון אומר ירפה את ידיו כדי שיבואו בהם המים, **ופי'** הרמב"ם והרמב"ן, דת"ק מחמיר טפי מר"ש, דלר"ש סגי בריפוי ידיו, ולת"ק לא סגי, משום גזירה שמא לא ירפה, ע"כ פסק דבעינן הדחת ידיו תחלה דוקא, **ומשמע** לפירושם, דכל שמדיח ידיו תחילה א"צ לריפוי ידיו כלל, אפי' אם מהדקם בכח באדם וכלי הנטבל, אין חשש, כיון שכבר נתלחלחו, ***דאי** לא תימא הכי, מה מועיל הדחת ידים, דגם אחר ההדחה נגזור שמא יהדקם בכח, **והרשב"א** פי', דר"ש לחומרא קאמר, דהת"ק סבירא ליה דסגי בהדחה לחוד, ור"ש ס"ל כיון שעשוי לדחוק ידיו על האדם והכלי שמטביל, ליכא חיבור אפי' במשקה טופח, **ולא** דמי לרגלי הטובל שעל הקרקע המקוה, דהתם המים מקדימים לרגלים, ועדיין איכא משקה טופח מחובר למקוה, אבל כאן סבר ר"ש, שדרך האוחז בכלים להטבילן, שדוחק ידיו עליהם כדי שלא יפלו מידו, וכן אוחז בחבירו, וימנע מהיות המשקה שעל ידיו חיבור כלל, ות"ק לא חייש לזה כלל, ואיכא משקה טופח חיבור, והלכה כת"ק דאין צריך לרפות, אבל אם מרפה פשיטא דמהני, **ומסיק** דאפי' לת"ק, מ"מ צריך שלא ידחוק הרבה בכח כשאוחזו לטובלו, כ"כ בת"ה הארוך ובמשמרת הבית שחיבר הרשב"א עצמו, והסכים הטור להרשב"א, וע"כ פסק כאן בשו"ע כמותם, דסגי הן ברפתה הן בהדחת ידיה תחלה, **ומו"ח** ז"ל תמה על שפסק (השו"ע) דלא כרמב"ם ורמב"ן, **ואין** כאן תימה, דכדאי הם הרשב"א והטור שנסמוך עליהם, בפרט במלתא דרבנן, דמן התורה אין חוצץ אלא רובו ומקפיד].

והב"ח פסק כהרמב"ם והרמב"ן, דאפי' ברפתה לא עלתה לה טבילה, גזרה אטו לא רפתה, **ואע"ג** דבעלמא לא גזרינן ברפוי, הכא שאני, דמתוך שהוא בהול ומתפחד פן ישמט מידיו, הוא דוחק את ידיו עליו שלא במתכוין, ע"כ, **וכ"כ** הרא"ה, דהכא באוחז בחבירו שחבירו נשען עליו, עשוי הוא ומצוי שלא ירפה, ושפיר שייך למגזר, עכ"ל, **מיהו** בה"ג גורס, ר"ש אומר עד שירפה כו', והיינו כפי' הרשב"א דאסיפא פליג ודוק.

[**והנה יש עוד מחלוקת בין רמב"ם ורמב"ן לבין הרשב"א,** דלהרמב"ם ורמב"ן הוכחתי בסמוך*, דאפי' אם אוחזו בכח אין חוצץ, כל שהדיח ידיו תחילה, **והרשב"א** כתב בפירוש, **דאע"פ** שהלכה כת"ק, מ"מ לא ידחוק הרבה, אלא יאחזנו כדרך כל האדם, ולא חיישינן שיאחז בכח, **והמרדכי** נראה דס"ל ג"כ הכי, שהרי פסק שאין להניח כלי מלא בדלי שיש בו מים ולהטבילו בבור, דכובדו של כלי עושה חציצה, והיינו כדברי הרשב"א, דהא כובדו של כלי דומה לאדם שאוחז הכלי בכח, **ולפי"ז** מה דפסק כאן בשו"ע כהרשב"א, דמהני רפתה, ואח"כ כתב דמהני אם הדיחה ידיה תחילה אפי' בלא רפתה, **נ"ל** אע"ג דלא רפתה, מ"מ צריך שלא תאחז החברתה בה בכח, דאל"כ לא מהני הדחה תחילה, **אלא** דלא חיישינן לזה], **ועיין** לקמן סעיף ל', מה דמבואר שם בט"ז, דליכא חשש מה דהוי דיבוק חזק, אלא אם הוא מי תלושין, אבל במי מקוה אפי' בדיבוק חזק מהני, עיין בסד"ט.

*לענ"ד אינו מוכח, די"ל דזהו מצוי שלא ירפה מחשש שלא יפלו ממנו, אבל אינו מצוי להדקו הרבה, דבדיבוק בינוני ג"כ לא יפלו מידו, מש"ה לא גזרו שיהדק בכח – רעק"א.

כתב הדרישה מכאן יש היתר גמור, שבשעה שהאשה טובלת וחברתה דחפה במים, שיכולה לאחזה בידה בשעת דחיפה, אם הדיחה ידיה במים תחלה, וא"צ להפריד ידיה ממנה, ולא כמו שנוהגין נשי דידן שמפרידין ידיהם ממנה בשעת דחיפה, [וסבורים שאין שום צד היתר שיכולים לאחזה בידים], עכ"ל, **ולפענ"ד** אין להורות קולא בדברים שנהגו איסור, דהלא במשנה ופוסקים אינו אלא דבדיעבד שרי, אבל לכתחלה מאן לימא לן, **ועוד** דבכמה וכמה דברים מחמירים לענין נדה שלא מן הדין, ואפילו דיעבד, כ"ש הכא, **ועוד** שהרי מהר"ר ישראל ברי"ן חולק ואוסר הכא, אף בהדיחה ידיה, ‹דע"כ הוצרכו הנשים לאוחזה בחוזק ובקפיצת ידים, דאי אפשר כלל לבוא מים במקום אחיזתה – מהרי"ב›, **ואף** המשאת בנימין שחולק עליו, י"ל דמודה לכתחלה, **מיהו** באשה שאינה יכולה לעמוד על רגליה, פסק בתשובת משאת בנימין, דיש לטובלה ע"י שתאחזנה שתי נשים בזרועותיה, וידיחו ידיהם תחילה במים עד שיהא טופח על מנת להטפיח, **אבל** אין לה תקנה שישכיבוה על הסדין ויטבילוה, דסדין מקבל טומאה ואסור.

[ויפה כתב הדרישה, שהרי משנה שלימה שנינו, האוחז באדם וכו', ופסקו כן כל הפוסקים, ולא חשו שמא תאחז הרבה בכח, וכ"ש לפירוש רמב"ם ורמב"ן שזכרנו, דאפי' אם היא אוחזת בכח לא מזיק כלום, כל שהדיחה ידיה תחלה].

סימן קצח סכ"ח • אחזה בה חברתה

לא תאחוז בה חברתה בידיה בשעת טבילה, אא"כ רפתה ידה כדי שיבואו המים במקום אחיזת ידיה, **ואם** הדיחה ידיה במים תחלה, שרי, שמשקה טופח ע"מ להטפיח שעל ידיה חבור למי המקוה.
י"א דדוקא במי מקוה, אבל לא במים תלושים – ש"ך.
וי"א דאפי' במים תלושים, שעכשיו שיתחברו למי מקוה יהיו גם הם כשרים – ט"ז.

שיטת הרמב"ם והרמב"ן, דלא סגי ברפוי ידים, משום גזירה שמא לא ירפה, ובענין הדחת ידיו תחלה דוקא, **ואע"ג** דבעלמא לא גזרינן ברפוי, **הכא** שאני, דמתוך שהוא בהול ומתפחד פן ישמט מידיו, הוא דוחק את ידיו עליו שלא במתכוון, וכיון שחבירו נשען עליו, עשוי הוא ומצוי שלא ירפה, ושפיר שייך למגזר.

אבל כל שמדיח ידיו תחילה, י"א דלשיטת הרמב"ם א"צ לריפוי ידיו כלל, אפי' אם מהדקם בכח באדם וכלי הנטבל, אין חשש, כיון שכבר נתלחלחו, מדלא גזור שמא יהדקם בכח – ט"ז. (**וי"א** דזה אינו מוכח, דמצוי שלא ירפה מחשש שלא יפלו ממנו, **אבל** אינו מצוי להדקו הרבה, דבדיבוק בינוני ג"כ לא יפלו מידו, מש"ה לא גזרו שיהדק בכח).

והשו"ע פסק כהטור והרשב"א, דסגי הן ברפתה הן בהדחת ידיה תחלה.
אבל יש עוד מחלוקת בין הרשב"א להרמב"ם, דלרשב"א צריך שלא ידחוק הרבה בכח כשאוחזו לטובלו, אף שהדיח ידיו תחילה, משא"כ להרמב"ם וכנ"ל, **ולפי"ז** מה דפסק כאן בשו"ע דמהני אם הדיחה ידיה תחילה אפי' בלא רפתה, **מ"מ** צריך שלא תאחז החברתה בה בכח, דאל"כ לא מהני הדחה תחילה, אלא דלא חיישינן לזה – ט"ז.
ועיין בט"ז לקמן סעיף ל', דמבואר שם דליכא חשש מה דהוי דיבוק חזק, אלא אם הן מי תלושין, **אבל** במי מקוה אפי' בדיבוק חזק מהני.

והב"ח תמה על שפסק השו"ע דלא כרמב"ם ורמב"ן, **ואין** כאן תימה, דכדאי הם הרשב"א והטור שנסמוך עליהם, **בפרט** במלתא דרבנן, דמן התורה אין חוצץ אלא רובו ומקפיד.

כתב הדרישה, מכאן יש היתר גמור, שבשעה שהאשה טובלת וחברתה דחפה במים, שיכולה לאחזה בידה בשעת דחיפה, אם הדיחה ידיה במים תחלה, וא"צ להפריד ידיה ממנה, **ולא** כמו שנוהגין נשי דידן שמפרידין ידיהם ממנה בשעת דחיפה.
וכתב הש"ך, דלפענ"ד אין להורות קולא בדברים שנהגו איסור, דהלא במשנה ופוסקים אינו אלא דבדיעבד שרי, אבל לכתחלה מאן לימא לן, **ועוד** דבכמה וכמה דברים מחמירים לענין נדה שלא מן הדין, ואפילו דיעבד, כ"ש הכא, **ועוד** דיש דאוסר הכא, אף בהדיחה ידיה, דהא הוצרכו הנשים לאוחזה בחוזק ובקפיצת ידים, דא"א כלל לבוא מים במקום אחיזתה, **מיהו** באשה שאינה יכולה לעמוד על רגליה, י"א דיש לטובלה ע"י שתאחזנה שתי נשים בזרועותיה, וידיחו ידיהם תחילה במים עד שיהא טופח על מנת להטפיח, **אבל** אין לה תקנה שישכיבוה על הסדין ויטבילוה, דסדין מקבל טומאה ואסור.
והט"ז כתב דיפה כתב הדרישה, שהרי משנה שלימה שנינו, האוחז באדם וכו', ופסקו כן כל הפוסקים, ולא חשו שמא תאחז הרבה בכח, **וכ"ש** לפירוש רמב"ם ורמב"ן, דאפי' אם היא אוחזת בכח לא מזיק כלום, וכנ"ל.

מקוה מצומצם

סעיף כט - הטובל במקוה שאין בו אלא מ' סאה מצומצמין, אם אמר לחבירו: כבוש ידך עלי במקוה, הרי זה מגונה - דחיישינן שמא יוציאנה קודם שיטבול זה, ונמצא טובל במקוה חסר, שהרי חסרו ממנו המים שטפחו בידו של זה - ב"י.

אבל הריב"ש כתב, דהרמב"ם פי', דאפי' במקוה שיש בה יותר ממ' סאה הרי זה מגונה, ומביאו ב"י לקמן,

‹לפי שהקופץ למקוה, וכן באומר לחבירו כבוש ידך כו', אף אם מתכוון לטבול, הרי אנו סוברים שאינו מתכוון אלא להקר, ואם אח"כ נגע בתרומה וקדשים, והם יודעים שהיה טמא, ואהני ליה טבילה כזו בלי כוונה, יהיו סוברים דגם לתרומה וקדשים לא בעי כוונה בטבילה כמו בחולין, ונפק מיניה חורבא לרואים, מש"ה הרי זה מגונה, **וצ"ל** דנ"מ לדידן דאין לנו תרומה וקדשים, דיש לנו קולא, דלהאי טעמא דריב"ש, לא חיישינן שמא יוציאנו קודם שיטבול זה – מחה"ש.

סימן קצח סכ"ט • מקוה מצומצם

הטובל במקוה שאין בו אלא מ' סאה מצומצמין, אם אמר לחבירו: כבוש ידך עלי במקוה, הרי זה מגונה, **דחיישינן** שמא יוציאנה קודם שיטבול זה, ונמצא טובל במקוה חסר, שהרי חסרו ממנו המים שטפחו בידו של זה.

וי"א דלא חיישינן שמא יוציאנו קודם שיטבול זה, ורק דאפי' במקוה שיש בה יותר ממ' סאה הרי זה מגונה, (בזמן שהיה להם תרומה וקדשים), לפי שהקופץ למקוה, וכן באומר לחבירו כבוש ידך כו', נראה כאילו אינו מתכוון אלא להקר, **ואם** אח"כ נגע בתרומה וקדשים, יהיו סוברים דגם לתרומה וקדשים לא בעי כוונה בטבילה כמו בחולין, ונפק מיניה חורבא לרואים.

הגבהת רגליה בשעת טבילה

סעיף ל - אינה צריכה להגביה רגליה בשעת טבילתה אם אין שם טיט - צ"ע, דמשמע בשיש שם טיט צריכה להגביה רגליה, ויכולה לטבול שם, ובסעיף ל"ג פסק, בשיש שם טיט לא תטבול כלל, **ואפשר** דה"נ קאמר, דבאין שם טיט אין צריכה להגביה רגליה, אבל בשיש שם טיט לא תטבול כלל, **ולמאי** דכתבתי לקמן בסעיף ל"ג, דיש חילוק בין טיט לטיט, אתי שפיר.

אעפ"י שדורסת על הרצפה אין כאן חציצה, מפני שהמים מקדימים לרגליה – [פי' כשהכניסה רגליה לשם, כבר קדמו המים ונגעו ברגליה קודם שהגיעו לרצפה, ואותן המים מחוברין למקוה, כן כתב ב"י בשם הרא"ש, משמע מטעם זה, דדוקא במי מקוה שהם קדמו לרגליה, אבל אם היו רגליה לחות כבר ממים תלושים, לא, דאל"כ היה לו לומר שכבר רגליה לחות, כמו שכתב הטור באמת לשון זה, **ולפי** מה שכתבתי בשם המרדכי לעיל ‹בסכ"ח›, בשיש כובד בכלי הנטבל תוך כלי אחר, לא מהני מה שנתלחלח תחלה במים תלושים, אתי שפיר הכא, דכיון שעומדת על הרצפה, הוה כובד, ונתבטל החיבור שע"י משקה טופח, ע"כ צריך שמי המקוה עצמם יעשו ההכשר, **ולרמב"ם** ורמב"ן דלעיל, דאפי' באוחז בכח אינו חוצץ, כל שהדיח ידיו תחילה, צ"ל דהכא שנקט הטעם מפני שהמים מקדימים, לאו דוקא מי מקוה, אלא ה"ה שאר מים, ומש"ה לא כתב הטור רק כיון שמלוחלחות, ולא נקט כיון שמי מקוה מקדימים לה, דהוא סבירא ליה בזה כרמב"ם ורמב"ן].

סימן קצח ס"ל • הגבהת רגליה בשעת טבילה

אם אין שם טיט, א"צ להגביה רגליה בשעת טבילתה, ואע"פ שדורסת על הרצפה, אין כאן חציצה, מפני שהמים מקדימים לרגליה, ואותן המים מחוברין למקוה.

וכתב הט"ז דמשמע מלשון הרא"ש, דדוקא כשמי מקוה קדמו לרגליה, אבל אם היו רגליה לחות כבר ממים תלושים, לא, **דכשיש** כובד לא מהני מה שנתלחלח תחלה במים תלושים, וכיון שעומדת על הרצפה, הוה כובד, ונתבטל החיבור שע"י משקה טופח, וצריך שמי המקוה עצמם יעשו ההכשר, **ולרמב"ם** ורמב"ן דלעיל בסכ"ח, דאפי' באוחז בכח אינו חוצץ, צ"ל דהכא שנקט הטעם מפני שהמים מקדימים, לאו דוקא מי מקוה, אלא ה"ה שאר מים, וכן משמע לשון הטור.

ובשיש שם טיט, משמע דצריכה להגביה רגליה, ויכולה לטבול שם, **ובסעיף** ל"ג פסק, בשיש שם טיט לא תטבול כלל, **ואפשר** לומר דה"ק, דבאין שם טיט א"צ להגביה רגליה, אבל בשיש שם טיט לא תטבול כלל, **ולפמש"כ** הש"ך לקמן בסעיף ל"ג, דיש חילוק בין טיט לטיט, אתי שפיר.

טבילה ע"ג כלים

סעיף לא - אין טובלין בכלים. לפיכך אם היה טיט במקום שטובלת, לא תעמוד על גבי כלי עץ שמקבלין טומאה מגבן - אפי' רחב וקבוע בענין שאין לחוש שמא תפול ממנה, **ולא על גבי נסרים שראויים למדרסות, ולא על שום כלי הראוי למדרס, ותטבול, משום גזירת מרחצאות של כלים.**

[בגמ' איתא, אמר רבא אשה לא תעמוד על גבי כלי חרס ותטבול, סבר רב כהנא למימר, טעמא מאי משום גזירת מרחצאות, פי' שדרך מרחצאות שלהם לישב ע"ג אצטבאות של אדמה דדמי לכלי חרס, ואתי למימר טבילה עולה בהם, הא ע"ג סילתא שפיר דמי, כלומר ע"ג בקעת עבה, א"ל רב חנן מנהרדעא, התם טעמא משום דבעיתא שלא תפול, ולא טבלה שפיר, סילתא נמי בעיתא, וכתב ב"י בשם הראב"ד, דאף לפי המסקנא נשאר קיים הטעם דגזירת מרחצאות, מכח המשנה דאיתא: לא

יטביל על הספסל, ושם א"א לומר הטעם משום ביעתותא, דהא בכלים מיירי התם, ע"כ כתב דההיא משנה אסרה ג"כ משום גזירת מרחצאות, והיינו כל מידי דיש עליה שם כלי, אפי' פשוטי כלי עץ, אסור לטבול על גבו, כיון דבר קיבולי טומאה ‹מדרס› הוא, רק ע"ג כלי חרס דאין שם קבלת טומאה כלל, כיון שאין מטמא רק מאוירא, וכן סילתא שהיא בקעת עץ, היה לנו להתיר, בא רבא ואמר, גם באלה לא תטבול משום ביעתותא].

[ונקט נסרים הראויין למדרס, כי טומאת מדרס אינה שייכא אלא בחישב עליה שתהיה למדרס, ולפעמים צריך אפי' למעשה, כדאיתא ברמב"ם: נסרים של בית המרחץ ששגמן, אינם מקבלין טומאה שאינן עשויין לישיבה כו', א"כ כ"ש סתם נסרים שמוכרין לבנין, ודאי לא מטמאים מדרס, **אלא** דס"ל להראב"ד, כיון שראויין לטומאת מדרס אם היו מיוחדין לכך לעשות מהם ספסל או כיוצא בו, יש לחוש להרואה שיטעה, ויאמר בכל נסרים הדין כך, אע"פ שייחדום כבר לישיבה ויש בהם טומאת מדרס, ומכח זה יטבול במרחצאות, זהו כוונת הראב"ד שכתב נסרים הראויין למדרס, וכן כתב הרשב"א וב"י מביאו].

עברה וטבלה, לא עלתה לה טבילה. אבל נותנת היא חבילי זמורות תחת רגליה, מפני הטיט.

סימן קצח סל"א(1) • טבילה ע"ג כלים

אין טובלין בכלים, לפיכך אם היה טיט במקום שטובלת, לא תעמוד ע"ג כלי עץ שמקבלין טומאה מגבן, (**ואפי'** רחב וקבוע בענין שאין לחוש שמא תפול ממנה), **ולא** ע"ג נסרים שראויים למדרסות, **ולא** על שום כלי הראוי למדרס, משום גזירת מרחצאות של כלים. **עברה וטבלה**, לא עלתה לה טבילה.

השו"ע פסק כהראב"ד, דאף דטומאת מדרס אינה שייכא אלא בחישב עליה שתהיה למדרס, ולפעמים צריך אפי' למעשה, וא"כ כ"ש סתם נסרים שמוכרין לבנין, ודאי לא מטמאים מדרס, **אבל** כיון שראויין לטומאת מדרס אם היו מיוחדין לכך לעשות מהם ספסל או כיוצא בו, יש לחוש להרואה שיטעה, ויאמר בכל נסרים הדין כך, אע"פ שייחדום כבר לישיבה ויש בהם טומאת מדרס, ומכח זה יטבול במרחצאות – ט"ז, **ועיין** במהר"מ פאדוא"ה ובש"ך לקמן.

אבל נותנת היא חבילי זמורות תחת רגליה, מפני הטיט.

טבילה ע"ג כלי חרס ובקעת

וכן לא תעמוד על גבי כלי חרס ולא על גבי בקעת ותטבול; ואף על פי שאין כלי חרס מטמא מגבו ולא ראוי למדרס, חשש חכמים הוא שמא תפחד שלא תפול ולא תטבול כראוי. עברה וטבלה על גבי אלו, עלתה לה טבילה –

[ונ"מ בין גזירת מרחצאות לביעתותא, דכל שאסור מטעם גזירת מרחץ אסור אפי' דיעבד, שהרואה יטעה לומר שיש היתר לטבול במרחץ, **משא"כ** לטעם ביעתותא, הכל יודעים שצריכה לטבול שפיר, אלא שיש לחוש לשוגג, שמא תפחד ולא תטבול שפיר, בזה לא אסרו דיעבד, כנ"ל טעם נפקותא זה].

והב"ח חלק על זה, דאין נראה להקל, כיון דלפרש"י ותוספות לא עלתה לה טבילה אפילו בכ"ח מגזרה דמרחצאות כו', **ודבריו** תמוהין לי, דרש"י ותוס' לא כתבו כן אלא בדס"ד דרב כהנא, אבל למסקנא משמע בש"ס דליכא גזירה דמרחצאות בכלי חרס, **ותו** די"ל דאף גזרה דמרחצאות אינו אלא לכתחלה, וכמש"ל סימן ר"א ס"ק ל"ז לדעת הרא"ש וטור, **ואפילו** להפוסקים דסברי דאפי' בדיעבד שייכא גזרה דמרחצאות, היינו בכלי שמקבל טומאה, אבל בכלי חרס י"ל דאפילו בס"ד דש"ס לא הוי מיתסר אלא לכתחלה.

סימן קצח סל"א(2) • טבילה ע"ג כלי חרס ובקעת

וכן לא תעמוד ע"ג כלי חרס ולא ע"ג בקעת ותטבול, **ואע"פ** שאין כלי חרס מטמא מגבו ולא ראוי למדרס, **חשש** חכמים הוא, שמא תפחד שלא תפול ולא תטבול כראוי. **עברה** וטבלה על גבי אלו, עלתה לה טבילה.

וטעם של הנ"מ בין גזירת מרחצאות דאסור אפי' דיעבד, לביעתותא, **דבגזירת** מרחץ, הרואה יטעה לומר שיש היתר לטבול במרחץ, **משא"כ** לטעם ביעתותא, הכל יודעים שצריכה לטבול שפיר, אלא שיש לחוש לשוגג, שמא תפחד ולא תטבול שפיר, בזה לא אסרו דיעבד.

והב"ח חולק, וכ' דאין נראה להקל, ולא עלתה לה טבילה אפי' בכלי חרס מגזרה דמרחצאות, **והש"ך** כתב דדבריו תמוהין.

טבילה ע"ג מדרגות ונסרים

ולפי זה - אלעיל "ולא ע"ג נסרים כו'" קאי, **מקוה שיש בו שליבות (פי' מדרגות) של עץ, אם טבלה על גבי השליבות, הגה: אפילו אם כם**

מחוברים לכותלי המקוה, לא עלתה לה טבילה, דפשוטי כלי עץ הם, וצריך לעשות במקומן מדרגה של אבנים, ותהיה המדרגה רחבה ד', מקום הנחת הרגל, כדי שיהא בה שיעור מקום לבל תפחד ליפול ממנה.

בעט"ז האריך מאד, והתרעם על המקואות שבמדינות אלו, שעושין נסרים למטה ומדרגות לעמוד עליהן בשעת טבילה, ע"ש, וכבר מחו ליה מאה עוכלי בעוכלי, במעדני מלך והגהת דרישה והב"ח ובעל מגדול דוד, **וכבר** האריך בזה מהר"מ פאדוא"ה בתשו', והעלה טעם ההיתר, משום דפשוטי כלי עץ להרבה פוסקים אינו מקבל טומאה אפילו מדרבנן, **ואפילו** הרשב"א והמחבר לא מיירי, אלא כשהיה סולם זה בשליבות קודם שקבעוה במקוה, דהיה עליה שם כלי מתחלה ואח"כ קבעוה במקוה, **אבל** אם מתחלה עשו במקוה נסרים או מדרגות לעמוד עליהן בשעת טבילה, אין שם כלי עליהם אלא שם בנין נקרא עליהם, ומותר לטבול עליהן, וכן כתב הב"ח והמגדול דוד ע"ש שהאריכו בזה, **גם** בתשו' שארית יוסף כתב, דהרשב"א והמחבר מיירי בנסרים ושליבות העשויים למדרס, אבל כשלא נעשו רק לעמוד עליהם במים ולטבול, אינם ראויים לטמא מדרס, ולכן מותר לעמוד שם בשעת טבילה, ע"כ, **וכן** נ"ל מוכרח דעת המחבר מיניה וביה, שכתב בסעיף שאח"ז, אם אין להם לבזבזין מותרת לעמוד עליו, ומה בכך שאין להם לבזבזין, הלא הרא"ש בתשו' לא כתב, אלא כיון דאין להם לבזבזין והוי פשוטי כלי עץ דלא מקבלי טומאה, מותר, ומביאו ב"י, ואם איתא, א"כ ג"כ בסילונות אע"ג שאין להם לבזבזין ליתסר, **אלא** ודאי כדאמרן, ולזה מותר בסילונות, לפי שלא היה עליהם שם כלי מתחלה, שהרי אינו ראוי למדרס, רק פשוטי כלי עץ לצורך המקוה, **וכ"כ** בבדק הבית וז"ל, ונראה דאפי' להראב"ד והרשב"א דפסלי בפשוטי כלי עץ שקבען בקרקע, התם בנסרים וכיוצא בהן שראויים למדרס, אבל סילונות אינן ראויים למדרס שרי, עכ"ל, **ולפי"ז** מש"כ המחבר כאן, לא עלתה להן טבילה דפשוטי כלי עץ הם, ר"ל דפשוטי כלים הם קודם שנקבעו במקוה, ודוק.

[בתשו' מוהר"ר מאיר מפדווא"ה, שאל ממנו מוהר"ר דוד ויט"ל, על מה עושין כן, והשיב לו בארוכה, ועיקר בניינו, דהנסרים שלנו במקוה אינם חשובים מיוחדים למדרס, הואיל והן עשויין לעמוד עליהן לטבול, כי אדרבה בזה יוצאין מתורת כלי וחשובין כתקרת הבית, ובפרט מאחר שנקבעו במסמרות, כיון שלא היה שם כלי עליהם, **ועוד** נראה, כיון שהנסרים אלו נתונים על קורות ומים צפים עליהם, הוי כבנין, וא"כ אפי' היו כבר כלים מדאורייתא, אפ"ה בטלים עתה, **ודבריו** תמוהים מאד, דבגמ' לא אמרינן דבטל גזירת מרחצאות אלא בסילתא שהיא בקעת עץ, ולא בעץ אפי' פשוטי כלי עץ, וזו היא עיקר דיוקו של הראב"ד, שלמד מזה לכל דבר שראוי לקבלת טומאה, **ותו** דמה זכות למד בזה, שלא היה עליו שם כלי תחלה, מ"מ הרואה יטעה וכמו שכתבתי לעיל, דמש"ה כתב הראב"ד הראויה למדרס, **והיותר** תמוה, דכתב אפי' היה עליו שם כלי תחלה, נתבטל מכח שהמים צפים עליו והוי בנין, דדבר פשוט דאפי' בבנין גמור, אין בנין מבטל כלי, כדאיתא בצינור שחקקו ולבסוף קבעו, דפוסל המקוה, והוא עצמו כ"כ לעיל מיניה בההיא תשובה, ואיך שכחו בכדי דיבור].

האריך לתמוה על מהר"מ פדואה, ולא קשה מידי, דאע"ג דאפי' פשוטי כלי עץ אסור, היינו כשראוי למדרס קודם קביעתו במקוה, **ומה** שכתב דמ"מ הרואה יטעה, יש לומר דכיון דאין שם כלי עליו מתחילה, לא יטעה, **ומה** שהקשה מצינור שחקקו, י"ל דהכא כיון שהכל הוא כבנין, אין שם כלי עליו, וכן משמע להדיא בתשו' מהר"מ פדואה - נקה"כ.

[**עוד** למד זכות, דאנן סבירא לן כאותן הסוברים דפשוטי כלי עץ אין מקבלין טומאת מדרס, **זהו** טעם נכון כמו שיתבאר, **אבל** לא כשיטת הראב"ד, דהוא כתב בפירוש אפי' בפשוטי כלי עץ, ודייק לה מדנקט סילתא דוקא, **ובאמת** אין להתלונן על ר"מ בתשו' ההיא, **כי הוא לא ראה דברי הראב"ד והרשב"א האלו, כמש"כ שם הוא בעצמו].**

[**ומו"ח** ז"ל כתב, שכל דברי מהר"מ פדוא"ה הללו הם **אמת, ומהתימה עליו,** שכתב הוא שעיקר ההיתר במה שנקבעו הנסרים במסמרות, אבל אם לא נקבעו אסור, **והא** מהר"מ כתב בפירוש, להתיר אפי' באינם קבועים, שכתב שהמים עושים אותן קבועים, **גם** מהר"י כ"ץ מקראקא עסק בהיתר זה, מטעם דהוי כלי העשוי לנחת, פי' שלא להשתמש בו, רק יהא מונח, ואינו מקבל טומאה, וה"נ הויין הנך נסרים, ולדידיה ג"כ יש היתר

אפי׳ אם אין קבועים במסמרות, ועליו יש יותר להפליא, דודאי קבלת טומאת מגע אין בכלי העשוי לנחת, אבל טומאת מדרס יש בהם, כמו שהבאתי בשם הרמב״ם בנסרים של בית המרחץ, דאי היו מיוחדים לישיבה ודאי מטמאים מדרס].

[כלל הדברים לא שקטה דעתי בשום היתר לנסרים שבמקוה לפי דעת הראב״ד והרשב״א דלעיל, ויפה תמה בעל הלבוש לפי כל זה, **אלא** דנ״ל מצד אחר שהיתר ברור יש לנו, דהיינו ששאר פוסקים לא ס״ל כהראב״ד בזה, אלא ס״ל דבגמ׳ דלעיל דאמרו משום גזירת מרחצאות לרבא, אין איסור כלל מחמת קבלת טומאה, אלא האיסור משום טעמים אחרים, מה דלא שייך בנסרים אלו, וזה מוכח מדברי רבינו שמשון, דהוקשה לו מתני׳ דמעין שהעבירו ע״ג השוקת, פי׳ כלי של אבן שקבוע שם, דפוסל, דלמה יגרע מכלי הנטבל בתוך כלי במקוה, אם יש בחיצון פה כשפופרת הנוד, **וניחא** ליה, דיש חילוק בין כלים תלושים דכשר לטבול בהם כשמחוברים למקוה, ובין כלים הקבועים שהמעין נגרר עליהם, דלמא אתי בהו לידי תקלה, דפעמים שקובעים אותם במקום מוצא המים, ואין שם כשפופרת הנוד, ונמצאו כל המים העוברים עליהם פסולים, **ויתכן** דהיינו נמי טעמא דמתני׳, דלא יטביל ע״ג ספסל, והיינו נמי טעמא דגזירת מרחצאות דלעיל, דמיירי בחרס הקבוע לעמוד שם מפני הטיט, ואסורהו מטעמא דפרישית, עד כאן דבריו בקיצור, **והרא״ש** כתב על דברי הר״ש, דלא קשה מידי, דהא דמטבילין אפי׳ בכלי עצמו לא דמי, דהתם הכלי הפנימי עצמו הוא נטבל תוך המקוה, כיון דפי החיצון כשפופרת, אבל כלי המחובר למעין אין להטביל בתוכו, דלמא אתי להטביל בכלי של מ׳ סאה בלא חבור, ע״כ, **וצריך** להבין דעת הרא״ש בחילוק זה, ונראה שדעתו, דבכלי תוך כלי שנטבל הכל במקוה, אין שייך לגזור שמא יטבול בכלי בלא חיבור, כיון שטובל אלו שני הכלים תוך מי מקוה כשרה, ולא נמשך טעות מזה, **משא״כ** במעיין שנמשך על השוקת, שהשוקת המים נמשכים דרך עליו תמיד, ולפעמים נפסק החיבור של מעיין או מקוה ממנו, ויטעה הטועה לטבול בו גם בעת ההיא, **וכתב** ב״י שהרא״ש חולק על הר״ש, דלהרא״ש אפי׳ בתלושים לא יטבול].

[ומ״מ הביא הרא״ש בתשובה, דסילון המחובר בקרקעית המקוה, פי׳ הר״ש דהגזירה משום דלפעמים יהיו במקום מוצא המעין וכו׳, וכתב דבסילון אין שייך גזירה זו, ועוד דסתם סילון העשוי למים אין בו לבזבזין, והוה פשוטי כלי עץ דלא מקבלי טומאה, ואינם פוסלים בשאיבה, **ונראה** ביאור דבריו, חדא דבסילון אין שייך גזירה שמא יעשה במקום מוצא המעיין ולא יהיה בו כשפופרת הנוד, דהא כל סילון יש בו כשפופרת הנוד, **ועוד** דלא גזרינן שמא יעשנו במקום המעין, אלא בכלי גמור דטהרתו תלוי בנקב כשפופרת, משא״כ בפשוטי כלי עץ שאין מקבל טומאה, ע״כ אין חשש שיפסול אם יעשנו במקום מוצא המים, **והנה** הנך נסרים שבמקוה שלנו, ברור הוא שאינם גרועים כלל מהך סילון, וכי היכא דבסילון ליתא לגזירה של הר״ש כמו שאמרנו, ה״נ בהנך נסרים, וכן לטעם הרא״ש שאסר אפי׳ בתלושין, שמא יטביל בהם בלא חיבור, זה אינו שייך אלא בשוקת, שאפשר לטבול בו בלא חיבור למעיין, שאפשר שנשאר בו מים, משא״כ בנסרים וסילון, דאם אין שם חיבור למעיין, אין שם מים, כן נראה לענ״ד ברור, **וכ״ש** לפי מה שכתב ב״י במסקנתו, על מה שכתב הטור ״וא״א הרא״ש לא חילק״, דכוונתו להרא״ש לא אכפת לן בקבלת טומאה, אלא משום פחד לחוד, פשיטא שאין חשש בנסרים, **וכל** זה שכתבתי בהיתר הנסרים, שייך ג״כ לשליבות של עץ במקוה שיש בכל מדינותינו, דזכרון אחד עולה לכאן ולכאן, **ומצאתי** כתוב למהר״ל מפראג לשון זה, דמדרגות של עץ מותרים, דכיון דהטעם משום גזירה שמא יסמוך הספסל למקום המעין, והמדרגות אין עשויין למעברות המים, ע״כ, היינו כמו שכתבתי, **וע״כ** לפי המנהג ודאי לא קיימא לן בהך סעיף כשו״ע שפסק כהראב״ד, דתלה הכל בקבלת טומאה, וכלל בו גם פשוטי כלי עץ וכל הראוי למדרס, אלא כרבינו שמשון והרא״ש, דלדידהו היתר גמור בהנך נסרים, והויין ממש כסילון המחובר בקרקע המקוה, ומאן דפוסל בנסרים יפסול ג״כ בסילון, דהא גם הוא פשוטי כלי עץ, ובאמת שניהם כשרים בלי ספק, **ואף** אם הנסרים מונחים בלי קביעות מסמרות, הכל מותר, כפסק מהר״מ מפאדווה ומהר״י כ״ץ, אך לא מטעמייהו אלא כדאמרן]. ‹**ונמצא** לפי הט״ז, דהשו״ע פסק כאן כראב״ד, ובסל״ב פסק כר״ש ורא״ש, עיין בשיעורי שבה״ל›.

וההיתר שהמציא הוא, רמזתיו בקצרה בש"ך, במה דכתבתי שם "ועיין בס"ק שאחר זה יש עוד צד היתר" - נקה"כ.

ומהר"מ מלובלין כתב, דודאי אין לשנות המנהג שלא להוציא לעז על הראשונים, ואעפ"כ בכל זמן שמזדמן לידי, שמתקנים איזה מקוה או בונים חדשה, אני מצוה תמיד לתקנה בדברים שאינם ראויים למדרס, כדי שתהא כשרה אליבא דכו"ע, עכ"ל.

(**ועיין** ס"ט שכתב, דבמקום שאין אבנים מצויין, אפשר לתקן בנסרים שאין כל אחד רחב כ"כ שיהא ראוי למדרס הרגל, כי אם ע"י חיבור הרבה נסרים, ואז לא הוי ראוי למדרס קודם שחיברו למקוה כו').

(**ועיין** חת"ס, אודות שבקרקע המקוה העשוי מבנין לבינים, נתנו עליו נסרים עבים, כדי שלא יזובו המים בין הלבינים ויבלעו בו, והנסרים משולבות אשה אל אחותה ע"י ברזלים, וצוה המורה לעשות בהם נקבים כשפופרת הנוד, כדי לצאת דברי האמור בשו"ע ומהר"ם לובלין, **והוא** ז"ל כתב לו דאינו נכון, ואם בא לחוש לחומרת מהר"ם מלובלין, מה הועיל בעשותו נקבים, וכי מפני זה אינם ראוים למדרס, הנקבים מועילים לבטל מתורת כלי קיבול, אבל לא לבטל מתורת מדרס, **ואדרבה** מגרע גרעי השתא, שהרי מכיון שמונחים על רצפת אבנים, הרי הנקבים עשוים לקבלה, והו"ל כלי קיבול ממש, {**לענ"ד** אינו מובן לפמ"ש הוא ז"ל עצמו}, **ועוד** דאיכא למיחש שהמים שנכנסים לתוך הנקבים, ונמשכים למטה בין הנסרים ולבינים, ואולי יעשו עי"ז כזוחלין, ויפסלו המקוה כולו מדינא, כמבואר בשו"ע סי' ר"א ס"נ, {**וגם** זה אינו מובן קצת, עיין בשו"ע שם סנ"א, ואפשר לישבן}, **ועוד** אני תמה, אם בא לחוש לחומרת מהר"ם מלובלין, איך יקבע בו ברזלים, והם מקבלים טומאה, ועי"ז גם העץ מקבל טומאה, מפני שהברזל מעמיד אותם כו', {**גם** ע"ז קשה ממ"ש הוא ז"ל עצמו בסי' ר"ו}, **לכן** נ"ל דודאי הרוצה לחוש לחומרא הנ"ל, יעשה רצפת אבנים בלא נסרים כלל וכלל, והמקיל לא הפסיד אפי' עם הברזלים, מטעם כיון שעשויים מתחלה לשם בנין, **אבל** עכ"פ יש לסתום הנקבים שצוה לעשות בהם, משום חשש זחילה, שהוא חשש דאורייתא, עכ"ד).

(**ועיין** בתשו' נודע ביהודה, במקוה שהיתה עמוקה והנשים מתפחדות לירד שם לטבול, ולקחו כסא והעמידו לתוך המקוה וקשרוהו בחבלים, כדי שיעמדו על הכסא בשעה שטובלת, **יש** לגעור בהם, ואף דע"פ סברא אחת שנשען הט"ז לענין היתר נסרים, יש למצוא היתר גם בזה, מ"מ הבו דלא לוסיף, דשם יש כמה סברות להתיר, משא"כ ספסל, דמפורש במשנה פ"ה דמקואות לאיסור, לא נסמוך על סברא חיצונה להתיר).

(**עיין** בתשו' אא"ז פנים מאירות, שנשאל אם מותר לחבר טסין של נחושת בקרקעית המקוה ובכתלים, כדי שיחזיקו מימיו, **והשיב** להתיר, לפי דהני טסין לא מקבלי טומאה קודם שנתחברו למקוה, דהו"ל כגולמי כלי מתכות).

סימן קצח סל"א(3) • טבילה ע"ג מדרגות ונסרים

כתב המחבר, מקוה שיש בו מדרגות של עץ, אם טבלה ע"ג השליבות, אפי' אם הם מחוברים לכותלי המקוה, לא עלתה לה טבילה, דפשוטי כלי עץ הם, **וצריך** לעשות במקומן מדרגה של אבנים, ותהיה המדרגה רחבה ד', מקום הנחת הרגל, כדי שיהא בה שיעור מקום לבל תפחד ליפול ממנה.

ויש שהתרעם על המקואות שבמדינות אלו, שעושין נסרים למטה ומדרגות לעמוד עליהן בשעת טבילה:

היתר של מהר"מ פאדוא"ה

משום דפשוטי כלי עץ להרבה פוסקים אינו מקבל טומאת מדרס, אפי' מדרבנן, **ואפי'** המחבר לא מיירי, אלא כשהיה סולם זה בשליבות קודם שקבעוה במקוה, שראויים למדרס, דהיה עליה שם כלי מתחלה ואח"כ קבעוה במקוה, **אבל** אם מתחלה עשו במקוה נסרים או מדרגות לעמוד עליהן בשעת טבילה, אין שם כלי עליהם אלא שם בנין נקרא עליהם, ואינם ראויים לטמא מדרס, ומותר לטבול עליהן, **ועיקר** סברתו, דהנסרים שלנו במקוה אינם חשובים מיוחדים למדרס, הואיל והן עשויין לעמוד עליהן לטבול, כי אדרבה בזה יוצאין מתורת כלי וחשובין כתקרת הבית, **ובפרט** מאחר שנקבעו במסמרות, כיון שלא היה שם כלי עליהם, **ועוד** כיון שהנסרים אלו נתונים על קורות ומים צפים עליהם, הוי כבנין, **וא"כ** אפי' היו כבר כלים מדאורייתא, אפ"ה בטלים עתה.

וכתב ש"ך, דכן מוכרח דעת המחבר מיניה וביה, שכתב בסעיף ל"ב, אם אין להם לבזבזין מותרת לעמוד עליו, **ומה** בכך שאין להם לבזבזין, הא הוי פשוטי כלי עץ וליתסר, **אלא** ודאי משום שלא היה עליהם שם כלי מתחלה, שהרי אינו ראוי למדרס, רק פשוטי כלי עץ לצורך המקוה, **ולפי"ז** מש"כ המחבר כאן, לא עלתה להן טבילה דפשוטי כלי עץ הם, ר"ל דפשוטי כלים הם קודם שנקבעו במקוה.

והקשה הט"ז על המהר"מ פאדוא"ה, דדבריו תמוהים מאד, דהראב"ד מדייק מהגמ' דמותר דוקא בבקעת עץ, ולא בעץ אפי' פשוטי כלי עץ, שלמד מזה לכל דבר שראוי לקבלת טומאה, **ועוד** דמה מועיל מה דלא היה עליו שם כלי תחלה, מ"מ הרואה יטעה וכנ"ל, **והיותר** תמוה, דכתב אפי' היה עליו שם כלי תחלה, נתבטל מכח שהמים צפים עליו והוי בנין, והא אפי' בבנין גמור, אין בנין מבטל כלי, כדאיתא בצינור שחקקו ולבסוף קבעו, דפוסל המקוה.

ונקה"כ כתב דלא קשה מידי, דאע"ג דאפי' פשוטי כלי עץ אסור, היינו כשראוי למדרס קודם קביעתו במקוה, **ומש"כ** דמ"מ הרואה יטעה, י"ל דכיון דאין שם כלי עליו מתחילה, לא יטעה, **ומה** שהקשה מצינור שחקקו, י"ל דהכא כיון שהכל הוא כבנין, אין שם כלי עליו.

והב"ח כתב, שכל דברי מהר"מ פדוא"ה הללו הם אמת, והבין שעיקר ההיתר משום שנקבעו הנסרים במסמרות, אבל אם לא נקבעו אסור, **והתימה** עליו דהא מהר"מ כתב בפירוש להתיר אפי' באינם קבועים, שכ' שהמים עושים אותן קבועים.

והמהר"י כ"ץ מקראקא התיר מטעם דהוי כלי העשוי לנחת, פי' שלא להשתמש בו, רק יהא מונח, ואינו מקבל טומאה, **ועליו** יש יותר להפליא, דודאי אין קבלת טומאת מגע בכלי העשוי לנחת, אבל טומאת מדרס יש בהם.

היתר הט"ז – ששאר הפוסקים לא ס"ל כהראב"ד בזה, וס"ל דאין גזירת מרחצאות מחמת קבלת טומאה כלל, אלא האיסור משום טעמים אחרים, מה דלא שייך בנסרים אלו, **דלפי** הר"ש מיירי בחרס הקבוע לעמוד שם מפני הטיט, **וכן** בכלים הקבועים שהמעין נגרר עליהם, ואסרוהו דדלמא אתי בהו לידי תקלה, דפעמים שקובעים אותם במקום מוצא המים, ואין שם כשפופרת הנוד, ונמצאו כל המים העוברים עליהם פסולים, (**משא"כ** בכלים תלושים דכשר לטבול בהם כשהמים מחוברים למקוה, כגון בכלי הנטבל בתוך כלי במקוה, דכשר אם יש בחיצון פה כשפופרת הנוד).

ולהרא"ש רק בכלי תוך כלי שנטבל הכל במקוה, אין שייך לגזור שמא יטבול בכלי בלא חיבור, כיון שטובל אלו שני הכלים תוך מי מקוה כשרה, ולא נמשך טעות מזה, **משא"כ** במעיין שנמשך על השוקת, שהמים נמשכים דרך עליו תמיד, ולפעמים נפסק החיבור של מעיין או מקוה ממנו, ויטעה הטועה לטבול בו גם בעת ההיא, **וחולק** על הר"ש, דלהרא"ש אפי' בתלוש לא יטבול.

ובסילון ובנסרים אין שייך גזירה של הר"ש, שיעשה במקום מוצא המעיין ולא יהיה בו כשפופרת הנוד, דהא כל סילון יש בו כשפופרת הנוד, **ועוד** דלא גזרינן שמא יעשנו במקום המעין, אלא בכלי גמור דטהרתו תלוי בנקב כשפופרת, **משא"כ** בפשוטי כלי עץ שאין מקבל טומאה, ע"כ אין חשש שיפסול אם יעשנו במקום מוצא המים.

וכן לטעם הרא"ש שאסר אפי' בתלושין, שמא יטביל בהם בלא חיבור, זה אינו שייך אלא בשוקת, שאפשר לטבול בו בלא חיבור למעיין, שאפשר שנשאר בו מים, **משא"כ** בנסרים וסילון, דאם אין שם חיבור למעין, אין שם מים, (**וכ"ש** לפי מה שי"א בכוונתו הרא"ש, דלא אכפת לן בקבלת טומאה, אלא משום פחד לחוד, פשיטא שאין חשש בנסרים).

וכל זה שייך ג"כ לשליבות של עץ במקוה שיש בכל מדינותינו, דזכרון אחד עולה לכאן ולכאן. **וע"כ** לפי המנהג ודאי לא קיימ"ל בהך סעיף כהשו"ע שפסק כהראב"ד, דתלה הכל בקבלת טומאה, וכלל בו גם פשוטי כלי עץ וכל הראוי למדרס, **אלא** כר"ש והרא"ש, דלדידהו היתר גמור בהנך נסרים, והוין ממש כסילון המחובר בקרקע המקוה, ושניהם כשרים בלי ספק, **ואף** אם הנסרים מונחים בלי קביעות מסמרות, הכל מותר, כפסק מהר"מ מפאדו"ה, אך לא מטעמיה.

נמצא לפי הט"ז, דהשו"ע פסק כאן כהראב"ד, ובסל"ב פסק כר"ש ורא"ש, וצ"ע.

ומהר"מ מלובלין פסק, דודאי אין לשנות המנהג שלא להוציא לעז על הראשונים, **ואעפ"כ** בכל זמן שמזדמן שמתקנים איזה מקוה או בונים חדשה, אני מצוה תמיד לתקנה בדברים שאינם ראויים למדרס, כדי שתהא כשרה אליבא דכו"ע.

וי"א דבמקום שאין אבנים מצוין, אפשר לתקן בנסרים שאין כל אחד רחב כ"כ שיהא ראוי למדרס הרגל, כ"א ע"י חיבור הרבה נסרים, ואז לא הוי ראוי למדרס קודם שחיברו למקוה.

קרקע המקוה העשוי מבנין לבינים, ונתנו עליו נסרים עבים, כדי שלא יזובו המים בין הלבינים ויבלעו בו, והנסרים משולבות אשה אל אחותה ע"י ברזלים, **וצוה** המורה לעשות בהם נקבים כשפופרת הנוד, כדי לצאת דברי האמור בשו"ע ומהר"ם לובלין, **וכתב החת"ס** דאינו נכון, דאם בא לחוש לחומרת מהר"ם מלובלין, מה הועיל בעשותו נקבים, וכי מפני זה אינם ראוים למדרס, הנקבים מועילים לבטל מתורת כלי קיבול, אבל לא לבטל מתורת מדרס, **ואדרבה** מגרע גרעי השתא, שהרי מכיון שמונחים על רצפת אבנים, הרי הנקבים עשוים לקבלה, והו"ל כלי קיבול ממש, (**וי"א** דאינו מובן לפמ"ש הוא ז"ל עצמו), **ועוד** דאיכא למיחש שהמים שנכנסים לתוך הנקבים, ונמשכים למטה בין הנסרים ולבינים, נעשו עי"ז כזוחלין, ויפסלו המקוה כולו מדינא, (**וי"א** דגם זה אינו מובן קצת, ואפשר לישב), **ועוד** אני תמה, אם בא לחוש לחומרת מהר"ם מלובלין, איך יקבע בו ברזלים, והם מקבלים טומאה, ועי"ז גם העץ מקבל טומאה, מפני שהברזל מעמיד אותם כו', (**וי"א** דגם ע"ז קשה ממ"ש הוא ז"ל עצמו), **לכן** נ"ל דודאי הרוצה לחוש לחומרא הנ"ל, יעשה רצפת אבנים בלא נסרים כלל וכלל, **והמקיל** לא הפסיד אפי' עם הברזלים, מטעם כיון שעשויים מתחלה לשם בנין, **אבל** עכ"פ יש לסתום הנקבים שצוה לעשות בהם, משום חשש זחילה, שהוא חשש דאורייתא.

מקוה שהיתה עמוקה והנשים מתפחדות לירד שם לטבול, ולקחו כסא והעמידו לתוך המקוה וקשרוהו בחבלים, כדי שיעמדו על הכסא בשעה שטובלת, **י"א** דיש לגעור בהם, ואף דע"פ סברא אחת שנשען הט"ז לענין היתר נסרים, יש למצוא היתר גם בזה, **מ"מ** הבו דלא לוסיף, דשם יש כמה סברות להתיר, משא"כ ספסל, דמפורש במשנה פ"ה דמקוואות לאיסור, לא נסמוך על סברא חיצונה להתיר.

י"א שמותר לחבר טסין של נחושת בקרקעית המקוה ובכתלים, כדי שיחזיקו מימיו, **לפי** דהני טסין לא מקבלי טומאה קודם שנתחברו למקוה, דהו"ל כגולמי כלי מתכות.

טבילה ע"ג סילון

סעיף לב - סילון של עץ הקבוע בקרקעית הטבילה - שמשם זוחלין המים לחוץ, **אם אין לו לבזבז, (פירוש מסגרת, שאז אין לו בית קבול), מותרת לעמוד עליו ולטבול** – [וטעם

היתר בזה, לפי שאין שם פחד, לפי שקבוע היא בקרקע, וג"כ אין שם כלי עליה לפסול בשאיבה, דאין לו לבזבז ואינו מקבל מים, ע"כ לא הוה רק פשוטי כלי עץ, וכמו שכתבתי בסמוך].

הטור לא הזכיר תנאי זה, ‹מה שאין לו לבזבז›, והיינו משום דסבירא ליה, דהרא"ש בתשובה שם התיר מתרי טעמי, **חדא** דלא דמי למעיין שהעביר ע"ג ספסל, דהתם מיירי שהעביר המעיין למקוה ע"ג הספסל, ופירש ר"ש שגזרו בכלים הקבועים כו', עד והך גזרה לא שייכא הכא, **ועוד** דסתם סילונות אין להם לבזבזין כו', עכ"ל, **וס"ל** לטור דשנויא קמא עיקר, כדמשמע פשט לשונו, ושנויא בתרא לא כתבו אלא לרווחא דמילתא, ולכך אפי' יש להן לבזבזין שרי, **מיהו** היינו דוקא לשיטת ר"ש והרא"ש, אבל הראב"ד והרשב"א והר"ן, שאסרו אפילו בכלים תלושים שנתנום למקוה, א"כ לא שרי הכא מטעמא קמא, ולזה התיר המחבר מטעם שאין לו לבזבזין. ‹**ועיין** לעיל בש"ך בסל"א, דמביא לשון הבדק הבית, דמחלק אליבא דהראב"ד בין נסרים לסילון›.

סימן קצח סל"ב • טבילה ע"ג סילון

כתב המחבר, סילון של עץ הקבוע בקרקעית הטבילה, שמשם זוחלין המים לחוץ, אם אין לו לבזבז, (פי' מסגרת, שאז אין לו בית קבול), מותרת לעמוד עליו ולטבול.

כתב הס"ז טעם ההיתר, לפי שאין שם פחד, לפי שקבוע היא בקרקע, **וג"כ** אין שם כלי עליה לפסול בשאיבה, דאין לו לבזבז ואינו מקבל מים, **ע"כ** לא הוה רק פשוטי כלי עץ, **וההיתר** להט"ז כנ"ל בסל"א, דהשו"ע פסק כהר"ש והרא"ש.

וכתב הש"ך, דלשיטת הר"ש והרא"ש אפי' יש להן לבזבזין שרי, דגזרו רק בכלים הקבועים, והך גזרה לא שייכא הכא, **ודוקא** להראב"ד, שאסר אפי' בכלים תלושים שנתנום למקוה, התיר המחבר מטעם שאין לו לבזבזין, **וכנ"ל** בסל"א, דסילון חלוק מנסרים, דלא היה עליו שם כלי מתחלה.

יש בקרקעיתו טיט

סעיף לג - לא תטבול במקום שיש בקרקעיתו טיט, משום חציצה – [הטור כתב ע"ז, ולא נהירא, וטעמו משום הקושיא שהקשה הרא"ש שהביא ב"י, דמאי שנא ממתני', דהמטביל המטה במים, אע"פ שרגליה שוקעות בטיט, טהורה, מפני שהמים מקדימין, **והביא** ב"י בשם הר"ן תירוץ אחד, דשאני רגלי אדם, שיש יותר חשש בין אצבעותיו דנדבק שם].

אלא אם כן תתן עליו זמורות וכיוצא בהם, דבר שאינו מקבל שום טומאה – [וה"ה לדידן בנסרים, כמו שכתבתי בסמוך].

ואם טבלה, י"א שלא עלתה לה טבילה (ראב"ד ורש"י, אבל רוב הפוסקים מתירין) - ואע"ג דלעיל סי"ד פסק, דאינו חוצץ אלא טיט היון ויוצרים ודרכים, ושאר כל הטיט כשהוא לח אינו חוצץ, שהרי הוא נמחה במים, **י"ל** דהכא נמי מיירי במקוה שיש טיט עבה כמו טיט היון, וכ"כ ב"י לדעת רש"י, **ואפשר** ע"ז סמכו עכשיו וטובלין במקום שיש טיט, משום דסתם טיט אינו כמו טיט היון, **וגם** רוב הפוסקים מתירים לטבול בנמל, דהיינו במקום טיט, כדאיתא בטור ופוסקים, ‹דמפרשי הסוגיא כפירוש ר"ת, דלא תטבול בנמל, מפני שרוב בני אדם מצויין שם והיא בושה, וכסל"ד – מחה"ש›.

‹**ומ"מ** צריכה להגביה רגליה בשעת טבילה, כדמשמע בש"ך בסעיף ל' - דגמ"ר, **וכתב** דמה"ט אם יש מקוה אחרת, אין לטבול במקוה שיש רפש וטיט, אף שאינו כמו טיט היון, כיון שעכ"פ צריכה בשעת טבילה להזדקר, לקפוץ באויר בעודה תחת המים, קרוב לודאי שאין הנשים נזהרות בזה›.

סימן קצח סל"ג • יש בקרקעיתו טיט

לא תטבול במקום שיש בקרקעיתו טיט, משום חציצה. **ואע"פ** דהמטביל מטה במים, אף שרגליה שוקעות בטיט, טהורה, מפני שהמים מקדימין, **שאני** רגלי אדם, שיש יותר חשש בין אצבעותיו דנדבק שם.

אא"כ תתן עליו זמורות וכיוצא בהם, דבר שאינו מקבל שום טומאה. **וה"ה** לדידן בנסרים – ט"ז.

ואם טבלה, י"א שלא עלתה לה, **אבל** רוב הפוסקים מתירין.

ואע"ג דלעיל סי"ד פסק, דאינו חוצץ אלא טיט היון ויוצרים ודרכים, ושאר כל הטיט כשהוא לח אינו חוצץ, שהרי הוא נמחה במים, **י"ל** דהכא נמי מיירי במקוה שיש טיט עבה כמו טיט היון.

ואפשר ע"ז סמכו עכשיו וטובלין במקום שיש טיט, משום דסתם טיט אינו כמו טיט היון, **וגם** משום דרוב הפוסקים מתירים לטבול במקום טיט.

ומ"מ צריכה להגביה רגליה בשעת טבילה, כדמשמע בש"ך בסעיף ל', **ומה"ט** אם יש מקוה אחרת, אין לטבול במקוה שיש רפש וטיט, אף שאינו כמו טיט היון, **כיון** שעכ"פ צריכה בשעת טבילה להזדקר, לקפוץ באויר בעודה תחת המים, קרוב לודאי שאין הנשים נזהרות בזה.

אם יש חשש שיראוה בני אדם

סעיף לד - לא תטבול במקום שיש חשש שיראוה בני אדם, מפני שמתוך כך ממהרת לטבול ואינה מדקדקת בטבילה; ומיהו בדיעבד, עלתה לה טבילה - ‹שאם היא יודעת בעצמה שטבלה כהוגן, טבילתה כשרה בדיעבד, ולא חיישינן דילמא אגב בעיתותא לא טבלה שפיר ולאו אדעתה – ב"י›.

סימן קצח סל"ד • אם יש חשש שיראוה בני אדם

לא תטבול במקום שיש חשש שיראוה בני אדם, מפני שמתוך כך ממהרת לטבול ואינה מדקדקת בטבילה; **ומיהו** בדיעבד אם היא יודעת בעצמה שטבלה כהוגן, טבילתה כשרה.

כיצד תעמוד בשעת טבילה

סעיף לה - לא תטבול בקומה זקופה, מפני שיש מקומות שמסתתרים בה, ולא תשחה הרבה עד שידבקו סתריה זה בזה; אלא שוחה מעט עד שיהיו סתרי בית הערוה נראים כדרך שנראים בשעה שהיא עורכת; ויהיה תחת דדיה נראה כדרך שנראה בשעה שמניקה את בנה; ויהיה תחת בית השחי נראה כדרך שנראה כשאורגת בעומדין – [כן הוא בגמ׳, אבל הטור כתב כמוסקת זיתים, ותמה ב"י, למה שינה מלשון הגמ׳, דמוסק זיתים אמר בגמ׳ אצל איש, ותירץ מה שתירץ, ונ"ל דהטור נסתפק לו, כיון דאיתא אצל נגעים כאורגת ביד ימינה, אם דוקא לימין בעינן שיעור, ולשמאל לא כלום, או אורחא דמלתא נקט, ע"כ נקט שיעורא דפסיקא ליה גבי איש, וה"נ באשה].

ואינה צריכה להרחיק ירכותיה זו מזו יותר מדאי, וגם לא להרחיק זרועותיה מהגוף יותר מדאי, אלא כדרך שהם בעת הילוכה - דבכל אלו שיערו חז"ל, כשעושה כן יכולים המים לבא בכל מקומות גופה הגלויים הצריכים לביאת מים, ושאר מקומות נקראו בית הסתרים שאין צריכין לביאת מים, אלא בעינן שיהו ראויים לביאת מים.

[בב"י הקשה, הא כבר נתן שיעור אחר, דהיינו עורכת כו׳, ונ"ל דהטור נגרר אחר לשון הגמ׳, שאמר ר"ל, לא תטבול אלא דרך גדילתה, פי׳ הילוכה, כדתנן האיש נראה כעודר ומוסק זיתים כו׳, והיינו דלענין נגעים אמרינן שיעור ההוא לענין ראיית כהן, ה"נ לענין טבילה, **אלא** דכיון דלאו כל אדם בקי בהנך שיעורים היאך הם, נתן שיעור שישער כל אדם בעצמו, היאך מרוחקים איבריו קצת כדרך הלוכו, ואידי ואידי חד שיעורא, וכן נמי דעת הטור, שאחר שכתב השיעור הנזכר בגמ׳, אמר שכיון שאין כל אדם יוכל לשער כזה, יטעה לומר שצריך להרחיב הירכים הרבה, וכן הרחקת הידים מן הגוף יהיה הרבה, כדי שיצא מידי הספק, לזה אמר שא"צ, אלא תשער כפי שרגילה בשעת הילוכה, ומו"ח ז"ל פי׳, שבנשים שחצניות מיירי, שמגביהין ידיהן על צדיהן, ודרך רחוקה היא, שיתן התלמוד והפוסקים שיעורא על פי הנשים כאלה, שזה דרך בנות ציון שגינה הכתוב].

ואם שינתה, כגון ששחתה ביותר או זקפה ביותר, עלתה לה טבילה - צ"ע, דזה וכן הא דעצמה עיניה ביותר לקמן סל"ט, די"א דעלתה לה טבילה, אינו אלא למאן דגריס בש"ס ולית הלכתא ככל הני שמעתתא כו׳, **אבל** המחבר ע"כ לא ס"ל הכי, שהרי פסק לעיל ס"ח גבי כחול, וסעיף ט׳ גבי דם שבמכה, שחוצץ, וזה אינו אלא למאן דלא גרס הכי בש"ס, דהא בהא תליא, וכדמוכח בכל הפוסקים ובב"י ע"ש, וצל"ע.

ויש מי שאומר שלא עלתה – [ק"ל למה יפסול בדיעבד, מ"ש מסעיף ל׳ דאמרינן מפני שהמים מקדימין, הכי נמי נימא הכא, דהא הקדימו המים לאותן קמטין, קודם שנדבקו ע"י הזקיפה או השחיה הרבה, ויותר קשה לפי דעת הטור, שאפי׳ בטיט שברגליה אינו חושש, כמו שזכרתי לעיל סל"ג, וי"ל דהכא יש חשש שידבקו הקמטים שהם בגוף למעלה מן המים, נמצא שבביאתה למים כבר הם מדובקים, ולפי"ז אם הכניסה עצמה עד צוארה במים תחילה, הוה טבילה בדיעבד בכל גוונא, ונ"ל שנכון לכל אשה שתעשה כן, שעכ"פ יש בזה צד מעליותא, אם תשחה הרבה ולאו אדעתה].

לא קשה מידי, דהתם פי׳ כמו שכתב הרא"ש וז"ל, מפני שהמים מקדמים, כלומר דכשתחבה רגליה בטיט, כבר קדמו המים ונגעו ברגליה קודם שהגיע לטיט,

ואותן המים מחוברים למקוה כו', והלכך לא הוי חציצה, דמ"מ המים שברגליה מחוברים למקוה, שהרי רגליה נוגעות בקרקעית המקוה, **אבל** הכא ע"י הקמטין, לא יהיו המים שבתוך הקמטין מחוברים למקוה כלל - נקה"כ.

סימן קצה סל"ה • כיצד תעמוד בשעת טבילה

לא תטבול בקומה זקופה, מפני שיש מקומות שמסתתרים בה; **ולא** תשחה הרבה עד שידבקו סתריה זה בזה, **אלא** שוחה מעט עד שיהיו סתרי בית הערוה נראים כדרך שנראים בשעה שהיא עורכת; **ויהיה** תחת דדיה נראה כדרך שנראה בשעה שמניקה את בנה; **ויהיה** תחת בית השחי נראה כדרך שנראה כשאורגת בעומדין, (**והטור** כתב כמוסקת זיתים).

וא"צ להרחיק ירכותיה זו מזו יותר מדאי, **וגם** לא להרחיק זרועותיה מהגוף יותר מדאי, **אלא** כדרך שהם בעת הילוכה.

וקשה דהא כבר נתן שיעור אחר, דהיינו עורכת כו', **אלא** דכיון דלאו כל אדם בקי בהנך שיעורים היאך הם, ויטעה לומר שצריך להרחיב הירכים הרבה, וכן הרחקת הידים מן הגוף יהיה הרבה, כדי שיצא מידי הספק, **לזה** אמר שא"צ, אלא שישער כל אדם בעצמו, היאך מרוחקים איבריו קצת כדרך הלוכו, **ואידי** ואידי חד שיעורא.

ובכל אלו שיערו חז"ל, כשעושה כן יכולים המים לבא בכל מקומות גופה הגלויים הצריכים לביאת מים, **ושאר** מקומות נקראו בית הסתרים שאין צריכין לביאת מים, אלא בעינן שיהו ראויים לביאת מים.

ואם שינתה, כגון ששחתה ביותר או זקפה ביותר, עלתה לה.

וצ"ע, וכן בעצמה עיניה ביותר לקמן סל"ט, די"א דעלתה לה טבילה, **דהא** המחבר פסק לעיל ס"ח גבי כחול, וס"ט גבי דם שבמכה, שחוצץ, **והא** בהא תליא – ש"ך.

ויש מי שאומר שלא עלתה.

הקשה הס"ז, למה יפסול בדיעבד, מ"ש מסעיף ל' דאמרינן מפני שהמים מקדימין, הכי נמי נימא הכא, דהא הקדימו המים לאותן קמטין, קודם שנדבקו ע"י הזקיפה או השחיה הרבה, **וי"ל** דהכא יש חשש שידבקו הקמטים שהם בגוף למעלה מן המים, נמצא שבביאתה למים כבר הם מדובקים, **ולפי"ז** אם הכניסה עצמה עד צוארה במים תחילה, הוה טבילה בדיעבד בכל גוונא, **וני"ל** שנכון לכל אשה שתעשה כן, שעכ"פ יש בזה צד מעליותא, אם תשחה הרבה ולאו אדעתה.

והנקה"כ כתב דלא קשה מידי, דהתם כבר קדמו המים ונגעו ברגליה קודם שהגיע לטיט, ואותן המים מחוברים למקוה, והלכך לא הוי חציצה, **אבל** הכא ע"י הקמטין, לא יהיו המים שבתוך הקמטין מחוברים למקוה כלל.

גובה המים במקוה

סעיף לו - צריך שיהיה המקוה גבוה ממעל לטיבורה, זרת לפחות

- (עיין באר הגולה שכתב, שהוא חצי אמה של ו' טפחים, **ועיין** בספר לבושי שרד שכתב, דזה אינו ברור כ"כ, כי מבואר בירושלמי דיש שני מיני זרת כו', **לכן** בעת תיקון המקוה ראוי לדקדק שיהא דוקא י"ב גודלין, שהוא חצי אמה, ואח"כ בהזדמן שמתמעטין המים, לא יפחות עכ"פ מי' גודלין, **וכתב** עוד, דראוי לכל מורה להשגיח ע"ז, כי לדעת הש"ך בסעיף ל"ה, יש בזה חשש פסול דיעבד, ע"כ ראוי שיתן לאשה העומדת על הנשים בעת טבילה, מדה של עשרה גודלין, למען תדע ליזהר בדבר, ויזהירנה שאם לא יהיה כ"כ ממעל לטבורה של הטובלת, לא תטבול, אא"כ תוכל לשכב לארץ בתוך המים כמו דף, לא שתקפל קצתה על קצתה, ויהיו המים עולין למעלה מכל גופה, **וגם** בכל דיני הטבילה, החיוב מוטל על כל מורה, להזהיר תמיד להאשה העומדת על הטבילה, ולא יסמוך במה שהזהירה פעם אחת, רק יהיה רגיל בכך).

סימן קצה סל"ו • גובה המים במקוה

צריך שיהיה המקוה גבוה ממעל לטיבורה, זרת לפחות.

י"א שהוא חצי אמה של ו' טפחים, **וי"א** דזה אינו ברור כ"כ, **לכן** בעת תיקון המקוה ראוי לדקדק שיהא דוקא י"ב גודלין, שהוא חצי אמה, **ואח"כ** בהזדמן שמתמעטין המים, לא יפחות עכ"פ מי' גודלין, **וראוי** לכל מורה להשגיח ע"ז, כי לדעת הש"ך בסעיף ל"ה, יש בזה חשש פסול דיעבד.

ע"כ ראוי שיתן לאשה העומדת על הנשים בעת טבילה, מדה של עשרה גודלין, למען תדע ליזהר בדבר, **ויזהירנה** שאם לא יהיה כ"כ ממעל לטבורה של הטובלת, לא תטבול, **אא"כ** תוכל לשכב לארץ בתוך המים כמו דף, לא שתקפל קצתה על קצתה, ויהיו המים עולין למעלה מכל גופה.

וגם בכל דיני הטבילה, החיוב מוטל על כל מורה, להזהיר תמיד להאשה העומדת על הטבילה, **ולא** יסמוך במה שהזהירה פעם אחת, רק יהיה רגיל בכך.

לטבול דרך שכיבה

סעיף לז - יש מי שאומר שאע"פ שאין בגובה מי המקוה לעלות בהם כל גופה אלא אם כן פניה וגופה כבושים בקרקע, שפיר דמי

- לשון בה"ג, ובדלא נפישי מיא למירמי בהו איתתא כולה קומתה, מיגנדרא כביניתא ושפיר דמי, וכן כתבו שאר פוסקים.

הגה: וע"ל סימן ר"א בדיני מקוה.

סימן קצה סל"ז • לטבול דרך שכיבה

יש מי שאומר שאע"פ שאין בגובה מי המקוה לעלות בהם כולה קומתה, אא"כ פניה וגופה כבושים בקרקע, כביניתא וכמו דף, שפיר דמי.

מחבר רמ"א ש"ך ונקה"כ

דין פיה בשעת טבילה

סעיף לח - אינה צריכה לפתוח פיה כדי שיכנסו בה המים, ולא תקפוץ אותה יותר מדאי; ואם קפצה, לא עלתה לה טבילה, אלא תשיק שפתותיה זו לזו דיבוק בינוני.

סימן קצח סל"ח • דין פיה בשעת טבילה

א"צ לפתוח פיה כדי שיכנסו בה המים, **ולא** תקפוץ אותה יותר מדאי; **ואם** קפצה, לא עלתה לה טבילה, **אלא** תשיק שפתותיה זו לזו דיבוק בינוני.

דין עיניה בשעת טבילה

סעיף לט - לא תעצים עיניה ביותר, ולא תפתחם ביותר, ואם עשתה כן י"א שלא עלתה לה טבילה - במעדני מלך תמה, מאי שנא מקפצה פיה, דסתם וכתב דלא עלתה לה טבילה, **ולא** קשה מידי, דאפי' מאן דפליג כאן, מודה בקרצה שפתותיה, דמתני' היא, וכדאיתא בכל הפוסקים, **והחילוק** כתב הר"ן וז"ל, מאי שנא מקרצה שפתותיה דתנן כאילו לא טבלה, י"ל דכי עצמה עיניה לא מעכבי קמטים כולי האי, שיהיו מעכבים מלבא בהן מים, עכ"ל, **וכ"כ** הרא"ה, ועצמה עיניה ביותר או פתחה ביותר אין לחוש לה, אלא בקריצת שפתיה לבד, עכ"ל, וכן מבואר בשאר פוסקים.

סימן קצח סל"ט • דין עיניה בשעת טבילה

לא תעצים עיניה ביותר, ולא תפתחם ביותר, **ואם** עשתה כן, י"א שלא עלתה לה טבילה.
ויש שתמה, מאי שנא מקפצה פיה, דסתם וכתב דלא עלתה לה טבילה, **וי"ל** דאפי' מאן דפליג כאן, מודה בקרצה שפתותיה, דכי עצמה עיניה לא מעכבי קמטים כולי האי, שיהיו מעכבים מלבא בהן מים.

החשש שישאר משערה צף על פני המים

סעיף מ - צריך לעמוד על גבה יהודית גדולה יותר מי"ב שנה ויום אחד בשעה שהיא טובלת, שתראה שלא ישאר משער ראשה צף על פני המים; ואם אין לה מי שתעמוד על גבה, או שהוא בלילה, תכרוך שערה על ראשה בחוטי שער שאינם חוצצים, או בחוטי צמר או ברצועה שבראשה, ובלבד שתרפם, או בשרשרות של חוטים חלולות - עשויים מעשה רשת, כדלעיל סעיף ג', **או קושרת בגד רפוי על שערותיה.**

(עיין בתשו' רבינו עקיבא איגר, דאם לא עשתה תיקון זה, וטבלה בינה לבין עצמה, לא עלתה הטבילה).

סי' קצח ס"מ • החשש שישאר משערה צף על פני המים

צריך לעמוד על גבה יהודית גדולה יותר מי"ב שנה ויום א' בשעה שהיא טובלת, שתראה שלא ישאר משער ראשה צף על פני המים; **ואם** אין לה מי שתעמוד על גבה, או שהוא בלילה, תכרוך שערה על ראשה בחוטי שער שאינם חוצצים, **או** בחוטי צמר או ברצועה שבראשה, ובלבד שתרפם, **או** בשרשרות של חוטים חלולות עשויים מעשה רשת, **או** קושרת בגד רפוי על שערותיה.

ואם לא עשתה תיקון זה, וטבלה בינה לבין עצמה, י"א דלא עלתה הטבילה.

הפשיל בנה לאחוריה או נתנה לו תבשיל

סעיף מא - המפשלת בנה לאחוריה כשהיא ערומה, וטבלה, לא עלתה לה טבילה, שמא היה טיט ברגלי התינוק או בידיו, ונדבק באמו וחצץ בשעת טבילה, ואחר שעלתה נפל - והב"ח פסק דעלתה לה טבילה. ‹וע"ל סי' קצט סי"ג›.

איתא בש"ס, נתנה תבשיל לבנה, לא עלתה לה טבילה.

סי' קצח סמ"א • הפשיל בנה לאחוריה או נתנה לו תבשיל

המפשלת בנה לאחוריה כשהיא ערומה, או שנתנה תבשיל לבנה, וטבלה, **לא** עלתה לה טבילה, שמא היה טיט ברגלי התינוק או בידיו, ונדבק באמו וחצץ בשעת טבילה, ואחר שעלתה נפל.
וי"א דעלתה לה טבילה, אא"כ ידעינן שהיה בנה מלוכלך בטיט ושהיה ביד בנה תבשיל, ולא בסתמא, **וע"ל** סי' קצט סי"ג.

נכנסו צרורות וקסמים בסדקי רגליה

סעיף מב - נכנסו צרורות וקסמים בסדקי רגליה מלמטה, חוצצים - דאע"ג דבית הסתרים א"צ ביאת מים, ראוי לביאת מים בעינן.

סי' קצח סמ"ב • נכנסו צרורות וקסמים בסדקי רגליה

נכנסו צרורות וקסמים בסדקי רגליה מלמטה, חוצצים, **דאע"ג** דבית הסתרים א"צ ביאת מים, ראוי לביאת מים בעינן.

בית סתריה צריכים להיות ראוים לביאת מים

סעיף מג - אספלנית מלוגמא ורטיה שעל בית הסתרים, חוצצין; אף על פי שאינם צריכים שיכנסו בהם המים, צריכים שיהיו ראוים ולא יהא בהם דבר חוצץ.

הגה: יש אומרים שהאשה צריכה להטיל מים קודם טבילה אם היא צריכה לכך; גם צריכה לבדוק עצמה בגדולים ובקטנים, שלא תהא צריכה לעצור עצמה ולא יהיו ראוים לביאת מים; גם צריכה להסיר צואת החוטם - מיהו כל זה אינו מעכב בדיעבד, וכן משמע בב"ח.

‹לפלוף יבש שבתוך החוטם, לא ניתנה תורה למלאכי השרת, ומה שהוא בחלל הגוף, אפי' ראוי לביאת מים לא בעיא, אלא במקום שדרכו להיות מתגלה לפעמים, כגון תוך עין ובית הסתרים וקמטים, **ונכון** ליזהר מאד על שפת החוטם בפנים, שלא יהיה בו לפלוף יבש, אבל בחלל הפנימי, פשיטא שאינו מעכב, **והמחמיר** לא הקפיד אלא בצואת החוטם, ואין צואה אלא יוצאה קצת, לאפוקי הדבוקה בגובה החוטם, או בחללו בפנים, שאינה יוצאת עדיין, ע"כ לשון תשובת מנחם עזריה – רעק"א בס"ז.

סימן קצח סמ"ג • בית סתריה צריכים להיות ראוים לביאת מים

אספלנית מלוגמא ורטיה שעל בית הסתרים, חוצצין; **אע"פ** שאינם צריכים שיכנסו בהם המים, צריכים שיהיו ראוים ולא יהא בהם דבר חוצץ.

כתב רמ"א, י"א שהאשה צריכה להטיל מים קודם טבילה אם היא צריכה לכך. **גם** צריכה לבדוק עצמה בגדולים ובקטנים, שלא תהא צריכה לעצור עצמה ולא יהיו ראוים לביאת מים, **גם** צריכה להסיר צואת החוטם.
מיהו כל זה אינו מעכב בדיעבד.

י"א דבלפלוף יבש שבתוך החוטם, לא ניתנה תורה למלאכי השרת, ומה שהוא בחלל הגוף, אפי' ראוי לביאת מים לא בעיא, **אלא** במקום שדרכו להיות מתגלה לפעמים, כגון תוך עין ובית הסתרים וקמטים, **והמחמיר** לא הקפיד אלא בצואת החוטם, ואין צואה אלא יוצאה קצת, **לאפוקי** הדבוקה בגובה החוטם, או בחללו בפנים, שאינה יוצאת עדיין.

שער דבוק למכה, בטיט וצואה, וריסי עיניו

סעיף מד - היתה בו שערה אחת או שתים חוץ למכה ראשה מודבק למכה, או שהיו שתי שערות ראשם מודבק בטיט או בצואה, או שהיו שתי שערות בריסי עיניו מלמטה ונקבן והוציאן בריסי עיניו מלמעלה –
[בלבוש העתיק, "ונקבו ויצאו", וזה נכון יותר, ופי', שהשערות נקבו ויצאו דרך אותו נקב למעלה].

וכן אם היו ב' שערות ריסי עיניו של מטה מדובקות בריסי עיניו של מעלה, הרי אלו חוצצים.

סימן קצח סמ"ד • שער דבוק למכה, בטיט וצואה, וריסי עיניו

היתה בו שערה א' או ב' חוץ למכה ראשה מודבק למכה, **או** שהיו שתי שערות ראשם מודבק בטיט או בצואה, **או** שהיו שתי שערות בריסי עיניו מלמטה, ונקבו ויצאו דרך אותו נקב בריסי עיניו מלמעלה, **וכן** אם היו ב' שערות ריסי עיניו של מטה מדובקות בריסי עיניו של מעלה, **הרי** אלו חוצצים.

לא יטבול באבק של רגליו

סעיף מה - לא יטבול באבק של רגליו; ואם טבל, יש מי שאומר שאינו חוצץ, ויש מי שאומר שחוצץ, אלא אם כן שפשף או שטבל בחמין.

(**עיין** בתשו' פני אריה, שנשאל על דבר האנשים אשר קווצותם תלתלים, ונפזר על ראשיהם אבק לבן, שקורין פוד"ר, אם חוצץ בתפלין, **והעלה** דכיון שעשוי לנוי הרי הוא כגופו של שער, ואינו חוצץ בתפלין של ראש, **וכתב** שאין ללמוד מזה שתהא אשה מותרת לטבול עם האבק זה שעל ראשה, דמיד כשיבואו השערות במים אזיל ליה הנוי, ולא עדיף תו מאבק שעל רגליה, **ואפילו** לדעת הרמב"ם דאבק של רגליה אינו חוצץ בדיעבד, מ"מ בהא גם הרמב"ם מודה, דזה גרע יותר מאבק של רגליה).

סימן קצח סמ"ה • לא יטבול באבק של רגליו

לא יטבול באבק של רגליו. **ואם** טבל, יש מי שאומר שאינו חוצץ, **ויש** מי שאומר שחוצץ, אא"כ שפשף או שטבל בחמין.

אנשים אשר קווצותם תלתלים, ונפזר על ראשיהם אבק לבן, שקורין פוד"ר, **י"א** דכיון שעשוי לנוי הרי הוא כגופו של שער, ואינו חוצץ בתפלין של ראש, **אבל** אין ללמוד מזה שתהא אשה מותרת לטבול עם האבק זה שעל ראשה, דמיד כשיבואו השערות במים אזיל ליה הנוי, ולא עדיף תו מאבק שעל רגליה, **ואפי'** להמתירין בדיעבד, מ"מ בהא מודו, דזה גרע יותר מאבק של רגליה.

נדה שטבלה בבגדיה

סעיף מו - נדה שטבלה בבגדיה, מותרת לבעלה - נראה דוקא באותן הבגדים שהן רפויין עליה, אבל לא באותן שהן מהודקים, **שוב** מצאתי כן בראב"ן וז"ל, דוקא אשה בבגדיה שהם רחבות, שכך היה מנהג נשים שלהן, כמו שעדיין נוהגות הנשים של ארץ כנען, **אבל** איש בבגדיו שהן קצרים ודבוקים לבשר, ולא מצי מיא עיילי בהו, או אשה בזמן הזה בבגדים קצרים, לא, ע"כ. (**ועמש"ל** בס"ד, לפי שיטת הסד"ט, דגם לדעת רבותיו של רש"י, לא אסור היכא דעיילי מיא אלא במקפיד, אבל באינו מקפיד אף ברובא שרי, די"ל דהכא מיירי בבגדים הגרועים ופחותים דלא קפדי עליהן).

סימן קצח סמ"ו • נדה שטבלה בבגדיה

נדה שטבלה בבגדיה, מותרת לבעלה. **ודוקא** באותן הבגדים שהן רפויין עליה, אבל לא באותן שהן מהודקים, **ולכן** איש בבגדיו שהן קצרים ודבוקים לבשר, ולא מצי מיא עיילי בהו, **או** אשה בזמה"ז בבגדים קצרים, לא.
ועמש"ל בס"ד לשיטת רבותיו של רש"י, דאסור אפי' היכא דעיילי מיא, **ולפי** שיטת הסד"ט, דגם לדעת רבותיו של רש"י, אינו אסור אלא במקפיד, אבל באינו מקפיד אף ברובא שרי, **י"ל** דהכא מיירי בבגדים הגרועים ופחותים דלא קפדי עליהן.

כנים שדבוקים בבשר

סעיף מז - מין כנים שדבוקים בבשר ונושכים בעור במקום שיער ונדבקים בחוזק בבשר - והם בל"א פיל"ץ לייז - עט"ז, **צריך להסירן ע"י חמין ולגוררן בצפורן** - משמע כל שלא הסירן, אפי' דיעבד חוצצין, כיון שיכול להסירן, **ואם אינו יכול להסירן, אינו חוצץ.**

(**כתב** בספר חמודי דניאל, נראה דאותן כנים קטנים מתים הדבוקים בשער, צריך להסירן דהוי חציצה).

סימן קצח סמ"ז • כנים שדבוקים בבשר

מין כנים (פיל"ץ לי"ז) שדבוקים בבשר ונושכים בעור במקום שיער ונדבקים בחוזק בבשר, **צריך** להסירן ע"י חמין ולגוררן בצפורן, **וכל** שלא הסירן, אפי' דיעבד חוצצין, כיון שיכול להסירן, **ואם** אינו יכול להסירן, אינו חוצץ.

ואותן כנים קטנים מתים הדבוקים בשער, **י"א** דצריך להסירן דהוי חציצה.

נדה שטבלה בלא כוונה

סעיף מח - נדה שטבלה בלא כוונה, כגון שנפלה לתוך המים או שירדה להקר, הרי זו מותרת לבעלה - (ועיין במג"א שכתב, דבזה לא שייך לברך).

הגה: ויש מחמירין ומלריכין אותה טבילה אחרת - מיהו אין לה לברך כשתחזור ותטבול - ב"ח.

(**כתב** בספר חמ"ד, אם היה בעלה חולה ר"ל, וספרה שבעה נקיים וטבלה בכדי שתוכל ליגע בו, ולא כיונה לתשמיש, נראה דאותה טבילה מהני אף לתשמיש).

ויש להחמיר לכתחלה - כלומר יש להחמיר לכתחלה שתחזור ותטבול בכוונה אם אפשר, וכ"כ הב"ח.

(**ועיין** בספר לבושי שרד שכתב, דיש להסתפק אם נכנסה להקר, ואח"כ נתכוונה, ולא הגביהה רגליה בשעת טבילה, אי מהני שלא להצריכה טבילה אחרת, **ויש** להקל).

מיהו אם אנסה חברתה ואטבלה, כוונה דחברתה כוונה מעלייתא היא לכולי עלמא, (**ובספר** חמודי דניאל כתב, לכאורה נראה דוקא חברתה, אבל איש לא מהני). ‹**ורבים** תמהו על הוראה זו, דאמאי לא תועיל כוונת איש שהטביל אותה בע"כ, **ועיין** בספר לבושי עוז שהביא, דבחמ"ד שנמצא בזמנינו כתוב דין זה על מש"כ הרמ"א, שאחר הטבילה תפגע בה חברתה ולא דבר טמא וכו', **ועי"ז** כתב החמ"ד דלכאורה נראה דוקא חברתה, אבל איש לא מהני, ור"ל כדמבואר בהמשך דבריו, דבאיש איכא רוח זנונים›.

סימן קצח סמ"ח(1) • נדה שטבלה בלא כוונה

נדה שטבלה בלא כוונה, כגון שנפלה לתוך המים או שירדה להקר, **הרי** זו מותרת לבעלה, **וי"א** דבזה לא שייך לברך.

וכתב רמ"א, ויש מחמירין ומצריכין אותה טבילה אחרת. **מיהו** אין לה לברך כשתחזור ותטבול. **ויש** להחמיר לכתחלה, שתחזור ותטבול בכוונה אם אפשר.

מיהו אם אנסה חברתה ואטבלה, מהני כוונתה דחברתה לכו"ע, **וי"א** דדוקא חברתה, אבל איש לא מהני, וצ"ע.

ואם היה בעלה חולה, וספרה ז"נ וטבלה בכדי שתוכל ליגע בו, ולא כיונה לתשמיש, **י"א** דאותה טבילה מהני אף לתשמיש.

וי"א דאם נכנסה להקר, ואח"כ נתכוונה, ולא הגביהה רגליה בשעת טבילה, דיש להקל שלא להצריכה טבילה אחרת.

הנהגות ליל טבילה

יש שכתבו שיש לאשה להיות צנועה בליל טבילתה, וכן נהגו הנשים להסתיר ליל טבילתן, שלא לילך במהומה או בפני הבריות, שלא ירגישו בהן בני אדם; ומי שאינה עושה כן, נאמר עליה: ארור שוכב עם כל בהמה.

ויש לנשים ליזהר כשיוצאות מן הטבילה שתפגע בה חברתה, שלא יפגע בה תחילה דבר טמא או גוי; ואם פגעו בה דברים אלו, אם היא יראת שמים תחזור ותטבול.

דברים אלו - כגון כלב או חמור, או *עם הארץ או גוי, או גמל או חזיר או סוס, או מצורע וכיוצא בהן, כן הוא בש"ד, **אבל** ברוקח וכל בו איתא, שאם פגע בה סוס, תעלה ותשמש, שבניה עומדין נאה בדבורן, שומעים ומבינים, לומדין תורה ואינם משכחין, וממעטין בשינה, ולא עוד אלא שאימתן מוטלת על הבריות כו'.

*(**ובספר** חמ"ד כתב, דהכא מיירי בע"ה גמור דהיינו שאינו קורא ק"ש, כיון שמנאוהו עם דברים טמאים).

גרסינן בפרק ערבי פסחים: האי מאן דפגע באיתתא בעידנא דסלקה מטבילת מצוה, אי איהו קדים ומשמש, אחדא ליה לדידיה רוח זנונית, אי איהי קדמה ומשמשה, אחדא לה לדידה רוח זנונית, מאי תקנתיה, לימא הכי: שופך בוז על נדיבים ויתעם בתוהו לא דרך, ע"כ, והוא בתהלים ק"ז, והכי מייתי לה ברוקח, **אבל** בעל תולדות אהרן ציין על מקרא, ד"שופך בוז על נדיבים ומזיח אפיקים רפה", באיוב י"ב, "פסחים קי"א", ובתהלים לא ציין כלום, **נראה** שלא היה גורס בש"ס אלא "שופך בוז על נדיבים וגו'", וכן משמע בילקוט, דמייתי ש"ס זה בתהלים ובאיוב, **הלכך** נמרינהו לתרווייהו.

ועיין לקמן סוף סימן ר"א אם מותר להטיל חמין למקוה, או אם מותר לרחוץ אחר הטבילה.

סימן קצח סמ"ח(2) • הנהגות ליל טבילה

יש שכתבו שיש לאשה להיות צנועה בליל טבילתה, **וכן** נהגו הנשים להסתיר ליל טבילתן, שלא לילך במהומה או בפני הבריות, שלא ירגישו בהן בני אדם; **ומי** שאינה עושה כן, נאמר עליה: ארור שוכב עם כל בהמה.

ויש לנשים ליזהר כשיוצאות מן הטבילה שתפגע בה חברתה, שלא יפגע בה תחילה דבר טמא או גוי; **ואם** פגעו בה דברים אלו, כגון כלב או חמור, או עם הארץ (גמור, דהיינו שאינו קורא ק"ש), או גוי, או גמל או חזיר או סוס, או מצורע וכיוצא בהן, **אם** היא יראת שמים תחזור ותטבול.

וי"א שאם פגע בה סוס, תעלה ותשמש, שבניה עומדין נאה בדבורן, שומעים ומבינים, לומדים תורה ואינם משכחין, וממעטים בשינה, ולא עוד אלא שאימתן מוטלת על הבריות.

בפרק ערבי פסחים: האי מאן דפגע באיתתא בעידנא דסלקה מטבילת מצוה, אי איהו קדים ומשמש, אחדא ליה לדידיה רוח זנונית, אי איהי קדמה ומשמשה, אחדא לה לדידה רוח זנונית, **מאי תקנתיה**, לימא הכי: "שופך בוז על נדיבים ויתעם בתוהו לא דרך", בתהלים ק"ז, **וי"א** "שופך בוז על נדיבים ומזיח אפיקים רפה", באיוב י"ב, **הלכך** נמרינהו לתרווייהו.

§ סימן קצט – שצריכה האשה לבדוק בית הסתרים, ודיני חפיפה בשבת ובחול §

דין חפיפה

סעיף א- צריכה להדיח בית השחי ובית הסתרים שלה במים.

[בטור כתוב, קמטיה וכל בית סתריה, ותמה ב"י, דהא חדא הם, ובגמ' אמר רבא קמטיה לחוד, וד"מ תירץ, דקמטיה היינו תחת אצילי ידיה ותחת שוקה, ובית הסתרים היינו לפנים, כגון נקבי החוטם ואזנים, ולפנים מהשפה, ולשון זה של הטור איתא בגמ' בנדה, "מיתיבי בית הקמטים ובית הסתרים" כו', ותימה על הב"י, שראה דברי רבא, ולא ראה מיתיבי שאחריו]. **לא** קשה מידי, דראה המיתיבי וכדמוכח מלשונו ע"ש, וס"ל דבית הסתרים הוא פי' דקמטים, וכן מבואר בב"י להדיא, והטור שהוא פוסק, לא הול"ל כלישנא דברייתא, אלא כלישנא דרבא - נקה"כ.

הגה: ולא בשאר משקין – [דכשנשאר לחלוחיתו בתוך הקמט, ישאר שם כתם המשקה].

(**ובספר** חמודי דניאל כתב, לכאורה נראה שבשאר הגוף שאין שם קמט, מותר בשאר משקין).

ולסרוק שיער ראשה יפה במסרק, שלא תהיינה שערותיה נדבקות זו בזו.

סימן קצט – שצריכה האשה לבדוק בית הסתרים, ודיני חפיפה

סעיף א – דין חפיפה

לשון הרמב"ן שהביא הטור, דין תורה שתהא הטובלת מעיינת בעצמה סמוך לטבילה, ובודקת כל גופה שמא יש בה דבר שחוצץ בטבילה, **עזרא** ובית דינו תקנו, שתהא חופפת בכל מקום שער שבה במים חמים, וסורקת אותן או מפספסת אותן בידיה יפה יפה, עכ"ל, **מבואר** מדבריהם, דהא דתקן עזרא שתהא אשה חופפת, היינו בכל מקום שער, כגון שער בית השחי ובית הערוה, לא שער ראשה בלבד, **וכ"כ** ראב"ן, וכי חייפא, צריכה לחוף כל שער גופה, בין דראש בין דשחי בין דבית התורפה, ע"כ, **ועכשיו** נהגו לסרוק שער ראשן במסרק, ושאר שער שבה לפספס אותן בידיה יפה יפה.

וכן צריכה האשה לעיין בעצמה ובבשרה ובודקת כל גופה סמוך לטבילתה, שלא יהא עליה שום דבר מיאוס שחוצץ.

[**הטור** כתב על דברי הרמב"ן, יראה שמחמיר יותר בעיון הגוף מבעיון הראש, שזה דין תורה וזה אינו אלא תקנת עזרא כו', **באמת** דבריו תמוהים, שכתב שעיון הראש מתקנת עזרא, וזה אינו, דודאי עיקר עיון מדאורייתא הוא בראש, כמ"ש ב"י, וצריכין דברי הטור לתיקון, **ונראה** שהוא בדרך זה, דעיון הראש ר"ל חפיפת הראש, שהוא לנו במקום עיון מדאורייתא, ולמד הטור מדברי הרמב"ן, שזכר אצל עיון הגוף סמוך לטבילה, ואצל חפיפת הראש לא זכר כן, אלא ודאי שגבי חפיפה לא הקפידו שיהיה ממש סמוך לטבילה, וכ"כ ב"י בשם הר"ן וז"ל, ומשום דחפיפה מדרבנן בעלמא היא מקילין בה, כדאמרינן לקמן האשה חופפת בע"ש וטובלת במו"ש כו', עכ"ל, **והטור** לא נתכוין לקולא זאת, כי זה אין צריך ללמוד מדברי הרמב"ן, אלא גמרא ערוכה היא, מ"מ קמ"ל כאן, דאף במקום שמרחקת החפיפה מהטבילה, עכ"פ העיון לא תרחיק כלל].

ותחוף כל גופה, ותשטוף במים חמין בשעת חפיפת גופה ושערה - הסכמת הפוסקים, דתקנת עזרא אינו אלא בחפיפת שער, אלא שנהגו להחמיר לחוף ולהשתטף כל הגוף, להכי מקילינן בכמה דברים בחפיפה, ‹שבגופה שלא במקום שער – מחה"ש›, **אבל** מה שצריכה לעיין בכל גופה שלא יהא דבר חוצץ, מדאורייתא הוא.

[מלשונו משמע, דבעינן תחילה עיון ובדיקה בכל גופה, ואח"כ תעשה חפיפה בכל גופה, **והוא** תמוה, דאמאי לא סגי בחפיפת כל הגוף לחוד, דהרי אז בודקת ג"כ, דאין לך בדיקה גדולה מזו, **דאע"פ** שאינה רואה במקום שחופפת, סגי בהכי, דאל"כ היאך תעשה בראשה ובמקומות שא"א לה לראות, **דהא** לא הצריכו בזה שתראה לחברתה, אלא דוקא בטבילה אמרו שתעמוד עליה אשה אחרת, ולא בחפיפה ועיון, **אלא** דבר פשוט שע"י המשמוש שפיר הוה עיון דבר תורה, ומכ"ש לפי תקנת עזרא בחפיפה ושטיפה, **ונראה** דסיפא הוה כאן פירושא דרישא, דמה שכתב תחילה שצריכה לעיין בעצמה כו', דהיינו דין תורה, וע"ז מסיק אח"כ שתחמיר עליה, במקום העיון תעשה חפיפה בכל הגוף, **ודבר** פשוט שאם היא מעיינת ובודקת עצמה בשעת החפיפה דיה בכך, ואין צריך בדיקה מיוחדת דוקא].

(**ועיין** בתשו' נודע ביהודה שכתב, באשה שמסופקת אם עיינה בשערותיה כלל, הרי יש ספק דאורייתא, וצריכה טבילה מחדש, **ואף** אם ברור לה שעיינה, רק שמסופקת אם סרקה, דאז הוי ספק דרבנן, מ"מ צריכה טבילה אחרת, כיון דאיכא חזקת איסור, ועוד דהוי דבר שיש לו מתירין, **אלא** שיש היתר מטעם שכתב הט"ז בסי' ס"ט, "וה"נ סירכא נקט ואתא", עכ"ד, ומשמע קצת דאף במסופקת אם עיינה ג"כ מותר מטעם זה, **ומ"מ** צ"ע בכל זה אף באינה יודעת אם סרקה, לפי שבנה"כ שם השיג עליו, דלא דמיא לק"ש, ולא אמרינן שם סירכא נקיט ואתי, וה"נ כן הוא, **מיהו** י"ל דזה דמי למש"כ בשם הגאון מהר"ש כ"ץ, באשה שמלחה ושכחה אם מלחה צד השני, שהתיר אפילו לדעת הנה"כ כו', **ועכ"פ** נ"ל באם מסופקת על העיון, לא נתיר מטעם סירכא נקט, דאפשר דהט"ז לא אמר אלא בספק דרבנן כההיא דהתם).

סימן קצט ס"א • דין חפיפה

דין תורה שתהא הטובלת מעיינת בעצמה סמוך לטבילה, ובודקת כל גופה שמא יש בה דבר שחוצץ בטבילה, **ועזרא** ובית דינו תקנו, שתהא חופפת בכל מקום שער שבה, (כגון שער בית השחי ובית הערוה, לא שער ראשה בלבד), במים חמים, וסורקת אותן או מפספסת אותן בידיה יפה יפה. **ועכשיו** נהגו לסרוק שער ראשן במסרק, ושאר שער שבה לפספס אותן בידיה יפה יפה. **והסכמת** הפוסקים, דתקנת עזרא אינו אלא בחפיפת שער, אלא שנהגו להחמיר לחוף ולהשתטף כל הגוף, **ולהכי** מקילינן בכמה דברים בחפיפה שבגופה שלא במקום שער, **אבל** מה שצריכה לעיין בכל גופה שלא יהא דבר חוצץ, מדאורייתא הוא.

וכתב המחבר, צריכה להדיח בית השחי ובית הסתרים שלה (דהיינו תחת אצילי ידיה ותחת שוקה, ונקבי החוטם ואזנים, ולפנים מהשפה) **במים**, ולא בשאר משקין, דכשנשאר לחלוחיתו בתוך הקמט, ישאר שם כתם המשקה.
וי"א דלפי"ז בשאר הגוף שאין שם קמט, מותר בשאר משקין.

וממשיך המחבר, ולסרוק שיער ראשה יפה במסרק, שלא תהיינה שערותיה נדבקות זו בזו. **וכן** צריכה האשה לעיין בעצמה ובבשרה ובודקת כל גופה סמוך לטבילתה, שלא יהא עליה שום דבר מיאוס שחוצץ. **ותחוף** כל גופה, ותשטוף במים חמין בשעת חפיפת גופה ושערה.

וסיפא הוה כאן פירושא דרישא, דמש"כ תחילה שצריכה לעיין בעצמה, דהיינו דין תורה, ע"ז מסיק אח"כ שתחמיר עליה, ובמקום העיון תעשה חפיפה בכל הגוף, **ודבר** פשוט שאם היא מעיינת ובודקת עצמה בשעת החפיפה, דיה בכך, וא"צ בדיקה מיוחדת דוקא, **דאע"פ** שאינה רואה במקום שחופפת, סגי בהכי, דאל"כ היאך תעשה בראשה ובמקומות שא"א לה לראות, **דהא** לא הצריכו בזה שתראה לחברתה, אלא דוקא בטבילה אמרו שתעמוד עליה אשה אחרת, ולא בחפיפה ועיון.

וחפיפת הראש, שהוא לנו במקום עיון מדאורייתא, לא הקפידו שיהיה ממש סמוך לטבילה, ומשום דחפיפה מדרבנן בעלמא היא מקילין בה, **ואף** במקום שמרחקת החפיפה מהטבילה, עכ"פ העיון לא תרחיק כלל.

אשה שמסופקת אם עיינה בשערותיה כלל, י"א הרי יש ספק דאורייתא, וצריכה טבילה מחדש, **ואף** אם ברור לה שעיינה, רק שמסופקת אם סרקה, דאז הוי ספק דרבנן, **מ"מ** צריכה טבילה אחרת, כיון דאיכא חזקת איסור, **ועוד** דהוי דבר שיש לו מתירין, **אלא** די"א שיש היתר מטעם הט"ז בסי' ס"ט, "דסירכא נקט ואתא", ומשמע קצת דמתיר אף במסופקת אם עיינה ג"כ, **ומ"מ** צ"ע בכל זה אף בא"י אם סרקה, לפי שבנה"כ שם השיג עליו, **מיהו** י"ל דזה דמי לשכחה אם מלחה צד השני, שי"א שמותר אף לדעת הנה"כ. **וי"א** דעכ"פ באם מסופקת על העיון, לא נתיר מטעם סירכא נקט, דאפשר דהט"ז לא אמר אלא בספק דרבנן כהיא דהתם.

במה חופפין השער

סעיף ב - חפיפה שבמקום שיער לא תהיה במים קרים, לפי שמסבכין את השיער, אלא במים חמין; ומיהו אפילו בחמי חמה סגי. ולא תחוף בנתר הנקרא בערבי: טפל, ובלע"ז: גירד"א, לפי שמחתך השיער וחוזר ומסתבך - כתב העט"ז דהיינו מה שקורין בל"א קרייד"א כו', **אבל** הפרישה כתב: יש מפרשים קרייד"א כו', וטעות הוא בידם וכו', **ומיהו** משמע בנתר שאנו קורין בל"א זיי"ף, מותר לחוף שאינו מסתבך, ואדרבה מנקה הזוהמא, וכן נוהגין וחושבין זה למצוה.

ולא באהל, לפי שמסבך השער, ולא בכל דברים המסבכים השער. הגה: וכל זה לכתחלה, אבל אם חפפה בנתר וכיוצא בו, וראתה בעצמה שאין שערות שלה קשורים ומסובכין, שרי - פי' שרי פעם זה כיון דכבר עשתה, ואין צריכה לחזור ולחוף, **אבל** שתסמוך על זה לחוף שוב בנתר ואהל ומים קרים, לא, **וכן** מבואר במהרי"ק שם, דלא התיר אלא ביין ושאר משקים שלא הוזכרו בש"ס ופוסקים שמסבכים השער, דצירף גם כן הטעם דאין לך אלא מה שאמרו חז"ל, והלכך התיר לחוף שוב על ידי בדיקה שבדקה תחילה ג' פעמים, אבל בנתר ואהל ומים קרים לא, וכן משמע מדברי הרב, **וכה"ג** אמרינן לעיל סי' נ"ז, דכל מה שאמרו חכמים שהיא טרפה ואינה חיה, אפי' אנו רואים שהוא חי, טרפה, **והעט"ז** כתב, וכל זה לכתחלה אבל אם חפפה כו' שרי, לפיכך אשה זו חופפת בנתר ואהל כו', ולא דק.

ואשה שאוו אותה הרופאים שלא תחוף ראשה במים, רק ביין, יש לשאול לרופאים אם היין מסבך השערות, ואם אומרים שאינו מסבך יש לסמוך עליהם; ואם אין הרופאים בקיאין בדבר, יש לאשה לנסות לעצמה תחילה אם היין אינו מסבך השערות - שלש פעמים, מהרי"ק שם, ובעט"ז כתב ב' או ג"פ, **ואין** להקשות, נחזי אנן אי היין מסבך השער אי לא, **יש** לומר דאין טבע שערות של כל אדם שוה, וכמ"ש חכמי הרופאים וחכמי המחקר.

סימן קצט ס"ב • במה חופפין השער

חפיפה שבמקום שיער לא תהיה במים קרים, לפי שמסבכין את השיער, אלא במים חמין; **ומיהו** אפי' בחמי חמה סגי.

ולא תחוף בנתר הנקרא בערבי: טפל, ובלע"ז: גירד"א, לפי שמחתך השיער וחוזר ומסתבך, (**י"א** דהיינו מה שקורין בל"א קרייד"א, וי"א דזהו טעות), **ולא** באהל, לפי שמסבך השער, ולא בכל דברים המסבכים השער. **ומיהו** משמע בנתר שאנו קורין בל"א זיי"ף, מותר לחוף שאינו מסתבך, ואדרבה מנקה הזוהמא, וכן נוהגין וחושבין זה למצוה.

וכל זה לכתחלה, אבל אם חפפה בנתר וכיוצא בו, וראתה בעצמה שאין שערות שלה קשורים ומסובכין, שרי בפעם זה

כיון דכבר עשתה, וא"צ לחזור ולחוף, **אבל** שתסמוך על זה לחוף שוב בנתר ואהל ומים קרים, לא, **דלא התירו** אלא ביין ושאר משקים שלא הוזכרו בש"ס ופוסקים שמסבכים השער, **ודלא** כהעט"ז.

אשה שצוו אותה הרופאים שלא תחוף ראשה במים, רק ביין, יש לשאול לרופאים אם היין מסבך השערות, ואם אומרים שאינו מסבך יש לסמוך עליהם; **ואם** אין הרופאים בקיאין בדבר, יש לאשה לנסות לעצמה תחילה ג"פ, וי"א ב' או ג"פ, אם היין אינו מסבך השערות.

ואין להקשות, נחזי אנן אי היין מסבך השער אי לא, **י"ל** דאין טבע שערות של כל אדם שוה.

זמן החפיפה

סעיף ג - חפיפה צריכה להיות לכתחלה סמוך לטבילתה – ‹כפי' השאלתות – גר"א›, והמנהג הכשר שתתחיל לחוף מבעוד יום, ועוסקת בחפיפה עד שתחשך, ואז תטבול – ‹לצאת ידי שני הפירושים, פירש"י והשאלתות – גר"א›.

‹**בפרק** תינוקת: אמר רב הונא אשה חופפת באחד בשבת וטובלת בשלישי בשבת, שכן אשה חופפת בערב שבת וטובלת במוצאי שבת, **אשה** חופפת באחד בשבת וטובלת ברביעי בשבת, שכן אשה חופפת בערב שבת וטובלת במוצאי יום טוב שחל להיות אחר השבת, **אשה** חופפת באחד בשבת וטובלת בחמישי בשבת, שכן אשה חופפת בערב שבת וטובלת במוצאי שני ימים טובים של ראש השנה שחל להיות אחר השבת, **ורב חסדא** אמר כולהו אמרינן, שכן לא אמרינן, היכא דאפשר אפשר היכא דלא אפשר לא אפשר, **ורב יימר** אמר אפילו שכן נמי אמרינן, לבר מאשה חופפת באחד בשבת וטובלת בחמישי בשבת, דלמוצאי שני ימים טובים של ראש השנה שלאחר השבת ליתא, דאפשר דחופפת בלילה וטובלת בלילה, **דרש** מרימר הלכתא כרב חסדא וכדמתרץ רב יימר, **ופירש** רש"י הלכתא כרב חסדא לחומרא, דאמר שכן לא אמרינן, דהיכא דטבלה מוצאי יום חול לא תחוף מאתמול, **ובמאי** דאמר רב חסדא כולהו אמרינן, דהיכא דטבלה במוצאי ב' ימים טובים אחר השבת חופפת בערב שבת, לית הלכתא כוותיה אלא כדמתרץ רב יימר, חייפא בליליא וטבלה בליליא›.

‹**בפרק** תינוקת: שלח רבין באגרתיה, אשה לא תחוף בערב שבת ותטבול במוצאי שבת, ותמה על עצמך, היאך אשה חופפת ביום וטובלת בלילה, הא בעינן תיכף לחפיפה טבילה וליכא, **והלכתא** אשה חופפת ביום וטובלת בלילה, והלכתא אשה לא תחוף אלא בלילה, קשיא הלכתא אהלכתא, לא קשיא הא דאפשר הא דלא אפשר›.

‹**ופירש** רש"י: ותמה על עצמך היאך אשה וכו', שהרי בקושי התירו להרחיק חפיפתה מטבילתה כל כך, אלא משום דאי חפפה בליל טבילתה אימור לא חייפא שפיר, משום דממהרת לטבילתה מתוך שמהומה לביתה, **הא** דלא אפשר, לחוף ביום, כגון מוצאי יום טוב, לא תחוף אלא בלילה, **ובשאילתות** פירש: הא דאפשר לחוף בליל טבילה שהוא חול, לא תרחיק חפיפה מטבילה כלל, ואפילו אם היום כמו כן חול, לא תחוף אלא בלילה, **הא** דלא אפשר, כגון שליל טבילה יום טוב או שבת, אז תחוף ביום שלפני הטבילה, **ואפילו** אם יום שלפני הטבילה כמו כן יום טוב או שבת, אז תחוף מערב שבת או מערב יום טוב, כדפסיק הלכתא התם מרימר – ב"י›.

[**בטור הביא מחלוקת רש"י ושאלתות בזה, דלרש"י מוטב** שתהיה החפיפה ביום שלפני טבילתה, ולא בלילה, לפי שממהרת לביתה ולא תחוף יפה, **ובשאלתות פי'**, שמוטב שתהיה בלילה, כדי שיהיה סמוך לטבילתה, **ע"כ** נהגו המנהג הכשר, כמו שהעתיק כאן בשו"ע].

ולי נראה מכולה סוגיא דש"ס כדעת רש"י וסייעתו, דיותר טוב שהחפיפה תהיה ביום היכא דאפשר, ‹**אבל** לא כפי' התוס' אליבא דרש"י, כי דברי הש"ס יתפרשו בענין אחר, ועי"כ הדינין יתחלפו, רק לענין הסברא סבירא ליה להש"ך כדעת רש"י – מחה"ש›, **והלכך** אם חל ליל טבילתה במו"ש, או אפילו במוצאי יום טוב שחל להיות אחר שבת, חופפת בע"ש וטובלת במו"ש או מוצאי יו"ט, כיון שאפשר שהחפיפה תהיה ביום בחול, **אבל** היכא דחל ליל טבילתה בליל ג' שאחר יום טוב, כגון שחלו להיות שני י"ט אחר השבת, או שחלו להיות שני י"ט של ר"ה או של גליות ביום ה' וו', וחל ליל טבילתה במו"ש, דנמצא יש שלשה ימים בין חפיפה לטבילה, ובכה"ג לא אפשר שהחפיפה תהיה רחוקה כל כך, וכדסבירא להו לרב חסדא ורב יימר, דבכה"ג חופפת בליל טבילתה, כיון דרחוק יותר מדאי, **והיינו** דאמרינן בש"ס, והלכתא אשה חופפת ביום, והלכתא אשה לא תחוף אלא בלילה, קשיא הלכתא אהלכתא, לא קשיא הא דאפשר הא דלא אפשר, ע"כ, וסמך ש"ס אשקלא וטריא דרב חסדא ודרב יימר דלעיל.

ונ"ל דגם דעת רש"י כן, שפי' וז"ל, הא דאפשר לחוף ביום חופפת ביום, הא דלא אפשר לחוף כגון מוצאי יו"ט, לא תחוף אלא בלילה, עכ"ל, ומש"כ כגון מוצאי יו"ט, ר"ל של ר"ה, וסמך אלעיל, דבכה"ג לא אפשר, הא לאו הכי אפשר לחוף בעי"ט, ובהכי ניחא שפיר, דקיימא כולה

סוגיא דלעיל, **משא"כ** להתוס' והפוסקים, דצריכים לדחוק דאזלה לה סוגיא דלעיל, **ותו** קשה לדבריהם, דהא משמע התם להדיא מדברי רב הונא ורב חסדא ורב יימר ומרימר, שכך היו נוהגות בנות ישראל בזמניהם, לחוף ביום בע"ש או עיו"ט ולטבול במו"ש, שהרי מביאין ראיה ממנהגם שמותר לחוף באחד בשבת ולטבול בד' או בה' בשבת, אלא דרב חסדא ודעמיה פליגי בחול, דאין דנין אפשר משאי אפשר, והכי קא פסיק התם מרימר הלכתא, **א"כ** היאך נאמר דסוגיא דלקמן דפסיק הלכתא, פליגא אסוגיא והלכתא ומנהג דלעיל, אלא ודאי כדפרי', **זהו** נ"ל בש"ס ורש"י, אלא שהפוסקים לא פירשו כן, ולא כתבו כן בשם רש"י, ולא ידעתי מנין להם זה.

ולענין דינא נראה, דבכל ענין יש לה להשתטף בחמין ביום בע"ש וערב יו"ט, וגם לחוף אז, ולחזור ולהשתטף ולחוף בליל טבילתה אם הוא חול, וכ"כ הפוסקים, וכן בחול מנהג כשר שהחפיפה תתחיל מבע"י ועוסקת בחפיפתה עד שתחשך, וכמ"ש הפוסקים והט"ז, **ואע"ג** דהיכא דחל ליל טבילתה שלשה ימים רחוק, כגון שבת ושני י"ט, בכה"ג מסקינן בש"ס דחופפת בליל טבילתה שהוא חול, **י"ל** דה"ק לא די לה בחפיפת ע"ש ועיו"ט כיון דרחוק כ"כ, אלא צריכה לחוף ג"כ בליל טבילתה וגם בע"ש ועיו"ט, כיון דחפיפת יום עדיף, **והכי** ניחא למיעבד טפי, כיון דנשי דידן חופפות בע"ש ועיו"ט וגם בליל טבילתן, א"כ אין להקל להן לחלק בין רחוק שני ימים או שלשה ימים, שלא יבואו לידי טעות, **ואפשר** דהיינו מדאמרינן בש"ס, דריש מרימר הלכתא כרב חסדא וכדמתרץ רב יימר, וחומרי חומרי נקט, חומרא דרב חסדא בשני י"ט שאחר השבת שחופפת בע"ש, דיותר טוב לחוף ביום, וחומרא דרב יימר, שחופפת בליל טבילתה כיון דרחוק כ"כ, **והיינו** שכתוב במרדכי, פסקינן כרב חסדא דאשה חופפת בע"ש וטובלת אפילו בליל ד', כשאירעו שני י"ט אחר השבת, וכ"כ הרא"מ בספרו כרש"י, דיותר טוב לחוף ביום מבלילה, עכ"ל, **דלכאורה** קשיא, דהא פסקינן בש"ס כדמתרץ רב יימר, **אלא** ודאי ס"ל דכרב חסדא וכדמתרץ רב יימר, היינו כדפי' ולא כפירש"י שם, ולישנא וכדמתרץ רב יימר אתי שפיר לפי' זה, **אבל** לפי' רש"י הול"ל וכרב יימר, דהא פליג, **ומטעם** זה נראה שלא חילקו הפוסקים, בין שני י"ט שחלו להיות אחר השבת, שחופפת במוצאי יו"ט, ובין יו"ט א' שחל להיות אחר השבת, כדמחלקינן בש"ס בהכי, דכיון דכתבו אף בשאר יו"ט דנכון להחמיר לחוף מעיו"ט וגם במוצאי יו"ט, א"כ אין חילוק, ודוק כי כל זה ברור לדעתי, **שוב** מצאתי בתשובת מהרש"ל, שהכריע כהחולקים על רש"י בלא טענה מוכרחת, והנלפע"ד כתבתי.

עוד כתב מהרש"ל שם, על מה שנהגו מקדם להתחיל לחוף ביום, ועתה תקנו לחוף בלילה ותעסוק בחפיפה דוקא שעה אחת, שלא תהא מהומה לביתה, שרי אפי' לרש"י, מאחר דאיכא חשש איסור שלא ירגישו בטבילותיהן, «כשחופפת ביום», וגם לפעמים הצנועות באות לידי ביטול טבילת מצוה, וכ"כ הרב בתשובה.

וכן מנהג כשר שאף על פי שחפפה, תשא עמה מסרק לבית הטבילה ותסרוק שם - «סמוך לחפיפה טבילה, וחפיפה הוא במסרק – גר"א». **ובמדינות** אלו נוהגות, להשתטף ולרחוץ ולחוף ולסרוק הכל בבית המרחץ סמוך מיד לטבילה, ונכון הוא.

הגה: ובשעת הדחק שצריכה לחוף ביום - דוקא ולא בלילה, כגון שא"א שתחוף בלילה מחמת שהגוים יש להם חג באותו הלילה, שאינם מניחים להדליק אש בשום בית, או איזה אונס אחר, [כגון שתלך בדרך ולא יהיה לה חמין בלילה, או שאר אונס], **או שא"א לה לחוף ביום** - מחמת איזה אונס, **וצריכה לחוף בלילה** - דוקא, **יכולה לעשות, ובלבד שלא תמהר לביתה ותחוף כראוי.**

[**בא"א** בלילה, די בחפיפה ביום אפי' לשאילתות, וכן בא"א לחוף ביום, די בלילה אפי' לרש"י, **דלא** העמידו דבריהם אלא אם הוא על צד הריוח בלי מונע].

[**ונראה** דהא דאמרינן בשעת הדחק חופפת ביום, ברור הוא דבלילה צריכה עיון ובדיקה בכל גופה קודם הטבילה].

אבל כל שאפשר ביום ובלילה, תחוף ביום ובלילה, ופשוט הוא.

סימן קצט ס"ג • זמן החפיפה

נפסק בגמ': והלכתא אשה חופפת ביום וטובלת בלילה, והלכתא אשה לא תחוף אלא בלילה, קשיא הלכתא אהלכתא, לא קשיא הא דאפשר הא דלא אפשר.

פי' רש"י: "הא דאפשר", אם יום שלפני הטבילה הוא חול, בקושי התירו להרחיק חפיפתה מטבילתה ולטבול ביום, משום דאי חפפה בליל טבילתה אימור לא חייפא שפיר,

משום דממהרת לטבילתה מתוך שמהומה לביתה, **"הא** דלא אפשר", לחוף ביום, כגון מוצאי יו"ט, ר"ל שליל טבילתה מוצאי יו"ט, לא תחוף אלא בלילה.

והש"ך פי' רש"י באופן אחר, "הא דאפשר", לחוף ביום חופפת ביום, **"הא** דלא אפשר" לחוף כגון מוצאי יו"ט, ר"ל של ר"ה שחל אחר השבת, דנמצא יש שלשה ימים בין חפיפה לטבילה, דבכה"ג לא אפשר, ולא תחוף אלא בלילה, **הלא"ה** אלא דחל ליל טבילתה במו"ש, או אפי' במוצאי יו"ט שחל להיות אחר שבת, חופפת בע"ש וטובלת במו"ש או מוצאי יו"ט, כיון שאפשר שהחפיפה תהיה ביום בחול.

ולהשאילתות, "הא דאפשר", לחוף בליל טבילה שהוא חול, לא תרחיק חפיפה מטבילה כלל, ואפילו אם היום כמו כן חול, **"הא** דלא אפשר", כגון שליל טבילה יו"ט או שבת, אז תחוף ביום שלפני הטבילה, ואפילו אם יום שלפני הטבילה כמו כן יו"ט או שבת, אז תחוף מע"ש או מעיו"ט.

נמצא לרש"י מוטב שתהיה החפיפה ביום שלפני טבילתה, ולא בלילה, לפי שממהרת לביתה ולא תחוף יפה, **ולשאלתות** מוטב שתהיה בלילה, כדי שיהיה סמוך לטבילתה.

כתב המחבר, חפיפה צריכה להיות לכתחלה סמוך לטבילתה (כהשאלתות), **והמנהג** הכשר שתתחיל לחוף מבעוד יום, ועוסקת בחפיפה עד שתחשך, ואז תטבול, (לצאת ידי רש"י והשאלתות).

וכתב הש"ך, דלענין דינא נראה, דבכל ענין יש לה להשתטף בחמין ביום בע"ש וערב יו"ט, וגם לחוף אז, ולחזור ולהשתטף ולחוף בליל טבילתה אם הוא חול, **וכמו** בחול דמנהג כשר שהחפיפה תתחיל מבע"י ועוסקת בחפיפתה עד שתחשך, **ואפי'** היכא דחל ליל טבילתה ג' ימים רחוק, כגון שבת ושני י"ט, דבכה"ג מסקינן בש"ס דחופפת בליל טבילתה שהוא חול, **י"ל** דה"ק לא די לה בחפיפת ע"ש ועיו"ט כיון דרחוק כ"כ, אלא צריכה לחוף ג"כ בליל טבילתה וגם בע"ש ועיו"ט, כיון דחפיפת יום עדיף, **והכי** ניחא למיעבד טפי, שלא לחלק בין רחוק ב' ימים או ג' ימים, שלא יבואו לידי טעות.

וי"א דעתה תקנו לחוף בלילה ותעסוק בחפיפה דוקא שעה אחת, שלא תהא מהומה לביתה, ושרי אפי' לרש"י, **מאחר** דכשחופפת ביום איכא חשש איסור שלא ירגישו בטבילותיהן, **וגם** לפעמים הצנועות באות לידי ביטול טבילת מצוה.

וכתב המחבר, וכן מנהג כשר שאע"פ שחפפה, תשא עמה מסרק לבית הטבילה ותסרוק שם, דסמוך לחפיפה טבילה, וחפיפה הוא במסרק. **ובמדינות** אלו נוהגות, להשתטף ולרחוץ ולחוף ולסרוק הכל בבית המרחץ סמוך מיד לטבילה, ונכון הוא.

כתב הרמ"א, ובשעת הדחק שצריכה לחוף ביום דוקא ולא בלילה, כגון מחמת שהגוים יש להם חג באותו הלילה, שאינם מניחים להדליק אש בשום בית, או כגון שתלך בדרך ולא יהיה לה חמין בלילה, או שאר אונס, **יכולה** לעשות, (אפי' לשאילתות, **אבל** ברור הוא דבלילה צריכה עיון ובדיקה בכל גופה בלילה קודם הטבילה), **וכן** כשא"א לה לחוף ביום מחמת איזה אונס, וצריכה לחוף בלילה דוקא, **יכולה** לעשות (אפי' לרש"י), **ובלבד** שלא תמהר לביתה ותחוף כראוי, **דלא** העמידו דבריהם אלא אם הוא על צד הריוח בלי מונע.

חל טבילתה במוצאי שבת

סעיף ד - חל טבילתה במוצאי שבת, שא"א לחוף מבעוד יום, תחפוף בליל טבילתה. הגה: ומ"מ מנהג יפה הוא שתרחץ היטב בערב שבת, ובמול"ש תחזור ותחפוף ותסרוק מעט - וכבר כתבתי דכך הוא עיקר הדין, שתרחוץ ותחוף היטב בע"ש, ותרחוץ ותחוף במ"ש ג"כ.

ותסרוק מעט – [נראה דאף לשאילתות סגי בהכי, דאע"פ דלדידהו עיקר החפיפה בלילה, וא"כ צריכה לחוף הרבה לכתחילה, מ"מ מודים כאן דמהני חפיפה דע"ש לצרף להך חפיפה מועטת, דסגי בהכי].

סימן קצט ס"ד • חל טבילתה במוצאי שבת

כתב המחבר: חל טבילתה במוצ"ש, שא"א לחוף מבעו"י, תחפוף בליל טבילתה. **וכתב** רמ"א, ומ"מ מנהג יפה הוא שתרחץ היטב בע"ש, ובמוצ"ש תחזור ותחפוף ותסרוק מעט, **(וסגי** במעט אף לשאילתות שעיקר החפיפה בלילה, דמהני חפיפה דע"ש לצרף להך חפיפה מועטת).

וכתב הש"ך, וכבר כתבתי דכך הוא עיקר הדין.

חל טבילתה בליל שבת

סעיף ה - נזדמנה לה טבילה בליל שבת, תחפוף ביום – [גם בזה צריכה להיות נזהרת, מלעסוק בדברים שנזכרים בסעיף שאחר זה, בימים שבין החפיפה לטבילה, דחד טעמא הוא, **אלא** דדרך הנשים שטובלות בליל שבת, שאינן זזות מבית המרחץ עד שטובלות, ע"כ לא נקט כאן אזהרה זאת]. ‹עיין בש"ך ס"ו.

(**עיין** בתשו' ש"ב גבעת שאול, באשה שיש לה קאלטינע"ס, ששכחה לחוף ביום, מותרת לטבול בליל שבת, כיון שא"צ לסרוק עצמה, כדלעיל סי' קצ"ח ס"ו).

סימן קצט ס"ה • חל טבילתה בליל שבת

נזדמנה לה טבילה בליל שבת, תחפוף ביום. **וכתב** הט"ז, דגם בזה צריכה להיות נזהרת מלעסוק בדברים שנזכרים בסעיף שאח"ז, בימים שבין החפיפה לטבילה, דחד טעמא הוא, אלא דדרך הנשים שטובלות בליל שבת שאינן זזות מבית המרחץ עד שטובלות, ע"כ לא נקט כאן אזהרה זאת. **ועיין** בש"ך ס"ו.

אשה שיש לה קאלטינע"ס, ששכחה לחוף ביום, י"א דמותרת לטבול בליל שבת, כיון שא"צ לסרוק, כדלעיל סי' קצ"ח ס"ו.

חל במו"ש והוא יו"ט, או במוי"ט והוא שבת

סעיף ו - חל ליל טבילתה במוצאי שבת והוא יום טוב שאי אפשר לחוף, אז תחפוף בערב שבת; וכן אם חלו ב' ימים טובים ביום חמישי וששי, וחל ליל טבילתה בליל שבת, תחפוף ביום רביעי בשבת, ותקשור שערותיה כדי שלא יתבלבלו.

[**בטור** כתוב או אם חל יום טוב במו"ש, ותמה ב"י דכ"ש הוא מדין הראשון דב' ימים טובים ביום ה' וו', **ובדרישה תירץ**, דאי לאו סיפא הו"א דוקא ברישא, שחל יו"ט חמישי ושישי, והטבילה בליל שבת, מותרת לטבול, כיון דביו"ט יכולה לחמם קיתון של מים להדיח קמטיה, משא"כ כשחל טבילתה במו"ש, דבשבת אסור להדיחם, ובמו"ש היא הומה לביתה, קמ"ל דאפ"ה מותר, ובזה נתיישב, דברישא כתב הטור חופפת ברביעי, ולא הזכיר רחיצה, משום דאפשר לרחוץ ביו"ט, משא"כ בסיפא, משום הכי כתב שם רוחצת וחופפת בע"ש, עכ"ל, **לפי** דבריו, הטובלת בליל שבת, ויו"ט ביום ששי, צריכה לרחוץ קמטיה וסתריה ביום טוב קודם לשבת, ודבריו נכונים].

הגה: גם תזהר - קאי אכל מקום שהחפיפה מרוחקת מהטבילה יום או יומים, ‹והט"ז לעיל ס"ה ס"ל דהדין כן אפי' מיום ללילה›, **בימים שבין החפיפה לטבילה מכל טינופת, ושלא ידבק בה שום דבר; גם מנגיעת תבשילין, או מנתינתן לבניה הקטנים, תיזהר אם אפשר לה ליזהר, אם הם דברים הנדבקים; ואם אי אפשר לה ליזהר, כגון שאין לה מי שיעשה במקומה, או שצריכה ליגע בהן בשעת אכילה, אין לחוש, ומ"מ תרחוץ ידיה כל פעם היטב שלא תבא לידי חציצה** – [זה מדברי הטור, וכוונתו דאע"ג דעכ"פ צריכה עיון ובדיקה קודם הטבילה בגופה ובראשה, כדמסיק כאן בשו"ע, **אלא** דמ"מ תהיה נזהרת מדברי חציצה בימים שבינתיים, כיון שלא תעשה בשעת הטבילה חפיפה, אלא היא סומכת על החפיפה של יום רביעי, ובזה נתקן כל מה שהוקשה לב"י על הטור בזה],

‹**דכתב** עליו: נראה דס"ל שא"צ אפי' עיון בשעת טבילה, כי העיון הוא רק בשעת חפיפה בע"ש או בעיו"ט, דאל"כ לאיזה צורך כתב הזהירות – מחה"ש›.

ובשעת טבילה תעיין ותבדוק היטב כל גופה ושערות ראשה, שלא יהא דבר חוצץ - המחבר אזיל לשיטתו בב"י, ‹במה שהשמיט מה שכתוב בהג"ה, "וגם תזהר בימים כו'" – מחה"ש›, **אבל** לי נראה דגם הטור מודה דתעיין ותבדוק גם בשעת טבילה, אלא דס"ל דכיון דהחפיפה מרוחקת מהטבילה, תעיין ותבדוק גם בשעת חפיפה, דאין להפרידם זה מזה, **ואפ"ה** ס"ל להטור, דיש ליזהר בימים שבין החפיפה ועיון הראשון לטבילה, שלא ידבק בה שום דבר, גם מנתינת תבשיל, דשמא לא תעיין עוד בשעת טבילה, שתסמוך על עיון הראשון, **וא"כ** לכו"ע צריכה לעיין ולבדוק בשעת חפיפה ובשעת טבילה, וליזהר בין החפיפה לטבילה מליגע בדברים החוצצים הראוים לידבק אם אפשר, והכי נהוג.

[**וכתב** הטור, ואם טבלה ולא עיינה בעצמה קודם לכן, אם נזהרה להתעסק בדבר החוצץ, עלתה לה טבילה, **ואם לאו לא עלתה לה טבילה**, עכ"ל, **וטעמו**, כיון דכבר חפפה ובדקה כל גופה וראשה ביום רביעי, ונזהרת אח"כ בימים שבינתיים, הוה טבילה שפיר, **ומו"ח** ז"ל כתב, דהאי אם לא עיינה שכתב הטור, אין פירושו עיון הגוף, דזה ודאי לא הוה טבילה, **אלא קאי אעיון יתירה**, דהיינו בין אצבעותיה כו', **ודבריו תמוהים**, דהא הלכה פסוקה היא דבדיעבד מהני עיון הקדום, כמ"ש הטור בשם הרשב"א, ופסקו כאן בשו"ע ס"ח].

ותדיח בית הסתרים במים חמים - ‹סמוך להטבילה, דהעיון הוא לעולם בסמוך לטבילה, ובמקומות אלו אינה יכולה לבדוק היטב, ולכן צריכה להדחה – בדי בשלחן›,

שהוחמו אפילו ביו"ט - אבל לא כל הגוף, טור וב"י, **וה"ה** בשבת מותרת לרחוץ בחמין שהוחמו מע"ש, פניה ידיה ורגליה או שאר אברים, כל שאינה רוחצת כל גופה, **ובתשו'** משאת בנימין כתב, דאפשר דבחמין שהוחמו ביו"ט, אסור לרחוץ שאר אברים חוץ מפניו ידיו ורגליו.

ומסיק לענין רחיצה ללבון, דבין בשבת בין ביו"ט ובין בט' באב ובין ביוה"כ, תלבוש ותציע כדרכה כשאר ימות השנה, **והרחיצה** צריכה לשנות קצת, שלא תרחוץ רק באותו מקום ובין ירכותיה, בין בחמין בין

בצונן, **ובשבת** ויו"ט בצונן אפי' כל גופה, ובחמין דוקא באותו מקום ובין ירכותיה, ודוקא בחמין שהוחמו מע"ש ומעיו"ט, **גם** תזהר מאיסור סחיטה, שלא תרחוץ בבגד רק בידיה, **וכל** זה מדינא, אבל כמדומה לי שלא נהגו הנשים לרחוץ ולא ללבוש לבנים בשבת ויו"ט, ואפשר משום שאין כל אשה יודעת לחלק בין חמין שהוחמו מע"ש ויו"ט, או הוחמו בשבת ויו"ט, גם אינה יודעת ליזהר מדין איסור סחיטה, והיכא דנהוג נהוג, והיכא דלא נהוג יש להתיר להן כמו שכתבתי, עכ"ל, **וטעם** זה קלוש הוא, ולי נראה טעם מנהגן שאין לובשין לבנים בשבת, משום שאז היו צריכין לטבול במוצאי שבת, והיו מרחיקין הטבילה מן החפיפה, והא ראיה, שביו"ט לובשים לבנים, ובשבת הוא שנהגו שלא ללבוש.

וכן תחצוץ שיניה בטוב בשעת הטבילה, שלא ישאר פירורין ולא בשר ולא עצם.

הגה: וע"ל סימן קס"ז אם לא חל טבילתה במוצ"ש, אם תוכל לטבול במוצ"ש.

סי' קצט ס"ו • חל במו"ש והוא יו"ט, או במוי"ט והוא שבת

חל ליל טבילתה במוצ"ש והוא יו"ט שא"א לחוף, אז תחפוף בע"ש; **וכן** אם חלו ב' י"ט ביום ה' וו', וחל ליל טבילתה בליל שבת, תחפוף ביום ד', ותקשור שערותיה כדי שלא יתבלבלו. **ובשעת** טבילה תעיין ותבדוק היטב כל גופה ושערות ראשה, שלא יהא דבר חוצץ. **וכן** תחצוץ שיניה בטוב בשעת הטבילה, שלא ישאר פירורין ולא בשר ולא עצם.

וי"א דהטובלת בליל שבת, ויו"ט ביום ששי, צריכה לרחוץ קמטיה וסתריה ביו"ט קודם לשבת.

כתב הרמ"א, גם תזהר בימים שבין החפיפה לטבילה מכל טינופת, ושלא ידבק בה שום דבר; (**כן** הדין בכל מקום שהחפיפה מרוחקת מהטבילה יום או יומים – ש"ך, **ולהט"ז** לעיל ס"ה, הדין כן אפי' מיום ללילה), **גם** מנגיעת תבשילין, או מנתינתן לבניה הקטנים, תיזהר אם אפשר לה ליזהר, אם הם דברים הנדבקים, **ואם** א"א לה ליזהר, כגון שאין לה מי שיעשה במקומה, או שצריכה ליגע בהן בשעת אכילה, אין לחוש, **ומ"מ** תרחוץ ידיה כל פעם היטב שלא תבא לידי חציצה.

ואע"ג דצריכה עיון ובדיקה בשעת הטבילה בגופה ובראשה, מ"מ צריכה שתהיה נזהרת מדברי חציצה בימים שבינתיים, **והטעם**: י"א כיון שלא תעשה בשעת הטבילה חפיפה, אלא היא סומכת על החפיפה של יום רביעי. **וי"א** משום דכיון דהחפיפה מרוחקת מהטבילה, צריכה שתעיין ותבדוק גם בשעת חפיפה, דאין להפרידם זה מזה, ושמא לא תעיין עוד בשעת טבילה, שתסמוך על עיון הראשון.

וכתב הטור, ואם טבלה ולא עיינה בעצמה קודם לכן, אם נזהרה להתעסק בדבר החוצץ, עלתה לה טבילה, (**וטעמו**, כיון דכבר חפפה ובדקה כל גופה וראשה ביום רביעי, ונזהרת אח"כ בימים שבינתיים, הוה טבילה שפיר), **ואם** לאו לא עלתה לה טבילה.

ותדיח בית הסתרים (סמוך להטבילה, דהעיון הוא לעולם בסמוך לטבילה, ובמקומות אלו אינה יכולה לבדוק היטב, ולכן צריכה להדחה), **במים** חמים שהוחמו אפי' ביו"ט, אבל לא כל הגוף, **וי"א** דאפשר אף לא שאר אברים חוץ מפניו ידיו ורגליו, (ולכן צריך לחמין שהוחמו מעיו"ט). **וה"ה** בשבת מותרת לרחוץ בחמין שהוחמו מע"ש, פניה ידיה ורגליה או שאר אברים, כל שאינה רוחצת כל גופה.

ולענין רחיצה לליבון, בין בשבת בין ביו"ט ובין בט' באב ובין ביוה"כ, תלבוש ותציע כדרכה כשאר ימות השנה, **והרחיצה** בט' באב וביוה"כ צריכה לשנות קצת, שלא תרחוץ רק באותו מקום ובין ירכותיה, בין בחמין בין בצונן, **ובשבת** ויו"ט בצונן אפי' כל גופה, **ובחמין** דוקא באותו מקום ובין ירכותיה, **ודוקא** בחמין שהוחמו מע"ש ומעיו"ט, (לפי הי"א הנ"ל), **גם** תזהר מאיסור סחיטה, שלא תרחוץ בבגד רק בידיה.
וכל זה מדינא, אבל כמדומה לי שלא נהגו הנשים לרחוץ ולא ללבוש לבנים בשבת ויו"ט, **ואפשר** משום שאין כל אשה יודעת לחלק בין חמין שהוחמו מע"ש ועיו"ט, או הוחמו בשבת ויו"ט, גם אינה יודעת ליזהר מדין איסור סחיטה, **והיכא** דנהוג נהוג, והיכא דלא נהוג יש להתיר להן. **וי"א** דטעם זה קלוש הוא, אלא דטעם מנהגן, משום שאז היו צריכין לטבול במוצ"ש, והיו מרחיקין הטבילה מן החפיפה, **והא** ראיה, שביו"ט לובשים לבנים, ובשבת הוא שנהגו שלא ללבוש.

אין להרחיק החפיפה וגם לטבול ביום

סעיף ז - במקום שיראות לטבול בלילה, אין להתיר לחוף מע"ש ולטבול ביום שבת, דתרי קולי בהדדי לא מקילינן: קולא דסרך בתה, וקולא דהרחקת חפיפה מטבילה.

סי' קצט ס"ז • אין להרחיק החפיפה וגם לטבול ביום

במקום שיראות לטבול בלילה, אין להתיר לחוף מערב שבת ולטבול ביום שבת, **דתרי** קולי בהדדי לא מקילינן: קולא דסרך בתה, וקולא דהרחקת חפיפה מטבילה.

לא חפפה או לא עיינה

סעיף ח - בימי חול, הגה: וכל שכן ביו"ט, אם חפפה ועיינה עצמה היום, וטבלה בליל יום אחר, עלתה לה טבילה בדיעבד, אע"פ שלא היו חפיפה ובדיקה סמוך לטבילה. אבל אם לא חפפה כלל, לא עלתה לה טבילה

- ‹היינו שלא חפפה במקום שער, אבל כשלא חפפה שאר גופה, דאינו רק משום מנהג, עלתה לה טבילה בדיעבד, ב"ח הובא

בש"ך סי"א – בדי השלחן, **אע"פ שעיינה בעצמה בגופה, ואפילו חפפה מיד אחר הטבילה, וסרקה במסרק ולא מצאה שום נימא קשורה, לא עלתה לה טבילה** - שאני אומר שמא בשעת טבילה היה קשור, ועכשיו ניתר או נישר עם המסרקת.

ואין צ"ל אם חפפה במקום שער, ולא עיינה בשאר גופה, שלא עלתה לה טבילה, שעיון הגוף הוא דבר תורה.

סימן קצט ס"ח • לא חפפה או לא עיינה

אם חפפה ועיינה עצמה היום, וטבלה בליל יום אחר, בימי חול וכ"ש ביו"ט, עלתה לה טבילה בדיעבד, אע"פ שלא היו חפיפה ובדיקה סמוך לטבילה.
אבל אם לא חפפה כלל במקום שער, לא עלתה לה טבילה, אע"פ שעיינה בעצמה בגופה, **ואפי'** חפפה מיד אחר הטבילה, וסרקה במסרק ולא מצאה שום נימא קשורה, לא עלתה לה טבילה, **שאני** אומר שמא בשעת טבילה היה קשור, ועכשיו ניתר או נישר עם המסרקת.

ואצ"ל אם חפפה במקום שער, ולא עיינה בשאר גופה, שלא עלתה לה טבילה, שעיון הגוף הוא דבר תורה.

אבל כשלא חפפה שאר גופה, דאינו רק משום מנהג, עלתה לה טבילה בדיעבד.

לא עיינה בבית הסתרים

סעיף ט - בד"א, בשאר כל הגוף, אבל בבית הסתרים כיון שאין צריכים לביאת מים, אם לא עיינה אותם קודם לכן, ואחר כך עיינה אותם ולא מצאה בהם שום דבר, עלתה לה טבילה – [קשה הא מ"מ בעינן ראוי לביאת מים, וכ"ש בסעיף י"ב, דהקילו בבית הסתרים אפי' בנמצא דבר חוצץ, מאי טעמא, ונראה דכיון שהוא נסתר, אין דרך לבוא שם דבר החוצץ, משה"ה אין בזה חשש, אם לא במידי דמוכח, כגון בההיא דסי"ב]. (עיין סי' קצח סכ"ה, מש"כ הש"ך טעם לזה).

סימן קצט ס"ט • לא עיינה בבית הסתרים

בד"א בשאר כל הגוף, אבל בבית הסתרים כיון שאין צריכים לביאת מים, אם לא עיינה אותם קודם לכן, ואח"כ עיינה אותם ולא מצאה בהם שום דבר, עלתה לה טבילה.
ואף דמ"מ בעינן ראוי לביאת מים, **כיון** שהוא נסתר, ואין דרך לבוא שם דבר החוצץ, מש"ה אין בזה חשש – ט"ז.
ועיין סי' קצח סכ"ה, מש"כ הש"ך טעם לזה.

אם בעלייתה נמצא עליה דבר חוצץ

סעיף י - חפפה ועיינה וטבלה, ובעלייתה נמצא עליה דבר חוצץ, אם בתוך עונה שחפפה טבלה, אינה צריכה טבילה אחרת; ואם לאו, צריכה טבילה אחרת. הגה: אף על פי שהיתה החפיפה סמוך לטבילה, כגון שחפפה ביום סמוך לערב וטבלה בתחילת הלילה, הואיל והיה בשתי עונות.

ואם לאו כו' - פי' אפילו עיינה סמוך לטבילה, כיון שלא חפפה סמוך לטבילה, צריכה טבילה אחרת, **וכן** משמע מדברי הר"ן שכתב, וכי תימא אי בעי עיוני סמוך לטבילה, אפי' לא חפפה סמוך לטבילה, אמאי צריכה לחוף ולטבול, והרי עיינה בכל גופה סמוך לטבילה, **י"ל** שמא לא עיינה יפה יפה, אבל בחפיפה ליכא למיחש להכי, עכ"ל.

ויש פוסקים אין מחלקין בין תוך עונה, אלא בין סמוך לטבילה או לא, שאם החפיפה סמוך לטבילה, אין צריכה לחזור ולחוף ולטבול, ואם לאו צריכה לחזור ולחוף ולטבול, וכן דעת הראב"ד בהשגות, ומחלוקתם תלוי בגירסא, **ויש** להחמיר כשתי הדעות.

ולהרמב"ם, בין כך ובין כך צריכה טבילה אחרת, אלא שזו אינה צריכה לחזור לחוף, וזו צריכה (וכן דעת רבינו ירוחם) - (עיין בתשו' שב יעקב, שיש להחמיר כהרמב"ם, **ועיין** ש"ך), (לכאורה ר"ל, דמש"ך משמע, דאי הוי סמוך ובאותה עונה, דא"צ לחזור ולטבול, ודלא כהרמב"ם). (**והיכא** דאפשר לה לטבול בקל, ודאי דיש לחוש לדעת הרמב"ם – סד"ט וחכ"א).

סימן קצט ס"י • אם בעלייתה נמצא עליה דבר חוצץ

חפפה ועיינה וטבלה, ובעלייתה נמצא עליה דבר חוצץ, **אם** בתוך עונה שחפפה טבלה, א"צ טבילה אחרת; **ואם** לאו, צריכה טבילה אחרת. **אע"פ** שהיתה החפיפה סמוך לטבילה, כגון שחפפה ביום סמוך לערב וטבלה בתחילת הלילה, הואיל והיה בשתי עונות.
ואפילו עיינה סמוך לטבילה, כיון שלא חפפה סמוך לטבילה, צריכה טבילה אחרת, דשמא לא עיינה יפה יפה, **אבל** כשחפפה ליכא למיחש להכי.

ויש פוסקים שאין מחלקין בין תוך עונה, אלא בין סמוך לטבילה או לא, **שאם** החפיפה סמוך לטבילה, א"צ לחזור

ולחוף ולטבול, **ואם** לאו צריכה לחזור ולחוף ולטבול, **וכתב** הש"ך דיש להחמיר כשתי הדעות.

ולהרמב"ם, בין כך ובין כך צריכה טבילה אחרת, אלא שזו א"צ לחזור לחוף, וזו צריכה.

וי"א שיש להחמיר כהרמב"ם, **ודלא** כהש"ך, **וי"א** דהיכא דאפשר לה לטבול בקל, ודאי דיש לחוש לדעת הרמב"ם.

אם נתעסקה באותו המין בין טבילה לבדיקה

סעיף יא- בד"א בשלא נתעסקה באותו המין אחר טבילה, אבל אם נתעסקה בו בין טבילה לבדיקה, אינה צריכה טבילה אחרת, שאני תולה אותו במין שנתעסקה בו -

‹טור מדברי הרשב"א בתורת הבית – באר הגולה›.

‹**דתניא** בפ"ק דחולין, טבל ועלה ונמצא עליו דבר חוצץ, אע"פ שנתעסק באותו המין כל היום כולו, כלומר אחר טבילה, לא עלתה לו טבילה, עד שיאמר ברי לי שלא היה עלי קודם לכן, **והקשו** התוספות מברייתא זו, אהא דאמר רבא אם סמוך לחפיפה טבלה, אינה צריכה לחוף ולטבול, **ותירצו** דההיא דחולין בשלא טבל סמוך לחפיפה, ואע"פ שתירצו תירוצים אחרים, הרשב"א תפס תירוץ זה עיקר, **ולפיכך** כתב על אותה ברייתא, ומיירי כגון שחפף קודם טבילה, דאי לא חפף, אפי' לא נמצא עליו דבר חוצץ לא עלתה לו טבילה, **ומיירי** נמי בשלא חפף סמוך לטבילה, דאי בשחפף סמוך לטבילה, אפי' נמצא עליו דבר חוצץ אינו חוזר וטובל – ב"י›.

והב"ח פסק כהיש גדולים שהביא הרשב"א וכהרמב"ם, דאפי' נתעסקה באותו המין אין תולין להקל, עד שתאמר ברי לי שלא היה עלי בשעת טבילה, **ואני** מוסיף שכן דעת הרשב"א בחדושיו פ"ק דחולין, ומביאו ב"י, **וכן** לכולהו שינויי בתוס' ובמרדכי ואגודה שם, משמע שאין חילוק בין נתעסקה באותו המין או לא, **דלא** כמ"ש בדרישה, דהטור מחלק בהכי דס"ל כשאר תירוצים שכתבו התוספות כו', דאף לשאר תירוצים אין חילוק, עי"ש ודוק, **ולחד** שינויא שכתבו שם, דהך דחולין מיירי שלא טבלה סמוך לחפיפה, מבואר להדיא שאפילו נתעסקה באותו המין טמאה, עד שתאמר ברי לי שלא היה עלי קודם לכן, **ואם** כן ליכא מאן דמיקל בהא אלא הטור לדעת הרשב"א, והרשב"א גופיה חושש להחמיר, **ועוד** דבדרישה כתב, דגם הטור שכתב שאני תולה אותו במין שנתעסקה בו, ר"ל שאין צריכה טבילה עכ"פ אלא יכולין לתלות, והיינו דוקא כשאומרת ברי לי, ‹משא"כ אם לא נתעסקה, לא מצית אמרה ברי לי – מחה"ש›, עכ"ל, **ולפי** זה גם דברי המחבר אפשר להתפרש כן, וכן עיקר לדינא.

אבל אם לא חפפה קודם טבילה, אין תולין בו, אף על פי שנתעסקה בו אחר טבילה -

כדי נסבה, דכבר נתבאר בסעיף ח', דאם לא חפפה לא עלתה לה טבילה, אפילו לא נמצא עליה דבר חוצץ, אלא איידי דרישא נקיט לה - פרישה, **והב"ח** כתב, דמיירי שחפפה ראשה אבל לא כל גופה, דבגופה ליכא אלא מנהג בעלמא כדלעיל בס"א, ואם טבלה בדיעבד עלתה לה טבילה, **אבל** נמצא עליה דבר חוצץ, אפילו דיעבד לא עלתה לה טבילה, אע"פ שנתעסקה באותו המין.

[**כן כתב הטור, ורבים מקשים, דהא אפי' לא נמצא כלל דבר חוצץ, לא עלתה לה טבילה כשלא חפפה תחילה,** כמ"ש ס"ח, ונ"ל לתרץ, דג' חלוקות יש בזה, **דאם** תוך העונה שחפפה טבלה, אינה צריך טבילה אחרת, **ואם** יש עונה צריכה טבילה אחרת, אא"כ נתעסקה אח"כ, והיינו שעכ"פ אין בין חפיפה לטבילה אלא עונה אחת, **אבל אם** יש ביניהם הרבה, כגון שחפפה בע"ש וטבלה מו"ש, דחפיפה זו לא מקרי קודם טבילה כלל, **אלא רחוק ממנה, אז לא מהני נתעסקה אח"כ, וע"כ** כתב בזה: לא חפפה קודם טבילה, ר"ל אלא רחוק ממנה הרבה, כנ"ל].

סי' קצט סי"א • נתעסקה באותו המין בין טבילה לבדיקה

בד"א בשלא נתעסקה באותו המין אחר טבילה, **אבל** אם נתעסקה בו בין טבילה לבדיקה, א"צ טבילה אחרת, שאני תולה אותו במין שנתעסקה בו.

וכתב הש"ך, דהב"ח פסק דאפי' נתעסקה באותו המין אין תולין להקל, עד שתאמר ברי לי שלא היה עלי בשעת טבילה, וכן דעת רוב הפוסקים. **ואפשר** דגם המחבר שכתב שאני תולה אותו במין שנתעסקה בו, ר"ל דהיינו דוקא כשאומרת ברי לי, **משא"כ** אם לא נתעסקה, לא מצית אמרה ברי לי, **וכן** עיקר לדינא.

וכתב המחבר, אבל אם לא חפפה קודם טבילה, אין תולין בו, אע"פ שנתעסקה בו אחר טבילה.

וי"א דכדי נסבה, דכבר נתבאר בס"ח, דאם לא חפפה לא עלתה לה טבילה, אפי' לא נמצא עליה דבר חוצץ, **אלא** איידי דרישא נקיט לה.

וי"א דמיירי שחפפה ראשה אבל לא כל גופה, דבגופה ליכא אלא מנהג בעלמא כדלעיל בס"א, ואם טבלה בדיעבד עלתה לה טבילה, **אבל** נמצא עליה דבר חוצץ, אפילו דיעבד לא עלתה לה טבילה, אע"פ שנתעסקה באותו המין.

וי"א דג' חלוקות יש בזה: דאם תוך העונה שחפפה טבלה, א"צ טבילה אחרת, **ואם** יש עונה, צריכה טבילה אחרת, אא"כ נתעסקה אח"כ, והיינו שעכ"פ אין בין חפיפה לטבילה

אלא עונה אחת, **אבל** אם יש ביניהם הרבה, כגון שחפפה בע"ש וטבלה מו"ש, דחפיפה זו לא מקרי קודם טבילה כלל, אלא רחוק ממנה, אז לא מהני נתעסקה אח"כ, **וע"כ** "לא חפפה קודם טבילה", ר"ל אלא רחוק ממנה הרבה.

ציור הנ"ל כשנמצא בבית הסתרים

סעיף יב - בד"א, בשאר כל הגוף, אבל בית הסתרים, אם לא עיינה אותם קודם טבילה - וכ"ש אם לא חפפה, ‹ר"ל אם עיינה ולא חפפה - מחה"ש›, **ואחר טבילה גם כן לא עיינה עד שנתעסקה בדבר החוצץ, ואחר כך נמצא בהם מאותו המין, תולין להקל** - ע"ל סימן קצ"ח סעיף כ"ו, כתבתי דהרוקח חולק.

סימן קצט סי"ב • ציור הנ"ל כשנמצא בבית הסתרים

בד"א בשאר כל הגוף, אבל בית הסתרים, אם לא עיינה אותם קודם טבילה, וכ"ש אם עיינה ולא חפפה, ואחר טבילה ג"כ לא עיינה עד שנתעסקה בדבר החוצץ, ואח"כ נמצא בהם מאותו המין, תולין להקל.
ובסימן קצ"ח סעיף כ"ו, כתב הש"ך דיש חולקין.

נתעסקה בדברים החוצצין בין חפיפה לטבילה

סעיף יג - חפפה קודם טבילה, ובין חפיפה לטבילה נתעסקה בדברים החוצצין, או שנתנה לבנה תבשיל הראוי לידבק בה, לא עלתה לה טבילה, אפילו אם בדקה מיד אחר טבילה ולא מצאה עליה שום דבר חוצץ, שאני אומר בעלייתה מהמים נפל ממנה, וצריכה טבילה אחרת - והיכא דהיה ביד בנה תבשיל, א"נ היה מלוכלך בטיט, ולקחה בנה על ידיה ערומה, ואחר כך טבלה ולא עיינה נפשה, לא עלתה לה טבילה, דדמי לנתנה תבשיל לבנה - ב"ח. ‹אבל בסתמא, דלא ידעינן שהיה ביד בנה תבשיל או שהיה מלוכלך בטיט, ולקחתו על ידה ערומה בין חפיפה לטבילה, עלתה לה טבילה להב"ח. **דלא** כהמחבר סי' קצ"ח סעיף מ"א, וכמש"כ בש"ך שם – מחה"ש›.

הגה: מיהו אם בדקה עצמה קודם טבילה, וראתה שלא נדבק בה דבר, א"צ טבילה אחרת.

אבל מותרת ללבוש בגדיה בין חפיפה לטבילה - דלא דמי לנתנה תבשיל, שאין רגילות להיות על הבגדים דבר לח לידבק בגוף האשה.

ולא תקח תנוק אצלה, ועיין לעיל סימן קצ"ח.

סימן קצט סי"ג • נתעסקה בדברים החוצצין בין חפיפה לטבילה

חפפה קודם טבילה, ובין חפיפה לטבילה נתעסקה בדברים החוצצין, **או** שנתנה לבנה תבשיל הראוי לידבק בה, **לא** עלתה לה טבילה, **אפילו** אם בדקה מיד אחר טבילה ולא מצאה עליה שום דבר חוצץ, **שאני** אומר בעלייתה מהמים נפל ממנה, וצריכה טבילה אחרת.

ולא תקח תנוק אצלה.
והיכא דהיה ביד בנה תבשיל, א"נ היה מלוכלך בטיט, ולקחה בנה על ידיה ערומה, ואח"כ טבלה ולא עיינה נפשה, לא עלתה לה טבילה, דדמי לנתנה תבשיל לבנה.
אבל בסתמא, דלא ידעינן שהיה ביד בנה תבשיל או שהיה מלוכלך בטיט, ולקחתו על ידה ערומה בין חפיפה לטבילה, עלתה לה טבילה – ב"ח. **ודלא כהמחבר** סי' קצ"ח סמ"א.

מיהו אם בדקה עצמה קודם טבילה, וראתה שלא נדבק בה דבר, א"צ טבילה אחרת.

אבל מותרת ללבוש בגדיה בין חפיפה לטבילה, שאין רגילות להיות על הבגדים דבר לח לידבק בגוף האשה.

§ סימן ר – אימתי תעשה ברכת הטבילה §

אימתי תעשה ברכת הטבילה

סעיף א - כשפושטת מלבושיה - ‹דבעינן תיכף לטבילה - גר"א›, **כשעומדת בחלוקה, תברך: אשר קדשנו במצותיו וצונו על הטבילה, ותפשוט חלוקה ותטבול; ואם לא ברכה אז, תברך לאחר שתכנס עד צוארה במים; ואם הם צלולים, עוכרתן ברגליה ומברכת** - [צ"ע דבאו"ח סי' ע"ד פסק בשו"ע, שהנשים יכולות להתפלל כשהן לבושות החלוק, אע"פ שאינן מפסיקות למטה מהלב, והם דברי א"ח שמביא ב"י שם, ולמה הצריך כאן עכירת המים, ובסמוך יתבאר דאפי' מים צלולים הוה כלבישת החלוק].

הגה: ויש אומרים שלא תברך עד אחר הטבילה - [טעמייהו, דכיון דבטבילת גר אין שייך שיברך קודם הטבילה, דעדיין גוי הוא, לא חילקו חכמים בין הטבילות], **וכן נוהגין שלאחר הטבילה בעודה**

סימן ר – אימתי תעשה ברכת הטבילה

סעיף א – אימתי תעשה ברכת הטבילה

עומדת תוך המים, מכסית עצמה בבגדה או בחלוקה, ומברכת.

(**עיין** בתשובת הר הכרמל שכתב, דאף במקום שאין נוהגין כן, אלא מברכות קודם הטבילה, היינו דוקא בחול, **אבל** בשבת כשטובלת יש לאשה לנהוג כן לברך אחר הטבילה, או קודם טבילה בלחש בין שפתיה, ע"ש טעמו). ‹דאל"כ מיחזי כמתקן בשבת›.

‹**ושל"ה** כתב וז"ל, בברכת הטבילה יש מחלוקת אם האשה תברך קודם הטבילה או לאחר שתעלה מהטבילה, וראיתי לחסיד מאנשי מעשה שהנהיג את אשתו כך: לאחר שתטבול כל גופה פעם אחת, תעשה הברכה, ולאחר שתברך תטבול פעם שנית, ובזה תעשה קדושה יתירה, ותהיה יוצאת גם כן לשני הדעות - הובא בקיצור בבאה"ט. **והרבה** נוהגים לטבול עוד פעם ע"פ ספר חסידים - פרי טהרה›.

ועכשיו נהגו שלא לכסות עצמה כלל ולברך, וקרא עליהם תגר הדרישה, דאפי' חיבוק זרועותיה לא מהני, אלא להפסיק שלא יהא לבן רואה את הערוה, **אבל** באשה לא שייך לבן רואה את הערוה, כמ"ש הא"ח, וז"ל ‹הא"ח›, נראה שהנשים יכולות לברך ולהתפלל כשהן לבושות בחלוקן, אע"פ שאינן מפסיקות למטה מן החזה, לפי שערותן למטה מאד ואין לבן רואה ערוה, **ולא** בעי טוחות בקרקע אלא כשהן ערומות כדי שתתכסה ערותן, עכ"ל, ומביאו ב"י בא"ח סי' ע"ד, ופסקו בשו"ע שם סעיף ד', **ואם** כן צריך שיהיו המים עכורים, דמים צלולים כמי שאינם דמי, עכ"ד ‹הדרישה›. [**משמע דבנשים האיסור משום שעומדת ערום בלא כיסוי ערוה, ולאו אורח ארעא לעשות כן מפני כבוד השכינה, זהו תכלית דבריו, והוא תמוה, מה לו לבקש טעמים מפני כבוד השכינה, והלא איסור דאורייתא מפורש הוא, משום לא יראה בך ערות דבר**]. ‹**לדעתי** גם הדרישה לא טעה ח"ו בדבר זה, אלא לדעת הא"ח באשה הוא אומר כן, דכיון שכתב דבאשה לא שייך לבה רואה את הערוה, מפני שהערוה למטה מאד, א"כ מצד הסברא מה"ט גם עיניה רואות את הערוה לא שייך בה, ואף כשמברכת ליכא בה משום לא יראה בך ערות דבר, ובע"כ צ"ל הטעם משום כבוד השכינה - לחם ושמלה›.

וגם הב"ח בקונטרס אחרון השיג על הא"ח, מהש"ס דפ' מי שמתו גבי עגבות, ‹שלפי סברתו שם, דגם באשה שייך לבו רואה את הערוה, וחיבוק זרועותיה לא מהני גם לזה, וא"כ במים צלולין יש כאן איסור נוסף לבד איסור גילוי ערוה, דהיינו לבו רואה את הערוה - מחה"ש›, [**ס"ל, דבעומדת אין שום איסור משום גלוי ערוה לדעת הא"ח הנ"ל, ואין צריך לפניה טוחות בקרקע אלא לכסות עגבותיה, וע"כ הוקשה לו, למאי דס"ד בגמ' שם פרק מי שמתו, דבעגבות אין בהם משום ערוה, למה צריכה להיות יושבת, הלא בעומדת ג"כ אין איסור כיון שאין לבה רואה ערותה**], **והעלה** דבאשה שייך נמי טעמא דלבן רואה ערוה, וה"ט דהפוסקים דכתבו הכא, דצריך שיהיו המים עכורים, וחבוק זרועותיה לא הוי הפסק כלל, ואם כן צריך שיהיו המים עכורים, או שתלבש חלוקה ולשים ידה על החלוק למטה מלבה, דאז הוי הפסק, ושארי ליה מאריה להדרישה שנסמך להקל על מש"כ הא"ח, דמשמעות הש"ס וכל הפוסקים דלא כוותיה, עכ"ד, [**ולא דק בזה דודאי איסור גילוי ערוה יש בה אף בעומדת, אלא קמ"ל בעל א"ח, דכל שנתכסה הערוה ועגבות ע"י לבוש, אע"פ שאין הפסק בין לב לערוה, אפ"ה שרי כמו ביושבת ופניה טוחות בקרקע, כיון שערותה למטה מאד, אין כאן איסור משום לבה רואה את הערוה**].

ואענה אני חלקי, דודאי נשי דידן נשים חכמניות הן וצדקניות הן, דמה שדחה הב"ח דברי הא"ח מהש"ס דפ' מי שמתו, וכתב על הדרישה שארי ליה מאריה כו', התפלל על אחרים והוא צריך לאותו דבר, **כי** איך יעלה על הדעת, דהך דהאשה יושבת וקוצה לה חלתה ערומה, {אבל עומדת לא, וכן האיש לא משום דאף ביושב אין ערותו מכוסה}, טעמא משום לבה רואה את הערוה, וליכא טעמא אחרינא במלתא, **א"כ** בסוף מי שמתו הביאו בתוס' והפוסקים מחלוקת, אי קי"ל לבו רואה את הערוה אסור או מותר, וכתבו דרש"י וקצת פוסקים פסקו דמותר, כת"ק די"א בברייתא, **והא** תנן בפ"ב דחלה דאסור לברך ערום, והיינו משום לבו רואה את הערוה, וכן בפ"ק דתרומות, דתנן הערום לא יתרום, ומפרש טעמא בירושלמי, מפני שאינו יכול לברך ערום, **ואי** ס"ד דטעמא משום לבו רואה את הערוה, כמו שעלה על דעת הב"ח, היכן יתכן לפסוק לבו רואה את הערוה מותר, והלא תרתי סתמי דמתני' דאסור, אע"ג דבברייתא ס"ל לת"ק דמותר, הו"ל סתם מתני' ומחלוקת דברייתא, דהלכה כסתם מתני', וכ"ש הכא דאיכא תרי סתמא, **אלא** ודאי הך דחלה ותרומה טעמא לאו משום לבו רואה את הערוה, אלא דאפי' לבו מכוסה אסור משום גילוי ערוה, כדאמרינן בס"פ מי שמתו, ולא יראה בך

ערות דבר אמר רחמנא. ‹**מבואר** מהש"ך דהבין דעת הב"ח דליכא כלל איסור גילוי ערוה ואף באיש, דהני משניות איירי באיש, **וזה** צריך ביאור, דהא כיון דבעגבות מודה הב"ח דאיכא איסור, ע"כ דטעמיה רק בערוה דאשה משום טעמא דהא"ח, מפני שהערוה למטה מאד – פתחי טהרה, **וז"ל** לחם ושמלה: דלדעת הב"ח אליבא דהא"ח, כמו דלא שייך באשה לבה רואה את הערוה, כמו כן לא שייך נמי עינים רואות את הערוה, דמאי שנא עיניה מלבה, ולכן יפה הקשה עליו מסוגיא דפרק מי שמתו, **אבל** באיש, {ולדעת הב"ח לפי האמת גם באשה}, ודאי דתרווייהו איכא, גלוי ערוה ולבו רואה את הערוה, וסרה מאתו תלונות הש"ך, עכ"ל›.

ונ"ל דבמים צלולים ליכא משום גילוי ערוה, והכי מוכח בש"ס ס"פ מי שמתו, דפריך אהא דתנן בירד לטבול יתכסה במים ויקרא, והרי לבו רואה את הערוה, אמר רבי אליעזר במים עכורים שנו, דדמיא כארעא סמיכתא, ע"כ, **והשתא** אי ס"ד דמים צלולים לא חשיבי כיסוי ערוה, למה ליה לאהדורי אפירכא אחריני, ולאקשויי והרי לבו רואה את הערוה, דלאו קושיא מעלייתא היא, דאיכא לשנויי קסבר לבו רואה את הערוה מותר, וכתנא דברייתא, תקשי ליה בפשיטות מיניה וביה, דקתני יתכסה במים ויקרא, ומאי מהני כיסוי, **אלא** פשיטא ליה דכסוי מהני אפי' במים צלולים, דמ"מ ליכא משום ולא יראה בך ערות דבר, כיון שעיניו חוץ למים, אבל משום לבו רואה את הערוה פריך שפיר, כיון דלבו ברשות א' עם הערוה, **ונ"ל** ראיה לדברי ממ"ש הרשב"א בחידושיו וז"ל, והלא לבו רואה את הערוה, כלומר שהוא עם הערוה בתוך המים, אבל לעיניו רואות את הערוה ליכא למיחש, דכיון שעיניו חוץ למים ומסתכל בחוץ אינו רואה את הערוה, ואוקימנא בעכורים, הראב"ד ז"ל, עכ"ל, [**אע"ג דכשמכוין לראות במים נגד ערותו יכול לראותה, מ"מ כיון דבלא מתכוין על אותו מקום לראות דרך המים, אין בזה משום גלוי ערוה, והוה כמו מהפך פנים, דומה לזה ממש מצינו בתוס' דנדרים, דהדגים שבמים רואין החמה, אלא שהחמה לא מקרי רואה אותם, כיון שהם מכוסים במים, וכן הוא כאן, דאפי' ללב רואה אין חשש אא"כ הוא עם הערוה תוך המים, וכמשמעות המשנה יתכסה במים, אבל אם הלב חוץ למים אין בו חשש**], **והכי** מוכח נמי התם בש"ס, דגרסינן ת"ר מים צלולים ישב בהן עד צווארו וקורא, וי"א עוכרן ברגליו, ות"ק והרי לבו רואה את הערוה, קסבר לבו רואה את הערוה מותר,

ע"כ, **הרי** דלת"ק אע"ג דלבו רואה את הערוה מותר, ישב בהן עד צווארו ויקרא משום ולא יראה בך ערות דבר, ואפ"ה מהני צלולים, וניחא השתא דתנא ברא לא פליג אתרתי סתמא דתרומה וחלה, **ואע"ג** דבערוה בעששית אמרינן התם בס"פ מי שמתו, שאסור לקרות ק"ש כנגדה, הא מפרש התם טעמא, ולא יראה בך ערות דבר אמר רחמנא והא קמתחזיא, **והשתא** בע"כ מש"כ הראב"ד כאן דעוכרתן ברגליה, לאו טעמא הוא משום גלוי ערותה וכמ"ש הדרישה, דהא כיון שעיניה חוץ למים אף במים צלולים שרי, וכמ"ש הראב"ד גופיה, **אלא** טעמא כמ"ש העט"ז והב"י והב"ח, משום לבה רואה את הערוה, והיינו דכתב הראב"ד סתמא דתעכור המים, דאי ס"ל טעמא אחרינא הו"ל לפרושי, אלא ס"ל הך טעמא דס"פ מי שמתו, דעוכרן משום לבו רואה את הערוה. [**ולכאורה היה יותר טוב שלא יכנוס לבה במים, כדי שלא יהיו לבה וערותה בתוך המים, אלא דיותר יש צניעות שתהא כולה מכוסה עד צוארה במים**].

ומעתה נסתלקה תלונת הדרישה שהתרעם על המחבר והרב, שקצרו כאן ובאו"ח דבריהם, ונתנו טעות ומכשול למעיינים בקיצור דבריהם, אם כוונו למה שכתבתי, עכ"ל, ‹דמיירי ברוחץ בכלי, וע"כ אין בו משום גלוי ערוה, והוי להו לפרש – מחזה"ש›, [**ואינו נכון כלל, דאף ביושב בכלי בגלוי ערוה, ודאי איסור גמור הוא, כל שאין שם מים, דהא הוא עצמו רואה ערותו**], **דודאי** אם כוונו למש"כ, הם קצרו דבריהם, אבל למש"כ כל הדברים פשוטים וברורים, וסלקא לן השתא דהראב"ד דהכא דכתב דצריך שתעכור המים, חולק אהא"ח, והיינו דכתב המחבר באו"ח דברי הא"ח בשם יש מי שאומר.

[**ונראה ברור, דגם הרא"ש ס"ל כמו הא"ח, שהרי כתב הטור סי' זה משמו וז"ל, וכן כתב א"א הרא"ש ז"ל, כשפושטת מלבושיה כשעומדת בחלוקה, תברך, ותפשוט חלוקה ותטבול, עכ"ל, הרי שלא חש אלא לגלוי ערוה לחוד, אבל כשלובשת חלוק די בכך, אע"פ שאין הפסק בין לבה לערוה, שכן דרך ההולכים בחלוק, שהרי לא הצריך שיהיה אזור להפסיק, אלא ברור דס"ל כא"ח דלעיל, שאין באשה משום לבה רואה ערוה**], ‹לפענ"ד אינו מוכרח, ויותר נראה דכוונתו שתפסוק בידה למטה מלבה, או דמיירי בשיש לה אזור על חלוקה, וסמך עצמו על הידוע דאסור לברך כשלבה רואה את הערוה, **וכן** נראה שהבינו הטור

סימן ר – אימתי תעשה ברכת הטבילה
סעיף א – אימתי תעשה ברכת הטבילה

והמחבר, דאל"כ איך יסתור את עצמו תוך כדי דיבור, שכתב כשעומדת בחלוקה תברך וכו', ומיד אח"כ כתב, ואם הם צלולים עוכרתן ברגליה - לחם ושמלה›. [**ובזה מיושב** לשון הטור שהאריך בדברי הרא"ש, ולא כתב בקצור: וכן כתב א"א הרא"ש ז"ל, כדרכו, אלא דבר ברור כיון דלעיל מיניה כתב דברי הראב"ד, דס"ל שתברך קודם טבילה, ואם לא ברכה קודם טבילה צריכה לעכר המים, והיינו ע"כ משום לבה רואה ערותה, דלא ס"ל כא"ח דלעיל, **וכתב** הטור שכן כתב הרא"ש, לענין שתברך קודם טבילה ס"ל כהראב"ד, דלא כר"י ובה"ג שכתבו שתברך אחר הטבילה, **אבל** במה שכתב הראב"ד שצריכה לעכר המים, בזה לא סבירא ליה להרא"ש כן, אלא די בכך שבעוד חלוקה עליה תברך, ולא חיישינן ללבה רואה ערותה, **וא"כ** כיון שהא"ח והרא"ש ס"ל כן, דבאשה אין שייך לבה רואה ערותה, וכבר פסק כן בשו"ע באו"ח סי' ע"ד, מי ימחה ביד שום אשה שתסמוך ע"ז, וכל שהיא במים אפי' הם צלולים, ממילא נתכסה ערותה ועגבותיה כאילו היה עליה לבוש מלפניה ומאחריה, ואין בה משום גלוי ערוה כמו שהוכחנו לעיל, לא איכפת לן בלבה רואה ערותה, **אבל** מ"מ על צד היותר טוב תעשה בחיבוק ידים, להפסיק בין לבה לערותה והיא בתוך המים, יצאה ידי חובתה לדברי הכל], ‹**לשון** חבוק זרועותיו לאו דוקא, דלא בעינן חבוק ב' הזרועות, אלא בזרוע אחת שמחבק על גופו תחת לבו סגי להיות הפסק בין לבו לערוה - מחה"ש›.

[**ואע"ג** שרמ"א כתב כאן, שנוהגים לכסות בבגדה או בחלוקה, אפשר שבימיו נהגו כן, אבל עכשיו לא נהגו כן, כמו שהעיד בעל הדרישה, אלא שכתב שלא יפה הם עושים, **וגם** אנו שמענו שהנשים אינן נזהרין אפי' בחיבוק ידים בהפסק בין לב לערוה, ונראה שגם זה אליבא דהלכתא, אלא שלכתחילה יש לעשות חבוק ידים כמו שאמרנו, דאין פקפוק ע"ז, כן נראה לענ"ד], **וא"כ** הני נשי דידן אם אינן נביאות הן, בנות נביאות הן, דס"ל כהא"ח, והלכך מברכות במים צלולים שעיניהם חוץ למים, ומנהגן תורה היא.

(**עט"ז** באו"ח ובמג"א, ומדיוק דבריהם משמע, דמקואות שלנו דמחממים אותם ונפישי זוהמא, דינו כמרחץ ממש, **ובספר** פמ"ג ומחצית השקל מסופקים בהאי מלתא, **ועיין** בתשו' חתם סופר שכתב, דמאי דאיבעיא להו פשיטא ליה להגאון יעב"ץ בספרו מור וקציעה, שכתב וז"ל, וכ"ש בבית הטבילה דידן שרוחצים ג"כ בחמין, פשיטא דאסור לגמרי לברך בשם, **אלא** יש לנהוג לברך קודם שתכנס, ולא תפסיק בדבור, ואף אם לא מחשב תכיפה, מ"מ הפסק נמי אינה נחשבת, וכך אני נוהג עם ברכת ציצית, כשאני לובש שם בגדי אחר טבילה, עכ"ל, **והוא** ז"ל פלפל בזה, והביא ג"כ ראיה לאיסור).

‹**מ"מ** המנהג להקל בכך ולברך כשעומדת במקוה, אף כשהמים חמים, **אמנם** אם בור הטבילה עומד בחדר בית המרחץ עצמו, צ"ע אם מותרת לברך שם בתוך המקוה - בדי השלחן›.

(**וע"ש** עוד שנשאל, במי שיש לו בתוך חדרו חפירה מקוה מים חמין לטהרת נשים שבביתו, ומכוסה בכיסוי נסרים, אי מותר ללמוד באותו החדר, **והשיב** מאחר שהחדר שהחפירה בתוכו הוא נקי וטהור, רק לפעמים פעם או פעמים בחודש חופפת אשה בתוכו במים חמין, ונהי שהחפירה נפישא זוהמא, מ"מ החדר שהוא רשות לעצמו נקי וטהור, ולית ביה הבל ולא זוהמא, והחפירה מכוסה בנסרים, אין שום סברא לאסור שם ללמוד, **אך** מהיות טוב יעמיד מחיצה המטולטלת לחוץ בין הלומד ובין מקום המקוה המכוסה בנסרים, **ועובדא** ידענא, שהחסיד מהור"ר זלמן זצ"ל בפ"פ דמיין, היה לו מקוה חמין בתוך חדרו והיה מכוסה, ולמד שם ולא רפרף אדם מעולם).

סימן ר ס"א • אימתי תעשה ברכת הטבילה

כתב המחבר, דאחר שפושטת מלבושיה, (דבעינן תיכף לטבילה), כשעומדת בחלוקה, תברך: אשר קדשנו במצותיו וצונו על הטבילה, ותפשוט חלוקה ותטבול; **ואם** לא ברכה אז, תברך לאחר שתכנס עד צוארה במים; **ואם** הם צלולים, עוכרתן ברגליה ומברכת, **כדי** שלא יהא לבה רואה את הערוה, **והקשה** הט"ז, דבאו"ח סי' ע"ד פסק בשו"ע כדברי הא"ח, שבנשים לא חיישינן ללבן רואות את הערוה, **אבל** הש"ך כתב, דהתם לא הביאו אלא באופן של "יש מי שאומר".

כתב הרמ"א, וי"א שלא תברך עד אחר הטבילה, וכן נוהגין שלאחר הטבילה בעודה עומדת תוך המים, מכסית עצמה בבגדה או בחלוקה, ומברכת. **וטעמייהו** דכיון דבטבילת גר אין שייך שיברך קודם הטבילה, דעדיין גוי הוא, לא חילקו חכמים בין הטבילות.

וי"א דאף במקום שנוהגין לברך קודם הטבילה, היינו דוקא בחול, **אבל** בשבת כשטובלת יש לאשה לנהוג לברך אחר הטבילה, או קודם טבילה בלחש בין שפתיה, דאל"כ מיחזי כמתקן בשבת.

ושל"ה כתב, דכיון דיש מחלוקת אם האשה תברך קודם הטבילה או לאחר שתעלה מהטבילה, **יש** לנהוג כך, שלאחר שתטבול כל גופה פעם אחת, תברך, ולאחר שתברך תטבול פעם שנית, ובזה תעשה קדושה יתירה, ותהיה יוצאת ג"כ לשני הדעות. **והרבה** נוהגים לטבול עוד פעם ע"פ ספר חסידים.

שיטת הדרישה – דבאשה לא שייך לבן רואה את הערוה, כמ"ש הא"ח, לפי שערותן למטה מאד ואין לבן רואה ערוה, **אלא** דהחשש הוא משום גלוי ערוה, **ומשו"ה** צריך שיהיו המים עכורים, דמים צלולים כמי שאינם דמי.

וכתב דהחשש דגלוי ערוה משום דלאו אורח ארעא מפני כבוד השכינה, **והקשה** הט"ז, והלא איסור דאורייתא מפורש הוא, משום לא יראה בך ערות דבר, **ויש** שתירץ, דבאשה הוא אומר כן, דכיון דלא שייך לבה רואה את הערוה, מפני שהערוה למטה מאד, א"כ מצד הסברא מה"ט גם עיניה רואות את הערוה לא שייך בה, **ואף** כשמברכת ליכא בה משום לא יראה בך ערות דבר, ובע"כ צ"ל הטעם משום כבוד השכינה.

וס"ל דברוחץ בכלי אין בו משום גלוי ערוה, **והט"ז** חולק דאף ביושב בכלי, כל שאין שם מים, ודאי איסור גמור הוא, דהא הוא עצמו רואה ערותו.

שיטת הב"ח – דלדעת הא"ח, בעומדת אין שום איסור משום גלוי ערוה, **ורק** דצריך לכסות עגבותיה. (**והש"ך** הבין בדעת הב"ח דליכא כלל איסור גילוי ערוה ואף באיש, **וצ"ע** דהא כיון דבעגבות מודה הב"ח דאיכא איסור, ע"כ דטעמיה רק בערוה דאשה משום טעמא דהא"ח, מפני שהערוה למטה מאד, **וי"א** דאה"נ דלדעת הב"ח אליבא דהא"ח, כמו דלא שייך באשה לבה רואה את הערוה, כמו כן לא שייך נמי עינים רואות את הערוה, דמ"ש עיניה מלבה, **אבל** באיש ודאי דתרוייהו איכא, גלוי ערוה ולבו רואה את הערוה).

והקשה הב"ח על הא"ח מהגמ', והעלה דבאשה שייך נמי טעמא דלבן רואה ערוה, **וחבוק** זרועותיה לא הוי הפסק כלל, **וא"כ** צריך שיהיו המים עכורים, או שתלבש חלוקה ולשים ידה על החלוק למטה מלבה, דאז הוי הפסק.

שיטת הש"ך והס"ז – דבמים צלולים ליכא משום גילוי ערוה, כיון שעיניו חוץ למים, וממילא נתכסה ערותה ועגבותיה כאילו היה עליה לבוש מלפניה ומאחריה, **משא"כ** בלבו רואה את הערוה, דלבו ברשות א' עם הערוה, **ואע"ג** דכשמכוין לראות במים נגד ערותו יכול לראותה, מ"מ כיון דבלא מתכוין על אותו מקום לראות דרך המים, אינו רואה את הערוה, אין בזה משום גלוי ערוה, והוה כמו מהפך פנים, **וטעמא** דהמחבר ורמ"א משום לבה רואה את הערוה, **ולכאורה** היה יותר טוב שלא יכנוס לבה במים, כדי שלא יהיו לבה וערותה בתוך המים, **אלא** דיותר יש צניעות שתהא כולה מכוסה עד צווארה במים.

ואע"ג שרמ"א כתב כאן, שנוהגים לכסות בבגדה או בחלוקה, **אפשר** שבימיו נהגו כן, אבל עכשיו לא נהגו כן, **וגם** אנו שמענו שהנשים אינן נזהרין אפי' בחיבוק ידים בהפסק בין לב לערוה, **וודאי** נשי דידן נשים חכמניות הן וצדקניות הן, ואם אינן נביאות הן, בנות נביאות הן, דס"ל כהא"ח דלא חיישינן ללבה רואה ערותה, ומנהגן תורה היא, ומי ימחה ביד שום אשה שתסמוך ע"ז, **אבל** מ"מ על צד היותר טוב תעשה בחיבוק ידים, להפסיק בין לבה לערותה והיא בתוך המים, ויצאה ידי חובתה לדברי הכל, **וי"א** דלא בעינן חבוק ב' הזרועות, אלא בזרוע אחת שמחבק על גופו תחת לבו, סגי להיות הפסק בין לבו לערוה.

וי"א דמקואות שלנו דמחממים אותם ונפישי זוהמא, דינו כמרחץ ממש, ואסור לגמרי לברך בשם, **אלא** יש לנהוג לברך קודם שתכנס, ולא תפסיק בדבור, **ואף** אם לא מחשב תכיפה, מ"מ הפסק נמי אינה נחשבת.

ומ"מ המנהג להקל בכך ולברך כשעומדת במקוה, אף כשהמים חמים, **אמנם** אם בור הטבילה עומד בחדר בית המרחץ עצמו, צ"ע אם מותרת לברך שם בתוך המקוה.

מי שיש לו בתוך חדרו חפירה מקוה מים חמין לטהרת נשים שבביתו, ומכוסה בכיסוי נסרים, **י"א** דמאחר שהחדר שהחפירה בתוכו הוא נקי וטהור, רק לפעמים פעם או פעמים בחודש חופפת אשה בתוכו במים חמין, ונהי שהחפירה נפישא זוהמא, מ"מ החדר שהוא רשות לעצמו נקי וטהור, ולית ביה הבל ולא זוהמא, והחפירה מכוסה בנסרים, אין שום סברא לאסור שם ללמוד, **אך** מהיות טוב יעמיד מחיצה המטולטלת לחוץ בין הלומד ובין מקום המקוה המכוסה בנסרים.

תם ונשלם הלכות נדה וטבילה

§ סימן רב – דברים החוצצים בטבילה §

אלו חוצצין בכלי זכוכית

סעיף א - אלו חוצצין בכלים – [תלוי בקפידא של אדם כדלעיל סי' קצ"ח ס"א], **הזפת והמור (יש מפרש החמר, ויש מפרש המסטיכ"ו או המוסק"ו)** – [פי' בערוך ל' מור ואהלות], **בכלי זכוכית, בין מבפנים בין מבחוץ** - כתב הסמ"ג בשם ר"י דה"ק, אפילו זפת ומור שאין חוצצין בשאר כלים שדרך לזפתן, בכלי זכוכית חוצצין, וכ"ש שאר דברים דחוצצין בכל הכלים, דפשיטא דחוצצין בכלי זכוכית, ומביאה ב"י, **וכתב** הב"ח דהכי נהיגי עלמא להחמיר, ולא כהעט"ז שהעתיק לשון הטור.

סימן רב ס"א • אלו חוצצין בכלי זכוכית

אלו חוצצין בכלים, הזפת והמור בכלי זכוכית, בין מבפנים בין מבחוץ, **והיינו** אף שאין חוצצין בשאר כלים שדרך לזפתן, בכלי זכוכית חוצצין, **וכ"ש** שאר דברים דחוצצין בכל הכלים, דפשיטא דחוצצין בכלי זכוכית.

דבר שדרך להקפיד עליו או חופה את רובו

סעיף ב - כל דבר שדרך להקפיד עליו, חוצץ; ואם לאו, אינו חוצץ אא"כ היה חופה את רובו – [והוא מדרבנן, והיינו או ברובו של כלי אף על גב דאין מקפיד עליו, או במיעוטו המקפיד].

הגה: שחרורית הדבוק ביורה מבחוץ, הוי כדופן הכלי, ודרכו בכך ואינו חוצץ (ב"י ס"ס ק"כ בשם הרא"ש) - ומשמע דבפנים הוה חציצה, ומ"מ דוקא אם הוא בדרך שמקפידין עליו, וכמ"ש בשו"ע סימן ק"ך סעיף י"ג לענין חלודה.

‹יש להסתפק, אם רוב הכלי דבוק בשחרורית אם חוצץ, והרי קיי"ל דברובו אף אם אינו מקפיד חוצץ, אך מדבריו שכתבו שחשוב כדופן הכלי, משמע שאפילו בכולו אינו חוצץ, ואין זה בגדר מקפיד ואינו מקפיד, אלא דהוה ממש כדופן הכלי, ויש להתיישב בזה לדינא – ערוה"ש›.

סי' רב ס"ב • דבר שדרך להקפיד עליו או חופה את רובו

כל דבר שדרך להקפיד עליו, חוצץ מדרבנן אפי' במיעוטו; **ואם** לאו, אינו חוצץ מדרבנן אא"כ היה חופה את רובו.

וכתב רמ"א, שחרורית הדבוק ביורה מבחוץ, הוי כדופן הכלי, ודרכו בכך ואינו חוצץ.

משמע דבפנים הוה חציצה, **ומ"מ** דוקא אם הוא בדרך שמקפידין עליו.

יש שמסתפק, אם רוב הכלי דבוק בשחרורית, מי אמרינן דחוצץ, דהא ברובו אף אם אינו מקפיד חוצץ, **אך** מרמ"א שכתב שחשוב כדופן הכלי, משמע שאפי' בכולו אינו חוצץ, ואין זה בגדר מקפיד ואינו מקפיד, וצ"ע.

ידות הכלים

סעיף ג - ‹ידות הכלים ועשויין עם הכלי ביחד, כמו ידות המחתות שהיד היא של מתכת כמו הכלי עצמה וכיוצ"ב, הרי היא כעצם הכלי וצריכה טבילה כהכלי עצמה, בין בטומאה ובין בטבילת כלים חדשים, **וידות** שהן ממין אחר שא"צ טבילה, כגון סכין, והיד הוא של עץ וכיוצא בזה, דהעץ א"צ טבילה, **ומ"מ** כשהיא עם היד ביחד אינה חוצצת, ורשאי לטבול הסכין כמו שהוא עם היד, דכיון שעשוי להיות בתוכו תמיד, הוי כחתיכה אחת ואין זה חציצה – ערוה"ש›.

ידות הכלים שאינן עומדים להיות קבועים, כגון שהכניסן שלא כדרכן – [הטעם, כיון שלא ישאירו כן, שצריך לחלצן משם ולתקנן כראוי, ע"כ הוי היד כמילי אחרינא לגבי הכלי וחוצץ], **או שלא הכניסם כולן או שהכניסם כולן ונשברו, חוצצין** – [בטור כתוב: שנשבר לתוך הקתא, ונראה פי', שהקתא הוא משל מתכות כמו הכלי עצמו, והקתא הוא חלול, ומכניס בתוכה היד של עץ או מין אחר, ונשבר היד בתוך הקתא בחללו, נמצא שיצטרך להוציאו ולתקנו מחדש, על כן הוה היד חציצה לטבילת הכלי].

סימן רב ס"ג • ידות הכלים

ידות הכלים ועשויין עם הכלי ביחד, כמו ידות המחתות שהיד היא של מתכת כמו הכלי עצמה וכיוצ"ב, **הרי** היא כעצם הכלי וצריכה טבילה כהכלי עצמה.

וידות שהן ממין אחר שא"צ טבילה, כגון סכין והיד הוא של עץ וכיוצ"ב, דהעץ א"צ טבילה, מ"מ כשהיא עם היד ביחד אינה חוצצת, דכיון שעשוי להיות בתוכו תמיד, הוי כחתיכה אחת.

וידות הכלים שאינן עומדים להיות קבועים, הוי כמילי אחרינא לגבי הכלי, וחוצץ, **כגון** שהכניסן שלא כדרכן, שצריך לחלצן ולתקנן כראוי, **או** שלא הכניסם כולן, **או** שהכניסם כולן ונשברו. **וכן** כשהקתא הוא משל מתכות כמו הכלי עצמו, והוא חלול, ומכניס בתוכה היד של עץ או מין אחר, ונשבר היד בתוך הקתא בחללו, וצריך להוציאו ולתקנו מחדש, הוה חציצה.

ידות הכלים שנשתברו

סעיף ד - כל ידות הכלים שנשתברו, כגון יד המגל והסכין, אם משמשין מעין מלאכתן ראשונה, אין חוצצין; ואם לאו, חוצצין.

סימן רב ס"ד • ידות הכלים שנשתברו

כל ידות הכלים שנשתברו, כגון יד המגל והסכין, אם משמשין מעין מלאכתן ראשונה, אין חוצצין; **ואם** לאו, חוצצין.

מגל שנשברה ידו

סעיף ה - מגל שנשברה ידו מן השפה ולפנים אינה חוצצת, מפני שהיא כבית הסתרים; מן השפה ולחוץ, אם משמשת מעין מלאכתה אינה חוצצת; ואם לאו, חוצצת - ‹וה"פ, דמגל הוא כלי אומנות, ומרש"י משמע שזהו שקורין דאלע"ט, שראשו חד ונוקבין בו נקבים רחבים, ע"ש, ויש לו יד של עץ גדול, ותוחבין הברזל הרבה בהעץ, והעץ הוא עב, ולכן אף כשנשבר בפנימיותו, אם מבחוץ הוא שלם, יכולים לעשות בו המלאכה, **וכשנשבר** מבחוץ, אם השבר אינו בעומק, יכולין לעשות בו המלאכה, וכשהשבר בעומק, אין ביכולת לעשות בו מלאכה – ערוה"ש›.

סירגה בגמי או במשיחה, הרי זו חוצצת - שאין זה תיקון יפה אלא תיקון עראי, ובודאי אין דעתו להניחו שם, **דבקה בשרף, אינה חוצצת** - שהוא דיבוק ותיקון טוב, על דעת להניחו שם תיקנה, לפיכך אינה חוצצת, עכ"ל עט"ז.

‹אך תמיהני דמה היה לו לרבינו הב"י לכתוב זה, והלא אינה כלי סעודה אלא כלי אומנות, והטבילה הוא לטומאה וטהרה שאינה נוהגת בזמנינו, ונ"ל משום דמצינו במס' כלים ריש פי"ג, מגל יד ומגל קציר, ופירשו דמגל יד עשוי לשבר בו עצמות, ע"ש, וזהו כלי סעודה דצריך טבילה בכלים חדשים, ולכן כתבה בשו"ע – ערוך השלחן›.

סימן רב ס"ה • מגל שנשברה ידו

מגל, שיש לו יד של עץ גדול, ותוחבין הברזל של המגל בהעץ, שנשברה ידו, **מן** השפה ולפנים, דהעץ הוא עב, ולכן אף כשנשבר בפנימיותו, אם מבחוץ הוא שלם יכולים לעשות בו המלאכה, אינה חוצצת, מפני שהיא כבית הסתרים; **מן** השפה ולחוץ, אם משמשת מעין מלאכתה, דהשבר אינו בעומק, אינה חוצצת; **ואם** לאו, שהשבר בעומק, ואין ביכולת לעשות בו מלאכה, חוצצת.

סירגה בגמי או במשיחה, הרי זו חוצצת, שאין זה תיקון יפה אלא תיקון עראי, ובודאי אין דעתו להניחו שם, **דבקה** בשרף, שהוא דיבוק ותיקון טוב, על דעת להניחו שם תיקנה, לפיכך אינה חוצצת.

וקשה דהלא אינה כלי סעודה אלא כלי אומנות, והטבילה הוא לטומאה וטהרה שאינה נוהגת בזמנינו, **וי"ל** משום דמצינו מגל העשוי לשבר בו עצמות, וזהו כלי סעודה דצריך טבילה בכלים חדשים, ולכן כתבה בשו"ע.

כלי שכפה פיו למטה

סעיף ו - כלי שכפה פיו למטה והכניסו למים, אם פיו צר קצת ולא הפך פיו למעלה, לא עלתה לו טבילה, לפי שלא יגיעו המים לשוליו, אפילו אם מכניסו כולו למים – [במשנה כתוב סתם, שאין מטבילין כלי דרך פיו, ופירש הר"ש, כל כלי שבתחילת הכנסתו במים כופהו על פיו, אין המים נכנסים לתוכו לעולם, ואפילו מכניסו לתוכו כולו, עכ"ל, וב"י חידש מסברא דנפשיה, שבכלי רחב נכנסין המים לתוכו, ועל כן חילק כאן בשו"ע בין צר. ומו"ח ז"ל חלק עליו, ואמר שבדוק ומנוסה הוא שכל כלי אפילו רחב אין המים נכנסין עד שולי הכלי מבפנים מחמת האויר שבתוכו, והאמת הוא כן, **אלא** שבכלי רחב ואין בו חלל גדול כמו קערות וכיוצא בהם, נכנסים לתוכן, ובזה צדקו דברי הב"י, **ולפי** זה אתי שפיר מש"כ בסימן ר"א סעיף ס"ג, דאם מטביל במקוה מצומצם את היורה ושאר כלים, מטבילין דרך פיו, וכאן כתב שבדרך פיו אין כאן טבילה, **ולפי** מש"כ ניחא, דהיורה אפשר שהוא רחב מאד, ועוד י"ל דלעיל לא אמר ממש דרך פיו, אלא בתוך המים מהפכו קצת].

זה אינו, דהא כתב אם פיו צר קצת, ואם איתא, אפי' פיו רחב הרבה, **ועוד** דגם זה בדוק שאינו, דאפי' רחב הרבה אין המים עוברים לשוליו כשמניחו על פיו - נקה"כ.

סימן רב ס"ו(1) • כלי שכפה פיו למטה

כלי שכפה פיו למטה והכניסו למים, אם פיו צר קצת ולא הפך פיו למעלה, לא עלתה לו טבילה, לפי שלא יגיעו המים לשוליו, אפילו אם מכניסו כולו למים.

זה חידש הב"י מסברא דנפשיה, שבכלי רחב נכנסין המים לתוכו, וע"כ חילק כאן בשו"ע בין צר.

והב"ח חולק, ואמר שבדוק ומנוסה הוא שכל כלי אפי' רחב אין המים נכנסין עד שולי הכלי מבפנים מחמת האויר שבתוכו. **וכתב הס"ז**, אלא שבכלי רחב ואין בו חלל גדול כמו קערות וכיוצא בהם, נכנסים לתוכן, ובזה צדקו דברי הב"י.

והש"ך כתב דזה אינו, דהא כתב השו"ע אם פיו צר קצת, ואם איתא, אפי' פיו רחב הרבה, **ועוד** דגם זה בדוק שאינו, דאפי' רחב הרבה אין המים עוברים לשוליו כשמניחו על פיו.

לטבול כלי בתוך כלי

הגה: מותר לטבול כלי בתוך כלי, אם יש בפי החילון כשפופרת הנוד - היינו כשהחיצון טהור, אבל כשהחיצון צריך גם כן טבילה, אפי' אין בפיו כשפופרת הנוד מותר, דמיגו דסלקא טבילה לחיצון, סלקא נמי לפנימי, כדלעיל סי' ר"א סעיף ט'.

ויזהר שכלי הפנימי יהא רפוי בתוך כלי החילון, ולכן לא יתחוב סכינים תוך דלי ויטבלם, כי לא תעלה טבילה בראשם - אלא יקשרם בחוט וכה"ג בדבר הרפוי.

וכן אם הכלי הפנימי הוא כבד ומונח תוך החילון, לא תעלה לו טבילה במקום שמונח - לשון האו"ה, דוקא כלים שמלאו מקודם, דמתוך שהוא מלא מכביד על דופניו וחוצץ, אבל כלי ריק אין לחוש, דאי אפשר שלא יבוא שמה מים, **אך** יזהר שלא יושיב כלים הרבה בכלי להטבילם יחד אפי' הם רקים, אא"כ שלא ישבו זה ע"ג זה ככלי העומד על שוליו או על פיו, **אבל** להניח זה אצל זה בדלי, אפי' כלים הרבה יחד מותר לכתחלה, אפי' יפלו זה ע"ג זה בבאר, ואין לחוש, דמתוך שמתגלגלין הנה והנה נוגעים המים ע"פ כולם, עד כאן.

[זהו מדברי המרדכי, והבאתיו בסי' ק"ך ס"ב ובסי' קצ"ח סכ"ח, ושם ביארתי דין חציצה מחמת כובד הכלי].

ועיין לעיל סימן ר"א סעיף ט'.

סימן רב ס"ו(2) • לטבול כלי בתוך כלי

מותר לטבול כלי בתוך כלי טהור, אם יש בפי החיצון כשפופרת הנוד, **אבל** כשהחיצון צריך ג"כ טבילה, אפי' אין בפיו כשפופרת הנוד מותר, דמיגו דסלקא טבילה לחיצון, סלקא נמי לפנימי.

ויזהר שכלי הפנימי יהא רפוי בתוך כלי החיצון, **ולכן** לא יתחוב סכינים תוך דלי ויטבלם, כי לא תעלה טבילה בראשם, **אלא** יקשרם בחוט וכה"ג בדבר הרפוי.

וכן אם הכלי הפנימי הוא כבד ומונח תוך החיצון, לא תעלה לו טבילה במקום שמונח.
וי"א דוקא כלים שמלאו מקודם, דמתוך שהוא מלא מכביד על דופניו וחוצץ, **אבל** כלי ריק אין לחוש, דא"א שלא יבוא שמה מים, **אך** יזהר שלא יושיב כלים הרבה בכלי להטבילם יחד אפי' הם רקים, אא"כ שלא ישבו זה ע"ג זה ככלי העומד על שוליו או על פיו, **אבל** להניח זה אצל זה בדלי, אפי' כלים הרבה יחד מותר לכתחלה, אפי' יפלו זה ע"ג זה בבאר, אין לחוש, דמתוך שמתגלגלין הנה והנה נוגעים המים ע"פ כולם.

כלי שצר מכאן ומכאן ורחב באמצע

סעיף ז - כלי שצר מכאן ומכאן ורחב באמצע, אין המים באים לו לכל צד עד שיטהו על צדו.

סימן רב ס"ז • כלי שצר מכאן ומכאן ורחב באמצע

כלי שצר מכאן ומכאן ורחב באמצע, אין המים באים לו לכל צד עד שיטהו על צדו.

כלי שפיו צר

סעיף ח - כל כלי שפיו צר (יותר משפופרת הנוד), צריך להשהותו במים עד שיתמלא, או ימלאנו קודם שיכניסנו למקוה - ‹כלומר שיתחברו המים שבתוך הכלי למים שבמקוה, ויהיה השקה, ונחשבו גם המים שבכלי כמי מקוה – ערוה"ש›.
ואשמעינן דאע"ג דאין בפיו כשפופרת הנוד, מהני כשממלאו או משהו במים, דאע"ג דבעלמא לא הוי חבור רק כשפופרת הנוד, לכלי גופא סגי בכל שהוא, כדלעיל סי' ר"א ס"ט, וכ"כ האו"ה, **מיהו** אפי' רחב יותר משפופרת הנוד, אם הוא בענין שאין המים נכנסין לו מיד, צריך להשהותו או למלאותו תחלה, ופשוט הוא.

סימן רב ס"ח • כלי שפיו צר

כל כלי שפיו צר יותר משפופרת הנוד, צריך להשהותו במים עד שיתמלא, **או** ימלאנו קודם שיכניסנו למקוה, **ויתחברו** המים שבתוך הכלי למים שבמקוה, ויהיה השקה, ונחשבו גם המים שבכלי כמי מקוה.
ואשמעינן דאע"ג דאין בפיו כשפופרת הנוד, מהני כשממלאו או משהו במים, דאע"ג דבעלמא לא הוי חבור רק כשפופרת הנוד, לכלי גופא סגי בכל שהוא, **מיהו** אפי' רחב יותר משפופרת הנוד, אם הוא בענין שאין המים נכנסין לו מיד, צריך להשהותו או למלאותו תחלה.

ידות ארוכות ועתיד לקוצצן

סעיף ט - ידות הכלים שהם ארוכות ועתיד לקוצצן, מטביל עד מקום שעתיד לקוצצן, ודיו – [ולא הוה מקום חתך חציצה, לפי שהוא בית הסתרים ואינו חוצץ]. ‹ואפי' ראוי לביאת מים לא בעינן, משום דאין אדם מקפיד שם – ערוה"ש›.

סימן רב ס"ט • ידות ארוכות ועתיד לקוצצן

ידות הכלים שהם ארוכות ועתיד לקוצצן, מטביל עד מקום שעתיד לקוצצן, ודיו, **ולא** הוה מקום חתך חציצה, לפי שהוא בית הסתרים ואינו חוצץ, **ואפי'** ראוי לביאת מים לא בעינן, משום דאין אדם מקפיד שם.

[ט"ז] ‹רעק"א או ש"א או הוספת הסבר› (פת"ש)

§ סימן קפג – אשה שרואה טיפת דם צריכה לישב ז' נקיים §

סימן קפג ס"א • דין ראיית דם נדה והרגשה

איזה דם מטמא
אין אשה טמאה אלא בדם הבא מן המקור, דכתיב והיא גלתה את מקור דמיה, **וטמאה** בין כשהראייה באונס, פי' ע"י קפיצה, בין ברצון, פי' כפי טבע האשה מחמת עצמה. **ואין** חילוק בין פנויה לנשואה, כי כל הבא על הנדה חייב כרת.

כשנעקר, מאיזה מקום הוי הדם טמא
י"א דעיקר הטומאה בעקירת הדם מבית הפנימי לבית החיצון, אבל יציאת הדם מבית החיצון לחוץ לא מעלה ולא מוריד, ותוכל לספור אותו לז"נ, **אך** אין נ"מ בזה, דכיון שצריכה בדיקת הפסק טהרה, צריכה שתדע שלא יהיה שום דם אפי' בבה"ח, **אלא** דנ"מ היכא שנעקר מן המקור שלא כדרך ראיה, כגון בשפופרת, לא איכפת לן כלום ביציאת חוץ דרך ראיה.

הרגש
מדאורייתא אינה טמאה אלא בשהרגישה ביציאתו, **אבל** מדרבנן טמאה אע"פ שלא הרגישה. **ומיהו** משתרגיש בו שנעקר ממקומו ויצא, טמאה אע"פ שלא יצא לחוץ.

הג' מיני הרגש
ויש ג' מיני הרגשות לענין שתהא טמאה מדאורייתא: **א'**. שנזדעזע גופה, **ב'**. שנפתח מקורה, **והג'**. ע"פ האחרונים ז"ל, כשמרגשת שדבר לח זב ממנה בפנים. (**והחת"ס** חולק ע"ז, דלאו הרגשה הוא).

ג' שיטות בהרגש זיבת דבר לח
י"א דבענין שתרגיש שזב ממקורה, דאם לא הרגישה רק שזב בפרוזדור, טהורה, דכיון שבשעה שנפל מהמקור בלא הרגשה רחמנא טהריה להדם, מאין יתחיל הטומאה בפרוזדור, **וי"א** דגם כשתרגיש בשרה שמן השינים ולחוץ טמאה. **וי"א** דלא ידוע לנשי שלנו אם הרגשתה הוא רק מפרוזדור או מן המקור, ובכל הרגשת זיבת דבר לח הוא לדינא הרגשה, **אבל** כל זה בהרגישה יציאה מהגוף, אבל מה שהרגישה שנעשה בין רגליה לח מאיזה משקה, אין להחשיב זה להרגשה.

כשא"א להבחין אם היה הרגש
אם מצאה דם בלא הרגשה בבדיקה, או אחר תשמיש, וכן סמוך להטלת מי רגלים, **י"א** דהוי רק דרבנן, **וי"א** דהוא דאורייתא, דנימא הא דלא ארגשה משום דסברה הרגש עד או שמש הוא, **אבל** בקינוח או שלא הכניסה העד בעומק, אלא מהפרוזדור ולחוץ, אינו אלא מדרבנן כשלא הרגישה.

טפת דם כחרדל, ודין ז' נקיים
ואפי' לא ראתה אלא טיפת דם כחרדל, וה"ה פחות, ואף דלא שייך לומר, שמא יצא מן המקור בג' ימים זה אחר זה, ושהה בפרוזדור, דבודאי אינה אלא ראייה א', יושבת עליו ז' נקיים, מדרבנן כדי שלא תבא לידי טעות, **אבל** מדאורייתא א"צ לישב ז' נקיים אלא זבה גדולה.

טעם לגזירת ז' נקיים בנדה
והס"ז כתב, דג' חששות יש כאן, **הא'** במראה דם שיטעו לטהר, ע"כ החמירו לטמא כל מראה אודם, **ועוד** חששו דשמא עד יום האחרון של ראייתה עדיין לא ראתה דם טמא, ע"כ היה צריך ששה נקיים, **ועוד** חששו שתטעה בין ו' נקיים דנדה, לז' נקיים דזיבה, ע"כ צריכה בכל מקום ז' נקיים.

שיטת הרמב"ם והפוסקים בהי"א יום והז' ימים
דעת הרמב"ם, שאחד עשר יום יש אחר ז' ימי נדה, אף שלא ראתה בהז' ימים דם, ואם ראתה באותן הי"א, היא נקראת זבה, **ואח"כ** חוזרת להקרות נדה, אף שלא ישבה ז' נקיים, וכן לעולם כל ימיה, ז' ימי נדה וי"א ימי הזיבות, **אבל** כבר השיגו עליו כל הפוסקים והסכימו, שמשעה שהאשה נעשית זבה גדולה, אינה חוזרת לימי נדות עד שתשב ז' נקיים, **ואין** ימי זיבה אלא בי"א הסמוכים לז' שראתה בהם דם נדות.

§ סימן קפד – שצריך לפרוש מהאשה עונה קודם לוסתה §

סי' קפד ס"א • אשה שיש לה וסת שלא בשעת וסתה

רוב הנשים יש להם וסתות לראות בזמן ידוע, כגון מכ' לכ' יום, או מכ"ה לכ"ה, או מל' לל'. **וכתב** הש"ך, דאם לא קבעה וסת, מקרי בתוך ל', שלא בשעת וסתה, דא"צ בדיקה, **ומקשים** עליו, דהא היינו אשה שאין לה וסת, **אמנם** יש מקיימין דבריו, דר"ל דבתחלת ראייתה שלא נודע למתי תקבע וסת, מקרי בתוך ל', שלא בשעת וסתה, וא"צ בדיקה, **אבל** כשנתחזקה דאין לה וסת, צריכה לעולם בדיקה.

וכל אשה שיש לה וסת קבוע, מותר לבא עליה שלא בשעת וסתה בין שהיא ערה, בין שאינה ערה כ"כ שתוכל להשיב אם היא טהורה אי לאו, **אבל** ישנה לגמרי אסור לשמש עמה.

שיטת המחבר, דא"צ בדיקה לפני תשמיש, אבל אם תרצה להחמיר ולבדוק רשאית, **ודוקא** לפני תשמיש, אבל לאחר תשמיש צריכה בדיקה. **אבל** לרוב הפוסקים ולרמ"א, אין לה להחמיר כלל לבדוק עצמה, לא לפני תשמיש, שלא יהא לבו נוקפו, שיחשב שאם לא הרגישה לא היתה בודקת, ופורש, **ולא** לאחר תשמיש, שלא יהא לבו נוקפו ופורש מכאן ולהבא, **אבל** שלא בשעת תשמיש, כל המרבה לבדוק הרי זו משובחת.

סי' קפד ס"ב(1) • דין פרישה עונה אחת בשעת וסתה

צריך לפרוש עונה אחת בשעת וסתה מתשמיש המטה. **ואם** עברו ושמשו, האיש והאשה שניהם צריכים כפרה.

ג' שיטות אם וסתות דאורייתא או דרבנן
וכתב הש"ך, דהסכמת רוב הפוסקים והאחרונים, דוסתות דרבנן.
והנו"ב ס"ל, דמה שאמרו וסתות דרבנן, היינו לענין דלא אמרינן שכבר ראתה בשעת וסתה, משום דנגד חזקה אורח בזמנו בא, יש חזקת טהרה, **אבל** לענין לפרוש סמוך לוסתה הוא מה"ת, דחיישינן שמא תראה, ולא אמרינן על להבא

נוקים לה בחזקת טהרה, דאטו לעולם לא תראה, **והחת"ס** כתב, שקיבל ממורו הגאון ז"ל לחלק בכך, ולכן חושש מאד לסברא זו, ומשוי לה ספק דאורייתא.

והרא"ה ס"ל, מה"ת אסורה לשמש רק אחר רגע הוסת, דאם רגילה לראות באמצע היום, ואנו אוסרים אותה לשמש מתחלת הנץ משום שמא ע"י חימום התשמיש יקדים האורח, זהו דרבנן, **אבל** אחר אמצע היום שכבר עברה רגע הוסת, מה"ת אסורה לשמש, דשמא תראה עתה מחמת חום התשמיש, כיון שכבר הגיע הרגע שהיתה ראויה לראות בהם.

חיבוק ונישוק ושאר קריבות

וא"צ לפרוש משאר קריבות, ואפי' חיבוק ונשוק שרי, ולא חיישינן לביאה, כיון שביאה איסור דרבנן, **וכן** פסק הב"ח, אלא שמסיים: מיהו נראה דהמחמיר בחיבוק ונישוק תע"ב.

ושיטת התרומת הדשן דאסור בחיבוק ונישוק, וכן פסק הט"ז שאסור מן הדין.

ולפי"ז כתב הגר"ז, דכ"ש שאין לישן עמה במטה אחת. **אבל** משאר קריבות שאסור בימי נדתה, מותר.

ותשו' רדב"ז פסק, דחבוק ונשוק שרי, ואין לחדש חומרות על ישראל, והלואי שישמרו מה שמוטל עליהם.

סימן קפד ס"ב(2) • גדר של עונה ושיטת האביאסף

אם הוא ביום, פורש ממנה אותו היום כולו, אפי' אם הוסת בסופו, ומותר מיד בלילה שלאחריו, **וכן** אם הוא בתחלתו, פורש כל היום, ומותר כל הלילה שלפניו. **וכן** אם הוא בלילה, פורש כל הלילה ומותר ביום שלפניו ולאחריו, (בבית אפל, או ת"ח שמאפיל בטליתו), **בין** שקבעה וסת בג"פ או בפ"א.

שיטת האביאסף, דעונה הוא י"ב שעות, שהוא יום או לילה ביומי ניסן ותשרי, וחצי יום וחצי לילה ביומי תמוז וטבת.

וב"י דחה דבריו מאחר שהפוסקים לא הזכירוהו, וגם לישנא דש"ס לא משמע כן.

והמעדני מלך והב"ח ס"ל דדברי האביאסף נכונים, וגם הראב"ן ס"ל כהאביאסף, **וכתב** הש"ך דמה שלא הזכירוהו הפוסקים אין ראיה, דבסתם יום ובסתם לילה מיירי, ואה"נ דבתקופת תמוז וטבת יש לחשוב שעות שוות.

שיטת הט"ז בהאביאסף, דחושבין תמיד לאיסור ו' שעות שלפני השעה שרגילה לראות, וששה לאחריו, **נמצא** דברגילה לראות בתחילת היום, מותרת בסוף היום אחר ו' שעות. **אבל** פסק דלא כהאביאסף.

שיטת הש"ך בהאביאסף, דאם וסתה ביום בתקופת טבת, שהיום אינו אלא ט' שעות, כשבאת לחוש פעם שני, לא סגי ביום לחוד, אלא צריך לפרוש שעה ומחצה קודם היום, עד שעה ומחצה בתחילת הלילה, **ואם** וסתה בתוך הלילה, כשבאת לחוש פעם שנית עונת הלילה, א"צ לפרוש מתחילת הלילה, אלא משעה ומחצה בתחילת לילה עד שעה ומחצה לפני נץ החמה, שהוא י"ב שעות, **משום** דבתקופת טבת הלילה לוה מן סוף היום ומן תחילת היום, ושעה ומחצה שמתחיל עתה להיות לילה היה ראוי להיות עדיין יום בימי ניסן, וכן שעה ומחצה שבסוף הלילה היה ראוי להיות יום בימי ניסן, ועל דרך זה בימי תמוז, **וניחא** מה דאיתא בש"ס ופוסקים סתם, אם הוא ביום פורש ממנה כל היום, וכן בלילה, דאינהו לא איירי אלא ביום ולילה שהן מן הדין יום ולילה, דהיינו י"ב שעות, אבל בתמוז וטבת היום לוה מן הלילה והלילה מן היום, וכל זה ברור.

והפת"ש פסק, דאין חילוק בין יומי ניסן ותשרי ליומי תמוז וטבת, כהב"י וט"ז ואחרונים, ודלא כש"ך.

סימן קפד ס"ב(3) • שיטת האור זרוע

שיטת האור זרוע, דפורש ממנה כל אותו יום והלילה שלפניו, וכן להיפך, **וגם** הב"ח כתב ששמע שהירא דבר ה' נוהג כהאו"ז, **וכתב** הט"ז, דתמוה הוא להחמיר על מה שמפורש בתלמוד לקולא, בפרט בווסתות דרבנן.

שיטת הש"ך בהאו"ז, דודאי אם יש לה וסת קבוע ביום, שרואה לעולם בתחילתו או לעולם באמצעיתו או לעולם בסופו, א"צ לפרוש אלא אותו היום ולא לפניו, ובהכי איירי בש"ס ופוסקים, **אבל** אם רגילה לראות ביום ואין לה שעה קבועה, רק לפעמים בתחלתו ולפעמים באמצעיתו ולפעמים בסופו, א"כ כל היום וסתה, ודמי כאילו היה וסתה כל היום, **וודאי** דאשה שוסתה כל היום צריכה לפרוש כל הלילה שלפניו, (**בפשוטו** י"ל דגם בזה א"צ לפרוש בלילה שקודם – רעק"א), **ובהכי** מיירי האו"ז, ולא פירש כן, דסתמו כפירושו, מדכתב אם רגילה לראות ביום, משמע כל היום שעתא, **א"נ** אפשר דס"ל דבזה"ז אין לה וסתות כ"כ לקבוע שעות ביום.

שיטת החת"ס בהאו"ז, דמחמיר חומרת האביאסף, וא"כ חשבינן כל אשה מרגע ראייתה מעל"ע חצי יום וחצי לילה, כגון שתראה בשעה עשר ביום, תחשב עד אותו שעה בלילה, וכן כולם, **וס"ל** דכיון שאין כל הזמנים שווים, לפעמים על ד' שעות, ויהיה עונתה מד' שעות עד ד' שעות, ולפעמים מאוחר ולפעמים מוקדם, א"כ לעולם נוסף להחמיר עונה שלפניה משום לא פלוג.

והפת"ש הביא החוו"ד, דאין להחמיר כשיטת האור זרוע.

סימן קפד ס"ב(4) • אשה שקבעה וסת בליל טבילה

בעונת הוסת עצמה

התפארת למשה כתב, דאשה שקבעה וסת בליל טבילתה וא"א לה לטבול עד ליל וסתה, **דמותר** לשמש, דוסתות דרבנן, ולא החמירו לאסרה על בעלה עולמית.

בעונת האו"ז

ומכ"ש אם וסתה ביום מחר, דאין להחמיר בליל טבילתה משום עונת האו"ז, **וכ"כ** החת"ס כיון דכל עיקר טעמם אינו אלא משום לא פלוג וכנ"ל, בשגם שוסתות דרבנן, וכדי שלא תתגרש ויקיים הבעל פ"ו, **ואפי'** לשיטת הרא"ה הנ"ל, היינו בוסת קבוע ג"פ, אבל וסת שאינו קבוע, הוה עונה סמוך לוסתה דרבנן.

בשאפשר להקל בחומרת הרמ"א

לא מקילינן בעונת וסת עצמה אלא דוקא בשדרכה לראות כל אותן הימים, וא"כ א"א להקדים הטבילה, **אבל** בלא"ה, אף שכתב הרמ"א בסי' קצ"ו סי"א, דאין מתחלת למנות ז' נקיים אלא מיום ו', וא"כ ליל הטבילה הוא שעת וסתה, **מ"מ** יותר עדיף שתתחיל למנות מיום ד' או ה', דזה אינו אלא חומרא.

חומרת הרמ"א עדיף מחומרת האו"ז

אכן יותר טוב לחוש לחומרת הרמ"א ז"ל, מלחוש לחומרת האו"ז שלא נזכר בשו"ע כלל.

אם ראתה טרם ששמשה

וכתב החת"ס, דאם יארע שראתה מיד אחר טבילה טרם ששמשה, **פשוט** דיש להקל, כיון דהא דנהיגין להמתין ו' עונות אע"פ שלא שמשה, הוא רק משום לא פלוג בין שמשה ללא שמשה, ואין להחמיר בלא פלוג כמו בגוף הדין עצמו, היכא דאיכא למיחש שתצא אשה מיד בעלה עי"ז, **ולכל** הפחות תמתין ג' עונות. **והפת"ש** הביא בשם כמה גדולים, דבכה"ג בראתה אחר טבילה קודם ששמשה, יש להקל בכל אופן ואף לספור מיד.

סימן קפד ס"ב(5) • וסת התלוי בשינוי הגוף

וכל זה לא מיירי אלא בוסת התלוי בימים, **אבל** בוסת התלוי בשינוי הגוף לבד, א"צ לפרוש אלא זמן הוסת, **אם** אינו בא לזמן ידוע.

סימן קפד ס"ב(6) • דין הרמ"א באשה שמשנית וסתה

כתב הרמ"א, דאשה שמשנית וסתה להקדים ב' או ג' ימים קודם, או לאחר, כשמגיע זמן וסתה, צריך לפרוש ממנה ב' או ג' ימים קודם או אחריו.

פי' הש"ך, דאין ר"ל שצריך לפרוש כל הג' ימים, אלא ר"ל דהיה לה וסת ואח"כ משתנית וסתה להקדים ב' או ג' ימים, אז צריך לפרוש גם קודם הוסת כפי מה שרגילה להקדים, כגון שרגילה להקדים ג"י, צריך לפרוש אותו יום שרגילה להקדים.

פי' הנו"ב, דהיינו שכך הוא קביעת וסתה, שבתוך אלו הב' וג' ימים תראה, ובגוף אלו הימים אין לה זמן קבוע אימת, לפעמים בזה ולפעמים בזה, ועכ"פ לא יעברו אלו הג' ימים בלא ראיה, **א"כ** כל הג' ימים וסת הן, וצריך לפרוש בכולם, **ומכח** זה המציא דין חדש, באשה שהוחזקה שאינה מספקת לספור ז"נ, כל ז' וז' הם אצלה כוסת קבוע, וצריכה בדיקה כל ז' בבוקר וערב ובאמצע היום כמה פעמים, **ולמד** זה מסי' קפ"ו ס"ג, באשה שאינה רואה בפחות מי"ד ימים, דעד י"ד יום דינה כדין אשה שיש לה וסת, ואם לקולא אמרינן כן ק"ו לחומרא, **והפת"ש** מחלק, דשם הוחזקה בודאי שלא תראה באותן י"ד ימים, **משא"כ** בנ"ד שלא הוחזק יום א' מאותן הז' ימים שתראה בו בודאי.

פי' החוו"ד, כגון שהיה לה וסת בג' לירחא, ועתה הקדימה וראתה ג"פ בב' לירחא ובג' לירחא, וחזרה וראתה ג"פ בר"ח ובב' לירחא ובג' לירחא, דאז חוששת לשלשתן, דהימים שהיו בתחלת וסת, אף שהן עתה באמצע וסת, לא אבדו מעלתן, **וכן** במאחרת, כגון שהיה לה וסת קבוע בר"ח, ואח"כ ראתה ב"פ בב' בירחא, דלא נעקר הוסת דר"ח עדיין, דאין הוסת נעקר עד ג"פ, ובפעם הג' ראתה בר"ח ובב' בירחא, דאז נקבעו שני הוסתות, דב' בירחא ג"כ הוקבע, כיון שב"פ הראשונים הוחזק ממעין סתום, ואח"כ ראתה ב"פ רק בג' בירחא, ובפעם הג' ראתה בר"ח ובב' בירחא ובג' לירחא, דאז הוקבעו שלשתן.

סימן קפד ס"ג • קטנה וזקנה

קטנה שלא הגיעה לי"ב שנים ויום א', אפי' הביאה סימנים, דשומא בעלמא הם, **או** לא הביאה סימנים אע"פ שהגיעו לי"ב שנים ויום א', **א"צ** לפרוש סמוך לוסתה או בשעת וסת עצמה.

וכ"ז דוקא כשלא קבעתו ג"פ. **וכתב** הש"ך דאפי' ראתה הרבה פעמים, כיון שלא קבעה וסת, אינה חוששת כלל, **והט"ז** ס"ל, דאם ראתה ג"פ אע"פ שלא נקבע וסת, מ"מ חוששת, כיון דמוחזקת לראות, **והס"ט** וחוו"ד הסכימו לדעת הט"ז.

וה"ה לזקנה שנסתלקו דמיה, דא"צ לפרוש סמוך לוסתה.

סימן קפד ס"ד • לא קים לן אי ראייתה קודם הנץ או אחריו

אם רגילה לראות בהנץ החמה, ולא קים לן שפיר אי קודם הנץ או אחריו, אינה אסורה אלא ביום, **דאפי'** ראתה קודם הנץ, מ"מ היום היה ודאי בימי נדתה, משא"כ הלילה הוי בספק, **וכיון** דוסתות מדרבנן הו"ל ספק דרבנן לקולא, ותלינן תחילת הקלקלה ביום, **ולפ"ז** אם רגילה לראות ביה"ש, ולא קים לן אי קודם שקיעה או לאחריו, אינה אסורה אלא בלילה, (**דלענין** וסתות חשבינן משקיעת החמה עד צה"כ, וכן מעלות השחר עד נץ החמה, ללילה).

והב"ח כתב, דראוי להחמיר מכח ספק, לאסור ביום ובלילה, **ולפמ"ש** הש"ך לעיל, להחמיר כשיטת האור זרוע, כ"ש הכא. **והגם** דאם יש לה שעה קבועה, אפי' להש"ך די באותה עונה, וכאן הרי יש שעה קבועה, **צ"ל** דסמך עצמו עמ"ש, דנשי דידן אין להם שעה קבועה, לכן החמירו בכל הנשים.

סימן קפד ס"ה • אם נמשכה ראייתה עד אחר הנץ

אם רגילה לראות מקודם הנץ החמה עד אחר הנץ, אסורה בלילה, וביום כשיעור הנמשך בו, **דבתר** תחלת הוסת אזלינן, ואמרינן שעיקר הוסת בלילה, אלא שנמשך זמנו עוד במקצת היום, **ולפי"ז** אם רגילה לראות מקודם הלילה עד הלילה, אסורה כל היום ובלילה כשיעור הנמשך בו.

ולפמ"ש הש"ך לעיל להחמיר כשיטת האור זרוע, א"כ אסורה לפניו לעוד עונה וכנ"ל, **וא"ת** הא יש לה שעה קבוע לראות, עיין לעיל ס"ד.

סימן קפד ס"ו • אם נמשכה ראייתה ב' או ג' ימים

כתב המחבר, דאם הוסת נמשך ב' או ג' ימים, ששופעת או מזלפת, א"צ לפרוש אלא עונה הראשונה של הוסת, וכיון שעברה העונה ולא ראתה, מותרת.

וקשה מס"ה, דהתם צריכה לפרוש כשיעור הנמשך בו, **ותירץ** הש"ך, דהתם רואה ראיה א', **אבל** כאן אינה ראיה א', דמיירי בפוסקת וחוזרת ורואה, (וכשיטתו בסי' ק"ץ ס"ג, דאשה השופעת ב' או ג' ימים בלא הפסק א"א שתחיה), אלא הראיה שרואה בראשונה היא תחילת הוסת, וכל מה שרואה אח"כ דמים יתירים הוא דאתוספו בה. **והפרישה** תירץ, דדוקא לעיל דהמשך הוא דבר מועט, סברא לומר דמצטרף, **משא"כ** כשהוא ב' או ג' ימים, אפי' בשופעת או מזלפת בהמשך א', (וכשיטת הט"ז שם דאפשר שתחיה), אין סברא להיות נחשב

הכל ראיה א', אלא תוספת דמים, וכיון שנסתלק עיקר הראיה, נסתלק ג"כ התוספת, **וכתב** הט"ז דצ"ע מנ"ל לחלק בכך.

ולפי"ז אשה שראתה ב"פ בר"ח, ונמשך ראייתה עד ב' או ג' לחודש, ובפעם הג' לא ראתה בר"ח רק בב' או ג' לחודש, לא קבעה וסת לב' או ג' לחודש, דאזלינן תמיד בתר תחלת ראיה, **אבל** להט"ז, דהמחבר איירי בלי הפסק, דודאי ראיה אחת היא, **י"א** דבפוסקת צריכה לחוש לכל הג' ימים, **וכן** בנדון הנ"ל קבעה לה וסת לב' או לג', דחיישינן אולי ראיית יום ב' או ג' הוא עיקר, **אמנם** זה דוקא בכה"ג שהימים שבתחלת ראייתה לא הוקבעו, **אבל** אם הוקבעו כגון שראתה ג"פ בר"ח ונמשך עד ב' או ג' לחודש, אינה חוששת להראיות שבתוך נדתה, ומיד שעברה עונה ראשונה מותרת, אף בפוסקת.

סימן קפד ס"ז • מעוברת ומניקה

אם הגיע וסתה בימי עיבורה, (משהוכר עוברה), או בימי מניקתה, (שהם לעולם כ"ד חדשים משנולד הולד, אף כשמת הולד, ואף בהניקתו ד' או ה' שנים), **א"צ** לפרוש סמוך לוסתה, ואפילו בתוך וסתה מותרת בלא בדיקה.

כתב הש"ך דאין חדש העיבור עולה למנין, **וי"א** דעולה למנין, ואין לה אלא כ"ד חדשים הן בשנה פשוטה או מעוברת.

י"א דמיירי שלא קבעה וסת ג' פעמים בימי עיבורה או בימי מניקתה, אלא שחוששת לוסתה הראשונה, **ובסי'** קפ"ט סל"ג מבואר, דאפי' אם ראתה רק פעם א' בימי עיבורה או מניקתה, צריכה לחוש לו כדין וסת שאינו קבוע.

יש מדייקים מהטור, דדוקא סמוך לוסת א"צ לפרוש, אבל בזמן וסתה עצמו צריך לפרוש, וכן לעיל גבי קטנה, (ודלא כהשו"ע וכל הפוסקים), **ומיהו** אין זה דיוק גמור.

סימן קפד ס"ח • היתה נחבית במחבא

כתב המחבר, היתה נחבית במחבא מפני פחד, והגיע שעת וסתה, אינה חוששת לו. **וכתב** הרמ"א, וי"א דוקא אם עבר הוסת ולא בדקה ולא הרגישה, טהורה בלא בדיקה, **אבל** לכתחלה צריכה בדיקה, ואפי' לא היה לה וסת קבוע.

ואף דמעוברת ומניקה בס"ז, אפי' לכתחלה א"צ בדיקה, **היינו** משום דמעוברות ומניקות חזינן דדמיהן מסולקים, **אבל** היתה במחבא לא בריר לן כולי האי דתהא מסולקת דמים, דהא חזינן כמה נשים אע"ג דהוו במחבא לא שינו את תפקידם.

ולהט"ז הטעם, דלא אמרו שחרדה מסלקת הדמים, אלא אם היתה כל שעת הוסת בחרדה, ולא הפסיקה ממנה, אבל כשהיא במחבא, איכא למיחש שמא באותה שעה שתזקק לבעלה יצא הפחד מלבה, (וכן באינה משמשת, דלמא יצא הפחד מלבה באיזה רגע), וכיון שהיא שעת וסתה, אפשר שאז תטמא, כי אורח בזמנו בא, **משא"כ** במעוברת שכבר היא מסולקת דמים, אין חשש לאסור אותה אפי' בשעת הוסת.

אם ראתה במחבא, אינו מצטרף לענין קביעות וסת.

סימן קפד ס"ט • דין בדיקה בשעת הוסת

שאר נשים (שאינן מעוברות ומיניקות או במחבא), צריכות בדיקת חורין וסדקין כשיגיע הוסת.

חומרת החוו"ד דצריכה בדיקה כל העונה

כתב החוו"ד, דאם יש לה שעה קבוע ביום הוסת, א"צ בדיקה רק אותה השעה, **ואם** אין לה שעה קבוע, וכן בעונה בינונית, צריכה בדיקה כל העונה, דהיינו שתשים מוך דחוק ויהיה שם כל העונה, **ונשי** דידן אין להם שעה קבועה, כמ"ש בשם הנה"כ, **ובמשנית** וסתה ב' או ג' ימים המבואר בס"ב, צריך שיהיה מוך דחוק שם כל הב' או ג' ימים, דכשעת וסתה דמיין. **וכתב** האמרי בינה, דלא נתקבלו דבריו בעיני בעלי ההוראה.

עבר הוסת ולא בדקה ולא הרגישה

טהורה בלא בדיקה. **וי"א** שאסורה עד שתבדוק, אם יש לה וסת קבוע, או שהוא יום ל' אע"פ שאינו קבוע, **והכי** נהוג. **ואפי'** איחרה זמן מה אחר הוסת, כיון שבדקה ומצאה טהורה, טהור.

חומרת הב"ח דבדיקה לאחר הוסת לא מהני

והב"ח מחמיר, דדוקא בבדקה עצמה מיד לאחר וסתה תוך שיעור וסת, **אבל** לא בדקה תוך הזמן, אע"פ שלאח"כ בדקה עצמה ומצאה טהורה, טמאה, דחזקה אורח בזמנו בא ונפל לארץ. **והאחרונים** כתבו שאין לחוש לחומרא זו.

חומרת החוו"ד בבדקה עצמה ונאבד העד

כתב החוו"ד, דאם בדקה עצמה ונאבד העד, אסורה, דשוב ליכא ראיה מהא דלא הרגישה, דסברה הרגשת עד הוא, וכ"ש אם השליכה או פשעה באבידת העד דאסורה.

וכתב הפת"ש, דלפי"ז ה"ה אם בשעת וסתה הטילה מים, וצ"ע, **ופשוט** דכ"ז אפילו אם בדקה עצמה אחר הוסת ומצאה טהורה, כיון דחיישינן דבשעת וסתה ראתה על העד או נפל לארץ, ולא ארגשה, דסברה הרגשת עד או מי רגלים הוא, וצריכה ז' נקיים.

אבל האבני נזר כתב, שאין דברי החוו"ד אמורים אלא לדעה ראשונה, שאם עבר זמן הוסת ולא בדקה ולא הרגישה דא"צ בדיקה, ובזה קאמר החוו"ד, דאם נאבד העד, לכו"ע בעי בדיקה, **אבל** אם בדקה ומצאה טהורה, לכו"ע מותרת, **ולפי"ז** אין נ"מ לדידן בדברי החוו"ד, דהא אנן נהגינן כהי"א, דכל אשה שעבר וסתה בלא בדיקה צריכה בדיקה.

והאחרונים חולקין על חומרא זה דהחוו"ד, דאין לחוש דבדיוק אותו רגע דבדיקה היתה ראייה בהרגשה, דחשש רחוק הוא.

בדיקה לוסת שאינו קבוע

כתב הטור, דאם יש לה רק וסת שאינו קבוע ג' פעמים, והוא פחות מעונה בינונית, כגון שראתה מכ"ה לכ"ה וכיוצ"ב, אע"פ שלא בדקה, כיון שלא הרגישה בדם, טהורה בלא בדיקה, **והקשו** עליו, דהא איתא בסי' קפ"ו, דאשה שאין לה וסת אסורה לשמש בלא בדיקה, **ותירץ** הט"ז, דודאי אשה שאין לה וסת, אלא רגילה כבר בראיות הרבה בלי שעור שוה כלל, בכל פעם היא בחזקת רואה עד שתבדוק, **אבל** הכא מיירי שיש לה וסת כדרך שאר נשים, אלא ששינתה לראות מכ"ה לכ"ה פעם אחת, והיא צריכה לחוש כשיגיע עוד יום כ"ה, כדאיתא סי' קפ"ט, **בזה** אמרינן כיון שלא הרגישה באותו יום שהיא חוששת, ועבר אותו יום ולא בדקה אח"כ, טהורה, דהא לא מוחזקת ג"פ בראיה באותו זמן, ודי בזה שחוששת לכתחלה.

בדיקה לוסת שע"י מקרים שבגופה

וכל זה מיירי בוסת הקבוע לימים לחודש, אבל בוסתות שע"י מקרים שבגופה, כיון שהרגישה במקרים הללו ולא בדקה, אפי' בוסת שאינו קבוע, אסורה לשמש עד שתבדוק.

כשלא בדקה לענין עקירת וקביעת וסתה
אם עבר ג"פ יום וסתה ולא בדקה ולא הרגישה, לא מיעקר וסתה, **וכן** אם באמצע הג"פ לא בדקה ולא הרגישה ביום הוסת, מצטרף הראיות שאח"כ שראתה ביום הוסת, לג"פ לקביעת וסת, **ונראה** דדוקא וסת קבוע לא מיעקר בכה"ג, בין שהיה קבוע בתחלה, בין שנעשה קבוע ע"י צירוף הראיות שאח"כ, דאמרינן מכח חזקה דוסתות, שראתה אפילו בלא הרגשה, **אבל** וסת שאינו קבוע דמיעקר בפ"א, אפשר דנעקר גם בכה"ג, וצ"ע.

סימן קפד ס"י • הרוצה לצאת לדרך

הקולא של היוצא לדרך
הרוצה לצאת לדרך, צריך לפקוד אשתו, אפי' סמוך לוסתה, ואפי' בתשמיש שרי, דוסתות דרבנן, ובמקום מצוה לא גזור.

אם בליל טבילה יש אותו הקולא
י"א דאף אם אירע ליל טבילה מכתם סמוך לוסתה, מותר ג"כ, **וכבר** חלקו עליו והעלו לאסור אף היכא דהוי טבילה מראיה גמורה, ומכ"ש בנמצא כתם, **ואף** בכלה שאירע ליל טבילתה סמוך לוסתה ג"כ לאסור, **אך** דמ"מ מותרת לטבול אפי' בליל שבת, אף שאין זקוק לה בעלה, דרק תשמיש אסור, אבל שאר מיני קורבא שרי, ומצוה נמי הן.

שיטת הרמ"א דתע"ב
וכתב הרמ"א דמ"מ המחמיר שלא לפקדה רק בדברי רצוי, תע"ב, **אע"ג** דגם באין יוצא לדרך שרי בדברי ריצוי, כדלעיל ס"ב, **מ"מ** ביוצא לדרך חייב בכך.

עוד מהלך בתע"ב
וי"א דהיכא דאפשר, המחמיר ומונע עצמו מלילך בדרך סמוך לוסתה, כדי שלא יכניס עצמו בספק, תע"ב.

שיטת החת"ס
וכתב החת"ס, דאשה שהגיע ליל טבילתה ביום יציאת בעלה לדרך, והוא בעונה הסמוך לוסתה, דיש ב' מצות, מצות עונה דליל טבילה, ויום יציאה לדרך, אסורה בתשמיש, **דמ"ש** רמ"א לחומרא בעלמא לפרוש מתשמיש, לדעתו היא מעיקר הדין, דקבל ממ"ו ז"ל, דאפי' למ"ד וסתות דרבנן, מ"מ פרישת עונה הסמוך לוסתה דאורייתא, ומעתה כיון דאיכא ספק דאורייתא, בודאי אין להקל בתשמיש בעונה הסמוך לוסתה, **אך** בעונה דאביאסף ודאו"ז, בהאי יש להקל קצת, ועיין ס"ב(4).

חיבוק ונישוק ביוצא לדרך
וכל מיני קורבה ואהבה, ואפילו חיבוק ונישוק, שרי, מלבד תשמיש, **ואף** למש"כ הב"ח לעיל בס"ב(1), דהמחמיר בחיבוק ונישוק תע"ב, **הכא** אין להחמיר כלל, כיון די"א דאפי' בתשמיש חיובא ומצוה איכא.

הולך לדבר מצוה
ואם הולך לדבר מצוה א"צ לפקוד אשתו, דמיטרד בפקידה ויבטל מן המצוה.

איש הרוצה לצאת לדרך בעונה שלפני טבילתה
וי"א אם אדם רוצה לילך לדרך, ואשתו נדה ותטבול תוך י"ב שעות, צריך להמתין, **מיהו** אם הולך לדבר מצוה א"צ להמתין, **ואף** לדבר הרשות, אם הולך לצורך גדול, א"צ להמתין. **ואם** נזדמן שטבילתה יהיה סמוך לוסתה, אין צריך להמתין.

אשה הרוצה לצאת לדרך בעונה שלפני טבילתה
אשה העומדת עונה סמוך לטבילתה, ורוצה ליסע עם אביה למצות סנדקאות בלי רצון ורשות בעלה, לא נכון לעשות כן.

בעילה ביום יציאה או ביאה מן הדרך
ובאו"ח סימן ר"מ סט"ו כתב השו"ע, דלא יבעול לא ביום יציאה לדרך או ביאה מן הדרך שקשה לו, (ודרך היינו שנים עשר מיל), **וי"א** דבלילה שלפניו מותר, **וי"א** דזה דוקא כשהולך בדרך ברגליו, ולא ברוכב או יושב בקרון.

סימן קפד סי"א • מתי אסור לבא עליה עד שישאלנה

אשה שיש לה וסת לימים לבד, והגיע שעת וסתה, **או** אם אין לה וסת, הוי יום ל' לראייתה כהגיע שעת וסתה, **אסור** לבא עליה עד שישאלנה, **ואפי'** היא ערה ושוכבת אצלו, מ"מ מחוייב לישאול ממנה אם טהורה היא, והיא משיבה טהורה אני, וא"כ מסתמא בדקה את עצמה, **וטוב** יותר שישאל ממנה אם בדקה בשעת וסתה, או עכ"פ לאחר זמן וסתה.

ואם שהתה אחר הוסת שיעור שתספור ותטבול, בא עליה וא"צ לשאול, בין גדולה בין קטנה, ואפי' באשה ילדה דבושה לטבול מעצמה. **ואפי'** אם אינה ערה כ"כ שיודעת להשיב שהיא טהורה, **אבל** בישנה לגמרי, נהי דליכא איסור נדה, מ"מ אסור לבא על הישנה.

ואם ודאי ראתה, אסורה עד שישאלנה, וכמ"ש בסי' שאחר זה.

וקודם שעת וסתה, וכן באין לה וסת קודם ל', א"צ שישאלנה.

סימן קפד סי"ב • וסת לימים ולוסתות הגוף

כתב המחבר, דאם היה לה וסת לימים ולוסת מוסתות הגוף , כגון קפיצה "וכיוצא בה", (וי"א דר"ל כגון אכלה שום או פלפל, ועיין לקמן), כיון שהוסת תלוי במעשה, א"צ שישאלנה, אפי' לא שהתה שיעור שתספור ותטבול, דאימור לא קפצה ולא ראתה.

אבל חוששת לעונה בינונית, ואסור לבא עליה אחר העונה בינונית עד שישאלנה, או ששהתה שיעור שתספור ותטבול.

וי"א דאם היה הוסת המורכב לקפיצה מכ"ה לכ"ה, והבעל שהה עד שעברו ל"ג, שריא מטעם ס"ס, ספק לא ראתה כלל, את"ל דראתה, שמא קפצה ביום כ"ה וראתה, והגיע עתה זמן טבילה.

וי"א ד"וכיוצא בה", ר"ל כגון פיהוק ועיטוש ודכוותייהו, **וצל"ע**, דדוקא גבי קפיצה, כיון דהוא תלוי במעשה דידה, אמרינן הכי, **אבל** בפיהוק ועיטוש לא שייך לומר אימור לא ראתה, **וא"צ** לחוש לעונה בינונית כיון דיש לה וסת. **וי"א** דמיירי שהיה לה כמה ר"ח שלא פיהקה ולא ראתה, רק שכן אירע לה בג' ר"ח שלא כסדרן שפיהקה וראתה, ופיהקה כמה פעמים שלא בר"ח ולא ראתה, **דאז** לא הוי וסת קבוע רק לענין שא"צ לחוש רק לפיהוק של ר"ח, **אבל** לר"ח לחוד ודאי דא"צ לחוש שמא תפהק, דהא אלו הג' ר"ח היו שלא כסדרן.

§ סימן קפה – דין אשה שאמרה טמאה אני ואח"כ אמרה טהורה אני §

סימן קפה ס"א • גדרי נאמנותה של אשה

האשה שהיא בחזקת טמאה, אסור לו לבא עליה עד שתאמר לו: טבלתי, **וי"א** דאפי' שוכבת אצלו, לא מהני עד שתאמר לו בפירוש טבלתי, **ויש** חולקים, דאטו האמירה מעכבת, הלא העיקר רק לדעת אם נטהרה, וכשהיא מרמזת לו דיו, שבנות ישראל בושות לומר בפיהן טבלתי.

אשה שזנתה בנדות, לא מקרי חשודה לגבי בעלה, ונאמנת אפילו בשעת וסתה, **ואם** הכשילה לבעלה באיסור נדות, שוב אינה נאמנת לומר בשעת וסתה טהורה אני, עד שתעשה תשובה, **אבל** שלא בשעת וסתה, וכן לומר שטבלה, נאמנת, **אם** לא בימות החורף שהטבילה טירחא, **ואפשר** דבמקום שנותנין שכר בעד הטבילה אינה נאמנת.

ואם הוא יודע שבודאי לא עברו הימים שאפשר לה למנות ולטבול, אינה נאמנת, **אבל** אם הבעל אינו יודע אם עברו או לא, סומך עליה, דכתיב וספרה לה, לעצמה.

וי"א שאפי' אם רגילה לראות גם ביום ו', וא"א לה להתחיל למנות ז"נ כי אם מיום ז', ועכשיו א"א בכך, אלא שאם טבלה, היתה צריכה למנות מיום ו', והיא אומרת שטבלה, נאמנת, כיון שעכ"פ אפשר בכך.

ואפי' רואה בגדיה מלוכלכים בדם, נאמנת לומר, בשוק טבחים עברתי, או נתעסקתי בצפור וכדומה לזה.

סימן קפה ס"ב • הוחזקה נדה בשכנותיה

אם הוחזקה נדה בשכנותיה, שראוה לובשת בגדים המיוחדים לימי נדותה, חשיבה כודאי טמאה.

סימן קפה ס"ג • דיני אמתלא

אמרה לבעלה טמאה אני, ואח"כ אמרה טהורה אני, ודרך שחוק אמרתי לך תחלה, **אינה** נאמנת לאחר כדי דבור, **ואפי'** אם עברו עליה ימים שראויין לספור ולטבול, ויש לה מגו.

ואם נתנה אמתלא לדבריה, כגון שאומרת שלא אמרה לו כן תחלה, אלא מפני שלא היה בה כח לסבול תשמיש, **או** מפני שאחותו או אמו עמה בחצר, שלא יראו אותה, **או** שאומרת סבורה הייתי להיות נדה, אבל עכשיו בדקתי עצמי ומצאתי שמחמת מכה או חבורה בא אלי הדם, **או** טענה אחרת כיוצא בזה, **נאמנת**.

אמתלא אחר ל' לא מהני, אם כל ל' יום אמרה שהיא טמאה, **וי"א** דאם האמתלא באופן שהענין היה צריך להאריך ל' יום, מועיל האמתלא.

מדת חסידות, מי שרוצה להחמיר על עצמו, לא להאמין לה.

אם שוכבת אצלו

אבל מדינא אפילו בשתקה אח"כ, רק שהיא באה ושוכבת אצל בעלה, והוא יודע ומכיר מה שאמרה תחלה טמאה אני, עשתה מחמת קטטה שהיה לו עמה, וכדומה לזה, **לא** אמרינן דעד שתאמר האמתלא בפירוש, דצריך לפרוש מיד ממנה, **ומ"מ** הבעל חייב לשאול אותה, למה היא באה אצלו, הרי אמרה אליו טמאה אני, שצריך להוציא האמתלא מפיה, דכל מה דאפשר לברורי מבררינן.

דלא מהני אמתלא בהוחזקה נדה בשכינותיה

אבל אם ראוה לובשת בגדים המיוחדים לימי נדותה, ואח"כ אמרה טהורה אני, אע"פ שנתנה אמתלא לדבריה, **אינה** נאמנת, דמשום בושת או אונס מקרי ואמרה טמאה, אבל לעשות מעשה כולי האי, ללבוש בגדי נדה, אינה לובשת, דהרי היה די כשתאמר לו טמאה אני, **אבל** היכא דלא היה אפשר לה בענין אחר, נאמנת, **כגון** אשה שילדה ג"פ בחודש הח', וחששה שהוא משום עין הרע, ורצתה להסתיר עיבורה מבני ביתה ושכנותיה, דעיקר אמתלא תלוי באחרים, ולא היתה יכולה לעשות בע"א, בודאי אמרינן דמהני אמתלא כזו. **ולפי"ז** ה"ה אם אמרה סבורה הייתי להיות נדה, אבל עכשיו בדקתי עצמי ומצאתי שמחמת מכה בא אלי הדם, דהא לא שייך לומר שלא היה לה ללבוש בגדי נדות, שהרי באמת טעתה וסברה שהיא נדה, **אמנם** י"א דבזה אמתלא זו לא מהני.

עוד טעם בהנ"ל

וי"א דשאני הוחזקה נדה בשכנותיה, דלאו כו"ע ידעי מן האמתלא, וא"כ על מה סמכה כשהחזיקה עצמה נגד כו"ע, **ולפי"ז** אפי' אם אמרה בפני רבים שהיא טמאה, לא מהני אח"כ אמתלא. **וי"א** דאפילו אמרה בפני רבים מהני אמתלא.

ואם גלתה כן קודם שהוחזקה עצמה לטמאה, אע"ג דעושה מעשה גדול אח"כ, אפ"ה כיון שגילה דעתו תחילה, שלא יהיה ממש במעשה שיעשה אח"כ, לא אזלינן בתר המעשה, **ואין** חילוק בין גלתה תחילה בפני בעלה לגלתה בפני עדים, כיון שבעלה יודע האמתלא, לא אסרה תורה עליו כלל.

אשה ששינה יום טבילתה

י"א דאשה שאמרה לבעלה ביום ד' יגיע זמן טבילתה, ואחר זמן ביומו או ביום שלאחריו, אמרה שטעתה בחשבון, וביום ג' יהיה זמן טבילתה, **אם** ביום הג' בעצמו אמרה היום ליל טבילתי וטעיתי אתמול, אע"פ שהתורה האמינה לה, מ"מ בעל נפש יחוש דלמא יצרה תקפה לבעילת הלילה, **אבל** אם הוא יום או יומים קודם, לא נחשדו בנות ישראל על כך, אע"ג דבשאר עדיות אפילו על צד רחוקה ונפלאה הוי נוגע בעדות, מ"מ הכא שהתורה האמינה אנו מה לנו.

אמרה בשם חכם, והחכם סותרה

אמרה לו: פלוני חכם התיר לי כתם זה, והחכם אומר שהיא משקרת, **החכם** נאמן, וטמאה היא, שכן הדין בכל עד מפי עד, אם בא הא' וכפר, אין השני האומר משמו נאמן. **ודוקא** החכם עצמו, כיון שהיא סומכת עליו ואשתכח שיקרא, **משא"כ** אם אין החכם לפנינו, ועד א' מעיד שהחכם אסר לה, אינו נאמן, דהא אמרינן כל מקום שהאמינה התורה עד אחד הרי כאן שנים, וגם לענין זנות אין עד א' נאמן לאסרה.

לענין ממון

והיינו דוקא לענין איסור, אבל לענין ממון, כגון להפסידה כתובתה, אין החכם נאמן יותר משאר עד אחד.

סימן קפה ס"ד • דיני דם בשעת תשמיש

כשיש לה וסת ושמשה בשעת וסתה, או בעונה הסמוכה, דאסורה לשמש, ומצאה אח"כ על עד שלו, אפילו בדקה לפני תשמיש, **צריכים** שניהם כפרה, ואין כאן אונס שהרי היה להם למנוע מתשמיש, **ועתה** אין נ"מ לענין קרבן, והרי גם אם לא מצאה דם כלל צריכים ג"כ כפרה.

כשיש לה וסת ושמשה שלא בשעת וסתה, ומצאה אחר התשמיש דם, אפי' נמצא על עד שלו, מקרי אונס, אפילו לא בדקה תחלה, וא"צ כפרה לא הוא ולא היא.

כשאין לה וסת כלל ולא בדקה, שלהרמב"ם והרא"ש צריכה בדיקה תמיד לפני התשמיש, כמבואר בסי' קפ"ו ס"ב, **אם** לא בדקה אין זה אונס.

כשאין לה וסת ובדקה, ואמרה נטמאתי ופרוש ממני אנוסים הם על תחלת התשמיש, **אבל** על הפרישה אם פירש באבר חי, יש חילוק: **אם** אמרה לו נטמאתי ופרוש ממני, הרי גם היא רצונה בפרישה, הרי הרצון והנאה נחשבים גם לה למעשה, וקי"ו אם סייעה בהפרישה, שגם היא נשמטת מתחתיו, ואף היא חייבת.

הנ"ל ואמרה רק נטמאתי - והוא ציור המחבר והרמ"א ולא אמרה פרוש ממני, א"כ מה שהודיעה לו, היינו שימתין עד שימות האבר, **ואם** פירש באבר חי מיד, האשה נחשבת אנוסה, וא"צ כפרה, **והאיש** חייב כרת וצריך כפרה, שיציאתו הנאה לו כביאתו.

אמרה נטמאתי, כיצד יעשה, נועץ צפרני רגליו בארץ, ושוהה בלא דישה עד שימות האבר, ולא יסמוך עליה, רק יסמוך על רגליו וידיו, ולא יהנה ממנה, ופורש באבר מת. **וימלא** פחד ורתת על העבירה שבאה לידו.

אם רק אמרה מרגשת אני, א"צ לפרוש באבר מת, דאימור הרגשת שמש הוא, **אם** לא שאמרה מרגשת אני בבירור שהוא דם, **והרבה** פוסקים סברי, דאפי' לא הרגישה בבירור שהיא ראיית דם, אלא מסתפקת אפשר הוי הרגשת אבר, ג"כ אסור לו לפרוש מיד, מטעם ספק דלמא הוי הרגשת דם.

וה"ה כששימש סמוך לוסתה בשוגג, ונזכר באמצע תשמיש, י"א דצריך ג"כ לפרוש באבר מת, **וי"א** דאדרבה טוב יותר שיפרוש מיד, כיון דאין איסור בגוף התשמיש, רק שמא תראה דם, **אא"כ** הרגישה הרגשת וסת הגוף, שבא אצלה עם הראייה, דאז שמא כבר ראתה.

הרגישה באמצע תשמיש, ולא הגידה לו כלום, הבעל ודאי אנוס גמור ופטור לגמרי, **אך** לענין האשה הוא ספק אם נקראת ג"כ אנוסה, דכיון דנכנסה בהיתר, יצרה אלבשה, והו"ל תחלתה באונס וסופה ברצון, דהו"ל אונס גמור, **או** אפשר דשאני מהיכא שנאנסה מגברא אחרינא, דיצרה תקפה מאד, דאם לא עכשיו אימתי, **משא"כ** נדה דמותרת לאחר זמן, אפשר לא שייך תקפה יצרה ליחשב כאונס מה שלא הודיעה לבעלה, ואדרבה נחשבת מזידה בזה.

אם פירש ממנה בקשוי

אם היה בשוגג, שלא ידע שאסור לפרוש ממנה, יתענה מ' יום, ואינן צריכין להיות רצופים, רק כל שבוע שני ימים, כגון שני וחמישי, **ובליל** התעניות אסור ביין ובשר, **ויש** ספק אי האיסור בלילה שלפני התענית, או בלילה שלאחר התענית, משום דבקדשים הלילה הולך אחר היום, והרי התענית במקום קרבן, **וראוי** לנהוג איסור בשניהם. **ואם** היה במזיד, כתב המקובלים להתענות ע"ב יום. **ואם** חטא ב' פעמים, בכניסה וביציאה, יתענה ב' פעמים ככה. **ונשים** היכא דצריכין כפרה, מאחר דתשושי כח הן, יש להקל עליהן בתעניתם.

באו"ח סי' תקס"ח ס"ד בהגה מבואר, דג' ימים רצופים עם הלילות חשיב כמ' יום, ובאדם חלש סגי בב' ימים, **ומ"מ** יותר טוב שיצום מפוזרים, שבכל עת יהיה לבו נכנע, ויהיו חטאיו נגדו תמיד.

ואם לא יוכל להתענות, יפדה כל יום בממון, שיתן לצדקה כפי ערך ממון שיש לו, כי עשיר יתן יותר קצת מעני, **ויש** מחמירין בתשובתו, **וכל** המרבה לשוב, זכות הוא לו.

אף אם אחד מהם פטור, מ"מ יתענה ב' ימים או יפדה, דלא יהא אלא נתכון לבשר טלה, ועלתה בידו בשר חזיר, **והעיקר** להתוודות.

י"א דהיכא דצריך כפרה, אין חילוק אף אם לא הגיע לכ' שנה, דודאי משנעשו בני מצוה בשנים וסימנים, מתחייבים בכל חיובי תורה בב"ד של מעלה ושל מטה, **ומה** שנמצא במדרשות שבני כ' נעשו בני עונשין למעלה, לא נאמר זה אלא בעונשים על חטאים המחודשים לשעה, כגון עונשי דור המדבר. **וי"א** דגמ' שבת לא משמע הכי.

נתחלפה אשתו בערוה, חייב, וה"ה בנדה וסבור טהורה היא, חייב וצריך כפרה, אם הוא בענין שיש לומר הו"ל למידע, **אבל** אשה שפשטה חלוקה בלילה קודם השינה, והיה שלא בשעת וסתה, והיתה עם בעלה באותה הלילה, ולמחר לבשה חלוקה בעמדה מעל משכבה, ומצאה בו כתם, **א"צ** כפרה, דלא שייך כלל הו"ל למידע, דלא מצינו שתהא האשה מחוייבת לבדוק חלוקה, שמא תמצא בו כתם, כל שלא הרגישה כלל, ולכן א"צ כפרה, בפרט באיסור כתמים אין להחמיר כ"כ.

אם הרגישה כובד באברים

מי שבא על אשתו ביום ל"א לראייתה, דעברו ימי וסתה, ואז הרגישה כובד באברים, וזה דרכה בכל עת זיבת דמה, וזהו וסת הגוף, **היה** לה לחוש לו, ומה שחשבה עצמה למעוברת, ולא חששה כלל לכובד אברים, מחשבת שטות הוא, להתיר פתח לחטאת רובץ, **ע"כ** אם קודם התחלת התשמיש הודיעה לבעלה שמרגשת כן, שניהם בסורה על רעות שתים, על הכניסה ועל הפרישה, **ואע"ג** דלענין חטאת אינם חייבין אלא כל א' חטאת א', דהו"ל ב' זיתי חלב בהעלם אחת, מ"מ תשובה וכפרה מיהא בעי על כל כח וכח, **ואם** לא הרגישה עד תוך התשמיש והודיעה לו, הבעל שוגג, והיא פטורה דאנוסה היא, **ואם** לא הודיעה לו כלל, הוא אונס ופטור לגמרי, והיא האשה קרובה למשמשתו נדה, וצריך לאיים עליה הרבה, שלא תבוא להכשיל בעלה עוד, **ולענין** אם צריכה כפרה, יש ספק בדבר אי היא נחשבת אנוסה או מזידה וכנ"ל.

אשה שאירע לה פחד פתאום, ואח"כ בלילה שמשה, ולמחר מצאה סדינה מלוכלך בדם, וגם על עד שלו, שבודאי בשעת תשמיש היה, **א"צ** כפרה, כיון דהיה שלא בשעת וסתה, **ואף** דהפחד עלול להביא דם, איננו כשאר מקרים שחיישינן שמא ראתה טיפת דם כחרדל, או שמא ארגשה ולאו אדעתה וכדו', **כי** אם יצא ממנה דם, יצא בשפע ולשעתו ובהרגשה רבה, כי זה ענין חלחול דקרא, ותתחלחל המלכה, **ואם** לשעתה לא הרגישה, תו לא חיישינן לה להצריכה בדיקה או פרישה כלל.

בדיקת כתם ברוק

אשה שמצאה כתם והראתה למרשעת אחת, ואמרה שאם הכתם חולף הולך ע"י רוק, הרי היא טהורה, וסמכה האי שטיא על המקילה, ושמשה עם בעלה, **פשיטא** דתרווייהו צריכים כפרה, ומכ"ש המרשעת הזאת שהורה רעה להכשיל אחרים שראויה לעונש מר, **ומ"מ** אף שהם קרובים למזיד, אין להחמיר עליהם טפי מהמבואר ברמ"א, כיון דליכא אלא איסור דרבנן. **וי"א** דאם כשרקקה על הכתם חלף והלך לו מיד, זו סימן טהרה, **ויש** שמפקפק על בדיקה זו, אחר שאין לנו קבלה והוראה ברורה מחז"ל ע"ז, איך יערב לבנו לסמוך ולהקל על דברים בלתי מובנים, ושלא נמצא פירושם בספרי הפוסקים.

§ סימן קפו - דיני בדיקת אשה בין לפני תשמיש בין לאחר תשמיש §

סימן קפו ס"א • בדיקה לאשה שיש לה וסת קבוע

כתב המחבר, דאשה שיש לה וסת קבוע, א"צ בדיקה כלל, לא לפני תשמיש ולא לאחר תשמיש; **ואדרבה**, אין לה לבדוק בפני בעלה בשעת תשמיש, כדי שלא יהא לבו נוקפו.

ולהרמב"ם צריכים לבדוק אחר תשמיש, היא בעד אחד והוא בעד אחד, ולראות בהם, שמא ראתה דם בשעת תשמיש, **ואפי'** מינקת ומעוברת וזקנה וקטנה, **אבל** י"א דאשה בתולת דמים שלא ראתה מעולם, בחזקתה קאי, וא"צ בדיקה לבעלה. **ולהרמב"ם**, הצנועות בודקות עצמן אף קודם תשמיש.

וכתב הרמ"א, דהסברא הראשונה היא עיקר, וכן נהגו.

סימן קפו ס"ב • בדיקה לאשה שאין לה וסת קבוע

שיטת המחבר

דאשה שאין לה וסת קבוע, ג"פ הראשונים צריכין לבדוק קודם תשמיש ואחר תשמיש, הוא בעד שלו והיא בעד שלה, ואם הוחזקה באותם ג' פעמים שאינה רואה דם מחמת תשמיש, שוב א"צ בדיקה כלל, לא לפני תשמיש ולא לאחר תשמיש.

שיטת הרמב"ם והרא"ש

דכל זמן שאין לה וסת צריכה היא בדיקה לעולם, קודם תשמיש ואחר תשמיש, **והרמב"ם** מצריך שגם הבעל יבדוק עצמו אחר תשמיש, **והשו"ע** הביאם, משום שראוי לבעל נפש לחוש לדעתם, **אבל** העיקר כסברא הראשונה שהביא בסתם.

שיטת הש"ך

דלא בעיא בדיקה לבעלה כלל, לא לפני התשמיש ולא לאחר התשמיש, **מיהו** באשה שראתה דם פ"א מחמת תשמיש, צריכה בדיקה ג"פ, ומשמשת בעדים. **וגם** לענין כתובה אפי' ראתה דם פ"א מחמת תשמיש, לא הפסידה כתובתה עד שתשמש ג"פ, **ואפשר** דלענין כתובה שהוא ממון, מצי הבעל למימר כיון דאין לך וסת, אפי' עדיין לא ראתה דם מחמת תשמיש, איני רוצה ליתן לך כתובה ולשמש עמך אלא בעדים, שמא תהיה רואה דם מחמת תשמיש, ומשמשו בעדים ג"פ שתהא יוצאת שוב מחשש רואה דם מחמת תשמיש, **אבל** ודאי אי הבעל לא קפיד משום כתובה, לענין איסור נמי לא בעי בדיקה כלל, **ואפילו** רוצה להחמיר על עצמה ולבדוק קודם תשמיש או לאחר תשמיש, לא שבקינן, דא"כ לבו נוקפו, **וכמדומה** שכן עמא דבר.

פסק הפת"ש

דבמקום שנהגו להקל אין להחמיר, אבל בלא"ה אין להקל נגד פסק המחבר והרמ"א.

קינוח

י"א דאף האומרים דא"צ בדיקה, היינו בדיקת חורין וסדקין לא בעי, אבל מ"מ צריכה קנוח, **וי"א** דאף האומרים דצריכה בדיקה, מ"מ בדיקת חורין וסדקין לא בעי, ודי בקנוח. **ובקנוח** צריך להשהות העד על גופה כשיעור וסת המבואר בסי' ק"צ סנ"א, ולמחר תעיין בו. **והקנוח** צריך להיות בשעה שאינה שוכבת אפרקיד. **וראוי** לכל אדם לעשות כן, לחוש לדברי ר"ח ורוב הפוסקים והמחבר והרמ"א.

ראתה פ"א בליל תשמיש

אפי' במופלג מהתשמיש, י"א דכיון דאתייליד לה ריעותא, מחוייבת שוב בבדיקה אחר תשמיש: **אם** היא אשה שיש לה וסת, א"צ בדיקה רק פ"א אח"כ, ואם לא מצאה, שוב א"צ בדיקה, **ואם** היא אשה שאין לה וסת, צריכה ג"פ בדיקה, שתתחזק באין רואה מחמת תשמיש.

מסולקת דמים

י"א דאפי' אשה שאין לה וסת, אם היא מעוברת או מניקה, שמסולקת דמים, א"צ בדיקה.

אם צריכין לעיין בעד בדיקה

וא"צ לעיין בעד הבדיקה שבודקין בו אחר כל תשמיש ותשמיש שעושין בלילה אחת, אלא מקנחין עצמן כל פעם בעד, ולמחר צריכין לעיין בעד הבדיקה, ואם מצאו דם טמאה - רמ"א.

וצ"ע אי גם קודם התשמיש, תוכל לבדוק על סמך שתראה למחר על העד, **או** דלמא דוקא בבדיקה שאחר תשמיש יכולה לעשות כן, אבל קודם תשמיש, צריכה לבדוק ולראות לאלתר.

קנחה עצמה בעד ואבד

לא תשמש עד שתבדוק עצמה, הואיל ואין לה וסת.

סימן קפו ס"ג • אשה שאינה רואה בפחות מי"ד ימים

אשה שאינה רואה בפחות מי"ד ימים אחר טבילתה, אבל אח"כ אין לה קבע, עד י"ד יום דינה כדין אשה שיש לה וסת.

סימן קפו ס"ד • שאשה נאמנת לבדוק בעד של בעל

יש לאדם להניח את אשתו שתבדוק בעד שלו, מתוך שנאמנת על שלה, נאמנת על שלו.

סי' קפו ס"ה • אשה שראתה ג"פ דם מחמת תשמיש

אם ראתה דם מחמת תשמיש ג' פעמים רצופים, אסורה לשמש לעולם עם אותו בעל, ויתבאר בסי' שאחר זה.

§ סימן קפז - דיני אשה הרואה דם מחמת תשמיש §

סימן קפז ס"א • אשה שראתה דם מחמת תשמיש

שיטת המחבר בשיעור רואה מ"ת

אשה שראתה דם מחמת תשמיש מיד, בכדי שתושיט ידה לתחת הכר או לתחת הכסת, ותטול עד לבדוק בו ותקנח עצמה, אע"ג די"ל דאחר תשמיש ראתה, מ"מ כיון דהיתה חייבת אשם תלוי, מקרי רואה מחמת תשמיש, **אבל** אחר השיעור הזה לא מיקרי רואה מ"ת, אע"ג די"ל קודם לכן ראתה. **ואם** בדקה מיד אחר תשמיש ולא מצאה כלום, ואח"כ ראתה אפי' תוך שיעור זה, לא מיקרי רואה מ"ת.

דינה

משמשת ג"פ עם בעלה הראשון, דהיינו עוד ב"פ, **וי"א** דדוקא קאמר המחבר ג"פ, שכן דעת הראב"ד, דקמייתא לאו ממנינא הוא, כיון דמעיקרא לא בדקה. **ואם** בכל ג"פ רצופים ראתה דם, אסורה לשמש עם בעל זה. **ואין** חילוק בין אם ראתה ג"פ מיד שנשאה, ובין נתקלקלה אח"כ וראתה ג"פ.

כשנמצאה על עד שלו

וכ"ש אם מצאה ג"פ דם על עד שלו, דבכה"ג אפי' מצאה זמן מופלג אחר התשמיש, מקרי רואה מ"ת, דע"כ מ"ת הוא.

נמצא בכתונת

ואם לא קנח בעד שלו, רק שנמצא בכותנתו, א"כ לא הוי רק כמו שאר כתם הנמצא, ולא מצינו שנחוש בכתמים בבגד האיש כי אם בבגדי אשה, **ואפי'** אם נמצא נמי בכתונת שלה, י"ל דבא לאחר זמן שיעור אשם תלוי.

צריכים להיות רצופים

ואלו ג"פ צריכים להיות רצופים, בלי הפסק תשמיש של היתר בינתים, **אבל** א"צ ג' לילות רצופים, **אבל** אם לא היו רצופים לא נאסרה על בעלה. **וי"א** דאם בדקה עצמה ב"פ סמוך לתשמיש ומצאה דם, ואח"כ שמשה כמה פעמים בלא בדיקה כלל, ואח"כ שמשה פ"א ובדקה ומצאה דם, הוי כג"פ רצופים, והוחזקה ברואה מחמת תשמיש.

אמרה שראתה רצופים, ואח"כ אמרה שלא בדקה תיכף

אשה שאמרה שראתה ג"פ רצופים דם מ"ת, ואח"כ אמרה דבפעם שניה לא בדקה עצמה תיכף, מחמת שלא הרגישה כלום, רק ביום שלאחר הטבילה בדקה ומצאה דם, **פשיטא** דנאמנת, שהרי אין כאן חזרה, כיון שיכולה לתרץ דבריה, ולא היה במשמעות דבריה ענין איסור ברור, **וודאי** שאין זו בגדר רואה מ"ת, כיון דבפעם ב' לא בדקה תיכף, ולא אמרינן איגלאי מלתא וכדלקמן, **אמנם** אם יש ג"פ לבד זה, אסורה כנ"ל.

שיטת הרמ"א בשיעור רואה מ"ת

י"א שאין אנו בקיאין בשיעור הנזכר, ולכן כל שרואה ג"פ סמוך לתשמיש, מקרי לדידן מ"ת ונאסרה על בעלה. (**צ"ע** אי מחמרינן מה"ט דאין אנו בקיאים, לאסרה לכל העולם, היכא שהוחזקה בג' אנשים כן). **אבל** אם לא ראתה סמוך לתשמיש, לא נאסרה על בעלה, ומותרת לו לאחר טהרתה תמיד, ודינה כמי שאין לה וסת.

אם אינה ידוע אם ראתה סמוך לתשמיש

וכ"ז דוקא בידוע בודאי שראתה סמוך לתשמיש, **אבל** אם במופלג אחר התשמיש בדקה עצמה ומצאה דם, אע"ג די"ל דראתה בשעת תשמיש, מותרת. (**וי"א** דמ"מ אסורה מכאן ואילך לשמש שני תשמישין בלילה אחת, משום עונה הסמוכה לוסת, עד שתעקר ג"פ, דהיינו שתשמש ג"פ ולא תראה), **וכ"ש** באשה שראתה ג"פ בבוקר בליל טבילתה, כשקמה ממטתה מצאה על כתונת שלה ריבוי דם, שהיא מותרת.

ואף אם תשמש אשה זו עוד פעם אחת או ב', ותמצא מיד בשעת תשמיש, מותרת, ולא אמרינן אגלאי מילתא למפרע שהיה ג"כ בשעת תשמיש, אלא ימים הראשונים יפלו, ומכאן והלאה חושבנא.

היכא דלא מקרי רואה מ"ת, אפי' ראתה כמה פעמים

וכל היכא דלא מיקרי רואה מחמת תשמיש, אפילו ראתה כמה וכמה פעמים, אפי' מ' ונ' פעמים, מותרת.

נאמנות של אשה שאומרת שראתה דם מ"ת

ויש שחקר על אשה האומרת שראתה ג"פ מחמת תשמיש, אמאי לא נימא שאינה נאמנת דשמא עיניה נתנה באחר, כמו באמרה טמאה אני לך, **והעלה**, דלהכי נאמנת כיון דהיא מלתא דעבידא לגלויי, שהרי ביד הבעל תיכף כשאמרה לו שנטמאת, לראות בעד הבדיקה אם הוא אמת, **ולפי"ז** דוקא אם האשה אמרה לבעלה בכל ג"פ תיכף אחר התשמיש שראתה דם, **אבל** אם רק ביום שלאחר התשמיש אמרה כן, אפשר לומר שאינה נאמנת.

וי"א דלכאורה נראה דבשני פעמים הראשונים, אפי' אם אמרה אחר זמן רב, נאמנת, כיון שאינה נאסרת מיד עד שתראה ג"פ, ועיקר הקפידה הוא רק על פעם הג'.

ויש מקשים על החקירה, כיון דלדעת רוב הפוסקים אפי' לבעל ראשון מותרת ע"י בדיקת שפופרת, א"כ לא דמי לאומרת טמאה אני לך, שאסורה עליו באין מזור ותרופה, משא"כ הכא לא שייך בזה לחוש שמא עיניה נתנה באחר, **ותירץ** דכיון דבדידה תליא מלתא, דאם האשה רוצה לבדוק עצמה תחת הראשון הרשות בידה, אבל הבעל אינו יכול לכופה על זה, וממילא יגרשה, א"כ שפיר יש לחוש שמא עיניה נתנה באחר.

ועוד י"ל די"א דאף המתירין לבעל הא' בבדיקה, היינו אם תמצא דם בצדדי השפופרת, אבל אם לא תמצא כלל לא מהני, א"כ שפיר חקר, דדלמא באמת לא ראתה כלל מ"ת, ואו"כ גם ע"י בדיקת שפופרת לא תמצא כלל, ותהיה אסורה לו, וממילא יגרשה ותנשא לאחר.

היתר לינשא לאחר

ואם ג' פעמים רצופים ראתה דם, אסורה לשמש עם בעל זה, אלא תתגרש ותנשא לאחר, לפי שאין כל האצבעות שוות.

אם ראתה דם בשפע

י"א דאם ראתה שפע דם, אין להתירה להנשא לאחר, שעיקר ההיתר שמותרת לשני, דאיכא ס"ס, שמא מהצדדים, ושמא אצבע של השני לא תהיה שוה לראשון, **אבל** כשיורד בשפע והוא ודאי מן המקור, אין כאן ס"ס, **ואף** אם בב' פעמים ראשונים לא ראתה בשפע, רק בפעם הג', אין הדבר ברור להתירה לאיש אחר, **ואפילו** בדיקת שפופרת יש לפקפק בה,

כיון שע״י שפע דם שיצא ממנה נתברר שהוא מן המקור, הרי היא בכלל כל הממלאה ונופצת.

נשאת לשני ולשלישי וראתה דם

נשאת לשני, וראתה דם מחמת תשמיש ג׳ פעמים רצופים, אסורה לשמש גם עם אותו בעל, אלא תתגרש ותנשא לשלישי, שלא הוחזקה לראות מחמת כל האצבעות אלא עד השלישי. **ואם** גם עם השלישי ראתה דם מחמת תשמיש ג״פ רצופים, לא תנשא לאחר, אלא אסורה לכל עד שתבדוק, **והא** דלא נאסרה לשלישי אחר ביאה הראשונה, לפי שאין כל הכוחות שוות, ושמא בעילה הראשונה היתה בכח מרובה, ולא הוחזקה אלא בשלש ביאות לכל אחד ואחד.

שיטת הנו״ב באיסור של רואה מ״ת

דהיא מטעם וסת, דאמרינן קבעה לה וסת במעשה התשמיש, **וממילא** אם נתעברה בביאה שלישית שראתה מחמת תשמיש, תמתין עד שיהיה הוכר עוברה, ומותרת לבעלה כל ימי עיבורה ומניקתה, שהרי בימים אלו אינה חוששת לוסת. **ואף** אם לא תראה בימי העיבור והנקה, מ״מ כשיפסוק הני ימים, תחזור לאיסורא, דמה שלא ראתה בהני ימים, לא מהני לעקור הוסת הראשון שקבעה לראות מ״ת.

לפי הנ״ל אם גם רואה מ״ת בימי עיבור והנקה

תחזור ותיאסר, **והביאור**, דלכאורה אם ראתה ג״פ מ״ת בימי מניקתה, אי אסורה כל ימי מניקתה, זה תלוי ברבוותא, (**דוסת** שנקבע מחמת אונס, כגון שקפצה וראתה, אפילו אירע כן כמה פעמים, אינו כדין וסת קבוע אם לא קבעה אותו לימים, רק דמ״מ חוששת לו אם אירע ג״פ, כמו לוסת שאינו קבוע, ומעתה זהו עצמו דין אשה הרואה מ״ת, דהרי מה בין קפיצה לתשמיש), **דהט״ז** בסי׳ קפ״ט סובר, דאפי׳ לוסת שאינו קבוע חוששת מעוברת ומניקה, **אבל** הש״ך בסי׳ קפ״ד מביא בשם הגהת רש״ל ודרישה, דדוקא לוסת קבוע חוששת, וא״כ כיון דרואה מ״ת אינו נחשב וסת קבוע, לא היתה צריכה לחוש כל משך כ״ד חודש, **אמנם** כדי שלא לתקוע במחלוקת, (והש״ך עצמו סובר ג״כ דאפי׳ בפעם ראשון חוששת), **וגם** אפשר דהא דוסת שנקבע ע״י אונס מיחשב אינו קבוע, הוא רק לענין עקירה, דנעקרה בפ״א, אבל לחוש לו בימי מניקתה אפשר שצריכה, (וכ״כ החת״ס להלן), **וגם** זה שתשמיש מקרי אונס אינו מוסכם, **וגם** דברי רמ״א בסי׳ קפ״ז ס״י, שכתב: וכל זה אם כבר עברה ושמשה וכו׳, לשון עברה, מורה לאסור, **לכן** לא קבע יתד בהיתר זה.

ושיטת החוו״ד באיסור של רואה מ״ת

דלאו מטעם וסת לחוד נאסרה, רק מטעם חשש חולה הממלאה ונופצת, דאפילו בימי עיבור והנקה שאינה חוששת לוסת, חוששת ברואה מ״ת, דאסורה לשמש, **וכן** אם ראתה ג״פ בימי עיבור והנקה אסורה.

היתר לרואה מ״ת לפי שיטת הנו״ב

באם בשעה שראתה מ״ת עדיין לא היה לה וסת קבוע כלל, ואח״כ נקבע לה וסת קבוע, בין בימי החודש בין וסת הפלגה, **דכיון** דהא דרואה ג״פ מ״ת אסורה היא מטעם וסת, וכוסת שאינו קבוע וכנ״ל, לפי״ז בנדון הנ״ל כיון שנקבע לה וסת קבוע, שוב אינה חוששת לוסת שאינו קבוע כלל, אפילו לא נעקר עדיין הוסת שאינו קבוע, כמבואר בסי׳ קפ״ט בש״ך,

ושוב נסתפק עוד לפי״ז, באשה שיש לה וסת קבוע כבר, אם לאסור אותה מחמת רואה מ״ת או לא, (וטעם הספק בזה, נכתוב בסימן קפ״ט), **ואם** שוב תראה מ״ת פעם ראשון, אז פעם השני תפרוש ליל טבילה ותשמש בלילה שאח״כ, **ואם** שוב תראה מ״ת, תחזור ותטבול ותשמש פעם שלישי, **ואם** שוב תראה אז תבא לשאול לגדולי הדור, ר״ל כי יש בזה הספק הנ״ל, כיון שאחר שנקבע לה וסת קבוע ראתה ג״פ, **ואף** שלא מצא סמך לזה בדברי הראשונים, מ״מ באשה ילדה כזו, ושלא לאוסרה לכל העולם נכנס בפרצה דחוקה.

והחוו״ד לטעמיה חולק עליו, וכתב דחלילה לסמוך עליו בזה, חדא דרואה מ״ת לאו מטעם וסת לחוד נאסרה, רק מטעם חשש חולה הממלאה ונופצת, **וגם** במש״כ דאשה שיש לה וסת קבוע אין חוששין לוסת שאינו קבוע, ליתא.

תשובת החת״ס באשה שרואה מ״ת בימי עיבור

אשה שראתה כל הג׳ פעמים בימי עיבור אחר הכרת העובר, או בימי הנקה, הו״ל רואה דם מ״ת ממש, **וגם** אשה שראתה דם מ״ת ב״פ טרם שהוכר עוברה, ופעם ג׳ אחר שהוכר עוברה, רואה מ״ת גמורה, **ומכ״ש** באשה שרגילה לראות לעולם ו׳ חדשים הראשונים בימי עיבורה בזמן וסתה, הרי אשה זו גרועה משאר נשים לענין זה, שאין עיבורה מסלק דמים, **אך** אם כבר עברו ג׳ תשמישים, ואם נאסרה תתגרש ח״ו, וקשים גירושין, או שתבדוק ונפלין ברבוותא, **יש** להקל ולסמוך הפעם אדעת הראב״ד, שלא לצרף ראיה ראשונה, כיון שלא בדקה תחלה, ותידון כרואה ב״פ מ״ת, ועתה לא ישמש עמה עד שתשאל לרופאים ותעסוק ברפואות, וכיון שאינה מוחזקת עדיין תוכל להאמין לרופאים שנתרפאת, ותשמש פעם ג׳, **ותראה** לדחות התשמיש הג׳ ההוא עד אחר ה׳ או ו׳ חדשים לעיבורה, שאינה עלולה לראות באותן הימים, דכל טצדקי שנוכל לעשות שלא תקלקל עצמה נעשה לה.

תשובת החמדת שלמה בנמצא על הסדין שקינח בו הבעל

סדין שיש בו כתמים, והאשה אמרה כי יש לתלות בבעלה, לפי שתיכף אחר התשמיש קינח הבעל את האבר בהסדין, והסדין היה נקי ובדוק, וזה אירע ד׳ וה׳ פעמים, וטמאתה את המראה כי לא ידעה דבר שיהיה בזה דבר חמור, ובכל פעם היא בודקת עצמה בשחרית אחר התשמיש, ואינה מוצאת שום דבר, ולבעלה כאב בצידו, והכאב נמשך לפעמים לפניו סמוך לאבר, ובשתן לא נמצא שום אודם, גם לא שום כאב, רק זה מקרוב נראה על סדינו שהיה מלוכלך בש״ז כעין מראות אדומים, ולאשה הנ״ל יש לה סת קבוע, **כתב** החמדת שלמה דיש לצדד להקל, דאין זה בגדר רואה מ״ת, דאין הדבר ברור שהיה יותר מכגריס, **גם** הוא מקום שהפישפשין מצויין שנוכל לתלות כתורמס, **גם** אינו בבירור במקום שהבעל קינח עצמו, רק שרגיל לקנח שם, **גם** לא מצאה תיכף בלילה אחר קנוח בעלה, ולא ראתה הכתם עד הבוקר, מעתה אינו בגדר עד הבדוק, כיון שנוכל לתלות שאח״כ נעשה ע״י מאכולת, ואף שנמצא איזה פעמים, עכ״ז לא יצא מדין כתם שתולין במה שיכולין לתלות, **ואפילו** הוי בגדר ספק, מ״מ נוכל לצרף בזה דעת המרדכי שהקיל הרמ״א, באשה שיש לה וסת, אם יש מקום לתלות במכה, אע״פ שאינה יודעת שמכתה מוציאה דם, ונראה דתליה זו במאכולת עדיף, כיון דעכ״פ אינו ברור שהיה יותר מכגריס

כו', ובפרט שיש ג"כ מקום לתלות בבעל, **ע"כ** דעתו להקל אם יסכים עוד רב מוסמך להתירא, לשמש עוד עכ"פ פעם א', ושתבדוק אח"כ היא ובעלה כדי לעמוד על הבירור, ובודאי נכון הדבר לתקן מה דאפשר לשמש בליל שני, **ויותר** נכון להתיר לה לטבול ביום ח' קודם מנחה, ותלך לביתה בלילה ומותרת לשמש מיד, כיון דהוי לאחר עונת הוסת, גם י"ל דמלילה ליום לא קבעה, ואם תטבול בלילה אולי ח"ו תראה עי"ז, ע"כ נראה דהוי לצורך, רק בזה לא יהיה עקירת וסת אם לא תראה, כיון שלא טבלה בלילה, **גם** יש לעשות מאי דאפשר לבוא לידי בירור אם הוא מהבעל, לראות אחר קינוח אולי נשאר בפי האמה, וגם לבדוק מי רגלים שלו שמטיל פעם ראשון אחר התשמיש.

סימן קפז ס"ב • בדיקת שפופרת

ממה נעשה השפופרת

כיצד בודקת, נוטלת שפופרת של אבר, וה"ה גם בשאר מיני מתכות, **לאפוקי** של עץ ושל ברזל דלא, דמסרטט. **והוא** רק להקל עליה, דשמא באמת לא היה דם, רק ע"י הסירוט יוציא דם ותמצא על ראשו, ונטמא אותה בחנם, **אבל** אם בדקה בשל עץ ואפ"ה לא נמצא על ראשו, מהני. **אמנם** בנ"ד לא ניתן לה הקולא של מצאה בצדדים, (די"א דאם מצאה בצדדי השפופרת, קיל יותר מאם לא מצאה כלל), רק דינה כמי שלא מצאה כלל, דחיישינן דמה שנמצא הוא ע"י הסירוט, וצ"ע.

כיצד עושין אותה

ויש לעשות השפופרת כשיעור אבר בינוני, ופיה רצוף לתוכה, **ונותנת** בתוכה מכחול, דאי הכניסה הקיסם לבד, לא היתה יודעת אם מהמקור אם מהצדדין, **ובראש** הקיסם מוך, בשביל שיהא הדם ניכר בו, ועוד שלא יסרט ויוציא דם.

כיצד מכניסין אותה

ומכניסין אותו באותו מקום עד מקום שמשערת בעצמה שהשמש דש, לפי אומד דעתה, ואשה בעצמה נאמנת ע"ז, **וי"א** שא"צ להכניס רק עד מקום שהיא יכולה, וא"צ כלל לדחוק השפופרת למקום צר ודוחק, ואין לנו לחוש שמא לא הכניסה כשיעור דישה, דלא ניתנה תורה למלאכי השרת. (**ועיין** לקמן כשבודקין בלא שפופרת).

וי"א שמתחלה מכנסת השפופרת עד מקום שהיא יכולה, ואח"כ מכנסת המכחול בתוך השפופרת ובראשו מוך, ודוחקת אותו עד שתגיע סמוך לצוארי הרחם, **וה"ה** כשהיא מוציאה, תחלה מוציאה המכחול מתוך השפופרת.

נמצא דם על ראשו

בידוע שהוא מן המקור, ואסורה, **ושוב** אין מועיל שום בדיקת שפופרת, אפילו אם שוב תבדוק כמה פעמים ותמצא בצדדי השפופרת, או שלא תמצא כלל, נשארה לעולם באיסורה, דחיישינן שהיא רואה מחמת חימוד תשמיש, (**וגם** על רפואת הרופאים אין לסמוך אחר בדיקה, זולתי אם תפיל חררת דם, אזי תחזור להתירה), **ואם** עברה ושמשה ג"פ ולא מצאה דם, הותרה. **מיהו** זה דוקא בבדיקה שאחר בעל הג', אבל בבדיקה שאחר בעל הראשון, יש לה תקנה, דאם בדקה עצמה תחת בעל הראשון ומצאה דם על ראש המוך, ואח"כ בדקה ולא מצאה דם על ראשו, מותרת לבעל שני, ואסורה להראשון.

אם לא נמצא דם על המוך

בין שנמצא בצדדי השפופרת, בין שלא נמצא עליו כלל, בידוע שהוא מן הצדדין, ומותרת, ואפילו לבעל הג', **דאילו** היה מן המקור, גם עכשיו היה נמצא על ראש המכחול, ודלמא נתרפאה, דע"י השפופרת רגילה לראות כמו ע"י אצבע.

ולא אמרינן, הא אין האצבעות שוות, כ"ש שאין שפופרת שוה לאצבע, דלחומרא לא אמרינן כן, רק להקל, **וטעמא**, משום דרוב נשים אינן רואות דם מ"ת, הלכך כל מאי דמצינן למיתלי בה להיתרא שלא להוציאה מכלל שאר נשים, תלינן, כיון דאיכא רגלים לדבר, שהרי בדקה ולא נמצא דם על המכחול.

אם לא נמצא על המוך, ואח"כ ראתה מ"ת

י"א דגם אם לא נמצא כלל, אפי' ראתה אח"כ כמה פעמים, מותרת, דתלינן שהוא מן הצדדים, **וי"א** דמי שירצה להקל אף אם ראתה ג"פ אח"כ, יסתור כל הראיות שהבאתי ואח"כ יורה להקל, ודי מי שמקיל עד ג"פ, **וי"א** שאם מצאה בצדדים, אף ששוב תראה ג"פ מחמת תשמיש, לא תהיה נאסרת, **אבל** אם לא מצאה כלל, אם שוב תראה ג"פ, תחזור לאיסורה.

עצה לעשות קודם בדיקת שפופרת

י"א שבתחלה יבדוק שלא בשפופרת, רק במוך ועץ כעובי ואורך האבר, אולי יהיה דם מן הצד, ואז א"צ תו לבדוק בשפופרת, **ובאם** נמצא בראש המוך, אזי לא תועיל בדיקה זה לחומרא, ויחזור ויבדוק בשפופרת, (**וצריכה** שתכניסהו בכל האפשרי עד שיגיע לפתח בית הרחם, ודלא כמ"ש לעיל שא"צ לדחוק כ"כ, דאפילו נשמע בשפופרת, מ"מ בבדיקה זו לא נקבל), **וי"א** דהוא בדיקה שלא לצורך, דאף שהוא מן הצדדים בודאי יתלכלך ראש המכחול, ועוד דאין להרבות בבדיקה, **ומ"מ** אם בדקו תחלה ע"י המוך ועץ, ולא נמצא בראשו, או לא נמצא כלל, דמותרת. **וי"א** דזה ודאי עצה, וכן צוה לאשה שראתה ג"פ מ"ת אחר לידה, לעשות כיס מבגד פשתן ארוך וצר כמדת אבר, ולמלאות הכיס במוכין בדוחק, עד שנעשה עגול ועב, והיה דק מלמעלה ועב מלמטה, **ואם** בדקוה בו ונמצא דם מן הצד, מותר לשמש עם בעלה, **מיהו** אם לא נמצא דם כלל אין להתיר אחר בדיקה זו, כי קשה להכניס דבר רך כ"כ בעומק, ושמא לא הכניסה עד מקום שהשמש דש, ואילו היה שם היתה מוצאת דם.

אם צריך ז' נקיים לדם מן הצדדים

אם מצאה דם בצדדי השפופרת, ושוב ראתה מחמת תשמיש דמותרת, (וכן הדם עצמו שנמצא בצדדי השפופרת), האם מותרת דם זה אפילו בלא נקיים, **י"א** שאינה צריכה נקיים, **ויש** שמסופק בזה, **וי"א** דצריכה ז' נקיים.

בדיקת שפופרת בימי עיבור והנקה

בדיקת שפופרת צריך להיות דוקא שלא בימי עיבור והנקה, **וכשבדקה** עצמה בימי עיבור והנקה, לא מהני להתירה רק בימי עיבור והנקה, ולא בשאר ימים, (**וי"א** דכ"ז אם בדקה ולא מצאה כלל, הוא דלא מהני, **אבל** אם מצאה בצדדי השפופרת, שההיתר הוא משום דדם מצדדים קאתו, מהני), **ואם** בדקה עצמה בימי עיבור, מהני אף לימי הנקה, וצ"ע.

לבדיקת שפופרת צריכה חזקת טהרה

י"א דאם תבדוק בשפופרת, צריכה מתחלה נקיים וטבילה,

שתהיה בחזקת טהרה, ואז אמרינן השתא הוא דחזאי, ולא אמרינן כבר יצא מהמקור וכותלי בית הרחם העמידוהו, משום דהעמד אשה בחזקת טהרה.

אף בזמן הזה יש לסמוך אבדיקה זו.

בעילה עדיף מבדיקת שפופרת
כתב רמ"א בסעיף י', שאם עבר הבעל ובא עליה באיסור, ולא ראתה, עדיף טפי מבדיקה דשפופרת, ומהני.

סימן קפז ס"ג • אם מהני בדיקה להתירה לבעל ראשון

עצה טובה לאשה שראה מ"ת, שתתגרש מראשון ולא תבדוק תחתיו, להקל עליה, שאם תבדוק שמא תמצא דם בראש המכחול, ותהיה אסורה לכל אדם, **דלשני** מותרת בלא בדיקה מטעם ס"ס, שמא לא בא הדם מן המקור אלא מן הצדדים, ואפילו בא לראשון מן המקור, שמא לא יבוא לבעל שני, דאין כל האצבעות שוות, **אבל** אם היתה בודקת לראשון ותראה דם בראש המכחול, שעכשיו נתברר שמן המקור בא, לא תהא מותרת לשני מטעם שאין כל האצבעות שוות בלבד. **ע"כ** התירו לה שתנשא לאחר בלא בדיקה, **אבל** אחר השלישי שבלא"ה אין לה תקנה, אז תכניס עצמה בספק זה.

אבל אם רוצה לבדוק עצמה בעודה תחת הראשון, אחר ששמשה ג"פ, כתב המחבר דהרשות בידה, ומותרת לו.

י"א דאף המתירין גם לבעלה הראשון בבדיקה, היינו אם תמצא דם בצדדי השפופרת, אבל אם לא תמצא כלל, לכו"ע לא מהני, **אבל** שיטת הרב"י, שגם לבעל הראשון מועיל בדיקת שפופרת אף שלא תמצא כלל.

י"א דאם בדקה עצמה תחת בעל הראשון ומצאה דם על ראש המוך, ואח"כ בדקה ולא מצאה על ראשו, מותרת לבעל שני, ואסורה לבעל הראשון.

והביא המחבר, די"א שאסורה לראשון מתשמיש שלישי ואילך, אפי' בבדיקה. **וכתב** הרמ"א דיש לסמוך אסברא ראשונה להקל. **והש"ך** כתב דאין להורות בדיקה בבעל הראשון, דהא הי"א אוסרים, **ותו** דהרי יש אוסרים בדיקה בזמן הזה, וגם יש כתבו דנכון להחמיר כדבריהם, **גם** אם ימצא דם על המוך תהא אסורה לכל העולם, **ומ"מ** הב"ח ומהר"מ מלובלין ושאר אחרונים מקילין.

ואם הרגישה צער וכאב בשעת תשמיש, לכו"ע יש לסמוך אבדיקה בבעל הראשון, דנראה קצת כי חולי ומכה יש לה.

סימן קפז ס"ד • אם היה סמוך לוסת תולין בוסתה

כתוב בגמ' נדה דף ס"ח: ואם יש לה וסת תולה בוסתה.

ופסק המחבר ע"פ זה, דאם שמשה סמוך לוסתה הקבוע, אנו תולין ראייתה משום וסתה, ולא חשבינן לה רואה מ"ת.

והאיך שמשה סמוך לוסתה: **י"א** שעברה ושמשה, **אבל** י"א דלאו ברשיעי עסקינן, ולכן לפי השיטה שמותר לשמש סמוך לוסתה כשיוצא לדרך, ניחא, **ולר"ת** דמחמיר אפי' ביוצא לדרך, משכחת לה כגון אם ראייתה תחלת היום, דמותר כל הלילה שלפניו, **וקשה**, דהא להכי מותר כל הלילה שלפניו, משום דכיון דוסתה ביום, אין רגילה לראות בלילה, **א"כ** כיון דמקילים מה"ט, כ"ש דאין לתלות לקולא בהכי, שלא תהא רואה מ"ת, **ויש** מתרצים דאף דלא חיישינן לכתחילה, אך אם ראתה, אמרינן אגלאי מלתא דדמים יתירים נתוספו בה. **א"נ** ר"ת ס"ל כרש"י או כהמרדכי כדהלן, דלא ס"ל לדין של המחבר. **א"נ** הכא מיירי בקטנה או שלא הביאה סימנים עדיין, שא"צ לפרוש ממנה כל שלא קבעתו בג"פ, וקאמר הכא דאם נתברר ששמשה סמוך לוסתה, דהיינו שראתה אחר התשמיש עוד פעם א' או ב' באותו זמן, שנמצא שקבעה וסת בג"פ, תולה בוסתה. **א"נ** יש מתירין כשנפלה וסתה בליל טבילתה, עיין לעיל סי' קפ"ד ס"ב.

ואם פ"א שימשה סמוך לוסתה, אפילו אם אח"כ ראתה ב"פ מחמת תשמיש מופלג מוסתה, לא מצרפינן לראיה ראשונה בהדייהו, עד שתראה עוד פעם שלישית מופלג מוסתה.

וי"א דאם יש לה וסת כגון שפיהקה או עטשה, ה"ז תולה בפיהוקה או בעיטושה ולא בתשמיש, ואין זו רואה מ"ת עד שנתברר שוסת פיהוקה או עיטושה מורכבת בתשמישה.

ושיטת רש"י בגמ' הנ"ל, דאם יש וסת לקלקול זה, שאינה רואה כל שעה מחמת תשמיש אלא בפרקים, תולה בוסתה, ומשמשת בלא בדיקה בין וסת לוסת.

ושיטת המרדכי בגמ' הנ"ל, דאשה שיש לה וסת קבוע שהיתה רואה נדה, תולה בוסתה, (אפילו אין לה מכה כלל), שיכולה לומר, זה הדם שהיא רואה טהור הוא, מן הצדדים מחמת מיעוך תשמיש, שעדיין לא הגיע וסתה. **וי"א** דדבר זה אין לו ביאור כלל, ובאמת המרדכי ר"ל שאם יש לה מכה, אע"פ שאין ראוי לתלות בה כ"כ אילו לא היה לה וסת, מ"מ עכשיו שיש לה וסת תלינן בה.

סימן קפז ס"ה(1) • אם יש מכה באותו מקום

אם יש לה מכה באותו מקום, תולין בדם מכתה. **ור"ל** באותו מקום עצמו שמשם יוצא הדם, שם יש לה מכה, **והיינו** אם מרגשת שהדם בא מן המקור, צריך שתדע שיש לה מכה במקור, **ולא** די בסתם מכה בכל איזה מקום שבאותו מקום, **אבל** ברואה שלא בהרגשה, ואפילו ע"י בדיקה, תולה במכה שידוע שמוציאה דם, אפילו אם המכה בודאי בצדדין.

ואפילו אם המכה הוא בבית הרחם במקור עצמו, שמשם נובע הדם נדה, מ"מ טהורה היא, ותלינן בדם מכתה, **ואפילו** בדקה עצמה בשפופרת ומצאה על המוך, תולין במכה.

ודוקא אם יש לה מכה במעיים שיכול הדם לבוא שם, בלתי שיצטרך תחלה ליבלע בשאר אברים, **אבל** אם יש לה מכה בשאר אברים הפנימים, שא"א לזוב דרך המקור אם לא שיבלע תחלה בשאר אברים, זה דם נדה גמור הוא.

צריכה חזקת טהרה
י"א דדין זה הוא פשוט ברואה מ"ת, שאז ודאי האשה בחזקת טהרה, שהרי שמשה עם בעלה, **אבל** ברואה שלא מ"ת, ואירע לה בימי טומאה ובימי ליבונה דהיא בחזקת טומאה, הדבר צריך תלמוד, **ויש** חולקים, דגם בימי ליבונה בחזקת טהרה עומדת, **וי"א** דבנדה דאורייתא סגי אפי' לא פסקה בטהרה, שכל שעברו עליה ימים הראוים לזיבת דמי נדתה,

על הרוב פסקה לה חזקת ראיה, **אלא** משום דנשי דידן ספק זבות נינהו, בעינן שפסקה בטהרה לפנינו עכ"פ, **י"א** דבעינן ג' ימים לאחזוקי בטהרה, **וי"א** דבג' בדיקות סגי, ערבית ושחרית וערבית, **וי"א** דבעינן הפסק טהרה ויום א' נקי בבדיקה.

אם נתברר דדם מכתה משונה מדם ראייתה, אינה תולה בדם מכתה, **הא** אם לא נתברר, תולין במכה, לפי שהאשה בחזקת טהרה עומדת, (ודלא כהרמב"ן), **וי"א** דא"צ להראות לחכם אם הוא משונה, **וי"א** דאם שניהם לפניו, לא ניזל לקולא כיון שאפשר לברורי, וכל אדם יוכל לברר אותו.

וי"א דהא דא"צ בדיקה אם הוא משונה, דוקא בראתה אחר תשמיש, ואפי' לענין ז' נקיים, כיון דאיכא עוד ספק, אימור שמש עכרן, **אבל** בראתה שלא בשעת תשמיש, צריכה בדיקה לענין נקיים אם הוא משונה או לא.

סימן קפז ס"ה(2) • כשיש לה וסת קבוע, ואינה יודעת שמכתה מוציאה דם

שיטת הרמ"א, דאשה שיש לה וסת קבוע, יכולה לתלות שלא בשעת וסתה במכתה, אע"פ שאינה יודעת כלל שדרכה של המכה להוציא דם, (**ולאפוקי** דלא תימא שרק אינה יודעת אם עכשיו מוציא דם).

ביאורו – דשיטת המרדכי, דאם יש לה וסת קבוע, תולה שלא בשעת וסתה בוסתה, אפי' אין לה מכה כלל, ואמרינן שזהו דם טהור מן הצדדים מחמת מיעוך תשמיש, שהרי עדיין לא הגיע וסתה, **ובציור** דהרמ"א, כיון דאיכא עוד צד היתר שיש לה מכה, אפשר דאף הפוסקים החולקים אהמרדכי מודים.

שיטת הש"ך, **דאינו היתר אלא לבעלה**, דמשום עיגונא הקילו שלא להחזיקה ברואה מחמת תשמיש, **אבל** מ"מ צריכה לישב ז' נקיים, דבכה"ג אין לסמוך אהמרדכי, דהא שאר כל הפוסקים נראה שחולקים. **עוד** מחלק רעק"א, דאיסור דרואה מחמת תשמיש לבעלה, הוא ענין וסת, וקימ"ל וסתות דרבנן, ולזה סמכינן להקל לתלות במכה, אבל לענין ז' נקיים לא סמכינן. **ומדברי** הב"ח נראה דמתיר בכל ענין, **וכן** הנו"ב ס"ל, דדעת הרמ"א לטהר לגמרי אף בלא ז' נקיים, דלא כש"ך, **ומ"מ** לא החליט למעשה כיון שהש"ך פליג.

ב' צדדין בהבנת הש"ך: "אבל מ"מ צריכה שבעה נקיים", **י"א** דהיינו בלא ראתה מ"ת, אבל בראתה מ"ת, כיון דלענין לבעלה אתה צ"ל שהמכה מוציא דם, א"כ אין טהרה לחצאין, וגם ז' נקיים א"צ, (דלא כדברי רעק"א הנ"ל).
וי"א דאף לאותו דם שראתה מחמת תשמיש צריכה ז' נקיים, ולא תלינן במכה שאינו יודע שמוציא דם.

מי שאינה רואה עד אחר י"ד יום אחר טבילתה, אבל אין לה וסת קבוע, עד י"ד יום דינה כדין אשה שיש לה וסת. **וכ"ש** בזקינה שיכולה לתלות במכה שאינו יודע שמוציא דם, **ודברי** החולקים ע"ז תמוהים.

דעת החתם סופר, דאחר כל הקולות ברואה מחמת תשמיש להתירה לבעלה בספירת נקיים, מ"מ צריך הוא לפרוש באבר מת, וליחוש שמא ראתה, דלא התרנו אלא שלא תתגרש, ומכיון שהתרנו לו הכניסה די.

ספק לפי דעת הרמ"א, דס"ל דשלא בשעת וסתה טהורה אף לענין ז' נקיים, י"ל דדלמא היינו היכא שבדקה בשעת וסתה ומצאה טהורה, **אבל** אם עבר עליה שעת וסתה ולא בדקה ולא הרגישה, ואח"כ בדקה עצמה ומצאה טמאה, אפשר דאין תולין במכה שאינו יודע שמוציאה דם, די"ל דכבר ראתה בשעת וסתה, **אכן** במכה שידוע שמוציא דם, תולה אף בכה"ג, דהא כתב הרמ"א בסוף הגהה זו, דבשעת וסתה אינה תולה במכה כלל, משום דאל"כ לא תטמא לעולם, וזה לא שייך הכא. **אבל** לדעת הש"ך, דס"ל דמ"מ צריכה לישב ז"נ, לא שייך ספק כלל, **דהא** לענין ז"נ, אף אם בדקה בשעת וסתה ומצאה טהורה, וראתה שלא בשעת וסתה, צריכה ז"נ, ואינה תולה במכה שא"י שמוציאה דם, **ולענין** רואה מ"ת ג"כ ליכא לספוקי, דממ"נ אי דם זה שלא מוסתה, תולין במכה ואף ז' נקיים אינה צריכה, **ואי** ניחוש שהוא מוסתה, א"כ פשיטא דאינה רואה מ"ת, ומותרת לבעלה ע"י ז"נ עכ"פ.

והס"ז חולק על הרמ"א בפסק זה, והרבה בקושיות, והנקה"כ תירץ כל קושיותיו: **הקשה** מס"ז, דמשמע ליה דעוסק באשה דיש לה וסת קבוע, וכל שאין מבורר לה דהדם בא ממקום אחד מהצדדין, אזלינן לחומרא כשאינה יודעת בודאי שמכתה מוציאה דם, **ולהנקה"כ** איירי באשה שאין לה וסת. **ועוד** הקשה עליו מסי' קצ"א דסותר עצמו, דכאן שהוא חמיר, התיר בלא שום בדיקה שלא בשעת וסתה, ובסי' קצ"א באשה שרואה דם במי רגלים דקיל טפי, כתב דהכי נהוג להתירה ע"י בדיקה במוך נקי דוקא ע"ש. **ולהנקה"כ** לא קשה מידי, דודאי היכא דא"א בבדיקה, לא קאמר דתהא טמאה, אלא היכא דאפשר למיקם עלה דמילתא, קאמר דצריכה בדיקה, והכא דיש לה מכה במקור לא שייך בדיקה, **וגם** די"א דכאב במי רגליה דלית לה מכה מבוררת, גרע ממכה. **ובלא"ה** נמי לא קשה מידי, דדוקא להחזיקה לטהורה, בהא לא רצה לסמוך אהמרדכי לחוד, **אבל** להחזיקה ברואה מ"ת לא מחזקינן לה, כיון דרואה שלא בשעת וסתה, ויש לה מכה אע"פ שאינה יודעת אם מוציאה דם.

סימן קפז ס"ה(3) • כשאין לה וסת קבוע

הרמ"א מתיר בציור של ס"ס
כתב הרמ"א, דאף באשה שאין לה וסת קבוע, אם הוא ספק אם הדם בא מן המקור או מן הצדדין, אז תלינן במכה אע"פ שאינה יודעת אם מוציאה דם, מכח ס"ס, ספק מן הצדדים או מן המקור, ואת"ל מן המקור, שמא הוא מן המכה. (**ואפשר** אפי' אם יש לה וסת קבוע, ורואה כן בשעת וסתה ממש, תולה להקל מס"ס, דלא שייך כאן לומר דא"כ לא תטמא לעולם (ע"ל ס"ה 5), שהרי כשתרגיש שבא מן המקור תהיה טמאה).

והש"ך חולק על הרמ"א וסותר את מקורו, וכתב דהכי משמע פשט דברי הפוסקים, דצריך שתדע שמכתה מוציאה דם, **ותו** קשיא לו על הרב, הא איכא למימר מיד דלמא דם נדה, וכה"ג לא מיקרי ס"ס כלל: **י"א** משום דהוי ס"ס שאינו מתהפך, **וי"א** משום דהוי הכל שם ספק אחד.

והנו"ב השיג על הש"ך, והסכים להרמ"א דשפיר מתירין כאן משום ס"ס, **ואמנם** זה משום חזקת טהרה, אבל אם היא טמאה נדה, ואירע לה כן בימי ליבונה, קודם שספרה ג' או ד' ימים, הרי היא בחזקת טומאה, ותלינן בפלוגתא אי מתירין

ס"ס בחזקת איסור, (**וצל"ע** דהרי בג' ימים הראשונים לא תלינן במכה), **ואם** היא כבר ספרה לה ג' או ד' ימים של ימי ליבונה, נחלקו בו רש"י ותוס' אם היא אז בחזקת טהרה.
וי"א דשפיר השיג הש"ך על הרמ"א, דלא חשיב אלא ספק א'.

וי"א דהרמ"א מיירי בראתה שלא בהרגשה, דמדרבנן היא, **אבל** אם בבדיקה או בשעת תשמיש ראתה, דאיכא ספק הרגשה, דשמא סברה הרגשת עד ושמש הוא, לא מועיל ס"ס זו, ואינה תולה עד שתדע שהמכה מוציאה דם, **אמנם** אשה זו אין לה לבדוק עצמה כלל, שאם תמצא תהיה טמאה, ול"ל לטמא עצמה בחנם, תמתין עד שתרגיש ותטמא.

וי"א דדוקא אם המכה במקור עצמו, הוא דמתירין מטעם ס"ס, אבל אם המכה ודאי אינו במקור רק מן הצדדים, אסורה אף בימי טהרה, דאז ליכא ס"ס.

סימן קפז ס"ה(4) • מכה שיודעת בודאי שמוציאה דם

אם אין לה וסת קבוע, צריך לידע שהמכה מוציאה דם
כתב הרמ"א, אבל אם ידוע שהדם בא מן המקור, אע"פ שיש לה מכה במקור, אינה תולה במכה, אם אין לה וסת קבוע, אא"כ יודעת בודאי שמכתה מוציאה דם, דאז אינה מוחזקת ברואה מ"ת, דתולין במכה, וגם היא טהורה וא"צ לישב ז"נ, כיון דהוא תוך ל'.

ה"ה ביש לה וסת, שלא בשעת וסתה ושלא בשעת תשמיש
וכתב הש"ך (לשיטתו לעיל ס"ה 2), דכן ה"ה באשה שיש לה וסת, ומצאה דם שלא בשעת וסתה, דאע"ג דלענין רואה מ"ת סגי אע"פ שאינה יודעת שמכתה מוציאה דם, דסמכינן בהא אהמרדכי, מ"מ שלא בשעת תשמיש אם בדקה עצמה ומצאה דם, או כשמרגשת שהדם נופל מהרחם, בעינן שתדע שמכתה מוציאה דם.

גדר של יודעת שמוציאה דם
ואע"פ שאינה מרגשת עתה שדם זה הוא בא ממכתה, סגי כשיודעת שדרך מכתה להוציא דם.

אם הרשב"א חולק ע"ז
הב"י הביא פלוגתא בפירוש של מכה שיודעת שמוציאה דם: **דלהרשב"א** ר"ל שהיא עצמה מרגשת במכה, ונאמנת לומר מכה יש לי ששם יש דם, ותולה במכתה שאני אומר ממנה הדם יורד, **אבל** מרדכי והג"מ ס"ל דבעינן שתדע בודאי שיש לה מכה שמוציאה דם, ואז מותר שלא בשעת וסתה דוקא. **וכתב** הש"ך, דליתא, דגם הרשב"א מודה לזה, דלא קאמר אלא שא"צ שתדע שמרגשת עתה שהדם הוא בא ממכתה, אבל צריכא שתדע שמכתה מוציאה דם.

ודוקא בימי טהרה, אא"כ יש לה וסת או מניקה
וי"א דגם בזה דוקא בימי טהרה, אבל אם היא כבר טמאה, אינה תולה במכה, **אמנם** יש קולא, דאם יש לה וסת קבוע, וראתה שלא בשעת וסתה, ויש לה מכה שמוציאה דם, אף אם כבר היא נדה, תולה להקל, דתולין במצוי, **וק"ו** שיש להקל כה"ג בימי מניקתה, אף שאין לה וסת קבוע, **אלא** שכל זה כשכבר פסק טומאתה איזה זמן, **אבל** אם מיום לידתה היא רואה, קשה ליתן לה קולא של מניקה, דחזינן נשים הרבה הרואות איזה שבועות אחר לידה.

רגילה בראיות משונות
י"א דביודעת בודאי שמוציאה דם, דתולה אף באין לה וסת, היינו אף אם קודם שנולד המכה היתה רגילה בראיות משונות בלי שיעור, אפ"ה תולה, **רק** מיום ל' לראייתה האחרונה מקודם שנולד המכה אינה תולה, **דלא** כדמשמע מדברי שו"ת כנסת יחזקאל היפך זה.

ואם כאב לה כאב בשעת תשמיש, אי תולה בה, כבר דברו בזה בשו"ת הרבה, והסכמת אחרונים דכאב אינו כמכה, ואינו תולה בה עד שיברר בודאי שכאב זה בר דמים הוא. **וי"א** דמ"מ היכא דידעה בודאי שיש לה מכה, רק שאינו יודע אם מוציא דם, אם בכל פעם שכואב לה המכה מוציאה דם, אז מסתמא המכה הוא שמוציא דם.

ואם בשעת הכאב מוצאת דם, כתב הט"ז, דמוכחא מילתא דממנו הוא בא, ומותר, ואף אם לאחר שיפסוק הכאב מוצאת דם, מתמצית אותו הדם שהיה בשעת הכאב נשאר זה.

מכה שרגילין נשים אחרות לראות דם ממכה כזו, כתב הט"ז, אע"פ שזו אינה יודעת אם מוציאה, יש לתלות במכה.

סימן קפז ס"ה(5) • בשעת וסתה

אם רואה שלא בשעת תשמיש בשעת וסתה, והיינו כל אותה העונה שרגילה לראות בו, ואפי' ברואה שלא בהרגשה, **או** מל' יום לל' יום, (ואפי' אם לא ראתה ביום הל', מ"מ בראיה הראשונה שרואה אחר יום הל'), **אינה** תולה במכתה, ואע"פ שיודעת שמכתה מוציאה דם, היא טמאה וצריכה לישב ז"נ, דאל"כ לא תיטמא לעולם. **אבל** אם מרגשת עתה שדם זה בא מן המכה, אפי' בשעת וסתה טהורה, דלא שייך לומר א"כ לא תטמא לעולם, דהלא תהיה טמאה כשלא תרגיש.

וי"א דאם אינה מרגשת אם הדם מן המקור או מן הצדדים, אפי' אם יש לה וסת קבוע וראתה בשעת וסתה, תולה להקל, **דכאן** לא שייך לומר א"כ לא תטמא לעולם, שהרי כשתרגיש בדם הבא ממקור תהיה טמאה.

ולענין רואה דם מחמת תשמיש, פשיטא דבשעת וסתה לא הוחזקה, דנהי דלא תלינן במכה, מ"מ תלינן בוסתה.

ולאחר שטמאה משום נדה, אינה עולה מטומאתה, עד שיהיה לה הפסק טהרה ובדיקה יום א' מהז"נ, ותמצא נקי מדם.

סימן קפז ס"ה(6) • כתמים

כתמים, תולה בה בכל ענין, אפילו בשעת וסתה, אפילו אינה יודעת שמכתה דרכה להוציא דם. **ותוך** ג' ימים של ספירת ז' נקיים לא תלינן במכה.

י"א דאף דכאב אינו כמכה, מ"מ לענין כתמים תולה בה שלא בשעת וסתה, אפי' אדומים הרבה, גם גדולים יותר מכגריס, **מיהו** בשעת וסתה אסורה, **וכ"ז** בימי טהרתה או בד' ימים אחרונים של ז"נ, אבל בג' ימים הראשונים, אם תמצא כתם הגדול מגריס, טמאה.

וי"א דאשה שמשמשה עם בעלה, והיה לה מכה באותו מקום ונתרפאה, ואחר התשמיש מצאה כתם בבגדים, דטהורה, דבכתמים תולין להקל, דע"י תשמיש נתגלע המכה והוציא דם, כיון דהיה לה כאב בשעת תשמיש, **ויש** שמפקפק בזה.

סימן קפז ס"ו • נאמנת אשה לומר מכה יש לי

כתב המחבר, דנאמנת אשה לומר: מכה יש לי באותו מקום שהדם יוצא ממנה.

וכתב הרמ"א, וכן אם אומרת: ברי לי שאין דם זה בא מן המקור, נאמנת וטהורה. **ויש** שפקפקו בזה, **ומ"מ** היכא דאיכא עוד צד להקל יש לסמוך עליה.

י"א דאם אמרה האם, שמששה בידים ומצאה בצדדים חבורות ופצעים, יש לסמוך ע"ז, דעד אחד נאמן להתיר היכא דלא איתחזק איסורא, ומכ"ש באשה שיש לה חזקת טהרה, ורוב נשים אינן רואות מחמת תשמיש, **וא"צ** אפי' להתברר לשאול לנשים אחרות, דכל מקום שהאמינה תורה ע"א הרי כאן שנים, **מכ"ש** הכא שגם הרופא עכ"פ אמר כן, ודרך נשים להיות להם פצעים אחר הלידה, **ואף** דמשום דאיכא כל הני צדדים, אפשר דמורה התירא, אעפ"כ סומכין על עדות האם.

סימן קפז ס"ז • בכל בדיקה מוצאה דם רק בצד אחד

אם כל זמן שהיא בודקת בכל החורים והסדקים אינה מוצאת כתמים, כי אם במקום א' בצדדין, יש לתלות שממכה שבאותו צד בא; **וכ"ש** אם מרגשת בשעת בדיקה, כשנוגעת בצד המקום ההוא שכואב לה קצת, ובשאר חורין וסדקים אינה מרגשת כאב כלל.

דעת הט"ז בס"ה, דהכא איירי כשיש לה וסת קבוע, דמותרת שלא בשעת וסתה, **ולהש"ך** איירי הכא אף באין לה וסת.

וי"א דדין זה הולך אדלעיל, באשה שיש לה מכה, דבזה איירי בסעיף ה' ו', אלא דשם בס"ה הוא דוקא כשיודע שמכתה מוציאה דם, **ולכן** כתב בסעיף זה, דהכא מותר אפילו כשאינה יודעת שהמכה מוציאה דם, וזה מהני גם באשה שאין לה וסת, **ובזה** מיושב קושית הט"ז בס"ה. **אבל** יש שחלקו עליו, והקלו אף באשה שאין ידוע כלל שיש לה מכה.

סימן קפז ס"ח • אם תרצה להתרפאות

אם תרצה להתרפאות, צריך שיהיה קודם שתתחזק, **אבל** לאחר שתתחזק, **יש** מסתפקים אם מותר לסמוך על הרפואה לשמש אח"כ.

וכתב הב"ח, דאם רופא זה עשה רפואה זו לאשה א' קודם שהתחזקה ונתרפאה, יכולה אשה אחרת לסמוך עליו, אף לאחר שנתחזקה בג' פעמים, ומותרת לשמש בפעם רביעית לאחר הרפואה. **והקשו** עליו, כיון דאשה זו שריפא הרופא אותה לא נתחזקה עדיין בחולי, א"כ מנא ידעינן שרופא זה מומחה, דלמא בלא"ה נמי היה פוסק, **ויש** שכתב קצת ליישב.

ולא הוה בעי למימר דעשה רפואה זו לנכרית בתר ג"פ, משום דאין ראיה מגופים שלהם לגופים שלנו.

ויש מי שמתיר אם אמר לה רופא ישראל: נתרפאת.

ואם תראה האשה שפסק דם וסתה וראייתה על ידי הרפואות, וניכר שהועילו, יש לסמוך אף על הגוי.

וי"א דאם יש רגלים לדבר, כגון זו שכל ימיה היתה משמשת בלא צער, ועתה התשמיש קשה לה, סומכת על רופא מומחה שאמר שנתרפאת, ותשמש פעם ד'.

סי' קפז ס"ט • הפחידוה פתאום ונפל ממנה חררת דם

הפחידוה פתאום ונפל ממנה חררת דם, נתרפאת ומותרת לבעלה. **ואם** חזרה וראתה מחמת תשמיש, אפי' פעם אחת, בידוע שלא נתרפאת. **ובזה"ז** אין מתירין ע"י רפואה זו, לפי שאין אנו בקיאין, **כלומר** אין לעשות רפואה זו לכתחלה להתירה ע"י כך, **ומיהו** אין מוציאין אותה מבעלה אחר רפואה זו, עד שתבעל ותחזור לקלקולה. **א"נ** שאם נתגרשה ואח"כ עשתה רפואה זו, אין מתירין אותה לינשא, **אלא** שאם עשתה רפואה זו בעודה תחת בעלה, אין מוציאין אותה מבעלה.

י"א דאשה שבשעת תשמיש הרגישה זיבת דבר לח, וקפצה בבהלה מן המטה, והיה שופע ממנה דם הרבה, **אף** דבשו"ע כתב דאין מוציאין אותה מבעלה, **דעת** הראשונים לא נראה כן, **ועכ"פ** אין להקל רק כהאי עובדא ממש, אבל הבהלה אינה ביעתותא, וגם שפע דם אינו כמו חררה.

סימן קפז ס"י(1) • ראתה דם מ"ת אחר הטבילה

הרואה דם בשעת תשמיש, מותרת לשמש פעם שנית כשתטהר.

אמאי אינה חוששת לכל תשמיש

וקשה, דאמאי לא נימא דכיון שראתה פעם אחת מ"ת, תהיה חוששת לכל תשמיש, ותהא אסורה לשמש, כמו בוסת דפיהוק ועיטוש דבפעם א' חוששת לפיהוק גרידא, **ותירץ** הש"ך, דשאני פיהוק, דהוסת הגוף בא מעצמו, אבל בוסת הגוף שבא ע"י אונס כגון קפיצה, קי"ל דאינה חוששת אלא כשקבעה אותו ביום ידוע, ולא כל פעם שתקפוץ, ותשמיש חשיב ע"י אונס כמו קפיצה. **והט"ז** תירץ, משום דלא מפקינן לה מבעלה משום חשש דוסת שאינו קבוע, **משא"כ** לאסור בליל טבילה, דאין כאן רק חשש לענין יום וסתה בלבד, חיישא.

מיהו חוששת מלשמש באותו לילה בפעם שנית

מיהו מיחש חיישינן חדא זימנא אחר ראייתה, כגון ראתה פעם אחת או פעמים בליל שני של טבילתה, כשתגיע טבילה אחרת צריכה לפרוש ליל שני של טבילתה

י"א דכצ"ל, (ולא כגירסא הישנה "בליל טבילתה"), דאל"כ בלא הוחזקה יכולה לשמש אפי' בליל טבילתה, דמנ"ל לומר שהיא רואה מחמת ליל טבילתה, ולא מחמת ביאה ראשונה לחוד, ווסת של דישת השמש אינה חוששת לו כלל עד אחר ג"פ רצופים, כמו בפיהוק וקפיצה, מאחר שמעצמה אינה רואה אלא ע"י דחיקה ודישת שמש, **אבל** כשראתה בשני לטבילתה, שאנו רואים שלא ראתה בתשמיש ראשון של ליל טבילה, ובשני לו ראתה, הרי מוכיחה בצדה שהוא וסת התלוי גם בימים שוים סמוכים לטבילה, דחוששת לו בפעם אחד.

וי"א דגורסין כגירסא ישנה, וחוששת גם לליל טבילתה.

ולהחוו"ד חוששת דוקא בליל טבילתה, דכמו דלא אמרינן בסי' קפ"ט דקפיצה דאתמול גורם, ה"ה טבילה דדמיא לקפיצה, לא אמרינן ג"כ טבילה דאתמול גורם.

ועכ"פ אם ראתה בליל ג', וכ"ש ד' של טבילה, לכו"ע א"צ לחוש אח"כ, דכולי האי ודאי לא אמרינן דהטבילה תגרום.

וי"א דלא מועיל בדיקת שפופרת להתירה בליל טבילה, דשפופרת לא הוי בירור רק נגד חשש חולי, ולא נגד וסת. **וכמה** אחרונים חולקים ע"ז.

ואינה חוששת מלשמש באותו לילה בפעם שלישית

וא"צ לפרוש ליל שני של טבילה שלישית, דכל מידי דלא קבעה וסת לא חיישא אלא חדא זימנא.

והחוו"ד ס"ל, דהיינו דוקא כשעברה ושמשה בליל טבילה שניה, דנעקר הוסת בהרכבה, **אבל** כשלא שמשה בליל טבילה שניה, אסורה, דכל וסת אינו נעקר רק כעין שנקבע.

והגר"ז ס"ל, דאפי' כשעברה ליל טבילה בלא תשמיש, ג"כ נעקר החשש, **משום** שיטת הראב"ד, דס"ל דוסת המורכב אינו נקבע אלא בראיות רצופות, וא"כ כיון דעבר ליל טבילה בלא ראיה, שוב לא תצטרף לראשונה עוד ראיה בליל טבילה בשעת תשמיש.

אם ראתה בליל טבילה בלא תשמיש

וי"א דכל זה דוקא באם ראתה בליל טבילתה אחר תשמיש, אפילו שלא בשעת תשמיש רק באותה עונה, דוסת מורכב הוא לטבילה ולתשמיש, **אבל** אם ראתה בליל טבילה בלא תשמיש כלל, א"צ לפרוש, דכקפיצה דמיא, דלא חיישא בפעם אחת, **ולטבילה** ולתשמיש חיישא, דהוי כמו וסת המורכב לקפיצה וימים דחיישא בפעם אחת. **ולפי"ז** מוכח דלא כהש"ך שכתב דתשמיש כקפיצה דמיא, דאי תשמיש ג"כ כקפיצה דמיא, אטו וסת שנקבע מחמת שני אונסין הוי קביעת וסת, אתמהה, **אלא** ודאי דתשמיש כאכילת פלפלין דמיא, מש"ה חיישא גם כן להרכבה.

סימן קפז ס"י(2) • ראתה ג' פעמים

ואם ראתה ג"פ, כל פעם בביאה ראשונה שאחר טבילתה, כתב הרמ"א, דאסורה לבעלה כאילו ראתה ג"פ רצופים, שהרי א"א לה לטבול ולשמש עמו, שהרי היא רואה כל פעם אחר טבילתה.

בפעם א' החשש לאותו לילה, ובג' פעמים החשש לעולם

כתב הט"ז, דלעיל כשראתה פעם אחת, תלוי החשש באותו לילה דוקא ואח"כ מותרת, **אבל** בג"פ איכא חשש דהוא מחמת ביאה ראשונה שאחר הטבילה, שלא היתה הביאה בליל טבילתה דוקא, ולא היו הג' פעמים בזמנים שוים, וממילא קבעה וסת לביאה ראשונה שאחר טבילה.

ציור הרמ"א אליבא דהט"ז

וכתב הט"ז, דקמ"ל הרמ"א, דאע"פ דעברה ושמשה בינתים ולא ראתה, לא מהני, **ודלא** כדלקמן באחר לידה דמהני, דהתם היה מחמת מכת הלידה, **וכ"כ** הש"ך לפי גירסא אחד, **ור"ל** דהוי כאילו ראתה ג' פעמים רצופים בטבילה, בלא ביאות שלא ראתה בהם בינתים, **שהט"ז** מצרף הטבילה להתשמיש לוסת המורכב, שאלו הג"פ לא היו בליל טבילה, רק בביאה ראשונה שאחר הטבילה, וניכר דהוסת הוא ביאה ראשונה שאחר טבילה.

וי"א אפי' גדולה מזו, דאשה שראתה ג"פ, בכל פעם בביאה ראשונה שאחר טבילתה לוסת, אבל בין וסת לוסת כשטבלה אחר מציאת כתם, שמשה כמה לילות ולא ראתה, דג"כ הוי כרצופים.

ציור הרמ"א אליבא דהש"ך לאידך גירסא

ולפי גירסא אחרת בהש"ך, הרמ"א מיירי בלא ראיות שלא ראתה בהם בינתים, **ור"ל** דהוי כאילו לא היה טבילות בין הראיות, דעברה ושמשה, **דס"ל**, דאי היתה ראיות שלא ראתה בהם בינתים, לא תהיה אסורה לבעלה, **דהש"ך** לא ס"ל לצרף הטבילה להתשמיש לוסת המורכב, כיון שהיה מופלג וכנ"ל.

ציור של רצופים בהיתר

וי"א דמשכחת בפשוטו ג' פעמים רצופים בהיתר, דהיינו ששמשה ג' פעמים בלילה אחד, ואחר כל תשמיש קנחה עצמה בעד, ובשחרית בדקה הג' עדים ומצאה עליהם דם.

מחלוקת המנח"י אליבא דהט"ז, והאמונת שמואל והחוו"ד

שיטת המנח"י, דאשה שראתה ג"פ מ"ת, כל פעם בליל טבילתה, מותרת אח"כ בליל ב' של טבילתה ואילך, וכן אם ראתה ג"פ רצופים ביום ידוע לחודש מ"ת, דאינה אסורה רק לאותו יום הידוע, דנקבע וסת מורכב לאותו יום ידוע ולתשמיש.

והאמונת שמואל חולק על הט"ז, וס"ל שחלילה להקל בזה, דמי הגיד לנו הנביאות דתיחוש לאותו לילה דוקא, דלמא נקבע וסת מורכב לביאה ראשונה שאחר טבילה, וא"כ אסורה לשמש לעולם אצל בעל זה.

וסברת המנח"י, דהוי דומה ממש לוסת המורכב, דאם אח"כ הגיע הזמן ולא קפצה או קפצה ולא הגיע אותו זמן, אינה חוששת לוסתה, ולא אמרינן מי הגיד לנו הנביאות דלמא לימים לחוד איקבע אף אם לא תקפוץ ותיחוש, **אלא** ודאי דאזלינן להקל בוסתות כל שלא ידעינן בודאי דאיקבע וסת לחדא מינייהו, **וא"כ** ה"ה הכא, דאינה נאסרת על בעלה, שיכולה לשמש בלילי שני לטבילתה, **ולכן** דקדק הרמ"א וכתב כל פעם בביאה ראשונה, כוונתו שלא נקבע בימים כלל.

והחוו"ד השיג על המנח"י, דאפי' להט"ז, דוקא הכא שהיו לה תשמישין של היתר בינתים, אז כשראתה כל הג"פ בלילה ידוע, תולה בוסתה ומשמשת בין וסת לוסת, **אבל** כשלא שמשה כלל בינתים, אסורה, ותולה רק במ"ת, דבכל רואה מ"ת לאו מטעם וסת אסורה, רק דחיישינן לה לחולי הממלאה ונופצת, וכך היה קים להו לחז"ל, דיותר מסתבר להחזיקה בחולי הממלאה ונופצת מלתלות בוסת.

והחת"ס מקיל באשה שאחר לידה ראשונה ראתה דם מ"ת על עד הקינוח כמה פעמים, והיה כל פעם בליל טבילה, אלא שטבלה במים קרים, והאשה פחדה מאד מקרירות המים, עד שבכל פעם אחזתה רתת וכאב המעיים שקורין קרומע"ן, עד שבאחרונה חממו מי המקוה, ומ"מ ראתה, **דיש** בזה כמה צדדים להקל: **חדא**, ששהתה עמו כמה שנים ולא ראתה מ"ת, ואין זה תחלת תשמישה, **ב'**, שיש לה וסת, וזו ראתה שלא בשעת וסתה, **ג'**, שהוא אחר לידה ראשונה, וי"ל נתקלקלו צדדיה ע"י הלידה ולא מן המקור הוא, **ד'**, והיא העיקר, שהיתה רותתת ע"י ביעתותא דמים קרים, והרגישה ע"ז כאב בבטנה, וזה גורם לפריסת נדה, **וא"כ** אפי' אי טבילה דעלמא לא מצרפינן לרמ"ת כמ"ש החוו"ד הנ"ל, מ"מ היכא דחזינן דרפיא ע"י ביעתותא כי הכא, בודאי יש לתלות בהכי, (**ודלא** כמ"ש לעיל סי' קפ"ה דהפחד אין בטבעו להביא דם רק באותו רגע ממש), **ואע"ג** דאח"כ חממו המים ואע"פ כן ראתה, י"ל מכאן והלאה חושבנא, **ויכולה** לשמש אפי' בליל טבילה שבמים חמים עוד ב"פ, **אלא** שלא לסמוך ע"ז לחוד, ע"כ יש להתיר לשמש בליל ב' אחר טבילתה במים חמין דוקא, שאז מצטרף כל הקולות האלו, **ומ"מ** באותה בעילה יפרוש באבר מת, כי מה לנו להכניס בספק כרת על מגן,

ואם לא תראה אז תשמש כך לעולם, בליל ב' אחר טבילתה בחמין דוקא, **ואם** תרצה לבדוק בשפופרת, בכדי להיות ככל הנשים, צריכה לבדוק דוקא אחר טבילתה במים קרים באותו לילה ולא תראה עליו, כדי שיתעקר כמו שנתחזקה.

סימן קפז ס"י(3) • ראתה מחמת תשמיש אחר הלידה

כתב הרמ"א, דאשה שראתה ג"פ בביאה ראשונה שאחר לידתה, או ראתה אחר כל לידה ג"פ, ובנתיים לא ראתה, **יש** שכתבו להקל להתירה לבעלה, כי תלינן הראייה בחולשתה עדיין מכח לידתה, שהוכו הצדדין מכח הלידה, ולכן רואה סמוך ללידה ולא אח"כ, ותלינן בלידה כמו שתלינן במכה. (**וי"א** דמ"מ נקיים ודאי צריכה). **וכ"ז** אם כבר עברה ושמשה בין לידות הראשונות, שהוחזקו ביאות של היתר אחר ביאות של איסור, **אבל** אם ראתה ג"פ רצופין אחר לידה, לא תלינן בלידה, אלא צריכה בדיקת השפופרת.

שיטת הש"ך בהרמ"א

שראתה תכף אחר לידתה ג"פ רצופים, (**ומה** שלא פירש כן ברישא כמו בסיפא, משום דסתמא קאמר ומשמע דמיירי בכל ענין, ורק בסיפא הוצרך לומר רצופים דוקא, משום דאל"כ מותרת), **ואח"כ** עברה ושמשה בינתים (דאסור לה לשמש לכתחלה) ולא ראתה, ואח"כ חזרה וראתה אחר לידתה ג"פ רצופים, ולא שמשה שוב, דמותרת, **וכן** אפי' ראתה אחר הרבה לידות ג"פ רצופים, רק אח"כ בין כל לידה ולידה שמשה בינתים ולא ראתה, ואחר לידה ג' או ד' חזרה וראתה ג"פ רצופים, ושוב לא שמשה, מותרת, **אבל** אם שמשה אח"כ ולא ראתה, ולא חזרה וראתה אח"כ, אפי' ראתה מתחלה ג"פ רצופים שלא בעת לידתה, טהורה, דעדיף מבדיקת שפופרת.

אי נמי והוא העיקר, דודאי מטעם בדיקת שפופרת לחוד, או מה שעברה ושמשה בין טבילה לטבילה לחוד, לא הוי שרינן, אי לא הוי אמרינן לידה הוי כמכה, כיון דאינו סמוך ללידה, (עיין להלן דמאריך הט"ז בסברא זו), **אבל** כיון דאמרינן דלידה הוי כמכה, מהני בדיקת שפופרת או עברה ושמשה אפי' ברחוק מלידה, דאמרינן כיון דהשתא לא חזאי, אמרינן דמאי דחזאי מעיקרא תלינן במכת לידה, **ודלא** כהט"ז דלהלן.

שיטת הט"ז בהרמ"א

שראתה אחר הלידה ג"פ, אבל לא היו רצופים, **דאם** לא הוחזקו ביאות היתר בינתים, אלא לא היו רק ג' ביאות לחוד, דהיינו ביאה א' אחר הלידה וראתה, ותו לא שמשה כלל עד אחר לידתה, ג"פ, וראתה, **פשיטא** שאסורה, ולא אמרינן בזה דכל ראייתה הוה מחמת מכת הצדדין, אע"ג שכל אחת תכופה ללידה, **וק"ו** אם שמשה וראתה ג"פ רצופים אחר לידה א', דהא הב' ביאות שאחר ביאה הא' אינם תכופים ללידה, **אלא** מש"כ או ראתה אחר כל לידה ג"פ, מיירי באינם רצופין, ויש ביאות היתר ביניהם, **ויש** טעות סופר ברמ"א, וצ"ל: וכל זה אם כבר שמשה, ותיבת "עברה" אינו נכון כאן, דהלא בהיתר שמשה, **דלא** נאסרה כיון שלא ראתה ג"פ רצופין אחר שום לידה, **ור"ל** דאם שמשה כבר, והיינו בהיתר, אז לא אמרינן שהוחזקה לראות אחר כל לידה, ותלינן בהוכו הצדדין.

והש"ך כתב, דאין סברא לחלק בין ג"פ רצופים או לא, דכיון דשרי אחר ג' לידות כיון שהוחזקו בביאות של היתר בינתים, אלמא דכיון דהוחזקו ביאות של היתר בינתים, לא אמרינן דקבעה וסת ללידות, א"כ מה בכך שראתה אח"כ עוד ב"פ.

וכתב עוד הט"ז, דאם אירע לה כך שבכל פעם אחר לידה ראתה ג"פ רצופים, והיא נאסרה, ועברה ושמשה אחר אותן הג"פ אחר כל לידה, לא מהני לה, **ומה** שמסיק הרמ"א אח"כ, אבל אם ראתה ג"פ רצופין (אפי' אחר לידה א'), צריכה שפופרת, היינו אחר הלידה רביעית, **ולא** מהני לה אם תעבור ותשמש באיסור אח"כ בינתיים, וכ"ש דבדיקת שפופרת לא מהני בינתיים, אלא לענין תשמיש שמכאן ואילך עד לידה רביעית, **דלא** מהני תיקון שפופרת או ביאה ולא ראתה, אלא במקום שיש חשש באותה ביאה לאיסור, אז אמרינן כיון דנתקנה ע"י שפופרת, מה שראתה ע"י תשמיש הוא מחמת צדדין כדלעיל, **אבל** אחר שנתחזקה לראות ג"פ אחר כל לידה לראות ג"פ רצופים, לא מהני לה אף אם יבוא עליה באיסור אחר אותן הג"פ, להתירה אחר לידה רביעית, דהא איתחזקה באיסור ג"פ אחר כל לידה בג"פ רצופים, ובודאי תראה גם בפעם הרביעית אחר הלידה ג"פ, ויהיה ודאי איסור לפנינו, **אלא** אם עבר ובא עליה באיסור אחר לידתה ולא ראתה, אז מהני, ואזלה חזקת איסור לראות אחר לידתה. **ומש"כ** רמ"א אח"כ בסוף, דבמקום שצריך בדיקה מהני עברה ושמשה, היינו בעברה ושמשה אחר לידה הרביעית, **אבל** לא מהני לה מה ששמשה ולא ראתה קודם לידה הרביעית.

ט' קושיות שהקשה הש"ך על הט"ז

(**א**) כשכתב רמ"א ברישא ג"פ, אי ר"ל דדוקא דאינן רצופים, לא הו"ל למסתם סתומי, אלא הו"ל לפרושי (**ב**) דאי באינן רצופים מאי רבותא דג"פ, דהא מיד שלא ראתה אחר ראייה הב', ראייה ג' לאו כלום היא (**ג**) מדקאמר ובינתים לא ראתה, משמע דר"ל בין הלידות לא ראתה, ולהט"ז הו"ל למימר ובין הראיות לא ראתה (**ד**) כיון דתלינן בלידה כמו שתלינן במכה, שדם טהור הוא, א"כ מה לי ראתה ג"פ רצופים או לא (**ה**) דאם כדבריו הו"ל לרמ"א לבאר, דמ"מ סמוך ללידה אסור לשמש (**ו**) דכשכתב, וכ"ז אם כבר עברה ושמשה בין לידות הראשונות, הו"ל למימר שעברה ושמשה בין ראיות הראשונות (**ז**) דבכל הספרים כתוב עברה ושמשה (**ח**) כשכתב רמ"א לא תלינן בלידה אלא צריכה בדיקת שפופרת, הו"ל לפרושי דדוקא אחר לידה צריכה בדיקת שפופרת (**ט**) היכא משכחת לה דתשתרי ע"י בדיקת שפופרת, דהא כשראתה ג"פ אסורה לשמש אח"כ, וא"א שתלד, ובע"כ צריכה להתגרש, **ואף** די"ל דמשכחת לה כשנתעברה בביאה שלישית, מ"מ לא הו"ל לרמ"א למיסתם, כיון דע"פ הרוב צריכה להתגרש.

ג"פ רצופין אחר לידה אם הם תוך מלאת

כתב הש"ך, הא דאם ראתה ג"פ רצופין אחר לידה, לא תלינן בלידה, היינו דוקא כשראתה לאחר ל"ג לזכר וס"ו לנקבה, **אבל** תוך הזמן הזה, כיון דמן הדין דם טוהר הוא, וכדלקמן סי' קצ"ד, נראה דאין להוציא אשה מבעלה בשביל כך, **דנהי** דהחמירו האידנא שלא לבעול על דם טוהר, היינו לעצמן אבל לא להוציאה מבעלה, **ועוד** דהכא איכא נמי צד היתר, דמחמת חולשת הלידה ראתה דם מחמת תשמיש, **וכו"פ** חולק עליו, **והנו"ב** מסכים עמו.

אם יש ספק אם היו תוך מלאת

י"א באשה שראתה ה' פעמים אחר תשמיש אחר הלידה, וב"פ הראשונים היו תוך מלאת, ועל פעם ג' היא בספק אם היה תוך מלאת, וב"פ האחרונים בודאי היו אחר מלאת, **כיון** שעיקר איסור האשה שראתה מ"ת, מטעם וסת נגעו בה, **והגם** די"א דוסת שאינו תלוי במעשה הוי דאורייתא, וסת זה התלוי במעשה בוודאי הוא דרבנן, **לכן** כיון שיש ספק שמא בפעם ג' היה תוך מלאת, וא"כ לא ראתה רק ב"פ אחר מלאת מחמת תשמיש, לא נאסרת עדיין ומותרת לשמש עוד פעם שלישית, **אך** לא בליל טבילה רק בליל שניה.

אם הג"פ היו אחר פעם אחת שלא ראתה

י"א דאם בביאה ראשונה שאחר לידה לא ראתה, רק אח"כ ראתה ג"פ, לא תלינן שוב במכת הלידה, **דאילו** היה מחמת לידה, אף בפעם ראשונה היה לה לראות דם.

אם תשמיש שלא ראתה עדיף מבדיקת השפופרת

כתב רמ"א, דכל מקום שצריכה בדיקה, אם עברה ושמשה ולא ראתה, מותרת, דתשמיש זה שלא ראתה בו, עדיף מבדיקת השפופרת. **וי"א** דדוקא שעברה ושמשה ג"פ, (**דס"ל** דגם וסת קפיצות צריך שתעקר ג"פ, **או** דס"ל דתשמיש הוי כמו וסת הגוף דאכלה שום, דלא נעקר בפ"א), **והא** דמהני שפופרת, היינו באמת רק בנמצא דם בהצד, דראיה דמן הצדדים הוא, **אבל** בתשמיש דלא שייך כן, בעינן ג"פ, **והש"ך** הסכים להרמ"א, דתשמיש זה שלא ראתה עדיף מבדיקת שפופרת, ודי בפ"א.

סימן קפז סי"א • אשה שרואה מ"ת מזמן לזמן

אשה שראתה מ"ת ב"פ, שראתה, ולאחר חצי שנה חזרה וראתה מ"ת, **חוששת** לוסת החדש, כגון אם שמשה פעם ב' בט"ו בניסן, חוששת אח"כ לט"ו באייר, ואסורה לשמש בט"ו באייר, **ואם** לא ראתה אז, שוב אינה חוששת לט"ו לחודש, וחוששת להפלגה חצי שנה, וכשיגיע חצי שנה מיום ראיית דם האחרון, אסורה עונה א', **ואם** לא ראתה אז, תו לא חיישא כלל ומותרת לבעלה, שהרי לא קבעה בג' וסתות שוים, ולא בדילוג, וכל מידי דלא מיקבע בג' זימני, מיעקר בחדא זימנא.

וה"ה כשראתה מ"ת פעם א', חוששת מיד לוסת החדש, אבל לוסת ההפלגה א"א בלא ראיה שניה.

שיטת החוו"ד דלא נעקר אלא בהרכבה, דוסת החודש והפלגה אינו נעקר, אלא כשעברה ושמשה ולא ראתה, **אבל** כשלא שמשה כלל, אסורה (וכמש"ל תחילת ס"י לענין ליל טבילה), **וא"כ** כשאשה רואה פ"א מ"ת, נאסרה לאותו יום החודש לעולם, ואם ראתה ב"פ מ"ת, נאסרה ליום החודש של ראיה שניה ולהפלגה לעולם כל ימיה, עד שעברה ושמשה ולא ראתה. **ועי"ש** לשיטת הגר"ז דחולק.

ואין חשש אלא כשיבא אותו הזמן, ואע"ג דלוסתות הגוף חוששין אפי' שלא באותו יום החדש, כגון שפיהקה פ"א וראתה, צריכה לחוש כשתפהק עוד פעם שנית באיזה זמן שיהיה, **תירץ** הש"ך, דשאני התם שהוסת הגוף בא מעצמו, אבל בוסת הגוף שבא ע"י אונס כגון קפיצה, אינה חוששת אלא כשקבעה אותו ביום ידוע, ולא כל פעם שתקפוץ, ותשמיש חשיב ע"י אונס כמו קפיצה. **והט"ז** תירץ דמכח חששא דלא הוחזקה בג"פ, לא אסרינן לה עולמית על בעלה, ורק היכא שאפשר לחוש לזמן מיוחד, חוששת, כיון שיהיה לה אח"כ היתר.

ואם קבעה וסת ג"פ, שראתה דם מ"ת ג' זימני וסת שוה, מותרת לשמש בין וסת לוסת, אך ימי הוסת פורשת עד שיעקר ג"פ. **וי"א** דאף אם רק פ"א עבר ולא ראתה, תו לא חיישא להפלגתה, דנתבטל, **רק** דנ"מ לענין אם חזרה וראתה, דחיישא שוב לחצי שנה אחר ראיה זו, **אבל** כשנעקר ג"פ אינה חוששת כלל, **ולשיטת** החוו"ד צריך שתיעקר בהרכבה.

אשה שראתה כמה שנים מ"ת אבל לא בליל טבילה, רק איזה לילות אח"כ היא רואה מ"ת, ובהרגשת כאב, ולפי גודל הכאב בהכנסת השמש היא תולה בכחו כי רב, וכשיכנס בלט ונחת, אז אינה רואה, ובלא"ה היא רואה, **י"א פשוט** דכמו דאמרינן דיש וסת ליום חודש ולהפלגה וכדו', י"ל שבכל יום ד' אחר טבילתה תראה מ"ת, ומותרת עד אותו היום, **ובליל** טבילה לא תחוש כלל, שהרי זו כמה שנים שמשה ולא ראתה בליל טבילה, **ואם** קבעה ג"פ לראות ביום ג' או ד', אזי מותרת עד אותו יום, ומאז אסורה עד שתראה מעצמה, ותטבול ותחזור ותשמש יומיים, וכן לעולם, **אמנם** בהגיע התור ההוא, פשוט שאסורה, ולא ניתן לומר שישמש בלט ונחת, **אך** כל זה לפי ההנחה שזהו דם מקור, וכיון שהיא מותרת לבעלה לפי הנ"ל, אין להכניס עצמנו בשארי צדדים, **אבל** טוב לייעצה שתשאול לבקיאות, אולי ימצאו בצדדים מקום הרגש כאב.

סימן קפז סי"ב • אסור לקיים אשה הרואה מ"ת

הרואה מ"ת ג"פ, אסור להשהותה אף אם אינו רוצה לבא עליה, אא"כ רוצה להשהותה ע"י שליש, **ולא** ילך אצלה אלא בעדים, **והיכא** שנפרדו זה מזה שאינו דר בשכונתה, א"צ עדים, כשיבא אצלה באופן דלית ביה משום איסור ייחוד, דאין לך סהדי יותר מזה שמרוחקים הן. **ואם** לא קיים פריה ורביה, כופין אותו להוציא, **ובזה"ז** לא נהגו לכוף כלל משום זה.

סימן קפז סי"ג • בתולה שראתה דם מחמת תשמיש

שיטת המחבר, דהבועל את הבתולה כמה פעמים, וראתה דם מ"ת, לעולם מחזקינן שהם דם בתולים, עד שתשמש פ"א ולא תראה דם מ"ת, **ואם** אח"כ תראה ג"פ מ"ת, הוחזקה להיות רואה דם מ"ת. **וה"ה** אם התשמיש הראשון היה בלא דם, שוב אינה תולה, **וי"א** דגם אם לא בדקה עצמה פ"א, ג"כ שוב אינה תולה, **וכמה** אחרונים חולקים, דדיינינן לה כלא שימשה כלל, ועדיין יכולה לתלות אח"כ בבתולים.

כשאומרת דטעם שלא ראתה, לפי שלא היתה ביאה גמורה, י"א דאפי' אם אח"כ ראתה ג"פ, מותרת לבעלה אחר הטבילה, דכאן לא נחשב פסקה מלראות, כיון שלא היתה ביאה גמורה, לכך לא ראתה, ולעולם לא כלו הבתולים, **ומ"מ** לא רצה לסמוך ע"ז לחוד, רק בצירוף קולות אחרות, **וגם** בלילה הראשונה של הטבילה לא יזדקק לה בעלה.

שיטת הרמ"א, דאפי' אם לא פסקה לראות פ"א, אם אין לה צער כלל בשעת תשמיש, הרי היא ככל הנשים ולא תלינן בדם בתולים, **דמה** שהגמ' אמר כל זמן שהיא רואה מ"ת, היינו כשלא הגיע זמנה עדיין לראות, **אבל** אין משם ראיה

להגיע זמנה לראות, וכ״ש אם ראתה בבית אביה קודם הנישואין, ששיעורה לפי דין המשנה, רק בעילת מצוה, ואח״כ כלו בתוליה, **ונהי** לענין להוציאה מבעלה משום רואה מ״ת, לא נתנו שיעורא זוטא הנ״ל, מ״מ לא מקילינן טפי ממש״כ הרב, דאפי׳ אם לא פסקה לראות פ״א, אם אין לה צער כלל בשעת תשמיש, הוחזקה להיות רואה מ״ת.

והב״ח חולק, ופסק דאפילו אין לה צער כלל בשעת תשמיש, תלינן בדם בתולים, **אבל** בתשו׳ משאת בנימין פסק כהרב, **וגם** הב״י גופיה כתב, דמסתפינא להקל אא״כ יהיו ידים מוכיחות שהוא דם בתולים.

צדדי קולא לבתולה שראתה מ״ת בלא צער

י״א דאשה שראתה דם מ״ת כמה פעמים בליל טבילה, ולא היה לה צער כלל בשעת תשמיש, והיא אומרת שהיתה בתולה, **שנאמנת**, דהרי נאמנת לומר מכה יש לי, ומה לי מכה אחרת או מכת בתולים, ומכ״ש אם גם הבעל אומר שמצאה בתולה, דהרי אין אנו יודעים שראתה מ״ת רק מפיהם, והפה שאסר כו׳, **אך** כיון שלא היה לה צער, קשה להתיר, ואף שהב״ח מתיר, כל האחרונים לא הסכימו עמו, **ומ״מ** נראה דאם אשה זו יש לה וסת קבוע, אף שכל הפוסקים דחו דברי המרדכי, בזו שיש לתלות בבתולים יש לצרף דעתו, שלא להחזיקה ברואה מ״ת, אך לא תשמש בליל טבילה רק בליל שניה, **ואפילו** אין לה וסת, מ״מ כיון שג״פ שראתה היו בליל טבילתה, יכולה לשמש עוד אחר טבילתה בליל שניה, ואם לא תראה אז, תהיה מותרת לשמש גם בליל טבילה, **ואף** דבשאר נשים שראו ג״פ מ״ת בליל טבילה אין להקל, מ״מ בזו שיש לתלות בבתולים יש להתיר.

בתולה שאומרת שמרגשת שהדם יוצא מהמקור

בתולה שאחר הנשואין לא פסקה עדיין מלראות דם מ״ת, עם הרגשת כאב וצער מכת בתולים, אך היא אומרת שמרגשת שהדם יוצא מהמקור, והבעל רוצה לגרשה כרואה מ״ת, **כתב** החת״ס, לא ידעתי מקום הספק, לא מבעיא אם מרגשת פתיחת פה״מ, שהוא עיקר הרגשה דאורייתא, פשיטא דטמאה נדה ממש וקובעת וסת בכך, **דאפי׳** אם נניח שהדם שהיא מוצאה הוא דם בתולים, מ״מ א״א שלא נתערב בה דם נדה היוצא בפתיחת המקור, דהרגשה סברא דאורייתא היא, **ודוחק** להקל לתלות הדם בבתולים, ופתיחת המקור במראה טהורה, **דז״א**, דכל עצמו של דין תליה בבתולים מפוקפק קצת, והבו דלא לוסיף, (**ואפשר** דאף אם מצאה על העד ג״כ מראה טהורה, אין להקל), **אך** אפי׳ אם אינה מרגשת פתיחת פה״מ ממש, רק זיבת דבר לח יוצא ממקום המקור, שהוא למעלה ממקום הבתולים, נמי לא נראה להקל, **אף** דהרגשה זה אינו רק איסור דרבנן (לשיטתו לעיל סי׳ קפ״ג), וגם וסת התשמיש הוא רק דרבנן, והו״ל תרי דרבנן, ומצורף לזה דרוב נשים אינן רואות מ״ת, **מ״מ** אין להקל, דכיון דיוצא מהמקור, חזקה שיצא בהרגשה ממש, אלא דלאו אדעתה משום הרגשת שמש, ע״כ משמים ירחמו.

ולכאורה יש להעיר, לפמש״כ לעיל, דלהכי אשה נאמנת לומר שראתה ג״פ מ״ת, ולא אמרינן עיניה נתנה באחר, היינו כיון דהיא מלתא דעבידא לגלויי כו׳, **וא״כ** הכא בנ״ד דלא עבידא לגלויי, שהרי בלא אמירתה הוה תלינן בבתולים, ורק משום אמירתה שמרגשת שהדם יוצא ממקורה, דיינינן לה כרואה מ״ת, מהראוי לומר דאינה נאמנת, ועיין מש״כ שם.

דצריכה ז׳ נקיים לדם בתולים בכל אופן

י״א דבתולה בוגרת שנשאת ולא פסקה לראות מביאה ראשונה ואילך ויש לה צער, דאינה מותרת לבעלה בלא טבילה, **ודלא** כמאן דס״ל דלא גזרו חכמים בדם בתולים שיטמא אלא במלתא דשכיח, דהיינו היכא שהדמים מצויים כשיעור השנוי בר״פ תינוקת, אבל אחר אותם זמנים, דלא שכיח ברוב בתולות שימצא בהם עוד דם, לא גזרו כו׳, **דליתא**, ולא תזוז מפסק הלכה, שהיא טמאה עד שתמנה ז״נ, **וגדולה** מזו נראה, דאפי׳ בדקה עצמה בשפופרת ולא נמצא דם בראש המכחול, דאז ברור דלאו מן המקור הוא אלא מן הצדדים, אפ״ה טמאה לבעלה, דהא גזרו על דם בתולים שתהיה אסורה לבעלה אף שהוא מן הצדדים, **ומ״מ** יש לצדד להקל בזה, כיון דיש לספק שמא בא מן הצדדים משאר מכה ולא מדם בתולים, והוי ספק דרבנן ולקולא.

מי שיוצא דם ממנו דרך פי האמה, ושמש, האשה תולה בו.

סימן קפז סי״ד • שלא לקיים אשה שא״א לה ליטהר

אשה שיש לה מכות ופצעים שאינה יכולה לטבול, תצא מתחת בעלה, כדי שלא יתבטל מפריה ורביה. **ויש** שנסתפק אם היא שוה לרואה מ״ת שבעלה חייב להוציאה מחשש איסור שמא יבא עליה, אפי׳ אם הוא כבר קיים פ״ו, **או** דלמא רואה מ״ת שאני, דהאיסור קיל ליה, דבעידן שבא עליה היא טהורה.

§ סימן קפח - דיני מראות הדם §

סימן קפח ס״א • מראות הדם

מן התורה אינם טמאים אלא ה׳ מיני מראות, **וחכמים** החמירו שלא לטעות בין דם לדם, ואסרו כל מראה הנוטה לאדמימות, בין אם היא כהה הרבה, או עמוק, **וכן** כל מראה שחור, **והכשירו** כל מראה שאין לספקו באדמימות כלל.

דם הנוטה לצבע ברוין, שהוא כעין קליפת ערמונים, וכמו משקה הקאווי, י״א שהוא טהור, ואין צ״ל בכתם, לפי שהוא אינו נוטה לאדמימות, **אבל** כמה אחרונים חולקים ומחמירים, משום שמראה חום מורכב מאדום ושחור.

מראה לבן טהור, אפילו כשאינו לבן לגמרי, אלא כמראה בגד לבן שנפל עליו אבק, שהוכהה לבנוניתו.

יצאה ממנה סמיכות לבן ועב, **לאחר שרחצה במרחץ** כמו שתים ושלש שעות, י״א שהיא טמאה, שדרך הדם להתלבן מחמת רחיצה, **ודבריו** תמוהים, שלא נמצא בתלמוד ובפוסקים רמז מזה, ודבר זה חומרא יתירא היא, והמחמיר יחמיר לעצמו, ולא יורה כן לאחרים כלל.

וכן מראה ירוק טהור, אפילו כמראה השעוה או הזהב או אתרוג או חלמון ביצה, וכ״ש הירוק ככרתי או כעשבים. **וכן** מראה שקורין בל״א בלו״א בכלל ירוק הוא.

דוקא שנשאר ירוק מתחלתו ועד סופו, אבל כשנשתנה לאחר שנתייבש הכתם, ונעשה אדום בקצותיו, כתב הב"ח דטמאה, דכשנעקר מן הגוף הוא לקה ונעשה ירוק, וכשנתייבש חזר למראהו קצת, שהיה אדום מתחלה, **ולכן** כשיבא מראה ירוק ולבן לפני המורה בעודו לח, לא יורה בו דבר עד שנתייבש, **ודוקא** בבדיקה או בהרגשה ובסמיכות דם, אבל בכתם מותר. **והש"ך** כתב דאין נוהגין כן, דאחזוקי ריעותא לא מחזקינן, **אבל** אם כבר נתייבש ונעשה אדום, טמאה, אף שהיה לבן בשעת יציאה מן הגוף. **והח"צ ס"ל** דאפי' אם אח"כ כשנתייבש נמצא מראה טמא, טהורה, דאזלינן תמיד בתר יציאה מן הגוף, הן לטמא או לטהר, **ובנו** היעב"ץ כתב דמסתפי למעבד עובדא כדעת אביו ז"ל, ודעתו להחמיר, דיש להורות דטמאה, ואע"ג דכבר הורה בו להיתרא, ולזילותא לא חיישינן.

וי"א דבירוק צ"ע, דיש אוסרים גם בירוק, ע"כ אין להקל במהירות, אם הוא כמראה השעוה ומכ"ש כמראה הזהב, אא"כ יש ג"כ צדדים אחרים, וסברות מוכיחות שאינו נדות, **ואם** מצאה מראה הירוק הזה ע"י הרגשה, נ"ל להחמיר, **ואם** בלי הרגשה מצאה כתם, בזה יש להקל, **ואם** בקינוח ממנה בלי הרגשה קנחה מראה זו, אזי יש לצדד כך וכך, והכל לפי ראות הענין, **וי"א** דהאחרונים לא ס"ל הכי, ומ"מ בעל נפש יחמיר לעצמו, לפי ראות הענין.

אם בלילה נדמה למראה סמא, וביום נראה שהוא טהור כשהוא יבש, **י"א** דיש להקל ולטהר, **וי"א** דדוקא אם בלילה מספקא ליה, אבל היכא דאיתחזקא לודאי טמא בלילה, אע"ג דחזרה וראתה ביום, ויש לו מראה טהור, אין להקל, **וי"א** דאף בציור דמקילין, אם אחר שראהו ביום, ראהו עוד הפעם אחר שעה, ורואה שנשתנה ממראיתו הראשונה, יש לאסרו.

מראה טהורה, אפי' אם יש בו סמיכות דם והוא עב הרבה, טהורה, **ואפי'** הרגישה שנפתח מקורה, ובדקה מיד, (בתוך שיעור וסת), ומצאה מראות הללו, טהורה, (ולקמן סי' ק"צ ס"א הסד"ט מסופק, בעד כמה זמן תלינן במראות טהורות), **דלא** כיש מחמירין לטמאות אם יש בו סמיכות והוא עב.

מצאה כתם גדול ממראה הטהור, ובתוכו היה נקודה אדומה קטנה, כמו טיפת חרדל, ומצאה כן אחר שהרגישה שנפתח מקורה, ובדקה תיכף בחלוקה, והחלוק ההוא לא היה בדוק, **י"א** דטהורה, דתלינן הרגשה במראה טהור, והדם במאכולת, כיון שהוא פחות מכגריס, **ויש** שחלקו עליו.

חבר שרוצה להחמיר על עצמו במראה שכבר טיהר החכם, י"א דודאי רשאי, ולא אמרי' דלאו כל כמיניה להפקיע שעבודו לאשתו, כיון שכן דרכן של פרושים, ואף דבשעת נשואין לא היה עדיין מתנהג בפרישות, מ"מ אמרינן רגיל הוא זה, שעתיד להיות פרוש וחסיד, ושמחה היא לאשתו, **ואף** אם צווחת, אמרינן השתא היא דאיתרעי, ומעולם לא נשתעבד לה.

סימן קפח ס"ב • נאמנת האשה בענין מראות

אשה שאומרת: דם זה או כתם זה טיהר לי החכם, נאמנת.

נאמנת אשה לומר: כזה ראיתי, ואבדתיו, ואם הוא מראה לבן או ירוק, טהורה.

הביאה לפנינו דם, והחזקנוהו בטמא, או אפי' נסתפקנו אם הוא טמא או טהור, שיש ריעותא לפנינו, והיא אומרת: חכם פלוני טיהר לי כיוצא בזה, אין סומכין עליה, לפי שאפשר שיש לה ספק, וסברה שהוא טהור, שגם לנו יש ספק.

אשה שמסופקת בדם שלה, אין לה לסמוך על חברתה שהראתה לה דמה, ואמרה לה כדם זה שלך הראיתי גם אני לפלוני חכם וטהר.

וי"א דאפי' על עצמה אינה יכולה לסמוך בזה, כגון שיודעת שכזה טיהר לה החכם, וצריכה להראות גם עתה לחכם.

ואפי' אם היא מביאה דם הראשון, ואומרת זה שהוא כזה טיהר לי החכם, דאז ליכא למיחש שמא טעתה בדמיונות, י"א דמ"מ אין סומכין עליה, דכל היכי דהדם לפנינו, אין סומכין על נאמנות האשה, דחיישינן שהיא משקרת.

יכול הבעל לראות דמי אשתו, וי"א דאם אירע לה שאלה בענין הטבילה, אינו יכול להורות, מאחר דאיתחזק איסורא.

סי' קפח ס"ג • דם בשפופרת ובחתיכה, וכשנעקר מקור שלה

<u>הכניסה שפופרת</u> והוציאה בה דם, טהורה. **וכן אם ראתה דם בחתיכה**, אפי' היא מבוקעת והדם בבקעים בענין שנוגע בבשרה, טהורה, כיון שאין דרך לראות כך.

<u>אשה שנעקר מקור שלה</u>, וכמין חתיכות בשר נופלים בבית החיצון, ואפי' רואה דם בחתיכות, טהורה (וכפי שיטת רבינו שמשון), משום דאין דרכה של אשה לראות כך.

וכשהחתיכות נופלות ממנה בלא דם, טהורה לכו"ע, אף לרש"י ותוס'.

וכתב הב"ח, דצ"ע אם יש להקל כשיטת רבינו שמשון דפסק שו"ע כוותיה, דדעת התוס' ורש"י להחמיר, **דשיטת רש"י**, דלא מטהרינן בתוך החתיכה ובבקעי החתיכה, אלא היכא דשייך דאין הדם דם נדה, משא"כ הכא דנעקר המקור, ידעינן שהדם דם נדה היא, **ושיטת התוס'**, דאי נמצא דם בבקעים, טמאה, דדם נדה הוא ונוגע בבשרה, **ולא** התירו אלא בחתיכה עשויה כמין שפופרת, והוי חציצה בין דם לבשר, **אבל** היכא שנעקר מקור שלה, דבודאי נמצא דם בבקעי החתיכות, שהרי מקור כולו מלא דם, טמאה.

וי"א דהב"ח החמיר גם בכל חתיכה שהדם נמצא בבקעים, כשיטת התוס', **ויש** חולקים.

וי"א דלא החמיר הב"ח רק בשעת וסתה.

<u>אשה שנעקר מקור שלה וראתה דם</u>, כל זמן שהחתיכות בבית החיצון שלה, טהורה.

טעם הרמ"א, דתלינן הדם בחתיכות אלו, הואיל וידעינן ודאי שנעקר מקורה, ומחמת מכה היא.

הקשה הט"ז, דאי הוי הטעם מחמת מכה, למה אמרו בגמ' ובפוסקים, הטעם לפי שאין דרכה לראות בכך, (**והגר"א** משמע דמחמת מכה הוי רק דוגמא).

טעם הט"ז, דהכא התירו אפי' בדם נדה ממש, דלא אסרה תורה אלא כשהמקור נשאר במקומו והדם יוצא ממנו, **משא"כ** כאן שהמקור עצמו מוליך הדם עמו, אין זה דרך ראיה שאסרה תורה.

ולפי"ז אפי' הוא בשעת וסתה, מותר, כיון שראייתה משונה, (**וי"א** דזה דוקא כשהחתיכה נפלה לבית החיצון בשעת וסתה,

אבל אם נפלה קודם, ובשעת וסתה ראתה דם, טמאה, דחיישינן דלמא יורד הדם מהמקור עכשיו).

והב"ח ס"ל, דאינו מותר אלא בין וסת לוסת, דכיון דהטעם משום מכה, בשעת ווסתה לא תלינן במכה.

כתב הב"ח, דבעינן דבשעת נפילתה לא ראתה שום דם כלל, וממילא בעינן בדיקה בשעת נפילה לבית החיצון, (**ודלא** כדמשמע משו"ע דלא בעינן דבדקה בשעה שנעקרה), **ורק** לאח"כ כשהוא בבית החיצון, כשאינו פוסקת לראות, טהור.

והט"ז ס"ל, שאפי' אם בשעת נפילה לבית החיצון ראתה דם, ג"כ טהורה, דאין שום חילוק לפי סברא הנ"ל, בין שעת נפילה לאחר נפילה, **ותו** דמה שיעור יש ליתן בזה, אימתי מיקרי בשעת נפילה או אחריה.

<u>**וכתב המחבר**</u>, **דצריך שיטיל החתיכות במים פושרין**, ולא נמוחו, כמו לקמן ס"ד, **וכתב** הב"י דאפשר דשאני הכא, שהיה ניכר בהן שהיו חתיכות בשר, **ומה** דמספקא להב"י וכתב בדרך אפשר, פשיטא ליה להד"מ.

ודוקא חתיכות קטנות דומיא דשפופרת, דק שבדקין, אבל חתיכה גדולה, טמאה, אפילו לא ראתה כלום, לפי שא"א לפתיחת הקבר בלא דם, אפילו בנפל שלא נגמרה צורתו.

דיני אשה שנעקר מקור שלה וכיוצא בו, לא ניתן רשות לכל מורה לפסוק הדין בזה, כי אם לגדולי הדור.

סימן קפח ס"ד • דם יבש וכצורת בריה

כל דם היוצא מן האשה, בין לח בין יבש, טמא.

ואפי' יצא ממנה כצורת בריה, כמין קליפות או כמין שערות או כמין יבחושים אדומים, טמאה. (**ואם** יש לחוש משום ולד, טמאה לידה ג"כ משום טומאת נקבה, אפי' לא היתה בחזקת מעוברת). **והוא** שיהיו נמוחים בתוך מעל"ע, ע"י ששורים אותם במים פושרים, **ויהיו** פושרים כל משך מעל"ע שהם בתוכו.

ושיעור פושרים בימות החורף, הוא כמו מים ששאבו בקיץ מהנהר, **או** כמו מים מהמעין שעמדו בבית, שחום הבית מחממתן. **וסתם** פושרים אינן חמין יותר מחמימות הרוק.

ואפי' אם הם נמוחים ע"י שממעכן בצפרניו, אם אינם נמוחים בתוך מעל"ע, טהורה.
ואם מעכן בצפרניו ולא נימוחו, טהורה וא"צ לבדוק ע"י שריה.

אשה שראתה קרטין ונאבדו בלא בדיקה אם נימוחו, י"א דמותר מטעם ס"ס, ספק אם הוא אדום או לא, ואת"ל שהוא אדום, שמא לא היה נמוח, **ואע"ג** שהאשה אומרת שהיה אדום, מ"מ כיון שיש מראה אדום שהוא טהור, אלא שאין אנו בקיאין, חשיב ספיקא, **ויש** שחלק ע"ז, דלא חשיב ס"ס, דהוי הכל משם אחד, אם דם נדה היא או לא.

סימן קפח ס"ה • אם יש עליהם לחלוח דם

בד"א שאם לא נימוחו טהורה, בזמן שהם יבשים גמורים, שאין עמהם דם כלל, **אבל** אם נתמעכו או נימוחו קצתן, וקצתן לא נימוחו, דטמאה. **וכן** אם יש עליהם שום לחלוח דם, טמאה.

החילוק בין הכא לדלעיל ס"ג, דהתם אם ראתה דם בחתיכה, אפילו מבוקעת טהורה: **י"א** דהתם הדם הוא בתוך החתיכות, אלא שהוא בבקעים, משא"כ הכא, שהוא ע"ג החתיכות. **וי"א** דלא שייך כאן אין דרכה של אשה לראות בכך, דכיון דיש דם, מוכח דגם הנהו הם דם, אע"פ שלא נימוחו, **ועוד** דאפשר דדרכה של אשה, לראות לפעמים כך.

וכתב הרמ"א, דאם בדקה ג"פ כל מה שראתה ולא נימוחו כלל, שוב א"צ לבדוק מה שהיא רואה אח"כ כדרך זה, שהרי הוחזקה שדברים אלו אינן דם, רק באים ממכה שבגופה, **ודוקא** באשה שיש לה וסת, ושלא בשעת וסתה, כמו שנתבאר גבי מכה, לעיל סימן קפ"ז.

והקשה הש"ך, דלא נמצא בשום פוסק דמחלק בין שעת וסת או לא, **ולא** דמי לדלעיל סימן קפ"ז ס"ה, דהתם כיון דרואה דם להדיא, לא תלינן במכתה בשעת וסתה, מטעם דאל"כ לא תהיה טמאה לעולם, **אבל** הכא הרי אינה רואה דם אלא דברים יבשים, והלכך אפילו בשעת וסתה טהורה, **ואף** גבי דם מכה י"א דטהורה אף בשעת וסתה, דקי"ל וסתות דרבנן, וכ"ש בכה"ג דטהורה לכו"ע, וצל"ע. **ויש** שתירץ, דאיירי הרמ"א שראתה אח"כ דם עמו, דע"י ג"פ הוחזקה דמכה בגופה, ותלינן בה, וטהורה, וכמו במכה דעלמא בין וסת לוסת.

סימן קפח ס"ו • חתיכת דם

בד"א שצריך בדיקה בשרייה, במפלת כמין קליפות ושערות, **אבל** חתיכת דם, אע"פ שקשה ואינו נימוח, טמאה. **וי"א** שגם לזה צריך בדיקה בשרייה, אם היא חתיכה קטנה כשיעור שפופרת קנה דק שבדקים. **והש"ך** פסק כדעה הראשונה.

§ סימן קפט – דיני אשה שיש לה וסת קבוע, ושאין לה וסת קבוע §

סימן קפט ס"א • עונה בינונית

כל אשה שאין לה וסת קבוע, עד שתקבע א' כדינו, צריכה לחשוש לוסת ההפלגה, (וליום החודש, **ודלא** כהש"ך דהעונה בינונית הוא יום החודש, עיין סי"ג), **וכן** חוששת ליום ל' לראייתה, שהוא עונה בינונית לסתם נשים.

י"א דחוששת לכל היממה, בין לעונת הלילה ובין לעונת היום, בין אם ראייתה האחרונה היתה בלילה או ביום, **וי"א** דחוששת רק לעונת ראייתה האחרונה.

ואם יש לה וסת קבוע לזמן ידוע מכ' לכ' או מכ"ה לכ"ה, חוששת לזמן הידוע.

סימן קפט ס"ב • קביעת וסת

קביעת וסת הפלגות

כיצד קובעתו, כגון שתראה ד"פ, וביניהם ג' זמנים שווין, כגון שראתה היום, ולסוף כ' יום פעם אחרת, ועוד לסוף כ' יום, ועוד לסוף כ' יום, וזה נקרא וסת ההפלגות. **ולכך** צריכה ד' ראיות, שראיה ראשונה אינה מן המנין, לפי שאינה בהפלגה.

ואפי' קודם שקבעתו ג"פ חוששת לההפלגה, שמיד אחר שראתה פעם אחת לסוף כ', חוששת מכאן ואילך כשיגיע כ'.
וכן חוששת לימים ידועים לחדש, דמיד אחר שראתה פ"א ליום ידוע לחדש, כגון כ"א או כ"ה בו, חוששת לפעם אחרת

לזה היום, ואסורה לשמש כל אותה העונה.

וה"ה לשאר מיני וסת שצריכה לחוש להם כן, חוץ מוסת הדילוג, וכמו שיתבאר בסי"א.

ולא אמרו שצריך לקובעם ג"פ אלא לענין עקירה, שכיון שקבעתו בג"פ, אינו נעקר בפחות מג"פ, שכל זמן שלא עקרתו ג"פ צריכה לחוש לו. **אבל** ליאסר, אפילו בפ"א חוששת לו בפעם שנייה.

ומיהו אע"פ שחוששת לו, נעקר בפ"א, אפילו קבעתו ב"פ, שאם ראתה ב"פ ליום ידוע, ובשלישית לא ראתה, אינה חוששת לו עוד.

סימן קפט ס"ג • וסת לשעות ולא לימים

אם קבעה וסת לשעות ולא לימים, כגון שראתה כמה פעמים בימים שאינן שוין, כגון א' בניסן וד' אייר וח' סיון, דהדין שחוששת לאחרון שבהן, דהיינו לח' תמוז, עונה שלימה, כמו שחוששת לוסת שאינו קבוע, **ואם** בכל פעם שראתה בימים אלו ראתה תמיד בשעה אחת, כגון בשעה ששית מהיום, **אינה** חוששת אלא שעתה בלבד, דהיינו בח' תמוז אינה חוששת רק בשעת ששית, ולא עונה שלימה.

ה"ה אם ראתה אחר טבילתה או שאר דברים כיוצא בזה, ג"פ בשעה אחת, דטבילה כקפיצה דמיא, דהוה כוסת שאינו קבוע, ואינה חוששת אלא שעתה.

ווסת זה הוא נעקר בשעה אחת, ואפילו בלא בדיקה, דהיינו כיון שעברה שעתה ולא בדקה ולא הרגישה, מותרת כדין וסת שאינו קבוע, **דנהי** דהשעה קבועה, דביום שתראה ודאי לא תראה רק בשעת זו, מ"מ היום אינו קבוע, שתראה בשעה זו ביום זה דוקא, והוי כשאר וסת שאינו קבוע דמותרת בלא בדיקה ונעקר בפעם אחת.

ויש עוד מהלכים באחרונים בהלכה זו, ע"ש.

סימן קפט ס"ד • החילוק בין קבעתו ללא קבעתו,
לענין לשמש בלא בדיקה

עוד יש חילוק בין קבעתו ג"פ ללא קבעתו ג"פ, שהקבוע אע"פ שעברה עונתו ולא הרגישה, אסורה לשמש עד שתבדוק ותמצא טהורה, **ושלא** קבעתו ג"פ, אם הגיע זמן הוסת ולא בדקה ולא ראתה, כיון שעברה עונתו, מותרת.

והקשה הס"ז, והא בסי' קפ"ו פסק לשיטת הרמב"ם והרא"ש, דבאין לה וסת, לעולם צריכה בדיקה לפני תשמיש, **ותירץ** דכאן מיירי שיש לה כבר וסת, אלא ששינתה עכשיו בוסת חדש, ולא קבעתו ג"פ.

והש"ך כתב, דזה אינו, דמשמע דמיירי אפי' בתחילת קביעותא, **אלא** די"ל דהתם מיירי שאין לה וסת כלל, וכל פעם היא מוחזקת ברואה, **אבל** כאן מיירי דיש ימים שאינה רגילה לראות בהם, והגם דפעם אחת ראה בהם, אבל כיון דאינה רגילה לראות, א"צ בדיקה אלא מצד מה דהויא יום החדש, ולא מצד מה דאין לה וסת.

ועונה בינונית, שהיא לל' יום, דינה כוסת קבוע, והיינו לענין דאסורה לשמש עד שתבדוק, **אבל** לענין עקירה, מתעקר בפ"א, כוסת שאינו קבוע, (**ודלא** כהלבוש מובא בש"ך בסי"ג).

סימן קפט ס"ה • וסת הפלגה לדילוג

פעמים שתהיה ההפלגה שקובעת בהם הוסת בדילוג, כגון שראתה היום, וראתה שנית לסוף ל', ושלישית לל"א, ורביעית לל"ב, קבעה וסת לדילוג של הפלגות.

משמע דבד' ראיות קבעה וסת לדילוג, והיינו דוקא לדעת היש מחמירין (שיטת רב) דלקמן ס"ז.

ולפי הפוסקים בס"ז החולקים, (שיטת שמואל) הכא לא קבעה וסת לדלוגים אלא בה' ראיות.

ולענין הדין יש להחמיר כשני הסברות וכדלקמן.

וה"ה דילגה למפרע, כגון ראתה שנית לסוף כ"ט, ושלישית לסוף כ"ח, בכל ענין שהיא משוה דילוגה, קבעה וסת כמו כן לדילוג, **ויש שמפקפק בזה**, משום שזה מנגד להטבע.

וה"ה כשהרחיקה דילוגה הרבה, בכל ענין שתהא משוה ראייתה, קבעה לה וסת, כגון שדלגה מכ"ט לל"א, ואח"כ לל"ג, ואח"כ לל"ה, חוששת שוב לל"ז, ואח"כ לל"ט, וכן לעולם. **לאפוקי דילגה יום א' ואח"כ ב' ימים** או איפכא.

סימן קפט ס"ו • וסת ימי החודש וימי השבוע

אשה קובעת וסת לימי השבוע, כיצד, ראתה ג"פ בא' בשבת, כגון שראתה בא' בשבת, וחזרה וראתה בג' שבועות בא' בשבת, וחזרה וראתה בג' שבועות בא' בשבת, קבעה לה וסת בג' שבועות בא' בשבת, ואע"ג דאינן שוין לימות החדש, **וכן** בראתה ג"פ בה' בשבת בזמנים שוים, קבעה וסת בג"פ.

ואע"ג דאיכא נמי הפלגה שוה לכ"ב יום, אי משום וסת הפלגה, היה צריך ד' ראיות, משא"כ אי נקבע לימי השבוע, א"צ אלא ג' ראיות.

וי"א שאם ראתה כבר ד"פ כך, ונקבע וסת להפלגות שוות לכ"ב יום, שוב אינה חוששת רק להפלגה, ולא לימי השבוע, **ונ"מ** אם הפסיקה, או ריחקה ראיותיה, **ויש** שהניח זה בצ"ע.

וכן קובעת וסת לימי החודש, כיצד, ראתה בא' בניסן ובא' באייר ובא' בסיון, או בה' בניסן ובה' באייר ובה' בסיון, קבעה וסת לא' בחודש או בה' בו, אע"פ שאחד מלא ואחד חסר, אין מדקדקין בכך.

י"א דקביעת וסת לימי החודש, לא לקידוש החודש ולתקיעת שופר שלנו, אלא למולד הלבנה, לשעה שנראה שראוי לקבוע חודש ע"פ הראיה, **וליתא** דודאי שיפורא גרים, והכל לימות החודש מלא וחסר, לחדשים ולשנים מעוברות לפי תיקוני ב"ד, שכל מה שב"ד שלמטה עושים, ב"ד שלמעלה מסכים עמהם.

סימן קפט ס"ז • וסת ימי החודש בדילוג

שיטת שמואל – כיצד קובעת בימי החדש בדילוג, כגון שראתה בט"ו בניסן וט"ז באייר וי"ז בסיון, לא קבעה וסת, שאין ראיה ראשונה מצטרפת, כיון שלא היה ראשונה בדילוג, **עד** שתראה בי"ח בתמוז, ואז תקבע וסת, וצריכה לחוש אח"כ לי"ט באב, **ואפי'** לא ראתה בי"ט אב, מ"מ חוששת לכ' אלול, **וכן** לעולם.

אם היה לה וסת קודם שהתחילה, כתב המחבר, דאם אח"כ שינתה וראתה בדילוג ג"פ, קבעה וסת בדילוג, לפי שאף הראשונה בדילוג ראתה אותה, שדילגה מוסת הקבוע לה.

ופי' הדרישה, אפי' וסתה היה בדילוג מופלג בי"ב בחודש או בי"ג. **והקשה הש"ך** דמנין דבר זה, דהא כיון שסירגה לא קבעה וסת. **לכן פי' הש"ך**, דמיירי שוסתה שוה לדילוגה, דהיינו שוסתה היה בי"ד, **וא"ת** פשיטא, דהא הו"ל ד' ראיות, ואפי' בלא וסת הא ראתה ד"פ בדילוג, **וי"ל** דקמ"ל דלא נימא דשדינן ראיית וסת שלה עם ראיות שעברו עליה, אלא מצטרף ראיית וסתה דתהוי ד' ראיות, דמ"מ שם דילוג עלה.

שיטת רב - וי"א שאע"פ שראתה רק בט"ו בניסן וט"ז באייר וי"ז בסיון, קבעה וסת, וחושש לי"ח בתמוז וי"ט באב, וכן לעולם.

ויש לחוש לדבריהם ולחוש לחומרת זה וזה: **דלדעה** הראשונה יש חומרא, דכיון לא נקבע עדיין, חוששת לוסת דהפלגה שקבעה בב"פ, וחוששת לי"ז בתמוז משום וסת הפלגות, (**ויש** מתמיהין, דהא אין שתי הפלגות שוות כיון דאייר חסר וניסן מלא, אלא דחוששת לי"ז משום הפלגה אחד של ל"א, וגם בלא זה צריכה לחוש לי"ז תמוז משום יום החדש), **ולדעה** שניה חוששת גם לי"ח בו משום וסת הדילוג, **וגם** כיון דנקבע בג' ראיות, אינו נעקר אלא בג"פ, וכדין וסת קבוע.

סימן קפט ס"ח • וסת לדילוג חלילה

ראתה ג"פ בג' חדשים בדילוג, הרי זה וסת קבוע לדילוג חלילה, כיצד, ראתה ט"ו בניסן וט"ז באייר וי"ז בסיון, וחזרה חלילה וראתה ט"ו בתמוז וט"ז באב וי"ז באלול, ועוד חזרה וראתה ט"ו בתשרי וט"ז בחשון וי"ז בכסליו, **קבעה** לה וסת לדילוג חלילה, וחוששת לעולם לט"ו לחודש זה וט"ז לחודש זה וי"ז לחודש זה.

הפרישה כ', דלשמואל בעינן שתראה ג"כ בי"ח בתמוז, ואח"כ בג' חדשים שלאחריה, ט"ז וי"ז וי"ח, וכן בג' חדשים השלישית. **ולהש"ך**, הכא בין לרב בין לשמואל סגי בג"פ, דכיון דראתה ג"פ בט"ו, וג"פ בט"ז, וג"פ בי"ז, הו"ל כראתה ג"פ בימי החודש בשוה דלעיל ס"ו.

וי"א דאין דברי הש"ך מוכרחים, הילכך גם בדין זה יש להחמיר, ולחוש לחומר שתי הדעות.

ראתב ג"פ בב' חדשים בדילוג, וחוזר חלילה, כתב הב"ח, דהוה נמי וסת קבוע, כגון שראתה ט"ו בניסן וט"ז באייר, וט"ו בסיון וט"ז בתמוז, וט"ו באב וט"ז באלול, קבעה לה וסתה לדילוג חלילה, וחוששת אח"כ לט"ו בתשרי וט"ז בחשון, וט"ו בכסלו וט"ז לטבת, וכן לעולם.

ראתה ג"פ בד' חדשים בדילוג, וחוזר חלילה, כתב הט"ז דג"כ קבעה לה וסת.

סימן קפט ס"ט • וסת החודש לדילוגים

ראתה בא' בניסן ובא' בסיון ובא' באב, קבעה לה וסת לר"ח לדילוגים. **גם** בכאן פי' הדרישה דהיינו לרב, או לשמואל בהיה לה וסת מקודם ושינתה. **ולהש"ך**, הכא כיון דראיותיה שוות לעולם בר"ח, גם שמואל מודה, כדלעיל ס"ו בראתה מר"ח לר"ח, ומה לי מר"ח א' לב', או מא' לג', וכדלקמן סי"ב.

אבל ראתה בא' בניסן ובא' באייר ובא' בתמוז, ובא' בסיון לא ראתה, לא קבעה לה וסת.

סימן קפט ס"י • וסת החודש לדילוג שאינו שוה

ראתה ט"ו בניסן וט"ז באייר וי"ח בסיון, לא קבעה וסת, כיון שסירגה בחודש השלישי ולא ראתה עד י"ח בו, **ואפי'** לרב דבס"ז, **ואפי'** אם היה לה קודם לכן וסת קבוע ליום י"ד, לא אמרינן דקבעה וסת, אלא בעינן שתראה ג' ראיות מלבד ראיה די"ד, (וכדלקמן סי"א), והלכך זו שסירגה לי"ח, לא קבעה וסת.

מיהו כיון דראיית ט"ז באייר מראיית ט"ו בניסן, הוי לה בהפלגה ל"ב יום, שוה להפלגת י"ח בסיון מט"ז באייר, דהוא ג"כ ל"ב יום, דניסן מלא ואייר חסר, **חוששת** להפלגה זו, וחוששת לי"ט בתמוז, **ואם** חזרה וראתה י"ט בתמוז, אע"פ שלא קבעה לה וסת לדילוג, דאין הדלוגים שוים, **עכ"פ** כיון דהו"ל נמי הפלגה ל"ב מי"ח בסיון, קבעה לה וסת דג' הפלגות שוים דל"ב יום, בד' ראיות.

סימן קפט סי"א • אינה חוששת לוסת הדילוג עד שתקבענו

דילגה פעם א' או ב', אינה חוששת לדילוג, אע"פ שחוששת לשאר וסתות בפ"א, אינה חוששת לוסת הדילוג עד שתקבענו.

ר"ל לרב דילגה פ"א, ולשמואל ב"פ, **דאילו** לרב אם ראתה היום ולסוף ל' ולסוף ל"א ולסוף ל"ב, אף דאין כאן אלא שני דילוגים, ס"ל דקבעה וסת לדילוגים, **אם** לא כשראיה ראשונה היה חלק מוסת, ושינתה וראתה לל' ואח"כ לל"א, דזהו שני דילוגים, ואפ"ה לא מיקבע וסת לדילוגים לרב, דשדינן לראיה ראשונה לוסת שלפניו.

שיטת הדרישה דה"מ בוסת הפלגה, הוא דאין הראיה ראשונה שהוא חלק מוסת מצטרף לב' דילוגין לרב, **אבל** בוסת החודש, אף ביש לה וסת קבוע בט"ו לחודש, וראתה אח"כ בט"ז י"ז, קבעה וסת לדילוגים לרב, כיון דימי החודש ניכרים, **והש"ך חולק**, דבהדיא משמע בש"ס, דאפילו ביש לה וסת החודש ליום ט"ו, שדינן ליום ט"ו לוסת שלפניו.

סימן קפט סי"ב • וסת החודש לסירוגין

באיזה ענין חלוק וסת הסירוג מוסת הדילוג

כתב המחבר דבוסת הסירוג, ראיה ראשונה מן המנין לד"ה, ואע"פ שהרחיקה ראיותיה.

מהלך א' בש"ך, שראתה בתחילת ראייתה בר"ח ניסן, וראיה ב' בר"ח סיון, וג' בר"ח אב, **והקשה** א"כ פשיטא דקבעה וסת, דמנ"ל דוסת הסירוג הוא, דלמא וסת השוה הוא, שהרי לעולם לא סירגה, דמה לי מר"ח א' לב', או מא' לג', **מיהו** י"ל, דמ"מ נקרא וסת הסירוג, כיון שסתם נשים וסתן מל' לל', א"כ זו שראתה מב' חדשים לב"ח, סירגה מדרך שאר הנשים.

מהלך ב' בש"ך, דמיירי אפי' שראתה בתחילת ראייתה בר"ח אדר, ואח"כ בר"ח ניסן, דאע"ג דהשתא ראתה מחדש לחדש, אם שוב ראתה בר"ח סיון ואב, קבעה וסת לסירוגים, דהשתא חזינן שסירגה מב' חדשים לב"ח.

מיהו בהיה לה וסת קודם לכן, כגון שראתה בר"ח שבט ובר"ח אדר ובר"ח ניסן, ושוב סירגה לראות בר"ח סיון ובר"ח אב, ראיית ניסן אינה מן המנין, ולא קבעה לסירוגים, אלא לר"ח, דשדינן לראיה ראשונה לוסת שלפניו, **ואע"ג** דאמרינן דלשמואל כשהיה לה וסת קבוע, דראיה ראשונה שרואה אח"כ הוא מן המנין, **התם** משום דמ"מ שם דילוג עלה, **משא"כ** הכא, דכיון דקבעה וסת מר"ח לר"ח, א"כ בר"ח ניסן לא שם סירוג עלה, אלא וסת השוה הוא.

אם ראתה ניסן סיון אב אלול תשרי, י"א דחוששת לוסת השוה, ואפילו אם היה מקודם ד' סירוגין, ואח"כ חזרה וראתה ג"ח על הסדר, נעקר וסת הסירוג, ונקבע וסת הסידור.

עקירת ווסת הסירוג שנקבע, כגון שראתה בניסן ובסיון ובאב, אם אח"כ לא ראתה ג"פ רצופים, דהיינו אלול תשרי חשון, אפ"ה חוששת לכסלו, **ואין** וסת זה נעקר, עד שלא תראה בג' סירוגין, דהיינו ו' חדשים.

באיזה ענין שוה וסת הסירוג לוסת הדילוג

לענין חשש וסתה בתחלה, שאינה חוששת אלא מר"ח לר"ח הסמוך לו, כגון שראתה בר"ח ניסן, חוששת לר"ח אייר, פי' לשני ימים דר"ח אייר, הראשון, משום שהוא יום ל' לראייתה, והיא עונה בינונית למי שאין לה וסת קבוע, והשני, משום ר"ח, **ואם** לא ראתה עד ר"ח סיון, חוששת לר"ח תמוז הסמוך לו, **ואם** לא ראתה בר"ח תמוז, אינה חוששת לר"ח אב, **(ולא** דק המחבר בלשונו, דודאי חוששת לר"ח אב מפני ההפלגה, **ודוקא** אם לא היו הפלגות שוות, כגון שב"ח הראשונים מלאים, וב' השניים, היו א' חסר וא' מלא, אינה חוששת ליום החודש, אבל חוששת ליום שאחריו, מפני שהוא שוה להפלגה), **ואע"פ** שהם הפלגת ב' חדשים כעין ההפלגה הראשונה, מפני שהפסקת החדש השני ביטלה ראיית החודש הראשון, (דסתם נשים וסתן כל ל', והיינו כל חודש), **וראיית** החודש השלישי היא התחלת וסת, וחוששת לר"ח הסמוך, ולא יותר.

סימן קפט סי"ג(1) • ראיות בעונות שונות

אין האשה קובעת לה וסת, אפי' ראתה ג' ר"ח זה אחר זה, אא"כ יהיו כולם בעונה א', ביום או בלילה.

ואם ראתה ג"פ ביום והד' בלילה, או ג"פ בלילה והד' ביום, חוששת ביום ובלילה, מפני חשש הוסת הראשון, ומפני חשש השינוי שהוא האחרון.

ואם ראתה פעמים ביום ופעמים בלילה, שלא על הסדר, ולא קבעה אחד מהן ג"פ, **או** שראה הראשונה ביום, וג' האחרונות בלילה, או הראשונה בלילה והג' אחרונות ביום, או ג' בזה וג' בזה, **חוששת** לאחרונה בלבד.

ג' שיטות בוסת הפלגה

י"א דאף דבשו"ע כתב דין זה בראתה ג' ר"ח, **ה"ה** בוסת הפלגה, דאינו וסת קבוע אף שהוא בג' הפלגות שווים, אם אינם שווים בעונת יום או לילה. **ובנוגע** לוסת שאינה קבוע דחוששת לראיה אחרונה, הגם דלענין וסת החודש אם היתה האחרונה בלילה, חוששת שוב בלילה, **אמנם** בוסת הפלגה, חשבינן רק העונות, וצריכה לחשוש כשבא אותו מספר עונות בין אם הוא שוה לעונת ראיה האחרונה או לא.

והנו"ב חולק עליו, דבשלמא לענין שיפרוש באותה עונה, אם היו בעונות חלוקים, אין אחת מהם נחשבת קבוע, **אבל** לענין חשבון ההפלגה, חשבינן יום המופלג לפי מספר הימים, בין אם היה הראיה שממנו מופלגת ביום ובין אם היה בלילה, ולא משגחינן בעונות, ואמרינן שזה דרכה, כשמגיע יום המופלג מראיה ראשונה כך למספר הימים, דרכה לראות.

והפת"ש הבין הנו"ב דכוונתו לחלק, דדוקא בוסת החודש דלא חשבינן כמה רחוק מראיה הקודמת, בזה כיון שהיו בעונות חלוקים, לא נחשב קבוע, דא"א לומר שאותו יום בחודש הוא הגורם, שהרי ראיה האחרת היתה בלילה, **אבל** בוסת ההפלגה, אפי' לענין קביעת וסת, חשבינן כמה היה רחוק מראיה הקודמת לפי מספר הימים.

וי"א דהנו"ב מחלק בוסת הפלגות גופא, דאע"פ דלענין קביעות, מסתכלים על העונות, ולא נקרא קביעות אלא אם תבא שוה כל פעם ביום או בלילה, **אבל** כשבאים לקבוע מספר הבדל הימים של ההפלגה בתחילתו, בזה אין אנו מסתכלים כלל על העונה, אלא על ימי ההבדל שביניהם.

סימן קפט סי"ג(2) • עונה בינונית

האשה שראתה, חוששת לוסת החדש (בראיה א'), ולהפלגה (בשתי ראיות), **וכתב** ב"י דחוששת נמי לעונה בינונית, **(ונעקר** בפעם אחת כוסת שאינו קבוע, **אבל** לענין לשמש בלא בדיקה יש לה דין וסת קבוע), **עד** שתקבע וסת החדש בג"פ, או וסת הפלגה בד"פ, או שתעקר א' מהן.

שיטת הס"ז, דעו"ב לאו היינו וסת החודש, והיא יום ל' לראייתה, **ואם** החודש חסר, שניהם הם ליום אחד, **אבל** אם החודש מלא, חוששת גם ליום הקודם משום עו"ב.

והקשה הש"ך, למה לא כתבו הרמב"ן והרב, שבאו לפרש לנו מהו החששות שצריכה לחוש, שצריכה לחוש גם לעונה בינונית, משמע שאינה צריכה לחוש אלא לב' חששות הללו, לוסת החודש ולהפלגה, ותו לא, **ועוד** קשה, דאיך תתפוס החבל בשני ראשים, שתאמר דמן הסתם צריכה לחוש ליום החודש, שמסתמא תראה לאותו יום, ותאמר שמן הסתם צריכה לחוש לעונה בינונית, וזהו דבר שאין לו שחר כלל.

עוד כתב, דאף אם נאמר דעונה בינונית ל' יום, היינו יום ל"א לראייתה, בסתם חודש דהוא מלא, דעונה בינונית היא ל' יום מתחלת ראיה לתחלת ראיה.

ומסיק הש"ך, דהא דאמרינן בש"ס עונה בינונית ל' יום, היינו מחדש לחדש, בין מלא בין חסר.

יש חילוק בין עו"ב לוסת החודש אף לדעת הש"ך, דאילו בוסת החודש, כל זמן שלא נקבע, ועבר זמנו ולא בדקה, מותרת בלא בדיקה, ובעו"ב אסורה עד שתבדוק, **ומשכחת** לה וסת החודש בלא עו"ב, כגון אם ראתה בינתיים, או שיש לה וסת אחר קבוע, ואח"כ שינתה ליום אחר.

שיטת החוו"ד ג"כ כהט"ז, דעו"ב לאו היינו וסת החודש, **אמנם** לא כדבריו דהוא יום ל', רק בזה עיקר כהש"ך, דהוא יום ל"א, **וא"כ** הוא להיפך, דאם החודש מלא, שניהם ליום אחד הם, ואם החודש חסר, חוששת גם ליום שאחריו, משום עו"ב.

סימן קפט סי"ג(3) • חשש עונה בינונית כשיש ראיה בינתים

כתב רמ"א, דאם ראתה בא' בניסן וכ' בו, חוששת לאחד באייר, מפני ר"ח ניסן.

וכתב הס"ז, שחוששת גם לעו"ב ביום א' דר"ח אייר, שהוא יום ל' מן הראיה דר"ח ניסן.

וחלקו עליו האחרונים דכיון שכבר הפסיקה בראיית כ', ליכא חשש דעו"ב, שהוא מטעם הפלגה, **ולא** מיבעיא לדעת הב"ח המובא בסמוך, דבכל וסת הפלגה, כשהפסיקה בראיה, הוי החשבון מהראיה הסמוכה, ודאי דאף לענין עו"ב הדין כן, **אלא** אפי' לדעת הט"ז דפליג שם, מ"מ בעונה בינונית, דהטעם הוא, משום דכי לעולם לא תראה, ודאי דהחשבון מהראיה הסמוכה.

סי' קפט סי"ג(4) • הפלגה קטנה לאחר הפלגה גדולה

כתב רמ"א, דאם ראתה בא' בניסן וכ' בו, בין ראתה בא' באייר או לא ראתה בו, חוששת לט' באייר, שהוא יום כ' מראיית יום כ' שראתה.

והב"י כתב בשם הטור, שאם ראתה בר"ח אייר, א"צ לחוש לט' בו, שאומרים שראיה הראשונה שראתה בר"ח ניסן היא עיקר, וראיה השניה בכ' בו היא תוספת דמים, הלכך אינה חוששת לא לט' באייר ולא לכ' בו, **אבל** אם לא ראתה בר"ח אייר, אגלאי מילתא דראיה דכ' בניסן היא עיקר, וחוששת לט' וכ' באייר.

וכתב הט"ז דהעיקר כהרמ"א, דכמו דבוסת של החדש חוששין אע"פ שראתה באמצע, ותולין בתוספת דמים, כמו כן בוסת הפלגה, **דלא** מצינו בשום מקום דראיה שרואה בשינוי זמן תעקור החשש שהיה עליה תחלה, כל זמן שאין להשינוי קביעות כדין שלו בג"פ או בד' פעמים. **והדבר** ברור דמשה אמת ותורתו אמת, ודברי רמ"א הם הלכה רווחת בישראל, דגם בראתה בר"ח אייר הוה כלא ראתה.

וכתב הש"ך דלאו מילתא היא, דהכא כיון שראתה בר"ח, הפסיקה בראייתה בנתיים, ואין כאן הפלגת כ' יום, אלא הפלגת י"ב יום, ושינתה הפלגתה לי"ב יום, וא"צ לחוש אלא להפלגת י"ב יום מראיה זו דא' באייר, **וחוששת** נמי לכ' באייר, משום וסת החדש, ולא' בסיון משום ר"ח אייר, **דלענין** וסת החדש חוששת, בין הפסיקה בינתיים או לא הפסיקה, כל שלא שינתה וסתה של החדש.

וכתב הש"ך, דאפי' אם תראה גם בר"ח אייר וט' בו וכ"ח בו, ג"כ לא תקבע וסת להפלגת כ' מראיית כ' בניסן, שאין כאן ג' הפלגות שוות, דכיון דראתה בר"ח, נעקר הוסת של כ' שמתחילה. **ודלא** כהפרישה דס"ל שקובע בזה ווסת להפלגת כ', ורק דאין אנו חוששין לו לכתחלה קודם שראינו ג' הפלגות.

ושיטת הב"ח, שטעות גמור הוא לחוש לט' בו, בראתה בר"ח אייר, מדהפסיקה ראיית ר"ח אייר בינתים, דאם היתה חוששת להפלגת כ' יום, צריכה שתחוש כן מן ראיית ר"ח אייר, **והט"ז** כתב דצריכה לחוש להפלגת כ' ימים מן יום הכ' בניסן, ומן ר"ח אייר.

שיטת החוו"ד, דאם היו שתי הפלגות הראשונות בלי הפסקה בנתיים, ובאמצע הפלגה שלישית הפסיקה, כגון שראתה בר"ח ניסן, ובכ' בו, ובט' באייר, ובכ' בו, ובכ"ח בו, **כו"ע** מודו, דקבעה לה וסת מכ' לכ', (**אך** הש"ך בסעיף י"ד לא משמע הכי ע"ש. **אבל** היכא דהיה לה וסת קבוע להפלגת כ', כתב הנקה"כ, דאם ראתה לכ', וגם ראתה לל', לא אמרינן דשינתה הפלגתה בזה שראתה י' ימים אחר הפלגת כ', וצריכה לחוש י' ימים אחר ראיית יום י', דהיינו יום כ', **משא"כ** היכא דלא נקבע לה וסת הפלגה), **ואם** הפסיקה באמצע הפלגה ראשונה, כגון שראתה בר"ח ניסן, ובי' בו, ובכ' בו, ובט' באייר, ובכ"ח בו, **כו"ע** מודו, דלא קבעה לה וסת, **רק** כשהפסיקה בהפלגה האמצעית פליגי הט"ז והש"ך.

והרבה אחרונים ס"ל, דלא אמרינן דראיית ר"ח אייר היא תוספת דמים כהט"ז, וגם אין הפלגה קטנה עוקרת הפלגה גדולה כהש"ך, **אלא** חוששת ליום כ' מראיה האחרונה כהב"ח.

סימן קפט סי"ג(5) • ב' וסתות ביחד

כתב רמ"א, דאם ראתה בט' באייר או לא ראתה, חוששת לכ' באייר, שמא קבעה לה וסת כ' לחדש, שהרי ראתה כ' לחדש ניסן. **וכן** היא חוששת לעולם עד שתקבע וסת א' כדינו, דאז אינה חוששת לשני שלא נקבע, **או** עד שאחד מהן נעקר, אז אינה חוששת לו, אעפ"י שלא נקבע השני.

כתב החוו"ד, דוקא בחשש דוסת החודש וחשש דוסת הפלגה, אז כשנקבע א', שוב אינה חוששת לשני, כיון דא"א שיתקיימו שניהם, **אבל** כששניהן הם חששות דוסת החודש, כגון שראתה ג"פ בר"ח, ובפעם הג' ראתה ג"כ בכ"ה, חוששת גם לכ"ה, אף שכבר נקבע הוסת של ר"ח, כיון דאפשר שיתקיימו שניהם, דהא אשה קובעת וסת בתוך וסת, כבסעיף ל"ב, **וכן** הדין בוסת הדילוג ווסת השוה.

סימן קפט סי"ג(6) • וסת הדילוגין

כתב הרמ"א, דאינה חוששת לוסת ימי החדש בדילוג עד שתקבענו בד' ראיות וג' דילוגין, והיינו להסברא הראשונה לעיל ס"ז, **אבל** להי"א שם, ראיה ראשונה מן המנין, וקבעה כבר בג' ראיות וב' דילוגים, **אבל** בשהיה לה וסת קבוע קודם לכן, אז לד"ה שדינן ראיה ראשונה לוסתה, ואינה מן המנין.

כתב הרמ"א, דכן בדרך זה בהפלגה ודילוגין, כי אין חילוק ביניהם. **רק** י"א כי בדילוג חדש, הראייה הראשונה מן המנין, כמו שנתבאר. **וצ"ע**, דהי"א ס"ל גם בדילוג דהפלגה, דהפלגה ראשונה מן המנין, אלא שאין הפלגה נודעת אלא בב' ראיות, וכדלעיל ס"ב, וא"א בפחות מד' ראיות, אפי' בהפלגות שוות.

סימן קפט סי"ג(7) • המשיכה ראייתה

ראתה ט"ו בניסן והמשיכה ראייתה ד' ימים, וביום ט"ז באייר ראתה והמשיכה ג' ימים, ובסיון התחילה לראות בי"ז בו:

י"א שחוששת לדילוג, (ולסברא ראשונה בס"ז צריך עוד ראיה), ולוסת שוה, שהרי שלשה לראות ג"פ בי"ז לחדש, **ואע"פ** שראיית י"ז של פעם הא' וב' לא היתה סוף העונה, אלא באמצע, אפ"ה חשבינן לה לעיקר העונה. **ואם** ראתה בפעם השלישית בי"ז וי"ח, אז קבע הוסת בי"ז וי"ח, כיון שיש שם שני ימים שוים בכל פעם.

וי"א שאין כאן וסת שוה כלל, דהולכין תמיד אחר תחלת הראייה, וכן עיקר.

סימן קפט סי"ד • דיני עקירת וסת הפלגה

עקירת וסת שאינו קבוע – ראתה ב' ראיות בהפלגת כ', ולא היתה וסת קבוע, ושינתה לראות הפלגת ל', נעקר חשש הכ'.

עקירת וסת קבוע – היתה לה וסת קבוע להפלגת כ', ושינתה לראות הפלגת ל', זה וזה אסורים, וכשיגיע יום כ' לראיית ל', אסורה משום וסת הראשון, (**ואין** מונין כ' יום משעה שהיתה ראויה לראות ליום כ'), **ואם** לא תראה בו, חוששת ליום ל'; **שינתה** פעמיים ליום ל', זה וזה אסורים; **שינתה** ג"פ ליום ל', הותר יום כ' ונאסר יום ל'.

דלא נעקר הוסת, אלא אם ראתה ג"פ ביום אחר

כתב המחבר, דאם לאחר ששינתה פעם או פעמיים ליום ל' ראתה לסוף כ', חזר וסת של כ' למקומו והותר ל'.

שיטת הש"ך, דהשו"ע איירי אף שג"פ לא ראתה ביום כ', עדיין לא נעקר יום כ', כיון שלא ראתה יום ל' רק ב"פ, וראייה שלישית ראתה אחר ל', כגון בל"ב או ל"ג, וא"כ כשראתה לסוף כ' אחר ראיה דלאחר ל', חזר וסת של כ' למקומו, **שאשה** שמדלגת וסת ג"פ, אם אינה רואה בנתיים לזמן אחר, לא נעקר הוסת, ואם חוזרת לראות לזמן הוסת, צריכה עוד ג"פ לעקרו, (רא"ש), **אבל** שינתה לוסת אחר, כבר נעקר הראשון לגמרי, ואם תחזור לראות בו, הרי הוא כתחלת וסת.

כשחוזרת לראות ביום וסת קבוע, נעקר הוסת שאינו קבוע

שיטת המעדני מלך, דהשו"ע איירי, באופן דלא ראתה ביום כ' רק ב' פעמים, ולפי"ז החידוש הוא, דלאו דוקא בשהגיע יום ל' השלישי ולא ראתה, אלא אפי' אם עדיין לא הגיע, אפ"ה כל שחזרה וראתה לכ', חזרה לקביעות הראשון, ואינה חוששת לל', ונחשב לעקירה של ב' ראיות דל'.

אם יש חילוק בהנ"ל, בין ב' וסתות דהפלגה, וב' וסתות דחדש

שיטת החוו"ד דדוקא בב' מיני הפלגות, חזרת ראיית וסת קבוע מפקיעה מהאינו קבוע, דלא יתכנו ב' וסתות אלו באשה א', **אבל** בב' ימי החדש, דיתכן באשה א', אין חזרת ראיית וסתה מפקיעה מחשש היום שאינו קבוע.

ולהנו"ב, בחזרה לראות בוסתה קבוע, בכל ענין אינה חוששת לוסת שאינה קבוע, דעי"ז נתברר שהיתה רק מקרה בעלמא.

כשחזרה לראות ביום שאינו קבוע, בהפלגה וביום החודש

והש"ך לשיטתו ס"ל, דאי כהמע"מ, אפי' לא היה וסת קבוע לכ', כיון שראתה אח"כ בכ', עקרה הפלגתה ושינתה לכ', דהפלגה קטנה עוקרת הפלגה גדולה, וא"צ לחוש אלא להפלגת כ'.

וזהו דוקא לענין חשש הפלגה וכנ"ל, **משא"כ** בחשש יום החודש, דוקא כשיש לה וסת קבוע לראות יום כ', ושינתה ליום כ"ב, דשניהם אסורים, הוא דאם הגיע יום כ' וראתה, טהר יום כ"ב, שהרי חזרה לוסתה הקבוע, ונעקר כ"ב, (וכשיטת הנו"ב הנ"ל), **אבל** אם לא היה לה מתחלה וסת קבוע ליום כ' לחדש, לא היה נעקר כ"ב לחדש במה שראתה כ' בו.

דהפלגה קטנה עוקרת הפלגה גדולה אפי' בין ראיה ב' לג'

ומדברי הש"ך אלו הוכיח הפת"ש בסי"ג דלא כהחוו"ד, דאם ראתה ב' פעמים ביום ל', ושינתה לכ', בטלה הפלגת ל', ומשמע דאפי' ראתה עוד אחר י' ימים אחר ראיית כ', בטלה הפלגת ל', כיון שבהפלגה השלישית היה הפסקה.

שיטת הרמב"ן לפי הט"ז בעקירת וסת קבוע

והט"ז לומד כהמע"מ, והטעם דהרמב"ן (מקור השו"ע) לא איירי כשלא ראתה ג"פ ביום כ', דס"ל דא"כ נעקר יום כ', אף שלא ראתה יום ל' שלאחריו לפעם שלישי, ודלא כשיטת הרא"ש הנ"ל, **וכתב** דהוי צ"ע על ב"י ושו"ע שלא הרגיש בזה.

סימן קפט סט"ו • שינתה הפלגתה או הפסיקה ג"פ

שינתה ראיותיה ולא השוות אותם

כגון ששינתה פעם אחת ליום ל', והשניה לל"ב, והג' לל"ד, נעקר וסת הראשון ואין לה וסת כלל, **שמאחר** שלא ראתה בדילוג אלא ב"פ, א"צ לחוש כלל, שוסת הדילוג כל זמן שלא הוקבע בג"פ, אינה חוששת לו כלל, והיינו לשמואל, **אבל** למאי דמחמרינן לעיל ס"ז כרב, א"כ ה"ה הכא, צריכה לחוש לוסת הדילוג, כיון שדילגה ב"פ, (ודלא כהב"ח).

מיהו חוששת להפלגתה האחרונה, דהיינו ליום ל"ד, **ועונה** בינונית, ולהש"ך היינו לימי החדש.

ואם חזרה לראות ביום הוסת הראשון, היינו בשיעור הפלגת וסת הראשון מיום ל"ד שראתה באחרונה, חזר לקביעותו הראשון, וחוששת לו תמיד עד שיעקר ממנה ג"פ.

הפסיקה מלראות ג' עונות

כתב המחבר דה"ה להפסיקה מלראות ג' עונות, ואח"כ חזרה לראות ביום הוסת הראשון, דהיינו שראתה שתי ראיות בהפלגת כ' יום, חוזר לקביעותו הראשון, וחוששת לו תמיד עד שיעקר ממנה ג"פ.

אם יש חילוק בחזרה לראות, בין שינתה ראיותיה להפסיקה

וכתב הט"ז, דהגם דבשינתה ראיותיה, כשחזרה לראות, היינו דוקא כשיעור הפלגה ראשונה שהיא כ', דהיינו מן ראיית ל"ד, **בהפסיקה** לגמרי, די בכך דכל אימת שתחזור לראות, תחוש ליום כ' שלאחריו, **והיינו** כמו שפסק בשו"ע סוף סי' זה, דכשעברו ימי העיבור והנקה, ותראה פעם אחת, חוזרת לוסתה, אפי' אינה רואה בזמן וסתה, וכ"ש הכא דנימא כן, **וא"כ** תימה על השו"ע, שכתב כאן גם בהפסיקה, "ואח"כ חזרה לראות ביום הוסת", דהא א"צ לזה וכנ"ל, **ותו** דבהפלגת ימים א"א להמצא רק אחר שתי ראיות, **ע"כ** נראה, דמש"כ השו"ע "ביום הוסת", הוא שלא בדקדוק.

והש"ך דוחה, דהט"ז לא דק, דהכא כיון שהפסיקה ולא ראתה ג' עונות, ממילא נעקר לגמרי וסת של כ', ואפי' תראה פ"א אח"כ, א"צ לחוש ליום כ', **ולא** דמי לדלקמן סוף סי' זה, דהתם לא נעקר וסתה, אלא דבימי העיבור והנקה דמסולקת דמים היא, לא היתה צריכה לחוש להן, הלכך כשעברו ימי העיבור והנקה, מיד שחזרה וראתה צריכה לחוש להפלגות שהיתה רגילה, **משא"כ** הכא, **וא"כ** הוא בדקדוק זך ונמרץ, דלא יחזור וסת הראשון למקומו, עד שתחזור לראות ביום הוסת הראשון, דהיינו שתראה ראיה א', ואח"כ ראיה ב' ליום כ'.

כשהפסיקה אם צריכה לחוש להפלגה גדולה

וכתב הט"ז, דכשראתה פעם א' אחר שהפסיקה ג' עונות, אינה חוששת להפלגה גדולה של ג' עונות, דהוה מסולקת דמים, **ואינה** חוששת אלא ליום כ' מראיה זו, דתלינן דחזרה לוסת הראשון, (**וי"א** דחוששת להפלגה גדולה של ג' עונות שהפסיקה, וגם לעונה בינונית), **אבל** בשהפסיקה פחות מג' עונות וראתה, חוששת נמי לשיעור ההפלגה מראייה האחרונה עד ראייה זו שראתה עכשיו.

הפסיקה מלראות עונה אחת

הב"י משמע, דקודם שעברו עליה ג' עונות של כ' יום, לא הותר לה כל יום כ' שבתוכם, ואע"פ שלא ראתה ביום כ' השני, נאסרת ביום כ' השלישי.

אבל רש"ל כתב, דאפי' כשהפסיקה פעם א' לגמרי, ולא שינתה ראיותיה כלל, שוב אינה חוששת ליום כ' לעולם, **דכיון** שהפסיקה ולא ראתה, אין כאן הפלגה של כ', דאם נחוש ליום כ' הוה הפלגת מ' מראיה אחרונה, **דאין** סברא לומר דחשבינן אותו יום שהפסיקה ולא ראתה דהוה מקרה וכאילו ראתה דמי, דסוף סוף לא ראתה, **וגם** אינה חוששת אפי' לעונה בינונית, דדוקא באשה שאין לה וסת קבוע אמרינן הכי, אבל

זו שיש לה וסת קבוע, אלא שהפסיקה לראות ביום הקבוע, אין לנו לחוש כלל ליום ל׳, מאחר דליכא ריעותא לפנינו.

והקשה הס״ז, דלדברי רש״ל יהיה חילוק בין הפלגת ימים לחדש בזה, והלא בפירוש כתב הטור: כעקירת וסת ההפלגה כן עקירת וסת החדש, משמע דשוין הם לגמרי, רק שזו חוששת ליומה וזו לחדש.

ודוחה הש״ך, דלא קשה מידי, דודאי לענין עקירה שוין הן, דהיינו כל שעקרתו והפסיקה בג׳ עונות, ולא ראתה ביום כ׳ בשום פעם, או ששינתה בג׳ ראיות שוות, כי היכי דוסת ההפלגות נעקר בכך, ה״ה וסת החדש נעקר בכך, **מיהו** היכא דהפסיקה ולא ראתה ביום כ׳, נהי דאינה חוששת להפלגת כ׳, דהיינו ראיית מ׳, **מ״מ** לא נעקר וסת של כ׳, דהיינו כשחזרה וראתה (אפי׳ שלא בהפלגת כ׳) צריכה מיד לחוש ליום כ׳, **אבל** כשהפסיקה בג׳ עונות, כיון שהוסת נעקר, א״כ אע״פ שחזרה וראתה, א״צ לחוש ליום כ׳, רק כשחזרה וראתה ביום כ׳, אז נקבע הוסת הראשון. (**והש״ך** והט״ז לשיטתם לעיל).

וכתב רש״ל, דלא דמי לוסת החדש, דאם עבר עליה ר״ח ולא ראתה, חוששת לר״ח הבא אחריו, עד שיעברו עליה ג׳ ר״ח ולא תראה, דבעבר פ״א תלינן דמקרה היה דלא ראתה בר״ח שעבר, **דבוסת** ההפלגה, מיד כשהגיע יום כ׳ והפסיקה ולא ראתה, אין כאן וסת לאותו יום, דהפלגה תלויה בראיה שאחריה ראיה זו, והיא אינה יודעת לאיזה יום מפלגת.

והקשה הס״ז, דהחילוק שחילק בין וסת הפלגת ימים לחדש, אינו מובן כלל, דאטו ראייה זו היא גורמת לראיית הפלגה שאחריה, עד שתאמר כיון שזה בטל, בטל ג״כ זה, דמנא לן לומר כן, דכיון שאין סילוק דמים באשה זו, נאמר מה שלא ראתה פעם אחת בהפלגה היה דרך מקרה, וממילא יש בה עדיין דמים יתרים, ואורח בזמנו יבא לימי הפלגתו כדרכה.

ודוחה הש״ך, דהוא מובן, דבהפלגות א״א לומר כן, דהרי כשתראה לסוף מ׳, לא תראה בהפלגת כ׳.

וכתב הס״ז, הלכך נראה לענ״ד, דהב״י הוא העיקר. **והש״ך כתב** דכל דבריו אינם נראין, ומובן לכל מעיין כמהרש״ל.

סימן קפט סט״ז • דיני עקירת וסת החודש

היתה רגילה לראות בר״ח, ועבר עליה ר״ח ולא ראתה, עדיין חוששת לר״ח, עד שיעברו עליה ג׳ ר״ח.

עברו עליה ג׳ ר״ח ולא ראתה, **וה״ה** לשינתה ראיותיה ג׳ פעמים לראיות שאינן שוות, **אינה** חוששת לר״ח, **ואף** אם הקדימה לראות בכל פעם קודם שהגיע יום הוסת, אלא שלא המשיכה ראייתה עד עונת הוסת. **חזרה** וראתה בר״ח, חזר הוסת למקומו, וצריך ג״פ לעקרו.

כתב החוו״ד, דאפי׳ יש לה ב׳ וסתות קבועים, באופן המבואר בסעיף ל״ב, והפסיקה וסת אחת ג׳ עונות, וחזרה וראתה ביום הוסת, ג״כ חזר הוסת למקומו.

אם עברו עליה שני ר״ח, ולא ראתה, ושוב נתעברה, ועברו ימי העיבור והנקה, ואחר ההנקה עדיין לא ראתה כלל, או ראתה פ״א שלא בשעת וסתה, ושוב הגיע ר״ח ולא ראתה, **א״צ** לחוש אח״כ לוסת הראשון ממ״נ, **דלדעת** המחבר לקמן סל״ד, דמיד אחר שעברה ימי הנקה צריך לחוש לוסתה, **וכן** לדעת הרמב״ן המובא בש״ך שם, דרק אחר שראתה פעם א׳, אפי׳ שלא בשעת וסתה, צריך לחוש, **פשוט**, כיון שצריכה לחוש, גם לענין עקירה מחשב עקירה, ומצטרף עם ב׳ הראשונות, **ולדעת** יש מגדולי המורים, בלא״ה א״צ לחוש כל זמן שלא ראתה באותו וסת, **ואם** אח״כ שוב תראה באותו וסת, לכו״ע בפ״א חוזר לקביעותה, כיון שעדיין לא קבעה וסת אחר.

סימן קפט סי״ז(1) • וסת שנקבע באונס

וסת לקפיצות לחוד

כל וסת שנקבע מחמת אונס, כגון שקפצה וראתה, אפי׳ כמה פעמים, אם לא קבעה אותן לימים, אינו וסת, שמפני האונס ראתה, **ודעת** הטור, שאפילו לקפיצות לחוד יש וסת.

וסת לקפיצות ולימים, או עם וסת הגוף

ואם נקבע ליום ידוע, הוי קביעת וסת, וכדלקמן סי״ח.

יש שנסתפק, אי נקבע ג״כ בצירוף וסת הגוף, כגון אשה שקפצה, והתחילה לפהק ולעטוש וראתה דם, וכן ג״פ, **אבל** כמה פעמים קפצה לבד או פיהקה לבד, ולא ראתה, **דאפשר** דמצטרפים ג״כ, ויש לה וסת אם תקפוץ ותפהק, **והגמ׳** דנקט צירוף ימים, חדא מינייהו נקט, **והניח** בצ״ע.

וסת לקפיצות לחוד שאירע כן ג״פ, הוי כוסת שאינו קבוע

ומ״מ חוששת לו כל פעם שתקפוץ, כמו לוסת שאינו קבוע, כיון שאירע כן ג״פ.

וי״א דאם יש לה שעה קבועה אחר הקפיצה, כגון שבשעה ג׳ אחר הקפיצה היא רואה, אינה חוששת רק לאותה שעה, דאתיא קביעותא דשעה ועקרה לה לוסת שאינו קבוע, **וכן** אם הקפיצות היו בשעות מכוונים, כגון בשעה ו׳ מהיום, א״צ לחוש רק לשעה ההיא, דהיינו אם קפצה בשעה ההיא, אבל לא מקודם או לאחריו.

ראתה פעם אחת, חוששת ליום החודש והפלגה כשקופצת

והא דצריך ג״פ, היינו שא״צ לחוש לכל פעם שתקפוץ, כשלא אירע כן ג״פ, **אבל** לוסת החדש ולהפלגה, צריכה לחוש אפי׳ בפ״א, כגון שקפצה וראתה, ואחר כ׳ יום חזרה וקפצה וראתה, צריכה לחוש לוסת ההפלגה, ואם אח״כ תקפוץ לסוף כ׳, צריכה לחוש לו כל העונה, **וכן** אם קפצה בט״ו בניסן, וקפצה בט״ו באייר, צריכה לחוש לאותו יום, שהוא לוסת החדש ע״י קפיצה, **דהא** אם ראתה מכ׳ לכ׳ בלא קפיצה, צריכה לחוש לכ׳, וכי בשביל שקפצה מתחילה יגרע, הא השתא נמי קפצה בכ׳, **ועוד** כיון דע״י קפיצה ליום ידוע בג״פ קבעה וסת, אם כן בחדא זימנא נמי מיחש חיישא, **אבל** אם לא תקפוץ אח״כ לאותו וסת, א״צ לחוש, דמה שראתה מתחילה, היה על ידי קפיצה, **ואע״ג** דגבי פיהוק אמרינן לקמן, דחוששת לוסת החדש אף בלא פיהוק, **שאני** התם כיון שמתחילה ראתה שלא ע״י אונס.

ולעונה בינונית חוששת לאותו יום אפי׳ בלא קפיצה

וי״א דמיירי ביש לה וסת קבוע, או שראתה בינתיים, דאז ליכא חשש עו״ב, **אבל** במקום דהחשש הוא מטעם עו״ב, כגון שאין לה וסת, וגם לא ראתה בינתיים, ודאי דצריכה לחוש לאותו יום אף בלא קפיצה.

סימן קפט סי״ז(2) • קפצה בשבת וראתה בא׳ בשבת

פעמים אף כשקפצה וראתה, קבעה וסת לימים בלא קפיצות

כיצד, קפצה בא׳ בשבת וראתה דם, ולאחר כ׳ יום קפצה בא׳ בשבת וראתה דם, ולאחר י״ט יום קפצה ביום השבת

ולא ראתה דם, ובא' בשבת ראתה בלא קפיצה, **הרי** נקבע א' בשבת אחר כ', שהרי נודע שהיום גרם לה, ולא הקפיצה, וכבר נקבע יום זה ג"פ, וכן כל כיוצא בזה.

אם רק בפעם הד' ראתה ביום שלאחר הקפיצה, אבל כל הג"פ ראתה ביום הקפיצה, י"א דתליא בפלוגתא שהביא הט"ז ס"ס י"ט, **דלדעת** המחבר אמרינן ג"כ איגלי מילתא דיומא קא גרים, **ולדעת** הרב שם, לא קבעה רק להרכבה.

אבל הטור חולק על פסק השו"ע, ופסק שתולין ראיית א' בשבת בקפיצה של אתמול, וקבעה וסת ליום א' ולקפיצה, ולא לימים לחודייהו, דכיון דוסתות דרבנן נקטינן לקולא. **ותימה** על המחבר והרב שהשמיטו דעתו, **ואם** דעת המחבר והרב להחמיר, אפי' קולת הטור יש לו צד חומרא, והו"ל להביא גם דעת הטור להחמיר כחומרת שניהם, **דלסברת** המחבר דקבעה וסת לימים לחודייהו, אם לא ראתה אח"כ ג"פ ביום א', עקרה וסתה, **אבל** לסברת הטור, לא נעקר הוסת בכך, כיון דלא קפצה, דהאי דלא ראתה משום דלא קפצה הוא, **אבל** אם תקפוץ לאותו יום חוששת.

אם כל הג"פ (או אפי' ב"פ), קפצה ביום שקודם הראיה, י"א דאפי' לדעת הטור, קבעה וסת לימים לחודייהו, ולא תלינן בקפיצה דאתמול, **דדוקא** אם ראתה ב"פ ביום הקפיצה, תלינן ראיה ג' בקפיצה דאתמול.

אם קפצה באמצע הזמן, קודם ההפלגה כמה ימים, ולא ראתה, ושוב ראתה ביום הפלגה, י"א דאפי' לדעת הטור אמרינן דיומא גרים, **דדוקא** בקפיצה של אתמול תולין.

סימן קפט סי"ח • וסת לקפיצות ולימים

קפצה ביום ידוע, כגון בר"ח או בא' בשבת, וראתה בו, ואירע כן בג' ר"ח או בג' א' בשבת, **קבעה** לה וסת, וחוששת לכל פעם שתקפוץ באותו זמן, **וחוששת** כל העונה (אחר הקפיצה), **ואם** אח"כ הגיע א' בשבת ולא קפצה, או שקפצה בב' בשבת, אינה חוששת, שהרי לא קבעה אלא לקפיצות של א' בשבת.

והוסת אינו נעקר עד שתקפוץ ג' אותם זמנים ותמצא טהור, שאין הוסת נעקר אלא כעין שהוא נקבע. **ואם** אח"כ חזרה וקפצה בר"ח וראתה, חזר הוסת למקומו.

ואם קבעה וסת להפלגה ולקפיצות, אפי' אם הפסיקה בראיה בינתיים, לא נתבטלה ההפלגה, דדוקא ההפלגה מהראיה שביום הקפיצה גורם הראיה שאחריה,**וכן** הדין בפיהוק והפלגה.

י"א דאין וסת מורכב נקבע אלא ברציפות, אבל אם יש חדש אחד בינתיים דלא קפצה ולא ראתה, אינו נקבע, **וי"א** דהוסת נקבע גם באופן זה.

סימן קפט סי"ט(1) • וסתות שבגופה

יש קובעת וסת ע"י מקרים שיארעו בגופה, כגון שמפהקת, דהיינו כאדם שפושט זרועותיו מחמת כובד, או כאדם שפותח פיו מחמת כובד, או כאדם שמוציא קול דרך הגרון מתוך המאכל שאכל. **וכן** אם מתעטשת דרך מטה, וי"א דמתעטשת היינו מלמעלה, ולענין דינא שניהם אמת. **או** חוששת בפי כריסה נגד טיבורה, ובשיפולי מעיה בבית הרחם, **או** שאחזוה צירי הקדחות, **או** שראשה ואיבריה כבדים עליה,

וי"א דה"ה בראתה תחלה כעין מוגלא, ואחר זה דם, דהיינו שופעת דם טמא מתוך דם טהור, **בכל** אחד מאלו אם יארע לה ג"פ וראתה, קבעה לה וסת, שבכל פעם שהיא חוששת מהם אסורה לשמש.

ומיהו בפיהוק או עיטוש של פ"א אין הוסת נקבע, כי זה דרך כל העולם ואין כאן שינוי, **אלא** כשעושה כן הרבה פעמים זה אחר זה, ואם אירע לה כן ג"פ, שבכל פעם עשתה כן הרבה פעמים, הרי זה וסת.

ואפי' למאי דס"ל לעיל סי"ז, דלא קבעה וסת לקפיצות לחוד, **התם** אינו אלא מחמת אונס, **משא"כ** הכא דפיהוק הוא מצד טבע האשה להיות כן משעת ראייתה ממותרי הליחה שבה.

סימן קפט סי"ט(2) • וסת הגוף לזמן ידוע

אם בא וסת הגוף לזמן ידוע, כגון מר"ח לר"ח או מכ' יום לכ' יום, קבעה לה וסת לזמן ולמיחוש הוסת, ואינה חוששת אלא לשניהם ביחד.

ומבואר בב"י, דאם הגיע העת ולא בא המיחוש, או שבא המיחוש בלא עתו, אינה חוששת כוסת קבוע, **אבל** מ"מ כוסת שאינו קבוע חוששת, **דהיינו** לענין אם עבר היום ולא בא המיחוש, ולא בדקה דמותרת.

והרמ"א חולק, דדוקא מתחלה קודם הקביעות, חוששת לכל אחד בפני עצמו כוסת שאין קבוע, כי אינה יודעת איזה מהן תקבע, **אבל** אחר שקבעה וסת לשניהם ביחד, כיון שמבורר לנו שאין חשש בפיהוק זולת הימים, מדלא ראתה שום פעם בפיהוק ביום אחר, ויום זה נקבע לה דוקא לפיהוק, **ולכן** אינה חוששת בבא המיחוש ולא בא העת, **אמנם** לפי הט"ז אפי' להרמ"א ודאי חוששת לכתחלה לוסת היום גרידא, כמבואר בסכ"ה, דאסורה כמו וסת ימים גרידא, **אבל** לפי הש"ך להרמ"א אינה חוששת כלל, אפילו כדין וסת שאינו קבוע, לא לוסת המקרה ולא לוסת היום.

ומקשים על הש"ך, דודאי חוששת לכתחלה לוסת היום גרידא, כמו לוסת שאינו קבוע, אפי' כשקבעה שניהם ביחד, וכדמבואר בסכ"ה, ומשמע דבעי בדיקה, **וע"כ** הרמ"א לא פליג רק בבא המיחוש ולא בא העת, כמו שפי' הט"ז, **וכ"כ** הש"ך בנקה"כ בסכ"ה, דאסורה כל היום. **ויש מתרצים**, דהתם בסכ"ה איירי באיסור תשמיש, ומשום חשש דשמא תפהק ויהיה יום וסתה, **אבל** כל עוד שלא פיהקה ליכא חיוב בדיקה, דבאמת עדיין אינו יום וסתה, **משא"כ** לפי סברת ב"י, חשיב יום וסתה ויש חיוב בדיקה, **ועוד** נ"מ, באופן דבאמת תראה ביום זה בלא פיהוק, דלב"י הוי איגליא מילתא דיומא קגרים, וכדמבואר בפת"ש לעיל בסי"ז, **משא"כ** לש"ך אינו מגלה כלום.

סימן קפט ס"כ • פיהקה בר"ח, ואם בפעם שלישית פיהקה היום וראתה למחר

פיהקה ב' פעמים בר"ח וראתה, ואח"כ פיהקה שלא בר"ח וראתה, הוברר הדבר שאין ר"ח גורם, אלא הפיהוק; **וכן** אם בפעם הג' ראתה בר"ח בלא פיהוק, הוברר הדבר שאין הפיהוק גורם, אלא הר"ח.

אבל אם פיהקה ב"פ בר"ח, ובפעם הג' פיהקה בכ"ט לחדש ולא ראתה, ובר"ח ראתה בלא פיהוק, **קבעה** לה וסת לפיהוק של ר"ח, שפיהוק של אתמול גרם לראייה של ר"ח, **ולא** דמי

לדלעיל ס"ס י"ז, דאמרינן דהיום גורם, ולא קפיצה דאתמול, **דיותר** מסתבר לומר דהפיהוק של אתמול גרם, מבקפיצה, דשאני קפיצה דמחמת אונס הוא בא.

סימן קפט סכ"א • וסת הגוף שאינו קבוע

פיהקה בר"ח וראתה, וחזרה ופיהקה בתוך ימי החדש, חוששת לאותו הפיהוק, **שכל** וסת בין של ימים בין של גוף, חוששת לו בפ"א, דיש לחוש שמא תקבע וסת לפיהוק בלא זמן ידוע. **ואסורה** לשמש עד שתבדוק.

והקשה הט"ז, הא בוסת שאינו קבוע, ולא בדקה ולא ראתה, כיון שעברה עונתה מותרת, **ותירץ** דפיהוק גרע טפי, דכיון שדרך הטבע הוא באשה לפהק בשעת ראייתה או סמוך לו, הוה ריעותא לפנינו שהיא טמאה.

והש"ך כתב דלא קשה מידי, דהכא ודאי א"א לומר שתחוש אלא עד שתפהק, לכך אסורה עד שתבדוק, כלומר בסמוך אחר הפיהוק אסורה לשמש, **אבל** אם עבר זמן מופלג אחר הפיהוק ולא הרגישה, מותרת כיון שאינו קבוע, **אבל** וסת שאינו קבוע שתלוי בזמן, מיד אחר הזמן אפי' בסמוך לו, כל שלא הרגישה מותרת, דכבר עבר זמנו, דהזמן נודע.

ואם בדקה ונמצאת שלא ראתה, אינה חוששת עוד לפיהוק גרידא, **אבל** חוששת לר"ח, שמא תקבע לראשי חדשים.

סימן קפט סכ"ב • פיהקה בהפלגה

וכן אם פיהקה היום, ופיהקה לסוף ל', אם תפהק אפי' שלא ביום ל', חוששת לאותו פיהוק, שמא תקבע לפיהוק גרידא.

פיהקה בתוך ל' ולא ראתה, א"צ לחוש עוד לפיהוק גרידא, אבל צריכה לחוש לסוף ל'.

וכן צריכה לחוש ליום הקבוע בחדש שפיהקה בו, שמא תקבע וסת לימים.

סימן קפט סכ"ג • קביעת וסת הגוף ע"י מקרים שונים, וע"י אכילת דברים חריפים

אין מקרה א' קובע עם חבירו, אלא כל שפיהקה ג"פ וראתה, קבעה וסת. **אבל** פיהקה פ"א ונתעטשה ב"פ, אין מצטרפים.

אכלה שום וראתה, אכלה בצל וראתה, אכלה פלפלין וראתה, י"א שקבעה לה וסת לראות ע"י כל אכילת דברים חמים.

אכלה ג"פ שום, קבעה רק לשום.
אכלה ב"פ שום וראתה, ואכלה בצל וראתה, לא הוקבע כלל.

אכלה שאר דברים חמים ג"פ ולא ראתה, י"א דלא נעקר וסתה מאכילת שום ובצלים ופלפלין.
אבל אם אכלה שום ג"פ ולא ראתה, נעקר הוסת מכל הדברים, כיון דנעקר מין אחד מהמינים שנתחזקה על ידן.

י"א שכל מה שתראה ע"י מאכל, דינו כמו שתראה ע"י קפיצה ושאר מעשה שהיא עושה, שמקרי ראיה ע"י אונס, ואינה קובעת וסת אלא עם הימים. **וי"א** שדינו כוסת שתראה ע"י מקרה שבגופה, וקובעת אותו אפי' בלא ימים שוים. **ויש** להחמיר, שקובעת וסת גמור בג"פ, וכן חוששת לו בפ"א.

סימן קפט סכ"ד • שעת חששת וסת הגוף

וכולם, אין חוששין להם אלא לשעתם, כיצד, היתה רגילה לראות עם התחלת הוסת מיד, אסורה כל זמן המשכת הוסת; **היתה** רגילה לראות בסופו, אינה אסורה אלא בסופו.

בד"א, בזמן שכל הראיה מובלעת בתוך הוסת, **אבל** אם אין כל הראייה מובלעת בתוך הוסת, אלא נמשכת גם אחר הוסת, אסורה מתחלת הוסת עד סוף עונה אחת.

וכתב הש"ך, דכ"ש אם מתחלת גם קודם הוסת, דצריכה לפרוש כל אותה עונה שלפני הוסת, וכל הוסת, **ואפשר** דאסור כל העונה גם לאחר הוסת, וצ"ע.
ומתמיהין עליו, דבמאי איירי, אם בוסת הגוף גרידא, איך שייך למיסר לפני הוסת, דהא אינה יודעת מתי יבא לה וסת הגוף, **ואי** בוסת הגוף בימים ידועים, בלא"ה אסורה כל היום, דלמא יבא לה וסת הגוף, כמבואר בסעיף כ"ה.

סימן קפט סכ"ה • וסת הגוף שנקבע ליום ידוע, מתי חוששין

אם אחד מאלו בא לזמן ידוע, אז ודאי אסורה כל עונת הוסת, כמו וסת ימים גרידא.

וכתב הט"ז, דלפני שבא וסת הגוף אין חשש, ומותרת, שלא כוסת דימים לחוד, דהא תרווייהו בעינן, דהיום והוסת הגוף דוקא גורמים הראיה, **אבל** כאן איירי אחר הוסת הגוף, בזה שפיר יש לחלק, דבקבוע ליום אסור מן התחלת וסת הגוף עד כלות אותה עונה, הן יום הן לילה, **משא"כ** בוסת הגוף בלא יום קבוע, מותרת תיכף אחר שכלה וסת הגוף.

אבל הש"ך כתב, דכיון דאמרינן דינו כוסת הימים לחוד, משמע דדין וסת ימים לחודיה ממש יש לו, וחוששין גם לפני הוסת.

סימן קפט סכ"ו • עקירת וסת הגוף

חוששין לוסת הגוף בפ"א, כשם שחוששין לוסת הימים בפ"א.

ווסת הגוף שאינו קבוע נעקר בפ"א, שאפי' ראתה ב"פ, אם יקרה פעם ג' ולא ראתה, נעקר לגמרי, וכמו וסת הימים.

ווסת הקבוע בגוף בג"פ צריך עקירה ג"פ ובדיקה, וכמו וסת הימים הקבוע, ומאימתי עקירתו, משיקרה מקרה, ולא תראה.

היה המקרה לזמן ידוע, אינו נעקר אא"כ בא המקרה ג"פ בזמנו ולא ראתה, **אבל** במקרה לבדו, או זמן לבדו, שלא ראתה בהם, אינו נעקר.
וי"א דהא דאינו נעקר, היינו דאף דהגיע ג"פ היום ולא פיהקה ולא ראתה, מ"מ צריכה לחוש אח"כ אם הגיע היום ופיהקה, **אבל** מ"מ לענין זה נעקר, דא"צ לפרוש כל אותו היום כל זמן שלא פיהקה, מחשש דשמא תפהק, דהא עברו ג' ר"ח ולא פיהקה.

סי' קפט סכ"ז • שקטנה קובע וסת, וכשפסקה צ' יום

תינוקת שלא הגיע זמנה לראות, והיא קטנה שהיתה פחותה מי"ב שנים ויום אחד, אפילו הביאה שתי שערות, דאמרינן שומא נינהו ולא סימני גדלות, **וכן** אפי' הגיעה לימי הנעורים, אם בדקוה ולא הביאה שתי שערות, **אע"פ** דכל זמן שעדיין לא קבעה וסת לא חוששת כלל, אפי' לוסת שאינו קבוע, דאמרינן

מקרה הוא, **מ"מ** קובעת וסת כשאר נשים בג' ראיות בשאר הוסתות, ובד' בוסת ההפלגות, וה"ה בכל שאר מיני וסתות.

ואע"פ שקבעה לה וסת, אם פסקה ג' עונות בינוניות שהם צ' יום ולא ראתה, כתב המחבר, דחזרה לקדמותה, ואינה חוששת לוסתה הראשון כלל.

ופי' הס"ז הציור, שחזרה וראתה אחר צ' יום, ואפ"ה אינה חוששת, שמקרה הוא, **דאי** לא ראתה כלל, מאי אריא קטנה, כל נשים דעלמא נמי.

אבל הש"ך לומד, דהציור הוא בדלא חזרה וראתה, (**דהא** רק לקמן כתב השו"ע "ואפי חזרה לראות", **ולהט"ז** השו"ע לקמן שכתב שחזרה לראות בעונות, דהיינו בוסתה ראשונה, דזה הוי חידוש יותר, דאעפ"כ אינה חוששת), **וכגון** בוסת בסירוג, דרק בקטנה א"צ לחשוש, משא"כ גדולה וכדלקמן. **ובוסת** הפלגה לא איירי הכא, דאין שייך לחשוש לה בלא ראיה, **א"נ** איירי בוסת ההפלגה, וכשראתה אחר צ' יום, דההיא ראיה לא חשיבא ראיה כלל, דכל ראיה דעלמא דהפלגה א"א בפחות מב' ראיות, **והלכך** מש"כ לקמן ואפילו חזרה לראות באותן עונות כו', אי בהפלגה מיירי, ע"כ בחזרה לראות ב' ראיות היא, דההיא חשיבה ראיה א' להפלגה.

החילוק בין עקירת וסת ג"פ, לפסקה צ' יום דקטנה, כתב הש"ך דנ"מ בוסת החדש בסירוג, שראתה מב' חדשים לב' חדשים, דבגדולה שקבעה וסת, בעינן שיעברו עליה ג"פ מב' חדשים לב' חדשים ולא תראה, **אבל** בקטנה סגי בצ' יום, **וכן** בוסת ההפלגה אם היה לה וסת מל"ה לל"ה, בגדולה בעינן שיעברו עליה ג"פ מל"ה לל"ה ולא תראה, דהיינו ק"ה ימים, **ובקטנה** סגי בצ' יום, וכדמסיים בטעמא, לפי שאינה בת דמים, נתגלה שדמיה הראשונים מקרה היה.

ועוד חילוק, שאם לא פסקה ג' עונות בינוניות, אלא ג' עונות קטנות שהיתה רגילה לראות בהן, אם היתה אח"כ חוזרת ורואה באותן עונות קטנות פעם א', היתה חוששת להן, **ואפי'** לא ראתה באותן עונות, אלא שראתה פ"א, היתה חוששת לראייתה או לעונה בינונית כשאר נשים, **משא"כ** כשפסקה ג' עונות בינוניות, דראינו שפסקה ממנה הטבע דשאר נשים, אז אמרינן דראיות הראשונות היו מקריות, וחזרה לקדמותה, וכאילו היא עדיין לא ראתה מעולם.

ואפילו חזרה לראות באותן עונות שהיתה נהוגה לראות בהן, אינה חוששת, לפי שאינה בת דמים, ונתגלה שדמים הראשונים מקרה היה, **עד** שתחזור ותקבענו ג"פ, דהיינו שיהיו מכוונים ביום ידוע ג"פ, או בהפלגה ד"פ עם הראיה שאחר הפסקה, אז קבעה לה וסת כשאר נשים.

ואם ראתה ג' ראיות מג' עונות מכוונות של צ' יום, שלא פיחתה ולא הותירה, נתגלה שדילוג הראשון אינו סילוק דמים, אלא שינוי וסת, לפיכך, ראיה ראשונה שממנה התחילה לדלג מצטרפת לג' ראיות אחרונות, ונמצאו ד' ראיות וג' הפלגות ביניהם מצ' לצ'. **ואף** אם לא היה לה וסת קבוע כלל קודם ההפסקה, ולא ראתה רק פעם א' קודם ההפסקה, כיון שכיוונה אח"כ ג"פ מצ' לצ', קבעה לה וסת ההפלגה מצ' לצ'.

אבל אם פיחתה, כגון שראתה ראיה ראשונה לצ"ג, ושנייה לצ"ב, ושלישית לצ"א, **או הותירה**, כגון ראשונה לצ"א, ושניה לצ"ב, ושלישית לצ"ג, שלא היו הראיות מכוונות, **אז** א"א לראשונה להצטרף, ועד שתראה ד' ראיות מכוונות אינה קובעת וסת להפלגות. **והיינו** לשמואל דבעי שתשלש בדילוג, **אבל** למאי דמחמרינן לעיל כרב, ה"ה הכא צריכה לחוש לוסת הדילוג, כיון שדילגה שתי פעמים. **ואע"ג** דאמרינן לעיל ס"ז, בהיה לה וסת קבוע קודם לכן, מצטרפת הראיה הראשונה שהתחילה לדלג ממנה, **שאני** הכא דוסתה לא היה שוה לדילוג, דלא היה וסתה מקודם לצ"ד או לצ'.

ואם הראיות שאחר ההפסקה א"א לעשות מהם וסת קבוע, כתב הט"ז, דאז עכ"פ מהני הג' ראיות שתהיה מוחזקת בדם מאותה שעה, ודינה כאשה שאין לה וסת, **ולא** דמי למה דפסק רמ"א בסעיף כ"ח, דקטנה וזקנה אינן חוששות כלל לוסת שאינו קבוע, דהיינו כשלא ראתה ג"פ, ממילא אינה מוחזקת בדם, **משא"כ** זו שראתה ג"פ, ממילא היא מוחזקת בדם, ודינה כגדולה שאין לה וסת קבוע.

והש"ך כתב דאינו נראה לו כלל, דא"כ היאך כתבו והמחבר ורמ"א בסתמא, דאינה חוששת לוסת שאינו קבוע כלל, **ואע"ג** דכשראתה ראיה שלישית מטמאה מעת לעת, היינו לענין שאם ראתה מטמאה למפרע, **אבל** כל שלא ראתה, אינה חוששת שמא תראה כיון שלא קבעה וסת, **דכללא** הוא, דתינוקת אינה חוששת לוסת שאין קבוע.

והס"ט והחוו"ד הסכימו להט"ז.

ואם תפסיק שנית ותחזור ולא תראה ג' עונות, לא אמרינן שחזרה גם עכשיו לקדמותה, ותצטרך ג' ראיות אחרי הפסקה השניה, זה אינו, דכולי האי לא אמרינן, **אלא** הראיה הראשונה שאחר הפסקה הראשונה, מתחיל לה להיותה מוחזקת כשתראה עוד ב"פ, יהיו אימת שיהיו, (**ודלא** כב"י דס"ל, דגם אחר הפסקה שניה, הוה כמו אחר הפסקה ראשונה, ולא תהיה מוחזקת בדם עד אחר ג' ראיות מן הפסקה שניה).

סימן קפט סכ"ח(1) • זקנה שעברו עליה ג' עונות

זקנה שעברו עליה ג' עונות משהזקינה, ולא ראתה, הרי זו מסולקת דמים, ואינה חוששת לוסתה הראשון, כל שלא חזרה וראתה בשעת וסתה, כדלקמן סל"א.

וקטנה וזקנה אינן חוששות לוסת שאינו קבוע. **להט"ז** היינו כשלא ראתה הקטנה עדיין ג"פ, **ולהש"ך** היינו אפי' ראתה ג"פ, כל שלא קבעה וסת, עיין בסכ"ז. **ולענין** זקנה צ"ע.

סימן קפט סכ"ח(2) • קביעת וסת בימי נדה וזיבה

מדין התלמוד אין האשה קובעת וסת בימי נדתה, ולא בימי זיבה, **כיצד** ראתה בא' בחדש ובה' בו, שהוא תוך ימי נדה לראיה הראשונה, אפי' ג"פ, לא קבעה וסת לה' בחדש, אלא בא' לחדש, **וכן** ראתה בא' בחדש ובט"ו בו, לא קבעה וסת לט"ו, שהוא תוך ימי זיבתה של ראיית א' בחדש.

בד"א שראתה ממעיין פתוח וכנ"ל, אבל ראתה ממעיין סתום, כגון שראתה ב"פ בר"ח, ובפעם הג' ראתה בכ"ה בחודש ובר"ח, אע"פ שראייה הג' היתה תוך ימי נדות לראיית כ"ה, קובעת בר"ח, לפי ששתי ראיות הראשונות היו ממעיין סתום, וראיית כ"ה בחודש דמים יתירים נתוספו בה, ומיהר לבא, וחוששת נמי ליום הקדימה, שמא וסת אחר היא קובעת.

והמחבר והרב השמיטו כל זה, מפני דכיון דהאידנא נהגו

בנות ישראל להחמיר על עצמן, שלא להפריש בין ימי נדה לימי זיבה, ה"נ לענין קביעת וסת, אין חילוק, לפיכך אם ראתה מט"ו לט"ו קבעה וסת.

אבל כתב הש"ך דלא אמרינן כן אלא לחומרא, ונ"מ לענין עקירה, דאף אם נעקר ב"פ, צריך לחוש להשלישי, **אבל** לא להקל, דודאי לא יחלק על התלמוד, **וציור** דהוי קביעת וסת קולא: כגון הא דאיתא בסי"ד, דאשה שנעקר וסת שלה וקבעה לה וסת אחר, אינה חוזרת לוסת הראשון עד שתראה בו ג"פ, אבל כל זמן שלא קבעה וסת אחר, חוזרת לראשון בפ"א, **גם** מי שאין לה וסת קבוע צריכה לחוש לוסת החודש ולהפלגה, משא"כ בקבוע דאינה חוששת עוד לוסת שאינה קבוע, וגם אינה חוששת לעו"ב, **א"כ** בזה"ז יש להחמיר לקבעו בימי הזיבה ונדה, **אבל** להקל, חלילה לנו לחלוק על התלמוד, **וא"כ** היה להם להמחבר והרב להביא דינים אלו.

והאחרונים חולקים על הש"ך, דא"כ מה הועילו חכמים בתקנתן שהחמירו כל החומרות הנ"ל, שלא תצטרך אשה למנות ימי נדה וימי זיבה, והא אכתי תצטרך למנות, **אלא** ודאי האידנא אשה קובעת וסת בימי נדה וזיבה גם להקל, **ואי** משום קושיא הנ"ל, דאיך אפשר לעקור דין התלמוד, הא קי"ל וסתות דרבנן, והם אמרו והם אמרו. **ויש** שהניח דין זה בצ"ע.

סימן קפט סכ"ט • איזו היא זקנה

איזו היא זקנה, כל שזקנה כ"כ שראויה שקורין לה אימא בפניה מחמת זקנותה ואינה חוששת.

י"א דמשמעות השו"ע שכתבו "ואינה חוששת", היינו דלא די שאינה מקפדת, אלא כמ"ד דגם אינה בושה, והיינו לחומרא. **וי"א** דמשמעות השו"ע, כמ"ד דדי כשאינה מקפדת, אע"פ שבושה, כדברי המיקל, דוסתות דרבנן.

סי' קפט ס"ל • זקנה שחזרה וראתה לא בשעת וסתה

דינה כדין תינוקת שלא הגיע זמנה לראות, דאינה חוששת.

סימן קפט סל"א • זקנה שחזרה וראתה בשעת וסתה

חזרה לראות בהוסת שהיתה למודה להיות רואה בהן, **בין** לוסת ההפלגות, שחזרה לראות ב' ראיות בההפלגה שהיתה למודה תחלה, **ובין** בשאר הוסתות, אפי' בפעם א', **חוזרת** לקביעותה הראשון, שהרי נתגלה שדילוג הראשון לא סילוק דמים היא אלא מקרה. **ובזה** חמור דין הזקנה מדין הקטנה שלא הגיע זמנה לראות.

סימן קפט סל"ב • וסת בתוך וסת

פעמים שהאשה קובעת לה וסת בתוך וסת. כיצד, ראתה ג"פ בר"ח, ורביעית בב' לחודש ובר"ח, וכן בחמישית ובששית, הרי קבעה שתי וסתות. **כן** הוא גירסת הט"ז, **וכתב** דה"ה אם ראתה ג"פ בר"ח ובב' לחודש, **רק** דבציור השו"ע יש רבותא, דאע"ג דראיית ר"ח הוא קבוע תחילה, אימא שאין לחוש לב' לחודש שהוא ממעין פתוח, קמ"ל.

והש"ך גורס "ורביעית בעשרים לחודש ובר"ח". **וכתב** דגירסת הט"ז אינו נכון, דאי בב' לחדש, הו"ל ב' ימים רצופים, דהולכים תמיד אחר תחלת הראיה, וכדלעיל ס"ס י"ג בהג"ה.

והקשה הראב"ד, והלא ר"ח בתוך י"א לראיית עשרים, (לשיטתו דפסק אף האידנא כדינא דגמ', דאין האשה קובעת בימי זיבתה), **ותירץ** דאין בכך כלום, שהרי קובעתן מתחלה, ורק לכתחלה אינה קובעת וסת בתוך י"א, אבל אם כבר נקבע, אינו נעקר עד שיעקר ממנה ג"פ.

ויש ענין אחר שהיא קובעת וסת בתוך וסת, כגון שראתה ט"ו בחודש זה וט"ז בחודש זה, וט"ו בחודש זה וט"ז בחודש זה, כשתשלש בכל א' וא', קבעה לה ב' וסתות, כל חדש וחדש כראוי לו, וכדלעיל בס"ח.

הנו"ב נסתפק, תיכף ברביעית שראתה בכ', אם צריך לחוש אח"כ גם לכ', **דאפשר** כיון שיש לה וסת קבוע של ר"ח, א"צ לחוש לשאינו קבוע כלל, וכדלעיל סעיף י"ג בהגה"ה, דאם תקבע וסת אחד, אינה חוששת לשני, (**וכן** ס"ל הב"ח, דלעולם א"צ לחוש להאינו קבוע, כשממשיכה לראות בוסתה הקבוע), **או** דילמא דדוקא אם בשעה שאירע הוסת שאינו קבוע, שינתה ולא ראתה בהקבוע, ואף שאכתי לא נעקר בחד זימנא, מ"מ כיון שעכ"פ לא ראתה בו, צריכה לחוש לזה שבא מחדש אף שאינו קבוע, **בזה** הוא דאיכא למימר, אם אח"כ חזר הקבוע למקומו, שוב א"צ לחוש לאין קבוע, אף שעדיין לא נעקר, לפי שבתחלה לא בא אלא בעת שלא בא הקבוע בזמנו, וא"כ עתה שחזר הקבוע, איכא למימר ששוב לא יבא זה החדש, **אבל** אם בא החדש בעת שלא נעקר הקבוע, כמו הכא שראתה ג"פ בר"ח וגם בכ' לחודש, י"ל דלא יועיל מה שראתה שוב בר"ח הקבוע לה, שהרי גם מתחלה לא פסק וסת הר"ח ממנה, ואפ"ה ראתה בכ' לחודש, וא"כ הכא צריכה תיכף לחוש, (**וכן** ס"ל החוו"ד, דכל היכא דאין הב' וסתות סותרות, חוששין לשתיהן), **והשו"ע** דנקט וכן בחמישית ובששית, היינו שיהיו שניהם קבועים ממש, **והניח** בספק.

סי' קפט סל"ג(1) • מעוברת ומניקה אינה קובעת וסת

מעוברת לאחר ג' חדשים לעיבורה, ומניקה כל כ"ד חודש אחר לידת הולד, אינה קובעת וסת, אפי' מת הולד או גמלתו, שדמים מסולקים מהן כל זמן עיבורה, וכל כ"ד חודש.

ודלא כשיטת הרמב"ן, דאשה קובעת וסת בימי עיבורה, ובימי מניקתה בימי טומאתה, ורק לא בימי טהרתה, וכיון דמחמרינן לשווי ימי טומאה וימי טהרה כהדדי, היא קובעת וסת כל ימי מניקתה, **שהרשב"א** בתה"א חולק בהדיא על הרמב"ן, והרשב"א הוא אחרון וידע דברי הראשון, **והטור** שפסק כהרמב"ן לא ראה ספר תה"א, והטור הוא אחרון דלא ידע דברי הראשון, **ותו** דכיון דהראב"ד והריטב"א מסכימים לדעת הרשב"א, הו"ל הרמב"ן יחיד לגבייהו, **ותו** דהריטב"א כתב שכן המנהג, וכל מקום שהלכה רופפת בידך הלך אחר המנהג, **ותו** דהא קי"ל וסתות דרבנן.

יש מצדדין לחלק בדין מינקת, בין אם מניקה בפועל, שבזה יש להקל כהשו"ע שלא תקבע וסת, **לבין** אם אינה מניקה בפועל, שבזה יש לחוש לשיטת הרמב"ן דקובעת וסת בימי מניקותה.

י"א דאפי' הפילה נפל, כ"ז שיש לה דין לידה לענין דם לידה ודם טוהר, יש לה דין מניקה, דאין אבריה חוזרין עד לאחר כ"ד חודש.
וי"א דאפי' הפילה רוח, יש לה ג"כ דין מניקה.

י"א דדוקא להחמיר הוא דאמרינן דאין קובעין וסת, היינו דיהא צריך תלת זימני למיעקר, **אבל להקל אמרינן דקבעה**

וסת, וא"צ לחוש אלא כפי מה שקבעה, ולא לראיה בתרייתא, שתיחוש מספק לימי החודש ולהפלגה.

סימן קפט סל"ג(2) • שחוששת לראייתה כוסת שאינו קבוע

ומ"מ חוששת לראיה שתראה כדרך שחוששת לוסת שאינו קבוע. **וכתב** הט"ז דבזה חמור דין מעוברת מדין זקנה, **והטעם**, שזקנה אין לה דם בטבע, **משא"כ** מעוברת שיש לה דם, רק שהעובר מעכב, ותיכף שעברו ימי העיבור חזרה למקומה. **והפת"ש** מוכיח מכאן דט"ז סובר דחוששין כבר בראיה אחת, דבג' ראיות גם זקנה חוששת, **והמחה"ש** כתב דהוי טעות המדפיס, ודברי הט"ז אלו ראויים להיות מצויינים בסל"ד, ומוכיח איפכא מסל"ד, ע"ש.

י"א דמ"מ א"צ לחוש לעו"ב של אותה ראיה, דהא אשה שיש לה וסת, אם שינתה ראייתה פעם א', א"צ לחוש לעו"ב של אותה ראיה, דרק אשה שאין לה וסת כלל חוששת, **וא"כ** כ"ש במעוברת ומניקה, דעדיפי מאשה שיש לה וסת. **ויש** חולקין.

סימן קפט סל"ד(1) • שאינה חוששת לוסתה הראשון

מעוברת משהוכר עוברה, ומניקה כל כ"ד חדש, אינה חוששת לוסתה הראשון, וא"צ בדיקה ומותרות לבעליהן. **ואפי'** שופעות ורואות דם באותן עונות שהן למודות לראות בהן, אינו אלא במקרה.

כתב הס"ז, פי' ואח"כ אינה חוששת לוסת זו. **מבואר** מהט"ז, דמש"כ השו"ע לעיל סל"ג, שצריכה לחוש לראיה שתראה, היינו דוקא כשתראה ג"פ.

והש"ך בסי' קפ"ד, כפי שביארו שם הפת"ש ורעק"א, ס"ל דכבר בפעם א' צריך לחוש, **וע"כ** הכא ד"אינו אלא במקרה" ואינה חוששת, היינו בתורת וסת קבוע, אבל בפעם א' חוששת כוסת שאינה קבוע, כדלעיל סל"ג.

סימן קפט סל"ד(2) • עברו ימי העיבור וההנקה

עברו ימי העיבור וההנקה, חוזרות לחוש לוסתן הראשון. **ולפי** המחה"ש, ע"ז קאי הט"ז דלעיל סל"ג.

ודוקא לוסת הקבוע חוזרת לחוש, אבל לוסת שאינו קבוע, כיון שנתעברה ופסקה דמים, שוב א"צ לחוש כלל אחר ההנקה.

כיצד, היה לה וסת לימים, אם למודה לר"ח, חוששת לר"ח ראשון שהיא פוגעת בו, ואף אם לא ראתה בו, חוששת לר"ח שני, וכן לג', שאינו נעקר בפחות מג"פ, וכן כל כיוצא בזה. **וכן** הדין אם היה לה וסת הגוף בלא זמן ידוע, או לזמן ידוע.

אבל אם היה וסת ההפלגה, א"א לחוש עד שתחזור לראות, שהרי אין כאן ראיה שנשער בהפלגה ממנה, **חזרה** לראות אפי' פעם א', חוששת ליום ההפלגה שהיתה למודה להפליג.

והסור פסק כהרמב"ן, שאינה חוזרת לחשוש לוסתה, עד שתראה פעם א', ומשתראה פעם א' חוזרת לוסתה, אפי' אינה רואה בזמן וסתה, **וקשה** למה השמיט המחבר דעתם, דהא רבים נינהו, **ועוד** דהא בוסתות דרבנן שומעין להקל.

§ סימן קצ – דיני כתמים ובדיקת האשה §

סימן קצ ס"א(1) • דין כתם מה"ת ומדרבנן

דבר תורה אין האשה מטמאה ולא אסורה לבעלה, אפי' אם היא רואה, עד שתרגיש שיצא דם מבשרה, **ועיין** לעיל ר"ס קפ"ג, דג' מיני הרגשות יש, לענין שתהא טמאה מדאורייתא.

וחכמים טמאו כתם שנמצא בגופה או בבגדיה, אפי' לא הרגישה, ואסורה לבעלה, (**אפי'** אם לא ראתה מעולם, כיון שהגיע לימי הנערות), **ואפי'** בדקה עצמה ומצאה טהורה.

ולא הוי ס"ס, ספק אם יצא ממנה או מעלמא, ואת"ל ממנה אימור לאו מן המקור אתי, **דכיון** דרוב דם שיוצא מהאשה שאין לה מכה, אתי ממקור, לא נחשב זה לספק כלל.

וצריכה הפסק טהרה, שתבדוק עצמה ותמצא טהורה, ואז צריכה להמתין ה' ימים קודם שתתחיל לספור, כאילו ראתה ודאי, ואח"כ תמנה ז' נקיים.

אם נמצא כתם בבגד האיש, ואפילו על חלוקו לאחר התשמיש, י"א דאין לו דין כתם, **אם** לא שקנח עצמו בו דאז האשה טמאה, **והגם** דמבואר בתוספתא, דאם נמצאת על חלוק בנה או כל אדם השוכב בצדה, ה"ז טמאה, **י"ל** דהיינו דוקא בציור דשוכב בצדה, באופן דשייך דבא הדם מגופה לבגדו, **משא"כ** היכי דלא שייך דבא הדם להדיא מגופה, אין אומרים דבא מגופה לגופו, ואח"כ לבגדו.

סימן קצ ס"א(2) • האשה שהרגישה שנפתח מקורה

כתב המחבר בשם התה"ד, אם הרגישה שנפתח מקורה להוציא דם, ובדקה אח"כ ולא מצאה כלום, טמאה, שאני אומר דם יצא כחרדל ונתקנח או נימוק, דהרגשה דאורייתא היא היכא דליכא למיתלי במידי אחרינא.

נשים שרגיל בהם ליחה לבנה ומוחזקת בזה, י"א דאפי' הרגישה זיבת דבר לח ולא בדקה, טהורה כיון שמוחזקת ורגילה בכך, תלינן במצוי.

נשים שהם בחזקת מסולקות דמים, כגון מעוברת ומניקה, י"א דאפי' נפתח מקורה, טהורה אם לא מצאה כלום, דתלינן שנפתח מקורה להוציא ליחה לבנה או ירוקה, שגם אלו באים מן המקור, וכיון שהן בחזקת מסולקות דמים, יותר מסתבר לתלות בהם, שכן דרך אפילו במעוברת ומניקה, ממה שנאמר שיצא דם, **ויש** חולקים עליו.

ויש שהקשו על עיקר דין של התה"ד, וא"כ י"א דלא מיבעיא במסולקת דמים דלא חיישינן לה, אלא אפילו במוחזקת דמים, המקיל נשכר ואין כאן חשש.

י"א שגם התה"ד לא קאמר הרגשה דאורייתא שהוא ודאי, אלא כוונתו דהוא ספק דאורייתא ולחומרא, ומעתה היכא שהאשה מסופקת על ההרגשה עצמה, כגון שנדמה לה בשעת שינה כאילו היא מרגשת שנפתח מקורה, והיא מסופקת אם זה היה רק חלום או באמת נפתח מקורה, הוי

ס"ס, **אמנם** כ"ז אם היא עומדת בימי טהרתה, אבל בימי ספירה אי מהני ס"ס, עיין בנו"ב.

י"א דתרתי בעינן, שהרגישה שנפתח מקורה, וגם הרגישה זיבת דבר לח, והיינו הפי' במש"כ בשו"ע, אם הרגישה שנפתח מקורה להוציא דם, ובזה מסולק מה שמתמיהים על התה"ד.

ואם רק הרגישה שנזדעזעו אבריה, י"א דאם בדקה ולא מצאה כלום, טהורה, שתלינן זו בשאר מקרים, ודלא כהחת"ס לקמן.

בדקה ומצאה מראות כשרות, כגון ליחה לבנה או ירוקה, או כמראה גע"ל, טהורה, ותולה הרגשתה בזו. **וי"א** דצריך קצת מיתון בדין זה, מהו מראה הטהור, כי לעולם תוציא לפנינו הבדיקה מלוכלכת בשליי"ם מלחלוחי הגוף, ונפל פיתא בבירא.

אם בדקה עצמה בתוך שיעור וסת ולא מצאה כלום, שיטת החוו"ד, דאפ"ה טמאה, (**ולפי"ז** י"ל, דאם מצאה מראה טהורה דתולה הרגשה בזה, היינו גם דוקא כשבדקה בשיעור וסת), **אכן** דעת הכו"פ אינו כן, אלא דדוקא אי לא בדקה תיכף כשיעור וסת, אמרינן חזקה דראתה, **משא"כ** אם בדקה בתוך שיעור וסת, (**ולפי"ז** יש להסתפק באם מצאה מראה טהורה, עד כמה זמן יכולה לתלות בהא), **והחת"ס** מסופק בדין זה.

ואם בדקה מיד בתוך שיעור וסת, והניחה העד עד הבוקר, ובבוקר לא מצאה כלום, י"א שיש לטהרה, ותלינן שהיה מראה טהור ונתייבש על העד ואינו ניכר, דזה קרוב יותר מלומר שהיה אדום ונמוק קודם שבדקה כרגע, דזה אינו שכיח, **אבל** אם לא הניחה עד הבוקר, אלא ראתה מיד ולא מצאה כלום, טמאה, אף שבדקה בתוך שיעור וסת, (והיינו כדעת החוו"ד הנ"ל), **ואמנם** אם לא בדקה רק אחר שיעור וסת, חיישינן שמא נמוק או נאבד, **ואפי'** אם בדקה בתוך שיעור וסת, דוקא אם למחר לא מצאה כלום, אבל אם מצאה דם כל שהוא, אפי' פחות מגריס, אף שהעד אינו בדוק, טמאה.

אם ראתה טיפות דמים ע"י ליחה לבנה מרובה, י"א דזה מקרי שלא ע"י הרגשה, דתלינן הרגשה ברובא בליחה לבנה מרובה, **ויש** שהשיג ע"ז.

בדקה ומצאה מראה טהור ובתוכו מראה טמא פחות מגריס, י"א דאם בדקה בעד שאינו בדוק, דטהורה, **אכן** החוו"ד כתב דטמאה, דהא רוב פתיחות המקור למראות טמאות הן, תדע דהא טמאה בלא מצאה כלום, ולא תלינן במראות טהורות, **ואפי'** ראתה מראות טהורות על עד שהוא בודאי מלוכלך בדם, טמאה כשהרגישה, **וכן** אפי' נאבד מקצת העד, טמאה, **ואינה** טהורה כשהרגישה רק כשיודעת בבירור שלא ראתה על העד רק מראות טהורות.

ודוקא בהרגשת פתיחת פה"מ, או זעזוע הגוף, או עקיצה כמו עקיצת מ"ר, שהם הרגשות גמורות מה"ת, כתב החת"ס דיש להחמיר כהחוו"ד, אפי' בדקה בכתונת, מכ"ש בעד שאינו בדוק דעדיף מכתונת, **והטעם**, דמיד שהרגישה אבדה לה חזקת טהרה שלה עד שתבדוק, ואם בדקה ונאבד העד, בטמאה מחזקינן לה, **אבל** בהרגשה דזיבת דבר לח, אפילו יהיבנא ליה להגאון נו"ב ז"ל שהוא הרגשה דאורייתא, מ"מ היינו שאם ראתה דם ע"י הרגשה כזו, חייבים עליה כרת, **אבל** שיהיה הרגשה כזו מוציאה מחזקת טהרה שלה, עד שנאמר שאם נאבד העד או שאינו בדוק, תהיה בספק טומאה, זה לא אמרינן, וא"א לאמרו כלל, **ואפי'** אם לא מצאה עליו כלל מראות טהורות, רק אלו הטיפי דמים, אינה טמאה יותר רק כשאר בדיקות עד שאינו בדוק, דאינו מטמא אלא בשיעור כתם, **רק** בענין אחד חמור מכתם דעלמא, דאין לטהר אלא בשיעור מאכולת קטן שבזמנינו, או פשפש אם מצויים שם.

ויש שמחלק בין כתונת לעד שאינו בדוק, דבעד שאינו בדוק המלוכלך בכמה לכלוכים, הוה כלא בדקה כלל, ותלינן שדם יצא מהמקור, והאי מראה טהור לאו מגופה, אלא מעלמא, **ואפילו** אין על העד שום דם, רק מראה טהור צ"ע להקל, **אך** בכתונת דמראות כשרות אין מצויים בו לומר דהוא מעלמא, טוב יותר לתלות מגופה, שבא ע"י הרגשה זו, ע"כ המקיל לא הפסיד והמחמיר תע"ב.

הרגישה שנפתח מקורה, ומצאה טיפת דם כחרדל, כשבדקה עצמה בעד שאינו בדוק, י"א דטמאה, **דאף** אם ניקל באם לא מצאה כלום, (דלא כתה"ד), מ"מ הכא שמצאה טיפת דם גרע טפי, ולא תלינן לקולא, **ונראה** דאם מצאה ג"כ מראות טהורות, דיכולה לתלות הרגשתה בזו, והדם במאכולת, טהורה לדעת המקיל באם לא מצאה כלום, **דאף** החוו"ד לעיל לא כתב בדין זה דטמאה, אלא דוקא לדעת התה"ד, וכמ"ש שם תדע כו', **וצריך** לעיין, דכיון דגרע טפי מאם לא מצאה כלום, אולי לדעת התה"ד, אף במעוברת ומניקה טמאה בכה"ג.

אשה שהיתה מתעטשת בחוזק וכח, וע"י כח גדול של העיטוש ניתז ממנה למטה מי רגלים לפי דעתה, ולא בדקה עד הלילה בשכבה שראתה למטה בכתונת כתם קטן פחות מכשיעור גריס, **י"א** דכיון שהוא פחות מכגריס אין לחוש כלל, **ואף** דמבואר דאם הרגישה שנפתח מקורה ובדקה ולא מצאה כלום, דטמאה, **שאני** התם, דמיירי שבדקה מיד ולא מצאה כלום, וע"כ צ"ל דלא לחנם נפתח מקורה, והואיל שהרגשה דאורייתא חיישינן שמא יצאה טפת דם, **משא"כ** באשה זו דלא בדקה מבקר עד ערב, וזה שכיח הרבה בין הנשים, שע"י עטוש בכח נתזין ממנה מ"ר, ואי הוי בדקה מיד היתה רואה לחלוחית של מ"ר, ואחזוקי איסורא לא מחזקינן.
ויש שכתב דהיינו דוקא בכה"ג שיצאו ממנה כמה טיפין לדעתה, והואיל דלא מצאה אלא חד כתם קטן, מוכח שמי רגלים היה, דאי היה דם היה נמצא הרבה, **אבל** אם הרגישה כאילו **יצא** ממנה מעט, ואינה יודעת מה הוא, אם דם או מי רגלים, ואח"כ מצאה כתם אפילו פחות מכגריס, תלינן כתם זה בהרגשה וטמאה, ע"ש.
אבל י"א דאפילו בכה"ג תלינן להקל, דדוקא בפתיחת המקור החמיר בתה"ד, משא"כ בהרגשה שניתז ממנה דבר מה, תולין במצוי במ"ר.

סימן קצ ס"ב • דין כתם בתינוקות

לא גזרו בתינוקת שלא הגיע זמנה לראות, דהיינו שהיא פחותה מי"ב שנה ויום אחד, אפי' הביאה שתי שערות, **וכן** אפי' היתה יתירה מי"ב, אם בדקוה ולא הביאה ב' שערות, **בין** שהיא בתולה בין שהיא בעולה, **ואפי'** אם ראתה כבר ב"פ, **אבל** לאחר שראתה ג"פ חוששת לכתם.

שיטת מהרש"ל, דהאידנא כל אשה שיש לה בעל חוששת לכתמיה, ואפי' היא קטנה, שהרי אפי' לדם בתולים מונים ז"נ, ואין להקל מן המנהג, **והב"ח** כ' דודאי אין להקל מן המנהג.

אבל הש"ך כתב, דאין ראיה כלל מדם בתולים, **וגם** שאין בזה מנהג, והמנהג הוא רק בדם בתולים, ומשם למד לכאן, **ועוד** דדבר שאינו מצוי אין שייך בו מנהג, **וגם** אילו היה המנהג כן, היה הרב כותבו בהג"ה, **וכ"נ** דעת הט"ו ושאר אחרונים, שאע"פ שכתבו לקמן סימן קצ"ג, דאפי' הבועל הקטנה טמאה, כתבו כאן דכתמיה טהורים.

שיטת הב"ח, דדוקא בכתם שנמצא בסדינים תלינן להקל, אבל לא בנמצא על גופה.

שיטת הש"ך, דאפי' נמצא על גופה, כל שהוא שלא בהרגשה טהורה, מאחר דאינו רק מדרבנן ולא גזרו בקטנה.

והחוו"ד חולק ע"ז, וס"ל דאין מטהרין אפי' כתמים בבגדה רק במקום דאיכא למימר עברה בשוק של טבחים ולאו אדעתה, **אבל** אי ודאי אתי מגופה, אפילו לא הרגישה, טמאה.

סימן קצ ס"ג • גדר של ראיות נפרדות

היתה שופעת כמה ימים, או שהיתה מדלפת טיף אחר טיף בלא הפסק, אינו אלא כראיה אחת עד שתפסוק. **אבל** אם פסקה מעט, וחזרה וראתה ג"פ אפילו ביום אחד, הרי זו מוחזקת בדמים וכתמה טמא.

שיטת הב"ח הובא בש"ך, דפסקה מעט קאי רק אמזלפת, **אבל** בשופעת אפי' פסקה מעט וחזרה וראתה, והפסיקה כך הרבה פעמים, כיון שהיא שופעת, אינה אלא ראיה אחת, **דא"א** לאשה שופעת כמעין כמה ימים ותחיה, וצ"ע.

שיטת הס"ז, דהא דא"א שתחיה, היינו כל ז', אבל השו"ע כתב כמה ימים, דהיינו ב' או ג' ימים, וזה ודאי אפשר שתחיה, (**ולהש"ך** אפי' ב' ימים א"א שתחיה), **ונמצא** שכל שיש הפסק בין הראיות, הן בין שופעת, הן בין מזלפת טיפין, נחשב לשתי ראיות, **וכן** הסכימו האחרונים.

שיטת הי"א, שאין כתמה טמא אא"כ ראתה דם ג' וסתות, דהיינו שתפסיק איזה ימים בין ראיה לחבירתה, (**אבל** לא בעינן שיהיה דוקא דרך קביעות וסת בזמנים שוים), **ויש** להחמיר כסברא ראשונה.

סימן קצ ס"ד • תינוקת שראתה ג"פ ופסקה

תינוקת שלא הגיע זמנה לראות וראתה ג"פ, ופסקה מלראות שיעור ג' עונות, שהם צ' יום, חוזרת לקדמותה וכתמה טהור, **אפי'** חזרה לראות בעונות שהיתה למודה, **עד** שתחזור ותראה ג"פ.

סימן קצ ס"ה • שיעור של כתם

לא גזרו על הכתם אא"כ יש בו כגריס ועוד.

ושיעור כגריס הוא כט' עדשים, ג' על ג'. ושיעור עדשה כד' שערות, והגריס הוא ל"ו שערות, דהיינו ו' על ו' לאורך ולרוחב.

ומשערין השערות (אם אין לו גריס של פול) כמו שהן קבועות בגופו של אדם עם החלל שביניהם, **ולא** בשערות שבראש, שהן דבוקים זה אצל זה ממש, (ודלא כהד"מ), **ומשערין** בזרוע שבין כף היד ובין הפרק, שם ישועור היטב ו' שערות על ו', הן ואוירן, ועוד מסביב סביב שיעור חצי אוירן.

וכל זמן שאין בו כגריס ועוד, אנו תולין לומר דם כנה הוא, אע"פ שלא הרגה כנה.

אבל משיש בו כזה השיעור, אין תולין בכנה, בין אם הוא מרובע או אם הוא ארוך.

ואם נזדמן לה גריס יותר גדול מזה השיעור, משערין בו, דאמרינן דאפשר דיש כנה יותר גדולה.

שיעור הח"צ, שגריס הוא המין שקורין גרוישע באהנען, ובהם הרחש מצוי, ומחציתו לאחר שחלק לשנים, (שדרך גידולו שני חלקים, וכל חלק לעצמו במקום שהוא מחובר לחבירו דומה למרובע), ובו יש לשער להלכה למעשה, **ולאו** משום דחז"ל נתכוונו לזה הגריס, רק הוא כמ"ש בשו"ע, דאם נזדמן גריס יותר גדול משערים בו, **ובכו"פ** כתב, אם קבלה נקבל, **וי"א** דמש"כ דומה למרובע, סימנא קא יהיב, ולאו קפידא הוא.

וי"א דעתה שנמצאים עוד פולין יותר גדולים מאלה, והם נקרא טערקישי באהנען, והם אותם שאין מגדלין תולעים במחובר, ואינם מרובעים כלל, והם הנקראים פאסוליש, יש לשער בהם.

שיעור של בעל מעיל צדקה, לפי החזו"א, גריס בלא ה"עוד", הוא ריבוע של י"ח על י"ח מיללימטר, שהוא עיגול בקו של בערך כ' מיללימטר. **וחכמ"א** כתב, שהוא בערך כמו דיטקע פרייסעש החדשה. **ואג"מ** כתב, שגריס ועוד הוא כעין "פעני", מטבע של סנט אחד של ארה"ב, ויש לו קו של י"ט מיללימטר, **ושבה"ל** כתב, שהוא קו של י"ח - י"ט מיללימטר. (**ושיעור** של "דיים" הוא קו של י"ח מיללימטר).

בספר כו"פ השיב על שיעורו של בעל מעיל צדקה, דהוא שיעור גדול, **וחת"ס כתב**, דכן הוא שיעור כתם הנכון, בצמצום ובדקדוק גדול, **ואף** דהוא שיעור גדול הרבה, ולא נמצא כן דם מאכולת בזמנינו, **הטעם**, משום דתחלת גזירת כתם היה משום חומרא דטהרות, ולא פלוג רבנן וטמאו אותה גם לבעלה, שלא תהיה חוכא, האשה טמאה נדה לטהרות, וטהורה לבעלה, **וכיון** שנאסר במנין, אע"פ שבטל טעם טהרות, מ"מ גזירה לא בטלה, ועדיין אסורה לבעלה, **וכיון** שכל עצמה לא נאסרה לבעלה אלא מתקנת חכמים הראשונים, אין לנו לטמא אותה אלא בשיעור כתם שבזמניהם, שהיה מאכולת גדולה מצויה, אע"פ שבזמנינו אין נמצא.

י"א דאנן לא בקיאין בשיעור הגריס, דלא איתפריש עביו של הדם המונח על הסדין, ואם יש בו ממשות דם אתה משערו כן, ואם אין כאן רק צביעת הסדין אתה משער כן, ובדם גדול כגריס יכול לצבוע כל החלוק, **הילכך** צריך ליזהר בכתמים לפי שיקול הדעת, שאין דם מאכולת רבה, ובענין שהוא רואה שאינו ראוי לתלות, **ותימה** על הפוסקים שלא הביאו כלל דבריו, **ומ"מ י"א** דכולה רבוותא משערין ואינם חשים בדבר.

ואם הדם נצרר ועב במקום אחד, ואם היינו מרדדים הדק היה בו שיעור גריס, יש לחקור איך משערין, אם כמו שהוא עתה שהוא פחות מכגריס, או צריכין להחמיר לשער כמו שהיה מתפשט כצבע בעלמא, והיה יותר מכגריס וטמאה, **וי"א דאין אנו צריכים לשער רק כמות שבא לפנינו**, וה"ה איפכא, היכא שבא לפנינו כתם, וראינו שגוף הכתם פחות מכגריס, רק סביבו הוא התפשטות לכלוכו של גוף הכתם, שנצטבע מגוף הכתם, אפ"ה טמאה, וכך הוא מדות חכמים

בלא פלוג, **מיהו י"ל** דהכל לפי ראות עיני המורה, אם הדם צבור במקום אחד הרבה, דיינינן ליה כאילו נתפשט.

י"א דהיה מן הראוי לטמא כתם שחור שקטן מגריס, שא"א לתלות במאכולת שהוא אדום, **ומ"מ** במקומות שמצויין פרעושים שלכלוך שלהם שחור, ואין לך סדין וסדין שלא נמצא בו טיפות שחורות מאלו, בודאי יש לתלות בהם, **והכל** כפי ראות עיני המורה.

סי' קצ ס"ו • אם כתם הנמצא על בשרה צריך שיעור

כתב המחבר, דבעינן שיעורא בין בכתם הנמצא על חלוקה, בין בכתם הנמצא על בשרה.

והביא שיטת הרמב"ם בשם י"א, שלא אמרו אלא בכתם הנמצא על חלוקה, **אבל** כתם הנמצא על בשרה בלבד, במקומות שחוששין להם, אין לו שיעור.

י"א דוקא על בשרה לבד, אבל אם נמצא גם על בגדיה, אז לכו"ע תולה במאכולת אם אינה כגריס, **ואפילו** הכתם שבבגדיה שלא כנגד הכתם שעל בשרה, שכן דרך החלוק להתהפך הנה והנה.

וי"א דגם על בשרה ועל חלוקה, טמאה בכל שהוא להרמב"ם.

י"א דבהרגה, גם להרמב"ם בודאי בעינן שיעור כגריס ועוד, דדמי למכה שבגופה, **וצ"ע** לדינא.

הב"ח פסק כשיטה קמייתא, **והש"ך** כתב דאין להקל כלל.

סימן קצ ס"ז • מתי הוי השיעור כתורמוס ועוד

אם הרגה פשפש, בל"א וואנץ, או הריחה ריחו, תולה בו עד כתורמוס, והוא מין קיטנית עגולה ורחב כמעה קטנה.

י"א דבמקומות שהפשפש והרחש מצויין, תולין בה כתורמוס אע"פ שלא הרגה, **והב"ח** פסק דלא כוותיה, **אבל** הש"ך והט"ז פסק כוותיה, דבכתמים שומעין להקל.

אבל יש בזה צד חומרא, באם מצאה למעלה מהחגור כתורמוס, ולמטה מהחגור יותר מתורמוס, עיין סי"ז.

ואין חילוק בין ארכו כרחבו או לא, במקום דתלינן בפשפש.

י"א דצ"ע בהרגה פשפש, דהוי כמו נתעסקה בכתמים, אם יש לתלות בזה אם היה כתורמוס ועוד, ולומר דאותו עוד הוא ממאכולת.

סימן קצ ס"ח • אם אין במקום אחד כגריס ועוד

אם אין בכתם במקום אחד כגריס ועוד, אע"פ שיש שם טיפין הרבה סמוכין זה לזה, עד שאם נצרפם יש בהם יותר מכגריס, **טהורה**, שאנו תולין כל טיפה וטיפה בכנה, עד שיהא בו כגריס ועוד במקום אחד.

כתם שנמצא על בית יד של נשים על מקום הקמטים, אם אינו תפור, פשוט דאינו מצטרף, כי כל קמט עומד לעצמו, **ואפי'** אם תפורים צ"ע, דעכ"פ יש אויר ביניהם.

וי"א דה"מ כשנמצאו על חלוקה, אבל אם נמצאו על בשרה, מצטרפין לכגריס ועוד, **ודוקא** לסברא הראשונה דלעיל ס"ו, אבל לסברא האחרונה, בלי צירוף טמאה בכל שהוא.

סי' קצ ס"ט • כשצורתו נראה כאילו לא נטף מן הגוף

כתם הנמצא על בשרה, שהוא ארוך כרצועה או עגול, או שהיו טיפין טיפין, או שהיה אורך הכתם על רוחב יריכה, או שהיה נראה כאילו הוא ממטה למעלה, **הואיל** והוא כנגד בית תורפה, טמאה, ואין אומרים אילו נטף מן הגוף לא היה כזה.

ודין זה נוגע בין למ"ד דהיא טמאה בפחות מגריס, **בין** למ"ד דצריכה שיעור, ואיירי כשיש גריס ועוד.

סימן קצ ס"י(1) • נמצא על דבר שאינו מקבל טומאה

כתם שנמצא על דבר שאינו מקבל טומאה, לא גזרו עליו, **וכן** אפי' מין שהוא מקבל טומאה, אלא ששיעורו גרם לו, כגון מטלית שאין בו ג' על ג'. **כיצד**, בדקה קרקע עולם, או בית הכסא שאינו מקבל טומאה, או כל דבר שאינו מקבל טומאה, וישבה עליו ומצאה בו כתם, טהורה.

אם מקבל טומאת נגעים, אע"פ שאין מקבל שאר טומאה, מקבל כתמים וטמאה.

נמצא על בנין מחובר, י"א דכיון שהוא מקבל טומאת נגעים, לשיטת התוס' והרא"ש, טמא, **ויש** שחולק ע"ז.

דבר שאינו מקבל טומאה, המונח ע"ג דבר המקבל טומאה, י"א כיון דנטמא משום משא, לכך גם האשה טמאה, **והאחרונים** חלקו עליו.

מה שמקבל טומאה מדרבנן, י"א דמקבל כתמים.

אם נמצא על נייר, (שלא ע"י בדיקה וקינוח, אלא שעברה עליו או ישבה עליו), כתב הנו"ב דנייר שלנו מקבל כתמים, דלא גרע מלבדים דמקבלי טומאה. **ומש"כ** הרמב"ם דהנייר אינו מקבל טומאה, היינו בנייר שהיה להם בדורות הקודמים, מעלי אילנות וירקות או על קליפת עצים, שהחליקו והתקינו אותם לקבל הדיו, **אבל** נייר שלנו שנעשה מבלויי סחבות, או מעשבים כתושים, שהוא מעשה לבדים, זה בודאי מקבל טומאה, **וליכא** למימר דפנים חדשות באו לכאן, שהבגדי פשתן נטחן, דאין אנו דנין שיקבל טומאה מפני שהיה ארוג בתחלה, אלא ממה שנעשה עתה מעשה לבדים.

אבל החת"ס כתב, דאפילו נייר דידן אינו מקבל טומאה ולא כתמים, דכיון שנכתשו הדק היטב, ונמסו במים ונהפכו לפנים אחרות, פרחה דין צמר ופשתים מנייהו, **ועוד** דלא מקרי צו"פ אלא העומדים לבגד ואריג וחבלים ולבדים וכדומה, אבל הני ניירות שמיוחדים לצרכים אחרים, א"כ אפילו צו"פ בעינא, נימא מעשה עץ שימש, **ע"כ** בכתמים הנמצאים הולכין להקל, **אך** בבדיקת עד שאינו בדוק, אם הוא נייר, אע"פ שלענין שיעור כגריס ועוד יש לו דין כתם, מ"מ לענין זה לא אומר להקל בנייר.

בהכ"ס הקבוע בקרקע, והדף שיושבים עליו נעשה מן דף שהיו עורכין עליו, והיה עליו תורת כלי בתלוש, ואח"כ קבעוהו שם, וישבה עליו האשה ומצאה כתם, **י"א** שהיא טהורה, דכיון שקבעוהו אינו מקבל טומאה, **ואף** אם לא חיברו בקרקע, משפתח בו נקב גדול כזה, אפילו הוא עדיין רחב מכל צד ויכול לערוך עליו, מ"מ כבר נטהר.

סימן קצ ס"י(2) • נמצא על בגד צבוע

כתם שנמצא על בגד צבוע, טהורה. **וכתב** הרמ"א, לפיכך תלבש האשה בגדי צבעונין, כדי להצילה מכתמים.

ויש שמתמיה על שלא הביא השו"ע שום חולק בזה, די"א שלא אמרו בגמרא דבר זה אלא לטהר הבגד, אבל האשה טמאה, **והחת"ס** העלה לדינא, דאשה הלובשת בגדי צבעונים מצלת על כתמים, ואין להחמיר.

החת"ס כתב דזה דוקא בבגד שעל החלוק, אבל בגד הסמוך לבשר, כחלוק וכתונת, לא, **והאחרונים** חולקים עליו.

י"א דדוקא תלבש תמיד, אבל כדי להציל בימי נדתה ובימי ליבונה, לא, דהוי כמבטל איסור.

בג' ימים ראשונים י"א דאין תולין, **וי"א** דטהורה.

כתם שנמצא על בגד מנומר גוונים הרבה, לבנים ושאר צבעים, ולא היה כשיעור כתם על נימור לבן אחד, אלא שהיה מחובר, ועבר ע"ג חלק הצבוע צבע תכלת, (דכל הצבעים מצילין), ויוצא ע"ג הלבן שבצדו, באופן שבין שני חלקים שע"ג פספס שני הלבנים, היה בין שניהם כשיעור, והפסיק ביניהם הצבע, **י"א** דאין הכתם שעל הצבע מצטרף, **אבל** שני הלבנים מצטרפים, שאם יש בין שניהם כגריס טמאה, **אכן** י"א דגם מקום הצבוע מצטרף לכשיעור.

וכן אם ראתה כתם לבן, ובשני קצותיו מראה אדום, הלבן מצרפן להאדום שיהיה כתם א', ואם יש באדום יחד שיעור כתם, טמאה.

היכא דשמשה מטתה, ואח"כ מצאה כתם על דבר שאינו מקבל טומאה, או על בגד צבוע, **י"א** דצ"ע, דאע"ג דבעלמא קי"ל דטהורה, הגם דודאי מגופה, כיון דשלא בהרגשה חזיא, **אבל** כאן ספק דאורייתא הוא, די"ל הרגישה וסברה הרגשת שמש הוא, טמאה, **ואם** מצאה כתם זה סמוך להטלת מי רגלים, יש ג"כ ספק זה, **וי"א** דגם בכה"ג טהורה.

סימן קצ סי"א(1) • המקומות שכתם מטמאה

מקומות שהכתם מטמאה, כשאפשר שבא שם מן המקור, **ואפי'** עברה בשוק של טבחים או נתעסקה בכתמים, דכיון דבגופה לחוד אשתכח, רגלים לדבר וחזקה דמגופה אתא:

עקבה, דשמא נגע באותו מקום בישיבתה, דהיינו כשישיבתה כדרך הישמעאלים, שמשימין רגליהם תחת עגבותיהם.

כל אורך שוקה ופרסותיה מבפנים, והם המקומות הנדבקים זה בזה בעת שתעמוד ותדבק רגל ברגל ושוק בשוק.

ראש גודל רגליה.

כ"ש על גב רגליה ממש – רמ"א, **וי"א** דאפשר דגב הרגל לא גרע מצד חוץ דשוקיה ופרסותיה, **אבל** אין להקל למעשה, כיון שכבר הורה כן בב"י, ורמ"א מביאו.

י"א דבשאר גב הרגל לצד חוץ, וכ"ש בנמצא אשאר ראשי ד' אצבעותיה, טהורה, **וי"א** שצ"ע בשאר ראשי אצבעות הרגלים, **וי"א** דבזה נראה להקל, ואפשר שגם הב"י מודה בו, כיון שהוא רחוק מצד פנים.

ידיה, ואפי' על קשרי אצבעותיה, **ואפי'** בסתם, (הרב המגיד, ולא רק כשבדקה עצמה ולא נטלה ידיה), שהידים עסקניות הן ושמא נגעו באותו מקום.

אם אמרה ברי לי, שלא נגעתי באותן המקומות שאפשר ליפול שם דם מן המקור, י"א דנאמנת, ולא אמרינן דהוי מלתא דלא רמיא.

נמצא על ידיה אם צריכה שיעור, י"א דאפי' להמחמירים כהרמב"ם דכתם שעל בשרה א"צ שיעור, יש לסמוך על השיטות דצריכה שיעור, דהא בלא"ה י"א דדוקא כשבדקה עצמה ולא נטלה ידיה אח"כ, ורק דאנן מחמירין כהרב המגיד.

מצאה על גב ידה למעלה מן קשרי האצבעות, י"א דבמקום שיש עוד צד להקל, י"ל דכיון דאפי' ע"י שחיה הרבה א"א לה ליגע באותו מקום, אינו מטמא כלל בכתמים, ומכ"ש כשלא בדקה סמוך לזה, או אפי' בדקה אלא שנטלה ידיה.

מקומות שאין הכתם מטמאה, ואפי' לא עברה בשוק של טבחים, שאין במה לתלות, שא"א שבא שם מן המקור:

על שוקיה ועל פרסותיה לצד חוץ, או אפילו מהצדדין.

ואצ"ל למעלה מאותו מקום, טהורה.

ולא חיישינן שמא הביאתו שם בידים ממקור, דלא מחזקינן טומאה ממקום למקום.

ואם יודעת שנזדקרה כגדי, ונתהפכה ראשה למטה ורגליה למעלה, טמאה בכל מקום שתמצאנו, אפי' למעלה מהחגור (סינר שחוגרות בו הנשים לצניעות, והוא כנגד בית התורפה), בין מלפניה בין מלאחריה.

סי' קצ סי"א(2) • נמצא גם על בשרה וחלוקה, תלינן

ודוקא כשנמצא על בשרה לבד, הוא דלא תלינן בעברה בשוק של טבחים או נתעסקה בכתמים, **דכיון** דבגופה לחוד אשתכח, רגלים לדבר וחזקה דמגופה אתא.

אבל אם נמצא על בשרה וגם על חלוקה, אם עברה בשוק של טבחים או נתעסקה בכתמים, תולה בו, בין שנמצא למטה מהחגור, או שהגביהה רגליה ונמצא למעלה מהחגור, **ואף** דאין הוכחה דלא בא מגופה, דהא אפשר גם לדבר שמגוף להמצא על חלוקה, **אבל** עכ"פ לית כאן הוכחה דמגופה אתי, כיון דלא אשתכח על הבשר לחוד.

ואפי' אם החלוק אינו בדוק, י"א דלא אמרינן שהכתם היה על החלוק מקודם, וזה שעל בשרה הוא מגופה, **אלא** תלינן שגם על החלוק בא לה עתה ממה שנתעסקה בכתמים, ומזה בא גם על גופה.

ואפי' אם הכתם שעל חלוקה אינו נגד זה שעל בשרה, מ"מ טהורה, לפי שדרך החלוק להתהפך.

אם למעלה מהחגור מצאה על חלוקה, ולמטה מן החגור מצאה על בשרה, י"א דצ"ע אם זה הוא כמו בנמצא על בשרה וחלוקה, שתולה אם עברה, או לא, כיון דלא ראתה הכל במקום אחד.

סי' קצ סי"א(3) • ציורים שתולין בנמצא רק על בשרה

כשיש מכה בגופה שאפשר שיבא הדם ממנה, תולה בה, אפי' כשנמצא הכתם על בשרה בלבד, וטהורה.

ותוך ג' ימים ראשונים של ספירת ז' נקיים, לא תלינן אפילו במכה, כדלקמן סי' קצ"ו ס"י.

כשיש מכה בגופה שא"א שיבא הדם ממנה, שהמכה בכתפה, והכתם על יריכה, טמאה, דלא מחזקינן טהרה ממקום למקום, **אבל בצוארה** לפעמים תולה בה, כגון בצד שמקום התורפה מכוון נגדו, ולפעמים שוחה צוארה ונופל דם המכה שם.

אם נתעסקה ממש בידיה בכתמים, י"א דאם נמצא על ידיה, תולין, אבל בנמצא גם על שאר גופה לא תלינן, אע"ג שנמצא נמי על ידיה.

ויש חולקין עליו, דדוקא כשלא ידעה אם נגעה, או אפי' נגעה ולא ידעה אם נתלכלך ידיה מדם שבמכה, דהוי ס"ס להחמיר, שמא לא נגעה במכה, ואת"ל נגעה שמא לא נתלכלכו ידיה, ואת"ל שנתלכלך שמא לא הכניסה ידה לירכה וכיוצא בו, **אבל** אם נגעה בודאי במכה או בשאר דברים, ווודעת שנתלכלך ידיה מאותן הדברים, וגם נמצא עכשיו דם על ידיה וגם על גופה, ודאי תלינן דידים עסקניות הם, ושמא הכניסה ידיה לשאר מקומות שבגוף וטהורה.

אם יודעת שנגעה בודאי במכה, והמכה ודאי מוציאה דם, וכן אם נתעסקה בידיה בבשר ודגים שהיו מלוכלכים בודאי בדם, אע"פ שלא ידעה בודאי שהיו ידיה מלוכלכות בדם, **י"א דמ"מ** טהורה, שדבר ידוע שהנוגע בדם ודאי נדבק בידים.

עברה ונמצא דם על ידיה, י"א דאין תולין.

ויש מקשין, הא הטעם דבבשר לחוד דאין תולין, משום הוכחה דהוא מגופא, דאילו מעלמא גם על חלוקה היה משתכח, **וזה** שייך בבשר שמכוסה בחלוקה, אבל על היד לא שייך כן.

ולכן חולקין עליו, דבעברה ונמצא על ידיה, באמת תולין, **אלא** דבזה אם נמצא דם גם על גופה אין תולין, כיון דהלכלוך שעל ידיה אין בודאי דמעלמא, אין תולין בהם מה שעל גופה, **וג"ז צ"ע** קצת, דמ"מ נימא, דמה שעל גופה הוא מהלכלוך שלפנינו על הידים, וכיון דדנין דהלכלוך ההוא מעלמא, ממילא הך דם שעל גופה ג"כ טהור.

סי' קצ סי"ב(1) • אין חילוק בבגד בין צד חוץ לפנים

כשלא עברה בשוק של טבחים, ונמצא הכתם על חלוקה הבדוק לה, למטה מהחגור, או במקום החגור עצמו, טמאה, אפי' נמצא לצד חוץ. **ואין חילוק** בין נמצא בחלוק מלפניה או מאחריה או מן הצדדין, מפני שהבגדים חוזרין הנה והנה.

י"א דהא דאמרינן דבג' חלוקים זה על זה, אם אינה יכולה לתלות אינה תולה אפי' בעליון, דוקא ג' חלוקים שהם כתונות התחתונות, ובהני איכא למימר שנתקפלו התחתונות, **אבל** במלבושים גמורים, ובפרט מלבושים שלנו, נראה דאינה חוששת בעליון, דליכא למימר במלבושים כאלו שנתקפלו, **ויש** שמחלק בענין אחר, דדוקא בגדים שלהם שהיו כולם פתוחים מבית הצואר עד למטה, **אבל** במלבושי נשים שלנו שכולם אפודים, והיא לובשת ממתניה ולמטה, א"א בשום ענין שיבא בגד העליון נגד התורפה, ולא מטמאינן אם נמצא בבגד העליון, **וכן** בכרים שנותנים במטה שלנו, העשויה כתיבה מוקף בנסרים, והכרים עשויים כמדת המטה, א"א שיתהפך התחתון לעליון, ואם נמצא הכתם על הכר השני יש לטהר.

ואם עברה בשוק של טבחים, טהורה, אפילו נמצא לצד פנים ועל בשרה, כיון שנמצא גם על חלוקה, (**דבנמצא** על בשרה לחוד לא תלינן וכנ"ל).

סי' קצ סי"ב(2) • על חלוקה בלבד טהורה בנזדקרה

אם נמצא על חלוקה בלבד מהחגור ולמעלה, טהורה, אפי' נזדקרה והגביהה רגליה, ואפי' לא עברה בשוק של טבחים, דבנזדקרה א"א לדם לטפטף אלא שותת ויורד, ונוגע פעמים אף בחלוק, אבל שלא יגע בבשרה א"א, **משא"כ** בלמטה מהחגור ולא נזדקרה, אפילו על חלוקה לבד טמאה, כשלא עברה בשוק של טבחים.

ואם עברו ימים בין האזדקרות למציאת כתם, י"א דטמאה, דדלמא באמת היה ג"כ על בשרה, אלא דנתייבש ונתפרך.

ואפי' מגיע מהחגור ולמעלה כששוחה הרבה, י"א דטהורה מסתם, כשלא ידעה ששחתה הרבה, **וי"א** דהיינו כשהיא חוגרת בחגורה, דאז אפילו ע"י שחיה מרובה א"א להגיע מה שהוא למעלה מן החגור נגד התורפה, לפי שהחגור מפסיק למה שלמעלה מן החגור, **אבל** כשאינה חוגרת חגורה, י"ל באמת חיישינן, אף אם נמצא למעלה ממקום החגורה, **וצ"ע**.

סימן קצ סי"ג • נמצא על בית יד

נמצא על בית יד של חלוקה, אם מקום הכתם מגיע עד בית תורפה, טמאה, אפי' אינו יכול להגיע שם אא"כ תשחה הרבה, **ואם** אינו יכול ליגע שם כלל, טהורה.

י"א דלפי מה שנוהגין נשים שלנו לקשור הבית יד, אם נמצא למעלה כתם, טהורה, **ומ"מ** תשער האשה בעצמה, שתשחה הרבה עד שתגע לפי הטבעת, ועד המקום שמגיע מבית ידה לשם חוששין, ולא יותר.

סימן קצ סי"ד • היתה פושטתו ומתכסה בו, ומעפורת

היתה פושטתו ומתכסה בו בלילה, בכל מקום שימצא בו, טמאה, מפני שהוא חוזר הילך והילך.

וכן הדין אם נמצא במעפורת שמכסה ראשה או שחוגרת בו.

ואם קשרה בו ראשה היטב, וכשנעורה גם כן מצאתו קשור יפה, אינה חוששת.

סימן קצ סט"ו • השתמשו בו ב' נשים

שתי נשים שכיסו ראשן בחלוק א', שתיהן טמאות. **ואם** אחת כיסתה והאחרת לא כיסתה, אע"פ ששתיהן לבשו החלוק, ונמצא הכתם למעלה מהחגור, אותה שכיסתה טמאה, והאחרת טהורה.

סי' קצ סט"ז • היתה פושטתו ומתכסה ויש לה מכה

אם יש לה מכה בצדדי הצואר, ונמצא הכתם בחלוק, אפילו למטה מהחגור, שא"א ליגע שם מהמכה, אם פושטתו ומתכסה בו, תולה במכתה, שאני אומר נתהפך ובא לו שם.

ואם יש לה מכה בצואר ממש, מקום שאפשר ליגע שם מהמכה, בלא"ה תולה בה.

סימן קצ סי"ז • מצאה כתם למעלה ולמטה

מצאה כתם על חלוקה למעלה מהחגור, וכתם על חלוקה למטה ממנו, ויודעת שלא נזדקרה, טהורה, שאני אומר כמו שהעליון בא מעלמא כך בא התחתון.

ואע"ג דלעיל סעיף י"א אמרינן שאינה חוששת שמא נזדקרה, **הכא** בעינן שיודעת שלא נזדקרה, שיש עוד ריעותא

אחרת בכתם התחתון, ואם היינו תולין לומר לא נזדקרה ומעלמא אתי, ואח"כ נתלה גם הכתם התחתון בזה, הוי ב' תליות לקולא, וכולי האי לא מקילינן.

מצאה למעלה מהחגור בבשרה לחוד, ולמטה ג"כ בבשרה לחוד, תולים.

מצאה למעלה מהחגור על חלוקה, ולמטה על בשרה, י"א דצ"ע אי אמרינן דכיון דודאי עברה ולאו אדעתה, ניתז למעלה על חלוקה ולמטה על בשרה, או לא.

ויש מחמירין, דאפי' אם למעלה נמצא על חלוקה ובשרה, ולמטה על בשרה לחוד, דאין תולין.

וי"א דאף תוך ג' ימים לספירתה תולה תחתון בעליון, דכיון דהעליון ודאי אינו מגופה, ידעינן דבא מעלמא, הוי כאילו ידענו שנשפך דם על החלוק ולא ידעינן כמה, דפשיטא דגם תוך ג' ימים תלינן, **ועדיין** צ"ע לדינא.

אם כתם העליון אדום והתחתון שחור או איפכא, י"א דאף שבסכ"ג בנתעסקה באדום, אין תולין בו שחור, **הכא** דלא ידעה בשום עסק, אלא דמוכח דנתעסקה ולאו אדעתה, י"ל דתלינן כי היכי דנתעסקה באדום ולאו אדעתה, ה"נ נתעסקה בשחור ולאו אדעתה, **אבל** הפוסקים פסקו דגם הכא אין תולין שחור באדום.

בד"א בשיש בעליון כגריס ועוד או יותר, שודאי מעלמא בא, שהרי אין לתלותו בכנה, **אבל** אם אין בו כגריס ועוד, אין תולין אותו מעלמא, דשמא דם כנה הוא, **ואם** יש בתחתון כגריס ועוד, שאין לתלות בכנה, טמאה. **(ואף** לדעת הי"א לעיל ס"ו דעל בשרה א"צ שיעור דלא תלינן בכנה, **מ"מ** כיון דהעליון לאו מגופה הוא, שוב י"ל דדם כנה הוא, ואין ראיה דנתעסקה).

סימן קצ סי"ח • דין תליית כתמים

כיון שכתמים דרבנן, מקילין בהם ותולה בכל דבר שיכולה לתלות, כיצד, שחטה בהמה חיה או עוף, או נתעסקה בכתמים, או ישבה בצד המתעסקים בהם, או שעברה בשוק של טבחים, ונמצא דם בבגדיה, תולה בה וטהורה, **אפילו** לובשת ג' חלוקים זה על זה, ונמצא אפילו בתחתון, טהורה.

לא בעינן שיכול הדם או הכתם לבוא לשם, דה"ה אם ידיה נתלכלכו, תלינן שבא על הבגד מידיה, שידים עסקניות הם, **לכן** נשי הקצבים יכולים לתלות כתמיהם בדם שנתלכלכה בידיהם.

י"א דאשה שיוצא דם מחוטמה לפעמים, ורוצה לתלות בזה, אם דרכה בכך, דבהכאה מועטת נוטף דם מחוטמה, יכולה לתלות, **ואם אפשר לתלות בצואת תרנגולים,** תלינן, שלפעמים הם אדומים.

י"א דהאידנא דשכיחי נשים טובא ששואפים אבק הטאב"ק בחוטמיהן, וכשנופל הליחה מחוטמיהן ע"ג בגד פשתן נעשה כתם אדום, דיש לתלות בו, **וה"ה** כשבעלה דרכו בכך.

פעמים מלפפים התינוקות בבגד אדום, וע"י שהתינוק מטיל מים מפליט הצבע אדומה מהבגד ונצטבע חלוקה והסדין שלה, ודאי יש לתלות בו, **וכן** לפעמים היא לובשת בתי שוקיים מבגד אדום, וכשהיא מזיעה נתלכלך חלוקה מהצבע שהבגד מפליט, יש ג"כ לתלות בו, והכל לפי ראות עין המורה.

אבל אם נמצא על בשרה לבד אינה תולה, (וכנ"ל בסי"א), אא"כ יש לה מכה בגופה, אז תולה בה אפילו על בשרה, אם הוא במקום שאפשר לדם לנטף משם. **ואפי'** נתרפאת, אם אפשר לה להתגלע ולהוציא דם ע"י חיכוך, תולה בה, **ואע"פ** שעכשיו עלה עליה קרום ואינה מטפטפת, דשמא גלעה שלא מדעתה, **ואפילו** אינה יודעת שהמכה מוציאה דם, סתם מכה לפעמים היא מוציאה דם.

סימן קצ סי"ט • תלייה בבנה ובבעלה ובנשים אחרים

כשם שתולה בה, כך תולה בבנה ובבעלה אם נתעסקו בכתמים או אם יש בהם מכה, לפי שדרכם ליגע בה, **ויש** לבנה ובעלה כל דין מכה שבגופה, שאפי' היתה רק יכולה להתגלע נמי תולה בהם. **וי"א** דאפי' נמצא על בשרה לבד, תולה בבנה ובבעלה, **(משא"כ** בסיפא בדבר שדרכו לינתז, ע"ש).

וה"ה אם שכבה במטה עם נשים שיש להם מכות בגופן, תולה בהן כמו בבנה ובעלה.

אבל אם לא נודע שנמצא בהן בודאי דם לאחר שהיו עסוקים בדם, אינה תולה בהם, **אא"כ** היו עסוקים בדבר שדרכו לינתז, כגון שחיטה וכיוצא בה, **(ובזה** בודאי דאין תולין אלא כשנמצא גם על חלוקה, אבל בנמצא על בשרה לבד לא, דלא עדיף מעברה בשוק של טבחים), **אבל** אם היה נודע שהיה נמצא בהם דם, אע"פ שעכשיו אין בהם דם, תלינן שבשעה שנגעו בה היה בהם דם.

סימן קצ ס"כ • כשרגיל לצאת ממנו דם מפי האמה

מי שרגיל לצאת ממנו דם דרך פי האמה, ובשעת תשמיש נמצא בעד האשה דם, תולה בבעלה, **(וה"ה** אם אחר ב' או ג' ימים, בעת שרגילה לפלוט מצאה דם, ג"כ תולה בו), **ודוקא** אם רגיל שיוצא ממנו דם אף שלא בשעת הטלת מי רגלים, **דאם** לא היה דרכו להוציא דם כי אם בשעת מ"ר, לא מהני לטהר האשה ולתלות בבעלה.

סי' קצ סכ"א • נמצא בבגדה מאחוריה ויש לה מכה לפניה

היכא דאישתכח כתם בשיפולה מאחורה, ומכה איכא מקמא, **תליא** בה, דאפשר אדיתבא, הך דבתרא אתא לקמה ונטפה בה מההיא מכה.

סימן קצ סכ"ב • ספק עברה בשוק של טבחים

ספק אם עברה בשוק של טבחים או ישבה בצד המתעסקים בכתמים, אינה תולה בהם. **בד"א** בעיר שהטבחים או המתעסקים בכתמים יושבים במקום ידוע, **אבל** אם דרכם להתעסק כאן וכאן, דאז הוה כולה מתא כשוק של טבחים, תולין אפי' מספק, שמא נתעסקו במקום שעברה ולא הרגישה.

סימן קצ סכ"ג • לתלות כתם בדבר מצבע אחר

נתעסקה בדבר אדום, ונמצא עליה כתם שחור, או איפכא, אין תולין בו. **בד"א** אדום בשחור ושחור באדום, אבל אדום באדום ושחור בשחור, אפי' אם אינו ניכר ממש שדומה לו, תולה בו, כגון שנתעסקה במי תלתן או במי בשר או בקילור אדום קצת, תולה בו האדום.

ואם נתעסקה בצבע אדום, י"א דצ"ע, דלכאורה אסור, דאפשר לברר ע"י העברת ז' סמנים, ואף דאין אנו בקיאים, הוי ספק מחמת חסרון ידיעה, **ואף** בנאבד יש מקום לאסור.

סימן קצ סכ"ד • נתעסקה בתרנגולת

נתעסקה בתרנגולת, תולה בו אדום ושחור וכרכומי, לפי שדם שחיטתה אדום, ודם איבריה שחור, ודם בני מעיה כרכומי.

סימן קצ סכ"ה • ב' נשים שנתעסקו בכסלע, ונמצא על כל אחת כסלע

שתי נשים שנתעסקו בצפור אחד, שאין בו דם אלא כסלע, ונמצא על כל אחת כסלע, שתיהן טמאות.

י"א דאיירי שבאין לשאול שתיהן כאחת, משו"ה טמאות, אבל אם באו לשאול זו אחר זו, טהורות.

ויש חולקין, דא"כ הו"ל לתלמודא ולפוסקים לחלק בזה בהדיא, **דדוקא** כשאחת באה קודם שנודע כלום מן השניה, אבל אחר שנודע, ודאי שתיהן טמאות, אפי' בזו אחר זו, **וטעמא** דמילתא, דבכתמים כל שאין בו לתלות בשום דבר, הוי ספיקא טמא, ואין לך היתר רק אם יש בשום דבר לתלות שמסתבר שמשם בא הכתם, **ומש"ה** כאן שיש ב' נשים ויש כאן סלע יתירה, ואין סברא לתלות הטומאה באחת יותר מבחברתה, נשאר הדבר כאילו לא היה במה לתלות כלל.

י"א דאף במידי דאורייתא מקילין בבאו לשאול בזה אחר זה, **ויש** חולקין עליו, דלא שרינן אלא משום ספיקא לקולא, וספק דאורייתא לחומרא הוא, **ורק** גבי טומאה הוי ספק טומאה ברה"ר טהור, **וכן** בבדיקת חמץ הוי דרבנן, **ולגבי** שבוייה, משום דהקילו בה טובא, **אבל** לא באיסור דאורייתא, **והכא** נמי מדאורייתא אפי' אם תמצא כתם בגופה, טהורה עד שתרגיש שיצא דם מבשרה, ורבנן הוא דגזרו על הכתם.

סי' קצ סכ"ו • נתעסקה בכגריס ונמצא עליה יותר

נתעסקה בכגריס, ונמצא עליה כשני גריסין, הרי זו תולה כגריס בדם שנתעסקה בו, וכגריס במאכולת, **(אע"פ** שצ"ל שכל העסק שנתעסקה נדבק בה, ולא נשתייר שום דם באותו ענין שנתעסקה).

וכ"ש נתעסקה בכגריס, ונמצא עליה כגריס ועוד.

וי"א דדוקא במאכולת דשכיח טובא, וגם רגיל להיות במקום זוהמא, תלינן דנזדמן לדם שנתעסקה, ונדמה לכתם אחד, **אבל** בנתעסקה בב' זמנים בדם, אפשר דאין תולין להקל לומר דאתרמי זה בצד זה.

נתעסקה בכגריס, ונמצא עליה יותר מכשני גריסין, טמאה.

וכתב הרמ"א, ויש מחמירין ומטמאין בכל זה. **ואפי'** נתעסקה בכגריס, ונמצא עליה כגריס ועוד.

ומ"מ נראה דיש לסמוך אמקילין, דבכתמים שומעין להקל.

סי' קצ סכ"ז • נתעסקה בפחות מכגריס ונמצא עליה יותר

נתעסקה בפחות מכגריס, ונמצא עליה כגריס ועוד, טהורה, שאני אומר כתם זה מעסק הכתמים הוא, וכבר היה שם דם מאכולת שנצטרף אליו, עד שחזר ליותר מכגריס, **ודוקא** אם מה שנתעסקה בו, הוא כ"כ כמו הועוד, כגון שהועוד הוא חצי גריס, צ"ל שנתעסקה בחצי גריס.

ואם נתעסקה בפחות מכגריס, ונמצא עליה כשני גריסין, כתב המחבר דטהורה, דשדי דם העסק בי מצעי, וזיל הכא ליכא שיעורא וזיל הכא ליכא שיעורא.

וכתב הרמ"א, ויש מחמירין ומטמאין.

והפוסקים כתבו דליכא מאן דמטהר בהא, כיון דאיכא ביתרון מהעסק שיעור כתם, **דמ"ש** זו מנתעסקה בכגריס ונמצא עליה כב' גריסים ועוד, דסכ"ו, דלא אמרינן שדי דם העסק בי מצעי.

ואם נתעסקה בדם ואינה יודעת בכמה, אזלינן לקולא ואמרינן שהיה בדם כשיעור הכתם.

סימן קצ סכ"ח • מצאה ב' גריסין וכינה מעוכה בו

האשה שמצאה על חלוקה כשני גריסין וכינה מעוכה בו, טהורה, **שהגריס** הא' ודאי מכינה המעוכה בו, והגריס השני אנו תולין אותו בכינה אחרת, כיון שאין בו כגריס ועוד.

סימן קצ סכ"ט • הרגה פשפש

הרגה פשפש שאנו תולין בו עד כתורמוס, חזר כתורמוס לשיעור הגריס לכל הדינים שאמרנו.

סימן קצ ס"ל • אינה צריכה להקיף

א"צ להקיף הכתם לדבר שהיא תולה בו, אלא תולה מן הסתם, עד שתדע שזה שחור וזה אדום.

סימן קצ סל"א • ספק דם או צבע

מצאה כתם ואין לה במה לתלות, והדבר מסופק אם הוא דם או צבע, **מעברת** עליו ז' סמנים, אם עמד בעינו הרי זה צבע וטהורה, ואם אינה מעברת עליו, טמאה מספק. **ועכשיו** אין לנו העברת ז' סמנים, מפני שאין אנו בקיאים בקצת משמותם.

סימן קצ סל"ב • נמצא דם במקום שעברה

האשה שהיתה עוסקת במלאכתה, ונמצא דם במקום שעברה על דבר שהיה בדוק לה מתחילה, והוא מקבל טומאה, (**דאם** אינו מקבל טומאה טהורה, כדלעיל ס"י, דאין לחלק בין כתם לדם), **תחזור** להתעסק כמו שעשתה, אם יזדמן שיבא המקום שנמצא בו הדם בין רגליה, נגד אותו מקום, טמאה, **ואם** לא, טהורה.

סי' קצ סל"ג • בדקה בעד הבדוק לה, ונמצא עליו דם

האשה שבדקה עצמה בעד הבדוק לה, ונמצא עליו אפי' טיפה כחרדל, בין עגול בין משוך, טמאה. **ולא** עוד, אלא אפי' נמצא על הכתם מאכולת מעוכה, טמאה, **שאותו** מקום בדוק הוא אצל מאכולת, וע"כ חמור העד מחלוק, וודאי דם זה מגופה היא, ומאכולת מעלמא אתא בעוד שהוא מעוכה.

וכן הדין כשבדקה בעד הבדוק לה בו והניחתו בקופסא, (וכתב הט"ז דה"ה אם הניחתו במקום מגולה), ואחר שעה בדקה אותו ומצאה עליו דם כל שהוא, בין משוך בין עגול, טמאה.

אם בדקה קצת מן העד, וקצת העד לא בדקה, ובדקה את עצמה ממקום הבדוק, וכעת נסתפקה שמא ניתק מעל ידה ממקום שאינו בדוק, ומצאה פחות מכגריס, מה דינה, **יש** שדעתו נוטה להקל, **אך** אם לא בדקה היטב רק דרך העברה, בזה מותרת בודאי.

סי' קצ סל"ד • בדקה בעד הבדוק, והניחתו תחת הכר

בדקה עצמה בעד הבדוק לה, והניחתו תחת הכר או תחת הכסת, ולמחר נמצא עליו דם, (וי"א דה"ה אם מצאה מיד סמוך לבדיקה, ורק אורחא דמלתא קתני):
אם משוך, טמאה, שחזקתו מהקינות, ואפי' פחות מכגריס, **ודוקא** בעד בדיקה אמרינן הכי, אבל בכל שאר כתמים לא מחלקינן בין משוך לעגול, דלעולם פחות מכגריס טהורה.
ואם עגול, ואין בו כגריס ועוד, טהורה, שאין זה אלא דם מאכולת שנהרגה תחת הכר.

בג' ימים ראשונים של ז"נ, י"א דטמאה, דהא דכתם פחות מכגריס טהור אף בג"י ראשונים, הוא משום דאל"כ אין שום אשה יכולה להטהר, **אבל** כאן שהוא בעד שבודקת, ואפשר לה להזהר, אין להתיר בג"י ראשונים, **ויש** חולקים.

וה"ה אם הוא עגול יותר מכגריס, ויש מקום לתלות בו, כמו שנתבאר לעיל באיזה דבר תלינן כתם.
וכתב הס"ז, דה"ה אשה שרגילה להוציא דם מבית הרעי שלה, ובדקה עצמה אפי' בעד הבדוק, ובשעת הבדיקה נגעה גם שם, תולה בה שלא בשעת וסתה, (**וי"א**, שיש לתלות אפי' בשעת וסתה), **דאין** כאן ספק דאורייתא, כיון שלא הרגישה בדם מן המקור, **ואפי'** משוך טהור, כיון שנעשה בקינוח ממקום טהור, **ואפי'** הי"א דסל"ה מודה בזה, **ודלא** כהמחמירין בזה.

י"א דכן הדין בימי ליבונה, דתולה בזה, **ודלא** שרב אחד שרצה לפסוק, דדוקא כשהיתה בימי טהרתה, שאז יש לה חזקת טהרה, משא"כ בימי ליבונה שהיא בחזקת טמאה, דאינה תולה. **ופשוט** דבג"י ראשונים אינה תולה בזה, לפי דעת הש"ך בסי' קצ"ו, דאפילו במכה שידוע שמוציאה דם אינה תולה, מכ"ש כאן.

סי' קצ סל"ה • בדקה בעד הבדוק לה וטחתו בירכה

בדקה עצמה בעד הבדוק לה וטחתו בירכה, ולמחר נמצא עליו דם, **אם** משוך, טמאה אפילו בכל שהוא, **ואם** עגול, טהורה, אם אין בו כגריס ועוד, **דגם** כאן י"ל שמאכולת היתה על יריכה, ונתמעכה בהטחה שהטיחה על הירך.

וי"א שאף עגול טמא בכל שהוא, וכתב רמ"א, וכן עיקר, **ולא** דמי להניחתו תחת הכר וכסת, דשם המאכולת מצויה, משא"כ בירכה. **וי"א** דבנמצא בו מאכולת רצופה, בזה ודאי תולין במאכולת.

והס"ז כתב, דהי"א הוא הרמב"ם, דס"ל ממ"נ יש להחמיר, אם נמצא דם על הירך, איהו לטעמיה אזיל, דכל שנמצא על בשרה, לא תלינן במאכולת אפי' בפחות מגריס, (**ומקשים**, דהא בעל בשרה וחלוקה תולין, וא"כ הכא בעל עד וירך נתלה, **ובאמת** לעיל בס"ו, יש מחלוקת אם תולין כה"ג), **ואם** לא נמצא כאן דם על הירך, הרי הוכחה לפנינו, דהדם שעל העד הוא מגופה, דאי מהמאכולת שטחתה על יריכה, היה לה להמצא גם על הירך, כיון ששם נתמעכה, **משא"כ** אם בא מגופה, אפשר שלא נגע בירך באותו חלק שעליו הדם.

סימן קצ סל"ו • בדקה בעד שאינו בדוק לה

בדקה עצמה בעד שאינו בדוק לה, אפי' הניחתו שמור בתיבתה, ומצאה עליו דם, אינה טמאה, (אפי' כשהוא משוך), אלא אם יש בו כגריס ועוד.

וכתב רמ"א, ודוקא בעד בינוני, דהיינו שאין חזקתו בדוק ולא מלוכלך, **אבל** אם בדקה עצמה בעד שחזקתו מלוכלך, כגון שלקחה עד ממקום שדמים מצויין שם, שחזקתו שכבר היו בו כתמים, **טהורה** אפי' יותר מכגריס. **וי"א** דדוקא שלא בשעת וסתה, אבל בשעת וסתה חוששין, וכמו במכה שבגופה.

והס"ז הביא, דמלוכלך היינו כשלקחה חלוק מן השוק, ואינה יודעת ממי לקחתו, אי מגויה או מישראלית, נדה או טהורה, או שקנחה בעד המזדמן לה בבית, **ועד** שאינו בדוק, היינו שהיא נוטלתו ממקום מוצנע, שדרכן של נשים להצניע ולהכין להם עדים, **ועיין** מש"כ בסל"ט.

י"א דבזה"ז יש להחמיר בעד שאינו בדוק יותר מכתם דעלמא, דהתם שיעורו בכגריס ועוד, שהוא שיעור דם מאכולת גדולה שלא נמצא כן בזמנינו, **אבל** בעד שאינו בדוק, ומכ"ש ע"י הרגשת זיבת דבר לח, נהי דדין כתם יש לו, מ"מ מידי ספיקא לא נפיק, ואין לטהר אלא כדם מאכולת שנמצא בזמנינו, או פשפש אם מצוים שם.

סימן קצ סל"ז • בדקה בעד שאינו בדוק וטחתו בירכה

בדקה עצמה בעד שאינו בדוק, וטחתו בירכה, ואח"כ נמצא עליו דם, אפי' כגריס ועוד, טהורה, **דהוי** תרי ספיקי ולקולא.

והקשה הש"ך, דדוקא בנמצא דם על ירכה, (והעד אינו לפנינו), הוי תרי ספיקי, דליכא למימר מיד שמא מהמקור בא על ירכה, דהא מצאה על הירך במקום שאין דם המקור יכול ליפול שם, **א"כ** אני אומר ספק בא מן העד על הירך, ספק מעלמא אתי על הירך, ואת"ל מן העד בא על הירך, דלמא על העד נמי מקמי הכי הוה, א"כ הוי ס"ס גמור, **אבל** במצאה על העד, לא הוי ס"ס כלל, דליכא למימר שמא מן הירך שמא אינו מן הירך, ואת"ל אינו מן הירך שמא מקודם לכן היה עליו הדם, **דכה"ג** לא מקרי ס"ס כלל, דהכל א' הוא, דמיד איכא למימר שמא מהמקור בא על העד.
ומכ"ש כשנמצא עליה יותר מכגריס, דכה"ג ליכא חשש מאכולת כלל, וליכא למימר דמן המאכולת שבירכה הוא, **וליכא** אלא חדא ספיקא, שמא מקמי הכי הוי על העד, או שמא מן הקינוח הוא, והו"ל ספק דאורייתא וטמאה, **ודמי** לבדקה עצמה בעד שאינו בדוק והניחתו בקופסא, בסעיף ל"ו, דטמאה בכגריס ועוד, וה"ה הכא
וכ"ש להי"א בסעיף ל"ה, דאפילו בכל שהוא טמאה בירכה, דלא תלינן כלל בירכה, א"כ באינו בדוק נמי לא עדיף מהניחתו בקופסא, וצ"ע.

והאחרונים נקטו דלא כהש"ך, דכיון דאיכא למימר מעלמא אתא הדם על ירכה, ומירכה הוטח על העד, הגם דלגבי עד הבדוק לא אמרינן הכי כדלעיל, הכא כיון דאינו בדוק, ואיכא למימר נמי מקמי הכי הוה הדם על העד, חיישינן לזה הצד נמי, והוו להו תרי ספיקי לקולא.
מיהו דוקא בנמצא דם גם על ירכה, אבל אם לא נמצא דם על ירכה, י"א דדינו כהניחתו בקופסא.

וכ"ש בדהניחתו אחר הבדיקה במקום שיש לתלות הכתם, (ולא טחתו ביריכה), דטהורה אפי' ביותר מכגריס. **אבל** הניחתו במקום שאין דם שכיח, טמא, אם הוא יותר מכגריס – רמ"א.

סימן קצ סל"ח • איזהו עד הבדוק

איזהו עד הבדוק, כל שבדקתו, בין היא בין חברתה, ולא נודע שנכתם בו כתם, ולא העבירתו בשוק של טבחים, ולא בצד המתעסקים בכתמים, הרי זה בחזקת בדוק.

ואם הניחתו במקום מגולה, שאינו בחזקת שמור ולא בחזקת מלוכלך, דעת האחרונים שזה מקרי עד בדוק, **ויש** חולקין.

סימן קצ סל"ט • מצאה כתם בחלוק שאינו בדוק

אין האשה טמאה משום כתם שמצאה בחלוקה, אא"כ היה בדוק לה קודם שלבשתו. **אבל** אם אינו בדוק קודם שלבשתו, אפי' יודעת ממי לקחתו, ולבשתו בלא בדיקה ומצאה בו כתם, טהורה, **שאני** אומר כתם זה כבר היה, שהכתמים מדבריהם והולכים בהם להקל.

שיטת הט"ז, דכוונת השו"ע במש"כ: אבל אם אינו בדוק, היינו אם לקחה חלוק זה מן השוק ולבשתו בלא בדיקה, והיינו שאין לה שום ידיעה ממנו, ולכן אינה טמאה אפי' ביש בה כגריס ועוד, **ואינו** כלשון "אינו בדוק" שנזכר בסעיף ל"ו, דטמאה ביש בה כגריס ועוד, דהתם מיירי שהצניעתו בחזקת נקי, **ונמצא** דלענין דינא הוי הך דין דסעיף זה מכוון ממש עם סעיף ל"ו.

והב"ח הבין דהאי "אינו בדוק", הוא דומיא דסל"ו, **והחילוק**, דשם דמיירי שקנחה עצמה, וגרע טפי מהך דהכא דלא קנחה עצמה כלל, רק שמצאה כתם, וכ"כ רעק"א.

והט"ז ס"ל דאין לחלק בין קנחה ולא הרגישה דם, למצאה כתם בלא קנחה, דהא תרווייהו לאו דאורייתא, **והגם** דיש לחלק דקינחה י"ל שהרגישה וטעתה בהרגשת עד, **דעת** הט"ז (וכמו דמבואר נמי מדבריו בסל"ד), דמילתא רחיקתא הוא למתלי בהרגשת עד, ולא אמרינן הכי רק בליכא מידי למתלי שמשם בא הדם.

סימן קצ ס"מ • בדקה והשאילה לחבירתה

בדקה חלוקתה בתחלה (בדיקה 1#), ואח"כ לבשתו, ואח"כ פשטתו ומצאתו טהור (בדיקה 2#), והשאילה לחברתה, ולבשה, ומצאה בו כתם, **הראשונה** טהורה, והשניה טמאה.

טעם לבדיקה 1#, כיון דבין כך יש בדיקה 2#.

י"א דאל"כ בלא"ה הראשונה טהורה כיון שלא בדקה אותו קודם הלבישה, וכמ"ש בסעיף שלפני זה – ש"ך.

וי"א לדיוקא, דדוקא כשבדקה 2# טהורה, אבל לא בדקתו 2#, שתיהן טמאות, וזה אין שייך בלא בדיקה 1# – ב"ח.

וי"א דבדיקה 1# הכרח, דאל"כ אין לה שום צורך לבדיקה 2#, דאף אם תמצא כתם אחר ההפשטה, אין לה היזק כמו שפסק בסעיף הקודם, **וא"כ** ממילא בדיקה 2# הוא דרך מקרה בעלמא, ופשוט דאינה מועלת אלא אם תבדוק בכוונה מכוונת לידע הבירור, **משא"כ** אם בדקה דרך העברה בעלמא, דכל מילתא דלא רמיא עליה דאינש לאו אדעתיה – ט"ז.

וי"א דמיירי שלא בדקה פעם שנית החלוק, אלא שבדקה את עצמה ונמצאת טהורה, ואפ"ה תולין בשניה ולא בראשונה, דכאן נמצא כאן היה, **ואינו** מכוון, דבכה"ג דשתיהן שוות שתיהן טמאות, ולא אמרינן הכא כאן נמצא כאן היה.

סימן קצ סמ"א • תולין בנדה ובנכרית

לבשה חלוק הבדוק לה, ופשטתו, והשאילתו לישראלית נדה, **או** לגויה שהגיע לימי הנעורים, לי"ב שנה ויום א', דהוא זמנה לראות, וגם ראתה פעם אחת, אע"פ שאינה רואה בימי השאלת החלוק, **ואח"כ** נמצא בו כתם, תולה בהן וטהורה, **משום** שתולין הקלקלה במקולקלת, דנדה ונכרית אין בהו קלקול, **משא"כ** השאילתו לטהורה, דשתיהן טמאות.

וה"ה אם בדקתו (כשפשטתו, וצ"ע), והשאילתו להן, ואח"כ לבשתו היא ומצאה בו כתם, שתולה בהן.

ותולה בהן אפי' כשהיא בספירת ז"נ. **וכתב** הרמ"א דבג' ימים הראשונים של ז"נ אין מקילין בכתמים לתלות בדבר אחר, **ודוקא** כשהם יותר מכגריס ועוד, אבל בפחות מכן תולין בכינה, אפי' תוך ג'.

סימן קצ סמ"ב • תולין בבתולה וביושבת על דם טוהר, ובסופרת ז"נ

השאילתו לקטנה, שלא ראתה מעולם, (וצ"ע דבקטנה ה"ה אם ראתה), ולבשתו קטנה זו לאחר שנבעלה קודם שחיתה המכה, **שבימי** חכמי המשנה היתה מותרת עד שתחיה המכה של בתולים.

או שהשאילתו לנערה שלא ראתה, ולבשתו תוך ארבעה לילות לבעילתה, **ובימי** חכמי המשנה היתה מותרת עד ארבעה לילות אחר בעילת מצוה.

תולה בהן, ואפי' בזמן הזה שאין נותנין לשום בתולה שנבעלה אלא בעילת מצוה, לפי שדמים מצויים בה.

השאילתו ליושבת על דם טוהר, תולה בה, ואפילו בזמן הזה דהיא ככל הנשים, לפי שמן הדין היא טהורה, ואם תתלה בה אין כאן קלקול, **ומה** שהחמירו שלא לבעול על דם טוהר, לעצמן החמירו, אבל לא לענין שלא תציל חברתה.

השאילתו לסופרת ז' שלא טבלה, תולה בה, ובעלת החלוק טהורה, וחברתה ששאלתו מקולקלת, וסתרה כל מה שלפניה.

משמע דוקא בתוך ספירתה, אבל בשלמו ספירת ז"נ, אף דלא טבלה, אין תולין בה, דמאחר שטומאתה הראשונה כבר פקעה, אלא דגזה"כ הוא דבעינן טבילה, ואם אנו תולין בה אנו מביאין לה טומאה מחודשת, ומאי חזית דנטמא לזו מחדש ולא לזו, משו"ה שתיהן מקולקלות – משנה למלך.

וכ' לבוש, אף בשלמו ימי ספירתה תולין בה כ"ז שלא טבלה.

אשה נשואה טהורה ששכבה במטה עם פנויה גדולה שכבר ראתה כמה פעמים, ונמצא כתם בסדין המטה, **י"א** דנ"ל להקל ולתלות בפנויה, **לא** מיבעיא לדעת הלבוש דכ"ז שלא טבלה תולה בה, היינו ממש נ"ד, **אלא** אף לדעת המל"מ, דאף דהך פנויה אפשר שלא ראתה זה כמה שבועות, קיי"ל דבעי ספורים או בתחלה או בסוף, אבל בלא ספירה כלל, אף אי קמי שמיא גליא דלא ראתה כל ז', מ"מ לא מהני בלא ספירה, **א"כ** ממילא בפנויות שלנו דאין דעתן לטבול, ואין סופרות לכוונת ז"נ, מקרי זבה שלא ספרה ותולין בה.

סימן קצ סמ"ג • השאילתה לבעלת כתם

השאילתו לבעלת הכתם, אין תולות זו בזו ולא זו בזו, ושתיהן צריכות לחוש, לפי שאין ידוע בבירור לבעלת הכתם שהכתם יצא ממנה. **ואפי'** כשהיתה יושבת כבר על הכתם קודם שאלה, **ואצ"ל** כשראתה כתם בחלוק אחר לאחר ששאלה את זה, שבשעה שנולד בה הספק לא הכירה עדיין כתמה.

והקשה רעק"א דע"כ לא מיירי שנמצאו שני הכתמים ביחד, דא"כ אמאי לא תליא זו בזו, הא י"ל דמהיכן שבא הכתם שבחלוקה, אם מגופה אם שעברה ולאו אדעתה, בא ג"כ הכתם שבחלוק השאול, **אע"כ** מיירי דכשנמצא בחלוק השאול, ידעה שבחלוקה האחר עדיין אין בו כתם, **וקשה**, דהא ע"כ דנמצא הכתם אותיום אחר מציאת הכתם שבחלוק השאול, **דאל"כ** אף בראתה ממש לא מהני, כדלקמן סעיף נ"א, **וא"כ** איך שייך לומר, דמיירי דברגע שמצאה כתם בחלוק השאול, ידוע שעדיין לא נכתם חלוק דידה, ומיד ממש מצאה שנכתם ג"כ חלוק שלה, לומר דלא תלינן, דלא ידעינן בבירור שהכתם יצא מגופה, **הא** א"א שיהיה מעלמא, כיון דידוע דבאותו רגע לא עברה, וצ"ע.

וכ"ש בששתיהם טהורות, שבדקתו קודם שפשטתו, ואח"כ השאילתו לטהורה, וחזרה ולבשתו, ששתיהן צריכות לחוש, **וה"ה** כשלא חזרה ולבשתו נמי, אם לא בדקה קודם שפשטתו, **אלא** קמ"ל דאע"ג שנמצא אצלה, אפ"ה השניה ג"כ טמאה.

ואע"ג דהוי ספק דרבנן, מ"מ כיון דאי תליא בהא מיקלקלת, מאי חזית דתקלקל להך טפי מהך.

סימן קצ סמ"ד • תולה בימי נדותה

בדקה חלוקתה ולבשה בימי נדתה, ולא בדקתו כשפשטתו, ולבשתו בימי טהרתה ג"כ בלא בדיקה, ונמצא בו כתם, **תולה** שמימי נדותה הוא. **ואי** לא בדקה כלל אף קודם ימי נדותה, פשיטא דבלא"ה טהורה, כדלעיל סל"ט.

לפמ"ש הרמ"א לעיל בסעיף מ"א, דבג"י הראשונים אין תולין, ה"ה הכא, בעצמה אינה תולה, **אלא** שא"כ היה לו להגיה ג"כ הכי הכא, **אלא** דהרמ"א אזיל לטעמיה לקמן סימן קצ"ו ס"י, דדוקא בדבר אחר אינה תולה ג"י הראשונים, אבל במכה שבגופה שמוציאה דם תולה בה, **א"כ** ימי נדתה של עצמה ודאי כמכה שבגופה שמוציאה דם דמי, **אבל** לפי משה"כ הש"ך שם, דאפי' במכה שבגופה אינה תולה, א"כ הכא אינה תולה בימים שבנדתה, אלא אחר ג"י הראשונים של ז"נ.

סימן קצ סמ"ה • עוברה מניקה וזקנה תולין בימים שלא היו כן

בדקה חלוקתה ולבשה קודם שהיתה מעוברת, ואחר שנתעברה לבשתו בלא בדיקה, ומצאה עליו כתם, תולה בלבישת הימים שלא היתה עוברה. **וכן** המניקה, תולה בעצמה כמו שתולה בחברתה. **וכן** זקנה תולה בעצמה בימים שלא היתה זקנה.

סימן קצ סמ"ו • נתכבס הבגד בין הב' לבישות

חלוק שלבשתו בימי נדתה ונתכבס, וחזרה ולבשתו בזמן שהיא טהורה בלא בדיקה:

אם נתכבס ע"י ישראלית ואינה בפנינו לשאול, אינה תולה בה, דחזקת בנות ישראל בודקות חלוקיהן ושל חברותיהן בשעת כבוס, ואם תמצא כתם מגדת לחברתה.

ובזה לא מהני בדיקה של מקדיר או מגליד, דמהני רק באמרה שלא בדקתו, או בנתכבס ע"י נכרית.

בזה"ז לא חזינן דדרך בנות ישראל בכך, **ולכן** במקום שהחזקה הוי לקולא, כגון שנתכבס והשאילה לאחרת ונמצא כתם, דאי אזלינן בתר חזקה תהא הראשונה טהורה, **נראה** להחמיר.

ואם היא בפנינו ואומרת שלא בדקתו, תולה לומר שמתחילה היה ולא עבר ע"י הכיבוס.

וכן אם נתכבס ע"י שפחה או גויה, ואינה לפנינו, (**וה"ה** אם היא לפנינו, ואומרת שבדקתו ולא היה בו כתם, דלא סמכינן על דבריה לא לאיסור ולא להיתר, ודנין אותה כאילו אינה לפנינו), **תולה** לומר שמתחילה היה.

וכל זה מיירי היכא דהחלוק אינו בפנינו, שנאבד החלוק, דלא אפשר למיקם עלה דמלתא, וטהורה מספק דרבנן לקולא.

אבל אם הבגד לפנינו, אם אפשר לעמוד על הבירור, כגון שמכרת במראיתו, **אם** מקדיר, דהיינו שנכנס לתוך הבגד, בידוע שקודם כיבוס היה. **ואם** מגליד, דהיינו שאינו נכנס לתוך הבגד, בידוע שאחר כיבוס היה.

ואם אינה בקיאה בכך, חוששת להחמיר, שאין זה כספק דרבנן, דספק הבא ממיעוט הכרה אינו ספק, דאם אין זה בקי ומכיר, אחר יכיר.

והאידנא דאין אנו בקיאים בין מקדיר למגליד, אף נאבד אסור, דמיד כשנמצא הכתם נאסרה מחמת דהוי ספק דהוי חסרון ידיעה, ועי' שנאבד אח"כ לא הותרה.

סימן קצ סמ"ז • נתכבס הבגד בין לבישת הב' נשים

לבשה חלוק הבדוק לה, ופשטתו וכבסתו והשאילתו לחבירתה, ונמצא עליו כתם, וא"א לידע הדבר על ידי שאלה וכנ"ל, **אם** מגליד, בידוע שמהב' הוא, והיא טמאה והא' טהורה. **ואם** הוא מקדיר, בידוע שמהא' הוא, והיא טמאה והב' טהורה.

ואם אין יכולין לעמוד על הדבר, שתיהן טמאות. **וי"א** דטעמא, דלא שייך כאן למיזל לקולא, דהוי ספק הבא ממיעוט הכרה וכנ"ל, **וקשה** דאפי' מאן דחשיב הא דלעיל ספק, מודה בהכי, **אלא** היינו טעמא, דכיון דשתיהן טהורות ואין לתלות בא' יותר מחברתה, מאי חזית דמקלקלת להך טפי מהך, **ולפי"ז** אפי' נאבד, דבכה"ג הוי ספק מעליא, אפ"ה הכא שתיהן טמאות.

סימן קצ סמ"ח • שתי נשים א' ארוכה וא' קצרה

ב' נשים שלבשו חלוק א' בדוק, ונמצא בו כתם, **אם** הוא מהחגור ולמטה לשתיהן, שתיהן טמאות. **ואם** הוא למעלה מהחגור לשתיהן, שתיהן טהורות.

היתה א' ארוכה וא' קצרה, אם הוא מהחגור ולמטה לארוכה, כ"ש שהוא לקצרה, ושתיהן טמאות. **ואם** הוא מהחגור ולמטה לקצרה, ולמעלה מהחגור לארוכה, קצרה טמאה, וארוכה טהורה.

בד"א כשלא פשטו אותו בלילה לכסות בו את ראשן, אבל אם כיסו בו את ראשן, שתיהן טמאות. **כיסתה** א' מהן את ראשה ולא השניה, אותה שכיסתה את ראשה טמאה, וחבירתה טהורה.

סימן קצ סמ"ט • ג' נשים שלבשו חלוק אחד, או שישבו על ספסל אחד

ג' נשים שלבשו חלוק א', או שישבו על ספסל א', זו אחר זו, ואח"כ נמצא עליו כתם, כולן טמאות, **והוא** שיהא הספסל מדבר המקבל טומאה.

י"א דאפי' אם אינן באין לשאול בבת אחת, אלא בזה אחר זה, **ויש** חולקים, וכנ"ל בסעיף כ"ה.

בד"א בזמן שכולן שוות, אבל אם היתה אחת מהן אינה ראויה לראות יותר מחברתה, כגון שהיא זקנה או מעוברת או מניקה, או שלא ראתה דם מימיה אע"פ שנשואה, אותה שאינה ראויה לראות תולה בראויה.

סימן קצ ס"נ • ג' נשים שישנות במטה אחת

ג' נשים שישנות במטה א' ומשולבות, שרגליהן מעורות זו בזו, ונמצא דם תחת א' מהן, כולן טמאות.

ואם אינן משולבות זו בזו:
נמצא דם תחת האמצעית, כולן טמאות.
נמצא תחת הפנימית, היא והאמצעית טמאה, והחיצונה טהורה.
נמצא תחת החיצונה, היא והאמצעית טמאה, והפנימית טהורה. **בד"א** כשעלו דרך מרגלות המטה, אבל אם עלו דרך החיצונה, כולן טמאות, שאולי דרך עברתה נטף ממנה.

וה"מ כשלא נמצא על סדין העליון, אבל אם נמצא בו, למנהג שמניחין ב' סדינין זה ע"ג זה, ושוכב ביניהם כדי שלא יתלכלך המטה העליונה משום זיעה, בין כך ובין כך כולן טמאות, מפני שהוא עשוי להתהפך אילך ואילך.
וי"א דלא נהירא כלל, דהא עינינו רואות דהתחתון ג"כ נמשך, **ומ"מ** בכסת שתחת הסדין אין מתהפך כלל.

אבל לגופן אין חוששין שמא תתהפכנה מתוך שינה להיות משולבות, מפני שכתמים דרבנן.
אבל אשה א' שאין לה מונע, בכל מקום שימצא דם במטה טמאה, שהמטה כולה מקומה, **ועוד** דם זה מהיכן.

סימן קצ סנ"א • בציור הנ"ל הדין אם בדקו

כ"ז מיירי שלא בדקה שום א' מהן, או שבדקו שלשתן ומצאו טהורות, דכולן טמאות.
אבל אם בדקה א' או שתים ומצאו טהורות, הן טהורות, והאחרת שלא בדקה טמאה.
וי"א דהכא גם בדיקה מהני לטמא האחרות, ולא בעי דוקא קינוח כדלקמן, **דכיון** דמצאה טהורה, ידוע דמתחילת הבדיקה שהיה מיד היא טהורה, **ובאמת** קשה משמעות השו"ע דסגי בקנחה, דלמא בעינן בדיקה ממש, כמו כל בדיקות שהם לברר שהיא טהורה, דצריכים בדיקה גמורה, וצ"ע.

ואם בדקה א' ומצאה טמאה, האחרות שלא בדקו תולות בה, והן טהורות. **בדקו** שתים ומצאו טמאות, הן טמאות, והשלישית טהורה, מפני שתולה בהן.
ודוקא שקנחה עצמה בעד שבידה מיד תיכף למציאת הדם, אבל אם שהתה כדי שיעור בדיקה, דהיינו כדי שתקנח בחורים ובסדקים, אין בדיקת הטמאה מועלת לטהר האחרת, דדלמא לא בא הדם מיד ממש.

סימן קצ סנ"ב(1) • תולות שאינה ראויה בראויה

אם א' ראויה לראות יותר מחבירתה, שאינה ראויה תולה בראויה. כיצד:

א' ילדה וא' זקנה שעברו עליה ג' עונות ולא ראתה, זקנה טהורה, וילדה טמאה, **ואפי'** הילדה יש לה וסת קבוע, ומציאת כתם היא שלא בשעת וסתה, תלינן בילדה.
א' שאינה מעוברת וא' מעוברת שהוכר עוברה, מעוברת טהורה, ושאינה מעוברת טמאה.
א' שראתה דם וא' בתולת דמים שלא ראתה מעולם, אפי' היא נשואה, שלא ראתה טהורה, ושראתה טמאה.
א' מניקה וא' שאינה מניקה, מניקה טהורה, והאחרת טמאה.

אבל יש לה וסת אינה תולה באין לה וסת, **וכן יש לה וסת ולא הגיע שעת וסתה**, אינה תולה בהגיע שעת וסתה.

וכשם שתולה בחברתה כך תולה בעצמה, שאם לבשה חלוק בזמן שאינה עוברה, ואח"כ לבשתו בזמן שהיא עוברה, ונמצא עליו דם, תולה בימים הראשונים שלא היתה מעוברת, וכן מניקה וזקנה, וטהורה.

ואם היו כולן שוות, מניקות או זקנות, **או** א' זקנה ואחת מניקה, **או** א' זקנה וא' בתולת דמים, **או** א' זקנה וא' מעוברת, ולכל שאר אינך ששתיהן אינם ראוים לראות, **אין** תולות זו בזו, ושתיהן טמאות.

סימן קצ סנ"ב(2) • ג' נשים ערות ושוכבות על המטה

היו ג' נשים ערות ושוכבות על המטה או יושבות על הספסל כאחד, ונמצא דם תחת א' מהן, אפי' תחת האמצעית, **כיון** שכל א' מכרת מקומה, אותה שתאמר: ברי לי שלא באתי למקום שנמצא הדם, טהורה.

והקשה הט"ז מחו"מ, דמוכח דמלתא דלא רמיא עליה דאינש אמר ולאו אדעתיה, **ותירץ** דשאני הכא כיון דסמוך לשכיבתן נמצא הדם, ובזמן קצר כזה שפיר יודעת אם נכנסה למקום חברתה, כיון דהוא דבר שאינו רגיל קצת, **אבל** אם יש זמן רב אחר שכיבתן למציאת הדם, גם החיצונה טמאה.
והש"ך חולק, ומחלק דהכא דאי לאו דודאי קושטא קאמרה איסורא קעבדה, וודאי דלא בעי למיעבד איסורא, **ובלא"ה** נמי לא דמי מכמה טעמים.

אם נמצא ביניהן, הב' שנמצא ביניהן טמאות, והאחרת טהורה.

אם עלו דרך החיצונה ונמצא תחת החיצונה, כולן טמאות. **תחת** האמצעית, אמצעית ופנימית טמאות, והחיצונה טהורה. **תחת** הפנימית, היא לבדה טמאה, ושתים החיצונות טהורות.

ואם היה להן עסק לצד פנים שדרכן לקרב לצד הפנימי, כגון שהן טוחנות ברחיים, ונמצא דם תחת הפנימית, שתים הפנימיות טמאות, **ואם** נמצא תחת החיצונה, היא טמאה ופנימית טהורה, שאין פנימית דוחקת לבא לצד החיצונה.

סימן קצ סנ"ג • נתעסקה אחת בכתמים

הא דאמרינן: נמצא דם בחלוק או מטה או ספסל כולן טמאות, **אם** נתעסקה אחת בכתמים, כולן טהורות, שכולן תולות בה, והיא תולה בכתמים.

סימן קצ סנ"ד(1) • אין בכתמים משום וסת

אין בכתמים משום וסת. כיצד:
מצאה כתם בר"ח, אפי' ג"פ, לא קבעתו.
ואם היה לה וסת קבוע בר"ח, ואח"כ ג"פ לא ראתה בר"ח, וג"פ מצאה כתם בה' בחדש, **לא** אמרינן דנעקר לגמרי הוסת דר"ח, אלא הוי כלא קבעה וסת אחר, דאם אח"כ ראתה פעם א' בר"ח, חזרה לוסת הראשון.

חוץ מכתמי עד הבדוק לה, שהם מטמאים בכל שהן, אפי' בפחות מכגריס, והרי הן כראיות לכל דבר.

כתב הט"ז, דמשמע דדוקא בעד הבדוק, דאמרינן עלה בגמ' טמאה משום נדה, **אבל** בעד שאינו בדוק, אע"ג דגם בו יש איסור בכגריס ועוד, כמ"ש בסל"ו, מ"מ אין בו משום נדה, רק משום ספק טמאה כמו בכתם, ע"כ לא הוה כראיה ממש גם לענין וסת, **ומביא** מזה ראיה למש"כ בסל"ט, דעד שאינו בדוק לא הוי טומאה דאורייתא, אע"פ שקנחה עצמה.

אשה שהיא מוכת שחין, י"א דדבר פשוט שכתמיה טהורין, אפי' אם בשעת וסתה לא בדקה עצמה, ושוב בדקה ומצאה כתמים על סדינה או על חלוקה, טהורה, **וכ"ש** בימי ליבונה דתלינן להקל.

סימן קצ סנ"ד(2) • מצאה כתם אדום ולבן

כתב רמ"א בתשובה, שאם מצאה כתם בחלוקה יותר מכגריס ועוד, והיה מה לתלותו בו, אבל נמצא המראה האודם הנ"ל סביב הכתם הלבן, כדמות דבר לח המתפשט בבגד, וע"כ היה נדמה לעין, שהמראה האודם הנ"ל היה קצוות הכתם הלבן, ושהכל כתם אחד, **אע"ג** דקימ"ל בכתמים להקל, מ"מ בכה"ג נראה דטמאה, מאחר שאיכא הוכחה שבא ממנה עם הכתם הלבן, דהא מראה לבן וירוק נמי ממקור באים, ואי"כ בידוע שנפתח המקור שיצא ממנו הלבן, וודאי גם מראה האדום יצא משם, מאחר שנדמה הכל לכתם אחד, **ואפי'** לא יהא אלא ספק אם הכל כתם אחד או לא, נראה דאזלינן לחומרא, דכמו דללישנא קמא, נתעסקה במין אחד תולה בו כמה מיני דמים, דאמרינן כמו שזה בא מעלמא ה"ה מינים אחרים, ואזלינן לקולא אע"ג שאין זה המין בעצמו, **כ"ש** שניזל לחומרא לתלות מין אחד בחבירו, לומר שכמו שבא מראה הלבן מהמקור, ה"ה מראה אדום, **ואפי'** ללישנא בתרא, דלא תלינן רק בנתעסקה בתרנגולת, מ"מ בנדון דידן כמו נתעסקה בתרנגולת דמיא, דבמקור נמי נמצאים דמים הרבה.

והקשה הט"ז, א"כ היה לנו לומר כן אף אם נמצא מראה האודם רחוק מן זה המראה לובן, שכמו שאנו אומרים בנתעסקה בתרנגולת, שבכל מקום שתמצא בחלוקה תולה בדם התרנגולת, ה"ה בזה לפי סברא זאת, ובגמ' ופוסקים לא חילקו בדבר זה, **שודאי** אין זה דומה לזה, דלענין לתלות ודאי אזלינן לקולא ולא לחומרא, כי כן היתה תקנת חכמים להקל לענין תליה בכל מה שאפשר לתלות.

ועוד תמוה, דבתרנגולת פשוט שאם לא נתעסקה אלא בדם בני מעיים שהוא כרכומי, אינה יכולה לתלות בו מראה אודם, **והכא** אמאי נימא כיון שהוחזקה במראה טהור הוחזקה נמי במראה טמא, **ותו** דא"כ אשה שהיא רואה מראה טהור, נימא שתהיה טמאה, דאימר ראתה ג"כ מראה טמא, וחיפהו מראה הטהור, כמו דחיישינן גבי בעילת מצוה, **אע"כ** דאין פתיחת המקור למראה טהור כלל חזקה למראה אודם שניחוש בשבילו, **וא"כ** אין כאן רק כתם בעלמא, ואזלינן ביה לקולא אם יש מידי לתלות בו.

ורק באותו ענין שנשאל רמ"א עליו, שהיה נראה לראות עין, שהאודם הוא קץ של מראה הטהור, דהיינו שהוא הולך ומתפשט סביב המראה הטהור כעין קו, אז ודאי טמאה, **אבל בלא"ה**, אלא שהמראה הטהור הוא הולך על מראה האודם והולך עליו, ואפשר לתלות האודם במידי, ודאי לא יצא מדין שאר כתם, ואמרינן דהאודם היה כבר ממידי אחרינא וטהורה. **וכתב** ג"כ הש"ך, דדינו של הט"ז מסתבר.

וי"א דגם בציור הרמ"א היא טהורה, שי"ל דם מאכולת היה מעורב בו בעודו לח, והטבע דחאה לחלק האודם לצדדים, דבכתם תלינן גם בהיותר רחוק, דאל"כ לא תמצא א"א יושבת תחת בעלה, דכל הסדינים והחלוקים מלאים כתמים.

§ סימן קצא – דין אשה שמצאה דם בהשתנה §

סימן קצא ס"א(1) • יצא דם עם מי רגליה

שיטת המחבר, האשה שהשתינה מים ויצא דם עם מי רגליה, בין שהשתינה והיא עומדת, בין שהשתינה והיא יושבת, בין מקלחת בין שותתת, הרי זו טהורה. **ואפי'** הרגיש גופה ונזדעזעה, אינה חוששת, שהרגשת מי רגליה היא זו, שאין מי רגלים מן החדר, ודם זה דם מכה הוא בחלחולת או בכוליא. (**ע"פ** רש"י והרמב"ם, דרבי יוסי דאמר בין יושבת בין עומדת טהורה, אפי' בתרתי לריעותא, עומדת ושותתת).

כתב הרמ"א, וי"א דאין להתיר אלא ביושבת והשתינה, אבל בעומדת, אם מקלחת לתוך הספל ונמצא שם דם, טהורה. **אבל** אם שותתין על שפת הספל, וק"ו תוך הספל, ונמצא שם דם, טמאה, דהואיל והמקום צר חוזרין למקור ומביאים דם. (**ע"פ** הרא"ש, דלא התיר ר' יוסי אלא בחדא לטיבותא, בעומדת אבל עכ"פ מקלחת, אבל בתרתי לריעותא, שגם שותתת, גם ר' יוסי מודה דטמאה).

כתב רמ"א, עוד י"א דאפילו ביושבת אין להתיר דוקא במקלחת ולא שותתת, **ודוקא** יושבת על שפת הספל ונמצא דם תוך הספל לחוד, דאם איתא דבתר דתמו מיא אתא, על שפת הספל איבעי ליה לאישתכוחי, **אבל** אם נמצא על שפת הספל ג"כ, טמאה, דאמרינן בתר דתמו מיא אתי דם, **וגם** ביושבת באמצע הספל טמאה, דאפשר בתר דתמו מיא אתי דם, **ובעומדת**, בכל ענין טמאה, אפילו מקלחת לתוך הספל לחוד, **דבעינן** תלתא: יושבת, ומקלחת, ותוך הספל. (**ע"פ** הר"ח, דלא טיהר ר' יוסי בחדא לטיבותא אלא משום נדה, אבל טמאה משום כתם, אא"כ הוא תרתי לטיבותא).

והכי נהוג, דמשום חומרא אין לפסוק נגד ר"ח, **והש"ך כתב** דכן נראה בש"ס וירושלמי מצד הדין ולא משום חומרא.

ודוקא כשנמצא הדם בספל שהיא משתנת שם לחוד, דידוע שהוא ממנה, **אבל** אם נמצא בספל שאיש ואשה מטילין שם מים, טהורה בכל ענין, משום דהוי ס"ס, דילמא מן האיש, ואת"ל מן האשה, שמא לא מן המקור, **ומשמע** דהיינו בנמצא תוך הספל על המים, **וי"א** דכיון דטעמא הוא משום ס"ס, גם בנמצא על שפת הספל איכא האי ס"ס.

אשה זקנה שחדל לה אורח כנשים, י"א דיש לטהר דמה הנמצא בעת עשיית צרכיה, בכל ענין, **דאף** לדעת המחמירין לא טימאו אלא משום כתם, וק"ו, אם בכתם שהחמירו טיהרו בזקנה, ק"ו בנדון זה דקיל טפי, **ובפרט** שראוי לסמוך על המחבר דמסתבר טעמו. **וצ"ע** דלא נזכר בשום דוכתא דטיהרו כתם בזקנה, ואדרבה מבואר להדיא להיפך.

סימן קצא ס"א(2) • רגילה לראות דם במי רגליה

כתב הרמ"א, דכל זה אם נמצא דם במקרה, אבל אשה שרגילה לראות דם במי רגליה, ומרגשת כאב בשעה שמטלת מים, כגון החולי שקורין האר"ן וינ"ד, נראה דיש להתיר בכל ענין, דהא איכא ידים מוכיחות שיש לה מכה המכאיב אותה בהטלת מי רגליה, וממנו הדם יוצא.

ואפילו אם מוציאה דם אחר הטלת מי רגלים, כשמקנחת עצמה, טהורה, דמאחר דמרגשת כאב, ואינה מוצאה דם רק אחר הטלת מי רגלים, ודאי דם מכה הוא.

וי"א דבזה אין להתיר אא"כ מוצאה ג"כ תוך מ"ר בתוך הספל, וכואבת כשהיא מטלת מים, דאז תלינן דאותו דם הוא מתמצית הדם שמצאה תוך מ"ר, דהוא ודאי לאו מן המקור, **א"נ** כשלא מצאה דם תוך מ"ר, אלא שכואב לה הרבה בשעת הטלת מ"ר ממש, והיא בודקת בדיקת המהרי"ל דלהלן, **אבל** אם אינה מרגשת כאב בשעת הטלתה ממש, אין להתירה, אע"פ שמרגשת כאב קודם לכן ואח"כ. **ויש** שחולק עליו, ופסק דאפי' לא מצאה כלל תוך מ"ר, וגם לא היה לה כאב בשעת הטלת מ"ר, רק אחר הטלת מ"ר מיד היה לה כאב, ואז מצאה דם, טהורה ע"י בדיקת מהרי"ל.

בדיקת מהרי"ל – כתב רמ"א, אך יש מחמירין שלא להתיר רק באשה שיש לה וסת, ולהצריכה בדיקה, **דהיינו** קודם שתשתין תבדוק עצמה היטב בחורין ובסדקין, ואם לא תמצא דם, תכניס מוך נקי על המקור בפנים, ותשתין, ותקנח עצמה יפה ממי רגליה, **ותוציא** המוך, אם נקיה היא, הוכחה גדולה דאין הדם מן המקור, והכי נהוג, **דאשה** יש לה שני נקבים, אחד שיוצא ממנה השתן, והוא למטה סמוך ליציאתן, והאחר שיוצא ממנו דם נדות, שהוא למעלה בעומק הרבה לתוך הגוף.

שיטת הש"ך – הקשה, דאם בדיקה זו חשיבה בדיקה, א"כ אפי' אין לה וסת נמי, **ולא** דמי למ"ש רז"ל לעיל סי' קפ"ז ס"ה גבי מכה, דאל"כ וכי לעולם לא תהיה טמאה, **דהתם** בלא בדיקה היא, אבל הכא תהיה טמאה כשתמצא דם על המוך, **וכתב** ונראה דמהרי"ל ספוקי מספקא ליה, אי האי בדיקה חשיבה בדיקה מעלייתא, וקאמר דבאשה זו שאין לה וסת יש להחמיר עליה, **ומ"מ** קשה, דקאמר "וכי לעולם לא תהיה טמאה", הרי תהיה טמאה כשתראה דם שלא בשעת צרכיה, **ונראה** דמיירי שאינה רואה בשום פעם דם כי אם בשעת צרכיה, **ועפ"ז** תפרש מש"כ הרב שלא להתיר רק באשה שיש לה וסת, ר"ל שרואה אפי' בשעה שאינה עושה צרכיה, אפי' אין לה וסת קבוע, מ"מ היא רואה לפעמים שלא בשעת צרכיה, ולכך בין עונה לעונה טהורה, **ואף** אם ירצה בעל דין לחלוק על פי' זה, הנה המהרי"ו לא הזכיר לחלק בין יש לה וסת או לא, וגם הרמ"א כתב, נראה דיש להתיר בכל ענין כו'.

והנו"ב כתב, דדברי הש"ך תמוהים, דודאי בדיקה מעלייתא היא, אלא שמהרי"ל מטהר אותה אחר בדיקה לעולם, לכן התנה שיהיה לה וסת, **וכן** הא דכתב הרמ"א דבעינן שתרגיש כאב, הכל הוא לטהרה אחר בדיקה לעולם, בזה צריך תנאים אלו, **והטעם** דבעינן שיהא מוכיחה קיים, כדי שנדע כאשר יסור הסיבה, שוב לא תתלה בו, **אבל** הדם שמוצאה בעת שהמוך בתוכה, ורואה שהמוך נקי, מועיל לעולם, דודאי בדיקה מעלייתא היא. **וכתב עוד**, דאשה שמוצאת תמיד בעד הבדיקה קורט דם כחודה של מחט, יש לה לעשות בדיקה הנ"ל, דכאשר יסור הסיבה, מסתמא שוב לא תראה באופן זה, ונקרא מוכיחה קיים.

והחוו"ד השיג עליו, והעלה דאין לסמוך על בדיקה זו, להתיר דם הנמצא בפרוזדור שחייבין עליו כרת, **אכן** באם יש לה כאב או מכה, רק שא"י שמוציאה דם, מועיל בדיקה זו.

וי"א שאם בדקה עצמה בבדיקה הנ"ל בימי מניקתה, יש לספק אם מועיל לאחר שעברו ימי מניקתה, לכן תנסה שוב שנית.

אם בדקה עצמה ג"פ בכה"ג, ומצאה המוך נקי, כתב הרמ"א דמותרת אח"כ בלא בדיקה, שלא בשעת וסתה, דחזקה דדם מכה הוא, מאחר שאינה מוצאה אותו רק אחר שהשתינה.

והדגמ"ר תמה ע"ז, דבאופן זה שעל המוך לא מצאה דם, ובבדיקה מצאה דם, סגי בפ"א, שכבר נודע שיש לה במקום מי רגלים מכה המוציאה דם, **ומה** דבעי מהרי"ל ג"פ, היינו אם לא מצאה דם כלל, ואז הטעם שכבר נעקר וסתה שהיה לה במעשה מי רגלים, בזה צריך ג"פ, **ודברי** רמ"א בזה הם שלא בדקדוק, ובאמת סגי בפעם אחת.

אשה שנבדקה בדיקת מהרי"ל, ועלה בידו באופן שאין ספק שכל דם שתראה עם מ"ר בין עונה לעונה מטהרים, **אך** אח"כ ראתה דם ממש בוסתה, ובאתה לפסוק בטהרה ולספור נקיים, **י"א דאין** ספק שכיון שיצאה בהיתר, שוב הרי היא ככל הנשים, דכיון שלא פסק וסתה, ורואה בזמנה ככל הנשים, ופוסקת בטהרה ע"י בדיקת חורין וסדקין, אין דם שיוצא עם מ"ר אח"כ סותר, דתלינן בדם אחר שלא מן המקור, אלא מן הכליות, כאשר נתברר ע"י בדיקה בראשונה, ועדיין לא נולד ריעותא לומר שיצא דם מקור עם מ"ר של עכשיו, **ורק** באשה שפסק וסתה לגמרי, ואינה רואה כי אם במ"ר, שהדין עכ"פ דביום שהיתה רגילה לראות כוסתה או עונה בינונית, תחזיק הדם שעם מ"ר לדם טמא, ותספור עליו ז"נ אחר הפסקת טהרה, **בזה** אין מועיל שום הפסק טהרה אא"כ תטיל מים נקיים בלא דם, דמה שפוסקת ואינה מוצאת דם בבדיקת חורין וסדקין אין ראיה שפסקה, כיון שלעולם אינו רואה אלא עם מ"ר, ותחלת טומאתה שהחזקנו אותה בנדה היה עם דם שראתה עם מ"ר ביום וסתה, ותלינן שיצא דם המקור עם מ"ר, וכל זמן שלא פסקה בטהרה תלינן שאותו המעין פתוח עדיין ויוצא עם מ"ר, **ע"כ** לא שייך

הפסק טהרה עד שתטיל מים נקיים בלא דם, וכיון שא״א בלא דם כלל, עכ״פ צריך שנדע שיצאו מ״ר בלא דם מקור, וזה א״א לידע אלא ע״י בדיקת מהרי״ל עוד פעם.

סימן קצא ס״א(3) • מצאה דם בלא כאב

כתב הרמ״א, דאם אינה מרגשת כאב, ובודקת עצמה אחר הטלת מים ומוצאה דם, אם לא מצאה דם במי רגליה, ודאי טמאה. **אבל** אם מצאה דם תוך מי רגליה, וגם על העד שבדקה עצמה בו, י״א שהיא טמאה, דלא התירו רק דם שנמצא תוך מי רגליה, **וי״א** שהיא טהורה, דדם שנמצא תולין שעדיין נשאר מתמצית מי רגלים, **ויש** להחמיר.

והקשה הש״ך דאין צורך להאי דינא, דהא כבר כתב לעיל, דאין להתיר אלא ביושבת ומקלחת, ואפי׳ ביושבת על שפת הספל, ונמצא דם בשפת הספל ותוך הספל, טמאה, כ״ש כשנמצא על העד ותוך הספל, **וגם** לפי מ״ש לעיל שפירש ר״ח הוא עיקר, אינו רק חומרא, אלא כך הוא שורש הדין.

וכתב הרמ״א דעכ״פ א״צ לבדוק אחר זה. **ואפילו** אם היתה רגילה לראות, אם בדקה עצמה ג״פ ומצאה טהורה, שוב א״צ בדיקה. **ואם** אינה רגילה לראות רק לפרקים, קובעת לה וסת אם הוא בדרך קבע, בין וסת שוה בין וסת דילוגין.

סימן קצא ס״א(4) • מצאה קרטין

אם כשבודקת עצמה אחר הטלת מי רגליה, מוצאה רק קרטין קרטין כמו חול וחצץ אדום (דאם מצאה דם ג״כ, טמאה), ונמצא כזה ג״כ במי רגליה, ובשעת וסתה או לפעמים אחרים רואה דם ממש כשאר נשים, ואינה מוצאת אותו חול רק אחר מי רגליה, **טהורה**, דאין זה דם רק חול שדרכו להוולד בכליות. **וא״צ** להטיל למים לראות אם נמוחו, כדלעיל סימן קפ״ח ס״ד, **דאפי׳** אם כשממחין אותן בין האצבעות נמחין ונעשין דם, אין חוששין להן, דלא חמירי מדם ממש שיוצא עם מי רגליה, דתלינן במכה שבכליות, כ״ש הנהו קרטין.

אם מוצאה קרטין (שאינן חדין כחול) בלא הטלת מי רגליה אשה שיש לה וסת כדרך כל הנשים, ושלא בשעת וסתה מוצאה עצמה בבדיקה טהורה מראיית דם, רק כשפוסק השפעת הדם ממנה כדרך כל הארץ, אז מוצאת כמי שריית בשר, ובתוכן ישנן קרטין אדומים כחודו של מחט, ואינם חדין כדרך החול, **ואומרת** שהרבה פעמים הרגישה בכאב שהיה לה במקום הכליות, אך שזה כמו תשעה שבועות לא הרגישה באותו כאב, אך תמיד עדיין מרגשת בכאב בבטנה למעלה מאותו מקום, וכואב לה הרבה, ודומה לה כאילו הולך שם שום דבר אנה ואנה, **והיא** מוצאת אותן הקרטין לפעמים מתוך הרגש הכאב, ולפעמים אח״כ ג״כ, וזה זמן רב מנהגה כן.

כתב הט״ז שמצינו שני היתירים בזה: **הא׳** מכח עצמות הקרטין, שרגיל לבא מחמת מכה בכליות אפי׳ אינה מרגשת כאב, **והגם** די״א דאין היתר מחמת הקרטין אם אינם חול ממש, באמת חלק עליו בד״מ, וכן נ״ל כי אין לו שורש ועיקר, **והנה** עדיין יש לנו לומר מסברא, דשמא הקרטין של האשה שלפנינו, אינן דומין באיזה צד להקרטין דהנ״ל, ואין לנו ללמוד היתר משם, **מ״מ** יש לנו עדיין היתר מצד הרגשת הכאב, ויש לתלות במכה שבכליות, וודאי תלינן שלא בשעת וסתה, **ואף** שזה איזה שבועות שלא הרגישה באותו כאב, מ״מ לא נתקלקל היתר התלוי בהכי, כי הרבה מכות ישנן שלפעמים אינן מכאיבים אף שלא נתרפאו לגמרי, **ואף** אם יעלה על לב להחמיר בזה, מ״מ הרי מרגשת תמיד בכאב גדול למעלה מאותו מקום, וודאי תלינן בזה, **ואע״פ** שלפעמים מפסיק קצת הרגש אותו כאב וחוזר ובא, והיא מוצאת הקרטין בכל זמן, **מ״מ** ודאי הכל אחד הוא, והוא מתמצית אותו שבא מחמת הכאב, **ואע״פ** שכתב רמ״א, שאין מועיל לה היתר רק ע״י בדיקה, ותו דכתב ב״י בשם האגור דמה שרואה לפעמים בלתי כאב אסורה, **כל** זה לא קשה מידי, דכל זה בזמן שאינה מרגשת כאב רק בשעת הטלת מי רגלים, אבל בלא מי רגלים אין לה כאב כלל, ע״כ אין לה היתר שלא בשעת כאב, דאז היא כשאר נשים, **משא״כ** בנידון דידן דברור לה הכאב בכל עת ובכל שעה, נימא ודאי דתמיד הוא מחמת מכה, וזה אפי׳ בדם גמור, וכ״ש שיש לנו לומר מאחר שאינה מוצאת רק קרטין, והם רגילין להולד מן הכליות, דהא יש לה וסת כשאר נשים, ותכף שפסקה מלראות דם באין אלו הקרטין, ש״מ דמלתא אחריתא נינהו. **וכבר השיג עליו הח״צ**, דהסומך עליו, מתיר איסור כרת.

§ סימן קצב – דיני כלה הנכנסת לחופה §

סימן קצב ס״א • תבועה לינשא צריכה לישב ז״נ

תבועה לינשא ונתפייסה, צריכה לישב ז״נ, **ואפי׳** בדקה עצמה בשעת תביעה ומצאה טהורה, שמא מחמת חימוד ראתה טיפת דם כחרדל ולא הרגישה בו.

והיא גזירה מדרבנן, ומן התורה מותרת גמורה, שהרי אפי׳ ראתה בלא הרגשה מן התורה אינה טמאה, כ״ש זו שלא מצאה אפי׳ כתם, **דבאותה** שעה שגזרו חכמים על הכתמים, ולא התירו בשביל שלא הרגישה, נעשה גם גזירה זאת.

י״א דגבי תמר ורות לא היה חשש שמא תראה מחמת חימוד, דמיד שנתפייס יהודה ובועז, אז היו עמהם במטה, והוי ליה כמי שיש לו פת בסלו, משא״כ בשאר כלה. **וי״א** שזה דחוק דאין שום סברא לחלק בין זמן מועט לזמן מרובה, **אלא** מש״ה לא היה שם חשש, דדוקא בחימוד של נשואין חיישינן.

וא״צ הפסק טהרה, ומונה ז׳ ממחרת יום התביעה, **והטעם**, שאינה מוחזקת בדם, דהא לא ודאי ראתה. **וי״א** והאידנא נהגו להפסיק בטהרה.

ומיהו צריכה בדיקה תוך ז׳, לכתחלה כל יום, **מיהו** בדיעבד אם לא בדקה עצמה רק פעם אחת תוך ז׳, סגי. **י״א** משום דלא עדיפא מרואה ודאית, **וי״א** דאפי׳ לדידן דקי״ל ברואה ודאית, דלא סגי אלא בבדיקה ביום א׳ וביום ז׳, הכא שאני, כיון דלא ראתה ודאי.

ובין גדולה בין קטנה, צריכות לישב ז״נ. **וי״א** דה״ה אף בזקינה ומסולקת דמים, וכן מעוברת דהיא בחזקת מסולקת דמים.

אשה שהיא זקוקה ליבם, וקודם החליצה עשתה שידוך וספרה ז״נ, ואחר החליצה רוצה לכנס לחופה בו ביום, **י״א** דצריכה ז״נ מחדש, **לא** מיבעיא במקומות שנהגו לייבם, כי

ייבום מועיל אפי' בעל כרחה, וא"כ נחשבת כא"א, **אלא** אפי' במקום שאין מייבמין רק חולצים, מ"מ לא סמכה דעתה.

י"א בלא כתיבת התנאים, לא מהני ז"נ, וצריכה למנות מחדש.

אשה שנשתטית, וספרה ז"נ בימי שטותה ע"י נשים אחרות שבדקוה, ואח"כ נעשה חלומה, **יש** להסתפק אם כשנעשה חלומה נתעורר החימוד מחדש, **ויש** דפשט ליה לקולא.

אשה שדברו בה להנשא לאיש אשר לא ראתה מעולם, ונתפייסה וקבע במכתב יום מועד לנישואין, וספרה ז"נ, **יש** מחמירין, דעיקר החימוד יתעורר לאחר ראייתה אותו, ואין לחשוב הימים שלפני זה, דהרי אמרו בסוטה, גמירי דאין יצה"ר שולט אלא במה שעיניו רואות, **ויש** שדעתו נוטה להקל, ומש"ס דסוטה אין ראיה, דמשם לא נשמע אלא המהרהר על גוף זה, לא יבא ע"י זה להרהר על גוף אחר, **אבל** אשה המחמדת על חיבת ביאה סתם, ולא על גוף ידוע, אין שום הכרח לומר לכשתראה אותו יתחדש לה חמדה יתירה, **ואף** אם יהיה קצת חימוד יותר, מ"מ כבר שבעה לה מתחלת התביעה, **והמחמיר** תע"ב.

סימן קצב ס"ב • מאימתי חוששין לדם חימוד

שבעת ימים הללו מונים אותם משעה שהיא סומכת בדעתה ומכינה עצמה לחופה, אע"פ שלא נתקדשה עדיין, **וכ"ש** אם כבר נתקדשה, ולא אמרינן כיון דיודעת בו כבר, לא מחמדא.

טור בשם הרשב"א כתב, שאם תבעוה לינשא לאחר י"ב חדש, שזמנה רחוק, אין מועיל לה שתשב ז"נ תכף, דהא עכשיו אין לה שום חימוד עדיין, **אלא** בשעה שתכין עצמה לחופה, שמכינים השכר לצורך החופה, או משעה שמודיעין לה, שאז יש לה חימוד, ואע"פ שיש עוד זמן רב להחופה.

וי"א דמשו"ה לא אמר הרשב"א הטעם, משום שתחזור ותחמוד לאחר זמן קודם החתונה, **דנ"מ** אם תבעוה לינשא לאחר י"ב חודש, והתחילה לספור ז"נ, וביום ג' או ד' לספירתה נתרצו לכנסה, צריכה לספור ז"נ מחדש, שהרי מעת התביעה לא היה חמדה.

יש שהבין בכוונת הרשב"א, שצריכה שתשב דוקא קודם החופה סמוך לה ז"נ, **ולכן** אם התחילו להכין שכר, ומנתה ז"נ ויש עוד איזה שבועות להחתונה, ונמלכו לעשות אחר הז"נ מיד, א"צ מחדש ז"נ, **אבל** אם לא הקדימו החתונה, צריכה ז"נ קודם החתונה שנית, **ויש** חולקים, דלהרשב"א אחר שישבה ז"נ משעת החימוד, א"צ לשום דבר אח"כ, אלא הרי היא ככל הנשים, **אלא** דשאר פוסקים החמירו, שתבדוק משעה שמתחילין הז"נ עד שתבעל, והיינו לכתחילה כמש"כ רמ"א.

וכתב הרמ"א, ויש לסמוך הטבילה סמוך לבעילת מצוה בכל מה דאפשר, **והמנהג** לטבול הכלה ליל ד', אע"פ שלא תבעל קודם מו"ש, כיון דבזמן התלמוד בתולה נישאת ליום הרביעי, **אבל** אין להרחיק הטבילה מן הבעילה יותר מזה.

ומאז עד בעילת מצוה יש לה לבדוק עצמה בכל יום, דלעולם משתבעוה לינשא עד שתבעל איכא לספוקי דלמא חזיא מחמת חימוד, **ומ"מ** אין חשש חימוד זה שוה לחשש חימוד דבס"א, דהתם בחימוד בשעת התביעה הוא ביותר, ע"כ יש לחוש שם אפי' בדיעבד, **והרשב"א** לא ס"ל האי סברא דכל שקרוב לנשואין יש לה חימוד ג"כ, וחשו רק לחימוד של שעת התביעה לחוד, **והשו"ע** פסק להחמיר, ודוקא לכתחלה, אבל בדיעבד אין להחמיר אם בדקה רק פ"א תוך ז'.

וכתב רמ"א, דכל חתן ישאל לכלה קודם שיגע בה, אם שמרה ז"נ. **ועכשיו** לא נהגו כך, ונראה שסומכין על מה שהשושבינים רגילים להודיע להחתן אם היא טמאה.

חתן שרוצה לבעול בעילת מצוה ביום חופתו קודם הלילה, י"א דאסור, אף בבית אפל דמותר שאר כל אדם, **ויש** שחולק.

יש שדיברו מרורות על המנהג הרע שנהגו, שמשיבין את החתן אצל הכלה, ולא די בזו, אלא אף מחבק ומנשק אותה, ואוי לעינים שכן רואות, **לא** מיבעיא אם הבתולה באה לכלל נדות, הנה עבר אדאורייתא ואל אשה בנדת טומאתה לא תקרב, דאסור אפי' קריבה, **אלא** אפי' היא עדיין קטנה, בתוקף אהבתו יצרו מתגבר וכו', וכ"ש אם בא לידי קרי וגורם להוצאת זרע לבטלה, שגדול עונו מנשוא, **ועוד** הזהיר, שלא לשכב החתן אצל הכלה עד ליל בעילה. **ועכ"ז** אין החיוב להוכיח בדברים, מאחר שאינו מפורש בתורה, ומנוסה וברור הוא לנו שלא יקבלו, אמרינן מוטב שיהיו שוגגין כו'.

סימן קצב ס"ג • אם דחו הנשואין

אם דחו הנשואין מחמת איזו סיבה, אע"פ שישבה ז"נ, ואפי' טבלה, צריכה לחזור ולישב ז"נ ולטבול כשיתפשרו לעשות הנשואין, **דחיישינן** דלמא לא אסקה אדעתה שתהא נזהרת יפה בבדיקתה, דמאחר שאינה יודעת קביעות הנשואין, אינה חוששת להנך ז"נ הראשונים. **ואע"פ** שבדקה עצמה תמיד בימים שבינתיים, לא מהני. **וי"א** דא"צ לחזור ולישב ז"נ אלא כשלא בדקה עצמה, ומסיק לבסוף ומ"מ יש להחמיר.

י"א דדוקא כשהנישואין היו נדחים מבלי עשיית מועד אחר לנשואין, שנדחו מלעשות אז הנישואין בעת ההיא על צד הבירור, **והיה מדעת שניהם**, אבל אם לא נדחו בבירור, רק מצד סילוק הנדוניא לא הושוו, וע"כ לא נעשו הנישואין באותו יום, וחשבו שעדיין יתפשרו ותהיה למחר, **או** אפי' אם החתן גומר ואומר שאינו רוצה לישאנה, וצד הכלה רודפים אחריו לפתותו, אע"פ שזה נמשך יום או יומים, לא מקרי זה דחיית הנישואין, דהכלה דעתה סומכת תמיד באותו זמן שיתפתה החתן בכך, **דהא** ביום הנישואין עצמו זמנין הרבה שהחתן מעקש, ואומר בפירוש שלא ירצה לישאנה, עד לאחר איזה שעות שנעשה שלום ביניהם, וכי תצטרך הכלה לישב ז"נ מחדש, וזה לא נשמע ולא נראה, וא"כ מה לי באותו יום, מה לי אם נמשך הקטטה יום או יומים.

אם הדחייה מזמן קביעות הראשון והקביעות לזמן השני הכל היה באותו מעמד, י"א דא"צ לחזור ולספור ז"נ מחדש, (ודלא כי"א שהחמיר בזה), **ולא** עוד אלא אפילו דחו בסתם מתחלה וחזרו ונתפשרו, כיון דהבדיקות היו בשעה דאסקא אדעתה יפה, א"צ לחזור ולמנות ז"נ, **ואין** להחמיר כי אם בעומדת יום או יומים בדיחוי.

וי"א דהיינו דוקא כשקבעו על זמן קרוב קבוע, באופן שלא נתבטל הכנת הנשואין, וא"צ הכנה חדשה, **אבל** אם קבעו על זמן רחוק, באופן שצריכין למירמי שיכרא באסינתא מחדש

על הנשואין, ודאי צריכה לישב ז"נ מחדש, מיום שמתחילין למירמי שיכרא באסינתא על הנשואין שנקבעו שנית, **דאין** סברא דאם קבעו הנשואין מחדש עד אחר י"ב חודש, שלא תהא צריכה להמתין אח"כ.

נתחלף החתן

אם מתוך הקטט נתפרדה החבילה, ובאותו מעמד הסכימה הכלה לישא איש אחר, (**וי"א** דאפי' לא היה יאוש וקטטה כלל, אלא שנתרצו להחליף חתן בחתן אחר), ונכנסה לחופה מיד באותו היום, **הדבר** פשוט דהו"ל תביעה חדשה ממש, ואפי' בדקה עצמה ומצאה טהורה צריכה לספור ז"נ מחדש, דאיכא כאן חימוד חדש מאיש אחר.

וי"א דאפי' אם אחר ריצוי עם החתן השני, חזר החתן הראשון ונתרצה עמה, צריכה ג"כ ז"נ מחדש, כיון דאפסקה אחר בינתיים.

לא בא החתן ביום החופה

כלה שלבשה לבנים וספרה ז"נ אדעת הנשואין שהיו מוגבלים לר"ח ניסן, וכשהגיע ר"ח ניסן לא בא החתן, ולמחרתו בא ציר מהחתן דאתיליד ליה אונסא בדרך, ומיד יבא ביום או יומים ועשו החופה ב' או ג' ימים אחר ר"ח ניסן, **בזה** ודאי א"צ ז"נ אחרים, אפי' לא בדקה עצמה בימים שבינתיים, אם לא עברו עליה ז' ימים בלא בדיקה, דמאחר דלא דחו הנשואין, אלא שמחמת איזה אונס נתעכב הדבר, ודאי לא נתייאשה מן ז"נ הראשונים, **ובאמת** אין להחמיר בדינים אלו, דבלא"ה הרבה פוסקים סוברים דא"צ ז"נ, **וגם** בדיעבד סגי בבדיקה א' תוך ז' לכו"ע, **וגם** כל עיקר דין זה הוא מדבריהם.

וי"א דצריכה לז"נ מחדש, דכיון שלא בא ליום המוגבל, ודאי מסופקת בדעתה, דכל הדרכים בחזקת סכנה, ושמא יש סכנה שלא יבא כלל, או שאינו חפץ בה, ע"כ לא בא ביום חתונתו, ואחר שנודע לה שהוא בא ודאי הוה חימוד חדש.

סימן קצב ס"ד • עבר וכנסה תוך זמן זה

עבר וכנסה תוך זמן זה, **וכן** חתן שפירסה כלתו נדה קודם שבא עליה, (**דהמנהג** פשוט לעשות נשואין אף שהיא נדה), **לא** יתייחד עמה, אלא הוא ישן בין האנשים והיא ישנה בין הנשים, (**ואם** אינם ישנים בחדר אחד, אינם צריכים שימור כלל), **אבל** פירסה נדה אחר שבא עליה, לא תקיף ליה יצריה כ"כ כיון דבעל, ומותר לייחד עמה.

אם היתה טהורה כשנשאה ולא בא עליה, כתב רמ"א די"א, דאם פירסה נדה אח"כ, א"צ שימור עוד, דהא חזינן דלא תקיף יצריה, כיון שלא בא עליה עד השתא, **והמחמיר** תע"ב.

והט"ז חולק, שאינו דומה להא דשור המועד שראה שוורים ג"פ ולא נגח, דחזר לתמותו, **דהא** קימ"ל סתם שוורים בחזקת שימור קיימי, נמצא דכל שור שהוא מועד לנגוח הוא משונה מטבע סתם שוורים, ומש"ה כל שאנו רואים שראה שוורים ולא נגח, נתבטל שינוי שלו ונעשה כשאר השוורים, **משא"כ** כאן, דסתם אדם יצריה תקיף עליה ולא מוקים אנפשיה, נמצא דהאי חתן שלא בעל הוא נשתנה מטבע העולם, ולא אמרינן שבשביל שנשתנה שעה אחת או ימים אחדים יהיה כן לעולם, **ע"כ** אין זה בכלל המחמיר תע"ב, אלא דין גמור הוא שצריך שמירה.

והש"ך הקשה על הט"ז, דה"נ סתם בני אדם בחזקת כשרות.

האידנא שהמנהג שלא לבעול רק אחר ב' או ג' ימים אחר הנשואין, כתב הש"ך, דאע"פ שהוא מנהג של שטות, ויש בו איסור מכמה טעמים ונכון לבטלו, **מ"מ** כיון שהמנהג כך א"כ אם פירסה נדה ודאי דצריך שימור, דהא דלא בעל תחלה היינו משום המנהג, וכן נוהגין להצריך שימור בכה"ג.

ומקשים עליו, דאם אין יצרו תקפו כ"כ, עד שיוכל לעצור עצמו מבלי לעבור מנהג של שטות, איך לא יעצור כח הגבורה לבל יבעול נדה ח"ו, **ואין** ספק שתלמיד טועה הוסיף כן, כי שפתי כהן ישמרו דעת.

ואין לחלק בזה בין בחור לאלמן, ולא אמרינן דבאלמן שבעל כבר לא תקיף יצריה. **וגם** אין חילוק בין אלמנה לבתולה, דגם בבתולה אחר שבעל בעילת מצוה מותר לייחד, אע"פ שלא ראתה דם נדות, דדם בתולים חמיר ליה כמו דם נדות.

כתב הרמ"א ג' שיטות:

י"א שאסורה ליחד עמו ביום כמו בלילה, **וא"צ** להיות שתי שמירות, רק הוא בין האנשים או היא בין הנשים.

וי"א דבלילה צריך שתי שמירות, **וביום** מותר להתייחד.

והמנהג ליקח בלילה קטן אצל החתן וקטנה אצל הכלה, **ואין** מתיחדין ביום בלא קטן או קטנה.

וכתב הש"ך, דצריכים להיות שיודעים טעם ביאה, ושאין מוסרין עצמם לביאה, **וי"א** דהכא אף במוסרת עצמה לביאה מותרת, דלא חיישינן שישכב גם עמה, דאשתו משמרתו.

יש שתמה על מנהג זה ליקח קטן, שאינו עפ"י הדין, **ובפרט** מה שנהגו שאין לוקחים לשמירה לא קטן ולא קטנה, רק אֵם הכלה שוכבת אצל בתה הכלה, דזה איסור גמור.

סימן קצב ס"ה(1) • מחזיר גרושתו

מחזיר גרושתו צריכה לישב ז"נ.

כתב הט"ז, דאם עבר וכנס תוך זמן, א"צ שמירה, כיון דכבר בעלה כשהיתה אשתו בפעם הראשון, לא תקיף יצריה כ"כ.

י"א בהט"ז, דאם נשא כדין אחר ז"נ, וקודם הביאה פירסה נדה, לא סמך הט"ז על סברתו להקל, ואסור ביחוד, ורק בנידון דידן, כיון דלהרבה פוסקים לא צריכה לז"נ, **אבל י"א בהט"ז**, דאפי' בפירסה נדה א"צ שמירה, **ואם** בא עליה פעם אחת בזנות, ואח"כ נשאת ופירסה נדה, צ"ע לדינא.

אם גירש אותה כדי לקיים שבועתו, והוא עתיד להחזירה, והיא יודעת בדבר, **י"א** דאיכא לאיסתפוקי, דכיון דדעתה עליו אין כאן תביעה כלל, והיא אינה מחמדת, **או** דילמא לא חילקו רבנן.

סימן קצב ס"ה(2) • הקדמת זמן הנישואין

אשה שהיה לה זמן מוגבל בתנאים עם החתן שלה לנישואין, (והיה בזמן רחוק, בציור שלא היה חימוד מחמת הזמן ראשון), אלא שהחתן אמר לה, שאפשר שיקדים הנשואין, וכן עשה, והיא אמרה שסמכה ע"ז, וספרה ז"נ וטבלה ובא עליה, **אע"פ** שהאלמנה עשתה שלא כדין, דכיון שלא היה לה בירור על הקדמת החתונה, נמצא שבשעת הבירור נתחדש החימוד, וצריכה לחזור ולמנות ז"נ, **מ"מ** כיון שכבר עברה ועשתה כן, אין להפרישם ג' חדשים משום הבחנה עבור זה.

ואם ביקשה מאבי החתן שיקדים הנשואין, והשיב שהוא מסכים לזה, אך צריך מקודם לשאול לאשתו, ואם תסכים ישלח שליח להכלה, והכלה התחילה תיכף למנות ז"נ, ולסוף כן היה שהסכימה אשתו, **י"א** שצריכה למנות ז"נ מיום ביאת השליח, כיון שכל זמן שלא חזר השליח עדיין הדבר ספק אצלה, **ואם** אבי החתן אמר שאין בדבר זה ספק, שודאי גם זוגתו תסכים לזה, אפשר להקל, **ועדיין** צריך תלמוד כיון שתלה בדעת אחרים.

§ סימן קצג - דין דם בתולים §

סימן קצג ס"א • דם בתולים

הכונס את הבתולה, בועל בעילת מצוה וגומר ביאתו, אע"פ שהדם שותת ויורד, **ופורש** מיד, ואפי' באבר חי.

ואפי' היא קטנה שלא הגיע זמנה לראות ולא ראתה, דהוא בודאי דם בתולים ולא דם נדה, משום דאתי למטעי בין דם לדם, **ואפי' בוגרת שכלו בתוליה** דאינו ברור שראתה כלל אפי' דם בתולים, משום דשמא ראתה והוא לא ידע מזה, **ואפי' בדקה ולא מצאה דם**, טמאה, משום שמא ראתה טיפת דם כחרדל וחיפהו שכבת זרע.

וכתב הרמ"א, **ויש** מקילין אם לא ראתה דם.
ונהגו להקל אם לא גמר ביאה רק הערה בה ולא ראתה דם;

אבל אם בא עליה ביאה ממש, צריך לפרוש ממנה אע"פ שלא ראתה דם. **ובעל** נפש יחוש לעצמו שלא לשחוק בתינוקות.

וצריכה שתפסוק בטהרה ותבדוק כל ז', ולא תתחיל למנות עד יום ה' לשימושה, **ואע"פ** דהשתא נהוג עלמא, דהנדה מתחלת למנות מיום הששי, **מ"מ** במתחלת למנות אחר ביאה ראשונה של בתולים, מתחלת למנות מיום חמישי.

ונוהג עמה בכל דיני נדה לענין הרחקה; **אלא** שנדה אסור לו לישן על מטתה אפי' כשאינה במטה, **וזו** מותר לו לישן באותה מטה לאחר שעמדה מאצלו, ואפילו בסדין שהדם עליו.

§ סימן קצד - דין יולדת ומפלת §

סימן קצד ס"א(1) • ימי לידה

יולדת, אפי' לא ראתה דם, טמאה כנדה; בין ילדה חי, בין ילדה מת, ואפי' נפל. **וכמה** הם ימי טומאתה, עכשיו בזה"ז כל היולדות חשובות יולדות בזוב, וצריכות לספור ז"נ; **נמצאת** אומר שהיולדת זכר יושבת ז' ללידה וז"נ לזיבה, והיולדת נקבה יושבת י"ד ללידה וז"נ לזיבה.

ימי לידה, שהם ז' לזכר וי"ד לנקבה, אם לא ראתה בהן עולים לספירת זיבתה, **והיינו** אם לא ראתה אח"כ עד כלות י"ד לנקבה, דאילו ראתה, הרי צריכה לישב ז"נ מחדש מחמת אותה ראיה, מכח חומרא דר' זירא, **והיינו** לדידן דאין בועלין על דם טוהר מכח חומרא דר' זירא, וק"ו לדם טמא שהיא רואה בשבוע שני של נקבה, **ובמקום** שנוהגין לבעול על דם טוהר, אין שייך חומרא דר' זירא אפי' במה שראתה בשבוע השני, דהיאך תעשה ז"נ, כיון שאותו דם שהיא רואה באותן הנקיים בועלין עליו, **אלא שהב"ח** כתב, דחומרא דר' זירא אינה שייכה אלא בדם הראוי לנדות ולזיבה, אבל בדם של שבוע שני של יולדת נקבה לא שייכא, אף לאותן שאינן בועלין על דם טוהר, **ודברי** תימה הם.

ואם שלמו ז' נקיים בתוך י"ד לנקבה, הרי זו אסורה עד ליל ט"ו; **ואם** טבלה קודם לכן, לא עלתה לה טבילה.

סימן קצד ס"א(2) • ליל מ"א לזכר וליל פ"א לנקבה

בטור כתוב, וצריכה לפרוש מבעלה ליל מ"א (לזכר) וליל פ"א (לנקבה), והיא מימרא בגמ', **ויש** בה מחלוקת:
דבה"ג מפרש הטעם, משום דנפקא אז מימי טוהר לימי טומאה, הוי ליה כשעת וסתה.
אבל שאר הפוסקים ס"ל הטעם, דמתוך שהורגלה לשמש כל ימי טוהר ואפי' תראה, חיישינן שמא גם עתה תראה ולאו אדעתה, לכן יודיענה בעלה שהוא פורש ממנה ליל זו, בשביל שכלו ימי טוהר שלה.

ולפי טעם זה אין איסור אלא במקום שבועלין על דם טוהר, **אבל** לדידן שאין בועלין על דם טוהר, אין איסור בליל מ"א ופ"א, **משא"כ** לפי בה"ג אין חילוק זו.
וכתב הט"ז, **וכיון** שרוב פוסקים ס"ל הטעם משום גזירה שזכרנו, א"צ לפרוש בליל מ"א ופ"א, ומש"ה לא הביאו כאן בשו"ע, ולית מאן דחש לה. **ועיין** ש"ך ס"ג.

סימן קצד ס"א(3) • תוך מ' לזכר ותוך פ' לנקבה

כתב רמ"א, יש מקומות שנוהגין שאין טובלין תוך מ' לזכר ופ' לנקבה, **ואין** להתיר במקום שנהגו להחמיר, **אבל** במקום שאין מנהג, אין להחמיר כלל, רק מיד שלא ראתה דם אחר ז' לזכר וי"ד לנקבה וספרה ז"נ, מותרת לבעלה.

מנהג זה מצינו לו שהרמב"ם קרא עליו תגר, ואמר שיש איסור לנהוג כן, ונמשך לצד מינות, **ויש** שאר דעות שמקיימין אותו, ומצינו לו כמה טעמים למקיימין אותו:
הא', מפני שהוא כ"כ קרוב ללידתה, הדמים מצויים בהם, וחוששים שמא יראו ולא ירגישו, **וחששה** רחוקה היא, דאפילו יראו ולא ירגישו מה בכך, דם טהור הוא מן התורה.
עוד טעם, כי יראות פן ישכחו העונה דמ' לזכר ופ' לנקבה, משו"ה החמירו כל ימי טוהר, **וכתב הט"ז**, דאי משום טעם זה לא איריא כלל, דהא לדידן א"צ לפרוש אותה העונה כל עיקר.
וטעם הד"מ, דס"ל כר"ת, דימי לידה אין עולין לז' נקיים לזיבתה, וא"כ צריכה להמתין מלספור ז"נ עד אחר מ' יום לזכר ופ' לנקבה, **ואע"ג** שכל הגאונים חולקים עליו, נהגו בצרפת להחמיר כר"ת, **ומזה** נשתרבב המנהג, ולכן אין למחות כלל ביד הנוהגים להחמיר כדעת ר"ת.
והט"ז כתב, שאין טעם זה לשבח כל עיקר, חדא דלא קימ"ל כר"ת, ולית דמשגח בר"ת בדבר זה, **ותו** דא"כ לא מתקנת כלום, דאע"פ שכלו מ' דזכר ופ' דנקבה, אכתי ימי לידה קרינן עד שתטבול, וא"כ כיון דבטבילה תליא מילתא, מה לי

תוך פ' או אחר פ', **והש"ך** כתב, דאפשר דאותן שנהגו מנהג זה להחמיר, ראו דברי ר"ת עיקר תוך ימי לידתה, דהיינו תוך מ' לזכר ופ' לנקבה, אבל לא אח"כ, דתו לא הוי ימי לידה כ"כ, ועולה לספירת זיבתה אף שלא טבלה עדיין.

והב"ח הפריז על המדה, ואמר שעל מנהג זה פורץ גדר ישכנו נחש, **והט"ז** מתמיה עליו, מי הכניסו לכך לחזק אותו המנהג ולהטיל עונש ח"ו, כיון שהרמב"ם ראה המנהג וכתב לבטלו, **וגם** המקיימים, רק כתבו שיש קצת ללמוד זכות ולקיימו, אבל להטיל עונש על העובר, לא עלה על דעת שום ראשון ואחרון, **ואנו** רואין בקהלות קדושות מעשים בכל יום בנשים הרבה כמעט רובן, שמקילין בדבר, **ובאם** מפלת נפל אין שום אחת שתמתין פ' יום, (**וי"א** דאפילו ילדה ולד חי אלא שמת בתוך ל', א"צ להמתין), **וחלילה** להענישם ע"ז, דאין בזה בדורותינו משום פורץ גדר, דאנו רואין שאין מנהג זה קבוע לגמרי ומוסכם בין הכל במקומותינו, **וכל** הרוצה להחמיר בזה וכוונתו לשמים, יש לו לסמוך על קצת האחרונים שכתבו לקיים אותו המנהג, **אבל** המקיל בדבר חלילה לתת עליו שום עונש, **ובודאי** רמ"א לא נתכוין אלא במקום שהוא מוסכם בין כולם להחמיר בדבר.

י"א דמהט"ז משמע, דבמקום שהמנהג בין כולם להחמיר, חשיב פורץ גדר, **ודוקא** בידוע שנעשה מתחלה בהסכמת זקני העיר, **אבל** בלא"ה אפשר שהנשים נהגו כן בעצמם, ואין בזה אלא משום דברים המותרים ואחרים נהגו בו איסור, **עוד** כתב, שאם היה בידו, היה כותב לכל המקומות שיבטלו מנהג זה, כי כמה מכשולים באים ע"י זה, ובמקום שיש לחוש למכשול עבירה, לא שייך לומר אי אתה רשאי להתיר בפניהם, **ובפרט** הנוהגים מ"ה לזכר וס"ה לנקבה, דמנהג בורות הוא, ואין בזה משום דברים המותרים כו', **ומ"מ** מי שירצה לשנות המנהג ישאל לחכם.

והחכמת אדם שכתב, דבמדינות אלו נהגו בו היתר.

סימן קצד ס"א(4) • דם טוהר

כתב הרמ"א, אם חזרה וראתה, אפי' טפת דם כחרדל, טמאה, **אע"ג** דמדאורייתא דם טהור הוא עד מ' לזכר ופ' לנקבה, **כבר** פשט המנהג בכל ישראל שאין בועלין על דם טוהר, ודינו כשאר דם לכל דבר.

אם באמצע תשמיש אמרה לו נטמאתי, י"א דמותר לו לגמור ביאתו כרצונו, ולפרוש באבר חי, **ואף** שנתפשט המנהג שאין בועלין על דם טוהר, **אין** לך בו אלא חידושו שלא יבעול אחר שראתה, אבל אותה ביאה רשאי לגמור כדרכו, וק"ו הוא מדם בתולים, **וי"א דיש להחמיר** וצריך לפרוש מיד באבר מת, **ומיהו** אם עבר ופירש באבר חי יש להקל, ואין צריך כפרה.

יש שנסתפק אם יש להם לברך על הטבילה שעל דם טוהר, כיון שאינו אלא מנהגא, **ומדברי הרמ"א** שכתב ודינו כשאר דם לכל דבר, משמע דצריך לברך על הטבילה, **והדגול מרבבה** כתב, דלא תברך, דלא שייך לברך וצונו, בדבר שאפי' רבנן לא גזרו רק מנהג בעלמא, כמו דאין מברכין על ערבה. **והחת"ס** פסק, דלפי מה דקי"ל לברך על הלל ועל יו"ט ב' דגליות, ובפרט על אכילת מרור, ועל הדלקת נר ביו"ט ב' וביוה"כ, א"כ יש לברך ג"כ על טבילה של דם טוהר, דאין לך מעשה רב מזה, **ועוד כתב** דיש לחלק בין מנהגא דקום עשה, כגון מנהג דערבה, ובין מנהגא בשב וא"ת לאסור דבר מה, ובנ"ד כיון שנהגו איסור לבעול על דם טוהר, והעובר על זה עובר על בל תטוש תורת אמך בלי ספק, א"כ הטבילה הוא מדינא ובעי ברכה באמת, **והכי** נהוג.

וי"א דצ"ע לדינא, בכל הכתמים היכא שיש ספק, כגון שנוטה קצת לאדמימות, או שיש ספק אם הוא כגריס וכיוצא, והמורה מחמיר לטמאה, איך תברך אח"כ על הטבילה.

סימן קצד ס"ב • המפלת בתוך מ'

המפלת בתוך מ' אינה חוששת לולד, בין הוא זכר או נקבה, דזה וזה אינם נגמרים בפחות ממ' יום.

י"א דחשבינן מ' יום מיום הטבילה, **אך** בכתם צריך תלמוד, **וי"א** דא"צ תלמוד כלל, דלא אמרו חכמים בכתם להקל על ד"ת אלא להחמיר, **ומשמע** דבראיה גמורה מודה לו, **אכן** יש חולקין עליו גם בזה, מטעם דהא תוך ג' חדשים לעיבורה אפילו וסת קובעת, אלמא דמצי לראות, וחלילה לסמוך על זה כלל להקל, **והמפלת** ולא ידעה שפירש בעלה ממנה, לעולם מספקינן בספק ולד, **ותשב** י"ד ימים.

אי אפשר לפתיחת הקבר בלא דם

אבל המפלת תוך מ' צריך לחשוש משום נדה, אפילו לא ראתה, מפני שא"א לפתיחת הקבר בלא דם, **ומיד** לאחר שספרה ז"נ מותרת, כיון דאינה חוששת לולד.

י"א דמה שאמרו א"א לפה"ק בלא דם, אין חילוק בין גרם הפתיחה מבפנים ובין מבחוץ, כגון שהרופא הכניס אצבעו או איזה כלי ופתח פי המקור, **גם** אין חילוק בין אם היא ילדה או זקנה או מעוברת או מניקה, **וי"א** דמש"כ כגון שהרופא הכניס אצבעו, אגב שיטפיה כ"כ ולא דק, שהרי עיקר הבדיקה בהפסק טהרה שתכניס אצבעה בעומק, **אלא** ודאי דאין זה ענין לפה"ק, שהרי אפילו האבר כשהוא גדול הרבה אינו מגיע רק עד הפרוזדור ולא לחדר, **ובשום** אופן אינה יכולה להכניס אצבעה לפנים עד שתפתח בטבע.

וי"א דמה שאמרו אין פה"ק בלא דם, היינו אם הקבר נפתח ויצא ממנו דבר גוש, כמו ולד או חתיכה, (כל שאינו דק כשפופרת דק של קש), או שילדה רוח, **אבל** כשלא יצא דבר, או שיצא דבר דק מאד או משקה, לא אמרינן אין פה"ק בלא דם, **דאל"כ** היכא משכחת כלל דם טהור, דהרי עכ"פ נפתח הקבר.

סימן קצד ס"ג • המפלת כל מיני צורות

המפלת כמין בהמה חיה ועוף, או כמין דגים וחגבים ושקצים ורמשים, וכל צורות ולד, או שפיר או שליא, או חתיכה שקרעוה ויש בה עצם, **עכשיו** שאין אנו בקיאין בצורות, חוששת לולד, ומטמאינן לה טומאת נקבה מספק, וצריכה ז"נ ולטבול אחר י"ד יום.

י"א דאם החתיכה אין בה עצם, אינה טמאה לידה, כי אם בשפיר, ויש סימן להבחין בין שפיר לחתיכה, **ויש** שפקפקו בזה, ודעתו להחמיר בזה, **וכל** הפוסקים חולקין עליו.

וכתב הש"ך, דמשמע דבמפלת ליכא מאן דמחמיר להצריכה פ"א יום, **ומ"מ** נראה דבעל נפש יחמיר, לפרוש ממנה ליל מ"א וליל פ"א, משום ספק זכר או נקבה, **ודלא** כהט"ז בס"א, דבכלל אינו חושש להני לילות.

אשה שילדה זכר בשינויים גדולים, דמות אדם ודמות חיה להנה, **ומורה** אחד צידד להתיר לסבב לו מיתה, מפני שאמרו חכמים בנדה, כל שאינו מצורת אדם אינו ולד, ועוד הרבה טעמים, **ויש שהשיגו** עליו, דמה שאינו ולד, דוקא לענין שאין אמו טמאה לידה, אבל לא לענין לסבב לו מיתה, **וחלילה** לשום אדם לשלוח יד לפגוע או לסבב סיבה וגרמא ע"י רעב וכדומה להמית הולד הזה, ובכלל שפיכות דמים הוא.

סימן קצד ס"ד • אם אח"כ הפילה שליא

ילדה ולד חי ואח"כ הפילה שליא, אינה חוששת לולד אחר, אלא תולה אותה בולד שילדה כבר, עד כ"ג יום בלא יציאת השליא, **דהיינו** כ"ד יום עם יציאת השליא.

אבל אם הפילה נפל תחלה, אין תולין בו השליא שהפילה אח"כ, וחוששת לשליא ליתן לה ימי טומאה של נקבה.

סימן קצד ס"ה • יצאה השליא תחילה

יצאה השליא תחילה, אין תולין אותה בולד זכר, שתלד אח"כ, אפי' הוא בן קיימא, וחוששת לשליא ליתן לה ימי טומאה של נקבה.

סי' קצד ס"ו • יצאה מקצתה ביום א' ונגמרה ביום ב'

יצאה מקצת שליא ביום א', ולא נגמרה יציאתה עד יום ב', **חוששת** מיום ראשון, אבל אינה מונה אלא מיום שני.

סי' קצד ס"ז • המפלת בהמה חיה ועוף ושליא עמהן

המפלת דמות בהמה חיה ועוף, ושליא קשורה בה, אינה חוששת לולד אחר; **ואם** אינה קשורה בה, חוששת לולד אחר, ואע"פ שהולד הנדמה זכר, חוששין מספק ליתן לה ימי טומאה של נקבה בשביל השליא.

ולדידן שאין אנו בקיאים, לעולם נותנים להולד הנדמה ימי טומאה של נקבה, ואפי' אם קשורה בה, וכדלעיל ס"ג.

סימן קצד ס"ח • היולדת טומטום או אנדרוגינוס

היולדת טומטום או אנדרוגינוס,נותנין לה ימי טומאה של נקבה.

סימן קצד ס"ט • הרגישה שהפילה ואינה יודעת מה

הרגישה שהפילה ואינה יודעת מה, אפי' לא היתה בחזקת מעוברת, **הרי** זו טמאה לידה, וחוששת שמא נקבה היתה.

סימן קצד ס"י • מאימתי נחשב לנולד

נחתך הולד במעיה ויצא אבר אבר, בין שיצא על סדר האברים, כגון שיצא הרגל ואחריה השוק ואחריה הירך, בין שיצא שלא על הסדר, **אינה** טמאה לידה מדאורייתא עד שיצא רובו, **אבל** טמאה מדרבנן אפי' ביצא אבר א' והחזירו, כדלקמן סי"א, **וטמאה** ג"כ נדה מדאורייתא, דא"א לפתיחת הקבר בלא דם. **ואם** יצא ראשו כולו כאחד, הרי זה כרובו.

ואם לא נתחתך, ויצא כדרכו, משתצא רוב ראשו, והיינו כל פדחתו, ה"ז כילוד, אע"פ שנחתך אח"כ. **וי"א** משתצא רוב פדחתו, שהראש אינו אלא הגולגולת לבד, לא מקום העינים והפה והלחיים, ואי אמרת משיצא כל פדחתו, הא ודאי דלא פדחתו בלבד קאמר, אלא פדחתו עם הגולגולת, א"כ היינו כל ראשו, **ומתני'** קתני רוב ראשו, אלא ודאי ר"ל רוב פדחתו.

וא"צ שיצא לחוץ ממש, אלא אפי' משיצא חוץ לפרוזדור.

י"א דאשה שישבה על המשבר ופסקו החבלין וצירין, שצריכה ז"נ, דהא מחללין עליה שבת משעת פתיחת הקבר, וקתני מאימתי פתיחת הקבר, משעה שישבה על המשבר, וא"א לפתיחת הקבר בלא דם, **ויש חולקין** ופסקו להתיר, דאשה היושבת על המשבר יש כאן ספק אולי הוא העת שתלד או לא, כי לפעמים הוא רק צירים וחבלים שאין בהם לידה, **וא"כ** לענין חילול שבת, דעל ספק נפשות ג"כ מחללין שבת, א"כ הוי ספק פתיחת הקבר ומחללין שבת, **ובאותה** שעה יש לבעל להזהר בה, דהוי ספק פתיחת הקבר, ומספיקא מחמרינן, **אבל** כשאנו רואים שפסקו הצירים ועמדה מהמשבר ולא ילדה, איגלאי מילתא למפרע דרק כאב בעלמא הוי, ולא היה פתיחת הקבר כלל, דלא שכיח שיפתח ויהיה חוזר ונסתם מבלי לידה, ופשיטא דטהורה. **וי"א** דבמקום שנהגו איסור לא ישנו, **וי"א** דאף המנהג לאיסור שהעידו נשי פולין, אינו אלא בסתם, **אבל** אם בדקוה המילדות ומצאו הפתח סגור,אפי' מנהג ליכא.

סימן קצד סי"א • הוציא העובר את ידו והחזירה

הוציא העובר את ידו או רגלו והחזירה, אמו טמאה לידה מדרבנן, **ואין** נותנין לה ימי טוהר עד שיולד.

סימן קצד סי"ב • שמעה קולו של ולד

היתה מקשה לילד ושמעה קולו של ולד, חשוב כילוד, שא"א שלא הוציא ראשו חוץ לפרוזדור.

איש ואשתו שהיו במטה, והאשה מעוברת והיתה ישינה, והאיש היה ניעור ושמע קול העובר בוכה במעי אמו, **י"א** דטמאה י"ד יום, **ולא** אמרינן דאילו יצאה ראשו אגב צערה היתה מתערה, **דכיון** דרוב ולדות אינם בוכים קודם הוצאת הראש, מידי ספיקא לא נפקא, **ולא** אמרינן ס"ס, שמא זכר ושמא לא הוציא ראשו, **דיבא** לידי תרי קולי דסתרן אהדדי.

סימן קצד סי"ג • תאומים שנולדו בב' ימים

היולדת תאומים, ונולד הא' קודם שקה"ח והשני אחר שקה"ח, **משיצא** הראשון טמאה לידה, ומונין ימי טומאה משיצא האחרון; **ואם** הראשון ניכר שהוא זכר, והשני ניכר שהוא נקבה, או שאינו ניכר שני זה אם הוא זכר או נקבה, **מונה** משיצא השני ימי טומאה לנקבה.

סימן קצד סי"ד • יוצא דופן

יוצא דופן, אם לא יצא דם אלא דרך דופן, אמו טהורה מלידה ומנדה ומזיבה.

§ סימן קצה - דברים האסורין בזמן נדותה §

סימן קצה ס"א • דיני הרחקות, שחוק קלות ראש, להריח בשמים שלה, וייחוד

חייב אדם לפרוש מאשתו בימי טומאתה עד שתספור ותטבול. **ואף** בימי לבונה כל דין נדה יש לה עד שתטבול.

ולא ישחוק ולא יקל ראש עמה, שמא ירגיל לעבירה. **ואפי' בדברים** אם מרגילין לערוה, לא ידבר בהן עמה.

אסור להריח מבשמים שלה, **ואפי' אם הסירה מעליה** ומונחים על השולחן, אפ"ה אסור להריח בהם.

ואפילו ביוצא לדרך, להנהו דמקילין סמוך לוסתה בתשמיש המטה בסי' קפ"ד, **מ"מ** בדברי הרגל באשתו נדה אסור.

אבל מותר לו להתייחד עמה, דכיון שבא עליה פעם אחת תו לא תקיף יצריה.

סימן קצה ס"ב • איסור נגיעה והושטה

לא יגע אפי' באצבע קטנה, **ולא יושיט** מידו לידה שום דבר, ולא יקבלנו מידה, אפי' בדבר שהוא ארוך, שמא יגע בבשרה.

וכן ע"י זריקה מידו לידה או להיפך, אסור.
י"א שלזורק דבר כלפי מעלה, ולא לנוכח אשתו, והיא פושטת ידה ומקבלתו, יש להקל, **אכן י"א** דאע"פ שיש להקל מעיקר הדין, מ"מ אין להתיר, וכל המחמיר בענינים כאלה תע"ב.

י"א דמותר ליטול מידה התינוק, משום דחי נושא את עצמו, והיא אינה עושה כלום, אלא התינוק עצמו הוא יוצא מחיק אמו ובא אל אביו, **ואם התינוק קטן** או חולה או כפות אסור, דאז לא שייך לומר חי נושא את עצמו.

י"א דליגע בבגדיה בעודה לבושה יש להתרחק, **אבל** כשאינן עליה מותר.

להסיר מבעלה נוצה דרך נפיחה, י"א דאסור, **ויש** מתירין.

י"א דאין אשה נדה רשאה להחזיק נר בידה כדי שישתה בעלה טאב"ק, או לחמם עצמו בנר ההוא, או להדליק ממנו נר אחר, **לפי** שההבל מחבר.

מי שמתה אשתו ר"ל והיא נדה, רשאי ליגע בה.

איש ואשה הדרים במקום שאין שם יהודי או יהודית זולת הזוג לבדם, י"א דכיון דא"א בענין אחר, מותר לבעלה לעמוד עליה כשהיא טובלת, לראות שתהא כולה תחת המים, ויכול לתמכה בידיו לדחפה תחת המים, **דכיון** דאיסור נגיעה כדעת הש"ך בסי"ז, וכן איסור הסתכלות במקומות המכוסים, הוא שמא יבא לידי הרגל דבר, ברגע זה לא חיישינן, דלא שביק היתרא שתיכף ברגע זה מותרת בעלייתה מן המים.

סימן קצה ס"ג • איסורי אכילה ביחד, ומשירים שלה

לא יאכל עמה על השלחן, **ואצ"ל** שאסור לאכול עמה בקערה אחת בזה אחר זה, אע"פ שאין נוגעים ביחד.

אא"כ יש שום שינוי, שיהא שום דבר מפסיק בין קערה שלו לקערה שלה, לחם או קנקן, (**ודוקא** כשאין אוכלין מאותו לחם, ואין שותין מאותו קנקן), **או** שיאכל כל אחד במפה שלו, **או** שתגלה מעט מן השלחן, ותתן קערה שלה עליו.

כתב הרמ"א, וי"א הא דצריכין הפסק בין קערה שלו לקערה שלה, היינו דוקא כשאינן אוכלין מקערה אחת כשהיא טהורה, **אבל** אם אוכלין מקערה אחת כשהיא טהורה, סגי אם אוכלת בקערה בפני עצמה, וא"צ היכר אחר, **וכן** נוהגין.

וי"א דאף לסברא זו, אינו מותר רק כשגם בני הבית אוכלים עמהם על שלחן א' ביחד, **אבל** כשבני הבית אוכלין על שלחן אחר, (**וי"א** דה"ה כשאין שם בני בית כלל, ואינו מוכרח), והאיש והאשה אוכלין לבדן על שלחן אחד כל אחד מקערה שלו, אסור, אפילו היה רגיל לאכול עמה בקערה א'.

אם גם בני הבית אוכלים עמהם מקערה זו, י"א דאפי' מקערה אחת שרי לאכול, דאין לך הפסק גדול מזה, **ומ"מ** רבים הם המחמירים, ומדינא אין לאסור, אך המחמירים יפה עושים באיסור חמור.

וי"א דדוקא על שולחן אחד יש מקום להתיר בזה, (אף אם גם כשהיא טהורה הם האוכלים בקערה בפ"ע), **דכשגם** בני הבית אוכלים עמהם עדיף מהיכר, **אבל** מקערה אחת מדינא יש לאסור, לפמ"ש הרמ"א שאסור לו לאכול משיורי מאכל שלה, א"כ כשאוכלים בקערה א' בודאי אוכל משיורי מאכל שלה, **וא"א** ליזהר ולדקדק בזה שיפסוק אדם אחר בינתיים.

אם מנתחין חתיכות קטנות בקערה אחת, והוא נוטל אחת והיא נוטלת אחת עד גמר אכילה, י"א דשבוש גדול הוא, דפשיטא דחשיב אכילה יחד, **אבל כשמשימין קערה עם החתיכות גדולות**, כדרך שמשימין בקדרה, וכל אחד נוטל מן הקערה ומשים לפניו על כלי מיוחד ואוכל משם, אין בזה איסור, **כיון** דאין האכילה מיד בלקיחתו מקערה שלוקחה גם היא, אלא משתמש בכלי אחר בינתיים.

אסור לו לאכול משיורי מאכל שלה, כמו שאסור לשתות משיורי כוס שלה, וכמו שיתבאר בס"ד, **ואם** הפסיק אחר ביניהם מותר, כמו בשיורי כוס בסמוך, **וכן** בכל הקולות שישנן שם, יש בזה.

י"א כיון דמדמה מאכל לשתיה, אף מאכל לא תביא לו.
ויש שהקשה, דא"כ אמאי אמרו כל מלאכות עושה לו חוץ ממזיגת הכוס, ולא חשיב תיקון מאכל לפניו, **ע"כ נראה**, דחכמים שיערו שאין קירוב בזה, רק מעשה עבודות שיש בו טורח, משא"כ במזיגת הכוס, **וכמו** שמחלק בסעיף י"א לענין הצעת המטה, **ועיין ש"ך** ס"י.

י"א דאשה נדה שהריחה טאב"ק כמו חצי כלי, מותר לבעלה להריח המותר, דזה לא דמי לאכילה.

סימן קצה ס"ד • שתיית שיורי כוס שלה

לא ישתה משיורי כוס ששתתה היא, ואע"פ ששתתה היא חצי ואח"כ מלאוהו, מ"מ הוא שותה משיורה, **אבל** אם שתתה היא כל הכוס ומלאוהו, נראה דמותר, **ואע"ג** שיש נוהגין להדיח הכוס בין שתיה דידה לשתיה דידיה, **אנן** לא נהגינן הכי.

אבל אם מפסיק אדם אחר ביניהם, **או שהורק** מכוס זה אל כוס אחר, אפילו הוחזר לכוס ראשון, מותר.

ואם שתתה והוא אינו יודע ורוצה לשתות מכוס שלה, א"צ להגיד לו שלא ישתה.

ואם שתתה מכוס והלכה לה, י"א שמותר לו לשתות המותר, דמאחר שכבר הלכה אין כאן חבה.
ואם באתה באמצע, י"א דמותר לגמור, **וכן** בפירסה נדה באמצע אכילה, מותר לגמור.

והיא מותרת לשתות מכוס ששתה הוא, דהיא לא מרגלא ליה לעבירה.

סימן קצה ס״ה • דיני שכיבה וישיבה

לא ישב במטה המיוחדת לה, (**וי״א** דה״ה על כרים המיוחדים לה), **דאפי׳** ישיבה בעלמא בלא שכיבה איכא הרהור, ויבוא לידי הרגל עבירה, **ואפי׳** שלא בפניה, **ואם** אינה בעיר כלל, מותר.

והב״ח חולק על השו״ע, דדוקא לשכב שם ולישן כשפושט בגדיו הוא דאסור, **אבל** ישיבה בעלמא כשהוא לבוש בגדיו אין בו איסור, אפי׳ בפניה.

ונגיעה בסדין שהוא מלוכלך בדם, אין איסור, אע״פ שקצת נזהרין מזה, שבוש הוא.

וי״א דכ״ש שהיא לא תישן במטה שלו, (וה״ה לישכב על כרים המיוחדים לו), דיש טפי הרהור בשכבה ובקומה, **ושלא** בפניו מותרת. **אבל ישיבה** בעלמא מותר לה על מטה שלו, דהיא לא מרגלא ליה.

י״א דאשה נדה יכולה לשכוב אסדיני בעלה, (כשאינם מיוחדים לו, א״נ שלא בפניו), ואינה חוששת פן תתעבר בנדותה מש״ז של בעלה, ויהא הולד בן הנדה, **דכיון** דאין כאן ביאת איסור, הולד כשר לגמרי.

ונזהרות מסדינים ששכב עליהם איש אחר, פן תתעבר משכבת זרע של אחר, ואף שאין כאן ביאת איסור, קפדינן אהבחנה, וגזירה שמא ישא אחותו מאביו.

ואסור לישב על ספסל ארוך שמתנדנדת ואינה מחוברת לכותל, כשאשתו נדה יושבת עליו, **י״א** דלאו משום הרהור, אלא כיון דמתנודדת הוי כנגיעה, **א״נ** כיון דשניהם יושבים עליה ביחד, הוי ליה כישן עמה במטה, דאסור אע״פ שאין נוגעין זה בזו, **ויש מתירים** כשאדם אחר מפסיק ויושב ביניהן.

וכן לא ילך עם אשתו בעגלה א׳ או בספינה א׳, אם אינו הולך רק דרך טיול, כגון לגנות ופרדסים וכיוצא בזה, **י״א** דמיירי בעגלה ובספינה המתנדנדים בעת שנכנסים אליהם, **וי״א** שההתקבצות לישב בעגלה ובספינה אסורה, אף באופן שאין נדנוד, **אבל אם הולך מעיר לעיר לצרכיו**, מותר אע״פ שהוא ואשתו הם לבדן, **ובלבד** שישבו בדרך שלא יגעו זה בזה.

סימן קצה ס״ו • שינה במטה ביחד

לא יישן עמה במטה, אפי׳ כל אחד בבגדו ואין נוגעין זה בזה, **ואפי׳** יש לכל אחד מצע בפני עצמו.

ואפי׳ אם שוכבים בשתי מטות והמטות נוגעות זו בזו, אסור – רמ״א. **י״א** דדוקא אם רגלי המטות נוגעים זו בזו אסור, דאז שוכב האיש והאשה פנים נגד פנים, ויכולים להסתכל זה בזו ויכול לבוא לידי הרגל דבר, **משא״כ** אם ראש המטה נוגעת ברגלי חברתה, **וכ״ש** ראש המטה בראש חברתה, שאין יכולין לראות זה פנים של זו, מותר, **אלא** דמ״מ העולם נוהגים כסתימות לשון רמ״א, דבכל ענין שנוגעים זה בזה אסור, **אבל** בהפרש כל שהוא בין מטה למטה מותר.

ודוקא במטות שלהם שלא היה מוקף בנסרים למעלה, ואז כשהמטות נוגעות זו בזו נראה כמטה א׳ ארוכה, אבל במטות שלנו העשויים כתיבה מוקף בנסרים למעלה, י״א דמותר.

ואם המטות מחוברין בכותל, י״א דאפשר דמותר.

מה שעושין כמין חדר קטן בתוך הבית, מקרשים של עץ או של בנין, ואין שם מקום רק לב׳ מטותיהם, **מותר** שם עם אשתו, הוא במטתו ואשתו במטתה, **וכן** מותר לישן תחת הכילה עם אשתו נדה, כשלכל אחד יש כסת בפני עצמו, **מ״מ** הנכון להחמיר, אם לא במחיצת סדין תלויה בין המטות שאינה רואה אותה עוד.

צ״ע אי מותר לשמוע קול זמר שלה.

סימן קצה ס״ז • דין הסתכלות

לא יסתכל אפי׳ בעקבה, ולא במקומות המכוסים שבה, **והעונש** ע״ז בגמ׳, דהויין ליה בנים שאינם מהוגנים.

אבל מותר להסתכל בה במקומות הגלוים, אע״פ שנהנה בראייתה, הואיל והיא מותרת לאחר זמן, אינו בא לידי מכשול.

סימן קצה ס״ח • בגדים מיוחדים לימי נדותה

ראוי לה שתייחד לה בגדים לימי נדותה, כדי שיהיו שניהם זוכרים תמיד שהיא נדה. **ויש** מקשים, והלא הטעם מפורש להדיא בש״ס, כדי שלא תתגנה על בעלה בימי טהרה, אם לובשת בגדים שלבשה בימי נדתה, **ולא** דהוי דין לעשות כן.

סימן קצה ס״ט • קישוט בימי נדותה

בקושי התירו לה להתקשט בימי נדותה, אלא כדי שלא תתגנה על בעלה. **ובאבות** דרבי נתן, כל המנבלת עצמה בימי נדתה, רוח חכמים נוחה הימנה, **וכל** המתקשטת עצמה בימי נדתה, אין רוח חכמים נוחה הימנה.

סי׳ קצה ס״י • דין מלאכה, מזיגת הכוס, והבאת קערה

כל מלאכות שהאשה עושה לבעלה, נדה עושה לו. **וי״א** דכן הוא מצד הדין, לפי שראו את העם שלא יסבלו יותר מחמת חסרון שפחות, **אבל** מ״מ המחמיר שומר מצרות נפשו.

חוץ ממזיגת הכוס, שאסורה למזוג הכוס בפניו, ולהניחו לפניו על השלחן, **אא״כ** תעשה שום היכר, כגון שתניחנו על השלחן ביד שמאל, **או** תניחנו על הכר או הכסת אפילו ביד ימינה.

כתב הב״ח בשם מהר״ש מאוסטרייך, דשלא כדין עושין הבעלי בתים, שמניחין נשותיהם לישא הקערות וכיוצא בהן על השלחן, מידי דהוה אמזיגת הכוס.

מיהו להי״א דמזיגה בלא הושטה או הושטה בלא מזיגה, מותר אפי׳ בלא שינוי, **ה״ה** בקערה דליכא אלא הושטה דשרי. **וכן למ״ש הרשב״א**, דמזיגת יין במים דוקא אסור, אבל שאר משקים, **א״נ** מזיגה מן הכלי כמו שאנו עושים, שרי, **ה״ה** בקערה אין קפידא.

ועוד דאף במזיגת הכוס, אין איסור אלא בכוס המיוחד לבעלה בלבד, דאיכא חיבה, **אבל** להביא הקערה על השלחן שכל בני בית אוכלים ממנה, אין קפידא, אע״ג שגם בעלה אוכל עם בני ביתה מאותה קערה, דליכא הכא חיבה.

אבל מסיק הב״ח, דלהביא קערה המיוחדת לבעלה, אסורה משום חומרא, דאף בהושטה בלבד כשאין בו שינוי, אסור במאכל ובמשתה, **(ועיין** מש״כ הט״ז בס״ג**)**.

ולפי״ז משמע דמחמיר ג״כ בשאר משקים.

וכתב הב״ח, דאע״פ שהמזיגה נעשה שלא בפניו, אם מניחה על השלחן בפניו, אסור, **ואף להי״א** דדוקא בדאיכא תרוייהו

מזיגה והושטה הוא דאוסר, מודה בזה, **ואצ"ל** כשהוא יודע שהיא מוזגת את הכוס, דכיון שהניחה על השלחן בפניו חשיב כמזיגה בפניו ג"כ ואסור.

וכתב הש"ך דאין דבריו מוכרחים, **ואסור** רק משום חומרא בעלמא, וכדלעיל בהושטה בלא מזיגה.

סימן קצה סי"א • הצעת המטה

אסורה להציע מטתו בפניו; **ודוקא** פריסת סדינים והמכסה שהוא דרך חבה, **אבל** הצעת הכרים והכסתות שהוא טורח ואינו דרך חבה, שרי; **ושלא** בפניו, הכל מותר, אפילו הוא יודע שהיא מצעת אותם.

סימן קצה סי"ב • הרחצת פניו ידיו ורגליו

אסורה ליצוק לו מים לרחוץ פניו ידיו ורגליו, אפי' אינה נוגעת בו, **ואפי'** הם מים צוננים. **וכן** אסור לתת לפני בעלה קיתון של מים וכלים שירחץ בהם רגליו, מפני שהוא דרך חיבה.

והט"ז חולק, דהאיסור הוא רק כשהוא רוחץ והיא מוצקת, **שאילו** לרחוץ בידיה, אפי' בלא רחיצה אסור, דהא איכא קירוב בשר, ואסור ליגע אפי' באצבע קטנה, **אבל** מותרת להכין לו מים בכלי והוא ירחץ משם, **וכן** משמע מלשון הגמ', הרחצת פניו ידיו ורגליו, ונתינת המים לכלי תחילה בלי יציקה עליו, לא מקרי רחיצה כלל, והי"ל נתינת מים להרחצה, כמ"ש מזיגת הכוס, **משא"כ** יציקה עליו מקרי שפיר רחיצה, **ומ"מ** נכלל גם בהאיסור, אם הוא רוחץ מכלי שיש בו נקב למטה, ובשעת רחיצתו היא יוצקת מים להכלי, דג"ז מיקרי הרחצה.

סימן קצה סי"ג • למזוג לה ולשלוח לה כוס

כשם שאסורה למזוג לו, כך הוא אסור למזוג לה, **ולא** עוד, אלא אפי' לשלוח לה כוס של יין אסור, לא שנא כוס של ברכה לא שנא כוס אחר, אם הוא מיוחד לה; **אבל** אם שותים הם מאותו הכוס ושתיא איהי אבתרייהו, לית לן בה. **וי"א** דראוי להחמיר שלא ישתה כלל משום היכירא.

סימן קצה סי"ד • דיני הרחקות בימי ליבונה

כל אלו ההרחקות צריך להרחיק בין בימי נדותה בין בימי ליבונה, **ואין** חילוק בכל אלו בין רואה ממש למוצאת כתם.

וכתב הרמ"א, וי"א דאין להחמיר בימי ליבונה בענין איסור אכילה בקערה, וכן נוהגין להקל, **ויש** להחמיר שלא לסמוך ע"ז.

וי"א דטועים המקילים, שהרי לא התיר הי"א אלא ביום הז' שאחר ימי ליבון, כדי שתתרצה לטבול, וגם ליכא הרגל עבירה, דאין לחוש שמא יבא עליה ביום הז' כיון שהיא טובלת לערב, **וגם** זו סברא קלושה היא, ואין שומעין ליחיד להתיר איסור המפורסם בכל החיבורים, ואין להם על מי שיסמוכו, **ולכן** יש לדרוש ברבים, דאיסורא קא עבדי הני דאוכלים יחד מקערה א' בימי לבונה. **ואותם** האוכלים עם נשותיהם בימי ליבונה שלא ירגישו בני הבית, שבוש הוא, ועוברים על דברי חכמים, ונתקבצו כל הקהלות ועשו חרם ע"ז.

וי"א דיש נוהגין שלא לאכול עד כלות ז"נ, והוא כשר ונאה, דשוב ליכא הרגל עבירה אלא הרגל מצוה, דכיון דמצי למטבל לא שביק היתרא ואכיל איסורא.

והפוסקים האחרונים החמירו, שלא להתיר שום הרחקה קודם שטבלה, אף שכבר שלמו ימי ספירתה.

סימן קצה סט"ו • אם הוא חולה

אם הוא חולה ואין לו מי שישמשנו זולתה, מותרת לשמשו, כגון להושיט חפץ מידה לידו, או לקחת חפץ מידו, וכגון לשמשו בתשמישי גופו, כהתרת מנעל והנעלתו, והלבשת בגדיו, **ותזהר** כפי האפשר שלא ליגע בו אפי' דרך בגדיו, **אמנם** כשצריך לכך מותרת אף לנגוע בו, וכגון שצריך לה להקימו ולהשכיבו ולסומכו וכה"ג.

רק שתזהר ביותר שתוכל מהרחצת פניו ידיו ורגליו, והצעת המטה בפניו.

י"א דהטעם דלא הזכיר השו"ע מזיגת הכוס, לאו משום דיש להקל בה כשהוא חולה יותר מאם הוא בריא, **אלא** משום דאשכחן היתרי טובי, ע"י שתניחנו על השלחן ביד שמאל או תניחנו על הכר וכסת, כדלעיל ס"י.

וי"א דהני דינים בס"י שאינם אסורים מדינא, רק דנכון להחמיר, כהושטה בלי מזיגה או בשאר משקים, הכא בחולה שרי.

סימן קצה סט"ז • אם היא חולה

אשה חולה והיא נדה, אסור לבעלה ליגע בה כדי לשמשה, כגון להקימה ולהשכיבה ולסומכה, **דדוקא** כשהוא חולה והיא בריאה שרי, דכיון דחולה הוא ליכא למיחש להרגל עבירה, דאין יצרו מתגבר עליו מפני שתשש כחו, **אבל** כשהיא חולה והוא בריא, איכא למיחש להרגל עבירה, שמא יתגבר יצרו עליו ויפייסנה.

וכתב הרמ"א, וי"א דאם אין לה מי שישמשנה, מותר בכל, וכן נוהגין אם צריכה הרבה לכך. **ואע"ג** דבכל אביזרא דג"ע אמרינן ימות ואל יעבור, מההיא עובדא דהעלה לבו טינא, **התם** בא החולי מחמת העבירה, משא"כ הכא.

וי"א דאפי' אם היא חולה שאב"ס נמי שרי, **רק** לא ירחץ פניה ידיה ורגליה, **ואם** היא מסוכנת אצל הרחיצה, אפשר לו להשליך מים עליה, **ואם** א"א אלא ברחיצה ממש, מותר.

ולפי"ז מה חילוק יש בין איש חולה לאשה חולה, **י"א** דכשהיא חולה, צריך לשכור אחרים כדי לשמשה, **משא"כ** כשהוא חולה, א"צ לשכור אחרים לשמשו, ולכן אם אין באפשרות להיעזר באדם אחר בחינם, מותרת היא לשמשו.

סימן קצה סי"ז(1) • אם בעלה רופא

אם בעלה רופא, אסור למשש לה הדפק. **ומה** דמשמע מהרמב"ן, דאם החולה מסוכן ואין שם רופאים, דשרי מפני פיקוח נפש, **י"א** דדוקא לשיטתו דס"ל דנגיעת נדה אינו אלא מדרבנן, **אבל** להרמב"ם דנגיעת ערוה אסורה מן התורה, אפשר דאסור משום אביזרא דג"ע, וצ"ע - ב"י.

וכתב הש"ך, דודאי אף להרמב"ם ליכא איסור דאורייתא, אלא כשעושה כן דרך תאוה וחיבת ביאה, משא"כ הכא, **וכן** המנהג פשוט שרופאים ישראלים ממששים הדפק של אשה, אפי' א"א או נכרית, אע"פ שיש רופאים אחרים גוים, **וכן** עושים שאר מיני משמושים ע"פ דרכי הרפואה. **מ"מ** באין סכנה, אסור לבעלה למשש הדפק כשהיא נדה.

וכתב הרמ"א, דלפי מש"כ לעיל, דנוהגין היתר אם צריכה אליו דמשמש לה, כ"ש דמותר למשש לה הדפק אם אין רופא אחר, וצריכה אליו ויש סכנה בחליה.

ואף דהרמ"א התיר לעיל להקימה אפי' כשהיא רק צריכה הרבה לכך, ואפי' בלא סכנה, **י"א** דהתם בעבידתא טריד

טפי, שהוא טרחא, **משא"כ** מישוש הדפק, הוא פעולה קלה. **וכמה מגדולי אחרונים** התירו, אף בחולה שאין בו סכנה.

וי"א שיש להניח בגד על הדפק, ואז מותר לבעלה הרופא למשש הדפק על אותו בגד המפסיק.

(**כתב** בספר חמו"ד, נהגו הנשים שלא לילך לבית החיים להתפלל בימי נדתה, ונכון הוא).

סי' קצה סי"ז(2) • תפלה, כניסה לבהכ"נ ולבית החיים

ולענין תפלה ושאר דברי קדושה, י"א שאין לאשה נדה בימי ראייתה ליכנס לבהכ"נ או להתפלל או להזכיר השם או ליגע בספר. **וי"א** שמותרות בכל, וכן עיקר.

והמנהג במדינות אלו כסברא הראשונה. **ובימי לבון** נהגו היתר. **ואפי' במקום שנהגו להחמיר**, בימים נוראים וכה"ג, שרבים מתאספים לילך לבהכ"נ, מותרות לילך לבהכ"נ כשאר נשים, כי הוא להם לעצבון גדול שהכל מתאספים והם יעמדו חוץ.

י"א דנהגו הנשים שלא לילך לבית החיים להתפלל בימי נדתה, ונכון הוא.

§ סימן קצו – דיני לבישת הלבון ובדיקתה §

סימן קצו ס"א • דין הפסק טהרה

ז' ימים שהזבה סופרת, מתחילין ממחרת יום שפסקה בו. **וכך משפטה**, אם תראה ב' ימים או ג' ופסקה מלראות, בודקת ביום שפסקה כדי שתפסוק בטהרה, **ונוהגין** לכתחלה שבדיקה זו תהיה סמוך לביהש"מ, **ובדיעבד**, אפי' לא בדקה עצמה רק שחרית ומצאה עצמה טהורה, סגי בכך, **אם** הוא מיום ב' מראייתה ואילך, כדלקמן ס"ב.

ולעולם ילמד אדם בתוך ביתו להחמיר לכתחלה שתהא בודקת ביום הפסק טהרתה במוך דחוק, ושיהא שם כל ביהש"מ, שזו בדיקה מוציאה מידי כל ספק.

ב' דעות שהביא הרמ"א בהפסק טהרה אחר תפלת הצבור:
י"א אם התפללו הקהל ערבית ועוד היום גדול, **אע"פ** שהיא לא התפללה ערבית עדיין, **אינה** יכולה לעשות הפסק טהרה, מאחר דהקהל כבר עשו אותו לילה.
וי"א דמותרת, ואפי' עשו הקהל שבת, כי ההיא תוספת לא שייך לענין נדה, **וכמו** דלא חשיב ללילה לענין ספירת עומר, ולאכילת מצה ופסח וסוכה.
וכתב רמ"א, דנוהגין לכתחלה ליזהר, **ובדיעבד** אין לחוש.

הפסק טהרה אחר שהתפללה היא
י"א דאע"פ שהתפללה היא ג"כ ועשתה שבת, מותר בדיעבד, **וי"א** דאם התפללה היא ערבית, אין להקל אפי' דיעבד.

כתב הש"ך, דאף להמקילים, היינו עד כ"ד שעות, וא"כ כשהיום גדול כל כך, חשבינן יום ולילה שוים, וכמש"ל סי' קפ"ד, **אבל** בתר הכי לכו"ע אסור.
והדגמ"ר השיג עליו, וכתב שאין להחמיר בזה כלל, אפי' לכתחלה. **ואף הש"ך** לא החמיר אלא כשהתפללה היא וגם הקהל ערבית וקיבלו שבת, **וגם** בזה נראה להקל בדיעבד.

אם ראתה דם אחר ברכו
כתב הרמ"א, ומקצת נשים נוהגות שאם פסקה קודם ברכו, וחזרה לראות כתם או דם תוך ימי ספירתה, אז מפסיקין אפי' לאחר ברכו אם נתקלקלה סמוך לערב, וחושבים דבר זה לדיעבד; **ואין** למחות בידם, כי כן קבלו מאיזה חכם שהורה להן, והוא מנהג ותיקין.

כתב הב"ח, דמשמע מהרמ"א דדוקא תוך ימי ספירתה, **אבל** בתחילת ספירתה אם ראתה דם אחר ברכו, אע"פ שעוד היום גדול, אינה מפסקת בטהרה היום אלא ביום המחרת, **וליתא**, אלא אף בתחלת ספירתה מפסקת בטהרה, אפילו אם ראתה דם סמוך לערב.

וכתב הש"ך, דגם להרמ"א, אפי' בתחילת ספירתה אם ראתה דם סמוך לערב, מפסקת אחר ברכו, **דהא** כתב לעיל "ובדיעבד אין לחוש", ואין דיעבד גדול מזה, **ומש"כ** תוך ימי ספירתה, ר"ל שפסקה קודם ברכו, ואחר ברכו חזרה וראתה דם, **וה"ק**, אפי' פסקה קודם ברכו, לא אמרינן דחשיב אחר ברכו לדידה לילה, וכ"ש אם לא פסקה קודם ברכו, **ומש"כ** לעיל, "ונוהגים לכתחלה ליזהר", היינו היכא דאפשר, כגון שאינה רואה דם קודם ברכו.

הס"ז הביא מהמרש"ל, דכיון שנשים שלנו מתחילין למנות מיום ששי, פשיטא שיכולה למנות אפי' אחר תפילת ערבית. **והשיגו עליו**, דמהרש"ל מיירי שהראיה היתה אחר תפלת ערבית בעוד יום, ולענין אימת תלבש לבנים, בזה כתב דכיון דנשים שלנו מתחילין מיום ו', יש להקל, **אבל** כאן דמיירי בבדיקה של הפסקת טהרה, אין הפרש לנשים שלנו, שאם אחר תפלת ערבית לילה, אין יום המחרת עולה למספר ז"נ.

סימן קצו ס"ב • הפסק טהרה ביום א' לראייתה

כתב המחבר, ראתה יום א' בלבד ופסקה בו ביום, צריכה לבדוק עצמה במוך דחוק ושיהא שם כל בהש"מ.
וכתב הרמ"א, ובדיעבד אם בדקה עצמה סמוך לבהש"מ ומצאה עצמה טהורה, אע"פ שלא היה המוך אצלה כל בהש"מ, סגי.
אבל בדיקת שחרית, (**וי"א** כל שהיתה קודם מנחה קטנה), לא מהני, הואיל ומעיינה פתוח ביום ההוא.

וא"ת ולדידן מאי נ"מ, הא אפי' אשה שרואה כתם, נוהגין שצריכה להמתין ה' ימים עם יום שראתה בו, ואח"כ תפסוק, **נ"מ** להיכא דחזרה וראתה בתוך ימי הספירה, דכיון דראתה רק יום א', בדיקת שחרית לא מהני אפי' בדיעבד.

וכתב הש"ך, דאם ראתה רק כתם, אפשר להקל דמהני בדיקת שחרית בדיעבד, בין בימי הספירה בין בתחילה, דכתם לאו מעיינה פתוח הוא. **וצ"ע**, דהא בתחילה אפי' בכתם צריכה להמתין ה' ימים, **אמנם** לפי מה שכתב הש"ך לקמן, משכחת לה היכא דלא שמשה, **וגם** נ"מ ג"כ בכלה.

סימן קצו ס"ג • רחיצה ולבישת לבנים

ביום שפוסקת טהרה, תלבש חלוק הבדוק לה שאין בו כתם, ובלילה תשים סדינים הבדוקים מכתמים, ומיום המחרת תתחיל לספור ז"נ.

ומנהג כשר הוא כשהאשה פוסקת בטהרה שתרחץ כל בין רגליה עד למטה, בכל מקום שאפשר לדם ליפול שם מאותו מקום, ולובשת לבנים, **אמנם** אם לא רחצה רק פניה של מטה, די בכך, **וכן** נוהגין ואין לשנות.

אבל בשעת הדחק, כגון אשה ההולכת בדרך ואין לה בגדים, תוכל לספור ז"נ, רק שהחלוק נקי ובדוק מדם, **והיינו** אף דלכתחילה יהיה החלוק מכובס, הקלנו לזו ללבוש אף חלוק שלבשתו כבר לאחר כיבוסו, **ועוד** אפשר לומר, דמקילין לזו ללבוש בגד צבוע.

י"א דאשה שהחזיקה עצמה בטמאה בטעות, אין לה לספור אותן ימים הראשונים אשר נפלו מתחלה לדעתה. **אך** אם לא החזיקה עצמה בטמאה, ורק בב' ימים הראשונים לבשה כתונת שלה הנכתם בכמה כתמים, אך היתה חגורה מלמטה סינר לבן ונקי, **אם** אומרת שהיא מכרת הכתמים שבחלוקה שהם מימי טומאתה הראשון, עלו לה אותן ימים, כיון שמכרת הכתמים בט"ע שהם מימי נדתה, **ואף** אם אין לה בהם ט"ע, ג"כ עלו לה מחמת ההוכחה, דעל הסינר בעי לה לאשכוחי, **אכן** אם אין הוכחה זו, וגם אין לה בהם ט"ע, אין תולין שהם מימי נדתה, כיון שהוא בג"י ראשונים.

סימן קצו ס"ד • דיני בדיקה של ז' ימי הספירה

בכל יום מז' ימי הספירה צריכה להיות בודקת עצמה וחלוקה, לכתחלה פעמיים בכל יום, א' שחרית וא' סמוך לבהש"מ.

י"א שצריך שתמנה בכל יום, ותאמר היום יום כו', כדכתיב וספרה לה, **אך** הרבה חולקין עליו.

ואם לא בדקה בכל השבעה אלא פעם א', מלבד הבדיקה דהפסק טהרה, לא שנא בדקה ביום א' של השבעה, או ביום ז', או באחד מהאמצעיים, ומצאה טהורה, עלו לה.

אבל אם לא בדקה בכל הז', וביום ח' בדקה ומצאה טהורה, אין לה אלא יום ח' בלבד, ומשלמת עליו.

והביא המחבר שיטת הסמ"ג, שצריך שתבדוק ביום א' וביום ז', וכתב דאין להקל.

וי"א דבדיעבד שכבר לנתה אצל בעלה, יש להקל, **אך** כ"ז בבדקה בודאי בא' או בז', **אבל** אם לא בדקה בהם רק מאחד מהאמצעים, יש לחוש אפילו בדיעבד.

בדגמ"ר כתב, דאפי' לא בדקה ביום א', ובדקה באחד מימים אמצעים וגם ביום ז', גם הסמ"ג מודה שעלו לה, **ובלבד** שעכ"פ ליום שפסקה בדקה כדי שתפסוק בטהרה, **אבל בנו"ב** כתב, דדוקא א' וז' בעינן, אבל אם בדקה דרך משל בא' ובג', לא מהני ואינה יכולה לטבול בז', **ואם** אח"כ שוב לא בדקה עד י', אין בידה אלא י', **אבל** אם בדקה אח"כ בט', טובלת לערב, דדל יום א' מהכא, הרי בדיקת ג' וט' נחשב א' וז', **ואפילו** בדקה בח', דהיינו שבדקה בא' ובג' ובח', טובלת בח' לערב, ומצטרף הח' עם הראשון, **ואף** שיש בין ח' לראשון יותר מה' ימים, השלישי מצרפם, **ומזה מוכח**, דאם לא בדקה בראשון, רק באחד מימים אמצעים ובז', לא מהני, דלא כמ"ש בדגמ"ר.

והבדיקה תהיה לאור היום ולא לאור הנר, **ובדיעבד** מהני אפילו אור הנר.

י"א דכל שלא בדקה אף שלא הרגישה, טמאה מדאורייתא, דימי נקיים ספורין ובדוקין בעינן, **ויש שחולק עליו**, וכתב דלגבי הפסק טהרה, ודאי אין מועיל מה שלא הרגישה כל ביה"ש שנפתח מקורה, דהרי פתוח ועומד הוא, וצריכה שתדע שנסתם מקורה, וזה א"א לידע אלא ע"י בדיקת חורין וסדקין, **אך** לענין הספירות נקיים, צריך ראיה, דאפשר הוה ספורים לפנינו כל שברור לה שהשגיחה על עצמה שחרית א' מז' ימים, ויודעת בודאי שאז לא נפתח מקורה.

י"א דאם יצא ממנה דם שלא בהרגשה, דסותר, דמקור מקומו טמא, והו"ל כפולטת, **וי"א** דמה"ת אינו סותר בשום אופן, **אך** לדידן אפילו כתם סותר.

י"א דאשה שנולד לה מכה שמוצ"ד, בין כשכבר הוחזקה נדה, ובין אשה טהורה שנולד לה מכה שמוצ"ד, ואך טמאה ביום עונה שלה, כדלעיל סימן קפ"ז ס"ה, **מכיון** שהוזקקו לטומאה, אינם יוצאים מטומאתם עד שיהיה בדיקת הפסק טהרה, ויום אחד מהז"נ, נקי לגמרי בלי ראיית דם מכה.

ויש דמודה ליה בחדא, ופליג עליה בחדא, **דאשה** שהיתה טמאה נדה, וטרם שפסקה בטהרה ומעיינה עדיין פתוח, נולד לה מכה, בזה צדקו דבריו, ואין לה היתר לפסוק בטהרה, **אבל** אשה שמעיינה סתום, שנולד לה מכה, והגיע יום וסתה, ומטמאים אותה, **אז** אחר שעברו עליה כ"כ ימים, אשר אין דרך דם למשוך אצלה, ומסתמא כבר סתם מקורה, **תוכל** לפסוק בטהרה, באופן שתעמוד כל ביה"ש בהיסת הדעת מכל הרהורים ומחשבות, ותשגיח על עצמה, ואם לא תרגיש אז פתיחת המקור, תפסוק בטהרה ותטהר.

סימן קצו ס"ה • אשה שלא הפסיק בטהרה

בדקה עצמה ביום שפסקה מלראות ומצאה טמאה, **או** לא בדקה עצמה ביום שפסקה מלראות, **ובדקה** לאחר ג' או ד' ימים ומצאה טהורה, **הרי** זו בחזקת טמאה עד שתפסוק בטהרה, שלעולם אינה סופרת עד שתבדוק אם פסקה.

סימן קצו ס"ו • אופן הבדיקה

כל בדיקות אלו, בין בדיקת הפסק טהרה בין בדיקת כל השבעה, צריכות להיות בבגד פשתן לבן ישן, או בצמר גפן, או בצמר לבן נקי ורך.

ותכניסנו באותו מקום בעומק ולחורים ולסדקים עד מקום שהשמש דש, ותראה אם יש בו שום מראה אדמומית, ולא שתכניסהו מעט לקנח עצמה.

ואם יקשה בעיניה מאוד להכניסו כל כך בעומק, לפחות בדיקה של יום הפסק טהרה, ובדיקה של יום ראשון מהשבעה, תהיינה עד מקום שהשמש דש.

ואם לא עשתה כן בבדיקת יום ראשון, תעשה פעם אחת כן מבדיקות שאר הימים.

מיהו בדיעבד אם לא עשתה כן כלל, רק שבדקה עצמה יפה בחורין ובסדקין בעומק היטב כפי כחה, אע"פ שלא הגיע למקום שהשמש דש, סגי לה.

י"א דדעת הרבה פוסקים להקל בהבדיקה, ולא להצריך בדיקת חורין וסדקין, **אלא** שלא מלאו לבו להקל לגמרי, כיון שיש ג"כ דעת הרבה פוסקים המחמירים, **אך** במ"ש השו"ע דבדיקה של הפסק טהרה ובדיקה של יום ראשון כו', בזה

נראה לו לסמוך על המקילין, דרק בדיקה של הפסקת טהרה צריכה לחורין ולסדקין, אבל שאר בדיקות אפי' של יום ראשון, די בבדיקה קלה, **ומה** גם דבדיקת ההפסק טהרה כוללת גם בדיקת יום ראשון, שהרי המוך אצלה עד הלילה, **אלא** שטעם הב"י, משום דספירת לילה לאו ספירה, **עכ"פ** יש לצרף דעת רש"י, שסובר דספירת לילה מקרי ספירה, לענין זה, שאף שצריכה בדיקה ביום ראשון, שוב די לה בבדיקה קלה.

אם כואב לה הרבה, י"א דאינה צריכה בדיקה כלל בשאר ימים חוץ מיום ראשון ויום שביעי, **וטוב** להצריכה קינוח כל דהו מבחוץ אם לא יכאב לה.

סימן קצו ס"ז • סומא

הסומא בודקת עצמה ומראה לחבירתה.

סימן קצו ס"ח • חרשת ושוטה

החרשת ששומעת ואינה מדברת, או שמדברת ואינה שומעת, הרי הן כפקחות.

אבל אם אינה שומעת ואינה מדברת, **וכן** השוטה או שנטרפה דעתה מחמת חולי, **צריכות** פקחות לבדוק אותן ולקבוע להן וסתות, כדי שתהיינה מותרות לבעליהן. **הוקבע** להן וסת, הרי הן כשאר כל הנשים; **לא** הוקבע להן, חוששות מל' יום לל' יום, ובודקות ע"י פקחות.

סימן קצו ס"ט • להרבות בבדיקות

האשה שמרבה לבדוק, בין בימי ספירתה, בין בימים שלא ראתה בהם, הרי זו משובחת, אע"פ שיש לה וסת קבוע.

וי"א דבזה"ז שאין אנו בקיאין כלל במראות, ומחמירין אפילו כמראה השעוה והזהב, שנמצא שהרבה ממה שתמצא יאסרו רק מספק וגם רק מחומרא בעלמא, **ודאי** אין מעלה ברבוי בדיקות.

סימן קצו ס"י(1) • הז' נקיים צריכים להיות רצופים

הז"נ צריך שיהיו רצופים שלא תראה דם בהם, שאם ראתה דם אפי' בסוף יום הז', סתרה כל הימים, וצריכה לפסוק בטהרה ולחזור ולמנות ז"נ.

וזהו לדין התלמוד, אבל האידנא אחר חומרא דר' זירא, דכל אשה שרואה אפי' טיפה כחרדל צריכה לישב ז"נ, אין נפקותא מדין זה, דה"ה אם ראתה ביום הח', דלעולם צריכה לישב ז"נ סמוך לטבילתה אע"פ שאינה סותרת.

וי"א דהוא דוחק גדול, שיכתוב דין דאינו נוגע רק לפי דינא דהתלמוד, **וי"ל** דיש בו נפקותא אף לדידן, לפי מה דקימ"ל דאשה שיש לה וסת א"צ בדיקה כלל שלא בשעת וסתה אפילו לכתחלה, רק היא משובחת, והטעם, דאז היא בחזקת טהרה, **משא"כ** בז"נ, קימ"ל כאן דלכתחילה צריכה בדיקה פעמים בכל יום, והטעם דהיא בחזקת טמאה עד שיצאו הז"נ, **ע"כ** אי הוי אמרינן דלא סתרה כל הימים שלמפרע, אף שמ"מ היתה צריכה למנות ז"נ מחמת ראיה של עכשיו, הוי אמרינן דא"צ בדיקה תוך הז"נ, **קמ"ל** דאפי' אם תראה בסוף הז"נ ממש, תסתור הכל, א"כ עדיין חזקתה הראשונה עליה, וצריכה בדיקה לכתחילה גם בעת ההיא.

סימן קצו ס"י(2) • דין שלשה ימים ראשונים

כתב הרמ"א, י"א דבג' ימים ראשונים של ימי הספירה, אם מצאה כתם אין תולין אותו להקל כמו שתולין שאר כתמים, דג' ימים ראשונים צריכה להיות נקייה לגמרי, **אבל** אח"כ דינו כשאר כתם, **וכן** נוהגין.

ואם סופרת נקיים על כתם שמצאה, ומצאה אח"כ כתם בג"י ראשונים, י"א שיש להקל בזה, **וק"ו שיש להקל בתבעוה להנשא** ונתפייסה, ומצאה כתם בג"י ראשונים.

אשה שבדקה עצמה לילך לבהכ"נ, ואח"כ הפסיק בטהרה וספרה, ובתוך ג"י מצאה כתם, ויש לה במה לתלות, יש מחלוקת אחרונים אם נאמר דבתוך ג"י לא תלינן כתם, או נחשוב מיום שבדקה לילך לביהכ"נ, **וי"א** דדוקא בעינן בדיקת תיקון חז"ל, אבל בדיקה אחרת לא, דאינה מדקדקת יפה, **וי"א** דזהו דוקא לטהרות, **וי"א** דאם אמרה עתה ברי לי שבדקתי שפיר, יש להקל.

אם מצאה הכתם לאחר ג"י, **אלא שיש לחוש שזה הכתם ראתה בתוך ג"י** ולא ידעה עד הנה, י"א דתולה במכתה ובנדתה, וחושבת אף ג"י הראשונים לספירה, **אכן** יש חולקים.

אם נמצא הכתם ע"ד שאינו מקבל טומאה, או בבגד צבוע י"א דאף תוך ג' לא חיישינן לה, דדוקא במידי דבעי לתלות, אמרינן דיותר מסתבר לתלות בגופה, **אבל** באלו לאו מטעם תליה אתינן עלה, דאפילו בדקה קרקע עולם וישבה עליו, כיון דבלא הרגשה חזיא, טהורה, דדבר שאינו מקבל טומאה לא הוי בכלל גזירת כתמים, א"כ מה מהני הא דתוך ג"י מעיינה פתוח, סוף סוף חזיא בלא הרגשה.

וכ"ז דוקא בכתם שהוא יותר מכגריס ועוד, אבל פחות מכגריס ועוד, תולה בכינה אפי' בג"י ראשונים, דכיון דא"צ לתלותו בחבורה או מכה, אלא בדם מאכולת, ודאי תלינן לעולם, דאל"כ אין שום אשה יכולה לטהר, דאין לך אשה שאין עליה כמה טיפי דמים של מאכולת.

וי"א דאם יכולה לישן במקום שאין פשפשין, ושכבה במקום שיש פשפשין, אינה יכולה לתלות בפשפשין.

וכתב רמ"א, דאם היה לה מכה בגופה ויודעת שמוציאה דם, תולה בה אפי' ביתר מכגריס ועוד, **דרק** במכה שאין ידוע שמוציאה דם, או בשאר דברים שתלינן בהם כתם, אין תולין. **דהא** אפי' רואה ממש תלינן במכה שמוציאה דם, כ"ש כתמים דרבנן, **ואין לומר** דשאני ברואה ממש, דהוא תחלת ראיה, ולכך תלינן במכה, ואמרינן דמעיינה סתום עדיין ולא ראתה, אבל תוך ספירתה שמעיינה פתוח כבר, לא תלינן במכה כלל, זה אינו, **ואפשר** דלא החמירו בג"י ראשונים אלא לחומרא בעלמא, דהרי כתבו, הואיל ואפשר ליזהר כו', ואם היה אסור מדינא, לא שייך לחלק משום שאפשר ליזהר.

ובד"מ מסיק: כנ"ל להלכה, אבל למעשה יש להחמיר לכתחילה במכה עוברת בימים מועטים, דגם זה מקרי אפשר להיזהר, שיכולה להמתין אותן ימים מועטין, **ומ"מ** כאן ברמ"א, התיר במכה שיודעת ודאי שמוציאה דם.

והש"ך חולק עליו, דמדתלו הפוסקים טעמא, שצריכה שתדע בודאי שפסק דם המקור, משמע דבג"י הראשונים שאינה

יודעת בודאי שפסק דם מקורה, בכל ענין לא תלינן במכה, **והאי** "אין לומר" שכתב רמ"א לחלק בין מעיינה סתום או פתוח, ודאי קושטא הוא, **דהתם** אית לה חזקת טהרה תחילה, ואתה בא לטמאותה, ע"כ תלינן במכה, **משא"כ** כאן, שהיא כבר טמאה ואתה צריך לטהרה, ע"כ צריך לך חזקה ברורה לטהרה, להוציאה מן החזקה של טומאה הקודמת, מש"ה בעינן ג' ימים נקיים לגמרי.

ומש"כ ואפשר דלא החמירו אלא לחומרא בעלמא, לא ידענא מאי הוכחה היא זו.

והב"ח כתב, באשה שהיא מוכת שחין, כיון שהדם יוצא תמיד מהשחין שבגופה, ונכתם בסדיניה וחלוקה, יש לתלות אף בג' ימים הראשונים, דאל"כ לא תוכל לספור ז"נ לעולם, **ולא** דמי לחבורה שבגופה שמוציאה דם, ואפ"ה לא תלינן בה ג"י הראשונים, **דשאני** חבורה אחת שהיא מכוסה באספלנית שאינה מוציאה דם אלא לפעמים.

והס"ז הוסיף, דבמכה שיש לה בגופה, כל שאפשר לה להזהר שלא תלכלך עצמה מדם, ולא עשתה כן, אין לה לתלות באותה מכה, **משא"כ** במכה שא"א לה להזהר, שפיר תולה בה, **וגם** דברי רמ"א כאן בשו"ע יש כוון לזה.

וי"א דאף אם נחמיר ברואה ממש, במכה הידוע שמוציאה דם תוך ג' ימים ראשונים, כל זה באם הראיה שנטמאה בעבורה היא טומאה ודאית, **אבל** בנדון דהרמ"א בסי' קפ"ז ס"ה, בחלוקה הג', שמרגשת שהדם בא מהמקור, ואינה יודעת אם היא ממכה שבמקור, דבתחלת ראיה טהורה, אך בשעת וסתה או בשעת עונה בינונית מטמאינן לה, משום הסברא דכי לעולם לא תטמא, **בכה"ג** יש להקל אחר זה תוך ג"י ראשונים, לתלות במכה גם ברואה ממש.

אשה שהפסיקה בטהרה, ולפי שהיתה בדרך לא פשטה חלוקה, וכן אשה שהתחילה לספור ז"נ, וביום שני פירסה המשרתת הסדין שהיתה שוכבת עליו בימי נדתה, ולבסוף מצאה כתם, **אם** יכולה לתלות שהדם הנמצא הוא מימי נדתה, **יש** שצידד להחמיר, לפי דעת הש"ך דגם במכה שמ"ד אינה תולה בג"י הראשונים, וא"כ אם נתלה מימי נדתה, ע"כ שהיה עליה גם בג"י ראשונים, **ויש** שהעלה להקל, דגם במכה שמ"ד מסתבר להקל, ולתלות בימי נדתה עדיף טפי ממכה שבגופה, ומכ"ש כשידוע שבאו כתמים על החלוק.

אשה שבימי נקיים שלה הגיע וסת עורק זהב, וחלוקה וסדיניה מלוכלכים בדם, י"א מאחר שאין וסת העורק זהב נמשך אלא איזה ימים, אין לתלות בו בג"י ראשונים, **אך** נעשה לה תקנה, שמיד אחר ב' ימים לראייתה תפסוק בטהרה, דאע"ג דאלו ג' ימים אין עולים לה לנקיים, מפני חשש פולטת, ותמתין עד אחר ה' ימים, **מ"מ** מועיל לה בדיקתה שלא נחזיקנה רואה, ואם אחרי ה' ימים תפתח עורק זהב שלה, תולין בו כתמים.

סימן קצו סי"א • שלא להתחיל למנות עד יום הששי

שיטת המחבר להמתין עד יום ה' – הפולטת שכבת זרע בימי ספירתה, אם הוא תוך ו' עונות (ע"ב שעות) לשמושה, סותרת אותו יום, **דאין** שכבת זרע מסריח עד שיעברו עליו ו' עונות שלימות מעל"ע, ואח"כ הרי היא כפולטת מיא בעלמא. **לפיכך** המשמשת מטתה וראתה אח"כ ופסקה, ואפי' לא ראתה רק מצאה כתם, אינה מתחלת למנות ז"נ עד שיעברו עליה ו' עונות שלימות, דחיישינן לכל יום ויום שמא תפלוט, או שמא תפלוט כל השלשה ימים, ולא תרגיש. **לפיכך** אם שמשה במו"ש, אינה מתחלת לספור עד יום ה', דאם פלטה ליל ד', קודם עת שימושה במו"ש, עדיין היא עומדת בתוך עונה ששית לשמושה וסותרת, וכל יום נקי צריך שיהיה כולו נקי, הן בלילה הן ביום שבו, **ותפסוק** יום ד' לעת ערב, ויום ה' עולה לה למנין שבעה.

שיטת הרמ"א להמתין עד יום ו' – ויש שכתבו שיש להמתין עוד יום אחד, דהיינו שלא תתחיל למנות עד יום הששי, דחיישינן שמא תשמש ביום ראשון בה"ש ותסבור שהוא יום, ואפשר שהוא לילה, ואם תתחיל למנות מיום חמישי יהיה תוך שש עונות לשמושה, ע"כ יש להוסיף עוד יום א', דמעתה א"א לבא לידי טעות, **וכן** נוהגין בכל מדינות אלו, ואין לשנות.

כלה אחר בעילת מצוה – שיטת מהר"ל מפרא"ג, שתוכל למנות מיום חמישי לשמושה, ולא גזרינן בה שמא תשמש באותו יום בסופו בבה"ש, דכיון דאין כאן דם נדה רק דם בתולים, לא החמירו בו, **אבל** אם באמת נבעלה בעילת מצוה בה"ש, ודאי חשבינן לה כאילו נבעלת בלילה שאחר אותו בה"ש, אפי' גבי כלה.

ראתה אחר ערבית ביום א' ועדיין הוא יום – (לפי מה דמחמרינן שלא לחלק בין שמשה ללא שמשה, וא"כ מנינן הני ימים מן ראייתה), י"א דאפי' כשהיא התפללה ג"כ, יכולה למנות מיום ו', **אבל** לפי מנהג המקומות של המחבר, שמתחילין למנות מיום ה', צ"ע בדבר, **ומ"מ** נראה, דהיכא שלא התפללה, אפילו התפללו כבר הקהל, לא נחמיר כה"ג לחושבו לילה, **אפי'** לשיטת מהרא"י לעיל, שאין אשה יכולה להפסיק בטהרה אחר שהתפללו הקהל ערבית, **שאני** הכא מאחר שבא לה הסבה מן השמים, (ודלא כהפסק טהרה). **ולפי** מש"כ לעיל ס"א, דדעת מהרי"ל והרמ"א להקל אפי' להפסיק בטהרה, ואפי' התפללה היא, כ"ש הכא.

יש נשים שנהגו להחמיר עוד להמתין עד ז' ימים, ואין טעם בדבר, והמחמיר יחמיר והמיקל נשכר להקדים עצמו למצוה. **וי"א** דהטעם דכיון דנדה דאורייתא טובלת אחר ז' ימי נדה, אף שלא היו נקיים, אלא שצריכה ז"נ שמא היא בימי זיבה, והיו נוהגים בימים קדמונים לטבול ב' פעמים, אחת אחר ז' דאורייתא, והב' אחר ז"נ, וזכר לאותו דבר נהגו ג"כ להמתין י"ד יום, **ואין** בטעמים כאלה כדי להרחיק טבילת מצוה.

כתב הרמ"א, ויש שכתבו שעכשיו אין לחלק בין שמשה עם בעלה ללא שמשה, (ודלא כהב"י), דלא פלוג רבנן וגזרינן לא שמשה אטו שמשה, **ואע"ג** דשמשה גופה גזירה אטו בה"ש, חששא דביה"ש פשוטה היא, וחששו בה רבנן בכמה דוכתי.

וי"א דהיינו דוקא כשבעלה בעיר, אבל כשאין בעלה בעיר יש להקל, דמיד שתפסוק בטהרה סמוך לביה"ש תמנה למחרתו, **והש"ך חולק**, והנשים מחמירין אפי' אין בעליהן בעיר, ומי יחלוק על המנהג, **וכן** המנהג פשוט במדינות אלו.

ז"נ של כלה משום חימוד – **הש"ך**, דגדולה מזו נוהגים, שאפי' כלה, שא"צ ז"נ רק משום חימוד, אינה סופרת ז"נ עד יום ה' לראייתה, אע"פ שעדיין לא בא החתן לעיר, אע"פ שאין להחמיר בזה כלל, ולא נזכר בשום פוסק קדמון או אחרון,

מ"מ לא יהא אלא כדברים המותרים ואחרים נהגו בו איסור כו', **ומ"מ** בשעת הדחק יש להתיר להכלה, שמיד שתפסוק בטהרה תספור ז"נ, **דבהכי** עדיף טפי ממה שנוהגין שנשאת כשהיא נדה, שהרמב"ם פסק שלא תנשא כלל עד שתטהר, **ואע"ג** דאנן לא מדקדקים בהכי, מ"מ ודאי היכא דאפשר בטהרה טפי עדיף.

והט"ז חולק, דאין להחמיר כלל בכלה להמתין ה' ימים קודם ספירת הז"נ, **וכתב עוד קולא** בזה, בכלה שפירסה נדה סמוך לחופתה, ואפי' אחר חופתה קודם שנתייחדה עם חתן שלה, אין ממתנת כלל, דבזה ודאי לא שייך למגזר לא שמשה אטו שמשה, דלא באה עדיין לכלל תשמיש כלל עמו, ולמה נגזור כזה.

וי"א דאף להש"ך שכתב, דשלא בשעת הדחק אפי' כלה אינה סופרת ז"נ עד יום ה' לראייתה, לא אמר אלא כשלא היתה נדה קודם לראיה זו, כגון בתולה שראתה פעם ראשונה, או מניקה שהיתה טהורה בעת מיתת בעלה, וראתה עתה פעם ראשון אחר כ"ד חודש, **אבל** אם היתה כבר נדה, לא שייך חומרא זו כלל.

וכן יולדת שלא טבלה תוך מ' לזכר ופ' לנקבה, וככלות הימי טוהר ראתה, א"צ להמתין למנות ז"נ עד אחר ה' ימים, **ומכ"ש** אם ראיה זו היא בתוך ימי טוהר, דבזה אפשר לומר שגם אם לא היתה טמאה מכבר, כגון שטבלה כבר, ג"כ תוכל למנות ז"נ מיד אם לא שמשה, **דהא** אפי' בכתם כתב הש"ך דיש להקל היכא דלא שמשה, למנות מיום המחרת, **ומכ"ש** בדם טוהר דקיל יותר דאינו אלא חומרת הגאונים.
ויש שכתב להחמיר, אחרי שכתב הרמ"א בסי' קצ"ד דדינו כדם לכל דבר, משמע שאין לחלק בשום דבר בכל מנהגי נדה וחומרותיה.

אשה שטבלה ואחר טבילה קודם ששמשה ראתה דם, ובעלה היה בעיר, י"א שתמנה ז"נ תיכף, דאף בגזירת חז"ל קיי"ל במלתא דלא שכיח לא גזרו, ומכ"ש בגזירה זו, והסכימו עמו החברים ונעשה מעשה, **וי"א** שראוי המורה הזה לגעור בו בנזיפה, **דגם** הט"ז לא הקיל רק בראתה תיכף אחר חופתה, שלא באה עדיין לכלל תשמיש, **אבל** כתב דאינו ראוי לענשו באיזה עונש, כי גוף דין זה הוא חומרא בלא טעם.

אשה שהיה יום ד' לנדתה, ולא שמשה עם בעלה בלילה שקודם ראייתה, י"א שתפסוק ביום ד' לראייתה, ותמנה ז"נ מיום ה', כי אם היתה מתחלת לספור ביום ו', אז היה בא ליל טבילה בליל שבת שאחר יו"ט, **ומוטב** שנניח חומרא זו כדי לקרב הטבילה לחפיפה, **וי"א** דיש להתיר אף בשמשה.

כתב הרמ"א, וכל אשה שרואה אפי' כתם, צריכה להמתין ה' ימים עם יום שראתה בו, ותפסוק לעת ערב ותספור ז"נ, וכן נוהגין במדינות אלו ואין לשנות, **והיינו** כשרואה בתחילה, ומשום טעמא דש"ז, **אבל** אם תוך ימי ספירתה או אחר ה' ימים, נתקלקלה וחזרה וראתה דם או כתם, פוסקת באותו יום בטהרה, ומונה למחרת.

והש"ך כתב, ונראה דבכתם יש להקל היכא דלא שמשה, למנות מיום המחרת של מציאת הכתם, דהא הך דלא שמשה גופה גזירה רחוקה היא, וגם הב"י כתב דבמקומו לא נהגו בגזרה זו, **הלכך** י"ל דגם המחמירים, היינו בראוה, אבל לא בכתמים דרבנן דאזלינן בהו בכמה דוכתי לקולא, **אבל עט"ז** כתב להחמיר, "וכן נוהגין". **י"א** ד"וכן נוהגין" הוי סיומא דדברי עט"ז, **וי"א** דהוי מדברי הש"ך, דכן המנהג אע"פ שאינו מן הדין.

י"א דבדיעבד שכבר ספרה ז"נ מיד אחר מציאת הכתם מבלי המתנת ה' ימים, אפשר להקל גם בשמשה, שיעלו לה הנקיים, **אך** אם היה זה הכתם בבדיקת העד, אין להקל אפי' בדיעבד.

סימן קצו סי"ב • שמשה תוך הז' נקיים

אם טעתה במנין יום א', (וה"ה אם טעתה ב' ימים, אלא דכולי האי לאו אורחא למטעי), וטבלה ושמשה, **צריכה** להמתין ו' עונות שלימות, ואח"כ תמנה יום אחד נקי ותטבול, **דשמא** תפלוט בג' ימים שאחר התשמיש, ולא יהיו ז' נקיים, (וגם ביום א' שאחר התשמיש יש חשש, וא"כ לא הוי סתירה דלאחר ז'). **אבל** עדיין חשובין רצופין, דפליטת שכ"ז אין סותר למפרע כדם, אלא דאותן ימים עצמן אינן נחשבים לנקיים.

ואין חוששין שמא ראתה דם באותן השש עונות, וחיפהו שכ"ז, כדאיתא סי' קצ"ג בבעילת מצוה, **דהתם** שאני, שדמים מצויין בה מחמת הבעילה.

והכא לא נהגינן להחמיר משום גזירה דבה"ש, וטובלת מיד אחר ד' ימים ויום א' נקי, דהיינו אחר ה' ימים, **דלא** שכיח שתטעה במנין, ובמלתא דלא שכיחא לא גזרו רבנן.

אך סתירה שלאחר ז', כגון שלא טבלה כראוי ושמשה, הרי זו טובלת בכל עת, שהרי היא כבר ספרה ז"נ, רק שמחוסרת טבילה.

י"א דאפי' בטבלה ליל ז', אם לא שמשה עד יום הז', נמי לאו סתירה היא, וטובלת מיד לאחר ז', כיון שאינה פולטת השכ"ז עד לאחר שהאיר היום, מקצת היום ככולו, **ואע"ג** שאם ראתה דם סותרת, היינו לפי שסותרת למפרע כל הז"נ, **אבל** בפולטת שכ"ז שאינה סותרת, רק שאותו יום אינו עולה לה, וכיון שמקצת היום ככולו, כבר היה לה ז"נ קודם פליטה, **וצ"ע** לדינא, דפשט דברי השו"ע משמע לאחר ז' דוקא.

נדה שהתחילה לספור ז"נ, ותיכף ביום א' מצאה כתם יותר מכגריס, והתחילה לספור מחדש מיום המחרת כדין, וספרה יום יום ובדקה בכל יום ומצאה טהורה, וטבלה ושמשה, **ויהי** בוקר והנה שכנתה אמרה לה, מה זאת עשית כי טעית בחשבונך יום א', ולא ספרת רק ששה נקיים, **והאשה** ההיא אומרת דקדקתי בחשבוני ושבעה ספרתי, ואעפ"כ באה האשה לשאול, אף כי לפי דעתה ברור לה שלא טעתה, מ"מ היא חוששת לדברי חברתה ומסתפקת אולי טעתה, ושאלה מה דינה, אם צריכה טבילה אחרת ואם צריכה כפרה, **י"א** דיש להקל, אחרי שאין כאן רק ספק דרבנן, דמה"ת הכתם שמצאה ביום הא' טהור, כיון דלא הרגישה, וא"כ מן התורה מצטרף גם יום זה לנקיים, ויש ג"כ עוד כמה צדדים להקל, **ואחרי** שכבר שמשה ויש חשש לעז פגם לולד אשר תלד, **וצוה** עליה שתאמר בפירוש לחברתה שאינה מאמנת לה.
ויש שהסכים עמו, אך כתב, דדוקא אם אומרת איני מאמינך, **אבל** אם היא בעצמה מסתפקת, יש לה לחוש

לדברי חברתה, דהיכא דהבע״ד שותק, שתיקה כהודאה, **ואם** האשה מכחשת פשיטא שהיא נאמנת, ד״וספרה לה״ כתיב, ואין עד א׳ נאמן באיסורים היכא שהבע״ד מכחישו, **ובזה** אפילו אם היה חשש איסור דאורייתא הדין כן.

הבחנה

הקשה הט״ז, דכמו בגר ואשתו שנתגיירו, מפרישין אותם צ׳ יום, להבחין בין זרע שנזרע בקדושה, לזרע שנזרע שלא בקדושה, **ה״נ** היה לנו להפרישם אחר שבא עליה באיסור, כדי להבחין אם נתעברה באיסור, כשטבלה שלא כראוי, **ותירץ** דהכא מיירי, באשה שבעלה מצוי לה קודם לזה, נמצא שאין שייך כאן הבחנה, דומיא דאשה שנאנסה תחת בעלה, שא״צ להמתין צ׳ יום, אם נבעלה לבעלה תחלה, **וכתב** דלפי״ז אם לא היה בעלה אצלה קודם למעשה זה תוך צ׳ יום, (וי״א דדבריו תמוהים, דמה שייכות צ׳ יום לכאן, אפילו לא היה בין שימוש בעלה לראיה רק זמן מועט, שייך הבחנה), ממילא צריך להפריש אחר ביאה זו האסורה צ׳ יום, **וצ״ע** למעשה, **משא״כ** בעברה על הדין שצריכה ז״נ משום חימוד, שא״צ להפריש, דשם אין כאן אלא איסור דרבנן לחוד. **וי״א** דבכתם אין לחוש להצריך הבחנה.

והש״ך כתב דלא קשה מידי, דהתם כיון שנזרע שלא בקדושה, לאו ישראל גמור הוא, דבכמה דינים חלוק הוא מישראל, **אבל** הכא אפי׳ נולד מן הנדה, קימ״ל דכשר.

סימן קצו סי״ג • לרחוץ ולקנח כדי למנות ז״נ מיד

האשה ששמשה מטתה וראתה אח״כ ופסקה, ורוצה לספור מיום מחרת ראייתה, **תקנח** יפה יפה אותו מקום במוך או בבגד להפליט כל הזרע, או תרחוץ במים חמין והם יפליטו כל הזרע.

וכתב הרמ״א, וי״א דאין אנו בקיאין בזה בזה״ז ואין לסמוך על זה, והכי נהוג, **דהרי** כבר נתבאר שאנו נוהגין להמתין אפי׳ לא שמשה כלל, כדי שלא לחלק בין ספירה לספירה, כ״ש בכה״ג.

והקשה הש״ך, כיון דטעם הרמ״א משום חסרון בקיאות, מה ענין זה ללא שמשה, התם לא שייך בקיאות כלל, ורק דגזרינן לא שמשה אטו שמשה.

אבל כתב די״ל הק״ו באופן אחר, דבאשה לא מהני רחיצה וקינוח משום גזירה, והוי ק״ו מלא שמשה כלל.

ויש נ״מ אי ילפינן הק״ו כהש״ך או כהרמ״א, בשכחה יום א׳ שצריכה להמתין ו׳ עונות, **דלפי** מה שכתב הרמ״א הק״ו, דאין אנו בקיאין, א״כ גם בהא לא מהני הרחיצה וקינוח, **אבל** אי נימא דאנו בקיאין, רק דלא עדיף מלא שמשה, דגזרינן אטו שמשה, א״כ בשכחה יום א׳ דלא גזרינן לא שמשה אטו שמשה, גם הרחיצה והקינוח י״ל דמהני, **וכתב** דנראה דגם הרמ״א מודה בזה, **ומ״מ** לענין דינא, כיון דהסמ״ק והג״מ כתבו דאין אנו בקיאין, אין להקל לכתחלה.

וכל הפורץ גדר בדברים אלו במקום שנהגו להחמיר, ישכנו נחש.

§ סימן קצז – שלא תטבול האשה ביום §

סימן קצז ס״א • אין עולות מטומאתן בלא טבילה

אין הנדה והזבה והיולדת עולות מטומאתן בלא טבילה, שאפי׳ אחר כמה שנים חייב כרת הבא על אחת מהן, **אא״כ** טבלו כראוי בלא חציצה, **במקוה** שיש שם מ׳ סאין.

סימן קצז ס״ב(1) • מצוה לטבול בזמנה

אפי׳ למאן דס״ל טבילה בזמנה לאו מצוה, אם בעלה בעיר, מצוה לטבול בזמנה, שלא לבטל מפריה ורביה אפי׳ לילה א׳.

סימן קצז ס״ב(2) • טבילת ליל שבת אם לא יכלה לטבול מקודם

להמ״ד דס״ל טבילה בזמנה מצוה, מותר לטבול בשבת, **ואפי׳** לפי מה דקימ״ל הלכה טבילה בזמנה לאו מצוה היא מצד הטבילה, אלא מצד פריה ורביה, **מותרת** לטבול בליל שבת, אם לא יכלה לטבול קודם לכן, **ודוקא** אם בעלה בעיר, **אבל** בלא״ה אסור (לפי י״א, ובמקומות שנהגו כן, עיין לקמן).

מי שטבלה בליל ו׳, ואח״כ מצאה שלא טבלה כראוי, כגון שמצאה לכלוך תחת הצפורן, **י״א** דמותרת לטבול ליל שבת, כי אונסא הוא.

מי שטבלה בשבת, וכשבאתה לביתה מבית הטבילה, ראתה ששכחה לחתוך צפורן א׳, ואין שום לכלוך תחת הצפורן, **אע״ג** דהא דצריכה טבילה שנית בכה״ג חומרא בעלמא היא, **מ״מ** יש לה לחזור ולטבול, ולא אמרינן דהוי טבילה שאינה של מצוה, **דהא** מדינא כל טבילה שריא בשבת, ואע״ג דנהגו להחמיר, בכה״ג לא נהגו, **ותו** דכיון דכבר נהגו להחמיר להצריכה טבילה שנית, א״כ טבילה של מצוה היא, **ותו** דראב״ן ס״ל דמדינא הצפורן מעכב, **ותו** דהא אפי׳ טבילה שלא בזמנה שריא, דטהור מותר לטבול, דלא מחזי כמתקן גברא כלל, **וא״כ** אשה זו מותרת לטבול ממ״נ, אם הצפורן מעכב, א״כ הוי טבילה בזמנה לצורך מצוה, **ואם** אינו מעכב, א״כ טהורה היא ולא מתקן איתתא כלל ומותרת לטבול, (**ודלא** כיש מי שרצה להחמיר שלא תטבול עד אחר השבת), **וה״ה** בכל שאר ספק אם טבלה כראוי או לא, מותרת לטבול בליל שבת.

וה״ה מי שטבלה ליל ו׳, ולמחרת מצאה ששכחה לחתוך צפורן אחד, **די״א** דא״צ טבילה כלל, דלא החמירו בכה״ג בדין ששכחה צפורן, כיון דעברה עם בעלה לילה אחת, **אבל** להש״ך דאף בכה״ג צריכה טבילה אחרת, **מותרת** לטבול ליל שבת ממ״נ, ואין כאן חומרא דאתיא לידי קולא, דאי א״צ טבילה דהצפורן אינו מעכב, א״כ טהורה היא, וליכא כלל איסור רחיצה בשבת בטהורה, דלא מיחזי כמתקן.

טבילת חמין בליל שבת

כתב חכ״צ שאסור לנשים לטבול בליל שבת בחמין, משום דאסור לרחוץ כל גופו בחמין בשבת, והעוברת ודאי איסורא עבדא, ושרי למיקריה עבריינא.

והקרבן נתנאל כתב, שטבילת מי מקוה בחמין אינו בכלל גזרת מרחצאות, **ויש** לסמוך ע״ז בשעת הדחק.

וי"א דנהגו הנשים לטבול בחמין בשבת, ואין למחות בידן כי יש להם על מה לסמוך, **ובפרט** בזה"ז שירדה חולשה לעולם וא"א להן בצונן, ויש ביטול מצות עונה, **ומ"מ** לא תשהא במים יותר מן הצורך.

מה תעשה להחכ"צ

תטבולנה בצונן ליל שבת, **או** בהפגת צנתן בלבד, עד שלא יקרא עליהן שם חמין.

וי"א שיתנו הבלנין החמין בע"ש למקוה בעוד היום גדול, כדי שלכשתחשך לא יהיו רק פושרין, ובפושרין שרי.

או תדחה הטבילה למו"ש, **ויש** מפקפקין ע"ז, דהא כתב הרמ"א דבמקום שנהגו להחמיר, גם במוצ"ש לא תטבול, **ואפשר** ליישב, דהא הרמ"א מסיים דמאחר שהיה אפשר לה לטבול קודם לכן כו', והכא מקרי לא אפשר, שאינה יכולה לסבול צינת המים.

ואם א"א בכל האמור, יתירו להן לטבול ביה"ש, ולא תבואנה לבתיהן עד הלילה, **ולא** תטבול בע"ש שהוא יום ז' שלהן.

וי"א דהס מלהזכיר מלטבול בעוד יום במקום שאין מנהג, **ובמקום** שנוהגין כן אין לעשות רק בשבת אחר אמירת ברכו, שכבר נקרא שם שבת עליו, **אבל** לא בחול אפילו אחר ברכו. **וי"א** דאפי' בשבת אחר אמירת ברכו לא נכון לטבול בעוד היום גדול, ויש למחות ולבטל מנהג זה, **ואם** היא מתפחדת מחשש נפילה, יעמידו נר בעששית סגור בבית הטבילה מבע"י, **ואפילו** בבה"ש שרי להדליק ע"י גוי, דכל שבות מותר בבה"ש לצורך מצוה, **ולשמא** יטה לא חיישינן, דהא איכא לפחות שתי נשים שתזכיר זו לזו.

סי' קצז ס"ב(3) • טבילת ליל שבת אם יכלה לטבול מקודם

שיטת האגור ומהר"י ווייל והב"ח – שאפי' אם נאנסה ולא יכלה לטבול קודם שבת, ובא בעלה בע"ש, לא תטבול בשבת.

שיטת הב"י – להקל לגמרי, אפי' באפשר קודם השבת, מטעם דנראה כמיקר.

שיטת תה"ד – דנהגו הנשים ליזהר שלא לטבול בשבת, אא"כ בעלה בעיר, ולא היה אפשר קודם, דבכה"ג הוה טבילת מצוה משום עונה, **ואע"ג** דביציה אמרינן, דכל טמא טובל בשבת משום דנראה כמיקר עצמו, **האידנא** שאני דלא נהיג למיקר עצמו בשבת בשום מים, א"כ לא נראה כמיקר.

שיטת הב"ח והש"ך אליבא דתה"ד, דכשאין בעלה בעיר ובא בע"ש, אע"ג דהיה אפשר קודם, מותרת בשבת, לפי שאין הנשים טובלות בלא בעלה בעיר.

והט"ז חולק, וכתב דהוא שלא בדקדוק, דודאי לא עלתה כן על דעת תה"ד להתיר בזה.

וכתב רמ"א, ואם היה אפשר לה לטבול קודם לכן, כגון אחר לידה, (ולא ראתה דם טמא), או שלא היה בעלה בעיר ובא בערב שבת, י"א שאסורה לטבול, וכן נהגו במקצת מקומות, **אבל** במקום שאין מנהג אין להחמיר.

וכתב הט"ז דדברי רמ"א תמוהים, כיון דהרבה אוסרים לגמרי לטבול בשבת, ובתה"ד מתיר דוקא בלא היה אפשר תחילה, אבל באפשר אסור אפי' בא בעלה בע"ש, **למה** הקיל רמ"א בזה במקום שאינו מנהג, והוא נגד כל הני רבוותא, **ויש** לנו לפסוק כדעת תה"ד, דדבריו ממוצעים בין המחמירים לגמרי להמיקל לגמרי. **אבל הש"ך** בנקה"כ פסק כהרמ"א.

כתב הש"ך, דאם אחר הלידה ראתה דם טמא, וזמן טבילתה בליל שבת, מותרת לטבול משום דהוי בזמנה, **אבל** דוקא שראתה לאחר ימי טוהר, ל"ג לזכר וס"ו לנקבה.

ויש חולקים ע"ז, דאפי' בתוך ימי טוהר, דלא יכלה לטבול רק מחמת חומרא שהחמירו הפוסקים, מקרי זמנה.

ואם כבר טבלה פעם אחת אחר הלידה, ואח"כ ראתה תוך ימי טוהר, והגיע זמן הטבילה בליל שבת, י"א דבהא גם הש"ך מודה דמותרת לטבול, **דממ"נ**, אם נחזיק דם זה לטמא, הוי טבילת מצוה, ואם לאו, ליכא איסור טבילה כלל.

בכל הני גווני לעיל סי' קצ"ו, שיכולה למנות ז"נ מיד, אך היא החמירה ולא התחילה למנות עד אחר ה' ימים, ועי"ז אירע ליל טבילתה בליל שבת, י"א דאסורה לטבול.

אשה שנתאחרה לבא מן השוק שסבורה שעוד היום גדול, ובין כך נתאחרה עד בה"ש, ועי"ז חל טבילתה בליל שבת, י"א דנחשבת שוגגת ומותרת לטבול ליל שבת.

אם היה לה שום אונס שלא היתה יכולה לטבול בזמנה, כגון קצת חולי שהיה טריח לה טובא לילך לבית הטבילה, או איזה כאב באבריה והמים מזיק לה, וכה"ג, ונתרפאת בע"ש, י"א שמותרת לטבול ליל שבת.

היוצא לדרך, י"א דמותרת לטבול בליל שבת, אפילו פשעה ולא טבלה קודם לכן, **וכן** לטבול ביום חו"ת אפשר דשרי.

בדיעבד אם טבלה ליל שבת, י"א דאם בשוגג מותרת מיד, ואם במזיד, יש להחמיר לאוסרה בשבת לבעלה, ובמו"ש מותרת, **וי"א** דמותר בדיעבד אפילו באותו שבת.

ואם הוא ביו"ט במזיד, י"א דמותרת מיד, להלכה אבל לא למעשה, כי ראוי להחמיר לעושה מזיד משום מגדר מלתא, **ועכ"פ** מותרת בכל מיני קורבה ואהבה, **ויש מתירין ביו"ט** אף לכתחלה, אפי' במקומות שנהגו להחמיר בשבת.

י"א ששמע מנשים צדקניות, שנוהגים כשלובשים לבנים התנו, אם יבא בעלה, תטבול בליל ד' או ה', ואם לא יבא, תטבול לכשיבא בליל שבת, **דלכאורה** אין לזה טעם וריח, והוא ז"ל כתב טעם לזה.

סימן קצז ס"ב(4) • טבילת מוצאי שבת

כתב רמ"א, ובמקום שנהגו להחמיר בליל שבת, גם במו"ש לא תטבול, דמאחר שהיה אפשר לה לטבול קודם לכן, אין מרחיקין הטבילה מן החפיפה, **דבמו"ש** לא תוכל לחוף, כיון דלפירש"י ושאר פוסקים לקמן סי' קצ"ט, צריכה לחוף דוקא ביום, **ואין** לתקן שתחוף בע"ש, דאין מרחיקין החפיפה מן הטבילה היכא דאפשר; **דדוקא** בשחל טבילתה במו"ש, בדיעבד סגי שתחוף היטב בלילה, **משא"כ** כאן שפשעה במה שהמתינה עד מו"ש.

י"א דבכלה אפשר להקל שתחוף בלילה ותטבול, דבכלה לא שייך מתוך שהיא מהומה לביתה.

הש"ך לומד, דאין חומרת ליל שבת שייך לחומרת מו"ש, ורק דהכל נישנית בשביל סיום דברי רמ"א, **וה"ק**, דבמקום שנהגו להחמיר שלא לטבול בליל שבת, וכן במו"ש, **כן** הדין באלמנה, שאסורה לטבול טבילה ראשונה בליל שבת, משום דאסור לבא עליה ביאה ראשונה בשבת, לפי שקונה אותה בביאה

זו, (**ואף** די״א דיחוד הראוי לביאה ג״כ קונה, מ״מ יש להחמיר, כיון דגדולים אוסרים), **אסורה** לטבול ג״כ במוצאי שבת.

וע״כ אין לעשות לאלמנה נשואין בשבת, כשחל טבילתה בליל שבת, **ואם** טבלה קודם שבת, צריך שיבא עליה דוקא בע״ש אחר החופה.

וכלה בתולה שאירע טבילתה ליל שבת, י״א דמותרת, אע״ג דנוהגים שלא לבעול בעילת מצוה עד אחר שבת, {עיין באו״ח סימן ר״פ}, **כיון** דליכא איסור ביאה רק מנהגא בעלמא, שאר מיני קריבות נמי מצוה הן, **משא״כ** אלמנה דאסור לבא עליה מצד הדין, מפרישים אותה מכל שאר קורבות, **ומ״מ** טוב להקדים טבילתה קודם שבת, וכן נוהגים.

וכן מותר למי שהיה בעלה אבל, ויום ז׳ היה בשבת, אף דאסור לשמש עד אחר יציאה מבהכ״נ ביום שבת, ואסור לשמש ביום, **הלא** מבואר בסי׳ שפ״ג דאבל בכל שאר קריבות מותר, א״כ לא דמי לאלמנה, **ועוד** אם לא תטבול ליל שבת, גם במו״ש אסור, ולמה נבטל מפו״ר כ״כ, **וי״א דצ״ע**, דהא כתב הרמ״א, דמאחר שהיה אפשר לה לטבול קודם לכן כו׳, **וא״כ** אם נאסור לה לטבול בליל שבת, לא היה אפשר לה קודם לכן, ושרי לטבול במוצאי שבת.

וכתב רמ״א, **ויש מקילין ומתירין לטבול במו״ש**, הואיל שלא טבלה בשבת משום חשש איסור.
כתב הס״ז, דזה קאי דוקא על כונס אלמנה, שמן הדין אסורה בשבת, ואז היה חל זמן טבילתה, והיא לא פשעה במידי, **אבל** בדין שלפני זה, דהיינו במקום שנהגו להחמיר אחר לידה, או שלא היה בעלה בעיר עד שבת, **ודאי** אסור גם במו״ש, כיון שהיה אפשר לה לטבול קודם שבת, למה תטבול במו״ש ותרחיק החפיפה מן הטבילה בחנם.
וי״א דלהיש מקילין אלו, אין חילוק בין אלמנה לשאר נשים, דכולהו מצו טבלי במוצאי שבת.

וי״א שהמנהג כהיום, להקל לטבול ליל שבת וגם מוצ״ש, אפי׳ דחתה טבילתה ברצונה בלא שום מניעה.

סימן קצז ס״ג • שלא לטבול ביום

אסור לאשה לטבול ביום ז׳. דדין תורה נדה טובלת דוקא בלילה אחר ז׳ ימים אע״פ שלא היו נקיות, דבדידה תליא דוקא בימים, **אבל** זבה שסופרת ז״נ, אמרינן מקצת היום ככולו, וכיון שספרה מקצת היום הז׳ בנקיות, טובלת אפי׳ ביום, **אלא** שחכמים אסרו, שמא תשמש בעוד יום, ואח״כ בו ביום תראה, ותסתור למפרע, נמצא שבא עליה באיסור, **ע״כ** הנשים שלנו שהם סופרות ז״נ משום ספק זיבה, לעולם הוה לכה״פ ח׳ ימים עם יום הראיה, והיה לה היתר לטבול ביום, מצד חשש נדה, **אפ״ה** לא תטבול ביום, משום חשש זבה.

ואפי׳ אם ממתנת מלטבול עד יום ח׳ או ט׳, וה״ה יותר, אינה יכולה לטבול ביום, משום סרך בתה, שסברה שאמה טבלה ביום ז׳, ותעשה היא ג״כ, **ואפי׳** אין לה בת הדין הכי, דלא פלוג.

ואפי׳ לטבול סמוך לחשכה, ותבא לביתה משתחשך, אסור, כדעת רשב״ם וסייעתו, שנכון להחמיר כדבריו.

וי״א דאפי׳ ללכת מביתה לבית הטבילה מבע״י אסור, והיינו כשהאשה רוחצת וחופפת בביתה, והולכת למקום טבילה, **אבל** כשיש מרחץ ובית הטבילה במקום א׳, והאשה הולכת מבע״י למרחץ שעה או ב׳ קודם חשכה, ובאה לביתה אחר חשכה, **אע״פ** שהמרחץ ובית הטבילה קרוב וסמוך לביתה, **אין** כאן משום סרך בתה, דהבת יודעת שהיא שוהה ברחיצה וחפיפה במרחץ ואינה טובלת אלא משחשכה.

מיהו י״א שהמנהג באשכנז לטבול סמוך לחשכה, ואפשר דס״ל כר״ת וסייעתו, דמותרת לטבול סמוך לחשכה, רק שתבא לביתה משתחשך.
וכתב הש״ך, כמדומה לי שכן נוהגים, מ״מ יש להחמיר, **מיהו** היינו דוקא ביום ח׳, דאסור משום סרך בתה לחוד, ובכה״ג מיקל ר״ת סמוך לחשכה, **אבל** ביום ז׳, אין לטבול כלל סמוך לחשכה, ויש למחות ביד העושות כן.

וי״א דבמקום ביטול עונה, יכולה לטבול ביום ז׳, ולא תבא לביתה עד שחשיכה, שהוא גזירה רחוקה, ומילי דרבנן, וביטול מצוה פריה ורביה, **אך** עכ״פ תשהה האשה בהליכה ממקוה לביתה עד הלילה, **אבל** אינו מועיל מה שתלך לבית חברתה באותה העיר, כי מה לי בית זה או זה, ולא ניתנו דבריהם לשיעורים כאלה, **ומ״מ** המחמיר תע״ב, והמקיל לא הפסיד.

במקום שצריכות הנשים ליסע מהלך ג׳ שעות לטבול, ובחזירתם בלילה איכא סכנת דרכים, ומש״ה נהגו לטבול ביום ח׳, וחוזרים לביתם משחשיכה, אמנם אם יחול יום ח׳ בשבת, ע״כ תדחה הטבילה עד יום א׳, שהיא ט׳ לספירה, ומתבטלות ב׳ עונות, **ויש שנתן עצה**, ללמוד אותן הנשים להפסיק בטהרה ב״פ, א׳ ביום ד׳ לראיה, והשני ביום ה׳, ולא תתחיל לספור אלא מיום ו׳ ואילך אחר פסיקת טהרה שנית, ואז תטבול ביום ז׳ שחל בעש״ק, ולא תבוא לביתה עד הלילה ליל ש״ק, **ומ״מ** קשה הדבר, איך תשהה כ״כ סמוך לשבת בדרך, שאין שום היתר במה שהיא בבית חברתה באותה העיר וכנ״ל.

מי שלא טבלה כראוי, בענין שלאחר ב׳ או ג׳ ימים צריכה לחזור ולטבול, **כתב הש״ך** דיש להחמיר לכתחלה שלא תטבול ביום, ובדיעבד שרי, **והדבר** פשוט דיכולה לטבול לאחר ב׳ או ג׳ ימים, וא״צ לשמור ז״נ אחרים משום סרך בתה, דלא מצינו גזרה דסרך בתה אלא לענין טבילה ביום.

כתב רמ״א, והכלות הטובלות קודם החופה, יכולות לטבול ביום, דהא לא באין אצל החתן עד הלילה.
וכתב הש״ך, דהיינו דוקא לדידן, שהכלות אינן סופרות ז״נ עד יום ה׳ לראייתה, והוי רק משום סרך בתה, משו״ה הקילו בכלה, **אבל** במקום שהכלות טובלות בז׳, או לדידן אם אירע לה טבילה בז׳, כגון שנתקלקלה בימי ספירתה, דאז טובלת מיד לאחר ז׳, **אינה** יכולה לטבול ביום, דהא ביום ז׳ לאו משום סרך בתה לחוד מיתסרי, אלא משום שמא תראה ותסתור כל מה שלמפרע, ונמצאת זבה למפרע.
ותמו עליו, דמה חילוק יש בין נתקלקלה לתחילתה, לעולם טבלה לאחר שספרה ז״נ מיום שפסקה, **ועוד** דהא החשש שמא תסתור, הוא דשמא תשמש בעוד יום, ואח״כ תראה עוד בו ביום, ותסתור למפרע, ונמצא שבא עליה באיסור

וזהו דוקא באשה דעלמא, אבל בכלות לפי מה שכתב רמ"א הטעם, שאינן באין אצל החתן עד הלילה, אזיל ליה החשש הזה, ולא שייך גבה כלל, **וצ"ע**.

וי"א דבשעת הדחק נראה להקל אף ביום ז', אבל באופן שלא יעמידו החופה עד צה"כ ממש, **אבל** להעמיד החופה ביום, ולסמוך על שאינם מייחדים אותם עד הלילה, לא מהני בזה. **וקודם** אור הבוקר בודאי אסור, אף אם הכלה לא הגיע זמנה לראות, **ולא** תטבול עד אחר הנץ החמה, **ובדיעבד** משעלה עמוה"ש, דלאחר עמוה"ש מהני טבילה דבר תורה.

אבל אם טובלת אחר החופה, דינן כשאר נשים, אע"פ שהיא טבילה הראשונה לבעלה זה.

סימן קצז ס"ד • היכא דאיכא אונס

היכא דאיכא אונס, כגון שיראה לטבול בלילה מחמת צינה או פחד גנבים וכיוצא בו, או שסוגרין שערי העיר, (**וי"א** דוקא אם האונס לכל הנשים שבעיר), **יכולה** לטבול בשמיני מבעוד יום, **אבל בשביעי** לא תטבול מבעוד יום אע"ג דאיכא אונס.

סימן קצז ס"ה • עברה וטבלה ביום

אם עברה וטבלה בח' ביום בלא אונס, אפ"ה עלתה לה טבילה; **וכן** אם עברה וטבלה בז' ביום, עלתה לה טבילה.

וי"א דביום ז' לא עלתה לה טבילה, וצריכה טבילה שנית בלילה, **וטוב** להחמיר היכא דאפשר.

ואם הוא יום מעונן וכדו', ויש ספק אם טבלה ביום או בלילה, או שטבלה ביה"ש, י"א דא"צ להחמיר ולטבול שנית.

כתב הרמ"א, ומ"מ לא תשמש אפי' בח' עד הלילה, ותסתיר טבילתה מבעלה עד הלילה, **ומשום** דבטובלת בז' היה אפשר לבוא לידי ספיקא דאורייתא, וחומרא יתירה היא.

וי"א שהדין כן דוקא בשביעי.

§ סימן קצח – דיני טבילה וחציצתה §

סימן קצח ס"א • חציצה וגדרי הקפדה

צריכה שתטבול כל גופה בפעם אחת, לפיכך צריך שלא יהיה עליה שום דבר החוצץ, ואפי' כל שהוא, **שאילו** לא היה דין פעם א', לא היתה חציצה פוסלת אותה טבילה לגמרי, רק שאח"כ היתה טובלת אותו אבר שעליו היתה החציצה, **אבל** השתא דיש דין פעם א', אם יש עליה חציצה, לא עלתה לה טבילה כלל, וצריכה לחזור ולטבול כל גופה בפעם אחת.

שו"ע לפי הס"ט

אם דרך רוב בני אדם לפעמים להקפיד עליו, חוצץ אפי' אם אינה מקפדת עליו עתה, וה"ה דגם הבני אדם אין מקפידין עליו עתה, כיון דאיכא זימנא דמקפדין, **ואפי' אינה מקפדת עליו לעולם**, כיון שדרך רוב בני אדם להקפיד עליו, חוצץ, דבטלה דעתה אצל כל אדם, דאם לא כן נתת דבריך לשיעורין.

אבל אם רוב העולם אינן מקפידין ע"ז, אלא שהיא מקפדת ע"ז, מזה לא מיירי המחבר כאן בסעיף זה, **אלא** דכתב ב"י בשם הרמב"ם וטור, דחוצץ.

י"א דבעינן דוקא שמקפדת לעתים מזומנות, כגון טבעת מהודקת באצבע שמסירתו בשעת לישה, דהרי אם מיקלע לה עיסה ללוש כמה פעמים היום או מחר, מסירתו, **אבל** אם אינה מקפדת רק פ"א לזמן מרובה, לא.

השו"ע לפי הס"ז דיש ב' בבות בהשו"ע:

אם דרך מקצת בני אדם להקפיד ע"ז, אע"פ שאינם רוב, וזו האשה רגילה להקפיד ג"כ ע"ז בפעמים אחרים, רק שעכשיו אינה מקפדת, חוצץ. **אבל אם היא אינה מקפדת לעולם**, לא הוה חציצה.

או אם רוב בני אדם מקפידין ע"ז, אפי' אינה מקפדת בשום פעם, חוצץ.

והיכא דכולן אינן מקפידות, וזו מקפדת, חוצץ (ומזה לא מיירי המחבר כאן בסעיף זה, ובב"י נסתפק), **אבל אם היא עכשיו אינה מקפדת**, אלא שבפעמים אחרות היא מקפדת, לא חייץ.

ואם הוא חופה רוב הגוף, אפילו אין דרך בני אדם להקפיד בכך, חוצץ. **דדבר תורה** אינו חוצץ אלא ברובו ומקפיד עליו, **וגזרו** רבנן ברובו שאינו מקפיד, משום רוב המקפיד, **וגזרו** על המיעוט המקפיד ג"כ, משום רוב המקפיד, **אבל** במיעוט ואינו מקפיד, דתרתי לטיבותא, לא גזרו כלל, דהוה גזירה לגזירה.

כתב רמ"א, ולכתחלה לא תטבול אפי' בדברים שאינן חוצצין, י"א דהיינו אפי' במיעוט שאינו מקפיד, **וי"א** דר"ל אפי' מעשה רשת, או שאר חוטין שאינן מהודקין, **גזרה** אטו דברים החוצצין.

וזהו לכתחילה, אבל דיעבד לא גזרינן גזירה לגזירה. **ואינו** אלא מחומרות האחרונים וזהירות בעלמא.

סימן קצח ס"ב • חוטי צמר ופשתן ורצועות

אלו הדברים שחוצצין: חוטי צמר וחוטי פשתן ורצועות שכורכין בהם השער בראש, לא תטבול בהם עד שתרפם, **לפי** שמקפדת להסירם בשעת חפיפה או רחיצה, שיכנסו שם המים, **וכיון** דאיכא זימנא דמקפדת, חוצץ לעולם, **על** כן א"צ כאן שיהיה כן על רובה.

ואם הם בתוך קליעת שערה אינו מועיל בהם רפיון.

ואם הם כרוכים בשאר מקומות בגוף, לא תטבול בהם עד שתרפם, **חוץ** מאם הם כרוכים בצואר, שאינם חוצצין לפי שאינה מהדקן, שלא תהא חונקת עצמה.

אבל קטלא שהיא רצועה חלקה ורחבה שכורכת סביב צוארה, חוצצת, מפני שחונקת עצמה בחוזק כדי שיהיה בשרה בולט ותראה בעלת בשר, מתוך שהיא חלקה ורחבה אינה מזיקתה.

י"א דמזה יש ללמוד בכל מקום, דכל שאינו מהודק ביותר שתהא חונקת עצמה, רפוי מקרי. **וי"א** דרק בגד שאינו מהודק אינו חוצץ, הא מהודק חוצץ אף שאינו חונק.

אשה שנושאת ספוג באזנה לשאוב הזוהמא, ששכחה ליטול הספוג בשעת טבילה, י"א דאין ההלכה ברורה, ע"כ תטבול שנית בלא ברכה.

סימן קצח ס"ג • חוטין חלולין מעשה רשת

אם החוטין האלו חלולין, עשוי מעשה רשת, אינם חוצצין, דרפו מרפי טובא, ועייל מיא תותייהו. **וק"ק** דבאו"ח ר"ס ש"ג

כתב סתם, אם הם מעשה אריגה מותר, ואינו מחלק בין עשויה חלולים או לא, ויש ליישב.

סימן קצח ס"ד(1) • חוטי שער

חוטי שער שכרוכים סביב השערות, ולא מהודקים בהם, אינם חוצצין.

סימן קצח ס"ד(2) • אם היו מוזהבות או מטונפים

ואם היו (השערות או החוטין חלולין מעשה רשת) מוזהבות, חוצצין, דמקפדת עליהם להסירם שלא תטנפם, וכשאינה מסירם הוה חציצה; **וכן** אם היו מטונפים תחלה, מקפדת עליהם להסירם שלא תתלכלך מהן במים, וחוצצין.

ואע"ג דמיא עיילי בהו, ומה יזיק מה שמקפדת להסירם, פוסק כרבותיו של רש"י, דהא דרוב או מקפיד חוצץ, מיירי אף דעיילי מיא, **ולפי"ז** הני דינים דסעיף ג' ד' דאין חוצץ, מיירי דוקא במיעוט, **אבל** כשמכסה רוב השערות, אע"ג דאינה מקפדת ומיא עיילי, אפ"ה חוצץ.

ולפי"ז ק"ק מההיא דס"ה, דמבואר דבב' שערות או יותר אין חוצץ, אף במקפיד או רוב, משום דלא מיהדק, **וצ"ל** דדוקא בדבר שאינה מגופה, כהך דסעיף ג' ד', אמרינן דבמקפיד או רוב חוצץ, אף אי עיילי מיא, **משא"כ** שערות דעצמה, דהוה גופה, אין מקום לומר שחוצץ, אלא אי לא עיילי מיא.

וי"א דגם לדעת רבותיו של רש"י לא אסור היכא דעיילי מיא, אלא במקפיד, אבל באינו מקפיד אף ברובא שרי, (**והיכא** דאיכא עוד צד להקל יש להקל אף בדקפיד עלייהו), **וי"א** דתימה לומר כן, **ואף** את"ל דס"ל לדעה זו דמדאורייתא ליכא חציצה אלא במידי דמיהדק, אלא מדרבנן, ג"כ אין שום סברא לחלק בין מיעוט המקפיד לרוב שאינו מקפיד.

אך כ"ז הוא לדעת הב"י, אכן הדרישה ופרישה חולק, דדעת רש"י עיקר, **והך** דינא דמוזהבות אין הטעם משום חציצה, אלא משום דמירתתא ולא טבלה שפיר, (**ואה"כ** י"ל דהוא רק לכתחלה, וצ"ע בזה להלכה), **ולדבריו** הך דסעיף ג' ד' אין חוצץ אף ברוב, כיון דמיא עיילי, **וי"א** דהעיקר כהדרישה ופרישה ולא כהב"י, והכי נקטינן להלכה, דכל היכא דעיילי מיא, אפילו רוב ומקפיד שרי, **ומדינא** אפי' לכתחלה טובלת בהם, ולא גזרינן רפויין אטו שאין רפויין, אלא מקום שמצינו בו, כגון אחזה חברתה, וכן בנזמי האוזן, כיון דטריחא לה להסירן, **אך** מאחר דיש מי שמחמיר בכל הרפויין להסירם, יש לנהוג לכתחלה להחמיר בכולם ולהסירם, וכנ"ל ברמ"א ס"א, **אבל** אם כבר טבלה, ודאי דאין להחמיר כלל.

סימן קצח ס"ה • שערה אחת או ב' שערות

שתי שערות או יותר שהיו קשורים כאחד קשר אחד, אינם חוצצין, **ואין** חילוק בין אם קשר ב' שערות עם שתי שערות, או שקשר ראש ב' שערות בפני עצמן.

שערה אחת שנקשרה, חוצצת, **ואין** חילוק בין שהיא קשורה עם חברתה, א' אל א', או שקשורה בפני עצמה.

והוא שתהא מקפדת עליה, **וה"ה** אם דרך רוב בני אדם מקפידין, אע"פ שהיא אינה מקפדת, וכדלעיל סעיף א'.

אבל אם אינה מקפדת עליה, עלתה לה טבילה, עד שיהא רוב שערה קשור נימא נימא בפני עצמו, **דחושבין לראשו של אדם בפני עצמו**, וגופו בפני עצמו, וא"כ רוב שער קשור הוי ליה רוב שאינו מקפיד וחוצץ.

וי"א דחשבינן לראשו וגופו של אדם כחדא, א"כ אפי' רוב שער קשור, אם אינה מקפדת, הוי מיעוט שאינו מקפיד לגבי כל הגוף, ואינו חוצץ.

החילוק בין ס"ד לכאן

לעיל בס"ד מיירי מדבוק שער דעלמא על שערה, וכאן בס"ה מיירי לענין שערות האשה עצמה, **ונ"מ בין הנך תרתי**, דהתם כל דהוה חציצה, אפי' במיעוט הוה חציצה, כמו חוטי צמר דס"ב, ואף דלא הוה רובא ואינה מקפדת, משום דמיא לא עיילי שם עד שתרפם, ומקפדת להסירם בשעת חפיפה או רחיצה, שיכנסו שם המים, וכיון דאיכא זימנא דמקפדת, חוצץ לעולם. **אבל** הכא דמיירי בשערות עצמה שנקשרו, צריך דוקא רוב, (**ודלא** כהב"י דכתב דהתם מיירי במקפדת או שהם הרבה, והוא שלא בדקדוק), **אבל** ודאי לענין המנין הם שוים, דכמו שלענין שער עצמה תלוי הדבר אם אחת או שתים, **התם** נמי, אם כרכה חד שער על שערה, חוצץ, **אבל** אם על כל כריכה לקחה ב' שערות או יותר, לא הוה חציצה.

סימן קצח ס"ו • דברים החוצצים בשער

שער הנדבק זה בזה מחמת זיעה, שכנגד הלב ושבזקן, חוצץ; **שבראש** ושבבית השחי, אינו חוצץ, לפי שאין אדם מקפיד עליו.

וי"א דשער בית השחי חוצץ באשה, ורק באיש אינו חוצץ, **וי"א** דלכתחילה יש להחמיר, ובפרט שאפשר שהיום רגילים להקפיד טפי, **אבל** בדיעבד אין להחמיר.

ושבאותו מקום, באיש ובאשה פנויה אינו חוצץ, דאינן מקפידין, **בנשואה** חוצץ, דמקפדת, שלא תתגנה על בעלה.

והגם דדין הפנויה שאינה חוצץ אין נ"מ לדידן, י"א דקמ"ל דאם היתה נשואה דומיא דפנויה, שאין בעלה מקפיד ע"ז, אפ"ה חוצץ, דאזלינן בתר רוב נשואות, דדוקא פנויה אינו חוצץ, ולא שום נשואה, **וי"א** דנ"מ לדידן לענין טבילת גרים.

ואותן שיש להן כמין קליעות שערות דבוקות זו בזו, ונעשית בלילה ע"י שד, וסכנה להסירם, לא חייצי. **וי"א** שהיא צריכה להשהות במים עד שיכנס בהם המים היטב.

ויש ד' טעמים לדבר: א', כיון דמהדקי טובא זה בזה, הוי כבלוע, ובית הסתרים דלא מטמא, וכיון דלא מטמא לא חייצי, **ב'**, אפי' לא חשבת ליה כבית הסתרים, ולא הוי כחתיכה אחת, מ"מ לא חייצי, דמצי מיא עייל בהו, דכיון דקימ"ל בב' וג' נימין קשורין אינם חוצצים, משום דלא מהדקי ועייל בהו מיא, כ"ש שערות טובא, **ג'**, דמה"ט שאינה יכולה לגלחן, דהוי סכנה, הוי רביתא ולא חייצי, **ד'**, דמה"ט שאינה יכולה לגלחן משום סכנה, אינה מקפדת עליהם ולא חייצי – מרדכי.

וי"א דאפי' אם רוב שערות דבוקות, אף דלא שייך הטעם דאינה מקפדת, יש לסמוך אטעמי אחריני.

אשה שחלתה ואמרו הרופאים שאין תקנה, אא"כ תעשה מארלאקי"ן, וא"א לעשות אם לא שמפזרים בראשה סמים כתושים כמו קמח, ועי"ז השערות מסתבכים, וכשמדיחים במים הסמים הנ"ל א"א לשערות להסתבך, והחולי חוזר

וניעור, **י"א** דיש לפקפק אם תוכל לטבול כן, דב' טעמים הראשונים שבמרדכי לא שייכי אלא באותן קליעות הנעשים מן השערות עצמן, **אבל** לא בזה שנעשים ע"י דבר אחר, **וגם** הב' טעמים אחרים יש לפקפק בנדון שלפנינו, **והעלה** דאין להקל, אא"כ נשאר רוב שערותיה שלא נקלעו, דאז הוי מיעוט שאינו מקפיד, ולא חייצי אלא מדרבנן, סמכינן שפיר ארופא מומחה שאומר שיעלה לה רפואה ע"י זה, והוי רביתא, **אבל** לעשות לה כל הראש או רוב שערה, דיש כאן ספק דאורייתא, אין בידנו להתירה, **ואם** עשתה כן הוא חוצץ בטבילה.

אשה שרוצים לדבק שערותיה בשעוה לצורך רפואה, י"א דפשיטא שחוצץ, דהנידון הנ"ל אינו אלא ע"י סמים ותחבושת, שהם עצמם אינם חוצצים, אלא שדיבוק השערות חוצץ, ומ"מ הסכימו לאיסור, **וע"י** שעוה שבעצמו חוצץ, ולא שייך לומר הכי רביתא, פשיטא שחוצץ, וחלילה להקל כלל.

סימן קצח ס"ז • לפלוף העין

לפלוף (פי' צואת העין) שחוץ לעין, חוצץ אפי' הוא לח; **ולפלוף** שבעין אינו חוצץ, ואפי' לאחר ג' ימים, **ואם** הוא יבש, חוצץ, והוא שהתחיל להוריק.

וי"א שבתוך העין לעולם אינו חוצץ, ובחוץ לעין יש חילוק בין לח ליבש.

ולהרבה פוסקים, חציצה זו, וכן חציצה דבסעיף ח' ט', אינו אלא לטהרות, אבל לא לבעלה, **מיהו** י"א דמ"מ צריך ליזהר לבעלה לכתחלה בכל דבר, דלבעלה לכתחלה כטהרות דמי. **ונראה** דהיכא דאפשר שתטבול שנית, יש להחמיר, **אבל** היכא דלא אפשר, ודאי כדאי הם כל הנך רבוואתה לסמוך עליהם. **וי"א** דכ"ז בלפלוף יבש שבתוך העין, **אבל** בלפלוף שחוץ לעין, אפי' בדיעבד חוצץ.

סימן קצח ס"ח • כחול, פתחה עיניה, ושמן

כחול שבעין אינו חוצץ; (**וי"א** דאם לרפואה הרי זה חוצץ, **ואם** בשביל שתראה עיניה גלויות, אין חוצץ).

ושחוץ לעין, חוצץ, **ואם** מנהגה להיות פותחת וסוגרת עיניה תדיר, ר"ל שלא בכוונה, אף שחוץ לעין אינו חוצץ.

וי"א דאם בשעת טבילה עשתה כך, שפתחה עיניה, אינו חוצץ.

י"א דכל השמנים אין חוצצים חוץ משמן המור, **ונהגו** בנות ישראל בעצמן, שאין סכות שמן בשעת טבילה כל עיקר.

סימן קצח ס"ט • דם ריר וחטטים

דם יבש שעל המכה, חוצץ.

וכשהוסר הגליד מעליה, ריר שבתוכה, אינו חוצץ.

יצא הריר מתוכה, וכן אם הקיזה דם, כל תוך ג' ימים לח הוא ואינו חוצץ; **לאחר** מכאן, יבש הוא וחוצץ, כל זמן שהגלד עליו, עד שיתרפא כהוגן.

י"א דבעינן מעל"ע, ולא אמרינן בזה מקצת היום ככולו, **וכיון** דמיעוט המקפיד אינו אלא מדרבנן, המקיל לא הפסיד, והמחמיר תע"ב.

לפיכך אשה בעלת חטטים צריכה לחוף במים עד שיתרככו. **ויש** חולקין על השו"ע, וסוברים דלא מהני ריכוך החטטים, וצריך להסירם, אע"פ שכואב לה הרבה, **ואשתו** של מהרר"ק היתה צריכה לעמוד לפניו ערומה, שהיה רואה שלא היה גרב עליה, שלא היה מאמין לה שהיתה מסירה, שהיתה נערה והיה כואב לה, וכן עשה השר מקוצי לאשתו, **ואף** דאסור להסתכל במקומות המכוסים שבה, **מיירי** לאחר טבילה, **ולא** חיישינן שמא נפל במים, כיון שדבוק כ"כ עד שכואב לה להסירו.

אך למעשה אפשר לסמוך על השו"ע.

סימן קצח ס"י • רטיה

רטיה שעל המכה, חוצצת.

סימן קצח סי"א • חץ או קוץ התחוב בבשר

חץ או קוץ התחוב בבשר, אם נראה מבחוץ, חוצץ; **ואם** אינו נראה, אינו חוצץ.

בב"י נסתפק אם "נראה" היינו שנראה משוקע, או ד"נראה" היינו שוה לבשר, אבל כל שהוא משוקע, אע"פ שנראה העץ מונח בבשר הפנימי שתחוב בו, "אינו נראה" מיקרי.

וכתב הש"ך ונראה לחומרא, דכל שהוא שוה לבשר קרי "נראה", וכשהוא משוקע הוי "אינו נראה".

והקשו עליו דאם ניזל לחומרא, גם משוקע חוצץ.

ויש גורסין בש"ך, "ונראה לקולא".

ואם יש עליו קרום של בשר, כתב הטור דבכל ענין אינו חוצץ, אפי' נראה מבחוץ תחת העור, **והמחבר** דלא הביאו, משום דסבר כהרמב"ם והרא"ש ורבינו ירוחם דלא כתבו.

והטעם דהם לא כתבו, י"א משום דלא פסקו כן.

אבל י"א דהטעם, משום דאם אינו נראה מבחוץ אינו חוצץ, פשיטא דכ"ש קרם עליה אינו חוצץ, **או** אפשר שהם מפרשים ואם אינו נראה דמתני', שקרם עליה בשר.

סי' קצח סי"ב • לכלוכי צואה שעל הבשר מחמת זיעה

אינם חוצצין; **נגלד** כגליד, חוצץ.

סימן קצח סי"ג • מלמולין שעל הבשר

מלמולין שעל הבשר, חוצצין. **פי'** כשאדם מגבל טיט או לש עיסה, ומשפשף ידיו זו בזו, נופל מהן כמו חוטין, **אם** נופלים על בשרה חוצצים, **וכן** בזמן שהם עדיין על ידיה.

סימן קצח סי"ד • טיט

טיט היון (זה טיט הבורות), וטיט היוצרים, וטיט דרכים הנמצא שם תמיד אפי' בימות החמה, כל אלו חוצצין.

ושאר כל הטיט, כשהוא לח אינו חוצץ, שהרי הוא נמחה במים; וכשהוא יבש חוצץ.

וחולק הרמ"א וכתב, מיהו אם היא מקפדת, אפי' בדבר לח חוצץ, משום דסבר הרמ"א, דגם בלח אין המים נכנסים, והא דבלח אינו חוצץ, היינו משום דבסתם אינו מקפיד.

סימן קצח סט"ו • הדיו החלב והדבש והדם, והשרף

הדיו החלב והדבש והדם, שרף התאנה, ושרף התות, ושרף החרוב, ושרף השקמה (פי' מין ממיני התאנים): **יבשים**, חוצצין; **לחים**, אינם חוצצין. **ושיטת** הרמ"א כנ"ל בסי"ד.

ושאר כל השרפים, אפילו לחים, חוצצין.

סימן קצח סס"ז • דם שנסרך

דם שנסרך בבשר או בד"א, שמתחיל להתייבש ולהדבק קצת, שכשתולים בו אצבע נמשך והולך חוט ממנו, אפי' לח, חוצץ.

כתב בה"ג, דלא אמרו דם לח אינו חוצץ, אלא בשלא נתבשל, אבל נתבשל באש, בין לח בין יבש חוצץ, **ואף** שלא נמצא כן בש"ס שלנו, מ"מ דברי בה"ג דברי קבלה הם.

סימן קצח סי"ז • צבע

צבע שצובעות הנשים על פניהן וידיהן ושער ראשן, אינו חוצץ, אע"פ שחופה רוב השער או כולו, **הרי** הוא כגופו של שער שאינו חוצץ, והשער הוא כגופו של אדם, **ועוד** שהמראה מן הצבע אין בו ממש, ואינו דומה לדיו שחוצץ, דהתם יש ממשות הדיו.

אשה שנגעה ביורה או בקדרה, ונתפחמה בבשר מעט, זה אינו קפידא, אע"פ שמעט נדבק בבשר, **וכן** באשה שטבלה ומצאה במקום אחד בגופה שחרורית, במקום שנגעה בכותלי בית המרחץ, שהיו שחורים מחמת עשן המרחץ, א"צ טבילה שנית, **ולא** דמיא לדיו שחוצץ, דהתם ממשה של דיו חוצצת, משא"כ במראה שחרורית זו, שאינו אלא לכלוך בעלמא.

וכן מי שהוא צבע וידיו צבועות, אינו חוצץ. **וכן** מי שאומנותו להיות שוחט או קצב וידיו מלוכלכות תמיד בדם, אינו חוצץ, שרוב בני אומנות זו אינן מקפידים.

סימן קצח סי"ח • צואה ובצק שתחת הצפורן

צואה שתחת הצפורן, שלא כנגד הבשר חוצץ; **כנגד** הבשר, אינו חוצץ.

בב"י מתמה על הרשב"א שדבריו סותרים זה את זה, **דהא** קימ"ל דברים שחוצצין בטבילה חוצץ בנטילת ידים, **וכאן** כתב הרשב"א, בצואה שתחת הצפורן שלא כנגד הבשר חוצצין, **ובנטילת** ידים כתב סתם, צואה שתחת הצפורן אינו חוצץ, דמשמע אפילו שלא כנגד הבשר ג"כ אינו חוצץ, **וחילק** בדוחק בין נטילה לטבילה.

והש"ך כתב דלק"מ, דס"ל להרשב"א כר"ת, דצואה שאינה נדבקת אינה חוצצת כלל, והנדבקת חוצצת שלא כנגד הבשר, וסתם צואה אינה נדבקת, **אלא** דכיון דבצואה נדבקת חוצצת, נהגו הנשים להחמיר ליטול צפרניהם בשעת טבילה, דשמא יש שם צואה הנדבקת, **אבל** ודאי לענין נטילה מאחר דרוב צואה אינה נדבקת ואינה חוצצת כלל, והאי חששא דשמא יש שם צואה הנדבקת היא חומרא בעלמא, ואין להחמיר בנטילה ליטול הצפרנים בכל נטילה ונטילה.

והשו"ע לא זכר שיטת ר"ת להקל כ"כ, וכתב בהל' נטילת ידים: דצואה שתחת הצפורן שלא כנגד הבשר חוצץ.

והרמ"א כתב בהל' נטילת ידים: ומש"ה לא נהגו לנקר הטיט שתחת הצפרנים לנטילה, משום דהוי כמיעוטו שאין מקפיד, כי אין מקפידים על זה לנטילה, ע"כ. **וכתב המ"א**, דהיינו כנגד הבשר, (אפי' בטיט היוצרין וכיוצא בו דבעלמא חוצצין אפי' כנגד הבשר), **אבל** שלא כנגד הבשר, בודאי רוב בני אדם מקפידין אפילו בצואה, וחוצץ אע"פ שהוא אינו מקפיד. **אבל**

הס"ז כתב, דבנט"י יש לסמוך על הר"ת, דאין חוצץ רק טיט היוצרים, שדומה לבצק שנדבק מאד, אבל לא בטיט אחר.

ובצק שתחת הצפורן, אפילו כנגד הבשר חוצץ.

וי"א שאם הוא דבר מועט מאד, אין דרך בני אדם להקפיד בכך, הלכך מי שאינו מקפיד אינו חוצץ.

ואיזהו שלא כנגד הבשר, זה שהצפורן עודף על הבשר.
ולפי שאינן יכולות לכוין מה נקרא כנגד הבשר או שלא כנגדו, נהגו הנשים ליטול צפרניהם בשעת טבילה.

סימן קצח סי"ט • יש לה נפח על מקום הצפורן

אם יש לה נפח על מקום הצפורן, ואינה יכולה לא לחתוך ולא לחטט, **אם** נפוחה כ"כ שאין הטיט שתחת הצפורן נראה, אינו חוצץ, **וא"צ** שיהא נקרם עור ובשר על הטיט, אלא כל שהטיט כך בעומק שאינו נראה בשוה לבשר, אינו חוצץ, וכדלעיל גבי חץ בסי"א.

סימן קצח ס"כ • חציצת הצפרנים עצמם

כתב המחבר, הצפורן עצמה אינה חוצצת, **ואפי'** אם היתה גדולה ועומדת ליחתך, ופורחת ועוברת מכנגד הבשר, אינה חוצצת,**לפי** שהוא מגוף האשה.

וכתב הרמ"א, מיהו כל זה דוקא שאין צואה או בצק תחתיו בשעה שטבלה, **ומאחר** דכבר נהגו ליטול הצפרנים, אפילו אם צפורן א' נשאר בידה וטבלה, צריכה טבילה אחרת, וכן נוהגין.

וכתב הגה' ש"ד דהטעם לטבול שנית, משום דא"א שלא יהא בתוכו טיט, וע"כ כתב הרב דנוהגין להחמיר, **וי"א** דכל שבודקת תחת צפרניה קודם טבילה ואין שם טיט וצואה, עלתה לה טבילה.

וכתב מהר"מ מלובלין, דכיון שאין זה מדינא אלא מחומרא, נ"ל שלא החמירו אלא כשנמצא ששכחה צפורן א' מיד אחר הטבילה, **אבל** אם לא מצאה עד למחר שכבר לנתה עם בעלה, אין ראוי להחמיר שלא תוציא לעז על בעילתה, **ואפי'** אם לא נזקקה לבעלה אותו לילה, הדבר מכוער וא"צ טבילה אחרת, **אם** לא נמצא שום לכלוך תחתיו.

מיהו בהראב"ן כתב, צריכה לחתוך צפרני ידיה ורגליה, דכיון דעתידה ליטלן חייצי השתא. **וזהו** כעין מש"כ הרב, **משמע** דטעמא לאו משום דא"א שלא נשאר טיט תחת הציפורן, אלא משום דהצפורן עצמו חוצץ, **ואפי'** ברי לה שלא היה שום טיט כלל, יש להחמיר שתטבול פעם שנית, **ולא** דמי לשערות הראש, דרוב הנשים אין דרכן לקצץ, משא"כ בצפרנים דכולם קוצצים.

וכתב הש"ך, א"כ צ"ע בפסק זה שפסק מהר"מ מלובלין, **ע"כ** היכא דאפשר לה לחזור ולטבול, אפי' לא מצאה עד למחר, יש לה לחזור ולטבול, וכן נוהגים להורות, **אבל** היכא דלא אפשר אין להחמיר, כיון שעבר הלילה.

אבל הס"ז פסק כדברי מהר"מ מלובלין, **ואפי'** אם אין ידוע לה שלא היה שם טיט וצואה, דמשמע מהג' שערי דורא ותשו' מהר"מ, שצריכה מדינא טבילה שנית, **היינו** כל זמן שלא שמשה עם בעלה, אבל לא אח"כ, **דהא** אפי' אם היה שם צואה, מדאורייתא אינו חוצץ, דרובא ומקפיד בעינן, אלא דגזירה דרבנן היא במיעוט המקפיד, א"כ הוה כאן ספיקא

דרבנן, **וכ"ש** למש"כ בשם סמ"ג ור"ת, דדוקא טיט הנדבק בעינן, **אע"פ** שלא פסקו בשו"ע להלכה, מ"מ כאן שכבר שמשה ואפשר שהיא נתעברה, אם באת להחמיר עליה בטבילה שנית, אתה מוציא לעז על אותו הולד.

י"א להקל בצפרני הרגלים שא"צ טבילה אחרת, (ודלא כהראב"ן), הגם שאינה יודעת אם היה נקי, **וכתב** שאפשר אפילו יודעת שלא היה נקי א"צ טבילה אחרת, **שברגלים** אין דרכן של הנשים להקפיד.

קציצת צפרנים ביו"ט

כתב הט"ז, כיון שנתברר דנטילת צפרנים אינו אלא מצד המנהג שהחמירו על עצמם, **אם** אירע ששכחה ליטול הצפרנים בשבת ויו"ט, לא תאמר לגויה שתחתוך לה, **דכיון** שאין מצוה גמורה בנטילת צפרנים, דהא אפשר בניקור תחתם לחוד, למה נבטל בזה שבות דאמירה לנכרי, **ותו** דאע"פ שהגויה חותכת, מ"מ אותה ישראלית מסייעת לה, ע"י שמטה לה את ידיה, וכאילו היא עושה מלאכה זו, שאסורה מדאורייתא בשבת ויו"ט, וזה א"א להשמר ממנו, **ואין** לומר דאה"נ שלא תטבול כשאירע כן בשבת ויו"ט, **זה** אינו, דהא גם בחוה"מ התיר המרדכי ע"י שתנקר בצפרנים, אם אין לה גויה, ולמה יגרע בשבת ויו"ט, **ודוקא** בחוה"מ כתב דנכון הדבר שגויה תגלחם לה, דבו הקילו אפי' לחתכם היא בעצמה, דהכי קימ"ל בטבילת מצוה אליבא דכו"ע, **ורק** משום דהמרדכי היה תלמיד מהר"מ, דאסר לחתוך הצפרנים בחוה"מ כ"א ע"י גוי, ע"כ הוצרך לחתכם ע"י גויה לפי סברתו. **אבל** לפי מה דקי"ל להתיר, חותכין בחוה"מ בלי שינוי, **ובשבת** ויו"ט לא תחתכם כלל, אלא תנקר אותם היטב היטב.

אבל הש"ך כתב, דאפי' חתכם בכלי היא עצמה, ליכא כאן איסורא דאורייתא לרוב הפוסקים, כר' שמעון דמלאכה שאין צריך לגופה פטור, **וכ"ש** נטלן בידו דלכו"ע ליכא איסור דאורייתא, אלא שבות, **וגם** בלא"ה יש פוסקים, דאפי' מלאכה גמורה מותר לומר לגוי במקום מצוה, **ועוד** דכאן לא שייך מסייע, דדוקא בהקפה, דשמעינן לקרא הכי, אבל בשאר אזהרות מסייע אין בו ממש, ומותר אפי' לכתחילה, והוא מוסכם מכל הפוסקים, **וא"כ** כיון דמשמע מהפוסקים, דעכ"פ מצוה היא בנטילת צפרנים, ואמירה לנכרי שבות, ובמקום מצוה לא גזור, **וכ"ש** לדעת הראב"ן, דהצפורן מעכב מדינא, פשיטא דהוי מצוה ומותר לומר לגוי ליטול בכלי, **אלא** כיון דאפשר ליטלן שלא בכלי, למה נקיל בכדי, **אבל** שלא בכלי הדבר פשוט דמותר.

וי"א דעיקר למעשה כמסקנת בעל נקודות הכסף, ליטול ע"י גוי בידו או בשיניו, **דאף** הנה"כ עצמו לא התיר למעשה אלא ביד או בשיניו, **ורק** לרווחא דמלתא כתב דאפי' בכלי אפשר להתיר למקצת פוסקים.

סימן קצח סכ"א(1) • צפורן המדולדלת

צפורן המדולדלת שפירשה מיעוטה, חוצצת.

י"א דמשום שפירשה, היא עצמה חוצצת, אפי' לא נמצא עליה דבר חוצץ. **ודלא** כמסקנת ב"י.

פירשה רובה, אינה חוצצת.

והב"י הקשה, מ"ט יש חציצה במיעוט יותר מברוב, **ומתוך** כך נדחק לפרש, דמיירי שיש איזה דבר חציצה על אותו המדולדל.

וי"א דרובה אינה חוצצת, משום דרובה ככולה, **אבל** מיעוטה חוצצת, כיון דעומדת לפרוש, וכבר התחילה לפרוש.

וי"א דלא נתיישב עדיין, למה לא יהא חציצה באותו מיעוט הנדבק עדיין כשנפרש רובו, **ותו**, מ"ש מאבר המדולדל ועומד להחתך, דהוה חציצה אפי' בנפרש רובו, בסכ"ב, (**וי"א** לפי שצריך אומן לחתכו, **וצ"ע** דסוף סוף עומד להחתך הוא).

וכתב דודאי אין חציצה במה שנדבק עדיין, כי לא היה מגולה מעולם שם, **אלא** על החלק הנפרש אמרינן כן, דאם רובו קיים ומיעוטו נסדק, נמצא דמקום הסדק צר הוא, ואין המים יכולין לבוא באותו הסדק, **משא"כ** אם נפרץ רובו, נמצא שנתרחב מקום הסדק, ויכולים מים לבוא שם, והוי ראוי לביאת מים, **אבל** באבר ובשר המדולדל, אפי' נפרץ רובו אין דרך להניחו תלוי ועומד, דהוה כאב לה הרבה, אלא מחזיקו תמיד אל הגוף כפי מה שיכול להחזיק, ע"כ אינו ראוי לביאת מים שם.

י"א דלדידן דנוהגים להצריכה טבילה שנית אם לא חתכה הצפורן, משום דא"א שלא יהיה בתוכה טיט, **ה"ה** הכא, **אלא** דיש לחלק, דדוקא כשכל הצפורן נשאר נהגו להחמיר, משא"כ הכא, **ודוחק**, **וכ"ש** לטעם דהצפורן גופיה מעכב מן הדין, דכיון דעתידה ליטלן חוצץ השתא, כ"ש כשפירש רובן דודאי עתיד ליטלן וחייץ טפי.

סימן קצח סכ"א(2) • שער של כלה שעתיד ליקצץ

כלות שטובלות ושערותיהן ארוכות, ועתידין לקוץ אחר בעילת מצוה, **יש** שפקפקו לחוש שיחוצו, כיון שסופן להתגלח, **אבל י"א** דאין כאן בית מיחוש, ומנהג ישראל תורה היא, משום דהא דאמרינן בכ"מ כל העומד כו', היינו כשעומד להעשות מיד בלי הפסק דבר אחר ביניהם, **והכא** אין השערות עומדות להתגלח עד אחר בעילת מצוה, והבעילה מפסקת בין הטבילה לגילוח, לא שייך עומד לקוץ כקצוץ.

סימן קצח סכ"ב • אבר ובשר המדולדלים

אבר ובשר המדולדלים, חוצצים. **אבל** יבלת או יתרת ואינן מדולדלין, אינן חוצצים.

סימן קצח סכ"ג(1) • תכשיטים

השירים והנזמים והטבעות והקטלאות, רפויים, אינם חוצצים.

וי"א דחוצץ אפילו בדיעבד, **רק** דאם שמשה כבר אחר הטבילה בטבעת רפויה, א"צ טבילה אחרת.

ויש שמחמירו בזה מאד, דאפי' אם עברה לילה א' אחר טבילה זו בטבעת רפויה, יש להחמיר להצריכה טבילה אחרת, **רק** אם היה רפוי הרבה יש להקל.

ויש שחלקו עליהם, ופסקו כהשו"ע, וכתבו שחלילה לומר דברפוי לא עלתה לה טבילה, והאומר זה ראוי לנזיפה, **דאין** גוזרין רפוי אטו שאינו רפוי מדינא, **אם** לא בנזמי האוזן וכן בחוטין שבצואר שתולין בהן הקמיעין כו' וכה"ג, דטריחא לה מילתא להסירם, מטעם חומרא לכתחלה.

וי"א דלכתחלה יש ליזהר, אבל בדיעבד עלתה לה טבילה.

אם מסופקת אם טבלה בטבעת הרפויה, ושמשה, אינה צריכה לטבול שנית.

כתב הרמ"א בשו"ע או"ח, דאין אנו בקיאים מה הוא רפוי.

ואם התכשיטים הם מהודקים, חוצצים.
ואין להקשות, הא מיעוט שאינו מקפיד הוא, **לפי** שמקפדת להסירו בשעת לישה.

וי"א דאשה שאין דרכה ללוש בעצמה, אין הטבעת שעל ידה חוצץ, אפילו מיהדק טובא, **וכה"ג** י"א דטבעת באנשים אינו חוצץ, לפי שאין מקפידין אם לא בטבעת שיש בו אבן טוב, והוא ג"כ מה"ט, לפי שאין דרכם של אנשים לעשות מלאכות כאלו, **ומ"מ** אין להקל, כיון דבשו"ע כאן ובאו"ח כתב סתם, דטבעת מהודק חוצץ, ולא מפליג מידי, משמע שאין לחלק בזה, **מיהו** אפשר בדיעבד ושימשה יש להקל בנדון זה.

י"א דדוקא נזמי אף חוצצים, אבל נזמי אוזן אין חוצצים, **וי"א** בהיפוך, דנזמי אוזן אפי' רפויים חוצצים.

סימן קצח סכ"ג(2) • אגד וקשקשים

אגד שעל המכה, וקשקשים שעל השבר, היינו לוחות שעושים הרופאים ע"ג מכה, חוצצין.
וי"א דאפילו רפויים חוצצים, דלא עיילי בה מיא שפיר.

אשה אשר לה כאב עינים ר"ל, וצוה עליה רופא מומחה שלא יבואו מים כלל על עיניה, אפילו מחוץ לעינים, פן תאבד מאור עיניה, **י"א** דאינו עצה שיעשה לה אגד רפוי על עיניה בעת טבילה, דאפי' מאן דסובר בשירים ונזמים דלא גזרינן אטו אינו רפוי, היינו דשם ליכא תועלת והנאה לאשה אם טובלת במהודקין, **משא"כ** בנ"ד שעיקר פעולת האגד להגין שלא יבואו מים על העינים, יש לחוש שתהדק מפני הפחד, **אך** יש לה תקנה אחרת, שאשה אחרת תרד עם האשה לתוך המקוה, ותעמוד לאחוריה בריחוק קצת, שלא תגע גופה בגוף האשה הטובלת, ותדיח ידיה במים טופח ע"מ להטפיח, ותכסה עיני האשה הזאת ברפיון קצת ותטבול, **אך** לא תעשה כן האשה עצמה, דאם תכוף את הידים למעלה נעשו קמטים, ונתכסה הבשר שבתוך הפרק במקום חיבור היד והזרוע, והטבילה צריכה להיות כמו שהיא הולכת.
ולענין החפיפה, די לה שתרחץ ותחוף כל גופה וראשה חוץ מהעינים, וסגי לה בעיון לראות במראה, או בבדיקה ע"י אשה אחרת, שלא יהיה לפלוף, וגם שלא תהיה ריסי עיניה דבוקות.

סימן קצח סכ"ד • לחצוץ השינים

צריכה לחצוץ שיניה שלא יהא בהם דבר חוצץ, שאם טבלה ונמצא שום דבר דבוק בהם, לא עלתה לה טבילה, **דאע"ג** דלא בעינן ביאת מים לבית הסתרים, דדרשינן כל בשרו, מה בשרו מאבראי אף כל מאבראי, **ראוי** לביאת מים בעינן, דכל הראוי לבילה אין בילה מעכבת בו.

כתב הב"ח, דמדכתב "שאם" בשי"ן, ולא כתב "ואם" בוי"ו, אינו רק עצה טובה, **אבל** אם היא אומרת שאינה רוצה לחצוץ שיניה, ואם תמצא לאחר הטבילה שום דבר דבוק בשיניה תטבול שנית, הרשות בידה.
והש"ך חולק, דאפי' תימא דחוב הוא לה, היינו טעמא משום שאם טבלה ונמצא שום דבר ביניהם לא עלתה לה טבילה, והלכך חיישינן שמא יהא דבר חוצץ ביניהם, דהא א"צ לבדוק אחר הטבילה אם יש עליה שום דבר חוצץ, **ואפי'** אמרה אבדוק אחר הטבילה, חיישינן שמא תשכח מלבדוק, וכה"ג חיישינן בדוכתי טובי, **וגם** דיש גורסים "ואם" בוי"ו.

ויש נוהגות שלא לאכול בשר ביום לכתן לבית הטבילה, מפני שהוא נכנס בין השיניים יותר ממאכל אחר; ואע"פ שבודקות וחוצצות השיניים, חוששות דילמא משתייר מיניה ולאו אדעתה, **ומנהג** יפה הוא. **אבל** אם לא נהגה כן, אינה צריכה לעכב הטבילה בשביל זה, **ובשבת ויו"ט** המנהג שאוכלים בשר, רק שתזהר לנקר ביותר אחרי כן.

ואין לה לאכול בין הרחיצה לטבילה.

ואין לה לעסוק כל היום קודם הטבילה בבצק או בנרות של שעוה, שלא ידבק בה, וכן נהגו.

סימן קצח סכ"ה(1) • הדחת בית הסתרים

אם לא הדיחה בית הסתרים ובית הקמטים שלה, ונמצא בהם דבר חוצץ, לא עלתה לה טבילה.
ואם לא נמצא בהם חציצה, אע"פ שלא בדקה קודם טבילה, עלתה לה טבילה, ואינו דומה לבדיקת הגוף וחפיפת הראש.
י"א הטעם, דבבית הסתרים כיון שיש לה מקום להשאר שם ולהתדבק בבית קמטיה, אמרינן ודאי לא היה שם, דא"כ למה יפול אחר הטבילה. (**ויש מקשים,** דאם נימא דבעינן הוכחה, א"כ בסכ"ו, הא עכ"פ ליכא הוכחה להקל, דהא באמת נמצא חציצה).
והש"ך כתב דבחנם דחקו, אלא הטעם, דבבדיקת הגוף וחפיפת הראש בעינן ביאת מים ותלינן לחומרא, **אבל** הכא לא בעינן ביאת מים אלא ראוי לביאת מים, לכך תלינן לקולא. (**ומקשים** גם עליו, דמשמע דעכ"פ בעינן בדיקה לבית הסתרים, אלא דמהני בדיקה שלאחר הטבילה, ולא חיישינן דנפל בעלייתה, דתלינן לקולא, **ויקשה** ג"כ מההיא דסכ"ו, דהא התם ליכא כלל בדיקת בית הסתרים, דהא באמת מצאה חציצה, אלא דיש לתלות בנתעסקה, אבל מ"מ לא היה בדיקה לבית הסתרים, וצ"ע).

סימן קצח סכ"ה(2) • יש לה טבעת באותו מקום

שהושם טבעת של שעוה תוך עומק הפרוזדור לצורך רפואה:

אם מקרי חציצה
י"א דלא ברירא לן דלא עיילי מיא תחת הטבעת, דאפשר שאינו מהודק כ"כ, והוי ספיקא דרבנן לקולא, כיון דלא הוי רק מיעוט המקפיד, **וי"א** דצ"ע, דהא קימ"ל באיתחזק איסורא דלא אמרינן ספק דרבנן לקולא, והכא איתחזק איסור דטומאת נדה, **אבל** יש שהסכימו, דאינה חוצצת.

אם מקרי מקפיד
י"א דזה ודאי קרוי מקפיד, שהרי הוא מתלכלך תמיד בימי נדתה, וצריכה להסירה בעת שתפסוק בטהרה לנקותה, וכן בימי לידה, ואולי מעכב גם הבדיקה תמיד בז"נ וצריכה להסירה, וא"כ הוא דבר שמקפיד וחוצץ.
אבל י"א דההסרה בעת לידה לא מקרי מקפיד, שאין אותה ההסרה מטעם ההקפדה, לא על הטבעות ולא על לכלוך גופה, אלא לפנות מקום לולד, **רק** אם היתה צריכה להסירו בשעת פרישת טהרה, זה ודאי קרוי מקפיד.
וי"א לפי שהאשה אמרה שאינה יכולה לקחת הטבעת משם משום סכנת נפשות, זולת בשעת לידה בהכרח נוטלתו כדי שלא ימנע יציאת העובר מרחמה, א"כ מקרי אינה מקפדת.

אם צריך ראוי לביאת מים

י"א דדוקא בבית הסתרים צריך להיות ראוי לביאת מים, **אבל** במקום הנקרא בלוע, א"צ אפי' ראוי לביאת מים, **ולכן** אם אשה זאת אומרת שהוא כ"כ בעומק, עד שאין השמש מגיע שם אפילו בשעת גמר ביאה, אז מקרי בלוע וא"צ להיות ראוי לביאת מים, וא"צ להסירה בשעת טבילה. (**ע"ש** שהעלה כן להלכה ולא למעשה, עד שיסכימו עמו עוד שני רבנים).

וי"א דאף אם מסופקים בכך, ואפשר דהוי ספק חסרון ידיעה, דאשה בקיאה יכולה לברר, **מ"מ** כיון דהוי סכנה וחוששה רבה להוציא, הו"ל מיעוטא ואינו מקפיד כו', **ויש** להקל.

וי"א דיש לחלק בבית הסתרים גופא, דבמקום שהמים יכולים לבוא בעצמם, כמו הפה אם הוא פתוח, וכן נקבי החוטם והאזנים, צריכים עכ"פ ראוי לביאת מים, **אבל** אותו מקום של אשה אפילו בית החיצון, כיון שאף אם תרחיק ירכותיה לא יכנסו המים רק קצת בהתחלת המקום, **ולכן** כל שהוא לפנים ממקום שהתינוקת יושבת ונראית, א"צ אפי' ראוי לביאת מים, **ודחו** אותו.

לענין בדיקת הנקיים

י"א שיכולה לבדוק את עצמה כשאר נשים במוך, שתכניס לאמצע פרוזדור עד קרוב למקום שהשמש דש, ותניחהו שם כל בין השמשות, בשעת הפרשתה לטהרה, **וכן** תעשה גם באחד מימי הספירה בשחרית או ערבית, **וגם** תבדוק צד שמאל רחמה, ואף שצד הימין ומקום הטבעת א"י לבדוק, אין בכך כלום, רק תעשה מה שביכולתה לבדוק, בכל המקומות שתוכל להגיע שם, **ובשאר** ימים די לה בבדיקה קלה.

אבל יש שחלקו עליו, מאחר שרבו דעת רבותינו המחמירים, דבענין דוקא בדיקת חורין וסדקין, ומשמע דאינה בדיקה כלל בלא חו"ס. **אולם** יש לדון ולהקל, די"ל דהא דצריך בדיקת חו"ס, היינו כיון דע"פ הרוב אינה יכולה להכניס העד בעומק עד מקום שהשמש דש ממש, חיישינן דזב לצדדים לחו"ס, ואינו פוגע בעד, **א"כ** יש תקנה לבדוק בשפופרת ומוך בתוכו, ולדחוק הרבה המוך עד שיכנס לפנים ממקום שהשמש דש, סמוך לפי האם ממש, **דזה** הוי הוכחה, דאם המקור זב היה נוטף על המוך, ולא בעי בדיקת חו"ס, **וככה** יהיה בדיקה דפסיקת טהרה ויום א' דז"נ, (**באופן** אם יסכימו גדולי הדור, **ואף** אם יקילו ביותר שיהיה רק בדיקה דהפסק טהרה כפי הנ"ל, ולסמוך דבדיקת ז"נ לא בעי חו"ס, יסכים ג"כ לזה).

וי"א דאם הוא באופן שפי הרחם מכוון נגד חלל הטבעת, וכל פה המקור מכוון ג"כ כנגד חלל הטבעת, **א"כ** בשעת הפסק טהרה תתן צמר גפן תוך מטלית של פשתן נקי, באופן שיהא עב קצת, עכ"פ כמו רוחב חלל הטבעת, ותכניס העד הזה עמוק דרך חלל הטבעת עד נגד פי המקור, ויהא אצלה מקודם בה"ש עד אחר צה"כ, **וגם** ביום א' תעשה כן, **ובשאר** ששת ימים תבדוק כפי האפשר לה.

סימן קצח סכ"ו • מצאה דבר החוצץ בבית סתריה לאחר שנתעסקה באותו המין

אם לא בדקה קודם טבילה בין שיניה ולא בית הסתרים שלה, וכן אחר הטבילה עד שנתעסקה בכתמים ובתבשילין, ואח"כ בדקה ומצאה עצם בין שיניה או דבר חוצץ בין סתריה, **תלינן** לקולא ואמרינן דבתר טבילה עיילי בה, **ודוקא** בבית הסתרים שא"צ לביאת מים. **ויש** חולקין, **ויש** להחמיר.

סי' קצח סכ"ז • לחצה את עצמה באופן שלא תבא המים

נתנה שערה בפיה, ולא באו המים בשערה, או קרצה שפתותיה, או קפצה ידה בענין שלא באו המים בהם, לא עלתה לה טבילה. **וי"א** דאם קרצה שיניה לא הוי חציצה.

סימן קצח סכ"ח • אחזה בה חברתה

לא תאחוז בה חברתה בידיה בשעת טבילה, אא"כ רפתה ידה כדי שיבואו המים במקום אחיזת ידיה, **ואם** הדיחה ידיה במים תחלה, שרי, שמשקה טופח ע"מ להטפיח שעל ידיה חבור למי המקוה.

י"א דדוקא במי מקוה, אבל לא במים תלושים - ש"ך.

וי"א דאפי' במים תלושים, שעכשיו שיתחברו למי מקוה יהיו גם הם כשרים - ט"ז.

שיטת הרמב"ם והרמב"ן, דלא סגי ברפוי ידים, משום גזירה שמא לא ירפה, ובענין הדחת ידיו תחלה דוקא, **ואע"ג** דבעלמא לא גזרינן ברפוי, **הכא** שאני, דמתוך שהוא בהול ומתפחד פן ישמט מידיו, הוא דוחק את ידיו עליו שלא במתכוין, וכיון שחבירו נשען עליו, עשוי הוא ומצוי שלא ירפה, ושפיר שייך למגזר.

אבל כל שמדיח ידיו תחילה, י"א דלשיטת הרמב"ם א"צ לריפוי ידיו כלל, אפי' אם מהדקם בכח באדם וכלי הנטבל, אין חשש, כיון שכבר נתלחלחו, מדלא גזור שמא יהדקם בכח - ט"ז. (**וי"א** דזה אינו מוכח, דמצוי שלא ירפה מחשש שלא יפלו ממנו, **אבל** אינו מצוי להדקו הרבה, דבדיבוק בינוני ג"כ לא יפלו מידו, מש"ה לא גזרו שיהדק בכח).

והשו"ע פסק כהטור והרשב"א, דסגי הן ברפתה הן בהדחת ידיה תחלה.

אבל יש עוד מחלוקת בין הרשב"א להרמב"ם, דלרשב"א צריך שלא ידחוק הרבה בכח כשאוחזו לטובלו, אף שהדיח ידיו תחילה, משא"כ להרמב"ם וכנ"ל, **ולפי"ז** מה דפסק כאן בשו"ע דמהני אם הדיחה ידיה תחילה אפי' בלא רפתה, **מ"מ** צריך שלא תאחז החברתה בה בכח, דאל"כ לא מהני הדחה תחילה, אלא דלא חיישינן לזה - ט"ז.

ועיין בט"ז לקמן סעיף ל', דמבואר שם דליכא חשש מה דהוי דיבוק חזק, אלא אם הן מי תלושין, **אבל** במי מקוה אפי' בדיבוק חזק מהני.

והב"ח תמה על שפסק השו"ע דלא כרמב"ם ורמב"ן, **ואין** כאן תימה, דכדאי הם הרשב"א והטור שנסמוך עליהם, **בפרט** במלתא דרבנן, דמן התורה אין חוצץ אלא רובו ומקפיד.

כתב הדרישה, מכאן יש היתר גמור, שבשעה שהאשה טובלת וחברתה דחפה במים, שיכולה לאחזה בידה בשעת דחיפה, אם הדיחה ידיה במים תחלה, וא"צ להפריד ידיה ממנה, **ולא** כמו שנוהגין נשי דידן שמפרידין ידיהם ממנה בשעת דחיפה.

וכתב הש"ך, דלפענ"ד אין להורות קולא בדברים שנהגו איסור, דהלא במשנה ופוסקים אינו אלא דבדיעבד שרי, אבל לכתחלה מאן לימא לן, **ועוד** דבכמה וכמה דברים מחמירים לענין נדה שלא מן הדין, ואפילו דיעבד, כ"ש הכא, **ועוד** דיש דאוסר הכא, אף בהדיחה ידיה, דהא הוצרכו הנשים לאוחזה בחוזק ובקפיצת ידים, דא"א כלל לבוא מים במקום אחיזתה, **מיהו** באשה שאינה יכולה לעמוד על רגליה, י"א דיש לטובלה ע"י שתאחזנה שתי נשים בזרועותיה, וידיחו ידיהם תחילה

במים עד שיהא טופח על מנת להטפיח, **אבל** אין לה תקנה שישכיבוה על הסדין ויטבילוה, דסדין מקבל טומאה ואסור.
והט"ז כתב דיפה כתב הדרישה, שהרי משנה שלימה שנינו, האוחז באדם וכו', ופסקו כן כל הפוסקים, ולא חשו שמא תאחז הרבה בכח, **וכ"ש** לפירוש רמב"ם ורמב"ן, דאפי' אם היא אוחזת בכח לא מזיק כלום, וכנ"ל.

סימן קצה סכ"ט • מקוה מצומצם

הטובל במקוה שאין בו אלא מ' סאה מצומצמין, אם אמר לחבירו: כבוש ידך עלי במקוה, הרי זה מגונה, **דחיישינן** שמא יוציאנה קודם שיטבול זה, ונמצא טובל במקוה חסר, שהרי חסרו ממנו המים שטפחו בידו של זה.

וי"א דלא חיישינן שמא יוציאנו קודם שיטבול זה, ורק דאפי' במקוה שיש בה יותר ממ' סאה הרי זה מגונה, (בזמן שהיה להם תרומה וקדשים), לפי שהקופץ למקוה, וכן באומר לחבירו כבוש ידך כו', נראה כאילו אינו מתכוון אלא להקר, **ואם** אח"כ נגע בתרומה וקדשים, יהיו סוברים דגם לתרומה וקדשים לא בעי כוונה בטבילה כמו בחולין, ונפק מיניה חורבא לרואים.

סימן קצה ס"ל • הגבהת רגליה בשעת טבילה

אם אין שם טיס, א"צ להגביה רגליה בשעת טבילתה, ואע"פ שדורסת על הרצפה, אין כאן חציצה, מפני שהמים מקדימים לרגליה, ואותן המים מחוברין למקוה.
וכתב הט"ז דמשמע מלשון הרא"ש, דדוקא כשמי מקוה קדמו לרגליה, אבל אם היו רגליה לחות כבר ממים תלושים, לא, **דכשיש** כובד לא מהני מה שנתלחלח תחלה במים תלושים, וכיון שעומדת על הרצפה, הוה כובד, ונתבטל החיבור שע"י משקה טופח, וצריך שמי המקוה עצמם יעשו ההכשר, **ולרמב"ם** ורמב"ן דלעיל בסכ"ח, דאפי' באוחז בכח אינו חוצץ, צ"ל דהכא שנקט הטעם מפני שהמים מקדימים, לאו דוקא מי מקוה, אלא ה"ה שאר מים, וכן משמע לשון הטור.

ובשיש שם טיס, משמע דצריכה להגביה רגליה, ויכולה לטבול שם, **ובסעיף** ל"ג פסק, בשיש שם טיט לא תטבול כלל, **ואפשר** לומר דה"ק, דבאין שם טיט א"צ להגביה רגליה, אבל בשיש שם טיט לא תטבול כלל, **ולפמש"כ** הש"ך לקמן בסעיף ל"ג, דיש חילוק בין טיט לטיט, אתי שפיר.

סימן קצה סל"א(1) • טבילה ע"ג כלים

אין טובלין בכלים, לפיכך אם היה טיט במקום שטובלת, לא תעמוד ע"ג כלי עץ שמקבלין טומאה מגבן, (**ואפי'** רחב וקבוע בענין שאין לחוש שמא תפול ממנה), **ולא** ע"ג נסרים שראויים למדרסות, **ולא** על שום כלי הראוי למדרס, משום גזירת מרחצאות של כלים. **עברה וטבלה**, לא עלתה לה טבילה.

השו"ע פסק כהראב"ד, דאף דטומאת מדרס אינה שייכא אלא בחישב עליה שתהיה למדרס, ולפעמים צריך אפי' למעשה, ואע"כ כ"ש סתם נסרים שמוכרין לבנין, ודאי לא מטמאים מדרס, **אבל** כיון שראויין לטומאת מדרס אם היו מיוחדין לכך לעשות מהם ספסל או כיוצא בו, יש לחוש להרואה שיטעה, ויאמר בכל נסרים הדין כך, אע"פ שייחדום כבר לישיבה ויש בהם טומאת מדרס, ומכח זה יטבול במרחצאות – ט"ז, **ועיין** במהר"מ פאדוא"ה ובש"ך לקמן.

אבל נותנת היא חבילי זמורות תחת רגליה, מפני הטיט.

סימן קצה סל"א(2) • טבילה ע"ג כלי חרס ובקעת

וכן לא תעמוד ע"ג כלי חרס ולא ע"ג בקעת ותטבול, **ואע"פ** שאין כלי חרס מטמא מגבו ולא ראוי למדרס, **חשש** חכמים הוא, שמא תפחד שלא תפול ולא תטבול כראוי.
עברה וטבלה על גבי אלו, עלתה לה טבילה.

וטעם של הנ"מ בין גזירת מרחצאות דאסור אפי' דיעבד, לביעתותא, **דבגזירת** מרחץ, הרואה יטעה לומר שיש היתר לטבול במרחץ, **משא"כ** לטעם ביעתותא, הכל יודעים שצריכה לטבול שפיר, אלא שיש לחוש לשוגג, שמא תפחד ולא תטבול שפיר, בזה לא אסרו דיעבד.

והב"ח חולק, וכ' דאין נראה להקל, ולא עלתה לה טבילה אפי' בכלי חרס מגזרה דמרחצאות, **והש"ך** כתב דדבריו תמוהין.

סימן קצה סל"א(3) • טבילה ע"ג מדרגות ונסרים

כתב המחבר, מקוה שיש בו מדרגות של עץ, אם טבלה ע"ג השליבות, אפי' אם הם מחוברים לכותלי המקוה, לא עלתה לה טבילה, דפשוטי כלי עץ הם, **וצריך** לעשות במקומן מדרגה של אבנים, ותהיה המדרגה רחבה ד', מקום הנחת הרגל, כדי שיהא בה שיעור מקום לבל תפחד ליפול ממנה.

ויש שהתרעם על המקואות שבמדינות אלו, שעושין נסרים למטה ומדרגות לעמוד עליהן בשעת טבילה:

היתר של מהר"מ פאדוא"ה

משום דפשוטי כלי עץ להרבה פוסקים אינו מקבל טומאת מדרס, אפי' מדרבנן, **ואפי'** המחבר לא מיירי, אלא כשהיה סולם זה בשליבות קודם שקבעוה במקוה, שראויים למדרס, דהיה עליה שם כלי מתחלה ואח"כ קבעוה במקוה, **אבל** אם מתחלה עשו במקוה נסרים או מדרגות לעמוד עליהן בשעת טבילה, אין שם כלי עליהם אלא שם בנין נקרא עליהם, ואינם ראויים לטמא מדרס, ומותר לטבול עליהן, **ועיקר** סברתו, דהנסרים שלנו במקוה אינם חשובים מיוחדים למדרס, הואיל והן עשויין לעמוד עליהן לטבול, כי אדרבה בזה יוצאין מתורת כלי וחשובין כתקרת הבית, **ובפרט** מאחר שנקבעו במסמרות, כיון שלא היה שם כלי עליהם, **ועוד** כיון שהנסרים אלו נתונים על קורות ומים צפים עליהם, הוי כבנין, **וא"כ** אפי' היו כבר כלים מדאורייתא, אפ"ה בטלים עתה.

וכתב ש"ך, דכן מוכרח דעת המחבר מיניה וביה, שכתב בסעיף ל"ב, אם אין להם לבזבזין מותרת לעמוד עליו, **ומה** בכך שאין להם לבזבזין, הא הוי פשוטי כלי עץ וליתסר, **אלא** ודאי משום שלא היה עליהם שם כלי מתחלה, שהרי אינו ראוי למדרס, רק פשוטי כלי עץ לצורך המקוה, **ולפי"ז** מש"כ המחבר כאן, לא עלתה להן טבילה דפשוטי כלי עץ הם, ר"ל דפשוטי כלים הם קודם שנקבעו במקוה.

והקשה הט"ז על המהר"מ פאדוא"ה, דדבריו תמוהים מאד, דהראב"ד מדייק מהגמ' דמותר דוקא בבקעת עץ, ולא בעץ אפי' פשוטי כלי עץ, שלמד מזה לכל דבר שראוי לקבלת טומאה, **ועוד** דמה מועיל מה דלא היה עליו שם כלי תחלה, מ"מ הרואה יטעה וכנ"ל, **והיותר** תמוה, דכתב אפי' היה עליו שם כלי תחלה, נתבטל מכח שהמים צפים עליו והוי בנין, והא אפי' בבנין גמור, אין בנין מבטל כלי, כדאיתא בצינור שחקקו ולבסוף קבעו, דפוסל המקוה.

ונקה"כ כתב דלא קשה מידי, דאע"ג דאפי' פשוטי כלי עץ אסור, היינו כשראוי למדרס קודם קביעתו במקוה, **ומש"כ** דמ"מ הרואה יטעה, י"ל דכיון דאין שם כלי עליו מתחילה, לא יטעה, **ומה** שהקשה מצינור שחקקו, י"ל דהכא כיון שהכל הוא כבנין, אין שם כלי עליו.

והב"ח כתב, שכל דברי מהר"מ פדוא"ה הללו הם אמת, והבין שעיקר ההיתר משום שנקבעו הנסרים במסמרות, אבל אם לא נקבעו אסור, **והתימה** עליו דהא מהר"מ כתב בפירוש להתיר אפי' באינם קבועים, שכ' שהמים עושים אותן קבועים.

והמהר"י כ"ץ מקראקא התיר מטעם דהוי כלי העשוי לנחת, פי' שלא להשתמש בו, רק יהא מונח, ואינו מקבל טומאה, **ועליו** יש יותר להפליא, דודאי אין קבלת טומאת מגע בכלי העשוי לנחת, אבל טומאת מדרס יש בהם.

היתר הט"ז – ששאר הפוסקים לא ס"ל כהראב"ד בזה, וס"ל דאין גזירת מרחצאות מחמת קבלת טומאה כלל, אלא האיסור משום טעמים אחרים, מה דלא שייך בנסרים אלו, **דלפי** הר"ש מיירי בחרס הקבוע לעמוד שם מפני הטיט, **וכן** בכלים הקבועים שהמעין נגרר עליהם, ואסרוהו דדלמא אתי בהו לידי תקלה, דפעמים שקובעים אותם במקום מוצא המים, ואין שם כשפופרת הנוד, ונמצאו כל המים העוברים עליהם פסולים, (**משא"כ** בכלים תלושים דכשר לטבול בהם כשהמים מחוברים למקוה, כגון בכלי הנטבל בתוך כלי במקוה, דכשר אם יש בחיצון פה כשפופרת הנוד).

ולהרא"ש רק בכלי תוך כלי שנטבל הכל במקוה, אין שייך לגזור שמא יטבול בכלי בלא חיבור, כיון שטובל אלו שני הכלים תוך מי מקוה כשרה, ולא נמשך טעות מזה, **משא"כ** במעיין שנמשך על השוקת, שהמים נמשכים דרך עליו תמיד, ולפעמים נפסק החיבור של מעיין או מקוה ממנו, ויטעה הטועה לטבול בו גם בעת ההיא, **וחולק** על הר"ש, דלהרא"ש אפי' בתלוש לא יטבול.

ובסילון ובנסרים אין שייך גזירה של הר"ש, שיעשה במקום מוצא המעיין ולא יהיה בו כשפופרת הנוד, דהא כל סילון יש בו כשפופרת הנוד, **ועוד** דלא גזרינן שמא יעשנו במקום המעין, אלא בכלי גמור דטהרתו תלוי בנקב כשפופרת, **משא"כ** בפשוטי כלי עץ שאין מקבל טומאה, ע"כ אין חשש שיפסול אם יעשנו במקום מוצא המים.

וכן לטעם הרא"ש שאסר אפי' בתלושין, שמא יטביל בהם בלא חיבור, זה אינו שייך אלא בשוקת, שאפשר לטבול בו בלא חיבור למעיין, שאפשר שנשאר בו מים, **משא"כ** בנסרים וסילון, דאם אין שם חיבור למעין, אין שם מים, (**וכ"ש** לפי מה שי"א בכוונתו הרא"ש, דלא אכפת לן בקבלת טומאה, אלא משום פחד לחוד, פשיטא שאין חשש בנסרים).

וכל זה שייך ג"כ לשליבות של עץ במקוה שיש בכל מדינותינו, דזכרון אחד עולה לכאן ולכאן. **וע"כ** לפי המנהג ודאי לא קיימ"ל בהך סעיף כהשו"ע שפסק כהראב"ד, דתלה הכל בקבלת טומאה, וכלל בו גם פשוטי כלי עץ וכל הראוי למדרס, **אלא** כר"ש והרא"ש, דלדידהו היתר גמור בהנך נסרים, והוין ממש כסילון המחובר בקרקע המקוה, ושניהם כשרים בלי ספק, **ואף** אם הנסרים מונחים בלי קביעות מסמרות, הכל מותר, כפסק מהר"מ מפאדוו"ה, אך לא מטעמיה.

נמצא לפי הט"ז, דהשו"ע פסק כאן כהראב"ד, ובסל"ב פסק כר"ש ורא"ש, וצ"ע.

ומהר"מ מלובלין פסק, דודאי אין לשנות המנהג שלא להוציא לעז על הראשונים, **ואעפ"כ** בכל זמן שמזדמן שמתקנים איזה מקוה או בונים חדשה, אני מצוה תמיד לתקנה בדברים שאינם ראויים למדרס, כדי שתהא כשרה אליבא דכו"ע.

וי"א דבמקום שאין אבנים מצויין, אפשר לתקן בנסרים שאין כל אחד רחב כ"כ שיהא ראוי למדרס הרגל, כ"א ע"י חיבור הרבה נסרים, ואז לא הוי ראוי למדרס קודם שחיברו למקוה.

קרקע המקוה העשוי מבנין לבינים, ונתנו עליו נסרים עבים, כדי שלא יזובו המים בין הלבינים ויבלעו בו, והנסרים משולבות אשה אל אחותה ע"י ברזלים, **וצוה** המורה לעשות בהם נקבים כשפופרת הנוד, כדי לצאת דברי האמור בשו"ע ומהר"ם לובלין, **וכתב החת"ס** דאינו נכון, דאם בא לחוש לחומרת מהר"ם מלובלין, מה הועיל בעשותו נקבים, וכי מפני זה אינם ראוים למדרס, הנקבים מועילים לבטל מתורת כלי קיבול, אבל לא לבטל מתורת מדרס, **ואדרבה** מגרע גרעי השתא, שהרי מכיון שמונחים על רצפת אבנים, הרי הנקבים עשוים לקבלה, והו"ל כלי קיבול ממש, (**וי"א** דאינו מובן לפמ"ש הוא ז"ל עצמו), **ועוד** דאיכא למיחש שהמים שנכנסים לתוך הנקבים, ונמשכים למטה בין הנסרים ולבינים, נעשו ע"ז כזוחלין, ויפסלו המקוה כולו מדינא, (**וי"א** דגם זה אינו מובן קצת, ואפשר לישב), **ועוד** אני תמה, אם בא לחוש לחומרת מהר"ם מלובלין, איך יקבע בו ברזלים, והם מקבלים טומאה, ועי"ז גם העץ מקבל טומאה, מפני שהברזל מעמיד אותם כו', (**וי"א** דגם ע"ז קשה ממ"ש הוא ז"ל עצמו), **לכן** נ"ל דודאי הרוצה לחוש לחומרא הנ"ל, יעשה רצפת אבנים בלא נסרים כלל וכלל, **והמקיל** לא הפסיד אפי' עם הברזלים, מטעם כיון שעשויים מתחלה לשם בנין, **אבל** עכ"פ יש לסתום הנקבים שצוה לעשות בהם, משום חשש זחילה, שהוא חשש דאורייתא.

מקוה שהיתה עמוקה והנשים מתפחדות לירד שם לטבול, ולקחו כסא והעמידו לתוך המקוה וקשרוהו בחבלים, כדי שיעמדו על הכסא בשעה שטובלת, **י"א** דיש לגעור בהם, ואף דע"פ סברא אחת שנשען הט"ז לענין היתר נסרים, יש למצוא היתר גם בזה, **מ"מ** הבו דלא לוסיף, דשם יש כמה סברות להתיר, משא"כ ספסל, דמפורש במשנה פ"ה דמקואות לאיסור, לא נסמוך על סברא חיצונה להתיר.

י"א שמותר לחבר טסין של נחושת בקרקעית המקוה ובכתלים, כדי שיחזיקו מימיו, **לפי** דהני טסין לא מקבלי טומאה קודם שנתחברו למקוה, דהו"ל כגולמי כלי מתכות.

סימן קצח סל"ב • טבילה ע"ג סילון

כתב המחבר, סילון של עץ הקבוע בקרקעית הטבילה, שמשם זוחלין המים לחוץ, אם אין לו לבזבז, (פי' מסגרת, שאז אין לו בית קבול), מותרת לעמוד עליו ולטבול.

כתב הט"ז טעם ההיתר, לפי שאין שם פחד, לפי שקבוע היא בקרקע, **וג"כ** אין שם כלי עליה לפסול בשאיבה, דאין לו לבזבז ואינו מקבל מים, **ע"כ** לא הוה רק פשוטי כלי עץ, **וההיתר** להט"ז כנ"ל בסל"א, דהשו"ע פסק כהר"ש והרא"ש.

וכתב הש"ך, דלשיטת הר"ש והרא"ש אפי' יש להן לבזבזין שרי, דגזרו רק בכלים הקבועים, והך גזרה לא שייכא הכא, **ודוקא** להראב"ד, שאסר אפי' בכלים תלושים שנתנום למקוה, התיר המחבר מטעם שאין לו לבזבזין, **וכנ"ל** בסל"א, דסילון חלוק מנסרים, דלא היה עליו שם כלי מתחלה.

סימן קצח סל"ג • יש בקרקעיתו טיט

לא תטבול במקום שיש בקרקעיתו טיט, משום חציצה. **ואע"פ** דהמטביל מטה במים, אף שרגליה שוקעות בטיט, טהורה, מפני שהמים מקדימין, **שאני** רגלי אדם, שיש יותר חשש בין אצבעותיו דנדבק שם.

אא"כ תתן עליו זמורות וכיוצא בהם, דבר שאינו מקבל שום טומאה. **וה"ה** לדידן בנסרים – ט"ז.

ואם טבלה, י"א שלא עלתה לה, **אבל** רוב הפוסקים מתירין.

ואע"ג דלעיל סי"ד פסק, דאינו חוצץ אלא טיט היון ויוצרים ודרכים, ושאר כל הטיט כשהוא לח אינו חוצץ, שהרי הוא נמחה במים, **י"ל** דהכא נמי מיירי במקוה שיש טיט עבה כמו טיט היון.

ואפשר ע"ז סמכו עכשיו וטובלין במקום שיש טיט, משום דסתם טיט אינו כמו טיט היון, **וגם** משום דרוב הפוסקים מתירים לטבול במקום טיט.

ומ"מ צריכה להגביה רגליה בשעת טבילה, כדמשמע בש"ך בסעיף ל', **ומה"ט** אם יש מקוה אחרת, אין לטבול במקוה שיש רפש וטיט, אף שאינו כמו טיט היון, **כיון** שעכ"פ צריכה בשעת טבילה להזדקר, לקפוץ באויר בעודה תחת המים, קרוב לודאי שאין הנשים נזהרות בזה.

סימן קצח סל"ד • אם יש חשש שיראוה בני אדם

לא תטבול במקום שיש חשש שיראוה בני אדם, מפני שמתוך כך ממהרת לטבול ואינה מדקדקת בטבילה; **ומיהו** בדיעבד אם היא יודעת בעצמה שטבלה כהוגן, טבילתה כשרה.

סימן קצח סל"ה • כיצד תעמוד בשעת טבילה

לא תטבול בקומה זקופה, מפני שיש מקומות שמסתתרים בה; **ולא** תשחה הרבה עד שידבקו סתריה זה בזה, **אלא** שוחה מעט עד שיהיו סתרי בית הערוה נראים כדרך שנראים בשעה שהיא עורכת; **ויהיה** תחת דדיה נראה כדרך שנראה בשעה שמניקה את בנה; **ויהיה** תחת בית השחי נראה כדרך שנראה כשאורגת בעומדין, (**והטור** כתב כמוסקת זיתים).

וא"צ להרחיק ירכותיה זו מזו יותר מדאי, **וגם** לא להרחיק זרועותיה מהגוף יותר מדאי, **אלא** כדרך שהם בעת הילוכה.

וקשה דהא כבר נתן שיעור אחר, דהיינו עורכת כו', **אלא** דכיון דלאו כל אדם בקי בהנך שיעורים היאך הם, ויטעה לומר שצריך להרחיב הירכים הרבה, וכן הרחקת הידים מן הגוף יהיה הרבה, כדי שיצא מידי הספק, **לזה** אמר שא"צ, אלא שישער כל אדם בעצמו, היאך מרוחקים איבריו קצת כדרך הלוכו, **ואידי** ואידי חד שיעורא.

ובכל אלו שיערו חז"ל, כשעושה כן יכולים המים לבא בכל מקומות גופה הגלויים הצריכים לביאת מים, **ושאר** מקומות נקראו בית הסתרים שאין צריכין לביאת מים, אלא בעינן שיהו ראויים לביאת מים.

ואם שינתה, כגון ששחתה ביותר או זקפה ביותר, עלתה לה. **וצ"ע**, וכן בעצמה עיניה ביותר לקמן סל"ט, די"א דעלתה לה טבילה, **דהא** המחבר פסק לעיל ס"ח גבי כחול, וס"ט גבי דם שבמכה, שחוצץ, **והא** בהא תליא – ש"ך.

ויש מי שאומר שלא עלתה.

הקשה הט"ז, למה יפסול בדיעבד, מ"ש מסעיף ל' דאמרינן מפני שהמים מקדימין, הכי נמי נימא הכא, דהא הקדימו המים לאותן קמטין, קודם שנדבקו ע"י הזקיפה או השחיה הרבה, **וי"ל** דהכא יש חשש שידבקו הקמטים שהם בגוף למעלה מן המים, נמצא שבביאתה למים כבר הם מדובקים, **ולפי"ז** אם הכניסה עצמה עד צוארה במים תחילה, הוה טבילה בדיעבד בכל גוונא, **ונ"ל** שנכון לכל אשה שתעשה כן, שעכ"פ יש בזה צד מעליותא, אם תשחה הרבה ולאו אדעתה.

והנקה"כ כתב דלא קשה מידי, דהתם כבר קדמו המים ונגעו ברגליה קודם שהגיע לטיט, ואותן המים מחוברים למקוה, והלכך לא הוי חציצה, **אבל** הכא ע"י הקמטין, לא יהיו המים שבתוך הקמטין מחוברים למקוה כלל.

סימן קצח סל"ו • גובה המים במקוה

צריך שיהיה המקוה גבוה ממעל לטיבורה, זרת לפחות.

י"א שהוא חצי אמה של ו' טפחים, **וי"א** דזה אינו ברור כ"כ, **לכן** בעת תיקון המקוה ראוי לדקדק שיהא דוקא י"ב גודלין, שהוא חצי אמה, **ואח"כ** בהזדמן שמתמעטין המים, לא יפחות עכ"פ מי' גודלין, **וראוי** לכל מורה להשגיח ע"ז, כי לדעת הש"ך בסעיף ל"ה, יש בזה חשש פסול דיעבד.

ע"כ ראוי שיתן לאשה העומדת על הנשים בעת טבילה, מדה של עשרה גודלין, למען תדע ליזהר בדבר, **ויזהירנה** שאם לא יהיה כ"כ ממעל לטבורה של הטובלת, לא תטבול, **אא"כ** תוכל לשכב לארץ בתוך המים כמו דף, לא שתקפל קצתה על קצתה, ויהיו המים עולין למעלה מכל גופה.

וגם בכל דיני הטבילה, החיוב מוטל על כל מורה, להזהיר תמיד להאשה העומדת על הטבילה, **ולא** יסמוך במה שהזהירה פעם אחת, רק יהיה רגיל בכך.

סימן קצח סל"ז • לטבול דרך שכיבה

יש מי שאומר שאע"פ שאין בגובה מי המקוה לעלות בהם כולה קומתה, אא"כ פניה וגופה כבושים בקרקע, כביניתא וכמו דף, שפיר דמי.

סימן קצח סל"ח • דין פיה בשעת טבילה

א"צ לפתוח פיה כדי שיכנסו בה המים, **ולא** תקפוץ אותה יותר מדאי; **ואם** קפצה, לא עלתה לה טבילה, **אלא** תשיק שפתותיה זו לזו דיבוק בינוני.

סימן קצח סל"ט • דין עיניה בשעת טבילה

לא תעצים עיניה ביותר, ולא תפתחם ביותר, **ואם** עשתה כן, י"א שלא עלתה לה טבילה.

ויש שתמה, מאי שנא מקפצה פיה, דסתם וכתב דלא עלתה לה טבילה, **וי"ל** דאפי' מאן דפליג כאן, מודה בקרצה שפתותיה, דכי עצמה עיניה לא מעכבי קמטים כולי האי, שיהיו מעכבים מלבא בהן מים.

סי' קצה ס"מ • החשש שישאר משערה צף על פני המים

צריך לעמוד על גבה יהודית גדולה יותר מי"ב שנה ויום א' בשעה שהיא טובלת, שתראה שלא ישאר משער ראשה צף על פני המים; **ואם** אין לה מי שתעמוד על גבה, או שהוא בלילה, תכרוך שערה על ראשה בחוטי שער שאינם חוצצים, **או** בחוטי צמר או ברצועה שבראשה, ובלבד שתרפם, **או** בשרשרות של חוטים חלולות עשויים מעשה רשת, **או** קושרת בגד רפוי על שערותיה.

ואם לא עשתה תיקון זה, וטבלה בינה לבין עצמה, י"א דלא עלתה הטבילה.

סי' קצה סמ"א • הפשיל בנה לאחוריה או נתנה לו תבשיל

המפשלת בנה לאחוריה כשהיא ערומה, או שנתנה תבשיל לבנה, וטבלה, **לא** עלתה לה טבילה, שמא היה טיט ברגלי התינוק או בידיו, ונדבק באמו וחצץ בשעת טבילה, ואחר שעלתה נפל.

וי"א דעלתה לה טבילה, אא"כ ידעינן שהיה בנה מלוכלך בטיט ושהיה ביד בנה תבשיל, ולא בסתמא, **וע"ל** סי' קצט סי"ג.

סי' קצה סמ"ב • נכנסו צרורות וקסמים בסדקי רגליה

נכנסו צרורות וקסמים בסדקי רגליה מלמטה, חוצצים, **דאע"ג** דבית הסתרים א"צ ביאת מים, ראוי לביאת מים בעינן.

סימן קצה סמ"ג • בית סתריה צריכים להיות ראוים לביאת מים

אספלנית מלוגמא ורטיה שעל בית הסתרים, חוצצין; **אע"פ** שאינם צריכים שיכנסו בהם המים, צריכים שיהיו ראוים ולא יהא בהם דבר חוצץ.

כתב רמ"א, י"א שהאשה צריכה להטיל מים קודם טבילה אם היא צריכה לכך. **גם** צריכה לבדוק עצמה בגדולים ובקטנים, שלא תהא צריכה לעצור עצמה ולא יהיו ראוים לביאת מים, **גם** צריכה להסיר צואת החוטם.
מיהו כל זה אינו מעכב בדיעבד.

י"א דבלפלוף יבש שבתוך החוטם, לא ניתנה תורה למלאכי השרת, ומה שהוא בחלל הגוף, אפי' ראוי לביאת מים לא בעיא, **אלא** במקום שדרכו להיות מתגלה לפעמים, כגון תוך עין ובית הסתרים וקמטים, **והמחמיר** לא הקפיד אלא בצואת החוטם, ואין צואה אלא יוצאה קצת, **לאפוקי** הדבוקה בגובה החוטם, או בחללו בפנים, שאינה יוצאת עדיין.

סימן קצה סמ"ד • שער דבוק למכה, בטיט וצואה, וריסי עיניו

היתה בו שערה א' או ב' חוץ למכה ראשה מודבק למכה, **או** שהיו שתי שערות ראשם מודבק בטיט או בצואה, **או** שהיו שתי שערות בריסי עיניו מלמטה, ונקבו ויצאו דרך אותו נקב בריסי עיניו מלמעלה, **וכן** אם היו ב' שערות ריסי עיניו של מטה מדובקות בריסי עיניו של מעלה, **הרי** אלו חוצצים.

סימן קצה סמ"ה • לא יטבול באבק של רגליו

לא יטבול באבק של רגליו. **ואם** טבל, יש מי שאומר שאינו חוצץ, **ויש** מי שאומר שחוצץ, אא"כ שפשף או שטבל בחמין.

אנשים אשר קווצותם תלתלים, ונפזר על ראשיהם אבק לבן, שקורין פודר"ר, **י"א** דכיון שעשוי לנוי הרי הוא כגופו של שער, ואינו חוצץ בתפלין של ראש, **אבל** אין ללמוד מזה שתהא אשה מותרת לטבול עם האבק זה שעל ראשה, דמיד כשיבואו השערות במים אזיל ליה הנוי, ולא עדיף תו מאבק שעל רגליה, **ואפי'** להמתירין בדיעבד, מ"מ בהא מודו, דזה גרע יותר מאבק של רגליה.

סימן קצה סמ"ו • נדה שטבלה בבגדיה

נדה שטבלה בבגדיה, מותרת לבעלה. **ודוקא** באותן הבגדים שהן רפויין עליה, אבל לא באותן שהן מהודקים, **ולכן** איש בבגדיו שהן קצרים ודבוקים לבשר, ולא מצי מיא עיילי בהו, **או** אשה בזמה"ז בבגדים קצרים, לא.

ועמש"ל בס"ד לשיטת רבותיו של רש"י, דאסור אפי' היכא דעיילי מיא, **ולפי** שיטת הסד"ט, דגם לדעת רבותיו של רש"י, אינו אסור אלא במקפיד, אבל באינו מקפיד אף ברובא שרי, **י"ל** דהכא מיירי בבגדים הגרועים ופחותים דלא קפדי עליהן.

סימן קצה סמ"ז • כנים שדבוקים בבשר

מין כנים (פיל"ץ ליי"ז) שדבוקים בבשר ונושכים בעור במקום שיער ונדבקים בחוזק בבשר, **צריך** להסירן ע"י חמין ולגוררן בצפורן, **וכל** שלא הסירן, אפי' דיעבד חוצצין, כיון שיכול להסירן, **ואם** אינו יכול להסירן, אינו חוצץ.

ואותן כנים קטנים מתים הדבוקים בשער, י"א דצריך להסירן דהוי חציצה.

סימן קצה סמ"ח(1) • נדה שטבלה בלא כוונה

נדה שטבלה בלא כוונה, כגון שנפלה לתוך המים או שירדה להקר, **הרי** זו מותרת לבעלה, **וי"א** דבזה לא שייך לברך.

וכתב רמ"א, ויש מחמירין ומצריכין אותה טבילה אחרת. **מיהו** אין לה לברך כשתחזור ותטבול. **ויש** להחמיר לכתחלה, שתחזור ותטבול בכוונה אם אפשר.

מיהו אם אנסה חברתה ואטבלה, מהני כוונתה דחברתה לכו"ע, **וי"א** דדוקא חברתה, אבל איש לא מהני, וצ"ע.

ואם היה בעלה חולה, וספרה ז"נ וטבלה בכדי שתוכל ליגע בו, ולא כיונה לתשמיש, **י"א** דאותה טבילה מהני אף לתשמיש.

וי"א דאם נכנסה להקר, ואח"כ נתכוונה, ולא הגביהה רגליה בשעת טבילה, דיש להקל שלא להצריכה טבילה אחרת.

סימן קצה סמ"ח(2) • הנהגות ליל טבילה

יש שכתבו שיש לאשה להיות צנועה בליל טבילתה, **וכן** נהגו הנשים להסתיר ליל טבילתן, שלא לילך במהומה או בפני הבריות, שלא ירגישו בהן בני אדם; **ומי** שאינה עושה כן, נאמר עליה: ארור שוכב עם כל בהמה.

ויש לנשים ליזהר כשיוצאות מן הטבילה שתפגע בה חברתה, שלא יפגע בה תחילה דבר טמא או גוי; **ואם** פגעו בה דברים אלו, כגון כלב או חמור, או עם הארץ (גמור, דהיינו שאינו קורא ק"ש), או גוי, או גמל או חזיר או סוס, או מצורע וכיוצא בהן, **אם** היא יראת שמים תחזור ותטבול.

וי"א שאם פגע בה סוס, תעלה ותשמש, שבניה עומדין נאה בדבורן, שומעים ומבינים, לומדים תורה ואינם משכחין, וממעטים בשינה, ולא עוד אלא שאימתן מוטלת על הבריות.

בפרק ערבי פסחים: האי מאן דפגע באיתתא בעידנא דסלקה מטבילת מצוה, אי איהו קדים ומשמש, אחדא ליה לדידיה רוח זנונית, אי איהי קדמה ומשמשה, אחדא לה לדידה רוח זנונית, **מאי** תקנתיה, לימא הכי: "שופך בוז על נדיבים ויתעם בתוהו לא דרך", בתהלים ק"ז, **וי"א** "שופך בוז על נדיבים ומזיח אפיקים רפה", באיוב י"ב, **הלכך** נמרינהו לתרווייהו.

§ סימן קצט – שצריכה האשה לבדוק בית הסתרים, ודיני חפיפה בשבת ובחול §

סימן קצט ס"א • דין חפיפה

דין תורה שתהא הטובלת מעיינת בעצמה סמוך לטבילה, ובודקת כל גופה שמא יש בה דבר שחוצץ בטבילה, **ועזרא** ובית דינו תקנו, שתהא חופפת בכל מקום שער שבה, (כגון שער בית השחי ובית הערוה, לא שער ראשה בלבד), במים חמים, וסורקת אותן או מפספסת אותן בידיה יפה יפה. **ועכשיו** נהגו לסרוק שער ראשן במסרק, ושאר שער שבה לפספס אותן בידיה יפה יפה. **והסכמת** הפוסקים, דתקנת עזרא אינו אלא בחפיפת שער, אלא שנהגו להחמיר לחוף ולהשתטף כל הגוף, **ולהכי** מקילינן בכמה דברים בחפיפה שבגופה שלא במקום שער, **אבל** מה שצריכה לעיין בכל גופה שלא יהא דבר חוצץ, מדאורייתא הוא.

וכתב המחבר, צריכה להדיח בית השחי ובית הסתרים שלה (דהיינו תחת אצילי ידיה ותחת שוקה, ונקבי החוטם ואזנים, ולפנים מהשפה) **במים**, ולא בשאר משקין, דכשנשאר לחלוחיתו בתוך הקמט, ישאר שם כתם המשקה.
וי"א דלפי"ז בשאר הגוף שאין שם קמט, מותר בשאר משקין.

וממשיך המחבר, ולסרוק שיער ראשה יפה במסרק, שלא תהיינה שערותיה נדבקות זו בזו. **וכן** צריכה האשה לעיין בעצמה ובבשרה ובודקת כל גופה סמוך לטבילתה, שלא יהא עליה שום דבר מיאוס שחוצץ. **ותחוף** כל גופה, ותשטוף במים חמין בשעת חפיפת גופה ושערה.

וסיפא הוה כאן פירושא דרישא, דמש"כ תחילה שצריכה לעיין בעצמה, דהיינו דין תורה, ע"ז מסיק אח"כ שתחמיר עליה, ובמקום העיון תעשה חפיפה בכל הגוף, **ודבר** פשוט שאם היא מעיינת ובודקת עצמה בשעת החפיפה, דיה בכך, וא"צ בדיקה מיוחדת דוקא, **דאע"פ** שאינה רואה במקום שחופפת, סגי בהכי, דאל"כ היאך תעשה בראשה ובמקומות שא"א לה לראות, **דהא** לא הצריכו בזה שתראה לחברתה, אלא דוקא בטבילה אמרו שתעמוד עליה אשה אחרת, ולא בחפיפה ועיון.

וחפיפת הראש, שהוא לנו במקום עיון מדאורייתא, לא הקפידו שיהיה ממש סמוך לטבילה, ומשום דחפיפה מדרבנן בעלמא היא מקילין בה, **ואף** במקום שמרחקת החפיפה מהטבילה, עכ"פ העיון לא תרחיק כלל.

אשה שמסופקת אם עיינה בשערותיה כלל, י"א הרי יש ספק דאורייתא, וצריכה טבילה מחדש, **ואף** אם ברור לה שעיינה, רק שמסופקת אם סרקה, דאז הוי ספק דרבנן, **מ"מ** צריכה טבילה אחרת, כיון דאיכא חזקת איסור, **ועוד** דהוי דבר שיש לו מתירין, **אלא** די"א שיש היתר מטעם הט"ז בסי' ס"ט, "דסירכא נקט ואתא", ומשמע קצת דמתיר אף במסופקת אם עיינה ג"כ, **ומ"מ** צ"ע בכל זה אף בא"י אם סרקה, לפי שבנה"כ שם השיג עליו, **מיהו** י"ל דזה דמי לשכחה אם מלחה צד השני, שי"א שמותר אף לדעת הנה"כ. **וי"א** דעכ"פ באם מסופקת על העיון, לא נתיר מטעם סירכא נקט, דאפשר דהט"ז לא אמר אלא בספק דרבנן כההיא דהתם.

סימן קצט ס"ב • במה חופפין השער

חפיפה שבמקום שיער לא תהיה במים קרים, לפי שמסבכין את השיער, אלא במים חמין; **ומיהו** אפי' בחמי חמה סגי.

ולא תחוף בנתר הנקרא בערבי: טפל, ובלע"ז: גירד"א, לפי שמחתך השיער וחוזר ומסתבך, (**י"א** דהיינו מה שקורין בל"א קרייד"א, וי"א דזהו טעות), **ולא** באהל, לפי שמסבך השער, ולא בכל דברים המסבכים השער. **ומיהו** משמע בנתר שאנו קורין בל"א זיי"ף, מותר לחוף שאינו מסתבך, ואדרבה מנקה הזוהמא, וכן נוהגין וחושבין זה למצוה.

וכל זה לכתחלה, אבל אם חפפה בנתר וכיוצא בו, וראתה בעצמה שאין שערות שלה קשורים ומסובכין, שרי בפעם זה כיון דכבר עשתה, וא"צ לחזור ולחוף, **אבל** שתסמוך על זה לחוף שוב בנתר ואהל ומים קרים, לא, **דלא** התירו אלא ביין ושאר משקים שלא הוזכרו בש"ס ופוסקים שמסבכים השער, **ודלא** כהעט"ז.

אשה שצוו אותה הרופאים שלא תחוף ראשה במים, רק ביין, יש לשאול לרופאים אם היין מסבך השערות, ואם אומרים שאינו מסבך יש לסמוך עליהם; **ואם** אין הרופאים בקיאין בדבר, יש לאשה לנסות לעצמה תחילה ג"פ, וי"א ב' או ג"פ, אם היין אינו מסבך השערות.
ואין להקשות, נחזי אנן אי היין מסבך השער אי לא, **י"ל** דאין טבע שערות של כל אדם שוה.

סימן קצט ס"ג • זמן החפיפה

נפסק בגמ': והלכתא אשה חופפת ביום וטובלת בלילה, והלכתא אשה לא תחוף אלא בלילה, קשיא הלכתא אהלכתא, לא קשיא הא דאפשר הא דלא אפשר.
פי' רש"י: "הא דאפשר", אם יום שלפני הטבילה הוא חול, בקושי התירו להרחיק חפיפתה מטבילתה ולטבול ביום, משום דאי חפפה בליל טבילתה אימור לא חייפא שפיר, משום דממהרת לטבילתה מתוך שמהומה לביתה, "**הא** דלא אפשר", לחוף ביום, כגון מוצאי יו"ט, ר"ל שליל טבילתה מוצאי יו"ט, לא תחוף אלא בלילה.
והש"ך פי' רש"י באופן אחר, "הא דאפשר", לחוף ביום חופפת ביום, "**הא** דלא אפשר" לחוף כגון מוצאי יו"ט, ר"ל של ר"ה שחל אחר השבת, דנמצא יש שלשה ימים בין חפיפה לטבילה, דבכה"ג לא אפשר, ולא תחוף אלא בלילה, **הלא"ה** אלא דחל ליל טבילתה במו"ש, או אפי' במוצאי יו"ט שחל להיות אחר שבת, חופפת בע"ש וטובלת במו"ש או מוצאי יו"ט, כיון שאפשר שהחפיפה תהיה ביום בחול.
ולהשאילתות, "הא דאפשר", לחוף בליל טבילה שהוא חול, לא תרחיק חפיפה מטבילה כלל, ואפילו אם היום כמו כן חול,

"**הא** דלא אפשר", כגון שליל טבילה יו"ט או שבת, אז תחוף ביום שלפני הטבילה, ואפילו אם יום שלפני הטבילה כמו כן יו"ט או שבת, אז תחוף מע"ש או מעיו"ט.

נמצא לרש"י מוטב שתהיה החפיפה ביום שלפני טבילתה, ולא בלילה, לפי שממהרת לביתה ולא תחוף יפה, **ולשאלתות** מוטב שתהיה בלילה, כדי שיהיה סמוך לטבילתה.

כתב המחבר, חפיפה צריכה להיות לכתחלה סמוך לטבילתה (כהשאלתות), **והמנהג** הכשר שתתחיל לחוף מבעוד יום, ועוסקת בחפיפה עד שתחשך, ואז תטבול, (לצאת ידי רש"י והשאלתות).

וכתב הש"ך, דלענין דינא נראה, דבכל ענין יש לה להשתטף בחמין ביום בע"ש וערב יו"ט, וגם לחוף אז, ולחזור ולהשתטף ולחוף בליל טבילתה אם הוא חול, **וכמו** בחול דמנהג כשר שהחפיפה תתחיל מבע"י ועוסקת בחפיפתה עד שתחשך, **ואפי'** היכא דחל ליל טבילתה ג' ימים רחוק, כגון שבת ושני י"ט, דבכה"ג מסקינן בש"ס דחופפת בליל טבילתה שהוא חול, **י"ל** דה"ק לא די לה בחפיפת ע"ש ועיו"ט כיון דרחוק כ"כ, אלא צריכה לחוף ג"כ בליל טבילתה וגם בע"ש ועיו"ט, כיון דחפיפת יום עדיף, **והכי** ניחא למיעבד טפי, שלא לחלק בין רחוק ב' ימים או ג' ימים, שלא יבואו לידי טעות.

וי"א דעתה תקנו לחוף בלילה ותעסוק בחפיפה דוקא שעה אחת, שלא תהא מהומה לביתה, ושרי אפי' לרש"י, **מאחר** דכשחופפת ביום איכא חשש איסור שלא ירגישו בטבילותיהן, **וגם** לפעמים הצנועות באות לידי ביטול טבילת מצוה.

וכתב המחבר, וכן מנהג כשר שאע"פ שחפפה, תשא עמה מסרק לבית הטבילה ותסרוק שם, דסמוך לחפיפה טבילה, וחפיפה הוא במסרק. **ובמדינות** אלו נוהגות, להשתטף ולרחוץ ולחוף ולסרוק הכל בבית המרחץ סמוך מיד לטבילה, ונכון הוא.

כתב הרמ"א, ובשעת הדחק שצריכה לחוף ביום דוקא ולא בלילה, כגון מחמת שהגוים יש להם חג באותו הלילה, שאינם מניחים להדליק אש בשום בית, או כגון שתלך בדרך ולא יהיה לה חמין בלילה, או שאר אונס, **יכולה** לעשות, (אפי' לשאילתות, **אבל** ברור הוא דבלילה צריכה עיון ובדיקה בכל גופה בלילה קודם הטבילה), **וכן** כשא"א לה לחוף ביום מחמת איזה אונס, וצריכה לחוף בלילה דוקא, **יכולה** לעשות (אפי' לרש"י), **ובלבד** שלא תמהר לביתה ותחוף כראוי, **דלא** העמידו דבריהם אלא אם הוא על צד הריוח בלי מונע.

סימן קצט ס"ד • חל טבילתה במוצאי שבת

כתב המחבר: חל טבילתה במוצ"ש, שא"א לחוף מבעו"י, תחפוף בליל טבילתה. **וכתב** רמ"א, ומ"מ מנהג יפה הוא שתרחץ היטב בע"ש, ובמוצ"ש תחזור ותחפוף ותסרוק מעט, (**וסגי** במעט אף לשאילתות שעיקר החפיפה בלילה, דמהני חפיפה דע"ש לצרף להך חפיפה מועטת).

וכתב הש"ך, וכבר כתבתי דכך הוא עיקר הדין.

סימן קצט ס"ה • חל טבילתה בליל שבת

נזדמנה לה טבילה בליל שבת, תחפוף ביום. **וכתב** הט"ז, דגם בזה צריכה להיות נזהרת מלעסוק בדברים שנזכרים בסעיף שאח"ז, בימים שבין החפיפה לטבילה, דחד טעמא הוא, אלא דדרך הנשים שטובלות בליל שבת שאינן זזות מבית המרחץ עד שטובלות, ע"כ לא נקט כאן אזהרה זאת. **ועיין** בש"ך ס"ו.

אשה שיש לה קאלטינע"ס, ששכחה לחוף ביום, י"א דמותרת לטבול בליל שבת, כיון שא"צ לסרוק, כדלעיל סי' קצ"ח ס"ו.

סי' קצט ס"ו • חל במו"ש והוא יו"ט, או במוי"ט והוא שבת

חל ליל טבילתה במוצ"ש והוא יו"ט שא"א לחוף, אז תחפוף בע"ש; **וכן** אם חלו ב' י"ט ביום ה' וו', וחל ליל טבילתה בליל שבת, תחפוף ביום ד', ותקשור שערותיה כדי שלא יתבלבלו. **ובשעת** טבילה תעיין ותבדוק היטב כל גופה ושערות ראשה, שלא יהא דבר חוצץ. **וכן** תחצוץ שיניה בטוב בשעת הטבילה, שלא ישאר פירורין ולא בשר ולא עצם.

וי"א דהטובלת בליל שבת, ויו"ט ביום ששי, צריכה לרחוץ קמטיה וסתריה ביו"ט קודם לשבת.

כתב הרמ"א, גם תזהר בימים שבין החפיפה לטבילה מכל טינופת, ושלא ידבק בה שום דבר; (**כן** הדין בכל מקום שהחפיפה מרוחקת מהטבילה יום או יומים – ש"ך, **ולהט"ז** לעיל ס"ה, הדין כן אפי' מיום ללילה), **גם** מנגיעת תבשילין, או מנתינתן לבניה הקטנים, תיזהר אם אפשר לה ליזהר, אם הם דברים הנדבקים, **ואם** א"א לה ליזהר, כגון שאין לה מי שיעשה במקומה, או שצריכה ליגע בהן בשעת אכילה, אין לחוש, **ומ"מ** תרחוץ ידיה כל פעם היטב שלא תבא לידי חציצה.

ואע"ג דצריכה עיון ובדיקה בשעת הטבילה בגופה ובראשה, מ"מ צריכה שתהיה נזהרת מדברי חציצה בימים שבינתיים, **והטעם**: י"א כיון שלא תעשה בשעת הטבילה חפיפה, אלא היא סומכת על החפיפה של יום רביעי. **וי"א** משום דכיון דהחפיפה מרוחקת מהטבילה, צריכה שתעיין ותבדוק גם בשעת חפיפה, דאין להפרידם זה מזה, ושמא לא תעיין עוד בשעת טבילה, שתסמוך על עיון הראשון.

וכתב הטור, ואם טבלה ולא עיינה בעצמה קודם לכן, אם נזהרה להתעסק בדבר החוצץ, עלתה לה טבילה, (**וטעמו**, כיון דכבר חפפה ובדקה כל גופה וראשה ביום רביעי, ונזהרת אח"כ בימים שבינתיים, הוה טבילה שפיר), **ואם** לאו לא עלתה לה טבילה.

ותדיח בית הסתרים (סמוך להטבילה, דהעיון הוא לעולם בסמוך לטבילה, ובמקומות אלו אינה יכולה לבדוק היטב, ולכן צריכה להדחה), **במים** חמים שהוחמו אפי' ביו"ט, אבל לא כל הגוף, **וי"א** דאפשר אף לא שאר אברים חוץ מפניו ידיו ורגליו, (ולכן צריך לחמין שהוחמו מעיו"ט). **וה"ה** בשבת מותרת לרחוץ בחמין שהוחמו מע"ש, פניה ידיה ורגליה או שאר אברים, כל שאינה רוחצת כל גופה.

ולענין רחיצה לליבון, בין בשבת בין ביו"ט ובין בט' באב ובין ביוה"כ, תלבוש ותציע כדרכה כשאר ימות השנה, **והרחיצה** בט' באב וביוה"כ צריכה לשנות קצת, שלא תרחוץ רק באותו מקום ובין ירכותיה, בין בחמין בין בצונן, **ובשבת** ויו"ט בצונן אפי' כל גופה, **ובחמין** דוקא באותו מקום ובין ירכותיה, **ודוקא** בחמין שהוחמו מע"ש ומעיו"ט, (לפי הי"א הנ"ל), **גם** תזהר מאיסור סחיטה, שלא תרחוץ בבגד רק בידיה.

וכל זה מדינא, אבל כמדומה לי שלא נהגו הנשים לרחוץ ולא ללבוש לבנים בשבת ויו"ט, **ואפשר** משום שאין כל אשה

יודעת לחלק בין חמין שהוחמו מע״ש ועיו״ט, או הוחמו בשבת ויו״ט, גם אינה יודעת ליזהר מדין איסור סחיטה, **והיכא** דנהוג נהוג, והיכא דלא נהוג יש להתיר להן. **וי״א** דטעם זה קלוש הוא, אלא דטעם מנהגן, משום שאז היו צריכין לטבול במוצ״ש, והיו מרחיקין הטבילה מן החפיפה, **והא** ראיה, שביו״ט לובשים לבנים, ובשבת הוא שנהגו שלא ללבוש.

סי׳ קצט ס״ז • אין להרחיק החפיפה וגם לטבול ביום

במקום שיראות לטבול בלילה, אין להתיר לחוף מערב שבת ולטבול ביום שבת, **דתרי** קולי בהדדי לא מקילינן: קולא דסרך בתה, וקולא דהרחקת חפיפה מטבילה.

סימן קצט ס״ח • לא חפפה או לא עיינה

אם חפפה ועיינה עצמה היום, וטבלה בליל יום אחר, בימי חול וכ״ש ביו״ט, עלתה לה טבילה בדיעבד, אע״פ שלא היו חפיפה ובדיקה סמוך לטבילה.

אבל אם לא חפפה כלל במקום שער, לא עלתה לה טבילה, אע״פ שעיינה בעצמה בגופה, **ואפי׳** חפפה מיד אחר הטבילה, וסרקה במסרק ולא מצאה שום נימא קשורה, לא עלתה לה טבילה, **שאני** אומר שמא בשעת טבילה היה קשור, ועכשיו ניתר או נישר עם המסרקת.

ואצ״ל אם חפפה במקום שער, ולא עיינה בשאר גופה, שלא עלתה לה טבילה, שעיון הגוף הוא דבר תורה.

אבל כשלא חפפה שאר גופה, דאינו רק משום מנהג, עלתה לה טבילה בדיעבד.

סימן קצט ס״ט • לא עיינה בבית הסתרים

בד״א בשאר כל הגוף, אבל בבית הסתרים כיון שאין צריכים לביאת מים, אם לא עיינה אותם קודם לכן, ואח״כ עיינה אותם ולא מצאה בהם שום דבר, עלתה לה טבילה.

ואף דמ״מ בעינן ראוי לביאת מים, **כיון** שהוא נסתר, ואין דרך לבוא שם דבר החוצץ, מש״ה אין בזה חשש – ט״ז.

ועיין סי׳ קצח סכ״ה, מש״כ הש״ך טעם לזה.

סימן קצט ס״י • אם בעלייתה נמצא עליה דבר חוצץ

חפפה ועיינה וטבלה, ובעלייתה נמצא עליה דבר חוצץ, **אם** בתוך עונה שחפפה טבלה, א״צ טבילה אחרת; **ואם** לאו, צריכה טבילה אחרת. **אע״פ** שהיתה החפיפה סמוך לטבילה, כגון שחפפה ביום סמוך לערב וטבלה בתחילת הלילה, הואיל והיה בשתי עונות.

ואפילו עיינה סמוך לטבילה, כיון שלא חפפה סמוך לטבילה, צריכה טבילה אחרת, דשמא לא עיינה יפה יפה, **אבל** כשחפפה ליכא למיחש להכי.

ויש פוסקים שאין מחלקין בין תוך עונה, אלא בין סמוך לטבילה או לא, **שאם** החפיפה סמוך לטבילה, א״צ לחזור ולחוף ולטבול, **ואם** לאו צריכה לחזור ולחוף ולטבול, **וכתב** הש״ך דיש להחמיר כשתי הדעות.

ולהרמב״ם, בין כך ובין כך צריכה טבילה אחרת, אלא שזו א״צ לחזור לחוף, וזו צריכה.

וי״א שיש להחמיר כהרמב״ם, **ודלא** כהש״ך, **וי״א** דהיכא דאפשר לה לטבול בקל, ודאי דיש לחוש לדעת הרמב״ם.

סי׳ קצט סי״א • נתעסקה באותו המין בין טבילה לבדיקה

בד״א בשלא נתעסקה באותו המין אחר טבילה, **אבל** אם נתעסקה בו בין טבילה לבדיקה, א״צ טבילה אחרת, שאני תולה אותו במין שנתעסקה בו.

וכתב הש״ך, דהב״ח פסק דאפי׳ נתעסקה באותו המין אין תולין להקל, עד שתאמר ברי לי שלא היה עלי בשעת טבילה, וכן דעת רוב הפוסקים. **ואפשר** דגם המחבר שכתב שאני תולה אותו במין שנתעסקה בו, ר״ל דהיינו דוקא כשאומרת ברי לי, **משא״כ** אם לא נתעסקה, לא מצית אמרה ברי לי, **וכן** עיקר לדינא.

וכתב המחבר, **אבל אם לא חפפה קודם טבילה**, אין תולין בו, אע״פ שנתעסקה בו אחר טבילה.

י״א דכדי נסבה, דכבר נתבאר בס״ח, דאם לא חפפה לא עלתה לה טבילה, אפי׳ לא נמצא עליה דבר חוצץ, **אלא** איידי דרישא נקיט לה.

וי״א דמיירי שחפפה ראשה אבל לא כל גופה, דבגופה ליכא אלא מנהג בעלמא כדלעיל בס״א, ואם טבלה בדיעבד עלתה לה טבילה, **אבל** נמצא עליה דבר חוצץ, אפילו דיעבד לא עלתה לה טבילה, אע״פ שנתעסקה באותו המין.

וי״א דג׳ חלוקות יש בזה: דאם תוך העונה שחפפה טבלה, א״צ טבילה אחרת, **ואם** יש עונה, צריכה טבילה אחרת, אא״כ נתעסקה אח״כ, והיינו שעכ״פ אין בין חפיפה לטבילה אלא עונה אחת, **אבל** אם יש ביניהם הרבה, כגון שחפפה בע״ש וטבלה מו״ש, דחפיפה זו לא מקרי קודם טבילה כלל, אלא רחוק ממנה, אז לא מהני נתעסקה אח״כ, **וע״כ** ״לא חפפה קודם טבילה״, ר״ל אלא רחוק ממנה הרבה.

סימן קצט סי״ב • ציור הנ״ל כשנמצא בבית הסתרים

בד״א בשאר כל הגוף, אבל בית הסתרים, אם לא עיינה אותם קודם טבילה, וכ״ש אם עיינה ולא חפפה, ואחר טבילה ג״כ לא עיינה עד שנתעסקה בדבר החוצץ, ואח״כ נמצא בהם מאותו המין, תולין להקל.

ובסימן קצ״ח סעיף כ״ו, כתב הש״ך דיש חולקין.

סימן קצט סי״ג • נתעסקה בדברים החוצצין בין חפיפה לטבילה

חפפה קודם טבילה, ובין חפיפה לטבילה נתעסקה בדברים החוצצין, **או** שנתנה לבנה תבשיל הראוי לידבק בה, **לא** עלתה לה טבילה, **אפילו** אם בדקה מיד אחר טבילה ולא מצאה עליה שום דבר חוצץ, **שאני** אומר בעלייתה מהמים נפל ממנה, וצריכה טבילה אחרת.

ולא תקח תנוק אצלה.

והיכא דהיה ביד בנה תבשיל, א״נ היה מלוכלך בטיט, ולקחה בנה על ידיה ערומה, ואח״כ טבלה ולא עיינה נפשה, לא עלתה לה טבילה, דדמי לנתנה תבשיל לבנה.

אבל בסתמא, דלא ידעינן שהיה ביד בנה תבשיל או שהיה מלוכלך בטיט, ולקחתו על ידה ערומה בין חפיפה לטבילה, עלתה לה טבילה – ב״ח. **ודלא כהמחבר** סי׳ קצ״ח סמ״א.

מיהו אם בדקה עצמה קודם טבילה, וראתה שלא נדבק בה דבר, א״צ טבילה אחרת.

אבל מותרת ללבוש בגדיה בין חפיפה לטבילה, שאין רגילות להיות על הבגדים דבר לח לידבק בגוף האשה.

§ סימן ר – אימתי תעשה ברכת הטבילה §

סימן ר ס"א • אימתי תעשה ברכת הטבילה

כתב המחבר, דאחר שפושטת מלבושיה, (דבעינן תיכף לטבילה), כשעומדת בחלוקה, תברך: אשר קדשנו במצותיו וצונו על הטבילה, ותפשוט חלוקה ותטבול; **ואם** לא ברכה אז, תברך לאחר שתכנס עד צוארה במים; **ואם** הם צלולים, עוכרתן ברגליה ומברכת, **כדי** שלא יהא לבה רואה את הערוה, **והקשה** הט"ז, דבאו"ח סי' ע"ד פסק בשו"ע כדברי הא"ח, שבנשים לא חיישינן ללבן רואות את הערוה, **אבל** הש"ך כתב, דהתם לא הביאו אלא באופן של "יש מי שאומר".

כתב הרמ"א, וי"א שלא תברך עד אחר הטבילה, וכן נוהגין שלאחר הטבילה בעודה עומדת תוך המים, מכסית עצמה בבגדה או בחלוקה, ומברכת. **וטעמייהו** דכיון דבטבילת גר אין שייך שיברך קודם הטבילה, דעדיין גוי הוא, לא חילקו חכמים בין הטבילות.

וי"א דאף במקום שנוהגין לברך קודם הטבילה, היינו דוקא בחול, **אבל** בשבת כשטובלת יש לאשה לנהוג לברך אחר הטבילה, או קודם טבילה בלחש בין שפתיה, דאל"כ מיחזי כמתקן בשבת.

ושל"ה כתב, דכיון דיש מחלוקת אם האשה תברך קודם הטבילה או לאחר שתעלה מהטבילה, **יש** לנהוג כך, שלאחר שתטבול כל גופה פעם אחת, תברך, ולאחר שתברך תטבול פעם שנית, ובזה תעשה קדושה יתירה, ותהיה יוצאת ג"כ לשני הדעות. **והרבה** נוהגים לטבול עוד פעם ע"פ ספר חסידים.

שיטת הדרישה – דבאשה לא שייך לבן רואה את הערוה, כמ"ש הא"ח, לפי שערותן למטה מאד ואין לבן רואה ערוה, **אלא** דהחשש הוא משום גלוי ערוה, **ומשו"ה** צריך שיהיו המים עכורים, דמים צלולים כמי שאינם דמי.
וכתב דהחשש דגלוי ערוה משום דלאו אורח ארעא מפני כבוד השכינה, **והקשה** הט"ז, והלא איסור דאורייתא מפורש הוא, משום לא יראה בך ערות דבר, **ויש** שתירץ, דבאשה הוא אומר כן, דכיון דלא שייך לבה רואה את הערוה, מפני שהערוה למטה מאד, א"כ מצד הסברא מה"ט גם עיניה רואות את הערוה לא שייך בה, ואף כשמברכת ליכא בה משום לא יראה בך ערות דבר, ובע"כ צ"ל הטעם משום כבוד השכינה.
וס"ל דברוחץ בכלי אין בו משום גלוי ערוה, **והט"ז** חולק דאף ביושב בכלי, כל שאין שם מים, ודאי איסור גמור הוא, דהא הוא עצמו רואה ערותו.

שיטת הב"ח – דלדעת הא"ח, בעומדת אין שום איסור משום גלוי ערוה, **ורק** דצריך לכסות עגבותיה. (**והש"ך** הבין בדעת הב"ח דליכא כלל איסור גילוי ערוה ואף באיש, **וצ"ע** דהא כיון דבעגבות מודה הב"ח דאיכא איסור, ע"כ דטעמיה רק בערוה דאשה משום טעמא דהא"ח, מפני שהערוה למטה מאד, **וי"א** דאה"נ דלדעת הב"ח אליבא דהא"ח, כמו דלא שייך באשה לבה רואה את הערוה, כמו כן לא שייך נמי עינים רואות את הערוה, דמ"ש עיניה מלבה, **אבל** באיש ודאי דתרווייהו איכא, גלוי ערוה ולבו רואה את הערוה).
והקשה הב"ח על הא"ח מהגמ', והעלה דבאשה שייך נמי טעמא דלבן רואה ערוה, **וחבוק** זרועותיה לא הוי הפסק כלל, **וא"כ** צריך שיהיו המים עכורים, או שתלבש חלוקה ולשים ידה על החלוק למטה מלבה, דאז הוי הפסק.

שיטת הש"ך והט"ז – דבמים צלולים ליכא משום גילוי ערוה, כיון שעיניו חוץ למים, וממילא נתכסה ערותה ועגבותיה כאילו היה עליה לבוש מלפניה ומאחריה, **משא"כ** בלבו רואה את הערוה, דלבו ברשות א' עם הערוה, **ואע"ג** דכשמכוין לראות במים נגד ערותו יכול לראותה, מ"מ כיון דבלא מתכוין על אותו מקום לראות דרך המים, אינו רואה את הערוה, אין בזה משום גלוי ערוה, והוה כמו מהפך פנים, **וטעמא** דהמחבר ורמ"א משום לבה רואה את הערוה, **ולכאורה** היה יותר טוב שלא יכנוס לבה במים, כדי שלא יהיו לבה וערותה בתוך המים, **אלא** דיותר יש צניעות שתהא כולה מכוסה עד צוארה במים.

ואע"ג שרמ"א כתב כאן, שנוהגים לכסות בבגדה או בחלוקה, **אפשר** שבימיו נהגו כן, אבל עכשיו לא נהגו כן, **וגם** אנו שמענו שהנשים אינן נזהרין אפי' בחיבוק ידים בהפסק בין לב לערוה, **וודאי** נשי דידן נשים חכמניות הן וצדקניות הן, ואם אינן נביאות הן, בנות נביאות הן, דס"ל כהא"ח דלא חיישינן ללבה רואה ערותה, ומנהגן תורה היא, ומי ימחה ביד שום אשה שתסמוך ע"ז, **אבל** מ"מ על צד היותר טוב תעשה בחיבוק ידים, להפסיק בין לבה לערותה והיא בתוך המים, ויצאה ידי חובתה לדברי הכל, **וי"א** דלא בעינן חבוק ב' הזרועות, אלא בזרוע אחת שמחבק על גופו תחת לבו, סגי להיות הפסק בין לבו לערוה.

וי"א דמקואות שלנו דמחממים אותם ונפישי זוהמא, דינו כמרחץ ממש, ואסור לגמרי לברך בשם, **אלא** יש לנהוג לברך קודם שתכנס, ולא תפסיק בדבור, **ואף** אם לא מחשב תכיפה, מ"מ הפסק נמי אינה נחשבת.
ומ"מ המנהג להקל בכך ולברך כשעומדת במקוה, אף כשהמים חמים, **אמנם** אם בור הטבילה עומד בחדר בית המרחץ עצמו, צ"ע אם מותרת לברך שם בתוך המקוה.

מי שיש לו בתוך חדרו חפירה מקוה מים חמין לטהרת נשים שבביתו, ומכוסה בכיסוי נסרים, **י"א** דמאחר שהחדר שהחפירה בתוכו הוא נקי וטהור, רק לפעמים פעם או פעמים בחודש חופפת אשה בתוכו במים חמין, ונהי שהחפירה נפישא זוהמא, מ"מ החדר שהוא רשות לעצמו נקי וטהור, ולית ביה הבל ולא זוהמא, והחפירה מכוסה בנסרים, אין שום סברא לאסור שם ללמוד, **אך** מהיות טוב יעמיד מחיצה המטולטלת לחוץ בין הלומד ובין מקום המקוה המכוסה בנסרים.

תם ונשלם הלכות נדה וטבילה

§ סימן רב – דברים החוצצים בטבילה §

סימן רב ס"א • אלו חוצצין בכלי זכוכית

אלו חוצצין בכלים, הזפת והמור בכלי זכוכית, בין מבפנים בין מבחוץ, **והיינו** אף שאין חוצצין בשאר כלים שדרך לזפתן, בכלי זכוכית חוצצין, **וכ"ש** שאר דברים דחוצצין בכל הכלים.

סי' רב ס"ב • דבר שדרך להקפיד עליו או חופה את רובו

כל דבר שדרך להקפיד עליו, חוצץ מדרבנן אפי' במיעוטו; **ואם** לאו, אינו חוצץ מדרבנן אא"כ היה חופה את רובו.

וכתב רמ"א, שחרורית הדבוק ביורה מבחוץ, הוי כדופן הכלי, ודרכו בכך ואינו חוצץ.

משמע דבפנים הוה חציצה, **ומ"מ** דוקא אם הוא בדרך שמקפידין עליו.

יש שמסתפק, אם רוב הכלי דבוק בשחרורית, מי אמרינן דחוצץ, דהא ברובו אף אם אינו מקפיד חוצץ, **אך** מרמ"א שכתב שחשוב כדופן הכלי, משמע שאפי' בכולו אינו חוצץ, ואין זה בגדר מקפיד ואינו מקפיד, וצ"ע.

סימן רב ס"ג • ידות הכלים

ידות הכלים ועשויין עם הכלי ביחד, כמו ידות המחתות שהיד היא של מתכת כמו הכלי עצמה וכיוצ"ב, **הרי** היא כעצם הכלי וצריכה טבילה כהכלי עצמה.

וידות שהן ממין אחר שא"צ טבילה, כגון סכין והיד הוא של עץ וכיוצ"ב, דהעץ א"צ טבילה, מ"מ כשהיא עם היד ביחד אינה חוצצת, דכיון שעשוי להיות בתוכו תמיד, הוי כחתיכה אחת.

וידות הכלים שאינן עומדים להיות קבועים, הוי כמילי אחרינא לגבי הכלי, וחוצץ, **כגון** שהכניסן שלא כדרכן, שצריך לחלצן ולתקנן כראוי, **או** שלא הכניסם כולן, **או** שהכניסם כולן ונשברו.

וכן כשהקתא הוא משל מתכות כמו הכלי עצמו, והוא חלול, ומכניס בתוכה היד של עץ או מין אחר, ונשבר היד בתוך הקתא בחללו, וצריך להוציאו ולתקנו מחדש, הוה חציצה.

סימן רב ס"ד • ידות הכלים שנשתברו

כל ידות הכלים שנשתברו, כגון יד המגל והסכין, אם משמשין מעין מלאכתן ראשונה, אין חוצצין; **ואם** לאו, חוצצין.

סימן רב ס"ה • מגל שנשברה ידו

מגל, שיש לו יד של עץ גדול, ותוחבין הברזל של המגל בהעץ, שנשברה ידו, **מן** השפה ולפנים, דהעץ הוא עב, ולכן אף כשנשבר בפנימיותו, אם מבחוץ הוא שלם יכולים לעשות בו המלאכה, אינה חוצצת, מפני שהיא כבית הסתרים; **מן** השפה ולחוץ, אם משמשת מעין מלאכתה, דהשבר אינו בעומק, אינה חוצצת; **ואם** לאו, שהשבר בעומק, ואין ביכולת לעשות בו מלאכה, חוצצת.

סירגה בגמי או במשיחה, הרי זו חוצצת, שאין זה תיקון יפה אלא תיקון עראי, ובודאי אין דעתו להניחו שם, **דבקה** בשרף, שהוא דיבוק ותיקון טוב, על דעת להניחו שם תיקנה, לפיכך אינה חוצצת.

וקשה דהלא אינה כלי סעודה אלא כלי אומנות, והטבילה הוא לטומאה וטהרה שאינה נוהגת בזמנינו, **וי"ל** משום דמצינו מגל העשוי לשבר בו עצמות, וזהו כלי סעודה דצריך טבילה בכלים חדשים, ולכן כתבה בשו"ע.

סימן רב ס"ו(1) • כלי שכפה פיו למטה

כלי שכפה פיו למטה והכניסו למים, אם פיו צר קצת ולא הפך פיו למעלה, לא עלתה לו טבילה, לפי שלא יגיעו המים לשוליו, אפילו אם מכניסו כולו למים.

זה חידוש הב"י מסברא דנפשיה, שבכלי רחב נכנסין המים לתוכו, וע"כ חילק כאן בשו"ע בין צר.

והב"ח חולק, ואמר שבדוק ומנוסה הוא שכל כלי אפי' רחב אין המים נכנסין עד שולי הכלי מבפנים מחמת האויר שבתוכו.

וכתב הס"ז, אלא שבכלי רחב ואין בו חלל גדול כמו קערות וכיוצא בהם, נכנסים לתוכן, ובזה צדקו דברי הב"י.

והש"ך כתב דזה אינו, דהא כתב השו"ע אם פיו צר קצת, ואם איתא, אפי' פיו רחב הרבה, **ועוד** דגם זה בדוק שאינו, דאפי' רחב הרבה אין המים עוברים לשוליו כשמניחו על פיו.

סימן רב ס"ו(2) • לטבול כלי בתוך כלי

מותר לטבול כלי בתוך כלי טהור, אם יש בפי החיצון כשפופרת הנוד, **אבל** כשהחיצון צריך ג"כ טבילה, אפי' אין בפיו כשפופרת הנוד מותר, דמיגו דסלקא טבילה לחיצון, סלקא נמי לפנימי.

ויזהר שכלי הפנימי יהא רפוי בתוך כלי החיצון, **ולכן** לא יתחוב סכינים תוך דלי ויטבלם, כי לא תעלה טבילה בראשם, **אלא** יקשרם בחוט וכה"ג בדבר הרפוי.

וכן אם הכלי הפנימי הוא כבד ומונח תוך החיצון, לא תעלה לו טבילה במקום שמונח.

וי"א דוקא כלים שמלאו מקודם, דמתוך שהוא מלא מכביד על דופניו וחוצץ, **אבל** כלי ריק אין לחוש, דא"א שלא יבוא שמה מים, **אך** יזהר שלא יושיב כלים הרבה בכלי להטבילם יחד אפי' הם רקים, אא"כ שלא ישבו זה ע"ג זה ככלי העומד על שוליו או על פיו, **אבל** להניח זה אצל זה בדלי, אפי' כלים הרבה יחד מותר לכתחלה, אפי' יפלו זה ע"ג זה בבאר, אין לחוש, דמתוך שמתגלגלין הנה והנה נוגעים המים ע"פ כולם.

סימן רב ס"ז • כלי שצר מכאן ומכאן ורחב באמצע

כלי שצר מכאן ומכאן ורחב באמצע, אין המים באים לו לכל צד עד שיטהו על צדו.

סימן רב ס"ח • כלי שפיו צר

כל כלי שפיו צר יותר משפופרת הנוד, צריך להשהותו במים עד שיתמלא, **או** ימלאנו קודם שיכניסנו למקוה, ויתחברו המים שבתוך הכלי למים שבמקוה, ויהיה השקה, ונחשבו גם המים שבכלי כמי מקוה.

ואשמעינן דאע"ג דאין בפיו כשפופרת הנוד, מהני כשממלאו או משההו במים, דאע"ג דבעלמא לא הוי חבור רק כשפופרת הנוד, לכלי גופא סגי בכל שהוא, **מיהו** אפי' רחב יותר משפופרת הנוד, אם הוא בענין שאין המים נכנסין לו מיד, צריך להשהותו או למלאותו תחלה.

סימן רב ס"ט • ידות ארוכות ועתיד לקוצצן

ידות הכלים שהם ארוכות ועתיד לקוצצן, מטביל עד מקום שעתיד לקוצצן, ודיו, **ולא** הוה מקום חתך חציצה, לפי שהוא בית הסתרים ואינו חוצץ, **ואפי'** ראוי לביאת מים לא בעינן, משום דאין אדם מקפיד שם.